系統神學

SYSTEMATIC THEOLOGY

古德恩 (Wayne Grudem) /著　張麟至 /譯

系統神學

作者：古德恩
譯者：張麟至
出版及發行：更新傳道會Christian Renewal Ministries, Inc.
北 美 總 會：200 N. Main Street, Milltown, NJ 08850, U.S.A.
電話 (732) 828-4545；傳真 (732) 745-2878
E-mail: info@crmnj.org
台 灣 分 會：新北市三峽區大學路118號二樓
電話 (02) 2673-3600；傳真 (02) 2673-9801
郵政劃撥13913941基督教更新傳道會〔奉獻〕
E-mail: crmtaiwan7@gmail.com
新加坡分會：Christian Renewal Mission
35 Kallang Pudding Road,
Tong Lee Building, Block A, #10-01
Singapore 349314
電話/傳真 65-67481994
E-mail: crmsg77@yahoo.com.sg
香 港 分 會：Christian Renewal Ministries, Inc.
香港上環郵政局郵政信箱號碼33139號
電話 (852) 2546-5738
E-mail: crm09hk@gmail.com
二Ｏ一一年三月初版
二Ｏ一五年二月第六次印刷

SYSTEMATIC THEOLOGY

Author: Wayne Grudem
Translator: Paul Chang
Authorized Chinese edition published by Christian Renewal Ministries, Inc.
200 N. Main Street, Milltown, NJ 08850, U.S.A.
Originally published by Inter-Varsity Press, U.K. and Zondervan Publishing House, U.S.A. as
SYSTEMATIC THEOLOGY by WAYNE GRUDEM

First Chinese edition: March, 2011
Sixth printing: February, 2015

ISBN 978-1-56582-206-1

更新傳道會網址 http://crmnj.org
策劃：謝曉薇　編輯：龐慧修/曾靜君　校對：譚菀萱
設計：楊順華　排版：章俊/沈冶　封面照片由陳偉仁長老提供
Printed in Taiwan

目錄

第4部　基督論與聖靈論

第5部　救贖之應用論

附錄

詞彙解釋與主題索引

縮寫表

BAGD	*A Greek-English Lexicon of the New Testament and Other Early Christian Literature*. Ed. Walter Bauer. Rev. and trans. Wm. Arndt, F. W. Gingrich, and F. Danker. Chicago: University of Chicago Press, 1979.
BDB	*A Hebrew and English Lexicon of the Old Testament*. F. Brown, S. R. Driver, and C. Briggs. Oxford: Clarendon Press, 1907; reprinted, with corrections, 1968.
BDF	*A Greek Grammar of the New Testament and Other Early Christian literature*, F. Blass, A. Debrunner, and Robert W. Funk. Chicago: University of Chicago, 1961.
BETS	*Bulletin of the Evangelical Theological Society*
BibSac	*Bibliotheca Sacra*
cf.	compare
CRSQ	*Creation Research Society Quarterly*
CT	*Christianity Today*
CThRev	*Criswell Theological Review*
DPCM	*Dictionary of Pentecostal and Charismatic Movements*. Stanley M. Burgess and Gary B. McGee, eds. Grand Rapids: Zondervan, 1988.
EBC	*Expositor's Bible Commentary*. Frank E. Gaebelein, ed. Grand Rapids: Zondervan, 1976.
ed.	edited by, edition
EDT	*Evangelical Dictionary of Theology*. Walter Elwell, ed. Grand Rapids: Baker, 1984.
ESV	English Standard Version
et al.	and others
IBD	*The Illustrated Bible Dictionary*. Ed. J. D. Douglas, et al. 3 vols. Leicester: InterVarsity Press, and Wheaton: Tyndale House, 1980.
ISBE	*International Standard Bible Encyclopedia*. Revised edition. G. W. Bromiley, ed. Grand Rapids: Eerdmans, 1982.
JAMA	*Journal of the American Medical Association*
JBL	*Journal of Biblical Literature*

JETS	*Journal of the Evangelical Theological Society*
JSOT	*Journal for the Study of the Old Testament*
KJV	King James Version (Authorized Version)
LSJ	*A Greek-English Lexicon*, ninth edition. Henry Liddell, Robert Scott, H. S. Jones, R. McKenzie. Oxford: Clarendon Press, 1940.
LXX	Septuagint
mg.	margin or marginal notes
n.	note
N.d.	no date of publication given
N.p.	no place of publication given
NASB	New American Standard Bible
NDT	*New Dictionary of Theology.* S. B. Ferguson, D. F. Wright, J. I. Packer, eds. Leicester and Downers Grove, Ill.: InterVarsity Press, 1988.
NEB	New English Bible
NIDCC	*New International Dictionary of the Christian Church.* Ed. J. D. Douglas et al. Grand Rapids: Zondervan, 1974.
NIDNTT	*The New International Dictionary of New Testament Theology.* 3 vols. Colin Brown, gen. ed. Grand Rapids: Zondervan, 1975-78.
NIGTC	New International Greek Testament Commentaries
NIV	New International Version
NKJV	New King James Version
NTS	*New Testament Studies*
ODCC	*Oxford Dictionary of the Christian Church.* Ed. F. L. Cross. London and New York: Oxford University Press, 1977.
rev.	revised
RSV	Revised Standard Version
TB	*Tyndale Bulletin*
TDNT	*Theological Dictionary of the New Testament.* 10 vols. G. Kittel and G. Friedrich, eds.; trans. G. W. Bromiley. Grand Rapids: Eerdmans, 1964-76.
TNTC	Tyndale New Testament Commentaries
TOTC	Tyndale Old Testament Commentaries
trans.	translated by
TrinJ	*Trinity Journal*
vol.	volume
WBC	Word Biblical Commentary
WTJ	*Westminster Theological Journal*

序　言

筆者撰寫本書的目的，是為了學生們，而不是為了其他教導神學的老師們（雖然我也希望他們當中許多人也會閱讀此書）。其實也不只是為了學生，更是為了每一位渴慕更深地明白聖經之核心教義的基督徒。

這也就是為何筆者原來一直稱此書為「聖經教義導論」。筆者努力使這本書深入淺出，因此即使是以前從未研讀過神學的基督徒，也都能明白這本書的內容。筆者在使用專門術語之前，都會先加以解釋，而且本書大多數篇章都各自獨立，因此讀者可以從任何一章開始研讀，而不需先閱讀前面的資料，才能了解後面的內容。

雖然這本書是屬於導論類的，但這並不表示其內容是膚淺或簡化的。筆者深信，只要教導時有清楚的表達，而且不使用高深的專門術語，那麼大多數基督徒都應該能夠明白聖經教義到相當的深度。所以，對於某些看起來需要處理的神學爭論，筆者就會毫不遲疑地在本書中討論一些細節。

不過，雖然這本書這麼厚重，它仍是一本系統神學的**導論**。本書各章涵蓋許多的主題，而各章也引用許多的經文，因此每一章都可以打開另外的研究之門，使得那些有興趣的人可以作更深、更廣的研究。在各章和各部分末了所列的書目，就可以在這方面幫助讀者。

本書的特點有以下六項，它們乃是從筆者對於「系統神學是什麼？應該如何教導它？」的信念中所產生出來的：

一、清楚的聖經基礎

本書的第一個特點，乃是它所教導的教義都有清楚的聖經基礎。因為筆者相信神學應當清楚明確地以聖經的教導為基礎，所以在每一章裏，筆者都盡量表明所討論的教義有何處聖經經文的支持。事實上，因為筆者相信聖經的話語本身就有能力和權柄，勝過任何人的話語，所以筆者不只是會提到支持經文的出處，而且還經常會長篇地引用經文，好讓讀者們可以很容易就自行檢視聖經的證據；這樣，讀者們就會像賢達的庇哩亞人一樣，「天天考查聖經，要曉得這道是與不是」（徒17:11）。筆者的信念——聖經即神話語的這個獨特本質——也使得筆者在每一章的開始之處就列了一段背誦經文。

二、清晰的教義解釋

本書的第二個特點，乃是它有清晰的教義解釋。筆者不相信神的意思是要我們研究神學以後卻產生混淆和挫折。一個上過神學課的學生，若得到的只是對教義上的不肯定，和千百個沒有答案的問題，那麼他就幾乎不能「將純正的教訓勸化人，又能把爭辯的人駁倒了」（多1:9）。因此，筆者盡量清楚地陳述本書在各教義上的立場，並且指出在聖經中所找到可支持那些立場，並令人信服之經文。筆者並不期待每一位研讀本書的人都會同意筆者在每一項教義上的立場，但是每一位讀者都會明白有哪些立場是筆者所支持的，並知道支持那些立場的經文出處。

為了讀者的好處，筆者認為最好在本書一開始，就先針對有關在基督教福音派中尚有爭議的幾點教義，說出自己的信念：(1) 筆者堅信聖經無誤的保守觀點（見本書第五章），十分同意「聖經無誤性國際會議」（International Council on Biblical Inerrancy）所發表的《芝加哥宣言》（Chicago Statement，見附錄1）；(2) 筆者也堅信傳統改革宗有關於神的主權與人的責任（見本書第十六章）、贖罪的程度（見本書第二十七章），和預定的問題（見本書第三十二章）等之立場；(3) 筆者還同意改革宗的觀點，堅信真正重生的人絕不會失去他們的救恩（見本書第四十章）；(4) 關於男女之間的關係，筆者所支持的不是傳統的立場，也不是女權主義的立場，而是「男女互補」（complementarian）的立場；也就是說，神創造男人和女人，在價值和人格上是平等的，在具有神的形像上也是平等的，但是在神的創造和救贖上都指明，男女雙方在婚姻中（見本書第二十二章）和在教會中（見本書第四十七章），各有其獨特的角色；(5) 在教會治理方面，筆者主張一種改良的會眾制形式，由多數的長老共同治理（見本書第四十七章）；(6) 筆者支持浸信會式對洗禮的觀點，即只有那些表明出可信任的認信之詞的人，才可以受洗（見本書第四十九章）；(7) 筆者認為，「聖靈的洗」一語用來指歸正一事較佳，而歸正之後的經驗稱作「被聖靈充滿」較佳（見本書第三十九章）；(8) 不只如此，筆者認為，所有在新約聖經裏所提及的屬靈恩賜，今日仍舊有效；不過，「使徒」乃是一項職分，而非恩賜，而且該職分在今日不再有了（見本書第五十二、五十三章）；(9) 筆者相信，基督的第二次降臨可能發生在任何一天，這是前千禧年派的觀點；換句話說，主的再來是在千禧年之前的，亦即主的再來標示出祂在地上治理完全平安的一千年之開始；然而主的再來將在大災難之後，也就是說，許多基督徒將經歷大災難（見本書第五十四、五十五章）。

但這不表示筆者就會忽視其他的觀點。在福音派內有爭議的教義上，筆者會盡量公平地陳述出其他的立場，並解釋為何自己不同意它們，而且提供最能論證反對立場的參考資料。事實上，筆者已在書中列出許多資料，可以幫助學生們很容易地就能根據他們自己的神學傳統，而在每一個主題上找到保守福音派之論述，因為在本書每一部分的後面都列有該部分的共同書目表，而此表是按宗派背景分類的，其中列出了三十四位福音派其他神學家的教科書裏相關討論的出處（假如筆者有疏忽，沒有準確地表達出別種反對的立場，那麼請支持該立場的人不吝指教，筆者將會在未來本書的修訂版中更正）。

三、生活的實際應用

本書的第三個特點，乃是它在生活上有實際的應用。筆者不相信神要讓神學的研究成為枯燥乏味的事，因為神學是研究神和祂所有的工作！神學的目的是要我們把它*活*出來，*禱告*出來並*歌唱*出來！所有聖經上所寫的偉大教導（例如保羅所寫的羅馬書），都充滿了對神的讚美和個人生活上的應用。因此之故，筆者在書中不時地加入一些應用的內容，並且在每一章開始時加入一首與該章主題相關連的讚美詩，又在每一章的最後加入「個人思考與應用」。真實的神學乃是「合乎敬虔的道理」（提前 6:3），而當人正確地研讀神學時，就會在我們基督徒的生命中帶來成長及敬拜。

四、福音派信仰的範疇

本書的第四個特點，乃是它著重在福音派信仰的範疇。筆者不認為一個真正的神學系統，是可以建構在我們所謂的「自由派」神學傳統之內——「自由派」就是指那些否認聖經具有絕對真實性的人，或說那些不認為聖經是神真實話語的人（見本書第四章有關聖經之權威性的討論）。因此，筆者在本書裏所引用的其他人的著作，大多數是屬於今日所稱較廣義的「保守福音派」——從偉大的改教家，約翰·加爾文和馬丁·路德，一直到今日福音派的學者等。筆者以福音派的身分寫作本書，並且也是為著福音派的人而寫。但這個意思不是說，那些在自由派裏的人之所有著作都沒有價值，而是說福音派和自由派之間的差異，幾乎總是歸結到對聖經本質及其權威之觀點的差異；對於聖經權威性之觀點有不同根基的人，在教義上所能達到彼此贊同的數量是寥寥無幾的。雖然筆者很感謝一些福音派的朋友們廣泛地批判自由派神學，而且教神學的老師們也可以出一些作業是要學生們去閱讀自由派神學的新近研究，然而筆者並不認為所有的人都被呼召去做這件事，而且也不認為廣泛地分析自由派的觀點會是最有助於建立一個正面、以整部聖經全然真實性為基礎之神學體系的途徑。事實上，有幾分像安徒生童話故事「國王的新衣」裏的男孩說出了事實：「國王根本沒有穿衣服！」筆者認為需要有人指出，對於有人說自由派神學家在教導聖經教義上提供了任何有意義的洞察力，是福音派作者未曾發現過的，這種說法根本是可疑的。

保守福音派的學術世界，是那樣的豐富又多樣，它提供了許多的機會，使人得以探究對聖經的不同觀點和洞見——許多人在這個優勢中卻身在福中不知福。筆者認為，我們能夠和許許多多的學者一同來研究聖經，而他們又都有這樣的信念為基礎——相信聖經是全然真實的，具有絕對的權威——因此我們至終對聖經的了解會更為深入。筆者在每部內容後面的共同書目表裏，所列可供互相參照的三十四種其他系統神學著作，就是反映了這項信念：雖然神學上的傳統可分為七大類——(1) 安立甘宗／聖公會、(2) 阿民念派／衛理會／循道會、(3) 浸信會、(4) 時代論、(5) 信義宗（路德會）、(6) 改革宗／長老會，和 (7) 靈恩派／五旬節派——但他們都堅信聖經的無誤性，而且也願意被稱為是屬於保守福音派的立場（除了這些三十四種保守福音派的著作外，筆者也在共同書目上加了兩種天主教神學的代表，因為他們在世界上的影響力是很深遠的）。

五、對教義合一的展望

本書的第五個特點，乃是盼望整個教會界在教義的合一上能有進步。筆者相信，我們仍然有很大的盼望，教會能更深入並更單純地明瞭教義，並且能克服以往的障礙，甚至是那些持續數世紀之久的老障礙。耶穌仍在作工，要使祂的教會完全，「可以獻給自己，作個榮耀的教會，毫無玷污皺紋等類的病，乃是聖潔沒有瑕疵的」（弗5:27）；祂也已將恩賜賜給教會，好裝備教會，「直等到我們眾人在真道上同歸於一，認識神的兒子」（弗4:13）。雖然教會過去的歷史可能叫我們氣餒，但是這些經文仍然是真實的，因此我們不應當放棄達成在教義上更多合一的盼望。事實上，在二十世紀裏，我們已經看見在聖約神學和時代論神學之間、在靈恩派和非靈恩派之間，都有了更多的了解，並達成在教義上更多的合一；不只如此，筆者認為，在過去幾十年裏，教會對聖經無誤性與屬靈恩賜的了解，也有顯著地成長。筆者相信，目前有關男女在婚姻中和在教會中之合宜角色的辯論，雖然產生了一些痛苦，但至終也會帶來教會對聖經教訓的更大了解。所以，筆者在本書裏不遲疑地再度提起一些過去的分歧（如洗禮、主的晚餐、教會治理、千禧年、大災難，和預定等），盼望至少在一些主題上，因著再度查考聖經而可以激勵人重新檢視這些教義，或促成一些運動——不只是帶出對其他觀點的更多了解和容忍，甚至也帶出教會中對教義的更大共識。

六、對教會要更深了解教義的呼籲

本書的第六個特點，乃是呼籲教會整體要更深地了解教義。筆者深信，在今日的教會裏，有一個十分迫切的需要，就是更多了解基督教的教義，或說是系統神學。不僅是牧師們和教師們需要更深地明瞭神學，*教會整體*也是一樣。靠著神的恩典，有一天我們各地的教會將充滿能夠駕輕就熟地*討論*、*應用*，並*活出*聖經教義的基督徒們，就像他們能夠討論自己職業或嗜好上的細節那樣，或像他們能夠細數所喜愛之球隊或電視節目那樣。基督徒並非缺少什麼能力來了解教義，他們只是需要以一種他們能懂得的方式來了解教義。一旦有了這樣的方式，筆者認為，許多基督徒就將發現明瞭（並活出）聖經的教義，會是他們最大的喜樂之一。

致謝

有許多人曾協助筆者完成此書。首先要提到的是筆者的學生們，包括過去的學生和現在的學生，包括在明尼蘇達州聖保羅市的伯特利學院的，和其後在三一神學院的。他們在課堂上深思熟慮又富有洞察力的討論，影響並貢獻了本書每一章節的內容。

神也很祝福筆者，使筆者從一些傑出的打字好手得著幫助。Sherry Kull在好幾年前就開始為本書的原稿打字；之後，Mary Morris、Ron Tilley、Kathryn Sheehan、Shelly Mills、Rebecca Heidenreich、Jenny Hart和Carol Pederson又幫忙打了幾個部分。原稿最大的一部分是由Tammy Thomas打字的，她打字的技術極佳，又很仔細，她也幫忙做了一些編輯的工作。Andi Ledesma和Joyce Leon也很樂意地幫忙做了好幾次的複印工作。最後，Kim Pennington既忠實又準確地將編輯過程中所產生的許多更正和改變，都打字進去。對於他們所有的幫助，筆者都衷心地感激。

John O. Stevenson在編輯書目方面做得非常好，而Don Rothwell則完成了相當部分與其他神學教科書的相互對照書目。H. Scott Baldwin、Tom Provenzola和Mark

Rapinchuk在校對和搜尋圖書館資訊方面，也幫了很大的忙。Mark Rapinchuk還編輯了作者及經文索引。Beth Manley在校對上提供了絕佳的幫助。George Knight III、Robert Reymond、Harold Hoehner、Robert Saucy、Doug Moo、Tom Nettles、Tom McComiskey、Doug Halsne、Steve Nicholson、Doug Brandt、Steve Figard、Gregg Allison、Ellyn Clark和Terry Mortenson等人，為本書在不同的部分提供了詳盡的評論。Raymond Dillard好意地提供了一份西敏斯特信仰告白的電子檔案。Bruce Shauger幾度解決筆者的電腦問題，而Tim McLaughlin則在最關鍵的時刻，修好了筆者的電腦。多年好友John Hughes也多次在電腦和文件印刷方面，給予筆者所切需的忠告。筆者的三個兒子在截稿日期將臨之時，也都幫了大忙：Elliot幫忙做圖書館資訊搜尋，而Oliver和Alexander（還有Alexander的朋友Matt Tooley）則幫忙編輯並校正索引。

此外，還有一個人，他對於本書最後所呈現的面貌，比任何其他人的影響力都大；他就是David Kingdon，英國校園出版社（Inter-Varsity Press）的神學書籍編輯。他是一位敏銳、認真，又有智慧的編輯，他在這工作上的幫助遠遠超過筆者所期望的。他很仔細地逐章編輯，建議了一些應該更正、加添與刪減之處，又閱讀和思考了筆者大量備忘錄裏的論點。他在神學、聖經研究和教義歷史上的廣泛知識，對筆者有價值非凡的幫助；由於他工作的結果，使得這本書大大地改善了。此外，校園出版社的Frank Entwistle，以及桑德凡出版社（Zondervan Publishing House）的Stan Gundry、Jim Ruark和Laura Weller等人，在出版本書的諸多細節上，也都對筆者充滿了恩慈和耐心。

此外，若沒有三一神學院在1983年秋季、1985年秋季、1989年冬季，和1991年秋季，慷慨地讓筆者休安息假，這本書是不會完成的；筆者非常感謝校方董事會容許筆者有這些時日去寫作。筆者也十分感謝雙親——Arden和Jean Grudem——的支持，他們慷慨地在財務上幫助筆者，使筆者在這些安息假中和其他的時日中可以寫作。他們也一路上不斷地以禱告和他們堅定的信念鼓勵我——他們的信念就是相信，像本書這樣一本不用專門術語來寫的書，能幫助他們和成千上萬的基督徒讀得懂神學；他們認為，這本書對教會來說是很有價值的。

筆者認為，幾乎每一位認識筆者的人，都在某一個時刻曾為這個寫書計劃禱告——尤其是筆者這幾年在三一神學院所教的學生們，和許多教會裏的朋友們。筆者屢次感受到主回應那些禱告，因而賜予筆者幫助、健康和力量，以及不受打擾的自由，並想要完成此書的堅定願望。

筆者最感謝的是妻子Margaret以及三個兒子Elliot、Oliver和Alexander的支持。他們對筆者的忍耐、鼓勵、禱告、愛，在筆者的生活中不斷地成為一股喜樂的大源頭；為此，筆者感謝神。

筆者清楚地知道，這本書就像一切人所寫的書一樣，會有錯誤和疏忽之處，而且可能也有一些不正確的論點。如果筆者知道哪裏有這些失誤，就一定會盡力更正它們！所以，如果任何一位有心的讀者告訴筆者當修改或更正之處，筆者將無限感激。雖然筆者不敢保證一定會回覆每一封信，但是一定會思考每封信裏的內容，並且儘可能地更正。

「你們要稱謝耶和華，因祂本為善；

祂的慈愛永遠長存。」（詩118:29）

「耶和華啊，榮耀不要歸與我們，不要歸與我們。

要因你的慈愛和誠實，

歸在你的名下。」（詩115:1）

古德恩（Wayne Grudem）

使用說明

本書分七大部分，共有五十七章。在每一章前面均有背誦經文和詩歌，每一章後面均列出該章主要所用的一些特殊詞彙，並附有個人思考與應用和本章書目。每部後面又附有該部的共同書目。全書後面有詞彙解釋及主題索引。

背誦經文

作者教過的學生們經常提及，在聖經學院或神學院所學的任何課程裏，最有價值的部分之一，就是他們被要求背誦聖經經文了。「我將你的話藏在心裏，免得我得罪你。」（詩119:11）因此，作者在本書每一章都包括了一段合宜的經文，鼓勵讀者背誦。當這本書用於教學時，教師們也可以在可能的情況下，併入經文背誦，成為課程的要求之一。

詩歌

系統神學最佳的境界是帶來讚美。所以在本書每一章裏，作者都選了一首與該章主題有關的詩歌。在授課的情況下，學生可以在上課之前或之後唱該首詩歌。個別讀者在閱讀前後，最好也可以自己吟唱，或是安靜地默想歌詞。

所有引用的詩歌幾乎都能在一般教會使用的傳統英文詩歌本內找到。為什麼本書使用這麼多的老詩歌呢？作者自己說明，雖然許多廣為使用的現代崇拜詩歌深受大眾喜愛，可是在選擇能與基督教信仰偉大教義對應的詩歌時，那些教會歷史上偉大的老詩歌，其教義上的豐富與寬廣，是無與倫比的。

其次，在本書某些篇章裏，想選一首涵蓋該主題的詩歌，甚至連較為引申的意義，在現代詩歌裏有時都不太容易找到。這對於現代詩歌作者或許是一項挑戰，作者鼓勵今日的詩歌作者可以先研讀這些篇章，然後寫出反映聖經在不同主題上的教訓的詩歌。不過，在本書附錄3裏，作者還是選出了一些能對應系統神學主題的現代英文詩歌，可以用於全書五十七章其中的二十六章。

（註：本書多數詩歌歌詞為譯者所自譯，譯者在繙譯時著重忠於原作的歌詞，押

韻上或仍有不理想之處。讀者也可使用網站www.cyberhymnal.org找出詩歌，聆聽它的曲調，並讀其英文歌詞。）

個人思考與應用

每章末了的這些問題都專注在生活的應用。因為教義不僅要在智性的層面上讓人理解，也要在情感的層面上叫人感受得到，所以在許多章裏面，會放入一些問題，是問到讀者在面對教義時，其感受如何。這些問題對於那些願意花時間去反思教義的人，是十分有價值的。

每部共同書目與本章書目

在本書所選的書目裏，通常只列出今日稱之為保守福音派立場的作品。這是因為作者的目的，是為了要提供給學生一個幫助，讓他們可以就每一個主題接觸其他神學家，看看這些人如何處理該主題。而這些神學家就著聖經的本質這一主題而言，與本書有共同的信念，那就是聖經是全然真實的，是神賜給我們獨特的、具有絕對權威的話語。因為一旦我們離開了這個信念，神學立場的花樣就千奇百怪了。

本書的書目分兩種方式陳列：

第一種書目是*每部共同書目*：以部為單位，在每一部的末尾，集中以表格方式陳列，以便讀者對照。共列出三十四位保守福音派作者的著作，以及兩位具代表性的天主教作品。

第二種書目是*本章書目*，直接列在每章之後。這是作者針對每一章主題，除了*每部共同書目*已經列出的書之外，所提供更充足或較晚近的書目。

*每部共同書目*裏三十四位保守福音派作者的作品，按神學上的傳統分為七大類，在同一組合內的作者則按照時序排列。這七大類是：(1) 安立甘宗 / 聖公會、(2) 阿民念派 / 衛理會 / 循道會、(3) 浸信會、(4) 時代論、(5) 信義宗 / 路德會、(6) 改革宗 / 長老會，和 (7) 靈恩派 / 五旬節派。這是按照宗派的寬廣分類組合的，當然這分類也不盡周密，因為通常會有重疊——許多安立甘宗和浸信會的作者在神學上是屬於改革宗的，而在同一組合內的其他作者，在神學上可能是阿民念派的；許多時代論者也是浸信會的，而其他的則為長老會的，依此類推。不過，這些分類在福音派裏大致代表了彼此不同的神學傳統。

*每部共同書目*表格裏，人名前面所標示的年代，是每一作者的系統神學或主要神學論著最後一版的出版年代。在該作者沒有出版主要神學作品的情況下，這年代就代表了他活躍於教學與撰寫系統神學文章的年代。在這表格裏，各作者項目後的數目字，則代表所涵蓋的主題出現在其作品的第幾冊或第幾頁，書名用英文字母縮寫來代表。各書的全名與完整資料，以及三十六位作者的介紹，見本書附錄4。

辭彙解釋

*詞彙解釋*統整列出了針對本書每章末*特殊詞彙*的解釋。全部詞彙是按英文字母排序，括弧內所列的是該詞彙在本書最主要出現的地方，可供讀者查閱，對照該章更詳盡的解釋。

主題索引

*主題索引*是本書各章重要主題之彙編，按英文原書繙譯，並按英文字母排序。其後並附有兩種中英對照的檢字表，列出其中各主要主題的中英對照。

系統神學簡介

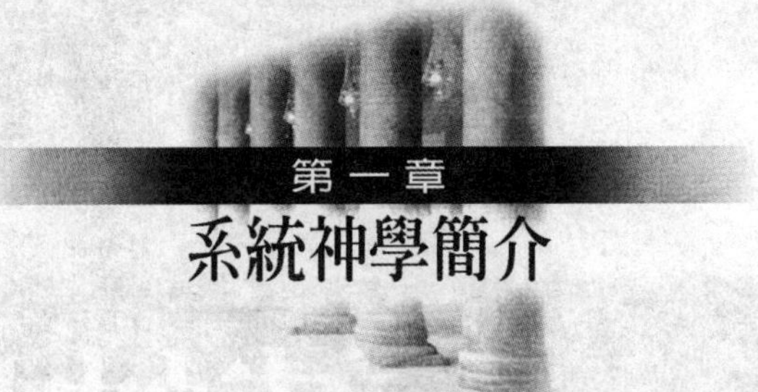

第一章
系統神學簡介

何謂系統神學？
為何基督徒應該研讀它？
應該如何研讀？

背誦經文：馬太福音28:18-20

耶穌進前來，對他們說：「天上地下所有的權柄都賜給我了。所以，你們要去，使萬民作我的門徒，奉父、子、聖靈的名給他們施洗。凡我所吩咐你們的，都教訓他們遵守，我就常與你們同在，直到世界的末了。」

詩歌：哦願我有千萬舌頭（*O, For A Thousand Tongues to Sing*）

1哦願我有千萬舌頭 前來讚美救主 說祂恩典何等深厚 榮耀何等豐富
2耶穌這名慰我心情 驅盡我的驚怯 是我安息是我生命 罪人耳中音樂
3祂打破罪轄制權力 釋放罪的囚徒 最惡罪魁寶血潔淨 我也得蒙恩恤
4我每靜念救我的愛 立即感覺不配 不知祂為什麼恩待 我這人中罪魁
5我今作祂愛的俘虜 甘心作到永久 因祂為我受死受辱 使我得以自由
6我既從你可愛的名 知你待我美意 假若我有千萬的心 也當一一歸你

詞：Charles Wesley, 1739
曲：AZMON, Carl G Gläser, 1828; arranged by Lowell Mason, 1839

在這一章，我找不著一首古代的或現代的詩歌，是為著我們能從聖經的浩瀚裏有研讀系統神學之特權而感謝神。所以，我就挑選了一首一般性讚美的頌詩了，這總是合宜的。（譯者註：後三節歌詞無英文原詞對應，是中文詩歌譯者自己寫的，但比原詩更美！）

A. 系統神學的定義

何謂「系統神學」？很多人都為之下過定義，但是就著本書的目的而言，我們將要使用以下的定義：*系統神學乃是對於任何一個主題，回應整本聖經今日對此主題的教訓之研究。*[1] 換句話說，系統神學乃是對於任何一個主題，研究「整本聖經今日是怎

[1]這個系統神學的定義，源自西敏斯特神學院（加州Escondido校區）的John Frame教授，筆者有幸在1971-73

麼教導我們的？」

這項定義指出，系統神學包括了收集聖經裏論及不同主題的所有相關經文，並且去了解它們，然後清晰地總結它們的教訓，使我們知道在每一主題上該信仰什麼。

A.1 與其他學科之間的關係

因此，本書所強調的，不是「歷史神學」（一種歷史研究，目的要知道不同時期的基督徒是怎樣地了解不同的神學主題）、或「神學哲學」（大量地研究神學主題，但卻不用聖經，而是用哲學推理的工具及方法，也使用藉觀察宇宙而得的有關神的知識）、或「辯道學」（為基督教信仰的真實性辯護，目的是要勸服不信者）。這三種學科都值得基督徒去研讀，而且有時候它們也被包含在廣義的「系統神學」一詞的定義內。事實上，在本書中也會看到筆者從歷史、哲學及辯道的角度所作的一些考量，這是因為歷史研究能告訴我們前人在了解聖經上所得的洞見與所犯的錯誤；哲學研究能幫助我們明瞭常見於我們的和其他的文化中思維方式的是非功過；而辯道學研究則能幫助我們使用聖經的教訓以回應未信者提出的反對。不過這些研究的領域都不是本書的重點，本書乃是直接地和聖經經文互動，以求明瞭聖經本身對於不同的神學主題要對我們說什麼。

假如有人喜歡使用上述廣義的*系統神學*之意，而不用前面我們曾定義過的狹義的意思，也不會有很大的不同。[2] 那些使用狹義定義的人必定會同意說，其他三個領域的研究確實對了解系統神學有正面的貢獻；而那些使用廣義定義的人也必定會同意說，歷史神學、神學哲學和辯道學是不同於系統神學的；系統神學針對不同的主題來收集並綜合所有的相關經文。不僅如此，雖然歷史與哲學的研究有助於我們對神學問題的了解，但只有聖經具有最終的權威，能定準我們所信仰的內容；[3] 所以，花些時間專注於分析聖經本身的教訓，是很合宜的。

按照我們所定義的，系統神學也與「舊約神學」、「新約神學」和「聖經神學」

年間受教於他的門下（賓州費城校區）。因為筆者不可能在本書每一處都感謝他，所以先在此表達對他的感謝。他對筆者之神學思想的影響，可能比任何其他人都更深，尤其是在系統神學之本質與聖道論這兩個重要方面，相信許多他從前的學生都會在之後的內容中，尤其是上述的兩個方面，看到Frame教授的教導。

[2]Gordon Lewis和Bruce Demarest創造了一個新名詞「整合神學」（integrative theology），意指廣義的系統神學，詳見他們的三冊大作*Integrative Theology*（Grand Rapids, Zondervan, 1987-94）。他們對於每項教義，都分析歷史上不同的看法和相關聖經經文，作出條理清楚的教義總結，回答哲學性的反駁，並提供實際應用。

[3]Charles Hodge曾說：「聖經包含了所有神學的事實。」（見其著作*Systematic Theology*, 1:15的標題。）他認為，從直覺、觀察或經驗所獲得的看法，惟有被聖經之教導所支持的時候，才能在神學上站得住腳。

不同。這三種學科的主題是按照聖經的歷史，以及它們在聖經裏出現的次序而編排的。所以，在舊約神學裏，我們碰到的問題可能是：「申命記對於禱告是怎麼教導的？」或是「詩篇對於禱告是怎麼教導的？」或是「以賽亞書對於禱告是怎麼教導的？」或甚至是「整部舊約聖經對於禱告是怎麼教導的？這個教導在舊約歷史裏是怎樣發展出來的？」在新約神學裏，我們碰到的問題則可能是：「約翰福音對於禱告是怎麼教導的？」或是「保羅對於禱告是怎麼教導的？」或甚至是「整部新約聖經對於禱告是怎麼教導的？這個教導在整個新約歷史的進展中是怎麼發展出來的？」

*聖經神學*在神學的研究上有其學術意義。它包涵了上述所定義的舊約神學與新約神學，所以範圍比較大。聖經神學特別注意聖經中*個別作者和個別段落*的教導，並注意每一個教導在*聖經歷史發展*中所佔的地位。[4] 所以，在聖經神學裏，我們碰到的問題可能是：「貫穿整個舊約到新約的歷史，對於禱告的教導是怎樣發展的？」當然，這個問題和「整本聖經對於禱告今日是怎麼教導我們的？」此一問題很接近（後者就是我們所定義的系統神學的問題了）。很顯然地，這些不同的學科常有重疊之處，即這學科的某些部分會和那學科交融在一起。可是它們之間仍有區別，因為聖經神學乃是追循教義在聖經歷史上的發展，並追循它在歷史發展裏的某些關鍵中所佔的地位，是如何地影響人對該特定教義的了解和應用。聖經神學也很注意聖經作者和他們原初的聽眾及讀者對每一項教義的了解。

不過系統神學與之不同；系統神學乃是運用聖經神學的材料，並且通常是建造在聖經神學研究的結果上。有些時候，尤其是當發展教義上需要注意許多細節時，系統神學甚至會用聖經神學的方法，來分析每一教義在聖經歷史長廊裏的發展。然而系統神學的焦點仍舊是不一樣的：它的焦點乃是在收集所有聖經經文關於某一特定主題的教導，從而作一總結。因此，舉例來說，系統神學所要問的問題就會是：「整本聖經對於禱告今日是怎麼教導我們的？」系統神學嘗試要使用簡短、易懂、嚴謹的規格陳述，來總結聖經的教導。

A.2 生活的應用

此外，系統神學十分注重它所總結的每一項教義，必須使當代的基督徒能夠明瞭。有時候它會使用一些名詞和觀念，是任何聖經作者未曾使用過的，但卻是融合兩

[4]「聖經神學」一詞似乎更貼切於筆者在本書所寫的「系統神學」。然而，「聖經神學」這個詞的用法在神學研究上已經非常確定，乃是專指在聖經歷史中追循各教義的發展，因此筆者若現在開始用*聖經神學*來指稱我所寫的*系統神學*，就只會造成混亂了。

位或更多聖經作者在某一特定主題上的教導，所得出的恰當結論。例如「三位一體」（Trinity）、「道成肉身」（incarnation）和基督的「神性」（deity），這些詞彙在聖經上原是沒有的，但以它們來總結聖經的觀念，卻是很有用的。

將系統神學的定義包含了「*教導我們*」的部分，就表示生活應用是學習系統神學中不可或缺的一部分。因此，研究一項教義，也必須由它在基督徒生活上的實用價值來看。我們在聖經中找不到一項被研究的教義，是為它自身或是脫離生活而存在的，聖經的作者們都一致地將他們的教導應用在生活上。因此之故，任何一位正在讀本書的基督徒都應該會發現，在他研讀本書的期間，他的基督徒生活變得豐富而深化了；實際上，假如讀者個人的屬靈生命沒有成長，那麼就表示筆者沒有把這本書寫好，或是讀者沒有正確地讀這本書。

A.3 系統神學與無序神學

如果按照我們所使用的系統神學定義，我們就會看見，其實大多數的基督徒在一個禮拜裏，都多次地在作系統神學所作的事（或至少說出系統神學的陳述）。例如：「聖經說，每一個信耶穌基督的人都會得救。」「聖經說，耶穌基督是惟一通向神的道路。」「聖經說，耶穌還要再來。」這些都是聖經內容的結論。像這樣的說法就是系統神學的陳述。事實上，每當基督徒說到整本聖經是怎樣教導的時候，在某種意義上來說，按照我們的定義，他就是在作「系統神學」所作的事──思考不同的主題，並回答這個問題：「整本聖經今日是怎麼教導我們的？」[5]

這樣說來，本書和大多數基督徒自己所作的「系統神學」有什麼差異呢？*第一*，本書乃是*嚴謹有序地整理*聖經的主題，以保證所有重要的主題都經過慎思明辨。這種整理也提供了一種檢驗，以防止個別的教義有不準確的分析，因為這樣被整理過的所有教義，都可以互相比較，它們在方法論上都是一致的，而且在教義之間也沒有矛盾。這種整理也助於確保互補教義的平衡：例如基督的神性與人性、神的主權與人的責任，經過嚴謹有序的整理之後，就不會因為只偏執全聖經的一面，而得著錯誤的結論。

事實上，*系統*神學裏的「*系統*」，應當理解為「嚴謹有序地整理各主題」的意

[5]Robert L. Reymond, "The Justification of Theology with a Special Application to Contemporary Christology," in Nigel M. Cameron, ed., *The Challenge of Evangelical Theology: Essays in Approach and Method* (Edinburgh: Rutherford House, 1987), pp. 82-104. 這裏引用了幾處新約的例子，都是說到搜尋全聖經的內容來證明其教義性的結論：路加福音24:25-27（及他處）的耶穌；使徒行傳18:28的亞波羅；使徒行傳15章的耶路撒冷大會；使徒行傳17:2-3; 20:27以及整卷羅馬書的保羅。此外我們還可以加上希伯來書1章（論及基督為神的兒子），11章（論及真信心的本質），以及保羅書信裏的許多地方。

思。有了這樣的理解，我們就會看到各個被研究的主題之間彼此契合一致，並且包含了聖經中所有重要的教義主題。因此，「系統」一詞的反面就是「隨機排列」或「無序不整」了。然而在系統神學裏的主題，都是以有次序的或「系統」的方法來處理。

第二，本書和大多數基督徒所作的系統神學之間的另一項差異乃是，本書比起大多數基督徒所作的更為*詳盡得多*了。舉例來說，一般的基督徒在固定讀經之後會說出這樣的神學敘述：「聖經說，每一個信靠耶穌基督的人都會得救。」這句話的結論完全正確，它是聖經所教導的一個主要教訓。可是在本書裏，我們要用數頁的篇幅來專門更準確地探討「信靠耶穌基督」是什麼意思，[6] 而且要用十二章的篇幅（第三十二至四十三章）來專門詮釋「得救」這個詞在多方面的涵義。

第三，正式研讀系統神學之後所下的聖經教訓之總結，可能會比基督徒自己沒有深究而得出的一般結論*更加精確*。在系統神學裏所作的聖經教訓總結，在用字上必須很精確，以防止被人誤解，並可排除錯誤的教訓。

第四，對於每一個特定的主題，好的神學分析必須要找出*所有的相關經文*，並公平地處理它們，而非只用一些或少數的相關經文。這一點通常表示我們必須依賴嚴謹的釋經所獲得的結果，而這種釋經是福音派註釋家通常所認可的。如果碰到在釋經上有相當大的歧異時，系統神學就要在某些點上詳盡地說明。

由於系統神學的研究涵蓋了很多主題，而且這些主題的分析也很詳盡，所以對那些第一次研讀系統神學或修這門課的人來說，有許多個人的信念不可避免地將會受到挑戰、修改、精鍊、拓深。因此之故，每一個人在開始上這門課時，最重要的乃是先下定決心，一旦發現任何自己的想法和聖經的教訓有明顯的牴觸，就要當它是錯誤的觀念而放棄。不過另外一方面也很重要，那就是要決心不單單因為本書或其他教科書或老師所說任何一個教義是真的，就去相信，除非本書或老師能夠從聖經經文本身來說服人。惟獨聖經——不是「保守的福音派傳統」或任何其他屬人的權威——具有定規範的權威；惟獨聖經才能定義什麼是我們當有的信仰。

A.4 何謂教義?

在本書裏，「*教義*」一詞的意思如下：*教義乃是整本聖經在某些特定的主題上，於今日所給我們的教訓*。此一定義和我們前面對系統神學所下之定義，是直接相關的，因為它顯示出一個「教義」就是系統神學對於一個特定主題所作之研究而獲得的

---

[6]見本書第三十五章A節有關「得救的信心」之討論。

結論。在這樣的理解之下，教義的範圍可以包含很廣，也可以很窄。我們可以說「神論」是一個主要的教義範疇，包含了所有聖經今日教導我們有關神的事，不過，我們也可以將範圍縮小，只說到神的永恆，或三位一體，或神的公平等教義。[7]

本書按照七個主要的教義或研究範圍，分為七部：

第一部：聖道論

第二部：神論

第三部：人論

第四部：基督論與聖靈論

第五部：救贖之應用論

第六部：教會論

第七部：末世論

在每一個主要教義的部分裏，含有許多合適的特定教義。通常這些教義至少會符合以下三個條件中的一個：(1) 它們是聖經最強調的教義；(2) 它們在整個教會歷史上一直都是最重要的教義，而且對所有時代的所有基督徒都很重要。(3) 它們是對現今教會很重要的教義（雖然在這些教義中，有些教義在早先的教會歷史裏並未引起很大的注意）。第三類教義的例子，包括聖經的無誤性、聖靈的洗、撒但與鬼魔（尤其與屬靈爭戰有關者）、新約時代的屬靈恩賜、男人與女人的受造（與今日對男人與女人合宜之角色的了解有關）等教義；因為這些教義和現代的處境有關，所以它們在本書裏所受到的重視，比起大多數傳統的系統神學教科書要更多了。

最後，系統神學和「*基督教倫理學*」有什麼差異呢？雖然在神學研究與倫理學研究之間有一些不可避免的重疊，但筆者認為它們的差異乃在於所強調的重點不同。系統神學的重點是在於神所要我們*相信*、*明白*的事，而基督教倫理學的重點則在於神所要我們*去做*的事和要我們有的*態度*。這樣的區分可以反映在以下的定義裏：*基督教倫理學乃是對於任何一個處境，研究「神今日要求我們去做什麼，以及神要求我們要有怎樣的態度？」*由此可見，神學的重點是在觀念，而倫理學的重點是在生活中的處境。神學告訴我們應當如何思想，而倫理學則告訴我們應當如何生活。舉例來說，倫理學的教科書會討論到婚姻與離婚、說謊話與說實話、竊盜與財產擁有權、墮胎、節

[7] dogma是很接近doctrine的同義字，可是筆者在英文原書裏不用*dogma*一字，因為它通常是被羅馬天主教和信義宗的神學家所用，是指教會官方所贊同的教義。「*教義神學*」（dogmatic theology）即指「*系統神學*」（systematic theology）。

育、同性戀、政府的角色、兒女的管教、死刑、戰爭、照顧窮人、種族歧視等等。當然，神學和倫理學之間會有一些重疊的部分：神學一定要應用到生活裏（所以它通常會有幾分倫理學的味道），而倫理學則必然根基於適當的神觀與世界觀（所以它也會有幾分神學的味道）。

本書雖是系統神學，但在可將神學應用在生活上的地方，也會不諱言地將之提出來。不過若要看到基督教倫理學的全貌，仍必須要另有一本類似本書的教科書。

B. 本書的兩項假設

本書以兩項假設或預設立場開始：(1) 聖經是真確的；事實上，它乃是真理的惟一、絕對的標準；(2) 聖經上所說到的神是存在的，而且祂就是聖經所描述的那一位神：天、地與其中萬物的創造主。當然，我們還可以再加以調整、修飾或更深地去肯定這兩項預設立場，不過在此我們僅僅說明它們是我們的出發點。

C. 為何基督徒應當讀神學？

為什麼基督徒應當讀神學呢？換句話說，為什麼我們應當就特定的主題，收集許多聖經經文，並且總結其教訓呢？為什麼在我們的生活中，單單是每天持續地、規律地讀經，還是不夠的呢？

C.1 基本的原因

關於這個問題的回答有很多，可是它們通常給人留下一個印象，即以為系統神學可以「改良」聖經，因為它是有系統地整理或解釋聖經的教訓，好像作得比聖經本身好，又把聖經的教訓解釋得更為清楚。但這麼一來，我們就不知不覺地在否認聖經的清晰性（見第六章）或充足性（見第八章）了。

雖然如此，耶穌還是命令祂的門徒們，今日也命令我們，要**教導**信徒遵守所有祂所吩咐我們的：

> 「所以，你們要去，使萬民作我的門徒，奉父、子、聖靈的名給他們施洗。凡我所吩咐你們的，都**教訓他們遵守**，我就常與你們同在，直到世界的末了。」（太28:19-20）

狹義地來說，要在現今教導「凡耶穌所吩咐的」，就是只教導福音書中所記錄、耶穌口頭上說過的教訓。但廣義地來說，「凡耶穌所吩咐的」包括了祂的生平事蹟和其教導的解釋與應用，因為在使徒行傳的記載裏有這樣的含義：耶穌在祂復活以後，仍然透過使徒們**繼續**做事和教導（請注意使徒行傳1:1所提到的：「耶穌**開頭**一切所行所教訓的」）。「凡耶穌所吩咐的」內容也可以包含使徒的書信，因為它們是在聖靈的監督下所寫成的，所以也可以被看成是「主的吩咐」（林前14:37；又見約14:26; 16:31；帖前4:15；彼後3:2；啟1:1-3）。由此看來，廣義地說，「凡耶穌所吩咐的」內容，包含了所有的新約聖經。

不僅如此，當我們思考到新約的內容表明出耶穌對舊約聖經有絕對的把握——舊約聖經是可靠的神話語，也具有神話語的權柄（見第四章）；又當我們明白到新約中的書信也支持舊約是神絕對有權柄之話語的觀念時，很明顯地，我們就不能夠說「凡耶穌所吩咐的」不包含所有的舊約（但要以各種的方法來正確地理解舊約在救贖史上新約時代的應用）。

所以，實踐大使命的工作就不只是傳福音而已，同時也包括了*教導*。廣義地來說，教導「凡耶穌所吩咐的」工作，就是教導人明白「整本聖經今日是怎麼教導我們的？」而要有效教導我們自己與別人，就必須在特定主題上*收集*並*總結*所有的經文。

舉例來說，如果有人問：「聖經對於基督再來是怎麼教導的？」我們可以這麼回答：「你只要不斷地讀聖經，就會明白的。」如果詢問者從創世記1:1開始讀，那麼需要很長的一段時間，他才會找到這個問題的答案。到那時候，他還會有許多的問題需要解答，那麼，他的未解問題清單就會變得很長了。又如其他這些問題：聖經對於聖靈的工作是怎麼教導的？聖經對於禱告是怎麼教導的？聖經對於罪是怎麼教導的？如果我們每一次碰到教義上的問題時，都要先讀完整本聖經再來尋求答案，那麼窮盡我們一生的時間也是不夠的。因此，我們要明白聖經的教導，就要去研究前人在各種主題上所得的結論，因為他們曾經研究了整本聖經，又找著各種主題的答案。這樣的作法對我們是很有助益的。

在我們教導別人的時候，如果能夠指出最有關連的經文，並且根據那些經文提供一個恰當的總結，那麼我們的教導就會非常有效果。提出問題的人可以自己很快地查究那些經文，因此也就能夠很快地學習到聖經在某一個主題上的教導。由此可見，要教導別人聖經中的教訓，就必須學習系統神學，這個必要性主要是因為我們的記憶有限，並且可任我們使用的時間也不足夠。

因此，研讀系統神學的基本原因是要*教導我們自己和別人整本聖經的教訓*，使我們藉此實踐大使命的第二部分。

C.2 對我們的益處

雖然研讀系統神學的基本原因是在於它成了我們順服主命令的一種方法，但這種研讀還會帶來更多特別的益處。

第一，研讀系統神學能幫助我們**勝過錯誤的想法**。如果沒有罪在我們心中的話，當我們從頭到尾地讀聖經時，即使不能立刻就學遍聖經的每一個教訓，但也極可能會學到關乎神和祂創造的許多真實教訓；而每當我們讀聖經時，都會學習到更多真實的教訓，並且我們不會悖逆或拒絕接受聖經上所寫的話。可是因為我們心中有罪，就會藏著一些對神的悖逆。對我們所有的人而言，總會在不同的方面，因為這個原因或那個原因，就是不願意接受聖經的教訓。研讀系統神學對於勝過那些悖逆的思想，是很有幫助的。

舉例來說，假如有一個人不想相信耶穌將會親身再回到地上來，那麼我們可以給這個人看一節或兩節講到耶穌再來到地上的經文，可是他可能仍舊會找到一個方法逃避那些有力的經文，或者把不同的意思讀入那些經文裏。但是如果我們收集了二十五或三十節講到耶穌將親身再來到地上的經文，而且把它們都寫在紙上，那麼這個不願意相信基督會再回來的朋友，就很可能會被這許多又廣又不同的聖經證據所說服。當然，對我們每一個人而言，都會有像上述那樣的領域，是我們對聖經教訓的了解不足之處。在這些領域裏，我們都應該接受「**整本聖經對該主題的全部教訓**」的挑戰，這對我們會有幫助，使我們更容易信服，翻轉我們起初錯誤的傾向。

第二，研讀系統神學能幫助我們將來在新出現的教義問題上，**作出更好的抉擇**。如果未來十年、二十年或三十年，主還沒有回來的話，我們不知道在我們所生活與服事的教會裏，會出現什麼新的教義爭論。這些新的教義爭論可能是一些過去沒有人曾經仔細研究過的問題，因此基督徒將會問：「對於這一個主題，整本聖經是怎麼教導的？」（對於聖經無誤論的確切本質，以及對於聖經所教導之屬靈恩賜的合宜認識，是兩項在二十世紀才興起之問題的例子，其強烈程度是在教會史上從未有過的。）

不論在未來的歲月會興起什麼教義爭論，那些好好學習過系統神學的人將會更有能力去回答新的問題。這是因為聖經中所說的每一件事，和聖經中其他的事之間都會有某種的關聯性——它們彼此都一致相和（至少在神所了解的實存之內，以及從神自己與受造界的本質來看，都是這樣的）。因此，新興的問題和我們從聖經已經學習過的問題，是多有關聯的。我們在早先的材料上學習得愈徹底，將來就愈有能力處理新的問題。

學習系統神學還有更多的好處。我們對於如何將經文應用到生活環境中所面臨的問題，比在正式的神學討論中還要更多。聖經對於夫妻關係是怎麼教導的？對於養育兒女呢？對於向工作中的同事作見證呢？聖經對於我們研究心理學、經濟學或自然科學，有什麼原則？對於我們用錢、儲蓄或財物奉獻是怎麼教導的？在每一個問題的領域裏，都有一些要遵從的神學原則；那些好好學習聖經裏的神學教訓的人，將更能作出討神喜悅的決定。

在這一點上，我們可以用拼圖遊戲作比方來幫助我們了解。假如整個拼圖代表「整本聖經今日在每一件事上所教導我們的」，那麼系統神學的課程就像是放進整幅拼圖的四周及一些主要部分的拼圖塊。但是因為我們並不完全知道聖經在每一件事所教導的每一點滴，所以我們的整幅拼圖就有了許多的間隙、空白等著放進新的拼圖塊。每當我們解決一項新的現實生活的問題，就如同放進了一個新的拼圖塊；因此，如果在開始的時候放對的拼圖塊愈多，在後來放進新的拼圖塊時就愈容易放對位置，犯錯的可能性就愈小。本書的目標就是要幫助基督徒在放「神學拼圖」時，儘可能地放進更多、更準確的拼圖塊，並且也鼓勵大家繼續在生活中放進更多、更準確的拼圖塊。我們在此所研讀的基督教教義將扮演著導引的角色，幫助大家在所有其他的領域裏——所有生活層面的所有真理——放進拼圖塊。

第三，研讀系統神學能幫助我們作一個成長的基督徒。我們愈多認識神，認識祂的話語，以及認識祂與世界和人類的關係，我們就愈能信靠祂，愈深地讚美祂，並且愈預備好來順服祂。正確地研讀系統神學，會使我們成為成熟的基督徒。假如不是的話，就表示我們沒有按照神所要的方式在讀系統神學。

事實上，聖經經常將正確的教義與基督徒靈命的成熟，聯在一起：保羅說到「那合乎敬虔的道理」（提前6:3），又說他身為使徒的工作，乃是「為了叫神揀選的人相信，並認識敬虔之事的真理」（多1:1，呂振中譯本）。反之，他指出所有種類的不順服與不道德，都是「敵正道」的（提前1:10）。

與這一點想法有關的是，我們應該要了解「主要教義」（major doctrine）與「次要教義」（minor doctrine）之間的分別。基督徒經常說，他們在教會裏要尋求「主要教義」上一致，但在「次要教義」上可允許有差異。筆者認為以下所訂的標準很有幫助：

> 主要教義是指對我們思想其他教義，或對我們過基督徒生活，有很大影響的教義。次要教義則是指對我們思想其他教義，或對我們過基督徒生活，影響較小的教義。

用這個標準來看，有些教義如聖經的權威（第四章）、三位一體（第十四章）、基督的神性（第二十六章）、因信稱義（第三十六章）等，就可以被視為是主要教義。若是有人對歷史上福音派所了解的這些教義有不同的看法，那麼就一定會在其他方面的教義上，與這些福音派的基督徒們產生很大的歧見。相比之下，對筆者來說，另一些教義如治理教會的形式（第四十七章）、有關主的晚餐的一些細節（第五十章），或大災難的時間（第五十五章），似乎是屬於次要教義。在這些次要教義上看法相左的基督徒們，也許能在其他每一項主要教義上有相同的看法，而且在基督徒的生活上也沒有太大的不同，彼此也能有真誠的交通。

當然，根據這一個標準，我們也會發現一些是介乎「主要」和「次要」之間的教義。舉例來說，基督徒對於洗禮（第四十九章）、千禧年（第五十五章），或救贖的程度（第二十七章）等教義的重要性，會有不同的看法。不過這是很自然的，因為許多教義對其他教義或對基督徒的生活，都會有一些影響力，然而我們對於它的影響力究竟是不是很大，就會有不同的意見了。我們甚至也會看出，教義之重要性的差別很大。我們可以這樣說，一個教義若對其他教義或對基督徒的生活愈有影響力，它就愈會變成「主要」的教義。教義之影響力的分量會隨著當時的歷史環境和教會需要而有所改變，因此，在這種情況下，基督徒若想要在他們特定的環境下決定什麼教義才是「主要」的教義，就需要求神賜給他們成熟的智慧和正確的判斷。

D. 回應反對研讀系統神學的兩種看法

D.1 結論太整齊劃一，不像是真的！

當系統神學的教訓彼此契合而一無矛盾時，有些學者就為這個原因而以懷疑的眼光來看待系統神學。他們的反對是說，系統神學的結論「太整齊劃一」了，所以一定是系統神學家把聖經的教訓動了手腳，塞進人造的模子裏，曲解了經文的真義，才會使它呈現出一套井然有序的信條來。

面對這樣的反對，我們有兩個回應：

(1) 首先要請反對的人告訴我們，我們究竟在哪些特定的點上解釋錯了聖經，然後我們就一定要好好研究那些經文。也許是有錯解經文，那麼我們就需要更正錯誤。

然而，在反對者的心中，也可能並沒有想到什麼特定的經文被解錯，或是知道曾有哪些最負責可靠的福音派神學家的作品，指出了錯解之處。當然，在*任何*聖經研究的領域裏，不只是在系統神學方面，那些不太稱職的學者作品中總是找得到不恰當的釋經，但那些「壞榜樣」所引起的反對，都不是針對他所研究的領域，而是針對不稱職的學者自己。

反對者要把反對之處說得明確，這點是很重要的，因為有時候這種反對是不知不覺地從我們文化中的一種懷疑觀而來的，那就是認為在任何的事理上，不可能找到放諸四海皆準的結論，甚至包括藉由神的話來認識神也一樣。這種對神學真理的懷疑觀，在現代大學校園裏是格外地普遍。在大學裏，若真的有人研讀「系統神學」，他們就只是從神學哲學和歷史神學的角度來讀——可能包括對撰寫新約之早期基督徒以及教會歷史上其他基督徒所相信的各種信念，作一歷史性的研究。在這種知識性的氣氛下，要如本章所定義的「系統神學」來作研究，是不可能的，因為知識性的研究會將聖經只看成是由許多人從不同的文化和經驗中、縱橫歷經一千年以上而寫成的；若想要找到整本聖經關於任何一主題的教導，幾乎和想要知道所有哲學家關於某一問題的看法一樣地令人絕望，因為這兩種情形——整本聖經和所有哲學家——都有許多不同的、而且常是彼此衝突的觀點。這種懷疑觀必須被福音派所撇棄，因為福音派乃是視聖經為人與神共同產生的作品，所以這個作品集所教導的有關神和有關祂所創造之宇宙的內容，是沒有矛盾的。

(2) 其次，筆者要說，在神自己的心思和實存本身的性質中，所有*真實*的事實和理念都是相互一致的。所以，如果我們能正確地了解聖經裏關乎神的教訓，就應該期待所得的結論是彼此契合、相互一致的。這樣，聖經內在的一致性就支持了系統神學所作的任何一項結論，而非反對它了。

D.2 用主題來支配結論

另一個常見反對系統神學的看法，是關於主題的選擇與安排；甚至也包括反對這種按照主題——有時主題的分類和聖經本身的分類不同——來研究聖經的方法。為什麼要選擇研究*這些*神學主題，而不是研究聖經作者所強調的主題呢？為什麼主題*要照這種方式安排*，而不是照別種方式呢？也許反對者會說，雖然我們的傳統和我們的文化已經決定好要研究的主題與其安排的方式，以至於我們的神學傳統接受了系統神學的研究結果，但其實我們對聖經本身並不忠實。

另一種類似的反對是說，在有爭議的主題上，我們的出發點往往決定了我們的結論。舉例來說，假如我們開始時決定要強調神是聖經的作者，那麼我們就會以相信聖經是無誤的為結論；可是假如我們開始時決定要強調聖經的作者是人，那麼我們就會以相信聖經是有錯誤的作為結論。同樣地，假如我們開始時就是要強調神的主權，那麼我們的結論就會像加爾文派所說的；可是假如我們開始時就是要強調人的自由抉擇能力，那麼我們的結論就會像阿民念派所說的。[8] 其他主題也與此類似。這個反對意見

---

[8]見本書第十六章前言和G節有關*加爾文派*與*阿民念派*兩個詞的討論。

聽起來就好像是說，重要的神學問題可以用投錢幣的方法來決定出發點，而不同的出發點一定會產生*不同的、但一樣令人信服的*結論。

通常持這種反對意見的人會建議，避開這個問題的最好方法，就是根本就不要研讀或教授系統神學，只要將我們的主題研經限制在聖經神學的範圍之內，只去處理聖經作者本身所強調的主題，並陳述這些聖經主題在聖經裏的歷史發展就可以了。

我們對這種反對的回應，與我們在本章中所強調教導聖經之必要性，是很相關的。我們所選擇的主題不一定必須被限制是聖經作者們的主要關切，因為我們的目標是要找出今日在所有我們關切的領域裏，神所要求於我們的。

舉例來說，對於任何新約聖經的作者們來說，詮釋「聖靈的洗」，或女性在教會中的角色，或三位一體的教義，都不曾是他們*主要的*關切，但卻是今日我們非常關切的，因此我們必須尋遍聖經中與那些主題有關的經文（不論聖經中是否提到了那些特別的詞彙，也不論那些主題是否為原經文段落的主要關切），這樣我們才能夠明瞭並且向人說明，聖經對於那些主題是怎麼教導的。

與此不同的作法是（因為我們自己*會去思想*和那些主題有關的*事*），我們隨意地從一般感覺為合乎聖經教導的印象中，來建立我們對一個主題的看法；或可能只用一兩節仔細分析過的相關經文，來支撐我們的立場，可是這幾節經文並不一定保證能代表「神〔整全〕的旨意」（徒20:27）的平衡觀點。事實上，這種作法在今日的福音派圈子裏太普遍了，筆者認為我們可以將之稱為「不系統的神學」或甚至是「亂無章法的神學」！像這樣的作法太主觀，而且也過度地屈服於文化的壓力。它會導致教義上的支離破碎，擴散教義上的不穩定，使教會在神學上落入不成熟的光景，好像「小孩子……被一切異教之風搖動，飄來飄去。」（弗4:14）

至於對主題之選擇與排列順序的反對意見，沒有什麼能攔阻我們到聖經裏去尋找按*任何排列順序*之*任何*教義問題的答案。本書主題的排列順序是非常普通的一種，筆者採用它是因為它井然有序，易於學習與教學，然而讀者也可以照著自己想要讀的順序讀，所讀到的結論不會有所不同，而且其論點的說服力——假如它們都是從聖經裏正確導出的話——也不會有什麼減損。事實上，筆者猜想本書大多數的讀者都不會從第一章讀到第五十七章，而是從他們最有興趣的幾章讀起，然後再讀其他各章。這樣作沒有什麼關係，因為筆者是盡量把各章寫成獨立的單元，並且也在與其他章節有關連的地方加上了標示。不論讀者是先讀、後讀、還是在中間讀「新天新地」那一章（第五十七章），其論點、引用支持的經文都是一樣的，而結論也沒有不同。

E. 應當如何研讀系統神學?

那麼我們應當如何研讀系統神學呢？聖經提供了一些指引來回答這個問題。

E.1 帶著禱告的心

假如研讀系統神學是研讀聖經的一種方法，那麼聖經裏對於我們應該怎麼讀神話語的方式，就是我們的指引了。正如在詩篇119:18裏詩人所禱告的：「求你開我的眼睛，使我看出你律法中的奇妙。」我們應當禱告求神幫助我們明白祂的話。保羅在哥林多前書2:14告訴我們：「屬血氣的人不領會神聖靈的事，反倒以為愚拙，並且不能知道，因為這些事惟有屬靈的人才能看透。」因為研讀神學是一件屬靈的活動，所以我們在其中需要聖靈的幫助。

不論一個學習系統神學的人有多麼聰明，假如他不繼續禱告神賜給他一個能明白的心思、一顆能相信的謙卑心靈，並且又不保持一個與主同行的生活，那麼他就會誤解、不信聖經的教訓，會產生教義上的錯誤，而且他的心思與心靈只會變得更壞而不會變得更好。因此，學習系統神學的人應當在開始時就決心保守他們的生活遠離悖逆神的事，遠離會破壞他們與神之關係的任何罪惡。他們當決心很有規律地保持個人的靈修生活；他們應當繼續地禱告祈求明白聖經的智慧。

因為是聖靈賜我們能力，使我們能正確地明白聖經，所以我們需要知道，尤其是當我們不明白一些經文或一些聖經教義之時，該做的事乃是向神禱告求幫助。一般來說，我們所需要的不是更多的資料，而是更深的洞見來明白我們已經擁有的資料，而這一洞見是只有聖靈能夠賜予的（另參林前2:14；弗1:17-19）。

E.2 存著謙卑的態度

彼得告訴我們：「你們眾人也都要以謙卑束腰，彼此順服，因為神阻擋驕傲的人，賜恩給謙卑的人。」（彼前5:5）那些研讀過系統神學的人，會學習到許多聖經的教訓，也許是他們教會中其他的基督徒、或是比他們更早信主的親人，所不知道或不清楚的。他們也可能會發現，他們所明白的聖經教訓，是一些教會領袖還不明白的，甚至也可能是連牧師都已經忘記了或從來沒有好好學過的。

在所有這些情況裏，我們都很容易擺出一付驕傲的態度或帶著優越感來對待那些還沒有研讀過的人。但是如果任何一個人只是用這種對神話語的知識，在談話中贏得辯論，或貶低基督徒友人，或讓另一位信徒覺得他在主的工作中微不足道，那將是何等的醜陋啊！在這個點上，雅各給我們的忠告十分中肯：「你們各人要快快的聽，慢慢的說，慢慢的動怒；因為人的怒氣，並不成就神的義。」（雅1:19-20）他告訴我們，要用謙卑與愛心來傳授我們對聖經的了解：

> 「你們中間誰是有智慧有見識的呢？他就當在智慧的溫柔上，顯出他的善行來……惟獨從上頭來的智慧，先是清潔，後是和平、溫良、柔順，滿有憐憫，多結善果，沒有偏見，沒有假冒。並且使人和平的，是用和平所栽種的義果。」（雅3:13, 17-18）

如果我們正確地研讀系統神學，是不會得到讓我們「自高自大」的知識（林前8:1），而是會使我們謙卑和愛人。

巳.3 運用理性的推理

在新約裏，我們發現耶穌和新約的作者們，往往先引用一節經文，然後從中作出合理的結論：他們從聖經的話中作*推理*。所以，使用人的理解、人的邏輯和人的推理，從聖經的敘述中作出結論，是沒有錯的。雖然如此，在我們從聖經的話中作推理，並作出我們認為是正確的邏輯推論時，有時仍會犯錯誤。我們從聖經敘述裏所推演出來的結論，在其確定性或權威性上，並不等同於聖經敘述本身，因為我們的推理與作結論的能力，並非終極的真理標準──只有聖經才是。

那麼，我們使用推理能力，從聖經敘述中作出推論的限度何在呢？有兩件事實幫助我們回答這個問題：運用推理而得到經文敘述本身之外的結論，在研讀聖經時是合宜的，甚至也是必要的；聖經本身是真理的終極標準。這兩件事實合併起來指出：*我們可以使用推理能力，而對聖經中任何一段經文作推論，但這些推論不能與聖經別處經文的清楚教訓互相矛盾。*[9]

這個原則對於我們使用邏輯推理而從聖經經文作結論的事，加上了一道保護。因為我們認為的邏輯推論可能會是錯誤的，但聖經本身是不會有錯誤的。因此，舉例來說，我們讀聖經時發現父神被稱為神（林前1:3），子神被稱為神（約20:28；多2:13），而聖靈之神也被稱為神（徒5:3-4），由此我們可能推論說有三位神；但是我們又發現聖經明確地教導我們只有一位神（申6:4；雅2:19）。最後我們就要下結論說：我們所認為有關三位神的有效邏輯推論，是錯誤的；而聖經的教導乃是：(1) 神有三個有區分的位格（父、子、聖靈），每一個位格都是完全的神；以及 (2) 只有一位神。

我們不能透徹地了解這兩個敘述怎麼可能同時為真──它們加在一起就構成了一個*吊詭*（paradox，即「一個似乎矛盾的敘述，但其中兩部分都是真的」）。[10] 我們能

---

[9]這個原則也是採自西敏斯特神學院的John Frame教授（見本章註1）。

[10]這個定義採自The *American Heritage Dictionary of the English Language*, ed. William Morris (Boston:

接受吊詭（例如：「神有三個位格，卻是一位神」），因為我們有信心神至終全然知道關於祂自己和實存之本質的真理，而且在祂的了解中，吊詭裏的不同成分是完全調和一致的，即在這個點上，神的意念是高過我們的意念（賽55:8-9）。然而真正的矛盾（contradiction）（例如：「神有三個位格，而神又沒有三個位格」），則意味著神對祂自己和對實存的了解，至終有了矛盾，但這是不可能的。

當詩人說：「你話的總綱是真實；你一切公義的典章是永遠長存」（詩119:160），他的意思是說，不只神一句句的話是真實的，祂整體的話也是真實的，即祂話語的「總和」也是「真理」。至終而言，在聖經裏或在神自己的思想裏，都沒有內在的矛盾。

巳.4 藉著別人的幫助

我們要感謝神，祂在教會裏設下了教師（「神在教會所設立的，第一是使徒，第二是先知，第三是教師……」，林前12:28），我們應當讓那些有教師恩賜的人幫助我們明白聖經。這個意思是說，我們應當使用一些教師們所寫下的系統神學和其他的書

Houghton-Mifflin, 1980), p. 950 (first definition). 以下的字典也採用在本質上與之相同的意義：*Oxford English Dictionary* (1913 ed., 7:450), *Concise Oxford Dictionary* (1981 ed., p. 742), *Random House College Dictionary* (1979 ed., p. 964), *Chambers Twentieth Century Dictionary* (p. 780), 雖然它們也都註釋此字有「矛盾」的意思（但較不普遍）。將*Encyclopedia of Philosophy* ed. Paul Edwards (New York: Macmillan and The Free Press, 1967), 5:45 與John van Heijenoort所寫的"Logical Paradoxes"全篇專文比較（同書pp. 45-51），我們看到，如果paradox一字表示矛盾的意思，那麼他就不可能為哲學史上許多古典的吊詭提出解決之道了。

當筆者使用今日這些字典所定義之*吊詭*的基本意義時，我知道自己所用的定義和K. S. Hantzer所寫的「吊詭」（"Paradox" in *EDT*, ed. Walter Elwell, pp. 826-27）一文的意義有些不同：他認為*吊詭*的意義本質上是「矛盾」。雖然如此，筆者仍按著一般英文以及在哲學上所熟悉的意義來使用「*吊詭*」一字。對筆者來說，沒有一個字比它更好用來指那些看起來似乎是矛盾、但卻不是真正矛盾的事了。

然而，在現代福音派的討論裏，對於使用*吊詭*及其相關詞*二律背反*（antinomy）卻缺少一致性。有時候*二律背反*這個詞被當成筆者所謂的*吊詭*，即「一個似乎矛盾的敘述，但其中兩部分都是真的」（John Jefferson Davis, *Theology Primer* [Grand Rapids: Baker, 1981], p. 18就是一例）。在廣為人所讀的*Evangelism and the Sovereignty of God*, by J.I. Packer（London: InterVarsity Press, 1961）一書中，這樣的意義也獲得支持。在該書第18-22頁裏，Packer將*二律背反*定義為「表面看似的矛盾」（但他在第18頁裏承認他的這個定義與*Shorter Oxford Dictionary*的定義不同）。筆者認為這樣使用*二律背反*之詞的問題在於，這個詞在一般英文裏頗不常用，以至於它又增加了一個基督徒在了解神學時所要學的專有名詞；此外，這樣的意義是任何上述字典所不支持的，它們都是將*二律背反*定義為「矛盾」（例見*Oxford English Dictionary*, 1:371）。雖然這個問題並不嚴重，但是如果福音派學者能夠統一這些詞彙的用法，將會有益於彼此的溝通。

我們在系統神學裏肯定是能接受吊詭的；而且事實上，當我們對於任何一個神學主題的了解有限時，就不可避免地會看到它們。不過，我們要認定，基督教神學永遠不會肯定*矛盾*（即一組敘述中的兩句，其中一句否定另一句），這是很重要的；以下就是矛盾的敘述：「神有三個位格，而神又沒有三個位格」（前後半句的*位格*之意是相同的）。

籍，因為他們是神在教會歷史上所賜給教會的；這也是說，我們研讀神學也應當包括了與其他基督徒討論我們所研讀的內容。在那些與我們討論的人中，常有一些人是有教師恩賜的，他們能夠清晰地解釋聖經的教訓，幫助我們更容易了解聖經。事實上，在大學和神學院系統神學的課程裏，最有效的學習往往是發生在教室之外，是在那些自己想要明白聖經教義的學生們之間的非正式談話中。

巨.5 收集並明瞭相關的經文

我們在本章開始定義系統神學之時，就提到這一點了，可是我們在此需要說明其實際的過程。一個人是如何將聖經在某一主題上的所有經文，作成一個教義性的總結呢？可能很多人認為研讀本書所涵蓋的主題，再研讀其中所引用的經文就夠了，但是可能有些人想要在某一個特定的主題上，更深度地研讀聖經，或者研究其他本書未涵蓋到的一些新主題。那麼，一個人要如何在某些新主題上，或是在他任何一本系統神學教科書上所沒有明確討論過的主題上，研究聖經的教導呢？

研究的過程大概是這樣的：

(1) 找出所有相關的經文。這一步的最好助手就是一本好的經文彙編（concordance），它可以幫助我們藉著鑰字和鑰詞而找出處理這主題的經節。舉例來說，要研究「人是照著神的形像和神的樣式而被造的」的意義，就要先查出「形像」、「樣式」和「創造」出現的經節（「人」和「神」兩字在聖經中出現得太頻繁，以至於查經文彙編反而沒用）。要研究禱告的教義時，許多字都可以查（禱告、代求、求、懇求、承認、認罪、讚美、感謝、謝恩等等）；但可能所列出的經節會變得太多，不易掌握，以致研究者可能就只好瀏覽彙編所列的出處，而不查看經文內容了；或者這個查詢要再分成幾段，要不然就要用其他的方法作限制。此外，也可以用這樣的方法來得到相關的經文：先思想整個聖經所涵蓋的歷史，然後再查考可提供與該主題有關資料的段落；舉例來說，若要研究禱告，就可以研讀幾段經文：哈拿求兒子的禱告（撒上1章）、所羅門獻殿時的禱告（王上8章）、耶穌在客西馬尼園的禱告（太26章及其平行經文）等。除了以上所列兩種方法，即查經文彙編和閱讀可以找到的與此主題相關的經文外，另外還可以在一些系統神學書籍裏找出相關的內容來研讀；這一步常常會幫助我們找到一些在經文彙編中所沒有列出的其他經文——因為有時那些經文裏沒有經文彙編中所用的鑰字。[11]

[11]舉例來說，筆者有幾位學生的論文曾提到，約翰福音裏沒有說到基督徒應該怎樣禱告，因為他們查了經文彙編以後，發現約翰福音裏沒有用作名詞的禱告（prayer），而動詞的禱告（pray）只在第14, 16和17章裏出現了

(2) 第二步是讀經，作筆記，並嘗試從相關經文的重點中作一總結。有時候不同經文中的主題重複出現，因此就比較容易作出總結。但有時候會遇到難解的經文，那麼這時就必須花時間作深度的研讀（一遍又一遍地讀此經文的上下文，或者用專門的工具書如註釋書和字典等），直到得著滿意的了解為止。

(3) 最後一步，將不同經文的教導總結為一點或數點的結論，要確定是聖經對於該主題所肯定的。自己所作之總結的形式，不一定要和別人在同一主題上所得結論的形式完全相同，因為我們每一個人在聖經裏都可能看見別人所沒有看見的，而且我們也可能和別人對該主題的結構或所強調的重點有不同的看法。

不過，如果可能的話，在此步驟中研讀幾本系統神學書籍裏的相關章節，也是很有助益的。這麼做可以提供一種查核，對我們防止錯誤和失漏很有用，而且這麼做也常常能使我們學習到別人的看法與論點，因此會讓我們去修改或加強我們的觀點。假如我們發現別人的論點與結論和我們的差異很大時，就必須適當地描述這些論點，然後作出回應。有時候其他的神學書籍會提醒我們過去教會歷史上所提出歷史的或哲學的考量，這些都會提供我們額外的洞見，或警告我們防止錯謬。

以上所略述的過程對任何能讀經和能用經文彙編的基督徒而言，都是可能做到的。當然，我們會隨著時間、經驗和成熟度，使這個過程變得更快、更準確；如果基督徒普遍都能花更多的時間，為他們自己研究聖經專題，並且用上述的方法來作出結論，那麼對教會的益處就會極大；不但會有大喜樂成為我們發掘聖經主題的報償，而且也會增加我們——尤其是牧師和那些帶領讀經的人——在明白和教導聖經上的新鮮感。

巳.6 發出喜樂與讚美

研究神學不僅是研究知識上的理論，也是研究永活之神和祂在創造及救贖領域裏所有奇妙的工作，因此我們不能研究這個課題而了無熱情！我們必須愛神所是的一切、神所說的一切，和神所做的一切。「你要盡心、盡性、盡力愛耶和華你的神。」（申6:5）我們對研究聖經裏的神學的態度，應當是如詩篇139篇的作者一樣：「神啊，你的意念向我何等寶貴！」（詩139:17）當我們研究神話語的教訓時，經常會發現我們的心自然地迸出讚美與喜悅，這是一點兒也不奇怪的，如詩人所的：

「耶和華的訓詞正直，
　　能快活人的心。」（詩19:8）

四次，都是與耶穌自己的禱告有關。這幾位學生忽略了約翰福音中幾處重要的經節，因為在那些經文中所使用的字是*求或祈求*，而不是*禱告*（約14:13-14; 15:7, 16等）。

「我喜悅你的法度，
　　如同喜悅一切的財物。」（詩119:14）
「你的言語，在我上膛何等甘美，
　　在我口中比蜜更甜。」（詩119:103）
「我以你的法度為永遠的產業，
　　因這是我心中所喜愛的。」（詩119:111）
「我喜愛你的話，
　　好像人得了許多擄物。」（詩119:162）

通常基督徒在研究神學時，其反應應該和保羅在羅馬書11:32結束之後的反應類似：他在沉思一長段的神學論點之後，接著就因神藉著他表達出教義的豐富而發出喜樂的讚美：

「深哉，神豐富的智慧和知識！
　　祂的判斷何其難測；
　　祂的蹤跡何其難尋！
『誰知道主的心？
　　誰作過祂的謀士呢？』
『誰是先給了祂，
　　使祂後來償還呢？』
因為萬有都是本於祂，倚靠祂，歸於祂。
　　願榮耀歸給祂，直到永遠！阿們。」（羅11:33-36）

個人思考與應用

1. 本章以何種方式（如果有的話）改變了你對系統神學的了解？在讀本章以前，你對研究系統神學的態度是什麼？現在的態度呢？
2. 如果一個教會或一個宗派，放棄研讀系統神學長達一世代之久或更久的時間，可能會發生什麼情況？這是你教會的實況嗎？
3. 在本書的目錄中，你是否看到其中的一些教義，如果更仔細地去了解其內容的話，會在你今日的生活中幫助你，解決你個人的問題？有什麼屬靈的和情緒的危險，是你個人在研讀系統神學時需要當心的？
4. 請向神禱告，使你在這次研讀這些基本的基督教教義時，成為你屬靈成長、與祂親密相交的契機，也成為你正確明瞭聖經教訓並應用它的時刻。

特殊詞彙

辯道學（apologetics）
聖經神學（biblical theology）
基督教倫理學（Christian ethics）
矛盾（contradiction）
教義（doctrine）
教義（dogma）
教義神學（dogmatic theology）
大使命（Great commission）
歷史神學（historical theology）
主要教義（major doctrine）
次要教義（minor doctrine）
新約神學（New Testament theology）
舊約神學（Old Testament theology）
吊詭（paradox）
神學哲學（philosophical theology）
預設（presupposition）
系統神學（systematic theology）

本章書目

Baker, D. L. "Biblical Theology." In *NDT*, 671.

Berkhof, Louis. *Introduction to Systematic Theology*. Grand Rapids: Eerdmans, 1982, pp. 15-75 (first published 1932).

Bray, Gerald L., ed. *Contours of Christian Theology*. Downers Grove, Ill.: InterVarsity Press, 1993.

________. "Systematic Theology, History of." In *NDT*, pp. 671-72.

Cameron, Nigel M., ed. *The Challenge of Evangelical Theology: Essays in Approach and Method*. Edinburgh: Rutherford House, 1987.

Carson, D.A. "Unity and Diversity in the New Testament: The Possibility of Systematic Theology." In *Scripture and Truth*. Ed. by D.A. Carson and John Woodbridge. Grand Rapids: Zondervan, 1983, pp. 65-95.

Davis, John Jefferson. *Foundations of Evangelical Theology*. Grand Rapids: Baker, 1984.

________. *The Necessity of Systematic Theology*. Grand Rapids: Baker, 1980.

________. *Theology Primer: Resources for the Theological Student*. Grand Rapids: Baker, 1981.

Demarest, Bruce. "Systematic Theology." in *EDT*, pp. 1064-66.

Erickson, Millard. *Concise Dictionary of Christian Theology*. Grand Rapids: Baker, 1986.

Frame, John. *Van Til the Theologian*. Phillipsburg, N.J.: Pilgrim, 1976.

Geehan, E.R., ed. *Jerusalem and Athens*. Nutley, N.J.: Craig Press, 1971.

Grenz, Stanley J. *Revisioning Evangelical Theology: A Fresh Agenda for the 21st Century*. Downers Grove, Ill.: InterVarsity Press, 1993.

House, H. Wayne. *Charts of Christian Theology and Doctrine*. Grand Rapids: Zondervan, 1992.

Kuyper, Abraham. *Principles of Sacred Theology*. Trans. by J.H. DeVries. Grand Rapids: Eerdmans, 1968 (reprint; first published as *Encyclopedia of Sacred Theology* in 1898).

Machen, J. Gresham. *Christianity and Liberalism*. Grand Rapids: Eerdmans, 1923.（這本180頁的書是筆者認為最重要的神學研究著作之一，其中對各主要聖經教義有清楚概述，並逐條提出其與更正教自由派神學的重要差異，這些差異至今仍然沖擊著我們。在所有筆者教的神學入門課程，這本書都列為必讀參考書。）

Morrow, T. W. "Systematic Theology." In *NDT*, p. 671.

Poythress, Vern. *Symphonic Theology: The Validity of Multiple Perspectives in Theology*. Grand Rapids: Zondervan, 1987.

Preus, Robert D. *The Theology of Post-Reformation Lutheranism: A Study of Theological Prolegomena*. 2 vols. St. Louis: Concordia, 1970.

Van Til, Cornelius. *In Defense of the Faith*, Vol. 5: *An Introduction to Systematic Theology*. n.p.: Presbyterian and Reformed, 1976, pp. 1-61, 253-62.

________. *The Defense of the Faith*. Philadelphia: Presbyterian and Reformed, 1955.

Vos, Geerhardus. "The Idea of Biblical Theology as a Science and as a Theological Discipline." In *Redemptive History and Biblical Interpretation*, pp. 3-24. Ed. by Richard Gaffin. Phillipsburg, N.J.: Presbyterian and Reformed, 1980 (article first published 1894).

Warfield, B. B. "The Indispensableness of Systematic Theology to the Preacher." In *Selected Shorter Writings of Benjamin B. Warfield*, 2:280-88. Ed. by John E. Meeter. Nutley, N.J.: Presbyterian and Reformed, 1973 (article first published 1897).

________. "The Right of Systematic Theology." In *Selected Shorter Writings of Benjamin B. Warfield,* 2:21-279. Ed. by John E. Meeter. Nutley, N.J.: Presbyterian and Reformed, 1973 (article first published 1896).

Wells, David. *No Place for Truth, or, Whatever Happened to Evangelical Theology?* Grand Rapids: Eerdmans, 1993.

Woodbridge, John D., and Thomas E. McComiskey, eds. *Doing Theology in Today's World: Essays in Honor of Kenneth S. Kantzer*. Grand Rapids: Zondervan, 1991.

第1部 聖道論

第二章
神的道

神的話有哪些不同的形式？

背誦經文：詩篇1:1-2

不從惡人的計謀，不站罪人的道路，不坐褻慢人的座位；惟喜愛耶和華的律法，晝夜思想，這人便為有福。

詩歌： *願主為我擘開生命的餅*（*Break Thou the Bread of Life*）

1 願主為我擘開生命的餅 就像當日傍海對眾所行
靠這聖書引導我尋求你 我主神的活道我渴慕你
2 哦主你是我的生命的餅 你的聖言真理已拯救我
教我充滿神愛渴慕真理 你雖在天我仍與你同活
3 求主賜下智慧啟示的靈 觸摸我的心眼能看見你
解開你話語裏隱藏真理 使我在聖書中能朝見你
4 親愛的主祝福你的真理 像你為餅祝福在加利利
好叫捆綁都脫鎖鍊都落 以你為我安息為我一切

詞：Mary A. Lathbury, 1877
曲：BREAD OF LIFE, William F. Sherwin, 1877

這首詩歌是一個禱告，不是求主給我們物質的餅，而是求從「生命的餅」所帶來的屬靈滋養。「生命的餅」是一個譬喻，是指被寫下來的神的話（第一節歌詞中的「聖書」），但也指基督自己（第一節歌詞中的「活道」）。

前言

「神的道」（Word of God）是指什麼？實際上，在聖經裏所用的「神的道」有幾種不同的意義，我們在一開始就釐清這些不同的涵義，有助於我們的研究。

A. 「神的道」指神子耶穌基督

有時候聖經把神的兒子稱作是「神的道」。在啟示錄19:13裏，約翰看見復活的耶穌在天上，就說：「祂的名稱為神之道。」同樣地，在約翰福音一開始時我們就讀到：「太初有道，道與神同在，道就是神。」（約1:1）約翰在這裏十分清楚地是在說神的兒子，因為他在第14節又說：「道成了肉身，住在我們中間，充充滿滿的有恩典有真理。我們也見過祂的榮光，正是父獨生子的榮光。」以上經節，也許再加上約翰一書1:1，是聖經中僅有的幾個例子，指出神的兒子是「道」或是「神的道」，所以這種用法並不普遍。可是這樣的用法指出了，在三位一體的三個位格中，乃是神子——藉著祂的位格與祂的話語——特別擔負起將神的性格傳達給我們、並且向我們表達神之旨意的角色。

B.「神的道」指神說的話

B.1 神的諭令

有時候「神的道」是以有權能的諭令（decree）之形式出現，它能使事件發生，或甚至能使物質存在。「神說：『要有光』；就有了光。」（創1:3）神甚至藉著祂權能的話語，創造了動物界：「神說：『地要生出活物來，各從其類；牲畜、昆蟲、野獸，各從其類。』事就這樣成了。」（創1:24）因此詩人會這樣說：「諸天藉耶和華的命而造；萬象藉祂口中的氣而成。」（詩33:6）

這些有權能、有創造力的神的話語，通常被稱為神的諭令——能促使事件發生的神的話語。神的這些諭令不只使得神在原初創造時的各事件發生，也使得萬有繼續存在，因為希伯來書1:3告訴我們，基督「常用祂權能的命令托住萬有。」

B.2 神親自對人說的話

有時候「神的道」是指*神親自對人說的話*（God's Words of personal address），即神藉著直接對地上的人說話，來與他們溝通。*神親自對人說話*的例子在整本聖經中都可見。在創造一開始時，神對亞當說話：「耶和華神吩咐他說：『園中各樣樹上的果子，你可以隨意吃；只是分別善惡樹上的果子，你不可吃，因為你吃的日子必定死。』」（創2:16-17）在亞當和夏娃犯罪以後，神仍舊*直接地*、*親自地*對他們說出咒詛的話（創3:16-19）。神直接親自對地上的人說話另一個很著名的例子，就是頒布十誡：「*神吩咐這一切的話*，說：『我是耶和華你的神，曾將你從埃及地為奴之家領出來。除了我以外，你不可有別的神。』」（出20:1-3）在新約裏，當耶穌受洗時，父神從天上發聲說：「這是我的愛子，我所喜悅的。」（太3:17）

在這些和其他一些神親自對個人說話的例子裏，聽到的人都非常清楚這些話真的就是神的話語：他們確實聽到了神的聲音，所以他們所聽到的這些話語具有絕對神聖的權威，也是絕對可靠的。不相信或不順服這些話語的任何部分，就是不相信或不順服神自己，所以就是犯罪。

雖然我們都是將在聖經裏面神親自對人說的話看成是真正的*神的話*，但其實它們*也是「人的話」*，亦即是用人類普通的語言所說出來的話，是人能立刻明白的。但這個事實——神的話是用人的話說出來——並沒有限制了它們神聖的性質與權威：它們仍舊全然是神的話語，是神自己親口說出來的。

有些神學家認為，因為人的語言總是難免「不完全」，因此神以人類語言對我們說的任何信息，必定在其權威與真實性上受到限制。但是上述的經文和許多其他記錄神親自對個人說話的例子都沒有顯示出，當神以人類的語言說出祂的話時，其權威或真實性會受到任何的限制。其實反過來才是對的，因為這些話語總是讓聽到的人心中產生一種絕對的責任，使他們完全相信並順服它們。不相信或不順服它們的任何一部分，就是不相信或不順服神自己。

B.3 神藉著人的口所說出的話

聖經中記載到，神屢次興起先知並藉著他們講話。我們再一次地看見，雖然這些話是人的話，是透過普通人的口說出來的普通語言，可是顯然地，它們的權威與真實性一點兒也沒有減損；它們仍舊完全是神的話語。

在申命記18章裏，神對摩西說：

> 「我必在他們弟兄中間給他們興起一位先知像你；**我要把我的話放在他口中**（和合本譯作『我要將當說的話傳給他』），他要將我一切所吩咐的都傳給他們。誰不聽他奉我名所說的話，我必討誰的罪。若有先知擅敢託我的名，說我所未曾吩咐他說的話，或是奉別神的名說話，那先知就必治死。」（申18:18-20）

神對耶利米也作過類似的敘述：「於是耶和華伸手按我的口，對我說：『*我已將當說的話放在你的口中*（和合本譯作『我已將當說的話傳給你』）。』」（耶1:9）神對耶利米說：「我吩咐你說什麼話，你都要說。」（耶1:7；亦見出4:12；民22:38；撒上15:3, 18, 23；王上20:36；代下20:20; 25:15-16；賽30:12-14；耶6:10-12; 36:29-31等等）任何一個人若宣稱自己是為耶和華說話，但卻沒有從祂得著信息，都會受到嚴厲的懲罰（結13:1-7；申18:20-22）。

因此，神藉著人的口所說的話，也被視為與神親自對人說的話一樣地有權威，一樣地真實。當神的話語藉著人的口說出來時，其權威也沒有一點兒削弱。不相信或不順服它們的任何一部分，就是不相信或不順服神自己。

B.4 被寫成文字的神的話（聖經）

除了神諭令的話語、神親自對人說的話，和神藉著人的口所說出的話之外，我們在聖經中也看到有幾處例子，神的話語是*以文字形式*書寫出來的。我們首先看到的例子是在神頒布十誡的兩塊石版的敘述中：「耶和華在西乃山和摩西說完了話，就把兩塊法版交給他，是*神用指頭寫的*石版。」（出31:18）「這版……是神的工作，*字是神寫的，刻在版上*。」（出32:15-16; 34:1, 28）。

接著我們又看到摩西寫出神的話：

> 「*摩西將這律法寫出來*，交給抬耶和華約櫃的祭司利未子孫和以色列的眾長老。摩西吩咐他們說：『每逢七年的末一年……你要在以色列眾人面前，將這律法念給他們聽……使他們聽，使他們學習，好敬畏耶和華你們的神，謹守遵行這律法的一切話。也使他們未曾曉得這律法的兒女得以聽見，學習敬畏耶和華你們的神……』」（申31:9-13）

摩西所寫的這本書，就存放在約櫃的旁邊：「摩西*將這律法的話寫在書上*，及至寫完了，就吩咐抬耶和華約櫃的利未人說：『將這律法書放在耶和華你們神的約櫃旁，可以在那裏見證以色列人的不是。』」（申31:24-26）

接著，這一本神話語的書又加入了新的內容：「*約書亞將這些話都寫*在神的律法書上。」（書24:26）神命令以賽亞說：「現今你去，*在他們面前將這話刻在版上，寫在書上*，以便傳留後世，直到永永遠遠。」（賽30:8）再一次，神對耶利米說：「你將我對你說過的一切話都*寫在書上*。」（耶30:2；另參耶36:2-4, 27-31; 51:60）在新約裏，耶穌應許祂的門徒說，聖靈會叫他們想起祂——就是耶穌——曾說過的話（約14:26；另參16:12-13）。保羅也很有把握地說，他所寫給哥林多教會的話乃是「主的命令」（林前14:37；另參彼後3:2）。

我們必須再次注意，雖然這些話語大多是由人、用人的語言文字所寫下來的，但它們仍然被視為是神自己的話語。它們仍然有絕對的權威，是絕對的真實；不順服或不相信它們，就是犯了嚴重的罪，會招致從神而來的審判（林前14:37；耶36:29-31）。

神的話語被寫成文字，對我們有一些好處。首先，對以後的世代而言，它能將神的話語*更為準確地保存下來*。依靠記憶和口傳覆述的方法，來保存歷史上所得著的神的話語，比起用寫作記錄下來，是較為不可靠的（另參申31:12-13）。其次，被寫下來的神的話語*提供了讓人重複檢視的機會*，使人能夠仔細地研讀與討論，從而帶來更多的了解與更完全的順服。第三，被寫下來的神的話語，比起僅靠記憶與口傳保存的話語，能讓更多人容易取得。在任何時候，任何人都可以檢視它們，其取得性不會受到限制，亦即不是只有那些會背誦它們的人，或是當別人背誦時在場的人，才能得到神的話語。總而言之，當神的話語用文字保存下來時，其可靠性、恆久不變性與取得性，都大大地提高了，而且其權威與真實性都毫無減損的跡象。

C. 本書的焦點

在神的道的所有形式之中，[1] 本書研究系統神學的焦點乃是那些被書寫下來的神的道，亦即聖經。這種形式的神的道可供我們研究，可供大眾檢視，也可供重複查驗，又是相互討論的基礎。聖經告訴並指引我們認識道成肉身有位格的神的道，就是耶穌基督，我們今天在地上無法與祂的肉身同在，因此不能藉著親眼看見來效法祂的生命與教訓。

其他形式的神的道就不適合當作研究神學的首要基礎了。我們聽不見神諭令的話語，所以我們不能直接研讀神的諭令，只能透過觀察它們的結果去了解。神親自對人說話的形式，即使在聖經裏都是屬於不尋常的；不只如此，即使我們今天從神聽見了一些祂親自對我們說的話，我們也不肯定能完全準確地了解它、記住它、說清它，而且我們也不能使別人相信這一定是從神來的話語，即使它真的是如此。當新約正典完成時，神藉著人的口所說的話，就終止不再有了。[2] 因此，除了聖經以外，把其他形式的神的話語當作研究神學的首要基礎，都是不適當的。

對我們而言，研讀寫在聖經裏的神的話語，是最有益處的。神命令我們去研讀的，乃是那些被寫下來的神的話語。「晝夜思想（默想）」神律法的人是「有福的」（詩1:1-2）。神對約書亞所說的話也可以應用到我們身上：「這律法書不可離開你的口；總要晝夜思想，好使你謹守遵行這書上所寫的一切話。如此，你的道路就可以亨通，凡事順利。」（書1:8）保羅對提摩太所說的：「神所默示的，於教訓、督責、使人歸正、教導人學義，都是有益的」（提後3:16），就是聖經，是被寫下來的神的道。

---

[1]除了以上所提及的神的話語的形式之外，神還藉著不同的「普遍啟示」（general revelation）的方式來與人溝通。「普遍啟示」是指那些不僅只給某些人、而是普遍給所有人的啟示，它包括神藉著大自然而給予的啟示（見詩19:1-6；徒14:17），以及神藉著每個人心中內在是非感而給的啟示（羅2:15）。這兩種啟示在形式上都是非語言性的，所以筆者在本章討論神話語的不同形式時，就不包括它們了（見本書第七章E節有關普遍啟示的進一步討論）。

[2]見本書第三章有關聖經為正典的討論，以及第五十三章A節有關今日基督徒說預言之本質的討論。

個人思考與應用

1. 假如神從天上直接對你說話，或藉著一位現在活著的先知對你說話，而不是藉著聖經已寫成的話語，那麼你是否會更加留心祂的話？你是否會更願意相信或順服這樣的話語，多過聖經上所寫的話語？你認為你現在對於聖經的態度，是合宜的嗎？你能採取什麼積極的步驟，使你對聖經的態度更像神所要你有的那種態度？
2. 當你思想到神用許多的方式說話，並且神頻頻透過這些方式與祂的受造之物溝通，你是否能得出什麼結論，是關於神的屬性和關於會使祂喜樂的事？

特殊詞彙

神的諭令（decrees of God）

神親自對人說的話（God's Words of personal address）

神的道（Word of God）

本章書目

在許多的系統神學書裏，都沒有很仔細地處理本章的主題，不過通常在論及神話語的權威時，會涵蓋類似的資料。見第四章末的書目。

Kline, Meredith. *The Structure of Biblical Authority*. Grand Rapids: Eerdmans, 1972.

Kuyper, Abraham. *Principles of Sacred Theology*. Trans. by J. H. de Vries. Grand Rapids: Eerdmans, 1968, pp. 405-12 (originally published as *Encyclopedia of Sacred Theology* in 1898).

McDonald, H. D. *Theories of Revelation: An Historical Study, 1860-1960*. Grand Rapids: Baker, 1979.

________. "Word, Word of God, Word of the Lord." In *EDT,* pp. 1185-88.

Packer, J. I. "Scripture." In *NDT,* pp. 585-87.

Pinnock, C. H. "Revelation." In *NDT,* pp. 585-87.

Vos, Geerhardus. *Biblical Theology: Old and New Testaments*. Grand Rapids: Eerdmans, 1948, pp. 28-55; 321-27.

第三章

聖經乃正典

哪些書卷屬於聖經？
哪些書卷不是？

背誦經文：希伯來書1:1-2

神既在古時藉著眾先知多次多方的曉諭列祖，就在這末世藉著祂兒子曉諭我們，又早已立祂為承受萬有的，也曾藉著祂創造諸世界。

詩歌： 神的話語成肉身（*O Word of God Incarnate*）

[1]神的話語成肉身 從天而來智慧 真理永遠不改變 真光照亮幽晦
聖經發出你光芒 當受我們頌揚 照明步步腳前燈 世世代代發亮
[2]教會從主已接受 神聖寶貴禮物 聖經所發神真光 照亮全地萬族
它是神聖的器皿 內藏真理珠寶 基督天來的畫像 生命活潑之道
[3]聖經如真理旌旗 為主大軍招展 世上漫漫長夜中 它如光明標竿
又如海圖指南針 人生波濤安渡 迷霧暗礁流沙中 惟獨引向基督
[4]救主恩待你教會 成為純金燈臺 萬國之上發真光 一如輝煌古代
教導迷途天路客 走上聖經道路 直到烏雲盡消散 當面朝見救主

詞：William Walsham How, 1867
曲：MUNICH, 7.6.7.6.D, Meinigen Gesangbuch, 1693

前言

我們在上一章曾結論說，本書所要研究的是記在聖經裏的神的話語。然而在我們如此研究之前，必須先知道哪些著作是屬於聖經的，哪些不是。這是關於聖經正典的問題，我們將之定義如下：**聖經的正典（canon）乃是指所有被列在聖經內的書卷。**

我們切不可低估這個問題的重要性。聖經的話語是餵養我們靈命的話語，因此我們要再次肯定摩西對以色列人所說有關神律法的話：「因為這不是虛空與你們無關的事，乃是**你們的生命**；在你們過約旦河要得為業的地上，必因這事日子得以長久。」（申32:47）

不論是增加或刪減神的話語，都會使得神的百姓不能完全地順服神，因為刪去神的話會使百姓無從得知神的命令，而增加神的話則會多要求百姓去做神沒有命令他們去做的事。因此，摩西警告以色列人說：「所吩咐你們的話，你們不可加添，也不可刪減，好叫你們遵守我所吩咐的，就是耶和華你們神的命令。」（申4:2）

所以，準確地決定什麼是聖經的正典，是極為重要的事。如果我們要絕對信靠順服神，就一定要確定哪些書卷才是神自己對我們所說的話。如果我們對任何一段經文有懷疑，不知道它是不是神的話語，那麼我們就無法確定它具有絕對神聖的權威，也不會信靠它像信靠神自己那樣。

A. 舊約正典

關於正典的想法是從哪裏開始的？換句話說，從什麼時候開始，以色列人認為應當集結保存那些被寫下來的、從神而來的話語？

A.1 舊約歷史的見證

聖經本身見證了正典的歷史發展。最早收集的被寫下來的神話語乃是十誡，因此十誡就成了最早形式的聖經正典。神自己在兩塊石版上寫下了祂所吩咐祂百姓的命令：「耶和華在西乃山和摩西說完了話，就把兩塊法版交給他，是神用指頭寫的石版。」（出31:18）而且我們又讀到：「這版……是神的工作，字是神寫的，刻在版上。」（出32:15-16；另參申4:13; 10:4）這石版存放在約櫃裏（申10:5），構成了神與祂百姓之間立約（covenant）的條文。[1]

在整個以色列歷史的時間中，所收集的從神而來的、具有絕對權威的話語愈來愈多。摩西自己寫下了一些話語存放在約櫃旁邊（申31:24-26，從這經文的上下文可明顯地看出，這是指申命記），而且從別處引用到摩西所寫過的話來看，舊約前四卷書也是他所寫的（見出17:14; 24:4; 34:27；民33:2；申31:22）。摩西死後，約書亞也寫下了神的話語：「約書亞將這些話都寫在神的律法書上。」（書24:26）我們若從摩西的命令來看：「所吩咐你們的話，你們不可加添，也不可刪減……」（申4:2；另參12:32）約書亞的做法是十分令人訝異的，因為摩西命令人不可加添也不可刪減神透過他所賜給百姓的話語。由此可見，當約書亞這樣做的時候，一定很清楚自己沒有違背這一項特定的命令；他不是在擅自添加神的話語，而是神自己授權他寫下更多神的話語。

後來在以色列歷史中，還有其他的人，通常是那些執行先知職分的人，寫下更多

---

[1]見Meredith Kline, *The Structure of Biblical Authority* (Grand Rapids: Eerdmans, 1972), 尤見p. 48-53, 113-30.

從神而來的話語：

「撒母耳將國法對百姓說明；又記在書上，放在耶和華面前。」（撒上10:25）

「大衛王始終的事都寫在先見撒母耳的書上，和先知拿單並先見迦得的書上。」（代上29:29）

「約沙法其餘的事，自始至終都寫在哈拿尼的兒子耶戶的書上，也載入以色列諸王記上。」（代下20:34；另參王上16:7，該經文稱哈拿尼的兒子耶戶為先知。）

「烏西雅其餘的事，自始至終都是亞摩斯的兒子先知以賽亞所記的。」（代下26:22）

「希西家其餘的事和他的善行，都寫在亞摩斯的兒子先知以賽亞的默示書上，和猶大、以色列的諸王記上。」（代下32:32）

「耶和華以色列的神如此說：『你將我對你說過的一切話都寫在書上。』」[2]（耶30:2）

舊約正典的內容持續增加，直到寫作過程結束的時候為止。如果我們把哈該書的年份定為主前520年、撒迦利亞書為主前520-518年（也許其中更多的資料是在主前480年以後加進去的）、瑪拉基書為主前435年，那麼我們就可以知道最後幾卷舊約先知書的大概年份了。與這段時期大略重合的是舊約歷史末了的幾卷書——以斯拉記、尼希米記和以斯帖記。以斯拉在主前458年回到耶路撒冷，而尼希米則從主前445-433年都在耶路撒冷。[3] 以斯帖記是在主前465年薛西一世（即亞哈隨魯王）過世以後的某個時候寫的，所以可能是在亞達薛西王一世執政（主前464-423年）的期間。由此看來，大約在435年以後，舊約正典就不再有新添的內容了。猶太人後續的歷史是記載在其他的著作裏，例如馬加比書諸卷，但是這些著作的價值不能和早先歲月所收集之神的話語等量齊觀，因此不能被加入舊約正典。

A.2 經外文獻的見證

當我們轉看舊約外的猶太文學時，就看見在不同的經外猶太文學中，已經清楚地表明這個信念，那就是從神而來具有神聖權威的話語已經終止。在《馬加比一書》（1 Maccabees，約主前100年）裏，作者論到被玷污的祭壇時說：「於是他們就將祭壇拆毀了，將那些石頭安放在聖殿山上一個適當的地方，直到有一位先知來到，再另行安排。」（《馬加比一書》4:45-46）他們顯然知道，沒有一個人能夠帶著神的權威講話，像舊約的先知們那樣。作者還曾提到一場大難：「這大難是自他們沒有先知那天起，

---

[2]還有其他的經文顯示出，被寫下的神的話語在增加，請看歷代志下9:29; 12:15; 13:22; 以賽亞書30:8; 耶利米書29:1; 36:1-32; 45:1; 51:60; 以西結書43:11; 但以理書7:1; 哈巴谷書2:2。加寫的部分通常是透過先知的代理。

[3]見 "Chronology of the Old Testament," in *IBD*, 1:277.

從未遭遇過的。」（《馬加比一書》9:27；另參該書14:41）由此可見，對他們來說，在百姓中看到具有權威的先知，只存在於記憶中遙遠的過去。

約瑟夫（Josephus，約生於主後37-38年）解釋說：「從亞達薛西王到我們的時代，已經寫好了一部完整的歷史，但是它的價值和先前之記載的價值並不被視為相等，因為已經沒有相等統續的先知了。」（《與亞平先生答辯書》，*Against Apion* 1:41）這位主後第一世紀最偉大的猶太人歷史家所說的話顯示，他知道一些其他著作（屬於我們今日所稱的「旁經」），可是他（以及許多與他同時代的人）認為這些著作的價值與我們今日所當作舊約的聖經不相等。在約瑟夫的觀點裏，大約在主前435年以後，就不再有神的話語被加入聖經了。

拉比文學也以其重複的敘述「聖靈離開了以色列」（指聖靈默示預言的功能），反映了類似的信念。「在末期先知哈該、撒迦利亞和瑪拉基過世以後，聖靈離開了以色列，但是他們仍利用從天上來的聲音（*bath qôl*）。」（《巴比倫他勒目》，*Babylonian Talmud*, Yomah 9b，重複的敘述見於Sota 48b, Sanhedrin 11a，以及《米大示》，Midrash的雅歌註釋8.9.3）。[4]

A.3 兩約之間的見證

昆蘭團體（Qumran community，留下死海古卷的猶太人教團）也在等候一位先知，他話語的權威將會超過任何當時存在的教規（見1 QS 9.11）；而在其他的古代猶太文學中（見《巴錄二書》，2 Baruch 85.3;《亞撒利亞禱告文》，Prayer of Azariah 15），也發現其他類似的敘述。由此可見，在主前435年以後所寫出的著作，就不再被一般的猶太人以等同於聖經的權威所接納了。

A.4 新約聖經的見證

在新約聖經裏，我們從來沒有看見過任何耶穌與猶太人之間關於正典書目的爭執記錄。很顯然地，在耶穌與其門徒這邊，以及在猶太人領袖或猶太人那邊，都一致贊同：在以斯拉記、尼希米記、以斯帖記、哈該書、撒迦利亞書與瑪拉基書之後，舊約正典的內容就不再添加了；添加的過程已經終止了。這件事實可由耶穌和新約作者們引用舊約的話而獲得證實。根據一種計算，耶穌和新約作者們引用不同部分的舊約經文當作神聖的權威，超過295次之多，[5] 但他們從來沒有一次從旁經或從任何其他著

---

[4]這句敘述中的「聖靈」一詞，主要是指神聖有權威的預言。有兩項事實很清楚地支持這一點：一項是*bath qôl*（從天上來的聲音）在文中被視為是預言的替換詞，另一項是「聖靈」一詞在別處的拉比文學裏也是指預言。

[5]見Roger Nicole, “New Testament Use of the Old Testament,” in *Revelation and the Bible*, ed. Carl F. H. Henry

作中，引用任何的敘述而將之當作具有神聖的權威。[6] 新約從來沒有把其他的文學作品視為具有神聖的權威，而且它又極為頻繁地將幾百處舊約的內容視為具有神聖的權威；這就強烈地肯定了新約作者們所共同贊成的：舊約的正典已經建立，不會再多一卷，也不會再少一卷，它們已被當成是神真正的話語。

A.5 旁經的問題

那麼我們應該怎麼看待旁經（Apocrypha）呢？它們被收集在羅馬天主教的正典之內，卻被排除在更正教的正典之外。[7] 這些書卷從未被猶太人接納成為聖經，但在整個初代教會的歷史中，對於是否應該將它們納入聖經的一部分，意見卻不一致。事實上，初代基督教的證據清楚地反對把旁經視為聖經，然而在某些教會裏，旁經的使用卻逐漸增加，一直到宗教改革的時候為止。[8] 耶柔米（Jerome）的拉丁文武加大聖經譯

(London: Tyndale Press, 1959), pp. 137-41.

[6]新約中的猶大書14-15引用了《以諾一書》（1 Enoch 60.8及1.9）的話，而且保羅至少兩度引用外教的希臘人著作（見徒17:28；多1:12）；不過，這些引用的目的是在舉例說明，而非作為證明。這幾卷書從未用過「神說」、「聖經說」或「經上記著說」等片語來介紹所引用的話，因為這些片語表示所引用的話語具有神聖的權威（我們要注意，不論是《以諾一書》或是保羅所引用的希臘人作品，皆非旁經）。新約從來沒有提過任何一卷旁經。

[7]旁經包括以下的著作：《以斯得拉一書》與《以斯得拉二書》（1 and 2 Esdras）、《多比傳》（Tobit）、《猶滴傳》（Judith）、《以斯帖補篇》（the Rest of Esther）、《所羅門智慧書》（the Wisdom of Solomon）、《傳道經》（Ecclesiasticus）、《巴錄書附耶利米書信》（Baruch, including the Epistle of Jeremiah）、《三子之歌》（the Song of the Three Holy Children）（譯者註：天主教版的但以理書3章內）、《蘇撒拿傳》（Susanna）（譯者註：希臘文七十士譯本才有，天主教版的但以理書13章）、《彼勒與龍》（Bel and the Dragon）（譯者註：希臘文七十士譯本才有，天主教版的但以理書14章）、《瑪拿西禱告文》（the Prayer of Manasseh）（譯者註：通行拉丁文譯本附有）、《馬加比一書》與《馬加比二書》（1 and 2 Maccabees）。希伯來文聖經裏沒有這些著作，但是在希臘文七十士譯本（Septuagint）裏有（希臘文七十士譯本是舊約聖經的希臘文譯本，基督在世的年代為許多講希臘語的猶太人所使用）。有一本繙譯得很好的旁經現代英文譯本：*The Oxford Annotated Apocrypha* (RSV), ed. Bruce M. Metzger (New York: Oxford University Press, 1965)（譯者註：中文譯本可見於天主教的思高聖經譯本）。作者Metzger為以上旁經加上了簡短的導言和有幫助的註釋。

旁經的希臘字*apocrypha*是「被隱藏的事物」之意，但Metzger提到（p. ix），學者們對於為什麼用這個字來指稱這類的著作，都不能確定。

[8]有關基督徒對旁經的不同看法，詳細的歷史調查可見於F. F. Bruce, *The Canon of Scripture* (Downers Grove, Ill.: InterVarsity Press, 1988), pp. 68-97。更詳細的研究則可見於Roger Beckwith, *The Old Testament Canon of the New Testament Church and Its Background in Early Judaism* (London: SPCK, 1985, and Grand Rapids: Eerdmans, 1986), 尤其見pp. 338-433. Beckwith的這本書，在討論舊約正典方面是非常有權威性的。Beckwith在他的研究結論裏說：「初代的基督徒把不同的旁經（Apocrypha）和偽經（Pseudepigrapha）納入正典，並沒有得到一致的同意，而且也不是發生在很早期的時候（猶太教會時期），而是發生在外邦人教會時期，就是在教會與猶太人的會堂決裂之後；因此，外邦人的基督徒對原初舊約正典的知識就變得模糊不清了。」Beckwith的結論是：「對於旁經和偽經的正典性，真正原始基督教的證據是否定的。」（pp. 436-37）

本（Vulgate，主後404年完成）包括了這些旁經，這一事實支持了教會接納旁經，雖然耶柔米本人說，旁經並非「正典內的書卷」，而只是「教會使用的書卷」，對信徒有幫助、有用處而已。在其後數世紀之久，拉丁文武加大譯本廣泛地被人使用，使得旁經也很容易地繼續被人取用；然而，在它們背後沒有希伯來原文，它們被排除在猶太人正典之外，新約聖經不曾引用過它們，這些事實使得許多人懷疑它們或排斥它們的權威。舉例來說，今日的舊約書目最早是在大約主後170年由撒狄（Sardis）教會的主教米里托（Melito）所列的：[9]

> 「當我來到東方，到達傳講與寫作這些書卷的地點，並仔細地考察舊約的書卷，我就將其事實記下來寄給你。這些書名如下：摩西五經（創世記、出埃及記、民數記、利未記、申命記）、嫩的兒子約書亞、士師記、路得記、四卷列王記、[10]兩卷歷代志、大衛的詩篇、所羅門的箴言和他的智慧書、[11]傳道書、雅歌、約伯記、先知以賽亞書、耶利米書、合為一卷的十二位先知書、但以理書、以西結書、以斯拉記。」[12]

在此值得注意的是，米里托沒有提及旁經的書名，但列出了所有我們現在有的舊約正典經卷，除了以斯帖記之外。[13] 優西比烏（Eusebius）也引用俄利根（Origen）的話，以肯定我們現在舊約正典的大多數經卷（包括以斯帖記），然而卻沒有肯定任何一卷旁經為正典；而對於《馬加比一書》與《馬加比二書》，他則明言它們是「在這些正典經卷之外」。[14] 與此相似地，在主後367年，當偉大的教會領袖、亞歷山大教會的主教亞

---

[9]見Eusebius, *Ecclesiastical History* 4.26.14。優西比烏（Eusebius, 260-340）約在主後325年寫作此書，他是第一位偉大的教會歷史家。這段話出自Kirsopp Lake的英文譯本，見*Eusebius: The Ecclesiastical History*. two vols. (London: Heinemann; and Cambridge, Mass.: Harvard, 1975), 1:393.

[10]即撒母耳記上、撒母耳記下、列王紀上、列王紀下。

[11]此非指旁經《所羅門智慧書》，而只是更為詳盡的箴言。優西比烏在該書4.22.9註明，古代作家通常稱箴言為智慧書。

[12]按照普通希伯來人指稱合併書卷的用法，此處的「以斯拉記」包括以斯拉記及尼希米記。

[13]因為某種原因，有些初代教會的地區（在東方、而不在西方）對於以斯帖記的正典性，有所質疑，但是這個質疑最後終於解決了；基督教對舊約的觀點，最後和猶太人的觀點一致了。猶太人始終把以斯帖記視為正典的一部分，雖然有些拉比為著他們自己的原因，持反對的意見（有關猶太人觀點的討論，見Beckwith, *Canon*, pp. 288-97）。

[14]見Eusebius, *Ecclesiastical History* 6.15.2。俄利根大約在主後254年去世，他列出的經卷名稱包括現今舊約正典所有的經卷，除了合為一卷的十二卷小先知書之外，但這使得他所說的「二十二卷書」就只有不完整的二十一卷。由此可見，優西比烏所列出來的顯然是不完全的，至少就我們今日所看到的是如此。

優西比烏自己在其他地方重複了猶太歷史家約瑟夫的敘述（3.10.1-5）說，聖經包括了二十二卷經書，自從亞達薛西王之後，就不再有新的書卷了。可見所有的旁經都被排除了。

他那修（Athanasius），在他的《復活節教會公函》（Paschal Letter）中列舉了所有我們今日新約正典的經卷，和所有今日舊約正典的經卷（但不包括以斯帖記）。他也提及一些旁經書卷，例如：《所羅門智慧書》、《傳道經》（又稱《賽拉齊智慧書》，Wisdom of Sirach）、《猶滴傳》、《多比傳》，並說這些書卷「不是真正地被包括在正典之內，但是教父指定那些新近加入我們的人，和那些希望在敬虔之道上獲得指示的人都要讀。」[15] 然而，卻有其他初期教會領袖們將這些書卷裏的幾卷書當作聖經來引用。[16]

很多旁經書卷存在著教義上和歷史上的不一致。楊以德（E. J. Young）註解說：

> 「在這些書卷裏，沒有標記可以證明它們出自神……《猶滴傳》和《多比傳》有歷史上、年代順序上和地理上的錯誤。這些書卷將錯謬、假象當作正確，又將救恩當成需要依靠功德的工作……《傳道經》和《所羅門智慧書》反覆教導的道德是建立在自己的利益之上。《所羅門智慧書》還教導說，世界是從先存的物質中被創造出來的（11:17）。《傳道經》教導說，施捨可以贖罪（3:30）。在《巴錄書》裏說，神會垂聽死人的禱告（3:4），而在《馬加比一書》裏，存在有歷史的與地理的錯謬。」[17]

然而，到了1546年的天特大會（Council of Trent）上，羅馬天主教官方宣布旁經（除了《以斯得拉一書》、《以斯得拉二書》和《瑪拿西禱告文》以外）是正典的一部分。天特大會是羅馬天主教對馬丁·路德的教導及快速擴散的更正教改革之反應，從這點來看，它肯定旁經是別具意義的：因為旁經書卷的內容支持了天主教為死人禱告、信心必須加上行為才得以稱義（不是惟獨靠信心稱義）等教訓。在將旁經列在正典之內的這件事上，羅馬天主教說教會有權柄制定哪些文學作品可以被當作「聖經」；但更正教徒則堅信，教會沒有權柄讓什麼作品成為聖經，只能夠確認哪些是神已經使人寫下來作為祂自己話語的作品。[18] 我們在此可以打個比方：辦案的警察在辨認鈔票時，只能夠把真鈔當作真鈔，假鈔當作假鈔，而不能讓假鈔成為真鈔，或讓很多警察一同宣告，就使假鈔變成真的。只有一個國家的財政官員才能夠製作真鈔。同

---

[15]Athanasius, *Letter* 39, in *Nicene and Post Nicene Fathers*, 2nd ser., ed. Philip Schaff and Henry Wace (Grand Rapids: Eerdmans, 1978), vol. 4: *Athanasius*, pp. 551-52.

[16]見Metzger, *Apocrypha*, pp. xii-xiii. Metzger 註釋說，將旁經當作聖經來引用的早期拉丁教父和希臘教父，沒有一位懂得希伯來文。Beckwith也解釋說，關於基督徒作者將旁經當作聖經來引用的證據，比學者通常所聲稱的要少得多，而且也不那麼重要。見Beckwith, *Canon*, pp. 386-89.

[17]E. J. Young, "The Canon of the Old Testament," in *Revelation and the Bible*, pp. 167-68.

[18]我們要注意，羅馬天主教徒使用**第二正典的**（deuterocanonical）、而非**旁經的**（apocryphal）來指稱這些書卷。他們了解這部分乃是「後來才加入正典」的（字首deutero-的意思是「第二」）。

樣地，只有神才能作成祂的話語，才配收在聖經之內。

旁經的作品不應該被當作聖經的一部分，其原因如下：(1) 它們本身沒有宣稱自己與舊約著作具有相同的權威；(2) 它們出自於猶太人，但猶太人沒有把它們當作是神的話語；(3) 耶穌和新約作者們不認為它們是聖經；(4) 它們包含了與聖經內容不一致的教訓。我們必須結論說，它們僅僅是人的話語，而不是像聖經中的話語那樣，是神所默示的。雖然旁經在提供歷史與語言學上的研究有其價值，而且它們也包含了一些有益的故事，是說到舊約全書結束以後的時期，許多猶太人的英勇與信心；但是它們絕非舊約正典的一部分，它們也不應當被認作是聖經的一部分。所以，對今日基督徒的思想和生活而言，旁經沒有權柄叫人遵守它的話。

總而言之，關於舊約的正典，今日的基督徒不需要擔心有沒有什麼神的話語被遺落了，或有沒有什麼不是神的話語卻包含進聖經了。

B. 新約正典

新約正典的發展是從使徒們的著作開始的。我們要記住，聖經的寫作基本上是和神在*救贖史*上的偉大作為息息相關的。舊約聖經為我們記載並詮釋了亞伯拉罕的蒙召、他後裔的生活、出埃及、在曠野飄流、神百姓在迦南地的定居、王國的建立、被擄流放，以及從被擄之地歸回；神在歷史上所做的這些大事，每一件祂都用自己的話語在聖經裏為我們作了詮釋。舊約聖經到了最後，是以期盼彌賽亞降臨為結束的（瑪3:1-4; 4:1-6）。救贖史的下一個階段是彌賽亞的降臨；所以我們對於在下一個、也是最偉大的救贖史事件發生之前，不會再有進一步的聖經要被書寫下來，並不感到驚訝。

B.1 聖靈賜使徒權威

這就是為什麼新約包含了使徒們著作的原因；[19] 主要是使徒們從聖靈得著了能力，可以為爾後的世代精確地回憶耶穌的所言所行，並且正確地詮釋它們。

耶穌在約翰福音14:26裏應許要把這種能力賜給祂的門徒們（在主復活之後，他們就被稱為使徒）：「保惠師，就是父因我的名所要差來的聖靈，祂要將一切的事指教你們，並且要叫你們想起我對你們所說的一切話。」同樣地，耶穌應許要進一步地向他們啟示從聖靈而來的真理：「只等真理的聖靈來了，祂要引導你們明白一切的真理，因為祂不是憑自己說的，乃是把祂所聽見的都說出來，並要把將來的事告訴你

---

[19]有些新約書卷（馬可福音、路加福音、使徒行傳、希伯來書和猶大書）不是由使徒們寫的，而是由與使徒們有密切關係的其他人寫的，並且顯然有使徒們的授權。詳見本章B.3節的討論。

們。祂要榮耀我，因為祂要將受於我的告訴你們。」（約16:13-14）在這些經節裏，主應許門徒們一些令人驚訝的恩賜，使他們得以書寫聖經：聖靈要教導他們「一切的事」，使他們想起「一切」耶穌講過的話，並要引導他們明白「一切的真理」。

不僅如此，我們看見初代教會擁有使徒職分的那些人，具有一種相同於舊約先知們的權威，這種權威使得他們所說出並寫下的話語，等同於神自己的話語。彼得鼓勵他的讀者們說，當記念「聖先知預先所說的話和主救主的命令，就是使徒所傳給你們的。」(彼後3:2)欺哄使徒們(徒5:2)，就等同於欺哄聖靈(徒5:3)，與欺哄神(徒5:4)。

特別是在使徒保羅的書信裏，我們經常看到他宣稱他能夠說出神自己的話語。他不只宣稱是聖靈向他啟示了「眼睛未曾看見，耳朵未曾聽見，人心也未曾想到的」事（林前2:9），而且當他宣告這啟示時，他「不是用人智慧所指教的言語，乃是用聖靈所指教的言語，將屬靈的話解釋屬靈的事。」（林前2:13）[20]

與此類似地，保羅告訴哥林多教會的人：「若有人以為自己是先知或是屬靈的，就該知道我所寫給你們的是主的命令。」（林前14:37）最後一句的關係代名詞（*ha*）在希臘文裏是複數，可直譯為「我所寫給你們的*諸事*……」由此可見，保羅宣稱他給哥林多教會的指示，不只是他自己給他們的，而且也是主給的命令。後來保羅在辯護他的使徒職分時，說他要給哥林多教會的人「基督在我裏面說話的憑據」（林後13:3）。還有許多其他類似的經節，例如羅馬書2:16；加拉太書1:8-9；帖撒羅尼迦前書2:13; 4:8, 15; 5:27；帖撒羅尼迦後書3:6, 14等。

使徒們擁有權柄寫下神自己的話語，在真理的地位上和權威上，與舊約經文的話語是相等的。他們記錄、詮釋有關基督降生、死亡與復活的偉大真理，並將之應用到信徒的生活之中。

B.2 與舊約並列為正典

所以，當我們發現新約聖經中有些著作被其他人引用，與舊約經卷並列，當作是正典的一部分，就不足為奇了。事實上，至少有兩處的例子是如此。第一個例子是在彼得後書3:16。彼得指出，他不只是知道保羅書信的存在，他也清楚表明「他（保羅）一切的信」如同「別的經書」。彼得說：「就如我們所親愛的兄弟保羅，照著

---

[20]見Wayne Grudem, "Scripture's Self-Attestation," in *Scripture and Truth*, ed. D. A. Carson and John Woodbridge (Grand Rapids: Zondervan, 1983), p. 365, n. 61.（譯者註：本節經文下半句英文聖經有幾種不同譯法，作者在此將下半句經文另譯，與和合本經文的譯法是相同的。）保羅在此的重點是說，他說出了聖靈所指教的言語，這一點在上半句已經得著肯定了，不管下半句怎麼繙譯都不影響其意。

所賜給他的智慧，寫了信給你們。他一切的信上，也都是講論這些事。信中有些難明白的，那無學問不堅固的人強解，如強解別的經書一樣，就自取沉淪。」（彼後3:15-16）在這裏繙譯為「經書」的字是*graphē*，它在新約裏共出現了51次，每一次都是指舊約聖經。因此，「經書」一詞對新約作者們而言是專用術語，只用來指那些被視為是神的話語，因而屬於正典之一部分的著作。但是在這一經節裏，彼得將保羅的著作與「別的經書」（意即舊約經卷）歸為同類，可見彼得認為保羅的著作配得「經書」的稱號，因此就配被納入正典。

第二個例子是在提摩太前書5:17-18。保羅說：「那善於管理教會的長老，當以為配受加倍的敬奉；那勞苦傳道教導人的，更當如此。因為經上說：『牛在場上踹穀的時候，不可籠住他的嘴。』又說：『工人得工價是應當的。』」第一個從「經」上所引用的句子是出自於申命記25:4，但是第二個所引用的句子「工人得工價是應當的」卻不在舊約裏，而是在路加福音10:7裏（其字句與希臘文經文的字句完全吻合）。所以，保羅在這裏明顯地是引用了一段路加福音的話，[21] 而且將之稱為「經」；也就是說，這句話被視作正典的一部分。[22] 我們在這兩段經文（彼後3:16和提前5:17-18）裏看見了證據，就是教會歷史在非常早期的時候，就已經開始將新約的著作納入正典的一部分了。

B.3 形成的過程

使徒們因著他們的使徒職分而擁有權柄寫出聖經的話語，因此真正由他們所寫的教訓就被初代教會接納為聖經正典的一部分。假如我們對於新約著作的作者是誰，接受傳統觀點的話，[23] 那麼我們就可以知道大多數新約正典的書卷了，因為就是那些直接由使徒所寫的著作，包括：馬太福音、約翰福音、從羅馬書到腓利門書（所有保羅的書信）、雅各書、[24] 彼得前書、彼得後書、約翰一書、約翰二書、約翰三書，和啟示錄。

其餘還有五卷書：馬可福音、路加福音、使徒行傳、希伯來書和猶大書，都不是

---

[21]可能有人會反對說，保羅可能只是引用耶穌口傳的語錄而已，並非引用路加福音。但是保羅不太可能會稱任何的口傳語錄為「經」，因為這個希臘字（*graphē*，「著作」之意）在新約裏的用法總是指寫下的文章。又因為保羅和路加的關係親近，所以保羅引用路加所寫下的福音，是非常可能的事了。

[22]雖然路加自己並非使徒，但是他所寫的福音書在此被賦予等同於使徒著作的權威。很明顯地，這要歸因於他和使徒們，尤其是保羅，十分親近的關係，以及使徒對他所寫之福音書的支持。

[23]有關新約著作的作者，支持傳統觀點的論點可見於Donald Guthrie, *New Testament Introduction* (Downers Grove, Ill.: InterVarsity Press, 1970)。

[24]在哥林多前書15:7和加拉太書1:19的記載裏，雅各似乎被視為一位使徒。他在使徒行傳12:17; 15:13; 21:18; 加拉太書2:9, 12的記載裏，也克盡使徒才宜有的功能。見本書第四十七章A.1.2節有關雅各之使徒職分的討論。

由使徒們寫的。關於這些書卷是如何被初代教會納入聖經之一部分的歷史過程細節，我們所知甚少；但是馬可福音、路加福音與使徒行傳很早就普遍被認可了，這可能是因為馬可與使徒彼得之間的關係親近，而路加（路加福音與使徒行傳的作者）與使徒保羅之間的關係親近。同樣地，猶大書顯然是因為作者與雅各（見猶1）的關係親近，以及他是耶穌肉身弟弟的事實而被納入正典了。[25]

接受希伯來書為正典是受了教會裏許多人的催促，他們的根據是認為保羅是這卷書的作者。可是從很早期就有其他的人不認為保羅是希伯來書的作者，而認為另有其他幾種可能。大約在主後254年去世的俄利根提出了幾個不同作者的理論，但其結論卻是：「然而究竟真正是誰寫了這卷書，只有神知道。」[26] 因此，接受希伯來書為正典，並非全然是因為相信它的作者是保羅，而是因為這卷書本身內在的品質，至終說服了初代的讀者們，就像它今天繼續說服信徒一樣；不論是誰寫了它，它最終的作者仍是神自己。基督莊嚴的榮耀從希伯來書的字裏行間照射出來，是這樣地明亮，以至於認真研讀它的信徒，沒有一個會質疑它在正典中的地位。

這個問題把我們帶到了正典問題的核心。因為一卷書要能納入正典，就絕對必須以神為它的最終作者。假如一卷書的話語是神的話語（藉著人的書寫），並且假如初代教會在使徒們的指引之下，保存這一卷書為聖經的一部分，那麼，這卷書就屬於正典。然而假如一卷書的話語不是神的話語，那它就不屬於正典了。使徒是不是書卷作者的問題之所以很重要，主要是因為基督是將能力賜給使徒們，使他們能以絕對的神聖權威書寫神的話語。假如有一部著作能夠顯示它是出於使徒之手的話，那麼它的絕對神聖權威就自動建立了。[27] 初代教會就如此自動地接受了使徒們所寫下的教訓，成為正典的一部分，而那些著作也是使徒們想要保存下來成為聖經的著作。

可是有一些新約著作不是直接出自使徒們之手。這些著作的存在顯示了，在初代

---

[25]猶大書被納入正典的過程遲緩，主要是因為它引用了非舊約正典的《以諾一書》而令人生疑。

[26]俄利根的這句敘述被優西比烏所引用，見Eusebius, *Ecclesiastical History*, 6.25.14.

[27]當然，這並不表示使徒所寫的每一件事，甚至包括購物單、買賣收據等，都可以當成聖經。我們在這裏所說的，是指當他執行使徒角色而給予教會和基督徒個人（例如提摩太或腓利門）使徒性的指示時，所寫下來的著作。

當使徒們還活著的時候，很可能也給過教會一些指導，是關於他們希望將哪些著作保存下來，在教會作為聖經使用（見西4:16；帖後3:14；彼後3:16）。有些著作顯然也有絕對的神聖權威，可是使徒們沒有決定要為教會保存下來成為「聖經」（例如保羅寫給哥林多教會「先前的一封信」，見林前5:9）。不止如此，使徒口頭上講過的許多教訓，也具有神聖的權威（見帖後2:15），但卻沒有被寫下來保存為聖經。如此看來，一卷著作要被包括在正典之內，除了作者需是使徒之外，也必須要有使徒的指示讓教會保存下來。

教會之時，基督也藉著聖靈的工作，賦予其他人有能力寫下屬於神自己的話語，因此這些著作也被納入正典的一部分。在這些情況下，初代教會的工作就是要去辨認哪些著作（雖然是藉著人的書寫）具有神自己話語的特徵。

對於某些書卷而言（至少是馬可福音、路加福音、使徒行傳，或許也包括希伯來書和猶大書），教會——至少是某些地區的教會——得到一些還活著的使徒們的個人見證，肯定這些書卷具有絕對的屬神權威。舉例來說，保羅應該是肯定了路加福音和使徒行傳的真實性；彼得應該是肯定了馬可福音的真實性，因為其中含有他自己所傳揚的福音信息。在其他的例子和在其他的地區，教會必須決定，他們是否在這些著作的話語中，聽見了神自己說話的聲音。換句話說，這些書卷的話語必須可以*自我證實*（self-attesting）它們是神的話；亦即當基督徒閱讀這些話語時，它們可以為自己作見證，它們的作者是神。這似乎就是希伯來書的情況。

我們應該不會感到驚訝，初代教會能夠辨認希伯來書和其他的著作，雖然它們不是使徒寫的，但也是神正典的話語。耶穌不是曾說過：「我的羊聽我的聲音」嗎？（約10:27）所以，我們不應當認為初代教會不可能結合各方面的因素，而決定一著作乃是神藉著人所寫出的神的話語，並將之納入正典。初代教會所考量的因素包括使徒的肯定，與其他聖經內容的一致，絕大多數信徒對此著作是*神所默示的*（God-breathed）感知。此外，我們也不應當認為教會不可能持續一段長時間地運用這個過程（因為著作要流傳到初代教會的不同地區），而在最後達成一個完全正確的決定，沒有漏掉任何「神所默示的」著作，也沒有接受任何不是「神所默示的」著作。[28]

主後367年，亞他那修在他所寫的第三十九封《復活節教會公函》（Thirty-ninth Paschal Letter of Athanasius）裏，不多不少地列出我們今日的新約二十七卷書，為地中海世界東半部眾教會所接受。在三十年以後的主後397年，代表地中海世界西半部眾教會的迦太基會議（Council of Carthage），也贊同了東方教會所接受的二十七卷書。這就是我們今日新約正典最早出現的完整版。

B.4 正典已封閉

我們是否應該期待有更多的著作加入正典呢？希伯來書在一開始時所說的話，可以幫助我們對這個問題採取合適的歷史角度，也就是用救贖史的觀點來看這個問題：「神既在古時藉著眾先知多次多方地曉諭列祖， 就在這末世藉著祂兒子曉諭我們，又

---

[28]筆者將不在這裏討論「經文異文」(textual variants, 亦即在許多現存之古代聖經抄本裏, 在某些個別的字詞和片語上的差異)。這個問題將在本書第五章B.3節中才會討論。

早已立祂為承受萬有的，也曾藉著祂創造諸世界。」（來1:1-2）

「古時」藉著先知而有的先前的曉諭，和「在這末世」而有的近期的曉諭，兩者之間的對照，表達出神藉著祂的兒子對我們所說的話語，是祂向人類說話的最高峰，是祂在救贖史這一階段，對人類最大的、最終的啟示。透過神子而來的啟示是極其偉大的，遠超過舊約裏的任何啟示，這一點在希伯來書1–2章裏一再地被強調。這些事實指明，神在基督裏的啟示有一個終結，而一旦這個啟示完成時，就不必再期待有更多的啟示了。

然而我們要從何而知這個藉著基督而有的啟示呢？乃是從新約的著作。新約著作包含了對基督救贖工作最終的、權威的與充足的詮釋。使徒們和他們親近的同工報導了基督的言行，並且以絕對的神聖權威詮釋它們；當他們完成其著作以後，就不再有著作是具有相同的絕對神聖權威，可以再加進來了。因此，在新約使徒們和他們那些也被授權之同工們的著作完成時，我們就擁有一份最終的文字記錄，其中包含神要我們知道有關基督之出生、受死和復活的一切內容，以及它對所有世代信徒生活的意義。因為這是神賜給人類的最偉大的啟示，所以當它完成時，我們就不必期待有更多的啟示了。希伯來書1:1-2就這樣地向我們顯示，為何在新約時代以後，不能再加添更多的著作到聖經裏面了。如今正典已經封閉了。

此外，我們從啟示錄22:18-19也可以看到正典已經封閉的原因：

> 「我向一切聽見這書上預言的作見證：若有人在這預言上加添什麼，神必將寫在這書上的災禍加在他身上；這書上的預言，若有人刪去什麼，神必從這書上所寫的生命樹和聖城刪去他的分。」

很清楚地，這兩節經文中主要指的書就是啟示錄本身，因為約翰在該章第7節和第10節，用「這書上的預言」來指他所寫的話（而整卷啟示錄在第1章3節裏被稱為「預言」）。不只如此，約翰有意地用「這書上所寫的生命樹和聖城……」來指啟示錄本身。

不過，這個敘述出現在啟示錄最後一章的末了，而啟示錄又是新約裏最後的一卷書，並不是偶然的。事實上，啟示錄必須被放在正典的最後。對許多卷書而言，它們在正典中的位置順序沒有什麼關係，可是正如同創世記必須放在最前面（因為它告訴我們世界被創造的事），所以啟示錄必須放在最後面（因為它的焦點是要告訴我們未來的事，和神的新創造）。在歷史上，啟示錄裏所記述的事件，是發生在新約其餘書卷所記述的事件之後，所以這就使得啟示錄必須要被放在它現在的位置。因此，如果我們將啟示錄末了超強的警告之語，應用到整部聖經上去，也並非不合適。這段警語放在這裏，是在它必須在的位置，也成為一段適合整部聖經正典的結語。希伯來書1:1-2與含在其中的救贖史觀點，連同啟示錄22:18-19與其廣義的應用，都表示出我們不應當在已有的聖經之外，再期待加添其他書卷。

B.5 包含正確的經卷

那麼，我們如何能知道，我們現在所擁有的聖經正典，包含了正確的經卷呢？這個問題可以從兩個不同的角度來回答。

第一，如果我們是在問：什麼是我們對現今正典之正確性有信心的根基，那麼答案至終一定是：我們的信心根基乃是神的信實。我們知道神愛祂的百姓，而神的百姓擁有神自己的話語是極其重要的，因為神的話語就是我們的生命（申32:47；太4:4）。對我們而言，它們比世上任何其他的事物都更寶貴、更重要。我們也知道神——我們的父——在掌管所有的歷史，祂不是那種會欺騙我們、失信於我們，或是使我們切需之物匱乏的父親。

啟示錄22:18-19裏說到，會有嚴厲的懲罰臨到那些增減神話語的人，這些話也肯定了神的百姓必須要有一部正確的正典。沒有懲罰會比這些懲罰來得更嚴厲了，因為它們是在永遠審判下的懲罰。這一點顯示出神自己也非常看重我們需要擁有一部正確的、神所默示的著作集，不多一卷、也不少一卷。從這件事實的光中來看，那位掌管所有歷史的神、我們的父，可能會容許兩千年以來，祂所有的教會都缺少一些祂自己非常看重、對我們屬靈生命也很必要的東西嗎？我們如果相信天父會這樣做，是對的嗎？[29]

因此，信徒至終應當看見，聖經正典的保存與其正確的成集，並非只是教會歷史裏神為祂百姓所做的偉大救贖工作*之後*所產生的一部分；它乃是*構成*救贖史本身所不可或缺的一部分。正如神在以下這幾方面工作：創造，呼召祂的百姓以色列，基督的降生、受死和復活，門徒們早期的工作和著作；神也在聖經經卷的收集和保存上工作，以幫助所有教會時代中祂的百姓。因此，我們對現今正典之正確性有信心，其根基最終是建立在神的信實上。

---

[29]當然這也不是要肯定，不論抄寫聖經的人多麼粗心，神也一定會以祂的天命保守住每一個經文抄本中的每一個字，或者祂一定會奇妙地立即供應每一位信徒一本聖經。雖然如此，神一定會信實地眷顧祂的兒女；這思想應當促使我們心存感謝：在神的天命之中，經文得以被忠心地傳抄與保守下來，沒有一個手抄本的「經文異文」有很重大的問題，是足以改變任何一項基督教的教義或倫理。不過，我們也必須清楚地說，在今日所保存的不同古代聖經抄本中，的確有一些不同的字（即「經文異文」）。關於在正典書卷中，殘存之抄本裏的經文異文的問題，我們要到本書第五章B.3節中才討論。

第二，對於我們怎麼知道正典的經卷是正確的這個問題，也可以從另外一個不同的角度來答覆。我們現在把焦點放在尋找這個答案的過程上。在這個過程裏，有兩個因素在發生作用：一是聖靈的工作，祂在我們為自己讀經時說服我們；二是我們所取得作為參考的歷史資料。

當我們讀經時，聖靈就工作使我們信服，在聖經裏所有的經卷都是從神來的，也都是祂賜給我們的話語。歷世歷代以來，基督徒都可以作見證：當他們誦讀聖經的經卷時，經上的話語就對他們的心說話，這是其他的書所無法相比的。日復一日，年復一年，基督徒發現，聖經的話語真的就是神的話語，它們以權柄、能力，和說服力對他們說話，這也是其他作品所沒有的。神的話語實在是「活潑的、是有功效的。比一切兩刃的劍更快，甚至魂與靈、骨節與骨髓都能刺入剖開；連心中的思念和主意都能辨明。」（來4:12）

然而，在我們得以信服現今正典是正確的這個過程中，歷史資料也幫助我們。當然，如果集結正典是神在整體救贖史中的一部分工作（正如我們前面所說過的），那麼今日基督徒就不應當敢擅自嘗試加添或刪去正典的經卷，因為產生正典的過程早已完成了。不過，我們若能仔細研究集結正典的歷史背景，肯定能幫助我們相信初代教會所作的決定是正確的。我們在前面曾經提過一些歷史資料，讀者若想要更深地專門研究這一方面，還有其他更詳細的資料可供研讀。[30]

不過，我們在此還應當提到一件更深層的歷史事實。今日沒有哪一卷書有強烈的理由可以被加入正典；正典中也沒有哪一卷書遭到強烈的反對。在初代教會時，有些人想把某些著作加入正典，但今日我們可以安心地說，在那些書卷中，沒有一卷書是今日福音派的人想要將之加入正典的。在極早期的時代，某些作者把他們自己和使徒、他們的著作和使徒的著作，都劃分得很清楚。舉例來說，伊格那丢（Ignatius）在約主後110年時說：「我不會命令你們，像彼得和保羅命令你們那樣；**他們是使徒**，而我是個罪人；他們是自由的，而我至今還是個奴僕。」（《伊格那丢致羅馬教會書》

[30]近年在這領域有一篇十分有幫助的綜覽，見David Dunbar, "The Biblical Canon," in *Hermeneutics, Authority, and Canon*, ed. D. A. Carson and John Woodbridge (Grand Rapids: Zondervan, 1986), pp. 295-360。此外，近來還有三本書，品質極為傑出，它們界定了後來許多有關正典的討論：Roger Beckwith, *The Old Testament Canon of the New Testament Church and Its Background in Early Judaism* (London: SPCK, 1985, and Grand Rapids: Eerdmans, 1986); Bruce Metzger, *The Canon of the New Testament: Its Origin, Development, and Significance* (Oxford: Clarendon; New York: Oxford University Press, 1987); and F. F. Bruce, *The Canon of Scripture* (Downers Grove, Ill.: InterVarsity Press, 1988).

〔Ignatius, *To the Romans*〕4.3；比較羅馬的革利免對使徒們的態度，見《革利免一書》〔1 Clement〕42:1, 2; 44:1-2〔A.D. 95〕；《伊格那丟致馬尼西亞教會書》〔Ignatius, *To the Magnesians*〕7:1; 13:1-2; et al.）

曾有一些著作在某一段時期，被人認為很值得把它們加入正典之中，但它們所含的教義性的教訓，卻與其他的聖經經文矛盾。例如：《黑馬牧人書》（*The Shepherd of Hermas*）就教導「懺悔禮的必要」和「受洗以後，罪至少被赦免一次的可能性……」。「作者似乎認為，神的兒子在道成肉身以前就是聖靈。他似乎又認為，在基督的人性被提入天上以後，三位一體才開始存在的。」（*Oxford Dictionary of the Christian Church*, p. 641）

《多馬福音》（*The Gospel of Thomas*）也曾在某一段時期中，被人認為應該屬於正典。但在其結尾處有以下這麼荒謬的敘述（par. 114）：

> 「西門彼得對他們說：『讓馬利亞離開我們吧，因為女人不配得生命的。』耶穌說：『看哪，我要帶領她，這樣，我可以將她變為男人，她也就可以變為一個活的靈，肖乎你們男人。因為每一個將自己變為男人的女人，都可以進入天國。』」[31]

所有其他現存的初代教會時的文件，若有任何被加入正典內的可能性，都和上述的作品類似；它們不是包含了明顯的聲明，否認自己擁有正典地位，就是包含了一些教義上的偏差，明顯地使它們自絕於聖經之外。[32]

從另一方面來看，目前正典裏的任何書卷，並沒有遭到強烈的反對。對於那些遲遲才獲得全教會同意而成為正典的新約書卷（例如：彼得後書或約翰二書、約翰三書等書卷），早期遲滯不得入選的原因，可以歸於它們開始時流傳不廣的事實，而且當時

---

[31]這份文件不是使徒多馬寫的。現今的學術界認為，它是在第二世紀時由一位不知名的作者所寫的，但他卻用了多馬的名字。

[32]筆者在此解釋一下有關《十二使徒遺訓》（*Didache*）的作品，是很合適的。雖然這份文件在初期教會歷史時不被認可加入正典，但許多學者認為它是一份十分早期的文件，而且有些人今日引用它的時候，就好像它是論及初代教會之教訓的權威，與新約著作有同樣程度的權威。它是1875年時在康士坦丁堡的一處圖書館內首度發現的，它的年代大約是主後第一或第二世紀。可是它在許多地方添加新約的命令，或是與新約的命令矛盾。舉例來說，它教導基督徒要將施捨之物拿在手中出汗，直到他們知道要給誰為止（1.6）；禁止將食物奉獻給偶像（6.3）；受洗前要禁食，洗禮必須在流動的水中舉行（7.1-4）；在禮拜三和禮拜五要禁食，但在禮拜一和禮拜四不可禁食（8.1）；基督徒每天要用主禱文禱告三次（8.3）；未受洗的人不可參加主餐，使用新約中所沒有的禱告文作為慶賀主餐的範本（9.1-5）；使徒不可待在一個城市超過兩天（11.5，可是請注意：保羅在哥林多待了一年半，在以弗所待了三年！）不可測試或檢驗在靈裏說話的先知（11.7，與哥林多前書14:29和帖撒羅尼迦前書5:20-21的教訓矛盾）；救恩需要人在末時完全（16.2）。這樣的文件，不知道作者是誰，它絕非一份初代教會可以教導與實行的可靠指引。

對於所有新約著作內容的全面認識，在整個教會的傳播也非常緩慢（我們從馬丁·路德所介入的教義辯論之觀點來看，他遲遲不接受雅各書，是頗值得諒解的；不過，這樣的遲疑的確是不需要的。只要認清雅各所使用的三個鑰字——稱義、信心和行為——的意思，和保羅所使用的意思不同，就能輕易地解決雅各書與保羅教訓間的明顯衝突了）。[33]

所以，目前的正典之正確性，有了歷史上的肯定。不過，在歷史資料的調查方面，我們要記住：初代教會所做的並不是對一些僅僅是人寫的著作，賦予神聖的權威或是教會的權柄；他們所做的乃是認可那些早已具有這種以神為作者之特質的著作。因為能成為正典的終極標準，乃在乎神是它的作者，不在乎人的或教會的贊同。

在此可能會有人問一個假設性的問題，例如說，如果有另一卷保羅的書信被發現了，那我們該怎麼辦呢？我們會將它加入聖經嗎？這是一道難題，因為它牽涉到兩項互相衝突的考量。從一方面來說，假如絕大多數的信徒相信這卷書真的是保羅的書信，是保羅在他履行使徒職分的時期所寫的，那麼，保羅身為使徒的權威本質，將保證這份著作真的是神的話語（也真的是保羅的話語），而且保證它的教訓和聖經其餘的教訓將會是一致的。然而因為這卷書沒有被保存為正典的一部分，所以就表示它不是使徒想要教會保存為聖經之一部分的著作。此外，我們必須立刻說明，這樣一個假設性的問題就只是假設性的，因為我們極難以想像，需要發掘多少的歷史資料，我們才能夠有力地對整體教會證明，一封遺失超過兩千年的書信，是保羅所寫的真跡；而且，我們更難以理解，全權的神一直信實地眷顧祂的百姓超過兩千年之久，怎麼會容許祂的百姓持續地缺少一些祂想要他們擁有的最終啟示——在耶穌基督裏啟示神自己——的一部分。這些考量使我們認為，在未來某一個時刻發現這種手稿的可能性是極低的；這樣的假設問題真是不值得我們進一步嚴肅思考了。

總結來說，在我們現在的正典裏，還有任何經卷是不該有的嗎？答案是：沒有。我們能夠放心地信靠我們天父的信實，祂不會在超過兩千年之久的時間裏，一直帶領祂所有的百姓去相信一些不是祂話語的話語。我們發現我們的信心一再地從歷史資料和聖靈的工作中得到肯定，每當我們誦讀今日聖經正典六十六卷書裏的每一卷時，都

---

[33]見R. V. G. Tasker, *The General Epistle of James*, TNTC (London: Tyndale Press, 1956), pp. 67-71. 雖然馬丁·路德將雅各書放在他所譯的德文新約譯本的末尾，但他並沒有將它排除在正典之外，而且在他不同的作品中，引用了雅各書半數的經文。見Douglas Moo, *The Letter of James*, TNTC (Leicester and Downers Grove, Ill.: InterVarsity Press, 1985), p. 18；又見p. 100-117，有關雅各書內信心與行為的討論。

能夠以一種獨特的方式聆聽到神的聲音。

然而可能會有任何遺失的書卷嗎？就是那些應當包括在聖經裏卻不在裏面的書卷。答案是否定的。在所有已知的文件裏，就兩方面來看，都離作為聖經的標準還很遠。這兩方面包括：它們和聖經其餘部分之教義的一致性，以及它們所自我宣稱的權威型態（還包括其他信徒接受那些權威宣稱的方式）。我們再一次地說，因著神對祂百姓的信實，使我們信服聖經一無缺失，它包含了所有神認為我們需要知道的內容，使我們能夠完全地順服祂、信靠祂。今日的聖經正典，確切地就是神所想要的內容；它將會持續原貌，一直到基督回來。

個人思考與應用

1. 為什麼知道哪些著作是神的話、哪些不是，對你的基督徒生活是那麼地重要？假如你必須在所有教會歷史上的基督徒著作中，去尋找四散的神的話語，那麼你和神的關係會有什麼不同？假如神的話語不僅包含在聖經裏，也包含在歷史上教會官方的宣告文件裏，那麼你的基督徒生活會有什麼不同？
2. 你是否曾經懷疑或詢問過聖經中任何一卷書的正典資格嗎？有什麼原因使你產生這些疑問？人應該做些什麼來解決這些疑問？
3. 摩門教徒、耶和華見證人，和其他異端的成員都宣稱他們擁有當代從神而來的啟示，他們認為這些啟示在權威上等同於聖經。你要用什麼理由來指出那些宣稱的錯謬呢？從實際上來看，這些異端裏的人真的是以同等的權威看待聖經，有如他們看待那些其他的「啟示」嗎？
4. 假如你從來沒有讀過任何的舊約旁經，也許你會想讀讀看某些片段。[34] 你覺得你能信靠這些著作，就好像你信靠聖經嗎？試比較這些著作和聖經在你身上所產生的影響。你也可以從《新約旁經》（*New Testament Apocrypha*）[35] 文集中找一些作品來作類似的比較，或用《摩門經》（*The Book of Mormon*）或《可蘭經》（*The Qur'an*）。這些著作在你生命中的屬靈影響，是正面的還是負面的？它們對你的影響和聖經對你生命的屬靈影響，有何不同？

---

[34] 近來有一本不錯的英文譯作，是*The Oxford Annotated Apocrypha* (RSV), ed. Bruce M. Metzger (New York: Oxford University Press, 1965)。也有一套收集新約正典時代非聖經類作品的文集，叫作《新約旁經》（見註35），可是這些作品比較沒有人讀。當一般人談到「旁經」而無進一步的說明時，通常只是指「舊約旁經」。

[35] E. Hennecke, *New Testament Apocrypha*, ed. W. Schneemelcher; English trans. ed. R. McL. Wilson (2 vols.: SCM Press, 1965)。請注意，還有一些初代教會的、更為正統的文學作品，可以很方便地在被稱為《使徒後教父》文集裏看到。它的英文繙譯本很不錯，見Kirsopp Lake, trans., *The Apostolic Fathers*, Loeb Classical Library (2 vols.: Cambridge, Mass.: Harvard University Press, 1912, 1913). 除此以外也還有一些其他有助益的英文譯本。

特殊詞彙

旁經（Apocrypha）

使徒（apostle）

正典（canon）

正典的（canonical）

約（covenant）

神所默示的（God-breathed）

救贖史（history of redemption）

自我證實（self-attesting）

本章書目

在本章書目部分，筆者列入了一些非福音派觀點的著作，因為有關正典的問題，他們所作歷史資料調查很重要。

Beckwith, R. T. "Canon of the Old Testament." In *IBD*, 1:235-38.

Beckwith, Roger. *The Old Testament Canon of the New Testament Church and Its Background in Early Judaism*. Grand Rapids: Eerdmans, 1985.

Birdsall, J. N. "Apocrypha." In *IBD*, 1:75-77.

________. "Canon of the New Testament." In *IBD*, 1:240-45.

Bruce, F. F. *The Canon of Scripture*. Downers Grove, Ill: InterVarsity Press, 1988.

Carson, D. A., and John D. Woodbridge, eds. *Hermeneutics, Authority, and Canon*. Grand Rapids: Zondervan, 1986.

Dunbar, David G. "The Biblical Canon." In *Hermeneutics, Authority, and Canon*. Ed. by D. A. Carson and John Woodbridge. Grand Rapids: Zondervan, 1986.

Green, William Henry. *General Introduction to the Old Testament: The Canon*. New York: Scribners, 1898.

Harris, R. Laird. "Chronicles and the Canon in New Testament Times." *JETS*. Vol. 33, no. 1 (March 1990): 75-84.

________. *Inspiration and Canonicity of the Bible: An Historical and Exegetical Study*. Grand Rapids: Zondervan, 1989.

Kline, Meredith G. *The Structure of Biblical Authority*. Grand Rapids: Eerdmans, 1972.

Leiman, S. Z. *The Canonization of Hebrew Scripture: The Talmudic and Midrashic Evidence*. Hamden, Conn.: Archon, 1976.

McRay, J. R. "Bible, Canon of." In *EDT*, pp. 140-41.

Metzger, Bruce M. *The Canon of the New Testament: Its Origin, Development, and Significance*. Oxford: Clarendon; and New York: Oxford University Press, 1987.

Packer, J. I. "Scripture." *NDT*, 627-31.

Ridderbos, Herman N. *Redemptive History and the New Testament Scriptures*. Formerly, *The Authority of the New Testament Scriptures*. 2nd rev. ed. Trans. by H. D. Jongste. Rev. by Richard B. Gaffin, Jr. Phillipsburg, N. J.: Presbyterian and Reformed, 1988.

Westcott, Brooke Foss. *The Bible in the Church: A Popular Account of the Collection and Reception of the Holy Scriptures in the Christian Churches*. First ed. with alterations. London: Macmillan, 1901.

Zahn, Theodor. *Geschichte des Neutestamentlichen Kanons*. 2 vols. Erlangen: Deichert, 1888-90. Reprint ed., Hildesheim and New York: Olms, 1975.

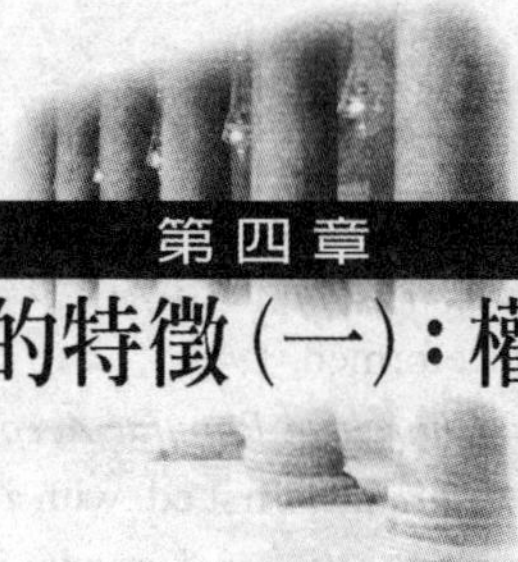

第四章

聖經的特徵（一）：權威性

我們如何知道聖經是神的話？

背誦經文：提摩太後書3:16

聖經都是神所默示的，於教訓、督責、使人歸正、教導人學義，都是有益的。

詩歌：站在基督我王寶貴應許上（*Standing on the Promises*）

[1]站在基督我王寶貴應許上 世世代代向祂讚美要飄揚
榮耀歸於至高神我要歌唱 站在神的寶貴應許上
副：站立 站立 站在神我救主寶貴應許上
站立 站立 我站在救主寶貴應許上
[2]站在永不失敗寶貴應許上 懷疑如雲懼怕如狂風暴浪
我靠神生命話語得勝堅強 站在神的寶貴應許上
[3]站在基督我主寶貴應許上 慈繩愛索永遠相繫不動盪
倚賴聖靈寶劍日日凱歌唱 站在神的寶貴應許上
[4]站在應許上我堅固不動搖 時刻傾聽聖靈親切的呼召
基督是一切我惟一的依靠 站在神的寶貴應許上

詞：R. Kelso Carter, 1886

曲：PROMISES 11.11.11.9.Ref., R. Kelso Carter, 1886

這首詩歌講到，神話語的應許永遠是我們信心堅固不變的根基。即使我們在懷疑、恐懼之時，這些應許仍是「永不失敗」的。藉著堅固站立在神的應許之上，我們能夠唱「榮耀歸於至高神」，直到永遠。但這首詩歌不只是講到神話語中的應許，而且也包括了聖經所有的內容：聖經是「神生命話語」，我們在逆境中靠它得勝堅強（第二節）；它是「聖靈寶劍」，我們靠它可以日日唱凱歌（第三節）。除了神的話語和祂的應許之外，我們沒有別的可靠的信心根基。「站在救主寶貴應許上」是一顆充滿信心的心靈所唱出的歡呼，它要成為我們唱到永遠的詩歌。

前言

在前一章裏，我們討論了哪些著作屬於聖經，而哪些不屬於。當我們知道了聖經的內容是什麼以後，接下來的一步就是要討論聖經的特徵是什麼。關於整本聖經的本質，聖經自己是怎麼教導我們的呢?

聖經中講到有關它自己本質的主要教訓，可以分為四類，即聖經具有四項特徵（有時候又稱為「屬性」）：(1) 聖經的權威性；(2) 聖經的清晰性；(3) 聖經的必須性；(4) 聖經的充足性。

就第一個特徵來說，大多數的基督徒都會贊成，聖經在某種意義上是我們的權威。可是聖經這樣宣稱它是權威，其準確的意義是什麼呢? 而我們要如何信服，聖經宣稱自己是神的話語，這是真實的呢? 這些都是本章所要討論的問題。

聖經之權威性的意思，是指所有在聖經裏的話語，都是神的話語；以至於不相信或不順從聖經中任何的話語，就是不相信或不順從神。

以下我們將討論這個定義的不同部分。

A. 所有經上的話都是神的話

A.1 聖經自己如此宣稱

聖經中經常宣告說，聖經所有的話語都是神的話語（但它也是人所寫下來的話語）。[1] 在舊約聖經裏，我們常常看見這個引介的片語：「耶和華如此說」，它出現過好幾百次。這個片語和當時之世界所用的「君王如此說……」的片語形式相同。那時的君王對臣民頒布法令時，引言中就用「君王如此說……」，這種法令是不容挑戰或質疑的，人只能順從它。[2] 因此，當先知說「耶和華如此說」之時，他們乃是在宣告，自己是從掌握主權的以色列王——即神自己——那裏來的信使；所以，他們也等於是在宣告，他們的話語乃是神絕對有權威的話語。當一位先知如此地奉神的名說話時，他所說的每一個字都一定是從神來的，否則他就是假先知了（另參民22:38；申18:18-20；耶1:9; 14:14; 23:16-22; 29:31-32；結2:7; 13:1-16）。

不只如此，聖經經常說神「藉著」先知說話（王上14:18; 16:12, 34；王下9:36; 14:25；耶37:2；亞7:7, 12），因此，先知奉神的名所說的話，就是神說的話了（王上13:26

---

[1]當然，筆者的意思不是說，聖經裏的每一個字都是神親自發聲說出來的，因為聖經還記錄了許多不同人物的話語，例如大衛王、彼得，甚至撒但自己。但筆者的意思真的是說，即使是人所作的報導，也都是神自己要對我們說的話，而且他們在其背景中所作的詮釋，也都是正確的，是以神的權威傳遞給我們的。

[2]見Wayne Grudem, *The Gift of Prophecy in 1 Corinthians* (Lanham, Md.: University Press of America, 1982), pp. 12-13；又見Wayne Grudem, "Scripture's Self-Attestation," in *Scripture and Truth*, ed. D. A. Carson and J. Woodbridge, pp. 21-22.

對照王上13:21；王上21:19對照王下9:25-26；哈1:12；另參撒上15:3, 18）。在舊約這些和其他的例子裏，先知所說的話語被視為等同於神親自說的話語，因此，不相信或不順從先知所說的任何話語，就是不相信或不順從神自己（申18:19；撒上10:8; 13:13-14; 15:3, 19, 23；王上20:35, 36）。

當然，這些經節本身並沒有宣告說，*所有*舊約上的話語都是神的話語，因為這些經節只是指出舊約裏的特定段落是神所說而被書寫下來的話語，但是這些經文段落，包括幾百個以「耶和華如此說」為引言的片段，它們所累積的力量證明出，舊約擁有被記錄下來的神自己所說的話語，而這些話語構成了大部分舊約的內容。

在新約裏，有不少經文指明所有舊約的內容都被視作神的話語。提摩太後書3:16說：「聖經都是*神所默示的*，於教訓、督責、使人歸正、教導人學義，都是有益的。」[3] 在此經節中的「聖經」（*graphē*），必定是指被書寫下的舊約經文，因為*graphē*這個字在新約聖經中出現的五十一次裏，每一次都是指這個意思。[4] 不只如此，保羅[5] 在這裏所說的「聖經」，正是他在前一節經文中（提後3:15）所提到的舊約「聖典」（呂振中譯本的譯法，和合本譯作「聖經」）。

保羅在此肯定了所有的舊約著作都是*神所呼出的*（God-breathed，希臘文*theopneustos*，和合本譯作「*神所默示的*」）。因為保羅說神是「呼出」這些*著作*，所以我們就應該把這個「呼出」（或「吹氣出」）理解為是「說出」的隱喻，即是神說出這些聖經的話語。因此，這一節經文就簡明地表達出舊約多處經文中的明顯事實：舊約著作是文字形式的神的話語。因為舊約的每一字，都是神說的（而且神仍在說話），雖然神是使用人作為代理而將這些話書寫下來。[6]

---

[3]有人曾建議另一種的繙譯：「每一處神所默示的聖經，於教訓……都是有益的（Every God-breathed Scripture is also profitable for teaching...）。」可是這樣的繙譯是非常不可能的，因為它使得*kai*（also，「也」）在此希臘文的句子裏顯得極其奇怪（譯者註：功能變為副詞，而非連接詞）。在一個條理分明的談話裏，通常在說某事物「也」具有某個特性之前，一定會先說出該事物所具有的別的特性；「也」必定指明了額外還有的特性，是加在先前已經敘述過的特性之外。如此說來，*theopneustos*（「神所呼出的」或「神所默示的」）和*ōphelimos*（「有益的」）兩個詞最好都理解為敘述形容詞，而最佳的繙譯就如和合本所繙譯的：「聖經都是神所默示的，於教訓……都是有益的（All Scripture is God-breathed and is profitable for teaching...）。」

[4]但至少有兩處經文（提前5:18；彼後3:16），其*graphē*是指舊約著作以及一些新約著作（見下文的討論）。

[5]筆者在本書全書裏，都假設提摩太前書、提摩太後書和提多書的作者是保羅。關於近年辯護保羅為其作者的論點，見George W. Knight III, *The Pastoral Epistles*, NIGTC (Grand Rapids: Eerdmans, and Carlisle: Paternoster, 1992), pp. 4-54.

[6]比較早期的系統神學書籍是使用「*靈感*」一詞（inspired, inspiration），來描述聖經的話語是神所說出的這項事實。這個專用詞是特別根據比較早期的提摩太後書3:16的繙譯：「所有經文都是靠著神的靈感所給予的……」

在彼得後書1:21也有類似的話，指明所有舊約著作都是神的話語。彼得鼓勵他的讀者要留意聖經中的預言（彼後1:20），他所指的意思至少是指舊約聖經（彼後1:19）。他說這些預言沒有一個是「出於人意的」，都是「人被聖靈感動，說出神的話來。」彼得的意思不是要完全否認聖經著作裏屬人的意志或個性部分（他說是「人……說出……」），他的意思乃是說，一個預言的終極來源，絕對不是人自己決定要說寫什麼，而是聖靈在這位先知生命中的作為，藉著一些在此沒有指明（或說全聖經都沒有指明）的方式而施行出來的。這點指明了一項信念：所有舊約的預言（從彼得後書1:19-20的光中看來，這裏所說的預言可能也包括了所有被書寫下來的舊約聖經），都是「由神」說出來的，也就是說，它們都是神自己的話語。

還有許多新約的經文也以類似的方式說到舊約的內容。例如在馬太福音1:22中引用以賽亞書7:14的話，說那是「*主藉先知所說的話*」；又如耶穌在馬太福音4:4對魔鬼說：「人活著，不是單靠食物，乃是靠*神口裏所出的一切話*。」在那段經文的上下文中，耶穌一再地從申命記裏引用經文來回應每一個試探，由此可知，耶穌所說的「神口裏所出的一切話」，乃是指被書寫下來的舊約聖經。

在馬太福音19:5裏，耶穌引用了創世記2:24的話；雖然創世記的作者在那段經文中沒有說那是神說的話，但耶穌引用時就說那是神「說」的話。在馬可福音7:9-13裏，馬可用「神的誡命」、「摩西說」和「神的道」互換稱呼同一段經文。在使徒行傳1:16裏，說到詩篇69篇和109篇的話語時，稱它們為「*聖靈*藉大衛的口……*預言*」的話。在此，聖經的話語被稱為是聖靈所說的話。使徒行傳2:16-17引用了約珥書2:28-32裏先知約珥所說的話，而彼得在此插入了「*神說*」兩個字，因此就將約珥所說的話歸成是神說的話，而且彼得還宣稱那些話就是神在當時對群眾說的話。

我們還可以列出許多別的經節（見路1:70; 24:25；約5:45-47；徒3:18, 21; 4:25; 13:47; 28:25；羅1:2; 3:2; 9:17；林前9:8-10；來1:1-2; 6-7），它們所用的這個模式——將舊約經文的話語歸成是神說的話——是十分清楚的。不只如此，有幾處經文把*所有*先知們的話或舊約經文的話，都稱為是一定要相信的話，或是從神而來的話（見路24:25, 27,

---

（KJV）然而，在今日的日常用語中，「靈感」一詞不太有神說話的意思（每一位詩人或作曲家都可以說他是得到「靈感」才能寫出其作品，甚至連運動員也說是有「靈感」才有好的表現），因此筆者在本文中就不使用這個詞了。筆者比較喜歡使用NIV中提摩太後書3:16的譯法「神所呼出的」（God-breathed，和合本譯作「神所默示的」），但也用過其他的表達法來敘述聖經的話語真是神的話語。早期的用詞「*完全的*靈感」（plenary inspiration）的意思是：所有聖經的話語都是神的話語（plenary的意思是「完全的」）；筆者在本章裏肯定這個事實，但是沒有使用這個詞。

44；徒3:18; 24:14；羅15:4）。

然而，如果保羅在提摩太後書3:16所說的「聖經」，只是指舊約著作的話，那麼這一節經文也能夠應用到新約著作上嗎？它所說的也是新約著作的性質嗎？要回答這個問題，我們先得了解*graphē*（「聖經」）這個希臘字。對新約著作的作者們來說，這是個專用辭彙，有十分特殊的意思：這個字在新約裏共用了五十一次，但每一次都是用來指舊約的著作，而非指任何聖經正典以外的其他話語或作品。由此可見，凡是屬於「聖經」的話語，都具有「神所呼出的（神所默示的）」的特性，即其話語都真正是神的話語。

但是我們在新約的兩個地方看見，新約的著作和舊約的著作一同被稱為「聖經」。正如我們在本書第三章中提過的，在彼得後書3:16那裏，彼得不僅表示他知道有保羅書信的存在，而且還十分清楚地將「他（保羅）一切的信」與「別的經書」歸成一類。這表明了：在教會歷史的非常早期，所有保羅的書信都被看作是被書寫下來的神的話語，就像舊約經文一樣。與此類似地，在提摩太前書5:18那裏，保羅引用了路加福音10:7裏的話，並稱它為「（聖）經」。[7]

這兩段經文一起指出，在新約著作被書寫的時期，就已經有人注意到所謂的「聖經」著作——真正具有神話語性質的著作——正在*加添*。因此，如果我們能確立新約著作屬於「聖經」類別，那麼我們就能將提摩太後書3:16的話正確地應用在新約著作上，並且說新約著作也具有保羅所說「所有聖經」都有的特性，即其中所有的話語都是「神所呼出的（神所默示的）」，都真正是神的話語。

我們是否能找到進一步的證據，證明新約作者們認為他們自己的著作（不只是舊約聖經）也是神的話語？在一些經文中是有的。保羅在哥林多前書14:37裏說：「若有人以為自己是先知或是屬靈的，就該知道*我所寫給你們的是主的命令*。」保羅在此為哥林多教會的崇拜制定一些規則，並且宣告它們是「主的命令」。因為繙譯為「我所寫給你們的」的希臘文片語，有一個複數的關係代名詞（*ha*），所以可以直譯為「我所寫給你們的諸事都是主的命令」。

反對將新約作者的話語視為神話語的一種論點，有時是從哥林多前書7:12來的；保羅在那裏將他的話語和主的話語區分開來。他說：「我對其餘的人說（不是主說）……」不過，我們從第25節和第40節可以得到一個恰當的解釋。保羅在第25節

---

[7]見本書第三章B.2節有關彼得後書3:16與提摩太前書5:18的討論。

說，關於不婚守童身的人，他沒有主的命令，但他把自己的意見說出來。他在此的意思一定是指，他*沒有耶穌在地上時就這件事所說過的話語*，可能他後來*也沒有從耶穌那裏領受到有關這件事的啟示*。這裏的情形和第10節的情形不一樣；他在第10節只需重複主在地上的教訓：「妻子不可離開丈夫」，而且「丈夫也不可離棄妻子」。因此，我們可以看出，第12節的意思一定是說，關於信徒和非信徒結婚的事，保羅*沒有耶穌在地上時所說的教訓*。所以，保羅就說了他自己的意見：「我對其餘的人說（*不是主說*），倘若某弟兄有不信的妻子，妻子也情願和他同住，他就不要離棄妻子。」（林前7:12）

保羅在接下來的幾節經文繼續對哥林多教會的人提出關於這件事的幾個倫理標準，這是很值得注意的。誰給他這個權利去發出這樣的道德命令呢? 他說他是「蒙主憐恤，能作忠心的人」，因此就說出他自己的意見（林前7:25）。他在這裏似乎是暗示，他深思熟慮過的觀點和判斷，能夠與耶穌的話語放在相同的權威地位上。因此，哥林多前書7:12的話：「我對其餘的人說（不是主說）」乃是一句驚人之語，是保羅對他自己之權威的強烈肯定——假如遇到某一個情況，而他沒有任何從耶穌來的話語可以應用，那麼他就會用他自己的話語，因為他自己的話語和耶穌的話語有一樣的權威！

此外，約翰福音14:26; 16:13兩處經文也支持新約著作屬於聖經的觀點。耶穌在那裏應許說，聖靈將會使門徒們想起祂所說過的一切話，也會引領他們進入一切的真理。這裏指出了一種特殊的聖靈引導的工作，那就是門徒們能夠想起耶穌所說過一切的話，並且能無誤地記錄下來。其他的證據可見於彼得後書3:2；哥林多前書2:13；帖撒羅尼迦前書4:15；和啟示錄22:18-19等處。

A.2 我們讀經時信服聖經自己的宣稱

肯定聖經說它自己是神話語的*宣稱*，是一回事；信服那些宣稱是真實的，又是另一回事。只有當聖靈*在聖經中*和*藉著聖經*對我們的心說話，使我們得著一種內心的確據，相信這些話語是我們的創造主對我們所說的話，那時我們才會產生相信聖經話語就是神話語的終極信念。正如保羅在解釋自己使徒性的話語含有聖靈所指教的話語（林前2:13）以後所說的：「屬血氣的人不領會神聖靈的事，[8] 反倒以為愚拙，並且不能知道，因為這些事惟有屬靈的人才能看透。」（林前2:14）如果沒有神的靈的工作，一個

[8]這節前半RSV繙譯成「……不領會神的靈所賜的*恩賜*」，筆者譯為「神聖靈的事」（譯者註：與和合本譯法相同），因為在希臘原文中，在此只用了一個中性複數的定冠詞（*ta*）當作實質名詞，卻沒特定的名詞跟在後面，因此，RSV的繙譯反而在所要指的事上比原文所要表達的更為侷限，而且也一定不是上下文所必須要有的。

人是不會領會或接受屬靈真理的，特別是這個真理：聖經的話語其實就是神的話語。

而對那些有神的靈在他們心裏工作的人而言，他們確知聖經的話語就是神的話語。這個認知的過程很像「相信了耶穌，就知道祂的話是真實的」之過程。耶穌說：「我的羊聽我的聲音，我也認識他們，他們也跟著我。」（約10:27）當那些屬乎基督的羊誦讀聖經的話語時，就聽見了他們大牧人的聲音和話語，而且也信服這件事：聖經的話語事實上就是他們主的話語。

有一點很重要，我們要記住，那就是：相信聖經話語就是神話語的這個信念，並*不是來自於*聖經的話語*之外*，也不是*附加於*聖經話語上的。這個意思是說，並不是有一天聖靈在我們的耳邊說：「你看見在你書桌上的聖經嗎？我要你知道，那本聖經中的話語就是神的話語。」這個信念的產生，乃是當人展讀聖經時，在聖經的話語中聽見了他們的創造主對他們說話，並且明白了他們所讀的書與眾不同，真是一本神對他們的心說話的書。

A.3 其他的證據也有幫助，但非最終的根據

我們在前一節所說的，不是要否認別種證據論點的有效性；它們仍然可以用來支持聖經是神話語的宣告。這些論點包括：聖經從歷史的角度上來看是準確的，其內部是一致的，它所說的預言在幾百年後都應驗了，它比任何其他的書籍更深遠地影響人類的歷史，它還繼續在歷史中改變千萬人的生命，世人透過它找到救恩，它的莊嚴美麗和教訓深邃無與倫比，它有幾百次以上自稱真是神真正的話語等等。所有這些和其他的論點對我們都有好處，都能在我們相信聖經的路上，幫助我們移去障礙。然而，所有這些論點，不論是個別的或是整體的，都不是我們最終信服的根據。正如*《西敏斯特信仰告白》*（Westminster Confession of Faith）在1643-46年時所說的：

> 「我們可以被教會的見證所感動、所激勵，而對聖經產生崇高敬虔的尊重。聖經內容的屬天、教義的效力、文體的莊嚴、各部的契合、整體的宗旨（就是將一切的榮耀歸給神）、透徹顯明人得救惟一之方法、其他許多無以倫比的優越，及其整體的完美，都是論證，據此豐足地證明它本身是神的話語。然而，我們之能夠完全的信服並確知聖經是沒有謬誤的真理，且具有屬神的權威，乃是來自聖靈內在的工作，在我們心裏藉著並伴隨著神的話所作的見證。」（第一章5條）

A.4 聖經的話語自證它是神的話

聖經的話語是*自我證實*的（self-attesting）。我們不能用任何更高的權威來「證明」它是神的話語，因為假若我們訴諸於一些更高的權威（例如歷史的準確性或邏輯

的一致性),用它們來證明聖經是神的話語,那麼聖經本身就不能成為我們最高的或絕對的權威,而必須要臣服在我們所訴求以證明它是神話語的那個權威之下。假如我們至終訴諸於人的理性、邏輯、歷史的準確性、科學的真實性,那麼我們就已經假設我們所訴諸的對象,其權威比神話語的權威還高,也比神的話語更為真實可靠。

A.5 反對論點:這是一種循環論證

有人可能會反對說,聖經自我證實它是神的話,這是一種循環論證(circular argument),即此辯證是這樣推論的:我們相信聖經是神的話,是因為聖經自己這樣宣告;而我們相信聖經自己這樣宣告,是因為聖經是神的話……如此循環下去。

我們必須承認,這的確是一種循環論證,然而這並沒有使之變為無效,因為所有為著一個絕對權威(absolute authority)而有的論證,至終必須訴諸那個權威以得著證明;否則,那個權威就不是一個絕對的或最高的權威。基督徒在辯護聖經之權威時所面對的這個問題,並非是獨有的;任何一個人在為其信仰辯護終極權威時,不論是明顯的或隱含的,都在使用某種形式的循環論證。

雖然這些循環論證不一定都是明顯的,有時候它是隱含在冗長的討論之下,或是只作了假設而沒有證明,但是當為著一個終極性的權威而辯論時,其論證的最基本形式就是採取類似的循環論證,要訴諸於那個權威自己,正如以下所列的例子:

> 「我的理性是我終極的權威,因為對我來說,這樣作是似乎是理性的。」
>
> 「邏輯的一致性是我終極的權威,因為這樣作是合乎邏輯的。」
>
> 「人類感官經驗的考察,是我們發現何者真實、何者不真實之終極權威。因為我們人類的感官從未發現過任何除此兩者(非真實即不真實)以外的事物,所以,人類的感官經驗告訴我,上述我的原則是對的。」
>
> 「我知道沒有終極的權威,因為我不知道有任何這樣的終極權威。」

在所有這些辯論中,不論是為著終極的真理標準,或是為著信仰的絕對權威,都含有循環論證的因子在內。[9]

這樣說來,基督徒或任何一個人,要如何在眾多絕對權威的宣告中作一抉擇呢?終極來說,聖經的真實性要為它自己證實:它遠比其他宗教的書籍(例如《摩門經》

---

[9]關於這一點,以下這本書講得很好:John M. Frame, "God and Biblical Language: Transcendence and Immanence," in *God's Inerrant Word*, ed. John Warwick Montgomery (Minneapolis: Bethany Fellowship, 1974), pp. 159-77. 又見J. P. Moreland, "The Rationality of Belief in Inerrancy," *TrinJ* 7:1 (1986), 75-86, 對於我們如何產生一些生命中重要的信念,它的討論頗有幫助。

或《可蘭經》），或任何其他人類思想智慧的建構（例如邏輯、人類理性、感官經驗、科學方法等等），都具有更強的說服力；因為在真實的生活經驗中，所有其他可能成為終極權威的權威，看起來都有矛盾，或是有缺陷，而使它們喪失作為終極權威的資格，但聖經卻顯出它和我們所知的周圍世界、我們自己，以及神，完全地協調一致。

假如我們對實存的本質、對自我，和對神有正確的認知，那麼聖經自我的證實是不言自明的；但問題出在我們有罪，以至於我們的認知以及我們對神和受造界的分析都是錯的。終極來說，罪是非理性的，罪使我們對神和對受造界有了錯誤的觀念。因此，在一個沒有罪惡的世界裏，聖經就能說服所有人接受它就是神的話，可是因為罪惡扭曲了人對實存的認知，人就無法按聖經的真相來認知它了。所以這就需要聖靈的工作，以克服罪的果效，使我們能信服聖經真是神的話，知道聖經為它自己的宣告是真實的。

因此，從另一方面來說，關於聖經是神的話也是我們終極權威的這個論證，其實並*不是*一個典型的循環論證。人信服它的過程可能更像是一個螺旋：聖經知識的增加，與對神和受造界之正確理解的增加，二者彼此互補和諧，一方肯定另一方的準確性。這並不是說我們對周圍世界的知識，成了比聖經更高的權威，而是說這樣的知識（只要是正確的），會持續地帶來更大的確據和更深的信服，使我們相信聖經是惟一真實的終極權威，而其他聲稱自己是終極權威的宣告，都是假的。

A.6 神的口述並不是惟一傳達神話語的方法

本章到此為止，一直都在論述聖經裏所有的話語都是神的話語。不過筆者認為在此也需要稍作警告：雖然聖經裏所有的話語都是神的話語，但這事實不應該讓我們誤以為聖經中的每一個字都是神對人的*口述*（dictation）。

當我們說「聖經裏所有的話語都是神的話」之時，所指的是產生聖經之過程中的*結果*部分；而關於神口述、人聽寫的問題，則是關於要達到結果以前的*過程*問題，或說是神為要確保得著祂所要之結果而採用的*方法*問題。[10] 我們在此要強調，聖經並沒有說，神向書寫聖經的作者們傳達祂所要說的話時，只用一種形式的過程，或是只用一個方法。事實上，有證據顯示，神使用了*許多不同的過程*，來完成祂所要的結果。

有一些神口述的例證，明顯地散布在聖經裏。當使徒約翰在拔摩島的異象中看見復活之主時，耶穌對他說以下的話：「你要*寫*信給以弗所教會的使者，*說*……」（啟

[10]有些系統神學書籍稱這個過程——神使用人將祂自己的話語書寫下來——為「靈感的模式」（the mode of inspiration）。筆者在本書裏沒有使用這個詞語，因為這個詞語似乎在今日不太能被人理解。

2:1)「你要寫信給士每拿教會的使者，說……」(啟2:8)「你要寫信給別迦摩教會的使者，說……」(啟2:12)這些是簡單口述的例子，即復活的主告訴約翰寫什麼，約翰就寫下他從耶穌所聽見的話。

在舊約的先知書裏，我們也偶而看到與此類似的過程，例如我們在以賽亞書裏讀到：「耶和華的話臨到以賽亞說：『你去告訴希西家說，耶和華你祖大衛的神如此說：我聽見了你的禱告，看見了你的眼淚；我必加增你十五年的壽數，並且我要救你和這城脫離亞述王的手，也要保護這城。』」(賽38:4-6)這一段經文讓我們看到的圖畫是，以賽亞聽見了神要他告訴希西家王的話(究竟是真正使他用耳朵聽見，還是用一股非常強烈的想法印在他的心思裏，我們很難得知)；他就當起神的信使，記下那些話語，然後按照他所受的指引去說出那些話。

然而，在聖經許多別的段落裏，並不是以這種直接由神口述、人聽寫的方法來產生聖經的話語。希伯來書的作者說，神「用許多不同的方式」(來1:1，和合本譯作「多方」)，藉著先知對我們的列祖說話。假如我們把這許多的方式像光譜一樣排開，把神的口述放在這一端，那麼路加書寫他的福音書所採用的普通歷史研究，就在相反的另一端了。路加說：

> 「提阿非羅大人哪，有好些人提筆作書，述說在我們中間所成就的事，是照傳道的人從起初親眼看見，又傳給我們的。這些事我既從起頭都詳細考察了，就定意要按著次序寫給你。」(路1:1-3)

路加所說的這個過程，顯然不是神的口述。路加使用了普通的過程，就是和見證人談話，收集歷史資料，使他能寫下一份準確的報告，報導耶穌的生平和教訓。他很徹底地從事歷史研究，聽取許多見證人的報告，並且謹慎地審核他所得到的證據。他所寫的福音書強調了他所認為重要的事情，並且也反映了他自己的寫作風格。

在這兩種方法之間，即簡單的聽神口述而寫下來，和普通的歷史研究，我們還看到其他不同的方法，是神用來和聖經作者們溝通的。在有些例子中，聖經暗示出這些不同的過程：例如異夢、異象，聽到主的聲音，或站在主的大會中；又如有些人與耶穌一同生活，觀摩祂的生活並聆聽祂的訓誨，而當聖靈使他們想起主的事情時，藉著聖靈的工作，他們所憶起的主的言行是完全準確的(約14:26)。然而，在許多別的例子中，神並沒有向我們顯露祂是用什麼方法而達到這個結果——聖經的話成為祂自己的話。很顯然地，神用過許多不同的方法，但究竟每個方法的細節如何，卻是不重要的。

在很顯著地牽涉到作者的個性和寫作風格的情況(這似乎是聖經主要部分的情

況），我們所能說的就是，神的天命監督並引導了每一位作者的生命，使得他們的個性、他們的背景和訓練、他們對周遭世界所發生之事件的評估能力、他們獲取史料的機會、他們對資訊準確程度的判斷，以及他們寫作時的個人環境等，[11] 都正是神想要的；因此，當他們真正落筆付諸文字之時，字字都是他們自己的話語，但也完全是神所要他們寫下的話語，神也宣告那是祂自己所說的話語。

B. 不信從聖經的任何話語就是不信從神

我們在前面一節論述了所有聖經裏的話語都是神自己的話語。因此這個結果就是，不相信或不順從任何聖經的話語，就是不相信或不順從神自己。耶穌曾因此責備祂的門徒不相信舊約經文（路24:25）。信徒要遵守或順從門徒們的話語（約翰福音15:20說：「他們……若遵守了我的話，也要遵守你們的話。」）基督徒要記念「主救主的命令，就是使徒所傳給你們的。」（彼後3:2）不順從保羅所寫的話會使人落在教會的懲戒之下，例如被開除會籍（帖後3:14），受屬靈的懲罰（林後13:2-3），包括從神而來的懲罰（在哥林多前書14:38中所用的被動動詞「由他不知道」，顯然有這個意思。）反之，神喜悅每一個人都因祂的話語而「戰兢」（賽66:2）。

貫穿整個教會的歷史，最偉大的傳道人都是那些認知自己沒有權柄、所作之工只是解釋聖經上的話語、並將它們應用到聽眾生活中的人。他們傳道的能力來源不是他們作為基督徒的經驗或別人的經驗，也不是他們個人的意見、創意或修辭技巧；他們的能力乃是源自神權能的話語。[12] 從本質上來看，其實他們站在講台上，指著聖經經文對會眾說話，乃是在說：「這是這一節經文的意思。你們也在這裏看見了那個意思嗎？那麼你們必須要全心相信它、順從它，因為神，你們的創造主、你們的主，今天就在對你們說這些話！」惟有被書寫下來的聖經的話語，才能夠給予傳道人這種權柄。

C. 聖經的真實性

C.1 神不說謊或說假話

聖經的權威本質在於它有能力使我們相信並順從它，並且使我們把這個相信和順

---

[11]這甚至也包括了聖經作者的祕書（專用名詞是「抄士」，amanuensis）對用字遣詞的影響，見羅馬書16:22中德丟的問安。

[12]筆者不否認優秀的講演能力、創意或講述個人經驗，在講道上都佔有一席之地，因為優秀的講道是會包括所有這些項目（見箴16:21, 23）；但筆者要說，改變人生命的能力，一定是來自於神話語的本身；當講員真心相信這一點時，聽眾就會明顯地感受到。

從等同於相信並順從神自己。因為這個緣故，我們需要去思考聖經的真實性，因為要相信聖經上所有的話，就表示要能有把握地相信聖經是全然真實的。雖然我們將會在討論聖經的無誤性時（見本書第五章），再更完整的討論這一點，但我們在這裏還是要略加說明。

因為聖經的作者們一再地肯定說，聖經的話語（雖是人寫的）就是神自己的話語，所以，我們可以很恰當地這樣做：先在聖經中查考論及神話語之特質的經文，然後再將這些特質應用到聖經本身。有一些聖經經文特別說到神話語的真實性，例如提多書1:2說到「無謊言的神」或「神從不說謊」。因為神是一位不說「謊言」的神，所以，祂的話語永遠值得信靠的。又因為聖經的話語都是神的話語，所以聖經也一定是「無謊言的」，如同神自己一樣，所以，在聖經裏不會有任何的不真實。[13]

希伯來書6:18提到兩樣不會改變的事（神的誓言和應許）時說：「藉這兩件不更改的事，神決不能說謊。」希伯來書作者在此不只是說神不說謊，而是說祂不可能說謊。雖然這節經文直接所指的是誓言和應許，但如果神不可能在這兩件事上說謊，那麼肯定祂也不可能說任何的謊言了（因為耶穌曾嚴厲地責備那些只在起誓下才說真話的人，見太5:33-37; 23:16-22）。與此類似地，大衛對神說：「你是神！你的話是真實的。」（撒下7:28）

C.2 所以經上所有的話都全然真實，沒有任何錯謬

因為聖經的話語是神的話語，而神不可能說謊或說假話，所以，我們正確地下這樣的結論：聖經話語的任何一部分，都沒有不真實，也沒有錯謬。我們發現這個結論在聖經裏好幾個地方都得到肯定：「耶和華的言語是純淨的言語，如同銀子在泥爐中，煉過七次。」（詩12:6）詩人在此使用生動的意象說到神話語沒有摻雜的純潔：在它裏面沒有不完全。在箴言30:5裏我們讀到：「神的言語句句都是煉淨的；投靠祂的，祂便作他們的盾牌。」這裏說到，神的話不是只有一些是真實的，而是句句都是真實的。事實上，神的話語是永遠安定在天的：「耶和華啊，你的話安定在天，直到永遠。」（詩119:89）耶穌也說到祂自己的話語是永恆的：「天地要廢去，我的話卻不能廢去。」（太24:35）神的言語與所有人類的言語迥然不同，因為「神非人，必不

[13]有的學者反對這種論證，說它太過簡單，即：「聖經是神的話語；神從不說謊；所以，聖經從不說謊。」然而，這正是保羅在提多書1:2所使用的論證。他指出聖經裏說到「萬古之先」所應許的永生，又說這應許是由「無謊言」的神所應許的。由此可見，他是以神自己言語的真實性，去證明聖經之應許話語的真實性。這樣的論證法可能是「簡單的」，但是它是聖經所用的，而且也是真實的，所以我們應當不遲疑地接受並使用它。

致說謊；也非人子，必不致後悔。」（民23:19）這些經節很明顯地確認我們相信所有聖經話語都是神話語的隱含資格，那就是：在任何聖經的敘述裏，沒有不真實或虛假的話。

C.3 神的話語是真理的終極標準

在約翰福音17章裏，耶穌向父神禱告說：「求你用真理使他們成聖；*你的道就是真理*。」（約17:17）這一節很有趣，因為耶穌沒有用我們可能會期望見到的形容詞*alēthinos*或*alēthēs*（「真實的」），即是說：「你的道是真實的。」而是使用了一個名詞*alētheia*（「真理」），也就是說：神的道不只是「真實的」，而且就是真理本身。

這個差別是很重要的，因為這句敘述引導我們去思想，聖經不只是「真實的」，即它符合了一些更高的真理標準，而是它本身就是最終極的真理標準。聖經是神的話，而神的話就終極定義了什麼是真實的、什麼不是真實的：神的話本身就是*真理*。因此，我們要認定聖經是真理的終極標準，而其他每一個宣稱為真實的事物，都要以它作標準來評估：那些與聖經一致的主張就是「真實的」，而那些與聖經不一致的就不是真實的了。

那麼，什麼是真理呢？真理就是神所說的話，而我們在聖經裏擁有了神所說的話（聖經裏的話都準確地是神的話，但並不是詳盡無遺的）。

C.4 可能會有新的事實與聖經矛盾嗎？

可能會有任何新的科學或歷史事實的發現，是與聖經矛盾的嗎？我們在這裏可以很有把握地說，這種事永遠不會發生——事實上，那是不可能的。假如有任何所謂的「事實」被發現，而它是與聖經矛盾的（在我們正確地了解聖經之下），那麼那件「事實」一定是假造的，因為神——聖經的作者——知道所有的事實，包括過去的、現在的，和將來的；不可能會有一件很久以前發生的事實突然冒出來，是神不知道的，以致沒有在書寫聖經時考慮到它。每一件真實的事實都是神在永遠之前就已經知道的，所以它不可能會和神在聖經所說的話互相矛盾。

雖然如此，我們仍要記住，科學或歷史的研究（以及其他對受造界的研究），都能使我們重新檢視聖經，看看它是否真的在教一些我們認為它在教的東西。即使有些人曾經有過這種想法，但聖經肯定沒有教導說地球是在主前4004年被造的（因為聖經裏的家譜中間有些世代沒有記載），[14] 由於歷史的、考古的、天文的和地質的各類研

[14]見本書第十五章E.3節有關地球年齡和聖經家譜年代的討論。

究，促使基督徒重新檢視聖經，看看它是否真的教導說地球的年紀是這樣的年輕。當我們謹慎地分析聖經經文以後就顯明，它沒有教導這種說法。

與此類似地，聖經沒有教導說太陽是繞著地球轉的，因為它只是從我們的觀點描述了一些我們所看見的現象而已，而不是從外太空中某個軌道的「定點」來描述宇宙的運行。然而，在天文學的研究進步到足以證明地球是繞著它的軸心旋轉之前，人們都*以為*聖經的教導是太陽繞著地球旋轉的，後來是因為科學研究的數據才激發我們重新檢視相關的聖經經文。因此，每當我們面對一些與聖經相矛盾的「事實」之時，我們不只必須檢視導出那個有疑問之事實的數據，而且也必須檢視相關的聖經經文，看看聖經是否真的在教一些我們認為它在教的東西。

我們絕不用害怕任何正規的探討研究，而是永遠歡迎可能新發現的事實。舉例來說，在敘利亞工作的考古學家發現了艾伯拉泥版（Ebla Tablets），這些大量的文字記錄大約是屬於主前2000年期間的，它最終大大地幫助我們了解列祖時代的世界，以及與亞伯拉罕、以撒、雅各有關的事件。基督徒應該躊躇憂慮，生怕發表這樣的數據會證明一些記載在創世記裏的事實是錯誤的嗎？當然不應該！我們應該很熱切地期望看到所有這樣的數據被發表，並且懷有絕對的把握相信，只要它們能被正確地理解，一定會和聖經的內容一致，並且都能肯定聖經的準確性。沒有一件真實的事實會和神的話語有矛盾，因為祂知道所有的事實，而且祂從不說謊。

D. 被書寫下來的聖經乃是終極權威

有一點十分重要，那就是我們要明白，具有終極權威之聖經的形式，乃是它*被書寫下來*的形式。它是神寫在石版上的話語，由摩西存放在約櫃裏的。後來，神命令摩西和以後的先知將他們的話語寫在書裏面。保羅所說的「神所默示的」（提後3:16）聖經，是*被書寫下來*的聖經（*graphē*）。與此類似地，是保羅*所寫的*著作成為「主的命令」（林前14:37），並且可以與「別的經書」歸成一類（彼後3:16）。

這一點很重要，因為有時候會有人（有意或無意地）嘗試用一些別的終極標準，來取代被書寫下的聖經話語。舉例來說，有時候會有人認為，「耶穌真正說過的話」才是終極標準，所以就認為，如果我們將福音書的希臘文譯回耶穌說話時所用的亞蘭語，就比讀福音書作者們所寫的福音書，更能真正了解耶穌的話語。事實上的確有時候有人會說，用亞蘭語重建耶穌的話語，能使我們校正福音書作者們所作的錯誤繙譯。

除此以外，也曾有人宣告說，他們知道「保羅真正的思想」，即使他們所說的思想和保羅所寫下的話語有所不同。或者他們會說：「保羅應該這麼說，這樣才會和他整個神學思想一致。」與此類似地，有人曾這樣說：「這就是馬太所寫的教會情況」，而且他們還嘗試對那情況，或是對他們認為是馬太所想的解決方法，加予規範性的力量。

我們必須承認，在所有這些例子中，思考聖經經文「背後」的話語或情景，有時可以幫助我們明瞭經文的意思，然而，我們用這些話語或情景所作假設性的重新建構，永遠不能取代或對抗聖經本身為終極權威的地位，而且我們也不應當讓它們與任何聖經的話語發生矛盾，或使聖經的準確性受到質疑。我們必須一再地記住：聖經裏的話語就是神自己的話語，我們一定不能企圖用任何方式去「改良」它，因為這是不可能做到的事；反之，我們乃應當尋求去了解它，然後用我們的全心去信靠它、順從它。

個人思考與應用

1. 如果你想要勸服某人相信聖經是神的話語，有哪一本著作是你最希望他去讀，來幫助他相信的？
2. 聖經裏有什麼話語是你不想相信或不想順從的？你或其他人會不會想要叫別人也不相信或不順從聖經裏的某些話語？假如你對以上兩個問題之一的回答是肯定的，那麼你認為應該如何面對和處理你在這方面的想法？
3. 你是否知道有什麼歷史上已經證實的事實，能顯示聖經上的某些話語是錯誤的？對於其他宗教的著作，例如《摩門經》或《可蘭經》，是否有這樣的歷史事實顯出它們的錯誤？假如你曾經讀過其他宗教的著作，你是否能描述一下它們在你身上所產生的屬靈影響？請與聖經在你身上所產生的屬靈影響作一比較。你是否能夠這樣說，當你讀聖經時，真實地聽到了你的創造主在對你說話，那是別種書籍所無法相比的？
4. 你是否曾經相信某些事物，但不是因為你有支持它的外在證據，而是單單因為它被記載在聖經上？按照希伯來書11:1的經文，那就是所謂的信心嗎？假如你只是因為聖經說到某些事物你就相信了，那麼你認為，當你站在基督的審判台前時，祂會對你說什麼？你認為信靠且順從聖經所肯定的每一件事物，會引領你犯罪或遠離神在你生命中所賜的祝福嗎？

特殊詞彙

絕對權威（absolute authority）
聖經的權威（authority of Scripture）

循環論證(circular argument)
口述(dictation)
神所呼出的、神所默示的(God-breathed)
靈感(inspiration)
完全的靈感(plenary inspiration)
聖經(Scripture)
自我證實(self-attesting)

本章書目

Carson, D. A., and John Woodbridge, eds. *Hermeneutics, Authority, and Canon*. Grand Rapids: Zondervan, 1986.

________. *Scripture and Truth*. Grand Rapids: Zondervan, 1983.

Geisler, Norman L., ed. *Inerrancy*. Grand Rapids: Zondervan, 1980.

Grudem, Wayne A. *The Gift of Prophecy in 1 Corinthians*. Washington, D. C.: University Press of America, 1982, pp. 1-54.

Helm, Paul. *The Divine Revelation: The Basic Issues*. Westchester, Ill.: Crossway, 1982.

Henry, Carl F. H. "Bible, Inspiration of." in *EDT*, pp. 145-49.

Kuyper, Abraham. *Principles of Sacred Theology*. Trans. by J. H. de Vries. Repr. ed.: Grand Rapids: Eerdmans, 1968, pp. 413-563 (first published as *Encyclopedia of Sacred Theology* in 1898).

Montgomery, John W., ed. *God's Inerrant Word*. Minneapolis: Bethany Fellowship, 1974.

Nash, Ronald H. *The Word of God and the Mind of Man*. Grand Rapids: Zondervan, 1982.

Packer, J. I. *"Fundamentalism" and the Word of God*. London: Inter-Varsity Press, 1958.

________. "Infallibility and Inerrancy of the Bible." In *NDT*, pp. 337-39.

________. "Scripture." In *NDT*, pp. 627-31.

Pinnock, Clark. *Biblical Revelation*. Chicago: Moody, 1971.

Radmacher, Earl D., and Robert D. Preus, eds. *Hermeneutics, Inerrancy, and the Bible*. Grand Rapids: Zondervan, 1984.

Van Til, Cornelius. *In Defense of the Faith* vol. 1: *The Doctrine of Scripture*. Ripon, Calif.: den Dulk Christian Foundation, 1967.

________. *In Defense of the Faith* vol. 5: *An Introduction to Systematic Theology*. Phillipsburg, N. J.: Presbyterian and Reformed, 1976, pp. 110-58.

Warfield, B. B. *Limited Inspiration*. Philadelphia: Presbyterian and Reformed, 1962.

Wells, Paul. *James Barr and the Bible: Critique of a New Liberalism*. Phillipsburg, N. J.: Presbyterian and Reformed, 1980.

Wenham, John W. *Christ and the Bible*. London: Tyndale Press, 1972.

Woodbridge, John. *Biblical Authority: A Critique of the Rogers/McKim Proposal*. Grand Rapids: Zondervan, 1982.

Westminster Seminary Faculty. *The Infallible Word.* 3d ed. Philadelphia: Presbyterian and Reformed, 1967.

Young, Edward J. *Thy Word Is Truth*. Grand Rapids: Eerdmans, 1957.

以下為非聖經無誤觀點之著作

Baillie, John. *The Idea of Revelation in Recent Thought*. New York: Columbia University Press, 1956.

Barr, James. *Fundamentalism*. London: SCM, 1977.

Beegle, Dewey M. *Scripture, Tradition, and Infallibility*. Grand Rapids: Eerdmans, 1973.

Berkouwer, G. C. *Holy Scripture*. Trans. by Jack B. Rogers. Grand Rapids: Eerdmans, 1975.

Burtchaell, James Tunstead. *Catholic Theories of Biblical Inspiration Since 1810: A Review and Critique*. Cambridge: University Press, 1969.

Davis, Stephen T. *The Debate About the Bible*. Philadelphia: Westminster, 1977.

McKim, Donald K., ed. *The Authoritative Word: Essays on the Nature of Scripture*. Grand Rapids: Eerdmans, 1983.

Pinnock, Clark. *The Scripture Principle*. San Francisco: Harper and Row, 1984.

Rogers, Jack, ed. *Biblical Authority*. Waco, Tex.: Word, 1977.

Rogers, Jack, and Donald K. McKim. *The Authority and Interpretation of the Bible: An Historical Approach*. San Francisco: Harper and Row: 1979.

Vawter, Bruce. *Biblical Inspiration*. Philadelphia: Westminster, 1972（近年來的天主教作品）。

第五章

聖經的無誤性

聖經含有任何的錯謬嗎？

經文：詩篇12:6

耶和華的言語是純淨的言語，如同銀子在泥爐中，煉過七次。

詩歌： 耶和華的律法完全（*The Law of the Lord is Perfect*）

1神的律法是完全的 使人心甦醒 耶和華的法度確定可靠 使愚人有智慧

副：且比精金比極多的精金 更加可羨慕

比蜂房下滴的蜜 還要更甘甜

2耶和華的訓詞極正直 能快活人心 耶和華訓誨清潔透徹 明亮人心眼

3耶和華的道理純潔 存到永永遠遠 耶和華的典章都真實 始終全然屬公義

詞：無名氏（取自詩篇19:7-11）

曲：THE LAW OF GOD Irreg., 無名氏；改編，1990

譜見*Trinity Hymnal* #152 (Philadelphia, PA, USA: Great Commission Publication, 1990)

這首詩歌是現代版的詩篇19:7-11，它表達了神話語在幾個不同方面的完全，並且也將之應用到我們生活幾個不同的層面。

前言

大多數的系統神學書籍都沒有把聖經的無誤性單獨地分出一章來討論，它通常是被分在聖經之權威性的主題下來探討，好像沒有必要進一步地討論它。然而，今天在福音派的世界裏，聖經無誤性的主題引起相當的關切，因此筆者認為應該在討論過神話語的權威性之後，再單獨分出一章來討論它。

A. 聖經無誤性的意義

我們在這裏將不再重複第四章有關聖經權威性的論述；但我們在第四章討論過幾個重點：聖經裏所有的話語都是神的話語，所以不相信或不順從聖經上任何的話語，

就是不相信或不順從神。我們也進一步地論說，聖經很清楚地教導說，神不可能說謊或說假話（撒下7:28；多1:2；來6:18），所以聖經裏所有的話語都是全然真實的，沒有任何一部分有錯謬（民23:19；詩12:6；119:89, 96；箴30:5；太24:35）。事實上，神的話語就是真理的終極標準（約17:17）。

和本章特別有關連的部分，是那些指明「神的話語是全然真實可靠的」的聖經經文。「耶和華的言語是純淨的言語，如同銀子在泥爐中，煉過七次。」（詩12:6）這節經文指出，聖經是絕對可靠和純淨的。類似的經文是：「神的言語句句都是煉淨的；投靠祂的，祂便作他們的盾牌。」（箴30:5）這節經文指出，神所說的每一句話都是真實的。人的言語的特徵是會有錯謬，至少有些虛假，可是神的言語的特徵，是絕無虛假，也沒有錯謬，雖然祂的話是藉著有罪之人而說出來的。「神非人，必不致說謊，也非人子，必不致後悔。」（民23:19）這一句話是有罪的巴蘭所說出的，特別是指神藉著人所說出的先知性的話語。

有了這些證據，我們現在就可以來定義什麼是聖經無誤性（biblical inerrancy）：*聖經無誤性的意思，是指原初的聖經手稿沒有主張過任何與事實相違背的事。*

這個定義的重點是在聖經語言之真實和虛假的問題上。用簡單的話來說，這個定義的意思是說，*聖經永遠說真話*，而且*關於它所說到的每一件事*，它也永遠說真話。這個定義的意思不是說，聖經會告訴我們任何一個主題的每一個相關事實，而是說對於任何一個它所說到的主題，其內容都是*真實的*。

在我們開始這個討論時，先要明瞭此處爭議的焦點乃是在於言語之真實性的問題，這是很重要的。我們一定要認清，言語上的絕對真實與其他一些陳述是一致的，例如以下幾方面：

A.1 即使聖經使用日常用語說話，但它仍然是無誤的

這一點對於那些有「科學性」或「歷史性」的事實或事件，尤其是真的。聖經會說到太陽升起，雨水落下，因為從說話者的觀點來看，這正是所發生的事。但是如果是從站在太陽上的觀察者來看，或是站在太空中的某一個假設的「定點」來看，那麼就會看到地球在繞著太陽旋轉，而雨水也不一定是向下落，可能是向上、向旁邊或向任何一個地心引力所牽引的地方去。然而如果說話時用這樣的方式，就是無可救藥地賣弄學問，讓人無法作一般性的溝通。從說話者的觀點來看，太陽*真的*是升起，雨水*真的*是落下，這些都是說話者所觀察到完全真實的自然現象。

另外一個類似的考慮是關於用來量度或計算的數字。當一位報導者說某次戰役中

有八千人死亡，他的意思不是說他數過每一個死亡的人，不是7,999人，也不是8,001人，而是正好整整八千人死亡。當然，如果大約八千人死亡，但報導說有一萬六千人死亡，那就是錯誤了；可是在大部分的情況下，如果實際死亡的人數是7,823人或8,242人，那麼報導說是八千人死亡，就不算是錯誤。報導的真實程度，就要看報導者想要的準確度，以及他的原初聽眾所期望的程度了。

量度也是這樣。以下這四種敘述的準確度都很相近：「我住的地方離我的辦公室不遠」，「我住的地方離我的辦公室有一公里多」，「我住的地方離我的辦公室有一公里」，「我住的地方離我的辦公室是1.287公里」。如果要得到進一步的準確度，可以用更精準的科學儀器來測量，但是仍然只能大約達到某種程度的準確度。由此可見，量度和計算的數字一樣，其真實性的程度，應當符合報導者所想要的準確度，以及他的原初聽眾所期望的程度。因此，要肯定聖經上所說的每一件事都是絕對的真實，以及要肯定聖經用日常用語來描述自然現象，並且也在合適的情況下使用大約的數字，這兩件事應該不會使我們感到困擾。

此外，我們也應該注意到，言語可以說出模糊不清或不夠精確的敘述，但仍不失其真實。「我住的地方離我的辦公室有一公里多」，就是一句模糊而不精確的敘述，但是它也是「無誤的」敘述：因為它沒有任何的不真實；它沒有主張任何與事實相違背的事。聖經的敘述與此類似，它可能是不精準的，卻仍然是全部真實的。無誤性必定和*真實性*有關，但與所報導之事件的精準度無關。

A.2 即使聖經有的引述比較鬆散，但它仍然是無誤的

一個人引述另一個人話語的方法，是一個過程，其中大部分因文化的不同而有差異。在當代美國和英國的文化裏，通常在引述別人的話語時，會用引號把它們括起來，而且是字字準確地引用（這叫做直接引述）；但是在間接引述別人的話語時（即不用引號時），就只期望能準確地報導所引述的內容。請看這一句話：「艾略特說，他會立刻回家享受晚餐。」這句話沒有直接引用艾略特的話，可是即使它不含有任何艾略特原先對他父親所說的字句：「我在兩分鐘之內，就進來吃飯」，那句間接引述仍然可以被接受為艾略特所說的真實話語。

在新約時代，希臘文文字是沒有引號或相當於標點符號的記號；要「精確地」引述別人的話，只需要把那人所說的*內容*正確地表達出來就可以了（比較像我們現在的間接引述），而不期望引述的人一字不差。因此，舉例來說，即使聖經在引用舊約或耶穌的話時鬆散而自由，但只要其*內容*對原初所說的話而言是不假的，就算是無誤的

了。在這樣的報導中，原初作者在引述時，通常就沒有意味著他是逐字逐詞把講話者的語句記下來；而原初的聽眾也沒有期望聽到一字不差的引述。

A.3 即使聖經的文法不一定嚴謹，但它仍然是無誤的

聖經裏有些語言十分高雅，風格優美，但也有些地方是普通人所寫、文筆較為粗糙的內容，有時這包括了不遵守一般人所認定的文法「規則」（例如在需要用單數動詞的地方，卻用了複數動詞；或是在應該用陽性形容詞的地方，卻用了陰性的形容詞；或是沒有使用一般用字的拼法等等）。這類在風格上或文法上違反規則的敘述（特別出現在啟示錄裏），不應當困擾我們，因為它們沒有影響到這敘述的真實性：一段敘述可能是不合文法的，但它仍然是完全真實的。舉例來說，一個在鄉下地區沒有受過教育的農夫，即使他的文法很差，但他可能是那個鄉村最值得信賴的人，因為他從來沒說過謊，而使他贏得這樣的聲譽。與此相似地，聖經中有一些敘述（在原文）是不合文法的（按照當時合宜文法的標準來看），可是它們仍然是無誤的，因為它們是全然真實的。重要的是其言語的*真實性*。

B. 現代對聖經無誤性的挑戰

在這一節裏，我們要檢視一些常見反對聖經無誤性的主要論點。

B.1 聖經只在信仰與實踐方面有權威

最常見的反對聖經無誤性的論點之一，就是有一些人說，聖經的目的只是在「*信仰與實踐*」所關切的範疇裏教導我們，也就是在那些與我們的宗教信仰或倫理行為直接有關的領域。這種立場容許聖經含有錯誤描述的可能性，譬如說，次要的歷史細節或科學事實方面，就屬於*非*「*信仰與實踐*」的範圍，它們並不會影響聖經的目的：教導我們應當相信什麼，以及應當如何生活。[1] 倡導這種立場的人通常比較喜歡說聖經是「*無謬誤的*」（infallible），而遲疑不說聖經是*無錯誤的*（inerrant）。[2]

我們對這種反對論點的*第一個回應*如下：聖經一再地肯定說，聖經的所有部分對我們都是有益的（提後3:16），而且*所有的*經文都是「神所默示的」。因此，它是全

[1]在Jack Rogers所收集和編輯的這本論文集裏，可以看到支持這種立場的精采辯護：Jack Rogers, ed. *Biblical Authority* (Waco, Tex.: Word, 1977). 而另一本書則包含更廣泛的辯護：Jack B. Rogers and Donald McKim, *The Authority and Interpretation of the Bible: An Historical Approach* (San Francisco: Harper and Row, 1979).

[2]在1960年或1965年以前，「*無謬誤的*」（infallible）一詞和「*無錯誤的*」（inerrant）一詞是可以交換使用的。但是近年來「*無謬誤的*」這個詞所指的意思變弱了（至少在美國是如此），它只是用來指聖經不會在信仰與實踐上誤導我們。

然純淨的（詩12:6）、圓滿的（詩119:96，呂振中譯本、新譯本）及真實的（箴30:5，和合本譯作「煉淨的」）。聖經本身並沒有限制自己只在某些主題上真實地說話。

新約中也有一些描述進一步地肯定聖經所有部分都是可靠的：在使徒行傳24:14那裏，保羅說，他敬拜神，「又信合乎律法的和先知書上一切所記載的」。在路加福音24:25那裏，耶穌說門徒們是「愚昧」的人，因為「先知所說的一切話，你們的心信得太遲鈍了」！在羅馬書15:4那裏，保羅說，在舊約裏「從前所寫的聖經都是為教訓我們寫的……」這些經文並沒有指出聖經中有任何的部分是不能完全信任或依靠的。與此類似地，在哥林多前書10:11那裏，保羅甚至指出舊約裏一些次要的歷史細節（「百姓坐下吃喝，起來玩耍」）；並且說他們「遭遇」這些事（表示是有歷史的可靠性），「都要作為鑑戒」。

假如我們開始檢視新約作者們是如何對舊約敘述中最微小的歷史細節都很信任時，我們就會看出，他們並無意將「信仰與實踐」的事分別開來，也沒有要說這一部分是被肯定為無誤的類別，也沒有暗示這個類別以外的敘述就不值得信任或不是無誤的。反之，新約的作者們似乎都願意引用舊約的每一處細節，並且肯定它們是真實的。

以下所列的是一些例子，是新約作者們所引用的一些歷史細節。假如所有的這些細節都屬於「信仰與實踐」一類的話，那麼舊約的每一個歷史細節就都屬於「信仰與實踐」了，而這種反對聖經無誤性之論點也就不存在了。但從另一方面來看，假如這麼多的細節都可以被肯定，那麼似乎舊約裏所有的歷史細節就都可以被肯定為真實的了，而我們也就不應該把聖經所必須具備的真實性，只限制在不包含某些次要細節的「信仰與實踐」的類別。沒有一類的細節是不能被肯定為真實的。

新約給了我們如下的資料：大衛吃陳設餅（太12:3-4）；約拿在大魚腹裏（太12:40）；尼尼微人悔改（太12:41）；南方的女王前來聆聽所羅門的話（太12:42）；以利亞被差遣到撒勒法的寡婦那裏（路4:25-26）；敘利亞人乃縵所患的大痲瘋得了潔淨（路4:27）；羅得離開所多瑪的那天，火與硫磺從天而降（路17:29；另參路17:32：羅得的妻子變為鹽柱）；摩西在曠野舉蛇（約3:14）；雅各給約瑟一塊地（約4:5）；許多發生在以色列歷史上的事（徒13:17-23）；亞伯拉罕在受割禮之前，就相信並獲得那應許（羅4:10）；亞伯拉罕大約一百歲（羅4:19）；在利百加的小孩出生以前，神就告訴她將來大的要服事小的（羅9:10-12）；以利亞與神說話（羅11:2-4）；以色列民走過紅海，吃喝屬靈的飲食，貪戀惡事，坐下吃喝，起來跳舞，縱容罪惡，埋怨神，最後被毀滅（林前10:11）；亞伯拉罕獻上十分之一給麥基洗德（來7:1-2）；舊約的會幕有明確而細緻的設計（來9:1-5）；摩西用紅線與牛膝草，將血與水撒在百姓和會幕的器皿上（來9:19-21）；這世界是藉著神的話語而造成的（來11:3）；[3] 亞伯、以諾、亞伯拉罕、摩西、喇合和其他人物一生所發生過的許多事（來11章各處）；以掃為一點食物賣掉他的長子名分，後來號哭切求想要得回（來12:16-17）；喇合接待了探子，又放他們從別路回去（雅2:25）；方舟裏的八個人得救（彼前3:20；彼後2:5）；神將所多瑪與俄摩拉焚燒成灰，卻拯救了羅得（彼後2:6-7）；巴蘭的驢子說話（彼後2:16）。

以上所列的例子指明，新約的作者們願意相信舊約任何一部分的歷史敘述的真實性。沒有一處的細節是微不足道的，以至於不能被用來指引新約的基督徒。沒有任何的跡象顯示，那些作者們認為有一類的聖經敘述，是不可靠、不值得信賴的（例如所謂的「科學性和歷史性」的敘述，它們是相對於「教義性的和道德性」的敘述）。這似乎是很清楚的，聖經本身並不認為它只限制要在某些主題上有絕對的權威和真理；事實上，聖經裏有許多經文排除這種說法的有效性。

對於這個認為聖經所必要的真實性只限制在「信仰與實踐」方面的論點，我們的*第二個回應*是要他們注意到，這種立場誤將聖經*主要的*目的當成了聖經*全面的*目的。如果我們說聖經的主要目的是在「信仰與實踐」的事上教導我們，那麼這就是把神賜我們聖經的目的作了一個有用而正確的摘要。可是這個*摘要*只包括了神賜給我們聖經最顯要的目的，我們不能用此摘要來否認聖經的*部分*目的：就是要告訴我們次要的歷史細節，或一些關於天文或地理的事等等。摘要不能被用來否認它所摘要記載之諸事的其中一件啊！那樣地使用摘要，只會顯出這個摘要還不夠詳細，以致不能明確地把那些被質疑的項目包括進去。

我們最好是這樣說：聖經*整全的目的*乃是就任何一個主題，說出它所要說的一切。聖經中每一句神的話語，都是神認為對我們重要的事。因此，神對那些想從祂對我們說過的話語中僅僅拿掉一個字的人，都發出嚴重的警告（申4:2; 12:32；啟22:18-19）：我們不能加添、也不能刪去神的話語，因為神所有的話語都是祂對我們說話的更大目的中的一部分。聖經所記載的每一件事之存在，都是因為神要它們存在那裏：神不會說任何沒有意義的話！所以，反對聖經無誤性的第一個論點是誤用了摘要，因此將人為的限制加在某些神對我們說的話語之上，而這是不正確的。

[3]雖然這不是一項次要的細節，但也是很有用的實例，說明一項被舊約所肯定的「科學的」事實；而且希伯來書的作者說，我們是「因信」才知道這一件事實的。因此，這裏乃是明顯地說到，「信心」也包括了相信舊約所記載的科學與歷史的事實都是真的。

B.2 用「無誤性」一詞不當

第二個反對的論點是認為「*無誤性*」一詞所指的太過精確，因為在一般的用法上，它是指一種科學上的絕對準確，並不是我們想要宣稱的聖經的精準。而且，那些反對的人也注意到，聖經本身沒有用過「*無誤性*」一詞。所以，我們可能不宜堅持使用這一個詞。

對於這項反對，我們的回應如下：*第一*，這個詞彙已經被使用了一百多年，使用它的學者們已經把它定義得很清楚，而且他們一直容許日常語言裏會有的「限制」，包括在這個詞的使用上。從來沒有一位持聖經無誤論立場而又負責的人，使用過這一個詞彙來表達一種絕對科學性的精準。所以，那些反對「無誤性」之詞彙的人是不夠仔細，他們沒有注意到這個詞彙已經在神學討論中被使用了一百年多年。

第二，我們必須注意，我們經常會使用非聖經的詞語，來摘要一項聖經上的教訓。「三位一體」（Trinity）一詞在聖經上沒有出現過，「道成肉身」（incarnation）一詞也沒有，然而這兩個詞語都十分有用，因為它們使我們能用一個詞，來概括一項真實的聖經觀念；所以，它們也幫助我們更加容易地來討論一項聖經教訓。

我們也應當注意，當我們談到語言上的全然真實時，沒有任何其他詞彙可以清楚地說出我們想要表達的這項肯定，然而「*無誤性*」這一個詞彙卻能表達得相當好，因此似乎沒有理由不繼續使用這個詞來達到此目的。

最後，在今日的教會，我們似乎不能不使用這個詞彙來繼續討論這個主題。雖然有人想要反對使用這個詞彙，可是不論他們喜歡或不喜歡，討論這個主題時就是以這個詞彙為焦點；相信在未來的數十年，它也仍然會是焦點。當*聖經無誤性國際會議*（ICBI, International Council on Biblical Inerrancy）在1977年開始為期十年的運動，以推廣並護衛聖經無誤性的觀念時，此一詞彙就無可避免地成為進行討論的詞彙了。1978年時，ICBI起草並發表了《芝加哥聖經無誤宣言》（Chicago Statement on Biblical Inerrancy，見本書附錄1），這份宣言定義了大多數福音派所說的聖經無誤性的意義，雖然它可能不夠完美，但也十分不錯了。因此，若還要反對如此被廣泛使用以及妥善定義的詞彙，就似乎顯得沒有必要，而且對教會也無益處。

B.3 聖經原稿已不存在，無誤性的說法是誤導

支持這個反對論點的人指出一個事實，聖經無誤性的宣告是針對*聖經文件的原稿*或第一份稿而說的，[4] 可是這些原稿沒有一份被保存下來，我們現今所擁有的只是摩

---

[4]在神學專用詞彙上，這些原稿被稱為「*原本*」(autographs)，其英文字的字首auto-是「自己」的意思，而字根

西、保羅或彼得所寫之原稿的抄本的抄本……而已。因此，為什麼要賦予這一項教義如此大的重要性，而它卻只能應用在無人擁有的原稿上。這樣做有什麼益處呢?

在我們回應這個反對的論點時，首先可以說明的是，聖經經文中有超過百分之九十九的部分，我們知道原稿是怎麼說的。雖然有許多經文存在著「經文異文」（textual variants，即在不同的古代抄本上，同一節的經文有不同的讀法）的部分，但是正確的取捨也通常是十分清楚的。所以，真的只有非常少的經文異文是難以評估，而且取捨的意義相差甚大。在這些非常低百分比的情況裏，雖然我們實在不能確定原稿經文是怎麼寫的，但通常從它的上下文就可以清楚地判明整句話的一般意思（現在我們不需要是希伯來文或希臘文學者才能知道這些經文異文出現在何處，因為所有現代英文譯本都會在邊註上這樣註明：「有些古代抄本是這樣寫的……」或「其他古代的抄本加上了……」）。

這並不是說研究經文異文是不重要的，而是說經文異文的研究並沒有讓我們對原稿是怎麼寫的產生困惑，[5] 反而是讓我們極為接近那些原稿的內容了。因此，就大部分的實用目的而言，現今已出版的希伯來文舊約和希臘文新約的學者用的經文，與原稿可謂相同。如此說來，當我們說聖經原稿是無誤的時候，也表示我們現今的抄本中有超過百分之九十九的話語也是無誤的，因為它們是原稿絲毫不差的抄本。此外，我們也知道有哪些經文是不確定的（在那些沒有經文異文的地方，我們沒有理由認為原稿會被抄錯）[6]。因此，就大部分的目的而言，我們現有的抄本與原稿是一樣的；無誤性的教義也就直接和我們現有的抄本相關了。

不僅如此，肯定聖經原稿的無誤性是極為重要的，因為後續的抄本是由人傳抄的，並沒有從神來的宣告或保證說這些抄本是完美的，可是聖經的原稿卻有神宣告那些就是祂自己的話語。因此，假如我們在抄本上有了錯誤（我們真的有，就是那些經文異文），那麼那些錯誤就只是人為的錯誤；然而如果我們發現在原稿上有錯誤的

graph是「寫作」的意思，加起來這個字是指作者自己寫的那本手稿。

[5]這一本研究現存新約諸抄本之經文異文的綜覽著作極為精采：Bruce M. Metzger, *The Text of the New Testament: Its Transmission, Corruption, and Restoration*. 2nd ed. (Oxford: Clarendon Press, 1968).

[6]當然，在理論上來說，沒有經文異文的地方也可能有錯誤。譬如說一封保羅書信原稿的第一份抄本就有了一個傳抄的錯誤，那麼這個錯誤就已經被抄在所有現存的抄本上了。然而我們認為這種錯誤一定是不可能的，因為：(1)這種情形要發生，原稿就只可以有一份抄本，或說只有一份抄本是所有現存抄本的根據；(2)我們在前面第三章B.5節中討論過神在保守正典上的信實，因此，假如真的有這樣的錯誤發生，它也不會實質地影響到我們對聖經的了解。對於這類傳抄的錯誤，我們既不能證明它存在，也不能證明它不存在，因此我們若要撇開已有的鐵證而去進一步地猜測這種可能性，似乎沒有什麼益處。

話，那麼我們就不得不說：不僅人會犯錯誤，連神自己都會犯錯誤、說假話了。但我們切不可這麼說！

B.4 聖經作者在細節上屈就當時的錯誤觀念

這個反對論點和我們前面所說認為聖經的真實性只限於信仰與實踐方面的論點有一點相關，但不太一樣。持這個反對論點的人認為，聖經作者在次要的細節上，將他們的信息屈就於當時的錯誤觀念之下，於是就附帶地肯定並教導了那些觀念。他們說，如果聖經作者們想要糾正當時代人所相信之所有關於歷史和科學的錯誤資料，那麼這個溝通的工作將會十分困難，因此當聖經作者想要強調一個更大的道理時，有時候就會附帶地肯定了一些當代之人所相信的錯誤。[7] 但那些持這種立場的人不會說聖經作者所肯定的錯誤為數很多，也不會說這些錯誤是出現在任何經文段落的重點之處。

面對這種反對聖經無誤性的論點，我們的回應是：第一，神是人類語言的主，祂能使用人類的語言來達成完美的溝通，而無須附帶地肯定寫聖經那時候的人的錯誤想法。這種反對聖經無誤性的論點，實質上就是否認了神在人類語言上的有效主權。

第二，我們必須回應說，神若這樣的「屈就」於我們的錯誤觀念，那就表示神做了與祂屬性「無謊言」（民23:19；多1:2；來6:18）相違背的事。這個論點一再地強調恩惠之神屈尊於我們說話的水平，以致把我們的注意力從關於聖經無誤性的困難上轉移開來，實在是沒有助益的。不錯，神是屈尊地說我們人類的言語，但是聖經上沒有一處教導說，神「屈尊」以至於祂的所作所為都違反祂的道德品格了。聖經從未說祂會為肯定——即使是附帶地——一些錯謬的事而屈尊。假使神真的會這樣地「屈尊」祂自己的話，那麼祂就不再是「無謊言的神」，也不再是聖經所呈現出來的神了。這樣的作為一點兒都不會顯示神的偉大，因為神不會藉著違背祂品格的作為來彰顯祂的偉大。因此，這種反對的論點在其根本之處就誤解了神的清潔和純一，而這些品格又影響了祂所有的言行。

不只如此，如果真的發生這樣的屈尊，那麼它將會給我們帶來很嚴重的道德問題。我們應該是要效法神的道德品格（利11:44；路6:36；弗5:1；彼前5:1等）：保羅說，因為我們穿上新人有了新性情，變得更像神（弗4:24），所以我們應當「棄絕謊言」，彼此「說實話」（弗4:25）；這表示我們要在言語上效法神的真實。然而，如果神屈尊的理論是對的話，那就表示神刻意地附帶肯定錯誤，以加強溝通，那麼我們也可以刻意

---

[7] 關於這種觀點的解釋，可見Daniel P. Fuller, "Benjamin B. Warfield's View of Faith and History," *BETS* 11 (1968): 75-83.

地附帶肯定一些錯誤，只要這些錯誤能夠加強溝通就好。這是對的嗎？這樣做等於是說，為著良善的目的所說的謊言（「白色的謊言」）不是錯的。這樣的立場與以上所引有關神在言語上全然真實的經文互相矛盾，所以不可以當作是妥當有效的。

B.5 過度強調聖經之神性的一面，卻忽略人性的一面

更為一般性的反對論點，是說那些宣稱聖經無誤性的人，過度強調聖經神性的一面，以至於輕視了人性的一面。

我們都同意聖經有神性與人性的兩面，並且我們必須對兩方面都要注意。然而，那些持這種反對意見的人幾乎都普遍一致地堅持說，真正的聖經「人性」面就一定必須包括有一些錯誤存在聖經裏。對此我們可以這樣回應：雖然聖經有全然人性的一面，即它是人用他們的語言所寫出來的，但它乃是由神監督寫作，並促使它成為祂的話語；因此聖經和其他屬人的著作大不相同，而其不同之處正是在於這一點：聖經不含有錯謬。這一點也正是那個有罪的、貪婪的、悖逆的巴蘭，在民數記23:19裏所說的：神透過有罪之人說出的話語，和人所說的普通的話語迥然不同，因為「神非人，並不致說謊」。不僅如此，要說所有屬人的言語和著作都包含著錯誤，也不是對的，因為我們每天都會說許多完全真實的敘述，舉例來說：「我的名字叫古德恩。」「我有三個兒女。」「我今天早晨吃了早餐。」這些都是真實的敘述。

B.6 聖經中含有一些明顯的錯誤

最後一個反對論點是：聖經中含有一些明顯的錯誤。那些否認聖經無誤性的大多數人，不是明說就是暗示這一點，他們認為聖經裏有一些真實的錯誤，這是他們無法相信聖經無誤性教義的主要原因。

我們對每一個持這種反對論點的人的第一個回應都是問：錯在哪裏？在哪一節經文或在哪些經文裏出現了錯誤？令人很驚訝的是，我們經常發現，提出這個反對意見的人幾乎都不知道或毫無概念聖經有何錯誤，可是他們卻相信聖經一定有錯誤，因為別人這樣告訴他們。

然而在有些例子裏，有人會提出一段或多段特定的經文，而宣稱在其中有錯誤的敘述。對於這類的情況，我們就要檢視聖經經文本身，而且要十分仔細地看，這是很重要的。假如我們相信聖經是真正無錯謬的，我們就應當熱切地、不害怕地去檢視這些經文，並且鉅細靡遺。事實上，我們的期望是在詳細地檢視經文之後，會顯明它是一點錯誤都沒有的。然而，再一次令我們驚訝地，檢視的結果常常是：僅僅是仔細地閱讀被認為有問題的英文經文，就可以找到一個或多個解決這個困難的答案。

但在少數的例子裏，光讀英文經文還不能立刻找到解決難題的明顯答案。這時，藉助於一些論及那經文的註釋書籍是很有助益的。奧古斯丁（主後354-430年）、加爾文（主後1509-64年），以及許多近代的註釋家們，都花費了很多時間處理了大多數所謂的「問題經文」，並且提出了合理解決那些難題的方案。不只如此，有的作者們還收集了所有最難解的經文，並提供了解決它們的答案。[8]

還有一些難解的經文，可能必須要具備希伯來文或希臘文的知識才能找到解答；那些沒有第一手這些語文知識的人，就可能必須從比較專門的註釋書籍或詢問一些受過這方面訓練的人來尋找答案。當然，我們對聖經的了解永遠不會完全——這是說我們可能對於某些難解的經文，現今仍然無法找到一個解答；而這種情形的出現，可能是因為我們現今還沒有那些要正確明白這段經文所需要的語文的、歷史的，或背景的證據。我們不應當被這種少數經文裏的情形所困擾，只要這些所謂的問題經文在我們整體的審核下沒有顯示出實際的錯誤。[9]

雖然我們必須容許有這個無法解開某個特定問題的**可能性**存在，但我們也要說明，今日有許多福音派的聖經學者說，他們現今已不再遇到沒有滿意解答的問題經文了。當然，將來還是可能會有這樣的經文引起他們的注意，可是在過去二十多年關於聖經無誤性的爭議中，卻沒有這種「未解決的」經文是他們注意到的。[10]

最後，從歷史的眼光來看這個問題是很幫助的。聖經裏並沒有真正的「新」問題。聖經整體成書已超過一千九百年了，而所謂的「問題經文」也一直存在那裏，可是整個教會的歷史中，對於聖經的無誤性（按本章所定義的）已經有了牢靠的信仰。不僅如此，這幾百年來，有才能的聖經學者們閱讀並研究那些問題經文，卻仍然認為在持守聖經無誤性上沒有困難。這一點應當給我們信心：這些問題都有解決之道，相

---

[8]舉例來說，有興趣的讀者可以參考以下的書籍：Gleason L. Archer, *Encyclopedia of Bible Difficulties* (Grand Rapids: Zondervan, 1982); William Arndt, *Does the Bible Contradict Itself*? (St. Louis: Concordia, 1955); William Arndt, *Bible Difficulties* (St. Louis: Concordia, 1932); John W. Haley, *Alleged Discrepancies of the Bible* (1874; reprinted Grand Rapids: Baker, 1977)。在《新國際版研讀本聖經》的廣泛註釋裏，幾乎所有的難解經文都得到很有幫助的分析了：Kenneth Barker et al. ed., *The NIV Study Bible* (Grand Rapids: Zondervan, 1985)（譯者註：中文譯本由更新傳道會出版，1996；後修訂為《更新版研讀本聖經》，2008）。

[9]J. P. Moreland很有說服力地論到，基督徒不應當只因為少數現今沒有清楚解答的「問題經文」，就放棄聖經無誤性的教義。見J. P. Moreland, "The Rationality of Belief in Inerrancy," in *TrinJ* 7:1 (1986): 75-86.

[10]舉例來說，筆者在過去的二十年審視了幾十個這種「問題經文」，都是和辯論聖經無誤性有關而引起注意的經文。在每一處這類的經文中，一旦經過仔細地檢視經文，就會明顯地看到合理的解答。

信聖經無誤性與一生都仔細專注於聖經經文，兩件事是完全一致的。[11]

C. 否認聖經無誤性所帶來的問題

否認聖經無誤性所帶來的問題，不可小覷。當我們了解到這些問題之嚴重性，就會給我們更大的鼓勵，使我們不但肯定聖經的無誤性，也肯定它對教會的重要性。我們在此列出一些較為嚴重的問題。

C.1 道德的危機：我們可以效法神在小事上故意撒謊嗎？

這一點與前面回應反對論點B.4的內容相似，可是這裏所說的不只是應用在那些持反對論點的人身上，也更廣泛地應用在所有否認聖經無誤性的人身上。以弗所書5:1告訴我們要效法神，然而否認聖經無誤論，卻仍然認為聖經的話語是神所默示的話語，那麼就必然表示神在聖經中一些比較不重要的道理上，故意對我們說了假話。但是，如果神這樣做是對的，那我們這樣做怎麼會是錯的呢？假如我們相信這樣的推論，那麼它就會產生很強的推進力，使我們開始在一些情況下說假話，因為這些假話似乎可以幫助我們有更好的溝通。這樣的立場將會成為一道滑坡，不斷地在我們的生活中帶來負面的結果。

C.2 信心的危機：我們還能真心信靠神所說的任何話嗎？

一旦我們相信神已經在聖經中一些次要的事上對我們說了假話，那麼，我們就了解到神是*可以*對我們說假話的。這點對我們遵守聖經其餘部分教訓的能力——按神的話語認識祂、完全信靠祂、全然順服祂——帶來了有害的效果。起先我們會開始違反我們最不願意順服的聖經部分，並開始懷疑那些我們最不願意信靠的部分，然後這個過程會繼續增加，至終大大地傷害我們的靈命。當然，這種對聖經的不信靠和不順服，不一定都出現在每一個否認聖經無誤性之個人的靈命中，不過這肯定會是一般性的模式，而且這個模式也一定會出現在被教導去否認聖經無誤性之整個世代的人身上。

C.3 自高的危機：把人的思想變成比神的話語更高的真理標準

我們使用我們的思想來判定神話語的某些部分，並宣稱它們有了錯誤；這麼做實際上等於說，我們對真理的認識，至少是在這些被宣稱有錯誤的經文的範疇裏，比神

---

[11]關於聖經無誤性教義在教會中的歷史，見以下這本書中的論文：Philip Hughes, Geoffrey W. Bromiley, W. Robert Godfrey, John D. Woodbridge and Randall H. Balmer in *Scripture and Truth*。還有更為廣泛的研究，見John D. Woodbridge, *Biblical Authority: A Critique of the Rogers and McKim Proposal* (Grand Rapids: Zondervan, 1982).

的話語（或說比神）對它們的認識，更為肯定，也更為準確。這樣的思想過程，使我們把人的思想變成比神的話語更高的真理標準，這乃是所有智性罪惡的根源。[12]

C.4 教義的危機：有些教義也會有錯

如果我們否認聖經無誤性，那麼我們就得說，聖經不只在小處有錯，有些教義也會有錯；這也表示，聖經中所記有關**聖經的本質**和**神話語的真實性和可靠性**，會是假的。但這些都不是次要的細節，而是聖經中主要的教義。[13]

個人思考與應用

1. 你認為聖經無誤性的爭辯，為什麼在二十世紀成為如此重要的議題？支持和反對的雙方各有什麼理由認為它很重要？
2. 假如你認為聖經中有一些小的錯誤已經被人證實了，那麼你認為這對你讀經的態度有何影響？它會影響你在日常談話中對真實性的關切嗎？
3. 你是否知道有任何的聖經經文似乎是有錯謬的？是哪些經文？你曾嘗試解決那些經文裏的難解之處嗎？假如你尚未找到解決一些經文的辦法，那麼你會嘗試進一步做什麼呢？
4. 基督徒在一生中逐漸更多地認識聖經，並長大成熟，他們對於聖經的話是更加信靠，還是更不信靠？你認為將來到了天上，你會相信聖經是無誤的嗎？有了這樣的思考以後，你會比現在更加篤信聖經，還是不那麼相信？
5. 如果你信服聖經教導無誤性的教義，那麼你對此教義的感受如何？你是很高興有這樣的一個教訓，還是覺得它成了一種負擔，你寧可不要為它辯護？
6. 相信聖經無誤性，是否能保證有健全的教義和美好的靈命？為什麼耶和華見證人會說聖經是無謬誤的，但卻有這麼多錯謬的教訓？
7. 如果你贊同聖經的無誤性，那麼你認為應當把這一項教義當成教會會員的一項條件嗎？當成作主日學老師的一項條件嗎？當成選立教會有職分的事奉人員（如長老或執事）的一項條件嗎？當成按立牧師的一項條件嗎？當成神學院教師的一項條件嗎？請說明你的理由。
8. 當教會因為一個教義而起紛爭的時候，那些立場與聖經比較一致的人可能會面對怎樣的個人

---

[12]見第四章C.3節有關神的話語是真理的終極標準之討論。

[13]雖然以上所列這些我們不願意看到的立場，和否認聖經無誤性有著邏輯性的關連，但是我們還是應該要提醒說：並非所有否認聖經無誤性的人都會接受以上所列那些我們不期望見到的結論。有一些人可能會前後不一致，雖然否認了聖經無誤性，卻又不接受它的邏輯結果。我們在辯論聖經無誤性的教義時，也和其他的神學討論一樣，是在「別人真正秉持之觀點」的根基上來批判（如果他們的想法和說法一致的話），並且要與「我們認為他們所秉持之觀點」清楚分開，這是很重要的。

危機？特別是他們可能會因相信正確的教義而驕傲，這個態度如何會變成一個問題？該如何解決？你認為聖經無誤性會成為教會未來的重要議題嗎？請說明你的理由。你認為當如何解決這項議題？

特殊詞彙

屈就（accommodation）
聖經原稿或原本（autograph）
信仰與實踐（faith and practice）
聖經無誤性國際議會（ICBI, International Council on Biblical Inerrancy）
無錯誤性（inerrancy）
無謬誤性（infallibility）
經文異文（textual variant）

本章書目

亦見第四章「聖經的權威性」的書目，該章多處與此章有關，但只有部分書目再列此處。

Archer, Gleason. *Encyclopedia of Bible Difficulties*. Grand Rapids: Zondervan, 1982.

Arndt, W. *Bible Difficulties*. St. Louis: Concordia, 1932.

________. *Does the Bible Contradict Itself?* St. Louis: Concordia, 1955.

Boice, James, ed. *The Foundation of Biblical Authority*. Grand Rapids: Zondervan, 1978.

Carson, D. A., and John Woodbridge, eds. *Hermeneutics, Authority, and Canon*. Grand Rapids: Zondervan, 1986.

________. *Scripture and Truth*. Grand Rapids: Zondervan, 1983.

Feinberg, Paul. "Bible, Inerrancy and Infallibility of." In *EDT*, pp. 141-45.

Geisler, Norman, ed. *Biblical Errancy: An Analysis of Its Philosophical Roots*. Grand Rapids: Zondervan, 1981.

________. ed. *Inerrancy*. Grand Rapids: Zondervan, 1979 (papers from the October 1978 Chicago Conference of the ICBI).

Haley, John W. *Alleged Discrepancies of the Bible*. Repr. ed. Grand Rapids: Baker, 1977 (first published 1874).

Lindsell, Harold. *The Battle for the Bible*. Grand Rapids: Zondervan, 1976.

________. *The Bible in the Balance*. Grand Rapids: Zondervan, 1979.

Montgomery, John W., ed. *God's Inerrant Word*. Minneapolis: Bethany Fellowship, 1974.

Packer, J. I. "Scripture." in *NDT*, pp. 627-31.

________. "Infallibility and Inerrancy of the Bible." in *NDT*, pp. 337-39.

Schaeffer, Francis. *No Final Conflict: The Bible Without Error in All That It Affirms*. Downers Grove,

Ill.: InterVarsity Press, 1975.
Warfield, B. B. *Limited Inspiration*. Philadelphia: Presbyterian and Reformed, 1962.
Woodbridge, John. *Biblical Authority: A Critique of the Rogers/McKim Proposal*. Grand Rapids: Zondervan, 1982.
Young, Edward J. *Thy Word Is Truth*. Grand Rapids: Eerdmans, 1957.

以下為非聖經無誤觀點之著作（亦見第四章的書目）

Barr, James. *Fundamentalism*. London: SCM, 1977.
Beegle, Dewey M. *Scripture, Tradition, and Infallibility*. Grand Rapids: Eerdmans, 1973.
Davis, Stephen T. *The Debate About the Bible*. Philadelphia: Westminster, 1977.
McKim, Donald K., ed. *The Authoritative Word: Essays on the Nature of Scripture*. Grand Rapids: Eerdmans, 1983.
Rogers, Jack, ed. *Biblical Authority*. Waco, Tex.: Word, 1977.
Rogers, Jack B., and Donald K. McKim. *The Authority and Interpretation of the Bible: An Historical Approach*. San Francisco: Harper and Row, 1979.

第六章

聖經的特徵(二)：清晰性

只有聖經學者能夠正確地明白聖經嗎？

背誦經文：申命記6:6-7

我今日所吩咐你的話，都要記在心上，也要殷勤教訓你的兒女。無論你坐在家裏、行在路上，躺下、起來，都要談論。

詩歌：耶和華的律法全備（*Jehovah's Perfect Law*）

[1]耶和華的律法 全備甦醒人心 主的法度確定 使愚人有智慧
耶和華的訓詞正直 使人心充滿大喜悅
[2]主的命令純潔 明亮人的眼目 敬畏主的道理 潔淨存到永遠
祂的典章世人認信 全然真實全然公義
[3]比極多的精金 主道更可羨慕 比蜂房下滴蜜 主道還要甘甜
你的僕人受了警戒 守著這些便有大賞
[4]誰能知道錯失 赦免我隱藏罪 求你攔阻不犯 任意妄為的罪
不容這罪轄制我心 我便完全免犯大罪
[5]願我心裏意念 得蒙你的搜尋 願我口中言語 得蒙你的悅納
耶和華是我的磐石 你是我的救贖主啊

詞：出自*The Psalter* 1912（取自詩篇19:7-14）
曲：DARWALL 6.6.6.6.8.8., John Darwall, 1770

前言

當任何人開始認真地閱讀聖經時，都會發現聖經有些部分非常容易明白，而有些部分就令人困惑。事實上，在教會歷史非常早期，彼得就提醒他的讀者們說，保羅的書信有些部分是不容易明白的：「就如我們所親愛的兄弟保羅，照著所賜給他的智慧，寫了信給你們。他一切的信上，也都是講論這事。信中有些*難明白的*，那無學問不堅固的人強解，如強解別的經書一樣，就自取沉淪。」（彼後3:15-16）所以，我們必須承認，聖經不是所有的部分都讓人很容易明白的。

但是若認為大多數的經文或聖經整體是難以明白的，那就是一項錯誤。事實上，舊約聖經和新約聖經中都經常肯定說，聖經寫作的風格是讓普通的信徒也能明白其教訓的，甚至在我們前面所引用之彼得的敘述裏，其上下文所說到的保羅書信上的教訓，都是彼得的讀者們所讀過又明白的（彼3:15）。其實彼得的責備是在道德方面的，斥責那些扭曲經文的人「自取沉淪」；他並沒有說有些內容是不可能明白的，而只是說不容易明白。

A. 聖經常申明其清晰性

聖經對於它的清晰性，與對於信徒有閱讀並明白聖經的責任，通常都很重視。在一段我們很熟悉的經文裏，摩西這樣告訴以色列民：

> 「我今日所吩咐你的話，都要記在心上，**也要殷勤教訓你的兒女**。無論你坐在家裏、行在路上，躺下、起來，**都要談論**。」（申6:6-7）

神期望所有的以色列民都能夠好好地明白聖經的話，以能夠「殷勤教訓」他們的兒女。這個教導並不只是包括了機械性地背誦經文卻不去了解它，因為神還要以色列民在家居的活動、行路、睡覺，或早上起床時，都*談論*聖經的話。神期望*所有的*以色列民都知道並談論祂的話，而且合宜地將之應用到日常生活的情況中。與此相似地，詩篇1篇告訴我們說，那些以色列中所有義人都要效法的「有福」之人，就是那些「晝夜思想」神律法的人（詩1:2）；他們這樣每日默想，就使自己得著了能夠正確明白聖經的能力。

聖經論到這項清晰性的特徵時說，連「愚人」都能正確地明白它，並且能夠藉著聖經使自己變聰明：「耶和華的法度確定，*能使愚人有智慧*。」（詩19:7）我們又讀到：「你的言語一解開，就發出亮光，*使愚人通達*。」（詩119:130）在此所說的「愚」（希伯來文是*petî*），不只是指一個人缺少智性的能力，而且是指一個人缺少正確的判斷，易於犯錯，易被人誤導入歧途。[1] 神的話是這樣地容易明白，這樣地清晰，以至於連這種「愚」人都能藉著聖經而變得通達而有智慧了。這一點應當成為所有信徒的莫大鼓舞：沒有任何信徒可以認為他自己是愚昧得不能讀聖經，不能充分地明白它，以至於不能藉著聖經變為通達人。

在新約裏也有類似強調的話。耶穌在祂自己的教訓、談話和論述裏，從來沒有

---

[1]請比較此字在箴言1:4; 7:7; 8:5; 9:6; 14:15, 18; 22:3; 27:12等處的用法。

在回應問題時表示過一絲埋怨，說舊約聖經有不清楚之處。當祂對第一世紀的人說話時，即使這些人已經距大衛時代一千年、距摩西時代約一千五百年、距亞伯拉罕時代約兩千年之久，祂仍然認為其聽眾能夠閱讀並正確地明白舊約聖經。

今日我們常會聽見有人告訴我們說，要正確地解釋聖經有多難，但我們要好好回憶一下，在福音書裏，我們沒有一次聽見耶穌說過像這樣的話：「我知道你們的問題是怎麼來的；因為關於這件事，聖經說得不清楚。」無論祂是對學者或對未受教育的小民講話，祂的反應總是認為，誤解聖經任何教訓的罪責，不是在聖經本身，而是在那些誤解經文或是不接受它的人身上。一次次地，祂回答問題的敘述總是像這樣：「……你們沒有念過麼？」（太12:3, 5; 19:14; 22:31）「……這經你們沒有念過麼？」（太21:42）祂甚至會這樣說：「你們錯了，因為不明白聖經，也不曉得神的大能。」（太22:29；另參太9:13; 12:7; 15:3; 21:13；約3:10等）

與此相似地，大多數的新約書信不是寫給教會領袖的，而是寫給整個會眾的，例如保羅說：「寫信給在哥林多神的教會」（林前1:2）；「寫信給加拉太的各教會」（加1:2）；「寫信給凡住腓立比，在基督耶穌裏的眾聖徒，和諸位監督，諸位執事」（腓1:1）等等。保羅*假設*他的聽眾們都*明白*他所寫的內容，並且他也鼓勵他們與別的教會分享他的書信：「你們念了這書信，便交給老底嘉的教會，叫他們也念；你們也要念從老底嘉來的書信。」（西4:16；另參約20:30-31；林後1:13；弗3:4；提前4:13；雅1:1, 22-25；彼前1:1; 2:2；彼後1:19；約一5:13）[2]

可能有人會用彼得後書1:20來反對本章所解釋有關聖經清晰性的觀點。該節經文說：「聖經裏的預言不是一個人解釋就算了的事。」（和合本譯作：「經上所有的預言，沒有可隨私意解說的。」）於是有人就會說，這節經文的意思是，普通的信徒不能為自己正確地解釋聖經。然而，彼得後書1:20不可能會引申出這種含義，因為這節經文可能是在討論聖經的*起源*，而非其解釋。因此NIV將這節經文譯為：「聖經裏沒

---

[2]保羅告訴哥林多教會的人說：「我們現在寫給你們的話，都是你們能讀、能懂的（和合本譯為『並不外乎你們所念的、所認識的』）。」然後他接著說：「我也盼望你們將能完全明白，正如你們已經部分明白了（和合本譯為『我也盼望你們到底還是要認識，正如你們已經有幾分認識我們』。）（林後1:13-14）雖然保羅在第一句敘述後面所加的話，並不否定他先前所肯定其話語的清晰性，但是他勉勵哥林多教會的人要殷勤仔細地聽他的話語，好叫他們部分的明白可以加深並且豐富起來。實際上來說，保羅在此用這種盼望的表達法，就是假設讀者可以理解他的書信（「我……盼望」的希臘文是*elpizō*，這個字在新約裏所表達的對未來事件的有信心期望，遠比英文所用的hope一字強烈多了）。

有任何的預言是**源自**先知自己的解釋。」[3] 不僅如此,就算這節經文是說到聖經的解釋,它所說的乃是解釋聖經的事必須由眾信徒的團體共同來做,而並非只是由一個人做的事;它仍然不是指我們需要那些有權威解釋聖經的人來確保聖經真實的意思,它只是說,不應當在全然脫離其他基督徒的情況下來閱讀和明白聖經。

為了不使我們誤以為第一世紀的基督徒比我們現在更容易明白聖經,很重要的是,我們要了解,許多新約的書信是寫給那些以外邦基督徒佔多數的教會。他們是相當新的基督徒,以前沒有任何的基督教社團背景,對以色列的歷史和文化也幾乎沒有什麼了解,然而新約的作者們在對他們的期望上並沒有一點遲疑:期望這些外邦基督徒能夠使用他們自己語言的譯本來讀舊約,並且正確地明白它(另參羅4:1-25; 15:4;林前10:1-11;提後3:16-17等)。

B. 人需要有道德與屬靈的品格才能正確明白聖經

新約作者們經常說到,要能夠正確地明白聖經,其能力更多是在道德的與屬靈的方面,而不是在智性的方面:「屬血氣的人不領會神聖靈的事,反倒以為愚拙,並且不能知道,因為這些事惟有屬靈的人才能看透。」(林前2:14;另參林前1:18–3:4;林後3:14-16; 4:3-4, 6;來5:14;雅1:5-6;彼後3:5;另參可4:11-12;約7:17; 8:43)。因此,雖然新約作者們肯定說,聖經**本身**寫得很清晰,但他們也肯定說,那些不願意接受聖經教訓的人,也不會正確地明白聖經。但對所有以誠懇之心來尋求救恩的未信讀者,和所有尋求神的幫助以明白聖經的信徒讀者,都能夠明白聖經;這是因為在這兩種情況下,都有聖靈在工作,以克服罪的影響,否則罪就會使人覺得真理看起來愚昧(林前2:14; 1:18-25;雅1:5-6, 22-25)。

C. 聖經之清晰性的定義

為了要總結說明聖經在這方面的資料,我們可以肯定地說,聖經**在其寫作上**,把所有我們在救恩、基督徒靈命與成長等方面有必要知道的事,都清楚地寫進去了。雖然有時候神學家用比較狹窄的範圍來定義聖經的清晰性(譬如說,認為聖經只有在教導救恩方面是清楚的),但我們在前面所引用的許多經文,都是許多不同方面的聖經教訓,它們似乎並不支持任何以為聖經只在有限範圍內才是清晰的那種狹窄之說。從

---

[3]Michael Green把這種的解釋辯護得很好,見Michael Green, *The Second Epistle of Peter and the Epistle of Jude*, TNTC (Grand Rapids: Eerdmans, 1987), pp. 100-102.

前述的聖經經文來看，這樣地定義聖經的清晰性似乎更為忠實[4]：聖經的清晰性是指，聖經在其寫作上，能使所有願意閱讀它以尋求神的幫助、且願意順從它的人，都能夠明白它的教訓。然而，我們一旦這樣地定義聖經的清晰性，也就必須承認：事實上許多人都誤解了聖經，甚至連神的百姓也是。

D. 人為何誤解聖經?

縱觀耶穌的一生，祂自己的門徒有時候也不明白舊約和耶穌自己的教訓（見太15:16；可4:10-13; 6:52; 8:14-21; 9:32；路18:34；約8:27; 10:6）。雖然有時候這是由於他們需要等候救贖歷史的下一步事件出現，尤其是耶穌基督自己生命裏的事件（見約12:16; 13:7；另參約2:22），但有時則是因為他們缺少信心或他們的心變硬了（路24:25）。此外，在初代教會中，有時候基督徒也不明白或不贊同舊約或使徒書信中的教訓，例如他們對於外邦人納入教會之涵義的逐漸了解過程（在使徒行傳15章耶路撒冷大會時達到頂點，那時如第7節所說「辯論已經多了」）；又如加拉太書2:11-15中所說彼得對這觀念的誤解；又如新約書信經常糾正一些教義性及倫理性的問題。事實上，在整個教會歷史上，有許許多多教義上的爭議，但解決其差異的過程通常很緩慢。

為了要幫助人在釋經上避免錯誤，許多聖經教師就發展出一些「解經的原則」或規則，以鼓勵人在合宜的釋經技巧上有所成長。釋經學（hermeneutics）一詞就是指這個研究範疇的一個比較專門的用詞，此字源自希臘文*hermēneuō*，意思是「解釋」：釋經學是一門研究正確解釋法的學問（尤其是指解釋聖經）。

另一個經常用在討論聖經解釋時的專有名詞是解經（exegesis），此字比較是指實際上所作對聖經的解釋，而不是指有關如何解釋聖經的理論和原則：解經是解釋一段聖經經文的過程。總結來說，當一個人在研究解釋的原則時，那是「釋經學」（hermeneutics），而當一個人在應用那些原則而實際地解釋一段聖經經文時，他就是在作「解經」（exegesis）了。

貫穿整個教會歷史，存在著許多對經文意義的不同看法；這提醒我們，聖經清晰性之教義並不是表示、也不是指所有信徒在所有聖經教訓上都會有一致的意見，但是這教義的確告訴我們一件十分重要的事──問題總不是出在聖經上，而是出在我們身上。這種情況其實和聖經權威性之教義的情況類似：雖然我們肯定聖經的話語擁有神

---

[4]以前說到聖經清晰性所用的英文字是perspicuity，其意思就是clarity（清晰性），但因現代的人對那個字不太認識，所以筆者在本書裏就不用那個字。

自己所有的權威，但我們也知道許多人並不承認或順從那個權威；與此相似地，雖然我們肯定聖經所有的教訓都是清晰而能夠被人明白的，但我們也知道人通常（因著他們自身的缺點）會誤解那些被清楚地寫在聖經裏的話。

E. 此教義所帶來的激勵

因此，聖經清晰性的教義有一個重要並實用的涵義，而且至終是十分激勵人的。這教義告訴我們，在教義或倫理方面的爭議（例如洗禮、預定論或教會治理等），只有兩個可能的原因：

(1) 從一方面來看，這可能是因為*我們在尋求肯定一些聖經本身靜默不語的答案*。在這類情況下，我們應當更願意承認神並沒有給我們關於這個問題的答案，也更願意容許教會內有不同的觀點（這類的情況通常都是非常實用的問題，例如傳福音的方法、教導聖經的方式，或教會合宜的大小等）。

(2) 從另一方面來看，這可能是因為*我們錯誤地解釋聖經*。這種錯誤的發生，可能是因為我們用來解釋聖經問題的資料，是不準確或不完全的；也可能是因為我們有一些個人的問題，舉例來說，可能是個人的驕傲、貪婪、缺少信心、自私，或甚至是沒有攞上足夠的時間、以禱告的心去閱讀並研究聖經。

然而不可能有任何情況讓我們如此說，聖經關於某一個主題的教導，是令人困惑或無法正確明白的；而且我們也不應當認為，因為在整個教會歷史中，都一直存在著關於某些主題的爭議，所以這表示我們自己在那些主題上得不到一項正確的結論。反之，如果我們在生活中面臨了一些問題是和這類主題息息相關的，那麼我們就應當誠心地尋求神的幫助，也盡力讀經以尋求答案，並且相信神會使我們正確地明白它。

這項真理應當會激勵所有的基督徒每天讀經，而且極其渴慕地讀經。我們絕不能假設只有少數人能夠正確地明白聖經，例如那些懂得希臘文和希伯來文的人，或那些牧師或聖經學者。我們要記住，舊約是用希伯來文寫的，而許多新約書信所寄達的基督徒卻一點兒都沒有希伯來文的知識，他們得讀希臘文繙譯的舊約聖經，可是新約的作者們都假設這些人能夠讀舊約，並且在對原文沒有學者般的能力之下，也能夠正確地了解舊約。基督徒絕對不要放棄解釋聖經的工夫，只將之交給「學者專家」；基督徒必須每天為自己鑽研聖經。[5]

---

[5]筆者在此的意思不是說，解釋聖經是屬於個人的事；神通常會使用別人的著作或別人個別性的建議，使我們得以正確地明白祂的話語。這裏的重點是說，基督徒應當期望他們能從神得著能力，以正確地明白聖經的教

不只如此，即使我們承認在教會歷史上有許多教義上的爭議，但我們不要忘記，貫穿整個教會歷史，對於最中心的聖經真理，對其教義看法一致的數量也是很驚人的。有些基督徒有機會和世界上其他地區的基督徒團契交通，他們實際發現一個值得注意的事實，那就是無論在什麼地方找到一群充滿活力的基督徒，他們幾乎立即就會明顯地看到，大家在基督徒信仰所有重要的教義上，有很大部分都是一致的。為何對於不同社會、文化，或宗派的基督徒而言，這些都是真實的呢？那就是因為我們都閱讀並相信同一本聖經，而且聖經上主要的教訓都是清晰的。

F. 學者的角色

這樣說來，聖經學者或那些擁有專業希伯來文（為研究舊約聖經）和希臘文（為研究新約聖經）知識的人，有什麼特別的任務呢？他們當然有任務，至少是在這四方面：

(1) 他們能夠清楚地*教導*聖經，將它的內容傳授給別人，這樣就實踐了新約裏所提及的「教師」的職分（林前12:28；弗4:11）。

(2) 他們能夠*發掘*了解聖經教訓的新領域。這類的發掘極少（即使有）牽涉到否認教會數十世紀來所堅守的主要教義，而通常是牽涉到將聖經應用在生活的新領域裏，解答信徒和非信徒在歷史上每一個新時代所提出的難題，繼續地推敲教會對個別經文所詮釋的細節以及對教義倫理的了解，並且精益求精。雖然聖經與世上其他大量的文學相比，並不顯得其分量之大，但是它是從神而來的豐富智庫，其價值超過了所有其他已經寫成的書籍；因此，將聖經中不同的教訓互相串連起來，互相比較分析，並應用到新的世代，將是一件大有益處、卻在本世代完成不了的工作。每一位深深愛慕神話語的學者都很快地就知道，任何人窮其一生也學不完聖經裏的東西！

(3) 他們能夠*辯護*聖經的教訓，不容其他的學者或那些受過專門訓練的人攻擊聖經。有時教導神話語的任務也涵蓋了糾正錯誤的教訓；他不只必須能夠「將純正的教訓勸化人」，而且「又能把爭辯的人駁倒了」（見多1:9；另參提後2:25,「用溫柔勸戒那抵擋的人」；以及多2:7-8）。有時候，那些攻擊聖經教訓的人受過專門的訓練，在歷史、語言或哲學的研究上有專業的知識，但他們卻使用那些訓練發動反對聖經教訓的詭譎攻擊。在這種情況下，擁有類似專業技巧的信徒能夠使用他們所受的訓練以明瞭那些攻擊，並且予以回應；專業的訓練在回應異端和偏激團體的錯謬教訓上，也很

訓，不論他們是藉著什麼方法（主要是自己讀經）。

有用。這並非說沒受過專門訓練的信徒就不能回應錯謬的教訓（因為大多數錯謬的教訓，都能被那些藉著禱告並且有良好聖經知識的信徒清楚地駁倒），而是說在護教中的一些專門性論點，只有那些在特定領域受過專門訓練、擁有專門技巧的人能夠回答。

(4) 他們能夠*補充*聖經的研究，以造福教會。聖經學者們通常受過訓練，使他們能夠將聖經的教訓和教會豐富的歷史銜接起來，也能夠將聖經解釋得更為準確，並且藉著他們對聖經寫作所用的語言及當時文化背景等方面的知識，將聖經解釋得更為生動。

這四項功能合為一整體，使教會得益處；而所有的信徒應當感謝那些執行這些任務的人。然而，這些任務和功能並*不包括*有權利為教會整體決定何為正確或錯誤的教義，或如何在困境中行事才算合宜。因為假如這樣的權利是保留給專門受過正式訓練的聖經學者，那麼他們就會變成治理教會的精英份子，而新約裏所描述的那種治理教會的一般功能制度就喪失了。在教會中必須是由有職分的事奉人員來作決策，而不管他們是不是學者（而在會眾制的教會中，這權利就不只是給有職分的事奉人員，也包括了全教會的會友。）[6]

個人思考與應用

1. 假如聖經清晰性的教義是真的，那麼為何基督徒對於聖經的教訓還會有這麼多的爭議？有些人因為看到聖經有這麼多種的解釋，於是就結論說：「人可以讓聖經說他們想要聖經說的任何話。」你認為耶穌會如何回應這句話呢？
2. 假如大多數的信徒都放棄自己讀經，只聽聖經教師講解聖經，或只讀和聖經有關的書籍，那麼教會將會變成什麼樣子？假如你認為只有專家才能夠正確地明白聖經，那麼你個人的讀經生活將會變成什麼樣子？這種情形是否已經在某種程度上發生在你的生活中，或者在你所認識之人的生活中？
3. 你認為在大多數或所有聖經經文的解釋上，會有對的解釋和錯的解釋之分嗎？假如你認為一般說來聖經是不清晰的，那麼你對上述問題的答案會改變嗎？當你研究一段聖經經文時，聖經清晰性的信念會影響你所投入的關注力嗎？當你嘗試得著一個聖經解答，以解決一些教義的或道德的難題時，上述的信念會影響你讀聖經的心態或方式嗎？
4. 假如連神學院的教授們對一些聖經的教訓都有爭議，那麼你認為其他的基督徒還能盼望在那個教訓上得到一個正確的決斷嗎？為什麼？你認為在耶穌時代的普通猶太百姓中，在決定是要相信耶穌還是要相信那些不贊同祂的專家學者們，是否有過掙扎？耶穌是否期望他們能作

---
[6]見本書第四十七章C節有關各種治理教會之形式的討論。

一個決定?

5. 教會的牧師每個禮拜天都在根據聖經講道，你認為他要如何才不會給人一種印象，以為只有受過神學院訓練的人（像他一樣），才能正確地解釋聖經? 假如教會遇到教義上或倫理上的爭辯時，你認為是否有必要請一位聖經學者到教會裏來，傳講一些論點是根據希臘文或希伯來文字彙上的特殊意義，然而這些原文是教會會員自己無法評估或贊同的? 你認為學者在通俗性的寫作上或講話上，是否有一些合適的方式來使用他們專業性的知識?
6. 馬丁·路德時代的教會領袖們說，他們要持守住聖經用拉丁文來表達，不讓一般的老百姓去閱讀它，好防止他們誤解聖經（當時的老百姓不懂拉丁文）。請評論這樣的論點。你認為馬丁·路德為什麼這麼急切地要將聖經繙譯為德文? 你認為過去幾世紀的教會領袖們，為何要逼迫甚至殺害那些想將聖經繙譯成百姓所用之語言的人——例如英國的丁道爾（William Tyndale）? 為何將聖經繙譯成其他語言的工作，是宣道工作的重要一部分?
7. 你認為聖經清晰性的教義是否表示，那些沒有讀過舊約的人也可以完全地明白新約?

特殊詞彙

聖經的清晰性（clarity of Scripture）

解經（exegesis）

釋經學（hermeneutics）

清晰性（perspicuity）

本章書目

筆者在此列出了一些能幫助我們學習更佳釋經技巧的著作，其中也包括三本由非福音派作者所寫很有助益的書（一本是James Barr所寫的，兩本是E. D., Hirsch Jr.所寫的）。

Barr, James. *The Semantics of Biblical Language*. London: Oxford University Press, 1961.

Berkhof, Louis. *Principles of Biblical Interpretation*. Grand Rapids: Baker, 1950.

Carson, D. A. *Exegetical Fallacies*. Grand Rapids: Baker, 1984.

Dockery, David S. *Biblical Interpretation Then and Now: Contemporary Hermeneutics in the Light of the Early Church*. Grand Rapids: Baker, 1992.

Fee, Gordon D., and Douglas Stuart. *How to Read the Bible for All Its Worth*. Grand Rapids: Zondervan, 1982.

Hirsch, E. D., Jr. *The Aims of Interpretation*. Chicago: University of Chicago Press, 1976.

________. *Validity in Interpretation*. New Haven and London: Yale University Press, 1967.

Hubbard, Robert L., William W. Klein, and Craig L. Blomberg. *Introduction to Biblical Interpretation*.

Waco, Tex.: Word Books, 1993.

Inch, Morris A., and C. Hassell Bullock, eds. *The Literature and Meaning of Scripture*. Grand Rapids: Baker, 1981.

Kaiser, Walter C., Jr. *Toward an Exegetical Theology*. Grand Rapids: Baker, 1982.

Marshall, I. Howard, ed. *New Testament Interpretation: Essays on Principles and Methods*. Grand Rapids: Eerdmans, 1977.

McCown, Wayne, and James Earl Massey, eds. *Interpreting God's Word for Today: An Inquiry Into Hermeneutics From a Biblical Theological Perspective. Wesleyan Theological Perspectives*. vol. 2. Anderson, Ind.: Warner Press, 1982.

McKnight, Scot, ed. *Introducing New Testament Interpretation*. Grand Rapids: Baker, 1990.

________. *Interpreting the Synoptic Gospels*. Grand Rapids: Baker, 1988.

Mickelsen, A. Berkeley. *Interpreting the Bible*. Grand Rapids: Eerdmans, 1963.

Osborne, Grant R. *The Hermeneutical Spiral: A Comprehensive Introduction to Biblical Interpretation*. Downers Grove, Ill.: InterVarsity Press, 1992.

Packer, J. I. "Infallible Scripture and the Role of Hermeneutics." In *Scripture and Truth*. Ed. by D. A. Carson and John Woodbridge. Grand Rapids: Zondervan, 1983, pp. 325-56.

________. "Scripture." in *NDT,* pp. 627-31.

Ramm, Bernard. *Protestant Biblical Interpretation*. 3d ed. Grand Rapids: Baker, 1970.

Schultz, Samuel J., and Morris A. Inch, eds. *Interpreting the Word of God. Festschrift in Honor of Steven Barabas*. Chicago: Moody, 1976.

Silva, Moises. *Biblical Words and Their Meanings*. Grand Rapids: Zondervan, 1983.

________. *Has the Church Misread the Bible? The History of Interpretation in the Light of Contemporary Issues*. Grand Rapids: Zondervan, 1987.

Sire, James. *Scripture Twisting: Twenty Ways the Cults Misread the Bible*. Downers Grove, Ill.: InterVarsity Press, 1980.

Sproul, R. C. *Knowing Scripture*. Downers Grove, Ill.: InterVarsity Press, 1977.

Thiselton, Anthony C. *New Horizons in Hermeneutics: The Theory and Practice of Transforming Biblical Reading*. Grand Rapids: Zondervan, 1992.

________. *The Two Horizons: New Testament Hermeneutics and Philosophical Description*. Grand Rapids: Eerdmans, 1980.

第七章

聖經的特徵(三)：必須性

為什麼聖經是必須的?

如果沒有聖經，人對神的認識能有多少?

背誦經文：馬太福音4:4

耶穌卻回答說：「經上記著說：『人活著，不是單靠食物，乃是靠神口裏所出的一切話。』」

詩歌：求主指教真理的道（*Teach Me, O Lord, Your Way of Truth*）

[1]求主指教真理的道 我必遵守到底不離 求你賜我明白的心 我就衷心順服如一

[2]容我遵行你的命令 你的律法是我喜樂 賜我有心愛你旨意 脫離不滿心懷不平

[3]使我轉眼不看虛假 好在你的道中生活 讓你僕人證明你道 蒙你引導敬畏虔誠

[4]求使羞辱懼怕遠離 因你典章本為美善 我心羨慕你的訓詞 使我因你公義甦醒

詞：Joseph P. Holbrook, *The Psalter* 1912（取自詩篇119:33-40），1874

曲：BISHOP L. M. Joseph P. Holbrook, 1874

另一首切合本章的詩歌，是一首現代的經文詩歌「你們要先求神的國」（*Seek Ye First the Kingdom of God*），該詩歌第二節的這一句「人非單靠食物而活」，引自馬太福音4:4，表達出聖經對於我們靈命之維持的必須性：我們乃是靠著神口裏所說出的每一句話而活。該詩歌其他幾節則沒有直接說到聖經必須性的教義，但包含了福音的邀請（第一、四、五節）。它所有的內容都直接引自聖經，因此當我們唱它並默想它時，就可以得著屬靈的滋養。

前言

我們是否需要聖經，或需要有人告訴我們聖經的內容，我們才能知道神的存在？才能知道自己身為罪人，需要被拯救？才能知道要如何尋找到救恩？才能知道神為我們生命所定的旨意？這些問題正是我們研究聖經之必須性所要回答的問題。

我們可以將聖經的必須性定義如下：**聖經的必須性是指，人必須有聖經才能明白福音，維持屬靈生命，並知道神的旨意；但是人不是必須要有聖經才能知道神的存在，以及祂的屬性和道德律。**

我們現在要從幾個方面來詮釋這個定義。[1]

A. 人必須有聖經才能明白福音

要明白福音,聖經是必須的。保羅在羅馬書10:13-17裏說:

「因為『凡求告主名的,就必得救』。然而,人未曾信祂,怎能求祂呢?未曾聽見祂,怎能信祂呢?沒有傳道的,怎能聽見呢……可見信道是從聽道來的,聽道是從基督的話來的。」(羅10:13-14, 17)

這段敘述指出了以下的推理:(1) 它首先假設,人必須呼求主的名才能得救(在保羅的一般用法上,以及這段經文的上下文裏:見第9節,「主」是指主耶穌基督);(2) 假如人信靠了基督(亦即相信祂是一位配得人求告的救主,而且相信祂會回應那些求告祂的人),他們才會求告祂的名;(3) 除非他們聽見了基督,否則他們無法相信祂;(4) 除非有人(「傳道人」)告訴他們有關基督的事,否則他們不會聽見基督;(5) 結論是:得救的信心是從聽道來的(亦即聆聽福音的信息),而聆聽福音的信息又是從有人傳講基督來的。這段話的意思似乎是:若沒有人傳講基督的福音,就沒有人會得救。[2]

聖經中有幾段經文講到惟獨藉著相信耶穌基督才能得到永遠的救恩,沒有其他的途徑,而這段經文是其中之一。論到基督,約翰福音3:18說:「信祂的人不被定罪;不信的人罪已經定了,因為他不信神獨生子的名。」同樣地,耶穌在約翰福音14:6說:「我就是道路、真理、生命;若不藉著我,沒有人能到父那裏去。」

彼得在公會前受審時說:「除祂以外,別無拯救;因為在天下人間,沒有賜下別的名,我們可以靠著得救。」(徒4:12)當然,藉著基督而得救恩的惟獨性,是因為耶穌是惟一為我們的罪而死的人,也是惟一能為我們如此做的人。保羅說:「因為只有一位神;在神和人中間只有一位中保,乃是降世為人的基督耶穌。祂捨自己作萬人

---

[1]正如我們在接下來的幾節中會看到的,筆者所說的這個定義,人必須有聖經才能明白或認識一些事,並不是指每一個人都需要擁有一本實際印刷好的聖經,因為有的時候人是聽到別人讀出聖經經文,或是聽到別人轉述聖經的部分內容。但即使是這樣口傳的聖經內容,也都是根據別人所閱讀、已存在被寫下的聖經。

[2]有人可能會反駁說,這段經文的下一節(羅10:18)乃是引自詩篇19:4:「祂的量帶通遍天下,祂的言語傳到地極。」所以這表示各地所有的人都已經聽過福音的信息或基督的信息。然而,從詩篇19篇的上下文來看,第4節只是指受造的自然界,特別是指在上的諸天宣揚神的榮耀和祂創造的偉大之事實而已;在此的思想並不是指宣揚從基督而來的救恩。此外,若此經文是指在各地所有的人都已經藉著自然啟示而聽聞了基督的福音,那麼這種想法就與保羅的宣教活動背道而馳。

的贖價……」（提前2:5-6）除了藉著基督，沒有別的方法可以使人與神和好，因為沒有別的方法可以使我們在這位聖潔的神面前，解決我們罪惡帶來的罪疚。[3]

但是假如人只有藉著信靠基督才能得救，那麼就會有人問，舊約之下的信徒怎麼能得救呢？這答案必定是：那些在舊約之下的人，也是藉著信靠基督而得救的；他們的信心乃是一種前瞻性的信心，是根據神所說將要有一位彌賽亞或救贖主來臨的應許。論及舊約的信徒，如亞伯、以諾、挪亞、亞伯拉罕和撒拉等等，希伯來作者說：「這些人都是存著信心死的，並沒有得著所應許的；卻從遠處望見，且歡喜迎接……」（來11:13）同一章經文接著論及摩西說：「他看為基督（或彌賽亞）受的凌辱比埃及的財物更寶貴，因他想望所要得的賞賜。」（來11:26）論及亞伯拉罕，耶穌說：「你們的祖宗亞伯拉罕歡歡喜喜的仰望我的日子；既看見了，就快樂。」（約8:56）這裏明顯地又提到了前瞻所應許之彌賽亞的日子的喜樂。由此可見，即使舊約信徒也有信靠基督的得救信心，他們向前仰望基督，並不清楚知道基督生命中的歷史細節，但是對於神應許話語的絕對可靠性，卻有很大的信心。

因此，人必須有聖經才能尋找到救恩，其意思是指人必須自己誦讀聖經裏的福音信息，或是從別人聽到福音信息。即使是那些在舊約之下得著救恩的信徒，也是藉著信靠神話語的應許——將有救主來臨——才得救的。

事實上，我們所重複看到的這些人信靠神應許之話語的例子，以及上述那些肯定聽見基督並相信祂之必要性的經文，似乎都指明了，有罪之人需要更多地將信心放在神的應許上，而不是以直覺來猜測神會供應某種得救的方法；而且，除了神自己的話語以外（不論是口述的還是被書寫下來的），似乎沒有一種信心的根基是足夠穩固的。在救贖史的最初期，這種應許雖然是以十分簡短的形式出現，但從一開始，我們就有神應許救恩將會來臨的話語證據，而那些被神呼召歸向祂自己的人，所信靠的就是那些話語。

舉例來說，亞當和夏娃在世時，已有神的話語指出未來的救恩：在創世記3:15裏，神對蛇的咒詛包括了一項應許，即女人的後裔要傷蛇的頭，然而這後裔自己在此過程中也會受傷——這應許至終在基督裏應驗了。亞當和夏娃的第一和第二個兒子——該隱和亞伯——獻祭給耶和華（創4:3-4）之事實，指出他們意識到需要為自己因罪惡而產生的罪疚付上某種代價；他們也意識到，神應許會接納他們用正確方式所獻上的祭

---

[3]關於神定罪未曾聽過基督之人是否公平的問題，見本書第十九章C節和第三十二章D.5節的討論。

物。創世記4:7說：「你若行得好，豈不蒙悅納？」這裏再次指出，神所說的這句十分簡短的話表明神會提供某種救恩，但他們要藉著信靠神在那話語裏的應許才能得到。隨著舊約歷史的推進，神應許的話語也變得愈來愈明確，而神百姓前瞻性的信心也因此變得愈來愈明顯了，而我們在其中所看到的，乃是他們一直將信心具體地放在神自己的*話語*上。

因此，即使如下一節所說，雖無聖經，人仍能知道神的*存在*，並且可以略知祂的*律法*，可是若對神應許的話語沒有明確的知識，我們似乎不可能得著*得救的信心*（saving faith）（見本書第二十四章D.3節有關夭折嬰孩之救恩問題的討論）。

B. 人必須有聖經才能維持屬靈生命

耶穌在馬太福音4:4（引用申命記8:3）說：「人活著，不是單靠食物，乃是靠神口裏所出的一切話。」耶穌在此指明，我們屬靈的生命是靠著神話語的天天滋養，才得以維持的，就如同我們的身體是靠著食物的每日滋養，才得以存活的。忽略規律地閱讀神的話語，會對我們靈魂的健康造成危害，就如同忽略規律地攝取飲食，會對我們身體的健康造成危害是一樣的。

摩西也曾告訴以色列百姓類似的話，即神的話語對他們生命的重要性：「因為這不是虛空與你們無關的事，*乃是你們的生命*；在你們過約旦河要得為業的地上，必因這事日子得以長久。」（申32:47）彼得勉勵讀他信的基督徒說：「就要愛慕那純淨的靈奶，像才生的嬰孩愛慕奶一樣，叫你們因此漸長，以致得救。」（彼前2:2）從這裏的上下文來看，「純淨的靈奶」必定是指彼得之前所講過的神的話語（見彼前1:23-25）。因此，要維持基督徒的靈命與成長，聖經是必須的。

C. 人必須有聖經才能確知神的旨意

雖然有人會如以下所說的，主張所有的人天生都能藉著他們的良心而對神的旨意有*幾分*認識；可是這種認識通常是矇矓不清的，而且是不能確定的。事實上，假如*沒有*被書寫下來的神的話語，我們就*不能*藉著其他的方法，例如：良心、別人的勸言、聖靈內在的見證、環境的改變，以及使用聖化了的推理和常識，而確定知道神的旨意。雖然這些方法在認識神的旨意上或多或少有幾分可靠性，但是只依靠這些方法是不可能讓我們確知神的旨意的，因為在這一個墮落的世界裏，罪惡扭曲了我們的是非觀，又將錯誤的推理帶進我們思考的過程裏，並且又不時地壓抑我們良心的見證（另參耶17:9；羅2:14-15；林前8:10；來5:14; 10:22；又見提前4:2；多1:15）。

然而我們在聖經裏，卻可以得到關於神旨意的清晰而明確的敘述。神沒有向我們啟示所有的事情，可是祂的啟示足以讓我們認識祂的旨意了：「隱祕的事是屬耶和華我們神的；惟有*明顯的事是永遠屬我們和我們子孫的*，好叫我們遵行這律法上的一切話。」（申29:29）在摩西時代的情形，和在我們今天的情形是一樣的：神已經對我們啟示了祂的話語，我們順服祂的律法就是遵行祂的旨意。在神面前的行為「完全」，就是「遵行耶和華律法」（詩119:1）。「有福」的人就是不隨從惡人計謀的人（詩1:1），他喜愛「*耶和華的律法*」，並且「晝夜」思想它（詩1:2）。愛神（並因此以討祂喜悅的方式行事），就是「遵守神的誡命」（約一5:3）。假如我們要明確地知道神的旨意，就必須藉著研讀聖經而獲得。

事實上，從某種意義來看，我們可以說，要得著任何事的明確知識，都必須有聖經。哲學家會這樣地辯論：因為事實上我們並不知道所有的事，所以對於所有我們宣稱所知道的事，都必須說我們其實並不確定。這個說法是因為有一些我們不知道的事實，最後可能證明我們以為是對的事，結果是錯的。舉例來說，我們都知道自己的生日、姓名、年齡等資料，可是假如有一天我們發現父母所給的資料是錯的，那麼最後我們所認為「確定的」知識就變為錯誤的了。還有，我們個人經歷過許多事件，但我們都知道，很多時候我們把一些話或一些事「記」錯了，到後來才被更準確的資訊更正過來。我們通常都比較能確定現今所經歷的事，只要那件事還是新鮮的（可是即使如此，有人會辯說，那也可能是場夢，等我們醒來的時候，就會發現真相了）！無論如何，要回答哲學家的這個問題並不容易：假如我們不知道宇宙中過去、現在與未來的*所有*事實，那麼我們如何能*確定*知道任何一件事實的真相呢？

這個問題至終有兩種可能的解答：(1) 我們必須獲知宇宙所有的事實，好使我們有把握地說，以後發現的事實也不會證明我們現今的想法是錯的；(2) 有人*真正*知道宇宙裏所有的事實，而且他從不說謊，這樣他就可以告訴我們一些真相，而我們有把握這些真相永遠不會互相矛盾。

事實上，我們從聖經中神話語所得到的，就是第二種解答。神知道所有曾經發生或將會發生的事實，而這位無所不知（全知）的神，擁有絕對*確定的知識*——絕對沒有任何一件事實，是祂不曾知道的；因此，絕對不會有任何一件事實，能證明說神有一些想法其實是錯誤的。現在，這位從來不說謊的神，從祂無限的、確定的知識庫裏，在聖經中對我們說話，告訴我們許多關於祂自己、關於我們，和關於祂所創造之宇宙的真相；絕對不可能有任何一件事實出現，會與這位無所不知的神所說過的真相互相矛盾。

因此，我們對於在聖經裏所讀到的真理，應該會比任何其他我們所擁有的知識要來得*更為確定*。假如我們以確定性（certainty）的程度來審查我們所擁有的一切知識，那麼我們從聖經所得到的知識，其確定性的程度應該是最高的了（假如我們可以把「確定」這個詞應用到任何種類的人類知識上，那麼也可以把它應用到這種認識神的知識上）。[4]

這個觀念——我們從聖經得到的是確定的知識——給予我們一個合理的基礎，以肯定我們所擁有的許多其他知識是正確的。我們閱讀聖經，發現它對我們周圍世界、對人性和對我們自己的觀點，都與我們從感官經驗所獲得之周圍世界的資訊緊密吻合，因此，我們就得著激勵去相信我們感官所經驗的世界；而且由於我們的觀察符合聖經的絕對真理，所以我們的觀察也就是真實的，並且大體上來說是可靠的。我們如此相信用眼睛、耳朵所作的觀察具有一般的可靠性，也得到進一步的肯定，那就是這些感官乃是神所創造的，祂又在聖經中常常鼓勵我們使用這些感官（箴20:12，「能聽的耳，能看的眼，都是耶和華所造的」）。

這樣，基督徒因將聖經視為神的話語，就逃脫了哲學上的懷疑論，即懷疑我們是否可能以有限的思維來獲得確定的知識。因此，從這個意義來看，我們可以正確地說，人不是無所不知的；人需要聖經才能確知任何事。

這件事實對我們後面的討論十分重要，因為我們將要肯定不信主的人也*能夠*從他們周圍世界所見到的普遍啟示中，知道一些有關神的事。雖然這個道理是真實的，但

[4]這個敘述假設我們已經相信聖經真的是神的話語，並且相信我們至少已經正確地明瞭了聖經的一些部分。到目前為止，我們在前一章所討論過的聖經清晰性的教義，使我們確定知道我們能夠正確地明白聖經的教訓；而前面幾章所討論過的不同形式的神話語以及聖經的權威性，使我們確定聖經中有壓倒性的見證指出它的作者是神，而我們則是藉著聖靈的工作被說服而相信聖經作者是神。這樣看來，我們的論述並不那麼像螺旋狀的循環辯證，即用聖經教義中的每一個部分來強化其他的部分，而且又用之深化我們對其他部分之真實性的信服。在我們論述的過程中，我們信服了聖經是神的話，它是真理，它是清晰的，我們從它裏面所獲得的知識是確定的；而且我們愈研讀它、默想它，我們的信服就愈強。

當然我們也可以討論有關我們對於聖經是神話語之事實的確定程度，以及有關我們是正確地詮釋聖經中任何一項教義的確定程度。那麼，從個人經驗的角度來看，我們可以說，我們對於從聖經獲得正確知識的確定，隨著我們對聖經是神所默示的、是清晰的之特性的確定，成比例的增加。

但是從神學的角度來看，假如我們一開始就同意聖經是神所默示的，並同意我們真的是正確地明白它的教訓（至少是主要的教訓），那麼我們就可以很合宜地說，我們從聖經所獲得的知識，比我們所擁有的任何其他知識，都更加確定。

我們必須認清，在一個墮落的世界裏，藉著觀察世界所獲得的知識，都是不完全的，也都很容易落於錯謬或誤解之中。所以，我們必須使用從聖經所獲得有關神和受造界的知識，來正確地詮釋環繞我們周圍的世界。根據我們在下一節所用的定義，我們可以說，我們需要特殊啟示才能正確地詮釋普遍啟示。[5]

D. 人不是必須要有聖經才能知道神的存在

那麼不讀聖經的人會怎樣呢？他們能夠對神有任何的認識嗎？他們能夠知道任何有關神律法的事嗎？答案是肯定的，沒有聖經還是可能對神有一些認識，雖然那不是絕對確定的認識。

人只要藉著省察自己和觀察他們周圍的世界，就能得知神存在的知識，並且認識一些祂的屬性。大衛說：「諸天述說神的榮耀；穹蒼傳揚祂的手段。」（詩19:1）只要仰觀天空，就能看到神的無限能力、智慧，及美麗的證據；它為神的榮耀作了偉大的見證。與此類似地，巴拿巴和保羅對住在路司得那裏說希臘語的居民，說到有關創造諸天和大地的永生神的事：「祂在從前的世代任憑萬國各行其道；然而為自己未嘗不顯出證據來，就如常施恩惠、從天降雨、賞賜豐年，叫你們飲食飽足，滿心喜樂。」（徒14:16-17）雨水和豐收的季節，從地裏長出的食物，以及人心中的喜樂，都一同作見證：創造主是一位充滿憐憫、慈愛，甚至喜樂的神。這些關乎神的證據，都存在於我們周圍的世界中，願意看見的人都能看得到。

即使是那些以邪惡壓抑真理的人，也不能迴避神在創造秩序中所顯示祂的存在與性情之證據：

> 「神的事情，人所能知道的原顯明在人心裏，因為神已經給他們顯明。自從造天地以來，神的永能和神性是明明可知的，雖是眼不能見，但藉著所造之物就可以曉得，叫人無可推諉。因為他們雖然知道神，卻不當作神榮耀祂，也不感謝祂；他們的思念變為虛妄，無知的心就昏暗了。」（羅1:19-21）

保羅在此不僅說到受造界為神的存在和祂的屬性提供證據，而且也說到甚至連惡人都認得那些證據；因為神的事情「原顯明在人心裏」，所以事實上，「他們……知道神」（他們顯然知道祂是誰），可是他們卻不把祂「當作神榮耀祂，也不感謝祂」。這一段經文讓我們可以這樣說，所有的人，甚至包括最邪惡的人，心中都有這

---

[5]關於普遍啟示和特殊啟示的定義，見本章下一節。

種知識或觀念，知道神存在，而且祂是一位大能的造物主。這種知識是藉著觀看所有的「所造之物」而得，不過也可能是藉著觀看按照神形像而被造的人類——包括自己和別人，即使是邪惡的人也看見了神存在和其屬性的最有力證據。[6]

如此說來，即使沒有聖經，所有曾經活過的人都能從受造界中得到神存在的證據，知道祂是造物主，而他們是被造的，並且都能得到一些神屬性的證據；因此之故，他們自己就能從這些證據中對神有一些認識（即使這不是一種能夠叫人得到救恩的認識）。

E. 人不是必須要有聖經才能知道神的屬性和道德律

保羅在羅馬書第1章繼續說，即使是那些沒有得到神律法之文字記錄的不信主之人，在他們的良心中仍然對神在道德上的要求有一些了解。當保羅說到行惡的罪人所犯的一長串罪惡（「嫉妒、凶殺、爭競、詭詐……」）時說：「*他們雖知道神判定行這樣事的人是當死的*，然而他們不但自己去行，還喜歡別人去行。」（羅1:32）罪人知道他們的罪是錯的，至少大部分人是知道的。

保羅接著說到那些沒有神律法之文字記錄的外邦人心裏的良心活動：

> 「沒有律法的外邦人，若順著本性行律法上的事，他們雖然沒有律法，自己就是自己的律法。這是顯出*律法的功用刻在他們心裏*，他們是非之心同作見證，並且他們的思念互相較量，或以為是，或以為非。」（羅2:14-15）

雖然不信之人的良心也帶有神道德標準的見證，但是有時候神律法的證據在他們心中被扭曲或被壓抑了。[7] 保羅說，有時候他們的思念會控告他們（「或以為非」），但有時候又會放過他們（「或以為是」）。要從這樣的來源得到神律法的知

[6]瑞士神學家卡爾·巴特（Karl Barth, 1886-1968），否定天然人（natural man，和合本譯為「屬血氣的人」，見哥林多前書2:14）能夠透過在自然界裏的普遍啟示，而知道任何屬神的事；他堅定地認為，認識神的知識只能夠藉著認識神在基督裏的恩典而來。他激烈地排斥*自然啟示*（natural revelation）的說法，但沒有得到廣泛的接納。他的根據乃是認為羅馬書1:21中的認識神，是指一種在理論上對神的認識，而非在事實上的認識；這觀點不太可能是正確的。

[7]不信之人的良心在道德上的不同方面，會被壓抑或變剛硬，端視其文化的影響和個人的環境。舉例來說，在食人族的社會裏，許多人的良心已對謀殺的惡行變得剛硬而不敏感了；又如，在現代的美國社會裏，人的良心對於說假話、蔑視父母權柄，或性道德的敗壞，所顯出的敏感度則是十分微弱。不僅如此，一個重複犯同一種罪的人，通常會發現其良心的痛楚在一段時間之後就下降了：小偷在頭一、兩次犯案以後，可能會覺得非常愧疚，可是在第二十次犯案以後，就幾乎不覺得有罪疚了。在他每一次作案時，他的良心見證都還在那裏，可是它被重複的罪惡壓抑住了。

識，絕對不會是完全的，不過它卻足以使人意識到神對所有人類有道德要求（保羅就是在這個基礎上，論說所有的人類在神面前都是有罪的，即使他們沒有聖經，沒有神律法之文字記錄）。

人對於神的存在、祂的屬性，和祂的道德律之認識，都是藉由創造而臨到所有的人類；這種認識常被稱為「普遍啟示」（general revelation），因為它普遍地臨到所有的人。[8] 藉由觀察自然、觀看神在歷史中的導引影響、內心感受神的存在並感受祂放置在每一個人心中的律法等，我們就可以知道神的普遍啟示。普遍啟示與「特殊啟示」（special revelation）不同；特殊啟示是指神對特定的人所說的話語，例如聖經中的話語、舊約先知和新約使徒的話語，以及神親自對人所說的話語（譬如祂在西乃山上或當耶穌受洗時所說的話語）等。[9]

特殊啟示包括了所有聖經上的話語，但是並不只限於聖經上的話語，例如它也包括了許多耶穌說過但沒有記載在聖經裏的話語，可能也包括了許多舊約先知們和新約使徒們說過但沒有記載在聖經裏的話語。

事實上，所有的人都知道神的一些道德律，這事實對社會來說乃是一大幸事，因為若非他們知道，否則人作惡就了無社會禁忌，也沒有良心的抑制。因為基督徒與非基督徒之間有一些共同的是非感，所以通常在民法、社區標準、商業和專業活動的基本倫理，以及日常生活可接納的行為模式等方面，他們彼此都能夠同意許多的事。不只如此，當我們嘗試設立較好的法律，推翻惡法，或糾正我們社會中一些其他不公義的事時，都能夠向人心中的正義感發出訴求（羅2:14）。認識神的存在與祂屬性的知識，也提供了福音信息的基礎，使得福音對非基督徒的心靈和意念產生意義：因為未信之人知道神的存在，也知道他們違反了祂的標準，所以福音的消息──基督為他們死以付清他們的罪債──對他們應當真的是好消息了。

雖然如此，我們還是要強調：聖經從未指出，人透過這樣的普遍啟示，就能夠知道福音或救恩之道；他們只能從普遍啟示中知道神的存在，神是他們的創造主，他們應當要順服祂，以及他們得罪了祂。在整個歷史中，原始宗教祭祀體系的存在就證明了這個事實：即使沒有聖經的啟示，人也可以清楚知道這些事。使徒行傳14:17提到的

---

[8]Demarest對於普遍啟示這個教義的歷史與其在聖經內的基礎，有廣泛的討論，見Bruce Demarest, *General Revelation* (Grand Rapids: Zondervan, 1982)；對此教義最佳的討論，見Gordon R. Lewis and Bruce A. Demarest, *Integrative Theology*, 1:59-91.

[9]見本書第二章B節有關神親自對人說話、神藉著人的口說話，以及神在聖經中的話語的討論；它們都屬於特殊啟示的範疇。

「降雨……豐年」頻頻出現在聖經裏，這甚至可能會使人推論出，神不僅是聖潔而公義的，而且祂也是慈愛而寬赦的。但是這位神的*聖潔與公義*怎麼能與祂的*願意赦罪*相調和，乃是一項奧祕；除了聖經以外，沒有任何宗教曾經解答過這奧祕，甚至連聖經本身也沒有給我們任何盼望說，人可以不靠從神來的特殊啟示而發現這奧祕是什麼。我們所蒙的救贖是一項偉大的奇事：神自己供給了救恩之道，就是藉著差遣祂那位既是神也是人的兒子，成為我們的代表，並為我們的罪承受懲罰；如此，神就在這一個帶著無限智慧與驚人恩惠的行動裏，結合了祂的公義和慈愛。對我們基督徒而言，這一件似乎耳熟能詳的事實不應當失去它的驚異性，因為若沒有神特殊的、話語的啟示，單憑人自己是絕對想不透的。

再有，即使原始宗教的信徒能夠想得到，神自己*一定已經*以某種方法為我們的罪付清了懲罰，但這樣的想法也只是一種獨特的臆測而已。這種臆測絕對沒有足夠的確定性，可以作為得救之信心的根基，除非神自己用祂的話語來肯定這種臆測——亦即以福音的話語來宣揚神真的將要這樣做（假如這啟示是在基督降臨之前有的），或是神真的已經這樣做了（假如這啟示是在基督降臨之後有的）。聖經從來不曾將脫離神話語而有的人為臆測，當成是*得救的信心*所依靠的充足根基；根據聖經，這種得救的信心一定會使人相信神或信靠神，而這種相信和信靠乃是建立在神自己話語的真實上。[10]

個人思考與應用

1. 當你向一位未信之人作見證時，你應當要求他閱讀哪一本最重要的書？你是否知道有誰在成為基督徒之前，從沒有讀過聖經，或沒有聽過別人對他講說聖經的內容？由此可見，一位傳福音的宣教士最重要的工作是什麼？聖經的必須性這教義應當如何影響我們宣教大業的方向？
2. 你是否細心殷勤地依靠神話語中的靈糧來滋養你的靈魂，就像你依靠食物來滋養你的身體那樣？有什麼因素使得我們的靈裏遲鈍，以至於我們能敏銳地感受到身體的飢渴，卻沒有感受到屬靈的飢渴？有什麼解決的辦法？
3. 當我們積極地尋求明白神的旨意時，應當將大多數的時間和精力花在哪裏？在實行上，當你尋求明白神的旨意時，你是將大多數的時間和精力花在哪裏？神在聖經裏所定的原則，和我們從感覺、良心、忠告、環境、人的推理，或社會的看法所得到的結論，彼此會有衝突嗎？我們應當如何解決這種衝突？

---

[10] 我們也應當注意：新約聖經很明確地說到，神乃是用祂的話來賜給人屬靈的生命（雅1:18；彼前1:23）。

4. 你是否會認為，致力於制定民法，好使其根據的標準能夠與神在聖經裏的道德原則相符合，是一件沒有盼望的工作？為什麼我們有很好的理由可以盼望，最終我們能夠勸服社會大多數人接受與聖經模式一致的法律？有什麼因素會妨礙這項努力？

特殊詞彙

確定的知識（certain knowledge）
普遍啟示（general revelation）
聖經的必須性（necessity of Scripture）
特殊啟示（special revelation）

本章書目

Berkouwer, G. C. *General Revelation*. (No translator named.) Grand Rapids: Eerdmans, 1955.
Demarest, Bruce A. *General Revelation*. Grand Rapids: Zondervan, 1982.
________. "Revelation, General." In *EDT*, pp. 944-45.
Henry, Carl F. H. "Revelation, Special." In *EDT*, pp. 945-48.
Kuyper, Abraham. *Principles of Sacred Theology*. Trans. by J. H. de Vries. Grand Rapids: Eerdmans, 1968, pp. 341-405 (originally published as *Encyclopedia of Sacred Theology* in 1898).
Packer, J. I. "Scripture." In *NDT*, pp. 627-31.
Van Til, Cornelius. *Common Grace and the Gospel*. Nutley, N. J.: Presbyterian and Reformed, 1973.
________. *In Defense of the Faith* vol. 1: *The Doctrine of Scripture*. Ripon, Calif.: den Dulk Christian Foundation, 1967, pp. 1-15.
________. *In Defense of the Faith* vol. 5: *An Introduction to Systematic Theology*. Phillipsburg, N. J.: Presbyterian and Reformed, 1976, pp. 62-109.

第八章

聖經的特徵(四)：充足性

聖經足以使我們知道神要我們怎麼思想和行事嗎？

背誦經文：詩篇119:1

行為完全，遵行耶和華律法的，這人便為有福。

詩歌：根基穩當（*How Firm A Foundation*）

1上主聖徒信仰 是何等穩當 根基建造在 神超絕話語上
你既投靠耶穌 作你避難所 還有什麼的應許
還有什麼的應許 還有什麼比祂 應許更穩妥
2或疾病或健康 貧窮或富裕 靠主加力量者 你都能度過
居家或是遠遊 跋山涉重洋 你的日子今如何
你的日子今如何 你的日子如何 力量也如何
3不要懼怕沮喪 我必會同在 因我是你的神 助你免傷害
我必施恩使你 得堅固站立 以我公義的膀臂
以我公義的膀臂 以我公義 無所不能的膀臂
4我呼召你前往 雖涉水之深 可咒江河不能 漫溢你腳蹤
我必與你同在 憂苦變祝福 憂患聖化成珍珠
憂患聖化成珍珠 最深憂患聖化 成美麗珍珠
5試煉一路走來 雖如火之猛 恩典全足全豐 必然夠你用
火焰必不傷你 這是我美意 燒去渣滓煉精金
燒去渣滓煉精金 燒去你的渣滓 煉你為精金
6年少直到髮白 我民要證明 我愛永遠不變 掌握你一生
即使青絲變成 蒼蒼的髮白 羔羊保抱在我懷
羔羊保抱在我懷 仍像羔羊保抱 在我的胸懷
7躺臥耶穌懷中 求安息靈魂 我必絕不絕不 將你給仇敵
雖然地獄傾力 要動搖天地 我必永不離棄你

我必永不離棄你 我必永不永不 永不離棄你

詞：出自Rippon's *Selection of Hymns*, 1787

曲：ADESTE FIDELES 11.11.11.11.11., Attr. to John F. Wades, 1711-1786

很少有詩歌專門講到聖經的充足性，這也許是因為基督徒沒有體會到這個教義給基督徒生活所帶來的大安慰和平安。但是我們所選的這首詩歌，在第一節裏就包含了這個教義的敘述。它在一開始時就告訴我們，神已經在祂的話語裏為我們的信仰立下了一個穩固的根基，然後它說：「比起祂已經說過的話，祂還能再對你多說什麼呢？」（中文譯為：「還有什麼比祂應許更穩妥？」）在整本聖經中，神的應許豐富而完整，足夠我們用以應付各種狀況下的各種需要。這一點應該是我們喜樂的重大原因！第三節以後的內容則是引用、改寫和間接提說那些散布在聖經各處之神的應許，其中多處是從以賽亞書出來的。在第三至第七節的歌詞中，全都是用神的口吻對我們說話，所以當我們唱這幾節時，應當把我們自己想成是在將神應許的話語唱給會眾中的其他人聽，以安慰和鼓勵他們。

前言

我們除了擁有聖經中的神話語以外，是否還應該向神尋求其他的話語？聖經充足性的教義正是要解答這個問題。

A. 聖經充足性的定義

我們可以將聖經的充足性定義如下：*聖經的充足性是指，聖經包含了神在救贖史每一個階段中所要賜給祂百姓的一切話語，並且現今它包含了我們在救恩、在完全信靠祂和完全順服祂等方面，所需要的一切神話語。*

這個定義強調出，我們惟獨要在聖經裏去尋求神所賜給我們的話語，而且它也提醒我們，神認為祂在聖經裏告訴我們的話語，對我們來說已經是足夠的了，而我們應當以祂已經給我們這個偉大的啟示為喜樂，並且以它為滿足。

聖經中對此教義的重要支持與解釋，可以在保羅寫給提摩太的話裏找到：「你是從小明白聖經，這聖經*能使你*因信基督耶穌*有得救的智慧*。」（提後3:15）從這節經文的上下文顯示，這裏「聖經」的意思就是指被書寫下來的聖經的話語（提後3:16）。這節經文指明，我們所擁有的在聖經裏的神話語，就是我們得救所需要的一切神話語：它們足以使我們「有智慧，以至於得救」（呂振中譯本；和合本譯作「有得救的智慧」）。這一點有其他論及聖經的話語為證，它們說到聖經是神用來帶領我們得救的方法（雅1:18；彼前1:23）。

其他的經文也指明，聖經足以裝備我們活出基督徒的生活。保羅接著告訴提摩太說：「聖經都是神所默示的，於教訓、督責、使人歸正、教導人學義，都是有益的；*叫屬神的人得以完全，預備行各樣的善事。*」（提後3:16-17）

保羅在此指出，神使人寫出聖經的一個目的，就是祂要訓練我們，使我們可以「得到充分的準備，能做各種善事。」（提後3:17，現代中文譯本）假如有什麼「善事」是神要一個基督徒去做的，那麼這段經文就指出，神已經在祂的話語裏供應了訓練基督徒的資源。因此，神要我們去做的「善事」，沒有一樣是不在聖經某處所教導我們的。聖經能夠裝備我們去做*每一樣*善事。

我們在詩篇119篇裏也可以找到類似的教訓：「行為*完全，遵行耶和華律法的*，這人便為有福。」（詩119:1）這一節經文顯示，「*完全*」（blameless）與「遵行耶和華律法的」是同等的，亦即那些「完全」的人也是「遵行耶和華律法的」人。在此又指明，所有神要求我們的事，都記錄在祂被寫下來的話語裏；所以，只要去做所有聖經命令我們去做的事，我們在神的眼中就是完全的了。

那麼，要在神的心目中成為道德上完全的人，除了去做神在聖經裏所命令的事以外，我們還必須再加做些什麼嗎？答案是沒有！一件也沒有！我們只要遵守聖經上的話語，就是「完全」的了，而且我們所做的也就是神期望我們去做的「各樣的善事」了。

B. 在每一特定主題上，聖經都是充足的

我們可以在聖經上找到神所說過關於某一特定主題的所有話語，我們也可以在聖經上找到我們問題的答案。

當然，我們知道，我們在今生絕不可能會完全順服所有的經文（見雅3:2；約一1:8-10，及本書第二十四章）。因此，認為我們所必須做的事就是神在聖經裏命令我們去做的事，這說法起初乍看似乎沒有什麼意義，因為無論如何，我們今生絕不可能順服所有的命令。可是，聖經充足性的真理對基督徒的生活來說具有很大重要性，因為它使我們在尋求神話語時，惟獨*專注*在聖經上，因而使得我們不必在歷史上所有基督徒的著作裏，或在教會所有的教導裏，或在每天進入我們心思意念中所有主觀的感覺和印象裏，無止盡地尋找神所要求於我們的。[1] 從非常實際的角度來看，這表示我

[1]這個意思不是說，神的旨意在人主觀的印象裏是沒有用的，或是該被忽略掉的；因為那幾乎是表示一種自然神觀：神不參與在祂兒女的生活中，就是有所引導，也是機械性的、非個人性的。事實上，神能夠、也真的會將

們能夠在聖經的許多教訓上，得到清楚的結論。舉例來說，如果我們想要找出關於婚姻及離婚、父母對兒女的責任、基督徒與政府之間的關係等主題，所有直接相關的經文，這是可以做得到的，雖然我們得花些工夫。

不只如此，這個教義還表示出，我們是有可能收集所有與教義問題直接相關的經文，例如救贖、基督的身位、聖靈今日在信徒生命中的工作等。在這些和其他幾百個有關道德與教義上的問題，聖經之充足性的教訓能使我們有把握地說：我們*將能夠找到*神在這些方面要我們怎樣思想和行事的答案；而且，我們也能有把握地說：現今和貫穿歷史中的大多數教會，*已經找到並且正確而系統地闡述*神在這些方面要我們怎樣思想和行事的答案。簡單地說，聖經之充足性的教義告訴我們：我們是有可能藉著研究系統神學和倫理學來找到我們問題的答案。

在這一點上，我們和羅馬天主教的神學家不同，他們會說，在我們還沒有聽取歷史上之教會官方的教訓以前，就還不算找到神對於任何一個特定主題所要對我們說的一切話。對於這種說法，我們的回應是：雖然教會的歷史可能幫助我們*明白*神在聖經裏對我們說過的話，然而神在教會歷史中從來沒有在聖經的教訓或命令上*加添*什麼。在教會歷史中，神從來沒有在聖經之外又*加添*過任何東西，是祂要我們去相信或去實行的。聖經已足夠於裝備我們去行「各樣的善事」，並且去遵行神的話，在神眼中成為「完全」。

此外，在這一點上，我們也和非福音派的神學家不同，因為從聖經的獨特性或絕對權威性的角度來看，他們不相信聖經是神的話語；所以，在尋找問題的答案時，他們不僅會查考聖經，也會查考許多別的早期基督教著作，而其目的不太是要找出*神對*

祂的旨意放在人主觀的印象裏，以提醒和鼓勵我們，並時常在我們一天生活中需要很快作決定的時候，激發我們的思想能走在正確的方向上；而且是聖經自己告訴我們有這些引導上的主觀因素（見徒16:6-7；羅8:9, 14, 16；加5:16-18, 25）。然而，論到聖經充足性的經節則告訴我們，這些主觀的印象只能*提醒*我們那些已經記在聖經裏的道德命令，或是只能使我們想起一些事實，是我們（至少在理論上）應該知道或已經知道的；它們絕對不可能增加聖經的命令，也絕對不可能取代聖經而成為所謂的神的旨意，也絕對不可能在我們的生活中擁有與聖經同等的權柄。

因為在各種基督教傳統中，都曾經有人在作特定的決定時，很有把握地感覺到神「在引導他們」，但其實是犯了嚴重的錯誤；所以很重要的是，我們要記住：除非有很明確的經文可以直接地應用到某個特定的狀況，否則我們在今生絕不可能有百分之百的把握說，我們確知神對某一個狀況的旨意是什麼；我們只可能對不同的情況有不同程度的把握。雖然隨著我們基督徒靈命的長大成熟，我們分辨神旨意的能力也會隨之增長，但我們仍不可避免地會犯錯誤。在這一方面，筆者發現克羅尼（Edmund Clowney）的這句話很有用：「關於神對某一個狀況的旨意是什麼，我們能確定的程度是直接與神話語能被應用在那個狀況的清晰程度成正比。」（1992年11月，筆者與克羅尼教授的個人談話。）

人類所說的話，反而更多是要找出許多早期基督徒們在與神的關係中所經歷的。在任何一個關於神要我們怎麼思想和怎麼行事的特定問題上，他們都不期望獲得一個單一並統一的結論，而只是期望能繞著一些主要已經統一的思想，去發現並收集所有不同的意見和觀點；因此，他們認為任何初代教會之基督徒所主張的各種觀點，都可能是今日基督徒要去持守的有效觀點。我們對這一種看法的回應是：我們所要尋找的神學和倫理問題的答案，並非是要找到教會歷史上不同基督徒曾經是怎麼想的，而是要找到並明瞭神自己的話語是怎麼對我們說的；這些話語要在聖經裏找，而且只有在聖經裏才找得到。

C. 救贖史上每一階段的聖經話語都是充足的

聖經之充足性的教義並不表示，神不能在祂已經對祂百姓說過的話之外，再加添更多的話語；而是說人不能出於己意而在神已經說過的話之外，再加添任何的話語。不只如此，這教義也表示，事實上，除了我們現今在聖經裏所擁有的神話語之外，神沒有再對人類說任何更多的話語，是祂要求我們要相信或順服的。

這一點很重要，因為它幫助我們明白，在救贖史上的許多不同階段，神都能夠說，祂賜給祂百姓的話語是充足的；但在那階段之後，祂仍然能在那些話之外再加添新的話語。舉例來說，摩西在申命記29:29說：「隱祕的事是屬耶和華我們神的；惟有明顯的事是永遠屬我們和我們子孫的，好叫我們遵行這律法上的一切話。」這一節經文提醒我們，神永遠有主動權將事情啟示給我們；祂已經決定了要啟示什麼和不啟示什麼。在救贖史的每一個階段裏，神都啟示了一些事，是祂在那個時候要祂的百姓去研讀、相信並順從的。當救贖歷史繼續推展時，神加入了更多的話語，以記錄並詮釋那段歷史（見本書第三章有關正典發展的討論）。

因此，在摩西死的時候，對當時神的百姓而言，舊約的前五卷書已經是充足的了。然而後來神又指示了其後的作者們加上更多的話語，使得聖經對後續時代的信徒而言也是充足的。對今日的基督徒而言，我們處在教會時代，舊約和新約所給我們的神話語已是充足的了。在基督死亡、復活而升天，新約所記錄的初代教會建立，以及新約正典被收集了以後，神在救贖歷史上就再沒有關鍵性的作為——即對後世所有神的百姓都有直接關連的作為；因此，神就不再賜下進一步的話語，為我們記錄並詮釋那些作為了。

這樣說的意思是，我們能夠在整個正典中舉出一些聖經的經文，顯示「神所啟示給祂百姓的話語都是充足的」這個原則，在每一個特定的時代都是保持一樣的。從這個意義來看，那些在早期論到聖經之充足性的經節，也可以直接應用在我們身上，雖然它們原初所指的聖經範圍不如現今所包含的範圍大。因此，以下的經文也可以應用在我們身上：

「**所吩咐你們的話，你們不可加添**，也不可刪減，好叫你們遵守我所吩咐的，就是耶和華你們神的命令。」（申4:2）

「凡我所吩咐的，你們都要謹守遵行；**不可加添，也不可刪減**。」（申12:32）

「神的言語句句都是煉淨的；投靠祂的，祂便作他們的盾牌。**祂的言語你不可加添**，恐怕祂責備你，你就顯為說謊言的。」（箴30:5-6）

「我向一切聽見這書上預言的作見證：**若有人在這預言上加添什麼**，神必將寫在這書上的災禍加在他身上；這書上的預言，若有人刪去什麼，神必從這書上所寫的生命樹和聖城刪去他的分。」（啟22:18-19）[2]

D. 聖經充足性教義的實際應用

聖經的充足性對我們基督徒的生活，有幾方面的實際應用。以下所列的並不完全，只是為了幫助讀者有一些了解。

D.1 激勵我們在聖經中尋找答案

當我們想要知道神要我們怎麼*思考*（關於某個特定的教義），和怎麼*行事*（關於某個特定的情況）時，聖經充足性的教義應當會為我們帶來激勵，因為神對於那個特定問題所要告訴我們的*所有事*，都可以在聖經裏找得到。這一點的意思並不是說，聖經解答了所有我們可能想到的問題，因為「隱祕的事是屬耶和華我們神的」（申29:29）；它的意思乃是說，當我們遇見了一個對基督徒生活真正重要的問題時，我們可以有信心地來查考聖經，相信神會從其中提供我們處理那個問題的指引。

當然，有時候我們會發現，在聖經上並沒有直接關於我們問題的答案（舉例來說，如果我們想要從聖經找到答案的問題是：主日早晨的崇拜應該有什麼程序？禱告時應該跪著還是站著？我們應當在一天的什麼時候吃飯？）對於這樣的問題，我們可以結論說，神沒有要求我們一定要如何思想或行事（此時我們或許可用更為一般性的原則，即和我們的心態及目的有關的原則）。不過在其他更多的情況中，我們會從主

[2]當然，這節經文原初是指啟示錄本身，可是這節經文出現在新約正典中惟一可放在最後一卷書的末了，也不是偶然的。因此，將這節經文後續地應用到整個正典也不是不恰當的（見本書第三章B.4的討論）。

那裏找到直接而清晰的指引，以裝備我們「行各樣的善事」（提後3:17）。

在我們行走人生的道路時，經常地去操練在聖經中尋找解決問題或疑問的引導，會增強我們找到準確又有系統之答案的能力。因此，我們一生中在明白聖經上的成長，也就包括了具有能正確明白聖經教訓、並將它們應用到特定問題上的技巧方面的成長了。

D.2 警誡我們不可為聖經加添什麼

聖經的充足性警誡我們：*不可加添什麼到聖經裏面，*而且*應當認清，沒有其他著作的價值可與聖經同等。*幾乎所有的異端和激進黨派都違背了這一個原則。舉例來說，雖然摩門教宣稱相信聖經，但是他們也宣稱《摩門經》（*Book of Mormon*）具有神聖的權威；基督教科學會（Christian Scientists）也同樣宣稱相信聖經，但實際上他們堅信愛迪（Mary Baker Eddy）所著的《科學與健康：解經之鑰》（*Science and Health With a Key to the Scriptures*），在權威方面與聖經同等或甚至在聖經之上。因為他們的宣稱違背了神禁止人加添祂話語的命令，因此我們就不應當認為，在這些著作裏可以找到任何從神來的加添話語。即使在基督教會的圈子裏，有時候也會犯類似的錯誤，就是有人超過聖經所教導的範圍，而自信滿滿地主張新的有關神或天堂的想法；但他們的教訓不是根據聖經，而是根據他們自己的臆測，或甚至是根據那些所謂死而復生的經驗。

D.3 提醒我們不需相信聖經以外的記載

聖經的充足性也提醒我們，*神不要我們相信聖經所沒有說的那些關於祂自己或祂救贖工作的任何事。*在初期教會時代的著作裏，有一些號稱是沒有被保存在福音書裏的耶穌語錄。雖然在這些著作裏，可能至少會有一些內容是耶穌真正說過的話的準確記錄（儘管我們現在不可能確定有哪些話真是耶穌說過的），可是這對我們基督徒的生活來說，即使我們從未讀過任何那些語錄，也一點兒關係都沒有，因為神已經將我們所需要知道有關耶穌所言所行的每一件事，都記在聖經裏了，好叫我們能夠完全地信靠順服祂。儘管那些語錄集在語言學或教會歷史的研究上，確實有一些價值，但是在學習我們所應當相信的基督的生命和教訓上，或在系統地整理我們的教義或倫理的信念上，它們並沒有直接的價值。

D.4 警告我們小心所謂從神而來的「啟示」

聖經的充足性向我們顯示，*現代所謂從神而來的「啟示」，和聖經在權威上並不同等。*在整個教會歷史上的不同時候，特別是在現代靈恩運動裏，都曾有人宣稱神透過他們賜下啟示以造福教會。然而我們要評估這樣的宣稱；[3] 我們必須小心，絕對不可把這樣的「啟示」（在理論上或在實行上），放在與聖經同等的地位上。[4] 我們必須堅持：神並沒有要求我們去相信任何有關祂自己或祂在世上之工作的事，是包含在這些啟示裏，卻沒有記載在聖經上的；而且我們還必須堅持：神並沒有要求我們去順服任何透過這樣的方法臨到我們、但沒有被聖經所肯定的道德命令。我們在完全信靠、順服祂上，所需要的一切神的話語，聖經都已經包括了。[5]

關於這一點我們還要注意，只要對聖經之充足性的挑戰形式是把其他文件與聖經並列（不論它是第一世紀的經外基督教文學，或是羅馬天主教會所累積的教訓，或是不同的異端書籍，如《摩門經》等），其結果不外乎：(1) 輕忽聖經本身的教訓；(2) 開始教導一些違背聖經的道理。教會應當要不斷地小心這種危險。

D.5 告訴我們聖經沒有禁止的事就不是罪

在基督徒生活的方面，聖經的充足性告訴我們：*聖經沒有禁止的事，不論是明說還是暗示的，就不是罪*。能按照神律法而行事的人，就是「完全」人（詩119:1）；所以我們不可在聖經已經有的敘述之外，再加上一些禁令。在不同時候，有些行為可能會被認為是錯誤的，舉例來說，如果一個基督徒喝咖啡或可口可樂，或上電影院看電影，或吃了獻給偶像的祭肉（見林前8–10章），就可能會被認為是錯誤的，但是除非我們能找到聖經中一些特定的教訓或一般性的原則，顯示出聖經一向禁止所有信徒去做這些事（或任何其他的事），否則我們就必須堅持說，這些活動本身並不是有罪的，它們並不是神在所有情況下都會禁止祂百姓去做的事。[6]

---

[3]見本書第五十二章B.2節，討論到某些從神而來的啟示是否可能在正典封閉後，仍然持續至今；特別是關於說預言的恩賜，見本書第五十三章A節。

[4]事實上，現代靈恩運動中比較負責任的發言人，通常都同意這項警告，見Wayne Grudem, *The Gift of Prophecy in the New Testament and Today* (Eastbourne, England: Kingsway, and Westchester, Ill.: Crossway, 1988), pp. 110-12, 245-50.

[5]希望讀者不要認為筆者在此是採取了「靈恩止息論」的觀點（此觀點認為某些恩賜，例如預言、說方言等，在使徒們去世以後就終止了），筆者在此只是想要說明，有一種或明顯、或隱藏的危險存在，那就是賦予這些恩賜一種地位，使得它們在基督徒生活中能有力地挑戰聖經的權威性或充足性。本書第五十三章對這些恩賜有更深入而詳細的討論，此外亦見於Wayne Grudem, *The Gift of Prophecy in the New Testament and Today*（見本章註4）。

[6]當然，人類的社會，如國家、教會和家庭等等，都可為他們自己的事務制定行為規則（例如：「我家的小孩不可在週間夜晚看電視」）。雖然在聖經裏找不到這些規則，而且從聖經原則的含義裏，也沒有顯示聖經有這些規則，然而，神卻要求我們順從這些規則，因為聖經告訴我們要去順服那些管理我們的權威（羅13:1-7；彼前2:13–3:6等處）。

這也是一項重要的原則，因為信徒中總會有一種傾向，就是忽略每日讀經來尋求引導，反而是開始按照一套成文或不成文（或宗派傳統）的規則，來決定基督徒生活中該做什麼或不該做什麼。

還有，無論何時我們在聖經本身所列不可做的罪惡上，又加添一些東西，都會傷害到教會和信徒個人的生活。聖靈不會給人力量去順服那些不是從聖經來的、沒有得到神許可的規則，而且，信徒一般也不會在順服那些不符合寫在他們心版上之神的律法和命令時，得著快樂。在一些實例上，有些基督徒可能會一再殷切地懇求神幫助他「勝過」那些事實上根本不是罪的罪，但神卻沒有賜下「得勝」，因為問題中的心態或行動根本就不是罪，也沒有叫神不喜悅；因此，最後的結果通常就是這些基督徒對禱告大大失望，並且在生活中感到非常挫折。

在別的實例中，則導致基督徒持續或甚至更多地違背這些新添的規則，他們也產生一種錯謬的罪疚感和與神的疏離。然而，那些*真的*隨從這些新規則的人通常則會愈來愈不肯讓步，並且愈來愈變成律法主義的堅持。這樣一來，教會信徒中真實的團契就逐漸消失，福音的傳揚也受到窒息，因為信徒在生活中所默默透露出的福音信息，就*顯得*至少（對外人而言）要包括那些額外的要求：人必須要符合這套整齊的生活模式，才能成為基督身體的一員。

這種加添聖經命令的一個很明顯的例子，就是羅馬天主教反對「人工」的節育方法。此一政策在聖經裏找不到有效的支持，而其結果就是產生廣泛地不順從、與神疏離、不當的罪疚。可是人性的習性就是會制定這樣的規則，幾乎在每一個宗派的成文或不成文的傳統裏，都可以找到這類的例子。

D.6 提醒我們在聖經中尋求神旨意

聖經的充足性也告訴我們，*聖經沒有命令我們的事，不管是明言的還是暗示的，神都沒有要求我們*。這點提醒我們，我們尋求神旨意的焦點應該是放在聖經上，而不是把焦點放在藉禱告來尋求環境改變或感覺改變的引導，或是在聖經之外直接尋求從聖靈而來的引導。這個意思也是說，假如有人*宣稱*他有從神而來的信息，要告訴我們

但是，只有當有人想要將這種規則，推廣應用到它原本合宜發揮功能的狀況之外的時候，才算是否定聖經的充足性（例如：「我們教會的人不可在週間夜晚看電視」，或「基督徒不應在週間夜晚看電視」）。在這樣的情況下，這個規則不再是某種特定狀況下的行為規則，而是一項明顯要實施到所有基督徒身上——不管其情況如何——的道德命令。基督徒沒有自由在聖經以外加添這樣的規則，而且又將之強加在所有會被我們影響的信徒身上；教會整體也不能這樣做（羅馬天主教對此的看法又一次地和我們不同，他們認為，神賜給教會權柄，可以將聖經之外的道德命令加在教會所有成員身上）。

應該怎麼做，那麼我們不必認為不順服這樣的信息就是罪，除非它能被聖經所肯定，即我們能將聖經應用到這個處境來。

這項偉大真理的發現，給千萬基督徒的生活帶來了莫大的喜樂與平安；他們花費了無數的時間要在聖經之外尋求神的旨意，卻通常不能確定他們找到了沒有。事實上，今日許多基督徒對於他們尋求神旨意的能力，幾乎沒有什麼信心；對於是否尋求到了，也沒有幾分的確定；因此，也就幾乎沒有去實行神旨意的努力，（因為誰明白它呢？）而在神面前的聖潔也就沒有什麼長進。

與上述相反的情況才應該是真實的。基督徒相信了聖經的充足性以後，就應當開始迫切地在聖經裏尋求神的旨意。他們應當迫切地、穩當地在順服神方面成長，在基督徒生活中體驗到浩大的自由與平安。然後他們便能與詩人一同說：

「我要常守你的律法，
　直到永永遠遠。
我要自由而行，
　因我素來考究你的訓詞。」（詩119:44-45）

「愛你律法的人有大平安，
　什麼都不能使他們絆腳。」（詩119:165）

D.7 鼓勵我們滿足於聖經已經告訴我們的事

聖經的充足性還提醒我們：我們教導教義和倫理時，*應當強調聖經所強調的，並且滿足於神在聖經裏已經告訴我們的事*。神在聖經裏對某些主題說得很少，或是沒有說到，我們應當切記：「隱祕的事是屬耶和華我們神的」（申29:29），而祂在聖經裏已經啟示給我們的，就正是祂認為我們需要知道的。我們必須接受這一點，不要認為聖經少了一些它應該有的內容，也不要希望神能在聖經不太提及的主題上，多給我們一些資訊。當然，在有些情況下，我們在遇到某一特定問題時需要知道很多的細節，是遠遠多於它在聖經教訓中所被強調的。可是那些情況應是相當不常見的，所以它們並不能代表我們在生活和服事中的一般常軌。

許多異端通常有一個特徵，那就是他們會強調聖經中難解的部分或教訓（有人認為摩門教強調給死人施洗就是一例；這個問題在聖經中只有哥林多前書15:29一節提過，而我們今天顯然是不可能確定這句片語的精確意義）。然而在二十世紀初期的整個一代自由派新約學者們，也犯了一個類似的錯誤，他們將大部分的學術生涯，浪費在無益地尋求我們現今所見之福音書敘述「背後的」來源，或尋求耶穌「真正」說過的話。

不幸的是，在福音派中屬於不同宗派的人，也常常發生類似模式的事。使得更正教福音派的各宗派間彼此分裂的教義問題，幾乎都是一些聖經相當不強調的問題，或是一些我們必須運用技巧來推論才能得到結論、而不是可以直接從聖經敘述就得到結論的問題。舉例來說，不同宗派之間長久存在的差異，包括對以下這些問題的不同看法：治理教會的「合宜」形式，基督在主餐中同在的準確性質，基督再來前後各事件的準確次序，可以參與主餐之人的類別，神所計劃將基督之死的功德實施到信徒（而不到非信徒）身上的法則，合適受洗的對象，對「聖靈的洗」的正確認識等等。

我們不應當說這些問題都不重要，但我們也不應當說聖經對這些問題都沒有解答（實際上，本書後面的許多章節會針對這許多的問題提出明確的解答），然而，因為*聖經對於所有這些主題都只有相當少的直接敘述*，而宗派領袖卻通常耗費一生許多的心血，想要精確地為那些次要的教義——那些使他們宗派與其他宗派分別的教義——辯護，因此顯得十分地諷刺和悲哀。這種努力的動機真的是渴望教會有合一的認識嗎？還是帶著幾分程度的人的驕傲，幾分想要駕馭別人的權力慾望，和幾分想要證實自己是對的的企圖？這些都不討神的喜悅，至終也不能建造教會。

個人思考與應用

1. 在你的基督徒靈命成長和與神關係進深的過程中，你大約放了多少的重心在讀經上？多少的重心在讀其他的基督教書籍上？在你日常尋求神旨意的生活中，你大約放了多少的重心在讀經上，多少的重心在讀其他的基督教書籍上？你認為聖經之充足性的教義會使你放更多的重心在讀聖經本身嗎？
2. 有沒有什麼教義或道德的問題是你想搞清楚的？本章是否增加了你對聖經有能力提供那些問題之答案的信心？
3. 你是否曾希望聖經在某個主題上多說一些？或少說一些？你認為有什麼因素使得你那樣希望？在你讀了本章以後，將會如何回答一個今天對你表達同樣希望的人？你認為神的智慧如何在這件事實上顯明出來：神選擇不讓聖經比它現在的內容更多或更少？
4. 假使聖經包含了所有我們在完全順服祂上所需要知道的事，那麼你認為以下所列的各樣事情，在幫助我們尋求神的旨意上扮演什麼角色：別人的忠告、講道或聖經課程、我們的良心、我們的感受、聖靈的引導（當我們感受到祂激起我們內在的願望和主觀的印象時）、環境的改變、預言的恩賜（假如你認為它今日還繼續發揮功能）？

5. 從本章的內容來看，你要如何尋求神對你生命的「完全的」旨意？在我們所作的許多抉擇中，是否可能有多於一個的「完全的」抉擇（在尋找此一答案時，請思想詩篇1:3以及哥林多前書7:39的話）？
6. 你是否曾經有過這樣的經驗，那就是有時候當你面對一個特定的狀況時，你非常清楚聖經在這方面的原則，可是你卻不是很清楚那個狀況的事實細節，以至於你不知道如何正確地應用那些聖經原則？在尋求神的旨意上，除了要知道這三項——聖經的教訓、有問題之狀況的實情、正確應用前兩項的技巧——以外，我們還應該要知道什麼？禱告在尋求神引導上扮演什麼角色？我們應當禱告些什麼？

特殊詞彙

完全（blameless）

聖經的充足性（sufficiency of Scripture）

本章書目

Friesen, Garry, and J. Robin Maxson. *Decision Making and the Will of God*. Portland, Ore.: Multnomah, 1981.

Packer, J. I. “Scripture.” In *NDT*, pp. 627-31.

Weeks, Noel. *The Sufficiency of Scripture*. Edinburgh and Carlisle, Pa.: Banner of Truth, 1988.

簡介與聖道論共同書目表

宗派	人名	一章	二章	三章	四章	五章 *	六章	七章	八章
安立甘宗 / 聖公會									
1882-92	Litton	1-8	9-10	10-18	18-40	18-40	無詳論	無詳論	
1930	Thomas	xvii-xxviii, 146-52		101-15	115-20, 123-33, 141-45	500-501		258-60	120-23
阿民念派 / 衛理會 / 循道會									
1847	Finney								
1875-76	Pope	1:3-32, 42-46		1:193-230	1:92-99, 156-92	1:36-192	1:223-30		1:206-9
1892-94	Miley	1:2-54			2:481-89	2:481-89			
1940	Wiley	1:13-123	1:124-65	1:185-214	1:166-84	1:166-84			
1960	Purkiser	19-38			60-80	66-80			
1983	Carter	1:19-101		1:291-94	1:287-330		2:747-67	1:288-89	1:290-91
1983-	Cottrell								
1987-90	Oden	1:11-14, 375-406							
浸信會									
1767	Gill	1:vii-xxx			1:15-37	1:11-18	1:30-32	1:32-36	1:25-30
1887	Boyce	1-8							
1907	Strong	1-51		145-72, 236-40	111-242	222-42			
1917	Mullins	1-136	137-53		142-44, 150-53	142-44, 150-53			
1976-83	Henry	1:13-411; 6:7-34		2:69-76; 4:405-75	2:247-334; 3:28-47, 203-488; 4:7-271, 470-93	3:248-487; 4:129-255, 353-404	4:272-367	1:17-29; 2:91-123; 4:494-522; 6:360-69	
1983-85	Erickson	9-149			175-259	221-40	253-56	153-74	256-59
1987-94	Lewis / Demarest	1:13-123		1:147-48	1:93-171	1:93-171		1:59-92	
時代論									
1947	Chafer	1:3-17		1:95-102, 124-28	1:21-104, 120-23	1:63-88	1:105-19	1:48-60	1:60
1949	Thiessen	1-20		50-61	43-49, 62-74	105-15			
1986	Ryrie	9-22		105-9	20-22, 63-76	77-104	110-18		
信義宗 / 路德會									
1917-24	Pieper	1:3-190		1:330-48	1:193-317, 349-59	1:232-65, 338-49	1:319-30, 359-70		1:317-19
1934	Mueller	1-89			90-136	101-37	138-41	90-98	137-38

宗派	人名	一章	二章	三章	四章	五章 *	六章	七章	八章
改革宗／長老會									
1559	Calvin	1:3-33, 35-43 (prefaces; 1.1-2)			1:7-8, 74-92 (prefaces; 1.7-8)	1:74-92 (1.7-8)		1:69-74, 838-49 (1.6; 3.19.6-16)	1:93-96 (1.9)
1724-58	Edwards	2:157-63						2:479-85	
1861	Heppe	1-11, 42-47	12-21	12-21, 28-31	21-28		33-41	31-33	28-31
1871-73	Hodge	1:1-150		1:152-53	1:153-82	1:163-82	1:183-90	1:18-60, 364-65	1:182-83
1878	Dabney	*ST*, 133-44				*DET*, 1:282-313, 466-81		*ST*, 64-78	
1887-1921	Warfield	*SSW*, 2:207-320		*IAB*, 411-18	*IAB*, 3-410, 419-42; *SSW*, 2:537-638	*IAB*, 全書各處			
1889	Shedd	1:3-58; 3:1-26	1:61-70	1:134-47	1:70-110; 3:27-88	1:93-110			
1909	Bavinck								
1937-66	Murray	*CW*, 1:3-8, 169-73; *CW*, 4:1-21			*CW*, 3:256-62; *CW*, 4:30-57	*CW*, 1:9-15; *CW*, 4:22-29			*CW*, 1:16-22; *PC*, 11-26
1938	Berkhof	*Intro.*, 15-128, 170-86		*Intro.*, 116-43	*Intro.*, 144-65, 182-86	*Intro.*, 144-65, 182-86	*Intro.*, 167	*Intro.*, 128-33, 165-66	*Intro.*, 167-69
1962	Buswell	1:13-26		1:193-98	1:183-93, 198-213				
靈恩派／五旬節派									
1988-92	Williams	1:11-28			1:22-25	1:36-43		1:33-36, 239-41	1:43-44
傳統天主教									
1955	Ott	1-10	無詳論	無詳論	無詳論	無詳論	無詳論	無詳論	無詳論
天主教（二次梵蒂岡大會後）									
1980	McBrien	1:3-78, 183-200	無詳論	1:50-62, 201-43; 2:817-42	1:62-77, 201-44	1:64	無詳論	1:151-61; 245-81	1:62-77

*某些較早期的重要著作並沒有特別篇幅討論聖經的無誤性，在此共同書目內，就把它們論及聖經權威性的部分包括進來，因此，第四、五章所列的頁數有時是相同的。

第2部 神論

第九章

神的存在

我們如何知道神存在呢?

背誦經文：羅馬書1:18-20

原來神的忿怒從天上顯明在一切不虔不義的人身上，就是那些行不義阻擋真理的人。神的事情，人所能知道的原顯明在人心裏，因為神已經給他們顯明。自從造天地以來，神的永能和神性是明明可知的，雖是眼不能見，但藉著所造之物就可以曉得，叫人無可推諉。

詩歌： 仰看穹蒼浩大無窮（*The Spacious Firmament On High*）

[1]仰看穹蒼浩大無窮 蔚藍深邃沒有止境
其中千萬星光閃爍 共同宣告神的創作
不息太陽日日奔馳 將主創造大能顯示
普照天下一切受造 說明全能手段奇妙
[2]夕陽西下夜色來襲 明月溫柔靜照大地
長夜漫漫一再自述 當初主怎將它造出
四圍星辰發光如熾 一一述說自己故事
一面運行一面傳揚 信息傳遍地極四方
[3]雖然星辰奔馳夜空 莊嚴靜默來復運行
僅依軌道發出光明 無言無語無聲可聽
但在智者耳中常聞 它們發出榮耀聲音
一面照耀一面稱頌 造我的手何其神聖

詞：Joseph Addison, 1712
曲：CREATION L.M.D., arranged from Franz J. Haydn, *The Creation*, 1798

替代詩歌：歌頌父神偉大權能（*I Sing th' Almighty Power of Go*）, Isaac Watts, 1715
這是天父世界（*This Is My Father's World*）, Maltbie D. Babcock, 1901
晚霞漸逝日西沉（*Day Is Dying in the West*）, Mary A. Lathbury, 1877

這首詩歌乃是根據詩篇19:1-4所作，說到太陽、月亮與星辰為它們的創造主所作的見證。

第一節歌詞中的「穹蒼」一詞，是指當我們從地面向上仰望時，所看見的一望無際的開闊宇宙，那是太陽、月亮與星辰的所在之處，亦可以繙譯為「天空」或「蒼天」。第三節的歌詞則提醒我們，雖然這些天體沒有發出我們耳朵所能聽見的聲響，但是它們卻向一切對受造界具有正確思想的人傳揚說：「造我的手何其神聖。」

前言

我們如何知道神存在呢？這個問題的答案包括兩部分：第一，所有人的內心中都感受得到神；第二，我們相信在聖經和在自然界裏的證據。

A. 人內心對神的感受

所有地方的人都對神有一種深沉的、內在的直覺，感受得到神的存在，也感受得到他們是祂所造的，而祂是他們的創造主。保羅說，即使是外邦中的不信之人，也「知道神」，只是不尊祂為神，也不感謝祂（羅1:21）。他說，罪惡的不信之人「將神的真實變為虛謊」（羅1:25），其意思就是說，他們主動地或故意地排斥他們所知道有關神存在和其性格的一些真理。保羅說：「神的事情，人所能知道的原顯明在人心裏」，接著他又補充說：「因為神已經給他們顯明。」（羅1:19）

然而聖經也認明，有的人否認這種內心對神的感受，甚至否認神的存在。詩篇說那些在他們心裏說「沒有神」的人是「愚頑人」（詩14:1; 53:1）；而那些先是「背棄耶和華，並且輕慢祂」，然後又驕傲地一再以為「沒有神」的人是「惡人」（詩10:3-4）。這些經文指出，罪使人不合理性地思考，又使人否認神的存在；經文也指出，一些失去理性思考的人或被欺騙的人會說「沒有神」。

保羅也承認，罪會使人否認他們對神的認識；他說那些人是「以不義抑制真理」的人（羅1:18，呂振中譯本；和合本譯作「行不義阻擋真理」），而且說他們如此否認神是「沒有什麼藉口」的（羅1:20，現代中文譯本；和合本譯作「無可推諉」）。從經文中一系列主動語態動詞顯示出，這是刻意地壓抑真理（羅1:23, 25, 28, 32）。[1]

---

[1]有些人否認他們的內心有對神的感受。但是通常在他們面臨個人危機的時刻，這種對神的意識就會自然地變明顯了；那時，這種內心深處的信念就會表現在他們的言語和行為上。幾年前，筆者和幾位朋友同搭一車，其中有一位女士在聊天時堅決否認她的內心對神的存在有任何意識。不久之後我們的車子開上了一片冰，就高速打轉，整整轉了一圈。就在我們的車子撞進一團大雪堆時（車子沒有什麼嚴重的損壞），那一位女士喊著說：「主耶穌，求你救我們！」我們其餘的人都清楚地聽到了她的聲音，也都很驚訝地看著她，因為我們了解到她自己口中的話語否定了她的不可知論（agnosticism）。

在基督徒的生命中，這種內心對神的意識會變得更強、更清楚。我們開始時認識到神是在天上愛我們的父（羅8:15），聖靈也與我們的靈同作見證說，我們是神的兒女（羅8:16）；然後我們進而認識到基督住在我們的心中（弗3:17；腓3:8, 10；西1:27；約14:23）。對一個基督徒而言，這個意識會強烈到使我們真的愛主耶穌基督，雖然我們從未見過祂（彼前1:8）。

B. 相信聖經和自然界裏的證據

除了人內心中對神的意識，清楚地見證了神存在的事實以外，神存在的證據，也清楚地在聖經和自然界裏可見。

當然，神存在的證據可在整本聖經中都找得到。事實上，聖經的每一處都預設了神的存在。創世記開始的第一節經文不是在呈現神存在的證據，而是馬上告訴我們祂所做的事情：「起初神創造天地。」假如我們相信聖經所說的是真實的，那麼我們從聖經就不僅可知道神的存在，而且也可知道很多祂的本性和祂的作為。

這個世界也提供了豐富的神存在的證據。保羅說，神的永能和神性是「明明可知的……藉著所造之物就可以曉得」（羅1:20）。這裏用「所造之物」的廣泛稱呼，從某個意義來說，表示每一個受造之物都證實了神的性情或性格。然而，最能見證神存在的，乃是按照神形像而被造的人：無論何時我們遇見另一個人，我們都應該了解到（假如我們的思想是對的），這一位擁有不可思議之精密結構、熟練技巧和靈活溝通的有生命之人，只可能是由另一位無限的、全智的造物主所創造的。

除了在有生命的人身上所看見的神存在的證據之外，在自然界中還進一步有更佳的證據。「從天降雨、賞賜豐年」以及「飲食飽足，滿心喜樂」，是所有的人都經歷過並且受到益處的，它們也是巴拿巴和保羅所說、是為神作見證的證據（徒14:17）。大衛告訴我們諸天的見證：「*諸天述說神的榮耀*；穹蒼傳揚祂的手段。這日到那日發出言語；這夜到那夜傳出知識。」（詩19:1-2）我們白晝或黑夜仰看天空，看到了日月星辰、藍天白雲，它們都不斷地藉著它們的存在和其美麗浩瀚，宣告是有一位智慧的、大有能力的造物主創造了它們，並且維持它們所在的次序。

這些見證神存在的各種證據，來自受造世界的各個角落，它們向我們表示出，就某種意義來說，*萬物的存在*都證明了神的存在。對於我們這些有眼可看、有思想可正確評估證據的人來說，每棵樹上的每一片葉子，每株小草上的每一片小葉，天空中的每一顆星星，和宇宙中的每一個部分，都不斷地喊出：「神創造了我！神創造了我！神創造了我！」假如我們的心靈和思想沒有被罪矇蔽得太多的話，要我們細看任何一片樹上的葉子以後說：「沒有誰創造它，它只不過是自然產生的」，這是不可能的。雪花的美麗、風暴的雄偉力量、蜜蜂的技巧、涼水的清新味道，和人手的巧奪天工——若沒有全能、全智的創造主之作為，所有這些和受造界中其他千千萬萬的層面，都是不可能存在的。

因此，對那些能正確評估證據的人而言，*聖經上所記的一切，和大自然中的萬物*，都清楚地證明了神的存在，並證明了祂是聖經上所描述的那位全能、全智的神。所以，當我們相信神存在之時，我們所信的*不是*根據一些盲目的、沒有任何證據的盼望，而是根據*神的話語和神的工作中所具有之壓倒性數量的可靠證據*。真信心的一項特徵是，它是根據可靠證據而有的信心；對神存在的信心也具有這樣的特徵。

不只如此，這些證據都能被看成是神存在的有效證明，即使有人排斥它們。但這個意思不是說，有人排斥這些證據就表示它們本身是無效的；而只是說，那些排斥這些證據的人將它們評估錯了。

C. 傳統上對神存在的「證明」

傳統上對神存在的「證明」，是在歷史上不同時期由基督徒（和一些非基督徒）哲學家所建構的，其實他們是嘗試用極度謹慎、精準邏輯的方式來分析證據，尤其是從自然界所得的證據，目的是要使人信服：排斥神存在的想法是非理性的。罪導致人*不能理性*地思想，如果這是一個真實的描述的話，那麼這些證明就是要嘗試使人*理性*地或正確地思想有關神存在的證據，雖然人有因罪而導致不理性的傾向。

大多數傳統上對神存在的證明，可以分為四種主要的論證型態：

(1) *因果論的論證*（cosmological argument），又稱為*宇宙論的論證*，它是考慮到一個事實，那就是宇宙裏每一個已知的事物都有其因（cause）。所以，照這樣的推理，宇宙本身也必有其因，而這樣大的一個宇宙的因，只可能是神了。

(2) *目的論的論證*（teleological argument），實在說來，這是因果論論證之下的一個論證。它專注在宇宙中的和諧、秩序和設計的證據，其論點是說宇宙的設計就證明了一個有智慧的目的（希臘字*telos*的意思是「目的」、「目標」或「旨意」）。由於這個宇宙的設計看起來有其目的，所以一定有一位有智慧的、有目的的神創造了它，使它發揮這樣的功能。

(3) *本體論的論證*（ontological argument），這論證是以這個觀念開始的：神的定義是「沒有任何想像得到的事物是比祂更大的」本體。接著它論證說：因為存在是大過不存在，所以這本體一定存在。[2]

(4) 道德論的論證（moral argument），這論證是從人的是非感和需要有公義的感受開始，從而論證一定有一位神，祂是量定是非的源頭，有一天祂要在所有的人身上施行公義。

因為以上所有這些論證都是根據真實的受造界的事實，所以我們可以說，就客觀的意義來說，這些證明（當謹慎建構時）都是有效的證明（valid proofs）。它們的有效性是在於它們正確地評估了證據，並且正確地推理而得到一個真實的結論——事實上，神確實是宇宙之因，宇宙確實是一個有目的的設計，神確實是「沒有任何想像得到的事物是比祂更大的」本體，而且，神確實已經給我們一種是非感和祂將會來臨審判的感受。所以，在這些證明裏所提到的事實，都是真實的；因此，就這個意義而言，這些證明是有效的，即使不是所有的人都信服它們。

然而從另外一方面來看，如果說這些證明是「有效的」，是表示這些證明「能促使人同意其論點，即使是對那些以錯誤假設為開始的人」，那麼當然沒有一個證明是有效的，因為它們當中沒有一個證明能促使任何一個思考它的人同意其論點（即相信神存在）。但這情況乃是因許多不信的人是以無效的假設開始，或是沒有從證據作正確的推理，並不是這些證明本身無效。

因此，這些證明的價值，主要是在於它們克服了不信之人在理智上的反對。雖然它們不能帶給不信之人那得救的信心（因為那是透過相信聖經的見證而產生的），但是它們能夠幫助克服不信之人的反對；而對信徒來說，在他們已信服的內心對神的感受和聖經的見證之外，這些證明還提供他們進一步在理智上的證據。

D. 聖靈的見證

最後，我們一定要記住，在這個有罪的世界裏，神一定能夠使我們信服，否則我們是永遠不會信靠祂的。只有神能夠克服我們的罪，並使我們能夠信服祂的存在。我們讀到聖經上說：「此等不信之人被這世界的神弄瞎了心眼，不叫基督榮耀福音的光照著他們。」（林後4:4）不只如此，保羅還說：「世人憑自己的智慧既不認識神，神就樂意用人所當作愚拙的道理拯救那些信的人。」（林前1:21）在這個有罪的世界

[2]「本體論」（ontological）的英文字首*ont-*，是從「實存」之意的希臘字衍生來的。

裏，人的智慧不足以使人認識神，因此說保羅所講的道「乃是用聖靈和大能的明證，叫你們的信不在乎人的智慧，只在乎神的大能」（林前2:4-5）。我們必須依靠神來除去罪所導致的盲目和非理性，並使我們能夠正確地評估證據，相信聖經所說的話，進而得著那在基督裏使人得救的信心。

個人思考與應用

1. 當環繞神寶座的撒拉弗呼喊說：「聖哉，聖哉，聖哉，萬軍之耶和華；祂的榮光充滿全地」（賽6:3），你認為他們看全地的角度是否和我們的角度不太一樣？有什麼不一樣？我們如何能開始更多地從那樣的角度看這個世界？
2. 你內心對神存在的感受，何時最強烈？何時最微弱？為什麼？以上哪一種的情況，更像是將來在天堂的情況？在以上哪一種的情況下，你的判斷會更為可靠？
3. 看看你的手。你認為它比手錶是更複雜，還是更不複雜？如果有人認為手或手錶是許多零件偶然湊在一起而產生的，這想法合乎邏輯嗎？
4. 今日大多數的人相信神存在嗎？這在整個歷史上都是如此嗎？假如他們相信神存在的話，為何他們不好好地敬拜神呢？
5. 為什麼會有人否認神的存在？羅馬書1:18是否顯示，通常是有一個道德上的因素影響著人在理智上否認神的存在（另參詩14:1-3）？對於那些否認神存在的人，接觸他們的最好方式是什麼？

特殊詞彙

因果論的論證、宇宙論的論證（cosmological argument）
內心對神的感受（inner sense of God）
道德論的論證（moral argument）
本體論的論證（ontological argument）
目的論的論證（teleological argument）
有效的證明（valid proofs）

本章書目

Brown, Colin. *Philosophy and the Christian Faith*. Downers Grove, Ill.: InterVarsity Press, 1968.

Charnock, Stephen. *The Existence and Attributes of God*. Repr. ed. Evansville, Ind.: Sovereign Grace Book Club, n.d. pp. 11-67. (first published 1655-80.)

Clark, Gordon H. *Religion, Reason, and Revelation*. Nutley, N.J.: Craig Press, 1961.
France, R. T. *The Living God*. Downers Grove, Ill.: InterVarsity Press, 1970.
Geisler, Norman. *Christian Apologetics*. Grand Rapids: Baker, 1976.
________, and Paul Feinberg. *Introduction to Philosophy: A Christian Perspective*. Grand Rapids: Baker, 1980.
Hackett, Stuart. *The Resurrection of Theism*. Chicago: Moody, 1957.
Hoover, A. J. "God, Arguments for the Existence of." in *EDT*, pp. 447-51.
Lewis, Gordon R. *Testing Christianity's Truth Claims*. Chicago: Moody, 1976.
Mavrodes, George I. *Belief in God*. New York: Random House, 1970.
McDowell, Josh. *Evidence That Demands a Verdict*. San Bernardino, Calif.: Here's Life, 1972, 1979.
Packer, J. I. "God." In *NDT*, pp. 274-77.
Sire, James. *The Universe Next Door: A Basic World View Catalog*. Downers Grove, Ill.: InterVarsity Press, 1976.
Van Til, Cornelius. *The Defense of the Faith*. Philadelphia: Presbyterian and Reformed, 1955.
Yandell, Keith. *Christianity and Philosophy. Studies in a Christian World View*. Grand Rapids: Eerdmans, and Leicester: Inter-Varsity Press, 1984.

第十章
神的可知性

我們真能認識神嗎？
我們能認識神多少呢？

背誦經文：詩篇145:1-3

我的神，我的王啊，我要尊崇你；我要永永遠遠稱頌你的名。我要天天稱頌你，也要永永遠遠讚美你的名。耶和華本為大，該受大讚美；其大無法測度。

這段經文告訴我們，神是永遠無法被完全測度的，然而從大衛讚美神並對祂說話的事實來看，大衛確實真的知道神的事情，並且和祂建立了個人的關係。

詩歌：我神我王我尊崇你（*I Will Thee Praise, My God, O King*）

1 我神我王我尊崇你 我要永遠稱頌你名 我要天天稱頌你名 將你讚美永遠宣揚
2 主本為大該受讚美 祂的偉大無法測度 代代傳頌你的作為 一一相告你的大能
3 默念你的威嚴尊榮 靜思你的奇妙作為 要傳說你可畏之事 我要傳揚你的大德
4 他們記念你的大恩 一五一十傳揚出來 並要歌唱你的公義 口要說出讚美的話
5 耶和華有恩有憐憫 不易發怒大有慈愛 耶和華啊善待萬民 凡有血氣永頌聖名
6 祂的慈悲覆庇所造 我主善待一切生民 一切所造都稱謝你 你的聖民也稱頌你

詞：詩篇145篇, *The Book of Psalms With Music*
(Pittsburgh: Reformed Presbyterian Church of North America, 1973)
曲：DUKE STREET, L.M., John Hatton, 1793

替代詩歌：**當敬拜大君**（*O Worship the King*）, Sir Robert Grant, 1833

在整個教會歷史中，基督徒一直很喜歡按一些詩的押韻而重排詩篇的字句，然後再將這些詩篇配上音樂，作為個人或團體崇拜使用。以上這首詩歌的歌詞是用詩篇第145篇的字句按一個老的押韻排列的，其曲調是用「**日月所照耶穌作王**」（*Jesus Shall Reign Where'er the Sun*）這首詩歌的調子。第二節的歌詞「主本為大該受讚美，祂的偉大無法測度」，說到神的**不可測透性**（incomprehensibility），其他各節則說到我們從聖經所得知的神的不同屬性。我們唱這首詩歌時應當很喜樂，因為我們知道所唱關乎神的內容是千真萬確的，而且知道祂的偉大遠超過我們所能對祂頌唱的任何讚美詩歌。

A. 神必須啟示祂自己

假如我們想要認識神，就一定必須由祂向我們啟示祂自己。即使是當保羅在討論神透過大自然而向人啟示時，他也說人所能夠知道的神的事情，是「因為神已經給他們顯明」（羅1:19）。大自然的受造物之所以能啟示神，乃是因為神選擇用這個方法來啟示祂自己。

至於個人在救恩中產生對神的認識，就更清晰地顯出是神向人啟示祂自己了。耶穌說：「除了父，沒有人知道子；除了子和子所願意指示的，沒有人知道父。」（太11:27）這種認識神的知識，不是透過人為的努力或智慧而找到的：「世人憑自己的智慧既不認識神……這就是神的智慧了。」（林前1:21；另參林前2:14；林後4:3-4；約1:18）

必須由神向我們啟示祂自己的這件事，也顯示在一個事實上——有罪的人會錯誤地解讀大自然中有關神的啟示。那些「行不義阻擋真理的人」，就是那些「思念變為虛妄，無知的心就昏暗了……將神的真實變為虛謊」的人（羅1:18, 21, 25），所以，假如我們要正確地解釋自然啟示的話，就需要有聖經。有罪的人若沒有從聖經而來的引導，就總是誤會並扭曲大自然裏所見到的關於神的啟示；而世上成百上千的虛假宗教，就是這種錯誤的證據。惟獨聖經能告訴我們，如何從自然界中明瞭有關神的見證。所以，我們倚賴神在聖經裏主動地對我們說話，為的就是要叫我們真認識神。

B. 我們絕不可能完全地認識神

因為神是無限的，而我們是有限的或說是受到限制的，所以我們絕不可能完全地明白神。就這個意義而言，神是不可測透的（incomprehensible）；在此，「不可測透的」這個詞是取其較古老、較罕用的意思，即「不能完全被了解」。這個意思必須要和此詞更普通的意義「不能被了解」，分得一清二楚。說神不能被人了解，這說法是不正確的，可是說祂不能完全地或無一遺漏地被人了解，則是真的。

詩篇145篇說：「耶和華本為大，該受大讚美；其大無法測度。」（詩145:3）神的偉大是超過人所能探測或發現的；祂太偉大了，以至於人無法完全認識祂。關於人對神的了解，詩篇147篇說：「我們的主為大，最有能力；祂的智慧無法測度。」（詩147:5）我們永遠不能測度或全然了解神的智慧；其偉大遠遠不是我們所能匹配或知透的。與此類似地，當大衛思想到神知道他一切的所行時，就說：「這樣的知識奇妙，

是我不能測的；至高，是我不能及的。」（詩139:6；另參詩139:17）

當保羅說：「聖靈參透萬事，就是神深奧的事也參透了」，又說：「除了神的靈，也沒有人知道神的事」[1]之時（林前2:10-11），他表達出神的不可測透性；而在他說到神宏偉的救贖計畫歷史時，最後迸發出讚美來：「深哉，神豐富的智慧和知識！祂的判斷何其難測；祂的蹤跡何其難尋！」（羅11:33）

這些經節使得我們更進一步地明瞭神的不可測透性。不只我們絕對不可能完全認識神，*我們也絕對不可能完全認識一件有關神的事*；這兩方面都是真的。祂的偉大（詩145:3）、祂的智慧（詩147:5）、祂的知識（詩139:6）、祂的豐富、智慧、判斷和蹤跡（羅11:33）等，*一切*都超過我們全然認識祂的能力範圍之外。其他的經節也支持這個思想，例如：「天怎樣高過地，照樣我的道路高過你們的道路；我的意念高過你們的意念。」（賽55:9）約伯說，神創造並維持大地的偉大作為，「不過是神工作的些微」；接著他又大聲地說：「我們所聽於祂的是何等細微的聲音！祂大能的雷聲誰能明透呢？」（伯26:14；另參伯11:7-9; 37:5）

因此，我們可能知道*一些*神的慈愛、能力、智慧等，但是我們絕不可能全面地或*詳盡地*知道祂的慈愛，也絕不可能全面地或詳盡地知道祂的能力，也絕不可能全面地或詳盡地知道祂的智慧等等。假如我們能詳盡地知道任何單獨一件有關神的事，就表示我們對那件事的認識必須像神所知道的一樣；換句話說，我們必須知道神的這一件事和神其他每一件事之間的關係，以及它和其他每一個受造物之間直到永遠的關係！因此之故，我們只能夠與大衛一同大聲說：「這樣的知識奇妙，是我不能測的；至高，是我不能及的。」（詩139:6）

這一項神的不可測透性之教義，對於我們的生活有許多正面的應用。它表示我們絕不會認識神「太多」，因為我們絕不會有學完祂的事情的一天；也因此我們將永遠不斷地發現更多祂的超絕和祂工作的偉大，並且樂此而不疲。

甚至在來世裏，當我們脫離了罪的纏累時，我們還是絕不可能完全認識神，或完全認識有關神的任何一件事。我們清楚地知道這個事實，乃是因為以上所引用的經文，是將神的不可測透性歸因於神的無限偉大，而不是歸因於我們的罪性；換句話

---

[1]KJV及和合本如此繙譯，是非常按字面的意思來直譯希臘文片語*ta tou theou*（「神的事」），而RSV, NIV和NASB則用了「神的*思想*」。這是因為在第11節上半句的平行表達*ta tou anthrōpou*（KJV及和合本譯為「人的事」，其他譯為「人的*思想*」），似乎要求我們按上下文的意思而用「*思想*」一詞來補充說明。但是保羅在第10節提到「神深奧的事」，表示保羅所指的不僅是神的思想而已，而是包括了神所有的實存，這也是第12節所指的意思。

說，這是因為我們是有限的，而神是無限的，以至於我們絕不可能完全地認識祂。[2]在整個永恆裏，我們都將能夠更多地認識神，並且愈來愈多地以祂為樂；當我們愈來愈知道神自己的意念時，就會和大衛一同說：「神啊，你的意念向我何等寶貴，其數何等眾多。我若數點，比海沙更多。」（詩139:17-18）

假如將來在永恆會是如此，那麼在今生也當然會是如此。事實上，保羅告訴我們，假如我們的生活是「行事為人對得起主，凡事蒙祂喜悅」，那麼這樣的生活必定是一個我們「漸漸的多知道神」（西1:10）的生活。我們整個人的生活都應當在認識神的事上有長進。

假如我們曾想要在知識上與神同等，或者想要從智性的驕傲罪上得到滿足，那麼這件事實——我們在認識神的事上永不會停止成長——反倒會叫我們氣餒了：我們可能會感到很挫折，因為神乃是我們永遠不能主控的研究主題！然而，假如我們以這些事實為樂——惟獨神是神，祂永遠比我們無限偉大，而我們是祂所造的，應該將敬拜與愛慕歸給祂——那麼，我們在認識神的事上是不會停止成長的這件事實，就變成非常激勵人的了。即使我們今生每天花時間讀聖經、與神交通，但仍然一直會有更多關於神的事，以及更多關於祂與我們、祂與世界之間的關係，等著我們去學習；因此，就一直會有更多的事是我們可以感恩和讚美神的。當我們明瞭了這點以後，對於一生都將要保持規律讀經的習慣，甚至對一生都將要研讀神學（如果這神學是穩固地紮根於神的話），都應當是一件非常令人興奮的事。研究並教導神的話語，不論是正式的還是非正式的，都永遠是一個很大的特權，也會帶來很大的喜樂。

C. 但我們能夠真實地認識神

即使我們不能全面而詳盡地認識神，但是我們能夠認識一些有關神的**真實**事情。事實上，**一切聖經上所告訴我們有關神的事**，都是真實的。聖經說神就是愛（約一4:8），神就是光（約一1:5），神是靈（約4:24），神是公正的或公義的（羅3:26）等等，這些都是真實的。這樣說並不表示或要求，我們知道一切關於神的事，或知道一切關於祂的愛、祂的公義或其他任何屬性的事。如果筆者說：「我有三個兒子」，即

[2]這一點與哥林多前書13:12並不矛盾：「我如今所知道的有限；到那時就全知道，如同主知道我一樣。」其中「全知道」是*epiginōskō*一字的繙譯：是指更深的、更準確的知識（對比於目前的部分知識，或許是指沒有錯誤或虛假的知識）。保羅從來沒有說過任何像這樣的話：「到那時我將知道所有的事。」假如他想表達這個意思的話，他大可用別的說法：*tote epignōsomai ta panta*。又見本書第五十七章註7。

使筆者不知道所有關於兒子的事，或甚至不知道一切有關筆者自己的事，這個敘述仍是全然真實的。我們對神的認識也是這樣：即使我們對神沒有全面而詳盡的認識，但我們從聖經中得到關於神的知識仍是真實的。我們能夠從聖經中知道神的一些思想，甚至許多祂的思想；而當我們知道那些思想時，我們就會像大衛一樣，看它們是「寶貴的」（詩139:17）。

還有一點是更重要的，那就是我們所認識的乃是神**自己**，而不只是關於祂或祂的事跡而已。在一般性的用語上，我們對於**知道**一些某人的**事跡**，和**認識他本人**，是有區別的，例如，我們真的知道許多有關總統的事跡，但我們不一定真的認識他本人。當我們說認識總統時，就表示我們見過他，與他談過話，而且至少與他建立了某種程度的個人關係。

如今有些人說，我們無法認識神自己，只能知道關於祂或祂所做過的事而已；也有一些其他的人說，我們無法按著神的本相來認識祂，只能按著祂與我們之間的關係來認識祂（以上兩種說法被視作是不同的）。然而聖經卻不是這樣說；有幾處聖經說到我們**對神自己的認識**，例如在耶利米書裏神的話說：

> 「智慧人不要因他的智慧誇口，勇士不要因他的勇力誇口，財主不要因他的財物誇口。誇口的卻因他有聰明，認識我是耶和華，**又知道我**喜悅在世上施行慈愛、公平和公義，以此誇口。這是耶和華說的。」（耶9:23-24）

神在此是說，我們喜樂和價值感的源頭，應該不是我們自己的能力或財產，而是我們認識祂的事實。與此相似地，在耶穌對天父禱告時，祂說：「**認識你獨一的真神**，並且認識你所差來的耶穌基督，這就是永生。」（約17:3）新約之下的應許乃是所有的人——「從最小的到至大的」——都必認識神（來8:11）；而約翰一書告訴我們，神的兒子已經來了，是祂賜給我們悟性，使我們「**認識那位真實的**」（約一5:20；又見加4:9；腓3:10；約一2:3; 4:8）。因此約翰說：「小子們哪，我曾寫信給你們，因為**你們認識父**。」（約一2:13）

我們確實認識神的自己，這件事實進一步地顯明在我們了解到基督徒豐富的生命，還包括了與神的個人關係。這些經節表示出，我們不只是知道關於神的事，我們還擁有更大的特權，那就是可以親近祂。我們在禱告中向神說話，而祂也透過聖經對我們說話；我們在神的同在中與祂交通，歌頌讚美祂，而且我們知道祂也住在我們中間，又住在我們裏面，要祝福我們（約14:23）。實際上，我們與父神、子神和聖靈之三一神之間的關係，可以說是基督徒生命的所有祝福中，最大的一個祝福。

個人思考與應用

1. 有時有人會說，天堂好像很無聊，我們都沒事可做。你認為神的不可測透性和可知性，如何能幫助你去回應別人的這種反應？
2. 我們如何能確知，當我們到達天堂時，神不會對我們說，我們所學習過有關祂的事，大多是錯誤的，以致我們必須忘掉已學習過的，而開始學習不同的事？
3. 你想要永永遠遠、繼續不斷地更深認識神嗎？為什麼？你是否有時候希望能夠全面又詳盡地認識神？為什麼？
4. 你認為神為什麼決定向我們啟示祂自己？你在哪一方面學習到更多關於神的事：是祂在大自然裏的啟示，還是祂在聖經中的啟示？你認為為什麼神的意念對我們是「寶貴的」（詩139:17）？你會說你目前和神的關係是一種個人性的關係嗎？你與神的關係和你與別人的關係有何相似之處？有何相異之處？有什麼方法可以使你與神的關係更好？

特殊詞彙

不可測透性（incomprehensibility）

可知性（knowability）

本章書目

Bray, Gerald L. *The Doctrine of God*. Downers Grove, Ill.: InterVarsity Press, 1993.

Charnock, Stephen. *The Knowledge of God. The Complete Works of Stephen Charnock*. Vol. 4. Edinburgh: James Nichol, 1865. Repr. ed.: Edinburgh: Banner of Truth, 1985, esp. pp. 3-164.

Frame, John M. *The Doctrine of the Knowledge of God*. Phillipsburg, N.J.: Presbyterian and Reformed, 1987.

France, R. T. *The Living God*. Downers Grove, Ill.: InterVarsity Press, 1970.

Packer, J. I. "God." In *NDT*, pp. 274-77.

_________. *Knowing God*. London: Inter-Varsity Press, 1973, pp. 13-37.

Piper, John. *Desiring God*. Portland, Ore.: Multnomah, 1986.

Tozer, A. W. *The Knowledge of the Holy*. New York: Harper and Row, 1961.

Van Til, Cornelius. *In Defense of the Faith* vol. 5: *An Introduction to Systematic Theology*. n.p.: Presbyterian and Reformed, 1976, pp. 159-99.

第十一章
神的性格(一): 不可交通的屬性

神與我們有何不同?

背誦經文: 詩篇102:25-27

你起初立了地的根基, 天也是你手所造的。天地都要滅沒, 你卻要長存; 天地都要如外衣漸漸舊了。你要將天地如裏衣更換, 天地就改變了。惟有你永不改變, 你的年數沒有窮盡。

詩歌: 不能朽不能見 (*Immortal, Invisible, God Only Wise*)

1不能朽不能見獨一的真神 住在不可迫視的光輝之境
最可頌最榮耀亙古永長存 又全能又全勝讚美主大名
2不止息不焦急如光無聲息 無缺乏無耗損掌權以能力
你判斷憑公義如高山巍立 你施恩又施愛如靉雲普及
3賜生命與氣息予大小生靈 活在萬有中惟你是真生命
我們有如花草今朝雖茂盛 明朝即枯殘惟你永不變更
4榮耀之父四射純潔的光輝 寶座前天使無不掩面侍立
我們向你讚美使我們領會 只是神聖光華今將你隱蔽

詞: Walter Chalmers Smith, 1867
曲: JOANNA (or ST. DENIO) 11.11.11.11., Traditional Welsh hymn melody

替代詩歌: 你豈不知豈不聽見 (*Have You Not Known, Have You Not Heard?*) Isaac Watts, 1707

在這首詩歌中有幾行歌詞提及了神的不同屬性, 但是唱的時候它們很快地一個接著一個過去, 使得我們很難去一一思想它們。然而, 我們也並不能把這情況全算是這首詩歌的缺點, 因為它能使我們了解到, 當我們最終在天上、在神完全的榮耀中看見神時, 我們也會因一瞬間凝視祂自己和祂一切的完美而感到承受不住那個奇妙, 其程度是遠遠超過這首詩歌所帶給我們的, 而且我們也會發現自己沉浸在讚美之中。

A. 概論

當我們要討論神的性格 (character) 時, 就了解我們無法一次即討論到所有聖經所教導我們的有關神性格的事；我們需要用一些方法來決定先討論哪一些方面，然後再討論哪一些方面等等。換言之，我們需要用一些方法把神的屬性（attributes）分類開來。這個問題並不像它看起來的那麼不重要，因為我們所採取的分類方法可能會使人誤解神的屬性，也可能會太過強調一些屬性，以致沒有將其他的屬性合宜地呈現出來。

A.1 神的屬性之分類

曾經有人用過幾種不同的方法來分類神的屬性。在本章裏，我們將採用最常使用的分類法，即將神的屬性分為神的*不可交通的屬性*（the incommunicable attributes of God，亦即神不分給人或「交通」給人的那些屬性），以及神的*可交通的屬性*（the communicable attributes of God，亦即神分給人或「交通」給人的那些屬性）。

舉例來說，神的不可交通的屬性包括神的永恆性（eternity，神在整個永恆裏都存在，但我們卻不是）、不改變性（unchangeableness，神不改變，但我們卻會改變）、無所不在（omnipresence，神存在於每一處，但我們在某一個時間就只能存在於某一處）等等。神的可交通的屬性則包括愛（神就是愛，而且我們也能愛）、知識（神有知識，而且我們也能有知識）、憐憫（神是憐憫的，而且我們也能有憐憫的心）、公正（神是公正的，而且我們也能是公正的）等等。這樣地將神的屬性分成兩大類別是有幫助的，因為大多數的人可以在一開始就辨識出哪些特定的屬性應當被稱作是不可交通的，哪些則應當被稱作是可交通的。因此，我們可以合理地稱神的愛是可交通的屬性，而稱祂的無所不在是不可交通的屬性。

然而，當我們再進一步地思想時，就會了解到這種區分雖然有用，但也不是完美的，因為沒有一項神的屬性是*全然*可交通的，也沒有一項神的屬性是*全然*不可交通的。我們稍微想一想我們所知道關於神的一些事，就會顯明這一點了。

舉例來說，神的*智慧*通常是被稱為可交通的屬性，因為我們也能有智慧。但是我們絕不會像神一樣有無限的智慧。神*在某種程度上*把祂的智慧分給我們，但神絕不是*完全地*把它給我們。與此相似地，我們能部分地分享神的*知識*，但絕不會得到它的全部，因為神的意念高過我們的意念，如同天高過地（賽55:9）。我們能夠效法神的愛，並且在某一程度上分享神的這個屬性，但是我們絕不會像神那樣無限地去愛。所以，對於一般稱為「可交通的屬性」中的所有屬性，都是這樣：神真的*在某種程度上*將這些屬性分給我們，但是這些屬性中沒有一項是完全可交通的。因此，比較好的說法是，那些被稱為神的「可交通的」屬性，乃是神*更多分給*我們的屬性。

而那些我們稱為神的「不可交通的」屬性,最好定義成是神*更少分給*我們的屬性。在神的不可交通的屬性中,沒有一項是完全無法在人的性格中找到相似之處的。舉例來說,神是不改變的,而我們是會改變的;但是我們也並非完全是會改變的,因為在我們的性格中有一些方面是不太改變的,例如:我們個人的身分,許多個性中的特質,以及我們長期的目標,它們多年來在本質上都保持不變。還有,一旦我們從罪中得了釋放,就開始永遠地住在神的同在之中,這也是大部分不會改變的。

與此相似地,神是永恆的,但我們卻受限於時間之下;然而,我們也從一些事實中看到,神的永恆性在我們身上反映出來:我們將會永遠地與祂同活,並且享受永遠的生命;我們有能力記得過去的事,又有能力對未來產生強烈的意識(但不及神放置在世人心裏的永生,另參傳3:11)。神的自主性(independence)和無所不在的屬性,也許是最不容易反映在我們天性中的屬性了;然而,當我們比較自己和神所創造的其他受造之物時,這些屬性仍是依稀可見的:當我們長大為成人時,會在某種程度上脫離別人而獨立自主地存在;此外,雖然我們不能在同一時間身臨兩地,但我們有能力用一些方法,使得我們能夠達成同時身在多處的果效(這一點又看出我們和其他大多數的受造之物不同)。

以下我們將會以「不可交通的」和「可交通的」屬性來分類討論,雖然我們知道這樣的分類並非完全準確,而且在此兩類之間其實有很多重疊的部分。

A.2 聖經中的神的名字

在聖經中,一個人的名字就描述出那個人的性格;同樣地,在聖經中,神的不同名字也描述出神性格的不同層面。主禱文(太6:9)教導我們這樣禱告:「願人都尊你的*名*為聖」,其意是說願人都以一種尊榮神、並準確反映祂性格的方式來對祂。我們可以用言語和行為來尊榮神的名字,因為我們的言行就反映出我們所事奉之創造主的性格(太5:16)。所以,尊榮神的名字就是尊榮祂自己。十誡中的「不可妄稱耶和華你神的*名*」(出20:7),就是命令我們不可用言行羞辱神的名聲:不可用愚昧或使人誤解的方式說到祂,也不可做出不能反映祂真實性格的行為。

聖經確實記載了許多神的名字,每一個名字都反映出神真實性格的某些部分。其中許多的名字是取自於人類的經驗或情緒,以描述神的部分性格,而另一些名字則是取自於大自然受造界的其他部分。就某種意義來說,所有宇宙中這些能表達出神性格的事物,都是神的「名字」,因為它們都告訴我們一些有關祂的真相。

巴文克(Herman Bavinck)是荷蘭的偉大神學家,在他的《神論》(*The Doctrine*

of God）一書裏，[1] 列了一長串受造之物來描述神：神被比喻為獅子（賽31:4）、鷹（申32:11）、羊羔（賽53:7）、母雞（太23:37）、日頭（詩84:11）、晨星（啟22:16）、亮光（詩27:1）、燈（或火炬，啟21:23）、火（來12:29）、源頭（或泉源，詩36:9）、磐石（申32:4）、藏身之處（詩119:114）、堅固台（箴18:10）、蟲（詩39:11）、隱密處（詩91:1）、盾牌（詩84:11），和殿（啟21:22）等等。

巴文克所列出的人類經驗中的描述，則是更為廣泛，我們在此只舉出一部分：神被稱為新郎（賽61:10）、丈夫（賽54:5）、父（申32:6）、審判（者）（賽33:22）、王（詩44:4）、戰士（出15:3）、經營與建造（者）（來11:10）、牧者（詩23:1）、醫治（者）（出15:26）等等。此外，聖經還用人類有的行為來描述神，例如：知道（創18:21）、記念（創8:1；出2:24）、看（創1:10）、聽見（出2:24）、聞（創8:21）、嚐（詩11:5，和合本譯作「試驗」）、坐（詩9:7）、興起（詩68:1）、行走（利26:12）、擦去眼淚（賽25:8）等等。人類的情感也被認為是神的屬性，例如喜悅（賽62:5）、擔憂（詩78:40；賽63:10）、發怒（耶7:18-19）、愛（約3:16）、恨惡（申16:22）、烈怒（詩2:5）等等。

雖然神沒有身體，[2] 但聖經使用人類身體的不同部位，以譬喻的方式來描述神的作為，例如聖經說到神的面（出33:20, 23；賽63:9；詩16:11；啟22:4）、眼（詩11:4；來4:13）、耳（詩55:1；賽59:1）、鼻孔（詩18:15）、口（申8:3）、嘴唇和舌頭（賽30:27）、膀臂（出15:16）、手（民11:23，和合本譯作「膀臂」）、指頭（出8:19，和合本譯作「手段」）、心（創6:6）、腳（賽66:1）等等。此外，還有一些描述個人特徵的詞彙也被用來描述神，例如良善的、憐憫的、恩惠的、公義的、聖潔的、公正的，以及許多其他的特徵。因為我們在別人身上經驗過這些特質，所以我們也很熟悉這些詞彙的意義。不只如此，我們也能明白那些和受造界最沒有關連的詞彙，例如永恆或不改變等，但這種明白不是憑直接的了解，而是從否定我們經驗中所知道的觀念，例如「永恆」就是不被時間侷限，而「不改變」就是沒有改變。

我們在此列出這麼多經文，都是用各種人類經驗和大自然世界中的語言來描述神，其目的是要顯明：**第一**，從不同的意義來看，**所有的受造之物都在對我們彰顯一**

[1]Herman Bavinck, *The Doctrine of God*, trans. and ed. by William Hendriksen (Grand Rapids: Eerdmans, 1951), pp. 86-89.

[2]雖然耶穌基督現今有一個身體（祂是神–人），但是父神與聖靈沒有，而子神在馬利亞懷中受孕以前，也沒有身體（在舊約裏的「神的顯現」，英文稱作theophany，是神以人的形狀顯現，但這些人的身體只是暫時的樣子，並不屬於神的本身）。

些關於神的事,而比較高等的受造之物,尤其是按著神的形像而被造的人,則能更完全地彰顯祂。

第二,我們從聖經上所知道關於神的一切事,都是用我們所能明白的詞彙,因為它們所描述的都是人類經驗中常見的事物。用專業的術語來說,**聖經上所有說到關於神的事,都是用擬人化的語言**(anthropomorphic language),也就是用人類的詞彙來講神的事。[3] 有時候有人會被聖經中擬人化的語言所困擾,但這件事實不應當成為我們的困擾,因為假如神要教導我們一些不能直接由經驗而明白的事(例如祂的各種屬性),那麼祂就必須用我們所知道的話來教導我們。這就是為什麼所有聖經上講到神的事時,廣義上來說都是「擬人化的」(亦即用人類的詞彙,或用我們所知道的受造界的詞彙,來說到神)。這件事實並不表示聖經給了我們錯誤的有關神的觀念,或是它使我們誤解神,因為這是神選用來向我們啟示祂自己的方式,並且這方式也是真實而準確的。然而,這也警告了我們,不要把這些描述中的任何一項單獨地從經文中取出,使它與其緊接的上下文或與聖經中其他部分說到有關神的事分離開來。[4] 假如我們那樣作的話,就會有誤解神的危險,或是會對神的全貌有不平衡或不恰當的看法。我們對於每一項神的屬性之描述,都必須從所有其他有關神的聖經經文的亮光中來理解。假如我們不記住這一點,就將無可避免地錯解神的性格了。

舉例來說,我們從人類的經驗中,對於「愛」有一個**概念**,因此當聖經說到神就是愛時,這概念幫助我們了解聖經的意思是什麼。但是當我們把所了解的「愛」的意思應用在神身上時,就發現神的愛與我們在人際關係中所經驗到的愛並不完全一樣。所以,假如我們要用合宜並避免誤解的方式,來修正我們對神的愛的概念時,就必須從所有的經文中查考神有什麼樣的愛的作為,查考神所有的其他屬性,以及查考我們自己現實生活中所經驗到的神的愛。因此,在聖經裏描述神的擬人化語言,都是**真實的**,但是我們若要正確地明白它們,就只能夠藉著在一生中的持續讀經,才能使我們在整體的聖經背景下明白這些擬人化的語言。

第三,這種擬人化的語言應當會提醒我們,**神創造這個宇宙,為的是要彰顯祂**

---

[3]「擬人化的」(Anthropomorphic)一詞源自兩個希臘字*anthrōpos*(人)和*morphē*(形式)。用擬人化的語言來描述神,是指用人類語言的形式或詞彙來描述神。

[4]舉例來說,有人會犯這個錯誤——認為神有人的身體;這是因為他們看到聖經說到神的眼、耳朵、口等等。但若用同樣的推理,他們應當也會說神看起來像獅子、羔羊、老鷹、火焰、磐石、母雞、泉源、太陽、盾牌、蔭蔽和聖殿了,而且必須同時通通都像!這種錯誤是沒有認知到這些描述都是譬喻,為要告訴我們神的性格;神自己是「靈」(約4:24),是沒有形體的。

超絕的性格；換句話說，就是要彰顯出祂的榮耀來。神配得榮耀，因為祂創造了萬有（啟4:11）；因此，萬有都應當尊榮祂。

詩篇148篇是一個好例子，說到所有的受造之物都被呼召來讚美神：

「日頭月亮，你們要讚美祂；
　　放光的星宿，你們都要讚美祂。」（詩148:3）

「所有在地上的，
　　大魚和一切深洋，
火與冰雹，雪和霧氣，
　　成就祂命的狂風，
大山和小山，
　　結果的樹木和一切香柏樹，
野獸和一切牲畜，
　　昆蟲和飛鳥，
世上的君王和萬民，
　　首領和世上一切審判官，
少年人和處女，
　　老年人和孩童，都當讚美耶和華。
願這些都讚美耶和華的名，
　　因為獨有祂的名被尊崇；
　　祂的榮耀在天地之上。」（詩148: 7-13）

當我們從聖經得知神的性格時，這知識就會打開我們的眼睛，並使我們能夠正確地詮釋受造的一切。而其結果就是，我們將看見神超絕的性格，反映在受造界的每一處：「祂的榮光充滿全地」（賽6:3）。

我們要記住，雖然聖經告訴我們關於神的事情都是真實的，但聖經所說的仍不是全部；聖經沒有徹底而詳盡地告訴我們所有關於神性格的事。因此，我們絕不可能全面而詳盡地知道神的性格；從這個角度來看，我們也絕不可能知道神完整的或全備的「名字」。我們絕不可能知道所有關於神的事。為此原因，神學家們有時候會說：「一方面神有許多名字，但另一方面神又沒有名字。」說神有許多的名字，是因為我們從聖經裏得知許多關於神的真實描述；說神沒有名字，則是因為我們永遠不可能描述詳盡或明白透徹祂性格的全貌。

A.3 平衡的定義

神不可交通的屬性也許是最容易遭人誤解的，這可能是因為它們是我們經驗中最不熟悉的部分。所以，在本章裏，當我們定義每一項神的不可交通的屬性時，都包含兩個部分：第一個部分先定義該屬性，第二個部分則用一句平衡的敘述，或用一句與該屬性相對層面的敘述，來避免有人產生對該屬性的誤解。舉例來說，神的不改變性之定義如下：「神的不改變性是指，神的實存、完全、旨意和應許是不改變的，*然而*神確實會有所行動，而且祂的行動在回應不同情況時會有所不同。」這定義的第二部分（在「*然而*」之後的敘述）是為了避免有人以為神的不改變性是表示神完全沒有能力行動。確實有些人以為神的不改變性是這樣理解的，但這樣的理解並不符合聖經上所呈現的神的不改變性。

B. 神的不可交通的屬性

B.1 自主性

我們可以將神的*自主性*（independence）定義如下：*神的自主性是指，神不需要我們或其他受造之物給祂什麼；然而我們和其他受造之物可以榮耀祂，並帶給祂喜樂。*神的這個屬性有時候又被稱為神的*自存*（self-existence）或神的*自有*（aseity，源自拉丁文*a se*，其意思是「源於祂自己」）。

聖經在幾處教導說，神的存在不需要受造之物的任何部分，也不需要任何其他的原因。神是絕對自主和自足的。保羅對雅典人宣告說：「創造宇宙和其中萬物的神，既是天地的主，就不住人手所造的殿，*也不用人手服事，好像缺少什麼*；自己倒將生命、氣息、萬物，賜給萬人。」（徒17:24-25）這些話表示，神不需要人給祂任何東西。

神曾問約伯說：「誰先給我什麼，使我償還呢？*天下萬物都是我的。*」（伯41:11）沒有人曾經能奉獻給神任何東西，不是先從創造萬有之神得來的。與此相似地，我們在詩篇50篇裏讀到神的話說：「樹林中的百獸是我的，千山上的牲畜也是我的。山中的飛鳥，我都知道；野地的走獸，也都屬我。我若是飢餓，我不用告訴你，因為*世界和其中所充滿的都是我的。*」（詩50:10-12）

有時候人以為，神創造人類是因為祂太寂寞了，祂需要與其他人交流。如果真的是這樣的話，就肯定是表示神不能完全自主於受造界之外，也表示神為了完全快樂或徹底達成祂本身的存在而*必須*創造人。

但是在耶穌幾處的話裏面明確地指出，上述的觀念是不正確的。在約翰福音17:5

那裏，耶穌禱告說：「父啊，現在求你使我同你享榮耀；*就是未有世界以先，我同你所有的榮耀。*」耶穌在此指明，在創世以先，父神與子神之間就有榮耀的分享。然後在約翰福音17:24那裏，耶穌對父神說到：「你所賜給我的榮耀；*因為創立世界以前，你已經愛我了。*」在創世以先，父神與子神之間就有愛與團契了。

這些經文明白地指出我們在三位一體之教義中所學到的，那就是三一之神的三個位格之間，在永恆裏一直都有完全的愛、團契和交通。神有三個位格但仍是一位神的事實，表示神在創世以前並不寂寞，也沒有缺少位格之間的團契。事實上，神的三個位格之間的愛、團契，以及榮耀的分享，一直都比有限之人與神之間的任何交通更為完美，而且永遠都將是如此。在前面所引用的第二處經文（約17:24）說到了父神給子神榮耀，我們應當將這句話理解為三一之神互相給予榮耀——這榮耀遠遠超過所有受造之物所能給神的任何榮耀。

關於神的存在方面，這項教義也提醒我們，只有神是因祂自己的本性而存在；祂絕不是被造的，也絕不是後來形成的，祂是永遠存在著的。我們可以從現今存在的萬物都是被祂所創造的事實，看出這一點。「因為你創造了*萬物*，並且萬物是因你的旨意被創造而有的。」（啟4:11）此外還有別處的經文（約1:3；羅11:35-36；林前8:6等處）也肯定這一點。摩西告訴我們，神在任何受造物出現之前就存在了：「諸山*未曾*生出，地與世界你*未曾*造成，從亙古到永遠，*你是神*。」（詩90:2）我們也在出埃及記3:14那裏所記的神的自稱上，看到神的自主性：「神對摩西說：『*我是自有永有的*。』」（NIV譯作「我是我所是」；或作「我將是那將是的。」）其涵義乃是指神的存在和性格惟獨是由祂自己來決定，獨立於任何其他的人事物之外。這個意思是說，神的實存一直都正是祂現今所是的，而且永遠將正是祂現今所是的。神的存在或祂的本性，不依靠受造界的任何一部分；即使沒有受造界的存在，神依舊是無限慈愛的、無限公義的、永恆的、無所不知的和三位一體的等等。

神的實存也是全然獨特的。這不只是說，神*不需要*受造界給祂任何事物，而且也是說，神*不可能需要*受造界給祂任何事物。受造物和創造主之間有天淵之別，因為神的實存在基本上是不同等次的存在。這不只是說，我們只有現今存在，而神是永遠存在；而且也是說，神*必定*是以一種無限更美好的、更強有力的、更超絕的方式存在。神的實存和我們的實存之間的差異，遠大於太陽與蠟燭、海洋與雨滴、北極冰帽與雪花、宇宙與我們所在的房間之間的差異。神的實存和我們的實存之間是*本質上的不同*，我們不能將宇宙中的有限或不完全，投射到我們所思想的神身上。祂是創造主，其他的一切都是受造之物；一切其他之物會瞬間消逝，但祂*必定永遠存在*。

關於這個教義的平衡事實則是：*我們和其他的受造之物可以榮耀祂，並帶給祂喜樂*。我們一定要把這部分說出來，為的是避免有任何的思想說，神的自主性使我們喪失存在的意義。有人會好奇說，假使神不需要我們，那麼我們還有什麼重要？我們的存在或其他受造之物的存在，還有什麼意義？對於這樣的問題，我們必須說，事實上，我們的存在是很有意義的，那是因為神創造了我們，並且認定我們的存在*對祂是有意義的*——這終極定義出我們存在的真正意義。

神曾說到那些從地的四極而來的神兒女，是「稱為我名下的人，是我*為自己的榮耀*創造的，是我所作成，所造作的。」（賽43:7）雖然神不需要創造我們，但是祂以全然的自由選擇了這麼做；祂決定要創造我們來榮耀祂（另參弗1:11-12；啟4:11）。

從另一方面來說，我們能夠帶給神真正的喜樂和喜悅，這也是真的。這是聖經所說最令人驚訝的事實之一：神真的喜悅祂的百姓，並且祂因他們而歡欣。以賽亞曾預言過神百姓的恢復：

「你在耶和華的手中要作為華冠，
　在你神的掌上必作為冕旒。
你必不再稱為撇棄的，
　你的地也不再稱為荒涼的；
你卻要稱為*我所喜悅的*，
　你的地也必稱為有夫之婦；
因為耶和華喜悅你……
新郎怎樣喜悅新婦，
　你的神也要照樣喜悅你。」（賽62:3-5）

與此相似地，西番雅預言說，耶和華要「因你歡悅；祂的慈愛要賜你新生命。*祂要因你喜樂歌唱*，像人在過節時那樣歡樂。」（番3:17-18，和合本譯作「因你歡欣喜樂，默然愛你，*且因你喜樂而歡呼*……」）神不需要我們給祂什麼，然而祂選擇以我們的存在為喜悅，並容我們將喜樂帶到祂的心上；這真是令人驚訝的事實。這是所有神百姓個人生命存在之所以有意義的基礎：人存在的意義乃是在於對神有意義，這是最終極層次的意義，沒有其他意義是比這個意義更偉大的了。

B.2 不改變性

我們可將神的*不改變性*（unchangeableness）定義如下：*神的不改變性是指，神的實*

存、完全、旨意和應許是不改變的；然而神確實會有行動和感受，而且祂在回應不同情況時會有不同的行動和感受。[5] 神的這個屬性，也稱作神的不可變性（immutability）。

B.2.1 經文證據

在詩篇102篇裏，我們發現有一個對比，是在那些我們認為是永久性的事物之間：一邊是諸天和大地，而另一邊則是神。詩人說：

「你起初立了地的根基，
　天也是你手所造的。
天地都要滅沒，你卻要長存；
　天地都要如外衣漸漸舊了。
你要將天地如裏衣更換，
　天地就改變了。
惟有你永不改變，
　你的年數沒有窮盡。」（詩102:25-27）[6]

神在諸天和大地受造之前就已存在了，而且祂在天地滅沒以後還要長存。神使宇宙變更，然而與此變更相比，祂乃是「永不改變」。

神曾說：「因我耶和華是不改變的，所以你們雅各之子沒有滅亡。」（瑪3:6）在此神使用了一般性的敘述——祂是不改變的，來指出祂自己的長久忍耐和恩慈之性格；祂在這幾方面是不改變的。

雅各提醒他的讀者們，所有美善的恩賜至終都是從神那裏來的，而且「在祂並沒有改變，也沒有轉動的影兒」（雅1:17）。雅各在此的論點是說，因為美善的恩賜總是從神那裏來的，所以我們能有信心說，將來也只有美善的恩賜會從祂那裏來，因為祂的性格絕不會有任何一點些微的改變。

以上我們所定義的神的不改變性，不是我們想像中的所有方面，而是只在聖經本身所肯定的那些方面。前面我們所引用的經文中說到的神不改變，是指神自己的實存或是一些祂性格中的屬性，因此我們能夠下結論說，神的不改變性至少是關於祂的實存和完全（即祂的屬性或是祂性格中的不同方面）。

[5]此處使用四個鑰詞來總結神之不改變性的四個方面：實存（being）、完全（perfections）、旨意（purposes）、應許（promises）。取自Louis Berkhof, *Systematic Theology* (Grand Rapids: Eerdmans, 1939, 1941), p. 58.

[6]這段經文被引用在希伯來書1:11-12中，而且是被應用在耶穌基督身上，這是非常有意義的。希伯來書13:8也將神的不改變性應用到基督身上：「耶穌基督昨日今日一直到永遠，是一樣的。」由此可知，子神完全享有這個神的屬性。

巴文克注意到這個事實:神在實存上的不改變,對於維持創造主與受造界之間的區分,以及對於我們敬拜神,是最重要的一件事:

「神的不可變性是基督教最重要的教義。實存(being)和形成(becoming)之間的對比,劃分了創造主和受造物之間的差異。受造物不斷地在形成,他們是可變的,是持續地竭力追求安息和滿足,而後在神裏面尋找到,並且惟獨在祂裏面找到,因為只有祂是**純潔的實存**,不會改變。因此,聖經裏常常稱神是磐石……」[7]

以上我們所提出的定義,也肯定了神在祂的**旨意**方面是不改變或不可變的。「耶和華的籌算永遠立定,祂心中的思念萬代常存。」(詩33:11)有幾處特別的經節支持這句關於神的籌算的一般性敘述,它們講到神的個別計劃或目的,是在永遠之前就已經有了(太13:35; 25:34;弗1:4, 11; 3:9, 11;提後2:19;彼前1:20;啟13:8)。一旦神決定了祂確實要促使某件事發生,祂這目的就不會改變,而且這目的一定會達成。事實上,神透過以賽亞宣告說,在這一方面,沒有任何人像祂一樣:

「我是神,再沒有能比我的。
　我從起初指明末後的事;
　　從古時言明未成的事,
　說:我的籌算必立定,
　　凡我所喜悅的我必成就……
　我**已說出,也必成就**……」(賽46:9-11)

不只如此,神在祂的**應許**上也是不改變的。一旦祂應許了什麼,就不會對那個應許食言:「神非人,必不致說謊;也非人子,必不致後悔。祂說話,豈不照著行呢?祂發言,豈不要成就呢?」(民23:19;另參撒上15:29)

B.2.2 神是否有時會改變祂的心意?

當我們談到神的旨意不改變時,我們可能會感到奇怪,聖經中有些地方說到神要審判祂的百姓,後來因為百姓的禱告或悔改(或兩者皆有),神就後悔了,不將祂曾說要施行的審判付諸實行。神這樣地收回所預警要審判百姓的例子,包括了摩西成功地用代禱使以色列民免受毀滅(出32:9-14);希西家王加增了十五年的壽命(賽38:1-6);神不將約拿所宣告的審判施行在尼尼微人身上,因為其百姓悔改(拿3:4, 10)。這些不都是神改變了旨意的例子嗎?而且還有其他的經文說到,神為祂所採取的一

---

[7]Herman Bavinck, *The Doctrine of God*, trans. by William Hendriksen. (Edinburgh: Banner of Truth, 1977, reprint of 1951 ed.), p. 149.

些行動而「後悔」，例如神後悔祂在地上造人（創6:6）；祂後悔立掃羅為王（撒上15:10）。在這些例子中，神的旨意是否改變了？

以上所說的這些例子，都應該被理解為：*神當時在那個時刻的那個情況下*，祂的心態或意向的真實表達。假如那個情況改變了，那麼神的心態或意向的表達當然也會改變。這也就是說，*神對不同的情況會有不同的回應*。以約拿對尼尼微人傳道的事為例，對我們的理解會很有幫助。神看到尼尼微人的罪惡，便差遣約拿去宣告說：「再等四十日，尼尼微必傾覆了。」（拿3:4）雖然在聖經所記載約拿的宣講裏，沒有提到這個可能性——如果那些百姓悔改了，神會收回祂的審判；但是這個可能性當然是*隱含*在約拿的警告裏，因為宣告一項警告的*目的*（*旨意*），就是要領人悔改。一旦百姓悔改了，情況就不一樣了，因此神對於這個改變了的情況就有了不同的回應：「*於是神察看他們的行為*，見他們離開惡道，*祂就後悔*，不把所說的災禍降與他們了。」（拿3:10）

希西家王和摩西代求的例子也類似：神說過祂要審判，那是真實的宣告，*假使那個情況持續一樣的話，神就真的會審判*。然而後來那個情況改變了：有人開始迫切地禱告（一例是希西家，而另一例則是摩西）。禱告成了新情況的一部分，事實上，它是改變情況的因素。神對這個改變了的情況的回應，就是答應禱告，並且收住審判。

關於神「後悔」的例子——祂創造人或祂立掃羅為王，也都能理解為*神此時*對人的罪惡*所表達的不悅*。這兩個例子裏所用的言詞，都沒有強烈到讓我們以為，假如神能夠重新再來一次，祂可能真的會有不同的做法，亦即祂真的會不創造人或不立掃羅為王。反之，這些例子的意思可能是暗示，神先前的作為（創造人和立掃羅為王）導致了引發祂憂傷的事件，但那是短期的；從長期看來，它們至終會達成祂良善的旨意。這有點像是一個作父親的人，容許他的孩子走上一條路，他知道這會帶給父子雙方許多的憂傷，但是父親還是容許它發生，因為他知道這會產生更大的長期益處。

B.2.3 關於神的無痛感性

論及神的屬性時，有時候神學家會說到另一個屬性，就是神的*無痛感性*（impassibility）。如果神真有這個屬性的話，那就表示神無欲（passions）、無情（emotions）；祂是「無痛感的」，不受情欲所牽制。不錯，《西敏斯特信仰告白》（Westminster Confession of Faith）第二章的確說到神的「無欲」，但說神有「無痛感性」的這個看法卻遠比本章為神的不改變性所下的定義為廣，而它所肯定的，也遠比神那不改變的實存、完全、旨意或應許*還多*——它同時也肯定神甚至不會有感情或欲望。

《西敏斯特信仰告白》提出的聖經證明是使徒行傳14:15，按KJV所記，巴拿巴和保羅拒絕路司得人的敬拜，他們抗議說他們不是神，而是「和你們有**一樣的情欲**」（和合本譯作「性情和你們一樣」）。這個繙譯的涵義可能是說，真正的神不會像人那樣有情欲；但也可能只是使徒們在回應路司得人錯誤的觀點——他們認為神祇是沒有情欲的（見徒14:10-11）。然而，如果正確地繙譯這節經文，就知道它並不能用來證明說神完全沒有情欲或感情，因為在此所用的希臘字*homoiopathēs*，只是指具有相似的環境或經驗，或與其他人有相似的本性。[8] 當然，神沒有**有罪的**情欲或感情，然而若說神完全無欲無情，這種看法就顯然與許多別處的經文相衝突；為此緣故，筆者在本書裏尚不能確認神的無痛感性，反認為相反的說法才是正確的，因為神是我們感情的來源，又創造了我們的感情，祂當然感受得到感情：祂會喜悅（賽62:5）、會擔憂（詩78:40；弗4:30）、會發烈怒滅絕敵人（出32:10）、會憐恤祂的兒女（詩103:13）、會以永遠的愛愛我們（賽54:8；詩103:17）。祂是一位有感情的神，我們直到永遠都要效法祂，因為我們要像我們的創造主一樣，能懂得恨惡罪惡，喜愛公義。

B.2.4 過程神學的挑戰

神的不改變性在近幾年來經常被**過程神學**（process theology）的擁護者所否認。該神學立場說，過程和改變是真實存在的重要部分，所以神也必須會隨時間而改變，就像所有存在的事物一樣。事實上，過程神學之父赫斯安（Charles Hartshorne）曾說，神不斷地將發生在宇宙中的所有經驗加給祂自己，因此神一直在改變。[9] 過程神學真正訴諸的基礎乃是這個事實：人人都深深地渴望在宇宙中找到存在的意義，並渴望感到自身的重要性。過程神學家不喜歡神的不可變性之教義，因為他們認為這教義意味著神對我們所做的事都不在意；他們說，假如神真的不會改變，那麼我們所做的事——事實上即是宇宙中所發生的事——對神都不會有任何真實的影響，因為神是絕對不會改變的。這樣我們能夠帶出什麼改變呢？我們的存在有什麼終極的意義呢？因

---

[8] 見BAGD, p. 566.

[9] Charles Hartshorne (1897-2000) 曾任教於芝加哥大學、Emory大學和德州大學。關於過程神學的介紹，可見於它的兩位擁護者之作品：John B. Cobb, Jr., and David R. Griffin, *Process Theology: An Introductory Exposition* (Philadelphia: Westminster, 1976). 福音派對它的深入分析，可見於Carl F. H. Henry, "The Resurgence of Process Philosophy," in *God, Revelation, and Authority*, 6:52-75; Royce Gruenler, *The Inexhaustible God: Biblical Faith and the Challenge of Process Theism* (Grand Rapids: Baker, 1983).

晚近有兩篇福音派觀點的論文很精采，見Bruce A. Ware: "An Exposition and Critique of the Process Doctrines of Divine Mutability and Immutability," *WTJ* 47 (1985): 175-96（這篇是批判過程神學）；"An Evangelical Reformulation of the Doctrine of the Immutability of God," *JETS* 29 (1986): 431-46（這篇是正面重申神的不可變性的正統觀點）。

此，要回應這類的問題，過程神學家就排斥神的不可變性之教義，而且他們還說，我們的行動是非常有意義的，它們甚至能影響到神自己的實存！也就是說，當我們有所行動、宇宙有所改變時，神*真實地*受到這些行動的影響而改變了祂的實存——神*變得*和祂以前不一樣了。[10]

過程神學的擁護者通常會錯誤地指控福音派的基督徒們（或聖經的論述家們），說他們所相信的神是一位在世上無所作為，或不能在不同情況下有所應變的神（我們在前面討論過這個錯誤）。對於他們所說的思想，即人類一定要能夠影響神的實存才有意義，我們一定要回應說，這是將*不正確的假設*加進了討論之中，而且它不符合聖經的思想。聖經教導得很清楚，我們終極的意義不是源於我們能夠改變神的實存，而是源於神為祂的榮耀而創造了我們，而且是*祂*認為我們是有意義的。[11] 惟獨神能終極地定義出宇宙中什麼是有意義的，什麼是沒有意義的；假如祂看我們是有意義的，那麼我們就是有意義的了！

過程神學的另一個基本錯謬，乃是它假設神一定是可改變的，就像祂所創造的宇宙一樣。聖經明確地否認這一點：「主啊，你起初立了地的根基，天也是你手所造的。天地都要滅沒，你卻要長存；天地都要像衣服漸漸舊了……*天地就都改變了。惟有你永不改變*，你的年數沒有窮盡。」（來1:10-12，引自詩102:25-27）

B.2.5 神既是無限的，又是有位格的

以上我們所討論的過程神學，讓我們看到合乎聖經的基督教和所有其他神學體系之間的差異。聖經的教訓顯示，神既是*無限的*(infinite)又是*有位格的*(personal)——祂的無限性乃在於祂不受任何人性或一般受造之物所限制，祂遠比每一樣祂所創造的更偉大，遠比一切的存在更偉大；但祂又是有位格的：祂透過位格與我們互動，我們能夠以人的身分與祂有所關連——我們能夠向祂禱告，敬拜祂，順服祂，並愛戴祂；而祂也能夠對我們說話，以我們為喜樂，並眷愛我們。

除了我們在聖經上所看見的真宗教以外，沒有一個宗教體系的神既是無限的，又是具有位格的。[12] 舉例來說，古希臘羅馬神話故事中的各種神祇都是*有位格的*（他們

[10]關於Hartshorne的觀念——我們人類對神的價值貢獻良多，否則神會有所匱乏——在Bruce Ware的文中有發人深省的討論，見 “Exposition and Critique,” pp. 183-85.

[11]見本書第二十一章B節有關神創造人之原因的討論。

[12]雖然猶太教——根基在我們所稱的舊約全書上——從不承認舊約裏也有神的三位一體之性質，但從經文的角度來看，我們仍必須承認，在猶太教的觀念中，神還是無限且有位格的（見本書第十四章A.1節有關舊約聖經對三位一體之部分啟示的討論）。

經常會和人打交道)，但是他們並非無限的：他們有軟弱，而且經常會犯道德上的錯，甚至有卑劣的爭鬥。在另一方面，自然神論（deism）刻劃的神是*無限的*，但是離世界卻太遠，不親身參與其間。與此類似地，泛神論認為神是無限的（因為他們認為整個宇宙就是神），但是這樣的一位神肯定是沒有位格的，也不能以其位格和我們有所關連。

過程神學的錯謬符合了這類的一般性模式。支持過程神學的人相信，一位在實存上不改變的神，就會和其它他的受造之物非常地不同（祂是這樣地無限，不受到改變所限制，而改變卻是人類存在的特徵），因此祂也*不能*是有位格的，使我們可以藉此來改變祂。所以，為了要得著一位有位格的神，他們就認為必須否定神是無限的，而認定神是持續在改變的過程裏。這種推理是許多（或是所有）反對聖經所呈現出來的神的一種典型看法：假如神是無限的，祂就不可能是有位格的；假如神是有位格的，祂就不可能同時又是無限的。但聖經教導說，神既是無限的，又是有位格的。一方面我們必須肯定，對於發生在宇宙中的改變，神是無限的（或說不受其限制的），即沒有一件事物能改變神的實存、完全、旨意和應許；但另一方面我們也必須肯定，神*也*是有位格的，祂親自以祂的位格與我們有所關連，並且看我們是有價值的。

B.2.6 神的不改變性的重要

對我們而言，起初可能不覺得肯定神的不改變性有多重要；這個觀念很抽象，以至於我們可能不會立刻地了解到它的重要性。但是如果我們停下來稍微想像一下：假如神*會*改變的話，情況會是怎麼樣？如此這個教義的重要性就顯得更清楚了。任何的改變不是變得更好，就是變得更壞；假如神（祂的實存、完全、旨意和應許）*會*改變，而且是變得更好的話，那麼在我們最初信靠祂時，祂的實存就可能不是最好的。如此一來，我們怎麼能確定現在祂的實存是最好的呢？然而，如果神的*實存*會變得更壞的話，那麼祂可能會變成怎樣的神呢？舉例來說，祂可能會變得有一點點邪惡，而不再是全然良善的嗎？假如祂可能會變得有一點點邪惡，那麼我們怎麼知道祂不會變成大部分邪惡或*全然*邪惡呢？而我們對此什麼都不能做，因為祂的能力比我們大得太多了。由此，神會改變的思想就帶出了一個可怕的可能性，那就是從今開始的數千年以後，人類可能會住在一個被全然邪惡卻又無所不能的神所主宰的宇宙裏。我們很難想像有什麼思想是比這個更恐怖的了。我們怎麼能夠信靠像這樣的一位會改變的神？我們怎麼能夠將我們的生命委身於祂？

不只如此，假如神會改變祂的*旨意*的話，那麼雖然當聖經寫好的時候祂應許耶穌將會回來統管新天新地，但是祂現在可能已經廢棄了那個計劃，而我們就徒然盼望耶穌再回來了。此外，假如神會改變祂的應許的話，那麼我們怎麼能完全信靠祂得永生呢？怎麼能完全信靠祂在聖經中所說的其他事呢？雖然當聖經寫好的時候祂應許那些信靠基督的人罪得赦免並得永生，但是（如果神會改變的話）現在祂可能已經改變了想法——我們怎麼能肯定呢？也許有一天祂的無所不能也會改變，因此即使祂想要信守應許，但也做不到了。

像這樣稍微思想一下，就顯示出神的不改變性之教義是有絕對的重要性。假如神不是不改變的，那麼我們整個信仰的根基就開始崩潰，而我們對宇宙的了解也開始瓦解，因為我們的信心、盼望和認知至終都是依賴一位和我們有個人關係的神，祂配得人無限地信靠祂——因為祂的實存、完全、旨意和應許，都是絕對、永遠不改變的。

B.3 永恆性

我們可將神的永恆性（eternity）定義如下：神的永恆性是指，神沒有開始，也沒有終結，在祂的實存裏沒有時間的接續，祂看所有的時間都是一樣地鮮活；然而神是在時間裏看事件，也是在時間裏行事。

有時候，這個教義又被稱為神在時間上的無限性（infinity with respect to time）。「無限」是指不受限制，這個教義就是指時間不能限制神。

這個教義與神的不改變性也有關連。假如神真的是不改變的話，那麼我們就必須說，時間不能改變神：時間對神的實存、完全、旨意和應許都沒有影響。舉例來說，時間對於神的知識沒有影響：神從不用學習新的事物，也不會忘掉舊的事物，因為這兩者都表示祂的完全的知識有所改變；這一點也有一個涵義，那就是時間的消逝不加增也不減損神的知識，因為祂知道所有過去、現在和未來的事，而且祂對三個時段的事都知道得一樣栩栩如生。

B.3.1 神在祂自己的實存裏沒有時間性

神沒有開始或終結，這事實可見於詩篇90:2：「諸山未曾生出，地與世界你未曾造成，從亙古到永遠，你是神。」在約伯記36:26中也說到類似的話；當以利戶論到神時，他說：「祂的年數不能測度。」

那些說到神永遠是如何或祂永遠存在的經文，也表明神的永恆性。例如啟示錄1:8說：「主神說：『我是阿拉法，我是俄梅戛，是昔在、今在、以後永在的全能者。』」（另參啟4:8）[13]

---

[13]「阿拉法」與「俄梅戛」是希臘文的第一個和最後一個字母，所以當神說祂自己是「阿拉法」與「俄梅戛」時，祂的意思是說，祂在其他每一事物之先，又在其他每一事物之後；祂是每一事物的開始，也將永遠是每一事

聖經也指出，當耶穌回答那些與祂為敵的猶太人時，祂大膽地使用了現在時式的動詞，即表示現在仍持續存在：「還沒有亞伯拉罕，*我就存有了*。」（約8:58，和合本譯作「還沒有亞伯拉罕就有了我。」）這個敘述本身是直言不諱地宣告神的名字——「我是*自有*永有的」（出3:14），這個名字也表示出一種持續不斷的、現在的存在：神是永遠「自有永有」的，是永遠存在的那一位。

神的存在是沒有開始的這件事實，也能夠從神創造萬物，而祂自己乃是非物質性的靈之事實而得知。在神創造宇宙以前，是沒有物質存在的，之後祂才創造了萬物（創1:1；約1:3；林前8:6；西1:16；來1:2）。物理學的研究告訴我們，物質、時間和空間必須同時出現；假如沒有物質，也就不會有空間或時間。如此說來，在神創造宇宙以前，也沒有「時間」（至少按著「時間」是指一個時刻接續下一時刻的意思來看）。因此，當神開始創造宇宙時，才開始有時間，於是也開始有時間的接續和事件的接續。[14] 然而，在宇宙與時間存在之前，神就永遠存在了，祂沒有開始，也不受時間的影響。所以，時間不是靠它自身而存在的，它乃是像所有其他的受造之物一樣，是倚靠神永遠的實存和大能而使它繼續存在的。

前面我們所引述的聖經經文，加上在時間之前神就永遠存在的事實，共同地向我們指出，神本身的實存沒有時間性，也沒有從一個存在狀態到另一個存在狀態的進展。對神自己而言，所有祂的存在總是「現在的」，[15] 但這個觀念對我們來說確實是難以理解，因為那種存在是不同於我們所經驗的。

B.3.2 神看所有的時間都是一樣地鮮活

對我們來說，要明瞭神看所有的時間都是一樣地鮮活，似乎是比較容易的。我們在詩篇90:4讀到：「在你看來，*千年*如已過的*昨日*，又如夜間的*一更*。」有時候我們很難記得發生在幾個禮拜以前、幾個月以前，或幾年以前的事情，但對最近發生的事情就記得比較清楚。我們記憶的清晰度隨著時間的消逝而減退，因此即使我們可能

件的終結（或目標）。

[14]事實上，對於時間之開始的看法，除了上述所說時間是自神創造宇宙才開始有的之外，還有另一看法，就是認為時間從沒有一個開始，而是*一直*都有時刻與時刻的接續，而且這情況可以朝過去無限地延伸，但從沒有一個開始點。然而這個觀念——時間沒有一個開始點——對許多人而言，似乎是荒謬的，而且是不太可能的。Bavinck說：「要以沒有開始點的時間來理解永遠的時間，是無法想像的。」（Bavinck, *The Doctrine of God*, p. 157）

[15]正如我們以下所將討論的，此處這點的意思並不是說所有歷史的事件從神看來都好像是現在發生的，因為神是*在時間裏*看事件，並且也是*在時間裏*行事。

活一千年，我們也不太能記得幾件幾百年以前所發生的事情，而且那個記憶的清晰度也會非常低。但是聖經在此告訴我們，神看千年「如……昨日」，祂能記得一千年中所發生的事件的所有細節，其清晰度至少會像我們對「昨天」發生的事情所記得的一樣。事實上，一千年對祂「如夜間的一更」，這大約是警衛守夜三到四小時的時間，這樣短的時間過得很快，所有的事件都很容易就可回憶得起來——這似乎就是神所看的一千年了。

當我們了解到「一千年」並不是表示說神不能記得一千年以後或一千兩百年以後的事情，而是表達人所能想像的長遠時期，那麼事實就很明顯了：神看*所有過去的歷史*都是很清晰鮮活的。自從創造以來的所有時間，對神就好像剛剛才過的，而且在將來億萬年的永遠裏，它們在神的意識裏依然是那樣地清晰。

在新約聖經中，彼得告訴我們說：「主看一日如千年，千年如一日。」（彼後3:8）這句話的下半句在詩篇90篇裏已經說過了，我們要進一步地來思想它的上半句：「一日如千年」。它的意思是說，從神的角度來看，任何一天似乎都會持續到「一千年」之久，因為那一天好像永遠不會結束，而是永遠地在被經歷著。我們之前說過，「千年」是象徵性地表達「人所能想像的長遠時期」或「所有歷史」，所以我們可以根據這一節經文說，對神而言，似乎任何一天在祂的意識裏都是永遠存在的。

將這兩方面的思考放在一起，我們可以這麼說：在神看來，任何極長的時期都好像剛剛才過；而任何非常短的時期（譬如一天），在神看來似乎都會持續到永遠：它在神的意識裏永遠不會停止存在。因此，神看見並知道所有過去、現在和未來的事，而且它們對祂都是一樣地鮮活。但這一點絕不應當使我們認為神不*在時間裏*看事件，或不*在時間裏*行事（見以下說明）。事實恰好相反：神是永恆的主，祂在歷史上掌權，祂比任何人都更能看清楚歷史，並在其中採取決定性的行動。但即使我們這麼說，我們仍舊要承認，這些經文所說的神與時間的關係，是我們沒有、也無從經驗的。神對時間的經驗不是忍耐地經歷無窮的年代；祂對時間的經驗與我們的經驗有*本質上的不同*。這一點與神在祂自己的實存裏沒有時間性之觀念是一致的；祂並不經驗一個時刻接續下一時刻。這是教會歷史上基督教正統的主流觀點，雖然它曾屢受挑戰，甚至在今天仍有許多的神學家否認它。[16]

---

[16]Carl F. H. Henry說神的「無時間性之永恆性」（timeless eternity）是歷史上基督教正統的觀點，見Carl F. H. Henry, God, *Revelation and Authority* (Waco, Tex.: Word, 1982), 5:235-67；他詳細地分析了當代從非福音派和福音派雙方而來的挑戰。晚近一本為神的「無時間性之永恆性」作徹底哲學辯護的書，是Paul Helm,

我們可以用圖11.1來表達神與時間的關係：神創造時間，並掌管時間。所以，祂不但能夠看見時間裏所有的事件都一樣地鮮活，而且祂又能夠在時間裏行事。

圖11.1 神與時間的關係

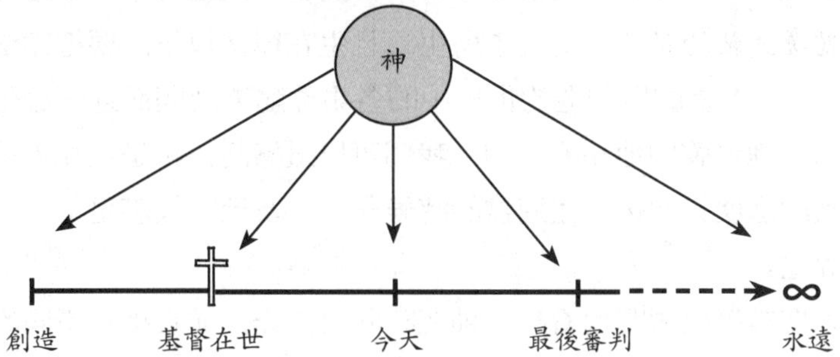

這個圖也包括未來的事；它指出神知道未來的事，甚至是那些在無限久遠之未來的事。關於未來，神透過舊約的先知屢次宣告說，**惟獨祂能知道未來的事，也惟獨祂能指明未來的事**——「誰從古時指明？誰從上古述說？不是我耶和華麼？除了我以外再沒有神。我是公義的神，又是救主；除了我以外再沒有別神。」（賽45:21）我們還讀到與此相似的話：

「因為我是神，並無別神；
　我是神，**再沒有能比我的**。
我從起初指明末後的事；
從古時言明未成的事，
說：我的籌算必立定，
　凡我所喜悅的我必成就。」（賽46:9-10）

如此說來，神以某種方式凌駕在時間之上，就能夠看見所有的事件，如同現今在祂的意識裏看見的一樣。我們可以將此類比成我們剛讀完一本長篇小說的那一刻；在我們把書放回書架上之前，我們可能會再將這本書快速地逐頁翻一遍，回憶起許多發生在小說裏的情節。在那短暫的一刻中，書中所記的那些歷經長時間所發生的情節，似乎都同時出現在我們的腦海裏。雖然這個類比不夠完全有力，但可以用來略略說明，神看所有的歷史都是同時呈現在祂的意識裏。

Eternal God: A Study of God Without Time (Oxford: Clarendon, 1988).

B.3.3 神在時間裏看事件，也在時間裏行事

雖然我們在前兩節裏解釋過神的永恆性的定義，即神在祂自己的實存裏沒有時間性，而且祂看所有的時間都一樣地鮮活，然而我們還必須再加上一點，以防止人誤解神的永恆性，那就是：神是在時間裏看事件，也是在時間裏行事。保羅寫到：「及至時候滿足，神就差遣祂的兒子，為女子所生，且生在律法以下，要把律法以下的人贖出來……」（加4:4-5）當神所創造的世界中的各事件隨著時間而逐一發生時，神不但清楚地在看，而且祂也確切地知曉一切。我們可以這樣說，神是在注視著受造界中不同事件在時間裏的進展。然後，在適當的時候——「及至時候滿足」——神就差派祂的兒子來到世界上。

我們在整本聖經裏很顯明地看到，神在時間裏工作，並且祂在不同的時間點上有不同的作為。舉例來說，保羅告訴雅典人說：「世人蒙昧無知的時候，神並不監察，如今卻吩咐各處的人都要悔改。因為祂已經定了日子，要藉著祂所設立的人，按公義審判天下……」（徒17:30-31）這個敘述包括了神從前所做的事、現今所做的事，以及將來要做的事，它們都是在時間範疇裏的。

其實在舊約先知書裏一再地強調神能夠預知未來，這一點讓我們了解到，神能夠在某一個時間點上預言祂的作為，而後在另一個時間點上將那預言實行出來。從更大的範圍來看，整本聖經——從創世記到啟示錄——都是神自己的記錄，記錄祂在時間裏將救贖帶給祂百姓的各種作為。

所以，我們必須同時肯定兩點：一是神在祂的實存裏沒有一個時刻接續下一個時刻的時間性，而且祂看所有的歷史都是一樣地鮮活；另一是祂注視著受造界中各事件隨著時間而進展，並且祂在不同的時間點上有不同的作為。簡而言之，祂是創造時間的主，祂掌管時間，並且使用時間來完成祂自己的目的。神能夠在時間裏行事是因為祂是時間的主；[17] 祂使用時間來展現祂的榮耀。事實上，通常神的美意是跨越一段時期以

[17]有時候有些神學家反對說，神的永恆性不可能如上所述是「無時間性的」，因為在祂創造某物的那一刻，祂就是在時間裏行事，所以祂必須存在於時間裏（例見Stephen T. Davis, *Logic and the Nature of God* [Grand Rapids: Eerdmans, 1983], pp. 11-24）。但是這種反對的錯誤，是在於沒有區分開神在祂實存裏的「所是」（祂的存在是沒有開始、沒有終結，也沒有時刻的接續），與神在祂自己之外的「所為」（祂在時間裏創造，並在時間裏做其他方面的事）。Davis說，我們沒看到有什麼前後一致的「因果關係，是一個永恆的『因』產生出短暫的『果』」（見p. 21）。然而，他的看法只不過是承認，我們不明白一位無時間性的永恆之神，是如何在時間裏行事的；他並沒有證明神不能既是無時間性的，同時又是能在時間裏行事的。我們在此只能確定，當我們討論神與時間的關係時，把我們不能夠明白的事說成是不可能的事，是很愚昧的！

Davis也落入另外一種形式的錯誤，是關於我們在前面所討論過「假如神是無限的，祂就不能是有位格

後才應驗祂的應許，實踐祂救贖的工作，因為這樣我們可能就更能看到並感激祂的大智慧、祂的耐心、祂的信實、祂在所有事件之上的主權，以及祂的不改變性與永恆性。

B.3.4 我們永遠是存在於時間裏的

我們能分享得到神的永恆性嗎？更明確地問：在將來的新天新地裏，時間仍然存在嗎？有些人認為那時就不再有時間存在了。事實上，有一首詩歌是這樣開始的：「當主的號筒吹響時，時間就已不再有……」而我們在聖經裏也讀到：「那城內又不用日月光照，因有神的榮耀光照，又有羔羊為城的燈……在那裏原沒有黑夜。」（啟21:23, 25；另參啟22:5）

然而，說天堂「沒有時間性」，或說天堂沒有時間的存在，也沒有時間的流逝，都是不對的。相反地，只要我們是有限的受造之物，我們就必須一件接續一件地經歷各個事件。即使是那節說到在天上沒有黑夜的經文，也提到地上的君王會「將列國的榮耀、尊貴」歸與那天上的城（啟21:26）。關於天城的光亮，聖經告訴我們，「列國要在城的光裏行走」（啟21:24）。把「榮耀、尊貴」帶入天城，和在天城的光中行走，這些活動都表示各事件是一件接一件進行的。某些東西（「列國的榮耀、尊貴」）原來是在天城之外的，但後來在某一個時刻裏，那些東西被帶入了天城。二十四位長老將冠冕放在神的寶座前（啟4:10），表示長老們在某一時刻得著了冠冕，而且後來在另一個時刻將那冠冕放在寶座之前。在天上、在神面前唱一首新的讚美歌，也需要一個字接一個字地唱。事實上，聖經說天城裏的「生命樹」是「**每月都結果子**」（啟22:2）的，這表示時間會規律地流逝，而事件會按時發生。[18]

的」之錯誤（見本章B.2.5節）。他說：「一個無時間性的實存，不可能是我們在聖經裏讀到的那位有位格的、會眷顧人的、會涉入人事的神。」（見p. 14）然而為了證明這點，他只討論了神在時間裏的作為，但從沒有顯示為何神不能**既**在時間裏行事（以其位格涉入），**又**在祂自己的實存裏是無時間性的（即從時間的角度，祂是無限的或是不受限制的）。最後，當他提到雖然時間被造，但將來可能會終止（見p. 23），他沒有考慮到另一個可能，是更符合聖經對永生的應許的，那就是一旦時間被造，將來就永不終止其存在。

那些像Davis一樣否認神的永恆性是「無時間性的」的人，仍然認為神是永遠存在著，但祂是永遠存在於時間裏，而且祂會經歷到時刻與時刻的接續。然而這種立場引起了更多的難處，因為它需要的情況是：時間不可有一個開始，而且時間是無限地延伸到過去。可是這情況似乎是不可能的，因為假如過去是無限久的話，那麼就不可能到達現今的時刻了（這反對就是說不可能存在有真實的無限；William Lane Craig以其純熟的技巧詮釋了這種哲學觀念，見William Lane Craig, *The Existence of God and the Beginning of the Universe* [San Bernardino, Calif.: Here's Life Publishers, 1979], pp.35-53。在哲學上回應這種論點的更完全之參考資料，見J. P. Moreland, *Scaling the Secular City: A Defense of Christianity* [Grand Rapids: Baker, 1987], pp.15-34）。

[18] KJV將啟示錄10:6最後一句話譯作「不再有時日了」（和合本相同，但小字作「不再耽延了」），然而希臘字*chronos*在這個上下文裏，比較好的譯法是「耽延」，如在另些英文譯本中的一樣（RSV, NASB, NIV, NKJV等）。事實上，下一節經文假設了時間的延續，因為它說到了「在第七位天使吹號發聲的時候」，各事件就成全了（啟10:7）。

所以，在天堂裏仍然有時刻與時刻、事件與事件的接續。我們所將經歷的永恆生命，和神的永恆性並不是完全一樣的；我們的永恆生命乃是指我們所在的時間是永不終止的：身為神的百姓，我們將永永遠遠在神的同在中經歷滿足的喜樂。這個意思不是說我們就不再經歷時間了，而是說我們與祂的同在，將持續到永永遠遠：「不再有黑夜，他們也不用燈光、日光，因為主神要光照他們。*他們要作王，直到永永遠遠。*」（啟22:5）

B.4 無所不在

正如神不受時間方面的限制（即神在時間上是無限的），神也不受空間方面的限制（即神在空間上也是無限的）。這個神本性的特徵被稱作神的*無所不在*（omnipresence，此英文字之拉丁字首*omni-*的意思是「所有的」）。我們可以將神的*無所不在*定義如下：*神的無所不在是指，神沒有大小或空間的維度，祂是以祂整個的實存出現在空間的每一角落；然而神在不同的地方會有不同的作為。*

神是空間的主，祂不受空間的限制，這事實從祂一開始創造空間時就很明顯了，因為祂創造物質世界（創1:1），就表示祂也創造了空間。摩西提醒我們，神在空間上的主權：「看哪，天和天上的天，地和地上所有的，都屬耶和華你的神。」（申10:14）

B.4.1 神在各處同在

除此以外，也有明確的經文說到神在空間的每一個角落的同在。我們在耶利米書裏讀到：「耶和華說：『我豈為近處的神呢？不也為遠處的神麼？』耶和華說：『人豈能在隱密處藏身，使我看不見他呢？』耶和華說：『*我豈不充滿天地麼？*』」（耶23:23-24）神在此是責備那些以為他們的言語或思想可以躲避神的先知們。神在於每一個角落，祂充滿於天地之間。

大衛的詩篇美妙地表達出神的無所不在：

「我往哪裏去躲避你的靈？
　我往哪裏逃躲避你的面？
我若升到天上，你在那裏；
　我若在陰間下榻，你也在那裏。
我若展開清晨的翅膀
　飛到海極居住，
就是在那裏，你的手必引導我，
　你的右手也必扶持我。」（詩139:7-10）

在全宇宙中，不論是陸地或海洋，是天堂或地獄，沒有一個地方是人能夠逃避神的。

我們也應當注意到，聖經中沒有顯示說，神只有*一部分*在一處，而祂的其他部分在另一處；不管大衛到哪裏去，*神自己*都在那裏。我們不能說神的某部分或一部分存在於某處，因為那是使用空間的概念來思想祂的實存，好像祂會受到空間的侷限似的。更合宜的說法是說，神以祂*整個的實存*出現在空間的每一部分（另參徒17:28，保羅在那裏肯定這話的正確性：「我們生活、動作、存留，都在乎祂」；西1:17那裏也說到基督：「萬有也靠祂而立」）。

B.4.2 神沒有空間的維度

雖然我們必須說，神整個的實存都出現在空間的每一個地方和角落，但我們也必須說，*任何空間都容納不了神*，不論那空間有多大。所羅門在他的禱告裏說：「神果真住在地上麼？看哪，*天和天上的天尚且不足你居住的*，何況我所建的這殿呢！」（王上8:27）天和天上的天都容納不了神；實際上，祂不能被我們所能想像的最大空間所容納（另參賽66:1-2；徒7:48）。神以祂整個的實存出現在每一角落的思想，應當大大地鼓勵我們，不論我們在何處都可以向神禱告；而沒有任何空間可以容納神的事實，也應當讓我們不再以為，到某個特別的地方去敬拜神就會特別地遇見祂：神不會被任何一個地方所侷限。

我們應當避免有這樣的思想，以為神是無限地朝所有的方向延伸出去，以至於祂自己是存在於某種無限無垠的空間裏；我們也不應當這樣地思想，以為神就是一種「更大的空間」或更大的區域，而以某種方式圈繞著我們所知道的宇宙。所有這些思想都仍然是以空間的概念來思想神，以為祂只不過是一個極大的實存而已。因此，我們應當避免用大小或空間的維度來思想神；神的實存是*沒有*大小或空間的維度的。事實上，在神創造宇宙之前，沒有物質的存在，所以也沒有空間；可是神那時已經存在了。那麼神存在於哪裏呢？祂並不存在於一個我們能夠稱之為「哪裏」的空間，因為還沒有「哪裏」或空間的存在，神就已經存在了！這件事實使我們了解到，神和空間的關係大大地不同於我們或任何受造之物與空間的關係；祂的實存之存在，大大地不同於我們所能想像的，而且也比我們所能想像的更偉大得多。

我們也必須小心，不要以為神自己等同於受造界的任何一部分，或受造界的全部。泛神論者相信萬物皆神，或說神就是所存在的萬物，然而合乎聖經的觀點則是說，神*出現在*祂的受造界的每一個角落，但是祂又與祂的受造之物有所區別。這怎麼可能呢？我們可以用一塊吸滿水的海綿來作類比（雖然這個類比不夠好，但對我們的了解有些幫助）：水充滿在海綿的每一個角落，但是水仍舊全然與海綿有區別（然而假如我們看到海綿內部非常細小的地方，這個類比就講不通了，因為在很細小的地方，我們得說，某處有海綿沒有水，或有水沒有海綿。這是因為這個類比所說的是兩種具有空間和維度的物質，但神卻不是如此。）

B.4.3 神可以為懲罰、維持或祝福而同在

神的無所不在之思想有時候會使人困擾，例如神怎麼會也在地獄中呢？地獄不是指神同在的相反，或是神缺席的地方嗎？這個難題的解決之道，在於明瞭*神在不同的地方，是以不同的方式同在的*，或說*神在祂的受造界中，在不同的地方會有不同的作為*。有時候神同在是要*懲罰人*。在阿摩司書中有一段令人害怕的經文，生動地描繪神在審判中的同在：

「無一人能逃避，
　無一人能逃脫。
他們雖然挖透陰間，
　我的手必取出他們來。
雖然爬上天去，
　我必拿下他們來。
雖然藏在迦密山頂，
　我必搜尋捉出他們來。
雖然從我眼前藏在海底，
　我必命蛇咬他們。
雖被仇敵擄去，
　我必命刀劍殺戮他們。
我必向他們定住眼目，
　降禍不降福。」（摩9:1-4）

在某些時候，神同在不是要懲罰人或祝福人，而只是*同在以維持*或保持宇宙的存在，且按祂所要的方式而運轉和發生功能。就這層意思而言，基督的神性是處處都在的：「祂在萬有之先，萬有也靠祂而立。」（西1:17）希伯來書的作者論到子神時，說祂「常用祂權能的命令托住萬有」（來1:3）[19]。

---

[19]希伯來書1:3裏的現在式的動詞分詞*pherōn*是由*pherō*（「支援」）衍生而來的，表示基督的「托住萬有」——保持宇宙中的萬物能規律地存在運轉和發揮功能——是繼續進行、永不停止的活動。

在另一些時候和地方，神同在是要祝福人。大衛說：「在你面前有滿足的喜樂，在你右手中有永遠的福樂。」（詩16:11）在此大衛所說的神的同在不是要懲罰人或維持運轉，而是要祝福人。

事實上，當聖經說到神的同在時，大多是指神祝福的同在。舉例來說，我們應當以這樣的角度來了解舊約所說的神在約櫃之上的同在。經文說到：「坐在二基路伯上萬軍之耶和華的約櫃」（撒上4:4；另參出25:22），這句話指出一個事實，神指定了一個地方作為祂的寶座，宣布祂在那裏與人同在，並且以一種特別的方式將祝福和保護帶給祂的百姓；那地方就是在約櫃上的兩個金鑄的天使（「基路伯」）之上的地方。這並非說神就不在其他地方與人同在了，而是說祂格外地使人知道祂在此處的同在，祂也格外地在此處彰顯祂的性格，並將祝福帶給祂的百姓。

在新的約之下，在地上沒有一個地方是神選來作為祂特別居所的，因此我們可以在任何地方敬拜祂（見約4:20）。但是從現今直到永遠，神已經揀選了一個地方為焦點，即聖經所稱的「天（堂）」，作為彰顯祂的性格並賜下祂的祝福與榮耀之臨在的地方。所以，當新耶路撒冷從神那裏由天降下時，約翰在祂的異象中聽見神的寶座那裏有大聲音說：「看哪！神的帳幕在人間，祂要與人同住。他們要作祂的子民，神要親自與他們同在，作他們的神。」（啟21:3）如果我們說，神在天上比在任何其他地方會「更多地臨在」，這說法是誤導人的；但如果我們說，神在天上是以特別的方式臨在，是要祝福人並展示祂榮耀的，那就不會誤導人了。我們也可以說，神在天上比在其他的地方更為完全地彰顯祂的臨在。

我們也可以從這個角度來了解保羅所說有關基督的敘述：「神本性一切的豐盛，都有形有體的居住在基督裏面。」（西2:9）就某一方面來看，我們當然可以說，神的整個實存都出現在空間的每一個角落，所以祂不只在基督裏，乃是在各處各人身上都同在的。但是這種說法會產生兩個難題：(1) 聖經從來沒有以直接的方式說過神與不信者同在；這可能是為了要避免讓神為人的惡行擔責任或受責備，也可能是為了要避免人以為神同在就是要祝福人，因為這種同在只是在維持受造之物。(2) 不只如此，這種「為維持的同在」並不是保羅在歌羅西書2:9所說的意思。事實上，保羅在那裏的意思甚至可能也不是簡單地說到神祝福性的同在，即神為祝福所有信徒之生命而同在。保羅的意思似乎是更深一步地說，神的本性要在基督裏祝福人，並且要在基督裏將神的性格彰顯得最圓滿、最完全。

對於神如何以不同之作為與人同在，例如祂如何在不信主的人身上同在的方式，我們感到有理解上的困難，但這引領我們了解到一點：雖然聖經*可以*說到神在各處的同在，但是當聖經提到神「同在」時，它的意思*通常*是指祂「為祝福而同在」；也就是說，雖然有少數經文說到神的同在是為了維持或懲罰，但大多數的經文提到神的同在時，其實都只是以簡略的方式表達祂*為祝福而同在*。當我們愈熟悉聖經的用語模式時，就愈難說到神同在的其他方面了；而且除非我們能清楚地解釋我們的意思，否則我們那樣的說法也可能真的會讓人誤解。

舉一些聖經常見的表達神同在之例子：哥林多後書3:17說：「主的靈在哪裏，那裏就得以自由。」羅馬書8:9-10說：「如果神的靈真住在你們心裏……你們就在聖靈裏……基督若在你們心裏……你們的心靈就活了。」（按RSV直譯）約翰福音14:23說：「人若愛我，就必遵守我的道；我父也必愛他，並且我們要到他那裏去，與他同住」。所有的這些經文都說到神的同在，並假定我們明瞭它們的意思是指神為*祝福*而同在。

當聖經說到神「遠離」的時候，通常是對應地表達祂不「為祝福而同在」了。舉例來說，以賽亞書59:2說：「但你們的罪孽使你們與神隔絕」，而箴言15:29宣告說：「耶和華遠離惡人，卻聽義人的禱告。」

總結來說，神以祂整個的實存出現在空間的每一個部分，然而祂在不同的地方會有不同的作為。不只如此，當聖經說到神的同在時，它的意思通常是指神祝福的同在；如果我們自己的用語遵守這種聖經的用法，也是正常的。

巴文克在他的《神論》裏，引用了一段優美的話，來說明神的無所不在之教義的實際應用：

> 「當你想要做壞事的時候，你會從公共場合回到家裏，你的敵人在那裏看不見你；然後你會從家裏那些會被別人看見的房間中退到你自己的房間去；即使在你自己的房間裏，你還擔心有人會從另一角落看見你；所以你就退到你的心裏，你在那裏沉思：祂比你的心還要深入。所以，無論你逃逃到何處，祂都在那裏。你要從你自己逃到哪裏呢？無論你怎麼逃，你自己不會不跟上吧？但是因為那一位比你自己更為深入，所以沒有一個地方能使你逃離忿怒的神，你只能逃向那位與你和好的神。完全沒有一個地方是你可能藏身的。你要逃離祂嗎？逃向祂吧！」[20]

B.5 純一性

我們可以將神的*純一性*（unity）定義如下：**神的純一性是指，神不分為數個部**

[20]Herman Bavinck, *The Doctrine of God*, p.164. 書中沒有指出這段引言的來源。

分;然而在不同的時候我們會看到神不同的屬性被突顯出來。神的這個屬性又被稱為**單一性**(simplicity),「單一」在此的意思是指「不複雜」或「不由各部分所組成」。然而因為這個字(simple)在今日有更為普通的意思,即「易於明白」和「不聰明、愚昧」,所以使用神的「純一性」而非「單一性」,對今日的我們比較有幫助。[21]

當聖經說到神的屬性時,絕不會挑出一個屬性而把它看成是比其他所有屬性更為重要。聖經的預設是神的每一項屬性都是完全真實的,而且對祂整個的實存或性格來說也是真實的。舉例來說,約翰說:「神就是光」(約一1:5),而後又說:「神就是愛」(約一4:8)。他的意思不是說,神的一部分是光,一部分是愛;我們也不應當以為神是光,多於神是愛;或以為神是愛,多於神是光。事實乃是,**神本身**就是光,而**神本身**也是愛。

其他有關神之性格的描述也是同樣的,例如出埃及記34:6-7所記的:

> 「耶和華在他面前宣告說:『耶和華,耶和華,是有憐憫有恩典的神,不輕易發怒,並有豐盛的慈愛和誠實;為千萬人存留慈愛,赦免罪孽、過犯和罪惡;萬不以有罪的為無罪,必追討他的罪,自父及子,直到三四代。』」

我們不能說,這些屬性只是神某些部分的特徵,而應說它們是神本身的特徵,所以是整個神的特徵。

因此,我們不應當以為神是像把不同的屬性集結在一起的神,如圖11.2所顯示的。

圖11.2 神的實存不是把各屬性集結在一起

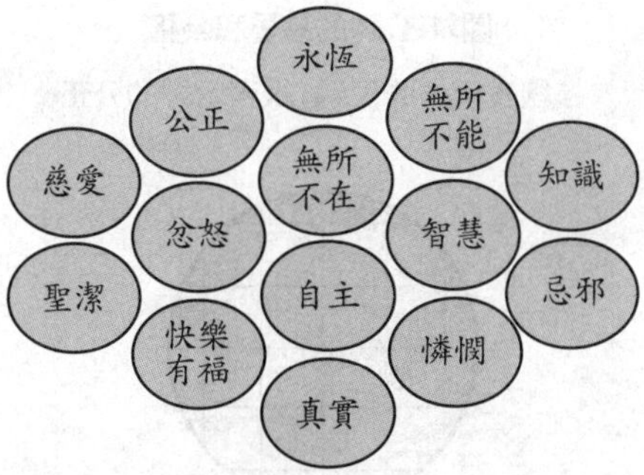

---

[21]系統神學家時常在神的純一性上又區分出另一個層面,亦即神是一位神,而非許多位神。這件事實一般被稱為「單獨的純一性」(unity of singularity)。然而筆者在本段所討論的神的純一性則被稱作是「單一的純一性」(unity of simplicity)。

雖然筆者同意神是一位神,但若說在神裏面有兩種不同的純一性,會造成混亂,所以我們在此不用「單獨的純一性」之詞彙或討論其觀念,而會等到第十四章討論到三位一體時再來處理這個問題。

我們也不應當以為神的屬性是加在神真正的實存或真實的自己以外的東西，如圖11.3所顯示的。

圖11.3 神的屬性不是加在神的真正實存之外

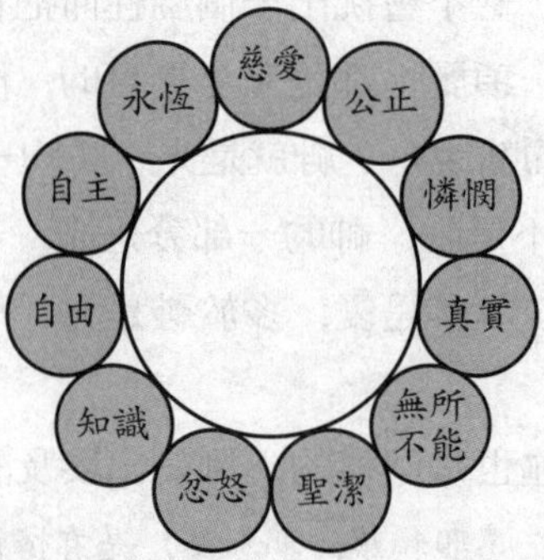

反之，我們必須記住，神**整個的實存**含有祂所有的屬性：祂是**全然**慈愛的、**全然**憐憫的、**全然**公正的等等。每一個我們在聖經中所發現的神的屬性，對於神整個的實存都是真實的，所以我們可以說，**神的每一項屬性也都符合其他每一項屬性的要求**。

圖11.4可以幫助我們了解這個神的純一性的教義。在這個圖裏，我們假設橫線代表慈愛的屬性，而垂直線代表公正的屬性。

圖11.4 神的慈愛和公正

橫線表示神的愛，直線表示神的公正

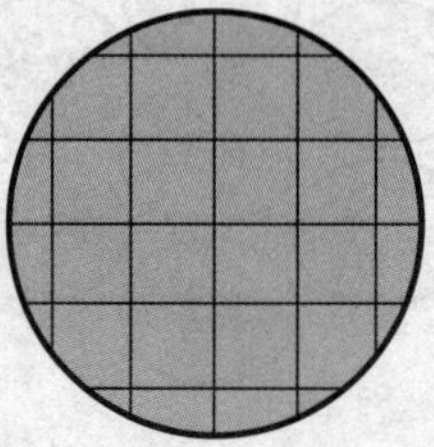

再進一步地，我們用由左上到右下的對角線代表神的聖潔；而由右上到左下的對角線代表神的智慧，如圖11.5所顯示的。

圖11.5 神的慈愛、公正、聖潔和智慧

橫線表示神的愛, 直線表示神的公正

左上－右下斜線表示神的聖潔, 右上－左下斜線表示神的智慧

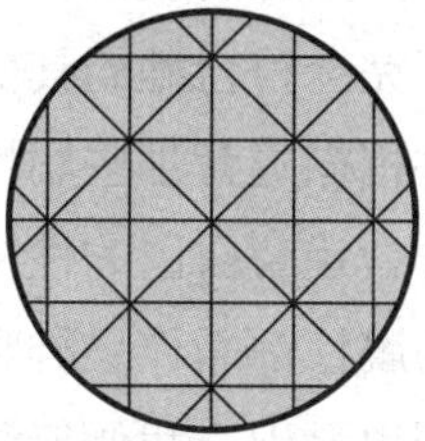

我們當然可以繼續用不同種類的線, 來代表神的每一項不同的屬性, 不過這一點應該是很清楚的: 神的每一項屬性都只是描述神整個實存或性格的一個層面而已。神本身是*純一*的, 是統一的且全然融合的整體, 祂在*所有*這些屬性上都是無限完全的。

那麼, 為什麼聖經要說到神的這些不同的屬性呢? 那可能是因為我們不能一下子就掌握住神整個的性格, 所以我們需要用一段時間, 從不同的角度來認識祂。然而我們應當永遠不要讓這些角度彼此對立衝突, 因為它們只是從不同的方面來看神整體的性格。

從實際的應用來看, 舉例來說, 這表示我們絕不應該以為神在歷史的某一時刻是一位慈愛的神, 而在歷史的另一時刻則變為一位公正的或忿怒的神了。祂永遠是同樣的神, 而且祂所言和所行的每一件事, 都完全符合祂所有的屬性。有些人曾說, 神在舊約裏是一位公正的神, 而在新約裏則是一位慈愛的神; 這說法是不正確的。神是無限地公正, 而且祂永遠是無限地公正; 祂也是無限地慈愛; 祂在舊約裏和在新約裏所做的每一件事, 都與這兩項屬性完全地一致。

不過, 神的一些作為的確比較突顯祂的某些屬性, 例如創造展現出祂的能力和智慧, 救贖展現出祂的慈愛和公正, 天堂的光輝展現出祂的榮耀和美麗。但是, 這一切的作為*也*以某一種或另一種方式展現出祂的知識、聖潔、憐憫、真實、忍耐和主權等等。實際上, 我們很難在任何一項祂救贖的作為中, 不看到神的一些屬性反映到某種程度, 其原因就是我們在前面所提過的事實: 神是一位純一的神, 所以祂所做的每一件事, 都是祂整個的實存所做的。

不只如此, 神的純一性的教義應當警告我們, 不可試圖挑出任何一項神的屬性,

而把它看成是比其他所有屬性更為重要。在某些時候，人會想要把神的聖潔，或祂的慈愛，或祂的自存，或祂的公義，或祂的其他一些屬性，看成是祂實存中最重要的屬性，但是所有這樣的想法似乎都誤解了神：將祂看成是不同成分的組合，而其中有些成分比較大或比較有影響力。此外，要確切明白「最重要」的屬性究竟意味什麼，也是很困難的；它是指神有些作為不完全符合祂的其他一些屬性嗎？是否有時神會不管祂的一些屬性，為的是要能做一些稍微違背那些屬性的事？當然我們不能支持任何一種這類的觀點，因為它們都表示神會違背自己的性格，或表示祂會改變而變成與祂先前不一樣了。我們應當把神所有的屬性都看作是神整體性格的不同層面，這樣上述那類的問題就沒有必要了，而且我們也發現，我們無法挑出一項屬性來當成是比較重要的屬性。最最重要的乃是**神自己的整個實存**，祂全部的實存才是我們要尋求認識和愛慕的。

個人思考與應用

1. 當你思想神的自主性、不改變性、永恆性、無所不在和純一性時，是否能夠在你自己——按著神的形像而被造的人——身上，看見你隱約地反映了神的這五種不可交通的屬性？如果說我們應當竭力更多地像神，那麼要在這幾方面更多地像神是指什麼意思？而到了什麼程度以上，想要在這各個方面像神會是錯誤的，因為那便成了想要篡奪神的創造主和生命主宰的獨特角色？
2. 請討論我們將來在天上，在這五種不可交通的屬性上，有哪些方面會比現今更像神？有哪些方面到永永遠遠都不會像神？請就每一種屬性分別討論之。
3. 你對神的自主性之教義是否有情緒上的感受？請就此教義的每一層面分別說明之。這個教義對你的靈命有正面或負面的影響嗎？請解釋其原因。
4. 請解釋神的不可變性或不改變性如何能幫助你回答以下的問題：(1) 我們如何能在今日這樣邪惡的世界上，好好地養育子女？(2) 我們是否可能與神有同樣親密的交通，就像聖經時代的人那樣？(3) 我們應該怎麼想或怎麼做，才能使聖經中的故事和我們現今的生活更為貼近真實而非更為遠離無關？(4) 神是否在聖經時代比在現今更願意回應禱告？
5. 假如你今天得罪了神，何時它才會開始叫神的心憂傷？何時它才會叫神的心不再憂傷？這樣的反思是否能幫助你明白，為何神的性格使祂必須懲罰罪惡？為何神必須差遣祂的兒子承擔罪惡的懲罰，而不是只要忘掉罪惡、歡迎罪人進入天堂、不需懲罰任何人的罪惡即可？此刻神看你的罪，是已經得著赦免了，還是尚未得著赦免？

6. 假如你今天歌頌讚美神，何時那個讚美之聲不再出現在神的意識中，不再將喜悅帶入祂的心中？唱讚美神的歌曲有任何終極的意義嗎？時時刻刻信靠祂，或每日順服祂，有任何終極的意義嗎？
7. 你對如何支配生活中的時間有掙扎嗎？當我們基督徒的靈命愈邁向成熟，並且愈被模成基督的形像時，我們在時間的支配上是否會變得更像神？請解釋。
8. 本章所討論的五項神的不可交通的屬性，是否能夠在你的禱告生活上幫助你？請就每一項屬性分別說明之。

特殊詞彙

擬人化的語言（anthropomorphic language）
自有（aseity）
可交通的屬性（communicable attributes）
永恆性（eternity）
不可變性（immutability）
無痛感性（impassibility）
不可交通的屬性（incommunicable attributes）
自主性（independence）
無限的（infinite）
空間上的無限性（infinity with respect to space）
時間上的無限性（infinity with respect to time）
神的名字（names of God）
無所不在（omnipresence）
自存（self-existence）
單一性（simplicity）
不改變性（unchangeableness）
純一性（unity）

本章書目

關於本章所論神不可交通的屬性，我們要注意有些系統神學分類及討論神的屬性時，其分類不是用「可交通的」與「不可交通的」的分法，所以將平行段落作一準確交叉參照，並不見得能達到。有關從整體角度來討論神的屬性之系統神學教科書的完整清單，可以參本部結尾之共同書目裏第13章的部分。

Bromiley, G. W. "God." in *ISBE*, 2:493-503.

Charnock, Stephen. *The Existence and Attributes of God*. Repr. ed. Evansville, Ind.: Sovereign Grace Book Club, n.d., pp. 69-180 (first published 1655-1680).

Diehl, D. W. "Process Theology." in *EDT*, 880-85.

Helm, Paul. *Eternal God: A Study of God Without Time*. Oxford: Clarendon, 1988.

Kaiser, Christopher B. *The Doctrine of God*. Westchester, Ill.: Good News, 1982.

Lewis, Gordon R. "God, Attributes of." In *EDT*, pp. 451-59.

McComiskey, Thomas E. "God, Names of." In *EDT*, pp. 464-68.

Packer, J. I. *Knowing God*. London: Hodder and Stoughton, 1973, pp. 67-79.

Saucy, R. H. "God, Doctrine of." In *EDT*, pp. 459-64.

Tozer, A. W. *The Knowledge of the Holy*. New York: Harper and Row, 1961.

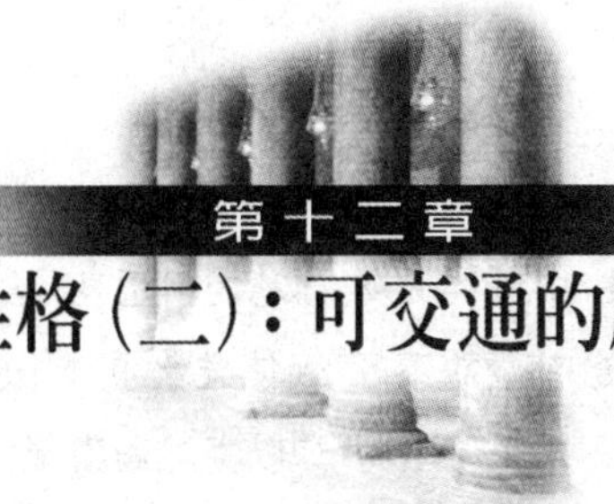

第十二章

神的性格(二)：可交通的屬性(1)

在神的心智和道德屬性上，神容我們與祂有何相像？

背誦經文：出埃及記34:6-7

耶和華在他面前宣告說：「耶和華，耶和華，是有憐憫有恩典的神，不輕易發怒，並有豐盛的慈愛和誠實；為千萬人存留慈愛，赦免罪孽、過犯和罪惡；萬不以有罪的為無罪，必追討他的罪，自父及子，直到三四代。」

本段經文最後一部分說到神「必追討他的罪，自父及子，直到三四代」。有些人在背誦這段經文時，可能會不想背這部分，可是我們應當記住，這部分也是聖經，也是為建立我們而寫的。這句敘述顯示罪的可怕本質，其影響力甚至遠超過犯罪的個人，也會傷害到他周圍的人和未來的子孫。我們在日常生活中也會看到罪造成的這種悲劇，例如酗酒者的兒女通常會變成酗酒的人，而暴虐父母的兒女通常也會變為暴虐的父母。

然而，已被基督所赦免的基督徒，不應當認為這些話將會應用在他們身上，因為他們已經屬於另一個類別，就是在說到要被追討罪的前面那部分經文所提到的：他們乃是屬於「千萬人」中，神將繼續彰顯「慈愛」並繼續「赦免罪孽、過犯和罪惡」的人（出34:7）。當有人來到基督這裏時，罪的鎖鏈就斷了。在此，記住彼得的話語是很緊要的：「知道**你們得贖，脫去你們祖宗所傳流虛妄的行為**，不是憑著能壞的金銀等物，乃是憑著基督的寶血。」（彼前1:18-19）

詩歌：當敬拜大君（*O Worship the King*）

1當敬拜大君 在天何光榮 頌讚並感恩 祂慈愛權能
亙古永常在者 我盾牌保障 以榮耀為樓閣 歌頌常繞樑
2訴說祂權能 歌唱祂恩典 外袍為光明 穹蒼作幕幔
密雲是祂車輦 有雷聲轟轟 途徑無視黑暗 御風暴而行
3大地的豐富 奇妙不可述 全能主大能 存在自永古
口中發出諭令 立定永不變 大海猶如衣裳 遮蓋全地面
4你豐富供應 人怎能訴說 陽光中照耀 輕風中吹拂
山間流泉輕注 傾瀉在平原 時雨抑或甘露 滋潤這山川

[5]人出於塵土 軟弱又卑微 惟信靠我主 軟弱變剛沛
創造主救贖主 中保與朋友 你慈愛何溫良 堅定到永久
[6]能力測不透 慈愛說不了 天使樂歌頌 響徹了雲霄
在地謙卑族類 比天使微弱 卻以真誠渴慕 讚美神永活

詞：Sir Robert Grant, 1833
曲：LYONS 10.10.11.11., Johann Michael Haydn, 1737-1806; arr. 1815
替代詩歌：環繞榮耀寶座的主（*Round the Lord in Glory Seated*），Richard Mant, 1837

幾乎整本的詩本都能用來歌頌神性格的某一方面。實際上，真的有幾百首讚美詩歌都很適合用在本章，然而這一首讚美詩包括了神的許多屬性，並將它們聯接起來，使得這首讚美詩值得一唱再唱。第一節歌詞說到神的榮耀、權能和慈愛；第二節歌詞說到神的能力、恩典和忿怒等等。在第六節歌詞裏，「說不了」的意思是指「無法完全地表達」。這首讚美詩的目的是為了激勵基督徒彼此對唱，互相勉勵「當敬拜大君，在天何光榮」，不過在這樣的勉勵過程中，這首歌本身也包含了許多（根據詩篇104篇而有的）大讚美。

前言

在本章及下一章裏，我們將討論神的可交通的屬性（communicable attributes），亦即比前一章所討論的那些屬性更多地分享給我們的屬性。我們必須記住，這樣的分法——「不可交通的屬性」和「可交通的屬性」——不是一種絕對的分法，因此關於哪個屬性應當屬於哪一類，我們也可以接納不同的意見。[1] 我們在此列在「可交通的屬性」之下的屬性，是一般性的分法，然而能夠明瞭每一項屬性的意義，要比能夠完全相同地照本書所提供的方式來分類，更為重要。

此外，神屬性的任何分類，都一定是根據人對於神屬性某些方面的認識，想要達到某種細微程度的區分，例如神的良善和慈愛是兩項還是一項屬性？知識和智慧呢？靈性和不可見性呢？在本章及下一章，這些屬性都被分開來討論，因此就有相當多的屬性了。不過，有一些例子是，即使把這些成對的屬性當作同一項屬性的不同層面，也不會有太大的不同。假如我們記住，我們所討論的乃是神的全面，那麼，很明顯地，如何把神的屬性分成不同類別，在神學上就不是什麼大不了的事，它只不過是人根據自己對於如何最有效地將聖經資料呈現出來所採取的方式而已。

---

[1]見本書第十一章A.1節有關可交通的屬性和不可交通的屬性之討論。

本章及下一章將神的「可交通的屬性」分為五個主要的類別，總共二十項，而每一個類別的屬性如下：

A. 描述神實存的屬性（Attributes Describing God's Being）

A.1 靈性（Spirituality）

A.2 不可見性（Invisibility）

B. 神的心智屬性（Mental Attributes）

B.1 知識（Knowledge）或無所不知（Omniscience）

B.2 智慧（Wisdom）

B.3 真實（Truthfulness）與信實（Faithfulness）

C. 神的道德屬性（Moral Attributes）

C.1 良善（Goodness）

C.2 慈愛（Love）

C.3 憐憫（Mercy）、恩典（Grace）、忍耐（Patience）

C.4 聖潔（Holiness）

C.5 平安（Peace），即和平或秩序（Order）

C.6 公義（Righteousness），公正（Justice）

C.7 忌邪（Jealousy）

C.8 忿怒（Wrath）

D. 神的目的性屬性（Attributes of Purpose）

D.1 旨意（Will）

D.2 自由（Freedom）

D.3 無所不能（Omnipotence），或能力（Power）和全權（Sovereignty）

E. 神的總體性屬性（"Summary" Attributes）

E.1 完全（Perfection）

E.2 有福（Blessedness）

E.3 美麗（Beauty）

E.4 榮耀（Glory）

因為神的可交通屬性是我們在生活中所要效法的，[2] 所以我們在以下的每一節中

[2]請注意，以弗所書5:1告訴我們：「該效法神，好像蒙慈愛的兒女一樣。」又見本書第二十一章B節有關神為何創造人的討論：神創造我們是要我們在生活中反映祂的性格。

都會有簡短的解釋，說明我們該如何在這些屬性上效法神。

A. 描述神實存的屬性

A.1 靈性

通常人都會好奇地問，神是由什麼組成的？祂是像我們一樣由血肉組成的嗎？當然不是。那麼，構成祂的實存的是什麼？神究竟是不是由物質組成的？祂純粹是一種能力嗎？還是在某種意義上，祂純粹是一種思想？

聖經的答案乃是以上皆非。反之，我們在聖經上讀到：「神是靈。」（約4:24）這句話是耶穌說的，當時的背景是祂在撒瑪利亞的井旁，與一位婦女談話。他們的談話是關於人們應當在*哪裏*敬拜神，但耶穌告訴她，一個人不需要*身在*耶路撒冷或在撒瑪利亞（約4:21）才能真實地敬拜神，因為真實的敬拜與外在的地點無關，而是與一個人內在屬靈的光景有關。這是因為「神是靈」，而這一點明顯地表示神絕不會受到空間地點的限制。

因此，我們不應當認為神有其*大小*、*維度*，甚至是無限大的（見前一章所討論的神的無所不在）。我們不應當認為神是靈的存在，就表示神是無限的大，因為神不是以其一*部分*，而是以其*全部*，在空間的每一角落（見詩139:7-10）。我們也不應當認為神是靈的存在，就表示神是無限的小，因為宇宙裏沒有一個地方可以圈住祂或包含祂（見王上8:27）。因此，神的實存不能用空間來思想，但我們可以用「靈」來理解祂的存在。

我們也會發現，神禁止祂的百姓以為*祂的實存*類似於物質受造界的*任何*其他東西。我們在十誡裏讀到：

> 「不可為自己雕刻偶像，也不可作*什麼形像*，彷彿上天、下地和地底下、水中的百物。不可跪拜那些像，也不可事奉他，*因為我耶和華你的神是忌邪的神*。恨我的，我必追討他的罪，自父及子，直到三四代；愛我、守我誡命的，我必向他們發慈愛，直到千代。」（出20:4-6）

這個誡命裏說到受造物時的用詞（「上天、下地和地底下、水中的百物」），提醒了我們，神之*實存*的真正存在模式，和祂所創造的每一樣受造物都是完全不同的。用受造之宇宙裏的任何其他東西來思想神的實存，是歪曲了祂、限制了祂、小看了祂。舉例來說，將神的形像鑄（或「刻」或「雕刻」）成金牛犢，可能是想要將神刻劃成為一位強而有力、富有生命（像牛犢一樣）的神，可是把神弄得像一頭牛犢卻是大錯特錯的，完全沒有認識到神的知識、智慧、慈愛、憐憫、無所不在、永恆、自主、聖潔、公義和公正等其他屬性。實際上，雖然我們知道神創造了所有的受造界，所以受造界的每一部分都反映了祂自己性格的某一方面，但是現在我們也必須肯定地說，把神的*存在*想成是某一種肖乎受造之物的*形像或存在模式*，就是用一種極其誤導而羞辱的方式來思想神。

這就是為什麼聖經以神的忌邪為理由，禁止人將祂作成什麼形像：「因為我耶和華你的神是忌邪的神。」（出20:5）神是忌邪的，要保護祂自己的尊榮。祂熱切地尋找能夠按祂的所是來思想祂、並按祂所有的超絕來敬拜祂的人，當祂的榮耀被人減損，或祂的性格被人錯誤表達時，祂都會極為憤怒（另參申命記4:23-24，這段經文說到神為著祂自己的尊榮而有強烈的忌邪，這是再一次將神的忌邪當作是禁止人為祂造像的理由）。

神沒有外在的身體，也不是由任何種類的物質所組成，好像其餘大部分的受造物一樣。不只如此，神並非只是能力或思想，或一些其他受造界的元素；祂也不像煙霧、水汽、空氣或空間，所有這些都是受造之物，*神的實存*不像任何這些事物。甚至神是靈的實存也不完全像我們自己的靈，因為人的靈乃是受造的，顯然只能在一個時間存在於一個地方。

取而代之這些有關神的想法的，乃是我們必須說，神是*靈*。不論這個意思是什麼，這種存在不像任何其他的受造之物，並且遠遠優於所有物質的存在。我們可以說，神是「純粹的實存」（pure being）或「豐滿或精粹的實存」（the fullness or essence of being）。此外，這種實存比起我們人的存在，並沒有比較不真實或不令人羨慕。相反地，這種實存比所有物質和非物質的受造之物，都更為真實、更令人羨慕。在所有受造物存在以前，神就以靈存在了；祂自己的實存是那樣的真實，以至於任何其他的受造之物都因祂而得以存在！

討論至此，我們可以將神的*靈性*（spirituality）定義如下：*神的靈性是指，神的實存不是由任何物質所構成，沒有組成的部分或大小範圍，也不能被我們的身體感官所感知，並且比任何其他種類的存在更為超絕。*

我們可能會問，為什麼神的實存是這樣——為什麼神是靈呢？我們只能說，這是最偉大、最超絕的方式！這種存在的方式，比任何我們所知道的存在形式都要超絕。光是思想這件事實就會叫我們覺得驚奇不已。

以上所討論的內容可能會使我們想到，是否神的靈性應當算是一種「不可交通的」屬性？其實如果那樣分類，在某方面來說也是合宜的，因為神的實存與我們的實存有很大的不同。不過，因為事實上神的確賜給我們靈，使我們能用靈來敬拜祂（約4:24；林前14:14；腓3:3），能在靈裏與主的靈聯合（林前6:17），並且有聖靈與我們的靈一同見證我們是神家中的兒女（羅8:16），而當我們死時，我們在這靈裏進入主的同在（路23:46；傳12:7；來12:23；另參腓1:23-24）。所以，很清楚地，有一種靈性的本質從神那裏臨到我們，而這種靈性是與祂自己的本質相像的，雖然並不是在所有的方面都相像。為著這個緣故，把神的靈性想為一種可交通的屬性，似乎也是合宜的。

A.2 不可見性

一個與神的靈性相關的事實，乃是神的不可見性。不過，我們也必須要說，神仍會以可見的方式來彰顯祂自己。我們可以將神的*不可見性*（invisibility）定義如下：*神的不可見性是指，我們永遠不能看見神全部的本體，祂所有的屬靈實存；然而神仍會藉著可見的受造之物，向我們彰顯祂自己。*

許多經文都講到我們不能看見神的這件事實：「從來沒有人看見神。」（約1:18）耶穌說：「這不是說，有人看見過父；惟獨從神來的，祂看見過父。」（約6:46）保羅說：「但願尊貴、榮耀，歸與那不能朽壞、*不能看見*、永世的君王、獨一的神，直到永永遠遠。阿們。」（提前1:17）保羅又說神就是「那獨一不死、住在人不能靠近的光裏，*是人未曾看見、也是不能看見的*」（提前6:16）。約翰又說：「從來沒有人見過神。」（約一4:12）

我們必須記住，這些經文都是在聖經說到有人看見一些神外在顯現之事件以後才寫的，舉例來說，聖經在很前面就說到：「耶和華與摩西面對面說話，好像人與朋友說話一般。」（出33:11）但是神告訴摩西：「你不能看見我的面，因為人見我的面不能存活。」（出33:20）不過，神還是讓祂的榮耀經過（那時祂將摩西隱藏在磐石穴中），而且在祂經過以後，神讓摩西看見祂的背，但「不得見我的面」（出33:21-23）。這些經文和舊約裏其他類似的經文指出，雖然從某種意義而言，神完全不能被人看見，但另一方面我們又看到一些神顯現的外觀，表示至少有一部分是人可以看見的。

所以，我們這樣說是正確的：雖然我們絕對無法看見神*全部的本體*，不過神仍然會藉著可見的受造之物，向我們彰顯一些祂自己。神這樣的彰顯有幾種不同的方式。

假如我們要*思想*神，我們就必須藉某種的方式來思想。神了解這一點，所以祂就賜給我們許多不同的類比，都是取自人類生活或受造界的。[3] 這些從受造界各層面而

---

[3]見本書第十一章A.2節有關取自受造界的神的名字之討論。

來林林總總的類比，提醒我們不可過度專注於這些類比中的任何一個。只要我們不是單單專注於某一個類比，那麼所有的類比都會以幾分「可見的」的方式，有助於讓神向我們啟示祂自己（另參創1:27；詩19:1；羅1:20）。

舊約聖經也記錄了一些神的顯現。*神的顯現*（theophany）就是「神的出現」，在神的這些顯現裏，神採取了不同的可見形式來向人顯示祂自己。神向亞伯拉罕（創18:1-33）、雅各（創32:28-30）、以色列民（以雲柱和火柱的形式，出13:21-22）、以色列的長老們（出24:9-11）、瑪挪亞和他的妻子（士13:21-22）、以賽亞（賽6:1）和其他人顯現。

比起舊約中的神的顯現，更大、更為可見的彰顯，乃是在耶穌基督自己的身上。祂說：「人看見了我，就是看見了父。」（約14:9）使徒約翰作了一個對比，說到從來沒有人見過神的事實，也說到神的獨生子將父神向我們顯明出來的事實：「從來沒有人看見神，只有在父懷裏的獨生神（和合本譯作「獨生子」）[4] 將祂表明出來。」（約1:18）不只如此，耶穌是「那不能看見之神的像」（西1:15），是「神榮耀所發的光輝，是神本體的真像。」（來1:3）因此，我們在新約裏擁有一個獨特的神的彰顯，是在耶穌的身上，這是那些看過舊約裏神的顯現的信徒們所無法看到的。

但是我們將來在天上要如何看見神呢？我們將永遠不能看見或認識神的全貌，因為「其大無法測度」（詩145:3；另參約6:46；提前1:17; 6:16；約一4:12），而且我們也將無法——至少是不能用我們的肉眼——看見神屬靈的實存，然而，聖經說我們將會看見神自己。耶穌說：「清心的人有福了，因為*他們必得見神*。」（太5:8）當然，我們將能看見耶穌的人性（啟1:7），但是我們究竟將要如何「看見」父神與聖靈，或「看見」子神的神性，現在我們無法準確地知道（另參啟1:4; 4:2-3, 5; 5:6）。也許要等我們去天堂以後，才能知道這個所謂的「看見」的性質是什麼。

雖然我們將來不會徹底詳盡地看見神，但是我們所看見的神仍是全然真實而清晰的。我們將要「面對面」地看見祂（林前13:12），而且「我們……必得見祂的真體」（約一3:2）。關於將來我們所要經歷的這種與神公開而親密的交通，啟示錄裏有絕佳的描述：在天城裏「有神和羔羊的寶座，祂的僕人都要事奉祂，*也要見祂的面*；祂的名字必寫在他們的額上。」（啟22:3-4）

---

[4]此處有一個經文異文，不過在證據上用「獨生神」（*monogenēs theos*）比用「獨生子」好，而且這種用法對上下文沒有不適合之處：見Leon Morris, *The Gospel According to John* (Grand Rapids: Eerdmans, 1971), pp. 113-14.

當我們了解到神是我們所想望、所渴慕之一切的完全，是所有美麗可慕之事物的總和時，我們就能了解，來生最大的喜樂乃是我們將要「看見祂的面」。這個「面對面」地看見神，被稱為「*有福的看見*」（beatific vision），其意思是「使我們有福或快樂的看見」（beatific一字源自兩個拉丁字，*beatus*「有福的」和*facere*「使」）。瞻仰神使我們改變，並使我們像祂：「我們必要像祂，因為*必得見祂的真體*。」（約一3:2；另參林後3:18）這個看見神將成為我們對神之認識的極致，又將給予我們永永遠遠完滿的喜樂：「在你面前有滿足的喜樂，在你右手中有永遠的福樂。」（詩16:11）

B. 神的心智屬性

B.1 知識（無所不知）

我們可以將神的*知識*（knowledge）定義如下：*神的知識是指，神以單一且永遠的認知之舉，就完全地知道祂自己，並所有真實的或可能的事物。*

以利戶說神是「那*知識全備者*」（伯37:16），而約翰說神是「*一切事沒有不知道的*。」（約一3:20）知道一切事的這種知識品質就叫作*無所不知*（omniscience），因為神知道一切的事，所以我們就稱祂是無所不知（亦即「全知」，all-knowing）。

上述的定義十分詳細地解釋了無所不知的意思。它首先說神完全地知道祂自己。這是一件驚人的事實，因為神自己的實存是無限的，或說是不受限制的。當然，只有一位無限者才能夠在每個細節上都完全地知道祂自己。當保羅說以下這句話時，他的意思也是如此：「因為聖靈參透萬事，就是神深奧的事也參透了。除了在人裏頭的靈，誰知道人的事？像這樣，除了神的靈，也沒有人知道神的事。」（林前2:10-11）

這個思想也見於約翰的敘述裏：「神就是光，在祂毫無黑暗。」（約一1:5）在這個上下文裏，「光」的意思可包括兩方面：道德上的純潔和完全的知識或意識。如果在神裏面「毫無黑暗」，而是全然的「光」，那麼神自己就既是全然聖潔，又是全然充滿對自己的知識。

這個定義也說到，神知道「所有*真實的*事物」；這是指所有存在的一切以及所有發生的事情。這一點是應用在受造界，因為「被造的沒有一樣在祂面前不顯然的；原來萬物在那與我們有關係的主眼前，都是赤露敞開的。」（來4:13；另參代下16:9；伯28:24；太10:29-30）神也知道未來，因為祂說：「我是神，再沒有能比我的。我從起初指明末後的事；從古時言明未成的事。」（賽46:9-10；另參賽42:8-9；舊約先知書中的許多經文）祂知悉我們每一個人生活中的每一點點滴滴，因為耶穌告訴我們說：

「你們沒有祈求以先,你們所需用的,你們的父早已知道了」(太6:8),而且還說:「就是你們的頭髮也都被數過了。」(太10:30)

在詩篇139篇裏,大衛思想到神對我們生活細節之所知,實在令人驚奇。他說神知道我們的一切行為和思念:「耶和華啊,你已經鑑察我,認識我。我坐下,我起來,你都曉得;你從遠處知道我的意念。」(詩139:1-2)在我們說話之前,祂就知道我們會說什麼:「耶和華啊,我舌頭上的話,你沒有一句不知道的。」(詩139:4)甚至在我們還沒有出生以前,祂就知道我們生命的所有歲月:「我未成形的體質,你的眼早已看見了。你所定的日子,我尚未度一日,你都寫在你的冊上了。」(詩139:16)

上述的定義也明確地指出,神知道「所有**可能的**事物」。這樣說是因為在聖經裏的一些例子中,神給了人一些關於可能發生卻未真實發生之事件的訊息。舉例來說,當大衛逃離掃羅時,他拯救基伊拉城脫離非利士人,然後他就在基伊拉城待了一段時日。後來他求問神,要知道掃羅是否會到基伊拉來攻擊他;假如掃羅來了,基伊拉人是否會將他交在掃羅的手中:

> 「大衛禱告說:『……基伊拉人將我交在掃羅手裏不交?掃羅照著你僕人所聽的話下來不下來?耶和華以色列的神啊,求你指示僕人。』耶和華說:『掃羅必下來。』大衛又說:『基伊拉人將我和跟隨我的人交在掃羅手裏不交?』耶和華說:『必交出來。』大衛和跟隨他的,約有六百人,就起身出了基伊拉,往他們所能往的地方去。有人告訴掃羅,大衛離開基伊拉逃走,於是掃羅不出來了。」(撒上23:10-13)

與此相似地,耶穌曾說,假如祂的神蹟早先行在推羅和西頓,那裏的人可能早已悔改了:「哥拉汛哪,你有禍了!伯賽大啊,你有禍了!因為在你們中間所行的異能,若行在推羅、西頓,他們早已披麻蒙灰悔改了。」(太11:21)祂又對迦百農說類似的話:「迦百農啊,你已經升到天上(或作『你將要升到天上麼』),將來必墜落陰間;因為在你那裏所行的異能,若行在所多瑪,他還可以存到今日。」(太11:23;另參王下13:19,那裏說到以利沙告訴以色列王約阿施,假如他曾用箭打地五或六次,就應當能滅盡亞蘭人了。)

神知道所有可能的事,這事實也可以從神完全知道祂自己而推論出來:假使神完全知道祂自己,那麼祂就能知道每一件祂可做的事,那就包括所有可能發生的事了。這件事實的確叫人驚訝。神已經創造了相當複雜及多變的宇宙,然而還有成千上萬其他各種事物的變化,是神可以創造卻未付諸實行的。神無限的知識包括了詳細知道其他每一個可能的受造之物將會是什麼樣子,以及還會有什麼事情發生在它們身上!

「這樣的知識奇妙，是我不能測的；至高，是我不能及的。」（詩139:6）「天怎樣高過地，照樣我的道路高過你們的道路；我的意念高過你們的意念。」（賽55:9）

此外，我們對於神的知識所下的定義中，還說到了神以「單一……之舉」完全知道每一件事物。這裏使用「*單一*」的意思是指「不分為幾個部分」；換句話說，神一直是完全知道每一件事物的。假如祂要告訴我們海邊沙粒或天上繁星的數目，祂不需要快速地計算它們，像一部巨型的計算機似的；祂也不需要回想那個數字，好像祂已有一段時間不曾思考這個問題。反之，祂一直都是立刻就知道所有的事物。所有這些事實和其他祂所知道的事物，一直是全然地呈現在祂的意識裏；祂不需要用推理來得到結論，也不需要在回答之前先仔細考慮，因為祂從起初就知道結局，而且祂從不用學習，也從不忘記任何事（另參詩90:4；彼後3:8；以及所有以上論及神完全知識所引用的經文）。神的知識每一點都是全然地呈現在祂的意識裏，從不會變朦朧或淡入無意識的記憶裏。

最後，這項定義說到神的認知之舉不僅是單一的，而且也是*永遠的*。這個意思是說，神的知識從來不會改變或增加。假如祂曾學習任何新的事物的話，那麼祂在先前就不會是無所不知了。因此，從永遠之前，神就已經知道所有會發生的和所有祂將做的事情了。

有人可能會反對這一點，因為神應許要忘記我們的罪惡。舉例來說，神說：「我也不記念你的罪惡。」（賽43:25）對於像這樣的經文，我們當然能如此去理解：神永遠不會再讓祂對我們這些罪惡的知識，在祂和我們的關係上扮演任何的角色；在神人的關係上，祂要「忘掉」那些罪惡。

另外一個反對聖經所教導有關神的無所不知的論點，是源自耶利米書的經文（耶7:31; 19:5; 31:35），神在那裏指出在異教對巴力神祇的敬拜中，那些父母將自己的骨肉焚燒至死的恐怖惡行，並說：「這並不是我所吩咐的，*我也沒有在心裏想過*（和合本譯作「*也不是我心所起的意*」）。」（耶7:31）難道這句話的意思是說，在耶利米的時代之前，神從來沒有*想到*作父母的可能會將他們的骨肉獻祭？當然不是這個意思，因為在當時的一世紀以前的亞哈斯王朝（王下16:3）以及何細亞（王下17:17）之時，就已經發生這種行徑了，而神自己早在其前的八百年，即摩西治理的時代（利18:21），就已經禁止這種做法了。因此，在耶利米書中的這些經文，可能照字面直譯更好：「也沒進入我的*心*」（KJV就是這樣繙譯，而NASB的經文譯註也是這樣直譯：此字的希伯來文是*lēb*，最常的繙譯是「心」），它的意思是：「也不是我希望、想要，或認為是正面的事。」[5]

另外一個在此的難題是：神對未來將會發生之所有事的知識，和我們行為之自由的真實性及其程度，兩者之間的關係。假如神知道所有將要發生的事，那麼我們的選擇怎麼有「自由」可言？事實上，這個難題已經赫然聳現，以至於有一些神學家們結論說，神並不知道未來所有的事。他們說（照他們的意見），神不知道那些無從知道的事，例如那些還未發生的、人自由的行動（這有時候被稱作是「道德上自由的人可能採取的行動」，在此「可能採取的」的意思是「可能會做、但不確定會做」）。但是這樣的立場並不能令人滿意，因為它在本質上否定了神知道未來任何一個時間點上的人類歷史，因此它不符合以上所引關於神知道未來的經文，而且和其他多處舊約先知性的經文也有出入，神在那些經文裏詳細地預言了遙遠未來之事。[6]

那麼，我們應該如何解決這道難題呢？雖然我們在第十六章討論神的天命時會更為詳細地處理這個問題，但是我們在此先注意到奧古斯丁的說法可能會有所幫助：他說神賜給了我們「合理的自決」（reasonable self-determination）。他的敘述沒有用到「*自由*」這個詞，因為不論用什麼方式來定義這個詞，都非常難將神對未來事件的完全知識作一個令人滿意的解釋。但是奧古斯丁的這項敘述確實肯定了我們本身經驗中所感受到重要而真實的事，那就是我們的選擇和決定都是「合理的」；也就是說，我們先思考該做什麼事，然後有意識地決定我們要去做的事，最後我們按著所選擇的途徑去做出來。

奧古斯丁的敘述也說到我們有「自決」。這點的意思只是肯定說，我們的選擇真正地決定所要發生的事。事情的發生並非好像跟我們的決定或行動*沒有關係*似的，相反地，它們是*因為*我們的決定和行動而發生的。雖然這句敘述裏沒有嘗試去定義我們「自由」或「不自由」，但這並不是真正重要的問題：對我們來說，重要的乃是我們能夠思考、選擇和行動，而且這些思想、抉擇和行為都是真實的，真正地具有永恆的意義。假如神在我們思考、說話和行動之前，就早已都知道的話，那麼這其中就有幾分意味我們的選擇並非是絕對自由的。不過我們最好還是將進一步的定義和討論留到第十六章，在那裏才能處理得更為完全。

---

[5]同樣的片語（「在心裏想過」或「我心所起的意」）在希伯來文舊約聖經裏出現過五次：以賽亞書65:17；耶利米書3:16; 7:31; 19:5; 32:35（和合本前兩節譯作「追想」，後三節譯作「我心所起的意」），似乎都有「想要、希望、渴望」的意思。新約在使徒行傳7:23裏也有相等的希臘文片語*anebē epi tēn kardian*（「心中起意」）。

[6]有關這個問題的更多討論，見本書第十六章H.5.1節。

B.2 智慧

*神的智慧是指，神總是選擇最好的目標，以及達到那些目標的最好方法。*這個定義超過了神知道一切的觀念範圍，它明確地說到神所決定要做的事，永遠都是明智的決定；也就是說，那些決定（從神終極的角度來看）一定會帶來最佳的結果，而且它們一定是藉著最佳的方法來帶出那些結果。

聖經在多處肯定神整體性的智慧。祂被稱為「獨一、全智的神」（羅16:27）；約伯說神「心裏有智慧」（伯9:4），而且「在神有智慧和能力；祂有謀略和知識。」（伯12:13）神的智慧具體地顯在祂的創造作為上；詩人呼喊說：「耶和華啊，你所造的何其多；都是你用智慧造成的；遍地滿了你的豐富。」（詩104:24）因為是神創造了宇宙，所以將榮耀歸給祂，不論是因祂六天的創造過程，還是因祂創造的目標，都是完全合宜的。即使在今天，雖然我們依舊看得到罪惡和咒詛對自然界的影響，但是對於神的創造是何等地和諧精巧，我們仍應會感到驚奇。

神的智慧也顯明在祂偉大的救贖計劃中。雖然十字架的道理在那些拒絕它、又自認在今世有聰明的人看來，乃是「愚拙」的（林前1:18-20），但在蒙召的人看來，基督乃是「神的智慧」（林前1:24, 30）。然而這現象仍反映出神的計劃是有智慧的：「世人憑自己的智慧既不認識神，神就樂意用人所當作愚拙的道理拯救那些信的人；這就是神的智慧了……神卻揀選了世上愚拙的，叫有智慧的羞愧……使一切有血氣的，在神面前一個也不能自誇。」（林前1:21, 27, 29）

保羅知道我們現今所認為「簡單的」福音信息——即使是非常年幼的人也能明白，但它卻反映了神奇妙的計劃，其中的深湛智慧，超越了任何人所能想像的。保羅在羅馬書前十一章深思神在救贖計劃中的智慧，而到尾聲時，他禁不住地發出讚美說：「深哉，神豐富的智慧和知識！祂的判斷何其難測；祂的蹤跡何其難尋！」（羅11:33）

當保羅向猶太人和外邦人傳揚福音，而他們在基督的身體裏合而為一之時（弗3:6），那一個「歷代以來隱藏在創造萬物之神裏的奧祕」（弗3:9），就真相大白、為眾人所見了；這個奧祕就是全然迥異的人能在基督裏合一。當那些在種族和文化上有相當大差異的群體，變成基督身體上的肢體時，神的目的——「要藉著教會，使天上執政的、掌權的，現在得知*神百般的智慧*」（弗3:10）——就實現了。

在今日，這一點也表示，當來自不同種族和文化背景的人在教會裏、在基督裏合一時，神的智慧甚至也顯明給天使和鬼魔（「執政的、掌權的」）看了。假如基督教會忠於神智慧的計劃，那麼她在世界各處將永遠走在最前線，拆毀社會中種族和社群的藩籬，成為神偉大智慧計劃的一個可見之彰顯；這計劃就是要從大相異中帶出大合一，從而促使所有的受造之物尊崇祂。

神的智慧也顯示在我們個人的生活中。「我們曉得〔神使〕萬事都互相效力，叫愛神的人得益處，就是按祂旨意被召的人。」（羅8:28）保羅在此肯定，神有智慧地工作在我們生活裏的所有事情中，而且藉著所有的這些事情，來幫助我們朝著模成基督形像的目標而進步（羅8:29）。我們知道了這些——神使萬事效力，促使我們邁向祂為我們的生命所設定的終極目標，就是我們能夠像基督，並因此為祂帶來榮耀——應當會使我們存著極大的信心，並成為我們日日平安的來源。就是這樣的信心，使保羅能接受「有一根刺加在……肉體上」（林後12:7），這刺雖然痛苦，但他卻將之當成是神在祂智慧中所選擇不挪去的一樣東西（林後12:8-10）。

在我們每一天的生活中，我們可以用因認識神無限智慧而得到的安慰，來撫平我們的沮喪。假如我們是祂的兒女，我們就知道，即使是在今天，祂仍在我們的生活中智慧地工作，為要將我們更多地模成基督的形像。

當然，神的智慧是部分可交通給我們的。當我們需要它時，我們可以有信心地求神賜下智慧，因為祂在聖經中應許我們說：「你們中間若有缺少智慧的，應當求那厚賜與眾人、也不斥責人的神，主就必賜給他。」（雅1:5）這種智慧，或說是活出討神喜悅之生活的竅門，主要是來自讀聖經和順服神的話：「耶和華的法度確定，能使愚人有智慧。」（詩19:7；另參申4:6-8）

「敬畏耶和華是智慧的開端」（詩111:10；箴9:10；另參箴1:7），因為假如我們擔心會羞辱神或不討祂的喜悅，或害怕祂為父的管教，那麼我們就有了正確的動機，使我們跟隨祂的道路，並按著祂智慧的命令而生活。不只如此，擁有從神而來的智慧不會導致驕傲，而會產生謙卑（箴11:2；雅3:13）；不會導致自大，而會產生和平、溫良的心（雅3:14-18）。照著神的標準而有智慧的人，會持續地靠著主而行，並渴望尊崇祂。

然而我們也必須銘記，神的智慧並非是全部可交通給我們的：我們絕不可能完全得到神的智慧（羅11:33）。實際上來說，這表示我們在今生經常會有時候不能明白神為什麼允許一些事情發生；那時我們只能單純地信靠祂，繼續地順服祂為我們的生命所賜下的智慧命令：「所以，那照神旨意受苦的人要一心為善，將自己靈魂交與那信實的造化之主。」（彼前4:19；另參申29:29；箴3:5-6）神的智慧是無限的，而我們的卻不是；即使我們不明白祂在做什麼，但我們有信心地信靠祂的智慧，就是祂所喜悅的。

B.3 真實（與信實）

神的真實是指，祂是真神，而且祂的知識和言語都是真實的，也是真理的最終標準。

「誠實」（veracity）一詞的意思是「真實」（truthfulness）或「可靠」（reliability），有時候也被用來當作神的真實的同義語。

這個定義的第一部分指出，在聖經裏所啟示的神才是真實或真正的神，所有其他所謂的神祇都是偶像。「惟耶和華是真神，是活神，是永遠的王……不是那創造天地的神，必從地上、從天下被除滅。」（耶10:10-11）耶穌對祂的父說：「認識你獨一的真神，並且認識你所差來的耶穌基督，這就是永生。」（約17:3；另參約一5:20）

我們可能會問，其他的實存都不是真神，那真神是指什麼意思？真神的意思必定包括，在這位神的實存或性格上，完全符合作為一位神應該有的概念；也就是說，祂必須在能力、智慧、良善、凌駕時空之上的主權等各方面，都是無限完美的實存。但是我們可能會進一步地問：這個有關神的概念是誰的概念？而要符合怎樣的概念才是真正的神？

在這裏，我們的思緒變得有幾分在循環了，因為我們一定不能說，一個實存必須符合我們的概念中所認為神應該有的樣子，才能成為真正的神，因為我們只不過是受造之物，不能定義真神應該是如何！所以我們必須說，只有神自己才擁有完善的觀念，能夠定義真神應該是如何。祂自己就是真神，因為祂的實存和性格完美地符合祂自己對真神的觀念。此外，祂已經在我們的心思裏深植了一個概念，能反映出祂自己對於真神的觀念，這也使得我們得以辨認出祂就是真神。

上述的定義也肯定，所有神的知識都是真實的，並且也是真理的最終標準。約伯告訴我們說，神的「知識全備」（伯37:16，亦見本章B.1節討論神的無所不知時所引用的經文）。當我們說神知道所有的事情，而且說祂的知識是全備的，就等於是說祂對世界的看法和了解是絕沒有錯誤的：祂所知道和所思想的一切都是真實的，並且是對真實世界之本質的正確了解。事實上，因為神是無限地知道所有的事，所以我們可以說，真知識的標準就是要符合神的知識。假使我們對宇宙中任何一件事的想法，和神的想法一致的話，那麼我們對於那件事的想法就是很真實的了。

上述的定義也肯定了神的話不但是真實的，而且也是真理的最終標準。這一點意味著，神的話所表達的神是可靠並信實的。關於神的應許，祂總是做到祂所應許要做的事，我們可以信賴祂絕不會不守諾言。因此，祂是「誠實無偽的神」（申32:4）。

事實上，神的「真實」的這一特別方面——信實（faithfulness），有時候被視為一個單獨的屬性：神的信實是指，神永遠必定會做祂所說要做的事，實踐祂所應許過的話（民23:19；另參撒下7:28；詩141:6等）。祂是可信賴的，祂從來沒有對那些信靠祂話語的人不信實。實際上，真信心的本質就是按神所說的話接受祂，並信賴祂會做祂所應許的事。

我們除了肯定神會信守祂的應許這個事實以外，我們也必須肯定：所有神說過關於祂自己和受造界的話語，都完全符合真實的情況；也就是說，當神說話時，祂總是說實話。祂是「無謊言的神」（多1:2），是絕對不可能說謊的神（來6:18），是句句言語都「純淨」的神（詩12:6）；我們可以說：「神的言語句句都是煉淨的」。（箴30:5）神的話語是真實的，這意思不只是指它們符合了一些在神之外對真實的標準，更是指它們就是真理的本身，是真理的最終標準與定義。所以，耶穌對父神說：「你的道就是真理。」（約17:17）關於神的知識是真實之闡述，也可以用在神的話語上，因為神的話語是根據祂完全的知識，而且準確地反映出那個完全的知識。神的話語就是「真理」，其意思是說，神的話是真理的最終標準，是要藉著它來審斷一切事物的真實性：凡是符合神自己話語的，就是真實的，而不符合祂話語的，就是不真實的。

神的真實也是可交通的屬性；我們可以藉著追求有關神和祂的受造界之真知識，而部分效法祂的真實。其實當我們開始思考有關於神和受造界的真實思想——是我們從聖經所學來的思想，以及讓聖經引導我們觀察並解釋自然界而產生的思想——我們就開始跟隨神自己的思想而思想了！我們就能與詩人一同大聲說：「神啊，你的意念向我何等寶貴，其數何等眾多。」（詩139:17）

這樣的了解應當會激勵我們，在自然科學、社會科學和人文科學等所有領域裏追求知識。不論我們在哪一個領域探索，當我們發現更多有關事實本相的真理時，我們就是在發現更多神已經知道的真理。就這個意思而論，我們能夠肯定地說：「所有的真理都是神的真理」[7]，並且無論在何時，當我們把這個學習或發現真理的過程當作討神喜悅的方法時，都會非常喜樂。在知識上長進，是變得更像神或變得更具有神形像之過程的一部分。保羅告訴我們，我們已經穿上了「新人」，他說這新人就是「在知識上漸漸更新，正如造他主的形像」（西3:10）。

我們的社會極其漠視一個人說話的真實性，而身為神兒女的我們，應當要效法我

[7]見Arthur Holmes, *All Truth Is God's Truth* (Grand Rapids: Eerdmans, 1977).

們創造主的真實，並且要非常留意確定自己所說的話都是真實的。保羅告誡我們說：「*不要彼此說謊*，因你們已經脫去舊人和舊人的行為，穿上了新人。」（西3:9-10）「所以你們要棄絕謊言，各人與鄰舍*說實話*。」（弗4:25）保羅又說，他自己在事奉時尋求做到絕對的真實：我們「乃將那些暗昧可恥的事棄絕了；不行詭詐，不謬講神的道理，只將真理表明出來，好在神面前把自己薦與各人的良心」（林後4:2）。當神的百姓棄絕「乖謬的嘴」（箴4:24），並且說出的話在人面前和在神面前都蒙悅納時（詩19:14），神就喜悅。

不只如此，在我們自己對真實或虛假的反應上，也應當效法神的真實。我們應當像神一樣*喜愛*真理、*恨惡*虛假。神的這項誡命——不可作假見證陷害我們的鄰舍（出20:16）——也和其他的誡命一樣，我們不僅要在外面的行為上符合誡命的要求，內心的心態也要符合。討神喜悅的人是「心裏說實話的人」（詩15:2），並且是努力成為「恨惡謊言」的義人（箴13:5）。神透過撒迦利亞命令祂的百姓說：「誰都不可心裏謀害鄰舍，也不可喜愛起假誓。因為這些事都為我所恨惡。這是耶和華說的。」（亞8:17）

神賜下這些命令，是因為祂自己喜愛真理而恨惡虛假：「說謊言的嘴為耶和華所憎惡，行事誠實的，為祂所喜悅。」（箴12:22；另參賽59:3-4）虛假和謊言不是從神來的，而是從喜悅虛假的撒但來的：「他說謊是出於自己，因他本來是說謊的，也是說謊之人的父。」（約8:44）因此，「殺人的、淫亂的、行邪術的、拜偶像的」和「膽怯的、不信的、可憎的」，以及「一切*說謊話的*」（啟21:8），都在遠離天城的「燒著硫磺的火湖」那裏，這也是恰當的。

因此，聖經教導我們，說謊之所以是錯的，不只是因為它會造成很大的傷害（說謊所造成的傷害遠大於我們所能明瞭的），也是因為一個更為深遠的原因：當我們說謊時，我們羞辱了神，減損了祂的榮耀。我們是按著神的形像而受造，目的是要在我們生命中反映神的榮耀，然而當我們說謊時，我們所行的卻與神自己的性格背道而馳。

C. 神的道德屬性

C.1 良善

神的良善是指，神是良善的最終極標準，而且神一切所是和所行的都值得稱許。

我們在這個定義裏發現一種情況，類似於我們在定義神是真神時所面對的。在此，「良善的」（good）可以被理解為「值得稱許的」，但是我們尚未回答這個問題：這是要被誰稱許呢？一方面我們可以說，任何真正良善的事都應當值得我們稱許；然而從一種較為終極的意思來說，我們自己沒有自由來決定什麼值得稱許，什麼不值得稱許。所以，終極而言，神的實存和其作為是完美地值得祂自己稱許；因此祂才是良善的最終標準。當耶穌說：「除了神一位之外，再沒有良善的」（路18:19），祂就是這個意思。詩篇一再地肯定說：「耶和華本為善。」（詩100:5）「要稱謝耶和華，因祂本為善。」（詩106:1; 107:1等）大衛鼓勵我們說：「你們要嘗嘗主恩的滋味，便知道祂是美善！」（詩34:8）

然而如果神自己是良善的，並且因此就是良善的終極標準，那麼我們就有「良善」的定義了，這在我們研究倫理學和美學時，能大大地幫助我們。何謂「良善的」？「良善的」就是神所稱許的。那麼我們可能會問，為什麼神所稱許的就是良善的？我們必須回答說：「因為祂稱許了。」也就是說，沒有一個良善的標準是比神自己的良善更高的了，並且祂所稱許的都是符合祂性格中的良善的。不過，神也讓我們能反映一些祂自己對良善的認知，因此當我們用神創造我們評估事物的方式來評估事物時，我們也會稱許神所稱許的，喜悅祂所喜悅的。

上述的定義也說到，所有神所行的事都值得稱許。我們在創造的敘事經文裏看見了這一點的證據：「神看著一切所造的都甚好。」（創1:31）詩人將神本身的良善和祂作為的良善連在一起：「你本為善，所行的也善；求你將你的律例教訓我。」（詩119:68）詩篇104篇是一個絕佳例子，是讚美神在創造中的良善，而其他許多的詩篇，例如詩篇106篇和107篇，則是感謝神在其作為中對祂百姓的良善。保羅鼓勵我們在生活中去發現神為我們的生命而有的旨意，是「善良、純全、可喜悅的」（羅12:2）。

聖經也告訴我們，神是世上一切美善的源頭：「各樣美善的恩賜和各樣全備的賞賜，都是從上頭來的，從眾光之父那裏降下來的；在祂並沒有改變，也沒有轉動的影兒。」（雅1:17；另參詩145:9；徒14:17）不只如此，神為祂的兒女只做好事。我們讀到這樣的話：「祂未嘗留下一樣好處不給那些行動正直的人。」（詩84:11）保羅也同樣地向我們保證：「〔神使〕萬事都互相效力，叫愛神的人得益處。」（羅8:28）他還說：「神既不愛惜自己的兒子，為我們眾人捨了，豈不也把萬物和祂一同白白的賜給我們麼？」（羅8:32）比起我們地上的父親，我們的天父更多地要「把好東西給求祂的人」（太7:11）；即使是祂的管教，也都是彰顯祂的愛，並為著我們的好處（來12:10）。這種對神偉大的良善的認識，應當會激勵我們「凡事謝恩」（帖前5:18）。

在效法這個可交通的屬性上，我們自己應當做的就是行善（亦即我們應當做神所稱許的事），這樣我們就效法了天父的良善。保羅寫道：「所以有了機會，就當向眾人行善，向信徒一家的人更當這樣。」（加6:10；另參路6:27, 33-35；提後3:17）不只如此，當我們明瞭神是所有良善的定義與源頭時，我們就明白了神自己就是我們所尋求的終極的良善。我們要與詩人一同說：「除你以外，在天上我有誰呢？除你以外，在地上我也沒有所愛慕的。我的肉體和我的心腸衰殘；但神是我心裏的力量，又是我的福分，直到永遠。」（詩73:25-26；另參詩16:11; 42:1-2）

神的良善與祂性格中其他幾個特徵有緊密的關係，其中包括慈愛、憐憫、忍耐和恩典。有時候這些屬性被認為是不同的屬性，所以會分別討論；但有時候這些屬性被認為是神的良善的一部分，因此就被當成是神的良善的不同層面。本章將慈愛當成個別的屬性來討論，因為它在聖經中太凸顯了。雖然另外三個特徵（憐憫、忍耐和恩典）在聖經裏也很顯著，但我們在此要將它們當作是神在特定情況下以良善對待個人的不同層面：*神的憐憫是指神對那些在悲慘和困苦中之人的良善；神的恩典是指神對那些只配得懲罰之人的良善；神的忍耐是指神對持續犯罪一段時間之人的良善，因祂暫不執行懲罰*（見本章C.3節的討論）。

C.2 慈愛

神的慈愛是指，神永遠地為人而捨己。

這個定義把愛認為是捨己以造福別人。神的這個屬性顯示，捨己是神的本性之一，為的是將福分或益處帶給別人。

約翰告訴我們：「神就是愛。」（約一4:8）我們看見有證據顯示，甚至在創世以前，在三一之神的成員之間，這個屬性就已很活絡了。耶穌對祂的父說：「你所賜給我的榮耀；因為*創立世界以前*，你已經*愛*我了。」（約17:24）這話顯示出，在永遠之前，從父神到子神之間就有愛的存在和榮耀的賜予了。這種愛在現今還持續著，因為我們又看到：「父愛子，已將萬有交在祂手裏。」（約3:35）

這個愛的表現也是互相的，因為耶穌說：「但要叫世人知道我愛父，並且父怎樣吩咐我，我就怎樣行。」（約14:31）而這父神和子神之間的愛，相信也是祂們和聖靈之間的特徵，雖然聖經沒有明確地提到。這永遠的愛——父神對子神、子神對父神，和兩位對聖靈——使得天堂成為愛和喜樂的世界，因為三一之神的每一個位格都尋求將喜樂和幸福帶給另兩位。

捨己是三一之神的特徵，這特徵清楚地表現在神與人之間的關係上，尤其與罪人的關係上。「不是我們愛神，乃是神愛我們，差祂的兒子為我們的罪作了挽回祭；

這就是愛了。」(約一4:10)保羅說:「惟有基督在我們還作罪人的時候為我們死,神的愛就在此向我們顯明了。」(羅5:8)約翰也說:「神愛世人,甚至將祂的獨生子賜給他們,叫一切信祂的,不至滅亡,反得永生。」(約3:16)保羅還說:「神的兒子……*愛我*,為我捨己」(加2:20),這句話直接把基督的愛應用到個別的罪人身上。當我們知道三一之神的目的就是要為我們捨己,好帶給我們喜樂和幸福,這應當會使我們經歷到大喜樂。神以這樣的方式來對待那些祂所恩待的人,是祂的本性所使然,祂也會繼續那樣地恩待我們,直到永遠。

我們要效法神的這個可交通的屬性,首先可以愛神來回報祂,其次則是效法神愛人的方式來愛別人。我們對神所該盡的責任可以總結為:「你要盡心、盡性、盡意,愛主你的神……要『愛人如己』。」(太22:37-39)假如我們愛神,就會順服祂的誡命(約一5:3),因此也就會做討祂喜悅的事。我們要愛神,不要愛世界(約一2:15),而我們能這樣行的原因,乃是因祂先愛了我們(約一4:19)。

在整本聖經裏,最令人驚奇的事實之一乃是:正如神的愛使祂捨己而帶給我們快樂,我們也能夠捨己以回報祂,而真的叫祂的心喜樂。以賽亞應許神的百姓說:「新郎怎樣喜悅新婦,*你的神也要照樣喜悅你*。」(賽62:5)西番雅則告訴神的百姓說:「耶和華你的神,是施行拯救、大有能力的主,祂在你中間必因你歡欣喜樂,默然愛你,且因你喜樂而歡呼。」(番3:17)

我們效法神的愛,也可表現於我們對別人的愛。約翰將這件事講得很明白:「親愛的弟兄啊,神既是這樣愛我們,我們也當彼此相愛。」(約一4:11)事實上,我們在信徒的團契中愛別人,是效法基督的一個很明顯的表現,如此世人就能辨認出我們是屬祂的人:「你們若有彼此相愛的心,眾人因此就認出你們是我的門徒了。」(約13:35;另參15:13;羅13:10;林前13:4-7;來10:24)神將祂自己的愛賜予我們,使得我們能夠彼此相愛(約17:26;羅5:5)。不只如此,我們對仇敵的愛,特別能反映出神的愛(太5:43-48)。

C.3 憐憫、恩典、忍耐

神的*憐憫*(mercy)、*恩典*(grace)和*忍耐*(patience),可以被視為三個不同的屬性,也可以被視為神的良善的三個不同的層面。我們在此所作的定義,是將這些屬性視為神的良善在特定種類之人身上,為他們帶來不同的福分。

神的憐憫是指神對那些在悲慘和困苦中之人的良善;

神的恩典是指神對那些只配得懲罰之人的良善;

神的忍耐是指神對持續犯罪一段時間之人的良善，因祂暫不執行懲罰。

神本性的這三項特徵通常都是一同被提到的，尤其是在舊約裏，例如當神向摩西宣告祂的名字時，祂說：「耶和華，耶和華，是有憐憫有恩典的神，不輕易發怒，並有豐盛的慈愛和誠實。」（出34:6）大衛在詩篇103:8說：「耶和華有憐憫，有恩典，不輕易發怒，且有豐盛的慈愛。」

正因為神的這些特徵通常都是一同被提到的，所以似乎不容易將它們區分開來，不過當提到在悲慘或困苦景況下的人時，通常就會強調神的憐憫之特徵，例如大衛說：「我甚為難。我願落在耶和華的手裏，因為祂有豐盛的*憐憫*……」（撒下24:14）有兩位瞎子希望耶穌看見他們的苦情並醫治他們，於是呼叫說：「大衛的子孫，*可憐*我們吧！」（太9:27）當保羅講到神安慰在苦難中的我們這個事實時，他稱神是「*發慈悲*的父，賜各樣安慰的神。」（林後1:3）[8] 當我們有需要的時候，就會來到神的寶座前，為要得著憐憫和恩惠（來4:16；另參來2:17；雅5:11）。我們也要在對待別人上效法神的憐憫：「憐恤人的人有福了，因為他們必蒙憐恤。」（太5:7；另參林後1:3-4）

至於神*恩典*的屬性，我們發現，聖經強調神的恩典——就是對那些只配得懲罰而不配得任何好處的人——都不是出於勉強的，都是神這方面願意白白給的。神說：「我要恩待誰，就恩待誰；要憐憫誰，就憐憫誰。」（出33:19；引用在羅9:15）然而神經常恩待祂的百姓：「求你轉向我，*憐憫*我，*好像*你素常*待*那些愛你名的人。」（詩119:132）事實上，彼得因此就稱神是「那賜諸般恩典的神」（彼前5:10）。

恩典——神的良善顯在那些不配得之人的身上——在保羅的著作中頻頻可見。他強調說，救恩是藉著恩典而得的，不是因人的努力而得的，因為恩典是白白賜給的禮物：「因為世人都犯了罪，虧缺了神的榮耀。如今卻蒙神的*恩典*，因基督耶穌的救贖，就白白的稱義。」（羅3:23-24）恩典與靠我們值得獎賞之行為所賺取的救恩，兩者之間的差別也可在羅馬書11:6中看見：「既是出於恩典，就不在乎行為；不然，恩典就不是恩典了。」因此，恩典就是神白白賜給那些不配得著祂好處之人的恩惠。

保羅也看見，假如恩典是人不配得到的，那麼只有一種態度適合成為領受恩典的管道，那就是信心：「所以人得為後嗣是本乎信，因此就屬乎恩，叫應許定然歸給一切後裔……」（羅4:16）信心是一種與依靠自己相反的態度，因為信心牽涉到信靠或依賴另一個人。因此，信心全無自我依賴，也不嘗試用人的努力來贏得公義。如果神恩

---

[8]這一節經文用的字是*oiktirmos*,（「憐恤、慈悲」），而不是*eleos*,（「憐憫」）。不過，這兩個字在意義上非常相關，都是指對困苦中之人的憐恤或良善。

惠的臨到與我們的功德無關，那麼，當神的恩惠臨到時，就是我們不依賴自己的功德而依賴另一人的功德時，那也就是當我們有信心之時。

在新約聖經裏，尤其是在保羅的書信裏，不只是在罪得赦免上，也在*整個基督徒的生活*上，我們都可以看到是神持續施恩的結果。保羅能夠說：「我今日成了何等人，是蒙神的恩才成的。」（林前15:10）路加說安提阿是保羅和巴拿巴「被眾人所託，蒙神之恩，要辦現在所作之工」的地方（徒14:26），這話表示差派保羅和巴拿巴出去的安提阿教會，看出他們事奉的成功乃是在於依賴神不斷地施恩。不只如此，保羅書信中最常見的祝福，就是祝福他的讀者得到神的恩惠（如見羅1:7; 16:20；林前1:3; 16:23；林後1:2; 13:14；加1:3; 6:18）。

與此類似地，神的*忍耐*也出現在前面所引用之一些關於神的憐憫的經文裏。舊約聖經經常說到神「*不輕易發怒*」（出34:6；民14:18；詩86:15; 103:8; 145:8；拿4:2；鴻1:3等），而在新約聖經裏，保羅說到神的「恩慈、寬容、忍耐」（羅2:4），並說耶穌基督對他所展現「一切的忍耐」，是為給後人作榜樣（提前1:16；另參羅9:22；彼前3:20）。

我們也要效法神的忍耐，而「慢慢的動怒」（雅1:19），並像基督那樣地在苦難中忍耐（彼前2:20）。我們要過一個能「忍耐」的生活（弗4:2），而「忍耐」也被列在加拉太書5:22聖靈的果子裏（又見羅8:25；林前13:4；西1:11; 3:12；提後3:10; 4:2；雅5:7-8；啟2:2-3等）。當我們在生活中效法神的忍耐時，就如效法神其他的屬性一樣，我們需要時時刻刻地信靠神，相信祂會在祂所選定的時間，實現祂在我們生活中的應許和目的。我們相信主會為著我們的好處和祂的榮耀而很快地達成祂的目的，這信心使得我們能忍耐。當雅各說：「你們也當忍耐，堅固你們的心，因為主來的日子近了」（雅5:8），他是將神的目的和忍耐連接在一起了。

C.4 聖潔

神的聖潔是指，神與罪惡隔離，並專心地尋求祂自己的尊榮。這個定義既包括了關係上的性質（與……隔離），也包括了道德上的性質（一方面與罪孽、邪惡隔離，另方面專心地尋求祂自己的尊榮或榮耀）。這種包含兩種性質的聖潔觀念，可在一些舊約的經文裏找到。舉例來說，會幕的兩部分都用了「*聖潔*」一詞來描述。會幕本身是一個脫離世上邪惡和罪污的地方，在一進去的地方是「聖所」，這裏是專門獻給神來事奉祂的地方。但神又命令說，要有一層幔子，「這幔子要將聖所和至聖所隔開」（出26:33）。「至聖所」是存放約櫃的地方，那裏是與邪惡和罪污最遠離的地方，也是最完全地用來事奉神的地方。

神自己所住的地方本身就是聖潔的：「誰能登耶和華的山？誰能站在祂的聖所？」（詩24:3）奉獻給神來事奉祂、尋求祂的尊榮的觀念，也可見於安息日的聖潔：「耶和華賜福與安息日，定為聖日。」（出20:11；另參創2:3。「定為聖日」亦可作「聖別那日」；這個動詞是*qādash*的Piel形式，其意思是「使之成聖」）安息日被定為聖日，是因為它從世上的一般活動中被分別出來，獻給神使用。同樣地，會幕和祭壇、亞倫及其兒子，都「成聖」了（出29:44），也就是說，他們從一般的工作和世上的邪惡和罪污被分別出來，獻給神使用（另參出30:25-33）。

神自己是至聖者；祂被稱為「以色列的聖者」（詩71:22; 78:41; 89:18；賽1:4; 5:19, 24等）。環繞神寶座的撒拉弗呼喊著說：「聖哉，聖哉，聖哉，萬軍之耶和華；祂的榮光充滿全地。」（賽6:3）詩人也宣告說：「耶和華我們的神本為聖。」（詩99:9；另參99:3, 5; 22:3）

神的聖潔為祂的百姓提供了一個效法祂的模式。祂命令他們說：「你們要聖潔，因為我耶和華你們的神是聖潔的。」（利19:2；另參利11:44-45; 20:26；彼前1:16）神呼召祂的百姓出埃及，帶領他們歸向祂自己，並且命令他們要順服祂的話語，然後便說：「你們要歸我作祭司的國度，為*聖潔的國民*。」（出19:4-6）我們在這裏看到，脫離邪惡與罪惡的思想（在此包括用一種十分顯著的方式脫離在埃及的生活），以及專心歸向神（以服事祂並遵行祂的律法）的思想，都包括在這個「聖潔的國民」的意思裏。

新約下的信徒也應該要「追求*聖潔*；非聖潔沒有人能見主」（來12:14），並要知道神對我們的管教，是要「使我們在祂的聖潔上有分」（來12:10）。基督徒與不信之人的來往過密時，會被他們的影響力所主宰；保羅鼓勵基督徒要從這種影響力中脫離出來（林後6:14-18），他又鼓勵說：「我們……就當潔淨自己，除去身體靈魂一切的污穢，*敬畏神，得以成聖*。」（林後7:1；另參羅12:1）神的心意是要教會成長，「成為主的聖殿」（弗2:21），而基督現今為教會所做的工作，乃是「要用水藉著道把教會洗淨，成為聖潔，可以獻給自己，作個榮耀的教會……乃是聖潔沒有瑕疵的」（弗5:26-27）。因此，不只是個人要聖潔，教會本身也必須要在聖潔中成長！

撒迦利亞預言，有一天地上所有的事物都要「歸萬軍之耶和華為聖」。他說：

> 「當那日，馬的鈴鐺上必有『歸耶和華為聖』的這句話。耶和華殿內的鍋，必如祭壇前的碗一樣。凡耶路撒冷和猶大的鍋，都必歸萬軍之耶和華為聖。」（亞14:20-21）

在那時候，地上的所有事物都要脫離邪惡、罪惡而得到潔淨，並以真正的道德純淨來專心地事奉神。

C.5 平安（即和平或秩序）

保羅在哥林多前書14:33那裏說，神「不是擾亂之神，乃是和平之神」（呂振中譯本；和合本譯作「不是叫人混亂，乃是叫人安靜」）。雖然「平安」和「秩序」在傳統上並沒有被列為是神的屬性，但是保羅在此指出這個性質，因此我們可以將它視為神的另一項屬性。保羅說，神的作為之特徵是「平安」（有秩序）、而不是「混亂」（希臘文*akatastasia*，意思是「沒有秩序、紛亂、不安」）。神是「賜平安的神」（羅15:33; 16:20；腓4:9；帖前5:23；來13:20；另參弗2:14；帖後3:16）。但是那些行走在罪惡中的人是混亂不安的：「惡人必不得平安。」（賽48:22; 57:21；另參賽59:8）。

然而，當神以憐憫之心看顧祂所愛的人時，祂看見他們「受困苦、被風飄蕩（舊約希臘文七十士譯本用*akatastatos*這個字，指「沒有秩序，在紛亂中」）、不得安慰」（賽54:11），便應許要以寶石來建造他們的根基（賽54:11-12），「平平安安」地引導他們（賽55:12）。神救贖計劃的宣告中，包含了給神百姓平安的應許（詩29:11; 85:8; 119:165；箴3:17；賽9:6-7; 26:3; 57:19；約14:27；羅8:6；帖後3:16等）。事實上，保羅所列出之聖靈果子的第三項就是「和平」（即「平安」）（加5:22）。

這個平安或和平的意思並非指懶散不動，因為當路加說：「猶太、加利利、撒瑪利亞各處的教會都得平安，被建立」（徒9:31）時，那是一個成長快速、活動頻繁的時代。此外，雖然神是一位平安的神，但祂也是一位「也不打盹，也不睡覺」的神（詩121:4）；祂乃是一位不停止工作的神（約5:17）。雖然天堂是一處平安的所在，但也是持續向神讚美並事奉祂的地方。

如此說來，我們可以將神的平安（peace）定義如下：神的平安是指，在神的實存和祂的作為裏，脫離了一切的混亂和失序，然而祂仍持續活躍地進行極多有秩序、全然受掌控，並同時發生的事。

這個定義指出，神的平安不是懶散不動，而是做很多有秩序、受掌控的事。要從事無限多這類的活動，當然需要神無限的智慧、知識和能力。

當我們以這樣的角度明白神的平安時，就能夠看見不僅在「和平」作為聖靈果子（加5:22-23）之一部分上，模仿了這個神的屬性，而且在聖靈果子中最後提及的因素，即「節制」那方面，亦模仿了這個屬性。當身為神百姓的我們走在祂的道路上時，我們會在經歷中愈來愈完全地明白，神的國真的是只在乎「公義、和平，並聖靈中的喜樂」（羅14:17），而對於神智慧的道路，我們也能夠說：「祂的道是安樂，祂的路全是平安。」（箴3:17）

C.6 公義，公正

在英文裏，**公義**（righteousness）和**公正**（justice）是不同的字，但是在舊約的希伯來文和新約的希臘文中，這兩個英文字的背後就只有一組字（基本上在舊約是*tsedek*形式的字群，在新約則是*dikaios*的字群）。所以，我們認為公義和公正這兩個詞要合在一起作為神的一個屬性。

神的公義是指，神的作為總是與正確之事符合一致，而祂自己就是判定何為正確之事的最終標準。

摩西論到神時說：「祂的作為完全；祂所行的無不公平，是誠實無偽的神，又**公義**、又**正直**。」（申32:4）當亞伯拉罕說：「審判全地的主，豈不行公義麼？」（創18:25），他成功地指出神公義的性格。神也說到並命令什麼是正確的：「耶和華的訓詞**正直**，能快活人的心。」（詩19:8）神說到祂自己：「我耶和華所講的是真理（和合本譯作『公義』）；所說的是**正直**。」（賽45:19）神公義的屬性所帶來的結果就是，祂必須要按照人所當得的來對待他們。因此，神就必須懲罰罪惡，因為罪是錯的，不當得獎賞，而當受懲罰。

當神不懲罰罪時，就表示祂是不公義的，除非我們能看到祂用別的方法懲罰那罪惡。這也就是為何保羅說，當神差遣基督作犧牲，為罪承擔懲罰時，是「要顯明神的義。因為祂用忍耐的心寬容人先時所犯的罪，好在今時顯明祂的義；使人知道祂自己為義，也稱信耶穌的人為義。」（羅3:25-26）當基督為我們的罪付上被懲罰的代價而死時，就顯明神真的是公義的，因為雖然祂赦免了百姓的罪惡，但是祂還是適當地懲罰了罪惡。

對於上述公義的定義，我們可能會問，什麼是「正確」的標準？換言之，什麼事是*應該*發生、*應該*存在的？我們在此必須回應說，**無論是什麼事，只要它符合神的道德性格，它就是正確的**。但是為什麼只要是符合神的道德性格，就是正確的呢？就是因為它符合了神的道德性格，所以它是正確的！假如神真的是公義的最終標準，那麼在神之外就沒有我們能夠藉以評定公義或公正的標準；祂自己就是最終的標準（這一點類似於我們前面所討論過關於神的真實的屬性；神自己就是真理的終極標準）。當每一次聖經面對關於神是否公義的問題時，最終的答案總是說，我們身為被神所創造的人，沒有權利去說神是不公義的或是不公正的；受造之物不能那樣說創造主。對於神的公義這個非常難解的問題，保羅這樣回應：「你這個人哪，你是誰，竟敢向神強嘴呢？受造之物豈能對造他的說：『你為什麼這樣造我呢？』窯匠難道沒有權柄從一

團泥裏拿一塊作成貴重的器皿，又拿一塊作成卑賤的器皿麼？」（羅9:20-21）

在回答約伯對神的質問——神對他是否公義時，神說：「強辯的豈可與全能者爭論麼？你豈可廢棄我所擬定的？豈可定我有罪，好顯自己為義麼？」（伯40:2, 8）接著神又繼續回答約伯，但其方法*不是*用解釋來讓約伯*明白*為何神的作為是正確的，而是用敘述來說出神自己的威嚴和大能！神不需要對約伯解釋祂作為的正確性，因為神是創造主，而約伯是受造者。「你有神那樣的膀臂麼？你能像祂發雷聲麼？」（伯40:9）「你自生以來，曾命定晨光，使清晨的日光知道本位……麼？」（伯38:12, 13）「你能向雲彩揚起聲來，使傾盆的雨遮蓋你麼？你能發出閃電，叫他行去，使他對你說：『我們在這裏』？」（伯38:34-35）「馬的大力，是你所賜的麼？」（伯39:19）「鷹雀飛翔，展開翅膀，一直向南，豈是藉你的智慧麼？」（伯39:26）最後約伯回答說：「我是卑賤的；我用什麼回答你呢？只好用手摀口。」（伯40:4）

然而，當我們明瞭公義和無所不能都是神所擁有的屬性時，我們應該會產生對神的感謝和感激之心。假如祂是一位完全公義的神，卻沒有能力執行公義，那麼祂就不配得敬拜，而且我們也得不到保證說，在宇宙中公正至終要得勝。但是如果祂是一位擁有無限能力的神，卻在性格上不講公義，那麼這宇宙將會如何可怕，就無法想像了！而且在所有實存的核心中，都存在著不公義，但卻沒有任何人能做什麼去改變它。如此一來，存在就會變得毫無意義可言，而且我們也會被推逼到全然的絕望中。所以，我們應當不斷地為神的屬性而感謝並讚美祂，因為「*祂所行的無不公平*，是誠實無偽的神，又公義、又正直」（申32:4）。

C.7 忌邪

雖然在英文中的嫉妒（jealous）一詞經常是負面的意思，但是有時候它也具有正面的意思。舉例來說，保羅對哥林多教會的人說：「我愛你們到了嫉妒的程度，像神對你們一樣。」（林後11:2；和合本譯作「我為你們起的憤恨，原是神那樣的憤恨。」）在此「嫉妒」或「憤恨」的意思是「熱切地保護或注意」，而其中之意也包含深深地委身以尋求自己或別人的尊榮或福祉。

聖經所表明的神的忌邪就是這個意思。祂不斷地熱切尋求保護祂自己的尊榮。祂命令祂的百姓不要膜拜偶像或事奉它們，並說：「因為我耶和華你的神是*忌邪的*神。」（出20:5）祂期望人崇拜祂自己，而非崇拜假神，因此祂命令以色列民拆毀迦南地上異教神祇的祭壇，祂所說的原因乃是：「不可敬拜別神，因為耶和華是忌邪的神，名為忌邪者。」（出34:14；另參申4:24; 5:9）

因此，我們可以將神的忌邪（jealousy）定義如下：*神的忌邪是指，神不斷地尋求保護祂自己的尊榮。*

有時候要我們將神的忌邪想成是一項可羨慕的神的屬性，會有一些困難，因為對人來說，要我們為自己的尊榮而有嫉妒，幾乎一定是錯的，因為我們不應該驕傲，而應該謙卑。但是我們必須明瞭，驕傲之所以是錯的，其原因是神學上的：我們不配得那單單應該屬於神的尊榮（另參林前4:7；啟4:11）。

然而，神尋求祂自己的尊榮卻不是錯誤的，因為祂完全應得尊榮。神坦然地承認，祂的創造和救贖之作為，都是為著祂自己的尊榮而做成的。說到神決定暫時不審判祂的百姓時，祂說：「我為自己的緣故……*我必不將我的榮耀歸給假神。*」（賽48:11）我們若能在心中確定這些事實——神應得到受造界所有的尊榮和榮耀，而且神要尋求這樣的尊榮也是正確的——我們在屬靈上就會是健康的。惟獨祂是無限地配受讚美。理解這個事實，又在其中喜樂，就是發現了真正敬拜的祕訣。

C.8 忿怒

當我們發現聖經多麼頻繁地提到神的忿怒，可能會讓我們感到非常驚訝。然而如果神喜愛所有正確與良善的事，和所有符合祂道德品格的事，那麼我們就應該不會對於祂恨惡所有不符合祂道德品格的事而感到驚訝了。因此，神對罪惡的忿怒是和祂的聖潔及公義息息相關的。我們可以將神的*忿怒*（wrath）定義如下：*神的忿怒是指，祂強烈地恨惡所有的罪惡。*

我們經常在聖經敘事的經文中看到關於神忿怒的描述，尤其是當神百姓大大得罪神的時候。當神看見以色列民拜偶像時，就對摩西說：「我看這百姓……你且由著我，我要向他們發*烈怒*，將他們滅絕……」（出32:9-10）後來摩西告訴百姓說：「你當記念不忘，你在曠野怎樣惹耶和華你神*發怒*……你們在何烈山又惹耶和華*發怒*；祂惱怒你們，要滅絕你們。」（申9:7-8；另參申29:23；王下22:13）

然而，聖經上的神的忿怒之教義並不只限於舊約，如同有些人所誤認為的。約翰福音3:36說：「信子的人有永生；不信子的人得不著……*神的震怒常在他身上。*」保羅說：「原來*神的忿怒*從天上顯明在一切不虔不義的人身上，就是那些行不義阻擋真理的人。」（羅1:18；另參羅2:5, 8; 5:9; 9:22；西3:6；帖前1:10; 2:16; 5:9；來3:11；啟6:16-17; 19:15）還有許多的新約經文也指出神對罪惡的忿怒。

如同神的其他屬性一樣，這也是一個我們應當為之感謝並讚美的神的屬性。一聽到這樣的說法時，我們可能會覺得很難做到，因為忿怒似乎是非常負面的觀念。若單單看這屬性，可能只會引起人的害怕和恐懼，但是我們若反問：假若神是一位不恨惡罪惡的神，那祂會是怎麼樣的神呢？這樣的反問對我們的了解會有所幫助：這樣的神應該會喜愛罪惡，或至少不會被罪惡所煩擾；這樣的神不值得我們敬拜，因為罪惡是可恨的，是*應該*被人恨惡的；罪是不應該存在的。事實上，恨惡邪惡和罪孽乃是一項美德（另參來1:9；亞8:17等）；當我們忿恨大邪惡、不公和罪惡時，就是正確地效法了神的這一項屬性了。[9]

還有，我們身為基督徒不應該害怕神的忿怒，因為雖然「我們……本為可怒之子，和別人一樣」（弗2:3），但是如今我們已經信靠「那位救我們脫離將來忿怒的耶穌」（帖前1:10；另參羅5:10）。當我們默想神的忿怒時，就會驚奇地思想到，我們的主耶穌基督為了使我們能夠得救，而背負了我們的罪，所招致到何等的神的忿怒（羅3:25-26）。[10]

不只如此，當我們思想神的忿怒時，也必須記住祂的忍耐。詩篇103篇同時提到神的忍耐和忿怒：「耶和華……*不輕易發怒*，且有豐盛的慈愛。祂不長久責備，也不永遠懷怒。」（詩103:8-9）事實上，神延遲沒有對邪惡執行祂的忿怒，目的就是為了領人悔改（見羅2:4）。

因此，當我們思想神將來的忿怒時，我們應當同時感謝祂的忍耐，祂還在等候，沒有執行那個忿怒，為的是更多人可以得救：「主所應許的尚未成就，有人以為祂是耽延；其實不是耽延，乃是寬容你們，不願有一人沉淪，乃願人人都悔改。但主的日子要像賊來到一樣。那日，天必大有響聲廢去……」（彼後3:9-10）神的忿怒之教義應當激發我們去傳福音，也應當促使我們感謝神至終會懲罰所有的罪行，並感謝祂將在那沒有不公義的新天新地裏掌權。

個人思考問題與應用

關於神的靈性

1. 為什麼神是這樣強烈地不喜悅人雕刻偶像，即使是要用那些偶像來代表祂？那麼，當我們禱告時，應該如何在心中描繪神或思想神呢？
2. 在我們今日的文化或思維方式中，有什麼使我們誤以為物質世界比屬靈世界更為真實和永恆？我們能夠做什麼來改變我們在感覺上對靈界之真實性的看法？

---

[9]在這一方面，我們應當要注意一般所說的：「要恨惡罪惡，但要愛罪人」。

[10]見本書第二十七章C.2.2節有關基督背負神之忿怒的討論。

關於神的知識

3. 我們在什麼時候會想要躲避神，向祂隱藏我們的思想和行為？你對這個問題的答案，如何能成為你生命中的祝福？
4. 關於你生命中的遭遇，神是否曾出過什麼錯誤，或沒有事先作些計劃，或沒有考慮好所有可能會發生的事情？你對這個問題的答案，如何能成為你生命中的祝福？
5. 神是何時才知道你會在今天的此時，在你現在所在的地點讀本章的這個問題？你對這個問題的了解，如何能成為你生命中的祝福？

關於神的智慧

6. 你是否真的相信，神今天在你的生命中智慧地工作？你是否真的相信，神今天在這世界上智慧地工作？假如你覺得有時候難以相信這一點，那麼你可以做些什麼來改變你的態度？

關於神的真實

7. 為什麼在我們社會裏的人，有時候甚至包括基督徒，都十分不在意言語上的真實性？為什麼我們常常不了解，說謊所造成的最大傷害，乃是使神自己受到羞辱的這個事實？你是否在以下任何一方面，需要尋求神的幫助，以便能更完全地在言語上反映祂的真實？例如：答應為別人禱告，但卻沒有代禱；承諾某時某刻你會在某地，但卻食言；為了把故事講地更生動，但卻是誇大其實；在工作上忘記你所說過的諾言，因而沒有信守它們；在轉述別人所說的話或講述你以為別人會認為的觀點時，不夠真實；在辯論時沒有公平地表達意見相反者的觀點。

關於神的良善

8. 首先請記住，一切美善的恩賜和全備的賞賜都是從神來的（雅1:17）。接下來請用五分鐘的時間，在一張小紙上，盡量列出從神而來的美善的賞賜。當你做完時，問問你自己，你是否常常為著神所賜的這些大多數的賞賜，而向神存著感謝的態度？你認為我們為什麼總有傾向會忘掉這些從神來的祝福？我們能做些什麼來幫助我們更經常地記住神的祝福？

關於神的慈愛

9. 從我們自己的人際關係來看，將「愛」定義為「捨己」是合適的嗎？你可以如何地效法神的愛，特別是在今天？
10. 你認為我們可以決定去愛某人，然後將那決定化為行動嗎？還是人和人之間的愛僅僅是依賴自然發生的感情？

關於神的憐憫

11. 假如你想要更完全地反映神的憐憫，那麼在你所認識的人當中，你願意在下星期中對誰表達特別的關懷?

關於神的聖潔

12. 在你目前的生活型態中，是否有些活動或關係，會妨礙你在聖潔上的成長，因為它們會使你難以脫離罪，以至於無法專心地尋求神的尊榮?

關於神的平安

13. 當你想要在你自己的生命中反映出神的平安時，首先請檢視一下你自己的情緒、心智和屬靈的狀態。你是否能夠說，總體來看，你有神的平安——即你的「內在生命」沒有混亂和失序，而是經常或不斷地在做有秩序、掌控得宜的活動以彰顯神的榮耀? 接著再就你生命中的「外在環境」來回答同樣的問題；也就是說，在你的家庭關係、你與鄰居的關係、你在學校和工作中的活動與關係，以及你在教會中的活動與關係等方面，是否可以稱得上是有神的平安? 整體看來，你生命的全盤情況如何? 它彰顯出神的平安嗎? 你能做些什麼來使你更完全地反映出神的平安?

關於神的公義

14. 你是否曾經希望某些神的律法能有所不同? 如果有的話，這是否反映了你不喜歡神道德性格的某一方面? 是否有些經文可以幫助你更完全地信服：神的性格和祂的律法在這些方面都是正確的?

關於神的忌邪

15. 當你在人的談話中、電視上或其他的情況下，聽見神被羞辱了，你是否會出於本能地為著神的尊榮而反映出祂的忌邪? 我們能夠做些什麼來加深我們為著神的尊榮而有的忌邪?

關於神的忿怒

16. 我們是否應當珍愛這個事實——神是一位恨惡罪惡的忿怒之神? 在哪些方面我們效法神的忿怒是對的? 在哪些方面則是錯的?

特殊詞彙

實存的屬性（attributes of being）
有福的看見（beatific vision）
可交通的屬性（communicable attributes）
信實（faithfulness）
良善（goodness）
恩典（grace）

聖潔（holiness）
不可見性（invisibility）
忌邪（jealousy）
公正（justice）
知識（knowledge）
慈愛（love）
心智屬性（mental attributes）
憐憫（mercy）
道德屬性（moral attributes）
無所不知（omniscience）
單一而永遠之舉（one simple and eternal act）
秩序（order）
忍耐（patience）
平安（peace）
公義（righteousness）
靈性（spirituality）
神的顯現（theophany）
真實（truthfulness）
誠實（veracity）
智慧（wisdom）
忿怒（wrath）

本章書目

由於第12章和第13章的主題材料密切相連，兩章的書目資料放在第13章的末尾。

第十三章
神的性格(二)：可交通的屬性(2)

在神目的性的屬性和總體之超絕的屬性上，我們和祂有何相像？

背誦經文：詩篇73:25-26

除你以外，在天上我有誰呢？除你以外，在地上我也沒有所愛慕的。我的肉體和我的心腸衰殘；但神是我心裏的力量，又是我的福分，直到永遠。

詩歌：*你若只容讓神引導你*（*If Thou But Suffer God to Guide Thee*）

1你若只容讓神引導你 一切路上惟指望祂 無論何境遇祂要賜力
遭難之日祂要支撐 信靠神愛不變之人 根置磐石無人可移
2這些憂慮無止境歎息 豈能勝過豈能漫過 黑暗時刻你只知悲歎
於你會有什麼幫助 十架試煉所加苦楚 只會更重無從勝任
3惟有靜默等候祂時辰 欣然盼望衷心滿足 領受祂所喜悅的美意
補足一切愛所賜予 我們需要祂深知道 為屬祂者選擇上好
4面對至高神人都一樣 在祂豈有難成的事 祂抬舉低微使他高升
祂使富人變為貧窮 祂仍行使真正神蹟 使無變有使有變無
5唱詩禱告不偏離祂路 盡你本分向祂忠誠 信祂話語你雖然不配
你要發現主話真實 關鍵時刻神不離棄 真正信靠祂的靈魂

詞：Georg Neumark, 1641

曲：NEUMARK 9.8.9.8.8.8., Georg Neumark, 1657

無疑地，這首詩歌是表達信靠神全權的最優美的詩歌之一。

替代詩歌：*神用奧祕行動前來*（*God Moves In a Mysterious Way*）, William Cowper, 1774
冠祂萬王之王（*Crown Him With Many Crowns*）, Matthew Bridges, 1800-1894, and Godfrey Thring, 1823-1903

前言

在前一章裏，我們討論過描述神*實存*的屬性（靈性、不可見性）、祂的*心智*屬性（知識、智慧和真實），以及祂的道德屬性（良善、慈愛、憐憫、恩典、忍耐、聖潔、和平、公義、忌邪和忿怒）。在本章裏，我們要檢視神的目的性的屬性，亦即與作決定和執行決定有關的屬性（旨意、自由和無所不能），以及神的總體性屬性（完全、有福、美麗和榮耀）。本章和上一章的內容是連貫的，因此本章的節數由D節開始。

D. 神的目的性屬性

在這個類別的屬性裏，我們首先要討論神旨意的一般性質，然後討論神旨意的自由（freedom），最後才討論神旨意的無所不能（omnipotence，無限的能力）。

D.1 旨意

神的旨意乃是神的屬性，神藉之贊成並決定將祂的每一個作為付諸實現，而這些作為對祂自己與一切受造之物的存在與活動皆屬必要。

這個定義指出，神的旨意（will）與神決定並贊成祂的所是和所為有關；這定義關係到神要做什麼和神不要做什麼的選擇。

D.1.1 神旨意的一般性質

聖經屢次指出，神的旨意是萬事發生的最後或最終極的原因。保羅說神是那位「行作萬事的，*照著祂旨意所預定的*」（弗1:11）。在此的「萬事」（希臘文*ta panta*），保羅常常用此語來指所有存在的或被造的事物（例見弗1:10, 23; 3:9; 4:10；西1:16〔兩次〕, 17；羅11:36；林前8:6〔兩次〕；15:27-28〔兩次〕）。[1] 譯為「行作」的字（*energeō*,「工作、做出、使……發生、造出」）是現在分詞，表示它是持續的活動。這一句話若這樣繙譯會更加明確：神是那位「照著祂的旨意所決定的，使宇宙中的萬事持續發生」。

講得更明確一點，萬有都是靠著神的旨意而被造的：「因為你創造了萬物，並且萬物是*因你的旨意被創造而有的*。」（啟4:11）不論是舊約和新約都說到，世上的政權都是照神的旨意而產生的：從天上來的聲音告訴尼布甲尼撒說，他要學習「至高者在人的國中掌權，要將國賜與誰，就賜與誰」（但4:32）；而保羅也說：「沒有權柄不是出於神的。凡掌權的都是神所命的。」（羅13:1）

耶路撒冷教會相信，所有與基督的死有關連的事件，都是按照神的旨意而發生

[1]此語並非總是表達「萬事」的意思（另參羅11:32；林前12:6；林後12:19），然而當此語所在的上下文中，保羅的思想範圍是關係到宇宙的本質時（就如這一段經文），它就似乎很清楚地是指受造界中的所有事物。

的，因為他們禱告說：「希律和本丟彼拉多，外邦人和以色列民，果然在這城裏聚集要攻打你所膏的聖僕耶穌，成就你手和你意旨所預定必有的〔一切〕事。」（徒4:27-28）它明確地提到在釘十字架的不同階段時所涉及的不同人群，並且又用了不定的複數關係代名詞「一切事」（希臘文*hosa*，衍生自*hosos*，「……事」），表示出不只是耶穌的死，而且所有與這有關連的事件細節，都包括在這句敘述裏了：神的手和祂的旨意已經預定了所有那些事都會發生。

有時候基督徒受苦是神的旨意，如我們在彼得前書3:17裏所看見的：「神的旨意若是叫你們因行善受苦，總強如因行惡受苦。」彼得在下一章裏又說：「所以，那照神旨意受苦的人要一心為善，將自己靈魂交與那信實的造化之主。」（彼前4:19）後面這一節的「照神旨意」不是指基督徒在受苦時的態度——行善，否則就會使得這節經文變得重複了：「所以，那『因行善受苦』的人要一心為善，將自己靈魂交與……」因此，「照神旨意」乃是指這些基督徒受苦的事實，正如前面那一節（彼前3:17）中的「神的旨意」就是指基督徒的受苦。

雅各鼓勵我們要將生活中的所有事情，都視作是在神的旨意之下。對於那些說「今天明天我們要往某城裏去，在那裏住一年，作買賣得利」的人，雅各說：「其實明天如何，你們還不知道……你們只當說：『主若願意，我們就可以活著，也可以作這事，或作那事。』」（雅4:13-15）要將這許多的事，甚至包括邪惡的事，都歸於神的旨意，通常會使基督徒誤會和感到困難。我們會在本章討論一些關於這個主題——神的旨意——的難題，而另一些問題則將會在第十六章討論神的天命時再加以探討。

D.1.2 神旨意的不同方面

過去學者對神的旨意所作的一些區分，可以幫助我們明瞭神旨意的不同方面。正如我們在作決定或作選擇時，可能有迫切或勉強、快樂或後悔、隱祕或公開等不同的態度；神在祂偉大無限的個性裏，也會以不同的方式決定不同的事。

(1) 必要的旨意與自由的旨意

關於神旨意的不同方面，有一種區分是很有幫助的，那就是將神的旨意分為必要的旨意（necessary will）和自由的旨意（free will）。神必要的旨意包括所有祂按著自己的本性必須要有的事。什麼是神必須要有的事呢？祂自己一定要存在；祂永遠必須要或說想要成為祂所是的這一位神。祂說：「我是我所是」或「我將是那將是的」（出3:14，和合本譯作：「我是自有永有的」）。神不能選擇不同的所是，或選擇不再存在。

神*自由的旨意包括所有神決定要有、但不是按著祂本性必須要有的事*。我們必須將神創造萬有的決定，以及所有與創造細節有關的決定，都列為這類的旨意；我們也必須將所有救贖的作為列入這類的旨意。在神自己的本性裏，沒有什麼因素要求祂決定創造這個宇宙，或為祂自己而將一群人從有罪的人類中救贖出來（見本書第十一章B.1節有關神的自主性的討論）。雖然如此，神仍決定要創造並救贖，而且這些事情全然出於祂的自由選擇。雖然在三一之神的成員之間有無限量且永遠的愛、團契和榮耀存在著（見約17:5, 24），然而神還是決定創造這宇宙，並且為祂自己的榮耀而救贖人（另參賽43:7; 48:9-11；羅11:36；林前8:6；弗1:12；啟4:11）。如果我們想要在神自己的實存裏找到神創造或救贖的必要原因，就是一個錯誤，因為那就是在剝奪神完全的自主性；那就等於是說，沒有我們，神就不能真正的成為神了。神要創造和救贖的決定，全然是祂自由的抉擇。

(2) 隱祕的旨意與啟示的旨意

另外一種關於神旨意的區分，乃是*隱祕的旨意*（secret will）和*啟示的旨意*（revealed will）之區分。即使是在我們自己的經驗裏，我們也知道我們能夠私密地決定一些事情，日後才讓人知道。有時候我們在所決定的這件事發生之前就告訴別人，但有時候我們不會說出那些私密的決定，直到我們所決定的事情發生以後才說出來。

在聖經的許多經文裏，有關神旨意的這種區分確實是很明顯的。摩西說：「*隱祕的事*是屬耶和華我們神的；惟有*明顯的事*是永遠屬我們和我們子孫的，好叫我們遵行這律法上的一切話。」（申29:29）神把一些事情啟示給人知道，為的是要人順服祂的旨意：「好叫我們*遵行*這律法上的一切話。」不過，神的計劃裏還有很多其他的層面，還沒有向我們和我們子孫啟示出來：未來事件的許多細節，我們生活中的困境或祝福的特定細節等等。對於這些事情，我們只有單單地信靠祂。

因為神*啟示的旨意*通常包括祂規範我們道德行為的命令或「誡命」，所以，神啟示的旨意有時候也叫作*誡命的旨意*（will of precept）或*命令的旨意*（will of command）。這類啟示的旨意，即*神宣布出來的旨意，是關於我們當做的事或神命令我們要做的事*。

在另一方面，神*隱祕的旨意*通常包括了*祂隱祕的諭旨——祂藉之管理宇宙，並決定一切所要發生的事*。祂通常不會向我們揭示這些諭旨（除非是對未來的預言），所以這些諭旨真的是神「祕密的」旨意。當事件真的發生時，我們才會知道神所預定的事。因為這個神隱祕的旨意與祂所預定世上將要發生的事件有關，所以神在這一方面的旨意有時候又被稱為神*諭旨的旨意*（will of decree）。[2]

聖經中有幾處例子提及神啟示的旨意。主禱文裏的：「*願你的旨意行*在地上，如同行在天上」（太6:10），就是一個祈求的禱告，願人都能在地上順服神*啟示的*旨意和祂的命令，如同他們在天上一樣（即能完全而徹底地順服）。這不是一個祈求神隱祕之旨意——祂為所計劃要發生之事件而定的諭旨——實現的禱告，因為神在祂隱祕旨意裏所定下的諭旨，都必定會發生。如果是向神禱告求祂已經決定要做的事能夠發生，就如同禱告說：「願將要發生的事發生。」那就真的是一個空洞的禱告，因為它根本就沒有祈求任何事。不只如此，因為我們不知道神關乎未來的隱祕旨意是什麼，所以我們若禱告求神隱祕旨意的成就，就表示我們根本不知道自己在求什麼，這樣的禱告就成了一個不知所云、沒有果效的禱告了。因此，「願*你的旨意*成就」必須被解釋成是在祈求神*啟示的*旨意成就，即人在地上遵從神啟示的旨意。

假使這句話是這樣理解的話，那麼它就為我們提供了一個禱告的模式：要在聖經裏神的命令之根基上來禱告。按這個意義來說，耶穌提供了一個導引，要我們為極廣的事項去禱告：為人願意順服神的律法、遵循祂賜下的生活原則、認罪悔改並信靠基督為救主……而禱告。祈求這些事情，就是禱告神的旨意行在地上如同行在天上。

在耶穌教導主導文之後不久，耶穌又說：「凡稱呼我『主啊，主啊』的人，不能都進天國；惟獨遵行我天父*旨意*的人才能進去。」（太7:21）再一次地，這裏所說的旨意不可能是指神隱祕的旨意或諭令的旨意（因為所有的人類都在隨從這種旨意，即使他自己並不知道），它乃是指神*啟示的*旨意，也就是跟從基督的人所要順服的神的道德律（另參太12:50; 18:14）。當保羅命令以弗所教會的人「要明白*主的旨意如何*」時（弗5:17；另參羅2:18），他也是指神啟示的旨意。當約翰說：「我們若*照祂的旨意*求什麼，祂就聽我們」（約一5:14）時，也同樣是指神啟示的旨意。

將提摩太前書2:4和彼得後書3:9所指的意思也當作是這類的旨意，可能是最好的解釋。保羅說，神「*願意*人人（和合本譯作『萬人』）得救，明白真道」（提前2:4,「*願意*」的希臘文*theleō*，亦可譯作「想要，希望」）。彼得說，主「所應許的尚未成就，有人以為祂是耽延；其實不是耽延，乃是寬容你們，不*願*有一人沉淪，乃*願*人人都悔改。」（彼後3:9）在這兩節經文裏，神的旨意都不能被解釋為神隱祕的旨意，就是祂所定規關乎將來必會發生之事的諭旨；這是因為新約聖經清楚地說明，將來會有

[2]見本書第十六章D節有關神諭旨的討論。

最後的審判，而且不是所有的人都會得救。所以，我們最好將這些經文所說的意思理解為神*啟示的旨意*，就是祂要人人順從祂的命令，以及祂向我們所宣告那些祂看為喜悅的事。

但在另一方面，也有許多的經文說到神隱祕的旨意。雅各告訴我們說：「*主若願意*，我們就可以活著，也可以作這事，或作那事」（雅4:15），他不可能是指神啟示的旨意或誡命的旨意，因為我們已經*知道*我們的許多行動和做事的計劃是按照神的命令了。反之，這裏說的乃是神隱祕的旨意；我們要信靠神隱祕的旨意來克服我們的驕傲，並表達我們謙卑地依靠神在我們生活各事上的全權。

另外一個例子可以在創世記50:20那裏看得到。約瑟對他的兄長們說：「從前你們的意思是要害我，但*神的意思原是好的*，要保全許多人的性命，成就今日的光景。」在此事上，神對約瑟的兄長們的*啟示的*旨意乃是他們應當要愛約瑟，不可盜取他的東西，不可將他賣掉為奴，也不可謀殺他。然而神*隱祕的*旨意乃是要藉著約瑟兄長們的不順服及將約瑟賣到埃及為奴，使他在那地獲得權柄，得以拯救他全家，成就更大的良善。

當保羅對哥林多教會的人說：「*主若許我*，我必快到你們那裏去」（林前4:19），他不是在說神啟示的旨意，因為順服神並履行使徒職分的保羅，已經決定要去拜訪哥林多教會的人。相反地，他是在說神隱祕的旨意，就是神對未來的隱藏計劃，那是保羅所不知道的，只有在它發生的時候人才能知道（另參徒21:14；羅1:10; 15:32；弗1:11；彼前3:17; 4:19）。[3]

聖經上說，福音中的好消息向一些人啟示出來，而向另一些人隱藏起來，都是按著神的旨意。耶穌說：「父啊，天地的主，我感謝你，因為你將這些事，向聰明通達人，就藏起來，向嬰孩，就顯出來。父啊，是的，*因為你的美意本是如此*。」（太11:25-26）這裏「*美意*」必定又是指神隱祕的旨意，因為祂啟示的旨意是願所有的人都得著救恩。實際上，就在兩節經文以後，耶穌命令每一個人說：「凡勞苦擔重擔的人，可以到我這裏來，我就使你們得安息。」（太11:28）而且保羅和彼得告訴我們，神願意所有的人都得救（見提前2:4；彼後3:9）。如此說來，有些人沒有得救，和福音向有些人隱藏起來的事實，都必須被理解為是按神隱祕的旨意所發生的事，那是我們所不知的，我們也不宜試圖窺探究竟。我們必須以相同的方式來了解羅馬書9:18（「神要憐

[3]保羅在以弗所書1:9-10說，神「叫我們知道祂旨意的奧祕……都在基督裏面同歸於一」。在此他告訴我們，神部分的隱祕旨意已經變成啟示的旨意了，因為神讓使徒們知道了，之後又讓教會知道了。

憫誰，就憐憫誰；要叫誰剛硬，就叫誰剛硬」），和使徒行傳4:28（「成就你手和你意旨所預定必有的事」）的意思，這兩處經文所提及的神的旨意，都是指神隱祕的旨意。

我們若說邪惡的事也是按著神的旨意而發生的，這樣的說法是很危險的，雖然我們看到聖經也以這種方式來說到那類的事。危險之一乃是我們可能會開始以為神以邪惡為樂，然而祂並非如此（見結33:11），雖然祂可能會使用罪惡達成祂良善的目的（見第十六章更進一步的討論）。另一個危險乃是我們可能會開始以為導致罪惡產生的是神，而不是我們，或認為我們不用為我們的惡行負責，然而聖經卻是把關於神全權旨意的敘述和關於人對罪行之責任的敘述聯繫起來。彼得說，耶穌「既按著神的定旨先見被交與人，你們就藉著*無法之人的手把祂釘在十字架上殺了*」（徒2:23）。在這同一句話裏，彼得同時肯定了神隱藏的諭旨，以及應該懲罰那些實行該諭旨的「無法之人」的邪惡。無論我們如何理解神隱藏旨意的運行，我們絕不能認為我們就可免除對惡行該負的責任，或要神來承受罪責；聖經從未有過那樣的說法，我們也不可以那樣說，即使神的這個諭旨為何會如此，在今世對我們來說仍舊是一個奧祕。[4]

D.2 自由

*自由乃是神的屬性，神藉此做任何祂所喜悅的事。*這個定義表示，在所有受造界中，沒有什麼能夠攔阻神去做祂決定要做的事。所以，神的這個屬性與祂的旨意和祂的能力是密切相關的。但是這個自由的層面主要是指神不受祂身外任何事物的限制，並且祂能自由地去做任何祂想要做的事。沒有任何的人或力量能夠命令祂去做什麼。祂不在任何權柄之下，也不受任何外界的限制。

詩篇115篇提到了神的自由；那裏對比出祂的浩大能力與偶像的脆弱：「我們的神在天上，*都隨自己的意旨行事。*」（詩115:3）人間的君王無法抵擋神或有效地抗拒祂的旨意，因為「王的心在耶和華手中，好像隴溝的水，隨意流轉」（箴21:1）。與此相似地，尼布甲尼撒王在他的悔過中學習到神真的是這樣：「在天上的萬軍和世上的居民中，*祂都憑自己的意旨行事。*無人能攔住祂手，或問祂說：『你作什麼呢？』」（但4:35）

因為神是自由的，所以我們不應當試圖為神在宇宙中的作為，去尋找更終極的答

---

[4]見本書第十六章B.7-8節有關神的旨意和邪惡之關係的進一步討論。亦見以下這篇精采的論文：John Piper, "Are There Two Wills in God? Divine Election and God's Desire for All to Be Saved," in *The Grace of God, the Bondage of the Will*, vol. 2, ed. by Tom Schreiner and Bruce Ware (Grand Rapids: Baker, 1995).

案，因為事實是祂可以定意做任何事，而且祂的旨意有完全的自由（只要祂所採取的行動符合祂自己的道德品格）。有時候有人會想去發掘神做這事或那事背後的原因，例如祂為何要創造這個世界，或祂為何要拯救我們，但我們最好是這麼說：神選擇創造這個世界及拯救罪人的最終原因，是祂全然自由的旨意（並以符合祂性格的方式來運作）。

D.3 無所不能（能力、全權）

神的無所不能是指，神能夠實行祂所有的聖潔旨意。能力（power）與全權（sovereignty）兩個屬性，與無所不能是連帶的。「*無所不能*」（omnipotence）一詞是從兩個拉丁字衍生出來的：*omni*「所有」，和 *potens*「有能力的」，合起來的這個字意思是「有一切的能力」。神的*自由*是指神的決定不受外界的限制，而神的*無所不能*則是指祂自己有能力去做祂所決定要做的事。

聖經經常提到神的這種能力。詩篇說神是「有力、有能的耶和華，在戰場上有能的耶和華」（詩24:8）。這個修辭性的問句：「耶和華豈有難成的事麼？」（創18:14；耶32:27），從其上下文來看，當然是指沒有一件事對耶和華來說是太難的。事實上，耶利米對神說：「在你*沒有*難成*的事*。」（耶32:17）

保羅說：「神能……充充足足的成就一切超過我們所求所想的。」（弗3:20）神被稱為「全能」者（林後6:18；啟1:8），此字的希臘文 *pantokratōr*，其意是擁有所有的能力和權柄。不只如此，天使加百列對馬利亞說：「在神沒有一件事是做不到的」（路1:37，和合本譯作「出於神的話沒有一句不帶能力的」），而耶穌也說：「在*神凡事都能*。」（太19:26）

這些經文指出神的能力是無限的，所以祂做事不限於祂實際已經做過的事；事實上，神能夠做超過祂實際已做的事。舉例來說，施洗約翰在馬太福音3:9那裏說：「神能從這些石頭中給亞伯拉罕興起子孫來。」神是「隨自己的意旨行事」的那一位（詩115:3），祂可以摧毀以色列，並從摩西的支派興起一個大國（另參出32:10），但是祂沒有那麼做。

然而，有一些事是神不能做的——神不會想要，或去做任何違背祂自己性格的事。這就是為何我們在「無所不能」的定義中說到，神有能力去實行「祂所有的聖潔旨意」。神並非絕對能夠做所有的事，祂乃是能夠做所有符合祂性格的事。舉例來說，神不能說謊。在提多書1:2那裏，祂直接被稱為是「無謊言的神」或「從不說謊的神」。希伯來書的作者提到神的誓言和應許時說：「神不可能說謊。」（來6:18，和合本譯作「神決不能說謊」）提摩太後書2:13提到基督時說：「祂不能背乎自己。」不只如此，雅各說：「神不能被惡試探，祂也不試探人。」（雅1:13）因此，神不能說謊、犯罪、違背自己，或被惡試探；祂也不能停止存在，或不再是神，或以任何不符合祂的屬性的方式行動。

因此這就表示，我們若說神能夠做任何事，這說法並不是全然準確的。即使我們前面所引用的聖經經文也用類似於這種說法的語句，但我們必須按它們的上下文來理解這些話的意思，即神能夠做任何祂想要做的事，或任何符合祂性格的事。雖然神的能力是無限的，但祂對那個能力的使用則是符合祂其他所有屬性的（正如祂所有的行動都符合祂所有的屬性一樣）。所以這個例子又說明了，如果我們將神的一個屬性單獨挑出來，使它與神整體的性格分離，並且過度地強調它，那麼就會造成誤解。

神行使能力在祂的受造界，這又被稱為神的**全權**（sovereignty）；換言之，神的全權是指神有如「統治者」或「君王」那樣地在祂的受造界行使統治權。我們在第十六章論及神的天命時將會更詳細地討論這個主題。

在我們結束這段有關神的目的性之屬性的討論時，我們要再次提醒，神用一種特殊的方式創造我們，以致我們的生命能隱約地反映出祂的每一項屬性。神創造的我們是有**意志**（will）的，我們能作選擇，能對生活中的各種事作出真實的決定。雖然我們的意志不像神的旨意那樣，是絕對地自由的，但是在祂所創造的宇宙中，在我們活動的範圍以內，神仍賜給了我們**相對的自由**（relative freedom）。

事實上，我們直覺到我們有能力運用我們的意志來作選擇，並且能相當自由地運用意志，而這是我們在實存上像神的最重要記號之一。當然，我們對運用意志的渴望，和對脫離限制而完全自由的渴望，會以有罪的方式顯示出來：人會變得驕傲，並會渴望一種自由，使人能悖逆神的權柄，並拒絕順服祂的旨意。不過，當我們使用我們的意志和自由去作討神喜悅的選擇時，我們就反映了祂的性格，並將榮耀帶給祂。當人類被邪惡的政府或其他的環境剝奪了自由抉擇的能力時，他們身上一個像神的重要部分就被壓抑了，難怪他們會願意付上任何代價來重獲自由。每一個按照神形像而被造的靈魂深處，都會對美國革命家派屈克·亨利（Patrick Henry, 主後1736-1799年）的口號——「不自由，毋寧死！」——產生共鳴。

我們人類當然沒有無限的能力（或無所不能），也沒有無限的自由，並且也沒有無限量的神的任何其他屬性。然而雖然我們不是無所不能，但神已賜給我們**能力**使我們能有成果，而這能力包括了身體的能力和其他種類的能力：心智的能力、屬靈的能力、勸說的能力，和不同權柄結構（家庭、教會、政府等等）中的能力。在所有這些方面，我們若用討神喜悅並符合祂旨意的方式來使用能力，就能反映出祂自己的性格，也就能榮耀祂。

E. 神的總體性屬性

E.1 完全

神的完全是指，神全然擁有所有超絕的特質，而不缺少任何一項祂想要有的特質。

對於是否應將這項屬性單獨列出，或是應該把它包含在其他屬性之內，實在不是一件容易決定的事。有些經文說到神是「完全的」（perfect）或「全備的」，而耶穌告訴我們說：「你們要完全，*像你們的天父完全一樣。*」（太5:48）大衛論到神說：「祂的道是*完全的*。」（詩18:30；另參申32:4）所以，聖經中已有一些先例清楚地說明神在祂的超絕（excellence）中不欠缺什麼：祂全然擁有所有那些屬性，並不缺乏其中任何一項。不只如此，沒有一樣超絕的特質是祂沒有而想要獲得的：祂在每一方面都是「完備的」或「完全的」。

我們將這個屬性定為總體性屬性類別中的第一項，因為它不適合被分入其他類別中。雖然就某種意義而言，神的所有屬性都影響了其他的屬性，但這些適合被列入這個總體性類別中的屬性，似乎更能被直接應用到所有的屬性，或用之描述所有屬性的某方面，而那個方面是值得加以清楚說明的。

E.2 有福

「有福」（blessed）就是得到一種十分完滿而豐富的快樂。聖經常常說到那些走在神道路上的人是有福的。但是在提摩太前書裏，保羅稱呼神是「*可稱頌*、獨有權能的」（提前6:15），並說到「*可稱頌*之神交託我榮耀福音」（提前1:11）。在這兩處例子裏，其用字不是*eulogētos*（此字通常譯為「可稱頌的」），而是*makarios*（意思是「快樂有福的」）。

因此，我們可以將神的*有福*（blessedness）定義如下：*神的有福是指，神全然以祂自己為樂，也全然以一切能反映出其性格的為樂。*在這個定義裏，神的快樂或有福是直接與祂自己相關連的——祂是一切值得喜樂或歡欣之事物的焦點。這個定義指出，神是完全地快樂，祂從自己得到滿足的喜樂。

這個定義顯出了一件事實，那就是神喜悅受造界中每一樣能反映祂自己超絕的事物。當神完成祂的創造之工時，祂看每一樣祂所創造的都是「甚好」的（創1:31），這就表明了神喜悅並嘉許祂所創造的一切。然後在以賽亞書那裏，我們讀到神的應許，祂將會喜悅祂的百姓：「新郎怎樣喜悅新婦，你的神也要照樣喜悅你。」（賽62:5；另參箴8:30-31；番3:17）

其實不論神是喜悅祂的受造物，或甚至包括喜悅我們，祂真正喜悅的，乃是那些被反映出來的、祂自己裏面的超絕屬性。這可能會讓我們在起初時覺得奇怪或甚至失望，然而當我們想到，所有可羨慕的或超絕的事物之總和，都沒有限量地存在於神自己的裏面，我們才了解到，除此之外別無可能；不論在宇宙中有什麼超絕的事物，有什麼可羨慕的事物，最終必定是從祂而來的，因為祂是萬有的創造主，又是一切美善的源頭。「*各樣*美善的恩賜和*各樣*全備的賞賜，都是從上頭來的，從眾光之父那裏降下來的；在祂並沒有改變，也沒有轉動的影兒。」（雅1:17）

所以，我們應當告訴自己，如同保羅對哥林多教會的人所說的：「你有什麼不是領受的呢？若是領受的，為何自誇，彷彿不是領受的呢？」（林前4:7）「因為萬有都是本於祂，倚靠祂，歸於祂。願榮耀歸給祂，直到永遠！」（羅11:36）

當我們對所有叫神喜悅的事物都感到喜悅和快樂時，這包括了我們自己的生活及別人的行為裏那些討神喜悅的層面，我們就是在效法神的有福了。事實上，當我們感謝並喜悅神在創造我們個人時所賦予我們的獨特能力、愛好和其他特點時，就是在效法祂的有福之屬性了。不只如此，當我們因受造界反映出神超絕性格的不同方面而喜樂時，也是在效法神的有福。我們發現，我們最大的福氣、最大的快樂，乃是在於以一切美善特質的源頭——神自己——為樂。

巨.3 美麗

*美麗是神的屬性，藉此祂成為所有可羨慕之特質的總和。*神的這項屬性隱含在我們前面所討論的一些屬性之中，特別是與神的完全有關，不過，神的完全之定義是指出，神不*缺少*任何一項祂想要有的特質，而神的美麗這個屬性則是以正面的方式來指出，神真的擁有一切可羨慕的特質：「*完全*」的意思是指神不缺少任何可羨慕的特質；「*美麗*」的意思則是指神具有每一項可羨慕的特質。它們是以兩種不同的方式來肯定同樣的真理。

然而，從正面的角度來肯定神擁有每一項可羨慕的特質，是有其價值的。它提醒我們，我們所有良善和公義的渴望，和一切在我們或任何其他受造物裏面真正應當有的渴望，都能在神那裏找到終極的滿足，但在其他事物裏找不到那樣的滿足。

大衛在詩篇27:4那裏說到了神的美麗：「有一件事，我曾求耶和華，我仍要尋求：就是一生一世住在耶和華的殿中，瞻仰**耶和華**（和合本譯作「**祂**」）**的榮美**，在祂的殿裏求問。」類似的思想在另一首詩篇中也表達出來：「除你以外，在天上我有誰呢？除你以外，在地上我也沒有所愛慕的。」（詩73:25）在這兩處經文裏，詩人表達他對神——所有可羨慕之特質的總和——的渴慕，遠超過所有其他的渴慕。這個渴慕的巔峰，在於渴望親近神，並渴望永遠享受祂的同在。因此，在天城裏最大的祝福應該是：「要見祂的面」（啟22:4）。

高信夫人（Anne R. Cousin, 主後1824-1906年）對天堂的看法誠然是很合適的，因為她在她的詩歌「日漏沙殘」（*The Sands of Time are Sinking*）最後一節寫道：

新婦不看她衣裳　只看所愛新郎　我也不看我榮耀　只是瞻仰我王

不見祂賜的冠冕　只看祂手創傷　羔羊榮耀今充滿　以馬內利之境

當我們呈現出討神喜悅的行為時，我們就是在自己的生活中反映了神的美麗。因此彼得告訴他寫信對象之教會裏的妻子們說，她們的「妝飾」（亦即她們美麗的來源）應當是「裏面存著長久溫柔、安靜的心為妝飾，這在神面前是極寶貴的」（彼前3:4）。與此類似地，保羅指示作僕人的應當以他們的行為，「在一切事上給我們的拯救者神之教義**增光彩**。」（多2:10，和合本譯作「凡事尊榮我們救主神的道。」）

對基督而言，我們生命中的美麗是非常地重要，以至於祂現今的目的就是要使整個教會聖潔，「可以獻給自己，作個榮耀的教會，毫無玷污皺紋等類的病，乃是聖潔沒有瑕疵的。」（弗5:27）因此，我們個人和教會整體，都應當在每一方面展現祂的性格，反映祂的美麗。當我們反映神的性格時，祂就以我們為樂，並且在祂的眼中看我們是美麗的。

另一方面，當我們在主內弟兄姊妹的生命中，看見神的超絕被彰顯出來時，我們也會因之喜樂，所以，我們應當會在彼此交通團契之時感到快樂喜悅，而且當我們更多地被模成為基督之生命時，這種喜樂也會加深。此外，我們也應當渴望加入神百姓的團契，叫神的性格在其中彰顯出來，因為當我們以神百姓的敬虔為樂時，我們就是在祂的百姓身上看見了祂性格之見證；因此終極來說，我們是在以神自己為樂。

巳.4 榮耀

從一方面的意義來看，「**榮耀**」（glory）一詞的意思就是指「尊榮」或「至上的聲譽」。以賽亞書43:7裏的這個詞就是這個意思，神在那裏提到祂的兒女時，說他們「是我為**自己的榮耀**創造的」；羅馬書3:23裏的這個詞的意思也相同，「世人都犯了罪，虧缺了神的**榮耀**」；約翰福音17:5那裏的意思也一樣，耶穌對父說到「未有世界以先，我同你所有的**榮耀**」；希伯來書1:3裏也是這個意思，那裏說到子神「是（父）神**榮耀**所發的光輝」。就此意義而言，神的「**榮耀**」並不是一個確切表達祂實存的屬性，而是在描述宇宙中所有受造物應當歸給神的至高尊榮（也包括希伯來書1:3和約翰福音17:5裏所說的，在三一神的成員之間所分享的尊榮）。然而，這個「**榮耀**」的意思不是我們在本節裏所關切的意義。

從另一方面來看，神的「榮耀」的意思是指環繞神的亮光。因為神是靈，不是能量或物質，所以這可見的光不是神實存的一部分，而是受造之物。我們可以將神的**榮耀**（glory）定義如下：**神的榮耀是指，當神啟示祂自己時，環繞祂的受造亮光。**

其實這個「屬性」和神的其他屬性比起來，並不能算是一項神的屬性，因為我們在此所說的神的榮耀並不是指神自己的性格，而是指神在受造界中彰顯祂自己時，那環繞在祂周圍的**受造**之光或光輝。因此，就這層意思而言，神的榮耀並不是存在於神自己裏面的一項真正的屬性。不過，因為神的榮耀乃是惟獨屬乎祂的，是祂自己超絕的外在彰顯，所以我們在討論神的各項屬性之後，在此立刻討論祂的榮耀，似乎也是正確的。

聖經時常講到神的榮耀。大衛曾問：「榮耀的王是誰呢？萬軍之耶和華，**祂是榮耀的王！**」（詩24:10）我們在詩篇104:1-2裏讀到：「耶和華我的神啊，你為至大；你以尊榮威嚴為衣服。披上亮光，如披外袍；鋪張穹蒼，如鋪幔子。」在舊約聖經裏屢次提到神的榮耀。

在新約聖經裏也提到神的榮耀，那是當天使向牧羊人宣告耶穌降生時所出現的景況：「有主的使者站在他們旁邊，**主的榮光四面照著他們**，牧羊的人就甚懼怕。」（路2:9）而在基督變像時，神的榮耀也是那樣地顯明（另參太17:2）。我們將來在天城裏也會發現，「那城內又不用日月光照，因**有神的榮耀光照**，又有羔羊為城的燈。」（啟21:23）

在神彰顯自己時，有這樣的榮光和明亮伴隨著，是十分合宜的，因為神的榮耀是神超絕性格之外在可見的彰顯。神的實存之偉大，以及祂所有屬性之完美，都是我們永遠無法完全領會的；在此榮耀之前，我們只能敬畏站立，敬拜神。因此，我們可以這麼說，神可見的彰顯是這樣地明亮，使我們不能完全注視它，但是當我們只看見它的一部分時，卻能喚起我們極大的喜悅和深邃的敬畏。

然而，神竟能使我們反映祂的榮耀，這實在太叫人驚奇了。保羅告訴我們，甚至在我們今日的基督徒生活中，我們眾人都能「變成主的形狀，榮上加榮。」（林後

3:18；另參太5:16；腓2:15）雖然現在我們沒有被可見的光所環繞，但是在一個深深愛神的人身上，在他生活的樣式中，很明顯地能讓他周圍的人看見一股明亮、榮光或美麗。在來生，這樣的明亮將會加強，以至於當我們與基督一同掌權時，似乎也可能會得到一種外在的模樣，適合於我們掌權的地位，也適合於我們身為神形像之承載者及主耶穌基督之僕人的地位（另參箴4:18；但12:3；太13:43；林前15:43）。[5]

個人思考與應用

關於神的旨意、自由

1. 當小孩長大邁向成年時，在他們自己的生活上，有什麼合適和不合適的方式，來表現他們要更多地行使個人的意志和自由，以脫離父母的管治？你認為這些是人照著神的形像而被造的證據嗎？

關於神的無所不能

2. 如果神的無所不能是指祂有能力去做祂決定要做的事，那麼我們有能力去順服神的旨意，並在世上行出討祂喜悅的生活嗎？請舉出幾種方式，能使我們在生活中加增這樣的能力。

關於神的完全

3. 神的完全之屬性能夠如何地提醒我們，我們絕不會滿足於自己的生命只反映出一些神的性格？你是否能就著你自己的生活來描述幾方面「你們要完全，像你們的天父完全一樣」（太5:48）的意義？

關於神的有福

4. 你對於神所創造的你感到快樂嗎？這包括身體方面、情緒方面、心智方面和人際方面的特質；還包括性別（不管是男性或是女性）以及屬靈恩賜方面。在什麼心態下，我們對自己的個性、身體特徵、能力及地位等感到快樂或高興，才是正確的？在什麼心態下就是錯誤的？我們可能會完全地「有福」嗎？何時才會？為什麼？
5. 請想一想你所仰慕的別人身上的特質，不論是基督徒或非基督徒。有哪一些特質是應該仰慕的？哪一些是不應該仰慕的？你是如何決定應該或不應該仰慕？我們如何能夠更多地、更深地以神自己為樂？

關於神的美麗

6. 如果我們拒絕接受社會上對美麗的定義，或甚至拒絕我們自己先前對美麗的定義，並且決定

[5]見本書第四十二章有關得榮的討論。

視真正的美麗為神的屬性之一，那麼我們對美麗的理解和我們先前所持的看法會有什麼不同？對於我們先前認為美麗的事物，若用新的觀念來看，還會正確地認為它們是美麗的嗎？為什麼？

7. 你是否能理解，為什麼大衛一生中最大的願望就是「一生一世住在耶和華的殿中，瞻仰耶和華（和合本譯作『祂』）的榮美，在祂的殿裏求問」（詩27:4）？

關於神的榮耀

8. 當伯利恆附近的牧羊人經歷到主的榮光四面照著他們時，他們「就甚懼怕」（路2:9）；但是將來當我們永遠住在天城時，將不斷地被主榮耀的光輝所圍繞（啟21:23）。我們將來會不會持續地感受到牧羊人所感受到的懼怕？為什麼？你願意住在這個榮耀的同在中嗎？我們在今生是否能夠經歷到其中的一些？

特殊詞彙

目的性的屬性（attributes of purpose）
美麗（beauty）
有福（blessedness）
自由（freedom）
自由的旨意（free will）
榮耀（glory）
必要的旨意（necessary will）
無所不能（omnipotence）
完全（perfection）
能力（power）
啟示的旨意（revealed will）
隱祕的旨意（secret will）
全權（sovereignty）
總體性屬性（summary attributes）
旨意（will）

本章書目

Bray, Gerald L. *The Doctrine of God*. Downers Grove, Ill.: InterVarsity Press, 1993.

Bromiley, G.W. "God." in *ISBE*, 2:493-503.

Charnock, Stephen. *The Existence and Attributes of God*. Repr. ed. Evansville, Ind.: Sovereign Grace Book Club, n.d., pp. 181-802 (first published 1655-1680).

Kaiser, Christopher B. *The Doctrine of God*. Westchester, Ill.: Good News, 1982.

Lewis, Gordon R. "God, Attributes of." in *EDT*, pp. 451-59.

________. "Impassibility of God." in *EDT*, pp. 553-54.

Packer, J.I. "God." in *NDT*, pp. 274-77.

________. *Knowing God*. London: Inter-Varsity Press, 1973, pp. 80-254.

Piper, John. *Desiring God*. Portland, Ore.: Multnomah, 1986.

______. *The Pleasures of God*. Portland, Ore.: Multnomah, 1991.

Saucy, R.L. "God, Doctrine of." in *EDT*, pp. 459-64.

Tozer, A.W. *The Knowledge of the Holy*. New York: Harper and Row, 1961.

Van Til, Cornelius. *In Defense of the Faith* vol. 5: *An Introduction to Systematic Theology*. Phillipsburg, N.J.: Presbyterian and Reformed, 1976, pp. 200-252.

Wenham, John W. *The Goodness of God*. London: Inter-Varsity Press, 1974.

第十四章

三一之神

神怎麼有三個位格，卻又是一位神？

背誦經文：馬太福音3:16-17

耶穌受了洗，隨即從水裏上來，天忽然為祂開了，祂就看見神的靈彷彿鴿子降下，落在祂身上。從天上有聲音說：「這是我的愛子，我所喜悅的。」

詩歌：聖哉 聖哉 聖哉（*Holy, Holy, Holy*）

1 聖哉聖哉聖哉 全能的主神 清晨我們歌聲 穿雲透天而來
聖哉聖哉聖哉 全能而又慈愛 一神別三位 三位是一身
2 聖哉聖哉聖哉 萬眾都敬你 投下黃金冠冕 圍繞玻璃之海
基路伯撒拉弗 無不俯伏敬拜 這昔在今在 永遠常在的
3 聖哉聖哉聖哉 黑暗雖藏你 有罪污穢的人 雖不能見你身
但你仍是聖哉 你外再無別人 有完全慈愛 純潔與能力
4 聖哉聖哉聖哉 全能的主神 你的造物讚美 於地於天於海
聖哉聖哉聖哉 公義而又慈愛 一神別三位 三位是一身

詞：Reginald Heber, 1826
曲：NICAEA 11.12.12.10., John B. Dykes, 1861

前言

我們在前面幾章討論過神的許多屬性，但如果我們只知道那些屬性，還是一點兒都不算是真正地認識神；因為我們沒有認識到，神在祂自己的實存中，總是以多於一個位格的形態存在。也就是說，神是以三個位格存在，但又是一位神。

三位一體的教義與神的屬性之研究是息息相關的，記住這一點很重要。當我們想到神是永恆的、無所不在的和無所不能的等等時，我們會有一個傾向，以為只有父神與這些屬性有關。但聖經有關三位一體的教訓告訴我們，神的所有屬性對神的三個位格來說都是真的，每一個位格都是完全的神。因此，子神和聖靈也是永恆的、無所不在的、無所不能的、無限智慧的、無限聖潔的、無限慈愛的、無所不知的等等。

三位一體教義是基督徒信仰中最重要的教義之一。研究聖經論及三位一體的教訓，能幫助我們深入了解到，我們在追求神時所發出之一切問題的中心：在其本質上，神究竟是怎樣的一位神呢？在本章裏我們將學到，神在祂自己的實存裏，是以父、子和聖靈三個位格存在，但祂又是一位神。我們可以將三位一體的教義定義如下：神永遠以父、子和聖靈三個位格存在；每個位格都是完全的神，然而只有一位神。

A. 三位一體教義乃聖經漸進的啟示

A.1 舊約啟示了一部分三位一體的教義

雖然聖經中找不到「三位一體」（trinity）這個詞，但該詞所代表的觀念卻在聖經上多處教導過。這個詞的意思是「一而三」（tri-unity），或「三而一」（three-in-oneness），它是用來總結聖經上的這個教訓：神有三個位格（persons），但仍是一位神。

有時人們以為三位一體的教義只見於新約，而不見於舊約聖經。但如果神永遠地是以三個位格存在，卻在舊約聖經裏找不到這樣的跡象，那麼就該令人感到訝異了。雖然三位一體的教義在舊約裏並不明顯，但有幾段經文明示或暗示神是以多於一個位格存在的。

例如創世記1:26，神說：「我們要照著我們的形像，按著我們的樣式造人。」這裏所用的複數動詞（「我們要」）和複數代名詞（「我們的」）是什麼意思呢？有人說，這是代表尊貴的複數，是君王說話時所用的發言方式，例如說：「我們很高興地恩准你的請求」。[1] 但是在舊約聖經的希伯來文裏，並沒有其他例證能說明君王會用複數動詞或複數代名詞來表示「尊貴的複數」，所以這樣的看法缺乏證據支持。[2] 另一種說法認為，神在此是在對天使說話。但天使並沒有參與人的受造，人也不是照著天使的形像和樣式造的，所以這個說法也缺乏說服力。最佳的詮釋是，我們在創世

---

[1]舉例來說，記載在希臘文七十士譯本《馬加比一書》（1 Maccabees）10:19, 11:31裏的亞歷山大大帝（主前152年）和底米丟（Demetrius, 主前145年），就用這種方式稱呼他們自己。但是這記載是用希臘文而非希伯來文寫的，而且是遠在創世記第1章的記載之後。

[2]見E. Kautzsch, ed., *Gesenius' Hebrew Grammar.* 2d ed. (Oxford: Clarendon Press, 1910), Section 124g, n. 2. 該處提到關於用複數來表達君王之尊貴的看法如下：「創世記1:26; 11:7和以賽亞書6:8裏的神是用複數的，但用這種方式來解釋其複數是不對的。」而這些作者是將創世記1:26理解為「自我商議（self-deliberation）的複數」。筆者自己對後來猶太人在《巴比倫他勒目》（*Babylonian Talmud*）、亞蘭文意譯本（Targum）和《米大示》（Midrash, 實用經文解說）中的解釋作了廣泛的研究，結果發覺，雖然後期拉比文學的釋經家通常都建議用「表達君王之尊貴的複數」和「神對天使說話」來解釋，但是他們彼此之間還是無法對這一節經文的詮釋，達成任何令大家都滿意的共識。

記第1章已經看見，神本身有複數的位格了。[3] 雖然這節經文沒有告訴我們，神有幾個位格，我們也無法得到完整的三位一體教義，但是此處已經顯示，神的位格是多於一位的。此外，同樣的複數說法又見於創世記3:22（「那人已經與**我们**相似，能知道善惡」）、創世記11:7（「**我们**下去，在那裏變亂他們的口音」）、以賽亞書6:8（「我可以差遣誰呢？誰肯為**我们**去呢？」）。（請注意，在最後一處經文中，單數代名詞與複數代名詞都同時出現在句子中。）

不只如此，有些經文裏所稱為「神」或「主」者，與另一位也稱為「神」的卻有區別。在詩篇45:6-7裏，詩人說：「神啊，你的寶座是永永遠遠的……你喜愛公義，恨惡罪惡；所以神，就是你的神，用喜樂油膏你，勝過膏你的同伴。」詩人在這裏用的描述不可能是指地上的君王，因為他稱這位君王為「神」（詩45:6），又說祂的寶座是「永永遠遠」的。然而，當詩人還在對被稱為「神」的那一位說話時，他又說：「所以神，就是你的神，用喜樂油膏你，勝過膏你的同伴。」（詩45:7）所以，此處有兩位都被稱為「神」（希伯來文是*'Elōhîm*）。在新約裏，希伯來書的作者引用這段經文，並且將之應用到基督身上：「神啊，你的寶座是永永遠遠的。」（來1:8）[4]

與此類似地，大衛在詩篇110:1說：「耶和華對我主說：『你坐在我的右邊，等我使你仇敵作你的腳凳。』」耶穌在馬太福音22:41-46引用這節經文時，祂完全明白大衛所說的「主」是指著不同的兩個位格，但如果大衛的「主」不是神自己的話，那會是誰呢？而且，誰能對神說：「你坐在我的右邊」，除非這一位也是完全的神？從

---

[3]Keil and Delitzsch, *Old Testament Commentaries* (Grand Rapids: Associated Publishers and Authors, n.d.), 1:48：「早期的教父和神學家們幾乎均無異議地認為，複數的「我們」指出神的三位一體。」他們反對以其他的立場來解釋此節經文，並且肯定創世記1:26包含了「三位一體之觀點的基本真理」。

[4]RSV將詩篇45:6譯作「你神性的寶座要存到永永遠遠」。然而，這個意思是極不可能的，因為若要這樣繙譯，我們就得將希伯來名詞「寶座」，看成是與另一個字的結合狀態（construct state），但這在一個名詞已有了代名詞字尾的情形下（如詩篇45:6），是極其不尋常的。RSV的譯文之所以被接納，乃是因為神學上的假設（舊約詩人不可能預測到一位完全神性的彌賽亞君王），而非語言上或文法上的根據。KJV, NIV和NASB等，都按平常而直接的意思來繙譯此節經文，就像古代的譯文和希伯來書1:8的引用法一樣。Derek Kidner, *Psalms 1–72* TOTC (London: Inter-Varsity Press, 1973) 說，本節是「舊約聖經語言超越常規的一例，它要求的是超過人所能實現的」，而且「這個吊詭與道成肉身是一致的，然而在任何其他的情況下，都是奧祕難解的。」（p. 172）

雖然有一些古代的君王，例如埃及的法老，有時候也被人稱為「神」，但是這乃是與異教中拜偶像有關的一部分，我們不應該將之與詩篇45篇混為一談，因為詩篇45篇乃是聖經的一部分，所以是真實的。

RSV在希伯來書1:8的經文譯註中提供了另外一種譯法：「神是你的寶座，永永遠遠」，雖然這種譯法在文法上說得通，但卻完全與新舊約全書的思想不一致：創造萬有並統管宇宙的大能之神，絕不會只是另一個人的「寶座」而已。這個想法本身羞辱了神，絕不應該被視為是一種可能合宜的譯法。

新約的角度來看，我們可以將這節經文解釋為：「父神對子神說：『你坐在我的右邊……』」即使沒有新約聖經關於三位一體的教訓，大衛似乎也很清楚地意識到，在一位神裏有複數的位格。耶穌當然明白這一點，但當祂要法利賽人解釋這節經文時，「他們沒有一個人能回答一言。從那日以後，也沒有人敢再問祂什麼。」（太22:46）除非猶太人願意承認在一位神裏有複數的位格，否則他們對詩篇110:1（或創世記1:26，或前面討論的其他經文）的解釋，就是在今日也不會比在耶穌當年更能叫人滿意。

以賽亞書63:10說，神的子民「竟悖逆，使主的聖靈擔憂」，這裏很明顯地表示，聖靈（「主的聖靈」）和神自己是有所區分的，而且這位聖靈會「擔憂」；因此表示這一位不同於神的位格，有其情感的特色（以賽亞書61:1也將「主耶和華的靈」與「耶和華」區分開來，雖然該節沒有將位格的特質歸給「主耶和華的靈」）。

類似的證據亦可見於瑪拉基書，在那裏主說到：「『你們所尋求的主，必忽然進入祂的殿。立約的使者，就是你們所仰慕的，快要來到。』祂來的日子，誰能當得起呢？祂顯現的時候，誰能立得住呢？」（瑪3:1-2）在這裏說話的「萬軍的耶和華」再次將祂自己與「你們所尋求的主」區分開來，這就表示有兩位都可以被稱為「主」的了。

在何西阿書1:7那裏，耶和華在說話時提到猶大的家：「我卻要……使他們靠耶和華他們的神得救。」此處再次表示，可以被稱為「耶和華」（希伯來文是*Yahweh*）和「神」（希伯來文是*'Elōhîm*）的不只有一位。

在以賽亞書48:16那裏說：「現在主耶和華差遣我和祂的靈來。」[5] 說話的人顯然是主的僕人，而在此主的靈猶如主的僕人一樣，都被耶和華神差派去完成一項特別的使命。受差派的兩位（「我」和「祂的靈」）之間的平行關係，讓我們可以把祂們看成是有所分別的兩位；這句經文似乎不只是說：「主差遣了我和祂的能力。」[6] 事實上，從新約更完全的角度來看（亦即承認耶穌是彌賽亞，即以賽亞書預言中所預言的主的真僕人），如果以賽亞書48:16所說的是神的兒子耶穌的話，那麼這經文就意味著三位一體：「現在主**耶和華**差遣**我**（**耶穌**）和**祂的靈**來」，提及了三一之神所有三個位格。

此外，有幾段關於「耶和華的使者」的經文也表示出神的複數位格。「使者」（希伯來文是*mal'ak*）一詞的意思就僅是指「信使」；如果耶和華的使者是耶和華的

---

[5]RSV在以賽亞書48:16的英譯，準確地反映了希伯來文字面的意思，以及希伯來文經文的字序。

[6]NIV的英譯「帶著祂的靈」（with his Spirit）不是希伯來文經文所要求的意思，而且這繙譯容易模糊了主差遣「我」和「祂的靈」之平行思想。在NIV譯文裏的**帶著**（*with*）是譯者對希伯來文連接詞w^e的詮釋，而該字最平常的意思就只是「和」（and）而已。「帶著」（with）的常用希伯來文字（*'îm*）並不在這處的經文裏。

「信使」，那麼，他就跟耶和華本身是有區分的了。然而在有些情況，耶和華的使者又被稱為「神」或「耶和華」（見創16:7, 13；出3:2-6; 23:20-22〔請注意出23:21的「祂是奉我名來的」〕；民22:35, 38；士2:1-2; 6:11, 14）。而在舊約另一些情況裏，「耶和華的使者」就僅是指受造的天使；不過在以上這些經文裏，耶和華這位特別的使者（或「信使」），似乎具有完全神性的另一位格者。

在舊約中能夠表達神具有多於一位不同之位格的經文中，最具爭議性的莫過於箴言8:22-31了。雖然這一章的前段可以被解釋成，僅為了文學效果而將「智慧」擬人化，表示智慧在呼召愚蒙人，要他們有所學習；但是對於箴言8:22-31，也有人認為這裏所說的「智慧」似乎超越文學上的擬人化了：當說到神創造大地的時候，「智慧」說：「那時，我在祂那裏為工師，日日為祂所喜愛，常常在祂面前踴躍；踴躍在祂為人預備可住之地，也喜悅住在世人之間。」（箴8:30-31）創世的時候「智慧」在神身邊以「工師」的身分工作，這表示「智慧」的本身有不同的位格；而其後的話似乎更具有說服力，因為只有真正有位格的才能「日日為祂所喜愛」，並能喜悅住在世人之間。[7]

但是如果我們決定將此處的「智慧」當作是指尚未成為人樣式的神的兒子，那麼箴言8:22-25按RSV的譯法就會帶來一個困難，它似乎是在說這位被稱為「智慧」者的受造：

「在耶和華創造之工的起頭，在太初創造萬物之先，
　祂創造了我。
從亙古、從太初，未有世界以前，
　我已被立。
沒有深淵、沒有大水的泉源，
　我已生出。
大山未曾奠定、小山未有之先，
　我已生出。」（按RSV直譯）

這段經文豈非表示這位「智慧」是受造的嗎？

但事實上不是如此。通常表示「創造」之意的希伯來文字（*bārā'*），沒有被用在第22節；此處所用的是*qānāh*一字，這個字在舊約聖經中出現過八十四次，其意思幾乎

[7]我們對於這些觀點的回應是，雖然有人會說箴言8:1-12和箴言9:1-6對智慧有類似而詳細的擬人化用法，但箴言9:13-18對愚昧也有擬人化的用法，可是沒有一位釋經家會將之解釋為真正的人；所以，箴言8:22-31也不代表是一個真正的人。然而認為這裏是指一個真正的人的觀點，對我們似乎是具有說服力的，而且長久以來很多釋經家都認為箴言8:22-31是指子神，所以筆者將會在下一段詳解這觀點。

都是「得到、獲得」。NASB此句的譯法最清楚：「在耶和華創造之工的起頭……祂就有了（possessed）我。」KJV的繙譯也與此類似（請注意，在以下經文中的用詞也是「擁有」的意思：創世記39:1「買了他去」；出埃及記21:2「買……作奴僕」；箴言4:5, 7「得」；23:23「買」；傳道書2:7「買」；以賽亞書1:3「主人」）。這才是合理的意思。如果「智慧」被理解為具有真正的位格，其意思就只是說，在創世開始之初，父神就開始指導並運用子神之大能和創意的工作：[8] 父神呼召子神與祂在創世的活動中同工。在第24和25節中的「生出」雖是一個不同的詞，但卻有類似的意思：父神在創造宇宙時，就開始指導並運用子神之大能和創意的工作。

A.2 新約中更清楚完全地啟示了三位一體的教義

當新約展開時，我們便進入一段神的兒子降臨地上的歷史。我們期望與這偉大的事件伴隨著而來的，是有關神之三一本質更清晰的教訓；事實上，這也正是我們所見到的。在查看這些細節之前，讓我們先簡單地列舉一些同時提到三一之神的三個位格的經文。

耶穌受洗的時候，「天忽然為祂開了，祂就看見神的靈彷彿鴿子降下，落在祂身上。從天上有聲音說：『這是我的愛子，我所喜悅的。』」（太3:16-17）在此一時刻，我們看到三一之神的三個成員做了三件不同的事：父神從天上說話；子神受洗，接著父神從天上對祂說話；聖靈從天而降，臨在耶穌身上，並賜祂服事的能力。

耶穌在結束地上的事奉時，告訴祂的門徒說，他們應該去「使萬民作我的門徒，奉父、子、聖靈的名給他們施洗。」（太28:19）耶穌所用「父」和「子」這二詞，乃是從家庭——人類最熟悉的社會制度——中汲取出來的用語，十分強烈地指出了父神和子神有不同的位格。當耶穌也將「聖靈」像其他兩個位格一樣，以同樣的等次表達出來時，我們就很難不下這樣的結論：聖靈也被視為一個位格，並且與父神和子神具有同等的地位。

當我們了解到，新約聖經的作者通常是用「神」（希臘文*theos*）為名來稱呼父神，而用「主」（希臘文*Kyrios*）為名來稱呼子神時，我們就又可以清楚地看出，哥林多前書12:4-6那裏也表達出神的三位一體：「恩賜原有分別，聖靈卻是一位；職事也有分別，主卻是一位；功用也有分別，神卻是一位，在眾人裏面運行一切的事。」

---

[8]圍繞繙譯箴言8:22而有的混亂，似乎是由於希臘文七十士譯本之不尋常的譯法所導致的：此譯本用的是*ktizō*（「創造」）一字，而不是用一般譯法的用字*ktaomai*（「獲得、擁有」），來繙譯本節希伯來字*qānāh*。此字在希伯來文舊約裏出現過八十四次，而在希臘文七十士譯本裏將之譯為希臘文*ktaomai*超過七十次，只有三次是譯為*ktizō*（創14:19；箴8:22；耶39 (32) :15），而這三次的繙譯都是令人質疑的。其他由亞居拉（Aquila）、辛馬庫（Symmachus），和狄奧多田（Theodotian）繙譯的舊約希臘文譯本，在箴言8:22皆譯作*ktaomai*。

與此類似地，哥林多後書的最後一節也表達出神的三位一體：「願主耶穌基督的恩惠、神的慈愛、聖靈的感動，常與你們眾人同在。」（林後13:14）我們在以弗所書4:4-6也看到三個位格分別被提到：「身體只有一個，聖靈只有一個——正如你們蒙召，同有一個指望——一主、一信、一洗、一神，就是眾人的父，超乎眾人之上，貫乎眾人之中，也住在眾人之內。」

在彼得前書的開場白裏，三一之神所有的三個位格也都一起被提到；「就是照父神的先見被揀選，藉著聖靈得成聖潔，以致順服耶穌基督，又蒙祂血所灑的人。」（彼前1:2）而在猶大書20-21那裏，我們讀到：「親愛的弟兄啊，你們卻要在至聖的真道上造就自己，在聖靈裏禱告，保守自己常在神的愛中，仰望我們主耶穌基督的憐憫，直到永生。」

但是，KJV所譯的約翰一書5:7，卻不應被用來指三位一體。它的譯法如下：「在天上作見證的有三：父、道和聖靈，而這三位原為一。」

這個譯文的問題在於，它只是根據少許不可靠的希臘文手抄本，其中最早的來自主後第十四世紀。沒有一個現代譯本（除了NKJV）包含這段譯文，其他譯本全都將之刪去，就像絕大多數源自所有主要經卷傳統的希臘文手抄本一樣——其中包括幾份第四世紀和第五世紀非常可靠的手抄本，以及教父們對經文的引用：愛任紐（Irenaeus，約歿於主後202年）、亞力山太的革利免（Clement of Alexandria，約歿於主後212年）、特土良（Tertullian，歿於主後220年以後），以及三位一體偉大的辯護者亞他那修（Athanasius，歿於主後373年）等。

B. 總結三位一體教義的三句敘述

從某種意義上來說，三位一體的教義是一個奧祕，我們絕不可能完全參透。雖然如此，藉著聖經將此教訓總結為三句敘述，使我們仍然可以明白其中的一些真理：

(1) 神有三個位格。

(2) 每個位格都是完全的神。

(3) 只有一位神。

我們將在以下幾節中詳細地解釋這三句敘述。

B.1 神有三個位格

神有三個位格之事實的意思是，父神不是子神，祂們是不同的位格；這也表示父神不是聖靈，祂們也是不同的位格；這還表示子神不是聖靈。這些區分可見於上一節中所引用的一些經文，以及許多其他的新約經文中。

約翰福音1:1-2告訴我們：「太初有道，道與神同在，道就是神。這道太初與神同在。」「道」與「神」同在的這個事實，表明祂與父神是有區別的（「道」在約翰福音1:9-18被視為基督）。在約翰福音17:24那裏，耶穌對父神說到：「你所賜給我的榮耀；因為創立世界以前，你已經愛我了。」此處顯示，在創世以前，父神與子神之間的位格就有區別，已彼此共享榮耀，並且有相愛的關係。

聖經還告訴我們，耶穌在父神面前將一直是我們的大祭司和中保：「若有人犯罪，在父那裏我們有一位中保，就是那義者耶穌基督。」（約一2:1）基督是凡「靠著祂進到神面前的人，祂都能拯救到底；因為祂是長遠活著，替他們祈求」的那一位（來7:25）。基督既然要在父神面前為我們代求，祂的位格必然和父神的位格有區別。

此外，父神不是聖靈，子神也不是聖靈。有幾處經文說到祂們的區別。耶穌說：「但保惠師，就是父因我的名所要差來的聖靈，祂要將一切的事指教你們，並且要叫你們想起我對你們所說的一切話。」（約14:26）並且聖靈還會為我們禱告或「祈求」（羅8:27）；聖靈的祈求既要呈給父神，這就指明聖靈和父神是有區別的。

最後，子神不是聖靈的事實，也在前面所引用的幾處論及三位一體的經文中指明出來，例如大使命的經文（太28:19），以及提到基督回到天上後會差派聖靈給教會的經文。耶穌說：「我去是與你們有益的。我若不去，保惠師就不到你們這裏來；我若去，就差祂來。」（約16:7）

有人質疑，聖靈是否真的是一個獨特的位格，或許只是神在世界上工作的「能力」或「力量」而已。但新約的證據卻十分地清楚和強烈：[9]

首先，就是前面所引用的幾段經文，它們將聖靈與父神、子神放在同等的關係中（太28:19；林前12:4-6；林後13:14；弗4:4-6；彼前1:2）：由於父神和子神都是有位格的，所以這種同等並列的表達非常強烈地表明，聖靈也是一個位格。有幾處經文將陽性的代名詞（希臘文是*ekeinos*）用在聖靈身上（約14:26; 15:26; 16:13-14），這是我們從希臘文的文法規則中，本來不會期待看到的，因為「靈」（希臘文*pneuma*）這個字是中性，不是陽性的，通常會用中性的代名詞*ekeino*來表示。還有，「訓慰師」或「保惠師」的稱呼，通常是用來指那些幫助人、安慰人，或忠告人的人，然而約翰福音（約14:16, 26; 15:26; 16:7）把這稱呼用在聖靈的身上。

[9]以下論及聖靈獨特位格的內容，大多是借用Berkhof的精采資料。見Louis Berkhof, *Systematic Theology*, p. 96.

其他歸因於聖靈有位格的活動，諸如教導（「指教」，約14:26）、見證（約15:26；羅8:16）、代求或替他人禱告（羅8:26-27）、參透萬事（林前2:10）、知道神的事（林前2:11）、隨己意分配恩賜給不同的人（林前12:11）、禁止或不許某些活動（徒16:6-7）、說話（徒8:29; 13:2；及其他多處新舊約的經文）、評估或贊同某些智慧的行事（徒15:28），以及為基督徒生活中的罪而擔憂（弗4:30）等等。

最後，如果聖靈只被理解為是神的能力，而非一個獨特的位格的話，那麼有一些經文就解釋不通了，因為在那些經文裏，同時提到聖靈和祂的能力或神的能力。例如路加福音4:14說：「耶穌滿有聖靈的能力回到加利利。」我們不能把它說成是「耶穌滿有『神的能力』的能力回到加利利。」而使徒行傳10:38說：「神怎樣以聖靈和能力膏拿撒勒人耶穌。」我們也不能把它說成是「神怎樣以『神的能力』和能力膏拿撒勒人耶穌。」（又見羅15:13；林前2:4）

雖然有如此多的經文清楚地將聖靈與三位一體的其他兩位區分開來，但哥林多後書3:17卻仍是一節令人困惑的經文：「主就是那靈，主的靈在哪裏，那裏就得以自由。」雖然釋經學者通常假設在此「主」的意思一定是基督，因為保羅經常用「主」來指基督；但在這裏或許不是這個意思，因為從文法和上下文來看，把這節經文的主詞改成是聖靈，是更好的譯法：「那〔聖〕靈就是主……」[10] 在這個情形下，保羅會說聖靈也是舊約裏的主（請注意，哥林多後書第3章這段經文的上下文背景是舊約；自第7節開始）。從神學角度來看，這論點是很可以接受的，因為正如父神可以被稱為「主」，子神也可以被稱為「主」（這是從整個舊約裏的意思來看，「主」就是神的名字）所以，我們也真的可以說聖靈可以被稱為「主」；而且在新的約之下的時代，聖靈格外地彰顯出主的同在。[11]

B.2 每個位格都是完全的神

除了三一之神所有三個位格之間有分別的這個事實以外，聖經中還有豐富的見證

---

[10]就文法上來說，「靈」（希臘文*to pneuma*）與「主」（希臘文*ho kyrios*）都屬主格——主詞和帶有動詞「是」的述部名詞都用主格。希臘文不像英文，其字序先後並不指明哪一個字才是主詞。在「主」這個字之前的定冠詞（*ho*，中文沒有譯出），於此可能是照應前項的，亦即回指在前面3章16節提過的「主」，並說那靈就是前面一句剛提過的「主」（見Murray Harris, "2 Corinthians," in *EBC* 10:338-39）。

[11]另一個可能的解釋就是，這句話是說到基督的功能和聖靈的功能，兩者在新約時代是這樣地息息相關，以至於就目的而言，祂們可以說是合而為一的。如果是這樣解釋，那麼這節經文的意思大概就是：「主耶穌在這個世代是透過聖靈的作為而為人所看見、所認識，因為聖靈的功能就是榮耀基督。」然而這個解釋較無說服力，因為保羅似乎不可能以這樣模糊不清的方式，來說明兩個位格在功能上的相同，他甚至不可能會用這種方式來說明基督的工作和聖靈的工作是一樣的。

說明，每個位格都是完全的神。

第一，父神很清楚地就是神。這是從聖經的第一節經文——神創造天地——就顯明了的。整本聖經都很清楚地認定，父神是掌管萬有的全權之主，耶穌就是向這位天上的父禱告。

第二，子神也是完全的神。雖然本書第二十六章「基督的身位」會將這一點作更詳細地討論，但我們在此可以先簡述幾段清晰的經文。

約翰福音1:1-4清楚地肯定了基督的完全神性：

「太初有道，道與神同在，道就是神。這道太初與神同在。萬物是藉著祂造的；凡被造的，沒有一樣不是藉著祂造的。生命在祂裏頭，這生命就是人的光。」

在這裏，基督被稱為「道」，而約翰說祂「與神同在」，又說祂「就是神」。希臘文的經文回響出創世記1:1的開場白（「起初……」），它提醒我們，約翰所說的話，在創世以前就是真實的事。子神一直就是完全的神。

「道就是神（God）」的這個繙譯受到耶和華見證人會這個異端的挑戰；他們將此句譯為「道就是一位神明（a god）」，表示「道」只是天上的一個實存，而非完全的神。他們用這段經文在希臘文*theos*（「神」）一字之前沒有定冠詞（希臘文*ho*），來證明他們的譯法是正確的。所以他們說，*theos*應該被繙譯為「一個神明」。然而，他們的詮釋並沒有得到任何一位公認的希臘文學者之支持，因為如眾所周知的，這個句子是遵循希臘文文法的常規，沒有定冠詞的情形只是指出：「神」是此句的述語，而非主詞[12]（耶和華見證人會新近所發行的出版物，現在承認這個相關的文法規則，

---

[12]這個規則被稱為「柯威爾規則」（Colwell's rule）。在一本標準的希臘文文法初階課本裏，早在第六章就提到這個規則了，見John Wenham, *The Elements of New Testament Greek* (Cambridge: Cambridge University Press, 1965), p. 35；又見BDF 273。簡而言之，這個規則就是，在一個連接動詞為「是」（例如希臘文的*eimi*）的句子裏，如果其限定述部名詞位於此動詞之前，則通常會將其定冠詞省去，而該句的主詞如果是有限定性的主詞，則要保留其定冠詞。所以，假如約翰想要說的是「這道就是神（God）」，那麼他會說的方式就是約翰福音1:1所記載的了。（近來在文法上的研究，肯定、甚至強化了原初的柯威爾規則，見Lane C. McGaughy, *Toward a Descriptive Analysis of EINAI as a Linking Verb in the New Testament* [SBLDS 6; Missoula, Mont.: SBL, 1972]，尤其見pp. 49-53, 73-77。又見E.V.N. Goetchius in *JBL* 95 [1976]: 147-49；它對前書有重要的學術評論。）

當然，假使約翰想要說「這道是一位神明（a god）」（「神明」有一個不定冠詞「一位」），他就會以這種的方式來寫了，因為原先他就沒有定冠詞可以省略。然而若是這種情形的話，在上下文就會有一些線索，來顯示出約翰使用*theos*這個字是指一位天上的實存，但這位實存沒有完全的神性。所以這個問題就變成了：究竟約翰在這個上下文裏，所提到的是怎樣的神（或「神明」）？他所說的是創造天地的獨一真神嗎？如果答案是肯定的，那麼*theos*就是有限定性的名詞，而它的定冠詞被省略，就表示它是述部的名詞。或是約翰在說另一種天上的實存（「一位神明」），而這位神明並不是獨一的真神？在這種情況下，*theos*是非限定性的名詞，所以

然而他們還是繼續持守他們論及約翰福音1:1的立場）[13]。

耶和華見證人會的立場不一致，可以進一步地見於他們所繙譯之約翰福音第1章的其餘部分。由於其他各種不同的文法因素，*theos*這個字在約翰福音第1章的其他地方也沒有定冠詞，例如第6節（「有一個人是從神那裏差來的」）、第12節（「……權柄，作神的兒女」）、第13節（「乃是從神……」），以及第18節（「從來沒有人看見神」）等。如果耶和華見證人會要堅持在沒有定冠詞的地方，維持他們一致觀點的話，那麼他們就必須把所有這些經節裏的該字都譯成「一個神明」才對；但是他們卻把上述各經節的該字都譯作「神」。

約翰福音20:28在其上下文的背景下，也是對耶穌之神性的強而有力的證明。這段經文說到，多馬對其他那些已經見到死裏復活之耶穌的門徒所說的話有懷疑；他說除非看到耶穌手上的釘痕，用指頭探入祂肋旁的傷口，否則他不會相信（約20:25）。後來耶穌在多馬與門徒在一起的時候向他們顯現，祂對多馬說：「伸過你的指頭來，摸我的手；伸出你的手來，探入我的肋旁。不要疑惑，總要信。」（約20:27）接著我們看到多馬對主話語的反應：「多馬說：『我的主！我的神！』」（約20:28）多馬在此稱耶穌為「我的神」。這段文字顯示，寫這本福音書的約翰，和耶穌本人，都贊同多

原先就不需要有一個定冠詞了。

但這句經文的上下文清楚地回答了這個問題。從*theos*一字在上下文經文（約1:1, 2, 6, 12, 13等）中是指「神」，而且從約翰福音的開場白叫人憶起創世記1:1（「起初」），這兩方面都讓人很清楚地知道，約翰所說的是創造天地的獨一真神。因此約翰福音1:2裏的*theos*必須也被理解為1:1中所指的同一位神。

[13]其辯詞可在以下這本詳細而更為廣泛攻擊三位一體教義的小冊子裏看到：*Should You Believe in the Trinity?*（未列作者；Brooklyn, N.Y.: Watchtower Bible and Tract Society, 1989）。耶和華見證人會顯然認為這本小冊子《你應該相信三位一體嗎？》是他們神學立場的重要陳述，因為在第2頁裏說到：「英文版首印5,000,000份。」這本小冊首先就提出他們傳統上的辯詞，認為約翰福音1:1應當被譯成「一位神明」，因為該字之前沒有定冠詞（小冊第27頁）。可是它後來又承認柯威爾規則和約翰福音1:1是有關係的（第28頁），並且承認乃是上下文、而非該字有沒有定冠詞，來決定我們應當將之繙譯為「這道就是神」（限定的用法）或是「這道就是一位神明」（不限定的用法）。但接著它又辯說：「在這種形態的句子結構中，當上下文有需要時，譯者可以在名詞前插入一個不定冠詞。在約翰福音1:1這裏的上下文需要一個不定冠詞嗎？需要，因為整本聖經的見證說明，耶穌並非全能的神。」（小冊第28頁）

我們應當仔細注意這個辯詞的弱點：他們雖承認上下文才是決定的因素，但接著卻一點也沒有引用從約翰福音1:1的上下文而來的證據，反而是再次肯定他們從「整本聖經」得來的結論。假如他們同意這個上下文是決定性的因素，卻又不能在上下文裏找到支持他們觀點的說法，那麼他們的辯解就失敗了。所以，他們雖然承認柯威爾規則，可是卻仍在沒有任何證據支持的情況下，堅持過去對約翰福音1:1解釋。堅持沒有證據支持的觀點，簡直是非理性至極了。

整體說來，這份小冊子給一般信徒一種學術作品的外貌，因為它引用了許多神學家和學術參考著作（卻總是沒有提供適當的文件引證）。然而，許多的引述卻又是斷章取義，是原作者無意說的話；其他的引述則取自天主教或更正教裏的自由派學者，那些人本來就質疑三位一體的教義和聖經的真實性。

馬所說的話，並且鼓勵每個聽過多馬故事的人，都要相信多馬所相信的事。耶穌立刻回答多馬說：「你因看見了我才信；那沒有看見就信的有福了。」（約20:29）從約翰所關心的角度來看，這是福音的高峰，因為他緊接著——就在下一節中——告訴讀者他寫這卷福音書的理由：

> 「耶穌在門徒面前另外行了許多神蹟，沒有記在這書上。但記這些事，要叫你們信耶穌是基督，是神的兒子；並且叫你們信了祂，就可以因祂的名得生命。」（約20:30-31）

耶穌說有些沒有看見祂的人也會信祂，約翰便立刻告訴他的讀者說，他將這些事蹟記載在他的福音書裏，為的是叫他們效法多馬的信仰告白，以這樣的方式相信耶穌。換句話說，這整卷福音書的寫作就是為了要勸人效法多馬，真誠地稱耶穌為「我的主！我的神！」因為這是約翰寫福音書的目的，所以這一句話的力量也就等於被加強了。[14]

其他論及耶穌具有完全神性的經文，還包括希伯來書第1章，在那裏作者說基督是神本質或本體（希臘文*hypostasis*）的「真像」（希臘文*charaktēr*，指「完全一樣的複製」），其意思是說，在任何一方面子神都是父神本體或本質完全一樣的複製：無論父神有什麼屬性或權能，子神也都擁有。作者繼續在該章第8節指出子神就是神（「論到子卻說：『神啊，你的寶座是永永遠遠的』」），並將諸天的創造歸功於基督：「主啊，你起初立了地的根基，天也是你手所造的。」（來1:10，引用詩102:25）提多書2:13說到：「我們至大的神、救主耶穌基督」（按RSV直譯），而彼得後書1:1則說：「我們的神、救主耶穌基督之義」（按RSV直譯）[15]。羅馬書9:5論到猶太人時

[14]耶和華見證人會的小冊子《你應該相信三位一體嗎？》對約翰福音20:28提出兩種的解釋：(1)「對多馬而言，耶穌就像『一位神明』，尤其是在那個引發他驚呼的奇蹟般的場合。」（第29頁）但是這種解釋不能叫人信服，因為多馬沒有說：「你像一位神明」，反而是稱呼耶穌為「我的神」。希臘文經文在此有定冠詞（故不能被譯成「一位神明」），其意是很明確的：*ho theos mou*不是「我的一位神明」，而是「我的神」。

(2) 這本小冊子所提出的第二種解釋是：「多馬的話只不過是在驚訝之餘的情緒化呼喊；那是對耶穌說的，然而是向神而發。」（同上出處）這話的第二部分「那是對耶穌說的，然而是向神而發」，不但是自我矛盾，而且是不可能的；這就像是說，「那是對耶穌說的，卻又不是對耶穌說的」。假如多馬是對耶穌說話，那麼他的話語也就是指向耶穌。而前面那部分說，多馬不是真正地稱呼為「神」，而只是不由自主地發誓或發出一些驚嘆之語，這說法沒有一點兒價值，因為這一節經文清楚地表明，多馬不是不知所云，而是直接對耶穌說話：「多馬說：『我的主！我的神！』」（約20:28）接著耶穌立即稱讚多馬，而約翰在他的著作裏也是這麼寫的，這當然不是因為他起了誓，而是因為他相信耶穌是他的主、他的神。

[15]RSV在提多書2:13和彼得後書1:1兩處，都有經文譯註指出，耶穌是和「神」不一樣的位格，所以沒有被稱呼為「神」。這種另類的譯法：「至大的神和我們救主耶穌基督」（多2:13，和合本譯法），以及「我們的神和救主耶穌基督」（彼後1:1，和合本譯法），雖然在文法上說得過去，但在意義上是不太可能的。這兩處經文有相同的希臘文結構：有一個定冠詞支配著兩個由「和」（希臘文是*kai*）銜接起來的名詞（譯者註：為表達兩名詞同指

說：「列祖就是他們的祖宗；按肉體說，基督也是從他們出來的。祂（基督）是在萬有之上，永遠可稱頌的神！阿們。」[16]

在舊約聖經裏，以賽亞書9:6預言說：

「因有一嬰孩為我們而生，
　有一子賜給我們，
　政權必擔在祂的肩頭上。
祂名稱為
　奇妙策士、全能的神、
　永在的父、和平的君。」

這個預言是應用到基督身上，稱祂為「全能的神」。我們要注意，在以賽亞書40:3講到彌賽亞要來臨之預言時，也類似地應用「耶和華」和「神」的稱號：「在曠野預備耶和華的路；在沙漠地修平我們神的道。」這句話在馬太福音3:3那裏，被施洗約翰所引用，說明他在預備基督的來臨。

還有許多其他的經文將在本書第二十六章裏討論，但此處所列的這些經文已足以證明：新約聖經很清楚地指稱基督為完全的神。正如保羅在歌羅西書2:9所說的：「神

一位，此兩句經文的*kai*不用「和」來譯，而用頓號來表達，這也是和合本小字的意思）。在所有這種結構的情況下，這兩個名詞就被視為是以某種方式統一在一起，而且通常這兩個名詞是指同一個人或東西的兩個不同的名字。尤有意義的是彼得後書1:1，因為同樣的結構恰好被彼得在該卷書信裏又另外用了三次，來說到「我們〔的〕主、救主耶穌基督」（彼後1:11; 2:20; 3:18，和合本譯作「我們主救主耶穌基督」）。彼得在這另外三處經文裏，希臘文的表達法在細節處都恰與彼得後書1:1相同，只是這三處用的是**主**（*Kyrios*），而非**神**（*theos*）這個字。如果這三處都譯作「我們〔的〕**主**、救主耶穌基督」，正如它們在所有主要譯本都是這樣的話，那麼就繙譯的一致性來看，似乎彼得後書1:1那裏也應該譯作「我們的神、救主耶穌基督」，這就再次指明基督是神了。在提多書2:13那裏，保羅寫到盼望基督的再來，關於此點，新約聖經的作者們都一致地用強調耶穌基督自己的榮耀顯現的語句來論述，而非用強調父之榮耀的語句來論述。

[16]NIV的原文譯註與RSV的正文寫法相似：「……他們的祖宗；按肉體說，基督也是從他們出來的。**神**是在萬有之上，永遠可稱頌的神，阿們！」（羅9:5，按RSV直譯）但是就文法和上下文的原因來說，這種譯法是很不可能的，支持這譯法的人主要是認為保羅不會稱耶穌為「神」。然而NIV以及和合本等譯文稱耶穌是「在萬有之上……的神」，是較可取的譯法，其原因是：(1) 保羅寫信時，祝福或稱頌的一般模式是，一提完某人，就對他祝福或稱頌；所以在此的稱頌之語是指基督；(2) 這個句子有希臘文動詞分詞*ōn*（**是**），所以按字面直譯是：「祂是在萬有之上的神，永遠可稱頌的。」如果保羅要再起一個新的句子，像RSV的譯法那樣，就顯得多此一舉了；(3) 當保羅在別處用稱頌神來開始一個新的句子時，他通常將稱頌之語放在希臘文句子的最前面（見林後1:3；弗1:3；另參彼得在彼得前書1:3的模式），但在此處的表達法沒有用那個模式，這使得RSV的譯文不太可能正確。見Donald Guthrie, *New Testament Theology* (Leicester: Inter-Varsity Press, 1981), pp. 339-40. 關於對新約聖經中所有稱耶穌為「神」的經文之明確處理，見Murray Harris, *Jesus as God* (Grand Rapids: Baker, 1992).

本性一切的豐盛，都有形有體的居住在基督裏面。」

第三，聖靈也是完全的神。一旦我們明白父神和子神都是完全的神，那麼像馬太福音28:19（「奉父、子、聖靈的名給他們施洗」）表達三位一體的經文，也就呈現了聖靈教義的重要性，因為它們表明聖靈和父神與子神處於同等的地位。換個角度來看，假如耶穌說了一句像這樣的敘述——「奉父、子和天使長米迦勒的名給他們施洗」，我們會認為這是何等不可思議的，因為賦予一個受造之物這樣的地位是完全不合適的，即使對天使長也一樣；歷代的信徒只能奉神自己的名受洗，也因此歸屬祂名所代表的特性之下（上面提及三一之神的其他經文還包括：哥林多前書12:4-6；哥林多後書13:14；以弗所書4:4-6；彼得前書1:2；猶大書20-21）[17]。

在使徒行傳5:3-4，彼得問亞拿尼亞說：「為什麼撒但充滿了你的心，叫你欺哄聖靈……你不是欺哄人，是欺哄*神*了。」按照彼得的話，欺哄聖靈就是欺哄神。保羅在哥林多前書3:16說：「豈不知你們是神的殿，神的靈住在你們裏頭麼？」神的殿就是指神自己居住的地方，而保羅說「神的靈」住在我們（神的殿）裏頭，顯然他是將神的靈等同於神自己了。

大衛在詩篇139:7-8問說：「我往哪裏去躲避你的靈？我往哪裏逃躲避你的面？我若升到天上，你在那裏。」這段經文將神的無所不在之特性歸給聖靈，這種屬性不適於描述任何的受造物。大衛似乎將聖靈與神的臨在等同起來，躲避聖靈就等於是躲避神的臨在。大衛若無處可躲避神的靈，那麼他知道無論他到哪裏去，他都不得不說：「你在那裏。」

保羅在哥林多前書2:10-11，將神的這種無所不知的特性歸給聖靈：「因為聖靈參透萬事，就是神深奧的事也參透了。除了在人裏頭的靈，誰知道人的事？像這樣，除了神的靈，也沒有人知道神的事。」

不只如此，將新生命賜給每一位重生之人的活動，也是聖靈的工作。耶穌說：「人若不是從水和聖靈生的，就不能進神的國。從肉身生的就是肉身；從靈生的就是靈。我說：『你們必須重生』，你不要以為希奇。」（約3:5-7）然而，在人成為基督徒之時，將新的屬靈生命賜給他們的工作，是只有神才能做成的事（另參約一3:9,

[17]提摩太前書5:21不應當被視為這項宣稱的反例，因為在那節經文裏，保羅只是在一群天上的見證人——神和天使——面前警告提摩太，因為保羅知道他們都在查看提摩太的行為。這與希伯來書12:22-24類似，那裏提到了神、基督、天使和「被成全之義人的靈魂」，它還提到了一個龐大的天上的教會。所以，我們應當視提摩太前書5:21和以上所提及論到三位一體的經文，大不相同，因為那些經文說的是神獨特的作為，例如分賜恩賜給每一個基督徒（林前12:4-6），或指出所有信徒受洗歸入之名（太28:19）。

「從神生的」）。因此，這經文再次指出：聖靈是完全的神。

到目前為止，我們得出兩個結論，是整本聖經都有豐富教導的：

(1) 神有三個位格。

(2) 每個位格都是完全的神。

如果聖經只教導這兩個事實，那麼要把它們放在一起不會有邏輯上的問題，因為明顯的解決之道就是宣稱有三位神：父神是完全的神，子神是完全的神，聖靈也是完全的神，如此我們就會有一個系統，包含三位同等神性的實存。這樣的信仰系統可以被稱為是「多神論」；或更確切地說，乃是「**三神論**」（tritheism），亦即相信有三位神。但是這跟聖經所教導的相去甚遠。

B.3 只有一位神

聖經再清楚不過地表明，有一位神，而且只有一位神。三一神的三個不同位格不僅在目的上和思想上原為一，而且在實存上和本性上也是原為一。換句話說，三一之神是獨一的實存；不是三位神，只有一位神。

舊約中最為人所熟悉的一段經文是申命記6:4-5：「以色列啊，你要聽：耶和華我們神，耶和華是**獨一的**（NIV譯法；和合本譯作『耶和華我們神是**獨一的**主』）。你要盡心、盡性、盡力愛耶和華你的神。」

當摩西唱到：

「耶和華啊，眾神之中誰能像你？
　　誰能像你——至聖至榮，可頌可畏，施行奇事？」（出15:11）

這問題的答案顯然是「一個都沒有」。神是獨特的，沒有誰像祂，也不可能有誰像祂。事實上，所羅門禱告時就是這麼說的：「使地上的萬民都知道惟獨耶和華是神，並無別神。」（王上8:60）

當神說話時，祂反覆地闡明，祂是獨一的真神；因此，從這些極強烈的敘述來看，要說人應該敬拜的是三位神而不是一位神，這想法是叫人無法接受的。惟獨神是一位真神，沒有誰像祂一樣。當祂說話時，惟獨是祂在說話，而不是被人敬拜的三位神中的一位在說話。祂說：

「我是耶和華，在我以外並沒有別神；
　　除了我以外再沒有神。
你雖不認識我，
　　我必給你束腰。

從日出之地
　到日落之處，
使人都知道除了我以外沒有別神；
　我是耶和華，在我以外並沒有別神。」（賽45:5-6）

與此話相似地，祂要地上的人轉向祂：

「除了我以外再沒有神。
我是公義的神，又是救主；
　除了我以外再沒有別神。
地極的人都當仰望我，
　就必得救；
因為我是神，再沒有別神。」（賽45:21-22，另參賽44:6-8）

新約也肯定了只有一位神。保羅說：「因為**只有一位神**；在神和人中間只有一位中保，乃是降世為人的基督耶穌。」（提前2:5）保羅肯定地說：「神既是一位……」（羅3:30）又說：「只有一位神，就是父，萬物都本於祂。」（林前8:6）[18] 最後，雅各承認說，甚至連鬼魔也認知只有一位神，雖然他們在理智上對這個事實的贊同並不足以拯救他們：「你信神只有一位，你信的不錯；鬼魔也信，卻是戰驚」（雅2:19）。雅各在此清楚地肯定，信「神只有一位」的，他的信是「不錯」的。

B.4 簡化的解釋必會否認三句教義敘述中的一句

我們現在有三句教義敘述，都是聖經所教導的：

(1) 神有三個位格。

(2) 每個位格都是完全的神。

(3) 只有一位神。

在教會史上曾經有過不同的嘗試，想要藉著否決三句教義敘述中的一句，來得著一個簡化的解釋，以解決三位一體之教義的這個難題。如果有人**否認第一項敘述**，那麼就表示：聖經中所稱的父、子和聖靈都是神，而且只有一位神；但祂們並沒有不同的位

[18]雖然保羅在哥林多前書8:6並沒有否認子神和聖靈也是「神」，但他說到父神時特別說父神是「一位神」。正如我們在別處經文中所看見過的，他也說到子神和聖靈是「神」。不只如此，在哥林多前書同一經節裏，他繼續說到，「有一位主，就是耶穌基督，萬物都是藉著祂有的，我們也是藉著祂有的。」保羅在這裏所用的「**主**」這個字，包含舊約用「耶和華」為神名字時所指的完整意思，而且保羅還說，萬物是藉著這一位而受造的，因此也肯定了基督完全的神性，只是用的是另一個不同的名字。因此，這一節經文肯定了神的兩面：祂的合一性和在祂裏面之位格的多樣性。

格。這樣就可以有一個簡化的解釋：這些名字（父、子和聖靈），只是指一位神在不同的時間做不同的事情而已——有時候這位神稱祂自己為父，有時稱祂自己為子，而又有時候則稱祂自己為聖靈。[19] 我們對人何以會採取這種解釋也不難理解，因為在我們自己的生活經驗中，同一個人的確可以在不同的時候扮演不同的角色，例如某個人有時候是律師，而另一個時候他對自己的孩子而言是父親，還有的時候他對父母而言則是兒子；同一個人既是律師，又是父親和兒子。但是這樣的解釋卻否定了三個位格各有所別的事實：它否認父神差遣子神來到世界；子神向父神禱告；以及聖靈在父神面前為我們代求。

另外一種簡化的解釋可以藉著否定第二句敘述得著，亦即否認聖經中所說的三個位格都是真正完全的神。如果我們只承認神有三個位格，而且只有一位神，那麼我們就可能會這樣解釋說：在這一位神裏的某一些位格並不是完全的神，而只是次等的或被神所造的一部分而已；例如有人否認子神（和聖靈）的完全神性。[20] 但是，正如前面所見到的，這種解釋必須要否認整本聖經的教導。

最後，正如我們在上面所提過的，如果否認只有一位神，我們也可以得到簡化的結論——即相信有三位神，但這點很清楚地是違背聖經教導的。

雖然第三種錯誤不太常見，正如我們在後面將看到的，但是前兩種錯誤總是不時地會在教會歷史中出現，而且至今仍在某些宗教團體中持續地存在。

B.5 所有的類比都有缺陷

如果我們不能採用以上這些簡化了的解決方式，那麼又如何才能把聖經中的這三項真理放在一起，從而堅守三位一體的教義呢？有人試圖運用一些大自然或人類經驗中的類比，來解釋這個教義。雖然這些類比能幫助我們對此教義有初步的了解，但在進深思想這個教義時，就都會顯出不足或會誤導人。例如，有些人說神就像三葉的幸運草，雖有三個部分，卻仍是一株草；但這個類比的問題出在，每一葉片都只是三葉草的一部分，而且任何一葉片都不能算是整株三葉草。然而在神的三位一體裏，每一個位格都不是神的分開的一部分而已；每一個位格都是完全的神。還有，三葉草的葉片是沒有位格的，它們沒有獨特而複雜的特質，像三一之神的每一位格那樣。

還有些人用樹的三個組成部分來類比：樹根、樹幹和樹枝。但是這個類比也有類似的缺點，因為樹的根、幹、枝都只是樹的一部分，沒有一個部分可以算是整棵樹。

[19] 這個觀點的專用名詞叫作「形態論」（modalism），它是被古代教會定罪的一種異端。見以下的討論。

[20] 這種觀點的專用名詞乃是「亞流主義」（Arianism），它也是被古代教會定罪的一種異端。見以下的討論。

不僅如此，在這個類比中，各個部分都有不同的特性，不像三一之神的三個位格，都具有相等度量的所有神的屬性。而且，樹的每一個部分都沒有真正的位格。

此外，用水的三種形態（蒸汽、水和冰）來作類比，也是同樣不恰當，因為：(a) 沒有某種定量的水會同時存在於這三種形態中；[21] (b) 水的三態各有不同的性質或特性；(c) 這個類比跟「只有一位神」的事實無可類比（沒有「只有一個單位的水」或「宇宙所有的水」這樣的說法）；(d) 缺乏具有智慧的位格元素。

另有其他取自人類經驗的類比，例如有人可能會說，三位一體就像一個人既是農夫，又是鎮長，同時也是教會裏的長老。他雖然在不同的時候發揮不同角色的功能，但卻是同一個人。然而，這個類比十分的不完整，因為它只說明了在不同時候只有一個人在做這三種活動，但它不能解釋在三一之神中的成員之間的位格互動（事實上，這個類比只教導了異端「形態論」；我們將在後面詳加討論）。另外一個取自人生的類比，就是理智、情感和意志在一個人身上的聯合。雖然它們是人個性上的三個部分，但是沒有一項能構成他的全人；而且這些部分在特性和能力上也都不相同。

那麼，我們在教導三位一體時，要用什麼類比呢？雖然聖經使用了許多自然界或生活中的類比，來教導我們神的性格的各個方面（例如神在信實上就像巖石，在關愛上就像牧羊人等），但很有趣的是，聖經中沒有任何一處使用類比來教導我們三位一體的教義。最接近的類比就是用「父」和「子」，它們很清楚地講到在人類家庭中，不同的人（位格）和彼此之間的親密關係。然而，從人的角度來看，「父」和「子」是兩個全然分開而不同的人，而不是一位具有三個不同位格的實存。因此，我們最好這樣結論：沒有一個類比能夠適當地教導三位一體；所有的類比都會嚴重地誤導人。

B.6 神永遠必須以三位一體存在

在創世之時，父神說出大有權能而具創造力的話語，使宇宙得以被造；子神是神聖的執行者，執行出父神的這些話語（約1:3；林前8:6；西1:16；來1:2）；而聖靈則是活躍地「運行在水面上」（創1:2）。所以，正如我們所期待的：如果三一之神的所有成員都是相等而完全的神，那麼祂們三位必是從亙古就已經存在了，而且神是以三位一體的形式永遠地存在（另參約17:5, 24）。不只如此，神不可能違背祂自己，因為祂是不改變的（見本書第十一章）。所以，以下似乎才是正確的結論：神永遠必須以三位一體的形式存在，祂不可能違背祂自己。

---

[21]在一定氣壓的環境之下（化學家稱之為「三相點」，triple point），水蒸汽、液態水和冰可以同時存在，然而在此時成為水蒸汽的水不是冰或液態水，而成為液態水的水也不是水蒸汽或冰，如此類推。

C. 否定三位一體之教義的任一敘述所導致的錯謬

在前面一節中，我們看到聖經是怎樣要求我們肯定下列三項教義敘述的：

(1) 神有三個位格。

(2) 每個位格都是完全的神。

(3) 只有一位神。

在進一步討論父神、子神和聖靈之間的差異，以及他們相互關聯的方式以前，讓我們先回顧教會歷史在三位一體的教義上所犯的一些錯誤，這是很重要的。在這個回顧歷史的過程中，我們將看到一些錯謬，它們都是我們在進一步思考這個教義時應該要避免的。事實上，在三位一體理念上所犯的錯誤，都來自於否認上述三句教義敘述中的某一句。[22]

C.1 形態論否認神有三個位格

形態論（modalism）聲稱，神只有一個位格，而以三種不同的「形態」向我們顯現。

在不同的時期都有人這樣教導說，神並非真正有三個不同的位格，祂只有一個位格，而在不同的時間、以不同的「形態」（mode）向人顯現。舉例來說，在舊約時期神是以「父」的形態顯現，而在福音書的時候，這同一位神則是以「子」的形態顯現，也就是我們在耶穌的一生及其服事中所看見的。在五旬節以後，這同一位神又以「靈」的形態，在教會中活躍地啟示祂自己。

這種形態論的教訓還有兩個其他的名稱：有時候它被稱為**撒伯流主義**（Sabellianism），此名是源自主後第三世紀早期，一個住在羅馬名叫撒伯流的教師。形態論的另一個名稱是**形態神格惟一論**（modalistic monarchianism），因為這種教訓不只說神以不同的「形態」啟示祂自己，而且也說在宇宙中只有一個至高統治者（「君王」），那就是神自己，但祂只有一個位格。

形態論之所以吸引人，乃是由於它清楚地強調只有一位神的事實。它聲稱它的支持不僅來自於那些論及一神的經文，也來自另一些經文，諸如約翰福音10:30（「我與父原為一」）和約翰福音14:9（「人看見了我，就看見了父」）等。但是約翰福音14:9的意思只是說，耶穌完全地將父神的性格彰顯出來；而在約翰福音10:30的上下文裏，耶穌是在肯定，祂會完成一切父神所交給祂的使命，並拯救所有父神交給祂的人——

---

[22]有關本節所討論的三位一體異端之歷史及其在神學上的涵義，請看以下精采的討論：Harold O. J. Brown, *Heresies: The Image of Christ in the Mirror of Heresy and Orthodoxy from the Apostles to the Present* (Garden City, N. Y.: Doubleday, 1984.), pp. 95-157.

這經文的意思似乎是說，耶穌與父神在目的上是合一的（雖然它也可能是說父神和子神同享一質）。

形態論的致命缺點在於它不得不否認一個事實，即三位一體內三個位格間的關係，然而這種關係在聖經裏是處處可見的（形態論否認這種關係，所以就只得說這些經文所提的見證全是虛幻，而不是真實的）。因此之故，它必須否定耶穌受洗時所出現的神的三個分別的位格：那時父神從天上說話，聖靈彷彿鴿子降在耶穌身上；它也必須說所有耶穌向父神的禱告，都是幻覺、或一戳即破的偽裝。子神或聖靈在父神面前為我們代求的思想也不再有了。最後，形態論至終也喪失了救贖教義的核心——那就是神差遣祂的兒子作為替代性的犧牲，子神站在我們的地位上擔負了神的忿怒，而代表三位一體的父神，因看到基督受苦的功效便心滿意足（賽53:11）。

不只如此，形態論否認神的自主性，因為如果神只有一個位格，而沒有其他的位格，祂就沒有對象使祂能去愛和溝通。如此一來，神創造這個世界就成為必要的，而神也不能再獨立於創造之外了（見本書第十一章B節有關神的自主性之討論）。

現在在廣義的更正教裏面，有一個宗派——即聯合五旬節教會（United Pentecostal Church）——在教義立場上是屬於形態論的。[23]

C.2 亞流主義否認子神和聖靈的完全神性

C.2.1 亞流爭議

「**亞流主義**」（Arianism）一詞源自亞流（Arius）這個人的名字，他是亞力山太教區的長老，其觀點在主後325年的尼西亞大會（Council of Nicea）上被定罪，死於主後336年。亞流教導說，子神是父神在某個時刻所創造的，而在那個時刻以前，子神是不存在的，聖靈也不存在，只有父神存在。因此之故，子神雖然是天上的實存，比其他受造之物在更久遠以前就已存在，而且也比其他受造之物偉大得多，但在所有的屬性上，祂仍然不能與父神相等——即使我們可以說祂在本質上「像父神一樣」或「與父神相似」，但卻不能說祂與父神有「同一本質」。

亞流主義的觀點非常倚賴那些說到基督是神的「**獨生**」（only begotten）子的經文（約1:14; 3:16, 18；約一4:9）。他們推理說，如果基督是父神所「生」的，那就表示

[23]組成這一群體的一些領袖，是早期被迫離開神召會（Assemblies of God）的人，當時是1916年，神召會決定堅持其傳道人要認信一份三位一體的信仰告白。有時候我們可以由口號「惟獨耶穌」來辨認出聯合五旬節教會。這宗派堅持人應當奉耶穌的名受洗，而非奉父、子、聖靈的名受洗。因為這個宗派否認了在神裏面有三個不同的位格，所以我們不應當把他們看作是福音派，甚至他們是不是真正的基督徒，都是值得懷疑的。

他必定是由父神帶進而存在的（因為在人類經驗裏，「生」這個字是說到孕育孩子過程中的父親角色）。他們進一步倚賴的經文是歌羅西書1:15：「愛子是那不能看見之神的像，*是在一切受造物中的首生者*。」（直譯，和合本譯作「*是首生的，在一切被造的以先*」）「首生者」的意思豈不是表示子神乃是由父神在某個時刻帶進而存在的嗎？[24] 如果這在子神方面是真的話，那麼在聖靈方面也一定是真的了。

但是這些經文並沒有要求我們採信亞流主義的立場。歌羅西書1:15稱基督為「首生的，在一切被造的以先」，這句話最好理解為基督具有「首生者」的權利或特權——也就是說，根據聖經的用法或習慣，這是家庭中的領導權或權柄（請注意，希伯來書12:16說到以掃賣了他「長子的名分」，即他「首生者的地位」，所用的這個希臘文字*prototokia*，與歌羅西書1:15中的「首生的」*prototokos*一字，是同源字）。所以歌羅西書1:15的意思是，對於整個受造的世界而言，基督具有權柄和統治的特權，是屬於「首生者」的特權。NIV將之譯為：「在一切受造物*以上*的首生者」，對我們的了解是很有助益的。

至於那些說到基督是神的「獨生子」的經文，因為初代教會非常堅定地相信許多其他表明基督是完全又充分之神的經文，所以其結論乃是，無論「獨生」（only begotten）的意思為何，它都不是指「受造」（created）（見本書附錄2的討論）。所以，《尼西亞信經》（Nicene Creed，主後325年）肯定地說，基督是「所生的、非所造的」：

---

[24]亞流主義也使用箴言8:22作為其支持經文，因為希臘文七十士譯本將此節誤譯為「主就*創造*（created）了我」（希臘文是*ktizō*），而非譯為「主就*得到*（acquired）了我」或「主就*有了*（possessed）我」（希臘文是*ktaomai*）。見本章A.1節有關這節經文的討論。

耶和華見證人會是今天的亞流派，他們又用啟示錄3:14為其支持，因為在那裏耶穌自稱是「在神創造萬物之始」（按RSV直譯；和合本譯為「在神創造萬物之上為元首的」）；他們認為這句話的意思是指「耶穌為神所創造，成了那不可見之創造萬物的開始。」（*Should You Believe in the Trinity?* 未列作者，[Brooklyn, N.Y.: Watch Tower Bible and Tract Society, 1989], p. 14）但是這一節經文的意思並不是說，耶穌是頭一個被造的，因為用作「開始」（beginning，希臘文是*archē*）的同一個字，也被耶穌用來說祂自己：「我是阿拉法，我是俄梅戛；我是首先的，我是末後的；我是*初*，我是終」（啟22:13）。「初」（beginning）在此是「阿拉法」和「首先的」之同義語。父神也用類似的話講到祂自己：「我是阿拉法，我是俄梅戛。」（啟1:8）在這兩處的經文中，「阿拉法」或「初」是表示在任何別的事物存在以前，祂已存在那裏了。「開始」或「初」並不表示子神是受造的，也不表示在某一時候祂才開始存在，因為父神與子神都是「阿拉法……俄梅戛」，也是「初……終」，祂們是永遠存在著的（猶太歷史家約瑟夫〔Josephus〕曾用beginning（*archē*）這個字來稱呼神是「萬物的起始」，他肯定不會認為神自己是受造者。見《與亞平先生答辯書》*Against Apion* 2.190）。

NIV將此節譯得不一樣：「在神創造萬物之上為元首（ruler）」（與和合本譯法同），這是可以接受的*archē*一字的另一個意思，這樣的意思也見於路加福音12:11「官府……的人」和提多書3:1「作官的」。

> 我們信獨一神、全能的父、創造有形無形之萬物的主。〔我們信〕一位主、耶穌基督、神的兒子，為父所生，是獨生的；亦即與父同一本體，是從神出來的神，是從光中出來的光，是從真神出來的真神，是所生的、非所造的，與父同質（*homoousion*）……[25]

同樣的語句在主後381年的君士坦丁堡大會（Council of Constantinople）再次被肯定。除此以外，在「為父所生」一語又加上了「在〔創造〕萬有之前」一語，成為「是父在〔創造〕萬有之前所生的」，表示這個「生」（begetting）是永遠的：從來沒有一個起點，但此父子之關係卻是永遠為真的一件事。然而，關於「生」的性質究竟是什麼，則沒有清楚地定義過，只說到它和父子之間的關係有關，而且在某種意義上，父永遠在這關係中居首位。

此外，《尼西亞信經》堅持基督是「與父同質」，進一步地否認了亞流主義的教訓。此處的爭議與兩個字有關：*homoousios*（「本質相同」）和*homoiousios*（「本質相似」），這兩個字後來在基督教的教義史上變得很有名。[26] 這兩個字的差異在於兩個不同的希臘文字首：*homo*-意思是「相同」，*homoi*-意思是「相似」。亞流喜歡說基督是一個超自然的天上的實存，是在宇宙其他部分受造以前就被神所造的，但即使是如此，祂在本質上仍能與神「相似」。因此，亞流會同意使用*homoiousios*這個字。但是主後325年的尼西亞大會（Council of Nicea）和381年的君士坦丁堡大會都了解到，*homoiousios*這個字還不足以把基督的本質表達得徹底，因為假如基督與父神不完全同質的話，那麼祂就不是完全的神。所以，這兩次大會都堅持正統的基督徒信仰，即應當認信耶穌是*homoousios*，即是與父神是同質的。這兩個字的差別只是一個字母，即希臘文的字母*iota*，因此有些人就批評說，教會竟為了一個字母而在教義上爭辯，耗費了主後第四世紀的大部分時間和太多的注意力。有些人質疑說：「有什麼事會比為一個字裏的一個字母而爭更愚蠢的？」然而，這兩字之間的差異是很深遠的，有沒有*iota*這個字母，確實標示出合乎聖經的基督教和一個異端之間的差別：前者持守三位一體真教義，但後者不接受基督的完全神性，所持為非三位一體的立場，因此最終對整個基督教的信仰是具有破壞性的。

---

[25]這是《尼西亞信經》的原初內容形式（主後325年），但後來在主後381年的君士坦丁堡大會上被修訂過，而該大會所採用的內容形式即成為今日教會普遍所稱的《尼西亞信經》。這份文件的英文版取自Philip Schaff, *Creeds of Christendom*, 3 vols. (Grand Rapids: Baker, 1983 reprint of 1931 edition), 1:28-29.

[26]在較老的英譯中有時候是用consubstantial這個字來繙譯*homoousios*一詞，但這個字的使用並不普遍，它的意思就是「具有相同的本質或本性」。

C.2.2 次位論

初代教會在肯定子神與父神同質之時，還排除了另一個與之相關的錯誤教義：*次位論*（subordinationism）。亞流主義認為子神是受造且不具神性的，而次位論則是認為子神是永恆的（非受造的）且有神性的，但其實存和屬性卻與父神不同等——子神在實存上是遜於或次位於父神。[27] 初代教會的教父俄利根（Origen, 約主後185-254年）主張一種形式的次位論：子神在實存上遜於父神，而且子神的實存永遠是從父神那裏衍生出來的。俄利根試圖保持兩者在位格上的區分，並且在教會清楚地提出三位一體的教義之前，他就寫出這個想法了。其他的教會並沒有追隨他的次位論，而且尼西亞大會也清楚地拒斥了他的教訓。

雖然許多初代教會的領袖對正確的三位一體教義的逐漸形成都有所貢獻，但最主要的影響力還是來自亞他那修（Athanasius）。當他參加主後325年的尼西亞大會時，年方二十九歲，而且不是正式的大會成員，只是亞力山太主教亞歷山大的祕書而已，但是他敏銳的思想和寫作能力，使得他對大會的結果產生很重要的影響。他本人於主後328年成為亞力山太的主教。雖然亞流主義在尼西亞大會中被定罪，但其信徒拒絕停止教導他們的觀點，並且在第四世紀後來的大部分時間裏，於教會中運用其相當大的政治勢力來拖長這場抗爭。亞他那修成了亞流信徒攻擊的主要焦點，而他的一生都用來寫作和教導，專心地反對亞流異端。他「經歷五次的流亡，有十七年的時間在躲避迫害」，但藉著他鍥而不捨的努力，「亞他那修幾乎獨力地將教會從異教的理智主義中拯救出來」。[28] 今天雖然以他為名的《亞他那修信經》（Athanasian Creed）不被認為是出於亞他那修本人之手，但其中對三位一體教義有非常清楚的肯定，而且大約從主後400年開始，就漸漸更多地被教會使用，至今在更正教和天主教中也仍在使用（見附錄1）。

C.2.3 嗣子論

在結束有關亞流主義的討論之前，我們需要提一下另外一個相關的錯誤教訓：*嗣子論*（adoptionism）。嗣子論認為耶穌在受洗以前是一個普通的人，但後來被神「領養」為「兒子」，並被賦予超自然的能力。嗣子論者不認為基督在降生為人以前就存

---

[27]我們應當清楚地區分異端次位論（認為子神在實存上遜於父神）與正統教義（認為子神在角色或功能上永遠地從屬於父神）的不同。如果沒有這項正統的真理，我們就沒有三位一體的教義，因為我們就沒有任何父神與子神之間永遠在位格上的區分，而父神與子神在永遠裏也不是父神與子神了（見本章D節有關父、子、聖靈之間的區分）。

[28] S. J. Mikolaski, “Athanasius,” *NIDCC*, 81.

在，所以不認為基督是永遠的，也不像亞流派那樣主張基督是被神高舉的超自然受造者。他們也不認為，即使耶穌在被「領養」為神的「兒子」以後，在本質上具有神性；他們認為耶穌只是一個被高舉的人，在某種獨特的意義上被神稱為「兒子」而已。

嗣子論從來沒能像亞流主義那樣掀起一股運動，雖然其觀點從來沒有被人接受為正統的信仰，但在初代教會裏仍一直有人持守嗣子論的觀點。許多現代人認為耶穌只是一個偉大的人物，是特別蒙神賜能力，但並不真的具有神性；這些人就是落入嗣子論的類別裏了。我們在此將它與亞流主義同列，是因為它也否認子神的神性（而且以此類推，它也否認聖靈的神性）。

有關亞流主義的爭議，在主後381年君士坦丁堡大會上畫下了休止符。這次大會再次肯定《尼西亞信經》，並加了一條有關聖靈之神性的宣言，而這條宣言自尼西亞大會以來備受攻擊。君士坦丁堡大會在「我們信聖靈」這句子後加上：「生命之主與賜予者，從父而出；祂與父並子同受敬拜、同受尊榮；祂藉著先知而曉諭。」今天我們通常所說的《尼西亞信經》，是包含君士坦丁堡大會所增加的部分（見附錄1的《尼西亞信經》）。

C.2.4 「和子」的爭議

我們在此應該簡述一下，在教會歷史上所發生的一件不幸的事，它是與《尼西亞信經》有關的，那就是將「和子」的敘述（the *filioque* clause）加入《尼西亞信經》所引起的爭端；這爭端最終導致了西方（羅馬天主教）和東方（包括現今東正教的各個支派，如希臘東正教、俄國東正教等）基督教在主後1054年的分裂。

「和子」（*filioque*）一詞是拉丁文，意思是「和從子而出」（and from the Son）。《尼西亞信經》在主後325年的第一個版本和主後381年的第二個版本中，都沒有這個詞；這兩個版本都只說聖靈是「從父而出」。但主後589年在佗利多（Toledo，在今西班牙）的一個地區性教會會議上，把*filioque*一字加上去了，以至於這信經就變成說，聖靈「是從父和子而出」。根據約翰福音15:26和16:7來看，耶穌在那裏說，祂會差遣聖靈到這世界，似乎沒有什麼理由好反對這個「和子」的敘述，如果這話是指聖靈是從父和子在一個時間點（特別是在五旬節）而出的。然而這一句敘述關係到三位一體的本質，而且被理解為是指出聖靈和子神之間永遠的關係，但這關係卻是聖經從來沒有清楚討論過的。[29] 加了「和子」這額外一拉丁字的《尼西亞信經》版本逐漸通用起

[29]「從父和子而出」的「出」（proceed）一字，不是指聖靈的受造，也不是指祂從父神與子神那裏得到祂的實存，這個字乃是指明聖靈與父神和子神永遠的關係。

來，並在主後1017年得到正式的認可。然而因著教廷的政治和權力鬥爭，使得整個的爭議變得複雜化，而這個原本十分不起眼的教義，就成了導致主後1054年東西方基督教分裂的主要教義問題（其實隱藏在其下的政治問題，乃是東方教會與教皇權柄之關係的問題）。這個教義上的爭議以及基督教兩大支派的分裂，迄今仍未得到解決。

關於這個問題，是否有一個正確的立場呢？證據的優勢（雖然只是些微的）似乎清楚地有利於西方教會。雖然約翰福音15:26說到真理的聖靈是從父神而出，但這個事實並不否認聖靈也是從子神而出（正如約翰福音14:26說到，父將差遣聖靈，而約翰福音16:7則說，子將差遣聖靈）。事實上，在約翰福音15:26耶穌自己說聖靈是「我要從父那裏差……來」的。如果子神與父神一起差遣聖靈到這世界來，那麼類比起來，似乎也可以合宜地說這一點反映了祂們之關係中永遠的次序。這方面不是我們可以依據什麼明確的經節而堅持的，而更多是我們從聖經看到關於祂們和受造界*在時間裏*的關係，並進一步藉著類比而去領悟父神、子神和聖靈之間*永遠的*關係。不只如此，東方教會的表述使子神與聖靈之間有一種不自然的距離，這會導致一種可能性，那就是即使是在個人的敬拜上，都會更多地強調追求奧祕的、聖靈感動的經驗，而忽視也要理性地明白基督是主，進而敬拜祂。雖然如此，這場爭議畢竟是旋繞在這樣一個模糊的問題上（這問題的本質是關於子神與聖靈在創世以前的關係），它肯定不應造成教會的分裂。

C.2.5 三位一體教義的重要性

為什麼教會如此地關切三位一體的教義？堅持子神和聖靈的完全神性，真的那麼重要嗎？是的，正是如此，因為這個教訓隱含了基督徒信仰的核心。*第一*，若不如此堅持，那麼救贖就成問題。如果耶穌只是一個受造之人，而非完全的神，那麼我們很難想像身為受造之人的他，怎麼能夠擔負起神對我們所有罪惡的忿怒？任何一個受造物，無論他有多麼偉大，真的能拯救我們嗎？*第二*，如果我們否認子神的完全神性，那麼「惟獨因信稱義」就受到威脅了（這種情形在今日可見於耶和華見證人會的教訓；他們不相信惟獨因信稱義）。假如耶穌不是完全的神，我們就可以很正當地懷疑我們是否真的能信靠祂來完全地拯救我們。我們真的能完全倚賴任何一個受造者而得救嗎？*第三*，如果耶穌不是無限的神，那麼我們應該向祂禱告或敬拜祂嗎？除了無限的、無所不知的神以外，有誰能傾聽和回應所有神子民的禱告呢？除了神自己以外，誰配得敬拜呢？的確，如果耶穌只是受造之人，不管他多麼偉大，敬拜他就會是敬拜偶像——然而新約聖經卻命令我們要敬拜祂（腓2:9-11；啟5:12-14）。*第四*，如果有人教導說基督是受造之人，卻又是那位拯救我們的人，那麼這種教導的錯誤是把救恩之功歸給一個受造之人，而不是歸給神自己了。錯誤地高舉受造之物，而不高舉創造主，是聖經絕不容許的事。**第五**，神的自主性和具有位格的本質也成了問題：如果神不是三位一體的話，那麼在創世以前，神的實存裏就沒有位格之間的關係；如此，在沒有位格之間的關係的情況下，我們很難看到神怎麼會真的是有位格的，或很難看到祂本質上不需要受造世界來和祂發生關聯。**第六**，宇宙的合一性也成了問題：如果在神本身沒有完美的複數位格和合一的話，那麼我們就沒有基礎去思想，在宇宙中最終也會有合一。基督徒信仰的核心——三位一體的教義——很清楚地受到了威脅。巴文克（Herman Bavinck）說：「亞他那修比他同時代的任何人都明白，基督教或站立或跌倒，要看她是否認信基督的神性和三位一體。」[30] 他又說：「基督教心臟的跳動在於對三位一體的認信：每個錯誤的來源，和對每個錯誤的更深反省，都可以追溯到這個教義的錯誤觀點。」[31]

C.3 三神論否認只有一位神

最後一種想要簡化三位一體之聖經教訓的方式，就是否認只有一位神。其結果就是說神有三個位格，而每個位格都是一位完全的神，所以共有三位神。在神學上這種觀點被稱作「三神論」（tritheism）。

在教會的歷史上很少有人是持這種觀點的，因為它與古代異教多神的崇拜頗為相似。這種觀點會給信徒的觀念帶來混亂，它缺乏對獨一真神絕對的敬拜、忠誠或獻身。我們會懷疑究竟應該把最終極的忠誠獻給哪一位神？從更深層次來說，這種觀點會破壞整個宇宙終極合一的意義：甚至在神的實存裏也只有多重性而沒有合一性。

雖然沒有任何現代宗教團體提倡三神論，但很多福音派的人或許不自覺地傾向於三位一體的三神觀，即意識到神有父、子和聖靈三個分別的位格，但卻很少意識到神所具有的合一性，祂的實存是不可分隔的。

D. 父、子和聖靈之間的區分

結束了討論有關三位一體的錯謬之後，我們將繼續討論關於父、子和聖靈之間的區分。如果我們說，神的每個位格都是完全的神，而且每個位格都完全有神一切的屬性，那麼在這三個位格之間是否有什麼區分呢？舉例來說，我們不能說父神比子神更有權能或更有智慧，也不能說父神在子神和聖靈存在以前就存在了，因為任何一個像這樣的說

[30] Bavinck, *The Doctrine of God*, p. 281.

[31] 同上出處，p. 285.

法都是在否認三一之神所有三個成員的完全神性。但是，在其位格之間有什麼區分呢？

D.1 三一之神的三個位格與世界的關係中各有不同的主要功能

當聖經論及神與世界之關係時，無論是說到創造還是救贖，都指出三個位格各有不同的功能或主要的活動。有時候這被稱為「三一的運作」（economy of the Trinity）。此處所用的英文economy一詞，乃是取其古老的意思：「運作的次序」。「三一的運作」是指三一之神的三個位格在永恆裏，在祂們與世界以及與彼此（如我們將在下一節看到的）的關係中，所採取的不同行動方式。

我們在創造之工上看到了三個位格的不同功能。父神說出創造性的話語，而使宇宙存在；卻是由子神——神永遠的道——執行這些創造性的諭令。「萬物是藉著祂造的；凡被造的，沒有一樣不是藉著祂造的。」（約1:3）不只如此，「萬有都是靠祂造的：無論是天上的、地上的；能看見的、不能看見的；或是有位的、主治的、執政的、掌權的；一概都是藉著祂造的，又是為祂造的。」（西1:16；又見詩33:6, 9；林前8:6；來1:2）。聖靈也以不同的方式在活躍工作，祂「運行」或「翱翔」（創1:2, NIV譯法）在水面上，聖靈顯然在神創造時維持並彰顯祂的同在（另參詩篇33:6；在那裏「氣」一字可直譯作「神的靈」；亦見詩篇139:7）。

在救贖之工上，三一之神各個位格的功能也不相同。父神計劃救贖，並差遣子神來到世上（約3:16；加4:4；弗1:9-10）。子神順服了父神，並為我們成全了救贖（約6:38；來10:5-7等）。父神沒有來到世上為我們的罪而死，聖靈也沒有，那是子神特別的工作。在耶穌升天後，聖靈奉父神和子神的差遣，將救贖實施到我們身上。耶穌說：「父因我的名所要差來的聖靈」（約14:26），但祂也說到自己將差遣聖靈來：「我若去，就差祂來。」（約16:7）祂還說到差遣聖靈來的時間：「但我要從父那裏差保惠師來，就是從父出來真理的聖靈；〔當〕祂來了，就要為我作見證。」（約15:26）聖靈有特別的工作，包括：賜給我們重生或嶄新的屬靈生命（約3:5-8）、使我們成聖（羅8:13; 15:16；彼前1:2），以及賜給我們服事的能力（徒1:8；林前12:7-11）。總括來說，聖靈的工作似乎是完成父神所計劃、子神所開頭的工作（見本書第三十章有關聖靈的工作之討論）。

所以我們可以這樣說，父神在創造和救贖上的角色是計劃、引導以及差遣子神和聖靈。這一點也不奇怪，因為這表明父神與子神之間的關係，就好像人類家庭中父與子之間的關係：父親引導兒子，有權柄在其兒子之上，而兒子順服並回應父親的引導。聖靈則是順服父神和子神兩位的引導。

因此，雖然三一之神的三個位格在祂們所有的屬性上都相等，但祂們與受造界之間的關係卻不相同。子神和聖靈在神性上與父同等，但在角色上卻從屬於父。

還有，這些角色上的不同不是暫時的，而是持續到永遠的：保羅告訴我們，即使在最後的審判之後，當「儘末了……的仇敵」──也就是死亡──被毀滅以後，又當萬物都服在基督腳下的時候，「那時，子也要自己服那叫萬物服祂的，叫神在萬物之上，為萬物之主。」（林前15:28）

D.2 三一之神的三個位格永恆地以父、子、聖靈的形式存在

三一之神的三個位格在永恆裏，都一直是以父神、子神和聖靈的形式存在著。但是為什麼三一之神的三個位格在創造時，要擔任不同的角色呢？它是偶然的或隨機的嗎？父神能夠取代子神來為我們的罪而死嗎？聖靈能夠差遣父神為我們的罪而死，然後再差遣子神實施救贖到我們身上嗎？

不能的，上述的這些事情似乎是不可能發生的，因為命令、引導和差遣的角色是適合於父神的地位，所有人類父親的角色也都是效法祂的樣式而來的（弗3:14-15）。而順服父神、按父神的差遣而行，以及將父神啟示我們，則是適合於子神的角色的，祂又被稱為是神的道（另參約1:1-5, 14, 18; 17:4；腓2:5-11）。這些角色不能夠顛倒過來，否則父神就不會再是父神，子神也不會再是子神了。從這個關係的類比來看，我們可以下一個結論說：聖靈的角色也類似，是適合於在世界被造以前祂跟父神與子神之間所有的關係。

其次，在子神來到地上以前，甚至是在創世以前，父神一直永遠是父神，子神永遠是子神，聖靈也永遠是聖靈。祂們的關係是永遠的，而不只是在時間裏才發生的。我們可以從神的不改變性（見本書第十一章）如此結論說：如果現在神是以父、子和聖靈的形式存在著，那麼祂就一直是以父、子和聖靈的形式存在的。我們也可以下結論說，祂們的關係是永遠的，因為在聖經的其他經文中，也說到創世以前三一之神的成員之間的關係。舉例來說，當聖經說到神在創世以前的揀選工作時（見本書第三十二章），指出父神是在子神「裏面」揀選了我們：「願頌讚歸與我們主耶穌基督的父神……*就如神從創立世界以前，在基督裏揀選了我們*，使我們在祂面前成為聖潔，無有瑕疵」（弗1:3-4）。這揀選的初步作為是父神做的，祂在我們尚未存在時，就看我們是與基督聯合的，或說看我們是「在基督裏」的。與此類似地，聖經說父神「預先所知道的人，就預定他們模成祂兒子的形像。」（羅8:29直譯；和合本譯作「預先所知道的人，就預先定下效法祂兒子的模樣。」）我們也讀到「父神的先見」

（彼前1:2；另參彼前1:20），是與三一之神的其他兩個位格的特別功能區別開來。[32] 此外，甚至連父神「將祂的獨生子賜給……」（約3:16）以及「差祂的兒子降世」（約3:17）的這些事實，都表明在基督降世以前就有父、子關係的存在了。不是父神差遣子神來到世上的時候，子神才變為子神；相反地，那位*永遠*是父神的將那位*永遠*是子神的賜給我們，神偉大的愛就在這樣一個事實裏顯明了：「神愛世人，甚至將祂的獨生子賜給他們」（約3:16）；「及至時候滿足，神就差遣祂的兒子。」（加4:4）

當聖經論及創造時，再次提到了父神藉著子神來創造，表明父、子關係在創造開始以前就有了（約1:3；林前8:6；來1:2；又見箴8:22-31）。但聖經沒有任何一處說到子神或聖靈藉著父神來創造。這些經文再次表示：在創世以前，就有父（作為起始者）、子（活躍的代理者）之間的關係，而這種關係使得三一之神不同的三位格，合適地去完成祂們實際上所完成的角色功能。

所以，我們所見到的父、子和聖靈所執行的不同功能，只是祂們三個位格之間永遠的關係所運作出來的，這種關係一直就存在，而且會永遠存在。神一直是以三個分別的位格存在著：父、子和聖靈。這些區別對神自己的本質是很基要的，祂們不能不這樣地存在著。

最後，我們可以說，父、子和聖靈在神性、屬性，或本性上沒有不同。每一個位格都是完全的神，都具有神所有的屬性。*在三一之神各成員之間惟一的分別，是在於祂們彼此之間以及祂們與受造界之間相關聯的方式不同*。在這些關係當中，他們運作的角色是合適於祂們每一位的。

有關三位一體的這項真理，有時候被總結為「*實存相等，但運作從屬*」（ontological equality but economic subordination），這裏ontological一字的意思是*實存*，而economic一字指的是運作的次序和角色。[33] 另外一種更簡單的表達方式，則是「實存相等，但角色從屬」（equal in being but subordinate in role）。這個總結的兩部分對三位一體教義的真理都是必須的：假如我們沒有說到三一之神在實存上的相等，那麼所有的位格就都不是完全的神了；然而假如我們沒有說到三一之神在運作上的從屬，[34] 那麼三個

---

[32]另一處說到有這樣一個角色和功能區分的經文是約翰福音17:5：那時耶穌祈求父神：「使我同你享榮耀；就是未有世界以先，我同你所有的榮耀」（約17:5），這表示耶穌認為將榮耀賜給父神所願意給的人，是父神的權利；而且父神已將這榮耀賜給子神，因為在創立世界以前，父神就已經愛子神了（約17:24）。

[33]見前面的D.1節。

[34]我們應當小心地把三個位格之間在運作（活動與角色）上的從屬，與「次位論」的錯謬分別開來，因為「次位論」認為子神或聖靈在實存上遜於或次位於父神（見本章C.2.2節）。

位格之間彼此關聯的方式就沒有內在的差異，結果我們就沒有存在到永遠的三個不同的位格：父、子和聖靈。舉例來說，假如子神在角色上不是永遠地從屬於父神的話，那麼父神就不永遠地是「父」，而子神也就不永遠地是「子」；這意味著三位一體就不是永遠地存在。

這就是為什麼自從《尼西亞信經》認定子是「父在〔創造〕萬有之前所生的」，而聖靈是「從父和子而出」以來，這思想——神的三個位格在永遠裏是「實存相等，但角色從屬」——對教會的三位一體之教義是那麼重要。但令人吃驚的是，近來一些福音派的著作竟然否認三一之神各成員在永恆裏有角色上從屬的關係，[35] 雖然這點很清楚地已是教會三位一體教義的一部分了（在天主教、更正教和東正教的表述裏都是），至少從（主後325年）尼西亞大會以來就是這樣。所以賀智（Charles Hodge）說：

> 「尼西亞的教義包括：(1) 子神從屬於父神，而聖靈從屬於父神與子神的原則。但這種從屬不表示是次等的……而只是涉及其存活和運作……
>
> 信經只是將聖經關於三位一體教義的事實，很有條理地整理出來而已。它們堅持父、子和聖靈分別的位格……以及因之而有的完美的同等；還有祂們在存活和運作的模式上，子神對父神從屬，聖靈對父神和子神從屬。這些都是聖經上的事實，而我們所質疑的信經未曾對此作過任何加添；**從這個意義來講，它們一直為普世教會所接受。**」[36]

同樣地，史特朗（A. H. Strong）說：

> 「父、子和聖靈，同質同榮，按位格、職事和運作的次序並列……

---

[35]如見Richard Kroeger和Catherine Kroeger的專文中，將「次位論」定義為「一項將較遜色的實存、地位**或角色**歸給三位一體中的子神或聖靈的教義。這項教義多次為教會大會所定罪，但卻持續地在教會歷史上以不同的形式出現。」（見Kroeger, "Subordinationism" in *EDT,* p. 1058, 強調字是筆者標明的。）當他們提到「較遜色的……角色」時，他們的意思顯然是說，任何肯定三位格在角色上有永遠的從屬關係，就是屬於次位論的異端了。然而假使他們的意思真是這樣的話，那麼他們就是在定罪所有從《尼西亞信經》以來的基督論了，因此，也定罪了Hodge所教導「普世教會」都接受的教導。

與此類似地，Millard Erickson只願意肯定說，基督在地上的服事期間，有過暫時在功能上的從屬，但他無處能肯定子神對父神，或聖靈對父神與子神，有一種在角色上永遠的從屬關係。見他所著的*Christian Theology* (Grand Rapids: Baker, 1983-85), pp. 338, 698（又見他的*Concise Dictionary of Christian Theology*, p. 161.）

Robert Letham認為在晚近福音派著作裏的這種傾向，是福音派女權運動者運作的結果，他們宣稱從屬的角色必然意味著較為不重要或較低的位格。當然，假如這種看法在三位一體成員中不是真實的話，那麼在夫妻之間也不一定是真實的了。見他所著的 "The Man-Woman Debate: Theological Comment," *WTJ* 52:1 (Spring 1990), pp. 65-78.

[36]Charles Hodge, *Systematic Theology* (3 vols.; Grand Rapids: Eerdmans, 1970 [reprint; first published 1871-73]), 1:460-62（強調字是筆者標明的）。

子神的位格從屬於父神的位格，換言之，按位格、職事和運作的次序，父神被允許居首位，子神第二，聖靈第三；這個次序與祂們的同質完全一致。次序上的優先不一定是指本質上更優異……我們明白地認明基督對父神是永遠地從屬，但我們同時要說，這種從屬是在次序、職事和運作上的從屬，而不是在本質上的從屬。」[37]

D.3 神的三個位格與祂實存之間是什麼關係？

經過前面的討論後，仍有一個問題有待解決：神的「位格」與「實存」之間的區別是什麼？我們要如何說明神是一個不可分離的實存，卻又在一個實存裏有三個位格？

首先我們要認定，**每個位格都是完完全全的神**，這是很重要的；也就是說，**每個位格都具有神本身實存裏的所有豐滿**。子神不是部分的神，或是恰好三分之一的神；祂是完完全全的神；而父神和聖靈也是一樣。因此，如果按照圖14.1來思想三位一體，把每個位格看成只是神實存的三分之一，那就錯了。

圖14.1 神的實存沒有被分為三個相等的部分，而分屬於三一之神的每個成員

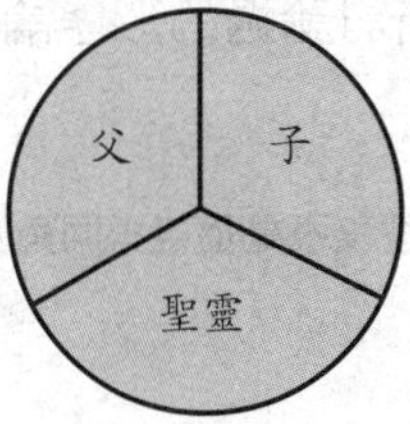

相反地，我們必須承認，父神的位格具有神本身的**全部實存**。同樣地，子神具有神本身的**全部實存**，聖靈也具有神本身的**全部實存**。當我們一起說到父、子和聖靈時，我們並不是在說到比單獨說父、子或聖靈時更大的實存。父神擁有神實存的**全部**，子神擁有神實存的**全部**，而聖靈也擁有神實存的**全部**。

這正是《亞他那修信經》所肯定的：

「大公信仰乃如下：我們敬拜一位一而為三，三而為一的神。其位格不混淆，其本質不分離。因為父是一位格，子是一位格，聖靈也是一位格。然而父、子、聖靈的神性本體都是同一神性：其榮耀相同，其尊嚴也永遠並存。父如是，子如是，聖靈也如是……依基督真道，我等確認每一位格本身皆為神，皆為主，所以，大公信仰禁止我們說：有三位神，或有三位主。」

---

[37] A. H. Strong, *Systematic Theology.* (Valley Forge, Pa.: Judson, 1907), p. 342（強調字是筆者標明的）。

但如果每個位格都是完全的神，即具有神實存的全部，那麼我們就不應該認為位格的特徵是一些加添在神實存外的屬性，如同圖14.2所顯示的模式。

圖14.2 三一之神各位格的特徵不是一些添加在神實存外的屬性

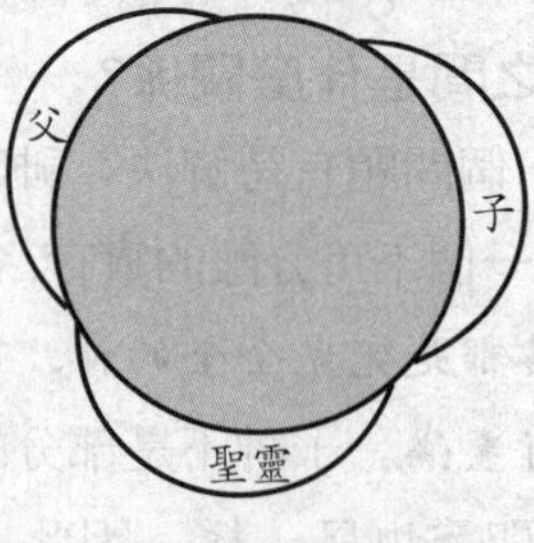

相反地，三一之神的每個位格都具有神所有的屬性，沒有一個位格所具有的任何屬性是其他位格所沒有的。

但在另一方面，我們必須說三位格都是真實的，祂們不是僅從不同角度來看神的一個實存而已（否則就成了前面所討論過的形態論或撒伯流主義了）。所以，圖14.3也是不恰當的。

圖14.3 三一之神的三個位格不是僅從不同角度來看神的一個實存而已

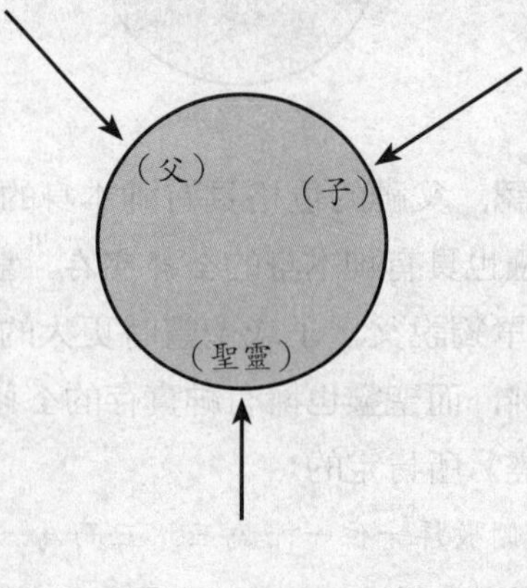

相反地，我們需要以這樣的方式來思想三位一體：必須堅持三個位格的真實性；而每一個位格與其他位格的關係是「我」（該位格本身）、「你」（另一位格），以及「他」（又另一位格）。

因此，我們似乎只能這樣說，*位格之間的分別不是在於「實存」上的差異，而是在於「關係」上的差異*。這種說法距離人的經驗甚遠，因為在人的經驗裏，不同的

「人」（即我們所稱的「位格」）其實存也是不同的。神的實存是這樣以某種方式遠遠地大於我們的實存；在祂獨一不可分隔的實存裏面，可以展開一種位格之間的關係，因此才能有三個不同的位格。

這樣說來，父、子和聖靈之間究竟有什麼不同呢？祂們在屬性上完全沒有一點差異，惟一的差異在於祂們彼此之間以及祂們與受造界之間互相關連的方式。父神的特質是祂*以父的角色*而與子和聖靈*相關聯*；子神的特質是祂*以子的角色*而與其他位格*相關聯*；聖靈的特質是祂*以聖靈的角色*而與其他位格*相關聯*。[38]

前面三個圖解是代表我們應當避免的錯謬觀念，而以下的這個圖解則可以幫助我們思想，在神獨一不可分離的實存中其三個位格的存在方式。

圖14.4 神有三個不同的位格，而每個位格的實存都等同於神全部的實存

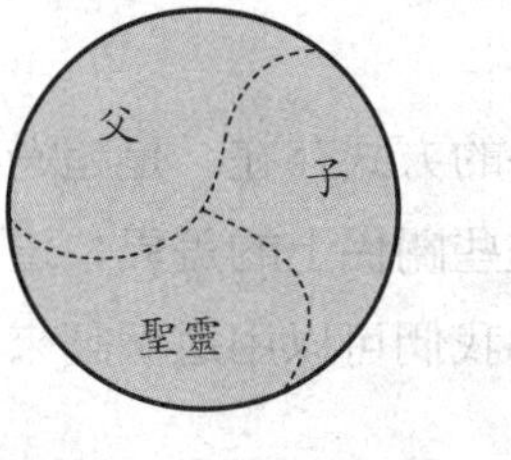

在這個圖解中，代表父神的是標明為「父」的部分，以及從此字順時針方向轉動的其餘圓圈部分；代表子神的是標明為「子」的部分，以及從此字順時針方向轉動的其餘圓圈部分；代表聖靈的是標明為「聖靈」的部分，以及從此字順時針方向轉動的其餘圓圈部分。如此就有三個不同的位格，但每個位格都是完完全全的神。當然，這種表達方式也是不完美的，因為它不能表達神的無限性或其性格，或其他任何屬性。同時，為了要理解這個圖，也需要用不同的方式來看這個圓圈：虛線必須被理解為位格間的關係，而非神獨一實存的分割。如此一來，圓圈本身代表神的實存，而虛線則代表位格存在的形式，而不是實存中的差異。但不管怎樣，這個圖解有助於防備一些誤解。

人類自己的位格也可以作為另一種微弱的類比，對我們在思想三位一體時也稍

---

[38]有些系統神學家為這些不同的關係取了不同的名稱：父神的「父道」（paternity）或「生出」（generation），子神的「所生」（begottenness or filiation），和聖靈的「流出」（procession or spiration）；但是這些名稱的意思就只是指「以父的角色與之關聯」、「以子的角色與之關聯」和「以聖靈的角色與之關聯」。為了避免產生過多現代英語不再用的、或意義有別於普通英語意思的詞彙，筆者在本章就不使用這些詞彙了。

有助益：當一個人在思想他自己之外的物體時，他就是那個正在思想的主體。若是他在思想他自己，那麼他自己就是被他所思想的客體；如此一來，他既是主體，又是客體。此外，若他在反思他對自己的*想法*（第三層，既不是主體，也不是客體，而是作為主體的他、對作為客體的他，而有的想法），那麼這時我們看到三樣不同的東西：主體、客體和想法，然而每一樣都包含了他整個的實存：主體是完全的他，客體是完全的他，想法（雖然意思有點勉強）也是關於完全的他。[39]

如果我們將人的位格展開就這麼複雜的話，那麼將神的位格展開時，就會遠比人的情形複雜得多了。在神的獨一實存裏，「展開」出的不同位格有三個，而每個位格仍具有神自己整個的實存。位格之間的差異肯定只是關係上的差異，而不是實存上的差異，但每個位格必定是真正存在著的。這種實存內有三位格共存的形式，遠遠地在我們的理解能力之外。*這是與我們所經歷的所有事情都大不相同的一種存在*，迥異於宇宙中任何其他的事物。

因為獨一之神以三個位格的方式存在，是超過我們所能理解的，所以基督教神學後來用「*位格*」一詞來表達這些關係上的差異；這不是因為我們完全理解「*位格*」在三位一體中的意思，而是因為我們可以用這個詞來表達一些內容，否則我們就什麼都無法表達了。

D.4 我們能明白三位一體的教義嗎？

我們應該從以往所犯的錯誤而得到警惕。那些錯誤的發生都是由於試圖要簡化三位一體的教義，揭去其中所有的奧祕，使它可以完全被人了解；然而這是我們永遠不可能做到的。但是，若說我們一點都不能理解三位一體的教義，也不正確。我們能肯定知曉神有三個位格，每個位格都是完全的神，以及只有一位神。我們能知道這些，是因為聖經教導這些教訓。不僅如此，我們也能知道一些關於神的三位格相互關聯的方式（見以上D.3節）。但我們不能夠完全明白，那些不同的聖經教訓是怎樣融合在一起的；我們想知道怎麼能有三個分別的位格，而且每個位格都擁有神本身完全的實存，但神又是獨一而不可分離的實存。事實上，坦誠地承認神是一個偉大到我們永遠不能測透的實存，對我們的靈命是健康的，這將叫我們在神面前謙卑下來，並吸引我們毫無保留地去敬拜祂。

[39]我們在前面說過，沒有一個類比能將三位一體教導得完全，而這個類比也有幾個缺點：這個人給終還是一個人，而不是三個人；他的「想法」並不等同於完全的他。然而這個類比幫助提醒我們，人類的位格都這麼複雜，何況神性的位格，其複雜性就遠遠地大過人類的了。

但是我們也要說，聖經並沒有要我們去相信彼此矛盾的事，就如「有一位神，而且沒有一位神」，或「神有三個位格，而且神沒有三個位格」，或甚至是（與前面的敘述相似）「神有三個位格，而且神有一個位格」。但是「神有三個位格，但只有一位神」的說法，就不是一個矛盾。這些事我們不明白，所以是一個奧祕或吊詭（paradox），但只要這個奧祕的不同層面都是聖經清楚教導的，它就不應該叫我們覺得困惑，因為只要我們是有限的受造者，而非無所不知的神，就總會有一些事物是我們（到永遠）都不能完全明白的。伯克富（Louis Berkhof）很有智慧地說：

> 「三位一體是一項奧祕……人不能夠參透它或讓它變得容易理解。在它的一些關係以及彰顯的模式上尚可理解，但在它的本質上我們卻無法理解……真正的困難在於這些位格與神本性之間的關係，以及祂們之間相互的關係；這是教會不能挪去的難題，我們只能試圖使用合宜的定義，將這難題減少到一個合適的度量。這絕不是企圖解開三位一體的奧祕，而只是尋用一種方式將三位一體的教義陳述出來，好防止會危害它的錯謬。」[40]

伯克富說：「特別是當我們反思三個位格和神本性之間的關係時，所有的類比都不管用了，這就使我們深深地意識到，三位一體是一個遠超過我們理解範圍的奧祕，它是不可測透的神的榮耀。」[41]

E. 應用

因為在神自己裏面既有合一性又有多樣性，所以我們看到在祂所設立的人類關係中也反映有合一性和多樣性，就不足為奇了。首先我們看到這反映在婚姻中。當神按照自己的形像創造人時，祂不是僅僅創造出一個獨立自主的人，而是如聖經所說的，祂是「造男造女」（創1:27）。而在婚姻的合一性中（見創2:24），我們雖然不是看到像神那樣的三合一（triunity），但至少是倆人非凡的二合一：倆人保持獨特的個體，卻在身體、意念和心靈上合而為一（另參西6:16-20；弗5:31）。事實上，我們在男女婚姻的關係中，還可以看到三一之神中父神與子神之關係的畫面。保羅說：「我願意你們知道，基督是各人的頭，男人是女人的頭，神是基督的頭。」（林前11:3）在此我們看到，正如三一之神中父神的權柄在子神之上，所以在婚姻中丈夫的權柄在妻子之上。丈夫的角色是跟父神的角色相對應的，而妻子的角色則是跟子神的角色相對應

[40]Berkhof, *Systematic Theology*, p. 89.

[41]同上出處，p. 88.

的。不僅如此，正如父神與子神在神性、重要性和位格上是同等的，所以丈夫和妻子在人性、重要性和人格上也是平等的。雖然聖經沒有清楚地明說，但是婚姻中蒙神所賜、從父母所生出的孩子，應該要服從父母的權柄，這種關係與三一之神中聖靈與父神、子神之間的關係也很類似。

不過人類家庭不是神在世上惟一設立來反映其超絕之多樣性與合一性的方式；在教會中我們也有「許多肢體」，但卻仍屬「一個身子」（林前12:12）。保羅反思了人身體上精采的多樣性（林前12:14-26），並說教會就像那樣：在教會裏我們有很多具有不同恩賜和興趣的成員，我們互相依靠，彼此幫助，因而將豐富的多樣性和極大的合一性同時彰顯出來。當我們看到不同的人在教會生活中做不同的事情時，我們應該感謝神，祂讓我們能藉著反映三位一體裏的合一性和多樣性來榮耀祂。

我們也應當注意到，神在宇宙歷史中的目的，常是要在多樣性中彰顯合一性，從而彰顯祂的榮耀。我們在教會中看到，不僅有恩賜上的多樣性（林前12:12-26），也有猶太人與外邦人的合一性，所以，雖然所有的族裔都很不相同，但卻能在基督裏合而為一（弗2:16; 3:8-10；又見啟7:9）。保羅看到神在救贖史上的計劃，就像一首偉大的交響曲，便驚嘆祂的智慧何其難尋（羅11:33-36）。我們甚至也看到在基督與教會之間的奧祕合一，我們被稱為基督的新婦（弗5:31-32），這合一超乎我們的想像，那是教會與神兒子自己的合一。然而，在所有這些合一中，我們從未失去個人的特性，仍然能以一個獨特個體的身分來敬拜神和服事神。

最終整個宇宙都會參與這個合一的目的，每個不同的部分都會加入對父、子和聖靈的敬拜，在那一天，「一切在天上的、地上的，和地底下的，因耶穌的名，無不屈膝、無不口稱耶穌基督為主，使榮耀歸與父神。」（腓2:10-11）

從比較日常的生活來看，在我們每天所從事的許多活動中（例如在工作崗位、社團組織、音樂表演，和運動團隊等），有許多獨特的人在進行合一的目標或活動。當我們看到這些活動時，就看到它們反映了神讓我們同時擁有合一性與多樣性的智慧，並且也稍微能看到神以三位一體而存在的榮耀。雖然我們永遠不能參透三位一體的奧祕，但我們可以用讚美詩歌和所言所行來敬拜神的所是，因為這些讚美能反映出祂卓越品格的一些部分。

個人思考與應用

1. 為什麼當人在家庭中表現出忠實、關愛與和諧時，就會討神喜悅？你的家庭成員以哪些方式反映出三一之神各位格的多樣性和合一性？有什麼方法能使你的家庭關係更能充分地反映出三一之神的合一性？這項真理——三一之神有多樣性——能夠怎樣鼓勵父母允許孩子們培養自己不同的興趣，不必一定要和其他孩子或父母相同，而且不會被認為是損害家庭的合一？

2. 你是否曾經這樣想過，如果你的教會容許發展新的或不同的事工，這有可能會傷害教會的合一嗎？你是否曾經這樣認為，鼓勵別人使用一些以前沒有用過的事奉恩賜，可能會造成教會的分裂？三一之神裏有合一性與多樣性的事實，如何能幫助你解決上述的問題？
3. 你認為神的三位一體的性質，在哪一種教會裏更能被完全地反映出來：是在同一族裔背景的教會，還是在不同族裔背景的教會（見弗3:1-10）？
4. 我們除了跟家庭內的成員有關係之外，我們也都生活在另一些有權柄的環境中，例如：政府、公司、社團，教育機構以及運動團隊等。有時我們的權柄高於別人，有時我們服在別人的權柄之下。請舉例說明你在家庭或上述環境中，如何能夠在運用權柄或應對權柄上，更像三一之神三位格間的關係模式？
5. 如果我們將神三位一體的存在形式，視為宇宙裏所有合一性和多樣性之組合的基礎，那麼受造界還有什麼其他的部分，可以顯示出其合一性和多樣性（例如：地球上環境系統的相互依賴，蜜蜂在巢裏令人著迷的活動，人體不同器官的和諧運作等）？你認為神是否把我們創造得會自發喜悅在多樣性中看到合一性（例如：交響樂不但展現出極大的合一性，而且又同時表達出各部分極大的多樣性；運動團隊成員的合作，有技巧地執行一些計劃好的策略）？
6. 在神的實存裏，我們看到兩種性質的組合：有無限的合一，又有三一之神各成員的不同性格。當人靈命成長時就會更多地與基督聯合或與教會中的人聯合，你是否會因此而開始害怕失去個人的獨特個性？上述的事實能如何幫助你不要害怕？你認為在天堂裏你會和其他人一模一樣嗎？還是你會有一種獨特的個性，那是只有你才有的？在這方面，東方宗教（如佛教）和基督教有何不同？

特殊詞彙

嗣子論（adoptionism）
亞流主義（Arianism）
運作從屬（economic subordination）
永遠生出子來、子的永遠受生（eternal begetting of the Son）
和子（*filioque*）
本質相似（*homoiousios*）

本質相同（*homoousios*）
形態論（modalism）
形態神格惟一論（modalistic monarchianism）
獨生（only begotten）
實存相等（ontological equality）
撒伯流主義（Sabellianism）
次位論（subordinationism）
三位一體、三一之神（Trinity）
三神論（tritheism）

本章書目

Augustine. *On the Trinity*. NPNF, First Series, 3:1-228.（本書被視為是在教會歷史上發展得最完整有關三位一體的正統教義論著。）

Bavinck, Herman. *The Doctrine of God*. Trans. by William Hendriksen（Edinburgh and Carlisle, Pa.: Banner of Truth, 1977［reprint of 1951 edition］）, pp. 255-334.（這是近代論及三位一體討論得最詳盡的作品。）

Beisner, Calvin. *God in Three Persons*. Wheaton, Ill.: Tyndale Press, 1984.

Bickersteth, Edward H. *The Trinity*. Grand Rapids: Kregel, 1957 reprint.

Bloesch, Donald G. *The Battle for the Trinity: The Debate Over Inclusive God-Language*. Ann Arbor, Mich.: Servant, 1985.

Bowman, Robert M., Jr. *Why You Should Believe in the Trinity: An Answer to Jehovah's Witnesses*. Grand Rapids: Baker, 1989.

Bray, G. L. "Trinity." In *NDT*, pp. 691-94.

________. "Tritheism." In *NDT*, p. 694.

Brown, Harold O. J. *Heresies: The Image of Christ in the Mirror of Heresy and Orthodoxy From the Apostles to the Present*. Garden City, N.Y.: Doubleday, 1984, pp. 95-157.

Davis, Stephen T. *Logic and the Nature of God*. Grand Rapids: Eerdmans, 1983, pp. 132-44.

Gruenler, Royce Gordon. *The Trinity in the Gospel of John*. Grand Rapids: Baker, 1986.

Harris, Murray. *Jesus as God*. Grand Rapids: Baker, 1992.

Kaiser, Christopher B. *The Doctrine of God: An Historical Survey*. Westchester, Ill.: Crossway, 1982, pp. 23-71.

McGrath, Alister E. *Understanding the Trinity*. Grand Rapids: Zondervan, 1988.

Mikolaski, S. J. "The Triune God." In *Fundamentals of the Faith*. Ed. by C. F. H. Henry. Grand Rapids: Zondervan, 1969, pp. 59-76.

Packer, J. I. "God." *NDT*, pp. 274-77.

________. *Knowing God*. Downers Grove, Ill.: InterVarsity Press, 1973, pp. 57-63.

Wright, D. F. "Augustine." In *NDT*, pp. 58-61.

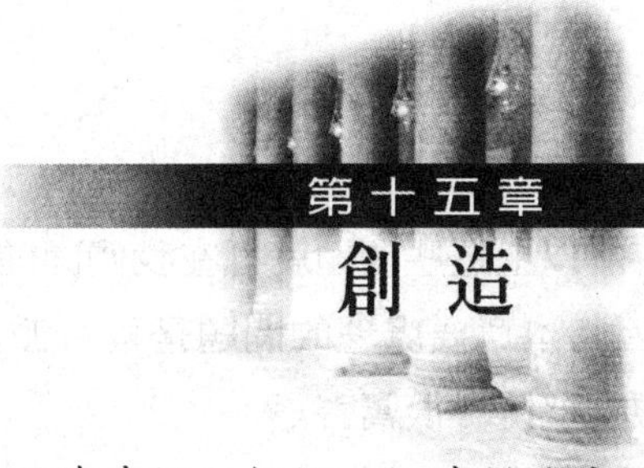

第十五章
創造

神為何、如何、何時創造這個宇宙？

背誦經文：尼希米記9:6

你，惟獨你，是耶和華。你造了天和天上的天，並天上的萬象，地和地上的萬物、海和海中所有的，這一切都是你所保存的。天軍也都敬拜你。

詩歌： *你們要讚美耶和華*（*Hallelujah, Praise Jehovah!*）

1 你們要讚美耶和華 從天上讚美祂名 眾天使都要讚美祂 在至高處讚美祂
祂的諸軍要讚美祂 日月星辰讚美祂 天上的天天上的水 你們都要讚美祂
副：願他們讚美耶和華 惟獨祂名被尊崇 祂的榮耀大得尊崇
祂的榮耀大得尊崇 祂的榮耀大得尊崇 遠遠在天地之上
2 願他們讚美耶和華 因祂吩咐便造成 祂造萬物直到永遠 祂的定命永堅立
受造萬物要讚美祂 地上一切海中魚 火與冰雹雪和霧氣 成就祂命的狂風
3 結果樹木和香柏樹 一切大山和小山 野獸昆蟲一切牲畜 還有空中的飛鳥
世上君王萬民首領 世上一切審判官 少年處女老人孩童 都當讚美耶和華

詞：取自詩篇148:1-13
曲：PRAISE JEHOVAH 8.7.8.7.D Ref., William J. Kirkpatrick, 1838-1921

這首詩歌包含了詩篇148篇的整個內容，並繫之以音樂。它呼召整個受造界——包括了「能看見的、不能看見的」——來敬拜神、我們的創造主。

前言

神是怎樣創造世界的？[1] 祂是直接創造每一種不同種類的植物和動物，還是用了某種的進化過程，來導引生物由最簡單的演變到最複雜的？神的創造發生得有多快？是在六個二十四小時的日子內完成的，還是用了幾千年甚至幾億年的時間？地球到底

---

[1]筆者十分感謝一些具有各種專業知識的朋友們，在本章提供給我們許多有用的評論，尤其是Steve Figard、Doug Brandt和Terry Mortenson。

有多古老？人類的存在到底有多久遠？

當我們討論到創造的教義時，以上這些問題就擺在我們面前。本章的內容和本書前面大部分章節的內容不同，因為本章要處理的問題是福音派基督徒觀點有分歧之處，而且有時候人們對自己的觀點堅持得很厲害。

本章內容的次序是先討論那些聖經教導創造教義最清楚的部分，就是幾乎所有的福音派人士都同意的部分，包括：神是從無而造出整個宇宙；亞當和夏娃特別的受造；宇宙原來是非常美好的等等。然後再討論到關於創造教義的其他部分，就是福音派人士意見相左的部分，包括神在使大部分創造發生時是否也用了進化的過程；地球有多古老；人類的存在有多久遠等。

我們可以將創造的教義定義如下：**神從無而創造出整個宇宙；宇宙原來是非常美好的；祂創造宇宙是為了榮耀祂自己。**

A. 神從無而創造出宇宙

A.1 神從無而創造出宇宙的聖經證據

聖經清楚地要求我們相信，神從無而創造出宇宙（有時候會使用拉丁文片語*ex nihilo*，是「從無而出」之意，所以我們就說，聖經教導的創造是*ex nihilo*的）。這意思是說，在神創造宇宙以前，除了神自己，其他什麼都不存在。[2]

這就是創世記1:1的意思，這節經文說：「起初，神創造諸天與地。」（和合本譯作：「起初，神創造天地。」）「諸天與地」這個片語涵蓋了整個宇宙。詩篇第33章也告訴我們：「諸天藉耶和華的命而造；萬象藉祂口中的氣而成。因為祂說有，就有；命立，就立。」（詩33:6, 9）。在新約聖經裏，我們看到約翰福音的起頭有一句概括性的敘述：「**萬物**是藉著祂造的；凡被造的，沒有一樣不是藉著祂造的。」（約1:3）這裏的「萬物」一詞最好理解為是指整個宇宙（另參徒17:24；來11:3）。當保羅在歌羅西書第1章提到宇宙的所有部分——包括能看見的和不能看見的——之時，他很明確地說：「因為**萬有**都是靠祂造的：無論是天上的、地上的；**能看見的、不能看見的**；或是有位的、主治的、執政的、掌權的；一概都是藉著祂造的，又是為祂造的。」（西1:16）天堂裏二十四位長老的讚美詩也一樣地證實了這項真理：

[2]當我們說這宇宙是「由無而出」的時候，要注意防備可能會產生的誤解，這是很重要的。「**無**」（nothing）一字的意思不是指某種形式的存在，如一些哲學家使用此字時的意思。我們的意思乃是說，當神創造宇宙時，並沒有使用任何先存的物質。

「我們的主，我們的神，

你是配得榮耀、尊貴、權柄的；

因為你創造了**萬物**，

並且萬物是因你的旨意被創造而有的。」（啟4:11）

此經文的最後一句說出，萬物會存在、會受造的基本理由，乃是神的旨意。

是神創造了天地和其中的一切，這在新約裏得到多次的證實。舉例來說，使徒行傳4:24說到神是全權的主，是「**造天、地、海和其中萬物**的。」要確認真神的首要方法之一，就是確認祂是創造萬物的那一位。巴拿巴和保羅向路司得的異教徒聽眾解釋說，他們是「那創造天、地、海和其中萬物的永生神」的使者（徒14:15）。與此類似地，當保羅在雅典對異教徒的希臘哲學家說話時，他說真神就是那位「創造宇宙和其中萬物的神」，而且說「將生命、氣息、萬物，賜給萬人」的乃是這位神（徒17:24-25；另參賽45:18；啟10:6）。

希伯來書11:3說：「我們因著信，就知道諸世界是藉神話備妥的（和合本譯作『藉神話造成的』）；這樣，所看見的，並不是從顯然之物造出來的。」（按NASB直譯）這種繙譯和NIV的譯文一樣，都非常精確地反映出希臘原文聖經的意思。[3] 雖然這句經文不是在教導從無而創造出宇宙，但也十分接近是在教導這個教義了，因為它說神不是從任何顯然之物而創造出宇宙的。而這種有幾分奇怪的想法——宇宙可能是從一些看不見的物質所造出來的，可能並不在作者的思想裏；作者是在反駁那種創造是從先存物質而來的觀念，而這節經文非常清楚表明了這個目的。

羅馬書4:17也暗示說神是從無而造出萬有，雖然它沒有直接那樣敘述。希臘文經文按字面直譯，就是說神乃是那位「能呼叫不存在的成為存在者」（呂振中譯本；和合本譯作「使無變為有的神」）；而RSV的譯法——「呼叫不存在之物成為存在」（NASB的譯法與之類似）——雖然並不尋常，但在文法上說得通，[4] 它很清楚地肯定了神是從無造出萬有的。然而，即使我們按希臘字*hos*的一般意思「如同」來繙譯，

[3]RSV的譯文——「這樣，所看見的，是從不顯然之物造出來的」——表達出神是從某種看不見的物質創造宇宙；但是希臘文經文的字序——*mē ek phainomenōn*——顯示，「不」字所否定的乃是「從顯然之物造出來的」之片語，而RSV的譯文則好像是用「不」字來否定分詞「顯然之物」，然而這種譯法需要「不」字緊放在「顯然之物」之前才對。進一步的討論可見Philip Hughes, *A Commentary on the Epistle to the Hebrews* (Grand Rapids: Eerdmans, 1977), pp. 443-52.

[4]見C. E. B. Cranfield, *A Critical and Exegetical Commentary on the Epistle to the Romans*. ICC, vol. 1 (Edinburgh: T. & T. Clark, 1975), p. 244. 此處論及希臘文*hos*作為表達結果的用法。

這節經文的意思仍是說神「呼叫不存在之物，好像它們是存在的」（NASB經文譯註）；但如果神對一些不存在的東西說話或呼叫，好像它是存在的，那麼這表達什麼意思呢？如果祂呼叫不存在之物彷彿它們存在似的，那麼就必定表示它們很快就要出現了，就是它們將無可抗拒地被呼叫而進入存在。

因為神是從無而創造出整個宇宙，因此宇宙間就沒有什麼東西是在亙古裏就存在的。我們所見的一切：高山、海洋、星辰、地球本身，都是當神創造它們的時候，它們才存在的；換句話說，曾有一個時候，它們都還沒有存在。

「諸山未曾生出，
　地與世界你未曾造成，
　從亙古到永遠，你是神。」（詩90:2）

這一點提醒我們，是神統管整個宇宙，除了神以外，我們不應該敬拜任何的受造之物，也不應該在神之外再多加敬拜些什麼。然而，如果我們否認神從無而造出萬有的話，那麼我們不得不說，有些物質是一直就存在的，跟神一樣地永恆。這樣的觀念挑戰了神的自主性、祂的主權，以及敬拜惟獨歸祂的事實。假如物質不需要神就已經存在了，那麼神還有什麼固有的權力去統管它，並且為著祂的榮耀而使用它呢？假如宇宙的某些部分不是由神所創造的，那麼我們還有什麼把握說，宇宙的每一層面至終都會成就神的目的呢？

神從無而造出宇宙之事實的積極面，乃是如此宇宙才有意義和目的。神以祂的智慧創造宇宙，是為了某個目的，而我們應該試著去明白那個目的，並且按著適合那目的之方式來使用受造之物。明白地說，那個目的就是要將榮耀帶給神自己。[5] 進一步地說，無論何時受造之物帶給我們喜悅（另參提前6:17），我們就應該將感謝歸給那創造萬物的神。

A.2 神創造靈界

神創造整個宇宙，其中也包括了一個看不見的靈界；神不但創造了動物和人，祂也創造了天使和天上其他的受造者。祂還創造了天堂，作為祂同在格外明顯的地方。關於靈界的受造，在以上所有說到神不僅創造大地、還創造「天和天上之物」的經文（啟10:6；另參徒4:24）中，確實都有所暗示，然而在其他一些的經文裏，則是更清楚地被肯定了。以斯拉的禱告說得很清楚：「你，惟獨你，是耶和華。你造了天和天上的天，並天上的萬象，地和地上的萬物、海和海中所有的，這一切都是你所保存的。

[5]見本章C節有關神創造之目的的討論。

天軍也都敬拜你。」（尼9:6）這節經文中所說的「天上的萬象」，似乎就是指天使和天上其他的受造者，因為以斯拉說他們所進行的是敬拜神的活動（「萬象」這個同樣的詞，在詩篇103:21和148:2裏是指敬拜神的天使）。[6]

在新約聖經裏，保羅明確地說，在基督裏「萬有都是靠祂造的：無論是天上的、地上的；能看見的、不能看見的；或是有位的、主治的、執政的、掌權的；一概都是藉著祂造的，又是為祂造的。」（西1:16；另參詩148:2-5）此處清楚地證實了天上不能看見之物的受造。

A.3 神直接創造亞當和夏娃

聖經還教導說，神以一種特別的、親自的方式，創造了亞當和夏娃。「耶和華神用地上的塵土造人，將生氣吹在他鼻孔裏，他就成了有靈的活人。」（創2:7）隨後，神又從亞當的身體中創造了夏娃：「耶和華神使他沉睡，他就睡了；於是取下他的一條肋骨，又把肉合起來。耶和華神就用那人身上所取的肋骨，造成一個女人，領他到那人跟前。」（創2:21-22）神顯然讓亞當知道了一些所發生的事情，因為亞當說：

「這是我骨中的骨，
　肉中的肉；
可以稱她為『女人』，
　因為她是從男人身上取出來的。」（創2:23）

正如我們以下所將要看到的，基督徒對於創造以後可能發生的進化發展究竟到什麼程度，是否（根據某些說法）因進化的發展而產生出愈來愈複雜的有機體，看法相當不一。雖然在一些基督徒當中，對於植物界和動物界的問題看法分歧，並認真堅持自己的看法；然而聖經經文卻清楚到一個地步，若一個人要完全相信聖經是真實的，卻又堅持人類是經過漫長進化過程所產生的結果，是非常困難的，因為從聖經說神「用地上的塵土造人」（創2:7）來看，似乎不可能理解成神是用了千百萬年來進行這個過程，並且又運用了幾千個隨機而有的發展，來產生愈來愈複雜的有機體。[7] 另外

---

[6]有時候「萬象」或「萬軍」（希伯來文是*tsābā'*）是用來指日月星辰（申4:19；賽34:4；40:26），但是BDB, p. 839 (1.c) 所引用的例子，卻沒有一處說到星辰在敬拜神，而大多是說到異教徒錯誤地敬拜「天上的萬象」（申17:3；王下17:16；21:3；耶8:2等）。

[7]雖然創世記2:7的敘述這麼清楚，但Derek Kidner（所相信的聖經真實性與本書所主張的符合一致）確實主張一種可能性，那就是在亞當被神「吹入人類生命」之前，他是經過漫長的進化過程，最後才進化成那一位亞當的（*Genesis: An Introduction and Commentary* TOTC [London and Chicago: InterVarsity Press, 1967], p. 28）。但是他後來又肯定夏娃的受造是屬於一種特殊的創造（p. 29）。

一個與進化論觀點更加不可能調和的事實是，這段經文敘述清楚地描繪夏娃是沒有母系祖先的；她是在亞當沉睡時，直接從亞當的肋骨所創造出來的（創2:21）。但從純進化論的觀點來看，這點是不可能的，因為他們認為即使是最初的女性「人類」，也應該是從一位近乎人類、卻仍是動物的生物而出的。新約聖經也再次肯定了夏娃是從亞當而來的特別受造者之史實性，因為保羅說：「起初，男人不是由女人而出，女人乃是由男人而出；並且男人不是為女人造的，女人乃是為男人造的」（林前11:8-9）。

亞當和夏娃的特別受造顯示出，雖然我們的身體在很多方面都與動物相像，但我們與動物卻有很大的區別。我們乃是「按照神的形像」受造的，是神創造的巔峰，我們比任何其他受造之物都更像神，是蒙神的指派來治理其餘受造之物的；甚至在創世記的簡要記載中，都非常強調人的受造和宇宙其餘受造之物完全不同的這個重要性。因此，對於一些現代觀點傾向認為在浩瀚的宇宙中，人的存在是毫無意義的看法，創世記所持的是相對立場。柯德納（Derek Kidner）註釋說：

> 「聖經反對任何將人類有意義之歷史化為虛空的趨勢……聖經把創造的壯舉僅當作是如同舞臺劇之捲簾，而整齣戲則在聖經的歷史長河中緩緩揭曉。創造的序幕已在一頁中被翻過去，隨之而來的卻有上千頁。」

柯德納又說，然而現代科學對宇宙的記述，雖然或許有其真實面，

> 「但它用大量的統計數據淹沒我們，將人類顯而易見的重要性降低成近乎消失的地步。現今不僅是創世的序幕，連人類歷史的本身都只佔千頁中的一頁而已，而整本記敘地球的書冊，也迷失在沒有編目的千百萬書冊之中。」[8]

聖經讓我們看見人類的重要，而這正是神要我們看見的（我們將會在本書第二十一章詳細地討論這個事實）。

A.4 神創造時間

神的另一項創造，乃是時間（一時刻與下一時刻的接續）。我們在第十一章論及神的永恆性時，討論過這個觀念，[9] 我們在這裏只需摘要一下。當我們說到神在創世以前就存在時，我們的觀念不應當是認為神存在於一個沒有止盡的時間延續裏；反之，神的永恆性是指祂的存在是一種不同的存在：一種超越經歷時間流逝的存在，一種我們甚至難以想像的存在（見伯36:26；詩90:2, 4；約8:58；彼後3:8；啟1:8）。神創造時間的事實提醒我們：祂掌管時間；我們的責任是要為祂的榮耀而運用時間。

---

[8]Kidner, *Genesis*, p. 57.

[9]見本書第十一章B.3.1節的討論。

A.5 子神與聖靈在創造上的角色

父神乃是開始創造之工的主理者，然而子神和聖靈在創造上也很活躍。子神常被稱為「藉著」祂而使創造得以成就的那位。「萬物是*藉著*祂造的；凡被造的，沒有一樣不是藉著祂造的。」（約1:3）保羅說：「有一位主，就是耶穌基督，萬物都是*藉著*祂有的，我們也是藉*著*祂有的。」（林前8:6）保羅又說：「一概都是*藉著*祂造的，又是為祂造的。」（西1:16）我們也讀到，子神乃是那位「曾藉著祂創造諸世界」的神（來1:2）。這些經文一致地刻劃出子神是執行父神之計劃和指示的活躍代理者。

聖靈也在創造中作工，一般將祂描述為完成、充滿和賜生命給神之受造物的那一位。創世記1:2說到「神的靈運行在水面上」，指明了神的靈之保守、維持和統治的功能。約伯說：「神的靈造我，全能者的氣使我得生。」（伯33:4）在一些舊約經文中，了解同樣的希伯來字（*rûach*）在不同的上下文中可有「靈」、「氣」或「風」的意思是很重要的。但在許多情況下，它們在意義上沒有多大區別，因為即使有些人決定將某些片語繙譯為「神的氣」，甚至為「神的風」，它似乎仍然是一種象徵的用法，來指明聖靈在創造中的活動。所以，詩人在說到地上海中受造之物種類繁多時，便說：「你發出你的靈，他們便受造。」（詩104:30；亦見伯26:13；賽40:13；林前2:10裏聖靈的工作）不過，聖經對聖靈在創造中的明確活動之見證，則是所言不多。聖靈的工作大大地突顯在兩方面：聖靈默示聖經作者書寫聖經，以及聖靈將基督的救贖工作實施到神子民的身上。[10]

B. 受造之物與神有別，但都需要靠神而立

聖經對於神與受造之物間關係的教訓，在世界所有宗教中是非常獨特的。聖經教導說，神有別於祂的受造之物，祂不是受造界的一部分，因為祂是創造它們並且治理它們的。通常用來描述神比受造之物遠為偉大的字是「*超越的*」(transcendent)，它的意思很簡單，就是指神遠在受造界「之上」——比受造之物偉大，又獨立於受造物之外。

神也非常密切地參與受造界中，因為受造之物的存在和活動都一直仰賴於祂。用來描述神參與受造界的專用詞是「*潛在的*」（immanent），其意思是「留在」受造界中。聖經所啟示的神不是從祂的受造界中抽離出來、對祂的受造之物不感興趣的抽象之神。事實上聖經就是一部關於神介入祂的受造界的故事，尤其是祂參與在人中間。約伯肯定地說，甚至動物和植物都要依靠神：「凡活物的生命和人類的氣息，都在祂

---

[10]見本書第三十章有關聖靈之工作的討論。

手中。」（伯12:10）在新約聖經裏，保羅則肯定地說，神乃是「將生命、氣息、萬物，賜給萬人。『我們生活、動作、存留，都在乎祂』」的那一位（徒17:25, 28）。實際上，在基督裏，「萬有也靠祂而立」（西1:17），而祂「常用祂權能的命令托住萬有」（來1:3）。當保羅說：「一神，就是眾人的父，超乎眾人之上，貫乎眾人之中，也住在眾人之內」（弗4:6）時，神的*超越性*（transcendence）和*潛在性*（immanence）都在這一節經文中得到肯定了。

受造之物與神有別，但都需要靠神而立；祂遠在受造界之上，但一直參與其中（簡而言之，神既是超越的，又是潛在的），這些事實可以用圖15.1表達出來。

圖15.1 受造之物與神有別，但都需要靠神而立，而且神一直參與受造界中

（神既是超越的，又是潛在的）

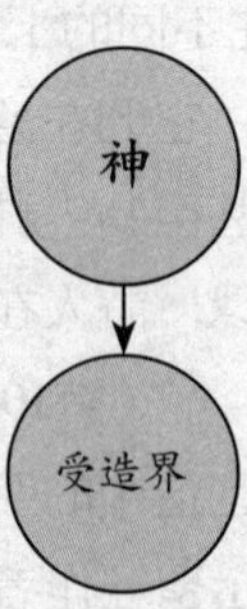

B.1 惟物論

神是超越的和潛在的，這觀念和現今在非信徒中最常見的哲學——全然否認神存在的*惟物論*（materialism）之間，有著很大的區別。惟物論的觀念是說，物質的宇宙就是所有的一切。這理論可用圖15.2來表示。

圖15.2 惟物論

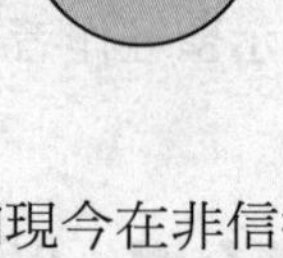

今日那些一心致力去賺更多錢和要得到更多財物的基督徒，就成了「實際的」惟物論者，因為雖然他們相信神，但他們的生活和沒有相信神的人也沒有多大的分別。

B.2 泛神論

聖經對於神和祂的受造界之間的關係，與*泛神論*（pantheism）的看法也迥然不同。希臘文*pan*（衍生自*pas*）的意思是「所有」或「每一個」。泛神論的觀念就是認為每一樣東西、整個宇宙就是神，或是神的一部分。這可以用圖15.3來表示。

圖15.3 泛神論

泛神論否認好幾個重要的神的屬性。如果整個宇宙就是神的話，那麼神就沒有獨特的個性可言了。神不再是不變的，因為宇宙在變，神也就在變。不止如此，神不再是聖潔的了，因為宇宙中的邪惡也成了神的一部分。還有一個問題，那就是大多數的泛神論系統（如佛教和其他東方宗教），最終會否認人之個性的重要性：因為每樣事物都是神，所以一個人的目標就應該是要和宇宙融合，要愈來愈多地與宇宙聯合在一起，因而就逐漸失去個人的獨特性。如果「神」（泛神論所指的萬物）沒有獨特的個性而且和宇宙沒有分別的話，那麼我們也就肯定不應該追求有獨特的個性了。如此一來，泛神論不僅毀掉了神的獨特個性，最終也將會摧毀人的獨特個性。

其他任何視受造界為神的「流露」（emanation）的哲學（也就是說，認為有一些東西是從神而出，但卻仍是神的一部分，並且和祂沒有區分），都和泛神論相似，會大幅度或全面性地否認神的某些屬性。

B.3 二元論

聖經的觀點也將*二元論*（dualism）排除在外。二元論說神和物質宇宙在永恆裏同時並存，因此，宇宙間有兩股終極的力量：神和物質。這觀念可用圖15.4來表示。

圖15.4 二元論

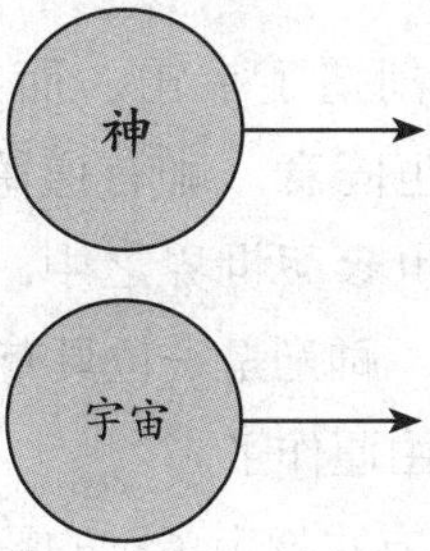

二元論的問題在於，它認為神和物質宇宙中的邪惡之間，有著永遠的衝突。神至

終會戰勝在宇宙中的邪惡嗎？我們不敢確定，因為神與邪惡顯然始終都是勢均力敵。這種哲學否認神在受造界之上的終極主權，否認受造界是因著神的旨意而產生的，否認受造界要單單為著祂的旨意而被用，否認受造界要榮耀祂。這種觀點也否認整個宇宙的受造原本是好的（創1:31），並會鼓勵人將物質世界本身看成是有些邪惡的；然而，真正的聖經教導則是認為，神所造的萬物都是美好的，而且祂為著自己的目的而統管萬有。

在現代文化中，近來有一個二元論的例子，那就是「星際大戰」（Star Wars）的影片，它假設宇宙中存在著一股「力量」（Force），其中兼有善、惡兩面，而沒有一位聖潔而超越之神統治萬有並且肯定會征服萬有的觀念。當今日的非基督徒開始意識到宇宙中還有靈界的一面時，他們通常就會成為二元論者，僅僅知道在超然或屬靈的世界裏，有善和惡兩面。大多數的「新紀元」（New Age）宗教都屬於二元論。當然，撒但很高興人們會認為宇宙間的這股邪惡勢力或許能夠與神自己相抗衡。

B.4 自然神論

基督教對受造界的看法與**自然神論**（deism）的觀點也不相同。自然神論認為神現在並不參與在受造界中，這觀點可用圖15.5表示。

圖15.5 自然神論

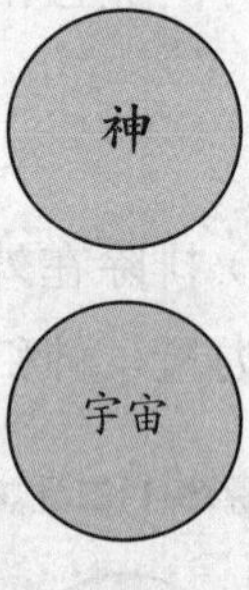

自然神論通常堅持，神創造了宇宙，而且祂遠遠比宇宙偉大（神是「超越的」），而某些自然神論者也同意，神有道德標準，至終會要人在審判的日子裏交帳，但是他們否認神今日也參與世界之中，因而認為神在受造界中不具潛在性（immanence）。在他們看來，神乃是一位具有神性的鐘錶匠，在創世之初給那「鐘錶」上了發條以後，就任其自由運作了。

雖然自然神論確實以某些方式肯定了神的超越性，但是它卻幾乎否認整個聖經歷史，也就是神活躍地參與世界的歷史。如今不少「不冷不熱的」或只是名義上的基督徒，其實就是自然神論者，因為他們的生命中幾乎完全沒有針對其生活所需，而有真正的禱告、敬拜、敬畏神，或時刻信賴神。

C. 神創造萬有以彰顯祂自己的榮耀

神為著祂自己的榮耀創造了祂的子民，這點是很清楚的，因為當祂說到祂的兒女時，說他們是「我為自己的榮耀創造的，是我所作成，所造作的」（賽43:7）。然而神為著這個目的所創造的，不只有人類而已，整個的受造界都是為了彰顯神的榮耀，甚至是無生命的受造之物——星辰、日月和穹蒼——都見證神的偉大：「諸天述說神的榮耀；穹蒼傳揚祂的手段。這日到那日發出言語；這夜到那夜傳出知識。」（詩19:1-2）在啟示錄第4章那裏所記載之天上敬拜的讚美詩，將神創造萬有與祂配得接受從萬有而來之榮耀的事實都連接起來了：

「我們的主，我們的神，
　　你是配得榮耀、尊貴、權柄的；
　因為你創造了萬物，
　　並且萬物是因你的旨意被創造而有的。」（啟4:11）

受造界彰顯了神的什麼呢？主要是彰顯祂的大能和智慧，這些是遠非任何受造之物所能想像的。[11]「耶和華用能力創造大地；用智慧建立世界，用聰明鋪張穹蒼。」（耶10:12）反之，對於那些無知的人和他們所做的「無用的」偶像，耶利米說：「雅各的分不像這些，因祂是造作萬有的主……萬軍之耶和華是祂的名。」（耶10:16）只要看一眼太陽、星辰，就足以使我們對神的無限大能心悅誠信；甚至只要稍稍觀察一下樹葉、人手的奇妙，或觀察任何一個活的細胞，就都能說服我們相信神的偉大智慧。誰能創造出這些呢？誰能從無到有地造出這些呢？誰能在無窮歲月裏日復一日地維持它們呢？如此無限的大能，如此精湛的技藝，全然超乎我們所能理解的範圍。當我們默想這些時，就將榮耀歸給神了。

當我們肯定了神為彰顯祂自己的榮耀而創造了宇宙時，我們要明瞭，祂不是非創造它不可；這點了解是很重要的。我們不應當認為，神在永恆之三位一體間已有的榮耀以外，還需要更多的榮耀；或者認為神若沒有從所造的宇宙中得到榮耀，祂就有些不完全。這樣的想法會否定了神的自主性，並且意味著神需要宇宙以使祂成為完全

[11]如果我們要正確地詮釋創造，就要了解聖經的必須性，見本書第七章的討論。

的神。[12] 相反地，我們一定得肯定，宇宙的被造乃是**神完全自由的行動**；它不是一件必要的事，而是神選擇去做的事。「你創造了萬物，並且萬物是因你的旨意被創造而有的。」（啟4:11）神樂意創造宇宙來展現祂的卓越。創造展現出神偉大的智慧和能力，至終也展現出祂其他的屬性。[13] 這樣看來，神創造了宇宙是為了使祂自己在其中喜樂，因為創造將祂多方面的屬性展現出來到了一個地步，使祂在其中喜樂。

這也解釋了為什麼我們會發自內心地喜歡從事各式各樣創造性的活動。那些有藝術、音樂和文學才能的人，就喜歡創作、觀看、聆聽或琢磨他們創造性的活動。神這樣地造了我們，使我們以受造者的方式享受效法祂的創造性活動，而人性中有一個令人驚嘆的層面，是有別於其他受造之物的，那就是我們有創造新事物的能力。這點也解釋了為什麼我們喜歡其他類型的「創造」活動：許多人喜歡烹飪、裝修房屋、用木料或其他材料做活、從事科學發明，或製造新器械以解決工業生產上的問題。甚至小孩子們也喜歡畫圖或用積木建房子。在所有這些活動中，我們略略地反映了神創造性的活動；我們應該以此為樂，並為此感謝祂。

D. 神所造的宇宙甚好

這一點是承接上一點來的。如果神創造宇宙是為彰顯祂自己的榮耀，那麼我們就會期待這宇宙會實現神創造它的目的。事實上，當神完成了祂的創造大工時，祂的確以它為樂。在創造的每一個階段末了時，神看祂所做的都是「好的」（創1:4, 10, 12, 18, 21, 25）。到了創造的第六天末了時，「神看著一切所造的都甚好」（創1:31）。神所做成的創造，就像祂原計劃要做成的那樣，神就以此為樂。

即使現今罪已經在世界上，但物質的受造界在神的眼中卻仍然是好的，因此我們也應該將之看為是好的。這種認識要將我們從錯誤的**禁慾主義**（asceticism）——認為使用和享受物質的受造界是錯誤的——裏釋放出來。保羅說，那些「禁止嫁娶，又禁戒食物，就是神所造，叫那信而明白真道的人感謝著領受的」的人，是接受了「鬼魔的道理」（提前4:1-3）。使徒保羅之所以採取如此強硬立場，乃是因為他明白「凡神所造的物都是好的，若感謝著領受，就沒有一樣可棄的；都因神的道和人的祈求，成為聖潔了，」（提前4:4-5）。保羅提到「神的道」可使我們在物質受造界裏所享受的食物和其他東西都分別為聖，或「使成聖潔」了，他所說「神的道」可能就是指神在創

[12]見本書第十一章B.1節有關神的自主性之討論。

[13]關於受造之物彰顯神性格不同層面的不同方式，見本書第十一章A.2節的討論。

世記1:31那裏所說的祝福：「一切……都甚好。」

雖然受造界有可能會被罪惡或自私的方式加以利用，而且有可能會轉移我們對神的愛慕，然而我們切不可讓受造界有可能被濫用的危險，攔阻我們以正面的、感恩的和喜樂的態度，為著自己的樂趣和為著神國度的美善使用世物。保羅在警告想要發財和「貪戀錢財」的慾望之後（提前6:9-10），緊接著便肯定神乃是「厚賜百物給我們享受的神」（提前6:17）。這件事實肯定了基督徒可鼓勵適度的工業和科技發展（結合環境保護），並以喜樂和感恩的心享用神所創造在地上的豐富產品——自產的和來自那些慷慨與我們分享所有的人（注意提前6:18）。不過，在這一切之中，我們要記住，物質的擁有只是暫時的，不是永遠的；我們要把盼望放在神身上（見詩62:10；提前6:17），放在承受一個不會動搖的國度上（西3:1-4；來12:28；彼前1:4）。

E. 聖經與近代科學發現之間的關係

在歷史上不同的時期裏，基督徒的看法都曾經和他們當代科學所接受的發現有所不同。在絕大多數情況下，真誠的基督教信仰和對聖經堅定的信賴，都引領了科學家們發現神所創造之宇宙的新事實，而這些發現也改變了其後歷史的所有科學觀念。包括牛頓（Isaac Newton）、伽利略（Galileo Galilei）、開普勒（Johannes Kepler）、巴斯卡（Blaise Pascal）、波義耳（Robert Boyle）、法拉第（Michael Faraday）、馬克斯威爾（James Clerk Maxwell），以及許多其他科學家的生平，都是例證。[14]

但在另一方面，也有一些時期，人所接受的科學觀念和人對聖經教訓之了解有衝突。舉例來說，當義大利天文學家伽利略（主後1564-1642年）開始教導說地球不是宇宙的中心，地球和其他行星乃是圍繞著太陽旋轉時（他隨從波蘭天文學家哥白尼〔Nicolaus Copernicus，主後1472-1543年〕的看法），便遭受到批判，最後他的著作被羅馬天主教廷定罪。這是因為很多人以為聖經教導說太陽繞著地球轉，但事實上聖經根本就沒有這樣教導，而正是哥白尼派的天文學使得人們重新審視聖經，看看聖經是否真的教導了他們以為聖經所教導的東西。事實上，日出、日落的描述（傳1:5等）只是從人的觀察而描繪出人所看到的情形；從那個角度來看，其描述是準確的，但是觀察者的描述並沒有隱含說地球與太陽之間的相對運動，而且聖經也沒有任何一處解釋過，從人觀察的角度來看，是什麼因素使得太陽「落下」。聖經根本沒說過，地球

---

[14]若要綜覽這幾位科學家的生平與成就，可見August J. Kling, "Men of Science / Men of Faith," *HIS*, May 1976, pp. 26-31.

或太陽或其他星體是宇宙或太陽系的「中心」——那不是聖經所要說的問題。然而，伽利略卻被迫要撤回他的教導，並在他人生的最後幾年遭到軟禁。這件事應該提醒我們，細心地觀察自然界能使我們回到聖經，重新審視聖經是否真的教導了我們以為它所教導的。有時候，更加仔細地查考經文會使我們發現，我們先前的解經是不正確的。

另舉一例，科學發現曾經幫助基督徒重新評估上代人對地球年齡的看法，以至於如今沒有福音派的學者會主張這世界是在主前4004年受造的。然而那個年份曾一度廣泛地被人相信那就是世界受造的年份，因為愛爾蘭大主教阿賽爾（James Ussher，主後1581-1656年），當時的大學者之一，曾仔細地計算過聖經家譜的年歲，因此找出亞當被造的年份。時到今日，眾人皆知聖經沒有告訴我們地球和人類受造的確切年份（見以下的討論）。

但在另一方面，基督教圈子裏仍有許多人堅決反對當今科學家們對於進化的主流意見。在這個問題上，成千上萬的基督徒反覆而詳細地查考聖經，多人因此得出結論說，聖經對於生物的發生過程，並不是靜默不語的。不只如此，科學家們（基督徒科學家和非基督徒科學家都有）細心地觀察受造之宇宙中的事實，也對進化論產生廣為分歧的意見。[15] 所以，不論是根據聖經或是根據科學，進化論都已經受到基督徒的挑戰。

然而我們也該記住，宇宙創造的問題和許多其他的科學問題是不同的，因為宇宙的創造不是可以在實驗室裏重複實驗的，也沒有人曾經觀察過宇宙的創造，所以，科學家們對創造和地球早期歷史的宣稱，充其量不過是些有學問之人的臆測而已。不過，如果我們相信這些事件的惟一觀察者（神自己），已經在可靠的聖經話語中將這些事情告訴我們了，那麼我們就應該更加留意聖經的記載。

以下我們列出了一些可以了解自然界和現代科學發現之間關係的原則：

E.1 聖經與科學並無衝突

當所有的事實都得以被正確地理解時，聖經與自然科學之間就「了無終極的矛盾」——此言取自薛華（Francis Schaeffer）所寫的一本很有助益的書之書名《了無終極的矛盾》（*No Final Conflict*）。[16] 關於宇宙創造的問題，薛華列出幾方面，是他認為即使是相信聖經全然真實的基督徒，也可以有不同意見的：

(1) 神有可能是創造了一個「成熟」的宇宙。

---

[15]關於那些不斷增加之批判進化論的大量科學證據之分析，尤見Michael Denton及Philip E. Johnson所著的作品。見本章末了所列的本章書目之書名及介紹。

[16]Francis Schaeffer, *No Final Conflict*. Downers Grove, Ill.: InterVarsity Press, 1975.

(2) 在創世記1:1和1:2之間，或創世記1:2和1:3之間，可能有時間的間隔。

(3) 創世記第1章中的「日」有可能是很長的時期。

(4) 大洪水有可能影響了地質的數據。

(5) 創世記第1章所用的「類」一字，其意義有可能很廣。

(6) 人類墮落前可能有動物的死亡。

(7) 在不用希伯來文*bārā'*一字之處，創造有可能來自於先存的物質。[17]

薛華很清楚地表明，這不表示他自己採取其中的任何一項立場，他只是認為這些立場在理論上都有可能。薛華主要的觀點是，我們所了解的自然界知識和聖經知識都不完全，但是我們能夠在從事科學與聖經研究時，有信心地說：當我們正確地了解所有的事實並正確地了解聖經時，我們會發現這兩方面永遠不會彼此矛盾；也就是說：「了無終極的矛盾」。這是因為在聖經裏說話的神，知道所有的事實，所以祂所說出來的話就不會和宇宙中的任何事實有所衝突。

這一觀點對我們很有幫助，基督徒可以用此觀點開始研究任何有關創造和現代科學的項目。我們不該害怕用科學的方法研究受造界的事實，反倒應該非常熱切地從事這些研究，而且帶著完全坦誠的心，深信當我們能夠正確地了解事實，結論一定會符合聖經無誤的話語。與此相似地，我們應該熱切地研究聖經，深信當我們正確地了解聖經，絕不會發現它與自然界的事實相互矛盾。[18]

有些人可能會反對說，這整個的討論並不合適，因為聖經是教導我們宗教和倫理的事，無意要教導我們「科學」。然而，正如我們在本書第五章所提過的，聖經本身並沒有劃地自限，只討論某些主題。雖然按聖經的形式而言，它當然不是一部科學的「教科書」，不過它卻包含了許多對自然界的肯定之言——自然界的起源、目的、終極的命運——以及許多關於自然界日復一日的運作。如果我們認真地相信，是神自己（以及人的作者）說出了聖經上所有的話語，那麼我們也要認真地接受這些敘述，並且相信它們。實際上，聖經真的說過我們對有些「科學」事實的認識，是屬乎信心之事！希伯來書11:3說：「我們因著信，就知道諸世界是藉神話造成的；這樣，所看見的，並不是從顯然之物造出來的。」

E.2 揚棄那些明顯與聖經教訓不合的理論

有些關於創造的理論看起來與聖經的教導顯然不合。在本節裏，我們要檢視三種

---

[17]同上出處，pp. 25-33.

[18]見本書第四章C.3節有關聖經與自然啟示之間關係的討論。

宇宙起源的解釋，似乎都明顯地不符合聖經的教訓。

E.2.1 世俗的理論

為了完整呈現本節的緣故，我們這裏只簡要提一下，那些關於宇宙起源的純世俗理論，都不會被相信聖經的人所接受。所謂「世俗的」宇宙起源理論，是指其理論不認為這個宇宙是由一位無限而有位格之神、以祂的智慧負責設計出來的。因此，世俗的「大爆炸」（big bang）理論（將神排除在外），或任何堅持物質永遠存在的理論，都不符合聖經的教訓，因為聖經教導說，神從無而創造出宇宙，而祂之所以如此做，是為了祂自己的榮耀。（因為達爾文進化論也完全是從物質意義上來思考，所以也被列為世俗的理論。）[19]

E.2.2 神導進化論（Theistic Evolution）

自從達爾文（Charles Darwin）的書《物種起源》（*Origin of Species by Means of Natural Selection*）在1859年出版以來，一些基督徒就提議說，生物的產生是藉著達爾文所提出的進化過程而來，但神主導了這個過程，使得其結果正好是神所要的。這種觀點被稱為「**神導進化論**」（theistic evolution），因為它主張要相信神（所謂的「神導的」），也要相信進化論。許多相信神導進化論的人會說，神在一些關鍵時刻介入其過程，就是在：(1) 創造最初的物質時；(2) 創造最簡單的生命時；(3) 創造人時。但除了上述這些神介入的時刻以外，神導進化論者也認為，現在自然科學家們所發現的生物進化過程，也是神決定要使用的，藉此使地球上所有其他的生命形式得以發展。他們相信生物的**隨機突變**（random mutation）使得它們能藉著「適者生存」的事實而得以進化到更高等次的生命形式，亦即突變後的生物更能適合環境，因而得以生存下來，而其他的生物則遭死亡淘汰。

相信神導進化論的人對於進化究竟是如何發生的，其看法可以不斷改變，因為他們認為聖經沒有明確地說明創造是怎樣發生的，所以就全靠我們藉著一般的科學研究來發現其過程了。他們強調說，當我們愈多知道進化是如何發生的，我們就更多知道神是如何藉著此過程而發展生命的形式。

以下是反對神導進化論的觀點：

反對論點一：聖經清楚地教導說，神的創造大工是有目的的，這似乎跟進化論所要求的隨機性不合。當聖經記載神說：「地要生出活物來，各從其類；牲畜、昆蟲、野獸，各從其類」之時（創1:24），它描繪出神所做的每一件事都有祂的意思和祂的

[19]關於達爾文的進化論，見本章E.2.3節的討論。

目的，而這點與進化論是相反的：進化的理論容許突變完全以隨機的方式進行，在新的物種出現以前，必須要有千百萬次沒有目的的突變。

聖經的創造觀與神導進化論之間的基本差異在於：神導進化論認為在所有的進化機制中，帶來新物種之發生和發展的驅動力，乃是*隨機性*：隨機突變是促使生命形式由最低等發展到最複雜的最終潛在力量；沒有生物的隨機突變，就根本沒有現代科學意義上的進化。然而，根據聖經，產生新生物的驅動力乃是神的*智慧的設計*（intelligent design）。神創造了「海中碩大的生物，和水中所滋生各樣有生命的動物，各從其類；又造出各樣飛鳥，各從其類。」（創1:21，按NIV直譯）「神造出野獸，各從其類；牲畜，各從其類；地上爬行一切的造物，各從其類。神看著是好的。」（創1:25，按NIV直譯）這些敘述似乎與神創造、主導或觀察千百萬個隨機突變的想法不符合，因為沒有一個突變的方式是神會想要說「甚好」的，也沒有一個突變真的是祂想要地上有的植物或動物種類。神導進化論不像聖經對神的創造是直截了當的記述，它的觀點所了解之事物的發生乃像這樣：

> 神說：「讓地生出活物，各從其類。」而在經過三十八億七百四十九萬二千八百七十一次的嘗試後，神終於成功地造出了一隻有功能的老鼠來。

這樣的解釋看起來怪怪的，但它正是神導進化論者對成千上萬種地球上之動物、植物的假定：地上的生物都是經過千百萬年以上的隨機突變過程，在偶然的突變結果變得有益時，它們就逐漸變得複雜。

神導進化論者可能會反對地說，神會介入這個過程，並且在許多關鍵上主導這個過程，而使得它朝著祂所要的方向走。然而一旦說有神的介入，那麼這個過程就有了目的和智慧設計，如此就根本不再有進化了，因為不再有隨機的突變了（在神介入的時刻）。沒有一個世俗進化論者會接受這樣有一位智慧的、有目的的創造主介入的觀念。一旦基督徒同意神有一些主動的、有目的的設計，那麼就不再需要有任何的隨機性，或由隨機突變而產生的發展，這樣我們也就可以知道神能立刻造出每種不同的生物，而不需要成千上萬次失敗的嘗試。

反對論點二：聖經描繪出的是神創造的話語帶來立時的回應。當聖經說起神創造的話語時，它強調的是祂話語的大能，以及它成就祂目的的能力。

> 「諸天藉耶和華的命而造；
> 　萬象藉祂口中的氣而成……
> 因為祂說有，就有；

命立，就立。」（詩33:6, 9）

這樣的敘述似乎跟以下的這種想法不一致：神說話以後要等上數億年，生物體內產生數以億計的隨機突變以後，祂的能力才把祂所要的結果帶出來。反之，聖經上記載，神一說：「地要發生青草」，緊接的下一句就告訴我們說：「事就這樣成了」（創1:11）。

反對論點三：當聖經告訴我們說，神造了植物和動物，要它們「各從其類」（創1:11, 24）地繁殖時，聖經的意思是說神創造了很多不同種類的植物和動物，雖然它們之間有差異（請注意，在人類當中就有許多不同的身高、種族和個性等特徵！）然而，透過基因突變所產生的變化，還是有其界限的。[20]

反對論點四：神在創造或形成每個現今存在的生物時，神的角色都是主動地參與，這一點很難與神導進化論所提出的那種遠遠「不插手」地監督進化的觀點相調和。大衛這樣地告白說：「我的肺腑是你所造的；我在母腹中，你已覆庇我。」（詩139:13）神對摩西說：「誰造人的口呢？誰使人口啞、耳聾、目明、眼瞎呢？豈不是我耶和華麼？」（出4:11）神使草生長（詩104:14；太6:30），養活飛鳥（太6:26）和林中其他生物（詩104:21, 27-30）。如果神甚至在今日還參與促使每個生物的每步生長與發展，那麼若說這些生命形式在起初是由隨機突變所導引的進化過程而產生的，而不是由神直接而有目的的創造，又說只有在它們受造以後，祂才開始在每一時刻主動地參與並主導它們——這種說法會與聖經的看法一致嗎？

反對論點五：亞當的特別受造，以及從他而造出夏娃，是破除神導進化論的有力理由。那些因為創世記1-2章的記載而說亞當、夏娃是特殊受造的神導進化論者，其實已經在人類最關切的議題上，與進化論決裂了。但是我們若根據聖經而堅信神在亞當和夏娃的受造上有特別的介入，那麼還有什麼理由不接受神以類似的方式介入其他生物的創造呢？

我們必須了解，聖經記載了亞當和夏娃的特別受造，顯示始祖與那些幾近是動

---

[20]我們不需要堅持認為希伯來字*min*（「類」）就恰好相當於生物學分類的「種」，因為這只是現代分類不同生物的方法。但是此希伯來字看起來確實是指不同生物的更精確之類別。舉例來說，聖經使用這個字來說到一些會生育的特別動物，說它們各有其類：聖經說到「小鷹與其類」、「烏鴉與其類」、「鷹與其類」、「鷺鷥與其類」以及「蝗蟲……與其類」（利11:14, 15, 16, 19, 22）；其他按照各別之「類」存活的動物還有蟋蟀、蚱蜢、蜥蜴、鸇、鴟鷹、鸛、戴鵀（利11:22, 29；申14:13, 14, 15, 18）。這些都是十分特殊種類的動物，神創造它們，而它們只會各從它們自己的「類」而繁殖。似乎這種類別只容許這些動物在自己的類別之內有多樣的變化（較大或較小的鷹，不同顏色和不同喙型的鷹等），但一定不能有「廣進化」（macro-evolution）的改變而進化為全然不同種類的鳥（Frair and Davis, *A Case for Creation*. p. 129, 作者認為聖經上的「類」可以對應今日分類學上的科〔family〕或目〔order〕，不然就沒有準確的二十世紀對等的分類了）。

物、很難算是人的生物截然不同。進化論者說它們是原始人類，是從高度發展的非人類之類人猿那樣的生物祖先遺傳下來的。但聖經描述的第一個男人和女人——亞當和夏娃，從他們受造那一刻起，就是具有語言、道德、靈性能力的人；他們能彼此交談，他們甚至能與神交談。他們與進化論所說的那種從幾近是動物之類人猿遺傳下來的原始人類，是迥然不同的。

有人可能會反對說，創世記1-2章並無意將亞當和夏娃描繪成是實際上的人，但是我們認為：(1) 創世記中那種歷史性的敘述，沒有間斷地一直敘述到那些明顯為史料的亞伯拉罕故事（創12章），就表明了作者有意將整個這部分都寫成為歷史；[21] 而且 (2) 在羅馬書5:12-21和哥林多前書15:21-22, 45-49那裏，保羅肯定了亞當這「一人」的存在，罪是因他而進入世界的；保羅以他作為人類的代表，並以他在先前歷史中的模式為根據，來討論到基督為贏得救恩而成就的代表性工作。不只如此，新約聖經中的其他經文都清楚地視亞當和夏娃為歷史人物（另參路3:38；徒17:26；林前11:8-9；林後11:3；提前2:13-14）；新約聖經也認為亞當和夏娃的兒子該隱（來11:4；約一3:12；猶11）和亞伯（太23:35；路11:51；來11:4; 12:24）是歷史人物。

反對論點六：進化論在科學上有很多的問題（見E.2.3節）。現在進化論確實性的質疑愈來愈多，有的甚至是那些受各種學術訓練的非基督徒提出來的。這一點表明出，任何聲稱因著所謂的「科學事實」而別無選擇、不得不相信進化論的人，根本就未曾考慮過反對的另一方所持有的證據。科學資料並沒有迫使人接受進化論，而且如果聖經的記載也足以說服人相信它是錯的，那麼進化論似乎就不是什麼有根據的理論而值得基督徒去採信了。

用地質學家楊戴維（Davis A. Young）的話來作結論，似乎是再恰當不過了。他說：「那些神導進化論者所表明出的立場，並不符合基督徒的立場。它不是真正合乎聖經的立場，因為它所根據的一部分原則，是從基督教以外所引進來的。」[22] 按照伯

---

[21]請注意，在創世記的敘述裏，「某某的後代記在下面」的片語連續地被用在以下的段落：創世記2:4（諸天與地）；5:1（亞當）；6:9（挪亞）；10:1（挪亞的眾子）；11:10（閃）；11:27（亞伯拉罕的父親他拉）；25:12（以實瑪利）；25:19（以撒）；36:1（以掃）；37:2（雅各）。這個片語在不同的版本裏可能有不同的譯法，但是希伯來文的表達法都是一樣，按字面的意思就是說：「這些是某某的後代。」作者藉著這個文學手法，介紹出不同段落的歷史敘述，並且將所有的敘述連繫為一個統一的整體，這指出我們要了解到，這些敘述全都是同一類的歷史寫作。假如作者的意思是要我們了解亞伯拉罕、以撒和雅各都是歷史人物，那麼他的意思也是要我們了解亞當和夏娃同樣也是歷史人物。

[22]Davis A. Young, *Creation and the Flood: An Alternative to Flood Geology and Theistic Evolution* (Grand Rapids: Baker, 1977), 38. Young的討論包括了當今神導進化論提倡者的領袖——Richard H. Bube的觀點（pp.

克富（Louis Berkhof）的說法：「神導進化論真是像一個困窘的孩童，不時地呼叫神來幫助大自然，修補它腳上裂開的口子。它既不是合乎聖經的創造論，也不是和進化論一致的理論。」[23]

巳.2.3 達爾文進化論（Darwinian Evolution）

進化一詞所指的意思有時是不同的：有時是指「微進化」（micro-evolution），即在一個物種內的微小進展，因此我們會看到蒼蠅或蚊子變得對殺蟲劑有免疫力，或是人類的身高變得更高些，或是人能培育出各種不同顏色和品種的玫瑰花。今日這種「微進化」的例子不勝枚舉，沒有人會否認它們的存在。[24] 但這不是我們在討論創造論和進化論時通常所指的意思。

我們所用的進化這個詞，更常是指「廣進化」（macro-evolution），也就是指「廣義進化論」（general theory of evolution），即「由無生命物質晉升到第一個有生命的物質，進而繁殖和產生所有現今絕種的和仍存在的各種生物」之觀點。[25] 在本章裏，我們所用的進化就是指廣進化或廣義進化論。

(1) 現今對進化論的挑戰

自從達爾文在1859年首次發表他的《物種起源》（*Origin of Species by Means of Natural Selection*）以來，有很多的基督徒一直在挑戰他的理論，非基督徒也一樣。現今的「新達爾文理論」（neo-Darwinian theory）基本上跟他原先的立場類似，但根據一百多年來的研究而作了一些修正。現代的達爾文進化論說，生命發展的歷史始於地球上一些化學物質的自發性混合，因而產生一種極簡單的、大概是單細胞的生命形式。然後這個活的單細胞自我繁殖，最後在新的細胞群中產生了某些突變或變化，而

33-35）。

[23]Berkhof, *Systematic Theology*, pp. 139-40.

[24]詹腓力（Philip E. Johnson）在他的大作《審判達爾文》（*Darwin on Trial*, 1991）中指出，有些研究經常宣稱它們的研究結果是進化論的證據，但它們其實只是出現在某些群體中的暫時差異，並沒有基因上的改變。舉例來說，他提到Kettlewell在飛蛾身上所觀察到的「工業黑化現象」（industrial melanism）——當樹葉的顏色是淡色時，多數飛蛾的顏色就是淡色的；但當樹葉上蓋滿從污染而來的煤灰時，飛蛾的顏色就從淡色變為深色；而當不再有污染時，多數的飛蛾又變回淡色。但是在每一個階段，都存有深色和淡色的飛蛾，雖然比例有所不同（和樹葉顏色不同的飛蛾，較容易被其捕食者看見而被吃掉）。在此沒有一點進化的改變發生，因為深色和淡色的飛蛾都還是工業飛蛾，就如同黑馬和白馬都是馬一樣。事實上，飛蛾在不同的環境下發揮功能保存它的獨特基因，而非會進化或被滅絕。見Johnson, *Darwin on Trial* (Downers Grove, Ill.: InterVarsity Press, 1991), pp. 26-28, 160-61.

[25]Wayne Frair and Percival Davis, *A Case for Creation* (Norcross, Ga.: CRS Books, 1983), p. 25.

這些突變導致發展出更複雜的生命形式。在惡劣的環境時，就有許多的生命會滅亡，但那些更適合環境的生命就得以存活下來並繁殖下去。因此，大自然中有一種「天擇」（natural selection）的過程在運作著，最適應環境的生物就得以存活。而愈來愈多的變種最後發展成愈來愈多種類的生物。因此，地球上所有的生命形式，都是從最簡單的生命開始，藉著突變和天擇的過程，而發展出複雜的生命形式。

晚近對當代達爾文理論最厲害的批評，是來自於詹腓力（Philip E. Johnson）。他是一位法學教授，其專長是分析辯證中的邏輯。在他的《審判達爾文》（*Darwin on Trial*）[26] 一書裏，他廣泛地引用了當今進化論理論家的話，來證明下列的觀點：

(1) 經過一百多年來各種不同的動、植物的繁殖試驗後（這種繁殖還是刻意的，而不是隨機的！）所能產生的變異數量是極其有限的，原因是每一種生物所擁有的基因範疇是有限的：選來繁殖的狗，數代後仍然是狗，果蠅還是果蠅等等。當把這些生物放回到野生狀態的時候，「那些高度特別繁殖的生物很快就滅亡了，而生存者還是野生的原型」。詹腓力得出結論說，達爾文主義者用「天擇」來解釋新生物的存活，但其實它只是一種維持生物群體的力量，其功能是保存一個群體之基因的適應性（一個嬰兒若有嚴重的先天缺陷就不能活下去），而非改變其特性。[27]

(2) 在目前的進化理論中，「物競天擇，適者生存」的觀念是很流行的，它的意思就是說，那些具有相對優勢特徵的動物得以生存，而其他的就會滅亡。但在實際的情形中，幾乎任何的特徵都可以被說成是優勢的，或被說成是劣勢的，[28] 所以達爾文主義者要怎麼知道哪種特徵是某種動物生存的優勢呢？他們所憑的就是看哪種動物存活下來了。但這表示天擇的理論實質上沒有什麼新的力量，不能洞察大自然裏面到底發生了什麼事，它只不過是一個同義重述的「套套邏輯」（tautology，即無意義地重複相同概念）而已，因為它預測最能適應的動物會產生最多的後代，而它又定義說最能適應的動物就是那些後代最多的動物。從這個角度來看，天擇的意思就是：後代最

---

[26] Downers Grove, Ill.: InterVarsity Press, 1991.

[27] Johnson, *Darwin on Trial*. pp.15-20（引語選自p. 18）。Johnson注意到，在一些例子中，是產生了新「種」——這是從群體中的一部分不能與另一部分交配繁殖的角度來看；這現象發生在果蠅和一些植物混合種上（p. 19）。但是雖然新品種的果蠅不能和一些其他的果蠅交配，但新品種的果蠅仍舊是果蠅，而非另一種生物。果蠅所能產生的變異，天生地就被它基因庫裏有的基因範疇限定了。

[28] Johnson注意到（pp. 29-30），達爾文主義者甚至用基因多效性（pleiotropy）的觀念，來解釋那些明顯是劣勢的特徵（編者註：基因多效性是指一個基因會影響到多個外表的特徵）。在此基礎上，我們不能用任何動物現存的特徵，來駁斥他們的適者生存之宣稱，因為此宣稱其實已經變成是在宣稱「生存下來的就是適者生存的」。但如果是這樣，那我們要如何真的知道適者生存是引向目前多樣生命形式的機制呢？

多的動物（最能適應的動物）有最多的後代。[29] 但是這樣一點也沒有證明原先所假定的：突變能在許多代之後產生不同的、更能適應的後代。

(3) 要產生像眼睛或鳥的翅膀（或上百種其他器官）那樣複雜的器官，所需要的龐大的和複雜的突變，不可能是靠累積千代細小的突變而產生，因為器官內各個小部分的突變是毫無用處的（而且提供不了「優勢」），除非整個器官在發揮功能。而且這樣各小部分的隨機突變，在同一代裏一起發生的數學概率為零。然而達爾文主義者說，雖然如此，但這一定會發生，因為它已經發生了。[30]

在柯弗（Robert Kofahl）和塞格瑞（Kelly Segraves）所寫的《創造的科學性解釋：進化論的替代》（*The Creation Explanation: A Scientific Alternative to Evolution*）書中舉了一個有趣的例子，說明一個複雜器官系統的所有部分需要同時整合在一起才行。[31] 他們說到「放屁甲蟲」（Bombardier beetle）是從牠尾部兩根轉動的管子裏噴出化學熱屁來擊退敵人。這種甲蟲所噴出的化學物質，若在實驗室裏混在一起，就會自動爆炸；不過，這種甲蟲顯然有一種抑制性的物質，可以阻隔這種爆炸反應。當甲蟲噴射出一些液體進到牠「燃燒室」時，在那裏有一種酶會加進來催化反應，然後就會發生爆炸，以攝氏100度的高溫將那化學物質噴向敵人。柯弗和塞格瑞正確地問道，是否有任何進化論的解釋能夠說明這種令人嘆為觀止的機制：

「請注意，進化論者若要給這種生物的發展作出一個合理的解釋，就必須在構建其發展的過程中，假設有數以百萬計的中間狀態，都賦予某種適應的優勢。例如，在完成的四分之一、二分之一，或三分之二之階段時，是否已經賦予任何的優勢呢？畢竟，除非一把步槍的所有零件都發生功能，否則它是沒有用的……在這種防禦機制能夠保護甲蟲以前，牠所有的身體部分，以及能夠適當爆炸的化學混合物質，還有甲蟲使用這機制所需要的本能反應，都得在牠裏面整合好。只發展了一部分的器官是沒有用的。所以，按照進化論的原則，不會有天擇的壓力來促使這個系統從部分完成的階段邁向最終完成的系統……在任何一種科學裏，如果一種理論不能解釋其數據的話，就應該修改這個理論，或由另一個能吻合其數據的理論所取代。」[32]

[29]Johnson並沒有說所有的進化論者都是如此辯論的，但他引用幾位這樣辯論的話（pp. 20-23）。

[30]Johnson, *Darwin on Trial*, pp. 32-44.

[31]Robert E. Kofahl and Kelly L. Segraves, *The Creation Explanation: A Scientific Alternative to Evolution* (Wheaton, Ill.: Harold Shaw, 1975). 這本書收集了有利於智慧設計之創造的科學證據，非常引人入勝。

[32]Kofahl and Segraves, *The Creation Explanation*, pp. 2-3. 他們提出許多其他類似的例子。

當然，在這個例子中還有一個有趣的問題：如果這種甲蟲能產生爆炸性化學混合物，但卻沒有化學抑制劑，將會發生什麼事情呢?

(4) 化石記錄是達爾文在1859年時最大的問題，自此以後這個問題就變得更大了。在達爾文時代，已經有數百種化石顯示出，在遙遠的過去裏，有許多不同種類的動物和植物生存過，但是達爾文卻找不到任何「**居間型**」（transitional types）**的化石**，來填補不同種類動物之間的間隔——亦即這種化石能顯示一種動物的某些特徵，和一些它所將發展出來的下一種動物的特徵。事實上，有許多古化石所顯示的動物和當今的動物完全一樣；這點顯示（按照他自己假設的年代順序），無數的動物已經持續存在千百萬年，而且沒有產生重要的改變。達爾文知道，缺少「居間型」化石的記錄削弱了他的理論，但他認為這是因為已被發現的化石還不夠多，而他有信心將會有進一步的發現，使得許多居間型的動物化石出土。然而，在其後的一百三十年，考古的活動更加密集，但仍然沒有得著一個令人信服的化石，是所需要的居間型的樣本。[33]

詹腓力引用哈佛大學著名的進化論學者古爾德（Stephen Jay Gould）的話說，出土的化石記錄有兩項特徵，但它們並不符合達爾文所認為的生物會歷經世代而有逐漸的改變：

第一項特徵是靜態平衡。大多數物種在地球上存活的整個時期，都沒有顯示出具有方向性的改變。他們存在於化石上的記錄，看起來跟他們消失時的樣子幾乎一樣。它們在形態學上的改變通常很有限，而且沒有方向性。

第二項特徵是突然出現。在任何一個地區，一物種都不是從它的始祖經由穩定的轉變而逐漸出現的；它們都是在突然之間出現，而且是「完全成型的」。[34]

這個問題對達爾文的進化論是如此難解，以至於今日許多的進化論科學家提出，進化的發生乃是突然跳躍而產生新生命的形式，因此，例如已知的三十二個目

[33]Johnson, pp.73-85. 此處討論了兩個例子，有人宣稱它們也許是從一億年的化石裏發現的：始祖鳥（Archaeopteryx，是一種鳥，具有一些爬蟲類的特徵），以及一些像人猿的例子，有人說是人類存在以前的原人（hominids）。始祖鳥仍舊比較多是鳥，而非近乎爬蟲類；但是對這個所謂人類存在以前之原人化石的研究，則包含了大量主觀的臆測，以致在檢視過它們的專家中，產生極大差異的意見。

在Frair and Davis, *A Case for Creation*, pp. 55-65中，討論到有關現存化石記錄之間的間隔。他們注意到，自從達爾文的時代以來，持續地發現與分類化石，導致了這個事實：「就整體而論，化石的收集增加，使得化石間的不連續性更被強調出來。看來化石之間真的有間隔，這是毋庸置疑了，而且這間隔似乎是愈來愈不可能被填補了。」（p. 57）

[34]Johnson, p. 50. 他顯然引用了以下這篇文章：Gould and Niles Eldredge, "Punctuated Equilibria, an Alternative to Phyletic Gradualism," printed as a appendix to Eldredge's book, *Time Frames* (Johnson, p. 167).

（orders）的哺乳類動物，非常突然地就出現在歐洲的歷史中。[35]

但是，怎麼可能成千上萬的基因一下子就都發生變化了呢？他們沒有提出任何解釋，只是說因為它發生了，所以它必須就是已經這樣發生了（只要稍稍瀏覽一下今日任何一本生物學的教科書，就會發現那些用來表示動物物種之間的假設變遷之點線，在經過一百三十年的探索之後，仍然沒有補上其間隔的種類）。這個問題的嚴重性，近年來由一位非基督徒作家但頓（Michael Denton），在他一本叫《進化論：落在危機中的理論》（*Evolution: A Theory in Crisis*）的書中，有力地展露出來。[36] 但頓本人雖然沒有為生物在地球上以現今之形式突然出現，提出其他的解釋，但是他注意到：自從達爾文的時代以來，

> 「達爾文廣義進化論的兩個基本原理——大自然連續性的概念，即所有的生命形式在功能上的連續，將所有的物種聯系在一起，最終追溯到一個原始細胞；以及隨機產生適應環境之生命的信念，即所有生命之適應性的設計，都是由盲目的隨機過程而產生——自1859年以來都沒有一次經驗上的發現或科學的進展予以證實。」[37]

(5) 雖然生物有機體的分子結構顯示出它們之間有關係，但達爾文主義者就簡單地假定那些關係表示它們有共同的祖先，而這說法卻肯定是未被證實過的。不只如此，在生物的分子之間還有驚人的差異，但他們尚未對其起源提出令人滿意的解釋。[38]

當然，在任何一層次（包括分子以上的層次）設計上的相似性，常常被用來為進化論辯護。進化論者的假設是，兩個物種之間在設計上的相似性，就表示它們是由「低等」物種進化到「高等」物種，然而這假設從來就沒有得到過證明。艾基新（Gleason Archer）用了一個假設作了妥善的譬喻：一個人參觀科學和工業博物館，他在那裏先看到一個展示，說明人類是怎樣從早期的類人猿，逐漸地進化到更像人樣的人，然後最終進化成現代的人。接著艾基新這樣正確地註解：

> 「基本設計的連續性並沒有提供任何的證據，說明進化是靠著什麼必要的內在動力，使得『低等』物種進入下一個『高等』物種的階段。因為假若這個參觀博物館的人走

---

[35] 這個觀點叫作「打岔的平衡」（punctuated equilibrium），意思是指自然世界的一般平衡，偶爾會被新生命形式的突然出現而打斷或打岔。

[36] Michael Denton, *Evolution: A Theory in Crisis*. Bethesda, Md.: Adler and Adler, 1986.

[37] Denton, p. 345. 另一本更早對進化論分析的書，是由一位受尊敬的英國生物學家G. A. Kerkut所寫的，他本身也是進化論者，其書名為*Implications of Evolution* (New York: Pergamon, 1960)。這是一份非常專業化的研究，指出進化論中的不少難題。

[38] Johnson, pp. 86-99.

到博物館的另外一邊的話，他就會看見另一個類似的系列，那是從1900年開始到現在的汽車系列；他會看到福特汽車一個階段接著另一個階段、一個時期接著另一個時期的發展，從最早的T型原型，到七十年代大型豪華的LTD型。」[39]

當然，對於各型福特汽車之間的相似性，更好的解釋就是有一位智慧的設計師（或設計團隊），用類似的構造來設計愈來愈複雜的汽車。假如操縱系統在某型車上運作得很好的話，就不需要在另一個車型上研發不同種類的操縱系統。同樣地，所有生物中在設計上的相似性，也同樣可以被當作是一項證據，證明所有生物都是由一位智慧巨匠、就是造物主本身所造作成的。

(6) 進化論的最困難之處，可能莫過於解釋生命在最起初的時候是怎麼開始的。要靠化學物質的隨機混合，從地球上的無機物質自發地產生最簡單的、能夠獨立存活的生物體（原核細胞），是不會發生的；它所需要的智慧設計和技能是如此地複雜，甚至世界上還沒有一所先進的科學實驗室會有能力做得到。詹腓力引用了一個如今很有名的譬喻說：「一種生物要從生命起源以前的混亂中出現的機率，大概就像『龍捲風掃蕩過廢車場後，能從那裏的材料中組裝出一架波音七四七飛機』一樣。說靠機率就能組合，這是用自然主義的方式來詮釋『神蹟』。」[40]

從一般常識的層面上來簡單說明：假如我把我的電子錶取下給某人，然後說這是我在明尼蘇達州北部的一個鐵礦裏發現的，並堅信這手錶是它自己完全靠隨機碰撞和環境力量（或許加上幾道閃電的能量）組合而成的，那麼我立刻會被人認為是瘋子。然而，任何樹葉上一個有生命的細胞，或人體內的一個細胞，比起我的電子錶都要複雜幾千倍；即使給它四十五億年之久，要自發產生一個有生命的細胞的「機會」，實際上仍是零。

事實上，有人曾嘗試計算以這種方式自發產生生命的機率。柯弗和塞格瑞擬出一個統計學模型，他們以十分充裕的假設來開始：假設地球上每900平方公分的表面，以某種方式鋪上43公斤的蛋白質分子，它們能夠自由地混合，而且每年都會用新鮮的蛋白質來替換，如此達十億年之久。然後他們估計，地球歷史每過十億年，才會有一個酶分子產生的機率是1.2×10^{-11}，或說是八百億分之一。他們評論說，雖然如此，即使有如此充裕的假設，每年都換上新鮮的蛋白質，長達十億年之久，但要得著一個酶分

---

[39] Gleason L. Archer, *Encyclopedia of Bible Difficulties*, p. 57.

[40] Johnson, p. 104, 是引用Fred Hoyle的話。事實上有人認為，波音七四七飛機更可能意外地形成，因為人類的智慧設計能夠造出一架七四七飛機，卻還不能造出一個活細胞。

子，實際上根本就是一個不可能完成的任務，也根本不會解決任何問題：

> 「找到兩個有活性的分子的機率大約是10^{22}分之一，而它們又是同樣分子的機率就是10^{70}分之一。但生命能夠只從單一的酶分子開始嗎？不只如此，當一個有活性的酶分子一旦形成，它要歷經千萬哩、渡過上億年，才能碰上那個隨機形成而含有那個特定酶分子之氨基酸序列的RNA或DNA分子，以至於它能複製新的分子。這機率有多大呢？實際上是零。」[41]

柯弗和塞格瑞報告了一位進化論科學家的研究，他整理出一個模型，來計算不僅僅是一個酶分子，而可能是最小的生物，經由隨機過程而形成的機率。他得到的機率是$10^{340,000,000}$分之一，也就是在10以後再加上三億四千萬個零，這麼大的數字分之一。但是柯弗和塞格瑞評論說，「即使如此，莫羅維茲（Harold Morowitz）博士和他的進化論科學家同道們仍然相信生命是這樣形成的！」[42]

如果有人要我冒險去坐一架飛機，然後告訴我說這家航空公司每飛八百億次才有一次安全的飛行，那麼我是肯定不會登機的，也沒其他神志清醒的人會登上這樣的飛機。然而可悲的是，如今許多的科學課本一直把進化當成既成的「事實」去持守，這點不斷地在說服許多人，他們不應該把聖經的全然真實性看成是理智上可以接受的觀點，叫有責任感、有思想的人今日去持守。「進化論已經證明聖經是錯誤的」——這迷思持續不斷地使許多人不把基督教所說的當作是正確的選項。

但是如果某一天生命真的被科學家們在實驗室裏「創造出來了」，那會怎樣呢？在此明白這點的意義是很要緊的。首先，就「創造」這個詞本身純粹的意義而言，這樣的事不算是「創造」，因為所有實驗室的實驗都是以某些先存物質開始的，所以實驗的結果仍無法解釋物質本身的起源，而且也不會是聖經所說的神所做出的那種創造。第二，目前大多數所謂「創造生命」的嘗試，其實都只是從無生命的物質邁向可獨立存活的生物（甚至只是單一細胞）這巨大過程中很小的一步。蛋白質分子或氨基酸的構建，還遠不及單一細胞的複雜程度。然而最重要的事乃是，如果集合世界上最

---

[41]Kofahl and Segraves, *The Creation Explanation,* pp. 99-100.

[42]同上出處, p. 101, 引用Harold J. Morowitz, *Energy Flow in Biology* (New York: Academic Press, 1968), p. 99. 研究進化之數學機率為不可能的經典著作, 是P. S. Moorehead and M. M. Kaplan, eds., *Mathematical Challenges to the Neo-Darwinian Interpretation of Evolution* (Philadelphia: The Wistar Institute Symposium Monograph, no. 5, 1967). 亦見以下的論文: "Heresy in the Halls of Biology: Mathematicians Question Darwinism," *Scientific Research* (November 1987), pp. 59-66, and I. L. Cohen, *Darwin Was Wrong—A Study in Probabilities* (Greenvale, N.Y.: New Research Publications, 1984).

聰明的科學家，用可能得到的最昂貴、最複雜的實驗設備，連續工作數十年，而真的製造出一種生物的話，那又表明了什麼呢？那「證明」了神不曾創造生命嗎？恰好相反：這就表明生命根本不是靠機遇所產生的，而必須由一位智慧的設計師有意地將它創造出來。至少從理論上說，按照神的形像而被造的人，使用神所賜給他們的智慧，有一天能夠從非生命的物質創造出生物（雖然這任務的複雜性是遠超過任何現有的技術所能完成的），並非是不可能的。然而那只會表明神創造我們「像神一樣」——如同在許多其他的生活領域裏一樣，我們在生物的研究上，也能夠稍稍效法神的活動。所有朝著這個方向的科學研究，都應該是出於對神的敬畏，並且為著祂所賜給我們的科研能力而心存感激。

許多不信主的科學家也深受眾多反對進化論之有力論證的影響，而對於所假定的生物進化發展中的一些部分，公開鼓吹新穎的立場。例如曾經因幫助發現DNA分子結構而得到諾貝爾獎的柯理克（Francis Crick）在1973年提出，生命可能是由宇宙飛船從遙遠的星球送過來的，他稱這個理論為「被導引的泛生源說」（Directed Panspermia）。[43] 對筆者而言，這種情況似乎諷刺得很：如此聰穎的科學家居然會在沒有一絲有利證據的情況下，鼓吹一種奇怪的理論，卻又一直拒絕一本書所給的直截了當的解釋，而這本書在世界歷史上從來不曾被證明過有錯；它曾改變了無數人的生命，它在每個時代都為許多大有智慧的學者們完全相信，而且它在世界歷史上比任何其他書都更有勸人向善的動力。為什麼有些聰明人會相信一些看來那麼不合理的信念呢？似乎他們願意相信任何事情，但就是不肯相信聖經裏所說的那位和我們有個人關係的神——祂呼召我們放下我們的驕傲，要我們在祂面前謙卑自己，要我們因沒有順從祂的道德標準而祈求祂的寬恕，並且要我們一生都順服祂的道德命令。拒絕如此行就是非理性的；然而，正如我們在第二十四章討論罪時會看見，所有罪的根源至終都是非理性的。

在過去二、三十年裏，還有一些其他對進化論的挑戰也被發表出來；毫無疑問地，將來還會有更多。盼望不久之後科學界能公開承認進化論的不可信，並盼望高中、大學所用的課本能公開承認，進化論根本就不是對地球生命起源的一個令人滿意的解釋。

(2) 進化論對現代思潮的破壞性影響

進化論對現代思潮有極大的破壞性影響，明白這一點非常重要。如果生命真的

---

[43] *Time,* September 10, 1973, p. 53. 此文摘記了F. H. C. Crick and L. E. Orgel, "Directed Panspermia,", *Icarus* 19 (1973): 341-46.

不是神創造的，特別如果人不是神所造的、亦無需對神負責，人只是宇宙中隨機發生的結果，那麼人類的生命還有什麼意義呢？我們只不過是物質、時間，加上機率的產物，因此當我們面對浩瀚的宇宙，若還以為自己有永恆的或其他方面的重要性，就只不過是自欺欺人罷了。當人誠實地反思這個問題時，就會使人陷入深深的絕望感中。

不只如此，假使生命的種種可以無需神而用進化論來解釋，假使真的沒有創造我們的神（或至少我們無法確知關乎祂的事），那麼我們在道德上就不需對至高的審判者負責任了。這麼一來，人類生命中就沒有絕對的道德標準，而人的道德觀念就只成了主觀的偏好而已——或許道德觀念對某些人是好的，但卻不能夠強加給其他的人。事實上，在這種情況下，惟一要禁止人做的事，就是禁止他說他知道某些事是對的，而某些事是錯的。

進化論帶來的另一惡果是：如果物競天擇、適者生存是地球上生物不斷進步的無可避免之過程，那麼我們為什麼還要保護弱勢而無能自衛的人來阻撓這個過程呢？為什麼我們不乾脆讓他們死亡不再繁殖，好讓我們朝著一個新的、更高級的人種，甚至乎「優等民族」的方向邁進呢？事實上，馬克思、尼采和希特勒都是用這些原因來說戰爭是對的。[44]

不只如此，如果人類是不斷地進化成更好的景況，那麼先賢的智慧（尤其是早期的宗教信念）就不如現代思想一樣有價值了。此外，達爾文的進化論使一般人對聖經之可信度的看法，產生了十分負面的影響。

現代社會學和心理學的理論僅視人類為較高級形式的動物，就是進化論思想的另一結果。而那些反對所有宰殺動物之行為（不論是作食物、皮革大衣，或醫學研究）的現代「動物權益」運動的極端思想，也是從進化論的思想中自然流露出來的。

巳.2.4 斷代論（Gap Theory）

有些福音派人士提出說，在創世記1:1（「起初，神創造天地」）和創世記1:2（「地是混沌空虛〔和合本譯作：地是空虛混沌〕，淵面黑暗，神的靈運行在水面上」）之間，有一個千百萬年的斷代。按照這個**斷代論**（gap theory）的說法，神在早先的時候曾有過一次創造，不過最後有過一場對神的叛逆（大概是跟撒但的叛逆有關），以致神審判了大地，使得「地**變為**混沌空虛，淵面黑暗」（創1:2另譯，但值得懷疑）。[45] 而我們在創世記1:3－2:3裏所看到的，實際上是神的**第二次**創造，共六日，

---

[44]見*NIDCC*, p. 283.

[45]在《司可福串珠聖經》（*The New Scofield Reference Bible*, Oxford: Oxford University Press, 1967）中提出，

每日就是實際上的二十四小時，這發生在較近的時間（也許是一萬至兩萬年以前）。而地球上所發現古老的化石，其中有許多據說有千百萬年之久，那是來自*第一次*的創造（四十五億年以前），只在創世記1:1提到。

這種理論主要的聖經論點，就是創世記1:2「混沌空虛」和「黑暗」的話語，這話語將大地描繪為經歷過神審判的樣子：在舊約聖經的其他地方，經常用「黑暗」作為神審判的記號，而希伯來字*tohû*（「混沌，沒有定形」）和*bohû*（「空虛、空洞」），在一些經文中，如以賽亞書34:11和耶利米書4:23，所指的就是像遭受神審判、荒涼的曠野。

不過這些論點似乎不足以說服我們相信創世記1:2所描繪的大地就是神審判後的荒涼之地。如果第1節先說神造了大地（創1:1），然後第3節才說神創造了光（創1:3），那麼在第2節就必須有黑暗籠罩大地，這乃指出神的創造正在進行中，並沒有什麼邪惡存在。此外，每一日都有「晚上」，在創造的六日中每日都有「黑暗」（創1:5, 8, 13, 18-19等），但不表示有邪惡或神的不贊同（參詩104:20）存在。而「混沌空虛」這個片語的意思，就是說大地還不適合居住，因神的預備工作還沒有完成。當然，當神咒詛一曠野時，它就會變得不適合居住，但是我們不能將那一處不適合居住的原因（神咒詛曠野），加到這一處（創造）來，因為此處不適合居住的原因，就只是因為神的工作還在進行中，祂為人預備的工作尚未完成。[46]（把某詞在一處的情形，解釋到此

「斷代論」是創世記1:1-2的一個可能解釋，其註釋提及了創世記1:2和以賽亞書45:18。在許多流行的聖經教訓裏，此論也是十分常見的。為此理論的廣泛辯護，可見於Arthur C. Custance, *Without Form and Void: A Study of the Meaning of Genesis 1:2* (Brockville, Ontario: Doorway Papers, 1970)。而對此理論的廣泛批判，則見於Weston W. Fields, *Unformed and Unfilled* (Nutley, N.J.: Presbyterian and Reformed, 1976)。對斷代論所用之字彙與文法上的有力批判，見Oswald T. Allis, *God Spake by Moses* (Philadelphia: Presbyterian and Reformed, 1951), pp. 153-59.

有些讀者可能會好奇地問，為何筆者將這一觀點和世俗的理論、神導進化論，以及達爾文進化論，都分類成「明顯與聖經教訓不合的理論」。筆者在此應當指出，這樣做只有一個原因，即這個立場的論點對筆者來說，其根據乃是對聖經經文的極不可能的詮釋。筆者不是說，那些持守斷代論的人都是不信神的人，或他們像許多神導進化論者一樣，認為聖經不會教導我們科學。相反地，主張斷代論的人都很一致地相信聖經不論講到什麼主題，都是全然真實的。

[46]第二個字*bohû*，「空虛」，在聖經他處只出現過兩次（賽34:11；耶4:23），都是在描述經過神審判的荒涼之地。然而第一個字*tohû*的意思，可以指「沒有形狀、混亂、不實、虛空」的意思（BDB, p. 1062），聖經他處另外出現了19次，有時是指因神審判而荒涼的地方（賽34:11和耶4:23兩處都有*tohû*），而有時只是指一空虛的地方，不表示有邪惡或受審判的意思（約伯記26:7裏說到「神將北極鋪在『空中』，將大地懸在『虛空』」，這兩詞是平行的。又見申32:10；伯12:24；詩107:40）。以賽亞書45:18說到了地球的創造：「祂創造、堅定大地，並非使地荒涼（*tohû*），是要給人居住。」此詞「荒涼」（*tohû*）最適合的意思是「不能居住」（神沒有創造大地成為「荒涼」，而是要使大地成形「給人居住」，這事實說到了神所完成的創造之工，並且沒有否認創造在最早期時是

詞在另一處的情形裏，而此詞在第二處的意思及所在的上下文，並不一定和第一處的相同，這樣的解釋是不恰當的。）

除了創世記1:2並不支持這個觀點之外，還有一些很有分量的論點也駁斥斷代論：

反對論點一：聖經中沒有任何的經節清楚提到有更早的創造，所以這個理論甚至沒有一節聖經經文能清楚地支持它。

反對論點二：創世記1:31那裏記載，當神完成了祂的創造之工時，「神看著一切所造的都甚好」。但若根據斷代論的看法，神所看到的大地應該會是充滿了叛逆、衝突和神可畏之審判的結果；神看到的還會有鬼魔、悖逆祂而屬撒但的差役；然而聖經上卻告訴我們，祂稱所造的一切都「甚好」。假若地上有那麼多的邪惡，那麼多的叛逆和受審判的證據，而神卻依然說所造的甚好，那是令人難以相信的。

不只如此，創世記2:1所說的「天地萬物都造齊了」，顯然是在總結創世記第1章裏所發生的一切。這裏所說的不只是神在地上所做的工作，而且也包括祂在天上所造的一切，也就是創世記第1章所描述完成了的工作。因此這就否定了斷代論的說法——大部分的天地在六日創造之前已經完成了。

反對論點三：我們後來在十誡裏看見摩西對神創造之工的描述：「因為*六日之內，耶和華造天*、*地*、海和*其中的萬物*，第七日便安息。所以耶和華賜福與安息日，定為聖日。」（出20:11）在這裏說到，天地的受造和「其中的萬物」的受造，都歸於神六日的創造之工。無論我們將這些日子看作是二十四小時的日子或更長的時期，整個天地和*其中的萬物*的受造，都是在這六日之內。但斷代論的支持者一定會說，還有許多在地裏的（例如動物死後的化石遺跡，還有地球本身）及在天上的（例如星星）等物，都不是出埃及記20:11中神明確說是在六日裏所創造的，然而此一觀點似乎恰好跟該節經文所肯定的意思相反。

不只如此，雖然聖經中有些經文確實說到神對悖逆天使的審判，或祂在不同時期對大地的審判（見賽24:1；耶4:23-26；彼後2:4），但這些經文沒有一處說審判是在創世記1:2-31以前。

反對論點四：斷代論必須假設說，所有那些跟現在動物很像的千百萬年前的動物化石，指出神第一次所創造的動物界和植物界是以失敗告終。這些動物和植物沒有達成神起初的目的，所以祂將它們毀滅了，但祂在第二次的創造中，將它們造得跟第一

「混沌空虛」的）。

次的完全一樣。再有的是，因為亞當和夏娃是第一對男人和女人，所以斷代論就得假設說，在千百萬年以前就存在的一次先前的創造，缺少了神創造之工的最高層次，那就是創造人本身。但是，神沒能藉著起初的植物界和動物界來成就祂的旨意，又沒能用祂創造的最高峰——創造人——來為祂的創造加冕，這些似乎都不符合聖經所描繪的那位神：凡祂所做的，祂永遠成就祂的旨意。所以，看起來斷代論並不是今日福音派基督徒可以接受的一個選擇了。

巳.3 地球的年齡：一些初步的考量

到目前的討論為止，我們希望本章所提倡的結論都能在福音派基督徒當中取得廣泛一致的共識。但是現在我們終於要面對一個令人困惑的問題，即使是相信聖經的基督徒長期以來也有不同的看法，有時候甚至是彼此尖銳對立。這個問題就是：地球到底有多古老？

我們在討論完前面的內容以後才來處理這個問題，是很適當的，因為比起以上討論過的教義，這個問題真的不是那麼重要。我們前面所討論的內容可以總結如下：(1) 神從無而創造出宇宙；(2) 受造之物與神有別，但都要靠神而立；(3) 神創造宇宙為要彰顯祂自己的榮耀；(4) 神所造的宇宙甚好；(5) 聖經與科學並無終極的矛盾；(6) 世俗的理論，包括達爾文進化論，否認神是創造主，很清楚地與聖經的信念不合。

地球的年齡問題比起後面幾章所要討論的內容，也不那麼重要；那些內容包括：(7) 天使世界的受造；(8) 人按照神的形像受造（本書第十九、二十一、二十二章）。把這些觀念記在心裏是很重要的，因為基督徒會面臨一種危險，那就是花太多的時間爭辯地球的年齡，而忽略了要專注在聖經對於創造之全面教導中那些更重要和更清楚的教訓。

關於地球的年齡有兩種理論：一是「古老地球」論（“old earth” theory），它同意現代科學的一致意見，即地球的年齡有四十五億年；另一是「年輕地球」論（“young earth” theory），它說地球只有一萬年到兩萬年那麼久，並且認為世俗科學所定年代的系統是不正確的。這兩種理論之間的差距十分巨大：4,499,980,000年！

在我們討論這兩種立場的特定論點之前，我們要先檢視一些初步的問題：聖經裏的家譜、人類年代的估算、動物死亡的問題、恐龍年代的看法，以及創世記第1章中六「日」創造的時間長度。

巳.3.1 聖經裏的家譜有跳代的間隔

當我們讀到聖經的名單和他們的年齡時，我們好像可以將救贖史上從亞當到基督的所有人的年齡都加起來，從而得出地球被造的一個大致年代。這樣當然就會得到非常短的地球年代，例如大主教阿賽爾（James Ussher, 主後1581-1656年）曾按此法得結論說地球是主前4004年被造的。但仔細查考聖經中對應的名單就顯示出，聖經本身指明一個事實，聖經作者所列的家譜，僅僅列出了那些他們認為是重要的人，而且是為著他們寫作目的而記錄其名的。事實上，聖經中有些家譜包含了另一些家譜所漏掉的名字。

舉例來說，馬太福音1:8-9告訴我們：「亞撒生約沙法，約沙法生約蘭，約蘭生烏西亞，烏西亞生約坦，約坦生亞哈斯……」但從歷代志上3:10-12來看（該家譜使用的是烏西亞的別名亞哈謝），我們知道有三代的名字被馬太福音省略掉了：約阿施、亞哈謝和亞撒利雅。因此，這些經文可以用下表來比較：

聖經家譜有跳代間隔的例證

歷代志上3:10-12	馬太福音1:8-9
亞撒	亞撒
約沙法	約沙法
約蘭	約蘭
亞哈謝（烏西亞）	烏西亞
約阿施	——
亞瑪謝	——
亞撒利雅	——
約坦	約坦
亞哈斯	亞哈斯
希西家	希西家
（等等）	（等等）

所以，當馬太福音說烏西亞「生約坦」時，其意思可能是說，烏西亞生了某人，而那人帶來約坦的出生。馬太僅選擇了那些他想要強調的人名，好達成他自己的目的。[47] 類似的情況也見於馬太福音1:20，在那裏神的使者對約瑟說話，並稱他為「大衛的兒子約瑟」（直譯）。當然約瑟不是大衛直接的兒子（因為大衛是生活在主前1000年左右），但約瑟是大衛的後裔，因此被稱為他的「兒子」。

另外一個例子是在歷代志上26:24，那裏有一份大衛王臨終前所任命之官員的名單：「摩西的孫子，革舜的兒子細布業掌管府庫……」（代上26:24）我們從出埃及記

[47]編者註：關於這兩個家譜之差異，另有一解釋亦為多人所接受，即認為「烏西亞」就是「烏西雅」，亦「亞撒利雅」之別名，因此被馬太福音省略的三代的名字為：亞哈謝、約阿施，和亞瑪謝。關於家譜跳代之更完整的討論，見Francis Schaeffer, *No Final Conflict*, pp. 37-43.

2:22那裏知道，革舜的出生是在出埃及記以前，大約是主前1480年（較晚的出埃及年代被定在大約是主前1330年）。但是歷代志上第26章所提到的這些官員之任命，是在大衛立所羅門作以色列王之時，大約是主前970年（見代上23:1）。由此可見，歷代志上26:24中的細布業被稱為是在他以前510年（或至少360年）出生的革舜的兒子了。在這個稱某人為「某人的兒子」的稱呼中，有十多代被省略掉了。[48]

因此，我們下這樣的結論似乎是再合理不過了：聖經的家譜裏面有跳代的間隔，神只讓那些對祂的目的是重要的人名被記載下來。從創世記的敘述起，有多少跳代，又有多少代人被省略掉，我們無從得知。亞伯拉罕的年代大約可以說是主前2000年，因為在亞伯拉罕的生平故事中所提到的君王和地方（創世記第12章及其後各章），可以與年代估計相當可靠的考古學數據聯繫起來；[49] 但在亞伯拉罕以前的背景年代就很不能肯定了。有鑒於洪水以前人們有異常的高壽，因此若說在那些經文敘述中很可能會有幾千年過去，似乎也沒有什麼不合理。這點使得我們可以較有彈性地思想人類首次出現在地球上的年代（不過，要是認為經文省略了**數百萬年**，只記錄下主要人物的名字和生平細節，並在如此漫長的歲月裏流傳下來，那就似乎是另外一回事了，而且這想法跟聖經敘事的連續性非常不同）。

巳.3.2 人類的年代有多久遠?

雖然現代的科學估計說，人類大約是在兩百五十萬年以前首度出現在地球上的，但更重要的事乃是，這宣稱所說的「人」的是什麼樣的「人」。下表所列的是現代科學觀點的一個粗略要覽。[50]

技能人（*homo habilis*） 使用石器	主前二百萬至三百五十萬年
直立人（*homo erectus*） 使用各種石器， 主前五十萬年時用火， 狩獵大型動物。	主前一百五十萬年

---

[48]這一節經文NIV的譯法是:「革舜的**一位後裔**細布業」，然而這只是一種解釋，因為希伯來文經文只用了*ben*這個字，即「兒子」。但應當沒有人會反對這種解釋，而說革舜可能會活到超過五百歲，因為在大洪水以後，沒見過這樣的長壽（注意創6:3）；事實上，當亞伯拉罕幾乎一百歲時，他奇蹟式地獲得一個兒子（另參羅4:19；來11:12）；而早在大衛或所羅門以前的摩西，估算人的壽命是七十或八十歲：「我們一生的年日是七十歲，若是強壯可到八十歲。」（詩90:10）

[49]見*IBD*內的“Chronology of the Old Testament”，特別是pp. 268-70.

[50]這份表格採自Frair and Davis, *A Case for Creation*, pp. 122-26, 以及Karl W. Butzer, “Prehistoric People,” in *World Book Encyclopedia* (Chicago: World Book, 1974), 15:666-74.

智慧人或思想人（*homo sapiens*）	主前四至十五萬年（或許主前三十萬年）
埋葬死者	
例如：尼安德塔人（Neanderthal man）	
真有智慧人（*homo sapiens sapiens*）	主前九萬年
例如：克魯馬儂人（Cro-Magnon man）	主前一萬八千至三萬五千年
洞穴繪畫	
例如：新石器時代人（Neolithic man）	主前一萬九千年
飼養牲畜、農業、冶金	

無論基督徒是支持年輕地球論還是古老地球論，他們都會同意，在有克魯馬儂人洞穴繪畫的時候，人類肯定已經存在地球上了，而其繪畫的年代大約是在主前一萬年。不過，關於克魯馬儂人的年代有些不同的看法，因為根據克魯馬儂人在西伯利亞之埋葬位置所發現的地質學證據顯示，其年代大約是在主前兩萬到三萬五千年之間，但是用碳十四（C-14）的年代計算法得出來的年代，僅在主前九千年或是一萬一千年。[51] 至於比克魯馬儂人繪畫再早期的人，學者的看法就有分歧。尼安德塔人真的是人嗎？或只是像人一樣的生物呢？[52] 更早以前像人一樣的生物，有多像人（更高級形式的動物，例如黑猩猩，也能使用工具，而埋葬死者未必就是人類特有的行為）？此外，早期所使用的年代計算法所得的結果是非常粗略的，而且常有矛盾。[53]

所以，人類到底是多久以前出現在地球上的？如果克魯馬儂人洞穴繪畫的年代計算是正確的話，那就肯定是在主前一萬年左右了。但在此之前的事，就很難說了。

且.3.3 在人類墮落之前，動物會死亡嗎？

對那些主張年輕地球論的人來說，沒有必要問在人類墮落以前動物是否會死亡的問題，因為動物和人都是在第六日被造的，而且在亞當和夏娃被造與犯罪之間可能只有很短的時間。亞當和夏娃的犯罪可能也將死亡引進了動物界，成為墮落之詛咒的一部分（創3:17-19；羅8:20-23）。

但對於古老地球論的支持者來說，這個問題就很重要了。在地球裏顯然有數以百萬計的古老化石，它們是否是來自那些在亞當和夏娃受造以前很久，就活著又死了的

---

[51]Kofahl and Segraves, *The Creation Explanation*, p. 207.

[52]有兩份很有幫助的討論是關於人類祖先的不同看法，見Frair and Davis, *A Case for Creation*, pp. 122-26, 以及Davis A. Young, *Creation and the Flood*, pp. 146-55. Frair和Davis認為尼安德塔人是「全然的人類」，雖然其「種族很獨特」（p.125）.

[53]Philip Johnson提到一個晚近為幾位分子生物學家所支持的理論。該理論說，所有的人類都由一位不到二十萬年以前、住在非洲的「母系粒線體的夏娃」（mitochondrial Eve）所繁衍下來的（Philip Johnson, *Darwin on Trial*, pp. 83, 177-78）.

動物呢？神是否可能在從創造之初就造了會死亡的動物界？這是很有可能的。如果亞當和夏娃要吃蔬菜的話，植物界的死亡是毫無疑問的；而如果神起初創造的動物會繁殖，又永遠活著，那麼地球很快就會擁擠不堪而不得紓解了。神在創世記2:17裏給亞當的警告只是說，他若吃禁果，*他*自己就會死，並沒有說動物也會跟著開始死亡。當保羅說：「這就如罪是從一人入了世界，死又是從罪來的」（羅5:12上）之時，其下的句子很清楚地說明，他是在講人類的死亡，而不是植物和動物的死亡，因為他立刻加了一句說：「於是死就臨到眾人，因為眾人都犯了罪。」（羅5:12下）

從我們在聖經中已有的資料來看，我們現在不知道，神是否從一開始創造動物時，就讓動物會老、會死，但真的有這可能性。

E.3.4 恐龍的年代有多久遠？

現今的科學認為，恐龍在六千五百萬年前就滅絕了，那是人類在地球上出現之前千百萬年的事。然而那些支持六日創造的「日」是指二十四小時、支持年輕地球論的人會說，恐龍是神創造人和動物時（第六日）所創造的動物之一，因此他們會說恐龍和人同時生存在地上，而後恐龍才滅絕了（或許是因為大洪水）。主張年輕地球論的人當然不同意現今的科學將恐龍的年代計算得如此古老。

在那些支持古老地球論的人當中，有些人會認為恐龍也在亞當所命名的那些生物之列（創2:19-20），但後來它們滅絕了（可能是在大洪水當中）。他們認為恐龍可能在較早之時就存在了，但到亞當和夏娃的年代之後才滅絕的。但其他主張古老地球論的人則認為，第六日的創造長達千百萬年之久，在亞當被造並給動物命名時，恐龍早已經滅絕了。在這種情況下，亞當沒有給恐龍命名（聖經沒有說他給恐龍命名了），只給所有存活的、即被神帶到他面前的動物命名（創2:19-20，見NIV）。當然，這種觀點就需要說動物界在人犯罪以前就有死亡了（見前面E.3.3節）。

E.3.5 創世的六日是六個二十四小時的日子嗎？

年輕地球論和古老地球論支持者之間，大部分爭辯的關鍵在於對創世記第1章的「日」之長短的解釋。支持古老地球論的人提出創世記第1章的「日」不是指二十四小時的時期，而是指相當長的時期，乃是千百萬年，神在這期間完成了創世記第1章所描述的創造活動。這種主張導致了他們與其他福音派人士之間異常熾烈的爭論，但迄今尚無定論。

有利於六日乃很長時期之觀點的事實是，希伯來文*yôm*（「日」）有時候不是指字面上的二十四小時的一日，而是指更長的一段時間。舉例來說，我們看到創世記

2:4那裏用了這個字：「神造天地的日子」，這是指神在六日的整個創造大工。另外一些用「日」這個字表達一段時間的例子如下：約伯記20:28（「神發怒的日子」）、詩篇20:1（「願耶和華在你遭難的日子應允你」）、箴言11:4（「發怒的日子，貲財無益」）、箴21:31（「馬是為打仗之日預備的」）、箴24:10（「你在患難之日若膽怯，你的力量就微小」）、箴25:13（「在收割時〔*yôm*〕」）、傳道書7:14（「遇亨通的日子，你當喜樂；遭患難的日子，你當思想：因為神使這兩樣並列……」）；還有許多經節說到「耶和華的日子」（例如賽2:12; 13:6, 9；珥1:15; 2:1；番1:14）；還有許多其他舊約經文是在預言神審判或祝福的日子。查一下經文彙編的書就能顯示出這乃是「日」這個字在舊約裏常見的意思。

另外一個支持說那些「日」是指很長一段時間的事實，就是第六日所包含的事件很多，所以「日」一定是比二十四小時還要長。第六日的創造（創1:24-31）包括了創造動物，以及創造男人和女人（「造男造女」，創1:27）。神在第六日又賜福給亞當和夏娃，並對他們說：「要生養眾多，遍滿地面，治理這地；也要管理海裏的魚、空中的鳥，和地上各樣行動的活物。」（創1:28）但這表示神不但在第六日創造了亞當，又將他安置在伊甸園，使他修理看守，給他關於分別善惡樹的指示（創2:15-17），將所有的動物帶到他面前被命名（創2:18-20）；又發現他沒有合適的幫手（創2:20），而後使他沉睡，並從他的肋骨造出夏娃（創2:21-25）。人有限的本質和神所創造相當龐大數量的動物，都似乎需要比「日」更為長久的時間，才能把這麼多的事情包括進去——至少對於原初的讀者而言，他們對經文的「一般性」理解就是這樣；這種考量在辯論中並非不重要，因為它常常強調原初讀者一般閱讀這段經文的領受及其所下的結論。[54] 如果從經文的上下文來考慮，第六日看起來是比普通的二十四小時之一天要長得多，那麼上下文本身豈不是支持一「日」的意思是指一段長度不確定的「時期」嗎？

與此相關連的還有一點要考慮的。我們應該注意，第七天並沒有以「有晚上，有早晨，這是第七天」這樣的短語來作結論，這節經文只說到：「到第七日，神造物的工已經完畢，就在第七日歇了祂一切的工，安息了。神賜福給第七日，定為聖日。」（創2:2-3）這裏有可能（如果不是暗指）是在說第七日仍在持續中，它從來就沒有終結過，它也是一段很長時間的「日」（另參約5:17；來4:4, 9-10）。

有些人反對說，每當舊約聖經用「日」這個字指一段時間，而不是指二十四小時

---

[54]主張一「日」是二十四小時的人可能會這樣想，亞當只為代表性的動物種類命名，或者不觀察牠們的活動與能力就快速命名。但是有鑒於命名在舊約裏的重要性，這兩種看法都不太可能。

的時候，其上下文都會清楚地表明這種情況，但是創世記第1章的上下文並沒有清楚地這樣表示，所以我們就必須假設這裏的意思是指平常二十四小時的日子。回應這種說法，我們的答覆乃是：每當舊約聖經用「日」這個字指一天二十四小時的時候，上下文也會清楚地表明，否則我們無從知道在那個上下文裏它所指的是一天二十四小時。所以，以上這個反對論點並不具有說服力，它只不過肯定了每個人都同意的原則，那就是：當一個字有多重意思的時候，上下文能使我們決定該採用哪一個意思。

另外一種反對是說，如果聖經要表達的一「日」是長於二十四小時的時期，它會用其他的字。雖然如此，如果原初讀者知道「日」這個字的意思可以指很長的一段時間（情況很清楚就是這樣），那麼就沒有需要使用其他的字了，因為*yôm*這個字很清楚地傳遞了所要表達的意思。再者，要描述六個連續的工作時段，再加上一個休息的時段，從而建立一個一週七日人們生活的模式，它是一個非常適合的字。

現在回到我們最初的問題：「日」這個字在創世記第1章的上下文裏，到底是什麼意思？基於這個字在稍後幾節同樣的敘述（創2:4）中，必定是指一段較長時期的事實，所以我們應該不要武斷地說，原初的讀者肯定知道作者說的一「日」是指二十四小時。事實上，這兩種意思都是這段經文敘述之原初讀者所普遍知悉的意思。[55]

很重要的是，我們要了解，那些主張創造的六「日」為長時期的人，並不是說上下文**要求**我們將這些日子理解為幾個時期；他們只是說上下文並沒有清楚地向我們指明「日」的意思；如果從許多不同學科得出的有關地球年齡的科學數據都令人信服，且都有相似的答案，使我們相信地球是有幾十億年的古老，那麼將「日」解釋為較長的一段時間，可能是我們所能採取的最好詮釋了。這種情況就好像那些最早認為地球是自轉，並繞著太陽公轉的人所面臨的一樣；他們不會說，那些說到「日出」或「日落」的經文**要求**我們從上下文中相信一個以太陽為中心（heliocentric）的太陽系；而是說，因為我們把這些經文視作只是從觀察者的觀點所說出的話，所以上述的解釋只是這些經文**可能的**解釋。不過，從科學觀察所獲得的證據告訴我們，實際上這正是解釋這些經文的正確方式。

從另一方面看，贊成將創世記第1章的「日」理解為「**二十四小時為一日**」的論點（twenty-four-hour day theory）如下：

(1) 創世記第1章的每一日都以「有晚上，有早晨，這是頭一日」（創1:5）這樣

---

[55]筆者在這裏假設創世記與出埃及記的作者是摩西，並且原初讀者就是主前1440年左右在曠野的以色列民。

的表達方式來結尾，這是很重要的。「有晚上，有早晨」這個片語在第8, 13, 19, 23和31節重複出現，看起來這是表示一系列發生的事件，標明了字面上為二十四小時的一日，並表示讀者應當按照這個方式來理解它。

從上下文來看，這個論點是頗有力的，而許多人也認為它具有說服力。然而，那些堅信「日」為一段長時期的人會反駁說：(a) 晚上和早晨未必合出一整天，它只是說一日之結束和另一日之開始而已；所以，這種說法本身可能只是作者表達方式的一部分，要告訴我們第一個創造日（也就是很長的一段時期）結束了，而下一個創造「日」的開始已經來到了；[56] (b) 頭三個創造「日」不可能是用太陽照在地球上而有的早晨和晚上來標明，因為太陽是到第四日才被造出來的（創1:14-19）；因此，在這一章的上下文所說的「有晚上、有早晨」，並不是我們現在所理解的一般的晚上和早晨。所以，雖然「有晚上、有早晨」的論點，為將「日」理解為二十四小時的說法增添了一些分量，但也似乎沒有帶來決定性的影響。

(2) 創造的第三日不可能會很長，因為太陽到第四日才出現，而且植物沒有陽光就活不了多久。要反駁這一點，有人會說，神在第一日所造的光能夠供應能量給植物，達千百萬年之久。但那就得假設神已經先造了一個光體，其亮度和能量幾乎跟太陽完全一樣，但卻又不是陽光。這是一個不太尋常的看法。

(3) 在十誡裏所用的「日」這個字的意思，是指二十四小時。要避開這個結論是很困難的：

> 「當記念安息日，守為聖日。六日要勞碌作你一切的工，但第七日是向耶和華你神當守的安息日……因為六日之內，耶和華造天、地、海和其中的萬物，第七日便安息。所以耶和華賜福與安息日，定為聖日。」（出20:8-11）

在這段經文中的安息「日」（第8節），肯定是指二十四小時的一天，那麼在同一句話裏的第11節所記載的神在「六日」之內造了天地，不就應該是指同樣的意思嗎？這又是一個很有分量的論點，在決定性的天平上，為這立場加添了格外的說服力。然而又一次地，它本身還是沒有足夠的決定性，因為有人可以這樣回應說，讀者（若是仔細閱讀了創世記1–2章）會注意到，經文裏沒有指明「日」是多長時間，而安息日的誡命只是告訴神的子民說，正如祂遵循了創造中六加一的模式（六個時段工作，緊接一個時段休息），所以他們也要在生活中遵循六加一的模式（六日工作，緊接一日休

---

[56] 事實上，「有晚上，有早晨」之表達方式，從來沒有在希伯來文舊約聖經中的其他地方用過，所以，我們不能夠說它是常被用來表達平常一天的方式。

息；六年工作，也緊接一年的安息年，就像出埃及記23:10-11所說的）。事實上，緊接在第11節後的一句話，其「日」的意思就是指「一段時期」：「當孝敬父母，使你的日子在耶和華你神所賜你的地上得以長久。」（出20:12）這裏的應許當然不是指一個字面上的「長」日（例如二十五小時或二十六小時），而是說人在地上的壽命得以延長。[57]

(4) 那些認為一「日」是二十四小時的人也會這樣問：是否在希伯來文聖經中，還有別的地方是用複數的「日」，尤其是緊連著一個數目（例如「六日」），而不是指二十四小時的？不過，這個論點也不是很有說服力，因為 (a) 用複數的「日」表示時期的例子，可見出埃及記20:12，我們在上面一段已經討論過了；(b) 如果這個字的單數已明顯有「時期」的意思（正如大家都承認的確是有的），那麼說到六個這樣的「時期」，讀者當然也能夠理解，即使舊約聖經的其他地方沒有這種例證。在聖經別處沒有出現這樣的用法，這事實可能只是表示在別處沒有可這樣用的情況而已。

(5) 當耶穌說：「但從起初創造的時候，神造人是『造男造女』」（可10:6）之時，祂的意思隱含說亞當和夏娃不是創造開始後數十億年才被造出來的，而是在創造之初就造了他們。這個論點也有一些分量，但主張古老地球論的人會這樣回應：耶穌所說的「起初創造的時候」乃是指整個創世記1–2章，與法利賽人辯護休妻所依賴的摩西律法之辯詞（可10:4），作一對比。

支持一「日」是二十四小時的五種論點，筆者都一一回覆了，但這些答案可能仍然說服不了其擁護者。他們對一「日」是一段時期之觀點的回應將會是：(a) 當然，在舊約許多地方「日」都有「時期」的意思，但那不代表在創世記第1章裏的「日」就一定是那個意思。(b) 創造的第六日那一天並不需要比二十四小時更長，尤其是如果亞當只需要給空中飛鳥和「野地走獸」的主要代表起名（創2:20）。(c) 雖然沒有太陽為創造的頭三天作記號，然而地球卻仍然以固定的速度自轉，也有神在第一天所造的「光」和「暗」（創1:3-4），而且祂稱光為「晝」，稱暗為「夜」（創1:5）。所以，根據創世記1:3-5，神以某種方式從創造的第一日起，就使日夜交替了。

關於創世記第1章「日」的長度，我們要作怎樣的結論呢？根據我們現有的資料來看，要作決定似乎十分不易。這不只是一個「相信聖經」或「不相信聖經」的問題而已，也不只是一個「屈服於現代科學」或「拒絕現代科學清楚的結論」的問題。即

---

[57] 希伯來文經文不是說「你的日子……得以多（希伯來文是*rab*）」——這是一個常見的希伯來文表達方式（創21:34; 37:34; 出2:23; 民9:19等）；而是說「你的日子……得以長久。」（希伯來文是*'arak*,「長久」，在王上8:8; 詩129:3; 賽54:2〔「放長你的繩子」〕; 結31:5等處，也用來指實際的長度）。

使對那些相信聖經完全真實的人（如筆者），以及那些對科學家們所提出之古老地球論持某種程度懷疑的人（如筆者），這個問題似乎也不易回答。目前，這些考量——神創造性話語的大能，這大能所帶來「說有就有」的直接回應，「有晚上、有早晨」的事實，和第幾日、第幾日的編號——都表示一「日」是二十四小時；再加上這個事實：神似乎無意遲延數千年甚或幾百萬年才來造人，因此，對筆者來說，這些都是支持一「日」是二十四小時之立場的有力論點。但即使如此，另一方也有很好的論點：對於那位永遠活著的，那位看「一日如千年，千年如一日」的（彼後3:8），那位喜悅用長時間逐漸來達成祂所有目的的，為著人的到來，用一百五十億年預備宇宙，用四十五億年來預備地球，也許在時間上是恰到好處。古老宇宙的證據將生動地提醒我們，神的永恆性是更令人驚嘆的，正如宇宙的浩瀚促使我們驚訝於神那更加偉大的無所不在和無所不能。

所以，關於創世記第1章中「日」的長短，上述兩種解答都有可能，因為神選擇了不給我們足夠的資料來決定出一個清晰的答案；而此時真正試驗我們是否對神忠誠的，則是我們是否能夠寬厚地對待那些以無虧良心全然相信神的話語、卻在這件事上和我們持不同立場的人。

巳.4 古老地球論和年輕地球論都是合理的意見

古老地球論和年輕地球論都是現今相信聖經的基督徒可採納的合理意見。在我們討論了幾個關於地球年齡的初步考慮之後，現在終於要來看古老地球論和年輕地球論的明確觀點。

巳.4.1 古老地球論（Old Earth Theory）

在古老地球論中，我們列出兩種觀點，是那些相信地球大約是四十五億年、宇宙大約是一百五十億年的人所主張的。

(1)「日」即「年代」論（day-age theory）

許多相信地球有數以百萬年計之古老的人堅持說，創世記第1章的「日」乃是時間極其久遠的「年代」。[58] 我們在前面針對創世記第1章所提過的「日」是指很長時期之論點，在此都可再次提出，而且正如我們在前面也說過的，希伯來經文的用字確實容許

[58]這種觀點的另一變化說法是，創世記第1章的「日」還是二十四小時的「日」，但是在每日和次日之間則有數以百萬年計的間隔。這種情形當然是可能的，但這有一個難題，那就是它在各日之間插入「間隔」，似乎只是為了解釋科學上的年代而已，卻沒有明顯的經文證據支持它。以下這本書是為這個觀點辯護的：Robert C. Newman and Herman J. Eckelmann, Jr., *Genesis One and the Origin of the Earth* (Downers Grove, Ill.: InterVarsity Press, 1977).

我們說「日」是指很長的一段時間。這種觀點顯而易見的優點是，如果現代科學所估計地球有四十五億年之古老是正確的話，那麼它就解釋了聖經與這個事實吻合。在主張古老地球論的福音派之人中，這是一個常見的立場。這種觀點有時候被稱為「**協調主義者理論**」（concordist theory），因為它尋求聖經與科學在年代確定上的結論「協調一致」。

因為科學上有很多關於地球年齡的證據，所以許多人都被這種立場所吸引。在楊戴維（Davis A. Young）——一位既是專業的地質學家，又是福音派的基督徒——所寫的《基督教和地球年齡》（*Christianity and the Age of the Earth*）一書中，有很多資料能幫助我們綜覽從古希臘到二十世紀的神學家們和科學家們對地球年齡之觀點。[59] 他的研究顯示，在十九和二十世紀中，許多基督徒的地質學家受到明顯是壓倒性之證據的影響，結論說地球有四十五億年之古老。雖然有些年輕地球論的提倡者（見以下的討論）宣稱用放射線物質測定年代的方法，因著地球在大洪水時所發生的變化，是不準確的，但是楊戴維指出，從月球上取來的岩石和最近落到地球上的隕石，都不可能受到挪亞時代大洪水的影響，但其放射線年代測定的結果，與地球上不同物質之放射線測定證據是吻合一致的，而且這些測試的結果「顯著地一致指向大約是四十五至四十七億年」。[60]

除了放射線年代測定的論據之外，楊戴維支持古老地球論最有力的一些論點還包括了：液體岩漿冷卻所需要的時間（大部分南加州的形成需要一百萬年）；許多含有小化石之變質岩形成所需要的時間和壓力（有些顯然只可能在深埋於地下兩萬至三萬公尺所造成之壓力下才能形成，然後還要被帶到地層表面。若從年輕地球論的觀點來看，這在什麼時候才可能發生呢？）；大陸陸塊漂移（非洲和南美洲附近帶有化石的岩石顯然在以前是連在一起的，後來因大陸陸塊漂移而分開，這種現象按照現在每年兩公分的速率來算，在兩萬年之內是發生不了的）；[61] 以及珊瑚礁的形成（有些珊瑚礁顯然需要成千上萬年的逐漸沉積，才能達到現在的樣子）。[62] 此外，紐樂伯

---

[59]Davis A. Young, *Christianity and the Age of the Earth* (Grand Rapids: Zondervan, 1982), pp. 13-67.

[60]同上出處, p. 63; 詳細的討論見pp. 93-116, 又見Young, *Creation and the Flood*, pp. 185-93.

[61]有關這些例子, 見Young, *Creation and the Flood*, pp. 171-210. 每年大陸陸塊漂移兩公分, 乘上兩萬年, 等於四百公尺。這樣的漂移速率幾乎無法解釋南美洲和非洲今日的距離。

[62]Young, *Christianity and the Age of the Earth*, pp. 84-86. 珊瑚礁不是由大洪水的巨大壓力而形成的, 而是由微小的海中生物（珊瑚蟲）形成的——它們吸收海水中的碳酸鈣而積存在它們身體的下半部分, 並且彼此互相依附而構成五彩繽紛的石灰石結構。當它們死亡時, 留下了它們石灰石的「骨骼」, 再過幾萬年之久, 就形成

（Robert C. Newman）和艾可曼（Herman J. Eckelmann, Jr.）在《創世記第一章與地球的起源》（*Genesis One and the Origin of the Earth*）一書中也總結了一些其他的論點，特別是來自天文學的。[63] 這些論點都贊成古老地球論，而「日」即「年代」之觀點對提倡古老地球論的人是很有吸引力的。

雖然「日」即「年代」之觀點肯定是可能的，但它有幾個難解之處：(1) 創世記第1章中事件發生的順序，並不完全對應現代科學對生命發展過程之了解；現代科學認為海洋生物（聖經說是第五日受造）應出現在樹木（聖經說是第三日受造）之前，而昆蟲和其他的陸地動物（聖經說是第六日受造）以及魚（聖經說是第五日受造），則出現在飛鳥（聖經說是第五日受造）之前。[64] (2) 這種觀點最大的困難在於它將太陽、月亮和眾星的出現（第四日受造），放在植物和樹木受造（第三日受造）的千百萬年*之後*。按照現代科學的看法，這觀點根本就說不過去，因為現代科學認為眾星早在地球或地上生物出現以前很久就形成了。若按地球目前運作的方式也說不通，因為植物沒有日照就不會生長，許多植物（第三日受造）若沒有鳥類或飛行的昆蟲（第五日受造），就不可能傳授花粉，而許多飛鳥（第五日受造）則是靠吃食爬行的昆蟲而生存。不只如此，地上的水沒有陽光，怎麼可能千百萬年不結冰呢?

持「協調主義者理論」的人會回應說，太陽、月亮和星星是在第一日（光的被造）或在第一日之前就被造好了；就是在「起初，神創造天地」（創1:1）時就已經被造好了，而太陽、月亮和眾星在第四日才*變為可見的*或*被顯現出來*（創1:14-19）。但這種論點不是很有說服力，因為其他五日的創造都沒有牽涉到某些先被造好而後才*顯現出來*之物，而都是在第一次就真的*創造*好了。不只如此，其創造工作的敘述與說到其他日子的創造敘述相似：「神說：『天上要有光體，可以分晝夜……普照在地上。』事就這樣成了。」（創1:14-15）這就是第3, 6, 11, 20和24各節描述創造所用的語

了巨大的珊瑚礁。這個過程只能發生在高於華氏65度（攝氏18度）的溫暖水中，而且水要清而不能太深，足以讓珊瑚蟲產生骨骼所必要的海藻能進行光合作用（見Robert D. Barnes, "Coral," in *World Book Encyclopedia* [Chicago: World Book, 1983], 4:828）。

[63] Robert C. Newman & Herman J. Eckelmann, Jr., *Genesis One and the Origin of the Earth* (Downers Grove, Ill.: InterVarsity Press, 1977), pp. 15-34, 89-103. 作者顯示，光達到地球所需要時間的長久，並不是天文學上證明宇宙極古老的惟一證據。測量星體的運動，也顯示出宇宙顯然已經擴張了一百五十億年以上了；宇宙中的背景幅射也顯示相似的年齡數字；從某些星體而來的光也顯示許多的星體具有與此估計一致的年齡。支持年輕地球論的人（見後面的討論）可以說，神創造了適時的光，所以亞當和夏娃能夠看見星星；但是要解釋為何神創造這些其他的證據——吻合古老宇宙大約有一百五十億年的年齡——就更加困難了。

[64] 當然，現代科學所假設的這些順序，可能是不正確的。

言模式，而不是描述顯現的語言模式。還有，在下一句話裏很清楚地記載了太陽、月亮和眾星的受造（而不是顯現）：「於是神造了兩個大光——大的管晝，小的管夜；又造眾星。」（創1:16）在這裏的「造」（希伯來文*'āsāh*）這個字，和說到神造穹蒼、地上的走獸和人所用的是同樣的字——在這些例子中，沒有一個是用來說將先前造好之物顯現出來（創1:7, 25, 26）（譯者註：希伯來文*raqia'*出現在創1章內許多次，1:6, 7譯作「空氣」，1:8, 14, 15, 17譯作「空」。在詩19:1; 150:1和結1:22, 23, 25, 26; 10:1譯作「穹蒼」，但12:3譯作「天上」。本章採「穹蒼」的譯法。）希伯來字*'āsāh*也同樣被用在第31節那句總結的話裏：「神看著一切所造的都甚好。」這個字在創世記第1章全章裏使用很頻繁，使得這個說法——創世記1:16只是指著太陽、月亮和眾星之顯現——十分地不可能。

但是若將「日」即「年代」論加以修改，以回應這些反對意見，看起來還是有可能的。創世記1:16的動詞可以理解為完成式，表明神在此時以前已經完成了創造：「神**已經造好了**兩個大光，大的管晝、小的管夜，祂又**造好了**[65] 眾星。」從文法上來說，這是可能的（舉例來說，NIV就是這樣繙譯創2:8和2:19中同樣的動詞形式）。這意味著神早已造好了太陽、月亮和眾星（在第1節造天地，在第3節造光），而只是在第四日將它們放置在地球附近，或在第四日讓它們可以從地球上看得見（創1:14-15, 17-18）。這樣解釋容許**造**（*'āsāh*）這個字有「造好了」的意思，從而避免了前面說的創世記1:16是指「顯現」的難處。這個修改使得「日」即「年代」論真有可能性。事實上對目前的筆者來說，如果要採信古老地球論，這種修改過的觀點看來是最有說服力的了。至於植物所需要的光和水保溫所需要的光，其實在第一日就已經有了——即使我們不清楚它到底是太陽眾星的光，還是神榮耀的光（在新耶路撒冷裏神榮耀的光將取代太陽光，見啟21:23）。[66]

由「日」即「年代」論而有的另一個看法可能是這樣：雖然聖經上說到了神漸進工作的整體大綱，但第四日的創造未必就恰好是按著順序來的。然而我們一旦開始改變六日創造進程中這麼顯著的事件順序，我們就得要懷疑這段經文是否還要告訴我們

---

[65]第二個動詞是由直接受詞的記號（*'ēh*）所暗指出來的，但在希伯來經文裏沒有被表達出來；它的形式應該會和本句第一個動詞的形式相同。

[66]雖然我們知道，今天有許多植物是自花授粉，或是由風來異株傳粉的；而且我們不確定在人類墮落之前和在創造完成之前，是否用飛行的昆蟲來傳授花粉是必須的；但是，沒有鳥類和昆蟲來傳授花粉的問題，仍然給這種觀點帶來難題。與此相似地，有一些鳥類要靠吃食爬行的昆蟲，這點也是難題；不過在人類墮落之前，牠們有可能是只吃植物和種子的。

關於神創造之事實的其他弦外之音——如果是這樣的話，就沒有必要探討整個關於地球年齡的問題了（我們將在下一節中進一步地討論打亂創造日子順序的情形）。

(2) 文學架構論（literary framework theory）

另一種解釋創世記第1章之「日」的方法，在福音派裏吸引了很多人跟隨，因為它說創世記第1章沒有告訴我們任何有關地球年齡之信息，所以它與現代科學所估計地球非常古老的看法可以共存。這種觀點認為，創世記第1章說到六日的創造，並無意指出事件發生的時間順序，它只是作者用來教導我們有關神創造性活動的一個文學「架構」而已。這個架構建造得精巧，因此前三天和後三天是彼此呼應的。[67]

神在這日形成了……	神在這日充滿了……
第一日：光暗分開	第四日：太陽、月亮和眾星（天上的光體）
第二日：穹蒼與水分開	第五日：魚和飛鳥
第三日：旱地與海洋分開，植物與樹木	第六日：動物與人

從這種排列方式我們可以看見一個平行的結構。在第一日，神將光和暗分開，而在第四日，祂將太陽、月亮和眾星安置在光和暗中。在第二日，祂將水與穹蒼分開，而在第五日，祂將魚安置在水中，將飛鳥安置在天上。在第三日，祂將陸地和海洋分開，讓植物生長，而在第六日，祂將動物和人安置在陸地，賜給他們植物作為食物。

按照架構論來看，我們不應該把創世記第1章讀成好像作者是要告訴我們各日的時間順序，或是事物受造的順序；他也不是要告訴我們創造所用之時間的長短。六「日」的安排只是一種文學技巧，作者用之來教導我們神創造了一切。六日創造的「日」既不是二十四小時的「日」，也不是很長的時期；這只是讓我們看到六個不同的創造「畫面」，告訴我們乃是神使創造的所有層面發生，而且祂創造活動的巔峰是創造人，而在所有的創造之上乃是神自己——祂在第七日安息，所以祂呼召人也要在安息日敬拜祂。[68]

---

[67]以下所列的表是採自*The NIV Study Bible*, ed. by Kenneth Barker et al. (Grand Rapids: Zondervan, 1985), p. 6（創世記1:11的註釋）。以下這本書有力地為「架構論」的觀點辯護：Henri Blocher, *In the Beginning: The Opening Chapters of Genesis*, trans. by David G. Preston (Leicester: Inter-Varsity Press, 1984), pp. 49-59. Blocher提及其他幾位支持這個立場——他稱為是「文學的詮釋」（literary interpretation）——的福音派學者，包括N. H. Ridderbos, Bernard Ramm, Meredith G. Kline, D. F. Payne和J. A. Thompson等。Millard Erickson稱這個「架構論」為「畫面示日論」（pictorial-day theory），見Millard Erickson, *Christian Theology*, p. 381.

[68]Youngblood也為這個架構論辯護，見Ronald Youngblood, *How It All Began* (Ventura, Calif.: Regal, 1980), pp.

用一位晚近主張這種立場之人的話來說：「年代次序在此沒有地位。」[69] 這種假設的吸引人之處在於：(1) 上表顯示出各日的對應整齊；(2) 避免聖經與現代科學在地球年齡和生物年齡上有所衝突（因為此觀點不隱含時間的順序）；(3) 避免創世記第1章和第2章之間在順序上的矛盾：在第2章中，人（創2:7）似乎比植物（創2:8）和動物（創2:19）先成形；而這個順序和創世記第1章的記載不同；(4) 創世記2:5顯示創造的「日」不是字面上的二十四小時，因為它說地上還沒有降雨，所以還沒有植物；若六日的創造是指六個二十四小時，那麼經文就說不通了，因為植物沒有雨水，肯定還能存活三到四天。

以下是幾個反對架構論的論點：

反對論點一：首先，架構論所提出各創造日之間的對應，並不像它所聲稱的那樣貼切。第四日被造的「天上……光體」（創1:14）——太陽、月亮和眾星——並不是放在第一日所造的任何位置，而是放在第二日所造的「穹蒼」（希伯來文*raqia'*，和合本譯作「空氣」）。事實上，各創造日在語言用詞上的對應是非常清楚的：這個「穹蒼」在第一日並沒提到，但在第二日提了五次（創1:6-8），而在第四日則提了三次（創1:14-19）。當然第四日與第一日也有其對應之處（用晝夜與光暗之對應），但如果我們說，後三天顯示出所造之物充滿在前三天所造的空間，那麼第四日與第二日的重疊至少是與第一日所重疊的一樣多。

不只如此，第二日也不完全與第五日對應，因為為了第五日所造之魚和鳥所預備的空間，並不是在第二日被創造的，而是在第三日才被創造的——神到了第三日才將水聚在一處，並稱它為海（創1:10），而在第五日神才命令魚要「充滿*海*中的水」（創1:22）。然後在第26節和28節，魚被稱作「*海*裏的魚」，再一次地強調出這個事實：魚的棲息之處很明確地是在第三日形成的。因此，第五日所形成的魚似乎更多是歸屬於第三日所為它們預備的地方，而不是第二日的穹蒼之下所散布的水。架構論在第二日和第五日之間所建立的對應關係，還面臨更多的難題：在第五日受造的生物沒有一樣是棲息於「穹蒼之上的水」，而在這一日所造的會飛的生物（此希伯來字同時包含了會飛的昆蟲和鳥類），不僅飛行於第二日所造的天空中，而且也在第三日所造的「地」或「旱地」上棲息和繁衍（請注意第22節，神在第五日命令「雀鳥也要多生在地上」）。最後，第三日和第六日之間的對應也不很確切，因為第六日所造的生物

25-33.

[69]Henri Blocher, *In the Beginning*, p. 52.

沒有一樣是充滿於第三日所聚集的海裏。總而言之，架構論所提出的這些空間與充滿其中之受造物間的對應和重疊並不準確，因此雖然架構論起初看起來很工整，但在細讀經文之後就愈來愈不能叫人信服了。

反對論點二：由於所有為了理解創世記第1章而提出的理論，都試圖要為地球年齡的科學數據提供解釋，因此這不是有利於架構論的獨特辯詞。然而，我們必須認明這個理論的吸引人之處在於這個事實：它紓解了福音派人士試圖協調科學發現和創世記第1章的重擔。可是，正如一位支持這個理論的人說的：「這理論的優點很多，對一些人來說它能帶來很大的紓解，然而這也使得它可能會變為一種試探。」他又很有智慧地說：「我們不能是基於方便而擁護某種理論，我們只能單單看經文是否把我們帶向那個理論。」[70]

反對論點三：那些接受架構論的人看創世記第1章和第2章是沒有什麼矛盾的，那是因為他們已經普遍接受了這個觀念：創世記第2章並不是在描述起初創造動物和植物的順序，它只是扼要地重述了創世記第1章的某些重要的細節而已，如亞當和夏娃的特別受造。NIV為了避免矛盾出現，便用完成式繙譯這兩節經文：「耶和華神在東方的伊甸〔*已經*〕*立了*一個園子」（創2:8）和「耶和華神用土所〔*已經*〕*造成*的野地各樣走獸，和空中各樣飛鳥……」（創2:19）

反對論點四：創世記2:5並不是真的在解釋地上沒有植物的原因是地上太乾燥，以至於它不能使植物生長。如果我們接受這推理的話，那麼我們也可以說，因為「沒有人耕地」（創2:5），所以就沒有植物（因為經文在「沒有降雨在地上」之後又說到「沒有人耕地」）。不只如此，第6節的經文正好與地上太乾燥以至於植物不能生長的意思相反：「但有霧氣從地上騰，滋潤遍地。」（創2:6）其實創世記2:5-6的敘述只是說明了神在這個時間範圍內創造人時的情況：「野地還沒有草木，田間的菜蔬還沒有長起來，因為耶和華神還沒有降雨在地上，也沒有人耕地；但有霧氣從地上騰，滋潤遍地。」至於「還沒有降雨在地上」、「沒有人耕地」的陳述，並不是在指出沒有植物出現的*實質理由*，而只是解釋神的創造之工尚未完成。創世記第2章的這個序言——「耶和華神造天地的日子」（創2:4）——將我們帶回到前面六日的創造背景中；然後在那個背景下，便突然地引進了創世記第2章的重點——創造人。希伯來文的經文在創世記2:7開頭的地方，並沒有像某些版本的聖經（如ESV）有「然後」這個詞，而是直

---

[70]同上出處，p. 50.

接地說「耶和華神……造人」（創2:7），和合本聖經和KJV也是這樣繙譯。[71]

反對論點五：最後，反對架構論最強而有力的論點，以及相當少的福音派人士接受架構論的原因，就是整個創世記第1章很強烈地表示出，它的敘述不只是一個文學架構，而是說出有時間順序的各個事件。當經文的敘述從比較不太複雜的創造層面（光和暗、水、天空和旱地），開展到較複雜的層面（魚和飛鳥，動物和人），我們看到一個漸進的建造和一連串井然有序的事件，都是完全可以從時間順序來理解的。當一序列的數字（1-2-3-4-5-6）對應在一組人類所經驗的一週日子（第一日、第二日、第三日、第四日、第五日、第六日，和第七日休息）之時，就無可避免地表示出經文敘述的內容是有時間的順序。說這是日子的順序似乎比說它是文學架構更為清晰，因為在經文中沒有一處明顯地在說它是文學架構，而且許多的細節也不符合。正如柯德納（Derek Kidner）所觀察到的：

> 「這些日子的進展非常崇高偉大，若說其順序毫無意義，似乎不太可能；而若我們採取的觀點，沒有顧及這段經文給一般讀者的主要印象，那麼也未免把這段經文看得過於微細。這段記載是在說故事，而不只是作聲明。」[72]

反對論點六：日子的序列也表示出神命令人要效法祂作工加上安息的模式：「當記念安息日，守為聖日。六日要勞碌作你一切的工，但第七日是向耶和華你神當守的安息日……因為六日之內，耶和華造天、地、海和其中的萬物，第七日便安息。所以耶和華賜福與安息日，定為聖日。」（出20:8-11）如果神沒有在六日之內作工創造這地，並在第七日安息，那麼這種效法祂的命令就會成為一種誤導，或根本就不合理。

總結來說，雖然架構論沒有否認聖經的真實性，但是它對聖經所採取的解釋，在經過仔細檢驗後就站不住腳了。

巳.4.2 年輕地球論（Young Earth Theory）

另外有一群福音派的解經家們，拒絕現今將地球年齡以千百萬年來計算的測定系統；他們認為地球非常年輕，大概只有一萬至兩萬年之間。主張年輕地球論的人認為地球晚近才受造，他們也提出了一些科學性的論點。[73] 他們通常支持以下一種立場，

---

[71]進一步論及創世記2:5的討論，可見Meredith G. Kline, "Because It Had Not Rained," *WTJ* 20 (1957-58): 146-57. 回應此文的，可見Derek Kidner, "Genesis 2:5, 6: Wet or Dry?" *TB* 17 (1966): 109-14.

[72]D. Kidner, *Genesis: An Introduction and Commentary*, TOTC (Chicago: InterVarsity Press, 1967), pp. 54-55.

[73]Henry M. Morris所編的書中指出一些科學的證據，是指向年輕地球的（即地球年齡約為一萬到兩萬年之間），見Henry M. Morris, ed., *Scientific Creationism* (San Diego, Calif.: Creation-Life, 1974), 尤見pp. 131-69. 又見Kofahl and Segraves, *The Creation Explanation*, pp. 181-213.

或兩種立場都支持：

(1) 成熟創造論（Mature Creationism）或古老外貌的創造

許多支持年輕地球論的人指出，原初的創造——甚至是從創造的第一日開始——就一定是有「古老的外貌」（appearance of age）；這種觀點的另一個名稱是「**成熟創造論**」（mature creationism），因為它肯定地說神所創造的是成熟的受造界。一個明顯的例子就是亞當和夏娃的外貌都是完全長大的成人。他們看上去像是已經活了二十或二十五年，像是人類正常地從嬰兒長大成人似的，但事實上他們才活了不到一天的時間。與此相似地，他們大概在他們活著的第一個晚上就看到星星，但大多數星星的星光要經過幾千年甚或幾百萬年才能到達地球。這就表示神創造的是星光已經到位的星辰。而那些完全長成的樹，大概也已經有了年輪（在神告訴亞當和夏娃園中哪些樹上的果子可以吃、哪些不能吃之後，他們可能不用等上許多年才看得到果子；他們可能也不用等上幾周或幾個月，才能吃到地裏長成的菜蔬）。循著這條思路推理下去，我們是否可以進一步地假設說，在起初創造的時候，已經類似地形成了許多地貌的外觀，雖然現在看起來似乎需要數千年甚或數千百萬年時間的「緩慢」過程才能得以形成？

現在這種觀點有許多的支持者，至少在一開始的時候，它似乎是很有吸引力的。贊成這種立場的人，通常還會把這立場與他們對現代科學所用之年代測定法的反對立場結合起來。舉例來說，他們質疑說，我們怎麼能肯定放射線年代測定法所測出超過幾千年的可靠性；還有，科學家怎麼能夠知道某些元素的衰退速率，從創造以來就是恆常不變的。他們也提出，創造以來的許多事件，例如人類的墮落以及隨之而來對自然界的詛咒（這咒詛改變了地球上的生產力和生態平衡，使得人本身開始老化衰敗，創3:17-19），或是挪亞時代的大洪水（創6-9章）等，都可能使得生物體內的放射線物質含量，發生重大的差異。因此這就表示，用目前測定地球年齡的方法而產生對地球年齡的估計，是不準確的。

David A. Young從古老地球論的觀點回應了大多數的這些年輕地球論的觀點，見Davis A. Young, *Christianity and the Age of the Earth*, pp. 71-131. 他對「大洪水地質論」之特別回應，見*Creation and the Flood*, pp. 171-213. 另外有一本書嚴肅地反駁了一些著名之年輕地球論者所作的評估以及他們對科學研究所使用的資料，見Howard J. Van Till, Davis A. Young, and Clarence Menninga, *Science Held Hostage: What's Wrong With Creation Science and Evolutionism* (Downers Grove, Ill.: Inter-Varsity Press, 1988), pp. 45-125. 年輕地球論者對其論點的初步回應，可見於一份34頁的小冊子：Henry M. Morris and John D. Morris, *Science, Scripture, and the Young Earth* (El Cajon, Calif.: Institute for Creation Research, 1989).

對這種「古老外貌」觀點的一般反對意見是，它「使神看起來像個騙子」，[74] 而這是與祂本性背道而馳的。然而，如果神在一日之內創造出成熟的男人和女人，然後才明確地告訴我們祂所做的事，祂就算是一個「騙子」嗎？或者，如果祂創造出已經長成的魚、動物，以及完全長成的樹，然後才明確地告訴我們祂所做的事，祂就算是一個「騙子」嗎？或者，如果祂讓亞當和夏娃在活著的第一個晚上就能看見祂所造的眾星，為的是讓他們將榮耀歸給祂，祂就算是一個「騙子」嗎？這些作為都並非是在玩弄騙術，反倒像是指向神無限的智慧和大能。當神明白地告訴我們祂在「六日」之內就創造出萬物時，神無限的智慧和大能就再清楚不過了。按照這個立場，那些被欺騙的人正是那些拒絕聆聽神自己解釋創造是如何發生的人。

然而，這種「古老外貌」之觀點的真正問題，是宇宙間有些事情不是那麼容易就解釋清楚的。大家都會同意亞當和夏娃受造時就是成人，不是新生嬰兒，所以外貌上是有些年紀了。大多數認為創世記第1章的「日」是指二十四小時的人也會說，植物、樹木和動物在起初受造時候，外貌也都是有些年紀的（先有雞，後有蛋！）發出星光的星星大概也是一樣。但是若說到化石的創造，就真的帶來麻煩了，因為負責任的基督徒不會說，神將化石散布全球，好讓它的外貌看起來是古老的樣子！這樣神就不是在創造長成狀態或「過程中」的生物，而是在創造動物的殘骸；其目的就不是使動物為亞當和夏娃效力，而只是為使人認為地球比它實際年齡還要古老。此外，我們就不得不說，神創造了所有這些死的動物，竟還稱它們為「甚好」。[75]

雖然發星光的眾星已經在它們的位置，而且被造的樹木已經成熟，二者的目的都是為了使人能夠為著神創造的卓越而榮耀祂，然而，化石的積存在地球上，卻只是為了誤導或欺騙人類對世界早期歷史的認識嗎？更加難以解釋的是，亞當、植物、動物和眾星看上去都有不一樣的年齡（由於它們被造時在其位置上的成熟功能），然而現代地質學的研究，從放射線年代測定、天文學的估計、岩石形成、月球岩石和隕石標本等來看，它們的年齡卻大致相同。如果地球不是真的有四十五億年之古老，為什麼神會在地球上造出那麼多的標示，都指明地球有四十五億年之古老呢？這樣，我們若結論說，地球真的有四十五億年之古老，因為神留下眾多的標示向我們顯明這是事

[74]Millard Erickson, *Christian Theology*, p. 382.

[75]我們應當注意到，支持古老地球論的人也必須說，神說了創世記1:31的話，而且說古老的化石「甚好」。但假使動物在人類墮落之前的死亡，不是犯罪之結果的話，這點就不是一項具有決定性的反對理由，不過它仍然是一項難題。只有主張大洪水地質論的人（見下段）會說，在創世記1:31之時還沒有化石的存在，化石是在創世記6–9章所記載的大洪水之時，突然積存下來的。這樣的說法也許是有利於大洪水地質論的立場。

實，而不是表示祂在欺騙我們，這結論豈不是更好嗎？所以，基督徒對於化石記錄似乎只可能採納這兩種可靠的解釋：(1) 由於有瑕疵的假設，或由於人類的墮落或大洪水所帶來的變化，以致目前的年代測定法不準確得極其不成比例；或 (2) 目前的年代測定法大致準確，因此地球有幾百萬年甚至幾十億年之古老。

(2) 大洪水地質論（Flood Geology）

在福音派人士中，另外一種常見的觀點可以被稱為「大洪水地質論」（flood geology）。這種觀點是說，挪亞時代的大洪水（創6-9章）釋出了巨大自然的力量，顯著地改變了地貌；舉例來說，由於地上洪水所產生極巨大的壓力，在一年而非千萬年之內，就形成了煤和鑽石。這種觀點也宣稱，大洪水在世界各處將化石沉積在相當厚的地層中。[76] 大洪水地質論之觀點又被稱為「新災變論」（neo-catastrophism），因為它的提倡者將地球現在大部分的地質狀態，都歸因於大洪水所帶來的巨大災變。

由這種觀點所提出之地質學上的論點太過專業化，非專業人士難以評估。就筆者來說，雖然個人認為創世記6-9章的洪水是普世性的，它也確實給地表造成顯著的影響，方舟之外所有的活人和動物都在大洪水中滅亡了，但筆者不相信所有地球的地質形成都是由於挪亞時代的大洪水所造成的，而不是靠千百萬年來的沉積作用、火山噴發、冰川漂移、大陸陸塊漂移等等。大洪水地質論所引發的爭議，與其他有關創造的爭論，有十分顯著的不同，因為它的提倡者幾乎沒有說服任何專業的地質學家，甚至也沒有說服那些篤信聖經的福音派基督徒的地質學家。反之，以上所提過的反對進化論的書中，記載了一百五十年以來反駁達爾文進化論的中肯言論，是由為數可觀的生物學家、生化學家、動物學家、人類學家和古生物學家所提出來的，而且基督徒和非基督徒都有，因為進化論在解釋所觀察到的受造世界中的明顯事實上，有非常非常多的問題。如果只用一場普世性的大洪水來解釋目前的地質形成，那麼對那些觀看證據的非基督徒而言，這種說法不會是顯而易見的吧？如果證據真在那裏，數百位專業地質學家基督徒不會不承認那些證據吧？大洪水地質論者可能會是對的，但如果他們是對的，我們就期待看見他們在說服一些專業地質學家接受他們的說法上有所進展。[77]

---

[76]見Henry M. Morris and John C. Whitcomb, *The Genesis Flood* (Philadelphia: Presbyterian and Reformed, 1961); John C. Whitcomb, *The World That Perished* (Grand Rapids: Baker, 1988); Stephen A. Austin, *Catastrophes in Earth History* (El Cajon, Calif.: Institute for Creation Research, 1984). 其他支持大洪水地質論的研究都刊登在*CRSQ*, 雖然該期刊中並非所有的論文都是主張大洪水地質論的, 也不是所有創造研究社（Creation Research Society）的研究員都支持大洪水地質論。

[77]反駁大洪水地質論的論點，是由一位福音派的專業地質學家所引領的，見Davis A. Young, *Creation and the*

巨.5 關於地球年齡的結論

討論了那麼多，地球究竟有多古老呢？這些討論把我們帶到哪個結論呢？楊戴維根據來自不同學科的多種科學數據而支持古老地球論，其論點是很有力的（至少對筆者而言）。從含有化石的岩石、珊瑚礁、大陸陸塊的漂移，以及從各種放射線年代測定所得著的相似結果來看，這個理論尤其是真實的。紐樂伯和艾可曼用天文學的觀點指出一個非常古老宇宙，也為古老地球論增加了不少分量。從一方面來說，我們可以理解，神可創造一個宇宙，其中眾星看起來已經閃耀了一百五十億年，亞當看起來已經活了二十五年，一些樹木看起來已經成長了五十年，有些動物看起來也活了一到十年。但從另一方面來說，有些事情卻令人費解：為什麼神會在地上創造數十種、或甚至上百種不同的岩石和礦物，它們實際上才受造一天，但都看似古老，恰如有四十五億年之久——與月亮和隕石才受造一天時看起來一樣地古老。令人費解的還有，如果地球沒有一百五十億年那麼古老的話，為什麼星星的生命周期和宇宙的擴張，卻使得宇宙看起來有那麼古老。神賦予這些統一外貌年齡之惟一目的，幾乎好像就是為了要誤導我們（儘管是不可能，但卻又好像是如此），而非只是要創造一個各在其位而成熟的、有功能的宇宙。所以，對筆者來說，古老地球論的主張似乎有比較強的科學證據，而且這種證據的分量似乎正在逐年增加中。

但另一方面，古老地球論所解釋的創世記第1章，雖然有其可能性，但似乎對經文的意思來說並不自然。楊戴維自己提出的解釋——「七個連續的、不確定時期的象徵性之『日』」[78]——並沒有真的解決問題，因為他為了使生物出現的順序在科學上說得通，就寧可將神的創造活動，按其需要而散布在不同的日子裏。例如，他認為有些鳥是在第五日之前被造的：

> 「雖然鳥是在第五日被造的，然而，我們也可以提議，大多數更原始的鳥或起初鳥的祖先，是神奇地在第五日之前的某一日成形的。因此，創世記第1章的數據實際上允許我們在各日的事件上有所重疊。如果這種重疊存在的話，那麼創世記第1章與科學之間所有明顯的歧異，就都會消失了。」（原書第131頁）

但這種觀念所提出的過程，讓我們可以說創造的事件幾乎都可以發生在任何的時候，而不管聖經是否說它們那時是否發生了。我們一旦採信了這種觀念所提出的過程，那麼我們最終對於創世記第1章裏所記載的創造各事件的順序，將會一無所知，因

Flood: An Alternative to Flood Geology and Theistic Evolution and *Christianity and the Age of the Earth.*

[78]Young, *Creation and the Flood*, p. 89.

為在那裏所報導的任何事件，都可能在前面的時段裏有其先形生物。這幾乎不可能是聖經原初讀者從經文中所得著的印象（然而，較為可能的詮釋乃是我們在前面所討論過的修正之「日」即「年代」論）。

巳.6 需要進一步的了解

雖然我們的結論只是暫時性的，但在此時，根據我們的理解，聖經本身似乎更容易理解為**建議**（而非必須是）年輕地球論，即使我們所觀察到關於創造的事實，似乎是愈來愈傾向於古老地球論。這兩種觀點都有可能，但沒有一種是可確定為正確的。我們必須十分清楚地說，聖經沒有直接教導地球年齡的事，但我們可以思考這個問題，並或多或少地從聖經中作可能的推論。因此，我們最好：(1) 承認在基督再來以前，神可能沒有要讓我們為這個問題找到清楚的解答；(2) 對年輕地球論和古老地球論這兩個不同陣營裏的福音派科學家和神學家們，鼓勵他們開始同工，彼此少一點傲慢，多一些謙卑，在共同的目標下有更多的合作意識。

年輕地球論和古老地球論都有其難解之處；但它們的提倡者似乎都不能在他們自己的立場裏看到這些難題。如果古老地球論和年輕地球論的基督徒科學家們更願意彼此沒有敵意、不帶人身攻擊，或不作高度情緒化的指控，那麼在一方面來說，一定會有進步，而在另一方面來說，也不會有屈尊的心態或學術上的傲慢，因為這些心態對基督的身體是不合宜的，也不是展現智慧的方式——「先是清潔，後是和平、溫良、柔順，滿有憐憫，多結善果，沒有偏見，沒有假冒」，更是沒有完全地認定：「使人和平的，是用和平所栽種的義果」（雅3:17-18）。

至於在設計傳福音和辯道學出版品給福音派世界之外的人方面，年輕地球論和古老地球論的支持者們應該更多地合作，致力於收集智慧設計之創造觀念的許多極有力的證據，並放下他們對於地球年齡上的歧見。年輕地球論的支持者們往往不能夠區分這兩種科學論據：創造是由設計而來的論據，以及地球很年輕的論據；結果使得古老地球論的支持者們，不能在與不信神之科學團體的思想戰中，和他們一同奪回人心。還有，年輕地球論的支持者們有時候沒有認清，支持年輕地球論的科學論據（對他們來說似乎是很有說服力的），並不像支持創造出於智慧設計的科學論據，那麼強而有力地具有壓倒性；結果使得年輕地球論的支持者們常常給人一種印象，只有那些不僅相信神的創造，並且還相信年輕地球論的人，才算是真正的「創造論者」。這結局是不幸的分裂，基督徒科學家不能合成一群，而這正是聖靈痛、撒但快的事。

最後，我們可以用一種期待的心態來看待這些爭議，那就是將來的科學研究在對於地球年齡的了解上會有更多的進展。在往後的十年、二十年裏，科學研究的進展很可能會加重其中一邊證據的分量，而決定出地球究竟是年輕的還是古老的，這也將使得基督徒學者們（包括聖經學者和科學家）的意見，開始決定性地轉向其中一個方向。這樣的情形應該不會使兩方立場的支持者感到驚恐，因為聖經的真實性不會受到威脅（我們對創世記第1章的解經仍不夠確定，因此兩種立場都有可能）。雙方面都需要在真理的知識上成長，雖然這表示其中一方要放棄持守已久的立場。

F. 應用

創造的教義對今日的基督徒有很多的應用。它使我們明瞭到物質的宇宙本身是好的，因為神創造它為好，神也要我們以討祂喜悅的方式來使用它。所以，我們應該要像早期的基督徒一樣，「存著歡喜誠實的心用飯」（徒2:46），總要感謝神並信靠祂的供應。正確地欣賞創造，會保守我們不落入錯誤的禁慾主義裏，這主義否認創造的美好和從其中而來的祝福。創造的教義還會鼓勵一些基督徒針對豐富而美善的受造界，從事一些科學與技術的研究，或支持這樣的研究。[79] 創造的教義也會促使我們更清楚地認明，科學和技術的研究本身是榮耀神的，因為它使我們發現，在神的創造大工中，祂是如何地有智慧、有能力和匠心獨運。「耶和華的作為本為大；凡喜愛的都必考察。」（詩111:2）

創造的教義也提醒我們，神在祂所創造的宇宙之上掌權。祂造了一切，祂是一切受造之物的主。我們將我們自己和所有的一切，都歸給祂；我們可以有完全的信心，相信祂至終要擊敗祂所有的仇敵，並彰顯祂是大有主權的君王，永遠受到敬拜。此外，如果我們的心態是對的話，宇宙的浩瀚和每一受造之物的驚人複雜性，都將吸引我們不斷地因著祂的偉大而敬拜讚美祂。

最後，正如我們前面曾指出的，我們能夠用感恩的心態，全心地享受創意性的活動（包括藝術的、音樂的、運動的、家居的、文學的等），因為我們的神和創造主使我們能夠在這些創意性的活動效法祂。

個人思考與應用

1. 有哪些事會使你因神創造之卓越，而對祂更加感恩？環顧你的周圍，舉出一些例子來說明神

---

[79]Frair and Davis, *A Case for Creation*, pp. 135-40. 兩位作者向相信神創造的科學家們發出許多明確而實際的挑戰，鼓勵他們去從事極需研究的特定項目。

讓你享受到祂美善的創造。你可以用哪些方式來成為神的一個更好的管家，照管祂所託付你的部分受造界？

2. 神所造的一切都是美善的，這觀念是否能鼓勵你去嘗試享用一些你通常不會吃的各種食物？我們是否能教導孩子們為著神賜給我們各種東西為食物而感謝祂？對於一些嚴格提倡動物權益的人而言，創造的教義是否為他們提供了一些答案，因為他們說我們人只不過是另一種形式的動物，所以我們不應該吃牛排、雞肉或其他肉類，也不應該穿皮革製的衣服（見創3:21）？
3. 為了體驗現代的非基督徒所感受到的絕望，請嘗試假想一下：你不相信有神，並且認為你只不過是物質、時間再加上機率的產物，只不過是生物體經過千百萬年的隨機變異而產生的自發結果。這樣，你對自己的感覺有什麼不同？對別人的感覺有什麼不同？對未來的感覺有什麼不同？對是非對錯的感覺有什麼不同？
4. 為什麼當我們能夠「開拓」地球（即使是一小部分），使它變為有用而為我們效力時，我們會感到快樂？例如在地上種蔬菜，開發出一種更好的塑料或金屬，或用羊毛編織出一塊衣料。當我們完成這些或其他類似的事時，我們是否應該感到快樂？當我們做那些事時，心中還應該會有什麼其他的感受？
5. 當你思想到星辰的浩瀚，又思想到神將它們安置在適當的位置，為的是向我們彰顯祂的權能和榮耀，這會使你對自己在宇宙中的地位產生什麼感受？這種感受跟非基督徒所感受到的會有不同嗎？
6. 在讀本章以前，你對進化論的看法如何？現在你的觀點是否有改變？有什麼改變？
7. 從對地球年齡之爭議的觀察中，基督徒能學習到什麼有關神學討論的一般性原則？對你自己的基督教信仰而言，這場爭議有什麼意義？

特殊詞彙

禁慾主義（asceticism）
協調主義者理論（concordist theory）
「從無而出」的創造（creation, *ex nihilo*）
克魯馬儂人（Cro-Magnon man）
達爾文進化論（Darwinian evolution）
「日」即「年代」論（day-age theory）
自然神論（deism）

二元論（dualism）
大洪水地質論（flood geology）
斷代論（gap theory）
智慧人（*homo sapiens*）
潛在的（immanent）
智慧的設計（intelligent design）
文學架構論（literary framework theory）
廣進化（macro-evolution）
惟物論（materialism）
成熟創造論（mature creationism）
微進化（micro-evolution）
天擇（natural selection）
新災變論（neo-catastrophism）
古老地球論（old earth theory）
泛神論（pantheism）
畫面示日論（pictorial-day theory）
隨機突變（random mutation）
神導進化論（theistic evolution）
超越的（transcendent）
居間型的化石（transitional types）
二十四小時為一日論（twenty-four-hour day theory）
年輕地球論（young earth theory）

本章書目

本書目部分取自The King's College（Briarcliff Manor, New York）專業生物學家佛瑞爾（Wayne Frair）博士所研擬論及創造與進化的一份廣泛的書目：

Anderson, J. Kerby, and Harold G. Coffin. *Fossils in Focus*. Grand Rapids: Zondervan, 1977.

Austin, Stephen A. *Catastrophes in Earth History*. El Cajon, Calif.: Institute of Creation Research, 1984.（年輕地球論）

Barclay, D. R. "Creation." In *NDT*, pp. 177-79.

Blocher, Henri. *In the Beginning: The Opening Chapters of Genesis*. Trans. by David G. Preston.

Leicester: Inter-Varsity Press, 1984.

Cameron, Nigel M. de S. *Evolution and the Authority of the Bible*. Exeter: Paternoster, 1983.

________. ed. *In the Beginning…: A Symposium on the Bible and Creation*. Glasgow: The Biblical Creation Society, 1980.

Clotz, J. W. *Genes, Genesis and Evolution*. St. Louis, Mo.: Concordia Publishing House, 1970.

________. *Studies in Creation*. St. Louis, Mo.: Concordia Publishing House, 1985.

Custance, Arthur C. *Evolution or Creation*. Grand Rapids: Zondervan, 1976.

________. *Without Form and Void: A Study of the Meaning of Genesis 1:2*. Brockville, Ontario: Doorway Papers, 1970.

Davidheiser, Bolton. *Evolution and the Christian Faith*. Grand Rapids: Baker, 1969.

Denton, Michael. *Evolution: A Theory in Crisis*. Bethesda, Md.: Adler and Adler, 1986.

De Young, Donald B. *Astronomy and the Bible: Questions and Answers*. Grand Rapids: Baker, 1989.（年輕地球論）

Fields, Weston W. *Unformed and Unfilled*. Nutley, N. J.: Presbyterian and Reformed, 1976.

Frair, Wayne, and Percival Davis. *A Case for Creation*. Norcross, Ga.: CRS Books, 1983.

Gange, Robert. *Origins and Destiny: A Scientist Examines God's Handiwork*. Waco, Tex.: Word, 1986.

Geisler, Norman L. and J. Kerby Anderson. *Origin Science: A Proposal for the Creation Evolution Controversy*. Foreword by Walter L. Bradley. Grand Rapids: Baker, 1987.

Gentry, R. V. *Creation's Tiny Mystery*. Knoxville, Tenn.: Earth Science Associates, 1986.

Gish, D. T. *Evolution: The Challenge of the Fossil Record*. El Cajon, Calif.: Master Books, 1985.（年輕地球論）

Houston, James. *I Believe in the Creator*. Grand Rapids: Eerdmans, 1980.

Hummel, Charles E. *Creation or Evolution? Resolving the Crucial Issues*. Downers Grove, Ill.: InterVarsity Press, 1989.

Johnson, Philip E. *Darwin on Trial*. Downers Grove, Ill.: InterVarsity Press, 1991.

Kaiser, Christopher B. *Creation and the History of Science*. Grand Rapids: Eerdmans, 1991.

Kerkut, G. A. *Implications of Evolution*. New York: Pergamon, 1960.

Kofahl, Robert E., and Kelly L. Segraves. *The Creation Explanation: A Scientific Alternative to Evolution*. Wheaton, Ill.: Harold Shaw, 1975.（年輕地球論）

Lester, L. P., and R. G. Bohlin. *The Natural Limits to Biological Change*. Grand Rapids: Zondervan, 1984.

Maatman, Russell. *The Bible, Natural Science and Evolution*. Grand Rapids: Reformed Fellowship, 1970.

Morris, Henry M., ed. *Scientific Creationism*. San Diego, Calif.: Creation-Life, 1974.（年輕地球論）

________. and John C. Whitcomb. *The Genesis Flood*. Philadelphia: Presbyterian and Reformed, 1961.（年輕地球論）

________. and John D. Morris. *Science, Scripture, and the Young Earth: An Answer to Current Arguments Against the Biblical Doctrine of Recent Creation*. El Cajon, Calif.: Institute for Creation Research, 1989.（年輕地球論）

Newman, Robert C., and Herman J. Eckelmann. *Genesis One and the Origin of the Earth*. Downers

Grove, Ill.: InterVarsity Press, 1977.（反對年輕地球論）

Pitman, M. *Adam and Evolution*. Grand Rapids: Baker, 1984.

Ramm, Bernard. *The Christian View of Science and Scripture*. Grand Rapids: Eerdmans, 1954.

Ross, Hugh. *Creation and Time: A Biblical and Scientific Perspective on the Creation-Date Controversy*. Colorado Springs: NavPress, 1994.（這是一位表達清楚、受過高度訓練的科學家根據最近科學證據提出反對年輕地球論的觀點。）

Rusch, W. H., Sr. *The Argument-Creationism vs. Evolutionism*. Norcross, Ga: CRS Books, 1984.

Schaeffer, Francis. *No Final Conflict*. Downers Grove, Ill.: InterVarsity Press, 1975.

Thaxton, C. B., W. L. Bradley, and R. L. Olsen. *The Mystery of Life's Origin: Reassessing Current Theories*. New York: Philosophical Library, 1984.

Van Till, Howard J., Davis A. Young, and Clarence Menninga. *Science Held Hostage: What's Wrong With Creation Science and Evolutionism?* Downers Grove, Ill.: InterVarsity Press, 1988.（反對年輕地球論）

Whitcomb, John C. *The World That Perished*. Grand Rapids: Baker, 1988.（年輕地球論）

________. *The Early Earth*. Revised edition. Grand Rapids: Baker, 1986.（年輕地球論）

Wilder-Smith, A. E. *The Natural Sciences Know Nothing of Evolution*. El Cajon, Calif.: Master Books, 1981.

Young, Davis A. *Christianity and the Age of the Earth*. Grand Rapids: Zondervan, 1982.（反對年輕地球論）

________. *Creation and the Flood: An Alternative to Flood Geology and Theistic Evolution*. Grand Rapids: Baker, 1977.（反對年輕地球論）

Youngblood, Ronald. *How It All Began*. Ventura, Calif.: Regal, 1980.

第十六章

神的天命

如果神掌控一切，那麼我們的行動有什麼真實的意義？
何謂神的諭旨？

背誦經文：羅馬書8:28

我們曉得萬事都互相效力，叫愛神的人得益處，就是按祂旨意被召的人。

詩歌：神用奧祕行動前來（*God Moves In a Mysterious Way*）

1 神用奧祕行動前來 成功祂的奇蹟 祂將腳蹤印在滄海 車騎駕於暴風
2 深不可測祂的蘊藏 巧妙永不失敗 隱藏祂的智慧設計 行祂獨立旨意
3 畏怯聖徒從此放心 你們所怕厚雲 現在滿載神的憐憫 即降福雨無窮
4 莫憑感覺議論主愛 惟要信祂恩典 祂的笑臉常是藏在 嚴厲天命後面
5 祂的計劃逐漸成熟 正沿時日推展 苞雖難免生澀帶苦 花卻必定芳甘
6 盲目不信必致錯誤 觀察必定昏迷 惟神是祂自己證明 祂必證明一切

詞：William Cowper, 1774

曲：HORSLEY C.M., William Horsley, 1844

前言

一旦明白了神是大有能力的創造主（見本書第十五章），那麼要結論說，祂在宇宙中保守並統管一切，似乎是很合理的。雖然我們在聖經裏找不到「天命」（providence）一詞（譯者註：過去這個詞常被譯作「護理、攝理」，其實在中國古代的哲學思想裏，上天攝理的思想即是「天命」，因此本章亦沿用此詞），但是在傳統上我們都用它來總結神與祂所造之宇宙間繼續不斷的關係。當我們接受了聖經上的天命教義時，我們在思想神與其受造界之間的關係上，就可避免四種常見的錯謬。聖經的教義不是*自然神論*（此論教導說神創造世界以後，基本上就離棄了它），也不是*泛神論*（此論教導說受造界本身並沒有真實而個別的存在，它只是神的一部分而已）；聖經所教導的乃是*天命*：雖然神在每一時刻都主動地和受造界發生關聯，並且參與在受造界中，但是受造界和祂是有區別的。不只如此，宇宙中的各事件都不是*偶發*（或隨機）決定的，也不是由和個人無關的命運（或決定論）所決定的；宇宙中的諸事件乃是由神決定的，祂不但能和我們發生個人的關係，而且是一位有無限能力的創造者與主宰。

我們可以將神的天命（providence）定義如下：神持續地參與在祂的受造界中，其參與的方法是：(1) 保守祂所創造之萬有的存在，並維繫祂所賦予它們的本質；(2) 在每一個行動上，協同受造之物，使它們按其特有的本質，表現出該有的行為；(3) 引導它們達成祂的目的。

在一般對天命的分類下，按著以上定義裏的三個要素，我們可將天命分為三個層面：(1) 保守（preservation）、(2) 協同（concurrence），和 (3) 管治（government）。

我們將一項一項檢視，然後思考對此教義之不同的觀點，及反對之說。我們應當注意到，從歷史上的早期教會開始，基督徒對這一項教義就已經有不同的意見了，特別是關於神與有道德性、能作出於意志之抉擇（willing choices）的受造者間的關係。在本章中，我們首先會總結出本書所贊同的立場——即一般所謂「改革宗」（Reformed）或「加爾文派」（Calvinist）的立場，[1] 然後再思考另一種立場——即一般所謂的「阿民念派」（Arminian）之立場。

A. 保守

神保守祂所創造之萬有的存在，並維繫祂所賦予它們的本質。

希伯來書1:3告訴我們，基督「常用祂權能的命令托住萬有」。譯作「托住」的希臘文 *phero*，意思是「攜帶、擔負」。這個字在新約聖經裏常用來表達，將某物從一地攜帶到另一地，譬如，將一個躺在褥子上的癱子抬到耶穌那裏（路5:18），將酒送給管筵席的（約2:8），或將外衣和書卷帶給保羅（提後4:13）。它的意思不只是「維

[1]雖然哲學家可能使用決定論（determinism）或柔性決定論（soft determinism）一詞，來定位筆者在本章裏所主張的立場，但筆者不使用該詞，因為它在日常用語裏很容易被誤會為：(1) 它可能是指一種體系——在這個體系中，人的抉擇不是真實的，而且對事件的結局起不了任何作用；(2) 它可能也是指一種體系——在這個體系中，事件的終極原因只是一個機械化的宇宙，而非一位有智慧、與人有個別關係的神。不只如此，(3) 它太容易讓評論家們將聖經的觀點和非基督教的決定論混在一起，而模糊了兩者之間的區分。

本章所主張的觀點有時候也稱作相容主義（compatibilism），因為這觀點認為，神的絕對主權，與人的意義和人真實的抉擇，彼此是相容的。筆者並不反對這個詞彙的精妙涵義，但仍決定不使用它，因為：(1) 想要避免在研讀神學時再增加新的專門詞彙；(2) 把筆者對神天命的觀點稱作是傳統改革宗的立場，似乎更好，因此筆者將自己歸屬於廣為人所了解的改革宗——這是由加爾文和本書共同書目所列的另一些改革宗的系統神學家們所代表的神學傳統。

繫」而已，而且還對那個從一地被帶到另一地的物件，帶有主動且有目的之掌控。希伯來書1:3用的是這個字的現在分詞，指明耶穌在宇宙中，用祂權能的命令「經常不斷地帶動」萬有；基督是主動地參與在天命之工中。

與此類似地，保羅在歌羅西書1:17那裏說基督是：「萬有也靠祂而立」。「萬有」一詞是指宇宙中每一個受造之物（另參西1:16），因此這節經文就肯定出基督保守萬有的存在——它們靠著祂而繼續存在或「持住」（NASB經文譯註）。這兩處經文都指出，假如基督在宇宙中停止繼續維繫萬有的作為，那麼萬物——除了三一之神外——就立即不再存在了。當保羅說：「我們生活、動作、存留，都在乎祂」（徒17:28）之時，他也肯定這個教訓；以斯拉也說過類似的話：「你，惟獨你，是耶和華。你造了天和天上的天，並天上的萬象，地和地上的萬物、海和海中所有的，這一切都是你所保存的。天軍也都敬拜你。」（尼9:6）彼得也說：「現今的天和地呢、還是……給……儲藏著保留著、等到審判的日子……」（彼後3:7，呂振中譯本）

神天命的保守顯出一個事實，就是祂繼續不斷地在每一時刻賜給我們生命氣息。以利戶用他的智慧論到神說：「祂若專心為己，將靈和氣收歸自己；凡有血氣的就必一同死亡，世人必仍歸塵土。」（伯34:14-15；另參詩104:29）

神一方面保守祂所創造之萬物的存在，另一方面祂也維繫著祂在創造時所賦予它們的本質。神以某種方式保守水，使水的表現能繼續像水；祂也使草的表現繼續像草，具有一切草的獨特性。祂使得能被寫上字的一張紙繼續像張紙，因此它不會自動地就分解進水中而流走，或變為一種生物並開始生長！除非受造界的其他部分對這張紙另有動作，才會使它的本質改變（舉例來說，用火把這張紙燒為灰燼），否則只要神保守祂所造的地球和宇宙，這張紙就會繼續表現得像張紙。

然而我們不應當將神的保守想成是一種持續的新創造：祂並不會繼續地在每一時刻為每一樣現存之物創造新的原子和分子。祂乃是保守那些已造之物：用祂權能的話語「帶動萬有」（來1:3直譯；和合本譯作「托住萬有」）。我們也必須充分地了解到，受造之物都是真實的，而他們的特性也都是真實的。我們並不只是想像握在手中的石頭是堅硬的——它真的是堅硬的；假使我們用它來打自己的頭，我們不只是想像它會傷我們的頭——它真的是會傷人的！因為神維繫著這塊石頭當初被造時的本質，所以這塊石頭從它存在那日起就一直是堅硬的，除非在宇宙中有其他力量與之相互作用，改變了它，否則它會一直是堅硬的，直到神毀滅天地的時候（彼後3:7, 10-12）。

神的天命為科學提供了一個基礎：被神所造並且由神繼續維繫的宇宙，是以可預測的方式在運行。假使有一項科學的實驗在今天獲得了某項結果，那麼我們就能夠有信心說，只要所有的實驗因素都相同，那麼明天和從明天起的一百年，我們都會獲得相同的結果。天命的教義也為科技提供了一個基礎：我們能夠有信心地說，汽油在今天可以推動我們的汽車，就像昨天一樣，那不是因為「它總是那樣地工作」，而是因為神的天命在維繫著整個宇宙，使受造之物能夠保持它們被造時的本質。神天命產生的結果在非信徒的生活中和在信徒的生活中，可能是相似的：我們都知道汽車加了油才能開，也都這樣做，但是非信徒不知道汽油會那樣工作之真實的終極原因（神的天命），而信徒卻知道，並且會為著我們的創造主曾經創造並保守了這樣奇妙的東西而感謝祂。

B. 協同

神在每一個行動上，協同受造之物，使它們能按其持有的本質，表現出該有的行為。

天命的第二層面（協同）是第一層面（保守）思想之延伸。事實上，有些神學家（如加爾文）就是把協同之事實歸在保守的類別下，不過將它當作不同的類別來討論，對我們是有助益的。

保羅在以弗所書1:11那裏說，神「行作萬事……照著祂旨意所預定的」。被譯為「行作」的希臘字（*energeō*）指出，神按著祂自己的旨意「運作」或「促成」萬事。在宇宙中沒有一件事是落在神的天命之外的。當然，除非我們在聖經上讀到了這個觀念，否則這事實向我們是隱藏的。當我們環顧周遭的自然世界，神協同的工作和祂的保守一樣，不是一下子就能看明的。

以下我們將要用經文來證明協同的事實。讓我們先從沒有生命的受造界開始討論，然後進到動物界，最後才討論人類生活中的各樣事情。

B.1 沒有生命的受造界

在受造界中有許多事情，是我們認為只是「自然」發生的事，可是聖經卻說，是神促使它們發生的。我們在詩篇中讀到：「火與冰雹，雪和霧氣，成就祂命的狂風……」（詩148:8）還有別的經文也提到類似的話：

「祂對雪說：『要降在地上』；
　　對大雨和暴雨也是這樣說……
　　神噓氣成冰，
　　寬闊之水也都凝結。

祂使密雲盛滿水氣,

布散電光之雲。

這雲是藉祂的指引游行旋轉,

得以在全地面上

行祂一切所吩咐的。

或為責罰,

或為潤地，或為施行慈愛。」

（伯37:6-13；另參伯38:22-30中類似的敘述）

詩人宣告說：「耶和華在天上，在地下，在海中，在一切的深處，都隨自己的意旨而行。」（詩135:6）而在接著的下一句話中，詩人描述神在天氣中怎樣執行祂的旨意：「祂使雲霧從地極上騰；造電隨雨而閃，從府庫中帶出風來。」（詩135:7；另參詩104:4）

神也促使草生長：「祂使草生長，給六畜吃；使菜蔬發長，供給人用；使人從地裏能得食物。」（詩104:14）神也引導天上的眾星，因此祂問約伯說：「你能按時領出十二宮麼？能引導北斗和隨他的眾星麼？」（約伯記38:32；普通被稱為北斗七星的星辰，就是大熊星座；第31節則是指昴星和參星星座）不只如此，神還繼續地引導清晨的到來（伯38:12）。這件事實也被耶穌所肯定，因為祂說神「叫日頭照好人，也照歹人；降雨給義人，也給不義的人」（太5:45）。

B.2 動物界

聖經肯定神餵養田野裏的百獸之事實，因為經文裏說：「這都仰望你按時給牠食物。你給牠們，牠們便拾起來；你張手，牠們飽得美食。你掩面，牠們便驚惶。」（詩104:27-29；另參伯38:39-41）耶穌也肯定這事實，因祂說：「你們看那天上的飛鳥……你們的天父尚且養活牠〔們〕」（太6:26），又說，「若是你們的父不許」，一隻麻雀「也不能掉在地上」（太10:29）。

B.3 看似偶發或隨機的事件

從人的角度來看，拈鬮（或現代版的擲骰子、丟錢幣）可能是發生在宇宙中最典型的隨機事情。但是聖經卻肯定地說，連這樣的事，其結果也是由神而來：「籤放在懷裏，定事由耶和華。」（箴16:33）[2]

[2]傳道書9:11說得對:「快跑的未必能贏, 力戰的未必得勝; 智慧的未必得糧食, 明哲的未必得貲財, 靈巧的未必得喜悅; 所臨到眾人的, 是在乎當時的機會。」根據Michael Eaton很正確的觀察, 他解釋說:「在以色列人的

B.4 全然由神與全然由受造者所導致的事件

對於任何上述的事件（落雨和下雪、太陽和星辰的運轉、餵養動物或抽籤），我們至少都能夠在理論上提出一個完全叫人滿意的「自然」解釋。一位植物學家能夠細述促使草生長的因素，如陽光、水分、溫度、土中的養分等等；可是聖經卻說，是神使草生長。一位氣象學家能夠提出一份完整的解釋，說明促使下雨的因素（濕度、溫度、大氣氣壓等等），甚至能夠在實驗室裏製造雨；可是聖經卻說，是神使天降雨。一位物理學家只要有精確的資料，知道一對骰子甩出的力勁和方向，就能夠充分地解釋得出骰子結果的原因；可是聖經卻說，是神決定拈籤的結果。

這一點向我們顯示了，假如我們認為知道世上某件事的「自然」原因，就以為它不是神所促使的，那是不正確的；反而是，假如天下雨了，我們就應當感謝祂；假如百穀生長，我們也應當感謝祂。在所有這些事情中，它們的成因並不是一部分歸神，另一部分屬受造界，因為如果是這樣的話，那麼我們就一定會想找出那一小部分無法解釋的原因（即使是百分之一的原因），而說這是神促成的。然而這樣的觀點確實是不對的。反之，這些經文都肯定地說，這些事情全然是神所促成的；但我們也知道，就另一層意義而言，它們也全然是受造界中某些因素所促成的。

協同的教義肯定出，神引導並藉著每一個受造之物獨特的本質作工，使得它們帶出我們所見到的結果。這樣，我們就能肯定，每件事一方面全然（百分之百）是由神促成的，而另一方面又全然（百分之百）是由受造界導致的。然而，神和受造者促使事情發生的方式是不同的：神的方式是看不見的、在幕後的、引導性的，所以它可以被稱為是計劃並開始發生每一件事的「第一因」（primary cause）；但是受造者帶出行動的方式，是與它們本身的性質符合一致的，是我們或專業科學家可以藉著觀察其過程而描述出來的，所以這些來自受造者的因素和性質可以被稱為每一件事發生的「第二因」（secondary cause），即使它們是我們所觀察到的明顯原因。

B.5 國際事件

聖經也說到神以天命掌控人的事務：神「使邦國興旺而又毀滅；祂使邦國開廣而又擄去。」（伯12:23）「國權是耶和華的，祂是管理萬國的。」（詩22:28）祂已經決

口中，『機會』的意思是指沒有人預期到的事，而不是指隨機發生的事。」（*Ecclesiastes*, TOTC [Leicester and Downers Grove, Ill.: InterVarsity Press, 1983], p. 70）在此經文中被譯為「機會」的希伯來文罕用字（*pega‘*），在聖經裏只再出現過一次，那就是在列王紀上5:4（希伯來文原文聖經是5:18）所說的「沒有壞的遭遇」（呂振中譯本；和合本譯作「沒有災禍」）。

定了地上每一個民族生存的歲月和地點，因為保羅說：「祂從一本造出萬族的人，住在全地上，並且預先定準他們的年限和所住的疆界。」（徒17:26；另參徒14:16）當尼布甲尼撒王悔改時，他學習到要讚美神：

「祂的權柄是永有的；
　祂的國存到萬代。
世上所有的居民
　都算為虛無。
在天上的萬軍
　和世上的居民中，
　祂都憑自己的意旨行事。
無人能攔住祂手，
　或問祂說：『你作什麼呢？』」（但4:34-35）

B.6 我們生活中的所有層面

聖經對神促成我們生活中各種不同事件之發生的肯定程度，足以叫人驚訝。舉例來說，我們依賴神賜給我們每一天的食物，當每次我們禱告：「我們日用的飲食，今日賜給我們」（太6:11）之時，就肯定了這一點，雖然我們仍要工作才獲得食物，而且我們是完全藉著「自然」的因素獲得的（只要透過人的觀察就可以看出來）。與此類似地，保羅以信心之眼來觀看事件，並肯定說：「我的神必……使」祂的兒女「一切所需用的都充足」（腓4:19）；雖然神可能是透過「一般性的」方法來供應我們，例如使用其他的人，但終極來說還是祂供應了我們。

神在我們出生之前就計劃好我們的年日了，因為大衛肯定地說：「我未成形的體質，你的眼早已看見了。你所定的日子，我尚未度一日，你都寫在你的冊上了。」（詩139:16）而約伯也說：「人的日子既然限定，他的月數在你那裏，你也派定他的界限，使他不能越過。」（伯14:5）這點在保羅生平中可以看出：保羅說，神「把我從母腹裏分別出來」（加1:15）。神也對耶利米說：「我未將你造在腹中，我已曉得你，你未出母胎，我已分別你為聖；我已派你作列國的先知。」（耶1:5）

所有我們的行動都在神天命的看顧之下，因為「我們生活、動作……都在乎祂」（徒17:28）。我們每一天所走的每一腳步，也都是由主所引導的。耶利米承認說：「耶和華啊，我曉得人的道路不由自己；行路的人也不能定自己的腳步。」（耶10:23）我們也讀到箴言的話說：「人的腳步為耶和華所定。」（箴20:24）「人心籌算

自己的道路，惟耶和華指引他的腳步。」（箴16:9）「心中的謀算在乎人，舌頭的應對由於耶和華。」（箴16:1）[3]

成功與失敗都是從神來的，因為我們讀到聖經這樣說：「因為高舉非從東，非從西，也非從南而來。惟有神斷定：祂使這人降卑，使那人升高。」（詩75:6-7）所以馬利亞會說：「祂叫有權柄的失位，叫卑賤的升高。」（路1:52）主賜人兒女，因為「兒女是耶和華所賜的產業，所懷的胎是祂所給的賞賜」（詩127:3）。

我們所有的天賦和能力也都是從神來的，所以保羅會問哥林多教會的人說：「你有什麼不是領受的呢？若是領受的，為何自誇，彷彿不是領受的呢？」（林前4:7）大衛也知道上述的道理是真的，因為說到他的軍事技能，雖然他必須學習拉弓射箭多時，但他還是說：「祂教導我的手能以爭戰；甚至我的膀臂能開銅弓。」（詩18:34）

神也影響君王們所作的抉擇，因為「王的心在耶和華手中，好像隴溝的水，隨意流轉」（箴21:1）。一個很好的實例，就是當主「使亞述王的心轉向」祂自己的百姓，又「堅固他們的手，作以色列神殿的工程」（拉6:22）之時；或當主「激動波斯王古列的心」（拉1:1），以幫助以色列民之時。然而，神所影響的還不只是君王的心，因為祂是向下察看「地上一切的居民」，而且祂是「造成他們眾人心的」。（詩33:14-15）當我們了解到，「心」在聖經上乃是指我們最深處的思想和欲望之所在時，這一段經文就饒富意義了。神特別會要引導信徒的願望和傾向，祂要在我們裏面工作，使我們「立志行事……成就祂的美意」（腓2:13）。

以上所有的這些經文，包括說到神一般在所有人生活中的工作，以及祂特別在某些人生活中工作的例子，都促使我們結論說，神在天命中的協同工作是延及我們生活中所有的層面。我們的言語、腳步、行動、意願和能力，都是從神來的。

但是我們必須防備誤解。正如神對較低層的受造界之天命的引導，在此神的引導也是看不見的、幕後的、屬「第一因」的；但是它不應該會使我們否認自己的抉擇和行動之真實性。聖經再三肯定地說，我們**真的能促使事件的發生**；我們的存在是有意

---

[3]David J. A. Clines不認為這些經節是在肯定說，「當神和人之間有衝突時，一定不會是人得勝」。見Clines, "Predestination in the Old Testament," in *Grace Unlimited*, ed. by Clark H. Pinnock (Minneapolis: Bethany House, 1975), pp. 116-17。他說，這些經節並不是在描述一般的生活，而是在描述一些特殊情況，神在那些情況中勝過了人的意志，為的是達成祂特殊的目的。Clines也不認為這些經節表示神總是會如此行，或認為這些經節代表神通常對人類的行為有所掌控。

然而，在這些經節裏我們並沒有看見這樣的限制（見箴16:1, 9）。這些經節並沒有說，神只在罕見的情況下才指引人的腳步，因神需要介入才能達成祂的目的；它們只是對世界運轉的方式作了一般性的陳述——神一般都會指引人的腳步，而不只是當神和人之間有衝突時。

義的，而且是要負責任的。我們*真的可以作抉擇*，而這些抉擇是真實的抉擇，會帶來真實的果效。聖經也一再地肯定這些實情。正如一塊石頭*真的是堅硬的*，因為神在創造它時賦予它堅硬的本質；又如水*真的是濕的*，因為神在創造它時賦予它濕的本質；另如植物*真的是活的*，因為神在創造它時賦予它有生命的本質；所以，我們的抉擇都是*真的抉擇*，能產生重要的果效，因為神以這樣奇妙的方式創造了我們，並賦予我們具有能作出於意志之抉擇的特性。

對於以上關於神之協同的經文，還有另外一種看法：假如我們的抉擇是真實的，那麼它們就*不可能*是由神促成的（見後文對此觀點的進一步討論）。然而，肯定神在天命上之掌控的經文數量是如此可觀，要另作他解則是困難重重，因此對筆者而言，那種看法是不太可能的。我們最好是肯定神促使所有的事情發生，而祂所用的方式則可能是使我們有能力作*出於意志、負責任的抉擇*，而這抉擇是會產生*真實而永恆的結果*，並且我們也將為此結果*負起責任*。聖經並沒有向我們解釋清楚，神究竟是怎樣將祂在天命上的掌控，和我們出於意志、有意義的抉擇，融合在一起，然而我們不應該否認這一方面或否認另一方面（只因為我們不能同時解釋兩者都為真），而應該忠實地面對聖經所有的教訓，同時接受這兩方面都是真的。

用劇作家撰寫劇本來類比這件事，或許可以幫助我們理解兩方面都可能是對的這個說法。在莎士比亞的戲劇《馬克白》（*Macbeth*）裏，主角馬克白謀殺了國王鄧肯。現在我們停下來想一下，假設這是一齣杜撰的故事，那麼當我們問道：「是誰殺死了國王鄧肯？」從一個層面來說，正確的答案是「馬克白」，因為在這齣劇裏，是馬克白執行了這項謀殺，所以他當為之負責。但是從另一個層面來說，這個問題的正確答案應該是「莎士比亞」，因為劇本是他寫的，他創造了其中所有的人物，而且他也寫了馬克白殺死國王鄧肯的這個情節。

如果我們說因為是馬克白殺死了國王鄧肯，所以就不是莎士比亞殺死他的——這說法是不對的。反之亦然：如果我們說因為是莎士比亞殺死了國王鄧肯，所以就不能說是馬克白殺的——這說法也是不對的。說是馬克比殺死國王鄧肯，以及說是莎士比亞殺死國王鄧肯，兩者都是對的。從劇情的層面來說，全然（百分之百）是馬克白促成鄧肯的死亡，但是從劇本創作者的層面來說，則全然（百分之百）是莎士比亞促成鄧肯的死亡。與此類似地，我們可以了解到，從一方面來說，身為創造主的神全然促使事情的發生；但從另一方面來說，身為受造者的我們也全然促使事情的發生。

當然，也有人會反對說，這個類比並沒有真的解決問題，因為劇本中的人物不是真實的；他們沒有自由，也沒有能力作出真正的抉擇等等。然而我們可以這樣回應：比起我們，神是更無限地偉大與有智慧；雖然身為有限受造者的我們，只能在劇本中創造出虛構的人物，但神——我們無限的創造主——卻造出了一個真實的世界，並在其中創造了我們這些真實的、能作出於意志之抉擇的人。如果要說神**不能**造出一個世界，並**使**其中的**我們能作出於意志的抉擇**（正如今日有些人認為的；見後文的討論），那麼就是限制了神的能力，而且似乎也否認了為數可觀的聖經經文。[4]

B.7 關於惡的問題

假使神真的透過祂在天命中的活動，促成世上的每件事的發生，那麼有個問題便出現了：「神和世上的惡之間有什麼關係？」真正促使人行惡的是神嗎？如果真是如此，那麼神豈不是應該為罪負責嗎？

要解開這個問題，我們最好是先研讀最直接關係到這問題的經文。一開始，讓我們先查考幾處肯定真是神促使惡事發生以及惡行做成的經文。但是我們要記住，在所有這些有關的經文裏，沒有一處顯示是神**直接行了任何惡**，而都是有道德性之受造者、出於其意志的行動而引發惡行。不僅如此，**聖經從不將惡歸咎於神，也從沒顯示過神以惡為樂**；而且聖經也從不為人類所犯的錯誤找理由脫罪。不論我們明白神與邪惡的關係到怎樣的程度，我們**絕不可**認為我們不需對自己所行的惡負責，又或認為神以惡為樂，或認為神應當為惡負責。這樣的結論顯然違反聖經的教導。

的確有不少的經文說到，神（間接地）促使一些惡事的發生。筆者會在以下幾個段落裏列出這樣的經文，因為基督徒經常不會注意到這項直截了當的教訓在聖經中廣泛的程度。但是我們必須記住，在所有這些實例中，真正行惡的都不是神，而是人或鬼魔選擇去行的。

---

[4]見I. Howard Marshall, "Predestination in the New Testament" in *Grace Unlimited* by Clark H. Pinnock, pp. 132-33, 139。Marshall反對這個劇作家和劇本的譬喻，因為演員們「受到派定給他們的角色和他們的台詞之限制」，所以即使劇作家「要其角色在他所寫的戲劇裏說：『我愛創造我這個角色的劇作家』，他們相互之間也沒真實的愛。」

但是Marshall將他的分析侷限在人性的水平上，在人間可能發生的事中。他沒有考慮到另一個可能性（其實那才是事實）：神所能夠做的是遠超過人類所能做的；祂夠奇妙地創造真實的人類、而不只是劇本中的角色而已。對於劇作家和劇本的譬喻，假如Marshall能將他在該文之另一部分裏所講的一段非常有幫助的話，應用到這一個問題上的話，那就會更好了。那段話就是：「基本的困難是在想要去解釋**一位無限的神和有限的受造者之間的關係**。我們的試探是想用思考人類之因果關係的方式，來思考屬神的因果關係；一旦我們想要將屬神的因果關係和人性的自由關連在一起時，這種思考就產生難處了。要想解釋神如何能使我們去做某些事（或如何促使宇宙的存在，及如今它運轉的方式），是遠超我們的能力之外。」（Pinnock, p. 137-38）筆者完全同意Marshall在此段敘述中的每一句話，並且認為這敘述在解決這個問題上是十分有幫助的。

從約瑟的故事裏，我們就可以看到一個十分清楚的實例。聖經明明地說，約瑟的兄長們惡意地嫉妒他（創37:11）、仇恨他（創37:4, 5, 8）、想要殺掉他（創37:20），並且作惡將他投入坑中（創37:24），然後又將他賣到埃及為奴（創37:28）。可是後來約瑟卻對兄長們說：「*神差我在你們以先來*，為要保全生命。」（創45:5）又說：「從前你們的意思是要害我，但*神的意思原是好的*，要保全許多人的性命，成就今日的光景。」（創50:20）[5] 在此，我們看到一項合併在一起的兩方面作為：一方面是有罪之人所做出的惡行，因此他們應當要為自己的惡行負責任；另一方面則是神最高的天命掌控，神藉此達成了祂的目的。約瑟的故事把兩方面都清楚地肯定了。

出埃及的故事一再地肯定是神使法老的心剛硬。神說：「我要使他的心剛硬」（出4:21），「我要使法老的心剛硬」（出7:3; 14:4），「耶和華使法老的心剛硬」（出9:12; 10:20; 10:27; 11:10），以及「耶和華使埃及王法老的心剛硬」（出14:8）。有時候有人反駁說，聖經也說是法老自己硬著心（出8:15, 32; 9:34）；而神會這樣剛硬法老的心，只是在回應法老起初的悖逆和剛硬，而這心態是他在其自由意志下所表現出來的。但是我們也要注意，神的確曾應許摩西說，祂會使法老的心剛硬（出4:21; 7:3），這是早在聖經告訴我們法老自己硬著心之前就有的了（我們首次讀到法老自己硬著心是在出埃及記8:15）。不只如此，前文對協同的分析——即屬神的和屬人的因素可以同時促使一件事發生——應當也向我們顯示出，兩個因素在同一時間都可能是真實的：即使是法老自己硬著心，也並不違背說是神促使法老這樣硬著心，從而可說是神剛硬了法老的心。最後，如果有人反駁說，神只是加強了已經存在於法老心中的邪惡欲望和選擇，那麼這種加強的作為至少仍然在理論上涵蓋了今日世上所有的惡，因為所有的人在心中都有惡念，而且事實上所有的人也都是選擇作惡。

那麼神在這件事上的目的是什麼呢？保羅對出埃及記9:16所記載的話有所反思，並由這個特別的例子推斷出一項一般性的真理：「因為經上有話向法老說：『我將你興起來，特要在你身上彰顯我的權能，並要使我的名傳遍天下。』如此看來，神要憐憫誰，就憐憫誰；要叫誰剛硬，就叫誰剛硬。」（羅9:17-18）事實上，神也使埃及人的心剛硬，以至他們要將以色列人趕入紅海：「我要使埃及人的心剛硬，他們就跟著下去。我要在法老和他的全軍、車輛、馬兵上得榮耀。」（出14:17）這個主題重複出現在詩篇105:25：「〔祂〕使敵人的心轉去恨祂的百姓。」

---

[5] 詩篇105:17說：神「在他們以先打發一個人去；約瑟被賣為奴僕。」

在後來舊約的故事中，我們也可以找到類似的例子，例如在約書亞征服巴勒斯坦時消滅了迦南人：「因為耶和華的意思是要使他們心裏剛硬，來與以色列人爭戰，好叫他們盡被殺滅。」（書11:20；另參士3:12; 9:23）當參孫要娶一位不信耶和華的非利士女子時，聖經這樣記載說：「這事是出於耶和華，因為祂找機會攻擊非利士人；那時，非利士人轄制以色列人。」（士14:4）我們也看到當以利的兒子因其惡行而受到責備時，「他們還是不聽父親的話，因為耶和華想要殺他們。」（撒上2:25）後來聖經又提到，「有惡魔從耶和華那裏來」擾亂掃羅王（撒上16:14）。

當大衛犯罪時，耶和華透過先知拿單對他說：「我必從你家中興起禍患攻擊你。我必在你眼前把你的妃嬪賜給別人，他在日光之下就與她們同寢。你在暗中行這事，我卻要在以色列眾人面前、日光之下報應你。」（撒下12:11-12）此話應驗在撒母耳記下16:22。神又進一步懲罰大衛的罪，「耶和華擊打烏利亞妻給大衛所生的孩子，使他得重病」，最終他就死了（撒下12:15-18）。大衛一直在留意神會興起惡事對付他的這個事實，因此後來當示每咒詛大衛並扔石頭在他和他的僕人身上時（撒下16:5-8），大衛拒絕報復示每，而對他的士兵說：「由他咒罵吧，因為這是耶和華吩咐他的。」（撒下16:11）

在大衛更晚年時，主「激動」[6]大衛數點民數（撒下24:1），但是他後來承認這是一項罪行，所以說：「我行這事大有罪了」（撒下24:10）；於是神因著這個罪行而審判那地（撒下24:12-17）。然而，在聖經說到主「激動」大衛之前，很清楚地先說到：「耶和華又向以色列人發怒」（撒下24:1），由此可見，神激動大衛犯罪，乃是祂促成懲罰以色列民的方法。不只如此，歷代志上21:1提到了神激動大衛的方法：「撒但起來攻擊以色列人，**激動**大衛數點他們。」在這一事件裏，聖經讓我們明顯地看見，有三股影響力是以不同的方式來促成一個行動的發生：**神**為了促成祂的目的，就藉著**撒但**激動**大衛**犯罪來工作，可是聖經卻明言，大衛要為那罪行負責。此外，在所羅門因著外邦妻子們而轉離主以後，「耶和華使以東人哈達興起，作所羅門的敵人；他是以東王的後裔。」（王上11:14）「神又使以利亞大的兒子利遜興起，作所羅門的敵人。」（王上11:23）這些邪惡的君王都是神自己興起的。

在約伯記，雖然耶和華許可撒但傷害約伯的產業和兒女，而且雖然這個傷害是透

---

[6]撒母耳記下24:1所用的**激動**一詞，希伯來文是*sûth*，乃「激動、誘惑、慫恿」之意（BDB, p. 694）。此詞亦用於歷代志上21:1，該處說：「撒但起來攻擊以色列人，**激動**大衛數點他們。」列王紀上21:25則說到亞哈王受王后耶洗別的**聳動**，行耶和華眼中看為惡的事。在申命記13:6，摩西警告以色列人要謹防受自己所愛的人**暗中誘惑**去事奉他神。在歷代志下18:31說，神**感動**亞蘭軍隊，離開被圍的約沙法王，轉去不追他。

過示巴人和迦勒底人的惡行及狂風而臨到約伯（伯1:12, 15, 17, 19），可是約伯的眼光越過了那些「第二因」（secondary cause），而以信心之眼看到所有的事都是從主的手而來的：「賞賜的是耶和華，收取的也是耶和華；耶和華的名是應當稱頌的。」（伯1:21）這卷書的作者在約伯的這句敘述之後立即加上一句話：「在這一切的事上，約伯並不犯罪，也不以神為愚妄。」（伯1:22）雖然約伯才剛剛聽說邪惡的匪徒已摧毀了他的牲畜和羊群，可是他仍在逆境中以極大的信心和忍耐說：「收取的也是耶和華。」雖然他說是耶和華做了這事，可是他並沒有為這惡責備神，或說是神做錯了；他乃是說：「耶和華的名是應當稱頌的。」如果我們責備神藉著第二因而促成惡發生，那就是犯罪了。約伯不這麼做，聖經從不這麼做，我們也不該不這麼做。

在舊約其他地方，我們還讀到，耶和華「使謊言的靈入了」亞哈的先知們的「口」（王上22:23）；祂差遣亞述人為「怒氣的棍」，來懲罰以色列人（賽10:5）。祂也差遣邪惡的巴比倫人，包括尼布甲尼撒王，來對付以色列人，並說：「我必召北方的眾族和我僕人巴比倫王尼布甲尼撒來攻擊這地和這地的居民。」（耶25:9）然後神又應許說，祂後來也要懲罰巴比倫人：「我必刑罰巴比倫王和那國民，並迦勒底人之地，因他們的罪孽使那地永遠荒涼。」（耶25:12）。假如有一位騙人的先知說了虛假的信息，耶和華就說：「先知若被迷惑說一句預言，是我耶和華任那先知受迷惑，我也必向他伸手，將他從我民以色列中除滅。」（以西結書14:9，此話的上下文是神要因以色列的拜偶像，而施行審判在他們身上）阿摩司問過一連串答案總是意味著「不」的修辭性問題，到了最高潮時，他問說：「城中若吹角，百姓豈不驚恐呢？災禍若臨到一城，豈非耶和華所降的麼？」（摩3:6）而在阿摩司書4:6-12那裏，記載了一連串的自然災害，耶和華藉此提醒百姓說，是祂使他們遭逢饑荒、旱災、霉爛、蝗蟲、瘟疫和人死馬亡，但「你們仍不歸向我」。（摩4:6, 8, 9, 10, 11）

在以上所提及的許多經文裏，神將邪惡和毀滅帶給百姓，用以審判他們的罪：因他們一直不順服神或偏離神去拜偶像，於是耶和華用惡人、鬼魔或「自然」災害來審判他們。但這也不一定是每件災難的原因，例如約瑟和約伯的情況就不是出於神的審判，不過災難的原因常常是這個。或許審判罪惡的這個想法可以幫助我們明白，或至少是部分地明白，為什麼神引發邪惡事件還可能是對的。所有的人類都有罪，因為聖經告訴我們，「世人都犯了罪，虧缺了神的榮耀」（羅3:23），我們沒有一個人配得神的喜悅或祂的憐憫，我們所配得的就只有永遠的定罪。所以，當神使惡臨到人類時，不論祂是為管教祂的兒女，是為引領不信者悔改，或是為使定罪和毀滅的審判臨到剛硬的罪人身上，我們沒有一個人可以控訴神做錯了。至終所有的事都將會在神良善的旨意裏運作，好將榮耀帶給祂，並將益處帶給祂的百姓。可是我們必須明瞭，當神在那些未蒙贖之人身上懲罰邪惡時（就如在法老、迦南人和巴比倫人身上），祂也因著彰顯了祂的公義、聖潔和能力而得著榮耀（另參出9:16；羅9:14-24）。

神透過先知以賽亞說：「我造光，又造暗，我施平安，又降災禍；[7] 造作這一切的是我耶和華。」（以賽亞書45:7；在此譯為「造」的希伯來字是*bāra'*，和創世記1:1所用的字相同）在耶利米哀歌3:38那裏，我們讀到：「禍福不都出於至高者的口麼？」[8] 以色列人在衷心悔改之時，向神哭號說：「耶和華啊，你為何使我們走差離開你的道，使我們心裏剛硬不敬畏你呢？」（賽63:17）[9]

約拿的一生也是神在人類活動中協同的顯著例子。聖經上說：「**他們**（開往他施的船上的人）遂將約拿抬起，拋在海中，海的狂浪就平息了」（拿1:15）；可是只在五節經文以後，約拿就承認這是神在他們的行動中所顯出的天命指引，因為他對神說：「**你**將我投下深淵，就是海的深處。」（拿2:3）聖經同時肯定是人將約拿投入海中，但也是神將他投入海中。神天命的指引並沒有迫使水手做一些違反他們意志的事，而他們也沒有查覺神在他們身上的任何影響——實際上，他們還因為把約拿投入海中而向主哭求赦免（拿1:14）。在此聖經所啟示給我們的，和約拿自己所明瞭的，都是神透過真正人類意志的抉擇，而達成了祂的計劃，但這些人要在道德上為他們的行為負責。神用一種我們不明白、祂也不向我們啟示的方式，**促使**他們做了一個**出於意志的抉擇**，去做成他們所要做的事。

在整個歷史上最邪惡的一件事，就是基督的被釘十字架，但這件事是神所命定的——這不僅包括它會發生，而且神也命定了其中所有與之相關聯的個人行為。耶路

---

[7]KJV將這個希伯來字*rā'*譯作「邪惡」(evil)，而NIV譯作「災難」(disaster)，RSV譯作「禍患」(woe)，NASB譯作「災害」(calamity)。雖然這個希伯來字的確可以用來指自然災害，正如這些譯文所表達的（除KJV外），但是這個字的用法可以比指自然災害更廣，因為這個字極常用來表達一般的邪惡，例如：善**惡**知識樹（創2:9）、引致洪水審判的人的**罪惡**（創6:5）、所多瑪的罪大**惡**極（創13:13）、「要離**惡**行善」（詩34:14）、「禍哉，那些稱**惡**為善、稱善為**惡**……的人」（賽5:20）、「他們的腳奔跑行**惡**」（賽59:7；又見賽47:10, 11; 56:2; 57:1; 59:15; 65:12; 66:4）。在舊約聖經裏，這個字還有其他的數十次是指道德上的邪惡或罪孽。在以賽亞書45:7中與這個字對比的是「平安」(*shālôm*)；雖然我們可以說只有「災禍」可以與之對比，但也不一定如此，因為道德上的邪惡和敗壞，肯定也和神所賜之整體的「沙龍」（平安）是相對的。但是以賽亞書45:7並沒有說神**作惡**（見以下正文之討論）。在阿摩司書3:6那裏，*rā'āh*是一個不同但有關連的字，它所指的意義與*rā'*類似。

[8]在此「禍」所用的希伯來字是*rā'āh*，和阿摩司書3:6該處的用字同。

[9]另外一種禍患乃是身體的疾病。關於這一點，參主對摩西說的話：「誰造人的口呢？誰使人口啞、耳聾、目明、眼瞎呢？豈不是我耶和華麼？」（出4:11）

撒冷教會認清這一點，因為他們禱告說：

「希律和本丟彼拉多，外邦人和以色列民，果然在這城裏聚集要攻打你所膏的聖僕耶穌，成就你手和你意旨所預定必有的事。」（徒4:27-28）

所有參與釘基督十字架之人的行動，都是神所「預定」的，可是很清楚地，使徒們沒有將任何的罪責歸到神身上，因為所有的行動是出於罪人自己意志的抉擇。彼得在五旬節的講道裏，也清楚地表明這點：「祂（耶穌）既按著神的定旨先見被交與人，你們就藉著無法之人的手把祂釘在十字架上殺了。」（徒2:23）彼得在這一句話裏，把神的計劃與先見，和「無法之人」要為其行為所承擔的道德罪責，聯繫在一起。神沒有脅迫他們去做違反他們意志的事，反之，是神透過他們出於意志的抉擇，促成了祂的計劃。雖然如此，他們仍要為自己的抉擇負責任。

舊約聖經記述過，神曾差派一個謊言之靈，進入亞哈王手下的先知之口，而新約聖經也提到一個與此相似的例子：帖撒羅尼迦後書說到，對於那些拒絕愛慕真理的人，「故此，神就給他們一個生發錯誤的心，叫他們信從虛謊，使一切不信真理倒喜愛不義的人都被定罪」（帖後2:11-12）。彼得也曾告訴他的讀者們說，那些反對又迫害他們的人，那些拒絕基督為彌賽亞的人，「他們絆跌都因不順從道理（和合本小字）；他們這樣絆跌也是預定的。」（彼前2:8）[10]

B.8 論神與惡之關係的經文分析

在讀了這麼多論及神在天命中使用世人和鬼魔之惡行的經文後，我們能藉由分析而得出什麼結論呢?

B.8.1 神使用萬事來達成祂的目的，甚至包括惡事

*神使用萬事來達成祂的目的，甚至是使用惡來成就祂的榮耀和對我們的益處。*因此，當惡事捲入我們的生活中而攪擾我們的時候，我們能夠從天命的教義獲得一層更深的確據，即「〔神〕使萬事都互相效力，叫愛神的人得益處，就是按祂旨意被召的人」（羅8:28）。這種信念使得約瑟能對他的兄長們說：「從前你們的意思是要害我，但神的意思原是好的。」（創50:20）

我們也能夠了解，甚至在神審判邪惡時，也能得榮耀。聖經告訴我們：「耶和華

---

[10]我們最好把這節經文的「預定」當作是指絆跌之人和不順從之人。若說神預定那些不順服的人會絆跌是事實，那是不正確的，因為聖經在此不是指預定一件事實，而是說被「預定」的人（「他們」）（詳細討論見Wayne Grudem, *The First Epistle of Peter*, TNTC [Leicester: Inter-Varsity Press, and Grand Rapids: Eerdmans, 1988], pp. 106-10）.

所造的各適其用；就是惡人也為禍患的日子所造。」（箴16:4）[11] 與此類似地，詩人也肯定說：「人的忿怒要成全你的榮美」（詩76:10）。羅馬書9:14-24就是用法老這個明顯的例子，來說明神使用惡來成全祂自己的榮耀和祂百姓的益處。

B.8.2 神不做惡事，也不用承擔罪責

神絕不做惡事，也絕不用承擔罪責。與前面所引用過的使徒行傳2:23和4:27-28的經文相似，耶穌也曾將神預定祂被釘十字架，和神對執行此事者的道德性責備，關連在一起：「人子固然要*照所預定的*去世，但賣人子的人有禍了！」（路22:22；另參太26:24；可14:21）耶穌曾一般性地說到世上的邪惡：「這世界有禍了，因為將人絆倒。絆倒人的事是免不了的，但那絆倒人的有禍了！」（太18:7）

雅各也說過類似的話。他警告我們不要以自己所行的惡而怪罪神：「人被試探，不可說：『我是被神試探』；因為神不能被惡試探，祂也不試探人；但各人被試探，乃是被自己的私慾牽引誘惑的。」（雅1:13-14）這一節經文並沒有說神從來不促使惡發生，而是肯定地說，我們切不可認為，神作為仲介來試探我們，或祂要為試探負責任。我們切不可責怪神試探我們，也不要以為祂會同意我們屈從試探。我們理當要抵擋惡，並且總要把罪責放在自己或試探我們的人身上，但我們千萬不可責怪神。即使是像以賽亞書45:7那樣的經節，說到神「創造災禍」（呂振中譯本；和合本譯作「降災禍」），也不是指神自己*行*惡，而是指神命定邪惡透過祂的受造者所作出於意志的抉擇而發生。

這些經節表達得很清楚，出於人類、天使和鬼魔的「第二因」是*真實的*，也就是說，人類確實會促使邪惡的發生，而且要為之負責任。雖然神命定惡事會發生（不論是一般性的，還是特殊性的），但是*神自己並沒有真的行惡*，祂乃是透過「第二因」而促使惡事發生，但這並沒有損毀祂的聖潔，或使得祂應被責備。加爾文在其所著的《基督教要義》中說的很有智慧：

「小偷、殺人犯和其他的行惡者，都是神的天命所使用的工具，神使用這些工具來執

[11] David J. A. Clines將此節重譯為：「耶和華造每件事物都有其相對的部分，所以罪人也有他悲慘的日子。」他這樣譯是為了避免結論說，主曾為著邪惡的日子而造了一些惡人。但這樣的譯法並不叫人信服。在此被譯為「用」的希伯來字（*ma'aneh*）（RSV譯作「目的」），在舊約裏只出現過八次，而且通常是指一個問題或敘述的「答案」，所以它的意思就像是指「合宜的回答」或「對應的目的」。被譯作「適」的介詞*le*，其準確的意思是「為著」（for），而非「連同」（with），所以不論從哪一點來看，這個句子都在肯定：主對祂所創造的每一事物都有合宜的目的，或對它有合宜地回應。因此，不管我們譯為「用」、「目的」或「對應的目的」，這節經文都肯定：即使惡人也是主為著（希伯來文*le*-）禍患的日子而造的。見Clines, "Predestination in the Old Testament," p. 116.

行祂所決定了的審判。但是我不認為他們能因此而為自己的惡行找到任何藉口。為什麼呢？他們能陷神於他們自己所陷的罪惡裏嗎？他們能用祂的公義來掩蓋他們自己的敗壞嗎？兩者都不能。」[12]

加爾文在這段文字之後給第一卷第十八章加上一個標題：「神能藉著使用不敬虔者的作為，也藉著折服他們的心思，來執行祂的審判，以至於祂依然保持著自己的純潔，不受到任何玷污。」[13]

我們要留心，如果我們不是這樣說——*神使用惡以達成祂的目的，但祂絕不行惡，也不為此承擔罪責*——任何其他的說法都不會是我們該接受的。首先，假如我們說神自己會行惡的話，那麼我們就必須下結論說，祂不是一位良善而公義的神；那麼祂根本就不是真正的神了。其次，假如我們認為神不會使用惡來達成祂的目的的話，那麼我們就必須承認，在宇宙中含有神所不願意有的、且不在祂掌控之下的惡；神可能達成不了祂的目的。這樣的想法會使我們非常難於肯定地說，神能使「萬事」都互相效力，叫愛神的人得益處，就是按祂旨意被召的人（羅8:28）。假使惡能在神不想要它存在、也不想要它進入世上的事實下，還能進入這個世界的話，那麼我們還有什麼保證能說，世上不會有愈來愈多神不要、不想的惡呢？我們還有什麼保證能說，神能用它來達成祂的目的，或甚至說祂能夠勝過它呢？這些肯定都不是我們想要的立場。

B.8.3 神審判人的惡是正當的

*神責備並審判有道德性之受造者所行的惡是正當的。*聖經多處經文都肯定這一點，其中一處是以賽亞書66:3-4：「這等人*揀選*自己的道路，心裏*喜*悅行可憎惡的事。我也必揀選迷惑他們的事，使他們所懼怕的臨到他們。因為我呼喚，無人答應；我說話，他們不聽從。反倒行我眼中看為惡的，*揀選*我所不喜悅的。」（賽66:3-4）與此相似地，我們又讀到：「神造人原是正直，但他們尋出許多巧計。」（傳7:29）*行惡之責一定是在受造者身上*（不論是人還是鬼魔），而且*行惡的受造者一定該受到懲罰*。聖經始終如一地肯定說，神為著我們的罪惡而懲罰我們，是既公義又公正的。如果我們反對說，神不應當挑剔我們的過失，因為我們不能夠抵擋祂的旨意，那麼我們就必須思想使徒保羅自己對這個問題的回應：「這樣，你必對我說：『祂為什麼還

---

[12]John Calvin, *Institutes of the Christian Religion*, Library of Christian Classics, ed. by John T. McNeill and trans. by F. L. Battles, 2 vols. (Philadelphia: Westminster, 1960), 1:217 (1.16.5). 參錢曜誠編審譯本：加爾文，《基督教要義》1:165（加爾文出版社，2007）。

[13]John Calvin, *Institutes*, 1:228（1.18標題）。亦可參錢曜誠編審譯本，1:175。

指責人呢？有誰抗拒祂的旨意呢？』你這個人哪，你是誰，竟敢向神強嘴呢？受造之物豈能對造他的說：『你為什麼這樣造我呢？』」（羅9:19-20）在每一件我們行惡的事情上，我們都知道自己是**自願地**選擇那麼做的，而且我們也了解，我們為那事受責也是正當的。

B.8.4 邪惡是真實的，它必害己害人

邪惡不是幻像，而是真實的，我們絕不應行惡，因為行惡總是害己害人。聖經始終一致地教導說，我們絕沒有權利行惡，我們應當在我們自己身上和在世界上堅持抵擋它。我們要向神禱告說：「救我們脫離兇惡」（太6:13）。假如我們看見任何人轉離真理而去做錯事的話，就應當盡力將他帶回正道。聖經說：「你們中間若有失迷真道的，有人使他回轉，這人該知道，叫一個罪人從迷路上轉回，便是救一個靈魂不死，並且遮蓋許多的罪。」（雅5:19-20）我們甚至也絕不應當在心思中**想去**行惡，因為我們若在心思中以有罪的欲望為樂，就是容讓它們向我們的靈魂「宣戰」（彼前2:11），也就因此會給自己帶來屬靈的傷害。假如我們曾受試探說：「為什麼不說我們可以作惡以成善呢？」如同一些人對保羅教訓的毀謗，那麼我們就應當記取保羅對教導那種錯謬教訓之人所說的話：「這等人定罪是該當的。」（羅3:8）

當我們在思想神使用惡以達成祂的目的時，我們還應當記住，有些事情神做是**對**的，但人做就是**錯了**：祂要求人敬拜祂，祂也接受從人而來的敬拜；祂為自己尋求榮耀；祂在做惡事的人身上施行最後的審判；祂使用惡來帶出良善的目的……但祂不容許我們如此做。加爾文贊同並引用了一句奧古斯丁的話說：「適合人決意的事，和適合神決意的事，二者之間有很大的差別……因為神會藉著惡人的惡意，達成了祂秉著公義所定的旨意。」[14] 巴文克（Herman Bavinck）用了一個類比：作父親的自己願意使用一把十分銳利的刀，但卻不願意讓他的孩子使用它。巴文克用這個類比顯示，神自己使用惡來帶出良善的目的，但卻不讓祂的兒女如此做。雖然我們在許多方面都要效法神的道德屬性（參弗5:1），但這方面則不是我們應該要去效法祂的。

B.8.5 我們不明白這件奧祕

雖然前面討論了很多，但我們仍必須走到一個關口，那就是**承認我們不明白神怎麼會命定我們去做惡事，又要我們為它們負責任，而祂卻不受罪責。**但我們能肯定以上幾方面都是真的，因為聖經是這樣教導的；但是聖經**沒有**精確地告訴我們，神是**怎樣**使這種情形發生，或神是怎麼會叫我們為祂所命定要發生的事負責任。聖經對此緘

[14]Calvin, *Institutes*, 1:234 (1.18.3). 亦可參錢曜誠編審譯本, 1:179。

默，所以我們必須同意伯克富（Louis Berkhof）的說法：至終而言，「神與惡之間的問題仍屬一項奧祕」。[15]

B.9 我們是「自由」的嗎？我們有「自由意志」嗎？

假使神在所有的事件上都行使天命性的掌控，那麼我們還說得上是自由的嗎？這個問題的答案端視於「自由」一詞的意義。從「自由」一詞在某方面的意義來看，每個人都會同意說，我們的意志和抉擇是自由的，甚至是在改革宗或加爾文派之傳統下的卓越神學家也會這樣贊同。伯克富（見其《系統神學》，第103, 173頁）和加爾文（《基督教要義》[16]）都願意說，**在某種意義下**，人的行動和抉擇是「自由的」。然而加爾文解釋說，這個詞非常容易使人誤解，以至於他自己都盡量避免使用它。這是因為「自由意志不足以使人有能力去行善，除非他受到恩典的幫助。」[17] 所以，加爾文如此下結論說：

> 「我們可以說人有這種自由作抉擇的能力，但那不是指他有同等的自由去選擇善或選擇惡，而是指他是因自己的決定而行惡的，並不是被脅迫的。因此，要把這樣的區區小事加以堂皇之名，實際上有什麼好處呢？」

加爾文接著解釋說，「自由」一詞非常容易使人誤解：

> 「然而我要問，聽到人被賦予了自由意志，而不立刻領會成他是他自己心思和意志的主宰者，他能以自己的力量而轉向善或轉向惡，這是何其少啊……因此，如果任何使用這個詞的人都會以錯誤的意思去了解它，那麼我就不要用這個詞來困擾他……我自己不喜歡用這個用詞，而且如果別人問我的意見的話，我也希望他們能避免用它。」[18]

---

[15] Louis Berkhof, *Systematic Theology*, p. 175.

[16] Calvin, *Institutes*, 1:296 (2.3.5). 加爾文以贊同的口吻引用St. Bernard的話說：「在所有的活物中，惟有人是自由的……因為能自願的也就是自由的……」之後在同樣的段落裏，加爾文再度以贊同的口吻引用St. Bernard的話說，他承認說意志被罪所捆綁，因此犯罪是必然的，他又說：「這必然性是出於自願的……因此，靈魂……既是被奴役的，又是自由的：說它是被奴役的乃是因為它犯罪的必然性；說它是自由的則因為它是有意志的。」（亦可參錢曜誠譯本，1:230-231）稍後加爾文還說：「雖然人犯罪是出於必然的，但又沒有一點的不自願。」（1:309[2.4.1]，亦可參錢曜誠譯本，1:242）加爾文很清楚地說，在世上有罪以前，亞當「藉著自由意志是有能力的，只要他如此定意，他就能得到永遠的生命……只要他願意，他是可以站得住的，不會單因著自己的意志而跌倒……他選擇善惡樹上的果子是他自由的選擇。」(1:195[1.15.8]，亦可參錢曜誠譯本，1:145) 所以，加爾文可以使用**自由意志**一詞，如果它的意思是指「自願的、定意的」；他也可以將這個詞語用在墮落以前的亞當身上。但是加爾文很小心地避免將這詞語應用在有罪的人類身上，因為它的意思會成了「人能靠自己的力量行善」（見上面的正文）。

[17] Calvin, *Institutes* 1:262 (2.2.6). 亦可參錢曜誠編審譯本，1:202-203。

[18] Calvin, *Institutes* 1:264, 266 (2.2.7-8). 亦可參錢曜誠編審譯本，1:204, 205-206。

因此，當我們問說人是否具有「自由意志」（free will）時，先弄清楚這個詞是什麼意思，是很重要的。如果我們所謂「自由的」是指在神的掌控之外的自由，[19] 或是能夠不受任何事物之影響而作決定的自由，那麼聖經上從來沒有一處說我們是「自由的」（但似乎許多人都以為，我們從這個角度來說必定是自由的；見以下的討論）。而且聖經也沒有說，我們能夠靠自己的力量，而不靠神的能力，去作對的事；從這個角度來說，我們也不是「自由的」。雖然如此，從神所有的受造者可以擁有之自由的最偉大定義來說，我們是自由的——我們能作出於意志的抉擇，而這抉擇具有真實的果效；[20] 並且當我們作決定時，我們並沒有意識到從神來的限制要拘束我們的意志。[21] 我們必須堅持說，我們具有作出於意志之抉擇（willing choices）的能力，否則我們就落入宿命論（fatalism）或決定論（determinism）的錯謬裏，以致結論說我們的抉擇不重要，或說我們不能真正地作出於意志的抉擇。在另一方面，如果耶穌基督真的是「常用祂權能的話語帶動萬有」（來1:3，和合本譯作「托住萬有」），那麼那些否認神的天命掌控萬事的人，他們所要求的那種自由，即一種在神之維繫並掌控以外的自由，就是不可能的。假如這點是正確的，那麼脫離神天命之掌控，根本就等於是不存在於世上了！在一個受到神以祂自己的天命來維繫並引導的世界裏，所謂的絕對「自由」，即全然要脫離神掌控的自由，是不可能的！

C. 管治

C.1 經文證據

我們已經討論過神之天命的第一和第二個層面，即保守和協同，現在我們要來討論天命的第三層面：管治：神在宇宙中所做的一切事，都有目的；祂以天命管治或引導萬物，為的是叫它們達成祂的目的。我們在詩篇裏讀到：「祂的權柄統管萬有。」（詩103:19）不只如此，「在天上的萬軍和世上的居民中，祂都憑自己的意旨行事。

---

[19] 事實上，人有能力作出於意志的抉擇，完全是因為我們反映了神有意志，和祂有能力作出於意志的抉擇。然而，如果我們在作抉擇上真的是完全自由的話，那麼我們就在意志上與神同等了——這是我們在今生或來世都不可能的事！

[20] 阿民念派的神學家不贊同這種對自由意志的了解，他們所認為的自由，是指我們的決定不受我們自己以外的任何原因之影響（見Jack Cottrell的討論：自由的意思必須不只是出於意志之抉擇。見本章G, H節的討論）。

[21] John Feinberg說：「假如一項行動是按著行事者的願望而做的，那麼即使那行動是被其他原因而決定了，它仍然是自由的，而且行事者在道德上要負起責任。」(“God Ordains All Things,” in *Predestination and Free Will: Four Views of Divine Sovereignty and Human Freedom*, ed. by David Basinger and Randall Basinger [Downers Grove, Ill.: InterVarsity Press, 1986], p. 37)

無人能攔住祂手，或問祂說：『你作什麼呢？』」（但4:35）保羅肯定地說：「萬有都是本於祂，倚靠祂，歸於祂。」（羅11:36）並說：「神叫萬物都服在祂的腳下。」（林前15:27）神是「那位隨己意行作萬事的，照著祂旨意所預定的」（弗1:11），至終祂要「叫一切在天上的、地上的，和地底下的，因耶穌的名，無不屈膝、無不口稱耶穌基督為主，使榮耀歸與父神。」（腓2:10-11）因為保羅知道神在萬事上掌權，祂要在所發生的每一件事上運作出祂的目的，因此保羅能夠這樣宣告：「〔神〕使萬事都互相效力，叫愛神的人得益處，就是按祂旨意被召的人。」（羅8:28）

C.2 關於神旨意的區分

雖然*在神裏面*，祂的旨意是一致的，沒有分裂或矛盾，但是除了祂所啟示給我們知道的那一小部分，我們一點也無法明瞭神那深不可測的旨意。因此之故，正如我們在本書第十三章所提，[22] 神的旨意可分為兩種。一方面，神有*道德上的旨意*（有時候又被稱為是祂「啟示的旨意」），這種旨意包括了聖經上的道德標準，例如舊約的十誡和新約的道德命令，也就是聖經上所描述*我們*在神面前所應有的正確行事方式。另一方面，即神旨意的另一個層面，就是祂對萬事*天命性的管治*（有時又被稱作祂「隱祕的旨意」）。這種旨意包括了神所命定要發生的所有歷史事件，例如基督被「無法之人」釘十字架的史實（徒2:23），以及我們在本章B節所提到的所有其他惡行。

有些人反對這種將神旨意分為兩個層面的看法，他們認為這樣的區分表示，在神裏面有「自我矛盾」。[23] 不過，即使是在人類的經驗中，我們也會有一些看似「自我矛盾」的做法；雖然我們不想去做一些痛苦的事，但仍決定去做（例如懲罰不聽話的孩子，或注射那些叫我們暫時不舒服的預防針），目的是為了得到我們想要的長期果效（例如教孩子順服，或使我們不致得到更嚴重的疾病），因此我們就願意接受短期的痛楚。因為神比我們更為無限的偉大和有智慧，所以對祂來說，決定讓祂的受造者去做一些短期會使祂不喜悅的事，為的是在長期帶給祂更大榮耀，這也是可能的。把這種將神旨意分為兩個層面的看法說成是神的「自我矛盾」，這是不明瞭有了這樣的區分才不會發生解釋上的矛盾。[24]

---

[22]見本書第十三章D.1.2節有關神隱祕的旨意和啟示的旨意之進一步的討論。

[23]這是Marshall的反對論點，見I. Howard Marshall, "Predestination in the New Testament," p. 173.

[24]當加爾文論及那些反對將神的旨意分為兩個層面的人時，他說：「我要請他們告訴我，神是有意的還是無意的施行祂的審判……當我們不明白神為何決意使祂所禁止的事發生時，請不要忘記，我們的心思能力是有限的。」加爾文贊同並引用了一句奧古斯丁的敘述：「適合人決意的事，和適合神決意的事，二者之間有很大的差別……因為神會藉著惡人的惡意，達成了祂秉著公義所定的旨意。」見Calvin, *Institutes* 1:233-34 (1.18.3),

D. 神的諭旨

神的諭旨（decrees）是指神永遠的計劃——即祂在創世以前就已計劃好要促使發生的每一件事。這個教義與天命的教義相似，但針對這個教義，我們思想的是神在創世以前所作的決定，而不是祂在時間裏天命的行動。神天命的行動乃是祂在久遠以前所定之永恆諭旨的運作（見本書第二章B.1節，有關「諭旨」比較不同意思的用法）。

大衛承認說：「你所定的日子，我尚未度一日，你都寫在你的冊上了。」（詩139:16）約伯說：「人的日子既然限定，他的月數在你那裏，你也派定他的界限。」（伯14:5）使徒行傳說到「神的定旨先見」（徒2:23）——耶穌因著神的諭旨而受死，而那些定祂罪又釘祂十字架之人的作為，也是神所「預定」的（徒4:28）。我們的得救亦是很早以前就決定了的，因為「神從創立世界以前，在基督裏揀選了我們，使我們在祂面前成為聖潔。」（弗1:4）我們成為信徒以後的善行，也是「神早已計劃要我們去做的」（弗2:10, RSV譯法；和合本譯作「神所預備叫我們行的」；另參猶4）。

在人類活動的許多不同層面中都有這類的例子；我們可以從這些例子中合宜地結論說，神所做的一切事，早在創世以前就都計劃好了——事實上，這些事在祂那裏早已是永恆的計劃了。強調神的諭旨的好處，在於它幫助我們了解，神不是隨著事件的發展才突然作決定的；祂從起初就知道末後，祂將會達成所有祂美善的目的。這個教義應當大大地加增我們對祂的信靠，尤其是處在艱難的環境之下時。

E. 人之行動的重要性

有時我們可能忘記，在神的天命所管理的世界中，祂是透過人的行動來工作的。假如忘了這一點，我們就會開始以為，自己的行動和抉擇對於事情的發展不會產生多大的差別或果效。為了防備對神之天命的誤解，我們要強調以下幾點。

E.1 我們仍然要為自己的行動負責任

神要我們為自己的行動負責任；我們的行動具有真實而有永恆意義的果效。在神所有的天命作為中，祂都保守了這些責任和果效的特性。

用一些自然界的類比或許可以幫助我們明瞭這一點。神創造了岩石，並賦予它有堅硬的特性，因此它就是堅硬的。神創造了水，並賦予它有濕的特性，因此它就是溼的。神創造了植物和動物，並賦予它們有生命的特性，因此它們就是有生命的。與

亦可參錢曜誠編審譯本，1:178-79。

此類似地，神創造了我們，並賦予我們有為自己的行動負責任的特性，因此我們就能為自己的行動負責任！假使我們做對的事、順服神的話，那麼祂就會賞賜我們，無論是與今生、是與永世有關的事都會與我們相安而行。假使我們選擇做錯事、違背神的話，那麼祂就會管教我們，也許還會懲罰我們，而事情的發展就會對我們不利。明白這些事實，將會幫助我們有教牧上的智慧，知道要告訴並勉勵別人不要怠惰和悖逆。

我們要為自己的行為負責的這件事實，意味著我們絕不該這樣想：「是神使我去行惡的，所以我不用為自己的惡行負責。」亞當為第一次的罪惡找藉口這件事意義深長，其遁辭聽起來就是這樣：「你所賜給我，與我同居的女人，她把那樹上的果子給我，我就吃了。」（創3:12）聖經不像亞當，從不將罪責歸給神。假如我們曾經想要把罪責歸給神的話，那麼我們就是把神的天命想錯了，因為應該承擔罪責的一定是受造者，而不是神。我們可能會辯說，假如神真正命定了將會發生的事，那麼祂要我們承擔罪責是不對的；然而保羅卻糾正我們說：「這樣，你必對我說：『祂為什麼還指責人呢？有誰抗拒祂的旨意呢？』你這個人哪，你是誰，竟敢向神強嘴呢？受造之物豈能對造他的說：『你為什麼這樣造我呢？』」（羅9:19-20）我們必須了解，並且在心中肯定，神斥責、懲治並處罰罪惡是對的，而且當我們負責任地如此做，在家中、在教會裏，甚至以某種方式在我們周遭的社會上，去斥責和懲治罪惡也是對的。若有一件惡事發生，我們絕不應當說：「神定意了這件事，所以它是好事」，我們必須認清，在神的諭旨中所計劃會發生的事本身並不一定是好事，所以我們不應當贊同它們，正如神不贊同它們一樣。

巳.2 我們的行動有真實的果效，並且真的會改變事情的發展

在平常世上的運作裏，假如我們疏忽了健康，或有不良的飲食習慣，又或因喝酒抽煙而糟蹋了身體，那麼我們就可能會死得比較早。神已經命定了我們的行動會產生果效；祂已經命定了我們會促使事件的發生。當然，我們甚至不知道在今天餘剩的時間裏，神計劃了什麼，更不用說下週或明年了。然而我們確實知道，如果我們信靠神並順服祂的話，我們就會發現，祂已經計劃了許多好事，是要藉著我們的那個順服而發生！我們就是不能忽略掉人生路途上所遇見的許多人，因為神帶領他們來與我們相遇，並且要我們因自己對他們所採的行為而負起永恆的責任——不管我們那些行為是好的還是壞的。

加爾文很有智慧地鼓勵我們在生活中要有一般的警覺性，並且要先有計劃：「神喜悅向我們隱藏一切未來的事，好讓我們因著不能確定而有所戒備，並且不斷地預備

各種計劃來面對，直到所有問題都被克服，或在一切的對策中渡過去了……神的天命並不都是以赤裸裸的面貌臨到我們，從某種意義來說，神為祂的天命加上了祂所使用的方法為外衣。」[25]

反之，假如我們預知未來會有些危險或壞事來臨，而且假如我們不用合理的方法來避開它們的話，那麼，事實上我們可能會發現，我們的缺少行動，正是神用來容許危險或壞事臨到我們的方法！

巳.3 禱告是一項特別行動，有明確的果效，並且會改變事情的發展

神也命定了禱告是一種能在世上帶來果效的十分重要的方法。[26] 當我們熱切地為一個特定的人或情況代禱時，我們通常就會發現，神已經命定了我們的禱告會成為祂所使用、帶來改變的一個*方法*。聖經的這句話就提醒了我們這點：「你們得不著，是因為你們不求。」（雅4:2）耶穌說：「向來你們沒有奉我的名求什麼，如今你們求就必得著，叫你們的喜樂可以滿足。」（約16:24）

巳.4 結論是我們必須有所行動！

天命的教義絕不是在鼓勵我們坐著不動，等候某件事情的結局發生。當然，神會在我們心中引導我們，叫我們在行動以前等候祂並信靠祂，而非依賴我們自己的能力——這點當然沒錯；但若只說我們要信靠神，而*沒有*負起責任來採取行動，那就純粹是怠惰，扭曲了天命的教義。

用一個實際的例子來比方：假如我的兒子明天要交學校的作業，那麼我要他在出去玩之前把作業做完，這是對的。雖然我知道他的成績是在神的手中，而且神早就決定了他的成績，可是我不知道那成績將會如何，他也不知道。我只知道，假如他好好地讀書並做好作業，就會得到好成績；假如不用功，就不會有好成績。因此加爾文才會說：

> 「現在我們的職責就十分清楚了：主既然將保護我們生命的責任託付給我們，我們的職責就是要保護它；祂若提供援助給我們，我們就該使用它；祂若警告我們有危險，我們就不要一頭栽入；祂若準備了可用的解救之道，我們就不要忽略它。」[27]

要努力地做我們該做的，還要再加上信靠神。撒母耳記下10:12所記載的就是一個好例子；在那裏約押說：「*我們都當剛強*，為本國的民和神的城邑作大丈夫」，然後

---

[25] Calvin, *Institutes* 1:216 (1.17.4). 亦可參錢曜誠編審譯本，1: 164。

[26] 見本書第十八章有關禱告之更廣泛的討論。

[27] Calvin, *Institutes* 1:216 (1.17.4). 亦可參錢曜誠編審譯本，1: 164。

他又馬上接著說：「願耶和華行祂的眼中看為好的事。」（按NASB直譯）約押不但將會出去爭戰，而且他也信靠神會行出祂認為好的事。

新約聖經裏也有類似的例子。當保羅在哥林多時，主為了不讓他因受到從猶太人的抵擋而氣餒，便在夜間的異象中向他顯現，對他說：「不要怕，只管講，不要閉口。有我與你同在，必沒有人下手害你，因為在這城裏我有許多的百姓。」（徒18:9-10）假如保羅是一個宿命論者，對神的天命有不恰當的認知，那麼他就會只聽到神的話說：「在這城裏我有許多的百姓」，然後下結論說，神既然已經決定要救許多的哥林多人，那麼他自己是否要留在那裏就不重要了，因為神已經揀選許多人得救了！保羅可能就因此會想，他可以收拾行囊離開了！可是保羅沒有犯這個錯誤，反而結論說，假如神已經揀選了許多人，那麼其方法可能是藉著保羅的傳講福音，而使得多人得救。所以保羅作了一個明智的決定：「保羅在那裏住了一年零六個月，將神的道教訓他們。」（徒18:11）

保羅在提摩太後書2:10表達出，他從神的天命之光中對這負責任的行動的理解，他說：「所以我為選民凡事忍耐，叫他們也可以得著那在基督耶穌裏的救恩，和永遠的榮耀。」他沒有從神已經揀選了一些人要得救的事實，來辯說自己什麼都不需要做了；反而下結論說，他必需做許多事，好讓神的目的可以藉著神已設立的方法而達成。實際上，保羅願意「凡事」忍耐——包括各樣的艱難和苦難——好使神永恆的計劃可以實現。真心地相信神的天命，將不會阻撓我們採取行動，反而會激勵行動。

另一個相關的例子是保羅赴羅馬旅程的故事。神已經清楚地啟示保羅，在船上的人沒有一人會死於他們所經歷到的大風暴中，保羅就真的站在乘客和船員之前，告訴他們可以放心：

> 「〔因為〕你們的性命一個也不失喪，惟獨失喪這船。因我所屬所事奉的神，祂的使者昨夜站在我旁邊說：『保羅，不要害怕，你必定站在該撒面前，並且與你同船的人，神都賜給你了。』所以眾位可以放心，我信神祂怎樣對我說，事情也要怎樣成就。只是我們必要撞在一個島上。」（徒27:22-26）

然而他才說完這話，就注意到船上的水手暗中將救生艇放到海上，「想要逃出船去」（徒27:30）。他們計劃離去，不顧其他人的無助，因他們不知道怎樣航行這船。當保羅看到這情景時，他沒有採取一種錯誤的宿命心態，以為神會奇蹟般地使這艘船靠岸，他反而是立刻到管理水手的百夫長那裏，而且「對百夫長和兵丁說：『這些人若不等在船上，你們必不得救。』」（徒27:31）這是保羅的智慧，他知道神天命的眷顧以及他自己對將要發生之事的清楚預言，都仍然要使用平常人類的*方法*來使事情成就。他甚至勇敢到一個地步說，那些方法是*必須的*：「這些人若不等在船上，*你們必不得救*。」（徒27:31）我們可以好好地效法保羅的榜樣，全然地信靠神的天命，並且又明瞭神使用平常的方法是必須的；這樣，事情才會以神所計劃要它們成就的方式而得以成就。

E.5 若不全然明瞭這教義，會怎樣呢？

每一位默想神之天命的信徒，遲早會來到一個關口，他一定會說：「我無法充分地明白這個教義。」從某個角度來說，我們對每一個教義都是如此，因為我們的了解是有限的，而神是無限的（見本書第一章E.3節；另參第十章B節）。不過，對於這項天命的教義尤其是如此：我們相信它，是因為聖經教導它，雖然我們不能充分地知道它是如何與聖經其他教訓協調的。對此加爾文有一些明智的勸告：

> 「讓那些認為這個教義似乎是無情的人思想一下，他們的挑剔讓人得有多少的忍耐啊：他們拒絕接受一件聖經清楚證實的事，只因它超過了他們有限的理解力，他們又對這公開揭櫫的事吹毛求疵。然而，如果不是神判定人知道了這些事對人是有用的，祂就不會吩咐祂的先知和使徒們去教導它們。我們的智慧應當只是以謙卑受教的心，去擁抱在聖經裏所教導的一切，至少也不要去挑剔啊。」[28]

F. 進一步的實際應用

雖然我們已經講了一些此教義的實際應用，但還有三個要點要提及。

F.1 不要懼怕，只要信靠神

耶穌強調，我們的主看顧我們，又關照我們像關照祂的兒女。祂說：「你們看那天上的飛鳥，也不種、也不收、也不積蓄在倉裏，你們的天父尚且養活他，你們不比飛鳥貴重得多麼？所以不要憂慮，說：『吃什麼？喝什麼？穿什麼？』」（太6:26, 31）如果神會餵養飛鳥，又妝飾野地裏的花，那麼祂一定會照顧我們的。與此相似地，耶穌說：「兩個麻雀不是賣一分銀子麼？若是你們的父不許，一個也不能掉在地上……你們比許多麻雀還貴重。」（太10:29-31）

大衛能夠在他的敵人中間安睡，因為他知道神在天命上的掌控使得他能「安然居住」，所以他就能夠說：「我必安然躺下睡覺」（詩4:8）。許多的詩篇激勵我們信靠神，不要懼怕，因為耶和華保守並護衛祂的百姓——例如詩篇91篇（「住在至高者隱密處的」），或詩篇121篇（「我要向山舉目……」）。因為我們信靠神的天命之眷

---

[28]Calvin, *Institutes* 1:237 (1.18.4). 亦可參錢曜誠編審譯本, 1: 181.

顧，我們就不需要害怕任何邪惡或傷害，即使它臨到我們，也都只能是因著神的旨意臨到，並且最終是為著叫我們得益處。因此，彼得會說：「如今在百般的試煉中暫時憂愁，叫你們的信心既被試驗，就比那被火試驗仍然能壞的金子更顯寶貴，可以在耶穌基督顯現的時候，得著稱讚、榮耀、尊貴。」（彼前1:6-7）在所有的這些事上，我們都無需為將來憂慮，只要信靠神無所不能的眷顧。

F.2 為所有發生的好事而感恩

假如我們真正相信所有的好事都是由神所促使的，那麼我們的心就真的是充滿感恩，並且會說：「我的心哪，你要稱頌耶和華，不可忘記祂的一切恩惠。」（詩103:2）我們要為著日用的飲食感謝祂（另參太6:11；提前4:4-5）；實際上，我們「在任何環境中都要感謝」（帖前5:18，RSV譯法，和合本譯作「凡事謝恩」）。

F.3 沒有「運氣」或「機遇」這回事

所有事情的發生都是因神智慧的天命——這個意思是說，我們對宇宙和其中事件的了解，應當採取一種更為「有位格的」（personal）的角度。這個宇宙不是由無位格的命運或運氣掌管，而是由一位有位格的神掌管。沒有一件事是徒然發生的——我們應當在每個事件全程中看見神的手；祂使萬事為著那些愛祂的人而互相效力。

這種對神智慧天命的信靠當然不等同於迷信，因為迷信是相信環境是由無位格的命運或運氣，鬼魔，或一位反覆無常的神明來掌控——這神明只在乎毫無意義的宗教儀式，而不在乎信心和順服。對天命教義的深刻重視，並不會使我們更為迷信；反之，它會使我們更多地信靠神，並更完全地順服祂。

G. 阿民念派神學觀點

在福音派中還有另外一種主要的立場，是許多福音派人士所支持的，為便於說明的緣故，我們將它稱為是阿民念派的觀點。[29] 在當代福音派中，循道會（Methodists）

[29]晚近有一系列的回應論文的標題都用了「阿民念主義」（Arminianism）一詞來代表其立場，見Clark H. Pinnock, ed., *The Grace of God, The Will of Man: A Case for Arminianism* (Grand Rapids: Zondervan, 1989)。在以下的各節中，筆者會從這一本書和Pinnock較早所編的另一本書（*Grace Unlimited*）中廣泛地引用他們的話。這兩本書是晚近為阿民念派立場辯護的極佳之作。

阿民念（Jacob Arminius, 主後1560-1609年）是一位荷蘭的神學家，他的立場和當時主導的加爾文主義看法相異。雖然今日的阿民念派人士很少引用或提到他本人的話，但是他的名字已經和廣義的這個立場密不可分了。這個立場和加爾文派的立場的區別主要是對人的自由意志有不同的看法：一般來說，是關係到神的天命方面（即本章的主題）；特定來說，是關係到預定或揀選方面（本書第三十二章的主題）。

我們不要把這兩個英文字搞混了：*Arminian*是「阿民念派」，*Armenian*是「亞美尼亞人」——它是指古和拿撒勒人會（Nazarenes）往往是清一色的阿民念派，而長老會（Presbyterians）和基督教改革宗（Christian Reformed）則往往是清一色的改革宗信仰（至少由其宗派的信仰告白來看是如此），而其他宗派則兩種觀點都有，例如浸信會（Baptists）、聖公會（Episcopalians，雖然他們的《三十九條》〔Thirty-Nine Articles〕清楚地強調改革宗信念）、時代論派（Dispensationalists）、播道會（Evangelical Free Churches）、信義宗（Lutherans，即路德會，馬丁．路德自己在這一議題上是屬改革宗之陣營）、基督教會（the Churches of Christ），以及大多數的靈恩派（charismatic）和五旬節派（Pentecostal）團體（雖然五旬節派的宗派以阿民念立場為主導，例如神召會〔Assemblies of God〕）。

那些支持阿民念派立場的人認為，為了要保守人真正作為人所必要的**真實的人性自由**和**人性選擇**，神不可能主導或安排我們自願的抉擇。所以，他們結論說，神的天命在歷史中的介入或掌控，一定**不會**包括所發生之每一事件中的**每一個特定細節**；神只是按事件中人的抉擇和行動作出**回應**，而且祂以這樣一個回應的方式，最終達成了祂在這世上的目的。

那些堅持這個立場的人辯說，神對這世界所訂的目的是比較一般性的，可以透過許多不同種類的特定事件來達成。所以，神所訂的目的或計劃，「不是一張引導所有未來可能發生之事件的藍圖」，而是「一個給世界的動態規劃，部分需要人的參與才能完成它。」[30] 寇崔爾（Jack Cottrell）說：「神並沒有一個特定的、無條件的目的，是針對宇宙內每一個的個別粒子、物件、人和事件。」[31] 阿民念派的人相信，神乃是藉著回應並使用人類自由的抉擇——不管那是怎樣的抉擇——來達成祂整體性的目標。[32] 畢克羅（Clark Pinnock）說：「神的預定並不是運用在每一個個別的活動上，

代住在西亞西亞的亞美尼亞國（今土耳其、伊朗和獨立國家聯合體〔簡稱CIS, Commonwealth of Independent States，即1991年前蘇聯解體以後原先在其境內的諸國家成立的政治聯合體〕之一部分）的居民或其後裔。

[30]Clark Pinnock, "Responsible Freedom in the Flow of Biblical History," in *Grace Unlimited*, p. 18.

[31]見Jack Cottrell, "The Nature of the Divine Sovereignty," in *The Grace of God, the Will of Man*, p. 107. 在筆者看來，Cottrell的論文是這本書（為Pinnock所編）中許多阿民念派論文佳作中最完整和最具說服力的一篇。就整體而論，這本書編得很負責任，可謂為近來代表阿民念思想的最佳之作。Cottrell不像在同一本書中另一篇由Clark Pinnock和Richard Rice所寫的論文那樣，他沒有否認神對未來事件的無所不知，這使得他更接近直覺的阿民念主義——今日許多福音派中的平信徒，也似乎認為這是對的。

[32]Marshall在其文中多處宣稱這點，見I. Howard Marshall, "Predestination in the New Testament," *Grace Unlimited*, pp. 127-43. Marshall使用爵士樂團的類比：在樂團裏的樂手可以自由地即興創作，但仍保持著其曲子整體性的目標與合一（p. 133）。同樣地，「聖經描繪了一幅圖畫：有一位神在定調歷史上新創的節拍，並與

而是運用在神全面的目的上，這目的乃是歷史在其中前行的結構性背景。」[33]

不只如此，提倡阿民念派立場的人認為，神的旨意是不會包括邪惡在內的。畢克羅說：「人的墮落，給神旨意必定成就的這個理論一個當頭棒喝。」[34] 他表明，說神的旨意「在失喪者的失喪中也成就了」，並不是事實。[35] 而馬歇爾（I. Howard Marshall）則很肯定地說：「要說每一件發生的事都是神所要的，並非為真。」[36] 這些敘述清楚表明出改革宗和阿民念派立場之間的差異，不僅是在專用名詞上的不同而已，還有實質上真實的不同。有幾個論點是進一步為阿民念派立場辯護的，筆者嘗試將它們總結成以下主要四點。

G.1 經文所描述的是特例，而不是神平常的工作方式

被引用來支持神天命之掌控的經文，所描述的情況屬於特例，而不是神在人類活動中平常的工作方式。克藍斯（David J. A. Clines）在綜覽舊約聖經中提到神在天命上介入世界的經文以後說，神的預言和有關祂的目的敘述，是指有限的或特定的事件：

> 「幾乎所有提到神之計劃的特定經文，都是在指一個特定事件，或一系列有限的事件，舉例來說，耶利米書說到『祂攻擊迦勒底人之地所定的旨意……』（耶50:45）不只如此，神的計劃不是單一的，不同的經文曾說過神有不同的目的，而事實上有些經文說到神的計劃時是用複數表示……這些經文肯定出，神在歷史中持續地成就祂多個目的」。[37]

寇崔爾也同意，在一些例子裏，神是以一些不尋常的方式——「例如微妙地操作自然律和人的精神狀態」——來介入世界，但是他稱這些不尋常的事件為「特殊的天命」，並且說：「舊約聖經中充滿了特殊天命的記敘，這是很自然的事。但是我們沒有理由假定，神同時間也在澳洲和南美洲以這樣的方式來工作。」[38]

人的意願互動；聖經又描繪一幅圖畫：有一位神在亙古以前就在計劃著萬事——這兩幅圖畫一樣地有效。」（p. 141）

[33]Pinnock, "Responsible Freedom," p. 102.

[34]同上出處，p. 102.

[35]同上出處，p. 106.

[36]Marshall, "Predestination in the New Testament." p. 139.

[37]David J. A. Clines, "Predestination in the Old Testament," p. 122; 116-17. 此外，James D. Strauss也說過類似的話；他說保羅在羅馬書9:9-13那裏提到了雅各和以掃的例子，保羅所指的是神對雅各的後裔和以掃的後裔之團體性的計劃，我們不應當把它們看成是神在人的生活中或心中所做的一般性工作。見James D. Strauss, "God's Promise and Universal History," *Grace Unlimited*, p. 196.

[38]Jack Cottrell, "The Nature of the Divine Sovereignty," pp. 112-13.

G.2 加爾文派觀點錯誤地使神要為罪負責

那些主張阿民念派立場的人會問：「如果按神的諭旨是我們會犯罪，那麼祂怎樣會是聖潔的神？」他們肯定地說神不是「罪惡的始作俑者」，因為「神不能被惡試探，祂也不試探人」（雅1:13），「神就是光，在祂毫無黑暗」（約一1:5），而且「耶和華是正直的……在祂毫無不義」（詩92:15）。

他們會說，支持神天命的觀點會使得我們變成傀儡或機器人，不能去做不是神引發我們去做的任何事；而且這種觀點也帶給神道德上的責難，如馬歇爾所說的：「我要為引發我行動的那一位所做的事負責。」[39] 畢克羅也肯定說：「這個理論是褻瀆神的，因為**從任何一個意義來看**，它都認為人的悖逆神乃是神主權之旨意或第一因的產物。」[40]

G.3 神所促成的抉擇並非真正的抉擇

加爾文派宣稱是神促使我們自願地作抉擇，然而那些持守阿民念派立場的人會回應說，任何至終為神所促成的抉擇，都不可能是真實的抉擇；而且，如果神真的促使我們作出我們所作的抉擇，那麼我們就不是真正的人了。寇崔爾說，加爾文派觀點中的神是第一因，而身為第二因的人真的是瓦解了，所以其實只有一因，那就是神。他說，假如人用一根槓桿去移動石頭，「這槓桿不是真正的第二因，而只是造成這個移動之真正原因的工具而已……在我看來，把促成因素的觀念用在這裏，並沒有真實的意義。在這樣的系統裏，人所貢獻的都只是事先已經被決定好了的。」[41]

畢克羅寫道：

> 「我們在福音書裏所看見的神與個人間的交通，只有在能自由作抉擇時才存在。假如我們希望明瞭神的恩典是神對祂的受造者個人的恩典，那麼我們就必須以互動的、非操縱性的、非強制性的角度來領會它，正如聖經所教導的。」[42]

他又說：

> 「假如這個世界是一個完全已經被決定了的結構，而其中人的決定沒有任何的果效，那麼人的基本直覺——他是一個**能行動**、**有自由意志的人**——就變得荒謬了，因為人想要改變世界的計劃和努力，就沒有意義了……道德和智識責任的前提乃是人的自由。」[43]

---

[39]Marshall, "Predestination," p. 136.

[40]Pinnock, "Responsible Freedom," p. 102.

[41]Jack Cottrell, "The Nature of the Divine Sovereignty," pp. 104-5.

[42]Pinnock, *Grace Unlimited*, p. 15.

[43]Pinnock, "Responsible Freedom," p. 95.

這樣說來，在阿民念派的觀點裏，人的墮落和犯罪為什麼會發生呢？畢克羅回答說：「它們的發生是因為神拒絕使人變得機械化，或將祂的意志強加在人的身上。」[44] 馬歇爾則說到：「『一項關於我和另一位主事者的行動過程，會由我自己事先決定好』的可能性，在雙方都有自由意志的情況下，其可能性是零。」[45] 他反對把神和世界類比成劇作家和劇本，他認為這樣的類比沒有什麼幫助，因為我們若問劇中的角色是否真是自由的，「這並不是一個真實的問題。」[46]

然而，我們應當注意到，阿民念派的神學家們確實願意說神在人類身上有一些影響力。馬歇爾說：「禱告對人也有影響……因此人們的意志會受到禱告的影響，否則我們就不要為他們禱告了。*相信禱告，就是相信人類的自由是有某種的限制，並相信它在人的意志上有某種無法理解的影響力。*」[47]

為了使人接受人類意志有本質上的自由這一點，提倡阿民念派立場的人引人注意到新約聖經中屢次提到的福音之呼召。他們說，如果聖經要人悔改並到基督這裏來得救恩的邀請是*真實的*，那就必定表示人有*能力*來回應這邀請。如此說來，沒有例外地，所有的人都有能力回應神；這能力並不是神以特別的方式、在祂的主權之下，只賜予某些人的。

阿民念派進一步地用哥林多前書10:13來支持其論點；他們說這節經文清楚地肯定了我們有能力不犯罪。保羅對哥林多教會的人說：「你們所遇見的試探無非是人所能受的。神是信實的，必不叫你們受試探過於所能受的；在受試探的時候，總要給你們開一條出路，*叫你們能忍受得住*。」（林前10:13）然而若就加爾文派的說法，神有的時候會命定我們犯罪，那麼這節經文的敘述就是錯的，因為那樣我們就不可能逃避試探而不犯罪了。

G.4 阿民念派的觀點鼓勵負責任的生活

阿民念派的觀點鼓勵一種負責任的基督徒生活，而加爾文派的觀點則鼓勵了一種危險的宿命論。支持阿民念派立場的基督徒認為，在徹底地了解加爾文派的觀點以後，會摧毀基督徒對其行為負責任的動機。白新爾（Randall Basinger）說，加爾文派

---

[44]同上出處，p. 108.

[45]Marshall, “Predestination,” p. 132. 與此類似地，他又說：「我們可以想想看，如果有一個人可以預先定好他和另一人之間關係的發展過程……*這觀念在邏輯上是自我矛盾的*。」（p. 135）

[46]同上出處，p. 133.

[47]同上出處，p. 139-40（用特殊字體所強調的那句話，是在原書上就強調的）。

的觀點「建立了一套事情應該有的樣子，並排除事情可能有或/以及應該有不同樣子的考量。」[48] 他又說：

> 「那些強調神的主權又以此為根基而行動的基督徒，是犯了一種專橫的、不適合人的、危險的宿命論的錯誤……反之，阿民念派相信，在某種程度上，真正發生在世上的事是人類意志產生的結果；他們否認神在世上有鉅細靡遺的掌控。這乃是說，神所不願或不想要它發生的事情也可能發生；事情不只是**可能**有所不同，而且通常**應當**有所不同。隨這一切而來的，乃是我們與神同工以帶進一個更美好之世界的責任。」[49]

不過，白新爾又繼續說出他更深一層的看法，他認為：加爾文派**在實行上**通常會避免這樣的宿命論，其「生活言談就像阿民念派一樣」。[50] 由此看來，一方面，白新爾的挑戰是在警告防備加爾文主義，因它在邏輯上會將基督徒推到實行上的極端。但從另一方面來看，他的反對宣稱，當加爾文派按著他們所知道應該有的方式生活時，他們會順服神並向祂負責——但他們這樣的生活態度若不是違背了自己所支持神掌權的觀點，就是他們不容神掌權的觀點影響自己的日常生活。

H. 回應阿民念派觀點

許多在福音派圈子裏的人認為，以上這四項阿民念派的論點頗能叫人信服。他們感覺這些論點表達出他們對自己、對自己的行為，以及對世界運作之方式的認識，而且這些論點充分地支持聖經一再強調人的責任，及人的抉擇所帶來的真實果效。然而，我們要在此對阿民念派的立場作一些回應。

H.1 經文所描述的是神平常性的工作方式

支持神天命的聖經經文所描述的情況是屬於特例，還是神在人類活動中常態的工作方式？要回應阿民念派的這個論點——聖經中關於神天命之掌控的例子，只是指有限的或特定的事件——我們首先要指出，因為這方面的例子太多了（見前面B.1至B.7節），以至於它們似乎是聖經設計來對我們描述神一向的工作方式。神不只是促使**一些**草生長，乃是促使**所有**的草生長；祂不只是促使**一些**雨落下，乃是促使**所有**的雨落下；祂不只是保守**一些**麻雀在沒有祂的允許下不會掉到地上，祂乃是保守**所有**的麻雀

---

[48] Randall G. Basinger, "Exhaustive Divine Sovereignty: A Practical Critique," in *The Grace of God, the Will of Man: A Case for Arminianism*. ed. Clark H. Pinnock, p. 94.

[49] 同上出處，p. 196.

[50] 同上出處，p. 204.

在沒有祂的允許下都不會掉到地上；祂不只是在大衛說話之前就知道祂口中的每一句話，祂乃是在*所有*的人說話之前，就已知道我們口中的每一句話；祂不只是揀選保羅和在以弗所教會的基督徒在祂面前成為聖潔沒有瑕疵的，祂乃是揀選*所有*的基督徒在祂面前成為聖潔沒有瑕疵的。這就是為什麼寇崔爾宣稱——神在澳洲和在南美洲之工作方式和祂在舊約時的工作方式不同[51]——是如此地不能令人信服。神賜下聖經就是要告訴我們祂的法則，而當我們在舊約和新約各處看到，有許多例子都是這樣清楚地教訓這一點，就可以很恰當地下結論說，這是神對人*一向*的工作法則。反之，聖經似乎沒有一處指出，有些事物是在神天命的掌控之外，或說這些神工作的方式是不尋常的，或不代表祂平常工作法則的。

不只如此，許多論及神的天命的經節都是概括性的：基督「常用祂權能的話語帶動*萬有*」（來1:3筆者另譯）；「萬有也靠祂而立」（西1:17）；「我們生活、動作、存留，都在乎祂」（徒17:28）；以及祂「行作*萬事*……照著祂旨意所預定的」（弗1:11）[52]。祂供應我們食物（太6:11），供應我們所有的需要（腓4:19），引導我們的腳步（箴20:24），並且在我們的心裏工作，使我們立志行事討祂的喜悅（腓2:13）。我們所看到的這些聖經經文，都不是神在人類事務裏的不尋常介入；它們所描述的都是神在世上一向的工作法則。

H.2 加爾文派的天命教義不會使神為罪負責

加爾文派的天命觀認為神會下諭旨讓罪惡與邪惡發生，因此阿民念派反對說，神不必為罪惡和邪惡負責，*因為祂沒有命定它們發生，祂也沒有以任何方式促使它們發*

[51]Jack Cottrell, "The Nature of the Divine Sovereignty," p. 113.

[52]見Jack Cottrell, "The Nature of the Divine Sovereignty," p. 116. Cottrell認為，以弗所書1:11的上下文顯示，這句話並沒有包括宇宙中的萬事，而是侷限於特定的焦點：「其焦點乃是『祂旨意的奧祕』（弗1:9），就是猶太人和外邦人聯合成一個身體，即教會（弗3:6）。」因此他說，這節經文所謂的「『萬事』只是指要使猶太人和外邦人在一個身體、一個元首之下聯合時所需要行作的事」。

然而這種看法並不能叫人信服。Cottrell一定是跳到以弗所書3:6那裏去讀取他在以弗所書1:11所定之「萬事」在上下文裏的限制。他這個作法忽略了以弗所書1:11緊鄰的上文所清楚定義的宇宙性的範圍；第10節和第11節在希臘文經文裏是在同一個句子裏的：「要照所安排的，在日期滿足的時候，使*天上地上一切所有的*[*ta panta*]，都在基督裏面同歸於一。」（弗1:10）天上地上一切所有的，就包括了整個宇宙。以弗所書1:21-22進一步解釋說，神高舉基督「遠超過一切執政的、掌權的……又將*萬有*服在祂的腳下，使祂為教會作*萬有*之首」。再一次地，他指的範圍是宇宙性的。在以弗所書1:9那裏所提及的神的「奧祕」，並非如在以弗所書3:6那裏所說的是限於猶太人和外邦人的聯合，而是由以弗所書1:10所定義的，是一個要在基督裏聯合萬有的計劃。在保羅書信裏的「*奧祕*」（*mystērion*）一詞，意思是指一些先前是隱藏的事情，而今藉著啟示才叫人知曉；在不同的上下文裏，這個詞可以指不同的事情：在以弗所書5:32那裏，它是指婚姻作為基督和教會之間合一的象徵；在哥林多前書15:51那裏，它是指身體的復活等等。

生。這確實是解除神為罪惡負責和受責備的一種方法，可是它是符合聖經的嗎？

問題在於阿民念派立場是否真能解釋許多經文，這些經文清楚地說明，神命定有些人會犯罪或行惡（見本章B.7節）。基督的死就是最好的例子，不過在聖經裏還有許多其他的例子，在此只提幾個：約瑟的兄長們、法老、埃及人、迦南人、以利的兒子們、大衛的數點百姓，以及巴比倫人等等。有人可能會回應說，這些都是不尋常的事件，是神平常行事方式的例外。可是這種回應沒有解決問題，因為按阿民念派的觀點來說，即使神只命定了一次的罪行，祂就不會是一位聖潔的神了。

加爾文派的立場似乎更為可取：神自己從來不犯罪，但總是*藉著第二因*使祂的旨意成就；也就是說，祂乃是透過有道德性的代理者，他們自願地、出於意志地做神所命定的事，而這些有道德性的代理者（人類和犯罪的天使）要為他們所做的惡行承擔罪責。雖然阿民念派的立場會反對地說，即使是在人的層面來看，人也要為*他們導致別人做的某些事*負責，然而我們可以回答說，聖經卻不願意將這樣的推理應用到神的身上。反之，聖經一再地給予實例，說明神是以一種奧祕的、隱藏的方式，命定了有人要犯錯，而又繼續地將那個罪責放在犯錯的個人身上，卻從未放在神自己身上。阿民念派的立場似乎無法說明，為何神*不能*以這種方式在這世上行事，即同時保存祂的聖潔又讓我們個人為罪負上人類的責任。

H.3 神所命定的抉擇乃是真實的抉擇

對前面阿民念派的說法——神所促成的抉擇並非真實的抉擇——我們在此必須回應說，這只是再一次根據人類的經驗和直覺而有的假設，而不是根據特定聖經經文所指出的事實。[53] 聖經沒有指出，當我們在處理神天命掌控其受造者——特別是人類——的問題時，可以從人類的經驗向上推衍。阿民念派並沒有回答這個問題：聖經在何處說過神所命定的抉擇就不是真實的抉擇？[54] 許多經文指出，神透過我們的意志、我們

---

[53]這裏所指的就是Cottrell所說的類比：人用一根槓桿去移動一塊石頭。他說：「這槓桿不是真正的第二因，而只是造成這個移動之真正原因的工具而已。」（“The Nature of the Divine Sovereignty,” p. 104）然而Cottrell在此犯了一個常見的錯誤，即假設從人類經驗而來的類比，而不是從聖經本身而來的見證，能夠決定什麼是真正的原因，什麼不是。人用槓桿移動一塊石頭的類比在此並不合適，因為神比任何一個人都遠遠地偉大多了，而身為真正人類的我們，又比任何槓桿遠遠地偉大多了。

[54]這項阿民念派的基本觀念缺少經文的支持，這在Cottrell討論自由意志時特別明顯。Cottrell先準確地解釋了加爾文派所說的：惟有在能作自願的、出於意志的抉擇的情況下，我們才算是自由的；然而他又接著說：「雖然如此，*在我的判斷裏*，僅僅是有能力作出與其欲望一致的行動，並不足以作為是否算是自由的標準。」（“The Nature of the Divine Sovereignty,” p.103，強調字體出於筆者。）接下來他也沒有從聖經中提出證據，來顯示他為何這樣判斷（pp. 103-4）。筆者要如此回應說，Cottrell只是將一項非聖經的假設，加入了有關人

作抉擇的能力和我們個人的取捨來工作，但假如我們認為神透過這些方法所帶出的抉擇，不是真實的抉擇，那麼我們的根據是什麼呢？因此，我們最好是肯定：神說我們的抉擇是真實的，所以我們就結論說它們是*真實的*。聖經一再地肯定說，我們的抉擇是真正的抉擇，因此它們就有*真正的*果效，而且那些果效會存到永遠。「你這樣行就必得永生。」（路10:28）「神愛世人，甚至將祂的獨生子賜給他們，*叫一切信祂的*，不至滅亡，反得永生。」（約3:16）

這使得我們這樣結論說：神是用這樣的方式創造我們——(1) 祂命定所有我們要做的事，以及 (2) 我們能運用我們個人的意志，作出真實而*自願的抉擇*。難道因為我們不能明白這一點就應該排斥它嗎？我們不能（從終極的意義來說）明白一株植物是如何活的，一隻蜜蜂是如何飛翔的，或神是如何無所不在或永遠長存的，難道我們就因此要排斥這些事實嗎？我們豈不是應該因為看見植物真的是活著，蜜蜂真的在飛翔，或因為聖經本身教導說，神是無所不在且是永遠長存的，就接受它們為事實嗎？

在論到人的意志時，加爾文好幾次提到「必然性」（necessity）和「強迫性」（compulsion）的不同：不信之人「必然」會犯罪，但在他們的意志上並沒有「強迫性」的力量去迫使他們犯罪。[55] 有人認為，如果人的一項行動是必然會發生的，那麼它就不會是出於人自願的或出於其意志的；但加爾文以神的善行（祂*必然*行善）和魔鬼的惡行（他*必然*行惡）兩者來回應：

> 「如果神必然行善之事實並不妨礙祂在行善上的自由意志；又如果只會行惡的魔鬼是以他的意志自由地選擇犯罪，那麼誰能說，因此人犯罪比較不是出於他的意志，因為他是受犯罪的必然性所支配？」[56]

我們是什麼人，怎能說神以某種方式所促使我們作的抉擇，就*不能*是真實的抉擇？我們根據什麼能證明這個論點？神在聖經中告訴我們，祂命定所有會發生的事；祂也告訴我們，我們的抉擇和行動*在祂的眼中*是很重要的，而且我們*在祂面前*要為自己的行動負責任。我們只需要相信這些事情，並且安息下來。畢竟是*祂獨自決定了*什麼是重要的事，什麼是真實的事，以及什麼是宇宙中個人真正的責任。

然而，我們的行動在神身上有任何的影響嗎？對這個問題，阿民念派的答案會是否定的，而加爾文派可能會說，神所促使的抉擇是真實的抉擇，但從終極的角度來

類自由之性質的討論裏，然後就宣判說，加爾文主義不能符合他的（而非聖經的）標準。

[55]Calvin, *Institutes* 1:294-96 (2.3.5). 亦可參錢曜誠編審譯本，1:229-31。

[56]Calvin, *Institutes* 1:295 (2.3.5). 亦可參錢曜誠編審譯本，1:230。

看，它又不是真實的抉擇。這是因為從加爾文派的觀點來說，神所做的事沒有一件是針對我們所做之事的回應。寇崔爾說：

「只要加爾文主義仍宣稱，神所做的事沒有一件會受到人的制約，或是對世上之事所做的回應，那麼它就仍然是一種神學上的決定論。幾乎所有的加爾文派者都同意這種思想：全權之神必須永遠是主動地**行動**，而且從不是被動地**回應**……改革宗的神學家都同意說，神永恆的諭旨是不隨境遇改變的，是絕對的……詹恩（James Daane）說過，『諭旨神學』（Decretal theology）命定『神不能被任何在祂以外的事物所影響，也不會回應任何在祂以外的事物』。」[57]

但是寇崔爾在此誤解了改革宗神學的兩個方面：首先，雖然他所引用的詹恩隸屬於基督教改革宗教會（Christian Reformed Church），但他的文章顯示，他是古典改革宗神學的反對者，而非辯護者；他的說法並不代表改革宗神學家會同意的立場。其次，寇崔爾混淆了神在創世以前的諭旨和神在時間出現以後的行動。不錯，加爾文派認為，神永恆的諭旨是不受我們任何行動所左右，也不會因我們而改變，但那是因為它們是**在創世以前**就有了的。[58] 可是寇崔爾若下結論說，加爾文派以為神**在時間裏**也不回應我們所做的任何事，或不受我們所做任何事的影響，就大錯特錯了。筆者所知道的加爾文派神學家中，沒有一位曾說過，神不會受到我們所做之事的影響，或不會回應我們所做的事。例如祂會為我們所犯的罪憂傷；祂喜悅我們的讚美；祂回答我們的禱告。若說神不回應我們的行動，就是否定了聖經從創世記到啟示錄的整個歷史。

如今一位加爾文派者會附加說明，神在永遠以前就定了諭旨：祂要回應我們正如祂現在回應我們的那樣。其實，祂已經定過諭旨，我們會有行動，如我們現在的行動那樣，而祂則會回應我們的行動。可是祂的回應仍然是真實的，祂回應我們的禱告仍是真實的回應，祂喜悅我們的讚美也仍是真實的喜悅。當然，寇崔爾可能會反對說，神早就計劃好的回應，就不是真實的回應，但是這點和說加爾文派相信神不回應我們所做的事，是大為不同的。不只如此，讓我們再回到此論點之下那個毫無支持的假設：寇崔爾是根據什麼聖經基礎說，神早已計劃好的回應就不是真實的回應呢？[59]

---

[57]Jack Cottrell, "The Nature of the Divine Sovereignty," pp. 102-3. 這段引語最後的話是出自James Daane, *The Freedom of God* (Grand Rapids: Eerdmans, 1973), p. 160.

[58]見本章D節有關神的諭旨之討論。

[59]筆者不確定Cottrell是否會反對說，神在早先以前就計劃好的回應不是真正的回應，因為他本人也曾談到神預知我們的行動，然後計劃祂怎樣回應那些行動。他說：「早在創世以前，神就預知每一項自由意志的行動……沒有一件事會叫神驚訝……祂早在創世以前就知道，祂將要在何時並如何介入這世上，以達成祂的目

在此我們要了解，在宇宙中除了神自己所創造的事物以外，就沒有其他的實存了。神所促使的暴風雨是*真實的*暴風雨嗎？神設立在寶座上的君王是*真實的*君王嗎？神促使我們說出的話（詩139:4，箴16:1）是*真實的*話嗎？它們當然都是真實的！在神所帶出的事物之外，就*沒有*其他的實存了！由此推知，神以某種方法所促使產生的抉擇，是*真實的*抉擇嗎？答案是肯定的，正如一場暴風雨或一位君王的就位，按著他們的特性和性質是真實的，所以我們所作的抉擇也是真實的。我們所作的抉擇不是「被強迫的」或「非自願的」；我們的生活總是在作抉擇，而當我們作抉擇時，絕對沒有感受到是被勉強或被強迫地來選擇這一樣而不選擇那一樣。

可能會有人反對說，這種觀點使得我們只成了一個「木偶」或「機器人」。可是我們不是木偶或機器人；我們是*真正的人*。木偶和機器人沒有個人作抉擇的能力，它們甚至連個人思考的能力都沒有。反之，人能思考、決定並選擇。阿民念派再度錯誤地用我們身為人類的情況，來限制神*能夠*做什麼或*不能*做什麼。所有從人類經驗而來的類比都沒有認明到，比起我們人類受到侷限的能力，神是遠遠地偉大多了。不只如此，比起任何的機器人或木偶，我們也遠遠地真實又複雜多了——我們是被一位有無限能力與智慧的神所創造的真實的人。

我們之所以有困難了解這件事——神是如何使得我們能自願地作抉擇——主要是源於我們身為受造者的有限。假設在某一個世界裏，神所創造的所有生物都是有根長在土裏的植物，我們可以想像一下，有一株植物對另一株植物辯論說，神*不可能*創造一種會在地上移動的生物，因為那樣它們要如何帶著它們的根移動呢？而假如它們的根不能長在土裏，它們要如何吸取養分呢？一株「阿民念派」的植物甚至可能會辯論說：「神要創造一個有生物的世界，祂所創造的生物就都*必須*帶著根，都要有固定不移動的生活特性。若說神*不可能*創造會在地上移動的生物，並非挑戰神的無所不能，因為這只是說神不會做邏輯上不可能做的事。所以，神不可能會去創造生物能在地上移動的一個世界。」這一株植物的問題乃是它因著自己作為植物的經驗，而限制了神的能力了。

我們可以假設在一個更高等的世界裏，只有植物和動物，但是沒有人類。想像

的……神的預知也使得祂早在人類作抉擇之先，就計劃好祂自己對它們的回應，以及祂要怎樣使用它們。」（"The Nature of the Divine Sovereignty," p. 112）然而，雖然Cottrell願意說神早早以前就計劃好要如何回應人類的抉擇，但為什麼又反對加爾文派的立場——神很早以前就對祂將會怎樣回應我們的禱告或行動而定了諭旨——我們實在很難理解。

那裏有一隻「加爾文派」的狗和一隻「阿民念派」的狗在辯論。「加爾文派」的狗會說，*這是可能的*：神能創造一種生物，他們不僅能夠藉著相互的吠叫來溝通，同時也能夠在紙上用符號記下它們的吠聲，並且將之靜靜地傳送給其他在幾天旅程之外的、未曾見過面的、也懂得這些符號的生物。但那隻「阿民念派」的狗會回答說，神*不可能*做這樣的一件事，因為所謂生物之間的溝通，最基本的就是要能和對方藉著*耳聽*與*眼見*（通常還有*鼻聞*！）以獲取溝通的內容。若說有一種溝通是不需對方耳聽、眼見或鼻聞，那簡直就是一種荒謬的想法！那是在可能發生的範疇之外的，是在邏輯上不可能被接受的。所以，若說神會去創造一種具有這樣溝通能力的生物，*這是不可能的*。

在以上這兩個假設的例子裏，「阿民念派」的植物和「阿民念派」的狗都是錯的，因為它們都是從自己有限的、作為被造者的實存中，以它們的想法來推想什麼對神是可能的，如此就錯誤地限制了神所能創造之生物的種類。然而這樣的推想十分類似於阿民念派神學家的思想，他們簡單地從自己的人類經驗和觀點之根基上斷言，神*不可能*創造一種生物，他們能作出自願地、出於意志的、有意義的抉擇，但那些抉擇卻又是神所命定的。與此相似地，阿民念派神學家辯論說，神*不可能*命定罪惡的發生，而祂自己卻又不為罪惡負責；但他們這樣想只是根據所觀察到有限的人類經驗，因而限制了神。

H.4 加爾文派的天命觀點並非鼓勵宿命論

*加爾文派的天命觀點是鼓吹一種危險的宿命論嗎？還是鼓吹一種「生活像阿民念派」的傾向？*我們在前面所討論的天命觀點強調人需要負責和順服，所以若說它會助長認命的宿命論，是不對的。那些指責改革宗神學家是這樣相信的人，只不過是不懂得改革宗的天命教義。

然而加爾文派在生活上是否很像阿民念派呢？加爾文派和阿民念派都相信，我們的行為有真正的果效，它們永遠都是有意義的。這兩派也都同意，我們要為自己的行為負責，而且我們所作的抉擇都是出於自願的、出於意志的。兩方也都認為，神垂聽禱告，傳揚福音能帶來人的得救，順服神會帶來今生的祝福，而不順服神會導致神不祝福。

但是加爾文派和阿民念派之間的差異仍是很大的。當加爾文派真誠地面對他們的教義時，就會在所有的環境下，更深、更完全地信靠神而活，而且享有更大的自由，不憂慮未來，因為他們相信，神不僅會以某種方式使得祂的主要目的在最後得以實現，而且*萬事*都互相效力，叫愛神的人得益處，就是按著祂旨意被召的人（羅

8:28）。他們也會為*所有*從各個角落臨到我們的益處而感謝神，因為相信天命的人有把握說，發生萬事的終極原因，並不是什麼宇宙中的機遇，也不是另一個人的「自由意志」，而終歸是神自己的良善。他們在逆境中也大有耐心，因為知道困境的發生不是因為神不能預防它，而是因為它也是神智慧計劃的一部分。所以，加爾文派和阿民念派之間的差異是極大的！加爾文說：

> 「對於事情有好結果而心存感激，在逆境中能忍耐，以及對未來有不憂慮的極大自由，必定都是從這個知識來的……對天命懵然無知是一切悲慘的極致；而最高的福氣則在於明白它。」[60]

H.5 其他反對阿民念派立場的論點

除了回應以上四種阿民念派的明確論點之外，我們還要討論另外一些反對阿民念派立場的論點。

H.5.1 若按阿民念派的觀點，神怎麼能知道未來？

根據阿民念派的觀點，我們人類的抉擇不是神所促使，而是全然自由的。但是聖經提過許多實例，說到神能預測未來，而且預言應驗得分毫不差。如果神不能確定未來會發生什麼事，那麼祂怎能這樣準確地預測未來？

阿民念派對這個問題有三種不同的答覆。首先，有人說神不知道有關未來的細節；他們特別否認神會知道個人在未來將作什麼抉擇。[61] 在筆者看來，這個論點似乎是阿民念派中最一致的立場，可是它的結果卻是說，雖然神能根據祂對目前有的完整知識，而對未來有大約準確的預測，可是這些預測不可能是完全準確的。這論點也表示出神不知道*所有人在未來的抉擇*；引申來說，它表示，神甚至不知道明天的股市會

---

[60]Calvin, *Institutes* 1:219-225 (1.17.7, 11). 亦可參錢曜誠編審譯本, 1:167, 171。

[61]Richard Rice採取這種立場, 見 Richard Rice, "Divine Foreknowledge and Free-Will Theism," in *The Grace of God, the Will of Man.* pp. 121-39（尤見p. 129, 134-37）。Rice說:「神知道許多將要發生的事……神所不知道的乃是未來出於自由抉擇的內容, 這是因為在決定出現之前, 祂無從知道。」(p. 134) 為了要採取這個立場, 又要支持神的無所不知, 所以Rice重新為無所不知下定義:「是一位無所不知的實存, 知道每一件憑邏輯可知之事」(p. 128), 然後他又定義說「憑邏輯可知之事」, 並不包括人在未來的抉擇。在這個基礎上, Rice認為神不知道人在未來經自由抉擇而有的結果, 因為這些事不是憑邏輯可知的。

Clark Pinnock也解釋他是如何採取這個立場的:「我知道加爾文派的論點: 能預知所有的一切就等同於預定, 因為這表示所有的事情都是從『永遠的過去』就已經定案了, 而我不能擺脫它的邏輯力量。」("From Augustine to Arminius: A Pilgrimage in Theology," in *The Grace of God, the Will of Man*, p. 25）。他否定預知一切的觀念, 並認定說:「*神知道每一件可以被知道的事*, 但是自由抉擇不是可以被知道的事, 甚至神也不知道, 因為它們尚未成為實際。尚未作的決定並不存在, 所以甚至是神也不知道……連神也進入了一個尚未完全知道的未來裏, 因為未來的事尚未定案。」(同上出處, pp. 25-26, 強調字體出於筆者。）

怎樣，誰會被選為下一任的總統，或者誰會悔改歸正。若按這種觀點來看，還有什麼人類歷史事件，是神*能夠*事先知道的呢？答案是沒有。這個觀點徹底改寫了神的無所不知之觀念，然而聖經上許多關於神的預言從沒有錯誤之經文，卻清楚地否定了這種看法；聖經上這些預言的應驗證明了神才是與假神對立的真神。[62]

另有一些阿民念派的人則只是肯定說，神*知道*每一件要發生的事，但是這並不表示所發生的事都是祂*計劃*或*促使*的，而只是表示祂有看透未來的能力（用來表達這種觀點的語句，有時候是這麼說的：「*預知*（foreknowledge）並不表示*預定*（foreordination）。」）這大概是最常見的阿民念派之觀點，寇崔爾將此觀點表達得最清楚：「我肯定神對人未來所作的自由意志之抉擇，擁有真實的預知，但祂自己卻不是促使那些抉擇發生或定案的代理者。」[63]

這個立場的問題在於，即使神沒有計劃或促使事情的發生，但事情既被預知了，就表示它們*必會發生*，而這又表示我們的決定是*被某種東西*（不論是命運，還是宇宙中不可避免的因果機制）所預先定好的；然而這種被預定好的決定在阿民念派的觀念裏，仍舊不是自由的決定。假如我們未來的抉擇已經被預先知道了，那麼它們就是被定好的；假如它們是被定好的，那麼從阿民念派的觀念來看，它們就不是「自由」的抉擇。

第三種阿民念派的回覆被稱為「*中間知識*」（middle knowledge）。採取這種觀點的人認為，神還沒有決定人在未來的抉擇，但是神一定會知道那些抉擇是什麼，因為祂知道*所有未來可能發生的事*，而且祂知道每一個自由的受造者在任何一種可能發生的狀況下，會怎樣地反應。[64] 克萊格（William Craig）說：

> 「神對自由受造者之意志的洞察力，是祂的一個超絕特質，因此祂能夠準確地知道，若將此自由受造者放在一種狀況下，他會做什麼事……神知道每一個自由受造者在任何可能的情況下會做什麼事；祂藉著使某個情況發生，就知道他會自由地做什麼事……如此，祂確實地預知了在世上所發生的每一件事。」[65]

---

[62]見本書第十一章B.3.2節，以及第十二章B.1節，有關神對未來之知識的討論。

[63]Jack Cottrell, "The Nature of the Divine Sovereignty," p. 111.

[64]見William L. Craig, "Middle Knowledge, a Calvinist-Arminian Rapprochement?" in *The Grace of God, the Will of Man*, pp. 141-64. 又見同作者的另一本書*The Only Wise God: The Compatibility of Divine Foreknowledge and Human Freedom* (Grand Rapids: Baker, 1987).

[65]Craig, "Middle Knowledge," pp. 150-51.

然而克萊格之觀點對自由的看法，並不是阿民念派通常所堅持的意義：即沒有一個或一組原因促使一個人作出他所作出的抉擇。根據克萊格的觀點，一個人周圍的情況和他自己的性情*保證出*他將會作什麼決定——否則，神就無法由祂對這個人和這個情況的完全知識中知道他會作什麼抉擇。但是如果神知道他會作什麼抉擇，而且如果那個抉擇保證必然會發生，那麼他就不可能作別的抉擇。不只如此，假如這個人和這情況都是神所造就的，那麼其結局至終也就是由神決定了。這論點聽起來十分接近加爾文派的自由觀，然而它肯定不是大多數阿民念派所願意接受的那種自由觀念了。

H.5.2 若按阿民念派的觀點，邪惡怎麼可能存在？

*根據阿民念派的觀點，如果神不想要邪惡存在，那它怎麼可能存在？*阿民念派十分清楚地表明，邪惡進入世界，不是根據神的旨意。畢克羅說：「人的墮落是給神旨意必定成就的這個理論一個當頭棒喝。」[66] 然而，如果神不要邪惡存在，那麼它怎麼可能存在？假如儘管事實上神不想要邪惡發生，但它還是發生了，那麼這點似乎就否認了神的無所不能：祂想要避免邪惡的發生，可是祂沒有能力做到。這樣，我們怎麼能相信這位神是無所不能的呢？

阿民念派對此問題常見的回應是說，神*有能力*防止邪惡發生，但是祂選擇*容許*邪惡發生的*可能性*，為的是要保證天使和人可以擁有作有意義之抉擇所必備的自由。換句話說，神*必須*容許有選擇罪惡的可能性，為的是使人能作出真實的抉擇。寇崔爾說：「神所賜的這個自由，包括了人類有悖逆神、得罪創造主的自由。因為神創造了一個可能有罪惡的世界，所以祂就承諾，萬一罪惡變為事實，祂就必定以某種特別的方式來*回應*。」[67]

但這也不是令人滿意的回應，因為它表示神必須容許在天上永遠都有選擇罪惡的可能性。按阿民念派的立場來說，假如我們在天上一切的抉擇和行動都是真正而實在的，那麼它們就*必須*包括選擇罪惡的可能性了。但是這就表示即使在天上，從亙古到永遠，我們都要面對真有選擇罪惡的可能性——所以也真有悖逆神，失去我們的救恩，和從天堂被逐出的可能性！這是一個很恐怖的思想，然而這似乎是阿民念派的觀點所必須隱含的觀念。

不過，還有一個隱含的意思更加叫人憂心：假如*真實的*抉擇必須容許有選擇罪惡的可能性，那麼 (1) 神的選擇就不真實了，因為祂不能選擇罪惡；或 (2) 神的選擇是

[66]Pinnock, "Responsible Freedom," p. 102.

[67]Cottrell, "The Nature of Divine Sovereignty," p. 109.

真實的，但還有一個真實的可能性，那就是神可能有一天會選擇行惡——也許只是一點點罪惡，也許是大大的罪惡。假如我們深思這第二個含意，它就會變得很嚇人了。然而這個含意和聖經中豐富的見證是相反的。[68] 在另一方面來說，第一個含意明顯是錯謬的：神自己就定義了何為真實，所以若說祂的選擇不是真實的，明顯地是一項錯謬。因此，這兩種含意都提供了拒絕阿民念派立場——真實的抉擇必須容許選擇罪惡的可能性——的好理由。然而這點又將我們推回早先的問題，而這個問題似乎從阿民念派的立場得不到一個令人滿意的回答：假如神不想要罪惡存在，它怎麼能存在？

H.5.3 若按阿民念派的觀點，人怎麼能知道神會勝過邪惡？

*若按阿民念派的觀點，我們怎麼能知道神會勝過邪惡？*假如我們回到阿民念派所斷言的，邪惡不是從神的旨意而來的，那麼另一個問題就產生了：如果即使神不想要有邪惡，但它們還是進入了世界，那麼我們怎麼能有把握說，神至終會勝過它們呢？當然，神在聖經裏*說過*，祂會勝過惡；但是如果神起先就不能使惡不進入祂所創造的宇宙，而且惡還能在違反祂的旨意下進來，而神又因牽涉到人類、天使和鬼魔的自由抉擇，不能預測任何未來事件的結局，那麼我們怎麼能有把握說，神要勝過所有邪惡的宣告本身，會是對的呢？也許這樣的宣告只是神對祂根本就無法知道的事（根據阿民念派的觀點）的一種盼望性的預測吧！阿民念派沒有加爾文派所擁有的那種「不為將來憂慮的驚人自由」，因為加爾文派認識的神是一位無所不能的神，祂能使「萬事都互相效力，叫……人得益處」（羅8:28），但阿民念派的立場似乎在邏輯上驅使我們對歷史終極的結局落入深深的憂慮裏。

以上兩節（H.5.2及H.5.3）有關邪惡的反對論點之討論，使得我們了解到，雖然我們對改革宗有關邪惡的觀點——邪惡乃神所命定的，而且又全然受到神的掌控——可能在接受上有困難，但是要接受阿民念派對於邪惡的觀點——邪惡不是神所命定的，甚至也非祂旨意中的，所以也沒把握它會在神的掌控下——可能更為困難了。

H.5.4 其他一些沒有答案的問題

因為我們的理解力是有限的，所以我們對於每一項聖經的教義，都無可避免地會面臨一些沒有答案的問題，然而加爾文派和阿民念派所認為沒有答案的問題是非常不同的。在加爾文派這一方面，他們一定會說他們不知道以下這些問題的答案：

(1) 神究竟是如何命定我們出於自己意志地犯罪，但祂又不需承擔罪責。

---

[68]見本書第十三章C節有關神的良善、聖潔和公義等的經文見證；以及第十一章B.2節有關神的不改變性。

(2) 神究竟是如何促使我們作出於意志的選擇。

加爾文派對於這兩個問題會說，要找到它們的答案，我們必須對神的無限偉大有所領悟，而且要認識到事實上祂所能做的是遠超過我們所能想像的。所以這些沒有答案的問題所產生的效果，反而增加了我們對神之偉大的推崇。

而在阿民念派那一方面，他們所認為沒有答案的問題，則一定是有關以下這幾方面的：

(1) 神對未來的知識如何？

(2) 雖然邪惡違反神的旨意，但祂為何容許它發生？

(3) 祂是否必會勝過邪惡？

他們無法解決這些問題，就傾向於減低對神的偉大之認信，包括祂的無所不知、無所不能，以及祂對未來應許的絕對可靠性。而這些沒有答案的問題傾向於推崇人的偉大（人有自由做神不要他做的事），和罪惡的能力（縱使神不想要邪惡發生，但是邪惡還是發生了，並存留在宇宙中）。不只如此，因為阿民念派的立場否認了神的受造者能夠真實地作抉擇，而且其抉擇卻是祂所促使的，所以阿民念派的立場也貶抑了創造主神的智慧和巧思。

個人思考與應用

1. 有關天命教義的思考是否增加了你對神的信靠？它是否改變了你對未來的看法？此時此刻你的生命中是否有一些痛苦或患難？你是否能舉出你現在正在面臨的一個明確的困難，並解釋天命的教義在你如何看待人生困境上對你有何幫助。
2. 你是否能舉出今天發生在你身上的五件好事？你是否曾對其中任何一件事感謝過神？
3. 你是否有時候會認為，造成你生命中一些事件的原因是運氣或機遇？假如你真的曾那樣認為，那麼這想法是增加還是減少你對未來的焦慮？現在花點時間想一想，過去有哪些事件是你可能歸因於運氣的？然後再把那些事件想成是被你那位大有智慧又愛你的天父所掌管的。這個思想的轉換使你對那些事件和對未來的感受，帶來哪些不同的影響？
4. 你是否曾採取某些「迷信」的行為或習慣模式，是你覺得會幫助你趨吉避凶的，例如不從梯子底下走過；當黑貓穿過你走的路時會覺得害怕；不踩在人行道的裂縫上；攜帶某樣「會帶來好運」的物件等等？你認為那些行為會使你傾向增加還是減少對神的信靠及對神的順服？
5. 請解釋一下，恰當地理解天命的教義會如何引導基督徒過一個更為活躍的禱告生活？
6. 本章的內容對你思考並感受神和你生命中的各種事件，有什麼整體的果效？

特殊詞彙

阿民念派（Arminian）
加爾文派（Calvinist）
相容主義（compatibilism）
協同（concurrence）
神的諭旨（decrees of God）
自由抉擇（free choices）
自由意志（free will）
管治（government）
中間知識（middle knowledge）
保守（preservation）
第一因（primary cause）
天命（providence）
改革宗（Reformed）
第二因（secondary cause）
自願的抉擇（voluntary choices）
出於意志之抉擇（willing choices）

本章書目

Basinger, David, and Randall Basinger, eds. *Predestination and Free Will: Four Views of Divine Sovereignty and Human Freedom*. Downers Grove, Ill.: InterVarsity Press, 1986.

Berkouwer, G. C. *The Providence of God*. Trans. by Lewis B. Smedes. Grand Rapids: Eerdmans, 1952.

Cameron, N. M. de S. "Providence." In *NDT*, pp. 177-79.

Carson, D. A. *Divine Sovereignty and Human Responsibility: Biblical Perspectives in Tension*. New Foundations Theological Library. Atlanta: John Knox, and London: Marshall, Morgan and Scott, 1981.

________. *How Long, O Lord? Reflections on Suffering and Evil*. Grand Rapids: Baker, and Leicester: Inter-Varsity Press, 1990.

Craig, William Lane. *The Only Wise God: The Compatibility of Divine Foreknowledge and Human Freedom*. Grand Rapids: Baker, 1987.

Feinberg, John. *The Many Faces of Evil: Theological Systems and the Problem of Evil*. Zondervan, 1994.

Flavel, John. *The Mystery of Providence*. Edinburgh and Carlisle, Pa.: Banner of Truth, 1976. Reprint of 1698 edition.

Helm, Paul. *The Providence of God*. Leicester and Downers Grove, Ill.: InterVarsity Press, 1994.
Parker, T. H. L. "Providence of God." In *EDT*, pp. 890-91.
Pink, Arthur W. *The Sovereignty of God*. Grand Rapids: Baker, 1930.
Warfield, B. B. *Calvin and Calvinism*. London and New York: Oxford University Press, 1931.

第十七章
神蹟

何謂神蹟？

今日還會發生神蹟嗎？

背誦經文：希伯來書2:3-4

我們若忽略這麼大的救恩，怎能逃罪呢？這救恩起先是主親自講的，後來是聽見的人給我們證實了。神又按自己的旨意，用神蹟奇事，和百般的異能，並聖靈的恩賜，同他們作見證。

詩歌： 我神乃是大能堡壘（*A Mighty Fortress Is Our God*）

[1]我神乃是大能堡壘 永不失敗永堅固 致命危難密佈四圍 祂是我們的幫助
我們素來仇敵 仍然害我不息
詭計能力都大 又配狠心毒辣 世界無人可對手

[2]我們若信自己力量 我們鬥爭必失敗 我們這邊有一適當 合神心意的人在
如問此人名字 基督耶穌就是
就是萬軍之王 萬世萬代一樣 只有祂能得全勝

[3]世界雖然充滿鬼魅 想以驚嚇來敗壞 我也不怕因神定規 真理藉我來奏凱
黑暗君王猙獰 我們並不戰兢
我忍受他怒氣 因他結局已急 一言就使他傾倒

[4]主言超越世界全權 神旨成功不延遲 藉主與我同在一邊 我有聖靈和恩賜
財物以及親友 任其損失無有
就是殺害身體 真理仍然屹立 神的國度永遠存

詞：Martin Luther, 1529

曲：EIN' FESTE BURG 8.7.8.7.6.6.6.6.7., Martin Luther, 1529

前言

關於神蹟這個主題，與前一章的主題——神的天命——是息息相關的。我們在前一章裏討論過，神在受造界的所有層面上，都在行使一種廣泛的、持續的、主權的掌控。本章假設讀者已經對前面所討論過的神的天命有所了解，因此我們將會在此根基上來討論神蹟的問題。

A. 神蹟的定義

我們可以將神蹟定義如下：*神蹟乃是比較不尋常的神的作為，祂藉此激起人的敬畏與驚奇，並為祂自己作見證。*[1] 這個定義考慮到我們在前面對神的天命之了解，即神保守、掌控並管治萬有。假如我們是這樣地了解天命，那麼就自然地避免了一些其他對神蹟的解釋或定義。

舉例來說，有一個對神蹟的定義是：「神在世界上直接的介入。」但是這個定義假設了神與世界的關係是自然神論的觀點，即世界是靠自己運轉的，而神只是偶爾才介入其中。這個定義當然不符合聖經的觀點，因為聖經的觀點是說，神使雨降下（太5:45），使草生長（詩104:14），並不斷地用祂話語的權能托住萬有（來1:3）。另一個對神蹟的定義是：「神在世界上更為直接的作為。」但用「更為直接」來說神的工作，似乎表示祂*平常性的*天命作為就不是那麼地「直接」了，這也暗示了自然神論的觀點，即神是遠離這個世界的。

另一個對神蹟的定義則是：「神在這世界上的工作，但不用方法來達到祂所期望的成果。」可是若說神的工作是「不用方法」的，那麼在聖經裏我們就找不到多少（如果還有的話）神蹟了，因為我們很難想到有什麼神蹟的發生，是連一點方法都不用的。舉醫治人的例子來說，病人身體的一些狀況無疑地也會成為醫治之神蹟的一部分。當耶穌倍增餅和魚的時候，祂至少是使用了原先在那裏的五個餅和兩條魚；當祂變水為酒時，祂也使用了水才將它變為酒。因此這個定義似乎並不合適。[2]

還有另一個對神蹟的定義是：「自然律的例外」或「神違反自然律的作為」。但是「*自然律*」（natural law）一詞在一般人的理解裏，是表示在已存的事物中所有的某些固有性質；它是獨立運作的，與神無關，而且神必須介入或「打破」這些定律才能使神蹟發生。[3] 再一次地，這個定義不足以說明聖經中關於天命的教訓。

---

[1]筆者所採取的這個定義是從西敏斯特神學院的系統神學教授John Frame之未發表的課程中得來的。

[2]然而如果有人將神蹟定義為：「神使用*不尋常的*方法所做的工作，為要激起人的敬畏和驚奇」，那麼這個定義在力量上與筆者所提出的定義是相似的，而且它也符合聖經中有關神之天命的教訓（見L. Berkhof, *Systematic Theology*, pp. 176-77）。

[3]如果基督徒對「自然律」一詞的理解，只是指神所賦予的、在每一個受造物裏被維持著的、可被預測的那些行為模式，那麼在這個定義下的「自然律」一詞，就不會如此受反對了，因為它有意識地把神的天命考慮進去了。

再有一個對神蹟的定義是：「一件不可能用自然原因解釋的事情」。這個定義的不合適在於 (1) 它沒有提到是神使神蹟發生的；(2) 它假設當神以不尋常或令人驚訝的方式工作時，祂不會使用一些自然的因素，因而它也假設神只是偶爾介入世界而已；而且 (3) 它相當程度地減少了真正的神蹟，反而增加了人的懷疑，因為許多時候當神答應禱告時，其結果對於那些禱告的人是很令他們驚訝的，但卻不是絕對不可能用自然原因來解釋的，尤其是對一位硬要拒絕看見神工作之手的懷疑者而言，更是如此。

所以，我們在前面所提出的定義似乎是更好的定義，即神蹟就是神在世界上比較不尋常的工作，這個定義也比較符合聖經上的神之天命的教義。這個定義並不是說神蹟是神所做的不同種類之工作，而是說它只是比較不常見的神的工作，並且這種工作是為了要激起人的驚奇、敬畏或訝異，使得神能為祂自己作見證。

聖經用來表達神蹟的特殊詞彙，經常是指神所行使的能力使人感到驚訝。說到神蹟的特殊詞彙主要有三組：(1)「神蹟」或「記號」（sign，希伯來文是*'ôth*，希臘文是*sēmeion*），它的意思是說某件事物指向或指出另一件事物，特別是說到與神蹟有關的事物指向或指出神的作為和能力；(2)「奇事」（wonder，希伯來文是*môpēth*，希臘文是*teras*），它的意思是指一件使人驚奇或驚訝的事；[4] 以及 (3)「異能」（miracle, mighty work，希伯來文是g^{e}*bûrāh*，希臘文是*dynamis*），它的意思是指一項展現浩大能力的作為，這能力特別是指與神蹟有關的神的能力。[5] 通常「神蹟與奇事」是用來表示神蹟（出7:3；申6:22；詩135:9；徒4:30; 5:12；羅15:19等等），而有時候這三個詞也會合在一起用：「異能、奇事、神蹟」（徒2:22）或「神蹟、奇事、異能」（林後12:12；來2:4）。

除了表達神蹟所用的詞語支持我們所下的定義之外，還有一個事實也支持我們的定義：聖經上所記載的神蹟確實激起人的敬畏與驚奇，並且也指明了是神的能力在工作。聖經常常告訴我們說，施行「神蹟」或「奇事」的那一位乃是神自己；詩篇136:4說，神是一位「獨行奇事的」的神（另參詩72:18），摩西的歌也宣告說：

> 「耶和華啊，眾神之中誰能像你？
>
> 誰能像你——至聖至榮，可頌可畏，施行奇事？」（出15:11）

因此，摩西所行的神蹟性記號——他的權杖變為蛇、又變回為杖，他的手變為長大痲

不過今日一般人對「自然律」的理解通常不是這樣。

[4]動詞*thaumazō*（「好奇、驚訝」）經常被用在福音書裏，來描述人對神蹟的反應。

[5]有關新約聖經中神蹟之詞彙的廣泛討論，見W. Mundle, O. Hofius, and C. Brown, "Miracle, Wonder, Sign," *NIDNTT* 2:620-35.

瘋、又變為潔淨（出4:2-8）——乃是神所賜給他的，為要向以色列人證明他是神所差遣來的。同樣地，神藉著摩西和亞倫的手，在各災中所行的神蹟，遠超過了法老宮中術士們所施行的假神蹟或仿神蹟（出7:12; 8:18-19; 9:11），從而顯示出以色列民是一群敬拜那一位真神的人。當以利亞在迦密山上與巴力的祭司們對抗時（王上18:17-40），從天上降下來的火就證明了耶和華才是那一位真神。

現在，如果我們接受神蹟乃是「比較不尋常的神的作為，祂藉此激起人的敬畏與驚奇，並為祂自己作見證」之定義，那麼，我們接下來可能會問，哪些類的事情應當被視為神蹟？當然，我們知道，耶穌的道成肉身（使祂既是神又是人），以及祂從死裏復活，是整個歷史上之神蹟的中心，也是最重要的神蹟；而和出埃及有關的事件，例如紅海的分開，以及耶利哥城的倒塌，也都是著名的神蹟。此外，耶穌醫治人，潔淨大痲瘋和趕鬼，也都是人能肯定的神蹟（見太11:4-5；路4:36-41；約2:23; 4:54; 6:2; 20:30-31）。

但是我們能夠將禱告得到不尋常的答應當成是神蹟嗎？答案很顯然是肯定的，只要它們顯著到足以激起人的敬畏和驚奇，並使人能承認是神的能力在運作：以利亞禱告神從天上降下火來，其禱告得答應是一個神蹟（王上18:24, 36-38）；他禱告求神使寡婦死去的兒子甦醒過來，其禱告得答應也是一個神蹟（王上17:21）；甚至他求神使天不降雨而後又降雨，其禱告得答應也是神蹟（王上17:1; 18:41-45；雅5:17-18）。在新約裏，教會禱告求神使彼得能從監獄中被釋放出來，其禱告得答應肯定也是一個神蹟（徒12:5-17）；此外，保羅為部百流的父親禱告，其禱告得答應也是神蹟（徒28:8）。但是一定還有許多神蹟遠不像這些神蹟那樣地戲劇化，因為聖經中還說到耶穌醫治過上百個「不論害什麼病」的人（路4:40）；保羅也醫治了「島上其餘的病人」（徒28:9）。

但在另一方面，基督徒每一天都可看見禱告得著答應，因此我們應當不要過於沖淡我們所下的神蹟定義，而認為每一個得到答應的禱告都可以被稱為是神蹟。惟有當禱告的得著答應是非常顯著的，以至於每個牽涉其中的人都感到驚訝，並承認是神的能力在以一種不尋常的方式工作，這時我們才能適宜地稱它為神蹟。[6] 這樣的看法和

[6]有些人可能喜歡更嚴謹的神蹟定義，例如說此詞只能用來指那些藉著一般方法絕對不可能發生的事，而且還要有幾位公正無私的見證人作完整的見證與記錄。在這樣的定義下，他們所認為的神蹟較少，特別是在一個充滿懷疑並且反對超自然的社會裏。但是這樣的定義可能無法涵蓋保羅心中所認為的各類神蹟之事：當保羅談到在哥林多（林前12:10, 28-29）和加拉太（加3:5）的教會裏的神蹟時，他所說的神蹟不只是這類；而且這種狹義的神蹟可能會使人無法認明今日賜給基督徒的神蹟恩賜（當然，主張這樣嚴謹定義的基督徒，仍舊會為

我們的定義是符合一致的，似乎也有聖經的證據支持：聖經稱那些能激起人敬畏和驚奇的神的工作為神蹟（希臘文是*dynamis*）。[7]

然而不論我們是採用廣義或狹義的神蹟定義，我們都應當同意說，不論神是以尋常的或不尋常的方式答應了我們的禱告，有一點是很重要的：我們都應當認定那是神的工作，不要忽視它，並且要感謝神，也不要使勁地想找出可能的「自然原因」，來解釋事實上是由神為答應禱告而做成的事。雖然我們必須小心，不要在報導禱告得著答應的細節上誇大其詞，但我們也必須避免另一個極端的錯誤，那就是不將神所做成的事歸榮耀給祂並且感謝祂。

B. 神蹟是新約時代的特徵

在新約聖經裏，耶穌所行的神蹟證明了祂是從神那裏來的：尼哥底母認明，「你所行的神蹟，若沒有神同在，無人能行」（約3:2）；耶穌變水為酒乃是一件「神蹟……顯出祂的榮耀來，祂的門徒就信祂了」（約2:11）；根據彼得的話，「神藉著拿撒勒人耶穌，在你們中間施行異能、奇事、神蹟，將祂證明出來」（徒2:22）。

接著在初代教會裏，使徒們和其他傳講福音的人行出叫人驚訝的神蹟，證實了他們所傳講的福音（徒2:43; 3:6-10; 4:30; 8:6-8, 13; 9:40-42等等），甚至在沒有使徒們在場的教會，也有神蹟的發生。舉例來說，保羅寫信給加拉太地區的眾教會時，他所問的話就假設了神蹟的存在：「那賜給你們聖靈又在你們中間行異能的，是因你們行律法呢？是因你們聽信福音呢？」（加3:5）同樣地，他提到哥林多教會有「行異能的」（林前12:28），並提到「行異能」（林前12:10）是一種聖靈所分賜的恩賜。以上這兩處經文尤其重要，因為哥林多前書12:4-31的內容不是在討論哥林多教會的特別情況，而是在說作為「基督的身體」之教會的一般性質：有許多的肢體，卻只是一個身體。[8]

許多他們禱告所得到的、但不被稱為神蹟的回應而感謝神）。

[7]我們對神蹟之定義的適切性並不會只因人的不同看法而失去：有些人稱某事件為神蹟，而其他人卻稱同一事件為尋常事件；因為人對一事件是否為神蹟的衡量，會因他們與此事件的接近程度，他們的世界觀中的假設，和他們是否為基督徒而有所不同。

[8]舉例來說，請注意保羅說神在教會所設立的「第一是使徒」（林前12:28），但並沒有明確的使徒是賜給哥林多教會的，所以這節經文一定是講一般教會的。

B. B. Warfield注意到，在哥林多教會裏，那些參與教會一般崇拜事奉的人，「好像通常都會有一種神蹟性的恩賜可運用」。他說：「我們沒有理由相信這現象是這個才誕生的哥林多教會所獨有的；使徒寫下來的內容也不像是在描述一種非尋常的情況，是那個教會所獨有的……而在其餘保羅書信和使徒行傳裏的暗示，也照樣地要求我們觀看這幅美麗的基督徒崇拜之圖畫，並將之視為是任何一處由使徒們在廣大世界中所造訪事實上，有神蹟發生似乎是新約教會的一項特徵。[9] 在舊約時代，神蹟的發生似乎主要是與某一時期的某一位傑出的領袖有關連，譬如摩西、以利亞或以利沙。到了新約時代，當耶穌開始祂的事奉時，神蹟突然史無前例地增加了許多（路4:36-37, 40-41），然而與舊約模式相反的是，行神蹟和趕鬼的權柄並沒有侷限在耶穌本人，神蹟也沒有在耶穌回到天上之後就終止了。甚至在耶穌事奉的時期，祂也將醫病和趕鬼的權柄賜下，而且不只給十二位使徒，同時也給了門徒中的七十位（路10:1, 9, 17-19；另參太10:8；路9:49-50）。此外，以上從哥林多前書和加拉太書所提的經文指出，神蹟的施行並沒有侷限於那七十位門徒們，它也是加拉太教會和一般新約聖經中之教會的特徵。這一點又表示，神蹟的發生是新約聖經中之教會的特徵，而且也是聖靈大有能力之新工作的指標；它是從五旬節開始的，並且在整個教會時代都持續著。[10]

C. 神蹟的目的

神蹟的第一個目的，是為了證實福音信息的真實性。這一點在耶穌自己的事奉中很明顯，正如尼哥底母等人所承認的：「我們知道你是由神那裏來作師傅的；因為你所行的*神蹟*，若沒有神同在，無人能行。」（約3:2）這個目的在那些聽過耶穌而後傳揚福音的人身上也是明顯的，因為當他們傳揚時，「神又按自己的旨意，用*神蹟奇事，和百般的異能*，並聖靈的恩賜，同他們作見證」（來2:4）。是否這個目的只在福音初被傳講之時（即在新約聖經寫成之前）才有效？還是在整個教會時代都有效？這個問題的答案端視於我們認為神蹟證實了什麼：它們只證實了聖經的內容（也就是神真實的話語）有絕對的真實性嗎？還是證實了一般福音的真實性呢？換言之，神蹟是證實了聖經還是福音？我們在以下將要看到，施行神蹟的人並不侷限於那些書寫聖經

並傳講而建立之教會的真實圖畫……我們可以很合理地認為，這種神蹟性的恩賜在使徒時代的教會中被呈現出來，因而成為那時代之教會的特徵。一個教會有這樣的恩賜並不特別，沒有才特別。」見B. B. Warfield, *Counterfeit Miracles* (Edinburgh: Banner of Truth, 1972; first published in 1918), pp. 4-5.

[9]Warfield接著說：「在使徒時代的每一處教會，都顯出教會本身就是從神而來的禮物，因為教會藉著聖靈合宜的工作而彰顯出教會所擁有的聖靈，這些聖靈的工作包括了醫病的神蹟、行異能的神蹟、知識的神蹟（不論其形式是預言還是辨別諸靈）、言語的神蹟（不論其形式是說方言還是繙方言）。使徒時代之教會的特徵就是有神蹟在進行。」（Warfield, *Counterfeit Miracles*, p. 5）

雖然筆者贊同Warfield在這個問題上對新約證據的分析，但是對於他後續的觀點，以及該書主要的論點——認為神蹟性的恩賜在使徒時代以後就終止了，因而我們今日不應當期待有這樣的恩賜，因為神的心意只是要在初代使徒們還活著的時候，用那些恩賜來證實他們的信息——仍有不贊同之處。

[10]對於這個問題的進一步討論，可見本書第五十二章有關屬靈恩賜以及某些恩賜何時終止的討論。

或以絕對的使徒權威說話的人。[11] 這點表示出神蹟是證實了福音，並且我們可以期待它在整個教會時代都將持續著。

當神蹟發生時，它們證實了神真的在工作，所以它們對於福音的推展有貢獻，例如撒瑪利亞婦人向城裏的人宣揚說：「你們來看！有一個人將我素來所行的一切事都給我說出來了」（約4:29），於是有許多撒瑪利亞人都信了基督。這點在耶穌的事奉中也經常是真的；不僅如此，它在初代教會裏也確實是真的，例如當腓利去到撒瑪利亞的一座城時，

> 「眾人聽見了，又看見腓利所行的**神蹟**，就同心合意的**聽從他的話**。因為有許多人被污鬼附著，那些鬼大聲呼叫，從他們身上出來；還有許多癱瘓的、瘸腿的，都得了醫治。在那城裏，就大有歡喜。」（徒8:6-8）

當癱瘓的以尼雅得醫治時，「凡住呂大和沙崙的人都看見了他，**就歸服主**」（徒9:35）。當大比大從死裏復活時，「這事傳遍了約帕，就**有許多人信了主**」（徒9:42）。[12]

在新約聖經裏，**神蹟的第二個目的，乃是見證神的國已經來到，並且見證神的國已經開始將它的福祉擴張帶進人的生活裏**。耶穌行神蹟的結果顯示了神國的特徵——耶穌說：「我若靠著神的靈趕鬼，這就是神的國臨到你們了。」（太12:28）祂得勝了撒但毀壞性的勢力，就彰顯出神國是什麼樣子。每一個醫病或拯救人脫離鬼魔之壓迫的神蹟，都是以這樣的方式擴展了神的國，並有助於實現耶穌的事工：「主的靈在我身上……叫我傳福音給貧窮的人。差遣我報告被擄的得釋放，瞎眼的得看見，叫那受

---

[11]見本章D節的討論。

[12]前面我們剛引用的經節顯示出，神蹟在領人信主上的積極價值。有人可能反對說，當我們說神蹟在為福音作見證方面有其價值時，就表示我們認為福音信息本身是軟弱的，不足以領人信主（尤見James M. Boice, “A Better Way: The Power of Word and Spirit,” in Michael Scott Horton, ed., *Power Religion* [Chicago: Moody, 1992], pp. 119-36）。然而這並非一項有效的反對，因為耶穌和保羅不是那樣推理的——他們兩人都施行神蹟，都與他們所傳的福音有關連，而且耶穌也命令祂的門徒要如此行（太10:7-8）。我們必須記住，乃是神自己為福音作見證：「按自己的旨意，用神蹟奇事，和百般的異能，並聖靈的恩賜，同他們作見證。」（來2:4）所以我們不能說，祂對福音信息的能力有不恰當的觀點。

約翰福音在教導這一點上——神蹟在激勵人信靠基督上的價值——特別清楚（見約2:11, 23; 3:2; 4:53-54; 6:2, 14; 7:31; 9:16; 11:48; 12:11; 以及其總結, 20:30-31）。約翰福音正面的強調與D. A. Carson的觀點形成對比，見D. A. Carson, in “The Purpose of Signs and Wonders in the New Testament,” in Horton, *Power Religion*, pp. 100-101. Carson在此處承認約翰福音中說到神蹟在領人信主上的正面角色，但他同時卻又減弱神蹟的這個角色。令人驚訝的是，他並沒有討論我們在前面所提出的正面的經文，卻在那些沒有負面評估的經文處，例如約翰福音2:23-25; 4:48及20:29-31等處，看到神蹟受到貶抑。我們不應當認為，那些看到神蹟伴隨福音發生而信主的人，其信心是較弱的（如Carson所表示的, p. 101），因為那樣的看法會引領我們說，那些相信耶穌、彼得和保羅所傳講之信息的人，其信心都是較弱的——這樣的結論不是新約聖經所主張的！

壓制的得自由。」（路4:18）

同樣地，耶穌給祂的門徒「能力、權柄制伏一切的鬼，醫治各樣的病，又差遣他們去宣傳神國的道，醫治病人」（路9:1-2）。祂命令他們，「隨走隨傳，說：『天國近了！』醫治病人，叫死人復活，叫長大痲瘋的潔淨，把鬼趕出去。」（太10:7-8；另參太4:23; 9:35；徒8:6-7, 13）

*神蹟的第三個目的，是幫助那些有需要的人。*靠近耶利哥的兩個瞎子呼喊說：「可憐我們吧！」耶穌就「動了慈心」，醫治了他們（太20:30, 34）。當耶穌見有許多的人時，「就憐憫他們，治好了他們的病人」（太14:14；另參路7:13）。在此，神蹟證明了耶穌對那些有需要之人的憐恤。

*神蹟的第四個目的，是要除去人服事主的障礙。*這和第二個目的是相關的。耶穌醫治了彼得岳母，「她就起來服事耶穌」（太8:15）。神憐憫以巴弗提並恢復了他的健康（不管是不是藉著神蹟性的方法，但保羅在腓立比書2:27那裏將之歸於神的憐恤），因此他就能夠服事保羅，並且完成作信使的功能，回到腓立比教會去（腓2:25-30）。雖然主藉著彼得使大比大（或稱為多加）復活過來以後（徒9:40-41），經文裏沒有明言她是否繼續她的「廣行善事，多施賙濟」（徒9:36），但因經文提到她的善工和那些被她無私照顧之人所作的見證（徒9:39），就表示當她從死裏復活之後，又恢復了類似的恩慈事奉。與此類有關的事實是，保羅期望當神蹟性的恩賜在教會中運用時，能夠造就人（林前12:7; 14:4, 12, 26）。

最後，*神蹟的第五個目的，乃是要將榮耀歸給神*（所有其他幾個目的對此都有貢獻）。在耶穌醫治了一個癱子之後，群眾「都驚奇，就歸榮耀與神，因為祂將這樣的權柄賜給人」（太9:8）。同樣地，耶穌說生來瞎眼之人，「是要在他身上顯出神的作為來」（約9:3）。

D. 神蹟的施行僅限於使徒們嗎？

D.1 神蹟不尋常地集中在使徒們的事奉中

有些人認為，能行神蹟的僅限於使徒們，或僅限於使徒們以及那些與他們密切相關的人。在我們思考這論點之前應該注意到，有一些跡象顯示，神蹟顯著地集中在使徒們的事奉中，這是身為基督特別代表的使徒們之特徵；了解這點是很重要的。舉例來說，神樂意藉著彼得和保羅來成就許多不尋常的神蹟。在教會最初期的時候——

「主藉使徒的手在民間行了許多神蹟奇事……信而歸主的人越發增添，連男帶女很多。甚至有人將病人抬到街上，放在床上，或褥子上，指望彼得過來的時候，或者得他的影兒照在什麼人身上。還有許多人，帶著病人和被污鬼纏磨的，從耶路撒冷四圍的城邑來，全都得了醫治。」（徒5:12-16）

同樣地，當保羅在以弗所時，「神藉保羅的手行了些非常的奇事，甚至有人從保羅身上拿手巾或圍裙放在病人身上，病就退了，惡鬼也出去了。」（徒19:11-12）[13] 另一個例子是使大比大復活：大比大死了以後，在約帕的門徒打發人去請彼得來為她禱告，求主使她從死裏復活（徒9:36-42）；這顯然是因為他們認為神將一種不尋常的神蹟性能力集中在彼得身上（或在一般的使徒們身上）。一般來說，保羅事奉的特徵是有神蹟性的事件發生，因為他曾這樣對羅馬教會的人總結他的事奉：基督「用神蹟奇事的能力，並聖靈的能力」，藉著他來贏得外邦人的順服（羅15:18）。

然而，雖然神蹟不尋常地集中在使徒們的事奉中，但這並不能證明沒有神蹟是由別人來行的！正如我們清楚地看見，「行異能」（林前12:10）以及其他神蹟性的恩賜（哥林多前書12:4-11提及了幾樣）乃是哥林多教會正常功能的一部分，而且保羅知道神在加拉太地區的眾教會裏也「行異能」（加3:5）。

D.2 哥林多後書12:12「真使徒的憑據」是指什麼？

這樣說來，為什麼有人認為神蹟是辨識使徒的獨特憑據或記號呢？他們的看法大多是根據保羅在哥林多後書12:12那裏所說的話：「我在你們中間，用百般的忍耐，藉著神蹟、奇事、異能，顯出〔真〕使徒的憑據來。」（林後12:12）[14] 他們認為這節經文表示，那些不是使徒的人（或不是使徒之親近同伴的人）沒有那樣的權柄，或說不能夠行出這些神蹟性的記號。[15] 他們進一步地堅稱，當使徒們和與他們親近的同伴們都過世時，神蹟的運作就終止了；因此他們下結論說，我們現在不應該再期待有神蹟了。主張這種立場的人有時被稱作是「靈恩止息派」（cessationist），因為他們認為在教會歷史的早期，神蹟就終止或「止息」了。

在我們思想這個問題的時候，我們應當記住，用來建立這個論點的關鍵經文——

---

[13]我們不應當將這兩件事看成是某種的「魔術」，即由彼得的身影或保羅碰過的手帕而自動產生的特別果效；反之，我們應當將之看成是指出一項事實：聖靈樂意將這樣豐滿而顯著的力量，加到這些人的事奉中，即將祂的工作延伸到他們個人身體所在之地以外，甚至是加在他們靠近或觸碰過的物件上。

[14]其實希臘文聖經裏原沒有「真」一字，它只是說「使徒的憑據（複數）」，但RSV和NASB都加上了「真」字，來表明保羅是在對比他的事奉和假使徒的事奉之不同。

[15]見Walter J. Chantry, *Signs of the Apostles*, 2d ed. (Edinburgh: Banner of Truth, 1976), 尤其是pp. 17-21; B. B. Warfield, *Counterfeit Miracles*; Norman Geisler, *Signs and Wonders* (Wheaton: Tyndale House, 1988).

保羅在哥林多後書12:12所說的「顯出〔真〕使徒的憑據來」——*並不是*試圖要證明*他和其他基督徒之分別*，即保羅是一位使徒，而別的基督徒不是使徒；他乃是要證明*他和假使徒之分別*，即保羅是基督的真代表，而不是「假使徒」（林後11:13）：他們是基督的假代表，是裝成「仁義的差役」的撒但之僕人（林後11:14-15）。簡而言之，這個對比不是在比較能夠行神蹟的使徒，和不能夠行神蹟的一般基督徒；而是在比較聖靈能透過他們來工作的真使徒，和聖靈一點兒都不能透過他們來工作的*冒充使徒職分之非基督徒*。所以，即使我們了解到「真使徒的憑據」是神蹟，然而我們也應當認明，那些使用這一節經文而認為今日的*基督徒*不能行神蹟的人，是將「真使徒的憑據」斷章取義，而以保羅從未有的用意來使用它：保羅是將自己與非基督徒區分開來，而他們卻用這經文將保羅與其他的基督徒區分開來。

不只如此，當我們更進一步地檢視哥林多後書12:12時就發現，以這一節經文裏的「真使徒的憑據」來指神蹟性的記號，是十分可疑的，因為在這一節經文裏，保羅將「真使徒的憑據」與「神蹟、奇事、異能」分別開來，這指出「神蹟、奇事、異能」的施行是與真使徒的憑據並行的：「我在你們中間，用百般的忍耐，*藉著神蹟*（signs）、*奇事*（wonders）、*異能*（mighty works），顯出〔真〕*使徒的憑據*（signs）來。」[16] 上述的「神蹟、奇事、異能」用到了所有論及神蹟（miracles）的三種詞彙，所以它們一定是就是指神蹟（請注意在使徒行傳4:30; 5:12; 14:3; 15:12；羅馬書15:19；希伯來書2:4等經文裏的「神蹟奇事」）。因此，「真使徒的憑據」就一定是指另一件不同的事，即另一件*伴隨*神蹟奇事的事。

其實，雖然譯作「*神蹟*」（signs）一詞的希臘文（*sēmeion*）通常是指神蹟（miracles），但其意義範圍更廣：*sēmeion*的意思就只是「某件事物指向或指出另一件事物」，亦即「記號」。[17] 在哥林多後書12:12，我們最好將使徒的「憑據」（signs）理解為每一件能表明保羅之使徒性宣道使命、並能顯示他是一位真使徒的事物。[18] 我

---

[16]希臘文聖經的經文文法使我們不得不注意到這個區分，因為「使徒的真憑據」用的是主格，而「神蹟、奇事、異能」用的是受格，因此它不可能是「使徒的真憑據」的重述而作為其同位語，因為在希臘文裏，名詞同位語必須用相同的格位。NIV在此忽視了文法，將這兩個片語譯得好像它們是同位語，而RSV和NASB則繙譯地較為準確。

[17]有許多非神蹟性的事物也被稱為「記號」（signs），舉例來說，保羅的信是以他的親筆簽名為「記」（帖後3:17）；割禮是亞伯拉罕得稱為義的「記號」（羅4:11）；猶大的親嘴是他給猶太領袖們的「暗號」（太26:48）；彩虹是立約的「記號」（創9:13）；在每年的逾越節吃無酵餅，是蒙主拯救的「記號」（出13:9，希臘文七十士譯本）；喇合的朱紅線繩是探子告訴她要繫在窗戶上的「記號」（《革利免一書》12:7）。

[18]在現代對哥林多後書的註釋中，筆者只找到三位註釋家將哥林多後書12:12的「真使徒的憑據」理解為神蹟：

們不需猜測這些憑據是什麼，因為保羅在哥林多後書中說出他身為真使徒的標記：

(1) 有屬靈的能力與罪惡爭戰（林後10:3-4, 8-11; 13:2-4, 10）

(2) 為教會的好處而有忌邪之情（11:1-6，另參現代中文譯本或呂振中譯本）、

(3) 對耶穌和祂的福音計劃有真知識（11:6）

(4) 自己供養自己（忘我無私）（11:7-11）

(5) 不佔教會的便宜；不毆打人（11:20-21）

(6) 為基督而忍受苦難和艱辛（11:23-29）

(7) 被提到天上（12:1-6）

(8) 能知足和有信心去忍受肉身上的一根刺（12:7-9）

(9) 能從軟弱中得著力量（12:10）

第一項的標記可能包含了神蹟，但那肯定不是「真使徒的憑據」之主要重點。

還有另一個證據顯示，哥林多後書12:12裏的「真使徒的憑據」，是指所有的這些事情，而不只是指神蹟而已；其證據就是保羅說到他是「用百般的忍耐」顯出真使徒的憑據來。若說神蹟是「用百般的忍耐」才顯出來的，這說法不太合理，因為許多神蹟都發生得很快；但若說保羅那種像基督的韌性，為了哥林多教會的人忍受困難，是「用百般的忍耐」才顯出來的，這說法就變得很合理了。

我們應當注意，在此所列的標記，沒有一項說到保羅宣稱他用神蹟證明了其真使徒的職分。事實上，他所提的大多數的事情都沒有將他與其他的真基督徒區分開來，

Colin Kruse, *The Second Epistle of Paul to the Corinthians,* TNTC (Leicester: Inter-Varsity Press, and Grand Rapids: Eerdmans, 1987), p. 209; Jean Hering, *The Second Epistle of Saint Paul to the Corinthians*, trans. A. W. Heathcote and P. J. Allcock (London: Epworth, 1967), pp. 95-96; Murray Harris, "2 Corinthians," EBC, 10:398. 雖然他們採取那種看法，可是他們並沒有解釋有何論點支持他們的看法，而Harris還注意到另一種觀點，即「真使徒的憑據」是指哥林多教會之人的生命改變，以及保羅之像基督的品格。

大多數的註釋家都了解「真使徒的憑據」具有更廣的意義，其中包括了保羅生命的素質，和他事奉的特性與結果，見Philip E. Hughes, *Paul's Second Epistle to the Corinthians*, NIC (Grand Rapids: Eerdmans, 1962), pp. 456-58（跟隨屈梭多模和加爾文）; Ralph P. Martin, *II Corinthians*, WBC (Waco, Tex.: Word, 1986), pp. 434-38（有廣泛的討論）; Alfred Plummer, *A Critical and Exegetical Commentary on the Second Epistle of St. Paul to the Corinthians*, ICC (Edinburgh: T. & T. Clark, 1915), p. 359; R. V. G. Tasker, *2 Corinthians*, TNTC (London: Tyndale Press, 1958), p. 180; Charles Hodge, *An Exposition of 1 and 2 Corinthians* (Wilmington, Del.: Sovereign Grace, 1972 [reprint]), pp. 359-60; John Calvin, *The Second Epistle of Paul the Apostle to the Corinthians...* trans. T. A. Smail, ed. by D. W. Torrance and T. F. Torrance (Edinburgh: Oliver and Boyd, and Grand Rapids: Eerdmans, 1964), pp. 163-64; J. B. Lightfoot, *The Epistle of St. Paul to the Galatians* (Grand Rapids: Zondervan, 1957), p. 99. 在這些註釋中，有些註釋家認為「真使徒的憑據」伴隨了神蹟，或是包括了神蹟，但是沒有人認為「真使徒的憑據」主要是指神蹟，或只是指神蹟。

但是這些事情確實將他與撒但的差役，即根本不是基督徒的假使徒，區分開來了。這些假使徒的生命標記不是謙卑，而是驕傲；不是無私，而是自私；不是慷慨，而是貪婪；不是尋求別人的利益，而是佔盡別人的便宜；不是在身體軟弱時倚靠屬靈的能力，而是倚賴他們天然的力量；不是忍受苦難和艱難，而是尋求他們自己的舒適和安逸。[19] 當保羅在他們中間表現出一種像基督的品格時，他的行為就成了「憑據」，證明他說自己是真使徒的宣稱，乃是一項真實的宣稱，因此，這些事情就都是「真使徒的憑據」了。在這樣的理解下，標明真使徒的「憑據」，並不需要是那些能顯出他和其他基督徒之間所具有之絕對不同的事，而是那些能顯明他的事奉是真實的而不是虛假的事。保羅在這裏並不是要告訴哥林多教會的人，如何去判別誰是一位與其他基督徒不同的使徒（他在哥林多前書9:1-2; 15:7-11；加拉太書1:1, 11-24那裏則說到此點，提及他看見復活的基督，以及他受基督差派為一使徒）；他在這裏是說到如何認明何為真實的、基督所稱許的事奉。

那麼，保羅為什麼又加上一句話說，所有這些真使徒的憑據，在哥林多教會人中間是「藉著神蹟、奇事、異能」顯出來的呢？其實他只是在所有前面他所說的真使徒職分之標記上，另外再加上一項而已。神蹟在肯定保羅所傳講的真理上，當然具有重要的功能；然而不論哥林多教會的人是否將神蹟視為一項「真使徒的憑據」，保羅在此清楚地將之加入「真使徒的憑據」中，因為除了真使徒所具有的那些憑據之外，他的事奉也將神的能力以神蹟彰顯出來。[20]

還有另外一個十分重要的原因，說明為何神蹟並不能證明某人是一位使徒。我們在更廣的上下文——整本新約聖經裏，很清楚地看到由使徒以外的人所施行的神蹟，例如司提反（徒6:8）、腓利（徒8:6-7）、加拉太地區幾處教會裏的基督徒（加3:5），和那些一般在基督的身體裏具有「行異能」之恩賜的人（林前12:10, 28）。像這樣的神蹟就不能視為是使徒專有的憑據了。事實上，在哥林多前書12:28那裏，「行異能的」和「醫病的」確實和「使徒」有所分別：「神在教會所設立的，第一是*使徒*，第二是先知，第三是教師，其次是*行異能的*，再次是得恩賜*醫病的*……」

---

[19]有些註釋家假設假使徒會行神蹟，並且會宣稱他們有來自神的啟示，所以保羅也必須宣稱他有更大的神蹟和啟示。但是哥林多後書並沒有說有假先知宣稱他們會行神蹟或有來自神的啟示。

[20]在保羅說到「真使徒的憑據」之後的經文也肯定了這樣的解釋：「我在你們中間……顯出〔真〕使徒的憑據來。除了我不累著你們這一件事，你們還有什麼事不及別的教會呢？」（林後12:12-13）惟有當「真使徒的憑據」包括了保羅對他們的所有服事（而非只有神蹟而已），這樣他們不缺少任何一樣保羅的照顧和關注之事實，才能向他們證明「真使徒的憑據」呈現在他們中間。

類似的經文又見於馬可福音16:17-18。雖然這段經文是否應該屬於馬可福音的一部分，其真實性受到了嚴重的質疑，[21] 但是它本身是十分古老的，[22] 至少它見證了初代教會內部的傳統。這段經文報導了耶穌所說的話：

「信的人必有神蹟隨著他們：就是奉我的名趕鬼；說新方言；手能拿蛇；若喝了什麼毒物也必不受害；手按病人，病人就必好了。」

在此也假定基督徒一般擁有行神蹟的能力。那些寫下這個初代教會傳統並將之傳遞下來的人，以及那些認為它代表了耶穌真實教訓的人，肯定不會認為施行神蹟僅限於使徒們和那些與他們親近的隨從們。[23]

對於新約聖經時代的其他基督徒也能施行神蹟的論點，有時候有些人是這樣回答的：只有使徒們*和那些與他們有密切關係的人*，或那些被使徒們按手過的人才能行神蹟。[24] 然而，這樣的說法並沒有真的證明什麼，因為在新約聖經中的教會故事，就是使徒們和那些與他們有密切關係的人所成就之事的故事。我們也可以針對傳福音或建立教會提出類似的論點：「在新約聖經中，教會是只由使徒們或那些與他們親近的助手們所建立的，所以我們今日不應當建立教會。」或說「在新約聖經中，到其他國家從事宣道工作，是只由使徒們或那些與他們親近的助手們所完成的，所以我們今日不應當在其他國家做宣道工作。」這些類比顯示了這種論點的不適當，因為新約聖經主要是向我們顯示教會*應當*如何尋求去做一些事，而不是*不應當*尋求去做一些事。

然而假如在第一世紀的教會裏，許多基督徒都能藉著聖靈的能力來施行神蹟，那麼行神蹟的能力就不足以成為一個憑據，來區分使徒與其他基督徒的不同了。

D.3 賈斯樂對神蹟之定義的嚴格限制

否認今日還有神蹟之發生的較近期之看法，是由賈斯樂（Norman Geisler）所提出的。[25] 賈斯樂對*神蹟*所下的定義，比起本章所提出的，其限制還要更為嚴格。賈斯樂說：「神蹟 (1) 一定是成功的，(2) 是立即見效的，(3) 是不會重陷舊況的，(4) 是證

---

[21]手抄本的證據和對文體風格的考量，顯示這些經節原本不是馬可所寫之福音書的一部分。見本書第五章B.3節有關經文異文的討論。

[22]在幾份他提安（Tatian）的《四福音合參》（*Diatessaron*，主後170年）的手抄本中包含了這段經文，愛任紐（Irenaeus，歿於主後202年）和特土良（Tertullian，歿於主後220年）也引用了它。

[23]筆者很感謝達拉斯神學院的Harold Hoehner教授，他建議了此處有關哥林多前書12:28和馬可福音16:17-18的論點（雖然他可能不贊同本節的結論）。

[24]Chantry, *Signs*, pp. 19-21.

[25]Norman Geisler, *Signs and Wonders*. 他給神蹟所下的定義，見pp. 28-32, 149-55.

實神之使者的。」（見該書第28-30頁）他在耶穌的事奉裏找到許多支持這個論點的證據，但是除了耶穌的一生以外，要說其他擁有行神蹟能力的人從未失敗過，這論點的說服力就小了許多。關於那位被鬼所附的男孩，門徒無法趕出他身上的鬼（太17:14-21），賈斯樂說：「門徒們只是一下子忘了要忠心地行使耶穌已經賜給他們的能力。」（見該書第150頁）但是這個說法沒有說服力，因為賈斯樂說，行神蹟的能力一定是成功的，然而當聖經說到一些不成功的例子（即與他的論點矛盾）時，他就只是說他們「忘記」了。然而，耶穌卻說了一個和賈斯樂所說的不同原因：「因你們的信心小。」（太17:20）較小的信心導致行神蹟的能力變得較弱。

關於保羅沒有醫好以巴弗提的病（腓2:27），賈斯樂不得不作了一個含糊的聲明：可能保羅從未試過醫治以巴弗提（雖然他曾經到監獄來看保羅，而且病得幾乎要死）；或說保羅在這個時候不再擁有醫病的恩賜了（該書第150頁）。他也使用了同樣的理由，來解釋保羅將生病的特羅非摩留在米利都之事實（提後4:20）。在這些例子中，賈斯樂超過了靈恩止息派的一般說法，即神蹟在使徒們過世時就已經終止了；他宣稱神蹟在最偉大之使徒——保羅——首度在羅馬坐監之前就已經終止了。這簡直是一種叫人無法信服的論點，因為聖經中一再地表明這位使徒事奉的特徵是「用神蹟奇事的能力，並聖靈的能力」（羅15:18），而且他在最末一封書信裏能夠以勝利的口吻說：「那美好的仗我已經打過了，當跑的路我已經跑盡了，所信的道我已經守住了。」（提後4:7）

賈斯樂對神蹟的描述，也不適用在馬可福音8:22-25所記載耶穌按手醫好一位瞎子的事，因為那人起先看得不太清楚，只說他看見人「好像樹木，並且行走」，而在耶穌第二次按手在他身上以後，他才「樣樣都看得清楚了」（可8:24-25）。賈斯樂對此的回應是說，耶穌有意要分兩個階段來醫治這位瞎子，為的是要藉著這個真實的事來教導門徒，靈命的成長是逐漸而成的（見該書第153-54頁）。雖然這段經文沒有那個意思，而且靈命的成長可能也真是逐漸而成的，但即使如此，它還是推翻了賈斯樂的論點，因為假如耶穌當時有意要分兩個階段來醫治人，那麼今天祂的用意也可能是要分兩個階段，甚至三個、四個或更多的階段來醫治人。一旦賈斯樂承認神可能有意分數個階段來施行一個神蹟，為的是要達成祂自己的目的，那麼他整個的宣稱——神蹟必須是立即的、完全的——就站不住腳了。[26]

---

[26]賈斯樂在解釋馬可福音5:8（在此耶穌不只一次地命令污鬼離開）和馬可福音6:5（在此經文說，耶穌在拿撒勒不能再行神蹟了，因為該地的人不信）上，也有很多困難（pp. 149, 152）。

因此，與其接受賈斯樂的定義，不如這樣結論會更好：即使是那些擁有神所賜之行神蹟能力的人，也可能不能隨著他們所想要的時候行神蹟，因為聖靈不斷地「隨己意」將行神蹟的恩賜分給各人（哥林多前書12:11；「分給」一詞的希臘文是現在式分詞，指明它是聖靈持續性的動作）。不只如此，似乎沒有理由將禱告獲得不尋常或顯著的答應從「神蹟」之列中排除出去（如賈斯樂顯然想要做的），否則就顯得神蹟的定義限制重重。舉例來說，假如有人為身體得醫治禱告了很久，而神答應了這些恆久的禱告，使人得到醫治，而且這種醫治是沒有已知的醫學知識可以解釋的。雖然神的醫治是在人經年累月的禱告之後才有的，但祂對禱告的答應是那樣地清楚，以至於人覺得驚訝而將榮耀歸給神；這樣我們似乎沒有理由僅僅因為先前的禱告沒有立刻獲得答應，就否認這是發生了一個神蹟。最後，賈斯樂沒有認識到，新約聖經有幾處經文指明，屬靈的恩賜——無論其本質是神蹟性的或非神蹟性的——在力量或強度上會有所不同。[27]

D.4 希伯來書2:3-4

此外，另一段被用來支持神蹟僅限於使徒們及其親近的同伴們之經文，是希伯來書2:3-4。希伯來書的作者在那裏說，救恩的信息「起先是主親自講的，後來是聽見的人給我們證實了。神又按自己的旨意，用神蹟奇事，和百般的異能，並聖靈的恩賜，同作見證。」[28]（來2:3-4，按RSV譯法；和合本作「……同他們作見證。」）

因為這段經文說神蹟是同親自聽見主的人作見證，所以就有人認為，我們不應當期望其他的人施行神蹟，即那些不是親自見證主之教訓和事奉的人。[29]

但這個論點是想從這段經文裏引出更多其中沒有的結論。*首先*，那些「聽見的人」（來2:3）肯定不限於使徒們，因為許多其他的人也聽過主。*其次*，也是更重要的是，這個論點宣稱了該經文根本就沒講的一些事：經文說到，那些親身聽過耶穌的人在傳講福音信息時，其信息被神蹟所證實；但經文完全沒提到，那些沒有親身聽過耶穌的人在傳講福音信息時，是否也會有神蹟來證實。*最後*，這段經文說，福音的信息不但被「神蹟奇事，和百般的異能」所證實，同時還被「*聖靈的恩賜*」所證實。假如

---

[27]見本書第五十二章A.4節的討論。

[28]KJV是這樣繙譯的：「神又按自己的旨意，用神蹟奇事……向*他們*作見證。」這個譯文表示出神蹟向那些最先聽見耶穌和被傳福音的人作見證。但是因為在希臘文經文裏並無「他們」一詞，所以現代的譯本就不這樣繙譯了。

[29]Chantry說：「新約聖經所記載的神蹟，在聖經本身裏被視作是神認可使徒們之信息的印記。這是他們受聖靈感動，將與耶穌在一起時所見所聞之事蹟記載下來的記錄。回顧這些神蹟奇事應當深化我們對他們話語權柄之敬重，並促使我們更加謹慎注意他們的話。」見Chantry, *Signs of the Apostles*, pp. 18-19.

有人認為這段經文將施行神蹟僅限於使徒們及其同伴們的話，那麼他就也必須認為聖靈的恩賜同樣地僅限於第一世紀的教會了。但是幾乎沒有人會認為今日沒有聖靈的恩賜。[30]

D.5 結論：神蹟的施行不僅限於使徒們

如果在新約時代之下的事奉特徵是倚靠聖靈的能力和榮光（林後3:1–4:18），那麼我們的期望就是神蹟的施行不僅限於使徒們，因為我們期望第二代、第三代和第四代的基督徒，他們也認識基督和祂復活的大能（腓3:10）；他們繼續地被聖靈充滿（弗5:17）；他們參與在一場戰爭中，不是按世俗方式作戰，而是要配戴具有神能力以摧毀堅固營壘之兵器（林後10:3-4）；他們所受的不是懦怯的心，而是「剛強、仁愛、謹守的心」（提後1:7）；他們靠主和祂的大能大力而剛強，穿戴神所賜的全副軍裝，好能抵擋執政的、掌權的和空中屬靈氣的惡魔（弗6:10-12）；他們有能力不但以誠實和愛心傳講福音，而且伴隨著有神的大能神蹟式的彰顯。從新約聖經來看，我們很難找到有任何的理由說，只有使徒們在傳講福音時「不是用智慧委婉的言語，乃是**用聖靈和大能的明證**，叫你們的信不在乎人的智慧，只在乎神的大能」（林前2:4-5）。

雖然行神蹟的能力確實不尋常的集中在使徒們的事奉中，然而這不是一個理由叫我們認為神蹟在他們死後就稀少或沒有了；反之，使徒們是新約之下的教會領袖，其生命與信息是以聖靈的能力為特徵，並以神蹟的方式運作出來。不只如此，在聖靈之神樂意行出神蹟以建造教會的範圍之下，他們建立了一個模式，使得歷史上的教會都能在自己的教會生活中效法他們。[31]

E. 假神蹟

雖然法老的術士能夠變出一些假的神蹟（出7:11, 22; 8:7），但他們很快就必須承認神的能力更大（出8:19）。雖然撒瑪利亞城裏行邪術的西門，能用他的邪術叫人驚奇（徒8:9-11），但神藉著腓利所行的是更大的神蹟（徒8:13）。保羅在腓立比遇見了一個作奴隸的女孩，她「被巫鬼所附，用法術叫她主人們大得財利」（徒16:16），可

[30]另一種認為神蹟僅限於第一世紀的論點，是根據於這項宣稱：某些神蹟（例如說預言的恩賜）一定會帶來新的聖經品質之啟示。我們將會在本書第五十二章B.2節與第五十三章A節中詳細討論這個論點。

[31]然而，如果神蹟真的發生了，基督徒在報導它們時，應當小心翼翼，並且務必極其詳實準確。假如基督徒誇張或扭曲神蹟發生的真實情況，即使只有些微的幅度，福音就受到了莫大的傷害。聖靈的能力是很大的，不論祂想怎麼做都可以辦得到，因此我們絕不應該將發生神蹟的真實情況「加油添醋」，只是為了叫人聽起來比真相更令人興奮。神在每一個情況所做的事，都剛剛好是祂所喜悅要做的。

是保羅斥責那鬼，那鬼就從她身上出來了（徒16:18）。不只如此，保羅還說，當不法之人來時，他會「行各樣的異能、神蹟，和一切虛假的奇事，並且在那沉淪的人身上行各樣出於不義的詭詐」（帖後2:9-10）；然而那些跟隨他們的人是被欺騙如此做的，「因他們不領受愛真理的心，使他們得救」（帖後2:10）。這一點指出，那些在末日靠撒但的能力施行假神蹟的人，不會說出真理，而會傳講一個虛假的福音。最後，啟示錄第13章指出，第二頭獸會「從地中」上來，他有「頭一個獸所有的權柄」，又「行大奇事，甚至在人面前叫火從天降在地上。他因賜給他權柄在獸面前能行奇事，就迷惑住在地上的人」（啟13:11-14）。但是再度有一個虛假的福音，伴隨著這些神蹟：這個能力的運作和第一頭獸有關，第一頭獸會「誇大褻瀆話的口……獸就開口向神說褻瀆的話，褻瀆神的名，並祂的帳幕。」（啟13:5-6）

簡短地綜覽了聖經上的假神蹟以後，我們清楚地得到兩個結論：(1) 在施行神蹟上，*神的能力大於撒但的能力*，而且神的百姓也勝過了那些行邪術之人的權勢。與此有關地，約翰向信徒肯定：「那在你們裏面的比那在世界上的更大。」（約一4:4）[32] (2) 我們可以辨認出這些行假神蹟的人：*行假神蹟的人一定會否認福音。在聖經上沒有任何地方顯示，有聖靈內住的真基督徒會行假神蹟*。事實上，保羅在一個充滿偶像和鬼魔崇拜的城市裏（見林前10:20），對許多從那種異教背景出身的哥林多信徒說：「若不是被聖靈感動的，也沒有能說『耶穌是主』的。」（林前12:3）他在此向他們保證，那些真正認信耶穌是主的人，確實有聖靈住在他們裏面。然後他立刻就接著討論「每一個」真信徒所擁有的屬靈恩賜，這是很有意義的（林前12:7）。

這一點應當使我們確信，假如我們看見神蹟是由那些真正認信耶穌的人所行出來的（林前12:3），即他們相信基督的道成肉身和神性（約一4:2），又在他們的生活中彰顯出聖靈的果子，並且在他們事奉中結出果子來（太7:20；另參約15:5；加5:22-23），那麼我們就不應當懷疑那些神蹟會是假的，反而應當為聖靈在工作而感謝神，即使聖靈的工作是藉著那些在某些教義方面和我們持不同信念的人。[33] 實際上，假使

[32]有人可能反對說，啟示錄13:7那裏說到的末後時日之異象可能是一個例外：「又任憑他（從海中上來的獸）與聖徒爭戰，並且得勝。」（啟13:7）但是即使在這裏，也沒有跡象顯示那獸行神蹟的能力大過聖靈的能力。我們似乎最好不要將這裏的經文理解為是神蹟能力的對抗，而只要將之理解為受到軍事武力的逼迫，因為我們在後面會讀到：「那些因為給耶穌作見證並為神之道被斬者的靈魂，和那沒有拜過獸與獸像、也沒有在額上和手上受過他印記之人的靈魂。」（啟20:4）

[33]馬太福音7:21-23所說的事實——那些稱呼耶穌之名的人也能傳道趕鬼，並且能奉祂的名行「許多異能」——與此並沒有牴觸，因為那些人不是基督徒；因為耶穌對他們說：「我從來不認識你們，你們這些作惡的人，離

神只藉著那些在教義和生活行為上都完全的人來行神蹟，那麼在基督回來之前，都不可能有什麼神蹟被施行出來了。

F. 今日的基督徒應當尋求神蹟嗎？

說神蹟在今日可能會發生是一回事，求神施行神蹟則是另一回事。那麼，基督徒求神施行神蹟是正確的嗎？

這個問題的答案端視於我們求神蹟的目的而定。如果追求神蹟性的能力是為了增加自己的能力或名聲，那肯定是錯誤的，就如行邪術的西門一樣：彼得對行邪術的西門說：「在神面前，你的心不正。你當懊悔你這罪惡，祈求主，或者你心裏的意念可得赦免。」（徒8:21-22）

如果求神蹟只是為了娛樂，也是錯誤的，就如希律王所做的：「希律看見耶穌，就很歡喜；因為聽見過祂的事，久已想要見祂，並且指望看祂行一件神蹟。」（路23:8）然而耶穌連回答希律的問題都不願意。

如果心存懷疑的不信之人求神蹟只是為了批評那些傳福音的人，那也是錯誤的：

> 「法利賽人和撒都該人來**試探耶穌**，請祂從天上顯個神蹟給他們看。耶穌回答說：『……一個邪惡淫亂的世代求神蹟，除了約拿的神蹟以外，再沒有神蹟給他看。』」（太16:1-4）

雖然這段斥責人求神蹟的話，重複地在福音書的其他地方出現，但重要的是我們要注意到，它們總是對著那些懷有敵意的不信之人而說的，因為他們求神蹟，只是為了要找機會批評耶穌。[34] 耶穌從來不斥責任何懷著信心前來的人，或因有所需要而尋求醫

開我去吧！」（太7:23）雖然那些事有可能是藉著鬼魔的能力而行出的假神蹟，但它們似乎更可能是普遍恩典之運作（見本書第三十一章），即神透過非基督徒工作所帶來之果效；類似於神有時候容許那些動機不單純、心中不認識基督之人來傳講福音（另參腓1:15-18）。

[34]很令人驚訝地，D. A. Carson和James M. Boice從來沒提過這件事實：耶穌只斥責那些懷有敵意的不信之人來尋求神蹟，見D. A. Carson, "The Purpose of Signs and Wonders in the New Testament," in M. Horton, ed., *Power Religion*, pp. 89-118; James M. Boice, "A Better Way: The Power of Word and Spirit," in *Power Religion*, pp. 119-36. 這兩篇文章都用耶穌的斥責來勸今日的基督徒不要尋求神蹟，然而以新約聖經整體為上下文來看，這樣地應用耶穌的敘述是不正確的（尤見Boice之文的第126頁，他引用並贊同John Woodhouse的一句話：「想要求進一步的神蹟和奇事是有罪的，而且是不信的。」）

馬可福音8:11和路加福音11:16在說到耶穌責備這個邪惡世代要求祂顯神蹟時，都清楚地提到「試探祂」的敘述。此外惟一出現這種責備的經文是馬太福音12:38-42，雖然那裏沒有清楚地提到「試探祂」的敘述，但很清楚的是，耶穌的責備是在回應「文士和法利賽人」（太12:38），而且這件事是記載在馬太福音12:14之後：「法利賽人出去，商議怎樣可以除滅耶穌」；也是記載在馬太福音12:24之後：「法利賽人……說：『這個人趕

治、拯救及其他任何神蹟的人，不論他是為了自己或為了別人求。

那麼，我們要怎麼理解哥林多前書1:22-24呢？保羅在那裏說：「〔因為〕**猶太人是要神蹟**，希利尼人是求智慧；我們卻是傳釘十字架的基督。在猶太人為絆腳石，在外邦人為愚拙；但在那蒙召的，無論是猶太人、希利尼人，基督總為神的能力，神的智慧。」保羅的意思是說他在哥林多或在他一般傳福音的工作上，就不行神蹟了嗎？

保羅在此不可能是否認他傳揚福音時會行神蹟；事實上，他在哥林多所寫的羅馬書中的一段經文說（羅15:18-19）：

> 「除了基督藉我作的那些事，我什麼都不敢提，只提祂藉我言語作為，**用神蹟奇事的能力**，並聖靈的能力，使外邦人順服。甚至我從耶路撒冷直轉到以利哩古，到處傳了基督的福音。」

此外，哥林多後書12:12也清楚地證實，保羅確實在他們中間行「神蹟、奇事、異能」。

所以，哥林多前書1:22-24不可能是指保羅否認*智慧*或*神蹟*的有效性，因為他曾靠著基督施行神蹟並教導智慧。反之，他在此是說，神蹟和智慧本身拯救不了人，能拯救人的是福音。猶太人和希臘人所求的神蹟和智慧，不是基督所賜的神蹟和智慧；他們所求的神蹟只會滿足或助長他們的敵意和懷疑，而他們所求的智慧只是屬世的智慧，而非神的智慧。

如果是為著適宜的目的來尋求神所賜予的神蹟，並沒有什麼不恰當；這些目的可包括：證實福音信息的真實性，見證神的國已經來到，幫助那些有需要的人，除去人服事主的阻攔，以及將榮耀歸給神（見本章C節）。福音書裏記載了許多人到耶穌這裏來尋求神蹟，而祂也為著以上這些目的醫治了他們。此外，當祂差遣祂的門徒們出去傳講天國已經近了的信息時，祂要他們：「醫治病人，叫死人復活，叫長大痲瘋的潔淨，把鬼趕出去。」（太10:7-8）他們若沒有求神施行神蹟，怎麼可能在所去的每一個地方做到這些呢？可見耶穌的命令是需要他們去尋求神蹟發生的。

在五旬節以後，初代教會禱告求神賜傳福音的膽量，也求神在他們傳講福音時賜下神蹟。他們向神呼求說：

> 「他們恐嚇我們，現在求主鑒察，一面叫你僕人大放膽量講你的道；**一面伸出你的手來，醫治疾病，並且使神蹟奇事**因著你聖僕耶穌的名行出來。」（徒4:29-30）

初代教會的這個例子非但不是教導說，我們不應當向神求神蹟，反而是鼓勵我們要如

鬼，無非是靠著鬼王別西卜啊！』」

此去做。同樣地，呂大的門徒在大比大死了以後，派人把彼得請來為她禱告，可見他們也是求神有神蹟性的介入（徒9:38）。雅各書指示我們說，教會的長老們應當為那些生病的人禱告，以尋求醫治（雅5:14）。當然，從一方面來說，我們不應當假定，一個明顯是神蹟性的應允禱告，就比一個透過一般方法而來的應允禱告更好（譬如像藉著醫療方式對疾病的醫治）；而且我們也必須了解到，我們為一個特定的需要祈求神，並不保證神一定就會答應我們的禱告。然而從另一方面來說，我們的信心——相信神會以大能的、甚至是神蹟性的方式來工作——也可能太小了。我們必須小心，不要被世俗的世界觀感染了，以為神是非常少答應禱告的；而且，如果神蹟發生了，我們應當不要覺得談到它們是很窘的事，或認為神以非神蹟性的回應禱告才是更好的回應！神蹟是神的工作，祂行神蹟是要將榮耀帶給祂自己，並且要堅固我們的信心。當我們今天在生活中遇到很大的需要時，我們禱告求神來回應是對的；如果情況似乎需要神蹟來介入，那麼我們求告神，看祂是否樂意以神蹟性的方式來工作，這也是對的。[35] 當我們的動機是像基督那樣地憐憫有需要的人，而且有強烈的願望要看到基督的國度擴展，以及祂的名得著榮耀，這時求神蹟似乎是特別合宜的。

個人思考與應用

1. 當你剛信主基督時，聖經上的神蹟故事對你相信聖經上的信息有任何影響（正面的或負面的）嗎？
2. 在你研讀本章以前，是否曾經把新約聖經時代的教會看成是一個常常有神蹟發生的教會？是否曾經把當代的教會也看成是一個常常有神蹟發生的教會？在你讀過本章以後，你的看法是否有改變？是怎樣的改變？
3. 假如你認為神蹟應當是基督回來以前的教會特徵，那麼為什麼我們沒有在教會史上的許多時間點上，看到許多的神蹟？為什麼我們今天沒有在大部分的教會裏，看到許多的神蹟？
4. 如果你主張的是「靈恩止息派」的立場，那麼你認為今日還可能有哪種對禱告的不尋常答應（舉例來說，身體得醫治，脫離危險，勝過鬼魔的攻擊，出聲斥責邪靈，突然有不尋常的透視力能明白一段經文或別人生命中的情況）？如果按照本章對「神蹟」的定義，你要如何把

[35]達拉斯神學院前任院長John Walvoord認為，*行神蹟的恩賜*是指「奉基督的名隨意行神蹟的能力」，所以他認為行神蹟的恩賜已經終止了。但是他認為我們今日仍然可以*求神蹟的發生*：「基督徒仍然可以求神行奇事，而且神會答應禱告。如果神願意的話，祂仍然能夠醫治人，甚至使死人復活，但是這些神蹟是出於神的主權，而且是個案性的……所以，雖然行神蹟的恩賜不是現今神計劃的一部分，但是神行神蹟之能力是必須被肯定的。」（*The Holy Spirit* [Wheaton, Ill.: Van Kampen, 1954], pp. 179-80）

這些可能發生的事情與「神蹟」區分開來（你也可能會認為「神蹟」的定義與本章所定的不同）？

5. 在今日的教會中，是否神蹟必須是偉大而「顯著」的（例如使死人復活，或使一位生來就瞎眼的人恢復視力）才能達到有用的目的？有哪些「小規模」的神蹟也可能達到本章所列之神蹟的目的？在你自己的教會或在你的生活裏，是否曾有任何蒙應允的禱告，若按照本章開頭所下的定義，可以被稱為是「神蹟性的」？
6. 你是否願意看到今日在你的教會裏，有更多聖靈所行的神蹟性能力在運作（或是有更多對禱告的不尋常之答應）？假如有更多的神蹟發生，可能會產生什麼危險？可能會產生什麼益處？

特殊詞彙

靈恩止息派（cessationist）
異能（mighty work）
神蹟（miracle）
自然律（natural law）
神蹟、記號（sign）
真使徒的憑據（signs of a true apostle）
奇事（wonder）

本章書目

Berkouwer, G. C. "Providence and Miracles." In *The Providence of God*. Trans. by Lewis B. Smedes. Grand Rapids: Eerdmans, 1952, pp. 188-231.
Boice, James Montgomery. "A Better Way: The Power of Word and Spirit." In *Power Religion: The Selling Out of the Evangelical Church?* Michael Scott Horton, ed. Chicago: Moody Press, 1992.
Bridge, Donald. *Signs and Wonders Today*. Leicester: Inter-Varsity Press, 1985.
Brown, Colin. "Miracle." in *NDT*, pp. 433-34.
________. *That You May Believe: Miracles and Faith-Then and Now*. Grand Rapids: Eerdmans, 1985.
Carson, D. A. "The Purpose of Signs and Wonders in the New Testament," In *Power Religion: The Selling Out of the Evangelical Church?* Michael Scott Horton, ed. Chicago: Moody Press, 1992.
Deere, Jack. *Surprised by the Power of the Spirit: A Former Dallas Seminary Professor Discovers That God Still Speaks and Heals Today*. Grand Rapids: Zondervan, 1993.
Geisler, Norman. *Signs and Wonders*. Wheaton: Tyndale, 1988.
________. *Miracles and Modern Thought*. With a response by R. C. Sproul. Grand Rapids: Zondervan, and Dallas: Probe Ministries, 1982.

Greig, Gary S., and Kevin N. Springer, eds. *The Kingdom and the Power*. Ventura, Calif.: Regal, 1993.

Gross, Edward N. *Miracles, Demons, and Spiritual Warfare: An Urgent Call for Discernment*. Grand Rapids: Baker, 1990.

Grudem, Wayne. *Power and Truth: A Response to the Critiques of Vineyard Teaching and Practice by D. A. Carson, James Montgomery Boice, and John H. Armstrong in Power Religion*. Anaheim, Calif.: Association of Vineyard Churches, 1993.

________. "Should Christians Expect Miracles Today? Objections and Answers From the Bible." In *The Kingdom and the Power*. Gary Greig and Kevin Springer, eds. Ventura, Calif.: Regal, 1993, pp. 55-110.

Horton, Michael S., ed. *Power Religion: The Selling Out of the Evangelical Church?* Chicago: Moody, 1992.

Kirk, J. A. "Power." In *NDT*, pp. 524-25.

Lewis, C. S. *Miracles: A Preliminary Study*. New York: Macmillan, 1947.

Moule, C. F. D., ed. *Miracles*. London: Mowbray, 1965.

Spiceland, J. D. "Miracles." In *EDT*, pp. 723-24.

Wenham, David, and Craig Blomberg, eds. *Miracles of Jesus*. Sheffield, England: JSOT, 1986.

Williams, Don. *Signs, Wonders, and the Kingdom of God: A Biblical Guide for the Skeptic*. Ann Arbor, Mich.: Servant, 1989.

Wimber, John, with Kevin Springer. *Power Evangelism*. Revised edition. San Francisco: Harper and Row, and London: Hodder and Stoughton, 1992.

第十八章
禱告

神為什麼要我們禱告？
我們要如何禱告才有果效？

背誦經文：希伯來書4:14-16

我們既然有一位已經升入高天尊榮的大祭司，就是神的兒子耶穌，便當持定所承認的道。因我們的大祭司並非不能體恤我們的軟弱，祂也曾凡事受過試探，與我們一樣；只是祂沒有犯罪。所以，我們只管坦然無懼的來到施恩的寶座前，為要得憐恤、蒙恩惠，作隨時的幫助。

詩歌： 任它狂風暴雨（*From Every Stormy Wind*）

1 狂風暴雨任它吹打 咒詛潮水任它漲溢 總有靜謐可靠祕室 就在靈裏施恩寶座
2 有一地方耶穌膏抹 喜樂之油在我頭上 沒有一處比此甘甜 主血所灑施恩寶座
3 有一地方我們會面 主內友誼愛裏團契 千山萬水因信相遇 同享共鳴施恩寶座
4 正當試探沮喪灰心 陰府傾巢奈我不何 那裏是我逃城幫助 受苦卻有施恩寶座
5 藉助鷹翅我們翱翔 諸天下降我靈歡迎 時間拘束似乎無有 榮耀加冠在施恩座
6 我手可忘它的技巧 我舌可以靜默無聲 我心不再與奮跳躍 若我忘掉那施恩座

詞：Hugh Stowell, 1828, 1831

曲：RETREAT, L.M. Thomas Hastings, 1842

替代詩歌：耶穌恩友（*What A Friend We Have In Jesus*），Joseph M. Scriven, 1855

前言

我們在前面曾經討論過神的性格和祂與世界的關係，這就自然地引我們來思考禱告的教義。我們可以將禱告定義如下：**禱告是個人與神的交通。**

這個定義十分廣泛。我們稱為「禱告」的內容包括了我們為自己或為別人而有的請求（有時候我們將此稱為**代求**，intercession）、認罪、表達愛慕、讚美與感恩；也包括了神對我們的回應。

A. 神為什麼要我們禱告

我們不是為了讓神能夠知道我們需要什麼而禱告，因為耶穌告訴我們：「你們沒有祈求以先，你們所需用的，你們的父早已知道了。」（太6:8）神要我們禱告的第一個原因，是因為禱告表達出我們信靠神，而且也是增長我們對祂信靠的一個方法。事實上，聖經論及禱告時主要強調的教導，乃是我們要憑信心禱告，亦即我們要信靠神或依賴神。神是我們的創造主，祂喜歡我們以被造者的身分來信靠祂，因為從創造主和受造者之間的關係來看，依賴神的心態是最合適的了。謙卑地依賴神而禱告，也表示出我們真正地信服神的智慧、慈愛、良善與能力等所有組成祂超絕性格的屬性。當我們真正在禱告時，我們是以全人在與整體的神相連結，因此我們便在禱告中將我們所認為或所感受的神表達出來了；也因此神很自然地喜悅這樣的活動，並在祂與我們的關係上非常重視這項活動。

主禱文中的第一句話說：「我們在天上的父」（太6:9），這承認了我們所依靠的神是一位慈愛且有智慧的父親，祂從天上的寶座上統管萬有。聖經多次強調，我們禱告時需要信靠神，舉例來說，耶穌將我們的禱告比喻為兒子向父親求魚或求蛋（路11:9-12），然後祂結論說：「你們雖然不好，尚且知道拿好東西給兒女，何況天父，豈不更將聖靈給求祂的人麼？」（路11:13）兒女怎樣仰望父親供給他們，神也期待我們在禱告中照樣地仰望祂。因為神是我們的父，所以我們求告祂時應當有信心。耶穌說：「你們禱告，無論求什麼，只要信，就必得著。」（太21:22；另參可11:24；雅1:6-8; 5:14-15）

然而神不只是希望我們信靠祂，祂也希望我們愛祂，並與祂交通。因此這就是神希望我們禱告的第二個原因：禱告帶領我們進入與神更深的交通，而祂因愛我們，就喜悅我們與祂交通。

神要我們禱告的第三個原因是，神要讓我們這受造之人在禱告中參與那些在永恆裏很重要的活動。當我們禱告時，神國度的工作就開展了；禱告就這樣地使我們有機會以此重要的方式參與神國度中的工作，也藉此表達我們這些照著神的形像而被造的人有重要之處。

B. 禱告的果效

究竟禱告是怎樣產生果效的？禱告是否不僅對我們有好處，也影響到神和世界？

B.1 禱告改變神作為的方式

雅各告訴我們：「你們得不著，是因為你們不求。」（雅4:2）他的意思是說，不禱告會使我們失去神本來要賜給我們的東西。我們禱告，神就回應。耶穌也說：「你們祈求，就給你們；尋找，就尋見；叩門，就給你們開門。因為凡祈求的，就得著；尋找的，就尋見；叩門的，就給他開門。」（路11:9-10）祂把向神求東西和從神得著東西兩者清楚地連結起來。當我們求時，神就回應。

我們多次在舊約聖經裏看見這樣的事發生。主向摩西宣告說，祂要因以列民的罪毀滅他們（出32:9-10）：「摩西便懇求耶和華祂的神，說：『耶和華啊……求你轉意，不發你的烈怒；後悔，不降禍與你的百姓。』」（出32:11-12）接著我們讀到：「於是耶和華後悔，不把所說的禍降與祂的百姓。」（出32:14）當神警告說祂會因百姓的罪惡而懲罰他們的時候，祂又宣告說：「這稱為我名下的子民，若是自卑、*禱告*、*尋求我的面*，轉離他們的惡行，*我必*從天上*垂聽*，赦免他們的罪，醫治他們的地。」（代下7:14）*假使*神的百姓禱告（以謙卑悔改的心），*那麼*祂就要垂聽他們的禱告並赦免他們。神百姓的禱告顯然會影響神要怎樣行動。與此相似地，約翰一書1:9說：「我們若認自己的罪，神是信實的、是公義的，必要赦免我們的罪，洗淨我們一切的不義。」我們若認罪，祂就赦免。[1]

假如我們真的相信禱告改變神作為的方式，又相信神真的會顯著地使世上所發生的事有所改變，以回應我們禱告，就如聖經一再地教導我們的，那麼我們就會比現今禱告得更勤了。假使我們禱告疏懶，可能是因為我們根本就不相信禱告能成就什麼事。

B.2 使禱告產生果效的是中保耶穌基督

因為我們是有罪的，而神是聖潔的，所以我們本身不能使自己進入祂的同在中；我們需要一位*中保*（mediator）來到我們和神之間，把我們帶入神的同在中。聖經清楚地教導我們：「只有一位神；在神和人中間只有一位中保，乃是降世為人的基督耶穌。」（提前2:5）

但是如果耶穌是神和人之間惟一的中保，那麼神會垂聽那些不信靠耶穌之人的禱告嗎？這個問題的答案乃在於我們怎麼理解「垂聽」一詞的意思。因為神是無所不知的，因此祂也能知道不信者——沒有藉著基督來到祂面前的人——所作的禱告；從

[1]其他神答應禱告的例子在聖經中多得無法逐一註釋（創18:22-33; 32:26；但10:12；摩7:1-6；徒4:29-31; 10:31; 12:5-11等）。

這個角度來看，祂是能「垂聽」他們的禱告的，而且甚至神有時會出於祂的憐憫而回應他們的禱告，為要帶領他們藉著基督而得救。雖然如此，神從未應許過祂要回應不信之人的禱告。祂惟一應許會「垂聽」的禱告——即祂會以同情之心來聽，並準備好答應那些符合祂旨意的祈求——乃是基督徒透過中保耶穌基督而獻上的禱告（另參約14:6）。

那麼舊約時代的信徒怎麼辦呢？他們要怎樣透過中保耶穌來到神面前？其答案乃是：耶穌作為中保的工作，在舊約時代是藉著祭祀體系和聖殿裏祭司所獻的祭物而預表出來（來7:23-28; 8:1-6; 9:1-14等）。那個獻祭體系本身並沒有拯救性的功德（來10:1-4），但是透過那個祭祀體系——惟獨在其所預表之基督未來工作的根基上——舊約時代的信徒就被神所接納了（羅3:23-26）。

耶穌的中保身分特別顯在祂身為祭司的工作上：祂是我們「升入高天尊榮的大祭司」，而且「祂也曾凡事受過試探，與我們一樣；只是祂沒有犯罪。」（來4:14-15）

我們身為新約的承受者，不須僅停留在「聖殿的外面」，好像在舊約之下，那時除了祭司之外的所有信徒，都只能待在聖殿的外面。我們也不須僅停留在「至聖所」的外面（來9:3），即聖殿最裏面的房間，神在那裏的約櫃之上設立寶座，只有大祭司可以進入至聖所，而且一年只能進去一次。然而，因為基督以中保大祭司的身分死了（來7:26-27），祂就為我們贏得了特權，使我們如今可以坦然地進入神的同在中。所以，「我們……因耶穌的血得以坦然進入*至聖所*」（來10:19），就是說我們現在能進入神自己所在之處！我們是「藉著……又新又活的路」而進入的（來10:20），那路是基督為我們打開的。希伯來書的作者下結論說，因為這些事是真實的，又因為我們「有一位大祭司治理神的家……就當存著誠心和充足的信心來到神面前。」（來10:21-22）就這樣，基督的中保工作使我們有信心得以在禱告中來到神面前。

我們來到神的同在中，不是像客旅、訪客，或普通人，乃是像祭司——就如有權甚至有職務而能在聖殿中最神聖之處的人。希伯來書的作者從祭司按立的儀式裏（見出29:4, 21）描繪出一幅圖畫：所有新約下的信徒都像是被神按立為祭司了，因此就得以進入祂的同在中，因為作者說：「我們心中天良的虧欠已經灑去，身體用清水洗淨」，就得以親近神了（來10:22；另參彼前2:9）。所有這些道理對一位現代的基督徒有什麼意義呢？今天沒有一個人需要到耶路撒冷，進入聖殿，在那裏「親近」神；即使我們到了耶路撒冷，我們也找不到矗立的聖殿，因為它在主後70年就被摧毀了。那麼，希伯來書的作者說我們要進入「至聖所」，是什麼意思呢？事實上他是在說一個眼不能見的屬靈境界：我們有基督作中保，不是進入一個在耶路撒冷地上的聖殿，而是進入真的聖所，是進入「天堂本身」，基督在那裏「為我們顯在神面前」（來9:24）。

B.3 何謂「奉耶穌的名」禱告？

耶穌說：「你們**奉我的名**，無論求什麼，我必成就，叫父因兒子得榮耀。你們若奉我的名求什麼，我必成就。」（約14:13-14）祂又說：「我揀選了你們……使你們**奉我的名**無論向父求什麼，祂就賜給你們。」（約15:16）與此類似地，祂說：「我實實在在的告訴你們，你們若向父求什麼，祂必因我的名賜給你們；向來你們沒有**奉我的名**求什麼，如今你們求就必得著，叫你們的喜樂可以滿足。」（約16:23-24；另參弗5:20）但是，「奉我的名」是什麼意思呢？

很清楚地，它的意思不只是在每一個禱告的後面，加上「奉耶穌的名」這句話而已，因為耶穌不是說：「你們若求什麼，在你們的禱告後面加上『奉耶穌的名』，我必成就。」耶穌不是說只要加上某種語句，把它們當作有魔力的口訣，就會使我們的禱告有權能。事實上，在聖經所記錄的禱告中，沒有一個禱告的末了之處是有「奉耶穌的名」的（見太6:9-13；徒1:24-25; 4:24-30; [2] 7:59; 9:13-14; 10:14；啟6:10; 22:20）。

「奉某人的名做事」的意思是說，某個人已經授權給我們，使我們能以他的權柄、而非我們自己的權柄做事。當彼得命令那一個瘸腿的人說：「我奉拿撒勒人耶穌基督的名叫你起來行走」（徒3:6），他乃是在用耶穌的權柄、而非他自己的權柄命令那個瘸腿的人。當公會詢問門徒們說：「你們用什麼能力、**奉誰的名**作這事呢」（徒4:7），他們乃是在問：「你們是用誰的權柄做這件事呢？」當保羅「奉耶穌基督的名」斥責污鬼時（徒16:18），他的意思很清楚，他乃是在用耶穌的權柄、而非他自己的權柄斥責污鬼。當保羅「奉主耶穌的名」宣布一位犯了淫亂之罪的教會會友之審判時（林前5:4），他是在執行主耶穌的權柄。所以，**「奉耶穌基督的名」禱告，乃是用祂的權柄來禱告**。

在古代世界裏，就廣義的意義來說，一個人的「名字」就代表其人本身，所以也代表了他性格的所有層面。人有「美名」（箴22:1；傳7:1）就是指人有好的名聲。因此，耶穌的名就代表了祂的整體、祂整個的性格，也因此這表示「**奉耶穌基督的名」禱告**，不只是用祂的權柄禱告，**也是用一種符合祂性格的方式禱告**——是真正能代表

[2]在使徒行傳4:30中，「因著你聖僕耶穌的名」之語句是出現在一個禱告之後，而且它是在修飾緊緊在其前的主要子句：「使神蹟奇事……行出來」。然而這語句並不是指出我們應該把它當作一般性的敘述而加入禱告中。

祂、反映祂的生活態度和聖潔旨意的方式。[3] 從這個角度來看，「奉耶穌的名」禱告與「照祂的旨意」禱告（約一5:14-15），二者的意義是很接近的。[4]

那麼這是否表示我們在禱告的末尾加上「奉耶穌的名」是不對的？當然不是，但我們要明白它的意思，並且明白並不是非這樣做不可。然而，假使我們在每一個公開的禱告或個人的禱告中都加上這一語句，就可能有些危險，因為它很快地就會變為只是一個公式而已，對人沒有什麼意義，人說的時候也是有口無心，甚至它也可能開始會被人——至少是那些信主時間較短的信徒——看成是一種有魔力的口訣，認為它會使每一個禱告變得更有果效。為了避免這樣的誤解，我們可以明智地決定不要頻頻使用這語句，而是用其他的語句或只用我們對禱告之整全的態度，來表達相同的思想。舉例來說，我們可以這樣開始禱告：「父啊，我們靠著我們的主耶穌、你的兒子的權柄，來到你面前……」，或是：「父啊，我們到你的面前不是靠著我們自己的功德，而是靠著耶穌基督的功德；祂邀請我們來到你面前……」，或是：「父啊，我們感謝你赦免我們的罪，又藉著耶穌你的兒子的工作，賜給我們一條道路得以來到你的寶座前……」。在某些時候，甚至這些正式的承認之語都可以省略，只要我們的心不斷地認定，使我們得以向父禱告的，全然是我們的救主，這樣就足夠了。真實的禱告乃是與我們所熟識的祂（而祂也熟識我們）談話；這種在彼此都認識下的真實談話，就不需要用什麼特別的方式或什麼客套話，重要的乃是我們的言語和心要真誠，態度上要正確，以及要注重靈裏的光景。

B.4 我們可以向耶穌和聖靈禱告嗎？

綜觀新約聖經中的禱告，它們通常不是向子神或向聖靈而發出的，乃是向父神而發出的。可是只注意到這點，可能會誤導人，因為大多數記錄在新約聖經裏的禱告，都是耶穌自己的禱告，因此祂當然是向父神禱告，而不會向自己（即子神）禱告。再有，神的三一性質在舊約裏尚未清楚地被啟示出來，所以難怪我們在基督的時代之前，沒發現什麼直接向子神或向聖靈之神禱告的證據。

雖然聖經中有清楚的模式說到我們藉著子神直接向父神禱告（太6:9；約16:23；弗5:20），但是也有一些地方顯示，直接向耶穌禱告也是合宜的。從耶穌親自選定所有

[3]事實上，保羅不只是說我們的禱告要奉主的名，其實我們所做的每一件事都要奉主的名：「無論作什麼，或說話、或行事，都要奉主耶穌的名，藉著祂感謝父神。」（西3:17）

[4]Leon Morris論到約翰福音14:13時說：「這經文的意思不是說把祂的名字單單當作一種口訣來用；它的意思乃是說，禱告要符合其名所代表的一切。禱告源自於對基督的信靠；禱告表達了與基督所代表之一切的合一；禱告也尋求呈現基督自己。禱告整體的目的乃是為著神的榮耀。」（*The Gospel According to John*, p. 646）

使徒的這件事實來看，使徒行傳1:24裏的禱告：「主啊，你知道萬人的心，求你從這兩個人中指明你所揀選的是誰……」應該是在向主耶穌禱告。此外，司提反將死的時候禱告說：「求主耶穌接收我的靈魂！」（徒7:59）使徒行傳9:10-16裏說到亞拿尼亞和「主」交談，他就是在和耶穌交談，因為後來亞拿尼亞告訴掃羅說：「……主，就是耶穌，打發我來，叫你能看見……」（徒9:17）哥林多前書16:22的禱告：「主必要來」，和啟示錄22:20的禱告：「主耶穌啊，我願你來」，都是在向耶穌禱告。保羅在哥林多後書12:8也是向「主」禱告他身上那根刺的問題。[5]

不只如此，耶穌是「慈悲忠信的大祭司」（來2:17），能夠「體恤我們的軟弱」（來4:15），這事實鼓勵我們要在禱告中，「坦然無懼的來到施恩的寶座前，為要得憐恤、蒙恩惠，作隨時的幫助」（來4:16）。這些經文都激勵我們在禱告中直接來到耶穌跟前，期望祂會在我們禱告時同情我們的軟弱。

所以，聖經的經文清楚地保證鼓勵我們不只向父神禱告（這似乎是聖經所顯示的主要模式，而且這確實也是耶穌在主禱文裏所教導我們的），而且也可直接向子神、我們的主耶穌基督禱告；我們可以向父神或向子神禱告，兩者都對。

然而我們應當向聖靈禱告嗎？雖然在新約聖經裏沒有記載過直接向聖靈的禱告，但我們也沒有理由禁止這樣的禱告，因為聖靈就像父神和子神一樣，是全然的神，配得人向祂禱告，而且祂也有能力回應我們的禱告（請注意以西結書37:9中說到以西結邀請「氣息」或「靈」吹在人身上）。要說我們不能向聖靈禱告，就等於是說我們不能對祂說話，或和祂有個人的連結；這似乎是不對的。祂和我們也有親密的關係，因為祂是一位「保惠師」或「訓慰師」（約14:16, 26），信徒「認識祂」（約14:17），祂也教導我們（另參約14:26），又向我們作見證說，我們是神的兒女（羅8:16），祂還會為我們的罪憂傷（弗4:30）。此外，聖靈可行使其意志來分賜屬靈的恩賜，因為聖靈「持續不斷地隨己意分（恩賜）給各人」（林前12:11，筆者另譯；和合本譯作「聖靈……運行，隨己意分給各人」），所以，有時候我們直接向聖靈禱告，似乎也沒有什麼不當之處，尤其是當我們所祈求的一些事，是與祂的工作或責任範疇有關時。[6] 事實上，在教會歷史上，有幾首常用的詩歌是向聖靈的禱告（見本書第三十

---

[5]在使徒行傳和新約書信中，「主」這個字（希臘文是*Kurios*）主要是指主耶穌基督。

[6]J. I. Packer說：「向聖靈祈禱是否合適呢？在聖經裏並沒有向聖靈祈禱的例子，但既然聖靈是神，那麼假如我們有個好理由要向祂祈求，也不會是錯誤的。」（*Keep in Step With the Spirit* [Old Tappan, N. J.: Revell, 1984], p. 261.

章、第五十二章，和第五十三章開始之處所提供的詩歌），可是這樣的禱告並非新約聖經的模式，所以它不應當成為我們禱告生活中主要強調的形式。

B.5 聖靈在我們禱告中的角色

保羅在羅馬書8:26-27說：

「況且我們的軟弱有聖靈幫助；我們本不曉得當怎樣禱告，只是聖靈親自用說不出來的歎息替我們禱告。鑑察人心的曉得聖靈的意思，因為聖靈照著神的旨意替聖徒祈求。」

對於「說不出來的歎息」是指聖靈自己的歎息，還是指我們人在禱告中歎息，而由聖靈將它在神面前變為有效的禱告，釋經學家的看法不一致；但是似乎後者的解釋較為可能，即「歎息」（或「呻吟」）乃是我們的。在保羅的話「我們的軟弱有聖靈幫助」（第26節）中被譯為「幫助」的字（希臘文是*sunantilambanomai*），和路加福音10:40中所用的「幫助」是同一個字，那裏說到馬大要馬利亞來「幫助」她。這個字並沒有指出聖靈代替我們在禱告，而是說聖靈參與了我們，而使得我們軟弱的禱告變為有果效。[7] 因此，我們最好把這句話所說的歎息或呻吟，看作是我們在禱告中所發出的歎息或呻吟，它們表達出我們的心靈所切望的事，於是聖靈就使它變為有果效的禱告。[8]

與此有關的另一個問題是：「在聖靈裏禱告」是什麼意思？保羅說：「靠著聖靈隨時多方禱告祈求」（弗6:18），而猶大則說：「在聖靈裏禱告」（猶20）。[9] 為了要明白這個語句，我們必須先了解到，新約聖經說過有許多不同的活動是可以「在聖靈裏」做的：約翰在主日時是「在聖靈裏」（啟1:10，和合本譯作「被聖靈感動」；另參啟4:2）；在聖靈裏喜樂（路10:21）；在聖靈裏決定事情（徒19:21，和合本譯作「心裏」，ESV譯作「聖靈」）；在聖靈裏有良心作見證（羅9:1，和合本譯作「良心被聖靈感動」）；在聖靈裏來到神面前（弗2:18，和合本譯作「被一個聖靈所感得以進到

---

[7]此外還有一些原因能說明為什麼我們應將「歎息」理解為是我們在禱告中的「歎息」：(1)第23節「我們……也是自己心裏歎息」所使用的「歎息」動詞（*stenazō*），與第26節「聖靈……用說不出來的歎息」所使用的「歎息」名詞（*stenagmos*），二者是同源字；(2)這樣的「歎息」似乎表示某種程度的煩惱或苦悶，這用來描述受造之人是合宜的（第22，23節），但用來描述創造主卻不合宜；(3)第26節所提到的「說不出來的歎息」，解釋了該節第一個子句中所說到的聖靈「幫助」我們，而不是「取代」我們禱告。「說不出來」並不一定是指「靜默無語」之意，更可能是指「言語所不能表達」之意。

[8]有關羅馬書8:26-27的進一步討論，可見本書第五十三章E.2.9節。

[9]有些人認為這是指說方言，因為保羅曾稱用方言禱告為「用靈禱告」（林前14:15）。然而這樣理解是不正確的，因為哥林多前書14:15的「靈」不是指聖靈，而是指保羅自己身為人的靈。請注意第14節經文中「我的靈」和「我的悟性」之間的對照。

父面前」）；在聖靈裏相愛（西1:8，和合本譯作「因聖靈所存的愛心」）。我們在本書第三十章E節中會更仔細地解釋，以上這些「在聖靈裏」的表達，似乎是指人有意識地住在聖靈自己的同在裏，這同在的特徵是有像神品質的能力、愛心、喜樂、真理、聖潔、公義和平安。因此，「*在聖靈裏禱告*」*就是在禱告時意識到神的同在環繞我們，並且同時聖化我們和我們的禱告。*

C. 有果效之禱告的要點

假如我們想要像神所期望我們該有的那樣來禱告，就要注意聖經所指示的要點。

C.1 按照神的旨意禱告

約翰告訴我們：「我們若照祂的旨意求什麼，祂就聽我們，這是我們向祂所存坦然無懼的心。既然知道祂聽我們一切所求的，就知道我們所求於祂的無不得著。」（約一5:14-15）耶穌教導我們禱告要說：「願你的旨意成就（和合本譯作『願你的旨意行』）。」（太6:10）祂自己以身作則，在客西馬尼園如此禱告：「然而不要照我的意思，只要照你的意思。」（太26:39）

但是在我們禱告時，怎麼知道神的旨意是什麼呢？假如我們所禱告的事有相關的聖經經文，經文中有神給我們的命令，或有關於祂旨意的直接宣告，那麼這個問題的答案就簡單明瞭了：祂的旨意就是要我們順服祂的話語，遵守祂的命令。我們要盡力追求完全地順服神在地上的道德性旨意，好叫祂的旨意可以「行在地上，如同行在天上」（太6:10）。因此之故，明白聖經是禱告上的一大助力，能使我們跟隨初代基督徒的典範：他們引用經文來禱告（見徒4:25-26）。在基督徒的生活中，多年培養下來的讀經、背經習慣，會加增我們禱告的深度、能力與智慧。耶穌也鼓勵我們在禱告時心中要有祂的話語，因為祂說：「你們若常在我裏面，*我的話也常在你們裏面*，凡你們所願意的，祈求就給你們成就。」（約15:7）

舉例來說，假如我們想祈求智慧來作一個重要的決定，那麼我們就不需要懷疑神的旨意是否要我們祈求智慧來作對的決定，因為聖經已經為我們解決了這個問題：有一個聖經的應許可應用於此情況：

> 「你們中間若有缺少智慧的，應當求那厚賜與眾人、也不斥責人的神，主就必賜給他。只要憑著信心求，一點不疑惑，因為那疑惑的人，就像海中的波浪，被風吹動翻騰。這樣的人，不要想從主那裏得什麼；心懷二意的人，在他一切所行的路上，都沒有定見。」（雅1:5-8）

當我們為某件事祈求神時，只要它符合聖經的應許或命令，就像上面這個例子，我們就應當有大信心，相信神必會應允我們的禱告。在這樣的情況下，我們就知道神的旨意是什麼，因為祂已經告訴我們了，我們只需要相信祂會應允。

然而，在生活中還有許許多多其他的情況，我們不知道神的旨意是什麼。我們可能沒把握說神的旨意是否要讓我們得到所應徵的工作，或讓我們在所參與的運動競賽中得勝（這常是小孩子禱告的內容），或讓我們被選上擔任一項教會職分等等，因為沒有神的應許或命令可供應用。在這樣的情況下，我們應當儘可能多多銘記我們所明白的經文，或許它們可以給我們一些一般性的原則，使我們可以用來禱告。然而除了這樣做之外，我們通常只得承認，我們並不知道神的旨意是什麼。在這樣的情況下，我們應當求更深地明白祂的旨意，並祈求那個看起來對我們是最好的選擇：根據我們當時對狀況的了解，告訴主為什麼我們認為那選擇似乎是最好的。不過我們的禱告還應該要加上這句話——不論是明說出來的，還是至少有這樣的心態——「假如我求的這件事是錯的，不討你的喜悅，那麼求你按著你認為最好的來成就。」或只是說：「如果這是你的旨意……」有時候神會賜下我們所祈求的；有時候祂會使我們有更深的了解，或改變我們的心意，而引導我們祈求不一樣的事物；有時候祂全然不同意我們的祈求，只是指明我們必須順服祂的旨意（見林後12:9-10）。

有一些基督徒反對在禱告中加入「如果這是你的旨意……」的句子，以為這樣做會「摧毀我們的信心」。但其實這樣做只是表達我們不確定所禱告祈求的事是不是神的旨意。當我們不確定神的旨意時，這樣做是合宜的，但有些時候這樣做就不合宜了：例如祈求神給我們智慧作一決定，然後卻說：「如果你的旨意是要給我智慧……」，這就不合宜了；因為這就如同說，我們不相信神在雅各書1:5-8所說之話的意思：要憑信心求智慧，祂會答應這個請求。[10]

此外，即使有一個應許或命令可以應用得上我們的情況，但可能在應用時有些微妙之處，是起初我們並不完全明白的。所以我們在禱告裏不只是要對神說話，也要聽祂說話，這點是很重要的。我們應當經常將請求帶到神面前，然後安靜地在祂面前等候。在那些等候神的時刻裏（詩27:14; 38:15; 130:5-6），神可能會改變我們的心意，

---

[10]將「如果這是你的旨意……」的句子加在禱告中，和全然不這樣說，還是有很大的差別。假如我的小孩回來問我，是否會帶他們出去吃冰淇淋，然後（在合作的氣氛下）加了一句：「如果爸爸認為可以的話」，這還是和他們完全不這樣問有很大的差別。假如他們沒有這樣問，我可能不會考慮帶他們出去吃冰淇淋，但一旦他們這樣問了，我通常就會決定帶他們去，即使還帶了條件。

或賜給我們額外的洞察力，使我們能明白我們所祈求之事的實情，或使我們對祂的話語有更深的領悟；祂也可能使我們想起一經文，讓我們能夠更有果效地禱告，或使我們對於什麼是祂的旨意更有把握，或使我們的信心大增，以致我們能夠更有把握地禱告。

C.2 以信心禱告

耶穌說：「所以我告訴你們，凡你們禱告祈求的，無論是什麼，只要信是〔已經〕得著的，就必得著。」（可11:24）雖然不同版本的聖經譯法有些不同，但希臘文的經文卻真的是說：「只要信是已經得著的，就必得著。」後來傳抄希臘文抄本的文士和一些註釋家，把它的意思當成是「只要信將會得著的，就必得著。」然而，假如我們按著最早期和最好的抄本所呈現的經文（「只要信是已經得著的，就必得著」）來看的話，那麼耶穌顯然是在說，當我們祈求某事物時，這種相信會有結果的信心，是一種穩固的確據：即當我們祈求某事物時（也許我們已經禱告好久了），我們確信神已經同意賜給我們那件特別祈求的事物。我們在真實的禱告中會產生與神的交通，而惟有當神給我們一種確定的感受，使我們肯定祂已經同意了我們的請求時，我們這邊就會產生這種確據。當然，我們不能藉著任何一種狂熱的禱告或情緒性的用力，來嘗試使我們自己相信神會答應我們的禱告；真實的信心是無法被「打造」出來的。我們也不能藉著說出我們不認為是真實的話，而迫使自己有這種信心。這種確信是只有神才能賜給的東西；在我們每一次禱告的時候，祂可能將之賜給我們，也可能不給。通常在我們向神要求某件事物，並且在祂面前安靜等候其答案時，才會得到這種確信。

事實上，希伯來書11:1告訴我們：「信就是所望之事的實底，是未見之事的確據。」合乎聖經的信心絕不是一種一廂情願的思想，也不是一種沒有紮實根基作依據的模糊盼望。它乃是對神自己的信靠，其根據是我們按著祂的話來信靠祂，並相信祂所說過的話。當這種對神的信靠或依賴，有了確據或把握的成分，就成了真實的、合乎聖經的信心。

還有一些其他的經文鼓勵我們在禱告時要運用信心。耶穌教導祂的門徒說：「你們禱告，無論求什麼，只要信，就必得著。」（太21:22）雅各告訴我們，我們應當要「憑著信心求，一點不疑惑」（雅1:6）。禱告絕非一廂情顯的思想，因為它源自人對這位神的信靠；祂要我們按祂的話信靠祂。

C.3 順服

因為禱告是與這位神建立關係，所以在我們生活中若有任何不討祂喜悅的事物，都會成為禱告的攔阻。詩人說：「我若心裏注重罪孽，主必不聽。」（詩66:18）「惡人獻祭，為耶和華所憎惡。」反之，「正直人祈禱，為祂所喜悅。」（箴15:8）我們又讀到聖經這樣說：「耶和華……聽義人的禱告。」（箴15:29）反之，神不喜悅那些拒絕祂律法的人：「轉耳不聽律法的，他的祈禱也為可憎。」（箴28:9）

使徒彼得引用詩篇34篇的話來肯定說：「主的眼看顧義人，主的耳聽他們的祈禱。」（彼前3:12）因為這句話的上文是鼓勵人在日常生活中要有好行為，例如口不出惡言、離惡行善等，所以彼得接著就說，神樂意垂聽那些在生活上順服祂的人的禱告。與此相似地，彼得警戒丈夫要「按情理和妻子同住……這樣便叫你們的禱告沒有阻礙」（彼前3:7）。相同地，約翰提醒我們，我們禱告時需要在神面前有清潔的良心，因為他說：「我們的心若不責備我們，就可以向神坦然無懼了，並且我們一切所求的，就從祂得著；因為我們遵守祂的命令，行祂所喜悅的事。」（約一3:21-22）

不過我們不要誤解了這個教導；我們不需要完全沒有罪，才能期待神垂聽我們的禱告。假如神只回答無罪之人的禱告，那麼在全聖經裏，除了耶穌之外，沒有人的禱告會得到回應了。當我們藉著神的恩典來到祂面前時，我們乃是靠著基督的血得了潔淨（羅3:25; 5:9；弗2:13；來9:14；彼前1:2）。但是我們絕不可忽略了聖經強調個人在生活中要聖潔。禱告和聖潔的生活是並行的。神在基督徒的生活中賜下很多的恩典，然而個人在聖潔中的成長，是通向更多更大祝福之路；這道理對禱告而言也是真實的。我們在此所引用的經文教導我們：所有其他的事都同樣地重要，但更確實的順服將會使禱告產生更大的果效（另參來12:14；雅4:3-4）。

C.4 認罪

因為我們在今生對神的順服絕不可能完全，所以我們必須不斷地仰賴祂赦免我們的罪。為了要讓神能「赦免我們」，好恢復神與我們每天的關係，我們認罪是必要的（見太6:12；約一1:9）。我們最好在禱告中向神承認所有我們察覺到的罪，並尋求祂的赦免。有時候我們在等候祂時，祂會讓我們想起需要認的其他罪。至於那些我們記不起來的罪，或是沒有察覺到的罪，我們可以學大衛這樣的禱告：「願你赦免我隱而未現的過錯。」（詩19:12）

有時候我們可以向其他可靠的基督徒承認我們的罪，這會帶給我們罪得赦免的確據，並且鼓勵我們去勝過罪惡。雅各在一段討論有能力之禱告的經文中，將互相認罪和禱告連在一起；他鼓勵我們說：「*所以你們要彼此認罪*，互相代求，使你們可以得醫治。」（雅5:16）

C.5 赦免別人

耶穌說：「你們饒恕人的過犯，你們的天父也必饒恕你們的過犯；你們不饒恕人的過犯，你們的天父也必不饒恕你們的過犯。」（太6:14-15）與此類似地，耶穌又說：「你們站著禱告的時候，若想起有人得罪你們，就當饒恕他，好叫你們在天上的父也饒恕你們的過犯。」（可11:25）我們的主在此所想的，並不是當我們因信稱義時所經歷到的最初之赦免，因為那個赦免並不屬於我們每天祈禱的範圍之內（見太6:12, 14-15）；祂所指的乃是我們*一天天與神的關係*，那是我們在得罪祂、不討祂喜悅之後，所需要恢復關係的範圍。事實上，耶穌命令我們要將一個請求放入我們的禱告之中，那就是求神赦免我們，如同我們赦免其他傷害我們的人那樣（即在「個人關係」中的赦免——亦即不再懷著怨恨，不再祕藏對人的苦毒，不再醞釀傷害人的願望）：「赦免我們的罪，*如同我們赦免了那些得罪我們的人*。」（太6:12，另譯）假如當我們這樣禱告時，心中還有不能赦免的人，那麼我們就等於是在要求神，在我們犯罪以後不要與我們恢復正確的關係，正如我們拒絕如此對待別人一樣。

因為禱告認定了人與神之間有一關係存在，所以上述的說法就不會令人驚訝了。如果我們得罪了祂，又叫聖靈擔憂（另參弗4:30），而這罪又未得赦免的話，這罪就破壞了我們與神之間的關係（另參賽59:1-2）。在我們的罪得赦免，與神的關係恢復之前，禱告當然都是困頓的。再有，如果我們心中對人不肯赦免，那麼我們這樣的行事為人並不討神喜悅，對我們自己也無益處。所以神宣告說，祂會疏遠我們，直到我們赦免別人為止（太6:12, 14-15）。

C.6 謙卑

雅各告訴我們：「神阻擋驕傲的人，賜恩給謙卑的人。」（雅4:6；亦見彼前5:5）所以他又說：「務要在主面前自卑，主就必叫你們升高。」（雅4:10）因此，謙卑是向神禱告時當有的正確態度，而驕傲則全然不合宜。

耶穌說過的法利賽人和稅吏的比喻，清楚地表明了這一點。當這個法利賽人站著禱告時，他頗為自豪地說：「神啊，我感謝你，我不像別人，勒索、不義、姦淫，也不像這個稅吏。我一個禮拜禁食兩次，凡我所得的都捐上十分之一。」（路18:11-12）相形之下，這個謙卑的稅吏卻「連舉目望天也不敢，只捶著胸說：『神啊，開恩可憐我這個罪人。』」（路18:13）耶穌說，這個稅吏「回家去比那人倒算為義了。因為凡自高的必降為卑；自卑的必升為高」（路18:14）。這也是為何耶穌會責備那些「假意作很長的禱告」（路20:47）和那假冒為善、「愛站在會堂裏和十字路口上禱告，故意叫人看見」的人（太6:5）。

神理當為祂自己的尊榮而忌邪。[11] 所以，祂不喜悅回答驕傲之人的禱告，因為他們將尊榮歸給自己，而不歸給祂。在神面前的真謙卑，也會反映在與人相處時顯出真謙卑，這是有果效之禱告所必要的。

C.7 長時間地持續禱告

正如同摩西兩度為以色列民在山上停留在神面前四十天（申9:25-26; 10:10-11），又如同雅各對神說：「你不給我祝福，我就不容你去」（創32:26），我們也在耶穌的一生中看到一個模式，那就是祂花許多的時間禱告。當有一大群人跟著耶穌時，「耶穌卻退到曠野去禱告」（路5:16）。[12] 另外有一次，「耶穌……整夜禱告神」（路6:12）。

有時候我們的情況就如摩西和雅各的一樣，可能是為著一件特定的事情而長時間的禱告（另參路18:1-8）。當我們為著一件特定的事情而迫切地向神求答案時，我們事實上可能會重複好幾次同樣的請求。保羅「三次」向主求挪去他身上的刺（林後12:8）；耶穌在客西馬尼園時，祂自己向父請求：「求你將這杯撤去；然而不要從我的意思，只要從你的意思」（可14:36），而在耶穌禱告回來發現門徒睡著了以後，祂又去用同樣的話作了同樣的請求：「耶穌又去禱告，說的話還是與先前一樣。」（可14:39）這些重複的、迫切的禱告是因他們深感所需，並不是像耶穌所禁止過的那樣——堆砌了「重複沒有意義的話」，誤以為「長篇大論」會博得垂聽（太6:7，現代中文譯本）。

長時間的禱告還包含了一個成分，那是就不斷地與神交通。保羅呼召我們要「不住的禱告」（帖前5:17），他也鼓勵歌羅西教會的人說：「你們要恆切禱告，在此儆醒、感恩。」（西4:2）這種在我們日常生活中不住的專心禱告，應當是每一個信徒的生活特徵。使徒們就是顯著的例子：「但我們要專心以祈禱傳道為事。」（徒6:4）他們從別的職責中抽空出來，為的是用更多的時間去禱告。

C.8 迫切地禱告

耶穌是我們禱告的模範，祂自己是迫切地禱告。「基督在肉體的時候，既大聲哀哭，流淚禱告，懇求那能救祂免死的主，就因祂的虔誠蒙了應允。」（來5:7）在聖經所記載的一些禱告裏，我們彷彿可以聽到聖徒們在神面前強烈地傾心吐意。但以理呼

---

[11]有關神的忌邪屬性，見本書第十二章C.7節之討論。

[12]在此的希臘文文法：迂迴說法的過去未完成時式（希臘文是*ēn hypochōrōn*），比簡單的過去未完成式，更強調出耶穌退隱到曠野行動之重複性與習慣性（見BDF, 353[1]）。

求說：「求主垂聽！求主赦免！求主應允而行！為你自己不要遲延；我的神啊，因這城和這民都是稱為你名下的。」（但9:19）當神向阿摩司顯示祂將要在祂百姓身上施行審判時，阿摩司求告神說：「主耶和華啊，求你赦免。因為雅各微弱，他怎能站立得住呢？」（摩7:2）

如果我們在與人相處時，對自己的情感強度裝假，即在外表上表現出一付強烈情感的樣子，但其實不符合心中的感受，那麼周圍的人通常會立刻察覺到我們的假冒，因而對我們產生反感。這一點在與神相處時是更加真實的，因為祂全然知道我們的心，所以我們切不可在禱告中假裝有很強或很深的情感；我們不可能愚弄神。然而，如果我們真的開始看事情如同神看的那樣，開始看到受傷垂危之世界的需要，正如它真正的光景，那麼我們在禱告時自然就會有強烈的情感，並且會期待神像一位憐憫人的父親一樣，回應我們發自內心的禱告。若是在群體禱告會中有這樣強烈感受的禱告，那麼其他基督徒就應當接受它，並為之感謝神，因為它表明了聖靈在這個禱告者心中作了深刻的工作。

C.9 等候主

大衛在痛苦中向神呼求幫助之後，他說：「要等候耶和華！當壯膽，堅固你的心。我再說，要等候耶和華！」（詩27:14）與此相似地，他又說：「耶和華啊，我仰望你；主我的神啊，你必應允我。」（詩38:15）還有一位詩人說出相似的話：

「我等候耶和華，我的心等候，
　我也仰望祂的話。
我的心等候主，
　勝於守夜的等候天亮，
　勝於守夜的等候天亮。」（詩130:5-6）

用一個人生經驗中的類比，或許可以幫助我們體會到為求禱告得回應，而在主面前等候祂的益處：假如我想要邀請某人來我家吃晚餐，我可以用不同的方式來邀請。*第一種方式*，我可以發出一個模糊的、一般性的邀請說：「如果你能來我家吃個晚餐，是一件不錯的事。」如果只有這種邀請，大概沒有人會來。這就像是一個模糊的、一般性的禱告：「求神祝福我所有的叔伯、阿姨，和所有的宣教士。阿們。」*第二種方式*，我可以發出一個明確但匆促、不夠親切的邀請：「某某，你能不能週五晚上六點來我家吃晚餐？」可是話才出口，我就急忙離開了，留下某某一臉詫異的表情，因為我沒留時間等他回應我。這也像我們許多禱告的請求一樣；我們對神講了話，好像只要說出那些話，即使我們沒有用心，也會從神得著回應一樣。這種請求忘記了禱告乃是我們自己和神之間的關係。

還有*第三種方式*，這種方式的邀請讓人感到貼心、親切，而且明確。在我等到確定某某已經全神灌注在聽我說話時，我就看著他的眼睛說：「某某，我和我太太真的很希望邀請你在這個週五晚上六點到我家來吃晚餐，不知道你是不是能來？」這時我仍然繼續看著他的眼睛，在他還沒決定怎麼回答我的時候，我就靜靜地、耐心地等候著。他從我臉上的表情、說話的語調，以及我選擇和他說話的時間、地點，就知道我將我整個人都放進了這個邀請，我把他當作是自己的朋友來談話。我耐心地等候他的回應，顯明了我的熱切、我的盼望，和我敬重他這個人。這種請求就像是一個心裏迫切的基督徒來到神面前，感受到祂的同在，熱切地對祂傾吐所求，然後安靜地等候一種確知祂所回答的是什麼的感受。

這並不是說我們所有的請求都必須有這種性質，或甚至說前兩種的請求是錯誤的。實際上，在某些情況下，我們匆匆禱告是因為我們沒什麼時間等，就急著要答案（見尼2:4）。而有時候我們所作的禱告是較一般性的，因為我們沒有更多關於某情況的明確資訊，或因為我們和某情況相離甚遠，或因為時間很倉促。但是從聖經上說到迫切禱告和等候主的內容，以及從禱告是我們和神之間個人交通的事實來看，像第三種邀請方式的禱告是更深刻的禱告，並且無疑地會更多帶來從神來的答應。

C.10 私密的禱告

但以理在他樓上的房間，「一日三次，雙膝跪在他神面前，禱告感謝」（但6:10）。[13] 耶穌也經常到隱蔽的地方獨自禱告（路5:16等）。祂也教導我們：「你禱告的時候，要進你的內屋，關上門，禱告你在暗中的父，你父在暗中察看，必然報答你。」（太6:6）這段敘述的背景，是要叫我們避免假冒為善之人的錯誤，因為他們喜愛在街角禱告，「故意叫人看見」（太6:5）。耶穌勉勵我們在暗中禱告是很有智慧的，因為這樣我們不僅能夠避免假冒為善，同時也能夠不因其他人在旁而分心，以致我們改變禱告，好配合我們認為他們所期望聽到的。當我們在私人的房間「關上門」（太6:6），真的單獨與神相處時，我們就可以向祂傾心吐意。[14]

---

[13]雖然但以理的政敵看到他在禱告，但那只是因為他們是「經過協議」的，他們顯然是在監視但以理。

[14]在這一點上，我們要提一下保羅說過的話，是關於在私下禱告時運用說方言的恩賜：「我若用方言禱告，是我的靈禱告，但我的悟性沒有果效。這卻怎麼樣呢？我要用靈禱告，也要用悟性禱告；我要用靈歌唱，也要用悟性歌唱。」（林前14:14-15）當保羅說「我的靈禱告」時，他不是指聖靈，而是指他自己的人的靈，因為它是與「我的悟性」作一對照。他自己的靈在神面前傾吐所求，而神也了解他的那些請求；他這樣地傾吐所求也

在隱密處禱告的需要，也可以是指著小組或教會禱告會而言：當信徒聚集，為一件特定的事迫切地祈求主時，假如他們能夠在私人的家中關上門禱告，一同向神呼求，通常會有助益。很明顯地，當初代基督徒迫切地懇求神將彼得從監獄中釋放出來的時候，他們就是用這種方式禱告的（見徒12:5, 12-16）。

C.11 與別人一起禱告

信徒在與別人一起禱告時，會得著力量。事實上，耶穌教導我們：「我又告訴你們，若是你們中間有兩個人在地上同心合意的求什麼事，我在天上的父必為他們成全。因為無論在哪裏，有兩三個人奉我的名聚會，那裏就有我在他們中間。」（太18:19-20）[15]

在聖經裏有許多例子是信徒群體聚集禱告，或是一人帶領全體會眾禱告，例如所羅門在列王紀上8:22-53獻殿禱告時，是「當著以色列會眾」禱告的；又如使徒行傳4:24的「同心合意地高聲向神說」，就是初代基督徒在耶路撒冷教會的禱告。甚至馬太福音6:11-13主禱文所用的詞也是複數的，因它不是說「我日用的飲食，今日賜給我」，而是說「我們的日用的飲食，今日賜給我們」，「免我們的債」，「不要讓我們遭受承擔不起的考驗，要救我們脫離那邪惡者的手」（筆者另譯；和合本譯作「不叫我們遇見試探，救我們脫離兇惡」）。因此，與別人一起禱告是對的，而且通常這也會增加我們禱告的信心與果效。

C.12 禁食

在聖經上說到禱告時，常把它與禁食（fasting）連在一起。有時候是因為在神面前有強烈的懇求而禁食禱告，例如當尼希米聽見耶路撒冷破敗時，就「在天上的神面前禁食祈禱」（尼1:4）；又如當猶太人得知亞哈隨魯王的諭旨——他們都將被殺——時，「猶大人大大悲哀，禁食哭泣哀號」（斯4:3）；又如當但以理尋求耶和華，「便禁食，披麻蒙灰，定意向主神祈禱懇求。」（但9:3）而在另一些時候，禁食是與悔改連在一起，因為神對得罪祂的百姓說：「耶和華說：『雖然如此，你們應當禁食、哭泣、悲哀，一心歸向我』。」（珥2:12）

在新約聖經裏說到，亞拿在聖殿裏「禁食祈求、晝夜事奉神。」（路2:37）安提

造就了他自己，因為「說方言的是造就自己」（林前14:4）。我們將會在本書第五十三章更全面地討論這項恩賜。

[15]雖然這段經文的前四節經文（太18:15-18）與教會紀律有關，但是在第19節開始時（按希臘原文的字序）所用的「又」字，則表達出其內容主題稍有改變，因此我們亦可將第19-20節當作是耶穌在說到教會時，對於禱告的一般性和廣泛性的教導。

阿教會在「事奉主、禁食的時候」，聖靈說話了：「要為我分派巴拿巴和掃羅去作我召他們所作的工。」（徒13:2）而在打發巴拿巴和掃羅邁向第一次宣教旅程以前，教會以更進一步的禁食和禱告回應神：「於是禁食禱告，按手在他們頭上，就打發他們去了。」（徒13:3）事實上，對教會有職分的同工來說，禁食乃是尋求主之引導的例行操練，因為我們在聖經中讀到，在保羅的首度宣教之旅中，他和巴拿巴回到他們所建立的教會時，「在各教會中以禁食禱告選立長老……」（徒14:23，RSV譯法）

所以，在許多情況下都適合將禁食和禱告放在一起：強烈地祈求時，悔改時，敬拜與尋求引導時等。在上述的每一種情況下，禁食都會帶來一些益處，影響到我們與神的關係：

(1) 禁食增加了我們必須謙卑及倚靠主的感受（因為我們的飢餓和身體軟弱持續地提醒我們，自己實在真是不強壯，而需要靠主）。

(2) 禁食使我們更多地專注在禱告上（因為我們不花時間吃東西）。

(3) 禁食繼續提醒我們，正如我們藉著不吃東西而為主犧牲一些個人的享受，所以我們也應該繼續為主犧牲我們的全人。[16]

(4) 禁食是一個操練自律的好方法，因為當我們操練不吃東西（而那是我們普通的慾望）時，也增強了我們遠離罪惡的能力，否則我們可能會受試探而降服了。假如我們能夠訓練自己願意接受少量禁食的「苦難」，那麼我們將更能夠為著公義的緣故而接受別的苦難（另參來5:8；彼前4:1-2）。

(5) 禁食提高了我們屬靈的和精神的警覺，也增加了神與我們同在的感受，因為我們在禁食時較少注意這個世界屬物質的事（如食物），而我們的身體也不須花費能量來消化及處理食物。這就使得我們能專注在永恆的、屬靈的事上，而這些事是更重要的。[17]

(6) 禁食表達出我們禱告的熱切和急迫：假如我們不停地禁食下去就會死亡，所以

---

[16]或許這類的理由（能花更多的時間去禱告，並放下一些個人的享樂）可以解釋保羅為什麼教導結了婚的人，在「兩相情願」的情況下，「暫時分房，為要專心禱告」（林前7:5）。

[17]在馬可福音9:29那裏說到，門徒們問耶穌為何他們不能將某個鬼趕出來，耶穌回答說：「非用禱告，這一類的鬼總不能趕他出來。」許多早期且相當可靠的希臘文抄本，和一些早期其他文字的抄本，都是說「非用禱告和禁食……」。然而不論是哪一種譯法，這裏所說的禱告都不是指在鬼被趕出去的那個時刻所作的禱告，因為耶穌也只用一句話就把鬼趕出去了，祂並沒有用長時間的禱告。這裏的意思乃是說，門徒們先前沒有花足夠的時間禱告，他們屬靈的力量軟弱。所以，在許多古代抄本裏所提及的「禁食」，很恰當表示出禁食是一種能夠增加個人屬靈力量和能力的活動。

禁食是以象徵性的方式對神說，我們準備捨去性命，好叫情況有所改變，而不要它持續下去。從這個角度來看，當教會的屬靈光景低落時，禁食尤其是合宜的。

「耶和華說：『雖然如此，

你們應當禁食、哭泣、悲哀，

一心歸向我。』

你們要撕裂心腸，

不撕裂衣服……」（珥2:12-13上）

雖然新約聖經中沒有特別要求我們禁食，或指定一個特別的時間要我們必須禁食，但是耶穌確實認定我們會禁食，因為祂對門徒們說：「你們禁食的時候……」（太6:16）此外，耶穌也說：「日子將到，新郎要離開他們，那時候他們就要禁食。」（太9:15）耶穌就是新郎，我們是祂的門徒，而在現今的教會時代，一直到祂回來的日子以前，祂是「離開」我們了，所以我們要禁食。大多數的西方基督徒不禁食，然而如果我們願意更多定期地禁食——每週一到兩次——我們可能會驚奇地發現，在我們的生活中和教會裏，會有更多的屬靈能力和力量。

C.13 如果禱告未蒙應允呢?

我們一開始就要認定，既然祂是神，而我們是被祂所造的人，就一定會有一些不蒙應允的禱告。這是因為神將祂為未來所作的智慧計劃隱藏起來了，因此縱然有人禱告，許多事件在神命定的時間來到以前仍是不會發生的。猶太人為彌賽亞的降臨禱告祈求了幾個世紀，雖然他們的禱告是對的，但要「及至時候滿足」了，神才「差遣祂的兒子」來到世上（加4:4）。殉道者在天上的靈魂，脫離了罪而得著自由，他們大聲呼求神審判地上的人（啟6:10），但神沒有立刻答應，而是告訴他們要安息片時（啟6:11）。很清楚地，許多禱告會有很長的時期得不到回應，因為禱告的人並不知道神所智慧安排的時間。

我們禱告得不到應允，也可能是因為我們不一定都知道如何按照該禱告的內容來禱告（羅8:26），或不一定都是按照神的旨意來禱告（雅4:3），或不一定都是以信心來祈求（雅1:6-8）。有時候我們以為某一個解答是最好的，殊不知神有更好的計劃，甚至是透過苦難和艱難來達成祂的目的。無疑地，約瑟一定曾迫切地禱告，求神將他從深坑和從被賣到埃及為奴的光景下拯救出來（創37:23-36），不過等了許多年以後，他才發現在所有這些事件中，「神的意思原是好的」（創50:20）。

當我們的禱告不蒙應允時，我們是與耶穌為伴，因為祂這樣禱告：「父啊，你若願意，就把這杯撤去；然而不要成就我的意思，只要成就你的意思。」（路22:42）我們也是與保羅為伴，因為他向主禱告「三次」，求主除去他身上的刺；但是主沒有那樣做，反而對他說：「我的恩典夠你用的，因為我的能力是在人的軟弱上顯得完全。」（林後12:8-9）我們也是與大衛為伴，因為他禱告神拯救他兒子的性命，但是神沒有那樣做，所以他就「進耶和華的殿敬拜」，並且這樣地說到他的兒子：「我必往他那裏去，他卻不能回我這裏來。」（撒下12:20, 23）我們也是與歷史上殉道者為伴，因為他們曾禱告祈求得著釋放，但卻沒有成就；他們「雖至於死，也不愛惜性命」（啟12:11）。

當我們的禱告得不著答應時，我們必須繼續信靠那一位使「萬事都互相效力」的神（羅8:28），並將我們的憂慮卸給祂，因為祂一直在顧念我們（彼前5:7）。我們必須持續地記住，祂會賜下足夠的力量，使我們度過每一天（申33:25）；祂也應許我們說：「我總不撇下你，也不丟棄你。」（來13:5；另參羅8:35-39）

我們也必須繼續禱告。有時候經過漫長的等待，神突然答應了我們的禱告，就像哈拿求子多年以後生下撒母耳（撒上1:19-20），或像西面親眼看見了盼望已久的彌賽亞進入聖殿（路2:25-35）。

然而有時候我們的禱告在今生都得不到應允。有時神要到我們死後才答應那些禱告，而有時神就是不答應那些禱告；然而那些禱告所表達出來的信心，以及對神和對祂所造之百姓的愛，仍然上升到神的寶座之前，成為神所喜悅的馨香之祭（啟5:8; 8:3-4），並且至終這些禱告的人將「在耶穌基督顯現的時候，得著稱讚、榮耀、尊貴」（彼前1:7）。

D. 讚美與感謝

讚美神與感謝神也是禱告的重要成分，我們將會在本書第五十一章中有更完整的討論。耶穌留給我們的模範禱告，是以讚美的話開始的：「願人都尊你的名為聖。」（太6:9）保羅告訴腓立比教會的人說：「應當一無掛慮，只要凡事藉著禱告、祈求*和感謝*，將你們所要的告訴神。」（腓4:6）他對歌羅西教會的人說：「你們要恆切禱告，在此儆醒、感恩。」（西4:2）就像禱告的其他方面一樣，感恩不應當只是機械性地對神說一聲「謝謝」而已，而是要真的反映出我們心中的感謝。不只如此，我們絕不應當認為先感謝神賜給我們所求的事物，就能迫使神將那事物賜給我們，因為這樣做就是將禱告從一個真誠的請求變成了一項強求——我們假定自己可以強要神做我們要祂做的事。我們若在禱告中存這樣的心，就實在是否定了禱告的真正性質——依賴神。

反之，在禱告中合宜的感恩，必須是為所有祂許可臨到我們生活的每一件事和每一個景況，都向神表達感謝。如果我們的禱告都能有謙卑、如孩童般的「凡事謝恩」（帖前5:18），神必悅納。

個人思考與應用

1. 你是否在禱告上常有困難？本章的內容對你在這方面是否有所幫助？
2. 在你的生命中，最有果效的禱告時期是在什麼時候？有什麼因素促成那些時期的禱告最有果效？還有哪些其他的因素會使你的禱告有果效？你能如何強化這些因素？
3. 你是否覺得和其他的基督徒一同禱告能幫助你、激勵你？請解釋。
4. 你是否曾經在迫切的禱告祈求之後，安靜地在主面前等候祂？如果是的話，那麼結果如何？
5. 你是否每天有固定的個人讀經和禱告時間？你是否有時候很容易分心而轉去做其他的活動？如果是的話，要如何克服分心的問題？
6. 你享受向神禱告嗎？為什麼？

特殊詞彙

信心（faith）
禁食（fast）
奉耶穌的名（in Jesus' name）
代求（intercession）
中保（mediator）
禱告（prayer）
等候主（waiting on the Lord）

本章書目

Bennett, Arthur, ed. *The Valley of Vision: A Collection of Puritan Prayer and Devotions*. Edinburgh and Carlisle, Pa.: Banner of Truth, 1975.

Bounds, E. M. *Power Through Prayer*. Grand Rapids: Baker, 1963.

Brother Lawrence. *The Practice of the Presence of God*. New York: Revell, 1895.

Carson, D. A., ed. *Teach Us To Pray: Prayer in the Bible and the World*. Grand Rapids: Baker, and Exeter: Paternoster, 1990.

Clowney, Edmund. *Christian Meditation*. Philadelphia: Presbyterian and Reformed, 1979.

_______. "Prayer, Theology of." In *NDT*, pp. 526-27.

Forsyth, P. T. *The Soul of Prayer*. Grand Rapids: Eerdmans, 1967 (reprint).

Foster, Richard J. *Celebration of Discipline: The Path to Spiritual Growth*. San Francisco: Harper and Row, 1988.

Hallesby, O. *Prayer*. Trans. by Clarence J. Carlsen. Minneapolis: Augsburg, 1959 (reprint).

Houston, James. *The Transforming Friendship*. Oxford and Batavia, Ill.: Lion, 1989.

Hunter, W. Bingham. *The God Who Hears*. Downers Grove, Ill.: InterVarsity Press, 1986.

Kelly, Thomas R. *A Testament of Devotion*. New York: Harper, 1941.

Law, William. *A Serious Call to a Devout and Holy Life*. Philadelphia: Westminster, 1948 (reprint).

M'Intyre, D. M. *The Hidden Life of Prayer*. Minneapolis: Bethany Fellowship Press, 1962 (reprint). (The author's name is sometimes spelled MacIntyre in other editions of this book.)

Murray, Andrew. *The Ministry of Intercessory Prayer*. Minneapolis: Bethany House, 1981 (reprint; originally published in 1897 as *The Ministry of Intercession*).

Ortlund, Raymond C., Jr. *A Passion for God: Prayers and Meditations on the Book of Romans*. Wheaton, Ill.: Crossway, 1994.

Prince, Derek. *Shaping History Through Prayer and Fasting*. Old Tappan, N. J.: Fleming H. Revell, 1973.

Smith, David R. *Fasting: A Neglected Discipline*. Fort Washington, Pa.: Christian Literature Crusade, 1969.

Spear, Wayne. *The Theology of Prayer*. Grand Rapids: Baker, 1979.

Thomas à Kempis. *The Imitation of Christ*. Grand Rapids: Baker, 1973 (reprint).

Unknown Christian. *The Kneeling Christian*. Grand Rapids: Zondervan, 1945.

Wallis, Arthur. *God's Chosen Fast: A Spiritual and Practical Guide to Fasting*. Fort Washington, Pa.: Christian Literature Crusade, 1987.

White, John. *Daring to Draw Near*. Downers Grove, Ill.: InterVarsity Press, 1977.

Willard, Dallas. *The Spirit of the Disciplines*. San Francisco: Harper and Row, 1988.

第十九章
天使

什麼是天使?
神為何創造天使?

背誦經文：啟示錄5:11-12

我又看見，且聽見寶座與活物並長老的周圍有許多天使的聲音，他們的數目有千千萬萬，大聲說：「曾被殺的羔羊是配得權柄、豐富、智慧、能力、尊貴、榮耀、頌讚的！」

詩歌：天使來自榮耀境域（*Angels from the Realms of Glory*）

1天使來自榮耀境域 翱翔大地展翅行 遠古高唱創世歌曲 今頌彌賽亞降生
齊來崇拜齊來崇拜 崇拜基督新生王
2牧人夜間看守羊群 忽聞天使報佳音 聖嬰降生光華普照 神人同居何歡欣
齊來崇拜齊來崇拜 崇拜基督新生王
3博士告別深思默想 明亮異象照前方 快來尋求萬國所慕 引路明星已在望
齊來崇拜齊來崇拜 崇拜基督新生王
4聖徒恭敬壇前屈膝 敬畏仰望久等待 萬方仰慕就快來涖 主必忽然進殿來
齊來崇拜齊來崇拜 崇拜基督新生王
5所有受造一同稱頌 揚起你聲永無已 歸給聖父聖子聖靈 歸給永遠的三一
齊來崇拜齊來崇拜 崇拜基督新生王

詞：James Montgomery, 1816, 1825
曲：REGENT SQUARE 8.7.8.7.8.7., Henry Smart, 1867

A. 什麼是天使?

我們可以將天使定義如下：*天使是受造的、屬靈的實存，有道德的判斷力和高度的智慧，但沒有物質的身體。*

A.1 天使是受造的靈體

天使不是一直就存在的，而是神所創造之宇宙的一部分。有一節經文稱他們為「天上的萬軍」（或「天軍」）——以斯拉說：「你，惟獨你，是耶和華，你造了天和天上的天，**並天上的萬軍**（和合本譯作『萬象』）……**天軍**也都敬拜你。」（尼9:6；另參詩148:2, 5）保羅告訴我們，神創造了「能看見的、不能看見的」萬有，都是藉著基督造的，也是為著基督造的；而且他明確地把天使的世界也包括進去：「或是有位的、主治的、執政的、掌權的。」（西1:16）

天使有道德的判斷力，這可見於一些天使犯罪而從他們的職位上墮落之事實（彼後2:4；猶6；見本書第二十章）。他們有高度的智慧，聖經多處提到他們對人說話（太28:5；徒12:6-11等），並唱詩讚美神（啟4:11; 5:11）。

由於天使是「靈」（來1:14），或說是屬靈的受造者，所以他們沒有物質的身體（路24:39），也因此我們通常看不見他們，除非神給我們特殊的能力才看得見他們（民22:31；王下6:17；路2:13）。在他們一般的活動中——搭救和保護我們（詩34:7; 91:11；來1:14），與我們一同敬拜神（來12:22）——我們是看不見他們的。但是聖經上記載，天使有時會取了人的形體，而向不同的人顯現（太28:5；來13:2）。

A.2 天使的其他名字

聖經有時候使用其他的名稱來稱呼天使，譬如：「神的眾子」（伯1:6; 2:1）、「聖者」（詩89:5, 7）、「靈」（來1:14）、「守望的聖者」（watcher，但4:13, 17, 23）、「有位的」、「主治的」、「執政的」和「掌權的」（西1:16），以及「有能的」（弗1:21）。

A.3 其他屬天的靈體

在聖經上還說到其他三種屬天的實存。不論我們認為他們是特殊的「天使」（本詞廣義的意思），還是認為他們不是天使，他們都是受造來服事、敬拜神的屬靈實存。

A.3.1 基路伯

神給**基路伯**[1]的工作是守護伊甸園的入口（創3:24），神自己還經常說祂在基路伯上設立寶座，或以基路伯為其坐車（詩18:10；結10:1-22）。在舊約裏的約櫃之上，有兩個基路伯的金像，他們的翅膀張開在約櫃之上，神就在那裏應許要住在祂的百姓當中：「我要在那裏與你相會，又要從法櫃施恩座上，二基路伯中間，和你說我所要吩咐你傳給以色列人的一切事。」（出25:22；另參出25:18-21）

A.3.2 撒拉弗

另外一群的天上的靈體是**撒拉弗**，[2]他們只在以賽亞書6:2-7被提過，那裏的經文說

---

[1]在希伯來文中，「基路伯」的單數形式是*cherub*，複數形式是*cherubim*。

[2]在希伯來文中，「撒拉弗」的單數形式是*seraph*，複數形式是*seraphim*。

他們不斷地敬拜耶和華，而且彼此呼喊說：「聖哉，聖哉，聖哉，萬軍之耶和華；祂的榮光充滿全地。」（賽6:3）

A.3.3 活物

以西結書和啟示錄兩卷書都告訴我們，還有另一種屬天的實存，那就是環繞在寶座周圍的「*活物*」（living creatures，結1:5-14；啟4:6-8）。[3] 他們的外表像獅子、牛犢、人和飛鷹，他們是整個受造界之不同部分的大能代表者（野獸、家畜、人類和鳥類），他們也不斷地在敬拜神：他們「晝夜不住的說：『聖哉！聖哉！聖哉！主神是昔在、今在、以後永在的全能者。』」（啟4:8）

A.4 天使中的階級和次序

聖經指出，在天使中有階級和次序的區分。有一位天使名叫米迦勒，他在猶大書第9節那裏被稱為是「*天使長*」（archangel）；這個稱謂指出他的治理和權柄是高過其他天使的。而在但以理書10:13那裏，他被稱為是「大君中的一位」（呂振中譯本譯作「護衛天使長」，和合本小字作「天使長中的一位」）。米迦勒在天使的大軍中也顯然是一位領袖：「在天上就有了爭戰。米迦勒同他的使者與龍爭戰，龍也同他的使者去爭戰，並沒有得勝，天上再沒有他們的地方。」（啟12:7-8）保羅告訴我們，主從天上回來的時候，會有「天使長的聲音」（帖前4:16），但這位天使長是否就是惟一的天使長米迦勒，或是還有其他的天使長，聖經並沒有告訴我們。

A.5 兩位特別天使的名字

在聖經上只有兩位天使是被特別提到名字的。[4] 猶大書第9節、啟示錄12:7-8，以及但以理書10:13, 21都提到了「*米迦勒*」（Michael）；在但以理書那裏，他被稱為是「大君中的一位米迦勒」（但10:13）。在但以理書8:16和9:21那裏還提到了另一位天使「*加百列*」（Gabriel），他是一位從神那裏來傳達信息的使者，要對但以理說話。在路加福音第1章那裏也提到加百列，說他是從神那裏來對撒迦利亞傳達信息的使者：「我是站在神面前的加百列……」（路1:19）接著我們又讀到：「到了第六個月，天使加百列奉神的差遣往加利利的一座城去，這城名叫拿撒勒。到一個童女那裏……童女的名字叫馬利亞。」（路1:26-27）

---

[3]以西結書和啟示錄對「活物」的描述有些差異，但也有許多相似之處。我們很難判定他們是不同的受造群體，還是那些記在啟示錄的描述，是從以西結的異象裏變化而來的。

[4]筆者在此沒有把撒但算進去；他是墮落的天使，有時候也有其他的名字是稱呼他的（見本書第二十章有關撒但與鬼魔的討論）。

A.6 天使一個時間只能在一處

聖經經常描述天使從一個地方到另一個地方去，正如上面所引用的經節，加百列「往加利利的一座城去，這城名叫拿撒勒」（路1:26）。但以理書也很清楚地提到有一位天使到但以理那裏去：

「我是因你的言語而來。但波斯國的魔君攔阻我二十一日，忽然有大君中的一位米迦勒來幫助我，我就停留在波斯諸王那裏。現在我來要使你明白本國之民日後必遭遇的事，因為這異象關乎後來許多的日子。」（但10:12-14）

天使一個時間只能在一處的思想，與天使是受造者的事實，二者是一致的。他們不像無所不在的神，他們只是有限的受造者，所以一個時間只限於在一處，和神所造的萬物都一樣。[5]

A.7 天使的數目

究竟有多少的天使？雖然聖經上沒有說到神創造之天使的數目，但這數目顯然是非常大的。聖經上說，神在西乃山上「從萬萬聖者中來臨，從祂右手為百姓傳出烈火的律法」（申33:2）。我們也知道，「神的車輦累萬盈千。」（詩68:17）當我們敬拜神時，我們乃是進入「有千萬的天使」的同在裏（來12:22）。在啟示錄5:11那裏，約翰更把他們的數目強調得驚人：「我……聽見寶座與活物並長老的周圍有許多天使的聲音，他們的數目有千千萬萬。」[6]他的表達指出，（從人的觀點來看）有無法計數的天使在聚集讚美神。

A.8 有所謂的個人「守護天使」嗎？

聖經清楚地告訴我們，神差遣天使保護我們：「祂要為你吩咐祂的使者，在你行的一切道路上保護你；他們要用手托著你，免得你的腳碰在石頭上。」（詩91:11-12）但是有些人的想法超過這種一般性的保護，而想知道神是否給世上的每一個人，或至少每一個基督徒，一位特定的「守護天使」。支持這種想法的經文可以在耶穌論及小孩們的話裏找到：「他們的使者在天上常見我天父的面。」（太18:10）然而，我們的主可能只是說，被指派保護小孩們的天使已經預備好到神面前了（用運動作比喻：天

---

[5]然而，似乎可以有非常大群的天使同時在一個地方，至少邪惡的天使或鬼魔可以顯明這項事實。在路加福音8:26-37那裏說到有一個在格拉森（又稱為加大拉）的人被鬼所附，當耶穌問及鬼魔的勢力時說：「你名叫什麼？」那人身上的鬼魔回答說：「我名叫群」，那是因為「附著他的鬼多」（路8:30）。即使我們不明白這個「群」字面的意思是指一個相等於羅馬軍團的數字（三千至六千人），又即使我們容許附在此人裏面的這群鬼誇大其詞，因為撒但是說謊之人的父，我們仍能了解路加所說的：「附著他的鬼多。」

[6]「萬」字（希臘字是*myrias*）是指「非常大而無法確知的數字」（BAGD, p. 529）。另參耶利米書33:22。

使的防衛可能是「區域性的」，而非「人盯人」的）。[7] 當使徒行傳12:15裏的門徒們說，必定是彼得的「天使」在敲門，這話的意思也不一定是相信有個人的守護天使。有可能只是恰好在那個時候，有一位天使在守護或照顧著彼得。所以，聖經經文裏似乎沒有讓人信服的證據，支持有個人的「守護天使」的想法。

A.9 天使不嫁娶

耶穌教導說，當復活的時候，「人也不娶，也不嫁，乃像天上的使者一樣。」（太22:30；另參路20:34-36）這話表示出天使之間沒有那種存在於人類之中的家庭關係。除此以外，關於這方面的事聖經沒有再說別的，所以我們最好不要試圖去多作臆測，這才是明智之舉。[8]

A.10 天使的能力

天使顯然具有很大的能力。他們被稱為是「成全祂旨意，有大能的天使」（詩103:20）、「有能的」（另參弗1:21）、「主治的」、「掌權的」（西1:16）等。比起悖逆的人類，天使似乎「力量權能更大」（彼後2:11；另參太28:2）；至少當人類還存留在地上時，他們「比天使微小一點」（來2:7）。雖然天使的能力很大，但其能力肯

---

[7] 還有一種可能性，那就是馬太福音18:10和使徒行傳12:15所說的「天使」（此處門徒們認為是彼得的「天使」在敲門），不是指一位天使，而是指已死之人的「靈」。這種觀點可見於B. B. Warfield, "The Angels of Christ's 'Little Ones,'" in *Selected Shorter Writings*, ed. John E. Meeter (Nutley, N.J.: Presbyterian and Reformed, 1970), 1:253-66; D. A. Carson, "Matthew," EBC, 8:400-401.

這種解釋的問題在於，沒有找到一個清楚的例子，能說「天使」一詞（希臘文*angelos*）的意思是「已死之人的靈魂」。Warfield （pp. 265-66）和其後的Carson從聖經外的猶太文學（《以諾一書》1 Enoch 51:4 和《巴錄二書》2 Baruch 51:5, 12）中，引用兩個假想的例子，但是這些文字並不能令人信服：《以諾一書》51:4只是說，「〔所有〕天使的容面在天上將要蒙光照而喜樂」（R. H. Charles, *The Apocrypha and Pseudepigrapha of the Old Testament*, 2 vols. [Oxford: Clarendon Press, 1913], 2:219），並未說人會變為天使。《巴錄二書》51:5則是說，義人將會改變「成天使般的光耀」（Charles, 2:508）；但是這話的意思只是說，他們將會有像天使般的光采，而非說他們將會變為天使。

另外有兩處相關的話：《巴錄二書》51:12說，義人將有的超絕要「超過天使的超絕」；而《巴錄二書》51:10則說：「他們要被改變為像天使一樣」（Charles, 2:509）。這些引文也都沒有說人會變為天使。不僅如此，由於這三處文字都沒有現存的希臘文版本可供查考（《以諾一書》是衣索匹亞文加上一些希臘文的殘片，而《巴錄二書》是敘利亞文），所以，它們在敲定希臘文*angelos*的意思上，沒有什麼用處。

Warfield也引用了*Acts of Paul and Thecla*, ed. Tischendorf, p. 42, 第五段末了的話說：「那些敬畏神的人有福了，因為他們會變為神的天使。」但是這段文字的年份大約是在第二世紀晚期（*ODCC*, p. 1049），因此對於了解初代教會所信仰或新約聖經所教導的內容來說，它不是一份可靠的資料來源。

[8] 我們應當注意到，耶穌的這些敘述是在回答撒都該人的問題：關於一個女人結過七次婚的問題。耶穌說他們的問題顯露他們不明白聖經，也不曉得「神的大能」（太22:29）。所以，耶穌的回答應當安慰我們，而不是使我們覺得困擾：當我們默想天堂時，不應當因著預期人際關係將會變淡而哀傷，而要因著期待關係將會變得更加豐富而喜樂（見本書第二十章A節有關創世記6:2, 4裏的「神的兒子們」的討論）。

定不是無限的；不過那能力可以用來與撒但所控制的邪惡鬼魔之權勢爭戰（但10:13; 啟12:7-8; 20:1-3）。[9] 但當主耶穌再來時，我們將被升高到比天使更高的地位上（林前6:3; 見本章C.1節）。

A.11 「耶和華的使者」是誰？

有幾處聖經經文說到「耶和華的使者」（angel of the Lord），尤其是當舊約裏的經文說到時，所說的方式顯示「耶和華的使者」就是神自己取了人的形體，短暫地向不同的舊約時代之人顯現。

在一些經文裏說到「那位耶和華的使者」（而不是說「一位耶和華的使者」），說的就是主自己，例如創世記第16章在曠野找到夏甲的「耶和華的使者」應許她說：「我必使你的後裔極其繁多，甚至不可勝數」（創16:10）；而夏甲的回應則是稱「那對她說話的耶和華為看顧人的神」（創16:13）。與此類似地，當亞伯拉罕正要獻上他兒子以撒為祭的時候，「耶和華的使者」從天上呼叫並對他說：「現在我知道你是敬畏神的了，因為你沒有將你的兒子，就是你獨生的兒子，留下不給我。」（創22:12）當「耶和華的使者」在雅各的夢中向他顯現時，祂說：「我是伯特利的神，你在那裏用油澆過柱子，向我許過願。」（創31:11, 13）此外，當「耶和華的使者」從荊棘裏火燄中向摩西顯現時，祂說：「我是你父親的神，是亞伯拉罕的神、以撒的神、雅各的神。」（出3:2, 6）這些都是清楚的例子，說到耶和華的使者或神的使者，就是神自己的顯現；更明確地說，是子神的顯現，祂暫時取了人的形體，為要向人顯現。

在其他經文中說到的「耶和華的使者」，似乎與神自己不同（見撒下24:16；詩34:7；亞1:11-13），而說到「〔一位〕主的使者」的經文（路1:11），則通常是指一位神所差遣的使者。

B. 天使是在什麼時候被造的？

所有的天使一定是在創世的第七日以前就已經被造了，因為我們讀到聖經這樣記載：「天地與其萬軍都造齊了。」（創2:1，呂振中譯本小字。「萬軍」的意思是住在神所造之宇宙的天上被造者）比此句經文的更清楚描述則在出埃及記裏：「六日之內，耶和華造天、地、海和其中的萬物，第七日便安息。」（出20:11）因此，所有的天使最晚是在創世的第六日被造的。

---

[9] 聖經沒有告訴我們，當天使背叛神而變為鬼魔時，那些犯罪的天使是否喪失了一些能力，還是他們的能力仍舊和以前一樣。

然而我們能在這事上知道得更明確嗎？創世第一日的經文記載可能暗示到天使的受造。我們讀到經文說：「起初神創造天地」（創1:1），緊接著就說到「地是空虛混沌」（創1:2），但在此第2節並沒提到天上是如何。這點可能暗示說，此時大地尚不適合居住，而天上的情況正與之成對比，也許神已經在天上創造了天使，並指派他們不同的角色和次序。而當我們讀到約伯記時（伯38:6-7），這個想法看來更是有道理：在神安置地的「根基」、安放地的「角石」之際，即在神創造天地或立其根基的過程時，「晨星一同歌唱，神的眾子也都歡呼」。假如在神使大地成為可住之地時，天使（「神的眾子」）就都歡喜雀躍的話，這就表示神早在創世的第一日就已經創造天使了。

雖然如此，由於我們只有聖經上的模糊暗示，所以我們必須滿足於這個事實：神沒有給我們很多有關天使受造時的資料。沒有聖經上清晰的資料而想作進一步的臆測，似乎是沒有用的。「隱祕的事是屬耶和華我們神的；惟有明顯的事是永遠屬我們和我們子孫的，好叫我們遵行這律法上的一切話。」（申29:29）

在撒但於伊甸園裏試探夏娃之前（創3:1），就有天使犯罪背叛神了（彼後2:4；猶6）。這事件明顯地是發生在創世的第六日以後，因為在第六日當時，「神看著一切所造的都甚好」（創1:31），而在那日以後，聖經就沒有再提供更進一步的資料了。

C. 天使在神旨意中的地位

C.1 天使顯示出神對我們的愛和計劃之偉大

在神所創造的萬物中，惟獨人類與天使（廣義）有道德性和有高度的智慧。因此當我們將人與天使作一比較時，我們就能夠更多明白神對我們的愛和計劃。

第一個值得注意的區別，就是聖經從來沒有說過天使是「照著神的形像」被造的，卻好幾次說到人是照著神的形像被造的（創1:2-27; 9:6）。因為「照著神的形像」被造的意思就是像神，[10] 所以，我們可以很合適地結論說，我們比天使更像神。

這個結論有事實支持，那就是有一天神要給我們權柄審判天使：「豈不知我們要審判天使麼？」（林前6:3）雖然我們「暫時比天使小」（來2:7，和合本小字），但是當我們的救恩成全的時候，我們要被高舉在天使之上，並且要統管他們。事實上，即使在今天，天使已在服事我們了：「天使豈不都是服役的靈，奉差遣為那將要承受救

[10]見本書第二十一章C1及C2節。

恩的人效力麼?」(來1:14)

我們比天使優越的另一個因素，是人類有能力生出像他們自己的兒女。創世記5:3說到亞當「生了一個兒子，形像樣式和自己相似」，但天使顯然不會生孩子(另參太22:30；路20:34-36)。

雖然許多天使犯罪了，但卻沒有得救；這一點也展現了神對我們的愛之偉大。彼得告訴我們：「*就是天使犯了罪，神也沒有寬容*，曾把他們丟在地獄，交在黑暗坑中，等候審判。」(彼後2:4)猶大說：「不守本位、離開自己住處的天使，主用鎖鍊把他們永遠拘留在黑暗裏，等候大日的審判。」(猶6)我們也在希伯來書裏讀到：「祂並不救拔天使，乃是救拔亞伯拉罕的後裔。」(來2:16)

所以，我們看見神創造了兩群有智慧的、有道德性的受造者。雖然在天使當中有許多天使犯了罪，但神卻決定不救贖。神這樣做是完全公平的，從來沒有天使能抱怨神對他不公平。然而另一群有道德性的受造者——人類，也有許多(其實是所有的人)是犯罪而轉離神的。就如犯罪的天使一樣，神也可以讓我們所有的人走上自己選擇的路而永遠被定罪。如果神決定不救贖整個有罪的人類，祂還是完全公平的，也沒有一個人可以埋怨神對他不公平。

但是神所決定要做的，遠遠超過僅是公義的要求；祂決定要拯救一些有罪的人。假如祂決定從全人類中只救五個人，已經是做得比公義的要求多了，並且將會大大地展現祂的憐憫與恩典。假如祂決定從全人類中只救一百個人，也將會是驚人地展現祂的憐憫與恩典。然而事實上，神決定要做的比這些都更多；祂決定從罪惡的人類中，「從各族、各方、各民、各國中」救贖出一大群人來(啟5:9)，其數之大沒有人能計數。這是無法計算的憐憫與恩典，遠超過我們的理解；它完全是我們不配得的恩惠，一切都是恩典。與天使的命運對比起來，我們的命運是截然不同的；天使讓我們更清楚地明白這個神愛人類的真理。

我們已經從背叛神的生命得蒙拯救，這事實表示出我們能夠唱一些天使永遠不能唱的讚美詩歌：

「主救贖大恩我愛頌揚，藉羔羊血成全救恩。
　　因神憐憫我已蒙救贖，我永遠是祂的子民。」

這首詩歌以及所有頌揚我們在基督裏得救贖的偉大詩歌，都是只有我們能夠唱的。未墮落的天使看到我們唱這些歌曲會為我們歡喜(路15:10)，但是他們永遠不能為自己唱這些詩歌。

C.2 天使提醒我們那看不見之世界的真實性

正如同耶穌時代的撒都該人說：「沒有復活，也沒有天使」（徒23:8），今日也有許多人否認他們眼睛看不見之任何事物的真實性。然而，聖經所教導有關天使的存在，不斷地提醒我們有一個看不見卻十分真實的世界。惟有當主開了以利沙之僕人的眼睛，使他能看見那眼不能見之世界的真相時，那僕人才看見了「滿山有火車火馬圍繞以利沙」（列王紀下6:17，這些是一大隊天軍，他們受差遣去多坍保護以利沙，使他不受亞蘭人的攻擊）。當詩人說到：「祂的眾使者都要讚美祂；祂的諸軍都要讚美祂。」（詩148:2）這也顯示他察覺到了這個看不見的世界。希伯來書的作者提醒我們，當我們敬拜神時，我們是來到天上的耶路撒冷，和歡聚的千萬天使共聚（來12:22）；雖然我們看不見他們，但是他們的同在應當會使我們充滿敬畏和喜樂。這個不信的世界可能只把關於天使的討論當作是迷信而排除掉，但聖經卻將之視為能使我們得知看不見之世界的洞見。

C.3 天使是我們的榜樣

在順服和敬拜兩方面，天使都成為我們的好榜樣，我們應該效法他們。耶穌教導我們禱告說：「願你的旨意行在地上，如同行在天上。」（太6:10）神的旨意在天上是由天使立刻地、喜樂地、毫無疑問地來完成，因此我們應該每日禱告，我們自己和其他人對神的順服，也能像天使在天上那樣地順服。他們的喜樂就是作為神謙卑的僕役；每一個天使都忠誠地、喜樂地執行神所交付給他們的工作，不論那工作是大或是小。因此我們的渴望和禱告，也應當是我們自己和所有在地上的人都要像天使那樣。

天使在敬拜神上也是我們的榜樣。在神寶座前的撒拉弗，看見神在祂的聖潔之中，就不斷地呼喊說：「聖哉，聖哉，聖哉，萬軍之耶和華；祂的榮光充滿全地。」（賽6:3）約翰看見有許多天使圍繞寶座，「他們的數目有千千萬萬，大聲說：『曾被殺的羔羊是配得權柄、豐富、智慧、能力、尊貴、榮耀、頌讚的！』」（啟5:11-12）當天使發現不斷地讚美神是他們最高的喜樂時，我們豈不也應當在每一天都喜悅於歌頌讚美神，將之當作我們最高順位的事，最值得使用我們時間的事，和我們最大的喜樂呢?

C.4 天使執行神的一些計劃

聖經將天使視為是神在地上執行祂一些計劃的僕役。他們將神的信息帶給人（路1:11-19，徒8:26; 10:3-8, 22; 27:23-24）；他們施行神的一些審判：將瘟疫帶到以色列人身上（撒下24:16-17），擊打亞述軍隊的將領（代下32:21），治死希律王，因為他不將榮耀歸給神（徒12:23），或將神忿怒的碗傾倒在地上（啟16:1）。當基督回來時，天使將是伴隨著他們的君王和主宰同來的一大群軍隊（太16:27；路9:26；帖後1:7）。

天使也是神的代表在遍地走來走去（亞1:10-11），並和鬼魔的勢力爭戰（但10:13；啟12:7-8）。約翰在他的異象中看見一位天使從天降下，他記錄說，那天使「捉住那龍，就是古蛇，又叫魔鬼，也叫撒但，把他捆綁一千年，扔在無底坑裏……」（啟20:1-3）當基督回來時，天使長要宣告祂的來臨（帖前4:16；另參啟18:1-2, 21; 19:17-18等）。

C.5 天使直接榮耀神

天使還有另一項功能：他們藉著榮耀神而直接服事祂。因此，除了人類以外，在宇宙中還另有一種有智慧的、有道德性的受造者來榮耀神。

天使為著神的所是和祂的超絕來榮耀祂：

「強大有力的天使啊，要頌讚耶和華；
　要聽從祂的命令，
　遵行祂的旨意。」（詩103:20，RSV譯法；另參詩148:2）

撒拉弗不斷地為著神的聖潔讚美祂（賽6:2-3），好像四活物一樣（啟4:8）。

當天使看到神偉大的救恩計劃展開時，他們也為此歸榮耀給神。當基督降生在伯利恆時，一群天使讚美神說：「在至高之處榮耀歸與神！在地上平安歸與祂所喜悅的人！」（路2:14；另參來1:6）耶穌告訴我們：「一個罪人悔改，在神的使者面前也是這樣為他歡喜。」（路15:10）這話指出，每一次有人轉離他的罪而信靠基督為救主時，天使就歡喜快樂。

當保羅傳揚福音，使得不同種族背景的人——猶太人和希臘人——都被帶入神的教會時，他就看見神為教會所作的智慧計劃展現在天使（和鬼魔）的面前；因為他說，他蒙召向外邦人傳道，「為要藉著教會，*使天上執政的、掌權的，現在得知*神百般的智慧。」（弗3:10）彼得也告訴我們：「天使也願意詳細察看」（彼前1:12）救恩計劃的榮耀；察看它如何成就在信徒個人的每一天生活中。[11] 保羅還注意到，基督「被天使看見」（提前3:16），這表示天使們為著基督順服的生命而歸榮耀給神。不僅如此，當教會聚集敬拜神的時候，女人要「為天使的緣故」穿戴，以至於能合宜地

---

[11]「願意」（或譯作「渴望」）這個動詞是現在式（希臘文是*epithymousin*），表示「不斷地渴望，甚至現在也渴望」。這個渴望含有一種聖潔的好奇，即想要觀看並喜樂於基督國度的榮耀，而當他們仔細察看整個教會史上每一個基督徒的生活時，就能更完全地了解那榮耀（見Wayne Grudem, *1 Peter*, p. 73, 關於彼得前書1:12的討論）。

表明她們是女人（林前11:10）；這指出天使在見證基督徒的生活，並為他們的敬拜與順服而歸榮耀給神。實際上，當保羅在對提摩太強調某個命令的重要性時，他就說我們的行動是有同在的天使作見證的：「我在神和基督耶穌*並蒙揀選的天使*面前囑咐你，要遵守這些話，不可存成見，行事也不可有偏心。」（提前5:21；另參林前4:9）假如提摩太聽從保羅的指導，那麼天使就要見證他的順服，並且歸榮耀給神；但假如他輕忽而沒有順服的話，天使也會看見而憂傷。

D. 我們與天使的關係

D.1 在生活中留意天使的存在

聖經講得很清楚，神要我們留意天使的存在和他們活動的性質，所以我們不應當假設，聖經上有關天使的教訓和我們今日的生活沒有任何關係。反之，如果我們在幾方面留意天使今日在世上的存在和服事，那麼我們基督徒的生活就會更加豐富。

當我們來到神面前敬拜祂時，我們不只是加入那些已經過世、到天上神同在那裏去的大群信徒，就是那些「被成全之義人的靈魂」，我們同時也是加入了千萬歡聚的天使（來12:22-23）。雖然我們平常看不見或聽不見這個屬天崇拜的證據，但假使我們相信天使和我們一同在崇拜神的這個事實，那麼它肯定會加深我們在神同在裏的敬畏和喜樂之感受。

不只如此，我們也應當留意，天使全天候地在觀看我們是否順服神。即使我們以為自己是在隱密處犯罪的，沒有人會為我們擔憂，但當我們想到，也許千百的天使親眼看見了我們的不順服，並為我們擔憂，我們就會清醒過來。[12] 在另一方面，當我們氣餒、以為我們向神的忠心順服沒有人看見、也激勵不了別人時，我們就可以因知道千百的天使都在見證我們的孤單掙扎，而得到安慰；他們每天都「願意詳細察看」我們在生活中所表現出來的基督偉大之救恩。

希伯來書的作者好像是為了把天使觀察我們服事的事說得更生動，就說有時候天使會取了人的形體而顯現作「訪問調查」，就像那些餐館的評論家一樣，變裝隱藏了自己的身份以後，才去光臨一家新的餐館。「不可忘記用愛心接待客旅，因為曾有接待客旅的，不知不覺就接待了天使。」（來13:2；另參創18:2-5; 19:1-3）這經文應當使

[12]這並不是否認，遏阻人犯罪的主要因素必須是害怕不討神自己的喜悅；筆者只是要說，就如有其他人在我們身旁，會成為一項額外遏阻我們犯罪的力量，同樣地，知道天使在我們身旁，也應當會成為遏阻我們犯罪的力量。

我們更渴望服事那些我們不認識而有需要的人；說不定將來有一天我們在天上會遇見一位天使，他曾在地上短暫地以人形顯現，而我們曾在他困苦時幫助過他。

當我們突然從一個危險或困境中解脫時，可能是神差遣天使來幫助我們，所以我們應當要感恩。天使曾封住了獅子的口，使得牠們不能傷害但以理（但6:22）；天使也曾從監獄中拯救使徒（徒5:19-20），後來又從監獄中拯救彼得（徒12:7-11）；天使也曾在耶穌於曠野受試探結束了以後，在祂極其軟弱時，立刻服事祂（太4:11）。[13]

當一輛車突然轉彎卻沒撞上我們時；當我們在湍流中突然站穩了腳而沒被沖走時；當我們行走在一個危險的區域而沒受到傷害時；我們豈不是應該猜想可能是神差遣天使來保護我們嗎？聖經豈不是這樣應許我們：「因祂要為你吩咐祂的使者，在你行的一切道路上保護你；他們要用手托著你，免得你的腳碰在石頭上」（詩91:11-12）？所以，我們豈不是應當感謝神差遣天使在這樣的時刻保護我們嗎？我們似乎是應該這樣做的。

D.2 小心與天使的關係

D.2.1 小心不要從天使接受錯謬的教義

聖經警告我們不要從天使接受錯謬的教義：「但無論是我們，是天上來的使者，若傳福音給你們，與我們所傳給你們的不同，他就應當被咒詛！」（加1:8）保羅發出這個警告，因為他知道有被騙的可能性。他又說：「連撒但也裝作光明的天使。」（林後11:14）與此相似地，在列王紀上第13章裏欺騙神人的那位說謊的先知宣告說：「*有天使*奉耶和華的命*對我說*：『你去把他帶回你的家，叫他吃飯喝水。』」（王上13:18）然而聖經隨後立即加了一句話：「這都是老先知誆哄他。」

這些例子都是說到天使傳達*錯謬的*教義或引導；有趣的是，它們都清楚地顯示撒但欺騙我們的可能性，就是他會誘惑我們不順從聖經的教訓或不順從神清楚的命令（另參王上13:9）。這些警告應當幫助任何一位基督徒遠離錯謬的教義，舉例來說，不被摩門教徒的宣稱所欺騙：他們宣稱有一位天使摩羅尼（Moroni）對約瑟・史密斯（Joseph Smith, 1806-1844）說話，並且啟示他摩門教的基礎教義。這種「啟示」在許多地方與聖經的教導相反（例如三位一體、基督的身位、惟獨因信稱義，和許多其他的教義等）；基督徒應當小心，不要接受這些宣稱。[14] 聖經的正典已經完成（見本書第

---

[13]我們也要注意路加福音22:43的記載，就是當耶穌在客西馬尼園禱告時，「有一位天使從天上顯現，加添祂的力量。」這經文有實質的古代證據。

[14]當然，聖經上說到，有時候正確的真理是藉著天使傳來的（路1:13-20, 30-37; 2:10-14；徒1:11；來2:2）。我們在

三章），這點也應當警告我們，今日神沒有給我們更進一步的教義啟示了，而任何說到在今日從天使得著額外教義啟示的宣稱，都當被視為錯謬的教義，而立即拒絕它。

D.2.2 不可敬拜天使，不可向他們禱告，不可尋求他們

「敬拜天使」（西2:18）是歌羅西書所指明的錯謬教義之一。不只如此，在啟示錄裏對約翰說話的天使，也警告約翰不要拜他：「千萬不可！我和你並你那些為耶穌作見證的弟兄，同是作僕人的；你要敬拜神！」（啟19:10）

我們也不應當向天使禱告；我們只應向神禱告。惟獨神是無所不能的，因此祂才能回應我們的禱告；惟獨神是無所不知的，所以祂才能同時垂聽祂所有百姓的禱告。因為子神和聖靈之神的無所不能和無所不知，祂們也配得我們向祂們禱告，可是除此以外，向任何其他的實存禱告都是不對的。保羅警告我們，不要以為有任何其他的「中保」能夠在神和人之間，「因為只有一位神；在神和人中間*只有一位中保*，乃是降世為人的基督耶穌。」（提前2:5）假如我們向天使禱告的話，那就是暗示他們的地位和神的地位同等；這是我們絕不可做的。聖經上沒有任何的例子顯示，人可以向天使禱告或向天使尋求幫助。

此外，聖經上並沒有准許我們尋求天使向我們顯現；他們的顯現都是自己主動的。我們若尋求這樣的顯現，似乎就指明我們有一種不健康的好奇，或有一種想要遇到某種奇特之事的渴望，而不是指明我們愛神或獻身於祂及祂的工作。雖然聖經中說到天使在不同的時候向人顯現，但是顯然那些人沒有尋求過他們的顯現。我們的角色不是尋求天使的顯現，而是對主說我們的需要，主自己才是所有天使大軍的指揮官。不過，我們祈求神實現祂在詩篇91:11的應許，即在我們需要的時候差派天使來保護我們，似乎就不是錯的。

D.2.3 今日天使會向人顯現嗎？

在教會歷史中的最早期，天使是活躍的。一位天使告訴腓利要向南走，往那從耶路撒冷下迦薩的路上去（徒8:26）；又有天使指示哥尼流要打發人去約帕把彼得請來（徒10:3-6）；還有天使把彼得拍醒，帶他走出監獄（徒12:6-11）；並有天使應許保羅說，在他的船上沒有一個人會喪命，而他本人也會站在該撒面前（徒27:23-24）。不只如此，希伯來書的作者也鼓勵他的讀者們——他們都不是使徒或與使徒們有關係的第一代信徒（另參來2:3）——*他們*應當繼續接待客旅，明顯地期望他們有時也會不知不

此所提的警告性經文，是禁止我們接受天使所傳與聖經相反的教義。

覺地接待到天使（來13:2）。

所以，似乎沒有強烈的理由排除掉天使在今日顯現的可能性。有人會在這一點上反駁；他們根據聖經的充足性（見本書第八章）和正典已封閉（見本書第三章），而把天使在今日顯現的可能性排除掉了。[15] 他們會說，我們不須期待神藉著天使和我們交通；然而，這個結論是不合理的。雖然天使不會增加聖經上的教義和道德之內容，但是神*可能*藉著天使將訊息傳給我們，就像祂可能藉著預言，[16] 藉著我們和別人的普通交流，或藉著我們對世界的觀察，來傳信息給我們一樣。假如神能夠差派另一個人，在我們跌倒時來警告我們或灰心時來鼓勵我們，那麼似乎就沒有什麼出於神本性的理由說祂不能偶而差派一位天使來做這些事。

然而，如果真有這樣不尋常的事發生的話，我們在接受從天使而來的引導時，要*極度的謹慎*（也許值得注意的是，今日很少有天使顯現的實例被記錄下來，但被記錄下來的卻有很大部分都牽涉到傳達違反聖經的教義，這就指出它們其實是鬼魔的顯現）。事實上鬼魔能夠裝扮成光明的天使（見林後11:14），這點應當警戒我們，任何像天使一樣的受造者顯現，都不保證他所說的話是真實的：*聖經*才是我們的引導；沒有一位天使有權威教導違反聖經的事（見加1:8）。

如果天使在今日顯現，那會是很不尋常的，我們應當謹慎地評估。但是沒有令人信服的原因可以說這種事絕對沒有發生的可能，尤其是在與邪惡勢力爭戰極度危險或劇烈的時候。

個人思考與應用

1. 本章的內容如何影響到你今後對天使的看法？如果當你唱詩讚美神時，意識到有許多天使與你在一起讚美，那麼你敬拜的心態會有什麼不同？
2. 你是否認為現在就有許多天使在看著你？你認為當他們在看著你的時候，他們會有怎樣的心態？你是否在帶領別人禱告接受基督為他個人救主之後，經歷到一股特別高昂的喜樂感？你是否曾經想過，造成那樣喜樂的一個原因，是因為天使也因罪人的悔改而與你一同歡喜（路15:10）？
3. 你是否有過逃出危險、九死一生的經歷，而猜想可能是天使在那個時刻幫助了你？
4. 天使的榜樣——他們喜樂而忠誠地執行神所交付給他們的工作，無論是大事還是小事——

---

[15]見本書第五十二章所討論的一些已終止的屬靈恩賜。

[16]見本書第五十三章A節。

如何能在你今日所面對的職責上，不論是在公司、家庭或教會，來幫助你?

5. 你認為當神要求你審判天使時（林前6:3），你會有怎樣的感受?請解釋這項聖經上所說的事實，如何使你看到身為照著神的形像而被造的人的偉大。

特殊詞彙

天使（angel）
耶和華的使者（angel of the Lord）
天使長（archangel）
基路伯（cherubim）
活物（living creatures）
米迦勒（Michael）
執政的和掌權的（principalities and powers）
撒拉弗（seraphim）
神的眾子（sons of God）
守望的聖者（watchers）

本章書目

Bromiley, G. W. "Angel." in *EDT*, pp. 46-47.
Dickason, C. Fred. *Angels, Elect and Evil*. Chicago: Moody, 1975.
Graham, Billy. *Angels: God's Secret Agents*. Revised and expanded edition. Waco, Tex.: Word, 1986.
Joppie, A. S. *The Ministry of Angels*. Grand Rapids: Baker, 1953.
McComiskey, T. E. "Angel of the Lord." in *EDT*, pp. 47-48.

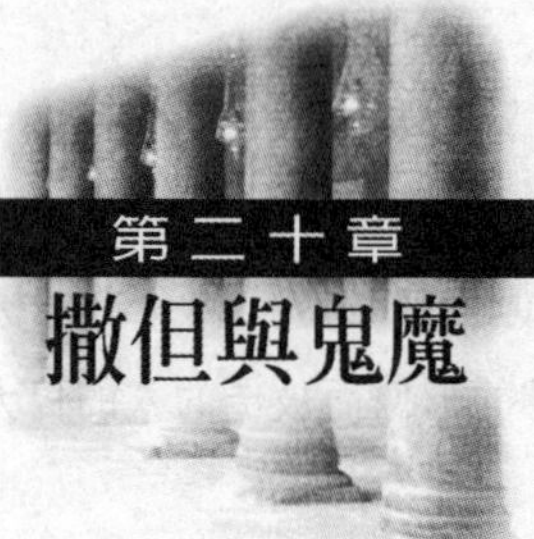

第二十章
撒但與鬼魔

今日基督徒應當如何看待撒但與鬼魔?
屬靈戰爭

背誦經文：雅各書4:7-8

故此你們要順服神；務要抵擋魔鬼，魔鬼就必離開你們逃跑了。你們親近神，神就必親近你們。有罪的人哪！要潔淨你們的手；心懷二意的人哪！要清潔你們的心。

詩歌：基督徒可看見黑暗權勢（*Christian, Dost Thou See Them?*）

1基督徒可看見 聖戰戰場上 黑暗權勢猖狂 層層包圍你
站住迎戰對方 不顧及得失 惟靠十架得力 它們必遁逃
2基督徒可感受 它們藏心內 不斷試探引誘 驅策人犯罪
信徒切莫顫抖 永遠不灰心 儆醒禱告禁食 束腰赴沙場
3基督徒可聽見 它們的口氣「還在禁食守夜儆醒和祈禱」
勇敢回答他們「活著就禱告」爭戰才有和平 夜盡曙光到
4聽聽耶穌的話 我忠心僕人 你今疲倦困頓 我也曾困頓
勞苦到了那日 使你全屬我 憂傷至終帶你 靠近我寶座

詞：Andrew of Crete, c. 660-732
Eng. trans. by John Mason Neale, 1862
曲：ST. ANDREW OF CRETE 6.5.6.5.D., John B. Dykes, 1868

替代詩歌：基督精兵興起（*Soldiers of Christ Arise*）, Charles Wesley, 1749
永恆之君求前導（*Lead On, O King Eternal*）, Ernest W. Shurtleff, 1888
基督精兵前進（*Onward, Christian Soldiers*）, Sabine Baring Gould, 1865
誰是在主這邊（*Who Is On the Lord's Side?*）Frances R. Havergal, 1877

前言

我們在前一章討論過天使以後，很自然地就引我們接著討論撒但與鬼魔，因為他們是邪惡的天使，曾經也像善良的天使一樣，可是他們犯罪而喪失了事奉神的特權。他們和天使一樣，也是受造的、屬靈的實存，有道德的判斷力和高度的智慧，但是沒有物質的身體。我們可以將鬼魔定義如下：*鬼魔是犯罪而得罪了神的邪惡天使，今日仍繼續地在世上行惡。*

A. 鬼魔的由來

當神創造世界時，祂「看著一切所造的都甚好」（創1:31）。這表示在那個時候，甚至在神所創造的天使界裏都沒有邪惡的天使或鬼魔在其中。然而到了創世記第3章時，我們發現了撒但以蛇的形體出現，誘惑夏娃犯罪（創3:1-5）。所以，在創世記1:31和創世記3:1所發生的事件之間的某個時候，在天使界裏必定有過一次背叛，許多天使悖離了神而變成邪惡的。

新約聖經在兩處說到這事。彼得告訴我們：「就是天使犯了罪，神也沒有寬容，曾把他們丟在地獄，交在黑暗坑中，等候審判。」（彼後2:4）[1] 猶大也說：「又有不守本位、離開自己住處的天使，主用鎖鍊把他們永遠拘留在黑暗裏，等候大日的審判。」（猶6）這兩處的經文都強調一個事實，那就是他們已經不能再在神同在的榮耀中，而且他們的活動受到了限制（猶大書第6節用譬喻來說，他們被「鎖鍊」永遠束縛住了）然而，經文並沒有表示鬼魔在世界上的影響力已經被除去，或表示有些鬼魔離開了世界，被拘禁在一個懲罰他們的所在，而其他的鬼魔則還有影響力；[2] 反之，彼得後書和猶大書只是告訴我們，有些天使背叛了神，變成敵視神話語的反對者。他們的罪似乎是驕傲，即拒絕接受神所安排給他們的地位，因為他們「不守本位、離開自己住處」（猶6）。

聖經上有一段話也可能是指撒但——鬼魔之君——的墮落，那就是在以賽亞書第14章。以賽亞先是描述神在巴比倫王（一位在地上的、人類的君王）身上的審判，然

[1]這並不是說這些有罪的天使現今在世上就沒有影響力了，因為彼得在接下來的第9節說到，主也知道如何「搭救敬虔的人脫離試探，把不義的人留在刑罰之下，等候審判的日子」；那些不義的人顯然在世上還有影響力，甚至還在困擾著彼得後書的讀者們。彼得後書2:4的意思只是說，邪惡的天使已經不能再在神同在的榮耀中，並且在最後的審判之前，他們都被某種限制性的影響力所管束；可是這並不表示他們在這段時間不會在世上繼續活動。

[2]彼得後書2:4並不是說：「就是**有些**犯罪的天使，神也沒有寬容」，也不是說：「曾把**有些**犯罪的天使丟在地獄」，彼得乃是一般性地說：「就是天使犯了罪⋯⋯」意指所有犯罪的天使。與此類似地，猶大書第6節說到：「不守本位⋯⋯的天使」，其意也是指所有犯罪的天使。因此，這些經節所說的內容，必定是對所有的鬼魔都適用。他們現在的家，即他們的住處，就是「地獄」、「黑暗坑」，雖然他們還能從那裏影響到世上的人。

後到了一個地方，他就開始用很強烈的語句，似乎他不是在指任何一位人類的君王：

「明亮之星，[3] 早晨之子啊，
　你何竟從天墜落？
你這攻敗列國的，
　何竟被砍倒在地上？
你心裏曾說：
『我要升到天上；
我要高舉我的寶座，
　在神眾星以上；
我要坐在聚會的山上，
　在北方的極處；
我要升到高雲之上，
　我要與至上者同等。』
然而你必墜落陰間，
　到坑中極深之處。」（賽14:12-15）

「我要升到天上」、「我要高舉我的寶座」、「我要與至上者同等」等這些語句，強烈地表示出有一種背叛，是來自於有很大能力與尊貴的受造天使。對於希伯來文的先知性用語來說，這樣的描述法並非不尋常，即從描述人間的事件轉而描述與之平行的天上事件，而地上的事件只能片面地表達天上的事。[4] 如果以賽亞所描述的真是撒但的墮落，那麼撒但的罪就是一種驕傲，他想要在地位上和權柄上與神同等。

然而，創世記6:2-4卻不像是指鬼魔的墮落。這些經節告訴我們：「神的兒子們看見人的女子美貌，就隨意挑選，娶來為妻……那時候有偉人在地上，後來神的兒子們和人的女子們交合生子，那就是上古英武有名的人。」雖然有些人認為在這一段經文裏所說的「神的兒子們」是天使，他們因娶了人間的女子就犯了罪，但這解釋是不太可能的，其理由如下：[5]

---

[3]KJV將「明亮之星」譯為「路西弗」（Lucifer），其意為「帶光者」。「路西弗」之名在KJV的其他地方沒有出現過，在比較現代的聖經譯本裏，也完全沒有出現過。

[4]例如詩篇45篇，就是從描述一位地上的君王，轉而描述一位神聖的彌賽亞。

[5]更詳細的論點可見於W. Grudem, *The First Epistle of Peter*, pp. 211-13，本段內文所討論的內容就是它的摘要。較晚近的猶太人詮釋家對這幾節經文的不同看法——認為「神的兒子們」是天使，或認為「神的兒子們」是人類——各佔一半。

天使是非物質的實存，而且按照耶穌的話來說，他們是不嫁娶的（太22:30），因此這些事實使得上述的想法——「神的兒子們」乃是天使，他們娶了人間的女子——令人懷疑。還有，創世記第6章本身的上下文中沒有任何線索說「神的兒子們」應當是指天使（舉另外一個例子，約伯記1–2章中所說的「神的眾子」；因為其上下文是天上的聖會，所以讀者很清楚地就知道「神的眾子」在此是指天使。但創世記第6章卻不是如此）。在此所用的「神的兒子們」（如在申命記14:1所用的「神的兒女」一樣），更可能是指屬於神、像神、行走在公義中的人（請注意，創世記4:26是創世記第5章的引言，標出了塞特這支後裔的開始，以及同時發生的「人才求告耶和華的名」）。事實上，在創世記5:3那裏強調了兒子的名分（sonship）是包括了兒子和他父親相像的這一方面。不只如此，這整章經文追溯了許多的後裔，從神、經過亞當和塞特，而到許多的「兒子們」，其更大的目的似乎是在追溯兩支後裔的平行發展：敬虔的塞特之後裔（至終是彌賽亞），和不敬虔的其餘人類之後裔。所以，創世記6:2所說的「神的兒子們」是指義人，他們效法天父的品格，而「人的女子們」則是指他們所娶的不敬虔的妻子們。

B. 撒但乃是鬼魔的首領

「撒但」乃是鬼魔之首領的名字。約伯記1:6提到了這個名字：「神的眾子來侍立在耶和華面前，撒但也來在其中。」（又見伯1:7–2:7）他在此以主的仇敵身分出現，帶給約伯嚴厲的試探。與此類似地，大衛晚年的時候，「撒但起來攻擊以色列人，激動大衛數點他們。」（代上21:1）此外，撒迦利亞也在異象中看到撒但：「大祭司約書亞站在耶和華的使者面前，撒但也站在約書亞的右邊，與他作對。」（亞3:1）「撒但」這個名字是一個希伯來字*sātān*，意思是「對頭」。[6] 新約聖經是從舊約聖經承接過來的，所以也用「撒但」這個名字。因此，耶穌在曠野受試探時，直接對撒但說：「撒但退去吧！」（太4:10）又說：「我曾看見撒但從天上墮落，像閃電一樣。」（路10:18）

聖經也用其他的名字稱呼撒但。他被稱為「魔鬼」[7]（只出現在新約聖經裏：太4:1; 13:39; 25:41；啟12:9; 20:2等處）、「蛇」（創3:1, 14；林後11:3；啟12:9; 20:2）、「別西卜」（太10:25; 12:24, 27；路11:15）、「世界的王」（約12:31; 14:30; 16:11）、[8]「空中

---

[6]BDB, p. 966.

[7]「魔鬼」一詞（英文是devil）譯自希臘字*diabolos*，其意思是「毀謗者」（BAGD, p. 182）。雖然英文字devil是從此希臘字衍生來的，但其實其發音自希臘文到拉丁文，再到古英文，再到現代英文，已經有了相當的變化。

[8]約翰常常用「世人」或「這世界」的詞彙，來指現今抵擋神的邪惡世界系統，例如約翰福音7:7; 8:23; 12:31;

掌權者的首領」（弗2:2）、「那惡者」（太13:19；約一2:13）。當耶穌對彼得說：「撒但，退我後邊去吧！你是絆我腳的，因為你不體貼神的意思，只體貼人的意思」（太16:23）時，祂認清了彼得不要祂受苦、不要祂死在十字架上，其實是要祂不順服父神的計劃。耶穌知道，終極來說，這樣的反對不是來自彼得，而是來自撒但自己。

C. 撒但與鬼魔的活動

C.1 撒但是罪的創始者

撒但在任何人類犯罪之前就犯罪了，這從他（以蛇的形體）誘惑夏娃的事實就顯而易見（創3:1-6；林後11:3）。新約聖經也告訴我們，撒但「從起初是殺人的」，而且「他本來是說謊的，也是說謊之人的父」（約8:44）；新約聖經還說：「魔鬼*從起初*就犯罪。」（約一3:8）在這兩處經文裏的「從起初……」，並不是表示撒但從神開始創造世界的時候（「從起初創造世界……」）就是邪惡的，或從他開始存在的時候（「從起初他有生命……」）就是邪惡的；而是表示撒但從開始有世界歷史的時候（創世記第3章時，或甚至更早以前）就是邪惡的。魔鬼的特徵乃是創始了罪惡，並且誘惑別人去犯罪。

C.2 鬼魔要敵擋並摧毀神的每一件工作

正如撒但誘惑夏娃犯罪悖逆神（創3:1-6），他也企圖使耶穌犯罪而無法完成作為彌賽亞的使命（太4:1-11）。撒但和屬他的鬼魔之詭計是使用謊言（約8:44）、欺騙（啟12:9）、殺害（詩106:37；約8:44），和各種毀滅性的活動來使人遠離神並自毀。[9] 鬼魔會用各種詭計來蒙蔽人，使人不接受福音（林後4:4），或使人受到事物的捆綁，而不能到神的面前（加4:8）。他們也嘗試用試探、懷疑、罪疚、恐懼、迷惑、疾病、嫉妒、驕傲、毀謗，或任何其他可能的方法，來阻攔基督徒的見證和事奉。

C.3 鬼魔仍受神的控制，只具有限的能力

約伯的故事清楚地顯示，撒但只能做神允許他做的事，不能超過一點點（伯1:12；2:6）。鬼魔仍被「永遠的鎖鍊」捆鎖住（猶6），因此基督徒能夠藉著基督所賜的權柄而成功地抵擋他們（雅4:7）。

此外，鬼魔的能力是受限制的。在他們背叛神以後，就沒有他們以前作為天使時

14:17, 30; 15:18, 19; 16:11; 17:14等。聖經沒有教導說撒但統治了全世界，但教導說他統治了有罪的抵擋神之系統。另參保羅所用的詞彙：「這世界的神」（林後4:4）。

[9]另參約翰福音10:10：「盜賊來，無非要偷竊、殺害、毀壞。」

所擁有的能力了，因為罪是減低並損壞能力的影響因子。因此，雖然鬼魔的能力仍然很大，但可能仍是比天使的能力小。

在知識這方面，我們不應當認為鬼魔能夠知道未來，或能夠讀出我們的心思，或能夠知道我們的意念。在舊約裏有多處顯示，惟有主能夠知道未來，祂藉著這件事實，顯明祂自己是真神，不同於列國的假神祇（鬼魔的神祇）：「你們要追念上古的事；因為我是神，並無別神；我是神，再沒有能比我的。我從起初指明末後的事；從古時言明未成的事，說：我的籌算必立定，凡我所喜悅的我必成就。」（賽46:9-10）。[10]

馬可福音說，甚至連天使都不知道耶穌回來的時刻（可13:32），而且也沒有經文說到，天使或鬼魔知道任何別的有關未來的事。

至於我們的心思意念，聖經告訴我們耶穌是知道的（太9:4; 12:25; 可2:8; 路6:8; 11:17），神也曉得（創6:5; 詩139:2, 4, 23; 賽66:18），但沒有經文指出天使或鬼魔也有能力知道。事實上，但以理告訴尼布甲尼撒王說，除了天上的神之外，沒有一個人能靠著任何其他的權能來告訴王他所夢見的事：

> 「但以理在王面前回答說：『王所問的那奧祕事，哲士、用法術的、術士、觀兆的都不能告訴王；只有一位在天上的神能顯明奧祕的事。祂已將日後必有的事指示尼布甲尼撒王。你的夢和你在床上腦中的異象是這樣……』」（但2:27-28）[11]

但是如果鬼魔不能讀出人的心思，那麼我們應當如何解釋現代的巫醫、算命師等，他們顯然是受了鬼魔的影響而能說出人生活中不為外人所知的準確細節。舉例來說，他們能知道你早餐吃了什麼，或是你將錢藏在家中何處等等。我們對於許多這種事可以這樣來解釋：鬼魔可以觀察世界上所發生的事，並且可能會從那些觀察中推得一些結論。鬼魔可以知道我早餐吃了什麼，那只是因為他看到我在吃早餐！他可能知道我在私下的電話談話中所說的話，因為他聽見這個談話！我們若有時碰上了相信邪教或假宗教的人，他們似乎在證明他們有這樣不尋常的知識，基督徒千萬不要被引誘

---

[10]見本書第十一章B.3.2節和第十二章B.1節有關神知道未來之事的討論。

[11]保羅也說：「除了在人裏頭的靈，誰知道人的事？」（林前2:11）這表示沒有別的受造者可以知道人的思想（雖然我們得承認，我們不清楚保羅在此是否包括了天使或鬼魔；此處不像但以理書第2章那樣清楚地說，只有神能顯明奧祕的事）。此外，哥林多前書14:24-25那裏說到教會裏有人心裏的「隱情」被顯露出來，這乃是神自己同在的明證，是藉著說預言的恩賜而顯出來的。這一點在哥林多城是很重要的，因為在該城的偶像寺廟裏充滿了鬼魔崇拜（林前10:20）——這也表示出鬼魔不能知道人心中隱藏的心思（使徒行傳16:16並沒有說那個被巫鬼所附的使女能說出可靠的預測，但她可能確實得到一些資料，是鬼魔從觀察人的生活中而得到的）。

了。這些觀察的結果並不能證明鬼魔能夠知道我們的思想，而且聖經上沒有一個地方是要我們認為他們具有這種能力。

C.4 鬼魔在救贖史上的不同階段有不同的活動

C.4.1 舊約時代

因為在舊約聖經裏不常使用「鬼魔」這個詞，所以我們起先可能會以為沒有什麼鬼魔的活動。不過，以色列人常常因拜假神而犯罪，而我們知道這些假神其實就是鬼魔的權勢，所以我們就看見不少舊約的資料提到了鬼魔。例如我們從以下摩西的這段話就很清楚地知道，假神就是鬼魔：

「敬拜別神，觸動神的憤恨，
　　行可憎惡的事，惹了他的怒氣。
所祭祀的鬼魔，並非真神，
　　乃是素不認識的神。」（申32:16-17）

不只如此，當詩人思想到可怕的獻嬰為祭，就是以色列人從信奉異教的列國所仿效來的作法時，他說：

「反與他們混雜相合，
　　學習他們的行為，
事奉他們的偶像，
　　這就成了自己的網羅。
把自己的兒女
　　祭祀鬼魔。」（詩106:35-37）

以上這些經文顯明，所有以色列周圍之列國的偶像崇拜，其實是在拜撒但和屬他的鬼魔；這也是為什麼保羅對於第一世紀地中海世界的假宗教會這樣說：「外邦人所獻的祭是祭鬼，不是祭神。」（林前10:20）以色列人和外邦列國的爭戰，就是在和被鬼魔權勢所控制——即「臥在那惡者手下」（另參約一5:19）——的列國爭戰；這些爭戰不但是實際上的，也是屬靈的：因為以色列人需要依賴神的能力在屬靈的爭戰上幫助他們，就如同他們在實際的爭戰上一樣。

有鑒於此，在舊約裏沒有明顯的趕鬼實例，知道這點是很重要的。最貼近像趕鬼的例子就是大衛為掃羅王彈琴的事：「〔無論何時〕從神那裏來的惡魔臨到掃羅身上的時候，大衛就拿琴用手而彈。掃羅便舒暢爽快，惡魔離了他。」（撒上16:23）不過聖經說這是一件重複發生的事（「無論何時」），指出當大衛離開掃羅時，惡魔就回來了。這樣的趕鬼不是我們在新約聖經裏所看見的全然有效地勝過邪靈。

撒但就是要摧毀神所作的善工，而異教的鬼魔崇拜和撒但的這個目的是一致的，其特徵就是有許多毀壞性的作法，例如：把兒女獻祭（詩106:35-37），傷害自己的身體（王上18:28；另參申14:1），以及把與廟妓的淫亂當作其崇拜的一部分（申23:17；王上14:24；何4:14）。[12] 因此，拜鬼魔常常會產生不道德的與自毀的作法。

C.4.2 耶穌在地上事奉時

在幾千年不能有效地勝過鬼魔的權勢之後，[13] 耶穌來了，祂以絕對的權柄趕鬼，因此我們可以理解為什麼眾百姓都感到很驚異：「眾人都驚訝，以致彼此對問說：『這是什麼事？是個新道理啊！祂用權柄吩咐污鬼，連污鬼也聽從了祂。』」（可1:27）這樣勝過鬼魔權勢的能力，在世界歷史上從未曾見過。

耶穌解釋說，祂大能地勝過鬼魔，乃是祂事奉的顯著標記，宣告神的國度在人類中以一種嶄新和大能的方式掌權了：

> 「我若靠著神的靈趕鬼，**這就是神的國臨到你們了**。人怎能進壯士家裏搶奪他的家具呢？除非先捆住那壯士，才可以搶奪他的家財。」（太12:28-29）

這裏所說的「壯士」就是撒但，而耶穌已經捆住他了，時間可能就在祂於曠野受試探而勝過他的時候（太4:1-11）。當耶穌在地上事奉之時，祂進入了那壯士的「家」裏（即在撒但捆綁之下的不信者之世界），並搶奪了他的家，亦即將人從撒但的捆綁下釋放出來，並把他們帶入神國度的喜樂中。耶穌做這事乃是「靠著神的靈」；這嶄新的聖靈的能力運行而使得耶穌勝過鬼魔，證明了在耶穌的事奉裏，「神的國臨到你們了」。

C.4.3 新約世代

在新約時代，勝過鬼魔勢力的權柄不限於耶穌自己，因為祂把這種權柄先是賜給

---

[12]即使在今日，許多非基督教的宗教都有這樣的顯著標誌：那就是他們最虔誠的信徒所從事的宗教儀禮，會摧毀其人性的某一個或數個方面，例如身體的健康，或是精神或情緒的穩定，或是神原來為人所設計的性的功能等。這些事都清楚地達到撒但的目標，即要毀壞神創造為美好的每一件事物（另參提前4:1-3）。因為撒但「本來是說謊的，也是說謊之人的父」（約8:44），所以在假宗教裏也總是扭曲或否認真理，尤其當鬼魔的影響力很強烈時。

[13]在兩約之間的時代有過趕鬼的猶太人，他們嘗試對付鬼魔的權勢，然而其效果令人懷疑。使徒行傳19:13提到了一些「遊行各處、念咒趕鬼的猶太人」，他們不是基督徒，也沒有從耶穌本人得到任何的權柄，但卻擅自使用主耶穌的名，將之當作一種新奇有魔力的口訣，最後結果很悽慘（徒19:15-16）。此外，耶穌向法利賽人挑戰說：「我若靠著別西卜趕鬼，你們的子弟趕鬼又靠著誰呢？」（太12:27）主的意思不是說他們的子弟趕鬼很成功，而只是說他們在趕鬼，或嘗試趕鬼，但不太成功。事實上，假如他們通常不太成功的話，那麼耶穌的論述就更對了：「假如我這麼成功地趕鬼是拜撒但之所賜，那麼你們的不太成功是因為誰呢？他的能力一定比撒但還差，所以他肯定不是神！」這顯示出趕鬼的猶太人那有限的能力不是由神來的，乃是由撒但來的。

了十二使徒（太10:8；可3:15），之後又賜給七十位門徒。在七十位門徒服事了一段時間之後，他們「歡歡喜喜的回來，說：『主啊，因你的名，就是鬼也服了我們。』」（路10:17）耶穌接著回答他們說：「我曾看見撒但從天上墜落，像閃電一樣。」（路10:18）在此又一次指出有一個勝過撒但權能的勝利（如前面所說，時間可能就在耶穌於曠野受試探而得勝之時，但是聖經沒有明講那個時間）。[14] 在七十位門徒之後，勝過污鬼的權柄又延伸賜給初代教會奉耶穌之名服事的人（徒8:7; 16:18；雅4:7；彼前5:8-9）。這事實顯示，在新約時代中奉耶穌之名的服事，其特徵乃是能勝過魔鬼的權能（約一3:8）。

C.4.4 千禧年之時

在千禧年之時，即啟示錄第20章所提到基督將會在地上統治一千年之時，[15] 撒但和鬼魔的活動會更進一步地受到限制。約翰所用的語詞表示出，撒但之活動所受到的限制遠比今天我們所見到的要更大。他描述千禧年開始時的異象如下：

> 「我又看見一位天使從天降下，手裏拿著無底坑的鑰匙和一條大鍊子。他捉住那龍，就是古蛇，又叫魔鬼，也叫撒但，**把他捆綁一千年，扔在無底坑裏，將無底坑關閉，用印封上，使他不得再迷惑列國**。等到那一千年完了，以後必須暫時釋放他。」（啟20:1-3）

在此所描述的撒但，是完全被剝奪了任何能影響地上的力量。然而在千禧年之時，在不信者的心中仍然有罪惡，而這罪惡會愈來愈大，直到千年結束之時。那時將會有一個大規模的背叛基督之事發生，是由「從監牢裏被釋放」（啟20:7）的撒但所帶領的（啟20:8-9）。事實上，即使在基督千年統治之時沒了撒但的活動，罪惡與背叛卻一直在人的心裏存在，這顯示我們不能將世上所有的罪惡都怪給撒但和屬他的鬼魔。即使當撒但在世上沒有影響力時，罪惡仍在人心裏存在，而且一直是人心的問題。

C.4.5 最後的審判之時

在千禧年結束時，撒但將被釋放出來並聚集列國爭戰，但他將被決定性地打敗，並且「被扔在硫磺的火湖裏……必晝夜受痛苦，直到永永遠遠」（啟20:10），然後就完成了對撒但與屬他之鬼魔的審判。

D. 我們與鬼魔的關係

D.1 鬼魔今日仍活躍嗎？

有些人受到自然主義世界觀之影響，認為只有看得見、摸得著、聽得見的才算是

---

[14] 另一種解釋是說，耶穌在七十人傳道時看見了撒但的墜落。

[15] 見本書第五十五章有關千禧年的討論。

真實的，因此就否認今日鬼魔還存在的事實；而且他們還認為，若是相信鬼魔的存在是真實的，就是反映了聖經和其他古文化所教導的過時之世界觀。舉例來說，德國的新約學者布特曼（Rudolf Bultmann）鄭重地否認超自然之天使界和鬼魔界的存在。他認為這些是古代的「神話故事」，並認為新約的信息必須要除去那些神話故事的成分（「去神話化」），才能使福音被現代懂科學的人所接受。還有另一些人，尤其是更自由派的神學家，則在他們的作品中表示聖經所提的（不可接受的）鬼魔活動，相當於我們現代社會中那些強大而有時邪惡的政府和組織；也就是說，那些控制著許許多多人的邪惡政府和強大組織是「屬鬼魔的」。

然而，假若聖經對我們所說的世界乃是世界的真相，那麼我們就必須嚴肅地接受聖經所描繪的：鬼魔在人類社會裏的活動是很劇烈的。我們無法用五官察覺出來他們的活動，但這只是告訴我們，我們在了解世界真相上的能力不足，而非鬼魔不存在。事實上，我們沒有理由認為鬼魔今日在世界上的活動，比新約聖經的時代要少，因為在神對歷史的整體計劃中，這兩個時代（即教會時代與新約聖經時代）同屬一個時期，而千禧年——撒但在地上的影響力被除去——則尚未來臨。許多西方世俗化的社會不願意承認鬼魔的存在（除了那些比較「原始的」社會），而且將所有關於鬼魔活動的言談，都歸為迷信的類別。可是從聖經的角度來看，這種不願意承認鬼魔在今日仍有活動的看法，只是因為人對真實世界之本質的盲目。

話說回來，鬼魔今日有哪些活動呢？當鬼魔活動時，是否有一些顯著的特徵能夠使我們辨認出來？

D.2 並非所有的邪惡與罪惡都來自鬼魔，但有一些是來自鬼魔

如果我們思想整個新約書信的重點，就知道它沒有怎麼討論鬼魔在信徒生活中的活動，以及抵擋對抗這種活動的方法。它的重點乃是告訴信徒不要犯罪，而要過公義的生活。舉例來說，在哥林多前書提到哥林多教會有「紛爭」的問題，但保羅不是告訴他們要斥責使人紛爭的靈，而只是鼓勵他們「說一樣的話……一心一意，彼此相合」（林前1:10）。對於亂倫的問題，他不是告訴他們要斥責亂倫的靈，而是告訴他們對這樣的事發生應當要憤慨，並應當執行教會的懲戒，直到犯罪的人悔改為止（林前5:1-5）。關於有基督徒到法庭上去控告別的信徒之事，保羅沒有命令他們趕出訴訟（或自私、爭吵）的靈，而只是告訴他們要在教會之內解決那些案子，並且要願意放棄自己的利益（林前6:1-8）。此外，他們在吃主的晚餐上有問題，但保羅沒有命令他們趕出混亂的靈、貪食的靈，或自私的靈，而只是告訴他們應當「彼此等待」，並且

每一個人要「自己省察，然後吃這餅、喝這杯」（林前11:33, 28）。我們可以在其他的新約書信中找到許多這類的例子。

至於向不信之人傳講福音方面，新約的模式也是一樣的：雖然耶穌或保羅偶而會趕出在某一地區攔阻福音傳揚的邪靈，例如耶穌趕出附在一位格拉森人身上的鬼（可5:1-20），保羅趕出附在一位腓立比使女身上的鬼（徒16:16-18），但是那並不是他們事奉的尋常模式，因他們的重點只是要傳揚福音（太9:35；羅1:18-19；林前1:17-2:5）。即使是在這兩個趕鬼的例子裏，耶穌或保羅遇到的對抗仍是在宣揚福音的過程中所遇到的。但今日那些強調所謂「戰略性高層屬靈爭戰」（strategic level spiritual warfare）的人的做法，在新約聖經裏卻沒有一個例子可循；他們的做法是：(1) 在進入一個地區傳福音之際，傳喚一位「區域性的靈」（但在上述聖經中的兩個實例，即在格拉森和在腓立比的例子，鬼魔乃是在人身上的，而且是被鬼魔影響的人先起來對抗的）；(2) 要求鬼魔提供我們有關當地鬼魔階級的資訊；(3) 認為我們應當相信或教導從鬼魔得來的資訊；(4) 用話語或實例教導說，要有效地於一城市傳揚福音之前，必須打破某種盤踞在該城之上的「鬼魔的營壘」。不是這樣的！基督徒只要傳福音，福音就會帶著能力而改變人的生命（當然，可能會興起鬼魔的敵對，或可能神會使某種鬼魔敵對的本相顯露出來，這時基督徒要按著哥林多前書12:10、哥林多後書10:3-6、以弗所書6:12等經文來禱告而與之爭戰）！

所以，雖然新約聖經清楚地認清鬼魔的活動在這個世界上的影響力，甚至如我們所看到的，對信徒的生活上也有影響力，但是新約聖經在傳福音和基督徒成長上的主要焦點，仍是在人自己所作的選擇和行動（亦見加5:16-26；弗4:1-6:9；西3:1-4:6等）。因此，當我們今日努力在聖潔和信心上成長，克服殘留在我們生命中的罪慾及行為（另參羅6:1-23），以及克服從不信世界而來的試探（林前10:13）之時，[16] 這點也應當是我們努力的主要焦點。我們需要接受*我們自己的責任是順服主，並且不要將我們自己的過犯推諉到鬼魔的權勢上*。

然而，新約聖經中有一些經文顯示，新約的作者們絕對是察覺到了鬼魔在這世界上和在基督徒的生活上存在著影響力。哥林多城充滿了拜偶像的廟宇，保羅寫信給哥林多教會時說：「外邦人所獻的祭是祭鬼，不是祭神。」（林前10:20）他這話不只對哥林多是真的，對大多數古代地中海世界的城市也是真的。保羅也曾警告說，在末日

[16]一般總結今日我們生活中之邪惡的來源:「世俗、肉體和魔鬼」(「肉體」在此是指我們自己有罪的慾望)。

時「必有人離棄真道，聽從那引誘人的邪靈和鬼魔的道理」（提前4:1），以致他們主張禁止嫁娶或禁戒某些食物（提前4:3），但這兩者都是神所創造並看為好的（提前4:4）。保羅在此是看到一些錯誤之教義的根源，乃是來自鬼魔的。在提摩太後書裏，保羅暗示說，那些反對純正教義的人是已經被魔鬼擄去，要去執行魔鬼的旨意：「然而主的僕人不可爭競；只要溫溫和和的待眾人，善於教導，存心忍耐，用溫柔勸戒那抵擋的人；或者神給他們悔改的心，可以明白真道，叫他們*這已經被魔鬼任意擄去的可以醒悟，脫離他的網羅*。」（提後2:24-26）

耶穌曾類似地申言，頑固反對祂的猶太人是跟從他們的父魔鬼：「你們是出於你們的父魔鬼，你們父的私慾你們偏要行。他從起初是殺人的，不守真理，因他心裏沒有真理。他說謊是出於自己，因他本來是說謊的，也是說謊之人的父。」（約8:44）

在約翰一書裏就更清楚地強調，不信之人的敵對行為是受到鬼魔的影響，或者有時候是來自鬼魔的。約翰作了一般性的陳述：「犯罪的是*屬魔鬼*」（約一3:8），他接著說：「從此就顯出誰是神的兒女，誰是魔鬼的兒女：凡不行義的就不屬神；不愛弟兄的也是如此。」（約一3:10）約翰在這裏標示所有不是從神而生的人都是撒但的兒女，並落在撒但的影響和欲望之下。所以，該隱謀殺亞伯之事，即使在創世記的經文裏沒有提到他是受了撒但的影響（創4:1-16），但在約翰一書裏說：「是*屬那惡者*，殺了他的兄弟」（約一3:12）。約翰又說：「我們知道我們是屬神的，*全世界都臥在那惡者手下*。」（約一5:19）然後在啟示錄裏，撒但被稱為「迷惑普天下的」（啟12:9）。如我們在前面所注意過的，撒但被稱為「這世界的王」（約12:31）、「這世界的神」（林後4:4），以及「在悖逆之子心中運行的邪靈」（弗2:2）。

當我們把所有這些敘述都合在一起，並且把撒但看清是謊言、謀殺、欺騙、謬論及一般性罪惡的起源時，我們就可以合理地下結論說，新約聖經要我們明瞭，幾乎發生在今日所有的惡行和罪惡，都受某些程度的鬼魔影響。雖然並非所有的罪惡都是由撒但或鬼魔所引起的，罪惡的主要原因或主要影響力也不是鬼魔的活動，但是鬼魔的活動可能是幾乎所有罪惡的一個因素，也是幾乎所有今日世上反對神之工作的破壞性活動的一個因素。

新約聖經對基督徒的生活，如上所述的，不在強調鬼魔的影響，而在強調殘存在信徒心裏的罪。不過，我們仍當認清：犯罪（包括基督徒犯罪）確實讓鬼魔在我們生活中有立足之地以發生某些影響力。所以保羅會如此說：「『生氣卻不要犯罪』：不可含怒到日落，也*不可給魔鬼留地步*。」（弗4:26-27）不當的怒氣顯然地會給魔鬼（或鬼魔）機會在我們的生活中發揮某種負面的影響力——也許是藉著我們的情緒攻擊我們，也許是使我們增加對別人的不當怒氣。與此類似地，保羅說到「用公義當作護心鏡遮胸」（弗6:14）來抵擋「魔鬼的詭計」，並與「那些執政的、掌權的、管轄這幽暗世界的，以及天空屬靈氣的惡魔爭戰」（弗6:11-12）。假如在我們的生活中有繼續犯罪的地方，那麼就表示在我們遮胸的公義護心鏡上有了弱點和漏洞，使得我們在這些地方很容易遭到鬼魔的攻擊。對比之下，完全無罪的耶穌就能夠對撒但說：「他在我裏面是毫無所有。」（約14:30）我們也可注意一下，在不犯罪和不被那惡者所害之間的連結；「我們知道凡從神生的必不犯罪；[17] 從神生的必保守自己，那惡者也就無法害他。」（約一5:18）

因此，前面所提的經文告訴我們，如果在基督徒生活中的某些方面有了持續犯罪的模式，那麼犯那個罪的主要責任乃是在基督徒個人身上，因為是他自己選擇繼續那個錯誤的模式（見羅馬書第6章，尤其是羅馬書6:12-16，亦見加拉太書5:16-26）。不過也有可能有一些鬼魔的影響力，在助長並加強那個犯罪的傾向，例如對一個禱告要克服發怒而且掙扎好多年的基督徒來說，發怒的靈可能在他繼續犯罪的模式中會是一個因素；又如對一個掙扎了一段時日要克服憂鬱感的基督徒來說，他可能已經受到憂鬱或沮喪之靈的攻擊，而這個靈可能是助長他整個光景的一個因素。[18] 在其他方面掙扎的信徒，例如在不願意順服正當的權威、飲食失控、懶惰、苦毒，或嫉妒等等，可以考慮可能有鬼魔的攻擊助長了這種光景，並妨礙了他為主而活的果效。

D.3 基督徒會被鬼附嗎？

「鬼附」（demon possession）是一個不恰當的詞彙，出現在一些英語聖經譯本（譯者註：包括中文的和合本）裏，但這些譯本沒有真正地反映出希臘文經文的本意。希臘文新約經文的說法是：某人「（的身上）有一個鬼」（直譯，見太11:18；路7:33; 8:27；約7:20; 8:48, 49, 52; 10:20等，和合本譯作「被鬼附著」，呂振中譯本、新譯本、思高譯本幾乎都與和合本的譯法相同），或是某人「為鬼魔的影響所苦」（希臘文是 *daimonizomai*）；[19] 但是它絕不會用暗指鬼魔真的「佔有」（possesses）某人的詞語。

---

[17]在此這個希臘文的動詞是現在式，其意是「不繼續犯罪」。

[18]不是所有的憂鬱症都源自鬼魔。有些可能是化學因素引起的，因此就會藉醫藥治療而收效。有些憂鬱症可能是由於各樣不按照聖經標準而行的行為模式或人際關係所引起的。但是我們不應當將鬼魔的影響排除掉，因為那也是一個可能的因素。

[19]*daimonizomai*這個字可以被譯成「在鬼魔的影響之下」，或直接譯為「鬼魔化」。這個字在新約聖經中出現過十三次，都是在福音書裏：馬太福音4:24; 8:16, 28, 33; 9:32; 12:22; 15:22（這節經文的英文是說：「鬼魔化得厲

鬼附和鬼魔化（demonized）等詞彙的問題是，它們似乎暗示鬼魔有這麼強烈的影響力，以至於受到鬼魔攻擊的人別無選擇，只能屈從於他；這兩個詞表示出，人不再能運用他的意志，他完全受到邪靈的主宰。雖然這在極端的情況下可能是真的，例如在格拉森被鬼所附的人（見可5:1-20，請注意，在耶穌從那人身上趕出鬼以後，他就「心裏明白過來」，見可5:15），但是在許多人的生活中，許多被鬼魔攻擊或與鬼魔衝突的例子裏，卻肯定不是真的。

因此，對於這個問題──「基督徒會被鬼附嗎？」──我們該怎麼回答呢？這問題的答案端視於怎麼看「附」（possessed）這個字的意思。因為這個字沒有反映出任何一個希臘文新約聖經裏的字，所以不同的人可能會對它作不同的定義，而沒有繫之以明確的聖經經節作為支持，因此之故，要說一個人的定義是對的，而另一個人的定義是錯的，就變得很困難了。所以，筆者自己就對每一個相關的例子都完全不用「鬼附」這個詞。

然而，如果問這個問題的人把「鬼附」的意思解釋清楚，那麼隨著他們所定義「鬼附」的意思，這個問題就有不同的答案。如果認為「鬼附」的意思是指一個人會完全地被一個鬼魔控制，以至於這個人沒有一點能力去判斷是非或順服神，那麼，「基督徒會被鬼附嗎？」這個問題的答案當然是否定的，因為聖經保證說，我們既然與基督一同復活了，罪必不能作我們的主（羅6:14；另參羅6:4, 11）。

但在另一方面，大多數的基督徒會同意：在信徒的生活中，會有不同程度的被鬼魔攻擊或受其影響（見路4:2；林後12:7；弗6:12；雅4:7；彼前5:8）；信徒不時會落在鬼魔或強或緩的攻擊之下（請注意，路加福音13:10-16說到那個駝背的女人，她是「亞伯拉罕的後裔，被撒但捆綁了這十八年」，因她有一個生病的靈〔和合本譯作『被鬼附著，病了』〕，以至於「腰彎得一點直不起來」）。[20] 雖然五旬節以後的基督徒得

害」，和合本譯作：「被鬼附的甚苦」）；馬可福音1:32; 5:15, 16, 18；路加福音8:36；約翰福音10:21等。所有這些的例子都是指出嚴重受到鬼魔的影響。明白了這點，我們也許最好只把「鬼魔化」這個詞，保留給那些比較極端或嚴重的情況，就如那些在福音書中使用這個詞的例子。對筆者而言，「鬼魔化」這個詞表示十分強烈地受鬼魔之影響或控制（試比較其他類似有「化」為字尾的詞：例如加熱化殺菌、均質化、暴政化、物質化、國家化等。這些詞所說的都是整體性的全面轉變，而不只是處在緩和或適度的影響之下）。但是在今日一些基督教文章裏，常常用「鬼魔化」這個詞來說任何種類的鬼魔攻擊；但比較有智慧的作法，是將這個詞保留給更為嚴重地受到鬼魔之影響的情況。

[20]即使有人曾嘗試為鬼魔對人的影響分類別或定程度，例如分為「抑制」（depressed）、「壓迫」（oppressed）、「著魔」（obsessed）等，但似乎幫助不大，因為聖經沒有像這樣的類別定義供我們使用，而這樣的分類會將簡單的真理變得複雜；這簡單的真理就是，鬼魔在人生活中的攻擊或影響，會有不同的程度。

著了運行在他們裏面更豐滿的聖靈能力，可以使他們勝過鬼魔的攻擊，[21] 但是他們並不總是依靠這個已經賜給他們的能力，或甚至不知道有這個能力。所以，在五旬節以後，那些有聖靈內住的基督徒，其生活中受到鬼魔的影響到底能有多深呢？

在回答這個問題之前，我們應當注意，這個問題和另一個關於罪的問題類似：「一個真正的基督徒能讓他的生活被罪主宰多少，而仍舊是一個重生的基督徒呢？」要回答這一個抽象的問題很難，因為我們知道，當基督徒的生活過得不像該有的樣子時，又當他們沒有固定的基督徒團契與固定的讀經和學習聖經，以致無法長進時，他們就會落入相當程度的犯罪，卻仍舊可以算是一個重生的基督徒。可是這種光景是不正常的；這不是基督徒生活應該有、能夠有的光景。與此相似地，如果我們問說：「鬼魔的力量能夠影響一個真正之基督徒的生活有多深？」這也是一個很難有答案的問題。這個問題等於是問：「如果基督徒不知道有屬靈爭戰的兵器可供使用，或者不會使用它們，又持續地沉溺在某些罪惡中，使得鬼魔有可活動的入口，並且又沒有那些經常幫助人抵擋鬼魔攻擊的屬靈資源時，那麼基督徒的生活會變得有多不正常？」在這樣的情形之下，鬼魔在一個基督徒生活中的攻擊或影響，可能會相當強烈；並不會因為我們是基督徒，就不受這種的影響力。所以，如果有人問：「基督徒會被鬼附嗎？」而他真正的意思是問：「基督徒會受到鬼魔強烈的影響或攻擊嗎？」那麼，這問題的答案就會是肯定的；不過，我們要注意的就是，這裏所用的「鬼附」一詞是頗混淆不清的。因為每一次用「鬼附」時都會誤導人的理解，尤其是用在基督徒身上時，因此筆者寧可不用這個詞。我們只要認清鬼魔對人的攻擊或影響可以有不同的程度，甚至對基督徒亦然；這是比較好的說法，所以就只需要這樣說就好了。而不論鬼魔的攻擊或影響有多強，其解救之道都是一樣的：奉耶穌的名斥責鬼魔，並且命令他離開（見以下的討論）。

D.4 如何辨識鬼魔的影響？

正如福音書裏所記載的，在被鬼魔嚴重影響的人身上，會表現奇怪和暴力的行為，尤其會抵擋福音的傳揚。當耶穌來到迦百農的會堂時，「在會堂裏，有一個人被污鬼附著。他喊叫說：『拿撒勒人耶穌，我們與你有什麼相干？你來滅我們麼？我知道你是誰，乃是神的聖者！』」（可1:23-24）那個人站在會堂裏咆哮這些話（說得更準確，是那個人裏面的鬼魔在叫囂），打斷了聚會。

---

[21]見本書第三十章B節及第三十九章B節，有關聖靈在五旬節以後在信徒生命中更有能力之工作。

當耶穌從變像山下來以後，有一個人帶著他的兒子來到耶穌那裏說：「他被啞巴鬼附著。無論在那裏，鬼捉弄他，把他摔倒，他就口中流沫，咬牙切齒，身體枯乾。」然後他們把那個男孩帶到耶穌那裏，「他（鬼）一見耶穌，鬼便叫他（男孩）重重的抽瘋，倒在地上，翻來覆去，口中流沫。」那位父親就說：「鬼屢次把他扔在火裏、水裏，要滅他。」（可9:17-18, 20, 22）這樣猛烈的動作，尤其是那些會置人於死地的動作，就是鬼魔活動的清楚標示。類似的動作在格拉森那位被鬼附的人身上也可見到：

> 「耶穌一下船，就有一個被污鬼附著的人從墳塋裏出來，迎著祂。那人常住在墳塋裏，沒有人能捆住他，就是用鐵鍊也不能。因為人屢次用腳鐐和鐵鍊捆鎖他，鐵鍊竟被他掙斷了，腳鐐也被他弄碎了，總沒有人能制伏他。他晝夜常在墳塋裏和山中喊叫，又用石頭砍自己。」（可5:2-5）

當耶穌趕出鬼魔，使得他們不能毀滅那位他們曾住過的人身上時，他們就毀滅了剛剛進入的豬群（可5:13）。撒但或鬼魔的活動，最終總是導向摧毀神所創造之萬物的一些部分，特別是按照神的形像而被造的人（另參詩篇106:37，那裏說到獻孩童為祭）。

在這方面，我們注意到一件特別的事：在馬太福音第17章那裏，耶穌是藉著趕鬼而醫治了一位癲癇患者（太17:14-18）；但在其他地方，聖經則把患癲癇的與受鬼魔影響的人分別開來：「那裏的人把一切害病的，就是害各樣疾病、各樣疼痛的，和*被鬼附的、癲癇的*、癱瘓的，都帶了來，耶穌就治好了他們。」（太4:24）其他關於耶穌醫治身體疾病的例子也是這樣：有時候耶穌只是為生病的人禱告，或講一句話，那人就得痊癒了；但有時候，就有暗示或含蓄的話說明有鬼魔的影響攪在病痛之中，例如耶穌治癒了一個駝背的女人，她有「一個生病的靈長達十八年之久」（路13:11直譯），之後耶穌清楚地說，她是「亞伯拉罕的後裔，*被撒但捆綁了*這十八年」（路13:16）。耶穌在醫治彼得的岳母時，「斥責那熱病，熱就退了」（路4:39），顯示在她身上的，是一個有位格之影響力，可以接受耶穌的斥責，因此可能就是鬼魔。

此外，在新約書信裏指出，鬼魔的影響力會導致人說出極明顯的錯誤神學陳述，例如宣告說：「耶穌是可咒詛的」（林前12:3），或拒絕承認「耶穌基督是成了肉身來的」（約一4:2）。這兩個例子的上下文都是談到要試驗「假先知」的靈，因他們想要使用屬靈恩賜，在教會聚會裏說話（林前12章），或特別要說預言（約一4:1-6）。這些經文並沒有說所有的錯謬教義都應被當作是從鬼魔來的，可是那些極為明顯的錯謬教義之陳述，若聲稱是靠著聖靈的能力而說出來的，就肯定是這類出自鬼魔的話了。

當時在哥林多教會中有一些活躍的、堅定反對保羅之使徒權柄的人，他們自稱為使徒，但其實並不是，因此保羅就說他們是裝作公義的撒但的差役（林後11:13-15）。

除了這些外在的、一看便知的指標之外，鬼魔的活動有時候是藉主觀地感受到一股邪惡的影響力而辨認出來的。在哥林多前書12:10那裏，保羅提到「*辨別諸靈*」（distinguishing between spirits）是一種屬靈恩賜，這種恩賜似乎是一種能夠感受到或分辨出聖靈和邪靈在一個人的生命中之工作的不同。[22] 這項恩賜顯然含有對鬼魔之影響力的察覺，就是察覺到鬼魔所造成的客觀的、可觀察得出的事實，以及察覺到鬼魔所引起的情緒上與屬靈上的不安，或感知有邪惡的勢力存在。

然而，這項感知鬼魔之影響力的能力，一定只限於那些擁有這項特殊恩賜的人嗎？其實這項恩賜和所有的屬靈恩賜一樣，在其發展的程度上似乎有強弱之分。[23] 所以，有些人的這項恩賜可能已發展到十分強的程度，而有些人則可能只是偶而運用而已。此外，在所有信徒的生命中，都可能有些類似於此恩賜的能力，那就是能夠在他們的靈裏感受到聖靈的同在，或者有時感受到在別人身上有鬼魔之影響力的存在。事實上，保羅說過一種*正面的*屬靈察覺，是當其他信徒遇見保羅自己和他的同工們時感受到的：「因為我們在神面前，無論在得救的人身上或滅亡的人身上，都有基督馨香之氣。在這等人，就作了死的香氣叫他死；在那等人，就作了活的香氣叫他活。這事誰能當得起呢？」（林後2:15-16）在今天的日常生活中，基督徒有時候會主觀地感受到另一個人是基督徒，而且這是在他有機會去發現更多資料以前就能知道的事實。同樣地，基督徒似乎也可能不時地感知到邪靈的存在，也就是基督徒在其他更客觀的指標出現之前，就能夠感知到鬼魔之影響力存在於另一個人的生命中。

此外，有時候當一個人受到鬼魔權勢的屬靈攻擊，他自己會知道或感受得到。當一位成熟的牧師或基督徒朋友在輔導某人的難題時，最好能明智地問一下：「你是否認為造成你這個問題的一個因素，可能是來自屬靈邪惡勢力的攻擊？」被輔導的人可能會簡單地回答說：「不可能」；可是在許多的實例中，這個被輔導的人可能已經想到這個可能性了，或甚至已經十分清楚地察覺到了邪靈的攻擊，只是不敢說出來，因為怕被別人認為自己很怪異。當輔導的人也認為這種邪靈的攻擊是一個可能的因素

---

[22]更廣泛地分析哥林多前書12:10的希臘文片語*diakriseis pneumatōn*（「辨別諸靈」），可見W. Grudem, "A Response to Gerhard Dautzenberg on 1 Corinthians 12:10," in *Biblische Zeitschrift*, NF, 22:2 (1978), pp. 253-70.

[23]見本書第五十二章A.4節有關屬靈恩賜會有不同強度的事實。

時，被輔導的人就會得到鼓勵而說出他的感受來。

我們要記住，在所有這些辨認鬼魔之影響力的能力中，沒有一項能力或屬靈恩賜在今世能發揮完美的功能，而且我們對別人的內心也不能認識地完全。正如雅各所承認的：「我們在許多事上都有過失」（雅3:2），因此，在許多時候，我們不能完全確定某個人是否真的是基督徒，或某個人的動機是否真的是誠懇；也有的時候，我們不清楚神在我們生命中所帶領的方向，或我們沒有把握對於某一件事應該說出來還是應該保持沉默。所以，在對鬼魔影響力之存在的感知上，我們也可能會有幾分的不確定，這點應當不會叫我們驚訝。不過，這並不表示我們應當忽略鬼魔之影響的可能性；當我們在屬靈的成熟度和敏感度上成長時，而且當我們在服事別人之需要上更有經驗時，無疑地，我們在不同情況下辨認出鬼魔之影響的能力也會增加。

D.5 耶穌賜給所有信徒權柄斥退鬼魔

當耶穌差遣十二門徒去傳揚神國的道時，祂「給他們能力、權柄制伏一切的鬼」（路9:1）。當七十位門徒結束在各鄉鎮傳揚神國的道之後，他們回來喜樂地說：「主啊，因你的名，就是鬼也服了我們。」（路10:17）耶穌告訴他們說：「我已經給你們權柄，可以……勝過仇敵一切的能力。」（路10:19）當傳福音的腓利下到撒瑪利亞去傳基督的福音時，「因為有許多人被污鬼附著，那些鬼……從他們身上出來。」（徒8:7）保羅也使用能勝過鬼魔的屬靈權柄，對行法術之使女身上的巫鬼說：「我奉耶穌基督的名吩咐你從他身上出來！」（徒16:18）

保羅在與鬼魔面對面的交鋒（例如使徒行傳第16章所記載的事件），以及在他的禱告生活裏，都知道他所擁有的屬靈權柄。他說：「我們雖然在血氣中行事，卻不憑著血氣爭戰。我們爭戰的兵器本不是屬血氣的，乃是在神面前有能力，可以攻破堅固的營壘。」（林後10:3-4）不僅如此，在以弗所書中他以不少的篇幅講到基督徒抵擋「魔鬼的詭計」而有的爭戰，是「與……天空屬靈氣的惡魔爭戰」（見弗6:10-18）。雅各告訴所有他致信之教會的讀者說：「務要抵擋魔鬼，魔鬼就必離開你們逃跑了。」（雅4:7）與此類似地，彼得則告訴小亞細亞許多教會的讀者說：「你們的仇敵魔鬼如同吼叫的獅子，遍地遊行，尋找可吞吃的人。你們要用堅固的信心抵擋他。」（彼前5:8-9）[24]

有的人可能會反對說，猶大書第9節那裏教導基督徒不應當命令或責備邪靈，因為

---

[24]當然，我們最偉大的榜樣是耶穌自己，祂對付鬼魔權勢的方式就是直接對他們說話，並命令他們離開。福音書裏記載祂屢次這樣做，並且祂以榜樣和話語來教導門徒們要效法祂。

經文說：「天使長米迦勒為摩西的屍首與魔鬼爭辯的時候，尚且不敢用毀謗的話罪責他，只說：『主責備你吧！』」

然而猶大書的內容不是說到基督徒與鬼魔權勢的交鋒，而是指出不道德的、悖逆的假教師們之錯誤：一般來說，他們「抗拒權柄，毀謗天上的天使」（猶8, 按NIV直譯；和合本譯作「輕慢主治的，毀謗在尊位的」）。他們自恃有權柄，因此愚昧地說褻瀆的話，頂撞天上的靈體，不管是天使還是鬼魔。猶大書第9節提到米迦勒，其意義只是要顯示，雖然這位最大的天使之能力很大，但都不敢踰越神所給他的權柄範圍；然而這些假教師遠遠超過了他們的界限，因此當他們「毀謗他們所不知道的」時候（猶10），就暴露出他們的愚昧。這一節經文（猶9）所教導的，就只是「不要企圖超越神所給你的權柄範圍」！當我們這樣理解這節經文時，我們惟一要問的問題就是：「神給基督徒什麼權柄是勝過鬼魔權勢的？」新約聖經在幾個地方很清楚地講到這一點。不只是耶穌有此權柄，主耶穌還將這個能夠勝過鬼魔的權柄賜給祂的十二位門徒、七十位門徒、保羅和腓利（他不是使徒）（見以上許多經文）。所以，猶大書第9節不可能是說人責備或命令鬼魔是錯的，也不可能是說除了使徒以外，任何人如此做都是錯的。事實上，彼得和雅各都鼓勵所有的基督徒要「抵擋」魔鬼，而保羅也鼓勵一般的信徒要穿戴屬靈的軍裝，好預備打屬靈的爭戰。

在我們檢視那個勝過鬼魔的權柄在實際上是如何運作的細節之前，*首先*重要的是我們要認清，*基督在十字架上的工作是我們有權柄勝過鬼魔的終極根基*。[25] 雖然基督在曠野勝過了撒但，可是新約的書信指出，十字架才是撒但決定性地被擊敗的原因。耶穌「成了血肉之體，特要藉著死敗壞那掌死權的——就是魔鬼」（來2:14）。在十字架上，神「既解除了『各執政的』『各掌權的』的權勢，便把他們公然示眾，仗著十字架而得勝，帶領他們做俘虜於凱旋的行列中」（西2:15，呂振中譯本）。故此，撒但極其痛恨基督的十字架，因為他在那裏決定性地、永遠地被擊敗了。因為基督的血清楚說出了祂的死亡，所以我們在啟示錄裏讀到，那些在世上爭戰中靠著基督的血而勝過撒但的人，「是因羔羊的血和自己所見證的道。」（啟12:11）因著基督在十字架上的死，我們的罪完全得到赦免，因此撒但就無法合理地在我們身上掌權了。

其次，我們在神家中為兒女的身分，是我們在屬靈爭戰中的堅固屬靈地位。保羅對每一個基督徒說：「所以你們因信基督耶穌，都是神的兒子。」（加3:26）當撒但

---

[25]在本段及下一段關於神兒子的名分之討論，我使用了這本優異的作品：Timothy M. Warner, *Spiritual Warfare* (Wheaton, Ill.: Crossway, 1991), pp. 55-63.

來攻擊我們時，他是在攻擊神自己兒女中的一位、神自己家中的一員。這項真理給予我們權柄，可以成功地與撒但爭戰而擊敗他。[26]

假使我們身為信徒對鬼魔說斥責的話都是合宜的，那麼我們就要記住，我們不需要害怕鬼魔，這點是很重要的。雖然撒但和鬼魔的權能遠少於在我們裏面工作的聖靈，可是他的詭計就是要使我們害怕。基督徒不要屈服於這種懼怕，反而應當提醒自己聖經的真理：「小子們哪，你們是屬神的，並且勝了他們；因為*那在你們裏面的比那在世界上的更大*。」（約一4:4）「神賜給我們不是膽怯的心，乃是剛強、仁愛、謹守的心。」（提後1:7）保羅在腓立比書中所說到的人與人間的敵對關係，也可以應用到我們所面對的抵擋福音之鬼魔：要站立得穩，「*凡事不怕敵人的驚嚇*；這是證明他們沉淪，你們得救，都是出於神。」（腓1:28）他也告訴以弗所教會的人，在他們的屬靈爭戰中，要使用「信心當作盾牌」，藉此他們可以「滅盡那惡者一切的火箭」（弗6:16）。這一點非常重要，因為懼怕的相反就是信靠神。保羅也告訴他們，在屬靈爭戰中要剛強，這樣，他們穿戴了神所賜的全副軍裝，就可以「在磨難的日子抵擋仇敵，並且成就了一切，還能站立得住。」（弗6:13）保羅教導他的讀者，在與敵對的屬靈勢力衝突時，不應當撤退逃跑，或害怕畏縮，而是應當勇敢地站立，明白他們的武器與軍裝「乃是在神面前有能力，可以攻破堅固的營壘」（林後10:4；另參約一5:18）。

然而我們可能會問，為什麼神要基督徒直接命令攪擾人的鬼魔離開，而不是禱告求神為他們趕走鬼魔呢？從某個角度來看，這就好像是在問，為什麼基督徒應當與人分享福音，而不只是禱告求神直接將福音啟示給那人？或像是在問，為什麼我們應當對一個沮喪的基督徒說鼓勵的話，而不只是禱告求神自己直接鼓勵那個人？又像是在問，為什麼我們應當對一個陷在某種罪惡中的基督徒說責備的話，或說警告的話，而不只是禱告求神在那人的生命中解決那個罪惡？這些問題的答案都是一致的：在神所創造的世界上，祂已經賜給基督徒一個非常*主動的*角色來執行祂的計劃，尤其是那些關於擴展國度、建造教會的計劃。在前面所有這些的實例中，除了我們的禱告之外，我們*直接的參與及活動*也是很重要的。所以，在處理鬼魔的勢力上，似乎也是這樣的。就像一個聰明的父親不為他所有的兒女解決他們的糾紛，而是有時候叫他們自己去解決糾紛一樣，所以，我們的天父鼓勵我們直接奉基督的名並靠聖靈的能力，與鬼魔的勢力交鋒，好使我們能得著從參與重要而永恆之事奉而來的喜樂，以及從勝過撒

[26]見本書第三十七章關於神兒子的名分之討論。

但和其鬼魔在人生命中之毀滅性權勢而來的喜樂。但這並不是說每次我們禱告求神工作時，祂不能對付鬼魔的攻擊，因為祂當然能，而且無疑地，有時候祂自己就對付他們了。但是一般來說，新約聖經給我們看到的模式，似乎是神期望基督徒自己去直接地命令污鬼。

在運用斥責鬼魔的權柄上，實際的作法乃是這樣：當我們懷疑在我們個人的生活中，或在周圍之人的生活中，有鬼魔的影響存在時，我們就對邪靈講一句叫他離開的簡短命令。[27] 我們只要「抵擋魔鬼」（雅4:7），魔鬼就會逃跑了。[28] 有時候一句奉耶穌之名的簡短命令就夠了，但有時候在命令邪靈離開的過程裏，引用經文也會有幫助，因保羅提過：「聖靈的寶劍，就是神的道」（弗6:17），[29] 並且耶穌自己在曠野被撒但試探時，就一再地引用聖經的話來回答撒但的試探（太4:1-11）。適用的經文可包括說到耶穌勝過撒但的一般性敘述（太12:28-29；路10:17-19；林後10:3-4；西2:15；來2:14；雅4:7；彼前5:8-9；約一3:8; 4:4; 5:18），[30] 也可包括直接針對某個特定之試探或正面臨之狀況的相關經文。

在我們自己生活中，假如我們發現自己的思想或心靈中，不尋常地湧現有罪的情緒（例如非理性的懼怕、憤怒、恨惡、苦毒、情慾，或貪婪等），除了禱告求耶穌的幫助來勝過它們之外，我們說一些像是這樣的話也是合宜的：「懼怕的靈，我奉耶穌的名命令你從這裏離開，不許再回來！」雖然我們不能肯定在這個特定的情況下，是否有鬼魔的因素；或者鬼魔的涉入可能只是造成這種光景的其中一個因素；但即使如此，這樣的斥責有時候是非常有果效的。雖然新約聖經沒有把使徒保羅個人的禱告生活作一個完整的記錄，但是他公開地談到他「不是與屬血氣的爭戰，乃是與……天空屬靈氣的惡魔爭戰」（弗6:12），也談到「我們並不是在進行一場屬世的爭戰」（林

---

[27]因為聖經沒有表示過鬼魔能夠知道我們的心思（見本章B.3節），所以我們似乎就應當把命令用口說出來，成為可聽得見的命令。

[28]舉例來說，假如我們或我們的孩子在惡夢中驚醒，那麼我們除了向耶穌禱告求安慰與保護之外，也可以對出現在夢中的女巫、妖精或其他令人害怕圖像說：「我奉耶穌的名，命令任何造成這可怕惡夢的邪靈離開！」然後求耶穌的保護，並求與祂有關的快樂思想。這樣的作法，在那些信靠基督的小孩身上通常十分有效，因為他們對耶穌的信心是十分簡單而真實的（見太18:1-4）。

[29]在此被譯為「道」的希臘字是*rhēma*，它通常是指說出口的話（不管是神說出的還是人說出的）。這個字有時候是指聖經的話語——神所說的或是人所引用的聖經話語（太4:4；約15:7；17:8；羅10:17；來6:5；彼前1:25〔兩次〕）。保羅在以弗所書6:17使用這個字時，似乎就是這個意思：當我們說出聖經話語的時候，就有聖靈的工作伴隨，所以就具有屬靈寶劍的能力。

[30]基督徒若能背下此處所列的經節，會很有益處，因為在介入任何屬靈爭戰時就能夠很快說出經文。

後10:3，按RSV直譯），因此我們可以合理地認為，他的全面性之禱告生活也包括了這種用話語來斥責鬼魔勢力的屬靈爭戰。

此外，我們「與……天空屬靈氣的惡魔爭戰」的意思，可能是表示我們在私下為別人代禱時，要包括進一個元素，那就是說出斥責鬼魔勢力的話語，因為這一個鬼魔的勢力可能是造成我們所禱告之情況的一個原因（我們不需要當著所關心之人的面進行這種屬靈爭戰，因為在許多情況下，對方常會受到沒有必要的困惑或驚嚇）。舉例來說，作父母的除了禱告求主在他們孩子的某些方面得勝，又教導並管教孩子之外，也可以在禱告時包括進一句簡單的話，即斥責在一個孩子身上悖逆的靈，或在另一個孩子身上懶惰的靈，或在另一個孩子身上憤怒的靈。[31]

D.6 在服事人時適當地使用基督徒的屬靈權柄

我們在前面討論了在自己的生活裏，或在身邊家人的生活裏，所進行的私下的屬靈爭戰，現在我們則要討論如何服事那些受到屬靈攻擊的人。舉例來說，我們有時候會參與對另一人的輔導或禱告，若此時我們懷疑在他們的情況裏可能有鬼魔的活動，那麼我們就要額外地注意到以下這些要點：

第一，我們不要侃侃而談這些自己很熟悉、但別人十分不熟悉、聽來害怕的屬靈爭戰，以免嚇到對方；這點是很重要的。而聖靈是一位安靜的、平安的靈（見林前14:33）。因此，通常比較考慮周到的作法，是只問被幫助的人一些問題，例如問說：「你認為在你的情況可能是邪靈攻擊你嗎？」或問：「你是否介意我說一句話來責備任何可能攪擾你的邪靈？」此外還有一點也很重要，那就是讓當事人清楚地知道，如果真的有鬼魔的因素介入，並不表示他的屬靈光景很差；可能只是撒但想要攻擊他，為了要使他不能更有效地服事主。每一個基督徒都是主的屬靈軍隊裏的軍兵，所以都會受到從仇敵軍隊而來的攻擊。

假如對方容許我們說出斥責鬼魔的話，那麼我們就要大聲地說出簡短的命令，吩咐邪靈離開。[32] 因為受到屬靈攻擊的人通常都已經有了鬼魔攪擾的感受，所以我們在

---

[31] 因為聖經沒有表示過鬼魔能夠讀出我們的心思，所以這樣的斥責只需要是說出口、能聽得見的聲調即可，即使是輕聲也可以。反之，因為神當然能知道我們的心思，所以向神的禱告可以只在我們的心思裏，而不必大聲地說出。

[32] 「**趕鬼**」的動詞（英文是exorcise）意思是「用一種神奇的方式或說出一句命令的話來趕出一個邪靈」；而其名詞（英文是exorcism）則是指用此方式趕出邪靈的行動。但這兩個英文字（動詞與名詞）在聖經中都沒有出現過（雖然在使徒行傳19:13提到了猶太人的趕鬼者；那裏所用的是exorcists）。因為在歷史上，在異教以及基督教的背景裏，都曾用過這些字，因此基督徒可以想一想，使用它們來指稱今日基督教的作法，是否是有

命令邪靈離開後，可以問問他在你說出那些話後，是否有不一樣的感受。假如他的情況真有鬼魔的影響，那他就會表示有一種立即輕鬆或自由的感覺，通常也會有一種喜樂和平安的感受。

所有這類服事的過程不一定都會有強烈的戲劇化或情緒化的反應。現今有些趕鬼的故事說到趕鬼是冗長透支的爭戰；基督徒輔導者與鬼魔爭辯長達數小時之久，而且一再大聲地斥責。可是新約聖經並沒有表示過鬼魔的聽覺不靈，也沒有說到需要冗長的交戰才能將鬼魔趕走的例子。雖然有一個例子（在格拉森被鬼所附的人）說到，剛開始時邪靈出現了一些抵抗（見可5:8；路8:29），接著耶穌問了他的名字，就立刻將許多鬼魔趕出去了（可5:9-13；路8:30-33）；但一般耶穌就「只用一句話，就把鬼都趕出去」（太8:16）。趕鬼的能力不是出自我們自己的能力，或出自我們自己聲音的能力，而是出自聖靈的能力（太12:28；路11:20），因此只要有安靜、有把握、帶著權柄的聲調就足夠了。

第二，為了避免被拖入與鬼魔本身的冗長談論或爭戰，*基督徒輔導者的注意力不應當放在鬼魔上，而應當放在所服事的人身上，以及放在所需要認定與相信的聖經真理上*。「真理的帶子」和「聖靈的寶劍，就是神的道」（弗6:17）一樣，都是保護我們對付撒但的全副軍裝的一部分。假如接受這項事奉的人專注並相信聖經的真理，並離棄罪惡，就是穿上了「公義的護心鏡遮胸」（弗6:14），那麼邪靈在這人的身上就沒有立足之地了。假如基督徒已經奉主的名發出了命令，但是鬼魔還是拒絕離開的話，那最好是等一陣子，在被服事的人和參與這服事的人都有了更多的禱告及個人屬靈的預備以後，再奉主的名趕鬼（太17:19-20；可9:29；見以下的討論）。[33]

第三，基督徒不要對這方面，即與鬼魔的爭戰，變得過分好奇；這是很重要的。雖然這是主給所有基督徒都有權柄去參與的服事，然而聖經告訴我們：「在惡事上要作嬰孩」（林前14:20）；也就是說，我們不要變得過於著迷那些與邪惡有關的事，想要變成通曉某種惡事的「專家」，卻只是為了滿足我們的好奇心。[34]

第四，假如被服事的人不是基督徒，那麼在鬼一被趕出去之後，就要鼓勵他立刻來到基督面前接受祂為救主，這也是很重要的。這樣，聖靈就會住在這人的心裏，保

智慧的。

[33]對於比較困難的情況，最好是由在這方面更成熟和更有經驗的人來幫助，這通常是比較明智的作法。

[34]所以基督徒不應該常去想那些有關邪教或新紀元運動的事情；我們應當思想的乃是那些「可敬的」、「清潔的」和「值得稱讚」的事（腓4:8）。

護他免受未來的攻擊，否則那人未來的景況可能會變得更糟，如同馬太福音上所說的例子：

「污鬼離了人身，就在無水之地過來過去，尋求安歇之處，卻尋不著。於是說：『我要回到我所出來的屋裏去。』到了，就看見裏面空閒，打掃乾淨，修飾好了，便去另帶了七個比自己更惡的鬼來，都進去住在那裏。那人末後的景況比先前更不好了。這邪惡的世代，也要如此。」（太12:43-45）

第五，對於一些比較困難的情況，我們是否能有效地解決對方所受到的鬼魔之影響，可能也和我們自己的屬靈光景有關。當耶穌趕出了害癲癇病之男孩身上的邪靈時，那「孩子當時就痊癒了」；因此門徒就私下來到耶穌那裏問祂說：「我們為什麼不能趕出那鬼呢？」（太17:18-19）耶穌對他們說：「是因你們的信心小。」（太17:20）馬可福音則記載，耶穌還說：「非用禱告，這一類的鬼總不能趕他出來。」（可9:29，和合本小字）顯然門徒們那時的信心軟弱，他們那段時間在禱告上花的時間不夠，因而沒有完全行走在聖靈的能力中。[35]

耶穌曾經說過一項清楚的警告：我們不應當因為我們的能力勝過鬼魔，就過度地歡喜或變得驕傲，我們乃應當因為浩大的救恩而歡喜。我們一定要記住這點，否則我們就會變得驕傲，而聖靈就會從我們收去祂的能力了。耶穌的這項警告記載在路加福音第10章，那時七十個門徒回來喜樂地說：「主啊，因你的名，就是鬼也服了我們。」（路10:17）耶穌卻告訴他們說：「然而不要因鬼服了你們就歡喜，要因你們的名記錄在天上歡喜。」（路10:20）[36]

D.7 我們應當期望福音的大能勝過魔鬼的工作

當耶穌到加利利傳福音時，「有鬼從好些人身上出來。」（路4:41）當腓利到撒瑪利亞傳福音時，「那些鬼大聲呼叫，從他們身上出來。」（徒8:7）。當耶穌授命給保羅，叫他要在外邦人中傳道時，祂說：「要叫他們……從黑暗中歸向光明，從撒但權下

---

[35]當耶穌說：「非用禱告，這一類的鬼總不能趕他出來。」（可9:29，和合本小字），祂的意思不可能是說，在這個鬼魔被趕出來之前，必須為這個特別的情形有長時間的禱告，因為事實上祂一點都沒有禱告，而只是說出一句話，就把鬼魔立即趕出去了。因此，祂這句話的意思一定是：持續的禱告與住在神裏面的生活，會使人在屬靈上預備妥當，並會使人藉著聖靈的恩膏而得著屬靈的能力，這樣，即使在非常嚴重的鬼魔攻擊或影響之下，爭戰都會很有果效。

[36]耶穌的意思不會是說，當仇敵消滅了，人從捆綁下得到釋放了，為這些喜樂是錯的，因為喜樂當然要有個好原因。祂乃是用絕對的詞語作一個對比，告訴門徒們，他們所得的救恩之浩大，才是他們應當喜樂的基本原因。

歸向神；又因信我，得蒙赦罪，和一切成聖的人同得基業。」（徒26:18）保羅說他所傳的福音，「不是用智慧委婉的言語，乃是用聖靈和大能的明證，叫你們的信不在乎人的智慧，只在乎神的大能。」（林前2:4-5；另參林後10:3-4）假如我們真的相信聖經所見證之鬼魔的存在和其活動，假如我們真的相信「神的兒子顯現出來，為要除滅魔鬼的作為」（約一3:8），那麼即使在今天，我們也可以這樣合宜地期望：當我們將福音傳揚給未信之人時，當我們為那些可能並未察覺有屬靈層面之爭戰的信徒禱告時，就真的會有真實而又立即清晰可辨的、贏得仇敵權勢的勝利。我們應當期望這事會發生，認為它是基督建造祂國度之正常工作的一部分，因而為基督在其中的勝利而喜樂。

個人思考與應用

1. 在讀本章之前，你是否認為大多數的鬼魔活動僅限於新約聖經的時代，或僅限於其他的文化，而不會在你現今所處的文化中？在讀過本章之後，你認為在你自己的社會裏，今日有哪些領域可能是受到鬼魔影響的？當你想到在你自己的生活中，或在你周圍人的生活中，可能會遇到鬼魔的活動時，你會感到害怕嗎？聖經針對你的恐懼感說過什麼話？你認為主耶穌希望你害怕嗎？
2. 在你現在的生活中，有沒有什麼方面是有罪的，以致可能給鬼魔留下了一些活動的立足之地？如果有，主耶穌會要你對於那個罪怎麼做？
3. 你是否有過實際的經驗，是你奉耶穌的名對鬼魔的權勢說話而勝過了它？本章的內容怎樣幫助你更有效地面對這種屬靈的交鋒？如果人對這種事奉變得太有興趣或涉入太深，會有什麼危險？你能如何保守自己不落入這種過分的強調？當保羅一城又一城傳福音時，那裏的人都從未聽過福音，而且又有鬼魔敬拜，你認為他採取了什麼步驟來領人相信福音？今日的教會可從保羅的榜樣中學習到什麼？

特殊詞彙

鬼魔化（demonized）
鬼附（demon possession）
鬼魔（demons）
辨別諸靈（distinguishing between spirits）
趕鬼（exorcism）
撒但（Satan）

本章書目

Anderson, Neil. *The Bondage Breaker*. Eugene, Ore.: Harvest House, 1990.

_______. *Victory Over the Darkness*. Ventura, Calif.: Regal, 1990.

Dickason, C. Fred. *Angels, Elect and Evil*. Chicago: Moody, 1975.

_______. *Demon Possession and the Christian: A New Perspective*. Westchester, Ill.: Crossway, 1991.

Green, Michael. *I Believe in Satan's Downfall*. Grand Rapids: Eerdmans, 1981.

Lewis, C. S. *The Screwtape Letters*. New York: Macmillan, 1961.

MacMillan, John A. *The Authority of the Believer: A Compilation of "The Authority of the Believer" and "The Authority of the Intercessor."* Harrisburg, Pa.: Christian Publications, 1980.

McClelland, S. E. "Demon, Demon Possession." In *EDT*, pp. 306-8.

Mallone, George. *Arming for Spiritual Warfare*. Downers Grove, Ill.: InterVarsity Press, 1991.

Penn-Lewis, Jessie, with Evan Roberts. *War on the Saints*. Unabridged ed. New York: Thomas E. Lowe, 1973.

Pentecost, Dwight. *The Adversary, the Devil*. Grand Rapids: Zondervan, 1969.

Twelftree, G. H. "Devil and Demons." In *NDT*, pp. 196-98.

Unger, M. F. "Satan." In *EDT*, pp. 972-73.

_______. *Demons in the World Today: A Study of Occultism in the Light of God's Word*. Wheaton, Ill.: Tyndale, 1971.

Warner, Timothy M. *Spiritual Warfare: Victory Over the Powers of This Dark World*. Wheaton, Ill.: Crossway, 1991.

Wright, Nigel. *The Satan Syndrome: Putting the Power of Darkness In Its Place*. Grand Rapids: Zondervan, 1990.

神論共同書目表

宗派	人名	九章	十章	十一章*	十二/十三章*	十四章	十五章	十六章	十七章	十八章	十九章	二十章
安立甘宗/聖公會												
1882-92	Litton	42-58	無詳論	58-67	58-74	91-108	74-76	76-90	無詳論	431-32	125-29	129-36
1930	Thomas	3-14			14-20, 495-500	20-31, 90-99		176-83				
阿民念派/衛理會/循道會												
1847	Finney			49-65	49-65, 135-80, 524-44			515-44				
1875-76	Pope	1:233-48	1:242-48	1:248-55, 287-325	1:248-55, 287-360	1:253-87; 2:101-5	1:361-420	1:437-56; 2:363-67, 386-90	1:63-76			
1892-94	Miley	1:57-136	1:137-58	1:159-80, 214-22	1:159-222	1:223-75	1:276-310	1:211-349; 2:271-308			2:490-96	1:539-40; 2:497-504
1940	Wiley	1:217-40		1:241-393	1:241-393	1:394-439	1:440-72	1:478-88	1:149, 150, 153, 154	3:40-44, 153	1:472-76	1:476-77
1960	Purkiser	39-59		127-44	127-44	143-44, 199-203	145-48, 149-63			421-24		
1983	Carter	1:107-11			1:111-27	1:127-29; 375-414	1:130-32, 145-94, 203-8	1:122-24, 130-33, 222-23			2:1047-69	2:1069-97
1983-	Cottrell	1:419-42	1:1-47, 306-87		1:192-305, 388-468; 3:175-400, 461-528	3:117-74	1:48-191	2:9-228, 265-333, 379-418	2:229-604	2:353-708		
1987-90	Oden	1:131-80	1:317-74		1:15-130	1:181-224	1:225-69	1:270-316				
浸信會												
1767	Gill	1:1-15	2:352-64	1:25-31, 33-50, 119-22	1:37-187, 359-65	1:187-245	1:366-75	1:246-51, 397-434			1:375-84, 434-35	1:435-440
1887	Boyce	8-46	8-54	125-35, 183-90	54-115	125-66	166-73	115-25, 217-30			174-81	181-89
1907	Strong	52-110		243-303	243-303	304-52	371-410	353-70, 410-43	117-33	433-39	443-64	450-64
1917	Mullins	35-48	35-48	214-50	214-50	203-13	251-64	265-76	172, 193	119, 192, 224, 274, 348	276-80	279-80
1976-83	Henry		2:17-167, 247-334; 5:375-409		2:151-246; 5:9-164, 214-375; 6:35-89, 251-417	5:165-213	6:108-96	5:307-33; 6:455-91			6:229-50	6:229-50

宗派	人名	九章	十章	十一章*	十二/十三章*	十四章	十五章	十六章	十七章	十八章	十九章	二十章
1983-85	Erickson	156-74	137-40, 177-81, 268-71	263-78	263-320	321-42	365-86	345-64, 387-432	406-10	405-6	433-51	445-51
1987-94	Lewis / Demarest			1:175-248	1:175-248	1:251-88	2:17-70	1:291-335; 2:71-122	1:100-109, 115-18			2:257-63
時代論												
1947	Chafer	1:129-78	1:179-86	1:179-191, 212-24, 260-71	1:179-224, 260-71	1:272-347; 5:7-38; 6:7-46	7:99-101, 146	1:225-59	7:239	5:220-31; 7:252-54	2:3-32	2:33-124
1949	Thiessen	21-42		118-28	75-88	89-99	111-18	100-110, 119-32	11-13	298-301	133-50	133-50
1986	Ryrie	25-34	25-34		35-50	51-59	171-94		350-51, 372-73	381-82	121-34	135-68
信義宗/路德會												
1917-24	Pieper	1:371-74	1:375-81	1:427-47	1:405-66	1:381-404	1:467-82	1:483-97	1:459-60	3:215-19	1:498-508	1:504-14
1934	Mueller	143-47		160-67	160-75	147-60	179-88	176-78, 189-95, 236-41	174	428-34, 467-69	196-202	202-4
改革宗/長老會												
1559	Calvin	1:43-69 (1.3-5)	1:33-43 (1.1-2)	1:96-120 (1.10-12)	1:96-120 (1.10-12)	1:120-59 (1.13)	1:159-82 (1.14)	1:197-237, 309-40 (1.16-18; 2:4-5)	1:14-18, 85-88; 2:1453-55, 1465-67 (Prefaces; 1.8.5-8; 4.19.6, 18)	2:850-920 (3:20)	1:162-72 (1.14.3-12)	1:172-79 (1.14.13-19)
1724-58	Edwards						1:94-121	1:3-93; 2:107-110, 525-43		2:74-88, 113-18	2:604-7, 612-17	2:607-12
1861	Heppe	47-56		57-104	57-104	105-32	190-200	133-89, 251-80	263-65		201-19	201-19
1871-73	Hodge	1:191-334	1:191-202, 335-65	1:366-93	1:366-441	1:442-534	1:550-574; 2:3-41	1:535-49, 575-616; 2:280-312	1:617-36	3:692-709	1:637-43	1:643-48
1878	Dabney	*ST*, 5-26		*ST*, 38-45, 144-54	*ST*, 38-54, 144-74	*ST*, 174-211	*ST*, 26-38, 247-63	*ST*, 120-32, 221-23, 276-91		*ST*, 713-25	*ST*, 264-75	
1887-1921	Warfield	*SSW*, 1:34-40		*SSW*, 1:69-87; *ST*, 109-14	*BTS*, 505-22; *SSW*, 1:69-81; *ST*, 109-14	*BTS*, 22-156; *SSW*, 1:88-92; *BD*, 133-74	*SSW*, 2:132-41	*SSW*, 1:93-115; *SSW*, 2:411-47	*SSW*, 2:167-206			

宗派	人名	九章	十章	十一章*	十二/十三章*	十四章	十五章	十六章	十七章	十八章	十九章	二十章
1889	Shedd	1:195-248		1:151-94, 334-92	1:151-94, 334-92; 3:89-248	1:249-332	1:463-526; 2a:3-94	1:393-462, 527-33	1:533-46			
1909	Bavinck	*DG*, 41-80	*DG*, 13-110	*DG*, 113-72	*DG*, 175-251**							
1937-66	Murray					*CW*, 4:58-81	*CW*, 1:325-29; *CW*, 2:3-13	*CW*, 3:161-67, 185-89; *CW*, 2:60-66	*CW*, 3:210-14	*CW*, 3:168-71		*CW*, 2:67-70
1938	Berkhof	*ST*, 19-28	*ST*, 29-40	*ST*, 47-63	*ST*, 41-81	*ST*, 82-99	*ST*, 126-40, 150-64	*ST*, 100-108, 165-78	*ST*, 176-78		*ST*, 141-48	*ST*, 148-49
1962	Buswell	1:72-161	1:29-30	1:36-57	1:29-71	1:103-29	1:134-62, 321-43	1:163-76	1:176-83		1:130-34	
靈恩派/五旬節派												
1988-92	Williams		1:29-46	55-59, 77-79	1:47-82	1:83-94	1:95-116	1:117-40, 215-19	1:141-68	2:295-98; 3:95-98	1:169-96	1:173, 224-36
傳統天主教												
1955	Ott	13-17	17-24	24-38	24-49	50-75	79-86, 92-94, 100	87-91	無詳論	91	114-21	119-24
天主教(二次梵蒂岡大會後)												
1980	McBrien	無詳論	無詳論	1:238-341	1:283-342	1:343-66	1:224-28	無詳論	1:325-28	1:331-32; 2:1057-99	無詳論	1:329; 2:1105, 1153-54

*由於系統神學討論神的屬性時，會有一些不同的分類法，所以第十一章與第十二、十三章之間，各書準確的平行對照並不可能完全做到。因此第十三章書目所列的段落，有些只討論到神可交通的屬性，有些則是討論神的所有屬性。

**這段關於神的屬性的討論極其有價值。

第3部 人論

第二十一章

人的受造

神為何創造人？

神如何創造人像祂自己？

人如何在生活中討神的喜悅？

背誦經文：創世記1:26-27

神說：「我們要照著我們的形像，按著我們的樣式造人，使他們管理海裏的魚、空中的鳥、地上的牲畜，和全地，並地上所爬的一切昆蟲。」神就照著自己的形像造人，乃是照著祂的形像造男造女。

詩歌： 神聖之愛遠超眾愛（*Love Divine, All Love Excelling*）

1 神聖之愛遠超眾愛 天上之樂臨地上 竟來住我卑微胸懷 作我相信的恩賞
恩主你是所有憐憫 你是純潔無限愛 眷顧我們帶來救恩 進入相信的胸懷
2 哦主向我吹你聖靈 吹進煩擾的心裏 使我有分你的豐盛 享受應許的安息
使我除去罪的愛好 除去一切的捆綁 使我認識生命之道 使我完全得釋放
3 大能的主前來拯救 賜我生命何豐盛 願你同在直到永久 永遠住在你殿中
我要時常頌讚你名 照你喜悅事奉你 不住禱告不住頌稱 誇耀你愛永無已
4 求你完成你的新造 使我純潔無瑕疵 你大救恩我全享到 得以和你全相似
更新變化榮上加榮 直到滿有你身量 直到進入榮耀之中 永遠將你愛頌揚

詞：Charles Wesley, 1747

曲：BBEECHER 8.7.8.7.D, John Zundel, 1870

替代詩歌： 你真是配（*Thou Art Worthy*）

你真是配 你真是配 你真是配 哦主
你配得榮耀 榮耀和尊貴 榮耀 尊貴 權柄 能力
因為你已創造了 已創造了萬有 你已創造了萬有
為著你旨意 萬有受造了 你真是配 哦主

詞曲：Pauline Michael Mills

前言

我們在第二部分的各章中討論過神的本性，祂所創造的宇宙和靈體，以及祂與世界的關係——在行神蹟和回應禱告等方面。在第三部分中，我們將專注在神創造活動的顛峰：祂創造人類，包括男人和女人；人類比神所創造的其他萬物更像祂自己。我們首先要看神創造人類的目的，和神所創造之人的本質（第二十一至二十三章）；然後我們要討論罪的性質，和人對神的悖逆（第二十四章）；最後我們要檢視神對人所開始的拯救計劃，並討論在神所設立的諸約之下，人與神的關係（第二十五章）。

A. Man是指人類

在進入本章的主題之前，我們有必要先簡短地討論一下英文上的用字：用man（人，男人）這個字來泛指所有的人類是否合適。在今日有人反對使用man一字來泛指「人類」（包括男人和女人），因為有人說這樣的使用是對女人（woman）的不尊重。那些反對者認為我們*只可*使用那些「性別中立」的英文字，例如humanity（人性）、humankind或human beings（人類），或persons（人）等字詞，來泛指人類。

筆者在考慮過這種建議之後，還是決定在本書裏繼續使用man（以及一些其他的字）來指稱「人類」，因為這樣的用法有神的保證（在創世記第5章），而且筆者認為這其中有神學的考量。在創世記5:1-2裏我們讀到：「當神造人的日子，是照著自己的樣式造的，並且造男造女。在他們被造的日子，神賜福給他們，*稱他們為人*。」（另參創1:27）此處被譯為「人」的希伯來字是*'ādām*，就是亞當的名字，而這個字有時也被用來專指男人，而不指女人（創2:22, 25; 3:12；傳7:28）。所以我們看到，從神自己開始的用法就是用它來指：(1) 一般的人類，(2) 男性的人類；因此我們就不應當反對這種用法，或認為這種用法是對女性不尊重。

可能有人會反對說，這種用法不是希伯來語言的主要用法。可是這樣的論點並不叫人信服，因為創世記5:2明明描述神選用這個名字，是應用在全人類上。

筆者在這裏*不是*辯論說，我們一定要重複使用聖經所用的語言模式才是對的，*也不是*辯論說，我們有時候使用中性詞彙來指稱人類是錯誤的；筆者乃是說，在創世記5:2所記載的神為人*命名*的事指出，使用man一字來指稱全人類是十分恰當的好選擇，我們不應當迴避這種用法。[1]

[1]然而，是否應使用man來泛指一個人，就如同在路加福音9:23中所用的——「若有人（man）要跟從我，就當捨

和此用法相關的神學議題，是說到這用法是否表示從創造之初，男人在家庭裏就有領導權，或說就站在「頭」的地位。事實上，神沒有選用woman一字來指稱人類，而是選用man，可能含有一些深義，叫我們認識神創造男人和女人的原初計劃。[2] 當然，用什麼字來指稱全體人類的問題，並不是關於神創造男人和女人之計劃的惟一考量，它只是考量的因素之一；但我們在這一方面所選用的詞彙，確實對於今日在討論有關男女的角色上是有一些意義的。[3]

B. 人為何受造

B.1 神為自己的榮耀而創造我們

神不需要創造人，但是祂為著自己的榮耀而創造了我們。我們在本書第十一章B.1節那裏討論到神的自主性時，就注意看過幾處聖經的經文，是說到神不需要我們或其他的受造之物給祂什麼；然而我們和其他的受造之物可以榮耀祂，並帶給祂喜樂。因為在三一之神的三個位格之間，在永恆裏一直都有完全的愛、團契和交通（約17:5, 24），因此祂不是因為孤單或因為需要與其他人交流才創造了我們——沒有任何原因使神需要我們。

然而，*神為著祂自己的榮耀而創造我們*。在我們討論神的自主性時，我們還注意到，神說那些從地的四極而來的神兒女，是「稱為我名下的人，是我*為自己的榮耀*創造的。」（賽43:7；另參弗1:11-12）所以，我們「無論作什麼，都要為榮耀神而行。」（林前10:31）

這件事實保證我們的生命是有意義的、是重要的。當我們起初了解到神不需要創造我們，也沒有任何原因使祂需要我們時，我們可能會因此而結論說，我們的生命一點兒都沒有意義，或一點兒也不重要。可是聖經告訴我們，我們是為了榮耀神而被造的，這就指出我們*對神自己*是很有意義、很重要的，而這就終極定義出我們存在的真

己，天天背起他的十字架來跟從我」——則是不同的問題，因為在此所說的並不是關於為人類命名的事。在這種例子裏，為了同時考慮到男人和女人，並且考慮到今日的語言模式，使用中性的語詞會合宜一些，例如說：「若有人（one）要跟從我……」

[2]見本書第二十二章C.2.4節；亦見Raymond C. Ortlund, Jr., "Male-Female Equality and Male Headship: Genesis 1-3," in *Recovering Biblical Manhood and Womanhood: A Response to Evangelical Feminism*, ed. John Piper and Wayne Grudem (Wheaton, Ill.: Crossway, 1991), p. 98.

[3]這一點可能也是許多大力反對使用man來指稱人類的反對者——就是那些反對男性在家庭中擁有獨特領導地位的女性主義者們——所認知的。

正意義或真正的重要性。假如我們永遠都對神是真的很重要，那麼我們還要求什麼更大的重要性或意義呢？

B.2 我們人生的目的是什麼？

神為著祂自己的榮耀創造了我們的事實，決定了「我們人生的目的是什麼？」這個問題的正確答案；我們人生的目的必須是要完成神創造我們的理由，那就是榮耀祂。當我們從神的角度來看時，這是一個很好的答案；然而當我們從我們自己的好處來看時，我們很高興地發現，我們人生的目的是要享受神，並且以祂自己和以我們與祂的關係為樂。耶穌說：「我來了，是要叫羊得生命，並且得的更豐盛。」（約10:10）大衛告訴神說：「在你面前有*滿足的喜樂*，在你右手中有永遠的福樂。」（詩16:11）他渴望永遠住在耶和華的殿中，「瞻仰祂的榮美」（詩27:4）。亞薩也呼籲說：

「除你以外，在天上我有誰呢？
　除你以外，在地上我也沒有所愛慕的。
我的肉體和我的心腸衰殘；
　但神是我心裏的力量，
　又是我的福分，直到永遠。」（詩73:25-26）

我們可以在認識神並且以祂超絕的性格為樂之中，尋得滿足的喜樂；而我們在祂的同在之中，在享受與祂的交通之中，得到超出想像的祝福。

「萬軍之耶和華啊，
　你的居所何等可愛！
我羨慕渴想
　耶和華的院宇；
我的心腸、我的肉體
　向永生神呼籲……
在你的院宇住一日，
　勝似在別處住千日；
寧可在我神殿中看門，
　不願住在惡人的帳棚裏。」（詩84:1-2, 10）

所以，基督徒正常的心態是靠主喜樂，並欣然面對主所賜給我們在生活中的功課（羅5:2-3；腓4:4；帖前5:16-18；雅1:2；彼前1:6, 8等）。[4]

---

[4]《西敏斯特大要理問答》（Westminster Larger Catechism）的第一問是：「人生最主要與最高的目的為何？」

聖經告訴我們，當我們榮耀神並且享受祂時，祂就以我們為樂。我們在聖經中讀到：「新郎怎樣喜悅新婦，*你的神也要照樣喜悅你*。」（賽62:5）而西番雅也預言說：耶和華「要因你歡悅，祂的慈愛要賜你新生命。祂要因你喜樂歌唱，像人在過節時那樣歡樂。」（番3:17-18，現代中文譯本；和合本譯作「因你歡欣喜樂，默然愛你，且因你喜樂而歡呼。」）

這種對人之受造的了解，有非常實用性的結果。當我們明瞭神創造我們是要我們榮耀祂，而且當我們開始以行動實踐那個目的時，我們就會開始經歷到一種前所未有而強烈的在主裏的喜樂；再加上當我們知道神自己也以我們與祂的交通為樂時，我們「就有說不出來，滿有榮光的大喜樂。」（彼前1:8）。[5]

有人可能會反對說，神為了尋求祂自己的榮耀而創造人，是一件錯誤的事。當然，如果是人類尋求自己的榮耀，就是一件錯誤的事，正如我們在希律王亞基帕一世身上所看見的戲劇化之死——當他驕傲地接受群眾的呼喊說：「這是神的聲音，不是人的聲音」之時（徒12:22），「希律不歸榮耀給神，所以主的使者立刻罰他，他被蟲所咬，氣就絕了。」（徒12:23）希律的死是因為他竊奪了神的榮耀，這榮耀只有神配得，而他不配得。

但是如果神將榮耀歸給祂自己，那祂是竊奪了誰的榮耀？有誰比祂更配得榮耀？當然沒有！祂是創造主，萬有都是祂創造的，所以祂*配得*所有的榮耀，祂*配*接受榮耀。為自己尋求榮耀，就人而言是錯誤的事，就神而言卻是正確的事，因為祂是造物主，祂接受榮耀是*對的*，而不是錯的。事實上，如果祂沒有從宇宙中所有的受造之物中接受榮耀，那就大錯特錯了！環繞神寶座的二十四位長老不斷地唱著：

「我們的主，我們的神，
　　你是*配得*榮耀、尊貴、權柄的；
因為你創造了萬物，
　　並且萬物是因你的旨意被創造而有的。」（啟4:11）

保羅宣告說：「因為萬有都是本於祂，倚靠祂，歸於祂。願榮耀歸給祂，直到永遠！阿們。」（羅11:36）這位無限完全之創造主配得所有的頌讚。當我們開始體認到這位神的本質乃是無限完全之創造主，祂配得所有的頌讚，這時我們若不「盡心、盡性、盡意、盡力」（可12:30）歸榮耀給祂，我們的心就不能得到安息。

答：「人生最主要與最高的目的是為著榮耀神，並且永遠完全地享受祂。」

[5]Wayne Grudem, *1 Peter*, p. 66.

C. 人具有神的形像

C.1 「神的形像」的意義

在一切神所造的萬物中，只有一種受造者——人——被稱為是「照著神的形像」而被造的。[6] 但這是什麼意思呢？我們可以用這樣的定義來理解：人具有神的形像，這事實是指人像神，並且代表神。

當神說：「我們要照著我們的形像，按著我們的樣式造人」（創1:26）之時，其意義是說，神計劃要創造一個與祂自己相似的受造者。「形像」（*tselem*）和「樣式」（*demût*）兩詞的希伯來字都是指某物與另一物相似，但不相同，它可以代表另一物，或作它的「形像」。形像也能用來指另一物的代表。[7]

神學家花了很多時間，試著要具體指出人的一種或少許特性，是主要可見的神的形像。[8] 有人認為神的形像是在於人的智性能力，也有人認為神的形像是在於人有作道德性抉擇和作出於意志抉擇的能力，還有人認為神的形像是指人原初在道德上的純潔，或指人受造為男人和女人（見創1:27），或指人有統治全地的權柄。

然而，在這類的討論之中，我們最好將主要焦點放在「形像」和「樣式」的字義上。正如我們所見的，這些字詞對原初讀者的意義是非常清楚的——「形像」和「樣

---

[6]拉丁片語*imago Dei*的意思是「神的形像」，有時候在神學討論中會被用來取代英文片語image of God，但筆者在本書其他地方並沒有這樣用。

[7]「形像」一詞的希伯來文*tselem*是指某物件與另一物件相似，而且通常能代表另一物件。這個希伯來字在聖經上曾被用來說到老鼠和痔瘡的塑像或複製品（撒上6:6, 11）、牆上的軍長畫像（結23:14），和異教偶像或代表諸神祇的塑像（民33:42；王下11:18；結7:20; 17:17等）。

「樣式」一詞的希伯來文*demût*意思也是指某物與另一物件相似，但是它更常被用來強調相似的觀念，而較不強調代表或代替的觀念（舉例來說，與一神祇相像）。列王紀下說到亞哈斯王在大馬色看到一座壇，他就照著那壇的「樣式」畫了一個圖樣（王下16:10）；歷代志下說到所羅門王所造的銅海周圍和下方有牛的「樣式」（代下4:3-4）；以西結書說到巴比倫馬車軍長的「形狀」（結23:15）。在詩篇58:4（希伯來文經文則為第5節）裏說到惡人的毒氣「好像」蛇的毒氣——在此其觀念是說到二者在特性方面非常相似，而不是真的說一個代表或代替另一個。

[8]有關不同觀點的簡短綜覽，可見D. J. A. Clines, "The Image of God in Man," *TB* (1968), pp. 54-61。此外，Millard Erickson, *Christian Theology*, pp. 498-510也對整個教會歷史中，關於人身上的神形像之主要三個觀點，作了很有助益的摘要：(1) 實質觀點：這觀點認為人身上的某些特別品質（例如理性或靈性），是在人身上的神的形像；路德、加爾文，和許多初代教會的著作家支持此觀點。(2) 關係觀點：這觀點認為神的形像和我們的人際關係有關；Emil Brunner和Karl Barth支持此觀點。Barth認為神的形像尤其顯在人受造為男人和女人上。(3) 功能觀點：這觀點認為神的形像和我們所執行的功能有關，這通常是指我們能夠統治受造界。這是異端蘇西尼派（Socinian，當今的新派或自由派即自該派衍生而出）的觀點，也為一些現代作家所支持的觀點，例如Norman Snaith和Leonard Verduin）。

式」的希伯來字就是指出人像神，並且人在許多方面代表神。當我們了解到這一點時，許多關乎「神的形像」之意義的爭論，就顯得太狹窄或偏執了。聖經記載神說：「我們要照著我們的形像，按著我們的樣式造人」（創1:26），對原初讀者而言，它的意思就是說：「我們造人要像我們，並要代表我們。」

因為「形像」和「樣式」有如此的意義，所以聖經不需要這樣說：

> 「人是照著神的形像而被造的，這事實表示人在以下各方面像神：智性的能力、道德上的純潔、屬靈的本性、統治全地的權柄、創造力、作倫理抉擇的能力，和不朽性（或其他一些類似的敘述）。」

這樣的解釋是不需要的，不只是因為這兩個字詞具有清楚的意思，而且也因為沒有一種解釋能公平地列盡這主題的所有內容；我們只需要肯定這段經文是說到人像神，而聖經的其他經文會填滿更多的細節來解釋這點。事實上，當我們研讀其他的經文時就了解到，要完全明白人是如何地像神，就需要完全明白神——在祂的實存和祂的作為上——是一位怎樣的神，並完全明白人——什麼是人和人的活動。當我們對神與對人的了解更多時，我們就會對二者的相似性認知得更多，而且我們對於聖經上所說的人是照著神的形像而被造的，也會明白得更完全。聖經用這樣的表達，是指出人像神的每一個方面。

藉著比較創世記1:26和5:3之間的相似性，也可以幫助我們更加了解「人是照著神的形像而被造的」之意義：神在創世記1:26宣告了祂想要照著祂的形像與樣式創造人的意願，而創世記5:3則說：「亞當活到一百三十歲，生了一個兒子，形像（*tselem*）樣式（*demût*）和自己相似，就給他起名叫塞特。」塞特並不完全和亞當一樣，但是他在許多方面像亞當，就如兒子像父親那樣。因此這經文只是說塞特像亞當，它並沒有具體說明塞特在哪幾個方面像亞當；如果我們硬要斷言塞特在某一個或某幾個特點上有亞當的形像和樣式，那就會顯得太過限制他們之間的相像了。舉幾個方面來說，塞特是像亞當的棕色眼睛嗎？是像他的綣曲頭髮嗎？還是像他高超的運動技巧，或像他嚴肅的性格，或甚至像他的急躁脾氣？當然，這些猜測都是沒有什麼益處的。很明顯地，塞特像亞當的各個方面，都屬於他們相像的其中一部分，因此也屬於「他具有亞當的形像」的一部分。與此類似地，人像神的各個方面，都屬於「人具有神的形像」和「人與神相像」的一部分。

C.2 人墮落後：人身上的神的形像被扭曲了，但並沒有完全失去

我們可能會想知道，在人犯罪以後，是否還能被視為像神。這個問題早在創世

記裏就有答案了：大洪水過後，神就賜予挪亞權柄設立死刑，以處罰犯謀殺罪的人。神說：「凡流人血的，他的血也必被人所流；因為神造人，是照自己的形像造的。」（創9:6）即使人類是有罪的，他們身上仍存有足夠多的像神的部分，因此一個人若謀殺另一個人（「流人血」是舊約聖經表達殺人的話），就是在攻擊受造界最像神的一部分；也顯露出他企圖或期望（假如他能夠的話）攻擊神自己。[9] 有罪的人仍然有神的形像；新約聖經肯定了這一點，這可見於雅各書3:9，那裏說到一般的人、不只是信徒而已，是「照著神形像被造的」。

雖然如此，因為人犯了罪，就確實不如從前那樣完全地像神了。人失去了道德上的純潔，人的有罪性格也確實不能反映神的聖潔；人的智性受到虛偽和誤解的敗壞，人的言語不再持續地榮耀神；人與人的關係也不再以愛為出發，而常常受到自私的驅使等等。雖然人仍然有神的形像，可是在人生命的每一方面，都有一些部分的神的形像被扭曲或失落了。簡言之，「神造人原是正直，但他們尋出許多巧計。」（傳7:29）在人墮落之後，我們仍然具有神的形像——我們仍然像神，也仍然代表神——但是在我們身上的神的形像被扭曲了；比起罪進入以前，我們現在比較不那麼完全地像神。

因此，我們若要完全了解「神的形像」的意義，很重要的一點，就是我們不能只觀察現今存在的人類的情況，而是要看聖經所說到神創造亞當和夏娃時他們的本質，那時神稱一切祂所造的都「甚好」（創1:31）。此外，人所具有之「神的形像」的真正性質，也可見於基督活在地上時的生命中；而我們人性之超絕的完滿程度，要等到基督再來時，我們得著祂為我們所贏得之所有救恩的福祉時，才會再在地上見到。

C.3 在基督裏的救贖：逐漸更多恢復神的形像

雖然如此，當我們轉眼看新約聖經時就得著激勵，因為我們看到在基督裏的救贖，使我們即使在今生也能逐漸成長而愈來愈像神，就如保羅所說的，我們身為基督徒，就具有新性格，「這新人在知識上漸漸更新，正如造他主的形像。」（西3:10）當我們愈多真的認識神，認識祂的話語和祂所造的世界，我們就開始愈多用神自己的思想來思考；這樣，我們「在知識上漸漸更新」，我們在思想上也就變得愈來愈像神了。這就是我們日常基督徒生活的寫照。所以，保羅也就可以說，我們「就變成主的形狀，榮上加榮，如同從主的靈變成的」（哥林多後書3:18，「形狀」的原意是「形像」，希臘字是*eikōn*）。[10] 在我們整個今生，我們的靈命愈趨向成熟，我們就愈多像

---

[9]有關本段內容的深入分析，可見John Murray, *Principles of Conduct* (Grand Rapids: Eerdmans, 1957), pp. 109-13.

[10]保羅在這一節經文裏特別說到，我們正被改變成基督的形像；而在四節經文之後，他又說到基督就是神的形

神；說得更清楚一些，就是在我們的生命和品格上，愈多地像基督。其實神救贖我們的目的，就是要我們「被模成祂兒子的形像」（羅8:29另譯，和合本譯作「效法祂兒子的模樣」）；如此一來，我們就在道德品格上極像基督。

C.4 基督再來時：完全恢復神的形像

新約聖經給我們的驚人應許乃是，正如我們曾怎樣像亞當（落在死亡與罪惡之下），我們也將要怎樣像基督（道德上的純潔，永不落在死亡之下）：「我們既有屬土〔之人〕的形狀，將來也必有屬天〔之人〕的形狀。」（林前15:49，「形狀」的意思是「形像」）[11] 我們被造時所擁有之完滿程度的神的形像，在犯罪之亞當的生命中看不見，在我們今天的生命中也看不見，因為我們都不完全。但是新約聖經強調，神照祂的形像創造我們的目的，在耶穌基督這個人的身上完全實現了。祂自己是「神的像」（林後4:4），是「那不能看見之神的像」（西1:15）。我們在耶穌身上看見人類本來是應該怎樣像神的，而這應當使我們喜樂，因為神預定我們「被模成祂兒子的形像」（羅8:29另譯，另參林前15:49），而「主若顯現，我們必要像祂。」（約一3:2）

C.5 人像神的五個特別方面

雖然我們在上面討論過，要將我們像神的所有方面都定義出來，是一件很困難的事，然而我們還是能夠提出幾個我們生命中的特別方面，是能顯示我們比所有其他受造之物更像神的。[12]

C.5.1 道德方面

(1) 我們在道德上要向神負起我們行為的責任。

(2) 為了要負起那樣的責任，我們有內在的是非感，這使得我們與其他的動物不同（其他的動物幾乎沒有什麼內在的道德或正義感，他們僅僅能因畏懼懲罰而有所反應，或因期望獎賞而有反應）。

(3) 當我們按著神的道德標準而行動時，我們的像神就反映在我們在祂面前有聖潔、公義的行為；反之，我們的不像神就反映在我們任何時候的犯罪。

像（林後4:4）。這兩節經文都用*eikōn*這個字。

[11]新約聖經「形像」所用的希臘字（*eikōn*）和舊約聖經所用的相對應之希伯來字（*tselem, demût*），有相似的意義，都是指某物類似或非常相似於它所代表的另一物。一個有趣的情況是它被用來指羅馬錢幣上的凱撒像。耶穌問法利賽人說：「這像（「形像」，希臘字是*eikōn*）和這號是誰的？」他們說：「是凱撒的。」（太22:20-21）這個錢幣上的凱撒圖像很像真的凱撒，而且又代表他（「形像」或「樣式」的另一個希臘字是*homoioma*，但在新約聖經裏不用這個字來指人像神這方面。）

[12]然而，天使也在一些方面像神到相當的程度。

C.5.2 屬靈方面

(4) 我們不只有物質的身體，也有非物質的靈魂；所以，我們的行為在非物質的屬靈存在領域裏，也是很重要的。

(5) 這表示我們有屬靈的生命，而這屬靈的生命可以使我們與神產生關係，使我們向祂禱告和讚美祂，也使我們可以聽到祂對我們所說的話語。[13] 沒有一個動物會花一小時為他親友們的救恩代禱！

(6) 與此屬靈生命相連的事實是，我們是不朽的，亦即我們的存在不會消失，我們會活到永遠。

C.5.3 精神方面

(7) 我們有能力去推理，以邏輯的方式去思考，並且去學習；這使得我們與其他動物世界有別。雖然其他動物有時候會在實際的世界裏展現出卓越的行為，能走出迷宮或解決問題，可是牠們確實不能從事抽象的推理，舉例來說，從未有過「狗狗哲學史」這種東西，而自從創世以來，也從沒有任何動物曾發展出牠們對倫理問題的了解，或使用過哲學觀念等。從沒有一群黑猩猩會圍桌而坐，辯論三一神的教義，或加爾文主義與阿民念主義何者為優的問題！事實上，即使是在發展物質和工技方面，我們也與動物大不相同：海狸所建造的水壩，仍舊是牠們建造了幾千代的同樣水壩；小鳥仍舊在構築同樣的窩巢；蜜蜂也仍舊在建築同樣的蜂窩；但是我們卻能繼續在工技、農業、科學和幾乎每一個範疇裏，發展出更高明精深的技術。

(8) 我們所使用的複雜而抽象的語言，也使我們有別於其他動物。當筆者的兒子四歲時，我就能夠告訴他到地下室的工作台那裏，去拿那個大的、紅色的螺絲起子來。即使他以前從未見過它，他也能夠輕鬆地執行這項工作，因為他知道「去」、「拿」、「大」、「紅」、「螺絲起子」和「地下室」的意思。他還能同樣地去拿一把小的、褐色的槌子，或是拿工作台旁邊一個黑色的桶子，或是拿幾十件其他的物品；雖然也許是他以前從來沒有見過的，但是當筆者用簡短幾句話加以描述時，他就能夠想出其模樣。在歷史上沒有一隻黑猩猩曾經能夠執行這樣的工作——這工作不是經由獎勵和反覆的學習，而只是用話語描述出聆聽者以前從未見過的物品。然而四歲的人類能夠做這件一般性的事，我們並不覺得有什麼了不起。大多數八歲的小孩能夠寫一封看得懂

[13]雖然我們靠基督得蒙救贖的事實，不是我們像神的一個方面，但是這事實使得我們絕對地與神所造的其他每一種受造物不同。我們靠基督得蒙救贖是我們有神的形像以及神愛我們的結果，而不是我們具有神的形像的其中一方面。

的信給他們的祖父母，描述他們的動物園之旅，或是能在國外學習其他國家的語言，而我們也認為這事完全正常。可是沒有一種動物曾寫過一封信給牠的祖父母，或說出一個法文動詞的過去、現在與未來的時態，或讀一段偵探故事而且還讀得懂，或僅僅是能明白聖經上的一節經文也好。人類小孩能勝任做所有這些事情，而且當他們做這些事時，就顯示出他們遠比所有的動物世界更為優越。所以我們覺得很奇怪，為什麼有時候有人會認為人類只不過是另外一種動物而已。

(9) 人與動物另一個在精神方面的不同，是我們會意識到遙遠的未來，甚至我們內在會感受到，在肉身死亡之後，我們還能存活；這一種感受促使許多人渴望在他們離世以前，建立與神的正確關係（因神「將永遠安置在世人心裏」，見傳道書3:11）。

(10) 人類的像神也表現在創造力上，例如在藝術、音樂、文學、科學和科技發明等方面。我們不要以為這種創造力只侷限在世界聞名的音樂家和藝術家身上，其實它也反映在孩童快活的玩耍或短劇裏，在烹飪、居家擺設或照顧庭院花草的技藝上，以及在每一個人所發明用來修理任何失靈用具的雕蟲小技裏。

以上我們所說的人像神的幾個方面，是我們與動物有**絕對差別**的方面，而不只是在程度上有差異而已。不過也有其他的方面，我們與動物差異是在程度上有很大的差別，而這些方面也可顯出我們的像神。

(11) 在情感方面，我們的像神可見於我們情感的複雜性與其在程度上的變化。當然，動物也會顯出一些感情（舉例來說，任何養過狗的人都會記得，狗會表達快樂、滿足、愛、悲傷、做錯事時的害怕懲罰、別的動物侵入其「勢力範圍」時的憤怒等），然而和我們人類所經驗到的感情的複雜性來比，我們又一次地看到人類與其他的受造者大大不同。再舉一例，當筆者參加完兒子的棒球賽以後，同時感受到好幾種情緒：因為他的球隊輸了而感到難過；因為兒子球技很好而感到高興；因為他是個好球員而感到驕傲；因為神賜給我這個兒子並使我欣慰地看著他成長而感到謝恩；因為整個下午自己的心中都一直回響著讚美詩歌而感到喜樂；最後，因為我們赴晚餐將要遲到而感到焦慮！會有一隻動物能經驗到這種複雜的情緒感受嗎？那將很令人懷疑。

C.5.4 關係方面

我們除了有獨特的能力可與神建立關係（以上所討論），我們在其他的關係層面也展現出神的形像。

(12) 雖然動物之間無疑地具有一些社群感，但在人際之間可經歷到的深度和諧卻比動物能經驗到的大得多——那是當婚姻和家庭按著神的原則而發生功能時，當教會的信徒在生活中與主交通又彼此交通時。在我們的家庭和教會關係上，我們也優於天使——天使不婚嫁、不生養，也不住在神所救贖之兒女的群體中。

(13) 在婚姻本身中，我們也反映了神的本性：人有男人和女人，從神開始創造男人和女人時，二者就具有相等的重要性，但有不同的角色（見本書第二十二章的討論）。

(14) 人之像神也顯明在人與其他受造之物的關係上。具體地說，人被賦予權力管理萬有；當基督再來之時，人甚至有權柄審判天使（林前6:3；創1:26, 28；詩8:6-8）。

C.5.5 身體方面

人類的身體也是按著神的形像所造的一部分；但這是什麼意思呢？當然我們不應當以為，我們有身體就表示神自己也有身體，因為「神是靈」（約4:24）；如果我們以任何方式思想或刻畫神，把祂當作是有物質的或肉身的身體，那就是罪（見出20:4；詩115:3-8；羅1:23）。[14] 然而即使我們知道，我們有身體並不表示神自己也有身體，但我們的身體是否仍在一些方面反映了一些神自己的品格，因此我們才說人的身體也具有神的形像呢？當然是的。舉例來說，我們的身體使我們有能力可以用眼睛看；這是一種像神的品質，因為神自己能看，而且祂所看見的遠比我們所看見的更多，雖然祂並不像我們是用肉身的眼睛來看。我們的耳朵使我們有能力聽，這也是一種像神的能力，雖然神沒有肉身的耳朵。我們的口使我們有能力說話，這也反映了神是一位說話之神的事實。我們的味覺、觸覺和嗅覺使我們有能力了解並享受神所創造的一切，這也反映了神自己了解並享受祂所創造之一切的事實，雖然祂所感受到的遠比我們所感受到的更多。

我們要認清，按照神的形像被造的是*整個的人*，而不只是人的心靈或人的思想而已；這點是很重要的。我們的身體肯定是我們存在的一個非常重要的部分，而且當基督回來時，我們的身體要產生變化，並繼續成為我們存在的一部分，直到永遠（見林前15:43-45, 51-55）。所以，我們的身體是神所創造的合適器皿，是用實質的方式來代表我們人類的本質，而這本質也被造得像神自己的性格。其實，幾乎我們所做的每一件事都是藉著使用我們的身體而做的——我們的思想、道德判斷、禱告和讚美、對彼此的愛和關懷——都是使用神所賜給我們的身體而完成的。

所以，如果我們謹慎地指明我們*不是在說*神有一個身體，那麼我們就可以說：

(15) 我們的身體也以不同的方式，反映出一些神自己的性格。不僅如此，許多身

---

[14] 亦見本書第十二章A.1節有關神的靈性之討論。

體上的動作和神所賜的技巧，都是藉著使用我們的身體而展現出來的。

(16) 當然，神所賜的生育和養育與我們相像之兒女的能力（見創5:3），也反映了神創造與祂自己相像之人類的能力。

特別是以上所列的最後幾點，所說到的人類和其他受造者之間的差異，並非*絕對的差別*，而只是其差異的程度非常大。例如我們提到有一些情感是動物也能經歷到的；在動物之間也有權柄的關係，某些動物會被其社群的其他動物接納成為領導。不只如此，甚至在那些我們認為人類和其他受造者之間較屬絕對差別的範疇裏，也還會有*一些*類似性：動物能夠推理到某種程度，也能用不同的方式彼此溝通，這些方式甚至可以被稱為是原始的「語言」。假如神創造了整個受造界，是要使所有的受造物以不同的方式反映祂的品格，那麼這種事一點兒也不會令我們感到驚奇，而且這也是我們所期望的。事實上，愈複雜、愈高度發展的動物，就*愈*比低等的動物*像神*。所以，我們不應當說，*惟獨*人能反映像神之處，因為所有的受造之物都以某種或另一種方式反映了某些像神之處。[15] 然而，在所有受造之物中，*惟獨人*是最像神的，以至於可以說「人具有神的形像」，認清這點仍舊是很重要的。聖經對此的肯定，加上聖經命令我們要在生活中效法神（弗5:1；彼前1:16），還有我們觀察自己與其他受造物所看到並認清的事實，三方面都指明：我們比所有其他的受造物都*更像神*。在某些方面，其差異是絕對的，而在其他方面，差異雖是相對的，卻也都是很重要的。

最後，當我們明白到，其他的受造之物不能和我們一樣，有能力在一生中*成長得更像神*，我們就會對於能在許多方面像神更加珍惜了。我們的道德意識可以透過讀經和禱告而得著更高度的發展；我們的道德行為能夠愈來愈多反映神的聖潔（林後7:1；彼前1:16等）；我們的靈命可以變得更加豐盛、更多進深；我們對理性和語言的使用可以變得更加準確、更為真實，並且更多尊榮神。當我們對與神永遠同居的盼望成長時，我們對未來的感受就更加強烈了；而當我們更多積財寶在天，並尋求得著更多屬天的獎賞時，我們未來的光景就更加豐富了（見太6:19-21；林前3:10-15；林後5:10）。我們治理受造界的能力，可以靠著忠實地使用神所賜給我們的恩賜而更加擴大；我們忠於神創造我們為男人與女人之目的的程度，可以藉著我們在家庭中遵行聖經原則而更為增加；我們的創造力可以透過更多討神喜悅之方式而更加發揮出來；我們的情感可以愈來愈被模成聖經的樣式，以至於我們愈來愈像大衛，一位合神心意的人（撒上13:14）；我們在家庭和在教會中愈來愈和諧的

---

[15]見本書第十一章A.2節，有關神的名字以及神的性格反映在所有受造物中之討論。

人際關係，也愈來愈能夠反映存在於三一神的三位格之間的合一。當我們自覺地在以上所有這些方面尋求更多地像神，我們也就展現出一種有別於其他受造之物的能力了。

C.6 人至高的尊貴乃在於具有神的形像

對我們來說，更多地反思我們的像神，是很有益處的。我們可能會很驚訝地了解到，當宇宙的創造主想要創造一樣具有「祂的形像」的東西，一種比其他萬物都*更像祂自己*的受造之物時，祂就創造了我們。這種了解使得我們對自己的身分產生一種很深的尊貴和重要的感受，特別是當我們思想到神所造的所有其他萬物之榮美時——滿天星辰的宇宙、豐沛的大地、動物與植物的世界，和天使的國度——它們是那樣地超凡，甚至是莊嚴華麗；然而我們比任何這些受造之物，都更像我們的創造主。我們是神無限智慧、精心創作之工的登峰造極之作。即使罪已經重創了人的像神，但現在我們仍然能反映那形像的許多部分，而且當我們成長得更像基督時，我們會反映得更多。

我們必須記住，即使人墮落了，罪人仍然具有照神形像被造的*地位*（見C.2節所討論之創世記9:6）。每一個人，不管他身上的神的形像被罪惡、疾病、軟弱、年齡，或其他的殘疾，損害到多厲害的程度，他仍然具有照神形像受造的*地位*，所以，人必須以神形像之承載者所當得的尊貴和禮遇來被對待。這點對於我們應如何對待別人有很深遠的涵意：這表示每一族裔的人都應獲得相等的尊重和權益；而老年人、重病的人、精神發展遲緩的人、尚未出生的嬰兒，都應獲得完全的保障，被視為一般人而善待他們。假如我們否認了我們在受造界中身為神形像惟一承載者之獨特的地位，我們很快就會開始蔑視人類生命的價值，傾向於看人類只是一種較高等的動物，而且也會開始這樣對待別人；不僅如此，我們也會更多感到生命沒有意義。

個人思考與應用

1. 按照聖經的教導，你人生的主要目的應當是什麼？思想一下目前你人生主要所從事的事或目標（在朋友、婚姻、教育、工作、用錢、教會關係等方面），和聖經所教導的目標一致嗎？還是你在進行另一些其他的目標（也許是在不知不覺中）？再思想一下目前你每天生活的模式，你認為神會喜愛並引你為樂嗎？
2. 當你想到自己身為一個人，比全宇宙任何其他的受造物都更為像神，你有什麼感受？這樣的認知會使你想要如何行事為人？
3. 你認為在宇宙中還會有其他任何地方、任何受造之物是更有智慧、更像神的嗎？從耶穌成為人的樣式，而不是成為一些其他種類的受造物之事實來看，人類在神眼中有何重要性？

4. 你認為當我們愈來愈像我們的創造主時，我們會愈來愈快樂，還是愈來愈不快樂？當你讀完本章所列我們人類可以更多像神的許多方面以後，你是否能舉出一兩個方面，是你成長得愈像神，會使你在生活中愈喜樂的？有哪些方面是你現在想要更多像神的？
5. 只有基督徒才具有神的形像嗎？還是所有的人都具有神的形像？這個認知使你怎樣感受你和非基督徒之間的關係？
6. 認識到人具有神的形像，是否改變了你對那些不同族裔、老弱、世界不看重之人們的想法和應對？

特殊詞彙

神的形像（image of God, *imago Dei*）
樣式（likeness）

本章書目

Barclay, D. R. "Creation." In *NDT*, pp. 177-79.
Berkouwer, G. C. *Man: The Image of God*. Grand Rapids: Eerdmans, 1962.
Boston, Thomas. *Human Nature in Its Fourfold State*. London: Banner of Truth, 1964 (first published 1720).
Ferguson, S. B. "Image of God." In *NDT*, pp. 328-29.
Henry, C. F. H. "Image of God." In *EDT*, pp. 545-48.
Hoekema, Anthony A. *Created in God's Image*. Grand Rapids: Eerdmans, and Exeter: Paternoster, 1986, pp. 1-111.
Hughes, Philip Edgcumbe. *The True Image: The Origin and Destiny of Man in Christ*. Grand Rapids: Eerdmans, and Leicester: Inter-Varsity Press, 1989, pp. 1-70.
Kline, Meredith G. *Images of the Spirit*. Grand Rapids: Baker, 1980.
Laidlaw, John. *The Bible Doctrine of Man*. Edinburgh: T. & T. Clark, 1905.
Machen, J. Gresham. *The Christian View of Man*. London: Banner of Truth, 1965 (reprint of 1937 edition).
McDonald, H. D. "Man, Doctrine of." In *EDT*, pp. 676-80.
________. *The Christian View of Man*. Westchester, Ill.: Crossway, 1981.
Robinson, H. W. *The Christian Doctrine of Man*. 3d ed. Edinburgh: T. & T. Clark, 1926.

第二十二章
男性與女性

神為何創造兩性？
男人與女人的地位相等，但角色不同

背誦經文：歌羅西書3:18-19

你們作妻子的，當順服自己的丈夫，這在主裏面是相宜的。你們作丈夫的，要愛你們的妻子，不可苦待他們。

詩歌：敬畏耶和華何有福（*Blest the Man that Fears Jehovah*）

1敬畏耶和華真有福 行走在祂道路中 勞碌終日卻有享受 靠主快樂有所成
2你的妻子安居家中 喜樂充滿結善果 愛中流露甘心服事 和顏悅色證母道
3歡欣鼓舞家中兒女 圍桌好像橄欖樹 傳承屬神力量美麗 甘甜應許與盼望
4看哪那些敬畏之人 真神福氣降在身 耶和華神從錫安出 特為賜福敬畏人
5你要眼見神國興旺 目睹錫安的好處 你要看見子子孫孫 平安歸給以色列

詞：出自*The Psalter* 1912（取自詩篇128篇）
曲：GALILEE 8.7.8.7., William Jude, 1887

這首詩歌是改寫自詩篇128篇並配上音樂而作，它說到按照神的方式來過家庭生活所蒙的祝福。

前言

我們在前面一章提到，人是照著神的形像而被造的；這在一方面的意思是指人被造為男人和女人：「上帝就按自己的形像創造人：按上帝的形像創造他：*創造他們有男有女*。」（創1:27，呂振中譯本；和合本譯作「神就照著自己的形像造人，乃是照著祂的形像造男造女。」）在創世記5:1-2那裏也說到人照著神的形像受造，和人受造為男人和女人的關連：「當神造人的日子，是照著自己的樣式造的，並且造*男*造*女*。在他們被造的日子，神賜福給他們，稱他們為人。」[1] 雖然人受造為男人和女人，並

[1]關於是否應使用英文字裏的man來指稱人類（包括男人與女人）的問題，請見本書第二十一章A節的討論。

不是顯示我們具有神形像的惟一方式，但是它卻是非常重要的一方面，因此聖經在最初描述神創造人的同一節經文裏，也提及了這件事。我們可以將人受造為男人與女人所代表的神的形像總結如下：

人受造為男人和女人，在三方面顯示出神的形像：(1) 和諧的人際關係；(2) 在人格與重要性上的同等；(3) 在角色與權柄上的不同。[2]

A. 和諧的人際關係

神照祂的形像造我們的時候，並沒有將人造成隔離的人，而是創造我們在人類形形色色的社會裏，能達成人際的合一。在人類家庭和我們的屬靈家庭——教會——裏，人際的合一是特別深的。在男人和女人之間的人際關係的合一，於今世、在婚姻中，達到了最完滿的表現；就某一意義來說，丈夫和妻子是兩人成為一體了：「因此，人要離開父母，與妻子連合，二人成為一體。」（創2:24）這個合一不僅是身體的合一，同時也是一種深度的屬靈和情感的合一。在婚姻中結合在一起的丈夫和妻子，乃是「神配合的」人（太19:6）。人與非自己丈夫或妻子的人有性關係，是一種特別得罪自己身體的罪行（林前6:16, 18-20）；而在婚姻之內，丈夫和妻子都不再獨自擁有自己的身體，而是與他們的配偶共享（林前7:3-5）：丈夫「當照樣愛妻子，如同愛自己的身子」（弗5:28）。丈夫和妻子之間的聯合不是暫時的，而是一生之久的（瑪2:14-16；羅7:2）；我們不可等閒視之，因它是神所創造的一種深遠的關係，為要表達基督和祂的教會之間的關係（弗5:23-32）。

神創造兩種不同的人——男人和女人，而不是只創造一種人；這事實正顯示我們具有神形像的一方面，因為在某種程度上，男人和女人的兩性可以被視作是反映三一神之內位格的多數。聖經在說到我們受造為男人和女人的前一節經文中，首度明示在神裏面有多數的位格：「神說：『我們要照著我們的形像，按著我們的樣式造人，使他們管理……』」（創1:26）我們在這裏看到了一些相似性：正如在世界被造以先，在三一神的成員之間有團契、交通和榮耀的分享（見約17:5, 24，以及本書第十四章三一之神），神也以這樣的方式創造亞當和夏娃，使得他們之間可以分享愛情和交通，並在人際關係中彼此給對方尊榮。當然，三位一體這樣的反映，會在人類社會裏以不同

[2]關於更廣泛地討論創世記1-3章中男女差異的神學涵意，可見Raymond C. Ortlund, Jr., “Male-Female Equality and Male Headship: Genesis 1-3,” in *Recovering Biblical Manhood and Womanhood: A Response to Evangelical Feminism*, ed. by John Piper and Wayne Grudem, p. 98. 筆者在本章多處採用Dr. Ortlund的分析。

的方式表達出來，不過，它肯定從起初就存在於婚姻中親密關係的合一了。

有人可能會反對此點，而認為性別並沒有真正完整表達出在神裏面的多數位格，因為神在一個本體裏有三位，而當神創造亞當和夏娃時，在一個人性裏只有兩位。假如神想要人類反映出三一神裏的三位，為何祂不創造三個人，而只創造兩個呢？三個人不是更能反映三一成員之間的合一嗎？我們對此的回應是，*首先*，我們必須同意，這個事實顯示了婚姻和三一神之間的類比是不精準的。*其次*，雖然我們不能確知神為何不那樣做的理由，而聖經也沒有明言那些原因，但我們可以提出兩種可能的答案：(1) 神是三個位格在一個本體之內，而亞當和夏娃是兩個性別在一個人性之內，這事實可能是提醒我們，神的超絕是遠遠大過我們的——祂擁有的成員，以及成員彼此之間的合一，遠比我們身為受造者的更大。(2) 雖然二者的合一不完全一樣，但是在家庭中的丈夫、妻子、兒女之間的合一，也在某種程度上反映了三一神之成員間的合一和多位。

另外兩個反對的看法可能是由以下的事實所引起的：耶穌自己並未結婚，保羅在作使徒之時（也許再早一些）也是未婚的，而保羅在哥林多前書7:1, 7-9那裏似乎是在說基督徒最好不要結婚。假如婚姻是我們反映神的形像這麼重要的一部分，那麼為什麼保羅和耶穌都不結婚，而且為什麼保羅還勉勵其他人也不要結婚呢？

關於耶穌未婚，是因為祂獨特的身分；祂是神又是人，祂是統管萬有、大有權柄的主。祂並不娶任何一個人，而是娶整個教會作為祂的新娘（見弗5:23-32），並且和祂教會的每一個成員，都享受屬靈的和感情上的合一，直到永遠。

保羅的未婚和他給哥林多的基督徒的勸言，則有些不同了。保羅並沒有說結婚是錯的（見林前7:28, 36），他看婚姻是件好事，是人的權利與特權，但卻是可以為了神的國度而放棄的：「因現今的艱難，據我看來，人不如守素安常才好……時候減少了……因為這世界的樣子將要過去了。」（林前7:26, 29, 31）保羅就這樣放棄了他可以反映神形像的一個方式（婚姻），為的是促進其他可以反映神形像的方式，並促進神在這世上的目的（亦即為教會工作）。舉例來說，他的傳福音和訓練門徒被視為是生育「屬靈的兒女」，並且在主裏養育他們（見林前4:14，他在那裏稱哥林多教會的人為「我所親愛的兒女」；亦見加4:19，提前1:2；多1:4）。不只如此，整個教會的建造，是一個帶領千萬人來榮耀神的過程，而當他們在生活中更多反映出神的性格時，就能更多榮耀神。此外我們必須了解，在我們的生活中，婚姻不是惟一能反映出三一神的合一性與多位性的方式；信徒在教會團契中的聯合裏也能反映它；這樣，在真實的教會團契裏，單身的人（像保羅和耶穌）和結婚的人，都能在其人際關係反映出三位一體的性質。因此，建造教會和增加教會的合一與純潔，也就是加強神性格在世上的反映了。

B. 在人格與重要性上的平等

正如三一神的成員，在重要性與祂們存在的位格之完全性與獨特性上，三位都是平等的（見本書第十四章），男人和女人也一樣，他們都是神所創造的，在重要性和人格上也都是平等的。當神創造人時，祂是按祂自己的形像創造了「男人和女人」（創1:27; 5:1-2）。男人和女人被造得*同等具有神的形像*，因此，男人和女人都能在他們的生活中反映出神的性格；這表示我們應當可以在彼此的生活中，看見神性格的各種層面。假如我們生活在一個只有男性基督徒的社會，或只有女性基督徒的社會裏，那麼我們就看不見神性格的全貌；但當敬虔的男人和敬虔的女人在一起互補其差異時，我們就能看到他們反映出的神性格之美麗的全貌。

假如男人和女人在具有神的形像上是平等的，那麼對神而言，他們肯定都是*一樣地重要，一樣地有價值*；我們在祂面前，到永遠都有相同的價值。聖經上說男人和女人都「具有神的形像」，這事實應當排除所有的驕傲或自卑感，也排除了認為一種性別「優於」或「劣於」另一種性別的想法。尤其是當我們將基督教與許多非基督教的文化和宗教對比來看時，應當沒有基督徒會因為他是男人而感覺驕傲或優越，也沒有基督徒會因為她是女人而感覺失望或自卑。[3] 假如神認為我們在價值上是相等的，那麼這個問題就解決了，因為神的評估是人在永恆裏之價值的真實標準。

當保羅在哥林多前書11:7說：「男人本不該蒙著頭，因為他是神的形像和榮耀；但女人是男人的榮耀」時，他並沒有否認女人是照著神的形像造的，他只是說男女之間有持久不變的差異，而這差異應當在聚會時的衣著和行為的方式上反映出來。男女之間的一項差異就是，男人在與女人的關係中有一個特別的角色，那就是他要代表神，顯出神的性格；而女人在此關係中則是要顯明，女人是從男人而出的，藉此顯明男人的優秀。然而對雙方而言，保羅都一直地強調男女之間的相互依存（見林前11:11-12）。

---

[3]在過去的十年、二十年間，新聞機構常報導在中國社會裏看到的現象，就是新生的女嬰遭到父母的遺棄，這樣父母才能在政府「一胎化」的政策下，再嘗試生個兒子。對比於聖經之觀念——男女同等重要——這種觀念及作法不但導致犧牲了許多無辜的生命，而且也等於是向那個社會的每一個女人宣告，她的價值比男人要低（在其他的社會，也有些父母可能在心中暗自認為生男嬰比生女嬰好，這同樣顯出他們沒有完全地明瞭聖經所教導的事實：在神的眼中，男女的價值完全平等）。

男人和女人在神面前人格的平等，反映出三一神成員位格的平等，因此這應當自然地引導出男人和女人要彼此尊榮。箴言第31章是一幅美麗的圖畫，是將尊榮歸給一位敬虔的婦女：

「才德的婦人誰能得著呢?

她的價值遠勝過珍珠……

她的兒女起來稱她有福,

她的丈夫也稱讚她,

說：『才德的女子很多,

惟獨你超過一切。』

艷麗是虛假的，美容是虛浮的;

惟敬畏耶和華的婦女，必得稱讚。」（箴31:10, 28-30）

與此類似地，彼得告訴作丈夫的人說，他們要「敬重」妻子（彼前3:7），而保羅也強調，「然而照主的安排，女也不是無男，男也不是無女。因為女人原是由男人而出，男人也是由女人而出。」（林前11:11, 12）男人和女人都是一樣地重要，都要互相依賴，也都當得敬重。

在新約教會中，男人和女人在身為人的平等，是以一種新的方式被強調出來。我們在五旬節那一天看見約珥書裏神的應許之實現：

「我要將我的靈澆灌凡有血氣的。

你們的**兒子和女兒**（和合本譯作『兒女』）要說預言……

在那些日子,

我要將我的靈澆灌我的僕人和使女,

他們就要說預言。」（徒2:17-18, 引自珥2:28-29）

聖靈以新的能力澆灌在教會身上，而男人和女人**雙方**都在引人注目的方式下得著了服事的恩賜。從五旬節那天開始，屬靈恩賜分配給所有的男人和女人，這就一直在教會歷史上持續著。保羅認為每一個基督徒都是基督身體裏一個有價值的肢體，因為「聖靈顯在**各人**身上，是叫人得益處」（林前12:7）。在他講述了一些恩賜以後，他又說：「這一切都是這位聖靈所運行，隨己意**分給各人**的。」（林前12:11）彼得寫信給許多散布在小亞細亞的教會時也說：「**各人**要照所得的恩賜彼此服事，作神百般恩賜的好管家。」（彼前4:10）這些經文並不是在教導說，所有的信徒都有相同的恩賜，但它們確實是表示男人和女人雙方都有服事教會的可貴恩賜，而且我們應當期望這些恩賜會廣泛地、白白地分賜給男女雙方。

所以，以下這類的問題就沒有什麼意義了：「誰的禱告更有效果，是男人的還是女人的？」「誰的讚美更好，是男人的還是女人的？」「誰的屬靈敏銳度更強，是男人的還是女人的？」「誰與神的關係更深，是男人還是女人？」對於所有這些問題，我們都沒有答案。在領受新約聖靈所賜的能力上，男人和女人的領受力是平等的；在教會歷史上，一直都有偉大屬神的男性和偉大屬神的女性，也一直有男性的大能禱告勇士和女性的大能禱告勇士；他們都運用我們主耶穌基督的權柄，勝過了世上的權勢、國度和屬靈的營壘。[4]

在新約教會的洗禮上，就更深地強調了男女在神面前的平等。五旬節那天，信主的男女都受洗了：「於是領受他話的人就受了洗，那一天，門徒約添了三千人。」（徒2:41）這一點是很重要的，因為在舊約之下，成為神家中一員的象徵是割禮，那是只給男人的；但在新約之下，成為神家一員的新象徵——洗禮，則是給男人和女人的，這更深地證明了男女雙方都應當完全平等地被視為是神家中的成員。

保羅在加拉太書裏也強調了在神百姓中男女地位的平等：「你們受洗歸入基督的，都是披戴基督了。並*不分*猶太人、希利尼人；自主的、為奴的；*或男或女*；因為你們在基督耶穌裏都成為一了。」（加3:27-28）保羅在此強調的事實是：神百姓中沒有哪一階層，例如由亞伯拉罕肉身後裔而來的猶太人，或是擁有更大經濟和法律權勢的自由公民，能夠在教會裏要求特別的地位或特權。奴隸不應當認為自己比自由公民低下，自由公民也不應當認為自己比奴隸優越；猶太人不應當認為自己比希臘人優越，而希臘人也不應當認為自己比猶太人低下。與此類似地，保羅想要確保，男人不會採取周圍文化的一些心態，或甚至是第一世紀猶太主義的心態，從而以為男人比女人更為重要，或以為他們在神面前更有價值；女人也不應當認為自己在教會裏比較低下或不重要。不論是男人或女人、猶太人或希臘人、奴隸或自由公民，大家都一樣重要，對神而言都一樣寶貴，在基督的身體——教會——裏永遠都是平等的成員。

應用在實際生活上來說，我們切不可以為在教會裏有任何的次等公民。不論是男人或女人、老闆或雇員、猶太人或外邦人、黑人或白人、富人或窮人、健康人或是

---

[4]也許「誰的禱告更好？」「誰的讚美更好？」這些問題的答案應當是「合在一起更好」。雖然弟兄禱告會或姊妹禱告會都很寶貴，然而比起神的百姓整體的團契，即弟兄、姊妹，甚至加上他們年紀大到可以明白和參與的兒女，一齊在神的寶座前禱告，這樣的禱告會是更豐富、更完整的。「五旬節到了，門徒*都聚集在一處*。」（徒2:1）「他們聽見了，就*同心合意的*高聲向神說……」（徒4:24）彼得「想了一想，就往那稱呼馬可的約翰他母親馬利亞家去，在那裏*有好些人聚集*禱告。」（徒12:12）

患病人、強壯人或是軟弱人、有吸引力的人或沒有吸引力的人、聰穎的人或是愚鈍的人……對神來說，他們都有相等的價值，而且彼此也應該同樣寶貴地相待。這個平等的觀念是基督教信仰一個驚人又奇妙的成分，並且它幾乎使基督教與所有宗教、社會和文化區分開來。只有當人信從聖經上所教導的救贖智慧時，才能充分地了解到敬虔的男人與女人在人格上真實的尊貴。

C. 在角色與權柄上的差異

C.1 三一神與婚姻中男性為頭之觀念的關係

三一神之成員的重要性、位格和神性，從亙古到永遠都是平等的，但其角色卻有不同。[5] 父神永遠是父親，而祂和子神的關係也永遠是父子的關係。雖然所有三一神的成員在能力，和在所有其他屬性上都是平等的，但是父神卻有更大的權柄：祂在三一神所有的成員中，具有領導的角色，是子神和聖靈所沒有的。在創世時，是由父神說話並發起，而由子神來執行工作，並由聖靈藉著持續的同在來維持（創1:1-2；約1:1-3；林前8:6；來1:2）。在救贖時，父神差遣子神來到世上；子神來了，順服父神，並為償還我們的罪債而死（路22:42；腓2:6-8）。在子神升入天上之後，聖靈降臨來裝備並加力給教會（約16:7；徒1:8; 2:1-36）。父神沒有來為我們的罪受死，聖靈也沒有。父神在五旬節那天沒有以新約之下的能力，被澆灌在教會之上，子神也沒有。三一神的每一個成員都有不同的角色或功能；祂們之間在角色和權柄上的差異，與其在重要性、位格和神性上的同等，就如此完全地和諧一致。

如果人類是要反映神的性格的話，那麼我們將期待人類也會有類似的*角色的差異*（difference in role），而其中最基本的就是男性和女性之間的差異。這點確實是我們在聖經經文裏所發現的。

保羅明白地指出這項平行對照，因他說：「我願意你們知道，基督是各人的頭，*男人是女人的頭，神是基督的頭。*」（林前11:3）這裏有權柄的區分，可以由圖22.1表達出來。

雖然父神和子神在神性上是同等的，但父神的權柄在子神之上；同樣地，雖然在婚姻中丈夫和妻子在人格上是同等，但丈夫的權柄在妻子之上。[6] 這樣，男人的角色是

---

[5]見本書第十四章D節有關三一神成員之間的差異。

[6]有人認為哥林多前書11:3裏的「頭」字，其意思是「源頭」，與婚姻中的權柄毫無關係。舉例來說，Gordon Fee 認為保羅在哥林多前書11:3使用「頭」一字而說「基督是各人的頭，男人是女人的頭，神是基督的頭」時，「保

圖22.1 三一神裏的平等和差異，反映在婚姻中兩性的平等和差異

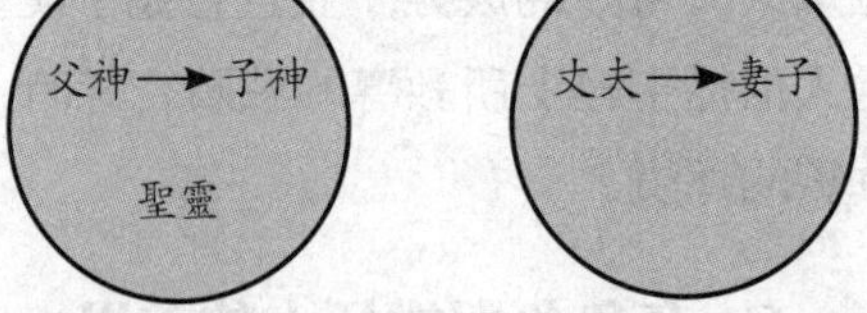

像父神的角色，而女人的角色則像子神的角色。他們在重要性方面是同等的，但是角色卻有不同。在哥林多前書11:2-16這段經文裏，保羅以此觀念為一個根基，告訴哥林多教會的人在衣著上要合宜於當日男女的穿著，這樣，在教會的聚會裏，男女之間的差異就一目瞭然了。[7]

C.2 墮落前就有不同的角色

然而男女之間在角色上的不同，是神原初創造的一部分，還是在人墮落後才有、屬於懲罰墮落的一部分？是否在神告訴夏娃：「你必戀慕你丈夫，你丈夫必管轄你」（創3:16）之時，夏娃才開始順服亞當的權柄？

羅對這個譬喻的理解，也幾乎是哥林多教會的人所理解的惟一意思，那就是『頭』即『源頭』之意，尤其是指『生命的源頭』。」(*The First Epistle to the Corinthians*, NIC [Grand Rapids: Eerdmans, 1987], p. 503).

與此類似地，「男人、女人與聖經的平等觀」之敘述出現在一份刊登的廣告中（*CT,* April 9, 1990, pp. 36-37），它說：「在丈夫與妻子相互順服的關係之內，丈夫之為頭的功能應被理解為捨己的愛與服事（弗5:21-33；西3:19；彼前3:7）。」（該文第一頁第十一段）他們將「頭」的意思理解為愛與服事的「來源」，而非「在其上的權柄」。

對這種詮釋的回應，以及對「頭」這個字在此的意思一定是「在其上的權柄」、而不是「來源」的討論，請見W. Grudem, "Does *Kephalē* ('Head') Mean 'Source' or 'Authority Over' in Greek Literature? A Survey of 2,336 Examples," *TrinJ* 6, n.s. (Spring 1985), pp. 38-59, and W. Grudem, "The Meaning of *Kephalē* ('Head'): A Response to Recent Studies," *TrinJ* 11, n.s. (Spring 1990), pp. 3-72 （重印於*Recovering Biblical Manhood and Womanhood: A Response to Evangelical Feminism*, pp. 425-68）. 亦見Joseph Fitzmyer, "Another Look at *Kephalē* in 1 Cor. 11:3," *NTS* 35 (1989), pp. 503-11.

雖然有人宣稱，在少數的例子中，當「頭」字用在一個人的身上時，它的意思可以是指「來源」；然而在那些例子中的那個人，總是掌權的一位。在古代希臘文學裏，找不到一個反例。

[7]事實上，在第一世紀的哥林多城，用布蓋著頭（蒙頭）是區分男女之別的衣著，因此保羅教導女人在教會中要用布蓋著頭。但這並不表示在一個不用蒙頭為記號來區別男女的社會裏，女人還需要蒙頭。現代對此的應用是女人應當穿得像女人，而男人應當穿得像男人，視他們那個社會裏男女各應該穿什麼樣的服裝而定：保羅是不會贊同不分性別（unisex）的服飾的！有關此點的進一步討論，見Thomas R. Schreiner, "Head Coverings, Prophecies and the Trinity: 1 Corinthians 11:2-16," in *Recovering Biblical Manhood and Womanhood*, pp. 124-39.

這種想法——在世人犯罪以後才有權柄的不同——被好幾位作者所鼓吹，例如史賓莎（Aida B. Spencer）[8] 和畢基建（Gilbert Bilezikian）。[9] 畢基建說：「因為男女在權柄的差異是由人的墮落而來，所以亞當管轄夏娃被視作是源自撒但的，這不亞於死亡本身。」[10]

然而，如果我們仔細檢視創世記裏關於創造的敘述，就看到有一些經文指明，即使是在罪進入世界以前，亞當和夏娃之間就有角色上的差異了。

C.2.1 亞當先受造，然後夏娃才受造

神先創造亞當，隔了一段時間才再創造夏娃（創2:7, 18-23），這事實表示了神看亞當在他家中具有領導角色。聖經對任何動物的受造都沒有提到這樣兩階段的程序，因此似乎這具有特殊的目的。亞當的首先被造，與舊約的「長子繼承權」（primogeniture）相符合，這是說在人類家庭裏，任何一代的長子，在那一代的家中具有領導權。在整個舊約聖經的經文中，都設定了長子身分的權利，雖然有時候因為神有特殊的目的，長子的名分被出賣了，或被轉移到弟弟身上（創25:27-34; 35:23; 38:27-30; 49:3-4；申21:15-17；代上5:1-2）。「長子的名分」是屬於首生的兒子的，而且一直是他的，除非有特別的情況介入，才會改變那個事實。[11] 我們看到神先創造亞當有一個目的，而這個目的反映在神賦予男女不同的角色；這一事實為提摩太前書2:13所支持，保羅在那裏用「先造的亞當，後造的是夏娃」的事實為一理由，將教會裏一些獨特的管理與教導的角色限制只給男人。

C.2.2 夏娃被造為亞當的幫手

聖經很清楚地說，神是為亞當創造夏娃，而不是為夏娃創造亞當：「那人獨居不好，我要為他造一個配偶幫助他。」（創2:18）保羅看這個安排，重要到足以作為要求男女在敬拜神上有不同角色的根據。他說：「男人不是為女人造的，女人乃是為男人造的。」（林前11:9）然而這話不應當被看成是表示女人比較不重要；它的意思乃是指明兩性從起初就在角色上有所不同。

---

[8]*Beyond the Curse,* 2d ed. (Nashville: Thomas Nelson, 1985), pp. 20-42.

[9]*Beyond Sex Roles* (Grand Rapids: Baker, 1985), pp. 21-58.

[10]同上出處，p. 58.

[11]有人反對說，這種說法不適用於創世記的記敘，因為動物的受造先於亞當，若是這樣說，那麼動物就有權柄管理人類了（Bilezikian, *Beyond Sex Roles*, p. 257, n. 13）。然而這種反對的說法乃是不明白「長子繼承權」的原則僅發生於人類，而且事實上，它也只限於同一個家庭裏的人（Bilezikian又提出其他的反對意見［pp. 255-57］，然而他無法處理新約聖經在提摩太前書2:13那裏所支持的創世記第2章的這個解釋）。

近來有一些學者認為，夏娃受造為亞當合適幫手的這件事，並沒有表達出任何兩性在角色或權柄上有不同，因為「幫手」一詞的希伯來字（*'ezer*），在舊約聖經裏通常是用在一個比受助者更偉大、更有能力的人身上。[12] 事實上，在舊約聖經裏，「幫手」一詞是用在幫助神百姓的神自己身上。不過在此的要點是，不論是在希伯來文舊約聖經的用法，或是在我們現代的用法，每當一個人「幫助」另外一個人時，不論這「幫手」幫的是什麼忙，都表示他比受助者站在一個更從屬或更次層的地位，例如當我「幫助」一個鄰居小孩修他的腳踏車時，我只是給他一些他所需要的協助而已，而修車是他的責任，並不是我的責任。克藍斯（David Clines）結論說，在整個希伯來文的舊約聖經裏都是這樣用的：

「當我看過所有希伯來文聖經的出處以後，我的結論是這樣的：雖然位高者可能幫助位低者，強壯者可能扶助軟弱者，神祇可以幫助凡人，但在助人的行動中，他們就變得『低下』了。這也就是說，他們使自己臣服在一種次要的、隸屬的地位上。雖然他們的幫助可能是必要的或很重要的，可是他們所幫的工作本身卻是別人的責任。其實他們不是在做自己的工作，甚至也不是在合作，因為若是合作則另有用語。在希伯來的表達方式裏，作幫手並沒有平等之意。」[13]

另一個反對論點，是說創世記2:18譯為「配偶」的希伯來字，是表示夏娃實際上優於亞當，因為這個字的本意是「在……之前」。[14] 不過歐德蘭（Raymond C. Ortlund）正確地指出，這個希伯來字的意思不可能是「優於」之意，否則詩篇119:168就要變成是詩人對神說：「我一切所行的都優於你」！其實這個字的意思只是「相配」。[15]

C.2.3 亞當為夏娃取名字

亞當給所有動物取名字的事實，指出亞當在動物界之上的權柄，因為舊約認為給人取名字的權利，表示他的權柄在那人之上（這點可見於神給人——例如亞伯拉罕和撒拉——取名字，以及父母給兒女取名字）。因為希伯來文的名字表明了一個人的性格或功能，可見亞當也指明了他所命名之動物的特點或功能。所以，在亞當給夏娃

---

[12]見Aida B. Spencer, *Beyond the Curse*, pp. 23-29.

[13]David J. A. Clines, "What Does Eve Do to Help? and Other Irredeemably Androcentric Orientations in Genesis 1-3." 此文乃是1987年12月7日在美國麻州波士頓所召開的Society of Biblical Literature的年會上所宣讀的論文。

[14]Aida Spencer就是這麼說的，見Aida Spencer, *Beyond the Curse*, pp. 23-26. 她說：「希伯來文的經文甚至指出，女人是『在』男人『之前』，或在他『之上』的！」（p. 26）

[15]Ortlund, "Male-Female Equality," pp. 103-4; 參BDB, p. 617, 2a.

取名字，並說「可以稱她為『女人』，因為她是從男人身上取出來的」（創2:23）之時，也表明了在他這一方的領導角色。[16] 這點在他墮落之前就是事實——那時亞當給他的妻子取名叫「女人」；而在他墮落之後也是事實——那時「亞當給他妻子起名叫夏娃，因為她是眾生之母。」（創3:20）[17] 有人曾反對說，亞當在墮落之前並沒有真的給夏娃取名字。[18] 然而，亞當確實是稱呼他的妻子為「女人」（創2:23），正如他稱呼所有的動物是按照它們的名字稱呼一樣（創2:19-20），因此亞當真的有為她取名字。雖然在舊約裏有時候是母親給兒女取名字，但這事實並沒有與取名字代表權柄的想法相矛盾，因為父母雙方都對兒女有權柄。

C.2.4 神用man稱呼全人類、而不是用woman

神用man（人，男人）而非woman（女人）、而且也不用一些中性的詞來稱呼全人類，這事實在本書第二十一章已經解釋過了。[19] 創世記5:2指明：「在他們被造的日子，神……稱他們為人（Man）。」以特別和亞當有關的詞彙，或說是以有別於女人的男人之詞彙，來為全人類取名字，就表示有一種領導的角色是屬於男人的。這點類似於女人出嫁時要冠夫姓的習俗——這象徵了男人在家庭中為首的地位。

C.2.5 蛇先誘惑夏娃

撒但在犯罪之後，就處心積慮要扭曲，並毀壞神所計劃並創造為好的每一件人事物。撒但（以蛇的形體）先從夏娃下手，企圖藉著引誘夏娃悖逆神去獲取領導權，而顛倒兩性的角色（創3:1）。這和神對他們的方式相反，因為當神對他們說話的時候，祂是先對亞當說話（創2:15-17; 3:9）。保羅曾說：「且不是亞當被引誘；乃是女人被引誘，陷在罪裏。」（提前2:14）他說這話時，似乎洞悉了這種角色的顛倒。保羅的話至少表示出，撒但在試圖要破壞神在婚姻中所設立的男性領導模式時，乃是先接觸女人。

C.2.6 墮落後神先對亞當說話

正如神在夏娃受造以前是對亞當一人講話（創2:15-17），在他墮落以後，即使是夏娃先犯罪的，神仍先對亞當，惟他是問：「耶和華神呼喚那人，對他說：『你在哪裏？』」（創3:9）神視亞當為他家庭中的領導，是應當首先解釋家中發生之事的人。

---

[16]見Ortlund, “Male-Female Equality,” pp. 102-3的討論。

[17]Gerhard von Rad說：「讓我們再次提醒自己，在古代的東方，取名字主要是一種主權和命令的行使。」（*Genesis: A Commentary*, rev. ed. [Philadelphia: Westminster, 1972], p. 83）

[18]見Bilezikian, *Beyond Sex Roles*, pp. 260-61.

[19]見本書第二十一章A節。

雖然這是在罪發生以後的事，但還是先於祂對夏娃說的話：「你丈夫必管轄你」（創3:16）；注意到這點是很重要的，因為今日有一些學者宣稱，男性在家庭中的領導地位是從創世記3:16才開始的。

C.2.7 亞當代表了全人類，但夏娃不代表全人類

即使是夏娃先犯罪（創3:6），但我們被算為有罪之人，乃是因為亞當的罪，而非因為夏娃的罪。新約聖經告訴我們：「**在亞當裏**眾人都死了」（林前15:22；另參林前15:49），又說：「若因**一人的**過犯，眾人都死了……」（羅5:15；另參羅5:12-21）這指出神賜給亞當一種角色，表達出他是人類的元首或領導，但這個角色並沒有賜給夏娃。

C.2.8 墮落後所受的咒詛扭曲了先前的角色，但並未引進新的角色

在神給亞當和夏娃的懲罰中，祂並沒有引進新的兩性之角色或功能，而只是將痛苦與扭曲帶進他們先前已有的功能；這被稱為**兩性角色的扭曲**（distortion of roles）。因此，亞當主要的職責還是耕種田地、收成作物，只是大地將會長出「荊棘和蒺藜」，而他要汗流滿面才得餬口（創3:18, 19）。與此類似地，夏娃主要的職責仍是生育兒女，只是生育會變得很痛苦：「你生產兒女必多受苦楚。」（創3:16）接著神也將衝突與痛苦帶進了亞當和夏娃先前和諧的關係中。神對夏娃說：「你必**戀慕你丈夫**，你丈夫必管轄你。」（創3:16）傅書珊（Susan Foh）的論點很有力：被繙譯為「戀慕」的希伯來字（*teshûqāh*）之意思是「渴望要征服」；它指出夏娃將會有一種錯誤的渴望，想要篡奪權柄而在她丈夫之上。[20] 假如這種對「戀慕」一詞的理解是正確的話，那麼這句經文就指出：神**將一種衝突帶進**亞當和夏娃的**關係之中**，而在夏娃這方面乃是帶進一種反叛亞當之權柄的渴望。

在亞當這方面，神對夏娃說：「你丈夫必**管轄**你。」（創3:16）在此「管轄」（希伯來文是*māshal*）是一個語氣很強的字，通常是用來指君主的統治，而不是指家庭內

---

[20]見Susan. T. Foh, "What is the Woman's Desire?" in *WTJ*, vol. 37 (1975), pp. 376-83. 她注意到同一個希伯來字，在幾節經文以後又出現在一句十分平行對稱的敘述裏，那就是神對該隱說的話：「罪就伏在門前；他必**戀慕**你，你卻要制伏他。」（創4:7）在這兩節希伯來文經文（創3:16與創4:7）之間的對稱性，是十分顯著的：其中有六個字（包括連接詞和介系詞）是完全一樣的，而且字的順序也相同；另外的四個名詞與代名詞都在相同的位置，而且它們在句子中也有相同的功能；它們的不同只在於它們所牽涉的對象不同。在創世記4:7後面的句子裏，罪惡對該隱的「戀慕」很清楚地是一種**想要勝過他或征服他的渴望**，就如同這裏所用的動物「蹲伏」在門口等候的意象中所顯而易見的。聖經中惟一出現過同一個字的另一處是在雅歌7:10，它的意思在那裏並不明確，不過「渴望要主宰」的意思仍是可能的（注意雅歌2:16; 6:3; 7:10中的發展）。雖然Foh指出在一些相關的閃族語言裏有與此對稱的例子，以支持她的論點，但筆者自己在其他古代希伯來文學裏並沒有再發現這個字的出現（這個字的意思不可能是指「性慾」，因為性慾不是在墮落時才有的，也不是神咒詛人的一部分）。

的權柄。[21] 這個字肯定不是表示被統治者也能參與這種統治，而是表示一種專制地、絕對地、不顧惜地使用權柄，並不是很體貼周到的統治；這個字代表了嚴苛，而非仁慈。因此，這句經文的意思是說亞當將會濫用他的權柄，苦待他的妻子，並將痛苦和衝突帶進原先和諧的關係中。亞當在墮落之前並非沒有權柄，只是他在墮落之後就會濫用權柄了。

因此，墮落後的咒詛扭曲了墮落前亞當謙遜而體貼的領導角色，也扭曲了夏娃對那個領導角色明智而甘心的順服。

C.2.9 基督的救贖再次肯定了創造的次序

假如前面所說的論點——人的墮落帶進了角色的扭曲——是正確的話，那麼我們就期望在新約裏能看到，夫妻關係得以從罪惡和咒詛所帶來的痛苦中解除；我們期望在基督裏的救贖，能鼓勵作妻子的不要悖逆她們丈夫的權柄，也能鼓勵作丈夫的不要濫用他們的權柄。事實上，這就是我們在新約裏所看到的：「你們作妻子的，當順服自己的丈夫，這在主裏面是相宜的。你們作丈夫的，要愛你們的妻子，不可苦待她們。」（西3:18-19；另參弗5:22-33；多2:5；彼前3:1-7）假如妻子順服丈夫的權柄是屬於有罪的模式，那麼彼得和保羅就不會命令基督徒在婚姻中要持守這種模式了！舉例來說，他們並沒有說：「荊棘長在你們的園子吧！」或說：「生產儘可能地痛苦吧！」或說：「離神疏遠些吧！切斷與祂的交通吧！」基督救贖我們的目的，是要在各方面除去墮落與罪惡所帶來的結果：「神的兒子顯現出來，為要除滅魔鬼的作為。」（約一3:8）新約聖經裏有關婚姻的命令，並沒有延續任何墮落後所受之咒詛的成分，也沒有延續任何有罪的行為模式；反之，它們再次肯定了在神起初美善的創造裏，所制定之角色的次序與特點。

從實際應用方面來說，當我們在基督裏長大成熟時，就會對神在人類家庭的男女角色上，以智慧所制定及所創造的差異，感到真心的喜樂。當男人和女人都明瞭這個聖經的教訓時，就都應當能夠在心裏說：「這是神所計劃的，它既美善、又正確。我對祂所創造我生命的樣子感到喜樂，也對祂賜給我的獨特角色感到喜樂。」在三一神的成員之間和在人類家庭的成員之間，其角色的差異永遠是美麗、莊嚴和正確的。男人和女人應當都能對於神所創造他們的樣子感到全然喜樂，而不感到有優劣之分，或有重要與不重要之分。

---

[21]見申命記15:6（「你必管轄許多國民，他們卻不能管轄你」）；箴言22:7（「富戶管轄窮人」）；士師記14:4; 15:11（「非利士人轄制以色列人」）。又見創世記37:8；箴言12:24等處。

C.3 以弗所書5:21-33及相互順服的問題

我們在以弗所書第5章裏讀到這樣的話:

「你們作妻子的，當順服自己的丈夫，如同順服主。因為丈夫是妻子的頭，如同基督是教會的頭，祂又是教會全體的救主。教會怎樣順服基督，妻子也要怎樣凡事順服丈夫。」（弗5:22-24）

雖然從表面上看來，這段經文肯定了我們以上所討論之婚姻中的創造次序，但是近來年對這一段經文裏的動詞「順服」（*hypotassō*）之意義，卻有一些爭辯。有人認為它的意思是「體貼、諒解、彼此以愛相待」。假如按這個意思來理解這個字的話，那麼這段經文就沒有教導說，妻子有任何獨特的責任要去順服她丈夫的權柄，因為夫妻雙方都需要體貼，彼此相愛；而且按這種觀點來看，這一段經文裏沒有提到順服權柄的事。[22]

然而，上述的意思並不是*hypotassō*一字合理的解釋，因為這個字總是表示一種**順服權柄**的關係。此字在新約聖經其他地方被用到的情況有：耶穌對祂父母權柄的順服（路2:51）；鬼魔對門徒的順服（路10:17，此處顯然不適合解釋為「體貼、以愛相待」的意思）；公民對政府權柄的順服（羅13:1, 5；多3:1；彼前2:13）；宇宙對基督的順服（林前15:27；弗1:22）；看不見之屬靈權勢對基督的順服（彼前3:22）；基督對父神的順服（林前15:28）；教會成員對教會領袖的順服（林前16:15-16〔見《革利免一書》42:4〕；彼前5:5）；妻子對其丈夫的順服（西3:18；多2:5；彼前3:5；另參弗5:22, 24）；教會對基督的順服（弗5:24）；奴僕對其主人的順服（多2:9；彼前2:18）；基督徒對神的順服（來12:9；雅4:7）。**這些關係中沒有一種是可以反過來順服的**；也就是說，聖經上從沒有說丈夫要順服（*hypotassō*）妻子，也沒有說政府要順服公民，主人要順服奴僕，門徒要順服鬼魔等等。事實上，這個字在新約聖經之外是用來描述在軍隊中的軍人對那些上級長官的歸順與服從。[23]

造成有人認為此處的「順服」有「體貼」之意的原因，是因為保羅在以弗所書5:21那裏用*hypotassō*這個字告訴基督徒要「**彼此**順服」。有一些學者認為，保羅的意思是說每一個基督徒都應當順服其他每一個基督徒，夫妻之間尤其應當要「彼此順服」。「**相互順服**」（mutual submission）一詞常用來形容此種關係，這被人領會成

---

[22]舉例來說，見Bilezikian, *Beyond Sex Roles*, p. 154.

[23]見約瑟夫的《戰史》（Josephus, *War*）2.566, 578; 5.309. 另參《革利免一書》（1 Clem.）37:2所用的副詞；亦見LSJ, p. 1897, 該處定義*hypotassō*（被動）的意思為「順服」。

意味著妻子對丈夫的順服不是一種妻子該有的獨特順服。

然而，保羅在以弗所書5:21經文中所說的「彼此順服」的意思，要從其下文來定義；事實上他的意思乃是指*要順服教會中權柄和地位高於你的其他人*。其下的經文解釋了這一點：聖經說妻子要順服丈夫（弗5:22-24），可是從來沒有說丈夫要順服妻子。其實保羅是告訴妻子「順服*自己的*丈夫」（弗5:22），而非教會裏的每一個人，也非所有的丈夫們！聖經說兒女要順服或聽從他們的父母（弗6:1-3），可是從來沒有告訴父母要順服或聽從他們的兒女。聖經說奴僕要順服（聽從）他們的主人，而非主人順服奴僕。[24] 所以，以弗所書5:21並沒有肯定相互順服的觀念（即每一個人都應當順服其他每一個人）。[25] 與此類似地，保羅在歌羅西書3:18-19裏也說妻子要順服丈夫：「你們作妻子的，當順服自己的丈夫，這在主裏面是相宜的。你們作丈夫的，要愛你們的妻子，不可苦待他們。」（又見多2:4-5；彼前3:1-7）

D. 在婚姻上的應用

假如我們以上的分析是正確的話，那麼就有一些實際的應用，特別是在婚姻之內，也在一般的男女關係之間。

當作丈夫的人開始有自私、粗暴、跋扈，或甚至虐待、殘酷的行為時，他們應當要知道，這是罪惡的結果，是墮落的結果，是具有毀滅性的，是與神造他們的目的背道而馳的。這樣的行為方式會在他們的生活中帶來可怕的毀壞，尤其在他們的婚姻生活中。反之，丈夫必須實踐新約的命令，去愛他們的妻子，敬重她們，體貼她們，並且優先地顧及她們的好處。

與此類似地，當作妻子的人對丈夫在家中的領導角色感到反叛和憎恨時，或是和

[24]以弗所書5:21的誤解主要是因為對*allēlous*這個字（「彼此」，此字由*allēlōn*而來）的意思誤解，以為它一定是指「完全互相」的意思（即每一個人互相於每一個人）。然而有許多例子就不是這個意思，而是指「一些人對於其他人」：舉例來說，啟示錄6:4的「使人*彼此*相殺」，其意思是說「使一些人殺了其他人」；加拉太書6.2的「各人的重擔要互相擔當」，其意思不是說「每一個人要與其他每一個人交換重擔」，而是說「有些較能幹的人，應當幫助擔當較不能幹的其他人的重擔」；哥林多前書11:33的「所以我弟兄們，你們聚會吃的時候，要彼此等待」，其意思是說「那些早就預備好了的人，應當等候其他遲到的人」等等（另參路2:15; 21:1; 24:32）。與此類似地，以弗所書5:21的下文以及*hypotassō*在這節經文中的意義，兩者都指出該句的意思應該是：「在你們中間，那些在權柄之下的人，應當順服在他們之上有權柄的其他人。」（關於反對婚姻中的順服就像奴隸制度中的順服，並認為這兩種順服都是錯誤的之看法，見本書第四十七章D.8節。）

[25]當然，所有的基督徒都要彼此相愛，並要相互體貼。假如這是「相互順服」的意思，那麼我們也不反對這種態度——雖然這不是以弗所書5:21所教導的，但聖經其他的地方有這樣教導，只是不用*hypotassō*這個字。但是通常來說，「相互順服」一詞的用法指的不是上述的意思，因此它抹煞了婚姻中丈夫應有的獨特權柄。

丈夫競爭領導權時，她們應當要知道，這是罪惡的結果，是墮落的結果。她們不應該那樣做，因為那也會給她們的婚姻帶來毀滅性的結局。反之，一個願意照著神所制定的模式來行事的妻子，應當會順服她的丈夫，同意他在家中的領導角色，並且以此為樂。[26]

明白了丈夫與妻子應當有的行為模式之後，我們也必須了解有兩種近乎相反、扭曲聖經模式的情形可能發生。假如丈夫的暴虐和妻子的僭越權柄，屬於侵略性的錯誤，那麼就有另兩個錯誤，即被動的錯誤或懶散的錯誤。對一個作丈夫的來說，作一個跋扈的「暴君」的另一個極端，就是完全地被動，在家裏不負起主動的責任——用俗話來說，就是一個「懦夫」。在這種扭曲聖經模式的情形下，丈夫變成過度「體貼」他的妻子，以至於他容許妻子去作所有的決定，甚至當她催逼丈夫做錯誤的事時，他也同意（請注意在亞當、亞哈王和所羅門王和其他人身上的例子）。通常這樣的丈夫會愈來愈不參與家中的事（可能是人不在家或心不在家），他的時間幾乎全被其他的事給霸佔了。

在妻子這方面的類似錯誤是變得全然被動，這與操縱丈夫和僭越權柄完全相反。她對家中的決定毫無意見，即使丈夫做錯了事，也不願對他說糾正的話。順服權柄並不表示要完全被動，或完全同意有權之人所說的或所提議的每一件事——這肯定不是我們順服雇主或政府官員（我們可能會和政府的看法不同，但仍要順服它）權柄的方式，甚至也不是我們順服教會裏有職分的事奉人員之權柄的情況（即使我們可能不同意他們的一些決定，但我們仍可以順服他們）。妻子當然可以既順服丈夫的權柄，又參與家中作決定的過程。

所以，丈夫應當立志在家中作關愛的、體貼的、考慮周到的領導；而妻子應當立志作主動地、明智地、樂意地順服丈夫權柄的人。當丈夫和妻子都避免兩種錯誤並遵行聖經的模式時，他們就會在一切高貴的尊嚴及喜樂的互補中，發現真正符合聖經的、也是神所命定的男子漢和美嬌娘；如此，他們便會在生活中更完全地反映神的形像。

個人思考與應用

1. 你是否可以按照你的感受而誠實地說，你認為作男人好，還是作女人好？你很樂意接受神賜

---

[26]關於順服的意義是什麼、不是什麼，可見下文的討論：W. Grudem, “Wives Like Sarah, and the Husbands Who Honor Them: 1 Peter 3:1-7,” in *Recovering Biblical Manhood and Womanhood: A Response to Evangelical Feminism*, pp. 194-205.

給你的性別嗎? 還是你寧可成為另一種性別? 你認為神希望你對這個問題有什麼感受?

2. 你是否能誠實地說, 你認為在神的眼中, 與你不同性別的人也有同樣的價值嗎?
3. 在你研讀本章之前是否曾想過, 家庭中的關係能反映出三一神成員之間的關係? 你認為從這樣的角度看待家庭關係是有益的嗎? 這使你對你自己家庭的關係有何感受? 有什麼方法可以使你的家庭更完全地反映神的性格?
4. 本章所討論的男女角色之差異, 與今日社會所表露的一些心態, 有何相同和相異之處? 假如社會所教導的與聖經所教導的有許多相異之處, 那麼你是否認為有時候要遵行聖經的教導是很困難的? 在那些困難的情況下, 你的教會能做些什麼來幫助你?
5. 除了婚姻或戀愛之外, 你認為神也要我們享受與其他基督徒弟兄和姊妹等包括了兩性在一起的團體時光嗎? 你認為神為何在我們的心中放入這種要享受團契生活的願望? 它是否多少也反映出三一神之成員的多位性和合一性? 這一點是否幫助你了解到, 在教會活動中要把未婚的人完全包括進去的重要性? 你是否知道過去有一些宗教團體傾向於忽略這種團契生活的重要性, 他們甚至於錯誤地禁止基督徒男女同處在團契之中? 然而男女同處在團契之中, 有什麼危險是應當要防備的?
6. 如果你是作丈夫的, 你對神在婚姻裏給你的角色滿意嗎? 如果你是作妻子的, 你對神在婚姻裏給你的角色滿意嗎?

特殊詞彙

角色的差異（difference in role）
兩性角色的扭曲（distortion of roles）
人格的平等（equality in personhood）
相互順服（mutual submission）
長子繼承權（primogeniture）

本章書目

有星號*的作品大致同意本章的觀點, 而有雙星號**者則不然。

Bacchiocchi, Samuele. *Women in the Church*. Berrien Springs, Mich.: Biblical Perspectives, 1987.*

Bilezikian, Gilbert. *Beyond Sex Roles: What the Bible Says About a Woman's Place in Church and Family*. 2nd ed. Grand Rapids: Baker, 1985.**

Clark, Stephen B. *Man and Woman in Christ: An Examination of the Roles of Men and Women in Light of Scripture and the Social Sciences*. Ann Arbor: Servant, 1980.*

Clouse, Bonnidell, and Robert G. Clouse, eds. *Women in Ministry: Four Views*. Downers Grove, Ill.: InterVarsity Press, 1989.
Colwell, J. E. "Anthropology." In *NDT, pp.* 28-30.
Conn, H. M. "Feminist Theology." In *NDT,* pp. 255-58.
Cottrell, Jack. *Feminism and the Bible; An Introduction to Feminism for Christians*. Joplin, Mo.: College Press, 1992.*
Evans, Mary J. *Women in the Bible: An Overview of All the Crucial Passages on Women's Roles*. Downers Grove, Ill.: InterVarsity Press, 1983.**
Foh, Susan. *Women and the Word of God: A Response to Biblical Feminism*. Phillipsburg, N. J.: Presbyterian and Reformed, 1980.*
Gundry, Patricia. *Heirs Together*. Grand Rapids: Zondervan, 1980.**
________. *Woman Be Free! The Clear Message of Scripture*. Grand Rapids: Zondervan, 1988.**
House, H. Wayne. *The Role of Women in Ministry Today*. Nashville: Thomas Nelson, 1990.*
Hurley, James. *Man and Women in Biblical Perspective*. Leicester: Inter-Varsity Press, and Grand Rapids: Zondervan, 1981.*
Jepsen, Dee. *Women: Beyond Equal Rights*. Waco, Tex.: Word, 1984.*
Jewett, Paul K. *Man as Male and Female*. Grand Rapids: Eerdmans, 1975.**
Kassian, Mary A. *Women, Creation and the Fall*. Westchester, Ill.: Crossway, 1990.*
________. *The Feminist Gospel: The Movement to Unite Feminism With the Church*. Wheaton, Ill.: Crossway, 1992.*
Knight, George W., III. *The Role Relationship of Man and Women: New Testament Teaching*. Chicago: Moody, 1985.*
Mickelsen, Alvera, ed. *Women, Authority, and the Bible*. Downers Grove, Ill.: InterVarsity Press, 1986.**
Neuer, Werner. *Man and Woman in Christian Perspective*. Trans. by Gordon Wenham. Westchester, Ill.: Crossway, 1991.*
Piper, John. *What's the Difference? Manhood and Womanhood Defined According to the Bible*. Westchester, Ill.: Crossway, 1990.*
________, and Wayne Grudem, eds. *Recovering Biblical Manhood and Womanhood: A Response to Evangelical Feminism*. Westchester, Ill.: Crossway, 1991.*
Spencer, Aida Besancon. *Beyond the Curse: Women Called to Ministry*. Peabody, Mass.: Hendrickson, 1985.**
Tucker, Ruth A., and Walter Liefeld. *Daughters of the Church: Women in Ministry from New Testament Times to the Present*. Grand Rapids: Zondervan, 1987.**
Van Leeuwen, Mary Stewart. *Gender and Grace: Love, Work and Parenting in a Changing World*. Leicester and Downers Grove, Ill.: InterVarsity Press, 1990.**

第二十三章
人性的本質

聖經上說的「靈」與「魂」是什麼意思？
它們是一樣的嗎？

背誦經文：哥林多後書7:1

親愛的弟兄啊，我們既有這等應許，就當潔淨自己，除去身體靈魂一切的污穢，敬畏神，得以成聖。

詩歌： 我靈鎮靜（*Be Still, My Soul*）

1我靈鎮靜 主正在你身旁 憂傷十架 務要忍耐擔當
信靠父神 由祂安排主張 萬變之中 惟主信實久長
我靈鎮靜 天友最是善良 經過荊棘 引到歡樂之疆
2我靈鎮靜 一切有主擔當 未來引導 必與過去一樣
任何遭遇 莫讓信望動搖 眼前隱密 終必成為明朗
我靈鎮靜 風浪仍在聽命 有如當年 主使風浪平靜
3我靈鎮靜 時間過去何速 即將與主 永遠同在一處
失望驚恐 那時遠遠離我 愛何無窮 忘記一切憂傷
我靈鎮靜 當主擦我眼淚 平安滿溢 當在天家相逢

詞：Katharina von Schlegel, 1752
曲：FINLANDIA 10.10.10.10.10.10, Jean Sibelius, 1899

A. 人性三元論、人性二元論及人性一元論

人究竟包含多少個的部分？每一個人都同意我們有身體的部分，而大多數的人（基督徒和非基督徒）也都感受得到，他們還有非物質的部分，那就是在他們身體死掉以後會繼續活下去的「靈魂」（soul）部分。

但是大家所同意的內容到此為止。有人相信除了「身體」和「靈魂」之外，我們還有第三部分，即最直接與神相關連的「靈」（spirit）。認為人是由三個部分（體、

魂、靈）所組成的觀點，被稱為「*人性三元論*」（trichotomy）。[1] 雖然這種觀點在福音派的聖經教訓中很普遍，但是今日已很少得到學術上的支持了。根據許多支持人性三元論的人所說的，人的「*魂*」（soul）包括有理智、情感和意志；他們認為，所有的人都有這樣的一個魂，而魂裏不同的部分可以用來事奉神，但也可能被折服而順從罪。他們還認為，人裏面的「*靈*」是更高的官能，在人成為基督徒時才活過來（見羅馬書8:10，「基督若在你們心裏，身體就因罪而死，*心靈卻*因義*而活*」）。因此，一個人的靈就是他最直接敬拜神和禱告神的那個部分（見約4:24；腓3:3）。

有些人則認為，「靈」並不是人的另外一部分，而只是「靈魂」的另一種稱呼；這兩種稱呼在聖經上互換使用，都是指我們身體死去以後還會活下去的非物質部分。這種認為人是由*兩個部分*（身體和靈魂）所組成的觀點，被稱為「*人性二元論*」（dichotomy）。那些支持這種觀點的人通常同意說，聖經較常使用「*靈*」這個字（希伯來文是*rûach*，希臘文是*pneuma*）來說我們和神的關係；但是他們說這樣的用法也不一致；在可以使用「*靈*」（spirit）這個字的所有情況下，也可以使用「*靈魂*」（soul）這個字。

在福音派的思想範疇之外，我們還發現有一種觀點，那就是認為在人沒有身體以後，人就完全不存在了；所以，在身體死了以後，「靈魂」就不能單獨地存在（雖然這種觀點可以接受在未來的某一時候整個人的復活）。這種認為人只有一個組成部分——一個人的身體就是那個人——的觀點，被稱為「*人性一元論*」（monism）。[2] 這個觀點認為，聖經上「*魂*」與「*靈*」的詞彙都只是表達一個「人」本身，或表達這人的「生命」。這種觀點通常不為福音派神學家所接受，因為有這麼多的聖經經文清楚地肯定說，我們的靈魂或靈在我們的身體死了以後，仍然會存活（見創35:18；詩31:5；路23:43, 46；徒7:59；腓1:23-24；林後5:8；來12:23；啟6:9; 20:4，以及本書第四十二章）。

在今日的基督教世界裏，一直有人支持另外兩種觀點。雖然在教會歷史上支持人性二元論的較為普遍，而且在今日的福音派學者中支持這觀點也遠遠更多，但是支持人性三元論的人也不少。[3]

---

[1]關於支持人性三元論的觀點，可見Franz Delitzsch, *A System of Biblical Psychology*, trans. R. E. Wallis, 2d ed. (Grand Rapids: Baker, 1966).

[2]有關進一步的資料，可見Millard Erickson, *Christian Theology*, pp. 524-27, 以及他對J. A. T. Robinson之觀點的評註。

[3]關於教會歷史上所持之各觀點的綜覽，見Louis Berkhof, *Systematic Theology*, pp. 191-92.

本章是支持人性二元論的觀點，即認為人有兩部分：身體和靈魂；但是我們也會檢視那些支持人性三元論的論點。

B. 聖經上的資料

在探尋聖經對「魂」與「靈」是否視為不同的兩個部分之前，我們在一開始時就必須清楚地知道，聖經的重點是在被神所創造之**整體合一的人**。當神創造人時，祂「將生氣吹在他鼻孔裏，他就成了有靈的活人」（創2:7）。這裏說到的亞當，是一位身體和靈魂合一、身體和靈魂一起生存和動作的人。人原初這種和諧而合一的狀態，在耶穌回來的時候將再發生；那時，我們的身體和靈魂要完全得著救贖，並要永遠和祂同在（見林前15:51-54）。不只如此，在我們生命的每一個層面中，我們都要在聖潔和愛神上長進，這包括了我們的身體以及我們的靈魂（另參林前7:34）；我們應當「潔淨自己，除去**身體靈魂**一切的污穢，敬畏神，得以成聖」（林後7:1）。

在我們強調了這些事實——神創造的我們，在身體和靈魂之間有合一，並且我們在今生所採取的每一個行動，都是屬於全人的，都在某一程度上影響到身體和靈魂——之後，我們就能夠開始指出，聖經十分清楚地教導說，人的本質有非物質的部分。我們可以在聖經探索那個非物質的部分之究竟。

B.1 聖經互換使用「魂」與「靈」二字

當我們查看被譯為「魂」或「靈魂」（英文是soul，希伯來文是*nephesh*，希臘文是*psychē*）和被譯為「靈」（英文是spirit，希伯來文是*rûach*，希臘文是*pneuma*）的聖經字彙之用法時，[4] 就會發現它們有時候是互換使用的。舉例來說，在約翰福音12:27那裏，耶穌說：「我現在**心**（soul, *psychē*）裏憂愁」，而在其下一章非常相似的上下文裏（約13:21），約翰說耶穌「**心**（spirit, *pneuma*）裏憂愁」。與此相似地，我們在路加福音1:46-47讀到馬利亞說：「我**心**（soul）尊主為大，我**靈**（spirit）以神我的救主為樂。」這詩句似乎是十分明顯的希伯來文體裏的平行句；在這種詩歌的表達方式中，用不一樣但同義的字來表達相同的思想。這種詞彙的互換性，也解釋了為何已死去而到天

---

[4]在研讀本章時，記住以下這點是很重要的：有幾種近代的聖經英文譯本（和中文版本），尤其是NIV，在繙譯希伯來文和希臘文的「魂」和「靈」時並不統一，它們有時候會用其他的詞彙來取代，例如：「生命」（life）、「心意」（mind）、「心」（heart）或「人」（person）等，而筆者所常引用的RSV，則在許多情況中，更傾向於按字面繙譯這些字。

當然，在某些經文裏，這些字可以被用來指著人的生命或全人，但是它們也多次被用來指人性中的一個獨特部分（見BDB, pp. 659-61, 924-25；更多的例子可見於BAGD, pp. 674-75, 893-94）。

上或地獄的人，可以被稱為「靈」（例如：來12:23，「被成全之義人的靈魂〔spirits, *pneuma*〕」；又見彼前3:19，「那些在監獄裏的靈〔spirits〕」），也可以被稱為「靈魂」（例如：啟6:9，「為神的道並為作見證被殺之人的靈魂〔souls, *psychē*〕」；啟20:4，「那些因為給耶穌作見證……被斬者的靈魂〔souls〕」）。

B.2 聖經說人死時「靈魂」或「靈」離開了

聖經上說，當拉結死時，「她將近於死，靈魂（soul）要走的時候」（創35:18），以利亞禱告說，那個死了的小孩的「靈魂」會再回到他裏面（王上17:21）；以賽亞預言說，耶和華的僕人「將命（soul, *nephesh*）傾倒，以致於死」（賽53:12）。在新約聖經裏，神對那個愚昧的富翁說：「今夜必要你的靈魂（soul, *psychē*）。」（路12:20）在另一方面，有時候死亡被視為靈（spirit）回到神那裏去了，所以大衛禱告說：「我將我的靈魂（spirit, *rûach*）交在你手裏」（詩31:5；另參路23:46）；後來耶穌在十字架上引用了這句話。人死時，「靈（spirit）仍歸於賜靈的神。」（傳12:7）[5] 新約聖經說到當耶穌死時，祂「低下頭，將靈魂（spirit）交付神了」（約19:30）；同樣地，司提反在死前禱告說：「求主耶穌接收我的靈魂（spirit）！」（徒7:59）

對於以上這些經節，支持人性三元論的人可能會這樣回應：這些經節講論的是不同的事，因為當人死時，他的魂和他的靈事實上都到天上去了。然而我們要注意，聖經上沒有一處說，人的「魂與靈」離開到天上去了，或交付神了。假如魂與靈是分開不同的，那麼我們會期待有「魂與靈」這樣的語言表達，並且在聖經某處被肯定，好向讀者確保人性重要的部分沒有一樣會失落。然而我們發現聖經裏沒有這樣的語言表達：聖經作者似乎不在乎人死時是靈離開了還是魂離開了，因為兩者似乎是相同的。

我們也應當注意，以上所引用的舊約經文，也指出有些人所認為的這個說法是不正確的——說舊約非常強調人的合一，以至於它沒有「靈魂離開身體之後尚可存在」的觀念。以上所引用的幾處舊約經文中，肯定地表示出經文的作者認明一個人在身體死亡以後，還能繼續存在著。

---

[5]George Ladd說，在舊約裏所說的魂或靈，都不「被認為是人在肉身（*basar*）死亡以後能夠存活的一部分」（George Ladd, *A Theology of the New Testament*, Grand Rapids: Eerdmans, 1974, p. 459）。根據我們在這一段本文所引的舊約經節來看，他的敘述並不準確。Ladd在這一段的分析非常倚重W. D. Stacey的作品（*The Pauline View of Man*, London: Macmillan, 1956）；Ladd在其書的第458-59頁就引用了14次！然而Stacey自己的看法是認為死亡就意味著人的消滅（Ladd, p. 463）。Ladd也注意到Rudolf Bultmann強力地否認人有看不見的魂或靈；然而Ladd自己在處理新約聖經的資料時，排斥了Bultmann的觀點（見Ladd, p. 460, n. 17, and p. 464）。

B.3 聖經用「身體與靈魂」或「身體與靈」來表示人

耶穌說到：「那殺身體不能殺**靈魂**（soul, *psychē*）的，不要怕他們；惟有能把身體和靈魂都滅在地獄裏的，正要怕他。」（太10:28）在此「靈魂」一詞很清楚地一定是指一個人死後仍存在的部分。它的意思不可能是指「人」或「生命」，因為若說不要怕那些「殺身體不能殺『人』」的人，或不要怕那些「殺身體不能殺『生命』」的人，這些話是不合理的，除非被殺之人有某個部分是在他身體死後仍能存活下去的。不只如此，當耶穌談到「**靈魂**及身體」（soul and body）時，祂似乎十分清楚地在談論整個的人，雖然祂沒有提到「靈」（spirit）是人的另外一個組成部分。「靈魂」一詞似乎就代表了整個非身體的部分。

在另一方面，聖經有時候用「身體和靈魂」（body and spirit）來說到人。保羅希望哥林多教會要把犯錯的弟兄交給撒但，「敗壞他的肉體，使他的**靈**（spirit, *pneuma*, 和合本譯作『靈魂』）在主耶穌的日子可以得救。」（林前5:5）這並不是說保羅忘掉了人的「魂」也要救恩；他只不過是使用「靈」一字來指人的整個非物質存在的部分。與此相似地，雅各說「身體沒有**靈**（spirit, *pneuma*, 和合本譯作『靈魂』）是死的」（雅2:26），他也沒有提到一個有區別的魂。不僅如此，當保羅說到個人在聖潔方面的成長時，他稱許那些未出嫁的女人，「要身體**靈魂**（spirit, *pneuma*）都聖潔」（林前7:34），而他所指的乃是人整體的生命。保羅的意思在哥林多後書7:1那裏就更明白了：「我們……就當潔淨自己，除去身體**靈魂**（spirit, *pneuma*）一切的污穢，敬畏神，得以成聖。」[6] 在此說的要潔淨我們自己，除去「靈魂」或說「靈」的污穢，這就涵蓋我們存在的整個非物質部分了（亦見羅8:10；林前5:3；西2:5）。

B.4 「靈魂」或「靈」都會犯罪的

那些支持人性三元論的人通常贊同「魂」會犯罪，因為他們認為魂包括了理智、情感和意志（我們看到彼得前書1:22，啟示錄18:14等經文都表示人的魂會犯罪之事實）。

不過，支持人性三元論的人通常都認為「靈」比魂更純潔；當靈被更新時，它就脫離了罪，並且對聖靈的感動有反應。然而這樣的理解（常見於流行的基督教講道和著作裏）並不真的有聖經經文的支持。當保羅勉勵哥林多教會人要潔淨他們自己，

---

[6]這節經文的「敬畏神，得以成聖」也許更好是譯為「在神眼中，得以成聖」，因為現在分詞*epiteleountes*（衍生自*epiteleō*）表示出該動作是與主動詞「潔淨」同時進行的，因此，這節經文就有了這個思想：我們得以成聖的方法，乃是潔淨自己身體和靈魂裏的每樣污穢（就文法上來說，這種分詞就叫做情態分詞〔modal participle〕）。

「除去身體靈魂（spirit, *pneuma*）一切的污穢」（林後7:1）時，他的意思很清楚：在我們的靈裏是可能有污穢的。與此相似地，他說到那些沒有出嫁的女人是為主的事掛慮，要「身體、靈魂（spirit, *pneuma*）」都成為聖潔（林前7:34）。其他的經文說的方式也相似，舉例來說，申命記2:30說主使希實本王西宏的「心（spirit, *rûach*）」剛硬；詩篇78:8說到頑梗悖逆的以色列人，「向著神心（spirit, *rûach*）不誠實」；箴言16:18說到「狂心（spirit, *rûach*）」在跌倒之前；傳道書7:8說到罪人「居心（spirit, *rûach*）驕傲」；以賽亞書29:24說到那些「心（spirit, *rûach*）中迷糊的」必得明白；但以理書5:20說到尼布甲尼撒的「靈也剛愎，甚至行事狂傲」。此外，箴言16:2說到「人一切所行的，在自己眼中看為清潔；惟有耶和華衡量人心（spirit, *rûach*）」，這事實表示，在神的眼中，我們的靈可能是會犯錯的。其他的經文也表示出在我們的靈裏犯罪之可能性（見詩32:2; 51:10）。最後，聖經稱許人能「治服己心（spirit, *rûach*）」的事實（箴16:32）也表示，我們的靈並非我們生命中那個屬靈上純潔的部分，以至於我們在各樣的情況下都應跟隨它的帶領；事實上它也會有犯罪的慾望或帶出犯罪的方向。

B.5 「靈」所要做的，「魂」也會要做；反之亦然

那些支持人性三元論的人面臨一個難題，那就是如何從他們的觀點來清楚地定義「靈」與「魂」的區別。假如聖經上對此有清晰的支持──「靈」是我們在敬拜和禱告中直接與神產生關連的部分；「魂」包括了我們的理智（思想）、情感（感覺）和意志（作決定）──那麼支持人性三元論者的立論就堅強了。然而，聖經顯然沒有說到靈與魂有這樣的區分。

在一方面，思想、感覺和作決定並不是只由我們的「魂」來做的。我們的「靈」也能夠經歷情緒，舉例來說，保羅有「心（spirit）裏著急」之時（徒17:16），耶穌也有「心（spirit）裏憂愁」之時（約13:21）。箴言也提到有「憂傷的靈（spirit）」，它恰好與「喜樂的心」相反（箴17:22）。

不只如此，知道、察覺和思想的功能也能由我們的「靈」來做。舉例來說，馬可說到耶穌「心（spirit, *pneuma*）中知道（希臘文*epiginōskō*）他們」（可2:8）。當「聖靈與我們的心（spirit）同證我們是神的兒女」（羅8:16）時，我們的靈領受並明瞭那個見證──這肯定是一種知道的功能。事實上，我們的靈似乎能非常深入地知道我們自己的思想，因為保羅曾說：「除了在人裏頭的靈，誰知道人的事？」（林前2:11；另參賽29:24，講到那些「心中迷糊的」人，但他們「必得明白」。）

這些經節的重點不是要說，感覺和思想事情的乃是靈，而不是魂；重點是要說

「魂」與「靈」兩詞一般是用來指人的非物質部分。硬要說兩者之間在使用上有什麼真的區別，是很難的。

其實，我們不應當落入一種錯誤：以為某種活動（例如思想、感覺或作決定）只是由我們生命中的某一部分來做；其實這些活動乃是由我們全人來做的。當我們思想或感覺事物時，我們的身體當然也參與在其過程中：任何時候當我們思想時，我們就在使用神所賜給我們的頭腦；與此類似地，在我們感覺到情緒時，我們的頭腦和整個神經系統都參與在其間，而有時候，還包括我們身體其他部分的官能。這正好再次強調出我們在本章討論之初所說的：聖經的焦點主要是在合一整體的人，即我們的身體和我們非身體的部分，是一同運作的合一之整體。

在另一方面，支持人性三元論的人宣稱，我們的靈是我們在敬拜和禱告中最直接和神相連的部分。這論點似乎不是由聖經產生出來的。我們通常讀到的經文是說我們的「魂」或「靈魂」（soul）在敬拜神，或在其他種類的屬靈活動中與神相連，例如「耶和華啊，我的心（soul）仰望你。」（詩25:1）「我的心（soul）默默無聲，專等候神；我的救恩是從祂而來。」（詩62:1）「我的心（soul）哪，你要稱頌耶和華；凡在我裏面的，也要稱頌祂的聖名。」（詩103:1）「我的心（soul）哪，你要讚美耶和華。」（詩146:1）馬利亞說：「我心（soul）尊主為大。」（路1:46）

這些經文指出我們的魂能夠敬拜神，讚美祂，並感謝祂。我們的魂能夠向神禱告，正如哈拿所說的意思：「我……在耶和華面前傾心吐意。」（撒上1:15，「心……意」在原文是一個字，即*nephesh*，魂或靈魂）事實上，最大的誡命乃是「你要盡心、盡性（soul）、盡力愛耶和華你的神。」（申6:5；另參可12:30）我們的魂能夠盼望神、渴慕祂（詩42:1, 2），並能夠「仰望神」（詩42:5）。我們的魂能夠因神喜悅、以神為樂，因為大衛說：「我的心（soul）必靠耶和華快樂，靠祂的救恩高興。」（詩35:9；另參賽61:10）詩人說：「我時常切慕你的典章，我的心（soul）焦灼難忍（和合本譯作『甚至心碎』）（詩119:20），而且還說：「我心（soul）裏守了你的法度，這法度我甚喜愛。」（詩119:167）似乎聖經沒有說過，在人生的任何方面和在與神的關係中，活躍的是我們的靈，而非我們的魂；事實上這兩個詞都被用來說到我們與神之關係的所有層面。

然而從這些經文來看，若說只有我們的靈或魂在敬拜神，那是錯誤的，因為我們的身體也參與在敬拜中；我們乃是身體和靈魂合一的整體。當我們敬拜神並盡「意」（mind）來愛神時（可12:30），我們的頭腦就是在思想神。大衛在盼望與神同在時會說：「在乾旱疲乏無水之地，我渴想你，我的心切慕你。」（詩63:1）我們又讀到：

「我的心腸、我的肉體向永生神呼籲。」（詩84:2）而當我們高聲向神禱告或歌頌神時，很明顯地我們的嘴唇和聲帶也都參與進去了。聖經上記載的敬拜和禱告有時候還帶著拍手（詩47:1），或向神舉手（詩28:2; 63:4; 134:2; 143:6；提前2:8）。不只如此，當我們演奏樂器讚美神時，我們的身體和樂器本身也都參與在讚美之中（見詩150:3-5）；我們乃是以全人敬拜祂。

總而言之，聖經似乎不支持魂與靈之間有任何的區分。似乎沒有叫人滿意的答案，可以解答我們對人性三元論的這些問題：「有什麼是靈能夠做，而魂不能夠做的事？反之，有什麼是魂能夠做，而靈不能夠做的事？」

C. 人性三元論的論點

那些採納人性三元論立場的人，喜歡用一些聖經經文來支持其立場。我們在此列出他們最常使用的經文。

C.1 帖撒羅尼迦前書5:23

帖撒羅尼迦前書5:23說：「願賜平安的神，親自使你們全然成聖；又願你們的*靈與魂與身子*得蒙保守，在我主耶穌基督降臨的時候，完全無可指摘。」這一節經文不就是清楚地提到人有三個部分嗎？

C.2 希伯來書4:12

希伯來書4:12說：「神的道是活潑的、是有功效的。比一切兩刃的劍更快，甚至*魂與靈*、骨節與骨髓都能刺入*剖開*；連心中的思念和主意都能辨明。」如果聖經的寶劍分開了靈與魂，那麼靈與魂不就是人的兩個有區別的部分嗎？

C.3 哥林多前書2:14－3:4

這一段經文講到不同種類的人：「屬肉體的」人（林前3:1，希臘文是*sarkinos*）、「屬血氣的」人（林前2:14，希臘文是*psychikos*，直譯為「屬魂的」），和「屬靈的」人（林前2:15，希臘文是*pneumatikos*）。這段經文不就是表示有不同種類的人嗎？有「屬血氣的」非基督徒，也有隨從魂裏慾望的「不屬靈的」、「屬肉體的」基督徒，還有隨從靈裏願望的更成熟之基督徒。這些不就是表示魂與靈是我們本性裏的不同組成部分嗎？

C.4 哥林多前書14:14

當保羅說：「我若用方言禱告，是我的靈禱告，但我的悟性沒有果效」（林前14:14）時，他不就是表示他的悟性和他的靈在做不同的事嗎？這點不就是支持了人性三元論的論點嗎？即我們的悟性和我們的思想是指定給我們的魂、而非我們的靈做的事。

C.5 個人經驗的支持

許多支持人性三元論的人說，他們經驗到一種屬靈的知覺，一種對神同在的察覺，它以一種特別的方式影響了他們，以至於他們的思考過程和情感經歷與平常的不同。因此他們問說：「假使我沒有一個與我的思想和情感有分別的靈，那麼我感受到的那個不同於我自己的思想和情感的東西究竟是什麼？我只能說那是我在用我的靈敬拜神，用我的靈在感受祂的同在。在我裏面難道沒有什麼東西，是超過我的理智、我的情感和我的意志的嗎？我豈不應該稱它為我的靈嗎？」

C.6 人的靈使得人與動物不同

一些支持人性三元論的人認為，人與動物都有魂，但是靈的存在使得我們不同於動物。

C.7 人重生時靈就活過來了

支持人性三元論的人也認為，當我們成為基督徒之時，我們的靈就活過來了：「基督若在你們心裏，身體就因罪而死，心靈（spirits）卻因義而活。」（羅8:10）

D. 對人性三元論的回應

以下我們要就根據這七點來作回應：

D.1 關於帖撒羅尼迦前書5:23

這節經文所說的「你們的靈與魂與身子」本身並不足以為定論。保羅可能只是為了強調而把許多同義詞用在一起，就如有時在聖經別處所看到的。譬如耶穌說：「你要盡心、盡性、盡意，愛主你的神。」（太22:37）難道心、性、意都不一樣嗎？[7] 如果我們這樣看馬可福音12:30，那問題就更大了：「你要盡心、盡性、盡意、盡力，愛主你的神。」假如我們認為的原則是將之視為人的不同部分，那麼若再加入「靈」（或許也加上「身體」）我們就會以為人有五或六個部分了！這當然是一個錯誤的結論。因此我們最好這樣理解：耶穌只是為了強調而把許多同義詞用在一起，以表達我們一定要以全人來愛神。

同樣地，保羅在帖撒羅尼迦前書5:23那裏不是說靈與魂是不同的，他只是說，不管我們怎麼稱呼我們的非物質部分，他都求神繼續將我們全然地分別為聖，直到主耶

---

[7]在聖經裏，「心」（heart）是用來表達人裏面最深處的想法和感覺（見創6:5, 6；利19:17；詩14:1; 15:2; 37:4; 119:10；箴3:5；徒2:37；羅2:5; 10:9；林前4:5; 14:25；來4:12；彼前3:4；啟2:23等）。

穌基督降臨的日子。

D.2 關於希伯來書4:12

這一節經文說到神的道甚至能刺入剖開魂與靈、骨節與骨髓。然而我們最好是用類似於理解帖撒羅尼迦前書5:23的方式來理解它：經文的作者不是在說神的道能夠把魂和靈分開，他乃是在用一些詞彙（魂、靈、骨節、骨髓、心中的思念和主意），來表達我們生命最深的實存，是無法躲避神的道所具有的刺入能力。這節經文的意思是說，假如我們想稱呼這些詞彙所代表的是我們的「魂」的話，那麼聖經能刺入魂的中間而且剖開它，找到它最深的意念；假如我們想稱呼這個我們生命實存最深入的非物質部分為「靈」的話，那麼聖經能刺入靈的中間而且剖開它，知道它最深的思念和主意。或者我們想要以隱喻的方式來思想我們生命最深的實存，並將之比喻成隱藏在骨節和骨髓裏的部分，那麼我們就可以把聖經看成一把劍，它能剖開我們的骨節，或深深地刺入我們的骨頭，並甚至把骨頭中間的骨髓分開。[8] 在所有這些解釋裏，都表達出神的道是這樣地有能力，以至於它能搜尋並暴露所有對神的悖逆和不順服。但沒有一個解釋是將魂和靈視為分別的兩部分；它們只是我們對生命最深的實存的另外一個稱呼。

D.3 關於哥林多前書2:14－3:4

當然，保羅在哥林多前書2:14–3:4那裏是區分了「屬血氣的」人（*psychikos*，直譯為「屬魂的」）與「屬靈的」人（*pneumatikos*）。但是在這段經文的上下文裏，「屬靈的」的意思似乎是「被聖靈影響的」，因為這整段經文是在談論聖靈啟示真理給信徒的工作。在這個上下文裏，「屬靈的」幾乎可以被譯為「屬聖靈的」。然而這段經文並沒有表示說，只有基督徒才有靈，而非基督徒就沒有；或說基督徒的靈是活的，而非基督徒則不是。保羅絲毫不是在說人的不同組成部分，而是在說人受到聖靈的影響。

D.4 關於哥林多前書14:14

當保羅說：「我的靈禱告，但我的悟性沒有果效」，他的意思是說他不明白他所禱告的內容；然而他確實表示出在他的「靈」裏有一個非物質的組成部分，即在他裏面有一個能向神禱告的「靈」。但這一節經文並沒有表示說，他認為他的靈與他的魂有所不同。這樣的誤會，只有在先假設了「悟性」（mind）是魂的一部分才會發生——正如我們在前面所討論過，這是人性三元論的主張，但很難得到聖經的證實。保羅也

[8] 請注意，事實上我們不能將骨節與骨髓分離，因為骨節是骨頭交接的所在，而不是骨節與骨髓交接的所在。

可能同樣地說：「我的魂禱告，但我的悟性沒有果效。」[9] 保羅的重點只是說，我們生命的存在裏有一個非物質的部分，它有時能夠脫離我們意識的感覺而運作，而我們卻不知道它在運作。

D.5 關於個人的經驗

基督徒都有「屬靈的知覺」（spiritual perception），那是一種對神同在的內在感受，是在敬拜和禱告中經歷到的。在這種內在的層面裏，我們有時也會感覺到屬靈上的困擾或抑鬱，或感覺到敵對之鬼魔勢力的存在。通常這種知覺與我們有意識的、理性的思考過程不同。保羅了解到，有時他的靈在禱告，但他的心思卻不明白其內容（林前14:14）。然而內在屬靈的知覺會發生在聖經上所說的「魂」（soul，或稱為「靈魂」）以外嗎？假如我們使用馬利亞的用詞，我們會樂於說：「我心（soul）尊主為大」（路1:46）大衛會說：「我的心（soul）哪，你要稱頌耶和華。」（詩103:1）耶穌會告訴我們，要盡性（soul）愛神（可12:30）。使徒保羅雖然在這經文中使用「靈」這個字，但是他只是用了一個不同的詞而已，並不是要指出人的不同部分。雖然在我們裏面有一個「靈」，能夠察覺到屬靈境界裏的事情（注意羅馬書8:16；亦見使徒行傳17:16），但是我們也可將之稱為「魂」，用以表達相同的知覺，因為聖經兩個詞都用。

D.6 關於人與動物的不同

我們擁有使我們與動物有別的屬靈能力，這是正確的：[10] 我們能夠在敬拜和禱告中與神產生關連，我們也能在與神交通中享受屬靈的生活——神乃是靈。然而我們不應當以為，我們是因為擁有了一種不同的組成部分——被稱為「靈」——才使得我們能去做這種屬靈的事；因為事實上我們也可以用我們的心思來愛神，研讀並了解祂的話語，並且相信祂的話是真實的。我們的魂也能夠敬拜神，並且因祂而喜樂（見前面所討論過的）。我們的身體也將會復活，並永遠與神同住。所以，我們不需要這樣說：我們擁有一個不同於魂與身體的部分，它使我們有別於動物；因為我們的靈魂和身體（包括我們的心思）與神發生關係的方式，是動物永遠不能做到的。我們要了解，使我們異於動物的，乃是神所賜給我們的靈魂和身體的屬靈能力。

動物是否具有「靈魂」的問題端看我們如何定義「靈魂」。假如我們將「靈魂」

[9] 然而，使用「靈」一字來講我們在敬拜與禱告中與神的關係，才更是保羅用詞的特色。保羅不太常使用「魂」（soul，希臘文是*psychē*）這個字（相對於在新約全書共出現101次，他只用過14次）；而且當他使用這個字時，他通常是指一個人的「生命」，或當作一個同義詞來指一個人自己，例如見羅馬書9:3; 13:1; 16:4和腓立比書2:30。使用「魂」一字來指人的非物質一面，比較是福音書和舊約全書裏許多經文的特色。

[10] 關於人與動物之間的許多不同，見本書第二十一章C.5節。

定義為「理智、情感和意志」，那麼我們就得下結論說，至少高等動物是具有靈魂的。但是假如我們將「靈魂」定義為人與神發生關係、並會永遠活著的非物質組成部分（詩103:1；路1:46等），如本章所定義的，那麼動物就不具有靈魂了。雖然有時候「魂」這個字（希伯來文是*nephesh*）被用在動物的身上（創1:21; 9:4），但這只是表示這個字有時候可以指「生命」；它的意思並不是說動物具有像人一樣的靈魂。[11]

D.7 關於人重生時靈是否活過來了

人的靈並不是在未信之人的身上是死的，而當他信靠基督時就活過來了；因為聖經說到未信之人的靈，也明顯是活著的，但卻是背叛神的，例如希實本王西宏（申2:30，耶和華「使他心〔spirit〕中剛硬」）、尼布甲尼撒（但5:20，「靈也剛愎，甚至行事狂傲」），或不忠的以色列民（詩78:8，「向著神心〔spirit〕不誠實」），都是這樣。當保羅說：「你們……心靈卻因義而活」（羅8:10）時，他的意思顯然是指「向神是活著的」，而不是指我們的靈在以前是全然「死」的；他只是說我們的靈以前是活在與神的交通之外，而就那層意義來說，我們的靈是死的。[12] 從同樣的意義來看，我們全人以前是「死在過犯罪惡之中」（弗2:1），但是我們向神活過來了，所以我們如今一定要「向罪也當看自己是死的；向神……當看自己是活的」（羅6:11）。我們不是只有一部分（即靈）活過來了，我們乃是全人都成為在基督裏「新造的人」（林後5:17）。

D.8 小結

雖然人性三元論的論點有一些分量，但是沒一項論點足以提供具有決定性的證據，能克服聖經所廣泛見證的，即「魂」與「靈」二字經常是互換的，而且在許多情況裏是同義的。

我們也可以注意伯克富（Louis Berkhof）所觀察到的人性三元論之來源：

「人性三元論的觀念起源於希臘哲學。希臘哲學用物質宇宙和神之間的相互關係作類比，來思考人的身體和靈之間的關係。他們認為，就如物質宇宙和神要能彼此交通，

---

[11]事實上，有一節經文甚至是在推測「獸的魂（spirit）」與「人的靈（spirit）」之對比（傳3:21，此處「魂」與「靈」所用的希伯來字皆是*rûach*）。不過這節經文的上下文（傳3:18-22）是在表達一種世俗的、懷疑的觀點，來顯示生命之虛空，而且還說人不過像獸一樣（傳3:18）。然而從整卷傳道書來看，我們不清楚這是不是作者想要鼓勵其讀者相信的觀點。

[12]對羅馬書8:10另一常見的觀點，是認為保羅在這裏完全不是指我們人的靈，這裏所用的*pneuma*一字是指聖靈，就如同第9節和第11節一樣，因此該語句的意思是：「聖靈因著公義，對你乃是生命。」見Douglas Moo, Romans 1-8, *Wycliffe Exegetical Commentary* (Chicago: Moody, 1991), p. 525; John Murray, *The Epistle to the Romans*, NIC, 2 vols. (Grand Rapids: Eerdmans, 1959, 1965), 1:289-91.

只能藉著第三種實體或一種居間的實存作媒介，所以人的身體和靈要能進入相互活潑的關係，也只能藉著第三種或居間的組成部分作媒介，那就是魂。」[13]

今日有些支持人性三元論的人還傾向於接受一種相關的錯誤想法，那也是在希臘哲學裏發現到的：即以為物質的世界——包括我們的身體在內——本質上是邪惡的，我們應該要逃離它。這種看法的危險是認為惟有屬「靈」的範疇才是真正重要的，其結果是貶抑了神為我們所造的「甚好」的身體（創1:31），這身體是可以奉獻給神來事奉祂的（羅12:1）。

人性三元論也有反智的傾向。假使我們認為靈是我們最直接與神相關連的組成部分，又認為靈與理智、情感和意志有區別的話，那麼我們就容易淪為一種反智的基督教，以為嚴謹的學術工作是有點「不屬靈」的——這種想法與耶穌命令我們要全「意」（mind）愛神的命令相互矛盾（可12:30），也與保羅「將人所有的心意奪回，使他都順服基督」（林後10:5）的願望背道而馳。這樣地分開「靈」的範疇和理智的範疇，也容易導致忽視健全的教義，或忽視廣泛教導及認識神話語的需要——這和保羅的目標是互相矛盾的，因為保羅在神百姓中間工作，就是要同時促進他們的「信心」和他們「敬虔真理的知識」兩方面（多1:1；另參多1:9）。與此相類似地，假如我們以為我們的靈是一個不同的部分，直接與神連接，那麼我們就很容易開始忽視研讀聖經和成熟之智慧在作決定時所扮演的角色，而在尋求引導時會過多地依賴「屬靈的」判斷；這種的強調在教會史上曾使許多熱心的基督徒走入錯誤教訓和不明智做法的迷途。最後，人性三元論也會微妙地影響我們對情感的看法：以為情感不重要，或不真正屬靈；因為情感被視為是魂的一部分，而不是靈的一部分。

相反地，假如我們支持人性二元論的觀點，即認定人整體的合一，那麼要避免貶抑理智、情感或身體之價值的錯謬，就容易多了；我們就不會認為身體在本質上是邪惡的或不重要的。強調整體合一的人性二元論觀點也將幫助我們記住，身體和靈魂在我們今生有持續不斷的互動，而且它們會相互影響：「喜樂的心乃是良藥，憂傷的靈使骨枯乾。」（箴17:22）[14]

不只如此，強調整體合一的人性二元論也提醒我們，基督徒的成長必須包括我們

---

[13]Berkhof, *Systematic Theology*, p. 191.

[14]雖然許多聖經經文提醒我們，我們的身體和靈魂確實彼此互動，相互影響，但是聖經沒有怎麼告訴我們它們是如何互動的。Berkhof明智地說：「身體和靈魂是有區別的實質，確實會互動，然而其互動的模式逃過了人類的細究，對我們仍屬一項奧祕。」（*Systematic Theology*, p. 195）

生活的所有層面。我們當繼續地「潔淨自己，除去身體靈魂一切的污穢，敬畏神，得以成聖」（林後7:1）；我們要「漸漸的多知道神」（西1:10）；而我們的情感和願望也要更加地符合「聖靈的願望」（加5:17，直譯），包括在敬虔之情感上的增加，例如平安、喜樂、愛心[15]等（加5:22）。

E. 靈魂的存在不需要有身體

聖經確實說到，人的非物質部分可以沒有身體而存在。一些非基督教的哲學家極力地挑戰人有非物質部分——例如有魂或靈——的思想。[16]有些福音派的神學家可能部分是為了回應這樣的批評，所以就遲疑不肯定人類是以身體和靈魂二部分存在。[17]取而代之的是，他們一再地肯定聖經視人為一個合一的整體——雖然這是真實的事實，但不應該用來否定聖經所說的人的另一個性質：人是由兩個分別的部分所組成的合一整體。當然，那些假設在我們感官所能感受到的範圍之外沒有靈界的哲學家們說，在我們感官所能感受到的基礎上，沒有神、天堂、天使或鬼魔；而他們也會用類似的論點否定在人的裏面另外還有靈魂存在的事實。然而，甚至在基督徒當中，這樣的認知——人有靈魂，而且靈魂是屬於不可見的、屬靈的範疇——通常也只是模糊而主觀的感受而已。所以，我們對於人類靈魂存在的知識，主要必須是以聖經為根基——神在聖經裏清楚地見證了我們的實存是有非物質層面的存在。雖然離開了聖經的見證，我們就不能清楚地知道關於我們存在的真實情況，然而這不應當使我們退縮而不敢肯定它。

聖經非常清楚地指出我們有靈魂，而靈魂和我們的身體不同，它不只能夠在我們一般的思想過程之外獨立運作（林前14:14；羅8:16），而且當我們死時，它還能夠在我們的身體之外，繼續有知覺地活動並與神相關連。雖然耶穌和強盜的身體就快要死了，但耶穌告訴垂危的強盜說：「今日你要同我在樂園裏了。」（路23:43）當司提反死時，他知道他將立即進入主的同在中，因為他禱告說：「求主耶穌接收我的靈魂！」（徒7:59）保羅不害怕死亡，因為他說：「我……情願離世與基督同在，因為

[15]有人會反對說，愛不只是一種感情，因為它要表現在行為上，而且通常我們能夠靠意志而對別人有愛的行動，即使我們不覺得對他們有愛。筆者同意這個說法，但是在愛裏面肯定有感情的成分，譬如說我們能夠感覺到對別人的愛。如果我們想要否認這點的話，那麼在我們和神以及和別人的關係上，將會失去很豐富的內涵。

[16]見Millard Erickson, *Christian Theology*, p. 530-36的討論，以及其註中所提及的一些書目。

[17]例見G. C. Berkouwer, *Man, the Image of God*, pp. 194-233.

這是好得無比的」（腓1:23），在此他用「離世與基督同在」與在今生活著——他稱為是「在肉身活著」（腓1:24）——作對比；事實上，他曾說：「我們……是更願意離開身體與主同住」（林後5:8）；這指出他的一種把握：一旦他的肉身死了，他的靈魂就會進入主的同在，並立刻在那裏享受與主的交通。啟示錄提醒我們，在天上「有為神的道並為作見證被殺之人的靈魂」（啟6:9），他們能向神呼喊，求祂在地上主持公義（啟6:10；另參啟20:4）。

因此，雖然我們必須贊同說，聖經看我們在今生是一個整體，身體和靈魂合作成為一個人，然而將來會有一段時間，是在我們死後和基督回來那日之間，我們的靈魂要暫時地沒有身體而存在著。[18]

F. 人的靈魂之來源

我們每個人的靈魂之來源是什麼？在教會史上常見的觀點有兩種：

「靈魂創造論」（creationism）的觀點是說，神為每一個人創造一個新的靈魂，並在受孕和出生之間的某一時刻，將那靈魂送入那人的身體之內。在另一方面，「靈魂遺傳論」（traducianism）則主張說，一個小孩的靈魂和身體都在受孕的時刻，遺傳自他的父母。這兩種觀點都在教會史上有一些支持者，最終靈魂創造論在羅馬天主教裏成了主流。此外，路德偏好靈魂遺傳論，而加爾文則偏好靈魂創造論，但後期加爾文派的神學家，例如愛德華滋（Jonathan Edwards）和史特朗（A. H. Strong）則偏好靈魂遺傳論，就像今日大多數信義宗（或稱路德會）的信徒一樣。靈魂創造論也有許多現代的福音派在提倡。[19]

另外還有一種流行的觀點，被稱為是「靈魂先存論」（pre-existentianism），這觀點認為人的靈魂早在他們於母腹中受孕有身體以前，就在天上存在了，而後當嬰孩於母腹裏受孕成長時，神才將他們的靈魂帶到地上來與身體結合。但是這種觀點不為羅馬天主教或更正教的神學家所認可，因為它類似於東方宗教裏的輪迴思想，是頗危險的。不只如此，這種觀點在聖經裏也找不到支持。在我們於母腹裏受孕之前，我們並不存在；沒有我這個人。當然，神看得到未來，祂知道我們將會存在，可是那絕非是說我們真的在從前的某個時刻就存在了。這樣的思想會使我們傾向於看今生為過渡期，或是不重要的，也會使我們看身體裏的生命是不值得的，生養小孩是不重要的。

---

[18]有關在人死後與基督回來之間的「居間狀態」的更多討論，見本書第四十一章C節。

[19]舉例來說，見Berkhof, *Systematic Theology*, pp. 196-20.

贊同靈魂遺傳論的可能會說，神照祂自己的形像創造人（創1:27），這點也包括了我們像神一樣具有「創造」其他和自己相像的人的驚人能力。因此，正如其餘的動物和植物能「各從其類」產生後裔（創1:24），亞當和夏娃也能生出像他們自己的兒女，有屬靈的本性以及外在的身體。這樣的說法表示亞當和夏娃兒女的靈魂，是從亞當和夏娃本身衍生出來的。不只如此，聖經有時候說到後裔時，是說他們以某種方式存在於以前世代的某人身體中，例如希伯來書的作者所說的，當麥基洗德迎接亞伯拉罕的時候，「利未已經在他先祖的身中」（來7:10）。最後，靈魂遺傳論可以解釋父母的罪孽怎麼會傳到小孩身上，因而使得神不用為創造一個有罪的靈魂或一個有犯罪傾向的人性負直接的責任。

不過，聖經對靈魂創造論之論點的贊同，似乎說得更直接，而且支持地更強烈。首先，詩篇127篇說：「兒女是耶和華所賜的產業，所懷的胎是祂所給的賞賜。」（詩127:3）這句話指明，不但是兒女的靈魂，而且是孩子的全人，包括他的身體，都是從神而來的禮物。從這一個觀點看來，有些人的想法似乎是很奇怪的：他們認為兒女任何一個層面的存在，責任僅在父母自己。難道不是如大衛所說的，兒女是主所造的嗎？「我在母腹中，是你織造了我。」（詩139:13，呂振中譯本）以賽亞說，神賜氣息給地上的眾人，又「賜靈性給行在其上之人」（賽42:5）[20]。撒迦利亞說神是「造人裏面之靈的」那一位（亞12:1）。希伯來書的作者說，神是「萬靈的父」（來12:9）。從這些經文來看，我們很難不說我們的靈魂就是神所創造的。

但是我們從這些經文中作結論時要小心。我們在本書第十六章討論有關神天命的教義時看到，神通常透過第二因（secondary cause）來工作，即神通常會透過人的行動來產生祂所要的結果；而在懷孕生子方面，肯定就是這樣。即使我們說神確實在人出生之前為他們創造了個人的靈魂，而且是祂使人受孕並出生，但是我們也要認明，除非男女雙方有身體上的結合，否則不會有孩子受孕和被生出來！所以，我們切不可做出錯誤的聲明說，父母在孩子的受造上不扮演什麼角色。

雖然我們說神是「萬靈的父」，祂是每一個人類靈魂的創造主，正如祂是我們每一個全人的塑造主和創造主一樣，但我們仍必須肯定地說，神是透過人類生產的過程來執行這項創造的活動。至於在人的靈魂及身體的受造過程上，神讓人類的父母參與到什麼程度，我們不可能清楚地說明白；那是發生在屬靈的、不可見的範疇裏，除了

---

[20]NIV將此字譯成「生命（life）」而不是譯成「靈（spirit）」，可是原文用的是*rûach*，它是用來指「靈」的最常見的希伯來字。

聖經所告訴我們的資料以外，我們別無所知。然而在這一點上，聖經沒有給我們足夠的資料去判定。

不過，對於前面所列有利於靈魂遺傳論的論點，我們必須說，它們並非十分地有說服力。雖然亞當和夏娃生下了與他們相像的孩子的這件事實（見創5:3），可能表示出兒女是以某種方式遺傳了從父母而來的靈魂，但是它也可能是指出神把祂為個人所創造的靈魂賜給那個孩子，而那靈魂所帶有的遺傳和個性上的特質，是神容許那孩子藉著繼承父母的特質而有的。在希伯來書7:10中所說的思想——利未已經在亞伯拉罕的身中，最好是用代表性的、象徵性的意思來理解，而不要按字面的意思來理解。不僅如此，這裏所說的不僅是利未的靈魂而已，而且是利未本人，是他的全人，包括其身體與靈魂——當然利未的身體沒有真的存在於亞伯拉罕的肉身之內，因為在那時候沒有任何個別的基因群組可以確定是利未的基因，而非別人的基因。

最後，因為神在實質世界裏所引發的事件，與人類自願的作為是一致的，所以，若說神賜給每個小孩的人類靈魂，其犯罪的傾向與他父母裏頭的犯罪傾向是相似的，似乎沒有任何真正的神學上的難題。事實上，我們在十誡裏讀到，恨神的人，神「必追討他的罪，自父及子，直到三、四代」（出20:5）；而且，撇開人的靈魂的問題，我們從人類的經驗也知道，孩子們其實是傾向於模仿父母生命特性的，不論是好的特性還是壞的特性；這不只是模仿的結果，同時也是因為遺傳的性情。因為神給每個小孩的人類靈魂，與孩子對父母的模仿是一致的（這是我們在孩子的生命中所看見的），這就指出：神在創造一個人的靈魂的時候，其作為的方式也和祂在其他與人類有關之事情上的作為方式一致。

總結來說，我們似乎很難避免看到聖經所見證的結果，那就是神主動地創造每一個人的靈魂，就像祂在所有創造事件中都是主動的一樣。但是祂究竟容許使用中間原因或第二因（亦即從父母而來的遺傳）到什麼程度，聖經上沒有解釋。所以，我們若想用更多的時間來探索這個問題，似乎是徒勞無功的。

個人思考與應用

1. 在你自己的基督徒經歷中，你是否知道你並非只有身體而已，你還有非物質的部分，可以被稱為靈魂或靈？你在什麼時候會特別清楚你的靈的存在？你是否能描述以下各情況中你有什麼感受：知道聖靈與你的靈一同見證你是神的兒女（羅8:16）；在你的靈裏意識到神的同在（約4:23；腓3:3）；在你的靈裏覺得憂愁（約12:27; 13:21；徒17:16；林後2:13）；用你的靈敬拜神（路1:47；詩103:1）；盡性地愛神（可12:30）。相反地，你是否有時候會覺得靈裏的下沉或遲鈍？你是否認為基督徒成長的一個方面，是增加對自己靈魂或靈裏光景的敏感度？

2. 在你研讀本章以前，你是支持人性二元論，還是支持人性三元論？現在你的觀點是什麼？假如你在研讀本章以後，改為接受人性二元論，那麼你認為你將會對你的身體、心思和情感的活動，產生更高的欣賞嗎？假如你支持人性三元論，那麼你應如何防備本章所提及的危險？
3. 當你禱告或唱詩讚美神時，是否只要唱出或說出字句就夠了，而不需要知道其內容？是否只要知道其內容就夠了，而不需要真心同意？假如你真心以你的全人同意那些內容，那麼你的哪些部分將會參與在真實的禱告和敬拜中？你是否認為有時你傾向於忽略其中某個部分？
4. 聖經鼓勵我們要在身體和靈魂的聖潔上成長（林後7:1）。對你而言，若要更加順服這個命令，有什麼具體的意思？

特殊詞彙

靈魂創造論（creationism）
人性二元論（dichotomy）
人性一元論（monism）
魂、靈魂（soul）
靈（spirit）
靈魂遺傳論（traducianism）
人性三元論（trichotomy）

本章書目

列在第21章論及人是照神的形像創造之書目中的幾本書，也有數節論及人的本質和靈魂的來源。

Colwell, J. E. "Anthropology." in *NDT*, pp. 28-30.

Cooper, John W. *Body, Soul, and Life Everlasting: Biblical Anthropology and the Monism-Dualism Debate*. Grand Rapids: Eerdmans, 1989.

Delitzsch, F. *A System of Biblical Psychology*. Trans. by R. E. Wallis. 2nd ed. Grand Rapids: Baker, 1966.

Gundry, Robert H. *Sōma in Biblical Theology With Emphasis on Pauline Anthropology*. Grand Rapids: Zondervan, 1987.

Heard, J. B. *The Tripartite Nature of Man*. 5th ed. Edinburgh: T. & T. Clark, 1882.

Hoekema, Anthony A. "The Whole Person." In *Created in God's Image*. Grand Rapids: Eerdmans, and Exeter: Paternoster, 1986, pp. 203-26.

Ladd, George Eldon. "The Pauline Psychology." In *A Theology of the New Testament*. Grand Rapids: Eerdmans, 1974, pp. 457-78.
Laidlaw, John. *The Bible Doctrine of Man*. 2d ed. Edinburgh: T. & T. Clark, 1905.
McDonald, H. D. "Man, Doctrine of." in *EDT*, pp. 676-80.

第二十四章
罪

什麼是罪？
罪是從哪裏來的？
我們是否從亞當承接了罪性？
我們是否從亞當承接了罪疚？

背誦經文：詩篇51:1-4

神啊，求你按你的慈愛憐恤我；按你豐盛的慈悲塗抹我的過犯。求你將我的罪孽洗除淨盡，並潔除我的罪。因為我知道我的過犯，我的罪常在我面前。我向你犯罪，惟獨得罪了你，在你眼前行了這惡，以致你責備我的時候，顯為公義，判斷我的時候，顯為清正。

詩歌： 神啊求你憐恤我（*God, Be Merciful to Me*）

[1]神啊求你憐恤我 按你慈愛我求告 按你豐盛的慈悲 現今塗抹我眾罪
求你洗淨我罪孽 裏裏外外都清潔
[2]我的過犯我知曉 憂傷罪疚壓迫我 我得罪了你美意 在你眼前犯罪行
你的審判顯公義 無言惟靠主憐憫
[3]生於罪孽無善良 內裏誠實你喜愛 在隱密處我救主 必使我心得智慧
賜下恩惠潔淨我 使我比雪更潔白
[4]公義審判主憤怒 我今謙卑披塵灰 壓傷骨頭今踴躍 重新快樂聽主音
不看我罪你掩面 塗抹我罪恩無窮
[5]神啊再造清潔心 使我重新靈正直 不丟棄我離你面 不從我收你聖靈
使我仍得救恩樂 賜我樂意為你活
[6]我且指教有罪人 他們就必歸順你 救主抹去我罪疚 我舌高歌你公義
主啊我口不靜默 傳揚讚美你恩惠

詞：出自*The Psalter*. 1912（取自詩篇51:1-15）
曲：REDHEAD 76 7.7.7.7.7.7., Richard Redhead, 1853
替代曲調：可用**萬古磐石**（*Rock of Ages*）所用的曲調

這首詩歌是一個絕佳典範：將一篇詩篇的話語配上音樂。這首詩篇原來是大衛在神面前為其大罪而作的真心認罪，直到今日它仍是認罪禱告極佳的模範，是我們自己可以向神訴說的。

A. 罪的定義

聖經上所呈現的人類歷史，主要就是一部關於人陷在罪惡狀態下背叛神，以及神藉著救贖計劃而要將人帶回祂自己的歷史。所以，我們在此討論使人與神隔離之罪的性質是很合宜的。

我們可以將罪定義如下：*罪就是沒有在行為、心態或本性上順從神的道德律*。在此，罪的定義與神和祂的道德律有關。罪不只包括了如偷竊、欺騙或謀殺等個人的*行為*，也包括了與神所要求於我們之態度相反的*心態*。我們在十誡裏已經看見了這一點，它不僅禁止罪惡的行為，同時也禁止錯誤的心態：「不可貪戀人的房屋，也不可貪戀人的妻子、僕婢、牛驢，並他一切所有的。」（出20:17）神在此明確地說，想要偷竊或姦淫的慾望，在祂的眼中都是罪。登山寶訓也禁止罪惡的念頭，例如怒氣（太5:22）或情慾（太5:28）。保羅所列出的一些心態，如嫉妒、憤怒和自私等（加5:20），都是與聖靈所願的相敵之肉體的工作（加5:20）。所以，一個討神喜悅的生活，不僅是在行動上具有道德上的純潔，而且在心中所想望的也是純潔的。事實上，最大的誡命就是要求我們的心充滿愛神的心態：「你要盡心、盡性、盡意、盡力，愛主你的神。」（可12:30）

我們在前面為罪所下定義，說到罪就是不僅在*行為*和*心態*上沒有順從神的道德律，而且也是在*道德本性*上沒有順從神的道德律。我們最根本的本性，就是我們內在的性格，是我們身為人的本質，也會是罪惡的。在我們被基督贖回之前，我們不只在行為和心態上是罪惡的，我們在本性上就是罪人。所以，保羅會說：「惟有基督在*我們還作罪人*的時候為我們死」（羅5:8），或說我們以前「*本*為可怒之子，和別人一樣。」（弗2:3）一個沒信主的人，即使在睡覺時沒有做出有罪的行為，或主動心懷罪惡的念頭，在神的眼中也仍然是一個「罪人」；因為他仍具有罪惡的本性，是不順從神的道德律的。

有些人也曾為罪的本質下過一些定義。可能最普通的定義就是說罪的本質乃是自私。[1] 然而，這樣的定義並不能令人滿意，因為：(1) 聖經本身沒有這樣地定義罪。(2) 許

[1]例見A. H. Strong, *Systematic Theology*, pp. 567-73. 不過，Strong以一種非常獨特的方式來定義「自私」，不同於一般常用這詞的意思：圖利自己、損人利己。Strong認為自私是「以選擇自己為無上之目標，構成了對神無上之愛的對立」（p. 567），並且自私是「一種基本而積極地選擇自己所喜好的，而不是神所喜好的，以作為其

多對自己益處的關心都是好的，也被聖經所稱許的，例如耶穌命令我們要「積攢財寶在天上」（太6:20），我們要關心自己在聖潔上的長進和長大成熟（帖前4:3），或甚至是我們要藉著基督來到神面前得救恩。當神說：「以色列家啊，你們轉回，轉回吧！離開惡道！何必死亡呢？」（結33:11）祂當然是要罪人顧及自己的益處。將罪的本質特性定義為自私，會引致許多人以為他們應當放棄所有對個人有益的渴望，但這確實是與聖經相反的。[2] (3) 按照「自私」的一般意義來看，許多的罪並不是自私——人可以向著假宗教或向著違背聖經之世俗與人文主義的教育或政治目標，顯出**無私的**獻身；這樣的罪並不是因為「自私」（按照此詞的普通意思來理解）。不只如此，恨神、拜偶像和不信神，通常來說並不是由於自私，但卻是十分嚴重的罪。(4) 這樣的定義也可能表示，甚至神也犯錯或有罪惡了，因為神的最高目標是要尋求祂自己的榮耀（賽42:8; 43:7, 21；弗1:12）。[3] 但是這樣的結論明顯是錯的。

因此，按照聖經的方式來定義罪，即根據與神的律法和祂的道德性格之關係來定義罪，是好得多的。約翰告訴我們說：「凡犯罪的就是違背律法。」（約一3:4）當保羅想要顯露人類普及性的罪性時，他所訴求的是神的律法——不論是賜給猶太人的成文的律法（羅2:17-29），或是在外邦人良心中運作的未被寫下來的律法：他們的行為「顯出律法的功用刻在他們心裏」（羅2:15）。在這兩種的情況下，他們的罪都因沒有順從神的道德律而被顯出來。

最後，我們應當注意這項定義強調出罪的嚴重性。我們從經驗中了解到，罪對我們的生活有害，它會給我們和其他受它影響的人，帶來痛苦和毀滅性的結果。然而將罪定義為沒有順從神的道德律，乃是說罪不只是帶來痛苦和毀滅而已——在最深入的意義上，它也是**錯誤的**。在神所創造的宇宙裏，**不應該有罪存在**。罪直接敵對了一

感情和無上之目標的對象。」（p. 572）Strong這樣地就著與神的關係來定義自私，而且明確地指出它與對神之愛是相反的，也與對「在神裏面最特殊、最基本的成分，即祂的聖潔」之愛是相反的（p. 567），這和本章對罪的定義（沒有順從神的道德律）是很相近的，尤其是在心態方面（按他的解釋，心態會導致行動）。當Strong以這樣特殊的看法來定義「自私」，他的定義就沒有真的不符合聖經的定義，因為他只是在說，罪就是相反於神要我們全心愛神的最大誡命。然而，這個定義的問題在於，他使用「**自私**」這個詞的方式，不是一般人所理解的意思，所以他對「罪」所下的定義常常遭到人的誤解。我們在這一節裏反對將罪定義為自私，不是Strong所說的那種不尋常之意的自私，而是一般人所理解的自私。

[2]當然，損人利己的自私是錯的，這就是這句經文的意思：「凡事不可營私（和合本譯作『不可結黨』），不可貪圖虛浮的榮耀；只要存心謙卑，各人看別人比自己強。」（腓2:3）但是對很多人來說，並不清楚錯誤的自私和聖經所啟示之正確的關心自己益處之分別。

[3]見本書第十二章C.7節有關神的忌邪之討論。

切神本性上的美善；正如神必然地、永遠地以祂自己和祂一切所是的為樂，神也必然地、永遠地恨惡罪。罪在本質上與神超絕的道德性格是對立的。罪與神的聖潔是對立的，所以，神必須恨惡它。

B. 罪的起源

罪是從哪裏來的？它是如何進入宇宙的？首先，我們必須清楚地肯定，神自己沒有犯過罪，而且神也不需為罪的存在而承擔責任。犯罪的乃是人，是天使，他們犯罪是出於他們的意志，是他們自願的選擇。為著罪的出現而責備神，是褻瀆神的性格：「祂的作為完全；祂所行的無不公平，是誠實無偽的神，又公義、又正直。」（申32:4）亞伯拉罕在他的話語中，以真理帶著力量問神說：「審判全地的主，豈不行公義麼？」（創18:25）以利戶也說得對：「神斷不至行惡，全能者斷不至作孽。」（伯34:10）事實上，對神來說，要想做錯誤的事都是不可能的：「神不能被惡試探，祂也不試探人。」（雅1:13）

但是在一方面，我們必須防備另一個極端的錯誤：我們若說在宇宙之中，有一個永遠存在的邪惡勢力，在能力上是與神自己相似或相等，那就是錯誤的。這種說法就是肯定了所謂的宇宙「*二元論*」（dualism）——即宇宙中存在著兩個至終勢均力敵的能力，一為善，一為惡。[4] 我們也必不可認為，罪是在神的意料之外，它挑戰或征服了祂的無所不能或祂對宇宙之天命性的掌管。所以，我們不但絕不可說，神自己犯過罪，或祂必須為罪的存在而承擔責任，而且我們也必須肯定說，神是「那位隨己意行作萬事的，照著祂旨意所預定的」（弗1:11），這位神「都憑自己的意旨行事。無人能攔住祂手，或問祂說：『你作什麼呢？』」（但4:35）祂曾命定了罪要進入這個世界；即使祂不喜悅罪，但祂還是命定了罪的發生——是藉著有道德性的受造者所作的自願性的選擇。[5]

甚至在亞當和夏娃不順服神之前，罪就藉著撒但和鬼魔的墮落，而出現在天使的世界中了；[6] 但是對於人類而言，第一次的罪是在伊甸園裏的亞當和夏娃所犯下的（創

---

[4]見本書第十五章B.3節有關二元論的討論。

[5]見本書第十六章B.7及B.8節有關神的天命與邪惡之間的關係之討論。神「不是喜悅惡事的神」（詩5:4），「惟有惡人和喜愛強暴的人，祂心裏恨惡」（詩11:5），因此神肯定不喜悅罪惡。然而，神為了祂自己的目的，祂仍命定罪要進入這個世界，這對我們來說仍舊是一個奧祕。

[6]見本書第二十章A節有關天使犯罪的討論。

3:1-19）：他們吃了分別善惡之知識樹上的果子。這罪在許多方面都是非常典型的：

(1) 他們的罪打擊了知識的根基，因為它對「什麼是真實的？」這個問題提出了不同的答案——神曾說過，如果亞當和夏娃吃了那棵樹上的果子，他們就會死（創2:17），但那蛇卻說：「你們決不會死！」（創3:4，思高譯本；另參現代中文譯本，呂振中譯本）夏娃決心懷疑神話語的真確性，於是就以身試法，看看神所說的話究竟是不是真的。

(2) 他們的罪打擊了道德標準的根基，因為它對「什麼是正確的？」這個問題提出了不同的答案——神曾說過，亞當和夏娃不吃那一棵樹上的果子，在道德上是正確的（創2:17）。但是那蛇卻表示，吃那果子是正確的，而且吃了那果子以後，亞當和夏娃就會變得「如神」一樣（創3:5）。夏娃信任她本人對什麼是正確的、什麼是對她好的之評估，而不讓神的話來界定什麼是正確的或錯誤的。她「見那棵樹的果子好作食物，也悅人的眼目，且是可喜愛的，能使人有智慧，就摘下果子來吃了」（創3:6）。

(3) 他們的罪對「我是誰？」這個問題提出了不同的答案——正確的答案應是：亞當和夏娃乃是被神所創造的受造者，應當依賴祂，並永遠降服於祂，尊祂為他們的創造主和主宰。但是夏娃和隨後的亞當禁不起要「如神」的誘惑（創3:5），妄想擁有神的地位。

我們要堅持創世記所記載之亞當和夏娃的墮落，有歷史上的真實性，這是很緊要的。正如創世記所記載之亞當和夏娃的受造，是緊連在創世記其他的歷史性記述之中，[7] 所以人類墮落的記錄——接在人受造的記錄之後——也是創世記的作者所作的直截了當的歷史敘述。不只如此，新約作者在回顧這份記錄時，肯定了「罪是從一人入了世界」（羅5:12），並堅持「審判是由一人而定罪」（羅5:16），以及「蛇用詭詐誘惑了夏娃」（林後11:3；另參提前2:14）。雖然無疑地那蛇就是一頭真正的、實際的蛇，但卻是一頭會說話的蛇！那是因為撒但施加能力在那蛇上而透過牠說話（另參創3:15；羅16:20；亦見民22:28-30；啟12:9; 20:2）。

(4) 我們應當注意，所有的罪至終都是非理性的。撒但想要藉著反叛神而提升自己在神之上，真是不合理；亞當和夏娃想要違背創造主的話語而有所得著，也真是不合理。這些都是愚昧的抉擇。撒但甚至在今日還在堅持著反叛神，這仍舊是個愚昧的抉擇，就如同任何人決心要繼續地留在背叛神的光景裏一樣的愚昧。「愚頑人心裏說：

[7]見本書第十五章E.2.2節有關需要堅持亞當與夏娃之歷史性的討論。

『沒有神。』」（詩14:1）會這樣說的就不是智慧人。在箴言裏，不顧後果地放縱自己在各樣罪裏的人，就是「愚昧人」（見箴10:23; 12:15; 14:7, 16; 15:5; 18:2等）。雖然有時候有人說服自己有理由去犯罪，可是當末日真理之光無情地檢視每個人的時候，每一件犯罪的事至終看起來都是不合理的。

C. 傳承的罪之教義[8]

亞當的罪是如何影響到我們的？聖經教導我們說，我們在兩方面承接亞當的罪：*傳承的罪疚*（inherited guilt）和*傳承的敗壞*（inherited corruption）。

C.1 傳承的罪疚：我們因亞當的罪而被算為有罪

保羅以這樣的方式來詮釋亞當的罪所造成的影響：「這就如罪是從一人入了世界，死又是從罪來的，*於是*死就臨到所有的人（和合本譯為『眾人』），因為所有的人（和合本譯為『眾人』）都犯了罪。」（羅5:12）由此經文的上下文來看，保羅不是在講人日常生活中所犯的實際的罪行，因為這整段經文（羅5:12-21）都是在作亞當和基督之間的對比。當保羅說：「*於是*（希臘文是*houtōs*，『因此，如此』；即經由亞當的罪）死就臨到所有的人，因為所有的人都犯了罪」之時，他是在說，經由亞當的罪，「所有的人都犯了罪」。[9]

「所有的人都犯了罪」的意思是，神認為在亞當不順服的時候，我們所有的人都如同犯了罪一樣。在此經文之後的兩節經文進一步地指明這個思想：

> 「沒有律法之先，罪已經在世上；但沒有律法，罪也不算罪。然而從亞當到摩西，死就作了王，連那些不與亞當犯一樣罪過的，也在他的權下；亞當乃是那以後要來之人的預像。」（羅5:13-14）

---

[8]筆者在本章中使用「*傳承的罪*」（inherited sin）之詞，而不用更常見的名稱「*原罪*」（original sin），是因為「原罪」一詞似乎更容易被人誤會是指亞當首次所犯的罪，而非指著我們因亞當的墮落而有的罪（傳統上「原罪」的意義）。「傳承的罪」之詞更為一目瞭然，不易誤會。有些人反對說，就字面上來說，我們沒有「*傳承的罪疚*」（inherited guilt），因為它是由神直接歸給我們的，而不是透過父母的遺傳而臨到我們身上的；它不像父母所會影響我們的犯某類罪行的傾向（傳統上來說，父母對我們罪行的影響被稱為「*原初的污染*」〔original pollution〕，在本章中則被稱為「*傳承的敗壞*」〔inherited corruption〕）。雖然我們法定的罪疚乃是直接從亞當承接而來的，而不是由祖先代代相傳之世系而來的，但這並沒有使得我們少承接了一些罪疚；我們仍然承接了罪疚，因為它是屬於我們的始祖亞當，而我們是由他得來的。

[9]在歷史敘述中的過去時式、直述語氣的動詞*hēmarton*（衍生自*hamartaoō*），表示出一個完成的過去之動作。保羅在此是說到一件在過去發生並已完成的事，那就是「所有的人都犯了罪」。可是在保羅書寫此話之時，並非所有的人都犯了罪行，因為有些人尚未出生，而且還有許多的嬰孩在還沒有犯任何有意識的惡行之前就夭折了。所以，保羅的意思一定是說，當亞當犯罪時，神認為所有的人都真的是在亞當裏犯了罪。

保羅在此指出，從亞當的時代到摩西的時代，人沒有成文的神的律法，所以他們的罪「不算」為罪（即不算是違反律法）；但雖然如此，他們還是死了。他們死了的事實就是非常好的明證，證明神是在亞當之罪的根基上將人算為有罪。

神因著亞當的罪而算我們有罪，這思想在羅馬書5:18-19中得到更進一步的肯定：

> 「如此說來，因一次的過犯，所有的人都被定罪；照樣，因一次的義行，所有的人也就被稱義得生命了。**因一人的悖逆，所有的人成為罪人**；照樣，因一人的順從，所有的人也成為義了。」（「所有的人」和合本譯為「眾人」）

保羅在此明白地說，因著一個人的犯罪，「所有的人成為罪人」（「成為」的希臘文是*katestathēsan*，衍生自*kathistēmi*，也是過去式的直述語氣，表示這是完成的過去之動作）。當亞當犯罪時，神認為所有從亞當而生的後裔，都如同罪人一樣。雖然那時我們尚未存在，但是神看到了未來，而且知道我們將會存在，就開始視我們如同和亞當一樣的有罪之人。這點和保羅的敘述是一致的：「惟有基督在我們還作罪人的時候為我們死……」（羅5:8）當然，在基督死時，我們甚至尚未存在，但是神卻視我們為需要救恩的罪人。

我們從這些經節所得到的結論是，當亞當在伊甸園受試驗的時候，他代表了所有人類的成員；亞當身為我們的代表而犯罪了，於是神視我們和亞當一樣是有罪的（有時在此會用一個專用詞彙：**算給或歸給**〔impute〕，意思是：「認為它該歸給某人，所以就將它歸給那人」）。因為神是宇宙萬事終極的審判者，而且因為祂的思想永遠是真實的，所以，神將亞當的罪疚算給我們，亞當的罪疚事實上就真的歸給我們了。神將亞當的罪疚歸給我們乃是正確的。

從亞當**傳承的罪**（inherited sin）之教義有時又稱為「**原罪**」（original sin）的教義。如以上所解釋的，[10] 筆者不用「原罪」這個方式來表達。假如有人使用「原罪」這個詞彙，那麼我們得記住，「原罪」不是指亞當首次犯的罪，而是指我們生來就有的罪疚和犯罪的傾向。說這是「原」罪，乃是因為它來自亞當，同時也是因為我們一開始作為人而存在的時候就有它了，但是它仍是我們的罪，而非亞當的罪。與「原罪」一詞相關的詞是「**原初的罪疚**」（original guilt）；這就是我們在前面剛討論過的，我們從亞當所承接的、神因亞當的罪所算給我們的**傳承的罪疚**（inherited guilt）。

---

[10]見本章註8。

當我們首度聽到我們因著亞當的罪，而被算為有罪時，我們的反應會傾向於抗議，因為它似乎不公平。我們並沒有真的決定去犯罪，對嗎？那麼我們怎能被算為有罪呢？神這樣做公義嗎？

對此的回應有三種：(1) 有些人說，每一個抗議這個教義不公平的人，也都曾自願地犯過許多真實的罪行，是神會判我們為有罪的。這些將構成了末日我們受審的基礎，因為神「*必照各人的行為*報應各人」（羅2:6），而「那行不義的，必受*不義的*報應」（西3:25）。(2) 有些人則如此辯護說這不是不公平的：「假如我們任何一個人站在亞當的地位，都可能會和他一樣犯罪，這從我們後來的背叛神就可證明出來。」筆者認為這說法可能是真的，但是它似乎不是一種結論性的論述，因為它假設了太多可能會發生或可能不會發生的事。這樣不準確的話可能無法平復不平之心。

(3) 反對這種不公平之詞的最有說服力的回應，乃是指出：假如我們認為由亞當來代表我們是不公平的話，那麼我們也應當認為由基督來代表我們，並且由神將基督的公義算給我們，也是不公平的。因為神所使用的過程恰是一樣的，這正是保羅在羅馬書5:12-21裏所指出的：「因一人的悖逆，所有的人成為罪人；照樣，因一人的順從，所有的人也成為義了。」（羅5:19，「所有的人」和合本譯為「眾人」）我們第一位的代表亞當犯罪，神就算我們是有罪的；但是代表所有信祂之人的基督完全地順服神，神也就算我們是公義的。這就是神所設計的人類運作的方式。神視人類為一有機、合一的整體，由亞當作元首為代表；神也認為基督徒所組成的新人類，即那些蒙基督救贖的人，也為一有機、合一的整體，由基督作元首為代表。

然而，不是所有福音派的神學家都同意這個看法，即我們因為亞當的罪而被算為有罪。有些人，尤其是阿民念派的神學家，認為這教訓對神不公平，他們不相信這是羅馬書第5章所教導的。[11] 雖然如此，所有的福音派都同意，我們從亞當那裏承接了一種有罪的性情或犯罪的傾向，以下我們就要討論這一點了。

C.2 傳承的敗壞：我們因亞當的罪而有罪性

我們除了因亞當的罪而得到神算給我們的法定上的罪疚之外，我們也因亞當的罪而承接了*罪性*（sinful nature）。這個傳承而來的罪性有時候被稱為「原罪」，有時候則更精確地被稱為「*原初的污染*」（original pollution）。筆者則稱之為「*傳承的敗壞*」（inherited corruption），因為這個詞似乎更能清楚地表達這個思想。

---

[11]有關這方面的透徹討論，可見H. Orton Wiley, *Christian Theology*, 3 vols. (Kansas City, Mo.: Beacon Hill Press, 1941-49), 3:109-40.

大衛說：「我是在罪孽裏生的，在我母親懷胎的時候就有了罪。」（詩51:5）有些人誤以為在此說的是大衛母親的罪孽，可是這是不對的，因為整個上下文和大衛的母親沒有什麼關係。大衛在這一段裏都是在承認他自己的罪過，他說：

「神啊，求你按你的慈愛
　憐恤我……
　塗抹我的過犯。
求你將我的罪孽洗除淨盡……
　因為我知道我的過犯……
我向你犯罪……」（詩51:1-4）

大衛這樣強烈地意識到他自己的罪惡，以至於當他回顧一生時，他了解到自己從生命的一開始就是有罪的；他儘可能地回憶，就發現到自己有罪性。事實上，當他從母腹生出時，就是「在罪孽裏生的」（詩51:5）；不只如此，甚至在他出生之前，在受孕的那一刻，他就有了有罪的性情，因為「在我母親懷胎的時候就有了罪」（詩51:5）。這是一句強有力的敘述，說明從生命的一開始，就有傳承的犯罪傾向依附在我們的生命裏。詩篇58:3也肯定了類似的思想：「惡人一出母胎，就與神疏遠；一離母腹，便走錯路、說謊話。」

所以，我們的本性包含有一種犯罪的性情，因此保羅能夠肯定地說，在我們成為基督徒以前，「我們……本為可怒之子，和別人一樣。」（弗2:3）任何有養育孩童經驗的人，都能親身見證這件事實：我們所有的人都生來就有犯罪傾向；不需要有人教導孩童如何犯錯，他們自會發現如何犯錯。我們作父母的人所該作的，就是教導他們如何做對的事，「只要照著主的教訓和警戒養育他們」（弗6:4）。

但這個傳承的犯罪傾向並不表示所有的人類都壞到底了。有一些抑制性的機制，例如民法的限制，家庭社會的期許，和人性良心的自責（羅2:14-15），都提供了影響力，使得我們心中犯罪的傾向被抑制住。所以，靠著神的「普遍恩典」（common grace），亦即靠著祂賜給所有人類他們本不配得的恩惠，人們才得以在教育、文明的發展、科技的進步、藝術美感和技術的進步、公義法律的進展，和對別人的慈善等領域，大行其善。[12] 事實上，一般而言，在一個社會裏之基督教的影響力愈大，「普遍恩典」在不信之人的生活中的影響力也就愈可見。然而即使人有能力行善（不論是

[12]見本書第三十一章A節有關普遍恩典的討論。

指哪種善），我們還是從亞當得到傳承的敗壞，即犯罪的傾向，這表示從神的角度來看，我們沒有能力做任何討祂喜悅的事。我們可以從兩方面來看這一點：

C.2.1 在神面前，我們的天性全然缺乏屬靈的良善

我們並不是某些部分有罪，而其他部分純潔；反之，我們實存裏的每一部分——包括我們的理智、情感和欲望、心（欲望和決策過程的核心）、目標和動機，甚至我們的身體——全都受到罪的影響。保羅說：「我也知道在我裏頭，就是我肉體之中，沒有良善」（羅7:18）；他又說：「在污穢不信的人，什麼都不潔淨，連心地和天良也都污穢了。」（多1:15）不只如此，耶利米告訴我們：「人心比萬物都詭詐，壞到極處，誰能識透呢？」（耶17:9）*在某些意義上*，聖經中的這些經文沒有否認不信主的人在人類社會中能夠行善；但是聖經否認他們能夠行任何*屬靈的*善事，或*從與神的關係來看*可稱為善的事。我們的生命若離開了基督的工作，我們就像所有其他不信主的人一樣：「他們心地昏昧，與神所賜的生命隔絕了，都因自己無知，心裏剛硬。」（弗4:18）[13]

C.2.2 在神面前，我們的行為全然不能做出屬靈的良善

這個觀念和前一節所說的有關。我們身為罪人不只在自身缺乏任何屬靈的良善，而且我們也缺乏做任何討神喜悅之事的能力，我們還缺乏靠自己力量來到神面前的能力。保羅說：「屬肉體的人*不能得神的喜歡*。」（羅8:8）不只如此，從為神國結果子並做討神喜悅的事這方面來看，耶穌曾說：「因為離了我，你們就不能作什麼。」（約15:5）事實上，不信的人得不著神的喜悅，只是因為——如果沒有別的得罪神的原因——他們的行為不是從信靠神而來的，也不是從愛祂而來的，而且「人非有信，就不能得神的喜悅」（來11:6）。當保羅的讀者還沒有信主時，他說他們是「死在過犯罪惡之中……那時，你們在其中行事為人……」（弗2:1-2）不信主的人之景況是在捆綁之中，或是在罪惡的奴役之下，因為「所有犯罪的就是罪的奴僕」（約8:34）。雖然從人的角度來看，人能行很多善事，可是以賽亞肯定地說：「我們……所有的義都像污穢的衣服。」（賽64:6；另參羅3:9-20）不信的人甚至不能正確地明白屬神的事，因為「屬血氣的人不領會神聖靈的事，反倒以為愚拙，並且不能知道，因為這些事惟有屬靈的人才能看透」（林前2:14）。我們也不能夠憑自己的力量來到神面前，

---

[13]這個全然缺乏屬靈的良善，沒有能力在神面前行善，在傳統上被稱為「*全然的墮落*」（total depravity），但是筆者在此不用這個詞，因為它容易引起誤會：它使人有一種印象，以為不信的人不能做*任何意義下*的善事，而這絕不是此詞或這個教義的意思。

因為耶穌說：「若不是差我來的父吸引人，就沒有能到我這裏來的。」（約6:44）

但是如果我們是*全然的無能*（total inability）去行神眼中屬靈的善事，那麼我們仍然有作選擇的自由嗎？當然有，那些在基督之外的人仍是在其意志下作自願性的選擇——也就是說，他們隨心所欲地作決定，然後付諸實行。就這個意義來說，在人作選擇時仍有一種「自由」。[14] 但是由於不信的人沒有能力行善，逃脫不了他們基本上對神的悖逆及對罪的偏好，因此從「自由」的最重要的意義來看——做對的事並做討神喜悅的事——他們是沒有自由的。

這對我們生活上的應用是很明顯的：假如神賜給任何一個人悔改和信靠基督的渴望，他就應當不要遲延或硬著心（另參來3:7-8; 12:17）。這個悔改的能力和信靠基督的渴望，不是我們的天然所擁有的，而是神藉著聖靈的感動而賜下的，但它不會永遠持續著：「你們今日若聽祂的話，就不可硬著心。」（來3:15）

D. 生活中實際的罪

D.1 所有的人在神面前都是有罪的

聖經在多處見證說，普世的人都有罪：「他們都偏離正路，一同變為污穢；並沒有行善的，連一個也沒有。」（詩14:3）大衛說：「在你面前，凡活著的人沒有一個是義的。」（詩143:2）所羅門王說：「沒有不犯罪的人。」（王上8:46；另參箴20:9）

在新約聖經裏，保羅在羅馬書1:18–3:20那裏有廣泛的論說，顯示所有的人——猶太人和外邦人——在神面前都是有罪的：「猶太人和希利尼人都在罪惡之下。就如經上所記：『沒有義人，連一個也沒有。』」（羅3:9-10）他確定地說：「世人都犯了罪，虧缺了神的榮耀。」（羅3:23）主耶穌的弟弟雅各承認說：「我們在許多事上都有過失。」（雅3:2）假使身為初代教會領袖和使徒的雅各，[15] 都能承認他犯了許多過失，那麼我們也當願意承認我們的過失。主所愛的那門徒，即特別靠近耶穌的約翰說：

> 「我們若說自己無罪，便是自欺，真理不在我們心裏了。我們若認自己的罪，神是信實的、是公義的，必要赦免我們的罪，洗淨我們一切的不義。我們若說自己沒有犯過罪，便是以神為說謊的，祂的道也不在我們心裏了。」（約一1:8-10）[16]

---

[14]見本書第十六章B.9節有關自由意志的討論。

[15]見本書第三章註24有關主的弟弟雅各是否為使徒的討論。

[16]有些對此段經文的流行詮釋否認約翰一書1:8是應用在所有的基督徒身上。他們採取這種立場是為了說，假使有些基督徒達到完全成聖的階段，那麼他們在今生就可以完全脫離罪。按照這種觀點，約翰一書1:8（「我

D.2 我們的能力是否限制了我們的責任?

皮拉糾（Pelagius）是一位著名的基督徒教師，大約在主後383-410年之間活躍於羅馬，後來（直到主後424年）活躍於巴勒斯坦。他教導說，神只要求人為著人*有能力*做的事情負責。因為神警告我們要行善，所以我們就一定具有實行神命令——行善——的能力。皮拉糾的立場排斥了「傳承的罪」（或「原罪」），並認定罪只存在於個別的罪行中。[17]

然而，他所說的思想，即我們在神面前只對我們有能力做的事負責，是與聖經之見證相反的；聖經不僅肯定我們以前是「*死*在過犯罪惡之中」（弗2:1），因此就不能行出任何屬靈的善行，而且也肯定我們在神面前都是有罪的。不只如此，如果我們在神面前的責任受我們的能力所限制，那麼那些極為剛硬的罪人，就是那些被罪捆綁極深的人，和那些每日努力順服神、成熟的基督徒比起來，前者在神面前就比較沒有罪了；而那個永遠只能行惡的撒但，就沒有一點的罪了——這分明是錯誤的結論。

真正衡量我們的責任和我們的罪的，不是我們自己順服神的能力，而是神絕對完全的道德律和祂的聖潔（反映在律法中）。「所以你們要完全，像你們的天父完全一樣。」（太5:48）

D.3 未犯實際罪行的嬰孩是有罪的嗎?

有些人認為，聖經教導一種「*負責任的年齡*」（age of accountability），即在此年齡之前的幼童不用為罪負責任，在神面前也不算為有罪。[18] 然而，我們在本章C節裏所

們若說自己無罪，便是自欺，真理不在我們心裏了」）對基督徒的應用，是在他們達到無罪、完全之階段以前。而下一句所說的（約一1:9，「我們若認罪，神……『必要赦免我們的罪，洗淨我們一切的不義』」），則是處理過去的罪和使之得赦免的過程。然後最後一句所說的（約一1:10，「我們若說自己沒有犯過罪，便是以神為說謊的」），確實包括一些達到無罪、完全之階段的人；他們不再需要說，他們現在的生活中有罪，他們只需承認在過去所犯過罪。對他們而言，「我們若說自己沒有犯過罪」（約一1:10）是沒有錯的。

然而這種解釋不能令人信服，因為約翰所寫的第一句（約一1:8）是用現在式，表示這句話對所有的基督徒、在所有的時候都是真實的一件事。約翰不是寫說：「當我們還是不成熟的基督徒時，我們若說自己無罪，便是自欺。」他也沒有說（如前述觀點所主張的），「在我們達到無罪、完全之階段以前，我們若說自己無罪，便是自欺。」反之，約翰在其生命接近尾聲之時，所寫的這封公教書信是給所有的基督徒，包括那些在基督裏已經成長數十年的成熟之人；他沒有用不確定的話語來寫這些他期望對所有看到信的基督徒都為真的事：「我們若說自己無罪，便是自欺，真理不在我們心裏了。」這是一句清楚的敘述，可以應用在所有的基督徒身上，只要他們還活著。假如我們說它不能應用在所有基督徒身上的話，那麼我們「便是自欺」了。

[17]皮拉糾主義（Pelagianism）在基本上更關切的是救恩問題，它認為人能夠靠著自己而踏出邁向救恩的第一步，也是最重要的一步，而不需要神恩典的介入。在主後418年5月1日的迦太基會議（Council of Carthage）上，將皮拉糾主義定罪為異端。

[18]舉例來說，這是Millard Erickson的立場，見*Christian Theology*, p. 639. 他使用的詞語是age of responsibility,

討論到的傳承的罪指出，甚至在嬰孩出生之前，他們在神面前的地位就是有罪疚的，而且也有罪性——他不只有犯罪的傾向，同時神也看他為「罪人」。「我是在罪孽裏生的，在我母親懷胎的時候就有了罪。」（詩51:5）此外，那些說到施行最後審判是根據所行出來的真實罪行之經文（例羅2:6-11），並沒有提到任何關於尚無個人行為之對錯時——例如夭折的嬰孩——的審判標準。在這樣的情況下，我們必須接受聖經的看法，即我們在出生之前就有了罪性。不只如此，我們必須了解，孩童的罪性在很早期就顯露出來了（肯定在兩歲以內），正如任何養過孩子的人所能確定的。大衛在詩篇58:3說：「惡人一出母胎，就與神疏遠；一離母腹，便走錯路、說謊話。」

那麼假如嬰孩在還沒有長大到足以明白並且相信福音時就夭折了，他們能夠得救嗎?

在此我們必須說，如果這樣的嬰孩得救了，那並不是出於他們自己的功德，或根據他們的義行或無辜，這根基必定全然是基督救贖的工作，和聖靈在他們裏面重生的工作。「只有一位神；在神和人中間只有一位中保，乃是降世為人的基督耶穌。」（提前2:5）「人若不重生，就不能見神的國。」（約3:3）

對一個嬰孩而言，神當然可能給他帶來重生（亦即新的屬靈生命），甚至是在他出生之前。在施洗約翰的身上就是如此，因為天使加百列在約翰出生前說：「他……從母腹裏就被聖靈充滿了。」（路1:15）我們可以說，在施洗約翰出生之前他就「重生」了！在詩篇22:10那裏有一個類似的例子，大衛說：「從我母親生我，你就是我的神。」所以，我們很清楚地看到，神能夠以不尋常的方式拯救嬰孩，而不是藉著聆聽又明白福音；而且在他們非常小的時候，就把重生賜給他們了，有時候甚至是在出生之前。這種重生可能立刻就產生一種初期的、直覺式的對神的意識，並且在極早的襁褓歲月，就會信靠祂了。不過我們不太明白這種重生。[19]

雖然如此，我們必須清楚地肯定，嬰孩重生並不是神拯救人的尋常方式。救恩通常發生在人聆聽福音、明白福音，而且接著就信靠基督之時。但是在不尋常的情況下，像施洗約翰這樣，神在他能明白福音之前就帶來救恩。因此，這使我們下結論說，這的確是可能的：神知道嬰孩會在他能聽到福音之前就去世，而且祂也願意賜給

而非age of accountability.

[19]然而我們都知道，嬰孩幾乎從出生時就顯出本能性的信靠他們的母親，並意識到他們自己是和母親有區別的人。因此，我們不應該堅持認為他們不可能對神有直覺性的意識；神若將它給予嬰孩，嬰孩也會有一種信靠神的直覺性能力。

他救恩。

有多少嬰孩是神以這樣的方式拯救的？聖經上沒有告訴我們，所以我們無法知道。聖經保持緘默的地方，我們若硬要強辭宣布，乃是不智的。然而，我們也應當認清，拯救信徒的兒女是聖經中常見的模式（見創7:1；另參來11:7；書2:18；詩103:17；約4:53；徒2:39; 11:14〔？〕; 16:31; 18:8；林前1:16; 7:14；多1:6）。雖然這些經文沒有顯示神自動拯救所有信徒的兒女（因為我們知道也有敬虔父母的兒女長大了棄絕主的，聖經上也有這樣的例子，例如以掃和押沙龍），但是這些經文確實顯出神一般工作的模式，即我們能期望祂以「正常」的方式工作：帶領信徒的兒女回到祂自己那裏。對於那些信徒的兒女很早就去世的，我們沒有理由認為會有什麼不一樣。

與此格外相關的例子，是拔示巴為大衛王所生的第一個孩子。當嬰孩死時，大衛說：「*我必往他那裏去*，他卻不能回我這裏來。」（撒下12:23）大衛一生都有很大的信心，相信他會永遠活在神的同在中（見詩23:6，及許多大衛的詩篇）；在此他也有信心，當他死了以後，他會再看見他的嬰孩兒子。這只有一個涵義，那就是他會與他的兒子永遠在神的同在中。[20] 這一段經文加上前面所提到的其他經文，對所有失去嬰孩的信徒而言，應當都是相似的確據：有一天他們要在天國的榮耀裏，再看見他們的孩子。

對於不信之人夭折的孩子，聖經沒說什麼。我們只能將這件事交在神的手中，信靠祂是公正而慈悲的。假如他們得救了，那一定不是根據他們自己的功德，或根據我們所假設的——他們是無辜的。假如他們得救了，那將是根據基督救贖的工作；而他們的重生，也會像施洗約翰在他出生之前的重生，乃是由於神的憐憫和恩典。救恩永遠是因著祂的憐憫，而非因著我們的功德（見羅9:14-18）。聖經不容許我們說得比這更多了。

D.4 罪惡有輕重嗎？

是否有些罪比別的罪更嚴重？這個問題的答案可以是「是」，也可以是「不是」，端視這問題所指為何。

D.4.1 法定的罪疚

從我們在神面前法定的地位來看，任何的罪，甚至看起來是很小的罪，也使我們

[20]有人可能會反對說，大衛只是說，他會步入死亡的狀態，正如他的兒子一樣。但是這種解釋不適合本節所用的語言，因大衛不是說：「我必往*他所在的地方*去」，而是說：「我必*往他那裏*去。」這是個人要再相見的語言，它指明了大衛的期望：他有一天會看見他的兒子，並和他在一起。

在神面前有法定的罪，因此該得到永遠的懲罰。亞當和夏娃在伊甸園裏知道這點，因為神在那裏告訴他們，一次悖逆的行動會導致死亡的審判（創2:17）。保羅肯定地說：「審判是由一人而定罪」（羅5:16）。這一個罪使得亞當和夏娃在神面前成為罪人，不能再站在祂聖潔的同在中了。

在整個人類的歷史裏，這個真理都持續地有效。保羅（引用申27:26）肯定地說：「凡不常照律法書上所記一切之事去行的，就被咒詛。」（加3:10）雅各也宣告說：

「因為凡遵守全律法的，只在一條上跌倒，他就是犯了眾條。原來那說『不可姦淫』的，也說『不可殺人』；你就是不姦淫，卻殺人，仍是成了犯律法的。」（雅2:10-11）[21]

所以，從法定的罪疚來看，所有的罪都是一樣地糟，因為它們都使我們在神面前有法定的罪疚，並使我們成為罪人了。

D.4.2 影響生活和與神關係的罪

但在另一方面，有些罪確實比其他罪更糟，因為它們在我們和別人的生活裏，帶來更大傷害的結果；而且，從我們與父神之個人關係來看，它們引起神更多的不悅，並且對我們和祂之間的關係帶來更嚴重的破壞。

聖經有時候會說到罪的嚴重之程度。當耶穌站在本都彼拉多前之時，祂說：「把我交給你的那人罪更重了。」（約19:11）祂所指的人顯然是猶大；他熟知耶穌三年，卻定意出賣祂，置祂於死地。雖然彼拉多因其政府職位有處置耶穌的權柄，但他竟容許一個無辜之人被定罪至死，他是做錯了，然而猶大的罪卻遠遠「更重」，可能是因為他對罪有更多的認識，但卻懷有更多的惡意。

當神將在耶路撒冷聖殿裏犯罪之異象，顯示給以西結看的時候，祂先是讓以西結看到一些事，然後說：「你還要看見另有大可憎的事。」（結8:6）接著祂讓以西結看到以色列一些長老們祕密的罪，並說：「你還要看見他們另外行大可憎的事。」（結8:13）然後主讓以西結看到一幅圖畫，是婦女們在為一個巴比倫的神祇哭泣，然後主說：「人子啊，你看見了麼？你還要看見比這更可憎的事。」（結8:15）最後，主讓

[21]當我們了解到，神的不同道德律，只是反映出祂完美道德性格的不同層面，並且祂期望我們能夠像祂，那麼我們就可以更清楚地了解這個原則。違背了律法中任何的一部分，就使我們變得不像祂。舉例來說，假如我偷竊了，我就不只是違反了反對偷盜的誡命（第八誡），而且我也羞辱了神的名（違反第三誡，見箴言30:9），羞辱了我的父母和他們的名聲（違反第五誡），我貪戀一些不屬於我的東西（違反第十誡），將擁有一些物質的順位放在神之上（違反第一誡，見以弗所書5:5），而且以行動傷害了另一個人，造成他性命的危害（違反第六誡，另參馬太福音5:22）。只要稍微想一想，我們就能看見，幾乎任何一樣罪都具體地違反了十誡裏每一誡的一些原則。這就反映了一件事實：神的律法是整全一體的，它反映出在神自己位格之合一裏的那種道德純潔和完美。

以西結看到在聖殿裏的二十五個人，他們背對著主，卻是在膜拜太陽（結8:16）。我們在此看見，人犯罪的程度和神憎恨的程度都在增加。

耶穌在登山寶訓裏說：「無論何人廢掉這誡命中最小的一條，又教訓人這樣作，他在天國要稱為最小的。」（太5:19）祂這話表示有的誡命比較大，有的誡命比較小。與此相似地，雖然祂贊同說，文士和法利賽人將使用的家用香料中獻出十分之一是合宜的，但祂仍宣告他們有禍了，因為忽略「那律法上更重的事，就是公義、憐憫、信實。」（太23:23）在以上兩處經文裏，耶穌區分出比較大的誡命和比較小的誡命，其意就表示，從神自己對它們之重要性的評估來看，有些罪是比其他罪更嚴重的。

一般說來，如果一些罪會帶給神更多的羞辱，或是帶給自己、別人或教會更多的傷害，那麼我們就可以說，它們比其他的罪具有更多傷害性的結果。不只如此，那些帶著硬心的、蓄意的、重複的、明知故犯的罪，比起那些因無知而犯的、偶犯的、存著混雜之心（有善良又有不純的動機）而犯的罪，或犯罪後很快就痛悔和悔改的，前者更會引起神的不悅。因此，神在利未記裏賜給摩西的律法中，對百姓「無意中」犯罪（利4:2, 13, 22，現代中文譯本）的情況提供了條款。無意犯的罪仍舊是罪：「若有人犯罪，行了耶和華所吩咐不可行的什麼事，他雖然不知道，還是有了罪，就要擔當他的罪孽。」（利5:17）雖然如此，無意犯的罪所需的懲罰和所導致神不悅的程度，要比有意犯的罪要少得多了。

在另一方面，以「傲慢的態度」所犯的罪，也就是說，倨傲而蔑視神的誡命而犯的罪，就更嚴重了：「但那擅敢行事的，無論是本地人，是寄居的，他褻瀆了耶和華，必從民中剪除。」（民15:30；另參民15:27-29）

我們能夠很快地看出，有些罪對我們自己、別人和對我們與神的關係，會帶來更大的傷害。假如我貪戀鄰居的汽車，那在神面前就是罪；但是假如我的貪戀使我真的偷了那輛汽車，那就變成了更嚴重的罪。假如在我在偷車的過程裏和鄰居打起來，並且傷害了他，或是當我將車開走時，不顧一切地傷害了別人，這就是更加嚴重的罪了。

與此相似地，如果一個剛成為基督徒的人，從前就有傾向發脾氣而與人打架，但如今已開始向不信主的朋友為信仰作見證，然而有一天他大受刺激而發了脾氣，並且還真的打了人，那麼他做的事在神眼中當然是罪。但如果一位成熟的牧師或其他聞名的基督徒領袖，公然發脾氣並且打人的話，那麼在神眼中他所犯的就是更加嚴重的罪——因為它傷害了福音的信譽，也因為神對那些在領袖職位的人要求更高標準的責任：「作師傅〔的〕……要受更重的判斷」（雅3:1；另參路12:48）。因此我們的結論乃是，從罪的*結果*和*神不喜悅的程度*來看，有些罪肯定是比其他罪更糟。

然而，雖然罪的嚴重性有程度之分，但這並不表示羅馬天主教將罪惡分類的教導是對的；他們將罪分成兩類：「*輕罪*」（venial sin）和「*死罪*」（mortal sin）。[22] 在羅馬天主教的教導裏，「輕罪」可以得赦免，但通常要先接受在今生或在煉獄（人死之後、進入天堂之前）裏的懲罰。「死罪」則是導致屬靈的死亡的罪，是不得赦免的，這類的罪使人不得在神國之內。

然而按照聖經的教導，所有的罪都是「死罪」，因為即使最輕的罪也使我們在神面前有法定的罪，當受永遠的懲罰。然而即使有最嚴重的罪，當犯罪之人來到基督跟前得救恩時，那些罪也會得到赦免（請注意，在哥林多前書6:9-11那裏，保羅列出許多使人不能承受神國的罪，但後來則肯定犯過那些罪的人已蒙基督拯救了）。因此，從這個意思看來，所有的罪都是「輕罪」了。[23] 羅馬天主教將罪區分成「死罪」與「輕罪」兩類，然後稱某些罪（譬如自殺）為「死罪」，稱其他的罪為「輕罪」（譬如不誠實、動怒或情慾），十分容易造成對某些罪惡的不經心，而大大地阻礙成聖和為主工作的有效性；而又對其他的罪惡過度畏懼、絕望，以致不能得著蒙赦免的確據。我們應當了解，即使是全然相同的動作（例如以上所說的動怒和打人），其嚴重性可能是重的，也可能是輕的，端視所牽涉的人和場合而定。我們最好就只要這樣認定：罪的嚴重程度有所不同，這是從罪的結果之角度，和從它們破壞我們與神之關係而導致神不悅的程度之角度而定。在這個主題上，我們不要越過聖經一般的教導。

聖經將犯罪的程度區分出來，確實有它正面的價值。*第一*，它幫助我們知道該在哪裏擺上更多的努力，好在個人聖潔上長進。*第二*，它幫助我們決定何時應寬容朋友或家人的小錯，何時應和某人談到一些明顯的罪（見雅5:19-20）。*第三*，它幫助我們決定何時執行教會紀律才是合宜的，而且它為反對執行教會紀律的人提供了疑慮的解答，例如有人會說：「我們都是有罪的，所以我們不應干預別人生活裏的事情。」雖

---

[22]約翰一書5:16-17似乎也支持死罪和輕罪之分：「人若看見弟兄犯了*不至於死*（mortal）*的罪*，就當為他祈求，神必將生命賜給他；有至於死的罪，我不說當為這罪祈求。凡不義的事都是罪，也有不至於死的罪。」在此被譯作mortal的希臘文是*pros thanaton*（衍生自*thanatos*），它更為字面的意思是「朝向死」或「至於死」。從約翰在本書信裏所關切的事來看，他是在與不認耶穌為道成肉身而來之神的異端戰鬥（見約一4:2-3），因此這個「至於死」的罪可能是指異端的否認基督、以至於得不著藉著基督而有的救恩之嚴重的罪。在此情況下，約翰只會說我們不當禱告求神赦免這種拒絕基督、並教導嚴重異端之基督論教義的罪。然而，約翰說有一種「至於死」（拒絕基督）的罪之事實，並不證明羅馬天主教建立一套不得赦免之罪的類別是正確的。

[23]除了「不可赦免的罪」之外；見本章D.6節。

然我們真的都有罪，然而，有些罪是這樣明顯地傷害教會和教會內部的人際關係，因此我們必須直接處理它們。*第四*，這個區分也可以幫助我們了解，政府制定法律和罰則以禁止某些類的罪行（例如謀殺或偷竊），而非其他類的罪行（例如動怒、嫉妒、貪婪，或自私的使用自己的產業），是有一些根據的；說某種類別的罪行需要政府的懲罰，而非所有種類的罪行都需要，這說法並沒有矛盾。

D.5 基督徒犯罪會怎麼樣？

D.5.1 在神面前法定的地位不變

雖然這個主題可以在後面再討論，即在討論基督徒靈命中的兒子名分或成聖之相關主題時再提出，但是在這裏討論也是十分合宜的。

當一個基督徒犯罪時，他在神面前的法定地位並不改變：他仍舊是蒙赦免的人，因為「如今，那些在基督耶穌裏的就不定罪了」（羅8:1）。救恩不是根據我們的功德，而是神所賜的白白的禮物（羅6:23）；而且基督的死確實付清了我們所有的罪債——過去的、現在的和未來的——基督不分時間之分別，「為我們的罪死了」（林前15:3）。用神學的詞彙來說，我們仍然保有被「稱義」的地位。[24]

不只如此，我們仍是神的兒女，也仍然是神家中的一員。在約翰說：「我們若說自己無罪，便是自欺，真理不在我們心裏了」（約一1:8）的同一封書信裏，他也提醒讀者說：「親愛的弟兄啊，我們現在是神的兒女。」（約一3:2）我們有罪殘存在生命中的事實，並不表示我們失去了神兒女的地位。以神學的詞彙來說，我們仍然保有「兒子的名分」。[25]

D.5.2 但我們與神的交通被破壞了，靈命也受損害

當我們犯罪時，雖然神沒有停止對我們的愛，但祂對我們不悅（即使是在人類當中，也可能同時愛一個人但又對他不悅，就如任何一位父母、妻子或丈夫都可以證明的）。保羅告訴我們，基督徒可能會「叫神的聖靈擔憂」（弗4:30）；當我們犯罪時，我們使祂憂傷，祂也對我們不悅。希伯來書的作者提醒我們：「主所愛的，祂必管教」（來12:6，引用箴3:11-12）；而「萬靈的父管教我們，是要……使我們在祂的聖潔上有分。」（來12:10）當我們不順服時，父神擔憂了，正和地上的父親因著孩子的不順服而擔憂一樣，而且祂管教我們。啟示錄第3章也有相似的主題，那裏說到復活的基督從天上對老底嘉教會說：「凡我所*疼愛*的，我就*責備管教*他；所以你要發熱心，也要悔

[24]見本書第三十六章有關稱義的討論。

[25]見本書第三十七章有關兒子的名分之討論。

改。」（啟3:19）愛顧和責備罪惡在此同一句敘述裏被連在一起。因此，新約聖經見證了，當基督徒犯罪時，三一之神的所有三個成員都會不悅（亦見賽59:1-2；約一3:21）。

《西敏斯特信仰告白》（Westminster Confession of Faith）在論及基督徒時明智地說：

「他們雖然永不會從稱義的地位上墮落，然而他們可能因著他們的罪，落在父神的不悅下，直到他們自己謙卑下來，認罪以求赦免，並重新信靠主而悔改，方可再恢復得見祂的面光。」（第十一章5條）

希伯來書第12章和許多聖經上歷史的例子顯示，神像父親般的不悅通常會導致祂在我們的基督徒生命中施行管教；祂「管教我們，是要我們得益處，使我們在祂的聖潔上有分」（來12:10）。關於我們需要經常性的認罪和悔改，耶穌提醒我們說，我們每一天都要祈求：「免我們的債，如同我們免了人的債。」（太6:12；另參約一1:9）

當我們身為基督徒而犯罪時，不只是我們個人與神的關係被破壞了，我們基督徒的生命與在事奉中的結果子也都受損害。耶穌警告我們說：「枝子若不常在葡萄樹上，自己就不能結果子；你們若不常在我裏面，也是這樣。」（約15:4）當我們因著生命中的罪而離開了與基督的交通時，我們住在基督裏的程度就減低了。

新約聖經的作者屢次說到，罪在信徒生命中的毀壞性結果。事實上，書信裏的許多話都是致力於斥責並阻止基督徒所犯的罪。保羅說，如果基督徒自己屈從罪的話，他們漸漸就變成了「罪的奴僕」（羅6:16）；然而神要基督徒向上走在一條不斷在生命中增長公義的道路上。如果我們的目標是在生命的豐盛上長進，直到我們離世而進入天上的神的同在中，那麼犯罪就是開倒車、走下坡，偏離像神的目標；那將是走向「以至於死」（羅6:16）、永遠與神隔離的方向，然而當我們成為基督徒的時候，我們正是得蒙拯救脫離這個方向。[26]

彼得說，存留在我們心裏的罪惡的私慾「是與靈魂爭戰的」（彼前2:11）——這個軍事用語正確地表達出彼得所要說的，並且傳遞出一幅意象：在我們裏面的罪慾就好像戰場上的軍人一樣，它們攻打的目標是我們屬靈的福祉。向這樣的罪慾讓步或在心中滋養並珍惜它們，就是為敵軍供應食物、庇護，並歡迎它們。假如我們屈服於這些與我們靈魂「爭戰」的慾望，那麼我們就無可避免地會感受到一些屬靈力量的流失、屬靈能力的減弱，和在神國事奉有效性的折損。

---

[26]保羅在羅馬書6:16那裏不是說，真正的基督徒會真的退步到一個地步，是落到永遠的定罪之下；但他似乎是說，當我們屈服於罪時，從一種屬靈的、道德的角度來說，我們就是在朝著那個方向而行。

不只如此，當身為基督徒的我們犯罪時，還會失去屬天的獎賞。如果一個人建造教會的工程不是用金、銀、寶石，而是用「草木、禾稭」（林前3:12），他的工程就會在審判的日子「被燒了，他就要受虧損，自己卻要得救；雖然得救，乃像從火裏經過的一樣」（林前3:15）。保羅了解到：「我們眾人必要在基督臺前顯露出來，叫各人按著本身所行的，或善或惡受報。」（林後5:10）保羅的意思是說，在天上的獎賞有程度之分，[27] 而罪會造成負面的結果，即會造成屬天獎賞的損失。

D.5.3 「未重生之基督徒」的危險

雖然一個真正的基督徒犯罪以後，不會失去他在神面前的稱義地位或兒子的名分（見前面D.5.1節所說的）；然而我們必須清楚地警告說：僅是參與一個福音派的教會，外表遵從了「基督徒」所接受的行為模式，並不保證這人是得到救恩了。特別是在這樣的社會和文化裏——一般人很容易（或甚至被期望）承認他是基督徒，所以很可能有些人參與教會的活動，但卻沒有真正地重生。假如這樣的人在他們的生活模式上變得愈來愈不順服基督，那麼我們就不應當哄騙說，他們仍然具有稱義的地位或神家中兒子的名分之確據，以致他們還沾沾自喜。如果一個人的生活模式是持續地不順服基督，又缺少聖靈的果子，如仁愛、喜樂、和平等等（見加5:22-23），那麼這就可能是一個警號，顯示那個人在內心裏可能不是一位真正的基督徒，或許從開始的時候他就沒有真正的、發自內心的信心，也沒有聖靈重生的工作。耶穌警告過說，祂會對有些曾經傳過道、趕過鬼，並奉祂的名行過許多大能的人說：「我從來不認識你們，你們這些作惡的人，離開我去吧！」（太7:23）約翰也告訴我們說：「人若說：『我認識祂』，卻不遵守祂的誡命，便是說謊話的，真理也不在他心裏了。」（約一2:4，約翰在此是說到一個持續性的生活模式）若有人是長時期地愈來愈不順服基督，那麼我們就應該將之視為一個證據——懷疑那人是不是一位真的基督徒。

D.6 不得赦免的罪

有幾處聖經的經文講到一個「不得赦免的罪」（unpardonable sin）；耶穌說：

> 「所以我告訴你們，人一切的罪和褻瀆的話都可得赦免，惟獨褻瀆聖靈總不得赦免。凡說話干犯人子的，還可得赦免，惟獨說話干犯聖靈的，今世來世總不得赦免。」（太12:31-32）

類似的敘述也出現在馬可福音3:29-30，在那裏耶穌說：「凡褻瀆聖靈的卻永不得

---

[27]見本書第五十六章C.3節有關天上之獎賞的程度之分。

赦免。」（可3:29；另參路12:10）與此類似地，希伯來書第6章說：

「論到那些已經蒙了光照，嘗過天恩的滋味，又於聖靈有分，並嘗過神善道的滋味，覺悟來世權能的人，若是離棄道理，就不能叫他們從新懊悔了；因為他們把神的兒子重釘十字架，明明的羞辱祂。」（來6:4-6；另參來10:26-27；亦見約一5:16-17所討論的「至於死」的罪）

這些經文所談到的罪可能是相同的，也可能是不同的；我們在檢視了它們的上下文以後，就必須作一個判斷。

關於這個「不得赦免的罪」，已經有人提出了幾個不同的觀點：[28]

(1) 有人認為它是一種只有當基督在地上的時候人才會犯的罪。可是耶穌的敘述——「人一切的罪和褻瀆的話都可得赦免」（太12:31）——是這樣地概括性的，因此要說這個罪僅僅是在耶穌在地上生活時才會發生，似乎不太合理，而上述的經文中也沒有特別指出有這樣的一個限制。不只如此，希伯來書6:4-6所講到的背道，是在耶穌回到天上以後若干年才發生的。

(2) 有人主張這個罪就是指持續到死時仍舊不信主；所以，每一個到死都不信的人（或至少是每一位聽過基督但仍然到死都不信的人），都犯了這個罪。當然，那些到死為止都持續不信的人，是真的不會被神赦免，但問題是上述的那些經文裏所討論的，是否就是指這件事實？在詳細地閱讀那些經節後，就發現這種解釋似乎不符合經文所說的內容，因為那些經節沒有說到一般性的不信，而是明確地說到一些人「說話干犯聖靈的」（太12:32）、「褻瀆聖靈的」（可3:29），或「背離……正道」（來6:6，呂振中譯本）。上述經節讓我們看到了一種特定的罪——人故意地拒絕聖靈的工作，並且用惡言詆毀；或者故意地拒絕有關基督的真理，並且「明明的羞辱」基督（來6:6）。不只如此，到死為止都持續不信的罪之思想，並不符合馬太福音和馬可福音兩處經文的上下文——有關法利賽人受到斥責（見以下的討論）。

(3) 有些人認為這個罪是真信徒嚴重地離棄正道，所以只有那些真正重生的人才會犯這個罪。這個觀點是根據他們對希伯來書6:4-6所提到的「離棄」正道之性質的了解，即認為此經文是真基督徒棄絕基督而失去救恩。但是這似乎並不是對希伯來書第4至6章最好的解釋。[29] 還有，雖然這個觀點也許從希伯來書第6章來看是說得過去的，但是它不能解釋福音書之經文所說的褻瀆聖靈——耶穌這樣說是在回應法利賽人硬著

---

[28]關於各種立場的代表，見Berkhof, *Systematic Theology*, pp. 252-53.

[29]見本書第四十章C節有關希伯來書6:4-6的詳細討論。

心否認聖靈透過祂所做的工作。

(4) 這個罪包含不尋常地、惡意地、故意地*拒絕和毀謗*聖靈為見證基督而有的工作，並且將聖靈的工作*歸功*於撒但。在仔細地閱讀耶穌在馬太福音和馬可福音這些敘述的上下文以後，我們看到耶穌說這些話是在回應法利賽人的指控：「這個人趕鬼，無非是靠著鬼王別西卜啊！」（太12:24）法利賽人曾一再地看到耶穌所做的工作；祂才醫治一位又瞎又啞被鬼所附的人，使他能看見又能說話（太12:22），而人們都很驚訝，就大群地跟隨耶穌。法利賽人自己也一再清楚地看見聖靈透過耶穌的工作，顯示出驚人的能力，帶給多人生命和健康；但是雖然有聖靈的工作在法利賽人眼前清晰地展示，他們還是故意地拒絕耶穌的權柄和祂的教訓，並且將之歸功於魔鬼。因此耶穌就對他們清楚地說：「凡一國自相分爭，就成為荒場；一城一家自相分爭，必站立不住。若撒但趕逐撒但，就是自相分爭，他的國怎能站得住呢？」（太12:25-26）所以，法利賽人將耶穌的趕鬼歸功於撒但的能力，是非理性而且是愚昧的——這是一個有歷史淵源的、故意的、惡意的謊言。

耶穌解釋了「我若*靠著神的靈*趕鬼，這就是神的國臨到你們了」（太12:28）以後，接著祂就宣布這項警告：「不與我相合的就是敵我的；不同我收聚的就是分散的。」（太12:30）祂警告說，沒有中立之地；當然，那些像法利賽人一樣反對祂信息的人，就是與祂為敵的。接著祂又立刻加了一句話：「所以我告訴你們，人一切的罪和褻瀆的話都可得赦免，惟獨褻瀆聖靈總不得赦免。」（太12:31）故意詆毀聖靈透過耶穌所做的工作——法利賽人還將那工作歸功給撒但——是不會得到赦免的。

這裏的上下文指出，耶穌所說的罪不只是不信的罪或拒絕基督的罪，而是指一個人：(1) 清楚地認識基督是誰，並且知道聖靈透過祂工作的能力；卻 (2) 故意地拒絕連基督的敵人都知道是真實的、有關祂的事實；以及 (3) 惡意地將聖靈透過基督所做的工作歸功給撒但的能力。在這種情形下的人心，其剛硬的程度大到任何普通帶領罪人悔改的方法都會被他們拒絕：用真理來勸說不管用，因為他們已經知道真理，而且故意地拒絕了它；向他們顯出聖靈之醫治與帶來生命的能力，也不管用，因為他們已經看過了，並拒絕了它。在這種情況之下，不是罪本身有多麼地可怕，以至於基督救贖的工作不能拯救，而是罪人的心之剛硬，使得神用來帶領人藉著悔改、相信基督而得著赦免和救恩的一般方法，都達不到他那裏。這項罪之所以不得赦免，乃是因為它把罪人從得救的過程——藉著相信真理而悔改和獲得使人得救的信心——切除了。

伯克富（Louis Berkhof）用下列的方式為此罪下了一個明智的定義：

「這個罪包含了有意識的、故意的及惡意的拒絕和毀謗聖靈的見證——關於神在基督裏的恩典——之證據與說服力，並出於仇恨和敵意地歸功給黑暗之子……人犯了這罪，就會故意地、惡意地，並有意地將其實清楚認明是神的工作，歸功於撒但的影響和運作。」[30]

伯克富解釋說，這罪的本身「不是懷疑真理，也不是罪惡地否認真理，而是一種和真理的對立，是故意和思想所受的說服、良心所受的光照，甚至是心中所得的判定背道而馳。」[31]

「不得赦免的罪」所牽涉到是如此極度剛硬和不悔改的心，所以這就指明了那些害怕自己犯這個罪的人，在他們的心中仍有憂傷，會想要尋求神，因此當然不會落入犯這個罪的類別裏。伯克富說：「我們可以合理地肯定，那些害怕犯此罪因而為此憂慮、並要別人為他們禱告的人，是不曾犯此罪的。」[32]

這樣地了解「不得赦免的罪」，也很符合希伯來書6:4-6所說的：那些「離棄道理」的人認識所有的真理——他們「已經蒙了光照，嘗過天恩的滋味，又於聖靈有分，並嘗過神善道的滋味，覺悟來世權能」——可是他們卻故意地轉離基督並「明明的羞辱祂」（來6:6）。他們也將自己置身在神一般帶領人悔改、相信的方法所能達到的範圍之外。他們知道真理，並且也被真理說服，但卻仍然故意地拒絕它。

不過，約翰一書5:16-17所說的似乎屬於另一種類別；這段經文沒有說到不得赦免的罪，而是說到一種持續下去會引至於死的罪。這種罪似乎牽涉到在有關基督的教義上，教導嚴重錯誤的教義。這段經文的上文，是說到要憑信心按照神的旨意祈求（約一5:14-15），可見約翰只是告訴我們，他不是說我們只要憑信心向神求赦免那罪就好了，除非那人肯悔改；但他也肯定不會禁止人為著傳異端的教師禱告，希望他們從他們的異端裏回轉、悔改，因此而得到赦免，因為許多教導嚴重錯誤教義的人，可能仍然沒有離開正道太遠，而至犯了不得赦免的罪——因著心中剛硬，連悔改和相信都不可能了。

E. 罪的懲罰

雖然神對罪惡的懲罰是為了要遏阻進一步地犯罪，並為了警告那些看到的人，但

---

[30]Berkhof, *Systematic Theology*, p. 253.

[31]同上出處。

[32]同上出處，p. 254.

是這並不是神懲罰罪惡的主要原因；其主要原因是**神的公義要求如此**，使得祂能在祂所創造的宇宙中得到榮耀。祂是主，「在世上施行慈愛、公平和公義，以此誇口。」（耶9:24）

保羅說：「神設立耶穌作挽回祭，是憑著耶穌的血，藉著人的信。」（羅3:25）接著他解釋為什麼神設立耶穌作「**挽回祭**」（propitiation，亦即承受神對罪惡之忿怒、並藉此將神的忿怒轉為恩惠的祭物）：這是為了「**要顯明神的義**，因為祂用忍耐的心寬容人先時所犯的罪」（羅3:25）。保羅了解，如果基督未曾來償付罪債的話，神就不能夠被顯為公義。因為祂在過去寬容了罪惡，沒有懲罰他們，因此人可以有理地控訴神的不義——其假設是，不懲罰罪惡的神，就不是公義的神。所以，當神差遣基督為我們死，即為我們的罪付上代價時，祂就顯明了祂仍舊是公義的——祂積存了因先前（那些在舊約時代的聖徒）的罪而有的懲罰，然後祂按照完全的公義，使耶穌在十字架上償付了代價。因此加略山上的挽回祭清楚地顯示了神是完全公義的：「好在今時顯明祂的義；使人知道**祂自己為義**，也稱信耶穌的人為義。」（羅3:26）

所以，因著十字架，我們就清楚地看見了神懲罰罪惡的原因：假使祂不懲罰罪惡，祂就不是一位公義的神，這樣在宇宙中也就沒有終極的公正了。但是當罪惡受到懲罰時，神就顯明祂自己是在一切之上的公義審判者，而且宇宙就有了公正。

個人思考與應用

1. 讀過本章以後，你是否更加察覺到殘存在你生命中的罪？你是否能具體地說明這一點？本章的內容是否使你更加恨惡罪？為什麼你沒有更常地感覺到深刻地恨惡罪？你認為本章對你與神的個人關係，帶來什麼總括性的效果？
2. 你會認為以下哪一個罪進入世界的原因，會讓你更覺得安心——是因為神命定的，使它透過第二因（代理媒介）而進入世界；還是因為神阻擋不了它進入世界，即使它是違反神的旨意的。假如邪惡永遠存在，而且在宇宙中有一終極的「二元論」，那麼你對這個宇宙和你在其中的定位會有什麼感受？
3. 你是否能夠作一個平行對照，比較今天你的基督徒生活中所面對的試探，和夏娃所面對的試探。
4. 對於你因亞當的罪而被算為有罪（如果你同意羅馬書5:12-21是這樣教導的），你會覺得不公平嗎？你如何處理這種不公平的感受，不使它攔阻你和神之間的關係？在你的心深處，你真的認為在你成為基督徒以前，全然不能夠做任何在神面前是屬靈的善行嗎？與此類似地，你深信這對所有的不信之人都是真實的嗎？或者你認為這只是一個可能是真、也可能不是真的教義？還是你認為至少當你看到你所認識的不信之人的生活時，這個教義不能讓你很信服？

5. 就你所認識的非基督徒而言，哪一種選擇的自由是他們真正具有的？你是否相信，如果沒有聖靈的工作，他們將不會改變根本上對神的悖逆？
6. 本章討論到，聖經教導罪有不同的嚴重程度，了解這一點對你的基督徒生活有何幫助？當你犯了罪以後，你是否感受到一種神對你的「像父親般的不悅」？你對那種感受的回應是什麼？
7. 你是否認為今日的基督徒對恨惡罪的忽視到了很大的程度？不信主的人是否也忽視了這一點？你是否認為身為基督徒的我們，忽視了罪在不信之人中的徹底和廣泛，忽視了人類和所有社會及文明最大問題之真相，不是缺少了教育、交通、或物質的豐富，而是得罪了神？

特殊詞彙

負責任的年齡（age of accountability）
褻瀆聖靈（blasphemy against the Holy Spirit）
二元論（dualism）
算給、歸給（impute）
傳承的敗壞（inherited corruption）
傳承的罪疚（inherited guilt）
傳承的罪（inherited sin）
死罪（mortal sin）
原初的罪疚（original guilt）
原初的污染（original pollution）
原罪（original sin）
皮拉糾（Pelagius）
挽回祭（propitiation）
罪（sin）
全然的墮落（total depravity）
全然的無能（total inability）
不得赦免的罪（unpardonable sin）
輕罪（venial sin）

本章書目

Berkouwer, G. C. *Sin*. Trans. by Philip C. Holtrop. Grand Rapids: Eerdmans, 1971.

Bloesch, D. G. "Sin." in *EDT*, pp. 1012-16.

Carson, D. A. *How Long, O Lord? Reflections on Suffering and Evil*. Grand Rapids: Baker, 1990.

Colwell, J. E. "Anthropology." in *NDT*, pp. 28-30.

________. "Fall." in *NDT*, pp. 249-51.

________. "Sin." in *NDT*, pp. 641-43.

Demarest, B. A. "Fall of Man." in *EDT*, pp. 403-5.

Feinberg, J. S. *The Many Faces of Evil: Theological Systems and the Problem of Evil*. Grand Rapids: Zondervan, 1994.

________. *Theologies and Evil*. Washington, D.C.: University Press of America, 1979.

Geisler, Norman. *The Roots of Evil*. Grand Rapids: Zondervan, 1978.

Hoekema, Anthony A. *Created in God's Image*. Grand Rapids: Eerdmans, and Exeter: Paternoster, 1986, pp. 112-86.

Hughes, Philip Edgcumbe. *The True Image: The Origin and Destiny of Man in Christ*. Grand Rapids: Eerdmans, and Leicester: Inter-Varsity Press, 1989, pp. 71-210.

Johnson, R. K. "Imputation." in *EDT*, pp. 554-55.

Lewis, C. S. *The Problem of Pain*. New York: Macmillan, 1962.

Murray, John. *The Imputation of Adam's Sin*. Grand Rapids: Eerdmans, 1959.

Peterson, Michael L. *Evil and the Christian God*. Grand Rapids: Baker, 1982.

Pink, Arthur Walkington. *Gleanings From the Scriptures: Man's Total Depravity*. Chicago: Moody, 1970.

Plantinga, Alvin. *God, Freedom and Evil*. New York: Harper and Row, 1974.

Ramm, Bernard. *Offense to Reason: The Theology of Sin*. San Francisco: Harper and Row, 1985.

Ryrie, C. C. "Depravity, Total." in *EDT*, pp. 312-13.

Thomas, R. L. "Sin, Conviction of." in *EDT*, p. 1016.

Wenham, J. W. *The Enigma of Evil*. Formerly published as *The Goodness of God*. Grand Rapids: Zondervan, 1985.

第二十五章

神與人之間的聖約

是什麼原則決定神與我們之間的關係？

背誦經文：希伯來書8:10

主又說：「那些日子以後，我與以色列家所立的約乃是這樣：我要將我的律法放在他們裏面，寫在他們心上；我要作他們的神，他們要作我的子民。」

詩歌：信而順從（*Trust and Obey*）

[1]當我與主同行 在祂話語光中 何等榮耀照亮我路程
當我肯聽命令 祂就充滿我靈 祂充滿信而順從的人

副：信而順從 因為除此以外 不能得主的喜愛 惟有信而順從

[2]地無一點黑影 天無一片烏雲 能迷漫 當祂笑容顯露
沒有疑惑畏懼 沒有流淚憂慮 能存在 若我信而順從

[3]沒有一個重擔 沒有一點為難 祂是不顧 讓我們痛苦
所有傷心損失 所有厭棄羞恥 都成祝福 若信而順從

[4]但我不能領會 祂愛何等的美 若我不放一切於祭壇
因祂所給詩歌 因祂所賜喜樂 乃是為肯信而順從者

[5]然後我才會在 祂的腳前往來 我就傍祂而同行前路
祂要求我就許 祂差遣我就去 不要怕只要信而順從

詞：John H. Sammis, 1887

曲：TRUST AND OBEY 6.6.9.D. Ref., Daniel B. Towner, 1887

這首詩歌提醒我們，要享受神的祝福，有賴於我們持續地履行新約聖經所規定的條款：相信與順服。新約聖經所記載的就是神與我們所立之新約的條款（譯者註：由於中文神學詞彙不分的緣故，「新約」一詞可有兩種意思：一是指新約聖經或新約時代〔New Testament〕，另一是指新的約〔new covenant〕）。

前言

神與人有什麼樣的關係？自從世界被造以來，神與人之間的關係就已經由特定的要求和應許而被定義清楚了：神告訴人祂對他們該如何行事的要求，而且祂又應許人，祂在不同的環境下會如何對待他們。聖經中說到幾項條款的摘要，它們定義出聖經中所記載的神與人之間的不同關係；聖經通常稱呼這些摘要為「聖約」或「約」（covenant）。我們可以將聖經中神與人之間的聖約定義如下：聖約乃是神與人之間不可改變的、由神所加諸的法律協定；這協定規定出他們之間關係的條件。

雖然這定義用了「協定」一詞，為了顯示約下的兩方——神和人——都必須遵守維繫此關係的條款，但這定義也用了「由神所加諸的」一語，顯示人絕不能與神洽商或改變這個聖約的條件；他只能接受或拒絕約下的責任。可能因這個緣故，舊約的希臘文譯者（以「七十士」〔Septuagint〕為名）和其後的新約作者，就沒有使用希臘文常用來表達雙方平等的契約（contract）或合同（agreement）的*synthēkē*，而選用了一個較少見的字*diathēkē*——此字強調約的條款只是由其中一方來設定。事實上，*diathēkē*一字通常是用來指「遺約」或「遺囑」，是人留下來指定他死後如何分配其財產。

這個定義也注意到聖約是「不可改變的」。雖然它們可能會被其他的約所超越或替代，但是此約本身一旦被設定了，就不可以改變它。雖然在聖經歷史上，已經指明了神與人所締結的諸約中許多額外的細節，但是所有聖約之核心的基本要素就是這個應許：「我要作他們的神，他們要作我的子民。」（耶31:33；林後6:16等）

由於在聖經上從創世記到啟示錄，神與人之間的聖約關係是以不同的形式出現，因此對此一主題的討論可能會被放在系統神學研究裏的不同地方。筆者則將此討論放在這裏，即放在討論關於人的（照神的形像）受造和墮落到罪中之「人論」的結尾，以及在討論基督的身位和工作之「基督論」的前面。

A. 工作之約

對於神在伊甸園裏曾經與亞當和夏娃締結過一項工作之約（covenant of works）的說法，有些人懷疑它是合宜的，因為創世記的記敘裏並沒有真正使用「約」這個字。雖然如此，所有「約」的重要部分都出現在創世記裏了—— (1) 清楚地定義出所牽涉的各方；(2) 一組具有法定拘束力的條款，規定出他們之間關係的條件；(3) 應許如果順服就會蒙福；(4) 獲得那些祝福的條件等。不只如此，何西阿書6:7提及以色列的罪時說：「他們卻如亞當背約。」[1] 這處經文將亞當看成是處在一個聖約的關係之下，但他那時

[1]RSV的譯法是：「他們卻在亞當背約。」（參現代中文譯本），不過它在經文譯註上承認，這樣的譯法誠屬臆測修訂（conjectural emendation），而希伯來文經文真正的用法乃是「如亞當」（希伯來文是*ke'ādām*）。希伯來

在伊甸園違反了那約。此外，保羅在羅馬書5:12-21將亞當和基督看為是他們所代表之百姓的元首，這看法和亞當在墮落前是處在一個聖約關係之下的思想，是完全一致的。

在伊甸園裏，似乎很清楚地可以看到一組具有拘束力的法定條款，規定出神與人之間關係的條件。當神對亞當說話，並下命令給他時，就明顯地看出誰是立約的雙方。維繫此關係的條件也很清楚地被定義在神對亞當和夏娃的吩咐（創1:28-30；另參創2:15），以及祂直接對亞當的吩咐——「園中各樣樹上的果子，你可以隨意吃；只是分別善惡樹上的果子，你不可吃，因為你吃的日子必定死。」（創2:16-17）

在這句給亞當有關分別善惡樹的敘述裏，聲明了不順服就會有的懲罰——死亡；以最完整的意思來理解這個「死亡」，它是指身體的、屬靈的，以及永遠的死亡並與神隔離。[2] 在不順服就會有懲罰的聲明中，也暗示了順服就會有祝福的應許。這個隱含的祝福是與懲罰之「死亡」相反的，即不會有死亡，包括身體的生命不會結束，以及屬靈的生命——用與神的關係來說——會持續到永遠。伊甸園中「生命樹」的存在（創2:9），也表示永遠與神同在之永生的應許：只要亞當和夏娃在神所決定他們受試驗的時間結束之前，都能夠藉著完全順服神而達到約下關係的條件，那麼他們就會得到永生了。在亞當和夏娃墮落之後，神將他們趕出那園子，部分的原因就是不讓他們「吃」到生命樹的果子而「永遠活著」（創3:22）。

另一證據顯示在伊甸園裏的亞當和夏娃與神具有約下的關係，而這關係包含永生的應許——若他們全然順服，就會有永生。這證據就是在新約聖經裏保羅的話：「叫人活的誡命」（羅7:10，直譯為「引至生命的誡命」）；他彷彿是說，如果可能完全順服誡命的話，就真的會引至生命。此外，為了顯示律法不依賴信心，他引用利未記18:5的話，「行這些事（律法條款）的，就必因此活著」（加3:12；另參羅10:5）。

聖經所記載的其他聖約，通常會有一樣外在的「記號」（sign）與之相連，例如割禮、洗禮、主的晚餐。雖然在創世記裏沒有一個清楚指定給工作之約的記號，但我

文的介詞*ke*的意思是「如」，而非「在」。繙譯為「亞當」的字（希伯來文是 *'ādām*）也可以繙譯為「人」，但如果是這樣繙譯的話，此敘述「他們卻**如人**背約」就沒有什麼意義了，因為不需要將以色列人比喻為他們已經是的「人」，而且又沒有指出一項人違約的實際內容。這樣的句子幾乎是說，以色列人不是人，而是另外一種受造之物了。因此之故，「**如亞當**」是較好的繙譯（相同的希伯來文表達「如亞當」可見於約伯記31:33，見NASB，RSV的經文譯註，和NIV的原文譯註）。

[2]在亞當和夏娃犯罪的那天，就開始執行身體死亡的懲罰，只是執行得很慢，經過一段時間他們的身體才變為衰老而最終死去。他們屬靈死亡的懲罰則是立即生效，因為他們與神的交通斷絕了。他們永遠被定罪的死亡理當是他們的分，不過，經文裏暗示有救贖（見創3:15, 21），這表示這個處罰至終被基督所付上代價的救贖所勝過。

們若是要舉出一樣的話，那就可能是在伊甸園當中的生命樹了：藉著吃那棵樹上的果子，亞當和夏娃就能享受神所賜的永生之應許。雖然果子本身沒有什麼神奇的性質，但是它是一個外在的記號，神藉著它保證內在的實質會發生。

為什麼用**聖約**的關係來講伊甸園裏的神與人之間的關係，是這麼重要的呢？因為這樣可提醒我們一件事實：神與人之間的關係，包括要求人順服的命令，和順服帶來祝福的應許，都不是自動地出現在創造主和受造者之間的關係中。舉例來說，神沒有和祂所創造的動物締結這樣的聖約；[3] 而且，雖然人是照著神的形像而被造的，但是此本質並沒有要求神一定要與人有什麼交流，或要求神一定要在祂與人之間的關係上給人什麼應許，或要求神一定要在人應該如何行事上給人什麼清楚的指示；反之，所有這些都是神對祂所創造之男女所顯出的為父之愛。不只如此，當我們認定伊甸園裏的這關係是一項「聖約」時，就能幫助我們看見一個清晰的對照，是在亞當和夏娃與神的聖約關係，以及後來的神百姓與神的聖約關係之間的。假使所有聖約的要素都出現在亞當和夏娃與神的關係中（清楚的規定立約的各方、約下的條件、順服就蒙福的應許，以及不順服就受懲罰的聲明），那麼我們似乎沒有理由不把它當作是一項聖約，因為它真的就是一項聖約。

雖然在墮落之前的聖約有不同的名稱（例如亞當之約〔Adamic Covenant〕或自然之約〔Covenant of Nature〕），但是最有幫助的稱呼似乎是「**工作之約**」，因為很清楚地，要得到約下的祝福就有賴於亞當和夏娃這一方的順服或「工作」。

正如神與人所締結的所有聖約，在此約下的條款也沒有可洽商的。神以祂的主權將這個約加在亞當和夏娃身上，他們並沒有機會去改變細節——他們惟一的選擇就是遵守它，要不然就是違反它。

工作之約在現今仍然有效嗎？從幾個重要的意義來說，它仍是有效的。**首先**，保羅暗指，如果可能完全順服誡命的話，就真的會引至生命（見羅7:10; 10:5；加3:12）。**其次**，我們也當注意到，此約的懲罰也仍是有效的，因為「罪的工價乃是死」（羅6:23），這表示工作之約對每一個在基督之外的人也仍然有效，即使沒有一個罪人能夠因達到它的要求而得到祝福。**最後**，我們應當注意，基督為我們完全地順服了工作之約，因為祂沒有犯過罪（彼前2:22），但代表我們完全地順服了父神（羅5:18-19）。

但在另一方面，從另一些意義來說，工作之約不再有效了，因為：(1) 我們不再

[3]然而，在神與挪亞的聖約裏——神應許永遠不再用洪水毀滅大地（創9:8-17）——動物和人類都包括在內。

有這一項特定的命令，即不可吃分別善惡樹上的果子。(2) 由於我們都有罪性（基督徒和非基督徒都一樣），因此我們不能靠自己來履行工作之約的條款而獲得所應許的祝福；所以當這個聖約直接應用到人身上時，它只會帶來懲罰。(3) 對基督徒而言，基督已經一次永遠成功地履行了這個約下的條款，而我們要得著此約下的祝福，不是要靠著我們這一方的真正順服，而是要靠著相信基督所完成之工作而帶來的功德。事實上，今日的基督徒若認為他們自己有責任，要靠著順服神而贏得神的恩惠，就是將自己從對救恩的盼望中隔絕了。「凡以行律法為本的，都是被咒詛的……沒有一個人靠著律法在神面前稱義，這是明顯的。」（加3:10-11）基督徒已經脫離了工作之約，那是由於基督之工作的功效，以及他們已被涵蓋在新的約中了；這新的約就是恩典之約（見以下C節）。

B. 救贖之約

神學家們還說到另一種聖約，但這種聖約不是指神與人之間的，而是指三一之神彼此之間的。他們稱這個聖約為「救贖之約」（covenant of redemption）；它是在父神、子神和聖靈之間的協定——子神同意要成為人，作我們的代表，站在我們的地位上順服工作之約的要求，並且為我們的罪惡所該受的懲罰付上代價。聖經有說到此約的存在嗎？有的，因為此約說到一個特定的神的計劃與旨意，是父神、子神和聖靈三方都同意的，為的是要贏得我們的救贖。

在父神這一方，這個「救贖之約」含有的協定是：祂要賜給子神一群百姓，是子神要救贖而成為祂的產業的（約17:2, 6）；祂要差遣子神作他們的代表（約3:16；羅5:18-19）；祂要給子神預備一個身體，使祂成為人（西2:9；來10:5）；祂要接受祂成為祂所救贖之百姓的代表（來9:24）；以及祂要賜給祂天上和地上所有的權柄（太28:18），包括以權能將聖靈澆灌下來，好將救贖施行在祂的百姓身上（徒1:4; 2:33）。

在子神這一方，這個「救贖之約」含有的協定是：祂要成為人來到世上，並以人的身分生活在摩西的律法之下（加4:4；來2:14-18）；祂要完全順服父神所有的命令（來10:7-9），並且順服至死，且死在十字架上（腓2:8）；祂要為自己招聚一群百姓，使得父神所賜給祂的人沒有一個是失落的（約17:12）。

有時候在討論這個救贖之約的主題時，聖靈的角色被忽略了，然而這角色肯定是獨特而重要的。在聖靈這一方，這個「救贖之約」含有的協定是：祂要執行父神的旨意，並且要充滿基督，加力量給祂，使祂能執行在地上的事奉（太3:16；路4:1, 14, 18；

約3:34）；祂要將基督救贖工作所帶來的福祉，在基督回到天上以後，施行在祂的百姓身上（約14:16-17, 26；徒1:8; 2:17-18, 33）。

將這個在三一神彼此之間的協定稱為一個「聖約」，提醒我們它是神自願做的一件事，而非因祂的本性所必須守的約定。然而，這個聖約和其他神與人之間的聖約有所不同，因為立約的諸方是平等的，而在神與人所締結的其他聖約裏，神是以全權創造主的身分，用自己的諭旨將約下的條款加在人身上。但在另一方面，救贖之約也有些地方像神與人所締結的其他聖約，因為它具有聖約的基本要素——特定的立約諸方、條件，和所應許的祝福。

C. 恩典之約

C.1 恩典之約的基本要素

當人得不到神在工作之約裏所提供的祝福時，就有必要由神設立另一種方法叫人可以得救。在創世記第3章說到人類墮落的故事以後，聖經的其餘部分都是在說另一個故事，即神在歷史中所運作的驚人之救贖計劃，為使有罪的人能夠藉此而與祂自己交通。神再一次清楚地定義了一個聖約的條款，明確地指出祂自己和祂所要救贖的人之間的關係。我們發現，雖然在整個舊約聖經和新約聖經中，關於這個聖約之條款的細節有些變化，但是其基本要素都在那裏，而且這些基本要素的性質，在整個舊約聖經和新約聖經中都保持一樣。

第一，這個「*恩典之約*」（covenant of grace）的*雙方*是神和祂所要救贖的百姓。但是在此約中，基督履行了一種特殊的角色，那就是「中保」（mediator, 來8:6; 9:15; 12:24），祂在此角色中為我們履行了約下的條件，因此祂使我們與神和好（在工作之約裏，神與人之間沒有中保）。

第二，此約的*條件*（或要求）是*信心*，即相信救贖主基督的工作（羅1:17; 5:1等）。這個條件——相信彌賽亞之救贖工作的信心，也是在舊約時代裏獲得約下祝福的條件，正如保羅藉著亞伯拉罕和大衛的例子所清楚展示出來的（羅4:1-15）；他們就像舊約時代裏其他的信徒一樣，是藉著仰望將要來之彌賽亞的工作，並藉著將信心放在祂身上而得救的。[4]

然而，雖然*開始*恩典之約的條件永遠是單單相信基督的工作，但要*繼續*保持在恩

---

[4]見本書第七章A節有關舊約時代的信徒之得救的討論：他們是單單藉著信靠將要來的彌賽亞而得救。

典之約裏面，其條件就是要順服神的命令。雖然這個順服在舊約時代和新約時代中，都不能為我們贏得任何在神面前的功德，但是如果我們對基督的信心是真實的，那麼它就會產生順服（見雅2:17），而順服基督在新約聖經中被視為是一個必要的證據，證明我們是真信徒，是新的約之下的一員（見約一2:4-6）。

第三，此約*應許*的祝福乃是與神同在的永生。在整個舊約聖經和新約聖經中都頻頻重提這個應許——神應許祂要作我們的神，而我們要作祂的子民：「我要與你並你世世代代的後裔堅立我的約，作永遠的約，是要*作你*和你後裔*的神*。」（創17:7）「我要作他們的神，他們要作我的子民。」（耶31:33）「他們要作我的子民，我要作他們的神……又要與他們立永遠的約。」（耶32:38-40；結34:30-31; 36:28; 37:26-27）新約聖經也接續了這個主題：「*我要作他們的神，他們要作我的子民*。」（林後6:16；另參林後6:17-18；亦見彼前2:9-10）關於新的約，希伯來書的作者引用耶利米書第31章的話說：「我要作他們的神，他們要作我的子民。」（來8:10）這個祝福在教會——神的百姓——身上得到應驗，但是最大的應驗是在新天新地中，正如約翰在他關於來世之異象中所看見的：「看哪！神的帳幕在人間，祂要與人同住。*他們要作祂的子民，神要親自與他們同在*。」（啟21:3）

第四，此約的*記號*（外在的、具體的象徵，表明在此約之下）在舊約時代和新約時代裏有所不同。在舊約時代，開始此約關係的外在記號是割禮，而持續此約關係的記號則是繼續地遵守神所賜的不同節期和儀禮律；在新約時代裏，開始此約關係的記號是洗禮，而持續此約關係的記號則是參與主的晚餐。

這個聖約被稱為「恩典之約」的原因，乃是因為它全然是根據神所賜給那些祂所救贖之人的「恩典」或非功德性的恩惠。

C.2 恩典之約的不同形式

雖然在整個神百姓的歷史中，恩典之約的基本要素都保持不變，但是此約的特定條款則隨時間而有變化。在亞當和夏娃的時候，我們只在創世記3:15記載神賜下女人的後裔之應許，以及在創世記3:21記載神恩惠地供給亞當和夏娃衣服穿，看到一絲他們與神有關係的可能性。而在大洪水以後，神和挪亞所締結的聖約（創9:8-17）中，並沒有應許永生的祝福或與神有屬靈的交通，而只是應許所有受造的人類、動物和大地不再會被洪水所毀滅。在這層意思之下，雖然挪亞之約肯定是依賴神的恩典或非功德性的恩惠，但它顯然在聖約的要素上和恩典之約大不相同：牽涉的雙方（神和所有的人類，而不是神和蒙贖者）、要遵守的條件（人不需要有信心或順服），和所應許的祝福（乃是大地不再被洪水毀滅，而不是永生的應許）。此約的記號（彩虹）也不同，它不要求人這一方有主動的或自發的參與。

但是從亞伯拉罕之約開始（創15:1-21; 17:1-27），恩典之約的基本要素就都有了。事實上，保羅說：「聖經……早已傳福音給亞伯拉罕。」（加3:8）不只如此，路加告訴我們，施洗約翰的父親撒迦利亞預言說，施洗約翰來為基督預備道路，就是神要開始工作，以實現古時賜給亞伯拉罕的聖約應許：「向我們列祖施憐憫，**記念祂的聖約**，就是祂對我們祖宗亞伯拉罕所起的誓」（路1:72-73）。所以，神賜給亞伯拉罕的聖約應許一直有效，雖然那些應許已在基督裏應驗了（見羅4:1-25；加3:6-18, 29；來2:16; 6:13-20）。[5]

這樣說來，與在基督裏的「**新的約**」（new covenant）相比，什麼是「**舊的約**」（old covenant）呢？**舊的約並非指整本舊約聖經**，因為在新約聖經裏，從來沒有稱亞伯拉罕之約和大衛之約是「舊」的。**只有在摩西之下所立的約**，即在西乃山所立的約（出19至24章）才被稱為「舊的約」（林後3:14；另參來8:6, 13），是要被在基督裏的「新的約」所取代（路22:20；林前11:25；林後3:6；來8:8, 13; 9:15; 12:24）。「摩西之約」（Mosaic covenant）是一套詳細書寫下來的治理律法，[6] 是暫時被賜下來抑制百姓中的罪，並作為「訓蒙的師傅」而將百姓引向基督。保羅說：「這樣說來，律法是為什麼有的呢？原是為過犯添上的，等候那蒙應許的子孫來到」（加3:19）；而且「律法是我們訓蒙的師傅，等候基督來到」（加3:24，呂振中譯本；和合本譯作「引我們到基督那裏」）。

然而我們不應當假設，從摩西到基督之間，沒有為人預備恩典，因為神賜給亞伯拉罕因信得救的應許，仍然有效：

> 「所應許的原是向亞伯拉罕和他子孫說的。神並不是說『眾子孫』，指著許多人，乃是說『你那一個子孫』，指著一個人，就是基督。我是這麼說：**神預先所立的約**，不**能被**那四百三十年以後的**律法廢掉**，叫應許歸於虛空。因為承受產業，若本乎律法，

---

[5]當神對大衛說話（尤見撒下7:5-16；另參耶33:19-22），應許將有一位像大衛的君王要永遠治理神的百姓時，亞伯拉罕之約的應許就被更新了，並且就有更進一步的確據了。關於神的應許在「亞伯拉罕之約」和「大衛之約」之間的連續性，可見一篇精彩的討論：Thomas E. McComiskey, *The Covenants of Promise: A Theology of the Old Testament Covenants* (Grand Rapids: Baker, 1985), 尤見pp. 59-93.

[6]關於最為重要的應許之約和神在不同時期所用的不同「治理之約」（administrative covenants）之間的差異，有一篇精彩的討論，見McComiskey, *Covenants of Promise*, 尤見pp. 139-77, 193-211. 譯者註：華人教會中通常稱「摩西之約」為「西乃山之約」。

就不本乎應許；但神是憑著應許，把產業賜給亞伯拉罕。」（加3:16-18）

不只如此，雖然摩西之約的祭祀體系不能真的除去罪孽（來10:1-4），但它預表了基督要來背負罪孽；祂是那位完美的大祭司，又是那完美的祭物（來9:11-28）。不過，摩西之約本身，包括所有詳細的律例，並不能夠拯救人。這不是說律法本身錯了，因為它乃是聖潔之神所賜下的，只是它沒有能力賜予人新生命，而且人也不能完全地順服它：「這樣，律法是與神的應許反對麼？斷乎不是！若曾傳一個能叫人得生的律法，義就誠然本乎律法了。」（加3:21）保羅了解，在我們裏面工作的聖靈能夠加力量給我們，使我們能夠順服神，這是摩西的律法永遠辦不到的，因為保羅說：「祂叫我們能承當這新約的執事，不是憑著字句，乃是憑著精意。因為那字句是叫人死，精意是叫人活」（林後3:6，「精意」直譯為「聖靈」）。

那麼，在基督裏的「新的約」是更好得多了，因為它應驗了神在耶利米書31:31-34那裏的應許，希伯來書第8章引用這段話說：

「如今耶穌所得的職任是更美的，正如祂作更美之約的中保，這約原是憑更美之應許立的。那前約若沒有瑕疵，就無處尋求後約了。所以主指責祂的百姓說：

『日子將到，
　我要與以色列家和猶大家
　另立新約。
不像我拉著他們祖宗的手，
　領他們出埃及的時候，
　與他們所立的約。
因為他們不恆心守我的約，
　我也不理他們。這是主說的。』
主又說：『那些日子以後，
　我與以色列家所立的約乃是這樣：
我要將我的律法放在他們裏面，
　寫在他們心上；
我要作他們的神，
　他們要作我的子民。
他們不用各人教導自己的鄉鄰
　和自己的弟兄，說：你該認識主。

因為他們從最小的到至大的
　都必認識我。
我要寬恕他們的不義,
　不再記念他們的罪愆。』

既說『新』約, 就以前約為舊了; 但那漸舊漸衰的, 就必快歸無有了。」(來8:6-13)

在這個「新的約」裏有更為浩大的祝福, 因為彌賽亞耶穌已經來了; 祂已在我們中間活過、死過, 而且復活了, 一次永遠地救贖了我們的罪(來9:24-28); 祂已將神完全地啟示給我們(約1:14; 來1:1-3); 祂已用新的約之能力, 將聖靈澆灌在祂所有的百姓身上(徒1:8; 林前12:13; 林後3:4-18); 祂已在我們的心版上寫下了祂的律法(來8:10)。這個「新的約」是在基督裏的「永約」(來13:20), 藉著它, 我們將永遠與神交通; 祂是我們的神, 我們是祂的百姓。

個人思考與應用

1. 在閱讀本章以前, 你是否曾用「約」來思想你和神的關係? 當你知道神用一組祂永不會改變的應許來統管你和神的關係, 這是否能使你對你和神的關係加添一些肯定或安全感?
2. 假使你用聖約的觀念來思想你和神之間的關係, 而立約的只有你和神兩方, 那麼你和神之間的這個約下的條件會是什麼? 你如今是否在履行那些條件? 基督在你和神之間的關係中扮演什麼角色? 假如你履行了那些條件, 神應許給你什麼祝福? 你和神之間的這個聖約的記號是什麼? 這樣對聖約的了解是否增加了你對洗禮和主的晚餐之感激?

特殊詞彙

聖約、約(covenant)
恩典之約(covenant of grace)
救贖之約(covenant of redemption)
工作之約(covenant of works)
新的約(new covenant)
舊的約(old covenant)

本章書目

Archer, G. L. "Covenant." In *EDT*, pp. 276-78.

Collins, G. N. M. "Federal Theology." In *EDT*, pp. 413-14.

Dumbrell, W. J. *Covenant and Creation*. Nashville: Thomas Nelson, 1984.

Fuller, Daniel P. *Gospel and Law: Contrast or Continuum? The Hermeneutics of Dispensationalism and Covenant Theology*. Grand Rapids: Eerdmans, 1980.

Jocz, Jakob. *The Covenant: A Theology of Human Destiny*. Grand Rapids: Eerdmans, 1968.

Kaiser, Walter C., Jr. *Toward An Old Testament Theology*. Grand Rapids: Zondervan, 1978.

Martens, Elmer. *God's Design: A Focus on Old Testament Theology*. Grand Rapids: Baker, 1981.

McComiskey, Thomas E. *The Covenants of Promise: A Theology of the Old Testament Covenants*. Grand Rapids: Baker, 1985.

Murray, John. *Covenant of Grace*. London: Tyndale, 1954.

Osterhaven, M. E. "Covenant Theology." In *EDT*, pp. 279-80.

Pentecost, J. Dwight. *Thy Kingdom Come*. Wheaton, Ill.: Scripture Press, 1990.

Peters, G. N. H. *The Theocratic Kingdom*. 3 vols. New York: Funk and Wagnalls, 1952（first published 1884）.

Rayburn, R. S. "Covenant, The New." In *EDT*, pp. 278-79.

Robertson, O. Palmer. *The Christ of the Covenants*. Grand Rapids: Baker, 1980.

Ryrie, C. C. *Dispensationalism Today*. Chicago: Moody, 1965.

VanGemeren, Willem. *The Progress of Redemption*. Grand Rapids: Zondervan, 1988.

人論共同書目表

宗派	人名	二十一章	二十二章	二十三章	二十四章	二十五章
安立甘宗／聖公會						
1882-92	Litton	109-22		113-16, 122-25	136-77	無詳論
1930	Thomas				155-75, 210-14, 234-35, 501-6	134-41
阿民念派／衛理會／循道會						
1847	Finney				180-214, 228-58	
1875-76	Pope	1:430-36		1:435-36	2:1-86	
1892-94	Miley	1:355-422, 406-8		1:397-403	1:423-533; 2:505-24	
1940	Wiley	2:7-50		2:15-19	2:51-140	
1960	Purkiser	204-22		215-20	223-42	
1983	Carter	1:195-236	1:214-20		1:27-86	1:476-83
1983-	Cottrell					
1987-90	Oden					
浸信會						
1767	Gill	1:440-51			1:451-90	1:300-359, 491-530
1887	Boyce	189-94, 213-17		194-212	230-47	247-58
1907	Strong	465-83, 514-32		483-513	533-664	
1917	Mullins	255-62		256-57, 262-64	281-302	
1976-83	Henry	2:124-42; 4:494-521			6:229-50, 269-304	
1983-85	Erickson	455-518, 541-58	545-49	519-40	561-658	
1987-94	Lewis / Demarest	2:123-82			2:183-245	
時代論						
1947	Chafer	2:125-43, 161-73	7:233-34, 310-11	2:144-99	2:200-373	7:96-99
1949	Thiessen	151-57		158-67	188-98	199-205
1986	Ryrie	189-94		193-200	201-34	453-60
信義宗／路德會						
1917-24	Pieper	1:515-27	1:523-27	1:94, 476-77	1:527-77	
1934	Mueller	205-9	209	58, 184	210-41	無詳論
改革宗／長老會						
1559	Calvin	1:183-96 (1.15)			1:239-309 (2.1-3)	
1724-58	Edwards				1:143-233	
1861	Heppe	197-228, 220-50			301-70	281-319, 371-409

宗派	人名	二十一章	二十二章	二十三章	二十四章	二十五章
1871-73	Hodge	2:92-116		2:42-77, 78-91	2:122-279	2:117-22, 354-77
1878	Dabney	*ST*, 293-94		*ST*, 317-21	*ST*, 36-51	*ST*, 292-305, 429-63
1887-1921	Warfield	*BTS*, 238-61			*BTS*, 262-69	
1889	Shedd	2a:3-115; 3:249-377			2a:115-257	2a:148-67
1909	Bavinck					
1937-66	Murray	*CW*, 2:14-22, 34-46		*CW*, 2:23-33	*CW*, 2:67-89; *IAS*, 5-95	*CW*, 2:47-59, 123-31
1938	Berkhof	*ST*, 181-90, 202-10		*ST*, 191-201	*ST*, 219-61	*ST*, 211-18, 262-301
1962	Buswell	1:231-61		1:237-52	1:255-307	1:307-20
靈恩派／五旬節派						
1988-92	Williams	1:197-220	1:203-6	1:208-14	1:221-74	1:275-304
傳統天主教						
1955	Ott	94-96, 101-6	460-73	96-101	106-14	無詳論
天主教（二次梵蒂岡大會後）						
1980	McBrien	1:101-78	2:848-54	無詳論	1:123, 162-68; 2:953-60	無詳論

第4部 基督論與聖靈論

第二十六章
基督的身位

為什麼基督是完全的神，又是完全的人，卻只有一個位格（只是一位）？

背誦經文：約翰福音1:14

道成了肉身，住在我們中間，充充滿滿的有恩典有真理。我們也見過祂的榮光，正是父獨生子的榮光。

詩歌： 美哉主耶穌（*Fairest Lord Jesus*）

[1]美哉主耶穌 統管宇宙萬物 道成肉身人世親臨
我心所珍愛 我靈所感戴 我的榮耀冠冕歡欣
[2]草地何青綠 樹木更加悅目 披著春花盛開爭艷
耶穌更鮮艷 耶穌更香甜 傷痛之心因祂歡讚
[3]日光何晴美 月光更加明媚 群星閃爍光輝奪目
耶穌更明亮 耶穌更晴朗 勝過天上一切景物
[4]所有的美麗 在天或是在地 在你身上全都見到
無何更光彩 無何更可愛 惟我救主你最高超
[5]美麗的救主 天下萬國主宰 可親人子可敬神子
榮耀和尊貴 讚美和敬拜 從今歸你直到永遠

詞：選自Muenster Gesangbuch, 1677
曲：CRUSADE'S HYMN, 5.6.8.5.5.8
Silesian folk song. Schlesische Volkslieder, Leipzig, 1842

前言

我們可以將聖經有關基督身位之教訓，摘要如下：**耶穌基督是完全的神，又是完全的人，在一個位格之內，直到永遠。**

聖經上支持這個定義的經文十分廣泛。我們將先討論基督的人性，然後討論祂的神性，最後再嘗試表明耶穌的神性與人性是如何在基督的一個位格裏聯合起來。

A. 基督的人性

A.1 為童女所生

在我們討論基督的人性時，先從基督為童女所生的這一點開始思考是很恰當的。聖經清楚地申言：耶穌是在祂母親馬利亞懷中受孕的，此乃聖靈神蹟性的工作；祂並沒有肉身的父親。

「耶穌基督降生的事記在下面：祂母親馬利亞已經許配了約瑟，*還沒有迎娶*，馬利亞就*從聖靈*懷了孕。」（太1:18）在約瑟與馬利亞訂婚後不久，主的天使就對約瑟說：「大衛的子孫約瑟，不要怕，只管娶過你的妻子馬利亞來，因她*所懷的孕是從聖靈來的*。」（太1:20）接著聖經說，約瑟「就遵著主使者的吩咐，把妻子娶過來；只是沒有和她同房，等她生了兒子，就給祂起名叫耶穌。」（太1:24-25）

同樣的事實在路加福音裏也得到證實；該處經文說到，天使加百列向馬利亞顯現。當天使告訴馬利亞，她會生一個兒子後，她說：「我沒有出嫁，怎麼有這事呢？」天使回答說：

「聖靈要臨到你身上，
至高者的能力要蔭庇你，
因此所要生的必稱為聖，
稱為神的兒子。」（路1:35，和合本小字；另參路3:23）

我們至少由下列三方面可以看到，耶穌為童女所生之教義的重要性：

第一，這事顯示救恩至終必須從主而來。正如神曾應許女人的「後裔」（創3:15）至終要摧毀那蛇，所以神就用自己的能力、而不透過人的努力，來成就這事。基督從童女而生的事實清楚地提醒人，救恩永遠不是來自人的努力，而必須是神自己的作為。惟有藉著神超自然的工作，才能為我們帶來救恩，這點在耶穌生命的一開始就顯明了：「神就差遣祂的兒子，為女子所生，且生在律法以下，要把律法以下的人贖出來，叫我們得著兒子的名分。」（加4:4-5）

第二，童女生子使得完全的神性與完全的人性得以在同一個位格內聯合起來。這是神差遣祂兒子以人的身分，進入這世界所用的方法（約3:16；加4:4）。如果我們想一下基督降世的其他可能途徑，就知道沒有一種途徑能如此清楚地把人性與神性聯合在同一個位格內。或許神可以在天上將耶穌造成一個完全的人，然後差遣祂降臨地上，這樣祂就不必有肉身的父母。但若真是如此，那麼我們就很難理解，耶穌怎麼可能像我們一樣完全是人，也很難理解就肉身而言，祂怎會是人類的一分子，是由亞當傳承下來的後裔。在另一方面，或許神可以讓耶穌來到世上，擁有人間的父母，並且在祂人生的早期，使完全的神性與祂的人性奇妙地聯合在一起。但是，這就很難讓我們明瞭，耶穌怎麼會是完全的神，因為祂的出生在各方面都和我們一樣。當我們想到這兩種可能情況時，即可幫助我們明瞭，神如何以祂的智慧，在基督的出生上，設定一種人性與神性影響力之結合的方法；以致我們從祂由一位人類母親腹中平凡地誕生，可以了解祂具有完全的人性，而從祂在馬利亞懷中因聖靈大能的作為受孕，可以了解祂有完全的神性。[1]

第三，基督為童女所生也使得耶穌的人性中沒有傳承的罪性。正如我們在本書第二十四章所注意到的，所有的人類都從始祖亞當傳承了法定的罪疚和敗壞的道德性情（這點有時被稱作「傳承的罪」或「原罪」）。然而耶穌沒有肉身父親的這個事實，意謂著亞當後裔的這世系被部分打斷了；耶穌作為亞當的後裔，和每一個人類作為亞當的後裔，其含義並不完全一樣。這點幫助我們明白，為何屬於所有人類的法定罪疚和道德敗壞，並不屬於基督。

這個觀念似乎顯明在天使加百列對馬利亞的敘述裏。天使對她說：

「聖靈要臨到你身上，
至高者的能力要蔭庇你，
因此所要生的必稱為聖，
稱為神的兒子。」（路1:35，和合本小字）

因為是聖靈使耶穌在馬利亞懷中受孕的，因此所生的小孩就要被稱為「**聖**」。[2]

---

[1]這並不是說神**不可能**用其他途徑使基督進入這個世界，而是說神以祂的智慧決定此事發生的最佳途徑；而童女生子這件事確實幫助我們明瞭耶穌怎麼可能既是完全的神，同時也是完全的人，這正顯明神處理此事的智慧。至於其他任何差遣基督到世上來的途徑是否是「可能」（就「可能」的絕對意義而言），聖經並沒有明言。

[2]此處所引用的經文是筆者認為是正確的RSV譯文（NIV的原文譯註也有此譯文）。然而就文法而言，將這些話語譯作「所要生的聖者必稱為神的兒子」也是可以的（NIV, NASB, 與之類似；和合本亦同），其希臘原文為*dio kai to gennōmenon hagion klēthēsetai, huios theou*。至於哪一個譯文是正確的，完全取決於我們是以*to gennōmenon*為主詞，意為「所要生的兒子」，或是以*to hagion*為主詞，意為「聖者」，而分詞*gennōmenon*則是當作形容詞用，合起來意指「所要生的聖者」（NIV, NASB, 與和合本都譯成此意）。

然而晚近更廣泛的字彙研究似乎指出，*to gennōmenon*是頗為普通的表達方式，意指「所要生的（兒子）」。這種用法亦見於Plotinus, *Nead* 3.6.20-24; Plato, *Menexenus*, 237E; *Laws*, 6,775C; Philo, *On the Creation*, 100; *On the Change of Names*, 267; Plutarch, *Moralia*, "Advice to Bride and Groom," 140F; "On Affection for Offspring," 495E。電腦搜尋將可找到更多的例子，然而上述這些數據已足以顯示，雖然就文

但如此的結論不當被解釋成，罪的傳遞只是藉著父親而來，因為聖經沒有作過這樣的聲明。我們只能這樣說，*在這個例子裏*：亞當後裔的連續世系已經被打斷了；耶穌是藉著聖靈的能力受孕的。路加福音1:35將聖靈感孕這件事，與基督的聖潔或祂道德的純淨相連在一起，而默想此點可以讓我們明白，因為耶穌沒有肉身的父親，所以祂不完全是亞當的後裔；而神藉著打斷此世系的方法帶出一個結果，那就是耶穌雖然是完全的人，卻沒有繼承亞當的罪。

但是為什麼耶穌沒有從馬利亞傳承到罪性呢？羅馬天主教是以馬利亞本人無罪來回答這個問題，但是聖經並沒有這樣的教導，因此這個答案也不能真正地解決問題（馬利亞為什麼沒有從她的母親傳承到罪性呢？）。[3] 較好的解答是這樣：聖靈在馬利亞身上的工作，不僅使耶穌避免承受從約瑟傳下來的罪（因為耶穌沒有肉身的父親），並且也奇妙地避免了從馬利亞身上傳下來的罪。「聖靈要臨到你身上……*因此*所要生的必稱為*聖*……」（路1:35）。

不承認聖經全然真實的人，經常就會否認基督為童女所生的教義，至少在以前的世代是如此。但是如果我們的信仰是根據聖經的記載，就必然不會否認這項教導。不論我們是否能看出這個教導在教義上的重要性，首先都應當先因為這是聖經的記載而相信它。誠然這樣的一個神蹟對創造宇宙和其中一切的神而言，絕非難事——任何斷言童女生子為「不可能」的人，乃是承認自己信不過聖經中的神。但是除了聖經教導童

法的可能性而言，NIV, NASB〔與和合本本文〕繙譯路加福音1:35的方式是可能的，但並非強而有力的證據支持，因為第一世紀希臘語的讀者通常會將*to gennōmenon*當作一個單元來理解，其意思為「所要生的（兒子）」。因為這個緣故，RSV的譯文代表了第一世紀讀者會將此句理解成：「因此，*所要生的*必稱為聖。」（筆者藉著搜尋三一神學院Ibycus計算機內的Thesaurus Linguae Graecae資料庫，而發現這些有關*to gennōmenon*的例子。）

[3]羅馬天主教教導「*聖母無原罪懷胎*」（immaculate conception）的教義。這個教義所指的並不是耶穌在馬利亞腹中的受孕，而是指馬利亞在她母親腹中的受孕。該教義認為，馬利亞本人蒙恩豁免人類傳承的罪。教皇庇護九世（Pius IX）在主後1854年12月8日宣稱：「至聖的童女馬利亞在她受孕的第一瞬間……就因耶穌基督的功德，蒙保守免除了原罪所有的罪污。」（Ludwig Ott, *Fundamentals of Catholic Dogma*, trans. Patrick Lynch [Rockford: Tan, 1960 FNT#], p. 190）（羅馬天主教也教導說：「由於神特別的恩典，馬利亞終其一生都豁免了每一樣她個人的罪過」, p. 203）

對於這種說法，我們的回應是，新約聖經的確推崇馬利亞是「在神面前已經蒙恩了」（路1:30）、「在婦女中是有福」（路1:42）的人，可是聖經從未指出馬利亞沒有傳承的罪。「蒙大恩的女子，我問你安！主和你同在了。」路1:28呂振中譯本譯作：「蒙大恩的啊，恭喜！主與你同在！」這裏的用詞只是表明馬利亞蒙神祝福；在路加福音1:28譯作「*蒙大恩*」一詞（希臘文是*charitoō*），在以弗所書1:6也被用來描述所有的基督徒：「使祂榮耀的恩典得著稱讚，這恩典是祂在愛子裏所*賜給*我們的。」事實上，雖然Ott認為聖母無原罪的教義是隱含在創世記3:15和路加福音1:28, 41裏，但他卻說：「聖經中並沒有明顯地啟示出聖母無原罪懷胎的教義。」（p. 200）

女生子的事實之外，我們也應當明白這點在教義上的重要性；倘若我們要正確地了解聖經對基督身位的教導，就必須先肯定這項教義，這是很重要的。

A.2 有人性中的軟弱與限制

A.2.1 耶穌有人性的身體

耶穌具有與我們同樣的身體，這事實可見於多處的聖經經文。祂的出生正如所有人類嬰孩的出生一樣（路2:7），由童年至成年的成長過程也如其他孩子一般：「孩子漸漸長大，強健起來，充滿智慧，又有神的恩在祂身上。」（路2:40）路加更進一步告訴我們：「耶穌的智慧和*身量*，並神和人喜愛祂的心，都一齊增長。」（路2:52）

耶穌也和我們一樣，會疲倦，因為我們讀到聖經上的話說，耶穌在撒瑪利亞時，「因走路*困乏*，就坐在井旁。」（約4:6）祂會口渴，因為祂在十字架上時說：「*我渴了*。」（約19:28）祂在曠野禁食四十日以後，「就餓了」（太4:2），祂身體也會軟弱（到此時人的體力幾乎殆盡；如果再繼續禁食，身體將會遭受無可彌補的傷害）；那時，「有天使來伺候祂」（太4:11）——顯然是照顧祂、滋養祂，直到祂重新恢復體力、走出曠野。當耶穌走向十架之路時，士兵強迫古利奈人西門幫祂背十字架（路23:26），那很可能是因為耶穌在受到鞭打以後，軟弱得沒有力氣背祂自己的十字架了。耶穌肉體的極限在祂死在十字架上之時表露無遺（路23:46），祂的身體不再有氣息，不再有功能，就像我們死時身體所表現的一樣。

耶穌也是以人性的、物質的身體復活，但此時這個身體已經得著完全，不再有軟弱、疾病或死亡。祂一再向門徒顯現，證實祂有真正的身體。祂說：「你們看我的手、我的腳，就知道實在是我了！摸我看看，*魂無骨無肉，你們看我是有的*。」（路24:39）祂向他們顯示，並教導他們，祂的身體「有骨有肉」，不是一個沒有身體的「靈魂」而已。證明此事實的另一個證據是：「他們便給祂一片燒魚，祂接過來，在他們面前吃了。」（路24:42-43；另參路24:30；約20:17, 20, 27; 21:9, 13）

耶穌也帶著同樣人性的身體（乃是復活得以完全的身體）升到天上。祂在離去之前說：「我又離開世界，往父那裏去。」（約16:28；另參約17:11）耶穌升天的方式是刻意要顯示一個連續性——祂在地上活著時有身體，祂在天上活著時也有身體。在耶穌告訴門徒說：「魂無骨無肉，你們看我是有的」（路24:39）之後的幾節經文，路加又記載道：「耶穌領他們到伯大尼的對面，就舉手給他們祝福。正祝福的時候，祂就離開他們被帶到天上去了。」（路24:50-51）我們在使徒行傳裏也讀到類似的敘述：「他們正看的時候，祂就被取上升，有一朵雲彩把祂接去，便看不見祂了。」（徒1:9）

把這些經節放在一起讀，我們就能看出，在耶穌復活以前，祂的身體和我們的身體在每一方面都是相似的；而在祂復活後，雖然祂的身體仍是「有骨有肉」的人類身體，但卻是得著完全了。當基督再來、叫我們從死裏復活時，我們也將得著這樣的身體。[4] 耶穌在天上繼續以人的身體存在，正如祂在升天的那一刻所刻意要教導我們的。

A.2.2 耶穌有人性的心思

耶穌「智慧……增長」（路2:52）的事實說明了，祂和其他孩子一樣，必須經歷一段學習的過程——祂學習如何吃飯、說話、讀書、寫字，以及順服雙親（見來5:8）。平凡的學習過程屬乎基督真實人性的一部分。

當耶穌說到祂將要回到地上的日子時，我們也看見祂具有和我們一樣的心思；祂說：「但那日子、那時辰沒有人知道，連天上的使者也不知道，子也不知道，惟有父知道。」（可13:32）[5]

A.2.3 耶穌有人性的靈魂與情感

我們可以看出好些跡象，指明耶穌具有人性的靈魂（或說是靈）。就在被釘十字架之前，祂說：「我現在心裏憂愁。」（約12:27）約翰稍後又寫道：「耶穌說了這話，心裏憂愁。」（約13:21）這兩節經文裏的「憂愁」一詞，所用的希臘字都是 *tarassō*；這個字通常是用來描述人處在焦慮中或突然受到驚嚇而有的反應。[6]

不只如此，耶穌在被釘十字架之前，了解到自己所將面對的苦難，就說：「我心裏甚是憂傷，幾乎要死。」（太26:38）祂所感覺到的憂傷是那麼地大，彷彿那憂傷再大一些，祂就要喪命了。

耶穌具有全面的人性情感。祂因那位百夫長的信心而感到「希奇」（太8:10）；拉撒路死時祂憂傷地哭了（約11:35）；祂禱告時充滿情感，因為「基督在肉體的時候，既大聲哀哭，流淚禱告，懇求那能救祂免死的主，就因祂的虔誠蒙了應允。」（來5:7）

再者，希伯來書的作者告訴我們：「祂雖然為兒子，還是因所受的苦難學了順

---

[4]見本書第二十八章A.1, A.2節，及第四十二章C節，有關復活之身體本質的討論。

[5]見本章C.3.1節對此經文的進一步討論。

[6]舉例來說，*tarassō*（「憂愁」）一詞也被用來描述以下的一些心情，當希律王聽到博士前來尋找猶太人的新生王時，心裏就「不安」（太2:3）；當門徒們忽然看見耶穌在海上行走，並以為祂是個鬼怪時，他們就「驚慌」了（太14:26）；當撒迦利亞在耶路撒冷聖殿裏，突然看見一位天使向他顯現時，他就「驚慌害怕」（路1:12）；當耶穌在復活後突然出現在門徒們中間時，他們就「愁煩」（路24:38）。同一個字也被用在約翰福音14:1, 27——耶穌說：「你們心裏不要憂愁。」所以，當我們看到耶穌的心中憂愁時，切不要以為那是缺少信心，或是犯了罪，其實那是在極度危險的時刻所產生的一股強烈的人性情感。

從。祂既得以完全，就為凡順從祂的人成了永遠得救的根源。」（來5:8-9）然而，假使耶穌從未犯過罪，祂又如何「學了順從」呢？顯然，當耶穌成長愈發成熟時，祂就像所有人間的孩童一樣，一步一步地承受更多的責任。祂年紀愈大，雙親加諸於祂身上、要祂順服的事也就愈多，而天父交付給祂、要祂以人性力量去執行的工作也就愈難。隨著每一件愈加艱難的工作，甚至當那工作會牽涉到一些苦難（如希伯來書5:8所特別提到的），耶穌人性裏的道德能力和祂在艱難環境下順服神的能力，也就愈發增加了。我們可以說，祂「道德骨架」的強度因著愈來愈多困難的操練而增加了。然而，在一切的事上，祂從未犯過罪。

耶穌在曠野以及在其一生中面對過許多嚴峻的試探，但祂竟然全然未曾犯罪，這就益發顯得難能可貴。希伯來書的作者肯定耶穌「也曾凡事受過試探，與我們一樣；只是祂沒有犯罪」（來4:15）。祂面對試探之事實意味著祂具有可被試探的真實人性，因為聖經清楚地告訴我們：「神不能被惡試探。」（雅1:13）

A.2.4 接近耶穌的人認為祂只是個人

馬太記載了一件在耶穌服事中期所發生的令人驚訝的事。雖然耶穌在加利利遍地教導人，「醫治百姓各樣的病症」，以至「有許多人……來跟著祂」（太4:23-25），可是當祂來到自己的家鄉拿撒勒時，認識祂多年的人卻不接待祂：

> 「耶穌說完了這些比喻，就離開那裏，來到自己的家鄉，在會堂裏教訓人，甚至他們都希奇，說：『**這人從哪裏有這等智慧和異能呢**？這不是木匠的兒子麼？祂母親不是叫馬利亞麼？祂弟兄們不是叫雅各、約西、西門、猶大麼？祂妹妹們不是都在我們這裏麼？這人從哪裏有這一切的事呢？』**他們就厭棄祂**……耶穌**因為他們不信**，就在那裏不多行異能了。」（太13:53-58）

這段經文指明，那些最認識耶穌的人，就是那些曾與祂共同生活和工作了三十年的街坊鄰居，也不過是把祂當成一個普通人來看——無疑地祂是個好人，為人公平、和善而誠實，但絕不可能是會施行神蹟的先知，也絕非神自己在肉身的顯現。雖然我們在本章後面的段落將會說到，耶穌在各方面都有全然的神性——祂真的是神與人同在一個位格內——但是我們仍然得體認像這樣一段經文的全部力量。因為耶穌一生的頭三十年裏，祂的生命是那樣地平凡，因此最認識祂的拿撒勒城的人，對祂能帶著權柄教導人，又能施行神蹟，感到十分驚訝。他們認識祂，因為祂是他們中間的一份子，是「木匠的兒子」（太13:55），而祂自己也是「木匠」（可6:3），祂是如此地平凡，以至於他們會問：「這人從哪裏有這一切的事呢？」（太13:56）約翰告訴我們：

「連祂的弟兄……〔也〕不信祂。」（約7:5）

耶穌是完全的人嗎？祂這樣地具有完全的人性，那些與祂生活並工作達三十年之久的人，甚至在家中與祂一同長大的弟弟們，只知道祂是個非常好的人，此外一無所知，他們顯然沒有想到祂是神在肉身顯現。

A.3 全然無罪

雖然新約聖經清楚斷言，耶穌就如同我們一樣，是完全的人，但它也肯定耶穌在某個重要的方面和我們有所不同，那就是祂沒有罪，祂一生從未犯過罪。有些人反對這點，認為假如耶穌沒犯過罪，祂就不是*真正的*人，因為所有的人都犯過罪。可是那些反對的人不明白，人類現在是處在一種*不正常的*狀態下。當初神創造我們時，我們不是罪人，乃是聖潔而公義的人；亞當和夏娃在沒有犯罪以前，在伊甸園裏就是*真正的*人，而我們今日雖仍然是人，卻與神所期望我們恢復成的完全而無罪的光景，相去甚遠。

新約聖經屢次教導我們，耶穌無罪。從祂早期生命的記錄裏，我們看見那時祂「充滿智慧，又有神的恩在祂身上」（路2:40）。接著看見撒但試探耶穌卻無法得逞，四十天之後，仍不能引祂犯罪：「魔鬼用完了各樣的試探，就暫時離開耶穌。」（路4:13）我們在符類福音書裏（包括馬太福音、馬可福音，以及路加福音），也不見耶穌有任何做錯事的證據。面對反對祂的猶太人，耶穌問道：「你們中間誰能指證我有罪呢？」（約8:46）沒有人能回答祂。

約翰福音對耶穌無罪的論點，有比較清楚的敘述。耶穌發出一個驚人的宣告：「我是世界的光。」（約8:12）假使我們明白「光」代表真實和道德上的純潔，我們就知道耶穌在此是在宣稱，祂是真理的源頭，也是世上道德之純淨和聖潔的源頭——這項令人驚訝的宣告，而只有無罪的人才能如此宣告。此外，祂提到順服天父時說：「我常作祂所喜悅的事。」（約8:29，耶穌在此使用現在式，讓人感受到這是一項持續的行動：「我*總是正在作祂*所喜悅的事。」）在耶穌生命的末了能夠說：「我遵守了我父的命令，常在祂的愛裏。」（約15:10）耶穌站在彼拉多面前受審時，儘管猶太人控告祂，彼拉多只能夠下個結論：「我查不出祂有什麼罪來。」（約18:38）這個結論是很重要的。

在使徒行傳裏，耶穌數度被稱為「聖者」、「公義者」，或類似的稱謂（見徒2:27; 3:14; 4:30; 7:52; 13:35）。當保羅說到耶穌來到世上、以人的樣式生活時，他謹慎地不說耶穌穿上「有罪的肉身」，而是說神差遣自己的兒子，「成為罪身的形狀，作了贖罪祭」（羅8:3）。他稱耶穌為「那不知罪的」（林後5:21，和合本小字）。

希伯來書的作者肯定耶穌受過試探，但同時又堅持祂沒有犯罪：耶穌「也曾凡事受過試探，與我們一樣；*只是祂沒有犯罪*。」（來4:15）祂是「聖潔、無邪惡、無玷污、遠離罪人、高過諸天的大祭司」（來7:26）。彼得說到耶穌乃是「無瑕疵、無玷污的羔羊」（彼前1:19）；他這是使用舊約的比喻來肯定耶穌沒有任何道德上的玷污，而且他更直截了當地說：「*祂並沒有犯罪*，口裏也沒有詭詐。」（彼前2:22）當耶穌死時，那是「義的代替不義的，為要引我們到神面前」（彼前3:18）。約翰在他的第一封書信裏，稱呼耶穌為「那義者耶穌基督」（約一2:1），並且說：「在祂並沒有罪」（約一3:5）。新約聖經所有主要經文中都清楚地教導耶穌是無罪的，這是個令人難以否定的事實。祂真的是人，但卻沒有罪。

另一個與耶穌無罪相關連的主題，是祂在曠野所受試探的本質；這是我們應當更詳細去了解的（太4:1-11；可1:12-13；路4:1-13）。這些試探的本質乃是要說服耶穌逃離天父為祂所預備的這條順服與受苦的艱難路，而這條道路是祂身為彌賽亞所必走的一條路。耶穌「被聖靈……引到曠野，四十天受魔鬼的試探」（路4:1-2）；這個試探在許多方面與亞當和夏娃在伊甸園所受的試驗類似，但卻更難克服。亞當和夏娃與神有交通，又彼此有交通，還有各樣豐盛的食物可吃；神只是告訴他們不要吃某棵樹上的果子。對比之下，耶穌沒有人可交通，沒有食物可吃，而且禁食了四十天以後，肉體已接近死亡邊緣。這兩個例子所要求的順服，都不是指要順服神性格裏那種永恆的道德原則，而是要試驗他們是否能全然地順服神特定的指示。對亞當和夏娃而言，神告訴他們不要吃分別善惡樹上的果子，問題的癥結乃在於，他們是否只因神這樣說，他們就這樣順服。而耶穌的情況則是，「聖靈將祂引到曠野」四十天，祂顯然知道那是父神的旨意，要祂在那些日子裏什麼也不吃，只是待在那裏，直到父神藉著聖靈告訴祂試探已經過去，祂可以離開為止。

由此我們可以明白這試探——「你若是神的兒子，可以吩咐這塊石頭變成食物」（路4:3）——的威力。耶穌當然是神的兒子，祂當然有能力可將任何石頭瞬間變為食物，事實上不久後祂就要將水變為酒，並且使餅和魚倍增好多。但當耶穌受這試探時，情況似乎是祂若不快點進食，就要喪失性命了；如此一來，這更強化了試探的威力。可是祂來到世上就是要*以人的身分*、完全地站在我們的地位上順服神，這表示祂必須單憑人性的力量順服神。倘若祂運用神性的能力，使自己能輕易地勝過這試探，那祂就不是*以人的身分*完全順服神了。這個試探乃是要誘使祂使用神性的能力，在達到神的要求上「動些手腳」，好使自己比較容易順服神。但是耶穌不像亞當和夏娃，祂拒絕了表面上對祂有益並且是祂所需要的食物，而選擇了順服天父的命令。

另一個試探是要祂暫時向撒但下拜，從而得著統御「天下的萬國」（路4:5）的權柄。這個試探乃是要誘惑耶穌不藉著一生走在順服天父的路上來得到權柄，而藉著錯誤地降服於黑暗之子來得到權能。耶穌再度拒絕了這條顯然是容易走的路，選擇了引向十字架的順服神之路。

同樣地，要耶穌從殿頂上跳下來的試探（路4:9-11），乃是一個「強迫」神行神蹟的試探，要藉此以令人驚訝的方式拯救耶穌，好吸引許多人來跟隨祂，這樣祂就不必走上未來艱難的路——包括在三年之久服事人的需要，以權柄教導人，並在嚴酷反對勢力中活出絕對聖潔的生命見證。然而耶穌再次抗拒了這條可以完成祂彌賽亞使命的「捷徑」（其實，這條路絕不可能實現這些目標）。

耶穌在童年與成年早期時所經歷的一切，幫助祂一生得以在道德上成長與變為成熟——「智慧……並神……喜愛祂的心，都一齊增長」（路2:52）；「因所受的苦難學了順從」（來5:8）——而這些德性都在祂所受的試探中達到巔峰。在這些曠野的試探中，和基督三十三年所面對不同的試探中，祂都站在我們的地位上，代表我們順服神；如此，在亞當的失敗之處，在以色列人在曠野跌倒的地方，和在我們的軟弱上（見羅5:18-19），祂得勝了！

也許我們很難理解這一點，但是聖經肯定耶穌透過這些試探，使祂有能力可以了解我們所受的試探，並且幫助我們。「〔因為〕祂自己既然被試探而受苦，就能搭救被試探的人。」（來2:18）希伯來書的作者還繼續將耶穌體恤我們軟弱的能力，與祂像我們一樣受過試探的事實關連在一起：

> 「因我們的大祭司並非不能體恤我們的軟弱，祂也曾凡事受過試探，與我們一樣；只是祂沒有犯罪。所以我們只管坦然無懼的來到施恩的寶座前，為要得憐恤、蒙恩惠，作隨時的幫助。」（來4:15-16）

我們對此點可以加以實際地應用：當我們在試探中掙扎時，就應該思想基督的一生，並且想想我們所面對的試探是否與基督所面對過的情況類似。通常在我們思考一陣之後，即能在基督的一生中想到一些祂受試探的例子，雖然那些例子和我們每天所面對的情況不盡相同，卻是非常地相似。[7]

[7]特別在家庭生活方面。在耶穌十二歲到過聖殿之後，福音書就不再提到約瑟；我們記住這點是很有幫助的。更有意思的是，福音書在列出耶穌的母親和其他家庭成員，甚至包括祂弟妹們的經文中，都略掉了約瑟的名字（見太13:55-56；可6:3；另參太12:48）。舉例來說，在加利利迦拿的婚宴上（約2:1），只提到「耶穌的母親」，

A.4 耶穌可能犯過罪嗎?

有時候會有人提出這個問題:「耶穌可能犯過罪嗎?」有些人支持基督的「無罪性」(impeccability);這個字的意思是「不可能犯罪」。[8] 反對的人卻認為,假使耶穌不可能犯罪,那麼祂所受的試探就不真實;因為如果受試探之人在任何情況下都不可能犯罪,那麼試探怎麼可能是真實的呢?

我們若要回答這個問題,就必須分辨,哪些是聖經清楚肯定的事實,哪些是我們所作的可能推理。聖經清楚肯定的事實包括:

(1) 聖經清楚記載,耶穌從未真的犯過罪(見上述)。我們對這個事實,應當沒有一點懷疑。

(2) 聖經也清楚地證實,耶穌受到試探,而且這些試探都是真實的(路4:2)。假若我們相信聖經,就必須堅持:基督「也曾凡事受過試探,與我們一樣;只是祂沒有犯罪。」(來4:15)如果我們對基督是否犯罪的種種揣測,使我們認為祂沒有真正地受到試探,那麼我們就會得到一個錯誤的結論,是與聖經的明確敘述相互矛盾的。

(3) 我們也必須與聖經一同肯定:「神不能被惡試探。」(雅1:13)但是問題在此益形困難:假使耶穌既是完全的人,又是完全的神(我們將在後面證實聖經所清楚而重複地教導的這一點),那麼我們難道不該結論(就某種意義)說,耶穌也「不能被惡試探」嗎?

這是所有我們能看到的聖經之清晰而明白的證據。在此,我們面臨了類似於其他教義所面對的兩難情況:聖經所教導的某些事,雖然沒有與我們的理解力直接矛盾,卻也讓我們很難領悟。例如關於三位一體的教義,我們肯定神的存在有三個位格,而每一個位格都是完全的神,然而卻只有一位神。雖然這些敘述彼此不相矛盾,然而我們很難把它們整合起來而了解它;即使我們可以逐步了解敘述之間的關聯,但我們必須承認,至少在今生,我們憑自已的聰明才智無法完全明白。

「耶穌是否真的受到試探?」這個問題也有點類似。我們並沒有發現矛盾的事實:聖經沒有既說「耶穌受到試探」,又說「耶穌沒受試探」(假若這兩句裏的「耶

卻沒有提到父親;假若耶穌的父親仍然健在(另參約2:12),這就是很奇怪的事了。因此這就暗示耶穌十二歲以後不久,約瑟就過世了;因此在祂成長過程中,有一段時期是生活在「單親家庭」中。這也表示當祂逐漸長大時,要承擔家庭中更多男主人的責任,要作「木匠」養家糊口(可6:3),無疑地也要幫忙照顧弟妹們。所以,雖然耶穌從未結過婚,但祂毫無疑問地經歷過各樣的家庭狀況和衝突,這些都與今日家庭所遭遇的十分類似。

[8] *peccare*這個拉丁字是「犯罪」之意。

穌」和「受試探」意義完全一樣，那麼這兩個敘述就是矛盾了）。聖經乃是告訴我們：「耶穌受到試探」，「耶穌是完全的人」，「耶穌是完全的神」，以及「神不能被試探」。我們將這些教訓擺在一起，就得到一個可能的結論：當我們明白了耶穌之人性和神性的相輔相成，我們才可能會更了解，在某一層意義上說，祂可能會受到試探，但在另一層意義上說，祂不可能會受到試探（我們將在後面進一步地探討這個可能性）。

在此我們已經討論過聖經上所清楚肯定的，接下來我們要嘗試提出一個答案，以解決基督是否犯過罪的這個問題。但是我們應當了解到，下列的答案只是把諸多聖經教訓綜合起來的建議性的答案，並非聖經明文記載的。明白了這點，我們就可以說：[9]

(1) 倘若耶穌的人性獨立存在，並與祂的神性無關，那麼祂的人性就像神所賜給亞當和夏娃的人性一樣。這樣的人性是沒有罪的，但卻可**能犯罪**。所以，假如耶穌的人性是獨立存在的，那麼就抽象或理論上的可能性而言，耶穌可能會犯罪，正如亞當和夏娃的人性可能犯罪一樣。

(2) 但是耶穌的人性從未與祂的神性分開存在過；從祂受孕的那一刻起，祂就是真神，又是真人。祂的人性和神性兩者並存在一個位格內。

(3) 雖然有些感覺（例如感到飢餓、口渴，或軟弱）是單單在耶穌人性裏才能感受到的，在祂的神性裏沒有同樣的體驗（見以下的討論），然而犯罪的行為是與道德有關之行為，因此顯然會影響到基督的整個位格（整位基督）。所以，假使祂犯罪，那件罪行會同時牽涉到祂的人性和祂的神性。

(4) 但是如果耶穌整個位格犯罪，使祂的人性和神性都陷在罪中，那麼就表示神自己犯罪了，那祂就不再是神了！然而，那顯然是不可能的，因為神的本性是無限聖潔的。

(5) 因此，假使我們問，耶穌是否真的有可能犯罪，結論似乎必須是：那是不可能的。祂的人性和神性並存於一個位格內，這就排除了祂犯罪可能性。

不過，問題還在：「那麼耶穌所受的試探怎麼可能是真實的呢？」在此可用撒但要耶穌把石頭變為餅的例子來說明，會很有幫助：由於耶穌具有神性，所以祂有能力施行這個神蹟；可是如果祂這麼做，祂就不再是只憑藉人性的力量來順服神，那祂也與亞當一樣沒有通過試驗而失敗，不能為我們贏得救恩了。所以，耶穌拒絕依賴祂的神性使自己更容易順服。同樣地，我們似乎可以下結論說：耶穌在遇到每個有罪的試探時，都不是憑藉祂神性的大能，而是單單靠著人性的力量（當然，那也不是「單

[9]在此討論中，筆者大致贊同Geerhardus Vos 的結論，見Geerhardus Vos, *Biblical Theology*, (Grand Rapids: Eerdmans, 1948), pp. 339-42.

單」靠人性的力量，因為耶穌在運用人類都該運用的信心之時的每一刻，都全然仰賴父神和聖靈）。祂神性的道德力量一直存在那裏，成為一股「支持的力量」，使祂不會在任何情況下犯罪（所以我們說祂不可能犯罪），但是祂並不依賴神性的力量使自己能比較容易面對試探。祂在服事開始之時，拒絕把石頭變為餅，正說明了這點。

然而這些試探真實嗎？許多神學家指出，只有成功地抵擋試探到底的人，才最能完整地感受到那個試探的力量。就如一個在比賽中成功地將最重的重量高舉過頭的舉重冠軍，要比其他嘗試舉起後又放下的失敗者，更能感受到那重量之重；所以，任何一個成功面對一項試探到底的基督徒，比那些見到試探立即屈服的基督徒，更了解勝過試探的難度。耶穌正是如此；對每個試探，祂都面對到底，並且得勝。這些試探是真實的，但祂沒有屈服。事實上，試探對*祂*最為真實，因*祂*從沒有向它們屈服過。

對於「神不能被惡試探」（雅1:13）的這件事實，我們必須肯定，這一點所說的是關於耶穌的神性，而非祂的人性。祂的神性不能為罪惡所試探，但是祂的人性可以被試探，而且顯然也受了試探。但聖經並沒有清楚解釋，這兩性如何在一個位格裏聯合，來面對試探。至於我們如何分辨哪些敘述是與耶穌的人性相關，哪些又是與祂的神性有關？聖經中不乏這類的記載，需要我們加以區分（若想更明白其分別，見以下有關耶穌在一個位格內是神又是人的討論）。

A.5 耶穌為什麼必須具備完全的人性？

當約翰寫他的第一封書信時，有一種異端教訓正在當時教會中流傳，其內容大概是說耶穌並不是真正的人；這個異端稱作「*幻影說*」（docetism）。[10] 幻影說嚴重地否認有關基督的這項真理，以至約翰稱之為是敵基督的一項教義：「凡靈認*耶穌基督是成了肉身來的*，就是出於神的，從此你們可以認出神的靈來。凡靈不認耶穌，就不是出於神，這是那敵基督者的靈。」（約一4:2-3）使徒約翰明瞭，否認耶穌的人性，就是否認基督教的核心教義，所以沒有一個否認耶穌是成了肉身來的人，是出於神的。

我們在綜覽新約聖經時發現有幾個原因，能說明為什麼在耶穌成為彌賽亞、贏取我們的救恩之前，祂必須是完全的人。我們可以在此列出其中七項原因：

---

[10]「幻影說」（docetism）一字來自希臘文的動詞*dokeō*，其意為「似乎是、看起來是」。任何主張耶穌並非真正是人、而只是看起來像人的神學立場，都被稱為「幻影派」的立場。幻影說背後的假設乃是，物質的受造界在本質上是邪惡的，所以，神的兒子不可能與真正的人性聯合。雖然沒有任何著名的教會領袖倡導過幻影說，可是它是攪擾的異端，在前四個世紀的教會中有過一些支持者。現代福音派信徒若忽略教導基督完全的人性，也會不知不覺地在聽眾之心中，造成了他們傾向支持幻影派的說法。

A.5.1 為了代表性之順服的需要

我們在前面討論神與人之間的聖約時已經注意到，[11] 耶穌是我們的代表，並且在亞當失敗與不順服之處，祂為我們順服了神；我們在對比耶穌受試探（路4:1-13）與亞當和夏娃在伊甸園受試驗（創2:15–3:7）時，看清了這一點。這在使徒保羅討論亞當和基督的對比時——亞當的悖逆與基督的順服——也解釋地很清楚：

> 「如此說來，因一次的過犯，眾人都被定罪；照樣，**因一次的義行**，眾人也就被稱義得生命了。因一人的悖逆，眾人成為罪人；照樣，**因一人的順從**，眾人也成為義了。」（羅5:18-19）

因此保羅稱基督為「末後的亞當」（林前15:45），並稱亞當為「頭一個人」、基督為「第二個人」（林前15:47）。耶穌必須成為人，才能成為我們的代表，在我們的地位上順服神。

A.5.2 為了代贖的需要

假設耶穌沒有成為人，祂就不能替我們死而承受我們該受的處罰。希伯來書的作者告訴我們：「祂並不救拔天使，乃是救拔亞伯拉罕的後裔。所以祂凡事**該**與祂的弟兄相同，為要在神的事上成為慈悲忠信的大祭司，為百姓的罪獻上挽回祭。」（來2:16-17；另參2:14）耶穌必須成為人、而非天使，因為神關切的是拯救人類、而非救拔天使。但是為了達到這個目的，祂「**必須**」在每一方面成為像我們一樣，以至於祂可以為我們成為「挽回祭」，即成為代替我們蒙神悅納的祭物。雖然我們要到本書第二十七章專論救贖時才會充分地討論，但我們在此仍必須明瞭，基督若不成為完全的人，就不能為人死而承受罪的懲罰，這是很重要的；因為若非如此，祂就不能為我們成為代贖的犧牲祭物。

A.5.3 為了作神與人之間的中保

由於罪使我們與神隔離，我們需要一個人在我們與神之間，將我們帶回到神面前。我們需要一位中保，既能在神面前代表我們，又能在我們面前代表神。只有一個人曾滿足了這樣的要求：「只有一位神；在神和人中間**只有一位中保**，乃是降世為人的基督耶穌。」（提前2:5）為了要達成中保的職分，耶穌必須是完全的人和完全的神。

A.5.4 為了完成神要人類管理受造界那起初的目的

正如我們在討論神創造人類之目的時所看到的，[12] 神把人類安置在地上，要人代

---

[11]見本書第二十五章B節及第二十七章C節。

[12]見本書第十五章D節及第二十一章C.5.4節。

表神來治服、管理全地，但人沒有達到這個目的，反而墮入罪中。希伯來書的作者明白，神的心意是要萬物都服在人的治理之下，然而他又承認：「只是如今我們還不見萬物都服他。」（來2:8）等到耶穌以人的身分來到世上，因為祂能夠順服神，因此就有權柄*以人的身分*管理全宇宙；如此，就達到了神原先安置人在地上的初衷。希伯來書的作者體認到這一點，因此他提到，如今「我們……見……耶穌」具有掌管宇宙的權柄，「得了尊貴榮耀為冠冕」（來2:9；另參來2:7相同的片語）。事實上，耶穌已經得著「天上地下所有的權柄」（太28:18），而神也已「將萬有服在祂的腳下，使祂為教會作萬有之首」（弗1:22）。實際上，有一天我們都要在寶座上與祂同坐，一同掌權（啟3:21），在臣服基督我們的主當中，經驗到神原初目的的完成——即我們治理全地（另參路19:17, 19；林前6:3）。耶穌必須成為人，才能完成神起初的目的，就是讓人管理祂所創造的一切。

A.5.5 為了成為我們生活中的榜樣與模範

約翰告訴我們：「人若說他住在主裏面，就該自己*照主所行的*去行」（約一2:6），並且他提醒我們：「主若顯現，我們必要像祂。」這個對未來的盼望——亦即將來我們可以有像基督的品格——甚至能使我們今日生命中的道德更加純淨（約一3:2-3）。保羅告訴我們，我們正持續地「變成主的形狀」（林後3:18），如此就邁向神拯救我們的標竿，使我們能夠「被模成祂兒子的形像」（羅8:29直譯，和合本譯作「效法祂兒子的模樣」）。彼得則告訴我們，尤其是在苦難中時我們必須思想基督的榜樣：「基督也為你們受過苦，*給你們留下榜樣*，叫你們跟隨祂的腳蹤行。」（彼前2:21）我們基督徒一生，都要奔跑擺在我們前頭的路程，「仰望為我們信心創始成終的耶穌」（來12:2）。當我們因受到罪人的敵擋和反對而氣餒時，就應該思想「那忍受罪人這樣頂撞的」耶穌（來12:3）。耶穌也是我們面對死亡的榜樣——保羅的目標乃是「*效法祂*的死」（腓3:10；另參徒7:60；彼前3:17-18; 4:1），我們的目標應當是每天效法基督，直到離世為止；即使在死前的時刻，也矢志不移地順服神，堅強地信靠祂，並且愛人，赦免人。耶穌必須成為一個像我們這樣的人，才能成為我們生活中的榜樣與模範。

A.5.6 為了成為我們蒙贖之身體的模樣

保羅告訴我們，耶穌從死裏復活時，是以新造的身體復活的，那是「不朽壞的……是榮耀的……是強壯的……是靈性的身體」（林前15:42-44），而耶穌從死裏復活時的這個新身體，就是我們從死裏復活時身體的模樣，因為基督是「初熟的果子」（林前15:23）——這是農業用的譬喻，將基督比喻為第一批收成，顯示其他同樣收成的果子將會是什麼模樣。我們現在擁有像亞當一樣的身體，然而我們將會有像基督一樣的身體：「我們既有屬土的形狀，將來也必有屬天的形狀。」（林前15:49）耶穌必須以人的身分復活過來，好叫祂成為「從死裏首先復生的」（西1:18）——這是我們未來將要擁有之身體的模樣。

A.5.7 為了以大祭司的身分同情我們

希伯來書的作者提醒我們，耶穌「自己既然被試探而受苦，就能搭救被試探的人」（來2:18；另參來4:15-16）。如果耶穌沒有成為人，就不能藉著同樣的經歷了解我們今生所面臨的試探和掙扎。但是正因祂曾經像人一樣地活過，所以就更能體會我們所經歷的一切。[13]

A.6 耶穌將永遠具有人性

耶穌在死而復活之後，並沒有放棄祂的人性，因為祂在復活以後，以人的身分向門徒們顯現，甚至手上帶著釘痕（約20:25-27）。祂有骨有肉（路24:39），並且能吃東西（路24:41-42）。後來祂與門徒們說話時，以復活的人類身體，被帶到天上去，而兩位天使應許門徒，祂還要以同樣的方式回來：「這離開你們被接升天的耶穌，你們見祂怎樣往天上去，*祂還要怎樣來*。」（徒1:11）不久之後，司提反定睛望天，看見耶穌身為「人子站在神的右邊」（徒7:56）；耶穌也在往大馬色的路上向掃羅顯現，說：「我就是你所逼迫的耶穌。」（徒9:5）掃羅（即保羅）後來將這次的顯現與耶穌復活後向其他人的顯現並提（林前9:1; 15:8）。約翰在異象裏看到，耶穌以「好像人子」（啟1:13）的模樣出現，然而祂充滿了榮耀與能力，使得約翰在敬畏中仆倒在祂的腳前（啟1:13-17）。耶穌應許有一天要與門徒在父神的國中再飲葡萄汁（太26:29），同時祂也邀請我們同赴天上羔羊的婚筵（啟19:9）。不只如此，耶穌要永遠擔任先知、祭司和君王的職分；祂之所以能履行所有的職分，乃是因祂永遠是神、又是人的緣故。[14]

---

[13]這是我們很難了解的觀念，因為我們不想說，耶穌藉著成為人而得到更多的知識或資料；祂身為無所不知的神，當然知道每一樣人類受苦經歷的事實，但是希伯來書說：「〔因為〕*祂*自己既然被試探而受苦，就能搭救被試探的人。」（來2:18）我們必須堅持這個敘述是真的，亦即耶穌所受之苦難，和祂能同情並且幫助在試探中的我們之能力，二者是有關連的。顯然希伯來書的作者所說的不是指耶穌另外知道什麼事實或有什麼智性方面的知識，而是指祂有一種能回憶個人經驗——祂自己所經歷過的事——的能力，而這種能力是要有經歷以後才會有的。我們可以勉強地以一個類似的情況來解釋這一點：一位寫了婦產科教科書的男醫生，可能比他的病人知道更多有關生產的知識；然而因為他是一個男人，所以他永不會有真正生產的經驗，而一個生產過的女人（或許用女醫生的例子會更貼切：女醫生先寫了教科書，而後才生孩子），就更能完全地體會其他生過孩子的女人所經歷的一切。

[14]見本書第二十九章有關基督職分的討論。

這所有的經文都指出，耶穌並非*暫時地*成為人，而是祂的神性*永遠地*與祂的人性聯合在一起；祂並非只是以永遠的神的兒子、三一神的第二位格而活到永遠，祂也是以耶穌、馬利亞所生的兒子而活到永遠，並且祂永遠是基督，是祂百姓的彌賽亞和救贖主。耶穌永遠都是在一個位格之內的完全神與完全人。

B. 基督的神性

要將聖經中有關耶穌基督的教訓教導得完整，我們不僅必須肯定祂完全的人性，也要肯定祂完全的神性。雖然「*道成肉身*」（incarnation）一詞在聖經上沒有明顯地出現過，但是教會一直在使用這個詞來指稱：耶穌是在肉身形態的神；道成肉身乃是子神的作為，藉此祂給自己帶上人性。[15] 有關基督之神性的經文證據在新約聖經裏十分廣泛，我們將分類檢視。[16]

B.1 經文直接的宣稱

在這一節裏，我們要檢視聖經上有關耶穌是神或祂具有神性的直接敘述。[17]

B.1.1 「神」（*Theos*）一字被用在基督身上

在新約聖經裏，雖然「神」（*theos*）這個字通常只用來稱呼父神，然而也有好幾處經文，用此字來指稱耶穌基督。在所有這些經文中，「神」這個字都被用來強烈地指那一位創造天地的主、統管萬有的神。這些經文包括：約翰福音1:1, 18（見於古老較佳的抄本中）；20:28；羅馬書9:5；提多書2:13；希伯來書1:8（引詩篇45:6）和彼得後書1:1。[18] 因為這些經文在我們論三位一體時已經詳細地討論過，[19] 所以就不在此重複。我們只需注意在新約聖經裏，至少有以上七處經文，明顯地提到耶穌是神。

---

[15]拉丁文*incarnāre*意指「使成肉身」，是從字首*in-*（有使役的意思，「使某物成為另物」）和字根*caro, carnis-*（「肉身」）共同衍生出來的。

[16]在下一節裏，筆者對耶穌自稱為神和別人稱祂為神的宣告不加以區分。雖然這樣的區分有助於我們明白人們了解基督的過程，但就目前的目的而言，兩種的敘述都可見於新約正典的經文裏，也都是建造基督教教義的正確資料。

[17]Donald Guthrie有一篇極佳的論著，特別由新約聖經中的基督之稱謂來證明基督的神性，見*New Testament Theology* (Leicester and Downers Grove, Ill.: InterVarsity Press, 1981), pp. 235-365.

[18]由於提多書1:4稱呼基督耶穌為「我們的救主」，再加上是耶穌基督差派保羅去傳福音的，因此我們也可以把提多書1章3節所說的「這傳揚的責任，是按著*神*我們*救主*的命令」當作另一個例子證明，指出聖經中用「*神*」這個字來稱呼基督。

[19]見本書第十四章B.2節有關指稱耶穌為「神」的討論。亦見Murray J. Harris, *Jesus as God* (Grand Rapids: Baker, 1992), 此書乃為針對新約聖經中指稱耶穌為「神」之經文所作之最廣泛的釋經書。

舊約聖經裏也有一例是用「**神**」來指基督的，那就是我們所熟悉的彌賽亞經文：「因有一嬰孩為我們而生，有一子賜給我們，政權必擔在祂的肩頭上。祂名稱為奇妙策士、**全能的神**、永在的父、和平的君！」（賽9:6）

B.1.2 「主」（*Kyrios*）一字被用在基督身上

「主」（希臘文*Kyrios*）這個字有時候只是對上司或長輩一個禮貌的稱謂，大略相當於我們的用語「**先生**」（見太13:27; 21:30; 27:63；約4:11）。有時候它只是用來指僕人或奴隸的「主人」（太6:24; 21:40）。但是七十士譯本（舊約聖經的希臘文譯本，這是基督時代所通用的聖經版本）是用此字來繙譯希伯來文的*YHWH*（*YHWH*亦常被譯作the LORD或Jehovah，即「耶和華」）。*Kyrios*這個字在希臘文的舊約聖經裏，被用來繙譯主的名字達六千八百一十四次，所以在新約時代，任何懂得一點希臘語的舊約聖經讀者都明白，在適當的上下文裏，「主」這個字乃是指那位無所不能之神的名字，是指那位創造並維持天地的主。

在新約聖經裏有許多例子，將「主」這個字用在基督的身上，而其上下文使得我們只能照強烈的舊約裏的意思來理解這個字，那就是它是指耶和華或神自己。在天使對伯利恆的牧人所說的話裏，「主」這個字的用法十分引人注目：「因今天在大衛的城裏為你們生了救主，就是**主**基督。」（路2:11）雖然我們對這些字非常熟悉，那是因我們常讀聖誕節故事的緣故，可是我們也當了解，對任何一個第一世紀的猶太人而言，聽到要稱呼一個剛出生的嬰兒是「基督」（或「彌賽亞」）[20]，會是何等地驚訝；不只如此，這一位彌賽亞還是「主」——即是主神自己！天使驚人的宣告令牧羊人難以置信，因為天使主要的意思是說：「今天在伯利恆，有一個嬰孩誕生了，祂就是你們的救主和彌賽亞，也是神自己。」難怪「凡聽見的，就詫異牧羊之人對他們所說的話」（路2:18）。

馬利亞在耶穌出生的幾個月前走訪以利沙伯之時，以利沙伯說：「**我主**的母親前來探望我，我怎麼敢當呢？」（路1:43，現代中文譯本）由於耶穌尚未出生，以利沙伯使用「主」這個字，並不是「主人」的意思；她必定是按舊約裏的強烈意思來使用這個字，這就使這個句子帶有奇妙的意義：「**主神自己**的母親前來探望我，我怎麼敢當呢？」雖然這是一句語氣非常強烈的陳述，但我們在此也很難用任何較弱的意思來了解「主」這個字。

另外一個例子可見於馬太說到施洗約翰是那一位在曠野呼喊：「預備主的道，修

---

[20]「**基督**」(Christ)一字是希伯來文「**彌賽亞**」(Messiah)一字的希臘文繙譯。

直祂的路」的（太3:3）。施洗約翰在此引用以賽亞書40:3，說到主神自己來到百姓的中間。然而從馬太福音看來，這段經文是指施洗約翰為將要來的耶穌預備道路；言外之意就是說，當耶穌來時主自己就來了。

耶穌曾問法利賽人有關詩篇110:1的解釋：「主對我主說：你坐在我的右邊，等我把你仇敵放在你的腳下」，並表明自己就是舊約裏全權的主（太22:44）。這個敘述的力量等於在說：「父神對子神〔大衛的主〕說：『你坐在我的右邊……』」；法利賽人知道耶穌是在說祂自己，而且祂是把祂自己看作是配得舊約*Kyrios*稱謂的「主」。

這樣的用法——以「主」稱呼基督——在使徒書信裏屢見不鮮。保羅說：「只有一位神，就是父，萬物都本於祂，我們也歸於祂；並有一位主，就是耶穌基督，萬物都是藉著祂有的，我們也是藉著祂有的。」（林前8:6；另參林前12:3及保羅書信中其他多處的經文）

希伯來書第1章裏有一處經文寫得特別清楚，其中作者引用詩篇第102篇，說到主在創造中的作為，並將之應用在基督身上：

「主啊，你起初立了地的根基，
　天也是你手所造的。
天地都要滅沒，你卻要長存；
　天地都要像衣服漸漸舊了。
你要將天地捲起來，像一件外衣；
　天地就都改變了。
惟有你永不改變，
　你的年數沒有窮盡。」（來1:10-12）

在此基督明顯地是被描述成永恆天地的主，祂創造萬有，並且存到永遠。這樣強烈地將「主」這個字用來稱呼基督，在啟示錄19:16達到巔峰；我們在那一節經文中讀到基督凱旋成為得勝的君王，「在祂衣服和大腿上，有名寫著說：萬王之王、萬主之主。」

B.1.3 其他強烈宣稱基督有神性之經文

除了使用「神」和「主」兩字來稱呼基督外，還有其他經文也強烈地宣稱基督的神性。耶穌告訴敵對祂的猶太人說，亞伯拉罕曾仰望祂（基督）的日子；那時猶太人就向祂挑戰說：「你還沒有五十歲，豈見過亞伯拉罕呢？」（約8:57）在此，耶穌如果作了以下的回應就足以證明祂永遠存在：「還沒有亞伯拉罕（過去式）就有了我（過去式）。」（意為：「在有亞伯拉罕以前，就已經有我了。」）但耶穌並不是這麼說，相反地，祂說出一個更令人驚訝的聲明：「我實實在在地告訴你們：還沒有亞伯拉罕（過去式）就有了我（現在式，表繼續存在的狀態）。」（約8:58，「就有了我」可直譯作「我永在」）耶穌將兩句肯定的聲明合在一起，但其帶出來的意思似乎不太合理：「在過去某件事（「有亞伯拉罕」）發生以前，今日的某件事（「有了我」）就已發生了。」然而猶太領袖們立刻聽出耶穌不是在說謎語或無聊的話；祂所說的「有了我」（即「我是」），是在重複神向摩西彰顯祂自己時所用的同樣話語：「我是自有永有的」（*I AM WHO* I AM，出3:14）；耶穌在此乃是用「我是自有者」（I AM）的稱謂來稱呼祂自己，而這個稱謂是神用來稱呼自己是永遠存在的那一位——神是祂自己存在的源頭，並且祂過去永遠存在，將來也永遠存在。當猶太人聽到了這個不尋常的、強調式的、莊嚴神聖的敘述時，就知道祂在自稱為神了，「於是他們拿石頭要打祂，耶穌卻躲藏，從殿裏出去了。」（約8:59）[21]

另一處耶穌強烈宣稱自己是神的敘述，是在啟示錄末了祂說的話：「我是阿拉法，我是俄梅戛；我是首先的，我是末後的；我是初，我是終。」（啟22:13）若將這句話和啟示錄1:8的另一句父神的宣稱：「我是阿拉法，我是俄梅戛」並讀時，就強烈表明，耶穌與父神具有同等神性。耶穌掌管一切歷史和萬有，祂是初，也是終。

在約翰福音1:1裏，約翰不只稱呼耶穌為「神」，也稱祂為「道」（希臘文是*logos*）。讀者在*logos*這個字裏能辨認出雙重意義：一是舊約裏大有能力、富創造力之神的話語，天地乃藉此而被造（詩33:6）；一是宇宙中組織並統合一切的原則：在希臘人的思想裏，這個原則整合了宇宙，並使之有意義。[22] 約翰將耶穌描述成此二者的組合——祂不只是大有能力、富創造力之神的道，也是宇宙中那個組織和統合的力量；而且祂還成為人，「道成了肉身，住在我們中間，充充滿滿的有恩典有真理。我們也見過祂的榮光，正是父獨生子的榮光。」（約1:14）此為另一個宣稱耶穌有神性的強烈宣告，並且還清楚地加了一個敘述，說明耶穌成為人，又在我們中間行動。

進一步證明耶穌神性的證據，可見於耶穌自稱為「這人子」（the Son of Man）的事實。這個稱謂在四福音裏共用了八十四次，都是耶穌稱呼自己時所用的（如見太16:13；路9:18）。在新約聖經的其餘章節中，「這人子」（帶著定冠詞）之片語只在使

---

[21]約翰福音裏還有其他「我是」的陳述：耶穌宣稱祂是生命的糧（約6:35）、世上的光（約8:12）、羊的門（約10:7）、好牧人（約10:11）、復活與生命（約11:25）、道路、真理、生命（約14:6），以及真葡萄樹（約15:1）。這些敘述也為約翰所描繪的基督的神性增色不少。見Donald Guthrie, *New Testament Theology*, pp. 330-32.

[22]見Donald Guthrie, *New Testament Theology*, 尤見p. 326.

徒行傳7:56用過一次，當時司提反稱基督為人子。這個獨特詞語的背景乃是在但以理書第7章的異象：但以理看見了一人好像「人子」，來到「亙古常在者」的面前，得了「權柄、榮耀、國度，使各方、各國、各族的人都事奉祂。祂的權柄是永遠的，不能廢去。」（但7:13-14）而非常令人注目的是，這位「人子」是「駕著天雲」而來（但7:13）。這段經文清楚地說到一個源於天的人，而且祂得著永遠管理全世界的統治權。當耶穌說：「後來你們要看見人子坐在那權能者的右邊，駕著天上的雲降臨」（太26:64）時，大祭司沒有誤解其中的意思；大祭司和公會的人都正確地知道，耶穌在引用但以理書7:13-14的話，祂在宣稱祂就是但以理異象中所說的那位從天而來、世界的永遠統治者，因此他們就立刻說：「祂說了僭妄的話……祂是該死的。」（太26:65-66）耶穌在此終於作了明確而強烈的宣告，祂將永遠統治世界，這是祂早期頻頻自稱為「這人子」時所暗示的。

雖然「神的兒子」（Son of God）的稱謂有時只用來指以色列人（太2:15），或神所創造的人（路2:38），或泛指蒙贖之人（羅8:14, 19, 23），但也有例子顯示「神的兒子」是指耶穌身為屬天的、永恆的子神，祂與神同等（見太11:25-30; 17:5；林前15:28；來1:1-3, 5, 8）。這在約翰福音裏尤其顯著，其中包括說到耶穌被視為是從父神而來的獨生子（約1:14, 18, 34, 49），將父神完全啟示出來（約8:19; 14:9）。身為神的兒子，祂是如此偉大，以至於我們能夠信靠祂而得到永生（受造者不能賜予永生：約3:16, 36; 20:31）。祂也擁有父神的一切權柄，得以賜人生命，宣布永遠的審判，以及治理萬有（約3:36; 5:20-22, 25; 10:17; 16:15）。祂身為神的兒子，是由父神差遣而來到世界，所以在祂到世界以前，就已經存在了（約3:17; 5:23; 10:36）。

希伯來書一開始的前面三節經文強調，神的兒子在創造與管理世界上的地位：神「早已立祂為承受萬有的，也曾藉著祂創造諸世界。」（來1:2）作者繼續說，這位神的兒子「是神榮耀所發的光輝，是神本體的真像（直譯作『完全一致的副本』，希臘文*charaktēr*），常用祂權能的命令托住萬有。」（來1:3）耶穌是神「本體」（或稱「實存」，希臘文*hypostasis*）的完全一致的副本，祂在每一樣屬性上都與神全然相等。此外，祂還持續地用「權能的命令」托住萬有，而這只有神才做得到。

這些經文合併起來表明了，「神的兒子」之稱謂應用在基督身上時，強烈地肯定了祂在三位一體中為永恆之子神的神性，在父神所有的屬性上都與祂平等。

B.2 耶穌具有神性的證據

上面所引用的許多經文明確地肯定了耶穌的神性，此外我們還可看明，耶穌一生的許多作為也都顯示祂有神性。

耶穌用一句話就平靜了風和海（太8:26-27），使魚和餅倍增許多（太14:19），變水為酒（約2:1-11），這些作為都展現出祂的*無所不能*（omnipotence）。或許有人會反問，這些神蹟只是顯示聖靈透過祂工作的能力，正如聖靈能夠透過任何一個人工作一樣，所以，這些神蹟不見得表明了耶穌自己的神性。然而，從這些事件上下文中的解釋來看，神蹟所表明的通常不是聖靈的能力，而是耶穌自己。例如，在耶穌變水為酒以後，約翰告訴我們：「這是耶穌所行的頭一件神蹟，是在加利利的迦拿行的，*顯出祂的榮耀來*，祂的門徒就信祂了。」（約2:11）由於耶穌神性能力的運行，使水變為酒，這神蹟所彰顯的並非聖靈的榮耀，而是耶穌自己的榮耀。同樣地，在耶穌平靜了加利利海的風暴以後，門徒沒有說：「聖靈透過這位先知所運行的能力何其浩大」，卻說：「這是怎樣的人？連風和海也*聽從祂*了！」（太8:27）叫風和海聽命的是耶穌自己的權柄，而這個權柄只可能屬於那治理大海、又有能力平靜海浪的神（另參詩65:7; 89:9; 107:29）。[23]

當耶穌說：「還沒有亞伯拉罕*我永在*」（約8:5直譯，見本章B.1.3節的討論），或「我是阿拉法，我是俄梅戛」（啟22:13）時，祂表明了自己的*永恆性*（eternity）。

耶穌的*無所不知*（omniscience）則展現在祂知道人心所想的（可2:8），祂從很遠就看見了在無花果樹下的拿但業（約1:48），和祂從起初「就知道誰不信祂，誰要賣祂」（約6:64）。當然，神可以把顯露個人心意、特定事件或事實的能力賜給任何在舊約或新約裏有恩賜的先知，可是耶穌的知識比那種知道要更為廣泛。祂知道「誰不信祂」，這表示祂知道萬人心中相信祂或不信祂。事實上，約翰講得很明白，耶穌「用不著誰見證人怎樣，因祂*知道人心*裏所存的」（約2:25）。門徒們後來就對祂說：「現在我們曉得你*凡事都知道*。」（約16:30）比起論及舊約或新約中任何大先知或使徒的敘述，這些聲明所包含的內容涵蓋更多，因為它們意指耶穌的無所不知。[24]

最後，在耶穌復活之後，問彼得是否愛祂時，彼得回答說：「主啊，*你是無所不知的*，你知道我愛你。」（約21:17）彼得在此所說的，不只是耶穌知道他的心，以及知道他愛祂；其實彼得在是說一句有關耶穌的整體性敘述（「你是無所不知的」），並且從中得著一個特定的結論（「你知道我愛你」）。彼得有把握耶穌知道每一個人

[23]筆者知道有的經節也將基督所行的一些神蹟歸功於聖靈，見馬太福音12:28；路加福音4:14, 18, 40。

[24]見本章C節有關馬可福音13:32的討論，以及有關基督的全知與祂需要像人一樣學習，但這兩者並不衝突的討論。

的心，所以他確信耶穌知道他的心。

在耶穌早年服事之時，祂*無所不在*（omnipresence）的神性並未直接地被肯定。雖然如此，耶穌在期待未來教會的建立時說到：「因為無論在哪裏，有兩三個人奉我的名聚會，*那裏就有我*在他們中間。」（太18:20）同時，在離世之前祂告訴門徒們說：「我就常與你們同在，直到世界的末了。」（太28:20）[25]

從耶穌能夠赦罪的事實（可2:5-7），我們可以看出耶穌擁有屬於神的*全權*（sovereignty），這是惟獨神才能擁有的權柄。祂與舊約宣告「耶和華如此說」的先知們不同，因祂可以在祂的敘述之前加上這句話：「只是*我告訴你們*」（太5:22, 28, 32, 34, 39, 44）——這是一句訴諸祂權柄的驚人宣告。祂能夠用神自己的權柄說話，因為祂就是完全的神。祂擁有父神所交付在祂手中的「一切所有」，也有權柄將父神顯明給父神所願意揀選的人（太11:25-27）。祂的權柄如此之大，以至於世上每一個人未來永恆的光景，都視他們相信祂或拒絕祂而定（約3:36）。

耶穌也擁有神的*不朽性*（immortality），祂不會死亡。這一點在約翰福音開始的經節就已表明，當時耶穌對猶太人說：「你們拆毀這殿，我三日內*要再建立起來*。」（約2:19）約翰解釋，耶穌在此不是指要在耶路撒冷以石頭建造殿宇，「但耶穌這話是以*祂的身體*為殿。所以到祂從死裏復活以後，門徒就想起祂說過這話，便信了聖經和耶穌所說的。」（約2:21-22）當然，我們得堅持聲明，耶穌真的死過，而這段經文所指出的是「祂從死裏復活以後」。但耶穌的預言也很重要；祂在自己的復活上扮演著主動的角色：「*我……要再建立起來*。」雖然其他的經文告訴我們，父神主動地使基督從死裏復活，但耶穌在此說，祂在自己的復活上也是主動的。

在約翰福音的另一段經文裏，耶穌聲明祂有捨去生命並再取來的權能：「我父愛我，因我將命捨去，好再取回來。沒有人奪我的命去，是我自己捨的；我有權柄捨了，也有權柄取回來；這是我從我父所受的命令。」（約10:17-18）耶穌在此提到一種權能，是人類所沒有的——捨去自己的生命*並*再取回來的權能。這裏再一次說明耶穌擁有神的不朽性。同樣地，希伯來書的作者說，耶穌「成為祭司，並不是照屬肉體的條例，乃是照*不能毀壞*（和合本小字）*之生命*的大能」（來7:16）。不朽性乃是惟獨神才具有的獨特特質；提摩太前書6:16說到神是「獨一不死」的那一位。

---

[25]筆者的意思並不是說，這些經節顯示出耶穌的人性是無所不在的。耶穌的人性，包括祂的身體，總是一次只出現在一個地方。我們最好是把這些經節當作是指稱耶穌的神性來理解（見本章C.2及C.3節有關區分基督神人二性的討論）。亦見馬太福音8:13。

另一個清楚證明基督神性的證據，乃是祂的**配得敬拜**，這種特性不屬於任何受造者，包括天使在內（見啟19:10）；這單單屬於神。然而在說到基督時，聖經上說：「神將祂升為至高，又賜給祂那超乎萬名之上的名，叫一切在天上的、地上的，和地底下的，因耶穌的名，無不屈膝、無不口稱耶穌基督為主，使榮耀歸與父神。」（腓2:9-11）同樣地，神命令天使們敬拜基督，因為我們讀到聖經上說：「神使長子到世上來的時候，就說：『神的使者都要拜祂。』」（來1:6）

神讓約翰窺見天上的敬拜，他看見了千萬的天使和其他天上的受造者環繞神的寶座說：「曾被殺的羔羊是配得權柄、豐富、智慧、能力、尊貴、榮耀、頌讚的！」（啟5:12）然後他聽見說：「在天上、地上、地底下、滄海裏，和天地間一切**所有被造之物**，都說：『但願頌讚、尊貴、榮耀、權勢都歸給坐寶座的**和羔羊**，直到永永遠遠！』」（啟5:13）基督在此被稱為「曾被殺的羔羊」，祂得著了全宇宙獻給父神的敬拜，如此就清楚地顯示了祂與神是同等的。[26]

B.3 耶穌在世時曾否放棄祂某些神的屬性？

保羅寫信給腓立比的信徒，說：

> 「你們當以基督耶穌的心為心：祂本有神的形像，不以自己與神同等為強奪的，反倒**虛己**，取了奴僕的形像，成為人的樣式。」（腓2:5-7）

一些德國（約從主後1860-1880年間起）和英國的（約從主後1890-1910年間起）神學家，根據腓立比書這些經文提倡另一種道成肉身觀，是教會歷史上從未有人這樣說過的。這個新的觀點被稱為「**虛己論**」（Kenosis Theory），而它所代表的整體立場就被稱為「虛己神學」。虛己論認為基督在世為人時，放棄了一些神的屬性（*kenosis*這個字是從希臘文動詞*kenoō*衍生出來的，其意思是「倒空」，在腓立比書2:7裏被譯為「虛己」）。按照這個理論的看法，基督在世上為人時，曾「倒空祂自己」，即放棄了一些神的屬性，例如無所不知、無所不在和無所不能等。這是基督自願性地為自己設了限制，而祂這樣做是為了執行救贖的工作。[27]

然而，腓立比書2:7是否真的在教導說，基督曾將祂的一些神的屬性倒空？新約聖經其餘的部分也肯定這個教導嗎？聖經的證據顯示以上兩個問題的答案都是否定的。

---

[26]又見馬太福音28:17，那裏描述了耶穌復活後接受門徒們的敬拜。

[27]以下這篇論文清楚地講述虛己論的發展史：“Kenosis, a Kenotic Theology” by S. M. Smith, in *EDT*, pp. 600-602。令我們驚訝的是，*EDT*（屬福音派信仰者）會收納此文，因Smith結尾時竟會贊成虛己論，認為這是一種正統的、符合聖經的有效信仰（p. 602）！

第一，我們必須了解，在教會歷史上的前一千八百年內，沒有一個教師，包括原生說希臘語的，認為腓立比書2:7的「虛己」是指神的兒子放棄了祂的一些神的屬性。第二，我們必須認清，經文並不是說基督「倒空了祂自己的一些能力」或「倒空了自己的神的屬性」或任何這類的話。第三，經文倒是確實地說到耶穌做了什麼來「倒空」：祂沒有放下任何自己的屬性，而是「取了奴僕的形像」；亦即祂以人的身分生活，「既有人的樣子，就自己卑微，存心順服，以至於死，且死在十字架上」（腓2:8）。因此，經文的上下文是把「虛己」解釋成「自己卑微」，即採取一個低微的地位和立場。因此，NIV就不將這個片語譯成「虛己」，而是譯作「使祂自己成為無有」（腓2:7，按NIV直譯）。這個倒空包括了角色和地位的改變，而非在實質屬性或本質上的改變。

第四，我們可以從保羅在此段經文中所要表達的目的而看出這個解釋。他的目的是要勸腓立比教會的人「凡事不可結黨，不可貪圖虛浮的榮耀；只要存心謙卑，各人看別人比自己強。」（腓2:3）他又繼續告訴他們：「各人不要單顧自己的事，也要顧別人的事。」（腓2:4）為了勸告他們學會謙卑，把別人的利益放在優先，他就舉出基督為榜樣：「你們當以基督耶穌的心為心：祂本有神的形像，不以自己與神同等為強奪的，反倒虛己，取了奴僕的形像……」（腓2:5-7）

現在他以基督為榜樣，希望腓立比教會的人模仿基督。當然他不是要求腓立比的基督徒放棄或不用任何他們固有的特性或能力！他沒有要求他們放棄智慧、能力或技巧，成為自己原本的縮小版。相反地，他乃是要求他們把別人的利益放在優先：「各人不要單顧自己的事，也要顧別人的事。」（腓2:4）因為這個要求是他的目標，符合了上下文的意思，使人了解到他是以基督為最高的榜樣：基督把別人的利益放在首位，並願意放棄一些身為神的特權和地位。

由此看來，這段經文最貼切的解釋，乃是指耶穌放棄了祂在天上的地位和特權：祂沒有「把與神的同等視為要緊抓住不放的事」（或「緊抓著自己的好處」），卻為了我們的緣故，「把自己倒空」或「使自己謙卑」，而以人的身分生活。耶穌在別處講到祂和父神在「未有世界以先」所擁有的「榮耀」（約17:5），但祂曾放棄了這榮耀，而等祂再回到天上時，才再度得回。保羅說基督是「本來富足，卻為你們成了貧窮」（林後8:9），這是再度說到基督配得一切的特權和尊榮，但卻為了我們而暫時地放棄。

第五，也是最後一個我們不能接受腓立比書2:7為「虛己論」之觀點的理由，就是因為新約聖經中更廣泛的教訓，和整本聖經教義的教導，都不是如此。假使如虛己論所言的這樣一件重大的事發生了，以至於永恆的神的兒子有一段時期不再擁有所有的神性，例如有一段時期祂不再是無所不知、無所不能、無所不在的，那麼我們應期望新約聖經會對這樣一件令人難以置信的事給予清楚而重複的教導，而不是像這樣只對一卷書信裏的一個字有如此令人懷疑的解釋。然而我們所看到的情況乃是：我們沒有在任何其他經文中發現「虛己論」，即神的兒子不再擁有一些祂從永恆就具有的神性。事實上，倘若虛己論是真實的，我們永遠不能肯定耶穌在地上時是完全的神（這是駁斥此論最基本的理由）。[28] 虛己論至終也否認了耶穌基督完全的神性，使祂低於完全的神。史密思（S. M. Smith）承認：「一切古典的正統神學不是明確地否定虛己論，就是在原則上否定它。」[29]

然而更重要的是，我們要明白，主要說服人接受虛己論的勢力，並非是對腓立比書2:7或任何其他新約經文發現了更好的解釋，而是因為人對歷史與古典之正統神學裏有關基督的教義之陳述，愈益感覺不安；人們似乎認為現代有理性、懂科學的人都不應該相信耶穌基督是真正的人，又同時是完全而絕對的神。[30] 一旦聽到虛己論時，似乎會愈來愈覺得它是很能令人接受的：它宣稱耶穌是神（在某種意義上），但這是在某一時期曾放棄了一些屬神特質的神，而所放棄的這些特質正是現代世界很難接受的一些特質。

---

[28]有時候*kenosis*這個字被用的意思比較弱，因此不能完全用它來指虛己論，它只是指較為正統的神學對腓立比書2:7的解釋——只是指耶穌在地上的一段時期，放棄了祂原有的榮耀和特權（這正是我們在本章中所主張的觀點）。然而，若以「虛己」（kenosis）一詞來指稱傳統上對腓立比書2:7的了解，似乎也有一點不明智，因為這樣很容易就與發展成熟的虛己論教義混淆了——後者在其本質上是否認基督完全的神性。若以錯誤學說中所正式使用的詞語，來描述符合聖經的立場，是會混淆大多數人的。

[29]S. M. Smith, "Kenosis, A Kenotic Theology," p. 601.

[30]起初引人接受虛己神學的因素之一，乃是十九世紀現代心理學的發展，Smith指出：「這個時代正在學習以心理學的範疇來思考；意識（consciousness）即為一個中心的範疇。如果在人的『中心』是他的意識，而耶穌既是無所不知的神，又是受到侷限的人，那麼祂就有兩個中心，因此祂在本質上就不是我們中間的一份子。那麼，對某些人而言，基督論就變得不可接受。」（同上出處，pp. 600-601）換言之，在現代心理學研究的壓力下，使人很難解釋、也很難在理智上接受這信念：基督如何在一個位格裏結合了完全的神性與完全的人性；怎麼有人會跟我們這麼不一樣，卻還被我們稱為真正的人呢？

但是我們可以這樣回應：現代心理學在本質上就受到限制，因為它惟一研究的對象是簡單的人類。沒有一個現代心理學家曾研究過任何一個完全沒有罪的人（如基督），而他又是完全的神與完全的人（如基督）。假設我們把我們的了解侷限於現代心理學中的「可能」或「可接受」的定義，我們不會看到一位無罪的基督，也不會看到神性的基督。這一個教義就和許多其他的教義一樣，我們對「可能的」這個詞的了解不應取決於現代對有限而墮落之世界所作的經驗式研究，而應根據聖經本身的教訓。

B.4 小結：基督是完全的神

新約聖經中有數以百計的經文明顯地稱耶穌為「神」、為「主」，並使用了許多其他神性的稱謂來稱呼祂，而且在很多經文段落裏，將屬神的作為和話語歸於祂，這些都一再地肯定了耶穌基督完全而絕對的神性。「父喜歡叫一切〔神〕的豐盛在祂裏面居住」（西1:19），而且「神本性一切的豐盛，都有形有體的居住在基督裏面」（西2:9）。在本章的A節裏，我們看到耶穌是完全而真實的人；現在我們又結論說，祂也是完全而真實的神。祂的名字正是「以馬內利」，也就是「神與我們同在」（太1:23）。

B.5 道成肉身的教義在今日是「難以理解」嗎？

在歷史上，反對新約聖經對基督完全神性之教導的理論一直存在。在此值得一提的是較晚近對此教義的攻擊，因為它帶來了很大的爭議，而這些攻擊者都是英國公認的教會領袖。他們共同寫成一本書，書名是《道成肉身之神的神話》（*The Myth of God Incarnate*）。這本書的書名說明了該書的主題：「耶穌是道成肉身的神來到世上」真是一個「神話」，它也許能幫助早先世代基督徒信心的故事，但不是我們今日能真正相信的。

該書的論點是以一些基本的假設為開始：(1) 今天聖經對我們並沒有絕對神聖的權柄（第i頁）；以及 (2) 基督教就像人類的生活和思想一樣，是會隨時間而進步和改變的（第ii頁）。該書的前兩章闡述了其基本論點：在第一章中，韋爾斯（Maurice Wiles）說，基督教無需道成肉身的教義，是可能的。教會曾放棄過早期的教義，例如基督在主的晚餐裏的「真實的同在」、聖經的無謬誤性，和主為童女所生等教義；所以，放棄傳統的道成肉身的教義仍舊可能保持基督教的信仰（第2-3頁）。況且，道成肉身的教義不是直接呈現在聖經裏的，而是源於當時相信超然力量的背景之下；不只如此，這教義在教會的歷史中向來不是有條理的或是可理解的（第3-5頁）。

至於新約聖經的教導，該書的另一位作者楊凡希（Francis Young）在第二章中如此說，新約聖經包含許多不同的見證，述說人們所了解的基督，然而從整本新約聖經中，我們卻得不到對基督單一的或統一的觀點；初代教會對於基督身位的了解，是隨著時間由不同的方向發展出來的。他結論說，今天的情況也很類似：在基督教教會內，我們也可以接受許多人對於耶穌基督故事而有的不同個人反應，當然這也包括了那些認為基督是神藉以完成獨特工作的人，但祂自己並沒有完全的神性。[31]

---

[31]很快地，另一本書也收集了一系列的論文，而對這本書（John Hick, ed., *The Myth of God Incarnate* [London: SCM, 1977]）加以反擊：*The Truth of God Incarnate*, ed. Michael Green (Sevenoaks, Kent, U.K.: Hodder and

從福音派神學的觀點來看，若要直截了當地拒絕耶穌的神性，就得先假設我們不能接受新約聖經是具有絕對神聖權柄的，且是完全無誤謬的；我們認清這一點是很重要的。在許多的實例裏，對基督身位之結論的最大分界線就是權柄的問題。其次，大多數有關道成肉身教義的批判都集中火力說此教義「沒有條理」或「不可理解」。但追根究底，都只是因為與他們所接受的「科學的」世界觀不合；從他們的觀點來看，自然宇宙是一個密閉系統，不容神採取如神蹟和道成肉身等方式介入。「耶穌在一個身位內，既是完全的神，又是完全的人」這個主張，雖然並不矛盾，但卻是我們在這一世代，也許直到永遠，都是不能完全明瞭的吊詭（paradox）的觀念，但是我們沒有權利因此就將它列為「沒有條理」或「難以理解」。雖然沒有一個人能向我們徹底解釋清楚道成肉身的教義，即耶穌如何是完全的神，又是完全的人，然而在歷史上教會所理解的道成肉身的教義，確實是有條理而且是可理解的。我們所該有的合宜回應是，不應排斥聖經中有關道成肉身清楚又核心的教訓，而應認清這永遠將是一個吊詭的理念，而神也選擇以這種方式向我們啟示，並且這啟示是真實的。如果我們要順服神和祂在聖經裏的話語，就一定要相信這個教義。

B.6 為何耶穌的神性是必要的？

我們在前面曾列舉了幾個原因，說明為何耶穌必須成為完全的人，才能贏取我們的救贖。在此我們也必須堅持基督完全的神性，這是非常重要的，這是我們應當體認的事實；這不僅是因為聖經清楚地教導，而且因為 (1) 惟有無限的神，才能為所有願意相信祂的人背負一切罪債——任何有限的受造者都不可能承擔那樣的懲罰；(2) 救恩出於耶和華（拿2:9），而聖經的整個信息就是要顯示沒有一個人或受造者能夠拯救人——只有神能夠拯救人；(3) 惟有真實而完全的神，才能在神和人之間成為中保（提前2:5），將我們帶回神面前，也將神完全地啟示給我們（約14:9）。

如此說來，如果耶穌不是完全的神，我們就沒有救恩，至終也就沒有基督教。在歷史上，那些放棄相信基督之完全神性的團體，也無法長久地持守整個基督信仰，因而流失變成如美國和其他地方的一神教主義（Unitarianism）所代表的那類宗教；這現象絕非是偶然的。「凡不認子的就沒有父。」（約一2:23）「凡越過基督的教訓不常守著的，就沒有神；常守這教訓的，就有父又有子。」（約二9）

Stoughton, and Grand Rapids: Eerdmans, 1977)。後來，原來那本書的作者們和幾位批評家召開為期三天的會議，並將會議紀錄出版，成為第三本書：Michael Golder, ed., *Incarnation and Myth: The Debate Continued* (London: SCM, 1979)。

C. 道成肉身：神性與人性同在基督的身位裏

聖經上有關基督的完全神性和完全人性之教導非常多，因此在教會歷史上，從最初期就有人相信祂的神人二性。然而，對於在祂的一個身位如何能結合完全的神性與完全的人性，是經過一段時間才在教會中逐漸地有了清楚的了解和系統化的說明，而一直到主後451年的《迦克墩定義》（Chalcedonian Definition），才算有了定案。在這之前，曾有幾種關於基督之身位的不當觀點被提出來，但後來都不被人所接受。其中之一為亞流主義（Arianism），其論點是認為耶穌沒有完全的神性；我們在前面第十四章論及三位一體時已經討論過了。[32] 然而其他三個觀點最終也被斥為異端，我們在此應當略加提述。

C.1 三種不正確的基督身位論

C.1.1 亞波里那留主義（Apollinarianism）

亞波里那留（Apollinaris）約在主後361年成為老底嘉教會的主教，他教導信徒說，這位基督具有人的身體，但沒有人的心思或靈；而基督的心思及靈乃來自神兒子的神性。我們可以用圖26.1來表達這種觀點。

圖26.1 亞波里那留主義

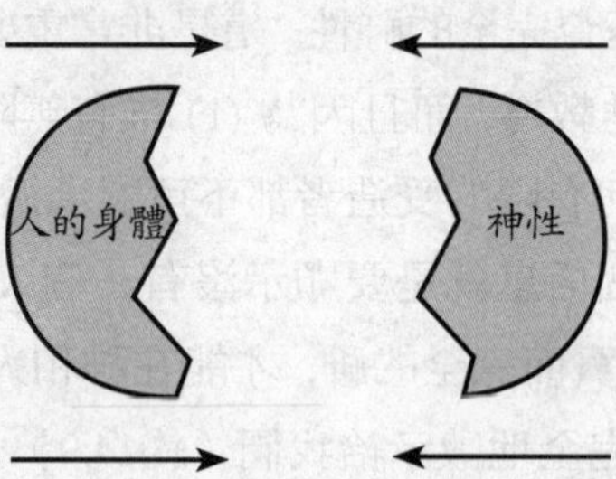

但是亞波里那留的觀點被當時的教會領袖們所否定，因為他們了解到，不只我們的身體需要救恩——這必須由基督在救贖工作中代表我們承擔罪——並且我們的思想和靈（或靈魂）也需要救恩。假使基督要來拯救我們，祂必須是完全又真實的人（來2:17）。從亞力山太大會（Council of Alexandria, 主後362年）到君士坦丁堡大會（Council of Constantinople, 主後381年），亞波里那留主義在幾個教會大公會議中都被否定了。

---

[32]見本書第十四章C.2節有關亞流主義的討論。

C.1.2 涅斯多留主義（Nestorianism）

涅斯多留主義認為，在基督裏有兩個分開不同的位格，一位是人性的位格，另一位是神性的位格；這觀點和聖經視耶穌為一個位格不同。我們可以用圖26.2來說明涅斯多留主義。

圖26.2 涅斯多留主義

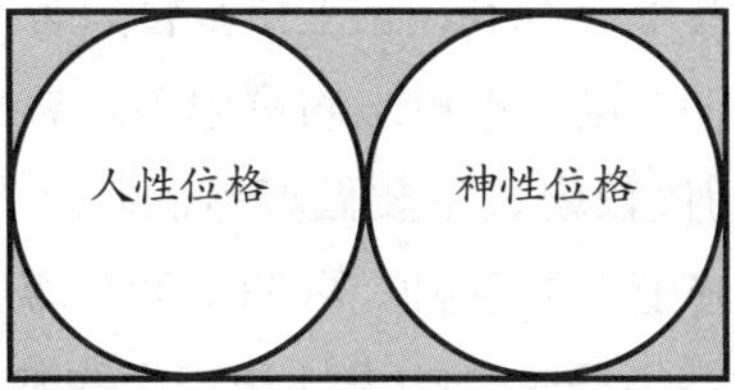

涅斯多留（Nestorius）是安提阿一位有名的講員，從主後428年起就擔任君士坦丁堡的主教。雖然涅斯多留自己可能從未教導過這個以他的名字為異端的觀點（主張基督在一個身體內有兩個位格，而非一個位格），由於一些個人的衝突，加上教會界的許多政治鬥爭，他被革除主教職位，而他的教導也遭到譴責。[33]

很重要地，我們必須明白教會為何不能接受基督有兩個獨立位格的觀點。聖經沒有一處指示我們，基督的人性是獨立的位格，可以自行決定要做其神性所不容許的事；聖經也沒有任何一處提到，基督裏的神人二性會互相對話或有掙扎等類的事。相反地，我們看到的是一幅和諧的圖畫：單一的位格，整體合一地運作。耶穌總是說「我」如何，而非「我們」如何，[34] 雖然祂會把自己和父神合起來稱為「我們」（約

---

[33]Harold O. J. Brown說：「涅斯多留心目中道成肉身的基督只有一個位格，不是批評他的人所說的兩個位格，但是他無法說服別人相信這一點。結果在歷史上他就成為一個大異端，雖然他真正所相信的信念是在迦克墩時被證實的。」（*Heresies*, p. 176）Brown所提出有關涅斯多留主義及相關議題的廣泛討論，可見同書第172-184頁，其中的內容十分有幫助。

譯者註：涅斯多留教派於主後635年（即唐貞觀九年），從大秦（即波斯）差遣宣教士來華宣教，當時被稱為大秦景教。此教派於主後683-770年曾在伯孜克里克千佛洞（新疆吐魯番）留下一幅如今尚可見到的基督教來華最早的壁畫（61 x 67公分），內容可能是棕樹主日迎主，目前此畫被收藏在柏林印度藝術博物館（the Museum für Indische Kunst, Berlin-Dahlem）內。該教派曾於主後781年（唐建宗二年）立碑，此碑於1623年（明天啟三年）出土，目前陳設在西安碑林。這兩件藝術品為福音來華最早的見證。華人對此教派應多加留意研究，期能還原其歷史真面貌。

[34]耶穌在約翰福音3:11曾經不尋常地突然改用複數主詞：「我實實在在的告訴你，我們所說的是我們知道的，我們所見證的是我們見過的。」耶穌可能是指自己和一些與祂同在而未被提及的門徒們，來對應祂與尼哥底母

14:23）。聖經提到耶穌時總是用「祂」，而非「祂們」。雖然我們有時候會區分耶穌神性的作為和人性的作為，好幫助我們明白記載在聖經上的一些耶穌的話語和作為，但是聖經本身沒有說：「耶穌的人性做了這事」或「耶穌的神性做了那事」，彷彿神人二性是分開的位格；聖經總是說到基督*這個人*做了什麼事。所以，雖然耶穌擁有人性和神性，但教會卻持續地堅信祂只有一個位格。

C.1.3 基督一性論（Monophysitism）

第三個不適切的觀點是*基督一性論*，它主張基督只有一種「性情」（希臘文*monos*是「一」的意思；希臘文*physis*是「本質」的意思）。*基督一性論*又被稱為*歐迪奇主義*（Eutychianism），因為初代教會裏主要倡導這個觀點者是歐迪奇（約主後378-454年），他是君士坦丁堡一處修道院的領袖。歐迪奇的教導與涅斯多留主義正好相反，他否認在基督裏的人性和神性仍是完全的人性和完全的神性；而認為基督的人性被神性吸收，以至於兩種性質都起了變化而產生了*第三種本質*。[35] 我們可以把歐迪奇主義比喻成這樣：如果我們在一杯水裏滴下一滴墨水，所產生的混合體不是純墨水，也不是清水，而是第三類的物質，是兩者的混合體，墨水與清水在其中都起了變化。以此類推，根據歐迪奇的教導，耶穌是神性的和人性的混合體，兩者後來都經過一些改變而形成了一種新的本質。這種說法可以用圖26.3來表明。

圖26.3 歐迪奇主義

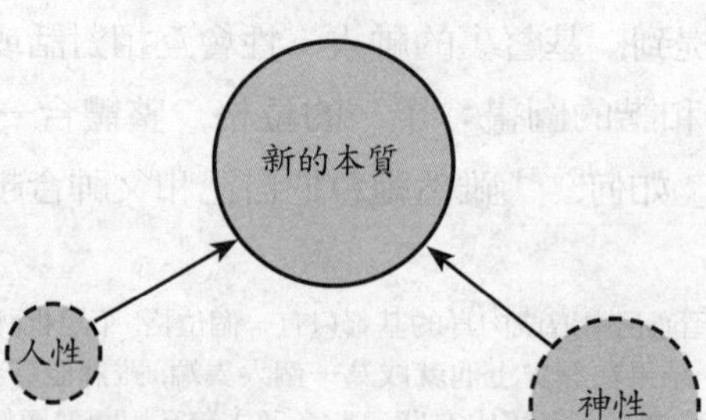

基督一性論在教會自然會引起很大的關切，因為根據這個教義，基督既不是真的

談話一開始，尼哥底母所說的那個「我們」，那是暗指猶太領袖們：「拉比，*我們*知道你是由神那裏來作師傅的……」（約3:2）此外。耶穌也可能是指自己和聖靈的見證，而聖靈的工作正是當時談話的主題（約3:5-9）。無論如何，耶穌都沒有稱自己為「我們」，而是在句子裏稱自己為「我」。討論可見Leon Morris, *The Gospel According to John*, pp. 221-22.

[35] 另一種形態的歐迪奇主義則認為，基督的人性在神性裏遺失了，以至於最後祂的單一本質就只有神性了。

神，也不是真的人。若果真如此，祂就不能以人的身分代表我們，也不可能是真神的身分，那麼也就不能為我們贏得救恩了。

C.2 爭議的解答：主後451年的迦克墩定義

為了解決因基督位格之爭議所引發的問題，眾教會於主後451年10月8日至11月1日，在靠近君士坦丁堡（現代的伊斯坦堡）附近的迦克墩市召開了一個大公會議。結果產生了一份聲明，稱為《迦克墩定義》（Chalcedonian Definition），以此來抵制亞波里那留主義、涅斯多留主義和歐迪奇主義。從那時開始，這個定義就已被天主教、更正教、和東正教中與基督教相類似的教派，當作聖經中有關基督位格教訓之標準、正統的定義，[36] 也就是所謂的《迦克墩信經》（Chalcedonian Creed）。

這份敘述並不長，我們可以整段引出：[37]

> 「我們跟隨聖教父，同心合意地教導人認信同一位聖子，我們的主耶穌基督，是神性完全、人性亦完全者；祂真是神，也真是人，具有理性的靈魂，也具有身體。**按神性來說，祂與父同質；按人性來說，與我們同質**，在凡事上像我們一樣，只是沒有罪。按神性來說，祂在萬世以先，為父所生；按人性來說，祂在末世是由神之母、童女馬利亞，為著我們以及為著我們的救恩而生。同一位基督，是聖子、是主、是獨生的，我們認信祂**具有神人兩性，而這兩性不相混淆、不會改變、不可分裂、不會離散**；二性的區別不會因其聯合而消失，反而**各性的本質都得以保存**，會合於**一個位格**、一個實存之內，而非離散或分開為兩個位格，而是同一位聖子、那獨生的、稱為道的神，就是主耶穌基督；正如眾先知從起初論到祂時所宣告的，主耶穌基督自己所教導我們的，與聖教父的信經所傳給我們的。」

這份敘述駁斥了亞波里那留所認為的基督沒有人的心思或靈魂之觀點，因為它說：「**祂真是人，具有理性的靈魂，也具有身體**……按人性來說，**與我們同質**，在凡事上像我們一樣……」（「**同質**」一詞的意思是「有相同的本性或本質。」）

《迦克墩定義》也反對涅斯多留主義的觀點——後者認為基督具有兩個位格，聯合在同一個身體內——因為它說：「**不可分裂、不會離散**……會合於**一個位格**、一個實存之內，而非離散或分開為兩個位格。」

---

[36]雖然如此，我們應當注意，古代有三個地方的教會團體拒絕了《迦克墩定義》，它們直到今日仍舊支持基督一性論：伊索匹亞東正教會（the Ethiopian Orthodox church）、科普特東正教會（the Coptic Orthodox church, 在埃及）和敘利亞雅各派教會（the Syrian Jacobite church）。見H. D. McDonald, "Monophysitism," in *NDT*, pp. 442-43.

[37]此處所根據的英文版取自Philip Schaff, *Creeds of Christendom*, 2:62-63.

《迦克墩定義》所定義的也不同於基督一性論，因為基督一性論認為基督只有一性，祂的人性因與神性聯合而消失，但我們在《迦克墩定義》中讀到：「認信祂具有神人兩性，而這兩性不相混淆、不會改變……兩性的區別不會因其聯合而消失，反而各性的本質都得以保存……」當基督成為人時，祂的人性和神性沒有混淆或改變：其人性仍是真正的人性，其神性仍是真正的神性。

圖26.4顯示：永恆的神的兒子取了真正的人性，而且基督的神性與人性保有它們原本的性質，但又是永遠不可分地聯合在一個位格內。

圖26.4 迦克墩的基督論

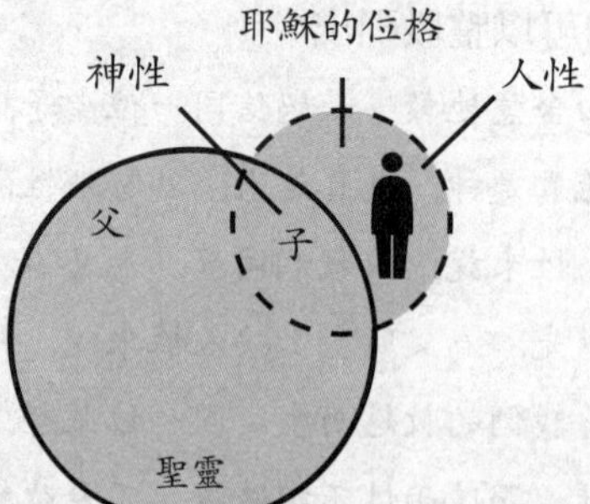

有人說，《迦克墩定義》並沒有真正地、正面地定義出基督的位格，只是告訴我們幾個對基督位格的誤解，因此有人說，它不是非常有用的定義。可是這樣的指控是誤導了人，而且也不正確；這個定義確實多有貢獻，幫助我們正確地明瞭聖經的教訓。《迦克墩定義》教導，基督確實有兩種本質：人性與神性，祂的神性與父神的神性是完全一樣的（「按神性來說，祂與父同質」）；同時祂的人性也與我們的全然一樣，只是祂沒有罪（「按人性來說，與我們同質，在凡事上像我們一樣，只是沒有罪。」）況且，在基督的位格裏，人性與神性都保留了它們各別獨特的特性（「兩性的區別不會因其聯合而消失，反而各性的本質都得以保存。」）定義最後肯定，不論我們是否了解，基督的二性都在基督的一個位格裏聯合起來了。

《迦克墩定義》中說到基督的二性同時出現「會合於一個位格、一個實存之內」；這裏譯作「實存」的希臘文是*hypostasis*。因此，基督的人性和神性在一個位格內的聯合，有時又被稱為是「實存的聯合」（hypostatic union），意思是說基督的人性和神性在一個實存內聯合。

C.3 結合論及基督神性與人性的聖經經文

當我們查考新約聖經時，就如在前面研究耶穌的人性和神性時所作的查考一般，會發現有幾處經文似乎很難相合，例如耶穌怎麼會是無所不能卻又是軟弱的呢？祂怎麼會離開了世界卻又無所不在呢？為什麼祂需要學習卻又會是無所不知的呢？教會努力地要明白這些教訓，而後終於得出了《迦克墩定義》，它述說了在基督裏的兩個本質都保留了它們的特性，但又一起存在於一個位格內。這種兩個本質的區別幫助我們了解早先所提及的聖經經文；似乎那些經文也反過來肯定了這一個區別。

C.3.1 基督的一個本質做另一個本質所不做的事

上幾代福音派的神學家們，毫不遲疑地將基督人性而非神性所做的事，或將祂神性而非人性所做的事，予以區分。假使我們願意肯定《迦克墩定義》有關「*各性的本質都*得以保存……」的敘述，似乎就必須如此地分開基督之神性與人性所做的事；可是晚近的神學家們鮮有願意作這樣區分的，也許是因為他們不願肯定我們所無法理解的事。

當我們論及耶穌的人性時，可以說祂已經升到天上，不在世上了（約16:28; 17:11；徒1:9-11）；[38] 然而針對祂的神性，我們可以說，耶穌無處不與我們同在：「無論在哪裏，有兩三個人奉我的名聚會，*那裏就有我*在他們中間。」（太18:20）「我就常與你們同在，直到世界的末了。」（太28:20）「人若愛我，就必遵守我的道；我父也必愛他，並且*我們*要到他那裏去，與他同住。」（約14:23）所以關於基督的*身位*，我們可以說這兩種說法都是真確的——祂回到天上了，*並且*祂也與我們同在。

相同地，假如我們就耶穌的人性而論，我們可以說耶穌大約三十歲左右（路3:23）；可是，倘若論及祂的神性，我們也可以說祂永遠存在（約1:1-2; 8:58）。

就耶穌的人性而言，祂既軟弱又疲倦（太4:2; 8:24；可15:21；約4:6）；可是就祂的神性而言，祂是無所不能的（太8:26-27；西1:17；來1:3）。尤其令人驚訝的是耶穌在加利利海上的那一景，當時祂在船尾睡著了，因為祂大概真的累壞了（太8:24）；然而祂又能從熟睡中起來，用一句話就平靜了風和海（太8:26-27）！雖然疲倦，卻是無所不能！在此，耶穌軟弱的人性完全掩蓋了祂的無所不能，直到祂這個天地之主用一句權能的話，才把祂全能的能力釋放出來。

---

[38]信義宗/路德會的神學家追隨馬丁·路德的思想，曾有時宣稱耶穌的人性，甚至祂的身體，也會處處同在或「無所不在」（ubiquitous）。但是這個立場未被基督教任何其他宗派所採納，因為路德採取這個看法，似乎主要是為了辯護他的另一觀點：基督的身體真實的同在於主的晚餐裏（不是存在於餅與杯本身，而是與它們同在）。

如果有人問，耶穌在船上睡覺之時，是否也「常用祂權能的命令托住萬有」（來1:3）？是否在那個時刻萬有也靠祂而立（見西1:17）？答案必定是肯定的，因為那些活動一直是、而且永遠是三位一體第二位格、永恆之神的兒子的特定職責。那些認為道成肉身之教義「難以理解」的人曾問，當耶穌還是躺在伯利恆馬槽裏之嬰孩時，是否也「托住萬有」？對於這個問題，其答案也必定是肯定的：耶穌並非可能是神，也不只是一個神在祂裏面有獨特工作的人，祂乃是*真正而完全的神*，具有所有神的屬性；祂是「救主，就是*主*基督」（路2:11）。那些排斥這點而認為不可能的人，只是對「可能」另有一個定義，是不同於聖經所啟示的神的定義。[39] 願承認我們不能明白這點，這才算是恰當的謙卑；堅持那是不可能的，似乎就是智性上的傲慢了。

同樣地，我們能夠理解，就耶穌的人性而言，祂死了（路23:46；林前15:3）；但就祂的神性而言，祂並沒有死，而且能夠自己從死裏復活（約2:19; 10:17-18；來7:16）。然而我們在此必須小心：耶穌死時，祂的身體死了，而且靈魂（或說靈）與身體分離，並進到天上父神面前（路23:43, 46），這點是真實的；因此，祂所經歷的死亡，和我們信徒在主回來之前所經歷的死亡是一樣的。然而我們若說耶穌的神性也死了，或可能會死，那就不對了；因為我們說的「死亡」是指活動的停止，意識的停止，或能力的減弱。雖然如此，因為耶穌神性與人性的聯合，所以祂的神性多少嘗到經過死亡的滋味；因此，基督的*整個位格*經歷了死亡。再者，我們似乎很難明白耶穌怎能單憑祂的人性承擔神對千萬人之罪的忿怒；似乎耶穌的神性也一起承擔了我們所當受的、神對我們罪惡的忿怒（但是聖經沒有一處清楚地肯定這點）。所以，即使耶穌的神性並未真正死亡，但祂全人都經歷了死亡，祂的神人二性也共同分擔了那個經

---

[39]A. N. S. Lane公然否認《迦克墩定義》對基督的觀點，因為他認為這是不可能的：「無所不知與一無所知、無所不能與軟弱無能不可能共存；前者將掩蓋後者。」（"Christology Beyond Chalcedon," in *Christ the Lord: Studies in Christology Presented to Donald Guthrie*, edited by Harold H. Rowden [Leicester and Downers Grove, Ill.: InterVarsity Press, 1982], p. 270）他又說，基督「明確地否認祂的無所不知（太24:36；可13:32），可是基督清楚的話語尚不足對抗幻影說的吸引力……這種肯定歷史上的耶穌（historical Jesus）是無所不知的看法，是沒有聖經根據的，而且是違背福音書中的清楚教訓……這種看法嚴重地關係到神學，因為它逐漸破壞了聖經中所教導的耶穌真正的人性。」（p. 271）

但是（見本章接下來的討論），我們肯定可以了解到，馬太福音24:36和馬可福音13:32是指出耶穌對祂自己人性的所知。當Lane說無所不知與一無所知「不可能共存」時，他只是把聖經吊詭（biblical paradox）中的一部分與另一部分對立起來；從而斷言其中的一部分是不可能的。我們能以什麼立場來說無所不知的神性與其所知有限的人性「不可能共存」呢？或說祂無所不能的神性和軟弱無能的人性「不可能共存」呢？這樣的主張基本上否認了無限的神性和有限的人性可以在一個位格裏共存——換言之，他們否認了耶穌可以同時是*完全的*神，又是*完全的*人；因此，他們否定了道成肉身教義的本質。

歷。除此之外，聖經沒有再多作教導或啟示，我們也不能多說什麼。

耶穌的神人二性之區別也幫助我們明白祂所受的試探。就祂的人性而言，祂肯定和我們一樣，在各方面受到試探，只是祂沒有犯罪（來4:15）。但就祂的神性而言，祂並未受到試探，因為神不能被惡試探（雅1:13）。

在此我們似乎有必要說，耶穌有兩個明顯不同的意志，一個人性的意志和一個神性的意志；而這兩個意志分別屬於基督裏面兩個不同的本質，而非屬於祂的整個位格。事實上，有一種觀點被稱為**基督一志論**（monothelite），這觀點認為耶穌只有「一個意志」；然而，這是少數人的觀點，並在召開於主後681年的君士坦丁堡大會上被斥為異端。此後，基督有兩個意志（一個人性的意志和一個神性的意志）的看法受到一般教會的接受，但不是所有的教會都接受。事實上，賀智（Charles Hodge）曾這樣說：

> 「教會駁斥了涅斯多留主義，而肯定了基督身位的合一；駁斥了歐迪奇主義，而肯定了基督有兩種不同的本質；駁斥了基督一志論，而宣告了基督具有人性就必然具有人性意志。這些肯定和宣告被普世性的教會——包括希臘語的、拉丁語的、和更正教的教會——接受為真正的信仰。」[40]

賀智解釋說，教會認為，「否認基督有人性的意志，就是否認祂有人性，也就是否認祂是真正的人。此外，這種看法也排除了祂受試探的可能性，因此與聖經矛盾，並使得祂與百姓遠遠隔開，不能在他們所受的試探中表達同情。」[41] 不但如此，賀智注意到，與基督具有兩個意志相關的觀點，是祂也具有兩個意識或智慧（intelligence）中心：「正如基督有兩個不同的本質——人性的和神性的，祂也必定會有兩個智慧和意志，一個是易犯錯而且是有限的，另一個則是永遠不變並且是無限的。」[42]

兩個意志和兩個意識中心的區別，可幫助我們明白耶穌怎會既需要學習，又知道萬事。在一方面，就祂的人性而言，祂的知識有限（可13:32；路2:52）；但在另一方面，耶穌顯然知道萬事（約2:25; 16:30; 21:17）。如果我們承認上面的敘述，我們就能理解關於耶穌的事了：就耶穌的人性而言，祂需要學習，並且祂的知識也有限；但就耶穌的神性而言，祂總是無所不知，所以祂能在任何時候「想起」任何祂在事工上所

[40]Charles Hodge, *Systematic Theology*, 2:405.　譯者註：這些內容都是在基督教大公會議（ecumenical councils）上決定的。在第一次和第二次大公會議（尼西亞，君士坦丁堡）上，首度駁斥了涅斯多留主義；在第四次大公會議（迦克墩）上，否定了歐迪奇主義；而在第六次大公會議（君士坦丁堡）上，駁斥了基督一志論。

[41]同上出處，pp. 404-5.

[42]同上出處，p. 405.

需要的資料。這樣，我們才能明白耶穌對自己的再來所作的陳述：「但那日子、那時辰沒有人知道，連天上的使者也不知道，子也不知道，惟有父知道。」（可13:32）耶穌不知道祂自己回來的時候，乃是祂的人性和人性意識使然，因為祂的神性肯定是無所不知的，而且肯定知道祂將回到地上的時刻。[43]

至此，有人可能會反對說，如果我們說耶穌具有兩個意志和兩個意識中心，那麼祂就*需要*具有兩個不同的位格；但如此我們就真淪入「涅斯多留主義」的錯謬中。然而我們可以下列的聲明作為回應：耶穌具有兩個意志和兩個意識中心*並不需要*祂有兩個不同的位格；認為祂應當有兩個位格的觀點，只是一句沒有任何證據的斷言。如果有人回應說，*他不明白*耶穌怎能具有兩個意識中心卻仍是一個位格，那麼就讓眾人承認這個事實罷。然而不明白某件事並不代表那件事就是不可能的；我們只能說我們的認識太有限了。歷史上大多數教會都說過，耶穌具有兩個意志和兩個意識中心，但是仍舊是一個位格。這樣的陳述並非不可能，只是我們迄今無法完全明白這奧祕而已。我們若接納任何一種其他的答案，將會製造出更大的問題：必得要被迫放棄基督完全的神性或完全的人性，這是我們萬萬不能做的。[44]

C.3.2 基督任何一個本質所做的事，就等於是整位基督做的

在上一節裏我們提到，有些事是由基督位格中的一個本質做的，而不是另一個本質做的。現在我們必須肯定，任何就基督的人性或神性而言為真的事，對祂整個的身位也必須視為真。因此，耶穌能說：「還沒有亞伯拉罕我永在。」（約8:58，和合本譯作「還沒有亞伯拉罕就有了我。」）祂不是說：「還沒有亞伯拉罕就有了我的神性」，因為祂可以自由地說，任何在祂神性或人性裏所做的事，就是*祂*所做的事。

在人類的範疇裏，這樣的說法也確實是真的。假使我寫了一個字，即使這與我

---

[43]以下三人在註釋馬可福音13:32時，都只將耶穌對那日子、那時辰的不知道，歸諸於祂的人性，而非祂的神性：加爾文、H. B. Swete（安立甘宗的解經家，見其著作*The Gospel According to St. Mark* [London: Macmillan, 1913], p. 316），和R. C. H. Lenski（信義宗/路德會的解經家，見其著作*The Interpretation of St. Mark's Gospel* [Minneapolis: Augsburg, 1961 (reprint)], p. 590）.

[44]在此，我們用一個人生經歷的譬喻或有幾分幫助。任何曾參加過遠程賽跑的人都知道，在靠近終點時，賽跑者裏面會產生相衝突的欲望：一方面，賽跑者的肺、兩腿和兩臂似乎呼喊著：「停下來吧！停下來吧！」由於身體的痛楚，使他心中有一個明確的欲望想要停下來；但另一方面，賽跑者的心中有一個聲音在說：「跑下去！跑下去！我要贏！」我們都了解，人的心中會產生類似的衝突；假使我們一般人在心中會產生不同而明確的欲望，卻仍然是一位完整的人，那麼對一位同時是神又是人的基督而言，豈非更有可能嗎？如果我們說，我們不明白這怎麼可能，那麼我們只能承認自己對此無知，因為我們中間沒有一人曾經歷過同時是神又是人的情況，將來也不可能會有這樣的經歷。我們不應該說這是不可能的；然而，如果我們相信新約的經文引導我們得到這個結論，我們就該接受它、贊同它。

的腳和腳趾無關，我也不會告訴別人說：「我的手指寫了一個字，而這與我的腳趾無關」（雖然那是真的）。反而，我告訴別人說：「我寫了一個字。」這是對的，因為任何一件由我肢體所做的事，就是我做的。

由此看來，「基督……為我們的罪死了」（林前15:3）這句話是表示，即使實際上只是祂的身體停止存活、停止運作，但仍是一位基督為我們的罪而死。這只是用另一種方法來肯定：所有對基督一個本質的敘述，都可用來描述基督的整個身位。

所以，當耶穌說：「我又離開世界」（約16:28）或「我不在世上」（約17:11），而又同時說：「我就常與你們同在」（太28:20），這些話都是真確的。基督兩性中任何一個本質所做的事，就是同一位基督所做的。

C.3.3 和基督一個本質相關的稱謂，也可被用來稱呼整位基督

有時當新約聖經的作者提到基督時，所使用的稱謂會讓我們或想起祂的人性，或想起祂的神性，然而他們所用的稱謂，卻不一定符合他們所提到的事情中的基督之人性或神性。舉例來說，保羅曾提到，假若這世上的統治者能認識神的智慧，那麼「他們……就不把榮耀的主釘在十字架上了」（林前2:8）。當我們讀到「榮耀的主」這個片語，它特別會令我們想到耶穌的神性，但是保羅使用這個名稱時（可能刻意要顯示出釘十字架的邪惡），是要提說耶穌的被「釘在十字架上」。雖然耶穌的神性沒有被釘在十字架上，但保羅在此使用「榮耀的主」之名來稱呼被釘的耶穌，這就肯定了真的是耶穌整個身位被釘在十字架上。

另有一個與此類似的例子。當以利沙伯稱呼馬利亞為「我主的母」時（路1:43），「我主」的名稱使我們想起基督的神性。然而，馬利亞當然不是耶穌神性的母親，因為神性是永遠存在的；馬利亞只是基督人性的母親。雖然如此，以利沙伯還是可以稱呼她為「我主的母」，因為她是用「主」的稱謂來指稱整位基督。類似的詞句也出現在路加福音2:11中：「因今天在大衛的城裏為你們生了救主，就是主基督。」

因此，我們可以了解，耶穌在馬可福音13:32中說，沒有人知道祂再來的時間：「連天上的使者也不知道，子也不知道，惟有父知道。」雖然「子」這個稱謂特別叫我們想起耶穌是神永恆的、屬天的兒子，但在此，這個稱謂不是特別指祂的神性，而是一般性地指祂這個人，從而僅僅肯定祂人性的本質。[45] 就一重要的意義來說（亦即針對祂的人性而論），耶穌真的不知道何時祂會再來。

[45]類似的用法可見於約翰福音3:13和使徒行傳20:28（有些抄本的使徒行傳20:28的讀法是：「祂用自己的血……」。）

C.3.4 簡述基督的身位

有時候在研讀系統神學時，可用下面這句話簡述道成肉身的教義：「祂持守祂所是的，也成為祂所不是的。」換言之，當耶穌繼續「持守」祂所是的（即完全的神）時，也成為祂先前所不是的（即完全的人）。耶穌成為人時，並沒有放棄任何的神性，而是穿上了祂前所未有的人性。

C.3.5 神人二性之屬性上的「交通」

一旦我們認定耶穌是完全的人，又是完全的神，而且祂的人性仍舊是*完全的*人性，神性仍舊為*完全的*神性；接下來我們就會問，祂的神人二性之間是否可以彼此給予（或者說「傳遞」）一些本質或能力？答案是：這種*神人二性之屬性上的交通*（communication of attributes）似乎是存在的。

(1) 從神性到人性的交通

雖然耶穌人性的本質不會改變，但因著它在基督的一個位格裏與神性聯合，所以祂的人性就 (a) 配得敬拜，並且 (b) 不會犯罪，這兩者在其他狀況之下都不屬於人類。[46]

(2) 從人性到神性的交通

耶穌的人性給予祂 (a) 一種經歷苦難和死亡的能力，(b) 一種透過經驗而明白我們之經歷的能力，和 (c) 一種成為我們代贖祭物的能力，這是耶穌獨有神性所不能做成的。

C.3.6 小結

在本章長篇討論的結尾，可能很容易讓我們看不清聖經真正的教訓。到目前為止，道成肉身是全本聖經最令人訝異的神蹟，遠比復活、甚至比宇宙的受造還要叫人驚訝。無限的、無所不在的、永恆的神的兒子，竟然能成為人，並永遠地穿上人性，以至於無限的神與有限的人結合成為一個位格，這永遠都將是宇宙中最深邃的神蹟和奧祕。

個人思考與應用

1. 在讀完本章以後，你現在認為耶穌與你有更多相像之處嗎？比你讀本章以前增加了哪些？如果你現在對耶穌的人性有更清楚的認識，這認識能如何幫助你面對試探？如何幫助你禱告？在你現今的生活裏，所面臨的最艱難的事是什麼？你是否能想到耶穌也面臨過類似的遭遇？如果你想到耶穌也曾面臨類似的遭遇，是否能鼓勵你坦然無懼地向祂禱告？你是否能想像，

---

[46]請看本章註38有關路德會的觀點：耶穌身體的無所不在是其神性傳遞給人性的特質。

假使當耶穌說:「還沒有亞伯拉罕就有了我」時, 你也在場, 那情況會是什麼樣子? 你會有什麼感受? 坦白地說, 你會有什麼反應? 現在再想像一下, 假使當耶穌說出約翰福音裏所記載之其他「我是」的敘述時, 你也在場, 那情況會是什麼樣子? [47]

2. 在讀完本章以後, 你對於耶穌之神性的了解, 是否在某些方面比以前更為透徹? 你是否能夠描述, 當門徒們更明瞭耶穌究竟是誰時, 他們心中有什麼感受? 你是否與他們有相同的感受? 你認為耶穌是一位你能夠用生命來信靠到永遠的人嗎? 你是否願意歡喜地與其他千萬人一起, 圍繞在祂天上的寶座旁敬拜祂? 你現在是否以敬拜祂為樂?

特殊詞彙

亞波里那留主義(Apollinarianism)
亞流主義(Arianism)
迦克墩定義(Chalcedonian definition)
神人二性之屬性上的交通(communication of attributes)
幻影說(docetism)
歐迪奇主義(Eutychianism)
神(God)
實存的聯合(hypostatic union)
無罪性(impeccability)
道成肉身(incarnation)
虛己論(kenosis theory)
道(logos)
主(Lord)
基督一性論(monophysitism)
基督一志論(monothelite view)
涅斯多留主義(Nestorianism)
神的兒子(Son of God)
人子(Son of Man)
童女生子(virgin birth)

---

[47]請看本章註21所列的「我是」。

本章書目

Anselm. "The Incarnation of the Word." In *Anselm of Canterbury*. Vol. 3. Toronto: Edwin Mellen, 1976.

________. *Why God Became Man: and The Virgin Conception and Original Sin*. Trans. by Joseph M. Colleran. Albany, N. Y.: Magi, 1969.

Athanasius. *On the Incarnation*. Translated by a religious of C.S.M.V. New York: Macmillan, 1946.

Berkouwer, G. C. *The Person of Christ*. Trans. by John Vriend. Grand Rapids: Eerdmans, 1954.

Bray, G. L. *Creeds, Councils and Christ*. Leicester: Inter-Varsity Press, 1984.

________. "Christology." In *NDT*, pp. 137-40.

Brown, Harold O. J. *Heresies: The Image of Christ in the Mirror of Heresy and Orthodoxy From the Apostles to the Present*. Garden City, N.Y.: Doubleday, 1984.

Bruce, F. F. *Jesus: Lord and Savior*. The Jesus Library, ed. by Michael Green. Downers Grove, Ill.: InterVarsity Press, 1986.

Erickson, Millard. *The Word Became Flesh: A Contemporary Incarnational Christology*. Grand Rapids: Baker, 1991.

Guthrie, Donald. *Jesus the Messiah*. Grand Rapids: Zondervan, 1972.

________. *New Testament Theology*. Leicester and Downers Grove, Ill.: InterVarsity Press, 1981, pp. 219-365.

Harris, Murray J. *Jesus As God*. Grand Rapids: Baker, 1992.

Hughes, Philip Edgcumbe. *The True Image: The Origin and Destiny of Man in Christ*. Grand Rapids: Eerdmans, and Leicester: Inter-Varsity Press, 1989, pp. 211-414.

Longenecker, Richard. *The Christology of Early Jewish Christianity*. London: SCM, 1970.

Marshall, I. Howard. *I Believe in the Historical Jesus*. Grand Rapids: Eerdmans, 1977.

McGrath, Alister E. *Understanding Jesus: Who He Is and Why He Matters*. Grand Rapids: Zondervan, 1987.

Moule, C. F. D. *The Origin of Christology*. Cambridge: Cambridge University Press, 1977.

Payne, Philip B. "Jesus' Implicit Claim to Deity in His Parables." *Trinity Journal* vol. 2, n.s., no. 1 (Spring 1981), pp. 3-23.

Reymond, Robert L. *Jesus, Divine Messiah*. Phillipsburg, N. J.: Presbyterian and Reformed, 1990.

Runia, Klaas. *The Present-Day Christological Debate*. Leicester: Inter-Varsity Press, 1984.

Sproul, R. C. *The Glory of Christ*. Wheaton, Ill.: Tyndale, 1990.

Stein, R. H. "Jesus Christ." In *EDT*, pp. 582-85.

Wallace, R. S. "Christology." In *EDT*, pp. 221-27.

Walvoord, John F. *Jesus Christ Our Lord*. Chicago: Moody, 1969.

Wells, David F. *The Person of Christ: A Biblical and Historical Analysis of the Incarnation*. Westchester, Ill.: Crossway, 1984.

第二十七章
基督的贖罪

基督必須死嗎？
基督整個在世上的生活能為我們贏得任何救恩的福祉嗎？
贖罪的原因與性質。基督曾下到陰間嗎？

背誦經文：羅馬書3:23-26

因為世人都犯了罪，虧缺了神的榮耀。如今卻蒙神的恩典，因基督耶穌的救贖，就白白的稱義。神設立耶穌作挽回祭，是憑著耶穌的血，藉著人的信，要顯明神的義。因為祂用忍耐的心寬容人先時所犯的罪，好在今時顯明祂的義；使人知道祂自己為義，也稱信耶穌的人為義。

詩歌：我每靜念那十字架（*When I Survey the Wondrous Cross*）

1我每靜念那十字架 並主如何在上受熬 我就不禁渾忘身家 鄙視從前所有倨傲
2願主禁我別有所誇 除了基督的十字架 前所珍愛虛空榮華 今為祂血情願丟下
3看從祂頭祂腳祂手 憂情慈愛和血而流 那有愛憂如此相遘 荊棘編成如此冕旒
4看祂全身滿被水血 如同穿上朱紅衣飾 因此我與世界斷絕 世界向我也像已死
5假若宇宙都歸我手 盡以奉主仍覺不夠 愛既如此奇妙深厚 當得我心我命所有

詞：Isaac Watts, 1707

曲：HAMBURG L.M. Gregorian Chant, Arr. by Lowell Mason, 1824

前言

我們可以將基督的贖罪（atonement）定義如下：*基督的贖罪是基督為要贏得我們的救恩，而以祂的生命與死亡所做的工作*。這個定義指出，我們使用的「贖罪」一詞，是採用比較廣義的意思。有時此詞只是用來指耶穌在十字架上為我們的罪付上代價而死。然而，正如我們後面所將說明的，由於救恩的福祉也是從基督的生命臨到我們，所以，我們也將這福祉包括在定義裏。[1]

[1]當然，我們也會從以下諸方面得到救恩的福祉：基督的復活和升天，祂作大祭司持續為我們代禱，以及祂的再來。我們將在本書後續幾章裏分別討論這些題目。為了使內容清晰的緣故，在本章「基督的贖罪」之標題下，筆者將只限於討論基督在世生活和祂的死亡所為我們的救恩完成的事情。

A. 基督贖罪的原因

什麼是使得基督來到地上為我們的罪而死的終極原因？要找到這個原因，我們必須將這個問題追溯到神自己性格裏的某些因素。在此，聖經指出兩點：神的*慈愛*和*公義*。

基督贖罪的起因乃是神的慈愛，這可見於我們最熟悉的聖經經文：「〔因為〕*神愛世人，甚至*將祂的獨生子賜給他們，叫一切信祂的，不至滅亡，反得永生。」（約3:16）但是神的公義也使得祂必須找出一個辦法，好叫我們因罪所招致的懲罰可以得到清償（因為除非我們償還罪債，否則祂無法與我們交通）。保羅解釋說，這就是為何神要差遣基督成為「*挽回祭*」（propitiation，亦即背負神忿怒的祭物，可以「挽回」神，使祂喜悅我們；見羅3:25）的原因：這是為要「*顯明神的義*。因為祂用忍耐的心寬容人先時所犯的罪」（羅3:25）。保羅在此說，神在舊約裏就已經赦免罪了，可是懲罰卻尚未清償——這件事叫人納悶，懷疑神是否真的是公義的，否則祂怎會沒有懲罰就赦免了罪呢？沒有一位真正公義的神會那麼做的；但是當神差遣基督為我們的罪死並償付懲罰時，這就「在今時顯明祂的義；使人知道祂自己為義，也稱信耶穌的人為義。」（羅3:26）

所以，神的慈愛和公義兩者都是基督贖罪的終極原因。我們若問慈愛和公義哪一項更為重要，是毫無助益的問題，因為如果沒有神的慈愛，祂就絕不會採取任何步驟來買贖我們，但如果沒有神的公義，就無法滿足這項特定的要求——即基督必須藉著為我們的罪而死來贏得我們的救恩。神的慈愛和公義兩者都是同等地重要。

B. 基督贖罪的必要性

神要拯救人類，除了差遣祂的兒子替我們死以外，還有任何其他的方法嗎？

在回答這個問題之前，我們應當明瞭神根本無需拯救任何人。「就是天使犯了罪，神也沒有寬容，曾把他們丟在地獄，交在黑暗坑中，等候審判」（彼後2:4），在我們感激之餘，我們也要明白，神也可以選擇以全然的公義對待我們，將我們留在罪惡之中，等候審判；祂可以選擇一個都不救，正如祂對付犯罪的天使一樣。所以從這方面來看，基督的贖罪並非是絕對必要的。

可是，有幾處經文指出，當神因祂的慈愛而決定要拯救人類之後，除了透過祂兒子的死之外，沒有其他的方法。所以，雖然基督的贖罪不是絕對必要的，但由於神決定要拯救一些人類的「結果」，基督的贖罪就成為絕對必要。有時候這一觀點被稱為基督贖罪之「*因結果而有的絕對必要性*」（consequent absolute necessity）。

耶穌在客西馬尼園禱告說：「*倘若可行*，求你叫這杯離開我；然而不要照我的意思，只要照你的意思。」（太26:39）我們相信，耶穌總是按照父神的旨意禱告，並且禱告時充滿了信心。因此，馬太痛苦地為我們記錄下來的這個禱告，似乎顯示耶穌不可能避開即將到來之十字架上的死亡（即耶穌所說將要喝的苦難之「杯」）。倘若祂要完成父神差派祂來所要做的工，並且要將百姓贖回歸神，那麼祂必定要死在十字架上。

祂復活以後，也曾說過類似的話。那時祂走在往以馬忤斯的路上，和兩位門徒談話。門徒因耶穌已死而感到悲傷，可是主的反應卻是：「無知的人哪，先知所說的一切話，你們的心信得太遲鈍了！基督這樣受害，又進入祂的榮耀，豈不是*應當的*麼？」（路24:25-26）耶穌明瞭神的救贖計劃（祂引用多處舊約的經文來為門徒們講解，見路24:27），彌賽亞必定要為祂百姓的罪而死。

如我們在上面所看到的，保羅在羅馬書第3章裏也解釋說，假使神是公義的，而祂又要拯救世人，就必須差遣基督來清償我們的罪債：「好在今時顯明祂的義；使人知道祂自己為義，也稱信耶穌的人為義。」（羅3:26）希伯來書強調基督必須為我們的罪受苦：「祂凡事*該*與祂的弟兄相同，為要在神的事上成為慈悲忠信的大祭司，為百姓的罪獻上挽回祭。」（來2:17）希伯來書的作者也認為，「因為公牛和山羊的血斷不能除罪」（來10:4），所以就需要一個更美的祭物（來9:23）。只有基督的血，即祂的死亡，可以真的除去罪（來9:25-26）。神要拯救我們，除了基督替我們死之外，沒有別的方法。

C. 基督贖罪的性質

在這一大段中，我們要思考基督工作的兩大方面：*第一*，基督為我們*順服*——祂站在我們的地位上，順服了律法的要求，並代表我們完全地順服了父神的旨意；*第二*，基督為我們*受苦*——祂承受了我們的罪所該受的懲罰，結果就為我們的罪死了。

我們應當注意，基督事工的這兩方面，主要的重點和影響都不在我們身上，而是在父神身上，這點認知是很重要的。耶穌站在我們的地位上順服了父神，並完全地滿足了律法的要求。祂站在我們的地位上替我們受苦，受了父神所要施加於我們的懲罰。在這兩方面，基督的贖罪都被視為是客觀的，亦即是說，它原初的影響是與神直接有關的。而惟有其次要的應用才及於我們身上，這是因為在父神和為我們取得救恩之子神的關係中，存在著一明確事件。

C.1 基督為我們順服

基督為我們而有的順服，有時又被稱為是基督「主動的順服」（active obedience）。假使基督只為我們贏得了罪的赦免，那麼我們還是不能上天堂；雖然我們的罪疚（guilt）被除去了，但我們只是處在亞當和夏娃早先的立場——即在他們還沒有做出什麼與善惡有關的事，也還沒有成功地通過考驗期。亞當與夏娃若要永遠活在公義中，並永遠與神有牢靠的交通，就必須有一段時間完全順服神。然後，神會欣然喜悅他們忠心的順服，並且永遠與他們交通同住。[2]

因此之故，基督必須活出一個完全順服神的生活，才能為我們贏得公義。祂必須代表我們一生順服律法，以至於祂因完全順服而有的功德（merit），才會被算為我們的。有時候這就叫作基督的「主動的順服」；而祂為我們的罪受苦而死就叫作「被動的順服」（passive obedience）。[3] 保羅說，他的標竿乃是他得以在基督裏面，「不是有自己因律法而得的義，乃是有信基督的義，就是因信神而來的義」（腓3:9）。保羅知道自己需要自耶穌那裏所得到的，不只是道德上的中立（亦即罪得赦免、毫無污點），而是積極地符合道德上的公義。他知道那公義不會是由自己來的，而是因信基督而來。由此衍生，保羅又說，基督已經成為「我們的……公義」（林前1:30）。他又十分明確地說：「因一人的悖逆，眾人成為罪人；照樣，因一人的順從，眾人也成為義了。」（羅5:19）

有些神學家不願教導，基督需要為我們而一生完全順服神。他們只強調，基督必須死，好為我們的罪償付懲罰。[4] 但是這樣的立場並不能圓滿解釋，為何基督所完成的，多於祂為我們而死，祂還在神面前成為我們的「公義」。耶穌在接受施洗約翰的

---

[2]見本書第二十五章A節有關工作之約的討論。

[3]有人認為，這個「主動的」和「被動的」專用詞彙不能叫人完全滿意，因為即使在基督為我們清償罪債時，就某種意義而言，祂也是主動地接受父神所加給祂的苦難，並且主動地捨去自己的生命（約10:18）。況且，基督終其一生都持續著這兩方面的順服：(1) 主動的順服：包括了從出生直到（也包括）死亡期間，祂都忠心地順服；(2) 代替我們受苦：祂一生持續代替我們受苦，最後在十字架上達到巔峰（見以下的討論）。雖然如此，主動順服和被動順服的區分仍是有用的，因為這可以幫我們體會基督為我們所完成之事工的兩個方面（討論見John Murray, *Redemption Accomplished and Applied* [Grand Rapids: Eerdmans, 1955], pp. 20-24）。R. L. Reymond喜歡以「教訓的」（preceptive, 取代「主動的」）和「刑罰的」（penal, 取代「被動的」）作區分，見R. L. Reymond, "Obedience of Christ." *EDT*, p. 785.

[4]例如，筆者在以下這部共含七冊的著作裏找不到有關基督主動順服之討論：Lewis Sperry Chafer, *Systematic Theology* (Dallas: Dallas Seminary Press, 1947-48)；同樣的，在以下這本書也沒有讀到相關的文字：Millard Erickson, *Christian Theology*, pp. 761-800.

洗禮以前，對他說：「我們理當這樣*盡諸般的義*。」（太3:15）

可能有人會認為，在基督能為我們成為一個無罪的祭物之前，祂必須為自己、而非為我們的緣故，活出完全而公義的生活。但是基督不必為自己的緣故而活出完全順服的生活——祂與父神在永恆裏就已同享愛和團契，並且就祂自己的品格而言，祂永遠配得父神的喜悅。祂乃是為了我們（亦即祂身為元首所代表的百姓）的緣故，必須「盡諸般的義」。除非祂為我們盡了這義，否則我們就不會有順服的記錄，使我們能得到神的喜悅，並得到永遠與祂同在的生命。不僅如此，如果耶穌只需要以無罪之身為我們死，而不需要有完全順服的生活，那麼祂可以在童年、而非三十三歲時就為我們死了。

我們若把這個道理加以應用，就應當自問，我們願意依賴哪個人一生順服的記錄，作為我們在神面前的立足點：是基督的？還是我們自己的？當我們思想基督的一生時，我們應當問問自己：我們的一生是否配得神的稱許？我們是否願意為了自己永遠的命運，而倚靠基督的順服記錄？

C.2 基督為我們受苦

基督為我們受苦，有時又被稱為是基督「*被動的順服*」（passive obedience）。基督除了終其一生代表我們完全地順服律法之外，祂也承受了為我們償付犯罪之懲罰所有的苦難。

C.2.1 一生受苦

廣義來說，基督為我們的罪所背負的懲罰，是祂一生在身體和靈魂兩方面都受苦。雖然基督的受苦以死在十字架上達到高潮（見以下的討論），但祂在墮落世界中所度過的一生，其中多有苦難。舉例來說，基督在曠野受試探，四十天之久受到撒但的攻擊，祂忍受了極大的苦難（太4:1-11）。[5] 祂在長大成人期間也受過苦：「祂雖然為兒子，還是因*所受的苦難*學了順從。」（來5:8）在祂早期的服事中，因面對猶太領袖們激烈的敵對態度，也受了許多苦（見來12:3-4）。我們也可以猜想，在祂地上的父親過世時，祂也經歷了痛苦和憂傷；[6] 在祂的好友拉撒路死時，祂也肯定悲傷過（約11:35）。以賽亞在預言彌賽亞來臨時，說彌賽亞將是「*憂傷之子*，常經憂患」

---

[5]在馬可福音1:13裏的現在式分詞「受試探」（*perirazomenos*, 由*peirazō*而來），是用來修飾子句中的未完成式主要動詞（*ēn*「在」），以此指出耶穌身在曠野裏的四十天，是不斷地受試探。

[6]雖然聖經未曾明言約瑟比耶穌早離世，但在耶穌十二歲以後，我們就沒有再讀到有關約瑟的事跡了。見本書第二十六章A.3節註7的討論。

（賽53:3，和合本譯作「多受痛苦，常經憂患」）。

C.2.2 十字架上的痛苦

耶穌愈接近釘十架的時刻，祂的苦難就愈加劇烈。當祂告訴門徒「我心裏甚是憂傷，幾乎要死」（太26:38）時，祂向他們略微地透露出祂所感受到的痛楚。耶穌為我們所受的苦難，在十字架上特別地達到了極致，因為祂是在十字架上為我們的罪受懲罰，並且代替我們而死。聖經教導我們，耶穌所經歷的痛苦可分四個層面：

(1) 肉身的痛苦和死亡

我們無需強調，耶穌比任何人受了更多肉體的苦難，因為聖經從未如此記載。但是我們仍然不可忘記，十字架的酷刑乃是人所制定最可怕的死刑之一。

福音書的許多古代讀者曾目擊過十架酷刑，因此，當他們讀到「於是將祂釘在十字架上」（可15:24）的簡單字句時，就一定會歷歷如繪地浮起一幅苦難的圖畫。被釘十字架的罪犯，事實上是被迫受到一種凌遲，使他們因窒息而緩緩死去：當罪犯的膀臂向外拉開、被釘子固定在十字架上時，他必須用兩臂來支撐身體大部分的重量，於是胸腔被向上、向外拉扯，使得他很難呼氣以及再吸進新鮮的空氣。然而，當罪犯變得無法忍受缺氧時，一定會用腳頂在木頭上，好使得自己的身體可以向上提一些，以更自然的方式支撐身體的重量，也放鬆一些加在膀臂的壓力，從而使他的胸腔可以較正常地收縮。罪犯用這樣的方式將自己向上提一些，就不至於窒息，可是這是極其痛苦的，因為這需要將身體的重量放在被釘子釘的腳上，又要彎曲手肘、將被釘的手腕往上提。[7] 罪犯的背部已經因為被不斷地鞭打而皮開肉綻，這時也會隨著每一次的呼吸，受到十字架木頭的磨擦。因此，羅馬哲學家辛尼加（Seneca，主後第一世紀）講到一個釘十字架的人，是「在苟延殘喘的劇痛中，掙扎著呼吸求生」（Epistle 101, to Lucilius, section 14）。

有一位醫生於1986年在《美國醫療協會期刊》（*Journal of the American Medical Association*）中寫了一篇專文，說明被釘十字架而死的人所經歷的痛苦：

> 「犯人需要頂腳彎臂以提高身體才能適當地呼氣……然而，這樣的動作將會使整個身體的重量都壓在足踝的跗骨上，造成該部位撕裂的痛楚。甚而，手肘的彎曲會導致手腕繞著鐵釘轉動，將沿著受傷的中央神經引發灼燒的痛苦……向外、向上拉扯的膀臂所引起肌肉痙攣和刺痛的感覺，將更增加痛苦。結果，每一次努力呼吸所帶來的劇

---

[7]通常被譯為「手」的希臘字（*cheir*, 見路24:39-40；約20:20）有時是指膀臂（BAGD, p. 880; LSJ, p. 1983, 2）。一根穿過手掌的釘子不能夠支撐身體的重量，因為手會被撕裂。

痛，使人疲憊不堪，最後終於窒息而死。」[8]

在有些情況裏，被釘十字架的人會苟延幾天之久，幾乎要窒息，但卻不一定死亡。這就是為何執刑官有時候要打斷罪犯的腿，好叫他快一點死，正如我們在約翰福音19:31-33所讀到的：

「猶太人因這日是預備日，又因那安息日是個大日，就求彼拉多叫人打斷他們的腿，把他們拿去，免得屍首當安息日留在十字架上。於是兵丁來，把頭一個人的腿並與耶穌同釘第二個人的腿都打斷了。只是來到耶穌那裏，見祂已經死了，就不打斷祂的腿。」

(2) 背負罪的痛苦

耶穌的身體所忍受的苦難，與祂背負我們罪疚的心理痛苦，二者相較之下，後者更為可怕。在我們身為基督徒的經歷中，一旦知道自己犯罪，就會有煩惱痛苦的感覺。罪疚重壓在我們的心頭，再加上感受到與宇宙中真實之原則分離的苦楚，內心深處也會有不對的感覺。事實上，我們身為神的兒女，若在聖潔上愈長進，在直覺上就會更強烈地厭惡罪惡。

而耶穌是全然聖潔的，祂的全人恨惡罪惡。邪慾罪惡的思想，與祂的性情格格不入。耶穌本能上抗拒罪惡的幅度，遠遠地超過我們，但是因為祂順服父神，加上對我們的愛，就背負了那些未來將要得救之人的一切罪孽。祂將自己靈魂所排斥的一切罪惡都扛在身上，在祂內心深處造成極大的厭惡；祂深恨痛絕的罪，而今全然地傾倒在祂身上。

聖經常常說，我們的罪孽落在基督的身上：「耶和華使我們眾人的罪孽都歸在祂身上」（賽53:6）；而「祂卻**擔當**多人的**罪**」（賽53:12）。施洗約翰稱呼耶穌是「神的羔羊，除去世人罪孽的」（約1:29）。保羅宣稱，神使基督「**成為罪**」（林後5:21）；又說，基督「為我們受了咒詛」（加3:13）。希伯來書的作者說：「基督……一次被獻，擔當了多人的罪。」（來9:28）彼得也說：「祂被掛在木頭上，親身**擔當了我們的罪**。」（彼前2:24）[9]

上面引自哥林多後書以及以賽亞書的經文都指出，將我們的罪放在基督身上的，

---

[8]William Edwards, M.D., et al., *JAMA* vol. 255, no. 11 (March 21, 1986), p. 1461.

[9]見Grudem, 1 *Peter*, pp. 133-34, 該處詳細回答了Deissmann的觀點。Deissmann認為彼得前書2:24意指基督「將我們的罪帶到十字架去」，但祂自己在十字架上卻沒有為我們的罪惡承擔罪疚。BAGD（p. 63, 3）受了Deissmann的影響，竟然否認彼得前書2:24的動詞*anapherō*可以是「擔當」的意思；然而Polybius（1.36.3）和Thucydides（3.38.3）都舉出聖經以外的例子，說明七十士譯本中的下列經文所用的該字也有相同的意思：以賽亞書53:4, 11, 12, 和引用以賽亞書53:12的希伯來書9:28。另參LSJ, p. 125, 3.

乃是父神。怎麼會這樣呢？亞當的罪如何歸給我們，[10] 同樣地，神也將我們的罪歸到基督身上；也就是說，神將這些罪看成是基督的。由於神是終極的審判者，也是宇宙真相的定義者，若神看我們的罪屬乎基督，事實上，它們就真正地歸屬於基督了。這不是說，神以為基督自己曾犯過那些罪，或基督本身真有罪性，而是神認為我們犯罪所招致的罪疚（亦即該受懲罰的罪責）應屬於基督，而不屬於我們。

有人曾對此持異議，認為神把罪疚從我們轉移到無辜的基督身上，太不公平了。然而我們卻要記住，基督是甘心樂意來背負我們的罪疚，所以這種反對的說法就站不住腳了。不只如此，神自己（父、子、聖靈）才是宇宙中決定何為公正與公平的終極標準，而且祂命定救贖大工要以這樣的方式進行。所以，這事實際上是滿足了神自己公義和公正的要求。

(3) 被神棄絕的痛苦

耶穌被釘十字架身體上的痛苦，和背負我們極度邪惡罪孽之痛苦，再加上祂是單獨面對這種苦境，因此情況就更加惡化了。耶穌在客西馬尼園帶著彼得、雅各和約翰，對他們透露了幾分祂的錐心之痛：「我心裏甚是憂傷，幾乎要死，你們在這裏等候、儆醒。」（可14:34）這是祂對至近好友傾吐心事，意謂著請求他們在祂最受煎熬時支持祂。可是當耶穌被逮捕時，「門徒都離開祂逃走了」（太26:56）。

我們可以勉強用人生經驗中的一個例子來類比：我們在世上，不可能沒有嘗過被人拒絕的內心苦楚感，不論這棄絕是來自密友、父母親、兒女、妻子或丈夫。可是在所有的情況中，我們多少會感覺一絲悔意，亦即我們可能不應該這樣做或那樣做，我們可能在某一細節上是錯了。但耶穌和門徒之間卻不是這樣，因為「祂既然愛世間屬自己的人，就愛他們到底」（約13:1）。祂除了愛他們之外，並沒有得罪他們；然而祂所得到的回報卻是遭到他們撇棄。

然而，耶穌的遭遇是遠比被人間最親密的朋友所遺棄還要更惡劣的情況，祂與父神的親密關係也被剝奪了，而那原是祂在地上時心中最深的喜樂。耶穌呼喊說：「以利，以利，拉馬撒巴各大尼？」就是說：「我的神，我的神，為什麼離棄我？」（太27:46）那時，祂表示自己與天父的甜美交通也斷絕了——而那交通是祂在憂患的一生之中，內在力量和最大喜樂的不息源頭。耶穌在十字架上背負我們的罪惡時，祂被「眼目清潔不看邪僻」的天父棄絕了（哈1:13），單獨地背負千萬人罪疚的重擔。

---

[10]見本書第二十四章C.1節有關亞當的罪被歸給我們之觀念的討論。

(4) 背負神忿怒的痛苦

然而比以上三方面更難以忍受的痛苦，是背負神忿怒的痛苦。由於耶穌獨自背負了我們的罪疚，父神——大能的造物主、宇宙的主宰——將激烈的忿怒傾倒在耶穌身上。耶穌變成了神對罪惡強烈忿恨和報復的目標，如此強烈的情緒是神從創世以來就忍耐積蓄的。

羅馬書3:25告訴我們，神設立耶穌成為一個「挽回祭」；此詞的意思是「背負神忿怒到底的祭物，使祂對我們的忿怒變為喜悅」。保羅告訴我們：「神……要顯明神的義。因為祂用忍耐的心寬容人先時所犯的罪，好在今時顯明祂的義；使人知道祂自己為義，也稱信耶穌的人為義。」（羅3:25-26）神在過去的世代，不是既赦免了罪，又免去了該有的懲罰；祂乃是赦免了罪，卻積蓄了因罪而產生的公義之怒。但是在十字架上，祂將所有對罪所累積的忿怒，都發洩在自己兒子的身上。

許多不屬於福音派的神學家強烈反對耶穌背負神對罪惡之忿怒的看法。[11] 他們的基本假設乃是，因為神是一位充滿愛的神，祂不可能會以忿怒對付祂所創造、所愛的人類，這與祂的性格是不一致的。然而，福音派學者們的反駁之詞卻頗有說服力——他們認為神會忿怒的想法是深植在舊約聖經和新約聖經裏的：「羅馬書開宗明義的整個論點，就是所有的人，包括外邦人和猶太人，都是罪人，而且他們都落在神的忿怒和定罪之下。」[12]

新約聖經中另有三處重要的經文，把耶穌的死敘述為「挽回祭」：希伯來書2:17，約翰一書2:2，及4:10。這些經文裏的「挽回祭」（希臘文動詞*hilaskomai*，名詞是*hilasmos*）可以理解為：「一種打消神忿怒的祭物，因此就使神回轉向著（或使神喜悅）我們。」[13] 這字在聖經外之著作中用來說到希臘異教時，意思也與此一致。這幾節經文就是指耶穌背負了神對罪惡的忿怒。

堅持這項事實是很重要的，因為這是基督贖罪教義的核心。表示在神的聖潔和公義中，有一個永恆不變的要求，那就是罪債要得到清償。不只如此，在基督的贖罪能

---

[11]關於在語言學上的詳細討論，見C. H. Dodd, *The Bible and the Greeks* (London: Hodder and Stoughton, 1935), pp. 82-95. Dodd主張，挽回祭的觀念常見於異教裏，但舊約和新約聖經的作者們卻沒有這種思想。

[12]Leon Morris, "Propitiation," *EDT*, p. 888 （包括簡短的書目）。Morris的著作代表了福音派對這問題的最佳詮釋。見他的另一著作：*The Apostolic Preaching of the Cross*, 3d ed. (London: Tyndale Press, 1965), pp. 144-213. 亦見本書第十二章C.8節有關神的忿怒之討論。

[13]RSV受到否認新約聖經有挽回祭思想的學者影響，將*hilasmos*譯為「贖罪」（expiation），其意思是「清除罪的動作」，卻沒有包含止息神忿怒的觀念。

對我們主觀的意識產生果效之前，它首先對神與祂所計劃要贖回的人之間的關係上具有果效。我們若離開了這個真理的核心，就無法充分地了解基督的死（見以下其他關於基督贖罪之觀點的討論）。

雖然我們在提出任何與耶穌經歷相似的類比時都應當小心（因為從過去到將來，祂的經歷都沒有先例可比照），然而就某種意義而言，我們對耶穌受苦的了解來自生活中曾發生過的類似經歷——那正是神在聖經裏教導我們的。[14] 我們人生的經驗再一次提供了不甚相近的類比，但能幫助我們明白背負神的忿怒是什麼意思。我們作兒女時可能曾做錯事，面對過我們人間父親的忿怒；長大後可能也見識過老闆因我們的過錯而發怒；那個時刻我們的內心因受到另一個滿心不悅之人對我們的撞擊，而感到震撼、攪擾、顫抖。若忿怒不是來自一個有限的人，而是來自全能的神，我們很難想像那將會在人身上引發多大的崩潰。即使神不曾發怒，但祂的同在也會挑起人的懼怕和顫抖（另參來12:21, 28-29），而面對一位發怒之神肯定更是異常可怕了（來10:31）！

明瞭了這點，我們就比較能夠了解耶穌孤寂的吶喊：「我的神，我的神，為什麼離棄我？」（太27:46）這個問句的意思不是說：「你為什麼永遠地離我而去？」因為耶穌知道祂要離開這個世界，到父神那裏去（約14:28; 16:10, 17）；祂也知道自己將要復活（約2:19；路18:33；可9:31等）。耶穌「因那擺在前面的喜樂，就輕看羞辱，忍受了十字架的苦難，便坐在神寶座的右邊」（來12:2）；也知道祂仍能稱神為「我的神」；因此這一個孤寂之喊並非全然絕望的呼喊。況且，「為什麼離棄我？」也並非意指耶穌不明白祂為什麼要死。祂曾說過：「人子來，並不是要受人的服事，乃是要服事人，並且要捨命，作多人的贖價。」（可10:45）耶穌知道祂是為我們的罪而死。

耶穌的呼喊是引自詩篇22:1。詩人在那裏求問神，為什麼遠離他，不幫助他；為什麼延遲，不拯救他：

「我的神，我的神，為什麼離棄我？
　為什麼遠離不救我？
　　不聽我唉哼的言語？
我的神啊，我白日呼求，你不應允；
　　夜間呼求，並不住聲。」（詩22:1-2）

然而，這位詩人至終被神拯救了，他孤寂的呼喊變為讚美的詩歌（詩22:22-31）。耶穌知道聖經的話是屬於祂的，也明白詩篇第22篇的背景。因此祂引用這詩篇時，除了

[14]見本書第十一章A.2節有關聖經上擬人化之用語教導我們認識神的討論。

其中孤寂的吶喊之外，也引用文字間所暗含對神堅忍不移的信心，相信神終必要拯救祂。雖然如此，這仍舊是一個十分真實的痛苦呼喊，因為受苦拖延了許久，而拯救也似乎無望。

了解了這些引句的背景以後，我們最好把「為什麼離棄我」這個問句，解釋成「你為什麼離開我這許久呢？」這就是詩篇第22篇的意思。在耶穌的人性裏，祂知道自己必須要背負我們的罪，為我們受苦而死；但是在祂人性的意識裏，可能不知道要承受這個苦難多久。然而，即使只是須臾之久，背負千萬人的罪疚也會引發靈魂最巨大的痛苦。面對無限之神深沉而猛烈的忿怒，即使只是一瞬間，也將帶來徹骨的恐懼。但是耶穌的苦難不是只有一分鐘、兩分鐘或十分鐘，它什麼時候才會停呢？可能還會有更沉重的罪擔嗎？可能還會有更多神的忿怒嗎？一個時辰、一個時辰地過去了——罪惡深暗的重擔和神激烈的忿怒，一波又一波地傾倒在耶穌的身上。耶穌最後就呼喊出：「我的神！我的神！為什麼離棄我？」為什麼這個苦難拖了這許久？哦，神啊！我的神啊！你何時會讓它結束呢？

最後，耶穌知道祂的苦難已接近完成的階段，也知道自己已經背負了父神對我們罪惡所有的忿怒，因為神的怒氣已經平息，而罪惡的重擔也已挪去。祂更明白，現在只需要把靈魂交在父神手中，就可以離世了。因此耶穌以得勝的呼聲喊叫著：「成了」（約19:30），接著再度高聲呼喊：「父啊！我將我的靈魂交在你手裏。」（路23:46）然後祂甘心地捨了生命，那是沒有人可以從祂手中奪去的（約10:17-18），於是祂就死了。正如以賽亞所預言的：「祂將命傾倒，以致於死」，而且「擔當多人的罪」（賽53:12）。父神看見了「祂靈魂痛苦的功效，便心滿意足」（賽53:11，和合本譯作「自己勞苦的功效，便心滿意足」）。

C.2.3 進一步了解基督的死

(1) 父神所施加的懲罰

假使我們問：「誰要求基督為我們的罪接受懲罰？」聖經的答案是：這懲罰乃是父神所施加的，因為祂代表了三一神在救贖大工中的意願。神的公義要求罪債要清償；而且在三一之神中，是父神擔任要求清償的角色，子神則是自己甘心背負罪債刑罰。保羅指著父神說：「神使那不知罪的（和合本小字）替我們成為罪，好叫我們在祂裏面成為神的義。」（林後5:21）以賽亞則說：「耶和華使我們眾人的罪孽都歸在祂身上」（賽53:6），接著又繼續描述基督所受的苦難：「耶和華卻定意將祂壓傷，使祂受痛苦。」（賽53:10）

我們在此看到了父神和子神在救贖大工中所展現的奇異之愛：不但耶穌知道祂要背負十字架的極大痛苦，而且父神也明白祂必須將這樣的痛苦加在自己愛子的身上。「惟有基督在我們還作罪人的時候為我們死，神的愛就在此向我們顯明了。」（羅5:8）

(2) 並非永遠的受苦，卻是完全的清償

假如我們必須為自己的罪接受懲罰，那麼就必遭受永遠與神隔絕的痛苦；[15] 然而，耶穌卻不會永遠受苦。這其間的差異有兩個原因：(1) 如果我們因自己的罪受苦，在神面前將永遠無法成為正直公義的人，也沒有希望成為那樣的人，因為我們不可能再活一遍，而在神的面前贏得完全的公義；也不可能消弭自己的罪性，使我們在神面前的光景變成是對的。此外，我們會以罪人身分存活下去，在神面前不會存清潔公義的心，而是對神充滿忿恨、苦毒，以至於持續地罪上加罪。(2) 惟有耶穌能夠背負神因我們的罪所產生的一切忿怒，而且背負到底。沒有一個人能夠做成這件事，但因為耶穌身上結合了神性和人性，所以祂能夠背負神對罪的一切忿怒，並且能堅持到底。以賽亞曾預言，父神「看見了祂靈魂痛苦的功效，*便心滿意足*」（賽53:11，和合本譯作「看見自己勞苦的功效，*便心滿意足*」）。耶穌知道自己已經為我們清償罪債以後，就說：「*成了！*」（約19:30）倘若基督尚未清償我們的罪債，那麼我們仍舊要被定罪。然而因為祂已經為我們完全忍受了該受的懲罰，「如今，那些在基督耶穌裏的就不定罪了」（羅8:1）。

在此，我們應當明白，在神永遠的性格和祂賜給人類的律法中，並未要求罪的刑罰是永遠的受苦，明白這點是很有助益的。事實上，假使有永遠的受苦，那只是顯示罪債尚未完全清償，而且作惡者在本性上也還是一個罪人。但是基督的苦難在十字架上結束時，顯示了祂擔當了神對罪惡一切的忿怒，不再有懲罰了；同時也顯示基督在神面前是公義的。因此，基督只是忍受了一段時間的苦難，而非永遠受苦，這表示祂的苦難足以清償罪債。希伯來書的作者再三地重複這個主題，強調基督救贖工作的完成與終結：

> 「也不是多次將自己獻上，像那大祭司每年帶著不是自己的血（和合本小字）進入聖所，如果這樣，祂從創世以來，就必多次受苦了；但如今在這末世顯現一次，把自己獻為祭，好除掉罪……像這樣，基督既然一次被獻，*擔當了多人的罪*；將來要向那等

[15]見本書第五十六章G節有關惡人永遠在地獄受懲罰的討論。

候祂的人第二次顯現，並與罪無關，乃是為拯救他們。」（來9:25-26, 28）

新約聖經強調基督犧牲之死的完成性與終結性，但羅馬天主教則教導相反的道理，說基督在彌撒中仍重複地犧牲。[16] 由於羅馬天主教會這個正式的教導，許多從宗教改革直到今日的更正教徒，相信他們真的不能以清潔的良心參加羅馬天主教的彌撒，因為這會看起來像是支持天主教的觀點：每次獻彌撒時，基督又再一次地犧牲。

新約聖經強調基督為我們犧牲的完成性與終結性，這可以有許多實際的應用，因為我們可以確知，我們不再需要承受任何的懲罰；刑罰已全然由基督清償了，我們再也不用害怕未來還會被定罪或受懲罰。

(3) 基督之血的意義

新約聖經常將基督的血與我們得救贖連在一起。譬如，彼得說：「知道你們得贖，脫去你們祖宗所傳流虛妄的行為，不是憑著能壞的金銀等物，乃是憑著基督的寶血，如同無瑕疵、無玷污的羔羊之血。」（彼前1:18-19）

當基督以犧牲之死，為我們贖罪付上代價而死時，祂的血就是祂傾倒生命的清楚外證——「基督的血」意味著祂的死有拯救意義的層面。[17] 雖然我們或許以為基督的血（作為祂捨生命的證據）單單是指除去我們在神面前法定的罪疚——因為這是它的主要意思——但是新約的作者們也將其他幾樣果效歸功於祂的血：藉著基督的血，我們的良心得潔淨了（來9:14）；我們得以坦然地在敬拜和禱告中來到神的面前（來10:19）；我們殘存的罪得以逐漸地被清除（約一1:7；另參啟1:5b）；我們得以勝過那控告弟兄們的（啟12:10-11）；並且我們得以從罪惡的生活方式中被拯救出來（彼前1:18-19）。[18]

聖經對基督之血有許多的論述，因為它的流出是非常清楚的證據，說明了祂是在執行法庭判決下喪命（也就是說，祂被定罪至死，是以死償付了人間的法官和天上的神所加諸於祂的懲罰）。聖經強調基督的血，也顯示了在基督的死和舊約裏許多獻祭之間有清楚的關聯性；這些獻祭都牽涉到傾倒祭物的生命之血，它們都指向並預表未

---

[16] Ludwig Ott, *Fundamentals of Catholic Dogma*, p. 408. 作者說：「在彌撒與十字架的獻祭裏，所獻的祭物和獻祭的祭司是完全一樣的；惟有獻祭的性質和模式有所不同……按照聖多馬的見解，**在每一次的彌撒裏，基督都再度真實而直接的獻上自己**；然而，我們不當把這看成許多連續活動的總合，而是看成變像後之基督一次而不間斷的獻祭行動。在彌撒與十字架的獻祭裏，其目的都是一樣的：主要是為了神得榮耀，其次才是贖罪、感恩與祈求。」

[17] 見Leon Morris, *The Apostolic Preaching of the Cross*, pp. 112-26.

[18] 這個段落摘自Wayne Grudem, *The First Epistle of Peter*, p. 84.

來的基督之死。

(4) 基督的死乃是「代替受罰」

我們在此所提出關於基督之死的觀點，常被稱為「代替受罰」（penal substitution）的理論。基督的死是「受罰」，因為祂死時擔當了懲罰；祂的死也是「代替」，因為祂是代替我們死。這個觀點已成為關於基督贖罪的正統解釋，是福音派神學家們所持守的觀念；這與其他一些觀點成為對比——那些觀點在解釋基督贖罪的觀念時，並不考慮神的忿怒或清償罪債的思想（見以下C.2.5節）。

這種基督贖罪的觀點有時又被稱為「代贖」論（vicarious atonement）：一位「代替者」站在另一個人的地位，或代表另一個人。因此，基督的死是「代替的」（vicarious），因為祂是站在我們的地位，並且代表我們。祂身為我們的代表者，擔負了我們該受的懲罰。

C.2.4 新約聖經描述出基督贖罪的四個層面

基督贖罪的工作是一個複雜的事件，它在我們身上產生幾個果效，所以我們可以從幾個不同的方面來看基督的贖罪。

我們身為罪人有四個需要，而基督的死滿足了上述這些需要：

第一，我們應當承受罪的懲罰而死。

第二，我們應當背負神對罪的忿怒。

第三，我們因罪而與神隔離。

第四，我們被罪惡和撒但的國度捆綁。

新約聖經使用不同的詞彙來描述基督的死如何滿足了上述這些需要，我們在此將檢視其中比較重要的四個詞彙：

(1) 犧牲（Sacrifice）

為了替我們承擔因犯罪所應接受的死亡懲罰，基督為我們成為祭物或犧牲而死。「〔祂〕在這末世顯現一次，把自己獻為祭，好除掉罪。」（來9:26）

(2) 挽回（Propitiation）

為了平息我們所當承受的神之忿怒，基督為我們的罪作了挽回祭。「不是我們愛神，乃是神愛我們，差祂的兒子為我們的罪作了挽回祭；這就是愛了。」（約一4:10）

(3) 和好（Reconciliation）

為了使我們不再與神隔離，基督將我們帶回與神的交通中，使我們與神和好。保羅說，神「藉著基督使我們與祂和好，又將勸人與祂和好的職分賜給我們。這就是神在基督裏叫世人與自己和好」（林後5:18-19）。

(4) 贖回（Redemption）

因為我們是被罪惡和撒但捆綁的罪人，需要有人將我們「贖回」脫離那捆綁。當我們想到贖回時，就會想到「贖金」（ransom）：贖金是用來將人從捆綁或被擄之中買贖出來所付的代價。耶穌論及自己時說：「因為人子來，並不是要受人的服事，乃是要服事人，並且要捨命，*作多人的贖價*。」（可10:45）假如我們問，基督的贖金是付給誰的，那麼我們必須明白，人間付贖金的譬喻並沒有在每一細節上都吻合基督的救贖。雖然我們被罪惡和撒但捆綁，但沒有「贖金」要付給罪惡或撒但，因為他們沒有權能要求這筆贖金，而且我們的罪所冒犯的那一位聖潔者、那一位要求所有罪惡都需付罰金的，也不是撒但。正如前面所討論過的，為我們的罪而當受的懲罰是由基督來承擔，並且由父神接納了。但是我們不能說是付「贖金」給父神，因為並不是祂捆綁我們，而是撒但和我們的罪捆綁了我們的。所以在這一個點上，贖金的觀念並不適用於基督贖罪的每一細節。我們在此只要明白，代價（基督的死）已經付清了，而結果乃是我們從捆綁中被「贖回」了。

我們是從撒但的捆綁下得著救贖的，因為「全世界都臥在那惡者手下」（約一5:19），而當基督來時，祂以死「釋放那些一生因怕死而為奴僕的人」（來2:15）。事實上，父神「救了我們脫離黑暗的權勢，把我們遷到祂愛子的國裏」（西1:13）。

至於從罪的捆綁下得釋放，保羅說：「這樣，你們向罪也當看自己是死的；向神在基督耶穌裏卻當看自己是活的……罪必不能作你們的主，因你們不在律法之下，乃在恩典之下。」（羅6:11, 14）我們已經從罪疚的束縛下，和轄制我們生命的罪的權勢捆綁下，得釋放了。

C.2.5 其他有關基督贖罪的觀點

另外有幾個觀點與本章所認為的「代替受罰」觀點不同，但在教會歷史上曾有人倡導過。

(1) 付贖金給撒但論（The Ransom to Satan Theory）

這個觀點為俄利根（Origen，約主後185-254年）所持守，他是來自亞力山太的神學家，後來去了該撒利亞；在他之後，初代教會史上仍有一些人也持這種觀點。按照此理論，基督為贖回我們而把贖金付給撒但，因為所有犯罪的人都屬於他的國度。

這個「付贖金給撒但論」在聖經裏找不到直接肯定的經文，在教會史上也罕有支持者。它認為要求罪債需要清償的是撒但而非神，但這是個錯誤的看法，完全忽略了神的公義在人之罪惡這方面的要求。而且這理論以為撒但擁有的權力比他的實權還大，亦即以為撒但可以向神要求任何他所要的，而不是一個沒有權力向神作任何要求的墮落天使。聖經沒有一處說過，我們因罪而虧欠撒但；但聖經卻一再地強調，神要求我們為罪付上代價。這個觀點未處理聖經中有關基督為我們成為挽回祭獻給父神而死的經文，亦忽略有關父神代表三一之神接受了基督為罪付上代價的事實（見以上C.2.3(1)節的討論）。

(2) 道德影響論（The Moral Influence Theory）

此理論首先為法國神學家亞伯拉德（Peter Abelard，主後1079-1142年）所倡導。它主張，神並不要求人為罪付上被懲罰的代價，而且基督之死僅僅是一種神認同人類苦難甚至到死的方式，藉此來顯示神有多麼地愛我們。所以，基督的死就變成了一個偉大的教導範例，顯明神對我們的愛，藉以引發我們感恩的回應，使我們因著愛祂而得到赦免。

這個觀點最大的難處乃是與聖經的經文相反：聖經多處說到基督為擔當我們的罪而死，或為我們作挽回祭而死。此外，這個觀點否定了基督贖罪的客觀性質，因為它認為基督的贖罪對神沒有果效。最後，這個觀點沒有處理我們的罪疚——假如基督沒有為我們的罪而死，我們就不能為著罪得赦免而信靠祂了。

(3) 榜樣論（The Example Theory）

這個「榜樣論」是由蘇西尼（Faustus Socinus，主後1539-1604年）的跟隨者所教導的。蘇西尼是一位義大利的神學家，主後1578年在波蘭定居，吸引了許多跟隨者。[19]「榜樣論」和「道德影響論」一樣，都否認神的公義要求人為罪付上代價。「榜樣論」主張，基督的死只是提供我們完全信靠神、順服神的榜樣，即使如此的信靠與順服會導致可怕的死亡。「道德影響論」認為，基督的死教導我們神是多麼地愛我們，然而「榜樣論」卻是說，基督的死教導我們該如何活。「榜樣論」的經文支持是在彼得前書2:21：「你們蒙召原是為此，因基督也為你們受過苦，給你們留下榜樣，叫你們跟隨祂的腳蹤行。」

固然基督甚至在祂的死上都是我們的榜樣，然而問題的中心乃是：這是否完整地詮釋了基督的贖罪？「榜樣論」沒有解釋許多論到基督為清償我們的罪債而死之經文，以及基督擔當我們的罪並為我們的罪作了挽回祭等的事實。單單這些考量就足以

[19]蘇西尼派反對三位一體的真神，因為他們否認基督的神性。他們的思想促成了近代一神教主義（Unitarianism）的產生。

顯示我們必須棄絕這個理論。不僅如此，這個觀點最後會衍生出這樣的想法：人藉著跟隨基督的榜樣，效法基督信靠和順服神，就能拯救自己。由此可知，這個理論不能說明我們的罪疚該如何消除，因為它不認為基督之死確實為我們的罪惡清償了懲罰，並為我們的罪疚預備了解決之道。

(4) 治理論（The Governmental Theory）

這個關於基督贖罪的「治理論」首先是由荷蘭的神學家與法學家格柔丟（Hugo Grotius，主後1583-1645年）所教導。這個理論主張，神並沒有真正要求人為罪付上代價，但是由於祂是全能的神，所以祂可以將那個要求放到一邊而逕自赦免罪孽，不必人承擔懲罰。但若是這樣，基督之死的目的又是什麼呢？這理論認為，基督的死是神自己表明祂的律法被人觸犯了；祂既是法律道德的制定者，又是宇宙的治理者，不論何時有人觸犯了律法，就需要有某種懲罰的制裁。因此，基督並未為任何人所犯的實際罪而付上被懲罰的代價，只是藉著受苦來顯示，當人觸犯神的律法時，就必須接受懲罰。

這個觀點的問題也是在於沒有適當地解釋聖經中所提到與下列主題有關的經文：基督在十字架上擔當我們的罪；神將我們一切的不義放在基督身上；基督特定是為我們的罪而死，和基督為我們的罪成了挽回祭等。不只如此，這個觀點排除了基督贖罪的客觀性，因為它認為基督贖罪的目的不是為了滿足神的公義，而是為了要使我們明瞭必須遵守神的律法。這個觀點也意味著，我們不能真正信靠基督為我們的罪得赦免所完成的工作，因為祂並沒有真的為那些罪付上代價。不只如此，這個觀點使得我們實際的蒙赦免變成是發生在神的心思裏，而與基督在十字架上的死毫無關係——也就是說，神已經決定要赦免我們，並不要求我們承受任何懲罰；而後祂懲罰基督，僅僅是為了顯示祂仍然是宇宙的道德治理者。然而，這樣的看法就表示基督並未真的為我們贏得赦免或救恩，因此祂救贖工作的價值也就大大降低了。最後，這個理論也未能恰當地解釋神永不改變的性格，和祂的公義中的無限純潔。倘若我們說神不要求任何的懲罰就能赦罪（儘管整本聖經都說到犯罪總是需要受懲罰），那就是嚴重地低估了神絕對公義的性格。

C.2.6 基督曾降到陰間嗎？

有時候，有人會為基督死後曾否降到陰間辯論。[20] 在聖經裏沒有出現過祂「降到

---

[20]以下這一段取自Wayne Grudem, “He Did Not Descend Into Hell: A Plea for Following Scripture Instead of the Apostles’ Creed,” *JETS* vol. 34, no. 1 (March, 1991), pp. 103-13.

陰間」的句子，然而廣為流傳的《使徒信經》（Apostles' Creed）卻這樣寫著：「耶穌基督⋯⋯被釘在十字架上、受死、埋葬了、降到陰間；第三天從死裏復活⋯⋯」這是否表示基督死在十字架上以後，又忍受了更多的苦難？我們將在以下的討論中看到，聖經的證據說明祂並未如此。但是，我們在討論相關的聖經經文之前，應當先檢視《使徒信經》裏「降到陰間」的語句。

(1)「降到陰間」語句的起源

在這語句背後的歷史大部分是模糊不清的。關於此句話，我們所找得出的起源乏善可陳。偉大的教會歷史學家薛夫（Philip Schaff）用一份繁複的圖表總結說明《使徒信經》的發展，表27.1是其中的一部分。[21]

這份圖表顯示，《使徒信經》與《尼西亞信經》（Nicene Creed）和《迦克墩定義》（Chalcedonian Definition）不同，它不是在一個特定的時候、由一次教會大會撰寫或認可的。它大約是在主後200年到750年間，逐漸成形的。

很叫人驚訝地是，「降到陰間」這語句未曾出現在任何一個早期版本的信經（即羅馬、義大利其他地方和非洲所使用之版本）；直到主後390年，才出現在奴非努（Rufinus）所著的兩個版本中的一個。之後，這個語句又自信經中消失，直到主後650年才重新出現。不只如此，在主後650年以前，惟一把此語句納入信經中的奴非努，並不認為這是指基督降到陰間，而是將這個語句當作是基督被「埋葬」的意思。[22] 換言之，他把此句解作「基督降到墳墓中」（此處用的希臘文是*hadēs*，意思可以是指「墳墓」，而非用*geenna*，指「地獄、懲罰之地」）。我們也當注意，這個語句只出現在奴非努兩個版本中的一個，卻不在他所保存的古羅馬版本的信經裏。

所以這表示，在主後650年以前，沒有任何信經版本有意要說基督「降到陰間」——而主後650年之前惟一收納這個語句的版本卻有不同的解釋。因此我們可能會覺得奇怪，這個語句是否是**使徒**所講的，或說這信經是否應該用**使徒**之名；因為若用使徒之名稱則代表，它是由最早期的基督之使徒們所傳下來的。

---

[21]本表取自*The Creeds of Christendom*, 2:52-55.

[22]見Schaff, *Creeds*, 1.21, n. 6；亦見1.46, n. 2。Schaff注意到這語句出現的年代更早（約在主後360年），可是那時並未收入任何正統的信條或任何版本的《使徒信經》，而是出現在亞流派（Arianism）的一些信條裏——亞流派否認基督具有完全的神性，他們認為子神是父神所造的（見Schaff, *Creeds*, 2.46, n. 2）。Schaff並沒有提供亞流信條的出處。

我們當注意，Schaff在*Creeds of Christendom*一書裏，數次加註評論，為基督確實在十架上死後降到陰間的說法辯護。因此，他會說：「然而，奴非努自已誤解這語句，把它的意思當成與被埋葬一樣。」（1.21, n. 6）——Schaff因而假設說，若將這語句的意思理解為「降到墳墓」，是一種誤解（亦見2.46, n. 2; 3.321, n. 1）。

表27.1 「使徒信經」逐漸形成之過程

西方信經的最終內容	CREDO（我信）			
	第三款			
普米尼爾斯（Pirminius） 主後750年	Qui Conceptus est 感孕	De Spirita Sancto 因聖靈	Natus 所生	Ex Maria Virgine 從童貞女馬利亞
I. 愛任紐（St. Irenaeus） 主後200年	τὸν σαρκω- θέντα ὑπὲρ τῆς ἡμετέρας σωτηρίας (ἄνθρωπος ἐγένετο)		(Generationem)	τὴν ἐκ παρθένου γέννησιν (ex Virgin)
II. 特土良（Tertullian） 主後220年	(missum a Patre in Virginem)	(EX SPIRITU Patris Dei et virtute)	NATUM (carnem factum et ex ea natum)	EX VIRGINE MARIA
III. 居普良（St. Cyprian） 主後250年				
IV. 諾窪天（Novatian） 主後260年				
V. 馬爾克路（Marcellus） 主後341年		ἐκ πνεύμα- τος ἁγίου	γεννηθέντα	καὶ Μαρίας τῆς παρθένου
VI. 奴非努（Rufinus） 主後390年 阿奎雷亞（Aquileja）	QUI	de Spiritu SANCTO	Natus est	ex Maria Virgine
VII. 奴非努（Rufinus） 羅馬，主後390年	qui	de Spiritu Sancto	natus est	ex Maria Virgine
VIII. 奥古斯丁（St. Augustine） 主後400年	qui	de Spiritu Santo also [per Sp. Sanct.]	natus est	ex Maria Virgine *also* [et]
IX. 尼克塔斯（St. Nicetas） 主後450年	qui	ex Spiritu Sancto	natus est	ex Virgine Maria
X. 猶士別・迦魯（Eusebius Gallus） 主後550年（?）	qui CONCEPTUS EST	de Spiritu Sancto	natus est	ex Maria Virgine
XI. 加利坎努(Sacramentarium Gallicanum) 主後650年	qui conceptus est	de Spiritu Sancto	natus est	ex Maria Virgine

CREDO（我信）				
		第四款		
Passus 受難	Sub Pontio Pilato 在本丟彼拉多手下	Crucifixus 被釘在十字架上	Mortuus 受死	Et Sepultus 並被埋葬
καὶ τὸ πάθος	(SUB PONTIO PILATO)			
CRUCIFIXUM (passum)	Sub Pontio Pilato		(MORTUUM)	(ET SEPULTUM secundum Scripturas)
	τὸν ἐπὶ ποντίου πιλάτου	σταυρω-θέντα		καὶ ταφέντα
	sub Pontio Pilate	crucifixus		et sepultus
	sub Pontio Pilate	crucifixus		et sepultus
passus	sub Pontio Pilate	crucifixus		et sepultus
passus	sub Pontio Pilate			
			mortuus	et sepultus
passus	sub Pontio Pilate	crucifixus	mortuus	et sepultus

CREDO（我信）					
第五款				第六款	
Descendit ad Inferna 降到陰間	Tertia Die 第三天	Resurrexit 復活	a mortuis 從死裏	Ascendit ad coelos 又升天	Sedet ad dexteram 坐在右邊
		καὶ τὴν ἔγερσιν (et resurgens)	ἐκ νεκρῶν	εἰς τοὺς οὐρανοὺς ἀνάλημψιν (et in claritate receptus)	
	TERTIA DIE	resuscitatum (a Patre) (resurrexisse)	E MORTUIS	receptum in coelis (in coelos resumptum) (in coelos ereptum)	SEDENTEM nunc AD DEX-TERAM
	καὶ τῇ τρίτῃ ἡμέρᾳ	ἀνα-στάντα	ἐκ τῶν νεκρῶν	ἀναβάντα εἰς τοὺς οὐρανούς	καὶ καθημένον ἐν δεξίᾳ
DESCENDIT in INFERNA	tertia die	RESURREXIT	A mortuis	ASCENDIT in COELOS	SEDET ad dexteram
	tertia die	resurrexit	a mortuis	ascendit in coelos	SEDET ad dexteram
	tertia die	resurrexit	a mortuis	ascendit in coelos	sedet ad dexteram
	tertia die	resurrexit	vivus a mortuis	ascendit in coelos	sedet ad dexteram
	tertia die	resurrexit	a mortuis	ascendit AD coelos	sedet ad dexteram
Descendit AD Inferna	tertia die	resurrexit	a mortuis	ascendit ad coelos	sedet ad dexteram

我們研究此語句的歷史發展時，也發現了一個可能性：這語句開始比較普遍被使用時，可能也會出現在其他（如今已經散失）的版本裏，而那些版本裏沒有「埋葬了」的語句。若果真如此，那麼別人對「降到陰間」的了解可能就與奴非努一樣，是指「降到墳墓」。但到後來，當「降到陰間」這個語句被收入信經的不同版本中，而這些版本裏也有「埋葬了」的語句時，其他的解釋就相應而生了。然而，因為「降到陰間」這個語句被錯誤地插在「埋葬了」的後面——顯然是在主後650年左右發生的——就導致各式各樣解釋祂「降到陰間」的方式，企圖不與聖經的其餘部分矛盾。

有人認為「降到陰間」的意思是指，基督在十字架上之時，忍受了地獄的痛苦。例如，加爾文認為，基督「降到陰間」指明祂的死不僅是身體的死亡，而且「祂也同時忍受神嚴峻的報復，以平息神的忿怒，並滿足祂公義的審判。」[23]

相同地，《海德堡要理問答》（Heidelberg Catechism）第四十四問如下：

> 問：為何要加上祂「降到陰間」？
>
> 答：在我受到最大試探時，我可以確信，基督我主在十字架上，在祂靈魂深處，所忍受不可言喻的痛苦、煎熬和恐怖，已將我從地獄的痛苦和折磨裏救贖出來了。[24]

然而這是「降到陰間」這語句令人滿意的解釋嗎？雖然基督在十字架上忍受了神傾倒的忿怒，但上述的解釋並不真的切合《使徒信經》裏的這個句子——「降」這個字幾乎沒有這種意思，而將「降到陰間」這個語句放在「被釘在十字架上，受死，埋葬了」之後，使得這個解釋顯得造作，叫人無法信服。

有的人則認為「降到陰間」的意思是基督繼續留在「死亡的狀態」中，直到復活為止。《西敏斯特大要理問答》（Westminster Larger Catechism）第五十問答道：

> 「基督死後所受的屈辱在於祂被埋葬，而且持續在死亡的狀態中，並留在死亡的權勢下直到第三日為止；這些狀態就以這個語句來表達：祂降到陰間。」

雖然基督確實在第三天以前，都持續處在死亡的狀態，可是上述對祂「降到陰間」的解釋，又是牽強附會，不能讓人信服，因為這語句放在這裏意思彆扭：「祂被釘在十字架上、受死、埋葬了、降到死亡的狀態。」這種解釋並沒有說明當初這句子如此排列的意思，只是想從中找出讓人可以接受的神學意義，但結果並不能令人信服。

此外，英譯的版本用「地獄」（hell）一詞（中譯是用「陰間」），並沒有「死亡」的意思（雖然希臘文*hadēs*可以有死亡之意）。所以對英文讀者而言，這樣的解釋就是

---

[23]Calvin, *Institutes*, 1:515 (2.16.10). 參錢曜誠編審譯本：加爾文，《基督教要義》1:417（加爾文出版社，2007）。

[24]Schaff, *Creeds*, 3.321.

雙重的造作。

最後，有人認為這語句的意思就只是表面上的意思：基督在十字架上死亡以後，確實降到陰間。我們很容易以為這就是《使徒信經》的意思（這的確是最自然的意思），但是另一個問題就出現了：這個想法能在聖經中找得到證據嗎?

(2) 可能支持基督真的降到陰間的經文

聖經中有五處經文被用來支持基督真的降到陰間的看法：使徒行傳2:27，羅馬書10:6-7，以弗所書4:8-9，彼得前書3:18-20和彼得前書4:6（有人也舉出其他數處經文，但不太可信[25]）。但在仔細的分析下，是否還能說這幾處經文清楚地證實這個教導?

(a) 使徒行傳2:27

這是彼得在五旬節那天講道的一部分，他引用詩篇16:10：「因你必不將我的靈魂撇在陰間，也不叫你的聖者見朽壞。」

這是否表示，基督在祂死後進入了陰間? 不一定，因為這些經文也可能有另一種意思。「陰間」（hell）一詞在此代表一個新約希臘字（*hadēs*），和一個舊約希伯來字（*š*^{e}*'ôl*，通常被繙譯成「陰間」），其意思可以只是指「墳墓」或「死亡」（或死亡的狀態）。NIV就如此譯：「因你必不將我的靈魂撇在墳墓（和合本譯作「撇在陰間」），也不叫你的聖者見朽壞。」（徒2:27）這個意思較可取，因為上下文強調基督的身體自墳墓中復活了，不像大衛的身體還留在墳墓中。理由乃是「我的肉身要安居在指望中」（徒2:26），「因你必不將我的靈魂撇在墳墓」（徒2:27）。彼得引用大衛的詩篇來顯示基督的身體不見朽壞——因此祂不像大衛，「死了，也葬埋了，並且他的墳墓直到今日還在我們這裏。」（徒2:29）所以，這段有關基督從墳墓復活的經文並不支持基督降到陰間的理論。

(b) 羅馬書10:6-7

這段經文包含了兩個修辭性的問句，它們與使徒行傳2:27一樣，也是引自舊約的經文（申30:13）。「你不要心裏說『誰要升到天上去呢? 』（就是要領『下』基督來）；『誰要下到陰間去呢?』（就是要領基督從死裏『上來』）」（羅10:6-7，和合本譯作「陰間」的字，希臘文是*abyssos*，英文聖經譯作abyss或deep，即「深淵」）但這經文並非在教導基督降到陰間，而是保羅告訴百姓說，不要問這些問題，因為基督不在遠處——而在近處——信靠祂是很近處的事，只要口裏承認、心裏相信即可（羅

[25]舉例來說，馬太福音12:40說，基督將要三天三夜「在地裏頭」，但這只是指祂在死亡之後和復活之前，要待在墳墓裏這個事實而言（另參七十士譯本的詩篇45[46]:2與約拿書2:3）。

10:9）。這些不該問的問題是出於不信的緣故，而非在肯定聖經的教導。然而，有些人可能持反對意見，認為保羅不會期望他的讀者問這樣的問題，除非許多人都知道基督真的曾降「下到深淵（abyss，羅10:7，和合本作「陰間」）」。不過，即使這是真的，聖經仍不是在說或意指基督降到「陰間」（一個懲罰死人的地方，希臘文通常用*geenna*來表達），而是說祂去了「深淵」（abyss，希臘文是*abyssos*，這個字常在七十士譯本裏指海洋的深處〔創1:2; 7:11; 8:2；申8:7；詩106(107):26〕，但是顯然「深淵」也可以用來指死人去的地方〔詩70 (71):20〕）。[26]

保羅在此節經文中使用「深淵」一詞，作為「天上」的對比，為的是讓我們明白，那是一個人類達不到、進不去的地方。這個對比的意思不是：「誰要去一個大蒙福的地方（天堂），或去一個大受懲罰的地方（陰間）找基督呢？」而是「誰要到一個進不去的高處（天上），或到一個進不去的低處（深處或死亡之地）找基督呢？」。我們在這段經文裏，找不到清楚肯定或否認「降到陰間」的看法。

(c) 以弗所書4: 9-10

保羅在此寫道：「既說『升上』，豈不是先降在地下麼？」這話的意思是說基督「降在」陰間了嗎？我們一開始不明白「地下」是什麼意思，但是另一個譯法似乎最明確：「說『祂升上去』的意思，豈不就是說，祂先降下到**較低微的、地上的領域**麼？」（弗4:9，按NIV譯法）在此NIV將「降在地下」用來指基督的成為嬰孩，來到地上（即道成肉身）。最後的幾個字是可接受的希臘文繙譯，它將「地下」理解為「較低微的領域，*即*地上」（在希臘文的文法形式裏，這就稱為所有格同位語〔genitive of apposition〕，英語裏也有同樣的表達法——例如，英語的片語說"the city of Chicago"「芝加哥城」時，其意思是「這城，即芝加哥」）。

就這段經文來看，NIV的譯文較為可取，因為保羅說，升到天上的基督（祂的升天），就是早先從天上下來的同一位（弗4:10）。從天而「降」已經發生過了，當然

[26]革利免一書28:3使用*abyssos*，而不用七十士譯本裏的*hadēs*來譯詩篇139:8：「我若在陰間下榻，你也在那裏。」在新約聖經裏，只有在路加福音8:31和羅馬書10:7裏用過這個詞，它也在啟示錄（那裏指的是「無底坑」）裏出現過七次。所以，雖然這個字可以指被定罪之鬼魔的住處（和在啟示錄裏的意思一樣），卻不是七十士譯本的一般用意，也不一定是新約聖經使用它的意思。這個字主要的意思是指一個深不可測的地方，通常也是人類不能到達之處（C.E.B. Cranfield, *A Critical and Exegetical Commentary on the Epistle to the Romans*, 2.525）。請注意：*abyssos*是七十士譯本普通用來繙譯希伯來文*tehōm*的字，而*tehōm*在《米示拿》（Mishnah〔乃主後70-200年間的猶太拉比討論的作品，後被編為法典〕, Pesahim 7:7; Nazir 9:2）中，則被用來指不知名的墳墓。

就是基督降世為人之時。所以，這一節說的是道成肉身，並不是降到陰間。[27]

(d) 彼得前書3:18-20

在有關基督曾否去過陰間這整個主題上，讓許多人最感困惑的就是這段經文。彼得告訴我們，基督「在肉身上祂被治死了，但在靈裏祂卻復活了；祂在靈裏，曾出去、傳道給那些在監獄裏的靈魂聽，就是當挪亞的日子，在他預備方舟、神容忍等待的時候，先前那些不信從的人。」（彼前3:18-20，按RSV直譯，和合本譯作「按著肉體說，祂被治死；按著靈性說，祂復活了。祂藉這靈，曾去傳道給那些在監獄裏的靈聽，就是那從前在挪亞預備方舟、神容忍等待的時候，不信從的人。」）

(i) 這是指基督在陰間講道嗎？

有人認為「祂……曾出去、傳道給那些在監獄裏的靈魂聽」（和合本譯作「祂……曾去傳道給那些在監獄裏的靈魂聽」）的意思是，基督進入陰間，傳道給在那裏的靈魂聽——或是傳揚福音，提供第二次機會叫人悔改；或只是向他們宣告祂已經勝過他們，而他們要永遠被定罪。

但是這種解釋沒有適當地說明經文本身或上下文的背景。彼得沒有說，基督是對一般的靈魂講道，而只是對那些「預備方舟……的時候，先前那些不信從的人」（和合本譯作「從前……預備方舟……的時候，不信從的人」）。若說基督降到陰間只去向這一小群的聽眾講道，是很奇怪的。假如基督宣告祂的勝利，為什麼只對這些罪人、而不對所有的人明說呢？假使祂提供第二次救恩的機會，為什麼只對這些罪人、而不對所有的人呢？這個觀點更難說通之處乃在於，聖經在別處指明，人死後就再沒有機會悔改了（路16:26；來10:26-27）。

不僅如此，從彼得前書第3章的上下文看來，「在陰間傳道」的說法是不可能。彼得勉勵他的讀者要向他們周圍敵對的不信者勇敢地作見證。他只是告訴他們「要常作準備……回答各人」（彼前3:15）。如果彼得在此教導死後還有第二次得救的機會，這個傳福音之主題就失去了它的急迫性；並且與傳講定罪的信息，一點也不切合。

(ii) 這是指基督向墮落的天使傳道嗎？

有幾位註釋家為了更清楚地解釋這些難懂的句子，提議將「監獄裏的靈」的意思解釋成鬼魔的靈或墮落天使的靈；並說基督是在宣告對這些鬼魔的定罪，照他們的說法，這種解釋將安慰彼得的讀者，告訴他們壓迫他們的鬼魔勢力也會被基督擊敗。

---

[27]關於以弗所書4:9，H. Bietenhard說：「在現代的註釋中，幾乎毫無例外地都排除了將這經文用來指《使徒信經》裏的**降到陰間**（拉丁文是*descensus ad inferos*）。」(*NIDNTT*, 2:210)

然而，若這是彼得沒有明講的意思，那麼他的讀者們必然需要經過一種難以想像、複雜的推理程序，方能獲得這個結論。他們必須作如下的推理：(1) 一些久遠以前犯罪的鬼魔被定罪了；(2) 其他的鬼魔如今在唆使人控告你們；(3) 後面這類的鬼魔有一天同樣地會被定罪；(4) 所以，逼迫你們的人最後也要受到審判。最後，讀者才會了解彼得的論點：(5) 所以，不要害怕那些逼迫你們的人。

那些支持「向墮落天使傳道」之觀點的人，必須假設彼得的讀者會「讀出言外之意」，並且從基督「傳道給那些在監獄裏的靈魂聽，就是……先前那些不信從的人」（彼前3:19-20）如此簡單的敘述中，得到上述所有的結論（即從第2點到第5點）。但是，若以為彼得知道他的讀者們讀這段經文時會得到上述所有的結論，不是顯得太牽強附會了嗎？

況且，彼得在上下文中強調，這些與他們敵對的是人不是鬼魔（彼前3:14, 16）。彼得的讀者們怎麼會知道天使是「預備方舟……的時候」犯罪的？即使有人作如此的宣告，但創世記裏所記載造方舟的故事中並沒有提到此事。假使我們察看所有猶太人詮釋洪水故事的傳統，也都沒有提到天使恰好在「預備方舟……的時候」犯罪。[28] 所以，這個主張基督對墮落天使宣告審判的觀點，實在不能叫人信服。

(iii) 這是指基督向舊約時代聖徒宣告釋放嗎？

另外的一種解釋則認為，基督在祂死後，曾去向舊約時代的信徒宣告釋放，因為他們在基督完成救贖工作之前，尚不能進入天上。

然而，我們再次地質疑，這個觀點是否適當地解釋了這段經文真正要傳達的意思。它並沒有說基督向信徒或對神忠誠的人傳道，而是向先前「那些*不信從的人*」——其重點在於他們的不順服。而且，彼得不是指出一般舊約時代的信徒，而是指明只是那些「當挪亞的日子，在他預備方舟……的時候」（彼前3:20，和合本譯作「在挪亞預備方舟……的時候」）不信從神的人。

最後，聖經沒有給我們清楚的證據叫我們認為，舊約的信徒死時，神不許他們進入天上，享受與神同在的祝福——實際上有幾處經文顯示，在基督受死十架之前就已經死了的信徒，確實立刻進入了神的同在，因為他們的罪乃是藉著信靠即將要來的

---

[28]關於猶太人對創世記6:2, 4裏「神的眾子」之罪的解釋，以及在造方舟時犯罪之人的身分，可見下文的廣泛討論："Christ Preaching Through Noah: 1 Peter 3:19-20 in the Light of Dominant Themes in Jewish Literature," in Wayne Grudem, *The First Epistle of Peter*, pp. 203-39（這篇附錄對彼得前書3:19-20有詳細的討論，筆者在此僅作簡短的摘要）。

彌賽亞而得到赦免（創5:24；撒下12:23；詩16:11; 17:15; 23:6；傳12:7；太22:31-32；路16:22；羅4:1-8；來11:5）。

(iv) 一個比較令人滿意的解釋

彼得前書3:19-20最叫人滿意的解釋，似乎是很早以前由奧古斯丁所提出來的（但他沒有認真地為此辯護過），他認為：這段經文不是指基督在祂死後與復活之前所做的事，而是祂在**挪亞的時候**，「在屬靈境界的實存裏」（或「藉這靈」）所做的事。挪亞造方舟時，基督「在靈裏」曾透過挪亞向他周圍敵對而不信的人傳道。[29]

這個觀點可從彼得書信另兩處的經文裏得到印證。在彼得前書1:11裏，彼得說「基督的靈」藉著舊約先知說話。這顯示彼得可能已經想到，「基督的靈」也藉著挪亞說話了。接著在彼得後書2:5，他稱呼挪亞是一位「傳義道的」，他使用的名詞（*kēryx*）與彼得前書3:19的動詞「傳道」（*ekēryxen*，衍生自*kēryx*），來自相同的字根。很可能在大洪水以前的日子裏，基督「傳道給那些在監獄裏的靈聽」，是藉著挪亞做的。

基督透過挪亞傳道的對象，是當時在地上的不信者，而彼得稱呼他們為「在監獄裏的靈」，因為他們如今是在陰間的監獄裏——即使在挪亞傳道之時，他們還不是「靈」，而是人（NASB說基督傳道給「**如今**在監獄裏的靈魂」）。我們能用一個現代的例子來表達這個意思：「當克林頓還是大學生時，我就認識克林頓總統了。」這是一句合適的敘述，即使當時他在大學，還不是美國總統。這個句子的意思是：「我認識如今是克林頓總統的這個人，當他還只是大學裏的一個學生時。」所以基督「傳道給那些在監獄裏的靈聽」的意思，就是「基督傳道給那些如今在監獄裏的靈魂聽，但當時他們還在地上為人」。[30]

這種解釋非常適合彼得前書3:13-22較廣的上下文。挪亞的處境和彼得讀者的處境，在幾方面有非常明顯的相似性：（見次頁兩者的對照）

到目前為止，這樣的解釋似乎最可能解開此段經文的謎團。但這就表示第四個可能支持基督真的降下陰間的說法，也被否定了——這段經文乃是說到基督在挪亞的時代，在地上所做的一些事。

---

[29]本段乃為簡短的摘要，更詳盡的討論見Wayne Grudem, *The First Epistle of Peter*, pp. 157-62, 203-39.

[30]筆者的學生Tet-Lim Yee提醒說，聖經上還有另一處有十分相似的表達法：拿俄米說路得和俄珥巴都「恩待已死的人」（得1:8）；她是指她們在丈夫還活著的時候對待他們的方式。

挪亞	彼得的讀者
公義的少數	公義的少數
被敵對的不信者包圍	被敵對的不信者包圍
神的審判臨近	神的審判可能很快來臨（彼前4:5, 7; 彼後3:10）
挪亞（靠著基督的能力）勇敢地作見證	他們應當靠著基督的能力勇敢地作見證（彼前3:14, 16-17; 3:15; 4:11）
挪亞最後得救了	他們最後將會得救（彼前3:13-14; 4:13; 5:10）

(e) 彼得前書4:6

第五處、也是最後一處被用來支持基督真的降下陰間的經文：「為此，就是死人也曾有福音傳給他們，要叫他們的肉體按著人受審判，他們的靈性卻靠神活著。」

這一節經文的意思，是否是指基督曾下到陰間傳福音給那些已死的人聽呢？若是這樣，它是聖經裏惟一教導我們人死後有「第二次」得救機會的經文，與路加福音16:19-31和希伯來書9:27互相矛盾，因為這兩處經文似乎清楚地否定了這個可能性。不但如此，彼得前書這段經文並未明確地說，基督在人們死了以後向他們傳福音，而只是一般性地說，福音曾傳給如今已經死了的人（這一節經文甚至沒有說是基督傳的），但是福音傳給他們的時候，他們還在世上活著。

這是常見的解釋，而且和這節經文也貼切得多。這節經文的第二字「此」，呼應了第5節末了所提之末後的審判。彼得的意思是，因為末後審判的緣故，福音曾傳給（如今）死了的人。

這點對於那些有已過世基督徒朋友的讀者們，將是很大的安慰。他們可能會想：「福音帶給他們好處了嗎？畢竟福音沒有救他們不死啊。」彼得就會這樣回答：福音曾傳給那些已經死了之人的原因，不是要拯救他們脫離身體的死亡（「他們的肉體按著人受審判」），而是拯救他們脫離最後的審判（「他們的靈性卻靠神活著」）。所以，他們死了的事實並不表示福音的目的失敗——因為他們必要在屬靈的境界裏活到永遠。

因此，「死人」是指已經死了的人，但福音傳給他們的時候，他們還是活在地上的（NIV譯作「為了這個緣故，福音甚至曾傳給*那些如今已死的人*」；而NASB的譯法是「那些死了的人」）。這就避免了死後還有「第二次機會」得救的說法在教義上所造成的混淆，也能使這節經文的用字和上下文相應和。

所以，我們的結論如下：從這最後一段經文的上下文來看，並不支持基督真的降到陰間的教義。

至此，對有關基督是否真的降到陰間，持各種看法的人至少都應能同意一點：聖經任何經文都沒有清楚、明白地教導基督真的「降到陰間」的思想。許多人（包括筆者本人）會下這個結論：聖經裏完全沒有教導這個思想。然而，除了討論是否有任何經文正面地教導了這個思想的問題之外，我們還必須問：這個思想是否與任何聖經經文之教訓是相反的？

(3) 聖經反對「降到陰間」之說

聖經幾乎沒有任何支持基督真的降到陰間的記載，除此之外，有些新約經文還否定了基督在死後降到陰間的可能性。

耶穌對同釘十字架的強盜說：「今日你要同我在樂園裏了。」（路23:43）這話意指耶穌死後，即使祂的軀體留在地上被埋葬，但祂的靈魂（或靈）立刻就到天上與父神同在。有人否認這點，他們認為「樂園」是一個與天堂不同的地方，但這個字在新約中另兩處的意思，很清楚地是指「天堂」：哥林多後書12:4——保羅被提到那個地方，看到天堂的啟示；以及啟示錄2:7——我們看到生命樹在那個地方，按著啟示錄22:2, 14，此樹是在天上的。[31]

此外，耶穌「成了」（約19:30）的呼喊，強烈地表示基督的受難在那一瞬間完成了；而且祂因著擔當我們的罪而與父神的隔離，也是在那一瞬間結束的。這就意謂著祂不會降到陰間，而是立刻進入父神的同在裏。

最後，基督的「父啊！我將我的靈魂交在你手裏」（路23:46）的呼喊，也顯示基督正確地期望祂的苦難與疏離即刻結束；從而蒙父神把祂的靈魂迎入天上（注意司提反在使徒行傳7:59類似的呼喊）。

這些經文都指出基督在祂的死亡中，經歷到這個世代信徒在死亡時所經過的相同體驗：祂的屍體留在地上，被埋葬（我們也將如此），但是靈魂（或靈）即刻進入天上神的同在中（我們的靈魂也將如此）。然後，在第一個復活節的早晨，基督的靈與祂的身體再度聯合，祂就從死亡中復活了。已死的基督徒在基督回來的時候也將與他

---

[31]進一步支持這個想法的是這個事實：「樂園」（*paradeisos*）一詞的意思可以僅指「舒適的花園」（尤見七十士譯本裏的伊甸園），但它也經常被用來指「天堂」或「與神同在的福境」；見以賽亞書51:3；以西結書28:13; 31:8-9；《利未之約》（Testament of Levi）18.10；《以諾一書》（1 Enoch）20:7; 32:3；《西必林聖言錄》（Sibylline Oracles）3.48。在兩約之間的猶太文學裏，這個字作如此解釋有增長之趨勢（其他更多的參考資料，見Joachim Jeremias, *paradeisos*, *TDNT* 5 [1967], pp. 765-73, esp. 767, nn. 16-23）。

們的身體再度聯合，在完全復活的身體中進入新生命。[32]

這件事實對我們在教牧上的鼓勵：我們不需要害怕死亡，不僅是因為永生在死亡的另一頭，也因為我們知道，我們的救主也走過我們所將要踏上的路，祂有完全一樣的經驗——祂已經預備好這條路，甚至將這條道路分別為聖，而我們要在這條路上一步步以信心跟隨祂。這個關於死亡的解釋，遠比任何主張基督真的降到陰間之觀點所帶給我們的安慰都更大。

(4) 小結

基督「降到陰間」這語句是否應保留在《使徒信經》裏，和其他所有人都會同意的偉大信仰教義放在一起？惟一贊成留下這語句的論點，似乎就是它已在《使徒信經》中許久了。可是一個久遠的錯誤畢竟還是一個錯誤——只要它存在信經中一天，人們就會對它的意思產生混淆和紛歧。

另一方面，也有幾個有力的理由反對保留這個語句：它在聖經中沒有清楚的根據，而且似乎和一些聖經經文互相矛盾。它不是「使徒」所宣稱的；在教會最初的六個世紀裏，也沒有教會的支持。在《使徒信經》最早的版本裏，沒有「降到陰間」這語句；之後被包括進較晚的版本裏，但那明顯地是因為誤解了它的意義。它不像信經裏的其他句子，因它不是所有基督徒都贊同的主要教義，而只是一句大多數基督徒似乎不贊同的敘述。[33] 它只會叫人困惑，而且在大多數的情況下，誤導了現代的基督徒。筆者自己的判斷是，假如永遠徹底地把這語句從《使徒信經》裏拿掉，將有百利而無一害。

有關基督是否在死後真的降到陰間的教義問題，我們從幾處經文得來的答案，似乎很清楚是否定的。

D. 基督贖罪的程度

改革宗神學家與其他的天主教和更正教神學家之間的差異之一，即為基督贖罪程

---

[32]約翰福音20:17（「不要摸我，因我還沒有升上去見我的父」）的意思最好解釋為，耶穌在祂新的復活狀態、帶著復活的身體，卻尚未升回天上去；所以，馬利亞應當不要去抱住耶穌的身體。完成式的動詞*anabebēka*「升上」衍生自*anabainō*，因此意思為，「我尚未升上、停留在我要升上去的地方」或「我還不在升上的狀態」（後句摘自D. A. Carson, *The Gospel According to John* [Leicester: Inter-Varsity Press, and Grand Rapids: Eerdmans, 1991], p. 644）。

[33]Randall E. Otto採取了類似的建議：「將這樣一件奧祕的事包括在信經裏，實屬不智；因信經是當用來摘要信仰裏基本而重要的教義。」（"*Descendit in Inferna*: A Reformed Review of a Doctrinal Conundrum," *WTJ* 52 [1990], p.150）

度的問題。這個問題可以陳述如下：基督死在十字架上時，祂是為全人類的罪付上代價，還是僅僅為那些祂知道至終會得救之人的罪付上代價?

非改革宗信仰的人主張，聖經中一再地說到，福音是提供給所有人的，而且如果這個給予是真實的，那麼罪的代價必定已經付清了，而且必定是為所有的人預備好的。他們也認為，假使基督只為有限的人數清償罪債，那麼白白得到福音的機會也是有限的；如此一來，福音就不可能是毫無例外地提供給所有的人了。

但改革宗的信徒相信，假如基督的死是為每一個人付上罪的代價，那麼就沒有人會再需要接受任何懲罰，結果必然是所有的人都會得救，沒有例外的情況。因為任何一個人只要罪債已經付清，神就不會再定罪，使他受到永遠的懲罰；否則就是要求雙重的清償（其贖價），這是不公正的。有人反對這說法，認為這就使得福音不再是白白提供給所有的人。針對這個反對的意見，改革宗的人如此回答說，我們不知道誰會來信靠基督，因為只有神知道；但對我們而言，福音是白白地提供給每一個人的，沒有一個例外。我們也知道，每一位悔改、相信基督的人，都會得救，因此所有的人都被呼召要悔改（參徒17:30）。神預知誰會得救，而且神接納基督的死只為得救者的罪付上代價，這兩件事實與福音白白提供給所有人的觀點並不衝突，因為誰會回應福音的呼召是隱藏在神奧祕的旨意裏。我們不知道誰會對福音有回應，不該成為我們不傳福音給所有人的原因，正如即使農夫不知道收成的好壞，也不會不撒種在田裏。

最後，改革宗的人主張，神在救贖中所定的目的是在三一神裏同意了的，而且祂們三個位格都肯定達成了這目的。神計劃要拯救的一群人，正是基督為他們死的一群人，也是聖靈將基督救贖工作的福祉施行在他們身上的同一群人；聖靈甚至會喚起他們的信心（約1:12；腓1:29；另參弗2:2），並呼召他們信靠祂。父神所定的旨意，子神和聖靈都贊同，並且確實地執行。

D.1 被用來支持改革宗觀點的經文

聖經中有幾處經文說到基督為祂的百姓死之事實。「好牧人為羊捨命。」（約10:11）「我為羊捨命。」（約10:15）保羅論道：「神的教會，就是祂用自己〔的兒子〕血所買來的。」（徒20:28）他也說：「神既不愛惜自己的兒子，為我們眾人捨了，豈不也把萬物和祂一同白白的賜給我們麼？」（羅8:32）這一經文指出，神「為我們眾人」捨了祂兒子，和神把屬乎救恩的「萬物」賜給我們，二者之間的目的是有關聯的。在下一句裏，保羅清楚地將上述神賜給我們萬物，界定在那些將要得救的人身上，因為他說：「誰能控告神所揀選的人呢？」（羅8:33）接著他提到由於基督的死，所以沒有人能夠定罪選民（羅8:34）。保羅在另一處經文說：「你們作丈夫的，要愛你們的妻子，正如基督愛教會，為教會（原文作『她』）捨己。」（弗5:25）

此外，基督在地上服事之時，知道神賜給了祂一群人：「凡父所賜給我的人必到我這裏來；到我這裏來的我總不丟棄他……差我來者的意思就是：祂所賜給我的，叫我一個也不失落，在末日卻叫他復活。」（約6:37, 39）祂又說：「我……不為世人祈求，卻為你所賜給我的人祈求，因他們本是你的。」（約17:9）接著，祂明確地提到了門徒：「我不但為這些人祈求，也為那些因他們的話信我的人祈求。」（約17:20）

最後，有一些經文說到了基督死時，父神與子神之間確實有相互交通，是特別與那些會相信基督的人有關。例如，保羅說：「惟有基督在我們還作罪人的時候為我們死，神的愛就在此向我們顯明了。」（羅5:8）他又說：「因為我們作仇敵的時候，且藉著神兒子的死得與神和好；既已和好，就更要因祂的生得救了。」（羅5:10）與神和好是發生在一群特定的、會得救的人身上，而且是這些人還在「作仇敵的時候」發生的。同樣地，保羅說：「神使那不知罪的（和合本小字）替我們成為罪，好叫我們在祂裏面成為神的義」（林後5:21；另參加1:4；弗1:7）；並且「基督既為我們成（和合本小字）了咒詛，就贖出我們脫離律法的咒詛」（加3:13）。

當我們思考所有救恩的福祉時，就會發現更多支持改革宗觀點的證據。救恩的福祉包括了信心、悔改，和聖靈將救贖施行出來的所有作為，這一切都是藉著基督特別為著祂百姓所完成的救贖工作而得到的。那些因基督之死而贏得神赦免的人，也得著了其他相應而生的福祉（另參弗1:3-4; 2:8；腓1:29）。[34]

筆者在本節所說的「改革宗觀點」，通常被稱為「有限的贖罪」（limited atonement）。[35] 然而，今日大多數持守這個立場的神學家們不喜歡用「有限的贖罪」這個

---

[34]筆者不知道是否有阿民念派的人（Arminians）會同意筆者所說的「改革宗觀點」，此觀點又通稱為「特定的救贖」或「有限的贖罪」。然而，秉持阿民念主義傳統立場的人（即神預知誰要相信祂，從而預定他們得救），若再相信基督實際上只為那些神預知會相信祂的人、而非任何其他人而死並且付上代價，在邏輯上並非不可能。這樣說只是指出，雖然「有限的贖罪」是改革宗觀點所必要的一部分，因為在邏輯上，「有限的贖罪」是根據神在整個救贖工作中掌有全面主權的看法，然而人也可能（至少在理論上可以）主張「有限的贖罪」，但不採改革宗的其他立場，即不接受有關神在生命中的一般性主權或在救恩上的特定主權。

[35]「有限的贖罪」（*L*imited atonement）一詞的英文開頭字母是**L**，它是英文「加爾文主義的五要點」各點的首字母縮寫詞TULIP（英文的「鬱金香」）中的**L**；這五要點為：「全然的墮落」（*T*otal depravity）、「無條件的揀選」（*U*nconditional election）、「有限的贖罪」（*L*imited atonement）、「無可抗拒的恩典」（*I*rresistible grace）和「聖徒的恆忍」（即持續為基督徒，*P*erseverance of the saints）。這五個教義上的立場使得加爾文主義者或改革宗神學家，和許多其他更正派的信徒不同。本書主張這五點教義，但卻嘗試在每一點上指出贊成反對立場者的論點，並且也提供代表雙方觀點的適當書目。關於五要點個別的討論，見本書以下各章：第二十四章

詞彙，因為容易遭致誤解，彷彿在這個觀點下，基督贖罪的工作在某些方面有所欠缺。現在通常較喜歡用「特定的救贖」（particular redemption），因為這觀點主張基督為特定的百姓而死（就是那些將被拯救的人，也是祂特別來救贖的人），祂預知他們每一個人（參弗1:3-5），並在祂的贖罪工作中將他們都放在心上。[36]

反對此立場的人認為，基督實際是為所有人的罪而死，這種立場被稱為「普遍的救贖」（general redemption）或「無限的贖罪」（unlimited atonement）。

D.2 被用來支持非改革宗觀點的經文

非改革宗的觀點又被稱作「普遍的救贖」或「無限的贖罪」。有一些聖經經文指出，就某種意義而言，基督是為全世界的人而死。施洗約翰說：「看哪！神的羔羊，除去世人罪孽的！」（約1:29）而約翰福音3:16也告訴我們：「神愛世人，甚至將祂的獨生子賜給他們，叫一切信祂的，不至滅亡，反得永生。」耶穌說：「我所要賜的糧就是我的肉，為世人之生命所賜的。」（約6:51）保羅說：「神在基督裏叫世人與自己和好。」（林後5:19）我們讀到聖經說耶穌：「祂為我們的罪作了挽回祭，不是單為我們的罪，也是為普天下人的罪。」（約一2:2）保羅寫信論到基督耶穌「捨自己作萬人的贖價」（提前2:6）。希伯來書的作者說：「惟獨見耶穌暫時比天使小（和合本小字）……叫祂因著神的恩，為人人嘗了死味。」（來2:9）

其他的經文似乎說到基督也為那些不會得救的人而死。保羅說：「基督已經替他死，你不可因你的食物叫他敗壞。」（羅14:15）在另外一段類似的經文中，保羅告訴哥林多教會的人不要公開在拜偶像的廟裏吃祭物，因為那樣會鼓勵那些信心軟弱的人，違背良心吃祭偶像的食物。接著他說：「因此，基督為他死的那軟弱弟兄，也就因你的知識沉淪了。」（林前8:11）彼得論及假教師時說：「從前在百姓中有假先知起來；將來在你們中間也必有假師傅，私自引進陷害人的異端，連買他們的主他們也不承認，自取速速的滅亡。」（彼後2:1；另參來10:29）

D.3 雙方共同相信的觀點，以及有爭議之經文的結論

我們首先列出雙方都同意的觀點，這是很有助益的：

(1) 並非所有的人都會得救。

（全然的墮落）、第三十二章（無條件的揀選）、第二十七章（有限的贖罪）、第三十四章（無可抗拒的恩典），以及第四十章（聖徒的恆忍——持續為基督徒）。

[36]改革宗人士認為，非改革宗的觀點才真正限制了基督贖罪的能力；因為在那種觀點下，基督的贖罪並不真正保證神百姓的救恩，而只是讓所有的人都有得救的可能性而已。換言之，假使基督的贖罪不是在人數上為「有限的」，那麼就必定是在祂所完成的事上為「有限的」。

(2) 神白白提供福音給每個生在這世上的人，這是完全真實的：「凡是願意的」都可以來到基督這裏得著救恩；來到祂這裏的人，沒有一位會被拒絕。神很誠心地白白提供福音為要拯救每一個人。

(3) 雙方都會同意，因為基督是無限之神的兒子，因此祂的死本身有無限的功德（merit），足以清償罪的懲罰；可以照著父與子所命定的，償還任何數量的罪。問題不在於基督的受苦與受死本身所具有的功德，而在於父神與子神認為在基督死時，祂的死足以付清的人數。

然而在這些共同的觀點之外，雙方對於下列的問題就有分歧了：「基督死時，祂*真正所清償的罪罰*，是只為那些會信靠祂之人的罪，還是為每個人的罪？」就此問題，那些持「特定的救贖」觀的人似乎握有較有力的論點。*首先*，有一個重要的論點通常不為提倡「普遍的救贖」觀的人所回應，那就是永遠被定罪到地獄去的人，必為他們所犯的一切罪接受懲罰；所以，他們的懲罰不可能完全被基督所擔負了。有時候，提倡「普遍的救贖」觀的人會這樣說，他們在地獄受苦，是因為拒絕基督的罪，雖然他們的其他罪已經被清償。但是這種立論很難叫人滿意，因為 (1) 有人從未拒絕過基督，因為他們從未聽到過祂；以及 (2) 當聖經論及永遠的審判時，所強調的重點不在於人要因他們拒絕基督而受苦，而在於人要因他們在今生所犯的罪而受苦（見羅5:6-8, 13-16等）。這個重要的論點似乎決定性地將結論推向「特定的救贖」的立場。

其次，另一個有利於「特定的救贖」的重要事實是，基督乃是完全地贏得了我們的救恩，為我們清償了所有的罪債；祂並非只是帶給人得救贖的可能性，而是真的救贖了每一個祂所愛的人。*第三*，這個支持「特定的救贖」之重點是，在神的旨意和計劃，以及父、子、聖靈實現祂們計劃的工作上，有永遠的合一性（見羅8:28-30）。

關於那些被用來支持「普遍的救贖」之經文，我們可以回應如下：有幾處提及「世人」的經文，只是在概括性地表示罪人將會得救，但並沒有說在世上的每一個人都會得救。所以，雖然經文說到基督是除去世人罪孽之神的羔羊（約1:29），但並不表示（不論是任何人的解釋）基督真正的除去了世上每個人的罪孽，因為不論是支持「特定的救贖」或支持「普遍的救贖」，雙方都同意並非所有的人都會得救。同樣地，雖然經文說到神在基督裏要世人與祂自己和好（林後5:19），並非是指要世上的每個人都與神和好，而是概括性地指罪人將與神和好。這兩處經文的另一種表示法可以是這樣：「耶穌是神的羔羊，除去罪人的罪孽；神在基督裏叫罪人與祂自己和好。」這不表示所有的罪人都會得救，或都會與神和好，而只是概括地說到這群人、而不一定是他們中間每個人，都是神救贖工作的對象：它主要的意思就是「神這樣地愛『罪人』，甚至將祂的獨生子賜給……」（約3:16），並不代表世上的每一個罪人都會得救。

我們最好把論到基督「為」全世界的人而死的經文，理解為福音白白提供給所有的人。耶穌說：「我所要賜的糧就是我的肉，*為世人之生命*所賜的。」（約6:51）這是在祂提到自己就是從天降下生命的糧之背景下所說的：生命的糧提供給人，只要他們願意，就可以領受。在這一段經文的前面，耶穌說：「神的糧就是那從天上降下來賜生命給世界的。」（約6:33）這話應理解為，祂將救贖的生命帶到世上來了，而非說世上每個人都會有蒙贖的生命。然後，耶穌邀請其他人來取這個生命之糧時，說到了自己：「到我這裏來的必定不餓；信我的永遠不渴……這是從天上降下來的糧，叫人吃了就不死。我是從天上降下來生命的糧，人若吃這糧就必永遠活著；我所要賜的糧就是我的肉，為世人之生命所賜的。」（約6:35, 50-51）耶穌賜下了祂的肉，好將生命帶入這個世界，提供給世人；然而，當我們說耶穌來是為了提供永生給世人（這點是雙方都同意的），並非是說祂真正為每個人的罪付清了該受的懲罰，因為那是另外的問題。

當約翰說，基督「為我們的罪作了挽回祭，不是單為我們的罪，也是為普天下人的罪」（約一2:2），我們只能把他的意思理解為，基督是贖罪的祭物，是福音為現今世上每個人的罪所*預備妥的*。至於基督「為」世人的罪成了挽回祭的這個介詞「為」（希臘文*peri*，其後加所有格），其意思是模糊的。這個介詞只意味著「有關」或「至於」，卻不夠明確到講明基督是以何種方式為世人的罪成為祭物。若要有與該節文字全然一致的理解，那就是要認為約翰只是說，基督是贖罪的祭物，可以提供清償世上任何人的罪孽。[37] 同樣地，保羅說基督「捨自己作*萬人*的贖價」（提前2:6，「萬人」的希臘文是「所有的人」）之時，我們應當了解這句話的意思乃是指，贖金（贖價）已經毫無例外地為所有的人備妥了。[38]

---

[37]這與希伯來書10:26裏的片語「〔為〕贖罪」（希臘文*peri harmartiōn*）意思相近。希伯來書的作者說，若有人在得知真道以後，還故意持續地犯罪，「贖罪的祭就再沒有了」。這不是說基督的祭不再存在了，而是說它已不再提供給那些故意摒棄它、並不願悔改的人。「贖罪的祭」在此的意思是「一個備妥了的祭，可以用來償付罪的代價」。同樣地，約翰一書2:2的意思可解作「為普天下人（尤其是指包括外邦人和猶太人）的罪備妥了挽回祭」。

[38]保羅論到神「是萬人的救主，更是信徒的救主」（提前4:10）時，他指的是父神，而不是基督；而且「救主」可能意指「一位保守百姓生命、並拯救他們脫離危險的」，並非「一位饒恕他們罪孽的」；保羅的意思肯定不是指

希伯來書的作者說：「耶穌暫時比天使小（和合本小字）……叫祂因著神的恩，為人人嘗了死味。」（來2:9）我們最好將這經文的「人人」理解為是屬於基督的每個人，即每個被救贖的人，而不是指「在全世界上」的每個人，或指任何類似的表達；因為根據緊鄰的上下文，作者肯定是在說那些蒙贖之人（見希伯來書2:10的「領許多的兒子進榮耀裏去」；2:11「那些得以成聖的」；2:13「神所給我的兒女」）。在此譯作「每個人」或「人人」的希臘文（*pas*）是指「所有神的百姓」，這在希伯來書8:11裏也有類似的意思：「因為*所有的人*都必認識我」（和合本譯作「他們……都必認識我」，「他們」原文即*pas*）；希伯來書12:8也是這樣的意思：「管教原是*眾子*所共受的，你們若不受管教，就是私子，不是兒子了。」（「眾子」原文即*pas*）這兩處經文中的「所有的人」（和合本譯作「他們」、「眾子」）都沒有加上明確的修飾語，如「所有神的百姓」明確指出是「所有」的「神的百姓」，但是就整個上下文來看，這個意思仍是很清楚的。當然，在其他的經文，同一個「所有」可以指「毫無例外地包括所有的人」，但這必須要從每一節經文的上下文來判斷。

保羅在羅馬書14:15和哥林多前書8:11說到，信徒的行為有可能敗壞其他人，即基督也為之而死的那些人。在此我們似乎最好也是將「為（替）」這個字的意思，理解為基督的死「*為這些人備妥赦恩*」，或基督的死「將福音白白提供給」這些與教會團契有關聯的人。保羅的心中似乎沒有確切地想到三一神之間作決定的問題，即基督的死在父神看來是清償誰的罪；反之，他想到的是那些得到福音的人。保羅在哥林多前書8:11，稱呼那軟弱的人為「基督為他死的那……弟兄」，他不一定是在說明那個人內在的屬靈光景，而可能只是按著我們通常所謂的「愛的判斷」，來正確地稱呼那些參加教會團契的人為弟兄和姊妹。[39]

當彼得說到那些帶來毀滅性異端的假教師：「連買他們的主他們也不承認」（彼後2:1），究竟其中的「主」這個字（希臘文*despotēs*）是指基督（如在猶4），還是指

每個人都會得救。雖然如此，另一個可能的意思是，神「是各種人——即各種相信之人——的救主」（為此觀點辯護的，見George W. Knight III, *The Pastoral Epistles*, pp. 203-4）.

[39]這兩處經文另一種可能的解釋乃是，「敗壞」表示毀壞一個人的服事或靈命的成長；雖然他還是信徒，但是他在信仰的原則上妥協了。這種解釋在這兩處經文裏，確實切合上下文的意思，可是有人會反對這樣的看法，認為如果保羅有這樣的意思，那麼這兩處所使用的希臘字*apollymi*（「敗壞」）就顯得太強烈了。這個字常被用來論及永遠的毀滅（見約3:16；羅2:12；林前1:18；15:18；林後2:15；4:3；彼後3:9）。但是，從哥林多前書8:11的上下文看來，這個字可能與其他經文中的這個字的意思不同，因為這一節沒有說到神在「敗壞」什麼人，而是說到一個人做了某件事而使另一個人「敗壞」——這就顯示出這個字較弱的意思。

父神（如在路2:29；徒4:24；啟6:10），我們並不清楚，但不論是指基督還是父神，舊約的出處都可能是申命記32:6。當時摩西告訴轉離神的悖逆百姓說：「祂豈不是你的父，將你買來的麼？」[40] 彼得將過去興起於猶太人中的假先知，和那些在他所致函教會裏的假教師之間，作了一個類比：「從前在百姓中有假先知起來；將來在你們中間也必有假師傅，私自引進陷害人的異端，連買他們的主他們也不承認，自取速速的滅亡。」（彼後2:1）彼得根據舊約對假先知的清楚記載，指出悖逆的猶太人轉離了在埃及將他們「買」出來的神。自從出埃及之後，任何猶太人都應當看自己是神所「買」的，所以他們就成了神自己產業下的人。就這層意思來說，在百姓中興起的假師傅，否認了他們理當歸屬的父神。[41] 因此經文的意思不是基督救贖了這些假先知，而只是指出他們是悖逆的猶太人（或那些參加教會的人，他們與悖逆的猶太人有同樣的地位），理當是歸屬於神，因為神把他們（或他們的祖先）從埃及地買出來，可是他們對祂並不感恩。這一節經文並未說到基督在十字架上特定的救贖工作。[42]

至於那些講到基督為祂的羊群、教會，或百姓死的經節，非改革宗信仰的人可能會如此答覆：這些經文並未否定，祂的死也是為了擔負其他人的懲罰。我們的回應則是這樣：雖然這些經文沒有明白地否認基督也可能為其他的人而死，然而，它們頻頻地提到祂是為祂的百姓而死，至少強烈地顯示，祂只為祂的百姓死是一項正確的推論。即使它們沒有絕對地表示救贖的對象是特定的，但至少以這種方式解釋這些經節看起來是最自然的。

總結來說，對筆者而言，改革宗「特定的救贖」之立場似乎和聖經整體的教訓是最一致的。不過一旦筆者作了這樣的陳述，仍要舉出幾點應當留心的要點。

D.4 關於基督贖罪之教義所需要澄清與注意的幾點

我們應當說明幾點澄清，並一些可以正確反對有些倡導「特定的救贖」者表達論點之方式，這是很要緊的。同時，關於這個教導的教牧涵義也是十分重要的。

---

[40] 雖然七十士譯本沒有使用彼得的用詞*agorazō*，而是用了*kataomai*，但是這兩個字在許多情況下都是同義字：它們都可以指「買、購」；在申命記32:6所用的希伯來字是*qānāh*，它在舊約裏的意思也經常是「買、購」。

[41] 這是John Gill所持的觀點，見Gill, *The Cause of God and Truth* (Grand Rapids: Baker, 1980; repr. of 1855 ed.; first published 1735), p. 61. 雖然Gill討論到這節經文其他可能的解釋，可是這種解釋似乎是最具說服力的。我們應當明瞭，在彼得的兩封書信裏，他常常以舊約有關神百姓的豐富比喻，描繪他所致函的教會。見W. Grudem, *The First Epistle of Peter*, p. 113.

[42] 希臘文的「主」（*despotēs*）這個字，在別處的上下文中，強調神是世界的創造者和治理者（徒4:24；啟6:10）。

D.4.1 應專注在基督贖罪的本身

倘若我們如伯克富（Louis Berkhof）一樣地敘述這個問題，[43] 把焦點放在父神與子神的目的上，而不注意基督贖罪所真正成就的，似乎是一個錯誤。假如我們將討論侷限在基督贖罪的目的上，就是以另一種形式落入阿民念派和加爾文派之間更大的爭辯中：阿民念派的立場——神的目的是拯救所有的人，但此一目的因人反叛的意志而受到挫折；加爾文派的立場——神的目的是拯救祂所揀選的人。關於神的目的之問題，不應在這個狹窄的層面（「基督贖罪的程度」）上來決斷，因為關於此點的明確經文太少了，無法據以肯定哪一邊看法具有絕對的優勢。一個人對那些相關經文的解釋，容易受到他對更大的問題之觀點所左右；這個更大的問題包括聖經整體對基督贖罪本質的教導，以及對其他主題更廣泛的教導，例如神的天命、主權和揀選等。不論他在這些更大、更廣的問題上所作的判定為何，都會被特別地應用到該點的問題上，因此也將會自然而然地得到他自己的結論。

因此，我們的問題不應專注在神的目的上，而應專注在基督贖罪的本身：基督是否也為一切將永遠被定罪的不信者付上了罪的代價？祂在十字架上是否為他們的罪完全付清了代價？我們對這些問題的答案似乎必須是否定的。

D.4.2 釐清兩句敘述的意思

「基督只為祂的百姓死」和「基督為所有的人死」兩句敘述，在某種意義上都是真的。對於這個問題的爭辯常令人迷惑，因為在兩個敘述中的「為」字可以有不同的解釋。

我們可以把「基督只為祂的百姓死」之敘述，理解為「基督死了，*只為清償祂百姓犯罪所該受的懲罰*」。按這個意思，這個敘述是對的。但是非改革宗信仰的人聽到「基督只為祂的百姓死」這句話時，他們通常會聽成：「基督死了，因此福音只是為少數蒙揀選的人備妥的。」他們認為這說法威脅到福音白白提供給每個人的觀念，因而感到困擾。因此之故，持守「特定的救贖」觀的改革宗人士應當認清，「基督只為祂的百姓死」這個句子所可能帶來的誤解；而且基於對真理的關切、肯定福音是白白提供給人的教牧關懷，和避免在基督肢體上造成誤會，他們在說這個句子時，應當更為精準地說出他們的意思。這個簡單的句子「基督只為祂的百姓死」，雖然以上面所

---

[43]Berkhof說：「這個問題與贖罪的設計有關。父神差遣基督、基督來到這個世界成為贖罪祭，這是設計好的嗎？目的單單是為了拯救選民，還是為了拯救所有的人？這就是問題的所在，並且也只有這是個問題。」（Berkhof, *Systematic Theology*, p. 394）

解釋的意思去理解是對的，但是不熟悉改革宗教義的人聽到時，很少會用上述的方式去理解它。所以，若能完全不用這樣一個模糊不清的句子會更好。

另一方面，如果「基督為所有的人死」的意思是「基督死了，*好叫赦恩為所有的人備妥*」，或說是「基督死了，*好將福音白白提供給所有的人*」，那麼這句話就是對的。其實，這就是約翰福音6:51、提摩太前書2:6和約翰一書2:2等經文中所說的。[44] 然而若改革宗人士堅持要用如此精準的說法，以至於當有人說「基督為所有的人死」時他們就予以反對，似乎就是吹毛求疵，製造紛爭和引起無用的辯論。當然那個句子仍有大家都能接受的解釋，並且和聖經作者的語言也是一致的。

與此類似地，當一位佈道家告訴未信主的聽眾說：「基督為你的罪死」，假使這句話的上下文意思清楚，他已經說人在接受福音所提供的福祉之前，必須要先信靠基督，那麼我們就不應當太急於批判他。他所說的那個句子的意思是「基督死了，為要赦免你的罪」，或是「基督死了，使你的罪蒙赦免成為可能的」。在此，最重要的一點是，罪人要明白救恩是為每個人預備的，而罪的贖價也已經為每個人備妥了。

在這一個點上，一些改革宗神學家會持反對的意見，並且警告我們，假如我們對不信者說：「基督為你的罪死」，他們就會下結論說：「所以無論我做什麼，都會得救。」但是這似乎不是個實際的問題，因為福音派（改革宗或非改革宗）對不信者傳講福音時，總是十分清楚地敘述：除非人信基督，否則基督的死對人沒有任何的福祉。所以，這個問題似乎是改革宗人士自己以為不信者會這樣相信的（如果他們採用一致的推理，推論神奧祕的旨意，以及基督在十字架上作挽回祭時，父神與子神之間在三一神旨意裏的關係）。但是不信者根本不是那樣推理：他們知道，在能夠經歷到任何由基督拯救工作所帶來的福祉之前，他們必須先信靠基督。況且，當人聽到「基督為你的罪死」時，更可能把這個句子理解成教義上正確的意思，即「基督死了，為的是要赦免你的罪」；而非理解成教義上不正確的意思，即「基督死了，並且已完全為未信的你清償了所有罪的懲罰。」[45]

D.4.3 教牧上的應用

關於我們在實際上與教牧上所用之話語的果效，主張「特定的救贖」和「普遍的

---

[44]Berkhof說，提摩太前書2:6所指的是「神啟示出來的旨意，即猶太人和外邦人都要得救。」（同上出處，p. 396）

[45]筆者在此不是論說，我們可以在語言上粗枝大葉；筆者乃是認為，若其他基督徒不假思索地使用語意不明的語言，但無意與任何聖經的教訓矛盾時，我們切忌妄加批評。

救贖」的人在幾個重點上已達到共識：

(1) 雙方都想要避免引起這樣的誤解：不管信不信基督，人都會得救。非改革宗人士有時候責難改革宗人士的說法，認為他們說只要是選民，不論對福音的反應如何，都會得救；但是這顯然是誤會了改革宗的立場。另一方面，改革宗人士認為那些主張普遍救贖的人士可能傳達了一個錯誤的觀念：不管相信基督與否，人人都會得救；但這並不是非改革宗人士真正的立場。若我們僅因依照某人對其他方面的觀點來推理，而認為他對此就應有某種立場，就予以批評，但事實上那人卻從不曾聲稱如此的立場，那麼我們這樣的作法是很危險的。

(2) 雙方都想要避免有這樣的暗示：有人來到基督面前尋求救恩，但卻被拒絕了，因為基督不是為他們死。雙方都不想要對一個不信的人明說或暗示：「基督可能為你的罪死了（也可能沒有）。」雙方都想要清楚地宣稱，所有到基督面前尋求救恩的人，確實都會得救。「到我這裏來的我總不丟棄他。」（約6:37）

(3) 雙方都想要避免有這樣的暗示：神白白提供福音給世人時，是言不由衷或不誠實的。神是真心誠意的；因此，所有希望到基督面前尋求救恩、並且真正來到祂面前的，都會得救——這是千真萬確的。

(4) 最後，我們可以問，為什麼這件事如此重要？雖然改革宗人士有時候相信，特定救贖論可以作為正統教義的試金石，但我們也應當明白，聖經本身從未將這點單單挑出，當作主要教義之一，亦未把它當作神學討論的主題；明白這點是有益的。我們是因為在討論其他教義或實際事務所引用的經文時，恰好牽涉到這個問題，才引起我們對它的注意。其實，這個問題探究到三一神之間計劃的核心，但在這方面又沒有什麼直接的經文證據，因此我們對這事實應審慎處理。一個平衡的教牧觀點似乎應該是這樣的：對我們而言，特定救贖論的教導似乎是真實的，它在我們的神學體系提供了邏輯的一致性，而且它向人保證基督對每個人的愛，以及祂為他們所作之救贖工作已經完成。然而，它幾乎無可避免地導致一些困惑、一些誤解，並在神百姓中間常常引起一些錯誤的爭執與分裂——從教牧的觀點來考量，所有這些都是負面的。也許這就是為何使徒們，例如約翰、彼得和保羅，以他們的智慧，幾乎一點也不重視這個問題。也許我們思想他們的榜樣，就會知道該怎麼做。

個人思考與應用

1. 本章在哪些方面，使你比從前更加感激基督的死？本章是否多少給了你一些把握，相信基督真的已經為你的罪付過贖價了?

2. 如果基督贖罪的終極原因是神的慈愛與公義，那麼，在你裏面是否有任何因素值得神來愛你或採取步驟來拯救你（當神瞻望未來，想到你是一個背叛祂的罪人）? 你對這個問題的答案，是否能幫助你感激神的愛的性格（雖然你一點都不配得神的愛）? 這樣的體會使你如何感受到你和神的關係?
3. 你認為基督的受苦足以替你付清罪的代價嗎? 你願意仰賴祂的作為，來償付你的罪價嗎? 你認為祂是個有能力的救主，配得你的信賴嗎? 當祂邀請你：「到我這裏來，我就使你們得安息」（太11:28）之時，你願信靠祂嗎? 你願意從現在到永遠都全心信靠祂來得著完全的救恩嗎?
4. 如果基督擔負了我們所有的罪疚，和神對罪所有的忿怒，以及我們一切所該得的死亡刑罰，那麼神還會對身為信徒的你發怒嗎（見羅8:31-39）? 你在生命中所經驗到的任何艱難或苦難，可能是來自神對你的忿怒嗎? 倘若不是，那麼為什麼我們基督徒今生會經歷到困頓和苦難呢（見羅8:28；來12:3-11）?
5. 你認為耶穌基督的生命是否夠好到配得神的稱許? 你願意將你永恆的命運依靠在祂的生命上嗎? 你認為耶穌基督是否是一位既可靠又良善的救主，足以讓你信靠祂? 你要信靠你自己的生命，還是基督的生命，才能在神面前永遠堅立?
6. 如果基督真的將你從罪的捆綁和撒但的國度下救贖出來，那麼在你的生命中，有哪些方面會讓你更完全地體會到那救贖的真實性? 在你基督徒的生活中，這種體會是否給予你更多的激勵?
7. 你認為基督代替並且擔當了你該受的罪的懲罰，是公平的嗎? 當你想到祂代替你並為你死時，會激起你心中什麼樣的反應和感受?

特殊詞彙

主動的順服（active obedience）
贖罪（atonement）
基督的血（blood of Christ）
因結果而有的絕對必要性（consequent absolute necessity）
榜樣論（example theory）
普遍的救贖（general redemption）
治理論（governmental theory）

算給、歸給（impute）
有限的贖罪（limited atonement）
道德影響論（moral influence theory）
特定的救贖（particular redemption）
被動的順服（passive obedience）
代替受罰（penal substitution）
挽回祭（propitiation）
付贖金給撒但論（ransom to Satan theory）
和好（reconciliation）
救贖、贖回（redemption）
犧牲（sacrifice）
無限的贖罪（unlimited atonement）
代贖（vicarious atonement）

本章書目

Bauckham, Richard J. "Descent into Hell." In *NDT, pp*. 194-95.

Berkouwer, G. C. *The Work of Christ*. Trans. by Cornelius Lambregtse. Grand Rapids: Eerdmans, 1965.

Brown, John. *The Sufferings and Glories of the Messiah*. Evanston, Ind.: Sovereign Grace Publishers, 1959 (reprint of 1852 edition).

Campbell, John McLeod. *The Nature of the Atonement*. 6th ed. London and New York: Macmillan, 1886 (first published in 1856).

Elwell, Walter. "Atonement, Extent of the." In *EDT*, pp. 98-100.

Green, Michael. *The Empty Cross of Jesus*. The Jesus Library, ed. by Michael Green. Downers Grove, Ill.: InterVarsity Press, 1984.

Grensted, L. W. *A Short History of the Doctrine of the Atonement*. Manchester: University Press, and London: Longmans, 1962.

Hodge, Archibald A. *The Atonement*. London: T. Nelson, 1868.

McDonald, H. D. *The Atonement of the Death of Christ*. Grand Rapids: Baker, 1985.

McGrath, Alister E. *Luther's Theology of the Cross: Martin Luther's Theological Breakthrough*. Oxford: Basil Blackwell, 1985.

________. *The Mystery of the Cross*. Grand Rapids: Zondervan, 1988.

________. *What Was God Doing on the Cross?* Grand Rapids: Zondervan, 1993.

Martin, Hugh. *The Atonement: In Its Relations to the Covenant, the Priesthood, the Intercession of Our Lord*. Philadelphia: Smith and English, 1871.

Morey, Robert A. *Studies in the Atonement*. Southbridge, Mass.: Crowne, 1989.

Morris, Leon. *The Apostolic Preaching of the Cross*. 3rd ed. Grand Rapids: Eerdmans, 1965.

________. "Atonement." In *EDT*, p. 97.

________. *The Atonement: Its Meaning and Significance*. Leicester and Downers Grove, Ill: InterVarsity Press, 1983.

________. "Atonement, Theories of the." In *EDT*, pp. 100-102.

________. *The Cross in the New Testament*. Grand Rapids: Eerdmans, 1965.

________. *The Cross of Jesus*. Grand Rapids: Eerdmans, and Exeter: Paternoster, 1988.

Murray, John. *Redemption Accomplished and Applied*. Grand Rapids: Eerdmans, 1955, pp. 9-78.

Owen, John. *The Death of Death in the Death of Christ*. Carlisle, Pa.: Banner of Truth, 1959 (includes excellent introductory essay by J. I. Packer).

Smeaton, George. *The Doctrine of the Atonement as Taught by Christ Himself*. Grand Rapids: Zondervan, 1953 (reprint of 1871 edition).

Smeaton, George. *The Apostles' Doctrine of the Atonement*. Grand Rapids: Zondervan, 1957 (reprint of 1870 edition).

Stott, John R. W. *The Cross of Christ*. Leicester and Downers Grove, Ill.: InterVarsity Press, 1986.

Turretin, Francis. *The Atonement of Christ*. Trans. by James R. Willson. Grand Rapids: Baker, 1978 (reprint of 1859 edition; first published in Latin in 1674).

Wallace, Ronald S. *The Atoning Death of Christ*. Westchester, Ill.: Crossway, 1981.

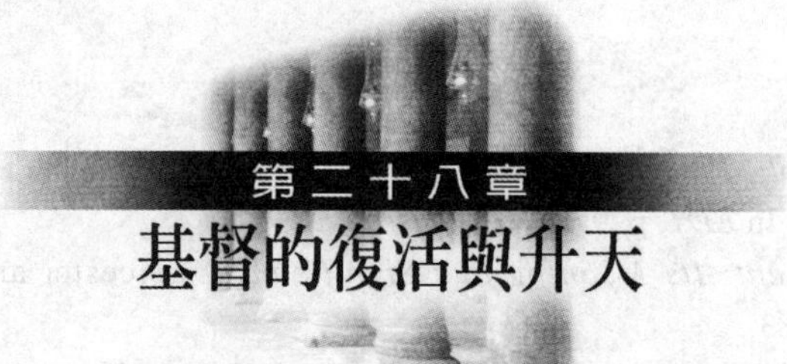

第二十八章

基督的復活與升天

基督復活的身體是什麼樣子？
對我們有何重要？
基督升天以後的情況如何？
「耶穌基督的狀態」是指什麼？

背誦經文：哥林多前書15:20-23

但基督已經從死裏復活，成為睡了之人初熟的果子。死既是因一人而來，死人復活也是因一人而來。在亞當裏眾人都死了；照樣，在基督裏眾人也都要復活。但各人是按著自己的次序復活：初熟的果子是基督；以後在祂來的時候，是那些屬基督的。

詩歌： 救主基督已復活（*Christ the Lord Is Risen Today*）

1救主基督已復活 哈利路亞 死亡捆索全解脫 哈利路亞
天使讚美樂歡騰 哈利路亞 罪人蒙恩也響應 哈利路亞
2祂從陰間已脫出 哈利路亞 死啊你鉤在何處 哈利路亞
祂曾死過又復生 哈利路亞 墳墓你今有何能 哈利路亞
3祂曾死過救贖成 哈利路亞 毀滅仇敵勝利贏 哈利路亞
死亡不能拘禁祂 哈利路亞 祂升高天仇敵踏 哈利路亞
4我們與祂同復活 哈利路亞 與祂高升天上坐 哈利路亞
與祂一樣的高昂 哈利路亞 脫開地上諸捆綁 哈利路亞

詞：Charles Wesley, 1739
曲：EASTER HYMN 7.7.7.7.al., Lyra Davidica, 1708; alt.

A. 基督的復活

A.1 新約聖經的證據

新約聖經中的福音書包涵了基督復活的豐富見證（見太28:1-20；可16:1-8；路24:1-53；約20:1–21:25）。除了四福音書裏詳細的敘述之外，使徒行傳是使徒宣揚基督復活的故事，並且講述他們繼續向基督禱告、信靠祂為在天上永遠活著掌權的主。新約聖經中的書信完全根據這個前提：耶穌是一位活著掌權的救主，現今高升為教會的元首，為人所信靠、敬拜與仰慕；有一天，祂要帶著浩大的權能和榮耀回來，成為全地的君王。啟示錄重複地記載復活的基督在天上掌權，預告祂要回來征服祂的仇敵，並在榮耀中統治萬有。如此，整個新約聖經都為基督的復活作見證。[1]

A.2 基督復活的性質

基督的復活不只是從死亡裏回來，這在祂以前的其他人，如拉撒路（約11:1-44）就曾經歷過。如果耶穌與他們一樣，也就會一樣地年老再死去。然而，當耶穌從死裏復活時，祂成了一種新的人類生命之「初熟的果子」[2]（林前15:20, 23）。這種生命的身體是完全的，不再有軟弱、老化或死亡，而能永遠活著。

不錯，耶穌的兩個門徒在與祂往以馬忤斯路上走的時候，沒有認出祂來（路24:13-32），可是路加明確地告訴我們，這是因為「他們的眼睛迷糊了，不認識祂」（路24:16）；後來「他們的眼睛明亮了，這才認出祂來」（路24:31）。抹大拉的馬利亞只是很短暫的時間認不出耶穌（約20:14-16），但那可能是因為天還暗，所以她一開始並沒有看出祂來——聖經說她在「天還黑的時候」就來了（約20:1）。然而一旦她認出祂來，就「轉過來」對耶穌說話（約20:16）。

在其他的情況，門徒們似乎相當快就認出耶穌來（太28:9, 17；約20:19-20, 26-28; 21:7, 12）。耶穌在耶路撒冷向十一位門徒們顯現時，他們起初是驚訝而害怕（路24:33, 37），可是當他們看到耶穌的手和腳，以及看到祂吃了一片燒魚以後，他們就相信祂已經從死裏復活了。這些實例指出，耶穌身體的外觀在祂死亡之前和復活之後，有相當程度的相似性。但是復活的耶穌看起來並不完全和祂死亡之前一樣，因為門徒們除了起先因看見他們認為不可能發生的事而感到驚訝之外，他們並沒有立刻就認出祂

---

[1]歷史上有關基督復活的辯論相當多，許多懷疑者開始檢驗證據，想要得到反證，但後來不得不信服基督的復活。由懷疑到相信的最有名的記述是Frank Morison, *Who Moved the Stone*? (London: Faber and Faber, 1930; reprint, Grand Rapids: Zondervan, 1958). 有一本廣為使用的冊子摘記了這個辯論：J. N. D. Anderson, *The Evidence for the Resurrection* (London and Downers Grove, Ill.: InterVarsity Press, 1966). Morison和Anderson都是專業的律師。近代較詳細的記述可見於William Lane Craig, *The Son Rises: The Historical Evidence for the Resurrection of Jesus* (Chicago: Moody, 1981); Gary Habermas and Anthony Flew, *Did Jesus Rise From the Dead? The Resurrection Debate*. ed. Terry L. Miethe (New York: Harper and Row, 1987); Gary Habermas, "Resurrection of Christ," in *EDT*, pp. 938-41. 另一廣泛編輯著名學者的論點和引語，以肯定基督復活證據之可靠性的著作，則為Josh McDowell, *Evidence that Demands a Verdict*. rev. ed., vol. 1 (San Bernardino, Calif.: Here's Life Publishers, 1979), pp. 179-263.

[2]見本章A.4節有關「初熟的果子」這詞彙的討論。

來，可能耶穌身體的外觀和以前還是有明顯的差異。也許外觀上的差異僅僅是這樣的差別：一個是歷經一生苦難、滄桑和憂傷的人，一個是身體恢復到充滿年輕活力和健康的人。雖然耶穌的身體仍舊是物質性的身體，但是它已復活成一個改變了的身體，永遠不會再受苦、軟弱、生病或死亡；它已經「穿上不朽壞」（林前15:53，呂振中譯本；和合本譯作「變成不死的」）。保羅說，復活的身體是復活為「不朽壞的……榮耀的……強壯的……靈性的身體」（林前15:42-44）。[3]

耶穌在復活後，有一個能被觸摸、能活動的身體，這可見於以下的敘述：門徒們「抱住祂的腳」（太28:9）；祂在往以馬忤斯的路上，以另一位行旅者的身分向門徒們顯現（路24:15-18, 28-29）；祂拿起餅，擘開（路24:30）；祂吃下了一片燒魚，清楚地表示祂有身體，而不只是一個靈魂（路24:42）；馬利亞以為祂是一個園丁（約20:15）；祂把手和肋旁指給門徒們看（約20:20）；祂請多馬來摸祂的手和肋旁（約20:27）；祂為門徒們準備早餐（約21:12-13）；祂明確地告訴門徒們：「你們看我的手、我的腳，就知道實在是我了！摸我看看，魂無骨無肉，你們看我是有的」（路24:39）。彼得說，門徒們「在祂從死裏復活以後，和祂同吃同喝……」（徒10:41）。

耶穌顯然能夠突然出現，又突然消失得無影無蹤，這是事實（路24:31, 36；約20:19, 26），但是我們應當留心，不要因此而導出太多的結論，因為不是所有的經文都肯定耶穌能突然出現或消失；有的經文只是說耶穌來了，站在門徒當中。耶穌突然在以馬忤斯從門徒眼前消失，可能是一個特別的神蹟，就如發生在「主的靈把腓利提了去，太監也不再見他了」（徒8:39）的例子中。曾有兩次，雖然房門是「關閉」的（約20:19, 26），[4] 但耶穌卻來站在門徒中間；我們也不能因此大作文章，因為經文沒有說到耶穌「穿牆而入」或類似的情況。實際上，在新約聖經的另一處經文說到，彼

---

[3]當保羅說「靈性的身體」時，他的意思不是指「非物質性的身體」，而是指「適合並會回應聖靈引導的身體」。在保羅書信裏，「屬靈的」或「靈性的」（spiritual，希臘文是*pneumatikos*）的意思從來不是指「非物質性的」，而是指「與聖靈的性格和活動一致的」（如見羅1:11; 7:14; 林前2:13, 15; 3:1; 14:37; 加6:1〔「你們屬靈的人」〕；弗5:19）。RSV將哥林多前書15:44譯為：「所種的是物質的（physical）身體，復活的是屬靈的（spiritual）身體」，這是令人誤解的，因為如果保羅的意思真的是要講物質性的身體，那麼他應該會用希臘字*sōmatikos*，但他並沒有用這個字。相反地，他用的希臘字是*psychikos*，在這上下文其意為「天然的」（natural，見NIV, NASB; 和合本譯作「血氣的」），亦即靠自己的生命和力量、按今世的特徵而活的身體，這種身體並不完全順服聖靈的旨意或效法聖靈的性格。所以，比較清楚的意譯應是這樣：「所種下的是天然的身體，順從今世的特徵和欲望，又被自己有罪的意志所管轄；而復活的是屬靈的身體，完全順從聖靈的旨意，又回應聖靈的引導。」這樣的身體一點也不是「非物質性的」，而是因復活而變得完全的物質性的身體，這也正是神起初所計劃該有的。

[4]其希臘文完成式分詞*kekleismenon*（衍生自*kleiō*）的意思可能是指門是「關閉」的，或是「鎖上」的。

得需要穿過一道鎖住的門，而門就奇妙地打開了（見徒12:10）。[5]

哈利斯（Murray Harris）近年為上述引用的經文提出了另一種解釋，尤其是關於耶穌在不同時候突然出現或消失的經文：他說這些經文顯示，耶穌有時候能具體地以物質性的身體出現，可是祂經常存在的形態乃是非物質性和非實質性的「靈性的身體」或「屬靈的身體」。不只如此，他說耶穌在復活四十天以後升入天上，那時祂永遠不再以物質性身體的形態出現。哈利斯教授說：

> 「耶穌的復活不是改變成非物質性的身體，而是得著一個『屬靈的身體』，能隨意以物質形態或非物質形態出現。有時耶穌選擇以物質性的形態向不同的人顯現，而這物質性的形態與祂不可見、不可摸之『屬靈的身體』是一樣真實的……四十日之後，耶穌在地上的顯現告了一個段落，祂就取了天上靈體看得見祂的惟一形態，即非肉體的身體……耶穌在復活的狀態中，超越了身體存在的正常定律，不再受物質或空間的限制。」[6]

我們應該了解，哈利斯明確地肯定耶穌帶著物質性的身體從死裏復活，這是很緊要的。[7] 他說耶穌原來的身體從死裏復活，後來轉變為「屬靈的身體」，帶著嶄新的性質。[8]

筆者對上述說法的回應如下：雖然筆者不認為這是一個重要的教義問題（因為它只是一個有關復活身體的問題，而我們今日所知甚少），[9] 但是筆者認為新約聖經提供了一些具有說服力的證據，使我們的看法與哈利斯的觀點不同。哈利斯承認，耶穌

---

[5]筆者不願爭辯說，耶穌復活的身體不可能穿過門牆而進入房間；只是聖經裏沒有一節經文是如此記載的。雖然這是有可能的，但是這個可能性不宜被當作一種確實的結論，成為流行的講道和許多福音派學術界所說的內容——這只是根據聖經記載的一些經文而來的一種可能推理。Leon Morris說：「有人認為，耶穌就是穿過關閉的門而進屋的，或是房門自動打開了等。但是聖經沒有敘述耶穌進入房間的方式，我們就不要強制地找一個解釋。」（*The Gospel According to John*, p. 844）肯定耶穌穿牆而入的說法是有問題的，這會使人認為耶穌復活的身體是非物質性的，這和幾處清楚肯定耶穌復活身體具有物質特性的新約經文是相反的。

[6]Murray Harris, *From Grave to Glory: Resurrection in the New Testament* (Grand Rapids: Zondervan, 1990), pp. 142-43.

[7]見Harris, 同上出處, pp. 351, 353（在此處，他「明確地」肯定「耶穌的身體確實從死裏復活」）；p. 365（他說：「我很高興地肯定，我們的主帶著祂死亡之前所擁有之真實的物質性身體，從死裏復活了」）。

[8]Harris認為「屬靈的身體」意思不是指「非物體的身體」，而是指「被靈（或可能是聖靈）所激發和引導的身體」（p. 195）。

[9]關於Harris觀點以及批判其觀點（有時候是曲解了）的深入報導，見*CT*, April 5, 1993, pp. 62-66。Norman Geisler和一些其他的人控訴Harris教導嚴重的異端，然而就在這一篇文章裏，J. I. Packer說：「Harris和Geisler兩位看起來都是正統的，無分軒輊。」（pp. 64-65）另外三位福音派神學家Millard Erickson, Bruce Demarest和Roger Nicole的論文則說，Harris的觀點是「有幾分新奇」，但還是「見容於（Harris所執教的三一神學院，以及）……更廣義福音派運動的神學立場。」（p. 63）

在某幾次情況下擁有一個物質性的身體，會吃、可被觸摸、有肉有骨。他甚至贊同，耶穌升天時，就是那位「有肉有骨」的真實耶穌（路24:39），在門徒們的眼前被帶上去了。[10] 惟一的問題在於，其他的時候是否就如哈利斯所宣稱的，耶穌的身體是以非物質、非肉體的形態存在。為了回答這個問題，我們必須問，新約聖經中關於耶穌突然顯現和消失的記載，是否讓我們導出這樣的結論。答案似乎並非如此。

根據路加福音24:31，耶穌擘餅並遞給兩位門徒，就「從他們的視野裏*消失*了」（按NIV直譯，和合本譯作「忽然……不見了」），這節經文並沒有導出上述的結論。譯為「消失」的希臘文（*aphantos egeneto*）在新約聖經的其他地方沒出現過，但在西西里的狄奧多羅斯（Diodorus Siculus，主前60-30年間寫作的一位古希臘歷史學家）的作品裏找到：有一次是用在一個名叫安菲阿剌俄斯（Amphiaraus）之人的身上，說他和戰車落入一處裂口，就「從視野裏消失了」。而同樣的字用在另一處，是說到阿特拉斯（Atlas）被強風從山頂吹下來，就「消失了」。[11] 在這兩個例子中，這個字的用法都不是指人變成非物質性的，或甚至是隱形的；而只是說他被移到另一處，消失在人們的視野外。[12] 所以對路加福音24:31的記載，我們只能結論說，門徒們再也看不見耶穌了——也許神的靈將祂提走了（如同使徒行傳8:39中腓利的情況），也許祂只是隱藏在他們的視野以外（正如馬太福音17:8中耶穌與摩西和以利亞在登山變像時的情況；又如列王紀下6:17天軍環繞以利沙的情況；或顯然如使徒行傳5:19-23; 12:6, 10門徒們從獄卒面前走過的情況），在這兩種可能的情況下，我們都不必結論說，耶穌的物質性身體變為非物質性的了。正如我們不需要推論，門徒們在經過獄卒時（徒5:23; 12:10），身體變為非物質性的，就逃出監獄了，所以，路加福音24:31也沒有表示耶穌的身體發生了任何的變化；它只是表示門徒們不能再看見祂了。[13]

至於有人宣稱耶穌穿過了物質性的實體，這在新約聖經裏並沒有證實。正如上

---

[10]Harris, *From Grave to Glory*, p. 422.

[11]Diod. Sic. 4.65.9 (of Amphiaraus) and 3.60.3 (of Atlas).（譯者註：阿特拉斯是希臘神話故事裏的一個人物，因背叛眾神而受罰，以雙肩背負天。）

[12]*Aphantos*這個希臘字的另一個出處也有類似的意思：布魯達克（Plutarch，希臘哲學家，約主後50-120年）記載，有人說地或海有一個「中心」，只有「眾神祗知道，但對凡人卻隱藏（*aphantos*）了」（《比較列傳》*Moralia* 409F）。它的意思不是「非物質性的」，而是「隱藏在視野外，看不見了」。

[13]另參路加福音24:16：當時耶穌在往以馬忤斯的路上靠近門徒，可是「他們的眼睛迷糊了，不認識祂」。假設神能使門徒們失去部分的視力，以至於他們看得見耶穌，卻認不出祂來，祂當然也能在幾分鐘以後，使他們的眼睛全然瞎掉，完全看不見祂。這種可能性太複雜，而我們的知識也太有限，以至於不能堅持認為，這些經文可導出耶穌的身體變為非物質性的結論。

述的解釋，耶穌在房門關了或鎖了的情況下，可以自由進出房間的事實（約20:19, 26），其含意可能是祂穿門或穿牆而過，但也可能不是。與此特別有關的例子，發生在門徒第一次從監獄中得到釋放：他們不是穿門而行，而是「主的使者夜間開了監門，領他們出來」（徒5:19）。可是翌晨差役報告：「我們看見監牢關得極妥當，看守的人也站在門外；及至開了門，裏面一個人都不見。」（徒5:23）天使開了門，門徒們經過門而走出來，天使再將門關閉、鎖住。另一個類似的例子是，彼得從監獄中被救出來時，並沒有因為要脫開纏繞他的鎖鍊，而變成非物質性的，反倒是「那鐵鍊就從他手上脫落下來」（徒12:7）。[14] 同樣地，房門當然有可能神奇地為耶穌而開，或甚至可能祂和門徒們是一同進屋的，只是他們暫時看不見。

關於耶穌復活身體之本質的經文，清楚顯示耶穌具有一個有骨有肉之身體（路24:39）的經文，比說到耶穌忽然出現及消失的經文更為明確。前者說到祂能吃喝、擘餅、預備早餐、被人觸摸等。這些經節與關於耶穌突然出現及消失的經文不同，它們不容任何說詞來否認耶穌有物質性的身體——哈利斯自己也同意，在這些經文裏，耶穌的身體是有骨有肉的。如果不是為了讓門徒知道耶穌復活的身體確實是物質性的身體，那麼祂以肉身顯現的目的是要門徒明白些什麼？如果耶穌以經歷死亡的同樣的物質性身體從死裏復活；如果祂一再地以同樣的物質性身體向門徒們顯現，與他們一同吃喝達四十日之久（徒10:41）；如果祂以同樣的物質性身體升天（徒1:9）；如果天使立刻告訴門徒們「這離開你們被接升天的耶穌，你們見祂怎樣往天上去，祂還要怎樣來」（徒1:11），那麼，耶穌是很清楚地教導他們，祂復活的身體乃是*一個物質性的身體*。倘若祂復活的身體之「慣常形態」是非物質性的，但祂卻一再帶著物質性的身體顯現，就犯了誤導門徒們（和後來新約聖經的讀者）的錯誤，使他們誤以為祂復活的身體始終是物質性的，而實情卻不是這樣。假使祂的身體慣常是非物質性的，而且升到天上將永遠變為非物質性的，那麼耶穌的話就十分誤導人：「你們看我的手、我

---

[14] Harris說，按照馬太福音28:2, 6，耶穌穿過一個嚴密封閉的墳墓；但這些經節也很可能只是指石頭先被挪開，然後耶穌才出來（另參路24:2）。另一個類似的例子是約翰福音20:4-7的記載：裹屍布放在耶穌屍體所放置的地方，但並不表示耶穌的身體穿過細麻布而出來；可能只是耶穌（或一位天使）拿掉裹屍布，將它整齊地放在墳墓裏面。使徒行傳10:40寫到，神叫耶穌顯現給被揀選的見證人看（也就是說，他們看見祂了），然而並沒有提到祂的身體是物質性的或非物質性的。對筆者而言，Harris在所有這些經節裏，似乎從很少的實據導出太多的結論。

最後，即使耶穌真的穿過門或牆（正如許多基督徒的結論），也不一定能使我們推論祂的身體的慣常狀態是非物質性的；我們可以把這個情況解釋為一項特別的神蹟，或是我們現今不能明瞭的復活身體的特質，而無需說復活身體必須是非實質性的或非物質性的。

的腳，就知道實在是我了！摸我看看，魂無骨無肉，你們看我是有的。」（路24:39）祂不是說：「……魂無骨無肉，你們看我暫時是有的。」如果祂慣常存在的形態不是有形的身體，卻告訴門徒祂有物質性的身體，那就是錯的。

假如耶穌想要教導他們，祂能隨意以物質形態或非物質形態出現（如哈利斯所聲稱的），那麼祂可以輕易地在他們眼前這樣做，使他們可以清楚地記錄這事；或是祂能在他們眼前輕易地穿牆而過，而非只是突然站在他們當中。簡言之，假使耶穌和新約作者們想要教導我們，復活的身體在本質上慣常是非物質性的，那麼他們早就會這麼做了；然而，他們卻是在多處經文清楚地指示，復活的身體慣常是實質性或物質性的，即使那身體已經得了完全，永遠不再有軟弱、疾病和死亡。

最後，還有一個更廣的神學考量。耶穌身體上的復活，和祂永遠擁有物質性的復活身體，兩方面都清楚地肯定了神起初所造的物質界之美好：「神看著一切所造的都甚好」（創1:31）。我們身為復活的人，將永遠住在「新天新地，有義居在其中」（彼後3:13）。我們要住在更新的地上，「得享神兒女自由的榮耀」（羅8:21），就像住在一個嶄新的伊甸園。將會有一個新耶路撒冷，「人必將列國的榮耀、尊貴歸與那城」（啟21:26），也將有「一道生命水的河，明亮如水晶，從神和羔羊的寶座流出來。在河這邊與那邊有生命樹，結十二樣果子，每月都結果子」（啟22:1-2）。在這個更新的物質宇宙裏，我們似乎需要帶著一個實質的身體活著，而這身體是能適合神所更新的物質宇宙的。明確地說來，耶穌實質身體的復活，肯定了神起初造人甚是美好——人不像天使那樣只是靈，而是帶著「甚好」的實質身體的受造之物。我們千萬不可落入一種錯誤的思想，認為以非物質形態存在的受造之物，是比較好的：[15] 神以創造我們為祂創造的巔峰，那時祂給了我們物質性的身體；耶穌是以已得完全的物質性身體從死裏復活，現今在天上掌權，而且將要回來帶我們與祂同在，直到永遠。

A.3 父神與子神皆參與復活

有些經文肯定地說，是父神使基督從死亡裏復活過來（徒2:24；羅6:4；林前6:14；加1:1；弗1:20），但另一些經節則說，耶穌參與在自己的復活上。耶穌說：「我父愛我，因我將命捨去，好再取回來。沒有人奪我的命去，是我自己捨的；我有權柄捨了，也有權柄取回來；這是我從我父所受的命令。」（約10:17-18；另參約2:19-21）最

[15]Harris教授也希望迴避這個錯誤，因為他說：「在靈魂與物質之間不可能有二元論。沒有一位新約作者是這樣想的：靈魂得救，但同時可見的物質世界將會被拋棄遺忘。」（p. 251）可是筆者擔心，他的立場可能會使別人貶抑物質宇宙以及神所創造物質性身體的價值。

好的結論是，父神與子神都參與在復活上。[16] 耶穌確實說過：「復活在我，生命也在我。」（約11:25；另參來7:16）[17]

A.4 基督復活在教義上的重要性

A.4.1 是我們重生的保證

基督的復活是我們重生的保證。彼得說：「藉耶穌基督從死裏復活，重生了我們，叫我們有活潑的盼望。」（彼前1:3）他在此明確地將耶穌的復活和我們的重生或新生連結在一起。耶穌從死亡中復活過來時，祂的生命有了一種新的品質，就是在人性的身體與人性的靈魂中有了「復活的生命」，這生命可以永遠完全地與神交通並順服祂。耶穌藉著祂的復活為我們贏得了和祂一樣的新生命。我們成為基督徒之時，並沒有得著新「復活生命」的全部，因為我們的身體仍然是以前的樣子，有軟弱、老化和死亡。但是在靈裏，我們靠著新的復活能力而活過來。[18] 如此，基督藉著祂的復活，為我們贏得我們「重生」時所領受的新生命樣式。就是這個原因使得保羅說，神「叫我們與基督一同活過來（你們得救是本乎恩）。祂又*叫我們與基督耶穌一同復活*」（弗2:5-6；另參西3:1）。當神使基督從死亡中復活時，祂認為我們也「與基督」一同復活了；所以，我們就配得基督復活的功德。保羅說他生命的目標是：「使我認識基督，曉得祂復活的大能……」（腓3:10）；保羅知道，甚至在今生，基督的復活也使基督徒在服事和順服神上，得到了新的能力。

保羅告訴以弗所教會的人說，他在禱告中求神使他們「知道祂向我們這信的人所顯的能力，是何等浩大，就是照祂在基督身上所運行的大能大力，使祂從死裏復活，叫祂在天上坐在自己的右邊」（弗1:19-20）。在此他將基督的復活和在我們裏面運行的屬靈的能力連在一起，並說神用來使基督從死裏復活的能力，與運行在我們裏面的能力是相同的。保羅還更進一步地看到我們在基督裏復活了，因為他說：「所以，我們藉著洗禮歸入死，和祂一同埋葬，原是叫我們一舉一動有新生的樣式，像基督藉著父的榮耀從死裏復活一樣……這樣，你們向罪也當看自己是死的；向神在基督耶穌裏卻當看自己是活的。」（羅6:4, 11）這個運行在我們裏面的新的復活能力，包括了一次又一次*勝過存留在我們生命中之罪的能力*——即使我們今生總不能完全，但「罪必

---

[16]見本書第二十六章B.2節有關父神與子神在復活上同工的討論。

[17]因為神的工作通常就是整個三一之神的工作，所以若說聖靈也參與在使耶穌從死裏復活的工作上，可能也是對的。不過，聖經經文並未明確地肯定這點（但見羅8:11）。

[18]見本書第三十四章有關重生的討論。

不能作你們的主」（羅6:14；另參林前15:17）。這個復活的能力也包括了*在國度的工作上服事的能力*：在耶穌復活之後，祂應許門徒們說：「但聖靈降臨在你們身上，你們就必得著能力，並要在耶路撒冷、猶太全地和撒瑪利亞，直到地極，作我的見證。」（徒1:8）這個嶄新、強化的能力——為要宣揚福音、施行神蹟和勝過仇敵的阻擋——在基督從死裏復活以後，賜給了門徒們；它也是新的復活能力的一部分，而復活的能力正是基督徒生命的特徵。

A.4.2 是我們稱義的保證

基督的復活是我們稱義的保證。保羅只在一段經文裏明確地說到基督的復活與我們的稱義（即我們得著了一個無罪的宣告，在神面前是公義的）之關連。[19] 保羅說：「耶穌被交給人，是為我們的過犯；*復活，是為叫我們稱義*。」（羅4:25）基督從死裏復活，乃是神宣告祂稱許基督的救贖工作。因為基督「就自己卑微、存心順服以至於死，且死在十字架上」（腓2:8），所以神就「將祂升為至高……」（腓2:9）。父神藉著使基督從死裏復活，實際上表明祂稱許基督為我們的罪受苦以至於死的工作；基督的工作完成了，因此不再需要停留在死亡裏，不再需要償付罪債，不再需要背負神的忿怒，也不再需要為罪疚或罪責受懲罰——一切都已經完全清償了，不再有殘留的罪疚了。基督的復活，乃是神對祂說：「我稱許你所做成的，你在我眼前蒙喜悅。」

這就解釋了保羅的話，基督的「復活，是為叫我們稱義」（羅4:25）。倘若神「叫我們與基督耶穌一同復活」（弗2:6），那麼因為我們與基督聯合了，所以神對基督的稱許也就是對我們的稱許。本質上這就是父神對基督說：「所有罪該受的懲罰都已經付清了，你在我眼中是沒有罪的，是公義的。」祂作了這項宣告，從此只要我們信靠基督以得著救恩，這個宣告就可應用在我們身上。因此，基督的復活最終證明祂已經使我們得以稱義了。

A.4.3 是我們將得到完全之復活身體的保證

基督的復活也是我們將得到完全之復活身體的保證：新約聖經幾度將耶穌的復活與至終我們身體要復活連結在一起。「並且神已經叫主復活，也要用自己的能力叫我們復活。」（林前6:14）。另一處類似的經文則是：「那叫主耶穌復活的也必叫我們與耶穌一同復活，並且叫我們與你們一同站在祂面前。」（林後4:14）有關於基督的復活和我們的復活之間的關係，最廣泛的討論乃在哥林多前書15:12-58。保羅說，基

[19]見本書第三十六章有關稱義的討論。

督是「睡了之人初熟的果子」（林前15:20）。保羅使用農業的譬喻，稱呼基督是「初熟的果子」（firstfruits，希臘文是*aparchē*），指出我們都要像基督。正如「初熟的果子」或最先成熟供人品嚐的農產品，可以顯示出其餘收成品的樣子與味道；基督作為「初熟的果子」也一樣，可以顯示在神最終「收成」的時刻，就是在神使我們從死裏復活、並帶我們進入祂的同在的時刻，我們復活的身體會是什麼樣子。[20]

耶穌復活以後，在祂手、腳上仍有釘痕，肋旁也有槍傷的痕跡（約20:27），因此有時候有人會問，不知耶穌復活身體上的傷痕，是否表示我們今生所受的嚴重傷痕，也會留在我們復活的身體上。我們的答案是，我們在今生所受的損害或創傷，可能不會留下任何疤痕；反之，我們的身體會變得完全，是「不朽壞的」，並且「在榮耀中」復活。耶穌被釘在十字架上所留下的傷痕是獨特的，因為那永遠提醒我們，祂為我們所受的苦難和死亡。[21] 雖然祂留下了那些傷痕是事實，但這並不一定表示我們的傷痕也會留下；反之，我們所有的傷痕都要得著痊癒，而且都要變得完整、完美。

A.5 基督復活在倫理上的重要性

首先，保羅看見基督的復活也可以應用在我們今生對神的順服上。他在長篇討論復活之後，下了一個結論鼓勵讀者：「所以我親愛的弟兄們，你們務要堅固，不可搖動，常常竭力多作主工，因為知道你們的勞苦在主裏面不是徒然的。」（林前15:58）正是因為基督已經從死裏復活，而我們也將從死裏復活，所以就應當恆心持續地為主作工。因為我們將人帶入國度、建立他們，其中所做的每一件事，都確實有永恆的重要性：當基督回來的那日，我們都要復活，而且要與祂一起活到永遠。

其次，保羅鼓勵我們，當我們思想到復活時，要將焦點放在將來天上的賞賜，以之作為我們的目標。他將復活的時刻視為今生所有掙扎都得到回報的時候。但是如果基督沒有從死裏復活，而且也沒有復活這件事，那麼「你們的信便是徒然，你們仍在罪裏；就是在基督裏睡了的人也滅亡了。我們若靠基督只在今生有指望，就算比眾人更可憐。」（林前15:17-19；另參林前15:32）然而，因為基督已經復活，而且因為我們也與祂一同復活了，我們就要尋求屬天的賞賜，並將我們的心思放在天上的事上：

「所以，你們若真與基督一同復活，**就當求在上面的事**，那裏有基督坐在神的右邊。

---

[20]見本書第四十二章C節有關我們復活身體之性質的更詳盡討論。

[21]事實上，那些在耶穌被釘十字架以前所受的嚴刑拷打的傷痕，可能都得醫治了；只留下了手、腳和肋旁的傷痕，作為祂為我們受死的見證：耶穌「在榮耀中」復活（另參林前15:43），祂復活的身體並不像勉強拾回生命那樣地可怕變形。

你們要思念上面的事，不要思念地上的事。因為你們已經死了，你們的生命與基督一同藏在神裏面。基督是我們的生命，祂顯現的時候，你們也要與祂一同顯現在榮耀裏。」（西3:1-4）

第三，基督復活的另一個倫理上的應用乃是，我們必須在生命中不再順從罪。保羅說，我們要因基督的復活，和祂在我們裏面復活的能力，「向罪也當看自己是死的；向神在基督耶穌裏卻當看自己是活的」（羅6:11）。隨後，他立刻說：「所以，不要容罪在你們必死的身上作王……也不要將你們的肢體獻給罪作不義的器具……」（羅6:12-13）我們擁有這個新的復活能力，可以勝過罪在我們生命中的罪的權勢，因此保羅以這個為理由，勸勉我們不要再犯罪了。

B. 基督的升天

B.1 基督升到了一個地方

耶穌復活之後，停留在地上四十天（徒1:3），然後帶領門徒們到伯大尼，在耶路撒冷城外，「就舉手給他們祝福。正祝福的時候，祂就離開他們被帶到天上去了」（路24:50-51）。

路加在使徒行傳開始時還寫了類似的敘述：

> 「說了這話，他們正看的時候，祂就被取上升，有一朵雲彩把祂接去，便看不見祂了。當祂往上去，他們定睛望天的時候，忽然有兩個人，身穿白衣，站在旁邊，說：『加利利人哪，你們為什麼站著望天呢？這離開你們被接升天的耶穌，你們見祂怎樣往天上去，祂還要怎樣來。』」（徒1:9-11）

這些敘述說到一件事，是清楚規劃好給門徒們看的，那就是耶穌去了一個地方。祂沒有突然從他們眼前消失，再也不讓他們看見，而是在他們觀看時冉冉上升，然後有一片雲（顯然是神榮耀的雲彩）在他們視線中把耶穌接走。但是天使們立刻說，祂要以和升天*同樣的方式*再回來。耶穌復活的身體受空間的限制（一個時刻只能出現在一個地方），這就意謂著耶穌升到天上時，是去了*某個地方*。

令人很驚訝的是，竟有一些福音派的神學家不敢肯定天堂是一個地方，或肯定耶穌上升到某個時空宇宙中的確定所在。我們承認今天看不到耶穌在何處，可是那不是因為祂進入了一種靈妙的「存在狀態」，即在時空宇宙之外的虛無飄渺中，而是因為我們的眼目無法看見那存在於我們周圍、看不見的屬靈世界——有天使環繞我們，可是我們看不見他們，因為我們的眼睛沒有那種能力：以利沙在多坍被亞蘭大軍包圍時，有天使和火車火馬在他四圍保護他，然而他的僕人無法看見那些天使，直到神開了他的眼睛以後，他才看得見那些存在於屬靈境界的事物（王下6:17）。另有一個相似的例子：司提反將死之時，神給他特別的能力，看見了我們現今眼睛所看不見的世界，因為他「定睛望天，看見神的榮耀，又看見耶穌站在神的右邊，就說：『我看見天開了，人子站在神的右邊。』」（徒7:55-56）耶穌自己也說：「在我父的家裏，有許多住處；若是沒有，我就早已告訴你們了。我去原是為你們預備*地方*去。我若去為你們預備了地方，就必再來接你們到我那裏去；我在哪裏，叫你們也在那裏。」（約14:2-3）

當然，我們現今不能確切地說出天堂在何處。聖經通常描繪人升上天去（如耶穌和以利亞），或由天下降（如雅各夢中的天使，創28:12），所以，我們可以說天堂是在大地之「上」的某處。我們承認地球是圓的，是在轉動的，所以天堂究竟何在，我們也說不準——聖經沒有告訴我們。但是聖經一再地強調耶穌升到某處（如以利亞，王下2:11），和新耶路撒冷要從神那裏、由天而降的事實（啟21:2）都指明，顯然在時空宇宙中，*天堂*有一個所在。那些不相信聖經的人可能會譏誚這樣的想法，並且好奇怎麼可能會如此，正如第一位蘇俄太空人從太空歸來時，宣布他沒有看見神或天堂；但那只是指出他的眼睛看不見屬靈世界，並不表示天堂不存在於某一個地方。其實，耶穌的升天是早已規劃好的，為的是教導我們，天堂確實存在於時空宇宙的某一處（見本書第五十七章有關天堂本質的進一步討論）。

B.2 基督升天得著榮耀與尊貴

耶穌升到天上，得著了祂在道成肉身（既是神，又是人）時所沒有的榮耀、尊貴和權柄。耶穌在死前禱告說：「父啊，現在求你使我同你享榮耀；就是未有世界以先，我同你所有的榮耀。」（約17:5）[22] 彼得在五旬節的講道裏說，耶穌「被神的右手高舉」（徒2:33）；保羅也宣告：「神將祂升為至高」（腓2:9），祂「被接在榮耀裏」（提前3:16；另參來1:4）。基督如今是在天上，有天使詩班向祂稱頌：「曾被殺的羔羊是配得權柄、豐富、智慧、能力、尊貴、榮耀、頌讚的！」（啟5:12）[23]

B.3 基督升天坐在神的右邊

基督升天得著榮耀的另一個特定層面，是祂在神的右邊*坐下*。這一點有時候被稱

---

[22]這節經文顯示，耶穌所領受的榮耀，是祂以前身為永生神兒子時就有的；但是在祂道成肉身（既是神，又是人）時，並沒有這榮耀。

[23]有些信義宗的神學家也曾說過，耶穌升到天上時，祂的人性就變為處處同在或無所不在（ubiquitous）了。見本書第二十六章C.3.1節註38之討論。

為是基督「安坐」（session）在神的右邊。[24]

舊約聖經預言彌賽亞要坐在神的右邊：「耶和華對我主說：『你坐在我的右邊，等我使你仇敵作你的腳凳。』」（詩110:1）基督回到天上時，得著了那個應許的實現：「祂洗淨了人的罪，就坐在高天至大者的右邊。」（來1:3）基督被歡迎進入神的同在，並坐在神的右邊；這是祂完成救贖工作的一個明顯指標。正如一個人完成了一項重大的工作，就坐下來享受大功告成的滿足，耶穌也是這樣坐在神的右邊，以表明祂的救贖工作已經完成了。

基督坐在神的右邊，除了顯示救贖工作的完成之外，也是顯示祂得著了統管宇宙的權柄。保羅說，神「使祂從死裏復活，叫祂在天上坐在自己的右邊，遠超過一切執政的、掌權的、有能的、主治的，和一切有名的」（弗1:20-21）。同樣地，彼得說：「耶穌已經進入天堂，在神的右邊，眾天使和有權柄的並有能力的，都服從了祂。」（彼前3:22）保羅也間接地引述詩篇110:1：「因為基督必要作王，等神把一切仇敵都放在祂的腳下。」（林前15:25）

基督坐在父的右邊、從祂得著權柄的另外一個層面，則是祂有權柄將聖靈澆灌給教會。彼得在五旬節那天說：「祂既被神的右手高舉，又從父受了所應許的聖靈，就把你們所看見所聽見的澆灌下來。」（徒2:33）

耶穌現今在天上坐在神的右邊，但這並不表示祂就永久地「固定」在那裏，或祂在那裏是無所事事的。我們看見祂也站在神的右邊（徒7:56），並行走在天上的七個金燈台中間（啟2:1）。正如一位人間的君王坐在寶座上表明他是王，但他每天仍然要從事許多其他的事務；基督也是這樣地坐在神的右邊，證明祂完成了救贖的工作，並得著了君王統治宇宙的權柄，然而祂也確實還要參與天上許多其他的活動。

B.4 基督升天對我們的生命有教義上的重要性

正如基督的復活對我們的生命有深遠的涵意，基督的升天也一樣對我們有重要的涵意。

第一，因為我們與基督在救贖工作的每一個層面上都聯合了，[25] 所以祂升到天上就預示了我們將來也要升到天上與祂在一起。「以後我們這活著還存留的人必和他們一同被提到雲裏，在空中與主相遇。這樣，我們就要和主永遠同在。」（帖前4:17）

---

[24]英文的「安坐」一詞（session），從前的意思是指「坐下來的動作」，但是在今天日常英文的用法裏，它已不再有那個意思了。

[25]見本書第四十三章有關與基督聯合的討論。

希伯來書的作者希望我們在奔跑人生賽程時，明白我們是跟隨耶穌的腳蹤行，至終要得到祂如今在天上所享受的生命祝福：「〔讓〕我們……存心忍耐，奔那擺在我們前頭的路程。仰望為我們信心創始成終的耶穌，祂因那擺在前面的喜樂，就輕看羞辱，忍受了十字架的苦難，便坐在神寶座的右邊。」（來12:1-2）耶穌自己也說，有一天祂要來接我們到祂那裏去（約14:3）。

第二，耶穌的升天向我們保證了，我們最終的家鄉是在天上與祂同在。「在我父的家裏，有許多住處；若是沒有，我就早已告訴你們了。我去原是為你們預備地方去。我若去為你們預備了地方，就必再來接你們到我那裏去；我在哪裏，叫你們也在那裏。」（約14:2-3）耶穌是一個在各方面都與我們相似的人，只是祂沒有罪；祂先我們而去，為的是我們至終可以跟隨祂到那裏，並且永遠與祂同在。耶穌已經升到天上，並且完成擺在祂前面的目標，這給予我們極大的保證，相信我們將來也要去那裏。

第三，由於我們與基督在升天上聯合，所以我們今天就能夠（部分地）與基督同享祂統管宇宙的權柄，而且未來將完全地享受這權柄。這正是保羅說：「〔神〕叫我們與基督耶穌一同復活，**一同坐在天上**」（弗2:6）之時，他心中的意思。當然，我們尚未到天上，因為我們今日還存留在地上。但是如果基督在神右邊安坐意指祂得著了權柄，那麼神使我們與基督一同坐席，就意謂著我們多少也享有基督之權柄，使我們有權柄與「天空屬靈氣的惡魔」爭戰（弗6:12；另參弗6:10-18）；並且使用「在神面前有能力，可以攻破堅固的營壘」的兵器進行爭戰（林後10:4）。我們將在未來的世代更充分地與基督同享祂統管宇宙的權柄：「豈不知我們要審判天使麼？」（林前6:3）不只如此，我們將來也要與基督同享祂治理整個神所創造之受造界的權柄（來2:5-8）。[26] 耶穌應許說：「那得勝又遵守我命令到底的，我要賜給他權柄制伏列國——『他必用鐵杖轄管他們，將他們如同窯戶的瓦器打得粉碎』——像我從我父領受的權柄一樣。」（啟2:26-27）祂也應許說：「得勝的，我要賜他在我寶座上與我同坐，就如我得了勝在我父的寶座上與祂同坐一般。」（啟3:21）這些是我們將來與基督一起坐在神右邊的奇妙應許，但我們在將來的世代來臨之前，不會全然明白的。

C. 耶穌基督的狀態

神學家們有時候在討論到基督的生平、死亡和復活時，會用到這個詞語——「耶穌基督的狀態」（states of Jesus Christ）。他們用這個詞語來指出耶穌與神賜

[26]見本書第二十六章A.5.4節有關希伯來書2:5-8的討論；又見本書第十五章D節的討論。

給人類的律法之間、耶穌與擁有權柄之間，和耶穌與為自己得著尊榮之間，所具有的不同關係；他們通常將耶穌基督的狀態分為兩種：**降卑**（humiliation）和**高升**（exaltation）。因此，所謂的「基督的雙重狀態」（the twofold state of Christ）的教義乃是在教導我們，基督首先經歷了降卑的狀態，然後再到高升的狀態。

基督的降卑包括了祂的道成肉身、受苦、死亡與埋葬。有時候也包括第五方面（降入陰間），但就如我們在前一章所解釋過的，本書所持的立場是認為這個觀念不為聖經所支持。

基督的高升也包括四方面：祂的復活、升天、安坐在神的右邊，和在榮耀與權能中的再來。許多系統神學家使用降卑的狀態和高升的狀態當作兩大類別，來討論有關耶穌的工作。[27]

個人思考與應用

1. 你在本章所讀到的聖經中有關復活身體的教導，有哪一方面是你新領受到的？有哪些復活身體的特徵是你特別嚮往的？當你想到將會擁有這樣的身體時，有怎樣的感受？
2. 你是否感到有些事是你現在想做的，但因為自己身體的軟弱或限制而不能做？你認為這些活動適合你將來在天上的生活嗎？將來你就能夠做那些事了嗎？
3. 在你重生時，裏面就已經得著了新的屬靈生命。假如你認為這個新的屬靈生命，是基督復活能力部分地運行在你裏面，那麼這個認知能如何激勵你活出基督徒的生命，並服事別人的需要？
4. 聖經上說，你現今與基督耶穌一同坐在天上（弗2:6）。當你思想這件事實時，它會如何影響你的禱告生活，以及你在屬靈爭戰中與鬼魔勢力的對抗？
5. 當你想到基督現今在天上，這會使你更加專注在具有永恆意義的事物上嗎？這會加增你的把握，確信將來有一天你會在天上與祂同在嗎？你對於與基督一同掌權治理萬國與天使，心裏有什麼感受？

特殊詞彙

升天（ascension）

---

[27]雖然這是一種有用的組織方法，但筆者不在本書使用；不過所有包括在這兩種狀態中的討論題材，都已被涵蓋在本章和本書的其他章節裏。有關更詳細的討論，見W. Grudem, "States of Jesus Christ," *EDT*, pp. 1052-54.

基督的高升（exaltation of Christ）
初熟的果子（firstfruits）
基督的降卑（humiliation of Christ）
不朽壞的（incorruptible）
在榮耀中復活、復活的是榮耀的（raised in glory）
復活的是強壯的（raised in power）
復活（resurrection）
安坐（session）
靈性的身體、屬靈的身體（spiritual body）
耶穌基督的狀態（states of Jesus Christ）

本章書目

Bray, G. L. "Ascension and Heavenly Session of Christ." In *NDT*, pp. 46-47.

Craig, William Lane. *The Son Rises: The Historical Evidence for the Resurrection of Jesus*. Chicago: Moody, 1981.

Fuller, Daniel P. *Easter Faith and History*. Grand Rapids: Eerdmans, 1965.

Gaffin, Richard B., Jr. *Resurrection and Redemption: A Study in Paul's Soteriology*. Formerly, *The Centrality of the Resurrection: A Study in Paul's Soteriology*. Phillipsburg, N. J.: Presbyterian and Reformed, 1978.

Habermas, G. R. "Resurrection of Christ." In *EDT*, pp. 938-41.

________. and Anthony Flew. *Did Jesus Rise From the Dead? The Resurrection Debate*. Edited by Terry L. Miethe. New York: Harper and Row, 1987.

Harris, Murray J. *From Grave to Glory: Resurrection in the New Testament, Including a Response to Norman L. Geisler*. Grand Rapids: Zondervan, 1990.

________. "Resurrection, General." In *NDT*, pp. 581-82.

Ladd, George E. *I Believe in the Resurrection of Jesus*. Grand Rapids: Eerdmans, 1975.

Macleod, D. "Resurrection of Christ." In *NDT*, pp. 582-85.

Morison, Frank. *Who Moved the Stone?* London: Faber and Faber, 1930; reprint, Grand Rapids: Zondervan, 1958.

O'Donovan, Oliver. *Resurrection and Moral Order*. Leicester: Inter-Varsity Press, 1986.

Ross, A. "Ascension of Christ." In *EDT*, pp. 86-87.

Swete, Henry Barclay. *The Ascended Christ: A Study in the Earliest Christian Teaching*. London: Macmillan, 1910.

Tenney, Merrill C. *The Reality of the Resurrection*. New York: Harper and Row, 1963.

Toon, Peter. *The Ascension of Our Lord*. Nashville: Thomas Nelson, 1984.

Wenham, John. *The Easter Enigma*. London: Paternoster, 1984.

第二十九章
基督的職分

基督如何作先知、祭司與君王？

背誦經文：彼得前書2:9-10

惟有你們是被揀選的族類，是有君尊的祭司，是聖潔的國度，是屬神的子民，要叫你們宣揚那召你們出黑暗入奇妙光明者的美德。你們從前算不得子民，現在卻作了神的子民；從前未曾蒙憐恤，現在卻蒙了憐恤。

詩歌：樂哉，救主為王（*Rejoice the Lord Is King*）

[1]樂哉救主為王 齊來叩拜景仰 樂哉感恩歌唱 凱歌直到永遠

副：揚起你聲 振奮你心 歡欣歡欣 應當歡欣

[2]救主耶穌為君 真理慈愛之神 洗淨我眾罪過 榮登天上寶座

[3]神國永不衰敗 統管天地眾神 死亡地獄鑰匙 皆在耶穌手中

[4]歡欣榮耀盼望 救主必再顯現 引領屬祂僕人 進入永遠家園

詞：Charles Wesley, 1746

曲：DARWALL 6.6.6.6.8.8., John Darwall, 1770

這首有力的讚美詩鼓勵我們，要因基督今日和將來的王權而喜樂。另一首極佳的讚美詩「**我靈奮起奮起**」（*Arise, My Soul, Arise*）說到了基督祭司的角色，也是查理．衛斯理（Charles Wesley）所寫的。還有一首可以替代的詩歌為「**耶穌此名何等芬芳**」（*How Sweet the Name of Jesus Sounds*），由約翰．牛頓（John Newton）所寫的，其中第四節歌詞尤佳。

前言

在舊約時代的以色列人中，有三種主要的職分：**先知**（prophet，如拿單，撒下7:2）、**祭司**（priest，如亞比亞他，撒上30:7），和**君王**（king，如大衛王，撒下5:3）。這三種職分是不同的：**先知**對百姓傳講神的話，**祭司**代表百姓向神獻上祭物、禱告和讚美，而**君王**則是作為神的代表來治理百姓。這三種職分以不同的方式預表了基督自己的工作。所以，我們可以從這三種職分或分類的觀點，再度思考基督的工作。[1] 基督以下列的方式履行了這三種職分：祂作為*先知*，將神啟示給我們，並且向我們傳講神的話語；祂作為*祭司*，代表我們向神獻上祭物，並且祂自己就是所獻上的那祭物；祂作為*君王*，治理教會，也治理宇宙。我們現在要詳細地討論祂的每一個職分。

A. 基督為先知

舊約先知向百姓傳講神的話語。摩西是第一位主要的先知，他也寫下了聖經的前五卷的作品：摩西五經。在摩西以後，有其他的先知傳講並書寫神的話。[2] 然而，摩西曾預言，另有一位像他的先知將會出現。

> 「耶和華你的神要從你們弟兄中間給你興起**一位先知像我**，你們要聽從他。正如你……求耶和華你神一切的話……耶和華就對我說：『……我必在他們弟兄中間給他們興起一位先知像你；我要將當說的話傳給他，他要將我一切所吩咐的都傳給他們。』」（申18:15-18）

然而，我們讀福音書時，雖然有些地方提到耶穌是先知，但我們看見祂*基本上*不被看成一位先知，或像摩西一樣的先知。那些稱呼耶穌為「先知」的人，通常對祂所知甚少，例如，百姓中流傳著有關耶穌不同的看法：「有人說是施洗的約翰；有人說是以利亞；又有人說是耶利米，*或是先知裏的一位*。」（太16:14；另參路9:8）耶穌使拿因城寡婦的兒子從死裏復活時，百姓就驚奇地說：「有*大先知*在我們中間興起來了！」（路7:16）耶穌在井旁告訴撒瑪利亞婦人她過去的一些事情時，她立刻反應說：「先生，我看出你是*先知*。」（約4:19）但是她對於祂的認識卻甚少。在聖殿裏，那個生來瞎眼後來被主醫治的人，他的反應也類似：「〔祂〕是個先知。」（約9:17；請注意，直到第37節，即他與耶穌後續談話以後，他才相信耶穌是彌賽亞並具有神性。）[3] 所以，「先知」基本上不是耶穌的稱號，也不是祂經常用來稱自己或別人稱祂的稱號。

但是，百姓仍有一個期望：那位像摩西一樣的先知將會來到（申18:15, 18）。例

---

[1]加爾文（主後1509-1564年）是第一位將這三個分類應用到基督工作上的知名神學家（見Calvin, *Institutes of the Christian Religion*, 2.15）。這種分類為許多後來的神學家所採用，認為是一種可以幫助我們了解基督工作之不同層面的方式。

[2]見本書第三章A節有關舊約正典的討論。

[3]在路加福音24:19中，兩位往以馬忤斯走去的人也稱耶穌為一位「先知」，可見他們是把耶穌歸類成一般由神差來的宗教領袖。這也許是因為他們以為這位陌生人（他們眼睛迷糊，認不出耶穌）對耶穌生平的事蹟沒有什麼認識，所以才這麼做，好讓陌生人明白耶穌是誰。

如，耶穌使五餅二魚倍增以後，有人呼喊：「這真是那要到世間來的先知。」（約6:14；另參約7:40）彼得也確認基督就是摩西所預言的那位先知（見徒3:22-24，引自申18:15）。耶穌確實就是摩西所預言的先知。

雖然如此，在新約書信中，耶穌從未被稱為先知或那位先知，這是頗為重要一點。這在希伯來書開頭時格外地重要，因為如果作者希望確認耶穌就是先知，在此有一個清楚的機會可以如此做。他開宗明義地說：「神既在古時藉著眾先知多次多方的曉諭列祖，就在這末世藉著祂兒子曉諭我們。」（來1:1-2）在希伯來書第1-2章討論了子神的偉大之後，作者的結論不是「所以，要把耶穌當作所有先知中最偉大的」，而是「同蒙天召的聖潔弟兄啊，你們應當思想我們所認為使者、為大祭司的耶穌。」（來3:1）

為何新約書信避免稱耶穌為先知呢？顯然是因為祂比起任何一位舊約先知都偉大；雖然耶穌是摩西所預言的先知，但祂在以下兩方面比舊約先知更為偉大：

第一，祂就是舊約預言中所說的那一位。當耶穌在往以馬忤斯的路上和兩位門徒談話時，祂為他們講解整個舊約，顯示先知們怎樣地預言到祂：「於是從摩西和眾先知起，凡經上所指著自己的話都給他們講解明白了。」（路24:27）祂對這兩位門徒說：「先知所說的一切話，你們的心信得太遲鈍了！」祂又說：「基督這樣受害，又進入祂的榮耀，豈不是應當的麼？」（路24:25-26；另參彼前1:11：舊約先知們「預先證明基督受苦難，後來得榮耀。」）因此，舊約先知們在他們所寫的著作裏前瞻地看見基督，而新約使徒們回顧地看見基督，並且為了教會的益處而詮釋祂的一生。

第二，耶穌不只是傳達從神而來之啟示的使者（如同其他所有的先知一樣），並且祂自己就是從神而來之啟示的源頭。耶穌不像所有舊約的先知們那樣說話：「耶和華如此說……」，而是以令人驚訝的「只是我告訴你們……」（太5:22等處）之敘述，開始神聖有權威的教導。耶和華的話是臨到舊約先知們，但耶穌本身即為永生神之道（約1:1）；祂以自己的權柄，完全地將父神啟示給我們（約14:9；來1:1-2）。

廣義而言，先知只是將神啟示給我們、並對我們傳達神話語的人，因此基督當然也是一位真實而完全的先知。事實上，祂就是所有舊約先知們在他們話語和行動中所預表的那一位。

B. 基督為祭司

在舊約裏，神指派祭司獻祭；他們也代表百姓向神獻上禱告與讚美。雖然他們在舊約時代所用的方式有其限制，但他們就以如此的方式使百姓「分別為聖」，或使他們蒙悅納，得以進入神的同在中。在新約裏，耶穌成為我們的大祭司。這個主題在希伯來書中有充分的解說；我們在那裏看到耶穌以兩種方式發揮祭司的功能。

B.1 耶穌為罪獻上完美的祭物

耶穌為罪所獻的祭物，不是牛、羊的動物的血：「因為公牛和山羊的血斷不能除罪。」（來10:4）耶穌乃是獻上自己成為完美的祭物：「但如今在這末世顯現一次，**把自己獻為祭**，好除掉罪。」（來9:26）這是完成了的、最終的祭物，永遠不需要再重複——此一主題在希伯來書裏經常被強調（見來7:27; 9:12, 24-28; 10:1-2, 10, 12, 14; 13:12）。所以，耶穌完成了先知預言中的所有期盼，不只是在舊約祭物裏所預表的，並且也是在獻祭之祭司的生活和行動中所預表的：祂既是祭物，又是獻祭的祭司。耶穌是「升入高天尊榮的大祭司」（來4:14）；並「為我們顯在神面前」（來9:24），因為祂已經獻上了一個祭物，以致永遠不再需要更多的祭物。

B.2 耶穌繼續帶領我們到神面前

舊約祭司不只是要獻祭，而且還要經常地代表百姓進入神的同在裏。但是耶穌所做的比這更多。祂身為我們完全的大祭司，仍繼續地**帶領我們**進入神的同在中，因此我們不再需要一個耶路撒冷的聖殿，或一群特殊的祭司團站在我們和神之間。而且，耶穌不是進入地上耶路撒冷聖殿的內殿（至聖所），而是升到天上相當於至聖所之處，就是神自己在天上的所在（來9:24）。所以，我們也有盼望能跟隨祂到那裏：「我們有這指望如同靈魂的錨，又堅固又牢靠，且**通入幔內**。作先鋒的耶穌，既照著麥基洗德的等次成了永遠的大祭司，就為我們進入幔內。」（來6:19-20）這經文表示，我們比生活在舊約聖殿時代的人，擁有更大的特權。他們甚至不能進入聖殿的第一層，即聖所，因為只有祭司才能進去。然後要進入聖殿的更內部，即至聖所，那是只有大祭司才能進去的，而且一年只能進去一次（來9:1-7）。當耶穌為我們的罪獻上了完美的祭，聖殿中遮蔽至聖所的簾幕或幔子從上到下裂為兩半（路23:45），如此在地上以象徵的方式指明，進到天上之神面前的道路已經藉著耶穌的死而打開了。所以，希伯來書作者對所有的信徒說出這個奇妙的勉勵：

> 「〔所以，〕弟兄們，我們既因耶穌的血得以坦然**進入至聖所**（原文作『聖所』，包括了『聖所』和『至聖所』）……又有一位大祭司治理神的家……**讓我們**（和合本譯作『就當』）**存著誠心和充足的信心來到神面前**。」（來10:19-22）

耶穌已經為我們打開了到神面前的道路，因此我們能夠持續地、毫無懼怕地、帶著「誠心」和「充足的信心」地來到神的面前。

B.3 耶穌繼續為我們禱告

另一個在舊約裏之祭司的功能，就是代表百姓禱告。希伯來書作者告訴我們，耶穌也實踐了這個功能：「凡靠著祂進到神面前的人，祂都能拯救到底；因為祂是長遠活著，替他們祈求。」（來7:25）當保羅說到基督耶穌「也替我們祈求」（羅8:34）時，他也肯定了這點。

有些人認為大祭司代求（intercession）的這一個工作，只是指停留在父神的面前，不斷地提醒父神，耶穌自己已經為我們所有的罪付出了懲罰的代價。按照這種觀點，耶穌並沒有真正為著我們生活中個別的需要向父神作明確的禱告，而「代求」的意思，也只是指祂身為大祭司代表我們站立在神面前。

然而，這個觀點似乎並不切合羅馬書8:34和希伯來書7:25所確實使用之文字的意思。在這兩處聖經中，「代求」一詞是譯自希臘字*entygchanō*；這個字的意思不只是「代表某人站在另一個人面前」，而是清楚表明要在另一個人面前作出明確的要求或訴求。例如，非斯都使用這個字對亞基帕王說：「你們看這人，就是一切猶太人……曾向我懇求〔的〕……」（徒25:24）保羅也把這個字用在以利亞的身上，說他「在神面前怎樣控告以色列人」（羅11:2）。在兩處經文中，都有十分明確的請求的意思，而不只是一般性的代表而已。[4]

因此我們可以下個結論，保羅和希伯來書的作者都認為，耶穌持續地活在神的同在中，為我們將明確的請求和訴求帶到神面前；這個角色惟獨神－人耶穌能擔任。雖然神能夠經由直接的觀察（太6:8）來照顧我們所有的需要，然而，在神和人類的關係中，祂喜悅聽到人的禱告而採取行動，顯然這是因為透過禱告所顯出的信心可以榮耀祂。由按照祂自己形像所造之男人和女人所作的禱告，在祂眼中特別討祂的喜悅。在基督身上，我們看到一位真實而完美的人，祂持續地禱告，並且藉著禱告，不斷地榮耀神。因此，人類的人性就被提升到十分崇高的地位：「只有一位神；在神和人中間只有一位中保，乃是降世為人的基督耶穌。」（提前2:5）

但是耶穌若僅僅憑著祂的人性，就不能成為祂在全世界所有百姓的大祭司，因

---

[4]我們在新約聖經以外的文學作品中也曾看到*entygchanō*的例子，這個字的意思是「提出請求或訴求」。例如，見《智慧書》（Wisdom）8:21（「我求主，並向祂提出訴求」）；《馬加比一書》（1 Macc.）8:32；《馬加比三書》（3 Macc.）6:37（「他們請求王，差派他們回家」）；《革利免一書》（1 Clement）56:1；《坡旅甲致腓立比人書》（Epistle of Polycarp to the Philippians）4:3；約瑟夫的《猶太古史》（Josephus, *Antiquities*）12:18；16:170（在古利奈的猶太人，因當地人胡亂徵稅，而向亞基帕王提出訴求）。此外，還可以找到更多的例子（另參羅8:27；羅8:26用了和*entygchanō*同源的字）。

為那樣祂就不能聽到遠處之人的禱告，不能聽到人在心裏的禱告，也不能同時聽到所有的請求（因為在任何一時刻，世上都有數百萬人同時在向祂禱告）。所以，為了成為能為我們代求的完美大祭司，祂必須是神，也是人：在祂的神性裏能夠知道所有的事，並將它們帶到父神面前；而由於祂也是人，並且繼續為人，所以就有權在神面前代表我們，並且能夠從一位充滿同情心之大祭司的觀點，來表達祂的訴求，因為祂親身體驗並了解我們的經歷。

所以，在全宇宙中，從以前直到永遠，惟有耶穌能夠成為如此屬天的大祭司，祂是真神，也是人，永遠被高舉在諸天之上。

當我們想到耶穌持續地為我們禱告，心中應當受到極大的鼓勵。祂總是按照父神的旨意為我們禱告，所以，我們知道祂的請求都會蒙父神應允。伯克富（Louis Berkhof）說：

> 「當我們想到以下這些時，心中就感到十分安慰：即使我們的生活疏於禱告，基督仍為我們禱告；祂將那些我們心思想不到的、或那些時常在禱告中被忽略的屬靈需求，帶到父神的跟前；在我們面臨沒有意識到的危險、或遭遇沒有注意到的敵人之威脅時，祂為我們禱告求保護。祂為我們禱告，求父神使我們的信心不止息，並且至終可以凱旋得勝。」[5]

C. 基督為君王

在舊約裏，君王擁有權力治理以色列國。在新約裏，雖然耶穌出生為猶太人的王（太2:2），然而祂拒絕所有百姓要使祂作地上君王的嘗試，就是可以擁有屬地的軍事和政治力量的那種君王（約6:15）。祂告訴彼拉多說：「我的國不屬這世界；我的國若屬這世界，我的臣僕必要爭戰，使我不至於被交給猶太人；只是我的國不屬這世界。」（約18:36）雖然如此，耶穌確實擁有一個國度，祂在講道中曾宣告它的來臨（太4:17, 23；太12:28等）。耶穌實際上是新的神百姓的真實君王，因此之故，祂並沒有責備門徒們在祂光榮進入耶路撒冷時的呼喊：「奉主名來的**王**是應當稱頌的！」（路19:38；另參路19:39-40；亦見太21:5；約1:49；徒17:7）

耶穌復活以後，父神賜給祂治理教會和宇宙的更大權柄。神使祂復活，「叫祂在天上坐在自己的右邊，**遠超過一切執政的、掌權的、有能的、主治的**，和一切有名

---

[5]Berkhof, *Systematic Theology*, p. 403.

的，不但是今世的，連來世的也都超過了。又將萬有服在祂的腳下，使祂為教會作萬有之首。」（弗1:20-22；太28:18；林前15:25）當耶穌再回到地上、以能力和極大的榮耀掌權時，百姓將更完全確認祂管轄教會和宇宙的權柄（太26:64；帖後1:7-10；啟19:11-16）。在那個日子，祂要被稱為「萬王之王、萬主之主」（啟19:16），而且萬膝都要向祂跪拜（腓2:10）。

D. 我們的先知、祭司與君王之角色

假使我們回顧亞當在墮落之前的處境，再前瞻我們將來與基督在天上直到永遠的情景，就能看見在神起初要賜給人類的經驗中，就有類似先知、祭司和君王的功能，這一切也將應驗於我們將來在天上的生活。

在伊甸園裏，亞當是一位「先知」，這在於他有認識神的真知識，而他也總是真實地說到神和祂的受造物。他也是一位「祭司」，因為他能自由地、公開地向神獻上禱告和讚美。那時還不需要為罪獻上祭物；但亞當和夏娃以感恩和感謝的心，將工作獻給神，所以，就祭物的另一個意義而言，這也稱得上是另一種「祭物」了（另參來13:15）。亞當和夏娃也是「君王」（或說君王和皇后），因為神賜給他們治理萬物的權柄（創1:26-28）。

當罪進入世界以後，墮落的人類不再發揮先知的功能，因為他們相信了有關神的錯誤訊息，並且向人傳達他們對神不正確的認識。他們不再如祭司一般來到神面前，因為罪使他們從神的面前隔絕。他們不再像君王一樣地治理全地，反而是臣服於受造界的艱苦環境，被水災、旱災、歉收以及人間暴君等災難所壓制。神所創造之人的高貴——成為先知、祭司和君王——因著犯罪而消失無蹤。

當神在以色列國中建立了先知、祭司和君王的三種職分時，局部恢復了這三個角色的純淨。擔任這些職分的人常常是敬虔的，但是還是有假先知、不誠實的祭司，和不敬虔的君王；因此，神起初要人履行這些職分時所應具備的純淨和聖潔，從未完全實現過。

基督來臨時，我們首度看見了這三種角色的實踐，因為祂是完美的先知，完整地對我們宣告神的話語；祂是完美的祭司，為罪獻上了崇高的祭物，並帶領祂的百姓到神面前；祂又是真實公義的宇宙君王，要以公義的權杖永遠統治新天新地。

令人驚歎的是，身為基督徒的我們，今天就已經在這些角色上開始效法基督了，雖然是以一種附屬的方式。我們宣揚福音，並藉此將神拯救的道帶給人們，這就具有

「先知」的角色。事實上，無論何時，只要我們實實在在地向信徒或非信徒傳講神時，就在履行「先知的」功能（我們在此是以非常廣義的意思來使用「先知的」一詞）。

我們也是祭司，因為彼得稱我們為「君尊的祭司團」（彼前2:9，和合本譯作「君尊的祭司」）。他邀請我們成為神所建造的靈宮，作「聖潔的祭司」，並且「藉著耶穌基督奉獻神所悅納的靈祭」（彼前2:5）。希伯來書的作者也把我們當作是能夠進入至聖所的祭司（來10:19, 22），而且說我們能夠「常常以頌讚為祭獻給神，這就是那承認主名之人嘴唇的果子」（來13:15）。他也告訴我們，我們的善行乃是討神喜悅的祭物：「只是不可忘記行善和捐輸的事，因為這樣的祭是神所喜悅的。」（來13:16）保羅也認為我們有祭司的角色，因為他寫道：「所以弟兄們，我以神的慈悲勸你們，將身體獻上*當作活祭*，是聖潔的，是神所喜悅的；這就是你們應該獻上屬靈的敬拜（和合本譯作『你們如此事奉乃是理所當然的』）。」（羅12:1）

我們如今也部分地分享到基督君王的權柄，因為我們已經與祂一同復活，一同坐在天上（弗2:6），如此就在某個程度上分享到祂勝過邪惡屬靈權勢的權柄，而這邪惡的權勢原來可能是攻擊我們的（弗6:10-18；雅4:7；彼前5:9；約一4:4）。神甚至在今日也賜給我們權柄，在世上或在教會裏管轄或大或小不同的領域。但是當主回來的時候，那些在小事上忠心的人，將要被賦予管理更多事物的權柄（太25:14-30）。

當基督回來治理新天新地時，我們將要再度成為真正的「先知」，因為那時我們的知識將是完全的；我們將要全知道，如同主知道我們一樣（林前13:12）。那時我們將單單傳講神和祂所造之世界的真理；如此，神起初賜給亞當先知職分的目的，就要在我們身上應驗了。我們要永遠為祭司，因為在我們注視祂的臉面、並住在祂的同在中之時，要永遠敬拜神，向祂獻上禱告（啟22:3-4）。我們要繼續地將我們自己和我們所做的及所有的，當作祭物獻給最配得的君王。

不只如此，我們還會因順服神而與基督一起治理宇宙；我們將要與祂一同「作王，直到永永遠遠」（啟22:5）。耶穌說：「得勝的，我要賜他*在我寶座上與我同坐*，就如我得了勝在我父的寶座上與祂同坐一般。」（啟3:21）事實上，保羅告訴哥林多教會的人說：「豈不知*聖徒要審判世界麼*……豈不知*我們要審判天使麼*？」（林前6:2-3）所以，在永世裏，我們將要永遠發揮附屬的先知、祭司和君王之角色，總是臣服主耶穌，因祂是至上的先知、祭司和君王。

個人思考與應用

1. 你是否能舉出幾點，說明你從對基督的先知、祭司和君王之角色的了解，而更完全地明白了舊約裏先知、祭司和君王的功能？請讀列王紀上4:20-34和列王紀上10:14-29裏所描述的所羅門王國度。你在所羅門的國度裏，是否看見了任何預表基督三種職分的啟示？是否看見了任何預表基督永遠國度的事物？你認為在現今的新約時代，你身為教會的一員，具有較多還是較少的特權？
2. 在你今天的生活中，是否看到自己履行了先知、祭司，和君王等三種角色？你如何能使得這每一項功能都在你的生活中得到發揮？

特殊詞彙

代求（intercession）
君王（king）
祭司（priest）
先知（prophet）

本章書目

Baker, J. P. “Offices of Christ.” In *NDT*, pp. 476-77.
Clowney, Edmund P. *The Unfolding Mystery: Discovering Christ in the Old Testament*. Phillipsburg, N.J.: Presbyterian and Reformed, 1988.
Letham, Robert. *The Work of Christ*. Downers Grove, Ill.: InterVarsity Press, 1993.
Reymond, R. L. “Offices of Christ.” In *EDT*, p. 793.

第三十章
聖靈的工作

聖靈在聖經歷史上有何獨特的作為？

背誦經文：羅馬書8:12-14

弟兄們，這樣看來，我們並不是欠肉體的債去順從肉體活著。你們若順從肉體活著，必要死；若靠著聖靈治死身體的惡行，必要活著。因為凡被神的靈引導的都是神的兒子。

詩歌：來吧，創造之靈啊（*Come, O Creator Spirit*）

1可頌的創造之靈啊 求來到我心中安息 施恩之靈帶來天助 來到你所創造生靈
2你是至親的保惠師 至高真神無上禮物 生命泉源愛的火焰 從上而來甜美恩膏
3從天帶來七倍恩能 神聖右手權能指頭 有福之靈父早應許 今來喚醒我心頌揚
4我心不再下沉黯淡 充溢被提愛的光芒 正當肉體軟弱失敗 不朽大能使我得勝
5驅走我們所畏仇敵 賜下你的真正平安 只要有你作我引導 永不偏離生命路徑
6求你向我顯示天父 助我認識永遠之子 神聖之靈我們永遠 信靠仰慕惟獨是你

詞：Hrabanus Maurus, 776-856
曲：GRACE CHURCH L.M., Ignace Pleyel, 1757-1831

在任何一本詩本裏，這都是最老的詩歌之一；它是由一位十世紀或更早的佚名作者所寫的。它直接呼求聖靈，請祂降臨到我們的心中，為我們帶來祝福，用喜樂、慈愛和讚美充滿我們，保守我們不受仇敵攻擊，並在我們的生活中賜下平安。

替代詩歌：神的靈啊求降臨我心中（*Spirit of God, Descend Upon My Heart*）

1神的靈啊求降臨我心中 潛移默化斷我戀世俗情
垂憐我軟弱彰顯你大能 使我按你當得愛慕愛你
2不求肉身幔子頓然揭開 也不求先知狂喜和異夢
不求天使降臨或是天開 但求我心中幽暗盡消淨
3我神我王你曾教我愛你 盡心盡力盡性盡我全意
你的十架教導我心歸依 讓我尋求你讓我找到你

[4]教我感受你常在我身旁 教我忍受靈魂的掙扎
察驗變重疑心悖逆歎息 教我等候未得答應禱告
[5]教我愛你純潔有如天使 聖潔熱忱充滿在我全身
聖靈的洗有如鴿從天下 我心是祭壇主愛是火焰

詞：George Croly, 1854
曲：MORECAMBE. 10.10.10.10., Frederick C. Atkinson, 1870

前言

我們在本書第二部分裏，以一些篇幅討論過父神的性格和工作；而在前面幾章裏，我們也討論了子神耶穌基督的身位與事工；並且我們曾經根據聖經的證據，在討論三位一體的教義時檢視過聖靈的神性與位格。現在，在本章裏，我們要專注於聖靈獨特的工作。在三一神之成員的不同作為裏，有哪些作為可以特別說是聖靈的工作呢？

我們在一開始的時候就要明白，本書在其他章節裏多少都直接討論過聖靈某些層面的工作，例如在討論聖靈的洗與被聖靈充滿（第三十九章），和討論屬靈的恩賜（第五十二至五十三章）時，幾乎全部是在討論聖靈特定的工作。此外，我們也在以下這些章節中，探討了聖靈在這世上工作的不同層面，尤其是在信徒生活裏的作為：聖經的權威（第四章）、禱告（第十八章）、福音的呼召（第三十三章）、重生（第三十四章）、成聖（第三十八章）、聖徒的恆忍（即持續為基督徒，第四十章）、得榮（第四十二章）、教會的權力（第四十六章）、神在教會內的施恩之法（第四十八章）、崇拜（第五十一章）等。雖然如此，我們在本章要對聖經中有關聖靈工作之教導，作一整體性的了解，以便更充分地明白，有哪些作為是特別由父神和子神委託聖靈的。

我們可以將聖靈的工作定義如下：*聖靈的工作是為了彰顯神在這世上、尤其在教會裏積極的同在*。這個定義指出，聖經最常將三一神中的聖靈，描述為是*現在*在世上做神工作的那一位。雖然就某個程度而言，這個定義在整本聖經中都是真的；但在新約的世代，這尤其貼切。在舊約時代裏，神的同在多次是以神的榮耀和顯現（theophany）來彰顯；而在福音書裏，神的同在則是由耶穌自己在人群中來彰顯。然而，耶穌升天以後，並貫穿整個的教會時代，如今*最主要*彰顯三一神在我們中間同在的，就是聖靈了；聖靈是今日與我們*同在*最顯著的那一位。[1]

[1]在這裏的討論中，筆者使用「同在」這個字時，意思是指「為祝福而同在」，如同在本書第十一章裏討論到神的無所不在時所說的一樣。當然，因為祂是完全的神，所以聖靈的實存總是存在於每個地方（祂是無所不在

從創造的起頭就有徵兆顯示，聖靈的工作是要完成並維持父神所計劃和子神所開始的工作，因為創世記1:2記載：「神的靈運行在水面上。」五旬節時，在基督裏開始了一個新的創造，那就是聖靈來臨，賜予教會能力（徒1:8; 2:4, 17-18）。因為在新約時代，三一之神是特別透過聖靈來彰顯祂的同在，所以保羅很適切地稱呼聖靈是神同在之完滿彰顯的「初熟果子」（羅8:23，和合本譯作「初結果子」）和「憑據」（原文作「質」，或作「訂金」，哥林多後書1:22; 5:5）；而我們將要在新天新地時才能看到神同在的完滿彰顯（另參啟21:3-4）。

即使在舊約時代，就有預言說到聖靈的同在會帶來從神而來的豐盛祝福：以賽亞曾預言將有一個特別時候，聖靈要帶來極大的更新。

「因為宮殿必被撇下，
　多民的城必被離棄……
等到聖靈從上澆灌我們，
　曠野就變為肥田，
　肥田看如樹林。
那時，公平要居在曠野，
　公義要居在肥田。
公義的果效必是平安；
　公義的效驗必是平穩，直到永遠。
我的百姓必住在平安的居所，
　安穩的住處，
　平靜的安歇所。」（賽32:14-18）

另一處與此類似的經文，是神透過以賽亞向雅各家預言：「因為我要將水澆灌口渴的人，將河澆灌乾旱之地；我要將我的靈澆灌你的後裔，將我的福澆灌你的子孫。」（賽44:3）

反之，聖靈的離去將從百姓中帶走神的祝福：「他們竟悖逆，使主的聖靈擔憂；祂就轉作他們的仇敵，親自攻擊他們。」（賽63:10）雖然如此，有一些舊約的預言說到，未來聖靈將會以更完滿的形態來臨；那時，神要與祂的百姓立定新約（結36:26-27; 37:14; 39:29；珥2:28-29）。

的)，但是祂不總是為祝福而同在（見第十一章B.4.3節）。

聖靈是以何種特定的方式帶來神的祝福呢？我們可以將聖靈帶來神同在之明證與帶來祝福的工作，分成四個方面：(1) 聖靈*賜能力*；(2) 聖靈*潔淨*；(3) 聖靈*啟示*；(4) 聖靈*使人合一*。我們將在下面逐一檢視聖靈在這四方面的工作。最後，我們應當體認到，不可把聖靈的工作當成理所當然的，它們也不是自動發生在神百姓當中的。聖靈乃是反映出神喜悅百姓的信心或順服，不喜悅他們的不信與悖逆。因此之故，我們需要討論聖靈工作的第五方面：(5) 聖靈*回應我們*：聖靈根據我們對祂的反應，賜下神同在與祝福的*或明顯或微弱的*證據。

A. 聖靈賜能力的工作

A.1 祂賜下生命

在大自然界裏，聖靈的角色是將生命賦予一切有氣息的受造之物，不論是在地上的、天上的或海裏的，因為「你發出你的靈，他們便受造」（詩104:30）；反之，神「若專心為己，將靈和氣收歸自己；凡有血氣的就必一同死亡，世人必仍歸塵土」（伯34:14-15）。在此，我們看見神的靈扮演了賜予並維持人類和動物生命的角色。

在我們重生時，聖靈也扮演了相同的角色，那就是賜下新生命。[2] 耶穌告訴尼哥底母說：「從肉身生的就是肉身；*從〔聖〕靈生的*就是靈。我說：『你們必須重生』，你不要以為希奇。」（約3:6-7；另參約3:5, 8; 6:63；林後3:6）祂也說：「*叫人活著的乃是靈*，肉體是無益的。」（約6:63；另參林後3:6；徒10:44-47；多3:5）[3] 另有一件事實也符合聖靈賜生命的功能，那就是使耶穌在祂母親馬利亞的腹中受孕（太1:18, 20；路1:35）。將來在耶穌再來的那一天，這一位聖靈要將新的復活生命賜給我們必死的身體，以完成這個賜生命的工作：「叫耶穌從死裏復活者的靈若住在你們心裏，那叫基督耶穌從死裏復活的，也必*藉著*住在你們心裏的*聖靈*，使你們必死的身體又活過來。」（羅8:11）

A.2 祂賜下事奉的能力

A.2.1 在舊約時代

在舊約時代，聖靈經常賜下能力，使人從事特別的服事。祂賜給約書亞領袖的

---

[2]見本書第三十四章有關重生的討論。不僅如此，正如我們在本書第三十九章所主張的，「聖靈的洗」一詞在新約（如林前12:13）是指我們成為基督徒之時的聖靈的工作（雖然今日許多福音派信徒，尤其是靈恩派與五旬節派的團體，認為「聖靈的洗」是指聖靈在信徒歸正之後所作的一些工作）。

[3]另一件與聖靈賜生命之工作有關的事實，乃是祂也在我們身上留下祂工作的印記，所以祂保守了真信徒不至跌倒或離開神，因而失去他們的救恩（弗1:13）。

才能與智慧（民27:18；申34:9）；祂賜給士師們能力，使他們將以色列人從壓迫者的壓制下拯救出來（請注意在士師記3:10中，「耶和華的靈」如何「降在」俄陀聶的身上；在士師記6:34中降在基甸的身上；在士師記11:29中降在耶弗他的身上；在士師記13:25; 14:6, 19; 15:14中降在參孫的身上）。聖靈大有能力地降在掃羅身上，感動他與以色列的仇敵爭戰（撒上11:6）；大衛受膏作王時，「耶和華的靈就大大感動大衛」（撒上16:13），裝備大衛去完成神呼召他作王所當完成的工作。[4] 與上述賜能力略微不同地，聖靈賜給比撒列工藝的技巧，使他能夠建造會幕，製造其中的器皿（出31:3; 35:31），並且有能力教導別人這些技巧（出35:34）。[5]

聖靈也保護神的百姓，使他們勝過仇敵。例如在以色列人出埃及時，神將祂的靈降在他們中間（賽63:11-12），後來他們被擄歸回之後，又將祂的靈降在他們中間，保護他們免除懼怕（該2:5）。掃羅嘗試以武力逮捕大衛時，聖靈降在掃羅的差使身上（撒上19:20），最後也降在掃羅自己的身上（撒上19:23），使他們不由自主地倒在地上說了好幾個小時的預言，如此破壞掃羅的目的，並且羞辱他，作為他以邪惡武力對付大衛和撒母耳之回應。另有一個與此相似的例子，那就是當以西結藉著聖靈的能力，針對以色列的領袖們發出審判的預言時（結11:5），領袖之一毘拉提就死了（結11:13）。聖靈以這種方式，立即在他身上施行審判。

最後，舊約聖經預言，將來會有一個時候，聖靈要膏立一位神僕彌賽亞，大大充滿祂，並賜祂莫大的能力：

「耶和華的靈必住在祂身上，
　就是使祂有智慧和聰明的靈，
　謀略和能力的靈，
　知識和敬畏耶和華的靈。
祂必以敬畏耶和華為樂。」（賽11:2-3）

以賽亞預言，神論到這位將要來的僕人時說：「我已將我的靈賜給祂」（賽42:1）；而這僕人自己也說：「主耶和華的靈在我身上；因為耶和華用膏膏我。」（賽61:1；另

[4]很明顯地，大衛求神不要從他收回聖靈：「不要丟棄我，使我離開你的面，不要從我收回你的聖靈」（詩51:11），是指在裝備大衛作王的這方面。正因為膏立掃羅作王的聖靈已離開了掃羅，而降在大衛身上（比較撒上16:13和撒上16:14）；所以大衛在與拔示巴犯罪之後（見詩第51篇標題），禱告求神不要同樣地從他身上收回聖靈。

[5]聖靈也賜能力給舊約的先知們，啟示他們當說的話，但是我們將此功能放在以下的「聖靈啟示的工作」那一段裏。

參路4:18）

在我們結束討論舊約時代聖靈賜能力給人之前，還要注意到，有時有人會說：聖靈不在舊約時代的人*心裏*作工。這種想法主要是從耶穌在約翰福音14:17裏，對門徒們說的話所得到的推論——「祂常與你們同在，也要*在*你們*裏面*」。但是我們不應當從這一節經文裏就下結論說，在五旬節之前，聖靈沒有在人心裏工作。雖然舊約聖經不常提到人的心裏有聖靈，或人被聖靈充滿，但仍有些例子說到這種情況：聖經上說約書亞心中有聖靈（民27:18；申34:9），也說以西結（結2:2; 3:24）、但以理（但4:8-9, 18; 5:11）和彌迦（彌3:8）都是如此。[6] 這表示，當耶穌對祂的門徒們說聖靈「常與你們同在，也要在你們裏面」（約14:17）時，祂的意思不可能是指，聖靈在舊約時代和新約時代的工作，有一種絕對的「在外與在內」的區別；而且，約翰福音7:39（「那時還沒有賜下聖靈來，因為耶穌尚未得著榮耀」）的意思也不可能是指，聖靈在五旬節以前*沒有*在人的生命裏工作。以上的兩處經文必定是以不同的方式說明，在五旬節之後，聖靈更有能力、更為豐滿的工作，將成為五旬節後靈命的特徵，但在那之前，門徒們尚未經歷到。雖然神曾應許，在新約來到時要將聖靈放在祂百姓的內心（見結36:26, 27; 37:14），然而在五旬節以前這個應許還沒有實現在門徒身上，聖靈也還沒有充沛豐滿地被澆灌下來，成為新約時代的特徵（珥2:28-29）。就聖靈將在新約時代更有能力、更為豐滿的工作之意義而言，此時聖靈尚未開始在門徒們的心內動工。[7]

A.2.2 在新約時代

聖靈在新約時代賜下能力的工作，最先與最完滿地顯於膏立耶穌為彌賽亞，並加能力給祂。聖靈在耶穌受洗時，降在祂的身上（太3:16；可1:11；路3:22）。施洗約翰說：「我曾看見聖靈彷彿鴿子從天降下，住在祂的身上。」（約1:32）所以，耶穌「被聖靈充滿」，進到曠野受試探（路4:1）；在祂受試探之後、開始服事之時，「耶穌*滿有聖靈的能力*回到加利利」（路4:14）。耶穌在拿撒勒的會堂講道時，宣告以賽亞的預言在自己身上應驗了：「主的靈在我身上，因為祂用膏膏我，叫我傳福音給貧窮的人。差遣我報告被擄的得釋放，瞎眼的得看見，叫那受壓制的得自由，報告神悅納人的禧年。」（路4:18-19）聖靈在耶穌一生中的能力，顯現在祂以後所施行的神蹟中，例如祂用一句話就能趕鬼，並醫治來到祂面前的人（路4:36, 40-41）。聖靈喜悅

---

[6]新約聖經記載，在五旬節之前，還有施洗約翰（路1:15）、以利沙伯（路1:41）和撒迦利亞（路1:67）都是被聖靈充滿的。

[7]見本書第三十九章B節有關聖靈在舊約時代和新約時代工作之差異的討論。

住在耶穌身上，並賜能力給祂，因為聖靈極喜悅耶穌生命所具備之絕對的道德純潔。在耶穌論到自己的服事與父神祝福祂的事奉時，祂說：「神賜聖靈給祂，是沒有限量的。父愛子，已將萬有交在祂手裏。」（約3:34-35）耶穌有聖靈無限量的膏抹，而且這個膏抹「住在祂的身上」（約1:32；另參徒10:38）。

聖靈也因門徒們不同的服事而賜能力給他們。耶穌應許他們：「但**聖靈降臨在你們身上**，你們就必**得著能力**，並要在耶路撒冷、猶太全地和撒瑪利亞，直到地極，作我的見證。」（徒1:8）[8] 有幾件特別的例子顯示，聖靈在初代基督徒宣揚福音時，賜給他們行神蹟的能力（請注意使徒行傳6:5, 8中的司提反，和羅馬書15:19與哥林多前書2:4中的保羅）。但是聖靈也賜給初代教會極大的講道能力，因此當門徒們被聖靈充滿時，就充滿膽量和大能地傳道（徒4:8, 31; 6:10；帖前1:5；彼前1:12）。總體而言，我們可以說，當福音信息有效地向人心宣講時，聖靈就透過福音信息說話。新約聖經以聖靈和教會的邀請作結束，兩者一起呼召人來得救恩：「聖靈和新婦都說：『來！』聽見的人也該說：『來！』」（啟22:17）其實聖靈每天持續地對人心說話，不只是在福音信息中，同時也在讀經和聖經教導中（見希伯來書3:7; 10:15，作者在此引用舊約經文，指明聖靈現在正向其讀者傳講那段經文）。

聖靈賜能力給基督徒來服事主的另一方面，就是賜下屬靈的恩賜，裝備基督徒參與服事。在保羅列舉不同的恩賜後，他說：「**這一切都是這一位且同一位聖靈所運行**，隨己意分給各人的。」（林前12:11，按NASB譯；和合本譯作「**這一切都是這位聖靈所運行**，隨己意分給各人的。」）因為乃是聖靈表明或彰顯神在世上的同在，因此保羅會稱屬靈恩賜是聖靈的「〔彰〕顯」（林前12:7），就不足為奇了。[9] 屬靈恩賜

---

[8]此處被譯為「能力」（*dynamis*）的字，在使徒行傳裏另外又出現了九次。在其中一處（徒4:33），「能力」究竟是指叫聽眾覺得扎心之有能力的講道，還是指隨著講道而來的神蹟，並不清楚。但是在其他八處的例子裏（徒2:22; 3:12; 4:7; 6:8; 8:10〔本節指異教行神蹟的能力〕, 13; 10:38; 19:11），這個字的意思都是**行神蹟的能力**。由於*dynamis*一字在路加福音裏屢次被用來提到行神蹟的能力，因此其意義得到進一步的證實。所以，耶穌在使徒行傳1:8應許門徒說，當聖靈降臨在他們身上時，他們必得著「能力」——他們對這句話的了解，可能是認為這能力至少是指聖靈行神蹟的能力，藉以證實福音之真實性。又因為這句子緊接的下文說到為耶穌作見證，因此門徒們也可能認為耶穌的意思是指，他們所要得著的聖靈的能力，是聖靈要透過他們的傳道而作工，並且使人認罪，使人心甦醒而信主的能力。這種在講道中的能力到後來的事件中顯明出來，例如彼得的聽眾「覺得扎心」（徒2:37），或「聽道之人有許多信的，男丁數目約到五千」（徒4:4）。

[9]此處被譯為「〔彰〕顯」的希臘字是*phanerōsis*，其意是表明某物的東西，使某物公開顯露或讓人看清楚的東西。其相關的形容詞是*phaneros*，意思是「可見的、清楚的、顯而易見的、開放的、明顯的、可知的」（BAGD, 852）。

在教會中的活躍，是表明教會裏有聖靈同在的另一個指標。[10]

在信徒個人的禱告生活中，聖靈使我們的禱告有能力、有功效。「我們本不曉得當怎樣禱告，只是聖靈親自用說不出來的歎息替我們禱告。」（羅8:26）[11] 保羅還說，我們「被一個聖靈所感，得以進到父面前」（弗2:18）。新約聖經說到，有一種禱告是特別由聖靈賦予能力的，那就是用方言禱告的恩賜（林前12:10-11; 14:2, 14-17）。[12]

聖靈賜能力給基督徒服事神的另一方面，乃是祂賜下能力使人得以勝過在傳福音時、或當神做工在人生命裏時，所遭遇到的屬靈上的敵擋。這種屬靈爭戰的能力首先見於耶穌的生命中；祂說：「我若*靠著神的靈*趕鬼，這就是神的國臨到你們了。」（太12:28）保羅來到居比路（塞浦路斯）時，遭遇到術士以呂馬的敵擋，但是保羅「*被聖靈充滿*，定睛看他，說：『你這充滿各樣詭詐奸惡，魔鬼的兒子，眾善的仇敵！你混亂主的正道還不止住麼？現在主的手加在你身上，你要瞎眼，暫且不見日光。』他的眼睛立刻昏蒙黑暗，四下裏求人拉著手領他。」（徒13:9-11）這個聖靈所賜「辨別諸靈」的恩賜（林前12:10），也是這場抵擋黑暗權勢爭戰中的一個工具；就如神的道一樣，它在屬靈爭戰中的功用就如「聖靈的寶劍」一般（弗6:17）。

B. 聖靈潔淨的工作

由於三一之神中的這一位被稱為「*聖*」靈，所以我們對於祂主要的工作之一乃是清除我們的罪，「使我們成聖」，或使我們在實際生活中更為聖潔，就一點也不覺得意外。即使在不信者的生活中，聖靈在使世人知罪（約16:8-11；徒7:51）這方面，也展現了一些抑制罪的影響力。但當人成為基督徒以後，聖靈就在他們裏面做初步清潔的工作，使他們與以前罪惡的生活徹底地隔絕。[13] 保羅論到哥林多教會的人說：「*你們*奉主耶穌基督的名，並*藉著我們神的靈*，*已經洗淨*、成聖、稱義了。」（林前6:11；亦見多3:5）施洗約翰說，耶穌要「用聖靈與火」給人施洗（太3:11；路3:16）；由他的話可知，這一個聖靈清除和潔淨的工作，顯然是用火來作象徵。

我們信主時，聖靈使我們的生命初步與罪隔絕，之後祂也在我們裏面帶來聖潔生

[10]在基督徒的一生中，聖靈也賜人能力順服神（見本章B節有關聖靈之潔淨工作的討論）。

[11]見本書第十八章B.5節和第五十三章E.2.9節有關羅馬書8:26的討論。

[12]見本書第五十三章E節有關說方言的討論。

[13]有關這點的討論，見John Murray, "Definitive Sanctification," in *Collected Writings of John Murray* (Edinburgh and Carlisle, Pa.: Banner of Truth, 1977), pp. 277-84.

命的成長。祂使我們心裏產生「聖靈所結的果子」（「仁愛、喜樂、和平、忍耐、恩慈、良善、信實、溫柔、節制」，加拉太書5:22-23），這些品質反映了神的性格。當我們持續「變成主的形狀，榮上加榮」之時，我們就要提醒自己，這是「從主來的，主就是那靈」（林後3:18，和合本譯作「從主的靈變成的」）。成聖是由聖靈的能力來的（帖後2:13；彼前1:2；另參羅8:4, 15-16），因此我們「靠著聖靈」才能夠「治死身體的惡行」，並在個人的聖潔中成長（羅8:13；見羅7:6；腓1:19）。[14]

今日有些人說到一種聖靈潔淨（或醫治）的工作，是在他們「在靈裏被擊殺」（slain in the Spirit，或稱「被聖靈擊倒」）時所發生的。這個經驗乃是，他們在半昏迷狀態下突然倒地，而且持續數分鐘或數小時。雖然這個「在靈裏被擊殺」的片語未曾出現在聖經上，但卻有例子顯示人在神的同在裏會倒在地上，或倒下進入昏迷的狀態。[15] 現代的這種經驗應當按照它們在人們的生活中所持續產生的結果（「果子」）來予以評估（見太7:15-20；林前14:12, 26下）。

C. 聖靈啟示的工作

C.1 祂向先知與使徒啟示

我們在本書第四章詳細討論過，聖靈多次向舊約時代的先知們和新約時代的使徒們啟示神的話語，因此他們的話語可以被納入聖經（如見民24:2；結11:5；亞7:12等）。整本舊約聖經的產生，乃是因為「人被聖靈感動說出神的話來」（彼後1:21；NIV將「感動」譯為「帶動」）。其他幾處經文則提到聖靈在舊約時代的先知們身上的工作（見太22:43；徒1:16; 4:25; 28:25；彼前1:11）。新約時代的使徒們和其他新約聖經的作者，也是被聖靈引導而「進入一切的真理」（約16:13，和合本小字）；聖靈也把祂從父神和子神所聽到的話語告訴使徒們，並向他們宣佈「將來的事」（約16:13；另參弗3:5）。其他被聖靈充滿的人，他們所說或所唱的內容也成為聖經的一部分，例如以利沙伯（路1:41）、撒迦利亞（路1:67）和西面（路2:25）等。

C.2 祂賜下神同在的明證

有時候有人會說，聖靈的工作不會叫人注意祂自己，而是將榮耀歸給耶穌和父神。但這似乎是錯誤的二分法，聖經中並無證據支持。當然，聖靈是要榮耀耶穌（約

---

[14]見本書第三十八章有關成聖的更廣泛討論。

[15]見創世記15:12；出埃及記40:35；撒母耳記上19:24；列王紀上8:11；以西結書1:28; 3:23；但以理書8:27；約翰福音18:6；使徒行傳9:4; 10:10，啟示錄1:17; 4:10（比較但以理書8:17-18和10:7-17裏他與天使的接觸）。

16:14），並且為祂作見證（約15:26；徒5:32；林前12:3；約一4:2），然而這並不意謂著，祂就不使自己的話語和作為被人所知！聖經有數百處經文說到了聖靈的工作，因而使得眾人都知道，而且聖經本身就是聖靈所說的話，或是聖靈所啟示的話！

此外，在舊約與新約時代，有的現象明顯是聖靈的作為，聖靈也經常藉著這些現象顯明祂自己，例如聖靈降在和摩西在一起的七十位長老身上，他們就說預言（民11:25-26），又如聖靈降在士師身上，使他們能做大能的工作（士14:6, 19; 15:14等）；這些都是事實。在這些例子中，人能看見聖靈降在主僕人身上的果效；其他真實的例子還包括聖靈大能地降在掃羅身上，他就和一群先知們說預言（撒上10:6, 10）。聖靈經常賜下能力給舊約時代的先知們，使他們能公開地說預言。

聖靈也以奇妙的方式使祂的同在顯然易見，例如祂像鴿子一樣地降在耶穌身上（約1:32），或彷彿狂風的響聲，帶著可見火舌的樣子，在五旬節降臨在門徒們身上（徒2:2-3）。此外，當人被聖靈澆灌，開始說方言，或用一種奇妙而自發的方式讚美神（見徒2:4; 10:44-46; 19:6）時，聖靈就使人確知祂的同在。耶穌應許，那在我們裏面的聖靈，將會大有能力地像活水的江河，從我們的腹中湧流出來（見約7:39）——這個明喻表示，人可察覺或感受到神的同在。

在信徒個人的生活裏，聖靈不全然隱藏祂的工作，而是以不同的方式使祂自己為人所知，例如祂與我們的靈同證我們是神的兒女（羅8:16），並使我們呼叫「阿爸，父」（加4:6）；祂賜給我們將來與祂在天上交通的憑據或質（或訂金，見林後1:22; 5:5），並向我們表明祂的願望，使我們能接受祂的引導而跟隨（羅8:4-16；加5:16-25）。此外，祂又賜下屬靈恩賜，來彰顯祂的同在（林前12:7-11）；祂又不時地行神蹟、奇事，為所傳的福音大大見證神的同在（來2:4；另參林前2:4；羅15:19）。

所以，講得更準確些，雖然聖靈確實是要榮耀耶穌，但是祂也經常叫人注意祂自己的工作，並賜下祂與人同在之可辨認的證據。確實，聖靈在新約時代主要目的之一似乎是要彰顯神的同在，以一些證據使人可以知道神的同在；而當聖靈用不同的方式工作，以至於信徒和非信徒都能察覺之時，就激勵了人的信心，使人知道神就在身邊，祂正在工作，以完成祂在教會裏的目的，並將祝福帶給祂的百姓。

C.3 祂引領並指導神的百姓

聖經舉出許多例子，說明聖靈如何直接引領不同的人。事實上，在舊約裏記載，神責備祂的兒女同謀、結盟，卻「不由於我〔們〕的靈」，這是罪上加罪（賽30:1）。顯然，神的百姓在同謀之前，是以自己的智慧和常識為根基，而非尋求神的靈引領。

在新約裏記載，聖靈引導耶穌進入曠野受試探（太4:1；路4:1）；其實，聖靈對耶穌的引導是非常強烈的，因此馬可說：「聖靈就把耶穌催到曠野裏去。」（可1:12）[16]

在其他的例子中，聖靈直接以話語引導人，例如聖靈告訴腓利說：「你去貼近那車走」（徒8:29）；聖靈告訴彼得說，他要和哥尼流家來的那三個人同去（徒10:19-20; 11:12）；聖靈指引安提阿的基督徒說：「要為我分派巴拿巴和掃羅去作我召他們所作的工。」（徒13:2）

在「聖靈引領」的這個類別下，有幾個更為直接、使得人不得不順從的例子，是聖靈真實地將人從一個地方提到另一個地方。這就如發生在「主的靈把腓利提了去，太監也不再見他了……後來有人在亞鎖都遇見腓利」（徒8:39-40）之時——聖靈在此的引領是再清楚不過的了！類似的事情也發生在一些舊約先知們的身上，例如那些認識以利亞的人，似乎認為神的靈會將以利亞提起，而把他帶到另一個地方（王上18:12；王下2:16：「或者耶和華的靈將他提起來，投在某山某谷」）；又如以西結幾次提說，主的靈「將我舉起」，並將他帶到某個地方（結11:1; 37:1; 43:5）。這種經歷後來也發生在約翰在啟示錄的部分異象裏（啟17:3; 21:10）。[17]

但是在絕大多數的情況，聖靈的引領和指導不像上述般地戲劇化。聖經更多談到聖靈在日常的引導——被聖靈引導（羅8:14；加5:18），和隨從聖靈而行（羅8:4；加5:16）。我們可能會認為保羅在此所指的，只是順服聖經的道德命令；可是這種解釋似乎不太可能，尤其是因為整個上下文是在處理我們主觀上的感受和慾望，以及因為保羅在此把被聖靈引導與下述肉體或罪性的慾望作對比：

> 「我說，**你們當順著聖靈而行**，就不放縱肉體的欲求（和合本譯作『情慾』）了。因為〔肉體的〕欲求（和合本譯作『情慾』）和聖靈相爭，**聖靈〔的欲求〕**和肉體（和合本譯作『情慾』）相爭……肉體的行為（和合本譯作『情慾的事』）都是顯而易見的：就如姦淫、污穢、邪蕩、拜偶像、邪術、仇恨、爭競、忌恨、惱怒……聖靈所結的果子就是仁愛、喜樂、和平、忍耐、恩慈、良善、信實、溫柔、節制……我們若是靠聖靈得生，就當靠聖靈行事。不要貪圖虛名，彼此惹氣，互相嫉妒。」（加5:16-26）

「肉體的欲求」和「聖靈的欲求」之間的對比表示出，我們的生活應當時刻回應聖靈的欲求、而非肉體的欲求。我們對聖靈的欲求所作的回應，其過程可能大部分是

---

[16]在此被譯為「催」的動詞是一個很強的字（*ekballō*），其意為「逐出、驅逐」，而字面的意思則為「扔出去」。

[17]可能以西結和約翰所說的是在異象中的事（如結8:3; 11:24），而非真實的身體被舉起。而保羅在哥林多後書12:2-3的描寫，則是兩種情況都有可能。

在智識上思想仁愛、喜樂、和平等意義，然後再以所理解的愛心、喜樂或和平的方式來行動。但這幾乎不能算是被聖靈引導的全部，因為這些聖靈的果子不只是要我們去思想的，更是要我們在更深的層面去感覺和感受的。其實被譯為「欲求」的字（希臘文是*epithymia*）是指人類強烈的慾望，而不只是智識上的抉擇，因此保羅的意思是要我們隨從住在我們裏面的聖靈所激起的慾望。不只如此，「被聖靈引導」的觀念（加5:18）也意指這位聖靈在我們裏面的**個人性**的引導；這種引導超過了讓我們去思想聖經之道德標準的層面，而包括了聖靈積極地參與在和我們建立個人關係並引導我們的事上。

在使徒行傳裏記載了一些聖靈直接引導人的例子：教會領袖們在耶路撒冷大會上作了決定以後，就致函眾教會：「因為**聖靈**和我們**定意**不將別的重擔放在你們身上；惟有幾件事是不可少的……」（徒15:28）這一節經文提示，耶路撒冷大會一定在那幾件事上感受到聖靈的美意：他們知道什麼是聖靈「定意」要的事（現代中文譯本將「定意」譯為「贊同」，原文有「以為美善」之意）。在保羅第二次宣教旅行中，路加寫道：「聖靈既然禁止他們在亞西亞講道」，然後「他們想要往庇推尼去，耶穌的靈卻不許」（徒16:6-7）。當然，舊約聖經沒有寫過任何原則，會使他們下結論說，他們不能在亞西亞或庇推尼傳道；聖靈必定是將祂直接的引導，用一些特定的方式傳達給他們——不論是透過聽得見的或在心思裏的話語，還是他們在嘗試要去那些不同區域時，沒有聖靈同在或祝福的強烈主觀印象。稍後保羅在往耶路撒冷去的路上說：「現在我往耶路撒冷去，**被聖靈捆綁**（呂振中譯本；和合本譯作『心甚迫切』），不知道在那裏要遇見什麼事；但知道聖靈在各城裏向我指證，說有捆鎖與患難等待我。」（徒20:22-23）保羅不認為他有其他的選擇——聖靈非常清楚地向他彰顯祂的同在和願望，因此保羅說自己已經「被聖靈捆綁」了。[18]

在其他的情況中，聖靈賜下引導，在不同的服事或教會事工中建造人。所以聖靈對安提阿教會的一些人說：「要為我分派巴拿巴和掃羅去作我召他們所作的工。」（徒13:2）保羅也說，聖靈已經在服事上堅立了以弗所教會的長老們，因為他說：「聖靈立你們作全群的監督，你們就當為自己謹慎，也為全群謹慎。」（徒20:28）最後，聖

---

[18] 被譯為「捆綁」的希臘字是*deō*的過去完成分詞，表示它是說明一件早先完成的事件（也許是來自聖靈的一個強烈信念，使保羅定意想到耶路撒冷一趟）；這個字也可指一件事到如今仍有持續的果效，因此保羅說這話的時候，他仍在被「捆綁」的狀態（這件事仍然強烈地影響著保羅，以至於他沒有別的選擇，只有繼續朝耶路撒冷去）。

靈也真的會透過如預言之類的屬靈恩賜，為人提供一些引導（林前14:29-33）。[19]

C.4 祂帶來一種像神性格的環境氣氛

因為聖靈是完全的神，具有神所有的屬性，所以在祂所充滿的環境下，祂的影響力會帶來一種像神的性格或氣氛；因為祂是「聖」靈，所以祂不時會讓人為罪、為義、為審判而自責（約16:8-11）；因為神是愛，而聖靈是將神的愛傾倒入我們心中的（羅5:5; 15:30；西1:8），所以通常聖靈最強烈之彰顯，是會創造出一種愛的環境氣氛；因為神「不是叫人混亂，乃是叫人安靜」（林前14:33），所以聖靈將帶來一種和平的環境氣氛——「神的國不在乎吃喝，只在乎公義、和平，並聖靈中的喜樂。」（羅14:17；另參加5:22）這最後一節也教導我們，聖靈也會賜下喜樂的環境氣氛（亦見徒13:52；帖前1:6）。雖然我們在此無法列得完全，但當保羅在加拉太書5:22-23列出聖靈所結之果子的不同成分時，他已將許多由聖靈所產生的、像神的品質都摘要出來了。

聖靈所帶來之環境氣氛的其他成分，有真理（約14:17; 15:26; 16:13；約一5:7）、智慧（申34:9；賽11:2）、安慰（徒9:31）、自由（林後3:17）、公義（羅14:17）、盼望（羅15:13；另參加5:5）、兒子的名分之感受（羅8:15-16；加4:5-6），甚至榮光（林後3:8）。聖靈也帶來合一（弗4:3）、能力（徒10:38；林前2:4；提後1:7；另參徒1:8）。所有這些聖靈活動的成分都顯示，祂藉著不同層面的環境氣氛，讓百姓知道祂的同在，也明白祂的性格。

C.5 祂賜下確據

「聖靈與我們的心同證我們是神的兒女」（羅8:16），而且祂賜給我們神在我們裏面工作的證據：「我們所以知道神住在我們裏面，是因祂所賜給我們的聖靈。」（約一3:24）「神將祂的靈賜給我們，從此就知道我們是住在祂裏面，祂也住在我們裏面。」（約一4:13）聖靈不只是向我們見證我們是神的兒女，而且也證實神住在我們裏面，我們也住在祂的裏面。此處我們再一次地看到，我們不只是在智識上明白我們是神的兒女，而且聖靈也在我們屬靈和情感的主觀層面上，賜給我們確據。

C.6 祂教導並光照

聖靈之啟示工作的另一方面，就是教導神百姓，並光照他們，使他們能夠明白真

---

[19]雖然如此，在現在這個教會時代，單單隨從自發的預言總是危險的，因為我們絕不可認為任何當今的預言是無誤的，或是百分之百準確的，尤其個人方面的引導更易生錯誤。但是這一切也不容我們說，聖靈不可能藉著預言來引導我們。見本書第八章B節有關神一般性主觀的引導，以及本書第五十三章A節有關預言恩賜的進一步討論。

理。耶穌說，聖靈「要將一切的事指教你們，並且要叫你們想起我對你們所說的一切話」（約14:26），祂又說：「祂要引導你們明白一切的真理」（約16:13），耶穌的話是特別向門徒們應許聖靈的這一項教導的功能；不只如此，祂還應許門徒們，當他們因受逼迫而被審問時，聖靈將在那個時候教導他們該說的話（路12:12；另參太10:20；可13:11）。在其他時候，聖靈將特定的訊息啟示給人，例如祂告訴西面，在他未死之前必看見彌賽亞（路2:26）；或啟示亞迦布，天下將要發生饑荒（徒11:28），保羅將在耶路撒冷被囚（徒21:11）；或啟示保羅，他會在耶路撒冷受苦（徒20:23; 21:4）；又明顯地告訴他，在末後的日子將要發生的事（提前4:1），以及神為那些愛祂之人所預備的（林前2:10）。

聖靈光照的工作可見於這事實：祂使我們能夠明瞭：「我們所領受的並不是世上的靈，乃是從神來的靈，**叫我們能知道**神開恩賜給我們的事。」（林前2:12）所以，「屬血氣的人不領會神聖靈的事」，但是「屬靈的人能看透萬事」（林前2:14-15）。我們應當禱告求聖靈光照，幫助我們在讀經或思想生活處境時，有正確的了解。詩人說：「求你開我的眼睛，使我看出你律法中的奇妙。」（詩119:18）雖然詩人在此並沒有特別提及聖靈，但是他所禱告求神的，乃是盼望得著聖靈的光照。另有一個與此相似的例子，是保羅為以弗所和其附近地區的基督徒所禱告的：

> 「求我們主耶穌基督的神，榮耀的父，將那賜人智慧和啟示的靈（或按NIV譯為『聖靈』）賞給你們，使你們真知道祂。並且照明你們心中的眼睛，使你們知道祂的恩召有何等指望，祂在聖徒中得的基業有何等豐盛的榮耀；並知道祂向我們這信的人所顯的能力，是何等浩大，就是照祂在基督身上所運行的大能大力，使祂從死裏復活，叫祂在天上坐在自己的右邊。」（弗1:17-20）

D. 聖靈使人合一的工作

聖靈做合一的工作。當聖靈於五旬節澆灌在教會時，彼得就宣告，約珥書2:28-32的預言應驗了：

> 「這正是先知約珥所說的：
> 『神說：在末後的日子，
> 　　我要將我的靈澆灌凡有氣的。
> 　你們的兒女要說預言，
> 　　你們的少年人要見異象，

老年人要作異夢。

在那些日子，

我要將我的靈澆灌我的僕人和使女，

他們就要說預言。』」（徒2:16-18）

此處的重點是在聖靈降臨在信徒們的身上——不只是臨到如摩西或約書亞等領袖的身上，而且也臨到兒子和女兒、老年人和年輕人、僕人和使女的身上——所有的人在這個時刻都領受了聖靈的澆灌。[20]

在五旬節的這件事裏，聖靈創造了一個新的群體，就是教會，其標記乃是前所未有的合一，正如路加所記載的：

「信的人都在一處，凡物公用，並且賣了田產家業，照各人所需用的分給各人。他們天天同心合意恆切的在殿裏，且在家中擘餅，存著歡喜誠實的心用飯，讚美神，得眾民的喜愛。主將得救的人天天加給他們。」（徒2:44-47）

保羅說：「願主耶穌基督的恩惠、神的慈愛、**聖靈的團契**[21]（和合本譯作『**聖靈的感動**』），常與你們眾人同在。」（林後13:14）當時，他祝福哥林多教會，盼望他們所有的人尋求聖靈（使人合一）的團契。在這節提及三一之神的經節裏，他特別地將聖徒之間有更深之團契的這項祝福，不歸給父神或子神，而是歸給聖靈，這是很重要的；這一個敘述符合聖靈在教會裏所做使人合一的工作。

保羅告訴腓立比教會的人說：「所以，在基督裏若有什麼勸勉，愛心有什麼安慰，**聖靈有什麼交通**……你們就要意念相同，愛心相同；有一樣的心思，有一樣的意念，使我的喜樂可以滿足。」（腓2:1-2）在這段話中，聖靈使人合一的功能也是顯而易見的。[22] 同樣地，當保羅強調猶太人和外邦人在教會裏合一時，他說：「我們兩下藉著祂被一個聖靈所感，得以進到父面前。」（弗2:18）他也說，他們在主裏「藉著聖靈」同被建造在一棟新的聖殿裏（弗2:22）。當他要提醒信徒們所應當具有的合一時，他勉勵他們要「用和平彼此聯絡，竭力保守**聖靈所賜合而為一的心**」（弗4:3）。

---

[20]摩西深願主將祂的靈降在祂所有百姓身上，他的願望在此得到成全（民11:29）；此時亦實現了以西結書第37章裏谷中枯骨因神的靈而復甦的異象。亦見Donald Guthrie, *New Testament Theology*, pp. 512-13, 540, 562.

[21]此處的希臘文是*koinōnia*，原文的意思也可以是指「與聖靈有分」，但是保羅若是希望那些已經成為信徒（即已經與聖靈有分）的人，再得到他們已經擁有的福分，似乎不太合理，因此將這節經文譯為「聖靈的團契」較佳，如此就強調了保羅所盼望從聖靈來的這個祝福，能在哥林多教會裏增長。

[22]希臘文*koinōnia*在此最好是譯為「團契」或「交通」，因為保羅在腓立比書2:1-11的目的是要激勵腓立比教會的合一（亦見註21）。

保羅在討論屬靈恩賜時，再一次地重複了聖靈使人合一之工作的主題。雖然我們可能認為，有不同恩賜的人不容易融洽相處，但保羅的結論恰好相反：不同的恩賜將我們吸引在一起，因為我們不得不互相依賴。「眼不能對手說：『我用不著你！』頭也不能對腳說：『我用不著你！』」（林前12:21）保羅告訴我們，這些不同的恩賜「都是一位且同一位聖靈所運行的，隨己意分給各人的」（林前12:11，和合本譯作「都是這位聖靈所運行，隨己意分給各人的」），所以在教會中，「*聖靈〔彰〕顯*在各人身上，是叫人得益處」（林前12:7）。事實上，「在一位聖靈裏，我們都受洗，進入一個身體——不拘是猶太人或是希臘人，是為奴的或是自主的——而且都飲於一位聖靈」（林前12:13，和合本譯作「不拘是猶太人，是希臘人，是為奴的，是自主的，都從一位聖靈受洗，成了一個身體，飲於一位聖靈」）。[23]

聖靈使教會合一的思想，也顯明在以下的事實中：「爭競……結黨、紛爭、異端」（加5:20）是肉體的情慾，與被「聖靈引導」的性格相反（加5:18；另參加5:25）。聖靈在我們的心中生發愛心（羅5:5；加5:22；西1:8），而愛心是「聯絡全德的」（西3:14）。所以，聖靈在教會中以大能工作彰顯神的同在時，證據之一即為在教會中有美好的和諧，並且彼此之間流露愛心。

E. 聖靈回應我們的工作

聖靈按著我們對祂的反應，賜下或明顯或微弱的證據，表明神的同在與祝福。在舊約和新約裏的許多例子都指出，聖靈根據祂對所見情況的喜悅與否，而賜下或收回祝福。有一點值得我們注意，耶穌全然無罪，聖靈就「住在祂的身上」（約1:32），並且神賜聖靈給祂是沒有限量的（約3:34）。在舊約裏記載，聖靈大大地感動參孫數次（士13:25; 14:6, 19; 15:14），但是最後在他執迷罪中而不悔悟時，就離開他了（士16:20）。另有一個與此相似的例子，是掃羅持續地不順服，聖靈就離他而去（撒上16:14）。當以色列人背叛聖靈，並叫祂擔憂時，祂就轉而攻擊他們（賽63:10）。

在新約裏也提到，聖靈會感到憂傷，並且不再帶來祝福。司提反斥責猶太人的領袖說：「你們……時常*抗拒聖靈*」（徒7:51）。保羅警告以弗所教會的基督徒說：「不要*叫神的聖靈擔憂*，你們原是受了祂的印記，等候得贖的日子來到。」（弗4:30）他勉勵帖撒羅尼迦教會的人說：「不要*消滅聖靈的感動*」（帖前5:19；另參雅

[23]見本書第三十九章B節對此經文更深入的討論。

歌5:3, 6的譬喻：佳偶遲延來開門，所以叫她的良人失望了）。保羅在與此相似的心情下，給信徒們一個十分嚴重的警告，那就是不要和妓女苟合，以至於玷污了他們的身體，因為聖靈住在他們的身體裏面：「豈不知你們的身子就是聖靈的殿麼？這聖靈是從神而來，住在你們裏頭的；並且你們不是自己的人，因為你們是重價買來的。所以，要在你們的身子上榮耀神。」（林前6:19-20）

另外比叫聖靈擔憂或消滅聖靈的感動更為嚴重的，乃是更深、更剛硬地不順服，這最終將會帶來嚴重的審判。彼得責備亞拿尼亞說：「為什麼撒但充滿了你的心，叫你欺哄聖靈，把田地的價銀私自留下幾分呢？」（徒5:3）隨後，亞拿尼亞仆倒就死了。相似的情況也發生在他的妻子身上；彼得對亞拿尼亞的妻子撒非喇說：「你們為什麼同心試探主的靈呢？」（徒5:9）說完之後，她也立刻倒下死了。希伯來書警告瀕臨滑跌危險的人說，那些「踐踏神的兒子，將那使他成聖之約的血當作平常，又**褻慢施恩的聖靈**」（來10:29）的人，他們將得到嚴重的審判。對於這樣的人，「惟有戰懼等候審判」（來10:27）。[24]

最後，還有一種更為得罪聖靈的情況。這種情況比叫祂擔憂，或因對祂剛硬不順服所招致的管教或審判，更為嚴重：人得罪聖靈到一個地步，以至於祂叫人認罪的工作，對那人的生命不再發生作用。這種情況是有可能的。

> 「人一切的罪和褻瀆的話都可得赦免，惟獨**褻瀆聖靈**總不得赦免。凡說話干犯人子的，還可得赦免，惟獨說話干犯聖靈的，今世來世總不得赦免。」（太12:31-32；另參可3:29；路12:10）

這段話的背景是法利賽人刻意地、惡意地，將耶穌服事中顯然為聖靈大能的工作，歸功於撒但。因為聖靈如此清楚地彰顯神的同在，那些刻意惡意中傷聖靈，並且將祂的運行歸功於撒但能力的人有罪了；耶穌說他們「總不得赦免」（可3:29，直譯是「永遠的罪」）。[25]

所有的這些經文指出，我們必須十分小心，不要叫聖靈擔憂，或得罪聖靈。祂不會強迫我們接受祂（見林前14:32），但我們若抵擋祂、消滅祂的感動、反對祂，祂的能力就會離開，也會從我們的生命中帶走神的許多祝福。

另一方面，行事討神喜悅的基督徒，聖靈會在他們的生命中帶來極大的祝福。聖靈在五旬節那天豐沛地「澆灌」（見徒2:17-18），而祂現今住在所有真信徒的裏面，

---

[24]這段經文也可以放到下一個類別，在下一段來討論。

[25]見本書第二十四章D.6有關不得赦免之罪的更詳盡討論。

使他們成為永生神的聖殿（林前3:16; 6:19-20）。我們能夠在生活中與聖靈親密的交通和同工（林後3:14；腓2:1）；祂將恩賜（林前12:11）、真理（提後1:14）和事工（徒20:28）託付給我們。事實上，祂的同在是如此完滿、豐富，因此耶穌應許說，祂要從我們的腹中流出來，像「活水的江河」一樣（約7:38-39）。彼得也應許說，祂特別與那些為基督受苦的人同在：「你們若為基督的名受辱罵，便是有福的，因為神榮耀的靈常住在你們身上。」（彼前4:14）

所以，我們所有的服事要*在聖靈裏*（in the Holy Spirit）進行，這是很重要的；也就是說，我們要有意識地居住在由聖靈所創造的像神性格的環境氣氛中——即充滿能力、仁愛、喜樂、真理、聖潔、公義和平安的環境氣氛。但是比這些聖靈所創造之環境氣氛的特徵更重要的，乃是感受到聖靈自己的同在——*在聖靈裏就是真正地在一個神彰顯祂同在的環境氣氛下*。這就是新約信徒能靠聖靈的安慰而行之原因（徒9:31），也是人可能有如約翰一般地在主的日子「被聖靈感動」之緣由（啟1:10；另參啟4:2）。

新約說到許多特別的活動是「在」聖靈裏進行的，其數多得令人驚訝：我們可以在聖靈裏*喜樂*（路10:21，和合本譯作「被聖靈感動就歡樂」），在聖靈裏*定意*或決定一件事（徒19:21，和合本譯作「心裏定意」），在聖靈裏叫*良心作見證*（羅9:1，和合本譯作「良心被聖靈感動……作見證」），在聖靈裏*進到神面前*（弗2:18，和合本譯作「被……聖靈所感……進到父面前」）、在聖靈裏*禱告*（弗6:18，和合本譯作「靠著聖靈……禱告」；猶20），以及在聖靈裏愛人（西1:8，和合本譯作「因聖靈……存……愛心」）。從這些經文中，我們可以問一問自己，我們每天在這些活動中，有多少次感受到聖靈的同在和祝福？

我們也可以*被聖靈充滿*（filled with the Holy Spirit，弗5:18；另參路1:15, 41, 67; 4:1；徒2:4; 4:8; 6:3, 5; 7:55; 9:17; 11:24; 13:9）。被聖靈充滿就是被神自己直接的同在所充滿，所以就會感受神所感受的，渴慕神所渴慕的，做神所想要做的，靠神的能力說話，靠神的力量禱告與服事，並藉神所賜的知識明白事理等。[26] 在教會經歷復興之時，聖靈就以大有能力的方式，將這些結果帶進人的生活裏。

所以，在我們基督徒的生活裏，很重要的是要倚賴聖靈的能力，並認明任何重要的工作都如萬軍之耶和華所說的：「不是倚靠勢力，不是倚靠才能，乃是*倚靠我的靈*

---

[26]見本書第三十九章D.2.3節有關被聖靈充滿的更詳盡討論。

方能成事」（亞4:6）。保羅向加拉太教會的人強調，他們基督徒的生命，在開始時是因信心而受了聖靈（加3:2），而在他們信主以後，聖靈仍在他們的生活中，按照他們的信心繼續工作：「你們既靠聖靈入門，如今還靠肉身成全麼……那賜給你們聖靈又在你們中間行異能的，是因你們行律法呢？是因你們聽信福音呢？」（加3:3, 5）

所以，我們要按著聖靈的引導而行（羅8:12-16；加5:16-26），而且要體貼聖靈的事（羅8:4-6）。我們所有的服事，不論任何形式，都要靠著聖靈的能力去完成。

個人思考與應用

1. 把聖靈當成是有位格的「一位」聖靈，而不是一種同在或力量，過去對你而言是很難的嗎？在本章裏，有哪些內容（如果有的話）能幫助你把聖靈當成是有位格的「一位」聖靈？你是否能感受到，這位與父神和子神不同位格的聖靈，和你之間的關係？在三一之神與你的關係上，有什麼可以幫助你更加察覺出父神、子神和聖靈的不同？
2. 在你基督徒的生活中，是否能感受到父神、子神，和聖靈與你的關係有差異？如果是，你是否能解釋有哪些差異？你是如何察覺到這些差異的？
3. 你曾在一個特定的服事情況下（例如傳福音或輔導人、教導聖經或講道、禱告或崇拜），感受到聖靈的能力嗎？你當時是如何察覺到聖靈的同在？或是什麼因素使你察覺到聖靈的同在？
4. 在你自己的經驗中，聖靈的引導是以哪些方式臨到你的？聖靈的引導主要（或完全）是透過聖經的話語嗎？如果是的，是否有時候某些聖經段落似乎具有生命，或在那個時刻與你的情況大有關連，並且強而有力地對你說話？這種情況發生時，你是如何得知的？如果聖靈的引導曾經以聖經話語之外的其他方式臨到你，可否說明是有哪些方式？
5. 你是否時時會感受到，聖靈喜悅或不喜悅你正在做的事？在你現在的生活中，是否有任何事正在叫聖靈擔憂？你對那件事打算怎麼辦？
6. 當參孫開始犯罪時，聖靈是否就立刻離開他（見士13:25; 14:6, 19; 15:14）？為什麼？如果某人在服事中具有屬靈的能力，這是否能保證聖靈喜悅他生活中的一切？

特殊詞彙

褻瀆聖靈（blasphemy against the Holy Spirit）
聖靈賜事奉的能力（empowerment for service）
被聖靈充滿（filled with the Holy Spirit）

聖靈（Holy Spirit）
在聖靈裏（in the Holy Spirit）
彰顯神積極的同在（manifestation of God's active presence）

本章書目

Bruner, Frederick Dale. *A Theology of the Holy Spirit*. Grand Rapids: Eerdmans, 1970.
Carson, D. A. *Showing the Spirit: A Theological Exposition of 1 Corinthians 12-14*. Grand Rapids: Baker, 1987.
Carter, Charles. *The Person and Ministry of the Holy Spirit*. Grand Rapids: Baker, 1974.
Caulley, T. S. "Holy Spirit." In *EDT*, pp. 521-27.
Gaffin, Richard B., Jr. "The Holy Spirit." *WTJ* 43:1 (Fall 1980), pp. 58-78.
Green, Michael. *I Believe in the Holy Spirit*. Grand Rapids: Eerdmans, 1975.
Hawthorne, Gerald. *The Presence and the Power: The Significance of the Holy Spirit in the Life and Ministry of Jesus*. Dallas: Word, 1991.
Hoekema, Anthony A. "The Role of the Holy Spirit." In *Saved By Grace*. Grand Rapids: Eerdmans, and Exeter: Paternoster, 1989, pp. 28-53.
Horton, S. M. *What the Bible Says About the Holy Spirit*. Springfield, Mo.: Gospel Publishing House, 1976.
Ladd, George E. *The Presence of the Future: The Eschatology of Biblical Realism*. Grand Rapids: Eerdmans, 1974.
Moule, C. F. D. *The Holy Spirit*. Grand Rapids: Eerdmans, 1978.
Pache, Rene. *The Person and Work of the Holy Spirit*. Chicago: Moody, 1954.
Packer, J. I. "Holy Spirit." In *NDT*, pp. 316-19.
________. *Keep in Step with the Spirit*. Old Tappan, N. J.: Revell, 1984.
Palmer, Edwin H. *The Person and Ministry of the Holy Spirit*. Grand Rapids: Baker, 1958.
Ryrie, C. C. *The Holy Spirit*. Chicago: Moody, 1965.
Smeaton, G. *The Doctrine of the Holy Spirit*. 2d ed. Edinburgh: T. and T. Clark, 1889.
Sproul, R. C. *The Mystery of the Holy Spirit*. Wheaton, Ill.: Tyndale, 1990.
Stott, John R.W. *Baptism and Fullness: The Work of the Holy Spirit Today*. Downers Grove, Ill.: InterVarsity Press, 1964.
Swete, Henry B. *The Holy Spirit in the New Testament*. 2d ed. London: Macmillan, 1910.
White, John. *When the Spirit Comes with Power*. Downers Grove, Ill.: InterVarsity Press, 1988.
Wood, Leon J. *The Holy Spirit in the Old Testament*. Grand Rapids: Zondervan, 1976.

基督論與聖靈論共同書目表

宗派	人名	二十六章	二十七章	二十八章	二十九章	三十章
安立甘宗/聖公會						
1882-92	Litton	178-218	221-36	195-96	219-38	242-47
1930	Thomas	32-49, 223-28	49-72, 414-26	73-87		90-99
阿民念派/衛理會/循道會						
1847	Finney		258-82			
1875-76	Pope	2:106-51, 188-96, 254-62	2:141-88, 263-316	3:401-6	2:197-262	2:321-36
1892-94	Miley	2:4-62	2:65-240			
1940	Wiley	2:143-86	2:217-300		2:187-216	2:303-33
1960	Purkiser	164-82	243-68			183-203
1983	Carter	1:331-74	1:483-505		1:363-64	1:415-72
1983-	Cottrell		3:401-60			
1987-90	Oden	2:1-314, 527-42	2:317-450	2:451-526		
浸信會						
1767	Gill	1:537-69	1:562-83; 2:1-68	1:583-602	1:602-44	
1887	Boyce	258-91	295-341		291-95	
1907	Strong	669-700	701-6, 713-75	706-10, 1015-23	710-76	
1917	Mullins	154-202	304-37	44-46, 158-64, 472-78	303-4	359-65
1976-83	Henry	3:9-215				4:476-93; 6:370-401
1983-85	Erickson	661-758	761-841	769-79	762-63	845-83
1987-94	Lewis / Demarest	2:251-370	2:371-436	2:437-96		
時代論						
1947	Chafer	1:318-96; 5:3-176	3:35-164, 183-205; 5:177-230	5:231-79	3:17-30	1:397-414; 6:26-298
1949	Thiessen	206-28	229-42	243-50		251-56
1986	Ryrie	235-53, 260-66	275-309, 318-23	267-74	254-59	341-90
信義宗/路德會						
1917-24	Pieper	2:55-279	2:280-330, 342-82	2:324-30	2:330-96	4:391-99
1934	Mueller	255-86	287-95, 305-13	295-300	301-18	443
改革宗/長老會						
1559	Calvin	1:423-93 (2.9-14)	1:503-34 (2.16-17)		1:494-503 (2.15)	1:537-42 (3.1)

宗派	人名	二十六章	二十七章	二十八章	二十九章	三十章
1724-58	**Edwards**	2:499-510, 949-55	1:574-80; 2:766-78			
1861	**Heppe**	410-47	448-87, 488-94	488-509		
1871-73	**Hodge**	1:483-521; 2:378-454	2:480-591, 610-25	2:626-38	2:455-90, 592-609	
1878	**Dabney**	*ST*, 464-99	*ST*, 485-533		*ST*, 475-77, 483-87	
1887-1921	**Warfield**	*BTS*, 157-237; *SSW*, 1:139-66; *BD*, 71-100, 175-212; *PWC*, 4-319; *LG*, 1-304; *CC*, 3-389, 447-58	*SSW*, 1:167-77; *SSW*, 2:308-20; *BD*, 327-438; *PWC*, 325-530; *CC*, 393-444	*SSW*, 1:178-202; *PWC*, 535-48		*SSW*, 1:203-22; *BD*, 101-32
1889	**Shedd**	2a:261-349; 3:378-400	2b:353-489; 3:401-70			
1909	**Bavinck**					
1937-66	**Murray**	*CW*, 1:29-35, 340-43; *CW*, 2:132-41; *CW*, 4:58-91	*CW*, 1:36-39, 59-85; 2:142-57; *RAA*, 9-57	*CW*, 1:40-43; *CW*, 4:82-91	*CW*, 1:44-58	*CW*, 1:138-42, 186-92; *CW*, 3:210-14
1938	**Berkhof**	*ST*, 305-30	*ST*, 331-43, 361-99	*ST*, 344-55	*ST*, 356-66, 406-12	*ST*, 423-31
1962	**Buswell**	2:17-32, 40-70	2:70-133	2:32-40		
靈恩派／五旬節派						
1988-92	**Williams**	1:305-52	1:353-80	1:381-413		2:137-207, 237-70
傳統天主教						
1955	**Ott**	125-75	175-79, 182-92, 211-19	192-96	179-91	無詳論
天主教（二次梵蒂岡大會後）						
1980	**McBrien**	1:267-546	1:417-23; 2:865-901	1:405-17	無詳論	無詳論

第5部 救贖之應用論

第三十一章
普遍恩典

什麼是神賜給所有人，包括信徒與非信徒，他們不配得的祝福？

背誦經文：路加福音6:35-36

你們倒要愛仇敵，也要善待他們，並要借給人不指望償還；你們的賞賜就必大了，你們也必作至高者的兒子；因為祂恩待那忘恩的和作惡的。你們要慈悲，像你們的父慈悲一樣。

詩歌：普天之下萬民萬族（*All People That On Earth Do Dwell*）

1普天之下萬民萬族 都當向主歡呼頌揚 歡然事奉頌讚高呼 到祂面前喜樂洋洋
2你們當知主乃真神 獨力創造萬民萬物 我們都是祂的群羊 祂必親自牧養照顧
3應當稱謝進入殿門 喜樂讚美進入殿中 時常感謝讚美主名 我們理當如此稱頌
4因為耶和華本為善 祂的慈愛存到永遠 祂的信實亙古不變 堅立直到萬世萬代

詞：取自詩篇100篇；William Kethe, 1561
曲：OLD HUNDREDTH L.M., Louis Bourgeois's *Psalter*, 1551

這篇極具古時背景的詩篇100篇，呼召世上萬民都要因著神豐盛的良善而讚美祂。

A. 引言與定義

當亞當和夏娃犯罪時，他們應當受永遠的懲罰，並且與神隔離（創2:17）。同樣地，今日當人類犯罪時，他們也應當受神的忿怒和永遠的懲罰：「罪的工價乃是死。」（羅6:23）這意味著一旦人們犯了罪，神的公正屬性就單單要求一件事——他們必須永遠與神隔離，無法再從祂經歷到*任何的*良善，而且他們得永遠住在地獄中，承受祂的忿怒。其實，這就是發生在犯罪的天使身上的事，而且按照神的公正，它也可能發生在我們的身上：「*就是天使犯了罪，神也沒有寬容*，曾把他們丟在地獄，交在黑暗坑中，等候審判。」（彼後2:4）

事實上，雖然在亞當和夏娃犯罪的當天，死亡的審判就*已經開始*在他們的生命中發生功效，但是他們並沒有立即死去；這死亡審判的徹底執行，卻延遲了許多年日。不僅如此，甚至直到今日，他們的億萬後裔並沒有一犯罪就死亡且下地獄，反倒繼續活了好多年日，得享今世無數的福氣。這是怎麼回事呢？*神怎麼能夠繼續將祝福賜給那些只配受死的罪人*——不只是那些終必得救的人，而且也包括那些成千上萬永不能得救、罪惡永不能得赦免的人呢？

這些問題的答案，乃在於神賜下*普遍恩典*（common grace）。我們可以將普遍恩典定義如下：*普遍恩典是神所賜給人的那些不屬於救恩範疇的無數祝福*。「普遍」一詞在此的意思是指遍及於所有人，而不只侷限於信徒或選民（譯者註：有人將common grace譯為「一般恩典」，而本書譯為「普遍恩典」，其原因乃是要表達這恩典的特徵在於它「普及、遍及」天下所有的人。誠然，這恩典本身的性質是「一般」的，但它的特徵尤其顯在其施恩的對象是「普遍」的，所以我們在此採用「普遍恩典」的譯法；這樣的譯法與本書作者在此對這個恩典的定義是相符的。作者在下一段提及與普遍恩典相對比的「救贖恩典」〔saving grace〕，其實就是後面所論及的「特殊恩典」〔special grace〕；「救贖」是指恩典的性質，「特殊」則是指施恩的對象）。

此外，神將人帶入救恩的恩典通常被稱為「救贖恩典」，它與普遍恩典是有區別的。當我們談到*普遍恩典*和*救贖恩典*時，我們的意思當然不是說，在神本身有兩種不同的恩典，而是說神的恩典在世上以兩種不同的方式來彰顯。普遍恩典和救贖恩典的不同之處在於其*結果*（普遍恩典並不帶來救恩）、其*接受者*（神將普遍恩典賜給信徒，也同樣賜給非信徒）、以及其*來源*（普遍恩典不是直接源自於基督贖罪的工作，因為基督的死沒有為非信徒贏得任何赦免，因此，也沒有為他們取得普遍恩典之祝福）。然而在最後一點關於其來源上，我們應當這樣說，普遍恩典乃是*間接地*源自於基督救贖的工作；因為其實神並沒有在罪一進入世界時就立即施行審判，而這其中主要的原因，或者可以說完全是歸因於祂已經計劃好了最終要藉著祂兒子的死，來拯救一些罪人。[1]

B. 普遍恩典的例子

如果我們環視這世界，並將它與所當受的地獄之火相對比，我們就能立即看出在日常生活的千百實例中，充滿著神普遍恩典的證據。我們可以從幾個具體的類別來看這個普遍恩典。

---

[1]我們應當注意，筆者將論及普遍恩典的這一章放在本書的第五部分「救贖之應用論」，並非因為普遍恩典直接源自基督的救贖工作（它不是如此），而是因為它在神將救贖施行在信徒本身的工作上，有一個預備和輔助的作用。

B.1 在物質領域

非信徒能繼續存活在這世上，單單是因著神的普遍恩典——人們的每一口氣息都是出於恩典，因為罪的工價乃是死、而非生命。不僅如此，土地並沒有只生荊棘和蒺藜（創3:18），或是一片乾旱的沙漠，而是因著神的普遍恩典產生了豐富及多樣的食物以及材料，讓人能用之做衣裳和建造居所。耶穌說：「要愛你們的仇敵，為那逼迫你們的禱告。這樣，就可以作你們天父的兒子，因為祂叫日頭照好人，也照歹人；降雨給義人，也給不義的人。」（太5:44-45）耶穌在此提及神豐富的普遍恩典，以此鼓勵祂的門徒，勸勉他們也應當愛不信的人，並為他們祈求祝福（另參路6:35-36）。同樣地，保羅告訴路司得的人說：「〔神〕在從前的世代任憑萬國各行其道；然而為自己未嘗不顯出證據來，就如常施恩惠、從天降雨、賞賜豐年，叫你們飲食飽足，滿心喜樂。」（徒14:16-17）

舊約也提到神的普遍恩典臨及信徒與非信徒；其中一個明確的例子是波提乏，也就是那位買約瑟為奴的埃及護衛長：「耶和華就因約瑟的緣故，賜福與那埃及人的家，凡家裏和田間一切所有的，都蒙耶和華賜福。」（創39:5）此外，大衛以一種更全面性的方式來論到神施恩給祂一切所造的萬物：「耶和華善待萬民；祂的慈悲覆庇祂一切所造的……萬民都舉目仰望你，你隨時給他們食物。你張手，使有生氣的都隨願飽足。」（詩145:9, 15-16）

這些經節再次提醒我們，在整個創造中所見到的良善，是出於神的良善和憐憫。

我們甚至在自然世界的美麗中，也能看見神普遍恩典的明證。雖然大自然本身因著墮落的咒詛（創3:17-19），落在「敗壞的轄制」中，並「服在虛空之下」（羅8:21, 20），但是其中仍然存留著許多自然世界之美。色彩繽紛的花朵、草原森林、河流湖泊、山崖海岸等諸般的美麗，仍日日夜夜見證著神所賜那不止息的普遍恩典。雖然不信的人不配享受這些美麗，但因著神的恩典，他們在一生中都能夠盡情享受。

B.2 在智性領域

撒但「是說謊的，也是說謊之人的父」，而且「他心裏沒有真理」（約8:44），因為他完全受制於邪惡，陷溺於非理性以及極端邪惡所帶來的錯謬裏。然而今日在世上的人，即使不是信徒，也並沒有全然沉湎於欺騙、非理性和無知，人們多少尚能掌握住一些真理；事實上，有些人還具有高度的聰明和領悟力，而這也必須被視為是神施恩的結果。約翰說耶穌乃是「真光，照亮一切生在世上的人」（約1:9），因為耶穌這位身為宇宙的創造者和維繫者（在此並不特別指祂為救贖主的角色）的神的兒子，使得啟發和悟性臨到世上所有的人。[2]

神在智性領域所賜的普遍恩典，可以從所有人都具有某些認識神的知識這個事實看出來：「*他們雖然知道神*，卻不當作神榮耀祂，也不感謝祂。」（羅1:21）這句經文表示人心中對神的存在有一種感受，也常渴望要認識神，這是神所存留在人心裏的，雖然這份渴望常導致了許多不同的人為宗教。因此，甚至當保羅與拜假神的人論到神時，他還能找到彼此之間關於神存在的「共同點」，正如當他向雅典的哲學家們所說的：「眾位雅典人哪！我看你們凡事很敬畏鬼神……你們所不認識而敬拜的，我現在告訴你們。」（徒17:22-23）

神在智性領域所賜的普遍恩典也使得人有能力掌握住真理，分辨真偽，經歷到知識上的成長，並使用該知識探索宇宙及管理大地。這表示*所有非基督徒所發展出來的科學和技術，都是普遍恩典的結果*；這恩典讓他們能有驚人的發現和發明，將地球的資源發展為許多物品，生產並散布那些資源，並且在他們成就斐然的工作上貢獻技藝。實際說來，這意味著每當我們走入超市、乘車，或進入房屋裏，我們都當銘記，我們正在經歷神豐富的普遍恩典的成果，這是祂厚厚地傾倒在所有人身上的恩典。

B.3 在道德領域

神也藉著普遍恩典來約束人，使人不至淪落到最邪惡的景況。鬼魔的領域全然屬於罪惡與敗壞，但在人類社會中，罪惡顯然受到約束，這兩者再度呈現清晰的對比。假若人持續硬著心，又一再地行在罪中好一段時間，那麼，神至終就要「任憑他們」去犯更重大的罪了（另參詩81:12；羅1:24, 26, 28）；然而，大多數人都沒有墮入被其罪惡所掌控的深淵，這是因為神介入其中，並且約束了他們的行為。一種非常有效的約束力量就是良心——保羅說：「沒有律法的外邦人，若順著本性行律法上的事，他

---

[2]因為約翰福音第1章的上下文是說到基督來到這個世上，因此把「來到世上」一詞當作是用來描述真光，亦即描述基督（如RSV, NASB, NIV），而非描述世人（如KJV, NASB的經文譯註，NIV的原文譯註，以及和合本），是比較合適的，雖然這兩種譯法在文法上都是可能的。

但不論何種譯法，本節經文仍然是論到基督照亮每一個人。儘管有人認為，這個「照亮」只是基督在世上道成肉身之光的「照亮」（見D. A. Carson, *The Gospel According to John*, pp. 123-24），但是這個「照亮」更可能是一切人所領受的一般啟示之光，使他們能夠觀察並理解關乎神和宇宙的許多真正的事實（見Leon Morris, *The Gospel According to John*, pp. 94-95）。這樣的解釋是因為：(1)當約翰特別指出基督是照亮「*每一個人*（every man）」，而非「所有的人」（all men）或「這個世界」（the world）時，他的意思是要告訴我們，這個照亮是發生在每一個人的身上；而這點在一般性的知識上是真確的，但在認識基督的知識上則並非如此。(2)這層意思使得「照亮」一詞所指的是一種*實際上的照亮與啟明*，而並非僅是指一種有潛在可能性的照亮：因為在此論到基督是照亮人，而非只是提供光亮而已。(3)這層意思加劇了約翰福音1:9-10中諷刺性的對比：雖然基督將知識賜給所有的人，雖然是祂創造了所有的人，但是他們卻不認識祂，也不接受祂。

們雖然沒有律法，自己就是自己的律法。這是顯出律法的功用刻在他們心裏，他們是非之心同作見證，並且他們的思念互相較量，或以為是，或以為非。」（羅2:14-15）

神賜給所有人的這個內在是非感，使他們常會贊同某些道德標準，而這些標準乃是反映出許多聖經上的道德標準。即使是那些被神任憑去犯最卑下罪惡的人，保羅也說他們「知道神判定行這樣事的人是當死的」（羅1:32）。另外在許多其他的情況下，這個內在的良心感引導人們建立社會上的法律和習俗，而這些法律與習俗——就其所贊同或禁止的外在行為而言——與聖經上的道德律十分相似：人們所建立的法律或持有的習俗，通常都是尊重婚姻和家庭的神聖，保護人類性命，並禁止偷盜和說謊。[3] 由於這個原因，人們的生活多半在道德上是正直的，並且外在行為也合乎聖經上的道德標準。雖然他們的道德行為並不能從神那裏贏得功德，因為聖經上清楚表明「沒有一個人靠著律法在神面前稱義」（加3:11），也說所有人「都是偏離正路，一同變為無用；沒有行善的，連一個也沒有」（羅3:12）；但若撇開不談贏得神永遠的贊許或功德，不信的人確實也在「行善」。耶穌也曾經影射過這層意思，祂說：「你們若善待那善待你們的人，有什麼可酬謝的呢？就是罪人也是這樣行。」（路加福音6:33；另參列王紀下12:2及歷代志下24:2，這兩處經文說約阿施作王掌權時行耶和華看為正的事，但在歷代志下24:17-25則記述約阿施的惡行，這惡顯明出他的生命中並沒有得救的信心）。當然，在福音影響力大且教會強健的地區，福音對社會的道德影響力，是遠勝於在那些福音從未到達或是沒有什麼約束力的地區（例如在食人族群中，或甚至是在現今福音信仰及絕對之道德標準均被主流文化所摒棄的西方社會裏）。

神也藉著自然世界中的運行規律，提出最後審判的警告，由此來顯明祂的普遍恩典。神已經立好了世界的秩序：若是按著祂的道德標準生活，往往會帶來自然領域中的回報；而違反神的標準則通常給人們帶來毀滅。這兩種情況都指明最後審判的終極方向：誠實、勤奮工作、以愛心與恩慈待人，和對婚姻與家庭忠實，會比不誠實、怠惰、殘酷、對婚姻不忠實，和其他的謬行，如醉酒、吸毒、偷盜等等，在今生帶來更多物質上與精神上的回報（除非在極端腐敗的社會裏，才會有例外）。這些罪惡或公義的正常結果可以作為將來審判的警告，因此，它們也是神普遍恩典的例證。

---

[3]誠然，良心在罪人心中的運作於此生是永遠不會臻至完全的（就如保羅在羅馬書2:15那裏所理解的），所以每個社會對於神的各樣道德律法，其贊同程度各不相同。儘管如此，在每一個人類社會的法律和風俗裏，我們仍然可以發現它們與聖經的道德律多有相似之處。

B.4 在創意領域

神賜予人豐富的技藝才華，不只在藝術和音樂的領域，也在其他展現創意與技巧的範疇裏，諸如運動、烹飪，與寫作等等方面。不僅如此，神還賜給我們欣賞的能力，讓我們得以享受生命中許多方面的美。在這創意的領域，以及在物質與智性的領域裏，普遍恩典的祝福傾倒在不信者的身上，有時甚至比在信徒身上還要更加豐厚；然而這一切都是源自於神的恩典。

B.5 在社會領域

神的恩典也顯明在人類社會中所存有的各個組織和結構中。我們首先可以在人類的家庭中看出來：亞當和夏娃在墮落之後，彼此仍舊為夫妻，並且生養兒女，這就顯明了神的恩典（創5:4）。亞當和夏娃的兒女也結婚成立家庭（創4:17, 19, 26）。人類的家庭至今仍然持續著，這並不單是為著信徒所設立的，而是為著所有的人設立的。

人類的政府體制也是普遍恩典的結果。這基本上是神在大洪水之後所設立的（見創9:6），並且羅馬書13:1很清楚地說明，政府是神所賜予的：「在上有權柄的，人人當順服他，因為沒有權柄不是出於神的。凡掌權的都是神所命的。」很明顯地，就一般而言，政府乃是神賜給人類的禮物，因為保羅說到統治者是「神的用人，是與你有益的」，而且「他是神的用人，是伸冤的，刑罰那作惡的」（羅13:4）。神在世上用來管束罪惡的主要方法之一，就是人類的政府。人類的法律、警察力量和司法系統提供了一股強大勢力，可以制止惡行；而且這些都是必須的，因為在世上有太多非理性的罪惡，說理或教育都無法遏阻它，惟有用權力才能夠管制住。當然，人的罪性也會影響到政府本身，使政府變得腐敗，以至於助長罪惡而非激發良善。但這只表示，人類的政府就像所有其他神所賜普遍恩典的祝福一樣，可以用來達到良善的目的，但也可能會導致罪惡的結果。

其他在人類社會的組織，包括教育機構、商業行號、志工協會（例如許多慈善和大眾的服務社團），和數不盡的人與人之間的友誼，這一切都給人類帶來某種程度的良善，因此也都是神所賜普遍恩典的表現。

B.6 在宗教領域

即使在人類的宗教領域，神所賜的普遍恩典也帶給不信的人一些祝福。耶穌告訴我們：「要愛你們的仇敵，*為那逼迫你們的禱告*。」（太5:44）因為經文中並沒有限定只能為他們的救恩禱告，而且這個要為逼迫我們的人代禱的命令，又和要愛他們的命令聯繫在一起，所以，我們應該可以結論說：神甚至願意回應我們為逼迫我們的人，在生活上各方面所作的禱告。事實上，保羅特別指示我們，要為「君王和一切在位的」禱告（提前2:1-2）。當我們為不信者尋求良善時，這與神自己賜下陽光和雨水「給義人，也給不義的人」的作法（太5:45）是相符的；這也和耶穌在世上傳道服事時的作法是一致的，路加福音4:40曾記載祂醫治了凡帶到祂面前的人，而經文中並沒有表示耶穌要求他們得先信靠祂，或承認祂是彌賽亞，祂才醫治他們身體的疾病。

神會回應不信者的禱告嗎？雖然神沒有應許會回應不信者的禱告，像祂曾應許要回應那些奉耶穌之名的人的禱告那樣，雖然祂也沒有義務要回應不信者的禱告，然而，或許出於神的普遍恩典，祂還是可能會垂聽並答應不信者的祈求；如此又在另一方面彰顯出神的憐憫與良善（另參詩145:9, 15；太7:22；路6:35-36）。這一點很明顯地就是提摩太前書4:10的意思，那裏說神是「萬人（所有人）的救主，更是信徒的救主」。此處「救主」的意義並不侷限為是一位「赦罪並賜永生的主」，因為赦免與永生並沒有被賜給那些不相信的人；所以，此處的「救主」必定有更廣泛的意義，亦即「搭救脫離苦難的主，或拯救的主」。在人遭遇困頓危難時，神屢屢垂聽不信者的禱告，並施恩惠拯救他們脫離困境。不只如此，即使不信的人也常為創造之美，或為脫離凶險，或為家人、家庭、友誼和國家所蒙的祝福，而向神懷有感恩之情。此外，也有些不信者與教會往來密切，甚或參與教會一段時日，他們都可能有一些信仰經歷，是與得救者的經歷十分相近的（見來6:4-6；太7:22-23）。[4]

最後，即使是傳福音給那些至終沒有接受的人，也清楚表明出神的憐憫和恩典；這明確證實了神不喜悅任何祂所創造的人死亡或是被定罪（另參結33:11；提前2:4）。

B.7 普遍恩典和特殊恩典相互影響

普遍恩典當然在影響著教會，並且使它更豐富；因為倘若沒有神所賜給木匠和其他工匠的普遍恩典，就不會有教堂建築；若沒有神賜給印刷、排字和裝訂工人（甚至包括那些紙廠工人或林中的伐木工人）的普遍恩典，就不會有聖經。在日常的運作中，教會從數不盡的各個方面都得著普遍恩典的好處。

而另一方面，神所賜給那些得救之人的特殊恩典，也為那些生活在教會影響範圍內的不信者，帶來更多普遍恩典的祝福；例如，基督徒在社會上生活的榜樣，基督徒為社區所作的禱告和慈善佳行，不信者從學習聖經教訓與其智慧中得著智性和道德上的幫助，以及藉由基督徒所參與的社會政治活動而影響了社會法律、習俗和信念，這

[4]見本書第四十章有關希伯來書6:4-6的深入討論。

一切在在都使不信者得蒙益處。從歷史上來說，通常那些生命被福音所改變的人，發出了極大的影響力，由此也帶來了奴隸的自由（在英國殖民地和在美國）、女性參政權、普及的民眾教育、科技進步、經濟增產，以及對工作、節約、誠實的重視等等。

B.8 普遍恩典不會拯救人

雖然如此，我們仍必須明瞭，普遍恩典不同於救贖恩典；普遍恩典並不改變人心，也不帶領人進入真實的悔改與信心——它不能、並且也不會拯救人（雖然在智性和道德的範疇裏，它能夠作些預備工作，使人更傾向於接受福音）。雖然普遍恩典約束著罪，但是它卻不會改變人類犯罪的基本性情，也全然無法潔淨墮落的人性。[5]

我們也必須認清，不信的人因著普遍恩典所行出的作為，其本身並沒有贏得神的稱許或恩惠；這些行為並非由信心而來（羅馬書14:23說：「凡不出於信心的都是罪」），其動機也不是對神的愛（太22:37），而只是出於某種形式的對自己的愛。所以，縱使我們可以毫不遲疑地說，不信者他們那些外在符合神律法的行為，就某種意義而言是「良善」的，然而這些行為既不能贏得神的稱許，也完全不能使神因此而讓罪人得救。

最後，我們應當明白，不信之人常常比信徒領受更多的普遍恩典——他們可能更有技藝、工作更勤奮、更聰明、更有創意，或是擁有更多今生得以享受的物質好處。但這絕不表示他們比較受到神的鍾愛，或是他們將有分於永遠的救恩，而只是說神以不同的方式分賜普遍恩典的福分，不信之人所領受的福分常是很豐厚的。在這一切的事上，他們理當承認神的良善（徒14:17），並且應當明白神所啟示的旨意乃是，「祂的恩慈」至終是要引領他們「悔改」（羅2:4）。

C. 神賜下普遍恩典的原因

為什麼神要將普遍恩典賜給不配得、且又絕不會得救的罪人身上呢？我們至少可以提出四個理由。

---

[5]本章所提出關於普遍恩典的觀點，與本書整體的改革宗或加爾文派的看法是一致的；這在討論神的全權（第十三章）、神的天命（第十六章）、罪（第二十四章），以及揀選、福音的呼召和重生（第三十二至三十四章）等各章中有更具體的論述。然而我們應當留意，在這一論點上，阿民念派（Arminian）對普遍恩典的看法是與本書不一樣的：阿民念派認為普遍恩典賦予每一個人**能力**，使人能在信心與悔改中轉向神，並且認為事實上普遍恩典也會**影響**罪人，使他相信與悔改，除非他特意抵擋這恩典。因此，阿民念派所認知的普遍恩典具有一種功用，極明顯地是與救贖恩典有關聯的——事實上，阿民念派所認知的普遍恩典只是整個救贖恩典的初期表現。我們將會在第三十二章論揀選、第三十三章論福音的呼召、以及第三十四章論重生時，討論阿民念派的這個立場（即認為悔改信主的能力是賜給所有人的）。

C.1 救贖那些將會得救的人

彼得說到審判和施行最後懲罰的日子之所以耽延，是因為還有更多的人將要得救：「主所應許的尚未成就，有人以為祂是耽延；其實不是耽延，乃是寬容你們，不願有一人沉淪，乃願人人都悔改。但主的日子要像賊來到一樣。」（彼後3:9-10）事實上，這個理由從人類歷史一開始就確實是如此，因為神若是想要從罪惡的整體人類中拯救出任何人，祂就不能立即毀滅所有的罪人（因為若是如此，就不會有人類存留下來了）；因此祂選擇容許罪惡的人類存活一段時日，好讓他們有機會悔改，並且也因此而能生養兒女，使他們的後裔得以存活，以致可以聽到福音而悔改。

C.2 彰顯神的良善與憐憫

神的良善和憐憫不只見於信徒的救恩上，也見於祂賜給不配之罪人身上的福分。當神「恩待那忘恩的和作惡的」（路6:35）之時，祂的恩慈就彰顯在宇宙之中，使祂得著榮耀了。大衛說：「耶和華善待萬民；祂的慈悲覆庇祂一切所造的。」（詩145:9）此外，我們也在耶穌與年輕富有的官的談話故事裏讀到：「耶穌看著他，就愛他」（可10:21），儘管這人並非信徒，並且轉眼間他就會因著所擁有的財富而轉離耶穌，但耶穌仍然愛他。伯克富（Louis Berkhof）說：「神將說不盡的福氣傾注在世人身上，並且也清楚地指明，這些福氣表達了神好施恩惠的本性；但是這本性卻並不是主動地要赦免他們罪惡、挪去對他們的判決，以及賜予他們救恩。」[6]

神延緩對罪惡懲罰的執行，並且給予人類暫時的福氣，這並不是神不公正，因為懲罰沒有被忘卻，只不過是延緩了而已。神延緩懲罰，就清楚地表明了祂並不喜悅執行最後的審判，而是喜悅眾人得救。「主耶和華說：我指著我的永生起誓，我斷不喜悅惡人死亡，惟喜悅惡人轉離所行的道而活。」（結33:11）神「願意萬人得救，明白真道」（提前2:4）。在這一切事上，懲罰的延緩清楚地表明出神的憐憫、良善和慈愛。

C.3 彰顯神的公正

當神一再地邀請罪人來信靠祂，而他們卻一再地拒絕祂的邀請時，神定他們的罪，就更清楚地顯明祂的公正了。保羅警告說，那些頑梗不信的人只是為自己積蓄更多的忿怒：「你竟任著你剛硬不悔改的心，為自己積蓄忿怒，以致神震怒，顯祂公義審判的日子來到。」（羅2:5）在審判的大日，「各人的口」都要被「塞住」（羅3:19），並且沒有人能夠抗辯說神是不公正的。

---

[6]見Louis Berkhof, *Systematic Theology*, p. 445.

C.4 彰顯神的榮耀

最後，在人類各樣活動中所運作的普遍恩典，多方地彰顯出神的榮耀來。世上的男女在發展與運用他們對全地的管理時，他們就彰顯並反映出他們創造主的智慧，並且在技藝、道德，和對宇宙的權柄等方面，都展現出與神相似的特質。雖然這一切的活動都被罪惡的動機所玷污，但是它們仍然反映出我們創造主的超絕性，因而還是將榮耀歸給神——雖然並不完全或完美，但仍然是很重要的。

D. 我們對普遍恩典教義的回應

當我們思考到在不信者的生命中因著神豐盛的普遍恩典而有的各樣良善時，我們有三點應當銘記於心：

D.1 普遍恩典不會使人得救

接受普遍恩典並不表示人將會得救；即使是出奇豐厚的普遍恩典也不表示那些得著它的人會得救。就算是世上最有技藝的人，最聰明的人、最有錢有勢的人，都仍然需要耶穌基督的福音，否則他們就要被永遠定罪！即使是我們鄰舍中最有道德、最仁慈的人，也仍然需要耶穌基督的福音，否則也會被永遠定罪！他們外表可能看起來沒有任何需要，但是聖經仍然說，不信的人乃是神的「仇敵」（羅5:10；另參西1:21；雅4:4），是與基督為「敵」的（太12:30）；他們「行事是基督十字架的仇敵」，他們「專以地上的事為念」（腓3:18-19），而且「本為可怒之子，和別人一樣」（弗2:3）。

D.2 不要排拒未信者所做的好事

我們必須謹慎，不可將不信者所做的好事排斥為全然邪惡。不信者藉著普遍恩典做了一些良善的事，我們就應該看見神的手在其間；並且在每一個友誼、每一次恩慈行為，及在每一個將祝福帶給別人的舉動中，我們都當為著普遍恩典在其中運作而發出感恩。這一切至終是來自於神，因此祂配得一切的榮耀——雖然不信者無法明白。

D.3 普遍恩典激發我們更加向神獻上感恩

普遍恩典的教義應當會激發我們的心，向神獻上更多的感恩。當我們走在社區裏看見房屋花園，家家戶戶安然居住；或是在商場上看見科技進步所帶來的豐碩成果；或是當我們穿越樹林，目睹大自然的美麗；或當我們受到了政府的保護；[7] 又或是當我們從人類知識的浩瀚寶庫中汲取教育，這些時候我們都應當明白，神不僅以祂的全

[7]保羅明確地指示我們要「為君王和一切在位的」向神獻上「祝謝」（提前2:1-2）。

權完全主導了這一切的祝福，而且祂將這所有的福分都賜給**全然不配**的罪人！這些在世上的福分不只見證了神的能力和智慧，也不斷地彰顯出祂豐盛的**恩典**。明瞭這個事實應當使我們的心在每日生活中滿溢出向神的感恩。

個人思考與應用

1. 在你研讀本章以前，對於不信者是否配得他們周遭世界的一般好處，你有不同於本書的觀點嗎？如果現在你的看法改變了，那改變的看法是什麼呢？
2. 你是否知道一些實例，是神回應了身處困境之不信者的禱告，或是回應了你為非信徒朋友的需要所作的禱告？神的回應是否提供了一個分享福音的機會？這位不信的人後來是否得到了基督的救恩？你認為神是否常使用普遍恩典的祝福，作為預備人接受福音的方法？
3. 普遍恩典的這個教義在哪些方面改變了你和不信主的鄰居或朋友的關係？它是否會使你更為他們生命中所流露的良善而心存感謝？你認為這會如何影響到你和他們之間大體上的關係？
4. 當你環顧此刻所在之處，你能否提出至少二十樣所看見的不同普遍恩典之實例？這讓你產生什麼樣的感受？
5. 本章是否改變了你對創意活動的觀點，如音樂、藝術、建築、詩詞，或是體能活動等？
6. 假如你對一位不信的人很關心，但是他從不接受基督，那麼在神眼中看來，你的關愛算是做了良善的事嗎（見太5:44-45；路6:32-36）？是做了什麼良善的事呢？你覺得神為何甚至也關愛那些永不會得救的人——這要如何促進神對宇宙之心意的進展呢？你認為我們是否更加有義務對信徒行善，勝過於對不信者行善？你能提出任何經文來回答這個問題嗎？

特殊詞彙

普遍恩典（common grace）
特殊恩典（special grace）

本章書目

本章主題在系統神學裏雖然通常不列為獨立的單元，但在以下書目裏，有些單元提及。

Hoekema, Anthony A. “The Restraint of Sin.” In *Created In God’s Image*. Grand Rapids: Eerdmans, and Exeter: Paternoster, 1986, pp. 187-202.

Hughes, P. E. “Grace.” In *EDT*, pp. 479-82.

Kearsley, R. “Grace.” In *NDT*, pp. 280-81.

Van Til, Cornelius. *Common Grace and the Gospel*. Nutley, N.J.: Presbyterian and Reformed, 1972.

Van Til, Cornelius. *In Defense of the Faith* vol. 5: *An Introduction to Systematic Theology*. n.p.: Presbyterian and Reformed Publishing Co., 1976, pp. 75-99, 253-62.

第三十二章
揀選與棄絕

神在何時揀選了我們?
神為何要揀選我們?
有人不蒙揀選嗎?

背誦經文：以弗所書1:3-6

願頌讚歸與我們主耶穌基督的父神，祂在基督裏曾賜給我們天上各樣屬靈的福氣。就如神從創立世界以前，在基督裏揀選了我們，使我們在祂面前成為聖潔，無有瑕疵。又因愛我們，就按著自己意旨所喜悅的，預定我們藉著耶穌基督得兒子的名分，使祂榮耀的恩典得著稱讚，這恩典是祂在愛子裏所賜給我們的。

詩歌：今世告別成過去（*When This Passing World Is Done*）

1今世告別成過去 耀目陽光已西沉 與主同立榮耀中 回首今生如煙雲
直到那時我才知 我欠主愛有多深
2末日呼聲何可畏 山嶺岩石向我倒 舊有天地要掀去 落到熊熊火海外
直到那時我才知 我欠主愛有多深
3站立神的寶座前 裝飾華美非我衣 以你形像才相見 用聖潔心來愛你
直到那時我才知 我欠主愛有多深
4聽到天上讚美聲 震聾發聵響如雷 又如眾水的響聲 琴聲優美何甘甜
直到那時我才知 我欠主愛有多深
5揀選非我有良善 醒覺逃離神忿怒 藏身救主傷痕裏 惟靠聖靈得聖潔
今日快快教導我 我欠主愛有多深

詞：Robert Murray McCheyne, 1837
曲：MOUNT ZION 7.7.7.7.7.7., Arthur S. Sullivan, 1867

這首詩歌提醒我們，當我們一旦到了天上並回顧一生之時，我們就會明白自己所虧欠於神的憐憫和恩典，遠超過我們在今生所能了解的。詩歌中的最後一段特別強調我們所蒙的揀選，並非基於我們自己有任何的良善：「揀選非我有良善」。

替代詩歌： 父啊久在創世之前（*Father, 'Twas Thy Love that Knew Us*）

[1]父啊久在創世之前 你選我們愛無限 這愛甘美激勵深厚 吸引我們親耶穌
還要保守 還要保守 我們今後永穩固 我們今後永穩固
[2]雖然宇宙逐漸改遷 但是我神總不變 祂的愛心同祂話語 向著我們永堅定
神的兒女 神的兒女 我們應當讚祂名 我們應當讚祂名
[3]神的憐憫是我詩歌 我口所誇心所樂 從始至終惟有白恩 能得我命感我心
神愛我們 神愛我們 連祂愛子都不吝 連祂愛子都不吝
[4]愛的神啊我們現在 同心歌頌你奇愛 直到天上遠離塵囂 我們仍是要稱揚
但願榮耀 但願榮耀 永遠歸神和羔羊 永遠歸神和羔羊

詞：James G. Deck, 1807-84
曲：8.7.8.7.8.7.7., Philip P. Bliss, 1838-76

關於揀選之教義的詩歌很少，佳作更屬罕見。十九世紀弟兄會最出名的英國詩人戴克（James G. Deck）所作的這首詩歌，屬絕佳作品。這首詩歌幾近失傳，今日使用最多的是在華人之中，很少有英美人士知道這首詩歌的存在!

前言

在前面幾章裏，我們談過我們都犯了罪，應當受神永遠的懲罰這個事實；我們也談過基督為我們死了，並為我們**賺取**了救恩的事實。不過在這個單元裏（第三十二至四十三章），我們要探討神如何將這個救恩**施行**到我們的生命中。我們在本章開始談到神揀選的工作，也就是祂在創世以前選擇我們，使我們得救的這個決定。嚴格說來，揀選的作為當然不屬於**施行**救恩的一部分，因為揀選是發生在基督死在十字架上，為我們賺取救恩之前。但是我們在此時才討論揀選這個主題，是因為按照時間順序來說，這是神以恩典對待我們的**開始**。所以，將揀選視為神把救恩帶給我們個人之過程中的第一步是合宜的。[1]

神將救恩施行到我們生命中的其他步驟，還包括我們聽到福音的呼召，我們藉聖

[1]本章亦可以放在已經討論過的主題系列中的其他地方。例如，可以把它緊接著放在第十六章論神的天命之後，因為揀選是神以天命管治這個世界的其中一方面；或者也可以把它放在第二十五章裏面，作為討論神與人之間的恩約的一部分。也可以把它放在第四十章裏面，作為討論聖徒恆忍（持續為基督徒）的一部分，特別是與救恩的確據有關的問題；因為神既然選擇使我們得救，這就是極大的確據，表明祂會完成其目的。但是筆者選擇將它放在這裏，也就是放在以下討論到神親自以恩典待我們的最開頭（請注意，保羅在羅馬書8:29-30中論述的主題也是依照類似的次序）。

靈得蒙重生，我們以信心和悔改作回應，神赦免我們並將我們收納為神家中的成員，神使我們的基督徒靈命得以成長，並保守我們一生向祂忠誠；在我們生命的終了，我們死去並進入祂的同在，而後當基督再來時，我們會得著復活的身體；這樣，得著救恩的程序就完成了。

許多神學家為上述各個步驟中的事件定下了特別的名稱，並且也按著他們所認為發生在我們生命中的順序，將這些事件列出來。這個神將救恩施行在我們身上的事件序列，稱為*救恩的次序*（order of salvation），有時候會以一個拉丁文來表達——*ordo salutis*，其意思就是「救恩的次序」。在開始討論救恩施行在我們身上的任何步驟之前，我們在這裏先將以後各章所要論述的項目完整地列出來：

「*救恩的次序*」

(1) 揀選（神選擇得救的人）

(2) 福音的呼召（人傳講福音的信息）

(3) 重生（得到新的屬靈生命）

(4) 歸正（信心與悔改）

(5) 稱義（在神面前的合法地位）

(6) 得著兒子的名分（成為神家中的一員）

(7) 成聖（成長更像基督）

(8) 恆忍（持續為基督徒）

(9) 死亡（與主同在）

(10) 得榮（得著復活的身體）

我們在這裏應當注意，第二項至第六項，以及第七項中的一部分，都是關乎於「成為基督徒」；第七項和第八項在今生會得以成就，第九項發生於今生結束之時，而第十項則發生於基督再來之時。[2]

我們從救恩的次序的第一項——「揀選」（election）——開始討論。在本章末了我們也會討論與揀選有關的「棄絕」（reprobation）的問題，亦即神作的這個決定：要略過那些不會得救的人，並因其罪惡而懲罰他們。揀選和棄絕在幾個重要的方面互

[2]關於所列救恩各事件之次序的討論，見John Murray, *Redemption Accomplished and Applied* (Grand Rapids: Eerdmans, 1955), pp.79-87. 有關一些針對集成保羅之救恩次序的新研究方法，見Vern Poythress, “Using Multiple Thematic Centers in Theological Synthesis: Holiness as a Test Case in Developing a Pauline Theology”（此為未出版的稿件，欲購請洽：Campus Bookstore, Westminster Theological Seminary, P.O. Box 27009, Philadelphia, PA, 19118）.

不相同，我們在下面會加以解釋；很重要的是，我們必須要分辨出這些不同，才不至於對神或祂的作為產生誤解。

「預定」（predestination）一詞在這裏的討論中也經常會被使用到。在本書和一般的改革宗神學裏，「預定」是一個較為廣泛的用語，包括了揀選（對信徒而言）和棄絕（對不信者而言）兩個方面。然而，「雙重預定論」（double predestination）一詞則不是很合適的用語，因為它給人一種印象，以為神用同樣的方式來執行揀選和棄絕，也因此會以為這兩者之間沒有本質上的差異，這當然是錯誤的。因此，改革宗神學家一般不會使用「雙重預定論」一詞；然而有時那些批判「雙重預定論」的人會以這個用語來論到改革宗的教導。「雙重預定論」一詞在本書裏不會被用來論述揀選和棄絕，因為這會使兩者之間的分野變得模糊不清，也無法正確地表明聖經真正所教導的。

我們可以將揀選定義如下：揀選乃是神在創世以前的一項作為，祂選擇使一些人得救，但這不是因為祂預先看見他們身上有任何美德，而單單是因為祂主權的美意。

關於這個教義，教會中一直有許多爭議與誤解。有許多關於人的意志和責任，以及關於神的公正相對於人的選擇等爭議性的問題，我們已經在第十六章與神的天命有關的內容中，以相當的篇幅討論過了；在此處我們將會只專注在其他特別關於揀選的問題上。

對於本章內容的安排，我們首先是從新約中引用一些論及揀選的經文，然後去明瞭新約作者在揀選的教義上所理解的神的心意；最後，我們要釐清對這個教義的了解，並回答一些反對的說法，同時也要探討棄絕的教義。

A. 新約教導預定嗎？

新約中的幾處經文似乎都非常清楚地肯定，神預先命定了那些將要得救的人。例如，當保羅和巴拿巴在彼西底的安提阿開始向外邦人傳講福音時，路加記載道：「外邦人聽見這話就歡喜了，讚美神的道；凡預定得永生的人都信了。」（徒13:48）路加幾乎是不經意地隨手寫下了揀選這個事實，這一點意義非常重大，就好像這是傳福音時的正常情況：有多少人信主了？「凡預定得永生的人都信了。」

在羅馬書8:28-30那裏我們讀到：

> 「我們曉得〔神使〕萬事都互相效力，叫愛神的人得益處，就是按祂旨意被召的人。因為祂預先所知道的人，就預定他們模成祂兒子的形像（和合本譯作『就預先定下效法祂兒子的模樣』），使祂兒子在許多弟兄中作長子。祂所預定的人，祂又呼召他們

來；祂所呼召來的人，祂又稱義他們；祂所稱義的人，祂又叫他們得榮（和合本譯作『預先所定下的人，又召他們來；所召來的人，又稱他們為義；所稱為義的人，又叫他們得榮耀。』）」[3]（羅8:28-30，按RSV譯法）

在接下來的羅馬書第9章裏，論到神揀選雅各而非以掃時，保羅說那不是因為雅各或以掃做了什麼事，而只是為了要使神揀選人的旨意顯明出來：

「（雙子還沒有生下來，善惡還沒有作出來，只因要顯明神揀選人的旨意：不在乎人的行為，乃在乎召人的主），神就對利百加說：『將來大的要服事小的。』正如經上所記：『雅各是我所愛的，以掃是我所惡的。』」（羅9:11-13）

關於有些以色列人得救，而其他的以色列人卻未得救的事，保羅說：「以色列人所求的，他們沒有得著；惟有蒙揀選的人得著了，其餘的就成了頑梗不化的。」（羅11:7）這裏保羅又指出在以色列人之中，有兩個不同群體；那些「選民」得著了他們所尋求的救恩，而那些不是選民的就成了「頑梗不化」了。

保羅在以弗所書一開始就明白地說到，神在創立世界以前就揀選了信徒：

「就如神從創立世界以前，在基督裏揀選了我們，使我們在祂面前成為聖潔，無有瑕疵……〔祂又〕按著自己意旨所喜悅的，〔在愛中〕預定我們藉著耶穌基督得兒子的名分，使祂榮耀的恩典得著稱讚，這恩典是祂在愛子裏所賜給我們的。」（弗1:4-6）

在這裏保羅寫信給信徒，他特別說到神在基督裏「揀選了我們」，這是指著一般的信徒。同樣地，在幾節經文之後，他又說：「我們這首先在基督裏有盼望的人，已經被命定且預定要為著神的榮耀得著稱讚而活。」（弗1:12，按RSV譯法；和合本譯作「叫祂的榮耀，從我們這首先在基督裏有盼望的人，可以得著稱讚。」）

他寫信給帖撒羅尼迦教會的人說：「被神所愛的弟兄啊，我知道你們是蒙揀選的；因為我們的福音傳到你們那裏，不獨在乎言語，也在乎權能和聖靈，並充足的信心。」（帖前1:4-5）

保羅說，帖撒羅尼迦教會的人在他傳講福音的時候就能相信（「因為我們的福音傳到你們那裏……在乎權能……並充足的信心」），這就是為什麼他知道神揀選了他

[3]Clark Pinnock認為這段經文並不是說預定得救恩，而是說預定得到某項特權，就是被模成耶穌基督形像之特權；他說：「在聖經裏並沒有預定得救恩或受咒詛。聖經中惟有一種預定，是對於那些已是屬神兒女的人之預定，而這預定是關乎他們未來的某種特權。」（Clark H. Pinnock, ed., *Grace Unlimited*〔Minneapolis: Bethany Fellowship, 1975〕p. 18）但是這種觀點卻與羅馬書8:29-30不相合，因為保羅在此處經文中所說到的預定，是在被呼召或被稱義之前，所以經文中那些被預定的人還沒有成為神的兒女；此外，被模成基督形像的特權不單是為著某些基督徒的，而是為著所有基督徒的。

們的原因。當他們一信主時，保羅就下結論說，神老早就揀選了他們，所以在他傳講福音時他們就相信了。後來他又再次寫信給這個教會的人說：「主所愛的弟兄們哪，我們本該常為你們感謝神，因為祂從起初揀選了你們，叫你們因信真道，又被聖靈感動，成為聖潔，能以得救。」（帖後2:13）

雖然下一段經文並沒有特別提及關於人類蒙揀選之事，但在這裏值得留意的是保羅所說關乎天使的事。當他很嚴肅地勸勉提摩太時，他寫道：「我在神和基督耶穌並蒙揀選的天使面前囑咐你，要遵守這些話，不可存成見。」（提前5:21）保羅曉得有好天使正在見證他的勸勉，並見證提摩太對這勸勉的回應；他也很確定，是神揀選的作為在那些好天使身上動工，以致他可以稱他們為「蒙揀選的天使」。

當保羅談到神拯救我們，並呼召我們歸向祂的原因時，他清楚地否定了這是因為我們的行為；反之，他指向在萬古以先神自己所立下的旨意，和祂所賜下的、人無法賺得的恩典。他說神「救了我們，以聖召召我們——不是按我們的行為，乃是按祂的旨意和恩典；這恩典是萬古之先，在基督耶穌裏賜給我們的。」（提後1:9）

當彼得寫信給小亞細亞眾教會的許多基督徒時，他寫道：「給那分散在本都、加拉太、加帕多家、亞西亞、庇推尼寄居的〔選民〕。」（彼前1:1）後來彼得稱他們為「被揀選的族類」（彼前2:9）。

約翰在啟示錄中說，在他的異象裏那些沒有在逼迫中屈服而轉去敬拜那獸的人，他們的名字在創世以先就已經被寫在生命冊上了：「〔有〕權柄賜給他（那獸），制伏各族、各民、各方、各國。凡住在地上，名字從創世以來沒有記在被殺之羔羊生命冊上的人，都要拜他。」（啟13:7-8）[4] 同樣地，我們在啟示錄第17章那裏，讀到從無底坑上來的獸：「凡住在地上、名字從創世以來沒有記在生命冊上的，見先前有、如今沒有、以後再有的獸，就必希奇。」（啟17:8）

---

[4]就文法上來說，「從創世以來」一詞可以當作是來修飾「名字……沒有記在」（如RSV, NASB, 以及NIV的經文譯註），也可以當作是來修飾「被殺之羔羊」（如KJV和NIV的本文）。然而在啟示錄17:8那裏有和啟示錄13:8平行的表達詞語：「名字從創世以來沒有記在生命冊上的」，這似乎就確定其意思只有一種可能性（在希臘文的經文中，兩處所用的平行字句其相似性極令人驚異；這兩處講述名字記在生命冊上之人的經文中，一共有十一個字完全相同）。此外，RSV和NASB的這段譯文與其他處經文對照來看，其意義也比較合理與順暢：因為聖經通常論到神在創世以前就選擇了我們，但卻沒有任何地方說到基督是從創世以來就被殺的——這個敘述就其字面意義而言是錯誤的，因為基督被殺是發生在祂死在十字架上之時。所以，KJV和NIV本文的這一節譯文，它的意思必須解釋為「神從創世以來就計劃基督將要被殺」——但是這兩種譯法卻都不是經文真正所要表達的意思。

B. 新約如何講述關於揀選的教導?

讀過了以上所列關於揀選的經節後，我們現在必須從新約本身對揀選的觀點來認識這個教義。

B.1 揀選乃是一個安慰

新約聖經的作者常常將揀選的教義描述為對信徒的安慰。當保羅勸慰羅馬教會的人，向他們保證說：「我們曉得〔神使〕萬事都互相效力，叫愛神的人得益處，就是按祂旨意被召的人」（羅8:28），在此處他是將神的預定作為一個理由，來說明我們為何可以確信上述這個真理。他緊接著在下一節裏解釋道：「*因為*祂預先所知道的人，就預定他們模成祂兒子的形像……所預定的人，又呼召他們來……又稱義他們……又叫他們得榮。」（羅8:29-30，按RSV譯法）保羅的重點是說，神的所作所為，*一直是*為著那些祂所呼召歸於自己之人的益處。若是保羅回顧創世以前遙遠的過去，他看見神已經預知並且預定祂的百姓，要他們被模成基督的形像；[5] 若是他回顧不久的過去，他發現神呼召了祂所預定的百姓，並且稱他們為義；若是他前瞻基督再來時的未來，他看見神已經定意要將完美而得榮耀的身體賜給那些相信基督的人；從永遠到永遠，神的作為總是以祂百姓的益處為念。保羅思考著，如果神的作為*一直是*為著我們的益處著想，而且將來仍舊會為著我們的益處而著想，那麼，*難道祂不也在我們現今的環境下*，使每一個境遇都為著我們的益處而互相效力嗎？如此，預定就被看作是信徒在日常生活中的一項安慰了。

B.2 揀選乃是讚美神的原因

保羅說：「〔祂〕就按著自己意旨所喜悅的，〔在愛中〕預定我們藉著耶穌基督得兒子的名分，*使祂榮耀的恩典得著稱讚*。」（弗1:5-6）同樣地，他又說：「我們這首先在基督裏有盼望的人，已經被*命定且預定要為著神的榮耀得著稱讚*而活。」（弗1:12，按RSV譯法；和合本譯作「叫祂的榮耀，從我們這首先在基督裏有盼望的人，可以得著稱讚。」）

保羅告訴帖撒羅尼迦的基督徒說：「*我們*為你們眾人*常常感謝神*……被神所愛的弟兄啊，*因為我們知道是祂揀選你們的*（和合本譯作『我知道你們是蒙揀選的』）。」（帖前1:2, 4）保羅之所以能為帖撒羅尼迦的基督徒而感謝神，是因為他知道他們能得到救恩，至終來說是出於神，而事實上神已經揀選他們，要使他們得救了。這一點在

[5]關於此處「預知」（foreknow）的意義，見本章C.2節的討論。

帖撒羅尼迦後書2:13有更清晰的說明：「主所愛的弟兄們哪，*我们本該常為你們感謝神，因為祂從起初揀選了你们*，叫你們……能以得救。」保羅心中感到不得不為帖撒羅尼迦的基督徒而感謝神，因為他知道他們的救恩全然是由於神揀選他們；因此，保羅理當為他們感謝神，而不是為他們自己得救的信心而稱讚他們。

當我們如此理解揀選的教義時，會使我們為自己的救恩更加倍地將讚美歸給神。而且當我們誤以為我們的救恩乃是由於自己的美善，或是歸功於自己時，對這個教義的理解，也會大幅地減低我們心中的驕傲感。

B.3 揀選乃是對傳福音的一個鼓勵

保羅說：「我為選民凡事忍耐，叫他們也可以得著那在基督耶穌裏的救恩，和永遠的榮耀。」（提後2:10）他知道神已經揀選了一些人會得救，並且他將這一點視為傳福音的激勵，即使有時傳福音必須要忍受很大的苦難。揀選是保羅所持有的保證，確信他傳福音的工作必然會達成一些果效，因為他知道他所傳講的對象中必然有一些是選民，他們也必會相信福音而得救。這就好像有人邀請我們來釣魚，並且說：「我保證你一定會釣到一些魚——因為牠們很餓，正等著要吃餌呢！」

C. 糾正對揀選教義的誤解

C.1 揀選並非宿命論的或機械性的

有時候那些反對揀選教義的人會說，揀選是「*宿命論*」（fatalism），或者說它表示宇宙乃是處於一種「機械性的系統」，然而這兩個反對看法之間卻有些差異。在「宿命論」的系統中，人為的選擇和決定並不能起什麼作用；不管我們做什麼，事情的結果將會按照它們先前就被命定好了的情形而發生，所以要想作任何的努力或重大的決定，來左右事情的結果或我們生命的結果，都是徒然的，因為這一切都不會改變什麼。當然，在真正的宿命論系統中，我們的人性是被抹滅了，因為我們的選擇並沒有真正的意義，並且要負道德責任的動機也沒有了。

而在機械性的系統中，它所描繪出的是一個不具關係性的宇宙，其中所發生一切的事情，都是在久遠以前就被一種不具關係性的力量所死板地決定了，這個宇宙是以一種機械性的方式運作，人類則像是機器或機器人，而不是真正的人。在此，真實人類的本質也被降為機器的層次，其功能只不過是按照預先決定好了的計劃運轉，並依著預先定下的因素和影響而作回應。

與這幅機械性的圖畫對比起來，新約聖經則將我們救恩的整個過程，呈現為是由一位*有關係性的*神，因著祂與受造者之間的*關係*而成就的救恩作為。神「〔*在愛中*〕預定我們藉著耶穌基督得兒子的名分」（弗1:5）；神揀選的作為不是冷漠、沒有關係性的，也並非機械性的，而是對祂所揀選的人充滿了個人的愛。不僅如此，神對祂的受造者的個人關懷，甚至對那些悖逆祂之人的個人關懷，可以從神藉著以西結所說出的呼籲中清楚地看出來：「主耶和華說：我指著我的永生起誓，*我斷不喜悅惡人死亡，惟喜悅惡人轉離所行的道而活*。以色列家啊，你們轉回，轉回吧！離開惡道！何必死亡呢？」（結33:11）

當聖經談到我們對福音邀約的回應時，它總是不將我們看為機械性的受造者或機器人，而視我們為*真實的人*，是具有關係性的受造物，可以作出意志之抉擇來接受或拒絕福音。[6] 耶穌邀請著每一個人，祂說：「凡勞苦擔重擔的人，可以*到我這裏來*，我就使你們得安息。」（太11:28）我們也在啟示錄的末了讀到這項邀請：「聖靈和新婦都說：『來！』聽見的人也該說：『來！』口渴的人也當來，*願意的*，都可以白白取生命的水喝。」（啟22:17）這項邀請和許多其他類似的邀請，都是向著真實的人所發出的；他們能夠聽到這項邀請，並且以他們出於意志之抉擇來作回應。關於那些不願接受祂的人，耶穌清楚地強調出他們心中的剛硬，以及他們頑梗地拒絕到祂面前來；祂說：「然而你們*不肯*到我這裏來得生命。」（約5:40）耶穌在憂傷中對拒絕祂的城市呼喊說：「耶路撒冷啊，耶路撒冷啊，你常殺害先知，又用石頭打死那奉差遣到你這裏來的人，我多次願意聚集你的兒女，好像母雞把小雞聚集在翅膀底下，*只是你們不願意*。」（太23:37）

我們在新約聖經中看到對揀選所描繪的圖像，也與宿命論大不相同。在新約的描繪中，我們不只是真實的人，能作*出於意志之抉擇*，而且這些抉擇也都是*真實的抉擇*，因為這些抉擇確實影響了世上事情的發展；這些抉擇影響了我們的生命，也影響了別人的生命和命運，所以聖經上說：「*信祂的人*不被定罪；*不信的人*罪已經定了，因為他不信神獨生子的名。」（約3:18）我們相信基督或不相信基督的個人決定，在我們的生命中具有永恆的後果，而且聖經清楚明確地說到我們信或不信的抉擇，是決定我們永恆命運的因素。

這個論點表示我們一定要傳福音，而人們的永恆命運則繫於我們是否傳福音。所以，當主在一個夜間對保羅說：「不要怕，只管講，不要閉口。有我與你同在，必沒

[6]關於神既然在先前就已經命定好我們所做的事，我們又如何能成為真實的人，並且作出真正的決定，對這方面更廣泛的討論，請見本書第十六章B.6, E.2, G.3, G.4, H.1-4節。

有人下手害你，因為在這城裏我有許多的百姓。」（徒18:9-10）那時，保羅並沒有下結論說，不管他是否停留在那裏傳福音，那些屬乎神的「許多的百姓」都會得救。相反地，「保羅在那裏住了一年零六個月，將神的道教訓他們」（徒18:11）——這是保羅三次的宣道之旅中，除了以弗所之外，他所停留在各城市中時間最長的。當保羅得知神在哥林多城有許多選民之時，他停留了很長的時間，在那裏傳道，為要使那些選民可以得救！保羅很清楚，除非有人傳福音，否則別人就無法得救：

> 「然而，人未曾信祂，怎能求祂呢？未曾聽見祂，怎能信祂呢？沒有傳道的，怎能聽見呢……可見信道是從聽道來的，聽道是從基督的話來的。」（羅10:14, 17）

難道保羅在去一個城市之前，就已知道誰是蒙神揀選以至於得救的人，而誰又不是蒙揀選的人嗎？不，他不知道。神不會預先向我們顯明這樣的事。然而，當人們一旦信靠基督，我們就能夠有信心地說，神早先就已經揀選他們得著救恩。這正是保羅對帖撒羅尼迦教會的人所下的結論；他說，他知道神揀選了他們，因為當他傳福音給他們時，福音帶著能力和充足的信心降臨在他們中間：「被神所愛的弟兄啊，我知道你們是蒙揀選的；因為我們的福音傳到你們那裏，不獨在乎言語，也在乎權能和聖靈，並充足的信心。」（帖前1:4-5）保羅不但沒有說，無論他做了什麼都不會有任何作用，或是不管他傳道與否，神的選民都會得救；反之，保羅承受了生命中無比的艱難，為的是要將福音帶給那些神所揀選的人。在他充滿苦難的一生結束時，他說：「所以我為選民凡事忍耐，叫他們也可以得著那在基督耶穌裏的救恩，和永遠的榮耀。」（提後2:10）

C.2 揀選並非根據神預知我們對祂的信心

通常人都會同意神預定有些人得救，但是他們會說，神的預定是基於祂察驗到未來，知道哪些人會信靠基督，而哪些人不會。假如祂看見一個人將會有得救的信心，那麼祂就會根據祂對那人信心的預知（foreknowledge），而預定那人得救；假如祂看見一個人不會有得救的信心，那麼祂就不會預定那人得救。以如此方式來理解預定，就會使人認為，有些人得救而另一些人不得救，其終極原因是在乎人自己本身，而不在乎神；如此神在祂的預定工作中所做的，只不過是確認祂所預知的人自身所作的決定。通常被用來支持這觀點的經節是羅馬書8:29：「因為祂預先所知道的人，就預定他們模成祂兒子的形像，使祂兒子在許多弟兄中作長子。」（按RSV譯法）[7]

---

[7]這個觀念——預定乃是基於神對那些會相信祂之人的預知——在Jack W. Cottrell, "Conditional Election," in *Grace Unlimited*, pp. 51-73中有討論。Cottrell說：「神透過祂的預知，知道誰會信靠耶穌基督為救主和生命

C.2.1 預知是關於人，而不是關於事

但其實上面這節經文無法用來支持神的預定是基於祂對*某人會信主這件事*的預知；事實上，這節經文是論到神知道（或認識）*某些人*（「〔*那些*〕祂預先所知道*的人*」）的這個事實，而不是說祂知道某些*關乎他們的事*，例如他們將會信主這件事。在此論及的「知道」，乃是一種個人的、有相互關係的「知道」：神向未來看去，思想到某些與祂有救恩關係的人；就這意義來說，祂老早就「知道他們」了。這就是保羅所說神「知道」或「認識」某個人的意義；例如，在哥林多前書8:3保羅說：「若有人愛神，這人乃是*神所知道的*。」同樣地，他說：「現在你們既然認識神——更可說是*被神所認識的*……」（加4:9）在聖經上說到人*認識*神、或神*認識*他們時，都是指著帶有救恩關係、個人層面的認識。所以在羅馬書8:29中「*祂預先所知道*的人」的意思，最好被理解為「那些祂老早就*認為與祂有救恩關係*的人」。這節經文其實並沒有說到神預知或預見某些人會信主，而且在其他任何的經文中也沒有提及這種觀念。[8]

有時候人會說，神是揀選*群體*得救，而不是揀選個人得救。依照某些阿民念派的觀點，神根本就是將教會當成一個群體來揀選；而瑞士神學家巴特（Karl Barth, 主後1886-1968年）則說，神揀選了基督，以及在基督裏的所有人。然而羅馬書8:29中所說的是神所預知的那些人（「〔*那些*〕祂預先所知道的*人*」），並非只是未知的、有待填滿的群體。而在以弗所書裏，保羅論到某些神所揀選的人，也包括他自己在內：「神從創立世界以前，在基督裏*揀選了我們*。」（弗1:4）我們若說神選擇了一個群體，而這選擇與其中的個人無關，就完全不是聖經上所說的揀選；但我們若是說神個別地選擇了每一位組成該群體的人，就是聖經的意思。[9]

C.2.2 聖經從未表示我們的信心是神揀選我們的原因

此外，當我們越過這幾節特別講到預知的經文，來查看論到神揀選我們之*原因*的經節時，我們發現聖經從未說到我們的信心或我們會相信基督的這個事實，是神揀選我們的原因。事實上，保羅顯然將人一生所行之事排除於神揀選的原因之外，這是他從神揀選雅各而不揀選以掃一事所理解到的；他說：「雙子還沒有生下來，善惡還沒

的主，並會藉著基督教的洗禮與祂聯合；如此，祂甚至在創世以前，就預定了這些信徒要分享復活基督的榮耀。」（p. 62）

[8]羅馬書11:2同樣地說到神預知人，而不是預知關於人的事或他們會信主這個事實：「神並沒有棄絕*祂預先所知道的*百姓。」

[9]對巴特之觀點——所有的人都在基督裏被揀選——的回應，見本章E節有關於棄絕（有些人不蒙揀選之事實）之討論，又見本書第七章A節，以及第五十六章G節有關於不信基督之人不會得救的事實。

有作出來，*只因要顯明神揀選人的旨意*：不在乎人的行為，乃在乎召人的主，神就對利百加說：『將來大的要服事小的。』正如經上所記：『雅各是我所愛的，以掃是我所惡的。』」（羅9:11-13）雅各或以掃在一生所行之事，沒有一樣影響到神的決定，這決定單單是為了顯明與立定祂揀選的旨意。

當保羅論到信靠基督的猶太人時，他說：「如今也是這樣，*照著揀選的恩典*，還有所留的餘數。既是出於恩典，就不在乎行為。」（羅11:5-6）此處保羅在揀選的過程上，再度強調神的恩典，也再度強調人的功德全無一席之地。有人可能會反對說，信心在聖經裏不被視作一項「行為」，因而信心就應當被排除在上面引述的經文之外（「就不在乎*行為*」）；然而依照這項反對的意見，保羅的意思就可以被解釋為：「然而揀選若是出於恩典，那麼它就不再是基於行為，而是基於人是否相信。」但是這與上下文並不相符，因為保羅並不是將人的信心和人的行為作對比，他乃是將神憑主權揀選人與*任何*屬人的作為相對比；並且他指明神主權的旨意才是神揀選歸信基督之猶太人的最終根基。

同樣地，當保羅在以弗所書裏談到揀選時，他從未提到任何有關神預知我們會相信之事實，或是在我們裏面有任何配得之處，或是有什麼功德可言（例如信主的傾向），以作為神選擇我們的根據。反之，保羅卻說：「〔祂〕*就按著自己意旨所喜悅的*，〔*在愛中*〕預定我們藉著耶穌基督得兒子的名分，使祂榮耀的恩典得著稱讚，*這恩典是祂*在愛子裏所〔*白白地*〕*賜給我們的*。」（弗1:5-6）假若在揀選中配得稱讚的乃是神的恩典，而非人信主的能力，或人信主的決定，那麼保羅在此處完全不提及人的信心，只提到神預定的作為、祂的目的和旨意，以及祂白白賜下的恩典，就再次與其他地方的經文符合一致了。

在提摩太後書那裏，保羅又說：「神救了我們，以聖召召我們——不是按我們的行為，乃是*按祂的旨意*和恩典；這恩典是萬古之先，在基督耶穌裏賜給我們的。」（提後1:9）我們再一次看見神主權的旨意乃是我們得救的終極原因；而保羅將這一點和神於萬古之先在基督耶穌裏賜給我們的恩典連接起來——這是以另一種方式來講述這個真理：當神揀選我們時，祂是白白地賜給我們恩惠，完全與我們這一方是否有任何可預見的功德或配得的價值無關。

C.2.3 揀選若是根據我們的善（信心），救恩就是始於功德了

關於「神揀選我們，是因為祂預知我們會相信祂」的想法，在這裏還要提出另一個反對的理由。若是我們得救與否的*最終*決定因素，是在於我們是否接受基督的抉

擇，那麼我們就會更傾向於認為，在得救上我們自己也有部分功勞；我們會認為自己和其他一直拒絕基督的人不同，我們比較有智慧能作判斷，我們在道德傾向上比較美善，或是我們在屬靈能力上比較有洞見，以至於我們才會決定相信基督。然而我們若是一旦有這樣的想法，那麼我們就會大大地減低了我們在救恩上應該歸給神的榮耀，我們也無法很自在地像保羅一樣說，神「*按著自己意旨所喜悅的*……預定我們……使祂榮耀的*恩典*得著稱讚」（弗1:5-6），而我們就會開始認為神是「按著祂所知道的，我們內心裏有美善和信心的傾向以至於會信主……如此而預定我們」。當我們有這樣的觀念時，我們所表現出來的，就會與新約聖經所論述的揀選或預定大不相同。反之，如果儘管我們全無美善或功德可言，揀選全然是基於神自己美好的旨意，和祂以全權定意要愛我們的決定，那麼我們必然會因自己得到不配得的救恩，而對神有深切的感恩之情，並且我們永遠都會出自內心地稱頌祂「榮耀的恩典」（弗1:6）。

歸根結底，關於揀選的兩種觀點，我們可以從它們如何回答一個非常簡單的問題，而看出兩者的不同之處。假設最終有些人選擇接受基督，而另一些人不接受基督，那麼我們所要問的問題是：「到底是什麼造成人的不同？」也就是說，*最終*是什麼因素造成人相信與不相信這兩種不同？如果我們的答案是，那至終是基於神的某個作為（也就是祂以主權揀選那些將會得救的人），那麼我們就明白，救恩在最根本的層面是*單單*基於*恩典*；而另一方面，如果我們的回答是，得救的人與沒有得救的人之間最終的差異，是因為*人裏面的某些因素*（亦即天生傾向於相信或不信），那麼救恩就是取決於恩典並且加上屬人的能力。[10]

C.2.4 基於預知的預定仍然沒有給人自由意志的選擇

關於「神預定某些人相信而得救，是基於神預知他們的信心」，這個觀念還有另一個問題：在仔細思考之下，這個系統其實也並沒有給人真正的自由。因為若是神能夠先審視未來而看到某甲*將會*對基督生發信心，而某乙*不會*，那麼這些事實就是已經*被決定了的*。如果我們認為神對未來之事所知的是*真確的*（必然是真確的），那麼我們就能絕對肯定某甲將會信主得救，而某乙則不會得救，他們一生的結果絕對不會

---

[10]阿民念的立場至終是將人得救與否的決定因素放在人身上，這一點可清楚地見於I. Howard Marshall的敘述：「神對人的呼召，其果效是將人放在一個地位上，讓他可以說『是』或『否』（這是在神呼召他之前，他所不能做的，因為在受呼召之前，他一直處於一種說『否』的心態下）。」見Marshall, "Predestination in the New Testament," in *Grace Unlimited*, p. 140. 從Marshall所說的這些話裏，我們看見他的觀念是認為人得救的最終決定因素，在於他們對神的呼召是說「是」還是說「否」；因此，救恩至終仍舊取決於人身上，亦即在人心裏面勸服自己說「是」，而不是說「否」的能力或傾向。

與此不同。因此，我們可以說他們最終的命運仍是已經*被決定*了，因為他們不可能有其他的命運。然而，他們的命運是*由什麼*來決定呢？如果他們的命運是由神自己來決定，那麼我們就不能說揀選至終是基於神對人信心的預知，而必須說揀選是基於神全權的決定。然而如果他們的命運不是由神來決定，那麼又是由誰或是由什麼來決定呢？當然沒有任何一個基督徒會說，除了神以外還有另一個大能者在掌控人的命運，因此似乎惟一可能的解答，就是這些命運是由某個不具關係性、類似命運註定的力量在宇宙中運作，使事情發展。但這樣的觀念又有何益處呢？如此我們就是捨棄了與我們有關係的神在愛中作揀選的這個觀念，轉而接受一種由不具關係性的力量來掌控的*決定論*（determinism），而我們也不再因我們的救恩而最終歸功於神了。

C.2.5 小結：揀選是無條件的

基於上述四個原因，摒棄「揀選是根據於神預知我們的信心」這個觀念似乎是最恰當了。而我們所下的結論是：揀選的原因單單就是神主權的選擇——祂「〔在愛中〕預定我們……得兒子的名分。」（弗1:5）神選擇了我們，完全是因為祂定意要將祂的愛賜予我們，並不是因為預先看見我們有任何的信心或功德。

這種對揀選的理解在傳統上被稱為「*無條件的揀選*」（unconditional election）。[11] 稱它是「無條件的」，是因為它並不*取決於*任何神在我們身上所看見的、使我們配得祂揀選的事物。[12]

---

[11]「無條件的揀選」（*U*nconditional election）一詞的英文開頭字母是**U**，它是英文「加爾文主義的五要點」各點的首字母縮寫詞TULIP（英文的「鬱金香」）中的**U**；其他字母所代表的意義如下：**T**代表「全然的墮落」（*T*otal depravity，見本書第二十四章C.2.1及C.2.2節），**L**代表「有限的贖罪」（*L*imited atonement，見本書第二十七章D節），**I**代表「無可抗拒的恩典」（*I*rresistible grace，見本書第三十四章A節），**P**代表「聖徒的恆忍」（即持續為基督徒，***P***erseverance of the saints，見本書第四十章A-C節）。另見本書第二十七章D.1節中的註35。

[12]關於揀選的教義，改革宗裏的人（那些支持此處所提出之揀選教義的人）在兩種觀點之間有爭議；這兩種觀點是：*墮落前神揀選論*（supralapsarianism）及*墮落後神揀選論*（infralapsarianism）。它們之間的差異是在於創世以前神的心意是如何。它不是關於事情發生的時間順序，而是關於在神思想中的*邏輯*次序。他們所爭議的問題是，按照邏輯的次序而言，到底(a)神是先決定祂要*拯救一些人*，然後祂才容許罪進入這個世界，以至於祂能將他們從罪中拯救出來（*墮落前神揀選論*）；還是以相反的次序，(b)神先決定*容許罪*進入這個世界，然後才決定祂要從罪中*拯救一些人*出來（*墮落後神揀選論*）。supralapsarian這個英文字的意思是「墮落前」，而infralapsarian這個英文字的意思是「墮落後」。關於這些觀點的討論極為複雜且具高度的臆測性，因為幾乎沒有直接的聖經依據可以幫助我們明白；每一種觀點都提出了有力的辯證作支持，而其中可能也各有一些真理。但是總歸而言，承認聖經並沒有給我們足夠的資料以探索這個奧祕，似乎是比較明智的看法；此外，這樣的探索似乎也並不造就人。

事實上，筆者決定在本書中此處提及這項討論，只是因為「墮落前」和「墮落後」這兩個詞；有時在神學界的圈子裏會用這兩個詞來表達極為抽象與晦澀的神學討論。筆者感到只需要向讀者提及這個爭議的

D. 對揀選教義的反對意見

我們必須說明，在此處所提出的揀選教義，絕非為基督教會所普遍接受的，不論是天主教或是更正教；雖然這個揀選的教義為人所接受已有很長的歷史，但是也有許多其他人持反對意見。目前的福音派當中，在比較傾向於改革宗或加爾文派圈子裏的信徒（例如保守的長老會），他們會接受這個觀點；許多信義宗（路德會）的信徒、聖公會（安立甘宗）的信徒，以及為數不少的浸信會的信徒與獨立教會的信徒也會接受；而另一方面，這個觀點幾乎也被所有的循道會（衛理會）的信徒，以及在浸信會、安立甘宗和獨立教會裏的許多其他信徒斷然拒絕。[13] 有一些關於揀選的反對意見，其形式比較是針對於反對天命的教義，這已經在本書第十六章論及神的天命那裏有詳細的回應，在此我們要提及幾個特別的反對意見。

D.1 揀選表示人沒有選擇接受基督與否的自由

按照這項反對意見的說法，揀選的教義否定了所有福音的邀請，這邀請乃是懇求人以他的意志，決定是否要回應基督的邀請。關於這項反對，我們必須聲明，揀選的教義完全同意我們有出於自願的選擇，也完全同意我們接受或拒絕基督是出於意志之抉擇。我們的選擇是自願的，因為該選擇是我們想要做的，也是我們決定要做的。[14] 然而這並不是說我們的選擇是絕對自由的，因為（正如本書第十六章論到神的天命時所解釋的）神能夠按照祂的全權作工在我們的意願上，以至於祂能確保我們的選擇是按照祂所命定的而發生，但是這仍然可以被看為是真正的選擇，因為神創造了我們，

本質，和這些專用詞彙的意義，似乎就已經足夠了。若是對此有興趣探究，更進一步的討論可見於Berkhof, *Systematic Theology*, pp. 118-25.

[13]關於對揀選的反對意見更完全的討論，讀者可以參考兩份傑出的新近論文選集，是從所謂的「阿民念派」的觀點出發的；此觀點排拒本章裏所主張的揀選看法。見Clark H. Pinnock, ed., *Grace Unlimited*（Minneapolis: Bethany Fellowship, 1975），及Clark H. Pinnock, ed., *The Grace of God, the Will of Man: A Case for Arminianism*。 而Tom Schreiner和Bruce Ware針對於這兩本書作回應，他們從改革宗學者的論文中，編輯了一本內容豐富的論文集，見Tom Schreiner and Bruce Ware, *Still Sovereign: Contemporary Perspectives on Election, Foreknowledge, and Grace* (Grand Rapids: Baker, 2000).

[14]Grant R. Osborne在 "Exegetical Notes on Calvinist Texts"（*Grace Unlimited*, pp. 167-89）一文中數度指出，在談到揀選或預定之經文的上下文中，確實有人類的意志或選擇參與其中。Osborne在該書的第175頁提出一個代表性的例子，是討論到使徒行傳13:48的話：「凡預定得永生的人都信了。」他回應說：「雖然我們都同意得救的最基本推動力是神的揀選，但是這並沒有否定人類意志的參與，就如我們在此上下文所看見的。」這樣的回應似乎是認為改革宗的觀點就是否定了人類的意志或選擇。但我們必須回覆說，正如改革宗的信徒向來所聲明的，改革宗的立場確實是接受人在他所作的選擇上具有真實的人的意願或意志；然而，神是如此地大有智慧與能力，以至於祂*命定*我們會*甘心情願地作*回應。然而Osborne並沒有直接就著這個立場作討論。

而且祂命定了這樣的選擇是真實的。簡而言之，我們可以說，神能夠使我們甘心情願地選擇基督。這項反對意見潛在的錯誤假設，是以為選擇必須是絕對的自由（亦即一點也不受神所引導），才算是真實的人的抉擇。

D.2 按照揀選的定義，我們的抉擇就不是真的抉擇

接續我們上一段的討論，有人可能會反對說，如果一個選擇是由神所引導的，或許我們看起來以為這是出於自願的、按照我們意志的，但它卻不是真正的、實在的選擇，因為它並非絕對自由的。對這一點的回應是，我們必須再次就著其假設——選擇必須是絕對自由的，才算真實或有效——提出挑戰。假如神以某種方式創造了我們，並且告訴我們，我們自願的選擇的確是真正而實在的選擇，那麼，我們就必須接受它們就是真正而實在的選擇。神才是宇宙中定義何為真正與實在的那一位。反過來說，我們可以問，聖經哪裏曾經說過，我們的選擇必須沒有神的影響或控制，才算是真正而實在的選擇？聖經似乎從未如此說過。

D.3 揀選表示我們只是木偶或機器人，而非真正的人

按照這項反對意見的說法，假如真的是神引導我們作每一個關於救恩的選擇，那麼，我們就不再是真正的人了。我們必須再一次回應說，神創造了我們，我們就必須讓祂來定義何謂真正的人的特性。以「木偶」或「機器人」來作類比，就會把我們降低為由人手所造、次於人類的事物。但真正的人遠比木偶或機器人寶貴多了，因為我們擁有真正的意志，而且我們根據我們的偏好和願望，來作自願的抉擇。事實上，我們與許多較低層次的受造之物的一個相異之處，就是這個以意志作選擇的能力。我們是按著神的形像所創造的真正的人，而神也容讓我們作真實的選擇，這選擇會真正地影響到我們的生命。

D.4 揀選的教義表示不信的人永無機會信主

這項反對揀選的說法是，假如神在永恆之前就已經命定某些人不會相信，那麼他們就沒有真正的機會能夠相信，而整個體系的運作也就不是公平的。對這項反對的說法，我們提出兩個回應：

第一，我們必須注意，聖經並不給我們任何餘地可說不信主的人沒有機會相信。當人們拒絕耶穌時，祂總是將責任歸於他們定意要選擇拒絕祂，而不是歸於任何父神所命定的諭旨上：「你們為什麼不明白我的話呢？無非是因你們不能聽我的道。你們是出於你們的父魔鬼，你們父的私慾你們*偏要行*。」（約8:43-44）祂對著耶路撒冷說：「我多次願意聚集你的兒女……*只是你們不願意*。」（太23:37）祂對拒絕祂的猶

太人說：「你們**不肯到我這裏來**得生命。」（約5:40）並且，羅馬書第1章說得很明白，所有的人都面對著從神而來清楚的啟示，以至於人「無可推諉」（羅1:20）。這在聖經上是一致的模式：那些仍然不信的人，他們之所以不信，是因為他們不願意來到神面前；而他們不信的責任，總是歸於他們自己身上，絕非在神身上。

第二，這個問題的答案，可以就像保羅對類似之反對所說的回答：「你這個人哪，你是誰，竟敢向神強嘴呢？受造之物豈能對造他的說：『你為什麼這樣造我呢？』」（羅9:20）

D.5 揀選是不公平的

有時候人認為揀選的教義不公平，因為它教導說，神選擇了某些人得救，而略過了其他的人，決定不拯救他們。這樣怎麼能算是公平的呢？

針對這個反對意見，我們可以提出兩個回應。**第一**，我們必須謹記，**神若是不拯救任何人，也是全然公平的**，就像祂對天使那樣：「就是天使犯了罪，神也沒有寬容，曾把他們丟在地獄，交在黑暗坑中，等候審判。」（彼後2:4）[15] 對神而言，全然的公平就是祂按照對待天使的方式來對待人，也就是不拯救那些犯罪及背叛祂的人；但祂若真的拯救了**一些人**，那麼就顯明出祂的恩典，是遠超過公平與公正的要求了。

第二，從更深一層而言，反對的人會認為，神創造了一些祂知道會犯罪、並永遠被定罪、而祂也不會救贖的人，這是不公平的。保羅在羅馬書第9章提過這項反對的說詞：在保羅說了「神要憐憫誰，就憐憫誰；要叫誰剛硬，就叫誰剛硬」（羅9:18）之後，[16] 他接著提到的就正是這個反對之詞：「你必對我說：『祂為什麼還指責人呢？有誰抗拒祂的旨意呢？』」（羅9:19）這正是聲稱揀選教義「不公平」的反對意見之核心。假使每一個人的終極命運是由神來決定，而非由人自己決定（也就是說，即使是人出於意志作抉擇，來決定他們得救與否，但事實上是神在背後，以某種方式引導人作出抉擇），那麼，這怎麼能算是公平的呢？

---

[15]關於神不拯救任何人也是公平的這項討論，見本書第十九章C.1節。

[16]Jack Cottrell提出關於本節的一種阿民念派看法。他認為羅馬書9:18中「神要憐憫誰，就憐憫誰；要叫誰剛硬，就叫誰剛硬」所指的不是神選擇人得救，而是神選擇人作某種服事：「祂選擇祂所喜悅的人來服事，而不是說得救。」（"The Nature of the Divine Sovereignty," in *The Grace of God, the Will of Man*, p. 114）然而，這種解釋並不叫人信服，因為整個上下文明確地是關於救恩的：保羅說：「我是大有憂愁，心裏時常傷痛。為我弟兄，我骨肉之親，就是自己被咒詛，與基督分離，我也願意。」（羅9:2, 3）保羅憂愁傷痛，並非因為猶太人沒有蒙揀選去作某種特定的服事，而是因為他們沒有得救！他在第8節所說的不是誰被揀選、或誰沒有被揀選去服事，而是誰是「神的兒女」、誰不是「神的兒女」；而在第22節他所說的不是有些人錯過了服事的機會，而是說有些人成了「那可怒、預備遭毀滅的器皿」。整段上下文是以救恩為關注點。

保羅的回應並不是責備我們心中的驕傲，也沒有嘗試以哲學上的解釋來說明為何這是公平的。他單單提出**神這位全能創造主的權利**：

> 「你這個人哪，你是誰，竟敢向神強嘴呢？受造之物豈能對造他的說：『你為什麼這樣造我呢？』窯匠難道沒有權柄從一團泥裏拿一塊作成貴重的器皿，又拿一塊作成卑賤的器皿麼？倘若神要顯明祂的忿怒，彰顯祂的權能，就多多忍耐，寬容那可怒、預備遭毀滅的器皿；又要將祂豐盛的榮耀彰顯在那蒙憐憫、早預備得榮耀的器皿上。這器皿就是我們被神所召的，不但是從猶太人中，也是從外邦人中，這有什麼不可呢？」（羅9:20-24）[17]

保羅只是說，我們在一個界限點之外，就不能反問神，或質疑祂的公正了。祂所做的是按照祂全權的旨意所要做的；祂是創造主，而我們是受造者，至終我們沒有什麼根據，可以控訴神不公平或不公正。[18] 當我們讀到保羅所說的這些話時，我們就面臨一個抉擇：我們是否願意接受神在此所說的話、所做的事，單單因為祂是神而我們不是。這個問題深入我們的內心，關乎我們對自己身為受造者之地位的理解，以及對自己與我們的創造主神之間關係的認識。

當有人提出「**神拯救一些人而不拯救所有的人，這是不公平的**」之時，這同樣是關於不公平的反對意見，只是以些許不同的方式表達出來。這項反對說詞是基於我們人類所直覺到的一種公正感；我們認為在關於人的事情中，對同等的人以同等的方式來相待，才是合理的；所以我們在直覺上當然會認為，若是神要拯救**一些**罪人，祂就應該拯救**所有的**罪人。然而在回答這項反對之詞時，我們必須提出，我們的確無權將我們直覺以為在人類中合宜之事，強加在神身上。每當聖經開始論及揀選這個領域時，它總是會回到神身為創造主的全權，並表明祂有權利按祂的旨意對待祂的受造者

---

[17] James D. Strauss認為在羅馬書第9章裏，「那可怒、**預備遭毀滅**的器皿」應當被譯為「**自甘淪為**」可怒的器皿；但是他沒有舉例證明動詞*katartizō*在此是真正地作為反身用法，而這是在此要譯為「自甘淪為」所需要的用法（James D. Strauss, “God’s Promise and Universal History: The Theology of Romans 9,” in *Grace Unlimited*, p. 200）。BAGD（pp. 417-18）註釋到，該字的**被動語態**可以用為不及物動詞（如RSV與和合本在此處的譯法：「遭毀滅」），但是BAGD並未舉例證明這個動詞在沒有一個直接受詞時，可以作為主動或關身語態來使用。不只如此，Strauss所提出的「自甘淪為」可怒的器皿這個譯法，實在不合適窯匠製作各類器皿的圖畫，因為器皿不是自己製作的，而是為窯匠所製作的。

Strauss所提出另一個反對說詞是，在羅馬書9:20-23那裏窯匠與泥土的意象是衍生自舊約的經文，該處強調神呼召百姓甘心情願地選擇悔改信主，因此，這點否定了神憑全權作預定這個觀念（p. 199）。然而此處Strauss只不過是誤解了改革宗的立場；改革宗從未否認人在作抉擇時有他的責任或意願參與其中。

[18] 進一步的討論請見John Piper, *The Justification of God: An Exegetical and Theological Study of Romans 9:1-23*（Grand Rapids: Baker, 1983）.

（見羅9:19-20，如上所引述）。[19] 假如神至終決定創造一些將會得救的人，以及另一些不得救的人，那麼，這就是祂全權的選擇，我們並沒有道德上或聖經上的憑據，讓我們可以堅稱這是不公平的。

D.6 聖經上說神要拯救每一個人

另一種反對意見的說法是，揀選的教義與某些論及神願意所有人都得救的經文互相矛盾。保羅論到神我們的救主時說：「*祂願意萬人（所有的人）得救，明白真道*。」（提前2:4）彼得則說：「主所應許的尚未成就，有人以為祂是耽延；其實不是耽延，乃是寬容你們，*不願有一人沉淪*，乃願人人都悔改。」（彼後3:9）這些經文豈不是與神只揀選某些人而使之得救的觀念互相矛盾嗎？

對這個問題一個常見的解答（從本書所主張的改革宗觀點）是說，這些經節所說的是神*啟示的旨意*（告訴我們該做的事），而非是祂*隱祕的旨意*（祂對將會發生之事的永恆計劃）。[20] 這些經節只是告訴我們，神邀請並要求每一個人都悔改，而且都來到基督跟前得救恩；它們並沒有告訴我們任何神的隱祕諭旨，是關乎誰將要得救的旨意。

阿民念派神學家畢克羅（Clark Pinnock）反對神有隱祕的旨意和啟示的旨意這個觀念——他稱這是「關於救恩的兩個極端矛盾的神的旨意。」[21] 然而畢克羅從未真正地（從阿民念派的觀點）回答為何不是所有的人都得救的問題。阿民念派最終*還是*必須說，神*有某些旨意*，是強過於祂要所有人都得救的旨意，*因為事實上並不是所有的人都得救*。阿民念派宣稱，並非所有人都得救的原因，是因為神意欲保有人的自由意志，*更甚於*祂意欲拯救每一個人。然而這豈不也是區分神的旨意有兩個方面嗎？在一方面，神的旨意是要所有的人得救（提前2:5-6；彼後3:9）；但是在另一方面，祂的旨意是要保有人絕對的自由選擇；事實上，祂對後者的旨意，*強過了*對前者的旨意。但這就表示阿民念派也必須說，提摩太前書2:5-6和彼得後書3:9並沒有說，神是以一種絕

---

[19] I. Howard Marshall明確地說：「我不明白，若是隨憑己意拯救一位有罪愆的罪人卻不拯救另一位，這怎能算是公正？」（“Predestination in the New Testament” in *Grace Unlimited*, p. 136）但是這似乎正是保羅在羅馬書9:18-20那裏的論點：神的確決定拯救某些人，而且決定不拯救其他人；我們身為受造者，沒有權利說這是不公正的。

[20] 關於神啟示的旨意和祂隱祕的旨意之間差異的討論，見本書第十三章D.1.2(2)節；亦見本書第十六章B.8節。另見John Piper, “Are There Two Wills in God? Divine Election and God’s Desire for All to Be Saved,” in *Still Sovereign*, ed. Tom Schreiner and Bruce Ware.

[21] 見Clark Pinnock, “Introduction,” in *Grace Unlimited*, p. 13.

對的或無條件的方式要每一個人得救——他們也必須承認，這些經節只是提及神旨意中的一種或一個方面。

改革宗和阿民念派對神旨意的觀念，其分野在此清晰可見。加爾文派和阿民念派都同意，神在聖經中的命令向我們啟示了祂所要我們做的事；雙方也都同意，聖經中的命令是邀請我們悔改，並信靠基督以得救恩。所以，就某種意義來說，雙方都同意說，神要我們都得救——這正是祂在福音的邀請裏，清楚地向我們啟示的旨意。

不過雙方也都必須承認，還有另外的事，是神認為比讓每一個人都得救更為重要的。改革宗神學家認為，神視祂自己的榮耀比拯救每一個人更為重要，並且（按照羅馬書第9章的說法）有些人不得救的事實更加顯出神的榮耀。阿民念派神學家也認為，對神來說還有其他的東西是比所有人的救恩更為重要，那就是保有人的自由意志。所以，在改革宗的神學體系裏，神最為看重的是祂自己的榮耀，而在阿民念派的神學體系裏，神最為看重的是人的自由意志。這些是對神的本性的兩個截然不同之觀念，而在這個問題上，改革宗的立場似乎比阿民念派的立場有更多聖經上明確的支持。[22]

E. 棄絕的教義

當我們明白揀選是神以其全權選擇一些人得救時，那麼，這個選擇必然有另一方面，也就是神以其全權決定略過其他人，而不拯救他們。這個神在永恆的過去所作的決定稱為棄絕（reprobation）。棄絕是神在創世以前，以祂的全權決定要略過一些人，在憂傷中決定不拯救他們，並因他們的罪懲罰他們，藉此以彰顯祂的公正。

棄絕的教義在許多方面來說，是聖經所有的教訓中，最讓我們難以思考與接受的，因為這是關乎按神形像所造之人，他們永恆且可怕的結局。神所賜給我們民胞物與的愛，和祂所要求我們關懷鄰舍的愛，使得我們對這個教義有所反彈；而我們在思想這個教義時會有如此的恐懼感，也是合乎情理的。[23] 除非聖經對棄絕的教義有清楚

---

[22]見本書第十五章C及D節和第二十一章B.1節有關神為著祂自己的榮耀而創造我們並整個宇宙之事實的討論。阿民念派可能會反對將這個不同點以如此的方式表達出來；他們可能會說，當我們以出於絕對自由的意志而選擇神時，神就更得榮耀了；但這不過是基於直覺或人性類比的一種有問題的假設，並沒有聖經中明確的支持。此外，若是要前後一致，阿民念派似乎也必須將許多不選擇神的人考慮進來，並且必須說藉著許許多多人不選擇神的自由抉擇，神更加得榮耀了——否則，神為什麼容許他們堅持這個背叛神的自由選擇呢？

[23]加爾文本人論到棄絕說：「我承認這諭旨實在是令人生畏的。」(Calvin, *Institutes*, 2:955 (3.23.7)。亦可參錢曜誠編審譯本：加爾文，《基督教要義》2:955（加爾文出版社，2007）。不過我們當注意，他用的拉丁文*horribilis*的意思不是「可憎的」，而是「可畏的、引發敬畏之心的」。

的教導，否則這是一個我們不想相信、也不願相信的教義。

然而聖經裏是否有經文提到神所作的這個決定呢？當然有一些。例如，猶大說到有些人「是**自古被定受刑罰的**，是不虔誠的，將我們神的恩變作放縱情慾的機會，並且不認獨一的主宰，我們主耶穌基督。」（猶4）

此外，在前面我們所引用的經文中，保羅以同樣的方式說到了法老和其他的人：

> 「因為經上有話向法老說：『我將你興起來，特要在你身上彰顯我的權能，並要使我的名傳遍天下。』如此看來，神要憐憫誰，就憐憫誰；要叫誰剛硬，就叫誰剛硬……倘若神要顯明祂的忿怒，彰顯祂的權能，就多多忍耐，寬容那可怒、預備遭毀滅的器皿……有什麼不可呢？」（羅9:17-18, 22, 24）

關於神沒有選擇讓所有人都得救的這項事實，其結果正如保羅所說的：「惟有蒙揀選的人得著了，其餘的就成了頑梗不化的。」（羅11:7）彼得也說到那些拒絕福音的人：「他們既不順從，就在道理上絆跌（或作『他們絆跌都因不順從道理』）；**他們這樣絆跌也是預定的**。」（彼前2:8）[24]

雖然我們對棄絕的教義懷有反彈與排拒感，但是我們卻必須小心我們對神和這些經文的態度；我們絕對不可開始希望聖經不是這樣寫，或是希望它裏面沒有這些經節。此外，如果我們相信這些經節教導棄絕的教義，那麼我們就必須以此作為神的公平和公正來相信並且接受它，即使當我們想到它時仍感到畏懼顫抖。在這樣的思維背景之下，我們可能會感到很驚訝，耶穌會因著神將救恩的知識向某些人隱藏起來，但卻向其他的人顯露出來，**為這兩者**同樣地感謝神；祂說：「父啊，天地的主，我感謝你，因為你將這些事，向聰明通達人，就藏起來，向嬰孩，就顯出來。父啊，是的，因為你的美意本是如此。」（太11:25-26）

另外，我們也必須認明，在神深奧難解的智慧中，某些人被棄絕而遭到永遠的定罪之事實，卻會彰顯神的公正，也會帶來祂的榮耀。如保羅所說：「倘若神**要顯明祂的忿怒，彰顯祂的權能**，就多多忍耐，寬容那可怒、預備遭毀滅的器皿。」（羅9:22）保羅也提到，在「那可怒的器皿」上施行的懲罰，是為了顯出神對我們憐憫之浩大：神作這事是「為要播知祂榮耀之豐富是賜給那蒙憐憫的……器皿」。（羅9:23，呂振中譯本）

---

[24]有關本經節的討論，見Wayne Grudem, *1 Peter*, pp. 107-10。這節經文並不只是說神預定那些悖逆之人會跌倒的**這個事實**，而是說神乃是預定**某些人**會悖逆並跌倒，「他們這樣……也是預定的」（由希臘文動詞*tithēmi*衍生出來的動詞*etethēsan*，「他們被預定」，需要一個複數的主詞）。

我們也必須記得，聖經裏所論說的揀選和棄絕，這兩者之間有著重要的差異。揀選得救恩是我們歡欣讚美神的原因，因為神是配得讚美，我們的救恩全然歸功於祂（見弗1:3-6；彼前1:1-3）；揀選是神主動地選擇我們，使我們得救恩，祂的作為乃是出於愛並帶著喜悅。然而棄絕則是給神帶來憂傷、而非喜悅的一件事（見結33:11），而且犯罪的人或天使之所以被定罪，都是歸因於人或天使的悖逆，而不是因為神（見約3:18-19; 5:40）。所以，按照聖經來看，揀選的導因在於神，而棄絕的導因則在於犯罪者。另一個重要的差異則是：揀選是基於神的恩典，而棄絕則是基於神的公正。因此，「雙重預定論」並非有所助益或準確的用語，因為它忽略了揀選和棄絕之間的這些差異。

神在惡人死亡時的哀傷（結33:11：「我斷不喜悅惡人死亡，惟喜悅惡人轉離所行的道而活」），幫助我們了解到，當保羅想到拒絕基督而不肯信主的猶太人時，他自己也同樣地感到極深的憂傷。保羅說：

> 「我在基督裏說真話，並不謊言，有我良心被聖靈感動給我作見證。我是大有憂愁，心裏時常傷痛。為我弟兄，我骨肉之親，就是自己被咒詛，與基督分離，我也願意。他們是以色列人⋯⋯」（羅9:1-4）

當我們想到不信之人的命運時，我們也應當深深感受到這極大的憂傷。

但是有人可能會在此反駁說，假如神真的在懲罰惡人時感到憂傷，為何祂又要容許棄絕的存在，或甚至命定棄絕的發生呢？答案就是因為神知道這至終必給祂自己帶來更大的榮耀；棄絕能夠彰顯出神的能力、忿怒、公正和憐憫，是別的方式所無法展現出來的。當然我們從屬人的經驗中都知道，有些事當時可能會使我們極度憂傷，但卻會帶來長期更大的益處。因此，以這個模糊的人性類比，我們多少可以理解神為何會定下諭旨，以成就某些導致祂憂傷，但至終加增祂榮耀的事。

F. 揀選教義的實際應用

從我們和神的關係來說，揀選的教義確實有很重要的實際應用。當我們思想到聖經論及揀選和棄絕之教導時，我們應當將這個教導應用在個人的生活上。每一個基督徒都應當捫心自問：「我為何能成為基督徒？神決定拯救我的終極原因是什麼？」

揀選的教義告訴我們，我之所以成為一個基督徒，單單是因為神在永恆的過去已經決定要愛我。然而為何祂決定要愛我呢？並非在我裏面有什麼良善，而只是因為祂定意要愛我，除此之外沒有更終極的原因了。

思想揀選的教義會使我們在神面前謙卑下來；這個教義使我們明白，我們無論如何都沒有權利要求神的恩典。我們的救恩全然是因著祂的恩典，而我們惟一合宜的回應，就是將永遠的讚美歸給神。

個人思考與應用

1. 你是否認為神在創世以前，就揀選你個人得救了？你認為祂之所以揀選你，是基於祂知道你會相信基督，還是基於「無條件的揀選」——亦即不根據任何祂在你身上所預見的、使你配得祂的愛的事？不論你如何回答上述的問題，請解釋當你思想到你和神的關係時，你的答案會使你有怎樣的感受？
2. 揀選的教義是否給予你任何關於未來的安慰或確據？
3. 讀完本章以後，你是否真心地感到要為著神揀選你得救而感謝祂或讚美祂？你對於神沒有決定要拯救每一個人的這個事實，是否感到不公平？
4. 假如你同意本章所主張的揀選教義，是否會降低你身為獨立個體之人的感受，或使你感覺自己有點像在神的手中機器人或木偶？你認為此教義應該使你有那樣的感覺嗎？
5. 你認為本章對你傳福音的動機有什麼影響？這影響是正面的，還是負面的？你認為揀選的教義在哪些方面可以作為對傳福音的積極鼓勵（見帖前1:4-5；提後2:10）？
6. 不論你在揀選的問題上採取了改革宗或是阿民念派的觀點，你認為在基督徒靈命中有哪些正面的益處，似乎是那些與你持**相對**立場的人所更多經歷到的？即使你不同意另一種觀點，你能否列舉出你可以從對方的立場中學習到關於基督徒靈命中有助益的重點或實際的真理？有什麼方面是加爾文派和阿民念派可以改進，以致在這個問題上帶來更多的了解和更少的分歧的？

特殊詞彙

決定論（determinism）
揀選（election）
宿命論（fatalism）
預知（foreknowledge）
救恩的次序（order of salvation）
預定（predestination）
棄絕（reprobation）

本章書目

Basinger, David, and Randall Basinger, eds. *Predestination and Free Will*. Downers Grove, Ill.: InterVarsity Press, 1985.

Berkouwer, G. C. *Divine Election*. Trans. by Hugo Bekker. Grand Rapids: Eerdmans, 1960.

Carson, D. A. *Divine Sovereignty and Human Responsibility: Biblical Perspectives in Tension*. Atlanta: John Knox Press, 1981.

Coppedge, Allan. *John Wesley in Theological Debate*. Wilmore, Ky.: Wesley Heritage Press, 1987.

Feinberg, John S. "God Ordains All Things." In *Predestination and Free Will: Four Views of Divine Sovereignty and Human Freedom*. David Basinger & Randall Basinger, eds. Downers Grove, Ill.: InterVarsity Press, 1986.

Godfrey, William R. "Predestination." In *NDT*, pp. 528-30.

Klein, William W. *The New Chosen People: A Corporate View of Election*. Grand Rapids: Zondervan, 1990.

Klooster, F. H. "Elect, Election." In *EDT*, pp. 348-49.

Nettles, Thomas. *By His Grace and for His Glory: A Historical, Theological and Practical Study of the Doctrines of Grace in Baptist Life*. Grand Rapids: Baker Book House, 1986.

Packer, J. I. "Election." In *IBD*, Vol. 1, pp. 435-38.

Pinnock, Clark H., ed. *Grace Unlimited*. Minneapolis: Bethany, 1975.

________. *The Grace of God, the Will of Man: A Case for Arminianism*. Grand Rapids: Zondervan, 1989.

Piper, John. *The Justification of God: An Exegetical and Theological Study of Romans 9:1-23*. Grand Rapids: Baker, 1983.

Poythress, Vern. "Using Multiple Thematic Centers in Theological Synthesis: Holiness as a Test Case in Developing a Pauline Theology." Unpublished manuscript available from the Campus Bookstore, Westminster Theological Seminary, P.O. Box 27009, Philadelphia, PA, 19118.（一份關於保羅神學主題的研究，用於描述救恩的施行）

Reid, W. S. "Reprobation." In *EDT*, p. 937.

Schreiner, Thomas, and Bruce Ware, editors. *Still Sovereign: Contemporary Perspectives on Election, Foreknowledge, and Grace*. Grand Rapids: Baker, 2000.

Shank, R. *Elect in the Son: A Study of the Doctrine of Election*. Springfield, Mo.: Westcott, 1970.

Sproul, R. C. *Chosen by God*. Wheaton, Ill.: Tyndale, 1986.

Steele, David N. and Curtis C. Thomas. *The Five Points of Calvinism-Defined, Defended, Documented*. International Library of Philosophy and Theology: Biblical and Theological Studies, ed. J. Marcellus Kik. Phillipsburg, N.J.: Presbyterian and Reformed, 1963.

Storms, C. Samuel. *Chosen for Life: An Introductory Guide to the Doctrine of Divine Election*. Grand Rapids: Baker, 1987.

Warfield, B. B. *The Plan of Salvation*. Grand Rapids: Eerdmans, 1942.

________. "Predestination." In *Biblical and Theological Studies*. Philadelphia: Presbyterian and Reformed, 1952.

第三十三章
福音的呼召與有效的呼召

何謂福音的呼召？
它如何成為有效？

背誦經文：馬太福音11:28-30

凡勞苦擔重擔的人，可以到我這裏來，我就使你們得安息。我心裏柔和謙卑，你們當負我的軛，學我的樣式，這樣，你們心裏就必得享安息。因為我的軛是容易的，我的擔子是輕省的。

詩歌：我聞耶穌柔聲說道（*I Heard the Voice of Jesus Say*）

1我聽耶穌柔聲說道 來就我得安息 困乏的人當來就我 躺在我的胸膛
我真疲倦困頓憂傷 按我本相就主 祂愛使我喜樂洋洋 尋得安息之處
2我聽耶穌柔聲說道 快來暢飲活泉 渴者降卑自由取飲 生命就得保全
來就耶穌開懷暢飲 祂賜生命江河 我今甦醒住在主裏 心中不再乾渴
3我聽耶穌柔聲說道 我乃暗世之光 向我仰望晨光東升 終日照耀輝煌
仰望耶穌我魂太陽 又如夜路星辰 我必在主生命光中 行完一生路程

詞：Horatius Bonar, 1846
曲：VOX DILECTI C.M.D., John B. Dykes, 1868

前言

當保羅談到神將救恩帶進我們生命中的方式時，他說：「祂所*預定*的人，祂又*呼召*他們來；祂所呼召來的人，祂又*稱義*他們；祂所稱義的人，祂又叫他們*得榮*。」（羅8:30，RSV譯法，和合本譯作「預先所定下的人，又召他們來；所召來的人，又稱他們為義；所稱為義的人，又叫他們得榮耀。」）保羅在此指出救恩之祝福臨到我們的一個明確次序。雖然早在創世之前，神就*預定*我們成為祂的兒女，並且要將我們模成祂兒子的形像（羅8:29，RSV譯法，和合本譯作「效法祂兒子的模樣」），但是保羅指出，神（在此上下文裏特別指著父神）實際在我們生命中運作祂的旨意時，乃是先*呼召*我們；緊接著保羅就列出*稱義*和*得榮*，表明這些都是在呼召之後發生的。保羅表示在神救恩的旨意上，有一個明確的次序（雖然此處的經文並沒有提到救恩的每一個層面）；因此，我們將從呼召這個主題開始討論我們救恩經歷的各個不同部分。

A. 有效的呼召

當保羅說：「祂所預定的人，祂又呼召他們來；祂所呼召來的人，祂又稱義他們」之時（羅8:30），他指出呼召是一項神的作為；事實上更具體地來說，這是一項父神的作為，因為祂是預定人「模成祂兒子的形像」的那一位（羅8:29）。還有一些經節更全備地描述出什麼是呼召。當神大有能力地呼召人時，祂呼召他們「出黑暗入奇妙光明」（彼前2:9），祂也呼召他們「與祂兒子……一同得分」（林前1:9；另參徒2:39），並且「進祂國、得祂榮耀」（帖前2:12；另參彼前5:10；彼後1:3）。蒙神呼召的人是「屬耶穌基督的人」（羅1:6）；他們蒙召成為「聖徒」（羅1:7；林前1:2），並且進入和睦（林前7:15）、平安（西3:15）、自由（加5:13）、盼望（弗1:18; 4:4）、聖潔（帖前4:7）、堅忍受苦（彼前2:20, 21; 3:9），以及永生的境界（提前6:12）。

這些經節指出，這呼召並不是一個無力、屬人的呼召，而是從宇宙君王而來的一種「召喚」；它是大有能力的，可以帶出人內心被這個召喚所引導出的回應。這項神的作為*必然*會帶來回應，因為保羅在羅馬書8:30那裏明確地說，所有被「呼召」的人，也都被「稱義」。[1] 這個呼召具有大能，可以引我們離開黑暗的國度，帶我們進入神的國度，所以我們能夠進入與祂完全的相交中：「神是信實的，你們原是*被祂所召，好與祂兒子*，我們的主耶穌基督*一同得分*。」（林前1:9，「一同得分」也可譯為「團契、相交」）[2]

這項神的大能作為通常被稱為「*有效的呼召*」（effective calling），這與一般性福音的邀請是有所區別的；一般性福音的邀請是臨到所有的人，而且有些人會拒絕。然而這並不表示有效的呼召就不牽涉到人傳講福音的作為；事實上，神的有效呼召是*透過*人所傳講的福音而臨及眾人，因為保羅說：「*神藉我們所傳的福音*，召你們到這地步，好得著我們主耶穌基督的榮光。」（帖後2:14）當然，有許多人聽了福音信息的一般呼召，卻沒有回應；但是在某些情況下，因著聖靈在人內心的工作，福音的呼

---

[1]見本書第三十六章有關稱義的討論。

[2]帖撒羅尼迦前書2:12說到神是「那*召你們進*祂國、*得*祂榮耀」的，但是我們若採用多方考察過的經文異文（textual variant）*kalesantos*（由*kaleō*衍生出來的過去式分詞），而將之譯為：神是「那*已經召你們進*祂國、*得*祂榮耀」的，那麼，其意思就與哥林多前書1:9更近乎平行了。

召變得如此有果效，以至於他們作出回應，這樣我們便可以說這就是他們領受了「有效的呼召」。[3]

我們可以將有效的呼召定義如下：*有效的呼召乃是一項父神的作為；祂透過人所傳揚的福音而說話，藉此召喚人到自己面前，使他們能夠以得救的信心來回應祂。*

很重要的是，我們不可造成錯誤的印象，以為人可以單靠這個呼召的力量得救，而*不需要*他們自己願意對福音作回應（見本書第三十五章有關歸正〔conversion〕所必須具有的個人信心和悔改之討論）。雖然有效的呼召確實會喚醒我們，並帶出我們的回應，但是我們必須強調，這個回應仍然必須是自願的，各人要甘心願意地信靠基督。

這就是為何禱告的工夫對於有效的傳福音事工是如此地重要；除非神在人心中工作，使所傳講的福音產生果效，否則就不會使人有真實得救的回應。正如耶穌所說：「若不是差我來的父吸引人，就沒有能到我這裏來的。」（約6:44）

福音的呼召之有效運作的一個例子，可見於保羅首次到達腓立比傳講福音時，當呂底亞聽到了福音的信息，「主就*開導他的心*，叫他留心聽保羅所講的話。」（徒16:14）

一般性的「*福音的呼召*」（gospel call）和有效的呼召是有區別的：有效的呼召全然是神的作為，必定能使聽見的人以得救的信心來回應；而福音的呼召則是指人傳講福音信息，但不一定能使聽見的人以得救的信心來回應。福音的呼召是給所有人的，甚至包括那些不接受它的人；有時候福音的呼召又被稱為「*外在的呼召*」（external calling）或「*一般的呼召*」（general calling）。相反地，神的有效的呼召能夠真正地從聽到呼召的人內心中帶出一個甘願的回應，因此有時候它就被稱為「*內在的呼召*」（internal calling）。福音的呼召是一般的、外在的，而且常常會被人拒絕；而有效的呼召則是特定的、內在的，而且是*恆常*有效的。然而這並不是要降低福音的呼召之重要性；有效的呼召必須透過福音的呼召才會臨到眾人，這是神所指定的方法；沒有福音的呼召，就沒有人能作回應而得救！「未曾聽見祂，怎能信祂呢？」（羅10:14）所以，確切地明瞭什麼是福音的呼召是很重要的。

B. 福音的呼召之要素

在人所傳講的福音信息裏，有三樣重要的要素必須包含在內：

---

[3]「有效的呼召」之英文是effective calling，而以前的用字是effectual calling，但是effectual這個字在今日的英語中已經不常用了。

B.1 解釋關於救恩的事實

凡是來到基督面前要得著救恩的人，都必須至少對於基督是誰，以及祂如何滿足我們得救恩的需求，有基本的認識。因此，有關救恩之事實的解釋，必須至少包括下列幾項：

(1) 所有的人都犯了罪（羅3:23）。

(2) 我們犯罪的懲罰就是死亡（羅6:23）。

(3) 耶穌基督為償付我們犯罪的懲罰而死（羅5:8）。

然而，明瞭了這些事實，甚至承認了它們都是真實的，還不足以叫一個人得救；我們還必須邀請人作個人的回應；他要因自己的罪而悔改，並親自信靠基督。

B.2 邀請人親自以悔改與信靠來回應基督

當新約說到人的得救時，是指他們對基督自己的邀請作了個人的回應；耶穌在以下所說的話中完美地表達出這項邀請：

> 「凡勞苦擔重擔的人，可以**到我這裏來**，我就使你們得安息。我心裏柔和謙卑，你們當負我的軛，學我的樣式，這樣，你們心裏就必得享安息。因為我的軛是容易的，我的擔子是輕省的。」（太11:28-30）

我們必須要明白，這些話語並非僅是古早以前出自一位宗教領袖之口而已；每一位聽了這些話語的非基督徒都應當受到激勵去思想這些話，好像耶穌基督*就在現今*、*就在此刻*，*親自*對他個人說話。耶穌基督是今日活在天上的救主，每一位非基督徒都應該認為耶穌是直接向他說：「*到我這裏來*，我就使你們得安息。」（太11:28）這是一項真正的、*個人的*邀請，它在尋求每一位聽到這邀請的人作個人的回應。

約翰也談到作個人回應的必須性；他說：「祂到自己的地方來，自己的人倒不接待祂。*凡接待祂的*，就是信祂名的人，祂就賜他們權柄，作神的兒女。」（約1:11-12）當約翰在強調人必須「接待」基督時，他的意思就是指出個人回應的必要性。對於那些身處於不冷不熱的教會中、不覺察自己是屬靈瞎眼的人，主耶穌再度發出邀請，要求他們作個人的回應：「看哪！我站在門外叩門，若有聽見我聲音就開門的，我要進到他那裏去，我與他，他與我一同坐席。」（啟3:20）

最後，就在整本聖經結尾倒數第五節的經文之處，有另一個從聖靈和教會發出的邀請，要人到基督那裏：「聖靈和新婦都說：『來！』聽見的人也該說：『來！』口渴的人也當來，願意的，都可以白白取生命的水喝。」（啟22:17）

然而，我們必須要做什麼，才能到基督的面前呢？雖然我們會在本書第三十五章有更充分的解釋，但我們在此可以先說明：假如我們到基督的面前，信靠祂拯救我們脫離罪惡，那麼我們就不能再流連罪中，而必須真實地悔改，甘心地離棄罪惡。在聖經中說到某人起初的歸正時，有時會同時提到悔改和信心，例如保羅說他「對猶太人和希利尼人證明當向神悔改，信靠我主耶穌基督」（徒20:21）；但是在其他的地方，只有提到悔改其罪，而得救的信心則被視為當然存在的了，例如「人要奉祂的名傳悔改赦罪的道……直傳到萬邦」（路24:47；另參徒2:37-38; 3:19; 5:31; 17:30；羅2:4；林後7:10等）。所以，任何真實的傳講福音都必須包含一個邀請，讓人作一個清醒自覺的決定——決定要離棄他的罪，並且憑信心到基督面前來，求基督赦免他的罪。如果傳講福音時，忽略了要人悔改其罪，或信靠基督以得赦免，兩者中的任何一項，都是不完全和不真實的。[4]

然而對於到基督面前的人，他會得到什麼應許呢？這是必須被包含在福音呼召中的第三個要素。

B.3 說明得赦免與永生的應許

雖然基督耶穌所發出之個人邀請的話語中，確實包括了很多應許：使人得安息，使人有權柄成為神的兒女，以及使人得享生命之水等，但是在傳講福音時，若能清楚地說明對那些以悔改和信心到祂面前來的人，基督究竟應許了什麼，會有很大的幫助。基督在福音信息中最主要所應許的，就是罪得赦免和與神同在的永生：「〔因為〕神愛世人，甚至將祂的獨生子賜給他們，叫一切信祂的，不至滅亡，反得永生」（約3:16）；而彼得在他所傳講的福音裏也說：「所以你們當悔改歸正，使你們的罪得以塗抹。」（徒3:19；另參徒2:38）

與得赦免和永生之應許聯繫不可分的，應該是一項確據，就是基督會接納所有以真誠悔改和信心到祂面前尋求救恩的人：「到我這裏來的我總不丟棄他。」（約6:37）

C. 福音呼召的重要性

福音的呼召這個教義很重要，因為如果沒有福音的呼召，我們就不能得救了：「未曾聽見祂，怎能信祂呢？」（羅10:14）

福音的呼召之重要性，也在於神是透過它來對我們整體的人說話。祂並沒有不徵

[4]見本書第三十五章B節有關必須要有真實的悔改及真實的信心才能得救，以及有關人是否可以「接受耶穌為救主（Savior），但不接受祂為生命的主（Lord）」而得救之問題的討論。

詢我們全人的回應，就「冒然地」拯救我們；更確切地說，祂是以福音的呼召對我們的理智、情感，和意志說話。祂藉著解釋在祂話語（聖道）中救恩的事實，對我們的理智說話；祂藉著觸發人心的個人邀請，對我們的情感說話；祂藉著要求我們聆聽祂的邀請，並甘心地以悔改和信心作回應——亦即決定轉離我們的罪，接受基督作救主，並全心地安息在祂裏面得著救恩——這是對我們的意志說話。

個人思考與應用

1. 你是否記得你首次聽見福音並且對它作回應的情形？你是否能描述當時在你心中的感受？你認為當時聖靈是否在工作，使福音的呼召在你生命中產生果效？那時你是否曾抗拒它？
2. 當你向別人解釋福音的呼召時，是否曾遺漏了某些要素？若是如此，假若你將那些要素加入所解釋的福音之中，會產生什麼不同的果效？你認為加入那些要素是否很重要？哪一項要素是最具關鍵性的，會使你所傳講的福音更為有效？
3. 在你閱讀本章之前，你是否認為即使在現今，耶穌仍在天上對人個別地發出福音的邀請話語？假如非基督徒真的開始認為耶穌這樣對他們說話，你認為這會如何影響他們對福音的回應？
4. 你能否清楚地了解福音呼召的各個要素，並將它們陳述給別人聽？你能夠不費力地從聖經中找到四或五節合適的經節，來清楚地對別人解釋福音的呼召嗎？背誦福音呼召的各個要素，以及背誦解釋這些要素的經節，應當是每一個基督徒靈命的基要訓練之一。

特殊詞彙

有效的呼召（effective calling, effectual calling）
外在的呼召（external calling）
福音的呼召（gospel call）
內在的呼召（internal calling）

本章書目

Aldrich, Joseph C. *Life-Style Evangelism: Crossing Traditional Boundaries to Reach the Unbelieving World*. Portland: Multnomah, 1981.

Alleine, Joseph. *Sure Guide to Heaven*. Carlisle, Pa.: Banner of Truth, 1978. First published in 1672 as *An Alarm to the Unconverted*.

Baxter, Richard. *A Call to the Unconverted to Turn and Live*. Reprint: Grand Rapids: Zondervan, 1953.

Coleman, Robert E. *The Master Plan of Evangelism*. Old Tappan, N.J.: Revell, 1963.

Hoekema, Anthony A. *Saved by Grace*. Grand Rapids: Eerdmans, and Exeter: Paternoster, 1989, pp. 68-92.

Kennedy, D. James. *Evangelism Explosion*. 3d ed. Wheaton, Ill.: Tyndale, 1983.

Kevan, Ernest F. *Salvation*. Phillipsburg, N.J.: Presbyterian and Reformed, 1973.

Little, Paul. *How to Give Away Your Faith*. Revised by Marie Little. Downers Grove, Ill.: InterVarsity Press, 1988.

MacArthur, John F., Jr. *The Gospel According to Jesus*. Grand Rapids: Zondervan, 1988.

Murray, John. "Effectual Calling." In *Redemption Accomplished and Applied*. Grand Rapids: Eerdmans, 1955, pp. 88-94.

Packer, J. I. "Call, Calling." In EDT, p. 184.

_______. *Evangelism and the Sovereignty of God*. Downers Grove, Ill.: InterVarsity Press, 1961.

Wells, David F. *God the Evangelist: How the Holy Spirit Works to Bring Men and Women to Faith*. Grand Rapids: Eerdmans, 1987.

第三十四章
重生

什麼是重生？

背誦經文：約翰福音3:5-8

耶穌說：「我實實在在的告訴你，人若不是從水和聖靈生的，就不能進神的國。從肉身生的就是肉身；從靈生的就是靈。我說：『你們必須重生』，你不要以為希奇。風隨著意思吹，你聽見風的響聲，卻不曉得從那裏來，往那裏去；凡從聖靈生的，也是如此。」

詩歌： 你必須要重生（*I Sought the Lord, and Afterward I Knew*）

1 我尋找主 之後我才知道 祂在尋我 感動我心尋祂
真實救主 不是我在尋找 是你 是你尋我
2 是你伸出 恩手將我懷抱 走在海上 我才未落風暴
不是我手 將你牢牢抓住 是你 將我握住
3 尋你愛你 一生與你同行 主啊愛你 是我惟一答案
因你早就 以永遠愛愛我 是你 永遠愛我

詞：無名氏，約1904
曲：PEACE 10.10.10.6, George W. Chadwick, 1893

這首詩歌美妙地向神表達出感恩——為著神早在我們信靠祂之前就已經在尋找我們，並且以一種奧祕的方式在我們心中動工，使我們能夠相信祂；縱使我們對這一切都不知情。

前言

我們可以將重生（regeneration）定義如下：**重生就是神賜予我們新的屬靈生命，這是神隱祕的作為。**有時候重生也被稱為「再被生一次」（born again，這是約翰福音3:3-8中的用語，和合本也譯作「重生」）。

A. 重生全然是神的工作

在接下來的幾章中，我們要討論救贖之施行的各個步驟。在有些步驟中，我們

是扮演主動的角色（例如歸正、成聖，和恆忍），但是在重生的工作中，我們完全不具有主動的角色，那全然是神的工作。例如，我們可以從約翰論到基督賜下權能使人成為神的兒女這段經文中看出來——他們「不是從血氣生的，不是從情慾生的，也不是從人意生的，乃是從神生的」（約1:13）。約翰在此明確地說，神的兒女就是那些「從神生的」人，而我們屬人的意志（「人意」）並不能帶來這種「出生」。

當經文中提到重生就是「被生出來」或「再被生一次」時，也顯明出我們在重生中是處於被動的地位（另參雅1:18；彼前1:3；約3:3-8）。肉身的出生以及存活，都不是由我們所選擇的——這些乃是發生在我們身上的事；同樣地，聖經上使用這個類比，就表示我們在重生上是全然被動的。

神在重生中的全權作為，也早由先知以西結所預言出來；神藉著以西結應許未來祂將要賜給祂百姓新的屬靈生命：

> 「我也要賜給你們一個**新心**，**將新靈放在你們裏面**；又從你們的肉體中除掉石心，賜給你們肉心。我必將我的靈放在你們裏面，使你們順從我的律例，謹守遵行我的典章。」（結36:26-27）

在三一之神中，是由哪一位引致人的重生呢？當耶穌說到「**從聖靈生的**」（born of the Spirit）（約3:8）之時，祂特別指出是由聖靈成就了重生；然而還有其他的經節指出，父神也參與在人的重生中。例如，保羅指明是神「叫我們與基督一同活過來」（弗2:5；另參西2:13）；雅各說是「眾光之父」賜給我們新生：「**祂**按自己的旨意，用真道**生了我們**，叫我們在祂所造的萬物中好像初熟的果子」（雅1:17-18）[1]；最後，彼得也說，神「曾照自己豐盛的憐憫（和合本譯作『曾照自己的大憐憫』），藉耶穌基督從死裏復活，**賜給我們新生**（和合本譯作『重生了我們』）」（彼前1:3筆者另譯）；由此我們可以下結論說，是父神以及聖靈帶來了重生。

前一章所說的**有效的呼召**（effective calling）[2]和**重生**之間有怎樣的關連呢？我們將會在本章的後面看見，聖經指出，重生必須是在我們能夠以得救的信心（saving faith）來回應有效的呼召之前；所以，我們可以說，重生是發生在有效的呼召產生**結果**（亦即我們的信心）之前。然而要在時間上明確地區分出一個人的重生，和別人向他傳揚福音——亦即神的有效呼召所藉以作工的方法——這兩者的先後關係，就比較

[1]當雅各說神「生了我們」時，他是以一般用在肉身上出生的說法（從我們的母腹中出生，來到這個世界），來用在屬靈的出生上。

[2]見本書第三十三章有關有效的呼召之討論。

困難了；至少有兩段經文表示神重生我們的時間，就是祂藉有效的呼召對我們說話的同時。彼得說：「你們蒙了重生，不是由於能壞的種子，乃是由於不能壞的種子，是藉著神活潑常存的道……所傳給你們的福音就是這道。」（彼前1:23, 25）而雅各也說：「祂按自己的旨意，用真道生了我們。」（雅1:18）當福音臨到我們之時，神透過它說話，以宣召我們歸向祂自己（有效的呼召），並賜給我們新的屬靈生命（重生），以至於我們能夠以信心作回應。因此，有效的呼召乃是父神大有能力地對我們說話，而重生則是父神和聖靈大有能力地在我們裏面動工，使我們活過來。當彼得向哥尼流一家傳講福音時，這兩件事必定是同時發生的，因為當他還在講道時，「聖靈降在一切聽道的人身上。」（徒10:44）

有時候「無可抗拒的恩典」（irresistible grace）[3]一詞會被用在這裏，它所指的是神有效地呼召人，並且也賜給他們重生的這件事實；神的這兩項作為保證了我們將會以得救的信心作回應。然而，「無可抗拒的恩典」一詞容易使人產生誤解，因為它似乎暗示，人在回應福音時並非出於甘心自願的抉擇；這是一種錯誤的想法，也是對「無可抗拒的恩典」一詞錯誤的了解。但是這個詞語確實含有一些重要的真理，因為它指出神的工作進入我們心中，必定會帶出一種全然肯定的回應——即使我們是出於自願地回應。[4]

B. 重生的真正本質是一個奧祕

在重生時究竟發生了什麼事，對我們來說是奧祕的；我們只知道，我們這在屬靈上死了的人（弗2:1），不知怎麼地向神活了過來，並且確切地知道，我們「重生」了（約3:3, 7；弗2:5；西2:13）。然而我們不明白這事是怎樣發生的，也不曉得神究竟做了些什麼事來賜給我們這個新的屬靈生命；正如耶穌所說：「風隨著意思吹，你聽見

---

[3]「無可抗拒的恩典」（*I*rresistible grace）一詞的英文開頭字母是**I**，它是英文「加爾文主義的五要點」各點的首字母縮寫詞TULIP（英文的「鬱金香」）中的**I**；其他字母所代表的意義如下：**T**代表「全然的墮落」（*T*otal depravity，見本書第二十四章C.2.1及C.2.2節），**U**代表「無條件的揀選」（*U*nconditional election，見本書第三十二章C.2節），**L**代表「有限的贖罪」（*L*imited atonement，見本書第二十七章D節），**P**代表「聖徒的恆忍」（即持續為基督徒，*P*erseverance of the saints，見本書第四十章A-C節）。另見本書第二十七章D.1節中的註35。

[4]有人在此會反對說，若是我們的回應仍被認為是出於自願或意志的，那麼神就不能保證這個回應的結果。但是這項反對之詞只不過是將他們對「自願」（voluntary）或「意志」（willing）的定義加入這個論述之中，然而那樣的定義卻並不是聖經所支持的。見本書第十六章B.6, E.2, G.3, H.1-4節有關神的天命與我們自願的決定之間關係的討論。

風的響聲，卻不曉得從哪裏來，往哪裏去；凡從聖靈生的，也是如此。」（約3:8）

聖經視重生為一件影響到我們全人的事。當然，在重生後我們的「心靈」是向神「而活」（羅8:10），但那是因為我們的*全人*都受到了重生的影響；我們以前不只心靈是死的，而且*我們全人*向著神都是死在過犯罪惡之中的（見弗2:1）。如果我們以為在重生時惟一所發生的事，就只是我們的靈活過來了（正如有些人如此教導的）[5]，那是不正確的，因為*我們全人的每一部分*都受到重生的影響：「若有人在基督裏，*他*就是新造的人；舊事已過，都變成新的了。」（林後5:17）

因為重生是神在我們裏面動工，賜給我們新的生命，所以，我們可以這樣結論說：重生是一件*瞬間完成的事件*。重生在每個人的生命中只會發生一次；在前一時刻，我們在屬靈上是死的，而在後一時刻，我們就從神得著新的屬靈生命了。然而，我們並不一定知道這個瞬間的改變究竟是何時發生的，尤其是在基督徒家中長大的人，或是已經參加福音派教會或查經有一段時間，而對福音逐漸有了解的人；對他們來說，重生的經歷可能不是一個戲劇化的改變，使他們的行為產生由「剛硬的罪人」成為「聖潔的聖徒」的強烈變化，但是他們仍然會有一個瞬間的改變，就是當神藉著聖靈以一種看不見的方式，甦醒了他們內在屬靈的生命。這種改變將會隨著時間，而在他們的行為模式上及在討神喜悅的渴望上，*變得更加明顯*。

在其他的情況下（事實上，多半是成年人成為基督徒時），重生發生的時候是清楚可知的。重生的人知道他以前與神隔離，而且在靈裏是死的；但就在重生那一刻之後，立即清楚明白他內在有了新的屬靈生命。重生的結果通常即刻可以被看出來——例如：真心信靠基督得到救恩，具有罪得赦免的確據，渴慕讀經和禱告（而且明白這些都是有意義的屬靈活動），喜悅崇拜神，渴望有基督徒的團契，真誠地渴望順服聖經裏神的話語，以及願意告訴別人關於基督的事。這些人可能會說：「我不知道究竟發生了什麼事，但在那一刻以前，我還沒有信靠基督得到救恩，我的心中仍然充滿了疑惑和問題；而在那一刻以後，我知道我確實信靠了基督，祂是我的救主；在我心中

---

[5]這種重生的觀點通常是根據人性三元論（trichotomy）——人是由三部分（身體、魂和靈）所組成的；這個立場我們已經在前面第二十三章A至E節討論過了。然而我們若是排除人性三元論，而將聖經中所說的「魂」（soul）與「靈」（spirit）視為同義字——都是論及我們本質裏的非物質部分，那麼這樣的解釋——重生單指靈活過來——就不具說服力了。不過，即使是對於那些接受人性三元論的人而言，聖經的話——我們是新造的，「*我們*」重生了（不單是「我們的靈」）——仍應當讓我們有很好的理由看見重生所包含的更多，而不只是使我們的靈活過來而已。

確實發生了一些變化。」[6] 然而即使在這些情況之下，我們也不十分確知究竟在我們的心中發生了什麼事；就像耶穌所說關於風的描述——我們聽見它的響聲，我們也看見它所造成的結果，但是我們不能真的看見風本身。聖靈在我們心中所作的工也就像這樣。

C. 重生發生在我們具有得救的信心之前

我們用上面所引述的各個經節，將重生定義為神喚醒我們裏面屬靈生命的作為，將我們從屬靈的*死亡*帶入屬靈的*生命*。按著這個定義，我們就自然能明白重生是發生在具有得救的信心之前；其實，也正是神的這項作為賜給我們屬靈的*能力*，使我們能夠以信心回應祂。然而，當我們說重生是在具有得救的信心「之前」時，我們必須要記住很重要的一點，就是這兩者在時間上是非常地靠近，以至於我們通常會以為它們是同時發生的。當神以福音向我們發出有效的呼召時，祂就使我們重生，而我們也以信心和悔改來回應這個呼召。所以，*從我們的觀點而言*，我們很難分辨這兩者在時間上的區別，尤其因為重生是一項屬靈的工作，我們不能用眼睛看到，甚至也不能用心思來明白。

但是有幾處經文告訴我們，神在我們靈裏的這個祕密而隱藏的工作，確實發生在我們以得救的信心回應神之前（雖然重生常常可能就發生在我們回應神之前的幾秒鐘）。當耶穌對尼哥底母論及重生時，祂說：「人若不是從水和聖靈生的，*就不能進神的國*。」（約3:5）我們知道，當我們在歸正成為基督徒之時，我們就進入了神的國；但耶穌的話是說，在我們能夠進入神的國之前，必須先「從聖靈」而生。[7] 另

---

[6]C. S. Lewis談到他自己歸正的情形時說：「我十分清楚我信主的最後一步是何時踏上去的，但我卻幾乎不曉得我是如何踏上去的。那是一個陽光燦爛的早晨，有人帶我去Whipsnade動物園；在我們出發時，我還沒有相信耶穌基督是神的兒子，但是當我們到達動物園時，我就相信了；然而我在去的路上並沒有作什麼思考，也沒有任何情緒上的大波動。」（C. S. Lewis, *Surprised by Joy* [New York: Harcourt, Brace and World, 1955], p. 237）

[7]當耶穌在此講到「*從水生的*」（born of water）時，其最可能的解釋，就是耶穌是指*屬靈上的罪得潔淨*，也就是先知以西結所預言的：「我必用清水灑在你們身上，你們就潔淨了。我要潔淨你們，使你們脫離一切的污穢，棄掉一切的偶像。我也要賜給你們一個新心，將新靈放在你們裏面。」（結36:25-26）在此「水」象徵屬靈上的罪得潔淨，正如新心和新靈表明了神將賜下的新的屬靈生命。以西結預言說，當神喚醒祂百姓內在新的屬靈生命之同時，祂也將賜下一種內在的潔淨，除去心中罪的污穢。在以西結這段著名的預言裏，新的屬靈生命與罪得潔淨這兩個觀念是緊密地相連，而耶穌也認為尼哥底母應當知道這項真理（「你是以色列人的先生，還不明白這事麼？」〔約3:10〕）。此外，耶穌整篇談話內容裏全是關注於屬靈的事；這一切在在都表示本段經文中「從水而生」最可能的解釋，就是指*屬靈上的罪得潔淨*。另一種看法是認為「從水而生」指的是肉身的出生，而

外，若是沒有神在我們裏面先開始作工，我們是無法靠著自己來到基督面前；耶穌在祂的話語中也強調著這一點，祂說：「若不是差我來的父吸引人，就沒有能到我這裏來的」（約6:44）；祂又說：「若不是蒙我父的恩賜，沒有人能到我這裏來」（約6:65）。當路加在使徒行傳16:14中說到呂底亞時，他說：「主就開導他的心，叫他留心聽保羅所講的話」；路加也將內在的重生工作完滿地表達出來：主先開導了她的心，然後她才能夠留心聽保羅的講道，並以信心回應。

在另一方面，保羅告訴我們：「沒有聖靈的人（直譯作『天然人』，nature man）不領會神聖靈的事，反倒以為愚拙，並且不能知道，因為這些事惟有以屬靈的方式才能了解。」（林前2:14，NIV譯法；和合本譯作「屬血氣的人不領會神聖靈的事，反倒……因為這些事惟有屬靈的人才看透。」）他也說，人離了基督就「沒有明白的，沒有尋求神的。」（羅3:11）

對於這種屬靈的死亡，以及無法向神作回應的光景，惟一的解決之道就是神賜給我們內在的新生命。保羅說：「然而，神既有豐富的憐憫，因祂愛我們的大愛，當我們死在過犯中的時候，便叫我們與基督一同活過來。」（弗2:4-5）他也說：「當你們從前在過犯和未受割禮的罪性中死了的時候神……便叫你們與基督一同活過來。」（西2:13，NIV譯法；和合本譯作「你們從前在過犯和未受割禮的肉體中死了……便叫你們與基督一同活過來。」）[8]

重生是在得救的信心之前的這個觀念，並非總為今日的福音派所理解；有時候人

「水」則指伴隨出生的「羊水」；然而耶穌在談論到屬靈的出生時，祂完全不需要說明人的肉身出生之方式，而且在第一世紀的猶太人是否會從這種意思來明白這句話，也是令人懷疑的。還有另一種解釋是說，耶穌在此是指洗禮；但是洗禮或任何其他類似的儀式，並不在這段經文考慮之列（而且若說耶穌在此是論到基督教的洗禮，那就是弄錯年代了，因為基督教洗禮是一直到五旬節之後才開始的）。此外，這種說法會讓人以為耶穌好像是在教導說，得救恩必須要有實際的洗禮——這是與新約聖經所強調之惟獨因信得救相互矛盾的。如果洗禮確實是得救恩所必須的，我們也應該會在新約其他清楚論及洗禮的經文中，看到對此（洗禮為得救恩之必須）更為明白的教導（見本書第四十九章有關洗禮的討論）。

[8]RSV用關係子句來繙譯歌羅西書2:13：「你們，就是那些從前在過犯和未受割禮的肉體中死了的人，神叫你們與祂一同活過來」（按RSV譯法）；然而希臘文經文中並沒有用關係代名詞（從*hos*衍生而來的*hous*；如英文中的who, which等,中文以「就是那些……」表示）的子句，這是保羅可以用卻沒有用的語法；他在希臘文經文中反而是使用一句帶著現在分詞*ontas*（從*eimi*衍生而來，英文是being）的片語」，以表示這個分詞的持續動作（「死」），與主動詞（「活過來」）是同時發生的。因此，NIV所表達的意思比較確切：當我們落在這個狀態——持續地死在過犯中——之時，神使我們活過來。然而，不論我們如何繙譯這個分詞：表讓步性的意思（concessive，如「縱然」）、使役性的意思（causative，「因為……以致」）、附帶而有之情況的意思，或任何其他可能的意思，這個分詞與主動詞在時間上是相同的這個微妙意義仍然存在。而NIV將這分詞明白地譯為一個時間性的分詞（「當你們從前……死了的時候」），似乎就是本節所要表達之意思的最佳譯法了。

們甚至會這樣說：「如果你相信基督為你的救主的話，那麼（在你相信以後）你就重生了。」但是聖經本身從未說過任何這樣的話；聖經將重生所帶來的新生命，視為是神在我們裏面所做的工作，為要使我們能夠信主。

福音派之所以常會認為重生是在具有得救的信心之後，是因為他們*在人信主以後，才看見重生的結果*（愛神、愛祂的話、轉離罪惡等）；所以他們就認為重生必定是在具有得救的信心之後。然而我們在此必須根據聖經所說的來作定論，因為重生本身並不是我們所能直接看見或是知道的一件事：「風隨著意思吹，你聽見風的響聲，卻不曉得從哪裏來，往哪裏去；凡從聖靈生的，也是如此。」（約3:8）

因為基督徒經常傾向於強調重生的*結果*，而非神隱祕的屬靈作為本身，所以，在一些福音派信仰的陳述中，隱含有重生是在具有得救的信心之後的意思。例如，在美國播道會（Evangelical Free Church of America）的信仰告白（其敘述曾被一些其他福音機構改編而使用）中說：

> 「我們相信真正的教會是由所有以下這樣的人所組成：他們*藉著*對耶穌基督有*得救的信心*，已經被聖靈*重生*了，就一同聯合在基督的身體之內，而基督是那身體的元首。」（第八段）

在此「重生」一詞的意思顯然是指*重生外在的證據*；這證據是在已經被改變的生命中所看到的結果，因此當然是在具有得救的信心之後才出現的。因此，這裏的「重生」就不被看為是被賜下新生命的開始，而被看為是賜下新生命之後*所帶來的整個生命之改變*。假若以這種方式來理解「重生」一詞，那麼，重生的確就應該是在具有得救的信心之後了。

然而，若是我們要嚴謹地遵循聖經上實際所用的詞語，我們最好將「重生」一字限定為神將屬靈生命賜給我們的這個瞬間的、*起始的*工作；而後我們就可以強調，我們看不見重生本身，只看得見重生在我們生命中的結果，而信靠基督得救恩就是我們所能看見的第一個結果。其實，我們無從得知我們是否已經重生，直到我們信了基督，因為這乃是重生——這個神隱祕而內在的工作——的外在證據；一旦我們有了信靠基督的得救信心，我們就知道我們已經重生了。

從福音的施行與應用來看，我們應當要了解，聖經上所講論的福音信息並不是用「你要重生，才能得救」的命令形式，而是說「當信耶穌基督，你就會得救了。」[9]這

[9]耶穌的確告訴尼哥底母說他需要重生（耶穌在約翰福音3:7說：「我說：『你們必須重生』，你不要以為希奇」），但這並不是一項命令，要尼哥底母去做一件沒有人能夠做的事（亦即叫他給自己新的屬靈生命）。這是

是使徒行傳全書裏傳福音時一致的模式，在新約書信中所描述的福音也是如此。

D. 真實的重生必定會結出靈命的果子

我們在前面曾提到一個美好的實例，就是當保羅對呂底亞傳講福音信息的時候，「主就開導他的心，叫他留心聽保羅所講的話」；這例子表明出重生在一個人生命中的第一個果子（徒16:14；另參約6:44, 65；彼前1:3）。同樣地，約翰說：「凡信耶穌是基督的，都是*從神而生*。」（約一5:1）[10] 不過，重生還有其他的果子，其中有許多都明確地記載在約翰的第一封書信裏。例如，約翰說：「凡從神生的就不繼續犯罪，因神的種子存在他心裏；他也*不能繼續犯罪*，因為他是由神生的。」（約一3:9，NIV譯法；和合本譯作「凡從神生的就不犯罪，因為神的道存在他心裏，他也不能犯罪……」）約翰在此解釋說，一個重生的人裏面有那屬靈的「種子」（具有生發生命及成長的能力），而且這個種子會保守這個人所活出的生命是一個不會繼續犯罪的生命。這當然不是說這個人將會有完全的生命，而是說他的生活模式不會是繼續放縱在罪中；若有人問及重生之人的生命特徵時，浮現在我們心中的，應當不是「罪人」，而應當是「順服基督」或「順從聖經」等類的形容詞語。我們也應當留意，約翰認為這對每一個真正重生的人來說都應該是如此的：「*凡*從神生的，就*不*繼續犯罪」；而從另一個角度來說則是「凡行公義之人都是祂所生的。」（約一2:29）

真實而像基督的*愛*，也是新生命中的一個特有的果子：「凡有愛心的都是由神而生，並且認識神。」（約一4:7）這個新生命的另一個果子就是*勝過世界*：「並且祂的誡命不是難守的。因為凡從神生的就勝過世界。」（約一5:3-4）約翰在此解釋說，重生給予我們能力，使我們勝過世上的壓力和試探；否則，這些壓力和試探會使我們無法順服神的誡命和跟隨祂的道路。約翰表示，我們將會勝過這些壓力，因此，神的誡命就不是「難守的」，遵守神的誡命反而是令人喜樂的。他繼續解釋說，我們勝過這個世界的方法，就是要保守自己持續在信心中：「使我們勝了世界的就是我們的信心。」（約一5:4）

最後，約翰寫道，重生的另外一個果子，就是會得*保守免受撒但的侵害*：「我

一句直述句，而不是命令句；它敘述著一件事實，為要向尼哥底母指出他整個屬靈的需要，並指出他靠自己是無法進入神的國。稍後，當耶穌說到尼哥底母應該有的回應時，祂指出個人以信心作回應乃是必須之事：「人子也必照樣被舉起來，叫*一切信祂的*都得永生。」（約3:14-15）

[10]在此譯為「生」的完成式分詞，其更清楚的譯法是：「已經重生，而且繼續活在重生所帶來的新生命之中」。

們知道凡從神生的必不〔繼續〕犯罪；從神生的必保守自己（有古卷作『那從神生的〔亦即耶穌〕必保護他』），*那惡者也就無法害他*」（約一5:18）。約翰說，雖然可能有從撒但來的攻擊，但是他向讀者保證說，「那在你們裏面的比那在世界上的更大」（約一4:4），而且這個在我們裏面更大的聖靈能力，會保守我們平安，不受到從那惡者而來至終的屬靈傷害。

我們應該明白，約翰強調在重生之人的生命中，這些都是*必然的*果子。如果在一個人的生命中有真實的重生，那麼他*必定會*相信耶穌是基督，*必定會*離棄不斷犯罪的生命模式，*必定會*愛弟兄，*必定會*勝過世上的試探，而且也*必定會*蒙保守得平安、不受那惡者至終的傷害。這些經文表明，一個重生的人不可能不真實地歸正。[11]

保羅在他論及「*聖靈的果子*」時，還列舉了其他重生的屬靈果子。「*聖靈的果子*」就是聖靈的能力動工在每一個信徒裏面，由此而產生的生命果子：「聖靈所結的果子就是仁愛、喜樂、和平、忍耐、恩慈、良善、信實、溫柔、節制。」（加5:22-23）如果一個人真正重生了，那麼，這些聖靈的果子的特質就會在他的生命中愈來愈明顯；相反地，那些不信的人，包括那些假冒為信徒但其實不是真信徒的人，在他們的生命中，就會明顯地缺少這些品格的特質，正如耶穌告訴祂的門徒說：

> 「你們要防備假先知，他們到你們這裏來，外面披著羊皮，裏面卻是殘暴的狼。*憑著他們的果子，就可以認出他們來*。荊棘上豈能摘葡萄呢？蒺藜裏豈能摘無花果呢？這樣，凡好樹都結好果子，惟獨壞樹結壞果子。好樹不能結壞果子，壞樹不能結好果子。凡不結好果子的樹，就砍下來，丟在火裏。所以，憑著他們的果子，就可以認出他們來。」（太7:15-20）

無論是耶穌、保羅，或約翰，他們都不是以教會中的活動或神蹟當作重生的證據，而是以生命中的品格特質當作重生的證據。事實上，在上面所引的經節之後，耶穌立刻警告說，當審判的日子，許多人會對祂說：「主啊，主啊，我們不是奉你的名傳道，奉你的名趕鬼，奉你的名行許多異能麼？」祂就會明明地告訴他們說：「*我從來不認識你們*，你們這些作惡的人，離開我去吧！」（太7:22-23）傳道、趕鬼，以及許多奉主耶穌之名所行的神蹟和異能（更別提其他耗盡一個人數十年氣力的緊湊的教會活動），這些都無法當作可靠的證據，來說明一個人真的重生了。很顯然地，以上

---

[11]我們在前面已經指出，人是先重生，而後才有得救的信心，所以，在一個人重生之後，到他結出屬靈的果子（信心、愛心等等）之間，將會有一段短暫的時間。但約翰是說，這些結果*必將*尾隨而至；一旦人重生了，就必定會結果子。

所有的一切，靠著一個天然人自己的力量，甚至是藉著那惡者的幫助，都是可以成就的；但是對神和祂百姓真正的愛，對祂命令的誠心順服，以及像基督的品格特質——也就是保羅所稱為聖靈所結的果子，若是持續不斷地彰顯在一個人的生命中，就絕對不可能是由撒但或天然人靠自己的力量所產生出來的；這些品格只能夠靠著神的靈在我們裏面工作，並且賜下新生命，才能產生出來。

個人思考與應用

1. 你已經重生了嗎？在你的生命中有沒有新生命的證據？你是否記得你重生的那個時刻？你能否描述一下你如何知道自己重生了？
2. 如果你（或是來求助於你的朋友）不確定自己是否重生了，聖經鼓勵你們做些什麼來使你們得著更大的確據（或是真正地重生）？（註：我們會在下一章進一步地討論悔改與得救的信心。）
3. 你以前是否曾想過，重生是發生在具有得救的信心之前？你現在相信這一點嗎？還是你心中仍有一些疑問？
4. 對於這件事實——你的重生全然是神的工作，而完全沒有你的參與——你的看法如何？這件事實使你對自己有怎樣的感受？對神有怎樣的感受？用一個類比：你在自己肉身生命出生的這件事上，同樣是毫無選擇的餘地。你對這件事實有怎樣的感受？
5. 在你自己的生命中，有哪些地方應該有重生所帶來的結果，但卻並不明顯可見？你認為一個人若是重生了，卻在屬靈上停滯不前，以至於沒有長進，這是可能的嗎？怎樣的環境會造成一個人在屬靈上遲滯和缺乏長進（如果這種情形是可能的），即使那個人是真的重生了？一個人所參加的教會類型，他所領受的教導，他所參加的基督徒團契，以及他個人讀經禱告的規律性等，會影響他自己的靈命和成長到什麼程度？
6. 假如重生全然是神的工作，人無法使它發生，那麼傳福音給人有什麼用呢？若是傳福音給一個靈裏已死而不能回應的人，並且要求他們有所回應，這是否有些荒謬、甚或是殘酷？你如何解決這個問題？

特殊詞彙

重生，再被生一次（born again）
從聖靈生的（born of the Spirit）
從水生的（born of water）

無可抗拒的恩典（irresistible grace）

重生（regeneration）

本章書目

Hoekema, Anthony A. "Regeneration." In *Saved by Grace*. Grand Rapids: Eerdmans, and Exeter: Paternoster, 1989, pp. 93-112.

Kevan, E. F. *Salvation*. Phillipsburg, N.J.: Presbyterian and Reformed, 1973.

Packer, J. I. "Regeneration." In *EDT*, pp. 924-26.

Toon, Peter. *Born Again: A Biblical and Theological Study of Regeneration*. Grand Rapids: Baker, 1987.

第三十五章
歸正——信心與悔改

什麼是真悔改？
什麼是得救的信心？
人是否可能只接受耶穌為救主，而非生命的主？

背誦經文：約翰福音3:16

神愛世人，甚至將祂的獨生子賜給他們，叫一切信祂的，不至滅亡，反得永生。

詩歌： 照我本相（*Just As I Am*）

[1]照我本相無善足稱 惟你流血替我受懲 並且召我就你得生 神的羔羊我來我來
[2]照我本相不必等到 自己改變比前更好 因你寶血除罪可靠 神的羔羊我來我來
[3]照我本相反覆不定 疑信參半如浪不平 內有掙扎外有恐懼 神的羔羊我來我來
[4]照我本相貧瞎可憐 我真需你豐盛恩典 醫治我心開我盲眼 神的羔羊我來我來
[5]照我本相你肯收留 賜我生命赦我愆尤 你既應許必定成就 神的羔羊我來我來
[6]照我本相你愛無比 拆除內外一切攔阻 我今屬你惟獨屬你 神的羔羊我來我來

詞：Charlotte Elliot, 1836
曲：WOODWORTH L.M., William B. Bradbury, 1849

前言

我們在前兩章解釋了神自己如何透過人傳講神的話語，對我們發出福音的呼召，並且又藉著聖靈的工作重生了我們，賜給我們新的屬靈生命。而在這一章裏，我們要來探究我們對福音呼召的回應。我們可以將歸正（conversion）定義如下：歸正乃是我們出於自願地回應福音的呼召；這回應就是我們真誠地為罪悔改，並且信靠基督以得著救恩。

「歸正」一詞本身的意思是「回轉」——在此它代表一種屬靈的回轉，就是從罪惡轉向基督的回轉。轉離罪惡稱為「悔改」，轉向基督則稱為「信心」。我們可以分別討論歸正的這兩個要素，先討論哪一個並不重要，因為這兩者互相依賴；當發生真實的歸正時，兩者必須都同時發生。為了本章的目的，我們要先探討得救的信心

（saving faith），然後才探討悔改（repentance）。

A. 得救的信心之要素

真正的得救信心包括了知識、贊同，與個人的信靠等三個要素；只有知識是不夠的，只有知識和贊同也是不夠的，我們個人必須親自決志信靠耶穌才能得救，而且信心應當隨著知識的增加而增加。

A.1 只有知識是不夠的

按著聖經來理解，個人得救的信心所牽涉的不只是知識而已。當然，我們對於基督是誰，以及祂成就了些什麼事，必須要有一些了解，因為「未曾聽見祂，怎能信祂呢？」（羅10:14）；然而知道有關耶穌的生平和祂受死與復活的事實，對我們而言還不夠，因為人可以知道事實，但卻是悖逆或厭惡這些事實。例如，保羅告訴我們，許多人知道神的律法，然而卻厭惡神的律法：「他們雖知道神判定行這樣事的人是當死的，然而他們不但自己去行，還喜歡別人去行。」（羅1:32）甚至連鬼魔也知道神是誰，並且知道有關耶穌的生平和祂拯救工作的事實，就像雅各所說的：「你信神只有一位，你信的不錯；鬼魔也信，卻是戰驚」（雅2:19）；然而鬼魔有那些知識絕對不表示他們是得救的。

A.2 只有知識和贊同也是不夠的

不只如此，僅僅知道關於耶穌的事實並且贊同那些事實，或同意它們是真實的，也還是不夠的。例如，尼哥底母知道耶穌是從神那裏來的，因為他說：「拉比，我們知道你是由神那裏來作師傅的；因為你所行的神蹟，若沒有神同在，無人能行。」（約3:2）尼哥底母評估過各個事實，包括耶穌的教訓和祂所行的非凡神蹟，並從那些事實中得到了一個正確的結論：耶穌是從神而來的教師。但是單有這一點並不表示尼哥底母有得救的信心，因為他還必須要信靠基督以得著救恩；他還必須要「相信祂」。亞基帕王是另一個具有知識和贊同，但卻沒有得救的信心的例子。保羅知道亞基帕王不僅明白，而且顯然也贊同猶太人的經典（就是我們現今所說的舊約）；當保羅在亞基帕王面前受審時，他說：「亞基帕王啊，你信先知麼？我知道你是信的。」（徒26:27）然而亞基帕王並沒有得救的信心，因為他對保羅說：「你想少微一勸，便叫我作基督徒啊？」（徒26:28）

A.3 個人必須親自決志信靠耶穌才能得救

除了知道福音的事實，並贊同那些事實之外，我們自己還必須決定信靠耶穌來拯救才能得救。這樣，我們自己就從一個對救恩事實和聖經教訓有興趣的旁觀者，轉而成為一個與這位現今仍活著的耶穌基督有了新關係的人。所以，我們可以將*得救的信心*（saving faith）定義如下：*得救的信心乃是信靠現今仍然活著的耶穌基督，以得著罪之赦免和與神同在的永生。*

這個定義強調了得救的信心並不只是相信某些事實，而是*個人要信靠耶穌*以使*自己*得拯救。我們在以下幾章將會說明，救恩中所牽涉到的內容還有非常多，不單是罪得赦免以及得著永生而已；但是初信基督的人多半還不明白將要臨到他們的救恩福分有多麼廣大。在這裏，我們可以將信靠基督之人的兩個主要關切點，總結為「罪得赦免」和「與神同在的永生」。當然，與神同在的永生包括了在神面前被宣告為義（這是稱義的一部分）、得著兒子的名分、成聖和得榮等，而這幾項有待後面數章再詳細討論。到基督面前來的未信者主要關切的問題，就是罪已經將他與神的相交隔離了，然而人正是為著與神相交而被造的。未信者來到基督面前所要尋求的，就是能將罪惡與罪疚除去，並且進入與神真實且永恆的關係之中。

這個得救的信心之定義強調了要對基督有*個人的信靠*，而不只是相信有關基督的事實而已。由於在聖經中所說的得救的信心牽涉到個人的信靠，因此在當代的文化中，用「信靠」（trust）一詞比用「信心」（faith）或「相信」（belief）等詞彙更為貼切。這是因為一般認為，我們可以「*相信*」（believe）某件事是真實的，卻不需要對這件事作個人的委身或倚靠；例如，我可以相信坎培拉是澳大利亞的首都，或相信七乘以六是四十二，但相信這些事實卻用不著對任何人作個人性的委身或倚靠。而在另一方面，「*信心*」（faith）一詞在現今有時候會被用來指一種對某事物近乎非理性的委身，即使有充分的證據證明這事物是錯謬的；這是指一種非理性的決定，執意要相信某件我們確知*不是*真實的事物！例如，若是你最喜愛的球隊連連輸球，即使是大勢已去，還有人可能會鼓勵你要「有信心」。就上述這兩個普遍使用的涵意而言，「相信」和「信心」二詞的意思，和聖經中所說的「信心」之意義是相反的。[1]

「*信靠*」一詞則比較接近聖經的觀念，因為我們在日常生活中很熟知什麼叫作信靠別人。我們愈認識一個人，就愈能夠從他的生活樣式中，看出他是可靠的明證，這樣我們也就愈能信靠他必做成他所應許要做的事，或者相信他做事的方式是我們可以

[1]當然，*相信*和*信心*二詞在聖經上出現地很頻繁，我們不應該只因為現今文化有時賦予它們不正確的意義，就完全地放棄，而不以聖經上的意義來使用它們。筆者的看法只是說，向未信之人解釋福音時，*信靠*一詞在今日似乎更能夠傳達聖經的意思。

倚賴的。有幾處聖經經文將這種個人的信靠，以比較完滿的意義表達出來；這些經文通常是從人與人之間的關係作類比，以十分個人性的用語描述最初得救的信心。約翰說：「凡接待祂的，就是信祂名的人，祂就賜他們權柄，作神的兒女。」（約1:12）約翰所說的接待基督，就很像是我們接待客人進入家中一樣。

約翰福音3:16告訴我們：「一切信〔入〕祂的，不至滅亡，反得永生。」約翰在此使用了一個令人驚異的詞語；他並不只是說「一切信祂的」（whoever *believes him*，也就是相信基督所說的話是真實的、是人能夠信得過的），他乃是說「一切信入祂的」（whoever *believes in him*）。在這裏的希臘文片語*pisteuō eis auton*也可以繙譯為「信入祂」（believe *into* him），所表示的意義就是帶著信靠或相信進入耶穌這個人，也帶著信靠或相信安息在祂裏面。因此，莫理斯（Leon Morris）這樣說：「對約翰而言，信心就是將人們從自己帶離出來，並使他們與基督合一的一項行動。」他明白這個希臘文片語*pisteuō eis*是一個重要的指標，說明新約中的信心不只是在理智上的贊同，而且也包括了「個人在心中信靠的成分」。[2] 這樣的表達語法在新約之外的一般世俗希臘文裏是罕見或不存在的，但是這語法正貼切地表達出得救的信心中所包含的對基督個人的信靠。

耶穌在幾處地方提及「到我這裏來」。祂說：「凡父所賜給我的人必到我這裏來；到我這裏來的我總不丟棄他。」（約6:37）祂也說：「人若渴了，可以到我這裏來喝。」（約7:37）同樣地，祂又說：「凡勞苦擔重擔的人，可以到我這裏來，我就使你們得安息。我心裏柔和謙卑，你們當負我的軛，學我的樣式，這樣，你們心裏就必得享安息。因為我的軛是容易的，我的擔子是輕省的。」（太11:28-30）我們從這些經文中所看到的景象，就是到基督這裏來求得到接納，得飲生命的活水，得享安息和指引；這些經文將得救的信心所包含的一切福祉，描繪為一幅極具個人性的圖畫。希伯來書的作者也要我們如此思想——耶穌現今仍然活在天上，祂隨時預備好要接納我們：「凡靠著祂進到神面前的人，祂都能拯救到底；因為祂是長遠活著，替他們祈求。」（來7:25）在此所描繪的耶穌（如同在新約多處所描繪的），乃是一位現今仍然在天上活著的那一位，總是能夠幫助那些到祂面前來的人。

---

[2]見 Leon Morris, *The Gospel According to John*, p. 336. Morris 在其中並提及了C. H. Dodd 的長篇討論（C. H. Dodd, *The Interpretation of the Fourth Gospel*〔Cambridge: Cambridge University Press, 1953〕, pp. 179-86）. Morris又作了一註解，說到Dodd發現在一般世俗的希臘文裏，從未見過以*pisteuō*後面跟著介詞*eis*的使用法，來表明信靠某人；這種表達方式更應該說是對希伯來文舊約中「信入」（believe in）的意義而作的字面繙譯。

改革宗神學家巴刻（J. I. Packer）從英國清教徒作家歐文（John Owen）的作品中引用了以下的段落，來描述基督邀請眾人以個人的信心親自來回應祂：

> 「祂現在對你們說的話大概是這樣的：『你們為何寧願死呢？為何要滅亡呢？為何你們對自己的靈魂沒有一絲憐恤呢？在將要臨到的忿怒之日，你們的心忍受得住，你們的手夠堅強嗎……仰望我，就必得救；到我這裏來，我就要除去你們所有的罪惡、憂傷、懼怕，和重擔，並使你們的靈魂得享安息。我懇求你們，來吧！放下一切的拖延、一切的耽擱；不要再搪塞我了，永恆就在門前……千萬不要因為厭惡我，以至於你們寧可滅亡，也不願接受我的拯救。』
> 主基督不斷地以這些以及類似的話語，向罪人的靈魂宣告、傳揚、懇求並敦勸……在你們所聽到一切傳講的話語中，主基督就是如此地懇請你們，好像祂是與你們同在，身處於你們當中，親自對你們每一個人說話……祂指派傳福音的人到你們面前，代替祂來面對你們，以祂的名向你們發出邀請，就好像祂自己邀請你們一樣（林後5:19-20）。」[3]

有了這層對新約聖經所說之真正信心的理解之後，我們現在就可以明白，當一個人前來信靠基督時，他必須同時要有上面所提及的三項要素。他對福音的事實必須先要有一些基本的知識或**理解**，他也必須**贊同**或同意這些事實。這樣的同意包括了一個信念，就是有關福音的事實都是真確的，特別是這項事實：我是罪人，需要救恩，而惟獨基督為我的罪付上代價，並賜我救恩；這樣的同意也包括了一種領悟，知道我需要信靠基督以得救恩，而祂是我到神面前的惟一道路，也是得救恩的惟一方法。這種對福音之事實的贊同，也帶著一種渴望，想要藉著基督而得救。然而這所有一切總括起來，仍然還不是真實的得救信心；惟有當我決志仰賴或**信靠**基督為**我個人的**救主時，才真的有了這個得救的信心。這種信靠基督的個人決定，是我用「心」所作的一件事；而「心」就是我整個人的中央官能，它為我的全人作了委身的決定。

A.4 信心應當隨著知識的增加而增加

新約聖經所說之真正的信心，和目前世俗對「信心」的理解是相反的。新約聖經所說之真正的信心，不是藉著缺少知識或不顧證據的盲信而增強；反之，得救的信心是與知識和真實的理解同步並進的。正如保羅所說：「信道是從聽道來的，聽道是從基督的話來的」（羅10:17）；當人對基督有了真實的認識時，他們就更能信靠祂。不

---

[3]見J. I. Packer, *Evangelism and the Sovereignty of God*, p.104.

只如此，我們愈認識祂以及祂裏面所完全啟示出來的神的屬性，我們就能更加地信靠祂。因此，信心不會因著知識而減弱，反而應當是隨著更多的真知識而增長。

在對基督有得救信心這一方面，我們對基督的認識是藉著關於祂的可靠見證而來的。這裏我們所相信的可靠見證，就是聖經的話語；因為聖經確實是神的話語，所以也是全然可靠的，我們也能透過這些話語真正地認識基督；這就是為什麼「信道是從聽道來的，聽道是從基督的話來的」（羅10:17）。在日常生活中，當我們從認為信實可靠之人聽到有關某些事物的見證時，我們就會相信那些事物；同樣地，當神真實的話語提出見證，而我們相信它時，這種信心就更加合乎情理了。

B. 信心與悔改必須並行

我們可以將*悔改*（repentance）定義如下：*悔改乃是人衷心為罪憂傷、聲明摒棄它、真誠地決意離棄它，並轉而過一個順服基督的生活。*

這個定義指出悔改可以發生在某個特定的時間點上，但是悔改並不等於一個人在他生活模式中所表現出來的改變。悔改就像信心一樣，是一種在心智上的*理解*（知道罪是錯的），一種在情感上對聖經有關罪之教訓的*贊同*（為罪憂傷和恨惡罪），以及一種在*個人決定*上的離棄罪（摒棄罪，決意離棄它，並轉而過一個順服基督的生活）。我們不能這樣說，一個人一定要在一段時日就*活出*那個改變了的生命，他的悔改才可以算是真實的，若是這樣，悔改就成為一種我們能夠*做出來的*順服，好為自己賺取救恩。當然，真實的悔改的確會帶來生命的改變；事實上，真正悔改的人會立刻就開始活出一個改變的生命，而我們可以稱那個改變的生命為悔改所結的*果子*。但是我們絕不可要求在一個人必須真正活出改變的生命一段時日之後，我們才說他確實得到了赦免；因為悔改乃是發生在人心裏的事，涉及他整個人離棄罪的決定。

重要的是，我們必須要明瞭，若只是為自己的某些行為憂傷，或甚至為某些行為深深地懊悔，這些都並不能成為真實的悔改，除非其中還帶有真摯的決心，定意要離棄得罪神的罪。保羅傳講說：「當*向*神悔改，信靠我主耶穌基督」（徒20:21）；他說他為哥林多教會的人歡喜，「不是因你們（指哥林多教會的人）憂愁，是因你們*從憂愁中生出懊悔來*……*因為依著神的意思憂愁，就生出沒有後悔的懊悔來，以致得救；但世俗的憂愁是叫人死。*」（林後7:9-10）世俗的憂愁可能會因著自己的行為大大憂傷，或許也害怕受到懲罰，但是並沒有要真實地棄絕罪，或定意要一生離棄它。希伯來書12:17告訴我們，以掃為著他行為的後果而痛哭，但是他並沒有真的悔改。不只如此，正如哥林多後書7:9-10所指出的，即使真正敬虔的憂傷也只是引致真實悔改的一項因素而已，而這種憂傷本身並不等於一個人心中在神面前所作的真誠決定——惟有心中的真誠決定才會造成真實的悔改。

聖經將悔改與信心放在一起，作為人到基督面前來得救恩這項行動的兩個不同方面。人並不是先轉離罪，然後再信靠基督，或是先信靠基督，然後再轉離罪；這兩者是發生在同一時間。當我們從罪中轉向基督而得著救恩時，我們也同時轉離開那些我們求告基督要拯救我們脫離的罪。假如我們沒有真的離開那些罪，那麼我們所謂的轉向基督以得救恩就不是真正地轉向祂或信靠祂了。

悔改與信心只是一體兩面，或說是歸正這件事的兩個不同方面，這一點可以在圖35.1中表明出來：歸正是一件單一的行動，包括在悔改中轉離罪，以及在信心中轉向基督。

圖35.1 歸正——轉離罪和轉向基督

在這個圖中，真正轉向基督而得救恩的人，必須同時放掉他一直緊抓的罪，並且要轉離那罪，以至於能夠轉向基督。因此，不是先發生悔改，也不是先發生信心，它們必須同時一起發生；正如慕理（John Murray）所說的「悔罪的信心」（penitent faith）和「信主的悔改」（believing repentance）。[4]

---

[4]見John Murray, *Redemption Accomplished and Applied*, p.113.

所以，若是說一個人可能有真實得救的信心，卻沒有任何對罪的悔改，這很明顯地是與新約聖經中的證據相違背的。此外，若是說一個人有可能會接受基督為「救主」（Savior），而卻不接受祂為「生命的主」（Lord）——如果這表示他只是要靠著基督得救，卻不願意從此委身棄絕罪，也不順服基督——這同樣也是與新約聖經的觀念相違背的。

然而在福音派之中，有些著名人士所傳講的卻與本章所論述的正確觀點大相逕庭；他們認為宣揚一個需要悔改和信心的福音，其實就是傳講靠行為得救。他們聲稱，在本章所倡導的觀點，亦即悔改和信心必須同步並行，乃是「主權救恩」（Lordship salvation）的假福音。他們會說，得救的信心單單涉及信靠基督為救主；而降服於基督，以祂作為生命的主，則是日後可自由選擇的一步，對得救恩而言不是必須的。對於許多教導這種觀點的人來說，得救的信心只要求人對福音的事實有理性上的贊同即可。[5]

---

[5]對福音的這種觀點顯然是源自於Lewis Sperry Chafer，特別是在他所著的*Systematic Theology* vol. 3中，他說：「新約聖經並沒有將悔改作為一個得救的條件，強加在未得救之人的身上。」（p.376）Chafer雖然知道有許多經節呼籲人要悔改，但是他直接把悔改定義成「心思的改變」，而其中並不包括為罪憂傷或轉離罪（p.372-75）。這樣，他就可以說：「悔改就是心思的改變，是已經包括在相信裏面了。」（p.375）他認為「要求未得救的人除了相信基督以外，還要在他們的日常生活中委身給神，實行神的旨意」，這「對於以相信為惟一條件的救恩教義來說，是一個使人混淆的干擾。」（p.384）Chafer為「人們必須先接受基督為救主，以後才接受祂為生命的主」這個觀點，提供了一個基礎；他表示，傳道人有責任「只有向基督徒才傳講基督的主權，而向未得救的人則要傳講基督為救主的信息」（p. 387）。當代支持這種觀點且直言不諱的人，首推達拉斯神學院的教授Zane C. Hodges；請見他所寫的書：*The Gospel Under Siege* (Dallas: Redención Viva, 1981).

但並非所有在達拉斯神學院的人，或所有屬於時代論神學觀的人都支持這個論點。當本身為時代論者的John MacArthur出版了*The Gospel According to Jesus* (Grand Rapids: Zondervan, 1988, rev. ed. 1994) 之時，關於這個論點的爭議，就在美國福音派中爆發了。這本絕佳的著作（由J. I. Packer和James Montgomery Boice寫了極力推薦的前言）強烈地批判像Chafer和Hodges等人對傳福音和得救的信心之本質的觀點。MacArthur基於許多新約經文，提出了極為令人信服的論點：人不可能真正地接受基督為救主，卻沒有接受祂為生命的主；換句話說，沒有真實的悔改，也就不可能有真正的得救信心。他說，持任何其他的觀點就是在傳揚一種廉價的福音，給尚未歸正的人一種偽造的安全感：只因為他們贊同了福音的事實，或作了一個禱告，就說他們得救了，然而他們並沒有真正的悔改，生命上也沒有真實的改變。MacArthur認為這種不合聖經的傳福音法，歷世以來的教會從未如此教導過，而這種今日經常聽到的軟弱的福音，產生了一批人，他們聲稱自己是基督徒，但是他們的生活與週遭的文化無異，其實他們也根本沒有真的得救。Hodges很快地以另一本書來回應MacArthur: *Absolutely Free! A Biblical Reply to Lordship Salvation* (Dallas: Redención Viva, and Grand Rapids: Zondervan, 1989).

正如筆者在本章裏所論述的觀念，MacArthur堅持，在新約聖經的用語中，真實的得救信心不僅僅是理智上對事實的贊同而已，筆者認為他是完全正確的；真實的得救信心必須包括衷心地以個人來倚靠基督得著救恩，並誠心地為罪悔改。若將這種教訓打上「主權救恩」（Lordship salvation）的標籤，好像這是某種新的教義，或是另一種救恩，就全是一種誤導——MacArthur所教導的，是正統基督教歷代以來在這觀點上一向所持當耶穌向罪人作邀請時，祂說：「凡勞苦擔重擔的人，可以到我這裏來，我就使你們得安息」，之後祂立刻接著說：「**你們當負我的軛，學我的樣式。**」（太11:28-29）所以，到耶穌面前來包括了我們要負祂的軛，順從祂的指示和引導，學習祂的樣式，以及順服於祂。如果我們不願意這樣地委身，那麼我們就是還沒有真正地信靠祂。

當聖經說到信靠神或信靠基督時，經常將這種信靠與真實的悔改連在一起。例如，以賽亞所發出的有力見證，也是許多舊約先知的典型信息：

「當趁耶和華可尋找的時候尋找祂；
　相近的時候求告祂。
惡人當離棄自己的道路，
　不義的人當除掉自己的意念。
歸向耶和華，耶和華就必憐恤他；
　當歸向我們的神，因為神必廣行赦免。」（賽55:6-7）

在這裏不只提到了悔改離棄罪，也提到了到神面前求赦免。而在新約裏，保羅將他的福音事奉工作總結為「對猶太人和希利尼人證明當向神**悔改**，**信靠**我主耶穌基督」（徒20:21）。此外，希伯來書的作者也將基督道理之開端的前兩項列為「**懊悔**死行」和「**信靠**神」（來6:1）。

當然，有的時候在某些經文中只提到「信心」是到基督面前來得救恩所必須有的（見約3:16；徒16:31；羅10:9；弗2:8-9等）；這些都是我們耳熟能詳的經文，當我們在向別人解釋福音時，常常都會強調這些經文。然而我們也常常忽略了，還有許多其他的經文**只有**提到「**悔改**」，因為在那些地方，聖經認為真實的悔改當然也包括相信基督使罪得赦免。新約聖經的作者完全明白真實的悔改和真實的信心必然是同步的，因此他們有時就只有提到悔改，而其意思是也將信心包含在內；因為一個人若是真實地轉**離**罪，他就不可能沒有真正地轉**向**神、信靠神。所以，耶穌在升天之前告訴門徒說：「照經上所寫的：基督必受害，第三日從死裏復活，並且人要奉祂的名傳**悔改**赦罪的道……直傳到萬邦。」（路24:46-47）在這裏得救的信心是隱含在「赦罪」一詞裏，只是沒有清楚表明出來。

的立場，這一點在MacArthur書中的附錄已經有說明（p. 221-37）。這個觀點不是靠行為得救，而是表明出**白白**恩典的福音，以及因信藉著恩典而得的救恩，二者在聖經上的完全意義。真實的歸正所帶來的生命改變並不能拯救我們，但是如果我們的信心是真的，就一定會有生命的改變，因為「信心若沒有行為就是死的。」（雅2:17）

桑定曼尼派（Sandemanians）是一小群福音派的教會，從1725年一直到他們在1900年消失為止，他們在英國和美國教導與Zane Hodges相似的觀點。見R. E. D. Clark, “Sandemanians,” in *NIDCC*, p. 877.

在使徒行傳裏所記載的傳講福音也同樣有只提及悔改的模式。在五旬節彼得講完道以後，群眾就問：「弟兄們，我們當怎樣行？」彼得回答說：「你們各人要悔改，奉耶穌基督的名受洗，叫你們的罪得赦。」（徒2:37-38）[6] 彼得在他的第二篇講道裏，同樣對群眾說：「所以你們當悔改歸正，使你們的罪得以塗抹，這樣，那安舒的日子就必從主面前來到。」（徒3:19）後來，當使徒們在公會前受審時，彼得這樣論到基督：「神且用右手將祂高舉，叫祂作君王、作救主，將悔改的心和赦罪的恩賜給以色列人。」（徒5:31）而當保羅在雅典的亞略巴古山上向一群希臘哲學家講道時，他說：「世人蒙昧無知的時候，神並不監察，如今卻吩咐各處的人都要悔改。」（徒17:30）此外，保羅在他的書信裏說到：「還是你藐視祂豐富的恩慈、寬容、忍耐，不曉得祂的恩慈是領你悔改呢？」（羅2:4）他也提到了「悔改（和合本譯作『懊悔』）……以致得救。」（林後7:10）

我們也看到當耶穌個別與人相遇時，祂總是在他們想要來跟隨祂之前，先要求他們轉離他們的罪。不論是耶穌與年輕富有的官談話，要求他放棄他的財富（路18:18-30）；或是耶穌到撒該的家，並宣告救恩今日臨到了他，因為撒該願意捐出一半的家財給窮人，並且以四倍償還他所訛詐的人（路19:1-10）；亦或是耶穌對井旁的女人講話，要求她把丈夫叫來（約4:16）；或是耶穌對尼哥底母講話，責備他自己身為拉比卻不肯相信，又以自己的知識為傲（約3:1-21）；耶穌總是觸及那些人生命中被罪影響的最深之處。事實上我們甚至可以這樣說，在福音書中從未有過任何人是真誠地信靠基督，但卻未悔改其罪的。

當我們了解真實的得救信心必須同時要真實為罪悔改時，我們就可以明白為何今日有些福音傳揚的結果，是這樣的軟弱與欠缺了。若是不提及悔改的需要，那麼福音信息有時候就變成只是「當信主耶穌，你……就必得救」了，而完全沒有提到悔改。[7] 這種稀釋版本的福音不要求人全心委身於基督——真正地向基督委身必然包括了定意要轉離罪。只傳講信心的必要，卻不提悔改，就是傳講一半的福音；其結果是許多人被欺騙了，他們以為自己聽了基督教的福音，並且也嘗試過了，可是什麼改變都沒有發生。他們甚至可能會說：「我一次又一次地接受基督為救主，可是從來都沒有

[6]見本書第四十九章B.3節及D節有關洗禮是否為得救恩所必須的討論。

[7]保羅的確在使徒行傳16:31那裏告訴腓立比的獄卒說：「當信主耶穌，你和你一家都必得救」；然而，即使在這句話中也包含了承認耶穌是「主」；不僅如此，下一節經文表明保羅不只說了這句簡短的話，他對這獄卒還講了更多的道理，因為我們還讀到：「他們就把主的道講給他和他全家的人聽。」（徒16:32）

用。」然而，他們其實從未真正地接受基督為他們的救主，因為基督是以祂的威嚴與權能臨到我們，並邀請我們照祂應有的地位來接受祂——祂配成為我們生命中絕對的主宰，並且祂也是如此要求我們。

最後，我們來談談有關要求人作「*決志禱告*」，以接受基督為他們個人的救主與生命的主，這個一般的作法。由於個人信靠基督必定涉及他意志上真實的決定，因此，以說出來的話語來*表達*這個決定，通常是很有幫助的；這個表達可以很自然地以向基督禱告的形式，在禱告中告訴祂我們為罪的憂傷，我們定意要離棄它，以及我們真的決定要信靠祂。這樣的口述禱告本身並不能救我們，但是它所代表的內心態度的確構成了真實的歸正，而說出那個禱告的決心，通常也可能就是一個人真正信靠基督的關鍵點。

C. 信心與悔改必須持續一生

雖然我們一直在探討最初的信心和悔改，亦即在基督徒生命開始時歸正的兩個方面，但很重要的是，我們必須明白，信心和悔改並不只限於基督徒生命的開始；更確切地說，信心和悔改是我們基督徒整個一生應有的心態。耶穌告訴祂的門徒要天天禱告說：「赦免我們的罪，如同我們赦免了那些得罪我們的人」（太6:12另譯）；如果這個禱告是真誠的，當然就包括了每日為罪憂傷與真誠的悔改。此外，復活的基督也對老底嘉教會說：「凡我所疼愛的，我就責備管教他；所以你要發熱心，*也要悔改*。」（啟3:19；另參林後7:10）

關於信心，保羅告訴我們：「如今常存的有信、有望、有愛；這三樣，其中最大的是愛。」（林前13:13）保羅的意思當然是指信、望、愛這三樣將會在今生常存，但是他的意思也可能是指這三樣要常存到永遠：假如信心就是信靠神來供應我們一切的所需，那麼這個「信」的態度就永遠不會終止，即使在來世也不會終止。然而無論如何，終此一生信心都會常存，這一點是很清楚的。保羅也說過：「我如今在肉身活著，是*因信神的兒子*而活，祂是愛我，為我捨己。」（加2:20）

因此，雖然*最初的*得救信心和*最初的*悔改在我們的生命中的確只發生過一次，而且在發生時也帶來了真實的歸正，然而在歸正時的悔改和信心的心態只是一個開始；在我們基督徒整個一生中，我們都應當要持守這悔改和信心的心態。每一天我們都應當為所犯的罪衷心地悔改，並且要信靠基督，相信祂會供應我們的需要，也相信祂會使我們有能力過基督徒的生活。

個人思考與應用

1. 你個人是否已經親自信靠基督，或是你仍然處於理智上明白救恩的事實，情感上也贊同這些事實，但卻尚未以個人親自地信靠基督？假如你尚未信靠基督，你覺得是什麼原因使你猶豫不決？
2. 本章是否幫助你以更個人性的方式來思考對基督的信心？若是如此，你的信心程度是否因此而增加？你認為年輕的孩子是否比成年人更容易將基督當成一個現今仍然活著的人來信靠祂？為什麼？這一點使你認為基督徒父母應當如何教導兒女關於耶穌的事？
3. 如果你藉著閱讀本書而增加了對神的認識，那麼你對神的信心是否也因著更多的認識神而增長了？為什麼？如果你的信心並沒有和你的認識一同增長，你可以做些什麼來激發你的信心有更多增長？
4. 以人與人之間的關係來說，是當你還不太認識某人時比較能信靠他，還是當你對那人十分了解後比較能信靠他（假設那人本來就是個值得信靠的人）？這項事實告訴你，如何才能增加你對神的信靠？你可以在日常生活中做些什麼，使你能夠更多認識神，並且更多認識基督和聖靈？
5. 當你首次來到基督面前時，你有否真誠地感到為罪憂傷？你能形容出那個感受嗎？那個感受曾否引領你真實委身要棄絕罪？從那時刻一直到你發現自己的生活型態有所改變，中間隔了多久時日？
6. 你曾否真正的悔罪，還是你覺得你被教導的是稀釋的、不包括悔改的福音？你認為可能會有人是真正地信靠基督而得赦罪，但他卻沒有真誠地悔改其罪嗎？你認為真正的悔改是否只是為著一般性的罪而感到真誠的憂傷，還是真正地為著某些特定的罪憂傷，並且轉離那些罪？
7. 信心和悔改是否一直是你基督徒生命的一部分，還是這種心態在你的生命中變得微弱了？這種微弱的心態在你的基督徒生命中導致了什麼結果？

特殊詞彙

相信（belief）
歸正（conversion）
信心（faith）
悔改（repentance）
得救的信心（saving faith）
信靠（trust）

本章書目

Berkouwer, G. C. *Faith and Justification*. Trans. by Lewis B. Smedes. Grand Rapids: Eerdmans, 1954.

Boice, James Montgomery. *Christ's Call to Discipleship*. Chicago: Moody, 1986.

Chantry, Walter. *Today's Gospel: Authentic or Synthetic?* Carlisle, Pa.: Banner of Truth, 1970.

Hodges, Zane C. *Absolutely Free! A Biblical Reply to Lordship Salvation*. Dallas: Redención Viva, and Grand Rapids: Zondervan, 1989.

_______. *The Gospel Under Siege: A Study on Faith and Works*. Dallas: Redención Viva, 1981.

Hoekema, Anthony A. *Saved by Grace*. Grand Rapids: Eerdmans, and Exeter: Paternoster, 1989, pp. 113-51.

Kromminga, C. G. "Repentance." In *EDT*, pp. 936-37.

MacArthur, John F., Jr. *The Gospel According to Jesus*. Grand Rapids: Zondervan, 1988.

Machen, J. Gresham. *What Is Faith?* Grand Rapids: Eerdmans, 1925.

Morris, Leon. "Faith." In *IBD*. Vol. 1, pp. 496-98.

Murray, John. "Faith and Repentance." In *Redemption Accomplished and Applied.* Grand Rapids: Eerdmans, 1955, pp. 106-16.

_______. "Repentance." In *The New Bible Dictionary*. Ed. by J. D. Douglas. London: Tyndale Press, and Grand Rapids: Eerdmans, 1962, pp. 1083-84.

Packer, J. I. "Evangelicals and the Way of Salvation: New Challenges to the Gospel-Universalism and Justification by Faith." In *Evangelical Affirmations*. Ed. by Kenneth S. Kantzer and Carl F. H. Henry. Grand Rapids: Zondervan, 1990, pp. 107-36.

_______. *Evangelism and the Sovereignty of God*. London: Inter-Varsity Press, 1961.

_______. "Faith." In *EDT*, pp. 399-402.

Ryrie, Charles C. *So Great Salvation: What It Means to Believe in Jesus Christ*. Wheaton, Ill.: Scripture Press, 1989.

Watson, Thomas. *The Doctrine of Repentance*. Carlisle, Pa.: Banner of Truth, 1987.

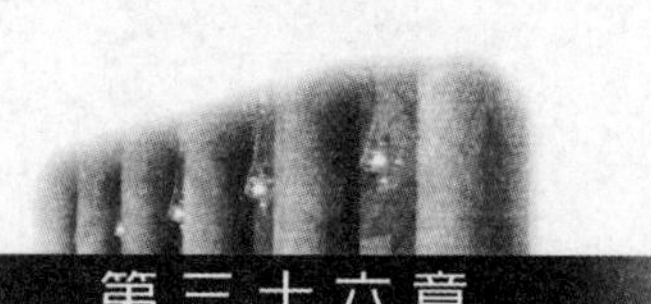

第三十六章

稱義──在神面前的合法地位

我們是如何在神面前得著合法的地位？

我們是在何時得著這個合法的地位？

背誦經文：羅馬書3:27-28

既是這樣，哪裏能誇口呢？沒有可誇的了。用何法沒有的呢？是用立功之法麼？不是，乃用信主之法。所以我們看定了：人稱義是因著信，不在乎遵行律法。

詩歌： 耶穌寶血和祂公義（*Jesus, Thy Blood and Righteousness*）

1耶穌寶血和祂公義 我的美麗我的錦衣 在寶座前服此盛裝 我能抬頭歡樂歌唱

2藉你寶血我已脫去 我的罪疚羞恥恐懼 審判大日我敢站立 誰能控告主所稱義

3這件白衣永遠不變 在那新造無窮時間 歲月不能改其美艷 基督白衣永遠新鮮

4死人聽見你的聲音 就要歡唱誇你白恩 他們美麗他們錦衣 耶穌寶血和祂公義

詞：Count Nikolaus Ludwig von Zinzendorf, 1739

曲：BREAD OF LIFE, William F. Sherwin, 1877

前言

在前面數章裏，我們談過福音的呼召（神呼召我們信靠基督得救恩）、重生（神將新生命賜予我們），和歸正（我們為罪悔改並信靠基督得救恩，以此來回應福音的呼召）。然而，我們內心的罪疚（guilt）是怎麼解決的呢？福音的呼召邀請我們信靠基督，使罪得到赦免；重生使我們能夠回應那個邀請；而在歸正中，我們確實作了那個回應──我們信靠基督，使罪得到赦免。現在，救贖施行在我們身上的下一個步驟，就是神必須回應我們的信心，實現祂所應許的，也就是真實地宣告我們的罪得到赦免了。這個宣告必須是一項法律上的宣告，是關於我們和神律法之間的關係；這宣告表明我們已經完全被赦免，不再需要受懲罰了。

能夠正確地了解稱義（justification）的觀念，對於整個基督信仰是極為重要的。當馬丁·路德一明白了惟獨因信稱義的真理時，他就成了一個基督徒，並且滿溢著他在福音中所新尋得的喜樂。更正教之宗教改革中的主要議題，就是在稱義的觀念上與羅馬天主教會有分歧與爭執。我們若是要為將來的世代護衛福音的真理，就必得要清楚明白稱義的真理；即使在今日，對稱義真理的理解，仍然是分別出真福音——「惟獨因信而得救」的聖經福音，和所有假福音——「以善行為救恩之根基」的信仰之分界線。

當保羅談到神將救恩施行到我們身上的次序時，他明確地提到了稱義：「祂所預定的人，祂又呼召他們來；祂所呼召來的人，祂又稱義他們；祂所稱義的人，祂又叫他們得榮。」（羅8:30，RSV譯法，和合本譯作「預先所定下的人，又召他們來；所召來的人，又稱他們為義；所稱為義的人，又叫他們得榮耀。」）正如我們在前面一章所解釋的，「呼召」一詞在此所指的乃是福音的有效呼召，其中包括了重生，並引致在我們這一方面的悔改和信心（亦即歸正）之回應。在有效的呼召以及它所促成我們這一方的回應之後，施行救贖的下一步乃是「稱義」。保羅在此說到，這件事是神自己的工作：「祂……所呼召來的人，又稱義他們。」

不只如此，保羅十分清楚地教導說，這個稱義是發生在我們有了信心之後，是神對於我們信心的回應。他說神「稱信耶穌的人為義」（羅3:26），而且「人稱義是因著信，不在乎遵行律法」（羅3:28）。他也說「我們既因信稱義，就藉著我們的主耶穌基督得與神相和」（羅5:1），以及「人稱義，不是因行律法，乃是因信耶穌基督。」（加2:16）

究竟「稱義」（justification）的意義是什麼呢？我們可以將它定義如下：稱義乃是神於一瞬間在法律上的作為：(1) 祂將我們的罪視為是被赦免的，並且視基督的公義是屬於我們的；(2) 祂宣告我們在祂眼中是公義的。

在我們解析這個定義中的兩個部分時，會先探討第二部分，也就是在稱義中神「宣告我們在祂眼中是公義的」的那一方面。我們之所以先查考後面這一部分，是因為新約聖經所用的「稱義」這個詞以及其他相關的詞語，都是著重於這個部分，亦即神在法律上所發出的宣告。但是也有一些經文顯明這個宣告是基於神先將基督的公義視為屬於我們的這項事實；所以這兩方面我們都必須要研討，即使新約聖經中論及稱義的詞語較多偏重於神在法律上所發出的宣告。

A. 稱義包括了神在法律上的宣告

聖經上所使用的「稱義」這個動詞（justify，希臘文是*dikaioō*），顯示稱義乃是神所發出在法律上的一項宣告。它有許多意義，不過一個最常見的意義就是「宣告為公義的」，舉例來說，我們讀到這樣的話：「眾百姓和稅吏既受過約翰的洗，聽見這話，就以神為義。」（路7:29）這裏當然不是指眾百姓和稅吏使神成為公義——沒有任何人能夠這樣做；這裏是指他們宣告神是公義的。這個意義也正是新約聖經論到我們蒙神宣告為義的各個經文的意思（羅3:20, 26, 28; 5:1; 8:30; 10:4, 10；加2:16; 3:24），而這個意義在羅馬書4:5那裏特別明顯：「惟有不作工的，只信稱罪人為義的神，他的信就算為義。」保羅在這裏的意思不可能是說神「使罪人成為公義」（亦即藉著改變他們的內在，使他們在道德上成為完全），因為若是如此，他們就可以倚靠自己的功德或行為而稱義了；保羅的意思其實是說，神宣告罪人在祂的眼中是公義的，但這並不是根據他們的善行，而是回應他們的信心。

稱義是一項法律上的宣告；當我們將稱義與定罪作對照時，這個觀念就更加清楚了。保羅說：「誰能控告神所揀選的人呢？有神稱他們為義了。誰能定他們的罪呢？」（羅8:33-34）「定罪」某人就是宣告此人有罪，而定罪的相反就是稱義；在這段經文中，稱義的意思必定就是「宣告此人無罪」。保羅在這裏對「誰能『控告』神所揀選的人」這個問題的回答，就是「神（已經）稱他們為義了」；在神已經稱之為義的宣告下，稱他們有罪的宣告是不成立的。這就很明顯地表示出，稱義是法律上的宣告。

在舊約聖經中使用「稱義」這個詞的例子中（七十士譯本在譯*tsādak*〔稱義〕的hiphil型式時，是用希臘文*dikaioō*），更增進了我們對稱義是法律上的宣告這一點的理解。舉例來說，我們讀到審判官「就要定義人有理，定惡人有罪」（申命記25:1，按NASB直譯為「稱義義人，定罪惡人」），這裏的「定……有理」或「稱義」的意思必定是「宣告為公義的或無罪的」，正如「定罪」的意思是「宣告有罪」。若將「稱義」在此的意思解釋為「使得某人內在變為良善」，是不合理的，因為審判官不會、而且也不能使人的內在變為良善。審判官將惡人定罪的這個行動，也不會使那人的內在變為邪惡，而只是就著被提上法庭的特定罪行，宣告那個人有罪而已（另參出23:7；王上8:32；代下6:23）。同樣地，當約伯不認為那些安慰他的人所說的話是正確的，他就說：「我斷不以你們為是。」（伯27:5，這裏所用的字同樣是希伯來文和希臘文的「稱義」）。相同的觀念也出現在箴言：「定惡人為義的，定義人為惡的，這都為耶和華所憎惡」（箴17:15）；此經文有很強烈的法律上的宣告之意思。若是「定……為義」或「稱義」的意思是「使某人的內在變為良善或公義」，那就不會成為耶和華所憎惡的事；在那樣的情況下，「*定惡人為義*」或「稱義惡人」在神的眼中就會成為一件十分美好的事。但是假若「稱義」的意思是「宣告人為公義」，那麼，「定惡人為義的……為耶和華所憎惡」，這意義就非常合理與清楚了。同樣地，以賽亞定罪那些「因受賄賂，就*稱*惡人*為義*」的人（賽5:23）；在此處「稱義」的意思必定又是指「宣告為公義的」（此處是以法律上的宣告為背景）。

保羅經常以「*宣告*為公義的」或「*宣告*無罪」的意義，來說到神「稱義」我們（稱我們為義），亦即縱使我們仍然是罪人，祂仍宣告我們在祂的眼中是公義的。我們在這裏必須要強調一件很重要的事，那就是這個法律上的宣告本身，完全沒有改變我們內在的本性或性格。神正是以上述這種「稱義」的意思，發出一項關於我們在法律上的宣告。這就是為什麼神學家們也說，稱義是屬於*法律上的*（forensic），就是「和法律程序有關的」。

慕理（John Murray）指出了重生和稱義之間的重要區分：

> 「重生是神在我們內在的作為，稱義則是神針對我們的審判；這其中的區分就像外科醫生所做的，和法官所做的之別。當外科醫生為我們切除一個內在的癌腫瘤之時，他在我們裏面作了一些工作；但是法官所作的卻不是如此——法官是就著我們法定上的地位，下一道判決。假若我們是無罪的，他就如實宣告。
>
> 福音的純正與否，和認明此區分是休戚相關的。假使混淆了稱義與重生或成聖，那麼就是將曲解福音之核心大門打開了。稱義仍然是教會堅立或跌倒的重要因素。」[1]

B. 神宣告我們在祂眼中是公義的

在神法定上的稱義宣告中，祂明確地宣告我們*在祂的眼中*是公義的。這項宣告包含了兩方面：在*第一方面*，這宣告表示我們不必再擔負罪的懲罰了，包括過去的、現在的和將來的罪。保羅在羅馬書中以很長的篇幅討論到惟獨因信稱義（羅4:1–5:21），接著也談到有關存留在基督徒生命中的罪，之後他又回到了羅馬書的主要論點，談到關於那些已經因信稱義的人：「如今，那些在基督耶穌裏的就*不定罪了*。」（羅8:1）按照這個意義來說，那些已經被稱義了的人不必再擔負罪的懲罰了；這也就表示我們將不再受到任何罪疚或定罪的控告了：「誰能控告神所揀選的人呢？有神*稱*他們*為義*了。誰能定他們的罪呢？」（羅8:33-34）

---

[1]見John Murray, *Redemption Accomplished and Applied*, p.121.

當保羅在羅馬書第4章討論到惟獨因信稱義時，十分突顯罪完全得到赦免這個觀念。他引述大衛的話，稱那「在行為以外蒙神算為義的人」是有福的；他接著回溯大衛所說的：「*得赦免其過*，遮蓋其罪的，這人是有福的。主不算為有罪的，這人是有福的。」（羅4:6-8；另參詩32:3-5）因此，這個稱義明顯地包括了罪得赦免。同樣地，大衛在詩篇103:12裏也說：「東離西有多遠，祂叫我們的過犯離我們也有多遠。」（另參詩103:3）

這個稱義的第一方面——神宣告我們的罪得著赦免——可以用圖36.1來表明；圖中的負號代表我們名下的罪行，而在稱義中全都被赦免了。

圖36.1 稱義的第一方面是神赦免我們過去的罪

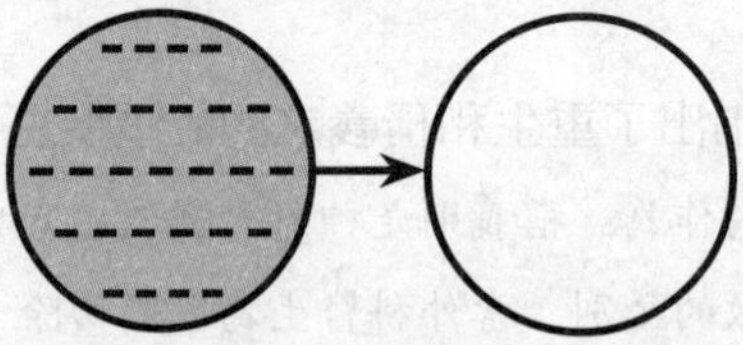

然而，假若神僅僅是宣告我們的罪得到赦免，我們的問題就還沒有完全被解決；因為這個宣告只是使我們在神面前處於道德上的中性，沒有過失、也沒有嘉行。這樣道德上中性的光景是亞當在尚未做出神眼中的對或錯之事以前的光景——他在神面前是無罪的，但是他在神面前也沒有贏得任何公義的記錄。這樣的改變並不足以為我們贏得神的喜悅；我們還必須從在道德上的中性地位，轉為在神面前有積極的公義之地位，這公義就是在生活上完全順服於神。

所以，稱義的*第二方面*乃是神必須宣告我們在祂的眼中不僅在道德上是*中性的*而已，而且必須宣告我們在祂的眼中真的是*公義的*；事實上，祂必須宣告我們在祂面前有完全公義的功德。有時候舊約聖經說到神將這樣的公義賜給祂的百姓，即使他們自己未曾贏得它。以賽亞說：「祂以拯救為衣給我穿上，*以公義為袍給我披上*。」（賽61:10）但是問題又出現了：神怎麼能宣告我們不必擔負罪的懲罰呢？祂又怎麼能宣告我們有完全公義的功德，而事實上我們是有罪的罪人呢？在*我們確實是不義的*這個情況之下，神怎麼能宣告我們沒有罪疚，反而宣告我們是公義的呢？

保羅在新約聖經裏很明確地解釋了這一點：當他告訴我們如何解決有關我們需要公義的這個問題時，他說：「神的義在律法以外已經顯明出來，有律法和先知為證：

就是神的義，因信耶穌基督，加給一切相信的人。」（羅3:21-22）他也說：「亞伯拉罕信神，這就算為他的義。」（羅4:3，引自創15:6）這加給我們的義是藉著基督的順服而成就的，因為保羅在這段關於因信稱義的詳盡討論之末尾時說：「因一人的順從，眾人也成為義了。」（羅5:19）如此，神的稱義之宣告中的第二方面，就是我們在祂面前有完全公義的功德，因為神將基督的公義算給我們。我們可以用圖36.2來表明這方面，其中的正號表示在神面前公義的記錄。

圖36.2 稱義的第二方面是神將基督的公義算給我們

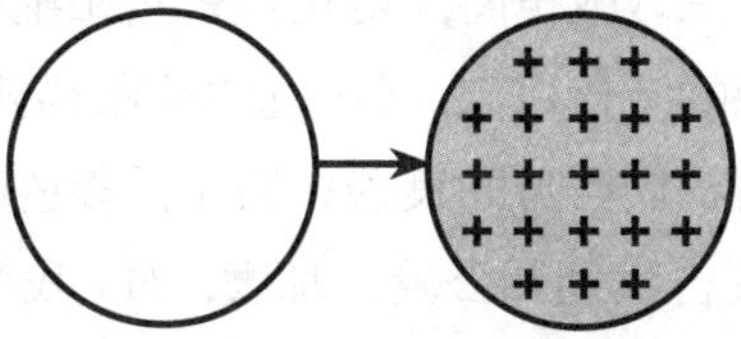

C. 神將基督的公義算給我們

當我們說神將基督的公義算給或歸給（impute）我們時，這個意思是說，神把基督的公義當作是屬於我們的，或視它如同屬於我們的一樣；神將它算入或歸入我們的名下了。我們讀到：「亞伯拉罕信神，這就算為他的義。」（羅4:3，引自創15:6）保羅接著解釋說：「惟有不作工的，只信稱罪人為義的神，他的信就算為義。正如大衛稱那在行為以外蒙神算為義的人是有福的。」（羅4:5-6）以這樣的方式，基督的公義就變為我們的了。保羅說，我們是那些領受「稱義白白之恩的人」（羅5:17，呂振中譯本）。

這是我們在研究聖經的各個教義時，第三次看到將罪疚或公義算給或歸給另外一個人的觀念。首先是在亞當犯罪之時，他的罪疚被算在我們身上；父神視那罪疚是屬於我們的，所以那罪疚就算是屬於我們的了。[2] 其次是當基督為我們的罪受苦並受死時，我們的罪就被算在基督身上了；神把那罪當作是屬於祂的，而祂也為那罪付上了受罰的代價。[3] 而在此處的稱義，是我們第三次看到算給或歸給；基督的公義被算在

---

[2]見本書第二十四章C節有關神將亞當的罪算給我們的觀念。

[3]見本書第二十七章C.2.2有關神將我們的罪疚算給基督的這項事實。保羅說：「神使那無罪的替我們成為罪，好叫我們在祂裏面成為神的義。」（林後5:21）

我們身上，亦即神*把*那公義*當作*是屬於我們的；那不是我們自己的公義，而是基督的公義，但卻白白地賜給我們。所以保羅能夠說，神使基督成為「我們的智慧、*公義*、聖潔、救贖。」（林前1:30）保羅說他生命的目標是能夠「得以在基督裏面，不是有自己因律法而得的義，乃是有信基督的義，就是*基於信心，從神而來的義*（和合本譯作『就是因信神而來的義』）。」（腓3:9）保羅知道，他在神面前所擁有的公義，並非由於他自己的作為，而是藉著耶穌基督所得著的神的公義（另參羅3:21-22）。[4]

在福音的核心中很重要的一點，就是要堅守：神之所以宣告我們為公義的，其原因不是基於我們真正是公義或聖潔的，而是基於基督完全的公義，並且神將這公義當作是屬於我們的。這也就是宗教改革時，更正教教義和羅馬天主教教義分野之核心。更正教教義自從馬丁·路德的時代以來，就一直堅持認為稱義這項宣告並*不會*改變我們的內在，也*絕非*基於任何我們自身的良善。假如稱義會改變我們的內在，然後根據我們實際上的良善情況而宣告我們為公義，那麼，(1) 我們在今生永遠不能被宣告是完全公義的，因為我們的生命中總會殘留有罪性；而且 (2) 對於過去的罪行（也就是在我們的內心被改變以前所犯的罪），就沒有赦免了，我們也因此在神面前永遠沒有把握說自己是正直的義人。此外，我們也無法像保羅一樣肯定地說：「*我們既因信稱義*，就藉著我們的主耶穌基督得與神相和。」（羅5:1）[5] 假如我們認為稱義是根據我們內在的光景，我們就永遠不能有把握地與保羅一同說：「如今，那些在基督耶穌裏的就*不定罪了*。」（羅8:1）我們也不會有從神得著赦免的確據，沒有把握能夠「存著誠心和充足的信心」來到神的面前（來10:22）；我們也不能提說神所賜的「稱義*白白*

---

[4]我們有時可能會聽到對稱義常用的解釋，就是「正如我從未犯過罪」（just-as-if-I'd-never-sinned；這與justified一字諧音）。這個定義是個巧妙的文字遊戲，也包含了一部分的真理（因為被稱義的人，就如同從未犯過罪的人，不用為罪擔負刑罰）。但是這個定義有兩方面的誤導：(1) 這個定義絲毫沒有提及當我被稱義時，基督的公義是被算在我的身上；若要滿足這一點，稱義也必須同時表示「正如我已經活出完全公義的生活」。(2) 然而更嚴重的是，這個定義無法表達出「我*永遠不會*是處於『正如我從未犯過罪』之光景」的這項事實，因為我*總是會意識到自己曾經犯過罪*，總會意識到我並非是無罪之人，我只是個已得赦免的罪人，這和「正如我從未犯過罪」相異極大！此外，它和「正如我已經活出完全公義的生活」也不同，因為我由始至終都知道，我*未曾*活出一個完全公義的生活，而是因著神的恩典而將基督的公義賜給了我。

因此，在罪得赦免和基督的公義被算在我身上這兩方面，我真實的情況，與如同我從未犯過罪並已經活出一個完全公義的生活的情形是大不相同的。我永遠都會記得我是一個得蒙赦免的*罪人*，而我的公義不是基於我自己的功德善行，而是基於神在耶穌基督救贖工作中的恩典。這個福音核心最寶貴的教訓，不是那些認為「稱義」就是「正如我從未犯過罪」，並以這樣的思想度過一生的人所能理解的。

[5]此處「稱義」的過去式被動分詞*dikaiōthentes*（衍生自*dikaioō*），被放在主要動詞「相和」之前，表示「稱義」這件事是在現在式的主要動詞的事件——「我們得與……相和」——之前就完成了。這裏的意思是：「我們*既已因信稱義*，我們就〔與神〕相和。」

之恩」（羅5:17, 呂振中譯本），或是「神的恩賜在我們的主基督耶穌裏乃是永生。」（羅6:23）

傳統的羅馬天主教對稱義的了解與上述的觀點大相逕庭；羅馬天主教會認為稱義乃是改變我們的內心，而使我們裏面更加聖潔。「按照天特大會（Council of Trent）的教訓，稱義是『聖化並且更新內在的人（inner man）』。」[6] 他們認為，若要使稱義開始發生，一個人首先必須受洗，然後（於成人時）繼續持守信心：「首先使稱義開始發生功效的因素乃是受洗的聖禮。」[7] 但是「成人的稱義必定要有信心的存在……至於使人稱義之信心的內涵，那種所謂的信託的信心（fiducial faith）是不足夠的；這裏所要求乃是神學上或教義上的信心（亦即信條的信心，confessional faith），這信心是在於堅定地接受所啟示的神聖真理。」[8] 因此，洗禮是一個人首先獲得稱義的方法；成人若是要稱義，或日後要繼續留在稱義的光景中，信心則是不可或缺的要項。奧脫（Ludwig Ott）解釋說，「所謂的信託的信心是不足夠的」，意思是說單單信靠基督使罪得赦免的這個信心是不夠的；要得到稱義的信心，就要有「神學上或教義上的信心」，即必須接受天主教的教訓內容。

我們可以說，羅馬天主教的觀點認為，稱義不是根據*算給或歸給*（imputed）在信徒身上的公義，而是根據*注入的公義*（infused righteousness）——亦即神真正地*放入我們裏面的*公義，而這公義會改變我們的內在生命，也就是會改變我們真正的道德品格；之後，神按著已經注入在我們裏面的公義之程度，賜給我們不同程度的稱義。

羅馬天主教對稱義的這個觀點導致了一個結果，就是人沒有把握他們是否處在「恩典的光景」，是否可以經歷到神完全的悅納。天主教教會教導說，除非人從神領受了一個特殊啟示，使他們確定自己處於這種「恩典的光景」中，否則他們是不能確知的。天特大會宣布：

> 「當一個人思想到自己的軟弱和不完美的本性時，他很可能對於恩典的光景反而懷有擔憂與畏懼之心，因為沒有人能夠有絕對的信心肯定，知道自己已經得著了神的恩典。」

針對以上的敘述，奧脫加上了以下的評語：

---

[6]見Ludwig Ott, *Fundamentals of Catholic Dogma*, p. 257；這句話在該書第250頁也以贊同的口吻被引用。我們當注意，Ott代表了更為傳統的、在第二次梵蒂崗大會（Vatican II council, 主後1962-65年）之前的羅馬天主教教義；然而許多當代的羅馬天主教徒對稱義的理解是更接近更正教的觀點。

[7]同上出處，p. 251.

[8]同上出處，pp. 252-53.

「人之所以無法對恩典的光景有把握，其原因在此：若是沒有特殊的啟示，沒有人能夠以肯定的信心，知道自己是否已達到了得著稱義所必須的一切條件。然而，人雖無法有肯定的信心，但卻有由良心所見證並支持的高尚道德之肯定。」[9]

不只如此，因為羅馬天主教認為稱義包括了神在我們裏面所作的工，因此所引致的結果就是人會經歷不同程度的稱義。奧脫說：「稱義的恩典之程度，在所有被稱義的人身上並非是同等的。」他又說：「恩典可以藉著善行而增加。」[10] 奧脫對這個天主教的觀點和更正教改革家的觀點之不同處作了解釋：「因為宗教改革家誤認為稱義單單是外在地將基督的公義算給人，因此他們也必得要主張，在所有人身上的稱義都是一樣的。然而，天特大會宣稱，在被稱義的個人身上，他們所領受的稱義恩典之程度各有不同，這是按照神白白的分賜，以及領受者本人的性情和作為所共同決定的。」[11]

最後，羅馬天主教這個稱義觀點所帶來的邏輯結果，就是我們與神同在的永生不是惟獨根據神的恩典，部分也是根據我們的功德，正如奧脫所說的：「因為稱義者所得的永生是神所應許之恩典的禮物，也是對他自己善行和功德的獎賞……善工乃是神的禮物，同時也是人的功德作為。」[12]

為了尋求聖經上對這種觀點的支持，奧脫一再地混合引用新約聖經的經文——不只是引用稱義的經文，也引用關於基督徒靈命其他各方面的經文，例如重生（這是神在我們的裏面工作）、成聖（這是基督徒靈命的過程，當然因人而異）、屬靈恩賜（在基督徒靈命中個人所具有並使用的各樣屬靈恩賜，也因人而異），和永遠的賞賜（按個人情形也有所不同）。若是將這所有的經文全都歸在「稱義」的類別之下，只會使問題更加混淆不清，而且至終使得罪得赦免和在神面前的合法地位，成為一件與我們自己功德有關的事情，而不是從神而來的白白恩典；所以，像這樣模糊了其中分別的界線，至終會摧毀福音的核心。

這就是馬丁·路德所清楚看見的，這也成為宗教改革的動機。當福音中的好消息真正地成為在耶穌基督裏所白白賜下之救恩的好消息時，它就像野火一樣地在文明的世界傳開了；然而，這只不過是恢復了起初的福音而已；這起初的福音宣告著：「罪

---

[9]同上出處，pp. 261-62.

[10]同上出處，p. 262.

[11]同上出處，p. 262.

[12]同上出處，p. 264.

的工價乃是死；惟有*神的恩賜*在我們的主基督耶穌裏乃是永生」（羅6:23），它也堅稱著：「如今，那些在基督耶穌裏的就不定罪了。」（羅8:1）

D. 稱義全然是神的恩典

稱義全然是基於神的恩典，不是基於我們自己任何的功德。保羅在羅馬書1:18–3:20那裏說到，沒有一個人能夠使自己在神面前成為公義的（羅3:20，「所以，凡有血氣的沒有一個因行律法能在神面前稱義」）；保羅接著繼續解釋說：「因為世人都犯了罪，虧缺了神的榮耀。如今卻*蒙神〔白白〕的恩典*，因基督耶穌的救贖，就*白白*的稱義」（羅3:23-24）；神的「恩典」是指祂所賜下「非由功德而賺取的恩惠」。因為我們全然不能夠賺得神的恩惠，所以，我們要被宣稱為公義的惟一方法，就是神藉著恩典白白地賜給我們救恩，這完全和我們的行為無關。保羅解釋說：「你們得救是*本乎恩*，也因著信；這並不是出於自己，乃是神所賜的；也不是出於行為，免得有人自誇。」（弗2:8-9；另參多3:7）在這裏很清楚地將恩典與行為或功德作一個對比，表明恩典才是神稱我們為義的原因。神沒有任何義務要將我們的罪算在基督身上，或將基督的公義算在我們身上；神如此作，只因為要將祂那不能賺取的恩惠賜給我們。

羅馬天主教對稱義的教導則非如此；他們的教導是：當我們使自己更夠資格領受稱義的恩典，而且我們藉著善行使自己在這種恩典的光景中成長時，我們就得以稱義；如此，稱義是因著神的恩典，*再加上一些我們自己的功德*而達到的。路德和其他宗教改革家的看法與此大不相同，他們堅持*惟獨*藉著恩典才能稱義，而非藉著恩典再加上一些我們的功德。

E. 神藉著我們對基督的信心而稱我們為義

我們在本章一開始就說明了，稱義是發生在我們具有得救的信心之後；保羅說：「連我們也信了基督耶穌，*使我們*因信基督*稱義*，不因行律法稱義，因為凡有血氣的，沒有一人因行律法稱義。」（加2:16）他在這裏清楚表明了是先有信心，而信心是為了稱義的目的；他也說，人得以領受基督，是「藉著人的信」，而神則「稱*信*耶穌的人為義」（羅3:25, 26）。整個羅馬書第4章是一篇論證，表明我們是因信稱義，而非因行為稱義，正如亞伯拉罕和大衛的稱義。保羅總結說：「我們……*因信*稱義。」（羅5:1）

然而，聖經從未說我們被稱義是因著我們的*信心本身*的良善，好像我們的信心在神面前有什麼功德可言；聖經也從不認為我們的信心本身可以贏得神的恩惠。聖經反而說我們得以被稱義是「藉著」（by means of）我們的信心，認為信心是我們領受稱義的工具，而絕非一項贏取功德或神之恩惠的作為。確切而言，我們被稱義，單單是因著基督所作之事的功德（羅5:17-19）。[13]

但是我們可能會問，神為何選擇以信心作為人得著稱義所必要的內心態度呢？為何神不選擇將稱義賜給所有那些真誠有愛心的人呢？或真正有喜樂的人呢？或是有知足、謙卑、或智慧的人呢？為何神選擇以信心作為我們得著稱義的方法呢？

很明顯地，這是因為信心是一種與倚靠自我恰好相反的心態。當我們以信心來到基督跟前時，我們其實是在說：「我放棄了！我不再倚靠自己或自己的善行了。我知道我永遠不能使自己在神面前成為公義；所以，耶穌，我信靠你並完全倚靠你來賜給我在神面前公義的地位。」這樣，信心與自我信靠恰好是相反的，因此，這個內心的態度完全符合得到救恩的心態，因為救恩完全不是靠我們自己的功德，而是全然倚靠神所賜白白的恩典。保羅在解釋這點時說：「所以〔這就是為何〕人得為後嗣是本乎信，因此〔應許〕就屬乎恩，叫應許定然歸給一切後裔。」（羅4:16）這也是為什麼自馬丁·路德以來的宗教改革家都這樣堅持地認為，稱義不是藉著信心再加上一些我們的功德或善行，而是惟獨藉著信心而得的。因為「你們得救是本乎恩，也因著信；這[14] 並不是出於自己，乃是神所賜的；也不是出於行為，免得有人自誇。」（弗2:8-9）保羅一再地說：「凡有血氣的沒有一個因行律法能在神面前稱義」（羅3:20）；相同的觀念也在加拉太書2:16; 3:11; 5:4等處重複出現。

然而，這個論點是否與雅各書的論點符合一致呢？當雅各說：「這樣看來，人稱義是因著行為，不是單因著信」（雅2:24），他的意思是指什麼呢？在此我們必須了解，雅各使用「稱義」一詞，是以一種不同於保羅所使用該字的意義。在本章開始

[13]在日常生活中的雇員領工資的例子，可以用來表達這裏所說的方法或工具的意義。一個人用來領工資的「方法」或「工具」，就是伸出手來領取工資的這個舉動。但是發工資的老闆並不是因為以上那個動作而付工資；他付工資全然是因為領工資的人先前所做的工作。領取工資的這個舉動其實並沒有為人賺得所收到的任何一分錢——這個舉動只不過是用來收帳入庫的方法或工具而已。同樣地，信心是我們從神得著稱義所用的工具，但是它本身卻沒有為我們從神贏得任何功德（這個類比雖然有助於我們的理解，但仍並不完全，因為人是要自己工作才能領錢，而稱義卻是基於基督所成就的工作。更為貼切類比就是假設一個人工作了，但後來過世了，然後他的妻子領取他的工資）。

[14]被譯為「這」的希臘字是中性代名詞*touto*（衍生自*houtos*），它並非指其前面子句裏的「信」或是「恩」（因為這兩個字在希臘文都是陰性名詞，其代名詞也必須用陰性代名詞），而是指前面片語所表達的整個觀念，亦即你們已經藉著信心、靠著恩典得救了這整個觀念。

時我們就提到，「**稱義**」一詞有許多意義，而其中一個重要的意義則是「宣告為公義的」；不過，我們也應當留意，這個希臘字*dikaioō*的意思也可以是「展示或顯明為公義的」。舉例來說，耶穌對法利賽人說：「你們是在人面前自**稱為義**的，你們的心神卻知道。」（路16:15）在此的重點並非表示，法利賽人到處宣告他們在神面前按律法而言是「沒有罪疚」的，而是說他們總是想要以外在的行為**向人顯明**他們是公義的；耶穌卻明白事實並非如此：「你們的心神卻知道。」（路16:15）同樣地，有位律法師來試探耶穌，問耶穌他該作什麼才能承受永生；他對耶穌所提的第一個問題回答地很正確——「要盡心、盡性、盡力、盡意，愛主你的神」；又要「愛鄰舍如同自己」。但是當耶穌告訴他說：「你這樣行就必得永生」之時，他並不滿意；路加告訴我們：「那人**要顯明自己有理**，就對耶穌說：『誰是我的鄰舍呢？』」（路10:28-29）此處這個律法師並不是想要在法律上聲明自己在神面前是沒有罪疚的；反之，他是想要在周圍聆聽的旁人面前「顯明自己有理」。「**稱義**」一詞使用「顯明某人為公義的」這個意義的其他例子，可見於馬太福音11:19（「以……為是」），路加福音7:35（「以……為是」），和羅馬書3:4（「顯為公義」）。

我們對雅各書第2章的解釋，不只在於接受「**稱義**」一詞可以被解釋為「顯明為公義的」，同時也認為這個意義非常切合雅各書第2章整章所要表達的意思。當雅各說：「我們的祖宗亞伯拉罕把他兒子以撒獻在壇上，豈不是**因行為稱義**麼？」（雅2:21）他是指在亞伯拉罕生命晚期獻以撒的事，這事記載在創世記第22章；而記載在創世記15:6中亞伯拉罕相信神，神「就以此為他的義」的這件事，則是發生在更早以前，是當亞伯拉罕剛開始與神建立盟約關係之時，這也是保羅在羅馬書第4章所引述並且一再提及的事件。保羅論到神因為亞伯拉罕相信祂，就一次且永遠地稱亞伯拉罕為義；然而雅各所談論的則是很晚期的事，也就是發生在亞伯拉罕多年等候以撒的出生，並在以撒長大，足以揹負獻祭的木柴上山之時的事；在那一刻，亞伯拉罕以他的行為被「顯明為公義的」，而雅各是就著這個意義，說亞伯拉罕「把他兒子以撒獻在壇上，豈不是因行為稱義麼？」（雅2:21）[15]

雅各在這一段中更主要的關切點，也與稱義的「顯明為公義的」這層意義相切合。雅各關切地要表明，僅僅是理智上對福音贊同的這種「信心」，其實根本就不

---

[15]雅各確實在雅各書2:23引用了這段經文：「亞伯拉罕信神，這就算為他的義」，但他是說在亞伯拉罕獻上他兒子之時，「就應驗」了上述這段經文。雅各的意思顯然是說，先前對亞伯拉罕所宣稱的公義，在他的生命中發出了真實的果效，而這真實的果效在他將以撒獻在祭壇上之時被顯明出來。

是真正的信心；他極力地反駁那些說自已有信心，卻在生活中沒有什麼改變的人；他說：「你將你沒有行為的信心指給我看，我便藉著我的行為，將我的信心指給你看。」（雅2:18）「身體沒有靈魂是死的；信心沒有行為也是死的。」（雅2:26）雅各在這裏的意思是說，沒有果效或沒有「行為」的「信心」，完全不是真實的信心，而是「死的」信心。他並沒有否定保羅清楚的教訓──稱義（是指宣告人在神面前有合法的地位）惟獨是因著信，和律法上的行為無關；他只是在肯定另一項真理，亦即從外在顯明為公義的意義來說，惟有在我們看見了人生命中的證據之時，才能確定有稱義的發生。雅各的意思是說，一個人「是藉著他的行為*被顯明為公義*，而並非只藉著他的信心而已。」這論點當然也是保羅所贊同的（林後13:5；加5:19-24）。

惟獨因信稱義的教義，在實際上所帶來的影響十分重大。*首先*，這個教義使我們能夠向那些知道永遠不能使自己在神面前成為公義的不信之人，提供真實的*盼望*：假若救恩是*惟獨*因著信而白白得著的恩賜，那麼任何聽到這福音的人就都會有盼望，知道永生是白白的賜予，並且是可以得到的。

其次，這個教義使我們確信，我們那些因著基督的功德而已經得到赦免的罪，神絕不會要我們再為之付上受懲的代價。當然，我們可能會因著罪的一般性*後果*而繼續受苦（譬如：酗酒者雖已戒酒，但仍可能終其餘生有身體上的傷害；而一個已經被神稱義的竊盜，他可能仍然必須服刑，為所犯的罪受刑罰）；不只如此，假如我們行事為人繼續不順服神，祂可能會*管教*我們（見來12:5-11），而神這麼做是出於愛，並且是為著我們的益處。但是神絕不可能、也永遠不會為了我們過去的罪而*報復*我們，*要我們*為那些罪*付上受懲的代價*，或是*出於忿怒及要傷害我們的意圖而施行懲罰*。「〔所以〕如今，那些在基督耶穌裏的就不定罪了」（羅8:1），這項事實應當使我們在神面前感到極大的喜樂與把握：我們是被神接納的，並且我們在祂面前的地位永遠是「沒有罪疚」，並且是「公義的」。

個人思考與應用

1. 你是否有把握神已經宣布你在祂眼前永遠是「沒有罪疚的」？你是否知道這件事在你的生命中是何時發生的？你是否因為做了什麼，或是認為了什麼，而使得神稱你為義？你有什麼配得稱義的？假如你還不清楚神是否已經全然並永遠地稱你為義，那麼你覺得還有什麼事是在你被稱義之前需要去做的？什麼事可使你確信神確實已經稱你為義了？
2. 設想你自己在審判大日之時站在神的面前；你認為是否只要你的罪都得到赦免就足夠了？還

是你覺得也需要有基督的公義算在你的身上?

3. 你認為羅馬天主教和更正教在理解稱義上的差異, 是一件很重要的事嗎? 假若你支持羅馬天主教的稱義觀點, 那麼請描述你對自己與神之間關係的感受。在你所認識的現代羅馬天主教徒中, 是否有人仍然持守這個傳統羅馬天主教的稱義觀點? 還是他們支持更正教的觀點?
4. 你是否曾經懷疑過, 神仍不時地還在懲罰你在過去、甚至很久以前所犯的罪? 這個稱義的教義如何幫助你解決那些感覺?

特殊詞彙

法律上的（forensic）

算給、歸給（impute, imputation）

注入的公義（infused righteousness）

稱義（justify, justification）

本章書目

Berkouwer, G. C. *Faith and Justification*. Trans. by Lewis B. Smedes. Grand Rapids: Eerdmans, 1954.

Carson, D. A., ed. *Right With God: Justification in the Bible and the World*. Grand Rapids: Baker, 1992.

Hoekema, Anthony A. "Justification." In *Saved by Grace*. Grand Rapids: Eerdmans, and Exeter: Paternoster, 1989, pp. 152-91.

McGrath, Alister E. *Iustitia Dei: A History of the Christian Doctrine of Justification*. 2 vols. Cambridge: Cambridge University Press, 1986.

________. *Justification by Faith: An Introduction*. Grand Rapids: Zondervan, 1988.

Morris, Leon. *The Apostolic Preaching of the Cross*. 3d ed. Grand Rapids: Eerdmans, 1965, pp. 251-98.

Murray, John. "Justification." In *Redemption Accomplished and Applied*. Grand Rapids: Eerdmans, 1955, pp. 117-31.

Packer, J. I. et al. *Here We Stand: Justification by Faith Today*. London: Hodder and Stoughton, 1986.

________. "Justification." In *EDT*, pp. 593-97.

Pink, A. W. *The Doctrines of Election and Justification*. Grand Rapids: Baker, 1974.

Wright, N. T. "Justification." In *NDT*, pp. 359-61.

Ziesler, J. A. *The Meaning of Righteous in Paul*. Cambridge: Cambridge University, 1972.

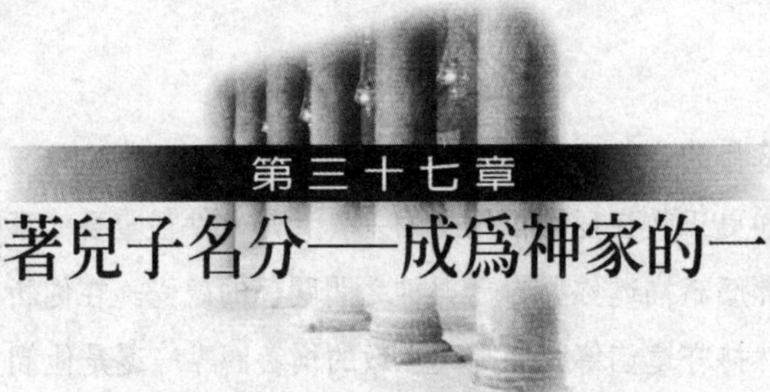

第三十七章

得著兒子名分──成爲神家的一員

成為神家中的一員有什麼福分?

背誦經文:羅馬書8:14-17

因為凡被神的靈引導的都是神的兒子。你們所受的不是奴僕的心,仍舊害怕;所受的乃是兒子的心,因此我們呼叫「阿爸、父」。聖靈與我們的心同證我們是神的兒女;既是兒女,便是後嗣,就是神的後嗣,和基督同作後嗣。如果我們和祂一同受苦,也必和祂一同得榮耀。

詩歌: 天父兒女何等安全(*Children of the Heavenly Father*)

1 天父兒女何等安全 安詳在祂胸懷聚集 巢中雀鳥空中星辰 未曾有過如此遮蔽
2 真神眷顧餵養兒女 發旺成長在神聖所 全能膀臂扶持他們 保守不受邪惡攻擊
3 主與祂的親愛兒女 或生或死永不分離 祂知他們所有憂傷 祂賜一切所需恩力
4 讚美我主喜樂洋溢 保護你的必不打盹 每個敵人都必降服 在祂聖善旨意面前
5 雖祂收取祂所給予 但祂兒女永不棄絕 祂的目的惟獨是愛 保守他們純淨聖潔

詞:Caroline V. Sandell Berg, 約1855;English trans. Ernst W. Olson, 1925
曲:TRYGGARE KAN INGEN VARA, L.M.
Traditinal Swedish melody, Arr. by Marc Hedlin, 1877

前言

在重生中,神賜給我們內在新的屬靈生命;在稱義中,神賜給我們在祂面前合法的地位;而在得著兒子名分中,神使我們成為祂家中一員。因此,聖經中論及得著兒子名分的教訓,更多是關注在救恩所帶給我們與神,以及與祂子民之間個人的關係。

A. 得著兒子名分的經文證據

我們可以將*得著兒子名分*(adoption)定義如下:*得著兒子名分是一項神的作為,祂藉此使我們成為祂家中的成員。*

約翰在他的福音書一開始就提及有關兒子的名分;他說:「凡接待祂的,就是信祂名的人,祂就賜他們權柄,*作神的兒女*。」(約1:12)反之,那些不相信基督的人就不是神的兒女，也不蒙祂接納（adopted）進入祂的家庭；他們本為「可怒之子」（弗2:3）和「悖逆之子」（弗2:2; 5:6）。雖然那些拒絕基督的猶太人意圖要宣稱神是他們的父（約8:41），但是耶穌告訴他們說：「倘若神是你們的父，你們就必愛我……你們是出於你們的父魔鬼，你們父的私慾你們偏要行。」（約8:42-44）

新約書信一再地提出明證，說我們現今是以一種特殊的意義成為神的兒女，是祂家中的成員。保羅說：

> 「因為凡被神的靈引導的都是**神的兒子**。你們所受的不是奴僕的靈，仍舊害怕；所受的乃是使你們得著**兒子的名分的靈**，因此當我們呼叫『阿爸、父』時。乃是聖靈自己與我們的靈同證我們是**神的兒女**；既是兒女，便是後嗣，就是神的後嗣，和基督同作後嗣。如果我們和祂一同受苦，也必和祂一同得榮耀。」（羅8:14-17，RSV譯法；和合本譯作「因為……你們所受的不是奴僕的心，仍舊害怕；所受的乃是兒子的心，因此我們呼叫『阿爸、父』。聖靈與我們的心同證我們是神的兒女……一同得榮耀。」）

然而我們若是神的兒女，我們是否就彼此有關聯，是同屬於一個家中的成員？當然是的。事實上，我們被接納進入神家中所得著的這個兒子名分，使我們甚至與舊約裏信靠神的猶太人共享**一個家庭**，因為保羅在羅馬書9:7-8中說到我們也是亞伯拉罕的兒女：「也不因為是亞伯拉罕的後裔，就都作他的兒女；惟獨『從以撒生的，才要稱為你的後裔』。這就是說，肉身所生的兒女不是神的兒女；惟獨那應許的兒女才算是後裔。」他在加拉太書進一步地解釋說：「弟兄們，我們是憑著應許作兒女，如同以撒一樣……弟兄們，這樣看來，我們不是使女的兒女，乃是自主婦人的兒女了。」（加4:28, 31；另參彼前3:6，在那裏彼得視信主的女子在新約之下為撒拉的女兒）。

保羅解釋說，這個被接納成為神兒女的地位，在舊約之下尚未完全實現；他說：「但是信心未來以先（和合本譯作『但這因信得救的理還未來以先』），我們被看守在律法之下……律法是我們訓蒙的師傅，引我們到基督那裏，使我們因信稱義。但如今信心既然來到（和合本譯作『但這因信得救的理既然來到』），我們從此就不在師傅的手下了。所以**你們因信基督耶穌，都是神的兒子**。」（加3:23-26）但這並不是說舊約完全沒有論到神是我們的父，因為神確實在幾處經文稱祂自己是以色列子民的父，並稱他們為祂的兒女（詩103:13；賽43:6-7；瑪1:6; 2:10）。然而即使在舊約中已經有神為以色列民之父的觀念，但是作為神家中成員的福分與特權，以及神家中成員身分的完全體現，則一直要等到基督的來臨，以及神兒子的靈澆灌在我們心中，與我們的靈一同見證我們是神的兒女之時，才得以實現。

在我們的生命中，有什麼證據使我們知道我們是神的兒女呢？保羅由聖靈在我們心中見證我們是神的兒女這項事實上，得到了清楚的證據：「及至時候滿足，神就差遣祂的兒子，為女子所生，且生在律法以下，要把律法以下的人贖出來，叫我們得著*兒子的名分*。*你們既為兒子*，神就差祂兒子的靈進入你們（原文作『我們』）的心，呼叫：『阿爸，父。』可見，從此以後，你不是奴僕，*乃是兒子了*；*既是兒子*，*就靠著神為後嗣*。」（加4:4-7）

約翰的第一封書信很著重於我們身為神兒女的地位：「你看父賜給我們是何等的慈愛，使我們得稱為*神的兒女*！我們也真是祂的兒女……親愛的弟兄啊，我們現在是神的兒女……」（約一3:1-2；約翰經常稱呼他的讀者為「兒女們」或「小子們」。）[1]

雖然耶穌的確稱呼我們為祂的「弟兄」（來2:12），並且就某一種意義來說，祂是我們在神家中的長兄（另參來2:14），也可以說是「在許多弟兄中作長子」（羅8:29）；然而，祂還是謹慎地在神作為我們的天父，和神作為祂的父，這兩種關係之間作了清楚的分別。祂對抹大拉的馬利亞說：「我要升上*去見我的父*，*也是你們的父*；見我的神，也是你們的神」（約20:17）；如此，祂把神作為祂的父的那種更偉大及永恆的意義，以及神作為我們的父神的意義，清楚地區分開來。

雖然新約聖經明言我們*現在*是神的兒女（約一3:2），但我們仍應當留意在其中還有另一層意義，即這兒子名分的實現仍然有待於未來，因為我們必須等到基督再來，以及我們得著復活的新身體時，才能得著兒子名分之完滿的福分和特權。當保羅說：「不但如此，就是我們這有聖靈初結果子的，也是自己心裏歎息，等候得著兒子的名分，*乃是我們的身體得贖*」（羅8:23），他是論到這個更後期、意義更完滿的兒子的名分。保羅在此認為得著復活的新身體，正是我們得著兒子名分之特權的實現，因此他稱「得著兒子名分」乃是我們的身體復活。

B. 兒子的名分隨歸正而來

兒子的名分隨歸正而來，是*得救的信心*（saving faith）的結果。

我們可能一開始時會以為，我們是藉著重生而成為神的兒女，因為在重生裏的「再出生一次」的意象，使我們聯想到兒女是出生進入一個人世間的家庭。然而，新約從未將得著兒子名分與重生連在一起；事實上，*得著兒子名分*這個觀念和出生進入

[1]還有其他幾處經文說到我們身為神兒女的地位，或我們身為神家中的成員（見太5:48；7:11；林後6:18；弗5:1；腓2:15；來2:13-14；12:5-11；彼前1:14；約一3:10）。

一個家庭的觀念是完全相反的！

更確切地說，新約乃是將得著兒子的名分與得救的信心連在一起，並表明神接納我們進入祂的家，是對我們信靠基督所作的回應。保羅說：「在基督耶穌裏，你們因信都是神的兒子。」（加3:23-26，和合本譯作「你們因信基督耶穌，都是神的兒子。」）而約翰則寫道：「凡接待祂的，就是信祂名的人，祂就賜他們權柄，作神的兒女。」（約1:12）[2] 這兩個經節清楚地說明，得著兒子的名分是隨著歸正（悔改與信心）而來，這乃是神對我們的信心之回應。

反對上述說法的一個理由可能是出自於保羅的敘述：「你們既為兒子，神就差祂兒子的靈進入你們（原文作『我們』）的心，呼叫：『阿爸，父。』」（加4:6）有些人可能將這一節經文的意思理解為神首先接納我們成為兒子，而後才賜給我們聖靈，將重生帶入我們的心中。然而就在此處經文的幾節之前，保羅曾說過，我們是「因信」成為神的兒子（加3:26）；因此，對加拉太書4:6的最佳解釋，應該是說保羅在此並非指神在重生我們時賜下聖靈，而是指聖靈另外的作為；而在這個作為中，聖靈開始與我們的靈同作見證，向我們保證我們是神家中的成員。聖靈的這項工作使我們對得到兒子的名分有確據；保羅也就是基於這層意義而論說，在我們成為兒子之後，神就使那在我們心中的聖靈呼叫「阿爸，父」（另參羅8:15-16）。

C. 得著兒子的名分和稱義不同

雖然得著兒子的名分是我們在成為基督徒時所臨到的一項特權（約1:12；加3:26；約一3:1-2），然而這項特權卻與稱義不同，與重生也有區別。在重生時，神使我們的靈活起來，因此我們便得以在禱告和敬拜中與神相交，並能夠用受教的心聆聽祂的話語。然而神的受造者卻有可能是在靈裏活著，但卻不屬於祂家中的成員，也不能有分於家中成員的特權——例如天使顯然就是屬於這一類別。[3] 所以，如果神決定使我們重生，但卻不使我們在祂家中有兒子名分的寶貴特權，也是有可能的。

---

[2]在約翰福音1:13中，約翰指出這些人是「從神」生的，但這只是關於他們的一些補充說明（亦即他們已經為神所重生）而已；這並沒有否定，基督是賜權柄給那些「信祂名」的人，使他們成為神的兒女。

[3]雖然在聖經中良善的天使和邪惡的天使一併被稱為「神的眾子」（伯1:6），但這顯然是指他們為神所創造，因而才有神子的地位；然而這似乎並不表示天使（尤其是邪惡的天使）可以享有任何神家中的特權，也就是我們身為神的兒女所領受到的特權。事實上，希伯來書2:14-16將我們身為神兒女的地位與天使的地位之間，作了清楚的劃分。不只如此，聖經中沒有任何地方說到天使是神家中的成員，或說他們擁有如我們作為神兒女所享有的特權（創世記6:2-4中所指的不太可能是天使；見Wayne Grudem, *The First Epistle of Peter*, pp. 211-15）。

不僅如此，神也可以只使我們稱義，而不使我們在祂家中有兒子名分的特權；因為祂可以只赦免我們的罪，並賜給我們在祂面前合法的地位，但不使我們成為祂的兒女。能夠清楚明白這一點是很重要的，因為這會幫助我們了解，我們在兒子的名分中所得的特權是何等寶貴。重生是關乎我們內在的屬靈生命，稱義是關乎我們在神律法面前的地位，而得著兒子的名分則是關乎我們與神作為我們的父之間的關係。在兒子的名分中，我們得著了許多最寶貴的福分，是我們在永恆裏才會全然領會的。當我們開始明白這些福分的偉大，當我們意識到神其實並沒有義務要賜給我們任何福分，我們才會與使徒約翰一同歡呼說：「你看父賜給我們是*何等的慈愛*，使我們得稱為神的兒女！我們也真是祂的兒女。」（約一3:1）

D. 兒子名分的特權

兒子的名分所帶來的福分或特權，首先見於神與我們的關係，其次則見於我們在神家中與弟兄姊妹的關係。

D.1 神作我們的父

我們得著兒子名分的最大特權之一，就是我們能夠與神交談並與祂*建立關係，以祂作為*我們良善、慈愛的*父親*。我們禱告時是向著「我們在天上的父」（太6:9）禱告，我們也明白我們「不是奴僕，乃是兒子」（加4:7）；所以，我們現在和神的關係，不再是奴隸和主人之間的關係，而是兒女和父親之間的關係。事實上，神賜給我們*從聖靈而來的內在見證*，使我們能出於本能地呼叫神為我們的父；「因此我們呼叫『阿爸、父』時，乃是聖靈自己與我們的靈同證我們是*神的兒女*。」（羅8:15-16；和合本譯作「因此我們呼叫『阿爸、父』。聖靈與我們的心同證我們是神的兒女。」）神作為我們的父親的這個關係，乃是基督徒生命中許多其他福分的基礎，也是我們與神相交的主要方式。雖然神真的也是我們的創造主、我們的審判者、我們的主與主宰、我們的教師、我們的供應者與保護者，以天命來眷顧與維持我們的存在，然而在所有角色中，和我們最親密、最能夠讓我們享有與神永遠相交之最高特權的，乃是祂作為我們天父的角色。

神願意作為我們父親的這項事實，十分清楚地顯明出祂*愛我們*（約一3:1）、*了解我們*（詩103:13-14，「父親怎樣憐恤他的兒女，耶和華也怎樣憐恤敬畏祂的人；因為祂知道我們的本體，思念我們不過是塵土」），以及*眷顧我們的需要*（太6:32，「這都是外邦人所求的。你們需用的這一切東西，你們的天父是知道的」）。不只如此，神作為我們的父親，祂也賜給我們許多美好的禮物：「你們雖然不好，尚且知道拿好東西給兒女，何況你們在天上的父，豈不更把好東西給求祂的人麼？」（太7:11）特別是祂賜給我們聖靈的這項禮物，為的是要安慰我們，使我們在事奉上得力，並且能夠活出基督的生命（路11:13）。[4] 事實上，神所賜給我們的，不只是在今生的禮物，祂也賜給我們極大的天上的產業，因為我們已經與基督同作後嗣了。保羅說：「從此以後，你不是奴僕，乃是兒子了；既是兒子，就靠著神為後嗣」（加4:7）；其實我們「就是神的後嗣，和基督同作後嗣」（羅8:17）。身為後嗣，我們就有權利得著那極大的、永恆的、「不能朽壞、不能玷污、不能衰殘、為你們存留在天上的基業」（彼前1:4）。所有天上極大的特權和福分是為我們存留，由我們來取用，因為我們是大君王的兒女、皇家之成員，是將要與基督在新天新地一同掌權的王子和公主（啟2:26-27; 3:21）。甚至現今天使都被差派來服事我們、伺候我們（來1:14），使我們得以預嘗這個極大的特權。

我們要從神作為我們天父的這個關係中，來明白耶穌所教導祂門徒的每日禱告：「我們在天上的父……赦免我們的罪過，如同我們赦免了那些得罪我們的人（和合本譯作『免我們的債，如同我們免了人的債』）。」（太6:9-12）這個每日祈求罪得赦免的禱告，並不是指我們一生中要不斷地祈求神一次次地賜下稱義，因為稱義是在我們以得救的信心來信靠基督之後就立即得到的，那乃是一舉完成的事。反之，每日祈求罪得赦免的禱告，是因為我們所犯的不討神喜悅的罪，阻斷了神作為我們父親的這個關係，所以我們要禱告使之得以恢復，並祈求祂再次以父親喜悅祂所愛之兒女的心來看待我們。因此，我們所作「赦免我們的罪過」的這個禱告，並不是向著作為宇宙終極審判者的神禱告，而是向著作為我們天父的神禱告。這個禱告是要恢復我們與天父敞開的交通，這交通曾因著罪而被阻斷了（另參約一1:9; 3:19-22）。

被聖靈引導的特權也是得著兒子名分的一項福分。保羅指出這是一項道德性的福分，聖靈藉此在我們裏面放置了順服神以及按祂旨意而活的意願。保羅說：「凡被神的靈引導的都是神的兒子」（羅8:14），而且他說，正是因為這個原因，所以基督徒應當靠著在他們裏面運行的聖靈，「治死身體的惡行」（羅8:13；留意在第14節起頭的「因為」）。他認為聖靈會引導並帶領神的兒女，使他們能走在順服神的道路上。

---

[4]在這一節經文裏，耶穌說：「你們雖然不好，尚且知道拿好東西給兒女，何況天父，豈不更將聖靈給求祂的人麼？」祂在此的意思似乎不是指在人重生時神所賜下內住在人裏面的聖靈，而是指神賜下服事時所需要的更進一步的能力、恩賜，或活出基督生命的能力。

進入神家中得享兒子名分的另一項特權，就是神會*管教我們*如同管教兒女；不過我們通常並不認為這是一項特權。「我兒，你不可輕看主的管教，被祂責備的時候，也不可灰心。因為主所愛的，祂必管教，又鞭打凡所收納的兒子。」（來12:5-6，引自箴3:11-12）希伯來書的作者解釋說：「神……待你們如同待兒子。焉有兒子不被父親管教的呢……〔神〕是要我們得益處，使我們在祂的聖潔上有分。」（來12:7, 10）正如世上的兒女受到父母適當的管教時，就會在順服和公義上有長進；當我們受到天父管教時，也會在公義和聖潔上有長進。

另一項和神身為父親所作的管教有關的事實是，我們既為神的兒女，並且與基督同作後嗣，我們就擁有*同受祂的苦難和同享祂後來的榮耀之特權*。正如經上說：「基督這樣受害，又進入祂的榮耀，豈不是應當的麼？」（路24:26）神也賜給我們得以走在基督所行過之途徑的特權；我們在今生與祂同受苦難，以至於在來生也可以與祂同得極大的榮耀：「既是兒女，便是後嗣，就是神的後嗣，和基督同作後嗣。*如果我們和祂一同受苦*，也必*和祂一同得榮耀*。」（羅8:17）

D.2 成為神家中的一員

除了上述關於我們與神的關係，以及與祂相交的這些寶貴特權之外，我們還有另一些兒子名分的特權，是影響著信徒彼此之間的關係，以及我們自己個人的行為。我們既然是神的兒女，我們彼此的關係就更加深厚與親密，遠超過天使之間的關係，因為我們都是*一個家中的成員*。新約聖經中常常稱呼基督徒為在基督裏的「弟兄」和「姊妹」（羅1:13; 8:12；林前1:10; 6:8；雅1:2；太12:50；羅16:1；林前7:15；門1:2；雅2:15）；此外，有許多經節中稱整個教會為「弟兄們」，但這並不是單指會眾裏的男人，而是泛指全教會；並且除非上下文特別指明有其他的意義，這「弟兄們」應當被視為是指「在主裏的弟兄姊妹們」。在新約書信裏的「弟兄」之稱呼極為普遍，似乎這是新約作者主要用來提及他們所致函的其他基督徒的方式；這也表示新約作者對教會就是神的家的這個本質，有著強烈的意識。事實上，保羅勸勉提摩太，要看待自己與以弗所教會的關係，以及與教會內其他個人之間的關係，如同與一個大家庭成員之間的關係一樣：「不可嚴責老年人，只要勸他如同*父親*；勸少年人如同*弟兄*；勸老年婦女如同*母親*；勸少年婦女如同*姊妹*；總要清清潔潔的。」（提前5:1-2）[5]

---

[5]關於新約中教會即家庭之教導的廣泛分析，可見Vern S. Poythress, "The Church as a Family: Why Male Leadership in the Family Requires Male Leadership in the Church as Well," in W. Grudem and J. Piper, eds., *Recovering Biblical Manhood and Womanhood*, pp. 233-47.

教會就是神的家，這個觀念應當使我們對教會的事工有一個嶄新的眼光。教會的事工乃是「家中的工作」，家中的各個成員絕不應當在個人的工作上相互競爭，或彼此阻礙，而應當相互激勵，並為著臨到家中任何一員的好處或進步而心存感謝，因為這一切都有助於家中的好處，並將尊榮歸給我們的父神。事實上，正如世上家庭中的成員共同為一件計劃而努力時，常會在其中得充滿喜樂及享受彼此情誼的時光；同樣地，當我們一同事奉、建造教會之時，也應當充滿了極大的喜樂與相互的交通。不只如此，正如世上家中的成員，他們尊榮父母並實現家庭目的之最高表現，就在於他們熱切地歡迎任何新近被納入家中的弟兄或姊妹；如此，我們也應當以愛心熱切地歡迎基督家庭的新成員。

我們身為神家中成員的另一方面乃是，我們身為神的兒女，就應當在一切的行為上，*效法我們在天上的父*。保羅說：「你們該效法神，好像蒙慈愛的兒女一樣。」（弗5:1）彼得也對此作了相同的回應：「你們既作順命的兒女，就不要效法從前蒙昧無知的時候那放縱私慾的樣子。那召你們的既是聖潔，你們在一切所行的事上也要聖潔。因為經上記著說：『你們要聖潔，因為我是聖潔的。』」（彼前1:14-16）彼得和保羅都了解，世上的兒女會效法他們的父親，這是很自然的事；而他們引用兒女的這個天然本性，來提醒我們應當效法我們的天父——事實上，這也應當是我們自然想要去做、並樂在其中的事。如果我們在天上的父神是聖潔的，那麼我們就應當如同順服的兒女一樣，也要聖潔。

當我們走在公義行為的道路上時，就是*尊榮我們的天父*，並將榮耀歸給祂；當我們以一種討神喜悅的方式而行事為人時，我們就能夠使別人「看見你們的好行為，便將榮耀歸給你們在天上的父」（太5:16）。保羅勉勵腓立比教會的人，要在未信主之人面前持守住純潔的行為，「使你們無可指摘，誠實無偽，在這彎曲悖謬的世代，作*神*無瑕疵*的兒女*。你們顯在這世代中，好像明光照耀。」（腓2:15）實際上，始終一致的道德行為正是我們真為神兒女的證據。約翰說：「從此就顯出誰是神的兒女，誰是魔鬼的兒女：凡不行義的就不屬神；不愛弟兄的也是如此。」（約一3:10）

個人思考與應用

1. 請複習我們被接納為神的兒女所得著的各樣特權。你以前是否會認為，因著你已經重生，這些特權就理所當然地屬於你了？你是否能夠描述，假若我們有了重生、稱義和其他許多因救恩而有的特權，但卻沒有得到兒子的名分而進入神家中，我們的永恆生命將會是什麼景況？

你現在對於神接納我們進入祂家中的感受，與你在閱讀本章之前的想法有什麼不一樣？

2. 在你成為基督徒以後，你和家人之間的關係是變得更好，還是更糟？假若你和世上家庭的關係變得更加困難，你是否能體會到馬可福音10:29-30的真實性？
3. 有些人在世上的父親很冷酷而且缺乏愛心，這些人發現他們的背景使得他們很難將神看作天父，也很難與祂建立起父子的關係。希伯來書12:10，馬太福音7:11，和路加福音11:13的經文，將世上有罪、不完全的父親和天上完全的父親作了對比，這些經文如何能對上述的情況有所幫助？彼得前書1:18是否也能對這種情況有所幫助？若是一個人世上的父親很冷酷、沒有愛心，他該如何做才能使自己更多體會神是怎樣的神，以及祂是怎樣的父親？你認為在第一世紀的基督徒中，是否也有人的父親是冷酷而且缺乏愛心的，或是他們的父親根本就不在世上了？在這一點上，有什麼舊約的教訓可以幫助他們？如果一個人在世上的父親是邪惡的，你認為他是否仍會有神所賜內在的意識，知道一位良善的父親應該是什麼樣子？
4. 請想一下你教會裏的成員。本章是否幫助你更將他們看為是你的兄弟姊妹（如果他們較為年長，則看為像是父親和母親）？若是在教會中更加看重這個教會即家庭的觀念，會對教會有怎樣的幫助？你能夠如何促使這個觀念更多被重視？
5. 你的教會是否與其他教會有任何方面的彼此爭競？是否能藉著對兒子名分的教義有更深的理解而將它克服？
6. 在世上的家庭裏，當一位兒女犯罪並因此受到公開的懲罰時，全家人都同受羞辱；而另一方面，當一位家中成員因傑出的成就而受到尊榮時，全家人則都引以為傲並為之歡欣。從這個世上家庭情況的類比來看，你對自己生命中的個人聖潔有什麼看法？你個人的聖潔如何影響你屬靈家庭中的其他成員？你個人是否有一股強烈的內在意願，要在行為上效法你的天父（弗5:1；彼前1:14-16）？
7. 你是否感覺到在你裏面的聖靈與你的靈一同見證你是神的兒女（羅8:15-16；加4:6）？你能否描述那是怎樣的感覺？
8. 你是否感覺到教會中對於其他族裔或其他社會、經濟地位的基督徒，存有任何的歧視？你是否明瞭兒子名分的教義應當使教會除去這樣的分別（見加3:26-28）？你是否也知道兒子名分的教義表示出，在教會中無論男或女，都不應當認為另一性別更為重要或更為不重要（見加3:28）？

特殊詞彙

得著兒子名分（adoption）

本章書目

許多系統神學未將兒子的名分當作獨立的主題處理，而是在討論稱義之結果時，也討論兒子的名分的特權。

Davids, P. H. "Adoption." In *EDT*, p. 13.
Murray, John. "Adoption." In *Redemption Accomplished and Applied.* Grand Rapids: Eerdmans, 1955, pp. 132-40.

第三十八章

成聖──成長更像基督

我們如何在基督徒生命的成熟上成長？

基督徒成長的福分為何？

背誦經文：羅馬書6:11-14

這樣，你們向罪也當看自己是死的；向神在基督耶穌裏卻當看自己是活的。所以，不要容罪在你們必死的身上作王，使你們順從身子的私慾；也不要將你們的肢體獻給罪作不義的器具；倒要像從死裏復活的人，將自己獻給神，並將肢體作義的器具獻給神。罪必不能作你們的主，因你們不在律法之下，乃在恩典之下。

詩歌：成聖須用工夫（*Take Time to be Holy*）

1成聖須用工夫 儆醒常禱告 主裏永遠安住 領受主真道
結交神的兒女 扶助軟弱者 凡事切切求取 神各樣恩澤
2成聖須用工夫 世界雖忙碌 暗中多多靈交 單單依靠主
望斷及於耶穌 變成祂模樣 朋友在你身上 看見祂榮光
3成聖須用工夫 主引導不難 不論遭遇何事 不搶在祂前
喜樂或是憂傷 隨主腳蹤行 望斷及於耶穌 信靠祂命令
4成聖須用工夫 你心要鎮靜 每一思念動機 要受主掌控
聖靈一路引導 到主愛泉源 不久才配在天 事主到永遠

詞：William D. Longstaff, 1887

曲：HOLINESS 6.5.6.5.D, George C. Stebbins, 1877

替代詩歌：信而順從（*Trust and Obey*）, John H. Sammis, 1887

前言

前面幾章已經討論過神在我們基督徒生命開始時的幾項作為：福音的呼召（神向我們發出呼召）、重生（神賜給我們新生命）、稱義（神給我們在祂面前合法的地位），以及得著兒子名分（神使我們成為祂家中的成員）；也討論過歸正（我們為罪悔改，並信靠基督而得著救恩）。上述這些都發生在我們基督徒生命開始的時候。[1]

但現在我們要討論救贖施行工作的一個*漸進發展*部分；這部分在我們一生年日中是持續進行的，也是由*神與人合作*、各擔任其不同角色的工作。救贖施行工作中的這個部分就稱為「成聖」（sanctification）：*成聖是一項神與人合作、漸進發展的工作，使我們在實際生活中能夠更脫離罪，並且能更像基督。*

A. 稱義與成聖的區別

下表具體說明了稱義和成聖之間的幾個差異：

稱義	成聖
法律上的地位	內在的光景
一舉完成的	一生中持續不斷的
全然是神的工作	我們有所參與
今生得著完全	今生無法得著完全
對所有的基督徒都是一樣的	有些人更加進深

正如這個表所指明的，成聖乃是在基督徒生命中持續一生的事。基督徒生命的一般歷程就是在成聖上繼續地成長，而這也正是新約聖經鼓勵我們要留心努力之處。

B. 成聖的三個階段

B.1 成聖的開始

成聖在重生時有一個明確的開始。當我們重生的那一刻，我們的生命中發生了一個明確的道德上的改變，正如保羅所說「重生的洗和聖靈的更新」（多3:5）。我們一旦重生了，就不會繼續犯罪，無論是習慣性地犯罪，或是活在罪的生活模式中（約一3:9）；因為在我們裏面屬靈新生命的力量，會保守我們不對犯罪的生命讓步。

這個起初道德上的改變，乃是成聖的第一階段。就這個意義而言，重生與成聖之間稍有重疊，因為這個道德上的改變其實就是重生的一部分；然而當我們從內在的道德改變之觀點來看時，我們也可以將它視為成聖的第一階段。事實上，保羅把重生時開始的成聖，視為已成就的工作，所以當他對哥林多教會的人說「但如今你們奉主耶

[1]雖然我們起初是藉著得救的信心而得以在歸正之時被稱為義，但是信心和悔改確實在我們一生中都持續著（見本書第三十五章C節）。同樣地，雖然重生、稱義，和得著兒子的名分都是在基督徒生命開始之時就立即發生，並且也都是一次完成的事件，但是這些事件的一切後續結果卻會持續一生之久：我們仍然擁有從重生所得到的屬靈生命，從稱義所得到的合法之地位，和從得到兒子名分所得到的神家中成員的資格。

穌基督的名，並藉著我們神的靈，已經洗淨、*成聖*、稱義了」之時（林前6:11），他是在回顧一件已經完成了的事件；同樣地，他在使徒行傳20:32那裏將基督徒稱為是「一切成聖的人」。[2]

信徒在這個成聖的起始步驟中，對罪的管轄權勢及對罪的眷戀作了一個明確的斷絕，以至於他不再被罪轄管或主宰，也不再眷戀著罪。保羅說：「這樣，你們*向罪也當看自己是死的*；向神在基督耶穌裏卻當看自己是活的……〔因為〕*罪必不能作你們的主*。」（羅6:11, 14）保羅說基督徒已經「從罪裏得了釋放」（羅6:18）。在這段羅馬書第6章的經文中，向罪而死或從罪中得釋放都牽涉到一個能力，這個能力可以使人在生命中勝過罪惡的行為，或罪行的模式。保羅告訴羅馬教會的人：「不要容罪在你們必死的身上作王」；他又說：「不要將你們的肢體獻給罪作不義的器具；倒要……將自己獻給神。」（羅6:12-13）向罪的管轄權勢而死，就表示我們基督徒藉著聖靈的能力，和在我們裏面運行的基督復活的生命，能夠有力量勝過罪惡的試探和引誘；罪不再是我們的主宰，如同我們成為基督徒之前的那種光景。

從實際的角度來說，這表示我們必須肯定兩件事的真實性：在一方面，我們絕不能說「我完全脫離了罪」，因為我們的成聖在今生絕不會達到完全（見本章B.4節）；但是在另一方面，一個基督徒也絕不應當說（舉例而言）：「這個罪已經擊敗我了，我放棄了。我的壞脾氣已經有三十七年了，而且這個壞脾氣會跟著我直到我死的那一天。別人只好忍受我這個樣子了！」這種說法就表示罪已經得著了權勢，也表示我們容讓罪在我們的身上掌權，並承認自己的潰敗。這種說法就是否認了聖經上的真理：「你們向罪也當看自己是死的；向神在基督耶穌裏卻當看自己是活的」（羅6:11），以及「罪必不能作你們的主」（羅6:14）。

所以，這個一開始與罪的斷絕，包含了我們在意願上的改變方向，使得我們在生活中不再對罪眷戀並被罪轄制。保羅知道他的讀者先前是罪的奴僕（正如所有的不信之人），但是他說他們如今不再被罪所奴役了：「你們從前雖然作罪的奴僕，現今卻從心裏順服了所傳給你們道理的模範。你們既從罪裏得了釋放，就作了義的奴僕。」（羅6:17-18）一個人心中最主要的眷戀和意願之改變，是發生在成聖的開始之時。[3]

---

[2]此處的希臘文是*tois hēgiasmenois*，衍生自*hagiazō*，它是一個完成式被動分詞所轉化成的名詞，表達出一個已經完成的過去的作為（他們已經成聖了），以及一個繼續的結果（他們繼續經歷到過去那個成聖作為的影響）。

[3]有人可能希望在這一段中另外再加上一處或幾處希伯來書的經文，是論到我們的成聖在過去就已經完成了。例如，希伯來書的作者說：「我們憑這（神的）旨意，靠耶穌基督，只一次獻上祂的身體，就〔已經〕得以成聖」

B.2 成聖的增長

成聖是在一生的年日中漸漸增長的。縱使新約聖經論到成聖有一個明確的開始，但它也視成聖為一個過程，在我們基督徒的一生中持續地進行著；這是「成聖」一詞在今日系統神學和基督徒言談中一般所代表的主要意義。[4] 雖然保羅說他的讀者已經從罪裏得了釋放（羅6:18），而且他們「向罪……是死的；向神……是活的」（羅6:11），然而他也明瞭罪仍然存留在他們的生命裏，所以保羅告訴他們，不要容罪作王，也不要順從它（羅6:12-13）。因此，他們身為基督徒的責任，就是要在成聖上愈發增長，就如同他們從前在罪中也是愈發增長一樣：「你們從前怎樣將肢體獻給不潔不法作奴僕，以至於不法；現今也要照樣將肢體獻給義作奴僕，以至於成聖。」（羅6:19）「從前怎樣……現今也要照樣……」這個詞語（希臘文是*hōsper...houtōs*）表示保羅要他們以相同的方式去行：他們先前「怎樣」愈發獻給罪，他們現今也要「以相同的方式」將自己愈發獻給義，以至於成聖。

保羅說，在基督徒一生的年日中，我們都要漸漸「變成主的形狀，榮上加榮，如同從主的靈變成的」（林後3:18）。當我們在基督徒生命中繼續前行時，我們就會漸漸地變得愈來愈像基督；所以保羅說：「忘記背後，努力面前的，向著標竿**直跑**，要得神在基督耶穌裏從上面召我來得的獎賞」（腓3:13-14）──保羅在說這句話時，也表明自己尚未完全，而是竭力要達到基督之所以拯救他的一切目的（腓3:9-12）。

保羅勸誡歌羅西教會的人不應當再彼此說謊，因為他們已經「穿上了新人；這新

（來10:10）。此處希臘文的表達是用迂迴說法的完成式被動分詞*hēgiasmenoi esmen*，這是說到一種繼續進行的現在情況，而這個現在的情況乃是出於過去已完成的作為：我們……繼續處在「〔已經〕成聖」的光景下（而且我們繼續感受到先前成聖的作為之結果）。

但是在希伯來書中，「**成聖**」一詞（希臘文是*hagiazō*）的意義，更多是關係到舊約時代的人到神面前所必須具有的禮儀上的潔淨或聖潔；所以，在希伯來書中「成聖」的意思是「使人在神的眼中成為聖潔和公義，如此才可以到神面前來敬拜祂」；就這個意義來說，希伯來書裏的「成聖」大約是相當於保羅詞彙中的「稱義」。「成聖」的這個意義可見於希伯來書9:13; 10:10; 13:12；這些經文都是講到一種禮儀上的潔淨，使人得以來到神的面前，因此這裏的「成聖」是指基督徒生命開始時，但更著重於在敬拜中到神面前。而保羅所說的「稱義」，其重點則是在從神律法之下的懲罰被釋放而得著稱義的地位。

[4]在更正教派之衛理會或聖潔運動的傳統中，「**成聖**」一詞有不同的用法。在這些圈子裏，成聖的經歷有時候被視為在歸正之後的單一事件，即基督徒達到了一個更高層次的聖潔；這個層次有時被稱為「全然成聖」（entire sanctification）或「無罪的完全」（sinless perfection）。在這個傳統中，成聖被視為是一項基督徒在靈命中所尋求、並且有時候能獲得的經驗（見本章書目中列在「阿民念派」類別之下的系統神學書籍）。因此，儘管大多數的更正教徒會說：「我正在成聖的過程中」，而一些屬於衛理會或聖潔運動傳統中的人卻會說：「我**已經**成聖了」；他們所指的不是一開始在歸正時的與罪斷絕，而是指在後續的經驗中開始體會到生命脫離自覺之罪的自由。這種立場所帶來的難題將在以下B.4節「成聖在今生絕不會臻至完全」中略加討論。

人在知識上*漸漸更新*，正如造他主的形像」（西3:10），這也表明出成聖甚至包括了我們在思想以及言語行為上，會愈來愈像神。同樣地，希伯來書的作者勸勉他的讀者說：「當放下各樣的重擔，脫去容易纏累我們的罪」（來12:1），並且說：「*要追求聖潔*；非聖潔沒有人能見主。」（來12:14）另外，雅各鼓勵他的聽眾說：「你們要行道，不要單單聽道。」（雅1:22）而彼得則告訴他的讀者說：「你們在一切所行的事上也要聖潔。」（彼前1:15）

我們在這裏毋需列舉更多的經文，因為新約聖經中大部分教訓都是在指導各教會的信徒要如何成長更像基督；新約書信中所有的道德勸勉和命令也都是此類的教訓，因為它們都是從不同的方面勉勵信徒，使他們在生命中達到更深的成聖。新約中的每個作者都盼望，我們基督徒在一生中，都能夠在成聖上不斷地長進。

B.3 成聖的完成

就我們靈魂的成聖而言，其完成是在我們死亡之時；而就我們身體的成聖而言，其完成是在主再來之時。

我們即使成為了基督徒，卻仍然有罪殘存在我們的心中（羅6:12-13；約一1:8），所以，我們的成聖在今生是絕不會完成的（見以下B.4節）。然而當我們離世與主同在時，就某種意義來說，我們的成聖便完成了，因為我們的靈魂從內在的罪中被釋放而得著完全。希伯來書的作者說，當我們進入神的同在中敬拜時，我們就是進入「*被成全之義人的靈魂*」中間（來12:23）；這個說法也預示著啟示錄所說的：「凡不潔淨的……總不得進」入神的同在，就是那屬天的聖城（啟21:27）。這些經文表示，到那時我們已是「*被成全之義人*」，是「潔淨的」。

然而，當我們理解到成聖是牽涉到我們的全人，包括我們的身體在內時（見林後7:1；帖前5:23），我們就會明白，要一直到主再來，以及我們得著復活的新身體之時，成聖才會全然完成。我們等候著我們的主耶穌基督從天降臨，到那時祂要「將我們這卑賤的身體改變形狀，和祂自己榮耀的身體相似」（腓3:21）；也就是「在祂來的時候」（林前15:23），我們會帶著復活的身體活過來；然後，我們也必將有完全「屬天的形狀」（林前15:49）。[5]

我們可以用圖38.1來描繪成聖的過程。圖中顯示我們在歸正以前是作罪的奴僕，而 (1) 在歸正的那一刻，成聖有一個明確的開始；(2) 在基督徒一生的年日中，成聖應

---

[5]見本書第四十二章有關得榮的討論（亦即當基督再來時，我們得著一個復活的身體）。

當有所增長；(3) 在我們死亡之時，成聖達到完全（為使圖簡明，我們省略掉得著復活身體時的全然成聖）。

圖38.1 成聖的過程

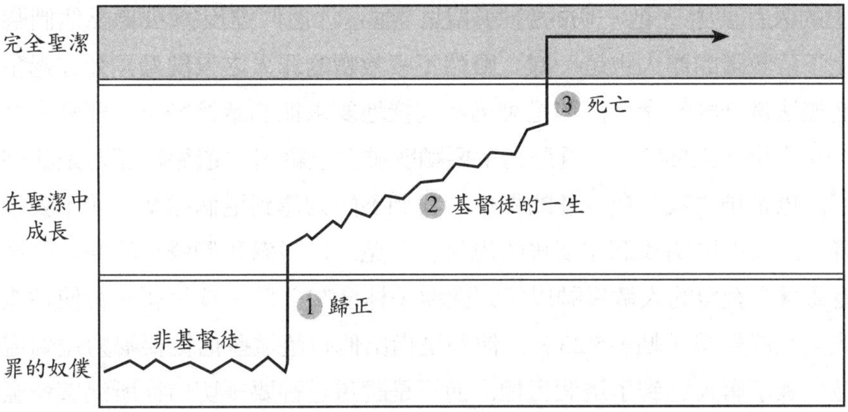

圖38.1中以一條鋸齒狀的線來代表成聖的過程，表示我們今生在成聖的成長上，並非總是朝著一個方向前進；有些時候我們在成聖的路上有進步，但有些時候我們曉得自己有幾分倒退了。最極端的情況是一個信徒不但沒有往成聖的路上前進，反而接受不正確的教導，缺乏好的基督徒團契，並且對於禱告和神的話語完全不認真；他可能如此過了許多年，而在成聖上幾乎完全沒有進步——這當然不是一般所預期的基督徒生命之模式；事實上，這是極為不正常的景況。

B.4 成聖在今生絕不會臻至完全

在教會歷史上總是有一些人會引用如馬太福音5:48（「所以你們*要完全*，像你們的天父完全一樣」），或哥林多後書7:1（「我們……就當潔淨自己，除去身體靈魂一切的污穢，敬畏神，*得以成聖*」）這些經文的命令，由此推斷說，既然神賜給我們這些命令，祂也必定會賜下能力，使我們能夠完全遵守這些命令；所以他們結論說，我們在今生是有可能達到無罪之完全的境地。不只如此，他們提出保羅為帖撒羅尼迦教會的人所作的禱告：「願賜平安的神，親自使你們全然成聖」（帖前5:23），並由此推測說，保羅的禱告可能已經在某些帖撒羅尼迦教會的基督徒身上實現了。事實上，約翰甚至說：「凡住在祂裏面的就不犯罪。」（約一3:6）難道這些經文不是指出一個可能性，就是某些基督徒在今生可以達到無罪之完全的境地嗎？在這個討論中，筆者要以「完全主義」（perfectionism）這個詞語，來代表認為在今生有可能達到無罪之完全的這個觀點。

當我們經過更仔細的審視之後，就發現這些經文並不支持完全主義的立場。首先，聖經並沒有教導說，每一次當神賜下一個命令時，祂也都會賜下遵守它的能力。[6]神命令世上的人都要遵守祂一切的道德律法，並且當他們違反律法時要他們為此負責，即使是不蒙救贖的罪人也是一樣；雖然不蒙救贖的罪人之景況乃是死在過犯罪惡之中，因而無法遵守神的命令，但是神仍然同樣地要求他們承擔後果。耶穌命令我們要像天父一樣完全（太5:48），這是為了要顯明神自己絕對的道德純潔乃是我們所要努力的標準，也是神要我們負責任的標準。我們不能夠達到這個標準，並不表示這個標準就要降低，反而顯明我們需要神的恩典和赦免，以勝過我們殘留的罪。同樣地，當保羅命令哥林多教會的人敬畏神以達到聖潔（林後7:1）時，或是祈求神使帖撒羅尼迦教會的人全然成聖時（帖前5:23），他乃是指出他盼望這些信徒要竭力達到這個目標；保羅並非表示有人達到了這個目標，而只是說這是神要一切信徒所渴望臻至的極高的道德標準。

約翰所說「凡住在祂裏面的就不犯罪」（約一3:6），並不表示我們中間有人達到了完全，因為此處所用的希臘文現在式動詞是指連續性或習慣性的動作，所以這節經文應當譯為：「凡住在祂裏面的就不〔繼續〕犯罪；凡〔繼續〕犯罪的，是未曾看見祂，也未曾認識祂。」（約一3:6）這與約翰在幾節經文之後的敘述類似：「凡從神生的就不〔繼續〕犯罪，因神的種子（和合本譯作『神的道』）存在他心裏；他也不能〔繼續〕犯罪，因為他是由神生的。」（約一3:9，NIV譯法）假若這些經文是指達到無罪之完全的境地，那麼這就表示每一個基督徒都會達到無罪之完全的境地，因為這些經文是說到每一個從神而生、每一個見過基督又認識祂之人的真實光景。[7]

所以，聖經中似乎的確沒有任何經節是教導說人有可能在今生完全脫離罪；而另一方面，在舊約和新約裏都有經文清楚地教導說，我們於今生是無法在道德上臻至完全。所羅門在他獻殿的禱告裏說：「你的民若得罪你（世上沒有不犯罪的人）……」（王上8:46）同樣地，我們在箴言20:9那裏讀到一個答案是否定的反問句：「誰能說『我潔淨了我的心，我脫淨了我的罪』？」而在傳道書7:20我們則讀到直接的敘述：「時常行善而不犯罪的義人，世上實在沒有。」

---

[6]見本書第二十四章D.2節有關神在聖經中的命令並非一定表示我們有能力遵守之討論。

[7]我們也要以類似的方式來理解約翰一書5:18。

在新約裏我們看到耶穌教導祂的門徒禱告說：「我們日用的飲食，今日賜給我們。赦免我們的罪過，如同我們赦免了那些得罪我們的人（和合本譯作『免我們的債，如同我們免了人的債』）。」（太6:11-12）這段經文告訴我們，就像我們每天為日用的飲食禱告一樣，我們也應該每天為罪得赦免而禱告。

正如我們在以上所提到的，當保羅論及賜給基督徒得以勝過罪的新能力時，他並沒有說在基督徒的生命中就沒有罪；他只是告訴信徒不要容罪在他們的身上「作王」，也不要「容讓」他們的肢體犯罪（羅6:12-13）；他並非說他們不會犯罪，而是說罪不能轄制他們，或是「作他們的主」（羅6:14）。保羅之所以提出這些教導，正顯出他明瞭信徒在世上的年日中，仍然會有罪繼續存留在他們的生命裏。甚至連我們主的兄弟雅各也說：「我們在許多事上都有過失」（雅3:2）；如果雅各自己都這樣說，我們當然也應該同意這種說法。最後，約翰在這封屢屢宣告神的兒女不會繼續處於犯罪之行為模式的書信中（約翰一書），他也清楚地表示：「我們若說自己無罪，便是自欺，真理不在我們心裏了。」（約一1:8）在此約翰明確地排除了我們在生命中可以完全脫離罪的可能性；事實上，他說任何宣稱自己脫離了罪的人，都只是自欺而已，真理並不在他裏面。[8]

然而當我們結論說，成聖在今生絕不會達到完全時，我們也必須加上教牧上的智慧和警覺來運用這項真理。有些人可能會將這項事實作為一項藉口，以至於不竭力追求聖潔，或是在聖潔上不追求長進；這是與許多新約聖經的命令完全相反的。而另有些人可能因為想到我們在今生絕不能夠達到完全，因此就對基督徒生命上的長進失去了盼望；這種態度也和羅馬書第6章以及其他經文的教訓相違背——這些經文清楚地教導，我們生命中有基督復活的大能使我們得以勝過罪。所以，雖然成聖在今生絕不會完成，但我們也必須強調說，成聖的長進在今生應當永不停止。

不只如此，當基督徒長大成熟時，那些存留在他們生命裏的罪，通常不是從外表能看得見的言行之罪，而是內心中的態度和動機之罪——譬如：驕傲和自私的慾求、缺乏勇氣或信心、沒有全心愛神和愛人如己的熱誠，以及無法在各種情況下完全相信神的應許並信靠祂。這些乃是真正的罪！這些罪顯明出我們和基督道德上的完全有著極大的差距。

然而，明瞭在較成熟的基督徒身上所存留之罪的本質，可以幫助我們在說到沒有

[8]見本書第二十四章註16有關某一派的觀點，他們認為約翰一書1:8並不一定適用於每一個基督徒。

人在今生是完全的、或全然脫離罪時，不至於引起誤解。許多成熟的基督徒當然有可能在一天中其言行上沒有蓄意、或有意識地不順服神；事實上，若是基督徒領袖們要「在言語、行為、愛心、信心、清潔上，都作信徒的榜樣」（提前4:12），那麼他們生活中的言行舉止，也多半在人看來是無可指責的，但是這絕不表示這些人心中的動機、思想和意圖已經到達了完全脫離罪的境地。

神學家慕理（John Murray）曾提到，當先知以賽亞進入神的同在時，他只能呼叫說：「禍哉！我滅亡了。因為我是嘴唇不潔的人，又住在嘴唇不潔的民中，又因我眼見大君王萬軍之耶和華。」（賽6:5）約伯雖然在有關他的故事（約伯記）的前段被稱許為完全正直，但是當他進入全能神的同在時，他只能承認說：「我從前風聞有你，現在親眼看見你。因此我厭惡自己；在塵土和爐灰中懊悔。」（伯42:5-6）從這些例子以及教會史上其他聖徒的見證中，慕理下了這個結論：

> 「實際上，人在成聖上愈進深，愈被模成他救主的形像，他也就必然愈加厭惡任何與神的聖潔不一致的事物。他愈深地體會到神的威榮，對神的愛愈熾烈，對神在基督耶穌裏從上頭召他要得的獎賞愈加渴望與堅持，他就愈能意識到所殘存於己之罪的嚴重性，而他對這些罪的憎惡也就更為強烈……這不就是當所有神的子民更加靠近神所啟示出的聖潔時，在他們中間所產生的果效嗎？」[9]

C. 神與人在成聖中合作

有些人（例如慕理）[10] 反對在成聖上是神與人「合作」的說法，因為他們堅持認為，神的工作在成聖中是主要的，而我們的工作只是次要的（見腓2:12-13）。然而，若是我們將成聖工作中神的角色和人的角色解釋清楚，神與人在成聖中合作的說法似乎也並非不合適；神在我們的成聖中作工，而我們也作工，雙方都是為著相同的目的。我們並不是說神與人在成聖的工作中有著相等的角色，或說雙方都以同樣的方式作工，乃是說我們在成聖中所擔任的部分，是合乎於我們身為神的受造者之地位；況且聖經（在新約中一切關於道德的命令）確實強調我們在成聖中有我們的責任，因此我們可以教導說，神呼召我們在成聖這項工作上與祂合作。[11]

---

[9]見John Murray, *Redemption Accomplished and Applied*. p. 145.

[10]同上出處，pp. 148-49.

[11]另一方面，如果我們要說成聖全然是神的工作，而我們只是以操練成聖的方法而對成聖工作有所貢獻（或是其他類似的說法），也有同樣的意義。筆者只是擔心，我們若是說成聖全然是神的工作，可能會造成誤解，並

C.1 神在成聖中的角色

因為成聖主要是神的工作，所以保羅禱告說：「願賜平安的神，親自使你們全然成聖。」（帖前5:23）父神在成聖工作中的其中一項明確任務，就是管教我們如同管教兒女（見來12:5-11）。保羅告訴腓立比教會的人說：「你們立志行事，都是*神在你們心裏運行*，為要成就祂的美意。」（腓2:13）這節經文指出了神使他們成聖的方法——就是不僅使他們心中渴想祂的旨意，也賜給他們能力去行出祂的旨意。希伯來書的作者在一段耳熟能詳的祝福裏，分別說到了父神和子神的角色：「但願賜平安的神……在各樣善事上成全你們，叫你們遵行祂的旨意，又藉著耶穌基督在你們心裏行祂所喜悅的事。願榮耀歸給祂，直到永永遠遠。」（來13:20-21）

子神耶穌基督在我們成聖裏的角色，首先是為我們*贏得*我們的成聖，因此保羅能夠說神使基督成為「我們的智慧、公義、聖潔、救贖」（林前1:30）。此外，在我們成聖的過程中，耶穌也是我們的*榜樣*；希伯來書的作者說，在我們奔跑人生的賽程時，應當「仰望為我們信心創始成終的耶穌」（來12:2）。彼得也告訴他的讀者說：「基督也為你們受過苦，給你們留下榜樣，叫你們跟隨祂的腳蹤行。」（彼前2:21）約翰則說：「人若說他住在主裏面，就該自己照主所行的去行。」（約一2:6）

然而具體來說，是聖靈在我們裏面動工，使我們改變、成聖，並賜給我們生命中更深的聖潔。彼得提到「藉著聖靈得成聖潔」（彼前1:2），而保羅則說到「被聖靈感動，成為聖潔」（帖後2:13）；實際上，是聖靈在我們裏面生出「聖靈的果子」（加5:22-23），就是那些極為聖潔的品格特質。我們若是在成聖上長進，就會「順著聖靈而行」，而且「被聖靈引導」（加5:16-18；另參羅8:14），也就是說我們在自己的生活和品格中，更容易對聖靈的意願和感動有回應。聖靈乃是聖潔之靈，祂在我們裏面產生聖潔。[12]

C.2 人在成聖中的角色

我們在成聖中所擔任的角色，一方面是*被動的*：我們倚賴神來使我們成聖；而另一方面我們也是*主動的*：我們竭力順服神，並採取方法以增進成聖。現在我們要探討我們在成聖中的這兩方面角色。

首先，我們在成聖中所謂「被動」的角色，可見於那些鼓勵我們要信靠神或禱告求祂使我們成聖的經文。保羅告訴他的讀者說：「要像從死裏復活的人，*將自己獻*

且助長基督徒這一方面過度被動的態度，導致他們以為在成聖的過程上，他們完全不需要做什麼。

[12]見本書第三十章C.3節有關聖靈在成聖中之工作的進一步討論。

給神」（羅6:13；另參第19節）；他也告訴羅馬教會的基督徒說：「將身體獻上當作活祭，是聖潔的，是神所喜悅的。」（羅12:1）保羅明白我們要倚靠聖靈的工作，才能在成聖中長進，因為他說：「你們……若靠著聖靈治死身體的惡行，必要活著。」（羅8:13）

很令人遺憾的是，今日這個成聖中的「被動」角色，以及這個順服神並信靠祂在我們心裏運行，使我們「立志行事……為要成就祂的美意」的觀念（腓2:13），有時候被過分強調，以至於當人們被教導有關成聖之路時，這是惟一被提及的事；有時候「放手讓神來做吧」（let go and let God）的流行口號，成為基督徒生活指引的總結。然而，這種偏差卻嚴重地扭曲了成聖的教義，因為它只說到了我們必須承擔之角色的一半而已；而若是單只有這一半，將會使基督徒陷於怠惰，並且忽略了聖經所要求他們在成聖中應該有的主動角色。

保羅在羅馬書8:13中指出我們在成聖中應該承擔的主動角色：「你們……若靠著聖靈治死身體的惡行，必要活著。」保羅在此的確說到我們是要「靠著聖靈」才能作成這事；但是他也說，我們必須要去做！聖經不是說要聖靈去治死肉體，而是說要基督徒去治死肉體！同樣地，保羅告訴腓立比教會的人說：「這樣看來，我親愛的弟兄，你們既是常順服的，不但我在你們那裏，就是我如今不在你們那裏，更是順服的，就當恐懼戰兢，作成你們得救的工夫。因為你們立志行事，都是神在你們心裏運行，為要成就祂的美意。」（腓2:12-13）保羅鼓勵他們要順服，甚至要比當他在他們那裏時還要更加順服；他說順服就是他們「作成……得救的工夫」的方法，也就表示他們要在自己的基督徒生活中，以順服「作成」救恩福分的更進一步實現。[13] 腓立比教會的人應當要在成聖的長進上努力，並以嚴肅與敬畏的心去做（「當恐懼戰兢」），因為他們是在神的同在中而做。然而更美的是，他們之所以去做，而且能夠預期他們的工作必然會產生正面的果效，乃是因為是「神在你們心裏運行」——神在他們的成聖上所做的預先和根基性的工作，表明他們所作的工乃是出於神所賜的力量；因此，這項成聖的工作必定是值得的，也必然會產生正面的結果。

我們在成聖中的主動角色包括了許多方面。我們要「追求聖潔；非聖潔沒有人能見主」（來12:14）；我們要「遠避淫行」，也就是順服神要我們「成為聖潔」的旨意（帖前4:3）。約翰說到那些盼望自己在基督顯現時能像祂的人，要竭力在今生作成潔淨的工夫：「凡向祂有這指望的，就潔淨自己，像祂潔淨一樣。」（約一3:3）保羅告

[13]這節經文所用的「得救的工夫」（或「救恩」）一詞，不是指剛開始的稱義，而是指繼續經歷更多救恩福分的過程；因此，「得救的工夫」（或「救恩」）大致等於「成聖」。

訴哥林多教會的人要「*逃避淫行*」（林前6:18），並且不要和不信的人同負一軛（林後6:14）；然後他說：「我們……就當*潔淨自己*，除去身體靈魂一切的污穢，敬畏神，得以成聖。」（林後7:1）這種竭力順服神以及追求聖潔的工夫，需要我們這一方面付上極大的努力，因為彼得敦促他的讀者要「*分外的殷勤*」，好使他們在合乎敬虔的品格上有所成長（彼後1:5）。新約聖經中有許多具體的經文，鼓勵人要仔細留意生活中各方面的聖潔和敬虔（見羅12:1–13:14；弗4:17–6:20；腓4:4-9；西3:5–4:6；彼前2:11–5:11等）。我們要不斷地建立生活中聖潔的模式和習性，因為評估基督徒成熟與否的一個方法，就是成熟基督徒的「心竅習練得通達……能分辨好歹」（來5:14）。

新約表示我們在成聖中的成長沒有任何的捷徑，並且一再地鼓勵我們要專注於讀經與默想這個歷時久遠的古老方法（詩1:2；太4:4；約17:17），以及禱告（弗6:18；腓4:6）、敬拜（弗5:18-20）、作見證（太28:19-20）、參加基督徒的團契（來10:24-25），和自我節制（加5:23；多1:8）等。

重要的是，我們必須在成聖上不斷地成長，要在被動方面繼續信靠神使我們成為聖潔，也要在主動方面竭力追求生命的聖潔和更深的順服。假如我們疏忽了主動竭力去順服神，我們就會變成消極而閒懶的基督徒；但另一方面，若是我們疏忽了要信靠神、降服於祂的這個被動角色，我們就會變得驕傲以及過度自信；不論是哪一種情形，我們的成聖都會大受虧損。我們必須持守對神的信靠，並且同時殷勤地順服祂。正如一首古老詩歌中的智慧之言：「*信而順從*，因為除此以外，不能得主的喜愛，惟有信而順從。」[14]

關於我們在成聖中的角色，還有另外一點必須被提出來討論：在新約中，成聖通常是一項發生在群體中、眾人共同經歷的過程。我們被勸誡說：「又要彼此相顧、*激發愛心、勉勵行善*。你們不可停止聚會，好像那些停止慣了的人；倒要彼此勸勉，既知道那日子臨近，就更當如此。」（來10:24-25）眾基督徒一同「被建造成為靈宮，作聖潔的祭司」（彼前2:5），一同成為「聖潔的國度」（彼前2:9），也當要一同「彼此勸慰，互相建立」（帖前5:11）。保羅所說的「既然蒙召，行事為人就當與蒙召的恩相稱」（弗4:1），就是指在群體中要活出一個特別的生命樣式——「凡事謙虛、溫柔、忍耐，用愛心互相寬容，用和平彼此聯絡，竭力保守聖靈所賜合而為一的心。」（弗4:2-3）這樣，基督的身體就會以一個合一的整體而發揮功能，每一個肢體都「照著各體的功

---

[14]John Livingstone將我們的生命比喻為一棵有兩支大根的樹；他說：「撒但不是擊打信心之根，就是擊打殷勤之根。」（引自D. M. M'Intyre, *The Hidden Life of Prayer* [Minneapolis: Bethany Fellowship, 1969], p. 39）

用，彼此相助」，如此就「身體漸漸增長，在愛中建立自己」（弗4:16；另參林前12:12-26；加6:1-2），於是達到群體的成聖。值得我們留意的是，聖靈所結的果子都是與建造群體有關（加5:22-23，「仁愛、喜樂、和平、忍耐、恩慈、良善、信實、溫柔、節制」），而「情慾的事」則是與拆毀群體有關（加5:19-21，「姦淫、污穢、邪蕩、拜偶像、邪術、仇恨、爭競、忌恨、惱怒、結黨、紛爭、異端、嫉妒、醉酒、荒宴等類」）。

D. 成聖影響著全人

保羅說我們已經穿上了新人，「這新人在*知識*上漸漸更新，正如造他主的形像」（西3:10），由此我們明白成聖影響著我們的*智性*和知識。保羅為腓立比教會的人禱告，盼望他們的愛心「在知識和各樣見識上多而又多」（腓1:9）；他也鼓勵羅馬教會的基督徒「要心意〔被〕更新而變化」（羅12:2）。雖然我們對神的認識不僅限於智性上的知識，但是其中的確有智性的部分，並且保羅認為這個對神的認識，應當在我們的一生中繼續增長；他說一個「行事為人對得起主，凡事蒙祂喜悅」的生命，就是「漸漸的多知道神」的生命（西1:10）。所以，我們智性上的成聖包括了智慧與知識的成長；這個成長是隨著我們不斷地將自己的「心意奪回，使……順服基督」（林後10:5），並發現自己心中愈來愈多充滿神藉著祂的話語所賜給我們的心思意念。

不只如此，我們在成聖上的成長也會影響到我們的*情感*部分。我們在自己的生命中會發現愈來愈多如「仁愛、喜樂、和平、忍耐」等情感（加5:22），也會愈來愈能順服彼得所說的「要禁戒肉體的私慾；這私慾是與靈魂爭戰的」這個命令（彼前2:11）。我們也會發現我們的確愈來愈不「愛世界和世界上的事」（約一2:15），卻像我們的救主一樣，樂意照著神的旨意去行。我們會變得愈發「從心裏順服了」（羅6:17），並且會「除掉」如「苦毒、惱恨、忿怒、嚷鬧、毀謗」這些負面的情緒（弗4:31）。

此外，成聖也會影響到我們的*意志*，亦即我們作決定之處，因為神在我們心裏運行，使我們「*立志*行事」，都是「為要成就祂的美意」（腓2:13）。隨著我們在成聖上的成長，我們的意志也就愈來愈符合我們天父的旨意。

成聖也影響到我們的*靈魂*，亦即我們這個人的非物質部分。我們應當要「潔淨自己，除去身體*靈魂*一切的污穢，敬畏神，得以成聖」（林後7:1），並且保羅說到，掛念主的事就是要思想如何使「身體*靈魂*都聖潔」（林前7:34）。[15]

最後，成聖也影響到我們的*身體*。保羅說：「願賜平安的神，親自使你們全然成

[15]見本書第二十三章B節有關聖經中將「魂」和「靈」大致用為同義詞的討論。

聖；又願你們的靈與魂*與身子*得蒙保守，在我主耶穌基督降臨的時候，完全無可指摘。」（帖前5:23）不只如此，保羅勉勵哥林多教會的人：「我們……就當潔淨自己，除去*身體*靈魂一切的污穢，敬畏神，得以成聖。」（林後7:1；另參林前7:34）當我們在身體上更加成為聖潔時，我們的身體就更能成為神所使用的僕人，也更能對神的旨意與聖靈的意願作回應（另參林前9:27）。[16] 我們不會容讓罪在我們的身體上作王（羅6:12），也不會容許我們的身體參與任何的淫亂（林前6:13），而是小心翼翼地守護著身體，並且明白它們是今生聖靈所使用的器皿，以至於祂可以透過我們作工。所以，我們的身體不可被妄加濫用或苛待，而是要成為有用的器皿，能夠回應神的旨意：「豈不知你們的身子就是聖靈的殿麼？這聖靈是從神而來，住在你們裏頭的；並且你們不是自己的人，因為你們是重價買來的。所以，要在你們的身子上榮耀神。」（林前6:19-20）

E. 基督徒順服神的動機

基督徒有時候並沒有察覺到，新約聖經中說到人順服神的動機其範圍很廣：(1) 渴望要討神的喜悅，並表達我們對祂的愛；這確實是我們順服神的一個非常重要的動機。耶穌說：「你們若愛我，就必遵守我的命令」（約14:15）；祂也說：「有了我的命令又遵守的，這人就是愛我的。」（約14:21；另參約一5:3）不過，我們還發現有許多其他的動機：(2) 需要在神面前持守一顆無虧的良心（羅13:5；提前1:5, 19；提後1:3；彼前3:16）；(3) 渴望「作貴重的器皿」被使用，並且在神國的工作上更加有果效（提後2:20-21）；(4) 盼望不信之人因為觀察到我們的生命而願意歸向基督（彼前3:1-2, 15-16）；(5) 盼望在我們的生活中和事奉上，能從神領受現今的祝福（彼前3:9-12）；(6) 希望在我們生命中避免神的不悅和管教；這一點有時候被稱為「敬畏神」（徒5:11; 9:31；林後5:11; 7:1；弗4:30；腓2:12；提前5:20；來12:3-11；彼前1:17; 2:17；另參羅3:18中不信者的光景）；(7) 渴望尋求天上更大的賞賜（太6:19-21；路19:17-19；林前3:12-15；林後5:9-10）；[17] (8) 渴望更深地與神同行（太5:8；約14:21；約一1:6; 3:21-22；以及在舊約中的詩66:18；賽59:2）；(9) 希望天使因著我們的順服而將榮耀歸給神（提前5:21；彼前1:12）；(10) 渴望在我們的生活中得著平安（腓4:9）和喜樂（來12:1-2）；

[16]當然，身體的軟弱必然將隨著年老而至，有時候甚至因著病痛而更早來到，但是我們的身體仍然可以繼續成聖，因為神的能力是「在人的軟弱上顯得完全」（林後12:9）。關於這一點保羅清楚地教導說：「我們有這寶貝放在瓦器裏，要顯明這莫大的能力是出於神，不是出於我們」（林後4:7），以及「我們不喪膽；外體雖然毀壞，內心卻一天新似一天」（林後4:16）。

[17]見本書第五十六章C.3節有關在天上得賞賜之大小的討論。

以及 (11) 願意作神所命令的事，單單因為神的命令是公義的，而我們也樂意行公義的事（腓4:8；另參詩40:8）。

F. 成聖的榮美與喜樂

在結束關於成聖的討論之前，我們還必須提到成聖將會帶給我們極大的喜樂。當我們更多地成長像基督，我們就會更多親自經歷到聖靈果子中的「喜樂」和「平安」（加5:22），我們也就更加接近將來在天上會有的生活樣式。保羅說，當我們愈來愈順服神的時候，「就有成聖的果子，那結局就是永生」（羅6:22）；他明白這是我們真實喜樂的源頭，「因為神的國不在乎吃喝，只在乎公義、和平，並聖靈中的喜樂」（羅14:17）。當我們在聖潔中成長時，我們就愈被模成基督的形像，祂性格中的榮美也就愈多地彰顯在我們自己的生命中。這就是完全的成聖所要達到的目標，是我們所盼望且渴慕的；而當基督再來之時，我們也將會得著這完全的成聖。「凡向祂有這指望的，就潔淨自己，像祂潔淨一樣。」（約一3:3）

個人思考與應用

1. 在你的經驗中，當你成為基督徒時，你是否記得在成聖上有一個明確的開始？你是否感受到有一個與罪的轄制權勢和對罪的眷戀之清楚斷絕？你是否真的相信，如今你向著生命中罪的轄制權勢和對罪的眷戀已是死的？這項關於基督徒生命的真理，如何能在你生命中那些仍需要在成聖上長進的方面幫助你？
2. 當你回顧自己過去幾年的基督徒生命時，是否能看到一個清楚的、在成聖上成長的模式？有哪些事情是你從前所喜悅的，但如今不再有興趣的？有哪些事情是你從前不感興趣的，但如今卻具有極大吸引力的？
3. 當你在基督徒生命上更成熟和更聖潔時，你是否會更加意識到在你心中所存留之罪的重擔？若是不會，原因是什麼呢？你認為若是你更強烈地意識到自己生命中所存留的罪，會對你有所幫助嗎？假如你有這種更強烈的意識，對你自己的生命會造成什麼不同？
4. 假如你更多思想到聖靈不斷地在你裏面動工，以幫助你邁向成聖，這會如何影響你的生命？在你的基督徒生命裏，你是否在成聖中的被動角色和主動角色之間維持著平衡，還是你傾向於強調某一方面過於另一方面？為何會如此？假如在你生命中有不平衡的情形，你可以作怎樣的修正？
5. 你以前曾否想過，成聖也會影響你的智性以及你思考的方式？在你的智性中有哪些方面仍然需要在成聖上多加長進? 關於你的情感部分, 有哪些方面是你知道仍然需要神的工作, 以帶進更深的成聖? 關於你的身體, 以及你的身體對神旨意的順服上, 有哪些方面在成聖上需要改進?

6. 你是否在某些方面掙扎了多年, 想要在成聖上有長進, 但實際卻沒有一點進步? 本章的內容是否能幫助你在那些方面重獲長進的盼望? (對那些在成聖上缺乏進步, 因而嚴重受挫的基督徒而言, 他們最好能親自與牧師或其他成熟的基督徒討論這個情況, 而不要長時間地任憑它, 這是非常重要的。)
7. 整體來說, 本章的內容對你的基督徒生命是一種鼓勵還是一種挫折?

特殊詞彙

完全主義 (perfectionism)
成聖 (sanctification)
無罪的完全 (sinless perfection)

本章書目

Alexander, Donald L., ed. *Christian Spirituality: Five Views of Sanctification*. Downers Grove, Ill.: InterVarsity Press, 1988.

Berkouwer, G. C. *Faith and Sanctification*. Trans. by John Vriend. Grand Rapids: Eerdmans, 1952.

Bockmuehl, Klaus. "Sanctification." In *NDT,* pp. 613-16.

Chafer, Lewis Sperry. *He That Is Spiritual*. Rev. ed. Grand Rapids: Zondervan, 1967.

Coppedge, Allan. *The Biblical Principles of Discipleship*. Grand Rapids: Francis Asbury Press, 1989.

Downs, Perry G. *Teaching for Spiritual Growth: An Introduction to Christian Education*. Grand Rapids: Zondervan, 1994.

Hoekema, Anthony A. "Sanctification." In *Saved by Grace*. Grand Rapids: Eerdmans and Exeter: Paternoster, 1989, pp. 192-233.

Murray, John. "Sanctification." In *Redemption Accomplished and Applied.* Grand Rapids: Eerdmans, 1955, pp. 141-50.

Packer, J. I. *Keep in Step With the Spirit*. Old Tappan, N.J.: Revell, 1984.

Prior, K. *The Way of Holiness*. Downers Grove, Ill.: InterVarsity Press, 1967.

Ryle, J. C. *Holiness: Its Nature, Hindrances, Difficulties and Roots*. Westwood, N.J.: Revell, n.d.

White, R. E. O. "Sanctification." In *EDT,* pp. 969-71.

Willard, Dallas. *The Spirit of the Disciplines: Understanding How God Changes Lives*. San Francisco: Harper and Row, 1988.

Ziesler, J. A. *The Meaning of Righteousness in Paul*. Cambridge: Cambridge University Press, 1972.

第三十九章
聖靈的洗與聖靈充滿

我們在歸正後應當追求「聖靈的洗」嗎？
被聖靈充滿是什麼意思？

背誦經文：哥林多前書12:12-13

就如身子是一個，卻有許多肢體；而且肢體雖多，仍是一個身子。基督也是這樣。我們不拘是猶太人，是希利尼人，是為奴的，是自主的，都從一位聖靈受洗，成了一個身體，飲於一位聖靈。

詩歌： 神的靈求你降臨我心中（*Spirit of God, Descend Upon My Heart*）

[1]神的靈求你 降臨我心中 透過你脈動 斷絕世俗情
大能雖如你 垂憐我軟弱 使我心愛你 請將我心奪
[2]我不求異夢 或先知狂喜 不求我肉身 突進入幔裏
不求天裂開 天使的眷顧 但求我靈魂 暗影漸消除
[3]我神我君王 豈不常吩咐 盡心又盡力 盡意愛我主
一見你十架 我心就依附 讓我尋求你 切切尋求主
[4]教導我感受 你總在我旁 教導我忍受 靈魂的掙扎
疑惑或嘆息 願你來扶持 教導我等候 禱告未許時
[5]教導我愛你 像天使上揚 神聖的熱切 充滿我心房
聖鴿從天降 聖靈的洗濯 我心如祭壇 焚燒你愛火

詞：George Croly, 1854
曲：MORECAMBE 10.10.10.10. Frederick C. Atkinson, 1870

替代詩歌：永生神的靈（*Spirit of the Living God*）, Daniel Iverson, 1926

前言

系統神學的書籍在研討「救恩的次序」（order of salvation）時，也就是在討論到救恩的福祉施行在我們生命中的各個步驟時，通常不會有分開的一章專門討論「聖靈的洗」（baptism in the Holy Spirit），或是「聖靈充滿」（filling with the Holy

Spirit）。[1] 但因受從1901年起的五旬節運動之擴展，1960年代和1970年代靈恩運動的廣泛影響，以及1970年迄今在各地五旬節派與靈恩派[2] 教會顯著的成長，這個「聖靈的洗」與「重生」是否不同的問題，就愈發引人注目了。筆者將這一章放在本書的第五部分「救贖之應用論」裏，有兩個原因：(1) 若要能切實明瞭「聖靈的洗」這個問題，我們必須先了解重生、得著兒子的名分，和成聖等主題，而這些主題都已經在前面各章討論過；(2) 「救贖之應用論」前面各章所討論的內容，都是發生在一個人成為基督徒之時（而成聖則是從一個人成為基督徒之時開始）；而本章所要討論的，則是發生於歸正之時（按照某一派的觀點），或是發生在歸正之後的一段時日（按照另一派觀點）；此外，這兩派觀點的人都同意，許多人在歸正以後，都有某種第二次的經歷發生在他們的身上；所以，一個非常重要的問題乃是，我們應如何根據聖經來明瞭這個經歷，以及這個經歷在聖經上應歸在哪一類。

A. 傳統五旬節派的理解

本章的主題在今日變得很重要，因為許多基督徒聲稱他們在信主之後經歷了「聖

---

[1]見本書第三十二章的前言，有關救恩次序中的各項福祉。

[2]筆者使用*五旬節派*（Pentecostal）與*靈恩派*（Charismatic）這兩個詞彙代表以下的意義：*五旬節派*是指任何宗派或群體，其歷史淵源可以追溯到1901年在美國開始的五旬節運動，他們所主張的神學立場是：(1) 聖靈的洗是在歸正之後普遍發生的事件；(2) 聖靈的洗之外顯標記就是說方言；以及 (3) 新約聖經中所有提及的屬靈恩賜，在今日的信徒都應當追求並且使用。五旬節派群體通常有他們自己獨特的宗派結構，其中最著名的是神召會。

*靈恩派*是指任何群體（或一群人），其歷史淵源可以追溯到1960年代和1970年代的靈恩更新運動；他們追求操練新約聖經中所有提及的屬靈恩賜（包括說預言、醫病、行異能、說方言、繙方言，和辨別諸靈），而關於聖靈的洗是否發生在歸正之後，以及說方言是否為聖靈的洗之標記，他們則容許有不同的觀點。靈恩派經常避免成立宗派，認為自己是在現今的更正教會和羅馬天主教會內的一股更新力量。今日在美國並沒有代表性的靈恩派宗派，而最具盛名的靈恩派發言人可能算是Pat Robertson及他的基督教廣播網路（Christian Broadcasting Network）、電視節目「700俱樂部」，和Regent University（亦即以前的CBN University）。

1980年代又興起了第三度的更新運動，富勒神學院的宣道教授C. Peter Wagner稱之為*第三波*（third wave；他稱五旬節運動為聖靈在現代教會裏的第一波更新工作，而靈恩運動則是第二波）。倡導「第三波」的人士鼓勵要裝備每一位信徒，使他們能在今日使用新約聖經中的屬靈恩賜；他們並主張福音的傳揚應當伴隨有「神蹟、奇事、異能」，就像新約聖經中的模式。不過，他們的教導是，每一個基督徒在歸正時都會領受聖靈的洗，而在歸正之後的經歷，稱作聖靈「充滿」較為合適。「第三波」最有名的代表人物是在美國加州Anaheim葡萄園基督徒團契（Vineyard Christian Fellowship）的主任牧師John Wimber，他也是葡萄園教會聯會的主席。Wimber有兩本最有影響力的書籍：*Power Evangelism* (San Francisco: Harper and Row, 1986; rev. ed., 1992)；和*Power Healing* (San Francisco: Harper and Row, 1987). 這兩本書都是與Kevin Springer同寫的，也都被公認為是具有「第三波」重點特色的代表作品。

目前關於這些運動最完整的參考書籍是Stanley M. Burgess與Gary B. McGee所編著的*Dictionary of Pentecostal and Charismatic Movements* (Grand Rapids: Zondervan, 1988).

靈的洗」，而這個經歷在他們的生命中帶來很大的祝福。他們宣稱有此經歷之後，他們的禱告和讀經都變得更有意義、更有果效了，而且在敬拜中發現了新的喜樂；他們也經常聲稱自己得著了新的屬靈恩賜（特別常聽到的是說方言的恩賜）。

這一個傳統五旬節派或靈恩派的立場，其經文依據如下：

(1) 耶穌的門徒成為重生的信徒，是早在五旬節之前很久，或許是耶穌還在世傳道之時，總之必然是在耶穌復活後「向他們吹一口氣，說：『你們受聖靈』」（約20:22）之前。

(2) 然而，耶穌還是命令祂的門徒「不要離開耶路撒冷，要等候父所應許的」（徒1:4），並告訴他們：「但不多幾日，你們要*受聖靈的洗*。」（徒1:5）祂又告訴他們：「但聖靈降臨在你們身上，你們就必得著能力……」（徒1:8）門徒就遵從耶穌的命令，在耶路撒冷等候聖靈降臨在他們身上，使他們可以得著見證與事奉的新能力。

(3) 門徒等候了十天，五旬節來臨，有火焰般的舌頭落在他們的頭上，「他們就都被聖靈充滿，按著聖靈所賜的口才說起別國的話來」（徒2:4）。這就清楚地表明出他們得著了在（in）聖靈裏的洗禮（或說他們被用〔with〕聖靈施洗）。[3] 雖然門徒早在五旬節更久以前就已經重生了，但是在五旬節那天他們得著了在聖靈裏的洗禮（使徒行傳1:5; 11:16的說法是「受聖靈的洗」），而這是發生在他們歸正之後，並且帶來了事奉上的大能，和說方言的恩賜。[4]

(4) 今日的基督徒應該像使徒一樣向耶穌求「聖靈的洗」，如此就是效法門徒的生命模式；[5] 如果我們領受了聖靈的洗，就會在我們的生命中帶來服事上更大的能力，正如當年在門徒的生命中一樣。領受聖靈的洗也「常常會」（或按照某些教導的說法是「總是會」）帶來說方言的能力。

---

[3]我們可以將*en pneumati*這個希臘文譯為「在聖靈裏」（in the Spirit），或是「用聖靈」（with the Spirit），因為兩者都是可接受的譯法；而關於這個主題持各種不同意見的人，似乎也將這兩種譯法以相等的意義互換使用。筆者在本章裏普遍使用「在聖靈裏」（in the Spirit），但是此處所引用的RSV則通常偏向於使用「用聖靈」（with the Spirit）。在本章的討論裏，筆者並不將這兩個詞語作區分。然而請見以下B節中，討論到五旬節派常作的宣稱：*從*（或*由*）聖靈受洗（baptism by the Holy Spirit，如哥林多前書12:13），和*在*聖靈裏的洗禮或*用*聖靈的洗禮（baptism *in* the Holy Spirit, baptism *with* the Holy Spirit）乃是不同的事件。

[4]大多數五旬節派的人討論到「聖靈的洗」時，一般都認為說方言是領受聖靈的洗的一項「標記」，並且這個標記會被賜給所有領受聖靈的洗的人，即使並非每一個人都會在其生命中繼續擁有這項說方言的恩賜。

[5]筆者在1967年還是大學新生時，親自聽到這種關於聖靈的洗的教訓；之後就按著所聽到的教導自己私下禱告，首先為所有已知的罪悔改，並再次將自己生命中的每一方面都獻給神，然後求耶穌用聖靈為筆者施洗。雖然現今筆者對此經歷的了解已經有所改變，因此會用不同的詞語來說明這個經歷（見下述內容），但是這個經歷在筆者的生命中所帶來的結果，卻是正面且持久的，包括更深的愛慕基督，以及個人更有效的服事。

(5) 人是先重生，然後再受聖靈的洗；這個模式的依據可見於使徒行傳中其他幾個例子。例如，在使徒行傳第8章，當撒瑪利亞人「信了腓利所傳神國的福音和耶穌基督的名」（徒8:12）時，他們就成了基督徒；但是一直到後來當使徒彼得和約翰從耶路撒冷來為他們禱告時，他們才領受了聖靈（徒8:14-17）。[6]

另一個例子是在使徒行傳第19章。保羅在以弗所時遇見了「幾個門徒」（徒19:1），然而當「保羅按手在他們頭上，聖靈便降在他們身上，他們就說方言，又說預言」（徒19:6）。

所有這些例子（使徒行傳2, 8章；有時也包括使徒行傳10, 19章）[7] 都被五旬節派的人引用，以顯明在歸正之後的「聖靈的洗」，對新約時的基督徒來說是極為常見的事。所以他們由此推斷：如果對使徒行傳裏的基督徒而言，在歸正一段時日之後得著這個第二次經歷，是一件司空見慣的事，那麼對今天的我們而言，不也應當是常見的嗎?

在此我們可以藉著三個問題，來分析這個聖靈的洗的議題：(1) 在新約聖經中「聖靈的洗」這個詞語的意義是什麼? (2) 我們應當如何來理解在使徒行傳裏臨到已重生之信徒的「第二次經歷」？(3) 在聖經裏是否有其他的說法，例如「聖靈充滿」，更適合用來描述在歸正之後蒙聖靈賜下能力的經歷?

B. 在新約聖經中「聖靈的洗」的意義

在新約聖經中只有七處經文提到人受聖靈的洗（在此引用RSV譯文，介詞均是*用*〔with〕，而非*在*〔in〕）。[8] 七處的經文如下：

在頭四處經文裏，施洗約翰是指著耶穌而言，並預言祂要在聖靈裏（或用聖靈）給人施洗：

> 「我是用水給你們施洗，叫你們悔改；但那在我以後來的能力比我更大，我就是給祂提鞋也不配。祂要**用聖靈與火給你們施洗**。」（馬太福音3:11）
>
> 「我是用水給你們施洗，祂卻要**用聖靈給你們施洗**。」（馬可福音1:8）

---

[6]另一個有時候會被引用的例子，就是使徒行傳第10章關於哥尼流的事。哥尼流是個虔誠的人，常常向神禱告（徒10:2）；但是當彼得來向他和他的全家傳道時，彼得與和他同來的人「見聖靈的恩賜也澆在外邦人身上，就都希奇；因聽見他們說方言，稱讚神為大」（徒10:45-46）。

[7]有時候，在使徒行傳9:17中保羅的例子也被提及，但是這個例子並不很清楚，因為保羅在那時之前仍殘暴地逼迫教會，表示他在往大馬色的路上所經歷的事之前尚未得著重生。只是有些人認為他在往大馬色的路上的歸正，與他三天後藉亞拿尼亞的手領受聖靈，是分別的事件，因此也具有在歸正之後才領受聖靈的洗的模式。

[8]見本章註3。

「我是用水給你們施洗；但有一位能力比我更大的要來，我就是給祂解鞋帶也不配。祂要用聖靈與火給你們施洗。」（路加福音3:16）

「那差我來用水施洗的，對我說：『你看見聖靈降下來住在誰的身上，誰就是用聖靈施洗的。』」（約翰福音1:33）

至於究竟何謂用聖靈施洗，我們很難從以上四處經文得到結論；我們只知道耶穌是執行這洗禮的人，為跟從祂的人施洗；然而這些經文對這洗禮卻沒有進一步說明。

下兩處經文則是直接指向五旬節的：

「（耶穌說）約翰是用水施洗，但不多幾日，你們要受聖靈的洗。」（使徒行傳1:5，KJV，NIV，ESV用的都是被動式，即「被用聖靈施洗」，呂振中譯本作「在聖靈裏受洗」）

「（彼得說）我就想起主的話說：『約翰是用水施洗，但你們要受聖靈的洗。』」（使徒行傳11:16，KJV，NIV，ESV用的都是被動式，亦即「被用聖靈施洗」，呂振中譯本作「在聖靈裏受洗」）

這兩處經文告訴我們，不論我們如何理解聖靈的洗，它必定都是照使徒行傳第2章所記載的，發生在五旬節那一天：當時，聖靈以大能降在門徒和與他們在一起的人身上，他們就說起別國的語言，而那天大約有三千人歸正了（徒2:14）。

重要的是，我們要知道在以上六處經文中，「聖靈的洗」一詞所使用的希臘文，其表達法幾乎都是相同的，只在字的順序或動詞時態上有些許差異，而這乃是為要配合該句的文法；只有在馬可福音1:8一處，其意義是隱含的，因省略了其中的介詞。[9]

新約聖經中最後一處談到「聖靈的洗」，是在保羅書信裏：

「我們不拘是猶太人，是希利尼人，是為奴的，是自主的，都在一位聖靈裏受洗，成了一個身體，飲於一位聖靈。」（哥林多前書12:13，按NIV原文譯註譯法；和合本譯作「我們……是自主的，都從一位聖靈受洗，成了一個身體，飲於一位聖靈。」）

現在問題來了：哥林多前書12:13中的「從（by）一位聖靈受洗」，是否與其他六處經文中的「用（with）聖靈……施洗」或「受聖靈的洗」（即「被用聖靈施洗」），都是描述聖靈相同的工作呢？在許多英文譯本裏顯示，哥林多前書12:13似乎與其他六處經文是不一樣的，例如RSV將此節譯作：「〔因為〕我們……都從（by）一位聖靈受

---

[9]這六處經文所使用的動詞，全都是*baptizō*（「施洗」或被動式「受洗」）並加上介詞片語*en pneumati hagiō*（「在聖靈裏」或「用聖靈」），其中只有馬可福音1:8中省略了介詞*en*。即使如此，它們在意義上並沒有不同，因為單單是與格（dative）名詞（這裏的與格名詞就是「聖靈」）本身就能夠涵蓋介詞*en*並加上與格名詞的意思。此外，馬太福音3:11與路加福音3:16在「聖靈」之後還加上了「與火」。

洗，成了一個身體……」而許多譯本也與此譯法相似（和合本的譯法亦同）。那些支持五旬節派觀點的人——即認為在歸正之後會經歷另一次聖靈的洗的人——十分希望這一節經文所指的事，是與原初耶穌所說門徒要「受聖靈的洗」的事有所區別，因此經常強調英譯本所表達出來的不同。他們認為，在所有其他六處的經節裏，耶穌是給人施洗的施洗者，而聖靈是被耶穌用來為人施洗的「要素」（element，相當於在實質洗禮中的水）；但是（按照五旬節派的解釋）在哥林多前書12:13這裏是很不同的——此處為人施洗的不是耶穌，而是聖靈。所以他們就說，當我們討論到在新約聖經中「聖靈的洗」的意義時，哥林多前書12:13不應該被包括在其中。

對五旬節派的立場而言，這一點十分重要，因為我們若是認為哥林多前書12:13所指的是*在*聖靈裏的洗禮（baptism *in* the Holy Spirit），與其他六處經文的意思一樣，那麼，再堅持說聖靈的洗是歸正之後才有的經歷，就很困難了。保羅在這一節經文裏談到，這個洗禮（不論是「在」聖靈裏、「用」聖靈，或「從」聖靈），使我們成為基督身體的肢體——「我們……都*在*這一獨一的靈受洗」、歸於獨一的身體。」（林前12:13，呂振中譯本）而若這裏所說的，確實與前面六處經節所指「在聖靈裏的洗禮」是同一件事，那麼保羅的意思就是說：*當他們（哥林多教會的人）成為基督身體的肢體時，也就是當他們成為基督徒之時，這時聖靈的洗就臨到他們的身上了*；因為正是由於那次的洗禮使他們成為基督身體的肢體，也就是教會的肢體。這樣的結論對五旬節派的立場而言，是很難處理的，因為他們主張有另一個「聖靈的洗」的經歷，是發生在歸正以後，而不是與歸正同時發生的。

我們是否有可能同意五旬節派的看法——即其他六處經節所指的是*耶穌所施行的*洗禮，是祂在聖靈裏（或說用聖靈）給我們施洗，而哥林多前書12:13則是指另一件事，指*聖靈所施行的*洗禮？雖然從某些英譯本來看，這樣的區別似乎是說得通的，但是從希臘文經文的查考中，這個區別卻站不住腳，因為在哥林多前書12:13中的希臘文之表達法幾乎和其他六處的經文一模一樣；保羅在這裏說到*en heni pneumati...ebaptisthemen*（「我們……都*在*這獨一的靈受洗」，呂振中譯本），而其中除了一個小差異之外（他是用「獨一的靈」而非「聖靈」）[10]，其他所有的文字要素都是一樣的：動詞是*baptizō*，而介詞片語也用同樣的字（*en*再加上由*pneuma*而來的與格名詞*pneumati*）。如果這句有關「聖靈的洗」之希臘文表達法，在新約聖經中其他六處都譯為「*在*聖靈裏……施洗」（或「*用*聖靈……施洗」），那麼我們以相同的方式來繙譯這第七處經

[10]在此節的上下文裏，保羅一再地論到聖靈和屬靈的恩賜，因此，無可質疑地，他在這裏所指的是聖靈。

文就很合宜了；況且不論我們怎樣繙譯，我們都必須承認，原初的讀者會認為這個詞語所指的是和其他六處經文所指的一樣，因為對他們而言，所用的字詞是相同的。（譯者註：哥林多前書12:13的和合本譯法：「我們……都從一位聖靈受洗，成了一個身體……」很容易使我們認為，哥林多前書第12章所說的是聖靈主導的洗禮；而呂振中譯本的譯法：「我們……都在這一獨一的靈受洗、歸於獨一的身體……」則較貼近原文，較不會引起這樣的誤解。）

但是為什麼許多現代的英文譯本會將這節譯為：「從（by）一位聖靈，我們都受洗成了一個身體……」，如此豈不是明顯地支持了五旬節派的解釋嗎？首先我們應當注意，NASB在這節經文的經文譯註裏加了一個「在」（in）的譯法；而NIV在這節經文的原文譯註裏則加了一個「用」（with）和另一個「在」（in）的譯法。這些譯本在此處之所以使用「從」（by）這個字，顯然是因為不要讓人以為在同一個經節中好像有兩處談到同一個洗禮；或許聖經譯者認為，譯成「我們……都在（in）一位聖靈裏受洗，〔受洗〕成了（into）一個身體」，這句子似乎並不通順。然而這樣的譯文卻不應當被看為不通順，因為在保羅論到以色列人時曾說：「我們的祖宗……都在（in）雲裏、〔在〕（in）海裏受洗歸了（into）摩西」（林前10:1-2），這是十分緊密的對應表達；在此處，雲和海是環繞或漫溢以色列人的「要素」，摩西則是指那個有分於摩西之約、並有分於（摩西所帶領的）神子民之團契的新生命境地；這新生命之境是以色列人在經過了雲和海之後，才覺察到自己擁有的。這裏並不是說同一個洗禮在兩處發生，而是說一個是他們受洗時不可少的要素，而另一個則是他們在受洗以後的所在之境。這一點和哥林多前書12:13十分類似：聖靈是他們受洗所不可少的要素，而基督的身體——教會——則是他們在受洗以後的所在之境。[11] 因此，我們可以這樣結論說：哥林多前書12:13也同樣是指「在」聖靈裏、或「用」聖靈施洗的洗禮，與其他六處經

[11]哥林多前書12:13中的這個希臘文詞語繙譯出來，與其他六處經文中「聖靈的洗」相同。除了這項明證之外，另有一個文法上的論證，可以支持哥林多前書12:13中「我們……都在這一獨一的靈受洗、歸於獨一的身體……」（呂振中譯本）是指在（in）聖靈裏的洗：假如保羅在這經文中要表達我們是由（或從）聖靈所施洗，那麼他應該會用另一種語法。在新約聖經中，「『由』（by）某人施洗」的表達方法，總是在介詞*hypo*之後緊接著所有格名詞。新約作者以這個語法來敘述：人們在約旦河「由」（或施洗約翰施洗（太3:6；可1:5；路3:7），耶穌「由」約翰施洗（太3:13；可1:9），法利賽人不願「由」約翰施洗（路7:30），以及施洗約翰告訴耶穌：「我當『受』（by）你的洗。」（太3:14）所以若是保羅要表示哥林多教會的人全都已經由聖靈所施洗，他應該會用*hypo*並加上所有格名詞，而非用*en*並加上與格名詞（在新約聖經中，當要稱呼一個人，並要以被動語態來表達其動作時，常用的語法是用*hypo*加上所有格名詞）。對於哥林多前書12:13是指「在聖靈裏的洗（或用聖靈的洗）」這個觀點的更進一步支持，可見於M. J. Harris, “Prepositions and Theology in the Greek New Testa-ment,” in *NIDNTT*, vol. 3, p. 1210.

文所指的聖靈的洗禮是相同的。

這個結論對我們的意義是很重大的：對使徒保羅而言，它的意思是說，**聖靈的洗是發生在歸正之時**；他說，所有哥林多教會的人都在聖靈裏受了洗，因此他們都成為基督身體中的肢體：「因為我們……都**在**（in）一位聖靈裏受洗、歸於獨一的身體。」（林前12:13，按NIV原文譯註譯法）。所以，「聖靈的洗」必定是指聖靈在基督徒生命開始時的作為；那時祂賜給我們屬靈的新生命（重生），潔淨我們，並使我們與罪的權勢及對罪的眷戀有一個清楚的斷絕（成聖的起始階段）。因此，「聖靈的洗」就是指聖靈在我們基督徒生命開始時所做的一切；然而這也表示說，它不可能是指歸正之後的經歷，如五旬節派所認為的。[12]

那麼，我們應當如何理解使徒行傳1:5; 11:6這兩處所提到，發生在五旬節的聖靈的洗呢？這豈不就是一個例子，說到門徒先前已經由聖靈重生了，現在又經歷聖靈所賜的新能力，使他們能夠有效地服事嗎？

的確，早在五旬節以前，門徒就已經「重生」了；其實可能更早在約翰福音20:20所記，耶穌吹氣在門徒身上、要他們領受聖靈之前，他們就已經「重生」了。[13] 耶穌

---

[12]Howard M. Ervin在*Conversion-Initiation and the Baptism in the Holy Spirit* (Peabody, Mass.: Hendrickson, 1984) pp. 98-102承認說，無論哥林多前書12:13是怎樣繙譯的，它的確是指基督徒生命的開始（他說這是「起始的」，p. 101）；但是他認為下一句「我們得以飲於一位聖靈」（Ervin的繙譯），是指後來得到事奉的能力；他並且說，保羅所使用的這個詞語「在（in）聖靈裏受洗」，與新約聖經其他六處中的意思是不同的。因此，他對哥林多前書12:13顯然提出了非五旬節派的解釋，但他仍認為保羅雖然使用同樣的詞語，而其意義卻是不同的。然而，這種論點似乎並不具說服力：因為使徒行傳的作者路加是保羅的旅行同伴，在保羅大半的宣道服事中都與保羅相隨，所以他在寫使徒行傳時可能也與保羅同在羅馬（徒28:30-31）；如果路加使用同一個詞語，卻與保羅的意思不同，或是保羅使用這個馬太、馬可、路加和約翰所經常使用的詞語，但他所指的意思是不同的，這是十分不可能的。

另一個嘗試要否定我們對哥林多前書12:13所作之結論的說法，可見於John P. Baker, *Baptized in One Spirit* (Plainfield, N.J.: Logos Books, 1970), pp 18-25. 作者認為，哥林多前書12:13的意思並不是說我們受洗**成為**一個身體（baptized *into* one body），而是說我們「**為著**基督的那一個身體」而受洗（*baptized for the one body of Christ*, p. 24）。但是Baker的論詞並不足叫人信服：因為哥林多前書12:13開頭的字——for（因為）（和合本沒有譯出），表示第13節必定是支持第12節的一個論證。在第12節裏，保羅說我們雖是許多肢體，卻仍是一個身體；若是第13節要顯明每一個基督徒都是同一個身體的一部分，那麼它必須解釋為何我們**全都是**一個身體的肢體——保羅說我們是因著在獨一的靈裏受洗，而都歸入一個身體。Baker的觀點是，這洗禮只發生在某些「已經是基督身體**的**肢體，好使他們有效地發揮其功能」（p. 24），但保羅是說「所有的」基督徒都已經受洗歸於一個身體，因此Baker的觀點是不能叫人信服的。此外，如果這節經文的意義真的是**為了**一個身體**的好處而**受洗（基本上這就是Baker的看法），這將會使介詞*eis*變成具有一種極為罕見的意義——保羅若是真有此意，我們就應該預期某些字眼會出現，例如*heneka*（由*heneken*而來）「為了……的緣故」，或是*hyper*其後加上受格，表示是「為了……的緣故」。

[13]耶穌向祂的門徒吹氣，對他們說：「你們受聖靈」（約20:22）之事，可能是對五旬節將會發生在他們身上之事

曾經說過：「若不是差我來的父吸引人，就沒有能到我這裏來的」（約6:44），而門徒的確到了耶穌那裏，並且也跟隨了祂（雖然他們對於祂的認識，是隨著時日才漸漸加增的）。而當彼得對耶穌說：「你是基督，是永生神的兒子」（太16:16）之時，就證明在他心中必然有某種聖靈重生的工作。耶穌回答彼得說：「這不是屬血肉的指示你的，乃是我在天上的父指示的。」（太16:17）耶穌曾這樣對父神說到祂的門徒：「因為你所賜給我的道，我已經賜給他們，*他們也領受了*；又確實知道我是從你出來的，並且信你差了我來……*我也護衛了他們*；其中除了那滅亡之子，*沒有一個滅亡的*，好叫經上的話得應驗。」（約17:8, 12）雖然門徒有時候是「小信」的（太8:26），但是他們確實還是有信心的！他們必然是早在五旬節以前就重生了。[14]

然而我們必須明白，五旬節不僅僅是一件發生在耶穌的門徒和在那些與他們同在之人生命中的個人事件；五旬節乃是聖靈在舊的約（old covenant）之下的工作，與聖靈在新的約（new covenant）之下的工作之間的轉捩點。毫無疑問地，整個舊約時代聖靈都在作工：神造天地的第一天，聖靈即運行在水面上（創1:2）；祂賜能力給百姓，使人服事神、作領袖和說預言（出31:3; 35:31；申34:9；士14:6；撒上16:13；詩51:11等等）。然而在那段時期，聖靈在個人生命中的作為，通常是能力比較受限制的。

有幾點可以顯示出聖靈在舊的約之下的工作，不但能力較小，範圍也不那麼廣泛：聖靈只臨到少數的人，賜給他們相當的能力來事奉神（如民11:16-17），而摩西切盼著聖靈澆灌在所有神子民身上的那一日，他說：「惟願耶和華的百姓都受感說話；願耶和華把祂的靈降在他們身上。」（民11:29）聖靈在舊的約之下為著特殊服事所賜下的能力是可能會失去的，掃羅的一生就是一例（撒上16:14），這也是大衛所害怕會發生在自己生命中的事（詩51:11）。就著神子民生命中屬靈的能力來說，他們沒有勝過撒但權勢的能力，因而在以色列周圍列國的福音工作缺乏果效，也看不到趕鬼的實

的預演。按此節的上下文，其實就在前一節經文中，耶穌告訴了他們一些在五旬節才會發生的事：「父怎樣差遣了我，*我也照樣差遣你們*。」（約20:21）即使祂在升天以前就說了這件事，但在五旬節降臨以前，祂並沒有真正差派他們出去傳福音；所以，耶穌所說的話，是預告五旬節那天所要發生的事。而對於下一句話中的「你們受聖靈」，我們也要以同樣的方式來理解——祂是預先說到五旬節那天會發生的事。在那一天，他們將要領受聖靈在新的約之下的豐滿和能力，這是聖靈所賜更浩大的能力，遠超過他們先前所經歷的。

[14]筆者的意思不是說在舊的約之下的信徒，其重生經歷與在新的約之下的信徒是完全一樣的。以下我們所要討論的內容將指出，雖然聖靈在舊的約之下的工作，比起在新的約之下的工作，其能力有較多的限制，但是關於二者之間的差異，我們很難定義出來，因為聖經並沒有清楚地說明。然而在舊的約之下的信徒確實有得救的信心，這件事實讓我們明白，必定有某種聖靈重生的工作在他們裏面，使他們可以相信（見本書第三十四章有關重生的討論）。

例。[15] 聖靈在舊的約之下的工作幾乎完全都侷限在以色列國之內；但是在新的約之下出現了一個新的「神……居住的所在」（弗2:22），那就是教會，將外邦人和猶太人聯合在基督的身體裏。

不只如此，舊約時代神的子民引頸企盼著一個「新的約」的世代，到那時，聖靈的工作將會更強而有力、更為廣泛（民11:29；耶31:31-33；結36:26-27；珥2:28-29）。[16]

在新約聖經的一開頭我們就讀到，施洗約翰是舊約先知裏的最後一位。耶穌說：「凡婦人所生的，沒有一個興起來大過施洗約翰的；然而，天國裏最小的比他還大……因為眾先知和律法說預言，到約翰為止。你們若肯領受，這人就是那應當來的以利亞。」（太11:11, 13-14）約翰知道他是用水施洗，但是耶穌要用聖靈施洗（路3:16）；所以，施洗約翰仍然是處於聖靈在「舊的約」之下的工作裏。

在耶穌的一生中，我們首先看見聖靈在新的約之下的大能作為。當耶穌受洗時，聖靈降在祂身上（路3:21-22），而在祂受試探之後，耶穌「**滿有聖靈的能力**回到加利利」（路4:14）。然後我們開始認識到這個在新的約之下的聖靈能力：耶穌用一句話就將鬼趕出去，醫治了所有帶到祂跟前的人，並以前所未聞的權柄教導人（見路4:16-44等）。

然而，門徒在五旬節之前，沒有得蒙賜下這個在新的約之下的豐滿的事奉能力，因為耶穌告訴他們要在耶路撒冷等候，並應許他們：「但聖靈降臨在你們身上，**你們就必得著能力**。」（徒1:8）在門徒的生命中，這個五旬節的經歷也是一個轉變（見約7:39; 14:17; 16:7；徒2:16）；當耶穌回到天上，並得到權柄將聖靈以嶄新的豐滿與能力澆灌下來時（徒2:33），先知約珥所應許的——聖靈要以新的約之下的豐滿而降臨——就得著應驗了（徒2:16）。

這對門徒的生命帶來什麼影響呢？這些門徒曾在生命中經歷過舊的約之下較小的聖靈能力，而在五旬節那一天，他們領受了作在他們生命中的新的約之下更大的聖靈能力。[17] 他們領受了更大的「能力」（徒1:8）——活出基督徒生命的能力，與勝任基

[15]在舊約經文中，與趕鬼最接近的例子，就是每當大衛彈琴時，攪擾掃羅的惡魔就離他而去（撒上16:23）。但是這與我們在新約時代裏所看到的、大有果效且能持久的趕鬼實例，是不可同日而語的。

[16]當然，在舊約聖經裏也有一些例子，是某些領袖蒙神賜下顯著的恩賜，並從聖靈得著能力——例如：摩西、大衛、但以理，以及許多寫作聖經書卷的先知們，甚至連參孫都從聖靈領受了不尋常的力量，來作特定的服事。但是他們的經歷卻不是廣大神子民典型的經歷；這些神子民盼望著應許中彌賽亞的來臨，他們都因信得救了，但是並沒有如我們今日所經歷到的：在新的約之大能下的聖靈澆灌。

[17]Ervin, *Conversion-Initiation*, pp. 14, 15-19. 作者持反對意見說，新的約並非在五旬節那天才開始，而是更早在耶穌受死之時就開始了。這當然是正確的，但是他誤解了所討論的要點。我們並非認為新的約本身是在五旬節那天開始，而是說在新的約之下的聖靈經歷是從五旬節那天開始的；因為是到那個時候，耶穌才將聖靈

督徒事奉的能力。

這個從舊的約之下的聖靈經歷，到新的約之下的聖靈經歷之轉變，可由圖39.1表示出來。[18]

圖39.1 信徒在五旬節所經歷的轉變

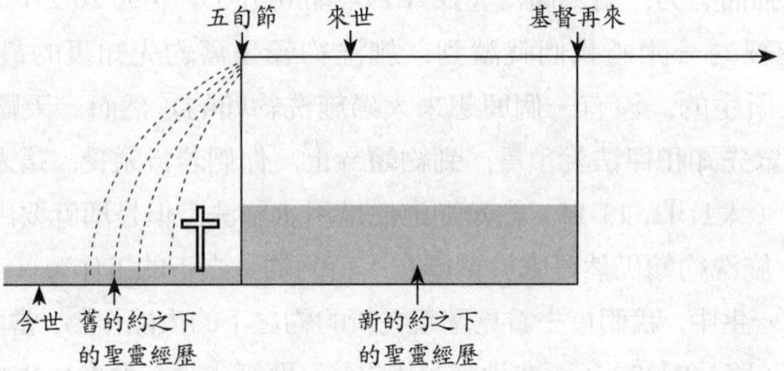

在這個圖中，底部較窄的灰色區域，代表在舊的約之下，聖靈在個人生命中能力較小的工作；從五旬節處開始較為寬廣的灰色區域，則表示從那天以後，聖靈在人生命中更大能力的工作。「今世」與「來世」的線互有重疊，因為來世的權能已經進入了邪惡的今世，所以基督徒是活在「世代交替」之間。五旬節之前的虛線代表聖靈更有權能的工作於耶穌在世的日子就已經開始了，聖靈的權能工作預示著（甚至將遠超過）五旬節時所要發生的事。[19]

這個新的約之下的能力使門徒在他們的見證和服事上更有果效（徒1:8；弗4:8, 11-13），也使每一個信徒在他們的生命中有更大的能力，可以勝過罪惡的影響（留意在羅馬書6:11-14; 8:13-14；加拉太書2:20；腓立比書3:10中所強調基督復活的能力在我們裏面運行），以及有能力勝過那些攻擊信徒之撒但與鬼魔的權勢（林後10:3-4；弗1:19-21; 6:10-18；約一4:4）。新的約之下聖靈的能力也帶來了廣泛的、前所未有的恩賜，

以新的約之下的豐滿與能力澆灌下來（徒2:33; 另參徒1:4-5）。

Ervin也反對地說，門徒在五旬節那天是從聖靈領受了「使命的能力」，而並非進入了新的約（pp. 17-18）。然而Ervin在此提出的，是一個錯誤的二分法；這並不是二擇其一，而是兩者兼備：在五旬節那天，門徒不但進入了一個新的約之下的聖靈經歷裏，而且隨著那個聖靈的經歷，（當然）也同時領受了服事上的新能力。

[18]本圖是筆者由George Ladd, *A Theology of the New Testament* (Grand Rapids: Eerdmans, 1974), pp. 68-69中的圖改編而成。

[19]因為門徒與耶穌密切的關係，所以在他們治病、趕鬼時，他們也得以預嘗了一些五旬節之後的聖靈能力（另參路9:1; 10:1, 8, 17-20, 以及許多其他的經節）。

是為著服事而分賜給所有信徒的（徒2:16-18；林前12:7, 11；彼前4:10；另參民11:17, 24-29）。這些恩賜也隱含有群體的意義，因為它們的目的不是為著個人，而是為著共同建造基督的身體（林前12:7; 14:12）。這也表示福音其實不再只侷限於猶太人中間，萬族與萬國都會聽到大能的福音，並且將要合一而成為教會，使榮耀歸給神（弗2:11–3:10）。[20] 五旬節這個日子在聖經所記載的整個救贖史上，確實是一個非凡的轉捩點；而在世界的歷史中，它也是一個重要的日子，因為從那一天起，聖靈開始在神的子民當中以新的約之下的能力作工了。

這件事實幫助了我們更加明瞭在五旬節時門徒身上所發生的事；在那天他們從聖靈領受了所賜下非凡的新能力，*因為他們是活在從舊的約之下聖靈的工作、轉變到新的約之下聖靈的工作的時候*。雖然這是一種對聖靈的「第二次經歷」，並且是在他們歸正之後好一段時日才來臨的，但我們不能以此為模式，因為我們不是活在聖靈工作的轉換之時。就他們的例子而言，他們是由在舊的約之下從聖靈得能力的信徒，轉變成在新的約之下從聖靈得能力的信徒；但是我們今日並不是先成為一個在舊的約之下、聖靈以較小的能力在我們心中作工的信徒，而等待一些時日之後再領受新的約之下聖靈的工作；反之，我們和那些哥林多教會的基督徒有同樣的地位：當我們成為基督徒之時，我們都「*在那一位靈裏受洗*，歸於一個身體」（林前12:13直譯）——正如哥林多教會的人一樣，也和保羅宣道之旅中的許多教會裏歸主的新信徒一樣。

總結來說，門徒在歸正以後，當五旬節的那一天，他們確實經歷了「在聖靈裏的一次洗禮」，但是這件事的發生是因為他們處在歷史上一個獨特的時刻，所以他們生命中的這個事件，並不是我們應當去追求仿效的模式。

那麼我們該怎樣解釋「聖靈的洗」（或「在聖靈裏的洗禮」，或「被用聖靈施洗」）這個詞語呢？此詞是新約聖經的作者用來論及信徒進入聖靈在新的約之下的能力。對門徒而言，它發生在五旬節之時，但是對哥林多教會的人和我們而言，則是發生在歸正之時。[21]

---

[20]當聖靈帶著能力降臨時，祂通常是臨到一群人，而非單獨的個人（正如使徒行傳2:4; 8:17; 10:44; 19:6所記載的；但是掃羅的歸正是不同的，見使徒行傳9:17-18）。一個充滿了愛的新群體，正是聖靈澆灌的明顯結果（見徒2:41-47）。

[21]筆者的學生James Renihan在一長篇論文中說到，雖然聖靈的洗與歸正同時發生，但它應當被視為是在「救恩的次序」（亦即我們經歷救恩時所發生的各件事，見本書第三十二章的前言部分）裏獨特的一項。他提到，聖靈的洗與救恩次序裏的任何一項（例如重生或歸正）都不全然相同，它也可以被稱為「受聖靈」（receiving the Holy Spirit，見徒8:15-16; 19:2, 6；羅8:9, 11；加3:2）。Renihan的觀點顯然不同於靈恩派的教義，即認為聖靈的

新約聖經的作者並不是用這詞語來論及任何在歸正之後、從聖靈得能力的經歷。

C. 使徒行傳裏的「第二次經歷」

即使我們能正確理解使徒行傳第2章所記載門徒在五旬節的經歷，然而，不是還有其他人在歸正以後也得到聖靈賜下能力的「第二次經歷」的例子嗎？就如使徒行傳第8章（撒瑪利亞人）、第10章（哥尼流全家），和第19章（在以弗所的門徒）所記載的。

其實這些例子並不足以證明五旬節派對聖靈的洗之教義的正確性。首先，「聖靈的洗」這個用語通常並不會用來指以上所列舉的事件；[22] 因此，我們應當謹慎，不要隨意把這個詞語套用在這些事件上，但更重要的是，我們要仔細地觀察每個事件，才能更清楚明白所發生的事。

在使徒行傳8:4-25那裏說到，撒瑪利亞人「信了腓利所傳神國的福音和耶穌基督的名，連男帶女就受了洗」（徒8:12）。有人認為這些撒瑪利亞人的信心，並不是真正的得救信心；[23] 然而，這裏的經文並沒有顯示腓利對福音的了解不全（他在耶路撒冷的教會中是很有聲望的），或是腓利本人認為這些人對基督的信心仍有缺欠，因為他肯定了這些撒瑪利亞人的信心，讓他們都受了洗（徒8:12）。

對這件事更適當的理解是這樣的：神以祂的天命、出於祂的主權，等候著要直接透過使徒們的手，賜予撒瑪利亞人在新的約之下的聖靈能力（徒8:14-17），[24] 如此一來，對耶路撒冷教會的最高領袖們而言，這就證明出撒瑪利亞人並非二等公民，而是教會正式的會員。這一點是很重要的，因為在猶太人和撒瑪利亞人之間存有歷史久遠的敵意（約4:9，「原來猶太人和撒瑪利亞人沒有來往」）；此外，也因為耶穌曾明確地說到，福音傳遍耶路撒冷和周圍的猶太全地之後，下一個主要地點將會是撒瑪利亞：「你們……要在耶路撒冷、猶太全地**和撒瑪利亞**，直到地極，作我的見證。」

洗是歸正之後的事（因為他認為聖靈的洗總是伴隨著真實的歸正，也總是與歸正同時發生）。他的建議很有意思；雖然筆者在本章尚未採取他的觀點，但卻認為值得再加考慮。他的觀點與筆者在本章裏的論點並沒有衝突。

[22]惟一的例外是使徒行傳11:15-17。當彼得說：「聖靈便降在他們身上，**正像當初降在我們身上一樣**」，然後他就想起耶穌論及聖靈的洗時所說的話。這一段經文雖然沒有明顯地稱聖靈降在哥尼流一家為「聖靈的洗」，但彼得很清楚地表示，哥尼流一家是在他對他們傳講時受了聖靈的洗（見徒10:44-48）。

[23]這是James Dunn的論點，見Dunn, *Baptism in the Holy Spirit* (London: SCM, 1970), pp. 55-72.

[24]在這一段內容中，筆者主要是遵循John Stott嚴謹的討論。見John Stott, *Baptism and Fulness*. 2nd ed. (Leicester and Downers Grove, Ill.: InterVarsity Press, 1976), pp. 31-34.

（徒1:8）由此看來，使徒行傳第8章的事件可以說是「撒瑪利亞的五旬節」，那是一種特別的聖靈澆灌，發生在猶太與外邦先祖間的混血種族——撒瑪利亞人——的身上；如此，就向世人顯明了聖靈在新的約之下豐滿的祝福和能力，並不只限於猶太人，而且也已經臨到了這一群人的身上。因為這在救贖史上是一個特殊事件，它是依循使徒行傳1:8所說的模式發展出來的，所以亦非今日我們要仿效的模式。這事件只是從舊的約之下的聖靈經歷轉變到新的約之下的聖靈經歷中的一部分而已。

使徒行傳第10章的情況則比較單純，因為在彼得去到哥尼流家對他講道之前，哥尼流是否已是一位真正的信徒，我們並不清楚；他顯然還不知道要信靠基督得救恩，他乃是個外邦人，是福音要傳揚「直到地極」的最早例子之一（徒1:8）。[25] 哥尼流必定不是先相信了基督的死與復活而得救恩，之後才得著了歸正後的第二次經歷。

在使徒行傳第19章裏，我們再次看到這種情況，就是有些人尚未真正聽過福音——藉著基督得救恩。經文說他們已經受了施洗約翰的洗（徒19:3），所以他們或許是曾經聽過施洗約翰傳道，或是與聽過施洗約翰傳道的人談過話，而「歸受了約翰的洗禮」（徒19:3，呂振中譯本）；如此以受洗作為一個標記，表示他們為自己的罪行而悔改，並預備迎見要來的彌賽亞。他們當然未曾聽過基督的死與復活，因為他們甚至沒有聽過有聖靈要賜下來（徒19:2）——聖靈被賜下的這項事實，是所有五旬節在場的人，或在五旬節之後才聽到福音的人不可能不知道的。他們很可能甚至未曾聽過耶穌來到這個世上而又死去，因為保羅必須向他們解釋：「約翰所行的是悔改的洗；告訴百姓，當信那在他以後要來的，*就是耶穌*。」（徒19:4）所以，這些在以弗所的「門徒」並不明白新約，也沒有新的約之下的信心，他們當然不會有聖靈在新的約之下所賜的能力了——他們之所以被稱為「門徒」，其意義只是在於他們跟隨施洗約翰，仍然在等候著彌賽亞的來臨。當他們聽到這個彌賽亞就是耶穌時，他們信了祂，然後就得著了聖靈的能力，這正是來自於復活之主耶穌基督的福音。

因此之故，這些在以弗所的門徒當然也不是今日的我們所要跟隨的模式了，因為我們並不是先相信一位我們在等候著的彌賽亞，後來才知道耶穌已經來到世上活過、死過，又復活了；我們是一開始就明白基督的福音，而且我們就像哥林多教會的人一樣，立時就進入了新的約之下聖靈大能的經歷。[26]

---

[25]即使我們認為哥尼流是一位先有了舊的約之下的信心的信徒，他相信那將要來臨的猶太彌賽亞；但這也只能顯出，他是先經歷舊的約之下的聖靈，而後才經歷新的約之下的聖靈的另一個例子而已。

[26]關於使徒行傳19:1-7，Ervin持反對意見，他說這些門徒是先受了洗，然後當保羅為他們按手時，他們才得

所以，似乎沒有任何一處新約聖經的經文，是鼓勵我們去追求在歸正以後的「聖靈的洗」之第二次經歷。

D. 描述歸正後蒙聖靈賜能力之經歷的用詞

我們在前面已經談過，「聖靈的洗」並非新約聖經作者在論到歸正後的聖靈工作所用的詞語，而在使徒行傳裏領受聖靈之「第二次經歷」的各個例子，也並非我們在基督徒生活中所要仿效的模式。然而這個問題仍然存在：「有成千上萬的人宣稱自己得著了這個『聖靈的洗』，並且因此為他們的生命帶來許多祝福；如果那不是『聖靈的洗』，那麼在他們身上發生的到底是什麼呢？」是否有可能，這個被稱為「聖靈的洗」的事確實是聖靈的工作，只是五旬節派的人對這經歷在聖經上的歸類和所用的聖經例子，並不完全正確？對於這種在歸正之後的聖靈工作，聖經中是否有其他的用語與教導，是可以幫助我們對此有更正確的了解？筆者認為是有的，但是在我們進一步探討之前，筆者覺得必須先說明，對於這個聖靈的工作有一個正確的理解，是非常重要的。

D.1 將基督徒分等級會造成對教會的傷害

教導有兩等級的基督教信仰（two-class Christianity），將引致對教會的傷害。在教會歷史的各個時期中，都曾經有基督徒將教會的信徒分成兩類，而事實上五旬節派關於聖靈的洗之教義，就導致了這種情形。他們的分類可以用圖39.2來表示：將世人分成基督徒與非基督徒兩類，而在基督徒之內又分成兩類——普通的信徒與受過聖靈的洗的信徒。

圖39.2 五旬節派導致將基督徒分為兩類

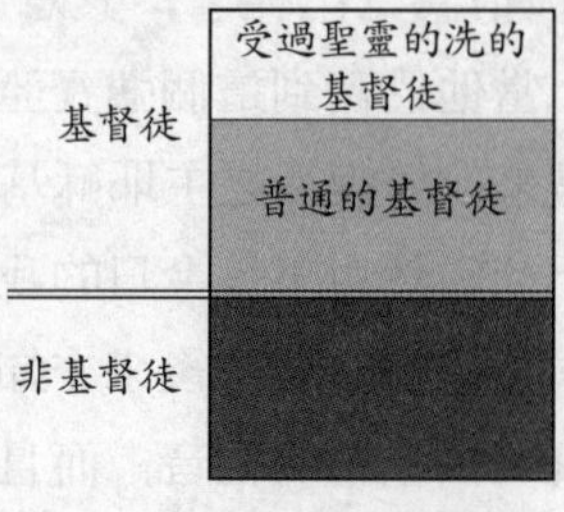

蒙聖靈賜下能力。我們或許可以接受這個說法，然而這兩個事件在時間上是如此接近，以至於很難區分開來；而且這個例子也確實與一般五旬節派所教導與禱告的不同：五旬節派的教導是在歸正之後的數週、數月，或數年，才追求後來的聖靈的洗。如果我們在事後問這些門徒，他們經歷的聖靈的洗，是否是在他們歸正「之後」，他們或許會說是在同一個時間，因為這些事件在實際的時間順序中太緊密相連了。見Ervin, *Conversion-Initiation*, pp. 55-59.

然而這種將基督徒分為兩類的觀念，並不是只在二十世紀五旬節派教導中才有的獨特看法；其實許多五旬節派的教導乃是出自於早期的聖潔運動團體，他們曾教導說，基督徒有普通的信徒，也有「聖別的」（sanctified）信徒。其他的團體也用不同的類別來區分基督徒，例如普通的信徒與那些「聖靈充滿的」信徒，或普通的信徒與那些是「門徒」的信徒，或「屬肉體的」基督徒與「屬靈的」基督徒。事實上，羅馬天主教長久以來不只將信徒分為兩類，而是分為三類：普通的信徒、神甫（priests），與聖徒（saints）。所有這些對基督徒的分類可見於圖39.3。[27]

圖39.3 其他將基督徒分為兩類或三類的方式

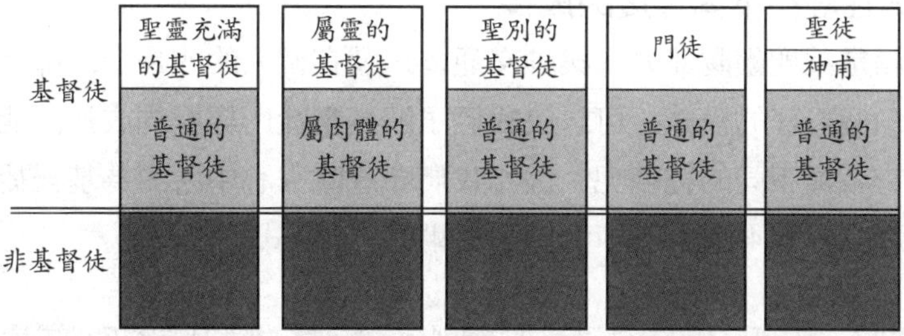

雖然那些教導古典五旬節派之「聖靈的洗」觀點的人，可能會否認他們有意要將基督徒分為兩類，但是每當他們問到「某人是否受了聖靈的洗」時，這樣的區分就隱含在其中，而這種問題也明顯地表示有兩種基督徒：那些經歷過「聖靈的洗」的，和那些尚未經歷過的。

這種視基督徒有兩種類別的觀點，會造成什麼問題呢？其問題就是會在教會裏助長了「我們——他們」兩個群體的心態，因而導致嫉妒、驕傲和結黨。不論這些已經得著聖靈所賜特別能力的人，對那些尚未得著的人有多麼地體貼與謹慎，假若這些人真的愛他們在基督裏的弟兄姊妹，並且假若這個經歷在他們自己的基督徒靈命中大有幫助，他們就會情不自禁地給人一種感覺，就是希望別人也能夠有這種經歷。即使他們在心中對這個經歷並沒有驕傲感（就筆者看來，他們大多數並沒有為此而自傲），然而這種認為有第二類等的基督徒之觀念，仍無可避免地會給人一種驕傲或屬靈優越

[27]在這個圖中，筆者沒有包括另一種在改革宗圈子內的分類；這個分類並非出於任何正式的教導，而是有時候反映在人的態度和作法上：將基督徒分為普通的與那些「真正屬於改革宗的」基督徒。

感的印象；而在那些尚未有這種經歷的一方，也極可能會產生嫉妒感。如此就助長了教會內有兩種群體的出現，這也是為何我們常聽到有人控訴靈恩運動所造成的分黨結派，其言是有可信度的。其實在教會裏常有結黨分裂的事。

反對這種將基督徒分類的觀點，其主要的理由是，新約聖經並沒有教導這種有兩階層或兩等級的基督教信仰，在新約書信裏我們從未讀到保羅或彼得勸告一個正處於問題中的教會說：「你們所有的人都需要受聖靈的洗。」我們也從未聽到復活的主耶穌對啟示錄2–3章裏那些混亂軟弱的教會說：「你們要求我在聖靈裏給你們施洗。」因此我們不得不結論說，教會歷史上所有這些團體所教導的兩階層或兩等級的觀點，在新約聖經中並沒有穩固的根基。

D.2 視基督徒在經歷不同程度的成長

基督徒無論是蒙聖靈賜能力、與神交通，以及在個人的成長上，都有許多不同的程度。是否有一個更好的模式，可以使我們了解基督徒所經歷的成長、能力，以及與神的交通，是有各種不同的程度呢？假如我們願意除去心中所認為基督徒屬於這類或那類的想法，那麼圖39.4所表示的可能是一個更好的模式。

圖39.4 不將基督徒分為兩個不同的類別，而視他們在經歷不同程度的成長

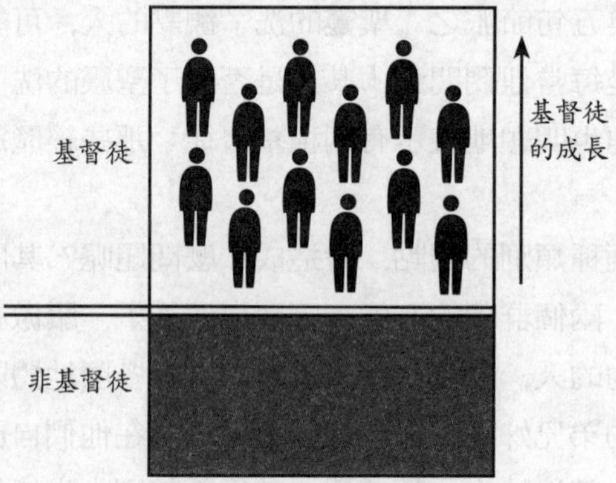

在上圖中，世人被分為基督徒與非基督徒兩類，然而在基督徒之中並沒有區分什麼類別。反之，在基督徒成長的路徑上，有許多基督徒在一同往前行：他們在基督徒的成熟度（成聖）上漸漸加增，在與神親密的交通和同行（得著兒子名分的其中一方面）上漸漸進步，以及在生命與服事中經歷到聖靈運行的大能上也漸漸增長。

在我們的一生中，基督徒的生命應該是*在上述所有的方面都有成長*；對許多人而言，這個成長是逐步漸進的，是貫穿他們整個一生的歲月。我們可以用圖39.5中的箭頭來代表生命的成長。[28]

圖39.5 大多數基督徒的成長是一生都在逐步漸進

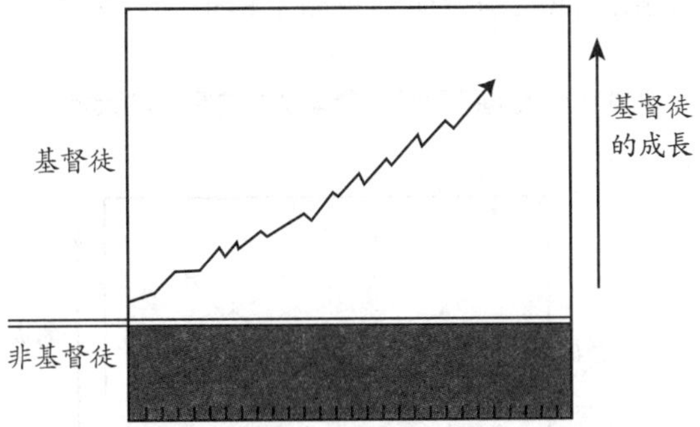

D.2.1 我們應當如何來理解現代的經歷？

那麼，在那些說自己經歷了「聖靈的洗」、因而得到生命中極大祝福的人身上，究竟發生了什麼事？首先我們必須了解，一般五旬節派所教導，關於要得著聖靈的洗所需要作的預備是什麼。他們通常所教導的是，人應當承認所有已知的罪，為生命中任何存留的罪悔改，信靠基督得著赦免，將生命的每一方面都委身來事奉主，全然順服祂，並且相信基督將要以新的方式賜下能力，以新的屬靈恩賜裝備他們投入服事；在這些預備工作完成以後，他們就要禱告祈求耶穌使他們受聖靈的洗。然而，這個預備工作成就了什麼呢？這個預備工作保證會帶來基督徒生命中顯著的成長！如果這樣的認罪、悔改、更新委身，及增強信心和期望，都是真實的，那麼在一個人生命中必

[28]更確切地說，我們必須明白，我們可能會在基督徒生命的某些方面有長進，而在其他方面卻沒有長進；因此，單單一張圖並不能顯出所有方面的情況。例如，基督徒可能在能力上有長進，在聖潔上卻沒有長進（如哥林多教會的情況）；或是在知識上有長進，在能力上卻沒有長進；或是在知識上有長進，而在生命的聖潔上卻沒有長進（不幸的是，這種情況會發生在某些——當然不是所有的——神學生身上，也發生在一些過度重視學術追求的牧師身上）。有的人可能在個人與神的交通上長進，但卻沒有在聖經的知識上長進（這種情況會發生在過度強調「敬虔主義」的人身上）；也有的人在生命的聖潔上長進，但沒有在能力或聖靈恩賜的使用上長進。各種的組合都是有可能的，因此我們若要表達出所有這些可能的組合，則會需要好幾張圖。為了簡明的緣故，筆者在這張圖上只以「基督徒的成長」來代表。

然會帶來正面的結果；無論是哪一個基督徒，他只要在這些預備領受聖靈的洗的步驟上誠懇以赴，就必然會在成聖上長進，也必然會與神有更深的交通。除此之外，我們也可以預期聖靈常常會特別恩待，按著這些誠懇的基督徒所尋求的，格外賜下豐厚的恩典和能力，即使他們的祈求在神學知識和用詞上並不夠完全。在這種情況下，他們很可能會發現自己服事的能力增加了，聖靈的恩賜也成長了；而我們可以說，這個人在圖39.6中是由A點移至B點，他在基督徒的生命上躍進了一大步。

圖39.6 一次的經歷可能帶來基督徒靈命的大進步

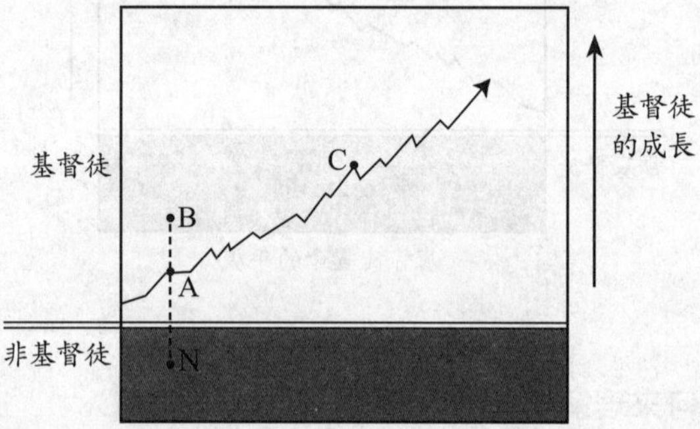

在這個光景下，禱告、讀經和敬拜當然就變得更有意義了；在傳福音和其他服事上，也當然就會更有果效了。然而很重要的是，我們必須要明白，從圖上A點移到B點的這個人，現在並不是屬於另一種類別的基督徒，比如說是屬於受過「聖靈的洗」的一類，與那些不曾有過這種經歷的人有所區別。而在同一個教會裏可能有另一位基督徒，他在成長上未曾有過一大步的躍進，但卻在他過去四十年的基督徒生命歲月裏穩定地成長，而達到了圖表上的C點。雖然這個人從未有過五旬節派所稱「聖靈的洗」的一次經歷，但是相較於一個近來得著「聖靈的洗」（按照五旬節派的用語）而從A點移到B點的年輕基督徒，這個人在基督徒成長的路上仍然是更為進深的。而從A點進展到B點的基督徒，雖然他在靈命成長的路上，不比另一位在C點的人更進深，但是*比起自己從前的光景*，他確實是進步了，這當然在他的生命中是一個正面的結果。我們對基督徒的靈命成長有這樣的理解後，就不會將基督徒區分為兩種類別了。

關於這個圖我們還要提出一項觀察：靈恩運動常常是將聖靈的洗的教導，帶進了比較屬於自由派信仰的教會裏；而這些教會多年以來並沒有清楚地傳講到，救恩的福音乃是惟獨藉著信靠基督而得；也沒有人教導他們，要全然相信聖經是神給我們的話語。在這種情況下，許多那些教會裏的人從未經歷過得救的信心——他們乃是位於圖39.6上的N點，其實還是尚未重生的非基督徒。[29] 如今當有一位靈恩更新運動的人士來到這些教會，並且傳講說他們能夠在基督徒生命中經歷到嶄新的活力，然後又告訴他們，這個預備工作就是要為所有已知的罪悔改，求告基督赦免那些罪，信靠祂會赦免他們，並將他們的生命完全委身於基督作他們生命的主；於是，他們就熱切地對那些指引作回應，之後他們就禱告求耶穌使他們受聖靈的洗。真正的結果是，因為他們的真誠以及渴望親近神的心，他們就從圖上的N點進展到A點，或甚至是到B點。雖然他們以為這是受了聖靈的洗，是他們基督徒生命的第二次經歷，事實上他們是才開始成為基督徒（其實這才真的是按照新約聖經的意義所說的，他們「受了聖靈的洗」）！到了第二天，他們是如此地興奮，幾乎不可能叫他們保持緘默；讀經突然變得有意義了，禱告也變得真實了；他們也驟然察覺到神在他們生命中的同在，敬拜也變成一種深處喜樂的經歷了，而常常他們也開始經歷到從前所不知道的屬靈恩賜。無怪乎靈恩派的更新使得許多羅馬天主教信徒，和許多主流的、較為自由派的更正教派信徒，感到如此地興奮（也常帶來許多的爭議）。雖然我們對於這個教導的表達方式，可能有不同的看法，但是對於這個教導在教會中所帶來好的果效，我們不應當否定。

D.2.2 今日我們應當用何詞語來表達此經歷?

現在我們應該可以明白，為什麼我們用來描述這個經歷的詞語，以及我們對它在聖經上的歸類，是那麼重要了。假如我們使用傳統五旬節派所定義的「聖靈的洗」來描繪此經歷，那麼我們就幾乎無可避免地會將基督徒分為兩個類別了，因為他們把「聖靈的洗」看為一個普遍的經歷，是基督徒*能夠*領受到的，也確實*應當*會在生命中的某個時候領受到，並且在一次的經歷之後，就無需再重複。「聖靈的洗」被他們視為一個單一的經歷，是為了服事而領受能力，這與成為基督徒的經歷是不同的；因此人領受了「聖靈的洗」或沒有領受，是很清楚的。尤其是當我們將這個經歷用在描繪使徒行傳第2章發生在門徒身上的事（對他們而言，這顯然是一次的經歷），在第8章撒瑪利亞人身上，和在第19章以弗所的門徒身上等事時，就很清楚地表示這是一個單一的事件，為要使人得著服事的能力；然而這也將他們放入另一個類別或群體，是與他們在此次經歷以前所不同的。因此，若將「聖靈的洗」一詞用來指著這項特定的經

---

[29]然而也有很多情況是，在某些更正教會以及羅馬天主教會裏，有許多人被教導說，當他們受嬰兒洗禮時，就已經接受基督，成為基督徒了。

歷，就必然表示有兩種類別的基督徒了。

關於這個在靈恩更新運動裏臨及千萬人的經歷，我們認為這是他們基督徒靈命中的一個大躍進；如果我們的理解是正確的話，那麼，若能以其他的詞語取代「聖靈的洗」來描述這個經歷，似乎會更加合適。有一些詞語是我們可以用的，只要它們能表達出這樣的經歷可以重複，有不同程度的強度，以及在一次經歷之後還會有更進深的發展；而且只要它們不意味著所有真正順服主的基督徒都應該要有相同的經歷，那麼這些詞語就適合用來描述這樣的經歷。[30] 我們已經用過一個詞語，「在基督徒生命幾個不同方面的成長的一個大躍進」；由於這個詞語是說「成長的一個大躍進」，它就不會使人誤以為這是指單一的經驗，而將基督徒放在一個新的類別裏；並且因為它是指在成長上的一個大躍進，也就清楚地意味著別人也能夠藉著較長時日的小步長進，而經歷到同樣幅度的成長，如此而達到基督徒靈命裏的同樣位置。[31]

另一個頗合適的詞語是「得著服事上的新力量」。許多領受了這種靈恩經歷的人，的確發現在他們的基督徒生命中有了新的服事能力，包括能夠使用他們以前從未有過的屬靈恩賜。不過這個用語並不完全，因為它並沒有提到任何有關與神更深的交通，在禱告與讀經上更大的果效，以及在敬拜中領受新的喜樂；這些也常是這個經歷所帶出的結果。

D.2.3 何謂「被聖靈充滿」？

然而，新約聖經中有一個更常使用的詞語，那就是「被聖靈充滿」（being filled with the Holy Spirit）。由於這個用語常常在基督徒成長和服事的經文中被提到，因此筆者認為，在描述今日真實的「第二次經歷」（或第三次、第四次等等）時，這似乎是最佳的詞語。保羅告訴以弗所教會的人說：「不要醉酒，酒能使人放蕩，乃要被聖靈充滿。」（弗5:18）他使用的是現在式祈使語氣動詞，更直接的繙譯是「要不斷地被聖靈充滿」，表示這是一件應當不斷發生在基督徒身上的事。如此的滿有聖靈會帶來敬拜和感恩的更新（弗5:19-20），也會帶來人與人之間關係的更新，尤其是與那些有權柄在我們之上的人，或是與那些在我們權柄以下的人（弗5:21–6:9）。此外，由於聖靈是使我們成聖的靈，這樣地被聖靈充滿通常會帶來成聖上的成長；不只如此，因為聖靈能加添我們服事的力量，又可以賜給我們屬靈恩賜，所以這樣的充滿也常會帶

[30]我們可以用同樣的標準來尋找另一些詞語，以取代上述D.1節所說將基督徒分「兩等級」的用語；否則就必須對所使用的詞語加以解釋，以免產生誤解。

[31]保羅的確說過，我們要「凡事長進，連於元首基督。」（弗4:15）

來服事能力的增長，屬靈恩賜的使用也就更有果效，或許也更多樣化。

我們在使徒行傳裏看到許多不斷地被聖靈充滿的例子。在使徒行傳2:4中，門徒和那些與他們同在的人就「都被聖靈充滿」；後來當彼得站在公會面前，我們又讀到：「那時，彼得被聖靈充滿，對他們說……」（徒4:8）而不久之後，當彼得和其他使徒回到教會，報告所發生之事的時候（徒4:23），他們一同禱告；在禱告之後，他們又都被聖靈充滿。路加清楚地記載了這接下來的事件：「禱告完了，聚會的地方震動，他們就都被聖靈充滿，放膽講論神的道。」（徒4:31）即使彼得在五旬節那天已經被聖靈充滿過了（徒2:4），後來他在面對公會說話之前，又被聖靈充滿（徒4:8），而在與那群基督徒會面禱告之後，他又再度被聖靈充滿。

所以我們可以說，在基督徒的生命中，被聖靈充滿不是一次單一的事件，而是能夠一再發生的事件。被聖靈充滿可能會為當時一項特定的服事而立刻帶來能力（發生在使徒行傳4:8; 7:55的事就是明顯的例子），但是它也可能是關於一個人生命中長久的特質（見徒6:3; 11:24）。無論是哪一種情況，這樣的聖靈充滿可以在一個人的生命中多次發生；例如擔任初期教會執事（或稱使徒助手）的司提反，他是一個「被聖靈充滿、智慧充足」的人（徒6:3, 5），但即使如此，當最後眾人向他丟石頭時，他顯然又再次領受到了新的聖靈充滿與大能（徒7:55）。

有人可能會反對說，一個已經「滿」有聖靈的人，不可能變得更加充滿——假如一杯水已經滿了，就不能再倒入更多的水進去。然而杯子相對於我們真實的人而言，並不是一個恰當的比喻，因為神能夠使我們成長，得以承載更多聖靈的豐滿與能力。更合適的比喻可能是氣球，即使它裏面只有一點點空氣，也可以說是「滿」有空氣；當更多的空氣吹進去時，氣球擴張了，就某種意義來說，它是「更為充滿」了。我們人也是一樣：我們可以被聖靈充滿，而同時也能夠得著更多的聖靈；惟獨耶穌不同，因為父神賜給祂的聖靈是沒有限量的（約3:34）。

這樣，因「聖靈的洗」一詞語所造成的分歧，就可以藉著使用本節所提到的取代詞語而避免掉。如此，我們就能夠為著另一個基督徒在生命中的某些方面「重新地滿有聖靈」，或是「得著服事上的新能力」，或是有「成長上的一個大躍進」而感謝神，而不會有「我們」和「他們」的分別，因為我們知道，我們都是一個身體的肢體，彼此不分門別類。[32] 事實上，今日許多的靈恩派，甚至一些傳統的五旬節派，都

[32]就筆者個人的觀點，許多教會中因靈恩更新運動的影響所帶來的分歧，大部分不是因為屬靈恩賜本身，而是因為對「聖靈的洗」到底是什麼，以及對它所隱含的兩類基督徒之意義有所誤解。

很少使用「聖靈的洗」這個詞語，而偏向於使用其他像是「被聖靈充滿」的詞語。[33]

不只如此，許多人雖然未曾有過一次戲劇化大轉變的經歷（就像五旬節派所謂的「聖靈的洗」），但他們卻開始經歷到在敬拜裏新的自由與喜樂（通常也是因為教會所用的現代敬拜或讚美歌曲），並開始有效地使用各樣的屬靈恩賜來造就自己和教會（這些恩賜包括醫病、說預言、行異能、辨別諸靈，以及有能力以禱告和直接斥責邪靈的話語來行使權柄，對付鬼魔的權勢），有的時候也會有說方言和繙方言的恩賜，但是並不總是有這些恩賜的使用。總而言之，筆者認為在五旬節派和靈恩派的基督徒，以及在較傳統和主流福音派的基督徒，這兩者之間的不同與差異，似乎變得愈來愈小了。

有人可能會反對說，就是這個懇切禱告要得著聖靈的洗之經歷，可以一舉將人帶進大能的服事與有效地使用恩賜的這個新層次；而且這個經歷在千萬人的生命中是如此地有幫助，難道我們應該這麼輕易地放棄它嗎？對於這點的回應是，我們必須指出，如果「聖靈的洗」這個用語被替換成另一個更能代表新約教訓的用語，那麼，關於人來到教會，鼓勵人藉著誠懇的悔改，重新對基督的委身，以及相信聖靈能在他們的生命中有大能的作為，如此來預備他們的心得著屬靈的更新，就不應該有任何反對了。[34] 教導人禱告尋求聖靈更大的充滿，或者教導人期待主並求告祂在他們的生命中賜下更多聖靈恩賜的澆灌，使得基督的身體得到益處，這些都是正確的（見林前12:31; 14:1, 12）。事實上，無論是哪一個宗派，大多數的基督徒都渴望在服事上有更大的能力，在敬拜上有更大的喜樂，以及與神有更深的交通；許多人也都願意更多地認識聖靈的恩賜，並且也願意被激勵在使用恩賜上更有長進。假如五旬節派和靈恩派基督徒願意對這些方面作教導，而不帶著「聖靈的洗」一詞所隱含兩種階層的基督信仰這個額外的包袱，那麼，他們可能會發現一個嶄新的天空，就是當他們將這些基督徒生命

[33]John Wimber不認為自己是五旬節派或靈恩派的人，他的說法頗有智慧：「我發現關於聖靈的洗之爭論，歸結而言，不過是名稱的問題罷了；好的藥可能會被附上不正確的標籤，用錯了名稱，而對於聖靈的洗，極可能就是這個情形。五旬節派對神的經歷，遠勝過他們對這經歷的解釋。」（John Wimber with Kevin Springer, *Power Evangelism*. p. 145）近年來，當筆者有機會與和靈恩運動有關之機構裏的教授們私下交通時，就發現當他們談論到那些靈恩運動人士的經歷時，他們愈來愈趨向於使用「聖靈充滿」，而不使用「聖靈的洗」。

[34]筆者的學生Jack Mattern雖然不是靈恩派的人，但他卻告訴我，在十多年在大學校園裏的學生工作中，他發現在基督徒中間有一個很大的飢渴，想要知道他們如何可以被聖靈充滿。他正確地指出，關於這方面的有效的教導，一定要包括 (1) 必須完全獻上我們的生命給神（羅12:1；加2:20），(2) 必須完全仰賴神所賜能力，來過基督徒生活（羅8:13；加2:20; 3:2-3），以及 (3) 必須在我們的生活中順服神的誡命（約一2:6）。這些要素與上述提及的一般靈恩派所教導的預備步驟相似；而除了這些步驟之外，當然可以再加上一個禱告，祈求聖靈充滿我們，這也是照著以弗所書5:18中神的旨意而行。因此，對於教導基督徒每天按照這些原則來禱告，應該不會有任何反對的意見。

中另一個領域裏的教導帶給福音派的信徒時，將會比以前更有果效。

D.3 被聖靈充滿並不一定會帶來說方言的恩賜

關於被聖靈充滿的經歷，還有一點需要說明。因為在使徒行傳的幾個例子中，當人得著了新的約之下聖靈的能力，就同時也開始說方言（徒2:4; 10:46; 19:6；可能在使徒行傳8:17-19那裏也隱含有這個意思，因為它與使徒行傳第2章門徒的經歷極為類似），所以，五旬節派的教導通常認為，聖靈的洗的外在標記就是說方言（亦即人說出他不懂得且未曾學過的話語，不論這是已知的人類語言，還是其他天使的、屬天的或超自然的語言）。[35]

然而很重要的是，我們必須明瞭，在許多例子中，被聖靈充滿*並沒有*帶來說方言的恩賜。在路加福音4:1的記載中，當耶穌被聖靈充滿時，祂得著了在曠野中勝過撒但試探的力量；當試探結束，耶穌「滿有聖靈的能力回到加利利」（路4:14），祂就行了醫病和趕鬼的神蹟，並能帶著權柄教訓人。當以利沙伯被聖靈充滿時，她對馬利亞說出祝福的話（路1:41-45）；當撒迦利亞被聖靈充滿時，他就說預言（路1:67-79）。其他被聖靈充滿所帶來的結果包括：大有能力地傳講福音（徒4:31）；（或許）有智慧、成熟的靈命，以及有正確的判斷力（徒6:3）；受審時有能力的傳道和見證（徒4:8）；看見天的異象（徒7:55）；以及（顯然地）有信心和生命的成熟（徒11:24）。這其中的幾個例子也表明出聖靈充滿會帶來某項特別的服事能力，尤其在使徒行傳的例子中，我們常常看見聖靈所賜下的能力帶來了神蹟，以及大能的講道和作為。[36]

所以，雖然被聖靈充滿的經歷可能會帶來說方言的恩賜，或使用一些從前未曾經歷過的恩賜，但它也可能沒有帶來說方言的恩賜；事實上，歷史上許多基督徒經歷過聖靈大能的充滿，但沒有伴隨著說方言。關於這個恩賜以及其他所有的恩賜，我們只得說是「這位聖靈……隨己意分給各人的。」（林前12:11）

個人思考與應用

1. 在你讀本章以前，你對「聖靈的洗」的理解是如何？如果現在你的理解有所改變，它是如何改變的？
2. 在你自己基督徒靈命的某些方面，曾否有過一次或多次的經歷，是你可以稱為「成長上的大

---

[35]見本書第五十三章E節有關說方言的討論。

[36]關於那位「從母腹裏就被聖靈充滿了」（路1:15）的施洗約翰，聖經並未明言在他生命中聖靈充滿的果子是什麼，只說到「有主〔的手〕與他同在」（路1:66），以及「那孩子漸漸長大，心靈強健……」（路1:80）

躍進」的? 還是你的靈命是以小步而持續的成長, 在成聖、與神交通, 和在使用屬靈恩賜與能力事奉神上漸趨成熟的?

3. 你是否認識一些宣稱自己是在歸正之後才得著「聖靈的洗」的人? 就你的評估, 「聖靈的洗」在他們生命中的果效大多是正面的、負面的, 還是正負摻雜的? 假如你自己有過這樣的經歷, 那麼你認為把這個經歷視為一次的「聖靈的洗」, 是很重要的嗎? 假如你稱它為「被聖靈充滿」, 這在你的基督徒生命中會帶來相同的果效嗎? 你認為現今在你的生命中去追求被聖靈充滿的經歷是對的嗎? 要怎樣去追求呢?
4. 我們都明白, 若是過分強調基督徒靈命中的某些好東西, 到了一個程度可能會導致我們靈命的不平衡, 而且在服事上也會不如預期地有果效。我們若是思考到在基督徒靈命上我們能夠成長的各個方面(例如對神話語和純正教義的認識、禱告、愛神、愛其他的基督徒和非基督徒、每日信靠神、敬拜、生活中的聖潔、使用屬靈恩賜、在我們的見證和服事中滿有聖靈的能力、每日與神交通等等), 你認為在你生命中的哪一方面, 是需要求神賜下更多成長的? 而當你在那些方面成長的同時, 若也求神賜下新的聖靈充滿, 是合宜的嗎?
5. 關於聖靈的洗或被聖靈充滿的主題, 你認為福音派教會在這一個議題上, 通常是趨於更分歧, 還是更合一?

特殊詞彙

聖靈的洗、從聖靈受洗、由聖靈施洗(baptism by the Holy Spirit)
聖靈的洗、在聖靈裏的洗禮、用聖靈的洗禮(baptism in/with the Holy Spirit)
被聖靈充滿(being filled with the Holy Spirit, filled with the Holy Spirit)
靈恩派(Charismatic)
五旬節(Pentecost)
五旬節派(Pentecostal)
新的約之下的聖靈經歷(new covenant experience of the Holy Spirit)
舊的約之下的聖靈經歷(old covenant experience of the Holy Spirit)
兩等級的基督教信仰(two-class Christianity)

本章書目

很少有系統神學明顯地處理這一個主題, 因為它直到二十世紀才變為爭議性的事件。

Bennett, Dennis and Rita. *The Holy Spirit and You*. Plainfield, N.J.: Logos, 1971.
Bruner, Frederick Dale. *A Theology of the Holy Spirit: The Pentecostal Experience and the New*

Testament Witness. Grand Rapids: Eerdmans, 1970.
Dunn, James D. G. *Baptism in the Holy Spirit*. London: SCM, 1970.
Ervin, Howard M. *Conversion-Initiation and the Baptism in the Holy Spirit: A Critique of James D. G. Dunn, "Baptism in the Holy Spirit."* Peabody, Mass.: Hendrickson, 1984.
________. *Spirit Baptism*. Peabody, Mass.: Hendriksen, 1987.
Gaffin, Richard. *Perspectives on Pentecost*. Phillipsburg, N.J.: Presbyterian and Reformed, 1979.
Green, Michael. *Baptism: Its Purpose, Practice and Power*. Downers Grove, Ill.: InterVarsity Press, 1987, pp. 127-41.
________. "The Spirit's Baptism." In *I Believe in the Holy Spirit*. London: Hodder and Stoughton, and Grand Rapids: Eerdmans, 1975, pp. 123-47.
Hoekema, Anthony A. *Holy Spirit Baptism*. Grand Rapids: Eerdmans, (1972).
Lloyd-Jones, Martyn. *Joy Unspeakable: Power and Renewal in the Holy Spirit*. Ed. by Christopher Catherwood. Wheaton, Ill.: Shaw, 1984.
McGee, Gary B., ed. *Initial Evidence*. Peabody, Mass.: Hendrickson, 1991.
Packer, J. I. "Baptism in the Spirit." in *NDT, pp.* 73-74.
________. *Keep in Step With the Spirit*. Old Tappan, N.J.: Revell, and Leicester: Inter-Varsity Press, 1984.
Stott, John. *Baptism and Fulness*. Leicester and Downers Grove, Ill.: InterVarsity Press, 1976.
Unger, Merrill F. *The Baptizing Work of the Holy Spirit*. Wheaton, Ill.: Van Kampen Press, 1953.
White, R. E. O. "Baptism of the Spirit." In *EDT*, pp. 121-22.

第四十章

聖徒的恆忍——持續爲基督徒

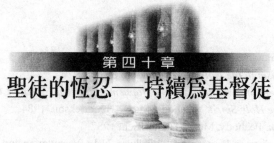

真正的基督徒是否可能失去救恩？
我們怎麼知道自己真的重生了？

背誦經文：約翰福音10:27-28

我的羊聽我的聲音，我也認識他們，他們也跟著我。我又賜給他們永生，他們永不滅亡，誰也不能從我手裏把他們奪去。

詩歌：稱耶和華為你救恩（*Call Jehovah Thy Salvation*）

[1]稱耶和華為你救恩 安息全能者蔭下 住在至高者隱密處 必不會覺得害怕
沒有驚恐叫你驚慌 也無隱藏的網羅 狡詐暴力不能傷你 永遠安全護庇所
[2]雖有白日刀劍毀壞 黑夜瘟疫任橫行 雖有千萬仆倒你旁 神終必是你遮蔽
祂要吩咐祂的天使 一路守望並保護 你雖行過敵人曠野 也要安息不受害
[3]因你專心真意愛神 祂就從上搭救你 患難之日求告祂名 祂要聽見並拯救
展開雙翼作你保護 危難之中的盾牌 今日解憂足享長壽 那日永生冠冕戴

詞：取自詩篇91篇；James Montgomery, 1822
曲：CHRIST CHURCH (or SYDNOR) 8.7.8.7.D., Richard Dirksen, 1977
亦可用HYFRYDOL 8.7.8.7.D., Rowland Hugh Pritchard, 1855

前言

我們在前面已經討論過基督為我們贏得完全救恩之許多層面的意義，它們也是聖靈如今施行在我們身上的。但是我們如何能知道我們今生都將持續為基督徒呢？是否有任何事物可以保守我們不離開基督？是否有任何事物能夠保證，在我們離世、確實在天上永遠與神同住之前，都能持續為基督徒？還是我們有可能轉離基督，而喪失救恩中的福分？「聖徒的恆忍」（perseverance of the saints）的主題就在解釋這些問題。**聖徒的恆忍的意思乃是，所有真正重生的人將蒙神的能力保守，並將以基督徒的身分恆忍直到一生的末了；而且只有那些恆忍到底的人，才是真正重生的人。**

這個定義有兩個部分。它首先指出，有確據（assurance）賜給那些真正重生的人，提醒他們，神的能力會保守他們持續為基督徒，直到他們離世為止；而且他們將確實要在天上永遠與基督同住。另一方面，這個定義的第二部分清楚地表明，能持續地活出基督徒的生命，是一個真正重生之人的證據之一。將這個教義謹記在心是很重要的，否則原本未曾真正得救的人自以為所擁有的，不過是個虛假的確據。

我們要注意到，長久以來，福音派基督徒對這個問題就有著重要的歧見。許多衛理會和阿民念派傳統的信徒一向認為，有些真正重生的人還是有可能失去救恩，而改革宗的觀點則認為，*真正*重生的人不可能失去救恩。[1] 大多數浸信會信徒在這個論點上是隨從改革宗的傳統；然而，他們是用*永遠的保障*（eternal security）或*信徒永遠的保障*一詞來表達，而不用*聖徒的恆忍*一詞。

A. 真正重生的人必會恆忍到底

有許多經文教導，那些真正重生、是真基督徒的人，會持守在基督徒的靈命中直到死時，並要在死後在天上與基督同在。耶穌說：

> 「因為我從天上降下來，不是要按自己的意思行，乃是要按那差我來者的意思行。差我來者的意思就是：祂所賜給我的，叫我一個也不失落，在末日卻叫他復活。因為我父的意思是叫**一切**見子而**信**的人得永生，並且**在末日我要叫他復活**。」（約6:38-40）

耶穌在此說，一切信祂的人都會有永生；且說，祂會在末日叫那個人復活——在這句說到相信子而得永生的上下文，清楚指出耶穌將要使那人復活，與祂進入永生（而不只是叫他復活接受審判與定罪）。因此我們很難不這樣結論說：每一個真正相信基督的人，將終其一生是基督徒，直到最後復活，進入與神同在的祝福。[2] 不只如此，這

[1]「聖徒的恆忍」（*P*erseverance of the saints）一詞的英文開頭字母是**P**，它是英文「鬱金香」（TULIP）中的**P**。這個「鬱金香」中的字母代表了「加爾文主義的五要點」；其他字母所代表的意義如下：**T**代表「全然的墮落」（*T*otal depravity，見本書第二十四章C.2.1及C.2.2節），**U**代表「無條件的揀選」（*U*nconditional election，見本書第三十二章A-D節），**L**代表「有限的贖罪」（*L*imited atonement，見本書第二十七章D節），**I**代表「無可抗拒的恩典」（*I*rresistible grace，見本書第三十四章A節）。

[2]Grant R. Osborne, "Exegetical Notes on Calvinist Texts," in *Grace Unlimited*, pp. 170-71. 作者在處理此經節時，沒有為耶穌的敘述——「在末日我要叫他復活」給予另外的詮釋的機會，但他提到按這經文的上文，第35節是強調永生在於個人在基督裏的「來與信」（p. 171），而在這些經文中所有的動詞「信」用的是現在式，這表示不只是要有初始決定的信心，且要持續在有信心的狀態中。

筆者很抱歉地說，在這個問題上，我與我的這位朋友兼同事有不同的看法；我得說幾點回應：雖然沒有人會否認，人必需相信基督才能得永生，而耶穌在此說到的不只是初始的得救的信心，同時也要求持續不斷的信心；然而這一經節的意思並沒有延伸到指明，「每一個**在離世以前都**不斷相信的人，就有永生」；它只是表示，「現在處於相信基督之狀態中的人」，就有永生，而且耶穌在末日要叫他復活。此經節只是論到，所有現

段經文也強調，耶穌會執行父神的旨意，讓「祂所賜給我的，叫我一個也不失落。」（約6:39）此處再次指出，父神所賜給子神的人一個都不會失落。

另一處強調這個真理的經文是約翰福音10:27-29。耶穌說：

「我的羊聽我的聲音，我也認識他們，他們也跟著我。我又賜給他們永生，**他們永不滅亡**，誰也不能從我手裏把他們奪去。我父把羊賜給我，祂比萬有都大，誰也不能從我父手裏把他們奪去。」

耶穌在此說，那些跟隨祂、屬祂的羊，祂要賜給他們永生。祂且進一步地說：「誰也不能從我手裏把他們奪去。」（約10:28）現今有人反對這一點，認為即使沒有人能夠將基督徒從基督的手中奪去，但是基督徒**自己**可能從基督的手中離開。但是這種說詞似乎是賣弄學問的文字遊戲——「誰也不能」豈非也包括了在基督手中的人嗎？況且，我們知道自己的心不值得信賴。所以，如果我們自己從基督的手中離開的可能性仍然存在，那麼這段經文幾乎就不具有耶穌所賦予它的確據了。

但是更重要的是這處經文裏最有力量的那句話，「**他們永不滅亡**」（約10:28）。這句話的希臘文結構（*ou mē*之後再加過去式假設語氣動詞）是特別加重的語氣，我們可以將之更明確地繙譯為：「他們當然永不滅亡。」這句話強調了那些屬於耶穌之「羊群」、跟隨祂、而且蒙祂賜永生的人，將永遠不會失去救恩，或與基督隔離——他們「永不滅亡」。[3]

另有他處經文說到，相信的人有「永生」。例子之一就是約翰福音3:36：「信子的人**有永生**。」（另參約5:24; 6:47; 10:28；約一5:13）若這真的是信徒所擁有的永遠生

在處於相信基督之狀態中的人，並且也論到基督在末日要叫他們都復活過來。Osborne在他研究這一經節的第二篇論文裏，沒有進一步的反對之詞。見Osborne, "Soteriology in the Gospel of John," in *The Grace of God, the Will of Man*, p. 248.

[3]這裏譯作「滅亡」的希臘文是*apollymi*，與約翰在約翰福音3:16所用的乃同一個字。約翰說：「叫一切信祂的，不至滅亡，反得永生。」

Grant Osborne在他的論文"Exegetical Notes on Calvinist Texts," p. 172中說到，這一經節的解釋不可與約翰福音15:1-7中有關葡萄樹和枝子的教訓分開，然而他沒有為「他們永不滅亡」這句話另作詮釋，而且也沒有解釋為何我們竟不明白其意乃是這些人必定會在天上永遠與神同在。Osborne在他下一篇文章 "Soteriology in the Gospel of John" 裏，雖再度提到約翰福音10:28，但仍然沒有另外解釋，只是說這段經文強調神的主權，而約翰福音裏的其他經文則強調我們對神信心的回應——這是與神的主權同工的。Osborne的這些文章似乎沒有說明，為何我們不應當以這些字的普通意思來解釋，即指明相信基督的人肯定不會滅亡。

當然，那些相信聖徒恆忍教義的人（如筆者）會肯定，神保守我們穩固為基督徒的**方法**，乃是使我們持續相信基督（見以下的討論），所以若主張聖經也強調信心持續的必須性，與持守聖徒恆忍的教義兩者並不衝突；這在教會史上已屢為改革宗神學家們所表述。換言之，我們可以相信這兩處經文，而不需結論說真正的重生之人有可能失去救恩。

命，那麼這生命就是持續與神同在到永遠的生命。這是神的恩典，來自於救恩（在約翰福音3:16-17, 36; 10:28裏，永生和定罪、永遠的審判成對比）。支持阿民念派的人反駁說，「永生」只是一種生命的品質，是一種與神有關係的生命型態而已，人可以一時擁有，而後就失去了。然而這說法不能令人信服，因為形容詞「永遠的」（希臘文 *aiōnios*，就是「永遠的、沒有終止的」的意思）所指的是沒有終止的時間，和阿民念派所說的差異是很清楚的。[4] 當然，這種生命可如阿民念派所說具有一個特質，可是這個形容詞「永遠的」所要強調的，乃是在於它和死亡是相反的；它和審判以及與神隔離也是相反的；它是在神的同在中活到永遠的生命。相信子神的人就有這個「永生」（約3:36）。

保羅的著作和其他新約書信裏的證據也指出，那些真正重生的人會恆忍到底。「如今，那些在基督耶穌裏的就不定罪了」（羅8:1）；所以，神若對那些已是基督徒的人施加任何永遠的懲罰，都是不公義的——他們已不被定罪，因為他們罪惡的全部懲罰已經被付清了。

保羅在羅馬書8:30中接著強調，神在預定中的永遠旨意，與祂將那些旨意在人的生命中成就出來，二者之間有清楚的連結；並且祂成就這些旨意的最終一步，乃是使人「得榮耀」，或說是最終賜予那些與基督聯合的人復活的身體：「祂所預定的人，祂又呼召他們來；祂所呼召來的人，祂又稱義他們；祂所稱義的人，祂又叫他們得榮。」（羅8:30，和合本譯作「預先所定下的人，又召他們來；所召來的人，又稱他們為義；所稱為義的人，又叫他們得榮耀。」）保羅在此看未來得榮耀一事，是在神所立旨意中必定要發生的，因此他說到這事好像已經完成了似的（「叫他們得榮耀」是用過去式）。這對所有被呼召又被稱義的人來說——亦即那些真正成為基督徒的人，都是真實的。

證明神保守重生之人直到永遠都有救恩的進一步證據，就是神在我們身上的「印記」。這個「印記」就是在我們裏面的聖靈——祂是我們會得著所應許之產業的「憑據」：「你們既聽見真理的道，就是那叫你們得救的福音，也信了基督；既然信祂，就受了所應許的聖靈為印記。這聖靈是我們得基業的憑據，直等到神之產業（和合本小字）被贖，使祂的榮耀得著稱讚。」（弗1:13-14）在這段經文裏被譯為「憑據」的希臘字*arrabōn*，是一個法律和商業上的用語，意思為「頭期款、抵押、定金、保

[4]BAGD, p. 28.

證金」，代表「一筆繳納的款項，使簽約者有繼續付款的義務」。[5] 在神賜聖靈內住在我們心裏時，祂就已委身要賜下所有永生的進一步福分，和在天上與祂同在的大賞賜。這就是為什麼保羅說，聖靈是「我們得基業的憑據，直等到神之產業（和合本小字）被贖」（弗1:14）。一切有聖靈內住的人，即所有真正重生的人，都有神永不改變的應許和憑據，保證他們在天上會得到永生的基業。神以祂自己的信實確保這事必要發生。[6]

信徒將恆忍到底之確據的另一個例子，可見於保羅寫給腓立比教會的書信：「我深信，那在你們心裏動了善工的，必成全這工，直到耶穌基督的日子。」（腓1:6）在此既用的是「你們」（希臘文是複數的*hymas*，衍生自*su*），因此他是泛指在腓立比教會一般的基督徒，但是他也是在對收到他信函的特定信徒們說，神在他們身上開始的善工將會繼續下去，並且要在基督回來的那日才會完成。[7] 彼得告訴他的讀者們說，他們是「因信蒙神能力保守的人，必能得著所預備、到末世要顯現的救恩」（彼前1:5）。「保守」一詞（希臘文*phroureō*）的意思可以是「看住不讓逃跑」，以及「保護不受攻擊」，也許此處的保守兼具這兩種意思：神保守信徒們不從祂的國度逃跑，而且祂也保護他們不受到外界的攻擊。

彼得所用的「保守」一詞是現在式分詞，表達出「你們會不斷地受到保守」的意思。[8] 他強調這是靠著神的能力而來。但是離了蒙保守之人個人的信心，神的能力就

---

[5]同上出處，p. 109.

[6]Osborne, "Exegetical Notes on Calvinist Texts," p. 181回應了這節經文。他認為保羅也教導個人的責任，因為「基督徒受到勸誡，不要『叫』聖靈『擔憂』（另參帖前4:8）」，而且「背道的危險是真實的，他就不敢『叫』聖靈『擔憂』。」然而再次地，這個反對的意見並不是基於對這節經文的另外詮釋，而是根據其他教導個人責任的經節而來，而這個事實也是改革宗的神學家樂於肯定的。

阿民念派神學家經常假設，如果他們肯定了人的個人責任與持續信心的需要，他們就等於因此否定：神主權性的保守與護衛是絕對確定的，並且永生是必然的結果。但是他們對引證聖徒恆忍教義的經文，卻不提供任何其他叫人信服的詮釋或任何解釋，好使我們明白為何不該把這些話——重生的人必然會恆忍到底——當作絕對的保證。改革宗所採取的立場則是：神主權性的保護與人的責任是一致的，因為神主權性的保護是透過人的責任而運行，並且神主權性的保護保證了我們會藉著維持信心來回應，而信心則是我們恆忍所必要的。我們接受改革宗的觀點，而不假設那些論及人的責任之經文是否定了神主權性的保護；這樣的觀念似乎是比較恰當的。

[7]Osborne正確地否定了這應許只是指教會將要繼續下去的想法。他說：「保羅確實有意表明這應許是延伸到個人身上的。從最終的救恩來看，個人會蒙神保守，但是這並不排除對恆忍的需要。」（"Exegetical Notes on Calvinist Texts," p. 182）

[8]以下的三段取自W. Grudem, *The First Epistle of Peter* (Leicester: Inter-Varsity Press, and Grand Rapids: Eerdmans, 1988), pp. 58-59.

不生效了，這「保守」乃是要藉著他們的信心才能成就（在彼得書信裏，「信心」〔希臘文*pistis*〕通常是指信徒個人的活動〔見彼前1:7, 9, 21; 5:9；彼後1:1, 5；及新約許多經文〕）。從彼得書信裏有關神「藉著」某人或某事物而動工的平行例證（彼前1:3, 23；彼後1:4；另參彼前1:12; 2:14; 3:1等）可看出，信徒個人對神的信心或信靠，是神用來保守祂百姓的方法。因此，我們可以如此解釋彼得前書1:5這節經文：「神是繼續藉著他們的信心，使用祂的能力來保守祂的百姓」；這個敘述似乎意味著，神的能力其實在激發並不斷地維持每個人的信心。[9]

這個保守不是為著暫時性的目標，而是為著準備在末世要顯現的救恩。此處的「救恩」也不是指過去的稱義或現在的成聖（用神學的類別來說），而是指將來完整地得著救贖所有的福氣——即我們救恩的最終、完全之應驗（另參羅13:11；彼前2:2）。雖然救恩已被預備好了或「備妥」了，但一般說來要到「末時」，即最後的審判時，神才會「啟示」給全人類。

這最後一句話使我們很難，或幾乎不可能看到神會結束祂保守的作為。假使神保守的目的是使信徒恆忍，直到他們領受了完滿的、天上的救恩為止，那麼我們就可以很妥當地下結論說，神會實現這個目的，而且信徒真的會得著最終的救恩。終極而言，信徒得著最終救恩乃在於神的能力，然而神的能力乃是不斷地「藉著」他們的信心工作。信徒希望知道神是否在保守他們嗎？如果他們能繼續透過基督來信靠神，就表示神在作工並保守他們，這樣他們就應當感謝祂。

以上有關對神的保守與我們的信心之強調，很自然地把我們帶進恆忍教義的第二部分。

B. 只有恆忍到底的人才是真正重生的人

雖然聖經一再地強調，那些真正重生的人會恆忍到底，而且肯定也會在天上有永生，與神同在；但仍有其他的經文說到信徒必須一生持續相信。這些經文使我們了解到彼得在彼得前書1:5所說的話是真實的，亦即神的保守不會**脫離**我們的信心單獨工作，而是要**藉著**我們的信心，這樣祂就使我們持續相信祂。以這樣的方式持續信靠基督的人就得著了確據，知道神在他們裏面工作，並保守他們。

---

[9]有關在*dia*後接所有格是十分常見的結構，但J. N. D. Kelly對此節的譯法「由於信心的緣故」（as a result of...faith）卻是極為不可能的（BAGD, p. 180, IV, 舉了少數這種意指「由於……的緣故」之結構的例子，意思都是模稜兩可的；而Kelly本人也沒有提出例證。見J. N. D. Kelly, *A Commentary on the Epistles of Peter and Jude*, Black's New Testament Commentaries [London: Black, 1969], p. 52）。

這類經文的另一個例子就是約翰福音8:31-32：「耶穌對信祂的猶太人說：『你們若常常遵守我的道，就真是我的門徒。你們必曉得真理，真理必叫你們得以自由。』」耶穌在此提出一個警告，真實信心的證據之一就是持續遵守祂的道，也就是持續相信祂所說的話，並活出順服祂命令的生活。同樣地，耶穌也說：「惟有忍耐到底的必然得救」（太10:22），藉此警告人不要在受逼迫之時離棄神。

保羅告訴歌羅西教會的人說，基督已經使他們與神和好，「都成了聖潔，沒有瑕疵，無可責備，把你們引到自己面前。只要你們在所信的道上恆心，根基穩固，堅定不移，不至被引動離開（和合本小字）福音的盼望」（西1:22-23）。保羅和新約聖經其他的作者們都會如此說，這是很自然的，因為他們講話的對象是自認是基督徒的群體，但他們無法知道每一個人心中真實的光景。在歌羅西那地方的人，可能有些人加入了教會，甚至承認相信基督，並且受了洗成為教會的會員，然而卻沒有真實得救的信心。保羅如何將這樣的人與真信徒區分開呢？這樣的人若不真實地悔改、相信，就不能得救。保羅如何避免給他們錯誤的確據，免得他們以為他們已經得救了呢？保羅知道，信心不真實的人終究會離開教會的團契交通，所以他告訴他的讀者們說：「只要你們在所信的道上恆心」（西1:23），就終必得救。那些持續相信的人，顯示他們是真信徒；但是那些沒有繼續相信的人，則表示在他們的心中原本就沒有真實的信心。

希伯來書3:14也記述了類似的強調：「我們若將起初確實的信心堅持到底，就成為有分於基督的人了（和合本譯作『就在基督裏有分了』）。」[10] 這節經文為恆忍的教義提供了一個絕佳的觀點。我們如何知道自己是否「有分於基督」呢？我們如何知道自己在過去的某個時間已經聯於基督了呢？有一個方法可以讓我們知道自己是否得著了在基督裏的真實信心，那就是看我們是否到一生的終了都持續地相信。

我們若注意希伯來書3:14的上下文，就不會以教牧上不合適的方式應用這節經文和其他類似的經文。我們必須記住，在聖經上的其他地方還說到有另外的證據是基督徒救恩的確據（assurance of salvation）；[11] 所以，我們不應當以為，我們在死前不可能得著自己屬於基督的確據。不過，持續地相信是得著救恩確據的一種方法，即希伯來書的作者在這裏所提出來的。他以這點警告他的讀者，不應當離棄基督，因為在他書寫這段經文時，已經有情況顯示這樣的警告是需要的。在這段經文的開始，亦即在

[10]作者使用完成時式動詞*gegonamen*（衍生自*ginomai*），意為「我們變為了」（即在過去的某一時間發生，而其結果持續到現在進行著）。

[11]見以下本章D節所列出的救恩證據。

前兩節，他說：「弟兄們，你們要謹慎，免得你們中間或有人存著不信的惡心，把永生神離棄了。」（來3:12）事實上，在所有說到信徒一生持續相信基督乃是真實信心標記之一的經文裏，其目的從來不是要使那些現今信靠基督的人憂慮，以為他們在未來有可能離棄主（我們也不應當以那個方式運用這些經文，因為這樣做會使人因錯誤的原因而心生憂慮，這並不是聖經寫作的意思）。相反地，那些經文的目的總是*在警告那些正在思考要離棄主、或已經離棄主的人*，因為他們若果真如此行，那就明顯是個標記，說明他們起初就未得救過。因此，強調持續相信的必要性應當是用來警告離棄主的人：他們的背道證明自己的信心從來就不是真實的。

約翰清楚地敘述，當人離棄了教會的團契交通和對基督的信仰時，他們就因此顯示出自己的信心原本就不是真實的，他們從來就不是基督身體的真實的一部分。約翰論到離開信徒團契交通的人說：「他們從我們中間出去，卻不是屬我們的；*若是屬我們的，就必仍舊與我們同在*；他們出去，顯明都不是屬我們的。」（約一2:19）約翰說，那些離開了的人以行動顯示「他們不是屬我們的——他們不是真正重生的人」。

C. 離棄主的人外表可能有歸正的記號

那些最終離棄主的人，也可能會有很多歸正的外在證據。在教會中分得清楚哪些人擁有真正的得救信心，哪些人只是在理智上信服了福音的真理，心中卻沒有真正信心嗎？要區分這兩種人不是容易的事；而聖經在幾處提說，參加可見教會之團契交通的*不信之人*，也可能會顯出一些外在的記號或標記，使他們看起來或聽起來就像真信徒一樣。例如出賣基督的猶大，在跟隨耶穌的三年裏，他的行為必定和其他門徒差不多；他的行為模式和其他門徒的一致情況令人信服，以至於在耶穌三年事奉的尾聲，當祂說門徒中有一位要出賣祂時，他們都沒有轉向猶大而懷疑他，反而「一個一個地問祂說：『主，是我麼？』」（太26:22；另參可14:19；路22:23；約13:22）然而，耶穌自己卻知道在猶大的心中沒有真實的信心，因為祂曾經說過：「我不是揀選了你們十二個門徒麼？但你們中間有一個是魔鬼。」（約6:70）約翰後來在福音書中寫道：「耶穌從起頭就知道誰不信祂，誰要賣祂。」（約6:64）但是門徒們卻不知道。

C.1 假弟兄

保羅也說到「偷著引進來的*假弟兄*」（加2:4），並說在他的旅程中，他歷經了「*假弟兄*的危險」（林後11:26）。他還提到撒但的差役「*裝作*仁義的差役」（林後11:15）。這並非表示，所有在教會裏顯示出一些真正歸正記號的非信徒，就是撒但的差役，在暗中破壞教會的工作；因為有些人可能正處在思考福音內容、邁向真正信心的過程中，另有些人可能只聽到福音信息的不恰當詮釋，還有些人可能尚未由聖靈帶領到真實認罪的地步。但是保羅的敘述確實表示，有些在教會裏的不信之人是假弟兄姊妹，是被打發來攪亂團契交通的；但其他的不信之人則只是暫時不信，他們最終會得到真實的得救信心。但是在這兩種情況下，他們都會表現出幾個外在的記號，使他們看來像是真信徒。

我們在讀到耶穌論及最後審判所將發生的事時，也看到這樣的情形：

> 「凡稱呼我『主啊，主啊』的人，不能都進天國；惟獨遵行我天父旨意的人才能進去。當那日必有許多人對我說：『主啊，主啊，我們不是奉你的名傳道，奉你的名趕鬼，奉你的名行許多異能麼？』我就明明的告訴他們說：『**我從來不認識你們**，你們這些作惡的人，離開我去吧！』」（太7:21-23）

雖然這些人奉耶穌的名講道、趕鬼，又行了「許多異能」，但是這樣的工作能力並不保證他們是基督徒。耶穌說：「我從來不認識你們」；祂不是說：「我曾經認識你們，但是不再認識你們了」；也不是說：「我曾經認識你們，可是你們離開了我」；祂乃是說：「*我從來不*認識你們。」他們從來就不是真信徒。

C.2 心裏沒有根的人

同樣的教訓也可以在馬可福音第4章的撒種比喻裏看到。耶穌說：「有落在土淺石頭地上的，土既不深，發苗最快，日頭出來一曬，因為沒有根，就枯乾了。」（可4:5-6）耶穌解釋說，那些撒在石頭地上的種子代表「人聽了道，立刻歡喜領受，但*他心裏沒有根*，不過是暫時的，及至為道遭了患難，或是受了逼迫，立刻就跌倒了。」（可4:16-17）他們「心裏沒有根」的事實指出，在這些植物裏面沒有生命的來源；同樣地，由這些植物所代表的人在心裏面也沒有真實的生命。他們具有歸正的外表，顯然也作了基督徒，因為他們「歡喜」領受這道；可是當困難來時，就找不到他們了——他們表面上的歸正不是真實的，而在他們心裏也沒有真正的得救信心。

持續相信的重要性也在耶穌是葡萄樹的比喻上得到證實。這個比喻把基督徒描繪為枝子（約15:1-7）。耶穌說：

> 「我是真葡萄樹，我父是栽培的人。凡屬我不結果子的枝子，祂就剪去；凡結果子的，祂就修理乾淨，使枝子結果子更多……人若不常在我裏面，就像枝子丟在外面枯乾，人拾起來，扔在火裏燒了。」（約15:1-2, 6）

阿民念派曾主張，不結果子的枝子仍舊是葡萄樹上的真枝子，因為耶穌仍稱它是

「凡屬我不結果子的枝子」（約15:2）。所以他們認為，被拾起來扔在火裏燒了的枝子必定是指真信徒，他們從前曾是葡萄樹的一部分，但後來卻跌倒了，因而要承受永遠的審判。然而這並不一定是耶穌在此所說之教訓的含義。在這個比喻裏所使用的葡萄樹的意象，其中可用來教導的細節是有限的。事實上，如果耶穌想要教導與祂相連的有真信徒，也有假信徒，而且祂又要使用葡萄樹和枝子的譬喻，那麼祂只能以不結果子的枝子來指那些心中沒有真正生命的人（有幾分類似於馬可福音4:17裏的比喻，即落在石頭地裏而「心裏沒有根」的種子）。在約翰福音第15章，不結果子的枝子雖然以某種方式連結於耶穌，而且外表上顯露出是真枝子的模樣，但是它們真實的光景卻由其不結果子的事實表明了出來。同樣地，這種情況也由一個人「不常住在」基督裏（約15:6），並且如枝子般地被丟棄而枯乾的事實而被表明出來。假設我們嘗試進一步解釋這個比喻，例如說所有葡萄樹上的枝子都是活的，否則從一開始就不會在葡萄樹上；如此一來，我們就是在嘗試將這意象推展到它所能夠教導的範圍之外。在這種情況下，這個比喻裏就沒任何東西可以代表假信徒了。耶穌所說的這個意象的重點，只是表明那些結果子的人因此顯出證據表示自己是住在基督裏；而那些不結果子的人，就是沒有住在祂裏面的。

C.3 外表有歸正記號的非信徒

最後，在希伯來書裏有兩段經文也證實，那些最終離開主的人外表可能有許多歸正的記號，在許多方面看起來就像基督徒一樣。這兩段經文的第一段是希伯來書6:4-6，它屢次被阿民念派用來證明信徒有可能失去救恩。但是更仔細地檢視以後，就發現這樣的詮釋並不叫人信服。希伯來書的作者寫道：

> 「論到那些曾經一次（和合本譯作『已經』）蒙了光照，嘗過天恩的滋味，又於聖靈有分，並嘗過神善道的滋味，覺悟來世權能的人，若是離棄道理，就不能叫他們從新懊悔了；因為他們把神的兒子重釘十字架，明明地羞辱祂。」（來6:4-6）

作者又繼續用一個農業的例子來說明：

> 「就如一塊田地，吃過屢次下的雨水，生長菜蔬，合乎耕種的人用，就從神得福；若長荊棘和蒺藜，必被廢棄，近於咒詛，結局就是焚燒。」（來6:7-8）

在這個農業的譬喻裏，那些淪入最後審判的人被比喻為長不出菜蔬或有用的果子、反而長出荊棘和蒺藜的土地。當我們回想聖經中的其他譬喻，結好果子就是真實屬靈生命的記號，而不結果子就是假信徒的記號（太3:8-10; 7:15-20; 12:33-35），我們就明白希伯來書作者說到最值得信賴的證據就是人們的屬靈光景（他們所結的果子），而這些人缺乏這種證據，這就表明作者是說他們不是真正的基督徒。

C.3.1 曾經蒙了光照

有些人反對上述的說法，而認為這一大段內容是說到發生在跌倒之人身上的情況，表明這些人必定已是真正重生了的人。然而，我們若仔細察看作者所用的個別詞彙時，就發現這個反對之詞不能令人信服。該書作者說，他們「曾經一次……*蒙了光照*」（來6:4）；但是這個光照只是指他們了解福音真理，並非說他們已用真實得救的信心來回應那些真理。[12]

同樣地，用來說到那些「曾經一次（have once been）蒙了光照」之人的「*一次*」，希臘文是*hapax*，此字也被用在腓立比書4:16，說到腓立比教會的人「*一次*兩次」送餽贈給保羅；此字又用在希伯來書9:7，說到大祭司「一年*一次*」進入至聖所。所以，這個字的意思不是指某事只發生過「一次」，永遠不能重複發生；而只是說它曾經發生過一次，但沒有指明是否還會再重複發生。[13]

C.3.2 嘗過神天恩和善道的滋味

希伯來書的作者又進一步地描述，這些人「*嘗過*天恩的滋味」，而且他們是「*嘗過*神善道的滋味，覺悟來世權能的人」（來6:4-5）。與「嘗」這個觀念連帶的事實乃是，它在*本質上是暫時的*，一個人可能決定接受或不接受所品嘗的東西。例如，相同的希臘字（*geuomai*）被用在馬太福音27:34，描述那些將耶穌釘十字架的兵丁「拿苦膽調和的酒給耶穌喝；祂*嘗*了，就不肯喝。」這個字也有象徵意義的用法，表示「進而知道某事物」；[14] 如果我們用此意義來理解這個字，事實上在此也必須要採取這樣

---

[12]「*光照*」一詞譯自希臘文的*phōtizō*，是指一般性的學習，不一定是指帶來救恩的學習——這個希臘字也被用在約翰福音1:9，說到那光「照亮」一切生在世上的人；也被用在哥林多前書4:5，說到最後的審判將照明一切隱情；也被用在以弗所書1:18，說到伴隨基督徒靈命成長的啟示。此希臘字並不是論述得救之人的專用詞彙。

筆者在完成了以下希伯來書6:4-6的討論之後，寫了一份更為詳盡的文章，加上更多的分析和佐證的資料，以及與其他文獻之間的對照。見Wayne Grudem, "Perseverance of the Saints: A Case Study From Hebrews 6:4-6 and the Other Warning Passages of Hebrews," in *Still Sovereign*, ed. Tom Schreiner and Bruce Ware (Grand Rapids: Baker, 2000).

[13]這個字與*ephapax*不是同一個字，*ephapax*在新約聖經裏使用得更為頻繁，意指不重複的事件（羅6:10；來7:27; 9:12; 10:10）。

[14]BAGD, p. 157. 他們提及了*geuomai*（「嘗」）這個字的其他例子，譬如在希羅多德（Herodotus）6.5，說到米利都的人「嘗了自由的滋味」，但所嘗的並非他們所擁有的。他們也引用了屈梭多模（Dio Chrysostom）32.72，說到有亞歷山大的人遇到羅馬軍隊時，曾經「嘗到了戰爭的滋味」，而羅馬軍隊只不過要騷擾他們，並不是真正地要與他們作戰。約瑟夫的《猶太戰記》（Josephus, *The Jewish War*）2.158，則說到了愛色尼人的神學觀點：「因此，他們所向披靡地吸引所有曾經*嘗過*他們哲學的人。」在此約瑟夫再次清楚地說到，那些「嘗過一

的解釋，因為經文不是在講品嘗食物，那麼就表示這些人已經進而了解到屬天的恩賜（在此可能表示他們已經歷過一些聖靈作工的能力），並且知道一些神的道和來世的權能。這卻不一定是指他們有（或沒有）真實的得救信心，可能只是表示他們理解了，而且有些屬靈能力的經驗。[15]

C.3.3 於聖靈有分

希伯來書這段經文也進一步論到，這些人「已經……於聖靈**有分**」（來6:4）。此處的問題在於這裏譯為「有分」這個字*metochos*的確切意思是什麼（在RSV中這個字被譯為名詞partaker，而在NIV則以動詞share表達，均是「有分於……」之意）。讀者不一定明白「有分於」一詞的意思廣泛，它可以指非常緊密的參與與連結，也可以指只是鬆散地與另一個或一些被提到名字的人有關連。例如在希伯來書3:14的上下文顯示，那裏的「有分」（*metochos*）就是指在救恩的關係和基督有十分親密的連結。[16] 但另一方面，此希臘字*metochos*也可以有不嚴謹的用法，如指夥伴或同伴。我們讀到聖經的記載說，當門徒們捕獲很多魚，以至於網都要破了時，他們「便招呼那隻船上的**同伴**來幫助」（路5:7）；在此這個字就只是指那些與彼得作同伴或合夥的人，以及其他在打漁的門徒們。[17] 當保羅警告基督徒有關那些不信之人的罪行時說：「你們不要與他們**同夥**」（弗5:7），他所用的字就與*metochos*非常相近的一個字（*symmetochos*，乃是*metochos*與介系詞*syn*〔with，「與」或「同」〕結合的複合字）。保羅在那裏所關切的並非他們整個人的本質會被不信之人改變，而只是擔心他們與不信之人有關連，使他們的見證受到破壞，又使他們的生活或多或少地受到影響。

由此類推，希伯來書6:4-6說到已經與聖靈**有關連**的人，生活受到了祂的影響，但這不一定指他們的生命有聖靈救贖的工作，或他們已經重生了。我們再以路加福音5:7打魚的同伴作類比：彼得和門徒們可能和打魚的同伴們**有關連**，甚至多少受到他們

次」的人，並沒有接受愛色尼的哲學為自己的觀念，而只是強烈地受它吸引而已。由此類推，在希伯來書第6章裏，那些「嘗過」天恩、神道和來世權能「滋味」的人，可能強烈地受到這些事的吸引，或也可能沒有受到吸引，但是僅僅品嘗滋味並不表示他們把被嘗之物接受為己有——反而是相反的，假使作者只能說他們「嘗了」這些事，就表示他們尚未將所嘗之物接受為己有。

[15]「嘗」字也被用在希伯來書2:9，說到耶穌「嘗了死味」，指明祂憑著經驗知道死亡（在此用「嘗」字十分合適，因為祂並沒有留在死亡境內）。同樣的意思也可以運用到那些嘗過天恩滋味的人身上，或不信的人身上（另參太7:22；林前7:14；彼後2:20-22）。在希伯來書6:4-5，這些人所經驗到的聖靈的能力與神的道，當然是**真實的經驗**（正如耶穌**真正的**死了），然而那種經歷本身並不顯示他們具有重生的經驗。

[16]相同的希臘字*metochos*也被用在希伯來書3:14，然而RSV在那裏是用動詞share表達。

[17]希伯來書1:9也使用相同的字說到「同伴」（RSV譯為comrades，NIV和NASB則譯為companions）。

的影響，但卻沒有因這關連在生命上產生徹底的改變。這個字*metochos*所呈現的關係範圍可以從相當弱到相當強，因為它只是指「一個共同參與、分享或陪伴某些活動的人」。顯然這就是希伯來書第6章所講到之人的情況，他們與教會有關連，因而就與聖靈的工作有關連；無疑地，他們在生活中的某些方面也受到祂的影響。[18]

C.3.4 若離棄真道就不能從新懊悔

最後，希伯來書6:4-6說到，那些曾經驗過這些恩典但後來又犯了背道之罪的人，是不可能「從新懊悔」的。有人認為，假如這是一個他們需要再被恢復而有的悔改，那麼這個悔改就一定是真實的了。然而這裏的意思不一定是如此。首先，我們必須了解，這裏「懊悔」（repentance，希臘文*metanoia*）的意思不一定是指內心悔改以至於得救。例如，希伯來書12:17用這個字講到以掃對賣掉長子名分一事想法的改變，聖經將那種改變稱為「懊悔」（*metanoia*）（譯者註：和合本在此節沒有將此字譯出：「……雖然號哭切求，卻得不著〔懊悔的〕門路。」呂振中譯本譯得很好：「尋不著改變心意之餘地。」）這種懊悔並不是能得到救恩的悔改，而只是一種改變主意，以及對他賣掉長子名分之事的反悔（請注意，在馬太福音27:3裏的猶大也同樣是「後悔」的例子——雖然聖經所用的希臘字不同）。

「懊悔」的同源動詞（repent，希臘文是*metanoeō*）有時候不是用來指得救的悔

---

[18]希伯來書其他用到*metochos*這個字的經文（來3:1; 12:8），的確有更為親密之關連或參與的涵義，但是希伯來書12:8所講到的「共受」管教，也確實容許人將此解釋為：有些人可能受了管教，卻沒有因管教而有所改變。無論如何，這兩種情況都沒有足夠的證據讓我們認為，希伯來書的作者一定是把這個字當作一個專用詞彙，專指一種救恩性的參與，因為在希伯來書1:9和12:8就非如此。我們必須察考這個字在它被使用的範圍內可能有的意義，才能真的了解它的意思；而它被使用的範圍則包括了與新約作者採用相似字彙的新約希臘文文學和其他文學。

七十士譯本使用此字的用法也能幫助我們了解它的意思，因為該譯本中有幾處例子，此字只有同伴的意思，而非任何一種與神或聖靈有重生或生命改變關係的意思。例如，在撒母耳記上20:30，掃羅指責約拿單是大衛的「同夥（partner）」（譯者註：此節NIV譯作「你和耶西的兒子站在同一邊」時，即反映了七十士譯本的譯法。此詞和合本譯作「喜悅」；RSV譯作「選擇」）。在詩篇119:63中，詩人說到他與所有敬畏神的人「作伴」；傳道書4:10則記載，兩人比一人好，因為假如他們跌倒，這人可以扶起他的「同伴」；箴言28:24在亞居拉（Aquila）、辛馬庫（Symmachus），和狄奧多田（Theodotian）等希臘文譯本裏，都使用這個字說到棄絕父母的人是強盜的「同類」。而這個字表示比較親密之連結的例子，可見以斯帖記8:13、箴言29:10、何西阿書4:17，和馬加比三書3:21。

有關這個字*metochos*的結論乃是，雖然它可以被用來指一個人的生命和救恩果效的密切連結；但是也可以僅指與某人的關連或參與。所以，這個字本身並不表示希伯來書6:4-6所說的人是與聖靈在救恩上連結，或已經重生了；它只是表明，他們在某些方面與聖靈有關連，並受到祂的影響。

馬太福音7:22就是很好的例子，那裏說到奉耶穌的名傳道、趕鬼和行異能的人，他們肯定是在聖靈的工作上有關連或有分，但是他們未曾得救，因為耶穌說：「我從來不認識你們。」（太7:23）

改，而僅是指個人為自己的過犯憂傷：「若是你的弟兄得罪你，就勸戒他；他若懊悔，就饒恕他。倘若他一天七次得罪你，又七次回轉說：『我懊悔了』，你總要饒恕他。」（路17:3-4）因此我們可以下一個結論：「懊悔」的意思只是對所做過的事或所犯下的罪行憂傷，至於它是否能叫人得救的真實悔改——即「悔改以至於得救」，則不一定都能立刻判明。希伯來書的作者並不在指明這是否為真實的悔改，他僅僅是指出，假如有人為罪憂傷，進而明瞭福音，並且經驗到聖靈工作的各樣祝福（無疑這是在與教會團契交通時發生的），之後卻又轉離了，那麼要再次使這人回到為罪憂傷的地步，是不可能的。然而這不一定表示原先的悔改是真實可令人得救的。

在此，我們可能要問，所有這些詞彙所描述的是什麼樣的人？答案是：他們無疑是與教會有密切聯繫的人。他們曾經為罪憂傷（懊悔），清楚地明白福音（已經蒙了光照）；受到基督徒生命的吸引，羨慕人成為基督徒後所產生的生命改變；可能神也回應過他們在生活中的禱告，因而感受到聖靈作工的能力；或許他們也使用了屬靈的恩賜——如馬太福音7:22中的不信之人一樣（他們與聖靈的工作「有關連」，或說於聖靈「有分」，並嘗過屬天恩賜的滋味，覺悟來世的權能）；他們曾聽過真實的神道，並對其中的許多教訓產生感動（他們嘗過神善道的滋味）。

然而，儘管有了這一切，他們「若是離棄道理……把神的兒子重釘十字架，明明的羞辱祂」（來6:6），那麼他們就是自願拒絕所有的這些福分，故意離棄它們。我們也許都知道，在自己的教會裏有些人（有時候他們自己也承認）長久與教會的團契交通有關連，但卻不是重生的基督徒；他們思想福音多年，卻不斷地拒絕聖靈在他們生活中的召喚，也許是由於不願意放手將生命中的主權交給耶穌，而寧可依靠自己。

現在希伯來書的作者告訴我們，如果這些人故意轉離所有這些「暫時的祝福」（temporary blessings），那麼要使他們再度悔改或為罪憂傷，是不可能的；他們的心將會剛硬，而良心也麻木了。還能再做什麼，使他們可以得救呢？如果我們告訴他們聖經是真實的，他們會說他們知道，但已經決定拒絕它；如果我們告訴他們神垂聽禱告、改變生命，他們也會說他們知道，但是他們什麼也不要；如果我們告訴他們聖靈在人生命裏的工作大有能力，永生的恩賜好得無法言喻，他們也會說他們了解，但是沒有興趣。他們所熟知關於神的事，和多次經歷聖靈帶來的影響，都只會讓他們的心剛硬，拒絕悔改歸正。

希伯來書的作者知道他所致函的教會裏，有一些人就是這樣瀕臨離棄主的危險（見來2:3; 3:8, 12, 14-15; 4:1, 7, 11; 10:26, 29, 35-36, 38-39; 12:3, 15-17），因此他要告誡他們：雖然他們參與了教會的團契交通，並在生命中經歷了一些神的祝福，但是他們若在這些經歷之後離棄主，就再沒有救恩給他們了。但這並不表示，作者認為真的基督徒可能會離棄主——希伯來書3:14正表明相反的道理。作者希望他們藉著繼續相信，而獲得救恩的確據；因此，這就表明，假使他們離棄神的道，就顯示他們從起初就不是屬基督的人（見希伯來書3:6：「我們*若*將可誇的盼望和膽量堅持到底，便是祂的家了」）。

所以，希伯來書的作者想要嚴重警告那些曾經承認自己是基督徒、而今卻瀕臨滑跌出去之危險的人。他儘可能使用最強烈的字眼來表達：「這就是一個*經歷暫時祝福*的人所能達到的地步，卻仍舊沒有真正得救。」他警告他們要小心，因為倚賴暫時的祝福與經驗是不夠的。為了要讓他們確切地明白這點，作者沒有說到真實的心靈改變、或結好果子等，而只是說到這些人有的暫時的祝福和經驗，而這些僅讓他們略微了解基督教而已。

C.3.5 如同不結果的土地

為此緣故，希伯來書作者的描述立即從背道之人，到進一步的類比，以顯示這些離棄之人在生命中從來沒有結過任何真實的果子。正如我們以上所解釋的，希伯來書6:7-8用「*荊棘和蒺藜*」之類的話來形容這些人，這種土地所產生的植物，即使一再地領受神的祝福（在這個比喻中，就是雨水一再地降在其上），但它本身卻沒有真實價值的生命（不能結果）。我們在此應當注意，犯了背道之罪的人不是被比喻為曾經產生過好果子、現今卻不結果的土地，而是他們就像*從未結出好果子*、只能長出荊棘和蒺藜*的土地*。這片土地在穀物長出之前，可能看起來還好，但是果實顯示了真實的證據：這土地是惡劣的。

C.4 惟真信徒才會擁有「更好的事」

以上對希伯來書6:4-8的詮釋，可由緊接其後的一節經文中得到有力的佐證。雖然作者嚴厲地說到離棄主的可能性，但他接著又回來說到絕大多數聽到福音的人的情況——他認為他們是真正的基督徒。他說：「親愛的弟兄們，我們雖是這樣說，但看你們的情形，卻深信（你們有）那些*也是屬乎救恩的更好的事*。」（來6:9，和合本譯作「親愛的弟兄們，我們雖是這樣說，卻深信你們的行為強過這些，而且近乎得救。」）然而問題是，是比什麼「更好」呢？複數的「更好的事」與前面第4-6節曾提過的那些「好的事」（蒙光照、嘗過天恩的滋味、於聖靈有分等），形成了合宜的對比：作者深信，比起希伯來書6:4-6所說的那些受到聖靈與教會的不完全和暫時影響的人相比，希伯來書大部分的讀者是經驗過更好福分的。

事實上，希伯來書的作者論到這些事時，說到它們是「那些*也是屬乎救恩的*更好的事」（按字面直譯，希臘文是*kai echomena sōtērias*）。[19] 這些事不只是第4-6節裏所說那些暫時的祝福，而是更好的事；不只具有暫時的影響力，而且「也是屬乎救恩的」。在此的希臘字*kai*（意即「也是」）顯示，救恩並不包含在第4-6節所提到的事之內；所以，這個希臘文*kai*是了解這段經文的重要鑰匙（在RSV和NIV都沒有明顯地被譯出來，但在NASB中的譯文則比較接近原文）。[20] 倘若作者在第4-6節提到那些人，意思是指他們是真正得救的，那麼我們就很難理解，作者為什麼在第9節又說，他深信他們可以擁有*更好的事*，就是屬乎救恩的事，或是在那些所提到的好事之外再加上救恩。他只需要用一句簡短的話說那些人「得著救恩」就可以了，而無需堆砌這許多話。然而他的說法正顯示，在第4-6節所說的人是沒有得救的。[21]

究竟什麼是「更好的事」？除了在第9節所提到的救恩之外，還包括那些顯明救恩的真正證據——譬如，在他們生活中的真實果子（來6:10）、滿足的指望（來6:11），以及得救的信心，這些形式的證據都是由那些承受應許之人所展現出來的（來6:12）。希伯來書的作者用這樣的方式再度向真信徒保證——就是向那些在生活中結出果子、又向其他基督徒顯出愛心的人，他們在當時表現出持續的盼望和真實的信心，因此他們不是將要離棄主之人。雖然希伯來書的作者在向那些在他們中間可能瀕臨離棄主之危險的人，發出強烈的警告，但他也同時想向他的讀者們（肯定是收信者中的大多數）提出這樣的確據。

C.5 若故意繼續犯罪就沒有贖罪的祭了

類似的教訓亦可見於希伯來書10:26-31。作者說：「因為我們得知真道以後，若故意〔繼續〕犯罪，贖罪的祭就再沒有了。」（來10:26）一個人拒絕基督的救恩，「將那使他成聖之約的血當作非聖潔之物（和合本譯作『當作平常』）」（來10:29），應得永遠的懲罰。這些話再一次地強烈警告不可離棄主，但並不能用它們來證明，真正重生

[19] BAGD將反身語態分詞*echō*繙譯為「緊緊握住、依附」，並舉出希伯來書6:9為新約聖經中惟一有此形式的例子，意指「內在的屬於和密切的連結」（見BAGD, p. 334, III, cf. LSJ p. 750, C:「緊緊握住，緊緊依附」）。然而，即使我們將這反身語態繙譯為主動語態，使此句成為「……也是有救恩的」，仍不影響筆者對本節的論點。

[20] NASB的英譯是"*and* things that accompany salvation"（「*以及*隨救恩而來的事」）。

[21] 有人可能認為，「更好的事」和希伯來書6:4-6的暫時之事不成對比，而是與第8節裏的審判——將要臨到荊棘和蒺藜之焚燒的結局——成對比。但是作者不可能只把不被咒詛當成是「更好的事」。比較級的「更好的」（*kreisson*）在希伯來書裏被用了十三次，通常是把「*更好的事*」與「*好的事*」作比較（如更美之約、更美的祭物等）；同樣地，它在此是與已經是好的事作對比（例如第4-6節的祝福），不可能是與第8節永遠審判的可怕命運作對比。

的人會失去救恩。作者說到「使他成聖之約的血」時，「*成聖*」一詞只是用來指「外在的分別為聖，好像古代的以色列人，是藉著外在與神的百姓有所連結」。[22] 這節經文的「他」不是指真正得救的人，而是指一個人藉著與教會的接觸而得著一些有益的道德影響。[23]

曾有人說，在約翰的作品中有一處經文教導了失去救恩的可能性——耶穌在啟示錄3:5說：「凡得勝的必這樣穿白衣，*我也必不從生命冊上塗抹他的名*。」有人認為，耶穌說這話表示祂會從生命冊上塗抹一些人的名字，而這些人的名字原已經記在冊上，所以他們是已經得救的。但是我們不應把耶穌強調祂*不*會做某事的事實，當作祂在教導說，祂在另一個情況就會這樣做！約翰福音10:28用同樣的希臘文組句結構[24] 表達強烈的否定——耶穌說：「我的羊聽我的聲音……我又賜給他們永生，*他們永不滅亡*。」（約10:27-28）這句話並不表示，有一些屬於耶穌的羊群是不聽祂的聲音、不跟隨祂的，而他們要滅亡；耶穌在此只是肯定祂的羊群必定不會滅亡。同樣地，神說：「我總不撇下你，也不丟棄你。」（來13:5）這句話也不是祂會撇下或丟棄其他人的意思；神只是強調祂不會撇下、也不會丟棄祂的百姓。另舉一個更為貼切的例子，即馬太福音12:32，耶穌說：「惟獨說話干犯聖靈的，今世*來世*總*不得赦免*。」這句話並不表示，有些罪在來世會得赦免（如羅馬天主教所宣稱的，藉以支持其煉獄的教義）[25] ——那是一個推理上的錯謬！以此類推，啟示錄3:5只是一個強烈的保證，說明那些穿白衣、向基督持守忠誠的人，他們的名字將不會從生命冊上塗抹掉。[26]

C.6 掃羅王得救了嗎？

最後，有時候有人會用舊約裏的一段故事，來辯駁人可能失去他們的救恩，那就

---

[22] A. H. Strong在*Systematic Theology*, p. 884提到一個適切的例子，是在哥林多前書7:14，此經文也使用了成聖的動詞，說到不信的丈夫因著妻子「成了聖潔」（林前7:14，在此使用了相同的希臘字*hagiazō*）。希伯來書9:13（另參馬太福音23:17, 19）也提到外在禮儀上的成聖。

[23] 出埃及記24:7-8說到，立約之血將以色列人分別為聖，成為神的百姓，即使他們不是全部都真的重生。在希伯來書第10章的上下文裏，用這樣的意象——取自舊約裏使一群百姓成聖的過程，好讓他們能夠來到神面前敬拜祂——是一個合宜的背景。

[24] 這結構使用了*ou mē*加上過去式的假設語氣動詞，表達強烈的否定。

[25] 見本書第四十一章C.1.1節有關煉獄的討論。

[26] 出埃及記32:33所說的可能是不同類的書，在那節經文裏神對摩西說：「誰得罪我，我就從我的冊上塗抹誰的名。」在此並未提及新約的「生命冊」之觀念。相反地，這個意象表達了神現在正記錄住在祂百姓中之人的言行，頗像地上的君王所做的。從這樣的書上「塗抹」一個人的名字，表示那個人死去。按照這個意象，我們最好把出埃及記32:33理解為，神要除去得罪祂之人的性命（見出32:35）。在這一段經文裏並沒有關於人永遠命運的觀念。

是聖靈離開掃羅王的故事。但是我們不應該拿掃羅來當作一個失去救恩的例子，因為「耶和華的靈離開掃羅」時（撒上16:14），是在撒母耳膏立大衛為王以後立即發生的，「從這日起，耶和華的靈就大大感動大衛」（撒上16:13）。事實上，聖經記載主的靈臨到大衛身上的經文，後面緊接著就是那靈離開掃羅的那句話。這兩節經文緊密的相連，表示聖經在此不是說掃羅完全失去聖靈在他生命中的所有工作，而只是說聖靈收回賜掃羅能力為王的那種功能。[27] 這經文也不表示掃羅是永遠被定罪的，只不過我們的確很難從舊約的章節裏判定，掃羅終其一生是否為：(1) 一個從未重生的人，但具有領袖的才能，也被神使用過；他的一生說明了，在世人眼中配為王的人，並不就因此適合成為神百姓的王；或者 (2) 他是一個重生的人，但對神的認識不清楚，因而一生愈走愈偏離主。

D. 信徒真正的確據

假使我們在前面所解釋的是真的，即那些不信的人和至終離開主的人都可能顯出許多歸正的外在記號，那麼真實的歸正會有什麼證據呢？真正的信徒會有什麼真實的確據呢？我們列出三類的問題，是一個人可以捫心自問的。

D.1 我是否一直繼續信靠基督為得救之道？

保羅告訴歌羅西教會的人說，他們在末日會得救，「只要你們*在所信的道上恆心*，根基穩固，堅定不移，不至被引動離開（和合本小字）福音的盼望」（西1:23）。希伯來書的作者說：「我們若將起初確實的信心堅持到底，就在基督裏有分了」（來3:14），他並且勉勵讀者要效法那些「*憑信心*和忍耐承受應許的人」（來6:12）。事實上，整本聖經最有名的一節經文中的「信」字，用的就是現在時式的動詞，表示必須繼續地信：「叫一切〔繼續〕信祂的〔人〕可以得永生」（見約3:16）。

所以，一個人應當問自己：「我今日是否信靠基督赦免我的罪，並且信靠祂帶領我毫無罪瑕地永遠進入天堂？在我心中是否有把握，祂已拯救了我？如果我今夜死去並站在神的審判台前，如果祂問我為何應該讓我進入天堂，那麼我會開始思想自己的善行而依賴它們，還是會毫不遲疑地說，我依賴基督所成就的工作，並有把握祂是一位全能的救主？」

我們強調*繼續*相信基督的信心，是與一些教會所操練的「見證」成對比。在那些

---

[27]我們應當以類似的方法來詮釋大衛在詩篇51:11的禱告：「不要從我收回你的聖靈」。大衛禱告求神不要除去使他為王的聖靈恩膏，並求神不要撤回在他生命中的同在和能力；他不是祈求不要失去永遠的救恩。

教會中，基督徒重複地詳述可能是發生在二十或三十年以前的歸正經歷。假如得救信心的見證是真實的，那麼它就應當是在今天還活潑的信心見證。

D.2 我心中是否有聖靈重生工作的證據？

聖靈在我們心中工作的證據有許多不同的形態。雖然我們不應當依賴神蹟異能的彰顯（太7:22），或依賴在當地教會經年累月的事奉（用哥林多前書3:12的話來說，那些工作有可能是用「草、木、禾稭」建造的），以推崇人的自我或勝過別人的能力，或試圖贏得神的認可，但是仍有許多其他的證據可顯明聖靈在人心裏真實的工作。

首先，聖靈會在我們心裏帶出一個主觀的見證，證明我們是神的兒女（羅8:15-16；約一4:13）。在我們順服神旨意的道路上，這個見證通常伴隨著一種蒙聖靈引導的感覺（羅8:14）。

此外，若聖靈真正在我們的生命中工作，祂會使我們產生某種品格的特徵，就是保羅所稱的「聖靈所結的果子」（加5:22）。他列出了聖靈所帶來幾種態度和品格的特徵：「仁愛、喜樂、和平、忍耐、恩慈、良善、信實、溫柔、節制。」（加5:22-23）當然，在此的問題不是「在我生命中，是否完全展現所有的這些特徵？」而是「這些品格特徵是我生命的一般特徵嗎？我的心裏有這些態度嗎？其他人（尤其是那些與我最親密的人）是否看到這些品格特徵表現在我的生命中？我在這些品格特徵上是否年年有所成長？」新約聖經沒有提示，非基督徒或未曾重生的人可以令人信服地裝出這些品格的特徵，尤其是在最認識他們的人面前。

與這種果子有關的是另一種的果子——這個人的生命和事奉對別人和教會所造成的影響。有一些人聲稱自己是基督徒，但是他們對別人的影響卻是令人氣餒、拖垮人、破壞人的信心，並且激起紛爭和分裂。他們生命和事奉的結果不是建造別人和教會，而是拆毀。另一方面，有些人似乎在每一次談話、每一個禱告，以及每一個和他們有關的事奉工作裏，都在建造別人。耶穌論到假先知時說：「憑著他們的果子，就可以認出他們來……凡好樹都結好果子，惟獨壞樹結壞果子……所以，憑著他們的果子，就可以認出他們來。」（太7:16-20）

另一個聖靈工作的證據，就是繼續相信並接受教會的健全教導。那些會開始否認真道中主要教義的人，是在他們的救恩上透露出嚴重負面的記號：「凡不認子的就沒有父……若將從起初所聽見的存在心裏，你們就必住在子裏面，也必住在父裏面。」（約一2:23-24）約翰繼續說：「認識神的就聽從我們，不屬神的就不聽從我們。」（約一4:6）因為新約的著作在現今是代表如約翰等使徒的權威，所以我們也可以說，凡認識神的人，就會持續地閱讀神的話，以它為樂，並且完全相信它。那些不相信、不喜悅神話語的人，證明他們不是「屬神的」。

此外，一個人擁有真實救恩的另一個證據，就是持續保持與耶穌基督的關係。耶穌說：「你們要常在我裏面，我也常在你們裏面……你們若常在我裏面，我的話也常在你們裏面，凡你們所願意的，祈求就給你們成就。」（約15:4, 7）住在基督裏不只包括了在不同的情況下天天信靠祂，也包括了在禱告和敬拜中與祂有固定的交通。

最後，我們是真信徒的最主要證據，是順服神的誡命。約翰說：「人若說：『我認識祂』，卻不遵守祂的誡命，便是說謊話的，真理也不在他心裏了。凡遵守主道的，愛神的心在他裏面實在是完全的。從此我們知道我們是在主裏面：人若說他住在主裏面，就該自己照主所行的去行。」（約一2:4-6）當然，這並不是說我們一定要過一個完全的生活；約翰乃是說，一般而言，我們的生活應當要效法基督，在言行上要像祂。如果我們擁有真實的得救信心，在生活中就會有清楚的順服的果子（亦見約一3:9-10, 24; 5:18）。因此雅各說：「信心若沒有行為就是死的」，而且「我便藉著我的行為，將我的信心指給你看」（雅2:17-18）。廣義而言，順服神包括了愛主內的弟兄姊妹：「愛弟兄的就是住在光明中。」（約一2:10）「我們因為愛弟兄，就曉得是已經出死入生了；沒有愛心的，仍住在死中」（約一3:14；另參約一3:17; 4:7）。這個愛的證據之一就是持續參加基督徒的團契交通（約一2:19），另一個證據則是實際幫助有需要的弟兄姊妹（約一3:17；另參太25:31-46）。

D.3 在我的基督徒生命中，是否看得出長期成長的模式？

前面兩個確據是與聖靈在我們生命中工作所帶來之持續的信心和證據有關，但是彼得又給了我們一種測驗，使我們可以用來自問，自己是否為真實的信徒。他告訴我們，假如我們的一些品格特徵在持續增長，就可保證我們「永不失腳」（彼後1:10）。他告訴他的讀者們：「有了信心，又要加上德行……知識……節制……忍耐……虔敬……愛弟兄的心……愛眾人的心。」（彼後1:5-7）接著他又說，這些應當是他讀者們的特質，並且要繼續「充充足足」地顯現在他們的生活中（彼後1:8）。然後他又說，他們要「更加殷勤，使你們所蒙的恩召和揀選堅定不移」，並說：「*你們若行這幾樣*（指第5-7節所提的品格），*就永不失腳*。」（彼後1:10）

我們肯定自己的恩召和蒙揀選的方法，就是要繼續在「這幾樣」事上長進。這表示我們對自己得救的確據，是會在我們的生命中與時俱增的：每一年我們生命中的這些品格特徵若都有所增加，那我們就得著愈來愈大的救恩確據。因此，年輕的信徒雖然也會在他們的救恩上有相當的把握，但是那個確據仍會經年累月地增長，並隨著他們的日漸成熟變得更為確定了。[28] 假使他們繼續在這些方面成長，就能證實他們的呼召和蒙揀選，而且「永不失腳」。

我們就以上這三個問題自我反省的結果，應當給真正的信徒帶來牢靠的確據；如此，聖徒恆忍之教義將會令人無比地欣慰。擁有這樣確據的人不應當懷疑：「我能夠一生恆忍到底而得救嗎？」每一位透過如此自省而得到確據的人，都應當有這樣的想法：「我重生了；所以，我當然會恆忍到底，因為我『蒙神能力』藉著我的信心工作而被保守（彼前1:5），所以我永遠不會失腳。耶穌在末日將會使我復活，我也將要進入祂的國度，直到永遠。」（約6:40）

另一方面，如果那些「退後」或偏離基督的人能正確地理解聖徒恆忍的教義，那麼他們的心裏應當引發真實的憂慮、甚至畏懼。這種人必須受到清楚的警告：只有那些恆忍到底的人才是真正重生的。假使他們離棄了所承認的基督，不相信祂，也不順服祂，那麼他們就可能不是真正得救的——事實上，他們所顯露的證據表示，*他們沒有得救*，從未真正地得救。一旦他們停止信靠基督，也不順服祂（根據外在的證據），他們就沒有真實的救恩的確據，他們就應當視自己是尚未得救的，需要悔改轉向基督，並向祂祈求罪得赦免。

在此我們要討論一下，教牧上應如何對待那些偏離基督信仰的人。我們應當了解，*加爾文派*（相信聖徒的恆忍）*和阿民念派*（認為基督徒可能失去救恩）*都會以相同的方式去規勸一位「退後者」*。按照阿民念派的觀點，這樣的人曾經是基督徒，但現在已經不再是了；而根據加爾文派的教義，這樣的人從起初就不是個真正的基督徒，現在也不是。但是持這兩種觀點的人都會提出相同的、符合聖經的規勸：「你現在看起來不是基督徒——你必須悔改，信靠基督，才可以得救！」雖然加爾文派和阿民念派對於背道之人先前的信仰歷史有不同的解釋，但是他們對於這樣的人現在該做什麼，都會採取同樣的作法。[29]

現在我們明白為何「*永遠的保障*」（eternal security）的話是十分誤導人的。在一些福音派的教會裏，有時候牧師不教導全備而平衡的聖徒恆忍之教義，卻講授一種

---

[28]另參提摩太前書3:13，那裏說到「善作」執事的人，「在對基督耶穌的信心上大有確據」（NIV譯法；和合本譯作「在基督耶穌裏的真道上大有膽量」）。

[29]加爾文派和阿民念派雙方當然都承認「退後」之人有可能是真正重生之人，只是他們落入罪惡和懷疑了。但雙方也都同意，在一個人顯出有現存信心的證據之前，先假設他不是基督徒，這在教牧上是有智慧的作法。

不完全的教導，意思就是說，所有曾經承認信仰、而且受過洗的人，都有「永遠的保障」了。結果就產生一些根本沒有真正歸正的人；他們可能在佈道信息結束時「走到前頭來」承認對基督的信心，也可能不久後就受洗了，可是接著他們就離開教會的團契交通；而且所過的生活與他們得著這個「永遠的保障」之前的生活，沒什麼兩樣。他們就這樣地得到虛假的確據，被人殘忍地欺騙，以為自己將要上天堂，但事實上並非如此。[30]

個人思考與應用

1. 你真正有重生的確據嗎？你在自己的生命裏看見了什麼證據，使你有這樣的確據？你認為神願意真正的信徒一生持續地擔憂他們是否真的重生了，還是祂願意他們擁有是神百姓的有力確據？（見約一5:13）你在自己多年來的基督徒生命中看到了成長的模式嗎？你是倚靠自己的力量繼續相信基督，還是倚靠神的能力來保守你的信心之存在與活潑呢？
2. 假如你懷疑自己是否真的重生，那麼你生命中有什麼因素使你產生這樣的懷疑？聖經會鼓勵你怎麼解決這些懷疑（見彼後1:5-11；亦見太11:28-30；約6:37）？你認為耶穌現在知道而且也了解你的懷疑嗎？你認為祂現在要你做什麼，來得著更大的救恩確據？
3. 你是否認識這樣的人，或許就在你的教會裏：他們的「果子」總是對教會事工和別人的信心具有破壞性、分裂性、傷害性？他們對教會有很大的影響力，甚至可能是教會的領袖嗎？你認為評估一個人生命中的果子，和他對別人的影響力，應當成為教會領袖的資格之一嗎？這種情況是有可能的嗎——人承認他們相信每一條真正的基督教教義，卻仍未重生？除了在智識上相信健全的教義外，是否還有其他更可靠的證據，可以顯示人真實地歸正了？

特殊詞彙

救恩的確據（assurance of salvation）
永遠的保障（eternal security）
聖徒的恆忍（perseverance of the saints）
暫時的祝福（temporary blessings）

本章書目

Berkouwer, G. C. *Faith and Perseverance*. Trans. by Robert D. Knudsen. Grand Rapids: Eerdmans,

[30]誠然並非所有使用「永遠的保障」一語的人，都犯這種的錯誤，但是這個片語確實容易流於這樣的誤會。

1958.

Carson, D. A. "Reflections on Christian Assurance." In *WTJ* 54 (1992), pp. 1-29.

Demarest, B. A. "Assurance." In *EDT*, pp. 91-92.

Grudem, Wayne. "The Perseverance of the Saints: A Case Study From Heb. 6:4-6 and the Other Warning Passages of Hebrews." In *Still Sovereign* Ed. Tom Schreiner and Bruce Ware. Grand Rapids: Baker, 2000.

Guthrie, William. *The Christian's Great Interest*. London: Banner of Truth, 1969. See esp. Part I, *The Trial of a Saving Interest in Christ* which was first published as a separate book in 1658.

Hoekema, Anthony A. "The Perseverance of True Believers." In *Saved by Grace*. Grand Rapids: Eerdmans, and Exeter: Paternoster, 1989, pp. 234-56.

Kearsley, R. "Perseverance." In *NDT*, pp. 506-7.

Marshall, I. H. *Kept by the Power of God*. Minneapolis: Bethany, 1969.

McKnight, Scot. "The Warning Passages of Hebrews," *TrinJ* 13, n.s. (1992), pp. 21-59.

Murray, John. "Perseverance." In *Redemption Accomplished and Applied*. Grand Rapids: Eerdmans, 1955, pp. 151-60.

Shank, Robert. *Life in the Son*. 2d ed. Minneapolis: Bethany, 1989.

White, R. E. O. "Perseverance." In *EDT*, pp. 844-45.

第四十一章
死亡與居間狀態

死亡在基督徒生命中的目的何在？
人死時身體與靈魂會發生什麼事？

背誦經文：腓立比書1:20-24

照著我所切慕、所盼望的，沒有一事叫我羞愧。只要凡事放膽，無論是生、是死，總叫基督在我身上照常顯大。因我活著就是基督，我死了就有益處。但我在肉身活著，若成就我工夫的果子，我就不知道該挑選什麼。我正在兩難之間，情願離世與基督同在，因為這是好得無比的；然而我在肉身活著，為你們更是要緊的。

詩歌： 我耶穌我愛你（*My Jesus I Love Thee*）

1 我耶穌我愛你 知道你屬我 所有愚昧快樂 我為你擺脫
你是我的救主 流血將我買 我若曾愛你 主 應當是現在
2 我耶穌我愛你 因你先愛我 為我釘十字架 救贖已穩妥
我愛你因為你 肯為我受害 我若曾愛你 主 應當是現在
3 活著我是愛你 死我也愛你 我口要讚美你 只要存一息
無論或生或死 此心不稍改 我若曾愛你 主 應當是現在
4 在那快樂無窮 榮耀無比地 我要在你面前 永遠稱頌你
我頭戴上冠冕 還要唱出來 我若曾愛你 主 應當是現在

詞：William R. Featherstone, 1864
曲：CARITAS, 11.11.11.11., Adoniram J. Gordon, 1894

A. 為何基督徒會死？

討論救贖之實施，必須包括死亡之考慮，以及基督徒當如何面對自己的死亡和別人死亡的問題。我們也必須要問，在我們死亡和基督回來賜給我們新的復活身體之間，會發生什麼事。

A.1 死亡並非給基督徒的懲罰

保羅清楚地告訴我們：「如今，那些在基督耶穌裏的就不定罪了。」（羅8:1）所有因我們犯罪而來的懲罰，都已經償清。所以，即使我們知道基督徒會死，我們也不應當將基督徒的死亡當作是從神來的懲罰，或是視為任何一種因我們罪過當受懲罰所導致的結果。[1] 不錯，罪的懲罰就是死，但是這個懲罰——不論是說身體的死亡，屬靈上的死亡，或與神隔絕——都不再適用於我們了。所有的懲罰都由基督代償了。所以，我們要明白為何基督徒會死，其中必定另有原因，而非對我們罪過所施加的懲罰。

A.2 死亡是住在墮落世界的最後結局

神以祂的睿智決定，不將基督救贖工作的福祉，一次全都施行在我們身上；相反地，祂選擇將救恩的福祉隨著年日逐漸加添在我們身上（如我們在本書第三十三至四十章各章所討論的）。同樣地，祂沒有選擇立刻從世上除去所有的罪惡，而是等到最後的審判和新天新地之建立之時（見本書第五十六和五十七章）。簡言之，我們仍然住在墮落的世界裏，所經歷到的救恩仍是不完整的。

墮落世界裏要被除去的最後一個層面，就是死亡。保羅說：

> 「再後末期到了，那時，基督既將一切執政的、掌權的、有能的都毀滅了，就把國交與父神。因為基督必要作王，等神把一切仇敵都放在祂的腳下。**儘末了所毀滅的仇敵就是死。**」（林前15:24-26）

基督回來時，經上所記的話就要應驗了：

> 「『死被得勝吞滅』……
>
> 『死啊，你得勝的權勢在哪裏？
>
> 死啊，你的毒鈎在哪裏？』」（林前15:54-55）

然而直到那時之前，即使是在基督徒的生命中，死亡仍是免不了的一個事實。雖然死亡臨到我們，不是對我們個人罪過的一項懲罰（因為罪的懲罰已由基督償清了），但確實是因為我們住在墮落的世界之故；罪的果效在這世界裏尚未完全除去。與死亡經驗有關的，是人類墮落的其他結果，它們傷害到我們的身體，表示死亡存於這個世界——基督徒和非基督徒都會經驗到老化、疾病、受傷和自然界的災害（譬如水災、暴風和地震）。雖然神時常回應禱告，拯救基督徒（以及非基督徒），使他們有一段時間不受到某些墮落的影響（因此顯明祂那將要降臨之國度的性質），然而，

---

[1]在保羅看來，即使一些不按理守主餐的哥林多基督徒之死（林前11:30），仍是一種管教或懲誡的過程，而非定罪的結果；因為他說：「我們受審的時候，乃是被主懲治，免得我們和世人一同定罪。」（林前11:32）

（在這個討論裏，筆者使用「**懲罰**」這個詞表示從神而來的報應，意圖是要使我們受傷害；而「**管教**」這個詞的意思則是從神而來的困難，意圖是要使我們得益處。）

基督徒最終都會在某種程度上經驗到所有的這些事情。在基督回來之前，我們都要變老、死亡，這「最後的仇敵」尚未被毀滅。在我們得著基督為我們贏取所有救恩的福祉前，神容許我們經驗到死亡。

A.3 神用死亡的經驗來成全我們成聖

在我們基督徒的一生中，我們知道自己從不需要為罪付上任何懲罰的代價，因為都已經由基督承擔了（羅8:1）；所以，當我們經歷今生的痛苦和苦難時，絕不當以為這是神在*懲罰*我們（為使我們受傷害）。有時候苦難只不過是生活在一個有罪、墮落世界之下的結果，有時候則是因為神在*管教*我們（為使我們得益處）；但無論如何，我們有羅馬書8:28的保證：「〔神使〕*萬事*互相效力，叫愛神的人得益處，就是按祂旨意被召的人。」

神管教我們的積極目的，清楚地記載在希伯來書第12章裏。其中說到：

> 「因為主所愛的，祂必管教……惟有萬靈的父管教我們，是要我們得益處，使我們在祂的聖潔上有分。凡管教的事，當時不覺得快樂，反覺得愁苦；後來卻為那經練過的人結出平安的果子，就是義。」（來12:6, 10-11）

不是所有的管教都是為了糾正我們所犯的罪過；神也會用管教來加強我們，使我們可以在富挑戰的順服路徑上，得著更大的能力來信靠神並抵擋罪。我們在耶穌的一生中清楚地看見這點：祂雖然沒有罪，卻「還是*因所受的苦難*學了順從」（來5:8）；[2] 祂「*因受苦難*」得以完全（來2:10）。所以，我們應當明白，所有臨到我們生命中的艱辛和苦難，都是神帶給我們的，為要*使我們得益處*，加強我們對祂的信靠和順服，至終增加我們榮耀祂的能力。

所以，我們應當把老化、軟弱以及有時導致死亡的疾病，看成是另一種訓練，是神容許我們經過的，為使我們在過程中更多地成聖，而至終當我們去與主同在之時，成聖就完成了。耶穌給予士每拿教會的挑戰，也真是給予每一位信徒的：「*你務要至死忠心*，我就賜給你那生命的冠冕。」（啟2:10）保羅說，他一生的目標乃是效法基督：「使我認識基督，曉得祂復活的大能，並且曉得和祂一同受苦，*效法祂的死*。」（腓3:10）保羅思想到耶穌的受死，就立下目標，在他死的時候，也要在他的生命中展現相同的特性——不論在任何環境裏，他要他自己就像基督一樣，能繼續地順服神、信靠神、赦免別人，並顧念在他周圍人的需要；這樣，他在每一種情況下，即使是在

---

[2]見本書第二十六章A.2.3節有關耶穌如何透過所受的苦難而學習順服的討論。

他死的事上，都要將榮耀歸給神。因此，當保羅在監獄裏時，雖不知道自己是否會死在那裏，或是會活著走出來，他都仍然能說：「照著我所切慕、所盼望的，沒有一事叫我羞愧。只要凡事放膽，無論是生、是死，總叫基督在我身上照常顯大。」（腓1:20）

我們要了解，死亡一點都不是對罪惡的懲罰，而是神帶領我們走過的經歷，為要使我們更像基督。這樣的了解應當大大地激勵我們，從我們中間除去纏繞在不信之人心思中對死亡的恐懼（另參來2:15）。不過，雖然神會透過死亡的過程而將益處帶給我們，但是我們仍然必須記住，死亡並不是天然的，也不是正確的；在神所創造的世界上，它是不該有的東西。死亡是一個仇敵，是基督在末了所要毀滅的（林前15:26）。

A.4 死亡的經驗完成我們與基督的聯合

神容許我們經歷死亡，而非在我們一成為基督徒之後，就立刻將我們提去天堂，這其中的另一個原因乃是，我們藉著死亡而效法基督所做的，因此就經驗到與祂更緊密的聯合。保羅說，我們是與基督同作後嗣的，「如果我們和祂一同受苦，也必和祂一同得榮耀」（羅8:17）。彼得告訴他的讀者們，不要因臨到他們火煉般的試驗而驚訝，他激勵他們說：「倒要歡喜；因為你們是與基督一同受苦，使你們在祂榮耀顯現的時候，也可以歡喜快樂。」（彼前4:13）正如我們在前面所注意到的，在受苦中與基督的聯合，也包括了在死亡中與祂聯合（見腓3:10）。耶穌是「我們信心的創始者和成終者」（來12:2，和合本譯作「為我們信心創始成終的耶穌」），而當我們奔跑人生的賽程時，我們就跟隨祂而行。彼得寫道：「基督也為你們受過苦，給你們留下榜樣，叫你們跟隨祂的腳蹤行。」（彼前2:21）

A.5 順服神比保存自己的生命更重要

假使神要藉著死亡的經歷來加深我們對祂的信靠，並且堅固我們對祂的順服，那麼我們當記住，這世上不顧一切來保存性命的目標，並不是基督徒最高的目標；在每一個環境下順服神、向祂忠誠，則是更為重要。這就是為何保羅會說：「我為主耶穌的名，不但被人捆綁，就是死在耶路撒冷，也是願意的。」（徒21:13；另參25:11）他告訴以弗所教會的長老們說：「我卻不以性命為念，也不看為寶貴，只要行完我的路程，成就我從主耶穌所領受的職事，證明神恩惠的福音。」（徒20:24）

就是這個信念——順服神遠比保存性命更為重要——給予保羅勇氣，使他回到路司得。他早先在那裏，人用石頭打他，以為把他打死了（徒14:20），但他起身之後又回到城裏（徒14:21-22）。他忍受了許多苦難和危險（林後11:23-27），時常冒著生命的危險，為的是完全順服基督。所以，他能夠在一生的末了，以凱旋的口氣說：「我離世的時候到了。*那美好的仗我已經打過了*，當跑的路我已經跑盡了，所信的道我已經守住了。」（提後4:6-7）相同的信念也激勵了舊約時代的聖徒，他們寧可殉道也不犯罪：「又有人忍受嚴刑，不肯苟且得釋放，為要得著更美的復活。」（來11:35）在彼得和其他的使徒面對死亡的威脅時，這個信念也給予他們勇氣說出：「順從神不順從人是應當的！」（徒5:29）當然這就是耶穌命令士每拿教會的論點：「*你務要至死忠心*，我就賜給你那生命的冠冕。」（啟2:10）聖經上還說到，當忠心的聖徒戰勝鬼魔時，在天上就有歡唱：「是因羔羊的血和自己所見證的道。*他們雖至於死，也不愛惜性命*。」（啟12:11）

這樣的教導——我們甚至可以用自己的死來榮耀主；對祂忠誠遠比保存自己的性命更為重要——在教會歷史上曾給予許多殉道者勇氣和動機。面對苟且偷生犯罪或捨生盡忠的抉擇，他們選擇了捨生：「他們雖至於死，也不愛惜性命。」（啟12:11）即使我們現在沒有什麼逼迫，也沒有殉道的可能性，但我們將這真理徹底地牢記在心中也是好的；因為假使我們願意向神忠誠而捨下性命，我們就會發現，為基督捨去其他事物是容易多了。

B. 基督徒的死亡觀

B.1 對於我們自己的死亡

新約聖經鼓勵我們不要害怕自己的死亡，而是要因看到將來與基督同在之遠景而喜樂。保羅說：「我們坦然無懼，是更願意離開身體與主同住。」（林後5:8）當保羅在監獄時，不知道自己是會被處死還是被釋放，但他仍說：

> 「因我活著就是基督，*我死了就有益處*。但我在肉身活著，若成就我工夫的果子，我就不知道該挑選什麼。我正在兩難之間，*情願離世與基督同在*，因為這是好得無比的。」（腓1:21-23）

我們也在啟示錄裏讀到約翰這樣說：「我聽見從天上有聲音說：『你要寫下：從今以後，在主裏面而死的人有福了。』聖靈說：『是的，他們息了自己的勞苦，作工的果效也隨著他們。』」（啟14:13）

所以，信徒不需要害怕死亡，因為聖經向我們保證，甚至「死亡」「都不能叫我們與神的愛隔絕；這愛是在我們的主基督耶穌裏的。」（羅8:38-39；另參詩23:4）事實上，耶穌藉著死「釋放那些一生因怕死而為奴僕的人」（來2:15）。[3] 這節經文提醒

---

[3]Berkhof說，耶穌的埋葬「不僅證明耶穌真的死了，同時也為蒙贖之人除去了墳墓的恐怖，並為他們將墳墓聖

我們，我們不怕死亡的表現，在諱言死亡、又沒有關於死亡之答案的世代裏，將成為基督徒一個有力的見證。

B.2 對於基督徒親友的死亡

雖然我們能夠以歡欣期待與基督同在的心情，等候自己的死亡，但是在我們經歷基督徒親友死亡時，態度就有幾分不同了。在這些情況下，我們經歷到真正的悲傷——但其中卻摻和著喜樂，因為他們已經到主那裏去了。

因所愛之人去世而表達真正的悲傷並沒有錯，因為我們不再能與他們交通，也因為他們在去世之前經歷了諸多的苦難和艱辛。有時基督徒會以為，假使他們為一位死去的基督徒弟兄或姊妹深感哀傷，就是缺少信心的表現。但是聖經不支持這種看法，因為聖經記載司提反被石頭打死時，「有虔誠的人把司提反埋葬了，*為他捶胸大哭*」（徒8:2）。如果我們要說誰死後確定是與主同在的，答案必然就是司提反了。在他死前，他說：「我看見天開了，人子站在神的右邊。」（徒7:56）接著，他臨死時禱告說：「求主耶穌接收我的靈魂……主啊，不要將這罪歸於他們。」（徒7:59-60）這件事發生在耶路撒冷，所有的使徒們都還在，他們在耶穌從死裏復活以後也見過祂本人。他們對於司提反在天上正經驗著與主同在的大喜樂，沒有一個人對這點會缺乏信心。即使如此，「有虔誠的人把司提反埋葬了，*為他捶胸大哭*。」（徒8:2）他們的悲傷顯示，他們真的因為失去與所愛之人的交通而感到悲傷。表達這種悲傷並沒有錯，甚至是對的。即使是耶穌，祂也在拉撒路的墳墓處「哭了」（約11:35）；祂為拉撒路死了而悲傷，祂為拉撒路的姊姊和其他人經驗到如此的傷痛而悲傷，並且無疑地，祂也為世界上存在著死亡而悲傷，在神所創造的世界裏死亡最終來說是不自然的，也是不應該有的。

保羅親自教導以弗所教會的長老們達三年之久，在保羅要離開時，他們「*痛哭*，抱著保羅的頸項和他親嘴。叫他們最傷心的，就是他說『以後不能再見我的面』那句話。」（徒20:37-38）保羅在腓立比書中雖然表達他想要離世與主同在的意願，但他也在同一封書信裏寫到，如果以巴弗提死了，他自己會「*憂上加憂*」（腓2:27）。不只如此，大衛王，這位合神心意的人，在他所寫的詩篇裏經常說到要永遠與神同在；然而，當他知道掃羅和約拿單已死的時候，仍極其悲傷（撒下1:11-27）。

不過，我們基督徒所感受的悲傷，明顯地是摻和著盼望和喜樂的。保羅沒有告

化了」，他這種說法誠然是正確的（*Systematic Theology*, p. 340）。

訴帖撒羅尼迦教會的人說，他們對已死的親友完全不應該懷有悲傷之情，反之，他寫道：「恐怕你們憂傷，像那些沒有指望的人一樣」（帖前4:13）——他們的悲傷不應該與不信者一樣，充滿了苦澀的絕望；但是他們當然應該要悲傷。他向他們鄭重宣告，基督「替我們死，叫我們無論醒著、睡著，都與祂同活」（帖前5:10）；並因此激勵他們說，那些已死的人是與主同在了。正因為這個緣故，聖經記載說：「從今以後，在主裏面而死的人有福了……他們息了自己的勞苦……」（啟14:13）事實上，聖經甚至告訴我們：「在耶和華眼中，看聖民之死極為寶貴。」（詩116:15）

所以，雖然在基督徒親友死亡時，我們真的悲傷，但是我們也能按照聖經說：「死啊，你得勝的權勢在哪裏？死啊，你的毒鉤在哪裏……感謝神，使我們藉著我們的主耶穌基督得勝！」（林前15:55, 57）我們雖然哀傷，但哀傷應當混合著向神的敬拜，以及為已死親友生命的感恩。正如我們在大衛和約伯的例子中所看到的，在這個時刻，敬拜尤其重要。大衛的兒子死時，他不再為孩子的復原禱告，而是敬拜神：「大衛就從地上起來，沐浴、抹膏、換了衣裳，進耶和華的殿敬拜。」（撒下12:20）

同樣地，當約伯聽到十個兒女的死訊時：

> 「約伯便起來，撕裂外袍，剃了頭，伏在地上**下拜**，說：『我赤身出於母胎，也必赤身歸回。賞賜的是耶和華，收取的也是耶和華；耶和華的名是應當稱頌的。』」（伯1:20-21）

B.3 對於不信之人的死亡

當不信之人死時，我們所感受到的悲傷並沒有混合著一種喜樂，因這種喜樂是從確知死者已經與主永遠同在而來。這種悲傷，尤其是對於我們親近之人，是十分地沉痛和真實。保羅想到一些拒絕基督的猶太同胞們，就說：「我在基督裏說真話，並不謊言，有我良心被聖靈感動給我作見證。我是大有憂愁，心裏時常傷痛。為我弟兄，我骨肉之親，就是自己被咒詛，與基督分離，我也願意。」（羅9:1-3）

但是我們也必須說明，我們通常也沒有絕對的把握肯定，某人是否到死為止都固執地拒絕信靠基督。垂危之人知道自己不久於世，通常會自我反省，有時候會憶起早先聽過的聖經經文或基督徒的見證，可能就會產生真實的悔改和信心。當然，除非有明顯的證據，否則我們無法確定這事已發生。但是在許多情況下，我們只可能大概知道，但並非絕對有把握，那些我們向來所知的不信之人是否到死時仍然堅持不信。有如此的了解，也是好的，在某些情況下，我們就是不知道他信了沒有。

雖然如此，一個非基督徒過世之後，我們不當給別人任何的錯誤印象，使人誤以為那人已經到天上去了。這樣做是錯的，不但給人錯誤的訊息和虛假的確據，並且降低了活著的人需要信靠基督的迫切性。我們會因失去了所愛之人而感到悲傷，但在我們有機會的時刻，最好專注將那悲傷轉成省思自己的生命和結局。事實上，當我們能夠以朋友的身分與那些已逝不信之人的親友講話的時機，常常就是主為我們製造的機會，讓我們可以向那些還活著的人談到福音。

不只如此，在這樣的情況下，用真誠的感恩訴說我們在死者一生中所注意到的、並且受到鼓勵的優秀品質，會十分有幫助。[4] 在大衛聽到掃羅王死時所作的回應，就是個很好的例子：即使掃羅已經變成了惡王，並且追逐大衛，多次想要殺他；可是一旦掃羅死了，大衛卻公開地講述掃羅曾做過的好事：

> 「以色列啊，你尊榮者在山上被殺。大英雄何竟死亡……掃羅和約拿單……他們比鷹更快，比獅子還強。以色列的女子啊，當為掃羅哭號；他曾使你們穿朱紅色的美衣，使你們衣服有黃金的妝飾。」（撒下1:19, 23-25）[5]

C. 人死時會發生什麼事？

在人死之後，到基督回來賜給信徒新的復活身體之前，這段時間內人的情況或狀態被稱為*居間狀態*（intermediate state）。

C.1 信徒的靈魂立刻進入神的同在中

死亡是肉體生命的暫時終止，以及靈魂和身體的分離。當信徒死時，雖然他的身體留在地上被埋葬，但是在他死亡的那時刻，他的靈魂（或靈）就立刻歡欣地進入神的同在中。當保羅思想到死亡時，他說：「我們坦然無懼，是*更願意離開身體與主同住*。」（林後5:8）離開身體就是與主安家同住了。保羅也說，他的渴望是「離世與基督同在，因為這是好得無比的」（腓1:23）。耶穌對與祂一起被釘十字架、性命垂危的強盜說：「今日你要同我在樂園裏了。」（路23:43）[6] 希伯來書的作者說，基督徒聚在一起敬拜神時，他們不只是進到天上神的跟前，同時也是與「被成全之義人的靈

---

[4]我們因著神在不信之人生活中所賜下的普遍恩典而感謝神，這是對的。見本書第三十一章有關普遍恩典的討論。

[5]雖然如此，這點仍需要誠實和成熟的判斷，因為假使我們應邀為某位一生惡名昭彰、多行不義的人主持喪禮，那麼我們不可在還活著的人心中造成一種印象，以為人今生做什麼都沒有區別，或以為我們對這個人惡劣的人品一無所知；否則我們所說的話在聽眾心目中就會失去可信度。一般人對惡名昭彰之人（如希特勒）的死亡而有的不可避免之反應，就是如箴言11:10所記載的：「惡人滅亡，人都歡呼。」

[6]「樂園」只是「天堂」的另一個稱呼；見本書第二十七章C.2.6.3節。

魂」在一起（來12:23）。[7] 雖然如此，正如我們在下一章將更詳細探討的，神不會將我們死去的身體永遠留在地上，因為當基督回來時，信徒的靈魂將要與他們的身體再度聯合起來，他們的身體要從死裏復活，永遠與基督同在。

C.1.1 聖經沒有教導煉獄的教義

信徒的靈魂立刻進到神的同在中之事實，表示**沒有煉獄**（purgatory）**這樣的事**。在羅馬天主教的教導裏，煉獄是信徒靈魂將要進一步煉淨罪的地方，直到他們準備好、被許可進入天堂為止。按照這種觀點，煉獄的痛苦是呈獻給神的，用以代替信徒在世上當為罪受而未受的懲罰。奧脫（Ludwig Ott）論到煉獄說：

> 「代禱（suffrages）的運作方式是使足夠價值的好行為呈獻給神（以償清罪債），來代替靈魂（在煉獄裏）所受的暫時懲罰，即可憐的靈魂仍當受的懲罰。代禱的運作功效是使人得到赦免，免受因罪而該受的這個暫時懲罰。」[8]

但是聖經上沒有教導這樣的教義，事實上，它是與以上所引用過的經節相反的。羅馬天主教教會為這個教義所找到的支持證據，不是在本書第三章所定義之聖經正典裏的內容，即更正教徒自從宗教改革以來所接受的正典，而是在旁經作品裏的內容，[9] 尤其是在《馬加比二書》（2 Maccabees）12:42-45裏的：

> 「〔猶太軍隊的領袖猶大．馬加比〕又向大眾逐一募集了二千個銀幣，送到耶路撒冷作贖罪祭的獻儀：他做的是一件很美善而受人尊敬的事，因為他想到復活。如果他不認為那些已死的人還要復活，那麼**為死人祈禱**便是一種多餘而糊塗的事。但倘若他期待他為那些在虔敬中去世的人所做的事存有莫大的報償，那麼這就是一個聖善而虔誠的想法。所以，**他為死人獻贖罪祭，使他們的罪或可得到赦免**。」

從此段話來看，為死人禱告及向神獻祭以將死人從罪中拯救出來，這兩者顯然都是被認可的。然而我們的回應是必須聲稱，這類文學的權柄不同於聖經，不當拿來作為制定教義的權威出處。況且，該書與前面所引用論及離世與基督同在之經文矛盾；

---

[7]然而我們必須強調，我們死時立刻與基督同在的事實，不應該用來鼓勵任何人以為自殺是對的。神說：「不可謀殺」（出20:13NIV譯法，和合本譯作「不可殺人」），意思是我們不可自殺也不可謀殺別人。

另一方面，有許多忠心的基督徒，在戰爭、海難或其他考驗的情況下，為了別人而捨下自己的性命，因而實踐了耶穌的教訓：「人為朋友捨命，人的愛心沒有比這個大的。」（約15:13）

但更高的原則乃是：只要我們今天還活著，我們就要在服事和禱告上忠於基督，因為祂呼召我們要「至死忠心」（啟2:10）。雖然保羅思想到他個人的願望是想要與基督同在，但他了解，為了腓立比教會的人，為了他所服事的其他人，存活下來為他們「更是要緊的」（腓1:24）。

[8]Ludwig Ott, *Fundamentals of Catholic Dogma*, p. 322.

[9]見本書第三章A.5節有關為何旁經不應當被收為聖經之一部分的討論。

因此，它牴觸了新約聖經的清晰教訓。不僅如此，它說到了猶大「為死人獻贖罪祭（希臘文*exilasmos*，『挽回祭』）」，這與新約聖經的教義矛盾，因為新約聖經明確地教導，惟獨基督為我們獻上挽回祭。最後，在《馬加比二書》中的這段文字甚至很難說是符合羅馬天主教的教訓，因為它教導說，應當為犯了拜偶像之死罪（這罪按照天主教的教訓是不得赦免的）的去世士兵們，獻上禱告和奉獻，或許他們會從受苦中得到拯救。

羅馬天主教主要是在上述《馬加比二書》的文字和教會傳統的教訓中，找到煉獄教義的支持。[10] 其他奧脫所引用以支持煉獄教義的經文，還包括提摩太後書1:18；馬太福音5:26；哥林多前書3:15；和馬太福音12:32等。保羅在提摩太後書第1章論到阿尼色弗時說，他「反倒在羅馬的時候殷勤的找我，並且找著了。願主使他在那日得主的憐憫！他在以弗所怎樣多多的服事我，是你明明知道的。」（提後1:17-18）那些宣稱找到煉獄教義證據的人說：「在保羅給提摩太寫第二封書信時，阿尼色弗……已不活在世間了。」[11] 這說法似乎是根據保羅所提到的不是阿尼色弗本人，而是「阿尼色弗一家的人」之事實（提後1:16）。然而那句話並不能證明阿尼色弗已經過世，而只是保羅希望祝福的不只是他本人，同時也包括他全家。這點並非不尋常，因為阿尼色弗曾在以弗所服事過，而保羅在那裏工作三年之久（提後1:18；另參提後4:19）。若將支持煉獄的證據建立在阿尼色弗已經死了的想法上，就是將它建立在一個不能以清楚證據支持的假設上（保羅祝福一些基督徒在審判大日蒙福，也非不尋常的事——見帖撒羅尼迦前書5:23。）

耶穌在馬太福音12:32說：「凡說話干犯人子的，還可得赦免，惟獨說話干犯聖靈的，今世來世總不得赦免。」奧脫認為，這句話「使得今世罪得赦免和來世罪得赦免，都變為可能」。[12] 然而，這說法犯了推理上的一項錯誤：說在來世不會發生某事，並不表示它在來世原有可能發生！[13] 證明煉獄教義所需要的不是這種反面的敘述，而應當是正面的敘述說明人在死後為了繼續潔淨的目的而受苦；但是聖經沒有一處提到這事。

---

[10] Ott, *Fundamentals of Catholic Dogma*, pp. 321-22, 482-85.

[11] 同上出處，p. 321.

[12] 同上出處，p. 483.

[13] 這錯誤與另一個錯誤類似：有些人認為，耶穌說祂不會從生命冊上塗抹某人的名字（啟3:5），就表示祂有可能會把其他人的名字從生命冊上除去（見本書第四十章C.5節）。

保羅在哥林多前書3:15說到，在審判的大日，每一個人所做的工程都要受到火的試驗和審判；接著又說：「*人的工程若被燒了*，他就要受虧損，自己卻要得救；雖然得救，乃像從火裏經過的一樣。」但是這節經文沒有說到一個人被火燒或受懲罰之苦，而只說到*他的工作*被火試驗——若是美善的工作，就要如金、銀和寶石而存到永遠（林前3:12）。不只如此，奧脫自己也承認，這不是發生在這個世代，而是在「公審判」（general judgment，末日時審判全人類）之時；[14] 這就進一步指出，這節經文極不宜作為說服人相信煉獄教義的論點。最後，耶穌在馬太福音5:25-26警告人說，在他們去法庭的路上，要趕快和控告他們的人和好，免得控告者將他們交給法官，法官又交付衙役，就把他們關在監獄裏；然後祂說：「若有一文錢沒有還清，你斷不能從那裏出來。」奧脫把這段當成一個比喻，教導「在另一個世界裏，有一個限時的懲罰狀態」。[15] 但是在此處上下文中確實沒有指明這是一個比喻——耶穌在此乃是實際教導人如何協調人際衝突，以及避免會自然地引向憤怒和個人傷害的狀況（見太5:21-26）。有時候被指為支持煉獄教義的其他經文，[16] 根本就沒有直接說到這個思想；那些經文都可以很容易地就從這些角度——在今世所受的懲罰和所脫離的痛苦，或在來世所享受的在天上神永遠的祝福——來理解。

這個教義所引發更為嚴重的問題乃是，它教導我們必須在基督救贖的工作上再加添一些東西；它教導基督為我們所做的救贖工作不足以付清我們為罪所該受的懲罰。可是這些觀念肯定是和聖經的教訓相反的。[17] 況且，從教牧的意義而言，煉獄的教義剝奪了信徒該有的極大的安慰——知道那些已死的信徒是立刻進入主的同在中，並且知道當他們死時也會「離世與基督同在，因為這是好得無比的」（腓1:23）。

C.1.2 聖經沒有教導靈魂睡著的教義

信徒的靈魂立刻進入神的同在之事實，也表示*靈魂睡著*（soul sleep）*的教義是不正確的*。這個靈魂睡著的教義是說，當信徒死時，他們進入一種無知覺的存在狀態，等到基督回來使他們復活得永生的時刻，他們才又有知覺。這個教義在教會史上偶或有人教導，其中包括一些宗教改革時的重洗派人士（Anabaptists），和十九世紀時在

[14] Ott, *Fundamentals of Catholic Dogma*, p. 483.

[15] 同上出處，p. 484.

[16] Louis Berkhof論到，羅馬天主教有時候還提及以賽亞書4:4；彌迦書7:8；撒迦利亞書9:11；瑪拉基書3:2-3；以及哥林多前書15:29等。

[17] 見本書第二十七章C.2.3.1-2節有關基督的死為我們所有罪完全付清了所該受的懲罰之討論。

英國的一些珥運派人士（Irvingites）。事實上，約翰·加爾文早期作品之一就有一本小冊是為反駁這個教義而寫的。這個教義從未被教會廣泛接納過。

關於靈魂睡著之教義的支持，通常就是聖經幾次用「睡了」或「睡著了」講到死亡狀態的事實（太9:24; 27:52；約11:11；徒7:60; 13:36；林前15:6, 18, 20, 51；帖前4:13; 5:10）。再有，某些經文似乎教導死人沒有知覺的存在（見詩6:5; 115:17〔但見詩115:18!〕；傳9:10；賽38:19）。但是聖經將死亡描述為「睡了」，只是一種比喻性的表達，指出死亡對基督徒而言，是暫時性的，正如睡覺也是暫時性的一樣。這是清楚明白的，例如，當耶穌告訴祂的門徒們拉撒路之死時，祂說：「我們的朋友拉撒路睡了，我去叫醒他。」（約11:11）我們應當注意，耶穌在這裏並未說：「拉撒路的靈魂睡了」，事實上，聖經上沒有任何一處經文說到一個人的靈魂睡著了，或沒有知覺了（若要證明靈魂睡著的教義，這樣的敘述是必要的）。耶穌只是說*拉撒路*睡著了，而非*拉撒路的靈魂*睡著了。接著約翰解釋說：「耶穌這話是指著他死說的，他們卻以為是說照常睡了。耶穌就明明的告訴他們說：『拉撒路死了。』」（約11:13-14）其他將人的死描述為人睡著的經文，也同樣地被詮釋為一種比喻性的表達，教導死亡是暫時的。

至於指出死人不會讚美神的經文，或是人死時其知覺的活動就終止的經文，都是從今生之生命的角度來理解死亡。從我們的角度而言，顯然一旦人死了，就不再有這些活動了。但是詩篇第115篇在這個觀點上，卻呈現出完整的聖經看法。詩人說：「死人不能讚美耶和華，下到寂靜中的，也都不能。」但是詩人接著在同一上下文繼續用對比指出，那些相信神的人要稱頌耶和華到永遠：「*但我們要稱頌耶和華，從今時直到永遠*。你們要讚美耶和華！」（詩115:17-18）

最後，以上所引述的經文顯示，信徒的靈魂死時立刻進入神的同在，並在那裏享受與祂的交通（林後5:8；腓1:23；路23:43；來12:23）。這些都指出，對信徒而言，死後的存在是有知覺的，而且是立刻與神交通。耶穌不是說：「今日你就不再對任何繼續進行的事物有任何知覺」，而是說：「*今日你要同我在樂園裏了*。」（路23:43）按當時的理解，樂園的觀念確實不是一種沒有知覺的存在，而是一種與神同在之極大的福分與喜樂。[18] 保羅沒有說：「情願離世，長時期地沒有知覺」，而是說：「情願離世*與基督同在*，因為這是好得無比的」（腓1:23）——他確實地知道，基督並非一位沒有知覺的、在睡眠中的救主，而是在天上活著而掌權的主。與基督同在就是享

[18]見「樂園」這個詞在哥林多後書12:3和啟示錄2:7的其他用法。此詞清楚地是指天堂本身：神在那裏、活著掌權。亦見本書第二十七章C.2.6.3節有關此詞的討論。

受與祂同在、交通的祝福，這也就是為何離世與祂同在是「好得無比的」的原因（腓1:23），並且也是保羅說：「我們坦然無懼，是更願意離開身體與主同住」的原因（林後5:8）。

希伯來書12:1所說「我們既有這許多的見證人，如同雲彩圍著我們」之事實，正好是記載在第11章整章討論舊約已死聖徒們的信心之後；並且由於我們為一大群如雲的見證人所圍繞，作者就勉勵我們恆心忍耐奔跑人生的賽程。這兩方面都提示我們，那些已死、先我們而去的人，在某種程度上知道世上所發生的事。關於這點，聖經幾乎沒有任何記載，可能是因為不要我們對那些已死的人說話，或向他們禱告，或以任何方法接觸他們（請注意，掃羅在撒母耳記上28:7-25的大罪即在於此）。不過，希伯來書12:1-2略微暗示了我們這一點，或許是要鼓勵我們，要如同那些在我們之前已死而去天堂的人一樣，繼續忠於神。同樣地，希伯來書的作者在第12章的結尾告訴我們，當我們敬拜時，是到天上神的同在中，而不是到「在無知覺狀態下睡著的公義之人的靈魂」面前，反之，是到一處「有千萬天使所歡聚的總會，有名錄在天上之諸長子的教會（和合本譯作『有千萬的天使，有名錄在天上諸長子之會所共聚的總會』），有審判眾人的神，和被成全之義人的靈魂，並新約的中保耶穌」（來12:22-24）。[19]

啟示錄6:9-11; 7:9-10也清楚地顯示，那些已死而到天上的靈魂或靈在禱告和敬拜，因為他們高聲呼喊說：「聖潔、真實的主啊，你不審判住在地上的人，給我們伸流血的冤，要等到幾時呢？」（啟6:10）約翰看見他們「站在寶座和羔羊面前，身穿白衣，手拿棕樹枝，大聲喊著說：『願救恩歸與坐在寶座上我們的神，也歸與羔羊。』」（啟7:9-10）所有這些經文都否認有靈魂睡著的教義，因為它們清楚說明，信徒的靈魂在死時，立刻進入天上與神有知覺的交通。

C.1.3 舊約時代信徒死後靈魂立刻進入神的同在中嗎？

有人說，雖然*從基督復活以後*，信徒的靈魂就立刻進到天上神的同在中，但是*在基督復活之前*已死信徒的靈魂，卻沒有享受到這種天堂的福分，而是去到另一個地方等候基督救贖工作的完成。有時候這地方就被稱為*舊約先祖所在的地獄邊緣*（*limbus patrum*），或被簡稱為*地獄的邊緣*（limbo）。[20] 這種觀點在羅馬天主教的神學裏尤為

[19]在《使徒信經》裏，「聖徒的交通」（communion of saints）一語指出一個事實，即我們與那些已死而先去天堂的人，在某種意義上有交通或團契；此一觀念在希伯來書12:23得到證實。這並不表示我們可以察覺到他們，而是說當我們敬拜時，就參與在那個已經在天上進行的敬拜（見本書第五十一章B.3節有關我們現今的崇拜也是在天上的崇拜之討論）。

[20]嚴格來說，羅馬天主教神學家認為有兩處「地獄的邊緣」：一處是未受洗的嬰孩在他們死後所去的地方，被

普遍，但有些信義宗的信徒也相信此說。支持這個教義的部分證據來自基督下陰間的特別觀點，我們在前面第二十七章時已經討論過了。[21]

提到舊約時代信徒死後情況的聖經經文並不多，但是所有提到這事的經文都指向同一方向：他們立刻進入神的同在中享受有知覺的喜樂，而不需要經過一段等待的時間，暫離神的同在。「以諾與神同行，神將他取去，他就不在世了。」（創5:24；另參來11:5）以利亞不是被提到地獄邊緣的一個地方，而是「乘旋風升天去了」（王下2:11；另參太17:3，摩西和以利亞在變像山上出現，和耶穌說話）。大衛有信心地說，他將「住在耶和華的殿中，直到永遠」（詩23:6；另參詩16:10-11; 17:15; 115:18）。此外，當耶穌回答撒都該人時提醒他們，神說：「我是亞伯拉罕的神、以撒的神、雅各的神。」接著耶穌又說：「神不是死人的神，乃是活人的神」（太22:32），因此表示出亞伯拉罕、以撒、雅各甚至在那一時刻是活著的，而神乃是他們的神。不僅如此，在財主和拉撒路的故事裏，耶穌不曾說拉撒路沒有知覺了，而是告訴門徒們，亞伯拉罕說拉撒路「如今他在這裏得安慰」（路16:25）。亞伯拉罕被描繪為有知覺地住在一個令人生羨的地方——是財主渴慕要去的地方——那肯定不會是在地獄的邊緣。很重要地，我們要注意到，耶穌所說的是在基督復活之前的事，因此拉撒路的處境和舊約時代聖徒的處境是相同的。

所以，舊約時代的信徒可能也立刻就進入天堂，並在一死時就享受與神交通的時光。不過，當基督升天回到天堂時，很可能他們就享受到更多的福分和更大的喜樂。但是這並不表示，基督升天的時刻是他們第一次被提上天堂，也不是說那是他們第一次享受到神同在的福分。

C.1.4 我們應當為死人禱告嗎?

最後，信徒的靈魂立刻進入神的同在中之事實，表示我們不應當為死人禱告。雖然為死人禱告的思想是《馬加比二書》12:42-45的主張（見前面的討論），但聖經並沒有這個教導。此外，沒有跡象顯示這是新約著成年代任何基督徒的作法，並且也不應該如此作。一旦信徒死了，就進入神的同在中，處在一種與祂同在的完全快樂的狀態下，因此，再為他們禱告又有什麼益處呢？正如聖經一再見證的，最終屬天的獎賞是根據

稱為嬰孩所在的地獄邊緣（*limbus infantum*）；另一處則是舊約時代信徒在他們死時所到的地方，被稱為舊約先祖所在的地獄邊緣（*limbus patrum*）。這個拉丁文字*limbus*意為「邊界」。這兩處都被認為是在地獄的邊緣；在那裏的人被排除在神的同在之外，但沒有經歷到有知覺的痛苦。然而這兩者皆沒有聖經明顯的支持證據。

[21]見本書第二十七章C.2.6節有關基督死時是否到地獄去的討論。

人在今生所行的（林前3:12-15；林後5:10等）；[22] 況且，已死的不信者之靈魂是去一個受懲罰的地方，永遠與神隔絕，所以為他們禱告也沒有益處，他們最終的命運已經因他們今生的罪和悖逆神而決定了。因此，為已死的人禱告就成了是在向神祈求祂已經告訴我們祂已決定的事了。[23] 不僅如此，教導別人說應該為已死的人禱告，或鼓勵別人如此作，就是在鼓舞一種虛假的盼望，讓人以為人的命運在死後還可能會改變，而這是聖經從沒有教導的思想。這種教導可能會引人產生許多無益的焦慮，浪費許多時間在實質上絕對沒有果效的禱告上，因而使人轉移注意力，不為今生的諸事祈求，並忽略那些在推展神國事工上有極大影響的事。我們應當花時間按照神的旨意禱告。

C.2 未信之人的靈魂立刻進入永刑

聖經從未鼓勵我們思想，人在死後還有第二次信靠基督的機會；事實上，情況恰恰相反。耶穌所說有關財主和拉撒路的故事讓我們不再期望，人在死後能夠從地獄跨越到天堂：縱使在地獄裏的財主喊著說：「我祖亞伯拉罕哪，可憐我吧！打發拉撒路來，用指頭尖蘸點水涼涼我的舌頭，因為我在這火焰裏極其痛苦。」但亞伯拉罕的回答則是說：「在你我之間有深淵限定，以致人要從這邊過到你們那邊是不能的；要從那邊過到我們這邊也是不能的。」（路16:24-26）

希伯來書將死亡和審判的結果緊密地連結在一起：「按著定命，人人都有一死，死後且有審判。」（來9:27）不只如此，聖經從未指示說，最後的審判是看我們死後所做的任何事而定；反之，最後的審判單單是看我們今生所做的事而定（太25:31-46；羅2:5-10；另參林後5:10）。有人根據彼得前書3:18-20所記載的基督曾對監獄中的靈魂傳道，和在彼得前書4:6裏的「就是死人也曾有福音傳給他們」的這兩處記載，而主張還有第二次相信福音的機會。但是這說法是對這兩處經節的詮釋不當，而且我們若詳細檢視經文的意思，就明白它們並不支持這樣的觀點。[24]

我們也應當了解，死後還會有第二次機會接受基督的想法，是根據這樣的假設：每一個人都應當有接受基督的機會，而且永遠的刑罰只會臨到那些有意識地決定拒絕

---

[22]見本書第五十六章C.3節有關我們在天上的獎賞有不同程度之討論。

[23]進一步指出為死人禱告是不對的，可見於以下這個事實：大衛在兒子未死之前迫切為他禱告，而在他既死之後，大衛就從禱告中起來，沐浴、更衣，「進耶和華的殿敬拜。然後……他便吃〔飯〕了」（撒下12:20；另參撒下12:23）。大衛明白，一旦孩子死了，他為他禱告的工作就結束了。筆者在本段說到「為死人禱告」時，意思是指禱告求神改變他們命運的光景。當然，在人死後為他們的一生感謝神，是沒有錯的。

[24]關於這幾節經文的討論，可見第二十七章C.2.6.2節；又見W. Grudem, *The First Epistle of Peter*, pp. 155-62, 170-72, 203-39.

祂的人。然而很肯定的是，這個想法沒有聖經經節的支持，因為我們按本性是罪人，也選擇犯罪，所以沒有一個人真的配得神任何的恩典，或配得聽到基督福音的機會——這些恩典都是神所賜的，是我們不配得的。被定罪不只是因為出於意志的拒絕基督，同時也是因為我們所犯的罪過，和那些罪過所代表的悖逆神（見約3:18）。

人死後還有第二次機會接受基督的想法，也會破壞今日大多數人傳福音和宣教的動機，而且也違反新約教會整體所感受到的強烈的宣教熱忱，其中使徒保羅的宣教之旅就是很好的例子。

不信之人死後會有可感知的懲罰，而且這懲罰要持續到永遠，這個事實委實是一項我們很難接受的教義。但是聖經經文教導得如此清楚，假使我們要承認聖經的真理，我們似乎也應當要肯定這個教訓。耶穌在最後的審判大日時要向那左邊的羊說：「你們這被咒詛的人，離開我，進入那為魔鬼和他的使者所預備的*永火*裏去」，又說：「這些人要往永刑裏去，那些義人要往永生裏去。」（太25:41, 46）[25]

這些經文顯示，我們也不能接受*死後靈魂消滅論*（annihilationism）的教義，因為它不忠於聖經的教導。這個教義主張，不信之人在死後就立刻不存在，或是在經過一番受苦以後就不存在了——神「消滅」他們了，所以他們就不再存在了。雖然這個想法起初聽起來頗有吸引力，它也迴避了一般人在情感上難以接受的說法——惡人永遠有知覺地受罰——可是這樣的思想在任何聖經的經文裏，都沒有明顯的證據；而且看起來顯然與義人受永福、惡人受永刑（太25:46），以及惡人晝夜受罰直到永遠的經文（啟14:11; 20:10）矛盾。[26]

雖然不信之人在死時立即進入永刑的狀態，但是他們的身體要到最後的審判大日才會復活。在那日，他們的身體要復活，與靈魂再度聯結起來，站在神的寶座前，聽候神對他們發出的最後審判之判決（見太25:31-46；約5:28-29；徒24:15；以及啟20:12, 15）。[27]

個人思考與應用

1. 你是否曾仔細想過自己死亡的可能性？在那些思考中，你是否感到懼怕？倘若是，那麼你對於死亡是害怕哪一點？你認為這些懼怕是來自周圍世界的影響，還是來自聖經的影響？聖經

---

[25]見本書第五十六章有關最後審判和地獄之教義的討論。

[26]見本書第五十六章G節有關「死後靈魂消滅論」之更詳細的討論。

[27]見本書第五十六章A-C節。

的教訓能如何激勵你處理這些懼怕?

2. 本章的內容是否改變了你對自己死亡的感受? 你現在是否能誠實地面對這個感受, 並且認為它能帶領你更靠近基督, 增加你對神的信靠與忠誠? 你在關於自己死亡的事上, 會表達出什麼樣的盼望?
3. 你認為你會有勇氣拒絕犯罪嗎? 即使那意味著你會被投進羅馬大競技場的獅子群裏, 或在宗教改革時綁在柱子上被燒, 或今日被監禁在外國監獄裏數年之久? 你認為歷史上殉道的基督徒會認為他們在面臨試驗時會有足夠的勇氣嗎? 他們經過什麼樣的操練裝備, 使他們可以面對這樣的苦難(請讀林前10:13)? 如果你能取得一本關於坡旅甲(Polycarp, 約主後69-155年)殉道的書, 你可能會想讀一讀, 那是主後第二世紀的一個關於相信神和神信實的振奮人心的見證。[28] 你是否已經立定心志, 決定順服基督比保守自己的性命更為重要? 有什麼因素使你遲疑不相信或不實行這個信念?
4. 假如你有這樣的經驗, 一位與你十分親近的信徒過世, 那麼你認為你對那次死亡的反應是悲傷加上喜樂嗎? 倘若本章的內容對你在那種情況下的感受有影響, 是如何影響呢?
5. 你以前相信煉獄的教導嗎? 如果你現在不再相信煉獄, 那麼你是否能描述一下這個教導曾經給你怎樣的感受? 現在你已知道這個教導不是真實的, 沒有煉獄那樣的地方, 你在情感上有什麼樣的感受?
6. 倘若死亡本身被視為成聖過程的一部分, 那麼我們應當如何看待在世上年紀漸老、身體漸衰的過程? 是和世人看待老化的觀點一樣嗎? 你的看法是什麼?

特殊詞彙

死後靈魂消滅論(annihilationism)
聖徒的交通(communion of saints)
死亡(death)
居間狀態(intermediate state)
地獄的邊緣(limbo)
煉獄(purgatory)
靈魂睡著(soul sleep)

[28]《坡旅甲殉道記》(*The Martyrdom of Polycarp*)的一種版本可見於*The Apostolic Fathers*, 2 vols., ed. Kirsopp Lake, Loeb Classical Library (Cambridge, Mass.: Harvard University Press, 1913), pp. 307-45, 亦可見於*The Ante-Nicene Fathers*, ed. A. Roberts and J. Donaldson (10 vols.; Grand Rapids: Eerdmans, 1979 [reprint]).

本章書目

Beckwith, Roger T. "Purgatory." In *NDT*, pp. 549-50.

Cooper, John W. *Body, Soul and Life Everlasting: Biblical Anthropology and the Monism-Dualism Debate*. Grand Rapids: Eerdmans, 1989, pp. 81-103, 121-253.

Davids, P. H. "Death." In *EDT*, pp. 299-300.

Feinberg, John S. "1 Peter 3:18-20, Ancient Mythology, and the Intermediate State." *WTJ*. Vol. 48, no. 2 (Fall 1986), pp. 303-36.

Grudem, Wayne. "Christ Preaching Through Noah: 1 Peter 3:19-20 in the Light of Dominant Themes in Jewish Literature." In *The First Epistle of Peter*. Tyndale New Testament Commentaries. Leicester: Inter-Varsity Press, and Grand Rapids: Eerdmans, 1988, pp. 203-39.

Harris, Murray J. "Death." In *NDT*, p. 188.

________. "Intermediate State." In *NDT*, pp. 339-40.

Hoekema, Anthony A. *The Bible and the Future*. Grand Rapids: Eerdmans, 1979, pp. 79-108.

Smith, S. M. "Intermediate State." In *EDT*, pp. 562-64.

第四十二章
得榮——得著復活的身體

我們將何時得著復活的身體？
復活的身體會是什麼樣子？

背誦經文：哥林多前書15:42-44

死人復活也是這樣。所種的是必朽壞的，復活的是不朽壞的；所種的是羞辱的，復活的是榮耀的；所種的是軟弱的，復活的是強壯的；所種的是血氣的身體，復活的是靈性的身體。

詩歌：千千萬萬的聖徒（*Ten Thousand Times Ten Thousand*）

1千千萬萬的聖徒 白衣閃閃發亮 蒙贖大軍簇擁如雲 天上光中見光
搏鬥罪惡和死亡 爭戰捷報爭傳 天城金門從今敞開 得勝勇士凱旋
2哈利路亞聲聲催 響徹大地空中 千萬金琴齊奏凱歌 此曲天上傳頌
創世以來所等待 就是榮耀這日 千倍勝過以往咒詛 就是末日喜樂
3好得無比的那邊 闊別重逢狂喜 友誼親情主裏再續 永遠不再分離
以往含淚的眼睛 綻放喜樂光芒 孤兒不再失母無父 寡婦不再淒涼
4代罪被殺的羔羊 求早完成救恩 滿足蒙召選民數目 亮出權柄執政
萬國仰慕今顯現 遺民切慕奏凱 天上顯出應許兆頭 救主君王快來

詞：Henry Alford, 1867
曲：ALFORD 7.6.8.6.D., John B. Dykes, 1875

這首詩歌是艾福德（Henry Alford）所寫的，他是英國劍橋大學的新約教授，也是十九世紀最偉大的研究希臘文的學者之一。這首詩歌描述在基督回來的那天，千萬得榮的信徒魚貫而入天門的景象，並以願基督快快回來的禱告作結束。

前言

基督救贖我們時，祂不只是救贖我們的靈（或靈魂），祂也救贖我們的全人，包括了救贖我們的身體。所以，一直要到我們的身體完全地脫離墮落的影響，被帶入神創造人類身體時所要達到的完全狀態為止，基督在我們身上的救贖工作才算完成。

事實上，只有當基督再來，使我們的身體從死裏復活時，我們身體才能得贖。然而現今，保羅說我們是在等候「我們的身體得贖」，又說：「我們得救是在乎盼望」（羅8:23-24）。在救贖施行的階段中，我們得著復活身體的這個最後階段被稱為「得榮」（glorification）。保羅指著那一個未來的日子說，我們要「和祂一同得榮耀」（羅8:17）。再有，當保羅探索救贖施行之步驟時，最後的步驟他稱之為得榮：「祂所預定的人，祂又呼召他們來；祂所呼召來的人，祂又稱義他們；祂所稱義的人，祂又叫他們得榮。」（羅8:30，和合本譯作「預先所定下的人，又召他們來；所召來的人，又稱他們為義；所稱為義的人，又叫他們得榮耀。」）

我們得榮的那日將是大勝利的日子，因為在那日，最後的仇敵——死亡——將被毀滅，正如聖經所預言的：「因為基督必要作王，等神把一切仇敵都放在祂的腳下。儘末了所毀滅的仇敵就是死。」（林前15:25-26）在討論基督再來時我們身體將要復活的經文裏，保羅說：「那時經上所記『死被得勝吞滅』的話就應驗了。『死啊，你得勝的權勢在哪裏？死啊，你的毒鉤在哪裏？』」（林前15:54-55）我們的身體從死裏復活時，就要經歷勝過死亡的完全勝利；死亡乃是亞當和夏娃墮落的結果。那時，我們所得的救贖就完成了。

因此，我們可將「得榮」定義如下：*得榮是救贖施行的最後一步。當基督回來時，將歷代已死之所有信徒的身體從死裏復活，又將他們的身體與靈魂結合起來，並且改變所有仍活在世上之信徒的身體，那時就是得榮的時刻；基督將在同一時間賜給所有信徒一個像祂自己那樣完全的復活身體。*

A. 新約聖經中有關得榮的證據

哥林多前書15:12-58是論及得榮或身體復活的主要新約經文。保羅說：「照樣，在基督裏眾人也都要復活。但各人是按著自己的次序復活：初熟的果子是基督；以後在祂來的時候，是那些屬基督的。」（林前15:22-23）[1] 保羅在第35-50節對復活身體的性質所作的詳細討論，我們將在本章的C節裏加以檢視。接著他以這段經文作了結論：不是所有基督徒都會死去，那些在基督回來時還活著的人，他們的身體要立時改變為

[1]Murray J. Harris根據他對哥林多後書5:1-10之理解，主張另一種可能的觀點：基督徒在死後，立即得著復活的身體。見Harris, *From Grave to Glory: Resurrection in the New Testament*, pp. 207-10. 但這種觀點與哥林多前書第15章和帖撒羅尼迦前書第4章的敘述，極難符合一致。其討論見D. A. Carson, "Unity and Diversity in the New Testament: The Possibility of Systematic Theology," in *Scripture and Truth*, pp. 85-86.

新的、復活的身體，是永不變老、變弱、死亡的：

「我如今把一件奧祕的事告訴你們：我們不是都要睡覺，乃是都要改變；就在一霎時，眨眼之間，號筒末次吹響的時候。因號筒要響，死人要復活成為不朽壞的，我們也要改變。」（林前15:51-52）

保羅進一步在帖撒羅尼迦前書裏解釋，已死而與基督同在之人的靈魂，在那一天要回來與他們的身體結合，因為基督要將他們帶回來：「我們若信耶穌死而復活了，那已經在耶穌裏睡了的人，神也必將他與耶穌一同帶來。」（帖前4:14）但是保羅在此不只是肯定了神要將那些已死的人與基督一同帶來，而且也肯定：「那在基督裏死了的人必先復活。」（帖前4:16）所以，這些與基督同在已死的信徒，也要復活去迎見基督（保羅在第17節說：「我們……和他們一同被提到雲裏，在空中與主相遇」）。要合理理解這段經文，就表示：將與基督一同回來的是已與基督同在之信徒的靈魂，而其身體從死裏復活，與他們的靈魂結合，然後上升與基督同在。

除了在哥林多前書第15章和帖撒羅尼迦前書第4章的經文之外，另外有其他幾處新約的經文肯定了得榮教義的真實性。耶穌說：「時候要到，凡在墳墓裏的都要聽見祂的聲音，就出來；行善的復活得生，作惡的復活定罪。」（約5:28-29）[2] 耶穌也說：「差我來者的意思就是：祂所賜給我的，叫我一個也不失落，在末日卻叫他復活。因為我父的意思是叫一切見子而信的人得永生，並且在末日我要叫他復活。」（約6:39-40；另參約6:44, 54）

保羅說：「那叫基督耶穌從死裏復活的，也必藉著住在你們心裏的聖靈，使你們必死的身體又活過來。」（羅8:11；另參林後5:1-10）他了解，基督徒應當熱切地盼望基督回來，並盼望我們的身體將改變成與祂相似的完全身體。他說：「我們卻是天上的國民，並且等候救主，就是主耶穌基督從天上降臨。祂要按著那能叫萬有歸服自己的大能，將我們這卑賤的身體改變形狀，和祂自己榮耀的身體相似。」（腓3:20-21）

B. 舊約聖經中有關得榮的證據

有時候有人宣稱，即使舊約聖經有支持身體得榮的證據，也只有很少的證據，不能顯示舊約信徒盼望未來有身體的復活；然而事實上，舊約聖經有的證據比我們所

[2]有些福音派基督徒主張，信徒和非信徒要同時復活（此為支持無千禧年論者的立場）。其他的人（尤其是贊成前千禧年論的人）則認為，信徒的復活發生在千禧年之前，而不信者的復活受審判則發生在一千年以後，即千禧年之後。有關於此的問題以及本段經文的討論，見本書第五十五章。

可能理解的更多。首先，即使在耶穌從死裏復活以前，新約聖經就指出，許多與基督同時活在世上的猶太人，對未來的身體復活存有一些盼望。耶穌在拉撒路死後到他家去，對馬大說「你兄弟必然復活」之時，馬大回答說：「我知道*在末日復活的時候*，他必復活。」（約11:23-24）不只如此，保羅受審時，他對腓力斯說，他「靠著神，盼望死人，無論善惡，*都要復活*，就是他們自己（指控告他的猶太人）也有這個盼望」（徒24:15）。

希伯來書第11章告訴我們關於那些活在舊約時代之人的信念：亞伯拉罕「等候那座有根基的城，就是神所經營、所建造的」（來11:10）。我們也讀到許多舊約時代的聖徒「都是存著信心死的，並沒有得著所應許的；卻從遠處望見，且歡喜迎接；又承認自己在世上是客旅，是寄居的……*他們卻羨慕一個更美的家鄉，就是在天上的*。所以神被稱為他們的神，並不以為恥，因為祂已經給他們預備了一座城」（來11:13-16）。希伯來書的作者甚至說，亞伯拉罕「以為神還能叫人從死裏復活，他也彷彿從死中得回他的兒子來」（來11:19）。

當我們檢視舊約聖經在這方面的實際教訓，會看到舊約聖經的作者們懷有強烈的盼望，期待將來的復活。約伯說：「我知道我的救贖主活著，末了必站立在地上。我這皮肉滅絕之後，*我必在肉體中得見神*；我自己要親眼看祂——是我、並不是別人。」（伯19:25-27，和合本譯作「……*我必在肉體之外得見神*；我自己要見祂，親眼要看祂，並不像外人」）[3]

我們在詩篇裏讀到：「只是神必救贖我的靈魂脫離陰間的權柄；因祂必收納我。」（詩49:15；另參詩73:24-25）我們也在箴言裏讀到：「不可不管教孩童……你要用杖打他，就可以救他的靈魂免下陰間。」（箴23:13-14）以賽亞說：「*你的死人*（和合本小字）*要復活*；〔*他們的*〕*屍首要興起*。」（賽26:19）但以理明確地預言到：「*睡在塵埃中的必有多人復醒*：其中有得永生的，有受羞辱、永遠被憎惡的。」（但12:2；另參結37:1-14，以西結所見枯骨復生的異象）

---

[3]在這段經文裏有幾個字難以詮釋，而聖經學者對於約伯是期望在今生（如他在約伯記42:5所說的）、還是在死後看見神也有爭議（請注意，約伯期待他的救贖主「末了」要站在地上，又期待「在我的肉身中」看見神；然而，那是在「這皮肉滅絕之後」才發生的）。關於認為約伯盼望在他死後身體會復活之觀點，見Francis L. Andersen, *Job*, TOTC (Leicester: InterVarsity Press, 1976), pp. 193-94，其中有釋經方面的摘要和極具說服力的論點。認為約伯是盼望在今生看見神之觀點，大多只是根據一些學者的信念，他們說在猶太人中原沒有未來身體復活的觀念，一直到約伯記寫出來很久之後才有這觀念（但見希伯來書11:10, 19，作者在那裏說到亞伯拉罕對復活的信心）。

雖然舊約信徒對於復活的本質，或它如何藉著彌賽亞的復活而發生，確實不知很多的細節；雖然他們對復活的信心不像我們一樣有清楚的根基，因我們知道基督身體復活的真實事件；但是，如我們所看見的，他們確實對未來的身體復活懷有盼望。那些經年累月地思想並相信這些聖經記述的人（如約翰福音11:24裏的馬大），已預備好要熱切地領受新約中已發展成熟關於復活的教訓，因為新約只是為他們已經相信的信念，提供了更多的細節和確據。

C. 復活的身體會是什麼樣子?

如果基督回來時，會使我們的身體從死裏復活，而且我們的身體將會像祂的一樣（林前15:20, 23, 49；腓3:21），那麼我們復活的身體會是什麼樣子呢?

保羅使用撒種在地、然後觀察它成長為更奇妙之物的例子，詳細地解釋我們復活的身體將會是什麼樣子：

> 「所種的是必朽壞的，復活的是**不朽壞的**；所種的是羞辱的，復活的是**榮耀的**；所種的是軟弱的，復活的是**強壯的**；所種的是血氣的身體，復活的是**靈性的身體**……我們既有屬土〔之人〕的形狀，將來也必有屬天〔之人〕的形狀。」（林前15:42-44, 49）

我們的新身體將是「不朽壞的」之事實，表示它們不會被損耗、變老或遭到任何的疾病；它們將是完全健康，永遠強壯。不只如此，因為逐漸老化的過程是我們身體現今仍受到「敗壞」轄制的一部分（羅8:21），所以我們可以合宜地認為，復活的身體將沒有老化的跡象，卻擁有永遠年輕而成熟之男子氣概或女人氣質的特徵；將來也不會有疾病或傷害，因為一切都成全了。[4] 我們復活的身體將會彰顯神創造我們的完全智慧——祂在創造的顛峰時刻，把我們造得像祂；我們是祂樣式和形像的承載者。在這些復活的身體上，我們要清楚地看見神要人性展現的那個樣子。

保羅也說，我們的身體要「在榮耀中」復活。這個詞彙在此是與「羞辱」成對比的，這點提示我們，未來的身體在外表上將是美麗而吸引人的。它們不再是「羞辱的」或是不引人注意的，而是在美麗中顯為「榮耀的」。不只如此，因為「榮耀」一詞在聖經上常用來指圍繞神的同在之明亮照人的光輝，所以，這個詞彙也提示，將來也有明亮或光輝圍繞我們的身體；這要成為適切的外在證據，見證神所賜給我們的高升地位，來統管整個萬有。這個提示也可見於馬太福音13:43，耶穌說：「那時義人

[4]留在耶穌手上的釘痕是一個特別的情況，提醒我們祂為救贖我們所付上的代價。但它不應該被當成一項指標，以為我們身體所受到的任何傷害痕跡都會遺留下來。見本書第二十八章A.2節的討論。

在他們父的國裏要發出光來，像太陽一樣。」同樣地，我們在但以理的異象中讀到：「智慧人必發光，如同天上的光；那使多人歸義的必發光如星，直到永永遠遠。」（但12:3，這段經文說到最後的復活）這兩處的敘述也可以被理解為是譬喻的用法，若是如此，這裏就不是指圍繞我們復活身體、實際明亮照人的光輝。但是在這兩節經文的上下文裏，看不出有什麼理由使我們一定要把它們視為比喻，而且另有其他的證據駁斥這種說法。摩西臉上所反射出來神的榮光，讓我們略微看到來世的情形（出34:35）；更明顯的則是耶穌登山變像時所發出來的光芒（太17:2），再加上我們要穿戴基督的形像而像祂（林前15:49）；這一切經文加起來顯示，我們有了復活身體之時，就真有一種可見的亮光或光照圍繞著我們。[5]

我們的身體也要復活為「強壯的」（林前15:43）。這和我們現今在身體上所見的「軟弱」成為對比。我們復活的身體不但脫離了疾病和老化，也將具備充實的力量和能力——當然不是像神那樣無限的能力，可能也不是我們所以為的「超人般的」能力，即如現代兒童讀物裏虛構的「超人英雄」所擁有的那般神奇的能力；而是充足而完整的人性能力和力量，就是在神創造人類時，想要我們身體所擁有的力量。所以，復活身體的力量乃是足以讓我們做我們所想要做、並符合神旨意之事的力量。

最後，保羅說，這個復活的身體是「靈性的身體」（林前15:44）。在保羅的書信中，「靈性的」（希臘文*pneumatikos*）一詞的意思很少是指「非物質的」（nonphysical），而是指「符合聖靈之性質和活動的」（如見羅1:11; 7:14；林前2:13, 15; 3:1; 14:37; 加6:1「你們屬靈的人」；弗5:19）。RSV在哥林多前書15:44的繙譯乃屬誤導：「所種的是物質的身體，復活的是靈性的身體」（和合本譯作「所種的是血氣的身體，復活的是靈性的身體」）；[6] 而更為清楚的說法應當是：所種的是天然的身體——臣服於今世的特性和欲望，受制於它自己有罪的意志；而復活的是靈性的身體——完全臣服於聖靈的意志，並能回應聖靈的引導。這樣的身體一點也不是「非物質的」，而是一種物質的身體，復活成為神起初計劃它所應當具備的完全程度。

總而言之，基督回來時，祂要賜給我們像祂一樣的新的復活身體。「祂（主）若顯現，我們必要像祂。」（約一3:2，這個敘述不只在倫理方面是真實的，同時從我們

---

[5]在耶穌復活之後，祂的身體不是立即就有明亮的光輝圍繞著祂：而是在祂回到天堂、從父神領受了祂當得的榮耀時，祂才「面貌如同烈日放光」（啟1:16）。耶穌在登山變像之際，只讓門徒們短暫地一瞥原本屬於祂、而在天上將重新屬於祂的榮耀。

[6]有關RSV對哥林多前書15:44使用「物質的」（physical）繙譯之討論，見本書第二十八章A.2節註3。

物質身體的觀點而言也是真的；另參林前15:49；羅8:29）

縱使新約聖經強調，我們將來復活後的身體和耶穌復活後身體之間的相似性，但是仍有人反對，認為我們不會有物質的身體，因為保羅說過：「*血肉之體不能承受神的國*；必朽壞的不能承受不朽壞的。」（林前15:50）他就在這一段裏討論死人的復活。但是我們若說這一節經文表示我們將不會擁有物質的身體，那必然是一個誤會。當保羅說這句話之時，他所謂的「血肉之體」乃是指*我們現今屬人的本性*，尤其是指我們現在的物質身體，是在墮落後按著亞當的樣式存活的身體——亦即它們會遭受到軟弱、腐壞和最後的死亡。這正是他在前面四節裏所作的論述（林前15:45-49），把亞當和基督作對比。保羅解釋：「那屬土的怎樣，凡屬土的也就怎樣」（林前15:48），即指在現今世代裏的我們；接著他又解釋：「我們既有屬土〔之人〕的形狀，將來也必有屬天〔之人〕的形狀。」（林前15:49）保羅在此使用「血肉之體」是指「*存活於現在狀態中的血肉之體*，這身體是像亞當墮落以後的身體，會遭受到腐壞和死亡。」他的意思並不是表示我們將存活在一個非物質的狀態，因為整個天地都要為我們更新成為新的（羅8:18-25），使我們可以居住；而我們自己「都要改變；就在一霎時，眨眼之間，號筒末次吹響的時候」（林前15:51-52）。我們將不會停止存活於物質的身體中，而是會被改變，並且將要擁有不朽壞的身體，「這必朽壞的總要變成不朽壞的；這必死的總要變成不死的。」（林前15:53）

不僅如此，耶穌一再向門徒們顯示祂有物質的身體，能被觸摸、有骨有肉（路24:39），能吃食物，表示耶穌的身體顯然是一個已被成全的物質身體，那將是我們復活身體的模式。[7]

在我們現今的身體和將來復活的身體之間，會有怎樣的連續性？是否看起來一模一樣，具有完全一樣的特性？還是它們有一些不同？或是它們幾乎完全不同？此外，我們復活身體的組成分子和屬地身體的組成分子是否相同？還是它們是從神而來的全新創造？或是它們是新舊組合在一起？

有幾處經文指出，保羅期待在我們現在屬地的身體和我們將來復活的身體之間，有相當程度的連續性。保羅說：「那叫基督耶穌從死裏復活的，也必藉著住在你們心裏的聖靈，使*你們必死的身體*又活過來。」（羅8:11）他又說，耶穌要「*將我們這卑賤的身體*改變形狀，和祂自己榮耀的身體相似」（腓3:21）。保羅說到復活身體的性質時，

---

[7]見本書第二十八章A.2節有關基督復活之性質的討論。

舉了種在土地裏的種子為例：「你所種的不是那將來的形體；不過是子粒，即如麥子或是別樣的穀。但神隨自己的意思給他一個形體，並叫各等子粒各有自己的形體。」（林前15:37-38）在這個例子中，他引用人類的常識，說明所種下的和所收成的之間是有差異的（林前15:42-44），可是也有其連續性——正如種子長成碩大的植物，仍保留了原在其中的物質，而又從地裏吸取了其他的資源；所以，我們現在的身體和將來復活的身體之間會有連續性，也會有差異。按著這個譬喻，我們可以說，不論我們在墳墓中的物質身體存留了多少，都會被神取用並加以變化，用來造成新而復活的身體。然而我們仍不清楚，這事發生的細節，因為聖經沒有具體說明——即使我們不能全然解釋這事發生的過程，但我們仍要肯定上述的論點，因為聖經是如此教導的。[8]

另外一個說明這個連續性的指標可見於這個事實：在基督回來的那日，還活著的信徒都要「改變」，而不是身體被「換掉」：「我們不是都要睡覺，乃是都要**改變**；就在一霎時，眨眼之間，號筒末次吹響的時候。因號筒要響，死人要復活成為不朽壞的，我們也要改變。這必朽壞的總要變成不朽壞的；這必死的總要變成不死的。」（林前15:51-53）

我們也必須清楚地注意到，雖然基督自己復活的身體有幾分不同於祂受死之前的身體，以至於門徒們沒有在每一場合立即認出祂來，但其外貌上的相似性卻足以讓門徒們很快就知道祂是誰。也有一些情況，門徒們沒有立刻就認出祂，部分原因可能是因為祂在地上服事時，無疑地是看起來較蒼老：因為祂是「憂傷之子，常經患難」（賽53:3，和合本譯作「多受痛苦，常經憂患」）。在耶穌復活之後，祂恢復到完全、完美的力量，以及年輕的外貌。正如我們有時候看到一個朋友，沒有立即認出來，因為自從上次看到他以後，他老了許多；所以，門徒們因著基督出現時反而變年輕了，所以可能開始時認不出祂來。[9] 另一方面，在耶穌復活前、後身體之間重要的連續性，可見於祂手腳上的釘痕和肋旁的傷痕，仍留在祂復活的身體上（約20:20, 27）。

另外一件指明我們屬地和屬天身體之間有連續性的證據，乃是人在天上顯然會認出和認識彼此的這件事實。耶穌說，將有許多人從東從西來，「在天國裏與亞伯拉罕、以撒、雅各一同坐席」（太8:11）。不但如此，以利亞以屬地身體被提升上天，

[8]有人可能會反對，認為有些人的身體完全腐壞，其元素被植物吸收，最終進入其他人的身體裏，以至於最初的身體無跡可循。然而，我們回應這種說法時只需說，神能夠從每一個身體掌握足夠的元素，以形成「種子」，再從它形成一個新身體（見創50:25；伯19:26；結37:1-14；來11:22）。

[9]見本書第二十八章A.2節關於門徒們沒有立刻認出復活後的基督之討論。

在變像山上也會被門徒們辨認出來（路9:30, 33）——當然，門徒們並不認識以利亞或摩西，但是他們以某種方式保留了個人的特質，以至於門徒們相信他們就在那裏，而且他們如同耶穌一樣地真實（見路9:33）。最後，馬太告訴我們，耶穌死時，「墳墓也開了，已睡聖徒的*身體*，多有起來的。到耶穌復活以後，他們從墳墓裏出來，進了聖城，向許多人顯現。」（太27:52-53）這些人以實際的肉體復活，並在耶路撒冷向多人顯現，這些事實再度指明，在他們被埋在墳墓裏的已死身體和他們復活的身體之間，有一些連續性。因為他們是「到耶穌復活以後」從墳墓裏走出來，所以我們可以假設這些人是得著復活身體的聖徒們，他們預嘗了基督回來時才有的末日得榮的滋味。[10] 這些人「向許多人顯現」的事實顯示，他們是可辨識的——別人知道他們是誰。但這個證據是暗示性的，而非結論性的；然而它指出，在復活前、後的身體之間有連續性存在。

在今日許多福音派人士對於將有「身體復活」，或至少復活身體將是實質物質的身體，而以某種方式與埋在墳墓裏的身體有連續性等這些事仍存遲疑態度，不願清楚地肯定。就某種程度而言，這可能是由於人不能理解神如何能使同樣的身體自墳墓中復活過來，尤其是那些已經死了許多世紀的身體。但是這些遲疑也可能來自不信者持續的懷疑主義，他們就用這些問題向基督教的觀點發出挑戰——這立場豈不是令人難以置信的幻想嗎？神怎麼使這樣的事發生呢？

在這兩種情況下——不論遲疑是來自信徒誠實的疑問，或是來自不信者具有敵意的懷疑主義——我們都應當了解，只要聖經有清楚的教導，我們即使不明白或不能解釋這件事，也絕不能成為我們排斥它的理由。以上所引用的許多經文指出，神要將*我們必死的身體從墳墓中*復活過來，正如祂將耶穌的身體從墳墓中復活過來一樣；這些經文也結論性地指出，在我們現今的身體和復活時擁有的身體之間，有一種確定的連續性。假使這是聖經所教導的，縱使我們可能不能確實明白神*如何*使這事發生在每一個人的身上，我們仍應該相信。創造宇宙和我們每個人的神，祂在每一刻以主權統管這個宇宙的每一角落，又用祂權能的話語托住萬有，當然能夠掌握祂所要保存的我們的物質身體部分，並用來作為創造新身體的「種子」。

我們採取堅持的態度，相信有真實的、物質的身體復活，這是很重要的，其原因不只是以上所述的事實，也是因為這論點清楚地肯定了神所造之物質宇宙的美好。我

---

[10]關於這一段經文（太27:52-53）的討論，見D. A. Carson, *Matthew*, in EBC, 8:581-82.

們將會活在具有神創造我們一切優良品質的身體裏，因此，我們將永遠是神的智慧之證據，證明祂創造了一個從起初就「甚好」的物質宇宙（創1:31）。我們將以復活信徒的身分，帶著新的身體而活，而這些身體適合居住在「新天新地」，也「有義居在其中」（彼後3:13）。

D. 整個受造界都要被更新

亞當犯罪時，神因為他而咒詛大地（創3:17-19），以至於大地長出了荊棘和蒺藜，而且只有藉著人類辛苦的工作，才能長出可吃的食物。但是保羅說：「受造之物仍然指望脫離敗壞的轄制，得著（和合本譯作『得享』）神兒女自由的榮耀。」（羅8:21）他解釋說，當我們得著復活的身體時，受造界被更新的事才會發生——事實上，他說受造之物渴慕那個日子：「受造之物切望等候神的眾子顯出來……我們知道一切受造之物一同歎息、勞苦，直到如今。不但如此，就是我們這有聖靈初結果子的，也是自己心裏歎息，等候得著兒子的名分，乃是我們的身體得贖。」（羅8:19, 22-23）在被更新的天地中，不再有荊棘或蒺藜，不再有洪水或乾旱，不再有沙漠或不宜人居的叢林，不再有地震或龍捲風，也不再有毒蛇、螫人的蜂或毒菇。大地將物產豐隆，開花並出產豐富的食物供人享受（見本書第五十七章有關大地更新的進一步討論）。

E. 已死的未信者將復活受審

雖然聖經強調信徒要經歷身體復活之事實，但是有一些經文說到，*不信之人*也要從死裏復活，而他們要在復活時面對最後的審判。耶穌清楚地教導：「作惡的*復活定罪*」（約5:29）；保羅也說，他相信死人「無論善*惡*，都要復活」（徒24:15；另參太25:31-46；但12:2；見本書第五十六章有關不信之人將面臨最後審判的進一步討論）。

個人思考與應用

1. 保羅說，期待未來身體復活是我們得救的「盼望」（羅8:24）。在你展望未來時，是否把身體將要復活當作你主要盼望的事之一？為什麼？有什麼能夠加深你對身體將要復活的盼望嗎？
2. 保羅對未來復活大日的盼望如此強烈，而他對我們在今生仍要遭遇艱難又是如此清楚，以至於他說：「我們若靠基督只在今生有指望，就算比眾人更可憐」（林前15:19）；又說：「若死人不復活，『我們就吃吃喝喝吧！因為明天要死了。』」（林前15:32）你是否對未來的復活有很大的渴望, 使你在心中也有保羅的這種情懷? 如果不是, 那麼為什麼你對身體復活的觀點與保羅的不同?

3. 你認為生命中什麼樣的經歷, 會使你對身體的復活有更大的渴望? 假如你有祖父母或其他年老的親友, 現在已經去與基督同在了, 那麼你認為他們在復活時的樣子會如何? 你能想像那時見到他們, 又認出他們, 會是怎樣的情況? 那時你們的關係和在今生時的關係會有怎樣的不同?

特殊詞彙

得榮(glorification)
在榮耀中復活、復活的是榮耀的(raised in glory)
復活的是強壯的(raised in power)
靈性的身體、屬靈的身體(spiritual body)

本章書目

Gaffin, Richard B., Jr. *Resurrection and Redemption: A Study in Paul's Soteriology*. Formerly, *The Centrality of the Resurrection: A Study in Paul's Soteriology*. Phillipsburg, N.J.: Presbyterian and Reformed, 1978.

Grider, J. K. "Glorification." In *EDT*, pp. 442-43.

Gundry, Robert N. *Sōma in Biblical Theology*. Cambridge: Cambridge University Press, 1975.

Harris, Murray J. *From Grave to Glory: Resurrection in the New Testament, Including a Response to Norman L. Geisler*. Grand Rapids: Zondervan, 1990, pp. 185-287.

________. *Raised Immortal: Resurrection and Immortality in the New Testament*. Grand Rapids: Eerdmans, 1983.

________. "Resurrection, General." In *NDT*, pp. 581-82.

Hoekema, Anthony A. "The Resurrection of the Body." In *The Bible and the Future*. Grand Rapids: Eerdmans, 1979, pp. 239-52.

Murray, John. "Glorification." In *Redemption Accomplished and Applied*. Grand Rapids: Eerdmans, 1955, pp. 174-81.

Schep, J. A. *The Nature of the Resurrection Body*. Grand Rapids: Eerdmans, 1964.

White, R. E. O. "Resurrection of the Dead." In *EDT*, pp. 941-44.

第四十三章
與基督聯合

「在基督裏」或「與基督聯合」是什麼意思?

背誦經文：加拉太書2:20

我已經與基督同釘十字架，現在活著的，不再是我，乃是基督在我裏面活著。並且我如今在肉身活著，是因信神的兒子而活，祂是愛我，為我捨己。

詩歌： **救主耶穌愛者之樂**（*Jesus, Thou Joy of Loving Hearts*）

1 救主耶穌愛者之樂 世人之光生命之歌 世上福樂我盡撇棄 再帶虛心向你投依
2 你是真理永存不變 凡呼求者必蒙救援 凡尋求者必能尋見 凡尋見者必蒙恩眷
3 我們親嚐生命之糧 越嚐其味越覺嚮往 生命泉源由你而出 我心暢飲從你滿足
4 不論一生境遇如何 我靈慕主如饑如渴 見主笑臉我便心悅 以信靠主福樂無缺
5 求主耶穌與我同行 時刻賜我平安光明 驅除一切罪惡黑影 聖潔之光照遍四境

詞：Bernard of Clairvaux, C. 1150
曲：QUEBEC L.M., Henry Baker, 1854

這首詩歌的作者一般公認為明谷的伯納德（Bernard of Clairvaux, 1090-1153），他是一位愛神並且以敬虔聞名的修士。其他被認為是他寫的詩歌，還有「耶穌只要一想到你」（*Jesus, the Very Thought of Thee*）和「主你聖首滿傷跡」（*O Sacred Head Now Wounded*）。雖然這首詩歌的寫作時間是在八百年以前，但它仍是教會史上表達愛慕基督之情最優美的詩歌之一。

前言

雖然我們已經討論完救贖施行的步驟，然而還有一個主題在聖經上經常被提到，並且在我們生活中也被廣泛地應用到，因此值得我們在此分開來討論。[1] 這個主題就是與基督聯合的觀念。我們在以下將會看到，神與信徒之關係的**每一方面**，都以某種方式與我們和基督之間的關係有關。包括從創世以前神永遠的旨意，到將來我們永遠與神在天上交通，再加上我們在今生與神關係的每一方面，全都是發生在「**與基督聯合**」裏的。所以就某種意義而言，整個關於救贖施行的研究，都可以被包含進這個主

[1] 本章的材料取自筆者為Tyndale House Publishers（Wheaton, Ill.）所寫的一篇文章，獲許可在此使用。

題內。然而，在本章裏，我們只能總結聖經裏所說到的「與基督聯合」之極豐富內容。慕理（John Murray）曾說：

> 「與基督聯合的源頭是來自創世以前父神的揀選，而其成果則顯於神之眾子的得榮耀。神百姓的視野並不狹窄，它是寬廣而長遠的，並不受限於時空，乃是廣闊進入永遠。它的軌跡有兩個焦點，一個是在父神永遠旨意裏的揀選之愛，另一個則是當基督之榮耀彰顯時與祂一同得榮。前者沒有開始，而後者沒有終結……為何信徒如此喜樂地以神果決旨意的思想為享受呢？為何他能夠在現今的困惑和艱難中忍耐呢？為何他面對未來時有肯定的把握，並且歡喜地盼望著神的榮耀呢？那是因為在他思想過去、現在或未來時，不能脫離與基督的聯合。」[2]

我們可以將「與基督聯合」（union with Christ）定義如下：**「與基督聯合」是一個片語，用來總結信徒和基督之間幾個不同層面的關係，透過這聯合，基督徒領受救恩的每一項福祉。這些關係包括了我們在基督裏面、基督在我們裏面、我們像基督，以及我們與基督同在。**

如這個定義所指出的，我們與基督聯合的四個不同層面，可以從聖經資料裏逐一詳加說明：

(1) 我們在基督裏面

(2) 基督在我們裏面

(3) 我們像基督

(4) 我們與基督同在[3]

A. 我們在基督裏面

在基督裏（in Christ）一語並非只有單一的意思，而是包含幾種不同的關係，正如我們以下所將指出的。

A.1 在神永遠的計劃裏

以弗所書1:4告訴我們，神「從創立世界以前，**在基督裏揀選了我們**」。我們是「在基督裏」被「命定且預定為著使神的榮耀得著稱讚而活」（弗1:11-12，和合本譯作「照著祂旨意所預定的，叫祂的榮耀，從我們……可以得著稱讚」）。然後，祂按

---

[2]John Murray, *Redemption Accomplished and Applied*, p. 164.

[3]「與基督聯合」有時候也被稱為「**奧秘的聯合**」（mystical union），這是因為我們不完全明白這些與基督之間關係的運作，而且也因為我們只有透過神在聖經裏的啟示才能了解。

祂的「旨意」，並祂在「萬古之先，在基督耶穌裏」賜給我們的恩典，祂就「救了我們，以聖召召我們」（提後1:9）。

因為我們在創世以前並不存在，所以這些經節指明：神在永遠以前看到未來，知道我們將會存在，就認為我們與基督之間有一種特別的關係。祂並不是先揀選我們，後來才決定使我們與基督發生關聯；相反地，當祂揀選我們時，祂就同時看我們如同以一種特別的方式屬乎基督，就是如同「在基督裏」一樣。所以，祂看我們至終擁有一項權利，即分享基督工作所帶來的福分。

A.2 當基督來到世上時

基督在地上的一生，即從祂降生到升天的時候，神都認為我們是「在基督裏」的；也就是說，不論身為我們代表的基督做了什麼事，神也看作是我們做的。當然，信徒並不是有意識地感覺到自己是在基督裏，因為當基督在地上時，大多數的信徒尚未存在。信徒也沒有以某種奧祕或屬靈的方式，存在於基督裏（比如當基督來到世上時，千萬信徒的靈魂以某種方式存在於祂的身體裏）。明確地說，信徒只是在神的思維中在基督裏出現，即神認為我們歷經了基督所歷經的每一件事，因為基督是我們的代表。

耶穌一生完全地順服神，神也認為我們順服了祂。「因一人的順從，眾人也成為義了。」（羅5:19）所以，基督是我們公義的源頭（林前1:30；腓3:9）。

由於神認為我們是「在」基督裏的，所以，祂也認為我們的罪是屬於基督的：「神使那無罪的替我們成為罪」（林後5:21）；而且「耶和華使我們眾人的罪孽都歸在祂身上」（賽53:6）。雖然這些罪是我們尚未犯的，但是神已預先知道，並且認為它們是屬於基督的。如此說來，基督為我們的罪而死是對的：「祂被掛在木頭上，親身擔當了我們的罪。」（彼前2:24；又見羅4:25；林前15:3；西2:14；來9:28）

然而神不只是認為我們的罪是屬於基督的，祂也認為我們這個人是屬於基督的。當基督死時，神也認為我們如同已經死了。「我們的舊人和祂同釘十字架。」（羅6:6）「我已經與基督同釘十字架。」（加2:20）「一人既替眾人死，眾人就都死了。」（林後5:14；又見羅6:4-5, 8; 7:4；西1:22; 2:12, 20; 3:3；提後2:11）

神也以同樣的方式認為我們如同已經與基督一同埋葬、一同復活了，而且與祂一同在榮耀中被提到天上去。「祂又叫我們與基督耶穌一同復活，一同坐在天上。」（弗2:6；又見羅6:4-11；林前15:22；西2:12-13）

因此，當基督回到天上時，祂已經為我們贏得所有救恩的福分。神認為這些福分理當是屬於我們的，如同是我們自己贏得的一樣。不過，那些福分先為我們積存在天上——其實是存在神的心思裏，也存在代表我們的基督裏——等著日後要施行在我們個人的身上（彼前1:3-5；西3:3-4；弗1:3）。

A.3 在我們現今的生活裏

當我們一出生，以真正人的身分活在世上時，我們與基督的聯合就不再只是一件在神心思中的事了。我們也必須被帶入一種與基督的實際關係中，而透過這個關係，救恩的福祉可以靠著聖靈施行在我們的生命裏。我們可以從四個略微不同的角度來看現今在基督裏的豐盛生命：

(1) 我們與基督同死並同復活

(2) 我們在基督裏有新生命

(3) 我們所有舉止都可在基督裏

(4) 我們在基督裏合為一個身體

A.3.1 我們與基督同死並同復活

耶穌的受死、埋葬與復活，如今在我們生命裏都有真實的效應。「你們既受洗*與祂一同埋葬*，也就在此*與祂一同復活*，都因信那叫祂從死裏復活神的功用。」（西2:12）保羅在此所提到的洗禮和信心，指明我們*與基督的同死並同復活*（dying and being raised with Christ）是發生在今生，就在我們成為基督徒的時刻。

保羅用現今我們與基督的同死並同復活，來描述並解釋我們成為基督徒時，聖靈在我們的品格和個性上所帶來的改變。彷彿聖靈在我們相信基督時，使耶穌死而復活的過程複製在我們的生命中。我們對從前罪惡生活方式所產生的壓力、要求和吸引，已經變得沒有反應，因此保羅會說，我們對於這些影響力是「死」了，因為我們已經與基督同死了（羅7:6；加2:20; 5:24; 6:14；西2:20）。另一方面，我們發現自己會想要更多地服事神，用更大的能力和恩賜來事奉祂，因此保羅說，我們向著神是「活的」，因為我們已經與基督一同復活了：「所以，我們藉著洗禮歸入死，和祂一同埋葬，原是叫我們*一舉一動有新生的樣式*，像基督藉著父的榮耀從死裏復活一樣。」（羅6:4）「這樣，你們向罪也當看自己是死的；*向神*在基督耶穌裏卻當看自己*是活的*。」（羅6:11；又見彼前1:3; 2:24）因為我們與基督同死又同復活，所以我們就愈來愈有能力勝過個人的罪惡（羅6:12-14, 19）；我們也在基督裏已經得著了「豐盛」的生命（西2:10-13）。事實上，我們在祂裏面已經成為「新造的人」（林後5:17; 5:14-15），所以，我們就應該思念在上面的事，即基督所在之處的事（西3:1-3）。

A.3.2 我們在基督裏有新生命

以上最後提到的經節提示我們從第二種觀點來看「在基督裏」。我們不只可以從基督過去所做的救贖工作之角度來思想，也可以用另一個角度來看，亦即祂現今在天上活著，並且繼續擁有我們基督徒生活所需要的一切屬靈資源。因為每一樣屬靈的福氣都是祂為我們贏得的，也都屬於祂，所以新約聖經說這些福氣是「在祂裏面」的。因此，它們是只給那些「在基督裏」的人；如果我們在基督裏，這些福氣就是我們的了。

約翰寫道：「神賜給我們永生，這永生也是*在祂兒子裏面*」（約一5:11）；保羅則說：「*在基督耶穌裏*生命的應許」（提後1:1）。我們讀到：「*在基督裏*」有「信心和愛心」（提前1:14；提後1:13）、「恩典」（提後2:1）、「救恩」（提後2:10）、「所積蓄的一切智慧、知識」（西2:3），以及神的「榮耀的豐富」等（腓4:19）。保羅說，因為神的工作，基督徒才得以「在基督耶穌裏……神又使祂成為我們的智慧、公義、聖潔、救贖」（林前1:30），而且「神……*在基督裏*曾賜給我們天上*各樣屬靈的福氣*」（弗1:3）。

事實上，每一個救贖階段會施行在我們身上，都因為我們是「在基督裏」。我們乃是「在基督裏」*蒙召*得救了（林前7:22）、*重生了*（弗1:3; 2:10），以及*稱義了*（羅8:1；林後5:21；加2:17；弗1:7；腓3:9；西1:14）。我們「在基督裏」*死了*（帖前4:16；啟14:13），而也是「在祂裏面」，我們的身體*要再次活過來*（林前15:22）。這些經節表示，因為我們的生命與基督相聯、不可分離，所以聖靈就賜給我們一切基督所贏得的福祉。

A.3.3 我們所有舉止都可在基督裏

伴隨著上述我們個人生命的改變，還有另一種戲劇性的變化，是發生在我們生活領域裏的。成為基督徒就是進入來世的新樣式，在某些程度上經歷神國的新能力，這個能力將影響我們生活的每一部分。「在基督裏」就是在基督所統管的新境界。

這個意思是說，假使我們生活裏的所有舉止都是靠著基督國度的能力，並且都能歸榮耀給祂，那麼這些舉止都可以說是「在基督裏」做成的。保羅「在基督裏」說真話（羅9:1；林後2:17; 12:19）；他「在基督裏」所做的*可誇的事*（羅15:17；林前15:31）；提醒哥林多教會的人他「在基督裏」是*怎樣行事*（林前4:17）；他「靠主耶穌」*指望*打發提摩太去腓立比（腓2:19）；他「靠主」大大地*喜樂*（腓4:10）；他「靠著主耶穌」*求*其他的基督徒、*勸*他們，並且*勉勵*他們（帖前4:1；帖後3:12；門8）；他說：「我靠著那加給我力量的，*凡事都能作*。」（腓4:13）

保羅也寫信給信徒們，說到他們「在基督裏」的舉止。他提醒哥林多教會的人：

「你們的勞苦在主裏面不是徒然的。」（林前15:58）兒女們要聽從父母（弗6:1），妻子要順服自己的丈夫（西3:18），所有的信徒們都要剛強（弗6:10）、受勸勉（腓2:1）、喜樂（腓3:1；4:4）、同心（腓4:2）、站立得穩（腓4:1；帖前3:8）、敬虔度日（提後3:12），以及有好品行（彼前3:16）；這些都是「在主裏」發生的。「在主裏」他們多受勞苦（羅16:12）、篤信不疑（腓1:14），並且經過試驗（羅16:10）。保羅為基督徒而有的盼望是，他們當活在基督裏：「你們既然接受了主基督耶穌，就當遵祂而行，在祂裏面生根建造。」（西2:6-7）保羅要成就他一生的目標，就是「要把各人在基督裏完完全全的引到神面前」（西1:28）。約翰同樣地勉勵信徒們要「住在主裏面」（約一2:28; 3:6, 24）；這話與耶穌的話相呼應：「常在我裏面的，我也常在他裏面，這人就多結果子。」（約15:5）

A.3.4 我們在基督裏合為一個身體

我們在基督裏不是孤立的個人，而是合為一個身體（one body in Christ）。由於基督是教會身體的元首（弗5:23），所以，所有與基督聯合的人，也都在祂的身體裏彼此相互聯絡。這種相聯為一體，就使我們「在基督裏成為一身，互相聯絡作肢體」（羅12:5；林前10:17; 12:12-27）。因此，「若一個肢體受苦，所有的肢體就一同受苦；若一個肢體得榮耀，所有的肢體就一同快樂。」（林前12:26）這種團契的聯結非常地緊密，以至於基督徒只可能嫁娶「在主裏面」的人（林前7:39）。在這個基督的身體裏，從前的敵意消失，人群中間罪惡的結黨瓦解，世俗地位的條件不再適用，因為「不分猶太人、希利尼人；自主的、為奴的；或男或女；因為你們在基督耶穌裏都成為一了。」（加3:28；另參弗2:13-22）

因為我們在基督裏合為一個身體，所以整個教會都可以「在基督裏」（加1:22；帖前2:14）。而宇宙性的教會，即由所有真信徒所組成的教會，是全體共同地聯合於基督，如同妻子聯合於丈夫一樣（弗5:31-32；林前6:17）。基督的目的是要成全、洗淨並潔淨教會，使得她可以更完全地反映祂的形像，因此將榮耀歸給祂（弗5:25-27）。

彼得前書2:4-5還用了另一個譬喻，即信徒來到基督面前，就像活石，被建造成為靈宮（又見弗2:20-22）。因此，他們合一，永遠互相依賴，正如用為建材的石頭彼此聯合起來，相互依靠。

然而在所有類比中，最大膽的用法則是耶穌所用的，祂這樣為信徒禱告：「使他們都合而為一；正如你父在我裏面，我在你裏面，使他們也在我們裏面。」（約17:21）在此耶穌祈求我們的合一，是像三一神裏父神和子神之間的合一。這點對我們是一個提醒，即我們的合一應當是永遠的，而且是完全和諧的，如同三一神的合一。

用三一神成員來作類比之重要性，還有另一個原因：告誡我們不要以為與基督的聯合會喪失我們獨特的個性。即使父神、子神和聖靈之間具有完全而永遠的合一，但祂們仍然是不同的三位。同樣地，即使我們有一天會達到與其他信徒，以及與基督之間*完全的合一*，我們仍永遠是*不同的個人*，有我們各自的恩賜、能力、興趣、責任、人際圈子、偏好及渴望。

B. 基督在我們裏面

耶穌還說到我們與祂聯合的第二種關係：「常在我裏面的，*我也常在他裏面*，這人就多結果子」（約15:5）。不僅我們是在基督裏面的，而且祂也在我們裏面，賜給我們過基督徒生活的力量。「我已經與基督同釘十字架，現在活著的，不再是我，乃是*基督在我裏面活著*。」（加2:20）決定一個人是否為基督徒，就在於基督是否在他的裏面（羅8:10；林後13:5；啟3:20）。神智慧的計劃，歷代以來隱藏為奧祕，就是要拯救外邦人，如同拯救猶太人一樣。所以，保羅這樣告訴外邦讀者：神的奧祕就是「*基督在你們心裏*成了有榮耀的盼望」（西1:27）。

重要的是，在這些經節的基礎上，我們應當堅持，在我們裏面有基督真實而親自地內住。這並不僅是指我們贊同基督，或有祂的想法在我們裏面而已；相反地，是*祂親自*在我們裏面，並且因我們的信心而持續地住在我們裏面（弗3:17；林後13:5）。[4] 我們若忽視這項真理，就會忽略在我們裏面有的屬靈力量之偉大資源（約一4:4）；我們若牢記基督的內住，就會粉碎我們的驕傲，不斷地給予我們一種深深依賴基督的感覺，使我們產生極大的把握——不是源於自己，乃是源於在我們裏面工作的基督（加2:20；羅15:18；腓4:13）。

基督內住影響了我們對那些有需要之人的回應。不論我們做什麼來幫助一位主內弟兄姊妹，都是做在基督的身上（太25:40）。我們遵守耶穌的誡命就表明祂在我們裏面，而聖靈也向我們見證基督在我們裏面（約一3:24）。

C. 我們像基督

與基督聯合的第三方面是*要像祂*。保羅寫道：「你們該效法我，像我效法基督一

---

[4]見本書第二十六章B.2及C.3.1節有關基督的神性是無所不在、而人性卻不是之討論。

樣。」（林前11:1）約翰提醒我們：「人若說他住在主裏面，就該自己照主所行的去行。」（約一2:6）所以，與基督聯合就表示我們應當效法基督。我們的生命應當反映出祂所活出來的生命，好使我們在所行的每一件事上，都將尊榮歸給祂（腓1:20）。

因此，新約聖經把基督徒的生命描繪成一個人在所有行為上都努力地效法基督。「所以，你們要彼此接納*如同基督接納你們一樣*。」（羅15:7）「你們作丈夫的，要愛你們的妻子，*正如基督愛教會*。」（弗5:25）「*主怎樣饒恕了你們*，你們也要怎樣饒恕人。」（西3:13）「主為我們捨命……我們也當為弟兄捨命。」（約一3:16）我們一生要奔跑在我們前面的賽程，「仰望為我們信心創始成終的耶穌」（來12:2；另參弗5:2；腓2:5-11；帖前1:6；約一3:7; 4:17）。反之，不順服基督就是明明的羞辱祂（來6:6）。

我們在受苦時會格外地將效法基督顯明出來。基督徒蒙召忍耐受苦，「因基督也為你們受過苦，給你們留下榜樣，叫你們*跟隨祂的腳蹤行*。」（彼前2:21）保羅的目標乃是「和祂一同受苦，*效法祂的死*」（腓3:10；又見林後1:5; 4:8-11；來12:3；彼前4:13）。

不只如此，我們的受苦，與有分於基督回來時之榮耀，是有關連的：「我們和祂一同受苦，為的是（和合本譯作『也必』）和祂一同得榮耀。」（羅8:17）這點可能是因為透過了苦難和逆境，神使我們更像基督，並使我們在基督裏長大成熟（雅1:2-4；來5:8-9）。同時，因為基督即使面對極大的苦難，也完全地順服父神，所以我們在苦難中的順服、信靠和忍耐，就更完全地彰顯出基督的形像，如此就將更多的尊榮歸給祂。我們也從祂得到了極大的安慰，因為知道我們所經歷的是祂所經驗過的，也知道祂了解我們正在走的路程，祂正充滿憐憫地聆聽我們的禱告（來2:18; 4:15-16; 12:11）。順服之人生的結果就是我們得以與基督的榮耀有分：「得勝的，我要賜他在我寶座上與我同坐，就如我得了勝在我父的寶座上與祂同坐一般。」（啟3:21）

然而，我們不應當把效法基督當作只是模仿祂的行為而已，其中更深遠之目的乃是我們在效法祂時，會變得愈來愈像祂：因為*當我們的舉止越像基督時，我們個人就像基督了*。當我們「變成主的形狀，榮上加榮」時（林後3:18），就在基督裏更長大成熟了（弗4:13, 15）；而最後的結果就是，我們將要變得更完全地像基督，因為神預定我們「模成祂兒子的形像」（羅8:29，和合本譯作「效法祂兒子的模樣」；林前15:49），而且「當祂顯現（和合本譯作『主若顯現』），*我們必要像祂*」（約一3:2）。當這事發生時，基督就要在我們的身上完全得著榮耀（帖後1:10-12；約17:10）。

然而在這所有的事上，我們從未失去個人的人格。我們雖然變得完全*像基督*，但是*並不會變成基督*，而且我們也不會被併入基督裏，或永遠喪失我們的個別性。反之，乃是我們，身為真實的個人，仍然要知道主就如同主知道我們一樣（林前13:12）；我們要看見神的真體（約一3:2）、要敬拜祂、見祂的面、有祂的名字寫在我們的額上，並永遠與祂一同作王（啟22:3-5）。

正如父神、子神、聖靈乃是不同的位格，卻在品格上彼此雷同（約14:7, 9）；同樣地，雖然我們會變得愈來愈像基督，但我們仍然是不同的個人，具有不同的恩賜與功能（弗4:15-16；林前12:4-27）。事實上，我們若變得更像基督，就會成為更真實的自己（太10:39；約10:3；啟2:17；詩37:4）。假使我們忘掉了這點，就容易忽視教會中恩賜的多樣性，而想要使別人變成像我們一樣；我們也會傾向否定自己身為一個人所具有的終極重要性。適切地了解聖經的觀點，應當使信徒不只會說：「對基督而言，我們基督徒是重要的」，同時也會說：「對基督而言，*我*是重要的；因為祂知道我的名字，祂按著名叫我，祂賜給我一個只有我才能領受的新名。」（約10:3；啟2:17）

D. 我們與基督同在

D.1 個人與基督的交通

與基督聯合的另一個方面，乃是關於我們個人與祂的交通。不論是說我們與基督同在，或說基督與我們同在，意思上都沒有什麼差別，因為兩種說法表達同樣的真理。基督應許說：「無論在哪裏，有兩三個人奉我的名聚會，那裏就有我在他們中間」（太18:20），而且「我就常*與你們同在*，直到世界的末了」（太28:20）。由於耶穌的人性身體已經升天（約16:7; 17:11；徒1:9-11），所以這些經節一定是指祂的神性與我們同在。然而，這種同在仍舊是非常個人性的同在；在這樣的同在中，我們與基督*同工*（林後6:1），*認識*祂（腓3:8, 10），受祂的*安慰*（帖後2:16-17），*學習*祂的*樣式*（太11:29），並且*在祂面前*過我們全部的生活（林後2:10；提前5:21; 6:13-14；提後4:1）。成為基督徒就是「被……召，好與祂兒子，我們的主耶穌基督*有了交通*（和合本譯作『*一同得分*』）」（林前1:9）。但是這個分享交通在程度上會因人而異，因為雖然保羅給基督徒的祝福語乃是「願主常與你們眾人同在」（帖後3:16；另參提後4:22），這只是表達出一種願望，希望能與基督有更親密的交通，並更深刻感受祂的同在。

不僅如此，就我們所察覺不到的某種意義而言，當我們前來敬拜時，就是上到天堂本身，「那裏有千萬的天使所共聚的總會，有名錄在天上諸長子之教會（和合本譯作『那裏有千萬的天使，有名錄在天上諸長子之會所共聚的總會』），有審判眾人的神，和被成全之義人的靈魂，並新約的中保耶穌。」（來12:22-24）這個參與天上的敬拜就是《使徒信經》裏所說的「聖徒的交通」（communion of saints），它也是一首熟悉詩歌中所唱的「與得享安息聖徒，奧祕甜蜜團契」之意義。[5] 希伯來書第12章似乎並沒有表示，我們是有意識地察覺到身處於這個屬天的教會中，但是該章可能指出，那些現今在天上的聖徒見證了我們在其中的崇拜，並且感到喜樂；這一章經文的意思肯定是表示，我們會有一種喜樂的感受，因為我們的讚美在天上神的殿中已經蒙垂聽。

現今在我們所有的禱告中，都蒙耶穌垂聽，並且我們也與祂相交（約一1:3）；祂是我們的大祭司，已經「進了天堂，如今為我們顯在神面前」（來9:24; 4:16）。不過我們與祂的交通在我們死後將會更深（林後5:8；腓1:23；帖前5:10），而且當耶穌回來時，這交通還要變得更加深（帖前4:17；約一3:2）。這交通給予我們喜樂，因為我們明白基督真的想要我們與祂同在（約17:24）。

我們與基督的交通也帶來我們彼此的交通團契。約翰寫道：「我們將所看見、所聽見的傳給你們，使你們與我們相交；我們乃是與父並祂兒子耶穌基督相交的。」（約一1:3）

D.2 與父神和聖靈的聯合

上面那節經文提示了我們與基督聯合的最後一個層面：由於我們在上述幾個關係中與基督聯合，因此我們也被帶入與父神和與聖靈的聯合。我們在父神裏面（約17:21；帖前1:1；帖後1:1；約一2:24; 4:15-16; 5:20），我們也在聖靈裏面（羅8:9；林前3:16; 6:19；提後1:14）。父神在我們裏面（約14:23），聖靈也在我們裏面（羅8:9, 11）。我們像父神（太5:44-45, 48；弗4:32；西3:10；彼前1:15-16），我們也像聖靈（羅8:4-6；加5:22-23；約16:13）。我們與父神相交（約一1:3；太6:9；林後6:16-18），我們也與聖靈相交（羅8:16；徒15:28；林後13:14；弗4:30）。

然而，這些附加的關係，不會模糊地成為一種無法區別的、奧祕的狀態。不論是現在或在永恆之中，我們與父神之間的關係都是建立在祂是我們的天父之獨特角色上；我們與子神之間的關係則是建立在祂是我們的救主和生命的主之獨特角色上；我們與聖靈之間的關係則是建立在祂添加力量給我們、又不斷地將救恩所有的福祉都施

[5] 這句歌詞取自於詩歌「教會惟一的根基」（The Church's One Foundation），1866年由Samuel J. Stone所寫。

行到我們身上之獨特角色上。

個人思考與應用

1. 在你讀本章之前，是否曾認為自己一直是與基督聯合的——從神在創世以前揀選你，一直到未來在天上與祂永遠同在？這個想法如何改變了你對自己和自己的一生之看法？它又如何影響你對此刻可能正在經歷之艱難的看法？與基督同死並同復活的思想，如何能激勵你，使你現今努力去勝過殘存在生命中的罪？
2. 你以前是否曾經想過，每一天你的行動都是「在基督裏」的（見腓4:13）？假使你認為你此刻的閱讀是「在基督裏」的，那麼這會如何改變你閱讀的心態或看法？假使你認為日常的工作都是「在基督裏」做的，那麼這對你的日常生活會產生什麼樣的不同？例如在與朋友家人談話、或飲食、甚或睡眠等方面，會產生什麼樣的不同？
3. 這個與基督聯合的思想，會如何增加你對其他基督徒——包括在你自己教會裏的基督徒和在其他教會裏的基督徒——的愛和交通？
4. 在你的日常生活中，是否察覺到基督住在你裏面（加2:20）？假如你終日強烈地感覺到基督住在你裏面，那麼你的生命會有什麼樣的改變？
5. 試著用一天或兩天的時間閱讀福音書的某些段落，並問問自己可以怎樣在生活中更多效法基督。這樣的思想——跟隨基督的腳蹤（彼前1:21），行祂所行的（約一2:6）——在你的生活中將產生怎樣的果效？
6. 你是否能舉出生命中的某些時刻，那時你感受到與基督有格外親密的個人交通？你是否能夠描述那時的感受？你是否可以想到，有什麼事物使得當時那種與基督親密的交通發生？我們能夠做什麼來增強每日與基督的交通？
7. 在你個人的經驗中，你和父神、耶穌基督和聖靈之間的關係，是有所不同的嗎？假如是有所不同，你能描述那些差異嗎？

特殊詞彙

聖徒的交通（communion of saints）
與基督同死並同復活（dying and being raised with Christ）
在基督裏（in Christ）
奧祕的聯合（mystical union）
與基督聯合（union with Christ）

本章書目

Baker, J. P. "Union With Christ." In *NDT*, pp. 697-99.

Gordon, Adoniram Judson. *In Christ; or the Believer's Union with His Lord.* 1872; reprint, Grand Rapids: Baker, 1964. (first published in 1872.)

Murray, John. "Union with Christ." In *Redemption Accomplished and Applied.* Grand Rapids: Eerdmans, 1955, pp. 161-73.

Poythress, Vern. "Using Multiple Thematic Centers in Theological Synthesis: Holiness as a Test Case in Developing a Pauline Theology." Unpublished manuscript available from the Campus Bookstore, Westminster Theological Seminary, P.O. Box 27009, Philadelphia, PA 19118.

Smedes, Lewis B. *Union With Christ: A Biblical View of the New Life in Jesus Christ.* 2nd ed. Grand Rapids: Eerdmans, 1983.

Walvoord, J. F. "Identification With Christ." In *EDT*, p. 542.

救贖之應用論共同書目表

宗派	人名	三十一章	三十二章	三十三章	三十四章	三十五章	三十六章	三十七章	三十八章	三十九章	四十章	四十一章	四十二章	四十三章
安立甘宗／聖公會														
1882-92	Litton		351-63	239-55	320-28	288-300	265-320	無詳論	330-45		345-51	543-78	585-91	328-30
1930	Thomas	210-14	236-57				184-98, 210-20		199-209, 223-35			298-310, 508-21		
阿民念派／衛理會／循道會														無詳論
1847	Finney		481-515		282-364	264-82	382-402		423-81		544-619			
1875-76	Pope		2:363-67	2:336-57		2:367-85	2:358-62, 402-51	3:1-27	3:27-100		3:100-147	3:371-86	3:401-11	
1892-94	Miley		2:254-308		2:327-36		2:309-26	2:337-38	2:355-84		2:268-70, 339-54	2:430-39	2:448-58	
1940	Wiley		2:335-57	2:334-57		2:357-78	2:379-401	2:402-39	2:440-517; 3:7-102			3:211-42	3:320-38	
1960	Purkiser			269-78	292-97		287-92	297-98	305-92, 428-41		298-304		561-67	
1983	Carter					1:496-99			1:521-69	1:435-47		2:1109-13	2:1116-18	
1983-	Cottrell		2:331-502											
1987-90	Oden													
浸信會														
1767	Gill		1:251-88, 300-306	1:530-37; 2:121-31	2:107-21	2:131-41	1:291-300; 2:68-93	1:288-91; 2:93-107	2:93-107, 41-51, 364-557		2:151-78	2:179-211	2:211-30	
1887	Boyce		341-67	367-73	373-82	373-94	394-404	404-9	409-25		425-37	437-51	454-61	
1907	Strong		779-90	790-93	809-29	829-49	846-68		869-81		881-86	982-1003	1051-23	795-809
1917	Mullins		338-358	365-68	385-89	368-85	389-401	401-9	417-32		432-38	458-62	472-78	409-16
1976-83	Henry		6:76-107											
1983-85	Erickson		907-28	929-33	932-33, 942-46	933-42	954-61	961-66	967-84	879-80	985-97	1167-84	997-1002, 1194-1200	948-54
1987-94	Lewis / Demarest													
時代論														
1947	Chafer		3:165-82	3:210-24, 371-93	6:104-21	3:371-93	3:238-46	3:241-43	3:355-63; 6:162-298	6:138-61	3:267-355	4:413-15	3:366-69	

宗派	人名	三十一章	三十二章	三十三章	三十四章	三十五章	三十六章	三十七章	三十八章	三十九章	四十章	四十一章	四十二章	四十三章
1949	Thiessen		257-63	257-63	271-76	264-70	271-76	278-82	283-89		290-95	333-36	376-83	278-82
1986	Ryrie		310-18	324-25, 335-39	325-26	324-27	298-300	301-2, 306-7	300-306	362-66	328-34	518-20	517-18	
信義宗／路德會														無詳論
1917-24	Pieper		3:473-506	2:423-26, 502; 3:220-52	2:498-501	2:422-503	2:3-54, 503-57	2:408-9	3:3-86		3:89-100	3:507-15	3:534-39	
1934	Mueller	242-54	585-612	364-65, 470-85	363-64	319-66	242-54, 367-83		384-435		436-40	613-19	625-30	
改革宗／長老會														
1559	Calvin		2:920-87 (3.21-24)	1:537-42 (3.1)	1:592-621(3.3)	1:340-66 423-28, 542-684 (2.6-7, 9; 3.2-5),	1:725-833 (3.11-18)		1:684-725, 833-49 (3.6-10, 19)		2:968-76 (3.24.4-9)		2:987-1008 (3.25)	
1724-58	Edwards				2:543-65, 849-55	2:578-96			2:173-85		2:596-604	2:26-36		
1861	Heppe		150-89	510-42	518-27	526-42	543-64		565-80		581-89		695-712	
1871-73	Hodge	2:654-74	2:313-53	2:639-732	2:682-732; 3:3-40	3:41-113	3:114-212		3:213-465		3:104-13	3:713-70	3:771-89	
1878	Dabney		*ST*, 223-46	*ST*, 553-79	*ST*, 579-99	*ST*, 600-612, 651-60	*ST*, 618-50		*ST*, 674-87		*ST*, 687-713	*ST*, 817-29	*ST*, 829-41	*ST*, 612-17
1887-1921	Warfield		*BTS*, 270-333; *SSW*, 1:103-11, 285-98; *BD*, 3-70; *PS*, 13-112		*BTS*, 351-74; *SSW*, 2:321-24	*BTS*, 375-403; *SSW*, 1:267-82; *SSW*, 2:655-59; *BD*, 467-510	*BTS*, 262-68		*SSW*, 2:325-28; Perf, 3-464					
1889	Shedd				2b:490-528	2b:529-37	2b:538-52		2b:553-60			2b:591-640	2b:647-58	
1909	Bavinck													
1937-66	Murray	*CW*, 2:93-119	*CW*, 1:119-23; *CW*, 3:123-31; *RAA*, 79-87	*CW*, 1:124-34, 143-65; *CW*, 2:161-66; *CW*, 4:113-32; *RAA*, 88-94	*CW*, 2:167-201; *RAA*, 95-105	*CW*, 2:235-74; *RAA*, 106-16	*CW*, 2:202-22; *RAA*, 117-31	*CW*, 2:223-34; *RAA*, 132-40	*CW*, 2:277-317; *RAA*, 141-51		*RAA*, 151-60	*CW*, 2:401-3; *CW*, 3:242-46	*CW*, 2:403-13; *RAA*, 174-81	*RAA*, 161-73

宗派	人名	三十一章	三十二章	三十三章	三十四章	三十五章	三十六章	三十七章	三十八章	三十九章	四十章	四十一章	四十二章	四十三章
1938	Berkhof	*ST*, 432-46	*ST*, 109-25	*ST*, 454-64	*ST*, 465-79	*ST*, 480-509	*ST*, 510-26		*ST*, 527-44		*ST*, 545-54	*ST*, 668-94	*ST*, 720-27	*ST*, 447-53
1962	Buswell		2:133-56	2:157-68	2:168-75	2:175-86	2:187-96	2:212-13	2:196-215	2:208-12		2:304-23	2:324-46	
靈恩派／五旬節派														
1988-92	Williams		2:13-22	2:13-33	2:35-59	2:28-31	2:61-82		2:83-117, 411-45	2:177-79, 181-207, 271-321	2:119-36	3:400-401, 450	3:397-413	
傳統天主教														
1955	Ott	238-42	242-46	無詳論	219-49	252-54	250-69	無詳論	254-69	無詳論	無詳論	445-50, 473-76, 482-85	488-92	無詳論
天主教（二次梵蒂岡大會後）														
1980	McBrien		無詳論	無詳論	2:991-1005	1:31-46		無詳論	2:903-1099	無詳論	無詳論	2:1135-47	2:1147-50	無詳論

第6部 教會論

第四十四章

教會的本質、標誌與目的

什麼是構成教會的必要質素？
如何認出真實的教會？教會的目的是什麼？

背誦經文：以弗所書4:11-13

祂所賜的，有使徒、有先知、有傳福音的、有牧師和教師，為要成全聖徒，各盡其職，建立基督的身體；直等到我們眾人在真道上同歸於一，認識神的兒子，得以長大成人，滿有基督長成的身量。

詩歌：教會惟一的根基（*The Church's One Foundation*）

1教會惟一的根基 是主耶穌基督 她是主全新創造 藉水與道而出
主從天上來尋她 作主聖潔新婦 付上生命的代價 用血將她買贖
2雖蒙揀選自萬邦 信徒卻為一體 所享救恩的憲章 一主一信一洗
同尊惟一的聖名 同享惟一天糧 同懷惟一的盼望 同蒙恩愛久長
3雖她歷盡了艱辛 受人譏笑毀謗 內爭分裂她身體 異端背道中傷
聖徒儆醒對主說 黑夜到底多長 哭泣即將變歌聲 轉瞬即見晨光
4教會永不會滅亡 因有恩主保抱 導引辯護又珍惜 同在直到末了
雖然敵意四環繞 偽信潛伏內裏 面對仇敵和背道 教會終必勝利
5歷經諸般的爭戰 顛沛流離困頓 但榮耀教會異象 充滿希冀眼神
她等候圓滿結局 平安永遠滿溢 那日教會奏凱歌 方得永遠安息
6她在地上卻聯合 真神三位一體 與得享安息聖徒 奧祕甜蜜團契
懇求主賜恩我們 能像快樂聖徒 那樣溫柔又謙卑 高處與主同住

詞：Samuel J. Stone, 1866
曲：AURELIA 7.6.7.6.D., Samuel S. Wesley, 1864

A. 教會的本質

A.1 教會的定義

教會是所有時代一切真信徒的團體。這個定義將教會理解為是由所有真正得救的人所組成的。保羅說：「基督愛教會，為教會捨己。」（弗5:25）「教會」一詞在此是指所有基督為之而死以救贖他的人，即所有藉基督的死而得救的人。然而這樣的定義就包括所有時代的信徒了，即新約時代的信徒以及舊約時代的信徒。[1] 神為教會所懷的計劃是這樣地偉大，以至於祂已經為著教會的緣故，將基督高舉到最高權柄的地位上：「又將萬有服在祂（基督）的腳下，使祂*為教會*作萬有之首；教會是祂的身體，是那〔在萬有中〕充滿萬有者所充滿的。」（弗1:22-23）

耶穌基督藉著呼召祂的百姓歸向祂自己，來建造教會。祂應許說：「我要建造我的教會。」（太16:18，和合本譯作「我要把我的教會建造在⋯⋯」）路加謹慎地告訴我們，教會的成長不是單靠人為的努力而已，而是「*主*將得救的人天天加給他們」（徒2:47），然而這個基督建造教會的過程，只不過是神在舊約時代所建立之方式的延續罷了；那時，神呼召百姓到祂面前來，成為一群敬拜神的會眾。*在舊約裏*有好幾處的地方顯示，神將祂的百姓視作「教會」，即一群為了敬拜神的目的而被召集的人。在摩西告訴百姓主對他說「*你為我招聚百姓*，我要叫他們聽見我的話，使他們存活在世的日子，可以學習敬畏我⋯⋯」（申4:10）之處，七十士譯本（舊約聖經的希臘文譯本）將希伯來文的*qāhal*（「招聚」）這個字，譯為希臘字*ekklēsiazō*，即「召集一群會眾」，此動詞和新約名詞「教會」（*ekklēsia*）是同一個字源的。[2]

因此，當新約聖經的作者把舊約時代的以色列民說成是「教會」（*ekklēsia*），

---

[1]見本章A.5節有關時代論觀點的討論，他們認為教會和以色列必須被視為不同的群體。在本書裏，筆者在這個議題上採取非時代論的立場，雖然有許多福音派人士會贊同本書其他的許多部分，但在這一個特別的議題上，卻可能有不同的看法。

[2]事實上，在新約聖經裏被譯為「教會」的希臘字*ekklēsia*，就是七十士譯本最常用來繙譯舊約希伯來文*qāhal*的字，共有69次，這個希伯來字是說到神百姓的「聚集」或其「會眾」。七十士譯本第二常用來繙譯*qāhal*的字是*synagōge*，即「會堂」或「聚會的地方」，共有37次。

但Chafer反對這種分析，因為他說七十士譯本使用*ekklēsia*，並不反映「教會」一詞在新約聖經中的意義，只是用它來指一個普通字彙「會眾」罷了，所以，我們不會稱呼在以弗所戲園裏「聚集的人」為一個教會（徒19:32），即使在那裏用*ekklēsia*這個字來指著那群人。與此相似的是，當司提反指著在曠野裏的以色列人為一個*ekklēsia*（「會」）之時，並不表示他認為他們是一個「教會」，他們只不過是一群聚集的人而已。Chafer認為七十士譯本對這個字的用法，和新約聖經中特指教會的意義不同（Chafer, *Systematic Theology*, 4:39）。

不過，在七十士譯本裏廣為使用的*ekklēsia*這個字，所指的會眾不是異教群眾，而是神的百姓，這一點確實能幫助我們明瞭新約聖經的作者們使用這個字時的意思。七十士譯本是新約聖經作者們最普遍使用的聖經，他們一定會注意到*ekklēsia*這個字在舊約內容中的用法，這也解釋了為何使徒行傳的作者路加能夠很自然地就把司提反說到摩西的事記錄為是在曠野的「教會」中，並且又多次在使徒行傳前後數章裏，說到五旬節後「教會」的增長；毫無跡象顯示路加對這兩者在用字的意義上有何差別。新約的教會是神百姓的聚集，只不過是持續了舊約裏神百姓聚集的型態罷了。

就不足為奇了。舉例來說，司提反把在曠野裏的以色列民說為「曠野〔的〕會（*ekklēsia*）」（徒7:38）；希伯來書的作者說到基督要在天上神百姓的大會當中讚美神：「在會（*ekklēsia*）中我要頌揚你。」（來2:12，引用詩22:22）

由此可見，希伯來書的作者領會到今日在地上組成教會的基督徒，是被一大群「……見證人，如同雲彩圍著……」（來12:1），這可以迴溯到舊約最早時期的人，包括了亞伯、以諾、挪亞、亞伯拉罕、撒拉、基甸、巴拉、參孫、耶弗他、大衛、撒母耳和眾先知們（來11:4-32），所有這些「見證人」都圍繞著今日神的百姓；而似乎只有將他們和新約時代的神百姓看成是神的屬靈大「會眾」或「教會」，才是合宜的。[3] 此外，希伯來書的作者後來在第12章裏說，當新約時代的基督徒崇拜時，便進入了「名錄在天上諸長子之會（直譯為『教會』，希臘文是*ekklēsia*）」的同在中（來12:23）。這樣的強調在我們明白了一個事實——新約聖經的作者們視猶太人信徒和外邦人信徒現今聯合於教會中——之後，就不足為奇了。兩邊人合為「一」了（弗2:14），他們成了「一個新人」（弗2:15），是「與聖徒同國」，是「神家裏的人」了（弗2:19）。

所以，即使在新約時代神百姓確實有新的特權和新的祝福，但從聖經裏「教會」一詞的使用，和從神一直在呼召祂百姓聚集來敬拜祂自己的事實看來，將教會看作是由所有時代的神百姓所組成，包括舊約信徒和新約信徒，這觀點是合宜的。[4]

---

[3]新約聖經裏的希臘字*ekklēsia*被譯為「教會」，其意思只是「會眾」。

[4]關於是否要將「教會」和「以色列」視為有差異的兩群神百姓之問題，請見本章A.5節的討論。

Millard Erickson在他所寫的*Christian Theology*裏（p. 1048）舉證，教會在五旬節以前並不存在，因為路加在他的福音書裏並不使用「教會」(*ekklēsia*)一字，卻在使徒行傳裏使用了24次。他推理說，假使教會在五旬節以前就存在的話，為何路加在那時間之前不提及？然而，當耶穌在地上傳道之時，路加不使用「教會」一詞的原因，可能是因為那時尚未有清楚定義的或可見的群體，用得上這個字。從教會的意義來看，教會包括了所有那時候在以色列人中的信徒，因此那時真教會確實是存在的，但那只是那一小群忠實的猶太人餘民（如約瑟和馬利亞、撒迦利亞和伊利沙伯、西面、亞拿，和其他像他們的人等），他們絲毫不是外在明顯或能妥善定義的群體。猶太人中的大宗團體都離開了神，並且以其他種類的宗教活動代替，例如律法主義（法利賽人）、不信的「自由派」（撒都該人）、冥想的奧祕派（那些書寫或相信啟示文學的人，他們是一些黨派的隨從，就如那些在昆蘭社區的人）、粗俗的物質主義（稅吏和其他視財富如偶像的人）、政治或軍事的活躍份子（奮銳黨派和其他要透過政治或軍事手段來尋求解放的人）。雖然在許多或所有這些的群體中，無疑地是有真正的信徒存在，但就以色列國為一整體而論，並不構成一群正確敬拜神的會眾。

此外，一群神百姓新近「被呼召出來」跟隨基督而成為一個會眾，首先在五旬節那天實現了。所以，雖然就著教會是所有真正相信神之群體的意義而言，在五旬節以前，教會已經存在，但是在五旬節當天開始是更清楚地顯現出來了，因此，路加就很自然地在那時開始使用「教會」的名稱。在五旬節以前，「教會」一詞除了和以色列國整體相聯之外，不指任何設立的實體；然而，在五旬節之後，這個詞便可被用來指稱那些願意並公開將自己與這群新的神百姓認同的人。

我們也應當注意到，耶穌在馬太福音裏兩次使用「教會」(*ekklēsia*)一詞（太16:18; 18:17）。

A.2 不可見的與可見的教會

教會真實的屬靈實質乃是所有真信徒的團契。從這一方面來看，教會是不可見的，因為我們不能看見人心的屬靈光景。我們能夠看見那些外在參加教會的人，也能夠看見人內在屬靈改變的外在證據，然而我們不能實在地看透人心，也看不明他們屬靈的光景——只有神能夠看得見。這就是保羅為什麼會說：「*主認識誰是祂的人。*」（提後2:19）甚至在我們自己的教會和鄰居中，只有神有把握毫無錯誤地知道誰是真信徒。論到不可見的教會，希伯來書的作者說到：「有名錄在天上諸長子之會（即「教會」）所共聚的總會」（來12:23），並說今日的基督徒在崇拜中加入了那個會。

我們可以這樣定義：*不可見的教會*（invisible church）*乃是神眼中的教會*。

馬丁・路德和約翰・加爾文兩人都熱切地要肯定教會之不可見的一面，以對抗羅馬天主教的教訓，因為羅馬天主教教導說，教會是一個可見的組織，是從使徒們開始，並透過教會的主教們，未間斷地傳承下來的。羅馬天主教辯稱，只有靠著羅馬天主教會這種看得見的組織，我們才能找到一個真教會、惟一的真教會。這樣的觀點甚至在今日仍為羅馬天主教所堅守。美國有一個全國性的天主教之主教評論聖經基要派的專門會議，他們在1987年3月25日所發布的《天主教評論聖經基要派的教牧聲明》（Pastoral Statement for Catholics on Biblical Fundamentalism）裏，批判了福音派的基督教（該會議稱之為「聖經基要派」），主要是批評他們把神的百姓從天主教所認為的那一個真教會裏帶離開了：

> 「聖經基要派的基本特點是，他們將主耶穌所建立的教會從基督教中消除掉了……他們不提歷史上的、有權柄的教會，那是延續彼得和其他使徒的……新約的研究……顯示出隸屬於耶穌基督所開創之教會的重要性。基督揀選彼得和其他的使徒們，作為祂教會的根基……羅馬的主教和其他的主教們延續了彼得和其他的使徒們，這樣……基督的羊群就仍舊在基督這一位宇宙性的牧人之下。」[5]

路德和加爾文都不同意這種教訓。他們說羅馬天主教會雖具外在的組織形式，然而只是一個空殼罷了。加爾文反駁說，就如同該亞法（基督時代的大祭司）是從亞倫傳承下來，但他並非真祭司；所以，雖然羅馬天主教的主教們是從使徒統緒傳承下來，但也並非在基督教會裏的真主教。因為他們悖離了福音，沒有真傳講它，所以他

[5]主教們的聲明全文可以由以下地址獲得：National Catholic News Service, 1312 Massachusetts Avenue NW, Washington, D.C. 20005. 其文本發表在"Pastoral Statement for Catholics on Biblical Fundamentalism," in *Origins,* vol. 17:21 (Nov. 5, 1987), pp. 376-77.

們可見的組織也不是真教會了。加爾文說：「因此這統緒是虛假的，除非他們的後裔毫無瑕疵地保守教父們所交付的基督真道，並不偏左右……由此可見，除非後來的傳承之人繼續遵守神的約，否則這統緒就毫無價值！」[6]

在另一方面，基督的真教會當然也有其可見的一面。我們可以使用這個定義：*可見的教會*（visible church）*是在地上的基督徒們所見的那個教會*。就這個意思來看，可見的教會包括了所有認信基督、並在他們生活中證明那信仰的人。[7]

從這個定義看，不是任何一個在世上的人（例如一個未信者或相信異端教訓者），所看見的教會就是可見的教會；而是那些真正的信徒——他們明白信徒和非信徒之間的差異——所認識到的教會才是可見的教會。

當保羅寫其書信時，是寫給每一個地區的可見教會：「寫信給在哥林多神的*教會*」（林前1:2）；「寫信給帖撒羅尼迦……的*教會*」（帖前1:1）；「寫信給……腓利門，和……亞腓亞，並……亞基布，以及在你家的*教會*」（門1-2）。保羅當然知道在那些教會中，有的人還未信主，有的人雖口中說相信但卻非真信徒，有的人看起來是基督徒但至終卻會滑跌出去。可是保羅或任何其他人都說不準誰是這樣的人，保羅的信只是寫給在一個地方一同聚會的全教會。就這個意思而言，我們今日可以說，可見的教會乃是一群人，他們每週以一教會型態聚集在一起崇拜，並且認信基督。

含括世界各地教會的這個可見教會，總是會有一些未信者，而各地的會眾群體中也通常會包括一些未信者，這是因為我們不能像神那樣地看明他們的心。保羅談及「許米乃和腓理徒，他們偏離了真道」，就「敗壞好些人的信心」（提後2:17-18）。但是保羅又有把握「主認識誰是〔屬乎〕祂的人」（提後2:19）。保羅還語帶悲戚地說：「因為底馬貪愛現今的世界，就離棄我往帖撒羅尼迦去了。」（提後4:10）

與此類似的是，保羅警告以弗所的長老們說，在他離去以後「必有兇暴的豺狼進入你們中間，不愛惜羊群；就是*你們中間，也必有人*起來說悖謬的話，要引誘門徒跟從他們。」（徒20:29-30）耶穌自己也曾警告說：「你們要防備假先知，*他們到你們這裏來，外面披著羊皮*，裏面卻是殘暴的狼。憑著他們的果子，就可以認出他們來。」（太7:15-16）奧古斯丁明白了可見教會和不可見教會的區分以後，便就著可見教會

---

[6]Calvin, *Institutes*, 2:1043, 1045 (4.2.2-3)；或錢曜誠編審譯本：加爾文，《基督教要義》, 2:882-883, 884（加爾文出版社，2007）。

[7]一般認為可見的教會必須有洗禮和主餐禮等兩項聖禮為其條件，但加爾文和路德則認為要加上第三個條件，即可見教會的人在生活中必須展現信心的證據。有些人可能認為這第三個條件只屬於較低層次的要求。

說:「教會之外有許多羊,教會之內有許多狼。」[8]

當我們認清了可見教會中有未信者,就會產生一個危險:我們可能會變得多疑了。我們可能會開始懷疑許多真信徒是否得著救恩,因而帶給教會莫大的困擾。加爾文警誡這種危險時說,我們必須要有「出於愛心的判斷力」,就是要根據「人的信仰告白、生活見證、參與聖禮,並與我們信靠同一位神和基督」來判斷,有這幾項的人我們都認定是教會的肢體。[9] 我們不應當將人從教會的團契交通中排擠出去,除非他們犯了公開的罪行而招致教會的制裁。另一方面,教會當然也不應當容讓「公開的未信者」成為教會的會員,因為那些人已藉著言行清楚地表明他們是在真教會之外的人。

A.3 地方性的與普世性的教會

在新約聖經裏,「教會」一詞可以應用到任何層面的一群信徒,其範圍可從非常小的家庭聚會到非常大的普世性教會裏的所有真信徒。在羅馬書16:5裏(「又問*在他們家中的教會*安」)、在哥林多前書16:19裏(「亞居拉和百基拉*並在他們家裏的教會*,因主多多的問你們安」),都稱在家中的聚會為「教會」。在整個城市裏的教會也被稱為「教會」(林前1:2;林後1:1;帖前1:1);整個地區的教會也被稱為「教會」——「*猶太、加利利、撒瑪利亞各處的教會*都得平安,被建立。」(徒9:31)[10] 最後,整個世界的教會也被稱為「教會」。保羅說:「基督愛*教會*,為*教會*捨己」(弗5:25),又說:「神*在教會*所設立的,第一是使徒,第二是先知,第三是教師……」(林前12:28)以上這節經文裏所提到的「使徒」,並沒有侷限於哪一個特定的教會,因此就保證了這節經文所指的是普世性的教會。

我們可以下結論說,任何層面的神百姓之群體,從地方性的到普世性的,都可合宜地被稱為是「教會」。我們不要誤以為只有在家中聚會的教會才表達出教會真正的性質,也不要誤以為只有跨城市層級的教會才適宜被稱為教會,或誤以為普世性的教會才應該被稱為「教會」。正確的觀念是,任何層級的神百姓團體都可被稱為「教會」。

---

[8]Calvin, *Institutes*, 2:1022 (4.1.8);或錢曜誠譯本,2:864。

[9]Calvin, *Institutes*, 2:1022-23 (4.1.8);或錢曜誠譯本,2:864。

[10]使徒行傳9:31在希臘文的不同抄本中,有一個經文異文(textual variant):有些抄本的「教會」是單數,有些則是複數(「眾教會」)。單數的讀法遠比複數的讀法為佳。聯合聖經公會(United Bible Societies)給予單數讀法的或然率為B(次於最高級的或然率)。單數的讀法出現於許多早期和各種不同版本的經文中,而複數的讀法則見於拜占庭的經文傳統,卻不見於主後五世紀之前的版本中(為了讓文法顯為一致,希臘文經文裏的六個字必須同作改變,所以這個異文是有意地朝著一個或另一個方向而作的變動)。

A.4 教會的譬喻[11]

聖經為了幫助我們明白教會的本質，就使用了各種不同的譬喻和意象，向我們描述教會像什麼。[12] 有一些經文用家庭的意象來說明教會，舉例來說，當保羅告訴提摩太要如何對待教會中的人時，就把所有教會中的成員看作是一個大*家庭*的成員：「不可嚴責老年人，只要勸他如同父親；勸少年人如同弟兄；勸老年婦女如同母親；勸少年婦女如同姊妹；總要清清潔潔的。」（提前5:1-2）神是我們的天父（弗3:14），而我們是祂的兒女，因為祂對我們說：「我要作你們的父；你們要作我的兒女。這是全能的主說的。」（林後6:18）所以，我們在神的家中彼此都是兄弟姊妹（太12:49-50；約一3:14-18）。還有一個略為不同的家庭譬喻，就是保羅把教會比喻為*基督的新娘*。他說，這種夫妻之間的關係「是指著基督和教會說的」（弗5:32）；他說，他促成了基督與哥林多教會之間的訂親，這訂親就如同新娘和其未婚夫之間的訂親：「我曾把你們許配一個丈夫，要把你們如同貞潔的童女獻給基督。」（林後11:2）——保羅在此向前展望基督再來的時刻，他把這時刻比喻為要將教會呈獻給基督作新娘的時刻。

在其他的譬喻裏，聖經還將教會比喻為*葡萄樹上的枝子*（約15:5）、*橄欖樹*（羅11:17-24）、*耕種的田地*（林前3:6-9）、*房屋*（林前3:9）和*收成*（太13:1-30；約4:35）。教會也被看成*新聖殿*，但不是用實際的石頭所造，而是用基督徒所建造起來的，他們是「活石」（彼前2:5），被建造在基督耶穌這塊「房角石」上（彼前2:4-8）。然而教會還不只是崇拜神的新聖殿而已，她還是*新的祭司群*，是「聖潔的祭司〔團〕」，可以奉獻「神所悅納的靈祭」（彼前2:5）。我們也被看成了*神的家*：「我們……便是祂的家了。」（來3:6）有耶穌基督自己被視作這家的「建造者」（來3:3）。教會也被視作是「*真理的柱石和根基*」（提前3:15）。

最後還有一個我們很熟悉的譬喻，那就是將教會看成是*基督的身體*（林前12:12-27）。我們應當知道，當保羅論及教會時，他事實上使用了兩個有關人身體的不同譬喻。在哥林多前書12章，保羅使用*整個身體*為譬喻來比喻教會，因為他提及了「耳」、「眼」和「聞味」（林前12:16-17）。在這一個譬喻裏，基督並不被視為聯合於身體的頭，因為各個肢體本身就是頭部各別的器官。在這個譬喻裏，基督是主，是

---

[11]有關此一論題的更多討論，見Edmund P. Clowney, "Interpreting the Biblical Models of the Church," in *Biblical Interpretation and the Church,* ed. by D. A. Carson (Nashville: Thomas Nelson, 1985), pp. 64-109.

[12]在此所列的譬喻並非聖經中所有關於教會的譬喻。

在代表教會的「整個身體」之外的，祂是教會所要事奉和敬拜的對象。

但是在以弗所書1:22-23; 4:15-16和歌羅西書2:19裏，保羅談到教會時用了一個不同的身體之譬喻。在這些經文裏，保羅說，基督是頭，而教會就*像身體的其餘部分，有別於頭*：「凡事長進，連於元首基督。全身都靠祂聯絡得合式，百節各按各職，照著各體的功用，彼此相助，便叫身體漸漸增長，在愛中建立自己。」（弗4:15-16）[13] 我們不應當將哥林多前書12章和以弗所書4章的兩個譬喻混淆了，而應保持其區分。

新約聖經用來比喻教會的譬喻很廣，這應當提醒我們不要只執著在任何一個譬喻之上。舉例來說，雖然「教會是基督的身體」是一項真理，但我們得記住，這只是許多譬喻中的一個。假如我們單單專注於那個譬喻，就可能忘掉了基督是在天上掌權的主，也是住在我們中間的主。我們當然不應該贊同羅馬天主教的觀點說，教會是神兒子今日在地上「繼續的肉身化」。教會並非在肉身裏的神子，因為基督已經帶著人性的身體復活，帶著人性的身體升天，如今又成為道成肉身的基督在天上掌權，祂與此處地上的教會迥然有別。

每一個用來比喻教會的譬喻，都能幫助我們更感謝神藉著把我們放入教會而賜予我們豐富的特權。教會像一個家的事實，應當增加我們彼此之間的相愛與團契；教會像基督新娘的事實，應當激勵我們追求更深的純潔和聖潔，和更多地愛基督，並順服祂；教會為葡萄樹枝子的形像，應當使我們更完全地安息在祂裏面；教會為農田莊稼的思想，應當鼓舞我們繼續在基督徒的靈命上成長，並為我們自己和別人獲取適宜成長的屬靈養分；教會為神新聖殿的圖畫，應當加增我們聚會時那種神住在我們中間、與我們同在的感受；教會為祭司團的觀念，應當幫助我們更清楚地看見，神從我們獻給祂的讚美和善行之祭中所得的喜悅（見來13:15-16）；教會為基督身體的譬喻，應當加增我們彼此之間的互賴，並使我們更多欣賞身體內恩賜的多樣性。我們還可以從聖經所列的這些和其他有關教會的譬喻裏，得出更多的應用來。

A.5 教會與以色列

在更正教福音派的信徒中，關於以色列與教會的關係之問題，一直有不同的看法，而這個問題被一些持守「時代論」神學系統的人突顯出來。時代論者薛弗爾

[13]第二個譬喻可以說並不是一個完全的或「合適的」譬喻，因為身上的肢體不會長大後連接於頭部，但是保羅將基督為元首（或權柄）的思想、教會為身體的思想，和我們都在基督裏長進以至於成熟的思想，都混合在一起了；他將它們合併在一個複合的敘述裏。

（Lewis Sperry Chafer）所寫的《系統神學》（*Systematic Theology*）包含最全面，[14]他指出以色列與教會之間的許多區分，甚至包括在舊約時代信耶和華神的以色列和在新約時代的教會之間的區分。[15]薛弗爾認為，神對祂所救贖的兩個不同的群體，有兩個不同的計劃：神賜給*以色列*的目的和應許是*屬地的祝福*，並且將在未來的某個時刻在地上應驗；然而神賜給*教會*的目的和應許是*屬天的祝福*，要在天上才會應驗。按照薛弗爾的說法，神所拯救的這兩個不同群體之間的區分，會在千年國度時特別看得見，因為到了那個時候，以色列要以神百姓的身分掌管全地，並享受舊約應許的應驗，然而這時教會已經在基督為祂聖徒祕密回來的那時，「被提」到天上去了。按照他的觀點，教會在五旬節以前並未開始（徒2章），因此若把舊約信徒連同新約信徒當成是合組的一個教會，是不正確的。

當薛弗爾的立場繼續在一些時代論的圈子裏——尤其是在較出名的講道中——發揮影響力時，有一些較晚近的時代論者領袖，並不同意他的許多觀點。有些當代的時代論神學家，如索斯（Robert Saucy），布拉辛（Craig Blaising），及達瑞爾．博克（Darrell Bock），稱他們自己是「漸進式時代論者」，[16]而他們的觀點也得到廣泛的認可。漸進式時代論者*並不將教會視為神計劃中的一個括號*，而是將教會視為邁向建立神國的第一步。他們認為，*神並沒有為以色列和教會訂出兩個不同的目的*，神的目的只有一個，就是要建立神的國，而以色列和教會兩者都在其中一同承擔。他們認為*以色列和教會將來在永世狀態裏沒有區分*，因為兩者都是神所有百姓的一部分。此外，他們還認為，*在千年國度時，教會將以得榮的身體，在地上與基督一同掌權*（見本書第五十五章有關「千年國度」的討論）。

---

[14]Lewis Sperry Chafer所著的*Systematic Theology*一書，共有七卷（1947-48）。雖然時代論還有其他一些特殊的教義為其特徵，但是它將以色列與教會在神整全的計劃裏區分為兩個群體的教義，可能是最重要的一項教義了。時代論者所持守的其他教義還包括了：教會在災前被提到天上（見本書第五十四章），舊約有關以色列的預言未來將照字面應驗，聖經歷史按照神對待祂百姓的方式分為七個時期或「時代」，以及將教會時代理解為神對各時代之計劃的一個括號（或打岔）——當大多數猶太人拒絕耶穌作他們的彌賽亞之時，這個括號就被放進來了。然而，今日許多的時代論者也不全接受或拒絕這些教義。時代論主義之成為一個系統，開始於英國J. N. Darby（1800-82）的著作，但是它在美國是透過《司可福串珠聖經》（Scofield Reference Bible）而普及化的。

[15]Chafer, *Systematic Theology,* 4:45-53.

[16]見Robert L. Saucy, *The Case for Progressive Dispensationalism* (Grand Rapids: Zondervan, 1993), 及Darrell L. Bock & Craig A. Blaising, eds., *Progressive Dispensationalism* (Wheaton: Victor, 1993). 又見John S. Feinberg, ed., *Continuity and Discontinuity: Perspectives on the Relationship Between the Old and New Testaments* (Wheaton: Crossway, 1988).

然而，在漸進式時代論和其他的福音派之間，還有一點差別：漸進式時代論說，*舊約有關以色列的預言，仍將在千年國度時，應驗在猶太民族身上*，他們將會信基督，住在以色列的地土上，成為一個「模範國家」，為萬國所觀摩學習。所以，漸進式時代論者不認為教會是「新以色列」，也不認為所有舊約的預言將會應驗在教會身上，因為這些預言尚待應驗在以色列民族的身上。

本書所採取的觀點在這一事件上與薛弗爾的觀點大不相同，也與漸進式時代論者稍有不同。不過，在此要先說明，有關聖經中的預言未來究竟會怎樣地應驗，這問題的本質就令人難下斷言，因此，對這些事的結論保留一點推測的態度，則屬明智之舉。有了這樣的想法，我們才能繼續以下的討論。

在時代論立場以外的更正教和天主教神學家認為，教會包括了舊約時代和新約時代的信徒，他們都在一個教會或一個基督的身體之內。甚至也有非時代論者的人主張，將來會有大規模的猶太人歸主之事（羅11:12, 15, 23-24, 25-26, 28-31），[17] 但是這個歸主的結果只是使猶太信徒變為神的真教會的一部分，他們「要接在本〔橄欖〕樹上」（羅11:24）。

關於這個問題，我們應該注意到一點：許多的新約經文將教會理解為「新以色列」或新的「神百姓」。「基督愛*教會*，為*教會*捨己」（弗5:25）之事實，也提示此點。此外，現今的教會時代為千千萬萬的基督徒帶來了救恩，因此它並不是神計劃中的一個打岔或是括號，[18] 而是神從舊約時代一直延續下來的計劃，那就是要呼召一群百姓歸向祂自己。保羅說：「因為外面作猶太人的不是真猶太人；外面肉身的割禮也不是真割禮。*惟有裏面作的，才是真猶太人*；真割禮也是心裏的，在乎靈不在乎儀文。」（羅2:28-29）保羅在此表明，雖然從字面或從天然的意思來說，從亞伯拉罕肉身遺傳下來的人才叫做猶太人，但是還有一層更深或屬靈的意思，那就是指心裏信主的「真猶太人」，他們的心已被神潔淨了。

保羅說，亞伯拉罕不只是在肉身的意義上被視作猶太人的父，他也在更深的、更真實的意義上，「作一切未受割禮而*信之人的父*……又作受割禮之人的父，就是那些不但受割禮，並且按我們的祖宗亞伯拉罕未受割禮而信之蹤跡去行的人。」（羅4:11-

---

[17]見本書第五十四章F節。雖然就一般對這個名詞的理解，筆者並不算是一位時代論者，但在那裏肯定了羅馬書9-11章的教導：未來猶太人的大批歸主。

[18]Chafer所用的字是「一個插入」(an intercalation)，其意思是將一段時間插入先前已經計劃好了的行程或行事曆裏。Chafer在此說：「現今的教會時代是一個插入，置於神所啟示的行事曆或古時先知所預見的計劃裏。」

12；另參羅4:16, 18）所以，保羅能夠說：「……從以色列生的不都是以色列人；也不因為是亞伯拉罕的後裔，就都作他的兒女……這就是說，肉身所生的兒女不是神的兒女；惟獨那應許的兒女才算是後裔。」（羅9:6-8）保羅在此的意思是說，亞伯拉罕的真兒女，那些最具真實意義的「以色列」，並非那些由亞伯拉罕之肉身遺傳下來的以色列民族，而是那些信了基督的人。真正相信基督的人，現在享受特權被主稱作是「我的子民」（羅9:25，引自何2:23）。所以，教會就是現今神的選民；這個意思是說，當肉身的猶太人在未來某一個時刻大量得救之時，他們並不是另組一群神的百姓，彷彿像是另一棵橄欖樹一樣，而是要「接在本樹上」（羅11:24）。另有一節經文也指明這事，那就是加拉太書3:29：「你們既屬乎基督，就是亞伯拉罕的後裔，是照著應許承受產業的了。」與此類似的是，保羅說基督徒是「真受割禮的」（腓3:3）。

保羅一點都不以為教會是猶太人之外的另一個群體，他寫信給以弗所的外邦人信徒，告訴他們說，他們以往「在以色列國民以外，在所應許的諸約上是局外人」（弗2:12），但是現在我們「靠著祂（基督）的血，已經得親近了」（弗2:13）。當外邦人被帶到教會裏時，猶太人和外邦人就聯合成為一個新的身體。保羅說，神「將兩下合而為一，拆毀了中間隔斷的牆……藉著自己造成一個新人，如此便成就了和睦。既在十字架上滅了冤仇，便藉這十字架使兩下歸為一體，與神和好了。」（弗2:14-16）因此，保羅能夠說外邦人是「與聖徒同國，是神家裏的人了；並且被建造在使徒和先知的根基上，有基督耶穌自己為房角石。」（弗2:19-20）保羅很清楚地認識到新約聖經中的教會有舊約的背景，因此他會說：「外邦人……得以同為後嗣，同為一體……」（弗3:6）這整段經文有力地說到猶太信徒和外邦信徒在一個基督身體裏的合一，經文從未指出有任何獨特的計劃是專為拯救猶太人、而不包含在這個基督身體——即教會——以內的。教會將所有真實的神百姓都包括在自己裏面，而幾乎所有舊約聖經裏用在神百姓身上的稱呼，在新約聖經裏也都用在教會身上了。

希伯來書8章提供了另外一個強而有力的論證：它將教會視為舊約對以色列之應許的接受者及應驗。在說到基督徒屬於新的約時，希伯來書的作者從耶利米書31:31-34引用了一段很長的經文，在其中他說：「日子將到，我要與以色列家和猶大家另立新約……那些日子以後，我與以色列家所立的約乃是這樣：我要將我的律法放在他們裏面，寫在他們心上；我要作他們的神，他們要作我的子民。」（來8:8-10）希伯來書的作者在此引用主的應許說，祂要與以色列家和與猶大家另立新約，並且又說，那約也是現今與教會所立的新約——教會的信徒如今已是約下的成員。因此我們似乎很難避免地要下這樣的結論：希伯來書的作者視教會為神的真以色列，神在舊約賜給以色列的應許已在教會的身上應驗了。

與此相似的是，雅各寫了一封公教書函給許多初代的基督教會，而且說他是寫給「散住十二個支派之人」（雅1:1）。這一點顯明他是將新約的基督徒視為以色列十二支派的承繼者與應驗。

彼得也有同樣的說法。在彼得前書最開始，彼得稱呼其讀者為「那分散……寄居的」（彼前1:1），[19] 到全信最後的倒數第二節時，他則稱呼羅馬城為「巴比倫」（彼前5:13）。在此書信中，彼得屢次用舊約給猶太人的意象和應許來提及新約的基督徒，這個主題在彼得前書2:4-10達到巔峰，在此他說神已經將幾乎所有在舊約裏應許給以色列的祝福都賜予教會了。[20] 神的居所不再是耶路撒冷的聖殿，因為基督徒是神的新「聖殿」（彼前2:5）；能夠獻上可悅納之祭給神的祭司團，不再是從亞倫傳承下來的，因為基督徒才是現在真正的「有君尊的祭司〔團〕」，可以進到神的寶座前（彼前2:4-5, 9）；神的選民不再是那些從亞伯拉罕肉身繁衍下來的人，因為基督徒才是現在真正的「被揀選的族類」（彼前2:9）；被神祝福的國度不再是以色列國，因為基督徒才是現在神真正的「聖潔的國度」（彼前2:9）；以色列民不再是神的子民，因為基督徒——猶太人基督徒和外邦人基督徒——才是現在「神的子民」，是「蒙了憐恤」的人（彼前2:10）。此外，彼得從舊約的背景下取用這些經文，是因為舊約屢屢警告說，神將會棄絕那些持續背叛祂、並棄絕神所設立之寶貴「房角石」的百姓（彼前2:6）。我們還需要什麼進一步的證明，才有把握說教會現今已經成為神的真以色列，並要得著神在舊約裏應許給以色列的所有祝福？[21]

A.6 教會與神的國

教會和神的國之間的關係是怎樣的呢？賴德（George Ladd）將其間的差異作了一個很好的摘要：

「國度主要是神活潑的掌權或君尊的統治，其衍生的意思則是人經歷到神之統治的範疇。在聖經的用語中，國度並不等於其下的臣民，臣民乃是進入神統治下的百姓，他

---

[19]「分散」（Dispersion）一詞是指分散在以色列地之外、散住在古代地中海世界各地的猶太人。

[20]本段其餘的部分大多出自Wayne Grudem, *The First Epistle of Peter*, p.113.

[21]時代論者可能會同意，教會已經成了舊約許多有關以色列預言之*應用*的接受者，但他們會認為，這些預言或應許的真正*應驗*，卻要在未來臨到以色列民族的身上。然而筆者所列這些明顯的新約經文，都清楚地將舊約的應許應用到教會身上，因此似乎就沒有任何強大的理由否認，神的應許在教會上的應驗，就是神真正對這些應許所要給予的惟一應驗。

們在國度中生活，並受它的管理。教會是國度下的社群，而絕非國度本身。耶穌的門徒屬乎國度，就如國度屬乎他們一樣；可是，他們並不是國度。國度是神的統治，而教會則是人的社群。」[22]

賴德繼續摘記了國度和教會之關係的五個特點：(1) 教會不是國度——因為耶穌和初代的基督徒們傳講的是神的國近了，而非教會近了；他們傳講的是國度的福音，而非教會的福音（徒8:12; 19:8; 20:25; 28:23, 31）。(2) 國度創造了教會——因為當人進入神的國，他就加入了教會中人的團契。(3) 教會為國度作見證——因為耶穌說：「這天國的福音要傳遍天下」（太24:14）。(4) 教會是國度的器皿——因為聖靈彰顯國度的能力，祂透過門徒們作工，醫治病人、趕出鬼魔，一如祂在耶穌的事奉中所作的（太10:8；路10:17）。(5) 教會是國度的照管者——因為教會擁有天國的鑰匙（太16:19）。[23]

所以，我們不應當將神的國等同於教會（如同羅馬天主教的神學那樣），我們也不應當將神的國看成完全是未來的、有別於教會時代的（如同早期時代論的神學那樣）。我們乃是應當認明，在神的國和教會之間有一個緊密的聯結，當教會傳揚國度的好消息時，人們要進入教會，並且開始經歷神在他們生活中施行統管而帶來祝福。國度透過教會得著彰顯，藉此，神未來的掌權打入了現時——神的國「已經」來到（太12:28；羅14:17），但「尚未」在此完滿（太25:34；林前6:9-10）。所以，那些相信基督的人要開始經歷一些神在終極國度掌權時的光景，例如：他們能在某種程度上勝過罪（羅6:14; 14:17）、勝過鬼魔的敵對（路10:17）、勝過疾病（路10:9）。他們要活在聖靈的大能之中（太12:28；羅8:4-17; 14:17）——聖靈就是那將要來之國度的活潑能力。至終耶穌要回來，而祂的國度統治要擴展到所有的受造之物以上（林前15:24-28）。

B. 教會的標記

B.1 教會有真假

教會何以能成為教會呢？成為教會的必要因素是什麼？當一群自稱是基督徒的人變得不像教會該有的樣子時，是不是就不應該再稱他們為教會了？

在最初數世紀裏的基督教會，很少爭執過什麼才是真教會。這世上只有一個普世性的教會，那就是遍布世界各地的「可見的」教會，而這個教會當然就是真教會。這個教會有主教，有地方性的神職人員，也有人人看得見的教會建築。任何人若在教義

[22] George Eldon Ladd, *A Theology of the New Testament*, p. 111.

[23] 這五點摘要自Ladd, *Theology*, pp. 111-19.

上被發現有嚴重的錯謬，就會被教會排除出去。

然而在宗教改革之時，出現了一個重要的問題：我們如何才能辨識出一個真教會呢？羅馬天主教會是不是真教會呢？為了回答這個問題，就必須先決定出什麼是真教會的「標記」，即教會顯著的特性，使我們可以辨認出教會的真偽。聖經上確實說過假的教會，保羅在哥林多前書中提到當地的異教廟堂，他說：「外邦人所獻的祭是祭鬼，不是祭神。」（林前10:20）他又告訴哥林多教會的人：「你們作外邦人的時候，隨事被牽引、受迷惑，去服事那啞巴偶像。」（林前12:2）這些異教的廟堂當然是假的教會，或假的宗教集會。此外，聖經說到了一處宗教的聚集，其實是「撒但一會的人」（啟2:9; 3:9），在此復活的主耶穌似乎是指著猶太人的聚集說的，他們自稱是猶太人，但不是有得救信心的真猶太人，他們的宗教聚集並不是屬乎基督之人的聚集，而是那些仍舊屬乎黑暗國度——撒但國度——的聚集。這個聚集當然是假教會。

關於真教會是由什麼所構成，路德和加爾文的意見大約是一致的。信義宗的信仰告白——《奧斯堡信條》（Augsburg Confession, 主後1530年）——將教會定義為「聖徒的聚集，他們在其中正確地教導福音，並正確地執行聖禮」（第七條）[24]。與此類似的，加爾文說：「不論我們在哪裏看見人*傳講和聽從神純正的道*，他們又*根據基督的吩咐執行聖禮*，我們就不需懷疑，那正是神的教會。」[25] 雖然加爾文說到的是「純淨地」傳講神的道，而信義宗的信仰告白則是說要「正確地」傳講神的道；雖然加爾文說到不僅必須要傳講神的道，而且要叫人聽見；而信義宗的信仰告白只提及必須要正確地教導神的道；但整體而言，他們所理解分辨真教會的標記，是非常地相似的。[26] 關於真教會的標記，相對於路德和加爾文的觀點，羅馬天主教之立場則始終是：從彼得和使徒們所傳承下來的可見的教會，才是真教會。

我們在此採取加爾文對真教會之標記的觀點，認為其觀點在今日仍舊是正確的立場。誠然如果神的話不被傳講，只是傳講虛假的教義或是人的道理，那麼，就沒有真教會了。在某些案例上，我們或許會有難處，決定不了教義的錯誤要多嚴重才認定一個教會不算是真教會；然而，有許多清楚的案例，我們能確實地說真教會已不存在了。舉例來說，耶穌基督末世聖徒教會（摩門教會）並不持守任何有關於救恩、神

---

[24]引自Philip Schaff, *The Creeds of Christendom*, pp. 11-12.

[25]Calvin, *Institutes*, 2:1023 (4.1.9)；或錢曜誠譯本，2:864。

[26]後期的信仰告白有時候會加上第三個教會的標記（即正確地執行教會紀律），但是路德或加爾文本人則都沒有列上這個標記。

的位格、基督的身位和工作等主要的基督教教義，因此我們很清楚地就知道它是假教會。與此相似的是耶和華見證人會，他們教導人要憑行為、並不單單憑信靠耶穌基督而得救，這是基本教義的偏差，因為假使人相信了他們的教訓，那些人就不會得救了，所以耶和華見證人會也得被視作假教會。若一個教會不傳講惟獨因信得救的信息，教會的成員聽不到福音，福音的信息被封住了，已有好一段時期不曾傳揚，那麼這個群體的聚會就不是教會了。

教會的第二個標記——正確地執行聖禮（洗禮和主的晚餐）——之陳述，可能是為了反對羅馬天主教的觀點，因為羅馬天主教認為拯救的恩典是透過聖禮而來的，而聖禮就因此成了我們的「行為」，我們換取救恩的功德。就這樣，羅馬天主教堅持得救恩的憑藉是付上代價，而不教導信心才是得救的憑藉。

然而把執行聖禮作為教會的標記還存在另一個原因。一旦一個機構開始執行洗禮和主的晚餐，它就成了常設的機構，並且*嘗試要照教會的功能來運作*（在現代的美國社會裏，一個機構開始在禮拜天早上聚會，他們崇拜、禱告和教導聖經的教訓，就明顯地是要照教會的功能來運作了）。

教會也使用洗禮和主的晚餐作為「會員管制」的方法。洗禮是人獲得許可加入教會的依據，而主的晚餐則是人表明仍然持續地留在教會之內的象徵——教會藉這兩項聖禮指明，那些接受洗禮和主的晚餐的人是得救的。這些聖禮活動指出一個教會怎麼看救恩，因此，這些聖禮也就合宜地被列為教會的標記了。反之，那些不執行洗禮和主的晚餐的團體，就表達了一個信息，他們無意照教會的功能來運作。人可以站在街角，聚集一小群人，真正地講道叫人聽見神的話，但這群人並不是一個教會。即使是在鄰舍間的查經班，每次在一人家中聚集，並且也有真正的講道與聽道，但他們卻不成為一個教會。然而，假如在一個地方的查經班開始給其新近帶領歸主的人施洗，並規律地參與主的晚餐，這就指明此查經班*有意照教會的功能來運作*，因此若不視之為一個教會，也是說不過去的。[27]

B.2 今日真假教會

從宗教改革時所揭櫫的這個問題來看，今日的羅馬天主教是真教會嗎？就羅馬天主教整體而言，我們在此似乎不能輕易地作一決斷，因為它太多元多樣了。要問今日

[27]救世軍（Salvation Army）是一個特別的案例，因為它不執行洗禮或主的晚餐，但是它在其他每一方面又像是一個真教會。該組織用其他方式來指明會員資格和顯明會員仍然持續參與教會；它用其他的方式作為「會員管制」的憑藉，取代了洗禮和主的晚餐兩項聖禮。

的羅馬天主教是真教會、還是假教會，就如同問今日的更正教是真教會、還是假教會一樣——很難回答這個問題，因為其中的種類太多了。有的羅馬天主教教區肯定缺少兩種標記：一是沒有傳講純淨的神話語，以致教區的人不明白或不接受惟獨因信靠基督而得救的福音信息；另一是將參與聖禮看成一項「行為」，人可以用之作為功德向神換取救恩。這樣的群體就不是真正的基督教會。但另一方面，今日在世界上不同地方有許多的羅馬天主教教區，其神父真正認識基督的救恩，並且藉著禱告和讀經，與基督建立了活潑的關係。他的講道和私下的聖經教導，都強調個人的信心和個人讀經禱告的必要；他有關聖禮的教導，強調它們的象徵性和記念性，遠多於說它們是可以從神換取拯救恩典的行為。對於這樣的羅馬天主教會，雖然我們必須說，我們和他們之間在一些教義上仍有很深的差異，[28] 然而他們趨近教會兩個標記的程度，似乎近得足以使人難以否認說，事實上他們是真的教會。在福音得以教導（雖然不純）、聖禮得以執行（方式上對多於錯）的會眾之中，這群信徒似乎就是真教會的會眾了。

在更正教裏面有無假教會呢？假如我們再看看教會的兩個顯著標記，就筆者的判斷來看，說今日許多更正教的自由派教會事實上是假教會，似乎是合宜的。[29] 這些教會所教導的——靠行為稱義的福音和不信聖經——比起羅馬天主教在宗教改革時所教導的，更可能拯救人嗎？在沒有純正的教訓之下，他們所執行的聖禮，對於走入其教會的任何一個未重生的罪人，豈不是給予了更多的虛假確據，就如同宗教改革時羅馬天主教使用聖禮之行徑那樣？當一群人自稱為「基督徒」，卻堅持地教導別人不要相信他們的聖經，其牧師和會眾很少研讀聖經，或以任何有意義的方式禱告，不相信或甚至也不了解惟獨因信基督而得救恩的福音，那麼，我們怎麼能說這是一個真教會呢？[30]

C. 教會的目的

我們可以用服事神、服事信徒和服事世人，來了解教會存在的目的。

---

[28]重要的教義差異仍然包括了：持續獻祭的彌撒、教皇和教會大會的權柄、對馬利亞的尊崇、馬利亞在救贖上的角色、煉獄的教義，和聖經正典的範圍。

[29]早在1923年，J. Gresham Machen就表達過類似的結論：「雖然羅馬天主教的教會可能代表了一種顛覆的基督教信仰，然而自然主義的自由派卻一點都不是基督教。」（*Christianity and Liberalism*, Grand Rapids: Eerdmans, 1923, p. 52）

[30]我們在下一章將要討論教會之純潔度的問題。雖然基督徒不當主動地與假教會有關聯，我們卻也要認知，在真教會之中有比較純潔與比較不純潔的教會之分。在此還有一點該注意的事也是很重要的：今日在一些更正教自由派的宗派裏，有許多的假教會，它們沒有傳講福音使人聽見；但這些宗派裏也有一些地方性的教會仍在清楚地、忠心地傳講福音，乃是真教會。

C.1 服事神：敬拜

就教會與神的關係而言，教會存在的目的是敬拜祂。保羅教導在歌羅西的教會要「用詩章、頌詞、靈歌，彼此教導，互相勸戒，心被恩感歌頌神。」（西3:16）神命定並指明要我們在基督裏，「叫祂的榮耀……可以得著稱讚。」（弗1:12）在教會裏的敬拜不只是為了要預備達到另外的目的，敬拜本身就實踐了教會最主要的目的——與主的關係。這正是保羅為何在勉勵我們「要把握機會」（和合本譯作「愛惜光陰」）之後，接著就命令我們要被聖靈充滿，然後要「口唱心和的讚美主」（弗5:16-19）。

C.2 服事信徒：養育

按照聖經的說法，教會有責任養育那些已經是信徒的人，並且要在真道上建造他們以達於成熟。保羅說，他自己的目標不只是領人進入得救信心的初階，而且還要「把各人獻上、做**在基督裏長大成熟的人**。」（西1:28，呂振中譯本）他告訴以弗所教會說，神將有恩賜的人賜給教會，「為要成全聖徒，各盡其職，**建立基督的身體**；直等到我們眾人在真道上同歸於一，認識神的兒子，得以長大成人，滿有基督長成的身量。」（弗4:12-13）如果以為教會惟一的目標只是領人進入得救信心的初階，那就很明顯地是與新約聖經所教導的模式相反。作為一個教會，我們的目標必須是將每一個基督徒獻給神為「**在基督裏長大成熟的人**」（西1:28，呂振中譯本）。

C.3 服事世人：傳福音與行恩慈

耶穌告訴祂的門徒們說，他們應當「使萬民作……門徒」（太28:19）。宣揚福音的工作是教會邁向世界的基本事工，[31] 然而伴隨傳福音事工的還有恩慈事工，這是一項包括奉主名照顧窮乏之人的事工。雖然新約聖經強調教會應當在物質上幫助教會的成員（徒11:29；林後8:4；約一3:17），但新約聖經也肯定教會應幫助那些不知感謝或不接受福音的未信者。耶穌告訴我們說：

> 「你們倒要愛仇敵，也要善待他們，並要借給人不指望償還；你們的賞賜就必大了，你們也必作至高者的兒子；因為**祂恩待那忘恩的和作惡的**。你們要慈悲，像你們的父慈悲一樣。」（路6:35-36）

耶穌所要解釋的重點是，我們也要在善待那些自私、不懂感恩之人的事上，效法神。並且，我們有耶穌為榜樣，祂不只醫治那些接受祂為彌賽亞的人，而且當一大群人來到祂面前時，「耶穌按手**在他們各人身上**，醫好他們。」（路4:40）這點應當鼓勵我

[31]筆者的意思不是說，傳福音比敬拜或養育更為重要；而是說傳福音是我們對世人所作之最重要的事工。

們行恩慈，為人的得醫治和其他的需要禱告，對未信之人和信主之人都一樣。服事世人的恩慈事工也包括了參與公民活動，或嘗試影響政府的政策，好使它們更加與聖經的道德原則相符合。在一個明顯有系統化不公義對待窮人、少數種族或少數宗教信仰者的地區，教會也應當為之禱告，並在適合的時機聲明反對這樣的不公義。所有這些的作法，都能增強教會對世人的傳福音事工，並且顯示出福音信息的美好。然而服事世人的恩慈事工，永遠不應當取代真正的傳福音，或上述服事神和服事信徒的事工。

C.4 保持三個目的的平衡

當我們列出了教會存在的三個目的以後，可能就會有人問，哪一個目的最重要呢？我們會不會因為覺得某個目的比較不重要而忽略它呢？

面對這樣的問題，我們必須回答說，所有教會的三個目的都是主在聖經裏所命令的，所以，所有三個目的都是重要的，沒有一個可以被忽略。事實上，一個強健的教會在這所有三個領域裏，都會顯出有效的事工。我們要留心，不可將教會的三個目的縮減為其中一個，還自認為它是教會的首要焦點。事實上，這種作法常常會造成教會忽略另外兩個目的。

只強調敬拜的教會，最後會變成聖經的教導不夠，信徒對聖經的了解膚淺，生活上也不成熟。如果這教會也開始忽略傳福音，教會就會停止成長，不能再發揮影響力了；她會變得只向內長，至終會開始萎縮。

只強調養育的教會，把建造信徒的目的放在其他兩項之上，就會傾向於產生出許多熟知聖經教義、卻在生活上顯出屬靈枯乾的信徒，因為他們不太知道敬拜神或向人傳基督的喜樂。

只強調傳福音或行恩慈的教會，以傳福音為優先，並使其他兩個目的被忽略，至終也會產生不成熟的基督徒，他們強調數字上的成長，卻愈來愈少在敬拜上向神表露真實的愛，在教義上也愈來愈不老練，在個人的生活上也愈來愈不聖潔。

因此，一個健全的教會必須持續地強調所有三個目的。

但是從另一方面說，**個人**卻不同於教會，可以在實踐教會的目的上有相對的優先次序。因為教會就像一個身體，個人有不同的屬靈恩賜與才能，我們可以將個人的重點放在實踐教會的某一個目的上，而那是與神賜給我們的恩賜和興趣最有密切關連的。當然，每一個信徒沒有義務要分出他在教會裏正好三分之一的時間去敬拜，三分之一的時間去建立其他的信徒，三分之一的時間去傳福音或行恩慈。雖然有傳福音恩賜的人也會花一些時間來敬拜和建立其他的信徒，但他最終卻可能是花大部分的時間在傳福音上。若有人有帶領敬拜的恩賜，他最終可能是用他在教會裏百分之九十的時間專注在預備帶領敬拜上。這些都是我們對神賜給我們不同恩賜的合宜回應。

個人思考與應用

1. 當你想到教會是歷世歷代以來所有真信徒的不可見的團契時，會如何影響到你對自己身為一個基督徒的看法？在你所生活的社區裏，真信徒之間是否有可見的合一？（也就是說，是否有不可見教會真實存在的證據？）新約聖經中是否曾說過個別教會要多大才合乎理想？
2. 你認為你現在所參加的教會是真教會嗎？你曾經作過一個你認為是假教會的會員嗎？當福音派的基督徒持續地給人一個印象說，他們認為更正教自由派教會是真教會時，你認為這會造成任何傷害嗎？從最後審判的觀點來看，我們若不指明我們所認為的不信派教會是假教會，會帶來什麼好處和傷害呢？
3. 你是否能用一個有關教會的譬喻，重新表達你對你現在所參加之教會的欣賞？
4. 你認為你最能有效地貢獻在教會的哪一個目的？哪一個目的是神放在你心裏，使你有強烈的願望要去實踐的？

特殊詞彙

基督的身體（body of Christ）

教會（church）

聚會（*ekklēsia*）

傳福音（evangelism）

不可見的教會（invisible church）

教會的標記（marks of the church）

可見的教會（visible church）

本章書目

Banks, Robert J. *Paul's Idea of Community: The Early House Churches in Their Historical Setting*. Grand Rapids: Eerdmans, 1980.

Bannerman, James. *The Church of Christ*. Cherry Hill, N.J.: Mack Publishing, 1972. (First published in 1869.)

Berkouwer, G. C. *The Church*. Trans. by James E. Davidson. Grand Rapids: Eerdmans, 1976.

Bock, Darrell L., and Craig A. Blaising, eds. *Progressive Dispensationalism*. Wheaton: Victor, 1993.

Carson, D. A., ed. *Biblical Interpretation and the Church: Text and Context*. Exeter: Paternoster, 1984.

______. *The Church in the Bible and the World*. Grand Rapids: Baker, and Exeter: Paternos-ter, 1987.
Clowney, Edmund. "Church." In *NDT*, pp. 140-43.
______. *The Doctrine of the Church*. Philadelphia: Presbyterian and Reformed, 1969.
Feinberg, John S., ed. *Continuity and Discontinuity: Perspectives on the Relationship Between the Old and New Testaments*. Wheaton: Crossway, 1988.
Gaffin, Richard B. "Kingdom of God." In *NDT*, pp. 367-69.
Ladd, George Eldon. "The Kingdom and the Church." In *A Theology of the New Testament*. Grand Rapids: Eerdmans, 1974, pp. 105-19.
Martin, Ralph P. *The Family and the Fellowship: New Testament Images of the Church*. Grand Rapids: Eerdmans, 1979.
Omanson, R. L. "Church, The." In *EDT*, pp. 231-33.
Poythress, Vern. *Understanding Dispensationalists*. Grand Rapids: Zondervan, 1987.
Saucy, Robert. *The Case for Progressive Dispensationalism*. Grand Rapids: Zondervan, 1993.
______. *The Church in God's Program*. Chicago: Moody, 1972.
Snyder, Howard A. *The Community of the King*. Downers Grove, Ill.: InterVarsity Press, 1977.
VanGemeren, Willem. *The Progress of Redemption*. Grand Rapids: Zondervan, 1988.
Watson, David C. *I Believe in the Church*. Grand Rapids: Eerdmans, 1979.

第四十五章

教會的純潔與合一

有何因素能促使教會更討神喜悅？
我們可以與哪種教會合作或聯合？

背誦經文：以弗所書4:14-16

使我們不再作小孩子，中了人的詭計和欺騙的法術，被一切異教之風搖動，飄來飄去，就隨從各樣的異端。惟用愛心說誠實話，凡事長進，連於元首基督。全身都靠祂聯絡得合式，百節各按各職，照著各體的功用，彼此相助，便叫身體漸漸增長，在愛中建立自己。

詩歌： 福哉愛的聯結（*Blest Be the Tie that Binds*）

1 福哉愛的聯結 愛裏心心相連 與主同心彼此交接 在地如同在天
2 在父寶座之前 我們熱烈祈禱 同一憂慮關懷安慰 同一盼望目標
3 軟弱彼此體諒 重擔互相擔當 一人心傷眾人淚淌 大家一表同情
4 每逢彼此分離 衷心惆悵難言 身體雖離心仍合一 盼望再會眼前
5 有日都要全然 脫離罪惡愁煩 神愛掌權友誼完全 直到永永遠遠

詞：John Fawcett, 1782
曲：DENNIS S.M., Hans G. Nageli, 1773-1836

這首詩歌說到基督徒眾人的心在愛裏互相合一或「聯結」；又說基督徒的團契就如同在天上的團契，即「在地如同在天」。它也提到基督徒在禱告和關懷中彼此分享，重擔互相擔當。詩歌緊接著又提到我們的盼望，是有一天我們在天上，將在「完全的愛和友誼」中合一，直到永遠。

A. 教會的純潔度

在前面一章裏，我們看見有「真教會」，也有「假教會」，而在這一章裏，我們必須要進一步地區分出*比較純潔的*教會和*比較不純潔的*教會。

只要從保羅的書信裏稍作比較，這件事實就很明顯了。當我們看腓立比書或帖撒羅尼迦書時，就發現保羅以這些教會為他的大喜樂，這證明他們比較沒有主要的教義或道德方面的問題（見腓1:3-11; 4:10-16；帖前1:2-10; 3:6-10；帖後1:3-4; 2:13；另參林後8:1-5）。然而，加拉太教會（加1:6-9; 3:1-5）和哥林多教會（林前3:1-4; 4:18-21; 5:1-2, 6; 6:1-8; 11:17-22; 14:20-23; 15:12；林後1:23–2:11; 11:3-5, 12-15; 12:20–13:10），就有各樣嚴重的教義和道德方面的問題。聖經中還有其他的例子，都清楚地顯明，在真教會之中，有*比較純潔的*教會，也有*比較不純潔的*教會。這一點可以用圖45.1來表明。

圖45.1 在真教會之中，有比較純潔的與比較不純潔的教會

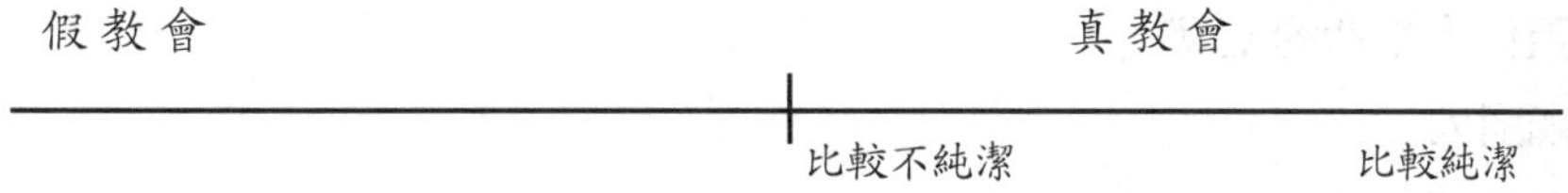

B. 教會純潔度與合一度的定義

我們可以定義教會的純潔度（purity of the church）如下：*教會的純潔度乃是教會脫離錯誤之教義和行為的程度，以及與神所啟示有關教會之旨意的一致程度。*

我們在以下的討論中將要看見，為教會更純潔而作的禱告和努力是正確的，但我們不能只關切教會的純潔度，否則基督徒會有一種傾向，想要自成一個非常「純潔」的小群，並排除任何在教義或生活行為上稍有偏差的人。所以，新約聖經也常常提到我們需要努力追求可見教會的*合一*。我們可以這樣定義教會的合一度（unity of the church）：*教會的合一度乃是教會脫離其中真基督徒之間分裂的程度。*

請注意，這個定義說到的是「真基督徒」。正如我們在前一章裏所看見的，有些所謂的基督徒只是徒具虛名而已，沒有真實經歷過由聖靈而來的重生，雖然如此，許多這樣的人還是打著「基督徒」的名號，而且許多充滿這樣不信者的教會，也仍然稱他們自己是基督教會。我們不該期望或促成這種人之間在組織上或功能上的合一，因此，要達成所有自稱為「基督徒」的教會的合一，是永遠不會發生的。然而，我們也將在以下的討論中看到，新約聖經確實鼓勵我們追求所有真信徒的合一。

C. 比較純潔之教會的標記

能促使一個教會「比較純潔」的因素包括了：

(1) 合乎聖經的教義（或正確地傳講神的話）

(2) 合宜地執行聖禮（sacraments；或禮儀，ordinances）

(3) 正確地執行教會紀律

(4) 真實的敬拜

(5) 有效的禱告

(6) 有效的見證

(7) 有效的團契

(8) 合乎聖經的教會治理

(9) 服事的屬靈能力

(10) 會員個人生活的聖潔

(11) 照顧窮人

(12) 愛慕基督

除此以外還可以有其他的標記，但至少這幾項能當作促使教會增加與神之旨意一致的因素。當然教會可能會在某些方面比較純潔，而在其他方面比較不純潔，舉例來說，一個教會可能有絕佳的教義和健全的講道，可是在對外人的見證上和有意義的崇拜上，卻失敗沉悶。反過來說，一個教會可能有活潑有力的見證，和十分敬畏神的崇拜，可是在明白教義和聖經教訓上，卻是脆弱不堪。

大多數的教會傾向於認為他們的強處都是最重要的領域，而他們的弱點就比較不重要了。但是新約聖經鼓勵我們要在所有的領域裏都追求教會的聖潔。基督為教會設的目標是「要用水藉著道把教會洗淨，*成為聖潔，可以獻給自己*，作個榮耀的教會，*毫無玷污皺紋等類的病*，乃是聖潔沒有瑕疵的。」（弗5:26-27）保羅的服事乃是「用諸般的智慧勸戒各人，教導各人，要把各人在基督裏完完全全的引到神面前。」（西1:28）不只如此，保羅告訴提多，長老們必須「能將純正的教訓勸化人，又能把爭辯的人駁倒了。」（多1:9）他又說，假教師的「口總要堵住」（多1:11）。猶大鼓勵基督徒「要為從前一次交付聖徒的真道竭力的爭辯」（猶3）。哥林多前書11:17-34命令人要合宜地使用聖餐，而哥林多前書5:6-7, 12-13也要求教會正確地執行紀律，以確保教會的純潔。

新約聖經還提及了其他一些促使教會純潔的因素：竭力追求屬靈的敬拜（弗5:18-20；西3:16-17）、有效的見證（太28:19-20；約13:34-35；徒2:44-47；約一4:7）、合宜的治理教會（提前3:1-13）、服事的屬靈能力（徒1:8；羅1:16；林前4:20；林後10:3-4；加3:3-5；提後3:5；雅5:16）、個人的聖潔（帖前4:3；來12:14）、照顧窮人（徒4:32-35；羅15:26；加2:10），以及愛慕基督（彼前1:8；啟2:4）等。其實，所有的基督徒都應當「求多得*造就教會*的恩賜」（林前14:12），此項勉勵不只能應用在增加教會會員的人數上，同時也能應用到「造就」或增長教會邁向屬靈的成熟上（其實這才是主要的應用）。這裏所列的所有經文都有力地提醒我們，我們要努力追求可見教會的純潔。

當然，假如我們要追求教會的純潔，尤其是對我們所在的各地教會，我們就必須認明，這將是一個過程；我們所身處的任何一個教會，都在不同的方面有幾分不純潔。在新約時代，沒有完美的教會，而在基督回來之前，也將不會有完美的教會。[1]這個意思是說，基督徒不需要去尋找一個最純潔的教會然後留在其中，一旦發現還有更純潔的教會，就離去奔赴了。反之，他們應當尋找一個真教會，能在其中有效地服事，也經歷基督徒的成長，並且在那裏服事人，繼續為著該教會的純潔而努力。神通常祝福他們的禱告和忠誠的見證，而教會的純潔就會在許多領域上增長起來。

但是我們也必須了解，不是所有教會都會正面回應那些能使他們更加純潔的影響力，有時候雖然在一個教會裏有些忠心的基督徒，可是教會主要的方向卻是由其他決心要走別的路徑的人所把持，那麼除非神施恩介入帶來改革，否則這樣的教會就可能變為異端，或死亡、關門，不過更為常見的是，這些教會就會偏離而成為自由派了。

在這裏我們要提一點，古典的更正教自由派是屬人文主義的，因此它的研討方式基本上是以人為中心、而非以神為中心，記住這一點對我們會有幫助。[2]當一個教會開始偏離對基督的忠誠，就會在一些方面顯明出來——不但會偏向不純淨的教義（有時會用閃爍的言詞來遮掩，不讓教會會友知道），同時也會顯露在教會的日常生活中：其活動、教導、輔導，甚至在會友之間的家常談話中，都會愈來愈傾向以人為中心，而不以神為中心，並且還會重複強調流行雜誌和世俗心理學家所給予的那些典型之自力救助的建議。這種教會的水平方向（以人為中心的方向），會持續和垂直方向（以神為中心的方向）對抗，愈來愈少有長時間的禱告，愈來愈不強調要將聖經的話直接應用到日常生活上，但卻愈來愈只強調要作一個關心人、對人敏銳的人，要肯定別人，並在愛中對待他們。這種教會的談話和活動很少有真正屬靈的內容——幾乎不強調每日需要為著個人的生活和罪得赦免禱告，幾乎不強調每日讀經的重要，也幾乎不強調時刻信靠基督，並在生活中認識祂同在的真實性。當有人想要追求道德的重建時，這種教會就常會把人類的景況認為是人類的缺失而已，以為人能夠用自律和努力

---

[1]這點為《西敏斯特信仰告白》（Westminster Confession of Faith）所認可：「天下最純正的教會也難免有摻雜和錯謬……」（第二十五章5條）

[2]見J. Gresham Machen, *Christianity and Liberalism* (repr. ed., Grand Rapids: Eerdmans, 1968; first published in 1923), 尤見pp. 64-68. 作者對此點有相當準確的分析。

來改善（也許再加上一些別人的鼓勵）；他們基本上不會認為這些道德生活的敗壞，是得罪了聖潔的神——也不認為只有靠聖靈在人心裏工作的能力，才能有效地克服罪。當這樣人文主義式的強調在教會裏變為舉足輕重時，教會就是在上述多項的領域中站在「比較不純潔」的一端，並且繼續地向假教會的方向走去。

D. 新約聖經對教會合一的教訓

新約聖經非常強調教會的合一。耶穌的目標乃是「他們……要*合成一群，歸一個牧人了*」（約10:16）；祂也為所有未來的信徒禱告說：「使他們都合而為一。」（約17:21）這個合一將是對未信之人的一個見證，因為耶穌禱告說：「使他們*完完全全的合而為一，叫世人知道你差了我來*，也知道你愛他們如同愛我一樣。」（約17:23）

保羅提醒哥林多教會的人，他們是「蒙召作聖徒的，*以及所有在各處求告我主耶穌基督之名的人*。基督是他們的主，也是我們的主。」（林前1:2）然後保羅又說：「弟兄們，我藉我們主耶穌基督的名勸*你們都說一樣的話*。你們中間也不可分黨，只要一心一意，*彼此相合*。」（林前1:10；另參林前10:13）

他鼓勵腓立比教會的人說：「你們就要意念相同，愛心相同；*有一樣的心思，有一樣的意念*，使我的喜樂可以滿足。」（腓2:2）他告訴以弗所教會的人說，基督徒應當「用和平彼此聯絡，竭力保守聖靈所賜*合而為一的心*」（弗4:3）；而主將恩賜賜給教會，「為要……建立基督的身體；*直等到我們眾人在真道上同歸於一，認識神的兒子*，得以長大成人，滿有基督長成的身量。」（弗4:12-13）

保羅能*命令*教會活在合一之中，因為在基督裏已經有一個*真正的*屬靈合一，存在於真信徒之間。他說：「身體只有一個，聖靈只有一個——正如你們蒙召，同有一個指望——一主、一信、一洗、一神，就是眾人的父，超乎眾人之上，貫乎眾人之中，也住在眾人之內。」（弗4:4-6）雖然基督的身體是由許多的肢體組成，但是那些肢體卻都屬「*一個身體*」（林前10:17; 12:12-26）。

因為新約聖經的作者們是以忌邪的心來保護教會的合一，所以他們說出了強烈的警告，以對付那些製造紛爭的人：

> 「弟兄們，那些離間你們、叫你們跌倒、背乎所學之道的人，我勸你們要留意躲避他們。因為這樣的人不服事我們的主基督，只服事自己的肚腹，用花言巧語誘惑那些老實人的心。」（羅16:17-18）

保羅當面反對彼得，是因為彼得跟外邦的基督徒分席，而開始只跟猶太基督徒吃飯

（加2:11-14）。那些助長「爭競……結黨、紛爭……的人必不能承受神的國。」（加5:20-21）猶大警告說，那些「引人結黨」的人，「屬乎血氣、沒有聖靈。」（猶19）

新約聖經強調信徒的合一，並且它也有要信徒和其他的人**分離**出來的直接命令，然而，它是命令人**從非信徒中**分離出來，而非從他所不贊同的基督徒中分離出來。當保羅說：「你們務要從他們中間出來，**與他們分別**」（林後6:17），這話是在支持他在該段開始時的命令：「你們**和不信的**原不相配。」（林後6:14）當保羅告訴提摩太說，「這等人」他「要躲開」（提後3:5），保羅所指的不是信徒，而是非信徒，是那些「愛宴樂、不愛神；有敬虔的外貌，卻背了敬虔的實意」的人（提後3:4-5），他說這些人「心地壞了，在真道上是可廢棄的。」（提後3:8）雖然有一種教會紀律要求教會與其內部製造紛爭的個人分離（太18:17；林前5:11-13），也還可能有其他的原因讓基督徒下結論說分離是必須的，[3] 但是當我們在這裏討論教會的合一時應當注意到，新約聖經中沒有直接的命令是叫人與不同教義的基督徒分離，這點是很重要的（除非那些不同的教義讓人捲進嚴重的異端，以至於連基督教信仰的本身都被否認了）。[4]

以上這些論及教會合一的經文告訴我們，除了努力追求可見教會的純潔之外，**我們也要追求可見教會的合一**。但是我們必須了解，這樣的合一不需要一個實際的普世性教會的政體，來治理所有的基督徒。事實上，信徒的合一通常是藉著基督徒群體自動自發的合作和聯合，而十分有效地展現出來的。並且，因著不同型態的服事和服事中不同的重點，可能會產生出不同的機構，不過它們都服在基督——教會的主和宇宙性的元首——之下。所以，不同宗派、差傳會、基督教教育機構、大學事工等團體的存在，不見得是教會失去合一的標誌（雖然在某些案例中可能是那樣），因為像它們這些不同的團體之間，仍可能有許多的合作，能經常展現彼此的合一（這類跨教會的機構、**與教會並行的組織**，中文稱為**福音機構**，而在英文中則稱為parachurch organization。這個英文詞彙並不恰當，因為它彷彿意味著這些組織在某些方面是在教會的「旁邊」，即*para-*之意，等於是在教會「外邊」了，但實際上，它們只不過是普世性的教會的不同部分罷了）。

不只如此，許多的基督徒認為，**根本不應該有**普世性的教會政體，因為在新約聖經中的教會治理模式，從未顯示過長老的權柄會超出地方性的會眾以外（見本書第四十七章的討論）。事實上，新約聖經甚至也說到，使徒們同意保羅應當著重對外邦

---

[3]有關分離原因之討論，見本章F節。

[4]約翰二書10中禁止基督徒向巡迴佈道的異端教師問安，因為他們一點都不傳揚真正的福音。見以下的討論。

人的宣道事工，而彼得則著重對猶太人的宣道事工（加2:7）。雖然保羅和巴拿巴有一段時間分道揚鑣，那是因為他們在是否該帶著馬可同行的事上有了歧見（徒15:39-40），但他們在每一個其他的方面，肯定是合一的。[5]

E. 教會分裂的簡史

有時候，有些原因可以解釋為什麼教會無法維持外在的或可見的合一。概覽教會裏組織上的分裂歷史，可以突顯出這些原因，[6] 並有助於我們了解今日宗派的區分是怎麼來的。

在教會開始後的頭一千年裏，大致還有外在的合一。雖然在與孟他努派（二世紀）和多納徒派（四世紀）爭議的時期，有過一些小規模的分裂，而且一些基督一性派的教會（五至六世紀）又帶來一次小型的分裂，但是教會界強盛的情感成為一股反對分裂基督身體的強大力量。舉例來說，二世紀時的一位主教愛任紐（Irenaeus）論到那些在教會裏造成分裂的人說：「受他們影響而能有的改革，沒有重大到足以彌補他們在造成分裂上所帶來的破壞。」（《反異端》，*Against Heresies*, 4.33.7）

教會首度主要的分裂是在主後1054年發生的，當時，*東方教會*（今日的東正教）從*西方教會*（羅馬天主教）分離出來，原因是教皇運用他自己的權柄就改變了一條信條，[7] 而東方教會抗議教皇無權這樣做。

十六世紀的宗教改革將當時的西方教會分裂為羅馬天主教和更正教兩支，但當時其實是非常不願意造成正式的分裂。馬丁·路德想要改革教會，但並不想要造成分裂，然而他卻在1521年被天主教開除了會籍。安立甘宗（聖公會）教會不是自己從羅馬分離出來，而是在1570年被開除會籍，因此他們說：「我們受分裂之苦，但不是我們造成它的發生。」但在另一方面，有許多更正教徒，尤其是重洗派的信徒，他們想要成立只有信徒的教會，因此早在1525年就開始在瑞士，後在歐洲的其他地區，成立分離的教會。

---

[5]聖經似乎暗示，在這場爭辯中，保羅是對的，而巴拿巴是錯的，因為它告訴我們，當保羅帶著西拉離開安提阿時，是「蒙弟兄們把他交於主的恩中」（徒15:40），而論及巴拿巴時卻沒有說出類似的話。使徒行傳只是簡單地報導這事件，但沒有強烈的證據說明不同路線的服事是否適當，因為經文是說在保羅和巴拿巴之間有「爭論」（徒15:39），可見我們不應當以為他們哪一個是全然沒有錯誤的。

[6]從這裏到本章末了的內容，是取自Wayne Grudem, "Separation, Ecclesiastical," in *The Tyndale Encyclopedia of Christian Knowledge* (Wheaton, Ill.: Tyndale House, copyright 1971). 此書並未出版；蒙准使用這部分的資料。

[7]關於*和子*（*filioque*）一語的討論，見本書第十四章C節。

在宗教改革以後的數世紀，更正教碎裂為數百個較小的群體。有時候新群體的領袖也後悔這樣的分裂，例如約翰·衛斯理，雖然他是循道主義的創始人，但他宣稱自己不論生死都是安立甘宗的會友。會發生分裂的情況，通常是因良心不安或宗教自由的問題，而迫使人離開原來的教會，就像清教徒和許多敬虔派的群體都是如此。但在另一方面，有時候在美國之移民群體中的語言差異，也會導致建立一些分離的教會。

所有造成分裂為不同組織和宗派的原因，都是很恰當的嗎？雖然在主要的教會分裂上，幾乎總是因有強烈的神學差異存在，但是有人擔心，那些想要開始或維持分裂的真正動機，尤其在晚近的歷史上，常是因為自私的動機。關於這一點，加爾文所說的可能是對的：「當一個人為自己所宣稱的超過他實際所當得的時候，驕傲或榮耀自己就成了所有爭論的原因和起點。」[8] 不只如此，他還說：「野心曾經是、至今仍是，所有錯謬、所有攪擾和分黨之母。」[9]

二十世紀中葉的教會合一運動（ecumenical movement），想要在宗派之間尋求更大的組織上的合一，但並未達成顯著的果效。它完全沒有從福音派那裏得著衷心的讚許和支持。但在另一方面，自從1960年代以來，跨越宗派藩籬之靈恩運動的成長，鄰舍間查經班和禱告小組的興起，和一般信徒對神學意識的消逝（可惜了），卻都在地區性的層面上，顯著地增加了信徒之間真實交通的合一，甚至也包括在更正教徒和天主教徒之間。

雖然前面幾段說到教會的分裂，是意味著 (1) *新生組織*的成立，但是還有另外兩種更為嚴重的分裂，是我們應當提到的：(2)「*不合作*」——教會或基督教組織拒絕和其他的教會合作或有聯合的活動（例如佈道大會、聯合崇拜，或相互認可的按牧儀式等）；(3)「*沒有個人的交通*」——極端嚴格地迴避一切與另一教會會友的個人交通，也禁止任何的聯合禱告或讀經，有時甚至會切斷與另一教會會友的一般社交性接觸。我們在下一節將要討論造成這些分裂的可能原因。

F. 分裂的原因

當我們審查歷史上造成教會分裂之人的動機，再與新約聖經要求我們要同時尋求可見教會的合一和純潔作一比較時，我們就會發現，*教會分裂的原因有對、也有錯*。錯誤的原因包括個人的野心和驕傲，著重次要的教義或實行上的差異（即不會影響到任

[8] John Calvin, *New Testament Commentary* on 1 Cor. 4:6.

[9] John Calvin, *Old Testament Commentary* on Num. 12:1.

何其他教義的教義模式或行為模式，而且在基督徒的生活上也沒有重要的影響）。[10]

但在另一方面，有一些分裂的理由，是我們可以認可的（或有可能是對的，看情況而定）。在大多數的情況下，這些分裂的原因是出自追求教會的純潔以及合一，它們可分為三類：(1) 教義的因素；(2) 為良心的緣故；(3) 實際的考量。在下面更詳細的敘述裏，會列出一些情況，是筆者認為基督徒需要受引導而離開教會的，然後也列出了一些其他的情況，是比較不明確的，有些基督徒會認為離開教會是*明智*之舉，但別的基督徒可能會認為是*不明智*的。在這些比較不明確的情況裏，筆者不作任何的結論，只是列出各種基督徒會想到要考慮的因素而已。

F.1 教義的因素

當教會的教義立場嚴重地偏離了聖經的標準時，可能就需要離開這個教會了。這個偏離可能是寫在正式的文件中，也可能是表現在信念和實行上。然而，怎麼樣的偏離教義才算是嚴重到基督徒需要離開這教會，或另外成立一個教會呢？正如我們在前面提過的，新約聖經裏沒有任何命令是叫我們要離開任何真教會，只要這教會還是基督身體的一部分。甚至保羅對那些走錯路的教會（像哥林多教會，不但容忍了嚴重的教義和道德的錯誤，而且有一陣子也容讓了一些拒絕保羅之使徒權柄的人），也沒有叫那些忠心的基督徒要離開這樣的教會，反而是告誡教會要致力於悔改，並為他們禱告。當然，聖經中是有命令要教會對那些在內部製造糾紛的人，繩之以紀律，亦即有時候需要將他們從教會的交通中開除出去（林前5:11-13；帖後3:14-15；多3:10-11），但是，假使這個紀律不能立即實施（見啟2:14-16, 20-25；另參路9:50; 11:23），聖經也沒有指示基督徒要離開教會而造成分裂。

約翰二書10-11說到禁止基督徒接待假教師，這可能是整個新約聖經裏最強硬的敘述：「若有人到你們那裏，不是傳這教訓，*不要接他到家裏，也不要問他的安*；因為問他安的，就在他的惡行上有分。」然而我們也應當注意到，這樣的訪客是在教導一種嚴重的異端，是有關基督的身位的，會使人得不到能救人的信心（從約翰二書9，我們知道約翰說的「他」是指任何「凡越過基督的教訓不常守著的，就沒有神」的人）。不只如此，第10節所指的是假教師，而不是指那些有錯誤信念的個人，因為經文講到的是有人來「不是傳這教訓」（另參約二7：「因為世上有許多迷惑人的出來，他們不認耶穌基督是成了肉身來的，這就是那迷惑人、敵基督的」），約翰甚至使用

[10]有關主要教義和次要教義之間的差異將於本書第一章C節論及。

「**敵基督的**」來稱呼這樣的教師。最後，約翰心中所說的「問安」是指教會正式的問安，或指那種看起來會令人以為教會支持其教義的問安，因為經文是針對有人「**到你們那裏，不是傳這教訓**」（約二10）而發的禁令，這表示這個人乃是一位旅行的教師，他不只是來到一人的家中，而是要對教會整體講話的。[11]

關於與不信者分別、或從否認基督教信仰之基本錯誤裏分離出來的原則，聖經似乎**要求**基督徒惟當原教會在教義上的錯謬十分嚴重、十分普遍，以致**已經變成一個假教會**，不再是基督身體的一部分的時候，才在基於教義的立場上退出原教會，並加入或成立一個新的組織。原來那個教會不再是真信徒的團契，不再是基督身體的一個真實部分，也不再是一個人接受其教訓便能找到救恩的地方。[12] 當人離開一個假教會，其實他們並沒有**離開**真教會，他們本身**就是**真教會，而是其原教會的組織因錯謬而離開了真教會。事實上，路德和加爾文至終都說，羅馬天主教不是一個真教會。

然而，許多基督徒可能會認為，即使在還不絕對需要退出或離開教會之時，因發現教會雖未變成假教會，但已有嚴重的教義偏差，這時就離開教會是屬**明智的或合宜的**。舉例來說，有人認為，如果教會的領袖倡導主要教義（例如三位一體、基督的身位、救贖、復活等）的異端觀點，而不會受到教會紀律的管治，也不會從教會的團契交通中開除出去，這樣的教會在教義上的偏差就是不可容忍的。也有人認為，如果教會整體公開地贊同一些教義或道德上的錯謬（例如在教會信條或信仰告白上，表明支持一項錯誤的教義），就應該離開此教會。然而，有的基督徒不認為在這樣的情況下離開教會是明智的或合宜的，而願在教會內部提倡禱告、追求復興與改革，公開表明不同意任何過去曾被容忍多時的錯謬教義。在這樣的情況下，那些決定留下來的人，和那些決定離去的人，都應當認明：神可能會呼召不同的基督徒，去擔任不同的角色和服事，所以各人會有不同的決定；因此，這時我們應該給予別人相當的自由去尋求神的智慧，並且在明白神的智慧後去順服其帶領。

F.2 為良心的緣故

說到良心，假如一個基督徒沒有自由按照他的良心——受到聖經的知會而發出指令——來講道或教導的話，那麼他可能就會認為離開教會是必須的，或者至少是明智的。但是要小心和存著極大的謙卑：個人的判斷可能會是扭曲的，尤其是如果歷史上

[11]見John Stott, *The Epistles of John*, TNTC. (London: Tyndale Press, 1964), pp. 212-15中的討論。

[12]《西敏斯特信仰告白》說完了「天下最純正的教會也難免有摻雜和錯謬」之後，又加上「有些教會腐敗到幾乎不算是基督的教會，而算是撒但的會堂。」（第二十五章5條）

忠誠信徒的結論，和當時信徒的忠告，都沒有說這種情況就應該離開教會的話。

此外，哥林多後書6:14命令我們不要和不信者共負一軛，這命令也要求一個人離開教會，假如其教會是被那些看不出有得救信心的人所把持，以至於無法避免和他們「同負一軛」時。在這段經文裏，禁止與不信者「同負一軛」的命令，並不是禁止與他們有什麼關係，或甚至接受其幫助（比較路9:50；另參約三7），而是禁止基督徒因未信者而*放棄對自己活動的控制，以及失去在行動上順服神的自由*，因為這些限制都包含在「共軛」的意思裏。有些人可能會發現，假如他留在教會裏，便表示贊同教會內一些不合聖經的教義或做法，這樣會鼓勵其他人跟隨那些錯誤的教義或做法，所以他根據良心，認為離開教會是必須的，或至少是明智的。可是在相同的情況下，別的人可能會認為留在教會裏，並且清楚地聲明駁斥錯誤的教義，才是對的。

在其他的一些狀況裏，有些人認為，如果宗派裏更高的掌權治理者——原是會友答應要順服的——下令要做一件明顯是有罪的行為（即明顯與聖經的教訓相反的行為）時，就需要離開那個宗派了。在這樣的情況下，有人說離開那個宗派是惟一的路，因為這樣才能避免去做有罪的行為，和避免不順服在上掌權者的領導。不過這個理由不見得是對的，因為許多聖經的經文顯示，當更高的權柄命令人去犯罪時，人若不服從並不是錯的（見徒5:29；但3:18; 6:10），所以，一個人可以不服從教會而留下，直到被迫離開為止。

F.3 實際的考量

如果基督徒在禱告和深思熟慮以後，覺得留在原教會可能帶來的傷害多於好處，那麼他們就可以決定離開原教會。這點可能是因為他們為主做的工作在原教會內被抵制，或是因為他們與教會其他人沒有或幾乎沒有交通，以致他們的事工受到挫折又沒有果效。此外，有些情況下的人認為，若留在原教會即表示贊同教會裏錯誤的教訓，這將會傷害其他信徒的信心，或攔阻非信徒真正的信主，因此他們決定離開。再者，有些情況下的基督徒已經禱告努力多時以求改變，但是似乎看不到原教會會有改變的盼望，這可能是因為原教會的領導群拒絕接受從聖經而來的指正，他們的立場堅固、牢不改變。在所有的這些情況下，都需要多多地禱告三思，因為離開一個教會，尤其是對那些在教會裏已經待了很久的人，或那些在教會裏已經發揮領導功能的人，都是一個重大的行動。

F.4 不合作與不交通？

最後，我們要問：基督徒何時應當採取比上述更強硬的分離措施，即我們先前所說的「不合作」或「沒有個人的交通」？我們所查看過的聖經經文似乎只要求我們，惟有當另一方是不信主的群體，而且他們也操持活動的控制權（即哥林多後書6:14「同負一軛」之譬喻所意味的）之時，基督徒才應在某些活動上不與之合作。當然，我們也可能根據別的原因發現，在某一特定的情況下不合作是明智或合宜之舉，然而，除非另一方是不信主的，否則聖經似乎沒有要求我們這樣做。另一方面，若是有人反對由真信徒所舉辦的活動，例如佈道大會等，從新約聖經作者的眼光看來，這屬於分爭，是未能展現基督身體之合一的失敗。[13]

第三種的分裂，也是最極端的，就是迴避所有與整個教會群體之會友間的個人交通，但這是新約聖經從未命令過的。像這種極端的「不交通」，只有在教會對問題嚴重的個人執行紀律時才會有；在與整個教會產生歧異時不應該有這樣的做法。

個人思考與應用

1. 你認為自己的教會在哪些方面「比較純潔」？哪些方面「比較不純潔」？
2. 請根據本章C節中所列之12項「比較純潔之教會的標記」，為你的教會在每一項上評分（1分表最不純潔，10分表最純潔）。
3. 你認為你應當做些什麼來幫助你的教會更純潔？當你注意到教會中有一個特別的需要時，你是否認為這就是神在呼召你（而非其他人）去滿足那個需要？
4. 你是否認為在你所在的地區裏有其他的教會比你自己的教會更加純潔？有什麼原因會讓你認為留在自己的教會是對的，即使這可能不是你所知道最純潔的教會？
5. 在本章C節中所列之12項「比較純潔之教會的標記」，有沒有哪一項是本世紀的福音派教會已經忽略掉而不強調的？
6. 你認為就整體而言，教會從第一世紀以來，在純潔度上是隨著時間而繼續增加嗎？你是否能提出明確的理由來支持你的答案？
7. 在你的一生中，曾看過什麼令人振奮的標記，是表明教會在純潔度上有增長的？又看過什麼令人振奮的標記，是表明教會在合一度上有增長的？
8. 你認為有何方法可以增長你自己教會中會友的合一？
9. 你從何得知你的教會與同一地區的其他真教會之間有更大的合一？你認為什麼是邁向那個合

[13]新約聖經的作者可能也會認為，在更正教中大多數的分爭，從發生的當時直至今日的現況，都是個悲劇，因為都是在爭論一些在新約聖經裏最不強調的、教義最不清楚的差異，例如治理教會的形式、基督臨在主的晚餐之精準的性質、末時的細節等（可能許多人還想要在此清單上加上：適合受洗之人的條件）。

一的阻攔（如果有的話）？有何方法可以表達出那個合一？若將那個合一表達出來可能會帶來什麼益處？

10. 你是否身處在一個教會，但心裏卻想要知道神是否要你離去，而加入另一個教會？讀完本章以後，現在你認為你應當留下來還是離去？在過去的十年裏，你的教會有沒有重大的改變並且是變得更好？假如你知道教會在未來的十年裏基本上不會有什麼改變，那麼你現在會決定留下來還是離開？
11. 現在世界上的真信徒，在哪些方面已經表明和展現出他們之間的合一？假如教會的合一有了更大的展現，那麼全世界的教會看起來會像怎麼樣？整體來說，會對世界造成怎樣的影響？
12. 假如一個地區已經有了幾個活潑有果效的福音派教會，那麼另一個福音派宗派是否有理由再在那個地區植堂？
13. 你認為當世俗文化把不信的或假的教會，和信主的教會都看成是「基督徒」時，會妨礙佈道事工和對社會作見證嗎？我們可以做些什麼來改變這種印象呢？
14. 我們今日與羅馬天主教的信徒之間，可以適切地表達出哪些方面的合一與合作？這樣的合作有何限度？

特殊詞彙

東方教會（Eastern church, 說希臘語的）
教會的純潔度（purity of the church）
分裂（separation）
教會的合一度（unity of the church）
西方教會（Western church, 早先是說拉丁語的）

本章書目

Bromiley, G. W. "Unity." In *EDT*, pp. 1127-28.
Carson, Donald A. "Evangelicals, Ecumenism and the Church." In *Evangelical Affirmations*. Ed. by Kenneth S. Kantzer and Carl F. H. Henry. Grand Rapids: Zondervan, 1990, pp. 347-85.
Puritan and Reformed Studies Conference. *Approaches to Reformation of the Church*. London: *The Evangelical* magazine, 1965. Contains papers by D. W. Marshall, D. P. Kingdon, J. I. Packer, G. S. R. Cox, S. M. Houghton, and D. M. Lloyd-Jones.

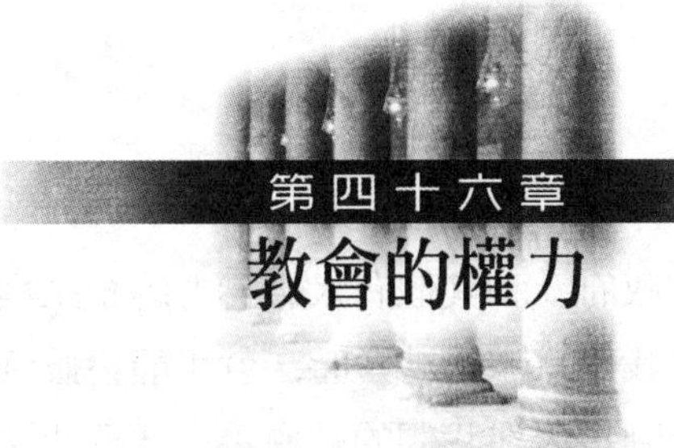

第四十六章
教會的權力

教會有什麼樣的權柄？
教會的紀律應如何發生功用？

背誦經文：哥林多後書10:3-4

因為我們雖然在血氣中行事，卻不憑著血氣爭戰。我們爭戰的兵器本不是屬血氣的，乃是在神面前有能力，可以攻破堅固的營壘。

詩歌：基督精兵前進（*Onward, Christian Soldiers*）

[1]基督精兵前進 齊向戰場走 十架旌旗高舉 引領在前頭
主基督是元帥 領我攻仇敵 齊看我主旗號 進入戰陣地
副：基督精兵前進 齊向戰場走
十架旌旗高舉 引領在前頭
[2]見主得勝旗號 撒但軍逃避 基督精兵前進 勝利在前頭
地獄根基震動 只因歡呼聲 主內弟兄高唱 向主獻頌揚
[3]基督教會前進 浩蕩如大軍 弟兄努力奔走 步先賢腳蹤
我們一心一意 團結攻敵軍 信仰盼望相同 愛心亦一致
[4]蒙恩聖徒前進 歡欣齊前往 大家異口同聲 凱歌高聲唱
榮耀尊貴頌讚 歸基督我王 世人天使同唱 頌揚永無疆

詞：Sabine Baring-Gould, 1865
曲：ST. GERTRUDE 6.5.6.5.D. Ref., Arthur S. Sullivan, 1871

這首詩歌沒有說到地上用刀劍盾牌的戰爭，而是說到用禱告和讚美的戰爭；而且仇敵不是在地上的非信徒，而是撒但和鬼魔的勢力：「地獄根基震動，只因歡呼聲；主內弟兄高唱，向主獻頌揚。」

這首詩歌將教會描繪為一支普世性對付撒但勢力的神之軍隊，也宣揚了教會的合一：「我們一心一意，團結攻敵軍；信仰盼望相同，愛心亦一致。」它是由一個不會分裂、不被打敗的教會，所唱出的一首屬靈爭戰中凱旋的、喜樂的歌曲。

前言

當我們看看世上有權能的政府，和其他有大影響力的企業與教育機構，接著再想想我們當地的教會，或甚至是我們宗派的總會時，就可能會感到教會顯得軟弱而沒有果效。不只如此，當我們認識到每天在我們的社會裏，罪惡快速的成長時，可能不禁會納悶地問道：教會是否有力量帶來任何一點的改變？

但另一方面，在有些國家裏，官方認可的教會在國家事務上有很大的影響力。在以往的南歐和拉丁美洲國家，羅馬天主教的影響力真的是很大（如今在某種程度上仍是如此）。在過去數世紀的英國國教會、約翰・加爾文還在世時的瑞士日內瓦教會，以及1620年在麻州海灣殖民地、由清教徒所建立的教會，其影響力都是真正的。這些教會顯然都具有大的影響力。這情形促使我們想問：聖經對教會的權力是否有任何的限制？

我們可以將「教會的權力」定義如下：*教會的權力乃是由神所賜予，以進行屬靈爭戰、傳揚福音，和執行教會紀律。*

雖然這三個領域有所重疊，討論的先後次序可以不同，但是因為「屬靈爭戰」的範圍包含比較廣，所以我們就先討論它。從這個觀點來看教會權力也提醒我們，教會的權力不像人間的軍隊和政府所發揮出來的影響力，它乃是直接影響到屬靈的境界。

A. 屬靈的爭戰

保羅提醒哥林多教會的人說：「因為我們雖然在血氣中行事，卻不憑著血氣爭戰。*我們爭戰的兵器本不是屬血氣的，乃是在神面前有能力，可以攻破堅固的營壘。*」（林後10:3-4）這些兵器是用來抵擋攔阻福音傳揚與教會進展之鬼魔勢力的，包括了禱告、崇拜、斥責鬼魔勢力的權柄、聖經的話語、信心，和教會會友公義的行為等（保羅在以弗所書6:10-18進一步地講述屬靈爭戰，和我們穿上軍裝作戰的細節）。

從廣義的角度來看，這個屬靈的能力誠然包括了福音的能力——能夠攻破罪和頂撞神的剛硬之心，並且能夠在不信之人的心中喚起信心（見羅10:17；雅1:18；彼前1:23），不過，這個屬靈的能力還能夠致使鬼魔對福音的抵擋無效。我們在使徒行傳13:8-11那裏看到這個能力的例子：保羅宣布神在行法術的以呂馬身上的審判，因為他抵擋福音的傳揚；而在使徒行傳16:16-18那裏我們也看到保羅斥責那個會算命的使女身上的邪靈，因為它在保羅宣揚福音時攪擾他。[1] 像這種打敗邪惡抵擋勢力的屬靈

---

[1]當耶穌在服事人時，就時常斥責那些攪亂的邪靈，見馬可福音1:23-26; 5:1-13等處。

能力，在初代教會屢屢可見，例如有屬靈的能力將彼得從監獄中釋放出來（徒12:1-17）；也許後來在希律亞基帕王一世身上的審判（徒12:20-24），也可以算是一例。[2]

然而保羅明瞭他不只能使用這個屬靈的權能，來對付那些教會外反對福音的人，也能用來對付教會內反對他使徒職分的活躍分子。論到在教會裏一些倨傲的攪亂者，他說：「然而主若許我，我必快到你們那裏去，並且我所要知道的，不是那些自高自大之人的言語，乃是他們的權能。因為神的國不在乎言語，乃在乎權能。」（林前4:19-20）這樣的權能不可小覷，因為它乃是與治死亞拿尼亞和撒非喇（徒5:1-11），和使以呂馬瞎眼（徒13:8-11）相同的聖靈的權能。保羅並不希望運用這個權能當作審判，可是在需要時他也會去使用。他後來又寫信給哥林多教會的人說，他親自臨到時所採取的行動，和他人尚未到時書信所代表的，是一樣有權能（林後10:8-11）。他也警告那些反對他權柄、公然犯罪卻未悔改的人說：「我若再來，必不寬容。你們既然尋求基督在我裏面說話的憑據，我必不寬容……我們也是這樣同祂軟弱，但因神向你們所顯的大能，也必與祂同活。」（林後13:2-4）然後他又加上了最後的提醒，說明他不願使用這權柄；他說他在未到之前寫信，「好叫我見你們的時候，不用照主所給我的權柄嚴厲的待你們；這權柄原是為造就人，並不是為敗壞人。」（林後13:10）

如今我們可能會問，今日的教會是否擁有和使徒彼得與保羅相同程度的屬靈能力？當然，使徒確實和其他初代的基督徒、甚至是使徒行傳裏的基督徒不同（請注意，緊接著亞拿尼亞和撒非喇之死後，使徒行傳5:12-13說：『主藉使徒的手在民間行了許多神蹟奇事……其餘的人沒有一個敢貼近他們，百姓卻尊重他們。』）此外，保羅沒有教導過哥林多教會的任何領袖，或是提摩太、提多，在哥林多行使那個屬靈的能力來對付他的反對者。他提到「主所給我」的能力（林後13:10），而不是說主曾給教會或給基督徒的一般能力。

但在另一方面，保羅確實指示哥林多教會在亂倫的事情上要執行教會紀律，並要他們在「……聚會的時候，我的心也同在……用我們主耶穌的權能」（林前5:4）去做。不只如此，在以弗所書6:10-18和哥林多後書10:3-4所描述的屬靈爭戰，似乎也可以應用在一般的基督徒身上。在今日幾乎沒有人會否認教會有權柄在福音工作上，以禱

---

[2] 這段經文並未確切地說，希律的死與教會為彼得「切切的禱告神」（徒12:5）之間有任何的關聯，但是經文記述希律之死是緊緊跟在描述他用刀殺死約翰的哥哥雅各、和他將彼得下在監中之事的後面，這的確暗示了神意欲將這事當成祂對教會主要仇敵之一希律的審判，而這項事實也顯示了，無人可抵擋福音的進展。這樣的理解也由描述希律之死後所緊接著的句子得到支持：「神的道日見興旺，越發廣傳。」（徒12:24）

告和有權柄的話語，來抵擋鬼魔的抵抗。[3] 所以，似乎至少有相當程度的屬靈能力，是神樂意賜給每一時代的（包括現今時代）的教會，以對付邪惡的敵對勢力。雖然我們也許不可能準確地知道，神在教會與邪惡衝突之時會賜給教會多大的屬靈能力，但是我們也無需事先知道這個，因為我們所蒙的呼召不過是忠於聖經去禱告，去執行教會紀律而已，然後將其餘的事交在神的手中，因為知道祂會賜予教會足夠的能力，去完成祂的目的。

B. 天國的鑰匙

「*天國的鑰匙*」（keys of the kingdom）一語在聖經裏只在馬太福音16:19出現過一次，在那裏耶穌對彼得說：「我要把天國的鑰匙給你，凡你在地上所捆綁的，在天上也要捆綁；凡你在地上所釋放的，在天上也要釋放。」這些「天國的鑰匙」（複數）是指什麼呢？[4]

在新約聖經其他的地方，「鑰匙」的意思都是指*開門並讓人進入一地或一境界的權柄*。耶穌說：「你們律法師有禍了！因為你們把知識的鑰匙奪了去，自己不進去，正要進去的人，你們也阻擋他們。」（路11:52）不只如此，耶穌在啟示錄1:18說：「我……拿著死亡和陰間的鑰匙」，就意味著祂有權柄准許人進出那些境界（另參啟3:7; 9:1; 20:1；賽22:22——對彌賽亞的預言）。

所以，「天國的鑰匙」至少代表了傳講基督福音的權柄（另參太16:16），因此也代表是開啟天國之門、容許人進入天國的權柄。

彼得首先在五旬節使用這權柄傳福音（徒2:14-42），但是就這權柄主要的意義而言，其他的使徒們也被授與了這個權柄，因為他們書寫福音，永久地留在新約聖經裏。就此權柄次要的意義而言，所有的信徒都有了這把「鑰匙」，因為他們都能夠與別人分享福音，藉此為那些將要進天國的人開門。

然而，除了以上所說的這個權柄外，還有沒有別的權柄，是耶穌用「天國的鑰匙」一語所暗示的呢？有兩個因素提示我們，鑰匙之權柄也包括了*在教會內執行紀律的權柄*：(1) 複數詞的「鑰匙」表示有權去開一扇以上的門，因此，「鑰匙」的意思就不只是進入國度而已，還包括了在國度內的一些權柄。(2) 耶穌在說完有關天國鑰匙的

---

[3]有關與鬼魔勢力爭戰問題的討論，見本書第二十章D節。

[4]本節其餘有關「天國的鑰匙」的內容，是取自Wayne Grudem, "Keys of the Kingdom" in *EDT*, pp. 604-5. 蒙准使用這部分的資料。

應許之後，用一句關乎「捆綁」（binding）和「釋放」（loosing）的敘述來結束；而這敘述與馬太福音18章裏的另一句敘述平行相扣，在那裏「捆綁」和「釋放」是指將人置於教會紀律之下，和將人從教會紀律之下解除出來：

> 「若是不聽教會，就看他像外邦人和稅吏一樣。我實在告訴你們，凡你們在地上所捆綁的，在天上也要捆綁；凡你們在地上所釋放的，在天上也要釋放。」（太18:17-18）

如果馬太福音18章的「捆綁」和「釋放」清楚地是指教會紀律，那麼第16章的「捆綁」和「釋放」，似乎也很可能是指教會紀律，因為耶穌在兩處說的話十分相似。[5]

用教會紀律的意思來明白「捆綁」和「釋放」，也適合馬太福音16:19的上下文，因為根據這樣的理解，當耶穌應許要建造祂的教會之後（太16:18），祂又應許要賜下權柄，不但能為人開門進入國度，也能在人進入國度內以後，管理規範他們的行為。[6] 所以，耶穌在馬太福音16:19應許給彼得的「天國的鑰匙」似乎包括了兩項內容：(1) 透過傳揚福音而容許人進入國度的能力；以及 (2) 向那些進入國度的人執行教會紀律的權柄。

在馬太福音16:16-19那裏，耶穌並沒有指出將來是否要將這些鑰匙的權柄賜給彼得以外的其他人，不過到後來傳福音的權柄確實是有賜給其他的人；而在馬太福音18:18那裏，耶穌說得一清二楚（太18:17，「告訴教會」），行使教會紀律的權柄是普遍地賜給教會了，只要是在教會聚會之時由教會整體來執行。如此說來，鑰匙之權柄的兩個層面，雖然首先賜給了彼得，但不久就擴大到整體之教會。如今教會在傳福音和執行教會紀律上，是在運用天國的鑰匙這權柄了。

什麼人或怎樣的行為應該要接受鑰匙之權柄所表示的教會紀律呢？在馬太福音16:19；18:18兩處經文裏，「凡」這個字在希臘文是中性的，這似乎指出耶穌所說的不是哪些特別的人（若是指人的話，通常會用陽性複數的「無論是誰」），而是指在教會內發生的一般性之**場合**和**關係**。但這也不排除在個人身上執行紀律的權柄，只是說

---

[5]在馬太福音16:19的敘述裏，「凡」和「你」（指著彼得）使用單數的代名詞，而在馬太福音18:18裏，則用複數（指著一般的基督徒們），可是兩處經文卻使用了相同的希臘動詞「捆綁」（*deō*）和「釋放」（*luō*），而且文法結構（委婉性的未來完成式）也相同。

[6]有人認為，捆綁和釋放並非指教會紀律的行動，而是指制定不同行為規則的權柄，因為大約在耶穌的時代，從猶太教師而出的拉比文學裏，**捆綁**和**釋放**的詞彙有時候是用來指**禁止和許可**不同的行為。然而這種解釋似乎並沒有太大的說服力，因為這些拉比文學的敘述比起耶穌自己在馬太福音18:18清楚說明那是指教會紀律，是更為遙遠的平行資料了。況且，我們也很難知道拉比文學的平行敘述，是否是在新約時代之前、是否耶穌和祂的聽眾已把這些詞彙當成具有特定意義的專有名詞而納入他們日常的生活用語裏；其實，馬太福音18:18顯示它們沒有被當成專有名詞，因為在那一節經文裏，它們是被用來指教會的紀律。

「天國的鑰匙」一語包含的範圍更廣，也包括了特定的行為。

可是這些有關教會紀律的權柄，也不是完全沒有限制的；它只在對付真正的罪惡時是有效的（另參太18:15），而罪則是根據神的話來定義的。教會無權憑著己意來立法，在道德上絕對地認定何為對、何為錯，因為定義對、錯的權柄惟獨屬乎神（見羅1:32; 2:16; 3:4-8; 9:20；詩119:89, 142, 160；太5:18）。教會只能夠宣布和教導在神的話裏已經命令了的。這些屬天國鑰匙的權柄也不能在絕對的意義上赦罪，因為聖經清楚地說，只有神自己可以這麼做（賽43:25; 55:7；可2:7, 10；詩103:3；約一1:9）。[7] 所以，在教會中執行紀律的權柄，乃是一種必須與聖經之標準吻合一致的權柄。

關於「天國的鑰匙」所表示的屬靈權柄，還可能有其他更明確的種類嗎？馬太福音16:19; 18:18兩處都使用了一種不常見的希臘文動詞表達（委婉性的未來完成式）。它最好的譯文是NASB版本的：「凡你們在地上所捆綁的，在天上*也將已被捆綁*；凡你們在地上所釋放的，在天上*也將已被釋放*。」[8] 從其他幾處有這種表達法的例子來看，它所指明的不只是一個未來的動作而已（「將要被捆綁」），因為那就只需用普通的希臘文時式（未來式被動語態）表達就可以了；但這種表達法是指明*在未來某個時刻以前將會完成這個動作*，而且具有一種可以持續感受到的果效。[9] 由此可見，耶穌的教導是說，教會執行的紀律將會有天上的許可。但它不是說，教會執行紀律以後，還必須等候神來背書，而是說任何時候當教會對罪人*加予紀律*時，就能有把握神已經開始屬靈的程序了；而任何時候當教會赦免罪人、*解除紀律*、恢復個人之間的交通時，教會也能有把握神已經開始屬靈的恢復了（另參約20:23）。耶穌用這樣的方式應許說，神和接受紀律管治之人的屬靈關係，會立即地受到教會紀律的影響，並且是與教會紀律的行動方向一致的。所以，合法的教會紀律牽動了可畏的事實：相對應的制裁在天上也已經開始了。

此外，關於天國鑰匙之權柄的教訓，對於那些開始接受一個真教會之紀律制裁的基督徒個人而言，還有一個重要的應用：基督徒應當服在教會紀律之下，不要逃離

---

[7]在約翰福音20:23有關門徒赦罪的權柄，最好理解為解除教會的制裁，並恢復個人的關係，其意思類似於馬太福音16:19; 18:18的「釋放」。

[8]關於文法的討論，見D. A. Carson's commentary on Matthew in *The Expositors' Bible Commentary*, pp. 370-72.

[9]舉例來說，這種表達法也出現在以下的內容裏：路加福音12:52；創世記43:9; 44:32；出埃及記12:6；《傳道經》7:25（Sirach，旁經的一卷）；黑馬的《類似集》5.4.2（Hermas, *Similitudes*，傳統上認為黑馬是二世紀中的教父，此份作品收在《黑馬牧人書》*The Sheperd of Hermas*之內）；《亞里斯提亞書》40（*Letter of Aristeas*，二世紀的基督教作品，被視為偽經）。

它，因為神也已親自將他們放在為罪所當受的制裁之下了。

C. 教會與政府的權力

前面兩節討論了教會所當運作的屬靈爭戰和屬靈權柄，然而，教會應當使用具體的力量（例如武器和軍隊），來實現她的使命嗎？通常被用來說明這種具體的、屬世戰爭之想法的用語是「拿起劍來」（to take up the sword）。

在聖經裏有好幾處的經文都說明，在新約世代的教會永不可拿起劍來實現她的目的。這是十字軍所犯的致命錯誤；當時，教會所贊助的軍隊橫跨歐洲和亞洲，嘗試要贏回以色列地。在這類例子中，教會試圖要用外在的武力，取得在地領土上的勝利。但耶穌卻說：「我的國不屬這世界；我的國若屬這世界，我的臣僕必要爭戰。」（約18:36）教會是有天國鑰匙的權力，但卻是屬靈的權力；是要使用屬靈的武器，打屬靈的爭戰，而不是要使用刀劍的武力，來實現其目的。「我們爭戰的兵器本不是屬血氣的。」（林後10:4）

神確實給予政府有權力來佩戴刀劍，也就是說，政府可使用武力來懲罰世界上的罪惡（羅13:1-7）；但是聖經沒有說，政府可以使用權力來迫使任何人去歸附基督教。[10] 不只如此，有幾處的經文說明，耶穌拒絕使用外在武力的權力去強迫人接受福音。舉例來說，當一個撒瑪利亞的村莊不願接待耶穌時，雅各和約翰就問主說：「主啊，你要我們吩咐火從天上降下來燒滅他們……麼？」（路9:54）可是即使那只是個建議，耶穌還是「責備」他們（路9:55）。耶穌第一次來到地上是為了將福音賜給所有會接受的人，而不是要懲罰那些拒絕的人，因祂說：「因為神差祂的兒子降世，不是要定世人的罪，乃是要叫世人因祂得救。」（約3:17）在教會世代的末了，有一天祂會再來，那時祂就要施行審判，可是在現在的世代，教會沒有特權使用外在的力量來執行審判。

當耶穌說：「該撒的物當歸給該撒，神的物當歸給神」（太22:21）之時，便清楚地將祂賜給政府的權柄，和祂運行在那些效忠祂之人身上的權柄，作了區分。耶穌不但確認政府有權柄，而且連祂自己都拒絕奪取那個權柄，因此祂對人說：「你這個人，誰立我作你們斷事的官給你們分家業呢？」（路12:14）

---

[10]Edmund Clowney正確地觀察到：「我們不可以假設說，基督不許祂的使徒們用刀劍將祂的國度帶進世界，卻將這權柄交給彼拉多。」（"The Biblical Theology of the Church," in *The Church in the Bible and the World,* ed. by D. A. Carson [Exeter: Paternoster, and Grand Rapids: Baker, 1987], p. 33)

政府不當使用外力要求人順從基督教，還有一個更深的原因，那就是在新約的時代，人順從基督和成為教會的一員，都必須是自願的，不能用家庭或國家來強迫人。事實上，人對基督所持的真信心，和因信心所產生的行為，都是無法用外力強迫的。如果是被強迫的話，就改變了信心的本質，它就不再是個人自發的作為，也就不是真信心了！

我們從此點也得到一個結論：*政府不應厲行或禁止有關教會教義方面的法律，也不應限制百姓在崇拜上的選擇自由*。在另一方面，教會不當也不宜統治政府，好像教會是在政府之上的更高權柄似的；教會不是的。教會的權柄和政府的權柄屬於不同的範疇（太22:21；約18:36；林後10:3-4），雙方都要尊重神所賜給另一方在其範疇裏運作的權柄。

這些對教會和政府活動的限制，與中世紀大多數時期的天主教教會的作法不同；那時的天主教教會通常擁有比政府更多的權力。這些原則也和英國國教的作法不同；英國國教在任命主教和更改任何教義的標準時，都得順服君王或國會的權柄。今天還有許多地方不遵守教會和政府的不同角色，例如在許多羅馬天主教的國家，教會仍舊對政府有很強大的影響力；而北歐的一些國家在宗教改革以後，有一些政府支持更正教教會，並強迫人成為其會員，使得許多人為了宗教自由而移民逃到美國。

雖然如此，我們還是應當說，與今日大部分的伊斯蘭教國家，和許多印度教和佛教國家——信仰是由政府支持和被政府強迫的——相比，在更正教或天主教國家裏，政府強迫的情形真是算少的了。事實上，在世界上的任何一個國家裏，若非受到健全之基督教福音派的強烈影響，很難找到真正的宗教自由（除非那個地方的不同宗教都非常脆弱或相互平衡，以至於沒有一個宗教擁有政治上的主宰勢力）。不論何時基督徒涉身在政治圈子裏，都應當清楚地將宗教自由列為一項政策，是不可打折扣的，並且他們也當願意護衛宗教自由，即使不是自己所信的宗教。基督教信仰可以自己站立得住，而且在任何社會和任何文化的思想市場上，都有很強的競爭力，只要它有自由如此行的話。

最後，我們以上所說的不當被誤會為禁止基督徒帶給政府正面的、道德的影響力，以及嘗試說服政府制定與聖經道德標準一致的法律。基督徒應該嘗試說服政府制定保護家庭、私有財產和人類生命的法律——即定謀殺、姦淫、偷盜、破壞契約（即違反十誡的事）等行為為非法，並加以懲罰；基督徒也應該嘗試說服政府禁止同性戀、酗酒、濫用毒品、墮胎和其他與聖經道德標準不一致的事；這些都是基督徒應該做的事。這些事情都不要求人相信某種教會教義或是神學信念，也不要求人參加某種教會或崇拜聚會，那些都清楚地是屬於狹義的宗教活動，只和我們與神的關係以及我們對祂的信仰有關。[11] 政府應當避免制定有關這些屬乎宗教事務的法律。

D. 教會紀律

因為教會紀律是使用教會權力的一個層面，因此討論一些與執行教會紀律有關的聖經原則，是很合宜的。

D.1 教會紀律的目的

D.1.1 使迷失信徒得到恢復與和好

罪妨礙信徒中間的交通，也妨礙人與神之間的交通；為了要讓雙方和好，必須處理掉罪。所以，教會紀律原初的目的是為了追求兩重目標：*恢復*（犯罪之人恢復有正確的行為）與*和好*（信徒之間、神人之間的和好）。[12] 正如聰明的父母管教他們的兒女（箴13:24，「疼愛兒子的，隨時管教」），我們的父神也管教祂所愛的（來12:6；啟3:19）。所以教會執行紀律乃是在愛中採取行動，以得回一位迷失的弟兄或姊妹，在正確的交通中重新建立那人，並將他從毀滅性的生活型態中拯救回來。根據馬太福音18:15，我們盼望紀律的執行只需第一步就夠了，那就是只需有人單獨去勸戒：「他若聽你，你便得了你的弟兄。」「你便得了你的弟兄」表示出，那些執行紀律的人應當永遠記住，其目標是得到基督徒彼此間的和好。保羅提醒我們，要「用溫柔的心」把犯罪的弟兄或姊妹「挽回過來」（加6:1）；而雅各也鼓勵我們要「叫一個罪人從迷路上轉回」（雅5:20）。

事實上，如果當罪行的明顯證據一被看見時，教會的會友便主動地給予私下溫和

---

[11]在馬太福音6:10; 14:4; 使徒行傳24:25; 和提摩太前書2:1-4等經文裏，都指明基督徒應當嘗試影響政府制定與聖經標準一致的法律。我們可以盼望聖經的道德標準也至終獲得社會大多數人的同意，因為那些道德標準也刻劃在他們的心上，所以，他們在良心上會同證這些標準是正確的（見羅2:14-15）。也因此神要所有的社會和文化負起自己的責任，順服祂的道德標準。在舊約時代，通常神的先知不只是對以色列民宣告審判，他們也對不道德的異教社會宣告審判，即使後者沒有神所書寫出來給人的律法（見申9:5；賽13-23；結25-32；但4:27；摩1-2；俄巴底亞書——寫給以東；約拿書——對尼尼微預言；那鴻書——對尼尼微預言；哈2章；番2章）。事實上，政府是神所差派來「罰惡賞善」的（彼前2:14）。

[12]在教會史上，因為沒有將和好當作教會紀律的主要目標，以致造成許多濫用教會紀律的問題（John White and Ken Blue, *Church Discipline That Heals*, Downers Grove, Ill.: InterVarsity Press, 1985. 尤見pp. 45-56. 這是一本討論教會紀律的傑作，原書名是*Healing the Wounded*）。他們在書中也說到：「若涉及教會紀律的各方沒有改變，就沒有真正的和好。」（p. 46）因此，本書在此一開始就將和好和恢復放在一起。

的勸戒，並互相代禱，那麼就不太需要正式地執行教會紀律，因為那程序已在其他人不知情的情況下，在兩人的談話之間，就開始又結束了。

即使紀律執行到最後一步的*開除會籍*（excommunication，亦即將人排除在教會的團契或聖餐之外），仍然是期望人會悔改。保羅將許米乃和亞力山大交在撒但手中，「*使他們學習不再說毀謗上帝的話*」（提前1:20，現代中文譯本）；他也將哥林多教會犯了亂倫罪的那人交給撒但，「使他的靈魂在主耶穌的日子可以得救。」（林前5:5）[13]

假如教會要執行紀律，執行的基督徒就一定要不斷地記住這第一項目的——幫助迷失的信徒與其他人和好，並與神和好，還要恢復正確的生活型態。這樣，要使執行者持續地以真正的愛心去對待犯罪之人，就會容易得多，並且若對方已顯出受傷的情緒，也會更容易避免憤怒的感覺或報復的慾望。

D.1.2 防止罪擴散到其他人

雖然教會紀律的主要目的是為了使犯錯的信徒得到恢復與和好，但是這卻不一定能在現時發生。但不論是否能得到恢復，教會都必須去執行紀律，因為執行教會紀律還有另外兩個目的。

這兩個目的的其中之一，是防止罪擴散到其他人。希伯來書的作者告訴基督徒要注意，不要讓這情形發生：「有毒根生出來擾亂你們，因此*叫眾人沾染污穢*。」（來12:15）這話的意思是說，假如人際衝突沒有很快解決的話，其影響會擴散到許多其他的人——很不幸地，這在許多教會分裂的事件上，確實是真的。保羅也說：「一點麵酵能使全團發起來」，因此他叫哥林多教會要把在生活中亂倫的人從教會裏趕出去（林前5:2, 6-7），否則那個人的罪會影響到全教會。假如那個人沒有受到制裁，罪的果效就會擴散到許多其他知道這事的人；他們看見教會並不在乎這事，就會導致許多人想，也許那罪沒有像他們所想的那麼糟，可能還有人會受到試探而去犯相似或相關的罪。不只如此，如果沒有制裁某一特定的罪，那麼將來若有另一個人犯了相似的罪時，教會就更難去執行紀律了。

保羅也告訴提摩太，若是長老持續地陷在罪中，就要在眾人的面前責備他，「*叫其餘的人也可以懼怕*」（提前5:20），這樣，許多其他的人就會了解，罪是不能被容忍的，教會和神自己是會制裁罪的。其實保羅公開責備過彼得，為的就是叫其他人不要跟

---

[13]通常在這些經節裏的「交在撒但手中」，其意似乎是「趕出教會」；因為那就是保羅在哥林多前書5:2, 7, 13，清楚地告訴哥林多教會要去做的事。將人趕出教會，就是將人移回這個有罪世代的國度，而這國度是被撒但所管轄的。

隨彼得的不良榜樣——與外邦人隔開、只和猶太信徒吃飯（加2:11）。

D.1.3 保守教會的純潔和基督的尊榮

教會紀律的第三個目的是保守教會的純潔，使得基督不會失去祂的尊榮。當然，沒有信徒在這個時代能擁有完全純潔的心，我們的生命裏都有殘存的罪，但是當教會的會友持續地犯罪，讓人——尤其是不信之人[14]——看見了外在顯而易見的罪，就明顯地羞辱了基督。這種情形和猶太人的情況類似，他們不順服神的律法，以致使不信者譏誚並褻瀆神的名，如羅馬書2:24所說：「神的名在外邦人中，因你們受了褻瀆。」

這正是為什麼保羅對哥林多教會很震驚的原因——他們沒有制裁那位繼續故意在教會中公然犯罪的人，「還是自高自大，並不哀痛。」（林前5:2）保羅也因知道了「弟兄與弟兄告狀，而且告在不信主的人面前」（林前6:6），而大為不安。彼得不容許道德上的瑕疵玷污教會的特質，因此他鼓勵信徒：「當殷勤，使自己沒有玷污，無可指摘，安然見主。」（彼後3:14）而我們的主耶穌想要獻給自己一個榮耀的教會，是「毫無玷污皺紋等類的病，乃是聖潔沒有瑕疵的」（弗5:27），因為祂是教會的元首，所以，教會的特質要能反映出祂自己來。甚至連天使和鬼魔也都在看著教會，要觀看神在教會身上所表達的智慧（弗3:10），所以（弗4:1，希臘原文），保羅鼓勵基督徒要「用和平彼此聯絡，竭力保守聖靈所賜合而為一的心。」（弗4:3）

這是一件非常嚴肅的事，因為主耶穌會切切地保守祂自己的尊榮。如果教會沒有妥當地執行紀律，祂會自己來做，就像祂在哥林多教會所做的——主的管教導致了疾病與死亡（林前11:27-34）；也如同祂警告別迦摩（啟2:14-15）和推雅推喇（啟2:20）祂將會做的。在後面這兩個情況裏，主十分不悅整個教會容忍外在的背道，卻不執行制裁；祂說：「然而有一件事我要責備你，就是你容讓那自稱是先知的婦人耶洗別教導我的僕人，引誘他們行姦淫，吃祭偶像之物。」（啟2:20；另參啟2:14-16）[15]

D.2 怎樣的罪要受到教會制裁？

在一方面，耶穌在馬太福音18:15-20裏教導我們，假如有人得罪了別人，但在私下或一小群人裏不能解決，那麼這件事就必須要帶到教會：

「倘若你的弟兄得罪你，你就去趁著只有他和你在一處的時候，指出他的錯來，他若

---

[14]也給天使看見了（見弗3:10；提前5:21）。

[15]以上所討論之教會紀律的目的，在《西敏斯特信仰告白》（Westminster Confession of Faith）裏有很好的摘要：「為了要矯正並挽回犯罪的弟兄，為了阻止別人犯同樣的罪，為求除掉那足以敗壞全團的酵，為求維護基督的尊榮和聖潔福音的宣揚，為了避免神的忿怒臨到，教會的懲戒乃是必須的。因為教會若任憑罪惡昭彰和剛愎的罪人褻瀆祂的聖約和其印記（即聖禮），神的忿怒將會公正地臨到教會。」（第三十章3條）

聽你，你便得了你的弟兄；他若不聽，你就另外帶一兩個人同去，『要憑兩三個人的口作見證，句句都可定準。』若是不聽他們，就告訴教會；若是不聽教會，就看他像外邦人和稅吏一樣。」（太18:15-17）

在這種情況下，這件事已經從私下的、非正式的情況，演變進入全教會公開的、更為正式的紀律處理程序了。

但在另一方面，究竟哪些罪應當接受教會紀律的制裁，似乎沒有明確界範。在新約聖經裏所記之實例涵蓋甚廣：結黨（羅16:17；多3:10）、亂倫（林前5:1）、偷懶不工作（帖後3:6-10）、不順服保羅所寫的話（帖後3:14-15）、褻瀆（提前1:20），和教導異端的教訓（約二10-11）等。

不過，在此顯出一個明確的原則：所有在新約聖經裏明言要制裁的罪，都是眾所皆知、或外在顯而易見的罪，[16] 而且其中許多的罪已經持續一段時間了。當罪變成眾所皆知時，表示教會已經受人指摘，基督已經受到羞辱，而且很可能已有其他人受到鼓勵去跟從那些被公開容忍的錯誤生活型態。

無論如何，在教會執行紀律時，總是需要有成熟的判斷，因為我們每一個人的生命，都還沒有完全的成聖。再有的就是，若有人已經意識到自己的罪，並且掙扎著要勝過它，這時別人一句責備的話，所造成的傷害可能大於所帶來的益處。我們也應當記住，對於有些行為的問題，是基督徒有理由不贊同的，但保羅仍鼓勵我們保持較大的容忍度（羅14:1-23）。

D.3 教會應如何執行紀律？

D.3.1 知道犯罪實情的人愈少愈好

應當盡量只讓少數人知道犯罪之實情。這點似乎是馬太福音18:15-17之教導——逐步進行——的目的：從私下的談話，到兩三個人的會談，最後才告訴全教會。知道犯罪實情的人愈少愈好，因為這樣當事人比較容易悔改，比較少人會被誤導，也比較不會傷害相關者、教會和基督的名聲。[17]

D.3.2 制裁的強度應逐漸增加

執行教會紀律時，應當逐漸增加制裁的強度，直到解決為止。在馬太福音18章

---

[16] 一個例外是記在使徒行傳5:1-11，亞拿尼亞和撒非喇私下所犯的罪。在這件事中，聖靈（徒5:3, 8）是這樣有能力地同在，所有人心中的隱情都被揭露，祂將最後的審判帶入了這個教會世代，於是「全教會……都甚懼怕」（徒5:11）。

[17] 然而，若是教會領袖犯了重罪，則需要公開的說明。見本章D.3.3節的內容。

中，耶穌一再地教導我們，如果私下的談話沒有帶來滿意的結果，不能就停在那裏。祂要求被得罪的人先單獨去找對方，然後才是帶一兩個人去（太18:15-16）。不只如此，假如一個基督徒認為自己得罪了別人（或甚至只是別人認為被他得罪），耶穌要求得罪別人的這個人（或是被認為得罪別人的這個人），要主動去找那位自認為是被得罪的人（太5:23）。這個意思是說，不論是我們被別人得罪，或是別人認為我們得罪了他們，都要採取主動去找對方，這永遠都是我們的責任。耶穌不讓我們等對方來找我們。

在私下談話和兩三個人的會談之後，耶穌沒有明言是否要請長老們或教會事奉人員去作下一批會談的人，但這一個中間步驟肯定是很合宜的，因為耶穌所說的可能只是一個大概，祂沒有提及其中每一個可能的步驟。事實上，在新約聖經裏有幾個勸戒小組的實例，他們是由長老們或其他的教會事奉人員所組成的（見帖前5:12；提後4:2；多1:13; 2:15; 3:10；雅5:19-20）。不只如此，盡量只讓少數人知道犯罪實情的原則，誠然也鼓勵了這一個中間的步驟。

最後，如果問題的情況還不能得到解決，那麼耶穌說，就「告訴教會」（太18:17）。在這種情況下，教會要聚集開會，聆聽這件事的實情，並達成一個決議。因為耶穌預想到那人「不聽教會」（太18:17）的可能性，所以教會可能需要再聚集一次，以決定該對犯罪者說什麼；然後再聚集一次，將那人從教會的交通中開除出去。[18]

當耶穌教導有關執行教會的紀律時，祂提醒教會，在教會所作之決定的背後，有祂的同在和祂的權能：「我又告訴你們，若是你們中間有兩個人在地上同心合意的求什麼事，我在天上的父必為他們成全。因為無論在那裏，有兩三個人奉我的名聚會，*那裏就有我在他們中間*。」（太18:19-20）耶穌應許要與教會的一般聚會同在，可是在此祂特別是指要與教會制裁犯罪之會友的聚會同在。保羅也告訴過哥林多教會類似的話，就是他們要在「*用我們主耶穌的權能*」聚集時，制裁犯錯的會友（林前5:4）。這件事不可掉以輕心，而要在主的同在下進行，其屬靈的成分是由主自己真正來實施的。

當教會作出這種制裁，那麼全教會就知道，那個迷失的人就不再被認為是教會的一員了，而那人也不可領取聖餐，因為參與主的晚餐是有分於教會合一的一個象徵：「我們雖多，仍是一個餅，一個身體，*因為我們都是分受這一個餅*。」（林前10:17）

在新約聖經裏還有其他的經文講到要避免與被開除之人有所交通。保羅告訴哥林

---

[18]哥林多前書5:4也要求教會要為制裁中的最後一步而聚集。

多教會的人說：「但如今我寫信給你們說，若有稱為弟兄是行淫亂的，或貪婪的，或拜偶像的，或辱罵的，或醉酒的，或勒索的，這樣的人*不可與他相交*，就是與他吃飯都不可。」（林前5:11）他又告訴帖撒羅尼迦教會的人說：「弟兄們，我們奉主耶穌基督的名吩咐你們，凡有弟兄不按規矩而行，不遵守從我們所受的教訓，就當遠離他。」（帖後3:6）不只如此，他還說：「若有人不聽從我們這信上的話，要記下他，不和他交往，叫他自覺羞愧；但不要以他為仇人，要勸他如弟兄。」（帖後3:14-15）約翰二書10-11也禁止向任何一位主張錯誤教訓的人問安，或請他到家中。新約聖經賜下這些指引，顯然是為了避免教會給人一種印象，以為教會贊同那些犯錯之人的背道行為。

D.3.3 制裁教會領袖

關於對教會領袖的制裁，保羅在一處經文裏提出特別的指導：

> 「*控告長老*的呈子，非有兩三個見證就不要收。〔那些〕犯罪的人，*當在眾人面前責備他〔們〕*，*叫其餘的人也可以懼怕*。我在神和基督耶穌並蒙揀選的天使面前囑咐你，要遵守這些話，不可存成見，行事也不可有偏心。」（提前5:19-21）

保羅在此給予一個特別的警告，以保護長老們免受個人的攻擊：在控告長老罪行的情況下，需要兩三個人的見證。「〔那些持續〕犯罪的人」[19] 要「*在眾人面前*」受責備——因為長老敗德劣跡的壞榜樣，非常可能給看見他們生活的其他人帶來廣泛負面的影響。接著保羅又提醒提摩太，在這種情況下，「行事也不可有偏心」，這是十分受用的警告，因為提摩太很可能是許多以弗所教會長老的密友。

保羅命令公開責備犯罪之長老的意思，是要在會眾面前清楚說明一些罪行的性質（提前5:20，「在眾人面前*責備他*」）；[20] 但在另一方面，不是罪行的每一項細節都得向會眾公開。在此比較有幫助的原則是：會眾要有充足的資料，以便：(1) 明白事情有多嚴重；(2) 明白並支持執行紀律的程序；以及 (3) 假使有更多的細節在未來以某種方式洩漏出來時，不會覺得該罪行先前是被淡化或遮掩了。

這樣公開地揭露一位領袖的罪，會帶給會眾一個訊息：教會其他的領袖在將來

---

[19] 這很顯然就是提摩太前書5:20裏的*tous hamartanontas*的意思（「〔那些〕犯罪的人」，衍生自*hamartanō*），現在分詞表示一個行動持續一段時間，因此這裏是指「那些持續犯罪的人」。

[20] 當教會必須懲戒一位教會領袖時，常容易犯的錯誤是沒有嚴肅地接受保羅的命令，因此，沒有適當地對會眾說明所牽涉之罪的性質。假如教會領袖犯了錯，會眾可能只是聽說他因著某些罪（可能只提到是哪一類的罪）而被教會除去職務。但這並不真是有效公開的責備，因為說得太模糊，所以只會造成迷惑、猜疑和閒話。不只如此，因為缺乏足夠的資料，還可能引起教會嚴重的分裂，有些人會認為懲戒的程序太嚴厲了，而另一些人卻可能會認為太寬容了；於是會眾就不會團結地支持這個程序。

不會將這樣的事情隱瞞不讓他們知道。這樣的做法會使得會眾增加對領導群之正直的信任，也會容許犯罪的那位領袖，逐漸開始重建他與會眾的關係，以及會眾對他的信任，因為他不需要去處理那些各式各樣關於他犯了什麼罪的臆測，而是面對那些知道他的罪是什麼、又能在他生活中看見他在那個罪上真正悔改與改變的人。

對於那些不是教會領袖而犯了嚴重之罪的人，是不是也一樣處理呢？聖經沒有命令我們去公開揭露教會一般會員的罪行。然而，處理教會領袖是不同的，因為他們的生活要「無可責備」（提前3:2，和合本譯作「無可指責」），並要作其他基督徒的榜樣（見提前4:12）。[21]

D.3.4 教會紀律的其他方面

當制裁的程序開始以後，只要這個犯罪之人悔改了，不論是在哪一個程序階段，知道這事的基督徒們就應當歡迎他很快地回到教會的交通之中。保羅說：「倒不如赦免他、安慰他，免得他憂愁太過，甚至沉淪了。所以，我勸你們要向他顯出堅定不移的愛心來。」（林後2:7-8；另參林後7:8-11）我們再一次強調，執行教會紀律的目的絕不是出於想報復的懲罰，而是為了要恢復和醫治。

不論是在哪一個程序階段，執行紀律的態度也是十分重要的。一定要溫柔、謙卑，而且要真心明白我們自己的軟弱，害怕我們可能會落入類似的罪中。「若有人偶然被過犯所勝，你們屬靈的人就當用溫柔的心把他挽回過來；又當自己小心，恐怕也被引誘。」（加6:1）

我們最好不要預先設下時間表，說出制裁的程序會持續多久，那是沒有智慧的作法；因為我們不可能預測出需要多長時間，才會看見聖靈所帶來那深刻而真實的悔改及內心景況的改變——就是將原先會走向罪的心改變過來。

最後，我們應當注意：緊接在馬太福音18:15-20有關教會紀律的經文之後，耶穌大力地教導我們去赦免那些得罪我們的人（太18:21-35）。我們要赦免那些傷害我們「七十個七次」的人（太18:22）；而且，耶穌又說，若我們不「從心裏饒恕」我們的弟兄，我們的天父也要嚴厲地懲罰我們（太18:35）。我們要把論及教會紀律的經文（太18:15-20）和教導我們要去赦免的經文（太18:21-35），視為是互補的，而不是互相矛盾的。我們以個人的身分，必須永遠在心中赦免人、不懷怨，然而同時我們也要為了犯罪之人的益處，為了基督的尊榮，又因為神話語的命令，而去執行教會紀律。

---

[21]筆者認為「無可責備」的意思，是指沒有人能正當地指控他們生活中有嚴重的罪行。

個人思考與應用

1. 你從前認為教會對世上事務的影響力，是強、還是弱？讀了本章的內容以後，你的想法有什麼改變？你現在認為，若不藉著教會強大的救贖影響力，還可盼望用什麼來改變社會？
2. 你從前曾經想過自己是持有「天國鑰匙」的人嗎？你現在是否真的持有一些那樣的鑰匙？你是怎樣使用它們的？
3. 你的教會能夠以怎樣的方式行使屬靈權力，以便更有效地對抗仇敵的勢力？你自己能夠以怎樣的方式，更有效地使用這個權力？
4. 在你的社區裏，什麼是阻擋有效宣揚福音的最強仇敵？你可以如何使用教會的權柄來對抗它？
5. 假如你接受這些原則──教會不應管治政府，政府也不應管治或限制教會的自由，那麼，在你自己的國家或所在地區，有效地實施了這些原則嗎？可以做些什麼事來使那裏更符合此原則？（你贊同這些原則嗎？）
6. 你是否知道一些情況，是一句溫柔的責備話，為你自己或另外一個基督徒的行為，帶來了正面的改變？你是否知道一些情況，是比責備話更進一步或兩步的教會紀律，為犯錯之人帶來了恢復？假如你知道有教會執行紀律，卻沒有帶來好結果，你認為那教會應改變什麼做法，就可能會帶來一個更好的結果？
7. 假如一個教會多年來都完全拒絕執行教會紀律，但卻明顯地需要有這樣的程序，那麼這情況對教會會造成怎樣的傷害？你是否知道一些已發生傷害的情況？
8. 你是否曾經希望有人對你說一句責備或忠告的話，是關於你沒注意到、或不確定的罪？如果你的答案是肯定的，那麼當時為什麼沒有人告訴你呢？
9. 根據馬太福音5:23; 18:15合起來所教導的，現在在你的生命中，有沒有什麼人際關係，是你應該到另一個人面前，尋求恢復和好的？

特殊詞彙

捆綁與釋放（binding and loosing）
開除會籍（excommunication）
天國的鑰匙（keys of the kingdom）
教會的權力（power of the church）

本章書目

Adams, Jay E. *Handbook of Church Discipline*. Grand Rapids: Ministry Resources Library, 1986.

Bauckham, Richard. *The Bible in Politics: How to Read the Bible Politically*. Louisville: Westminster/John Knox, 1989.

DeKoster, L. "Church Discipline." In *EDT*, p. 238.

Eidsmoe, John. *God and Caesar: Christian Faith and Political Action*. Westchester, Ill.: Crossway, 1984.

Grudem, W. A. "Keys of the Kingdom." In *EDT*, pp. 604-6.

Laney, J. Carl. *A Guide to Church Discipline*. Minneapolis: Bethany, 1985.

Linder, R. D. "Church and State." In *EDT*, pp. 233-38.

Robertson, O. Palmer. "Reflections on New Testament Testimony Concerning Civil Disobedience." *JETS*, Vol. 33, No. 3 (Sept., 1990), pp. 331-51.

Schaeffer, Francis. *A Christian Manifesto*. Westchester, Ill.: Crossway, 1981.

Stott, John R. W. *The Preacher's Portrait: Some New Testament Word Studies*. Grand Rapids: Eerdmans, 1961.

White, John, and Ken Blue. *Church Discipline That Heals: Putting Costly Love into Action*. (First published as *Healing the Wounded*.) Downers Grove, Ill.: InterVarsity Press, 1985.

第四十七章

教會的治理

當如何治理教會？

當如何選立教會中有職分的事奉人員？

女性可以擔任教會的牧師嗎？

背誦經文：彼得前書5:1-4

我這作長老、作基督受苦的見證、同享後來所要顯現之榮耀的，勸你們中間與我同作長老的人：務要牧養在你們中間神的群羊，按著神旨意照管他們；不是出於勉強，乃是出於甘心；也不是因為貪財，乃是出於樂意；也不是轄制所託付你們的，乃是作群羊的榜樣。到了牧長顯現的時候，你們必得那永不衰殘的榮耀冠冕。

詩歌：美麗錫安我神聖城（*Glorious Things of Thee Are Spoken*）

1 美麗錫安我神聖城 萬般榮耀難盡述 有許必應有言必踐 選你作為祂居所
萬古磐石是你根基 誰能搖動你安息 救恩牆垣四圍環繞 儘可嗤笑眾仇敵
2 請看永遠活水滔滔 湧流來自永遠愛 無窮活泉供你兒女 永無缺乏的恐懼
誰能覺得困倦乾渴 當此活水長湧流 恩典堅如賜恩的主 歷經年代仍屹立
3 請看雲火又正顯現 籠罩錫安千萬民 如此榮耀如此遮蓋 顯示主正何等近
美麗錫安我神聖城 萬般榮耀難盡述 有許必應有言必踐 選你作為祂居所

詞：John Newton, 1779

曲：AUSTRIA 8.7.8.7.D., Franz J. Haydn, 1797

詩歌中並沒有許多——假如還有的話——主題是關於如何治理教會的！筆者在這裏所選的這首詩歌是一般性的讚美詩，是人為著能成為神百姓中的一員而感謝神的賜福；我們是神百姓中的一員，所以也是屬天錫安山、屬天之城的公民，那裏是神的百姓居住的地方。不過在這首讚美詩裏，作者也使用了神百姓行經曠野旅程的舊約意象（見第3節的「請看雲火又正顯現」）；而整首讚美詩也可以視作是感謝神賜福，使人今日得以（屬靈地）住在教會的牆垣之內。

作者約翰．牛頓也是極有名的詩歌「奇異恩典」（*Amazing Grace*）的作者。

前言

今日的教會有許多不同的治理形式。羅馬天主教的治理是將其全世界的教會都置於教皇的權柄之下；聖公會（Episcopalian churches）的主教具有區域性權柄，而在他們之上還有大主教；長老會（Presbyterian churches）則是將區域性的權柄給予區會，而將全國性的權柄給予總會。但在另一方面，浸信會（Baptist churches）和許多其他的獨立教會，在地方性的教會之上沒有正式的治理權柄，而且是否要加入宗派也都是自願性的。

浸信會在地方性的教會裏，通常只有一位牧師和一個執事會，不過有的教會也有長老團。長老會有長老小會，而聖公會有教區代表會議。其他的宗派則只有教會裏的委員會而已。

新約聖經中是否有治理教會的模式？是否有某種的治理形式比其他的更好？這些問題就是本章所要討論的。

不過，在我們開始討論之前必須先說明，治理教會的形式不像那些主要的教義——三位一體、基督的神性、替代的救贖，或聖經的權柄等；雖然筆者在檢視了新約聖經的證據之後，相信有一種特定的治理教會形式，比其他的形式更足取法，不過，每一種治理的形式都有其弱點和強點，而且教會歷史也證明，有幾種不同的形式都曾經很好地運作了幾個世紀。此外，雖然新約聖經在治理教會的某些方面似乎說得很明白，但在有些方面（例如教會事奉人員的遴選方式）就比較不清楚了；因為新約聖經的證據不夠廣，所以我們從這種證據而產生的推論，也就比較不確定了。因此在這個問題上，即使福音派的基督徒有不同的看法，我們仍應該給他們一些空間，並期待他們未來能對此問題得著更深的了解。個別的基督徒可以偏好某一種體系甚於另一種，也可以在適當的時候，大力地為某一種體系辯護，不過身為基督徒，似乎也應當願意生活和服事在更正教教會中的任何一種治理體系內。

但筆者這樣說的意思，並不是說治理教會是一件完全無關緊要的事。在這一方面和其他的領域裏，不同教會的純潔度可能是各自不同的（見本書第四十五章有關教會純潔度的定義）。假使新約聖經在某些關於治理教會的事上有清楚的模式，而我們卻置之不理，那麼就會在我們的教會裏產生負面的結果，即使我們在今天還不能預先看見。所以，基督徒確實可以自由地在這個問題上研討立論，以便更多地追求教會的純潔。

在本章裏，我們首先要綜覽新約聖經中有關在教會裏有職分的事奉人員的記載，尤其是關於使徒、長老和執事。然後我們就要看看該如何遴選他們。在此之後，我們還要再看兩個引起爭論的問題：哪一種治理教會的形式——如果有的話——和新約聖經的模式最相近？其次，女性可以在教會中擔任有職分的事奉人員嗎？

A. 教會事奉人員

在本章中，我們將使用以下的定義：教會中有職分的事奉人員，是指那些為了全教會的益處而被公開認可為具有執行某種功能之權利和責任的人（譯者註：為了行文方便，有時簡稱為「事奉人員」）。

按照這個定義，長老和執事在教會中要被視為是有職分的事奉人員，就像牧師一樣（如果那是不同職分的話）；教會的財務和主席，也可算是事奉人員（但其稱號可能因教會的不同而有差異）。所有這些人員都有公開的認可儀式，並且通常是在崇拜時「就職」或被「按立」而進入一項服事。事實上，他們要履行責任，確實需要被公開地認可：舉例來說，如果教會的人每週都要想是誰去收集教會的奉獻並存到銀行裏，就不合宜；或者有不同的人爭論說，在某一個特定的禮拜自己有恩賜去負責財務，這也不合宜。教會要井然有序地發揮功能，就需要有人被認可去負起財務的責任。與此類似地，每主日早晨負責教導聖經的牧師，必須是被認可為具有權利和責任去做這件事的人（至少在大多數教會的形式下是如此），否則可能有許多人都準備了講章，並且都宣稱有權上台講道，但也可能有一些主日又沒人預備。又如，為了要讓教會的人跟隨長老的引導，教會的人就必須要知道誰是長老。

然而，教會中有許多其他的人也在運用恩賜，我們卻不說他們具有教會的「職分」，因為他們並不需要正式的公開認可才能運用恩賜，例如那些擁有「幫助人」（見林前12:28）、特別強烈的信心、能「辨別諸靈」（林前12:10）、勸化或施捨（羅12:8）等恩賜的人，並不需要公開認可才能在教會中有效地發揮功能。

在以下的內容裏，我們將會看到新約聖經中討論到一項教會職分，是僅限於初代教會成立之時的（即使徒的職分），以及另外兩項職分，是整個教會時代都持續有的（即長老和執事的職分）。

A.1 使徒

我們曾經討論過，新約聖經中的使徒在初代教會裏擁有一項獨特的權柄：說出和寫下成為有絕對意義之「神話語」的話；若不相信或不順服這些話，就是不相信或不順服神。所以，使徒具有一項權柄，他們寫下的話就成為聖經上的話。[1] 我們應當從這件事實本身知道，使徒的職分是獨特的，不應期待這職分到今天還繼續著，因為今天沒有人能夠在聖經中再加添話語，又將它們算成是神自己的話，或是聖經的一部分。[2]

此外，新約聖經中關於使徒資格和使徒身分之記載，也引導我們下結論說，這職分是獨特的，侷限在第一世紀，我們在今天不要期待再有使徒了。[3] 以下的問題將幫助我們看明這一點：使徒的資格是什麼？誰曾是使徒？曾有多少位使徒？今天還有使徒嗎？

我們在一開始時必須先說明清楚，這些問題的答案端在乎使徒這個詞的意義。今天有些人廣義地用這個詞來指一位有效的建立教會者，或是一位重要的宣道先鋒，例如說：「威廉・克理（William Carey）是赴印度的使徒」。假如我們以這種廣泛的意義來使用使徒這個詞的話，那麼每一個人都會同意說，今天仍然有使徒——因為今天肯定還有許多有效的宣教士和建立教會者。

新約聖經本身有三處經文，是廣義地使用使徒這個詞（希臘文是*apostolos*）；其意義並非指任何特定的教會事奉人員，而僅是指「信使」而已。在腓立比書2:25那裏，保羅稱以巴弗提為「是你們所差遣的（*apostolos*），也是供給我需用的」；在哥林多後書8:23那裏，保羅稱那些一同送奉獻款項到耶路撒冷的人，為「眾教會的使者（*apostoloi*）」；而在約翰福音13:16那裏，耶穌說：「差人（*apostolos*）也不能大於差他的人。」

但是使徒這個詞還有別的意思。在新約聖經裏，這個詞幾乎都是指著一個特別的職分——「耶穌基督的使徒」。就這詞狹義的意義來說，今天不再有使徒了，我們也不要再期待了；這是從新約聖經中關於使徒的資格和誰是使徒之記載而得的結論。

A.1.1 使徒的資格

作為使徒的資格有兩項：(1) 在耶穌復活以後，曾親眼見過祂（如此才能「作耶穌復活的見證人」）；以及 (2) 曾被基督明確地差派為祂的使徒。[4]

第一項使徒的資格——必須曾親眼看見過復活的主，這是在使徒行傳1:22所指出

[1]關於使徒權柄的討論，見本書第三章B節及第四章A節。

[2]關於新約正典的封閉之討論，見本書第三章B節。

[3]本節（A.1）的內容是取自於Wayne Grudem, *The Gift of Prophecy in the New Testament and Today* (Eastbourne, U. K.: Kingsway, and Westchester, Ill.: Crossway, 1988), pp. 269-76. 蒙准使用這部分的資料。

[4]關這兩個資格的詳細討論，可見於此篇古典的論文：J. B. Lightfoot, "The Name and Office of an Apostle", *The Epistle of St. Paul to the Galatians* （first published 1865; repr. Grand Rapids: Zondervan, 1957）, pp. 92-101. 亦見於K. H. Rengstorf, "*apostolos*," *TDNT*, 1:398-447.

的；那時彼得說要選立人取代猶大，「必須從那常與我們作伴的人中，立一位與我們同作耶穌復活的見證。」不僅如此，祂是對「所揀選的使徒」（徒1:2），在「祂受害之後，用許多的憑據，將自己活活的顯給使徒看；四十天之久向他們顯現……」（徒1:3；另參徒4:33）

保羅很看重這件事實，即他確實滿足了這項資格，雖然其方式相當不尋常——基督在他往大馬色的路上，在異象中向他顯現，並任命他為使徒（徒9:5-6; 26:15-18）。當保羅在為他的使徒職分辯護時，他說：「我不是使徒麼？我不是見過我們的主耶穌麼？」（林前9:1）當保羅敘述基督復活以後對人的顯現時，他說：「以後〔祂〕顯給雅各看，再顯給眾使徒看，末了也顯給我看；我如同未到產期而生的人一般。我原是使徒中最小的，不配稱為使徒。」（林前15:7-9）

這些經文合起來指明，除非有人曾在耶穌復活後親眼看見祂，否則就不能夠作一位使徒。

第二項使徒的資格——曾被基督明確地差派為祂的使徒，也由幾處經文中顯明出來。首先，雖然「使徒」一詞在福音書中並不常見，但是在耶穌委任祂的十二位門徒，「差派他們出去」奉祂的名傳道的時候，明確地稱他們為「使徒」：

> 「耶穌叫了十二個門徒來，給他們權柄，能趕逐污鬼並醫治各樣的病症。這十二使徒的名……耶穌差這十二個人去，吩咐他們說：『……隨走隨傳，說：天國近了！』」（太10:1-2, 5, 7）

與此類似的，耶穌以一種特別的意義來委任祂的使徒「直到地極，作我的（祂的）見證。」（徒1:8）當十一位使徒要選立另一位使徒來取代猶大時，他們沒有把這個責任攬在自己的身上，而是用禱告來詢問升天的基督，好指定出一個人：

> 「眾人就禱告說：『主啊，你知道萬人的心，求你從這兩個人中指明你所揀選的是誰，叫他得這使徒的位分；這位分猶大已經丟棄，往自己的地方去了。』於是眾人為他們搖籤，搖出馬提亞來，他就和十一個使徒同列。」（徒1:24-26）

保羅自己堅持說，他乃是基督親自指定成為使徒的。他說到耶穌如何在往大馬色的路上，對他說祂要指派他成為向外邦人傳道的使徒：「我特意向你顯現，要派你作執事、作見證……我也要救你脫離百姓和外邦人的手。我差你到他們那裏去……」（徒26:16-18）保羅後來也多次肯定他是基督特定指派為使徒的（見羅1:1；加1:1；提前1:12; 2:7；提後1:11）。

A.1.2 誰曾是使徒?

最初的使徒團有十二位——包括主原來選立的十一位門徒，加上在猶大死後取代他的馬提亞：「於是眾人為他們搖籤，搖出馬提亞來，他就和十一個使徒同列。」（徒1:26）這組原初的使徒團——使徒職分的「創始團員」——是這樣地重要，以至於我們看到他們的名字刻在天城新耶路撒冷的根基上：「城牆有十二根基，根基上有羔羊十二使徒的名字。」（啟21:14）

我們開始時可能會認為，這個團體永遠不可能擴大，沒有人可以再加入。可是保羅後來清楚地宣告說，他也是一位使徒；而且使徒行傳14:14也稱呼巴拿巴和保羅為使徒：「巴拿巴、保羅二使徒聽見……」所以加上保羅和巴拿巴，就有十四位「耶穌基督的使徒」了。[5]

此外，耶穌的弟弟雅各（不是原初十二門徒中的那一位），似乎在加拉太書1:19也被稱為使徒：保羅說到當他去耶路撒冷的時候，「至於別的使徒，除了主的兄弟雅各，我都沒有看見。」[6] 然後在加拉太書2:9，雅各與彼得、約翰同被列為耶路撒冷教會的「柱石」。在使徒行傳15:13-21中記載到，雅各和彼得在耶路撒冷大會上行使了一次很有意義的領導權，那是使徒職分才適合發揮的功能。不只如此，當保羅列出耶穌復活後的多次顯現時，他又再次地將雅各與使徒們同列：

> 「以後〔祂〕顯給雅各看，再顯給眾使徒看，末了也顯給我看；我如同未到產期而生的人一般。我原是使徒中最小的，不配稱為使徒，因為我從前逼迫神的教會。」（林

---

[5]假如使徒的作品被接納為聖經的話，那麼就會有人覺得奇怪，為什麼經外文件《巴拿巴書》(*The Epistle of Barnabas*)，沒有被包含在聖經裏。這個問題的答案如下：聖經學者近乎一致地認為，這卷書信並不是由巴拿巴寫的，而是由一位不知名、可能在主後70-100年之間住在亞力山太的基督徒寫的。這卷書信聲稱大部分的舊約，包括犧牲祭禮、大部分的摩西律法，和實際聖殿的建造，都是違反神旨意的錯誤（見*ODCC*, p. 134）。該書信的文本（text）及英譯，見於Kirsopp Lake, *The Apostolic Fathers* (Cambridge, Mass.: Harvard University Press, and London: Heinemann, 1970), 1:335-409.

[6]這節經文將雅各納入使徒之列，但原文不是絕對必須這樣繙譯。NIV的譯法是：「其他的使徒我都沒有看見——只見了主的兄弟雅各。」然而，「至於別的使徒，除了主的兄弟雅各，我都沒有看見」這一譯法，似乎是清晰可取的，因為：(1) 希臘文片語*ei mē*通常的意思是「除了」（BAGD, p. 22, 8a）；而這片語在新約聖經中絕大多數的用法，是指某事物原先是一群體的一部分，但從其中被「除去」了；(2) 從這節經文的上文來看（加1:18），因為保羅在耶路撒冷停留了十五天，所以他不太可能是說：除了雅各之外，沒有看到其他的人；或說除了雅各之外，沒有看到其他的教會領袖（即只見了主的兄弟雅各）；所以他的意思一定是說，他看見彼得了，而且除了雅各以外，他沒有看到其他的使徒。不過，這就將雅各列入了使徒的行列。詳細的討論請見E. D. Burton, *The Epistle to the Galatians* ICC (Edinburgh: T. & T. Clark, 1920), p. 60. 此書的作者Burton說：「當*ei mē*在一個名詞之前，其意思總是『除了』。」

前15:7-9）

雅各能夠書寫帶著他名字的新約書信之事實，也完全和他擁有屬乎使徒職分才具有的權柄一致——這權柄使得他所書寫的話語成為神的話語。所有這些考量合起來指出，主的弟弟雅各也被基督委任而成為一位使徒。這樣算起來，「耶穌基督的使徒」就有十五位了（十二使徒加上保羅、巴拿巴和雅各）。

還有多於這十五位的使徒嗎？可能還有一些，但即使有，我們也幾乎不知任何關於他們的事，況且我們並不確定還有更多的使徒。當然，有其他的人曾在耶穌復活以後見過祂——哥林多前書15:6說：「後來一時顯給五百多弟兄看。」在這一大群人之中，基督可能指派了一些人為使徒，但也十分可能祂並沒有指派任何人。這裏沒有足夠的證據指明是否還有更多的使徒。

羅馬書16:7說：「又問我親屬、與我一同坐監的*安多尼古和猶尼亞*安。他們*在使徒中是有名望的*，也是比我先在基督裏。」因為在這一節裏有幾個繙譯的問題，所以我們不能清晰地結論說是否還有別的使徒。「有名望的人」也可以譯成「被（使徒）注意到的人」。「猶尼亞士」（Junias，男人名字，見NIV）也可以譯成「猶尼亞」（Junia，女人名字，見KJV, ESV, 和合本）。[7] 在此的「使徒」之意可能不是指「耶穌基督的使徒」這職分，而是指其廣義的意思「信使」（即此字在腓立比書2:25；哥林多後書8:23；約翰福音13:16的意思）。不過這節經文幾乎沒有清楚的資料足以讓我們下一定論。

還有其他人也曾被認為是使徒，例如西拉和提摩太，因為帖撒羅尼迦前書2:6說到：「*我們作基督的使徒*，雖然可以叫人尊重……」而這書信是以「保羅、西拉、提摩太」（帖前1:1）為開始的，但保羅在此說的使徒真的包括了西拉和提摩太嗎？

---

[7]這名字在此究竟當譯為「猶尼亞士」還是「猶尼亞」，見此文中的討論：John Piper and Wayne Grudem, eds., *Recovering Biblical Manhood and Womanhood* (Wheaton: Crossway, 1991), pp. 79-81, 214, 221-22. 有人宣稱，「猶尼亞」在古希臘是一個普通的女人名字；可是這並不正確，至少在希臘文學作品裏不是的。用電腦搜尋主前九世紀到主後五世紀（長達1,300年之久）的2,889位希臘語作者的文獻，其結果只出現了兩處「猶尼亞」為女人名字的例子；一處是在蒲魯塔克（Plutarch，約主後50-120年）的文獻，另一處為教父屈梭多模（Chrysostom，主後347-407年）的文獻——他在羅馬書16:7的講章裏提到猶尼亞為一女人。這個名字當作男人名字也不常見，因為這個搜尋只找到一個例子，是在居比路（塞普路斯）島上撒拉米的主教伊皮法紐（Epiphanius，主後315-403年），他曾提到羅馬書16:7的「猶尼亞士」，並說「猶尼亞士」後來成為敘利亞地區Apameia的主教（見*Index of Disciples* 125.19-20，這裏引用的內容是最重要的，因為伊皮法紐知道更多關於猶尼亞士的資料）。教父俄利根（Origen，死於主後252年）在其拉丁文的羅馬書16:7註釋中，也把此人視為是一個男人（J. P. Migne, *Patrologia Graeca*, vol. 14, col. 1289）。因此，現有的資料支持這是一位男人，但因資料很少，也沒有定論。

保羅不太可能在這句敘述中包括了提摩太，這有兩個原因：

(1) 保羅在四節經文以前才說過：「我們從前在腓立比被害受辱，這是你們知道的」（帖前2:2），但在這一節所指的擊打和監禁，是只發生在保羅和西拉身上，沒有發生在提摩太身上的（徒16:19）。所以「我們作基督的使徒……」（帖前2:6）的這個「我們」，似乎並不包括這書信一開始所提到的所有人（保羅、西拉、提摩太）。

這封書信一般說來是出於保羅、西拉和提摩太，但是保羅知道，本書信的讀者會自然地明白，當他在某些段落裏說的「我們」不是包括所有三個人之時，他所指的是哪幾個人。他沒有明確地說：「西拉和我在腓立比被害受辱，這是你們知道的」，因為帖撒羅尼迦教會的人會知道保羅所說的「我們」究竟是指誰。

(2) 從帖撒羅尼迦前書3:1-2也可知，「我們作基督的使徒……」（帖前2:6）的這個「我們」確實不包括提摩太：

> 「我們既不能再忍，就願意獨自等在雅典；**打發**我們的兄弟，在基督福音上作神執事的**提摩太**前去堅固你們，並在你們所信的道上勸慰你們。」（帖前3:1-2）這裏的「我們」所指的是保羅和西拉，要不然就只是保羅一人而已（見徒17:14-15; 18:5）。西拉和提摩太顯然已經「速速」來到在雅典的保羅那裏去了（徒17:15）——雖然路加沒有提到他們去雅典——而保羅後來又打發他們回到帖撒羅尼迦，去幫助那裏的教會。然後保羅自己去了哥林多，後來他們與他在那裏會合（徒18:5）。

「**我們**既不能再忍……」（帖前3:1）中的「**我們**」，最可能是指保羅單獨一人，這不僅是因為他在第5節用單數的「**我**」又說一次「**我**既不能再忍……」（帖前3:5），也是因為若西拉留下與他在一起的話，他就不會說出有關他在雅典極度孤單的話了。[8] 其實在第2章末了的一段話裏，保羅的意思是「我」，因為他說：「所以我們有意到你們那裏，我保羅有一兩次要去，只是撒但阻擋了我們。」（帖前2:18）很顯然地，他在這封寄給帖撒羅尼迦教會的書信裏，頻頻地使用「我們」來包含曾在該教會花了許多時間的西拉和提摩太，是一種禮貌性的用法。但是帖撒羅尼迦教會的人不會不知道，誰才是真正負起向外邦人傳福音之大使命責任的人，以及誰才有這封書信所倚賴之主要的（或全然的）使徒權柄。

---

[8] 相關的討論可見Leon Morris, *The First and Second Epistles to the Thessalonians*, NIC (Grand Rapids: Eerdmans, 1959), pp. 98-99. 此書的作者Morris說：「本書信的寫法和保羅其他書信一般的寫法，有幾分不同。在本書信中幾乎都用複數，而在他大多數的書信裏多用單數。」（p. 98；另參pp. 46-47）Morris認為此處的複數只指保羅一人。

西拉本人有可能是一位使徒，在帖撒羅尼迦前書2:6那裏有此暗示。他是耶路撒冷教會的領袖（徒15:22），很可能在耶穌復活後見過祂，然後被主指派為使徒。但我們不能十分確定。

不過，提摩太的情況不同。正如我們前面所討論過的，帖撒羅尼迦前書2:2; 3:1-2的「我們」不包括他，所以帖撒羅尼迦前書2:6的「我們」似乎也不包括他。不只如此，提摩太的原居地是路司得（徒16:1-3），他是從他的祖母和母親而認識基督的（提後1:5），因此他似乎不可能會在五旬節以前待在耶路撒冷，又在那裏見過復活的主而信靠祂，然後又突然地被主指派為使徒。此外，保羅在他的書信之首，在他寫給收信者的格式中，總是小心翼翼地護衛著自己的「使徒」稱號，從不將該稱號用在提摩太或其他旅行同伴的身上（見林後1:1，「作基督耶穌使徒的保羅，和兄弟提摩太」；西1:1，「作基督耶穌使徒的保羅，和兄弟提摩太」；又見腓1:1，「基督耶穌的僕人〔們〕保羅，和提摩太」）。所以，即使提摩太的角色很重要，他也不應當被看成是使徒中的一位。

從以上的討論來看，擁有「耶穌基督的使徒」之職分的人數是有限的，但我們卻又不太能確定究竟有幾位。似乎至少有十五位，也許是十六位，或甚至再多一些，是沒有記錄在新約聖經裏面的。

然而，在保羅以後就再沒有人被指派為使徒，這一點似乎是十分確定的。當保羅列出基督復活後的多次顯現時，他強調基督以不尋常的方式向他顯現，他還將之與「最後」一次顯現、他是「使徒中最小的，不配稱為使徒」，聯在一起：

> 「並且〔祂〕顯給磯法看，然後顯給十二使徒看。後來一時顯給五百多弟兄看，其中一大半到如今還在，卻也有已經睡了的。以後顯給雅各看，再顯給眾使徒看，末了也顯給我看；我如同未到產期而生的人一般。我原是使徒中最小的，不配稱為使徒……」（林前15:5-9）

A.1.3 使徒職分的摘要

「使徒」一詞可以廣義或狹義地使用。廣義來說，它只是指「信使」或「開荒宣教士」；但狹義——也是新約聖經最普通的用意——來說，它是指一種特殊的職分，即「耶穌基督的使徒」。這些使徒擁有獨特的權柄，來建立並治理初代教會，而且他們能夠說出並寫出神的話語。他們寫下的許多話語就成為新約聖經。

成為使徒的資格包括：(1) 必須曾在基督從死裏復活以後親眼見過祂；(2) 必須曾特定地被基督指派為使徒。使徒的人數是有限的，也許是十五、十六位，或再多一些，新約聖經沒有明言其數目。使徒共包括十二位原初的使徒（十一位和馬提亞），加上巴拿巴和保羅，非常可能再加上雅各和西拉，甚至可能再加上安多尼古和猶尼亞士，或一些未列名的其他人。在保羅以後，似乎就沒有被主指派的使徒，主要是因為今日沒有人能夠符合第一項資格：親眼見過復活的基督，所以今日不再有使徒了。[9] 現今我們在教會中雖然沒有使徒們親自來教導與治理，但是我們有使徒們在新約書卷裏的著作；那些新約聖經的經文在今日教會所履行的功能——絕對權威性的教導和治理，正是使徒們自己在初代教會時期所實行的。

雖然有人今日使用「*使徒*」（apostle）一詞來指稱那些有果效的建立教會者或佈道家，但是這樣作似乎不合宜，也沒助益，因為當人讀新約聖經時，會看到教會上層的權柄是歸屬於「使徒」職分的，因此那種稱法只會使人產生困惑。值得注意的是，在教會史上沒有任何一位主要的領袖——例如亞他那修、奧古斯丁、路德、加爾文、衛斯理或懷特菲德等——會封給自己「使徒」的稱號，或讓別人稱他為使徒。假使在現代有任何人想要自封為「使徒」，就會立刻引起別人的疑慮，因為他們的動機可能是不適當的驕傲，有提高自我的慾望，加上過分的野心，想要在教會界得著更多的權柄，是多於任何一個人應該可以安心得到的。

A.2 長老（牧師／監督／主教）

A.2.1 多位長老：所有新約聖經中教會的模式

我們下一個要討論的教會職分就是「長老」的職分。雖然有人曾辯稱，在新約聖經裏很明顯地有不同的治理教會的形式，[10] 但是概覽相關的經文，卻顯示出相反的說法才是真實的：在新約聖經中的教會，有一個相當一致的模式，那就是以*多位長老*作

---

[9]有人可能會反對說，基督今日也能向某人顯現，並指派那人成為使徒。但是從使徒職分的基本性質（弗2:20；啟21:14），並從保羅所說的事實——保羅視自己為基督顯現並指派的最末後一位使徒（林前15:8）——來看，上述的事不會發生。不只如此，神在救贖歷史的目的中，似乎只曾在教會時代開始之時賜下使徒職分（見弗2:20）。

另外一個反對今日沒有使徒之說——尤其是來自靈恩運動裏的人——的辯詞，乃是說到以弗所書4:11中的「五重服事」應當仍繼續到今日；所以，我們應該還有(1)使徒、(2)先知、(3)佈道家（傳福音的）、(4)牧師，和(5)教師。因為保羅說，基督「所賜的，有使徒、有先知、有傳福音的、有牧師和教師。」（弗4:11）

不過，以弗所書4:11所說到的是過去發生的一次事件（注意過去式*kai edōken*，從*didōmi*衍生來的，「以及祂曾賜給」），是在基督升天（弗4:8-10）、而後在五旬節時，澆灌給教會的起初恩賜，即使徒、先知、傳福音的人，和牧師－教師（或「牧師和教師」）。基督後來是否會將這每一樣的職分賜給更多的人？我們不能單從這一節經文來判定，而必須根據其他論及這些職分之性質的新約教訓，以及聖經是否說到它們會繼續存在兩方面來判定。事實上，我們看見基督在整個初代教會設立了許多的先知、傳福音的人，和牧師－教師，但是過了這起始的時期，只多設立了一位使徒（即「末了」的保羅，是在往大馬色路上的不尋常狀況下設立的。）

[10]舉例來說，見Millard Erickson, *Christian Theology*, p. 1084.

為治理教會的主要群體。舉例來說，在使徒行傳14:23那裏，我們讀到「二人在各教會中選立了*長老*，[11] 又禁食禱告，就把他們交託所信的主。」這是在保羅第一次的宣道旅行中，當時他正在回程，經過路司得、以哥念和安提阿等城。這節經文指出，從保羅第一次的宣道旅行開始，他對每一個教會都有一個固定的程序——建立教會不久以後，就設立一群長老。我們知道保羅在以弗所教會也設立長老，因為我們讀到：「保羅從米利都打發人往以弗所去，請教會的*長老〔們〕*來。」（徒20:17，「長老」為複數）不只如此，保羅的使徒助理們顯然也受到指示，要實行類似的程序，因為我們看到保羅在寫給提多的信上說：「我從前留你在革哩底，是要你將那沒有辦完的事都辦整齊了，又照我所吩咐你的，*在各城設立長老*。」（多1:5）我們再度看見，當「各城」一建立教會以後，就有長老的職分被建立起來。保羅也曾對提摩太提到，有「*眾長老*」為他按手（提前4:14）。

雅各曾寫道：「你們中間有病了的呢，他就該請教會的*長老*來；他們可以奉主的名用油抹他，為他禱告。」（雅5:14）這是一個很重要的敘述，因為雅各書是一封寫給許多教會的公教書信，雅各以「散住十二個支派之人」一語（雅 1: 1）來描述所有散居猶太地以外的信徒，因此這表示雅各預期*在其公開信函所寄達的每一個新約之教會裏*——亦即*在當時所有存在的教會裏*，都有長老。

我們從彼得前書裏也可以得著類似的結論。彼得寫道：「我……勸你們中間……*作長老的人*：務要牧養在你們中間神的群羊……」（彼前5:1-2）彼得前書也是一封公教書信，寫給散布在小亞細亞四個羅馬行省內的十二間教會（見彼前1:1，庇推尼和本都構成了一個羅馬行省）。當彼得寫信時（約主後62年，五旬節後三十多年），他絲毫沒有預期會有不同種類的治理教會的形式，而是假設這些*所有的*教會，不論是保羅建立的或別人建立的，不論是什麼人組成的——外邦人占多數、猶太人占多數，或各占半數的教會，都有長老領導他們。不只如此，在耶路撒冷教會中有長老（徒11:30; 15:2），而在希伯來書中雖然沒有使用*長老*一詞，但在此信所寄達的教會中，其領袖卻是多數的，因為作者說：「你們要依從那些引導你們的，且要順服，因他們為你們的靈魂時刻儆醒，好像那將來交帳的人。」（來13:17）

從這個新約證據的概覽裏，我們可以得著兩個重要的結論：第一，沒有經文提到，有任何的教會——不管多小——是只有一位長老的。新約聖經中「在各城」（多

---

[11]在新約聖經裏譯為「長老」的字，其希臘文是*presbyteros*，用在其他上下文的時候也有單指老人之意。

1:5）和在「各教會」（徒14:23）中，都有一致的治理模式，那就是有多位的長老。[12] 第二，我們在新約聖經中的教會裏，沒有看見各種不同的治理形式，而是看見統一的、一致的模式，那就是每一個教會中都有長老來治理和守望（徒20:28；來13:17；彼前5:2-3）。

A.2.2 長老的其他稱呼：牧師／監督／主教

在新約聖經裏，「長老」也被稱為「牧師」（pastors）、「主教」（bishops）或「監督」（overseers）。其中最罕用的詞（至少就名詞形式而言）是「牧師」（希臘文是*poimēn*），它在新約聖經論及教會事奉人員時，只出現過一次。這個發現可能叫我們很驚訝，因為這個詞在現代被用得這麼普遍。這惟一出現過的一次，是在以弗所書4:11：「祂所賜的，有使徒、有先知、有傳福音的、有**牧師**和教師。」根據希臘文的結構，這裏譯為「牧教師」（一種人）可能比「牧師和教師」（兩種人）更好，但不是每一位新約學者都同意這樣的繙譯。[13] 這裏把牧師與教導的功能相連起來，表示這些牧師是一些（或所有）作教導的長老，因為長老的資格之一就是要「善於教導」（提前3:2）。

雖然名詞的「牧師」（*poimēn*）在新約聖經的其他地方沒有被用在教會事奉人員的身上，[14] 但是其相關的動詞（希臘文是*poimainō*），即「行為像個牧人」或「行為像個牧師」，卻在保羅對以弗所長老的講詞裏，被應用在長老的身上。保羅告訴他們要「**牧養**神的教會」（徒20:28，動詞*poimainō*的直譯），而在同一句話裏，他稱神的百姓為「全**群**」（即全部的**羊群**），在此他使用了另一個有關的名詞（希臘文是*poimnion*），其意為「一群羊」。所以保羅直接地命令這些以弗所的長老們，其行為

[12]有人認為，也許這是指在各城中的每一個「在家裏的教會」中各有一位長老，而所有這些長老們合在一起，就組成了提多書中說的「在各城」要設立的長老。假如這說法是真的話，可能就可以略微支持每一教會只有一位牧師（「長老」）的看法。

然而對於這種看法，我們必須注意到，這是一個沒有任何證據支持的理論，因為在新約聖經中沒有任何的經節暗示，每一個「在家裏的教會」中有一位長老。若就支持的證據而言，這種看法猶如以下的敘述：「也許所有在革哩底島的長老們，左眼都是瞎的。」當然，學者們能對任何沒有證據的事件說「也許」，然而這樣的敘述對於我們在決定何為第一世紀真實存在過的治理教會之模式，應當是沒有任何分量的。

[13]在「牧師和教師」一語之前有一個定冠詞；而在這兩名詞中間有*kai*（「和」）聯結。這種結構在希臘文裏，總是表示作者認為這兩個名詞是以某種方式聯成一體的。雖然在這種結構中的兩個名詞通常是指著同一個人或物，但有時候也會指兩個被視為合一單元的不同人或團體。不論是這兩種中的哪一種用法，這個片語都將「牧師」和「教師」比任何其他的稱法都更緊密地結合在一起。

[14]不過，這個字有幾次是被用來指照顧羊群的「牧人」。

要像個牧人或「牧師」。[15]

同一個動詞（希臘文是*poimainō*）也被用在彼得前書5:2，彼得在那裏告訴長老們，「**務要牧養**（*poimainō*）在你們中間神的群羊，是神吩咐你的（和合本譯作『按著神旨意』）。」然後在兩節經文以後（彼前5:4），耶穌被稱為總牧師或「牧長」（希臘文是*archipoimēn*），清楚地表示彼得也將長老們看作是教會中的牧人或「牧師」。所以，雖然名詞的**牧師**只被用過一次來稱呼長老，但是相關的動詞卻在經文中被用過兩次，明顯地確認牧養的工作就是長老的職分。

另一個在新約聖經裏用來稱呼長老的詞，是希臘字*episkopos*，被譯為「監督」（overseer）或「主教」（bishop），其譯法視經文和譯本而定。[16]這個字在新約聖經的用法裏，看起來也十分清楚是稱呼長老的另一個詞。舉例來說，當保羅將以弗所教會的**長老〔們〕**叫到他那裏去時（徒20:17），他對他們說：「聖靈立你們作全群的**監督**（希臘字是*episkopos*），你們就當為自己謹慎，也為全群謹慎。」（徒20:28）保羅十分篤定地稱呼以弗所的長老們為「監督」（或譯為「主教」）。

保羅在提摩太前書3:1-2那裏寫道：「人若想要得**監督**的職分，就是羨慕善工……作監督的必須無可指責……」我們必須記住，當保羅寫信給提摩太時，提摩太是在以弗所（見提前1:3，「仍住在以弗所」）；而我們已經從使徒行傳20章知曉，以弗所教會中有設立**長老們**（徒20:17-38）。再者，在提摩太前書5:17那裏，我們看見有長老們治理那裏的教會（以弗所教會），因為經文說：「那**善於管理教會的長老**，當以為配受加倍的敬奉。」而提摩太前書3:1-2那裏的「監督」**也**要治理教會，因為經文說到作監督的資格之一是「（他必）好好管理自己的家，使兒女凡事端莊順服。人若不知道管理自己的家，焉能照管神的教會呢？」（提前3:4-5）由此可見，「主教」或「監督」只是和「長老」相同的另一個詞罷了，因為這些「監督」所履行的功能，和「長老」在提摩太前書其他地方（提前5:17），以及在使徒行傳20章裏所清楚陳述的功能，是一樣的。

保羅在提多書1:5那裏告訴提多要「在各城設立**長老**」，並且說明一些長老的資格（多1:6）。保羅接著就在下一節的經文中（多1:7），解釋為什麼要有那些資格的原因，他開始就說：「〔因為〕**監督**既是神的管家，必須無可指責。」他在此再度使用

[15]英文字的「牧師」（pastor）是從拉丁文的一個字衍生來的，那個字的意思是「照顧羊群的人」。早期這個英文字就等於是「牧人」（shepherd），即照顧羊群的人（見*Oxford English Dictionary*, Vol. P, p. 542）。

[16]NIV一般是將*episkopos*譯為「監督」（overseer），而非「主教」（bishop）。

「監督」一詞來指稱提多將要指派的長老；由此又一次表明*長老*和*監督*兩詞是可互換的。

最後，保羅在腓立比書1:1那裏寫道：「寫信給凡住腓立比，在基督耶穌裏的眾聖徒，和*諸位監督*、諸位執事。」在此把「監督」當作「長老」的另一個名稱，也似乎是合宜的，因為在腓立比教會中肯定有長老，那是因為保羅在每一個教會都會設立長老（見徒14:23）。假如有長老在治理腓立比教會，而其職分和監督、執事的職分不同，那麼保羅在寫給該教會的信中，在信首只提到監督和執事，卻不提到長老，是不可思議的。所以，保羅寫「諸位監督、諸位執事」一語的意思，一定是和「諸位長老、諸位執事」的意思是一樣的。[17] 雖然從主後二世紀以後，在一些地區的教會裏，「*主教*」一詞已用來指稱那些有權柄治理幾個教會的個人，不過，這是該詞後來發展出的意思，在新約聖經本身中是沒有的。

A.2.3 長老的功能

在新約聖經裏，長老主要的角色之一就是要治理當時的教會。提摩太前書5:17說：「那善於*管理*教會的長老，當以為配受加倍的敬奉。」在同卷書信稍早時，保羅說到，一位監督（或長老）「〔必〕好好管理自己的家，使兒女凡事端莊順服。人若不知道管理自己的家，焉能照管神的教會呢？」（提前3:4-5）

當彼得勸勉長老時，也指出他們的治理功能：

> 「務要牧養在你們中間神的群羊，按著神旨意照管他們；不是出於勉強，乃是出於甘心；也不是因為貪財，乃是出於樂意；也不是轄制所託付你們的，乃是作群羊的榜樣。到了牧長顯現的時候，你們必得那永不衰殘的榮耀冠冕。你們年幼的，也要順服年長的。就是你們眾人也都要以謙卑束腰，彼此順服，因為神阻擋驕傲的人，賜恩給謙卑的人。」（彼前5:2-5）

彼得在這裏的話，說到長老就像是帶領羊群的牧人，又說到他們不是要轄制人（亦即不是要用高壓統治人），這兩項事實強烈地表示出，彼得寫信去的眾教會中的長老們，具有統治和管理的功能。這和他命令那些年輕人尤其要「順服年長的」，是一致的（彼前5:5）。[18]

---

[17]J. B. Lightfoot是安立甘宗（Anglican，主教制宗派）的學者，連他都說：「在新約聖經的語言裏，教會中被稱為監督/主教（*episkopos*）和長老（*presbyteros*）的，都是同一種事奉人員，其間並無差異。這是所有理論各異的神學家們，現在都公認的一件事實。」（見*St. Paul's Epistle to the Philippians* [Grand Rapids: Zondervan, 1953; first published 1868], p.95. Lightfoot在此書pp. 95-99，詳細討論了支持這項結論的資料。）

[18]彼得前書5:5所說的應是指教會的事奉人員（即「長老」之意），而非是指老人（和合本譯法）。有關此觀點的

雖然希伯來書13:17沒有提及長老之名，但是那裏肯定有一些具有治理教會權柄的事奉人員，因為作者說：「你們要依從那些引導你們的，且要順服；因他們為你們的靈魂時刻儆醒，好像那將來交帳的人。」因為新約聖經中沒有指明在教會中有任何其他的事奉人員具有這種權柄，所以若說是要該會眾依從並順服他們的長老們，也是合理的結論（這個結論也和使徒行傳20:28中，保羅對以弗所長老們所交付的責任是一致的）。

除了治理的責任之外，長老們在新約聖經中的教會似乎也具有一些教導的責任。在以弗所書4:11那裏，長老們被稱為「牧師－教師」（以另一種譯文來說，是與教師緊密相連的牧師）；而在提摩太前書3:2那裏，說到一位監督（長老）必須要「善於教導」；然後在提摩太前書5:17那裏，保羅又說：「那善於管理教會的長老，當以為配受加倍的敬奉；那勞苦傳道教導人的，更當如此。」保羅在此似乎是說，有一群特別的長老們，是「勞苦於傳道和教導」的。這個意思至少是說，在長老們當中，有一些人付出更多的時間從事講道和教導，甚至這「勞苦」的意思也可能是說到有一些人從講道和教導上養生。提多書中也有同樣的結論，保羅在那裏說到長老要「堅守所教真實的道理，就能將純正的教訓勸化人，又能把爭辯的人駁倒了。」（多1:9）[19]

由此可見，長老在新約聖經中的教會裏同時具有治理和教導的責任。

A.2.4 長老的資格

當保羅列出作長老的資格時，他不但說到有關性格和心態的要求，還說到那些短期之內不能實現、只有在經年累月地過著忠心的基督徒生活之後才會顯明出來的特質，這一點是很重要的。他說：

> 「作監督的必須無可指責，只作一個婦人的丈夫，有節制、自守、端正，樂意接待遠人，善於教導，不因酒滋事，不打人，只要溫和，不爭競、不貪財；好好管理自己的家，使兒女凡事端莊順服。（人若不知道管理自己的家，焉能照管神的教會呢？）初入教的不可作監督，恐怕他自高自大，就落在魔鬼所受的刑罰裏。監督也必須在教外有好名聲，恐怕被人毀謗，落在魔鬼的網羅裏。」（提前3:2-7）

討論，詳見Wayne Grudem, *The First Epistle of Peter*, pp. 192-93.

[19]保羅從來沒有說過，所有的長老都要能夠公開教導，或對會眾講道；因此，長老要「善於教導」，比較合理的看法應該是說，長老是能夠私下解釋神話語的人。所以，也許不是所有的長老都蒙召去公開地教導人，亦即也許不是所有的長老都有那種用特定方式來教導人的恩賜。不過，在此很清楚的是，保羅要確保長老們都對聖經具有成熟而健全的理解，而且都能對人解說聖經。

在提多書1:6-9那裏，保羅說到提多要在每一座城市裏指派長老，他也用不同的話說到類似的資格：

> 「若有無可指責的人，只作一個婦人的丈夫，兒女也是信主的，沒有人告他們是放蕩不服約束的，就可以設立。監督既是神的管家，必須無可指責——不任性，不暴躁，不因酒滋事，不打人，不貪無義之財；樂意接待遠人，好善、莊重、公平、聖潔、自持；堅守所教真實的道理，就能將純正的教訓勸化人，又能把爭辯的人駁倒了。」（多1:6-9）

今日在教會中選立長老，要在以上所列這些資格的光中，仔細地尋找具有這些性格和敬虔生活形態的人，而不是看他們世俗的成就、名聲或成功。尤其是在西方工業化社會的教會裏，似乎有一個趨勢，認為在企業（或法律、醫療、政府）世界裏的成功，就是合適擔任長老職分的一項指標；但這並不是新約聖經所教導的。新約聖經提醒我們，長老要在他們日常生活中，作「群羊的榜樣」（彼前5:3）；該榜樣肯定是包含了他們在讀經、禱告和崇拜中，個人與神的關係——正如保羅說的那樣：「*你們該效法我*，像我效法基督一樣」（林前11:1；另參提後3:10-11）；也如他命令提摩太的那樣：「總要在言語、行為、愛心、信心、清潔上，*都作信徒的榜樣*」（提前4:12）；又如他告訴提多的那樣：「你自己凡事要顯出*善行的榜樣*，在教訓上要正直、端莊，言語純全，無可指責。」（多2:7-8）所以，這個模式應該在今日所有教會領袖的生活中保持下去。長老們的生活要成為別人跟隨的榜樣，這不是可有可無的條件，而是必要的要求。

A.2.5 「只作一個婦人的丈夫」的意思

有關「*只作一個婦人的丈夫*」（提前3:2；多1:6）的資格，被人用幾種不同的方式來理解。有人認為，離婚另娶的男人不可擔任長老的職分，因為他們是先後有兩個妻子的丈夫。但是這種解釋似乎不是這幾節經文的正確解釋。一個較好的解釋如下：保羅是在禁止一夫多妻者（即*目前*有一位以上的妻子）成為長老。有幾個理由支持這個觀點：(1) 保羅所列出的所有其他資格，都是指一個人*現在的情況*，而非指他過去的一生。舉例來說，提摩太前書3:1-7的意思不是「*從來沒有*打過人」，而是「*現在不*打人，只要溫和」；不是「*從來不*貪財」，而是「*現在不*貪財」；不是「*一生*無可指責」，而是「*現在*無可指責」。如果我們將長老的資格應用到一個人的一生的話，那麼我們可能會將每一個成年以後才成為基督徒的人，都排除在長老職分之外了，因為不太可能有任何一個人在還不是基督徒的時候，就能達到這些標準。

(2) 如果保羅的意思是「只結過一次婚」，他能夠直接這樣說，可是他並沒有。[20] (3) 我們不應當迴避讓再婚的鰥夫作長老，但是我們若將「只作一個婦人的丈夫」理解成「只結過一次婚」的話，就必須避免再婚的男人作長老了。長老的資格都是根據一個人的道德和屬靈的品格，聖經並沒有說在妻子死後再婚的人，其道德或屬靈的品格就變低了。[21] (4) 在第一世紀時，多妻的現象是可能的。雖然它不普遍，但有人在實行，尤其是在猶太人之中。猶太史家約瑟夫說：「在同一時間擁有幾個妻子是我們祖先的習俗。」[22] 猶太拉比的法規也有關於產業習俗和多妻之其他方面的規定。[23]

所以，我們最好將「作一個婦人的丈夫」理解為禁止多妻者擔任長老的職分。這些關於擔任教會事奉人員資格方面的經節，並沒有說到離婚和再婚的事。

A.2.6 長老的公開任命

保羅對於長老之討論的另一相關之事，是說到：「給人行按手的禮不可急促。」（提前5:22）雖然這句話的上下文沒有指明這是選擇長老的程序，但是和其緊接的上文（提前5:17-21）則完全是在處理長老的事，所以我們可以說，按手是一個合適的、為人分別出來擔任長老職分的典禮。（請注意，在使徒行傳6:6; 13:3；和提摩太前書

---

[20]「只結過一次婚」的希臘文寫法是*hapax gegamēmenos*，即用「一次」（*hapax*），加上一個完成式分詞的動詞，表明「曾結過一次婚，並持續在那次婚姻所帶來的狀態中」的意思。（這樣的結構也在希伯來書10:2出現過，而希伯來書9:26也有類似的結構。此外，用過去式動詞的相關表達法，在希伯來書6:4; 9:28和猶大書3也有。）

保羅還可以用另外一種方式來表達只結過一次婚的想法，那就是使用完成式分詞*ginomai*來說明「一直是一個妻子的丈夫」（*gegonas mias gunaikos anēr*）。事實上，這是提摩太前書5:9對寡婦要求的著力處：「從來只作一個丈夫的妻子」（從*ginomai*衍生出來的完成式分詞*gegonuia*之力量，是從前面的片語帶過來的，而在提摩太前書5:9-10，所有寡婦登記的資格，都說到了她們過去生活中的歷史）。但是在提摩太前書3:2和提多書1:6那裏，意思就不同了，因為他所使用的*eimi*（「是」）是現在式時態：「作監督的必須〔*現在是*〕無可指責，只作一個婦人的丈夫……」

[21]有些初代教會解經的人，的確想要將再婚的鰥夫從教會的職分中排除出去。例子可見於《使徒憲典》2.2; 6.17（*Apostolic Constitutions*，主後三或四世紀），和《使徒之法典》17（*Apostolic Canons*，主後四或五世紀）；但是這些敘述並不反映聖經的看法，而只是錯誤的禁慾主義而已——主張獨身是優於結婚的。這些文本可以在*Ante-Nicene Fathers* series, 7:396, 457, 501裏找到。

然而，屈梭多模（死於主後407年）認為提摩太前書3:2是在禁止多妻，而非禁止配偶死亡後或離婚後的再婚（見Chrysostom, *Homilies* 提摩太前書3:2）。

[22]見約瑟夫的《猶太古史》17.14, (Josephus, *Antiquities*)；他在17.19列出了希律王在同一時間所娶的九個女人。

[23]見《米示拿》（Mishnah）*Yebamoth* 4:11; *Ketuboth* 10:1, 4, 5; *Sanhedrin* 2:4; *Kerithoth* 3:7; *Kiddushin* 2:7; *Bechoroth* 8:4. 其他有關猶太人多妻之證據可見於游斯丁的作品（Justin Martyr, *Dialogue with Trypho*, chapter 134）。在非猶太人中的多妻證據，不像前者那麼多，但在以下文件中也可見：希羅多德（Herodotus，死於主前420年）1.135; 4.155;《馬加比二書》4:30（2 Macc., 約主前170年）；特土良《護教論》46（Tertullian, *Apology*）。

4:14那裏，提到以按手來按立或設立人擔任某些職分或工作。）所以，「給人行按手的禮不可急促」，這句話在保羅心中所想到的事情，最可能的似乎就是將長老分別出來。因此，他的意思其實是「給人按立作長老，不可急促。」這點和他說執事們要「先受試驗；若沒有可責之處，然後叫他們作執事」（提前3:10）的程序，是一致的。雖然保羅在建立了每一處的教會之後，很快地就按立長老們（徒14:23），但在此他又警告說，這種指派不應當急促，否則就會造成錯誤。在整個選立長老的過程之中，教會必須謹慎，不要像世人那樣地去判斷人，因為「人是看外貌，耶和華是看內心」（撒上16:7；另參林後5:16）。當使徒們鼓勵耶路撒冷教會挑選「七個有好名聲，被聖靈充滿，智慧充足的人」（徒6:3）去管理時，就明顯地看到了評估屬靈條件的必要性。在那些被揀選的人中，「司提反，乃是大有信心、聖靈充滿的人。」（徒6:5）

我們還應該要注意，在保羅所建立的初代教會裏，長老的指派是伴隨著「禱告和禁食」，所以也許選立長老的過程中也應如此。（請注意耶穌所立的榜樣：路加福音6:12-13說到，耶穌在選立十二門徒之前，「出去上山禱告，整夜禱告神。」）[24]

A.3 執事

「執事」一詞是希臘文*diakonos*一字的繙譯；這個字的經文背景若不是在說教會事奉人員時，則是用來指「僕人」的一個普通字。

在腓立比書1:1清楚地提到：「寫信給凡住腓立比在基督耶穌裏的眾聖徒，和諸位監督、諸位執事。」但此處除了指出他們不同於主教／監督（長老）之外，沒有明確地講到他們的功能。然而在提摩太前書3:8-13中，則廣泛地提到了執事：

> 「作執事的也是如此，必須端莊，不一口兩舌，不好喝酒，不貪不義之財；要存清潔的良心，固守真道的奧祕。這等人也要先受試驗；若沒有可責之處，然後叫他們作執事。女人（和合本譯作「女執事」，亦可譯作「妻子」，希臘原文兩者之意皆可）也是如此，必須端莊，不說讒言，有節制，凡事忠心。執事只要作一個婦人的丈夫，好好管理兒女和自己的家。因為善作執事的，自己就得到美好的地步，並且在基督耶穌裏的真道上大有膽量。」（提前3:8-13）

在此並沒有說明執事的功能，但我們可以從執事的資格中看到一些執事的功能。

---

[24]我們在本章A.1「使徒」或A.2「長老」兩節中，都沒有討論到提摩太和提多所擔任的職分，這是因為提摩太、提多以及保羅一些其他的同工們，不是使徒，也不是長老或執事。他們似乎屬於一種非比尋常的類別，我們可以稱之為「使徒助理」，因為他們從使徒那裏獲得了一些代理的權柄，監督那些在初代所建立的教會。因為今日再沒有存活的使徒了，所以沒有人能像當時的「使徒助理」那樣地向使徒負責，並從使徒獲得權柄，因此之故，我們也不應當期望在今日的教會裏，會有任何像「使徒助理」那樣的職分了。

舉例來說，他們似乎要負責照管教會的財務，因為他們必須是「不貪不義之財」（提前3:8）的人；他們也在教會的其他活動裏，擔任一些管理的責任，因為他們必須能管好他們的兒女和家庭（提前3:12）；他們可能也要服事那些在教會或社區中需要幫助之人的實際需要（見下段，使徒行傳6章的討論）。不只如此，如果提摩太前書3:11是指他們的妻子（如筆者所認為的），那麼有可能執事也參與一些逐家的訪問和勸慰，因為他們的妻子必須是「不說讒言」的人。執事們的妻子無疑地也會和執事們一起參與禱告和勸慰的事，所以她們若在教會裏散布祕密的話，對執事們是沒有好處的。以上這些僅僅是從這段經文裏推論出來執事可能的責任領域。

在使徒行傳6:1-6裏，並沒有使用*執事*的名詞本身，而是用相關的動詞（希臘文是*diakoneō*）：「我們撇下神的道去*管理*飯食，原是不合宜的。」（徒6:2）掌管耶路撒冷教會的使徒們在此發現，他們需要將一些管理的責任分派給其他的人（此處的責任是要將食物分給需要的寡婦們）。雖然當這七個人開始盡這項責任時，也許還沒有*執事*之名稱出爐可以應用到他們身上，但將他們視為是「執事」看起來也是合宜的，因為交付給他們的工作，似乎與提摩太前書3:8-12所提示的執事責任，十分相合。

還有其他新約聖經的經文也談到執事，但我們很難知道其中所說的執事是否是一個特別的教會職分，或者它只是被用來稱呼「僕人」的一般意思。這在羅馬書16:1就構成一個難題：保羅所提到的非比，應該被稱為堅革哩教會的「僕人」，還是「（女）執事」（這類的希臘文名詞具有相同的陽性和陰性形式，所以對英語或對用字有性別差異的語文，就要決定該怎麼繙譯才恰當）。由於保羅對執事的要求是作「一個婦人的丈夫」（提前3:12），所以羅馬書16:1較為可取的繙譯似是「僕人」（*diakonos*一字在羅馬書13:4; 15:8和哥林多前書3:5中，就採取了這個意思）[25]。一般說來，論及執事

---

[25]有人認為，提摩太前書3:11說的是女執事：「*女人*（和合本譯作『*女執事*』）*也是如此*，必須端莊，不說讒言，有節制，凡事忠心。」然而，如果提摩太和以弗所教會知道女性可以作執事，那麼，保羅何需另外再加上一節經文特別講到女執事，然後又彷彿沒有那節經文似的，不再討論女執事的資格了。而且，保羅用了五節經文討論男性的執事，只在中間插入一節經文討論女執事（前有三節、後有兩節），這也顯得非常怪異。從另外一種解釋來看，若說保羅是在列出作執事的資格時，用一節經文提到執事*妻子*的事情，則是十分合宜的；保羅在其他地方也曾經提及，家庭生活的行為是擔任教會職分的一個重要考量（提前3:2, 4-5）。的確，保羅在此只說了「妻子們」，而不是說「他們的妻子們」；不過從希臘文來看，當所說的人（兄弟、姊妹、父母等）與其緊連的上文所討論到的人有明顯的關係時，經常會省略掉所有格的形容詞。

關於本經節的兩種觀點，和今日女性是否應該作執事的兩種觀點，詳見Thomas R. Schreiner, "The Valuable Ministries of Women in the Context of Male Leadership: A Survey of Old and New Testament Examples and Teaching," *Recovering Biblical Manhood and Womanhood*, ed. John Piper and Wayne Grudem (Wheaton, Ill.: Crossway, 1991), pp. 213-14, 219-221, and p. 505, n. 13. 又見同書的另一篇文章：George W. Knight III, "The

的經節顯示，執事具有公認的職分，並以不同的方式「服事」教會。我們從使徒行傳6:1-6知道，執事有一些管理的責任，不過他們仍要順服在那些治理整個教會之人的權柄下。

還有一點是很重要的，那就是新約聖經裏沒有一處提到，執事們具有長老們所擁有的那種治理教會的權柄，而且執事們也未曾被要求能夠教導聖經或教導整全的教義。

A.4 還有其他的教會職分嗎?

在今日的許多教會裏，還存在一些其他的職分，例如財務、主席（負責教會會務的會議主席）或董事（在一些治理教會的形式裏，這些人負起教會所擁有之產業的法律責任）等。不只如此，如果教會有一位以上的受薪同工，那麼其教會還可能會有一些同工（諸如音樂主任、教育主任、青少年主任等），是「被公開認可為具有權利和責任來執行教會的某些功能」；因此，他們符合了我們對教會有職分的事奉人員所下的定義，他們甚至可能是受薪像從事全時間的職業那樣，來履行這些功能，但他們可能並不是教會裏的長老或執事。

似乎沒有任何理由說，這些職分不能也被視為教會裏的職分，雖然這些職分全都可能歸屬在長老或執事的類別裏（以上所提的大多數都可以是具有特定職責的執事，而主持教會事務會議的主席也可以是一位長老）。然而假如這些或其他類似的職分，對發揮教會的功能有所助益，那就沒有什麼理由不設立這些職分了。但是，即使設立了這些職分，也必須注意，不要讓聖經裏明確命名之職分的重要性被其遮蓋；也不可給予他們過高的權柄，以至於他們可以不服在聖經所明確設立、用以管理教會的那些職分的權柄之下。假使那些擔任聖經上所沒有命名之職分的人，在教會裏具有舉足輕重的影響力或權柄，那麼想要會眾或擔任那些職分的人去查考聖經，以找出他們行為的準則，或該如何選立他們的細節，就太不可能了；而且，這會導致在教會領導方面，降低了聖經在治理教會上的有效權柄。

B. 教會事奉人員的遴選

在教會歷史上，有兩種主要遴選教會事奉人員的程序類型：一是由較高的權柄來選，另一是由當地的會眾來選出。羅馬天主教是由更高的權柄來指派其事奉人員：教

Family and the Church: How Should Biblical Manhood and Womanhood Work Out in Practice?" pp. 353-54.

皇指派紅衣主教和主教，而主教指派當地教區的神甫。這種「階級制度」（hierarchy）或管理體系，是由那些不同於教會平信徒的祭司團[26]所組成的。這個體系宣稱它是從基督和使徒們傳承下來的一個不間斷的統緒，並宣稱現今的祭司團（神甫團）在教會中是站在代表基督的地位上。雖然英國國教（在美國被稱為聖公會）並不服在教皇的管理之下，也沒有紅衣主教，可是它和羅馬天主教的階級制度體系，有幾分類似，因為它是由主教和大主教來治理，它的神職人員也被看成是神甫，而主教和神甫也是由當地教區之上的更高權柄所指派的，[27]並且它也宣稱是從使徒們直接傳承下來的。

然而在大多數其他的更正教教會裏，雖然治理教會的形式可能有很大的不同（見下段），但其事奉人員並非是由更高層的權柄來指派，而是由當地的教會、或當地教會內的一些群體來遴選。因為在這一方面並沒有絕對主宰性的聖經經文，因此我們對於一些福音派裏的多樣看法，應當要有一點包容和耐性。雖然如此，教會中有職分的事奉人員（例如長老和執事，而「牧師」也肯定包括在內）仍應由全體會眾、以某種方式來遴選，或至少是由他們來肯定或認可。這有幾個原因：

(1) 在新約聖經裏，有幾個實例可以明顯地看出，教會的事奉人員是由全體會眾來遴選的。在使徒行傳6:3中，使徒自己並沒有挑選出那七位早期的執事（假使我們視他們為執事的話），他們是對整個教會說：「*當從你們中間選出*七個有好名聲，被聖靈充滿，智慧充足的人，我們就派他們管理這事。」首度選出這些人的，是整個教會。當要選擇一個人來取代猶大，算入使徒之列時，是由全體會眾一百二十人（見徒1:15）先選出兩位，然後，主自己再由其中指示出祂所要指派的那一位：「於是〔*他們*〕選舉兩個人，就是那叫作巴撒巴，又稱呼猶士都的約瑟，和馬提亞。」（徒1:23）在耶路撒冷會議的末了，整個教會和使徒們與長老們都有分於選擇代表去向其他教會表達決議，因為經文中說，揀選和差派是由「使徒和長老*並全教會*」做成的（徒15:22；另參第25節的現代中文譯文：「我們*一起*商議」）。不只如此，當一些教會送出奉獻，要保羅帶到耶路撒冷時，眾教會也派出一位代表伴隨保羅；按保羅的說法，這位代表「也被*眾教會*挑選，和我們同行，把所託與我們的這捐貲送到了……」（林後8:19）[28]

---

[26]「*階級制度*」（hierarchy）一語的意思是「由祭司統治」，是從希臘字「祭司」（*hierus*）和「統治」（*archē*）兩字衍生出來的。

[27]美國的循道會（Methodist Church）也是由主教指派地方性的神職人員，這與它所出自的聖公會（Episcopal Church）有些相似。

[28]當然，這位教會代表*可能*只是由教會內的事奉人員所指派的，不過這裏的敘述並不涉及這個意思：保羅只是說他是「眾教會挑選」的，而且當然也沒有提到教會之外的任何更高權柄。

有人可能會反對說，保羅和巴拿巴在每一處教會「選立」（appoint）長老（徒14:23），而且保羅也告訴提多要「在各城設立長老」（多1:5），那麼這不是更像羅馬天主教或安立甘宗的體系，而比較不像會眾遴選的體系嗎？不過那些經節也不一定表示是使徒單獨在作選擇，使徒也很可能在指派或任命之前，參考了會眾的意見，甚至得到會眾的同意（如同使徒行傳6:3, 6兩節中的「派」）。「指派」（appoint）一詞的意思可能也是「任命」（install）。[29]

(2) 會眾應參與教會事奉人員之遴選的另一個原因，乃是在新約聖經所記載的一般情況下，教會最終的治理權柄似乎不是落在教會之外，也不是落在教會之內的任何團體，而是在教會整體。在執行教會紀律的開除人之前，或者說是將人從教會的交通排除出去之前，最後的一步乃是「告訴教會」（太18:17），這是當全體會眾在「聚會」（林前5:4）時作的，所以顯然是由全體會眾作的。還有一個事實也表示出會眾參與，雖然這不算是一個具有結論性的因素：新約聖經中寫給眾教會的書信，都不是寄達給教會內的長老或一些其他的領袖群，而都是寫給整個教會的，並且也鼓勵全體會眾都去閱讀這些書信，同時期待他們留心其中的教訓（羅1:7；林前1:2；林後1:1；另參林後1:13；西4:16；提前4:13）。這一點表示出，使徒們是直接和會眾相交的，而非透過事奉人員。

此外還有其他一些實際的原因：

(3) 如果是全體會眾選出教會的事奉人員，那麼他們對會眾就要負更多的責任。當保羅說到，控告長老的罪行需要「有兩三個見證」（提前5:19），這件事實讓我們看到，保羅設定了某種層面的責任。這個責任就提供了保護，使人避免落入犯罪的試探和想得到權力的更強慾望中。[30]

(4) 從歷史上來看，會接受錯誤教義的，似乎通常最先是教會的神學家，然後是牧師，最後才是每日讀經、與主同行的平信徒。所以，假如教會領袖在教義上或生活上產生偏差，而會眾又不能參與選擇教會領袖的話，那麼整個教會就沒有什麼實際的方法，可以掌握情況，並扭轉乾坤。但是假如事奉人員是由教會來選立的話，那麼就會有一種「抑制與平衡」的機制，藉此，甚至連擁有治理教會之權柄的人都要向教會整

---

[29]見BAGD, p. 881.

[30]然而，這種情況也有被濫用的可能性，例如若一些有影響力的會友們發揮他們的影響力，使牧師不能處理那些人生活中的犯罪事件。

體負起責任。[31]

(5) 當治理者得到被治理者的認可時，他所進行的管理會運作地最好（參見舊約裏的例子：出埃及記4:29-31；撒母耳記上7:5-6; 10:24；撒母耳記下2:4；列王紀上1:39-40，並注意列王紀上12:1, 15裏有關羅波安的錯誤）。

以上這些因素合起來指出，雖然聖經沒有明令一種特定遴選教會事奉人員的體系，但是建立一種體系，使全教會藉此可以在遴選與確認教會事奉人員上，扮演一個重要的角色，似乎是最有智慧的——也許是透過會眾的投票，也許是透過一些其他的程序，但都是要在教會事奉人員就職之前，得到會眾的確認。[32]

此外，有一些會眾為了避免有權柄的人濫權，會多加一些限制在遴選的過程裏。這些限制的種類很多，例如限制某職分的任期，強制每幾年就要下任休息（除非是作全時間教牧同工的長老），要求每隔一段時間後就要有重新肯定的選舉，建立提名的管道好使會眾中的會友可以參與（即使大多數的提名仍是來自長老們）等等，這些都是能增加教會對會眾負責的作法，而且這些作法在長老們當選以後，也不會有損於任何他們治理會眾之權柄的實質部分。

上述的因素也針對那些永遠任職的長老團提供了一些反對的理由，那種長老團是自願性的永遠任職，不需選舉，也不需會眾每隔一段時間重新肯定他們。不過，筆者還要再一次說明，聖經上並沒有列出明確的指示，因此在這方面是有可變化的空間。

C. 治理教會的形式

有關治理教會的形式，和前面所討論過的遴選教會事奉人員的方式，有一些重疊的部分，因為遴選教會事奉人員是教會權柄的一個十分重要的層面。不同的治理教會之觀念，會反映在遴選教會事奉人員的方法上，正如我們在前面所解釋過的。

有一個明顯的事實，那就是治理教會的形式可以分為三大類別，我們可稱之為「主教制」（episcopalian）、「長老制」（presbyterian）和「會眾制」（congregational）。

---

[31]筆者在此不是要用「抑制與平衡」（checks and balances）一語來表達自己偏好美國政府的管理形式，而是想要取其廣義的意思來表達一種保護作用，以避免過多的權力集中在任何一個人或一群人的手中。（其實，筆者在新約聖經中所看到多位長老所代表的體系，和美國總統職權裏所看見的權力集中，是非常不同的。）

[32]當筆者提及會眾的投票時，意思不是建議那種在世俗政治裏所看見的競選。會眾投票可以只關乎到一件事，即要求會眾正式同意那些由教會內較成熟的一組人（例如現任的長老們）所提名的人選；會眾投票也可以是指包括全教會參與的選舉或其他程序。聖經中並沒有說出該怎麼做的實際程序，所以，神將這事留給每一個不同背景的會眾，讓他們用智慧來決定。

主教制的教會是由獨立的事奉人員團體——神甫團——來治理，而且教會最終的決策權柄是在當地的教會之外。[33] 在更正教的教會中，聖公會的體系是這種治理教會之形式的最主要代表。**長老制**的教會是由長老們來治理，其中有的長老不僅在地方性的教會有權柄，而且透過長老區會（presbytery）和總會（general assembly），也在該地區所有的教會以及整個宗派上有權柄。**會眾制**的教會最終都是由地方性的會眾來治理，雖然他們也會因所屬的宗派而放棄不同程度的自治權，而且，不同地方的教會治理形式會有很大的不同。我們將在以下的討論中，檢視每一種治理教會的形式。

C.1 主教制（episcopalian government）

在主教制的體系裏，大主教的權柄在許多的主教之上，而主教們則依次在自己的「主教教區」（diocese）——在主教管轄之下的各教會——有其權柄。管理一個地方性教區的事奉人員則是教區牧師（rector），或是教區助理或代理牧師（vicar）。大主教、主教和教區牧師都是神甫，因為他們都曾被按立而進入了主教制的神甫團，不過，在實行上，教區牧師是最常被稱為神甫的。[34]

圖47.1 主教制

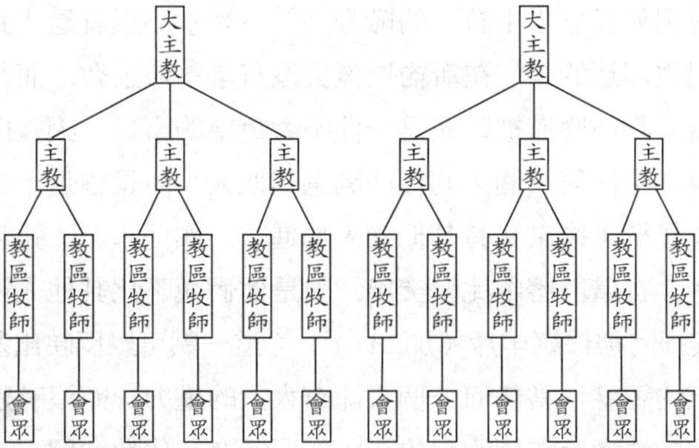

支持主教制體系的人所提出的理由，不是說能在新約聖經裏找到這種體系，而

[33]羅馬天主教也是由神甫團治理教會，所以他們的體制也是「主教制」。有時主教制的管理體制又被稱為「階級制度治理」（hierarchical government）的體制，尤其是當說到羅馬天主教之時。

[34]然而，聖公會認為英語的priest一字（*神甫*）等同於*presbyter*（「長老」的希臘字），但羅馬天主教則將priest（神甫）領會成不同的意義——他們將這個字與舊約的祭司職分關聯起來，認為其職責是獻祭，並且在神面前代表人，在人面前代表神。聖公會的三級聖職稱為主教（bishop）、牧師（priest）、會吏（deacon）。

是認為它是從新約開始時之教會延伸出來、自然發展，而又不為新約所禁止的。李頓（E. A. Litton）曾說：「在新約聖經裏並沒有出現教區性之主教的等次」，但他旋即又說：

「證據是有利於以下的假設：主教制起源於教會本身，經由自然的過程而產生，又為使徒中最後僅存的聖約翰所認可。當區會（Presbytery）為商議而聚集時，自然就會推選一位主席來維持其次序；開頭時是暫時的，但久了以後就有了恆常的權柄……因此，在早期時很可能每一個教會會產生出一位非正式的主教，而當使徒們一個一個離世以後……這個職分就變得愈來愈重要，並且也獲得了更大的權力。」[35]

而且，因為在主教制之教會中的主教職分和其相應的治理結構，既是歷史發展的結果，也有益於教會，因此李頓就認為應當保留這個體系。最後，因為這個體系是直接從使徒傳承下來的，所以這個優點就被視為支持主教制的強烈因素。李頓說：「使徒們是這個統緒之鏈的第一環，沒有理由不將這個統緒（就其外在的委任而論）代代相傳下去；就是由現存的傳道人群體，將職分的權柄傳遞給他們的繼承者，而後又依次傳遞下去。」[36]

然而在這個問題的另一面，又有不同的說法：(1) 有一點是很重要的，那就是在新約聖經裏並沒有另外設立「主教」的職分，「主教」不過就是「長老」的同義詞罷了，這是李頓自己也同意的。[37] 在新約聖經裏沒有**單一的**主教，而都是**多位的**主教們（或監督們）。這一點不應僅被當成是一件不太重要的事實，因為即使是在使徒們之中，耶穌也沒有讓其中任何一個人的權柄高過其他人，而是讓這十二人的群體，每個人都有相同的治理權柄（後來又有其他的人加進來，如保羅）。雖然有些使徒，例如彼得、雅各和保羅，在這群體中比較突出，但是他們並不比其他人擁有任何更大的權柄；彼得甚至在安提阿被保羅申斥（加2:11）。[38] 這一點可以反映出基督在保護教會、預防人濫用權力上的智慧：當任何一個人擁有太大的權力，而沒有別人足夠的抑制和平衡時，就無可避免地會有濫權的現象。正如耶穌在初代教會留下了多位的使徒們，共同擁有屬人的終極權柄，而使徒們也總是在每一個教會指派多位的長老們，從來不

---

[35]Edward Arthur Litton, *Introduction to Dogmatic Theology*, ed. by Philip E. Hughes (London: James Clarke, 1960; first published in 2 vols., 1882, 1892), p. 401.

[36]同上出處, p. 390.

[37]同上出處, p. 400.

[38]雖然羅馬天主教辯稱，彼得從開始就比其他的使徒們擁有更大的權柄，但是新約聖經的證據並不支持這個說法。（有關馬太福音16:19裏的「鑰匙的權柄」，見本書第四十六章B節。）

會只讓一個人擁有治理教會的權柄。

(2) 這個說到建立一群主教以取代使徒們的理論，並不是新約聖經的教導，而且新約聖經也沒有表示過，需要藉著那些曾經在使徒傳承下來的統緒中被按立過的人，來為人按手，以建立*外在的*（physical）按立連續性。舉例來說，在使徒行傳13:3那裏，並不是耶路撒冷的使徒給保羅和巴拿巴按立的，而是安提阿教會的人按手在他們身上，並打發他們出去的。事實上，沒有什麼證據顯示，使徒們在乎什麼統緒之鏈。提摩太顯然不只是由保羅按立的，而是由一個「長老團」（提前4:14，和合本譯作「眾長老」，呂振中譯本作「長老會」）按立的，雖然這個長老團可能也包括了保羅在內（見提後1:6）。但更重要的是，終極來說，按立是由主自己來做的（徒20:28；林前12:28；弗4:11），因此從本質上來看，人所謂的「按立」（僅僅是為了要公開確認一項職分），一點都不是*只能*由那些在使徒統緒下、被按立過的人來做。如果神呼召一個人作長老，就必須認可他，但卻不需關切外在的統緒。此外，如果接受了在地方性教會應當選立長老的觀念（見以上的討論），那麼選立長老的那個教會——而非外來的主教——就應當是那個藉著任命職分或按立牧師、來認可外在選立的團體。[39]

(3) 雖然有人可能會認為，主教制體系的發展——由單一的主教掌管幾個教會——是一個在初代對教會有利的發展，但也有人認為，主教制是偏離了新約聖經的標準，這是因為人不滿意使徒們所建立好了的、選立地方性長老的體系而產生的結果，但事實上從主後30至100年，那體系歷經了整個新約聖經時代，而且顯然是運作得十分良好。不過，一個人對歷史數據的評估，當然端視於他對我們之前所討論的、贊同或反對主教制體系的評估了。

C.2 長老制（presbyterian government）

在長老制的體系下，每一處的地方性教會要遴選長老進入其堂會（session）。教會的牧師是堂會長老們中的一位，其權柄與其他的長老們是平等的。堂會有權柄治理當地的教會，不過，堂會的成員（長老們）也是其所在區會（presbytery）的成員，在該地區有權柄治理幾處的教會。區會是由當地眾教會一些或所有的長老們組成，有權柄治理眾教會。不只如此，區會裏有些成員也是總會（general assembly）的成員，通常有權柄治理整個國家或整個區域下所有的長老教會。[40]

---

[39]贊同由主教指派事奉人員的聖公會，當然不會同意這一點的前提。

[40]在基督教改革宗教會（Christian Reformed Church）裏，治理教會的形式與長老會的體系相似，不過所用的名稱不一樣：在地方性的教會裏，長老們合稱為*教會法庭*（consistory），而不稱為堂會（session）；地區性的治

圖47.2 長老制

（虛線表示全會眾遴選長老們）

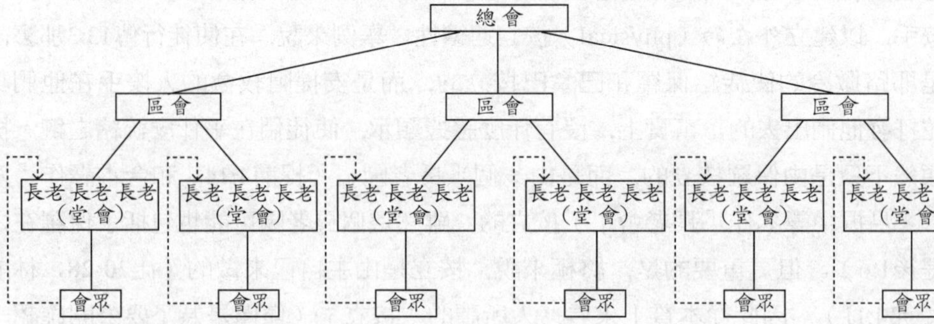

支持長老制體系的看法如下：(1) 那些具有作長老之智慧和恩賜的人，應當被呼召使用他們的智慧，不只是治理一處的地方性教會；(2) 全國性（甚至全世界性）的教會治理體制能夠顯示基督身體的合一；不只如此，(3) 這樣的體系比起任何眾教會自發性的聯合，更能夠有效地避免個別的會眾落入教義上的錯謬。[41]

今日在福音派的基督徒之中，有許多人支持如上所概述的長老制體系，而且在許多實例上，它也確實運作得很有效。不過，也有人反對這個體系：(1) 聖經上沒有一處的**長老們**擁有恆常建立起的權柄，來治理他們自己當地教會以外的教會。一般的模式乃是由地方性教會指派長老們，而其權柄是治理地方性的教會。雖然使徒行傳15章的耶路撒冷大會時常被人提起來反駁以上的看法，但是我們應當注意，這次大會在耶路撒冷舉行，是因為使徒們在那裏。很顯然地，使徒們和耶路撒冷的長老們，隨同來自安提阿的代表們（徒15:2），在這事件上共同尋求神的智慧。我們在經文中似乎也看到他們諮詢全教會的建議，因為我們在這段討論的結論中讀到：「那時，使徒和長老**並全教會**定意從他們中間揀選人，差他們和保羅、巴拿巴同往安提阿去。」（徒15:22）（假使這段敘述表示它支持長老們參與地區性的管理，那麼它也表示支持全會眾參與地區性的管理！）這段經文的情況——有長老們在耶路撒冷，並不是一個好的模式來辯護長老們有權柄治理他們當地教會以外的教會：耶路撒冷教會並沒有召喚所有在猶太、

理組織稱為**監督會**（classis），而不稱為區會（presbytery）；全國性的治理會議稱為**大會**（synod），而不稱為總會（general assembly）。

[41]有關長老制體系的更為完整的辯護，請看Louis Berkhof, *Systematic Theology*, pp. 581-92.

撒瑪利亞和加利利的長老來，也沒有召集一個「猶太地區的區會」或一個「總會」；雖然在耶路撒冷的使徒們確實有權柄治理所有的教會，但這並不表示長老們本身——即使是在耶路撒冷教會的長老們——擁有這樣的權柄，何況新約聖經中並沒有一個這樣的模式，是讓長老們在其當地教會之外的任何教會行使權柄。[42]

(2) 這個體系實際上造成很多正式的訴訟，是為教義上的問題年復一年地在爭執，一直爭到總會的層級。因此有人就感到疑惑，難道這種現象應該是基督身體的特徵嗎——也許是吧，但似乎乃是這個體系鼓勵了這樣的訴訟，而遠遠不是基督身體所必須的，也不是能造就基督身體的。

(3) 在這個體系下，有效治理教會的權力，在實行上似乎離地方性教會的平信徒太遠了。即使是為這個體系辯護的伯克富（Louis Berkhof）也十分清楚地肯定說：「教會的權力*主要*應存在於地方性教會的治理群體身上」，[43] 但他也承認說：「總會治理愈多，它就離人們愈遠。」[44] 因此之故，當這個體系開始發生問題時，就非常難於轉回，因為非長老的平信徒在堂會、區會或總會裏，沒有投票權，而且也因為這種治理教會的結構比其他的結構離平信徒更遠。

(4) 雖然在某些案例中，一個具有健全教義的宗派，採取了長老制的體系，真的就能保守地方性的教會不在教義上走迷；但是實際上更常發生的，卻是相反的情況：長老會宗派的全國性領導採取了錯誤的教義，並迫使地方性的教會順從它。

(5) 雖然長老制體系確實以單一的形式代表了全國性、甚或是普世性基督教會的合一，但是這樣的合一也能夠以其他的治理形式表明出來。那些更純潔的（見本書第四十五章有關教會純潔度的定義）會眾制教會，的確有自發性的聯合來彰顯這種合一。事實上，這些聯合關乎到眾教會裏的*所有的*信徒，不像在長老制體系那樣，只關乎到長老或神職人員而已。舉例來說，一個浸信會宗派的全國性聚會上，許多的傳道人和平信徒（不必是長老或執事，而只是從他們教會派出來的代表）濟濟一堂，互相

[42]但在另一方面，支持長老制體系的人會回答說，我們在新約聖經裏也沒有找到*獨立*教會的例子；每一個在新約聖經裏的教會，都順服在普世的、使徒們的治理權柄之下。當然，獨立教會的辯護者可能會回覆說，那是因為今日沒有使徒能行使那樣的權柄了。然而，如果我們要尋求新約聖經之模式的話，事實仍是：*新約聖經裏找不到獨立的教會*，而我們仍然要期待——而非不期待——有什麼機制能取代使徒的治理形式。對筆者而言，這似乎指出，某種在地方性教會以上的宗派權柄，仍然是合宜的（雖然在不同的宗派裏，有不同的治理形式）。

[43]Berkhof, *Systematic Theology*, p. 584.

[44]同上出處，p. 591.

團契，可能比那個只有長老們出席的長老會總會，更能展現基督身體的合一。

C.3 會眾制（congregational government）

C.3.1 單一長老（或單一牧師）

我們現在可以看看會眾制體系的五種變化。第一種是「單一長老」的治理形式，這在現今美國的浸信會中是最普遍的。在這種的治理形式下，牧師被視為教會中惟一的長老，而被選出的執事會，是在牧師的權柄之下服事並支持他。

圖47.3 會眾制形式之一 單一長老（或單一牧師）治理教會

（虛線表示全會眾遴選牧師和執事們）

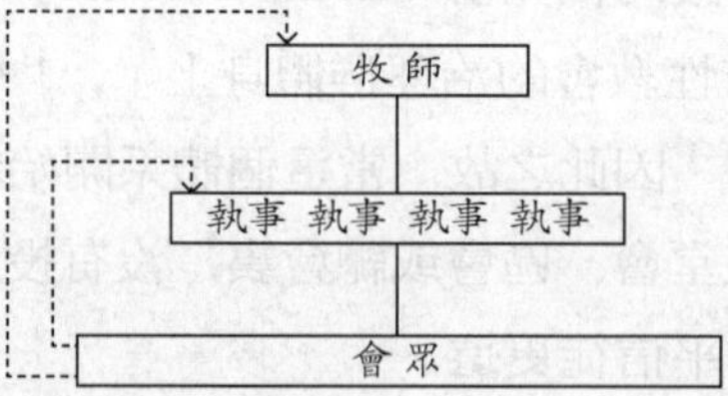

在這個治理的形式裏，會眾遴選牧師，也遴選執事們。牧師權柄的大小在不同的教會中有很大的變化；通常來說，一位牧師在一處教會留得愈久，權柄會愈增加。執事會的權柄通常被認為只是顧問性的權柄。這個治理形式通常運作的方式，尤其在較小的教會裏，是必須將許多的決策帶到全體會眾面前。

贊同這種治理形式的論點，很清楚地呈現在史特朗（A. H. Strong）的《系統神學》裏，這是一本在浸信會圈子裏被廣為使用的教科書。[45] 史特朗的論點如下：

(1) 新約聖經並沒有要求多位的長老，但新約聖經中所見多位長老的模式只是因為當時教會的大小。他說：

> 「在有些新約聖經中的教會裏，是有多位的長老……不過，沒有證據證明，長老的人數必須統一，或除了他們所看顧之教會大小的因素外，還有其他的原因。新約聖經的範例中，雖容許教會按照需要去設立多位的助理牧師，卻沒有規定每一個教會都必須有多位的長老。」[46]

---

[45] A. H. Strong, *Systematic Theology* (Valley Forge, Pa.: Judson Press, 1907), pp. 914-17. Strong在1872至1912年是Rochester Theological Seminary的院長。

[46] 同上出處，pp. 915-16.

在這段話裏，史特朗表示出他會將一個較大的教會所聘任的多位牧師們，也看成是長老們，因此這個治理形式可以由單一的長老/牧師，擴展為兩位或更多位的長老/牧師。但是最緊要的分別乃是，只有教會的專職牧師（們）才擁有長老職分的治理權柄，而這權柄是不與任何教會裏的平信徒共有的。不過我們必須了解，今日採用這個模式的大多數教會，都是相當小的教會，都只有一位牧師；所以實際來說，這個模式時常就變為單一長老的治理形式。[47]

(2) 史特朗又說：「雅各是耶路撒冷教會的牧師或主席」；他並引用使徒行傳12:17; 21:18和加拉太書2:12來說明，雅各的領導模式是其他教會可以仿效的。

(3) 史特朗還注意到，有些經文中的「主教/監督」是單數，但是執事卻是複數；這表示它和一般浸信會的治理形式很相似。有兩節希臘文經文的直譯顯示，「主教/監督」前的定冠詞是單數的：

「所以，那監督必須無可指責」（提前3:2，和合本譯作「作監督的必須無可指責」），以及「那監督……必須無可指責」（多1:7，和合本譯作「監督……必須無可指責」）。

但與之相反地，我們讀到「執事們也是如此，必須端莊……」（提前3:8，和合本譯作「作執事的也是如此，必須端莊……」）

(4) 最後，按照史特朗的說法，啟示錄2:1, 8, 12, 18; 3:1, 7, 14裏的「教會的使者」，「最好解釋為教會牧師的意思；假如這樣解釋是對的話，那就更清楚了——每個教會只有一位牧師，並非有許多位牧師。」[48]

(5) 另一個支持的論點不是史特朗講的，而是在晚近論教會增長的文獻裏看到的：這是說到教會需要單一有能力的牧師，好使教會快速成長。[49]

我們必須再一次說，在許多福音派的教會裏，單一長老的治理形式也運作得非常

---

[47]另一位浸信會神學家，Millard Erickson，支持Strong的主張，即新約聖經並沒有要求一個教會要有多位的長老。他說新約聖經中論及長老的例子是「描述性的經文」，即描述一個已經存在的教會次序，但「教會並未受到命令去採用一個特別的教會次序形式。」（Erickson，*Christian Theology*, p. 1084）而且，Erickson認為，新約聖經裏並不只有一種治理教會的模式，而是「可能有各種不同的治理形式；每一個教會都可以根據個別的情況而採用適合的模式。」（同上出處）

[48]Strong, *Systematic Theology*, p. 916.

[49]例如，C. Peter Wagner, *Leading Your Church to Growth* (Ventura, Calif.: Regal, 1984). 此書作者說：「本書主要的論點是說，假如教會要將增長的潛力發揮到最大，就需要有強力領導的牧師……不要在這一點上犯錯誤；這乃是規則。」（p. 73）這本書中充滿了教會增長專家的故事和宣告，他們告訴讀者說，一位強而有能力的牧師領導，對於教會顯著增長是必須的。

成功，但雖然如此，仍然有人反對史特朗和其他人所提出的論點：

(1) 聖經中論及長老們資格的經文，提摩太前書3:1-7和提多書1:5-7，是今日教會用來作為事奉人員之*要求資格*的經文，因此若說新約聖經沒有給予我們一個清楚的*命令*，是要所有教會都設立多位的長老們，這說法似乎和事實不一致。教會怎麼能說，那些*關於長老們之資格*的經文，是對我們今日的命令，而在同樣經文裏的*多位長老治理教會的體系*，就只是那時候的那個社會所要求的？雖然我們能夠反駁說，這些命令只是針對在以弗所和革哩底教會的個別情況而言，而大部分新約聖經的命令則是使徒寫給個別教會的，要告訴他們應該怎麼行事為人；但我們不能因此就說，我們可以自由地不順從在書信裏其他部分的這些命令。事實上，提摩太前書和提多書提供我們許多關於地方性教會該怎麼做的內容，是所有信主的教會都要盡量聽隨的。

不只如此，忽略一個清楚的新約模式，似乎是不智的；而且在新約聖經寫成時的證據顯示，這個模式存在於所有教會裏。新約聖經向我們顯明，*沒有*一個教會看來是只有一位長老的（徒14:23，「在*各*教會中選立長老〔們〕」；多1:5，「在各城設立長老〔們〕」；雅5:14，「他就該請教會的*長老〔們〕*來」；彼前5:1，「我……勸你們中間……作長老〔們〕的人」），那麼若還要說，較小的教會就會只有一位長老，似乎是說服不了人的。即使是在保羅第一次宣教之旅時才剛建立的眾教會，他就「在各教會中」選立了*長老們*（徒14:23）；而在革哩底島上，不論教會有多大或多小，「在各城」還是要設立長老們。

此外，史特朗的論點有前後不一致的地方，因為他說到，大的教會乃是那些有多位長老們的教會，而他又宣稱，按照這個浸信會的一般模式，「以弗所教會的使者」（啟2:1）乃是單一的牧師。可是以弗所教會在當時是特別大的教會；保羅在建立該教會時，曾在那裏待過三年（徒20:31），在那段時期中，「*一切住在亞西亞的*，無論是猶太人，是希利尼人，*都聽見主的道*。」（徒19:10）那時以弗所地區的人口超過二十五萬人。[50]

因此我們可能會問，為什麼我們要隨從史特朗的說法，採用一種在新約聖經裏*找不到*的治理教會的模式來當作正規，而又排斥了一種在新約裏*處處可見*的模式呢？

(2) 雅各也很可能是在耶路撒冷教會的會議主席，或事奉人員的主席，因為所有的教會都有像這樣指定的領袖來主持會議。但這並不表示他就是「單一長老」意義上所

[50] Robert H. Mounce, *The Book of Revelation*, NIC. (Grand Rapids: Eerdmans, 1977), p. 85.

指的耶路撒冷教會的「牧師」。事實上，使徒行傳15:2顯示，耶路撒冷教會有多位*長老們*（複數），而雅各本人可能是算在使徒（見加1:19），而非長老之列。

(3) 在提摩太前書3:2和提多書1:7那裏，修飾「監督」一詞的希臘文定冠詞，只表示保羅說到的是一般性的資格，可以應用到任何一個例子上。[51] 事實上，在史特朗所引用的兩處例子裏，我們知道在那裏的教會裏有多位的*長老們*（複數）。提摩太前書3:2是寫給人在以弗所的提摩太，而使徒行傳20:17也顯示在以弗所教會裏有多位的「長老們」。甚至在提摩太前書5:17裏，保羅寫道：「那善於管理教會的*長老〔們〕*，當以為配受加倍的敬奉；那勞苦傳道教導人的，更當如此。」至於提多書1:7，我們只需看前面的第5節，保羅在那裏明確地指導提多，要「在各城設立*長老〔們〕*」。

(4) 啟示錄2–3章裏提到的七個教會的使者們是非平常性的，作為單一長老的證據也是很脆弱的。我們幾乎不能說「以弗所教會的使者」（啟2:1）的意思是指那個教會只有一位長老，因為我們知道在這個非常大的教會裏，是有多位「長老〔們〕」（徒20:17）。在寫給七個教會的受信人時所用的「使者」，可能只是指每一個教會的特定信使，甚至只是指一位把約翰所寫之信帶去給每一個教會的傳信人；[52] 也可能它是代表「教會中主要的精神」，而非代表治理會眾的事奉人員；[53] 或者可能只不過就是一位天使，是神所賜下來特別來照顧每一群會眾的。就算它真的代表了在每一群會眾中的事奉人員主席，也不表示這位「使者」擁有任何治理的權柄，或發揮任何相當於今日單一牧師的功能，或任何相當於新約教會裏「長老」的功能。這段經文並沒有提供強烈的證據，足以清除全新約聖經中清楚的資料，即在每一個教會都有多位的長老，即使在以弗所教會也一樣。

很有趣的是，其實所有史特朗所引用的新約經文，包括使徒行傳15章（耶路撒冷）、提摩太前書3:2（以弗所）、提多書1:7（革哩底）、啟示錄2–3章（七教會，包括以弗所），其中所論及的教會情況，新約聖經本身都在該經文處十分清楚地指出，那些教會中有權柄的長老是多位的。

---

[51]以希臘文文法而言，此處所使用的定冠詞，最好理解為「一般性」的用法；即用定冠詞來「選擇一個一般性的或代表性的個人。」（MHT 3, p. 180） 在保羅說過「人若想要得監督的職分，就是羨慕善工」（提前3:1），或「若有*任何人*是無可指責的……」（多1:6，和合本譯作「若有無可指責的人」）之後，使用單數的「監督」是很自然的。

RSV為英語讀者在這兩節提供了一個更合適的繙譯：「*一位*監督」，反映了這種一般性的使用法。

[52]在啟示錄2:1等處所用的字*angelos*（「使者」），其意不只是「天使」，也可是指「傳信人」而已。

[53]這是Robert Mounce說的，詳見Mounce, *The Book of Revelation*, p. 85.

(5) 關於從教會增長研究而有的支持單一牧師的宣稱，並不能真正地證明單一牧師領導治理的必要性，其理由至少包括三點：(a) 我們不應當捨棄一種聖經所支持的模式，而去採取另一種不同模式，只因為有人說另一種模式在產生大型教會上似乎很管用。我們在此的角色，就和我們一生所有的角色一樣，應當是盡所能地緊緊順服聖經，並期望神照著祂的旨意賜下合宜的祝福。(b) 許多大型的教會是由多位長老治理的（長老會和獨立教會都有），所以從實際的角度來看，並不能下定論。(c) 彼得・魏格納（C. Peter Wagner）承認，在不同的教會治理形式中都可以找到強而有能力的領袖，[54] 而我們必須同意說，在一個多位、同權的長老體系中，並不排斥其中有一位長老（例如其牧師）在功能上是與其他長老「同權而帶頭」的（First among equals），即在多位長老中具有領袖的角色。

(6)「單一長老」體系常見的實際問題，不是一人過度的專權，就是過分地要求一人。不論是在其中的哪一種情況，犯罪的誘惑都十分地大，因為向人負責的程度愈是降低，向試探臣服的可能性就愈高了。如我們在前面所提的，將治理教會的權力集中在任何一人的手中，絕不是新約聖經的模式，即使對使徒也是一樣。

我們要注意，「單一長老」治理教會的觀點，比起「單一主教」（主教制）的觀點，真的沒有更多的新約經文來支持。這兩者似乎都嘗試要證明，曾經發生在教會史上的事是對的，而不是從新約聖經本身去歸納出一個結論來。

(7) 最後我們還應當注意，這個「單一長老」體系在實際的作法上，可以改變或運作得更像「多位長老」的體系，即讓那些被稱為「執事」的人發揮長老的功能。假使執事們和這位單一的牧師共同在治理教會的權柄上有分，而且他們看自己是要向整個執事會負責的話，那麼這也像是「多位長老」的體系（見圖47.4）。

圖47.4「單一長老」治會的變化形式　牧師和執事們共同治理教會，如同多位長老
（虛線表示全會眾遴選執事們）

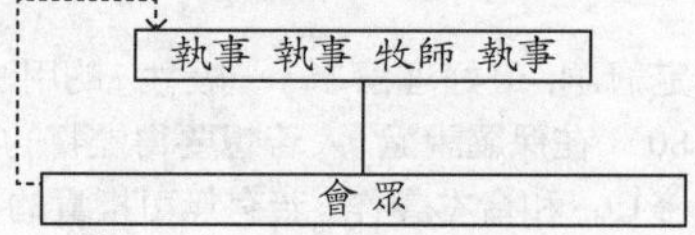

[54] Wagner也曾說過，在各種不同的教會治理形式中，牧師都可以是一位有力的領袖。見Wagner, *Leading Your Church to Growth*, pp. 94-95. 所以，用他的研究當作支持單一長老的治理形式，是不適宜的。

但這種安排所產生的問題是，它沒有將聖經的詞彙應用在教會所執行的功能上，因為新約聖經中所說的「執事」，在教會中從來就沒有治理或教導的權柄；而且這樣做會產生一個結果，那就是教會中的人（包括執事們和教會其他成員）不能將在聖經經文中所讀到論及長老的事，應用在他們教會中*實際發揮長老功能的人*身上，因此，這些經文就失去了它們在教會中應當有的直接關連了。不過，這樣的問題是可以解決的，就是要將「執事」改名為「長老」，並且將牧師也看為其中的一位長老。

C.3.2 多位地方性長老

有沒有哪一種治理教會的形式，能保存新約聖經裏所看到的多位長老之模式，而又能避免長老的權柄擴張到地方性會眾群體以外的呢？雖然在今日的宗派中沒有特別的這種形式，可是它存在於許多個別的會眾群體中。根據我們到目前為止從新約聖經中所得到的結論，筆者提出一個可能的模式，見圖47.5。

圖47.5 會眾制形式之二 多位地方性長老治理教會

（虛線表示全會眾遴選長老們）

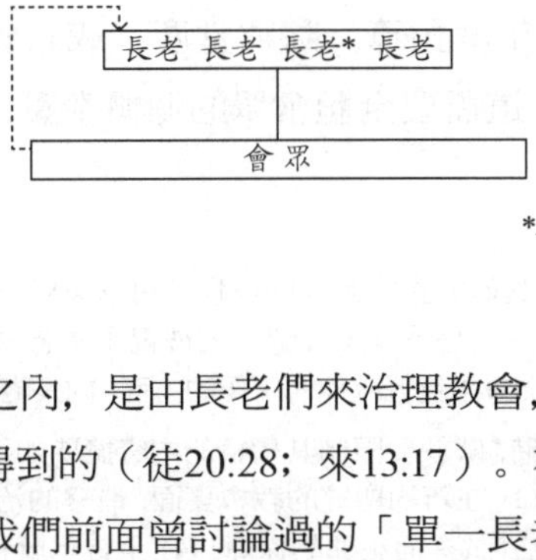

在這樣的一個體系之內，是由長老們來治理教會，而其權柄則是從教會的元首基督本身、並透過聖靈所得到的（徒20:28；來13:17）。在這個治理體系裏，長老的人數一定是多於一位，這與我們前面曾討論過的「單一長老」的體系是不同的。在這個體系的現代教會裏，「牧師」（或「主任牧師」）是長老們中的一位，他的權柄並不在其他的長老們之上，但他也不是為他們工作的雇員。他的角色之不同，乃在於他是全時間在從事「傳道教導人」（提前5:17）的工作，並且從那個工作中，取得他部分的或全部的收入（提前5:18）。他也可能經常在長老們中擔任領導的角色（例如作主席），這也是適合於他在會眾中作領袖的角色；但是*在長老們中*的領導角色，對這個體系而言，卻不是必須的。此外，牧師平常也有相當的權柄作決定，並且在整個長老團所交付給他的責任領域上，提供領導的方向。雖然這個體系容許牧師在教會中行使較強而有力的領導，但他與其他長老們擁有的治理權柄仍是相等的。

我們在以下的事實裏可以看見這種治理體系的優點：牧師沒有獨自的權柄來治理會眾，權柄是屬於整個長老團（elder board）的，而且牧師本人就像其他每一位長老一樣，順服於整個長老團之權柄下。這樣的作法有很大的好處，包括可預防牧師犯錯誤，在困難中支持他，並且保護他不受攻擊和反對。[55]

在這樣的體系裏，是否應對長老們的權柄有所限制？我們在前面論及遴選教會事奉人員時，曾經提過幾個應該要有「抑制與平衡」的原因。[56] 那些論點在此也幫助我們了解，雖然長老們有治理教會的實權，但是其權柄不應當是沒有限制的。限制的作法可如下：(1) 由選舉產生長老，而非自願性的永遠任職。(2) 他們可有特定的任期期限，並且必須強制性地退出長老團一年（但牧師除外，因為他的領導責任是有連續性的，所以需要他持續地以長老的身分參與長老團）。(3) 有些重大的決定可能需要帶到全體會眾的面前尋求認可。關於會眾的認可，這一點已是聖經對教會紀律的要求（太18:17），也是開除教會會員的要求（林前5:4）。由會眾來遴選長老的原則，也意味著呼召一位牧師的這項決定，需要由全體會眾來認可。此外，若有重大的教會事工新方向，是需要大多數會眾支持的，就也可能需要帶到全體會眾面前尋求認可。最後，在大筆財務的決策上，例如年度預算、購買堂產、或教會借錢等，若能得到會眾的認可，則是比較明智的，因為這需要全體會眾的慷慨奉獻，來償付這些財務上的負擔。[57]

---

[55]假使教會有一位以上的受薪牧師，那麼其他的副牧師或助理牧師可以被視作長老，也可以不被視作長老，端視每一位長老的資格和教會的政策而定。但是不論副牧師是否被視作長老，在這個治理的體系下，他們在日常工作上都只向主任牧師負責，而主任牧師再就督導他們工作的方面，向長老團負責。

[56]在本章B節中談到教會事奉人員的遴選時，關於要限制其權柄的內容摘要如下：(1) 在新約聖經裏，教會的事奉人員顯然是由全會眾所遴選出來的。(2) 在新約聖經的教會裏面，最終的治理權柄似乎是歸於全教會的。(3) 他們要向全會眾負責，這提供了避免因試探而犯罪的保障。(4) 全會眾擁有某種程度的掌控，可為教會提供一層保障，以免被落入教義錯謬的領袖誤導。(5) 當治理者得到被治理者的認可時，他所進行的管理會運作得最好。除了以上的原因之外，還有另一個原因，要限制教會事奉人員的權柄：(6) 聖經的清晰性之教義，和所有信徒皆祭司團之教義（即新約聖經所肯定的，所有的基督徒都可以在禱告中來到神的寶座前，並且共同成為「君尊祭司團」的成員。見彼得前書2:9；另參希伯來書10:19-25; 12:22-24），這兩項教義合起來指明，所有的基督徒都有一些能力得以解經，而且也有一些責任得以尋求神的智慧，並將之應用在各種情況中；所有的人也都可以直接地到神面前去尋求祂的旨意。新約聖經並沒有讓任何基督徒比別人更有特權到神的面前，所以，在教會某些重要的決策上，讓所有的信徒都參與，是一件對的事。「謀士多，人便安居。」（箴11:14）

[57]我們應當注意，當一個教會是由一群自願永遠任職的長老們來治理，而不是由會眾來遴選長老時，這個教會在功能上與本節所討論的「多位地方性長老」的體系雖十分相似，但是在抑制與平衡長老們的權柄上，不會

事實上，由於以上這些贊同對事奉人員之權柄有所限制的理由很強，以至於我們可能會以為教會所有的決定和所有治理的權柄，都應當歸給全體會眾（有些教會在治理上採取了幾乎是純粹民主的作法，這種教會的每一件事都必須提到全體會眾面前尋求認可）。然而，這個結論忽略了新約聖經中豐富的證據，指出長老是被賜予統管與治理的權柄。因此，雖然對長老們的權柄加以*一些認可的抑制*，並將終極的治理權柄歸於全體會眾，是很重要的事；然而如果我們要忠於新約聖經的模式，仍有必要將高度的權柄授予長老們本人。[58]

筆者將這裏所討論的體系稱為「多位*地方性*長老」（plural local elders）體系，為的是與長老制的體系有所區分；在後者的體系裏，當長老們在區會或總會的層面聚集時，他們的權柄範圍就超出他們自己地方性的教會了。然而在這樣一個由當地教會遴選長老的體系裏，教會能越過自己的會眾而與其他教會有更廣的聯合嗎？當然能夠。雖然採用這個體系的教會可以選擇保持全然獨立，但大多數的教會會與其他有類似信念的教會自發地聯合起來，為的是促進交通，共用資源以利宣教活動（或其他目的，例如基督教的營會、出版，和神學教育等等）。然而，這些擴大的聯盟在地方會眾之上所持有的惟一權柄，只是能夠將某一個個別的教會從聯盟中排除，而非具有治理個別教會事務的權柄。

C.3.3 董事會

其餘三種會眾制教會的治理形式並不普遍，但我們有時在福音派教會裏仍能看得到。第一種模式是效法現代的公司，由董事會聘雇一位執行長，他就有權柄得以執行他看為合適的業務。這種形式的治理也可以叫做「你為我幹活」（you-work-for-us）的

像「多位地方性長老」的體系那麼全面。這種教會可能仍然應該要有某種的機制，使會眾能夠挪去那些嚴重偏離正道、對聖經不忠誠的長老。

[58]當「多位地方性長老」的體系在一個大教會運作時，長老團裏的大多數人*不應是教會裏的副牧師*，這一點是很重要的。這是因為副牧師要在他們所有的教會工作上服從主任牧師（主任牧師通常是聘用他們、辭去他們，和擬定他們報酬的人，而他們也要向他匯報），所以，如果多數的長老們是由這些副牧師所組成的話，那麼所牽涉的人際互動，會使主任牧師順服長老團的體系，成為不可能的事了；事實上，這個體系運作起來會像是（有幾分變相的）「單一牧師」的治理形式，而非多位長老的治理形式。

有些人可能會反駁說，在一個大教會裏，只有全時間的事奉人員能充分知道教會的光景，這使他們能成為有效的長老；可是這種反駁並不叫人信服：有很多由董事會治理的團體，雖然他們和他們所治理的人在日常活動中沒有很密切的來往，但他們都能治理得很好，這類的團體包括了大學和神學院的董事會、地區性學校的董事會、公司的董事會，甚至包括州政府和聯邦政府。所有的這些治理團體都能向其全職的行政人員指示政策，並給予方向；當有需要時，他們就能夠獲得有關特定情況的詳細資料。（筆者知道，所有的這些團體也可能會運作得很差，然而此處的重點只是說，當它們把適合的人放在領導的位置上時，可能會運作得非常好。）

結構，如圖47.6所示。

圖47.6 會眾制形式之三 董事會治理教會

（虛線表示全會眾遴選牧師和董事）

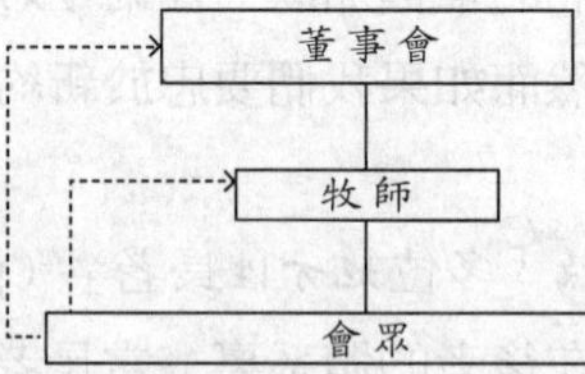

支持這種治理結構的論點，是認為這種體系事實上在當代的企業中運作得很好。然而，這樣的治理形式在新約聖經中並沒有先例或支持，它只不過是企圖將教會當作現代企業一樣地來運作；而且，它不把牧師看作是屬靈的領袖，只認為牧師是一位受薪的雇員而已。

進一步反對這種結構的原因乃是看到一項事實，那就是它剝奪了牧師應有的治理權柄；假如牧師要能有效地履行其長老職責的話，就必須擁有治理的權柄。不只如此，因為董事們也是會眾中的會員，而牧師理當有些權柄在他們以上；然而如果會眾中的領袖實際上是牧師的老闆的話，牧師的權柄就大打折扣了。

C.3.4 純粹民主

這種觀點將會眾制的治理形式推到了邏輯上的極端，如圖47.7所示。

圖47.7 會眾制形式之四 純粹民主

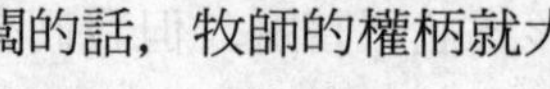

在這種體系裏，*每一件事*都必須帶到全體會眾的聚會中。其結果通常是無休止的辯論；而且當教會成長時，決策的程序幾乎到達了癱瘓的地步。雖然這種結構嘗試要實行我們前面所引用的一些經文，即公平地將治理教會的最終權柄落實在全體會眾之中，然而在此同時，它卻不能忠實於新約聖經的模式：確認並指派有實際權柄的長老們，讓他們在大多數的情況中治理教會。

C.3.5 沒有治理體系，只靠聖靈

有些教會，特別是那些有奧祕派或極端敬虔派之傾向的新教會，他們對教會的治理就像圖47.8所顯示的情形。

圖47.8 會眾制形式之五 沒有治理體系，只靠聖靈

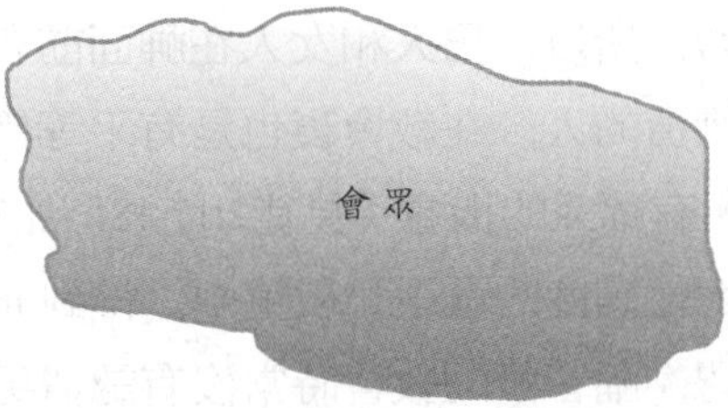

這類教會否認需要任何形式的治理體系，而是依賴會眾中所有的成員，在他們的生活中對於聖靈之帶領的敏銳度，而且通常是有了共同一致的意見以後，才作成決定。這種治理形式絕不會持續很久，因為它不僅沒有忠實於新約聖經中的模式，即在教會中指派長老行使治理權柄，而且它也更容易淪入濫用權柄，因為在其決策過程中佔上風的是主觀感覺，而非智慧與理性。

C.4 小結

在我們小結這段的討論時，必須清楚地說明，教會所採取的治理形式並不是教義上的著重點。各種不同體系內的教會生活，都能使基督徒感到很愉快，也都能服事得很有果效；而且在每一種提及的體系內，都有許多福音派的基督徒。不只如此，有一些不同治理體系的教會似乎運作地*相當地好*。雖然在不同的治理結構中有一些看來是天生的弱點，但在該體系之內的人通常會認出那些弱點，並用該體系所容許的方式去嘗試彌補。

然而，在關於該如何治理教會的這一點上，可能有*比較純潔或比較不純潔*的差別，正如在其他方面一樣（見本書第四十五章有關教會純潔度的定義）。當我們看過聖經中對治理教會之不同層面的教導以後，就應該繼續禱告、努力，以求在可見教會中的這一方面更加純潔。

D. 女性可以擔任教會中有職分的事奉人員嗎?

大多數的系統神學沒有包括女性可否成為教會中有職分的事奉人員這個問題，因為在教會歷史上，除了非常罕見的例外，已經設定在教會內只有男人可以作牧師或發揮長老的功能。[59] 但是在最近幾年，福音派世界裏面興起了一個主要的爭議：女人可以像男人一樣地作牧師嗎？女人可以同擔教會所有的職分嗎？筆者已在其他地方更為廣泛地處理過這個問題，[60] 因此在這裏只為這個問題作一個簡短的摘要。

在一開始，我們必須先肯定，在創世記1:27裏的創造敘述，是視男人和女人都是按照神的形像而平等受造的，所以，男人和女人在神面前有平等的價值，我們也應當看雙方都是具有絕對平等價值的人，在教會裏也是有平等價值的。不只如此，聖經確保男女有平等得著救恩下所有福氣的機會（見徒2:17-18；加3:28）。[61] 這一點我們可從耶穌在地上服事時，賜予女性高度的尊嚴和敬重中，得到非比尋常的肯定。[62]

但同時我們也必須承認，福音派的教會時常沒有認清男女是完全平等的，因此也就沒有看到女性在價值上是與男性平等的，結果造成了悲劇性的失敗：沒有認清神時常賜給女人和男人相等、或更大的恩賜；沒有鼓勵女人在教會不同的服事中，充分和自由地參與；沒有在教會生活的重要決定中，認真考慮神所賜給女人的智慧。假如目前關於女性在教會中之角色的爭論，能夠消彌那些過去的錯誤的話，那麼教會整體就大得益處了。

不過，問題還在那裏：女性可以在教會中擔任牧師或長老嗎？（或是說，在其他治理形式的教會裏，女性可以擔任相當於長老的職位嗎？）筆者自己在這個問題上的結論是，聖經不許可女性在教會內擔任牧師或長老的角色。這也是整個歷史上、不同

---

[59]見William Weinrich, "Women in the History of the Church: Learned and Holy, But Not Pastors," in *Recovering Biblical Manhood and Womanhood: A Response to Evangelical Feminism*, ed. John Piper and Wayne Grudem (Wheaton, Ill.: Crossway, 1991), pp. 263-79. 亦見Ruth A. Tucker and Walter L. Liefeld, *Daughters of the Church: Women and Ministry from New Testament Times to the Present* (Grand Rapids: Zondervan, 1987).

[60]見*Recovering Biblical Manhood and Womanhood*, ed. John Piper and Wayne Grudem. 在以下數段內容裏，筆者所採取的立場與「聖經論男性和女性會議」(Council on Biblical Manhood and Womanhood) 在1988年所發表的《丹福斯宣言》(Danvers Statement) 是一致的。該會議所在的地址是CBMW, 2825 Lexington Road, Box 926, Louisville, KY 40280, USA。或見網址www.cbmw.org.

[61]亦見Raymond C. Ortlund, Jr., "Male-Female Equality and Male Headship: Gen. 1-3," in *Recovering Biblical Manhood and Womanhood*, pp. 95-112.

[62]見James A. Borland, "Women in the Life and Teachings of Jesus," in *Recovering Biblical Manhood and Womanhood*, pp.113-23.

社會環境中、絕大多數教會的結論。對筆者來說，以下的內容似乎是最具說服力的原因了：

D.1 提摩太前書2:11-14

聖經中最直接論及這個問題的一處經文，就是提摩太前書2:11-14：

「女人要沉靜學道，一味的順服。**我不許女人教訓**（和合本譯作『**講道**』），**也不許她轄管男人**；只要沉靜。因為先造的是亞當，後造的是夏娃。且不是亞當被引誘；乃是女人被引誘，陷在罪裏。」

保羅在此講到了教會聚集時之情形（見提前2:8-9）。在這樣的情形下，保羅說：「我不許女人*教訓*（和合本譯作『*講道*』），也不許她*轄管*男人。」（提前2:12）這些是教會長老們所要執行的功能，尤其是我們所知道在現代教會處境下之牧師所要執行的。[63] 保羅禁止教會裏的婦女所做的，明確的是指這些長老們所要發揮的獨特功能。[64]

反對這種立場的幾個論點如下：[65]

(1) 有人曾說過，這段經文只能應用在保羅所談到的特定場合：可能是在以弗所教會內，有女人在教導異端的教義。但是這種反駁並不說服人，因為在提摩太前書中，並沒有清楚的敘述說到有婦女真的在*教導*錯誤的教義（提摩太前書5:13談到說閒話的婦女，但沒有提到錯誤的教義）。不只如此，保羅不是只告訴某些教導錯誤教義的婦女要保持沉靜，而是說：「我不許*女人*教訓（和合本譯作『講道』），也不許她轄管男人。」而且最後保羅說到這個禁令的*原因*，和有人在這裏提出的反駁大不相同；保羅說的原因乃是和亞當與夏娃墮落之前、世上還沒有任何罪惡之前的情況有關（見提前2:13），又和在墮落發生之時男女角色的顛倒有關（見提前2:14）。這些原因並不受限於以弗所教會裏的一個狀況，而是能應用在一般男性和女性的身上。

(2) 另一個反駁是說，保羅提出這個禁令是因為在第一世紀的女人沒受到好教育，所以沒有資格在教會裏擔任教導或治理的角色。但是保羅並沒將缺乏教育當成是女人不能「教訓或轄管男人」的原因，他乃是追溯到創造之時（提前2:13-14）。將論點建立在一個保羅*沒有*提出的原因，而不是建立在他*確有*提出的原因，是很危險的。

---

[63]見本章A.2.3節有關長老們在教會中的教導和治理功能。

[64]有關這段經文更為廣泛的討論，見Douglas Moo, "What Does It Mean Not to Teach or Have Authority Over Men?: 1 Tim. 2:11-15," in *Recovering Biblical Manhood and Womanhood*, pp. 179-93.

[65]有關這些反對論點更為廣泛的敘述，見本章書目有標明「贊同女性擔任牧師」的書籍，尤其是以下三人的著作：Mickelsen, Spencer和Bilezikian.

此外，這項反駁誤會了古代教會和古代世界的真實情況。在新約聖經中的教會裏，正式的讀經訓練不是作教會領袖所必須的，因為有幾位使徒就沒有正式的讀經訓練（見徒4:13）。而在另一方面，基本的認字技巧，以及因之而有的讀經和研經的能力，是男女都有機會可學的（請注意使徒行傳18:26；羅馬書16:1；提摩太前書2:11；提多書2:3-4等經文）。在古代有許多受過高等教育的女子，特別是在像以弗所這樣的文化中心裏。[66]

最後，那些提出這類反駁論點的人，有時候又會前後不一致，因為他們在別的地方又指出，一些女性在古代教會中具有領袖的地位，例如百基拉。這一點特別和提摩太前書2章有關，因為保羅是寫信給以弗所教會（提前1:3），那是百基拉和亞居拉的母會（見徒18:18-19, 21）。百基拉就是在以弗所這個教會對聖經有足夠的認識，才能在主後51年時幫助和教導亞波羅（徒18:26）。然後當保羅停留在以弗所教導「神全備的旨意」（徒20:27，和合本譯作「神的旨意」；另參徒20:31；又見林前16:19）時，她可能又從保羅本人學習了三年之久。無疑地，在以弗所還有許多其他的女人曾效法她的榜樣，也從保羅有所學習。雖然他們後來去了羅馬，但我們發現亞居拉和百基拉約在主後67年，即保羅生命即將結束之時（提後4:19），又回到以弗所。所以，可能在主後65年，即約在保羅寫提摩太前書之時（約在百基拉幫助教導亞波羅之後14年），他們人在以弗所。然而保羅沒有容許受過良好教育的百基拉，或在以弗所任何其他受過良好教育的女人，在教會公開的聚會上來教導男人，其原因不是缺乏教育，而是因為神設立在男女之間的創造次序不同。

D.2 哥林多前書14:33下-36

保羅還有另一段類似的教訓：

> 「因為神不是叫人混亂，乃是叫人安靜。婦女在會中要閉口不言，像在聖徒的眾教會一樣，因為不准她們說話。她們總要順服，正如律法所說的。她們若要學什麼，可以在家裏問自己的丈夫，因為婦女在會中說話原是可恥的。神的道理豈是從你們出來麼？豈是單臨到你們麼？」（林前14:33-36）

在這一段話裏，保羅不可能是在禁止女人完全不可公開地在教會裏講話，因為他在哥林多前書11:5那裏，清楚地允許她們在教會裏禱告和說預言。所以，我們最好按照這段經文最緊連的上文來理解它所指的說話是哪一類的。從其上文所說的：「至於作說

[66]見Piper and Grudem, *Recovering Biblical Manhood and Womanhood*, p. 82.

預言的（和合本譯作『先知講道的』），只好兩個人或是三個人，其餘的就當慎思明辨。」（林前14:29）我們理解到保羅在下文所指的，是在會眾中說出對預言的評估和判斷。保羅容許婦女在教會聚會中講話和說預言，但是同時他又不許她們對別人所說的預言（講道），公開說什麼話或給予什麼評估或評論，因為那是和全教會有關的統管或治理的功能。[67] 這樣的理解有賴於我們對新約時代預言恩賜之觀點，也就是說，新約時代的預言不涉及權威性的聖經教訓，不是說出等同於聖經的神的話語，而只是報告神不期然而讓我們想到的事。[68] 根據這樣的解釋，保羅在哥林多前書14章和提摩太前書2章的教訓，就十分和諧一致了：他在兩處都是關切到，要在教會的教導和治理上保留男性的領導權。[69]

D.3 提摩太前書3:1-7及提多書1:5-9

這兩處經文都假定長老們是男性，因為經文說到一位長老（主教／監督）必須是「只作一個婦人的丈夫」（提前3:2；又見多1:6），而且必須「好好管理自己的家，使兒女凡事端莊順服。」（提前3:4）

有人可能會反駁說，這些教導都只是針對古代世界裏的文化處境所言，那時女人沒有受到好的教育。不過我們在前面D.1一節討論到提摩太前書2章時的論點，也可應用在此處。

D.4 家庭與教會的關係

新約聖經常將家庭生活和教會生活關連起來。保羅說：「人若不知道管理自己的家，焉能照管神的教會呢？」（提前3:5）他對提摩太說：「不可嚴責老年人，只要勸

---

[67]有關這個問題更完全的討論，見D. A. Carson, " 'Silent in the Churches': On the Role of Women in 1 Cor. 14:33b-36," in *Recovering Biblical Manhood and Womanhood*, pp.140-153. 又見Wayne Grudem, *The Gift of Prophecy in the New Testament and Today*, pp. 217-24. 又見Wayne Grudem, "Prophecy—Yes, but Teaching—No: Paul's Consistent Advocacy of Women's Participation Without Governing Authority," *JETS* 30/1 (March 1987), pp. 11-23.

[68]這種預言恩賜的觀點在本書第五十三章「屬靈恩賜之二：特定的恩賜」中解釋得更為完全。

[69]晚近有一個福音派的理論反對這個關於哥林多前書14:33-36的結論，反對的理由僅是認為這些經節不是保羅所寫的，也不屬於哥林多前書；所以對於今天的我們來說，也不被視為有權柄的經文了。見Gordon Fee, *The First Epistle to the Corinthians*, pp. 699-708. 此書作者Fee的基本論點乃是，要調和這段經文與哥林多前書11:5，是不可能的；在哥林多前書11:5那裏保羅清楚地許可女人在教會說預言的（Fee非常重視一個事實，那就是在一些古代的抄本裏，哥林多前書14:34-35被移到該章的末了）。但是Fee沒有足夠地考慮到在此所主張的觀點，亦即保羅只是禁止女人在教會聚會中從事權威性的工作，即評判有人所說的預言。從另外一個角度來看，沒有一個哥林多前書的古卷省略了這些經節，因此Fee的立場也很叫人驚訝（將第34-35節放在第14章末了的少數抄本，D F G 88* a b d f g Ambrosiaster Sedulius-Scotus，是極不可靠的抄本，它們在哥林多前書其他地方也還有不少的經文異文）。

他如同*父親*；勸少年人如同*弟兄*；勸老年婦女如同*母親*；勸少年婦女如同*姊妹*；總要清清潔潔的。」（提前5:1-2）雖然我們還可以引用更多經文，不過家庭與教會的密切關係應當是很清楚的了。

由於這種關連，家庭中的領導模式無可避免地會反映在教會中的領導模式，反之亦然。敬虔的男人在家庭中履行他們領導的責任，他們也應當在教會中履行領導的責任，這是十分合宜的；反過來說，如果女性領導的模式在教會中建立起來的話，那麼它會無可避免地帶來衝力，朝向更大的女性領導權，並且會在家庭內廢棄男性的領導權。[70]

D.5 設立使徒的榜樣

雖然使徒和地方性教會的長老並不一樣，但我們仍應了解到，當耶穌指派十二位男性為使徒時，祂乃是在教會中建立了一個男性領導的模式，這一點是很重要的。若有人說女人在教會中有相等的機會，得以進入所有的職分，這不是真確的，因為教會的元首耶穌，就是一個男人；而且將來坐在十二寶座上、審判以色列十二支派的十二使徒（見太19:28），都是男人，他們的名字永遠寫在天城的根基上（啟21:14）。所以，*在教會裏並沒有一個永恆的模式，是男女能在所有層面的權柄上擔任相同的角色*。教會的模式乃是男性在教會的最高治理角色上擔任領導，此一模式對所有信徒、直到永遠，都是明顯的。

有一項反對上述論點的說法宣稱，那時的文化不容許耶穌選擇六個男人和六個女人，或六對夫妻作使徒；這就是祂沒有那樣做的原因。然而這樣的說詞乃是懷疑了耶穌的正直和勇氣。當有道德原則瀕臨危機時，耶穌不會怕打破社會習俗的：祂曾公開批評法利賽人、在安息日醫治人、潔淨聖殿、和撒瑪利亞婦女講話、和稅吏和罪人吃飯，以及不洗手就吃飯等。[71] 假如耶穌想要建立男女同權擔任教會領導的原則，祂當然會在指派祂的使徒上這麼做；不管文化的抗拒如何，假如這模式曾經是祂想要在教會中建立的話，祂就會這麼做的。但是祂並沒有這麼做。[72]

另一項反對用耶穌設立使徒為論點的說法乃是，如果它真是一個要跟從的榜樣的

[70]關於此點的進一步討論，見Vern Poythress, "The Church as Family: Why Male Leadership in the Family Requires Male Leadership in the Church," in *Recovering Biblical Manhood and Womanhood*, pp. 233-47.

[71]這一項和下一項的反駁論點，取自James Borland, "Women in the Life and Teachings of Jesus," in *Recovering Biblical Manhood and Womanhood*, pp. 120-22.

[72]關於羅馬書16:7的人名應作「猶尼亞」還是「猶尼亞士」，見本章註7的討論。

話，那麼就只有猶太人可以在我們的教會中作領袖了，因為所有十二位使徒都是猶太人。但是這種說詞並不說服人，因為它沒有認明，教會在起初時完全是猶太人的。這是因為神的計劃是要藉著猶太人帶來救恩，於是就產生了十二位猶太裔的使徒。然而就在新約聖經的篇幅之內，我們看見教會不久後就擴張而包含了外邦人（太28:19；弗2:16），而且外邦人旋即變為新約聖經中教會裏的長老和領袖。一位外邦人（路加）書寫了兩卷新約聖經的著作（路加福音和使徒行傳），也有幾位外邦人，例如提多和以巴弗提，成了保羅的使徒性的助理和同工。其實神從亞伯拉罕之時（創12:3; 17:5）就逐漸地啟示，祂的計劃至終是要將無數的外邦人包括在祂的百姓之中。

所以，早期使徒們的猶太裔特質不像他們身為男性的特質。雖然教會是以全部都是猶太人開始的，但是不久之後就變成是猶太人和外邦人並存。但是教會並不是以全部男性為開始，後來才包括女性進去的。**基督的跟隨者從起初就有男有女**，而且在五旬節教會開始之時，現場有男也有女。所以這一項反駁也不具說服力。

D.6 全聖經中男性教導與領導的歷史

有時候反對女性不可教導與領導之論點的人會說，這論點只是根據一處經文而已，即提摩太前書2章。但前面我們已經討論過一些，知道事實並不是這樣，而在此我們還可以更進一步說：全聖經所經過的歷史，從創世記到啟示錄，在神百姓當中的一貫模式，乃是由男性擔任領導。雖然聖經中偶而出現女人在治理職位上有領導權的實例，譬如女王（在列王紀下11:1-20，亞他利雅統治國家如同惟一的君王，但她幾乎不是可仿效的例子），或士師（注意士師記4–5章裏的底波拉），或先知（見士師記4–5章裏的底波拉，和列王紀下22:14-20的戶勒大），但是我們應當注意，這些是不尋常環境下的罕見例外。她們的例子乃是夾在大量男性擔任教導和治理領導權的模式之中，因此，她們就幾乎不能成為新約聖經中教會職分的模式了。[73] 此外，在整本聖經裏，**沒有一例是女人在教導會眾聖經的道理，那是新約教會裏期望於牧師／長老們的職分**。在舊約裏，乃是祭司們有教導百姓的責任，而祭司團是清一色的男性；不只如

[73]有關這些故事例子的進一步討論，見Thomas R. Schreiner, “The Valuable Ministries of Women in the Context of Male Leadership: A Survey of Old and New Testament Examples and Teaching,” in *Recovering Biblical Manhood and Womanhood*, pp. 209-24. 以底波拉為例，我們首先必須了解到，我們若要假定能從整卷士師記所敘述的歷史事件裏得到可仿效的模範，那麼之前我們就必須在詮釋上極其地細心。底波拉不同於其他（男性）先知們之處，在於她不在公開場合（只在私下）說預言（士4:5），戶勒大也是一樣，（見王下22:14-20）；她將領導的角色交給一位男性（士4:6-7）；還有，雖然神確實透過她帶下祝福，但很有趣的是，聖經沒有明顯的事實來肯定耶和華興起她，因此她不像其他主要的士師，如俄陀聶（士3:9）、以笏（士3:15）、基甸（士6:14）、耶弗他（士11:29），和參孫（士13:25; 14:6）等，聖經中有明顯的敘述說到神呼召他們。

此，連女先知底波拉和戶勒大都只在私下說預言，而非公開地對百姓會眾說。[74]

D.7 教會的歷史

如上所言，在整個教會史上的壓倒性模式乃是將牧師/長老（或與其同等）的職分保留給男性。雖然這樣的立場並不能完全被證明是正確的，但是它讓我們在急著宣告幾乎整個歷史上的教會都在這一事件上作錯了之前，有機會嚴肅地反思這個問題。[75]

D.8 反對論點

曾經有很多人提出過不少的論點，反對我們在此所概述的立場，但我們在此只能夠處理其中的一些論點。[76]有人反對說，*服事應當看恩賜決定，而非看性別決定*。然而對於這種說法，我們的回應是：屬靈恩賜必須要在聖經所給予的規範之內來使用。賜下恩賜的是聖靈，感動人寫下聖經的也是聖靈，因此，祂不會要我們在使用祂所賜的恩賜上，不順服祂的話語。

另一個反對的論點是說，*如果神真的呼召一個女人成為牧師，她就不應當不去成為一位牧師*。對於這種反對論點的回應與上述相似：當一個人聲稱她經歷了從神來的呼召，就一定必須用神在聖經裏的話語來測試那呼召。假如聖經教導說，神的旨意是惟獨要男人來負起牧養職分裏主要的教導和治理之責的話，那麼它的意思就是，聖經也教導說神不呼召女人成為牧師。雖然如此，我們仍要加一句話，通常女人所察驗出神要她去牧會的呼召，其實可能是呼召她去作全時間的服事，但不是去作教會中的牧師/長老。事實上，在地方性教會之內和在其他地方，除了當教導的牧師或長老之外，還有許多全時間的服事職位，是和治理全教會的長老角色無關的；例如：勸慰事工、女性事工、基督教教育事工、兒童事工、音樂和崇拜事工、校園學生事工、佈道事工、賙濟窮人事工和行政事工等。[77]這份事工清單還可以再增加，但重點是我們不應當在聖經本身沒有設限的地方卻設置界限，而是應當容許並鼓勵女性和男性在所有

---

[74]見本章註73的討論。關於在新約聖經之教會中，女人可以說預言的事實，見本章D.2節有關哥林多前書14:33下-36的討論。

[75]見本章註59的討論。一些晚近的書籍特別強調在整個歷史上婦女們為教會所做、但卻被忽略的貢獻，尤其見Ruth Tucker and Walter Liefeld, *Daughters of the Church*, 這是一本資訊寶庫的書，其中列出許多可供參考的書目。但是這些研究中，沒有一項能夠推翻歷史上大多數教會的清楚結論，即不接受婦女為牧師。

[76]見*Recovering Biblical Manhood and Womanhood*, pp. 60-92.本節所記之反駁論點的完整敘述，可見本章書目有標明「贊同女性擔任牧師」的書籍，尤其是以下三人的著作：Mickelsen, Spencer和Bilezikian。

[77]有關進一步的討論，見*Recovering Biblical Manhood and Womanhood*, pp. 54-59.

這些領域裏，完全並自由地參與。

還有人反對說，*新約聖經強調的是僕人心態的領導權*，所以，我們不應該那麼關切權柄的問題，否則就不像基督徒而像外邦人了。可是這個反對的論點，是在僕人心態和權柄之間作了一個錯誤的分隔。耶穌自己誠然是有僕人心態的領袖模範，但是耶穌也有權柄，而且是偉大的權柄——祂是我們生活中的主，也是教會的主。與此類比，雖然長老們應當跟隨耶穌僕人的榜樣而作有僕人心態的領袖（見彼前5:1-5），但是這並不表示，當聖經本身賜予他們治理的責任時，他們應該忽略治理的權柄（見提前5:17；來13:17；彼前5:5）。[78]

有時候會有人反對說，*正如教會至終明白了奴隸制度是錯的，所以今天教會也應當認清，現在只許男性領導是錯的*，它是過時的文化傳統，因此應當予以拋棄。但是這個反對之詞沒有了解到一個差異，那就是奴隸制度的設立是暫時性的文化，神在創造時並沒有設立這種制度；但婚姻中所存在之不同的男女角色（也表示在教會內有如此的不同），則是神在創造時就設立的。在新約聖經中已種下摧毀奴隸制度的種子（見門16；弗6:9；西4:1；提前6:1-2），但在聖經裏從沒有種下過摧毀婚姻或摧毀男女差異的種子。不只如此，這個反對也可以反過來看：我們可能可以從十九世紀為奴隸制度辯護的基督徒，和今日福音派的女權主義者之間，找到接近的平行關係；他們都從聖經裏找到辯詞，以順應一些當代社會的超強壓力（昔日是贊同奴隸制度，現今則是贊同女性按牧）。

有時候還有人反對說，*百基拉和亞居拉兩人是一起教導亞波羅*，並「將神的道給他講解更加詳細」（徒18:26）。不錯，這正是顯示男人和女人可以在一起非正式地討論聖經的有利證據；在這樣的討論之中，男女雙方都扮演了重要的角色，即互相幫助來明瞭聖經。這種情況是被新約聖經所許可的。我們在此要再一次地說，這樣的例子正可警誡我們，不要禁止聖經沒有禁止的活動；然而這例子並沒有推翻原來的原則：在教會內被公開認可的治理和教導的角色，是僅限於男性的。百基拉並沒有做任何與這個限制相違背的事。

還有另外一種的反對之說：*容許婦女在會眾制的體系下投票，卻不容許她們以長老身分服事，這是前後矛盾的*。然而教會整體有權柄，和給予教會內的個人有權柄，二者並不相等。當我們說全會眾有權柄時，意思不是說在會眾裏的每一位男人和每一

[78]又見本章A.2.3節中有關長老之功能的討論。

位女人，都有權柄為全會眾說話或行事。因為性別是個人特性的一部分，所以在作會眾團體性的決定時，性別就不在考慮之列了。

從另外一個角度來說，我們在這一節裏所問的惟一問題乃是，女性是否可以在教會內擔任有職分的事奉人員，而且特別是指，女性是否可以在教會內作長老。在任何會眾制的體系裏，雖然長老是由會眾遴選出來的，但教會裏的每一個人都很清楚，長老被授予一種委派性的權柄，是會眾裏其他會員所沒有的——即使這些長老們起先是由會眾裏的會員投票選出來的。這和所有由人民選出官員的政府體系一樣：當美國總統或一個城市的市長被選出來之後，他就被授予了一種委派性的權力，來治理將他選出來的人們；而且這權柄要大過任何一個投票者的權柄。[79]

說到這裏，我們也應該認清，神既已賜給女人許多的洞察力和智慧，和給男人的一樣，那麼任何教會領袖若忽略了運用女人的智慧，就真是愚昧。所以，任何一群長老們或其他男性的領袖們，若作的決定會影響到全教會，就應當在教會內設有經常性的程序，好使教會中其他會員的智慧和洞察力，尤其是不亞於男性的女性，都能夠運用來幫助領袖們作決定。

D.9 女性在教會其他職分的角色

以上整個的討論都集中在女性是否能在教會內擔任牧師或長老的職分；那麼她們是否可以擔任其他的職分呢?

聖經中有關*執事*職分的教訓，遠遠不如有關長老職分的教訓來得多；[80] 而且牽涉在執事職分裏的事，在不同的教會裏又有相當大的不同。如果一個地方性教會中的執事之實質功能像長老一樣，具有最高的治理權柄，那麼前述反對女人擔任長老的論點，就可直接地應用在這種情況上了。這也就表示，根據聖經的結論，女人不可成為這種功能的執事。但在另一方面，如果執事只是在教會某方面的事工裏，被委派擔任行政的責任，那麼似乎就沒有理由不讓女人擔任執事了。關於在提摩太前書3:8-13那裏是否說到女人作執事的問題，目前對筆者而言，這處經文似乎不是說容許女人*以那個處境下所理解的執事功能*來作執事，不過福音派對這段經文的了解有相當大的差異，[81] 而且我們比較不清楚在那個時代中的執事究竟在做什麼事，但我們對長老在做

---

[79]見本章B節中有關贊同全體會眾參與教會決策的論點，尤其是在遴選教會事奉人員時。

[80]見本章A.3節中有關執事的職分。

[81]見本章註25的討論。

的事卻清楚得多。[82]

至於女人是否可以擔任教會中其他的職分，例如財務或其他的職分，包括青少年部傳道人、勸慰部主任、兒童部傳道人等，惟一要考慮的問題乃是，這些職分是否含有預留給長老的治理和教導之功能。如果不是，那麼**所有這些職分對女性是開放的，如同對男性開放一樣**，因為我們必須謹慎，不要禁止新約聖經裏所沒有禁止的事。

個人思考與應用

1. 不論你所在的教會屬於何種治理體系，有沒有什麼方法能使你在其中更多地鼓勵並支持你們教會現任的領袖們？
2. 假如你現在是教會的事奉人員，或有一天想要成為事奉人員，你是否盼望自己的生活模式能被教會中其他人來仿效？如果你已經參與在遴選教會領袖的過程中，你會傾向於強調聖經所談到的品格和靈命資格嗎？還是你會強調其他的資格，是世人在挑選領袖時所要尋求的？
3. 你認為你目前所在之教會的治理結構運作得好嗎？若在不改變教會所委身之基本治理理念的前提下，能夠如何改善其運作呢？你的教會是否有被稱為「長老」的事奉人員呢？還是有別類的事奉人員在你的教會中發揮長老的功能？你的牧師是否希望改變一些教會的治理形式，好使他能夠更有效地執行他的工作？
4. 在你閱讀本章以前，對於婦女在教會中是否可以擔任教導性的牧師或長老的問題，你的觀點如何？如果本章改變了你的觀點，它是怎樣改變你的呢？為什麼許多人在這件事上的情緒反應那麼強烈呢？你是否能說明你個人對本章所提出之教訓的感受（情緒上的）？你認為這感受是對的還是錯的？

特殊詞彙

使徒（apostle）
主教（bishop）
監督會（classis）
男女互補（complementarian）
會眾制（congregational government）
教會法庭（consistory）
執事（deacon）

---

[82]請注意：使徒行傳6:3也說到只有男人（希臘文為*anēr*）可以被選為第一批的執事（假如我們將這一段經文理解為是在說執事職分的話）。

主教教區（diocese）
男女平等（egalitarian）
長老（elder）
主教制（episcopalian government）
總會（general assembly）
階級制度（hierarchical government）
職分（office）
有職分的事奉人員（officer）
監督（overseer）
牧師（pastor）
長老制（presbyterian government）
區會（presbytery）
神甫（priest）
教區牧師（rector）
堂會（session）
大會（synod）
教區助理或代理牧師（vicar）

本章書目

Babbage, S. B. "Church Officers." In *EDT*, pp. 243-45.（包括了今天不同宗派中教會事奉人員的名稱和定義）

Bannerman, James. *The Church of Christ*. 2 vols. London: Banner of Truth, 1960.（First published in 1869.）

Baxter, Richard. *The Reformed Pastor*. Carlisle, Pa.: Banner of Truth, 1979.〔Reprint.〕

Bilezikian, Gilbert. *Beyond Sex Roles*. 2nd ed. Grand Rapids: Baker, 1985.（贊同女性擔任牧師）

Burge, G. M. "Deacon, Deaconness." In *EDT*, pp. 295-96.

Carson, D. A. "Church, Authority in." In *EDT*, pp. 228-31.

Clark, Stephen B. *Man and Women in Christ*. Ann Arbor, Mich.: Servant, 1980.（反對女性擔任牧師）

Clowney, Edmund. *Called to the Ministry*. Chicago: InterVarsity Press, 1964.

________. "Presbyterianism." In *EDT*, pp. 530-31.

Evans, Mary J. *Women in the Bible*. Exeter: Paternoster, and Downers Grove: InterVarsity Press, 1983.（贊同女性擔任牧師）

Foh, Susan. *Women and the Word of God: A Response to Biblical Feminism*. Philadelphia: Presbyterian and Reformed, 1980.（反對女性擔任牧師）

Fung, Ronald Y. K. "Ministry in the New Testament." In *The Church in the Bible and the World*. Ed. by D. A. Carson. Exeter: Paternoster, and Grand Rapids: Baker, 1987.

Gundry, Patricia. *Neither Slave nor Free: Helping Women Answer the Call to Church Leadership*. San Francisco: Harper and Row, 1987.（贊同女性擔任牧師）

________. *Women Be Free! The Clear Message of Scripture*. Grand Rapids: Zondervan, 1988.（贊同女性擔任牧師）

Hodge, Charles. *Discussions in Church Polity*. New York: Charles Scribner's Sons, 1878.

Hort, F. J. A. *The Christian Ecclesia*. London: Macmillan, 1898.

House, H. Wayne. *The Role of Women in Ministry Today*. Nashville: Thomas Nelson, 1990.（反對女性擔任牧師）

Hurley, James B. *Man and Woman in Biblical Perspective*. Leicester: Inter-Varsity Press, and Grand Rapids: Zondervan, 1981.（反對女性擔任牧師）

Kirby, G. W. "Congregationalism." In *EDT*, pp. 159-61.

Knight, George W., III. *The Role Relationship of Men and Women*. Revised ed. Chicago: Moody, 1985.（反對女性擔任牧師）

Kroeger, Richard and Catherine. *I Suffer Not a Woman*. Grand Rapids: Baker, 1992.（贊同女性擔任牧師）

Macleod, D. "Church Government." In *NDT*, pp. 143-46.

Marshall, I. Howard. "Apostle." In *EDT*, pp. 40.

Mickelsen, Alvera, ed. *Women, Authority, and the Bible*. Downers Grove, Ill.: InterVarsity Press, 1986.（不同作者的論文選集，多數贊同女性擔任牧師）

Morris, L. "Church Government." In *EDT*, pp. 238-41.

________. *Ministers of God*. London: Inter-Varsity Press, 1964.

Piper, John, and Wayne Grudem, eds. *Recovering Biblical Manhood and Womanhood: A Response to Evangelical Feminism*. Wheaton, Ill.: Crossway, 1991.（由二十二位作者寫成的二十八篇論文，反對女性擔任牧師）

Richards, Lawrence O. *A Theology of Church Leadership*. Grand Rapids: Zondervan, 1980.

Saucy, Robert L. "Authority in the Church." In *Walvoord: A Tribute*. Ed. by Donald K. Campbell. Chicago: Moody, 1982, pp. 219-37.（贊成會眾制治理）

________. *The Church in God's Program*. Chicago: Moody, 1972.

Spencer, Aida Besancon. *Beyond the Curse: Women Called to Ministry*. Nashville: Thomas Nelson, 1985.（贊同女性擔任牧師）

Stott, John R. W. *The Preacher's Portrait*. Grand Rapids: Eerdmans, 1961.

Strauch, Alexander. *Biblical Eldership: An Urgent Call to Restore Biblical Church Leadership*. Littleton, Col.: Lewis and Roth, 1986.

Tiller, J. "Ministry." In *EDT*, pp. 430-33.

Toon, Peter. "Bishop." In *EDT*, pp. 157-58.

Tucker, Ruth A., and Walter L. Liefeld. *Daughters of the Church: Women and Ministry from New Testament Times to the Present*. Grand Rapids: Zondervan, 1987.（贊同女性擔任牧師）

Wallace, R. S. "Elder." In *EDT*, pp. 347-48.

第四十八章

神在教會內的施恩之法

我們在教會生活裏的哪些活動，是神用來施恩給我們的方法？
我們若不加入地方性的教會，會失去什麼福分？

背誦經文：使徒行傳2:41-42

於是領受他話的人就受了洗，那一天，門徒約添了三千人。都恆心遵守使徒的教訓，彼此交接、擘餅、祈禱。

詩歌： 主我愛你國度（*I Love Thy Kingdom, Lord*）

1主我愛你國度 就是你的居所 就是教會你所救贖 就是你的傑作
2神我愛你教會 她是你心奇珍 你對待她愛護入微 猶如眼中瞳人
3為她我常求呼 為她我常哀哭 為她我常操心勞碌 直到日子滿足
4她的屬天特點 遠超最高喜樂 甘甜交通莊嚴誓言 愛和讚美之歌
5耶穌神聖朋友 我的救主君王 大能的手施行拯救 脫離仇敵羅網
6正如真理永存 錫安必蒙賜福 地上最大榮耀無盡 天上更大豐富

詞：Timothy Dwight, 1800
曲：ST. EDMUND S.M., Edmund Gilding, 1762

這首詩歌表達了一種喜樂，那是因為能享有在教會內生活的特權而產生的喜樂。事實上，詩歌的作者高唱說：「她的屬天特點，遠超最高喜樂；甘甜交通莊嚴誓言，愛和讚美之歌。」他在此默想到神在教會內的一些施恩之法（「她的屬天特點」），特別指出了教會裏的團契或交通、向神所獻的誓言，和所唱的頌讚。

不只如此，他還使用錫安山的意象來指著教會，並說：「正如真理永存，錫安必蒙賜福；地上最大榮耀無盡，天上更大豐富。」當我們唱這詩歌時，便能夠思想到聖靈透過許多的施恩之法，賜給教會豐富的祝福。

這首詩歌的作者是戴特（Timothy Dwight），他在1795-1817年時擔任耶魯大學的校長；當時他改革了學校的行政管理與課程，使得註冊的學生激增三倍。他本人也是神學教授，在他的講道影響之下，產生了1802年的屬靈復興，有三分之一的學生歸主。

A. 神的施恩之法有多少?

我們在今生所經歷的所有的祝福，至終都是不配的——它們全都是出於*恩典*。事實上，對彼得而言，整個基督徒的人生，都是靠恩典而活的（彼前5:12）。

然而是否有什麼特別的*方法*，是神用來賜給我們更多恩典的？明確地說，*在教會生活的範圍內*，有沒有哪些方法——亦即某些活動、儀式或聚會——是神用來賜給我們更多恩典的？換句話說，是否有某些方法，是聖靈可以藉之將祝福傳送到信徒生命裏的？當然，有很多方法，例如禱告、崇拜、讀經和對神的信心等，都是神藉以將恩典帶給基督徒個人的方法，但是因為本章所談的是有關教會的教義，所以我們所要探討的問題乃是，*在教會生活的範圍內*，神用來帶給我們祝福的施恩之法是什麼？

我們可以將神在教會內的*施恩之法*（means of grace）定義如下：*在教會生活的範圍內，神用來賜予基督徒更多恩典的活動。*

在歷史上有關這方面的討論中，一些神學家認為神在教會內的施恩管道僅限於三樣：聖道之傳揚，和兩樣聖禮（洗禮和主的晚餐）。[1]

然而這樣的限制明智嗎？假如我們想列出並討論所有的方法，是聖靈透過教會生活中的交通而特別賜給信徒福分的，那麼只列出那些限由被按立的神職人員或教會有職分的事奉人員所執行的活動，似乎就顯得不智了。舉例來說，在賀智（Charles Hodge）的觀點裏，禱告是神在教會內的第四項施恩之法；這乃是有智慧的看法。[2]

但是我們應當將神在教會內的施恩之法，只侷限在這四樣活動裏嗎？如果我們列出所有教會內*許多不同的活動*，是神賜給我們日日週週來領受祂「恩典」的特別方式，似乎就更能幫助我們認清祂的施恩之法。但是這樣的清單可能會變得很長，而且

---

[1]這是Berkhof的立場，見Louis Berkhof, *Systematic Theology*, pp. 604-6. 他稱這三樣方法是「神在教會所設立的客觀管道」；然而在Berkhof的思想裏，這三樣特別的活動有一重要的標準，那就是必須由被按立過的神職人員來執行。Berkhof稱這些是「在耶穌基督之教會中的*正式*方法」。後來他又說：「因為正式的施恩之法是交由教會來做，所以*聖道的傳揚和聖禮的施行，都只能由教會中合法的與合格的神職人員來執行*。」他用這樣的說明清楚地將「施恩之法」侷限為那些僅能由被按立過的神職人員所執行的事。

雖然那些贊同Berkhof此觀點的人能夠辯稱，這個程序是明智的，能夠維持教會裏良好的次序，但是我們也可以問，這種狹窄的看法是否帶著過度的「神職尊重主義」（sacerdotalism）的色彩——認為在教會內有一種特別被按立過的「祭司團」，他們擁有一種特別的權柄或能力，能將神的恩典加諸於教會裏的人身上（此乃羅馬天主教的觀點，或者色彩比較淡些的如安立甘宗）。

在本書第四十九章中，我們將討論兩個表達洗禮和主的晚餐的詞彙：*聖禮*（sacraments）和*禮儀*（ordinances）。

[2]Hodge, *Systematic Theology*, 3:692-709.

根據不同的分法，會有不同的項目。以下所列的項目可能不完全，但是它確實包括了神在教會內大多數的施恩之法，是信徒在教會生活的交通中可以接觸到的：

(1) 教導神的話語
(2) 洗禮
(3) 主的晚餐
(4) 互相代禱
(5) 崇拜
(6) 教會紀律
(7) 給予
(8) 屬靈的恩賜
(9) 團契
(10) 傳福音
(11) 個人工作

所有在教會*以內*的信徒，都可以獲得神的這些施恩方法；聖靈在以上所有的方法中工作，要將各種不同的恩典帶給各人。所以，筆者決定將這些都列為神在教會內的「施恩之法」，這和其他系統神學書不同，因為它們通常所列的「施恩之法」都只有少少幾項。

羅馬天主教在傳統上相信神的「恩典」臨到人，惟獨透過教會正式的活動，特別是透過教會的神甫們所執行的活動。所以，他們所明確訂下的教會內之人可以得著的施恩之法（即其所謂之「聖禮」，sacraments），乃是指那些只有教會神甫們所監督與（或）執行的活動。羅馬天主教所教導的七大「聖禮」如下：

(1) 洗禮
(2) 堅振禮（Confirmation）
(3) 聖餐禮（Eucharist，即在彌撒中所經歷的主的晚餐）
(4) 懺悔禮（Penance）
(5) 臨終抹油禮（Extreme unction，通稱為「最終的儀式」，即為臨終之人的抹油）
(6) 聖職禮（Holy orders，按立進入神甫團或司鐸）
(7) 婚禮（Matrimony）

關於神的施恩之法，天主教和更正教不僅所列的有差異，而且對其基本意義的看法也不同。天主教視這些聖禮為「得救之法」——它們能使人更為合適去領受從神來的稱義；[3] 然而在更正教的觀點，這些「施恩之法」只不過是在教會生活內得著額外祝福的方法，它們並不會使人更為合適去領受從神來的稱義。[4] 天主教教導說，無論傳道人或領受者有沒有主觀的信心，這些聖禮都能賜下恩典；[5] 但更正教則主張，只有當領受這些方法的人有信心時，神才會賜下恩典。雖然羅馬天主教篤定地將聖禮的執行侷限在神職人員身上，但我們在此所列的神的施恩之法，則包括了許多由所有信徒所履行的活動。

B. 詳論神的施恩之法

B.1 教導神的話語

傳講與教導神的話語能將神的恩典帶給人，即使是在人成為基督徒以前也如此，因為它是神用來賜下屬靈生命，並帶領人得救的管道。保羅說：「福音本是神的大能，要救一切相信的」（羅1:16）；而所傳講的基督總為「神的能力，神的智慧」（林前1:24）。神使我們重生，或說神「用真道生了我們」（雅1:18）；彼得說：「你們蒙了重生，不是由於能壞的種子，乃是由於不能壞的種子，是藉著神活潑常存的道。」（彼前1:23）那「能使你因信基督耶穌有得救的智慧」的，乃是被寫下來的神的話語——聖經（提後3:15）。[6]

不只如此，保羅提醒我們，一旦我們成為基督徒之後，是神的道「能建立你們」（徒20:32）。神的話對於屬靈的滋養和靈命的維持，都是必要的，因為我們不是單靠食物活著，而是靠「神口裏所出的一切話」（太4:4）。當摩西告訴百姓說：「因為這不是虛空與你們無關的事，乃是你們的生命；在你們過約但河要得為業的地上，必因這事日子得以長久」（申32:47）之時，他是在說，書寫出來的神的話語是絕對必要的。

是神的話語能使人認罪、並轉向公義，因為它「於教訓、督責、使人歸正、教導人學義，都是有益的」（提後3:16）。它給我們方向和引導，好像我們「腳前的燈……路上的光」（詩119:105）。在不敬虔的文化當中，聖經給予智慧和引導，「如同燈照在暗處」（彼後1:19）。不只如此，聖經是主動地將智慧給予所有的人，甚至「能使愚人有智慧」（詩19:7）。聖經也帶給那些在絕望中的人盼望，因為保羅說：「所寫

---

[3]關於羅馬天主教對稱義的觀點之討論，見本書第三十六章C節。

[4]不過，安立甘宗則教導說，為得著救恩，洗禮「一般來說是必須的」。

[5]見本書第四十九章B節有關羅馬天主教對聖禮的因功生效（*ex opere operato*）的觀點。

[6]關於對福音的呼召更詳盡之討論，見本書第三十三章。

的聖經都是為……叫我們因聖經所生的忍耐和安慰可以得著盼望。」（羅15:4）

神的話語在完成這些目標上不是軟弱無力的，因為它是用神的能力對我們說話，以完成神的目的。主說：

「雨雪從天而降，
　並不返回，
卻滋潤地土，
　使地上發芽結實，
使撒種的有種，
　使要吃的有糧。
我口所出的話也必如此：
　決不徒然返回，
卻要成就我所喜悅的，
　在我發他去成就的事上必然亨通。」（賽55:10-11）

神的話語並不軟弱，它有神的能力伴隨：「耶和華說：『我的話豈不像火，又像能打碎磐石的大錘麼？』」（耶23:29）它是這樣地銳利有力，所以被稱為是「聖靈的寶劍」（弗6:17），而且它在針對人們的需要上，是這樣地有功效，以至於希伯來書的作者說：「神的道是活潑的、是有功效的。比一切兩刃的劍更快，甚至魂與靈、骨節與骨髓都能刺入剖開；連心中的思念和主意都能辨明。」（來4:12）

教會的成長和力量，與神話語在人們生命中的掌權，二者間的關聯是這樣地緊密，所以使徒行傳不只一次說到，當神的道興旺時，教會便增長：「神的道興旺起來，在耶路撒冷門徒數目加增的甚多」（徒6:7）；「神的道日見興旺，越發廣傳」（徒12:24）；「於是主的道傳遍了那一帶地方」（徒13:49）。

聖經乃是神對祂百姓的主要施恩之法，這一點非常重要，所以賀智提醒我們，在整個歷史中，真實的基督教之興旺，「恰與聖經被世人知曉、真理在人間傳揚的程度成正比。」不只如此，他還注意到，在那些聖經不為人所知的地方，就沒有證據顯示那裏有人得著救恩或成聖。「那些不知道聖經的國家，是坐在黑暗之中。」[7]

我們將「教導神的話語」列為神在教會內第一、也是最重要的施恩之法，是很合宜的；但是我們還要擴大一點地說，這不僅包括了已按立的神職人員被教會正式認定

---

[7] Hodge, *Systematic Theology*, 3:468-69.

的教導，同時也包括了所有經由查經班、主日學課程、閱讀和聖經有關的書籍，甚至個人讀經等方式而接受的聖經教導。

B.2 洗禮

耶穌命令祂的教會要為人施洗（太28:19），所以我們相信會有一份祝福是和洗禮有關的；因為所有基督徒對神的順服，都會蒙神的喜悅。洗禮是一個順服的行動，明確地公開承認耶穌是救主，而它本身也能帶給信徒喜樂和祝福。此外，它是信徒與基督同死、同復活的記號（見羅6:2-5；西2:12），而聖靈會透過這樣的一個記號來增加我們的信心，並且會在我們的生活中，深化我們向著罪的權勢和纏累而死的經歷，又強化我們在基督裏對著新的復活生命力量的體認。因為洗禮是基督死而復活，以及我們在其中有分的外在象徵，所以，它也會給所有出席洗禮的信徒，一份額外的、與基督聯合的確據。最後，因為水洗的洗禮是聖靈內在的、屬靈的洗禮之外在象徵，所以我們可以期待聖靈將會如常地伴隨著洗禮而作工，使得信徒能更深地了解水洗之洗禮所指向的屬靈之洗禮的福祉。

當洗禮十分緊密地伴隨一個人最初的認信時（其實，洗禮就是認信所採取的外在形式），那麼在洗禮和領受聖靈的恩賜之間，確實會有一種聯結，因為彼得在五旬節那天對他的聽眾說：「你們各人要悔改，奉耶穌基督的名受洗，叫你們的罪得赦，就必領受所賜的聖靈。」（徒2:38）不只如此，保羅說：「你們既受洗與祂一同埋葬，也就在此與祂一同復活，都因信那叫祂從死裏復活神的功用。」（西2:12）這句敘述——「*都因信*……神的功用」——提醒我們，洗禮的行動本身沒有什麼神奇之處，它不能產生什麼屬靈的結果；但正如這經節所指出的，當信心伴隨洗禮時，就有真實屬靈的工作，發生在受洗之人的生命中。正如我們所期望的，有時候伴隨著洗禮會帶來屬靈的大喜樂——是在主裏的、因著救恩（洗禮所表達的）而有的大喜樂（見徒8:39；16:34）。

雖然我們必須避免羅馬天主教的教訓——恩典的賜予甚至是*不需要*受洗之人的信心，但是我們對這個錯誤一定不要反應過度，以至於我們說沒有一點福氣是從洗禮而來，聖靈*沒有*透過洗禮作工，因為洗禮*只是象徵性的*而已。較好的說法是說：只要受洗之人這方有真實的信心，在教會一方又能因洗禮而激起教會觀禮者的信心，那麼聖靈肯定就會透過洗禮而作工，使得那樣的洗禮也成為一種神的「施恩之法」，亦即透過洗禮，聖靈不但為受洗之人帶來祝福，也為教會帶來祝福（我們將在下一章更為詳細地討論洗禮）。

B.3 主餐

除了洗禮之外，耶穌還命令教會要實行另一個禮儀或儀式，那就是參與主的晚餐。雖然我們在本書第五十章將會更透徹地討論這個主題，然而在此處就注意到參與主的晚餐是一項聖靈用來帶給教會祝福的施恩之法，也是合宜的。主的晚餐並非是一場在人中間的普通聚餐而已，它乃是與基督的交通，在祂的桌前，有祂的同在。

我們必須再一次避免這種的想法：不管一個參與的人有沒有信心，分享了主的晚餐就會有自動的或神奇的福祉降臨。[8] 但當一個人以信心參與、更新並強化他自己在救恩上對基督的信靠，並且相信聖靈要透過這樣的參與帶下屬靈的祝福，那麼他就可以期望肯定會有多加的祝福。在此我們必須謹慎，如同在洗禮那一節所討論的，要避免對羅馬天主教的教訓反應過度，因而堅持說，主的晚餐**只不過是象徵性的而已**，並非神的施恩之法。保羅說：「我們所祝福的杯，豈不是同領（希臘文是*koinōnia*，即「分享」、「團契」之意）基督的血麼？我們所擘開的餅，豈不是同領（*koinōnia*）基督的身體麼？」（林前10:16）因為在主的晚餐中有像這樣的分享基督的身體與寶血（其意思顯然是指分享基督賜給我們身體與寶血的福祉），所以信徒們的合一就在主的晚餐裏優美地表現出來了：「我們雖多，仍是一個餅，一個身體，因為我們都是分受這一個餅。」（林前10:17）又因著我們是參與「主的筵席」（林前10:21），所以保羅警告哥林多教會的人說，他們不能既參與主的筵席，又參與偶像的崇拜：「你們……不能吃主的筵席，又吃鬼的筵席。」（林前10:21）在主的晚餐裏，信徒之間有屬靈的聯合，而他們又與主有聯合，並且這聯合得以強化堅固，所以我們不可對主餐掉以輕心。

這也就是為什麼哥林多教會的人會因為隨意用主的晚餐而經歷到審判：「因為人吃喝，若不分辨是主的身體，就是吃喝自己的罪了。因此，在你們中間有好些軟弱的與患病的，死的也不少。」（林前11:29-30）然而，如果保羅說**錯誤地**參與主的晚餐會有審判，那麼我們就能肯定地期望，正確地參與主的晚餐會有**祝福**了。當我們順服耶穌的命令，「你們拿著吃」（太26:26），並且親身參與了吃喝主的筵席，那麼我們外在的行動就描繪出一幅屬靈餵養的圖畫，即當我們信而順服地參與主的晚餐時，我們靈魂裏就產生了內在的餵養。耶穌說：「我的肉真是可吃的，我的血真是可喝的。吃我肉喝我血的人常在我裏面，我也常在他裏面。」（約6:55-56；另參6:52-54, 57-58；亦見6:27, 33-35, 48-51）

---

[8] 這種觀點——有祝福會自動地從參與主的晚餐而來，是羅馬天主教的**因功生效**（*ex opere operato*，「因著所作之工」）之教義，我們將在本書第五十章C節中討論這一點。

所以，主的晚餐和洗禮一樣，我們應當期望：當我們按著聖經裏所設立的指引，信而順服地參與主的晚餐時，主便會賜下屬靈的祝福；主餐就這樣成為一項神在教會內的「施恩之法」，聖靈藉之將祝福傳送給我們。

B.4 禱告

我們將在本書第十八章中詳細討論禱告，在此我們只需注意，當教會聚集時的團體性禱告，和教會會友相互的代禱，都是聖靈每日用來祝福教會內基督徒的大能方法。我們確實是要效法初代教會的榜樣，不但要有個人的禱告，也要有**一同的禱告**。當教會的眾信徒聽見猶太領袖們的威脅時，他們就在禱告中「**同心合意的**高聲向神說」（徒4:24-30），「禱告完了，聚會的地方震動，他們就都被聖靈充滿，放膽講論神的道。」（徒4:31；另參2:42）當彼得被囚在監裏時，「教會卻為他切切的禱告神」（徒12:5）。

如果教會的禱告並非只是有口無心的言語，而是誠心與真實、信心的流露，那麼我們就應當期望，聖靈會透過禱告帶來大的祝福。誠然當禱告是「靠著聖靈」時（弗6:18；另參猶20：「在聖靈裏禱告」），它就包含了與聖靈的交通，所以它也就是聖靈在服事禱告的人了。希伯來書的作者提醒我們，當我們在禱告中「來到」神的施恩寶座前時，我們是「為要得憐恤、蒙恩惠，作隨時的幫助」（來4:16）。

一個教會愈多有真實的團契，在教會內就應該會有愈多持續的彼此代禱，而我們也可以指望聖靈透過教會，賜下愈多真實屬靈的祝福。

B.5 崇拜

真實的崇拜乃是「在靈裏」的敬拜（約4:23-24；腓3:3）；這個意思是指它是在屬靈領域裏的活動，而不只是指外在身體上參與崇拜聚會或唱詩而已。[9] 當我們進入了那個屬靈裏的領域，並且在崇拜中服事神之時，神也在服事我們。舉例來說，在安提阿教會，當「**他們事奉主、禁食的時候**」，聖靈說：「要為我分派巴拿巴和掃羅去作我召他們所作的工」（徒13:2），二者是同時並進的。這情況與舊約聖經裏的以色列民之經驗是類似的——當他們進入真實的崇拜時，便認識到神的同在：

> 「〔當他們〕吹號、敲鈸，用各種樂器，**揚聲讚美耶和華**〔之時〕說：『耶和華本為善，祂的慈愛永遠長存。』那時耶和華的殿有雲充滿，甚至祭司不能站立供職，因為**耶和華的榮光充滿了神的殿**。」（代下5:13-14）

當神的百姓崇拜時，祂以一種非常可見的方式降臨，並住在他們中間。與此相似

---

[9]見本書第五十一章D節有關一般性的敬拜和「用心靈」的敬拜之討論。

地，在新約裏雅各書應許說：「你們親近神，*神就必親近你們*。」（雅4:8）

事實上，當神的百姓崇拜時，祂將他們從仇敵手中釋放出來（代下20:18-23）；有時則是賜給他們真正的屬靈洞見，可以看清周圍事件的真相，例如在詩篇73:17說到的：「等我進了神的聖所，思想他們的結局。」

如果崇拜是一種真實的經歷，我們在其中親近神，進入祂的同在，並獻給祂當得的讚美，那麼，我們當然應當將它視為神在教會內主要的「施恩之法」之一了。透過真實的全體會眾崇拜，神經常賜下大祝福給祂的百姓，包括個人性的與團體性的。

B.6 教會紀律

因為教會紀律是提高教會純潔度、激勵聖潔生活的方法，我們當然應該也將它看成是神在教會內的一項「施恩之法」。然而祝福不是自動就會來的：當教會執行紀律時，除非聖靈叫犯錯的人知罪，並使他「依著神的意思憂愁，就生出沒有後悔的懊悔來，以致得救」（林後7:10），否則不會有屬靈的益處臨到犯錯之人的身上；而且，除非教會中其他會友知道這個程序時，也有聖靈在他們生命中活躍地工作，否則也不會有屬靈的益處臨到全教會。這就是為什麼教會必須要先明白，教會紀律要在主的同在之下進行（林前5:4；另參林前4:19-20），而且還要確信，有天上的認可與之相連（太16:19; 18:18-20）。[10]

如果教會能開始看見教會紀律不是主所放置的棘手的擔子，而是一項真實的「施恩之法」，祂要藉此將浩大的祝福臨到教會，那就是十分健康的看法。執行教會紀律能使信徒們彼此和好，又與神和好；使犯錯的弟兄姊妹得以恢復，順服主而行；警告所有的人，「叫其餘的人也可以懼怕」（提前5:20）；增加教會在道德上的純潔；以及保護並提升基督的聲譽。雖然憂愁和痛苦常會伴隨教會紀律而來，但只要做得恰當，相信主會藉著它作工，憂愁就會「生出沒有後悔的懊悔來」（林後7:10）。若能以這樣的方式來執行教會紀律的話，它就應當被看為是一項神在教會內的施恩之法；聖靈要藉此將祝福帶給祂的教會。[11]

B.7 給予

通常「給予」都是透過教會進行的，教會接受並分派金錢奉獻，給教會不同的事工及所照顧的不同需要使用。我們要再一次地說，沒有自動的或機械性的福祉會賜給那些給予的人。行邪術的西門受到嚴厲的責備，因為他想「神的恩賜是可以用錢買

[10]見本書第四十六章B節有關「天國的鑰匙」的討論。

[11]見本書第四十六章D節有關教會紀律的討論。

的」（徒8:20）；然而在信心中的給予，是出於對基督的委身和對祂百姓的愛，那麼必然會有大的祝福在其中。最討神喜悅的情況是，奉獻者個人對神的委身有所加強，又伴隨著金錢的奉獻；在馬其頓人中的情況就是這樣：他們「更照神的旨意，先把自己獻給主，又歸附了我們」（林後8:5），然後才用金錢奉獻來幫助在耶路撒冷的貧窮基督徒。當給予的人有喜樂的心，「不作難、不勉強」，就有神的喜悅成為大報酬，「因為捐得樂意的人是神所喜愛的」（林後9:7）。

保羅把奉獻金錢在主的工作上，看成是會帶來屬靈收成的撒種：「少種的少收，多種的多收。」（林後9:6）保羅期望當哥林多教會的人奉獻得對時，神會賜福他們：「神能將各樣的恩惠多多的加給你們，使你們凡事常常充足，能多行各樣善事。」（林後9:8）他又告訴他們：「叫你們凡事富足，可以多多施捨，就藉著我們，使感謝歸於神。」（林後9:11）所以，給予的行動祝福了接受者，因為他的需要被滿足了，他也因神的供應而在信心和感謝上增加了；同時，給予的行動也祝福了給予者，因為「神喜愛捐得樂意的人」，要賜下豐厚的屬靈果實，並賜下祝福給所有知道這事的人，因為它產生了「叫許多人越發感謝神」（林後9:12）的豐收。我們不要將給予看成是一種不愉快的義務，反而要好好地將它看成是神在教會內的一項豐富的施恩之法，並期待聖靈要透過它帶下祝福。

B.8 屬靈的恩賜

彼得認為屬靈的恩賜是管道，神的祝福要通過它們臨到教會，因為他說：「各人要照所得的恩賜彼此服事，作神百般恩賜的好管家。」（彼前4:10）當教會裏的人用恩賜來彼此服事時，神的恩典就因此分給了神所要施恩的那些人。若教會聽從保羅的命令，「就當求多得造就教會的恩賜」（林前14:12；另參弗4:11-16），那麼藉著合宜地運用屬靈的恩賜，就會有大的祝福要臨到教會。

假如我們把所有屬靈的恩賜都分別列為神的施恩之法的話，我們在本章所列的施恩之法就比十一項還要多得多了。但即使我們現在把它們都包括在同一類別之下，我們仍應當認清，教會中各種不同的屬靈恩賜，都是聖靈透過各個基督徒帶來祝福的方法。這一點應該提醒我們，神將何等豐富的恩惠，賜給我們這些不配的罪人；我們也應該了解到，許多不同的基督徒，因著有各樣不同的恩賜，可以成為神恩典臨到我們的管道。其實，在彼得勉勵我們要作「神〔所賜〕百般〔的〕恩賜的好管家」（彼前4:10）這句話裏，繙譯為「百般〔的〕」的希臘文（*poikilos*），其意是指「有許多界面，非常不同，變化多樣」。此外，我們也應當記住，這些恩賜不但是分賜給神職人員或少數的基督徒，同時也賜給了所有有聖靈住在其心內的信徒（林前12:7, 11；彼前4:10）。[12]

B.9 團契

我們應當不要忽略了尋常的基督徒團契，它也是神在教會內珍貴的施恩之法。初代教會「都恆心遵守使徒的教訓，*彼此交接*、擘餅、祈禱。」（徒2:42）希伯來書的作者提醒信徒：「又要彼此相顧、激發愛心、勉勵行善。*你們不可停止聚會*，好像那些停止慣了的人；倒要彼此勸勉，既知道那日子臨近，就更當如此。」（來10:24-25）在信徒的團契中，一般的友誼和彼此的感情都會增長，這樣，耶穌要我們「彼此相愛」的命令（約15:12），就會實現了。不只如此，當信徒互相照顧時，他們就會「各人的重擔要互相擔當，如此就完全了基督的律法。」（加6:2）

強調信徒彼此交通團契為一項神的施恩之法，也幫助我們避免過分地把被按立過的神職人員，當作是教會內主要傳遞神恩典的人，尤其是當教會整體聚集之時。當基督徒一同談話、吃喝、服事、休閒，相互分享交通時，就經驗到了一份神的恩典──「他們天天同心合意恆切的在殿裏，且在家中擘餅，存著歡喜誠實的心用飯，讚美神，得眾民的喜愛。」（徒2:46-47）認明這一點對基督徒來說是很健康的。

B.10 傳福音

在使徒行傳裏，傳揚福音（甚至是面對反對勢力時）和被聖靈充滿（見徒2:4, 14-36; 4:8, 31; 9:17, 20; 13:9, 52）之間，經常有聯結。因此，傳福音之所以能成為神的一項施恩之法，就不只是因為它能將救人的恩典傳給未得救的人，而且也是因為它能使那些傳福音的人，更多地在他們自己的生活中，經歷到聖靈的同在和祝福。有時候傳福音是由個人來進行，但有時候它也是教會群體的活動（例如佈道大會），還有些時候個人的佈道也會與教會中其他的會友有關，例如大家一起歡迎未信主的訪客，或注意到他們的需要等等。所以，傳福音也可被看為是神在教會裏的一項施恩之法。

B.11 個人工作

除了前面所列的十項「施恩之法」，我們在此再列出另一項比較特別的方法，是聖靈經常使用而將祝福帶給基督徒個人的方法。神在教會內的這項施恩之法的運作，就是藉著一位或多位教會內的基督徒，以不同的方式，花時間去服事教會裏另一個人的特別需要。

有時候這項服事的形式是*說鼓勵的話、勸勉的話，或智慧的建議*。我們「用各

---

[12]見本書第五十二及五十三章有關屬靈恩賜的討論。

樣的智慧……彼此教導，互相勸戒」（西3:16）；「只要隨事說造就人的好話」（弗4:29）；我們嘗試「叫一個罪人從迷路上轉回」（雅5:20）；「又要彼此相顧、激發愛心、勉勵行善」，而且「彼此勸勉」（來10:24-25）。

還有些時候，這項服事牽涉到*給予弟兄或姊妹物質需要上的幫助*。雅各責備那些只會說「平平安安的去吧！願你們穿得暖，吃得飽；卻不給他們身體所需用的」（雅2:16）之人；約翰警告我們說：「凡有世上財物的，看見弟兄窮乏卻塞住憐恤的心，愛神的心怎能存在他裏面呢？」（約一3:17）所以，初代教會爽快地幫補貧窮基督徒的需要，好使「內中也沒有一個缺乏的」（徒4:34）。保羅也說，耶路撒冷教會的領袖們「願意我們記念窮人，這也是我本來熱心去行的。」（加2:10）

這種服事人的另一個形式乃是*抹油*，是為病人禱告時用的。耶穌的門徒「用油抹了許多病人，治好他們」（可6:13）。與此類似地，雅各說，一位病人應當「請教會的長老來；他們可以奉主的名用油抹他，為他禱告」（雅5:14）。在這些例子中，油似乎成了聖靈醫治能力臨到病人的外在象徵了。

最後，還有一項是在新約聖經裏、個人對個人服事時所使用的方法，那就是身體的接觸，特別是為著有需要之人禱告時的*按手*。概覽新約聖經中的這一方面，可能會使許多現代的基督徒驚訝（就像筆者以前所感到的），因為在耶穌和初代教會的人的服事中，按手和其他種類的身體接觸，是多麼地頻繁，被視作神的一種「施恩之法」。

按手似乎是耶穌用來為人禱告的最普通的方法了。當群眾將病人帶到耶穌那裏，「不論害什麼病」，祂就「*按手在他們各人身上*，醫好他們」（路4:40）。其他的經文也明確地描述，耶穌將手按在人的身上，來醫治他們（太8:3；可1:41; 6:5; 8:23-25；路5:13; 13:13）。然而比這些所列的經文更重要的是一件事實，那就是來到耶穌面前求醫治的人，會特別地求祂按手在病人的身上：「*求你去按手在她身上*，她就必活了」（太9:18）；「*求你去按手在她身上*，使她痊愈，得以活了」（可5:23；另參7:32）。這個事實表示，一般人認為耶穌通常用來醫治病人的方法是按手。保羅也仿效耶穌醫病時的作法，當部百流的父親生病時，「保羅進去為他禱告，*按手在他身上*，治好了他。」（徒28:8）[13]

在其他的實例中，人們一般是更多地想要觸摸耶穌，或祈求祂觸摸他們，為的是

[13]雖然有人懷疑馬可福音的結尾，是否真屬於聖經的一部分（關於神蹟的問題，見本書第十七章），但是馬可福音16:18肯定是代表了教會內早期傳統的一條源流：這節經文說到那些信耶穌的人，「手按病人，病人就必好了。」

得著醫治。「有人帶一個瞎子來，求耶穌摸他。」（可8:22）與此類似地，人們「把所有的病人帶到祂那裏，只求耶穌准他們摸祂的衣裳繸子；摸著的人就都好了」（太14:35-36）。這是因為聖靈的能力透過耶穌身體的觸摸而傳送出去，而臨到人、治癒人。「眾人都想要摸祂，因為有能力從祂身上發出來，醫好了他們。」（路6:19；另參太9:20-22, 25; 20:34；可1:31; 5:41; 9:27；路7:14; 8:54; 22:51）

不過，耶穌和初代教會的人按手或觸摸，不只是為了醫治而已。當小孩來到耶穌這裏時，祂「抱著小孩子，給他們按手，為他們祝福。」（可10:16；另參太19:13-15；路18:15）

因為耶穌是這樣地觸摸人們，為他們帶來醫治或祝福，因此人們會說祂的神蹟是用祂的手作成的，這就不足為奇了：「*祂手*所作的是何等的異能（希臘文是*dynamis*，即「神蹟」）呢？」（可6:2）[14] 與此相似地，當保羅和巴拿巴在他們的第一次宣教之旅，「主*藉他們的手*施行神蹟奇事，證明他的恩道」（徒14:3）；[15] 同樣地，「神藉保羅的手行了些非常的奇事」（徒19:11）[16]。由於神的這項施恩之法和其他的施恩之法一樣，沒有自動的或神奇的能力降臨在初代基督徒的手上，惟獨當神自己樂意藉著他們的按手工作時，醫治和其他種類的祝福才會臨到，所以初代教會的人明確地禱告求神伸出*祂的手*來醫治人，也就不足為奇了。他們禱告說：「他們恐嚇我們，現在求主鑑察，一面叫你僕人大放膽量講你的道；*一面伸出你的手來*，醫治疾病……」（徒4:29-30）他們知道，當他們伸出手來觸摸那些生病的人時，除非神自己大有能力的手藉著他們的手工作，否則是一點功效都沒有的。

還有一些時候，按手是為了其他的目的而做的。很明顯地，它與求神加力量給一些人或裝備一些人，以進入一些服事或事工，是有關聯的。當教會指派了第一批的執事們以後，就將他們帶到使徒們的面前，「使徒禱告了，*就按手在他們頭上*。」（徒

---

[14]因為福音書中是那麼頻繁地強調耶穌給人按手或用手觸摸他們的事實，所以這句話似乎不只是一種譬喻，即只是表達「*祂這個人*所作的是何等的神蹟啊！」我們最好把這句話理解為特指著用手的這種特定方式，亦即耶穌用祂的手作為行神蹟的方式。很不幸地，在這一節和其他幾節提及藉由人*手*所行的神蹟的經文中，NIV都認為字面的譯法不重要，所以在英文中就沒有提到「手」。舉例來說，NIV只將馬可福音6:2譯為「*祂*甚至行神蹟呢！」但是希臘文經文卻明確地說出，神蹟是「由祂的手」（*dia tōn cheirōn autou*）所作成的。在下一段裏，筆者只會指出一些該譯出希臘文*cheir*（「手」）的經文，但其實在筆者所引用有關「按手」的經節中，希臘文的經文裏都有「手」這個字。在NIV譯本中若讀不到此字，可找另一本不同繙譯的聖經，例如RSV或NASB英譯本，這兩本聖經譯本較採取按原文字面直譯的原則（和合本也都有譯出「手」一字）。

[15]NIV的譯法只是：「主使*他們*行神蹟和奇事。」（見註14）

[16]NIV的譯法只是：「神*藉著保羅*行了非常的神蹟。」（見註14, 15）

6:6）與此相似地，當安提阿教會差派保羅和巴拿巴時，便「禁食禱告，*按手在他們頭上*，就打發他們去了。」（徒13:3）

當福音臨到一個新的人群時，那些宣揚福音的人有時候會為新信徒按手，好叫他們可以領受新約之下聖靈的能力。在撒瑪利亞時，使徒們「按手在他們頭上，他們就受了聖靈。」（徒8:17）亞拿尼亞把手按在掃羅身上，叫他能再看見，又「被聖靈充滿。」（徒9:17）當保羅「按手」在以弗所才剛信靠耶穌的門徒的頭上時，「聖靈便降在他們身上」（徒19:6）。

在其他的實例中，按手為人帶來一些屬靈的恩賜。在剛才所提及的事件中，以弗所的門徒們在保羅給他們按手以後，也「說方言，又說預言」（徒19:6）；不只如此，他還提醒提摩太：「你不要輕忽所得的恩賜，就是從前藉著預言，在眾長老按手的時候，賜給你的。」（提前4:14）當保羅後來說：「我提醒你，使你將神*藉我按手*所給你的*恩賜*再如火挑旺起來」（提後1:6）之時，他可能是指著同一件事，但也可能是指不同的事（在提摩太前書5:22那裏，「給人行按手的禮不可急促」的敘述是指長老們的按立；見本書第四十七章A.2.6節）。

如果初代教會的人經常為彼此的需要代禱，而且如果他們仿效耶穌和祂門徒們給人按手的榜樣，來為人求醫治、求祝福、求歸正時領受聖靈、求屬靈的恩賜，或求服事上的加力等，那麼，我們就應該在給初信之基督徒的指導中，包含這一項：在為個人的需要禱告時，通常會按手在被禱告的人身上。如果真是如此，那麼將「按手」列為「基礎的」教義，亦即將之列為一項屬於基督徒教訓的「根基」，就不會叫人覺得訝異了。其實這也是我們在希伯來書6:1-2所發現的。雖然有人將按手理解為較為狹義的意思——是和任命某些特定的教會職分連在一起的，但這種情況的按手只是新約聖經裏的諸多按手情況中的一小部分而已。我們最好將希伯來書6:2的這一句話理解為一項基礎的教導，是說到該如何為有不同需要的人禱告，以至於新得救的基督徒也可以立即開始服事別人。

如此說來，將按手也算為一種神豐富多樣的「施恩之法」，也是很合宜的；這方法是神放在教會之內，好將祝福帶給祂的百姓的。

B.12 「洗腳」也算是一項神的施恩之法嗎？

應當把「洗腳」也列入神在教會內的施恩之法嗎？有些基督徒團體不時地在教會公開的聚會中，實行彼此洗腳的儀式。他們這種的實行是根據耶穌的命令：「我是你們的主，你們的夫子，尚且洗你們的腳，*你們也當彼此洗腳*。」（約13:14）那些鼓吹洗腳儀式的人認為，這是耶穌所命令的儀式，與洗禮和主的晚餐的儀式是相似的。

不過，有幾個原因使我們認為不應當將約翰福音13:14中所說的洗腳，當作是耶穌為教會在洗禮和主的晚餐之外所設立的另一個儀式：(1) 洗禮和主的晚餐清楚地象徵著救贖史上最大的事件，即基督為我們受死和復活，而洗腳則沒有這樣的救贖歷史事件的象徵。(2) 洗禮和主的晚餐是清楚的*象徵性的*作為，但當耶穌給門徒們洗腳時，卻清楚是功能性的，而非只是象徵性的，因為洗腳滿足了普通人日常的需要（洗濯污足）。(3) 洗禮和主的晚餐的象徵意義在基督徒生命的開始和持續上都是合宜的，[17] 但沒有這樣的象徵意義連繫於洗腳之上。(4) 如果把洗腳當成是和洗禮與主的晚餐一樣的禮儀（或稱聖禮），那麼就是把它變成了一個象徵；如果它只是一個象徵的話，就表示耶穌只是命令我們去實行一個象徵；那麼耶穌之命令（在謙卑和愛中行）的真正力量反而消失了。(5) 在新約聖經中的書信證明，洗禮和主的晚餐是新約教會仍然繼續遵行的禮儀，但卻沒有證據顯示，使徒們或初代教會也遵守洗腳為一禮儀。(6) 關於耶穌要門徒們彼此洗腳的命令，有一個簡單而直截的解釋：祂是在告訴祂的門徒們，在互相服事時要願意去做低微的工作。如果這就是這處經文的意思（教會史上大多數的人都是這樣地理解），那麼我們就無需再去尋找額外的意義了——即以為這是耶穌在設立一項新的儀式。但相反地，新約聖經中有關洗禮和主的晚餐的經文都指出，它們就是主所設立的儀式。所以，雖然當基督徒去思想耶穌有關洗腳的話語，並思想如何將之應用到他們現今的生活中時，都會獲得益處，但不應當有人認為耶穌是在鼓勵他們實行洗腳的儀式。

C. 結論

在我們討論神在教會內的施恩之法的結尾時，最重要的是應當了解，當人信而順從地去做這些方法中的任何一項時，就應當渴望看到在這些行動的同時，真的有聖靈在服事人的證據。身為基督徒，我們不應當忽略「聚會」（來10:25），而且還應當迫切地期盼，在信徒的聚會中包含神的這些施恩之法，並期盼神會藉著這些方法中的每一樣帶進祝福！

但從另一方面來看，我們也必須了解，所有這些施恩之法都會發生在教會的團契交通範圍之內。那些忽視教會團契交通的人，是故意自絕於所有這些施恩之法以外，因此，也就自絕於聖靈最常用來祝福祂百姓的一般方法了。

---

[17]見本書第四十九章A節有關洗禮象徵的討論；又見本書第五十章B節有關主的晚餐象徵的討論。

明白了神在教會內這些施恩之法以後，應當會使我們為著自己成為基督身體——教會——的一員，能有如此令人驚訝的特權，而大大地感恩。

個人思考與應用

1. 在閱讀本章內容以前，你認為一個基督徒是否繼續活躍地參與教會的團契交通，會有很大不同嗎？如果本章在這一點上改變了你的看法，那改變是什麼？
2. 本章所提到神在教會內的施恩之法中，哪一項對你自己的基督徒生活最有幫助？
3. 本章所提到神在教會內的施恩之法中，哪一項是你在未讀本章內容以前最不看重的？現在你對它的重要性看法如何？這會如何影響你未來的行動？
4. 當你查看本章所列的各項神的施恩之法時，是否發現到有一些領域是你自己教會的人沒有真正地經歷到神的「恩典」或祝福的？有什麼實際的做法可以改善這些弱點，好提高這些施恩之法的有效性呢？
5. 在你自己的生活中，有哪些神的施恩之法對你最沒有幫助？有哪些對你來說只是機械性的活動，就是只有外在的或身體的活動而已，心中沒有任何真實的參與？有什麼實際的作法可以增加那些方法在你生活中的有效性？
6. 當你再一次查看本章所列的各項神的施恩之法時，是否能夠找出一項或幾項領域，是你能夠開始幫助教會改善，好使教會能夠更有效地將祝福帶給眾人？

特殊詞彙

聖餐禮（Eucharist）
傳福音（evangelism）
臨終抹油禮（extreme unction）
聖職禮（holy orders）
按手（laying on of hands）
施恩之法（means of grace）
聖禮（sacrament）

本章書目

Hughes, P. E. "Grace, Means of." In *EDT*, pp. 482-83.
Milne, Bruce. *We Belong Together: The Meaning of Fellowship*. Downers Grove, Ill.: InterVarsity Press, 1978.

第四十九章
洗禮

誰可受洗?

當如何施洗?

洗禮有什麼意義?

背誦經文：羅馬書6:3-4

豈不知我們這受洗歸入基督耶穌的人，是受洗歸入祂的死麼？所以，我們藉著洗禮歸入死，和祂一同埋葬，原是叫我們一舉一動有新生的樣式，像基督藉著父的榮耀從死裏復活一樣。

詩歌： 祂起來（*Up From the Grove He Arose*）

[1]祂躺臥在墳墓 耶穌我救主 靜待晨光重睹 耶穌我主

副：祂從墳墓已起來 勝過仇敵大大的奏凱

祂從黑域起來 祂是得勝者 活著掌權 與祂眾聖徒聯合

祂起來 祂起來 哈利路亞 主起來

[2]兵丁徒然看守 耶穌我救主 石頭徒然封口 耶穌我主

[3]死亡無法鎖關 耶穌我救主 祂已打斷柵欄 耶穌我主

詞：Robert Lowrey, 1874

曲：CHRIST AROSE 11.10.Ref., Robert Lowry, 1874

目前僅有少數的詩歌是我們所熟知專門為洗禮所寫、所用的。假使能有人寫出更多有關洗禮的詩歌，對教會的助益將會很大。以上所選的這首詩歌很適合洗禮的主題，因為它以凱旋之聲講到基督的復活。當我們唱這首詩時，應該明白耶穌不僅為祂自己戰勝了死亡和墳墓，也為我們所有信靠祂的人得勝了。這件事實在洗禮的儀式中，歷歷如繪地被象徵出來了。

替代詩歌：雖然大多數贊成嬰兒受洗者（paedobaptist）的詩歌本包含了在嬰兒受洗時所唱的詩歌，但是似乎沒有哪一首是為大家所熟知的。

前言

在本章和下一章，我們將要討論洗禮和主的晚餐，就是耶穌命令祂的教會要實行的兩個儀式。但是在我們開始討論以前，首先必須注意，即使是在更正教徒之中，用來稱呼它們的專有名詞都不一致。羅馬天主教稱呼這兩樣儀式為「*聖禮*」（sacraments），而且因為天主教會教導說，這些聖禮*自身*就能真正地*傳送恩典*給人，不需要參與者的信心，因此有些更正教徒（尤其是浸信會的信徒）就拒絕稱洗禮和主的晚餐為「聖禮」，而改用「*禮儀*」（ordinances）這個詞來稱呼它們。事實上這個詞也是合適的，因為洗禮和主的晚餐的確是由基督所「設立」（ordained）。[1] 但在另一方面，其他的更正教徒，例如安立甘宗、信義宗和改革宗的傳統，都願意使用「聖禮」這個詞彙來稱呼洗禮和主的晚餐，但這並不表示他們支持羅馬天主教的立場。

究竟我們應該稱呼洗禮和主的晚餐為「禮儀」還是「聖禮」？爭論這個問題似乎沒有多大的意義，因為使用這兩個詞彙的更正教徒，都清楚地解釋了他們的用意；他們的不同並不在於教義，而在於用詞。假使我們在此也能清楚地解釋我們的意思，用不用*聖禮*一詞，[2] 似乎就沒有什麼區別了。在本書的內容中，談到更正教之教導中的洗禮和主的晚餐時，會交替地使用「禮儀」和「聖禮」兩詞，而所代表的意義是相同的。

在我們開始討論洗禮之前還必須認明一點，那就是在福音派的基督徒之中，關於這個議題在歷史上就有強烈不同的觀點，到今天仍是一樣。本書所主張的立場乃是，洗禮並不是一項作為區分基督徒之真偽的「主要」教義，[3] 但是無疑地它還是教會日常生活中一項重要的事，所以，我們對它有全面性的討論仍是合宜的。

本章所主張的立場是「浸信會式」的觀點——也就是說，*洗禮只適宜施行在那些表達出對基督耶穌之信仰的人，而且他們的認信之詞是可信任的*。在討論中，我們也會特別地回應贊成嬰兒受洗立場的人（paedobaptist, infant baptist），例如伯克富（Louis Berkhof），他所著的《系統神學》（*Systematic Theology*）是一本廣為使用的教科書，這本書是支持嬰兒洗的一個嚴謹而具有代表性的著作。

---

[1] A.H. Strong在其所著的*Systematic Theology*中說：「沒有一樣禮儀是像羅馬天主教所聲稱的能授與恩典⋯⋯羅馬天主教認為禮儀能真正地授與恩典，並且產生聖潔。」（p. 930）

[2] The *American Heritage Dictionary* (Boston: Houghton Mifflin, 1981) 對「聖禮」的意義有一個寬廣的範圍，它將「聖禮」定義為一項儀式，是「得著內在恩典的證明，*或*是傳遞恩典的管道」（p. 1141）。即使是良心感覺最重的浸信會信徒也不會反對稱洗禮是「得著內在典恩的證明」，而天主教徒也不會反對稱洗禮為「傳遞恩典的管道」。

[3] 有關主要教義和次要教義之討論，見本書第一章C節。不是所有的基督徒都會同意筆者的看法，認為洗禮是一項次要的教義。以往數世代有許多的基督徒受逼迫，甚至被處以死刑，就是因為他們不認同官方之國家教會所實行的嬰兒洗禮。對他們而言，這不只是一項儀式的問題，而是要得著一個擁有真信徒之教會的權利，這樣的教會並不會自動地包括所有出生在那地區之內的人。從這光中看來，有關洗禮的爭議牽涉到更大的分歧，那就是關於教會的本質：一個人能藉著生在信徒之家中，便成為教會的一部分嗎？還是要藉著自願性的承認相信基督？

A. 洗禮的模式與意義

在新約聖經中所施行的洗禮，都是以一種方式實行：受洗的人被*浸入*或完全沒入水中，然後再從水中起來。所以，*浸入*（immersion）水中的洗禮，是在新約裏所施行之洗禮的「模式」或方式。我們由下列的原因可明顯地看出來：

(1) 希臘字*baptizō*的意思是將某物「投入、泡入、浸入」水中。這個字在古代希臘文文學中，不論是在聖經內的、還是聖經外的，都是這個普遍被認明的標準意義。[4]

(2) 在幾處新約的經文裏，把這個字解釋為「浸入」的意思都是合宜的，可能也是必須的。在馬可福音1:5那裏，約翰為人「*在*約但河*裏*」施洗（希臘文經文用的是*en*，即「在……裏面」，而非「在……旁邊」、「靠」或「近」）。[5] 馬可也告訴我們，當耶穌受過洗時，「祂*從水裏*一上來……」（可1:10）希臘文經文明確地表達祂是「*從*水中*出來*」（*ek*），而非離開水而來（是用希臘文的*apo*來表達）。施洗約翰和耶穌走入河水中，又從河水中走出來，這項事實強烈地表達出浸入水中的洗禮模式，因為點水或潑水是可以更輕而易舉地在河邊做，特別是因為有眾多的人要來受洗。約翰福音進一步告訴我們，施洗約翰「在靠近撒冷的哀嫩也施洗，因為那裏水多」（約3:23）；若用點水方式施洗不會需要很多水，但用浸入水中之方式施洗就需要「水多」了。

當腓利向埃提阿伯（衣索匹亞）的太監分享福音時，「二人正往前走，到了有水的地方，太監說：『看哪，這裏有水，我受洗有什麼妨礙呢？』」（徒8:36）很明顯地，他們都不認為從馬車攜帶的飲水容器中取出一點水來進行點水或潑水儀式，就足

---

[4]LSJ（p. 305）說到這個字的意義是「投入」；其被動語態之意思為「陷溺」。與此類似地，BAGD（p. 131）說這個字的意義是「泡入、浸入」；其關身語態之意思為「將自己泡入、洗濯」（在非基督教的文學裏，它也有「投入、沉入、浸透、淹沒」之意）。另外Albrecht Oepke在*TDNT* 1:530中說到，"*baptō, baptizō etc.*" 之意為「將船浸入……沉入」；被動語態則為「沉下去……遭受船難、陷溺（『沐浴』或『洗濯』的意思在希臘語法中偶見而已……『潛下去』或『滅亡了』的思想比較靠近一般的用法）。」Strong為這樣的用法提出許多外加的證據，見A. H. Strong, *Systematic Theology*, pp. 933-35.

Berkhof反對以上的看法，並提出一些反面的例子，可是他舉出的證據不叫人信服，因為他將*baptizō*和另一個相關卻不同的字*baptō*的例子混在一起了（見L. Berkhof, *Systematic Theology*, p. 630）。對他所舉為例的經文（七十士譯本的《猶滴傳》〔Judith〕12:7, 和馬可福音7:4），筆者認為，這兩處經文中說到的「洗浴」或洗濯，最可能是說到以水完全地覆蓋全身（或全手，如在馬可福音7:4）。

如果任何一位新約聖經的作者想要指明是用灑水的話，有一個完全貼切的希臘字可用，意思就是「灑水、點水」：*rhantizō*，在希伯來書9:13, 19, 21; 10:22用的就是這個字；見BAGD, p. 734.

[5]Berkhof問道：「湧到約但河那裏的群眾那麼多，施洗約翰能勝任得了為他們施浸的繁重工作嗎？」（p. 630）當然，若用幾天的時間來做，他能勝任為好幾百人施浸的重任；但是也可能是他的門徒幫助他為一些人施浸（太9:14等）。

以完成洗禮了，而是等到靠近路旁有一片大量的水為止。於是太監「吩咐車站住，腓利和太監二人**同下水裏去**，腓利就給他施洗。**從水裏上來**，主的靈把腓利提了去，太監也不再見他了，就歡歡喜喜的走路。」（徒8:38-39）和耶穌受洗的例子一樣，這個洗禮是在腓利和太監走入一片水中進行的；洗禮之後，他們從那片水中出來。因此，我們再一次看到，浸入水中的洗禮是這段敘述惟一令人滿意的解釋。[6]

(3) 洗禮所象徵的聯合——與基督同死、同埋葬和同復活，似乎要求的是「浸入」的洗禮。保羅說：

> 「豈不知我們這受洗歸入基督耶穌的人，是受洗歸入祂的死麼？所以，我們藉著洗禮歸入死，和祂一同埋葬，原是叫我們一舉一動有新生的樣式，像基督藉著父的榮耀從死裏復活一樣。」（羅6:3-4）

與此類似地，保羅告訴歌羅西教會的人說：「你們既**受洗與祂一同埋葬**，也就在此**與祂一同復活**，都因信那叫祂從死裏復活神的功用。」（西2:12）

如今這個真理清楚地由浸入的洗禮象徵出來。當準備受洗的人走入水中時，那是一幅走入墳墓裏被埋葬的圖畫；而從水中走出來時，則是一幅與基督同復活、在生命新樣中行走的圖畫。如此看來，洗禮十分清楚地描繪出人向舊的生活方式死亡，而復活進入在基督裏新的生活樣式。可是點水或潑水的洗禮就失去了這方面的象徵。[7]

---

[6]但Berkhof反對說，在使徒行傳8:38那裏，希臘字*eis*的意思可以是「去到」，而不一定是指「進入」（pp. 630-631）。雖然這個字的確可指這兩種意思，但是我們也必須注意第39節的經文，那裏的*ek*肯定是指「從……出來」，而非「從……離開」（要用*apo*來表達）。經文中的「下去」和「上來」（*katabainō* 和 *anabainō*），並不是指「從車子下來」和「上來車子」，而是明確地指「下去**進到水裏**」和「**從水裏而出**上來」。

[7]其實洗禮的水，比象徵墳墓還有更豐富的象徵意義：水也提醒我們，神審判的水在大洪水的時候臨到不信之人（創7:6-24），又在出埃及的時候淹死許多的埃及人（出14:26-29）。與此相似地，當約拿被扔入深海時（拿1:7-16），他乃是被扔到死地，因為神是在審判他的不順服——即使他後來又神蹟性地得救，成為一個復活的象徵。所以，那些走入洗禮水中的人，其實是走入審判和死亡的水中——那死亡是他們本該因其罪而從神所受的。當他們由洗禮的水中出來時，表示他們已經安全地通過了神的審判，而那全是因為耶穌基督的功勞，這時他們已經與祂在祂的死亡與復活中聯合了。這就是為什麼彼得在彼得前書3:21那裏說，洗禮「表明」了挪亞和他全家在洪水時，從審判的水中得救出來了。

但Douglas Moo則認為，洗禮在羅馬書6章那裏，「是簡略地表達整個信主歸正的經歷……因此，洗禮就不是一個與基督同死、同復活的象徵了。」（見Moo, Romans 1–8, *Wycliffe Exegetical Commentary*, Chicago: Moody Press, 1991, p. 371.） 他還說：「在羅馬書6章或新約聖經裏，沒有證據顯示，牽涉在洗禮中的實際動作，即浸入和出水，被賦予象徵性的意義。」（p. 379）雖然筆者同意在羅馬書6章那裏，洗禮是簡略地表達整個信主歸正的經歷，然而卻認為我們似乎不能排除洗禮所象徵的那個與基督同死、同復活的意義，原因如下：(1) **進入**水中（人在水裏是不能活過幾分鐘的）和由水中出來的動作，與進入墳墓又從其中出來的動作，是如此地緊密平行，以至於其關聯性只需從外表就可以很明顯地看出來了，根本用不著詳細的解釋。(2) 從舊約聖經背景中所看到的，神用水淹沒人來施行審判，也肯定了這點。(3) 當保羅說：「你們既受洗與祂一同埋葬，也就有時候會有人反對說，洗禮所象徵的最重要的事並非是與基督同死、同復活，而是除去罪惡的純化和淨化。的確，水的明顯象徵是清洗和潔淨，因此洗禮的水不但象徵了與基督的同死、同復活，也象徵了洗去罪惡的純化和淨化。提多書3:5說到了「重生的洗」；雖然此經文沒有使用*洗禮*一詞，但人在信主歸正時，他的罪確實會被洗潔淨。亞拿尼亞告訴保羅說：「起來，求告祂的名受洗，*洗去你的罪*。」（徒22:16）

然而，若說洗去罪是洗禮所要描繪的惟一事實（或甚至說是最重要的事實），那就沒有忠實地表達出新約聖經的教訓。雖然洗去罪的象徵，和與基督同死、同復活的象徵，都包含在洗禮裏，但是羅馬書6:1-11和歌羅西書2:11-12都是將重點放在與基督同死、同復活的象徵上。雖然用浸入水中來象徵洗去罪，比用點水或潑水更為有效；但要象徵與基督同死和同復活，就只能用浸入水中來象徵，點水或潑水是一點都沒有這方面的象徵。

那麼，洗禮的正面意義是什麼呢？在以上所有討論洗禮的模式，和爭辯象徵的意義之餘，基督徒很容易忘卻了洗禮的重要和美麗，忽略了伴隨這項儀式的浩大祝福。關於洗禮的意義，不論是說到平安地經過審判的水，或與基督同死、同復活，或罪得以洗潔淨，這些令人驚異的真理，都是重要而有永遠分量的真理，因此洗禮應當成為我們將大榮耀和讚美歸給神的時候。假如教會能將這些真理教導得更清楚，洗禮將會成為教會更多蒙福的機會。

B. 可受洗的人

在幾處新約經文所啟示出來的模式，是只有那些表達出對基督耶穌之信仰，而且他們的認信之詞是可信任的人，才可以受洗。這種觀點通常被稱為「*信徒受洗論*」（believers' baptism），即只有那些親自相信了基督的人（講得更準確些，是那些信了基督、又表現出合理之證據的人），才可以受洗。這個原因是，洗禮既然是*基督徒生命之開始的象徵*，就應當只施予那些*事實上*已經開始有基督徒生命的人。

B.1 從新約聖經中論及洗禮的敘述來看

從新約聖經中敘述到的那些受洗之人的實例來看，洗禮是只施行在那些表達出對基督耶穌之信仰的人身上，而且他們的認信之詞是可信任的。聖經記載說，彼得在五

在此與祂一同復活，都因信那叫祂從死裏復活神的功用」（西2:12）之時，我們很難想像任何保羅的讀者，甚至是小孩子，會看不清在洗禮的動作和與基督同死、同復活之間，有明顯的平行關係（即使我們和Moo一樣，將歌羅西書2:12繙譯為「藉著洗禮」，這種平行關係還是真確的）。

旬節的講道之後，「領受他話的人就受了洗」（徒2:41）。這節經文明確地指出，洗禮是施予那些「領受他話」、因信靠基督而得救的人。[8] 與此相似地，聖經記載說，當腓利在撒瑪利亞傳福音時，「及至他們信了腓利所傳神國的福音和耶穌基督的名，連男帶女就受了洗。」（徒8:12）同樣地，當彼得在哥尼流家裏向外邦人傳講時，他允許那些聽了道，又領受聖靈的人受洗——也就是說，因為那些人表明了令人信服的證據，證明他們內在有重生的工作。當彼得還在講道時，「聖靈降在一切聽道的人身上」；彼得和他的同伴「聽見他們說方言，稱讚神為大」（徒10:44-46）。彼得的回應是，對於那些領受了聖靈重生工作的人，施予洗禮是合宜的：「這些人既受了聖靈，與我們一樣，誰能禁止用水給他們施洗呢？」於是彼得「就吩咐奉耶穌基督的名給他們施洗」（徒10:47-48）。這三處經文的論點是，對那些領受了福音、又信靠基督而得救的人，施予洗禮是合宜的。其他的經文也指明這一點：使徒行傳16:14-15（在「主就開導她的心」以後的呂底亞和她的家人）、使徒行傳16:32-33（在彼得「把主的道講給他和他全家的人聽」之後的腓立比獄卒一家），以及哥林多前書1:16（司提反全家）。我們將在討論「全家受洗」的問題時，再更詳細地討論這些經文。

B.2 從洗禮的意義來看

除了從新約聖經中所敘述的洗禮來看——洗禮總是在人有了「得救的信心」之後——以外，還有第二層的考量是支持信徒受洗論的：洗禮既然是基督徒生命之*開始*的外在象徵，就應當只施予那些*已顯出基督徒生命之證據*的人。新約聖經的作者寫信時，就清楚地假設了每一個受洗的個人是信靠了基督、經歷了救恩的人。舉例來說，保羅說：「你們受洗歸入基督的，都是披戴基督了。」（加3:27）保羅在此假設洗禮是內在重生的外在記號（sign）。這一點在嬰孩身上就不成立——保羅不能說：「你們受洗歸入基督的*嬰孩*，都是披戴基督了」，因為嬰孩沒有得救的信心，也顯不出重生的證據。[9]

保羅在羅馬書6:3-4那裏也說同樣的話：「豈不知我們這受洗歸入基督耶穌的人，

---

[8] Berkhof反對地警告說，不要因為聖經沒有提到嬰兒受洗的事就大作文章。當他詮釋幾個全家受洗的實例時說：「假如有嬰孩在的話，他們一定會和父母一同受洗，這是確確實實肯定的。」（p. 634）然而，這並不是使徒行傳2:41所說的；該處經文明確地說：「領受他話的人就受了洗」，可見那些沒有領受他的話、而只是屬於領受他話之人家中的嬰兒，並不包括在內。

[9] 這並不是說，沒有嬰孩會重生（關於這問題，見本書第二十四章D節），而只是說，保羅沒有提出什麼神學的根基，是說到*所有*受過洗的嬰孩都已經開始了基督徒的生命。他在加拉太書3:27說的是「你們受洗歸入基督的」人，而非說到嬰孩。

是受洗歸入祂的死麼？所以，我們藉著洗禮歸入死……」保羅這話可能是指嬰孩嗎？[10] 他可能是說：「所有受洗歸入基督耶穌的嬰孩，是受洗歸入祂的死……我們藉著洗禮歸入死，和祂一同埋葬，原是叫我們……像基督……從死裏復活一樣」嗎？然而如果保羅的話不是說到嬰孩，那麼那些主張嬰兒洗禮的人就不得不說，洗禮對嬰孩另有意義，是不同於保羅對「我們所有受洗歸入基督耶穌的人」這話的意義了。那些為嬰兒洗禮辯護的人說，嬰孩已被收納「進入聖約」或「進入約下團體」；但是他們在這一點上說得很模糊，而且新約聖經中也沒有那樣地說到洗禮。聖經乃是說，所有受洗的人都已經與基督同埋葬、同復活，並且已穿戴基督了。

我們可以從歌羅西書2:12得著類似的論點：「你們既受洗與祂一同埋葬，也就在此與祂一同復活，都因信那叫祂從死裏復活神的功用。」這句話不能用在嬰孩身上，即說到他們與基督同埋葬，或因信與祂同復活，因為他們還沒有長大到足以運用自己的信心。

B.3 其他選項一：羅馬天主教的觀點

羅馬天主教教導說，應當給嬰孩施行洗禮。[11] 其原因是，天主教會相信洗禮是得救恩所*必須的*，而且洗禮的行動本身會*帶來重生*。所以，在這種觀點之下，洗禮是教會藉以將救人之恩典施予人的*方法*。如果洗禮是這種傳送救恩的管道的話，那麼就應該對所有的人施予洗禮了。

奧脫（Ludwig Ott）在他所寫的《天主教信理神學》（*Fundamentals of Catholic Dogma*）一書裏，提出以下的解釋：[12]

> 「洗禮是一項聖禮，人在洗禮中奉神聖三位之名被水洗滌，就在靈裏重生了。」（見該書350頁；奧脫用約翰福音3:5；提多書3:5；以及以弗所書5:26來支持他的敘述。）
>
> 「當洗禮中有合宜的心態（有信心、為罪憂傷）時，就有這些果效：(a) 可根除眾罪，包括原罪和本罪（即在成年人生活中所有的罪，不論嚴重或輕微的罪）；(b) 因著成聖恩典的注入，使人有內在的成聖。」（見該書354頁）
>
> 「即使人不配領受洗禮，有效的洗禮仍能將不可磨滅的屬靈印記，打印在接受者的靈魂裏，那印記就是『受洗而有的品格』（the Baptismal Character）……靠著這『受洗

---

[10]見本章B.3節回應羅馬天主教的觀點，他們認為洗禮可帶來重生。

[11]給嬰孩施洗的行動，也包括了在施洗時替嬰孩取一個名字，這個作法有時候被稱作「施洗命名」(christening)，尤見於羅馬天主教和聖公會教會。

[12]Trans. by Patrick Lynch, ed. by James Bastible, 4th ed. (Rockford, Ill.: Tan Books, 1960).

而有的品格』，受洗的人就加入了基督奧祕的身體……每一位接受有效洗禮的人，即使是在天主教會之外受洗的，也都成為聖潔大公使徒教會（the One Holy Catholic and Apostolic Church）的一員了。」（見該書355頁）

奧脫繼續解釋洗禮是得救恩所必須的，而且只可由神甫來執行：

「用水施洗……自從福音的傳揚以來，就是一切人要得著救恩所必須有的，沒有例外。」（見該書356頁）[13]

奧脫解釋說，洗禮一般是由神甫執行的，然而在不尋常的情況下（例如小孩出生後不久即瀕臨死亡的危險），也可以由一位執事或平信徒執行。甚至由不信者所執行的洗禮都可被認為是有效的，因為奧脫說：

「是的，甚至一位異教徒或一位異端者都能夠施洗，只要他堅守教會規定的形式，而且有心要做教會所要做的。」（見該書358頁）

雖然嬰孩自己不能運用得救的信心，但是羅馬天主教教導說，嬰兒的洗禮仍是有效的：

「因為信心並不是稱義的主動因……可以無需存在於受洗之時。嬰孩所欠缺的信心……就由教會的信心所替代了。」（見該書359頁）

我們要了解羅馬天主教的洗禮觀點，很重要的是必須先明白他們對聖禮的基本看法——認為聖禮的運作和領受聖禮者的信心沒有關係。假如知道這一點，那麼就可了解他們關於洗禮的結論，那就是洗禮甚至可將恩典授與沒有能力運用信心的嬰孩。在奧脫的書裏，有幾句敘述將這點講得很明白：

「天主教教會教導說，聖禮有客觀的效力，也就是說，它們的有效性和領受者或傳道人的主觀意向是沒有關係的……聖禮是立刻地授與恩典，也就是說，不需要有信靠主之信心的仲介。」（見該書328-29頁）

「新約下的諸聖禮包含了它們所象徵的恩典，並且能將其恩典賜在那些不妨礙聖禮的人身上。」（見該書328頁）

「聖禮的運作是『因功生效』（*ex opere operato*）……也就是說，聖禮的效力是由完成聖禮的儀式而來。」（見該書329頁）[14]

---

[13]在極端的例子裏，Ott和天主教會的教訓中又容許有所謂的「心願的洗禮」（baptism of desire，即人渴望受洗但不能受洗），或「用血的洗禮」（在殉道中）。

[14]「因功生效」之片語代表了羅馬天主教論及聖禮教訓的實質部分。這句拉丁片語字面的解釋是：「藉著所履行的工作」；它的含義則是說，聖禮的運作是藉著真實完成的動作，而聖禮的效力並不依賴參與者心裏主觀的信心態度。

「『因功生效』的公式……在消極方面，肯定了聖禮恩典的授與並不是因領受者的主觀行動；在積極方面，則肯定了聖禮恩典的授與乃是因有效地執行聖禮的表記。」（見該書330頁）

雖然如此，奧脫小心地解釋說，切不可將天主教的教導詮釋為「機械化或魔術性的效力」。他說：

「相反地，在成年人接受洗禮的情況下，很明確是需要信心的……不過接受者的主觀意向並不是獲恩典的原因；它只是在恩典傳遞時不可或缺的先決條件……甚至『因功生效』所帶來之恩典的度量，也和接受者主觀意向之程度有關。」（見該書330頁）

當我們回應羅馬天主教的這個教導時應當記住，這個問題正是宗教改革的核心。馬丁．路德十分關切的，就是救恩惟獨倚靠信心，而非倚靠信心*加上行為*。但是如果洗禮和參與其他諸聖禮是*得救所必須*的話，那麼救恩就真的變成是根據信心加上行為了。但新約聖經的信息卻與這種教導相反，乃是：*惟獨*因信稱義──「你們得救是本乎恩，也*因著信*；這並不是出於自己，乃是神所賜的；*也不是出於行為*，免得有人自誇。」（弗2:8-9）「惟有神的*恩賜*在我們的主基督耶穌裏，乃是永生。」（羅6:23）

羅馬天主教對洗禮的看法，認為它是得救恩所必須的，這一點非常類似於在加拉太之敵對保羅者的說法──認為割禮是得救恩所必須的。而保羅的回應是，那些說割禮是得救所必須的人，乃是在傳講「別的福音」（加1:6）。保羅說：「凡以行律法為本的，都是被咒詛的。」（加3:10）同時，對於那些想要外加一些順服的形式、當作是稱義之必要條件的人，保羅又十分嚴厲地說：「你們這要靠律法稱義的，是與基督隔絕，從恩典中墜落了。」（加5:4）所以，我們必須下結論說，沒有任何*行為*是得救所必須的。所以，*洗禮*也不是得救所必須的。

但是我們要怎樣解釋約翰福音3:5的話呢──「人若不是*從水*和聖靈*生的*，就不能進神的國。」雖然有人將此經文理解為是指洗禮，但是我們最好是按著以西結書36章裏，關於新約應許的背景來理解：

「*我必用清水灑在你們身上*，你們就潔淨了。我要潔淨你們，使你們脫離一切的污穢，棄掉一切的偶像。我也要賜給你們一個新心，將新靈放在你們裏面；又從你們的肉體中除掉石心，賜給你們肉心。我必將我的靈放在你們裏面，使你們順從我的律例，謹守遵行我的典章。」（結36:25-27）

以西結在此講到的是一種「屬靈的」洗濯，會在新約的日子臨到，那時神將祂的靈放在祂的百姓裏面。從這個光中來看，「從水和聖靈生」是一件「屬靈的」洗淨，是發生在我們重生的時候，正如同我們也在那個時候領受一個屬靈的、而非身體的「新心」。

與此類似地，提多書3:5明確地說到，救我們的不是藉著用水的洗禮，而是藉著「重生的洗」——經文清楚地說明了這是賜予一種*屬靈的*新生命。在這一段經文裏，根本沒有提到用水的洗禮。在以弗所書5:26那裏也提到一種屬靈的洗，而非實際的水洗：保羅說基督為教會捨了祂自己，「要用水藉著道把教會洗淨，成為聖潔」。在這裏所提到洗淨，乃是神的道所做的工作，而不是實際的水所做的。

對於羅馬天主教的觀點——洗禮傳送了恩典，與接受洗禮者或傳道人主觀的意向沒有關係（這個立場與為嬰兒施洗的作法是一致，因為嬰兒自己不會運用信心），我們必須認明，新約聖經裏沒有存在的例子可以證明這種觀點，也沒有見證指出這種觀點；反之，那些關於受洗之人的敘述指明，他們是先有了使人得救的信心（見本章B.1節），而且當新約聖經提到有關於洗禮的教義性敘述時，它們也指明需要有得救的信心。當保羅說：「你們既受洗與祂一同埋葬，也就在此與祂一同復活」之時，他立刻明確地接著說：「都*因信*那叫祂從死裏復活神的功用」（西2:12）。

最後，要怎麼解釋彼得前書3:21呢——「*……洗禮，現在……拯救你們。*」這一句話不是清楚地支持羅馬天主教的觀點嗎？他們認為洗禮本身能將救人的恩典帶給接受洗禮的人。[15] 不是的，因為當彼得說這些話後，他又立即繼續精準地解釋他的意思。他說，洗禮拯救你們，「*本不在乎除掉肉體的污穢*」（也就是說，不在於它是一個外在的、屬乎身體、洗去身上污穢的行動，亦即那不是拯救你們的部分），「*只求在神面前有無虧的良心*」（也就是說，在於它是神人之間內在的、屬靈的交涉，一項用外在的洗禮儀式來象徵的交涉）。我們可以把彼得的話換個方式來說：「洗禮現在拯救你們——不是洗禮*外在*的儀式，而是洗禮所代表之*內在*屬靈的實質。」彼得用這些話，來防備那種認為外在洗禮本身會有自動拯救能力的觀點。

彼得說的「只求在神面前有無虧的良心」，就是「追求赦罪和新心」的另一個說法。當神賜給罪人一個「無虧的良心」時，那個人就有確據說，他的每一樣罪都已經被赦免了，如今是站在與神有正確關係的地位上（希伯來書9:14和10:22說到如何藉著基督潔淨一個人的良心）。正確地受洗就等於是對神有一個這樣的「懇求」，內容是說：「神啊，當我進入這個外在會潔淨我身體的洗禮時，我懇求你潔淨我的內心，赦

---

[15]以下三個段落改寫自Wayne Grudem, *The First Epistle of Peter*, TNTC (Leicester: IVP, and Grand Rapids: Eerdmans, 1988), pp. 163-65, 本書蒙准使用這部分的資料。

免我的罪，使我和你有正確的關係。」從這樣的角度來理解，洗禮才能成為一個合宜的、表達已開始有基督徒生命的象徵。[16]

所以我們可以肯定地說，彼得前書3:21沒有教導洗禮會自動地拯救人，或「因功生效」地授與人恩典。彼得也沒有教導說，洗禮的行動本身具有拯救的能力；他乃是說，救恩是透過洗禮所描繪之信心的內在運作而來的（另參西2:12）。事實上，主張信徒受洗論的更正教徒，在彼得前書3:21那裏確實看到一些支持其立場的論點：洗禮是適合於施行在那些年齡大到足以親身「懇求神賜予無虧良心」的人。[17]

總結來說，羅馬天主教教導說洗禮是得救恩所必須的，因此洗禮的行動本身能將使人得救的恩典賜給受洗的人，也因此可以合宜地為嬰兒施洗。然而，從新約聖經之教導的光來看，這些說法都是不能令人信服的。

B.4 其他選項二：更正教嬰兒受洗論

相對於本章前面部分所討論的「浸信會式」的觀點，以及前一節才討論過的羅馬天主教的觀點，還有一關於洗禮的重要觀點乃是，*為所有信主父母的嬰孩施洗是正確的*。在更正教的許多群體中（尤其是在信義宗、聖公會、循道會、長老會和改革宗的教會裏），這是一種普遍的觀點。這種觀點有時候被稱為是「以聖約神學為論點的嬰兒受洗論」。它被稱為是「以聖約神學為論點的」，是因為它依賴一個看法：生在信徒之家的嬰孩，是神百姓的「*聖約團體*」（covenant community）之一部分。「*嬰兒受洗論*」（paedobaptism）一詞的意思，是指給嬰孩施洗的這種作法（其字首*paedo-*的意思是「小孩」，是由希臘字*pais*「孩子」衍生來的）。[18] 以下的內容主要是與伯克富所

[16]有人認為彼得前書3:21裏用「立誓」比用「求」更好，NIV就譯為「*立誓*在神面前有無虧的良心」。關於這兩個意思，其他用此字實例的數據很少，所以光憑檢視此字其他經外出處的使用，無法下一個定論（見W. Grudem, *1 Peter*, p. 164的討論）。

然而更重要的事實是，「立誓」的繙譯引入了一個神學的問題。假如洗禮是「向神立誓」以維持一顆清潔的良心（或說是立誓過一個由清潔的良心所流露出來的順服的生活），那麼重點就不再是人倚靠神賜下救恩，而是人倚靠自己努力或決心的力量了。因為彼得前書3:21的這句話是這麼清楚地關係到基督徒生命的開始，而且它又被認定是能「拯救你們」之洗禮的特徵，所以，若此處被譯為「立誓」，似乎就與新約聖經中惟獨因信得救的教訓不一致了；那麼這一節經文就變成了聖經中惟一的一處，說到是人答應要成為公義才蒙了拯救。在字義方面的數據既不能結論究竟應該用哪一個意思（表示兩種意思都有可能），採用「求」的意思是比較好的，因為它與新約其餘部分的教義更為一致。

[17]也可以用同樣的方式來看歌羅西書2:12——保羅說，基督徒在洗禮中「與祂（基督）一同復活，都*因信*那叫祂從死裏復活神的功用。」這句話預先假設了那些受洗的人在受洗時都在運用信心；也就是說，他們的年齡大到足以自己相信了。

[18]羅馬天主教也是嬰兒受洗論者，但是他們的支持論點不一樣，如我們在前面所解釋的：他們教導說，洗禮帶來重生。在以下的內容裏，筆者要比較更正教所支持的*嬰兒受洗論*和*信徒受洗論*。所以，以下所用*嬰兒受洗論*

提出來的論點對話，伯克富將嬰兒受洗論的立場解釋得很清楚，並且也很周全地為之辯護。

B.4.1 贊成論點

認為應當為信徒的嬰孩施洗的論點，主要是依賴以下三點看法：

(1) 嬰兒在舊約裏受割禮

在舊約聖經裏，割禮是進入聖約團體或神百姓之團體的外在*記號*。所有以色列人的孩子（即男孩）在八天大的時候，都要接受割禮。

(2) 洗禮與割禮平行

他們認為，在新約聖經裏，進入「聖約團體」的外在記號是洗禮；所以新約的洗禮是舊約的割禮的對等部分。接著的推理就是，應當為所有信主父母的嬰孩施洗，若否認嬰孩擁有這項福祉，就是剝奪他們所應得的特權和福祉——即歸屬於「聖約團體」或神百姓團體的*記號*。割禮和洗禮的平行性，在歌羅西書2章裏看得很清楚：

> 「你們在祂裏面也*受了*不是人手所行的*割禮*，乃是基督使你們脫去肉體情慾的割禮。你們既*受洗與祂一同埋葬*，也就在此與祂一同復活，都因信那叫祂從死裏復活神的功用。」（西2:11-12）

因此有人說，保羅清楚地在此將割禮和洗禮連結起來。

(3) 全家受洗

進一步支持給嬰孩施洗的理由，乃是在使徒行傳和其他書信中所看到的「全家受洗」，特別是呂底亞全家受洗（徒16:15）、腓立比的獄卒一家受洗（徒16:33），還有司提反的一家受洗（林前1:16）。也有人宣稱使徒行傳2:39也支持了這種作法，此節經文宣告說福音的祝福是應許給「你們和你們的兒女」。

B.4.2 反駁論點

以下是回應（即反駁）這些嬰兒受洗論的論點：

(1) 洗禮和割禮在許多方面的相似，的確是真的，然而我們切不可忘記，它們在某些重要方面所象徵的，卻是不同的。在舊約下，「聖約團體」的*進入之法是看得見的、外在的*。一個由猶太裔父母所生的人，就成為猶太人了，所以，所有猶太男子就受割禮。割禮並不限於施行在已經有真正內在屬靈生命的人，它乃是施行在*所有住在以色列人當中的人*。神說：

> 「你們所有的男子都要受割禮……你們世世代代的男子，無論是家裏生的，是在你後

者，是指更正教的嬰兒受洗論者，他們的立場是以聖約神學為論點的嬰兒受洗論。

裔之外用銀子從外人買的，生下來第八日，都要受割禮。你家裏生的，和你用銀子買的，都必須受割禮。」（創17:10-13）

不只是以色列民肉身的後裔受了割禮，而且他們所買的、住在他們當中的僕役也是一樣。至於受割禮的人有沒有內在屬靈的生命，是無關緊要的。因此，「正當那日，亞伯拉罕遵著神的命，給他的兒子以實瑪利，和家裏的一切男子，無論是在家裏生的，是用銀子買的，都行了割禮。」（創17:23；另參書5:4）

我們應當了解，雖然真割禮是一件內在的及屬靈的事：「真割禮也是心裏的，在乎靈不在乎儀文」（羅2:29），保羅也明言：「從以色列生的不都是以色列人」（羅9:6），但肉身的割禮是施行在每一個住在以色列民當中的男丁身上。雖然在舊約時代也明瞭到割禮的用意是為了代表內在屬靈的實況（到了新約時代就更清楚這一點），但並沒有想要將割禮只限制在那些心中真正受了屬靈割禮、而有得救的信心之人身上。即使是在男性的成人中，割禮也是施行在每一個人的身上，而不是只施行在那些顯明有內在信心之證據的人身上。

(2) 然而在新約之下，情況就大為不同。新約聖經中沒有說到一個由信徒、他們尚未信主的兒女，和正好住在他們當中的親屬與僕人所組成的「聖約團體」（其實，在討論洗禮時，嬰兒受洗論者所用的「聖約團體」一語，通常流於廣泛而不明，模糊了舊約聖經和新約聖經在這一觀念上的不同）。在新約的教會裏，惟一在意的問題乃是，一個人是否擁有得救的信心，是否已經在靈裏加入了基督的身體——即真教會。新約所說的惟一的「聖約團體」就是教會，是蒙救贖者的團契。

但是一個人要如何成為教會的成員呢？成為真教會成員的方法乃是自願的、屬靈的，和內在的。一個人成為真教會的成員，乃是藉著重生和有了得救的信心，而非藉著肉身的出生。它的發生不是藉著外在的行為，而是藉著人心裏內在的信心。雖然洗禮確實是進入教會的記號，但這意思是它只應當施予那些顯出他是教會一員之證據的人，即只施予那些承認相信基督的人。[19]

我們應當不要驚訝，從舊約進入聖約團體的方法（肉身的出生），到新約進入教會的方法（屬靈的出生），有一個改變，因為在舊約之下和新約之下的其他方面，也有許多類似的改變：以色列人在曠野靠吃物質的嗎哪而活，但是新約的信徒卻靠吃

[19]在這一點上，主張嬰兒受洗論的人可能會問，是否我們在新約的教會裏不應該有「聖約團體」的觀念，因為「聖約團體」所包含的比教會還要廣——它還包含了教會中各家庭裏不信主的兒女。但是新約聖經中沒有說到這種群體，也沒有表示過信主父母的不信主兒女，是新約下的成員。而且新約聖經確實也沒有說到洗禮是進入這種包含更廣之群體的記號。洗禮乃是象徵新生和進入教會。

耶穌基督——從天降下來的真糧——而活（約6:48-51）；以色列人在曠野裏喝的是磐石所流出來外在的水，但是信靠基督的人卻是飲於基督所賜下的永生的活水（約4:10-14）；在舊約下有物質的聖殿，以色列人前來在其中敬拜，但是在新約之下的信徒則被建造成為靈宮（彼前2:5）；在舊約下的信徒是在祭壇上獻實體的動物祭牲和田中收成，但是在新約下的信徒卻是「藉著耶穌基督奉獻神所悅納的靈祭」（彼前2:5；另參來13:15-16）；在舊約下的信徒從神得著祂應許給他們的實質的以色列地，但是在新約下的信徒則是得著「一個更美的家鄉，就是在天上的」（來11:16）。相同地，在舊約下那些亞伯拉罕肉身的子孫或後裔，就是以色列民，但是在新約下那些因信而作了亞伯拉罕屬靈的子孫或後裔的，就是教會的成員（加3:29；另參羅4:11-12）。

在所有這些的對照裏，我們看見保羅所強調的真理，即在舊約之下和在新約之下是有所區分的。在舊約之下的外在要素和活動，「原是後事的影兒」，但其真正的實質——即「形體」——卻是我們在新約之下、在與基督的關係裏而有的（西2:17）。所以，男性嬰孩在舊約之下自動受割禮，與舊約的體系是一致的，因為在猶太人當中，信心並不是進入其團體的條件，而是他們的出生和肉身的傳承使他們成為那個團體的成員。但是在新約之下，合宜的作法是*不為*嬰孩施洗，而只為那些顯出真正有得救信心證據的人施洗，因為成為教會的會員是根據內在屬靈的實質，而非肉身的傳承。

(3) 在新約聖經裏的全家受洗之例子，並沒有真的決定性地支持某個立場或另個立場。當我們更仔細地觀察真實的例子時，就會看到在所有受洗的人中間，有一些人是擁有得救的信心。舉例來說，腓立比獄卒的一家是真的都受洗了（徒16:33），但是保羅和西拉也真的「把主的道講給他*和他全家的人*聽」（徒16:32）。如果能夠把主的道講給他全家的人聽，那麼這裏就有一個假設，那就是所有人的年齡都大到足以悟道，並且相信它。不只如此，在他全家都受洗了以後，我們看到腓立比獄卒「*和全家*因為信了神，*都很喜樂*」（徒16:34）。所以，我們所看到的不只是一家人都受了洗，而且是一家人都接受了神的道，並以信了神為喜樂。這些事實非常強烈地表示，全家的人乃是個別地信靠基督。

至於保羅給「司提反家」施洗的事實（林前1:16），我們也必須注意到，保羅在哥林多前書1章結尾之處說：「司提反一家是亞該亞初結的果子，並且他們專以服事聖徒為念。」（林前16:15）所以他們不只是受洗了，而且也信主歸正了，並且還工作服事其他的信徒。我們在此再一次看到，*全家受洗*的例子乃是表示*全家人都有信心*。

事實上新約聖經中還有其他的例子，雖然在那些例子裏沒有提到洗禮，但我們可以明顯地看見全家信主之事實的見證。例如，在耶穌醫治了大臣之子以後，我們看到那位父親「自己和全家就都信了」（約4:53）。與此相似地，當保羅在哥林多講道時，「管會堂的基利司布和全家都信了主」（徒18:8）。

在新約聖經裏所有的「全家受洗」的例子中，惟一沒有指明全家人都有信心的一處，是在使徒行傳16:14-15，那裏說到了呂底亞：「主就開導她的心，叫她留心聽保羅所講的話。她和她一家……領了洗。」這處經文沒有提到任何有關她家中究竟有無嬰孩的資料。這處經文在這方面含糊不清，肯定不能作為嬰兒受洗論的有分量的證據；它本身必須被視為未下定論的。

至於彼得在五旬節那天所說的話：「因為這應許是給你們和你們的兒女」，我們應當注意它後面的話：「因為這應許是給你們和你們的兒女，並一切在遠方的人，就是主我們神所召來的。」（徒2:39）此外，在同一段話中又表明出，不是信徒和其未信主的兒女都受洗了，而是「領受他話的人就受了洗，那一天，門徒約添了三千人。」（徒2:41）

(4) 還有一個論點是進一步反對嬰兒受洗論的，我們可以用這個簡單問題來表達：「洗禮能做什麼？」換句話說就是：「洗禮真正成就了什麼？它帶來什麼好處？」

羅馬天主教對於這個問題，有一個清楚的答覆：洗禮導致重生。浸信會信徒也有一個清楚的答覆：洗禮象徵已經發生的內在重生之事實。然而，嬰兒受洗論者不能採取這兩個回覆；他們不想說洗禮導致重生，他們也不能說，（對嬰兒而言）洗禮象徵著已發生的重生。[20] 他們惟一的選擇似乎就是說，洗禮象徵了未來將要發生的重生，就是當嬰孩的年齡大到足以有那能得救的信心之時。可是即使是這個說法也並不十分準確，因為嬰孩將來是否會重生是不一定的——有的受過洗的嬰孩，後來從未有過得救的信心。所以，嬰兒受洗論對嬰兒洗禮之象徵最精準的解釋，乃是說它象徵了未來可能有的重生。[21] 它既不導致重生，也不象徵真實的重生；所以，它必須被理解為是象徵著未來某一時刻可能發生的重生。

但在這一點上來看，嬰兒受洗論的觀點顯然和新約聖經裏的洗禮觀點十分不同。新約聖經從來不將洗禮視為未來可能有的重生之象徵。新約聖經的作者不會說：「有

[20]雖然如此，有些更正教裏的嬰兒受洗論者會假設重生已經發生了（而說其證據要以後才看得見）。其他宗派的人，包括許多聖公會和信義宗的信徒在內，會說重生發生在受洗之時。

[21]這句話並非引自某一個嬰兒受洗論者，而是筆者從嬰兒受洗論的立場照邏輯推演而得的結論。要了解嬰兒受洗論的立場似乎需要我們去了解它關於重生所要象徵的。

一天那些人可能會得救，誰能禁止用水給他們施洗呢？」（參徒10:47）或說：「你們受洗歸入基督的，有一天都可能披戴基督了。」（參加3:27）或說：「豈不知我們這受洗歸入基督耶穌的人，有一天可能是受洗歸入祂的死麼？」（參羅6:3）這一點兒都不是新約聖經所講到的洗禮。新約裏的洗禮是重生、罪得潔淨和開始基督徒生命的記號。將這個記號保留給那些在生命中真正有此見證的人，似乎才是適當的。

另一個有關洗禮之象徵的看法，是由格林（Michael Green）提出的。[22] 他說：

> 「嬰兒受洗論強調了福音的客觀性。它指向被釘十架並復活之基督的堅實成就，不管我們回應或不回應……並不是說除非我們悔改信主，我們才能從它得到什麼；而是說它乃為屹立不搖的展示，指出救恩不依賴我們自己可墮落的信心，而依賴神為我們所做成的事。」（見該書76頁）

他繼續說：

> 「嬰兒受洗論強調了神在救恩中的主動性……洗禮主要應該依附在人的反應上，還是在神的主動性上？這是這個問題的核心……對浸信會信徒而言，洗禮主要是見證**我們所做的**，即回應神的恩典；但對嬰兒受洗論者而言，洗禮主要是見證**神所做的**，才使一切成為可能。」（見該書76-77頁，加強字是原作者所加上的）

然而我們要注意以下幾點，這是對格林的回應：

(a) 他在這個論點上的分析忽略了一個事實：即洗禮**不只**象徵基督的死亡和復活而已，如我們在以上新約經文的分析裏所看見的，它**同時也**象徵救贖在我們身上的應用，亦即它是我們在信心裏的回應。洗禮描繪了我們已經與基督在祂的死亡和復活上相聯合的事實，而且水的洗濯象徵了我們的罪已經得了潔淨。格林說，嬰兒受洗論強調了神的主動性，而浸信會信徒則強調人的回應；事實上他在此要讀者作二選一的選擇，是不正確的，因為洗禮不但描繪了這兩方面，而且還包括更多。洗禮描繪了三個層面：(i) 基督救贖的工作；(ii) 個人信心的回應（當要受洗時）；(iii) 神將救贖的福祉應用到個人的生命中。信徒受洗論描繪了所有三個層面（不像格林所表示的，信徒受洗論只描繪了個人的信心），而按照格林的觀點，嬰兒受洗論只描繪了第一個層面。但問題不在於哪一個層面才是「主要的」，而是哪一種洗禮觀才能包含洗禮所代表的所有層面。

---

[22]Michael Green, *Baptism: Its Purpose, Practice, and Power* (London: Hodder and Stoughton, and Downers Grove, Ill.: InterVarsity Press, 1987). 本書包含了一段有關嬰兒受洗論之立場的最佳聲明，也包含了許多關乎洗禮的聖經教訓頗有幫助的分析，是支持或反對嬰兒受洗論的人都能贊同的。

(b) 當格林說，我們的救恩不依賴我們的信心，而依賴神的工作時，「依賴」的意思可能有不同的解釋。假如「依賴」的意思是指我們所依賴的「內容」，那麼，支持雙方觀點的人都會同意說，我們所依賴的是基督的工作，而非我們的信心。假如「依賴」的意思是要指出信心本身沒有任何功德使我們可以藉著它來贏取神的恩待，那麼，支持雙方觀點的人也都會同意這個意思。但是假如「依賴」的意思是要指出不論我們相信與否，都不會造成得救與否的差別，那麼，支持雙方觀點的人都不會同意；在前文中，格林自己也說：除非我們悔改信主，洗禮對我們沒有益處。所以，如果洗禮代表的是救贖在一個人生命中的應用，那麼，*單單*描繪出基督的死與復活的洗禮方式，是不夠的；我們應當也要將它看作是我們信心的回應，以及救贖對我們後續的應用。相形之下，在論及格林的觀點時，有一種危險是勾勒出一幅圖畫，認為神會把救恩應用在人們身上，不管他們信或不信（這是格林也不會同意的）。

(5) 最後一點，那些主張信徒受洗論的人，時常表達出他們對嬰兒受洗論之實際結果的關切，因為他們認為，在實際教會生活中實行嬰兒受洗論，時常會讓那些在嬰兒期受過洗的人，以為自己已經重生了，因此就沒有感受到個人需要經歷信靠基督的迫切性。長期來說，這種傾向大概會導致「聖約團體」裏有愈來愈多沒有真正信主歸正的成員——他們並不是基督教會裏真正的成員。當然，嬰兒受洗論不會使他們的教會變為一個假教會，可是會使教會變為一個比較不純潔的教會；這樣的教會經常要和自由派的教義以及其他種類不信神的理念傾向爭戰，而那些傾向都是由教會會員中未重生的人所引入的。

C. 洗禮的果效

我們在前面曾經討論過，洗禮象徵著重生或屬靈的出生。然而它只是一種象徵嗎？還是它也是一種「施恩之法」，亦即聖靈用來賜福於人的方法呢？我們已經在前一章討論過這問題，[23] 所以在此我們只需要說，當洗禮施行得合宜時，它也能為信徒帶來一些屬靈的福祉。所有基督徒對神的順服，都會蒙神的喜悅；人公開的承認信主，也會帶來喜樂，而且還會有清楚看見與基督同死、與基督同復活、罪被洗淨的確據。我們很肯定，主賜給我們的洗禮能堅固並激勵我們的信心——它對每一個受洗之人和每一個見證洗禮的人，都有如此的果效。

---

[23]見本書第四十八章B.2節。

D. 洗禮的必須性

我們雖然承認耶穌命令我們要施行洗禮（太28:19），使徒也是這麼說的（徒2:38），但我們不應當認為洗禮是得著救恩所*必須的*。[24] 我們在前面回應羅馬天主教的洗禮觀時，曾討論過這個問題。如果說洗禮或任何其他的行為是得著救恩所*必須的*，那就等於說我們不是惟獨因信稱義，而是要在信心加上某種「行為」——例如洗禮。使徒保羅會強烈地反對這種思想，即將洗禮當作是得著救恩所必須的，正如他反對另一個類似的思想，即認為割禮是得著救恩所必須的（見加5:1-12）。

認為洗禮是得救所必須的那些人，通常會指出馬可福音16:16：「*信而受洗的必然得救*；不信的必被定罪。」然而對這個問題的顯易答覆乃是，有些人*信了但是沒有受洗*，而這節經文並沒有說到這種特殊情況。它所說的只不過是一般的情況，並不是要故作文章，討論信而未受洗這種不尋常例子的得救資格。然而可以肯定的是，我們不應當硬把這節經文用來說它支持一些所沒有講到的事（即要受洗才能得救恩）。[25]

在此有一個例證，那就是耶穌在十字架上對垂死的強盜所說的話：「今日你要同我在樂園裏了。」（路23:43）這個強盜不可能在他死以前受洗，但是那天他確實得救了。不只如此，這個例證之論點的力勁很強，不會因為有人辯說這個強盜是在舊約之下得救的這種說詞而被駁倒（在舊約之下，洗禮不是得救所必須的）；原因是耶穌死時新約就生效了（見來9:17），而耶穌是死在兩個強盜之先（見約19:32-33）。

另外還有一個原因來說明為何洗禮不是得救所必須的，那就是我們脫離罪惡而被稱義，是發生在我們擁有使人得救之信心的時刻，而非發生在接受水洗的時刻；通常接受水洗都比較晚。[26] 如果一個人在擁有使人得救之信心的時刻已經被稱義了，罪已經得到永遠的赦免了，那麼洗禮就不是罪得赦免或蒙神賜予嶄新靈命所必須的了。[27]

由此看來，洗禮不是得著救恩所必須的。但仍是我們所必須做的，為的是要順服基督，因為祂命令所有相信祂的人都要受洗。

---

[24]在這一點上，筆者的觀點不只和羅馬天主教的教導不同，而且也和幾個更正教宗派的教導不同，因為他們的教導在某種意義上是說洗禮是得救恩所必須的。雖然他們的教導在細節上有些差異，可是這樣的立場是許多聖公會、信義宗和美國基督教會（Churches of Christ）信徒們所持守的。

[25]不只如此，究竟這一節經文是否可用來支持某種神學立場，也都值得懷疑，因為有許多古代的聖經抄本根本沒有這一節經文（或整段馬可福音16:9-20）。非常可能的情形是，這一節經文原來並不在馬可所寫的福音書裏（有關這問題的討論，見本書第十七章D節。

[26]有關稱義之問題的討論，見本書第三十六章。

[27]有關重生之問題的討論，見本書第三十四章。

E. 受洗之人的年齡

那些接受信徒受洗論之論點的人，接著一定會問：「孩子要多大才可以受洗？」

最直接的答覆乃是，他們應當要大到足以表達出*可信任的*認信之詞。要設定一個準確而又能應用在每一個孩子身上的年齡，是不可能的事；但是當父母看到孩子身上有真實屬靈生命的可信證據，而孩子們也在某種程度上明白信靠基督的意義，那時就適合受洗了。當然，這也需要教會謹慎的管理，以及家中父母妥善的詮釋。孩子究竟應該在幾歲受洗？這要看孩子而定，但也是看教會而定。[28]

F. 其他問題

F.1 教會需要為洗禮觀念的不同而分裂嗎？

雖然更正教徒為了這個問題而意見相左了許多年，但有沒有什麼方法可以使他們在團契交通上展現更大的合一？有沒有什麼方法可以使眾教會在這一個問題上更接近合一？

在往前走的路上，一個可行的方法，就是讓嬰兒受洗論者和信徒受洗論者雙方可以達成一個共識，共同承認洗禮不是信仰的主要教義，並且都願意在這一事上接納彼此的觀點，而不讓洗禮的歧異成為基督身體之內分裂的原因。[29] 講得明確一點，這表示他們都願意在其宗派裏教導與實行這兩種洗禮的觀點。

---

[28]筆者參與了自己三個小孩的洗禮，他們受洗的年齡是在七歲到十歲之間。當時他們對福音都顯出相當程度的了解，同時也有真正信靠基督的證據。筆者認為其實三個孩子可以再早一點受洗，但是為了尊重所在之教會的一般模式，即通常不給七歲以下的孩子施洗，因此也就拖延了他們受洗的時間。（但在英國的浸信會中，習慣上都是等到小孩比七歲更大一些才給他們施洗。）

[29]筆者明白有些讀者會反對這句話，而且說，洗禮是*非常重要的*事，因為不同的立場代表了對教會本質的不同觀點。許多浸信會信徒會說，*實行*嬰兒洗在本質上就與教會只由信徒組成的思想不一致；而許多嬰兒受洗論者則會說，*不實行*嬰兒洗在本質上與聖約團體包括了信徒的兒女之想法不一致。

筆者在此願意鼓勵那些有如此推論的人去想想看，他們和那些只在此問題上意見相左、而在其他關於基督徒生活方面卻很相似的福音派信徒，彼此有何相同之處（不必去想那些在其他問題上還有很多差異的信徒）。許多浸信會會友*著實*鼓勵並顯示，兒童在教會內有一個有價值的地位；而許多嬰兒受洗論者*著實*為他們*受過洗*的孩子們禱告求救恩，其熱切的程度和浸信會會友為他們*未受洗的*孩子們禱告求救恩的熱切程度，是一樣的。在成為教會會員方面，福音派裏的嬰兒受洗論者，也*著實*要求在孩子成為教會完全的會員（他們稱之為「可領受聖餐的會員」）之前，必須有可信任的認信之詞。他們也要求在成人加入教會之前，必須有可信任的認信之詞。

當這些程序都運作得當時，浸信會信徒和嬰兒受洗論者都是在尋求建立一個只以信徒為教會會員的制度；雙方在這上面是十分類似的。並且，雙方都愛他們的兒童，也會教導他們，為他們禱告，把他們當成是教會大家庭最寶貴的成員，也盼望他們有一天會成為基督身體的真正成員。

無疑地，這對持浸信會信仰的宗派和持嬰兒受洗論信仰的宗派，都是一件困難的事，因為他們在這個問題上已經爭辯多年了。雖然基督徒有權利決定自己對洗禮的觀點，但是因這個觀念上的歧見而造成分裂或因而更加強宗派間的差異，似乎是很不合宜的；若教會要求那些希望被按立的人，或在教會內擔任教師的人，一定得接受其中一種觀點，就更顯得不對了。[30] 更明確地來說，浸信會教會要願意讓那些已經受嬰兒洗的人成為會員，並且若他們在經過一番謹慎的考慮以後，其良心認定所受過的嬰兒洗是有效的，那麼就不應該再要求他們重複一次洗禮了。當然，浸信會教會仍可自由地教導並嘗試勸告那些尚未成為教會會員的人，應當信主以後再受洗；不過，若有已受過嬰兒洗的人經過謹慎的考慮以後不以為然，那麼，若教會仍堅持成人洗禮，使之成為那人作會員的障礙，就顯得不適當了。設下這樣的障礙有什麼好處呢？肯定會造成許多的傷害——不但沒有展現教會的合一，又攔阻了那些事實上已經被主接納進教會團契的人，使得他們不能完全地參與教會。

在另一方面，那些相信嬰兒受洗論的人也需要同意，不要施不當的壓力在那些不想要他們的嬰孩受洗的父母身上，也不要因此就認為那些父母是不順服主的。如果父母要求的話，教會要願意在那些嬰孩出生之後，提供一種簡單的奉獻儀式，取代嬰兒洗禮的儀式，將他們獻給主。當然，持定兩種觀點的人都必須同意，不要將洗禮觀作為評斷是否可以擔任教會職分或被按立的標準。[31]

如果雙方在這個問題上，有了這樣實行上的讓步的話，那麼對這事的爭議程度，事實上在一代人之內就可能會消退，最終洗禮就不再會是基督徒分裂的一個原因了。

F.2 誰可以給人施洗？

最後，我們要問：「誰可以執行洗禮的儀式？是否只有被按立過的神職人員才可以執行這個儀式？」

我們應當認明，聖經中並沒有設定任何限制，指明誰才可以執行洗禮儀式。那些擁有特殊祭司團的教會，認為要透過他們才能做某些事（或才會有祝福），例如羅馬天主教，安立甘宗在某些程度上也是如此。他們會希望堅持說，在一般的情況之下，應當只有被恰當地按立過的神職人員才能施行洗禮。然而如果我們真的相信所有信徒

---

[30]美國的播道會（Evangelical Free Church）在這方面做得非常好，有數十年之久，他們接受嬰兒受洗論者和信徒受洗論者成為他們教會的會員，而且他們也讓這兩種觀點的人在其教會內被按立成為牧師。

[31]請注意，筆者在此所提出能減少這個問題所造成之分歧的最初幾步，並不包括要求任何一方的個人做出違反其信念的行為——筆者不是要那些持守浸信會觀點的個人，在嬰兒父母的要求之下去為嬰兒施洗；也不是要那些持守嬰兒受洗論的個人，為那些曾經受過嬰兒洗、如今承認相信基督、但又要求成人洗禮的人施洗。

皆屬祭司團的話（見彼前2:4-10），那麼*在原則上*似乎就不需將施行洗禮的權利，只限制給那些被按立過的神職人員了。

不過，這樣就有了另一層的考量：因為洗禮是我們進入基督身體的記號（另參哥林多前書12:13中論及內在屬靈的洗禮），所以，儘可能地*在教會的交通之內*來執行它，似乎是合宜的。這樣，教會整體可以和受洗的人一同歡喜，而該教會所有信徒的信心也都可因此得到建立。[32] 不只如此，由於洗禮是基督徒生命開始的記號，因此也是他在真教會裏生活開始的記號，所以當地教會聚集來為這件事實作見證，並給予受洗的人可見的歡迎，是再適切不過了。同時，為了給受洗的人權利去明白洗禮實質上是什麼，教會起而護衛洗禮的實行，並保守它不被濫用，也是正確的。最後，假如洗禮是進入可見教會交通的記號，那麼，教會指派或選出一些正式的代表（們）來施行洗禮，似乎也是合宜的。為著這些原因，教會通常是由被按立過的神職人員來施洗；不過，似乎也沒有理由阻止教會有時在處境合適時，找其他在教會裏有職分的事奉人員或成熟的基督徒，來為新歸主的人施洗。舉例來說，一些在當地教會傳福音很有果效的人，也可以成為教會所指定的人來為人施洗，因為這些受洗的人乃是透過其佈道服事而到基督面前的（請注意，在使徒行傳8:12那裏提到，腓利在撒瑪利亞傳福音，然後他很顯然地就為那些信基督的人施洗）。

個人思考與應用

1. 你受過洗嗎？是什麼時候受洗的？假如你是以信徒身分受洗的話，洗禮在你的基督徒生命中有什麼果效（如果有的話）？假如你受的是嬰兒洗的話，當你終於知道你曾受過嬰兒洗時，對你自己在思想的層面中有沒有什麼果效呢？
2. 讀過本章以後，你對於洗禮之意義的哪些方面更為看重（如果有的話）？你希望你的教會把哪方面的意義教導得更清楚？
3. 當你的教會舉行洗禮時，是一個歡喜和讚美神的時刻嗎？你認為在那個時刻，受洗的人身上有什麼事發生（如果有的話）？你認為應該會有什麼事發生？
4. 讀過本章以後，你對嬰兒受洗論與信徒受洗論的看法有改變嗎？有什麼改變？
5. 為了要幫助克服基督徒之間有關洗禮問題的差異，你有沒有什麼實際可行的建議？
6. 如何能讓洗禮在你的教會中有效地幫助傳福音？你曾看過洗禮發揮這方面的功能嗎？

---

[32] 洗禮是進入教會——基督的身體——的外在記號，這事實使得我們很合宜地要求一個人在成為一地方性教會的會員之前，應當要先受洗。

特殊詞彙

可信任的認信之詞（believable profession of faith）

信徒受洗論（believers' baptism）

聖約團體（covenant community）

因功生效（*ex opere operato*）

浸入（immersion）

嬰兒洗禮（infant baptism）

禮儀（ordinance）

嬰兒受洗論（paedobaptism）

聖禮（sacrament）

本章書目

Beasley-Murray, G. R. *Baptism in the New Testament*. Grand Rapids: Eerdmans, 1962.

________, and R. F. G. Burnish. "Baptism." In *EDT*, pp. 69-73.

Berkouwer, G. C. *The Sacraments*. Trans. by Hugo Bekker. Grand Rapids: Eerdmans, 1969.

Bridge, Donald, and David Phypers. *The Water That Divides*. Downers Grove, Ill.: InterVarsity Press, 1977.

Bromiley, G. W. "Baptism." In *EDT,* pp. 112-14.

________. *The Baptism of Infants*. London: Vine Books, 1955.

________. *Children of Promise*. Grand Rapids: Eerdmans, 1979.

Brown, R. "Baptist Theology." In *EDT,* pp. 75-76.

Cottrell, Jack. *Baptism: A Biblical Study*. Joplin, Mo.: College Press, 1989.（按美國基督教會〔Churches of Christ〕的觀點而寫，認為洗禮是得救恩所必須的）

Estep, William. *The Anabaptist Story*. Grand Rapids: Eerdmans, 1975.

Green, Michael. *Baptism: Its Purpose, Practice, and Power*. London: Hodder and Stoughton, and Downers Grove, Ill.: InterVarsity Press, 1987.

Jewett, Paul K. *Infant Baptism and the Covenant of Grace*. Grand Rapids: Eerdmans, 1978.

Kingdon, David. *Children of Abraham: A Reformed Baptist View of Baptism, the Covenant, and Children*. Haywards Heath, England: Carey Publications, 1973.

Marcel, Pierre Ch. *The Biblical Doctrine of Infant Baptism*. Trans. by Philip E. Hughes. London: J. Clarke, 1953.

Murray, John. *Christian Baptism*. Philadelphia: Presbyterian and Reformed, 1970.

Watson, T. E. *Baptism Not for Infants*. Worthing, England: Henry E. Walter, 1962.

第五十章

主的晚餐

主的晚餐的意義為何？

應如何守主的晚餐？

背誦經文：哥林多前書11:23-26

我當日傳給你們的原是從主領受的：就是主耶穌被賣的那一夜，拿起餅來，祝謝了，就擘開，說：「這是我的身體，為你們捨的（「捨」有古卷作「擘開」）；你們應當如此行，為的是記念我。」飯後，也照樣拿起杯來，說：「這杯是用我的血所立的新約；你們每逢喝的時候要如此行，為的是記念我。」你們每逢吃這餅、喝這杯，是表明主的死，直等到祂來。

詩歌： *主在此我要與你面對面*（*Here, O My Lord, I See Thee Face to Face*）

1主在此我要與你面對面 因信摸著不憑眼見境界
在此我要更深經歷恩典 所有勞苦愁煩主前安歇
2在此我要吃主所賜美物 在此我要飲主所遞福杯
在此卸下世上一切重負 在此再嘗罪得赦免滋味
3這是享受愛筵歌頌時辰 在我面前你擺屬天筵席
讓我盡情享受一再享受 與你交通短暫光明時刻
4我雖有罪但你卻有公義 我雖愧疚你用寶血塗抹
在此我有平安白袍公義 你身你血是我藏身之所
5除你之外我無別的幫助 有你賜恩我不向人求告
有你的愛我已心滿意足 你的能力惟獨是我依靠
6席撤何速表記的物已盡 酒餅雖過救恩大愛無休
筵席已過你仍在此親近 親近有加作我盾牌日頭
7上席罷席次次我們聚散 如此聚散遙指天上佳筵
時雖未至我們卻已預嘗 那日天上羔羊婚娶喜宴
8看哪雲柱今又離地上升 忠實信徒踏上天路歷程
你正呼召我們緊緊隨行 不久我們就到光明天城

詞：Horatius Bonar, 1855

曲：MORECAMBE 10.10.10.10., Frederick C. Atkinson, 1870

雖然不常有人頌唱這首美麗的聖詩，但是它是那樣直接地對耶穌自己說話，而且那樣清楚地說到了我們在主的晚餐裏所要記念的屬靈實質，因此使它成為關於這個教義的偉大詩歌之一。它表達了我們在主同在中的崇敬心態，因救恩而有的喜樂，以及為罪而有的真實悔改。作者彭納（Horatius Bonar）在這首詩歌裏向我們所展現的那種心靈的甘甜、美麗，在教會史上少有詩歌可與之相匹。

前言

主耶穌設立了兩種要教會遵守的禮儀（或稱聖禮）。我們在前一章討論過*洗禮*，那是每個人一生只要遵守一次的禮儀，作為他開始基督徒生命的記號。本章則要討論*主的晚餐*，那是我們在基督徒生命中要持續遵守的禮儀，作為我們繼續與基督交通的記號。

A. 救贖史的背景

耶穌用以下的方式，設立了主的晚餐：

>「他們吃的時候，耶穌拿起餅來，祝福，就擘開，遞給門徒，說：『你們拿著吃，這是我的身體。』又拿起杯來，祝謝了，遞給他們，說：『你們都喝這個；因為這是我立約的血，為多人流出來，使罪得赦。但我告訴你們，從今以後，我不再喝這葡萄汁，直到我在我父的國裏同你們喝新的那日子。』」（太26:26-29）

保羅根據他所領受的（林前11:23），又多提了這些話：

>「這杯是用我的血所立的新約；你們每逢喝的時候要如此行，為的是記念我。」（林前11:25）

這個儀式有舊約的背景嗎？似乎是有的，因為在舊約中，也有在神同在中吃喝的例子。舉例來說，當以色列民在西乃山下紮營時，就是在神賜下十誡之後，神呼召以色列的領袖們上山與祂見面：

>「摩西、亞倫、拿答、亞比戶，並以色列長老中的七十人，都上了山。他們看見以色列的神……*他們觀看神，他們又吃又喝*。」（出24:9-11）

不只如此，每年以色列民要獻上收成的十分之一，而且，照摩西的律法所說的：

>「*又要把你的五穀、新酒和油的十分之一，並牛群、羊群中頭生的，吃在耶和華你神面前*，就是祂所選擇要立為祂名的居所。這樣，你可以學習時常敬畏耶和華你的神……你和你的家屬，*在耶和華你神的面前，吃喝快樂*。」（申14:23, 26）

然而比這更早的，當神將亞當和夏娃安置在伊甸園時，就賜給他們一切豐富的食物（除了分別善惡樹上的果子之外）。因為在那個光景之下沒有罪，而神創造他們是為了與祂自己相交，並榮耀祂，所以亞當和夏娃所吃的每一餐，都是有主同在的筵席。

當這個在神同在中的團契交通被罪破壞了以後，神仍舊容許人在祂的同在中吃喝（例如前面所提到的奉獻收成的十分之一而有的吃喝）。這是部分地恢復亞當和夏娃在墮落之前所享受的、與神交通的吃喝，雖然它被罪損傷了；然而，我們在主的晚餐中那種與主同在的吃喝交通，卻比舊約時的更為美好——舊約裏因獻祭而有的吃喝，不斷地指出尚未償清罪債的事實，因為其中的獻祭必須年復一年地重複著，而且他們仍期盼彌賽亞要來除去他們的罪（見來10:1-4）；可是主的晚餐卻提醒我們，耶穌已為我們付清了罪債，所以我們如今可以歡喜快樂地在主的同在中吃喝。

然而，雖然主的晚餐美好，但它乃是望向未來一個更為奇妙的、有主同在的交通盛筵，那時伊甸園的交通將會恢復，有更大的喜樂，因為那些在神同在中吃喝的人，乃是今天在公義中被神肯定了要得著赦免的罪人，他們永遠不會再犯罪。耶穌曾在祂的話中暗示到，未來在神的同在中有大喜樂和筵席的時刻：「但我告訴你們，從今以後，我不再喝這葡萄汁，直到我在我父的國裏同你們喝新的那日子。」（太26:29）啟示錄更明白地告訴我們關於羔羊婚筵的事：「天使吩咐我說：『你要寫上：凡被請赴羔羊之婚筵的有福了！』」（啟19:9）那是在主同在中大喜樂的時刻，也是尊崇祂、敬畏祂的時刻。

由此可見，從創世記到啟示錄，神的目標一直是要帶領祂的百姓進入與祂自己交通的關係裏；而在那交通中，我們會因一件事實而產生大喜樂，那就是我們能夠在主的同在中吃喝。對今日的教會而言，若能在主的晚餐中再次更為生動地捕捉到主同在的感受，將有助於教會的屬靈健康。

B. 主的晚餐的意義

主餐的意義複雜、豐富而完滿。主的晚餐象徵並肯定了以下幾件事：

B.1 記念並表明主的死

當我們參與主的晚餐時，我們將基督的死表明出來，因為我們的動作描繪出祂為我們而死。餅被擘開，象徵著基督身體的破碎；杯被傾倒，象徵著基督的血為我們流出。這就是為什麼參與主的晚餐也是一種宣告：「你們每逢吃這餅、喝這杯，是表明主的死，直等到祂來。」（林前11:26）

B.2 有分於基督之死所帶來的福祉

耶穌命令祂的門徒說：「你們拿著吃，這是我的身體。」（太26:26）當我們個別地伸手為自己拿起餅和杯，就是用自己的行動來宣告：「我在取用基督的死所帶給我的福祉。」當我們這樣做時，就象徵出一個事實：我們參與或分享耶穌之死為我們所贏得的福祉。

B.3 吸取屬靈的滋養

正如同普通的食物滋養我們的身體，主餐的餅和杯也滋養我們。餅和杯也描繪這件事實：基督賜給我們靈魂屬靈的滋養和活力。事實上，耶穌設立這項儀式的本質，就是要來教導我們這件屬靈的事。耶穌說：

> 「你們若不吃人子的肉，不喝人子的血，就沒有生命在你們裏面；吃我肉、喝我血的人就有永生，在末日我要叫他復活。我的肉真是可吃的，我的血真是可喝的。吃我肉、喝我血的人常在我裏面，我也常在他裏面。永活的父怎樣差我來，我又因父活著；照樣，吃我肉的人也要因我活著。」（約6:53-57）

耶穌當然不是說真的實際去吃祂的肉、喝祂的血，但是如果祂不是說實際去吃喝的話，那麼祂心中想到的一定是屬靈的參與祂所贏得的救贖福祉。這個屬靈的滋養對我們的靈魂是那樣地重要，是在主的晚餐中象徵出來的，也是我們可以經歷到的。

B.4 見證信徒的合一

當基督徒一起參與主的晚餐時，他們也清楚呈現了彼此合一的記號。事實上，保羅說：「我們雖多，仍是一個餅，一個身體，因為我們都是分受這一個餅。」（林前10:17）

當我們把以上這四種意義放在一起時，就會開始明白主餐的一些豐富內涵：當我參與主的晚餐時，我進入了基督的同在；我記念祂曾為我死；我有分於祂的死所帶來的福祉；我領受了屬靈的滋養；我和所有其他參與這個晚餐的信徒聯合在一起。我們在主的晚餐裏，看到了何等值得感恩和喜樂的偉大原因！

然而除了這些被描繪得栩栩如生的真理之外，基督為我們設立這個儀式，也表達出祂要藉著主的晚餐來對我們應許或肯定某些事情。當我們參與主的晚餐時，我們應當一再地思想基督對我們所肯定的以下的事：

B.5 肯定基督對我的愛

我能夠參與主的晚餐，其實是耶穌*邀請我*來的——這項事實生動地提醒並肯定，耶穌基督愛我這一個人，而且是親切地愛我。當我前來取用主的晚餐之時，就藉此一再地肯定基督對我這一個人的愛。

B.6 肯定基督所有救恩的福祉都為我存留

當我受到主的邀請而來到主的晚餐時，祂就是邀請我進入祂的同在，這事實讓我肯定祂有豐盛的福分留給我。在這主餐中，我實際上是在預嚐大君王的大筵席。我來到主的桌前，身分是祂*永遠*的家庭中的一份子。當主歡迎我來到祂桌前時，祂向我確保祂也會歡迎我享受天上、地上所有別的祝福，尤其是那盛大的羔羊的婚筵，祂已經為我在那婚筵中預留了一席之位了。

B.7 肯定自己對主的信心

最後一點，當我為自己取用餅和杯時，我乃是以我的行動宣告：「主耶穌，我需要你、也信靠你，來赦免我的罪，將生命和健康賜給我的靈魂，因為只有靠著你破碎的身體和流出的血，我才能得救。」事實上，當我吃餅時參與擘餅、喝杯時傾倒這杯，就等於是一再地宣告：*我的罪*是耶穌受苦並受死的一部分原因。這樣，喜樂、感謝和對基督深深的愛，就濃郁地交織在主餐的美麗裏了。

C. 基督如何在主的晚餐裏同在?

C.1 羅馬天主教的觀點：變質說（transubstantiation）

按照羅馬天主教會的教訓，餅和酒*真正地變為*基督的身體和血了。這個改變發生在彌撒中、當神甫說：「這是我的身體」的那一刻。在神甫說這一句話的同時，餅被舉起（提高）並受到尊崇。將餅提高的動作，以及宣告它是基督的身體，這兩件事只有神甫才可以做。

按照羅馬天主教的教訓，當這個改變發生時，恩典就「*因功生效*」（*ex opere operato*，亦即「藉著所履行的工作」）地賜給那些在場參加的人，[1] 但是個人蒙恩的分量，則和其主觀的意向成比例。[2] 而且，每一次舉行彌撒，基督的獻祭就重複一次（從某種意義上來說），而天主教則會小心翼翼地肯定說，這是一場真正的獻祭，雖然它與基督在十字架上所付出的不是相同的獻祭。

所以，奧脫（Ludwig Ott）在他所寫的《天主教信理神學》（*Fundamentals of Catholic Dogma*）一書裏這樣教導：

---

[1]見本書第四十九章B.2節，有關「*因功生效*」（*ex opere operato*）之片語以及它與洗禮之關係的討論。

[2]Ludwig Ott說：「『*因功生效*』所帶來之恩典的度量，與接受者的主觀意向是成比例的，所以在領受聖餐之前，應當先有妥善的預備；而在其後也應當有合宜的感謝……不恰當地領用聖餐是一種褻瀆。」（p. 399）

「基督藉著將餅的整個性質改變為祂的身體，又藉著將酒的整個性質改變為祂的血，祂就在祭壇上的聖餐裏同在了……這個變化稱為『變質』。」（見該書379頁）

「祝聖（consecration）的能力只存在於有效擔任此聖職的神甫身上。」（見該書397頁）

「尊崇的敬拜（*Latria*, The Worship of Adoration）必須歸給在所祝謝之聖餐（Eucharist）裏同在的基督……基督整全而恆常的真正同在（the Real Presence）的結果乃是，絕對的崇敬禮（*Cultus Latriae*）應當歸給在所祝謝之聖餐裏同在的基督。」（見該書387頁）[3]

按天主教的教訓來說，因為餅與酒的成分不折不扣地變為基督的身體與血了，所以許多世紀以來，他們都不容許平信徒喝主餐的杯（因為恐怕基督的血會濺出來），只容許人吃餅。[4] 奧脫寫的教科書告訴我們：

「使用餅和杯兩種成分的聖餐（Communion），對眾信徒裏任何個別的成員，不論是因著神的訓誡的緣故，或就施恩之法而言，都是不必要的……其原因是基督在每一種成分之下，都是整體而全備的……在中世紀（第十二和十三世紀）時廢除了從聖餐杯中領受主的血，是為著實際的理由，特別是怕有褻瀆聖餐的危險。」（見該書397頁）

對於在彌撒裏有基督真實的獻祭一事，奧脫的教科書上說：

「聖彌撒是真實而合宜的獻祭。」（見該書402頁）

「在彌撒中的獻祭，和在十字架上的獻祭，其祭禮和主要獻祭的祭司是相同的；惟有獻祭的性質和模式有所不同……所獻的祭禮乃是基督的身體和血……主要獻祭的祭司乃是耶穌基督，祂使用了人間的祭司作祂的僕人及代表，透過他完成祝聖。按照聖多馬的觀點，**在每一次的彌撒裏，基督也執行了一次真正而親炙的獻祭活動**；雖然如此，這活動不可被理解為是許多連續的動作連成的一個整體，而必須被視為是得榮變像的基督之單一未曾被打斷的獻祭作為。

彌撒獻祭的目的和十架獻祭的目的是一樣的：主要是為了榮耀神，其次則是為了救恩、感恩和求告。」（見該書408頁）

「**作為挽回祭……彌撒的獻祭導致了罪得赦免與罪受懲罰**；作為求告之祭……它促使

---

[3]「**所祝謝之聖餐**」（eucharist）一詞的意思就是指主的晚餐。（eucharist一字衍生自希臘字*eucharistia*，其意是「祝謝」。聖經中相關的動詞*eucharisteō*出現在最後晚餐的記述裏，例如馬太福音26:27；馬可福音14:23；路加福音22:19；及哥林多前書11:24，「祝謝了」。）這一詞語時常為羅馬天主教徒所用，聖公會信徒也經常使用。在許多更正教教會中，通常是用**聖餐**（Communion）一詞來指主的晚餐。

[4]然而自從第二次梵蒂崗大會（Vatican II council，主後1962-65年）以來，就容許平信徒吃喝餅和酒兩樣了，但卻也不總是這樣地實行。

超然和自然之恩賜的授予。正如天特大會（Council of Trent）所明言主張的，所祝謝之聖餐中的挽回祭可以不只為活人獻上，也可以為煉獄中可憐的靈魂獻上。」（見該書412-413頁）

在回應羅馬天主教關於主的晚餐之教訓時，筆者必須說，當耶穌宣告「這是我的身體」或「這是我的血」時，祂的敘述是象徵的性質，這是羅馬天主教首先未能認明的。當耶穌講到祂自己時，好多次都是用象徵的方式來講，舉例來說，祂說：「我是真葡萄樹」（約15:1）；又說：「我就是門，凡從我進來的，必然得救」（約10:9）；又說：「我是從天上降下來的糧」（約6:41）。與此相似地，當耶穌說：「這是我的身體」時，祂的意思是象徵性的，不是真正的、字面的、外在的。事實上，當祂與門徒們坐著、手持餅時，餅在祂的手上，卻有別於祂的身體；這一點對門徒們來說，當然是明顯的。與祂同在的門徒們沒有一個會想，耶穌持在手上的餅，就是祂真正的身體，因為他們看見祂的身體就在眼前。他們自然是用象徵的方式來領會耶穌的敘述。與此相似地，當耶穌說：「這杯是用我血所立的新約，是為你們流出來的」（路22:20）時，祂的意思肯定不是說，這杯真的就是新約，而是說這杯代表了新約。

不只如此，羅馬天主教的觀點沒有認明，新約聖經中清楚的教訓是說到，基督一次而永遠地為我們的罪獻祭，具有終極性和完全性，這一點在希伯來書中多次地被強調，例如以下這幾節經文：

> 「也不是多次將自己獻上，像那大祭司每年帶著牛羊的血進入聖所（『牛羊的血』原文作『不是自己的血』），如果這樣，祂從創世以來，就必多次受苦了；但如今在這末世顯現一次，把自己獻為祭，好除掉罪……基督既然一次被獻，擔當了多人的罪。」（來9:25-28）

自從宗教改革以來，在羅馬天主教的教義中，這一點——說在彌撒裏有基督繼續或重複著的獻祭——已成了更正教最反對的教義之一了。當我們明白基督為我們的罪所獻的祭已經結束並完成了（見約19:30,「成了！」；另參來1:3），會給予我們極大的確據，使我們肯定所有的罪債已被付清，不再需要獻祭了。可是羅馬天主教的觀點，即基督還在繼續獻祭的想法，摧毀了我們的確據——我們原以為基督已為我們付清贖價，我們已被父神接納，並有祂所留給我們的應許：「就不〔再〕定罪了」（羅8:1）。

對於更正教徒而言，從任何角度來看，彌撒都是在重複基督之死；它似乎標示了那種回到舊約之下的重複獻祭，「叫人每年想起罪來」（來10:3）。因此它所帶來的不是叫人相信藉著基督一次永遠的獻祭（來10:12），我們便有罪得完全赦免之確據；而是不斷地叫人想起所犯的罪惡，以及所留下來的罪疚，並且要一週復一週地贖罪。[5]

羅馬天主教認為只有神甫可以主領主的晚餐，但新約聖經中沒有教導任何關於誰可以主領聖餐的限制。因著新約聖經沒有放置類似的限制，所以認為只有神甫可以主領，難以自圓其說。不只如此，因著新約聖經教導所有的信徒都是祭司——乃「君尊的祭司〔團〕」的成員（彼前2:9；另參來4:16; 10:19-22），所以我們不應當指定一群特定階層的人，才給他們祭司的權利，就像在舊約之下那樣；而是應當強調所有的信徒都分享了親近神的這個極大的屬靈特權。

最後，任何持續地限制平信徒，不讓他們喝主餐的杯，而說是為了小心或傳統，都只是為自己的不順從基督之直接命令而辯解——主不但對祂的門徒說：「**你們都喝**這個」（太26:27），而且保羅也記錄了耶穌所說的話，對哥林多教會的人說：「**你們**每逢**喝**的時候要如此行，為的是記念我。」（林前11:25）

C.2 信義宗的觀點：同質說（consubstantiation）[6]

馬丁·路德雖否定了羅馬天主教關於主的晚餐之觀點，但是他堅持說，「這是我的身體」的句子，在某種意義下，必須從字面來理解。他的結論是，主餐的餅沒有真的**變為**基督的身體，但基督的身體確實**同在**於餅的「**裏面**」、「**伴隨**」及「**之下**」（in, with, and under）。有時候用來解釋這說法的譬喻是，基督身體和餅同在，就像水和海綿同在一樣——水不是海綿，但是它同在於海綿的「裏面」、「伴隨」及「之下」；無論海綿在哪裏，水就在那裏與它同在。其他所用的譬喻，還包括了磁性與磁鐵同在，或是靈魂與身體同在等。

信義宗（Lutheran）所理解的主餐，可在派波爾（Francis Pieper）所寫的教科書《基督教教義》（*Christian Dogmatics*）裏看到。[7] 他引用路德的《小要理問答》（Small Catechism）的話——「問：什麼是祭壇上的聖餐？答：那是我們主耶穌基督真正的身體與血，在餅與酒之下，給我們基督徒吃喝；這乃基督自己所設立的。」[8]與

---

[5]因為這個緣故，許多更正教徒感覺，他們可以欣然地在任何其他的更正教會裏領受主的晚餐，甚至在重儀派的、即十分類似羅馬天主教形式的安立甘宗之教會聚會中領受主的晚餐。但是他們不能安心地參與羅馬天主教的彌撒，那是因為羅馬天主教對彌撒之本質的教導所致。

[6]譯者註：consubstantiation一詞本書譯作「同質說」，但請千萬注意到這個「同」的意思是指「同在」的同，絕非「相同」的同。有不少的中文神學著作譯為「合質說」。路德強調在主的晚餐裏，餅和酒的本質沒有改變，但是主的肉身與它們同在。所以「合質說」之譯法不適合路德的思想，故不採此譯。

[7]共有四冊（St. Louis: Concordia, 1950-57）。

[8]Pieper, p. 296.

此相似地，《奧斯堡信條》（Augsburg Confession）第十款中說：「關於主的晚餐，他們教導說，基督的身體和血是真的同在，並且分賜給那些吃主餐的人。」[9]

有一處經文可以視為是支持這種立場的，那就是哥林多前書10:16——「我們所擘開的餅，豈不是同領基督的身體麼？」

然而為了要肯定這個教義，路德必須回答一個重要的問題：基督的身體，或者更一般性地說，基督的人性，怎麼能處處與人同在呢？耶穌不是帶著祂的人性升到天上，而且停留在那裏，直到祂再來嗎？祂不是說，祂要離開世界，不再留在世上，而要到父那裏去了嗎（約16:28; 17:11）？對於這些問題，路德教導說，基督在升天之後，祂的人性*無所不在*（ubiquity）——也就是說，基督的人性存在於每一個地方。但是路德時代以後的神學家們都懷疑，路德之所以教導基督人性的無所不在，不是因為他在聖經上任何一處找到了這個教義，而是因為他需要用它來解釋他的「同質說」。

在回應路德的觀點時，我們可以說，他的觀點也沒有明瞭到，當耶穌說到「這是我的身體」時，祂是使用*外在的或實體的*物件來教導我們一種*屬靈的*實質。我們應當就用字面的意思來了解這句話，正如了解與它相對的另一句話：「*這杯*是用我血*所立的新約*，是為你們流出來的。」（路22:20）事實上，路德一點兒也沒有公平地去了解耶穌話語的字面意思。伯克富（Louis Berkhof）很正確地反對路德，因為他說路德把耶穌的意思改變成「這餅伴隨我的身體」。[10] 關於這方面的問題，再讀一次約翰福音6:27-59會幫助我們了解得更清楚，因為這整段話顯示，耶穌是用字面的、實體的詞彙來說生命的糧，但是祂接著便用屬靈的意義來繼續解釋那糧。

C.3 其他更正教宗派的觀點：基督象徵的和屬靈的同在

約翰·加爾文和其他改教家的觀點與馬丁·路德的觀點不同，他們認為，主餐的餅和酒並沒有變成基督的身體和血，也沒有包含基督的身體和血。餅和酒乃是*象徵了*基督的身體和血，它們是一種可見的記號，表明基督真的同在的事實。[11] 加爾文說：

> 「神藉著給我們看象徵的同時，也給我們看這象徵所代表的真理。因為除非是將神當作是說謊的，否則我們不可能說祂向我們彰顯的象徵是空洞的……而且敬虔的人應當

---

[9]同上出處。

[10]Berkhof, *Systematic Theology*, p. 653.

[11]關於基督在主餐中之同在的性質，加爾文和另一位瑞士改教家慈運理（Ulrich Zwingli, 1484-1531）的看法有些不同。他們兩人都同意基督是以象徵性的方式同在，但是慈運理對於是否真的有基督屬靈的同在，仍然不能肯定。然而，慈運理自己在這一方面的教導是如何，在歷史學者中也還有不同的意見。

盡量抓住這準則：每當他們看到主所吩咐的象徵時，就當思考並確定它所代表的真理是真正地與我們同在。若不是祂要使你確信你真的在祂的身體中有分，否則祂為什麼要將那代表祂身體的象徵擺在你的手中呢？」（《基督教要義》4.17.10; 1371頁）

加爾文又小心地表明他和羅馬天主教的教訓（他們說餅變成了基督的身體）以及路德的教訓（他說餅包含了基督的身體）不同：

「但是我們必須這樣地理解基督在主餐中的同在，不要將祂與餅的成分繫在一起，也不要將祂包含在餅的裏面，也不要以任何的方式侷限祂（因為以上所有的東西都顯然地減損了祂屬天的榮耀）。」（《基督教要義》4.17.19; 1381頁）

今日大多數的更正教徒認為，餅和酒除了象徵基督的身體和血之外，當我們吃餅和喝杯時，基督也以一種特殊的方式與我們**屬靈地同在**。事實上，耶穌曾應許說，每當信徒敬拜時，祂便與他們同在：「無論在那裏，有兩三個人奉我的名聚會，那裏就有我在他們中間。」（太18:20）[12] 假如祂在基督徒聚集崇拜時特別地同在的話，那麼我們就可期待，祂會在主的晚餐時以一種特殊的方式同在：[13] 我們在**祂的**晚餐桌前與祂相會，祂要在那裏將祂自己賜給我們；當我們在基督的同在中領受餅和杯時，就有分於祂自己和祂所賜的一切福分。我們以感謝的態度「在心中飽享祂」。事實上，即使不告訴一個認識基督的小孩這麼多理論，他也會明白這點，並且會期待在這個儀式中領受到一份從主而來的特殊福分，因為聖餐的意義是那樣地深植在吃喝的動作裏。然而我們一定不可說，基督的同在和我們個人的信心無關；祂乃是照著我們個人的信心，在那裏與我們相會並祝福我們。

那麼，總歸起來說，基督在主的晚餐中是以怎樣的方式同在呢？當然，在這個儀式中有象徵性的同在，但也是有一種真實的屬靈同在，並且也有真實的屬靈祝福。

D. 誰應參與主的晚餐？

雖然不同的更正教徒對主餐的一些層面有不同的看法，但他們大多數都同意，**第**

[12]雖然耶穌說這話的背景是特別指著教會紀律（太18:15-19），可是它仍是一般性的真理，可以用來支持別的應用。所以，並沒有好的理由只將它應用在教會紀律上，而不能應用在敬拜上。這句話告訴我們，當信徒奉祂的名聚會時，耶穌總是與他們同在的。

[13]有時候更正教徒太在意要否認羅馬天主教的觀點，即基督藉著餅和酒的成分而與人「真實的同在」，以至於他們錯誤地否認基督任何的屬靈同在。Millard Erickson注意到這所導致的可笑狀況：「有一些浸信會信徒和其他人，極力要避免這個觀念——耶穌以某種魔術般的方式同在，因此反而走到極端，以致給人一種印象說，最確定耶穌不會在的場合就是主的晚餐。這是一位浸信會領袖所說的耶穌基督『真正缺席的教義』(the doctrine of the real absence)。」(Erickson, *Christian Theology*, p. 1123)

一，*惟有那些相信基督的*人應當參與主餐，因為它是一個作為基督徒的記號，也是表明持續有基督徒生活的記號。[14] 保羅警告那些不按理吃餅和喝杯的人會面臨嚴重的後果：「因為人吃喝，若不分辨是主的身體，就是吃喝自己的罪了。因此，在你們中間有好些軟弱的與患病的，死的也不少。」（林前11:29-30）

第二，許多更正教徒從洗禮和主餐的意義來認定，一般而言，*惟有那些已經受過洗的*人才應當參與主的晚餐。其原因乃是，洗禮清楚地象徵出基督徒生命的*開始*，而主的晚餐則清楚地象徵出基督徒生活的*持續*。所以，如果有人取用主的晚餐，即表示他公開宣告，他持續有基督徒的生活，那麼，我們豈不應當問那人說：「你若現在受洗，象徵出你已開始有基督徒的生命了，不是很好嗎？」

但是另外一些人，包括筆者，反對這樣限制，原因如下：上述的作法會引致另一個問題，那就是假如有一個人是真的信徒，只是尚未受洗，那麼*不許*他在基督徒聚集時參與主的晚餐，就產生問題了。因為在這種情況下，那人若不能參與主的晚餐，就象徵他還*不是*基督身體的肢體，然而這個身體的肢體是以合為一體的團契地位，一起前來遵行主的晚餐的（見林前10:17，「我們雖多，仍是一個餅，一個身體，因為我們都是分受這一個餅」）。所以，教會可以考慮，最好容許未受洗的信徒參與主的晚餐，但要鼓勵他們儘可能早些受洗。因為他們若願意參與一個基督徒生活的外在象徵，似乎就沒有理由不參與另一個應當更早就要參與的象徵了。

當然，兩種情況（不許未受洗的信徒取用聖餐，以及許可未受洗的信徒取用聖餐）的問題都是可以避免的，只要教會能固定有洗禮的時間，使得新成為基督徒的人，在信主之後很快就可以受洗。不論教會對這個問題採取何種立場，即未受洗的信徒是否可以取用聖餐，在教會教導的時候，明智的作法似乎是去教導新信徒一個理想的情況，那就是要先受洗然後再參與主的晚餐。

第三，參與主餐的第三個資格是*要自省*：

> 「所以，無論何人不按理吃主的餅、喝主的杯，就是干犯主的身、主的血了。*人應當自己省察，然後吃這餅、喝這杯*。因為人吃喝，若不分辨是身體（和合本作『主的身體』），就是吃喝自己的罪了。」（林前11:27-29）

在哥林多前書11章裏，保羅責備哥林多教會的人，因為當他們在教會聚集時自私而不體貼人：「你們聚會的時候，算不得吃主的晚餐，因為吃的時候，各人先吃自己的

[14]然而，一些在英國國教和其他教會的人，近來開始許可幼兒參與主的晚餐，其推理是：假使可以給幼兒洗禮的記號，那就不應該不給他們主餐的記號。

飯，甚至這個飢餓，那個酒醉。」（林前11:20-21）這段上文幫助我們明白，當保羅說到那些人吃喝而「不分辨是身體」（林前11:29）時，他的意思是什麼。在哥林多教會，他們的問題*不是*他們不明瞭餅和酒代表了主的身體和血，他們肯定是知道這一點的；他們的問題乃是當他們在主的晚餐桌前時，以自私和不體貼的行為彼此相待——他們不明白或不「分辨」教會*乃是一個身體*的真正本質。這樣解釋「不分辨是身體」，有保羅稍早在哥林多前書10:17中提及教會乃是基督的身體的話支持——「我們雖多，仍是一個餅，一個身體，因為我們都是分受這一個餅。」[15] 所以，「不分辨是*身體*」這個片語的意思乃是：「不明白人在教會——基督的身體——裏的合一和相互依賴的關係」。當我們來到*主*的晚餐桌前時，若是不體貼我們的弟兄和姊妹，就是「不分辨是*身體*」了。我們應當在*主*的晚餐中反映主的性格。[16]

那麼，「不按理」吃喝（林前11:27），又是什麼意思呢？我們起先可能會認為，這詞語只是狹義地應用在或關係到我們吃餅和喝杯時的行為方式而已，可是當保羅解釋說不按理吃喝牽涉到「不分辨是身體」之時，他指出我們應該要顧念在基督身體內的所有關係：我們的行為是否沒有生動地表達出一個餅和一個杯的合一，反倒是表達出彼此的不合一呢？我們的行為是否沒有宣揚我們的主的那種捨己犧牲，反倒是顯露出仇視和自私呢？因此，廣義地來說，「人應當自己省察」的意思是，我們應當自問：我們與基督身體的關係，是否真的反映出主的品格？因為我們是在祂的裏面聚集，並且我們也代表祂！

在這一點上，我們也應該提到耶穌說到前來敬拜的一般性教導：

> 「所以，你在祭壇上獻禮物的時候，若想起弟兄向你懷怨，就把禮物留在壇前，先去同弟兄和好，然後來獻禮物。」（太5:23-24）

耶穌在此告訴我們，每當我們前來敬拜時，都應當確定自己和別人的關係是對的；否則我們就應當快快採取行動去改正，然後再來敬拜神。當我們來參與主的晚餐時，尤其應當注意這個訓誡。

當然，沒有一位牧師或教會領袖能知道眾人是否有省察自己（除非有明顯得罪人

---

[15]不只如此，從這個簡短地提說一個身體的觀念來看，我們可以正確地假設說，這不是一個新觀念，而是保羅從建立哥林多教會，又在那裏停留兩年以來，曾教導過他們的觀念。

[16]這種解釋的另外兩個理由是：(1) 保羅只是說「不分辨是身體」，而不是說「不分辨主的身體和血」。假如他的意思是「不明白餅和酒代表了主的身體和血」的話，就會用「不分辨主的身體和血」的說法了。(2) 此外，保羅說：「人應當*自己*省察」（這點無疑地也包括省察他和教會裏其他人的關係），但他不是說：「人應當看看他是否明白餅和酒所代表的是什麼。」

的事或罪行，是大家都知道的），但在大部分的情況下，教會需要依賴牧師和教師來清楚地解釋主餐的意義，並警告不按理參與聖餐的危險。然後，眾人就要根據保羅所教導的話，自己去省察自己的生活。事實上，保羅沒有說要牧師去省察眾人的生活，而是鼓勵人人要自省：「人應當自己省察」（林前11:28）。[17]

E. 其他的問題

*應當由誰來主領主的晚餐？*在這個問題上，聖經沒有清楚的教導，所以我們就只好看看怎樣做才是對教會信徒福祉最合適的明智之舉了。為了防備有人誤用主的晚餐，應該有負責的領袖來主領，但是聖經似乎沒有要求只有被按立過的神職人員，或挑選出來的教會事奉人員才可以做這件事。當然，在一般的情況下，牧師或其他平時負責崇拜聚會的領袖，也很適合主領聖餐。除此之外，似乎沒有理由只允許教會有職分的事奉人員，或教會領袖，或只有男性，可以分送餅和杯。舉例來說，假如男性和女性都可以協助分送主餐的餅和杯，那麼不是更能清楚地說明我們在基督裏的合一以及屬靈的平等嗎？[18]

*應該多久舉行一次主的晚餐？*聖經沒有告訴我們。耶穌只是說：「你們每逢吃這餅、喝這杯……」（林前11:26）保羅有關崇拜聚會的教導，在此也適合我們思考：「凡事都當造就人。」（林前14:26）其實在教會歷史上，大多數的教會在每週信徒聚集時都舉行慶賀主的晚餐，但自從宗教改革以後，許多更正教的團體就不再那麼頻繁地慶賀主的晚餐了——有時是一個月一次或兩次，而在許多改革宗的教會，一年只有四次。假如經過教會的計劃、詮釋與執行，能使得主的晚餐成為自省、認罪與感謝讚美的時刻的話，那麼，一週一次的慶賀似乎並不頻繁；不過，當然我們也可以「為了造就」的緣故，這樣頻繁地舉行主的晚餐。

---

[17]在實行教會紀律的時候，或是在某些人身上已看到清楚的偏離基督的外在行為時，教會領袖可能應該給予強烈而清楚的口頭警告，反對犯錯的弟兄或姊妹參與主的晚餐，這樣可使得犯錯的人不會吃喝自己的罪，以致受到審判。但是這些實例應當是少見的。我們也必須避免一些教會的錯誤，即將主的晚餐限制得太嚴格，以至於許多真信徒被摒除在外；這樣一來，基督真身體的合一無法得著表明，而信徒也無法得到本該屬於他們的、在基督裏的、藉著參與這個禮儀而有的屬靈福分，使他們因此而沒有順服主！

[18]當然，對於那些認為分送餅杯是屬於神甫之功能的教會（例如安立甘宗的教會），他們可能用別的方法來解決這個問題，是比較能與其教導一致的。此外，如果一個教會多年來只有事奉人員中的領袖來協助服事聖餐，他們可能會認為，如果容許其他人來參與分送餅杯，就象徵那些人也將參與在教會的領導和治理層面，因此他們可能會希望暫緩而不要改變現況，或至少等到有了一些清楚的教訓為止。還有的教會可能感覺說，教會的領導功能是那樣清楚地與分送餅杯的服事連繫在一起，以至於他們希望在聖餐的實行上，也繼續那個限制。

個人思考與應用

1. 讀過本章以後，你對主的晚餐中所象徵的哪一件事情有新的重視？現在你會感覺比從前更渴望參與主的晚餐嗎？為什麼？
2. 現在你會以怎樣不同的方式（如果有的話），來到主的晚餐桌前？主的晚餐中所象徵的哪一件事情，對你現在的基督徒生活最能產生激勵？
3. 關於基督與主的晚餐同在的性質，你以前在教會裏所受的教導是什麼？現在你自己的觀點是什麼？
4. 在你下一次到主的晚餐之前，有沒有任何破裂的人際關係需要去改正？
5. 你的教會需要教導更多關於主的晚餐的性質嗎？包括哪些呢？

特殊詞彙

聖餐（Communion）
同質說（consubstantiation）
聖餐（Eucharist）
因功生效（*ex opere operato*）
裏面、伴隨、之下（in, with, and under）
主的晚餐（Lord's supper）
不分辨是身體（not discerning the body）
屬靈的同在（spiritual presence）
象徵的同在（symbolic presence）
變質說（transubstantiation）
基督人性的無所不在（ubiquity of Christ's human nature）

本章書目

Beckwith, Roger T. "Eucharist." In *EDT*, pp. 236-38.
Berkouwer, G. C. *The Sacraments*. Trans. by Hugo Bekker. Grand Rapids: Eerdmans, 1969.
Bridge, D., and D. Phypers. *Communion: The Meal That Unites?* London: Hodder and Stoughton, 1981.
Marshall, I. Howard. *Last Supper and Lord's Supper*. Grand Rapids: Eerdmans, 1980.
Osterhaven, M. E. "Lord's Supper, Views of." In *EDT*, pp. 653-56.
Wallace, R. S. "Lord's Supper." In *EDT*, pp. 651-53.

第五十一章 崇拜

我們的崇拜如何能達到它在新約時代的偉大目的？
「用心靈與誠實敬拜神」的意義是什麼？

背誦經文：啟示錄4:11

我們的主，我們的神，你是配得榮耀、尊貴、權柄的；因為你創造了萬物，並且萬物是因你的旨意被創造而有的。

詩歌：你真是配（*Thou Art Worthy*）

你真是配 你真是配 你真是配 哦主
你配得榮耀 榮耀和尊貴 榮耀 尊貴 權柄 能力
因為你已創造了 已創造了萬有 你已創造了萬有
為著你旨意 萬有受造了 你真是配 哦主

詞曲：Pauline Michael Mills

替代詩歌：聖哉 聖哉 聖哉（*Holy, Holy, Holy*），Reginald Heber, 1826

前言

我們有時候用「崇拜」一詞來指基督徒生活的所有層面；當我們說基督徒生活中的每一件事都應該是崇拜的行為，這說法是對的，而且教會所做的每一件事，也都應該被視為崇拜，因為我們所做的每一件事都應該是為了榮耀神。雖然如此，在本章裏，筆者並不是以這種廣義的意思來使用這個詞，而是用它來指比較特定的意思，即用「崇拜」一詞來指基督徒在一起聚會的時候，以讚美的音樂和話語來引導基督徒朝見神，並且他們的心也跟著讚美。因為本章是放在有關教會的教義中，所以我們的焦點將是教會聚集時的崇拜活動。

A. 崇拜的定義與目的

崇拜乃是我們在神的同在中，用聲音和心靈來榮耀神的活動。

在這個定義裏，我們注意到崇拜乃是一件榮耀神的活動。雖然我們生活的所有層面都應當是要榮耀神，但這個定義是特別指著一種活動——我們進入神的同在，在心中感受到對祂的愛慕，並且出聲讚美祂、談論祂，使旁人都聽得到。保羅鼓勵在歌羅西的基督徒說：「當把基督的道理豐豐富富的存在心裏，以各樣的智慧（和合本小字），**用詩章、頌詞、靈歌，彼此教導，互相勸戒，心被恩感歌頌神。**」（西3:16）

事實上，神呼召我們成為一群教會會眾的主要原因，就是要我們能夠在團體的聚會中敬拜祂。克羅尼（Edmund Clowney）的說法很有智慧：

> 「神曾要求過法老說：『容我的百姓去，**好在曠野事奉我。**』（出7:16中）……神帶領他們出來，為的是要帶領他們進入，進入祂的全會眾，加入那些站在祂面光中的大群……所以，**神在西乃山下聚集會眾，是出埃及的第一目標。神帶領祂的百姓進入祂的同在，叫他們可以聽見祂的聲音並敬拜祂。**」

但是克羅尼解釋說，在西乃山下的敬拜聚集不能永遠地在神面前聚集下去。所以，神就設立了其他節慶，使全國的人在祂面前一年三次聚集。克羅尼說：「以色列人是為了敬拜而形成一個國家，蒙召在主的廷中聚集，並一同讚美至高者的名。」[1]

然而，克羅尼又指出，這群百姓卻沒有成為一個統一的聖潔國度去敬拜神，反而轉離去事奉偶像；因此神沒有聚集他們在祂的面前敬拜，反而「在審判中驅散並放逐他們」。[2]

然而神應許說，祂為祂的百姓所定的旨意仍要完成，就是有一天在祂的寶座之前，將會有一大群會眾，不只是從以色列而出，也是從萬國而出（賽2:2-4; 25:6-8; 49:22; 66:18-21；另參耶48:47; 49:6, 39）。克羅尼還提到，那個應許的應驗，是在耶穌開始建造祂的教會之時才開始的：

> 「五旬節是初結果子的時候，也就是救贖大收穫的開始。那時彼得傳講約珥之預言的應驗，而聖靈也澆灌下來，**新世代的敬拜被引進來了，教會——為敬拜而有的會眾，正在讚美神**……現在，那收穫已經開始了。
>
> 福音的呼召是呼召人敬拜神，轉離罪惡，並呼求主的名……教會成為一個敬拜團體的圖畫，在希伯來書中最為有力地呈現出來（來12:18-29）……在基督的教會裏，我們在崇拜中來到審判萬人之神的寶座前，**進入和眾聖徒與天使歡慶的聚會中**，我們也在靈

---

[1]Edmund Clowney, "The Biblical Theology of the Church" in *The Church in the Bible and the World*, ed. D. A. Carson, pp.17-19（引文中的**強調字**為筆者所加）。

[2]同上出處。

裏與被成全之義人的眾靈魂聚集。我們藉著我們的中保基督，與祂那因救贖之死而流出的血，而進入了榮耀的聚會裏……

因此，虔敬的團體崇拜不是神之教會可有可無的……而是它要把教會最深的本質表明出來；它要在地上彰顯屬天聚會的實質。」[3]

所以，崇拜直接地表明出我們生活的最終目的：「為著榮耀神，並且永遠完全地享受祂。」[4]神說到祂的「眾子」和「眾女」，「就是凡稱為我名下的人，是我為自己的榮耀創造的，是我所作成，所造作的。」（賽43:6-7）保羅也用類似的話說到：「叫祂的榮耀，從我們這首先在基督裏有盼望的人，可以得著稱讚。」（弗1:12）聖經在此和在其他許多的經文中，都清楚地說到，神創造我們是為了榮耀祂自己。[5]

我們思想崇拜的目的時，它也提醒我們，神配得敬拜，而我們不配。甚至使徒約翰也必須被天使提醒，不可敬拜任何的受造之物，甚至是天上一位大有能力的天使也不可拜：當使徒約翰在天使的腳前，「俯伏要拜」那位向他顯示天上奇妙異象的天使時，天使對他說：「千萬不可……你要敬拜神！」（啟22:8-9）

這是因為神為著祂自己的尊榮而是忌邪的，並且祂尋求祂自己的尊榮，也是正確的。祂說：「我耶和華你的神是忌邪的神」（出20:5）；祂又說：「我必不將我的榮耀歸給假神。」（賽48:11）我們的內心應當因這件事實既顫驚又喜樂——我們應當顫驚，恐怕會從神那裏竊奪了祂的榮耀；而我們又應當喜樂，因為神為祂自己尋求尊榮，並為祂自己的尊榮而忌邪，是正確的，因為祂是無限地大過祂所造的任何事物，所以祂配得尊榮。在天上的二十四位長老感受到這份尊榮和喜樂，所以他們俯伏在祂的寶座面前，又把冠冕放在祂面前，並歌唱說：「我們的主，我們的神，你是配得榮耀、尊貴、權柄的；因為你創造了萬物，並且萬物是因你的旨意被創造而有的。」（啟4:11）當我們在內心深處感受到那個絕對的正確時，才有了真實敬拜的合宜心態。

因為神配得敬拜，而且尋求被人敬拜，所以在崇拜聚會中每一件事的設計和執行，都不應該將注意力放在我們自己身上，或歸榮耀給我們自己，而是要專注在神身上，並且帶領人去思想祂。我們應該經常去評估主日崇拜中的各樣項目——講道、公禱、領會、聖樂、主的晚餐之慶賀，甚至還有報告和奉獻等——我們在做那些事時，

---

[3]同上出處，pp. 20-22.

[4]這句耳熟能詳的話廣為基督徒所教導。它是在《西敏斯特大要理問答》（Westminster Larger Catechism）中的第一問：「人生最主要與最高的目的為何？」答：「人生最主要與最高的目的是為著榮耀神，並且永遠完全地享受祂。」

[5]關於神為著祂自己榮耀而創造我們之事實的討論，見本書第二十一章B節。

是否真的帶給神榮耀？[6] 彼得說，屬靈恩賜的使用是要「叫神在凡事上因耶穌基督得榮耀」（彼前4:11）。

B. 真實崇拜的結果

當我們按照上面所描述的意義來崇拜神，在我們的心中、用我們的聲音真實地歸榮耀給祂，那麼結果就會發生一些事：

B.1 我們以神為樂

神創造我們不但是為了榮耀祂，而且是為了享受祂、喜悅祂的超絕。[7] 比起我們在今生的任何其他活動，崇拜可能是我們最能充分經歷到以神為樂的事了。大衛承認說，他所要尋求的「一件事」，是超過其他所有事的，「就是一生一世住在耶和華的殿中，瞻仰祂的榮美，在祂的殿裏求問。」（詩27:4）他又說：「在你面前有滿足的喜樂，在你右手中有永遠的福樂。」（詩16:11）與此類似地，亞薩知道，惟獨神能滿足他所有的盼望和渴慕：「除你以外，在天上我有誰呢？除你以外，在地上我也沒有所愛慕的。」（詩73:25）可拉的後裔說：

「萬軍之耶和華啊，
　你的居所何等可愛！
我羨慕渴想
　耶和華的院宇；
我的心腸、我的肉體
　向永生神歡呼（和合本小字）……
如此住在你殿中的，便為有福；
　他們仍要讚美你……
在你的院宇住一日，
　勝似在別處住千日。」（詩84:1-2, 4, 10上）

初代教會知道這種崇拜的喜樂，因為「他們天天同心合意恆切的在殿裏，且在家中擘餅，存著歡喜誠實的心用飯，讚美神，得眾民的喜愛。」（徒2:46-47）事實上，

---

[6]能夠最快摧毀崇拜氣氛的事，莫過於一個想要吸引人注意自己的獨唱者或詩班，或一個顯耀自己學識或演說技巧的傳道人。「神阻擋驕傲的人，賜恩給謙卑的人。」（彼前5:5）

[7]關於如何快樂地在神裏面過一生，最精采的討論可見於John Piper, *Desiring God*（Portland, Ore.: Multnomah, 1986）. 此外，John Piper也在另一本書中剖析神以祂自己為樂，並說到祂之超越的彰顯，見John Piper, *The Pleasures of God*（Portland, Ore.: Multnomah, 1991）.

耶穌一升到天上，門徒們就「大大的歡喜，回耶路撒冷去，常在殿裏稱頌神。」（路24:52-53）

當然，在這個世代裏，這樣持續讚美神的活動不會延續不停，因為在一個墮落的世界中生活，我們也還需要花時間在許多其他的責任上。然而持續的讚美確實使我們預嘗到天上的境界——在那裏四活物「不住的說：『聖哉！聖哉！聖哉！主神是昔在、今在、以後永在的全能者。』」（啟4:8）而其他天上的受造之物和已過世的蒙贖者也加入那個天上的敬拜，並讚美那「曾被殺的羔羊」（啟5:12）。

B.2 神也以我們為樂

當我們敬拜神時，祂會做什麼呢？聖經說的真理令人驚訝，因為它說當受造之物榮耀神時，祂也因此而喜悅。神起初創造宇宙時，祂帶著喜悅看一切的受造之物，而且說它們「甚好」（創1:31）。神特別喜悅祂所創造並救贖的人類。以賽亞提醒百姓說：

「你在耶和華的手中要作為華冠……
你卻要稱為我所喜悅的……
因為耶和華喜悅你……
新郎怎樣喜悅新婦，
　你的神也要照樣喜悅你。」（賽62:3-5）

當西番雅說以下的話時，也回應了相同的主題：

「耶和華你的神，
　是施行拯救、大有能力的主，
祂在你中間必因你歡欣喜樂，
　默然愛你，
　且因你喜樂而歡呼。」（番3:17）

這樣的真理應該會大大地激勵我們，因為當我們愛神、讚美祂時，我們了解到我們是將喜樂和愉悅帶入祂的心中。愛中最深的喜樂，乃是將喜樂帶入你所愛之人的心中。

B.3 我們親近神

我們能夠在新約下的崇拜中親近神，乃是一件眼所不能見但卻令人驚訝的事實。在舊約之下，信徒只能夠以有限的方式，透過聖殿的儀式，來親近神；其實大多數的以色列民不能夠進入聖殿本身，而只能停留在外院。甚至祭司們也只能在指定當職的時候，才能夠走入「聖所」，而聖殿最內部的地方——「至聖所」，只有大祭司一年一次獨自進去，除此以外沒有其他人可以進去（來9:1-7）。

如今在新約之下，信徒擁有令人驚訝的特權，就是可以在崇拜時，直接地進入天上的至聖所。希伯來書的作者告訴我們：「我們既因耶穌的血得以坦然進入至聖所」（來10:19）[8]——因為我們有信心可以進入神的同在之中，所以「我們……就當存著誠心和充足的信心來到神面前。」（來10:22）在新約的教會裏，崇拜不是為了練習將來在天上真實的敬拜，也不是在裝模作樣地從事一些外在的活動；它乃是在神自己的同在中真實的崇拜，而當我們崇拜時，我們進到祂的寶座前。

這件事實在希伯來書12章裏表達得更為透徹。希伯來書的作者在那裏告訴基督徒說：他們不是來到一個像是屬地的西乃山的地方，亦即以色列民從神手中領受十誡的地方；他們乃是來到一個更佳之境，就是屬天的耶路撒冷：

> 「**你們原不是來到**那能摸的山，此山有火焰、密雲、黑暗、暴風、角聲與說話的聲音。那些聽見這聲音的，都求不要再向他們說話……**你們乃是來到錫安山，永生神的城邑**，就是天上的耶路撒冷；那裏有千萬的天使，有名錄在天上諸長子之會所共聚的總會，有審判眾人的神，和被成全之義人的靈魂，並新約的中保耶穌，以及所灑的血；這血所說的，比亞伯的血所說的更美。」（來12:18-24）

這是新約之下的崇拜實質：它真的是在神的同在之中，雖然我們現今不能用肉眼看見祂，也不能看見環繞祂寶座而聚集的眾天使，和那些已經逝世、而現今在神那裏敬拜的信徒靈魂。但是他們都在那裏，也都是真實的，比我們現在在周圍所看見的被造之物還要真實，還能存到永遠，因為那些被造之物有一天必會在大審判中被摧毀掉。假如我們相信聖經是真實的，那麼，我們也必須相信這件事也是千真萬確的：每當我們在崇拜中來到神面前時，我們本人來到天上，用我們的聲音加入那些已經在那裏的人一同讚美祂。對於這件事實，我們惟一合宜的反應乃是：「我們……就當感恩，照神所喜悅的，用虔誠敬畏的心事奉神；因為『我們的神乃是烈火。』」（來12:28-29）

B.4 神也親近我們

雅各告訴我們：「你們親近神，神就必親近你們。」（雅4:8）在全聖經中我們都看到，這是神對待祂百姓的模式，因此我們應當有把握，相信這在今天仍然是真的。

舊約聖經中說到，當神的百姓開始在獻殿典禮上讚美祂時，祂便降臨了，並顯現

---

[8]NIV與和合本在此都譯為「至聖所」，而希臘文經文的原意是說，我們「得以坦然進入那聖處（the holy places）」，因為在希伯來書的其他地方，複數的*tōn hagiōn*都是用來指聖所（the holy place）和至聖所（the holy of holies），二者皆是「聖處」（來8:2; 9:8, 25; 13:11）。RSV規律地用「聖所」（sanctuary）來繙譯這個語詞，不過，這個繙譯模糊了一件事實：它是指聖所和至聖所兩者。NASB將這複數的語詞譯為單數，這不符合它通常較為偏向字面繙譯的原則。

在他們中間：

「吹號的、歌唱的都一齊發聲，聲合為一，讚美感謝耶和華。吹號、敲鈸，用各種樂器，揚聲讚美耶和華說：『耶和華本為善，祂的慈愛永遠長存。』那時耶和華的殿有雲充滿，甚至祭司不能站立供職，因為耶和華的榮光充滿了神的殿。」（代下5:13-14）

雖然這只是說到一次特定的事件，可是這樣的想法也不為過：每當神喜悅祂的百姓所獻上的讚美時，祂就會顯現在祂的百姓之中，讓人可以知道（即使祂不以可見的煙雲形式）。大衛說：「但你是聖潔的，是用以色列的讚美為寶座的。」（詩22:3）

B.5 神來服事我們

雖然崇拜的主要目的是榮耀神，但聖經又教導說，在崇拜中有些事也會發生在我們身上，那就是我們自己也得到建立或造就。當然，我們會從聖經的教訓和從別人對我們所說的鼓勵話語得到造就，正如保羅說：「凡事都當造就人」（林前14:26）；他又說，我們「當用各樣的智慧……彼此教導，互相勸戒」（西3:16）；也「當用詩章、頌詞、靈歌，彼此對說。」（弗5:19；另參來10:24-25）

然而，除了從更多明白聖經和從別人所說的鼓勵的話而得到造就之外，還有另一種的造就，是發生在崇拜之時的：當我們敬拜神之時，祂與我們相會，而且直接地服事我們，例如加強我們的信心，加深我們對祂同在的意識，並且挑旺我們心靈的活力。彼得說，當基督徒持續地（在崇拜、禱告和信心中）來到基督面前時，他們就「被建造成為靈宮，作聖潔的祭司，藉著耶穌基督奉獻神所悅納的靈祭。」（彼前2:5）當我們崇拜神之時，乃是以一種特殊的方式進入神的同在，而且我們可以期待祂要在那裏與我們相會，並且服事我們：當我們「來到施恩的寶座前」時，我們就會「得憐恤、蒙恩惠，作隨時的幫助。」（來4:16）[9] 在真實的崇拜時，我們通常會經歷到聖靈使人成聖的工作在強化，就是聖靈不斷地運行，使我們改變成為基督的形狀，「榮上加榮」（林後3:18）。[10]

---

[9]亦見詩篇34:4-5, 8; 37:4。

[10]好像我們愈多地看見神，就會愈多地像祂。當我們進入來世時，這一點就特別明顯，因為約翰說：「當祂顯現時（和合本譯作「主若顯現」），我們必要像祂，因為必得見祂的真體。」（約一3:2）然而這一點在今生，也有某種程度的真實性，就是在我們奔那擺在我們前頭的賽程，「仰望為我們信心創始成終的耶穌」（來12:2）之時。有時候主的同在和聖靈在我們心裏的工作，是那樣地明顯，以至於我們會很清楚地知道神正在我們裏面工作——正如與耶穌在以馬忤斯路上同行的兩位門徒所感受到的，他們後來說道：「在路上祂和我們說話，給我們講解聖經的時候，我們的心豈不是火熱的麼？」（路24:32）

B.6 主的仇敵要遁逃

當以色列民開始崇拜時，神有時就為他們爭戰，對付他們的仇敵。舉例來說，當摩押人、以東人和亞述人來攻擊猶大國時，約沙法王派遣了詩班在軍隊前面讚美神：

> 「約沙法……就設立歌唱的人頌讚耶和華，使他們穿上聖潔的禮服，**走在軍前讚美耶和華**……**眾人方唱歌讚美的時候**，耶和華就派伏兵擊殺那來攻擊猶大人的亞捫人、摩押人和西珥山人，他們就被打敗了。」（代下20:21-22）

與此相似地，當神的百姓今日向祂獻上敬拜時，我們可以期待主將要爭戰——對付敵擋福音的鬼魔勢力，並使他們遁逃。

B.7 未信者知道他們在神的同在中

雖然聖經沒有強調傳福音是教會崇拜聚會的主要目的，但保羅確實告訴哥林多教會的人說，要考慮到在他們聚會中的未信者和外人，要確定基督徒是用別人能聽得懂的方式說話（見林前14:23）。他也告訴他們說，如果作先知講道的恩賜運作得合宜，就會不時地將未信者心裏的隱情顯露出來，他就必將臉伏地，「敬拜神，說：『神真是在你們中間了！』」（林前14:25；另參徒2:11）但是教會的敬拜聚會並不是以傳福音為主要的目的，所以，將信徒每週僅有的全會眾聚會，設計成是以傳福音為主要目的，不見得是對的。保羅的關切比較是要訪客明白聚會在做些什麼，不會以為基督徒「癲狂」了（林前14:23），使他們能認知「神真是在你們中間了！」（林前14:25）

C. 崇拜的永恆價值

因為崇拜榮耀了神，並且實踐了神創造我們的目的，所以它是一件有永恆意義和偉大價值的活動。當保羅警告以弗所教會的人不要浪費時間，而要好好利用時，他將這句話和另一句話放在一起——生活要像那些智慧人：「你們要謹慎行事——不要像愚昧人，當像智慧人；**要善用時機**（和合本譯作「**要愛惜光陰**」），因為現今的世代邪惡。」（弗5:15-16）

保羅接著解釋說，什麼叫作有智慧和善用時機：

> 「不要作糊塗人，要明白主的旨意如何。不要醉酒，酒能使人放蕩，乃要被聖靈充滿。當用詩章、頌詞、靈歌，彼此對說，**口唱心和的讚美主**。凡事要奉我們主耶穌基督的名，常常感謝父神。」（弗5:17-20）

所以，在說到有智慧地利用時間和善用時機的上下文裏，保羅還包括了相互對唱屬靈的詩歌，和口唱心和地向主歌唱。

保羅的意思是說，*崇拜是在實行神的旨意！*崇拜是明白「主的旨意如何」的結果；它是「善用時機」。不只如此，因為神是永遠的、無所不知的，所以我們所獻給祂的讚美是永遠不會從祂的意識中消逝的，卻會持續地使祂的心喜悅，直到永遠。（另參猶24-25：「我們的救主獨一的神，願榮耀、威嚴、能力、權柄因我們的主耶穌基督歸與祂，從萬古以前，並現今，*直到永永遠遠！*阿們。」）

崇拜乃是一項具有偉大意義和永遠價值的活動，這事實也顯明在另一件事實之中——崇拜也是那些已到天上的人所繼續進行的主要活動（另參啟4:8-11; 5:11-14）。

D. 如何進入真實的崇拜

至終而言，崇拜乃是一種屬靈的活動，因此它必須靠著在我們心裏運行的聖靈才能進行。這個意思是說，我們必須禱告，求聖靈使我們能夠正確地敬拜神。

真實的敬拜是在看不見的、屬靈的境界裏進行的，這事實很明顯地在耶穌的話語裏表達出來：

> 「時候將到，如今就是了，那真正拜父的，要*用心靈和按真理*（和合本譯作「*用心靈和誠實*」）拜祂，因為父要這樣的人拜祂。神是個靈，所以拜祂的，必須*用心靈和按真理*（和合本譯作「*用心靈和誠實*」）拜祂。」（約4:23-24）

「用心靈和按真理」敬拜的意思，最好不要理解為「在聖靈裏」，而要理解為「*在屬靈的境界裏、在屬靈活動的領域裏*」。[11] 這個語詞的意思乃是，真實的敬拜所牽涉到的，不只是我們的身體，還有我們的靈魂，就是我們這個實存的人的非物質層面，主要是在看不見的領域裏活動的。馬利亞知道她對神的敬拜正是在心靈裏的，因為她高聲讚美說：「*我心*尊主為大，*我靈*以神我的救主為樂。」（路1:46-47）

我們也應當要了解，神不斷地「正尋找」（約4:23，呂振中譯本）那些要在屬靈境界裏敬拜祂的人，就是那些心靈、心思和身體都在敬拜神的人。這樣的敬拜不是可有可無的，因為敬拜神的人「*必須*用心靈和按真理拜祂。」（約4:24）除非我們的心

---

[11]這是因為：(1) 在這兩節經文的上文（約4:20-21）中，耶穌與那在井旁的婦女所討論的，是有關崇拜的*地點*——應該在撒瑪利亞、還是在耶路撒冷？假如我們從耶穌的回答來看，祂的意思更適合於是指我們崇拜的屬靈境界，以此對比於耶路撒冷或撒瑪利亞的實際地理位置。(2) 在希臘文的經文裏，「用心靈和按真理」這個片語裏的*en*（「用」或「按」）這個字，呼應著上文第21節所用的相同的字*en*（「在」），那裏是指實際上的「在這山上」和「在耶路撒冷」。這是再一次對比出崇拜所「在」之處。(3)「*真理*」一詞是指敬拜的品質，而不是指敬拜的人。因此假如我們將「心靈」看為與它平行類似，也是指某些崇拜的品質，不是指人，而是指崇拜進行的領域，那麼就會更容易理解了。

靈在敬拜神，否則我們就不是真的在敬拜祂。

當我們開始按照神的本性來瞻仰祂，並且回應祂的同在時，敬拜的心就產生了。甚至在天上凝視神榮耀的撒拉弗也呼喊說：「聖哉，聖哉，聖哉，萬軍之耶和華；祂的榮光充滿全地。」（賽6:3）當門徒們看見耶穌行走在水面上，又看見祂上了船以後風就止住了，於是「在船上的人*都拜祂*，說：『你真是神的兒子了。』」（太14:33）希伯來書的作者知道，當我們進入神的同在時（來12:18-24），合宜的回應是「照神所喜悅的，用虔誠敬畏的心事奉神；因為『我們的神乃是烈火。』」（來12:28-29）所以，真實的崇拜不是一件可以由我們自己發動的事，也不是可以由我們自己在心裏逐漸作起來；它必須是我們在領悟了神的本性以後，將全心傾倒出來的*回應*。

我們可以自問，在我們的教會裏，是否有非常真實的、深入的、衷心的崇拜。在許多福音派的教會裏，崇拜聚會的人起先沒有真的用心敬拜神，一直到講道結束以後，因為信息將他們的注意力集中到神的本性上，所以他們才在唱最後一首讚美詩歌的時候，開始用充滿讚美的心在神裏面歡樂。但那時，就是衷心誠摯的敬拜才剛開始的時候，崇拜的聚會就戛然而止。其實這應該才是崇拜的開始呢！假如我們的教會缺少了真實的崇拜，我們就應當問一問，如何才能經歷到更深和更豐富的崇拜——即信主之人在清楚知道神的同在和其性格之後而有的自然回應。[12]

有沒有什麼事是我們能夠做而使崇拜更為有效的？我們必須記住，崇拜是一件屬靈的事（約4:21-24），所以，這問題的基本答案也應是和屬靈有關的。崇拜需要更多的禱告作預備，尤其是那些帶領崇拜的人，應該禱告求神祝福崇拜的時間，並且求祂向我們彰顯祂自己。而且，也需要教導會眾有關崇拜的屬靈性質，以及新約聖經對於在神同在中崇拜的認識（見來12:22-24）。此外，也需要鼓勵基督徒將破裂的人際關係校正過來。保羅說，男人要「無忿怒、無爭論，舉起聖潔的手隨處禱告」（提前2:8）；耶穌更提醒我們，要先和我們的弟兄「和好」，然後才到神的祭壇前獻禮物（太5:24）。事實上，約翰也說，若有人說「我愛神」，卻恨他的弟兄，就是「說謊話的」（約一4:20）。彼得還說，作丈夫的要特別注意，他們要「按情理」和妻子同住，並且要敬重她們，這樣便會叫他們的禱告「沒有阻礙」（彼前3:7）。此外，整個教會都有責任注意，不要讓「毒根生出來擾亂你們，因此叫眾人沾染污穢」（來12:15）——這是指出，在少數人中間的罪惡和破裂關係，會擴散到許多人的身上，因而

---

[12]當然，神的性格不僅可以透過聖道的傳講而被啟示出來，也可以透過詩歌的歌詞、禱告、閱讀經文（即使沒有解釋）等方式而被啟示出來。

導致神的祝福止住而不臨到全會眾。

不只如此，我們若真的在崇拜中親近神，就必定會努力追求個人生活的聖潔。希伯來書的作者提醒信徒要追求聖潔，因為「非聖潔沒有人能見主」（來12:14）。耶穌說過，「清心的人」就必「得見神」（太5:8）——這個應許在今世會部分應驗，而在來世就會完全應驗。約翰曾說過一句關於禱告的話：「我們的心若不責備我們，就可以向神坦然無懼了」（約一3:21）；這個原則肯定也可應用在崇拜上，那就是我們的心若不責備我們，我們就可以坦然無懼地進到神的同在中來讚美祂。雅各也表達過類似的關切，那就是在他說：「你們親近神，神就必親近你們」以後，又接著說：「有罪的人哪！*要潔淨*你們的手；心懷二意的人哪！*要清潔*你們的心。」（雅4:8）[13]

不過，崇拜聚會的實際環境和結構也很重要。我們從耶穌所做的事就可看到祂認為崇拜的環境是非常重要的：「耶穌進了神的殿，趕出殿裏一切作買賣的人，推倒兌換銀錢之人的桌子和賣鴿子之人的凳子。」（太21:12）耶穌在解釋祂的行為時堅定地認為，聖殿是一個禱告的殿，因為祂說：「經上記著說：『我的殿必稱為禱告的殿』，你們倒使他成為『賊窩』了。」（太21:13）此外，祂也告訴信徒說：「你禱告的時候，*要進你的內屋，關上門*，禱告你在暗中的父」（太6:6），祂這樣說不只是因為當我們在房間裏禱告時，別人看不見我們，我們就不會想要得到從別人來的榮耀；而且也是因為我們若知道別人在看我們禱告，就很容易會分散注意力，以致有一部分的禱告是要禱告給別人聽的，或者至少注意到不要冒犯別人。但這個意思並不是說，我們應當禁止團體崇拜和公眾禱告（因為這兩者在舊約聖經和新約聖經裏都是十分明顯的），而是說我們應當選擇禱告或崇拜的*環境*，好儘可能地避免分散人的注意力。這一點和崇拜要按秩序而行的事實是一致的：「因為神不是叫人混亂，乃是叫人安靜。」（林前14:33；另參14:40）崇拜的氣氛和情緒都是重要的，因為我們是「照神所喜悅的，用虔誠敬畏的心事奉神。」（來12:28）這個意思是說，教會在一個能引導人崇拜的環境裏聚集，是合宜的；這環境通常是隱密的，沒有會分散人注意力的事物，能使人將注意力集中在主身上。[14]

---

[13]有關個人聖潔和敬拜神二者之關連的其他聖經經文，可見箴言15:8，「惡人獻祭，為耶和華所憎惡，正直人祈禱，為祂所喜悅」；又見箴言15:29; 28:9; 及詩篇34:15-18; 66:18。

[14]雖然我們在這一段所討論的實際考量，可以應用在許多不同形式的崇拜上，但是筆者在內文中並未討論到崇拜所採取的真正形式。崇拜的形式變化很廣，包括從高度結構化儀式的聖公會崇拜聚會，到沒有結構、自發的靈恩派崇拜聚會等各種形式都有。因為聖經沒有規定要用哪一種形式，所以在這方面的主要原則乃是保羅的指示：「凡事都當造就人」（林前14:26）。不過，福音派的人仍應注意，不要太快拒絕不熟悉的崇拜形式：重

不論是在舊約聖經或新約聖經裏，我們都看到唱詩對崇拜是特別重要的。在今天，大家所用的語詞和所熟悉的音樂形式，都已經有了很大的改變，因此教會需要公開地、坦誠地討論和計劃，以便知道如何選用各種詩歌，好使得全體會眾都會唱，而且使大家能真實地藉著詩歌來表達他們對神的讚美。通常那些用第二人稱來稱呼神的詩歌（即用「你」來直接對神說話，而非用「祂」），在作為崇拜詩歌上是比較有果效的——雖然從聖經中的詩篇來看，兩種詩歌都可討神的喜悅。

除此之外，要讓團體崇拜中的不同方面都有充分的時間來進行；也是很重要的。真實的禱告確實需要時間（見路6:12; 22:39-46；徒12:12; 13:2）；扎實的聖經教導通常也需要很長的時間（太15:32；徒20:7-11）；而且，如果敬拜讚美要有果效，那麼真心的敬拜讚美也要佔用不少時間。

需要有足夠的時間這一點是真的，部分的原因是因為崇拜聚會的不同方面，需要不同的心態和思想狀態：聆聽聖經教訓需要專注在經文和教師上；讚美需要有喜樂的心，並且專注在主和祂的美德上；祈求的禱告需要專注在所求的事和對人深切的關懷上；奉獻金錢時需要專注在將我們自己和我們的金錢奉獻給主，又信靠祂會供應我們所需；主的晚餐需要有時間反思、自省，或許要悔改，還要加上感恩。可是我們無法在一個時間裏表達所有的這些心態，因為我們是有限的。不同的思想和心態都需要時間來進入與沉潛。因此之故，要讓一群聚集的會眾在主日早晨只用一個小時完成所有必須的工作，是不可能的，甚至連試著這樣做都會造成傷害。那些試過的人將所有要做的事都擠到很短的時間之內，結果什麼事都做不好。[15] 如果會眾要完成神聚集他們

儀派教會（liturgical churches）裏的人應當了解，自發性的崇拜可以被管理得很有秩序；而靈恩派團體裏的人也應當了解，真實的崇拜和造就也可以發生在一個規定很詳細的結構下。（關於在崇拜中是否應該同聲讀經的事，筆者認為，假如基督徒能夠藉著同聲**唱出**詩歌來敬拜和禱告，那麼就沒有什麼原因不讓人藉著同聲**唸出**經文來真實地敬拜和禱告了！）不過，不論是過度使用哪一種形式，對大多數的參與者而言，都會變成沒有意義的例行公事了。

[15]很不幸地，那些想要將許多活動擠進一場聚會裏的牧師，就會像一個大馬戲團的主持人一樣，不停地喊叫人看三個不同場子的三套不同節目：「看這裏！」「看那裏！」牧師喊的則是：「要讚美神！」「要慷慨！」「要想想聖經怎麼說！」「要禱告！」「要與你鄰座的人握握手！」「要跟你的朋友打聲招呼！」「要省察自己！」「要為你的罪行悔改！」「要向主歌唱！」「阿們？阿們！」在這種情況下，人們的情緒被拽來拽去，速度快得他們都不能以全人來回應了；結果他們的情緒就退縮下來，不再從心中去回應了。他們離開聚會時的感覺是挫折而失望的，因為他們心中想要經歷真實的崇拜、禱告，並學習聖經，但這樣的需要沒有得到滿足。

對大多數的人而言，要集中注意力是很緩慢的，但失去注意力卻很容易。筆者發現，因為這個原因，當帶領崇拜的人在唱詩之間對會眾講話時，通常會使人的注意力從主身上轉移到那人身上，因而使敬拜的心緒大為降低。

在一起的不同目的，尤其是要延長崇拜時間的話，那麼他們可能要找出有創意的解決方法，使他們的聚會能加長時間，他們可能也要刪掉或更改一些主日早上習慣有的或傳統有的、卻不是真正必須有的活動。

個人思考與應用

1. 每個主日你在教會裏都能經歷到真實的、滿意的崇拜嗎？從狹義的定義來看，其中有多少時間是專門分配給「敬拜」的——也就是說，有多少時間是向神讚美與感謝的？你希望這段時間再增長一些嗎？你認為崇拜時間的哪些方面最有意義？哪些方面最沒有意義？如果需要的話，你的教會能採取怎樣的步驟，來加強並拓深崇拜的經驗？
2. 你是否曾經在團體崇拜時，強烈地感受到神的同在？那是什麼時候的事？你能描述出來嗎？你知道有什麼因素促成了這種感受？
3. 你是否能描述出，你在崇拜時意識裏最為明顯的情緒是什麼？這種情緒經驗與你日常生活裏的情緒經驗相似嗎？還是這種感受是崇拜之時獨特有的？你是否曾經感受到，當你在敬拜神時，祂正在服事你？是什麼使你察覺到這一點的？
4. 在你典型的一週生活中，有足夠的真實敬拜嗎？如果沒有，是什麼攔阻你真實敬拜神呢？
5. 你對這個事實——神為著祂自己的尊榮而是忌邪的，並且祂尋求祂自己的尊榮——有什麼感受？你認為在這宇宙中，有沒有任何別的事情，比神尋求祂自己的尊榮，是更為正確的？你認為除了敬拜神之外，有沒有任何別的事情，會使你更深地感受到你正在做一件符合你受造之目的的事？

特殊詞彙

崇拜（worship）

本章書目

Allen, Ronald, and Borror, Gordon. *Worship: Rediscovering the Missing Jewel*. Portland, Ore.: Multnomah, 1982.

Carson, Herbert M. *Hallelujah! Christian Worship*. Welwyn, Hertfordshire, England: Evangelical Press, 1980.

Engle, Paul E. *Discovering the Fullness of Worship*. Philadelphia: Great Commission, 1978.

Harrison, E. F. "Worship." In *EDT*, pp. 1192-1193.

Kraueter, Tom. *Keys to Becoming an Effective Worship Leader*. Available from Psalmist Resources, 9820 E. Watson Rd., St. Louis, MO 63126. 1991.

Manson, P. D. "Worship." In *EDT*, pp. 730-32.
Martin, Ralph P. *Worship in the Early Church*. Westwood, N. J.: Revell, 1964.
_______. *The Worship of God*. Grand Rapids: Eerdmans, 1982.
Moule, C. F. D. *Worship in the New Testament*. Richmond, Va.: John Knox, 1961.
Peterson, David. *Engaging With God: A Biblical Theology of Worship*. Leicester: InterVarsity Press, and Grand Rapids: Eerdmans, 1992.
Rayburn, Robert G. *O Come, Let Us Worship*. Grand Rapids: Baker, 1980.
Taylor, Jack R. *The Hallelujah Factor*. Nashville, Tenn.: Broadman, 1983.
Wainwright, Geoffrey. *Doxology: The Praise of God in Worship, Doctrine, and Life*. New York: Oxford University Press, 1980.
Webber, Robert E. *Worship Old and New*. Grand Rapids: Zondervan, 1982.

第五十二章

屬靈恩賜(一)：一般性的問題

什麼是屬靈恩賜？共有多少項屬靈恩賜？
是否有些屬靈恩賜已經終止了？尋求並使用屬靈恩賜。

背誦經文：彼得前書4:10-11

各人要照所得的恩賜彼此服事，作神百般恩賜的好管家。若有講道的，要按著神的聖言講；若有服事人的，要按著神所賜的力量服事，叫神在凡事上因耶穌基督得榮耀。原來榮耀權能都是祂的，直到永永遠遠。阿們。

詩歌：全能君王降臨（*Come, Thou Almighty King*）

[1]全能君王降臨 助我頌讚父名 頌讚不停 讚你無上光榮
讚你超越得勝 讚你尊貴權能 萬古之神
[2]道成肉身降臨 繫上大能寶劍 聽我呼聲 賜你子民福分
使你話語得勝 降下聖潔之靈 使我成聖
[3]保惠之靈降臨 負起神聖見證 在此良辰 惟你全能至尊
惟你居我心中 惟你掌權執政 大能之靈
[4]大哉三一之神 永遠配得稱頌 永無止境 直到榮耀之中
瞻你無上尊榮 獻上敬拜愛戴 永無止境

詞：無名氏，約1757

曲：TRINITY 6.6.4.6.6.6.4., Felice de Giardini, 1769

這是一首歌頌三一之神的讚美詩，在其中第一節是對父神、第二節對子神、第三節對聖靈之神歌唱。第三節請求聖靈願意降臨並掌權在我們的心中，永遠與我們同在，並以「大能之靈」住在我們之中。最後一節是一首讚美詩，歌頌神為「大哉三一之神」。在我們論及靈恩冗長的討論中，將我們的注意力再次聚焦在神自己的身上，是好的；祂是所有良善恩賜之賜予者，而祂的榮耀也是使用每一個恩賜的目的。

替代詩歌：我不過是你運河（*Channels Only*）

[1]我已得蒙寶血洗淨 嘗過天上的喜樂 得著生命充滿聖靈 好使我成你運河

副：主 我不過是你運河 你要流出你生命 求你用我解人乾渴 無有時間無止境

[2]不過作一祝福運河 運給四圍的渴人 運給他們救恩快樂 並賜滿足的父神

[3]倒空好讓你來充滿 潔淨好讓你使令 無力只有你的能幹 隨你命令來供應

[4]救主求將聖靈充滿 這個已經奉獻身 好讓活水如河一般 從我裏面直流奔

詞：Mary E. Maxwell

曲：Ada Rose Gibbs (1864-1905), 1900

A. 有關屬靈恩賜的一般性問題

在過去的時代，系統神學家不會將「*屬靈恩賜*」（gifts of the Holy Spirits）列進書裏，因為關於屬靈恩賜的性質與其在教會裏的運用，沒有什麼問題。可是在二十世紀裏，我們看見教會對屬靈恩賜的興趣顯著地增加，這主要是因為教會界受到了五旬節派及靈恩運動的影響。在本章裏，我們首先要看一些有關屬靈恩賜的一般性問題，然後要再檢視是否有些（神蹟性的）恩賜已經終止的特別問題。在下一章裏，我們則要分析新約聖經中關於某些特定屬靈恩賜的教訓。*

不過在我們開始討論之前，可先將「屬靈恩賜」定義如下：*屬靈恩賜乃是一種被聖靈所賜予或添加、並在教會事奉中被使用的能力。*這個廣義的定義包括了兩類的恩賜，一類是與天然能力相關連的（例如教導、憐憫人，或治理），另一類則是與天然能力較少關連，而似乎是比較「神蹟性的」（例如說預言、醫治，或辨別諸靈）。用這種廣義定義的原因，是因為當保羅列出屬靈的恩賜時（羅12:6-8；林前7:7; 12:8-10, 28；弗4:11），他也包括了這兩類的恩賜。但是並非所有一般人所擁有的天然能力都被包括在這裏面，因為保羅很清楚指出，所有的屬靈恩賜都必須是由「這獨一而同一的靈以動力所運行的」（林前12:11，呂振中譯本），並且屬靈恩賜的賜予「是叫人得益處」（林前12:7），屬靈恩賜的使用是為了「造就人」（林前14:26），或說是為了建造教會。[1]

A.1 救贖史中的屬靈恩賜

聖靈誠然也在舊約時代工作，帶領人信主，並且在少數個人的身上，如摩西、撒

---

*譯者註：「屬靈恩賜」一詞簡稱靈恩，是一個新約聖經中的詞彙。可是在二十世紀的靈恩運動中，這個詞彙被教會界窄化為一些神蹟性的恩賜，卻是不合聖經的用法。本書將此詞還原為新約聖經中的使用法。

[1]當那些看起來像是天然的能力（例如教導、幫助、治理，或音樂）被聖靈加添能力以後，在運用時通常會顯出加強的果效和能力。保羅對哥林多教會的人說，當屬靈的恩賜臨到他們時，他們一切的口才和知識就更加豐富了（林前1:5-7）。任何一位有相當講道經驗的牧師都知道，以自己「天然的」能力講道，和在聖靈恩膏或加力之下講同一篇講章，二者有何等的差別。

母耳、大衛或以利亞，有顯著的作為。但是整體來說，在大多數信徒的生命中，聖靈的作為是*比較不顯能力的*——很少見到有效地向列國傳福音，沒聽過趕鬼的事，[2] 很少有神蹟性的醫治（雖然還是發生過，特別是在以利亞和以利沙的服事中），說預言的也只侷限在少數先知或先知門徒之中，而羅馬書6:1-14和腓立比書3:10所說的勝過罪惡的「復活能力」，則更是罕見的經歷。

然而在舊約時代的某些時刻，他們向未來看到，將會有一個時候，聖靈會更大幅度地賜下能力給所有神的百姓。摩西說：「惟願耶和華的百姓都受感說話；願耶和華把祂的靈降在他們身上。」（民11:29）耶和華透過約珥預言說：

「以後，
　我要將我的靈澆灌凡有血氣的。
你們的兒女要說預言，
　你們的老年人要作異夢，
　少年人要見異象。
在那些日子，
　我要將我的靈澆灌我的僕人和使女。」（珥2:28-29）

當施洗約翰宣布，在他以後會有一個人「要用聖靈與火給你們施洗」（太3:11；另參可1:8；路3:16；約1:33；徒1:5）之時，他使人對約珥預言的應驗更加期盼。

當耶穌開始事奉時，祂的身上帶著聖靈的豐滿和大能。路加說：「耶穌*滿有聖靈的能力*回到加利利。」（路4:14）這帶出的結果乃是祂以大能教導人（路4:15-22），醫治所有受壓制之人，並將鬼從他們身上趕出（路4:31-41）。顯然地，耶穌帶著*新約時代聖靈更大的能力*而來，而且祂要*戰勝*撒但的國度。

事實上，祂所說的話——聖靈的能力在祂身上運行，使祂能夠趕出污鬼——就指明神的國度已經在能力中降臨了：「我若靠著神的靈趕鬼，這就是神的國臨到你們了。」（太12:28）當約翰回頭看耶穌的一生及其事奉時，他告訴我們說：「神的兒子顯現出來，為要除滅魔鬼的作為。」（約一3:8）

然而這個新約時代的聖靈能力並不單單侷限在耶穌身上。當耶穌將祂的門徒差派出去時，吩咐他們要說：「天國近了！」又要他們「醫治病人，叫死人復活，叫長大痲瘋的潔淨，把鬼趕出去。」（太10:7-8）然而，這個新約時代的聖靈能力，還沒有分

---

[2]在舊約時代，惟一和趕鬼最類似的事，就是當大衛為掃羅王彈琴，「掃羅便舒暢爽快，惡魔離了他。」可是每當「惡魔臨到掃羅身上的時候」（撒上16:23），大衛就得再彈琴，可見掃羅所經歷的脫離鬼魔的壓制，並非永久性的。

派給所有信靠耶穌或跟隨祂的人，而只是分派給祂的十二位門徒或那七十位門徒（路10:1-12）。

到了五旬節那天，聖靈以新約的豐滿和能力澆灌在教會裏。在耶穌升入天上以前，祂命令祂的使徒們「不要離開耶路撒冷，要等候父所應許的。」那個應許的內容就是：「但不多幾日，你們要受聖靈的洗。」（徒1:4-5）祂曾應許他們說：「**但聖靈降臨在你們身上，你們就必得著能力**。」（徒1:8）當五旬節那天聖靈澆灌在教會身上時，彼得認出是約珥的預言應驗了，因為他說：「這正是先知約珥所說的。」（徒2:16）並且他接著又引用約珥預言的內容（徒2:17-21）。彼得確定新約時代聖靈賜下的能力已經臨到神的百姓，而且新約時代的開始乃是耶穌在天上工作的直接結果，因為彼得說：

> 「這耶穌，神已經叫祂復活了，我們都為這事作見證。祂既高舉在神的右邊（和合本小字），又從父受了所應許的聖靈，**就把你們所看見所聽見的澆灌下來**。」（徒2:32-33）

五旬節時的情況和耶穌事奉之時、門徒們早期與耶穌一同事奉之時，已不相同，因此這時的門徒們自然會期待大有能力的傳福音講道，釋放人脫離鬼魔的壓制，使人身體得到醫治，或許也期待說預言、作異夢和看異象等；他們期待這些都會開始並持續地在相信基督的人中間發生，而且這些都要成為五旬節所開始之新約時代的**特徵**。此外，聖靈澆灌的進一步特徵，乃是普遍地分派屬靈恩賜在所有神百姓當中——兒女、少年人、老年人、僕人和使女（用約珥的話來說），他們都領受了新約時代聖靈所賜的能力，而且所有的人也都將會領受聖靈所賜的恩賜。[3] 事實上，這正是初代教會所發生的事（見林前12–14章；加3:5；雅5:14-15）。正如華菲德（B. B. Warfield）所說的：

> 「我們有理由相信，使徒時代的教會有神蹟性的恩賜呈現在他們中間，這是其教會的一項特徵。教會有這樣的恩賜不是例外的情形，如果教會沒有這樣的恩賜反而是例外……**使徒時代的教會是行神蹟的教會**，這乃是其特徵。」[4]

（不論人對使徒時代以後是否還延續有神蹟性恩賜的看法如何，以上的敘述都是真的。）

A.2 新約時代屬靈恩賜的目的

屬靈恩賜的賜予是為了裝備教會來完成其事工，直到基督回來。保羅告訴哥林多教會的人說：「你們在恩賜上沒有一樣不及人的，等候我們的主耶穌基督顯現。」（林前1:7）他在這裏將擁有屬靈恩賜和他們在救贖史中的景況（等候基督的回來）聯

[3]有關聖靈的洗之討論，見本書第三十九章。

[4]Warfield, *Counterfeit Miracles*, p.5.

結起來，表示出一件事，那就是教會得到屬靈恩賜是為著基督升天和祂回來之間的這段時間。與此類似地，保羅企盼著基督再來的日子，就說：「等那完全的來到，這有限的必歸於無有了。」（林前13:10）這句話也指出，這些「有限的」（不完全的）恩賜（林前13:8-9）將會運作到基督回來為止，那時這些恩賜將要遠遠地被更宏大之事超越過去。[5] 實際上，聖靈在五旬節那天以能力澆灌下來（徒1:8），是為了要裝備教會傳揚福音（徒1:8）——這是一件要繼續做的事，直到基督再來。保羅提醒信徒，在使用屬靈恩賜時，「就當求多得*造就*教會的恩賜」（林前14:12）。後來保羅寫信給以弗所教會的人時，特別指出來說，當基督升入天上時，祂賜下恩賜「為要*成全*聖徒，各盡其職，建立基督的身體。」（弗4:12）

然而屬靈恩賜不僅是為了在基督回來以前的這段時間裝備教會，而且也是為了讓我們*預嘗來世*。保羅提醒哥林多教會的人說，神使他們在一切的口才和知識上「富足」，以致他們「在恩賜上沒有一樣不及人的」（林前1:5, 7）。當然這個在口才和知識上的「富足」，並沒有帶給他們那種在天上才會有的完全口才和全備知識，這只是如預付頭期款般地讓他們預嘗到屬天完全的滋味。保羅也以類似的口吻提醒哥林多教會的人說，屬靈恩賜並「不完全」，但是當主回來之時，認識主的「完全」之道來臨，這些恩賜就都要消逝了（林前13:10）。正如對於在今世的我們來說，聖靈自己成為祂在來世、在我們裏面更為豐滿之工作的「頭期款」一般（林後1:22；另參林後5:5；弗1:14），聖靈在今世所賜給我們的恩賜，也是讓我們預嘗部分祂在來世藉著更豐滿的工作所將賜給我們的福分。

這麼說來，今世的洞察力和分辨之恩賜，是預示了當基督再來時我們會有更大的分辨能力；今世的知識和智慧之恩賜，也預示了將有更高的智慧賜予我們，使我們「全知道，如同主知道我一樣」（林前13:12）；今世的醫治之恩賜使我們預嘗到當基督賜給我們復活之身體時，也要賜給我們完全的健康。類似的平行比較可以應用在所有的新約恩賜上，甚至連今世教會裏擁有多樣恩賜的情況，也應該帶領我們進入更深的合一與互賴（見林前12:12-13, 24-25；弗4:13），因為這種在多樣性中的合一，也是預嘗了信徒將來在天上的合一。

A.3 恩賜的種類

新約書信中有六處不同的經節明確地列出屬靈的恩賜，請看以下表列：

---

[5]我們將在本章B節中更加詳細地說明為何要這樣解釋哥林多前書13:10。

哥林多前書12:28
1. 使徒[7]
2. 先知
3. 教師
4. 行異能的
5. 醫病的
6. 幫助人的
7. 治理事的
8. 說方言的

哥林多前書12:8-10
9. 智慧的言語
10. 知識的言語
11. 信心
(5) 醫病
(4) 行異能
(2) 先知
12. 辨別諸靈
(8) 說方言
13. 繙方言

以弗所書4:11[6]
(1) 使徒
(2) 先知
14. 傳福音的
15. 牧師–教師

羅馬書12:6-8
(2) 說預言
16. 作執事(即服務)
(3) 教導
17. 勸化(即勸勉)
18. 施捨
19. 治理(即領導)
20. 憐憫人

哥林多前書7:7
21. 婚姻
22. 獨身

彼得前書4:11
傳講(和合本譯作「講道」)
(包含數種恩賜)
服事人(包含數種恩賜)

很明顯地,這六處經文所列出的屬靈恩賜很不一樣;沒有一處列出所有的恩賜,也沒有一項恩賜——除了說預言(和合本譯作「先知講道」)之外——是每一處都提到的。哥林多前書7:7沒有提到說預言,在那裏只討論到婚姻與獨身的主題;但彼得前書4:11提到「若有傳講的(原文直譯為『講話的』,和合本譯作『講道的』)」,肯定是包括了說預言這一項。事實上,哥林多前書 7:7 提到了兩種其他地方沒有提到的恩賜——在論及婚姻和守獨身時,保羅說:「只是各人領受神的恩賜,[8] 一個是這樣,一個是那樣。」

這些事實指出,當保羅在不同經文之處列舉屬靈恩賜時,他並沒有嘗試要建立一套包括所有恩賜的清單。雖然有時候會顯出一些恩賜的次序(他將使徒列為第一,先知其次,教師第三;但在哥林多前書12:28那裏,他將說方言列在最末),但一般來說,保羅似乎幾乎是想到那裏,就隨機地列出一系列不同的恩賜。

---

[6]嚴格來說,這裏說到的是四種人的職分或功能,並非四種恩賜;因為其中三種功能的對照恩賜是講道(說預言)、傳福音和教導。

[7]嚴格來說,成為使徒是一種職分,而非一種恩賜(見本書第四十七章A.1節,有關使徒職分的討論)。

[8]這裏的「恩賜」一詞之希臘文是*charisma*,即保羅在哥林多前書12-14章論及屬靈恩賜時所用的同一個字。

此外，不同之處所列出的恩賜有某種程度的重複。無疑地，哥林多前書12:28所提到的治理的恩賜（*kybernēsis*），與羅馬書12:8所提到的作領袖的恩賜（*ho proistamenos*）類似，兩個詞都可以應用到許多擁有牧師－教師職分的人身上（弗4:11）。還有，保羅在有些地方列出的是動詞，而在別的地方則列出相關的名詞，是形容人的，例如他在羅馬書12:6和哥林多前書12:10用「說預言」、「作先知」，但在哥林多前書12:28和以弗所書4:11就用「先知」。[9]

假如保羅願意的話，他也可以列出更多屬靈恩賜。我們之所以可以這麼想，是因為有一些他所列出的恩賜，在不同的人身上會有許多不同的表現。例如服務（羅12:6）或幫助人的（林前12:28）恩賜，在不同的場合和不同的群體中，肯定會有不同的形式。有些人可能是藉著給予智慧的輔導來服務或幫助人，有些人則可能是藉著預備飯食、照顧小孩或陪伴耆老來幫助人，還有些人可能是在教會內部有需要之時，藉著提供專業的法律、醫療或財務的諮詢來幫助。這些恩賜的形式差異極大。在那些擁有傳福音恩賜的人之中，有些人是擅長於在鄰里之間作個人佈道，有些人是透過撰寫福音單張，和從事基督教文字事工來傳福音，還有些人則是透過推動大型的活動和公開聚會來佈道。這些傳福音的恩賜不全都是一樣的，雖然他們都歸在廣義的「傳福音」類別之下。至於教導或治理的恩賜，也是類似的。[10] 簡言之，沒有兩個人的恩賜是完

[9]這一點可以說明恩賜和教會職分之間的關係。當我們看這些經文所列的恩賜時，明顯地看到有些地方保羅明確地說出恩賜的名稱（例如醫病、治理或說方言），有些地方則是說到擁有那恩賜的人（例如使徒、先知或傳福音的）。有些經文只列出恩賜的本身（例如哥林多前書12:8-10所列的），而有些經文只列出擁有那些恩賜的人（例如以弗所書4:11，彼得前書4:11所列的），也有些經文混合地列出一些恩賜與一些擁有恩賜的人（例如羅馬書12:6-8，哥林多前書12:28所列的）。

除此之外，還要注意一個區分：在保羅提到擁有恩賜之人的地方，他有時候用的詞是教會裏正式認可的**職分**（例如「使徒」或「牧師－教師」），因此我們會期望這樣的人在教會整體正式認可以後（舉例來說，牧師或長老職分的正式認可儀式稱為「按立」或「就職」），就可開始發揮他們職分的功能。但保羅有時所列的擁有恩賜的人，是不需要在全教會面前被正式認可或為之設立職分的，例如羅馬書12:6-8說的「勸化的……施捨的……憐憫人的」。與此類似地，新約聖經並沒有清楚地指出，初代教會裏的先知或傳福音的，是被正式認可的職分：「先知」一詞可能是指教會裏經常說預言的人，並且他帶來明顯的祝福；「傳福音的」也類似，是指那些在佈道事工上，經常發揮功效的人；而「教師」可能包括了那些在教會裏被正式認可具有教導功能的人（也許與長老的職分有關），也包括了那些在教會裏具有比較不正式教導功能、但經常在非正式的情況或小組中有效教導的人。

為了方便起見，我們還是繼續用「屬靈恩賜」來稱呼以上經文所列的內容，雖然我們應當明瞭，準確地說，這些經文所列的包括了屬靈恩賜本身和運用那些恩賜的人。因為恩賜和擁有恩賜的人兩者都是耶穌基督賜給教會的，所以在那些經文的不同部分中提到兩者也是合宜的。

[10]有關這方面的精采討論，見John R. W. Stott, *Baptism and Fullness: The Work of the Holy Spirit Today* (Downers Grove, Ill.: InterVarsity Press, 1964), pp. 88-89.

全一樣的。

那麼究竟共有多少種不同的恩賜呢?那就看我們希望分到多細了。我們可以像彼得那樣,只提出兩種恩賜:「*傳講*的(和合本譯作「講道的」)」和「*服事人的*」(彼前4:11)。雖然彼得只提出這兩項,但這兩項包括了另外幾處經文所提到的所有恩賜,因為所有的恩賜都適合分在這兩種類別之下。在另外一方面,我們也可以用舊約中的先知、祭司與君王的職分,將所有的恩賜分為這三類:*先知性*的恩賜(廣義的)包括所有和教導、鼓勵、勸誡、責備等相關的恩賜;*祭司性*的恩賜包括所有和憐憫人、關懷有需要之人、在神前代求(例如用方言禱告)等相關的恩賜;*君王性*的恩賜則包括所有和教會中行政、管理、秩序等相關的恩賜。

另一種分類法是將恩賜分為*知識的*恩賜(例如辨別諸靈、智慧的言語、知識的言語),*能力的*恩賜(例如醫病、行異能、信心),和*言語的*恩賜(說方言、繙方言、說預言)。[11] 不過,我們還是可以列出更多的恩賜,例如上表中所舉出的二十二項恩賜,然而這二十二項也不夠完全,舉例來說,表中並沒有提到代禱的恩賜,這項恩賜與信心的恩賜有關,但又與之不同;表中也沒有提到音樂的恩賜、趕鬼的恩賜,雖然保羅一定知道有些基督徒在那些領域裏,做得比別人更有果效。假使我們又要在服務、治理、傳福音,或教導的恩賜之下,列出更細的*不同種類*,那麼我們就能輕易地列出五十甚至一百項恩賜了。[12]

總而言之,神賜給教會這麼多令人驚奇的屬靈恩賜,它們都是祂多采多姿之恩典的表徵。事實上,彼得說對了:「各人要照所得的恩賜彼此服事,作神*百般恩賜*的好管家。」(彼前4:10,「百般」的希臘字是*poikilos*,其意思是「有許多方面,富於多樣」)

以上這些討論的實際應用,乃是我們應當樂意去認出並欣賞和我們擁有不同恩賜的人,他們的恩賜也可能與我們所期望的表現不同。不只如此,一個健康的教會會有極其多樣的恩賜,並且這個多樣性不但不會使教會的信徒分門別類,反而還會帶來更深的合一。保羅使用身體有許多肢體來作類比(林前12:12-26),他主要就是說,神把有許多差異的我們都放在身體裏,是*為了叫我們可以互相依賴*。「眼不能對手說:『我用不著你!』頭也不能對腳說:『我用不著你!』不但如此,身上肢體人以為軟

---

[11]這種分類法是採自Dennis and Rita Bennett, *The Holy Spirit and You* (Plainfield, N.J.: Logos International, 1971), p. 83. Bennett夫婦真正列出的類別是啟示的恩賜、能力的恩賜、和靈感或團契的恩賜。他們所列的次序和筆者在此所列的次序相反。

[12]屬靈恩賜的分類法有很多,都可以用來當作教學的材料,但是我們應當小心,不要只認為某一種分類方法才是有效的,因為聖經並沒有限制我們要怎麼分類。

弱的，更是不可少的。」（林前12:21-22；另參林前12:4-6）這種思考的方式——當我們與那些和我們不同的人緊緊相連時，就享有更大的合一——是與世俗的觀念背道而馳的，但這正是保羅在哥林多前書12章所要表達的重點，即神藉著不讓單獨一個人擁有教會所需要的所有恩賜，又藉著要求我們彼此依賴，好使得教會能合宜地運作，來彰顯出神智慧的榮耀。

A.4 恩賜有強弱的不同

保羅說，如果我們有說預言的恩賜，就應當「照著信心的大小（和合本譯作『程度』）」來使用它（羅12:6）。這一點指出，恩賜在不同的人身上，或在同一人身上的不同時期，可能會有較強或較弱的發揮。這就是為何保羅提醒提摩太說：「你不要輕忽所得的恩賜。」（提前4:14）又說：「我提醒你，使你將神……給你的恩賜再如火挑旺起來。」（提後1:6）提摩太有可能容讓他的恩賜變弱了，顯然是因為不太常用它；而保羅提醒他要藉著使用它，來把它挑旺起來、強化起來。這一點並不令人驚奇，因為我們知道，有許多恩賜，不論是傳福音、教導、勉勵、治理，還是信心，當它們被使用時，就會變得有力又有果效。亞波羅的講道和教導的恩賜很強，因為聖經上說他「最能（*dynatos*）講解聖經」（徒18:24）。保羅顯然也有一個常用而又有果效的恩賜：說方言，因為他說：「我感謝神，我說方言比你們眾人還多。」（林前14:18）[13]

所有的這些經文都指出，*屬靈的恩賜在強度上可能會有不同*。我們應當明瞭，不論是哪一項恩賜，是教導、傳福音，或是說預言、醫病，也不論在哪一群會眾裏，我們都會發現，有些人是很有果效地在使用那個恩賜（可能是因為用得很久又有經驗），有些人在那個恩賜上用得還算可以，另有些人則可能才開始起步使用那個恩賜。這種恩賜強弱的不同，受到神和人兩方面的影響。神的影響是聖靈主權的工作，是祂「隨己意分給各人的」（林前12:11）；人的影響則來自經驗、訓練、智慧，以及天生的能力。我們無法知道在某個時候有多少神的影響或有多少人的影響，但其實也不必要知道，因為即使是我們所認為的「天生的」能力，也是從神來的（林前4:7），而且也在祂主權的管制之下（有關神的天命與人的責任之討論，見本書第十六章。

不過這一點引出了一個有趣的問題：一項服事的能力要有多強才能被稱作是屬靈恩賜呢？舉例來說，一個人要有多強的教導能力，才可以說他擁有教導的恩賜呢？一

---

[13]又見哥林多前書13:1-3。保羅在那裏提到了一些恩賜的例子，並且也說到把它們發揮到可想像的最高地步。然而他也用這些例子表示，即使有這樣的恩賜卻沒有了愛，也是無益的。

個人傳福音要多有果效，我們才能認定他有傳福音的恩賜呢？一個人求醫治的禱告要得到多少肯定的回應，才能算是具有醫病的恩賜呢？

聖經雖然沒有直接回答這個問題，但是保羅說過，屬靈恩賜是有助於建造教會的（林前14:12），而彼得也同樣地說過，每一個得著恩賜的人，應當要運用它來「彼此服事」（彼前4:10）。他們所說的事實表示出，他們都認為屬靈恩賜乃是一些能力，*其發揮的功能強度要足以帶給教會益處*，不論這恩賜是用在全體會眾（例如說預言或教導），或是只在某些時候用在個人身上（例如幫助或鼓勵）。

我們可能無法在這件事上畫出一條清楚的界線，但是保羅確實提醒我們，*並非所有的人都擁有全部的恩賜，或都擁有某一項恩賜*。在這一點上，他表達得十分清楚——他問了一系列的問題，在每一個問題上的答案都是否定的：「豈都是使徒麼？豈都是先知麼？豈都是教師麼？豈都是行異能的麼？豈都是得恩賜醫病的麼？豈都是說方言的麼？豈都是繙方言的麼？」（林前12:29-30）在希臘文的經文中，每一個問句前都有前置詞*mē*，清楚地表示每一個問題預期的答案都是「不」。所以，舉例來說，不是所有的人都是教師，也不是所有的人都擁有醫病的恩賜，也不是所有的人都說方言。

雖然不是所有的人都有教導的恩賜，但從*「教導」這個詞的某些意義上來說*，所有的人都會「教導」。即使是從來不曾夢想要教主日學的人，也都會讀聖經故事給他們自己的小孩聽，並且為他們作些解釋。實際上，摩西命令以色列人就是要這樣地教導他們的兒女（申6:7），當他們坐在家中或走在路上時，就要為他們解釋神的話。所以我們一方面應當說，不是每一個人都擁有教導的*恩賜*；可是另一方面我們也應當說，所有的基督徒都擁有一些與教導恩賜相關的*一般能力*。換句話說，不是所有的信徒都擁有某一項恩賜，可是所有的基督徒都擁有一些和每一項恩賜類似的一般能力。

我們可以在許多恩賜上看到同樣的情況。不是所有的基督徒都有傳福音的恩賜，但是所有的基督徒都有與鄰居分享福音的能力；不是所有的基督徒都有醫病的恩賜（事實上，我們將要在下文看見，有些人說今日沒有一個人擁有真正的醫病恩賜），但是每一個基督徒都能祈求神醫治生病的親友；不是每一個基督徒都有信心的恩賜，但是每一個基督徒都有幾分信心，並且我們也都期望這信心在一般基督徒的生命中能不斷地成長。

我們甚至也可以說，其他的恩賜，例如說預言和說方言，不僅在那些擁有此恩賜的人中間會有不同的強度，而且在每一個基督徒的生命中，也會有一些與此對應的一般能力。舉例來說，假如我們了解「說預言」乃是「將神叫人不期然想起的事物報告出來」（按照下一章所提的定義），[14] 那麼真的不是每一個人都有此恩賜的經歷，因為不是每一個人都能以那樣的清晰度和力度，經歷到神叫他自發地、不期然地想起某些事物，並且使他感到可以自由地在一群聚集的基督徒中將它們報告出來。但是，每一個信徒都可能在某一個時刻，感受到神叫他想起需要為一位遠方的朋友禱告，或以信件或電話捎給一位遠方友人一些安慰的話，而且後來發現到，那正是當時那位友人所需要的。很少有人會否認這是神以祂的主權叫人自發地、不期然地想到那個需要，而且，雖然這種能力不能被稱作是有預言的恩賜，而只是一種一般性的能力，使人能接受從神而來的特殊引導；這種引導和預言的恩賜很類似，只是它發揮的功能比較微弱。

我們甚至可以由這個角度來思考說方言的恩賜。假如我們認為「說方言」乃是「用說的人所不明白的語音來禱告或讚美」的話（見林前14:2, 14），[15] 那麼，是的，並不是每一個基督徒都有說方言的恩賜（我們得再一次說，有一些基督徒認為，今日沒有一個人還有這種恩賜，因為使徒時代已經結束了）。但是另一方面我們也必須承認，每一個基督徒都有過這樣的經驗，就是禱告的時候不僅用了能理解的語言來表達，而且也用嘆息、呻吟或哭泣來表達和抒發我們心中的需要與關切，我們知道主聽見了、也明白了，但我們卻是無法完全用言詞來說清（另參羅8:26-27）。類似於前面所說過的情況，這並不能被稱為是說方言的恩賜，可是在我們的基督徒生命中，它確實是一種一般性的能力，而且多少與說方言的恩賜有關，因為它是我們在禱告中用不完全被明白的語音來表達，而聖靈卻使它成為能被神聽見的有效禱告。

在這一整段的討論裏，我們所要說的重點就是：屬靈恩賜並不是像有些人所看得那樣地神祕或像另一個世界的事。許多屬靈的恩賜都只是強化或高度發揮大部分基督徒在他們自己生活中所經驗到的現象而已。另一個從這個討論所汲取出來的重點乃是：雖然各樣恩賜都是由神所賜予的，但我們仍有責任去有效地使用它們，並在使用中尋求恩賜的成長，好使教會得以從各樣恩賜的運作中得著更多的益處，因為我們是神所賜恩賜的管家。

最後，恩賜有強弱的不同，這一點讓我們認明，某一個人的恩賜（舉例來說，教導或治理），可能沒有強到足以在一個大教會裏發揮功能，而使全教會得著益處，因為那個教會已經有許多人具有那種恩賜，並且也發揮到很強的程度了。而這同一個

---

[14]見本書第五十三章A節有關說預言之恩賜的討論。

[15]見本書第五十三章E節有關說方言之恩賜的討論。

人，若去到一個較小的、歷史較短的教會裏，那裏幾乎沒有人具有教導或治理的恩賜，那麼他就可能發現他的恩賜是教會非常需要的，並且也足以發揮功能使得全會眾得著益處（從這一點來看，在某處被視為僅是一般性的能力，在另一處可能就會被視為一項屬靈恩賜了）。

A.5 擁有恩賜是暫時性的，還是永久性的？

從新約聖經中大多數的情況來看，擁有恩賜似乎是永久性的。哥林多前書12:12-26中身體之肢體的比喻符合這個說法：眼睛不會變成手，耳朵也不會變成腳，不同的肢體在身體中的存在是永久性的。[16] 不只如此，保羅說到有些人擁有一些恩賜的稱謂，這說明他們能發揮持續性的功能，例如有些人被稱為「先知」或「教師」（林前12:29）、或「傳福音的」（弗4:11），我們會預期他們永久地具有講道、教導和傳福音的恩賜，除非是發生了什麼不尋常的事，使得他們不再有那個恩賜了。類似地，當保羅說「我若*有*先知講道之能」時（林前13:2），他也是說到持續有的恩賜。此外，保羅曾要求，任何一個說方言的人都要有繙方言的人在場（林前14:28）；他在此就假設教會知道擁有繙方言之恩賜的人是否在場，這也表示擁有繙方言之恩賜的人已有這個恩賜一段時日了。當保羅說「若有人以為自己是先知」（林前14:37）之時，他知道在哥林多教會已經有人經常運用先知的恩賜，以致他們自視為「先知」。所有這些經文都指出，擁有屬靈恩賜是永久性的，或至少是常存性的、持續性的。

實際上，保羅在羅馬書12:6所說的話是這樣開始的：「我們*擁有*不同的*恩賜*，是按照神給我們的恩典……」（和合本譯作：「按我們所得的恩賜各有不同……」）他又告訴提摩太說：「不要輕忽*在你裏面*（原文直譯，和合本譯作「*所得*」）的恩賜」（提前4:14），這也指明提摩太已經擁有那項恩賜一段時日了。所以，整體來說，新約聖經似乎指出，基督徒擁有神賜給他們的屬靈恩賜，而且一旦擁有了，他們通常都能在一生中持續地使用它們。

然而，我們必須要聲明一些重要的條件，因為就某種意義來說，恩賜並非*永久性的*。有些恩賜在本質上就是非永久性的，例如婚姻和獨身的恩賜（林前7:7）。雖然保羅稱它們是恩賜，然而在大多數信徒的生命中，都有一段時間是沒有婚姻的，而又有一段時間是有婚姻的。不僅如此，有些恩賜也許雖然經常操練，卻仍不是想要用就可用的，醫病恩賜的有效性即為一例，它決定於神在回應人禱告祈求醫治時的主權意

[16]當然，我們不該過度地應用這個比喻，因為人*確實*會再領受其他的恩賜，而且保羅甚至勉勵人去尋求更多的恩賜（林前14:1）。可是這個比喻確實表示說，恩賜的擁有是有*某種程度*的穩定性或永久性。

志。與此類似地，預言的恩賜也仰賴於從神而來的即時的「啟示」（林前14:30），而不能照著人的意願來操作。同樣的道理也可用在傳福音的恩賜上：使人重生、叫人信主，終究是聖靈的工作，所以佈道家可以禱告並傳道，只有神才能收割靈魂。

在其他的情況中，神可能會為著一個特別的需要或事件，而賜下一些特殊的恩賜。在參孫生命的末了，他的力量回來了，但只是暫時性地在他人生最後的一刻而已（士16:28）——雖然嚴格說來，它不是新約中所指的屬靈恩賜。在新約聖經中說到，司提反有過非凡的天上啟示，是當他「被聖靈充滿，定睛望天，看見神的榮耀，又看見耶穌站在神的右邊」（徒7:55）之時，這是聖靈在那特別的時刻對他特別的彰顯。

還有一種情形，所賜予的恩賜也可能是非永久性的，那就是當一個人輕忽了他的恩賜，或是叫聖靈憂愁，或是落入嚴重的教義錯誤或道德失敗（例如舊約中的參孫之所為）。在這種情況下，恩賜可能會被收回。保羅確實警告過提摩太說：「你不要輕忽所得的恩賜。」（提前4:14）我們也許也能從分賜才幹的比喻裏學到功課——主說：「因為凡有的，還要加給他，叫他有餘；沒有的，連他所有的也要奪過來。」（太25:29）[17]

不只如此，我們還得記住，*聖靈仍然在分賜恩賜上掌有主權*：祂是「隨己意分給各人的」（林前12:11）。經文中譯為「分給」的這個希臘字是現在動詞分詞，表示它是現在仍然持續的動作。我們可以將這句話改寫為：「聖靈一直持續地、隨祂所願意做的，將恩賜分配或分賜給每一個人。」這句話的意思是說：雖然聖靈*一般性*的作法是持續地為同樣的恩賜添加力量，或將更多的恩賜賜給人，但祂在其中仍然一直持續地照祂所願的來決定是否要繼續這樣做；祂也可能有祂自己的原因而在一段時間內收回恩賜，或使它變得比以前更強或更弱。

最後，哥林多前書13:8-13（我們將在以下更詳細地討論）指出，我們現今所擁有的屬靈恩賜都只是為著這一個世代的，它們以後將要被更偉大的事所取代。所以，就這方面的意義而言，沒有一個恩賜是「永久的」，因為在主回來之時，每一個恩賜都要變得無用了。

在討論屬靈恩賜是暫時性的或永久性的之際，有時候羅馬書11:29就會被提起來：「因為神的恩賜和選召是沒有後悔的。」然而這節經文看起來並不適合用來討論屬靈恩賜的問題，因為這經文是保羅在探討猶太人的身分，包括了他們蒙召作神的百姓，

[17]雖然這個比喻的要點是說到最後審判的賞賜，然而它也激勵我們要在神所賜的恩賜上作忠心的管家。如果我們期待神會照著這節經文所說的來給予恩賜或收回恩賜，至少在原則上、在今生是合理的。

以及因此而得到的恩賜與祝福。保羅在此是指,神對祂的百姓以色列仍懷著一個目的。這句話一點兒也沒有哥林多前書12–14章中所說的那種關於屬靈恩賜的意思。我們能肯定,若把這句話毫無限制地用在屬靈恩賜上,是一個錯誤,因為很明顯地,如果我們誤用或輕忽屬靈恩賜,或叫聖靈擔憂,在神主權的抉擇下,就會把恩賜變弱或拿走了。

A.6 屬靈恩賜是神蹟性的,還是非神蹟性的?

這個問題的答案端在乎「神蹟」一詞的定義。假如我們將神蹟定義為「神在世上直接的作為」,那麼所有的屬靈恩賜就都是神蹟性的了,因為它們都是靠聖靈得著能力的(林前12:11;另參林前12:4-6)。但若是從這個定義來看,發生在世上的每一件事都可以說是神蹟性的,因為所有事的發生都是神在創造中天命的作為(見弗1:11;但4:35;太5:45)。[18] 所以,「神蹟」一詞就失去了它的功用,因為我們很難找到發生在這世上的事,是非神蹟性的。

因此我們最好以狹義的意思來定義「神蹟」一詞:神蹟乃是指「比較不尋常的神的作為,祂藉此激起人對祂的敬畏與驚奇,並為祂自己作見證」。[19] 在此定義之下,只有某些恩賜可算是「神蹟性的」,亦即那些一般人所認為是神蹟性的恩賜,因為他們會因此驚訝於神運行在他們身上的作為。當然,這類的恩賜包括了說預言(請注意哥林多前書14:24-25中不信者的驚訝)、醫病(請注意使徒行傳3:10等處百姓類似的反應)、趕鬼(見徒19:11-13, 17),或是說方言——說一種外國語言,是別人能聽得懂的(見徒2:7,有關五旬節事件的描述)。可能還有一些其他顯著的現象,也可以囊括在神蹟性的恩賜之下(林前12:10)。

在另一方面,在此定義之下,某些恩賜就屬於是非神蹟性的恩賜了,例如服務、教導、勸勉、施捨和行恩慈(羅12:7-8)等,就屬於這類的恩賜,而那些幫助人的與治理事的恩賜,也屬於這一類(林前12:28)。不過,仍舊是同一位聖靈賜下恩賜,並藉著恩賜來作工。

這樣分析的重點是要警告我們,不要在我們的心思裏將恩賜區分成超自然的與自然的,因為聖經並沒有這樣區分;我們若這樣區分時,會落入一個危險,那就是認為某些恩賜——即我們認為是「超自然的」——比較重要,或更清楚知道是從主而來的,從而可能產生一種傾向,即貶低或忽視我們認為只是「自然的」恩賜。這樣,我

---

[18]有關「神蹟」一詞的不同定義,見本書第十七章A節。

[19]同上出處。

們就不會看見神的手在所有的恩賜中運行，也不會為所有的恩賜感謝神了。

在另一方面，這種誤導人的區分，也會使我們非常懷疑那些「超自然的」恩賜，或使我們認為它們很不可能發生在我們自己的經歷中。因此之故，我們就會傾向於強調那些我們認為是「自然的」恩賜，並且對那些「超自然的」事也就不會期待或沒有信心了。

相反於以上那種區分，聖經乃是說「所有的」恩賜都是同一位聖靈、同一位主、同一位神在我們裏面運行而有的（林前12:4-6）。聖經的世界觀是一種連續的世界觀：在我們能看見和能觸摸的*可見世界*，和那個聖經告訴我們是真實存在的*不可見世界*之間，有著連續的互動。神在兩處都運行。我們若將受造界的這些層面分離為「超自然」與「自然」，那麼我們就是在對我們自己和對教會幫倒忙了。

最後，我們是否應當尋求更多不平常或神蹟性的恩賜？還是我們應當尋求更多平常性的恩賜呢？我們要再說一次，當聖經告訴我們當尋求某些恩賜時，它沒有作這種的區分。保羅對哥林多教會的人說：「你們……既是切慕屬靈的恩賜，*就當求多得造就教會的恩賜*。」（林前14:12）這節經文的意思是說，我們應當知道哪些恩賜是我們所參加之教會所最需要的，那麼我們就禱告神將那些恩賜賜給我們自己或賜給其他人。究竟那些恩賜是神蹟性的或是非神蹟性的，真的一點都不重要。[20]

A.7 發掘與尋求屬靈恩賜

保羅似乎已經假定信徒都知道他們的屬靈恩賜是什麼。他只是告訴那些在羅馬教會的人，要使用他們不同的恩賜：「或說預言，就當照著信心的程度說預言；或作執事（即服務），就當專一執事；或作教導的，就當專一教導；或作勸化的，就當專一勸化；施捨的，就當誠實；治理的，就當殷勤；憐憫人的，就當甘心。」（羅12:6-8）與此類似地，彼得也曾經告訴他的讀者要如何使用恩賜：「*各人要照所得的恩賜*彼此服事，作神百般恩賜的好管家。」（彼前4:10）

可是如果一個教會裏的許多會友，都不知道神給他們的屬靈恩賜是什麼，那該怎麼辦呢？在這樣的情況之下，教會的領袖需要問自己，教會是否給予足夠的機會，讓各樣的恩賜都可以被用出來？雖然新約聖經中提到的恩賜並不包括所有的恩賜，但它確實可以用來作一個很好的起點，讓教會問問自己是否至少給*這些恩賜*有機會被使用。假如神將擁有某些恩賜的人放在教會裏，但教會卻不鼓勵或可能不容許他們使用

[20]有關今日尋求神蹟性恩賜或神蹟的錯誤，見本書第十七章F節。

這些恩賜，那麼他們就會覺得挫折，覺得沒有盡到他們基督徒的本分，而且他們可能就會換到另一處教會，在那裏他們可以發揮恩賜的功能並造福教會。

如果有人不知道他們的恩賜是什麼，就可以先問問看他們教會裏有什麼事奉的需要和機會。他們可以明確地問，在此時刻，最需要什麼恩賜來建造教會。此外，每一個不知道自己恩賜何在的信徒，都應當作一些自我測驗：我有什麼興趣、喜好和能力？別人是否能給我建議或鼓勵，指出我有什麼特別的恩賜？以前我做過哪一類的服事是得到神祝福的？在這一切的過程中，想要發掘恩賜的人應當禱告，祈求神賜智慧，並且也相信神會按著祂的應許賜下智慧：「你們中間若有缺少智慧的，應當求那厚賜與眾人、也不斥責人的神，主就必賜給他。只要憑著信心求，一點不疑惑。」（雅1:5-6上）有時候神在這方面所賜的智慧，是讓人有精確的眼光，來看清自己的能力；也有些時候，這智慧的顯出是藉著別人的建言，或藉著看到一項服事得到神的祝福。保羅指出，有時候也可能是藉預言指明一個特定的恩賜，因為他對提摩太說：「你不要輕忽所得的恩賜，就是從前藉著預言，在眾長老按手的時候，賜給你的。」（提前4:14）

最後，如果一個人想要知道他的屬靈恩賜是什麼，只要開始在不同的領域裏試著去服事，看看神在哪裏賜予祝福。例如，教主日學或帶領家庭查經，都是開始使用教導恩賜的好方法。每一個社區都有機會，讓傳福音的恩賜大大地派上用場。若有人認為自己可能有醫病的恩賜，那麼他就可以請求他的長老們給他機會，和長老們一同去為病人禱告。若有人認為自己可能有信心的恩賜，或有代求的恩賜，就可以問一些基督徒的朋友，有什麼特別的需要是可以為他們代禱的。在以上所有的情況下，教會都能給那些嘗試使用各種恩賜的人一些鼓勵和機會，並且給他們一些關於如何適當使用各種恩賜的教導和實際訓練。此外，教會也應當經常地禱告，求神讓人發掘出他們的恩賜，並且能夠使用它們。做這一切事的目標，乃是要讓基督的身體在各處都能長大成熟，直到「全身都靠祂聯絡得合式，百節各按各職，照著各體的功用，彼此相助，便叫身體漸漸增長，在愛中建立自己。」（弗4:16）

在發掘一個人所擁有的恩賜之外，還有一個問題，那就是尋求更多的恩賜。保羅命令基督徒說：「你們要切切的求那更大的恩賜。」（林前12:31上）他又說：「你們要追求愛，也要切慕屬靈的恩賜，其中更要羨慕的是作先知講道（即說預言）。」（林前14:1）在此上下文裏，保羅定義了什麼是「更大的恩賜」，因為他在哥林多前書14:5那裏，重複了他在哥林多前書12:31所使用的詞：「更大的」（希臘文是

meizōn），他說：「因為說方言的，若不繙出來使教會被造就，那作先知講道的就比他強了。」（林前14:5）在此這「更大的」或「更強的」恩賜就是那些最能造就教會的恩賜。這一點與保羅在稍後幾節所作的敘述是一致的；他說：「你們也是如此。既是切慕屬靈的恩賜，就當求多得造就教會的恩賜。」（林前14:12）「更大的恩賜」就是那些能更多建造教會、並帶給別人更多益處的恩賜。

可是我們要怎樣尋求更多的屬靈恩賜呢？首先，我們應當向神求恩賜。保羅直接地說：「所以那說方言的就當求著能繙出來」（林前14:13；另參雅1:5——雅各說當向神求智慧）。其次，尋求更多屬靈恩賜的人應當有正確的動機。假如尋求屬靈恩賜只是為了使自己更有聲望、更有影響力或更有能力，這在神眼中肯定是錯了。這正是使徒行傳8:19裏的術士西門的動機，當時他說：「把這權柄也給我，叫我手按著誰，誰就可以受聖靈。」因此彼得接著便斥責他（徒8:21-22）。與此類似地，當亞拿尼亞和撒非喇夫婦聲稱他們將賣產業的所有錢都交給了教會之時，他們是在為自己尋求榮耀；可是他們說的並不是實情，後來兩人都喪失了生命（徒5:1-11）。若想要在教會中得著屬靈恩賜或是聲望，只是為了自己的榮耀，而不是為了神的榮耀，也不是為了幫助別人，就是一件很可怕的事。所以，那些尋求屬靈恩賜的人一定要先問問自己，這樣的尋求是否是出於愛別人，想要服事別人的需要；因為那些有了大恩賜、卻沒有愛的人，在神的眼中就是無用又無益的（另參林前13:1-3）。這就是為什麼保羅在說「也要切慕屬靈的恩賜」之前，先說「你們要追求愛」（林前14:1），並且後來他又重複了這個重點：「你們……既是切慕屬靈的恩賜，就當求多得造就教會的恩賜。」（林前14:12）每一個向神求更多屬靈恩賜的人，都應該經常地鑑察他自己的心，自問為何要切慕這一個特別的恩賜；是否真的是出於關愛別人、渴望建造教會，以及見到神得榮耀？

有了前兩項以後，接著就可以去尋找機會來試用恩賜，就像我們在前面說到去發掘恩賜時一樣。在家庭中進行的小組查經或禱告會都有很好的服事機會，讓人可以在其中試用他的恩賜，包括教導、代禱、勸勉、說預言或醫病等。

最後，那些想要尋求更多屬靈恩賜的人，應當繼續地使用他們現在已經有的恩賜，而且假使神決定不再賜給他更多恩賜的時候，也要有滿足的心。耶穌所說的比喻：主人稱讚那位用「一錠銀子賺了十錠」的僕人，卻責備另一位將銀子包在手巾裏而毫無所為的僕人（路19:16-17, 20-23），明確地顯示出，神已經賜給我們這些作祂管家的人擁有一些天賦或能力，我們有責任去使用它們並且也要嘗試去增加它們。

在強調尋求並增加屬靈恩賜之際，我們也必須要有所平衡。我們應當記住保羅曾經清楚地說過，屬靈恩賜是由聖靈分配給每一個人，並且是祂「隨著自己的意思」（和合本譯作「隨己意」）分給各人的（林前12:11），也是「神隨自己的意思，把肢體俱各安排在身上了。」（林前12:18）保羅還說，神把不同的恩賜放在教會裏面，其中不是所有的人都是使徒，都是先知，或都是教師（林前12:28-30）。他藉著這些話提醒哥林多教會的人，恩賜的分配至終是神主權的意思，這是為著教會的好處，也為著我們的好處；我們沒有一個人擁有所有的恩賜，所以我們就常常需要依賴其他恩賜與我們相異的人。這樣的想法應當會使我們有滿足的心，如果神決定不賜給我們所求於祂的其他恩賜的話。

A.8 恩賜是服事的工具，和基督徒的成熟與否不一定相關

我們必須認清，屬靈恩賜是神賜給*每一個*信徒的（林前12:7, 11；彼前4:10），甚至不成熟的基督徒也會從主領受屬靈恩賜——這在哥林多教會是十分明顯的。哥林多教會的屬靈恩賜豐富（林前1:7），可是他們在許多教義和行為方面，卻仍是非常地不成熟。保羅說：「弟兄們，我從前對你們說話，不能把你們當作屬靈的，只得把你們當作屬肉體，在基督裏為嬰孩的。」（林前3:1）所以，屬靈恩賜不一定是屬靈成熟的記號。很可能會有人在某一個或其他方面有顯著的屬靈恩賜，但在教義的認識上或基督徒的行為上仍然相當地幼稚；哥林多教會就是這樣。實際上，有時甚至不信者都能說預言、趕鬼和行異能，因為耶穌曾說，在末日時，許多人要對祂說：「主啊，主啊，我們不是奉你的名傳道，奉你的名趕鬼，奉你的名行許多異能麼？」然而耶穌要對他們宣告說：「我*從來不*認識你們，你們這些作惡的人，離開我去吧！」（太7:22-23）這裏不是說耶穌曾經認識他們，後來又不認識他們了；祂乃是說：「我*從來不*認識你們。」他們向來就不是基督徒，可是他們卻做了多顯著的工作。所以*我們千萬不要用屬靈恩賜作為衡量屬靈成熟度的標準*。屬靈上的成熟來自於與耶穌的親密同行，並且其結果是在日常生活中順服祂的命令。「人若說他住在主裏面，就該自己照主所行的去行。」（約一2:6）

那麼為何聖靈賜給我們屬靈恩賜呢？恩賜的賜予是為著事工，它們*只不過是工具*，是用來達到目標的。恩賜絕非是讓擁有之人引以為傲的資源，也絕非是一個屬靈成熟的標記。我們要追求卓越的範圍，應當只是在愛人、照顧人的需要、建造教會，以及活出與基督生命模式一致的生活上。假如我們照著做了，而神也決定賜給我們屬靈恩賜，好裝備我們在事工中服事，那麼我們就應當為著恩賜感謝祂，並且禱告祂保

守我們不因所擁有的恩賜驕傲，因為那些恩賜都是神白白地、在恩典中賜下的，而不是我們賺來的。

B. 是否有些屬靈恩賜已經終止？

關於這個問題——新約聖經中所提到的恩賜，是否在今日的教會裏仍然有效可用？在今日的福音派圈子裏，仍有不同的立場。有些人的答案是肯定的，[21] 有些人的答案則是否定的，並且他們認為，有些比較神蹟性的恩賜（例如說預言、說方言及繙方言，或許再加上醫病與趕鬼），只在使徒時代才有，因為它們是在使徒早期傳揚福音時，被當作「記號」以證實使徒們的職權。因此，這些持否定答案的人認為，今天已不再需要這些恩賜作為記號了；在使徒時代結束之時，即大約在主後第一世紀結束、第二世紀開始時，這些恩賜就已經終止了。

我們也應該了解到，關於這個問題，還有一大群人是「中間派」，他們屬於福音派的主流，既不是靈恩派或五旬節派，也不是「**靈恩止息派**」（cessationist），[22] 而僅僅只是還沒作決定，也不肯定是否有經文能決定這個問題的答案。[23]

雖然我們在本書第十七章討論神蹟時談到這個問題的一些層面，但是還有一些其他的問題可以在此討論，特別是與屬靈恩賜相關的問題。

B.1 哥林多前書13:8-13是否說到神蹟性的恩賜何時會終止？

保羅說：

「愛是永不止息。先知講道之能，終必歸於無有；說方言之能，終必停止；知識也終必歸於無有。我們現在所知道的有限，先知所講的也有限；**等那完全的來到，這有限的必歸於無有了**。我作孩子的時候，話語像孩子，心思像孩子，意念像孩子；既成了人，就把孩子的事丟棄了。我們如今彷彿對著鏡子觀看，模糊不清；到那時就要面對面了。我如今所知道的有限，到那時就全知道，如同主知道我一樣。如今常存的有信、有望、有愛；這三樣，其中最大的是愛。」（林前13:8-13）

這一段經文對這個問題的討論很重要，因為保羅在其中提到了先知的恩賜是「有

---

[21]這些認為答案是肯定的人，包括筆者，通常會加上一項條件，即認為「使徒」是一項職分，而非一項恩賜，並且認為使徒的職分並沒有延續到今日（見本書第四十七章A.1節的討論）。

[22]**靈恩止息派**認為，某些神蹟性的屬靈恩賜早在使徒過世、聖經完成之時就終止了。

[23]本節以下有關靈恩止息派的討論，是採自Wayne Grudem, *The Gift of Prophecy in the New Testament and Today* (Westchester, Ill.: Crossway, 1988), pp.227-52. 本書蒙准使用這部分的資料。（譯者註：此書已有第二版，2000年出版。）

限的」（或譯為「部分的、不完全的」），而且他還接著說，這「有限的」要「歸於無有」（即「消失」）（林前13:10）。他甚至說這事會發生的時間，乃是當「那完全的來到」之時。然而那是指何時呢？即使我們能決定那是何時，是否就表示保羅對於今日教會這個「神蹟性恩賜是否已終止」的問題提供了答案？而在這段裏的「先知講道」（即說預言）的恩賜，是否就能夠作為教會時代中神蹟性恩賜的代表？

B.1.1 哥林多前書13:8-13的目的

保羅在哥林多前書13章中斷了他所討論的屬靈恩賜，他的目的乃是要將整個恩賜的討論放在一個恰當的觀點之下。僅僅是「切切的求那更大的恩賜」（林前12:31上）還不夠，應當也要「在愛之後才追求」（林前14:1直譯，和合本譯作「你們要追求愛」）——就是要有適當的目標和適當的動機。沒有愛，恩賜就了無價值（林前13:1-3）。事實上，保羅的論點是：愛超越所有的恩賜，所以，在愛中行事比擁有任何的恩賜，都來得更為重要。

為了突顯愛的超越，保羅又說：愛存到永遠，而恩賜都是暫時的（林前13:8）。接下來（林前13:9-12）保羅又進一步地解釋為何這些恩賜是暫時的：我們現在有的知識和先知所講的（說預言的）都是部分而不完全的（林前13:9），可是有一天「那完全的」就要將之取代（林前13:10）。此理可用小孩子放棄了幼稚的思想和言論，而改用成人的思想和言論之比喻來解釋（林前13:11）。保羅接著又說到我們現今的理解和知識，是間接的、不完全的，可是有一日將會變成為直接的、完全的（林前13:12），來進一步解釋第9-10節的意思。

在保羅的論述中，他將預言的功能與其終止的時間連接起來了。雖然預言能滿足一些現今的需要，但它卻是不完全的。當「那完全的」來到時，預言的功能就被別的能實現得更好的所取代，那時預言也就終止了，因為它已經變得過時或無用了（和原文的意思有些微的差別；哥林多前書13:8, 10說的「歸於無有」，希臘字是*katargeō*，「消逝」之意）。所以總括來說，哥林多前書13:8-13的功用是顯示愛比說預言等恩賜來得超越，因為那些恩賜都要消逝，而愛卻不消逝。

B.1.2 哥林多前書13:10：當基督回來時，預言就要終止了

保羅在哥林多前書13:10說：「等那完全的來到，這有限的必歸於無有了。」「有限的」這個片語（希臘文是*ek merous*，「部分的，不完全的」之意），很清楚地是指「所知道的」（知識）與「先知所講的」（預言），即是第9節所說的兩件「有限的」活動（那裏也使用了同一個希臘文片語*ek merous*）。為了將兩者的關係表達出來，我

們可以這樣繙譯哥林多前書13:8-10：

「愛是永不止息。不論是否有預言，它們終必消逝；不論是否有方言，它們終必停止；不論是否有知識，它也終必消逝。」（林前13:8）

「這是因為我們現在的知識是不完全的，預言也是不完全的。」（林前13:9）

「但等那完全的來到之時，這不完全的就將消逝。」（林前13:10）

這樣，我們就可以清楚地看見，藉著兩個重複的關鍵字：「消逝」和「不完全的」，第9節和第10節很強地連接起來。

無疑地，保羅會認為方言也應包括在第9節之內，亦即也是列在「不完全」的活動之內，然而為著文體上的原因便省略了過度的重複。雖然方言沒有被列在第9節，但我們仍必須把方言放進第9節所說的內容中來了解，因為第9節是說明第8節的原因（第9節開始時有一個「因為」，希臘字是*gar*，但和合本未譯出），而第8節中有說到方言，所以第9節中也應該包含方言。如此說來，第9節是說到方言、知識和預言必要消逝的原因。事實上，第8節重複了三次的「不論是否……」表示，假如保羅願意的話，他可以在此列出更多的恩賜（智慧、醫病、繙方言？）。

所以，我們也可以將哥林多前書13:10改寫為：「等那完全的來到，預言、方言和其他不完全的恩賜，就必消逝了。」現在留下的惟一問題，就是「等那完全的來到」是指什麼時候？從上下文的幾個因素來看，保羅的意思是指主再來的時候。

(1) 第一個原因：從第12節來看，第10節似乎必須得指主再來的時候。第12節的「那時」（希臘文是*tote*）指的是第10節的「等那完全的來到」的時候。這一點從第12節來看是顯然的：「我們如今彷彿對著鏡子觀看，模糊不清；到那時就要面對面了。我如今所知道的有限；到那時就全知道，如同主知道我一樣。」

我們何時會「面對面」地看見主呢？我們何時會知道主「如同主知道我一樣」呢？這些事都只有當主回來時才會發生。

「面對面看見」的這個片語，在舊約聖經裏曾用過幾次，都是指親眼看見神[24]——雖然這並不是指完全地、徹底地看見神（因為沒有一個有限的受造之物能夠那樣看見神）；但卻是指個人親自地、真實地看見。所以，當保羅說：「到那時，就要面對面了」，他是在表明，「到那時，我們就將要面對面看見神了。」實際上，那

[24]舉例來說，見創世記32:30和士師記6:22（其希臘文的字組和哥林多前書13:12的字組是完全一樣的）；申命記5:4; 34:10；以西結書20:35（非常相似的字組）；出埃及記33:11（觀念相同，和希伯來經文中的一些上文的字組相同，但和希臘文七十士譯本的字組不同）。

將是天上最大的福氣，也是我們在永恆中最大的喜樂（啟示錄22:4說：「〔他們〕要見祂的面」）。

第12節的下半段說：「我如今所知道的有限；到那時就全知道，如同主知道我一樣。」其中第二個和第三個「知道」，希臘文是*epiginōskō*，它是表達「知道」相當強的一個字，但絕非指無限的知道或無所不知。保羅並不期望他將知道所有的事，所以他沒有說：「到那時，我將知道一切的事。」否則他很容易就可以在希臘文中表達出來。[25] 保羅這句話的意思乃是：當主回來的時候，他期望能脫離認識——尤其是指對神和祂工作的認識——上的誤解和無能，而這種光景卻是今生的一部分。那時他對神的認識（知識），將類似於今日神對他的認識（知識），是不會包含錯誤的印象，也不會受限於這世代所能理解的範圍。可是這樣的認識只有當主回來時才會發生。

那麼，第12節的「那時」究竟是指什麼時候呢？保羅說：「我們如今彷彿對著鏡子觀看，模糊不清；到那時就要面對面了。我如今所知道的有限；到那時就全知道，如同主知道我一樣。」這裏用的「那時」，必定是指前面幾節中他已經解釋過的事。我們先看第11節，不過第11節中沒有可以指著未來「那時」的事：「我作孩子的時候，話語像孩子，心思像孩子，意念像孩子；既成了人，就把孩子的事丟棄了。」這些所指的都是過去的事，不是未來的事。這一節說到保羅過去生命中的情況，他是藉著使用一般人的譬喻，來說明他在第10節所說過的話。但是在這一節經文本身裏，保羅沒有說到將來會在某個時間發生一些事。

所以我們再繼續回頭看第10節：「等那完全的來到，這有限的必歸於無有了。」這裏有一個講到未來的敘述。保羅說，未來到了某一時刻，「那完全的」將要來到，而「那不完全的」將要消逝，「變為無用了」。這事何時會發生呢？這正是第12節所要解釋的。第12節的「那時」，就是第10節「那完全的來到」之時，我們將要與神「面對面」，而且要全知道，就「如同主知道我〔們〕一樣」。

這表示，「那完全的來到」的時候，必定是基督再來的時候。[26] 所以，我們可以將第10節改寫為：「但是當基督回來之時，那不完全的必將消逝。」[27] 或者我們也可以

---

[25]「我將知道一切的事」希臘文是*epignōsomai ta panta*。

[26]筆者會這樣說，乃是因為在哥林多前書13:10那裏的「那完全的」，更準確地說，並非指基督自己，而是指一種獲得知識（認識）的方法。它比現今的知識與預言更超越，以致使得後兩者都被廢棄了。因為當這一個「完全的」來到時，就使得那不完全的變得無用了。然而在萬物終結之時，只有保羅所期待的這種知識，在品質上與現今的知識迥異，以至於它可以被稱為是「完全的」，並可以與「不完全的」形成對比。

[27]D. A. Carson, Showing the Spirit: A Theological Exposition of 1 Corinthians 12-14 (Grand Rapids: Baker,

使用前面說過的結論，即「那不完全的」包括了預言和方言，將第10節改寫為：「但是*當基督回來之時，預言、方言〔和其他不完全的恩賜〕*必將消逝。」如此一來，我們就可以在哥林多前書13:10裏得到一個明確的敘述，是關於不完全的恩賜——像預言——終止的時間：*當基督回來之時*，不完全的恩賜將要「變為無用」或「消逝」了。這個敘述表示出，貫穿教會時代，包括今日，不完全的恩賜都會繼續存在，而且對教會是有用的，直到基督回來之時。

(2) 第二個原因：從這段經文的目的來看，我們可以很明顯地看出「那完全的來到」的時間，就是基督回來的時間。這段經文是要強調愛的偉大，因此保羅說：「愛是永不止息」（林前13:8）。為了證明這一點，他解釋說，愛不像現今的屬靈恩賜，它會在主回來以後的時間還常存著。這一點帶出了一個十分叫人信服的論點：對於神為宇宙所訂的計劃，愛是太基本、太重要了，以至於它能在主回來的時間——從今世過度到來世——以後，還能常存；它要存續到永遠。

(3) 第三個原因：從保羅關於新約時代屬靈恩賜目的的更一般性敘述裏，我們也可以知道他是指主回來的時間。在哥林多前書1:7裏，保羅將擁有屬靈恩賜（希臘文是*charismata*），與等候主回來，二者連在一起，因為他說：「你們在恩賜上沒有一樣不及人的，等候我們的主耶穌基督顯現。」

這個連結顯示，保羅認為賜予恩賜是暫時性的，是用來裝備信徒服事，*直到主回來*。所以，這一節經文和哥林多前書13:8-13的思想緊密平行，那裏的思想也類似，即認為預言和知識（無疑地也包括方言）是有用的恩賜，一直到基督回來為止，以後便不需要了。

總結以上的原因，哥林多前書13:10所說的時間是指基督回來的時候，並且這節經文的意思是說，這些屬靈恩賜會在信徒中持續著，直到那個時候。這表示我們有了一個清楚的聖經陳述：保羅認為，貫穿整個教會時代，這些恩賜都會為著教會的益處而持續地發生功能，直到主回來為止。

1987), pp. 70-72. 此書提出幾個類似的原因，說明為何「等那完全的來到」必定是指基督回來的時候（他也說到幾個其他的觀點和相關的文獻）。

「靈恩止息派」（他們主張某些恩賜，例如說預言，今日已經終止，不再有效了）的人當中，有一部分，但並非所有的人，也贊同「那完全的來到」的時間，一定是指基督回來的時候，見John F. MacArthur, Jr., *The Charismatics: A Doctrinal Perspective* (Grand Rapids: Zondervan, 1978), pp. 165-66, 和Richard B. Gaffin, *Perspectives on Pentecost* (Phillipsburg, N. J.: Presbyterian and Reformed, 1979), p. 109.

B.1.3 反對論點

對於以上的結論，有不同的人提出反對的論點，而且他們通常堅持地認為，有一些恩賜已經在教會中終止，不應該再會被使用了。

(1) 經文沒有明說恩賜何時終止

第一個反對以上結論的人是葛理齊（Richard Gaffin），他寫的書《聖靈降臨的剖析》（*Perspectives on Pentecost*）中有細密的研究。雖然他同意哥林多前書13:10「那完全的來到」的時間是指基督回來的時候，但他並不認為這節經文說的是某些恩賜終止的時候。反之，他認為，保羅只是在看「直到基督回來為止的整段時期，而不是在說這時期是否可能會被打斷。」[28]

事實上，葛理齊說，保羅整體的目的是要強調信、望、愛常存的本質，尤其是愛；他並不是要指明某些恩賜會終止的時間。葛理齊說：

> 「保羅並不是想要指明任何特定模式終止的時間。他所要肯定的是……當『那完全的』來到之時，信徒現今所有的片段知識將會終止。至於預言和方言何時終止，這一段經文並沒有提供答案，我們必須在其他經文和考量的基礎下，才能作一決斷。」[29]

他還說，除了預言、方言和知識的言語之外，保羅可能還會加上「書寫聖經（inscripturation）」的恩賜——假如他真的這麼列了，那麼屬靈恩賜的清單上就會包括一項是在基督回來之前很久就已經終止的恩賜。所以，葛理齊下結論說，對於保羅所列的其他屬靈恩賜，也可能會有這樣的情況。

回應這樣的反對論點，筆者必須說，它並沒有充分恰當地照著這經文的實際文字來處理。福音派的堅持是正確的（相信葛理齊博士也同意這點）：我們不僅要看經文段落的主要重點，也要注意其他被肯定的細節。本段經文的主要重點可以說是「愛是永不止息」，但另外一個重點，即第10節中所肯定的一個重點，就是不僅這些不完全的恩賜有一天會終止，而且那一天就是「那完全的來到」之時。保羅指出了一個確定的時間：「等那完全的來到，這有限的必歸於無有了。」但葛理齊博士似乎認為保羅這句話並非此意；然而他的說法——在更大範圍的上下文中有別的主題——並不能減弱這節經文本身的力量。

此外，葛理齊博士的看法也似乎不合此段經文的邏輯。保羅的論點說得很清楚，是在「那完全的」來到之時，預言、方言和知識就消逝了，因為那時有新的、更為超

[28] Richard B. Gaffin, *Perspective on Pentecost*, pp. 109-110.

[29] 同上出處，p. 111.

越的方法來學習和知道，「如同主知道我一樣」。可是在那時候之前，新的、超越的認識尚未來臨，所以這些不完全的恩賜就仍然有效用。最後，葛理齊博士過於強調我們以為保羅可能會說、但實際上他卻未說的事，這也是危險的：他說保羅可能會把「書寫聖經」列在屬靈恩賜裏，這表示保羅可能會這樣說：「當基督回來時，書寫聖經會終止。」但筆者一點兒都不相信保羅會寫出這樣的敘述，因為那是錯謬的——實際上會變成聖經話語中「錯謬的預言」。因為「書寫聖經」早就終止了，那是在使徒約翰寫下啟示錄的時候。

所以葛理齊博士的反對似乎推翻不了前面我們所說關於哥林多前書13:10的結論。假如「那完全的來到」之時乃是基督回來的時候，那就表示保羅是說，預言和方言等恩賜，要在那個時候終止；換句話說，縱貫整個的教會時代，它們都會繼續存在著。

(2) 恩賜終止的時間比主回來更早

這個反對論點是說，哥林多前書13:10的「等那完全的來到」，是指比主回來更早的時間。

持守這第二種反對論點的人說，「等那完全的來到」的意思有幾種可能，例如當教會成熟之時、當聖經寫成之時，或當外邦人被納入教會之時。關於這方面最謹慎的論述，可能是雷羅伯（Robert L. Reymond）所寫的書《今日長老會論現有的啟示與神蹟》（*What About Continuing Revelations and Miracles in the Presbyterian Church Today?*），[30] 還有一個持類似立場的清晰論述，則見於陳大雷（Walter Chantry）的書《使徒所行的神蹟》（*Signs of the Apostles*）。[31]

陳大雷的論點是借助於一個事實：哥林多前書13:10譯為「完全」的這個字（希臘文是*teleios*），在哥林多前書其他的地方都是用來指人性的成熟（林前14:20，「在心志上總要作大人」，或可譯為「在思想上要成熟」），或指基督徒靈命的成熟（如在林前2:6）。可是在此我們必須要注意，一個字在聖經上被使用時，不一定每一次都被用來指同一個意思。在一些情況下，*teleios*可以指人的「長大」、「成熟」，在其他的情況下則可指另一種意思：「完整」或「完全」。舉例來說，*teleios*這個字在希伯

---

[30]Robert L. Reymond, *What About Continuing Revelations and Miracles in the Presbyterian Church Today?* (Philipsburg, N.J.: Presbyterian and Reformed, 1977), pp. 32-34. Kenneth L. Gentry認為這個看法以及第一種反對論點（B.1.3之(1)節中Gaffin博士的看法）都是可接受的，見Kenneth L. Gentry, Jr., *The Charismatic Gift of Prophecy: A Reformed Analysis* (Memphis, Tenn.: Whitefield Seminary Press, 1986), pp. 31-33. 又見本書第五十三章書目中所列Robert Thomas, Victor Budgen與Thomas Edgar的著作。

[31]Walter J. Chantry, *Signs of the Apostles*, pp. 50-52.

來書9:11裏，是被用來說到「更全備的帳幕」——然而我們不會就因此咬定在哥林多前書13:10的這個字必須是指一座完備的帳幕吧。這個字的精準意思必須由它個別的上下文來決定；在哥林多前書13:10那裏，如我們所討論過的，其上下文指出，「那完全的來到」是指著基督回來的時候。

雷羅伯博士的論點則有些不同。他的推理如下（見該書第34頁）：

(1) 哥林多前書13:9-10所提及「有限的（不完全的）」——預言、方言及知識——都是指不完全的啟示方法，「都與神要讓祂的教會明白祂的旨意有關」。

(2) 在此上下文第10節「那完全的」必定也是指著與此「有限的（不完全的）」同一類的事。

(3) 所以，在此上下文第10節「那完全的」必定也是指著一種啟示的方法，然而是完全的。神要讓祂教會明白祂旨意的這一個完全的方法，乃是聖經。

(4) 結論：「那完全的來到」的時間是當聖經正典完成之時。

雷羅伯還解釋說，他的意思不是說「那完全的」就是精準地指著聖經的正典而言，而是指「啟示過程的完成」——其結果乃是聖經的產生（見該書第32頁）。有人用哥林多前書13:12的「到那時就要面對面了」反對他的說法，因為那是指面對面地看見神，而他的回答則是說，這一節經文可能不一定是指這個，可能只是指說看得「直接」與看得「模糊」之對比（見該書第32頁）。

回應雷羅伯的論點：筆者認為，雖然他的論點本身立意謹慎、前後一致，但仍舊依賴一項先行的假設，那是在整個討論裏佔有一席之地的：即新約裏之預言以及相關恩賜的權威。當我們了解到雷羅伯假設預言（以及方言和在此提及的「知識」之類的事）是屬於和聖經同等級的啟示，那麼他的整個立論就變得很清楚了。我們可以將之重寫如下：

(1) 預言與方言是和聖經同等級的啟示。

(2) 所以，這整段經文都是關於和聖經同等級的啟示。

(3) 所以，「那完全的」指的是和聖經同等級的啟示之完全或完成，即聖經的完成。

在這種推論中，原先的假設決定了推演出的結論。不過，若是要作這種假設，必須先在新約聖經論及預言的經文中作一歸納性的分析，並證明這假設是真的。[32] 但是就筆者所知，還沒有人能歸納證明新約中會眾的預言具有和聖經同等級的權威。

---

[32]有關預言恩賜較為完整的討論，請看本書第五十三章A節；亦見Wayne Grudem, *The Gift of Prophecy in the New Testament and Today.*

此外，在哥林多前書13:8-13的經文裏，有些其他的內容與雷羅伯的立場難以相合。舊約聖經中一般使用「面對面」看見的詞語，不只表示更清楚地看見神，也表示是個人性的看見神（見B.1.2節中的討論），但雷羅伯並沒有解釋這一點。另外，保羅在這些話裏把自己也包括進去的事實——「我們……到那時就要面對面了」和「到那時就全知道，如同主知道我一樣」——實在難以叫人相信這些話所指的時間，是聖經完成的時間。保羅是否真的認為，當別的使徒們最終完成了他們對新約聖經的貢獻時，他就會突然之間在認識上突飛猛進，以致他能全知道就好像主知道他那樣，又能使他從如同在鏡子裏的模糊觀看，躍進成為面對面的觀看？

除了雷羅伯和陳大雷的觀點之外，還有其他人嘗試去解釋「那完全的來到」的時間，是在主回來之前的一段時間；不過，我們不在這裏深入其細節了。那些觀點都在第12節的解釋上站不住腳，因為他們所建議的時間都和保羅的意思不同，保羅乃是說，「等那完全的來到」之時，我們就要「面對面」地看見神了。

認為那時間是指新約聖經正典完成（即將一些作品包括在新約聖經裏）的這個觀點，也並不能符合保羅在這個上下文裏所要表達的目的。假如我們以主後90年為啟示錄——新約聖經最後完成的作品——大約寫成的年代，那麼這表示新約聖經的完成大約是在保羅寫作哥林多前書（約主後55年）之後35年。如果我們這樣解釋：「我們肯定愛是永不止息的，因為我們知道愛能持續超過35年。」這種解釋能叫人信服嗎？當然不能。從上下文來看，保羅一定是在對比今世與來世，才會說到愛要一直持續到永遠。[33] 事實上我們在哥林多前書其他地方，也看到一個類似的討論過程：當保羅想要表明某件事有永遠的價值時，他就說它會存留到主回來的日子以後（另參林前3:13-15; 15:51-58）。對比之下，預言和其他的恩賜都不會存留到那日以後。

最後，這些關於哥林多前書13:10所指之時間是比主回來的時間更早的解釋，都不能在緊接的上下文找到任何的支持。除了在第12節中清楚指出是基督回來的時間，這段經文中沒有一節經文說到那些人所提出的看法——聖經的完成（即新約書卷的集結）、外邦人被納入教會、教會的「成熟」（不管那是指什麼；今日的教會算是成熟了嗎？）等等，所有以上的其他看法都加進了一些上下文沒有提到的新內容，來取

[33]有人認為在天上就不再有信心與盼望了，所以也認為哥林多前書13:13的信心和盼望都只持續到基督回來之時。然而，如果信心的意思是倚賴神、信靠祂，而盼望的意思是期望未來會從神得著福氣，那麼就沒有理由認為我們在天上就不再有信心和盼望了。（Carson說信、望、愛是「永遠常存的美德」，有關他在這方面精闢的討論，見Carson, *Showing the Spirit*, pp. 74-75.）

代那一個在上下文已經清楚表明的內容——基督的回來。其實，主張今日不再有有效的預言恩賜的葛理齊也說，第10節的「那完全的」和第12節的「那時」都「無疑地是指基督回來的時刻。認為那是指新約正典完成的時刻之觀點，在釋經學上是不可信的」。[34]

鍾馬田（D. Martyn Lloyd-Jones）博士看出，將「那完全的來到」的時間認為是新約正典完成的時間，會遭遇到另一個難題：

> 「那表示現今有聖經在面前的我們，對神的真理知道得比使徒保羅還要多……那表示我們加起來甚至比使徒他們……也包括了使徒保羅……還要優越！那表示我們現在處在一種地位……『我們……全知道，如同〔神〕知道我一樣』……實際上，只有一個詞可以形容這樣的觀點：胡說八道！」[35]

約翰·加爾文提到哥林多前書13:8-13時說：「大家把整個討論全放在時間的解釋上，是愚不可及的。」[36]

B.2 預言恩賜延續至今的看法，是否挑戰了聖經的充足性？

B.2.1 預言恩賜的權威性

那些持靈恩止息派觀點的人認為，當最後一卷新約書卷（可能就是指主後90年左右的啟示錄）寫成時，教會裏就不會再有更多說出或寫出的「神的話語」。根據靈恩止息派的立場，這一點特別和預言的恩賜有關連，因為從新約寫成的那時刻起，*聖經*就是神百姓擁有之完整的、充足的神話語之來源，若繼續有預言性（先知性）的話語，其實際的效果就是加添經文，或是與聖經的話語競爭。在這兩種情況之下，聖經的充足性都受到了挑戰，而在實行上，聖經在我們生活中的獨特權威性也被削減了。

*假如*新約會眾的預言其權威就像舊約的預言以及新約使徒的話語，那麼，這種靈恩止息派的反對就言之有據了。舉例來說，*假如*我們知道今日的先知所說的話就真是神的話語，那麼，這些話語的權威*就應該*和聖經相等，而我們無論在何時聽到這些話，也*就應該*有責任將它們寫下來，並且加進我們的聖經裏。但是假如我們相信當啟示錄完成時，神就已經停止書寫聖經了，那麼，我們必須說，*這種*說出不折不扣、完

---

[34]Gaffin, *Perspectives*, p. 109; cf. Max Turner, "Spiritual Gifts Then and Now," *Vox Evangelica* 15 (1985), p. 38.

[35]D. Martyn Lloyd-Jones, *Prove All Things,* ed. by Christopher Catherwood (Eastbourne, England: Kingsway, 1985), pp. 32-33.

[36]John Calvin, *The First Epistle of Paul the Apostle to the Corinthians,* trans. by J. W. Fraser, ed. by D. W. Torrance and T. F. Torrance (Grand Rapids: Eerdmans, 1960), p. 281.（哥林多前書13:10的註釋）

全準確神話語的情況，不會在今日發生了。任何宣告擁有「新的」經文、「新的」神話語的宣稱，都必須看作是假的並棄絕之。

這個問題十分重要，因為許多靈恩止息派者的論點根據，就是反對新約會眾預言的權威和聖經的權威相同。可是我們要注意，認為屬靈恩賜尚未終止的人自己似乎並非那樣看預言。馬喬治（George Mallone）寫道：「就我所知道的，在基督教主流的非靈恩止息派的人裏面，無人宣稱他們今日所得的啟示等同於聖經。」[37] 也許要那些反對今日還有預言的人，以體諒之心聽聽那些最有影響力的靈恩派作者們的話，會是一件好事，聽的目的只是讓自己能夠回應靈恩派所*真正相信的*（雖然不一定能用神學的形式來表達），而非他們自認為靈恩派所相信的或所應該會相信的。

此外，除了和目前作法及信念有關的問題之外，筆者還在別的地方全面地討論過這一點：在新約時代的教會裏，一般會眾的預言並*沒有*聖經的權威。[38] 口說出來的話語並非就等於是神的話語，那只不過是人的話語罷了。因為這種預言比較不具有權威性，所以我們沒有理由認為，在主回來之前，它在教會中就不再持續存在了。它並不威脅聖經的權威，也不與聖經的權威競爭，乃要順服在聖經之下，並且仰賴會眾成熟的判斷。

B.2.2 有關引導的問題

另一個認為預言恩賜會挑戰聖經權威的看法，是關於引導的問題。有人認為，即使那些今日使用預言恩賜的人*說*，今日的預言在權威上並不等同於聖經，然而，*事實上*，預言在他們生活上的功用——關於神旨意在他們生活中的引導，卻是與聖經相競爭，甚至是取代聖經的。因此可以說，今日的預言挑戰了聖經的充足性——聖經在引導我們的生活上是足夠的——這項教義。

在此我們得承認，在教會歷史上，人曾犯了許多的錯誤。約翰．麥卡瑟（John MacArthur）曾指出：更深啟示的思想已促發了教會裏許多的異端運動。[39]

---

[37]George Mallone, ed., *Those Controversial Gifts* (Downers Grove, Ill.: InterVarsity Press, 1983), p. 21.

[38]進一步有關預言恩賜之權威的討論，見第五十三章A節。又見Wayne Grudem, *The Gift of Prophecy in 1 Corinthians*; Wayne Grudem, *The Gift of Prophecy in the New Testament and Today*; D. A. Carson, *Showing the Spirit: A Theological Exposition of 1 Corinthians 12-14*, pp. 91-100; Graham Houston, *Prophecy: A Gift For Today?* (Downers Grove, Ill.: InterVarsity Press, 1989).（我們在第五十三章中還會討論其他的觀點，尤其是Richard Gaffin, *Perspectives on Pentecost*這本書的觀點。）

[39]John F. MacArthur, Jr., *The Charismatics: A Doctrinal Perspective.* 第2-6章；尤見第27頁以後各頁。John MacArthur在他新版的書裏，批判地更廣，見*Charismatic Chaos* (Grand Rapids: Zondervan, 1992), pp. 47-84. 但Rich Nathan又對MacArthur有深思並多方的反駁，見Rich Nathan, *A Response to Charismatic Chaos*

可是問題乃是：濫用預言恩賜是*必然*的嗎？假如我們認為恩賜帶來的錯誤和濫用恩賜本身會使恩賜不再有效，那麼我們可能也要拒絕聖經的教訓（因為許多聖經教師曾經教錯了聖經而開始了異端），反對教會的治理（因為許多教會領袖曾把人帶離開正路）等等。雖然有人*濫用*恩賜，但這不表示我們必須禁止*適當地使用*恩賜，除非有人顯示出根本不可能適當地使用恩賜，即所有的使用都成了濫用。[40]

此外，我們最好也能注意到，特別是關於引導的問題，在靈恩運動裏有許多人發出警告說，使用預言來給人特定引導時要非常留心。以下所引用的一些話可以證明這一點。

米高・哈伯（Michael Harper，英國國教）：

「對於那種告訴別人應該怎麼做的預言，要大大地存疑。」[41]

班納德夫婦（Dennis and Rita Bennett，美國聖公會）：

「我們也要小心那種屬於個人的、指引人方向的預言，特別是由那些不是成熟又順從神之人所說出來的。不受約束的『個人性的預言』，深深地損害了聖靈在二十紀初開始的運動……基督徒當然會『在主裏』互相給予話語……而且這樣的話語十分能令人恢復活力，對人有益，可是聽到這些話的人，一定要有聖靈的見證；而且在接受任何被說成是要指引人方向或預測性的預言時，都要極度地小心。千萬不要只因為有人用『假定的』先知的話、繙譯出來的方言、智慧的言語或知識的言語告訴你，你就去從事任何計劃；也千萬不要只因為一個朋友對你說：『主要我告訴你去如此、如此做。』你就真的去做什麼事。假如主要指引你做什麼，祂自會在你的心中作見證；而

(Anaheim, Calif.: Association of Vineyard Churches, 1993).

[40]可能有人會反對說，預言比別的恩賜更可能被濫用，因為若認為神今日能夠（用預言）向人啟示一些事，無可避免地會導致它與聖經的權威相競爭。筆者以三點來回應這看法：

(1) 有關現代所有預言在本質上都可能會出錯，這方面的教導，做得還不夠廣泛到足以防止濫用這個恩賜，尤其是在那些許可說預言的團體中，而且也未普及到一般人的層面。所以，濫用預言的情況才會多於它所應該會有的情況。雖然有些人發出過強烈的警告，但他們也很少解釋到，即使預言是由神而來，但在權威上仍舊不等同於神的話語——換句話說，很少的五旬節派或靈恩派的作者會解釋說，預言乃是屬人的報告，是將神叫人不期然想起的事物報告出來（詳見第五十三章A節）。（不過，有一些靈恩派的作者們也說了一些有用的警告，見以上本文之後的幾段內容。）

(2) 認為教導會眾要將預言*服在*聖經之下，反而會無可避免地使人推崇預言高於聖經，這種說法是不對的。這種偏頗的情形會發生在忽略這種教導的地方，而非傳講這種教導的地方。

(3) 假如聖經真的教導說今日還可以有預言，並且它不會以挑戰聖經權威的形式持續，那麼我們就不可因為它有被濫用的可能而任意排斥它（其他的恩賜在其他領域也有被濫用的可能）。我們應當鼓勵使用恩賜，並盡力維護它不被濫用。

[41]Michael Harper, *Prophecy: A Gift for the Body of Christ* (Plainhill, N.J.: Logos, 1964), p. 26.

從朋友說出來的話……只是肯定神*已經*顯示給你的事。你的引導也必須符合聖經的教導……」[42]

唐納季（Donald Gee，神召會）說：

「這種習慣——藉著靈恩而給予或接受有關個人性的引導『信息』，造成了致命的問題……聖經允許這種由聖靈而來的引導……可是它的出現率必須恰當：我們查查聖經就知道，事實上初代的基督徒*並非*持續地接收從天上來的聲音。在大多數的情況裏，他們乃是使用我們通常所稱的『聖別的常識』作決定，並且過著十分正常的生活。我們許多與靈恩有關之錯誤的產生，是因為我們想要那些特別的、例外的事，變成經常的、習慣性發生的事。但願所有想要透過靈恩而過分渴求得到『信息』的人，能從過去和當代的失敗中，獲取警告……聖經是我們腳前的燈、路上的光。」[43]

但另一方面，即使是在十分屬於改革宗信仰的靈恩止息派的人中間，也有人願意承認，在信徒生活中有某種持續的聖靈的「光照」。舉例來說，西敏斯特神學院的教授葛理齊就說：

「那些被視為是預言的話語，其實常常是一種由聖靈所運作、從人心中自發出來的對聖經的應用，並且或多或少都抓住了聖經在某一個特定情況或問題上所教導的內容。所有的基督徒都需要敞開自己接受這種更為自發性的聖靈的工作。」[44]

而雷羅伯就定義*光照*為「聖靈使基督徒能夠一般性地明白、想起，並應用他們讀過的聖經。」[45]

然而假如這些作者們接受說，聖靈在今日可以使基督徒「明白」、「想起」、「應用」或「抓住」聖經的教導，那麼在原則上，他們*所說的*，和靈恩運動中許多人*所做的*，其間似乎沒有很大的差別（雖然在引導的準確運作方式上，可能還存在著一些差別，但是這個差別不是屬於預言那類的問題，而只是屬於引導的一般性問題，特別是關於由聖經而來的引導，與由建議、勸慰、良心、環境、講章等而來的引導，二者之間的關係與差別）。在此比較大的重點是，葛理齊和雷羅伯所稱的「光照」，在新約聖經中似乎稱為「啟示」；而他們所稱將光照說出來的行為，新約聖經似乎稱為

---

[42]Dennis and Rita Bennett, *The Holy Spirit and You*, p. 107.

[43]Donald Gee, *Spiritual Gifts in the Work of Ministry Today* (Springfield, Mo.: Gospel Publishing House, 1963), pp. 51-52.

[44]Gaffin, *Perspectives*, p. 120.

[45]Reymond, *What About Continuing Revelations and Miracles in the Presbyterian Church Today?* pp. 28-29.

「說預言」。

所以筆者這樣想，在這方面，可能可以有更大的空間，容許更多聯合的神學省思。靈恩派的人需要了解，靈恩止息派的人是懷疑這種「光照」的範圍和頻率，將它稱為新約的預言是否正確，它是否真的對教會有價值，我們是否應當追求它。而靈恩止息派的人也需要了解，他們自己所高度發展、苦心建立的「聖經在引導上的充足性」的教義，通常不為多數福音派——包括靈恩運動裏的人——所共同接受，甚至也不為他們所了解。然而也許改革宗的「光照」觀念，可以為今日所發生的預言之事留些空間，也可以提供了解預言的方法，而不是把它視為是在挑戰聖經充足性的教義。

那麼，關於預言的恩賜和聖經的充足性之間的關係，我們該有怎樣的結論呢？我們必須說，我們感謝靈恩止息派的人，因為他們想要保衛聖經的獨特性，不容許我們生活中有任何事物，與聖經的權柄相爭。我們也必須說，我們感謝靈恩止息派的人，因為他們想要基督徒在日常生活中，明白並隨從有關神的引導的健全原則，而不落入連聖經都管制不了、過度的主觀主義。但在另一方面，如果靈恩止息派的觀點真有錯的話，那也確實是一件危險的事。我們若阻擋神今天在教會正在做的工作，又沒有因此而將榮耀歸祂，那才真是要不得的。神為著祂的工作是忌邪的，而且神又為祂自己的緣故要從那些工作中得著榮耀；所以，我們必須不斷地禱告，不但求祂保守我們不贊同錯誤，而且也求祂保守我們不要阻擋真正從祂而來的事物。

B.3 神蹟性的恩賜是否僅賜給使徒及其同工們？

靈恩止息派的另一個論點，就是神蹟性的恩賜僅賜給使徒和他們親近的同工們。關於這個問題的討論，見本書第十七章。[46]

B.4 神蹟性的恩賜是否僅伴隨聖經的賜予才有？

另一個反對現今還有神蹟性恩賜的論點，是說神蹟性的恩賜是伴隨著聖經的賜予才有的，因為今日沒有新的聖經賜下，所以我們就應該不再期望有新的神蹟了。

回應這樣的說法，必須要說明，這並不是賜下神蹟性恩賜的惟一目的。在聖經上的神蹟還有幾個其他的目的：(1) 它們在教會時代證實了福音的信息；(2) 它們幫助了那些有需要的人，也因此展現了神的憐憫和慈愛；(3) 它們裝備人來服事；以及(4) 它們榮耀神。[47]

我們也應當注意，不是所有的神蹟都是伴隨聖經的賜予才有的。舉例來說，在舊

[46]有關神蹟性的恩賜是否僅賜給使徒和他們親近的同工們之討論，見本書第十七章D節。

[47]有關神賜下神蹟的目的之討論，見本書第十七章C節。

約聖經裏，以利亞和以利沙的服事中有一些著名的神蹟，可是他們並沒有寫下一卷經文或隻字片語。在新約聖經裏，有許多神蹟的發生並沒有伴隨聖經之賜予，例如使徒行傳裏的司提反和腓利，他們行過神蹟，卻沒寫聖經。還有很多沒有寫聖經的先知，他們出現在該撒利亞（徒21:4）、推羅（徒21:9-11）、羅馬（羅12:6）、帖撒羅尼迦（帖前5:20-21）、以弗所（弗4:11），以及約翰一書所寄達的團體（約一4:1-6）。在加拉太眾教會明顯有不少行異能的事（加3:5）。許多神蹟性的事件發生在哥林多（林前12:8-10），但保羅在哥林多前書14:36裏否認有任何的聖經經文是出自哥林多教會。[48] 雅各期望在所有他致信去的教會，長老們都能藉著按手帶出神的醫治（見雅5:14-16）。

B.5 這是歷史事實嗎——神蹟性的恩賜在教會歷史早期就已經終止了？

有些靈恩止息派的人聲稱，神蹟性的恩賜事實上在使徒過世時就已經終止了，因為神蹟的目的是為了證實使徒的真實性。為了這個緣故，他們認為，今日不應當再有神蹟性的恩賜了。華菲德在他的著作《贗品神蹟》（*Counterfeit Miracles*）裏極力提倡此說。[49]

回應此觀點，筆者首先必須說，上述的前提在歷史的根基上是十分令人懷疑的。愈來愈多的歷史證據顯示，即使將誇張的或明顯屬於偽作宣稱的神蹟都除去，在整個教會歷史中仍然一直存在有神蹟性的恩賜，只是程度上有差別。[50] 神醫和其他種類的

---

[48]見本書第五十三章A.3.4節有關哥林多前書14:36的討論。

[49]London: Banner of Truth, 1972 (reprint of 1918 edition). 我們要注意，雖然Warfield的論點屢被引用，但其實那只是對歷史的綜覽，並非聖經經文的分析。不但如此，Warfield的目的不是為了反駁基督徒對靈恩的使用，即反駁像許多今日的靈恩運動者那樣地使用恩賜。其實靈恩派的教義（除了關於靈恩方面的教義之外），以及他們所屬的教會，都將他們定位在更正教福音派的主流之內。Warfield的著作乃是在駁斥一些偽作神蹟的宣稱，它們是來自於教會歷史上不同時期的天主教內某些支派，以及不同的異端黨派（Warfield也討論到Edward Irving [1792-1834]的隨從者，此人走入旁門左道的教訓，在1833年被蘇格蘭教會開除）。現代靈恩止息派所反對的一些事，在教義和生活上與Warfield本人所反對的已大不相同了，但他們卻仍宣稱Warfield支持他們；這種作法是否是對的，讓人起疑問。

[50]Warfield的立場受到晚近福音派研究的批判，見Max Turner, "Spiritual Gifts Then and Now," *Vox Evangelica* 15 (1985), pp. 41-43. 文中附有引介其他著作的註釋；Donald Bridge, *Signs and Wonders Today* (Leicester: Inter-Varsity Press, 1985), pp. 166-77; 及Ronald A. Kydd, *Charismatic Gifts in the Early Church* (Peabody, Mass.: Hendriksen, 1984). 關於在初代教會歷史中神蹟性恩賜的重要證據，見Eusebius A. Stephanou, "The Charismata in the Early Church Fathers," *The Greek Orthodox Theological Review* 21:2 (Summer, 1976), pp. 125-46.

研究教會史上神蹟性恩賜的著作中，涵蓋廣泛但又通俗易懂的，見Paul Thigpen, "Did the Power of the Spirit Ever Leave the Church?" *Charisma* 18:2 (Sept. 1992), pp. 20-28. 更晚近的著作可見Jon Ruthven, *On the Cessation of the Charismata: The Protestant Polemic on Post-Biblical Miracles* (Sheffield: Sheffield University Academic Press, 1993)。這是他的博士論文的修正與擴充版，內容是回應由Warfield到現今有關靈恩止息派

禱告得神蹟性的回應，通常都被記錄下來了。在初代教會歷史中，也有人自稱是先知，但問題是他們經常錯誤地理解他們的恩賜，要不然就是其他人理解錯了，以至於把他們說出來的話語誤認為是不折不扣、完全準確的神的話語。有時候教會容忍他們，但有時候他們成為教會領導權柄的大威脅，於是他們就開始分裂出去——可悲地，他們不再服在已確立的教會管治與評估的權柄之下。不過，也有人可能得著所謂的「啟示」，但他們並沒有講出來，或者只是包含在禱告、講章、勸勉、詩歌或一些靈修文字裏，而沒有加以闡釋。[51]

當保羅說：「等那完全的來到，這有限的必歸於無有了」（林前13:10），他不是說有關教會歷史上神蹟性恩賜出現的相對*頻率*，這點應當是清楚了。神蹟性恩賜出現的頻率會隨著很多因素而有很大的變化：不同時期之教會的屬靈成熟度和活力；這些恩賜被視為祝福而為人所尋求的程度，或是被排斥為異端的程度；教會為操練這些恩賜所提供經常性聚會的機會頻率；正確地認識這些恩賜的程度；以及超過以上所有因素的，聖靈分賜多少這些恩賜給教會的主權作為。

然而保羅說到，在基督回來的時候，神將主動地把這些恩賜全面而終結地廢棄。他的意思是說，他認為在基督回來以前，這些恩賜至少會在某個程度之內，存留給我們使用，而且聖靈也會繼續地將這些恩賜分賜給人。加爾文注意到，在保羅的時代，屬靈恩賜是很豐富的，因此他在哥林多前書14:32這樣註釋說：

的論點。

從教會歷史角度所提出的論點，會因為分析1970年到現今所發生的事件而改變。教會增長分析家告訴我們，鼓勵神蹟性恩賜的五旬節派和靈恩派的教會所經歷的增長，在教會歷史上是史無前例的。富勒神學院教授C. Peter Wagner說：「在1945年時，全世界的五旬節派和靈恩派只有一千六百萬人；到了1975年，他們增長到了九千六百萬人；過了十年，到了1985年，他們的人數則有驚人的兩億四千七百萬。我沒看過有任何非政治、非軍事的自發團體，在整個人類的歷史上，曾有過這樣的增長率。」(“Exploring the Supernatural Dimensions of Church Growth,” *Global Church Growth* [Oct.-Dec., 1988], p. 3) 且作一比較，如果1985年的世界人口是五十億的話，那麼兩億四千七百萬人就是佔世界人口的百分之五了。

[51]我們必須明白，除非人了解預言乃是將神叫人不期然想起的事物報告出來，而且了解這報告出來的話是有可能出錯的，否則要叫教會鼓勵人說預言或只是包容它，都是非常困難的。假如預言實際上是根據神突然叫人想起的事，那麼基督徒的先知們——不論有好的或壞的動機——就會很容易地開始宣稱，他們不但從神或從基督那裏得著了某個「啟示」，而且他們也會以近乎聖經的權威來說預言。這種事顯然發生過，至少在主後二世紀的孟他努主義（Montanism）發生過，也可能在其他許多的個案中發生過。當然，如果這些先知開始提倡異端思想的話，教會的其他人最終就會將他們全都逐出教會。宣稱擁有絕對神聖權威的人，最終不是被接納，就是被排斥，不會只是被容忍著。

然而教會在排斥那些誤認其地位的先知們之同時，也許也排斥了說預言的恩賜，以至於教會自己也沒有認清預言恩賜的本質，結果就導致在教會中完全地壓制預言的恩賜，或至少是不容許它在公開場合中表達出來。

「今天我們看到我們自己些微的資源，事實上就是我們的貧窮；但是無疑地這是我們當得的懲罰，是神對我們不存感恩的回報。因為神的豐富是無窮盡的，祂的寬宏也沒有變少；然而我們不配得祂的大量，也不能承受祂所有慷慨的賜予。」[52]

B.6 今日的神蹟性恩賜與聖經上的神蹟性恩賜相同嗎？

另一個反對今日還有神蹟的論點，是說到今日所謂的神蹟並不像聖經裏所記載的神蹟，因為它們的力量都太微弱了，而且通常只在部分有效而已。回應這種反對，我們必須問：是否力量的強弱那麼重要——今日的神蹟一定要和新約時代所發生的神蹟有一樣的強度嗎？首先，我們幾乎不知道當時在不同教會的會眾裏，例如在哥林多教會或在加拉太地區的眾教會，普通的基督徒所行的神蹟是什麼樣的。此外，雖然福音書中記載了許多耶穌所行的著名神蹟，但是當耶穌醫治「各樣的病症」（太9:35）時，必定包括了許多比較不嚴重的疾病。不但如此，我們也必須問反對者，他們所期望的效果指標為何。假如在一場佈道會只有三百人悔改信主，而不是五旬節當天的三千人（徒2:41），我們會說這位講員真的沒有什麼傳福音的恩賜，因為他的恩賜運作起來不像使徒那樣有能力嗎？或者我們所禱告的人只有百分之三十的身體疾病完全地得到醫治，而不是像耶穌或使徒們百分之百使人病得醫治，我們會說這不是新約時代的醫病神蹟嗎？[53] 我們必須記住，恩賜的力量有強弱的不同，而且在這個世代沒有一個恩賜是完全的。但這是否就表示我們應當停止使用所有這些恩賜？或表示當我們看見它們只有幾分果效時，就應當反對它們？如果只有三百人而不是三千人悔改信

---

[52] John Calvin, The First Epistle of Paul the Apostle to the Corinthians, p. 305.

[53] 雖然用百分之三十的數字只是為了說明而舉的例子，然而它也很接近兩個近來有關禱告求醫治的統計數字。其中一個統計圖表可見於David C. Lewis, *Healing: Fiction, Fantasy, or Fact?* (London: Hodder and Stoughton, 1989) 一書；這個統計是一項學術性的研究，調查1986年在英國Harrogate參加過一次John Wimber之大會的1,890人得到醫治的情形。David C. Lewis是一位社會人類學者，他準備了詳細的問卷，要參加的人在大會上填寫，然後在幾個月以後又隨機地選擇一些人做跟進的研究。在祈求身體得醫治的862件個案裏，有百分之三十二的人（或說有279件）回應說「大得醫治」或「全然得醫治」；另外有百分之二十六的人（或說有222件）回應說「有得醫治」；其餘有百分之四十二的人（或說有366件）則回應說「幾乎沒有得醫治」或「沒有得到醫治」（見該書21-22頁）。其中許多的個案有詳細的報告，還有的附有繁複的醫學報告。書中還記錄了所有祈求要得醫治的身體病症，列在詳盡的附錄裏（見該書276-83頁）。這些身體的病症和祈求得醫治的屬靈問題——例如內在醫治和釋放——是不同的，作者也為屬靈的問題另作了表列。另一個統計圖表見於John Wimber, *Power Healing*, p.188. 他說，所有在他的教會裏接受持續禱告而得醫治的人，「在1986年，有百分之三十二的人得著完全的醫治，而整體來說，有百分之八十六的人顯示出得著一些重要醫治的證據。」（D. A. Carson, *How Long, O Lord?* [Grand Rapids: Baker, 1990], p. 124. 書中說：「Wimber十分地坦白：他估計他的『成功率』大約是百分之二。」但是Carson沒有提供他這句話的來源。從Wimber自己實筆寫下的記錄來看，Carson的話顯然是不正確的。）

主，只有百分之三十而不是百分之百的人得醫治，是否我們就不應該讚美神了？是否就不算是主的工作了？如果在數量上沒有像新約時代的那麼多，那麼我們就應該求主賜下更多的恩典或憐憫，而不是放棄使用這些恩賜，或反對那些使用它們的人。

B.7 如果容許今日有神蹟性的恩賜，對教會是否有危險？

靈恩止息派的最後一項論點，是說強調使用神蹟性恩賜的教會，會落在不平衡的危險之下，也可能會忽略了其他重要的事，例如傳福音、教導健全的教義與過道德純潔的生活。

說使用神蹟性的恩賜是「危險的」，這說法本身就不是恰當的評論，因為有些事是*對*的，卻是危險的，至少在某種意義上是如此；例如宣教工作是危險的，開車也是危險的。假如我們定義「*危險的*」意思是「可能會走錯的」，那麼我們就可以評論說任何人做的*任何事*都可能是「危險的」。因為這個評論指不出特定的濫用問題，所以它就變成漫無目的的批評了。關於這個問題比較好的處理方法是問：「它們的運用符合聖經嗎？」「是否採取了合適的步驟以防備濫用的危險？」

當然，教會是真的會變得不平衡，而且有些教會事實上已經變得不平衡了，可是並不是所有的教會都會變成那樣，也不是非變成那樣不可。此外，因為這個論點是根據教會生活的真實結果而產生的，所以我們也可以問類似的問題：「在今日世界上，怎樣的教會在傳福音上最有果效？怎樣的教會其會員最肯犧牲地奉獻金錢？怎樣的教會在實際上最強調生活的純潔？怎樣的教會對主自己和對祂的話熱愛最深？」對筆者來說，要清楚地回答這些問題並不容易，可是也不認為我們可以公正地說：那些靈恩運動或五旬節運動中的教會，在這些領域裏比起其他的福音派教會，是*全盤性地更為軟弱*。事實上，在某些例子裏，他們在這些領域可能是更強的。在此只是要說明一點：這種說強調神蹟性恩賜的教會*將會*變得不平衡的論點，在實際的運作中，並未得到證實。

B.8 小結：靈恩止息派與靈恩派互相需要

最後，我們可以這麼說：那些在靈恩派或五旬節派陣營的人，和那些在靈恩止息派陣營的人（主要是改革宗和時代論基督徒），真的是互相需要，他們也應更多地欣賞對方。靈恩派或五旬節派的人有更多使用屬靈恩賜的實際經驗，在敬拜時也更有活力，如果靈恩止息派的人願意學習的話，是可以很受益的。另一方面，改革宗和時代論的團體在傳統上對基督教教義的了解是很強的，對聖經教訓的了解也是很深入又很準確的，如果靈恩派或五旬節派的團體願意的話，會從對方學習到很多。然而如果雙方都認為他們不可能從對方學到什麼，或他們不可能從彼此的交通裏受益，那麼對雙方教會的整體而言，都肯定是絕無幫助的。

個人思考與應用

1. 在讀本章之前，你認為你具有什麼屬靈恩賜？在讀本章之後，你對屬靈恩賜的看法是否有改變？有什麼改變？
2. 請解釋每一樣你所擁有的屬靈恩賜，是怎樣地大過大多數舊約信徒所知道的。請解釋每一樣你所擁有的屬靈恩賜，是怎樣地預嘗了你將在基督回來以後所擁有的知識或能力。
3. 你能做什麼來挑旺或強化那些在你裏面需要被強化的屬靈恩賜？是否有些恩賜已經賞賜給你，但卻被你忽略了？你認為你為何會忽略它們？你能做什麼來重燃或挑旺它們？
4. 想想你自己的教會，現在有哪些屬靈恩賜是最有效地在發揮功能？有哪些屬靈恩賜是你的教會最需要的？你是否能做些什麼來幫助解決那些需要？
5. 你認為可以做些什麼事，來幫助眾教會避免捲入靈恩問題的爭議，甚至導致分裂？在你自己的教會裏，是否有些張力是和靈恩問題有關的？若是如此，你能做什麼來幫助減輕這些張力？
6. 你是否認為新約聖經中提到的一些屬靈恩賜，在初代教會史中就已經終止，今日已不再有效了？你在這個問題上的看法，是否因著閱讀本章的內容而有所改變？
7. 從你的觀點來看，以下兩種教會中哪一種是比較健康和比較合一的：只集中在少許幾樣恩賜，但小心並好好地使用它們的教會；或是鼓勵人使用許多不同恩賜，並容許許多不同的人、在許多不同的機會來使用它們的教會？如果你的答案是後者，那麼你的教會可以做些什麼事，來使屬靈恩賜包含更大的多樣性，並使更多人有不同的恩賜？這樣廣的使用靈恩，可能會有哪些危險伴隨而來？要如何防範？

特殊詞彙

見下一章。

本章書目

見下一章。

第五十三章

屬靈恩賜（二）：特定的恩賜

我們當如何正確地了解特定的屬靈恩賜？
我們當如何運用它們？

背誦經文：哥林多前書12:7-11

聖靈顯在各人身上，是叫人得益處。這人蒙聖靈賜他智慧的言語，那人也蒙這位聖靈賜他知識的言語，又有一人蒙這位聖靈賜他信心，還有一人蒙這位聖靈賜他醫病的恩賜，又叫一人能行異能，又叫一人能作先知，又叫一人能辨別諸靈，又叫一人能說方言，又叫一人能繙方言。這一切都是這位聖靈所運行，隨己意分給各人的。

詩歌：來罷賜下生命之靈（*Come, O Come Thou Quickening Spirit*）

[1]來罷賜下生命之靈 來自永遠之上帝 永不叫人失望的靈
願你常住我心靈 真理生命和亮光 驅盡夜間的黑暗
[2]賜下完全智慧勸誨 還有你自己純潔 使得我們單單尋求
討你喜悅的選擇 願你知識成長四溢 驅除所有的錯謬
[3]求主顯明蒙福之道 正當我們走錯路 求主幫助驅逐我罪
日復一日主同住 當我迷路求主召回 使我悔改不跌倒
[4]大能聖靈強而有力 你使萬物都更新 你的工作使我完全
降服邪惡的仇敵 賜下爭戰的武器 贏取生命的冠冕

詞：Heinrich Held, 約1664；Eng. trans. by Charles W. Schaeffer, 1866
曲：LUX PRIMA 8.7.8.7.7.7., Charles F. Gounod, 1872
另一曲調與領我大哉主耶和華（*Guide Me, O Thou Great Jehovah*）同調
替代詩歌：蒙聖靈的安慰（*The Comfort of Holy Spirit*）, D. W. Myland

前言

我們在這一章是用前一章有關屬靈恩賜的一般性討論為基礎，來更詳細地檢視幾項特定的恩賜。我們不會討論新約聖經中所提的每一項恩賜，而會專注在幾項較不

被人了解的恩賜，以及那些在今日引起了一些爭議的恩賜；所以，我們不會討論那些名稱與運用都很明顯的恩賜，例如作執事（即服務）、勸化（即勸勉）、施捨、治理（即領導）及憐憫人等，而會集中精力在下列的這些恩賜，它們主要是從哥林多前書12:28和12:8-10裏提出來的：

(1) 說預言

(2) 教導

(3) 行異能

(4) 醫病

(5) 說方言、繙方言

(6) 智慧的言語、知識的言語

(7) 辨別諸靈

A. 說預言

雖然已經有人為說預言（prophecy）的恩賜下過幾個定義了，不過若用新約的教訓重新來檢視這個恩賜，就顯示了它的定義不是「預測未來」、不是「宣告從主來的話語」、也不是「大能講道」，而是「將神叫人不期然想起的事物報告出來」。以下討論的前四點支持了這一個結論，其餘七點則是關於這項恩賜的其他方面。[1]

A.1 新約的使徒相當於舊約的先知

舊約先知們有一項令人驚訝的職責，那就是他們能夠說出並寫下具有絕對屬神權威的話語。他們能夠說：「耶和華如此說」，而且他們接著說的話語都是真正的、完

[1]以下所有關於預言恩賜的各項討論，更深入的內容可見Wayne Grudem, *The Gift of Prophecy in 1 Corinthians* (1982), 以及Wayne Grudem, *The Gift of Prophecy in the New Testament and Today* (1988, 2000)。前書比較具專業性，有許多與學術界文獻互動的討論。

內文中關於預言的大多數討論，是採自筆者的另一篇專文："Why Christians Can Still Prophesy," in *CT* (Sept. 16, 1988), pp. 29-35. 蒙准如此使用。又見筆者的另兩篇專文："What Should Be the Relationship Between Prophet and Pastor?" in *Equipping the Saints* (Fall 1990), pp. 7-9, 21-22; 及"Does God Still Give Revelation Today?" in *Charisma* (Sept. 1992), pp. 38-42.

筆者對於預言恩賜的了解，與幾位作者不同。讀者若想要了解其他立場之觀點，請看Richard Gaffin, *Perspectives on Pentecost*.（他基本上是在回應筆者1982年所著之*The Gift of Prophecy in 1 Corinthians*未付梓前的書稿），以及本章書目裏所列以下作者的書：Victor Budgen, F. David Farnell, Kenneth L. Gentry, Jr., Robert Saucy, Robert L. Thomas, R. Fowler White. 另一方面，本章書目裏所列以下作者的研究和幾本書的書評：D. A. Carson, Roy Clements, Graham Houston, Charles Hummel, M. M. B, 則表達了真實贊同筆者在1982及1988出版之兩本書所主張的立場。

全準確的神的話語。舊約先知將他們的話寫成聖經裏神的話語,是給所有世代的(見民22:38;申18:18-20;耶1:9;結2:7等)。所以,不相信或不順服先知的話,就是不相信或不順服神(見申18:19;撒上8:7;王上20:36及多處別的經節)。

在新約時代裏,也有人說出並寫下真正的、完全準確的神的話語,記錄在聖經裏面,可是我們驚訝地發現到,耶穌不再稱他們為「先知」,而是使用了一個新的詞語「使徒」——使徒在新約裏就相當於舊約裏的先知(見林前2:13;林後13:3;加1:8-9, 11-12;帖前2:13; 4:8, 15;彼後3:2)。那時有權柄寫下新約聖經話語的,是使徒們,而非先知們。

當使徒們要建立他們獨特的權威時,他們從來不訴諸於「先知」這個稱呼,而是稱他們自己為「使徒」(羅1:1;林前1:1; 9:1-2;林後1:1; 11:12-13; 12:11-12;加1:1;弗1:1;彼前1:1;彼後1:1; 3:2等處)。

A.2 新約時代「先知」一詞的意義

為什麼耶穌選擇了「使徒」這個新名詞來稱呼那些有權柄書寫聖經的人呢?這可能是因為在新約時代,希臘字*prophētēs*(「先知」)這個字所涵蓋的意思十分寬廣。一般來說,它並沒有「說出神話語的人」的意思,反而是有「受一些外在影響而說話的人」的意思(通常是指某種屬靈的影響)。在提多書1:12那裏所使用的這個希臘字,就是這個意思。在那節經文裏,保羅引用了異教的希臘詩人伊皮麥尼德(Epimenides)的話說:「有革哩底人中的一個本地*先知*說:『革哩底人常說謊話,乃是惡獸,又饞又懶。』」當譏誚耶穌的士兵們蒙著耶穌的眼,殘酷地要求祂說:「你是*先知*,告訴我們,打你的是誰?」(路22:64)他們使用的「*先知*」這個詞,似乎也是這個用法。他們的意思不是說:「請說出絕對屬神權威的話語」,而是說:「告訴我們一些神顯示給你的事吧。」(另參約4:19)

許多經外作品就以這種用法來使用「*先知*」(希臘字是*prophētēs*)一詞,而不表示被稱為「先知」之人的話語,有任何屬神權威的意思。事實上,到了新約時代,「*先知*」這個詞在日常生活中使用時,通常就只表示「一個有超然知識的人」,或「一個預測未來的人」,甚或只表示是一個「發言人」而已(沒有任何屬神權威的涵義)。克拉默(Helmut Kramer)在《新約神學辭典》(*Theological Dictionary of the New Testament*)裏所寫的一篇專文,就提出幾個新約時代前後的例子:[2]

---

[2]這些例子取自*TDNT* 6, p.794.

某位哲學家被稱為「本質不朽的先知」(屈梭多模, Dio Chrysostom, 主後40-120年)。

某位教師(第歐根尼, Diogenes)想要成為「真理和公正的先知」(盧西安, Lucian of Samosata, 主後120-180年)。

那些提倡享樂主義的人被稱為「伊比鳩魯(Epicurus)的先知們」(蒲魯塔克, Plutarch, 主後50-120年)。

寫成的歷史被稱為「真理的女先知」(狄奧多羅斯, Diodorus Siculus, 約寫於主前60-30年)。

某位植物專家被稱為「先知」(狄奧斯高達士, Dioscurides of Cilicia, 主後一世紀)。

某位醫療界的「密醫」被稱為「先知」(蓋倫, Galen of Pergamum, 主後129-199年)。

克拉默的結論是,「先知」的希臘字(*prophētēs*),「只是表達了宣告、傳揚、使人知道的正式功能」。然而因為「每一個先知都是在宣告一些不屬乎他自己的事」,所以「傳揚」的希臘字(*kēryx*)是「最靠近它的同義詞」了。[3]

當然,「先知」和「說預言」兩詞有時候用於使徒身上,其背景是要強調外在的屬靈影響力(由聖靈而來),因為他們是在這種影響力之下講話的(啟1:3; 22:7; 弗2:20; 3:5的用法就是如此)。[4]但這並不是一般用來指使徒的詞彙,而且這兩個詞本身也不表示他們的言語或著作有什麼屬神的權威;它們反倒是更普遍地用於一般的基督徒身上——他們並沒有什麼絕對的屬神權威,只不過是說出一些神放在他們心上或叫他們想起的事物而已。新約聖經裏有許多出處指出,這個普通的預言的權柄小於聖經,甚至小於初代教會所認可的聖經教訓,這一點我們會在下一節解釋得更清楚。

---

[3]同上出處, p. 795.

[4]筆者曾在*The Gift of Prophecy in the New Testament and Today*一書中長篇討論以弗所書2:20 (pp. 45-63)。保羅在這節經文中說教會是「被建造在使徒和先知的根基上」,或說「被建造在兼為先知的使徒之根基上」。將語句*tōn apostolōn kai prophētōn*繙譯為後者,在文法上是說得通的。這樣繙譯,就指明外邦人得以納入教會的奧祕,是啟示給使徒的(見以弗所書3:5,該處指明「這奧祕……如今藉著聖靈啟示他的聖使徒和先知一樣」。「使徒和先知」亦可作「使徒-先知」,或作「兼為先知的使徒」)。

筆者不認為以弗所書2:20和整個預言恩賜的討論有很大的關聯。不論是把使徒和先知視為一種人(使徒-先知),如筆者的看法,或是將之視為兩種人(使徒和先知),如Richard Gaffin和其他幾位的看法,我們都一致同意,這些先知們是為教會提供根基的人,因此他們說的話是沒有謬誤的神的話語。但我們對於以下這個問題的看法不一致:是否這一節經文是在描述新約教會所有擁有預言恩賜的人之特點。筆者不認為有叫人信服的證據,說明這節經文是在描述初代教會所有說預言的人。反之,它的上下文背景倒很清楚地指出有一些十分少數的先知們是:(a)教會根基的一部分;(b)與使徒們密切相關;(c)得到神的啟示,知道外邦人與猶太人在教會裏是平等的成員(弗3:5)。不論我們說這一群人只是使徒們,或說他們是一群與說出具聖經品質之話語的使徒們有密切關連的先知們,我們都看到一幅圖畫:是一小群獨特的人,提供了普世教會的根基。

A.3 先知預言的權威不等同於聖經的權威

A.3.1 使徒行傳21:4

在使徒行傳21:4，我們讀到推羅的門徒「被聖靈感動，對保羅說，不要上耶路撒冷去。」這件事好像是指著關於保羅而說的預言，但是保羅卻違背它了！假使預言包括了神真實的話語，而其權威又等同於聖經的權威，他就不會這麼做了。

A.3.2 使徒行傳21:10-11

然後在使徒行傳21:10-11裏，亞迦布預言說，在耶路撒冷的猶太人將會捆綁保羅，「把他交在外邦人手裏」。這是一個近乎準確、但並不全然準確的預測，事實上乃是羅馬人捆綁了保羅，而非猶太人（徒21:33；又見徒22:29），[5] 而猶太人也並非樂意地將他交出去，而是想要殺掉他，所以千夫長才必須動用武力去營救他（徒21:32）。[6] 雖然這個預測和結果差得不遠，但在細節上的不準確，已足以叫人置疑任何一位舊約先知的有效性了。然而另一方面，假設亞迦布會這樣說的原因是曾經有異象，看見保羅在耶路撒冷成為羅馬人的囚犯，被一群憤怒的猶太人包圍著；然後亞迦布自己解釋（有些錯謬）這個從聖靈而來的「異象」或「啟示」說：猶太人捆綁了保羅，將他交給羅馬人——即如經文所記載的。若由這樣來解釋他的預言，就是非常恰當的了。這就是我們在前面所定義過的、可能有錯謬的新約會眾之預言：用人自己的話說出神叫他不期然想起的事物。

反對此一看法的論點是說，[7] 事實上亞迦布的預言是應驗了，保羅甚至在使徒行傳28:17說到：「我……從耶路撒冷解在羅馬人的手裏。」

可是這一節經文本身並不支持他們的論點。使徒行傳28:17的希臘文經文清楚地指明，保羅是以**囚犯**的身分從耶路撒冷**出來**的。[8] 所以，保羅的話是在描述他從猶太人的司法系統下被遞解出來（猶太人想要再度把他帶回，由公會審訊，見使徒行傳23:15,

---

[5]在使徒行傳21:33; 22:29裏，路加用了同樣的希臘字動詞（*deō*,「捆鎖」、「捆綁」），是亞迦布用來說到猶太人會捆綁保羅的用字。

[6]在使徒行傳21:11中亞迦布所使用的動詞「交」（希臘文是*paradidōmi*），有甘心地、清醒地、刻意地將某物交給或遞給另一個人的意思。這個字在新約聖經其他119處的情況中，都有這個意思。可是在關於猶太人處理保羅一事，用這個字就不對了，他們不是樂意地將保羅交給羅馬人！

[7]這是以下兩位作者的看法：Gaffin, *Perspectives*, pp. 65-66, 及F. David Farnell, "The Gift of Prophecy in the Old and New Testaments." *BibSac* 149:596 (Oct.-Dec. 1992), p. 395. 兩位都引用使徒行傳28:17作支持。

[8]NIV的英文是說：「我……在耶路撒冷被捕，並且被遞解在羅馬人的手裏。」這繙譯完全漏失了「從耶路撒冷被遞解**出來**（*ex*）」的意思（但這卻是本節希臘文的經文所要求有的意思），而且沒有提到保羅被遞解時的囚犯身分（*desmios*），反而添加說他是在耶路撒冷被逮捕的——這是在希臘文的經文裏所沒有提及的。

20），並且被帶進該撒利亞的羅馬司法系統（徒23:23-35）。所以，保羅自己在使徒行傳28:18正確地說，他是以囚犯的身分被交與羅馬人（徒28:17），就是「那一班人」（希臘文是*hoitines*，由*hostis*來的）「審問了我，就願意釋放我，因為在我身上並沒有該死的罪。」（徒28:18；另參徒23:29；又見徒25:11, 18-19; 26:31-32）然後保羅又說，當猶太人反對時，他才被迫「上告於該撒」（徒28:19；另參徒25:11）。使徒行傳28:17-19整個的故事指出保羅從耶路撒冷被遞解出來而到該撒利亞去（徒23:12-35）；並對羅馬的猶太人解釋為何保羅會在羅馬人的監護之下。這個故事絲毫不提使徒行傳21:27-36，即在耶路撒冷聖殿附近暴動的景象，所以上述的反對論點是不足以說服人的。這節經文（徒28:17）沒有指向亞迦布的預言，連一半也沒有，因為它沒有提及任何被猶太人捆綁的事，也沒有提及猶太人將保羅交給羅馬人的事。事實上，在這節經文所提及的景象裏（徒23:12-35），保羅是又一次被千夫長的兵丁「用武力」把他從猶太人手中搶出來的（徒23:10），而猶太人一點都沒有想要將他交給羅馬人，而是埋伏等著要殺掉他（徒23:13-15）。

另一個和筆者對使徒行傳21:10-11之理解不同的論點是說，並非真的需要猶太人去捆綁保羅，並將他交在外邦人的手中，才算是亞迦布的預言成真；因為即使猶太人沒有自己執行這些行動，他們也要為這些行動**負責**。湯瑪斯（Robert Thomas）曾說：「這是很常見的情況，即把某些人或團體說成是負責的一方，即使可能並不是他們直接去做的。」[9]湯瑪斯還引用了類似的例子：在使徒行傳2:23中，彼得說是猶太人將基督釘在十字架上，但真正釘祂的是羅馬人；在約翰福音19:1中，我們讀到的是彼拉多鞭打了耶穌，但執行這項行動的，毫無疑問地乃是他的士兵。因此湯瑪斯作了結論說：「是猶太人陷保羅於囹圄，正如同亞迦布所預測的一樣。」[10]

回應此一論點，筆者同意說，當某甲的代理人完成了一件事時，聖經可以說，是某甲做成了那件事。然而在**每一件個案**中，那個某甲都有想要那件事做成的**意願**，而且他也**指導**別人怎麼去做。彼拉多指導他的士兵去鞭打耶穌；猶太人主動地要求羅馬人，將基督釘死十字架。但相比之下，保羅在耶路撒冷被捕的情況就不同了。猶太人沒有命令要捆綁保羅，而是羅馬的「千夫長上前拿住他，吩咐用兩條鐵鍊捆鎖」（徒

[9]Robert L. Thomas, "Prophecy Rediscovered? A Review of The Gift of Prophecy in the New Testament and Today," *BibSac* 149:593 (Jan.-Mar. 1992), p. 91. 同樣的論點可見於Kenneth L. Gentry, Jr. *The Charismatic Gift of Prophecy: A Reformed Response to Wayne Grudem,* 2d ed. (Memphis, Tenn.: Footstool Publications, 1989), p. 43.

[10]Thomas, "Prophecy Rediscovered?" p. 91.

21:33)。事實上,這裏出現了這種代理人的平行講法:雖然是千夫長**下令**要將保羅捆綁起來,但不是他執行的,而後來我們卻讀到:「千夫長既知道他是羅馬人,又因為**捆綁了他**,也害怕了。」(徒22:29)所以,這段故事所說到的捆綁,有時說是由負責人做的(徒22:29),有時又說是由執行人做的(徒21:33),但不論是負責人或執行人,都是羅馬人,而不是猶太人。總而言之,上述持反對論點的人說,是猶太人捆綁了保羅,但是使徒行傳卻兩次提到,是羅馬人捆綁了他;持反對論點的人說,是猶太人將保羅交給外邦人;但是使徒行傳卻說,他們激烈地拒絕將他交出去,以至於必須用武力將保羅強制地搶出來。反對之論點並不符合經文的話語。[11]

A.3.3 帖撒羅尼迦前書5:19-21

保羅告訴帖撒羅尼迦教會的人說:「不要藐視預言(和合本譯作『先知的講論』);但要凡事察驗,善美的要持守。」(帖前5:20-21)假如帖撒羅尼迦人認為預言在權威上等於神的話,他就絕對不會需要告訴帖撒羅尼迦人說,不要藐視它,因為他知道他們已「蒙了聖靈所賜的喜樂,領受真道」(帖前1:6; 2:13;另參帖前4:15)。然而當保羅告訴他們要「凡事察驗」時,一定至少也包括了他在前一句話中所提到的預言。當他接下來勉勵他們說「**善美的**要持守」時,他的意思是說,預言中有善美的,也有不善美的。保羅所說的這些話,是我們永遠都不會用來評論舊約先知或新約使徒的那些有權柄的教導話語。

A.3.4 哥林多前書14:29-38

關於新約預言並不等同於神話語的更廣泛證據,可以在哥林多前書14章裏看到。當保羅說:「至於說預言(和合本譯作『作先知講道』)的,只好兩個人或是三個人,**其餘的就當慎思明辨**〔他們所說的話〕。」(林前14:29)他的意思是要**其餘的**人仔細地聆聽,再分辨良窳,並去蕪存菁(因為在這裏繙譯成「慎思明辨」之希臘字*diakrinō*有此含義)。我們無法想像舊約先知如以賽亞會說:「聆聽我所說的,並要慎思明辨——分辨良窳,分辨該接受的和不該接受的!」假使預言有絕對屬神的權威,那麼聽到的人若這樣做就有罪過了;可是保羅在此命令說要這麼做,表示新約的預言沒有神話語的權威。[12]

---

[11]見本章A.4節中有關亞迦布的開頭之語「聖靈如此說」的討論。

[12]保羅的教導和初代基督教文獻《十二使徒遺訓》(*Didache*)中所說的不同,它說:「不要試驗或檢視任何在靈裏(或作『靠著聖靈』)說話的先知。」(第11章)但是它還說了幾項與新約教義相違背的話(見W. Grudem, *The Gift of Prophecy in the New Testament and Today*, pp. 106-8.)

在哥林多前書14:30-31上，保羅容許一位先知打斷另一位：「若旁邊坐著的得了啟示，那先說話的就當閉口不言。因為你們都可以一個一個的說預言（和合本譯作『作先知講道』）……」同樣地，假使先知們說出的是神真正的話語，在價值上等同於聖經，那麼保羅會說可以打斷他們、不讓他們說完信息，是難以置信的事。然而這就是保羅所命令的事。

保羅的意思是說，在哥林多教會——一個滿有預言的教會——沒有一個人能夠說出等同神真正話語權威的話。他在哥林多前書14:36說：「神的道理豈是從你們出來麼？豈是單臨到你們麼？」[13]

然後在第37和38兩節，他所宣告的權威遠比哥林多教會任何先知的權威更大：「若有人以為自己是先知或是屬靈的，就該知道我所寫給你們的是主的命令。若有不知道的，就由他不知道吧！」

所有的這些經文都指明一個共同的觀念：若說初代教會當使徒們不在的時候，先知說出的是「主的話語」，明顯是不正確的。

A.3.5 先知並不接替使徒的職分

除了我們前面已經討論過的經節以外，另外還有一個證據顯示，新約時代會眾中說預言的先知權柄，是小於新約聖經中的使徒或經文：使徒藉著叫基督徒聽從*聖經*，而不是叫他們去聽從*先知*（即使他們旁邊有先知），來解決他們離去後的接替問題。[14]

所以，保羅在他生命結尾時強調「按著正意分解真理的道」（提後2:15），並且強調「聖經都是神所默示的」，而且有「教訓、督責、使人歸正、教導人學義」的特點（提後3:16）；猶大鼓勵他的讀者「要為從前一次交付聖徒的真道竭力的爭辯」（猶3）；彼得在生命的結尾時，鼓勵他的讀者要「留意」聖經，因為它就像「燈照在暗處」（彼後1:19-20），並且又以使徒保羅「一切的信上」的教訓提醒他們（彼後3:16）。在使徒們的教導中，沒有一處是勉勵人要「注意聽從你們教會裏的先知們」或「順服主藉著你們的先知們所說的話語」等等。當使徒們過世之後，確實是有先知們在許多當地教會中說預言，但看來他們沒有等同於使徒們的權柄，而且聖經的作者們

---

[13]這節經文RSV譯作：「神的道理豈是從你們*源起的*麼？」但是這裏不需要將此希臘字動詞（*exerchomai*的過去式，「走出去」）說成是特指福音信息的根源。保羅不是說：「神的道理豈是*首先*從你們出來麼？」而只是說：「神的道理豈是從你們出來麼？」他明白他們一定會承認神的道*不是*從他們出來的——所以，他們的先知不會說出在權威上等同於聖經的神的話語。

[14]筆者從以下這本非常有用的小書中得到這個觀念：Roy Clements, *Word and Spirit: The Bible and the Gift of Prophecy Today* (Leicester: UCCF Booklets, 1986), p. 24. 另參D. A. Carson, *Showing the Spirit*, p. 96.

也知悉這點；結論就是，今日的預言也不等同於「神的話語」。

A.4 今日的先知有權柄嗎？

從以上的討論我們得知，在今日的教會裏，預言應當僅僅被認為是人的話語，而非神的話語，而且在權威上不等同於神的話語。但是這樣的結論與當今靈恩派的教訓或作法有衝突嗎？筆者認為，這結論與大多數靈恩派的*作法*有衝突，但與大多數靈恩派的*教導*沒有衝突。

今日大多數靈恩派的教師們會同意說，現代的預言在權威上不等同於聖經。雖然有些人會說預言是今日「神的話語」，但是幾乎所有靈恩運動的各個派別都一致見證：預言是不完全的、不純淨的，會包含一些不當被順從或被信靠的成分。舉例來說，約肯（Bruce Yocum）是一本討論預言靈恩的流行書籍之作者，他這麼寫道：「預言可能是不純淨的——我們的思想或觀念可能會混入我們所領受的信息裏——不論我們是直接領受話語，或只是感受到一個信息。」[15]

然而我們必須說，靈恩派在實際的作法上，有許多的混亂是來自於他們在預言前冠以常見的舊約語句「耶和華如此說」（在新約聖經的記載中，沒有任何一位新約時代的先知說過這語句）。靈恩派的這個作法叫人遺憾，因為這語句讓人以為，說預言的人接下去要說的是真正的、完全準確的神的話語，然而新約的教導並不證明那種立場是對的，而且，當有人進一步逼問時，大多數負責任的靈恩運動發言人都會說，並不是他們所說之預言的每一部分都是「耶和華如此說」的。所以，如果把那句引介的語句拿掉，只會有好處，不會有損失。

不錯，亞迦布在使徒行傳21:11用了一句類似的語句（「聖靈如此說」），不過我們也看到，在新約正典剛完成以後的時代，基督教著作的作者們也用同樣的話語（希臘文是*tade legei*），來對一些他們所正報告的事，引介一般性的說明或作十分廣泛的詮釋（如見《伊格那丟致非拉鐵非教會書》7:1-2〔Ignatius, *Epistle to the Philadelphians*, 約主後108年〕，和《巴拿巴書信》6:8; 9:2, 5〔*Epistle of Barnabas*, 主後70-100年〕）。這個語句（「聖靈如此說」）的意思顯然只是說：「這大概（或差不多）就是聖靈所要對我們說的。」

如果有人真的認為神叫他想起某事，是應當在聚會中報告出來的，那麼用以下這些話來引介是沒有什麼錯的：「*我認為*主把這件事放在我的心思之中……」或「*我似*

---

[15]見Bruce Yocum, *Prophecy.* (Ann Arbor: Word of Life, 1976), p. 79.

乎覺得主向我們顯示……」，或是一些類似的表達。當然，這聽來不像「耶和華如此說」那麼「勁爆」，然而若那信息真的是從神而來的，聖靈就會以大能讓那信息說到那些需要聽見之人的心裏去。

A.5 不期然的「啟示」使得預言恩賜與其他的恩賜不同

如果預言並不包含神真正的話語，那它是什麼呢？就何意義而言它是從神來的？

保羅指出，神能使人自發地、不期然想起某些事物，所以這個人就用他自己的話語說出預言。保羅稱此為「啟示」；他說：「若旁邊坐著的得了啟示，那先說話的就當閉口不言。因為你們都可以一個一個的說預言（和合本譯作『作先知講道』），叫眾人學道理，叫眾人得勸勉。」（林前14:30-31）他在這裏使用「*啟示*」一詞，其意義比神學家使用此詞來指聖經話語的專業用法要廣得多，然而新約聖經在此和在別處用這個詞的動詞「*開啟*」和名詞「*啟示*」時，正是這種廣義的用法，指的是從神而來的交通，但這種交通的結果並不是成為書寫出來的聖經或與聖經有等同權威的話語（見腓3:15；羅1:18；弗1:17；太11:27）。

保羅在此所說的「啟示」，只是指神叫人忽然想到的某些事，或者是神以某種方式讓人在意識裏有深刻印象或感動的事，其方式連那個人都能感受到是從神來的——也許是產生的思想與那人自己的思路有很大的差異，也許是伴隨著一種生動的、迫切的、持續的感受，或是有其他別的方式，使人十分清晰地感受到它是從主來的。[16]

圖53.1說明了先知以自己（人）的話語說出從神而來的啟示。

圖53.1 說預言就是先知以自己（人）的話語說出從神而來的啟示

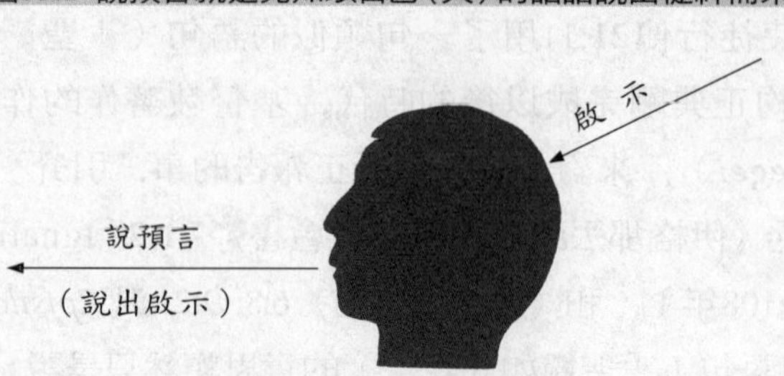

因此，當一個陌生人進到聚會，而大家都在說預言之時，「他心裏的隱情顯露出來，就必將臉伏地敬拜神，說：『神真是在你們中間了！』」（林前14:25）筆者聽過

[16]雖然我們在前面曾經討論過，新約教會裏的預言的*權威*，和舊約正典預言的權威大不相同，但這並不表示有關新約預言的所有方面都和舊約不同。關於*啟示臨到先知的形式*，可能不只是話語或叫人想到的事物而已，也可能會有圖畫，或稱「異象」（徒2:17），和異夢（徒2:17）。

一個這樣的報導，發生在美國一個顯然是非靈恩派的浸信會裏。一位宣教士講員在他信息中間停頓下來，說了些像這樣的話：「我本來沒有計劃說這個，但是似乎是主在指示說，在這個教會裏有人剛剛離開了他的妻子和家人。假如是這樣子的話，讓我告訴你，神要你回到他們中間，並且學習跟隨神所定的模式來過家庭生活。」這位宣教士並不知道這事，可是有一位男士坐在大堂的二樓座位，他幾刻鐘以前才生平第一次走進這家教會。信息的描述完全適合他，他就站出來，承認他的罪，並開始尋求神。

預言就是以這樣的方式為信主的人作「證據」（林前14:22）——它清楚地彰顯了神確實在他們中間工作，證明了神祝福的手確實在會眾中。因為預言的運作也是為著未信之人的信主歸正，所以保羅鼓勵當「不信的人進來」時，要使用這個恩賜（林前14:23）。

在教會歷史的所有時期，許多基督徒都經歷過或聽到類似的事情。舉例來說，有人將一個未在計劃中、卻是緊急的要求提出來，要為在奈及利亞的某些宣教士禱告。過了好久以後，那些禱告的人才發現，就在他們禱告的那一刻，宣教士們發生了一場車禍，還面臨劇烈的屬靈衝突，正需要那些禱告。保羅會將那些對事情的感受或直覺稱為「啟示」，而將那些在教會聚會中被說出來的、從神而來的感動稱為「預言」。它可能會包含講員自己在其中的了解或詮釋的成分，因此的確需要評估和試驗它；但雖然如此，它在教會裏還是有其可貴的功能。[17]

A.6 預言與教訓的不同

就我們所看到的，所有新約聖經中的「預言」都建立在這種從聖靈而來的、不期然的感動（另參使徒行傳11:28; 21:4, 10-11，並注意路加福音7:39; 22:63-64，約翰福音4:19; 11:51所代表的預言觀念）。除非一個人領受了從神而來的、不期然的「啟示」，否則就沒有預言。

---

[17]然而我們還是必須警告，雖然「啟示」看起來是超自然的（它甚至包含了一些出奇準確的資訊），但這事實並不保證其信息是真的從神而來的預言，因為假先知也能夠在鬼魔的影響之下「發預言」（有關鬼魔能夠知道在我們生活中的隱藏活動或私下談話，但他們不能知道未來或識透我們的心思，見本書第二十章C節。

使徒約翰警告說：「世上有許多假先知已經出來了。」（約一4:1）他教我們用真教義的測試來分辨他們（約一4:1-6），並說：「世人也聽從他們。」（約一4:5）其他關於假先知的特徵可以在以下經文裏找到：約翰二書7-9（否認道成肉身，不守基督的教訓）；馬太福音7:15-20（第16節：「憑著他們的果子，就可以認出他們來」）；馬太福音24:11（引人走入迷惑）；馬太福音24:24（為了迷惑選民而行神蹟奇事）。在另一方面，哥林多前書12:3似乎告訴我們，我們不應當認為真基督徒會成為假先知而靠鬼魔的權勢說話（見本章E.2.8節有關哥林多前書12:3的討論；而且約翰一書4:4肯定地對基督徒保證說：「那在你們裏面的比那在世界上的更大」）。

反之，在新約聖經裏，從來沒說過一個人（「教師」）的「教訓」（動詞「教導」）是建立在「啟示」上的；「教訓」或「教導」通常都只是指聖經的解釋和應用（徒15:35; 18:11, 24-28；羅2:21; 15:4；西3:16；來5:12），或指重複或解釋使徒的指引（羅16:17；提後2:2; 3:10等）。它就是今日我們所稱的「聖經教訓」或「講道」。

所以，預言的權威小於「教訓」的權威；教會中的預言永遠要順服於聖經有權威的教訓。保羅並不是告訴提摩太要在教會中*預言*出保羅的指引；他乃是要提摩太*教導*他們（提前4:11; 6:2）。保羅自己也不是在每個教會都*預言*出他在基督裏的生活方式；他乃是*教導*那生活方式（林前4:17）。保羅不是告訴帖撒羅尼迦教會的人要堅守住給他們的「預言」，而是要堅守住所「教訓」他們的（帖後2:15）。雖然有些人的看法不同，但筆者認為，帶領初代教會並指引他們方向的，乃是教師們，而非先知們。

因此，新約聖經中說到，長老們是那些「勞苦傳道教導人的」（提前5:17），即「善於教導」的長老（提前3:2；另參多1:9）；但是從來沒有說過長老的工作是說預言，或長老要「善於說預言」，或要「堅守健全的預言」。對於提摩太作為一個領袖的功能中，保羅要他謹慎自己和自己的「教訓」（提前4:16），而不是要他謹慎自己的預言。雅各警告那些教導的人——不是那些說預言的人，他們會受到更嚴格的審判（雅3:1）。

在新約聖經中，解釋並應用聖經的工作就稱為「教導」。雖然有些人宣稱，新約聖經中之教會裏的先知是得著「神超凡能力的靈感」來解釋舊約聖經，可是這樣的說法並不具說服力，主要是因為在新約聖經裏很難找到任何叫人信服的例子，顯示「先知」的詞彙是用來指稱從事這種活動的人。

所以「教訓」和「預言」的分別是十分清楚的：假如一個信息是來自於意識上默想聖經經文，包括經文解釋和生活應用，那麼它（在新約中的術語）就是「教訓」；但是假如一個信息是將神叫人不期然想到的事物說出來，那麼它就是「預言」。當然，即使聖經教師預備好了教訓，但他也可能會被未經計劃的額外內容——突然間覺得神叫他想起的事物——所打岔，在這種情況之下，它就是含有「預言」成分的「教訓」了。

A.7 反對論點：這樣定義的預言太主觀

說到這裏，有人反對說，等候從神來的「感動」是一個「太主觀的」程序。然而筆者認為，為了教會的健康，持此反對論點的人通常更需要在他們自己的基督徒生活裏，操練這種主觀的程序！說預言的恩賜需要人等候神，傾聽祂，聽祂在我們心裏的感動。對於教義健全、理智而客觀的完全福音派之基督徒，他們可能最需要的就是這種在日常生活中與主更為活潑的「主觀的」關係，來作為強而有力的平衡。他們是最不可能誤入歧途的人，因為他們已經非常強調將堅固的根基放在神的話語上。

不錯，過度地仰賴主觀的感受作為引導，是另一種極端的危險，因此必須清楚地加以防範。有些人不斷地要從神尋求主觀的「信息」來引導他們的生活，這樣的人必須小心，因為個人主觀的引導不是新約預言的主要功能；他們需要更多強調聖經，並且尋求寫在聖經裏的、神確切的智慧。

許多靈恩派的作者會同意我們這樣的警告，如以下的引句所顯示的：

米高．哈伯（Michael Harper，安立甘宗靈恩派牧師）：

「對於那種告訴別人應該怎麼做的預言，要大大地存疑。」[18]

唐納季（Donald Gee，神召會）：

「我們許多與靈恩有關之錯誤的產生，是因為我們想要那些特別的、例外的事，變成經常的、習慣性發生的事。但願所有想要透過靈恩而過分渴求得到『信息』的人，能從過去和當代的失敗中，獲取警告……聖經是我們腳前的燈、路上的光。」[19]

布理吉（Donald Bridge，英國靈恩派牧師）：

「『光照派的人』（illuminist）持續地發現『神告訴他』去做什麼事情……他們通常都是十分認真、虔誠專心，而且願意委身來順服神的人，所以有時反而叫那些謹慎的基督徒感到羞愧。然而，他們卻正走在一條危殆的路徑上。他們的前人在他們之前已經走過這條路了，但長久以來總是帶來災難的結果。內在的感覺和特殊的感動本質上就是十分主觀的，但聖經供應我們的則是客觀的引導。」[20]

A.8 預言含有造就的內容

從上面所提到的新約預言的例子，顯示出那種把預言只當成是「預測未來」的觀念，確實是錯誤的。雖然有一些預言是預測（徒11:28; 21:11），但是也有預言是暴露罪惡（林前14:25）。事實上，任何造就人的內容都可能包含在預言中，因為保羅說過：「但說預言（和合本譯作『作先知講道』）的，是對人說，要造就、安慰、勸勉人。」（林前14:3）預言另外一個有價值的功能，就是它能夠把人心的需要，以不期

[18]Michael Harper, *Prophecy: A Gift for the Body of Christ* (Plainfield, N.J.: Logos, 1964), p. 26.

[19]Donald Gee, *Spiritual Gifts in the Work of Ministry Today* (Springfield, Mo.: Gospel Publishing House, 1963), pp. 51-52.

[20]Donald Bridge, *Signs and Wonders Today* (Leicester, England: Inter-Varsity Press, 1985), p. 183.

然的、直截了當的方式說出來。

A.9 會眾中有許多人能說預言

預言還有一個大的益處，那就是提供參與服事的機會，使得會眾中的每一個人都能參與服事，而不只是那些有口才的講員，或有教導恩賜的人。保羅說他願意「所有」哥林多教會的人都說預言（林前14:5）；他又說：「你們都可以一個一個的說預言（和合本譯作『作先知講道』），叫眾人學道理，叫眾人得勸勉。」（林前14:31）[21] 這並非說每一個信徒都真的能夠說預言，因為保羅說：「不都是先知吧，豈都是呢？」（林前12:29，和合本譯作「豈都是先知麼？」）它的意思乃是說，任何從神得著了「啟示」的人，都被許可說出預言（但要遵從保羅所提出的指示）；而且它也暗示會有許多人說預言。[22] 因此之故，對說預言恩賜的更多開放，能夠幫助改善一種現況，那就是雖有許多人參加教會，但他們大多只是作旁觀者，而不是參與者——也許這個現象的發生，正是因為我們在這一方面消滅了聖靈的工作。

A.10 我們當羨慕說預言

保羅認為這個恩賜有很高的價值，因此他告訴哥林多教會的人說：「你們要追求愛，也要切慕屬靈的恩賜，其中*更要羨慕的是說預言*（和合本小字）。」（林前14:1）然後在討論屬靈恩賜末尾時，他又說：「所以我弟兄們，*你們要切慕說預言*（和合本譯作『*你們要切慕作先知講道*』）。」（林前14:39）他也說：「說預言的（和合本譯作『作先知講道的』）乃是造就教會。」（林前14:4）

假如保羅渴望這項預言的恩賜在哥林多教會——一個充滿幼稚、自私、紛爭和其他問題的教會——裏運作起來，那麼我們豈不是更應該在今日我們教會的會眾裏，主動地尋求這項有價值的恩賜嗎？我們這些自稱是相信並順服所有聖經話語的人，豈不是也應當相信並順服這一點嗎？如果我們能對預言恩賜有更多的開放，是否可能會幫助矯正一種教會生活中的危險失衡——因為我們太過強調智性、客觀與囿於教義而產生的不平衡？

A.11 教會要鼓勵並規範說預言的恩賜

最後，如果一個教會要開始鼓勵使用說預言的恩賜，是以前未曾使用過的，那麼

---

[21] 保羅在此的意思是說，照他在第29節所說的，所有得著啟示的人都能夠輪流說預言，一次一位。他的意思不是說，在哥林多教會的每一位基督徒都有說預言的恩賜。

[22] 在一個大教會裏，當教會聚會時，只有少數人能夠說預言，因為保羅說：「只好兩個人或是三個人〔說〕。」（林前14:29）但在家中舉行的較小聚會裏，會有更多人有機會說預言。

教會應該做些什麼呢？如何能夠鼓勵這項恩賜而不落入濫用的危險呢？

對於所有的基督徒而言，尤其是對牧師和其他在教會裏負有教導責任的人，有幾個執行的步驟是適宜的，就教牧方面而言也是智慧的：(1) 認真地祈求主的智慧，好知道如何及何時在教會裏開始處理這個主題。(2) 在教會已經有的正常的聖經教導時間裏，教導這個主題。(3) 教會應當要有耐心，慢慢地進行；教會領袖不應當「轄制」（或說「施壓」，彼前5:3）。有耐心的開始，可避免把人嚇跑，或造成不必要地疏遠別人。(4) 教會應當在現有的聚會和已發揮功能的方式中，來認可並鼓勵說預言的恩賜——例如在教會的禱告會裏，當有人覺得蒙聖靈不尋常地「帶領」想要為某事禱告時，或當有人覺得似乎是聖靈叫他想起一首詩歌或一段經文，或當有人覺得（一般性地或特別強調地）應該有一段時間來作團體性的敬拜或禱告，這些都是應該被認可並鼓勵的。即使在說預言恩賜不開放的教會裏，基督徒在教會的禱告會裏，至少能對從聖靈而來的感動保持敏銳，好知道應該禱告什麼，並且將那感動用禱告的方式表達出來（這稱為「先知性的禱告」）。

(5) 如果教會遵循了前面四步，而且會眾和領袖都能接受它，那麼就可以在比較不正式的教會敬拜聚會，或較小的家庭聚會裏，找些機會來使用說預言的恩賜。如果這樣做也被容許了，那麼說預言的人就要在聖經的規範裏說（林前14:29-36）；要真正地尋求能建造教會，而非建立自己的聲望（林前14:12, 26）；而且不應當主導聚會，或用太戲劇化或情緒化的言詞來說（以免把人都吸引來注意自己而非注意主了）；此外，一定要按照聖經的教訓來評估預言（林前14:29-36；帖前5:19-21）。

(6) 如果教會開始使用說預言的恩賜，就應該要更強調聖經的超越價值，它總是基督徒傾聽永生神之聲音的來源。雖然說預言是很有價值的恩賜，如同許多其他的恩賜一樣，然而，不論是在今日或是在我們的一生之中，神——惟獨神——乃是藉著聖經來對我們說出祂真正的、完全準確的話語。那些有說預言恩賜的人要注意，不要期望每一個崇拜都以幾句預言的話來作亮點；當神藉著聖經說話時，我們就應該把我們的喜樂、期望與愉悅都專注在神自己的身上。聖經裏有無窮價值的寶藏，那是我們的創造主用我們能夠明瞭的話語，對我們所說的真實話語。我們不應該頻頻地想透過預言尋求引導，而是應該強調，我們若要尋找生活中的指引，應該要到聖經裏去找——我們生活方向的指引，尋求神旨意時的焦點，充分又全然可靠的標準，都在聖經裏。惟有神在聖經裏的話語，我們才有把握說：「你的話是我腳前的燈，是我路上的光。」（詩119:105）

B. 教導

在新約聖經裏，*教導的恩賜是指能夠詮釋聖經、並且將它應用到人生活裏的能力*。這一點在經文中是顯而易見的：在使徒行傳15:35裏，保羅、巴拿巴和「許多別人」在安提阿「*教訓*人，傳主的道」；保羅在哥林多停留了一年半，「將神的道*教訓*他們」（徒18:11）；雖然希伯來書的讀者們應該已有作教師的了，但他們卻仍需要有人再教導他們「神聖言小學的開端……」（來5:12）；保羅告訴羅馬教會的人說，舊約經上的話語「都是為教訓（希臘文是*didaskalia*）我們寫的」（羅15:4）；他又寫給提摩太說：「〔所有的〕聖經……於教訓（希臘文是*didaskalia*）……都是有益的。」（提後3:16）

當然，假若初代教會的教導經常是以舊約經文為根基，那麼我們就不必驚訝，他們也能以在權威上等同於聖經的其他著作為根基——那就是整套的使徒教訓。所以，提摩太要將他從保羅所接受的教訓，委託給忠心也能「教導別人的人」（提後2:2）；帖撒羅尼迦教會的人對於所有他們從保羅「所領受的教訓……都要堅守」（帖後2:15）。這種「教導」和在教會崇拜聚會時根據不期然而來的「啟示」（例如預言）非常不同，這乃是重複述說並解釋真實的使徒教訓。若有人教導的內容與保羅所教導的相反，那他就是在教導不同的、或異端的教義（*heterodidaskalō*），這樣，就違反了「我們主耶穌基督純正的話與那合乎敬虔的道理」（提前6:3）。事實上，保羅說到，提摩太要提醒哥林多教會的人他是怎麼做的：「記念我……在各處、各教會中怎樣教導人。」（林前4:17）與此相似地，提摩太也「吩咐人，也要教導人」（提前4:11），他也用保羅給以弗所教會的訓令來「教訓人，勸勉人」（提前6:2）。由此可見，在使徒看來最主要的，也是他們最先提供給教會的，不是預言，而是教訓——藉以管理教會的教義和倫理準則。而那些向使徒們學習的人也教導說，要用他們的教訓來引導並帶領地方性的教會。[23]

所以，按照新約書信所言，教導包括了重複述說和解釋聖經的話語（或是和聖經有同等權威的耶穌和使徒們的教訓），並將它們應用到聽眾的身上。在新約書信裏的「教導」一詞，與今日所用的「聖經教導」一語非常相近。

C. 行異能

就在使徒、先知和教師的恩賜之後，保羅說：「其次是行異能的……」（林前

[23]又見本章A.6節有關預言和教訓之不同的討論。

12:28)雖然新約聖經裏所見的許多神蹟都是醫治的神蹟，但保羅在此段經文中將醫病列為另一種恩賜，所以他一定看見了醫治身體之外的一些事了。

我們應當了解，「神蹟」(英文是miracles)一詞可能和保羅要表達的意思不太相近，因為其希臘文原是「能力」*dynamis*一字的複數字；[24] 所以「神蹟」一詞是用來指任何一種具有神明顯之大能運作的活動。這可能包括神答應禱告而使人從身體的危險中得拯救，例如使徒們從監獄被救出來(見徒5:19-20; 12:6-11)；或神在敵擋福音的敵人及教會內部需要被管教的人身上，施行大能審判的工作(見徒5:1-11; 13:9-12)；或使人從傷害中得著神蹟性的拯救，例如保羅受毒蛇之傷時(見徒28:3-6)。不過這種屬靈大能的行動，或許也包括了戰勝鬼魔抵擋的能力(如見徒16:18; 另參路10:17)。

除了以上所述，保羅沒有更清楚地定義何為「行異能」，因此我們可以這麼說，行異能的恩賜是指神的能力在許多方面的運行，包括：拯救人脫離危險；介入物質世界中以滿足特別的需求，如同以利亞受烏鴉供應食物(見王上17:1-16)；審判那些無理與暴烈反對福音信息的人；粉碎向教會宣戰的鬼魔勢力；以及其他能明顯地彰顯出神的能力並進一步達成神旨意的事情。以上這些都是「神能力」的運行，教會能藉之得著幫助，而神的榮耀也能藉之得著彰顯(有關神蹟之討論，見本書第十七章)。

D. 醫病

D.1 引言：救贖史中的疾病與健康

我們在一開始必須了解，身體的疾病是亞當墮落的結果，是人類墮落後所受之咒詛的一部分外在運作，至終它會引致身體的死亡。然而，當基督死在十字架上時，祂救贖我們脫離了那個咒詛：「祂誠然擔當我們的疾病(和合本譯作『憂患』)，背負我們的憂傷(和合本譯作『痛苦』)……因祂受的傷痕(和合本譯作『鞭傷』)我們得醫治。」(賽53:4-5)這一段經文指出，因著基督將我們買贖回來，我們得到了身體和心靈兩方面的醫治。彼得在引用這段經文時，指出我們所得的救恩：「祂被掛在木頭上，親身擔當了我們的罪，使我們既然在罪上死，就得以在義上活；因祂受的鞭傷，你們便得了醫治。」(彼前2:24)而馬太引用同一段以賽亞書的經文時，就指向耶穌所帶來的身體的醫治：「祂只用一句話，就把鬼都趕出去，並且治好了一切有病的人。這是要應驗先知以賽亞的話，說：『祂代替我們的軟弱，擔當我們的疾病。』」(太8:16-17)

---

[24]NIV在哥林多前書12:10將此字譯為「神蹟性的能力」(miraculous powers)，而NASB的經文譯註在兩處皆譯為「大能的工作」(works of power)。

大概所有的基督徒都會同意，因基督的贖罪之死所完成的救贖之工，不僅使我們得以脫離罪惡而得到完全的自由，也使我們將來得以脫離身體的軟弱與疾病而得到完全的自由（有關「得榮」之討論，見本書第四十二章）。大概所有的基督徒也都會同意，我們要在基督回來之時，才會完完全全地得著基督為我們所賺取的福祉：只有「在祂來的時候」（林前15:23），我們才能領受到完美的、復活的身體，才能得到身體得醫治和脫離身體疾病——創世記3章人受咒詛的結果——的救贖。在基督回來之前，我們尚未得著復活的身體，因此不能脫離身體的疾病而得著完全的救贖。[25]

然而一個有關於醫病恩賜的問題卻擺在我們面前：神是否會不時地讓我們的身體得著醫治，即如預付頭期款般地讓我們預嘗將來身體完全得醫治時的滋味？[26] 耶穌的醫治神蹟肯定地證明，有時候神願意讓我們部分地預嘗在永世裏將會有的完全健康。在使徒和初代教會其他人的生命裏也有醫病的服事，這也指明了醫病的服事是新約世代中的一部分。就像這樣地，它與新約之下更廣大的祝福模式是相合的；在新的約下，所有或許多的人都預嘗了部分基督再來時才有的福分。雖然我們「已經」得著了國度的一些祝福，但是那些祝福「尚未」完全成為我們的。

D.2 醫病恩賜的目的

就和其他的屬靈恩賜一樣，醫病的恩賜也有幾個目的：**第一**，它的功用肯定是作為一個「記號」，以證實福音信息的真實性，並顯示神的國度已經降臨了。**第二**，醫病的恩賜給那些生病的人帶來安慰與健康，因此也對那些落在悲苦中的人顯出神慈悲的屬性。**第三**，醫病的恩賜使人能去事奉，因為病得醫治就除去了攔阻人事奉的身體障礙。**第四**，醫病的恩賜提供了使神得榮耀的機會，因為人能看見神的良善、慈愛、能力、智慧和同在的具體證據。

D.3 有關醫藥的使用

在禱告求醫治和使用醫藥與醫生的技術之間，有什麼關係？如果有醫藥可用的話，我們當然應當使用醫藥，因為神也創造了地上可以作成藥物、具有療效的物質。

---

[25]當有人說完全的醫治是因基督的贖罪之死所完成的救贖之工時，就這敘述的終極意義來說是真確的，但是這敘述並沒有真的說到我們何時才會得著「完全的醫治」（或其一部分）。

[26]對於處理這個問題有兩個非常有幫助的提議，它們也一般性地討論了醫病的恩賜，見John Wimber, with Kevin Springer, *Power Healing*, 以及Ken Blue, *Authority to Heal* (Downers Grove, Ill.: InterVarsity Press, 1987). 又見另一篇精采的討論，Jack Deere, *Surprised by the Power of the Holy Spirit* (Grand Rapids: Zondervan, 1993). 此外，有幾位學者為今日的醫病事工辯護，見Gary Greig & Kevin Springer, eds., *The Kingdom and the Power* (Ventura, Calif.: Gospel Light, 1993).

因此，醫藥也應當被看成是神會說「甚好」（創1:31）的整體創造的一部分。我們應當存著感謝主的心來使用醫藥，因為「地和其中所充滿的……都屬耶和華。」（詩24:1）事實上，當有醫藥可用而我們拒絕使用時（假使這樣的拒絕會陷我們自己或他人於危險之中），那麼，我們似乎就在不正當地「試探」主、我們的神（另參路4:12）：這就類似於撒但試探耶穌，要祂從殿上跳下去，而不是走台階下去。當有一般的方法可以走下聖殿（台階）時，要祂跳下來就是在「試探」神——強逼神要在剛好的時刻，施行一個神蹟。拒絕使用有效的醫藥，不肯透過醫藥得著醫治，卻堅持要神施行一個醫病的神蹟，這是和試探神相似的作法。

當然，依賴醫生或醫藥，*而不*依賴主，則是錯誤的，這是亞撒王所犯的悲劇性的錯誤：

> 「亞撒作王三十九年，他腳上有病，而且甚重；病的時候沒有求耶和華，只求醫生。他作王四十一年而死，與他列祖同睡。」（代下16:12-13）

然而如果我們用醫藥、也禱告，那麼我們就應當期望神祝福，通常也期望神倍增醫藥的果效。[27] 當以賽亞從主領受了醫治希西家王的應許時，他甚至告訴希西家的僕人，帶一塊無花果餅來（當作醫療的藥劑），貼在希西家患痛的瘡口上：「以賽亞說：『當取一塊無花果餅來。』人就取了來，貼在瘡上，王便痊癒了。」（王下20:7）

不過，有時候沒有合適的醫藥可用，或是醫藥罔效。我們此時當然必須銘記在心：醫生和藥石不能醫治時，神還能醫治（即使在醫療先進的國家，醫生仍然常常束手無策，這實在叫我們驚訝）。此外，有時候可能疾病沒有置我們或別人於立即的危殆，但我們卻決定求告神醫治我們的疾病，而不用醫藥，只因為我們希望藉此機會來操練我們的信心，並將榮耀歸給祂；或因為我們希望避免花時間或金錢，或希望迴避一些醫藥的副作用，而不用醫藥的方法。在所有這些的情況下，都只是個人的抉擇，似乎沒有在「試探」神（然而，在這些情況下不用醫藥的決定，應當是個人的抉擇，而不應強制在他人的身上）。

當醫藥罔效之時，我們看見耶穌公開地醫治人：「有一個女人，患了十二年的血漏，在醫生手裏花盡了她一切養生的，*並沒有一人能醫好她*。她來到耶穌背後，摸祂的衣裳繸子，血漏立刻就止住了。」（路8:43-44）無疑地，有許多人得不到醫生的幫助，因此在耶穌教訓人和醫治人時，許多的人都來了，聖經上說：「*凡有病人的，不*

[27]請注意保羅在提摩太前書5:23，建議因為健康的原因來使用酒：「因你胃口不清，屢次患病，再不要照常喝水，可以稍微用點酒。」

論害什麼病，都帶到耶穌那裏，耶穌按手在他們各人身上，醫好他們。」（路4:40）沒有一種疾病是耶穌不能醫治的。

D.4 新約聖經是否顯示醫病恩賜常用的方法?

耶穌和門徒們醫治人的方法因情況而有不同，但他們醫治病人時最常用按手。[28] 在我們剛才所引用的經節裏，耶穌大可以只說一句強而有力的命令，就立時醫好群眾中的每一個人，然而祂卻不這樣做，「耶穌按手在他們各人身上，醫好他們。」（路4:40）按手似乎已成了耶穌用來醫治人的主要方法，因為當人來求祂醫治時，他們不只是求主為他們禱告，而是「求你去按手在她身上，她就必活了」（太9:18）。[29]

另一個具體表示聖靈能力降臨來醫治人的象徵，乃是抹油。耶穌的門徒「用油抹了許多病人，治好他們。」（可6:13）雅各告訴教會的長老們，當他們為生病的人禱告時要為病人抹油：「你們中間有病了的呢，他就該請教會的長老來；他們可以奉主的名用油抹他，為他禱告。出於信心的祈禱，要救那病人，主必叫他起來；他若犯了罪，也必蒙赦免。」（雅5:14-15）[30]

新約聖經通常強調信心在醫治過程中所扮演的角色——有時候是病人自己的信心（路8:48; 17:19），但有時候則是帶領病人來求醫治之人的信心。在雅各書5:15中，禱告的人是長老，而雅各說，「出於信心的祈禱」救了那個病人——可見這信心是禱告之長老的信心，[31] 而非病人的信心。當那四個人把一位癱子縋下來，穿過耶穌正在講道的屋子之屋頂，聖經上說：「耶穌見他們的信心……」（可2:5）在別的時候，耶穌提過迦南婦女為她女兒求醫治的信心（太15:28），以及百夫長為他的僕人求醫治的信心（太8:10, 13）等。[32]

---

[28]見本書第四十八章B.11節有關按手的討論。

[29]又見路加福音5:13; 13:13; 使徒行傳28:8; 另見馬可福音6:2及福音書裏其他的一些經節，都有提到按手。然而，耶穌並非總是用這個方式醫治人。

[30]雅各書5:14的抹油應該被當作聖靈能力的象徵來理解，而不是只將它看成是一項醫藥而已，因為把油當作藥物並不適合所有的疾病。還有，如果油的用途只是當作藥物，那我們就很難明白為什麼只有長老應當使用它。在舊約裏，油經常被視為聖靈的象徵（見出29:7; 撒上16:13; 另參詩45:7），而這似乎也是這裏的解釋（Douglas J. Moo, *The Letter of James*, pp. 177-81中有更透徹的討論）。

[31]我們可能會奇怪，為何在雅各書5:14-15裏，說的是長老們蒙召前來為醫病禱告。雖然雅各沒有說明原因，但其原因可能是他們負有教牧關懷的責任，他們的為人成熟與有智慧，可以處理可能有的罪（見雅5:15-16），以及他們的職分伴隨有某種程度的屬靈權威。當然，假如他們願意的話，也會帶著其他有醫病恩賜的人同去。此外，雅各在第16節中擴大他的指導範圍進而包括所有的基督徒：「所以你們要彼此認罪，互相代求使你們可以得醫治。」

[32]相比之下，我們可能會注意到，當門徒們不能趕出鬼魔時，耶穌說那是「因你們的信心小。」（太17:20）

D.5 當如何禱告求醫治?

那麼，我們當如何為身體的疾病禱告呢? 向神求醫治當然是對的，因為耶穌告訴我們要禱告求神「救我們脫離兇惡」（太6:13）；而使徒約翰在寫給該猶的信上也說:「我願你凡事興盛，身體健壯。」（約三2）不只如此，耶穌經常醫治所有被帶到祂跟前的人，從不將人遣散走，或對他們說，病久一點才有益處啊！除此之外，每當我們因病而服用藥物，或尋求醫療的幫助時，我們乃是藉著這些行動承認: 神的旨意是要叫我們尋得健康。假如我們認為神要我們繼續生病的話，就不會尋求以醫療的方法去得醫治了！所以當我們禱告時，這樣的第一個假設是對的（除非我們有特別的原因而有其他的看法）——即認為神樂意醫治我們所禱告的人。這是我們在聖經上所看到的，是神啟示出來的旨意。[33]

布肯（Ken Blue）在此有一個對我們很有幫助的觀察。他說，假如我們想要明白神對身體得醫治的態度，就應當看看耶穌的一生和祂的事工。布肯說:「假如耶穌真的啟示出神的性格的話，那麼我們就可以停止臆測及辯論神在生病及得醫治上的旨意如何。耶穌醫治人，因為祂愛他們；就這麼簡單，祂憐憫他們，祂站在他們那一邊，想要解決他們的難處。」[34] 這是一個有力的論點，尤其是當我們也了解另一點的時候：耶穌來是要在我們中間開始展現神的國，讓我們知道神的國究竟像什麼樣子。

那麼，我們該如何禱告呢? 我們向神求醫治當然是對的；在我們急需之時，應當來到祂面前，單純地求祂賜下身體的醫治。雅各警告我們，不信的心會導致不禱求，也就得不著從神來的回應:「你們得不著，是因為你們不求。」（雅4:2）然而當我們禱告求醫治時，我們應當銘記，一定要求神在這個情況下得到榮耀，不論祂是否選擇要醫治我們。而且我們禱告時，我們的心也應當像耶穌那樣對祂所醫治的人有憐恤的心腸。我們若這樣禱告，神有時候——也許是常常——會答應我們的祈求。

在這一個點上，有人可能會從教牧的觀點來反對，因為當人受到鼓勵去相信有醫病的神蹟，卻又沒有發生時，反而會造成傷害——對教會失望、對神生氣。是的，那些今日為人求醫治的人，需要聽聽這個反對意見，他們在對病人說話時要有智慧。

然而我們也需要明瞭，在禱告求醫治上的錯誤還不只一種: (1) 完全不為醫病禱

---

[33]有關神隱藏的旨意和神啟示的旨意之討論，見本書第十三章D.1.2節。當然，我們知道神隱藏的旨意——其細節是我們無從知道的——並非是所有的人都得到醫治，就如同神隱藏的旨意，並非是所有的人都得救一樣。但是在這兩種情形下，我們都應當禱告我們在聖經上所看見的神啟示的旨意: 即神要拯救罪人，及神要醫治那些生病的人。

[34]Ken Blue, *Authority to Heal*, pp. 72, 78.

告，不是正確的解決辦法，因為這樣是不順服雅各書5章。(2) 告訴病人神在今日鮮少醫治病人，所以不要期望會發生什麼事；這也不是一種正確的解決辦法，因為它沒有給人一種導向信心的氣氛，而且又與我們在新約聖經裏所看到的耶穌和初代教會的服事不合。(3) 告訴病人，只要有足夠的信心，神在今日總是醫治人；這也是一種殘忍的說詞，不為聖經所支持（詳見本章D.6節）。

採用上述 (2) 與 (3) 之間的說法，似乎能有智慧地解決教牧上的困難：我們可以告訴病人，神今日仍經常醫治人（如果我們相信這是真實的話），所以人要得醫治仍是十分可能的。[35] 然而我們目前是生活在「神國『已經』降臨，但『尚未』臻於圓滿」的世代，所以，雖然基督徒在今生會經驗到病得醫治（也會經驗到許多其他禱告得到答應），但是他們也會經驗到疾病的持續和至終的死亡。在每一個人不同的情況中，乃是神主權的智慧決定了結果，而我們的角色只是求告祂，並等候祂的回應——不論是「答應」、「不答應」或「繼續禱告等候」。

那些有「醫病的恩賜」的人（林前12:9, 28,「醫病」和「恩賜」兩名詞都是複數），和別人比起來，他們求醫治的禱告能得著更多與更徹底的答應。當有人在這方面的恩賜變得明顯起來時，教會就要有智慧地鼓勵他們服事，給他們更多的機會為生病的人禱告。我們也要明白，醫病的恩賜不只包含了身體的醫治，也包含了情緒的醫治，有時它還包含了釋放人脫離鬼魔攻擊的能力，因為這在聖經裏有時也稱為「醫治」（見路6:18；徒10:38）。也許這就是保羅使用複數的「醫病的恩賜」時所要指出的：有醫病恩賜的人能在不同的場合，為著不同的需要，有效地為人禱告。

D.6 神若不醫治呢？

然而，我們一定要明白，不是所有求醫治的禱告在今世都會得到答應。有時神並不賜下相信醫治會發生的特殊「信心」（雅5:15），有時神也會選擇不醫治，因為祂主權的旨意就是如此。在這情況下，我們必須銘記在心，羅馬書8:28仍是真實的：雖然我們經歷了「現在的苦楚」，雖然「我們……心裏歎息，等候得著兒子的名分，乃是我們的身體得贖」（羅8:18, 23），不過，「我們曉得萬事都互相效力，叫愛神的人得益處，就是按祂旨意被召的人。」（羅8:28）這裏所說會互相效力的萬事，也包括

[35]有時候神可能會賜下主觀有力的信心確據，就像雅各所說的「出於信心的祈禱」（雅5:15）的確信，或像希伯來書11:1所稱的「所望之事的實底」的信心，或像馬可福音11:24所稱的「信是〔已經〕得著的，就必得著」的相信。在那些情況中，禱告的人可能會覺得有把握說，某人有可能、或是非常可能得到醫治。但是筆者並不認為神在這個世代給任何人保證說，祂應許或「擔保」醫治，因為在祂寫下的話語中並沒有這樣的擔保。因此，我們對祂旨意的主觀感受，在今生總是會有某種的不確定性，甚至會有些錯誤發生。

了在我們環境中的苦難和疾病。

不管保羅「肉身上的刺」究竟是什麼(相信聖經的釋經學家努力了幾世紀,也沒有一個明確的答案),保羅明白神許可刺留在他身上的原因,是「免得我過於自高」(林後12:7);亦即是要保守保羅在主面前的謙卑。[36] 所以,主告訴他說:「我的恩典夠你用的,因為我的能力是在人的軟弱上顯得完全。」(林後12:9)從初代教會的記載來看,即使有使徒們在場時,也不是所有的人都會得醫治:保羅說到「外體雖然毀壞」(林後4:16),顯示有時候疾病是得不到醫治的。保羅在腓立比書2章的敘述裏指出,當以巴弗提前來探望保羅時,他是有病在身、「幾乎要死」,但神沒有立刻就醫治他;不過最終神還是答應了他的禱告,醫治他了(腓2:27)。保羅知道提摩太「胃口不清,屢次患病」,所以建議他喝一點酒(提前5:23)。保羅又說:「特羅非摩病了,我就留他在米利都。」(提後4:20)彼得(彼前1:6-7; 4:19)和雅各(雅1:2-4)也都對那些落在各樣苦難試煉中的人說安慰的話:[37]

> 「我的弟兄們,你們落在百般試煉中,都要以為大喜樂,因為知道你們的信心經過試驗,就生忍耐。但忍耐也當成功,使你們成全完備,毫無缺欠。」(雅1:2-4)

當我們向神求醫治,但祂選擇不醫治之時,我們仍應該「凡事謝恩」(帖前5:18),因為我們知道神能夠使用疾病來吸引我們更靠近祂,並使我們更多順服祂的旨意。所以詩人能夠說:「**我受苦是與我有益**,為要使我學習你的律例。」(詩119:71)又說:「我未受苦以先走迷了路,現在卻遵守你的話。」(詩119:67)

---

[36]在筆者自己研讀了哥林多後書12:7以後,認為在這一點上的結論是:這裏的經文資料不足以決定保羅身上的刺究竟為何。有三個主要的可能性,各都有其支持的原因,這三個可能性為:(1)某種身體的病痛;(2)侵擾他的鬼魔;或(3)逼迫他的猶太人。雖然我們不能確定知道那刺究竟是什麼,但這對我們也有好處:當主以祂主權的智慧決定不將某種情況從我們身上挪開時,我們就能把這經文應用在自己的生命中。

[37]有人嘗試把疾病和其他種類的苦難區分開來,並說聖經經文中所說的基督徒會遭受的苦難,是那種和身體疾病不同的*另類*苦難,例如逼迫等。

對筆者而言,這種論點似乎不可信,有兩個原因:第一,雅各和彼得在經文中所談到的「*百般*試煉」(雅1:2;又見彼前1:6),其用意似乎是講我們在今生所會經驗到的*一切*種類的試煉,包括了身體的疾病和磨難。難道雅各和彼得*不*想生病的基督徒也將那些經文應用到他們自身的情況嗎?這是太不可能了(這兩封公教書信是寫給數以千計之基督徒的)。

其次,我們都知道,除非主回來了,否則我們的身體會逐漸地老化和退化,最終便要死亡。保羅說,我們的「外體……毀壞」(林後4:16),在老化的過程中,幾乎不可避免地會包含不同種類的身體病痛。

所以,最好的結論似乎是:神許可我們今生不時經歷到的苦難,有時可能包括了身體的疾病,那是神在祂主權的智慧中決定不醫治的。事實上,可能有許多情況是,人因著不同的原因,當時不覺得應該要以信心求神醫治。可是即使在這些狀況下,我們仍滿懷信心地接受神的話是真實的,相信這種狀況進入我們的生命中,是要叫我們「得益處」(羅8:28),因此神便會從其中給我們帶來益處。

因此，神能夠藉著病痛和苦難，使我們更加地聖潔——正如祂能夠藉著神蹟性的醫治，帶來聖潔和信心的成長。但從耶穌的服事和使徒行傳裏門徒們的服事來看，新約聖經似乎大都鼓勵我們，要殷勤迫切地尋求神的醫治，並且繼續地信靠祂，不論神是否賜下身體的醫治，我們都能從這樣的光景中得著益處。因此重點乃是：神應當在每件事上得著榮耀，而我們應當增加在祂裏面的喜樂與對祂的信靠。

E. 說方言與繙方言

在一開始時，我們應當說明，繙譯為「方言」的希臘字*glōssa*（英文是tongue），其意思不只是人口中的「舌頭」，也是「語言」。在新約經文中說到的說方言，顯然有「語言」的意思。但是很可惜地，英文譯者持續地用「以舌頭說話」（speaking in tongues）的詞語來繙譯，而這是在日常英文中不為人所用的表達方式，所以讓人有一種奇怪的感覺，也讓說方言成了對人生活完全陌生的東西了。可是如果英文繙譯使用「說各種語言」（speaking in languages）來表達的話，似乎就不那麼怪異，並且給讀者的感覺，十分近乎第一世紀希臘語讀者在聽到（使徒行傳或哥林多前書中）這個詞語時的感覺。[38] 然而，由於英文裏的「以舌頭說話」之用法已經約定俗成了，所以本書之英文版仍這樣使用。

E.1 救贖史中的方言

說方言是新約時代特有的現象。在亞當和夏娃墮入罪中之前，是無需說別的語言的，因為他們說*相同的語言*，*合一地事奉神*，並與神有美好的交通。在墮落之後，人仍說*相同的語言*，但卻至終*聯合起來反對神*：「人在地上罪惡很大，終日所思想的盡都是惡。」（創6:5）人用統一的語言來背叛神，這在造巴別塔的時候達到了巔峰，那時「天下人的口音、言語都是一樣」（創11:1）。為了要制止人這樣的聯合背叛祂，神就在巴別「變亂天下人的言語，使眾人分散在全地上。」（創11:9）

當神呼召亞伯拉罕歸向祂時（創12:1），祂應許要使亞伯拉罕成為「大國」（創12:2）；而由這個呼召所產生的以色列國只使用一種語言來事奉神。然而這個語言不為世上其餘的國家所使用，列國還未接觸到神的救贖計劃。所以，那時的光景改善了幾分——*在世上所有的語言中，已有一種語言是用來事奉神的*，因為在創世記11章所說的巴別塔之時，還沒有一種語言是用來稱頌神的。

---

[38]NIV在使徒行傳2:4, 11; 10:46; 19:6及哥林多前書12-14章的原文譯註中，都提到此字亦可譯作「各種語言」或「別的語言」。這是較好的譯法，我們在上面已經提過其理由了。

現在我們且越過新約教會時代，來看看未來永世之時的情況：我們看見再度恢復了語言的統一，而且此時每一個人都會再度說同樣的語言來事奉神和讚美祂（啟7:9-12；另參番3:9；林前13:8；另參賽19:18）。

在新約聖經中的教會，預嘗了幾分未來天上才有的語言統一，但是這現象只有某些時候出現，而且只是部分的實現。在五旬節那天，福音開始傳向萬國，門徒們聚集在耶路撒冷，「按著聖靈所賜的口才說起別國的話來」（徒2:4）。[39] 這帶來的結果是，從各國來到耶路撒冷的猶太僑民，都聽到了用他們鄉音所講說的「神的大作為」（徒2:11）。這是一個引人注目的記號，象徵福音信息將要傳向世上萬國的事實。[40] 若是在舊約時代裏，這樣一個象徵性的行動就不合適，因為那時的福音信息是邀請人從萬國來加入猶太人之中，先成為猶太人而後敬拜神。可是在這裏，福音的信息將要以各國的語言傳向各邦，並在各地邀請人歸向基督而得救。[41]

不只如此，若在教會崇拜時，有說方言的並且也有繙方言的，就進一步地指明了一個應許：起源於巴別塔的語言分歧，有一天將被克服。假如這個恩賜在一個教會中運作，不論是用哪一種語言來禱告或讚美，只要有繙譯，每一個人就都能懂得。當然，這種兩步程序是「不完全的」，就像這世代所有的恩賜一樣（林前13:9），可是它仍改進了從巴別塔到五旬節的情況；那時人無法明白一個他們所不懂之語言所說的信息。

最後，私下用方言禱告是向神禱告的另一種形式。保羅說：「我若用方言禱告，是我的靈禱告，但我的悟性沒有果效。」（林前14:14）就救贖史的整體背景來看，墮落將人與神的交通切斷了，說方言則可以被視為解決墮落之後果的另一個局部方法。當然，並不是只有在人說方言時，人的靈才能夠與神交通——因為保羅肯定地說過，他不但用方言、也用他自己悟性的語言來禱告和讚美（林前14:15）。不過，保羅確實認為，在禱告和敬拜中用方言禱告，是另一種直接與神交通的方法。我們再一次地說，就我們目前所知道的，在新約時代以前，說方言之恩賜的這一層面還未開始運作。

E.2 何謂說方言？

我們可以將這恩賜定義如下：說方言乃是用說的人所不明白的語音來禱告或讚美。

---

[39]這一節經文顯示，這個神蹟在於說、而不在於聽：門徒們「說起別國的話來」。

[40]五旬節那天的說方言，其特別性在於伴隨著它「又有舌頭如火焰顯現出來，分開落在他們各人頭上」（徒2:3）。因為「火」在聖經裏通常是象徵神潔淨的審判，因此，「火」在這裏的出現，可能是象徵著神在潔淨語言以用來事奉神的事實。

[41]雖然實際上最初聽到這個信息的人只是在耶路撒冷的猶太人（徒2:5），而非外邦人，但是用許多語言來傳揚福音的象徵，的確指出將福音傳向世界的行動不久就要開始了。

㔾.2.1 是對神說的禱告或讚美

這個定義指出，說方言主要是對著神而說的言語（即禱告或讚美）。所以，它和說預言的恩賜不同；預言常常是由來自神的信息所組成，是對著教會中的人說的。保羅說：「那說方言的原不是對人說，乃是*對神說*。」（林前14:2）假如在教會聚會中沒有繙方言的人在場的話，保羅說，有說方言恩賜的人「就當在會中閉口，只對自己和神說就是了。」（林前14:28）

這種對著神而說的言語是哪一種言語呢？保羅說：「我若用方言*禱告*，是*我的靈禱告*，但我的悟性沒有果效。」（林前14:14；另參林前14:14-17——保羅在此將說方言、禱告與歌唱歸為同一類；另參林前14:28）所以，說方言顯然是對著神的禱告或讚美，它是從說的人裏面的「靈」出來的。這與使徒行傳2章裏的記述沒有不一致，因為群眾說：「〔我們〕都聽見他們用我們的鄉談，講說神的大作為！」（徒2:11）此一描述確實可指門徒們都在敬拜中榮耀神，並傳揚祂大能的作為；而群眾則開始在聆聽以不同語言宣揚出的福音。事實上，在使徒行傳2:14以前都沒有指出門徒們是在對群眾說話，直到彼得站立直接對群眾說話之時，他可能是用希臘話講的。[42]

㔾.2.2 說的人並不明白

保羅說：「那說方言的原不是對人說，乃是對神說，*因為沒有人聽出來*；然而他在心靈裏卻是講說各樣的奧祕。」（林前14:2）與此類似地，保羅又說，假如說方言而無繙譯的話，就無法讓人了解其意義：「這說話的人必以我為化外之人，我也以他為化外之人。」（林前14:11）而且，哥林多前書14:13-19整段有一個假設：在會眾中的方言若沒有伴隨繙譯的話，聽的人就不會明白：

> 「所以那說方言的就當求著能繙出來。我若用方言禱告，是我的靈禱告，但我的悟性沒有果效。這卻怎麼樣呢？我要用靈禱告，也要用悟性禱告；我要用靈歌唱，也要用悟性歌唱。不然，你用靈祝謝，那在座不通方言的人既然不明白你的話，怎能在你感謝的時候說『阿們』呢？你感謝的固然是好，無奈不能造就別人。我感謝神，我說

---

[42]在使徒行傳10:46裏，哥尼流家裏的人開始「說方言，稱讚神為大。」這裏再次表示，他們說的內容包含了讚美神，或是與讚美非常相近的話；不過我們無法只從經文的文法上來判定。

筆者不想排除另一個可能性，那就是方言也可能是對群眾說，而不是對神說，因為保羅在哥林多前書14:2那裏說的話，也可能只是一般性的說法，而不是指每一個說方言的例子。不論是哪一種情況，這一節經文的主要重點，乃是說到只有神能了解沒有被繙譯出來的方言，而不是說到方言只能對神說。事實上，使徒行傳2章中所發生的，可能就是在對人說方言；不過，哥林多前書14章的證據顯示，方言是直接對著神說的，這不但是一般說方言的情況，而且這樣的看法似乎也是比較保險的。

方言比你們眾人還多；但在教會中，寧可用悟性說五句教導人的話，強如說萬句方言。」（林前14:13-19）

在五旬節那天，方言是用聽見的人所明白的語言說的：「各人聽見門徒用眾人的鄉談說話。」（徒2:6）但我們再一次看到，說話的人所用的語言卻是他們自己所不明白的，因為這事使眾人驚訝之處，乃是加利利人正說出所有這些不同的語言（徒2:7）。因此，有的時候似乎方言可能是人類真正的語言，甚至有時是一些聽的人所能明白的語言。然而其他的時候，方言所用的語言是沒有人能懂的（林前14:2）——保羅假設這種情況才是常例。

有人曾反對說，說方言必須總是用人類已知的語言，因為那是五旬節那天所發生的。然而事實上，用人類已知的語言來說方言，在聖經上只發生過一次，可見說方言並不見得總是要用已知的語言，尤其另一段經文（林前14章）的描述正與此相反：保羅沒有說哥林多教會的外來訪客能了解說方言的人在說什麼，他乃是說，當有人說方言時，沒有人會懂得，而外人也不知道說方言的人在說什麼（林前14:2, 16）。[43] 事實上，保羅明白地說，與五旬節現象恰恰相反之事會在教會生活中成為普通之事：假如「都說方言」，而「不信的人進來」卻完全聽不懂，「豈不說你們癲狂了麼？」（林前14:23）不只如此，我們必須明白，哥林多前書14章是保羅根據他在許多不同教會所得之廣泛說方言經驗而有的一般性指導，而使徒行傳2章只是描述救贖史中一個意義非凡的轉捩點的一次獨特事件（使徒行傳2章是歷史敘述，而哥林多前書14章是教義性的指導）。所以，適當的作法乃是，將哥林多前書14章視為最貼切描述新約教會之一般經驗的經文，並以該章保羅的指示作為神要教會管理此恩賜之使用的標準。[44]

那麼，方言究竟是不是人類已知的語言？答案是：有時候是，有時候不是；這項恩賜可能會使人用一種他自己沒學過的人類語言說話，不過，一般來說，這項恩賜似乎是使人說出一種沒有人能明白的話，不管它是不是一種人類的語言。[45]

---

[43]Robertson與Plummer說到，哥林多前書14:18——「我感謝神，我說方言比你們眾人還多」——是「方言並非外國語的強烈證據」(A. Robertson and A. Plummer, *A Critical and Exegetical Commentary on the First Epistle of St. Paul to the Corinthians*, ICC [Edinburgh: T. & T. Clark, 1914], p. 314). 如果方言是外國人能夠明白的已知外國語，如五旬節那天一樣的話，為何保羅會在無人可以明白的私下場合，而非外國訪客可以明白的教會裏，說出比所有哥林多教會之基督徒還要多的方言呢？

[44]請注意，在五旬節那天的說方言還有另一個特點，是以後任何說方言的情況中所沒有的：有火焰的舌頭落在那些說方言的人頭上（徒2:3）——但這不是以後所有說方言之人、甚至也不是在使徒行傳裏說方言之人的經驗模式。

[45]保羅確實說過：「我若能說萬人的方言並天使的話語……」（林前13:1），這表示他認為方言的範圍可能超過

巳.2.3 用靈禱告，而非用悟性禱告

保羅說：「我若用方言禱告，是我的靈禱告，但我的悟性沒有果效。這卻怎麼樣呢？我要用靈禱告，也要用悟性禱告；我要用靈歌唱，也要用悟性歌唱。」（林前14:14-15）

保羅在這裏不是要說聖靈會透過我們禱告。在第14節裏「我的靈」和「我的悟性」之間的對比，指出保羅所說的「我的靈」乃是指他自已的人性之靈，亦即他這個實存之人的非物質部分。當他使用說方言的恩賜時，乃是他的靈在對神直接說話，而他的心思不需要思考詞語和句子，也不需要決定禱告什麼。[46] 保羅視這種禱告為一種發生在屬靈領域的活動，我們的靈在其中直接對神說話，但卻繞過了我們的心思，因此我們自已就不明白在禱告些什麼。

我們可能會覺得奇怪，為什麼神會賜給教會這一種恩賜，是在人看不見的、屬靈的領域裏運作的，連我們的心思也不得明白。原因之一可能是要我們謙卑，幫助我們不要有智性的驕傲。另一個原因可能是提醒我們，神比我們的悟性理解還大，祂工作的道路也遠超過我們所能理解的。終究說來，在看不見的、屬靈的領域裏的工作，是神在新約世代工作之特徵：重生、真實的禱告、「以心靈、按真理」敬拜、透過主的晚餐而來的屬靈祝福、屬靈爭戰、積財寶在天、思念基督所在的天上之事——所有這些和其他許多基督徒生活的層面，都牽涉到發生在人看不見的、屬靈的領域裏的活動；

人類的語言。究竟他認為這僅是一個假設的可能性，還是真的有人能說天使的話語，我們很難斷定，但是我們確實不能排除這個可能性。

有人反對這個看法，因為繙譯為「方言」的希臘字*glōssa*，在非新約聖經的文獻中都是指人類已知的語言，因此認為它在新約聖經中肯定也是這個意思。然而這個反對論點並沒有說服力，因為在希臘文中沒有另一個字比這個字更能恰當地說明這個現象——即使是用非人類的語言或任何尚未完全發展的語言來對神說話，只要是能藉著語言來傳達某些內容或訊息就可以了。

筆者並不是要強調，使徒行傳2章中說方言的現象和保羅在哥林多前書14章中所討論的有所不同，而只是要說，兩處經文都指出，說方言的人是用他自己不懂、但神卻懂的語音來對神說話。在使徒行傳2章那裏，恰巧他們說的是人類已知的語言，只是他們自已沒有學過；而在哥林多前書14章那裏，保羅所指的方言可能不屬於人類已知的語言，或是天使的話語，或是某種聖靈個別賜給說方言之人的特別語言。這樣的說法應是足夠包括各種廣泛的說方言之現象了。

[46] 在猶大書20裏說的「在聖靈裏禱告」與上述的不同，因為「在聖靈裏禱告」特別指出的是「聖靈」。猶大的意思只是說，基督徒應當效法聖靈的性格並跟隨聖靈的引導去禱告；這樣的禱告當然可以包括用方言禱告，但是也可以包括任何其他用聽得懂的語言去表達的禱告。與此類似地，「靠著聖靈隨時多方禱告祈求」（弗6:18）這一句敘述，涵蓋了任何時候所作的所有的禱告；它指出禱告要效法聖靈的性格，對聖靈的引導要敏銳，因此不應當將這句話侷限於說方言的禱告而已。這兩處經文都可以包括說方言，但是也應當包括所有其他型態的禱告（有關「在聖靈裏」的活動，見本書第三十章E節。

它們都是我們看不見、也不完全明白的活動。明白了這一點，我們就能將說方言只視為是另一項發生在人看不見的、屬靈的領域裏的活動；我們相信這項活動有其效用，乃是因為聖經這樣告訴我們，而非因為我們能夠用心思領會明白（另參林前14:5）。

巳.2.4 並非癲狂，而是自制

英國的NEB聖經將「說方言」譯為「癲狂的言語」（ecstatic speech），這繙譯更深地支持了一種想法，那就是說方言的人失去了對環境的知覺，或失去了自制的能力，或被迫違背其意志而說話。不只如此，有一些五旬節運動裏的極端分子，在崇拜聚會中容許瘋狂和脫序的行為；因此使得有些人的心中，永遠地認為說方言是在說一種癲狂的言語。

可是這並不是新約聖經顯示出的圖畫。即使是在五旬節那天，聖靈以沛然之能力降臨時，門徒們還是能夠停下方言，讓彼得對聚集的群眾講道。保羅更清楚地說明：

> 「若有說方言的，只好兩個人，**至多三個人，且要輪流著說**，也要一個人繙出來；若沒有人繙，就當在會中閉口，只對自己和神說就是了。」（林前14:27-28）

保羅在此要求那些說方言的人要輪流說，而且他將說的人數限制到三位，這就指明那些說方言的人很清楚他們周圍的事，也能夠控制他們自己，只在輪到他們說、而別人不說的時候才說。假如沒有人繙譯，他們也能很容易地就安靜下來，不說方言了。所有這些因素都指出，說方言是一種高度的自制，而且保羅所認為的方言並不是某種癲狂的語言。

巳.2.5 不繙出來的方言

假如在教會的聚會中，沒有已經知道擁有繙方言之恩賜的人在場，照著我們剛剛所引用的經文，說方言的人就應只在私下說。沒有繙譯的方言，就不應當在教會的聚會中說。[47]

保羅在哥林多前書14:15說到用方言禱告及用方言歌唱：「我要**用靈禱告**，也要用悟性禱告；我要**用靈歌唱**，也要用悟性歌唱。」這節經文進一步地肯定了我們前述的說方言的定義，即方言主要是在禱告和讚美時直接對著神說的話；並且也肯定了用方

---

[47]有個很亂的情況是，今日在有些容許說方言的教會裏，那些**沒有**公開給予方言信息的人（也許是因為在聚會時沒有合適的時間，或因為他們不知道有沒有人可以繙譯），仍然不「靜默」，還在繼續說方言，以至於他旁邊的四、五個人依舊可以聽見他在用方言說話。這樣的作法是不順服保羅的指示，也沒有以愛心來對待教會中其他的人。保羅說，假使一個人說方言並不是公開給予信息的話，就「當在會中**閉口**」（許多今日說方言的人卻辯說，他們可以輕易地用幾乎聽不見的微聲說方言，這樣別人就聽不見，他們也就沒有違背保羅的指示了）。

言歌唱——不管是公開的還是私下的——的正確性，不過用在說方言上的規則也同樣地要用在方言歌唱之上：假如沒有繙譯的人，就只能私下用方言歌唱。[48]

保羅在哥林多前書14:20-25說，如果信徒在教會裏說方言而無繙譯，他們的行為和心思就好像「小孩子」一樣（林前14:20）。他首先從以賽亞書28:11-12引用一段審判的預言：「律法上記著：主說：『我要用外邦人的舌頭和外邦人的嘴唇向這百姓說話；雖然如此，他們還是不聽從我。』」（林前14:21）在以賽亞書28章的上下文裏，神警告以色列中悖逆的百姓，他們接下去從祂所聽到的話將會是他們聽不懂的外國語——亞述軍隊要臨到他們，充任神審判的代理人。保羅在此要將這一點作為一般性的原則——當神用百姓所不明白的話語對他們說話時，那將明顯是神審判的記號。

保羅正確地將這個原則應用在教會聚會中有方言但沒有人繙譯的場合。他說這種方言對不信的人是一項記號（亦即審判的記號）：

> 「這樣看來，說方言不是為信的人作記號（和合本譯作『作證據』），乃是為不信的人；說預言（和合本譯作『作先知講道』）不是為不信的人作記號（和合本譯作『作證據』），乃是為信的人。所以，全教會聚在一處的時候，若都說方言，偶然有不通方言的或是不信的人進來，豈不說你們癲狂了麼？」（林前14:22-23）

保羅在此使用「記號」一詞，其意思是「表明神之態度的記號」（不管是正面的還是負面的）。不為外人所了解的方言肯定是一個負面的記號——即審判的記號。所以保羅警告哥林多教會的人不要給走進教會的外人這樣的記號。他告訴他們，假如有一位外人走進教會，只聽見那聽不懂的言語，他一定不會得救，而且他會下結論說，哥林多教會的人是癲狂了；那麼對他而言，這個未被繙譯的方言就扮演了神審判的記號了。

相比之下，保羅認為說預言也是神之態度的記號，然而它乃是神之祝福的一個正面的記號。這就是為何他說到說預言是「為信的人」作記號（林前14:22）；也是為何他結束這一段講論時說：「若都說預言（和合本譯作『作先知講道』），偶然有不信的或是不通方言的人進來，就被眾人勸醒，被眾人審明；他心裏的隱情顯露出來，就

---

[48]然而，今日有許多教會實行所謂的「用靈歌唱」，即許多人或所有會眾同時用方言歌唱，各人按某個音樂主調來即興作曲唱。雖然許多人見證說，這樣的用靈歌唱有一種美麗與屬靈的能力，但我們必須再一次地反對這種作法，因為它直接地違反了保羅在哥林多前書14:27-28的指示：那些說方言的人要輪流著說，而且在一次的崇拜聚會裏，最多只能有三位說，並且隨後要有人繙譯。雖然這樣的作法對那些熟悉這麼作的人可能聽來很美；雖然神有時也可能有恩惠地使用它成為贏得未信者的方法，可是保羅說得很清楚，最可期待的結果通常是未信者會說：「你們癲狂了。」（林前14:23）取代這個作法的另一作法，能與聖經一致，也能關愛外人，那就是也讓每一個人那樣唱歌，只是不用方言，而用聽得懂的語言（任何一種教會會眾都懂得的語言）。

必將臉伏地敬拜神,說:『神真是在你們中間了!』」(林前14:24-25)。當經文所說的這種情況發生時,信徒就真正地了解到神活潑地在他們中間並帶下祝福,而預言就能經常地發揮功能,*為信的人作記號*,說明神對他們的正面態度。[49]

雖然保羅一再地警告人說,*在教會中*沒有繙譯時就不要使用方言,但他卻是很肯定而正面地看待這項恩賜,他也鼓勵人在私下使用它。他說:「說方言的是*造就自己*;說預言(和合本譯作『作先知講道』)的乃是造就教會。」(林前14:4)他的結論是什麼呢?並非如某些人所說的:基督徒應當決定不要使用這項恩賜,或認為若在私下使用它就沒有價值。保羅乃是說:「這卻怎麼樣呢?我要用靈禱告,也要用悟性禱告。」(林前14:15)他又說:「我感謝神,我說方言比你們眾人還多。」(林前14:18)「*我願意你們都說方言*,更願意你們說預言(和合本譯作『作先知講道』)。」(林前14:5)「你們要切慕說預言(和合本譯作『作先知講道』),也不要禁止說方言。」(林前14:39)如果我們先前對說方言的理解是對的話——說方言是向神禱告或讚美,那麼我們就一定會期望說方言會帶來對個人的造就,即使說方言之人的心思不明白他所說的內容,但他自己的心靈乃是在與神直接溝通。正如當我們禱告和敬拜時會得到造就,這種方言式的禱告與敬拜,按保羅的說法,也會造就我們。

㘝.2.6 繙出來的方言能造就教會

保羅說:「說方言的,*若不繙出來*使教會被造就,那說預言(和合本譯作『作先知講道』)的就比他強了。」(林前14:5)一旦方言的信息被繙出來,所有的人就都能懂得了;這樣一來,保羅說,方言的信息就如同預言的信息一樣地對教會有價值。我們應當注意,他並不是說兩者有相同的功能,因為別處經文指出,預言是神對人的溝通,而方言則通常是人對神的溝通;但它們在造就教會上,有同等的價值。我們可以將*繙方言*的恩賜定義為:*向教會說出方言中所說之事的一般意義*。

㘝.2.7 不是所有的人都會說方言

正如同並非所有的基督徒都是使徒、先知或教師,或都具有醫病的恩賜,所以,也不是所有的人都會說方言。保羅清楚地表示過這件事,那是當保羅問了一系列的問題時,他的意思隱含所有這些問題的答案都是「不」,其中也包括了這個問題:「豈都是說方言的麼?」(林前12:30)[50] 有些人反駁說,保羅在此只是指並非所有的人都

---

[49]有關進一步的討論,見Wayne Grudem, "1 Corinthians 14:20-25: Prophecy and Tongues as Signs of God's Attitude," *WTJ* 41:2 (Spring 1979), pp. 381-96.

[50]在這個問句之前的希臘文前置字是*mē*,表示預料著讀者的回答是「不」。NASB的英譯頗能抓住這一個意思:

公開地說方言，他可能也認可所有的人都能私下地說方言。可是這樣的細分似乎不在上下文所指的範圍之內，因此並不足以採信。保羅說的「豈都是說方言的麼？」並沒有指明是公開地或在教會中，他的意思只是說並非所有的人都會說方言。他的下一個問題是：「豈都是繙方言的麼？」（林前12:30）而前兩個問題則是：「豈都是行異能的麼？豈都是得恩賜醫病的麼？」（林前12:29-30）難道我們也會把這些恩賜的使用說成是有公開的和私下的之分嗎？亦即說：不是所有的人都能公開地繙方言，但是所有的人都能私下地去做；不是所有的人都能公開地行異能，但是所有的人都能私下地去做。從上下文來看，似乎不能保證可以將這樣的區分應用在同段經文的其他恩賜上。

實際上，想要每一個基督徒都能說方言的願望（即使保羅已經說過不是所有的人都說方言），大多數可能都是受了關於聖靈的洗之教義——認為說方言是信主歸正後的一種經歷，[51] 是領受聖靈的洗的最初「記號」[52] ——影響而產生的動機。但這種教義會帶來很嚴重的問題（見本書第三十九章）。我們最好就根據哥林多前書12:30的意思來理解：不是所有的人都會說方言。說方言的恩賜——正如每一種其他的恩賜——不是賜給每一個尋求它的人，而是「這位聖靈……隨己意分給各人的」（林前12:11）。

然而聖經也沒有說，只有少數人才會領受到說方言的恩賜。因為保羅視它為在禱告和在敬拜中能造就人的有用恩賜（即使不在教會的層面，也在個人層面），所以如果聖靈真的十分廣泛地賜予這項恩賜，也不會叫人驚訝。事實上，許多基督徒都領受到了這項恩賜。[53]

E.2.8 是否有鬼魔假冒的危險？

有的時候基督徒害怕說方言，是因為他們害怕自己所說的（自己所不能了解的），可能是褻瀆神的話，或是被鬼魔所激動、而非被聖靈所感動的話。

首先，筆者要說，這不是保羅所擔心的事，即使是在哥林多城——有許多人曾

「他們不都說方言吧？」

[51]有關聖靈的洗之討論，見本書第三十九章。

[52]舉例來說，這仍是神召會（Assemblies of God）正式的教義立場。

[53]馬可福音16:17有時候被人用來宣告說，所有的基督徒都能說方言：「信的人必有神蹟隨著他們：就是奉我的名趕鬼；說新方言。」但是關於這一節經文，我們要注意到：(1) 馬可福音16:9-20可能原來並不在馬可福音裏，因為許多早期、非常可靠的抄本中都沒有。因此這節經文的地位可疑，我們若將教義建造在此根基上，是很危險的（見本書第十七章D.2節）。(2) 就算這段文字不屬乎聖經，它也仍然見證了最早期的教會傳統。但即使如此，它也並沒有肯定所有的信徒都會說方言，因為緊接的下一句話是說：「手能拿蛇」（可16:18），沒有一位有責任感的解經者會說，這對每一個基督徒而言都是真實的。(3) 在這段經文裏並沒有說到，說方言和聖靈的洗之間有什麼關連。

經是從異教神殿崇拜裏出來的,這地方「外邦人所獻的祭是祭鬼,不是祭神」(林前10:20)——保羅仍是說:「我願意你們都說方言。」(林前14:5)他沒有警告說他們應當小心鬼魔的假冒,或甚至說當他們使用這項恩賜時,就可能有假冒的事。

保羅在此鼓勵人說方言,其背後的神學原因,是聖靈在信徒心中大能運行的事實。保羅說:「我告訴你們,被神的靈感動的,沒有說『耶穌是可咒詛』的;若不是被聖靈感動的,也沒有能說『耶穌是主』的。」(林前12:3)保羅在此叫哥林多教會的人安心,假如他們是靠著在他們裏面運行之聖靈的能力而說方言的話,他們就不會說「耶穌是可咒詛」![54] 在保羅討論屬靈恩賜的一開始,他就說了前面所引的這節經文(林前12:3)作為保證,有意叫哥林多教會的人安心,恐怕他們可能會懷疑一些從哥林多廟宇鬼魔敬拜背景出來的基督徒。這種鬼魔的影響力可能仍會影響到他們的使用恩賜嗎?保羅在此立定了基本原則:那些真正承認相信「耶穌是主」的人,是靠著運行在他們裏面的聖靈而有所為;而且靠著聖靈的能力說話的人,沒有一個會說褻瀆耶穌或咒詛耶穌的話。[55] 因此,保羅不擔心會有這種情況出現,他只是單純地鼓勵信徒用方言禱告,並且說,假如他們這麼做,就能造就自己。[56]

---

[54]在這一點上,有人可能會反對說,說方言並不是靠聖靈能力而有的言語,而是從說方言者自己的靈出來的言語。但是保羅清楚地認為,所有這些屬靈的恩賜通常都是*靠聖靈的能力*,即使是那些和人的個性完全有關的屬靈恩賜亦然。不論屬靈恩賜是教導、幫助人、治理事,或說方言,都要靠聖靈的能力。在這些恩賜裏,雖然主動從事每一項活動的媒介是基督徒,是他們擁有特定恩賜並使用它,但是要使恩賜發揮功能,就都需要靠聖靈的能力,包括說方言的恩賜。

[55]和這一點有關的另一個保證,乃是約翰寫給其讀者的話。當他提到鬼魔的靈已經進入這世界時說:「那在你們裏面的比那在世界上的更大。」(約一4:4)

[56]有些流行的書記載了一些發生在基督徒身上的事,它們說到有的基督徒在說了一陣子方言之後,才發現他們裏面有鬼魔的力量在使他們說方言,不過後來那鬼魔就被趕走了(如見C. Fred Dickason, *Demon Possession and the Christian* [Westchester, Ill.: Crossway, 1987], pp. 126-27; 188-91; 193-97)。這種例子再一次顯示,經驗要臣服在聖經之下,並要受到聖經的測驗;聖經的教訓不應當服在經驗之下。我們必須要小心,不要讓這種報導促使我們採取不同於聖經在這事上之教訓的立場。明確地說,如果哥林多前書12-14章視方言為一項從聖靈而來的好恩賜,對個人的造就和對教會的益處,都是有價值的,而且保羅又說:「我願意你們都說方言」(林前14:5),那麼,那些詮釋者對於現代的經驗所說的,實際上是在說:「我願意你們都害怕方言」,因此就和新約聖經所強調的教訓背道而馳了(請注意Dickason所引用Kurt Koch的話:「為我們自己尋求這項恩賜,可能是十分危險的經驗。」[p.127]然而這不是保羅在新約聖經裏的看法。)

Dickason對於今日說方言之事,持「靈恩止息派」的觀點(見該書189頁所述:「我告訴她說,我懷疑今天還有從神而來的任何真正的、符合新約意義的方言。」)所以從他的看法而論,雖然他沒有叫聖經臣服於經驗之下,但他卻將這些經驗當作他對聖經之了解的確證(見本書第五十二章B節有關「靈恩止息派」的討論)。

鬼魔*在不信者的生活中*,是有可能假冒每一項恩賜(見太7:22;有關假神蹟的問題,見本書第十七章E節)。所以,在異教裏有些「說方言」的事實,不應當叫我們驚訝,或使我們認為所有的說方言都是假的。可是在*信徒的生活中*,尤其是當他們在生活中有正面的果子,而且從他們的恩賜中也帶出正面的果子時,那麼這些

目.2.9 羅馬書8:26-27與說方言有關嗎?

保羅在羅馬書8:26-27裏這樣寫道:

「況且我們的軟弱有聖靈幫助;我們本不曉得當怎樣禱告,只是聖靈親自用說不出來的歎息替我們禱告。鑑察人心的曉得聖靈的意思,因為聖靈照著神的旨意替聖徒祈求。」

保羅在這裏沒有明顯地提到說方言,這敘述只是論及所有基督徒生活的一般性敘述,所以要說保羅在此是指說方言,似乎是不對的。他在此是指發生在每一個基督徒的禱告生活裏、較一般性的經驗。

但他說的究竟是什麼呢?有人曾認為他是指一種完全不為我們所感知的代禱活動,聖靈在其中藉著向父神歎息和呻吟來為我們代禱。這樣的看法認為,聖靈這種代求工作是持續地在進行著,可是我們無從得知(除了聖經告訴我們有這樣的事)。在這種看法裏,這段經文和羅馬書8:34與希伯來書7:25提及的基督的代禱工作,是類似的。

然而這樣地解釋這段經文,看起來並不令人滿意,有以下幾個原因:(1) 要保羅說聖靈——那位無限的、無所不能的、無所不知的神——的代禱工作是以「無言的歎息」(羅8:26裏*stenagmois alalētois*的直譯,和合本譯作「說不出來的歎息」)來執行的,似乎不太可能;尤其是我們又了解到,「歎息」這個詞乃是指因疲乏而有的深歎,適合於指墮落世界裏的、困倦擔重擔的受造之物。[57] (2) 在更廣的上下文裏,歎息

恩賜就不是假冒的,而是真正從神而來的(林前12:3;約一4:4;太7:16-20)。我們必須記住:撒但和鬼魔不做善事,而是做惡事;不帶來祝福,而帶來毀滅(又見耶穌在路加福音11:11-13的應許)。

Neil T. Anderson在*The Bondage Breaker*(Eugene, Oreg.: Harvest House, 1990)一書中提及一個故事,說到有一個顯然是基督徒的人,有假冒的方言恩賜。可是Anderson說這個「恩賜」是「藉著假教師」授予這個人的(p. 159),而且這個「恩賜」明顯地為他的生活帶來毀滅性的結果。這些證據(而不是只把鬼魔所說的話當作證據),都清楚地指明那個所謂的「恩賜」之本質是假冒的。Anderson和Dickason不同,他肯定地表示他不反對說方言(p. 160)。

Dickason所說的故事(基督徒覺得有鬼魔的力量在使他說方言),還有另一種解釋:那些說他們是「方言之靈」的鬼魔——就是在一些靈恩派者按手在那位基督徒頭上時而進入他裏面的鬼魔——是在說謊。撒但「本來是說謊的,也是說謊之人的父」(約8:44),他樂於叫基督徒害怕聖靈所賜的更多恩賜。

[57]「歎息」(*stenagmos*)在新約聖經的別處只有在使徒行傳7:34被用到:說到以色列人在埃及時處在壓迫下的「悲歎的聲音」。但是其相關的動詞*stenazō*則被使用了數次,都是說到有限的受造之物,在這個墮落的受造世界之重擔下的歎息。就在羅馬書8:26-27緊接的上文處,*stenazō*被用來說到我們的歎息,因為我們所蒙的救贖尚不完全(羅8:23);另一相關的複合字*sustenazo*則被用在羅馬書8:22,是論到受造之物本身的「歎息」。*stenazō*這個動詞也被用來說到有限的受造之物,在這受造世界之重擔下的歎息,例如馬可福音7:34(耶穌其人望天歎息)、哥林多後書5:2, 4(信徒歎息身體的會朽壞、屬地性)、希伯來書13:17(教會領袖在領導教會的重擔下,可能會禁不住「憂愁」),和雅各書5:9(警告基督徒不要彼此「埋怨」或「歎息」)。雖然這個動詞曾一度用在耶穌身上,是當祂還存在於人性的限制之下時,但它似乎不是一個適合用來說明聖靈活動的詞彙,因為聖靈沒有帶著人性,不會經歷到類似的軟弱。

似乎是因為生活在現今這個邪惡世代之重擔下而有的，尤其是與我們在今世所受的苦難有關連的（見羅8:17, 18, 23）。(3) 在羅馬書8:26裏的動詞「幫助」（「我們的軟弱有聖靈幫助」），不是指聖靈*在我們以外、代表我們*做事，而是指聖靈*與我們同工*做事。保羅在這裏所用的動詞（*sunantilambanomai*）也被用在路加福音10:40，在那裏馬大要耶穌叫馬利亞「來*幫助*我」——她肯定不是要馬利亞來*取代*她預備飯食，而是要她來參與同做。[58] 所以，保羅在羅馬書8:26不是說聖靈所做的事完全沒有我們的參與，而是說聖靈所做的事是與我們所做的活動同工。

這些原因合起來就指出，保羅在羅馬書8:26不是說到聖靈在我們之外、不為我們所知的一種工作，而是說到我們在禱告中所發出的含糊不清之歎息與呻吟，被聖靈變為有效的代禱而帶到神的寶座前。我們可以改寫此節經文為：「聖靈藉著為我們代禱——聽取我們無言的歎息，並將它們變為有效的禱告——來幫助我們禱告。」[59]

這樣的禱告與說方言有什麼關係呢？二者有些相似之處：*我們的禱告*是有效的禱告，雖然我們不完全明白我們在說什麼。二者也有些相異之處：我們在禱告時所發出的歎息或呻吟，通常與心思中十分清楚的狀況或難處很有關係；所以，我們知道我們在禱告的事情是什麼。然而根據保羅在羅馬書8:27所說的，我們不知道該如何為這些狀況，按著我們應當禱告的來禱告，所以，聖靈就幫助我們，在這些狀況裏「照著神的旨意」來代禱。經文中沒有明顯地提及它是否和說方言有關——是不是我們的靈在禱告（雖然這也可能是真的），是不是我們的心思沒有發揮功能或不能理解（雖然這有時也可能是真的，或至少一部分是真的），是不是這些歎息或呻吟變成了另一種可以被稱為「另種方言」或「另種語言」的聲音。所以，雖然羅馬書8:26-27講到我們禱告時可能會發出聲音，而自己卻又不完全了解是什麼，但它和說方言還是有所不同；總結來說，它只是一種與說方言有幾分相似的現象。

F. 智慧的言語和知識的言語

保羅說：「因為藉著聖靈賜給這人*智慧的言語*，而按著同一位聖靈賜給那人*知識的言語*。」（林前12:8, NASB中譯）在本段討論開始之時，我們一定要明白，在聖經別的

[58]雖然這個希臘字沒有在新約聖經的其他地方被使用，可是它的意思由其字頭*sun*（「與」之意）就清楚可知；保羅將此字頭加在非常普通的「幫助」希臘字之前。

[59]另一種看法可見於Douglas Moo的討論裏：他（遲疑地）將歎息理解為是聖靈的歎息，而不是我們的歎息。見Moo, *Romans 1-8*, pp. 559-63.

地方沒有提過這兩個恩賜，[60] 而早期基督教的經外文學也沒有使用過這兩個恩賜的詞彙。這也就是說，有關這些恩賜*僅有的*資料，就僅在這一節經文裏：包括形容這兩個恩賜的詞彙，和其出現的上下文。沒有一位釋經者擁有比這更多的資料，可以用來更多地理解它們。這一事實警告我們，不論怎樣，我們所得的結論都可能只是推測性的。

關於這兩個恩賜的意義，主要有兩種說法：(1) 普遍上一般人認為，這兩個恩賜是指從聖靈得著一種特殊啟示的能力，而且擁有此恩賜的人根據所得的啟示說話：給予某種情況下的智慧，或是說出會眾中某人生活中的特定情況。在這樣的詮釋下，這兩個恩賜是屬於比較「神蹟性的」，會使人希奇和驚訝，因為有此恩賜之人所說的話不是根據一般人可以獲得的資料而來的。

(2) 另一種詮釋則是視這些恩賜是比較「非神蹟性的」，或說是較一般性的：「*智慧的言語*」（word of wisdom）的意思，只是指在不同的情況中說出智慧之言的能力；而「*知識的言語*」（word of knowledge）的意思，則是用知識討論一件事的能力。在這種解釋下，知識與智慧的根基都不是聖靈不期然所賜之特殊啟示，而是日常生活所得之智慧；比如聖經教師、教會裏的長老和其他成熟基督徒所擁有的特徵。因此，需要依靠聖靈的能力，才能使人說出知識的言語和智慧的言語，而使這兩項恩賜發揮功效。這種解釋的「智慧的言語」，可在以下的經文中找到例子：使徒任命第一批「執事」或使徒助理（徒6:1-6），司提反以智慧傳揚福音（徒6:10），耶路撒冷大會作的決定（徒15:19-29），甚至是所羅門王的判決——「將活孩子劈成兩半，一半給那婦人，一半給這婦人。」（王上3:25；又見林前6:5-6）

贊成第一種解釋的人可能會這樣說：哥林多前書12:8-10所列的其他所有七項恩賜都屬於「神蹟性的」，所以也應該以同樣方式來理解這兩項恩賜。

雖然如此，也有一些有分量的看法反對那樣的解釋：

(1) 保羅用來表達「言語」（*logos*）、「智慧」（*sophia*）和「知識」（*gnōsis*）等的字，都不是特定的或專門的詞彙，而是希臘文新約聖經中極為普遍的用字；它們只是經常用來表達「言語」、「智慧」和「知識」的普通用字。不只如此，它們通常不會被用來指稱神蹟性的事件（例如像「*啟示*」和「*預言*」兩詞才是），它們只是用來表達人類知識和智慧的字。所以，從用字本身的意義來看，並沒有指明它們是神所賜的神蹟性恩賜。

---

[60] 至少在聖經裏沒有別的地方把什麼稱為「智慧的言語」或「知識的言語」，也沒有以其他的方式使用過這兩個詞彙。

(2) 從哥林多前書12:8的上下文來看，保羅說這段話的目的似乎和前述把它們當成是神蹟性恩賜的看法相反；他說第8-10節內容的更大的目的，是要說明：無論*一個人擁有怎樣的恩賜*，他都能有把握地說，那恩賜是聖靈所賜下的。保羅在第8-10節之前先說了：「聖靈顯在*各人*身上，是叫人得益處。」（林前12:7）而緊接著在第8-10節之後他又說：「這一切都是這位聖靈所運行，隨己意分給*各人*的。」（林前12:11）如果保羅說這一段話的目的是要顯示*每一個基督徒的恩賜*都是由聖靈賜給的，那麼若他在此只列出神蹟性恩賜的例子，就不一定能達成那個目的，而且，那些擁有非神蹟性恩賜的人就會感覺到被疏忽了，也會懷疑他們的恩賜是否被包括在保羅的討論裏。但更重要的是，那些擁有神蹟性恩賜的人可能就會下了結論說，*惟有*那些擁有神蹟性恩賜的人，才真正地有聖靈在他們裏面工作，好使那些恩賜產生力量。這樣就會導致在會眾中有一種危險的精英主義。所以，保羅似乎的確需要在哥林多前書12:8-10所列的恩賜裏，也包括一些*非神蹟性的恩賜*。

但是在段經文中所列的恩賜裏，有哪些是非神蹟性的恩賜呢?

智慧的言語	醫病	辨別諸靈
知識的言語	行異能	說方言
信心	作先知	繙方言

上述除了智慧的言語和知識的言語之外，所有其他的恩賜似乎都屬於較「神蹟性的」恩賜（可能的例外是說方言和信心），然而，這就更使得智慧的言語和知識的言語必須被視為非神蹟性的恩賜了，因為這樣才能保證保羅所列的恩賜中包括*一些*非神蹟性的恩賜；而這樣也能讓我們看到保羅在真實教會中所運用的教牧上的智慧。所以，哥林多前書12:8-10中一定要有一些非神蹟性的恩賜；而且如果要有的話，智慧的言語和知識的言語是很好的候選者。[61]

(3) 可能最具有決定性的考量，是這個事實：新約聖經中已經有了一個詞彙，是用來描述從聖靈接受特別啟示、並在會眾中報告出來的行動——即保羅所稱的「說預言」。因為他用了一些篇幅討論預言，說明它的內容與規範，所以我們能夠相當清楚地明白預言是什麼。因此，要說另有其他的恩賜和它的功能完全相同（也許僅僅內容有所不同），除了人已經對這兩個恩賜應該是什麼有了先入為主的觀念以外，經文本

[61]我們也可將信心和說方言視為非神蹟性的恩賜，這樣，保羅所列的恩賜就是混合有神蹟性的和非神蹟性的恩賜。如此一來就更沒有理由說智慧的言語和知識的言語不能也被視為非神蹟性的恩賜了，更何況用來描述這兩項恩賜的詞彙通常不會被用來描述神蹟性的事件。

身並沒有提供任何能證明這一點的資料。[62]

所以，將這兩項恩賜當作是「非神蹟性的」來了解，就是將它們僅視為在不同情況下用智慧或知識說話的能力，似乎是比較妥當的。今日在靈恩派的圈子裏，被許多人稱為「智慧的言語」和「知識的言語」的，似乎還是應該被稱為「預言」比較好。[63]

G. 辨別諸靈

另一項在新約聖經裏只提過一次的恩賜，是辨別諸靈的恩賜（林前12:10）。這個恩賜的性質，與一些描述發生在基督徒和邪靈之間的屬靈爭戰的經文有關連。我們可以將辨別諸靈（distinguishing between spirits）的恩賜定義如下：**辨別諸靈是一個特別的能力，能使人分辨聖靈或邪靈在一個人身上的影響力。**

從救贖史的觀點來看，這個恩賜也是一種預嘗來世的恩賜，因為它使人預嘗到分辨撒但及其影響力之能力，而這種能力要到天上才會臻於完全，到那時每一件遮蓋或隱藏的事，都要被揭露和顯明（太10:26；另參啟20:11-15）。這項恩賜的能力，也可能比舊約大多數或所有信徒在這方面的能力更強。舊約不常提及鬼魔的活動，而且鬼魔攻擊神百姓時，通常是具體地藉著不信神的國家以軍事來攻擊以色列民，或公然地引誘他們去事奉外邦的神祇。所以，舊約時主要是藉著觀察外在可見的事件和環境，而察覺到鬼魔的活動；撒但要藉著那些事件和環境來達到他的目的，因此是清楚可見的。

在新約之下，辨別諸靈的恩賜使人能分辨出一個人身上邪靈的存在與聖靈工作之存在的不同。保羅知道哥林多教會的人先前「被牽引……去服事那啞巴偶像」（林前12:2），與此類似地，使徒約翰也了解基督徒需要「試驗那些靈是出於神的不是，因為世上有許多假先知已經出來了。」（約一4:1）

在此之外，這個恩賜也可能會使人分辨出不同型態的邪靈，例如生病的靈（路

---

[62]事實上，現代的五旬節和靈恩運動所稱為「知識的言語」和「智慧的言語」的事，都完全符合保羅所定義的「預言」，因此其實應當將它們放在預言的大範圍之下。這樣做會有一個很大的好處，那就是在教會使用這些恩賜時，都可以根據保羅對預言的了解和規範來運作。

如果我們繼續將智慧的言語和知識的言語當作是神蹟性的恩賜——要依賴從神而來的特別啟示，會造成什麼傷害嗎？有一個立即可能會有的危險：有一些其實是保羅所稱為「預言」的事，但現在卻換了稱呼，因此會使人產生一種傾向，就是遠離保羅在新約聖經中對預言所立的規範。我們無法預料這樣做是否會造成未來某個時候有人誤用這個恩賜，然而若說智慧的言語和知識的言語屬於神蹟性的恩賜而被廣為使用，但新約聖經裏卻只提過一次，也完全沒有相關的討論或規範，則似乎是相當奇怪的。

[63]若要進一步地討論這兩項恩賜，見Wayne Grudem, "What is the Real Meaning of a 'Word of Wisdom' and a 'Word of Knowledge'?" in *Ministries Today* (Jan.-Feb. 1993), pp. 60-65.

13:11)、占卜的靈(徒16:16)、聾啞的靈(可9:25, 29),和謬妄的靈(約一4:6)。從用詞和文法的觀點來看,我們了解這個「辨別諸靈」的恩賜也包含了這一方面的能力。[64]

當然,就某個程度而言,鬼魔活動的存在是外顯的:有時脫口說出了明顯是有錯誤的教義陳述(見林前12:2-3;約一4:1-6),有時是有凶暴怪異的舉動,尤其是衝著基督徒傳道而來的(見可1:24; 9:20;太8:29等)。撒但之影響力的特點就是破壞,而受到鬼魔影響的人就會在教會和在他周圍的人身上,產生破壞的影響力;也會對人產生自我毀滅的影響力,使人傷害自己受擾的生命。

然而除了這些鬼魔影響力的外在指標之外,個人也可能主觀的感知發生在屬靈和情緒層面的影響,使人能分辨出鬼魔活動的存在。當這個能力更高度地發展,而能夠對教會整體產生益處時,無疑地就成為保羅所稱的辨別諸靈的恩賜。[65]

辨別諸靈的恩賜和屬靈爭戰也有關連,有關撒但與鬼魔,及屬靈戰爭的討論,見本書第二十章。

個人思考與應用

1. 你曾經歷過本章所定義的說預言恩賜嗎?你怎麼稱呼它呢?你的教會是否有這項恩賜(或是類似這樣的功能)在運作?若有,帶來了什麼益處及危險?若沒有,那你認為這項恩賜會對你的教會有幫助嗎?為什麼?
2. 你的教會是否能有效地發揮教導恩賜的功能?除了牧師或長老,誰在使用這項恩賜?你認為你的教會合宜地倡導了正確的聖經教訓嗎?你認為你的教會在哪些方面(如果有的話),需要在認識和愛慕聖經的教訓上有所成長?
3. 你自己曾經使用過本章所討論的其他恩賜嗎?你是否認為你的教會現在需要某一項恩賜,但是卻沒有這項恩賜?你認為你自己最好要怎麼做來回應這個需要?

特殊詞彙

(適用於第五十二章與第五十三章)

使徒(apostle)

---

[64]對於「辨別諸靈」這個詞語,有一個十分廣泛的語文和文法分析,見Wayne Grudem, "A Response to Gerhard Dautzenberg on 1 Cor.12:10." in *Biblische Zeitschrift,* N. F., 22:2 (1978), pp. 253-70.

[65]當然,今世沒有任何一個基督徒的恩賜是完美的(林前13:9-10),因此我們不應當期望這一個恩賜會是完美的,或期望那些擁有這個恩賜的人從來不犯錯誤。見本書第五十二章A.4節,有關屬靈恩賜有強弱不同的討論。

靈恩止息派（cessationist）
辨別諸靈（distinguishing between spirits）
聖靈的恩賜（gifts of the Holy Spirit）
醫病（healing）
繙方言（interpretation of tongues）
神蹟（miracles）
神蹟性的恩賜（miraculous gifts）
非神蹟性的恩賜（nonmiraculous gifts）
職分（office）
預言（prophecy）
說方言（speaking in tongues）
教導（teaching）
知識的言語（word of knowledge）
智慧的言語（word of wisdom）

本章書目

Baker, J. P. "Gifts of the Spirit." In *NDT*, pp. 269-71.

Bennett, Dennis and Rita. *The Holy Spirit and You*. Plainfield, N.J.: Logos, 1971.（靈恩派）

Blue, Ken. *Authority to Heal*. Downers Grove, Ill.: InterVarsity Press, 1987.

Bridge, Donald. *Signs and Wonders Today*. Leicester: InterVarsity Press, 1985.（靈恩派）

________. and David Phypers. *Spiritual Gifts and the Church*. Downers Grove, Ill.: InterVarsity Press, 1973.（靈恩派）

Budgen, Victor. *The Charismatics and the Word of God*. Phillipsburg, N.J.: Presbyterian and Reformed, 1985.（靈恩止息派）

Carson, D. A. *Showing the Spirit: A Theological Exposition of 1 Corinthians 12-14*. Grand Rapids: Baker, 1987.

Chantry, Walter J. *Signs of the Apostles*. 2nd ed. Edinburgh and Carlisle, Pa.: Banner of Truth, 1976.（靈恩止息派）

Clements, Roy. *Word and Spirit: The Bible and the Gift of Prophecy Today*. Leicester: UCCF Booklets, 1986.

Deere, Jack. *Surprised by the Power of the Holy Spirit: A Former Dallas Seminary Professor Discovers That God Still Speaks and Heals Today*. Grand Rapids: Zondervan, 1993.（這書是我所看過反對靈恩止息派的立場最平衡、最具脫服力的論點。）

Edgar, Thomas. "The Cessation of the Sign Gifts." In *BibSac* 145:180 (Oct.-Dec., 1988), pp. 371-86.（靈恩止息派）

Ellis, E. E. "Prophecy, Theology of." In *NDT*, pp. 537-38.

Farnell F. David. "The Current Debate About New Testament Prophecy." In *BibSac* 149:595 (July-Sept. 1992), pp. 277-303.

________. "Does the New Testament Teach Two Prophetic Gifts?" In *BibSac* 150 (Jan.-March, 1993), pp. 62-88.

________. "Fallible New Testament Prophecy/Prophets? A Critique of Wayne Grudem's Hypothesis." In *The Master's Seminary Journal* 2:2 (Fall 1991), pp. 157-80.

________. "The Gift of Prophecy in the Old and New Testaments." In *BibSac* 149:596 (Oct.-Dec., 1992), pp. 387-410.

________. "When Will the Gift of Prophecy Cease?" In *BibSac* 150 (April-June, 1993), pp. 171-202.

Gaffin, Richard B. *Perspectives on Pentecost: Studies in New Testament Teaching on the Gifts of the Holy Spirit*. Phillipsburg, N.J.: Presbyterian and Reformed, 1979.(靈恩止息派)

Gee, Donald. *Concerning Spiritual Gifts*. Springfield, Mo.: Gospel Publishing House, 1972 (revised edition).(傳統的五旬節派)

________. *Spiritual Gifts in the Work of Ministry Today*. Springfield, Mo.: Gospel Publishing House, 1963.(傳統的五旬節派)

Gentry, Kenneth L., Jr. *The Charismatic Gift of Prophecy: A Reformed Response to Wayne Grudem*. 2d ed. Memphis, Tenn.: Footstool Publications, 1989.(靈恩止息派)

Green, Michael. *I Believe in the Holy Spirit*. London: Hodder and Stoughton, and Grand Rapids: Eerdmans, 1975.

Greig, Gary, and Kevin Springer, eds. *The Kingdom and the Power: Are Healing and the Spiritual Gifts Used by Jesus and the Early Church Meant for the Church Today?* Ventura, Calif.: Regal Books, 1993.

Gromacki, Robert G. *The Modern Tongues Movement*. Rev. ed. Phillipsburg, N.J.: Presbyterian and Reformed, 1972.(靈恩止息派)

Grudem, Wayne. "Does God Still Give Revelation Today?" In *Charisma*, Sept., 1992, pp. 38-42.

________. *The Gift of Prophecy in 1 Corinthians*. Lanham, Md.: University Press of America, 1982.

________. *The Gift of Prophecy in the New Testament and Today*. Westchester, Ill.: Crossway, 1988.

________. *Power and Truth: A Response to the Critiques of Vineyard Teaching and Practice by D. A. Carson, James Montgomery Boice, and John H. Armstrong in Power Religion*. Anaheim, Calif.: Association of Vineyard Churches, 1993.

________. "What Is the Real Meaning of a 'Word of Wisdom' and a 'Word of Knowledge'?" In *Ministries Today* (Jan.-Feb. 1993), pp. 60-65.

________. "What Should Be the Relationship Between Prophet and Pastor?" in *Equipping the Saints* (Fall 1990), pp. 7-9, 21-22.

Hayford, Jack W. *The Beauty of Spiritual Language*. Irvine, Tex.: Waco, 1993.

Horton, Michael Scott, ed. *Power Religion: The Selling Out of the Evangelical Church?* Chicago: Moody Press, 1992.

Houston, Graham. *Prophecy: A Gift For Today?* Leicester and Downers Grove, Ill.: InterVarsity Press, 1989.

Hummel, Charles E. *Fire in the Fireplace: Charismatic Renewal in the Nineties*. Downers Grove, Ill.: InterVarsity Press, 1993.

MacArthur, John F., Jr. *Charismatic Chaos*. Grand Rapids: Zondervan, 1992.（靈恩止息派）

________. *The Charismatics: A Doctrinal Perspective*. Grand Rapids: Zondervan, 1978.（靈恩止息派）

Mallone, George. *Those Controversial Gifts*. Downers Grove, Ill.: InterVarsity Press, 1983.

Moo, Douglas. "Divine Healing in the Health and Wealth Gospel." In *TrinJ* Vol. 9 N.S., No. 2 (Fall 1988), pp. 191-209.

Nathan, Richard. *A Response to Charismatic Chaos*. Anaheim, Calif.: Association of Vineyard Churches, 1993.（廣泛回應John MacArthur在1992年所出版的書。）

Osborne, Grant. "Tongues, Speaking in." In *EDT*, pp. 1100-1103.

Poythress, Vern. "Linguistic and Sociological Analyses of Modern Tongues-Speaking: Their Contributions and Limitations." In *WTJ* 42 (1979):367-98.

Pytches, David. *Spiritual Gifts in the Local Church*. Originally published as *Come, Holy Spirit*. Minneapolis: Bethany, 1985.（靈恩派）

Reymond, Robert L. *What About Continuing Revelations and Miracles in the Presbyterian Church Today?* Phillipsburg, N.J.: Presbyterian and Reformed, 1977.（靈恩止息派）

Robertson, O. Palmer. *The Final Word*. Edinburgh and Carlisle, Pa.: Banner of Truth, 1993.（靈恩止息派）

Ruthven, Jon. *On the Cessation of the Charismata: The Protestant Polemic on Post-Biblical Miracles*. Sheffield: Sheffield University Academic Press, 1993.（靈恩派；作者改寫並擴充他的博士論文，他在其中回應從Warfield到現今靈恩止息派的辯詞。）

Saucy, Robert. "Prophecy Today? An Initial Response." In *Sundoulos* (Talbot Seminary; Spring 1990), pp. 1-5.（靈恩止息派）

Schatzmann, Siegfried. *A Pauline Theology of Charismata*. Peabody, Mass.: Hendrickson, 1987.

Stephanou, Eusebius A. "The Charismata in the Early Church Fathers," *The Greek Orthodox Theological Review* 21:2 (Summer 1976), pp. 125-46.

Storms, C. Samuel. *Healing and Holiness: A Biblical Response to the Faith-Healing Phenomenon*. Phillipsburg, N.J.: Presbyterian and Reformed, 1990.

Thomas, Robert L. "Prophecy Rediscovered? A Review of *The Gift of Prophecy in the New Testament and Today*." In *BibSac* 149:593 (Jan.-Mar. 1992), pp. 83-96.（靈恩止息派）

Thompson, J. G. S. S. and Walter A. Elwell. "Spiritual Gifts." In *EDT*, pp. 1042-46.

Turner, M. M. B. "Spiritual Gifts Then and Now." In *Vox Evangelica* 15 (1985), pp. 7-64.

Warfield, Benjamin B. *Counterfeit Miracles*. London: Banner of Truth, 1972 (first published in 1918).

White, John. *When the Spirit Comes with Power*. Downers Grove, Ill.: InterVarsity Press, 1988.

White, R. Fowler. "Gaffin and Grudem on Ephesians 2:20: In Defense of Gaffin's Cessationist Exegesis." In *WTJ* 54 (Fall 1993), pp. 303-20.（靈恩止息派）

________. "Richard Gaffin and Wayne Grudem on 1 Corinthians 13:10: A Comparison of Cessationist and Noncessationist Argumentation." In *JETS* 35:2 (June 1992), pp. 173-82.（靈恩止息派）

Wilkenson, J. "Healing." In *NDT*, pp. 287-88.

Wimber, John. With Kevin Springer. *Power Evangelism*. San Francisco: Harper and Row, 1986.

________. *Power Healing*. San Francisco: Harper and Row, 1987.

教會論共同書目表

宗派	人名	四十四章	四十五章	四十六章	四十七章	四十八章	四十九章	五十章	五十一章	五十二/五十三章
安立甘宗/聖公會										無詳論
1882-92	Litton	363-86	380-86, 413-18	402-13, 418-27	384-418	428-59	459-74	472-542	無詳論	
1930	Thomas	265-80		281-97, 434-46	313-18, 429-33, 452-58	313-38, 343-70, 447-51	371-87, 521-22			
阿民念派/衛理會/循道會										
1847	Finney									
1875-76	Pope	3:259-87	3:267-79		3:335-59	3:294-310, 335-59	3:310-24	3:325-34	3:287-94	
1892-94	Miley	2:385-94			2:415-19	2:392-94	2:395-410	2:411-14		
1940	Wiley	3:103-17, 126-27	3:112-13	3:136-37	3:117-37	3:150-60	3:161-89	3:189-208	3:138-50	
1960	Purkiser	393-408				409-27	409-11	411-15	415-20	
1983	Carter	2:571-613	2:594-95		2:619-20	2:615	2:616	2:616-19	2:614-15	1:449-57
1983-	Cottrell									
1987-90	Oden									
浸信會										
1767	Gill	2:558-74		2:607-20	2:574-607	2:621, 660-82	2:621-47	2:647-60	2:341-52, 558, 682-729	
1887	Boyce	418-22								
1907	Strong	887-94		924-26	894-929		931-59	959-80		
1917	Mullins									
1976-83	Henry	4:524-92								
1983-85	Erickson	1025-68	1129-46		1069-88	1003-15	1089-106	1107-28		877-83
1987-94	Lewis / Demarest									
時代論			無詳論							
1947	Chafer	4:30-153			4:150-53		7:32-43	7:229		7:215-20
1949	Thiessen	305-13, 326-32			314-318	296-304	319-22	322-25		
1986	Ryrie	391-404, 435-36		433-35	403-20	421,427	421-25	425-26	428-30	367-74

宗派	人名	四十四章	四十五章	四十六章	四十七章	四十八章	四十九章	五十章	五十一章	五十二／五十三章
信義宗／路德會									無詳論	無詳論
1917-24	Pieper	3:397-425	3:423-27	1:530-31; 3:178-83, 416-20	3:427-38, 439-72	3:104-215, 439-72	3:253-89	3:290-396		
1934	Mueller	541-56	556-62		563-84	441-69	486-505	506-40		
改革宗／長老會										無詳論
1559	Calvin	2:1011-53 (4.1-2)	2:1011-53 (4.1-2)	2:1149-1240 (4.8-12)	2:1053-1228 (4.3-11)	2:1276-1303, 1448-84 (4.14, 19)	2:1303-59 (4.15-16)	2:1359-1448 (4.27-28)		
1724-58	Edwards			2:118-22				1:431-532	2:913-18	
1861	Heppe	657-70	670-72	684-94	672-84	590-610	611-26	627-56		
1871-73	Hodge					3:466-526	3:526-611	3:611-92		
1878	Dabney			*ST*, 873-87		*ST*, 726-57	*ST*, 758-99	*ST*, 800-817		
1887-1921	Warfield		*SSW*, 1:299-307				*SSW*, 1:325-31	*SSW*, 1:332-38		
1889	Shedd					2b:561-87	2b:574-87	2b:564-74		
1909	Bavinck									
1937-66	Murray	*CW*, 1:231-52; *CW*, 2:321-36	*CW*, 1:269-91; *CW*, 2:321-36	*CW*, 1:253-59	*CW*, 1:260-68; *CW*, 2:336-65	*CW*, 2:366-69	*CW*, 2:370-75	*CW*, 2:376-84; *CW*, 3:275-88	*CW*, 1:165-68	
1938	Berkhof	*ST*, 555-78		*ST*, 593-603	*ST*, 579-92	*ST*, 604-21	*ST*, 622-43	*ST*, 644-58		
1962	Buswell	2:216-26; 1:418-24	1:421-24		1:424-28	2:226-41	2:241-66	2:266-79		
靈恩派／五旬節派										
1988-92	Williams	3:15-157	3:25-35	3:120-23, 265-85	3:177-220	2:287-94, 3:159-63	2:278-87, 3:136-39, 221-41			2:209-36, 243-63, 323-409, 3:159-77
傳統天主教										
1955	Ott	270-324	290-309	417-25	276-90, 450-60	325-472	350-61	370-416	無詳論	無詳論
天主教（二次梵蒂岡大會後）										
1980	McBrien	2:565-730	2:854-58	2:817-48	無詳論	2:731-49, 775-816	1:248-52; 2:349-54	2:757-68; 1:552-56	無詳論	2:1086-88

第7部 末世論

第五十四章
基督的再來

基督何時會再來？祂將如何再來？
祂是否可能在任何時刻再來？

背誦經文：帖撒羅尼迦前書4:15-18

我們現在照主的話告訴你們一件事，我們這活著還存留到主降臨的人斷不能在那已經睡了的人之先；因為主必親自從天降臨，有呼叫的聲音和天使長的聲音，又有神的號吹響；那在基督裏死了的人必先復活。以後我們這活著還存留的人必和他們一同被提到雲裏，在空中與主相遇。這樣，我們就要和主永遠同在。所以你們當用這些話彼此勸慰。

詩歌： 看哪救主駕雲降臨（*Lo, He Comes With Clouds Descending*）

1看哪救主駕雲降臨 祂曾為罪人捨命 千萬聖徒簇擁侍從
得勝行列齊歌頌 哈利路亞哈利路亞 神在全地掌權柄
2萬目都要仰望救主 身披榮耀何威嚴 昔日賣主刺主釘主
今要仰望求恩憐 大大哀號大大哀號 真彌賽亞今望見
3每個島嶼山峰海洋 諸天和地都消逝 恨祂的人狼狽聽見
號筒宣告那日臨 來受審判來受審判 祂憑公義來審判
4長年所望身體得贖 何等華麗今實現 世人鄙視祂的聖徒
今要會祂在雲間 哈利路亞哈利路亞 神的大日今應驗
5同聲阿們我們拜服 永遠寶座在至高 願你得著你的國度
得著權能和榮耀 願你快來願你快來 永遠之神快來到

詞：Charles Wesley, 1758（1, 2, 5節），John Cennick, 1752（3, 4節）
曲：HOLYWOOD 8.7.8.7.8.7., John Francis Wade's *Cantus Diversi*, 1751

替代詩歌：眾聖徒歡欣（*Rejoice, All Ye Believers*），Laurentius Laurenti, 1700

這首詩歌生動地描繪出基督再來的景象：千千萬萬的信徒將與祂一同降臨，而在祂降臨時，地上還有更多的人在歡迎祂。第一節歌詞中提到，基督要駕「雲」「降臨」，那「雲」乃是神的榮耀之雲。第三節歌詞歷歷如繪地描述天地大震動的情形，以及不信者將要面臨審判的事實。最後，這首「詩歌以說到耶穌自己為高潮的結尾，求祂快快回來掌權統治（調用人所熟悉的「西西里水手」聖詩調式）。

前言

當我們進入本書最後一個單元的時候，我們要轉來思考將會發生在未來的事件。通常我們把對未來事件的研究稱為「**末世論**」（eschatology），此字源自希臘字 *eschatos*，其意思是「末後的」。因此，末世論所要研究的，就是「末世的事」。

對於未來會發生什麼事，不信主的人可以根據過去所發生之事的模式，來作合理的預測，然而就人類經驗的本質而言，我們很清楚地知道，人類本身不能**知道**未來。因此，不信主的人對於未來的任何事件，都不會有確切的知識。可是相信聖經的基督徒卻不同；雖然我們不知道有關未來的每一件事，但是神知道，而且祂在聖經裏已經告訴我們，在這個宇宙的歷史裏，未來會發生哪些重要事件。我們有絕對的信心相信，那些事件一定會發生，因為神從不會錯，祂也從不說謊。

舉凡聖經上所教導關於死亡、居間狀態和得榮的事，這些都與我們個人的未來有關，可見本書第四十一章及第四十二章的討論；研究這些會發生在個人身上的未來事件，有時候被稱為「**個人性的末世論**」（personal eschatology），不過聖經也談到一些會影響到全宇宙的主要事件。說得明確一點，聖經曾仔細提到的有，基督的再來、千禧年、最後的審判、非信徒永遠的懲罰、信徒永遠的獎賞，以及在新天地裏與神永遠同在的生活等。對於這類事件的研究，有時候被稱為「**一般性的末世論**」（general eschatology）。在本章裏，我們將要研究基督的再來、或說基督「第二次降臨」的問題，而在接下來的數章中，我們則要討論末世論裏其他的主題。

在教會史上，對有關未來的問題，曾有過許多的辯論，而且經常是激烈的辯論。在本章裏，我們一開始會先來看看所有福音派基督徒都同意的、關於基督第二次降臨的看法，然後我們再討論一個大家均有不同看法的問題：基督是否可能在任何時刻再來？接著在下一章裏，我們將要討論千禧年的問題，那也是一個在基督徒當中已經長久意見不一的問題。

A. 基督的再來是突然的、親身的、可見的

耶穌常常講到祂的再來。祂說：「所以你們也要預備，因為你們想不到的時候，人子就來了。」（太24:44）「**我……就必再來**接你們到我那裏去；我在那裏，叫你們

也在那裏。」（約14:3）在耶穌一升天以後，兩位天使就對門徒們說：「這離開你們被接升天的耶穌，你們見祂怎樣往天上去，*祂還要怎樣來*。」（徒1:11）保羅這樣教導：「*因為主必親自從天降臨*，有呼叫的聲音和天使長的聲音，又有神的號吹響。」（帖前4:16）希伯來書的作者這樣寫道：基督「*將來要*向那等候祂的人*第二次顯現*，並與罪無關，乃是為拯救他們。」（來9:28）雅各說：「主來的日子近了。」（雅5:8）[1] 彼得也說：「主的日子要像賊來到一樣。」（彼後3:10）約翰又說：「當祂顯現時（和合本譯作「但我們知道主若顯現」），我們必要像祂，因為必得見祂的真體。」（約一3:2）啟示錄多次提到基督的再來，該書用耶穌的應許作為全書的結尾：「是了，*我必快來*」，而約翰則回應說：「阿們。主耶穌啊，我願你來。」（啟22:20）

由此可見，這個主題在新約聖經中屢屢被提及，它也是新約教會最主要的盼望。這些經節都預言到，基督的再來將是突然的、戲劇化的，且是有眼可見的（啟示錄1:7說：「看哪！祂駕雲降臨。眾目要看見祂」）。因為這些經文對這幾個特徵的教導非常明顯，所以以下這個曾一度在更正教自由派的圈子裏盛行的想法，不可能是對的：基督本人不會再來，只是祂的精神——對祂之教訓的接納，以及對祂愛人之風格的仿效——會逐漸回到世上。事實上，基督的再來絕不是指祂的教訓或祂的行為風格的回來，而是「*主必親自*從天降臨」（帖前4:16）；是耶穌本人「離開你們被接升天」，「你們見祂怎樣往天上去，祂*還要怎樣*來。」（徒1:11）祂的出現不會只是一種屬靈的回來，只住在人心裏面的，而是*個人的*、*親身的*回來，「你們見祂怎樣往天上去，祂還要怎樣來。」

B. 我們應渴望基督的再來

約翰在啟示錄結尾時對主的回應，應當是所有世代基督徒之心的特色：「阿們。主耶穌啊，我願你來。」（啟22:20）真正的基督教是訓練我們，「在今世自守、公義、敬虔度日，*等候所盼望的福，並等候至大的神和我們救主耶穌基督的榮耀顯現*。」（多2:12-13）[2] 保羅說：「我們卻是天上的國民，並且*等候救主*，就是主耶穌

---

[1]英文parousia一字在神學裏的意思是指（基督的）「*再來*」。這一個名詞源自希臘文的「來」（*parousia*）一字，此字在雅各書5:8和其他幾處新約經文裏，專用來指基督的再來。

[2]在此譯為「等候」的*prosdechomai*一字，其含義是渴望或迫切地盼望。它曾被用來描述亞利馬太的約瑟，說他「是等候神國的」人（可15:43；路23:51）；它也曾被用來描述公義的西面，因他「素常盼望以色列的安慰者來到」（路2:25）。

基督從天上降臨。」（腓3:20）[3] 在哥林多前書16:22裏的那個亞蘭文詞彙「馬拉那沙」（Maranatha），意思就是「主必要來」。

基督徒事實上真的渴望基督回來嗎？如果基督徒愈多流連在今生美好事物的享受中，愈多忽略真正的團契生活和他們個人與基督之間的關係，他們就會愈少渴望祂的回來。但在另一方面，許多經歷苦難或逼迫的基督徒，或是較為年長和體弱的基督徒，還有那些天天與基督有活潑深邃交通的基督徒，他們就會更強烈的期盼祂回來。因此，就某種程度來說，我們真實渴望基督回來的程度，正可用來測量我們當時的屬靈光景，也可用來測量我們是否真能看清這個世界的真實情況，如同神所看到的一樣——即這世界是被罪惡所捆綁，悖逆神，並臥在那惡者的權下（約一5:19）。

然而，這是不是表示我們不應當有長期的計劃呢？假如一個基督徒科學家渴望基督再來的話，那麼，他應當開始一項為期十年的研究計劃嗎？或說一個基督徒應當在神學院或聖經學院，開始修習為期三年的課程嗎？如果在他神學院畢業以前，在他有足夠機會投身在事工中以前，基督就回來了，那他是不是白費工夫了？

我們當然應該投身在長期的計劃裏！耶穌不讓我們知道祂再來的真正時刻（見下一節的討論），原因正是在此；不論我們以何事為業，祂都要我們在凡事上順服祂，直到祂再來的那一刻。為基督的再來作「預備」（太24:44），就是要在現今忠誠地順服祂，有活力地從事任何一項祂呼召我們做的工作。我們所處的情況乃是這樣：由於不知道祂何時回來，因此在祂回來的那一日，一定可能有一些宣教士正要出發去宣教工場，但他們永遠到達不了目的地；可能有一些人正在接受最後一年的神學教育，但他們也永遠用不上自己所受過的訓練來牧養教會；可能有一些研究生正在處理他們的博士論文，但他們數年研究的成果永遠不會被出版，也永遠影響不了這個世界……然而，對於以上所有這些基督徒，耶穌會說：「好，你這又良善又忠心的僕人！你在不多的事上有忠心，我要把許多事派你管理，可以進來享受你主人的快樂！」（太25:21）

C. 我們不知道基督何時再來

有好幾處經文指出，我們不知道、也無法知道基督將再來的時間。「你们想不到的時候，人子就來了。」（太24:44）「所以你們要儆醒，因為那日子、那時辰，你們

[3]在此譯為「等候」的希臘字是*apekdechomai*，即「迫切地等候」之意（注意它在羅馬書8:19, 23；哥林多前書1:7；加拉太書5:5裏的用法就是這個意思。和合本的羅馬書8:19中這個字被譯為「切望」）。

不知道。」（太25:13）不只如此，耶穌還說：「但那日子、那時辰沒有人知道，連天上的使者也不知道，子也不知道，惟有父知道。你們要謹慎！儆醒祈禱！因為*你們不曉得*那日期幾時來到。」（可13:32-33）

如果說我們只是不知道那日子和那個時辰，但是可以知道是何月或何年——這種說法就只是有意要規避那些經文之力量的藉口，但事實依然存在，那就是耶穌將會在一個「你們想不到的時候」（太24:44；路12:40）來臨。在這些經節裏的「時候」或「時辰」（hour，希臘文*hōra*）一詞，最好按一般性的意思來理解，即是指著某事件會發生的時間，而不一定是一段六十分鐘的期間。[4] 這些經文的重點是，耶穌在告訴我們，我們*不能*知道祂何時會回來；因為祂會在人所意想不到的時候來臨，所以我們應當隨時預備好等祂再來。

有關這點的實際應用的結果就是，若有任何人宣稱他明確地知道耶穌何時會回來，我們就可以自動視他是錯誤的。耶和華見證人會曾作過許多次關於基督再來之確切日期的預言，但所有的預言後來都證實是錯的。[5] 教會史上也有其他人曾做過這類的預測，有時候是宣稱他們擁有洞悉聖經預言的新亮光，有時則是宣稱他們從耶穌本人得著個人的啟示，指明祂什麼時候會再來。很不幸地，有許多人被這些宣稱的話所欺騙；舉例來說，如果有人相信基督將要在一個月以內回來，那麼他們可能就會開始退出所有長期的活動：他們會將兒女從學校帶回，賣掉房子，辭去工作，並放棄任何長期的計劃——不管是在教會裏或是在其他的地方。他們開始時可能會非常熱心地傳福音與禱告，然而因為他們的行為本質上不合理，所以反而抵消了他們原有在佈道上的影響力。不只如此，他們的作法就是*不順從*聖經，因為聖經說我們無法知道基督再來的時間。既然不服聖經的教導，表示他們的禱告和與神的交通也必要受到攔阻。任何人若宣稱他知道基督再來的日期——不論他的根據是什麼——都應該予以排斥，當作是不正確的。[6]

---

[4]BAGD, p. 896, 3.

[5]為了挽回自己的面子，他們就宣稱耶穌真的已在1914年10月1日回來，卻是以一種不可見的方式回來。他們所說的顯然不正確，因為它否認了基督再來的可見性、親身性，而這些特徵是在以上所引用的幾處經文裏清楚說明的。

[6]即使在我們這個「啟蒙」的二十世紀裏，這樣的驚人之語仍對許多人很有說服力。在1988年夏天，一位原先是火箭科學家，有顯赫學術成就的人，開始分發一本小冊子，宣稱耶穌要在1988年9月12日再來。這本被印了上萬本的小冊子，流傳到美國和世界各個不同的地方。筆者很驚訝地發現，連一些平時比較穩重的基督徒朋友，在讀過這本小冊子之後也接受了其中的說法；筆者又聽說，有同一社區裏的基督徒，甚至將他們的孩子從學校裏帶回家，為的是想在基督回來的時候，能全家在一起。當這個預言失敗的時候，該作者Edgar Whisenant

D. 福音派都贊同基督再來的最終結局

雖然福音派基督徒對末日事件的細節有不同的看法，但所有接受聖經為最終極權威的基督徒都同意，基督再來所帶來的最後而終極的結果，乃是非信徒將受審判，信徒將受最後的獎賞，以及信徒將要與基督同住在新天新地直到永遠。父神、子神和聖靈將要在永不結束的國度裏掌權，並受到敬拜；那裏將不再有罪惡、憂傷或苦難。我們將在以下的數章裏，更充分地討論這些細節。

E. 對末日事件的細節有不同的看法

福音派基督徒對於引向基督再來和其後將立即發生的事，在細節上有不同的看法。明確地說，他們在千禧年的性質、基督再來與千禧年的關係、基督再來與地上大災難期的先後順序，以及猶太人得救的問題（還有得救的猶太人與教會之間的關係）等，在看法上有分歧。

在我們更仔細地檢視以上這些問題之前，很重要的是，我們必須先肯定一件事：那些在這類問題上持不同看法的人，仍持有真實的福音派立場；他們都同意聖經是無誤的，而且*不論聖經教導的是什麼*，他們都委身相信。他們的歧見主要是在於如何詮釋與末日事件相關的不同經文，但這樣的差異應當被視為是次重要的，而不應當被視為是主要教義上的差異。

然而，我們仍然值得花時間去研究這些問題的細節，一方面是因為我們可以更深入地洞悉神為我們所計劃與所應許之事件的性質；另一方面則是因為當我們都願意更仔細地檢視這些事件之細節，並且願意一起討論時，就會對教會之間能有更大的合一產生更大的盼望。

F. 基督是否可能在任何時刻回來？

對於末日事件的幾個重要不同看法之一，就是關於基督是否可能在任何時刻回來的問題。從一方面來說，有許多的經文鼓勵我們要要作好預備，因為基督將會在我們

就改寫他的預言，說他的計算差了一年，基督應該在1989年9月1日回來（或是早一天或晚一天），如果不是的話，就是在猶太曆的1990、1991或1992年的新年，不然最遲就是1993年9月15-17日。當然，那些預言也失敗了。結果許多人的生活被打亂，又有許多人先是產生錯誤的期望，後來他們的期望又被這本小冊子和其後陸續出版的書籍所破滅。見Edgar Whisenant, *88 Reasons Why the Rapture Will Be in 1988* (Nashville, Tenn.: World Bible Society, 1988)；以及Edgar Whisenant and Greg Brewer, *The Final Shout: Rapture Report 1989* (Nashville, Tenn.: World Bible Society, 1989).

意想不到的時刻再來。但從另一方面來說，也有幾處經文說到在基督再來以前，將會先發生某些事件。一直以來都有人用不同的方式來解決這兩組經文之間的明顯張力。最後有些基督徒結論說，基督仍可能在任何的時刻再來，而另一些人則結論說，至少還要一世代的時間基督才會再來，因為在祂再來以前，一些關於祂回來之前必要發生之事的預言，必須要先應驗，而那需要約一世代的時間。

F.1 預言主將突然在意想不到的時刻再來的經節

以下這些經節都預言基督會很快地回來。為了使讀者感受到其逐漸擴大的力量，這裏將它們按照聖經出現的次序排列如下：

「**所以你們要儆醒**，因為不知道你們的主是那一天來到。家主若知道幾更天有賊來，就必儆醒，不容人挖透房屋，這是你們所知道的。所以**你們也要預備**，因為**你們想不到的時候**，人子就來了。」（太24:42-44；另參太24:36-39）

「**在想不到的日子**，不知道的時辰，那僕人的主人要來。」（太24:50）

「**所以你們要儆醒**，因為那日子、那時辰，你們不知道。」（太25:13）

「**但那日子、那時辰沒有人知道**，連天上的使者也不知道，子也不知道，惟有父知道。**你們要謹慎！儆醒祈禱！**因為你們不曉得那日期幾時來到。」（可13:32-33）

「這事正如一個人離開本家寄居外邦，把權柄交給僕人，分派各人當作的工，又吩咐看門的儆醒。所以**你們要儆醒**，因為**你們不知道家主什麼時候來**；或晚上、或半夜、或雞叫、或早晨。恐怕他忽然來到，看見你們睡著了。我對你們所說的話，也是對眾人說，『要儆醒！』」（可13:34-37）

「**你們也要預備**，因為你們**想不到的時候**，人子就來了。」（路12:40）

「**主必要來**。」（林前16:22）

「我們卻是天上的國民，並且**等候救主**，就是主耶穌基督從天上降臨。」（腓3:20）

「因為你們自己明明曉得，**主的日子來到，好像夜間的賊一樣**。」（帖前5:2）

「教訓我們除去不敬虔的心和世俗的情慾，在今世自守、公義、敬虔度日，**等候所盼望的福**，並等候至大的神和我們救主耶穌基督的榮耀顯現。」（多2:12-13）

「你們不可停止聚會，好像那些停止慣了的人；倒要彼此勸勉，**既知道那日子臨近**，就更當如此。」（來10:25）

「弟兄們哪，你們要忍耐，直到主來……你們也當……堅固你們的心，因為**主來的日子近了……看哪！審判的主站在門前了！**」（雅5:7-9）

「**萬物的結局近了**。」（彼前4:7）

「但**主的日子要像賊來到一樣**；那日，天必大有響聲廢去，有形質的都要被烈火銷化，地和其上的物都要燒盡了。」（彼後3:10）

「**日期近了**。」（啟1:3）

「看哪！**我必快來！**」（啟22:7）

「看哪！**我必快來！**賞罰在我，要照各人所行的報應他。」（啟22:12）

「證明這事的說：『**是了，我必快來。**』阿們。**主耶穌啊，我願你來。**」（啟22:20）

面對這些經文，我們要說什麼呢？假如在新約聖經裏沒有講到主再來以前會有預兆的話，我們可能就會從以上所引用的經文而下結論說，耶穌可能會在任何的時刻回來。就這個意義來說，我們能說，基督的再來是**迫近的**（imminent）。[7] 假如我們有理由認為基督不會很快就回來的話，似乎就減弱了這些叫我們**要預備**、**要儆醒**的命令了。

在查看關於基督再來前之預兆的經文以前，我們還必須考慮另外一個問題：耶穌和新約聖經的作者們在對於主將很快回來的盼望上，有錯誤嗎？他們難道不是認為或甚至教導說，基督在幾年之內就會再來嗎？事實上，在自由派的新約學者中有一個很出名的觀點，就是認為耶穌錯誤地教導說，祂會很快再來。

但是我們前面所引的經文，沒有一處需要這種解法。那些說到我們需要預備好的經文，和那些說到耶穌會在我們意想不到之時來臨的經文，都沒有說到我們必須要等待多久。至於對那些說到耶穌「必快來」的經文，我們必須了解，聖經的先知們說話時常用「先知性縮短透視法」（prophetic foreshortening），亦即他們只看見未來會發生的事件，但並不能看出將發生之事件之間的時間差距。

賴德（George Ladd）曾說：

「先知們對時間的順序沒有什麼興趣，他們所看見的未來總是好像是迫近的……舊約先知們混合了自己所見的近處的事和遙遠的事，將之當作單一的圖畫呈現出來。聖經的預言基本上不是三維度，而是兩維度的；它有高度和寬度，卻幾乎不在乎深度，亦即未提及未來事件的時間順序……遙遠的事是透過立即將要發生的事來透視的。初代教會的確是活在期待主再來的盼望裏，而聖經預言的本質也使得每一個世代的人都活

---

[7]筆者在此要說明一點，本章所用的「**迫近的**」（imminent）一詞，並不是表示災前被提（pre-tribulational rapture）之立場的專有名詞，而只是表示基督可能會在任何一天或甚至任何時刻再來。

不只如此，筆者使用這個詞也不是表示基督**必定會**很快地再來（否則當聖經作者寫下關於基督再來是**迫近的**之經文時，就已經失真了）。筆者個人使用「**迫近的**」一詞是表示基督**能夠**並**可能**在任何時刻來臨，而我們應該要預備祂在任何一天來臨（有人將「**迫近的**」一詞定義得更為廣泛，用來表達基督可能在任何一個世代來臨，但這不是筆者在本章中的用法）。

在期待末日來臨的盼望裏。」[8]

彼得也提醒我們，主對時間的看法和我們的不同，因此對祂來說，祂的「必快來」，可能和我們所期望的不同：「親愛的弟兄啊，有一件事你們不可忘記，就是主看一日如千年，千年如一日。主所應許的尚未成就，有人以為祂是耽延。」（彼後3:8-9）

F.2 基督再來之前的預兆

另一組的經文說到，在基督再來以前，將會發生幾個預兆。事實上，伯克富（Louis Berkhof）說：「按照聖經的說法，在主再來之前必須發生幾件重大的事件，所以，我們不能說主的再來是迫近的。」[9]

以下我們將列出主再來之前必須發生的預兆，並且列出那些最直接說到它們的經文。

F.2.1 傳福音給萬民

「然而，福音必須先傳給萬民。」（可13:10；另參太24:14）

F.2.2 大災難

「你們聽見打仗和打仗的風聲，不要驚慌；這些事是必須有的，只是末期還沒有到。民要攻打民，國要攻打國；多處必有地震、饑荒。這都是生產之難（和合本小字）的起頭。」（可13:7-8；另參太24:15-22；路21:20-24）

「因為在那些日子必有災難，自從神創造萬物直到如今，並沒有這樣的災難，後來也必沒有。若不是主減少那日子，凡有血氣的總沒有一個得救的；只是為主的選民，祂將那日子減少了。」（可13:19-20）

F.2.3 假基督和假先知行神蹟奇事

「假基督、假先知將要起來，顯神蹟奇事，倘若能行，就把選民迷惑了。」（可13:22；另參太24:23-24）

F.2.4 天上出現異兆

「在那些日子，那災難以後，日頭要變黑了，月亮也不放光；眾星要從天上墜落，天勢都要震動。那時，他們要看見人子有大能力、大榮耀，駕雲降臨。」（可13:24-26；另參太24:29-30；路21:25-27）

---

[8]George Eldon Ladd, *A Commentary on the Revelation of John* (Grand Rapids: Eerdmans, 1972), p. 22.

[9]Berkhof, *Systematic Theology*, p. 696. 他列出幾件預兆事件, 例如福音要傳遍萬國、以色列人將豐滿地信主歸正、大災難、敵基督的顯現, 以及許多預示性的異兆和奇事會同時顯著地發生（戰爭、饑荒、地震、假先知行神蹟, 還有日、月、星辰的可怕異兆等）, 都在該書第697-703頁中討論到。

F.2.5 大罪人與離道反教的事顯露

保羅寫信給帖撒羅尼迦教會的人說，大罪人要先顯現出來，基督才會來臨，然後主耶穌要在祂來臨時摧毀他。有時候這位「大罪人」被認為就是啟示錄13章的那獸，有時候又被稱為敵基督，即約翰一書2:18所提及連續出現的「敵基督」中最邪惡的最後那一位。保羅寫道：

> 「論到我們主耶穌基督降臨⋯⋯**那日子以前，必有離道反教的事，並有那大罪人**，就是沉淪之子**顯露出來**。他是抵擋主，高抬自己，超過一切稱為神的和一切受人敬拜的，**甚至坐在神的殿裏，自稱是神**⋯⋯現在你們也知道那攔阻他的是什麼，是叫他到了的時候，才可以顯露。因為那不法的隱意已經發動；只是現在有一個攔阻的，等到那攔阻的被除去，**那時這不法的人必顯露出來；主耶穌要用口中的氣滅絕他，用降臨的榮光廢掉他**。這不法的人來，是照撒但的運動，**行各樣的異能、神蹟，和一切虛假的奇事，並且在那沉淪的人身上行各樣出於不義的詭詐**，因他們不領受愛真理的心，使他們得救。」（帖後2:1-10）

F.2.6 以色列人得救

雖然保羅說過，許多猶太人一直不信靠基督，但他又說到，將來某一個時候，他們會大批地得救：

> 「若他們的過失為天下的富足，他們的缺乏為外邦人的富足，何況他們的**豐滿〔地加入神的百姓中所帶來的意義〕**呢！」（羅11:12）[10]

> 「弟兄們，我不願意你們不知道這奧祕（恐怕你們自以為聰明）：就是以色列人有幾分是硬心的，等到外邦人的數目添滿了，**於是以色列全家都要得救**。」（羅11:25-26）

F.2.7 小結

這些經文看起來是這樣地清楚，以至許多基督徒認為，基督不會立即在任何時刻回來，正如前面所提。[11] 當我們查看以上所列的預兆時，似乎不用爭辯就知道其中大多數的事件，或許是所有的事件，都尚未發生；或者這至少是第一次閱讀這些經文時所得到的結論。[12]

---

[10]和合本在此譯作「豐滿」（fullness）的希臘字是*plērōma*，其意思是指，未來將有以色列人豐滿地被包括進神的百姓中（full inclusion）。

[11]Berkhof也提到了馬太福音25:19——那裏說到主人「過了許久」才回來，以及馬太福音25:5——說到新郎回來的時候延遲了（見Louis Berkhof, *Systematic Theology*, p. 697）。這兩處經文對時間上究竟要遲多久，卻都沒有明說，若是耶穌回到天上以後只延遲十年或二十年才來，也和這兩處經文所說的沒有衝突。

[12]筆者在此沒有將「打仗和打仗的風聲」和「多處必有饑荒、地震」（太24:6-7）列作必須發生在基督再來之前的預兆，因為這樣的事在歷史中總是存在，而且也因為它們不是耶穌所說的、在祂回來之前立即有的預兆。

F.3 調解兩組經文的不同

我們應該如何調解F.1及F.2中這兩組經文的不同呢？一組經文似乎警告我們要作好預備，因為基督會突然地回來，但另一組經文則指出，在基督再來之前，必定有幾件重要而可見的事會先發生。有幾種解決之道已經被提出來了：

一種解決之道是說，*基督不會立即在任何時刻來臨*。這個立場是伯克富所支持的，我們前面引用過他的話。至於在基督回來之前要等多久，就得看每一個人對於預兆要多久才會應驗的估算而定，包括傳福音給萬國，大災難的來到，以及猶太人得救是否已達到滿數等。

這個觀點的難處有二：(1) 這個觀點真的好像消滅了耶穌話語的力量——耶穌警告我們應當儆醒、預備，祂也說祂會在我們意想不到的時刻來臨。如果我們認為基督在很多年之內都*不會*來，那麼基督所說的這些話還有什麼力量呢？在這個立場下，那種對基督再來的迫切期待感，就被大大地減弱或是完全被否定了，其結果就似乎和耶穌給人這些警告的目的背道而馳了。

(2) 這個立場使用這些預兆的方式，似乎和耶穌提到它們的用意恰好相反。耶穌提到這些預兆，目的是要我們看見它們時，能夠*加強我們對基督再來的期望*。耶穌說：「*一有這些事，你們就當挺身昂首，因為你們得贖的日子近了。*」（路21:28）而且這些警告也是為了要保守信徒不致走迷而去跟隨那些假的彌賽亞：「你們要謹慎，免得有人迷惑你們。將來有好些人冒我的名來，說：『我是基督』，並且要迷惑許多人……那時，若有人對你們說：『看哪！基督在這裏』，或說：『基督在那裏』，你們不要信。」（可13:5-6, 21）所以，耶穌給人這些預兆，是為了讓基督徒在看到這些顯著事件時不要驚訝，同時也是為了向他們保證，神早就知道所有的事了，而且也是為了保守他們不去跟隨騙人的彌賽亞：因為他們出現時，缺乏耶穌真的來臨時那種戲劇化的、眾目可見的、征服世界的方式。*然而，耶穌說這些預兆的用意絕不是要讓我們這樣想：「耶穌在近幾年裏是不會來的。」*沒有任何的跡象顯示，耶穌給人這些預兆，為的是要提供基督徒一個理由，*不需*為祂的再來*有所預備*，或者為的是要鼓勵他們，*不用期待*祂會在任何時刻來臨！按這種立場來使用這些說到基督再來之前會發生的預兆（例如伯克富的作法），就是沒有按耶穌的用意來使用它們。所以，若說基督不會立即在任何時刻來臨，似乎是說服不了人的。

它們只是發生在那些預兆之前的事，是「生產之難（和合本小字）的起頭」（太24:8）。不過，這些事情的強化也可能顯明末日的開始，因為不久之後其他的預兆就要發生了。

另外一個主要的解決之道是說，*基督真的會在任何時候來臨*，持此立場的人是用以下幾種不同的方法來調解這兩組經文間的差異：

(1) 第一種調解兩組不同經文的方法是說，*新約聖經說到基督有兩次不同的再來*，或說基督會有兩次不同的第二次降臨，[13] 那就是：基督第一次先*祕密的*回來，祂這次回來是將基督徒帶離這個世界（「*為*祂的聖徒們」而來）；然後，在地上發生七年的大災難之後，基督第二次的來，是在一個可見的、*公開的*凱旋中歸來（「*與*祂的聖徒們」一同回來），祂這次回來是要在地上掌權。在這七年的期間，所有尚未應驗的預兆（大災難、行神蹟和奇事的假先知、敵基督、以色列人的得救，和天上的異兆等），都要一一應驗，這樣一來，兩組經文——一組說到我們要等候基督，因為祂「任何時刻」都可能再來，另一組則是說到基督再來會稍晚一些，因為在祂再來之前有先發生的預兆——之間就沒有什麼張力了。[14]

這種調解的方法之問題乃是，我們很難從預言基督再來的經文中，導出祂有兩次不同的再來。不過，我們將不在這裏討論這個問題，而會在下一章，當我們討論有關基督再來的「災前被提的前千禧年論」（pretribulational premillennial view）時，再來處理這個問題。[15] 我們也應當注意，這種調解的方法在歷史上出現得十分晚近，它乃是由十九世紀的一位愛爾蘭學者達祕（John Nelson Darby, 1800-1882）所提出的，而在他之前的教會史上沒有人這樣提過。這點應當提醒我們，他所提出的這種觀點不是惟一可以調解上述經文間張力的方法。

(2) 另一種調解的方法是說，*所有的預兆都已應驗，所以事實上基督可能在任何時刻回來*。對於這個觀點，我們可以在初代教會或甚至在第一世紀的事件中，尋找這些預兆可能的應驗。就某種意義而言，福音可以說是真的傳到萬國，假先知興起並抵擋福音，教會在一些羅馬皇帝的手下受到逼迫而有過大災難，大罪人其實就是尼祿皇帝，而且，在整個教會史上，得救之猶太人的滿數也逐漸在實現中，因為保羅甚至說他自己就是開始加入猶太人歸主之行列的一個實例（羅11:1）。我們在以下將會詳細地討論，在基督再來之前，這些預兆*可能*已經應驗之觀點，[16] 但是在此我們也要提到，

[13] 那些支持這個觀點的人，反對將它們標明為兩次的再來，而比較喜歡說它們是同一次再來的兩個層面。但是因為這兩次來臨的中間至少相隔七年，所以把它們當作是兩次的再來似乎是比較準確的。

[14] 這一種調解的方法是「災前被提觀」，它是指基督在第一次祕密回來時，將基督徒從世界「提走」。「提走」（rapture）這個詞衍生自拉丁文的字*rapio*，意思是「抓住、攫取、帶走」。我們將在下一章討論這個觀點。

[15] 有關基督再來的「災前被提的前千禧年論」之分析，見本書第五十五章A3.2及E節。

[16] 見本章F.3.1-F.3.7節所討論的觀點：雖然所有基督回來之前會發生的預兆看起來不像已經應驗，卻有可能已

許多人不認為有任何說這些預兆*已經*發生的觀點是能叫人信服的，因為對他們而言，這些預兆所指的事件似乎比那些發生在第一世紀時的事件更大。

(3) 還有一種調解的方法是說，*雖然這些預兆看起來不像已經應驗，卻有可能已經應驗*；這樣說來，從歷史上的任何一點，我們都無從確知是否所有的預兆都已經應驗了。這種立場的吸引人之處，在於它很嚴肅地看待預兆原初的目的，警語原初的目的，以及我們不會知道基督何時再來的事實。關於預兆原初的目的，是為了強化我們對基督再來的期望，所以無論何時我們看到類似預兆之事的指標時，我們期待基督再來的心就會被挑起並強化起來。至於那些要人預備好的警語，支持這種立場的人會說，雖然基督會立刻回來的說法，*看起來不太可能*（因為有幾個預兆似乎還沒有應驗），可是因為我們不能肯定地說這些預兆還沒有應驗，所以基督是*可能*在任何時刻再來的，我們也就必須要預備好。最後，這個立場贊同說，我們無法知道基督何時會再來，而且祂將會在我們意想不到的時刻來臨。

然而，這些預兆真的可能已經應驗了嗎？我們可以一個一個地檢視它們。對於每一個預兆，我們的結論都是：*雖然這個預兆看起來不像已經應驗，但卻可能已經應驗*。

F.3.1 傳福音給萬民

福音是否已經傳到萬國了？可能還沒有，因為有許多方言群體和部落從來還沒有聽過福音，所以，這個預兆看起來不像已經應驗。不過，保羅在歌羅西書裏確實說到福音在普世的傳播；他說：「這福音傳到你們那裏，也傳到普天之下，並且結果、增長。」（西1:6）他又說：「這福音就是你們所聽過的，*也是傳與普天下萬人聽的*；我保羅也作了這福音的執事。」（西1:23）在這些經文裏，保羅的意思肯定不是說，每一位活著的人都聽過所傳揚的福音，而是說福音已經傳揚到全世界了；或至少就代表性的意義來說，福音已傳到全世界或萬國了。[17] 所以，雖然這個預兆看起來不像已經應驗，但是它可能在第一世紀已初步應驗，而且可能從那時起便多次地以更宏大的意義應驗了。

經應驗。

[17]見R. T. France, *The Gospel According to Matthew,* TNTC (Leicester: InterVarsity Press, Grand Rapids: Eerdmans, 1985), p. 339. 關於耶穌的敘述：「這天國的福音要傳遍全世界（和合本譯作『天下』），對萬民作見證。」（太24:14）France說到：「『*世界*』一詞的原文是*oikoumenē*，原意是『居住的地方』，起初是一個用來指稱希臘人世界（相對於蠻夷化外之人）的標準字彙，然後被用來指稱羅馬帝國，後來才被用來指稱當時所知道的整個世界。因此，它並非完全是一個地理性的詞彙，即必須包括地上所知的每一個地區。它在這句經文中的意思乃是指出，福音已全面性地傳給*萬國*，即在猶太社區的範疇以外……從一方面來說，保羅早在主後70年以前，就能夠宣稱他已經在歐亞大片地區『傳了基督的福音』（羅15:19）；而且在其之後，還可能有更多類似的宣稱，指出福音已傳到比耶穌時代所知的『*世界*』還要廣大得多的地區。」

F.3.2 大災難

再一次地，經文的用詞指出，將有一段受苦的時期會臨到地上，它要比過去人類所經驗過的苦難大得多。但我們必須了解，許多人曾將耶穌有關大災難的警告，用來指主後66-70年猶太戰爭中羅馬攻佔耶路撒冷一事。[18] 在那次戰爭期中的苦難真是很恐怖，因此它有可能就是耶穌在預言裏所描述的事。事實上，自從第一世紀以來，基督徒就已經多次經歷過暴虐而強烈的逼迫，甚至在二十世紀裏，就有許多的苦難發生在全球大部分的土地上，例如在前蘇聯政府下，在鐵幕後的國家裏，以及在許多伊斯蘭教的國家中，基督徒都受到可怕的逼迫。要說服本世紀的一些基督徒說，大災難肯定還沒有臨到，是很困難的，因為他們已經為信仰受到數十年的逼迫，而且知道這世上廣大地區的其他千萬基督徒都仍在逼迫當中。他們常年地盼望並禱告基督再來，好拯救他們脫離正在忍受的災難。

再一次地，雖然我們可能會認為耶穌的話可能是指一個未來的、更大的逼迫，但是我們也很難真的確定是如此。因此以下這樣的結論似乎是合宜的：雖然大災難的預言看起來不像已經應驗，但卻可能已經應驗。

F.3.3 假基督和假先知行神蹟奇事

至於論到行神蹟奇事的假基督和假先知，任何曾在邪術和鬼魔活動猖獗的族群工作過的宣教士，都能作見證說：鬼魔的勢力經常在運行，能使人行出虛假的「神蹟與奇事」來抵擋福音的傳播。我們很肯定地知道，至少是從術士在法老宮中行出虛假的奇事，來敵擋摩西的神蹟開始，鬼魔的神蹟和虛假的奇事已經行之有年（出7:11; 8:7; 另參徒8:9-11——行邪術的西門之活動）。無論這種神蹟有怎樣特定的形式，它們的運作幾乎總是伴隨著假宗教，將許多人引入迷途（這種群體的領袖們就可以稱作是假彌賽亞和假先知）。耶穌似乎預言到，在祂回來之前的那段時間，這類的活動可能是遠遠地比以前更為強烈，但是我們也很難真的確定，因此我們最好結論說，雖然這個預兆看起來不像已經應驗，但卻可能已經應驗。

F.3.4 天上出現異兆

至於天上出現大能的異兆一事，我們幾乎可以肯定地說，這預兆尚未出現過。當然，自從世界開始以來，就有日蝕和月蝕，彗星也出現過，但是耶穌所說的乃是更大的事：「日頭就變黑了，月亮也不放光；眾星要從天上墜落，天勢都要震動。」（太

[18]關於這事件的描述，見France, *Matthew*, pp. 340-41；他亦參考了約瑟夫的《猶太戰記》(Josephus, *Jewish War*) 5.512-18.

24:29）雖然法蘭士（R. T. France）嘗試將這預兆解釋為一種象徵性的語言，用來指耶路撒冷的毀滅，和神對它的審判，[19] 但他一定是根據以下的主張才如此說的：他認為以賽亞書13:10（耶穌在馬太福音24:29所說的話似乎就是引自這裏）只是用來預言巴比倫覆亡的象徵性語言。然而，更可能的是，以賽亞書13:10和馬太福音24:29兩處經文都是說到一個未來的、實際的星辰墜落和日月變暗，並且這些事更適合作為天地震動和宇宙性毀滅（基督再來以後便會發生）之前的序幕（見來1:10-12; 12:27；彼後3:10-11）。不但如此，在馬太福音24:29所描述的日月星辰變化之後，下一節的經文接著描述說：「人子，有能力、有大榮耀，駕著天上的雲降臨」（太24:30），這點十分重要，[20] 因為既然提到人子降臨這些事實，星辰墜落和日月變暗的描述，就不可能只是象徵性的語言而已。因此，我們最好將日月星辰的變化看成是實際會在基督再來之前發生的預兆；既是這樣，它們就不應當和其他的預兆屬於同一類別，因為我們似乎可以確定，它們尚未發生過。雖然如此，它們還是有可能很快地發生——可能就在幾分鐘之內，或最多在一兩個小時之內，然後基督馬上就再來了。這些特定的預兆不是那種會讓我們否認基督可能在任何時刻再來的預兆。

F.3.5 不法之人的顯露

在歷史上有許多人嘗試要把那些擁有過大權柄、但卻給地上的人帶來破壞毀滅的歷史人物，視為是等同於聖經中的「大罪人」（「敵基督」，antichrist），例如古代羅馬皇帝尼祿和豆米田，兩人都曾嚴厲地迫害過基督徒，因此被許多人看作是敵基督（許多羅馬皇帝、包括這兩位，都宣稱自己是神，並要求人敬拜他們）。近代的希特勒、史達林也常被人看作是敵基督。在另一方面，自從宗教改革以來，許多的更正教徒，特別是那些受天主教教會迫害的人，也曾認為有的教皇是敵基督。

但是所有這些被視為「大罪人」的歷史人物，都被證明這指認是錯誤的；[21] 將來可能會有一位更為邪惡的「大罪人」在世界的舞台上興起，他會帶來無法比擬的苦難

---

[19]France, *Matthew*, pp. 343-44.

[20]France立場的困難之處可見於以下這件事實：他必須將這節字面上已經十分清楚是在描述基督回到地上的預言，說成是主後70年猶太人聖殿被毀的預言。France說，馬太福音24:30說的是耶穌「到神那裏領受稱義和權柄」，所以它所指的不是祂在肉身裏的再來，而是指當聖殿在主後70年被毀時，祂辯明自己的權柄「高於棄絕祂的猶太制度」（同上出處，p. 344）。

[21]然而約翰說：「你們曾聽見說，那敵基督的要來，現在已經有好些敵基督的出來了。」（約一2:18）他又說到「敵基督者的靈」，這靈「已經在世上了」（約一4:3）。所以，雖然教會從前的逼迫者不是那位敵基督，但他們許多人可能已是那位末後之敵基督的前身了。

和迫害，只有在耶穌再來之時，才能將他毀滅。然而許多歷史上統治者所犯的罪惡已經非常大，以至於我們也很難確定，在他們當權的時候，帖撒羅尼迦後書2章所提的「大罪人」真的沒有出現過。[22] 再一次地，雖然這個預兆看起來不像已經應驗，但卻有可能已經應驗。

F.3.6 以色列人得救

至於有關以色列人得救的數目將達豐滿的程度一事，我們必須再度說，羅馬書9-11章似乎指明，將來猶太人還會有一個大數量的信主行列，就是當他們轉向接受耶穌為他們的彌賽亞時。但是我們也不能確定羅馬書9-11章預測的是這件事，因為許多人認為，除了在教會史上所看見的信主行列之外，將不會再有更進一步猶太人的信主行列發生，因為保羅把他自己當成是這種信主行列中的一個主要例子（羅11:1-2）。再一次地，雖然這個預兆看起來不像已經應驗，但卻也可能已經應驗。

F.3.7 結論

除了天上的異兆之外，雖然其他的預兆看起來不像已經應驗，但卻有可能已經應驗了。不只如此，惟一大概尚未發生的預兆——日月變暗、眾星墮落——也可能會在幾分鐘之內發生。所以，我們若說基督可能現在就在白天或黑夜的任何時刻再來，似乎也是合宜的說法；換句話說，基督會在任何時刻再來看起來雖然不像是真的，但卻有可能會是這樣。

然而以上這種立場足夠讓我們證明，基督徒應當隨時預備好，以及基督可能會在我們意想不到時再來的警告是正確的嗎？要為著我們所認為在短期之內*不像*會發生的事而*有所預備*，是可能的嗎？當然可能！每一個人開車時都會繫好安全帶，或購買汽

[22]我們可能會認為，保羅並沒想要帖撒羅尼迦的教會期望基督會在任何時刻再來，因為他在寫給他們的信上是如此說：「無論有靈、有言語、有冒我名的書信，說主的日子現在到了，不要輕易動心，也不要驚慌。」（帖後2:2）接著他又說：「人不拘用什麼法子，你們總不要被他誘惑，因為那日子以前，必有離道反教的事，並有那大罪人，就是沉淪之子顯露出來。」（帖後2:3）有人可能會問說，保羅為什麼不是這樣推理：你們知道大罪人尚未顯現，所以，你們就知道基督尚未回來；要等到這位大罪人出現，基督才會回來。

但是我們必須注意，保羅並沒有告訴帖撒羅尼迦教會的人，基督不會在任何時刻回來，也沒有叫他們不要預備好，或不要期望基督再來。他只是告訴他們，基督的再來*尚未發生*，而基督的再來是一件不同凡響的事。他的理由不僅是說大罪人首先必須顯現，而且說到當基督再來時，祂要擊敗並毀滅這位大罪人：「那時這不法的人必顯露出來；*主耶穌要用口中的氣滅絕他，用降臨的榮光廢掉他*。」（帖後2:8）這不只是說，帖撒羅尼迦教會的人尚未見到這位大罪人，而是說，他們尚未看見大罪人顯現，*並且尚未看見他被再來的耶穌毀滅*，因此結論就是，基督尚未來臨，因為祂還沒有毀滅這位大罪人。然而，即使是在帖撒羅尼迦後書的背景下，基督仍然可能在任何時刻回來，並且立即毀滅當時掌權的羅馬皇帝（因為羅馬皇帝經常自稱為神，配得人的崇拜，而且約翰自己也在約翰一書2:18說：「已經有好些敵基督的出來了」）。

車保險，就是為著他所認為不像會發生的事預備的；[23] 與此理類似，我們也可以認真地接受，耶穌可能會在我們意想不到的時刻再來的警告，但同時也接受，在祂來臨之前，的確將先有一些預兆發生的說法。

這種立場對於我們在這個變化迅速的世界上，學習過基督徒生活，有其屬靈的益處。在世界歷史的興衰交替中，我們不時會看見有些事件*可能*是某些預兆的最後應驗；然而它們發生了，卻又消逝了。在第二次世界大戰最黑暗的日子裏，希特勒看起來十分像是敵基督；在教會受到逼迫的年日裏，似乎會使基督徒更覺得自己可能是落在大災難中了；當我們聽到地震、饑荒和戰爭的消息時，我們會覺得奇怪，怎麼基督還沒有回來？然後，那些事件都消逝成為歷史背景，那些世界級的領袖也退出舞台了，而那些引向末日事件的浪潮，隨著時間似乎又退潮了。再不久，另一波新的事件又一次地在世界的舞台上發生，而我們對基督再來的盼望就再一次地高漲起來。在接續不斷的事件「浪潮」中，我們*不知道*那一波才是最後一波；但這樣也是好的，因為神無意讓我們知道答案，祂只是要我們繼續地渴望基督再來，並且期待這事可能在任何時刻發生。我們若說自己知道這些預兆*尚未*發生，在屬靈上來說，是不健康的；但我們若說我們知道這些預兆*已經*發生過了，那又似乎踰越了釋經之可信度的界限。然而我們若說我們*不確定知道*這些事件是否已經發生過了，就似乎恰好符合在新約聖經對於基督再來的看法。這個立場保留了三項重要的元素：負責任的解經，對基督突然再來的期待，以及對這個問題之了解的謙卑心態。

若能持此心態，假如基督突然再來了，我們就不會想要反對地說，還有這個或那個預兆尚未發生；我們只會在祂顯現時，預備好去迎接祂。而且，假如有大苦難將要來臨，假如我們開始看見有強烈的阻力在反對福音，在猶太人中有大復興，福音在世界的傳播有顯著的進展，甚至看見在天上有異兆出現時，我們就不會灰心喪志，因為我們將想起耶穌的話說：「一有這些事，你們就當挺身昂首，因為你們得贖的日子近了。」（路21:28）

---

[23]筆者的看法：「我很感謝神，因為我開了三十年的汽車都沒有出過大車禍；我禱告並期望將來也不會出車禍，可是我仍在每次進到車子裏的時候，繫好安全帶。我就是為著看起來不像是會發生、但卻可能發生的事作好預備。與此類似地，我*認為*許多的預兆仍有待更大的應驗，並*認為*基督不像是會在未來幾天或幾週之內再來。事實上，我正在寫這本還得要好幾個月才會出版的書，我的假設就是耶穌不會在它出版前就再來。雖然如此，我還是經常檢查自己的內心和生活，看看是否有任何事是當耶穌再來時會令我感到羞恥的；因為我想要預備好，祂可能會在任何時刻回來，甚至是在一個我意想不到的時刻就再來。」

個人思考與應用

1. 在你閱讀本章以前，你認為基督可能會在任何時刻再來嗎？這個想法如何影響你的基督徒生活？現在你是怎麼想的？如果你的想法改變了，你認為這個改變會在你自己的生活中，產生什麼影響？
2. 你認為耶穌為何決定離開世上一段時間，然後再回來，而不是在祂復活以後留在世上，到世上各處親自傳福音？
3. 現在你切切地渴望基督再來嗎？你過去對這事曾有過更深的渴望嗎？假如你對基督的再來沒有非常強烈的渴望，那麼你認為在你的生命中，有什麼因素使你缺少這種渴望呢？
4. 你是否曾經因為你認為基督再來的時刻近了，而決定不要從事一件長期的計劃？你現在還會因著那個原因，而對於長期的計劃有任何的遲疑嗎？如果你仍有遲疑的話，那麼你認為會對你的生活帶來什麼負面的結果？
5. 你是否預備好基督今天就要再回來？假如你知道祂在二十四小時以內就要回來，那你有什麼情況或人際關係，是要在祂回來以前就處理和修復好的？你認為「預備好」的命令，是否表示你現在就應當嘗試把那些事處理和修復好，即使你認為祂不像是今天就要回來了？

特殊詞彙

敵基督（antichrist）
末世論（eschatology）
一般性的末世論（general eschatology）
大災難（great tribulation）
迫近的（imminent）
「馬拉那沙」，主必要來（Maranatha）
（基督的）再來（parousia）
個人性的末世論（personal eschatology）
基督的再來（second coming of Christ）

本章書目

Archer, Gleason, Paul Feinberg, Douglas Moo, and Richard Reiter. *The Rapture: Pre-, Mid-, or Post-tribulational?* Grand Rapids: Zondervan, 1984.
Bauckham, Richard J. "Apocalyptic." In *NDT*, pp. 33-35.
Beechick, Allen. *The Pre-Tribulation Rapture*. Denver: Accent, 1980.

Berkouwer, G. C. *The Return of Christ*. Trans. by James Van Oosterom. Ed. by Marlin J. Van Elderen. Grand Rapids: Eerdmans, 1972.

Clouse, F. G. “Rapture of the Church.” In *EDT*, pp. 908-10.

Dumbrell, William J. *The Search for Order: Biblical Eschatology in Focus*. Grand Rapids: Baker, 1992.

Erickson, Millard. *Contemporary Options in Eschatology*. Grand Rapids: Baker, 1977.

Gundry, R. H. *The Church and the Tribulation*. Grand Rapids: Zondervan, 1973.

Hoekema, Anthony A. *The Bible and the Future*. Grand Rapids: Eerdmans, 1979, pp. 109-238.

Ladd, George Eldon. *The Blessed Hope*. Grand Rapids: Eerdmans, 1956.

Lightner, Robert P. *The Last Days Handbook: A Comprehensive Guide to Understanding the Different Views of Prophecy. Who Believes What About Prophecy and Why*. Nashville, Tenn.: Thomas Nelson, 1990.

Rosenthal, Marvin. *The Pre-Wrath Rapture of the Church*. Nashville, Tenn.: Thomas Nelson, 1990.

Travis, S. H. “Eschatology.” In *NDT*, pp. 228-31.

Van Gemeren, Willem. *The Progress of Redemption*. Grand Rapids: Zondervan, 1988.

Van Kampen, Robert. *The Sign*. Wheaton, Ill.: Crossway, 1992.

Vos, Geerhardus. *The Pauline Eschatology*. Grand Rapids: Eerdmans, 1961.

Walvoord, John F. *The Blessed Hope and the Tribulation*. Grand Rapids: Zondervan, 1976.

第五十五章
千禧年

何謂千禧年？
它在何時發生？
基督徒會經歷大災難嗎？

背誦經文：啟示錄20:4-6

我又看見幾個寶座，也有坐在上面的，並有審判的權柄賜給他們。我又看見那些因為給耶穌作見證並為神之道被斬者的靈魂，和那沒有拜過獸與獸像、也沒有在額上和手上受過他印記之人的靈魂，他們都復活了，與基督一同作王一千年。這是頭一次的復活。（其餘的死人還沒有復活，直等到那一千年完了。）在頭一次復活有分的有福了、聖潔了；第二次的死在他們身上沒有權柄，他們必作神和基督的祭司，並要與基督一同作王一千年。

詩歌： 主治萬方（*Jesus Shall Reign Wherever the Sun*）

1 日月所照萬國萬方 耶穌必為統治君王 東西南北海洋極岸 月有虧圓神國無疆
2 無窮禱告向祂獻上 讚美匯集作為冠冕 每當我們清晨獻祭 主名甘甜如香升起
3 各國各族各方各民 同享主愛歌頌不停 嬰孩也來同聲讚美 及早頌揚救主聖名
4 在主治下祝福滿滿 罪囚脫開鐵鍊跳躍 倦者尋得永遠安息 貧者大蒙豐富賜予
5 受造群生皆當奮興 特向君王尊崇致敬 天使不停歌頌歡欣 地上萬民同應阿們

詞：Isaac Watts, 1719
曲：DUKE STREET L.M., John Hatton, 1793

這首詩歌的歌詞作者是以撒華滋（Issac Watts），他優美地描述了基督統管全地的光景。不論我們個人因著對千禧年的看法之不同，而認為歌詞所指的是千禧年或是永世，我們都能從這首詩歌中看到一幅絕佳的圖畫，是描寫我們心中所渴慕的國度，以及當耶穌在全地作王時所將帶來的福分。

前言

「千禧年」一詞的意思是「一千年」（源自拉丁文*millennium*，「千年」之意）。在聖經中它出自於啟示錄20:4-5：「他們都復活了，與基督一同作王一千年……

（其餘的死人還沒有復活，直等到那一千年完了。）」在此敘述之前，啟示錄還說到，有一位天使從天降下，捉住了魔鬼，並且「把他捆綁一千年，扔在無底坑裏，將無底坑關閉，用印封上，使他不得再迷惑列國。等到那一千年完了……」（啟20:2-3）

在教會歷史上，論到千禧年的時間和性質，共有三種主要的觀點，以下我們將逐一解釋之。

A. 三種主要的千禧年論

A.1 無千禧年論

在此所要解釋的第一種觀點是*無千禧年論*（amillennialism），它是最簡單的一種觀點，我們可以用圖55.1來表示。

圖55.1 無千禧年論

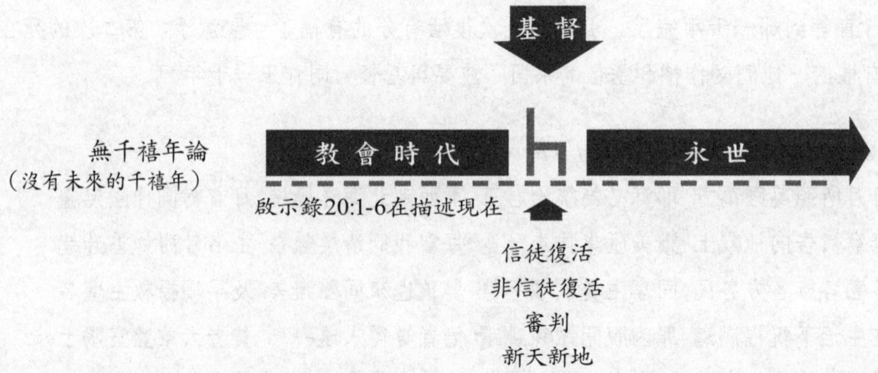

按照這種立場的觀點，啟示錄20:1-10的經文是在描述現今的教會世代。在這個世代裏，撒但對列國影響力大大式微，以至於福音能夠傳到全世界。那些能與基督一同作王一千年的人，是已經去世並且已經在天上與基督一同作王的基督徒。按此派的說法，所謂的基督在千禧年掌權，不是指祂以肉身出現在地上的掌權，而是指屬天的掌權，即當祂說「天上地下所有的權柄都賜給我了」（太28:18）時所說的那種掌權。

這種觀點叫做「無千禧年論」，因為它認為*未來不會出現千禧年*。又因為無千禧年論者相信啟示錄20章所描述的內容應驗於現今的教會時代，所以他們認為「千禧年」一詞所描述的事情就發生在現在。他們認為，教會時代究竟會持續多久，我們無從得知，而「一千年」的說法僅只是一種象徵性的說法，用來表達很長的一段時間，但在這段期間，神的完全旨意將要實現。

按照此派的觀點，現今的教會時代將要持續下去，直到基督再來的時候（見圖55.1）。當基督再來的時候，信徒和非信徒都要復活——信徒的身體要活過來，和他們的靈魂再度結合，而且永遠進入天上完全的享受；非信徒也將要復活，面對最後的審判與永遠的定罪。雖然信徒也將要站立在基督的審判台前（林後5:10），但是這個審判只是決定他們在天上得獎賞的程度，因為只有非信徒將要永遠被定罪。在這個時候，新天新地也要開始。緊接在最後的審判之後，永世就要開始，並且會持續到永遠。

這個觀點體系十分簡單，因為它認為所有末日要發生的事，在基督再來以後都會立刻同時發生。有一些無千禧年論者認為，基督可能會在任何時候再來，但另一些無千禧年論者，例如伯克富（Louis Berkhof）則認為，基督再來以前某些預兆必須先要應驗。

A.2 後千禧年論

後千禧年論（postmillennialism）是說到**基督在千禧年之後才會再來**。後千禧年論的觀點可以用圖55.2來表示。

圖55.2 後千禧年論

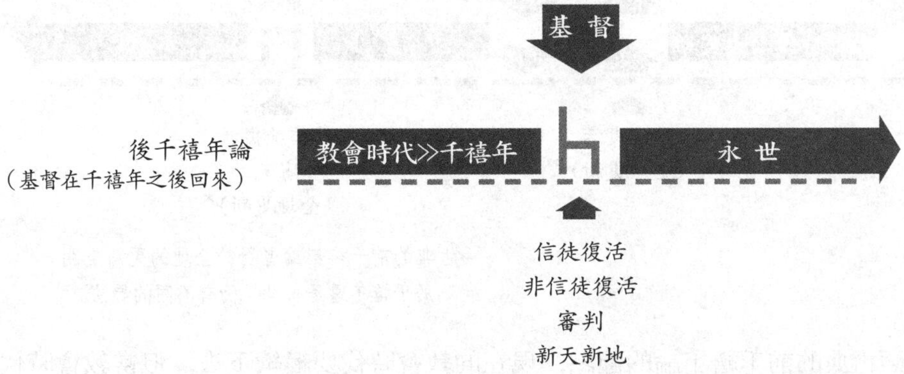

按照後千禧年論的觀點，福音的進展和教會的成長將會逐漸加增，以至於世界上愈來愈多的人將會成為基督徒，而其結果就是基督徒對社會產生重要的影響力，而且社會將會愈來愈照著神的標準來運作，因此，一個平安與公義的「千禧年時代」就逐漸在地上產生。這個「千禧年」將會持續很長的一段時間（不一定是字面上所說的一千年），到最後，**在這段期間的末了，基督將要回到地上**，那時信徒和非信徒都要復活，最後的審判將要發生，而新天新地也將要出現，然後我們才進入永世。

後千禧年論的主要特徵乃是，它對於福音能改變生命、為世界帶來福祉的能力十分的樂觀。通常在教會經歷大復興時，或沒有戰爭和國際性衝突時，或世上勝過邪惡和苦難大有進展時，相信後千禧年論的人就會有增加的趨勢。但即使是最負責可靠的後千禧年論形式，其根基也完全不是建立在對周圍世事的觀察上，而是從不同的聖經經文辯證而得的。我們將在後面檢視這些經文。

A.3 前千禧年論

A.3.1 古典的或歷史上的前千禧年論

前千禧年論（premillennialism[1]）是說到**基督要在千禧年之前再來**。這個觀點從初代起就有，歷史淵源長久，它可以用圖55.3表示。

圖55.3 古典的或歷史上的前千禧年論

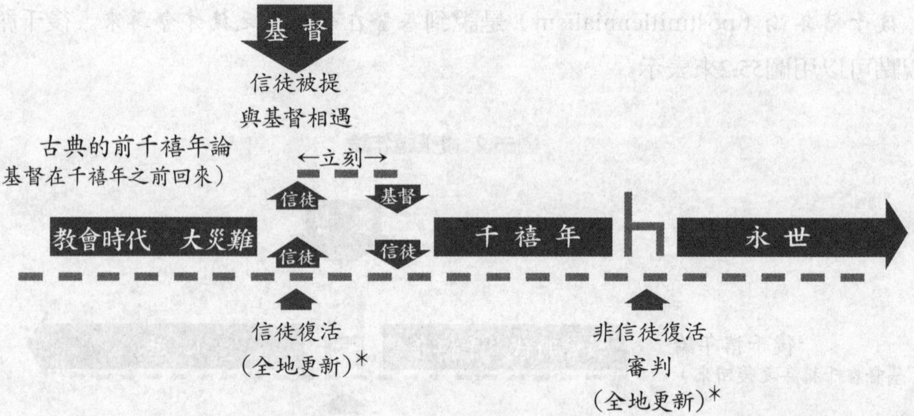

*古典的前千禧年論者對於全地的更新是開始於千禧年還是永世，仍有不同的看法。

按照古典的前千禧年論的觀點，現在的教會時代要繼續下去，但當教會時代靠近末了的時候，會有一段大災難和苦難的時期臨到地上；[2] **而在教會時代結束、大災難期之後，基督要回到地上建立千禧年國度**。當祂回來時，已死了的信徒要從死裏復活，他們的身體要和他們的靈魂再度結合，而且**這些信徒要和基督在地上掌權一千年**

[1]有時人們會用另一個英文名詞，即chiliasm，來稱呼前千禧年論。這個字源自希臘文*chilioi*（「一千」之意）一字，在古老一點的文獻裏比較常見，但現今已很少人用這個字了。

[2]另一種型態的前千禧年論主張說，基督會於大災難在地上開始**之前**就回來。我們將會在以下的內容中討論這種觀點。

（有些前千禧年論者認為這個一千年是按字面所說的正好一千年，但另一些人則認為它是象徵性的意思，代表一段很長的時期）。在這段期間，基督將要以祂復活的身體出現在地上，並要以君王的身分在全地上掌權。那些從死裏復活的信徒，和那些當基督再來時仍活在地上的信徒，都要得著榮耀的、復活的、永遠不會再死的身體，而且他們要以這個復活的身體活在地上，並與基督一同掌權。至於那些留在地上的不信者，他們有許多人（但非所有人）將要轉向基督，並且得救。耶穌要在完全的公義中掌權，在全地上都會有平安。許多前千禧年論者主張，此時全地要被更新，而我們將要在這個時候就看到新天新地（但是此一觀點對前千禧年論並不重要，因為即使一個人認為要到最後審判之後才會有新天新地，他也可以算是前千禧年論者）。

按照前千禧年論的觀點，在千禧年開始之時，撒但就將被捆綁，並被投入無底坑，以至於他在千禧年期間，在地上就不再有任何影響力（啟20:1-3）。但在這一千年結束時，撒但就要從無底坑中被釋放出來，加入許多未信者的勢力——他們外表看起來順服基督的掌權，但是內心極為反叛。撒但將會聚集這群悖逆的人與基督爭戰，但是他們必定被打敗。然後基督要使歷史上所有已經去世的不信者復活過來，他們就要站在祂面前接受最後的審判。在這最後的審判以後，信徒就要進入永世。

似乎在教會經歷逼迫時，或在地上的苦難和罪惡增加時，相信前千禧年論的人就有增加的趨勢。然而前千禧年論者和後千禧年論者一樣，其立場的根據都不是對於時勢現況的觀察，而是根據一段特定的聖經經文，尤其是啟示錄20:1-10（但也不只有這段經文）。

A.3.2 災前被提的前千禧年論（或時代派的前千禧年論）

前千禧年論的另一種變化，在十九、二十世紀時獲得廣泛的支持，特別是在英國和美國。按照這個變化觀點的說法，*基督*不只是*在千禧年之前再來*（即*千年前*的），而且它*會發生在大災難以前*（即*災前*的）。這個觀點與前面所提的古典的前千禧年論的觀點相似，但是有一個很重要的差異：在基督再來在地上掌權千年之前，還要加上基督另一次的再來。這第一次的再來被認為是一次祕密的再來，是要將信徒從世界*提走*。[3] 這種*災前被提的前千禧年論*（pretribulational premillennialism）的觀點，可以用

[3]基督為信徒而祕密回來，有時被稱為「*提走*」（rapture），衍生自拉丁文*rapio*，意思是「抓住、攫取、帶走」。譯者註：中文神學詞彙通常從信徒的角度來看這事件，所以就稱之為「被提」；因此，認為基督在大災難前祕密*回來*的前千禧年論，就被稱為*災前被提*（pretribulational）的前千禧年論。另外還有*災後被提*（posttribulational）或*災中被提*的前千禧年論。

圖55.4來表示。

圖55.4 災前被提的前千禧年論

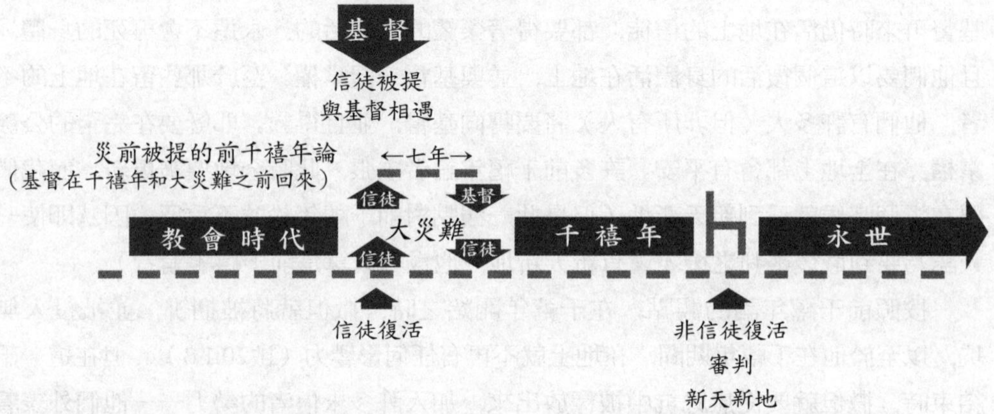

按照此種災前被提的前千禧年論觀點，教會時代要繼續下去，直到基督突然地、意外地、祕密地返回，在祂到地上的半途上，會將信徒呼召到祂那裏去：「那在基督裏死了的人必先復活。以後我們這活著還存留的人必和他們一同被提到雲裏，在空中與主相遇。」（帖前4:16-17）接著基督就帶著從地上接來的信徒回到天上。當信徒被提後，地上將有為期七年的大災難發生。[4]

在此七年的災難期間，許多關於在基督再來之前會發生的預兆，將要應驗。[5]當猶太人信靠基督為他們的彌賽亞時，他們就會達到大規模信主的滿數。在這大受苦難之際，傳福音的事工會大有果效，尤其是那些由新進的猶太裔基督徒所進行的。在大災難的末了，基督便帶著祂的聖徒回來，在地上掌權一千年。在千禧年之後將會有悖逆神的事發生，結果是撒但和他的勢力最後的挫敗，然後不信者要復活，受到最後的審判，之後永世便開始了。

這個災前被提的前千禧年論有一個特點是我們應該要提出來的：「教會」在「猶太人」廣泛大量信主歸正之前，就已被提走離開這個世界了。這些「猶太人」因此就

---

[4]有些註釋家的看法和這個觀點有一些不同：他們認為基督是在大災難的中期回來拯救信徒；信徒被提後，在地上還有三年半的災難。這種觀點叫做「災中被提」。有關進一步的討論，見Gleason Archer, "The Case for the Mid-Seventieth-Week Rapture Position" in Gleason Archer, Paul Feinberg, Douglas Moo, and Richard Reiter, *The Rapture: Pre-, Mid-, or Post-Tribulational?* (Grand Rapids: Zondervan, 1984), pp. 113-45.

[5]見本書第五十四章F節，有關基督再來之前預兆的討論。

成為和「教會」不同的另一群體。此一觀點幾乎只有**時代論者**（dispensationalists）有，因為他們想要維持「教會」和「以色列」之間的清晰分別，而這個災前被提的觀點容許了那種分別。

災前被提的前千禧年論的另一個特點，就是它堅持儘可能按照聖經字面的意思來解釋聖經的預言，特別是在舊約裏有關以色列的預言。堅持這個觀點的人認為，那些關於神將來要賜福以色列人的預言，最終將要應驗在猶太人自己的身上，我們不可將這些預言「靈意化」，而說是會應驗在教會的身上。

最後，災前被提的前千禧年論還有一個吸引人的特點，那就是它容許有些人所堅持的「基督會在任何時刻再來」的看法，因此使得那些鼓勵我們為主再來作準備的經文，能夠充分地發揮力量。然而它仍然非常堅信基督再來之前的預兆是要照著字面應驗，因為它仍說這些預兆是會在大災難中發生。

在我們檢視這三種（或四種）立場的論點之前，有一件很重要的事，那就是我們必須先了解，要詮釋關於未來事件之先知性經文的細節，通常是一件複雜而艱難的工作，因為它牽涉了許多的變數。所以，我們在這項教義中所得的結論，其確切性的程度要比許多其他教義為低。雖然筆者支持其中一種立場（古典的前千禧年論），但也認為對福音派的信徒而言，更重要的是要認明這個領域之研究的複雜性，而且也要對那些在千禧年和大災難期的教義上持不同觀點的人，更多地以恩慈相待。

B. 無千禧年論

B.1 無千禧年論者的觀點

支持無千禧年論的人提出以下的觀點：

B.1.1 支持未來之千禧年的經文單薄

在我們看完整部聖經後，無千禧年論者會說，看來**只有一段經文**（啟20:1-6）在教導關於未來基督要在地上統治的一千年，而那段經文本身又語焉不詳。以這樣一段不明確而且其詮釋又廣受爭議的經文，作為一個主要教義的根據，是不明智的。

然而無千禧年論者如何了解啟示錄20:1-6呢？他們的解釋是將這經文看為是指著現今的教會時代說的。這段經文如下：

> 「我又看見一位天使從天降下，手裏拿著無底坑的鑰匙和一條大鍊子。他捉住那龍，就是古蛇，又叫魔鬼，也叫撒但，**把他捆綁一千年**，扔在無底坑裏，將無底坑關閉，用印封上，使他不得再迷惑列國。等到那一千年完了，以後必須暫時釋放他。

我又看見幾個寶座，也有坐在上面的，並有審判的權柄賜給他們。我又看見那些因為給耶穌作見證並為神之道被斬者的靈魂，和那沒有拜過獸與獸像、也沒有在額上和手上受過他印記之人的靈魂，**他們都復活了，與基督一同作王一千年。**這是頭一次的復活。（其餘的死人還沒有**復活**，直等到那一千年完了。）在頭一次復活有分的有福了、聖潔了；第二次的死在他們身上沒有權柄，他們必作神和基督的祭司，**並要與基督一同作王一千年。**」（啟20:1-6）

按照無千禧年論的解釋，[6] 在啟示錄20:1-2裏說到的撒但所受的捆綁，乃是發生在耶穌在地上服事之時。祂說要捆綁壯士，為的是祂可以搶奪他的家人（太12:29）；祂又說神的靈在那個時候帶著能力出現，要勝過鬼魔的權勢：「我若靠著神的靈趕鬼，這就是神的國臨到你們了。」（太12:28）與此類似地，耶穌在祂服事的時期中說到打敗撒但的能力：「我曾看見撒但從天上墜落，像閃電一樣。」（路10:18）

無千禧年論者認為，在啟示錄20:1-3裏說到的撒但受捆綁是有一個特定的目的：「使他不得再迷惑列國」（啟20:3）。這事正發生在耶穌來臨時，而且在五旬節以後，福音不只向猶太人傳揚，也開始向所有世上的萬國傳揚。事實上，這兩件事——教會的普世宣教活動，以及教會出現在世界上大多數或所有的國家——顯示，撒但在舊約裏所擁有的「迷惑列國」、使他們在黑暗中的權勢，已經被打破了。

就無千禧年論者的觀點而言，啟示錄20:4所描述的景象是發生在天上的：「我（約翰）又看見那些因為給耶穌作見證並為神之道被斬者的**靈魂**……他們都復活了，與基督一同作王一千年。」（啟20:4）因為約翰說他看見的是「靈魂」而非身體，所以無千禧年論者就說，這個景象必定是發生在天上的。經文說的「他們都復活了」，其意思並非說他們得著了身體的復活，它的意思可能只是指「他們活著」，因為過去式動詞*ezēsan*（衍生自*zaō*）可以被解釋為表示一件長時間發生之事件的狀態（「他們……作王」的動詞也是過去式直述語氣，所指的是發生了千年之久的事件，所以，「他們都復活了」應當也具有類似的意思）。另一方面，有一些無千禧年論的註釋者，雖然仍將動詞*ezēsan*看為是「他們都復活了」，但認為其意思是指他們進到屬天的存在而與基督同在了，並且也開始與祂一同從天上掌權。

按照這種觀點，「頭一次的復活」（啟20:5）之片語所指的乃是到天上與主同在；這不是身體的復活，而是進入天上神的同在。與此類似地，「其餘的死人還沒

[6]筆者在此大部分根據Anthony A. Hoekema極精采的討論，見Hoekema, "Amilennialism," in *The Meaning of the Millennium: Four Views*, ed. Robert G. Clouse (Downers Grove, Ill.: InterVarsity Press, 1977), pp. 155-87.

有復活，直等到那一千年完了」（啟20:5），所指的是他們還沒有來到神的面前受審判，直等到一千年結束之時。所以啟示錄20:4-5兩節經文中的「復活」，其意思是指「進入神的同在」（另外一種無千禧年論觀點認為，「頭一次的復活」是指基督的復活，也是指信徒透過與基督的聯合，而有分於基督的復活）。

B.1.2 只有一次的復活

第二個支持無千禧年論的觀點乃是這個事實：根據聖經的教導，當信徒與非信徒復活時，只有一次的復活，而非兩次的復活（指千禧年開始之前的信徒復活，和千禧年結束後的非信徒復活）。這是一項重要的論點，因為前千禧年論的觀點包含有兩次分別的復活，其間相隔一千年。

支持只有一次復活的證據，至少有三處經文。耶穌說：「時候要到，凡在墳墓裏的都要聽見祂的聲音，就出來；行善的復活得生，作惡的復活定罪。」（約5:28-29）耶穌在此說到的是單一的「時候」，那時，信主和不信主的死人都要從墳墓中出來。與此類似地，當保羅在腓力斯面前受審判時，他解釋說，他對神有一個即使是猶太裔敵人也會接受的盼望：「死人，無論善惡，都要復活，就是他們自己也有這個盼望。」（徒24:15）在此他也是說到一個單一的、信徒和非信徒同時發生的復活。最後，但以理書上這麼說：「睡在塵埃中的必有多人復醒：其中有得永生的，有受羞辱、永遠被憎惡的。」（但12:2）

B.1.3 得榮之人與罪人不共存

得榮的聖徒會和罪人一同在地上生活，這樣的思想難以令人接受。伯克富說：「我們幾乎不可能理解，一部分舊的世界及有罪的人性，怎麼能與一部分新的世界及得榮的人性並存。完全得榮的聖徒，怎麼能與仍在肉體中的罪人一同交通呢？已經得榮的罪人，怎麼能活在這個被罪惡纏繞的環境下？怎麼能處在死亡和敗壞的景象中？」[7]

B.1.4 主掌權不容罪惡

假如基督在榮耀中降臨，又在地上掌權，人怎麼還能持續在罪中呢？當耶穌真的以祂復活的身體出現，並且在全地之上作王時，人似乎極不可能仍會拒絕祂，罪惡和背叛也似乎極不可能仍然在地上增加，以致最終撒但還能夠招聚列國與基督爭戰。[8]

B.1.5 千禧年沒有目的存在

所謂的千禧年似乎沒有一個叫人信服的目的。一旦教會時代結束了，基督再來

---

[7]Berkhof, *Systematic Theology*, p. 715.

[8]Arthur H. Lewis, *The Dark Side of the Millennium*. (Grand Rapids: Baker, 1980). 這本書特別詳細闡述這種論點。

了，還有什麼理由延遲永世的開始呢？

B.1.6 永世之前主要事件一起發生

總而言之，無千禧年論者認為，聖經似乎指出，在永世之前*所有將要發生的主要事件*，都會一起發生：基督要再來，信徒和非信徒要同時復活，末後的審判要發生，新天新地要建立起來。這些事發生以後，我們就立刻進入永世，沒有所謂的未來的千禧年。[9]

B.2 回應無千禧年論的觀點

我們在此將簡略地回應無千禧年論的觀點，而有些論點則將在辯護前千禧年論時才會回應得更完全。

B.2.1 支持未來之千禧年的經文不少

關於無千禧年論者認為，只有一處經文教導說到未來有一個在地上的千禧年，我們的回應如下：

(1) 如果有一件事是真實的，是我們必須相信的，聖經只需要說一遍就夠了。舉例來說，關於在巴別塔變亂語言的故事，只在創世記11:1-9教導過，可是我們相信它是真實的，那是因為聖經是這樣教導的。與此類似地，即使只有一處經文教導說到未來有一個在地上的千禧年，我們仍應當相信它。

不只如此，這項教義在啟示錄才教導清楚，一點兒也不叫人驚訝。在舊約時代的末了之時，情況和此也有幾分類似。整部舊約聖經都沒有明確地教導說彌賽亞會來臨兩次：一次是以受苦的彌賽亞而來，祂死過又復活，為我們贏得救恩；然後祂又以得勝的君王而來治理全地。基督第一次與第二次的來臨可能在舊約的先知書裏有暗示，但是沒有一處經文有明確的教導，因為神不認為在基督來臨之前，有必要啟示祂救贖計劃中的各項細節。與此類似地，雖然在書寫啟示錄之前，有幾卷舊約和新約書卷，暗示在永世之前會有一個未來的千禧年，但是直等到約翰書寫啟示錄之時，才明確地教導關於它的事情。因為新約聖經中最清楚地教導未來之事的書卷就是啟示錄，所以

---

[9]由於無千禧年論者相信啟示錄20:1-6是應用在現今的世代，因此他們有時會說：「前千禧年論者在等候千禧年，後千禧年論者在為它努力，但是我們在享受它。」

我們也要注意，有些無千禧年論者不喜歡「*無千禧年論*」這一個詞，因為它表示他們絲毫不相信有千禧年；因此，更準確的說法應該是，他們不相信有一個*未來的*千禧年。他們喜歡用一個比較積極的詞語，如「已實現的千禧年論」（realized millennialism），因為這個詞語讓他們更容易指出，他們相信在啟示錄20:1-6所教導的基督掌權一千年，只不過他們相信這經文是在說現今的教會時代（見Jay Adams, *The Time Is at Hand.* [Phillipsburg, N.J.: Presbyterian and Reformed, 1970], pp. 7-11）。

把這個關於未來千禧年的更清楚啟示放在聖經的這一處，也是合宜的。

(2) 對於無千禧年論者所說的，教導千禧年的經文模糊不清，前千禧年論者則回應說，他們一點兒也不認為經文模糊不清。前千禧年論者認為，他們論點的一個優點就是，它對於啟示錄20:1-6的了解是直截了當的：這段經文說到撒但要被捆綁，並被投入無底坑一千年，因此前千禧年論者也說有一個時候將要來臨，那時撒但將被捆綁並投入無底坑一千年；這段經文說到基督要掌權一千年，因此前千禧年論者也期望未來基督在地上要掌權一千年；這段經文又說到信主之人要在「頭一次復活」裏復活，因此前千禧年論者也說信徒將會有第一次的復活，他們「有福了、聖潔了」（啟20:6），而第二次的復活則在千年結束之時，是為「其餘的死人」（啟20:5）。按照前千禧年論者的說法，只有當詮釋者想要在這經文直截了當的詮釋以外找東西時，才會覺得「模糊不清」。

(3) 許多前千禧年論者認為，有幾處其他的經文，尤其是在舊約裏的，讓我們相信未來一定有一段期間，比今世更為美好，但仍不及永世（見詩72:8-14；賽11:2-9; 65:20；亞14:6-21；林前15:24；啟2:27; 12:5; 19:15）。[10] 他們認為，這些經文所描繪的時期，看起非常像他們所了解的千禧年。

(4) 至於無千禧年論者所解釋的啟示錄20:1-6，會引起幾個難處。雖然馬太福音12:28-29和路加福音10:18確實講到，耶穌在地上服事的期間「捆綁」過撒但，但是啟示錄20章所描述的捆綁撒但，似乎遠比前者更為廣泛。啟示錄中的這段經文並非只說到撒但在這時候被捆綁，它也說到「無底坑」，並說到從天降下的天使「把他……扔在無底坑裏，將無底坑關閉，用印封上，使他不得再迷惑列國。等到那一千年完了……」（啟20:2-3）我們在這裏看到的不只是捆綁或侷限撒但的活動而已；經文所描繪的意象——將撒但扔入坑中，並將坑用印封上的——讓我們看到一幅圖畫，就是全然地除去撒但在地上的影響。若說現今撒但被關在用印封住的無底坑中，其實並不適合如今在教會時代裏的世界情景：在教會時代，撒但的活動仍舊十分強勁，他「如同吼叫的獅子，遍地遊行，尋找可吞吃的人」（彼前5:8）；他能夠充滿人心，使人「欺哄聖靈」（徒5:3）；而且「外邦人所獻的祭是祭鬼，不是祭神。」（林前10:20）

不只如此，即使耶穌在服事期間捆綁了撒但，但其後「此等不信之人被這世界的神弄瞎了心眼，不叫基督榮耀福音的光照著他們」（林後4:4）之光景，仍舊是真的。

---

[10]見本章D節。

這就是為何基督徒仍然必須奮力不「與屬血氣的爭戰，乃是與那些執政的、掌權的、管轄這幽暗世界的，以及天空屬靈氣的惡魔爭戰」（弗6:12），因為即使在教會時代，雖然福音能夠奏凱，能夠打破鬼魔阻擋神國度擴展之勢力，然而撒但的影響力尚未完全地從世界中除去：「那敵基督者的靈……現在已經在世上了」（約一4:3）；而且，事實上，「我們知道我們是屬神的，*全世界都臥在那惡者手下*。」（約一5:19）這個重複在新約聖經裏出現的主題——在整個教會時代，撒但都在地上持續的活動——使人很難相信撒但已經被扔入無底坑，並且被關閉封印一千年，因為這個意象是指撒但在地上活躍的影響力全然被除去。

然而關於無千禧年派論說，在啟示錄20章裏的捆綁並拘禁撒但，就是說「使他不得再迷惑列國」（啟20:3），我們該怎麼說呢？這難道不是表示福音現今能夠在萬國中有效地傳揚嗎？雖然這個句子的意思可能是那樣解釋，但是這句話的解釋似乎應該和「*迷惑*」（希臘文，*planaō*）這個詞的用法更一致，尤其是和它在啟示錄裏的用法更一致，即指*一種現今在整個教會時代裏正在進行的迷惑*，這迷惑要到千禧年開始時才會結束。聖經稱撒但是那一位「迷惑普天下的」（啟12:9），而且在論到巴比倫的邪術時說，在審判來到之前，「萬國也被你的邪術迷惑了」（啟18:23）。[11] 所以，認為撒但*現今*仍然在迷惑萬國，似乎是更為合宜的，但是在千禧年開始時，這個迷惑的影響力就要被除去了。雖然在基督回來之前還會有更大的迷惑，但是今日撒但的迷惑仍然很大。

雖然約翰在他的異象裏看見「靈魂」是事實，但這並不一定指此景象必須是在天上。因為這些靈魂是在「頭一次的復活」裏「復活了」的人，所以，我們應當視這些靈魂為得著復活之身體、並開始在地上掌權的人。此外，啟示錄20:1指出這景象的重點是在地上的事件，因為它說：「我又看見一位天使*從天降下*。」如果天使從天降下的話，那麼他就是在地上活動，因此整個景象就應該是在地上了。

一些無千禧年論者認為，「復活了」是指進入天上的所在或進入神的同在。但是我們必須要問，希臘字*zaō*（意思是「活」）曾在何處有過這個意思？在新約聖經裏沒有其他的例子是把此字用作這種「進入神的同在」的意思。

再有，無千禧年論者所解釋的「頭一次的復活」，也不能叫人信服。「*復活*」一詞（希臘文是*anastasis*）在其他地方從來沒有指「到天上去」或「進入神的同在」的

[11]這兩處的經文都用同一個字*planaō*。這一個動詞也被用在馬太福音24:4, 5, 11, 24等處，是講到耶穌警告說，許多人會被假基督和假先知迷惑或誘入歧途。

意思，而是指身體的復活，這也是第一世紀讀者對這個字的了解。另一個無千禧年論的觀點認為，「頭一次的復活」是指基督的復活（以及我們與祂的聯合），這似乎也是不可能的，因為經文說那些「都復活了」的人，就是那些「為給耶穌作見證……被斬」（啟20:4）的人，這一點表示死後的身體復活。[12]

B.2.2 兩次不同的復活

聖經真的教導只有*一次的*復活，因此信徒和非信都要在同一時間復活嗎？當我們了解啟示錄20章很清楚地說到「*頭一次*的復活」時，就表示還有第二次的復活。論到那些復活了並與基督一同掌權一千年的人，聖經上說：「這是頭一次的復活……在頭一次復活有分的有福了、聖潔了；第二次的死在他們身上沒有權柄。」（啟20:5-6）這段經文區分了那些在頭一次復活裏有分、有福的人，和其他那些沒有分的人；後者是「其餘的死人」，表示「第二次的死」在他們身上確實有權柄，他們也將經歷到「第二次的死」——亦即他們將要面對最後的審判，將會被定罪而受到永遠的懲罰，永遠離開神的面。假如這段經文清楚教導了頭一次的復活，也教導了其餘的死人要在千禧年結束時復活之事實，那麼就表示，在啟示錄20章裏清楚教導了有兩次不同的復活。

至於無千禧年論者宣稱的支持只有一次復活的其他經文，我們必須說，其實那些經文並不排除有兩次復活的想法，它們只不過是沒有指明信徒和非信徒的復活是否會在不同的時間發生。事實上，耶穌在約翰福音5章所說的話，的確暗示有兩次復活的可能性：祂說那些在墳墓裏的人將要出來，「行善的*復活得生*，作惡的*復活定罪*。」（約5:29）耶穌其實是以這種方式說到兩種不同的復活。[13]

---

[12]還有其他排斥這個詮釋的原因：(1)「其餘的死人」在一千年結束後都「復活」了（啟20:5）——這是指不信者的身體復活。這也表示出，「復活」一詞在兩處都是指身體的復活，而不是指僅在基督的復活上與祂有屬靈的聯合而已。(2) 當經文說「這是頭一次的復活」（啟20:5）時，上下文最明顯的前述詞就是在第4節的信徒的復活；上下文裏沒有提到基督的復活之發生。

[13]這句經文的前面一節，耶穌說：「*時候*要到，凡在墳墓裏的都要聽見祂的聲音」，事實上這並不一定是兩個復活都發生在相同的時間，因為「*時候*」一詞在約翰福音的其他地方，可以指很長的時間；正如同在前三節經文耶穌說到：「我實實在在的告訴你們，*〔那〕時候*將到，現在就是了，死人要聽見神兒子的聲音，聽見的人就要活了。」（約5:25）此處的「時候」是指著整個教會時代，當那些屬靈上死了的人聽見耶穌的聲音時，就要復活過來了。約翰也使用同樣「*時候*」的詞（希臘文是*hōra*），講到真敬拜的人要以心靈、按真理來敬拜父的時候（約4:21, 23），和講到劇烈的逼迫將要落在門徒們身上的時候（約16:2）；這些例子也是指一段長時期，甚至是整個時代。

類似的講話方式在日常生活中也可能出現，例如老師可以告訴一個有六十個學生的班級說：「不要灰心，你們每一個人的*畢業日都將要來臨*。」但是老師知道，有些學生是今年將要畢業，有些人是明年，還有些人則是兩三年以後。老師這樣的講法乃是表達那個日子的類別（畢業），而非它所要發生的時間，或指出它是同一天或是很多不同天。

至於但以理書12:2的話，它只是說，那些睡在塵埃中的必要復醒，「其中有得永生的，有受羞辱、永遠被憎惡的」，亦即它只是說這兩種人都要復活，但是沒有明確地說，他們復活的時間是同時或是不同時。與此類似地，保羅在使徒行傳24:15那裏說：「死人，無論善惡，都要復活。」這話肯定了這兩種人都要從死裏復活，可是它並沒有排除兩種復活在不同時間中發生的可能性。所有的這些經文，若沒有啟示錄20:5-6的對照，都可能指同一個時間或不同時間的復活；然而因為有啟示錄20:5-6論到兩次復活的清楚教訓，所以我們就應該這樣來理解這些經文：它們指出兩種人未來會復活的確切性，但卻沒有指明兩種復活是否有時間之隔。

B.2.3 得榮之人與罪人可共存

雖然當我們今天聽到，在千禧年時得榮的信徒會和罪人一同在地上生活，確實讓人覺得很奇怪，但是要神來促使它發生，也實在並非不可能。我們必須了解，耶穌曾帶著得榮的身體，復活後在地上住過四十天，而且顯然還有許多其他的舊約聖徒，也帶著得榮的身體於那段時期在地上住過（太27:53）。[14] 那時的世界情況確實將大為不同，比起現今的世界，那是遠遠地更為榮耀神的世界。因此我們不能只是申言神不能或不願促成這樣的事情發生，來證明我們有理。祂當然能夠做到，而且也有幾處經文似乎指出，祂有美善的目的和意思去這樣做。

B.2.4 罪惡仍然持續

即使基督帶著肉身同在，以君王的身分掌權，罪惡和祕密的悖逆仍然可能還在地上持續存在。我們必須記住，猶大親密地與耶穌同住過三年之久，卻仍舊背叛祂；不只如此，許多法利賽人看見耶穌所行的神蹟，甚至看見祂使人從死裏復活過來，卻仍舊不相信。事實上，當門徒們與得榮的主耶穌同在時，「還有人疑惑」（太28:17）。在基督這樣的同在下，還有人會執意地不信，實在令人難以理解；但是我們必須記住，撒但自己就是在天上神的同在下，從崇高的地位上墮落的。

無千禧年論者認為，基督在地上以肉身同在掌權，人就不可能再持續於罪中。他們的立場完全是不了解罪的根深蒂固，以及罪的本質是極端不理性的；他們也完全沒有認清一件事實：即使是「鐵證如山」，也不能迫使人有真實的悔改歸正！真心的悔改和相信，是藉著聖靈在人心裏的工作——賜力量和勸服——所帶來的。罪的本質是這樣的不理性，以至於那些「死在過犯和罪惡之中」的人，即使面對著壓倒性的證

---

[14]關馬太福音27:52-53之討論，見本書第四十二章C節。

據，他們還是執意在悖逆和不信之中。[15]

這並不是說在千禧年期間，沒有人會悔改歸入基督。無疑地，在這個期間會有數以百萬計的人成為基督徒，而且基督掌權所帶來的影響也會滲入世上每一個社會的每一個層面；但是我們一點兒也不難了解，罪惡和悖逆會在此期間與之同時俱增。

B.2.5 未來千禧年的存在有其目的

神在心中對未來的千禧年可能有幾個目的，但我們在今日不一定都能清楚了解所有的目的。**第一**，這樣的一個千禧年當然會**顯示出神完成祂在社會結構上的美善旨意**，尤其是家庭和政府的結構。在教會時代之時，神的美旨主要是彰顯在個人的生命上和臨到那些相信基督之人的福氣上，而在現今的時代，在某些程度上（在教會復興時幅度更大），這種彰顯影響到政府、教育機構和公司，而對家庭的影響更大。然而這些結構中沒有一個能將神的美旨彰顯得淋漓盡致，顯出神在祂各項計劃中的大仁大智，不僅是為著個人，也是為著社會。在千禧年間，神智慧的美麗，將要從所有的這些社會結構中，顯出祂的榮耀來。

第二，千禧年要**更進一步地證實神的公義**。千禧年時仍有人繼續在罪惡不信之中，這事實要顯明「罪——反叛神——並非是因為邪惡社會或惡劣環境所造成的，而是由於人心中的罪惡使然，因此在末日審判的日子，就能完全地證明神是公正的。」[16] 在撒但被拘禁一千年的情況下，罪還能夠持續存在的事實，也顯示了罪的最終來源不是鬼魔在人生活中的影響，而是深植在人心中的罪惡。

第三，當我們從宏觀的角度來看聖經時，就會看到神的美意是要在時間的長河中，逐漸揭開祂的旨意，並且更多啟示祂的榮耀。從呼召亞伯拉罕和以撒的出生，遷徙埃及和出埃及，建立在應許之地的百姓，建立大衛的王國和王國的分裂，被擄和歸回重建聖殿，存留忠心的餘民，一直到最後耶穌道成肉身的降臨，神的旨意更多地顯出榮耀和奇妙。甚至當耶穌在地上生活時，也用了三十三年的時間漸進啟示出祂的榮耀，其中又以最後三年為高潮。接著是耶穌的死亡、復活與升天，完成了我們的救贖。現今教會散布到萬國已超過了二千年，我們不知道這情況還會持續多久。所有的這些事都是要說明，神的法則不是將所有祂美善的旨意一次就啟示出來，而是隨著時光的進展而逐漸揭示。即使在基督徒個人生活中也是如此，我們逐日在恩典中成長，

---

[15]與此有幾分類似的例子是，今日仍有許多人拒絕相信有一位創造宇宙的神——即使他們看到每一個生物都有其不可思議的複雜性；即使他們看到整個宇宙藉機遇而能產生實用目的的機率是零。

[16]George Ladd, "Historic Premillennialism," in *The Meaning of the Millennium: Four Views*, p. 40.

與神交通，更像基督。所以，如果神在漸進啟示的救贖史中另外設立了最後一步，是在永世之前的，也不足為奇。當世人和天使驚訝地注視到神的智慧和計劃之奇妙時，它（千禧年）就會增加神的榮耀了。

B.2.6 提不出令人滿意的解釋

最後，主要反對無千禧年論的原因仍然是這個事實：它不能對啟示錄20章提出真正令人滿意的解釋。[17]

C. 後千禧年論

C.1 後千禧年論者的觀點

支持後千禧年論的人提出以下的觀點：

C.1.1 大使命的應許

大使命讓我們期望福音要被大有能力地傳出去，最終會導致大量的人成為基督徒。耶穌曾明白地說：「天上地下所有的權柄都賜給我了。所以，你們要去，使萬民作我的門徒，奉父、子、聖靈的名給他們施洗。凡我所吩咐你們的，都教訓他們遵守，我就常與你們同在，直到世界的末了。」（太28:18-20）因為基督擁有天上和地上所有的權柄，又因為祂應許在我們實踐這個使命時要與我們同在，所以，我們可期望福音的傳播沒有攔阻，而且最終會在全世界得勝。

C.1.2 天國比喻指出的前景

後千禧年論者認為，天國的比喻指出國度將逐漸擴大，至終它要以其影響力充滿全地。他們所引的經文如下：

> 「祂又設個比喻對他們說：『天國好像一粒芥菜種，有人拿去種在田裏。這原是百種裏最小的，等到長起來，卻比各樣的菜都大，且成了樹，天上的飛鳥來宿在他的枝上。』」（太13:31-32）

我們也可以再注意下面一節經文：「祂又對他們講個比喻說：『天國好像麵酵，有婦人拿來藏在三斗麵裏，直等全團都發起來。』」（太13:33）按照後千禧年論者的說法，這兩個比喻都指明國度的影響力將要增加，直到它充滿全世界，而且在某種程度上改變全世界。

---

[17]雖然無千禧年論者也提出過一些關於啟示錄20章的詮釋，但都有一種缺點，那就是在費勁地想要除去經文直截了當該有的解釋，因為他們相信聖經其餘的地方沒有教導未來在地上會有千禧年。但是如果聖經其餘的部分都沒有否認它（而且有些地方還暗示它的存在），而且如果啟示錄20章的這段經文確實在教導它，那麼我們似乎最好是接受它了。

C.1.3 教會擴展、世界更好

後千禧年論者也認為，這世界會變得愈來愈符合基督教了。教會在世界各地成長並擴展，即使受到逼迫與壓制，仍然能靠著神的大能而顯著地成長。[18]

然而，在這一點上，我們必須作一個非常重要的區分：後千禧年論者所堅持的「千禧年」與前千禧年論者所說的「千禧年」，是非常不同的。從某種意義上來說，他們並不是在討論同一個內容。前千禧年論者所說的「千禧年」有更新的全地，有耶穌親身同在，如同君王掌權，而且還有許多身體復活得榮的信徒；但後千禧年論者所說的「千禧年」，只是指全地有許許多多基督徒在影響社會，他們不認為千禧年有更新的全地、得榮的聖徒或親身掌權的基督，因為他們認為這些事情只有在基督再來、永世展開以後才會有。[19] 所以，整個千禧年的討論，不只是在討論其間發生事件之順序而已，它也牽涉到不同論點對這段時期本身之性質的重要差異。

事實上，雖然筆者不知道是否曾有人這樣作過，但一個人似乎並不是不可能同時既是後千禧年論者又是前千禧年論者，因為他可以用兩種不同意義的千禧年：一個人可以說他是一個後千禧年論者，因為他認為福音的影響力將要增長，直到這世界大多數人都成為基督徒，然後（再加入前千禧年論的觀點）基督就會再來，建立一個在地上的國度，並將信徒從死裏復活過來，他們將以得榮的身體與祂一同掌權；反之，一個十分樂觀的前千禧年論者，也可以接受許多後千禧年論者的看法，認為現今這世代的基督教本質會繼續增長。[20]

C.2 回應後千禧年論的觀點

以下各點是對後千禧年論者的回應：

C.2.1 大使命沒有應許普世的基督教化

大使命確實是說所有的權柄都賜給主了，但是這並不一定表示基督會使用這個權柄將世界上大多數的人帶領歸主。沒有人能否認基督的權柄是偉大的，就如同沒有人

---

[18]後千禧年論者A. H. Strong認為，啟示錄20:4-10「並不是在描述那些通常被稱為主再來和復活時的事件，而是在描述教會歷史後期的屬靈改變，即代表主將要再來和復活的事件，或主再來和復活前的事件。」所以，他認為啟示錄20章只不過是在預言「教會大軍在末日的情形」，所指的時間是「當教會處在聖靈特別影響之下的時候」，那時教會將要「前所未有地戰勝邪惡的權勢，包括教會內、外兩方面的」（A. H. Strong, *Systematic Theology*, p. 1013）。

[19]與此類似地，當無千禧年論者講到他們目前正在享受「千禧年」時——他們是指教會時代（根據他們對啟示錄20章的解釋）。他們所說的「千禧年」也和後千禧年論者或前千禧年論者所指的非常不一樣。

[20]這並不是說這種立場就能免除內部的張力和困難（尤其是如何解釋當基督不在地上時，邪惡力量會變弱；但當祂親自同在掌權時，邪惡力量反而擴展又變為背叛），而是說在這種立場裏，不會有絕對的不一致。

能否認神的能力是無限的，但問題是基督會*使用*祂的能力到多大的程度，來讓教會的人數增長。我們可以*假設*祂會使用其能力到最大的程度，這樣祂就能帶進普世的基督教化；可是這樣的假設充其量也只是一個假設而已。這個假設不論是在大使命裏，或在其他講到基督在今世之權柄和能力的經文裏，都沒有任何明確的證據。[21]

C.2.2 過度推演天國的比喻

芥菜種和麵酵的比喻確實告訴我們，神的國要逐漸成長，從非常小長到非常大，但是這兩個比喻沒有告訴我們，國度究竟會成長到什麼*程度*：芥菜種的比喻沒有說其樹會成長和擴展到全地；麵酵的比喻也只是說到，神的國會逐漸成長到深入社會（正如教會所做到的），但是它絲毫沒有說到其影響會達到什麼程度或果效（舉例來說，是百分之五的麵團被發起來而其餘的沒有發，或是百分之二十的麵團被發起來而其餘的沒有發等等）。上述後千禧年論者的看法是過度地推演這個麵酵的比喻，說得超過了它原來的目的——國度會逐漸成長，最終會影響到它所在的每一社會。

C.2.3 世界更敗壞

回應後千禧年論者所說這個世界正在變得更為基督教化，我們必須說，這世界也正在變得更為邪惡。沒有一位學歷史或現代社會學的人會說，人類歷經這些世紀以來，在戰勝存留於人心裏的深度敗壞和不道德上，已經有了長足的進步。實際上，伴隨著二十世紀西方社會的現代化而來的，不是道德的改善，而是前所未有的墮落：濫用毒品、婚姻中的不忠實、色情、同性戀、反抗權威、迷信（如占星術和新紀元運動）、物質主義、貪婪、偷盜和說謊等。甚至在承認信主的基督徒之中，也一再地有證據顯示他們的生活中有很多叫人沮喪的缺陷，尤其是在個人道德以及與神親近的深度等方面。雖然在有些地區，相信聖經之基督徒佔當地人口的大部分，但也沒有像後千禧年論者所說的那種在地上出現千年國的情況。[22] 在晚近數十年裏，按照世界人口

---

[21]哥林多前書15:25講到：「因為基督必要作王，等神把一切仇敵都放在祂的腳下」；但是緊接的上文和下文（林前15:24, 26）是說要毀滅仇敵（包括第26節所說的死亡），但沒有說要領人信主歸正和帶他們進入教會。

[22]用美國的德州來舉一個有趣的例子。統計數字顯示，德州有超過百分之五十的人隸屬於美南浸信會，這個宗派傳講的是惟獨因信得救的真實福音，以及每一個人都需要重生。信主人口的百分比例這樣高是一件好事，我們應當為此感謝神，可是今天住在德州的人，沒有人會真的宣稱他已經活在千禧年裏了（至少按照後千禧年論者的觀點來了解千禧年）。假如我們將美南浸信會的基督徒，和該州所有其他相信聖經的基督徒都加起來的話，那麼德州的州民有遠超過一半的人是重生的基督徒。然而如果百分之五十的基督徒人口比例都不能使一個地方像是地上的千禧年，那麼整個世界的基督徒要佔人口比例的百分之多少，才能使後千禧年論者的希望實現？在整個歷史上哪裏有證據說到，我們正在創造重要的進步，邁向這種千禧年的實現？

的比例來說，教會確實有顯著的增長，[23] 我們應當為此大得鼓勵。我們可能有一天會看到真正的基督教在許多社會裏發揮更為深遠的影響；假如這種情況真的發生了，那就會讓後千禧年論的立場看起來似乎更可信了。但是這樣的情況，在前千禧年論或無千禧年論的架構裏也可以解釋，所以，面對這幾個互相抗爭的立場，我們仍舊必須藉著解釋相關的聖經經文，來作最後的定奪。

C.2.4 新約經文不支持

最後，我們應當注意，有幾處新約的經文似乎明確地否定了後千禧年論的立場。耶穌說：「你們要進窄門，因為引到滅亡，那門是寬的，路是大的，進去的人也多；引到永生，那門是窄的，路是小的，**找著的人也少**。」（太7:13-14）耶穌在此不但沒有教導說，世上大多數的人要變為基督徒，祂反而似乎是說，與走向永遠滅亡的「多數人」相比，那些得救的將是「少數人」。與此類似地，耶穌曾問說：「然而人子來的時候，**遇得見世上有信德麼？**」（路18:8）這個問題顯示出地上不會被那些相信的人所充滿，反而會被那些不信的人所掌控。

後千禧年論認為世界在教會成長的影響之下，會愈來愈好，但保羅的預言卻與之相反。保羅說，在基督再來之前，必有「**離道反教的事**」，並有「**那大罪人**」將要顯露出來，沉淪之子「坐在神的殿裏，自稱是神。」（帖後2:3-4）[24]

此外，當保羅寫信給提摩太，論及末後的日子時，他說：

> 「**末世**必有危險的日子來到。因為那時人要專顧自己、貪愛錢財、自誇、狂傲、謗讟、違背父母、忘恩負義、心不聖潔、無親情、不解怨、好說讒言、不能自約、性情兇暴、不愛良善、賣主賣友、任意妄為、自高自大、愛宴樂、不愛神；有敬虔的外貌，卻背了敬虔的實意。」（提後3:1-5）

他又進一步地說：

> 「凡立志在基督耶穌裏敬虔度日的也都要受逼迫。只是作惡的和迷惑人的必越久越

[23]「在1950年到1992年之間，相信聖經的基督徒從世界人口的百分之三升高到百分之十，即從八千萬人躍升到五億四千萬人。」（Rick Wood, "Christianity: Waning or Growing?" in *Mission Frontiers Bulletin* [Pasadena, Calif.; Jan.-Feb., 1993], p. 25）這份期刊幾乎在每一期都發表了不同國家的類似統計數字，因此讓人下結論說：自從1950年以來，教會的增長非常顯著，是在世界上史無前例的。

[24]有些後千禧年論者相信，在基督回來之前，將有一場終末的背叛。雖然這些經文並不直接構成與他們立場之對立，然而之後的經文指明：就在基督回來之前，會有強勢的非基督徒之型態來支配世上的事物，因此對這樣的後千禧年論觀點仍是不利的，因為它們描繪出一個世界，與後千禧年派系統中所說的福音廣傳之後所帶來的充滿平安和公義的千禧年，是截然不同的。

惡，他欺哄人，也被人欺哄……因為時候要到，人必厭煩純正的道理，耳朵發癢，就隨從自己的情慾，增添好些師傅；並且掩耳不聽真道，偏向荒渺的言語。」（提後3:12-13; 4:3-4）

最後，也許最有決定性的經文是馬太福音24:15-31論及大災難的話；大災難將發生在基督再來之前：

「因為那時必有大災難，從世界的起頭直到如今，沒有這樣的災難，後來也必沒有。若不減少那日子，凡有血氣的總沒有一個得救的；只是為選民，那日子必減少了……那些日子的災難一過去，日頭就變黑了，月亮也不放光；眾星要從天上墜落，天勢都要震動。那時，人子的兆頭要顯在天上，地上的萬族都要哀哭，他們要看見人子，有能力、有大榮耀，駕著天上的雲降臨。」（太24:21-22, 29-30）

這段經文所描繪的不是一個基督教化的世界，而是一個充滿苦難和罪惡的世界，而一場大災難又超越地上所有先前的痛苦歲月。經文不是說當基督來的時候，世上絕大多數的人要歡迎祂，反而是說當人子要來的預兆顯現在天上時，「地上的萬族都要哀哭」（太24:30）。

因為從後千禧年論者的角度來看，馬太福音24章是一段這樣難解的經文，所以他們有過幾種嘗試，想要不將它解釋為發生在基督再來前夕事件的預兆，而解釋為是在主後70年耶路撒冷被毀時，所應驗了的一些往事。

為了維持這種解釋，後千禧年論者將馬太福音24:29-31裏大多數的內容看成是象徵性的：[25] 日月變黑，星辰從天墮落，和天勢震動等，都不按照字面解釋為會發生的事件，而被當成是神降臨審判的意象。他們說類似的審判意象也可以在以西結書32:7；約珥書2:10和阿摩司書8:9裏找到——但其實這些經文只是說到黑暗的審判，並沒有提及星辰從天墮落或天勢震動。法蘭士（R. T. France）也提到了以賽亞書13:10; 34:4所說到的日月黑暗和天上的星辰墮落，可是我們完全不能肯定法蘭士所宣稱的那些經文真的只是象徵性的說法——事實上，從那些經文的上下文來看，很容易就能按字面的意思將之理解為是在最後審判之前宇宙變化的預言。所以，要說這些經文只是審判耶路撒冷的啟示性意象，是一點兒也不明顯的。[26]

[25]筆者在此借用R. T. France的解釋，見R. T. France, *The Gospel According to Matthew*, pp. 343-46.

[26]另一個可以用來支持後千禧年論的經文，是馬太福音24:34的敘述：「這世代還沒有過去，這些事都要成就。」後千禧年論者能夠非常自然地解釋「這世代」是指著當時聽耶穌說話的人，如此就支持了所有在馬太福音24:29-31（或甚至是馬太福音24:5-31）裏所說的事件，都是發生在主後70年以前的。然而這樣的解釋對馬太福音24:34而言，是沒有必要的，因為「這世代」也可以被理解為看見「這一切的事」發生的世代（太24:33），

不只如此，這樣地解釋這些經文，把它們僅僅看成是象徵性的敘述，會在接下去解釋耶穌的話時更加困難，因為祂不只說到日月星辰的預兆，祂也說到緊接其後的情景：「那時，人子的兆頭要顯在天上⋯⋯他們要看見人子，有能力、有大榮耀，駕著天上的雲降臨。」（太24:30）法蘭士在此也和前面一樣，是用象徵性的說法來解釋這一節經文：他說本節裏的「地上的萬族」只是指猶太人，即「地上所有的支派（家族）」，[27]而這地是指以色列地。他還說經文中所提到的人子駕著天上的雲大有榮耀權能的降臨，不是指基督的回來，而是指祂到天上的父那裏去「領受稱義和權柄」。[28]法蘭士引用凱爾德（G. B. Caird）的敘述並且也贊同他的說法：「人子駕著天上的雲降臨，從來沒有被認為是一種原始形式的太空旅行，而是象徵祂在歷史之內、在民族的層面，以大能倒轉時勢。」[29]因此經文中說的基督差遣天使，用大聲的號筒，從天的這一邊到天的那一邊招聚祂的選民等，就被理解成是遍地都有傳福音的使者，藉著傳揚福音而招聚選民進入教會。

然而，法蘭士的詮釋並不能使人對耶穌所說的一個事實有一個滿意的解釋，那就是地上的萬族「要看見人子，有能力、有大榮耀，駕著天上的雲降臨。」（太24:30）經文在這裏所說的不是一件在天上看不見的活動——基督從父神那裏領受權柄，而是說到一個祂將以大有榮耀的權能再來的預言。在聖經的其他地方，從來沒有把傳福音的人稱作是大聲吹號筒的天使，也從來沒有把傳揚福音稱作是「將祂的選民從四方、從天這邊到天那邊，都招聚了來」（太24:31）。不只如此，在聖經的其他地方說到耶穌駕雲而來時，從來不是指祂向在天上的父神去，而是指祂向地上的人來：「看哪！祂駕雲降臨。眾目要看見祂，連刺祂的人也要看見祂；地上的萬族都要因祂哀哭。」（啟1:7）保羅說，當基督再來時，我們這活著的人「必和他們一同被提到雲裏，在空中與主相遇。」（帖前4:17）因此，馬太福音24:30-31的意思乃是，當基督大有權能地駕著發出榮光的雲來臨時，祂是降臨來統管大地。法蘭士沒有解釋耶穌所說地上哀哭的萬族「要看見人子，有能力、有大榮耀，駕著天上的雲降臨」的這個事實（太24:30），然而這個事實——萬族（或按法蘭士的理解為眾支派）要看見耶穌降臨——顯

不論那是什麼時候。在第32節裏的「無花果」不應當被理解為是一個先知性的象徵——表示在歷史上的一個特定時間（譬如說是以色列重新建國），因為耶穌只是用它來當作一個自然界的譬喻而已：當無花果樹長葉時，人就知道夏天快來了；同樣地，當這些預兆（太24:5-31）發生時，人就知道人子不久就要回來了。

[27]France, *Matthew*, p. 345.

[28]同上出處，p. 344.

[29]同上出處，p. 344，在此是引用G. B. Caird, *Jesus and the Jewish Nation*. (London: Athlone Press, 1965), p. 20.

示，要讓人用象徵性的意義來理解這節經文，或者說它是天上看不見的活動，都是很困難的。再有的就是，從我們所知其他與基督再來有關的經文，所得到的眾多訊息，包括宇宙的兆頭、基督大能的降臨、號筒大聲的呼召、選民被天使的招聚等，都叫人相信這裏所說的乃是基督的*再*來，而不是象徵祂領受權柄。而且，如果馬太福音24章說到的是基督的再來，那麼它所指明的祂的來臨，是正好在大災難期*之後*，而非在地上已建立平安公義的千禧年之後。[30]

最後，所有那些指明基督可能很快就會再來、而我們必須預備好的經文[31]，也都必須被視為是反對後千禧年論的重要證據；因為若基督能在任何時候再來，而我們應該有所準備的話，那麼，後千禧年論的這個理論——在基督再來之前，會需要一段長時間在地上建立千禧年——就不能被視為一個有說服力的理論了。

D. 前千禧年論

本書所提倡的立場乃是*歷史上的前千禧年論*（historic premillennialism）。我們已經在前面討論無千禧年論和後千禧年論時，說到反對前千禧年論立場的論點，所以在此就不再重複了；不過我們在以下的討論中還會附帶再提到一些其他的反對論點。

D.1 支持前千禧年論的舊約經文

有幾處舊約經文的內容似乎不適合指今世，也不適合指永世；它們指出在救贖史上一些未來的階段，是比現在的教會時代更美好，但仍然沒有除去地上所有的罪惡、悖逆和死亡。

例如以賽亞說到在未來某一個時候的耶路撒冷是這樣的：

「其中必沒有數日夭亡的嬰孩，
　　也沒有壽數不滿的老者。
因為百歲死的
　　仍算孩童；
有百歲死的罪人
　　算被咒詛。」（賽65:20）

我們在此看到，那時不再有嬰孩夭折、老人早死的事情，那和今世大為不同。然

[30]一些後千禧年論者確實主張，就在千禧年結束、基督再來之前，將會有一段悖逆時期，然而這個悖逆是在對抗以公義平安為主勢的千年國度，它和大災難期——以罪惡為主勢，基督徒大受逼迫——是不同的。

[31]見本書第五十四章F節，有關基督即將再來的討論。

而那時死亡和罪惡仍舊存在，因為孩童到了百歲還是會死，罪人到了百歲死時「算被咒詛」。雖然這段經文更大範圍的上下文可能同時包含了千禧年和永世時的情況（另參賽65:17, 25），但這正是舊約聖經中預言的本質——沒有分出是在未來的哪個事件中；這些預言也沒有分出是在基督第一次來臨還是第二次來臨的事。所以，雖然更大範圍的上下文可能把千禧年和永世的情況混合在一起，可是以賽亞書65:20的這一個情況（嬰孩和老人都很長壽，「百歲死的仍算孩童；有百歲死的罪人算被咒詛」），仍舊指明了它是在未來的一個特定的、與今世迥異的時候。

在另一處經文中，以賽亞也似乎預言了一個千年國度：

「豺狼必與綿羊羔同居；
　豹子與山羊羔同臥。
少壯獅子與牛犢並肥畜同群；
　小孩子要牽引他們。
牛必與熊同食；牛犢必與小熊同臥；
　獅子必吃草，與牛一樣。
吃奶的孩子必玩耍在虺蛇的洞口；
　斷奶的嬰兒必按手在毒蛇的穴上。
在我聖山的遍處，
　這一切都不傷人，不害物；
因為認識耶和華的知識要充滿遍地，
　好像水充滿洋海一般。」（賽11:6-9）

這段經文清楚地說到受造物的天性有重大更新，並且經文也將我們帶到一個遠超過今世的時代裏，那時「認識耶和華的知識要充滿遍地，好像水充滿洋海一般。」（賽11:9）以賽亞在緊接的下一節又說：

「**到那日**，耶西的根立作萬民的大旗；**外邦人必尋求祂**，祂安息之所大有榮耀。**當那日**，主必二次伸手，救回自己百姓中所餘剩的，就是在亞述、埃及、巴忒羅、古實。」（賽11:10-11）

這裏所說的情況是，有人仍在尋求彌賽亞，要得到救恩；而且主也仍在從世上不同的國家裏，招聚祂的餘民。因此，這裏所說的情況似乎不是指永世已開始了，但是前幾節所說的天性的逆轉，卻又是遠超過今世所會發生的任何一件事。這不就是在說一個未來的千年國度嗎？

詩篇72篇描述的似乎也超越了所羅門掌權的國度，而預言了彌賽亞國度的榮耀：

「他要執掌權柄，從這海直到那海，
　從大河直到地極。
住在曠野的必在他面前下拜；
　他的仇敵必要舔土。
他施和海島的王
　要進貢；
示巴和西巴的王
　要獻禮物。
諸王都要叩拜他，
　萬國都要事奉他。
因為窮乏人呼求的時候，他要搭救；
　沒有人幫助的困苦人，他也要搭救。
他要憐恤貧寒和窮乏的人，
　拯救窮苦人的性命。
他要救贖他們脫離欺壓和強暴，
　他們的血在他眼中看為寶貴。」（詩72:8-14）[32]

這一段經文肯定地說到了彌賽亞的掌權，是比大衛或所羅門所經歷的更遠為廣泛，因為彌賽亞的國度延伸「直到地極」，而「萬國都要事奉他」（詩72:8, 11；注意本詩也在第5節說：「太陽還存，月亮還在，人要敬畏你，直到萬代」）。這裏的掌權是在公義和公平之中的掌權，但它肯定不是在永世的狀態，因為仍有「窮乏人呼求」和「沒有人幫助的困苦人」，也仍有人需要「脫離欺壓和強暴」的拯救（詩72:12-14），而且在這個公義君王的治理下，仍然有他的仇敵「必要舔土」（詩72:9）。所有的這一切都是說到一個與現今世代大不相同的一個世代，卻又不是那不再有罪惡或苦難的永世。

撒迦利亞也預言到一個未來的世代，其中大地有大改變，主在全地作王，但仍有罪惡、苦難和死亡存在：

「耶和華我的神必降臨，有一切聖者同來。那日，必沒有光，三光必退縮。那日，必是耶和華所知道的；不是白晝，也不是黑夜，到了晚上才有光明。那日，必有活水從耶路撒冷出來，一半往東海流，一半往西海流，冬夏都是如此。耶和華必作全地的

[32]NASB和RSV將這些句子不當成預言，而當成禱告（「願他執掌權柄……願他的仇敵必要舔土……」）。但不論是哪一種譯法，這首詩篇都顯出對彌賽亞性統治者的期待，盼望有一日祂要掌權「直到地極」。

王。那日，耶和華必為獨一無二的，祂的名也是獨一無二的……耶和華用災殃攻擊那與耶路撒冷爭戰的列國人，必是這樣：他們兩腳站立的時候，肉必消沒，眼在眶中乾癟，舌在口中潰爛……那時四圍各國的財物，就是許多金、銀、衣服，必被收聚……所有來攻擊耶路撒冷列國中剩下的人，必年年上來敬拜大君王萬軍之耶和華，並守住棚節。地上萬族中，凡不上耶路撒冷敬拜大君王萬軍之耶和華的，必無雨降在他們的地上。」（亞14:5-17）

再一次地，此處經文的描述不適合指現今的世代，因為這裏說到主在全地作王；但是它也不適合指永世，因為仍然有不順服主和背叛主的事存在。有人可能在這裏會反駁說，這是一個典型的舊約預言，它把未來的不同事件都合在一起了，先知的異象裏並沒有分清是什麼時候，但是在真正發生時，不同的事件可能會相隔漫長的世代。不過要在這一段經文裏說有這樣的區分是很困難的，因為經文說得很清楚，背叛主——全地的王——的人會受到瘟疫和缺雨的懲罰。[33]

D.2 支持前千禧年論的新約經文

除了啟示錄20章以外，也有其他的新約經文表示有一個未來的千禧年。當復活的主耶穌對推雅推喇教會說話時，祂說：「那得勝又遵守我命令到底的，我要賜給他權柄制伏列國——『他必用鐵杖轄管他們，將他們如同窯戶的瓦器打得粉碎』——像我從我父領受的權柄一樣。」（啟2:26-27）這裏用到的意象（用鐵杖轄管，將瓦器打得粉碎），表示是要用權力治理悖逆的百姓。但是得勝罪惡的信徒在何時才會參與這個治理呢？這不適合說是在今世的任何時間，也不適合說是在永世，只適合說是在未來的千年國度，那時得榮的聖徒要在地上與基督一同治理（「用鐵杖」轄管列國的思想，也在啟示錄12:5-6; 19:15裏）。

當保羅談到復活時，他說每一個人要按他自己的次序，得著復活的身體：「初熟的果子是基督；以後（*epeita*）在祂來的時候，是那些屬基督的。再後（*eita*）末期到了，那時，基督既將一切執政的、掌權的、有能的都毀滅了，就把國交與父神。因為基督必要作王，等神把一切仇敵都放在祂的腳下。」（林前15:23-25）在這段經文裏譯為「以後」和「再後」的兩個希臘文，其意思都為「在其後」，而非「在同時」。所以，這段經文給予上述的思想一些支持：正如基督復活和祂再來（那時我們得著復活的身體）之間有時間的相隔（林前15:23），同樣地，在基督再來和「末期」（林前15:

[33] 這段經文仍是說到舊約祭祀下的祝福，而且也提到了住棚節——一個在舊約之下的節慶。雖然這些話是屬於當時百姓所能了解的用詞和描述，但是新約仍能說到其中一些內容的更大的（屬靈的）應驗。

24）——基督掌權一段時間，將祂的仇敵踩在祂的腳下之後，就將國度交與父神——之間，也有一段間隔。[34]

D.3 啟示錄20章的再思

我們在以上的討論中，看到有不少啟示錄20章以外的經文，暗示或明示到未來有一個時期，是遠比現今的世代為好，卻又不比永世更好的；所以我們接下來很合宜再看一次啟示錄20章。以下所說的敘述，最好是當作基督未來在地上掌權之時，而那是在未來的審判之前的。

(1) 撒但被捆綁並被拘禁在無底坑（啟20:2-3），表示他的活動被遠遠地限制住，而其被限制的程度比起我們在今世所知的程度更大（見本章B節中有關無千禧年論的討論。）

(2) 最好把信徒「復活了」的敘述（啟20:4），看成是指著身體的復活，因為它的下一節說：「這是頭一次的復活」。「復活了」的動詞*ezēsan*（衍生自*zaō*）與啟示錄2:8中所用的是同一個動詞，而且形式相同；在那裏，耶穌說祂自己是那一位「死過又活的」，這個詞明顯地是指祂的復活。[35]

(3) 按著前千禧年論的詮釋，和基督一同作王（啟20:4）是在未來的一件事，而不是現今正在發生的事（如無千禧年論者所宣稱的）。這點和新約其餘的經文是一致的；新約聖經常常告訴我們，信徒要與基督一同作王，並且會得到祂所賜予的權柄來統管全地（見路19:17, 19；林前6:3；啟2:26-27; 3:21）。然而聖經沒有一個地方說，在居間狀態（人死後與基督再來之間）的信徒會與基督一同作王，或與祂同享王權。事實上，啟示錄早就描繪到，天上的聖徒在基督再來之前是在祭壇下等候著，他們向主呼喊，求主開始審判在地上的惡人（啟6:9-10）。聖經無一處說，基督徒現在已經與基督一同掌權了。

在啟示錄20章裏所說的那些復活了、與基督一同掌權的人，包括了「那沒有拜過獸與獸像、也沒有在額上和手上受過他印記之人的靈魂。」（啟20:4）即是那些沒有屈從於那獸之逼迫的人（啟13:1-18）。假如我們認為啟示錄13章所描述的逼迫很嚴

---

[34]希臘字*eita*的意思確實是「在……之後」（見可4:17, 28；林前15:5, 7；提前2:13），但它並不總是指時間的順序，因為它也可以被用在邏輯推演的過程中，指出下一個項目或論點；然而在敘述歷史事件時，它是指出某事發生在另外一件事之後（見BAGD, pp. 233-34；又見LSJ, p. 498：「是用來表示一個行為或狀態和另一個行為或狀態的次序……其意是『接著、下一個』」）。

[35]筆者認為在兩處經文中的過去式直述語態（aorist indicative）的*ezēsan*（衍生自*zaō*），都是表始動詞的過去式（inceptive aorist），即標明一個動作的開始。

重，因此下結論說，那獸現在*尚未登上*世界的舞台，它要到將來才會出現，那麼，那獸所施加的逼迫也就要到將來才會出現。*假如這個逼迫要到將來才會出現，那麼啟示錄20章的景象*——那些「沒有拜過獸……也沒有在額上和手上受過他印記之人的靈魂，他們都復活了，與基督一同作王一千年」（啟20:4），*也要到將來才會出現*。這就表示出啟示錄20:1-6不是在描述現今的教會時代，我們最好將之理解為是指一個未來基督掌權的千年國度。

將以上這些論點合併起來，就成了贊同前千禧年論的立場。假如我們信服了這個立場的話，那麼究竟一千年的時期是真的一千年，或只是一段很長而不定的時期，就真是一個次要的問題了。因此，雖然我們可能不清楚知道所有千禧年性質的細節，但是我們可以合理肯定地說，未來基督將在地上掌權，是與現今世代完全不同的。

E. 大災難的時間

對於那些相信前千禧年論的人來說，還必須要決定一個進一步的問題：基督究竟是在*大災難*之前或之後再來?

「大災難」之詞來自於馬太福音24:21（及其平行經文），在那裏耶穌說：「因為那時必有*大災難*，從世界的起頭直到如今，沒有這樣的災難，後來也必沒有。」歷史上的前千禧年論者相信，基督會在大災難之後再來，因為該經文後來說：「那些日子的災難一過去，『日頭就變黑了……』那時，人子的兆頭要顯在天上，地上的萬族都要哀哭，他們要看見人子，有能力、有大榮耀，駕著天上的雲降臨。」（太24:29-30）然而如前面所解釋過的，在十九和二十世紀時，有另一種不同型態的前千禧年論出現，它主張基督在大災難之前來臨，並且這種說法逐漸被大家所接受。這種說法通常被稱為「災前被提」（pretribulation rapture）的觀點，因為它主張當基督第一次再來時，教會要「被提」到天上去與祂同在。

E.1 災前被提觀

支持災前被提觀的論點如下：[36]

(1) 整個大災難期是神在全地上傾倒其忿怒的時間，因此，說基督徒於那段時期仍會在地上，是不合宜的。

(2) 耶穌在啟示錄3:10應許說：「*我必在普天下人受試煉的時候，保守你免去你的*

[36]在此大部分災前被提的論點是取自這一篇研究透徹的專文：Paul D. Feinberg, "The Case for Pretribulation Rapture Position" in *The Rapture: Pre-, Mid-, or Post- Tribulational?* pp. 45-86.

試煉。」這經文指出，教會將要在那個試煉來到之前，被提離世界。

(3) 假如基督在大災難*以後*再來，並擊敗了所有祂的仇敵，那麼，那些在千年國度裏必然存在的不信之人是從哪裏來的？然而災前被提的立場看到，在大災難期間，會有成千上萬的猶太人成為基督徒，並且他們要帶著尚未得榮的身體進入千年國度。

(4) 災前被提觀使得我們能相信基督可能會在任何時刻再來（這是指在大災難之前的第一次回來），但在大災難開始以後，有許多的預兆必須應驗，然後祂才會再回來作王一千年。

雖然這並非明確地支持災前被提的立場，但是我們也必須注意到，災前被提觀是將馬太福音24章裏有關大災難的教訓，以及有關在那情況下的警告和勉勵，看成是給大災難期間的猶太信徒的，而非給一般教會的。[37]

巨.2 反對災前被提觀的論點

反對災前被提觀可能包含以下的論點：

(1) 若說*所有*發生在大災難期間的苦難，都是神發忿怒的結果，這觀點不符合新約聖經所描述的大災難。有許多的苦難是因為「不法的事增多」（太24:12），以及因為教會受逼迫，和從撒但而來之反對勢力大大增加的緣故。所有的基督徒（不論是外邦的或猶太的信徒）當然都總要逃避神的忿怒，可是這並不表示他們能避免所有的苦難，特別是在極為艱難的時候。

(2) 雖然耶穌告訴非拉鐵非教會之忠心信徒（啟3:10）的話是事實，即祂要在普天下人受試煉的時候，保守他們免受試煉，但這話並不足以有力地證明說，教會整體將在大災難之前從世界中被提走。第一個原因是，這句敘述是對一個特定的教會（非拉鐵非教會）說的，不應當被用來指將來歷史上某一時刻的教會整體。另一個原因是，「普天下人受試煉的時候」也不一定是指大災難的時候，而更可能的是指臨到整個羅馬帝國或整個世界的一個大苦難和大逼迫的時候。最後一個原因是，非拉鐵非教會將蒙*保守*的應許，並不表示他們會從這世界裏被提走，而只是說他們向主的忠心會蒙保守，不會受到那段期間苦難和試煉的傷害。

(3) 災前被提的觀點說，必有一些人是以未得榮的身體進入千禧年，但這不算是一個支持災前被提的理由，因為（從災後被提的觀點來看）雖然當基督在大災難結束時

[37]Feinberg還多提出一個論點，是關於他所認為馬太福音24章中描述災前被提的經文，和描述災後主第二次回來的經文，二者之間的差異。不過，大多數的差異並非不能克服的矛盾，都只是說到一件事在某一段經文出現，而不在另一段出現而已（有關這一點，詳見Douglas Moo, "Response," in *The Rapture*, pp. 99-101）。

來臨，祂要**擊敗**所有抵擋祂的勢力，但這並不表示祂要殺盡或滅絕所有抵擋祂的人。有許多人只不過是投降了，但他們並不信靠基督，因此是以非信徒的身分進入千禧年。無疑地，在千禧年整個期間，還會有許多人信主歸正而成為信徒。

(4) 災前被提的觀點並不是惟一與此想法——基督能夠在任何時候回來，且在祂回來前有預兆發生—— 一致的觀點；我們在上一章中所提出的立場——預兆看起來不像已經應驗，但卻可能已經應驗——也與此想法一致。[38]

然而我們必須說，在災前被提的觀點背後，可能有一個更為基本的關切：他們想要保持**教會**（他們認為會被提到天上去與基督同在）與**以色列**（他們認為是在地上大災難期和其後的千年國度期中的神百姓成員）之區分。但是正如我們在本書第四十四章裏所提過的，[39] 新約聖經並不支持這種將教會和以色列區分開來的想法，因此，這也表示新約聖經並不認為需要在大災難和千禧年的時候，對這兩群人有所區分。

巳.3 災中被提觀

災前被提的立場有一個變化版，那就是所謂的**災中被提**。它是由艾基新（Gleason Archer）在他的論文裏所辯護的。[40] 他認為大災難期有兩半：頭三年半的特徵是人的忿怒，那時教會還在；後三年半的特徵是神的忿怒，那時教會已經不在地上了。支持這論點的主要聖經根據，是在但以理書7:25; 9:27; 12:7, 11；以及啟示錄12:14中，那些經文所指的七天或七期都被分為兩半：在象徵性之一週中的三天半，或是三個半的時期，如此就指出了三年半的時期。經過三年半的時期以後，神的百姓要從大災難中被救出來。另一個支持這個立場的論點是，它提高了我們盼望基督再來的急切感，因為三年半比七年是一個更短的時期。

雖然但以理書中的經文確實在但以理預言未來時，提到了七十個七裏的**打岔**，但經文沒有任何清楚的指示說，在一七之半時，信徒會離開地上。[41] 而且要說三年半的大災難會比七年的大災難帶來對基督再來的更大急切感，也是很難讓人同意的。

巳.4 災後被提觀

最後，有些對**災前被提**的反對立場可以被歸結成**災後被提**的論點（即歷史上的前千禧年論：基督會在大災難期之後回到地上）。其論點如下：

---

[38]見本書第五十四章F.3節。

[39]見本書第四十四章A.5節，有關教會與以色列的區分。

[40]見Gleason Archer, "The Case for the Mid-Seventieth-Week Rapture Position," in *The Rapture,* pp. 113-45.

[41]見Paul D. Feinberg, "Response," in *The Rapture*, pp. 147-50.

(1) 沒有一處新約的經文清楚地說，教會將在大災難之前，被提離這個世界。假若這件重大的事會發生的話，我們至少應該會在新約聖經裏找得到關於這件事的教訓。當然，耶穌告訴我們，祂會再來，並且要接我們和祂自己在一起（約14:3）；保羅則告訴我們，我們要被提到雲裏，在空中與主相遇（帖前4:17），而且我們就在一霎時、眨眼之間改變了，將要承受復活的身體（林前15:51-52），然而歷史上的信徒對這每一處經文之領會，都不認為教會將在大災難之前*祕密地*被提，而是認為在基督來到地上的頃刻之前，教會將會被人可見地、*公開地*被提，而與基督同在，並且基督要*與他們*在千年國度期間一同掌權（若按無千禧年論的觀點，這是發生在永世之時）。[42]

不只如此，帖撒羅尼迦前書4:17是惟一明言教會要「被提」之事實的經文，但要說它含有基督祕密回來的思想，也是很令人難以理解的。在它的前一節經文中說到：「主必親自從天降臨，*有呼叫的聲音和天使長的聲音，又有神的號吹響*。」（帖前4:16）莫理斯（Leon Morris）論到這些話時說得很對：「保羅有可能會希望我們明瞭，我們將會祕密地被提，而且除了聖徒自己之外，沒有人會知道究竟發生了什麼事。但是我們無法從他的這些話裏得到這樣的結論。我們很難想像他還要再怎麼說，才能更清楚地表示這件事是公開而為大家所知的。」[43]

災前被提的教義是從幾處經文推論而得出來的，但所有這些經文都是有爭議性的。不只如此，就算有人相信這個教義是在聖經裏的，但聖經對這個教義的教導是如此不清楚，以至於在十九世紀以前都沒人發現它。但這點似乎是不可能的。

(2) 在一些經文裏，十分清楚地把大災難與主的再來連結在一起。首先，在馬太福音24:31裏說到用大聲的號筒招聚選民，在帖撒羅尼迦前書4:16裏說到神的號吹響，以及在哥林多前書15:51-52裏說到號筒末次吹響的時候，我們的身體都要改變等等；這些都似乎是指同一隻號筒吹響——就是在千禧年以前所吹的、最後的號聲。如果它真是「號筒末次吹響」（林前15:52）的話，那麼，我們就很難理解怎麼還會另外有一隻大聲的號筒（太24:31）是在七年以後才吹響的。

此外，如果說馬太福音24章不是指教會，而是指在大災難期間得救的猶太人，也

---

[42]保羅在他這句話：「以後我們這活著還存留的人必和他們一同被提到雲裏，在空中與主*相遇*」（帖前4:17）裏，所使用的「相遇」一詞的希臘字是*apantēsis*。這個字在經外的希臘文學裏，是指公民出城去迎接到達的官員，然後與他一同回到城裏。「*apantēsis*此字應當被理解為一古代人民習俗的特殊用詞，是表示一個城市給予重要訪客的公開歡迎。」（Erik Peterson, "*apantēsis*," *TDNT*, 1:380）Moulton和Milligan說：「這個字似乎已是一種特殊的詞彙，是指正式歡迎新到的尊貴人士——此一用法與新約聖經的用法相當一致。」(MM, p. 53)

[43]Leon Morris, *The First and Second Epistles to the Thessalonians*, p. 145.

很難讓人理解。這段話是耶穌對祂的門徒們說的（太24:1-4），祂警告他們說將會有逼迫與苦難來到。祂告訴他們大災難會來，然後說「那些日子的災難一過去」，就會出現宇宙性的預兆，「那時……地上的萬族都要哀哭，他們要看見人子，有能力、有大榮耀，駕著天上的雲降臨。」（太24:30）但是，當耶穌對門徒們說這些所有的話時，祂的意思可能是叫他們不要把這些話應用在教會身上，而只應用在未來在大災難期間歸主而建立起的一個猶太國度嗎？門徒們怎麼能夠知道耶穌心中有這樣的意思呢？事實上，門徒們在此不可能是代表未來的猶太國度，他們乃是代表教會，因為他們和教會的建立息息相關，以至於被當作是教會的根基（弗2:20）。

(3) 末了，新約聖經似乎不證實基督有兩次不同的再來（災前被提的觀點認為一次是在大災難之前為教會回來，然後在七年之後與祂的教會一同回來，審判不信之人）。再一次地，沒有任何一處的經文曾明顯地教導過這樣的觀點，它只不過是從不同經文間的相異之處所得出的推論而已，而那些經文則是以不同的角度描述基督再來的情況。我們也可以毫無困難地看出，那些經文所指的乃是發生在同一個時候的單一事件。[44]

巳.5 小結

綜觀歷史上大多數教會所看見的，我們最好的結論似乎是接受教會將要經歷耶穌所預言的大災難期。雖然我們自己可能不會選擇這條路徑，但這並不是我們所能決定的。假如神的旨意是要我們中間有人能在地上存活到大災難的時候，那麼我們就要注意聽彼得的話了：「你們若為基督的名受辱罵，便是有福的，因為神榮耀的靈常住在你們身上」（彼前4:14）；而且「基督也為你們受過苦，給你們留下榜樣，叫你們跟隨祂的腳蹤行。」（彼前2:21）保羅也說過類似的話，要基督徒準備好忍受苦難：我們和基督同作後嗣，「如果我們和祂一同受苦，也必和祂一同得榮耀。」（羅8:17）我們也要記得，從挪亞的日子到早期使徒們殉道的時候，神的法則經常是帶領祂的百姓經過苦難而後進入榮耀，因為祂也是如此帶領祂自己的兒子。「原來那為萬物所屬、為萬物所本的，要領許多的兒子進榮耀裏去，使救他們的元帥，因受苦難得以完全，本是合宜的。」（來2:10）我們的救主自己所受的苦難，超過任何一個祂兒女所曾受的苦難，而祂這樣勸誡我們：「你將要受的苦你不用怕……你務要至死忠心，我就賜給你那生命的冠冕。」（啟2:10）

---

[44]見本章註37。主要的經文可見本書第五十四章A節。

個人思考與應用

1. 在讀本章以前，關於基督再來的問題，你所相信的是無千禧年論、後千禧年論，還是前千禧年論？你相信災後被提，還是災前被提？如果現在你的觀點改變了，那改變是什麼？
2. 你目前的對千禧年的觀點，對你今日的基督徒生活有什麼影響？與此類似地，你目前對大災難的觀點，對你今日的基督徒生活有什麼影響？
3. 你認為我們若以得榮的身體活在地上，又有耶穌基督作王治理全世界，那種感受會像什麼？你是否能詳細地描述一下，在這樣的國度裏，你對於不同的情況，會有什麼樣的心態和情緒反應？你真的盼望這樣的一個國度嗎？（你對於何時會有得榮的身體之觀點——是在千禧年期間就有，或是直到永世才有——可能會使你有不同的答案。）
4. 對於基督徒的日常生活和心態，災前被提的立場可能會帶來哪些積極和消極的結果？與此類似地，災後被提的立場可能會帶來哪些積極和消極的結果？

特殊詞彙

無千禧年論（amillennialism）
時代論（dispensationalism）
時代派的前千禧年論（dispensational premillennialism）
大災難（great tribulation）
歷史上的前千禧年論（historic premillennialism）
災中被提（midtribulation rapture）
千禧年（millennium）
後千禧年論（postmillennialism）
災後被提的前千禧年論（posttribulational premillennialism）
災後被提（posttribulational rapture）
前千禧年論（premillennialism）
災前被提（pretribulation rapture）
災前被提的前千禧年論（pretribulational premillennialism）
提走、被提（rapture）

本章書目

Adams, Jay. *The Time Is at Hand*. Phillipsburg, N.J.: Presbyterian and Reformed, 1970.（無千禧年論）
Allis, O. T. *Prophecy and the Church*. Philadelphia: Presbyterian and Reformed, 1945.（無千禧年論）

Archer, Gleason, Paul Feinberg, Douglas Moo, and Richard Reiter. *The Rapture: Pre-, Mid-,or Post-tribulational?* Grand Rapids: Zondervan, 1984.(其中包括代表三種不同立場的論文，論點精闢)

Bauckham, R. J. "Millennium." In *NDT*, pp. 428-30.

Beechick, Allen. *The Pre-Tribulation Rapture*. Denver: Accent, 1980.

Berkouwer, G. C. *The Return of Christ*. Trans. by James Van Oosterom. Ed. by Marlin J. Van Elderen. Grand Rapids: Eerdmans, 1972.

Boettner, Lorraine. *The Millennium*. Philadelphia: Presbyterian and Reformed, 1957.(後千禧年論)

Clouse, F. G. "Rapture of the Church." In *EDT*, pp. 908-10.

Clouse, Robert G., ed. *The Meaning of the Millennium: Four Views*. Downers Grove, Ill.: InterVarsity Press, 1977.(由Ladd與Hoekema所寫的那幾章是古典前千禧年論和無千禧年論的極優論述)

Davis, John Jefferson. *Christ's Victorious Kingdom*. Grand Rapids: Baker, 1986.(這是後千禧年論立場的極優論點)

Erickson, Millard. *Contemporary Options in Eschatology*. Grand Rapids: Baker, 1977.

Feinberg, Charles L. *Millennialism: The Two Major Views*. Chicago: Moody Press, 1980.(災前被提的前千禧年論)

Grier, W. J. *The Momentous Event*. London: Banner of Truth, 1970.

Gundry, R. H. *The Church and the Tribulation*. Grand Rapids: Zondervan, 1973.(災後被提的前千禧年論)

Hendriksen, William. *More Than Conquerors: An Interpretation of the Book of Revelation*. London: Tyndale Press, 1962.(無千禧年論)

Hoekema, Anthony A. *The Bible and the Future*. Grand Rapids: Eerdmans, 1979, pp. 109-238.(無千禧年論)

Kik, J. Marcellus. *An Eschatology of Victory*. Nutley, N. J.: Presbyterian and Reformed, 1974.(後千禧年論)

Ladd, George Eldon. *The Blessed Hope*. Grand Rapids: Eerdmans, 1956.(古典的或災後被提的前千禧年論)

Lightner, Robert P. *The Last Days Handbook: A Comprehensive Guide to Understanding the Different Views of Prophecy. Who Believes What About Prophecy and Why*. Nashville, Tenn.: Thomas Nelson, 1990.

McClain, Alva J. *The Greatness of the Kingdom*. Grand Rapids: Zondervan, 1959.(災前被提的前千禧年論)

Murray, Iain. *The Puritan Hope*. London: Banner of Truth, 1971.(後千禧年論)

Pentecost, J. Dwight. *Things to Come*. Findlay, Ohio: Dunham, 1958.(災前被提的前千禧年論)

Poythress, Vern. *Understanding Dispensationalists*. Grand Rapids: Zondervan, 1987.(無千禧年論)

Travis, S. H. "Eschatology." In *NDT*, pp. 228-31.

Vos, Geerhardus. *The Pauline Eschatology*. Grand Rapids: Eerdmans, 1961.(無千禧年論)

Walvoord, John F. *The Blessed Hope and the Tribulation*. Grand Rapids: Zondervan, 1976. (災前被提的前千禧年論)

________, *The Millennial Kingdom*. Findlay, Ohio: Dunham, 1959.(災前被提的前千禧年論)

第五十六章

最後的審判與永遠的懲罰

誰會受審判？
什麼是地獄？

背誦經文：啟示錄20:11-13

我又看見一個白色的大寶座與坐在上面的，從祂面前天地都逃避，再無可見之處了。我又看見死了的人，無論大小，都站在寶座前。案卷展開了，並且另有一卷展開，就是生命冊；死了的人都憑著這些案卷所記載的，照他們所行的受審判。於是海交出其中的死人，死亡和陰間也交出其中的死人，他們都照各人所行的受審判。

詩歌： 求你快來審判之主（*O Quickly Come, Dread Judge of All*）

1求你快來審判之主 雖然再來何等可畏 真理面紗即將脫落
在你面前錯謬衰微 求你快來當你臨近 疑雲飛散懼怕消盡
2求你快來偉大君王 我裏我外求你掌權 罪惡不再俘虜我心
憂傷痛苦盡都消散 求你快來四散百姓 寶座面前合一歸寧
3求你快來生命君王 因為死亡環繞泛濫 它的陰影家家落戶
它的標記處處可見 求你快來榮光一照 憂傷痛苦陰影遁逃
4求你快來真光之王 憂鬱長夜籠罩我心 疲倦靈魂天路斷魂
沮喪終日纏繞叮嚀 求你快來復明可待 設立寶座黑夜不再

詞：Lawrence Tuttiett, 1854

曲：MELITA 8.8.8.8.8.8., John B. Dykes, 1861

與永恆天父，大能救贖（*Eternal Father, Strong to Save*）同調

替代詩歌： 偉大的神我聽我見（*Great God, What Do I See and Hear!*）

1偉大的神我聽我見 萬物故事的終了 審判之主如今顯現 榮耀雲中坐為王
號筒吹響墳墓裂開 已死的人如今復起 預備迎見再來王
2主裏安息如今復起 末次號筒聲聲催 被提空中與主相遇 千古等候的喜樂
號筒吹響墳墓裂開 已死的人如今復起 為要迎見再來王

[3]罪人充滿罪疚恐懼 羔羊忿怒已滿盈 他們復起與主相遇 流淚嘆息有何用
恩典歲月永遠過去 惟有顫抖寶座前 無從迎見再來王
[4]偉大的神我聽我見 萬物故事的終了 審判之主如今顯現 榮耀雲中坐為王
十架蔭下我見那日 如衣捲起天地消逝 安然迎見再來王

詞：無名氏（第1節），1802; William B. Collyer（第2-4節），1812
Alternate rendering, Thomas Cotterill, 1820
曲：LUTHER'S HYMN 8.7.8.7.8.8.7., Martin Luther, 1483-1546

這兩首詩歌都瀰漫著幽暗與審判的氣氛，但替代詩歌中還包含了一個強烈的焦點——靈魂預備好迎見基督，以及一種歡欣期待的感受。

A. 最後審判的事實

A.1 有關最後審判的經文證據

聖經屢次地肯定有一個最後大審判的事實，信徒和非信徒都要受審判。他們都要帶著復活的身體，站在基督的審判台前，聆聽祂宣布他們永遠的命運。

約翰在啟示錄裏將他所見的這個最後審判的異象，描繪地栩栩如生：

「**我又看見一個白色的大寶座與坐在上面的**，從祂面前天地都逃避，再無可見之處了。**我又看見死了的人，無論大小，都站在寶座前**。案卷展開了，並且另有一卷展開，就是生命冊；**死了的人都憑著這些案卷所記載的，照他們所行的受審判**。於是海交出其中的死人，死亡和陰間也交出其中的死人，他們都照各人所行的受審判。死亡和陰間也被扔在火湖裏，這火湖就是第二次的死。若有人名字沒記在生命冊上，他就被扔在火湖裏。」（啟20:11-15）

許多其他的經文也教導了這個最後的審判。保羅告訴在雅典的希臘哲學家們說，神「如今卻吩咐各處的人都要悔改。**因為祂已經定了日子**，要藉著祂所設立的人，**按公義審判天下**，並且叫祂從死裏復活，給萬人作可信的憑據。」（徒17:30-31）[1] 與此類似地，保羅也談到「神震怒，顯祂公義審判的日子」（羅2:5）。還有其他的經文也清楚地說到一個將來的審判大日（見太10:15; 11:22, 24; 12:36; 25:31-46；林前4:5；來

[1]保羅對不信的外邦人傳講永遠的審判，而他們對舊約聖經一點認識也沒有，或只有一點點知識，因此他這樣做是很耐人尋味的。保羅也曾在另一個非信徒面前講論「將來的審判」，那就是羅馬巡撫腓力斯（徒24:25）。在這兩個情況裏，保羅顯然很清楚地知道，這個殘酷的事實——有一天所有人都要向神交帳——將使他的聽眾清醒過來，了解到當他們聆聽他傳講耶穌時，他們的永遠命運即瀕於危險關頭了。

6:2；彼後2:4；猶6等）。

這個最後的審判是神在歷史上許多賞義罰惡之舉的高潮。神不但賜福並拯救那些向祂忠誠的人脫離危險——包括亞伯、挪亞、亞伯拉罕、以撒、雅各、摩西、大衛，和以色列民中的信徒；祂也時時審判那些持續不服和不信的人，祂的審判包括大洪水、將人從巴別塔分散開來、對所多瑪和俄摩拉的審判，以及不斷審判歷史上持續在罪中的個人（羅1:18-32）和國家（賽13–23章等）。不只如此，在看不見的屬靈領域裏，神還審判犯罪的天使（彼後2:4）。彼得提醒我們，神的審判每隔一段時間就必定會施行，這提醒我們還會有一個最後的審判將要來臨，因為「主知道搭救敬虔的人脫離試探，把不義的人留在刑罰之下，等候審判的日子。那些隨肉身、縱污穢的情慾、輕慢主治之人的，更是如此。」（彼後2:9-10）

A.2 會有一個以上的審判嗎？

按照時代論者的觀點，將來會有一個以上的審判。舉例來說，時代論者不願意說馬太福音25:31-46裏所指的是最後的審判：

> 「當人子在祂榮耀裏同著眾天使降臨的時候，要坐在祂榮耀的寶座上，**萬國**（和合本譯作「**萬民**」）**都要聚集在祂面前**。祂要把他們分別出來，好像牧羊的分別綿羊、山羊一般；把綿羊安置在右邊，山羊在左邊。於是王要向那右邊的說：『你們這蒙我父賜福的，可來承受那創世以來為你們所預備的國。因為我餓了，你們給我吃……這些事你們既作在我這弟兄中一個最小的身上，就是作在我身上了。』王又要向那左邊的說：『你們這被咒詛的人，離開我，進入那為魔鬼和他的使者所預備的永火裏去。因為我餓了，你們不給我吃……這些事你們既不作在我這弟兄中一個最小的身上，就是不作在我身上了。』這些人要往永刑裏去，那些義人要往永生裏去。」（太25:31-46）

從時代論的角度來看，這段經文所指的不是最後的審判（即啟示錄20:11-15裏所說的「白色大寶座的審判」），而是指在大災難以後、千禧年開始以前的一個審判。他們說，這個審判是「審判列國」，列國要照著他們在大災難期間對待猶太人的情形而受到審判：那些善待猶太人，而且願意臣服基督的國家，就要進入千禧年，否則就不得進入。

因此，在時代論者的觀點裏，有幾種不同的審判：(1)「列國的審判」（太25:31-46），這個審判要決定誰可以進入千禧年；(2)「信徒工作的審判」（有時這個審判又被稱為是「基督台前的審判」〔和合本〕或「審判台前的審判」〔呂振中譯本、思高譯本〕，這是從哥林多後書5:10而來；在此經文中繙譯為「審判台」的希臘字是

bēma），這個審判要決定基督徒可以得什麼程度的獎賞；(3)「白色大寶座的審判」，這是在千禧年結束時的審判（啟20:11-15），這個審判要宣告不信之人的永遠懲罰。[2]

本書所採取的觀點是，以上三處經文所講到的都是同樣一個最後的審判，而不是三個不同的審判。特別是馬太福音25:31-46這一段經文，時代論的看法不可能是對的，這一段經文並沒有提到進入千禧年的事。不只如此，這裏所宣告的審判沒有說到進入地上的千年國度，也沒說到被排除在外，而是說到人永遠的命運：「可來承受那創世以來為你們所預備的國……你們這被咒詛的人，離開我，進入那為魔鬼和他的使者所預備的永火裏去……這些人要往永刑裏去，那些義人要往永生裏去。」（太25:34, 41, 46）最後，以人所屬的國家作根據，來處理他們永遠的命運，和神在全聖經中的法則不一致；因為在不信基督的國家中會有信徒，而在表現出與神所啟示之旨意更為一致的國家中，也會有許多惡人。「神不偏待人」（羅2:11）。雖然在這段經文中確實說到「萬國」都要聚集在基督的寶座前（太25:32），但是其中所描繪的審判圖畫，乃是個人受審判：將綿羊和山羊分別開來，又歡迎那些善待基督徒弟兄們的個人進入國度，而拒絕那些不接待弟兄們的人（太25:35-40, 42-45）。

B. 最後審判的時間

在千禧年和其結尾時所發生的背叛之後，才會有最後的審判。約翰在啟示錄20:1-6中描繪了千年國度以及除去撒但在地上的影響力（見本書前面兩章的討論），然後他說：「那一千年完了，撒但必從監牢裏被釋放，出來要迷惑地上四方的列國……叫他們聚集爭戰。」（啟20:7-8）在神決定性地擊敗了這個最後的背叛（啟20:9-10）以後，審判就接著來了：「我又看見一個白色的大寶座與坐在上面的。」（啟20:11）

C. 最後審判的性質

C.1 耶穌基督是審判者

保羅說到：「審判活人死人的基督耶穌。」（提後4:1）彼得也說，耶穌基督「是神所立定的，要作審判活人、死人的主。」（徒10:42；另參徒17:31；太25:31-33）耶穌基督這個審判全宇宙的角色，是父早已賜給子的一項權利：「父……因為祂是人子，就賜給祂行審判的權柄。」（約5:26-27）

---

[2]見Lewis Sperry Chafer, *Systematic Theology*, 7:213-17. Chafer在此也包括了其他的審判。

C.2 不信的人將受審判

很清楚地，所有不信的人都將會站在基督面前受審判，因為這個審判包括了「死了的人，無論大小」（啟20:12），而且保羅說，神「顯祂公義審判的日子來到。祂『必照各人的行為報應各人』……惟有結黨不順從真理，反順從不義的，就以忿怒、惱恨報應他們。」（羅2:5-6, 8）

這個對不信之人的審判包括了*不同程度的懲罰*，因為聖經說到，死人要「照各人所行的」受審判（啟20:12, 13）；所以，這個「照各人所行的」審判，就一定會牽涉到去評估他們的所作所為。[3] 與此類似地，耶穌說：

> 「僕人知道主人的意思卻不預備，又不順他的意思行，那僕人必多受責打；惟有那不知道的，作了當受責打的事，必少受責打。因為多給誰，就向誰多取；多託誰，就向誰多要。」（路12:47-48）

當耶穌對哥拉汛和伯賽大說：「當審判的日子，推羅、西頓所受的比你們還*容易受*呢！」（太11:22；另參太11:24）或說文士們「要受*更重的刑罰*」（路20:47）時，祂暗示在末日會有不同程度的懲罰。事實上，人所做的每件錯事都會被記下來，並且會在那日子被評估並量出所當受的懲罰，因為「凡人所說的閒話，當審判的日子，必要句句供出來。」（太12:36）每句說過的話，每件做過的事，都要被顯露出來，並且受到審判：「因為人所作的事，連一切隱藏的事，無論是善是惡，神都必審問。」（傳12:14）

正如這些經文所指出的，在審判的日子，人心中的隱祕之事都要被顯露和公開。保羅說這個日子是「神藉耶穌基督審判人隱祕事的日子。」（羅2:16；另參路8:17）「掩蓋的事沒有不露出來的；隱藏的事沒有不被人知道的。因此，*你們在暗中所說的，將要在明處被人聽見；在內室附耳所說的，將要在房上被人宣揚*。」（路12:2-3）

C.3 信徒將受審判

保羅寫信給基督徒說：「*我們都要站在神的台前*……我們各人必要將自己的事在神面前說明。」（羅14:10, 12）他也告訴哥林多教會的人說：「*因為我們眾人必要在基督台前顯露出來，叫各人按著本身所行的*，或善或惡*受報*。」（林後5:10；另參羅2:6-11；啟20:12, 15）此外，在馬太福音25:31-46裏所描述的最後審判，還包括了基督將綿

[3]雖然對於不信之人的審判，是按照他們的行為而有不同程度的懲罰，但這事實並不表示說，不信之人的善行能夠好到足以換取神的稱許或甚至贏得救恩，因為救恩單單是被當作白白的禮物，賜給那些信靠基督的人：「信祂的人不被定罪；不信的人罪已經定了，因為他不信神獨生子的名。」（約3:18）

至於在人死後就沒有「第二次機會」接受基督之事實，見本書第四十一章C.2節。

羊和山羊分開，並且賞賜那些得著祂祝福的人。

我們應該了解，信徒所受的審判是一個評估並賜予不同程度之賞賜的審判（見以下的討論），這是很重要的，然而這個事實——信徒仍要面對審判——絕不應當導致他們害怕會永遠地被定罪。耶穌說：「我實實在在的告訴你們，那聽我話又信差我來者的，就有永生，**不至於定罪**，是已經出死入生了。」（約5:24）這裏的「定罪」必須被理解為永遠的定罪和死亡，因為它是和「出死入生」的片語作對比。比起其他任何時候，在最後審判的日子，最最重要的是「如今，**那些在基督耶穌裏的就不定罪了**」（羅8:1）。因此，最後審判的日子可以被描繪成是一個信徒在其中得賞賜、而非信徒在其中受懲罰的日子：

> 「外邦發怒，你的忿怒也臨到了；審判死人的時候也到了；**你的僕人**眾先知和眾聖徒，凡敬畏你名的人，連大帶小**得賞賜**的時候也到了；你敗壞那些敗壞世界之人的時候也就到了。」（啟11:18）

是不是所有信徒在暗中所說的話和所做的事，以及所有的罪過，都會在末日被顯露出來？我們起先可能會這麼想，因為保羅說，當主來的時候，祂要「**照出暗中的隱情**，顯明人心的意念。那時，各人要從神那裏得著稱讚。」（林前4:5；另參西3:25）不過，這處經文的上下文是論及從神而來的「褒獎」或「稱讚」（*epainos*），所以，它可能不指著罪惡說的。其他的經節提示，神永遠不再記念我們的罪愆：「〔你〕將我們的一切罪投於深海」（彌7:19）；「東離西有多遠，祂叫我們的過犯離我們也有多遠」（詩103:12）；「我也不記念你的罪惡」（賽43:25）；「我……不再記念他們的罪愆。」（來8:12；參10:17）

聖經也教導說，**信徒所得的賞賜有不同的程度**。保羅鼓勵哥林多教會的人要謹慎他們如何在已經立好的根基——耶穌基督自己——上建造教會。

> 「若有人用金、銀、寶石、草木、禾稭在這根基上建造，各人的工程必然顯露，因為那日子要將他表明出來，有火發現，這火要試驗各人的工程怎樣。**人在那根基上所建造的工程若存得住，他就要得賞賜**。人的工程若被燒了，他就要受虧損，自己卻要得救；雖然得救，乃像從火裏經過的一樣。」（林前3:12-15）

保羅用類似的話說到基督徒：「我們眾人必要在基督台前顯露出來，**叫各人按著本身所行的**，或善或惡**受報**」（林後5:10），他再度表示我們將會因為今生所做的事，而得到不同程度的賞賜。與此類似地，在銀錠的比喻裏，主人對賺了十錠銀子的人說：「你……可以有權柄管十座城」，而對賺了五錠銀子的人說：「你也可以管五座城。」（路19:17, 19）許多其他的經文也同樣地教導或表示，在最後的審判時，信徒所受的賞賜有程度之分。[4]

但是我們在此必須小心避免誤會：雖然每一個人在天上的賞賜有程度之分，但每一個人的喜樂永永遠遠都是滿足而完全的。假使我們問說，當賞賜的程度不同時，怎麼可能會有滿足而完全的喜樂？其實這個問題顯示出我們對快樂的概念是根據這個假設：快樂的多少是根據我們所擁有的東西、所在的地位，或所有的能力。然而實際上，我們真正的快樂是在於我們能以神為樂，並且能因祂所賜給我們的地位與賞識而喜樂。認為只有那些得到大賞賜和高地位的人，在天上才會滿足快樂的想法，是很愚昧的，因為我們知道不論我們所得的賞賜有多大，總會有人得到更大的賞賜，或是得到更高的地位和權力，那些人包括了使徒們、眾天使，和耶穌基督和神自己！所以，如果最高的地位對人的滿足快樂是很重要的話，那麼，就沒有一個人——除了神以外——在天上會是快樂的，因此這肯定是個錯誤的想法。除此以外，那些在天上得著更大賞賜和榮耀的人，那些最靠近神寶座的人，並不是因為他們的地位而快樂，而是因為他們能在神寶座前下拜的特權而快樂（見啟4:10-11）。

如果我們能對聖經教導的這個清楚教訓——在天上的賞賜有程度之分——有更大的覺悟，那麼對我們將會有倫理上和屬靈上的益處。它不但不會造成我們彼此的競爭，反而會促使我們互相幫助，使我們大家都加增屬天的獎賞，因為神有無限的能力來祝福我們所有的人，而且我們彼此是互相作肢體的（另參林前12:26-27）。我們會更願意注意聽希伯來書作者的忠告：「*又要彼此相顧、激發愛心、勉勵行善*。你們不可停止聚會，好像那些停止慣了的人；倒要*彼此勸勉*，既知道那日子臨近，就更當如此。」（來10:24-25）不只如此，如果我們在自己的生活中衷心地尋求屬天的賞賜，就會帶動我們全心地為主工作，不論祂呼召我們做什麼事，不論那些事是大事或小事，有薪水或沒薪水。它也會促使我們渴慕得到祂的稱許，而非得到財富或成功。它還會促使我們在同一個根基——耶穌基督——上，來進行建造教會的工程（林前3:10-15）。

C.4 天使將受審判

彼得說，悖逆的天使已被交在黑暗坑中，「等候審判」（彼後2:4）；猶大也說，悖逆的天使已被神拘留在黑暗裏，「等候大日的審判」（猶6）。這表示，*悖逆的天使*

---

[4]又見但以理書12:2；馬太福音6:10, 20-21；19:21；路加福音6:22-23；12:18-21, 32, 42-48；14:13-14；哥林多前書3:8；9:18；13:3；15:19, 29-32, 58；加拉太書6:9-10；以弗所書6:7-8；腓立比書4:17；歌羅西書3:23-24；提摩太前書6:18；希伯來書10:34, 35；11:10, 14-16, 26, 35；彼得前書1:4；約翰二書8；啟示錄11:18；22:12；另參馬太福音5:46；6:2-6, 16-18, 24；路加福音6:35。

或鬼魔至少會在末日被審判。

聖經沒有清楚地指明，是否公義天使的工作也要受到某種的評估，然而從保羅的敘述中我們了解，這個審判可能也包括了他們：「豈不知*我們要審判天使*麼？」（林前6:3）保羅這句話的上下文沒有指出他說的只是指鬼魔或墮落的天使，而「天使」一詞在新約聖經裏，若沒有進一步的說明，通常是被理解為公義的天使，不過因為這處經文不夠清楚，所以我們也不能完全肯定。

C.5 信徒要參與審判的工作

新約聖經教導說，我們（信徒）要參與審判的程序，這實在是很令人驚訝的一件事。保羅說：

> 「豈不知*聖徒要審判世界*麼？若世界為你們所審，難道你們不配審判這最小的事麼？豈不知*我們要審判天使*麼？何況今生的事呢！」（林前6:2-3）

雖然我們可能會辯說，這段話的意思只是說，我們將會觀看基督審判後的宣告，並且認可它。但是這樣的說法似乎並不吻合這段經文的上下文，因為保羅在此是鼓勵哥林多教會的人在自己人的中間解決法律爭執，而不要將它們帶到不信主之人的法庭上去。就在這個上下文裏，他說：「難道你們中間沒有一個智慧人能審斷弟兄們的事麼？你們竟是弟兄與弟兄告狀，而且告在不信主的人面前！」（林前6:5-6）這樣的審斷肯定需要慎密的評估和明智的分辨，而這就表示，在最後的審判之日，當審判天使和世人時，這樣慎密的評估和明智的分辨將由我們來履行。

這個教訓和啟示錄20章所說的相似；約翰在那裏說，他看見寶座和「坐在上面的，並*有審判的權柄賜給他們*。」（啟20:4）雖然這節經文沒有解釋誰是那些坐在寶座上的人，但是聖經用多數之詞「他們」，就指明了基督並沒有將審判過程的每一個層面都單單保留給祂自己。事實上主曾告訴祂的十二使徒說，他們要「坐在十二個寶座上，*審判*以色列十二個支派。」（太19:28；另參路22:30）這一點和整個救贖史上的事實是相符合的：神時時將施行審判的權利，交付在上掌權者的手中，包括摩西和幫助他的長老們，士師時代被神所興起的以色列士師們，明智的君王如大衛和所羅門，許多國家的政府（見羅13:1-7；彼前2:13-14），以及那些有權治理和統管教會並且監督教會執行紀律的人。

D. 最後審判的必要性

當信徒死的時候，他們就立刻進入神的同在裏；而當不信之人死的時候，他們就立刻進入一種與神隔離的狀態，並在那裏忍受懲罰。[5] 所以我們可能會覺得奇怪，既然已經有如此的結果，為何神還要設立一個最後審判的時刻？伯克富（Louis Berkhof）明智地指出，最後審判的目的不是為了讓神發現我們心中的光景或生活行為的模式，因為祂早已經知道得非常清楚而細微了。伯克富說：

> 「最後審判的目的，乃是為了在所有理性的受造物面前，以正式和法庭式的行動，展現出神那得以宣告的榮耀，這樣，一方面彰顯祂的聖潔和公義，另一方面則顯明祂的恩典和憐恤。不只如此，我們應當記住，末日的審判與每一個人死亡之審判有幾方面的不同：它不是隱密的，而是公開的；它不只是關乎靈魂的，也是關乎身體的；它不僅和單一的個人有關，也和所有的人有關。」[6]

E. 最後審判中神的公正

聖經清楚地肯定說，神在祂的審判上是全然公正的，沒有人會在那個日子埋怨祂。神是「那不偏待人、按各人行為審判人的主」（彼前1:17），「神不偏待人」（羅2:11；另參西3:25）。因為這個緣故，在末日「各人的口」將會被「塞住」，「普世的人都伏在神審判之下」（羅3:19），沒有人會埋怨神對他不公平。事實上，在最後審判中的一項最大的祝福，乃是聖徒和天使將要看見神絕對純潔的公正，彰顯在千千萬萬人的生命中；這將使人讚美神直到永遠。當邪惡的巴比倫被審判的時候，在天上將會有大讚美，因為約翰說：「我聽見好像群眾在天上大聲說：『哈利路亞！救恩、榮耀、權能，都屬乎我們的神。祂的判斷是真實公義的。』」（啟19:1-2）

F. 最後審判的道德應用

這個關於最後審判的教義，在我們的生活中有幾項積極的道德影響力：

F.1 滿足我們心中對世間公正的需求

將來有一個最後審判的事實，向我們保證了神所創造的宇宙至終是**公平的**，因為神在掌控，而且祂也保有準確的記錄，要進行公義的審判。當保羅告訴奴隸們要順服他們的主人時，他向他們保證說：「那行不義的，必受不義的報應，主並不偏待人。」（西3:25）當聖經描述最後的審判時，提到了「案卷展開了」（啟20:12；另參

---

[5] 有關信徒死後立刻進入神的同在，不信之人死後立刻到一個受懲罰、與神隔離之處的觀點之證據，見本書第四十一章C節（又見路16:24-26；來9:27）。

[6] Berkhof, *Systematic Theology*, p. 731.

瑪3:16），這事實提醒我們（不論這「案卷」是字面的意思還是象徵的意思），神保有我們所有行為的永遠而準確的記錄，而且至終所有的「帳目」都要解決並償清。

F.2 使我們能白白地寬赦別人

我們了解到，要報復得罪我們的人，甚至即使只是有報復人的想法，都不是我們的事，因為神保留了那項權利給祂自己：「親愛的弟兄，不要自己伸冤，寧可讓步，聽憑主怒，因為經上記著：『主說，伸冤在我，我必報應。』」（羅12:19）這樣，無論何時有人得罪我們，我們就將任何想要傷害或報復那人的念頭，放在神的手中，因為我們知道，在這宇宙中所有的罪債至終都要還清——或因基督在十字架上為犯錯之人而死的償還（如果犯錯之人成為基督徒），或在最後的審判時才得以還清（如果那些人不信靠基督因而不能得到救恩）。然而不論是哪一種情況，我們都能將之交在神的手中，然後禱告那位犯錯的人願意信靠基督而得救，那麼他的罪就得著赦免。這樣的思想應該會保守我們不致為了我們所忍受尚未解決的不公義，而將苦毒或惱恨深藏在心中：神是公義的，我們可以將這些情況交在神的手中，因為知道祂有一日會改正所有的錯誤，執行絕對公平的賞與罰。我們如果能這樣做，就是在跟隨基督的榜樣：「祂並沒有犯罪，口裏也沒有詭詐。祂被罵不還口，受害不說威嚇的話，只將自己交託那按公義審判人的主。」（彼前2:22-23）祂也禱告說：「父啊，赦免他們，因為他們所作的他們不曉得」（路23:34；另參徒7:60——司提反跟隨耶穌的榜樣，為那些置他於死地的人禱告）。

F.3 使我們有過公義生活的動機

對信徒而言，最後的審判能鼓勵我們有忠心與良善的行為，但這不是一個贏得罪蒙赦免的方法，而是贏得更多永遠賞賜的方法。[7] 這對我們來說，是一個健康而美好的動機，因為耶穌告訴我們：「只要積攢財寶在天上」（太6:20）。然而主的話和世俗文化中的看法所走的方向相反；世俗的文化真的一點都不相信天堂或永遠的獎賞。

對不信的人而言，最後審判的教義也能給他們的生活提供一些道德上的限制。假如一個社會普遍地承認，將來有一天所有的人都要為他們的生活而向宇宙的造物主交帳，那麼許多人生活的特徵就會是某種程度的「對神的畏懼」；反之，那些對最後審判沒有深刻意識的人，就會容讓自己做出更大更深的罪惡，顯出「他們眼中不怕神」（羅3:18）。彼得說，那些否認最後審判的人，就是「好譏誚的人」，他們將在「末

---

[7]為贏得更大的屬天獎賞而工作的思想，是新約聖經中常見的主題。見本章註4中所列的經節。

世……隨從自己的私慾出來譏誚說：『主要降臨的應許在哪裏呢？』」（彼後3:3-4）彼得也宣告說，行惡的人「見你們不與他們同奔那放蕩無度的路……他們必在那將要審判活人死人的主面前交帳。」（彼前4:4-5）對於最後審判的覺悟，對信徒而言是一種安慰，而對不信的人則是一項警告，警告他們不要繼續行在罪惡之中。

F.4 使我們有傳福音的大動機

人在今生所作的決定，將會影響他們永遠的命運，因此，我們的心感受、我們的口也響應——神藉著以西結的話對他們的呼籲：「你們轉回，轉回吧！離開惡道！何必死亡呢？」（結33:11）事實上，彼得指出主耽延還沒有再來，是因為神「寬容你們，不願有一人沉淪，乃願人人都悔改」的事實（彼後3:9）。

G. 地獄

將地獄的教義和最後審判的教義聯結在一起討論，是很恰當的。我們可以將地獄定義如下：地獄是惡人永遠有知覺地受懲罰的地方。聖經在幾處經文裏教導說，有一個這樣的地方存在。在才幹之比喻的結尾處，主人說：「把這無用的僕人丟在外面黑暗裏，在那裏必要哀哭切齒了。」（太25:30）這是幾處經文之一，說到人對最後審判之後的懲罰是有知覺的。與此類似地，在審判之中，王對一些人說：「你們這被咒詛的人，離開我，進入那為魔鬼和他的使者所預備的永火裏去。」（太25:41）耶穌也說，那些如此被定罪的人「要往永刑裏去，那些義人要往永生裏去。」（太25:46）[8] 在這節經文裏，「永刑」和「永生」的平行比較指出，兩種狀態都是沒有終止的。[9]

耶穌稱地獄是「不滅的火」（可9:44），並說地獄是一個「在那裏蟲是不死的，火是不滅的」地方（可9:48）。[10] 財主和拉撒路的故事也指出一個能感知到可怕的懲罰：

「後來那討飯的死了，被天使帶去放在亞伯拉罕的懷裏。財主也死了，並且埋葬了。他在陰間受痛苦，舉目遠遠的望見亞伯拉罕，又望見拉撒路在他懷裏，就喊著說：『我祖亞伯拉罕哪，可憐我吧！打發拉撒路來，用指頭尖蘸點水涼涼我的舌頭，因為

---

[8]在此譯為「刑（罰）」（punishment）的希臘字是*kolasis*，在其他地方的用法是指受逼迫之基督徒所受的身體上的大苦難或大折磨（《坡旅甲殉道記》〔*Martyrdom of Polycar*〕2.4；另參《伊格那丟致羅馬教會書》〔Ignatius, *To the Romans*〕5.3）。有些時候它只是指一般從神來的懲罰，而沒有明確地指出那懲罰的性質（另參BAGD, pp. 440-41）。

[9]此處以及在下面幾段所引用的經文，清楚地指明聖經所教導的不是普救論（universalism）——所有的人至終都會得救。

[10]另參以賽亞書66:24，那裏說到那些違背神的人：「因為他們的蟲是不死的，他們的火是不滅的。」

我在這火焰裏極其痛苦。』」（路16:22-24）

接著財主就乞求亞伯拉罕打發拉撒路到他父的家中，「因為我還有五個弟兄。他可以對他們作見證，免得他們也來到這痛苦的地方。」（路16:28）

當我們轉看啟示錄時，它對永遠刑罰的描述也是非常明確的：

「若有人拜獸和獸像，在額上，或在手上受了印記，這人也必喝神大怒的酒；此酒斟在神忿怒的杯中純一不雜。他要在聖天使和羔羊面前、在火與硫磺之中受痛苦。**他受痛苦的煙往上冒，直到永永遠遠。那些拜獸和獸像**、受他名之印記的，**晝夜不得安寧**。」（啟14:9-11）

這一段經文非常清楚地肯定了，不信主的人將永遠有知覺地受到懲罰。

至於對邪惡之城巴比倫的審判，在天上有群眾大聲說：「哈利路亞！**燒淫婦的煙往上冒，直到永永遠遠**。」（啟19:3）在撒但最後一次的背叛被粉碎之後，聖經上說：「那迷惑他們的魔鬼被扔在硫磺的火湖裏，就是獸和假先知所在地方，**他們必晝夜受痛苦，直到永永遠遠**。」（啟20:10）把這節經文和馬太福音25:41連起來看也很有意義：在馬太福音25:41的經文中說到，不信的人被送入「那為魔鬼和他的使者所預備的永火裏去」。這些經文應當促使我們明瞭，得罪並背叛神的邪惡之龐大，以及神的聖潔和公正之浩瀚，因此神要施行這種的懲罰。

關於不信之人將**永遠有知覺地受懲罰**（eternal conscious punishment）的思想，近年來甚至被一些福音派的神學家所否定。[11] 這教義先前被安息日會以及教會歷史上不同的人所否定。那些否定惡人「永遠有知覺地受懲罰」的人，通常都主張「**死後靈魂消滅論**」（annihilationism），此論點是說，在惡人受到神忿怒的懲罰一段時間以後，神要「消滅」他們以至於他們不再存在了。[12] 雖然許多相信死後靈魂消滅論的人，也承認最後審判和為罪受罰的真實性，但是他們認為在罪人受苦——背負神對他們之罪孽的忿怒——到了一定的時間以後，他們最後就不存在了。所以他們認為，不信之人

---

[11]見Philip E. Hughes, *The True Image: The Origin and Destiny of Man in Christ.* (Grand Rapids: Eerdmans, 1989), pp. 405-407; David L. Edwards and John R. W. Stott, *Essentials: A Liberal-Evangelical Dialogue.* (London: Hodder and Stoughton, 1988), pp. 275-76; Clark Pinnock, "The Destruction of the Finally Impenitent," *CThRev* 4 (Spring 1990), pp. 243-59.

[12]神至終要消滅不信之人（真正的死後靈魂消滅論）的觀點，有一個變化的說法，稱為「**有條件的不朽**」（conditional immortality），其觀點是說，神創造了人，如果他們接受基督為救主，就可以不朽（擁有活到永遠的能力）；而那些沒有成為基督徒的人，就沒有得到這個不朽生命的恩賜，因此他們在死時或在最後大審判時，他們就只能不再存在了。這個觀點非常地接近死後靈魂消滅論，但在本章裏我們並沒有分開來討論它（有些「有條件的不朽」的變化觀點，是完全否定「有知覺地受懲罰」，甚至否定一小段時間的有知覺）。

所受的懲罰是「有知覺的」，但並不是「永遠的」。

支持死後靈魂消滅論的進一步論點如下：(1) 聖經說到惡人的*滅亡*，因此有人說，這表示他們在被滅亡以後就不再存在了（腓3:19；帖前5:3；帖後1:9；彼後3:7等）；(2)「永遠有知覺地受懲罰」與*神的慈愛*明顯的不合；(3) 在時間範疇裏所犯的罪和在永恆裏所受的懲罰，二者之間*不成比例*，因此它造成明顯的不公正；(4) *邪惡的受造之物繼續地存在於神所創造的宇宙裏*，這事實將會永遠玷污神所創造來反映祂榮耀的宇宙之完美。

回應死後靈魂消滅論的觀點，我們必須說，那些提到*滅亡*（destruction）的經文（以下為和合本的譯法：腓3:19的「沉淪」；帖前5:3的「災禍」；帖後1:9的「沉淪」；彼後3:7的「沉淪」），並不一定表示不再存在，因為在這些經文裏，用來表達「滅亡」的字彙，並不一定是表示停止存在，或表示某種的死後靈魂消滅論；它只是要表達最後審判在不信之人的身上，那種傷害和破壞的效果。[13]

至於是不是與神的慈愛相違背，我們必須指出，在調和神的慈愛與永遠的懲罰上所遭遇的難處，實在也同樣地出現在調和神的慈愛與神會懲罰人的思想上。反過來說，如果（像聖經所豐富見證的）神在最後的審判以後，會讓惡人受到某一段時間的懲罰，那麼，似乎就沒有必然的理由說，為什麼神施行同樣的懲罰到永遠，就會和祂的慈愛不合。

這種推理可能會導致一些人採取另一種的死後靈魂消滅論——即人一點都沒有知覺上的痛苦，即使是短暫的痛苦也沒有，而不信之人所受的惟一懲罰，就是在他們死後就不再存在了。然而回應這種說法，我們懷疑這種死後立刻被消滅是否可以真的稱為是懲罰，因為他們不會感受到痛苦。事實上，對許多人來說，尤其是對那些在今生受到痛苦艱難的人來說，不再存在的保證，從某種意義來看，似乎是一個很更令人嚮往的選擇。而且，假使不信的人不會受到任何一點的懲罰，甚至連像希特勒和史達林這樣的人都沒有什麼懲罰會臨到他們，那麼在宇宙中就沒有終極的公義可言；這樣，

---

[13]在腓立比書3:19和彼得後書3:7裏，譯為「沉淪」（destruction）的原文是*apōleia*，這一個字也在馬太福音26:8中被門徒們使用，來說到剛剛傾倒在耶穌頭上的香膏是「枉費」（在他們看來）。這香膏被倒出來了，但沒有停止存在；它顯然是在耶穌的頭上。但是就某種意思來說，它已經被「毀掉」，不能再給別人用或是拿去賣了。在帖撒羅尼迦前書5:3和帖撒羅尼迦後書1:9兩處經文中所用的原文另一個字*olethros*，是講到惡人的災禍或沉淪，但是這個字也一樣沒有表示停止其存在，因為在哥林多前書5:5中也用到這個字，是說到將人交給撒但（從教會開除），為要*敗壞*他的肉體——但是當他被教會開除時，他的肉身當然沒有停止存在，即使他的身體可能會受苦（不論我們將「肉體」解釋為他的身體或是其罪性，這一點都是真實的。）

世人反而會受到很大的鼓勵而在今生儘可能地行惡了。

關於說*永遠的*懲罰是不公平的論點（因為在時間範疇裏所犯的罪和在永恆裏所受的懲罰，二者之間*不成比例*），犯了一個假設上的錯誤：當罪人背叛神時，他們知道自己所犯之邪惡的程度。金頓（David Kingdon）觀察到：「得罪造物主的罪，其令人髮指的程度，全然超出我們被罪扭曲的想像力所能想像得出來的……誰敢冒失地建議神該怎樣懲罰？」[14] 他回應這個不公平的論點時又說，在地獄裏的不信之人可能會繼續犯罪，並繼續為他們的罪受懲罰，可是他們從不悔改；請注意，啟示錄22:11的話也指出這個方向：「不義的，叫他仍舊不義；污穢的，叫他仍舊污穢。」[15]

講到這裏，還有一個論點是根據神的公正來反駁死後靈魂消滅論的。死後靈魂消滅論者所認為的短時間懲罰，真的*付清*了不信之人所有的罪，並滿足了神的公義嗎？假如沒有的話，那麼神的公義沒有得到滿足，不信的人就不應該被消滅。但是假如付清的話，那麼不信的人就應當被准許到天上去，而不應該是被消滅。不論是哪一種情況，死後靈魂消滅論的論點都不是必然的，也不是正確的。

關於死後靈魂消滅論的第四個論點，我們的回應是，雖然罪惡*不受懲罰而存留*在那裏，確實減損了神在宇宙中的榮耀，但是我們也必須明瞭，當神*懲罰*罪惡並且*得勝*它時，祂的公正、公義的榮耀，和祂勝過所有抵擋勢力的權能，都將要被人看見（見羅9:17, 22-24）。那時神豐盛與極深的憐憫，也要顯明出來，因為所有蒙贖的罪人都會認清，他們本來也是該從神那裏得著這樣的懲罰，卻單單因著神藉著耶穌基督所賜的恩典而免去了刑罰（另參羅9:23-24）。

然而在我們說完了這一切的論點和回應之後，我們必須承認，關於這個問題之究竟的最終答案，遠非我們的能力所能了解，並且仍然隱藏在神的旨意裏。若不是以上所引的聖經經文是那樣清楚地肯定不信之人永遠有知覺地受懲罰，對我們而言，可能死後靈魂消滅論會是一個很吸引人的選擇。雖然我們可以用神學的觀點來反駁死後靈魂消滅論，可是最終仍是經文本身的清晰度和力量，說服我們死後靈魂消滅論是不對的；聖經的確教導說，惡人將要永遠有知覺地受懲罰。[16]

---

[14]David Kingdon, "Annihilationism: Gain or Loss?" (March, 1992), p. 9. 這篇論文並未出版，筆者直接由Kingdon獲得使用。

[15]同上出處，pp. 9-10.

[16]因為「永遠有知覺地受懲罰」的教義，對於我們文化中的思想模式來說，是一個非常陌生的觀念，而且在一個更深的層面上，這個教義也和我們本性的以及神賜給我們的對愛的感受不同，又和我們希望每一個按神形像被創造的人都能得贖的想法不同，所以，這個教義是今日基督徒在感情上最難肯定的教義之一。它也成了某

那麼我們應該要怎麼看這個教義呢？我們在今日來思想這個教義，是一件很難的事——也應該是很難的事。假如當我們默想這項教義時，我們的心從不覺得有深深的悲傷的話，那麼我們屬靈的和情緒的感覺就有嚴重的缺陷！當保羅想到他的骨肉之親猶太人的迷失時，他說：「我是*大有憂愁，心裏時常傷痛*。」（羅9:2）這和神告訴我們祂自己在惡人死亡時很憂傷，是一致的：「主耶和華說：我指著我的永生起誓，*我斷不喜悅惡人死亡*，惟喜悅惡人轉離所行的道而活。以色列家啊，你們轉回，轉回吧！離開惡道！何必死亡呢？」（結33:11）當耶穌為耶路撒冷哀哭時，祂的痛楚是很明顯的：「耶路撒冷啊，耶路撒冷啊，你常殺害先知，又用石頭打死那奉差遣到你這裏來的人，我多次願意聚集你的兒女，好像母雞把小雞聚集在翅膀底下，只是你們不願意。看哪，你們的家成為荒場留給你們。」（太23:37-38；另參路19:41-42）

我們很難思想有關地獄之教義的原因，是因為神將祂自己對按祂形像受造之人的愛，甚至是祂對背叛頂撞祂的罪人的愛，放了幾分在我們心中。只要我們還在今生，只要我們看見並想到那些需要聽福音、信靠基督而得救的人，這個永遠懲罰的觀念就會使我們的心靈產生很大的悲傷和痛苦。然而我們也必須了解，無論神在祂的智慧裏設立了什麼，或是在聖經裏教導什麼，那些全都是*正確的*。所以，我們必須謹慎，不要恨惡這個教義，或是反對叛逆它，而是應當就我們所能的尋求達到一個地步，能承認永遠的懲罰是良善而正確的，因為在神裏面沒有一點的不義。

以下兩點可以幫助我們更接受這個教義：*首先*，如果神不執行永遠的懲罰，那麼顯然祂的公義就不會得到滿足，而祂的榮耀也不會用祂所認為是智慧的方法而得到進一步地彰顯。*其次*，從來世的觀點來看，可能會更加認可永遠懲罰的必要性和正確性。約翰聽見殉道的信徒在天上大聲喊著說：「聖潔、真實的主啊，你不審判住在地上的人，給我們伸流血的冤，要等到幾時呢？」（啟6:10）不只如此，在巴比倫最後傾倒時，天上的大群眾為著祂審判的正確而高聲讚美神，他們終於看清了罪惡那令人髮指之本質的真相：

> 「哈利路亞！救恩、榮耀、權能，都屬乎我們的神。祂的判斷是真實公義的，因祂判斷了那用淫行敗壞世界的大淫婦，並且向淫婦討流僕人血的罪，給他們伸冤……哈利路亞！燒淫婦的煙往上冒，直到永永遠遠。」（啟19:1-3）

當他們高聲讚美神時，「那二十四位長老與四活物就俯伏敬拜坐寶座的神，說：『阿

些人最先拋棄的教義之一；他們漸漸地不再委身相信聖經在所有它所肯定的事上是絕對真實的。在不接受聖經的絕對真實性的自由派神學家之中，也許沒有一個人今日相信這個「永遠有知覺地受懲罰」的教義。

們，哈利路亞！』」（啟19:4）我們不能說，當這一大群蒙贖的群眾和天上的活物讚美神在惡人身上施行公義時，是有錯誤的道德判斷；因為他們都已經脫離了罪惡，所以他們的道德判斷是討神喜悅的。

然而在今生，我們只有在默想撒但和屬他的鬼魔將受永遠的懲罰時，才能慶賀神在審判罪惡時的公正。當我們思想他們時，出於本能地我們不會愛他們，雖然他們也是神所創造的，但是如今他們全力行惡，已在可能救贖的範圍之外了。所以，我們不能渴望鬼魔得到救恩，像我們渴望全人類得著救贖一樣。我們必須相信，永遠的懲罰是真實而公正的，但是我們也應當盼望，人人都能來信靠基督，以逃避永遠的定罪，即使是那些逼迫教會最厲害的人也一樣。

個人思考與應用

1. 你從前曾想過信徒將來會受最後的審判嗎？現在你怎麼想呢？知道將來我們都要站立在基督的審判台前之事實，對你今天的生活有什麼影響？在末日審判時，所有你的言行都要公開；你認為那將會是什麼樣的感覺？當你默想那日的情景時，你會害怕嗎？如果會的話，請默想約翰一書4:16-18：

   > 「神愛我們的心，我們也知道也信。神就是愛。住在愛裏面的，就是住在神裏面，神也住在他裏面。這樣，愛在我們裏面得以完全，**我們就可以在審判的日子坦然無懼**；因為祂如何，我們在這世上也如何。**愛裏沒有懼怕；愛既完全，就把懼怕除去**；因為懼怕裏含著刑罰，懼怕的人在愛裏未得完全。」

2. 你從前常常思想積財寶在天，或贏得更大的屬天賞賜嗎？假使你真的相信這個教義，那麼你認為它對你今天的生活應該帶來什麼效果？
3. 將來我們要與基督一同審判天使，其實是審判全世界；你認為那將會是什麼樣的感覺（見林前6:2-3）？你認為神容許我們參與這個最後的審判，這事實透露了些什麼信息，是有關我們是照著神的形像被造的，以及祂在宇宙中為我們所設的目的？這讓你對自己，和對你與神永遠的關係，有什麼感受呢？
4. 請思想在你教會裏的一些基督徒朋友。當你將來看著他們在最後的審判中站立在基督面前，你認為你會有什麼感受？在那個時候，他們對你會有什麼感受？默想這個將來的審判，是否會影響你對今日與主裏弟兄姊妹彼此交通的想法？
5. 你很高興信徒和非信徒都會受到最後的審判嗎？這是否會讓你感覺到神的公平？還是你感到這整個教義有一些不公平和不公正？

6. 你是否信服聖經教導的是惡人將要永遠有知覺地受懲罰？當你思想這個觀念與撒但和鬼魔受罰的關連時，你覺得這教義是正確的嗎？
7. 是否曾有人在過去得罪你，而你卻難以饒恕他？最後審判的教義是否能幫助你更能赦免那個人？

特殊詞彙

死後靈魂消滅論（annihilationism）
有條件的不朽（conditional immortality）
永遠有知覺地受懲罰（eternal conscious punishment）
最後的審判（final judgment）
白色大寶座的審判（great white throne judgment）
地獄（hell）
列國的審判（judgment of the nations）
普救論（universalism）

本章書目

Beckwith, R. T. "Purgatory." In *NDT*, pp. 549-50.
Blamires, Harry. *Knowing the Truth About Heaven and Hell*. Knowing the Truth Series, eds. J. I. Packer and Peter Kreeft. Ann Arbor: Servant, 1988.
Buis, Harry. *The Doctrine of Eternal Punishment*. Philadelphia: Presbyterian and Reformed, 1957.
Cameron, Nigel M. de S., ed. *Universalism and the Doctrine of Hell*. Carlisle, U.K.: Paternoster, and Grand Rapids: Baker, 1992.
Crockett, William V., Z. J. Hayes, Clark H. Pinnock, and John F. Walvoord. *Four Views on Hell*. Grand Rapids: Zondervan, 1992.
Gerstner, John H. *Repent or Perish*. Ligonier, Pa.: Soli Deo Gloria, 1990.
Helm, Paul. "Universalism and the Threat of Hell." *TrinJ* vol. 4 N.S., No. 1 (Spring 1983) : 35-43.
Hoekema, Anthony A. *The Bible and the Future*. Grand Rapids: Eerdmans, 1979, pp. 253-73.
Hubbard, D. A. "Last Judgment, The." In *EDT*, pp. 620-21.
Martin, James P. *The Last Judgment*. Grand Rapids: Eerdmans, 1983.
Morris, L. "Eternal Punishment." In *EDT*, pp. 369-70.
O'Donovan, O. M. T., and R. J. Song. "Punishment." In *NDT*, pp. 547-49.
Packer, J. I. "Evangelicals and the Way of Salvation: New Challenges to the Gospel-Universalism and Justification by Faith." In *Evangelical Affirmations*. Ed. Kenneth S. Kantzer and Carl F. H. Henry. Grand Rapids: Zondervan, 1990, pp. 107-36.
Travis, S. H. "Judgment of God." In *NDT*, p. 358.

第五十七章
新天新地

何謂天堂？那是一個地方嗎？
地要如何得更新？住在新天新地會像是怎麼樣？

背誦經文：啟示錄21:3-4

我聽見有大聲音從寶座出來說：「看哪！神的帳幕在人間，祂要與人同住。他們要作祂的子民，神要親自與他們同在，作他們的神。神要擦去他們一切的眼淚，不再有死亡，也不再有悲哀、哭號、疼痛，因為以前的事都過去了。」

詩歌： *日暮沙殘*（*The Sands of Time Are Sinking*）

1 玉漏沙殘時將盡 天國即將破曉 所慕晨曦即降臨 甘甜加上奇妙
雖經黑暗四圍繞 晨光今已四照 榮耀榮耀今充滿 以馬內利之境
2 哦基督你是泉源 源深甘愛充滿 既淺嘗此泉於地 定必暢飲於天
那裏主愛直擴展 猶如海洋湧溢 榮耀榮耀今充滿 以馬內利之境
3 祂以憐憫和審判 織成我的年代 我的憂傷的淚斑 也帶愛的光彩
領我手段何巧妙 祂計劃何純正 榮耀榮耀今充滿 以馬內利之境
4 哦我是屬我良人 我良人也屬我 祂帶我這卑賤身 進入祂的快樂
那時我無他靠山 只靠救主功勞 前來榮耀所充滿 以馬內利之境
5 新婦不看她衣裳 只看所愛新郎 我也不看我榮耀 只是瞻仰我王
不見祂賜的冠冕 只看祂手創傷 羔羊榮耀今充滿 以馬內利之境

詞：Anne R. Cousin, 1857
根據Samuel Rutherford (1600-1661)，*書信集*
曲：RUTHERFORD 7.6.7.6.7.6.7.5., Chrétien Urhan, 1834
Edward F. Rimbault改編, 1867

這首詩歌在一切人所寫的各種語言的詩歌中，是最美的詩歌之一。它非常清晰地表達了一件事實：天堂的美麗就在於神的榮耀，而神榮耀的偉大美麗之處就在於那曾為我們受死、而今掌權的羔羊身上。

A. 我們將在新天新地裏永遠與神同住

在最後的審判以後，信徒將要進入永遠與神同在、完全享受生命的新天新地。耶穌將對我們說：「你們這蒙我父賜福的，可來承受那創世以來為你們所預備的國。」（太25:34）我們將要進入的國度，「以後再沒有咒詛。在城裏有神和羔羊的寶座，祂的僕人都要事奉祂。」（啟22:3）

當基督徒提到這個地方的時候，通常是說「在天（堂）」永遠與神生活在一起。然而事實上，聖經所說的要比「在天（堂）」更為豐富：將來會有新天，還會有*新地*——是一個完全更新的創造，我們將要在那裏與神同住。

主藉著以賽亞應許我們：「看哪，我造*新天新地*，從前的事不再被記念，也不再追想。」（賽65:17）又說：「我所要造的新天新地。」（賽66:22）彼得說：「我們照祂的應許，盼望*新天新地*，有義居在其中。」（彼後3:13）在約翰的異象中，他看到最後審判之後的事：「我又看見一個*新天新地*；因為先前的天地已經過去了。」（啟21:1）他又說到天地有一種新的統一，因為他看見聖城「新耶路撒冷由神那裏從天而降」（啟21:2），並聽見有大聲音宣告說：「神的帳幕在人間，祂要與人同住。他們要作祂的子民，神要親自與他們同在。」（啟21:3）因此，在這個新造裏，天與地要連結起來，我們將要在那裏住在神的同在中。

A.1 何謂天堂？

聖經上經常稱今世神所居住的地方為「天（堂）」。耶和華說：「天是我的座位」（賽66:1），耶穌教導我們要這樣禱告：「我們在*天上*的父……」（太6:9）彼得說，耶穌現在「*已經進入天堂*，在神的右邊。」（彼前3:22）事實上，我們可以將「天堂」定義如下：*天堂是神最完滿地彰顯祂為賜福而同在的地方。*

我們先前討論過，神在每個地方都與我們同在，但祂又在某些地方特別彰顯祂為賜福而同在（神可能為懲罰、維持或祝福而同在）。[1] 神為賜福而同在的最大彰顯之處，就是在天堂；在那裏，祂彰顯祂的榮耀；在那裏，天使、其他屬天的受造之物，和蒙贖的聖徒都敬拜祂。

A.2 天堂是一個地方，而不僅是一種心思狀態

天堂是一個地方，而不僅是一種心思狀態而已。但是人可能覺得奇怪，天（堂）怎麼能和地連結起來呢？地是一個*地方*，存在於宇宙時空的某一地點，這是很清楚

---

[1]有關神的無所不在之討論，見本書第十一章B.4節。

的；然而，天（堂）也能夠被視為一個*地方*，是能與地連結起來的嗎？

在福音派的圈子以外，天（堂）是一個地方的思想，常常被人否認，主要是因為只有聖經見證它的存在。近來甚至一些福音派的學者都對此質疑，不肯定天（堂）是一個地方的事實。[2] 雖然我們*只能*從聖經知道天堂，也不能提供任何實驗性的證據證明它，但單憑此理由就讓我們不相信天堂是一個真實的地方嗎？

新約聖經從幾方面教導我們天堂是一個地方，而且都說得相當清楚。當聖經描述耶穌升到天上去的時候，整段敘述的重點似乎就是要說明一個事實——祂去的是一個*地方*，而且這也是耶穌要藉著逐漸升天的方式來讓祂門徒們明瞭的重點。當時，祂正對他們說話時，就逐漸升天：「他們正看的時候，祂就被取上升，有一朵雲彩把祂接去，便看不見祂了。」（徒1:9；另參路24:51：「正祝福的時候，祂就離開他們。」）接著天使宣告說：「這離開你們被接升〔*入*〕*天*〔*上*〕的耶穌，你們見祂怎樣往天上去，祂還要怎樣來。」（徒1:11）關於耶穌升入一個*地方*的事實，還要怎麼樣教導才能比這更為清楚？

我們也可以從司提反之死的故事得到類似的結論。就在司提反被石頭打死之前，他「被聖靈充滿，*定睛望天*，看見神的榮耀，又看見耶穌站在神的右邊，就說，『我看見天開了，人子站在神的右邊。』」（徒7:55-56）他不是只看見了一種存在狀態的象徵；他似乎是眼睛被打開了，看見了一個真實的屬靈維度，但這維度是神在今世向我們隱藏了的。雖然如此，這維度仍是真實地存在於我們的宇宙時空裏，而耶穌現今就以祂復活的身體住在那個維度裏，等候著再回到地上的時刻。[3] 不只如此，我們將來要擁有像基督之復活身體那樣的復活身體；這事實指明天堂是一個地方，因為我們要以這樣的身體（被成全的，永不再變為軟弱或再死亡的），[4] 在特定的時空裏居住下來，正如現今的耶穌一樣。

天堂是一個地方的思想，也能使我們很簡單地理解耶穌之應許的意思：「我去原

---

[2]Millard Erickson在他所寫的*Christian Theology*裏說：「雖然天堂既是一個地方，又是一種狀態，然而它基本上是一種狀態。」（p. 1232）不過此一敘述令人難以理解。它或是一個地方，或不是一個地方；不應該是有幾分是一個地方，卻又「基本上是一種狀態」。Donald Guthrie的說法就更強烈了，他論及新約聖經中的天堂時說：「然而，我們不用期待在聖經中能找到一個描述說它是一個地方，像說它是一個人的存在。」（*New Testament Theology*, p. 875）他又說：「保羅不認為天堂是一個地方，他把它想成是神的同在。」（*New Testament Theology*, p. 880）但是這樣的區分有什麼意義呢？假如一個人*存在這裏*（present），那麼從定義來看，他就是在一個*地方*（place），因為「存在這裏」就表示「在這個地方」。

[3]有關基督的復活和升天之討論，見本書第二十八章。

[4]有關復活身體的性質之討論，見本書第四十二章C節。

是為你們預備*地方*去。」(約14:2)祂說得十分清楚，祂要從這個世界回到父那裏去，然後祂要再回來：「我若去為你們預備了*地方*，就必再來接你們到我那裏去；*我在哪裏*，叫你們也在哪裏。」(約14:3)

這些經文引導我們下這樣的結論：即使在今天，天堂仍是一個地方——雖然我們現在不知道它在哪裏，也不能用天然的感官察覺它的存在。它是神居住的所在，在最後的審判之時，它將被更新，並且要和更新的地連結起來。

A.3 物質的受造界將被更新，我們將繼續存活其間

物質的受造界將要被更新，而我們將要繼續存活其間。除了天的更新之外，神還要做一個「新地」(彼後3:13；啟21:1)。有幾處的經文指出，物質的受造界將會有重大的更新。「受造之物切望等候神的眾子顯出來。因為受造之物服在虛空之下，不是自己願意，乃是因那叫他〔在盼望中〕如此的。因為(和合本譯為「但」)*受造之物將要從敗壞的轄制中脫離出來*(和合本譯作「*仍然指望脫離敗壞的轄制*」)，*得享神兒女自由的榮耀*。」(羅8:19-21)

然而，地只是被更新，還是會被完全摧毀，然後再由神新創造一個地來取代？有一些經文好像是說那將是一個全新的創造。希伯來書的作者(引用詩篇102篇)告訴我們：「天地都要滅沒，你卻要長存；天地都要像衣服漸漸舊了。你要將天地捲起來，像一件外衣；天地就都改變了。」(來1:11-12)之後他又告訴我們，神曾應許過：「再一次我不單要震動地，還要震動天。」這個震動是那樣地猛烈，以致「被震動的……都要挪去，使那不被震動的常存。」(來12:26-27)彼得說：「主的日子要像賊來到一樣。那日，*天必大有響聲廢去*，有形質的都要被烈火銷化，*地和其上的物都要燒盡了*。」(彼後3:10)啟示錄裏面也描述過類似的圖畫，約翰說：「從祂面前天地都逃避，再無可見之處了。」(啟20:11)不只如此，約翰還說：「我又看見一個新天新地；因為先前的天地已經過去了，海也不再有了。」(啟21:1)

在更正教的圈子裏，關於地是會被完全摧毀而以新的取代，或只是改變而更新，並沒有一致的看法。伯克富(Louis Berkhof)說，信義宗的學者們強調將會有全新的創造，但改革宗的學者們則強調經文只是說現今的受造界將會被更新。[5] 在此，改革宗的立場似乎比較好，因為我們很難相信，神會全然毀滅祂原初的創造，而那原初的創造是「甚好」的(創1:31)，又讓撒但在最後還有話可說。以上說到的地被震動和挪

---

[5]Berkhof, *Systematic Theology*, p. 737.

去、先前的地會消逝等經文，可能只是指地在目前的存在形式，而不是指其存在的本身；甚至彼得後書3:10所說到的「有形質的都要被烈火銷化，地和其上的物都要燒盡了」，都可能不是指整個地球，而只是指地表部分而已（也就是說，大部分的地面和地面上的東西）。

A.4 復活的身體將是更新之受造界的一部分

我們復活的身體將是更新之受造界的一部分。在新天新地裏，將會有一個地方給我們復活的身體活動——這身體將永不變老、永不軟弱，也永不生病。有一個很強的原因支持這個觀點，那就是神起初所創造的一切是「甚好」的（創1:31）。因此我們可知，神所創造的物質世界，或祂所創造而置入其中的受造物，或祂在創造時賜給我們的身體等，這些物質在其本質上沒有一點是罪惡的、邪惡的、或「不屬靈的」，雖然所有的這些物質都被罪損傷和扭曲了，但是神將不會全然摧毀這個物質的世界（這將能確認乃是罪阻撓和破壞了神的目的），而會將整個創造界變得完美，使它與神起初創造時的旨意一致。所以我們可期待，在新天新地裏將會有一個完全美好、再次是「甚好」之地；我們將會再次擁有一個在神的眼中是「甚好」的身體，用它來完成神起初將人放置在地上的目的。

希伯來書的作者說，如今我們「還不」見萬物都服人（來2:8），他的意思暗示說，萬物至終要臣服在我們之下，在耶穌基督這人的王權之下（請注意第9節的話：「〔我們〕惟獨見……耶穌……得了尊貴榮耀為冠冕」）。這就完成了神原初的計劃——要世上的萬物都臣服在祂所造的人之下。[6] 就這層意義來說，我們將要「承受地土」（太5:5），並按著神起初的心意來統管它。

因此之故，當我們發現聖經對天上生活的一些描述，包含有現今神所造的物質世界中的許多特點，就不至於驚訝了，例如：我們要在「羔羊婚筵」中吃喝（啟19:9）；耶穌要再次和祂的門徒們在天國裏喝這葡萄汁（路22:18）；那「生命水的河……從神和羔羊的寶座流出來」，貫穿「在城內街道當中」（啟22:1）；「生命樹，結十二樣果子，每月都結果子」（啟22:2）。關於這些描述，並沒有強烈的理由表示說，它們只是象徵性的，不是照字面上所指的。難道說它們是象徵的婚筵、象徵的酒，和象徵的河水及樹木，就比說它們是在神永恆計劃裏真正的婚筵、真正的酒，和真正的河水及樹木更好嗎？這些只是神最後所造的、完美而良善的物質世界中的一些特徵而已。

---

[6]有關神要人統管一切受造界的原初目的，見本書第十五章D節及第二十一章C.5.4節。

當然，啟示錄中有很多象徵性的描述，而且在某些地方我們真的無法決定它們是象徵性的還是照字面所指的意思。但是我們似乎不難就會認為，那些關於屬天之城的大門、城牆和根基的描述，是照字面所指的寫實描述：「由神那裏從天而降的聖城耶路撒冷……城中有神的榮耀，城的光輝如同極貴的寶石……」（啟21:10-11）「城內的街道是精金，好像明透的玻璃……地上的君王必將自己的榮耀歸與那城。城門白晝總不關閉，在那裏原沒有黑夜。人必將列國的榮耀、尊貴歸與那城。」（啟21:21-26）

雖然我們對於某些細節上的了解有些不確定，但是若說我們在新天新地裏吃喝，並從事其他身體的活動，也似乎和經文所描述的圖畫沒有不一致。在啟示錄對天堂的描述裏，音樂是頗突出的；因此我們可以想像，將來也會有音樂和藝術的活動，都為著榮耀神而作的。也許將來人會藉著科技、創意和發明的方法，來全面地探索並發展整個受造界，這樣，他們就能完全地展現出他們是具有神形像的優秀受造者。

不只如此，因為神是無限的，我們絕不可能完全地測度祂的偉大（詩145:3），又因為我們是有限的，絕不會和神有同等的知識，或是無所不知；[7] 因此我們可以期待，我們將永永遠遠不斷地更多認識神，並認識祂和受造物之間的關係。就這樣，我們將繼續今生所開始的學習過程，在「凡事蒙祂喜悅」的生活中「漸漸的多知道神」（西1:10）。

A.5 新天新地並非沒有時間，而是時間沒有終止

新天新地並非沒有時間，而是其時間是連續而沒有終止的。雖然有一首流行的詩歌這樣說：「當主的號筒吹響，時間不再有之時」（譯者註：這首詩歌是「在那邊點名的時候」，*When the Roll is Called Up Yonder*，但是中文歌詞沒有譯出這句歌詞的原意），但聖經並不支持這句歌詞的思想。雖然屬天之城的確是從神的榮耀得到光照（啟21:23），永遠不會經歷到黑暗或夜晚：「在那裏原沒有黑夜」（啟21:25），但這並不是說，天堂將是一個不知道什麼是時間的地方，或是那裏所發生的事情沒有順序。實際上，所有啟示錄所描繪的屬天敬拜，都包括了一句句條理清楚的話語，和一件件順序發生的動作和事件（例如啟示錄4:10所說的二十四位長老俯伏在神的寶座前，並又把他們的冠冕放在寶座前）。當我們讀到「地上的君王……必將列國的榮耀、尊貴歸與那城」（啟21:24-26）時，我們也看到了一件接一件發生的事；而且，生

---

[7] 哥林多前書13:12的「全知道」並不是說我們將會無所不知，或知道每一樣事（假如保羅想要表達這個意思的話，他就會說我們將知道所有的事，*ta panta*）。在正確的繙譯之下，他的意思只是說：我們將要以一種更完全、更透徹的方式知道，「如同〔主〕知道我們一樣」，也就是說，在我們的認識上，是沒有錯誤或誤解的。

命樹結十二樣果子，「**每月**都結果子」（啟22:2）的事實，也清楚地表示這是按時間順序而發生的（有關啟示錄10:6之討論，見本書第十一章註18）。

由於我們是有限的受造者，所以我們也可能將會一直活在一個時刻接著一個時刻的連續時間裏。正如同我們永遠不會得著神的無所不知或無所不在，我們也將永遠不會得著神的永恆性——看所有的時間都同樣地栩栩如生，不是活在時刻與時刻相連接的連續時間裏，也不被時間限制住。我們身為有限的受造者，寧可活在時刻與時刻相連接的、永無終止的連續時間裏。

B. 新天新地的教義激勵人積財寶在天

新天新地的教義激勵人產生積財寶在天、而非積財寶在地的動機。當我們想到現今的受造界是暫時的，而我們在新天新地裏的生命將要長存到永遠時，就會產生一個強烈的動機，要過敬虔的生活，要過一個可以積財寶在天上的生活方式。彼得思想到天地將要廢去的事實，就說了以下的話：

> 「**這一切既然都要如此銷化，你們為人該當怎樣聖潔，怎樣敬虔，**切切仰望神的日子來到。在那日，天被火燒就銷化了，有形質的都要被烈火熔化；但我們照祂的應許，盼望新天新地，有義居在其中。」（彼後3:11-13）

耶穌也明白地告訴我們：

> 「不要為自己積攢財寶在地上，地上有蟲子咬，能銹壞，也有賊挖窟窿來偷；只要**積攢財寶在天上，**天上沒有蟲子咬，不能銹壞，也沒有賊挖窟窿來偷；因為你的財寶在哪裏，你的心也在哪裏。」（太6:19-21）[8]

C. 新天新地美麗、豐盛而喜樂，滿有神的同在

新天新地極其美麗、豐盛而喜樂，滿有神的同在。雖然我們對新天新地會有一些自然產生的問題，但我們千萬不要忽略一個事實，那就是聖經前後一致地將它描繪為一個極其美麗、喜樂的地方。在啟示錄21、22章對天堂的描述中，就反覆地肯定這一點：

那是一座「聖城」，乃是一個「預備好了；就如新婦妝飾整齊，等候丈夫」（啟21:2）的地方；在那裏「不再有死亡，也不再有悲哀、哭號、疼痛」（啟21:4）；在那裏，「生命泉的水白白賜給那口渴的人喝」（啟21:6）。它是一座城，其中「有神的榮耀，城的光輝如同極貴的寶石，好像碧玉，明如水晶」（啟21:11）。它是一座極大

---

[8]見本書第五十六章C.3節，有關在天上的賞賜有程度之分的討論。

的城，不論我們是怎樣地理解其量度的意思，是照字面的或是當作是象徵性的。它的長度是「一萬二千斯達第」（啟21:16，原文直譯），或約二千二百公里（和合本譯作「四千〔華〕里」），而其「長、寬、高都是一樣」（啟21:16）。城的一些部分是用各種顏色的巨大寶石所建造的（啟21:18-21）。它將沒有任何的罪惡，因為「凡不潔淨的，並那行可憎與虛謊之事的，總不得進那城；只有名字寫在羔羊生命冊上的才得進去。」（啟21:27）在那座城裏，我們也應該會有一些職位來掌管整個神的受造界，因為聖經說：「他們要作王，直到永永遠遠。」（啟22:5）

然而，有一個事實比這座屬天之城所有的外在之美更重要；比我們能永遠享受與各國來的和歷史上各期間的所有神百姓之團契更重要；比我們能脫離痛苦和身體的苦難更重要；比掌管神的國度更重要——比這一切的事都更重要的，是我們將要與神同在，並享受與祂之間沒有攔阻的交通。「看哪！神的帳幕在人间，祂要與人同住。他們要作祂的子民，神要親自與他們同在，作他們的神。神要擦去他們一切的眼淚……」（啟21:3-4）

在舊約聖經裏說到，當神的榮耀充滿聖殿時，祭司們無法站立事奉（代下5:14）；而在新約聖經裏說到，當神的榮光四面照著伯利恆外野地裏的牧羊人時，「牧羊的人就甚懼怕」（路2:9）。但是在屬天之城裏，我們都能承受神榮耀之同在的能力和聖潔，因為我們將要不斷地住在神榮耀所充滿的環境裏。「那城內又不用日月光照，因有神的榮耀光照，又有羔羊為城的燈。」（啟21:23）這將應驗神呼召我們「來分享祂自己的榮耀和善德」（彼後1:3，現代中文譯本）的目的，然後我們將要持續地「歡歡喜喜站在祂榮耀之前」（猶24；另參羅3:23; 8:18; 9:23；林前15:43；林後3:18; 4:17；西3:4；帖前2:12；來2:10；彼前5:1, 4, 10）。

在那座城裏，我們將要住在神的同在之中，因為「在城裏有神和羔羊的寶座，祂的僕人都要事奉祂。」（啟22:3）現在我們在地上時，不時地會經歷到真實敬拜神的喜樂，因此我們了解到，將榮耀歸給祂是我們最高的喜樂。但是在那座城裏，這個喜樂將要加增許多倍，而且我們也知道我們完成了受造的目的。我們最大的喜樂將是看見主自己，並且將與祂永遠同在。當約翰說到屬天之城的許多福分時，他用短短的一句話指出所有福分的高峰：「〔他們〕要見祂的面」（啟22:4）。當我們凝視我們主的面龐，而祂也以無限的愛回看我們時，我們將會看見，我們所知道宇宙之中一切真善美之事，都成全在祂身上。在神的面光之中，我們將要看到，所有我們曾經切慕想知道的完全的愛、平安、喜樂，以及想要明白的真理和公正、聖潔和智慧、良善和能力、榮耀和美麗，都成全了。當我們注視我們主的面龐時，我們將要比從前更完全地知道，「*在你面前有滿足的喜樂，在你右手中有永遠的福樂。*」（詩16:11）然後，過去我們心中曾呼求渴想的事也將成全：「有一件事，我曾求耶和華，我仍要尋求：就是一生一世住在耶和華的殿中，*瞻仰祂的榮美*，在祂的殿裏求問。」（詩27:4）

當我們至終與主面對面地相見時，我們的心將對其他的事物再也無所需求。「*除你以外，在天上我有誰呢？*除你以外，在地上我也沒有所愛慕的……但神是我心裏的力量，又是我的福分，直到永遠。」（詩73:25-26）然後，我們要口唱心和、帶著喜樂地加入歷代蒙贖的人和天上的大軍一齊歌唱：「聖哉！聖哉！聖哉！主神是昔在、今在、以後永在的全能者。」（啟4:8）

個人思考與應用

1. 到目前為止，在你的基督徒生活裏，是否曾花很多時間來思索在新天新地的生活？你的心裏對這種生活有非常強烈的渴望嗎？假如那渴望並不強烈的話，你認為原因是什麼？
2. 本章的內容如何使你更興奮地想要進屬天之城？你認為對來生有一個更強烈的渴慕，會在你的基督徒生活中，產生什麼正面的果效？
3. 你相信新天新地是一個地方，我們將要在那裏以被成全的身體存在嗎？如果你的答案是肯定的，那麼你會因著這個思想而受到鼓勵還是感到挫折呢？為什麼？你認為為什麼即使在今天，也有必要堅持天堂是一個真實的地方？
4. 你曾經用過哪些方法來積財寶在天上，而非積財寶在地上？在你現今的生活中，還有什麼更多的方法可以積財寶在天上？你覺得你會真的去做嗎？
5. 有時候有人會以為他們在來生將很無聊乏味。你自己會覺得那樣嗎？對於這種想法，你有沒有什麼好的回答？
6. 你是否能盡量描述一下，當你至終站在神的面前，與祂面對面時，你認為你的感受將會如何？

特殊詞彙

天、天堂（heaven）

新天新地（new heavens and new earth）

本章書目

Blamires, Harry. *Knowing the Truth About Heaven and Hell*. Knowing the Truth series, eds. J. I.

Packer and Peter Kreeft. Ann Arbor: Servant, 1988.

Gilmore, John. *Probing Heaven: Key Questions on the Hereafter*. Grand Rapids: Baker, 1989.

Grider, J. K. "Heaven." In *EDT*, pp. 499-500.

Hoekema, Anthony A. "The New Earth." In *The Bible and the Future*. Grand Rapids: Eerdmans, 1979, pp. 274-87.

Lincoln, Andrew T. *Paradise Now and Not Yet: Studies in the Role of the Heavenly Dimension in Paul's Thought With Special Reference to His Eschatology*. Society for New Testament Studies Monograph Series. London; New York: Cambridge, 1981.

Murray, John. "Glorification." In *Redemption Accomplished and Applied*. Grand Rapids: Eerdmans, 1955, pp. 174-81.

Smith, Wilbur M. *The Biblical Doctrine of Heaven*. Chicago: Moody, 1968.

末世論共同書目表

宗派	人名	五十四章	五十五章	五十六章	五十七章
安立甘宗／聖公會					
1882-92	Litton	579-81	581-85	591-600	600-605
1930	Thomas	87-88, 525		525-26	
阿民念派／衛理會／循道會					
1847	Finney				
1875-76	Pope	3:387-401		3:401-47	3:447-54
1892-94	Miley	2:440-47		2:458-71	2:472-75
1940	Wiley	3:243-81	3:280-319	3:338-75	3:375-93
1960	Purkiser	537-50		567-74	574-77
1983	Carter	2:1113-16	2:1118-27	2:1105-9,1127-30,1133-36	2:1130-33,1136-40
1983-	Cottrell				
1987-90	Oden				
浸信會					
1767	Gill	2:230-43	2:268-302	2:302-29	2:258-68,329-40
1887	Boyce	451-61		461-71, 477-93	471-77
1907	Strong	1003-15	1010-15	1023-29, 1033-56	1029-33
1917	Mullins	462-66	466-72	478-83, 488-503	483-88
1976-83	Henry			4:593-614; 6:492-513	4:593-614
1983-85	Erickson	1185-94,1203-4	1205-24	1005-22,1234-41,1200-1204	1225-34
1987-94	Lewis / Demarest				
時代論					
1947	Chafer	4:255-63; 5:280-314	4:264-78; 5:315-58	4:402-12, 427-33	4:433-39; 5:365-76
1949	Thiessen	337-50	351-75, 391-95	383-90, 396-97	397-99
1986	Ryrie	273-74, 463	439-52, 461-511	512-16, 520-22	
信義宗／路德會					
1917-24	Pieper	3:515-34		3:539-50	3:550-55
1934	Mueller	619-25	621-25	630-39	639-44
改革宗／長老會					
1559	Calvin				

宗派	人名	五十四章	五十五章	五十六章	五十七章
1724-58	Edwards		2:278-313	2:122-30, 190-213, 515-25	2:617-41
1861	Heppe			703-6	706-12
1871-73	Hodge	3:790-836	3:861-68	3:837-54, 868-80	3:855-61
1878	Dabney			*ST*, 842-62	*ST*, 849-52
1887-1921	Warfield	*SSW*, 1:348-64	*BD*, 643-64		
1889	Shedd	2b:641-46; 3:471-528		2b:659-63, 667-754	2b:664-66
1909	Bavinck				
1937-66	Murray	*CW*, 1:86-95; *CW*, 2:387-410		*CW*, 2:413-17	
1938	Berkhof	*ST*, 695-707	*ST*, 695-707	*ST*, 728-38	*ST*, 736-38
1962	Buswell	2:341-423	2:346-538	2:306-8, 508-11	2:511-38
靈恩派／五旬節派					
1988-92	Williams	3:297-396	3:421-44	3:413-20, 445-77	3:479-508
傳統天主教					
1955	Ott	485-88	無詳論	479-82, 492-96	476-79
天主教（二次梵蒂岡大會後）					
1980	McBrien	2:1101-6	無詳論	2:1150-55	2:1141-42, 1155-56

附錄

附錄 1

歷史上的信仰告白

這個附錄重印了在教會歷史上不同時期幾份最重要的信仰告白。筆者從古代教會選錄了四份偉大的普世性告白：《使徒信經》（主後三至四世紀）、《尼西亞信經》（主後325/381年）、《亞他那修信經》（主後四世紀末至五世紀初），和《迦克墩信經》（主後451年）。從宗教改革之後的更正教裏，筆者選錄了其他四份信仰告白：《三十九條》（主後1571年）（英國國教；循道會亦用）；《西敏斯特信仰告白》（主後1643/1646年）（英國改革宗和長老會）；《新罕布夏浸信會告白》（主後1833年）；和《浸信會信仰和信息》（主後1925/1963年）（美南浸信會）。最後，筆者也選錄了《芝加哥聖經無誤宣言》（主後1978年），因為它是個代表了所有福音派的傳統之會議所產生的結果，而且獲得廣泛的接納，成為關乎教會中近來正在爭議的問題一項有價值的教義標準。

因為空間所限，自宗教改革篇幅繁長的信仰告白中，筆者只能選錄一份。筆者就選擇了《西敏斯特信仰告白》，因它所代表的神學立場，與本書最為靠近。這個作法也表示，筆者實在沒有空間選錄其他兩個同樣偉大的路德會信仰宣告，諸如：《奧斯堡信條》（Augsburg Confession, 主後1530年）或《協和信條》（Formula of Concord, 主後1576年）。[1]

花時間深思熟慮地讀過這些信條的學生們，會發現它們給聖經的教義教導，提供了最佳的摘要。這些信條在本附錄的以下諸頁，次第展開：

《使徒信經》（Apostles' Creed）
《尼西亞信經》（Nicene Creed）
《迦克墩信經》（Chalcedonian Creed）
《亞他那修信經》（Athanasian Creed）
《三十九條》（Articles of Religion or Thirty-Nine Articles）
《西敏斯特信仰告白》（Westminster Confession of Faith）
《新罕布夏浸信會告白》（New Hampshire Baptist Confession）
《浸信會信仰和信息》（Baptist Faith and Message）
《芝加哥聖經無誤宣言》（Chicago Statement on Biblical Inerrancy）

---

[1]這些路德會信仰宣告的英文版，可以很方便地在Philip Schaff, *The Creeds of Christendom*, 3. vols. (Grand Rapids: Baker, 1983, reprint of 1931 edition), 3:3-73, 93-180中找到。

《使徒信經》
（THE APOSTLES' CREED，主後三至四世紀）

我信神、全能的父，創造天地的主。

〔我信〕耶穌基督、祂的獨生子、我們的主；藉著聖靈而受孕，從童貞女馬利亞而生；在本丟彼拉多手下受難，被釘在十字架上，受死，埋葬了；[2] 第三天從死裏復活；又升到天上；坐在神、全能之父的右邊；將來必從那裏降臨，來審判活人和死人。

我信聖靈、聖教會、聖徒的交通、罪得赦免、身體的復活，以及永遠的生命。阿們！

《尼西亞信經》
（THE NICENE CREED，主後325年；並在381年修訂於君士坦丁堡）

我信獨一神、全能的父，創造天地和有形無形之萬物的主。

〔我信〕一位主、耶穌基督、神的獨生子，是父在〔創造〕萬有之前所生的，是從神出來的神，是從光中出來的光，是從真神出來的真神，是所生的、非所造的，與父同質；萬有是藉著祂造的。祂為我們人類、為著我們的救恩，從天上下來，因著聖靈、藉著童貞女馬利亞穿上肉身；在本丟彼拉多手下被釘在十字架上，受難，並埋葬了；第三天按經上所說的，復活了；又升到天上，坐在父神的右邊；將來必帶著榮耀降臨，審判活人和死人；祂的國度永無窮盡。

〔我信〕聖靈，生命之主與賜予者，從父和子而出；[3] 祂與父並子同受敬拜、同受尊榮；祂藉著先知而曉諭。

〔我信〕一所聖潔、大公而使徒性之教會。我承認為罪得赦免，而有一洗；我盼望死人的復活，與來世的生命。阿們！

《迦克墩信經》
（THE CHALCEDONIAN CREED，主後451年）

我們跟隨聖教父，同心合意地教導人認信同一位聖子，我們的主耶穌基督，是神性完全、人性亦完全者；祂真是神，也真是人，具有理性的靈魂，也具有身體。按神性來說，祂與父同質；按人性來說，與我們同質，在凡事上像我們一樣，只是沒有罪。按神性來說，祂在萬世以先，為父所生；按人性來說，祂在末世是由神之母、童女馬利亞，為著我們以及為著我們的救恩而生。同一位基督，是聖子、是主、是獨生的，我們認信祂具有神人兩性，而這兩性不相混淆、不會改變、不可分裂、不會離散；二性的區別不會因其聯合而消失，反而各性的本質都得以保存，會合

---

[2]筆者沒有包括「降到陰間」一句，因為在使徒信經最早的版本上沒有此句的證據，而且因為與它有關的教義難解釋（進一步的討論，見本書第27章C.2.6節）。

[3]「和子」一片語是在主後381年的君士坦丁堡大會（Council of Constantinople）以後加上的，但是當今日的更正教和羅馬天主教教會使用時，通常包括在《尼西亞信經》的文本裏。這片語不包括在東正教教會所使用的文本裏（其討論見本書第14章C.2.4節）。「從神出來的神」之片語不在381年的版本裏，卻在325年的版本裏，通常也包括在今日的版本裏。

於一個位格、一個實存之內，而非離散或分開為兩個位格，而是同一位聖子、那獨生的、稱為道的神，就是主耶穌基督；正如眾先知從起初論到祂時所宣告的，主耶穌基督自己所教導我們的，與聖教父的信經所傳給我們的。

《亞他那修信經》
（THE ATHANASIAN CREED，主後四至五世紀）

1. 凡人欲得救者，首先當篤信大公信仰。
2. 此信仰，凡持守不全不正者，必永受沉淪之苦。
3. 大公信仰乃如下：我們敬拜一位一而為三，三而為一的神。
4. 其位格不混淆，其本質不分離。
5. 因為父是一位格，子是一位格，聖靈也是一位格。
6. 然而父、子、聖靈的神性本體都是同一神性：其榮耀相同，其尊嚴也永遠並存。
7. 父如是，子如是，聖靈也如是。
8. 父非受造，子非受造，聖靈也非受造。
9. 父不可測透，子不可測透，聖靈也不可測透。
10. 父永在，子永在，聖靈也永在。
11. 然而並非三位永在者，乃一位永在者。
12. 亦非三位非受造者，非三位不可測透者，乃是一位非受造者，一位不可測透者。
13. 同樣的，父是全能的，子是全能的，聖靈也是全能的。
14. 然而並非三位全能者，乃一位全能者。
15. 父是神，子是神，聖靈也是神。
16. 然而祂們並非三位神，而是一位神。
17. 同樣的，父是主，子是主，聖靈也是主。
18. 然而並非三位主，乃是一位主。
19. 依基督真道，我等確認每一位格本身皆為神，皆為主。
20. 所以，大公信仰禁止我們說：有三位神，或有三位主。
21. 父不由任何事物組成，祂非受造，亦非被生。
22. 子惟獨由父而出，非受造的，非創造的，乃〔由父〕所生的。
23. 聖靈是由父和子而出，非受造的，非創造的，非受生的，而是〔由父和子〕發出的。
24. 所以，只有一位父而非有三位父，只有一位子而非三位子，只有一位聖靈而非三位聖靈。
25. 在這個三一之神裏，沒有先後之分，亦無尊卑之別。
26. 這三個位格是同樣永存，是相等的。
27. 因此如前面所述，在萬有中，在三一之神裏的合一，和在一位神裏的三個位格，都當受到敬拜。
28. 因此之故，凡人欲得救者，就必須這樣地思想這位三一神。

29. 不只如此，欲得永遠救恩者，也必須正確地相信，我們的主耶穌基督的道成肉身。
30. 因為正確的信仰乃是，我們必須相信並且認信：我們的主耶穌基督，神的兒子，是神而人者。
31. 其為神，乃在祂於創世之先，由父而生，有父的本質；其為人，乃在於祂生在世上，有祂母親的本質。
32. 祂是完全的神，也是完全的人，具有理性的靈魂，以及人類的身體。
33. 論其神性，祂與父同等；論其人性，則遜於父。
34. 祂雖然為神而人者，但祂不是兩位，而是一位基督。
35. 一位基督，並非將神性轉變為肉身，而是將人性納入神性裏。
36. 全然為一位基督，並非本質的混淆，而是位格的合一。
37. 因為理性的靈魂與肉身為一個人；所以神而人者是一位基督。
38. 祂為我們的救恩而受苦：降至陰間，第三日從死裏復活。
39. 祂又升到天上，坐在全能之父神的右邊。
40. 祂將從那裏降臨，來審判活人與死人。
41. 當祂降臨時，所有的人都必帶著身體復活。
42. 他們要為自己的工作交帳。
43. 那些行善之人，必進入永生；而那些行惡之人，必進入永火。
44. 此乃大公信仰：除非人篤信此信仰，他必不得救。

《三十九條》
（ARTICLES OF RELIGION or THIRTY-NINE ARTICLES，主後1571年，英國國教）

第一條　論相信三位一體

只有一位又真、又活的神，祂存到永遠、無形、無體、無欲。祂有無限的能力、智慧與良善；祂是萬物——所有能見和不能見之物——的創造者與保守者。在祂神性的合一裏，有三個位格：父、子與聖靈，同質、同能、一同永存。

第二條　論神的兒子或道成肉身

子乃父之道，永恆之前為父所生，祂也是神、是永遠的神，與父同屬一質，在可稱頌之馬利亞的懷中取了人性，也與她同質，以至於兩個完整且完全的性情，也就是說，神性與人性在一個位格裏結合在一起，永不分離，兩性在一位基督裏面，祂既是真神、又是真人。祂真正地受苦、釘十字架、死了而且埋葬了，不只是為了人原罪的罪疚，也是為了人本身所行的惡，祂成為祭物，好叫祂的父神與我們和好。

第三條　論基督下到陰間

正如我們相信基督為我們死了、埋葬了，我們也相信祂曾下到陰間。

第四條　論基督的復活

基督的確實從死裏復活，得回祂的身體，有肉、有血、有所有屬乎完全人性所具的成份。祂帶著這人性升到天上，坐在那裏，直到末日祂回來審判世人。

第五條　論聖靈

聖靈從父和子而出，與父和子同質、同尊、同榮。祂就是神、是永存的神。

第六條　論聖經供應救恩的充足性

聖經包含了所有〔人〕要得著救恩所必須的事，凡沒有記在其中，也因此無從由其中得到證明者，就不應該用來要求於任何人。聖經應當是我們所相信的真道章程，或應視為得救之必備或必須。因著聖經之名，我們確實地了解了舊約和新約的那些正典書卷，它們的權威性在教會中也從未被懷疑過：

正典的卷名及數目：

創世記　出埃及記　利未記　民數記　申命記　約書亞記　士師記
路得記　撒母耳記上　撒母耳記下　列王紀上　列王紀下　歷代志上　歷代志下
以斯拉記上　以斯拉記下　以斯帖記　約伯記　詩篇　箴言　傳道書
雅歌（或稱所羅門之歌）　四大先知書　十二小先知書

另有一些書卷，是教會為了信徒生活的榜樣和規矩的指導而誦讀的；然而，並沒有使用它們來建立任何的教義。這些卷名如下：[4]

以斯得拉三書（The Third Book of Esdras）
以斯得拉四書（The Fourth Book of Esdras）
多比傳（The Book of Tobias）
猶滴傳（The Book of Judith）
以斯帖補篇（The rest of the Book of Esther）
所羅門智慧書（The Book of Wisdom）
傳道經（Jesus the Son of Sirach）
巴錄書（Baruch the Prophet）
三子之歌（The Song of the Three Children）
蘇撒納傳（The Story of Susanna）
彼勒與龍（Of Bel and the Dragon）
瑪拿西禱告文（The Prayer of Manasses）
馬加比一書（The First Book of Maccabees）
馬加比二書（The Second Book of Maccabees）

所有新約的書卷，就如同一般所接受的，我們也確實接受，並且認定它們為正典。

第七條　論舊約

舊約不會與新約相違背，因為在舊約和新約裏，都有透過基督賜予人類的永生；而基督是神

[4]譯者註：旁經對華人更正教徒十分陌生。以下所提的諸經卷，不為正統教會列為正典，更正教會一般也不將旁經印入聖經內。以下所列的經卷除了《以斯得拉三書》、《以斯得拉四書》及《瑪拿西禱告文》外，天主教的思高譯本皆將之納入其聖經，只是譯名與此處所列者有些出入。

與人之間惟一的中保，祂是神而人者。所以，人在聽它們〔兩約聖經〕時，不會假設，舊約時代的先祖們只是仰望神暫時的應許而已。雖然律法是神透過摩西頒下的，但是論及儀禮和儀式，它不是用來束縛基督徒的；其中的民法也不必須要在任何一個政體下，接受為規條；但另一方面，也沒有一個基督徒可以不用順服稱之為道德律的誡命。

第八條　論信經

《尼西亞信經》和通常稱之為《使徒信經》者，應當徹底地被人接受並信服，因為它們可以由最確切的聖經來證明。

第九條　論原罪或與生俱來的罪

原罪的成立不是因為人隨從了亞當〔而犯罪〕，（如同伯拉糾徒勞無益的說法），而是人本性中都有的瑕疵和敗壞，是亞當後裔自然而有的。因此之故，人離原初有的公義甚遠，因著本性傾向罪惡，以至肉體的情慾總是和聖靈相爭。所以，在每一個生到這世上來的人身上，都理當落在神的忿怒和咒詛之下。這種本性的感染在重生的人身上，也存留著；因此，肉體的情慾，在希臘文裏稱之為*phronēma sarkos*，（有人詮釋為肉體的智慧，有的為它的肉慾，有的為它的情感，有的為它的慾望），是不臣服神律法的。雖然對那些相信而受洗的人而言，不再有咒詛了，但是使徒認信說，情慾和欲望本身就有犯罪的性情。

第十條　論自由意志

人在亞當犯罪以後的光景如下：他不可能靠著自己的力量和善行改變和預備自己去信靠神、呼求祂。因此，若非神的恩典藉著基督制止我們〔的罪〕、使我們獲得良善的意志，又當我們得著了那個良善的意志時，與我們同工，我們是沒有能力行出討神喜悅、被祂接納的善行的。

第十一條　論人的稱義

我們在神面前算為公義，惟獨是因為信我們主救主耶穌基督所成就的功德，非因為我們自己的行為或配得什麼。因此之故，我們惟獨因信稱義，此乃最健全的教義，充滿了安慰，正如論稱義的講道集裏更恢弘表達的。

第十二條　論善工

雖然善行是信心的果子，隨著稱義而來，並不能除去我們的罪，仍要承受神嚴厲的審判，但是它在基督裏卻是討神喜悅、為神所接納的，它必須是從又真又活的信心產生出來的。因此，活潑的信心可以藉著善行顯明出來，就如樹是由果子辨知的一樣。

第十三條　論稱義之前的善行

在得蒙基督的恩典、以及受祂的靈的靈感之先而有的善行，並不能討神的喜悅，這是有鑒於它不是因信靠耶穌基督而產生的行為，它也不使人有資格接受恩典，或配得〔與神〕一致的恩典。更準確地說，因為它不是神所要、所命令而行出來的，所以，我們不懷疑它具有罪的性質在內。

第十四條　論額外努力的行為

在神的命令之外、之上、多出來自願作的工，人們稱之為額外努力的行為，教導人這樣〔去做〕就免不了是帶著自大與不虔的心態。因為藉著這樣教導，人們就等於宣告說，他們不只歸予神他們應當履行的，而且為祂的緣故所做的，多於責任所要求的。然而基督卻清楚地說過：你們作完了一切所吩咐你們的事之時，只當說：「我們是無用的僕人」。

第十五條　論惟獨基督無罪

基督就祂本性的真相而言，在凡事上成為像我們一樣，惟獨除了罪性以外。祂的肉身和祂的心靈，很清楚地，都沒有罪。祂來成為無有瑕疵的羔羊，藉著一次獻上自己，除去了世人的罪孽。在祂裏面，（如聖約翰所說的）沒有罪。但是我們其餘的人，雖然受了洗、在基督裏重生了，卻會在許多事上犯罪。我們若說自己無罪，便是自欺，真理不在我們心裏了。

第十六條　論受洗後的罪行

受洗後並非每一樣自願所犯以至於死的罪，都是得罪聖靈，不得赦免的。所以，赦免的賜予不應當拒絕不給受洗後淪落罪中的人。在我們得著聖靈以後，我們可能會轉離所得的恩典，而落入罪中；但是靠著神的恩典，我們可以再起，並且修正我們的生活。所以，那些教導說，只要人活在這世上就不能再犯罪，或說對犯了罪而真正悔改之人，赦免也臨不到他們，這種人的確該被定罪。

第十七條　論預定與揀選

預定得永生是神永遠的目的，因此，（在創立世界以前）祂就恆常藉著祂向我們隱藏的旨意，而下諭旨，為要從人類中拯救那些祂在基督裏所揀選的人，使他們藉著基督脫離咒詛和定罪，得著永遠的救恩，如同受造承受尊榮的器皿。為此目的，神賦予他們這麼超絕的福祉，按著神的旨意、藉著祂的靈之運行，在合宜的時候召了他們；他們因著神的恩典順服了這呼召，白白地稱義了；藉著得著神兒子的名分成為神的眾子；神要將他們他們模成祂獨生子耶穌基督的形像；他們虔誠地以善工行事為人；最後，因著神的憐憫，也得著了永遠最高的福氣。

正如我們在基督裏蒙預定與揀選之敬虔的思量，對於敬虔的人來說，是滿了甘甜、喜悅與說不出來的安慰，諸如在他們裏面感受到基督之靈的運行，治死了肉體的行為和他們屬地的肢體，也吸引他們思念上頭的、天上的事，因為該安慰大大地建造並堅固他們的信心，使他們相信永遠的救恩，並透過基督享受它，又是因為它而點燃了他們對神熱切的愛心；所以，對於好奇而屬乎肉體的人而言，他們沒有基督的靈，而不斷地在他們的眼前要知道神所預定的審斷，是一件最危險的墮落之事，藉此魔鬼將他們不是投入絕望之中，就是投入最不潔淨之生活方式的敗壞中，其危殆並不亞於絕望。

不只如此，我們也必須按聖經通常所表達的智慧，來領受神的應許。當我們這樣行時，神的旨意就會顯明，就是在神的話語中所傳講，也是我們很明白地宣告的神的旨意。

第十八條　論惟獨藉基督的名得永生

那些冒昧地說，每一位按律法或他所認信的教派而行，以至於他按那律法和本性之光殷勤地塑造自己生命的，都要得救，這樣說的要被咒詛。因為聖經只賜下耶穌基督之名，是人們必須藉祂得救的。

第十九條　論教會

肉眼可見的基督教會是由信主之人聚集而成，在其中純淨的神的話語得以宣揚，聖禮得以按著基督所設定的、合宜地遵守。這所有的事〔傳道或施行聖禮〕都必須是基督定規所必要行的。

就如耶路撒冷教會、亞力山太教會和安提阿教會都曾錯過，羅馬教會也曾錯過，不只錯在他們舉行儀禮的方式上，也錯在信仰的事上。

第二十條　論教會的權柄

教會有權制定儀式或禮儀，在信仰有爭議時也有權柄〔定奪〕。然而，教會若設定任何與神寫成的話語相違背的事，就是不合法了；教會也不可以對一處經文的解釋，和另一處是相矛盾的。所以，雖然教會是聖經的見證者和保守者，然而正如她不應該制定任何事違背聖經，同理，在聖經之外，〔教會〕強制人相信任何事物作為得救之必須，也是不應該的。

第二十一條　論議會的權柄

〔英國國教的〕議會若沒有君王的命令和旨意，不可以聚集召開。當他們聚集開會時，（由於他們是人的聚集，所有與那聚集有關係的〔人〕並非都被神的靈和神的話所管治），他們可能會犯錯。而有時候，他們已曾有錯，甚至在與神有關的事上錯了。所以，他們所設定作為得救要求的道理，既無力量、也無權柄，除非先宣明了那些是出自聖經的教導。

第二十二條　論煉獄

羅馬天主教關於煉獄、寬赦、崇拜與景仰聖像與〔古聖徒的〕遺骸，和呼求聖徒等教義，都是痴想、徒勞的發明，沒有聖經的根據，反而為神的話所厭惡排斥。

第二十三條　論在一般會眾中的服事

任何一個人在合法地蒙召從事公開講道的職事、和在會眾中服事聖禮，與受差派去執行這些服事之前，就去做這些事，是不合法的。那些蒙會眾賦以公開權柄之教會領袖所揀選、並呼召進入主的葡萄園裏去的人，我們應當合理地承認他們的呼召與差派。

第二十四條　論會中宜用人所明白的言語

在教會裏舉行公禱或服事聖禮時，若用一種人們聽不明白的言語，就神的話和早期教會的作法來看，都顯然是令人厭惡的事。

第二十五條　論聖禮

基督所命定的聖禮不僅是信徒用來表達認信的標誌或象徵，而且聖禮更是確切穩固的見證、恩典有效的記號，與神向著我們的美意；藉著這些，祂隱然地在我們裏面工作，不僅甦醒〔我們〕，同時也堅固並肯定我們對祂的信心。

在福音書裏，有我們的主基督所設定的兩種聖禮，即洗禮和主的晚餐。

那五種通常被稱為聖禮的，即堅振禮、懺悔禮、聖職禮、婚禮，和臨終抹油禮等，實不應當被列為福音書中〔所設定〕的聖禮。它們之所以成為如此，一部分是因為使徒之後而有的腐敗，另一部分則是因為聖經裏所容許的生命光景。然而，它們並不具洗禮和主的晚餐等聖禮的性質，因為它們沒有任何神所設定、明顯的記號或儀式。

聖禮不是基督設定來供我們觀賞，或肩抬示眾，而是要我們合宜地遵守。只有在按理領受聖禮的人身上，它們才能帶來有益的果效或作用；但是在不按理領受的人身上，所換來的是帶給自己咒詛，正如聖保羅所說的。

第二十六條　論傳道人的不適任並不影響聖禮的功效

雖然在肉眼可見的教會裏，善惡並存，而且有時候惡人在話語和聖禮的服事上獲得重要的職權，然而他們還是奉基督的名，並不因此奉自己的名執行這些事。他們以他們所受的委派和職權服事，所以我們還是可以使用他們的服事，包括聆聽他們傳講神的道和領受聖禮。基督所設立條例的果效不會因他們的邪惡失效，而神所賜的恩典也沒有從其中減少。當人們因信正確地取用服事給他們的聖禮時，這些聖禮還是有效的，因為是基督的設立和應許，雖然是由惡人執行的。

雖如此說，邪惡的傳道人要接受教會的紀律。他們當受到那些知道他們罪行之人的控告；最終，既然藉著公正的審判，查出有罪，就該革職。

第二十七條　論洗禮

洗禮不僅是一項認信的象徵，也是基督徒與其他尚未受洗入教者有所區分的記號，它同時還是一個重生或新生的象徵。透過此項憑藉，那些領受洗禮的人就正當地結連到教會裏；罪得赦免的應許、我們靠聖靈成為神的兒女並得著兒子的名分，都藉著可見的象徵與印記表明出來；信心被肯定，而恩典也因著向神禱告而加增。為幼兒施洗，與基督設立洗禮之意是相合的，理當保留在教會裏。

第二十八條　論主的晚餐

主的晚餐不僅是一項愛的象徵，說明基督徒應當在他們自己中間彼此相愛，而且它更是我們靠著基督的死得蒙救贖的一項聖禮。因此，我們若這樣正確按理地、又以信心領受聖禮的話，我們所擘開的餅就是同享基督的身體；同樣地，所祝福的杯就是同享基督的血了。

在主的晚餐裏的「變質說」（Transubstantiation，餅與酒的本質改變了），並無聖經證明，而是直鋪陳述之聖經所厭惡的，它顛覆了聖餐的本質，並且給許多迷信開了門。

基督的身體在主的晚餐中，惟有以屬天的和屬靈的方式給予、拿取並吃用。而在這個晚餐中，基督的身體得以領受的憑藉，乃是信心。

基督所設定的主的晚餐之聖禮，不是用來保存、肩抬、高舉，或膜拜的。

第二十九條　論惡人雖用主的晚餐，卻未吃喝基督的身體

惡人和那班沒有活潑信心的人，雖然他們的肉身以可見的方式，（如聖奧古斯丁所說）用牙齒咀嚼基督的身體與血之聖餐，然而，他們絕非有份於基督的人；更確切地說，他們如此吃喝表記或聖餐這麼偉大之物，乃是吃喝自己的罪。

第三十條　論主的晚餐的兩元素

主所立的杯不應當不讓平信徒領受，因為主的聖餐之兩部分都是藉著基督的指示和命令設立的，應當一樣地服事給所有的基督徒。

第三十一條　論基督在十字架上一次所成就的獻祭

基督一次的獻祭，為全世界所有的罪，無論是原罪、還是本人的罪行，都成了完美的救贖、挽回祭與贖罪祭；惟獨此〔祭〕，不再有任何其他的贖罪祭。所以，彌撒儀式所獻的祭，也就是通常所謂神甫在其中為活人和死人獻上基督，叫痛苦或罪疚得以赦免一事，實在是褻瀆的無稽之談和危殆的欺人之說。

第三十二條　論聖職人員的婚姻

主教（Bishops）、牧師（Priests）和會吏（Deacons）（編者註：英國國教的三級聖職）都沒被神的律法命令要誓守獨身的生涯，或禁絕婚姻。所以，他們和所有其他的基督徒一樣，按著自己的判斷而結婚，是合符律法的，這就如同他們可以同樣判斷，如何有更佳的敬虔，是一樣的。

第三十三條　論開除會籍及如何避免

被教會公開譴責的人，理當從教會合一的觀點剪除、開除會籍，並應當從會眾中逐出，被視為外邦人與稅吏一樣，直到他藉懺悔得與〔教會〕公開地和好，並由在那事上有權柄的法官所接納、回到教會為止。

第三十四條　論教會的傳統

傳統和儀禮沒有必要在所有的地方都是一成不變，或非常相似，因為它們在所有的時代裏會有所不同，而且可能按著國家、時代和人民的習俗之相異性，而有所改變，只要所設立〔傳統和儀禮〕之事，不與神的話相違背。無論什麼人透過私下的判斷，就主動而蓄意地公開破除教會傳統和儀禮，而這些傳統和儀禮卻未違背神的話，且是由公認的權柄所設立批准的，那麼這人就應當受公開的斥責（好叫別人害怕，不再做同樣的事），因為他觸犯了教會共同的次序，傷及民事長官的權柄，又傷害了軟弱弟兄們的良心。

每一個特定的或國立的教會都有權設立、改變或廢除教會僅由人的權柄所設立的儀禮或儀式，好叫人凡事都能得益處才好。

第三十五條　論講道集

《講道集第二卷》其內的標題我們在此都置在這一條裏了，它包括了敬虔而全備的教義，和愛德華六世時所發行的《講道集第一卷》一樣，為這個時代必須的文集。所以我們認定，傳道人應當殷勤清晰地在教會中誦讀它，叫百姓們也可以明白。

講道集的各章章名：

1. 論教會正確的用途。
2. 駁拜偶像的危險。
3. 論教堂的修繕與清潔維持。
4. 論善工：首論禁食。
5. 駁貪食與酗酒之不當。
6. 駁穿著過度的不當。
7. 論禱告。
8. 論禱告的地點和時間。
9. 公禱和聖禮應當用聽得懂的言語進行。
10. 論恭讀神的話。
11. 論施捨。
12. 論基督的降生。
13. 論基督的受難。

14. 論基督的復活。
15. 論按理領受基督的身體和血的聖禮。
16. 論聖靈所賜的恩賜。
17. 為升天節前三日起的禱告進一言。
18. 論婚姻的狀態。
19. 論悔改。
20. 駁怠惰。
21. 駁背叛。

第三十六條　論主教和傳道人的獻身

論及大主教和主教的獻身、以及牧師與會吏的任命之書，是愛德華六世在晚近時設立的，又同時由國會的權柄肯定，它將所有獻身和任命所必須的一切事理都包括在內；它也沒有涉及任何本身是迷信的和不敬虔的事理。所以，從愛德華君王第二年到如今，任何按照該書的儀式而獻身或任命的人，或從今而後按照同樣儀式而獻身或任命的人，我們的裁決如下：所有這樣的人都是正確地、按規矩地，和合法地獻身和任命的。

第三十七條　論民事長官

女王閣下在本英格蘭的領土和其他她的轄區裏，擁有最高的權柄，在這領土上所有的地業裏有最高的管治權，不論它們是屬教會的、還是屬政府的，凡與這些有關的她都有管治權；所以，她不應該臣服在任何外國的管轄權之下。

在我們將最高的管治權歸給女王閣下的地方——我們知道一些詆毀人士會被這樣的稱呼觸怒；我們並不將服事神的話語或聖禮之事，給予我們的眾王公貴族，這等事理晚近我們的女王伊利沙白所設立的訓令中，已講得一清二楚；但我們只給予他們特權，我們認為這特權在聖經上已明言，是神自己給予所有敬虔的王公貴族們。也就是說，他們應當治理神託付給他們的地業和屬下，不論那些是屬教會的還是俗世的，並且要用劍約束那些頑梗和行惡的人。

羅馬天主教的主教在英格蘭的領土上，沒有管轄權。

本領土的法律允許政府將犯了嚴重可惡罪行的基督徒，處以死刑。

基督徒男士在民政長官的命令下，拿起武器參戰是合法的。

第三十八條　論基督徒的財產並非共有

基督徒的財產，就其所有權而言，並不如若干重洗派所妄言，應歸公有。然而凡所擁有的，每一個人應當按照他的能力，就他所擁有的東西，慨慷地賙濟窮人。

第三十九條　論基督徒的誓言

我們既承認，主耶穌基督與祂的使徒雅各禁止信徒輕易起誓，便可推斷基督教並不禁止起誓，反倒當受民事長官要求時，可以存著信心與愛心的緣故起誓；因此，在必須起誓時，要以公正、明辨和真理，按著先知的教訓而為之。

《西敏斯特信仰告白》
（WESTMINSTER CONFESSION OF FAITH，主後1643-1646年）

第一章 論聖經

1. 雖然本性之光，和神創造與天命的作為，迄今都已向人彰顯了神的良善、智慧、和權能，使人無可推諉；但它們卻尚不足以將人得救恩所必須有的對神和祂的旨意的認識賜予人。所以主樂意多次多方地將自己啟示出來，並向祂教會曉諭祂的旨意。之後，為要將真理保存且傳揚得更好，並要使教會建立得更穩固、多得安慰，為防範肉體的軟弱，及對抗撒但和世界的惡毒攻擊，遂將全部的啟示寫在書上；也是為了這個緣故，聖經乃成為最不可少的，因為神先前向祂的子民啟示祂旨意的那些方法，如今都已止息了。
2. 在聖經或書寫下來的神的話語之名下，包括舊約、新約裏所有的書卷，其卷名如下：

舊約聖經：

創世記	出埃及記	利未記	民數記	申命記	約書亞記	士師記
路得記	撒母耳記上	撒母耳記下	列王紀上	列王紀下	歷代志上	歷代志下
以斯拉記	尼希米記	以斯帖記	約伯記	詩篇	箴言	傳道書
雅歌	以賽亞書	耶利米書	耶利米哀歌	以西結書	但以理書	何西阿書
約珥書	阿摩司書	俄巴底亞書	約拿書	彌迦書	那鴻書	哈巴谷書
西番雅書	哈該書	撒迦利亞書	瑪拉基書			

新約聖經：

馬太福音	馬可福音	路加福音	約翰福音	使徒行傳	羅馬人書
哥林多前書	哥林多後書	加拉太書	以弗所書	腓立比書	歌羅西書
帖撒羅尼迦前書	帖撒羅尼迦後書	提摩太前書	提摩太後書	提多書	腓利門書
希伯來書	雅各書	彼得前書	彼得後書	約翰一書	約翰二書
約翰三書	猶太書	啟示錄			

所有書卷都是神所默示的，乃是信仰和生活的準則。

3. 通常稱為旁經者，既非出於神的默示，便不可算為聖經正典的一部分；所以，它們在神的教會裏沒有權威，而其認可與使用應與其他的人為著作無異。
4. 聖經的權威，人人皆當信服，這權威不是建基於任何人或教會的見證，而是全然建基於神——這位聖經的作者（祂本身就是真理）。所以，人應當接受，因為它是神的話。
5. 我們可以被教會的見證所感動、所激勵，而對聖經產生崇高敬虔的尊重。聖經內容的屬天、教義的效力、文體的莊嚴、各部的契合、整體的宗旨（就是叫一切榮耀歸給神）、透徹顯明人得救惟一之方法、其他許多無以倫比的優越，及其整體的完美，都是論證，據此豐足地證明它本身是神的話語；然而，我們之能夠完全的信服並確知聖經是無謬誤的真理，且具有屬神的權威，乃是來自聖靈內在的工作，在我們心裏藉著並伴隨著神的話所作的見證。
6. 神的整個計劃，凡有關神本身的榮耀、世人的救恩、信仰及生活所必須知道的事，都已明記在聖經內，或可用優良必需的推論從聖經中推而知之；不拘是人所謂的聖靈新啟示，或人的遺傳，都不得於任何時候加入聖經。然而我們承認聖靈內在光照，乃是了解聖經裏所啟示使人得救之事所不可或缺的；並且承認有些〔聖經〕關於敬拜神和治理教會的事，是與世人的行為和社會所共有的通則相符，便可憑著人本性之光，和基督徒的智慧來規定，但必須遵照聖經的一般規則，因為那是永遠都要遵守的。

7. 聖經所記載的各種事情，本來不都一樣明顯，且人所明白的程度也各有不同；但那些與得救有關，人必須知道、必須相信、必須遵守的事，都已在聖經中某處或別處，清楚地提出詳論，以致不但有學識的人，即使無學識的人，只要按常法殷勤學習，都可以充分的了解。
8. 希伯來文（古時神百姓所用的語文）舊約，以及希臘文（成書時，各國最通用的語文）新約都是受到神直接的默示，並且蒙祂特別的看顧和天命，得以在歷代中保持純正，所以是絕對正確的；因此舉凡關於宗教的爭議，教會最後均當訴諸這兩部聖經。但因這些原文並非為所有神的百姓所通曉，而閱讀聖經是神子民的權利，是他們感興趣的，更是神命令祂子民存敬畏的心誦讀並考查的。因此之故，舉凡聖經所傳到的地方，理當譯成各民族的方言，好叫眾民能將神的道豐豐富富地存在心裏，學會以合適方式敬拜神，並因聖經所賜的忍耐和安慰，得著盼望。
9. 以聖經來解釋聖經，是絕無謬誤的一項準則，因此，每當我們對某處經文的真義和圓滿的意義產生懷疑時（聖經是一致的，故其意義不致有多種），就當引證別處較明顯的經文，加以解明其正意。
10. 那決定一切宗教爭議，考驗一切教會法令，判斷所有古代著者的意見，世人的學說，和私人心靈的至上裁決者，除了在聖經中說話的聖靈外，別無他者，我們要以其審斷為依歸。

第二章　論神和三位一體

1. 只有一位獨一而又真又活的神，祂的實存和完美是無限的；祂是至為純潔的靈，眼不能見，無形，無體，也無欲；祂不改變，無限量，永恆、不可測度，全能，全智，至聖，最為自主，最為絕對。按祂自己不改變和至公義的旨意、又為著祂自己的榮耀行作萬事。祂是極其慈愛，有恩惠，有憐憫，恆久忍耐，有豐盛的良善和真理，且赦免人的罪孽，過犯，和罪惡。祂賞賜那殷勤尋求祂的人；同樣地，祂的審判是極其公義，極其嚴厲，祂恨惡一切的罪惡，決不視有罪的人為無罪。
2. 一切的生命、榮耀，良善、祝福，都在乎神自身，也由祂而出；惟獨神在自己並向著自己是全備自足的，祂並不依賴所造的任何受造之物，也不從他們得任何榮耀，只在他們當中、藉著他們、向著他們、並在他們身上，彰顯祂自己的榮耀。祂是所有實存惟一的根源，萬有都本於祂、藉著祂、歸於祂；祂對他們有至高的統治權，藉著他們、為著他們、或在他們身上，行祂自己所喜悅的事。在祂面前萬物都赤露敞開，祂的知識是無限量，無錯謬，而且不受任何受造之物的影響；因此，沒有一件事對祂是偶然的、或不確定的。祂的一切的計劃、工作，和命令都至為聖潔。天使、人類及其他一切受造之物，都當將祂所喜悅、所要求於他們的敬拜，事奉或順從，歸給祂。

3. 在神性的合一裏有三個位格：就是父神、子神和聖靈，三者出於同一本質、權能，一同永存。父神無源始，非受生，無所出；子為父所生，卻沒有起始；聖靈由父與子而出，也一樣沒有起始。

第三章 論神永遠的諭旨

1. 神從亙古之前，即按其至智、至聖的旨意，隨己意命定一切將要發生的事，而且毫不改變；雖然如此，神並不是罪惡的創始者，祂也不侵犯所賦予受造物的意志，並且不廢除諸第二因的自由度或偶發性，這些反而為祂所確立。
2. 神雖然知道在各樣可推測的條件下、所有可能發生的事，但祂無論命定何事，均非因為祂預見將來該事將要發生，或因為在其條件下該事會發生。
3. 藉著神的諭旨，為要彰顯祂的榮耀，有些人和天使被預定得永生，也有些被註定入永死。
4. 如此被預定和註定的天使和人類，個個都按神不改變旨意而設定；他們的數額準確既無可增，也無可減。
5. 那被預定得生命的人，乃是神在創立世界的根基以前，按祂永遠不變的目的，和祂隱祕的計劃與祂的旨意所喜悅的，在基督裏所揀選得著永遠榮耀的人。他們這樣蒙揀選，僅是由於神白白的恩典和慈愛，並非由於祂預知他們有信心、善行或在兩者之一有恆忍，也非由於他們身為受造者、另有任何蒙揀選的條件或理由，促使祂如此做；這一切都是要使祂榮耀的恩典得著稱讚。
6. 神既指定選民得榮耀，也就按祂永遠的、極其自由之旨意的目的，預定了一切臻於此目的之方法。所以凡蒙揀選的人，雖在亞當裏墮落了，卻靠基督得蒙救贖，也蒙聖靈在適當的時候，有效地呼召使他們信靠基督，被稱為義，得著兒子的名分，得以成聖，並因信得蒙祂權能的保守，以致得救。除了選民以外，並無任何人得著基督的救贖、蒙有效的呼召、被稱義、得兒子的名分、能得以成聖和得救恩。
7. 至於其餘的人類，神隨自己所喜悅的，按著祂那不能測度的旨意之計劃，施行或扣住憐憫，為彰顯祂掌管受造物全權之榮耀，祂就越過他們，並且命定他們為自己的罪受羞辱和忿怒，使祂榮耀的公正得著稱讚。
8. 這項預定的教義極其深奧，因此應當特別謹慎小心處理，好叫那些注意並服從神在聖經中所啟示之旨意的人，可以從他們所蒙有效的呼召之確據上，篤信他們在永恆之前即蒙揀選。如此，這教義足以叫所有誠心順服福音的人，讚美、敬畏、愛慕神，並且能謙卑、殷勤和得著豐富的安慰。

第四章 論創造

1. 父神、子神和聖靈為要彰顯祂永遠的權能、智慧、良善之榮耀，就樂意在起初，在六日之內，從無中造出這世界和其中的萬物，包括可見的與不可見的，而且看一切都甚好。
2. 在創造一切被造物以後，神創造了人，有男人和女人；祂賦與人理性和不朽的靈魂，又照自己的形像，賜以知識、公義和真實的聖潔，且將神的律法寫在他們的心版上，並賜他們實行的能力。然而因神容許他們自己的意志有自由，他們就落在改變之下，有干犯律法的可能性。除了刻在他們心版上的律法以外，他們受了不可吃分別善惡樹上果子的命令；當他們遵守這命令時，便與神相交而喜樂，並且有權柄掌管受造之物。

第五章　論天命

1. 神、創造萬有偉大的創造主，藉著祂至聖大智的天命，照著祂無謬誤的預知，和祂自己旨意的自由與不變的計劃，扶持、指導、管理，並統治一切受造之物，其行動與事理，從最大的到最小的，叫祂的智慧、權柄、公義、良善與慈悲所顯出的榮耀，得到稱讚。
2. 雖然萬有都不變而無誤地、與神的預知和諭旨、即第一因，發生關聯，但是祂藉著相同的天命，命令它們或是必然地、自由地，或是偶然地，按著第二因的性質而產生結局。
3. 神在祂普通的天命中，雖然使用方法〔來治理〕，但祂仍有自由可隨己意，或不用、或超乎、或違背這些方法而行事。
4. 神的全能、無可測度的智慧和無窮的良善，都彰顯於祂的天命上，甚至及於〔人類〕第一次的墮落，與天使和人類所犯的其他罪惡；祂並非僅是容許犯罪，而是在其上加以極其智慧和有能的限制，要不然就是以多樣的安排、命令管治它們，為要成就祂自己聖潔的目的。雖然如此，罪惡純然是出於受造之物，並非出於神；祂至為聖潔、公義，祂既不是、也不可能是罪惡的創始者或贊同者。
5. 極其智慧、公義、恩惠的神，時常任憑祂的兒女暫時落在諸般的試探，和自己心中的敗壞之下，為要懲治他們以往的罪，或要顯露他們心中隱藏的敗壞和詭詐的力量，好使他們謙卑下來；又為要使他們更密切而恆常地依賴祂的扶助，更儆醒防備將來一切犯罪的場合，並為要成就其他各種公義和聖潔的目的。
6. 神身為公義的審判者，對於那些邪惡、不敬虔的人，因他們以往的罪，祂就使他們目盲心硬，不但扣住祂的恩典，不使他們的悟性可得光照而心中有所感動，而且有時也收回他們已有的恩賜，並將他們暴露在那些事中，如他們的敗壞成為犯罪的機會；此外，又把他們交付於自己的情慾、世俗的誘惑和撒但的權勢。因此，甚至在神所用來使別人軟化的方法之下，他們的心都會剛硬。
7. 因為神的天命一般說來，普及一切受造之物，所以，神以最特別的方法眷顧祂的教會，叫萬事互相效力，使教會得益處。

第六章　論人的墮落、罪惡、與其刑罰

1. 我們的始祖，因被撒但的詭譎和試探所誘惑，吃了禁果而犯罪。神願意為了祂自己的榮耀，根據祂的目的，按著祂智慧和聖潔的計劃，就容許他們犯了這罪。
2. 他們因這罪從原來的公義和與神的交通中墮落了，因而死在罪中，其靈魂和身體的各部分和一切才能，都被玷污了。
3. 他們既是全人類的始祖，此罪的罪疚就被歸算〔給由他們而生的後裔〕，並且那在罪中的死亡和敗壞了的本性，也就傳及所有按常理從他們而生的後裔。

4. 從此原初的敗壞，就產生出所有真實的過犯；因這敗壞，我們對於所有的良善就全然不樂意、無能為力，而且反對它，並且全心傾向所有的罪惡。
5. 這個天性的敗壞，仍存留在那些重生的人裏面，直到他的今生結束。這種敗壞雖藉著基督，得蒙赦免而被治死，然而其本身及其作為都確實為罪。
6. 各樣的罪，無論是原罪還是本身所犯的罪行，都是干犯並違反了神公義的律法，就當按其本質將罪疚歸算給犯罪的人，該罪人因此遭到神的忿怒、律法的咒詛，並因此伏在死亡的權勢之下，附帶還遭受到一切屬靈的、今生的和永遠的悲慘。

第七章　論神與人所立之約

1. 神與受造者中間的距離如此遙遠，雖然有理性的受造者都理當順服神為他們的創造者，但他們也決不能從祂取著任何的福分和報償；除非是神自願紆尊降貴遷就，這遷就乃是祂樂意用立約之法表明出來的。
2. 神與人所立的頭一個約是工作之約；以人完全和親自的順從為條件，神應許將生命賜給亞當、及他裏面所有的後裔。
3. 人既因墮落而不能從頭一個約得生命，主就樂於立第二個約，通常稱為恩典之約。在此恩約內，祂藉著耶穌基督白白地將生命和救恩供應給罪人；要求他們信靠祂，使他們可以得救，同時又應許將祂的聖靈賜給凡被預定得永生的人，使他們願意並且能夠相信祂。
4. 這恩典之約在聖經中被稱為遺命，是指留遺命者耶穌基督之死，以及祂所遺留的永遠的產業、和其所附屬遺贈的一切。
5. 這恩典之約在律法時代與在福音時代的運作有所不同：在律法之下，它是藉著應許、預言、獻祭、割禮、逾越節的羔羊，以及其他交付猶太人的預表和禮儀運作的，這些都是預指那將要來的基督；而藉著聖靈的工作，這些〔應許等〕在當時是足以有效地教導選民並建立他們信靠所應許的彌賽亞，相信藉著祂，他們的罪可得著完全的赦免、並得著永遠的救恩；這恩約稱之為舊約。
6. 在福音之下，當基督那實體彰顯出來時，施行此恩約所用的禮儀乃是藉〔神〕道的傳講、洗禮和主的晚餐之聖禮的執行。這些禮儀雖然為數較少，而且施行上較為簡單，少有外表的榮耀，但是在其中這恩約對萬民，無論猶太人還是外邦人，都顯明了更多的豐滿、憑據和屬靈的效力，此恩約稱為新約。由此可知，並沒有兩個實質相異的恩典之約，而只有一個相同的恩約，卻在不同時代裏〔施行〕。

第八章　論中保基督

1. 神按著祂永遠的目的，樂意揀選並按立主耶穌、祂的獨生子，作神與人之間的中保，先知、祭司和君王，祂教會的元首和救主，萬有的承受者，也是世界的審判者；神從永遠裏就將一群百姓賜作祂的後裔，並且到了時候，藉著祂得著救贖、呼召、稱義、成聖，和榮耀。
2. 神的兒子，三位一體中的第二位，是真實和永存的神，與父同質、同等；及至日期滿足，就取了人性，以及人性所有一切重要的本質，和共有的軟弱，只是祂沒有罪。祂藉著聖靈的能力，在童女馬利亞的懷中受孕，有了她的體質。因此兩個整體、完全但有區分的性情，即神性和人性，不可分離地在一個位格裏聯合起來，〔兩性〕不會改變、不會融和、也不相混淆。這一位是真實的神，也是真實的人，卻是一位基督，神人之間惟一的中保。

3. 主耶穌在祂的人性中既然如此地聯合於神性，就成聖了，無限量地受到聖靈的膏抹；既然在祂裏面藏著一切智慧和知識，父便喜歡叫一切的豐盛居住在祂裏面；其目的是為要藉著祂的聖潔、無邪惡、無玷污，並充滿了恩典和真理，祂得以受到完全的裝備，以執行中保和保證人的職分。這職分並非祂自取的，乃是蒙祂父所呼召去擔任的，因父已將一切權柄和審判都交在祂手中，命令祂去執行該職分。
4. 主耶穌甘心承擔這職分：為要盡這職分，祂就生在律法之下，完全成就了所有律法的要求；祂的靈魂直接地受到極大的憂傷，而身體也受了極大的痛苦，被釘在十字架上，死了，埋葬了，處於死亡的權勢之下，但祂不見朽壞。第三天，祂從死亡中復活，帶著與受苦時相同的身體升到天上，坐在祂父的右邊，為我們代求，並且到世界末了時，祂要再回來審判世人和天使。
5. 主耶穌以祂完全的順服和捨己，藉著永遠的靈，把自己一次獻給神，就完全滿足了祂父的公義，並且為所有父所賜給祂的人，不但贖買了〔與神〕和好，同時也贖買了天國永遠的基業。
6. 雖然救贖的工作是在基督道成肉身之後，才由祂實際完成的，但是祂這作為的功德、果效、福祉，卻已從創世以來藉著那些應許、預表、祭物，歷世歷代連續地傳給神所揀選的人；而這些應許、預表、祭物都啟示並指明：祂是那要傷蛇的頭的女人的後裔，也指明：祂是創世以來被殺的羔羊，因為祂昨日、今日，一直到永遠是一樣的。
7. 基督執行中保的職分，是按照祂神人兩性而行的；藉著每一性行所當行的事；但因其位格的合一，所以聖經有時將同一位格中一性所行的歸於另一性。
8. 基督向著那些祂已買贖的人，就確實而有效地將這救贖應用並交通給他們；為他們代求，又用祂的話並藉著祂的話，向他們啟示救恩的奧祕；藉著祂的靈有效地勸服他們相信而順服；用祂的道和靈管治他們的心；也用祂的全能大智得勝他們一切的仇敵，所用的方式和法則都是最合乎祂奇妙而不能測度的安排。

第九章　論自由意志

1. 神將本性的自由賦與人的意志，它既不受勉強，也不被本性的絕對的必然所決定，而趨於善或惡。
2. 人在無罪的狀態中，有立志的自由和能力去行討神所喜悅的良善之事；但是他也能變遷，以至於他可能從無罪的狀態中墮落下去。
3. 人因墮落進入罪惡的狀態中，已經完全喪失一切的意志力，無從行出任何伴隨救恩而有的屬靈的良善。也是因此之故，身為屬血氣的人，既與那良善的完全相悖，而且死在罪中，就不可能靠自己的力量自行歸正，也不能預備自己歸正。

4. 當神使罪人歸正，將他遷到恩典的狀態之下時，祂就釋放他脫離罪惡本性的捆綁，又惟獨藉著祂的恩典，使他得以自由地立志並實行屬靈的良善之事；但因為仍有殘餘的敗壞，他不能完全專一地立志行善，卻還立志作惡。
5. 人的意志惟有在得榮耀的狀態中，才能完全不改變地自由單單向著良善。

第十章　論有效的呼召

1. 凡神所預定得永生的人，而且只有這些人，神才樂意在祂所指定和悅納的時候，藉著祂的道與祂的靈，有效地呼召他們從自己本性所在的罪惡和死亡的狀態中，靠著耶穌基督，進入恩典和救恩。神在屬靈與救恩的事上光照他們的心思，使他們明白屬神的事；又除掉他們的石心、賜給他們一顆肉心，更新他們的意志，以祂的大能，使他們決意向善，並有效地吸引他們歸向耶穌基督。但是他們是極其自由地前來，因為靠祂的恩典他們有願意的心。
2. 這有效的呼召惟獨出於神白白和特別的恩典，絕非因祂在人裏面預見了什麼；人在這呼召上全然被動，直到得蒙聖靈的感動和更新，才能回應這呼召，並領受其中所提供、所傳遞的恩典。
3. 蒙揀選而夭折的嬰兒，是藉聖靈重生、靠基督得救的；聖靈何時、何處、以何法工作，皆隨己意。所有其他被揀選的人，雖未能外在藉著〔神〕道的傳講得蒙呼召，也都照樣得救。
4. 其餘未蒙揀選的人，雖然可能藉著〔神〕道的傳講、得蒙呼召，而且可能經歷一些聖靈普通的感動，然而他們從未真實地歸向基督，所以不能得救；更不要說那些不承認基督教的人，不能靠著任何方法得救，不管他們的生活如何殷勤遵循本性之光，和他們所認信之宗教的規矩。若主張和堅持此等人可以得救，乃是十分危險和可憎的。

第十一章　論稱義

1. 對所有蒙神有效呼召的人，神也白白地稱他們為義；不是將公義注入他們裏面，而是赦免他們的罪，而且算他們為義，並接納他們為義人。〔稱義〕不是根據他們裏面有所成就，或因他們所做的，而只是因為基督緣故；也不是將信心本身、相信的這個行為，或任何其他福音性的順服，歸給他們，作為他們的義，而是將基督的順服和祂的贖罪歸給他們，他們也因信接納並依靠祂和祂的公義；這信心不是出於他們自己，乃是神所賜的。
2. 這樣接納和依靠基督及其公義的信心，是稱義的惟一憑藉；然而在被稱義的人裏面，它並非單獨存在，而是伴隨著所有救恩性的恩典，因這信心不是死的，而是藉著愛的推動行出來的。
3. 基督藉著祂的順服和死亡，完全清償所有稱義者的罪債，並且代表他們獻上合適、真實、完全的祭，滿足了祂父的公義。然而祂既是父為他們所賜下的，而祂的順服和贖罪，也在他們的地位上為父所接納，這兩者都是白白賜的，不是因為在他們裏面有任何功德，他們的稱義惟獨是出於白白的恩典，為要叫神完全的公義和祂豐盛的恩典，可以在罪人的稱義上得榮耀。

4. 神從亙古便下諭令要稱一切蒙揀選的人為義；及至時候滿足，基督就為他們的罪死了，並為他們的稱義復活了；然而要等到聖靈在合適的時候，將基督真實地賜予他們，他們才得稱義。
5. 神繼續赦免被稱義之人的罪；他們雖然永不會從稱義的地位上墮落，然而他們可能因著他們的罪，落在父神的不悅下，直到他們自己謙卑下來，認罪以求赦免，並重新信靠主而悔改，方可再恢復得見祂的面光。
6. 舊約時代信徒的稱義，和新約時代信徒者，在上述各方面，都是一樣的。

第十二章　論得著兒子名分

1. 神在祂的獨生子耶穌基督裏，並為了祂的緣故，賜給凡被稱義的人得享兒子的名分之恩典；藉此，他們就歸入神子民的數目內，享受神兒女的自由和特權。神的名字寫在他們身上，領受兒子的名分之靈，可以坦然無懼地來到施恩的寶座前，得以呼叫神為阿爸父，且蒙神如父一般的憐恤、保護、供給和管教，永不被撇棄，反而受印記等候得贖的日子來到，承受為那永遠救恩的後嗣之應許。

第十三章　論成聖

1. 一旦有效地蒙召、重生，有了新心和新靈創造在他們裏面的人，藉著基督的死而復活的功勞，及住在他們裏面祂的道和靈，就更進一步親身經歷實在的成聖了：那管轄他們整個罪身的權勢滅絕了，身上各種情慾也愈來愈被削弱而治死了；同時他們在一切救恩性的恩典中，愈來愈加活潑堅固，以至於實行真聖潔，因為人非聖潔不能見主。
2. 這種成聖貫徹於全人中，但在今生尚未完全。在人身每一部分內，仍有些殘餘的敗壞存在著；從其中就產生了持續的而不能和解的爭戰，情慾和聖靈相爭，聖靈和情慾相爭。
3. 在這爭戰中，那殘餘的敗壞性雖然暫時得勝，然而藉著使人成聖之基督的靈所繼續供給的能力，那重生的部分終必得勝；因此，聖徒在恩典中長進，敬畏神得以完全成聖。

第十四章　論得救的信心

1. 那使選民得以相信、以致靈魂得救的信心之恩典，是基督的靈在他們心中的工作；這信心通常是由神話語的職事而來，並藉著該職事、聖禮的施行與祈禱，得以增長加強。
2. 基督徒藉著這信心相信，凡聖經中所啟示的都是真確的，因為神自己的權威在其中說話；並按其中各特定經文所包涵的意義，以不同的行動回應，如：遵行其中的命令，因著警戒而戰慄，以及渴望神在今生和來生所賜諸般的應許。但是令人得救的信心其主要作為，乃是靠著恩約，接受基督並惟獨依靠祂，以至於稱義、成聖、得永生。
3. 這信心的程度不同，或強或弱；它雖多次多方受到攻擊而被削弱，但終必得勝；且在多人裏面增長，直到藉著那為我們的信心創始成終的基督，得到完滿的確據。

第十五章　論悔改得生命

1. 悔改得生命是福音性的恩典。所以凡傳講福音和信仰福音的人，都當將悔改的教義和信靠基督的教義，一併傳講。
2. 罪人藉著悔改，不僅看到並覺悟到他的罪惡的危險，也看到並覺悟到其罪惡的污穢與可憎，是違背神的聖潔性情和祂公義的律法的；既知道神在基督裏，施憐憫給懺悔的人，就為自己的罪憂傷，恨惡罪惡，甚至轉離一切的罪惡而歸向神，又立志竭力與神同行，遵守祂一切的誡命。

3. 雖然悔改不能作為對罪的任何補償，或成為得赦免的原因——赦罪乃是神在基督裏白白賜的恩典的作為——然而悔改是所有罪人所必須有的；若沒有悔改，人不能希望得赦免。
4. 罪無論怎樣細微，都該被定罪；罪無論怎樣重大，也不能將已經真誠悔改的人定罪。
5. 人不應以概略的悔改為滿足，竭力逐一悔改自己所犯特定的罪，乃是人人的本分。
6. 各人當向神私自認罪，祈求赦免，離棄罪惡，就蒙憐恤；所以，若有人得罪他的弟兄或基督的教會，就當甘心向那被觸犯的一方，私下或公開地認罪，為罪憂傷，表示他的悔改；這樣對方就當與他和好，以愛接納他。

第十六章　論善行

1. 惟獨神在聖經中所命令要行的事，方為善行；沒有聖經憑據，只憑人盲目的熱心，或假借善意而造作的事，皆非善行。
2. 這些遵守神誡命而有的善行，乃是真正活潑的信心所結的果子和證據，信徒們藉此表示感恩、用以堅固自己的信心、造就弟兄、使所公認的福音更為增色、堵住敵人的口，好讓榮耀歸於神，因為他們原是神在基督耶穌裏所造成的工作，為要叫他們結出成聖的果子，其結局就是永生。
3. 信徒行善的能力，一點也不是出於自己，乃完全出於基督的靈。除了已接受的恩典外，他們必須時常受到同一聖靈實際的影響，才得以立志行出祂所喜悅的事；但他們不可因此懶惰，以為除非得著聖靈特別的感動，就毋須盡任何的本分；反倒應當殷勤激發在他們裏面的神的恩典。
4. 就是那些順服神、在今生的善行上有可能達到登峰造極的人，也不可能積出比神所要求的更多的功德，依此來看，連他們分內所當盡的義務都仍算大有虧欠。
5. 我們不能以最佳的善行，從神的手中賺得赦罪或永生，因為這種善行與將來的榮耀之間極不相稱，並因我們和神之間有無限的距離，我們既不能藉著它們加益於神，也不能補償我們以往的罪債；我們若盡力去作我們所能做的，不過是盡了本分，我們只是無用的僕人；它們之所以是善的，乃是因為是從神的靈而來；因為凡出於我們所行的都是污穢，也摻雜許多軟弱和缺點，以至它們經不起神嚴格的審判。
6. 雖然信徒本人藉著基督蒙神悅納，他們的善行也在祂裏面蒙悅納，但這並不是說，他們今生在神的眼中就全然沒有瑕疵、無可指摘，乃是說，因為神在祂兒子裏看待他們，就樂意悅納並賞賜那誠意的善行，雖然它仍不免伴隨著許多的軟弱和瑕疵。
7. 未蒙重生之人所行的事，就事情本身來說，雖然是神所命令的，又對自己和別人都有益處，但因為不是出於信心所潔淨的心懷，不是按著聖經所指示端正的方法，也不是以榮耀神為正確的目的，所以這些行為是有罪的，不能討神的喜悅，也不能使人領受從神來的恩典。但他們若忽略去行善，便是更為有罪，更不討神喜悅了。

第十七章　論聖徒的堅忍

1. 凡在神的愛子裏蒙祂所接納、又藉著祂的靈有效地得蒙呼召以致成聖的人，就不可能完全地、也不能至終從蒙恩的地位墮落，反而必會堅忍到底，得著永遠的救恩。
2. 聖徒的堅忍，不是出於他們自己的自由意志，而是有賴那從父神白白賜下而不改變的愛所流出不改變的揀選諭旨，並依賴耶穌基督的功勞和祂代求的果效，又依賴聖靈的內住和播散在他們裏面神的種子，以及恩典之約的本質。從這一切，才產生出堅忍的確實性和可靠性。
3. 雖然如此，聖徒因撒但和世界的試探，在他們裏面所殘餘之敗壞性佔了上風的情況下，加上疏忽使用持守堅忍的方法，他們也會陷於大罪中，並流連在其中一段時間；因而惹動神的不喜悅，並叫祂的聖靈擔憂，剝奪了他們所當受的恩典和安慰到某種程度，使他們的心變剛硬，又叫他們的良心受傷，傷害人並叫人跌倒，就自取今生的審判。

第十八章　論蒙恩得救的確據

1. 雖然假冒為善及其他未重生的人，可能本著虛偽的盼望和肉體的自負，以為自己得蒙神的恩典而處於得救的光景中（但他們的盼望必將落空），然而那些真正相信主耶穌、誠然愛祂、以無虧的良心竭力在祂面前行事的人，今生可以確知自己已處於恩典的光景中，並且歡歡喜喜地盼望神的榮耀，而且這盼望永遠不會使他們羞愧。
2. 這種確據，並非基於可能錯誤的盼望而有的一種空有的臆測與或然的信念；它是一種不會錯的信心確據，根據救恩諸應許的屬神真理、諸應許所產生諸般恩典的內在證據，以及使我們得著兒子名分之聖靈所作的見證——聖靈與我們的心同證我們是神的兒女。聖靈是我們得基業的憑據，我們受了祂的印記，等候得贖的日子來到。
3. 這不會錯的確據，並非那麼屬乎信心的實質，而是說真信徒可能要長久等候，並經歷許多的艱難，才能得到這確據；然而，信徒既蒙聖靈加力，而明白神所白白賜給他的，就可能毋需非比尋常的啟示，只需善用尋常的方法，而得到這確據。因此之故，人人應當更加殷勤，使他所蒙的呼召和揀選堅定不移；如此他的心便在聖靈所賜的平安和喜樂中增長；在對神的愛戴和感謝上，並在盡本分順服神的力量與喜樂上，也都得以增長；只要它們不至於使人落入懈怠，這些都是這個確據的果子。
4. 真信徒的蒙恩得救的確據，可能因各種緣故而動搖、減少，或間斷，諸如：或因忽略持守這確據；或陷於某種傷害良心而使聖靈擔憂的特別的罪惡中；或遭遇某種突然而猛烈的試探；或因神收回祂臉上的榮光，甚至讓敬畏祂的人行走在黑暗中，而沒有祂的光照。然而，他們絕不至於完全失去神的種子、信靠神的生命、愛基督和弟兄的心、心靈的真誠實，和盡本分的良心；出於這一切，並藉著聖靈的運行，這種確據到了適當時候，可以恢復。而出於這一切，他們在其間同時也會得到扶持，不至於完全絕望。

第十九章　論神的律法

1. 神曾賜給亞當一條律法，作為工作之約，藉此祂叫亞當和他所有的後裔都要親自地、全然地、確切地、永遠地順服祂。遵守此約必享生命的應許，違背此約則受死亡的威脅；神也賜給他能力，使他得力遵守此約。

2. 這律法在他墮落之後，仍為公義的完全準則，並由神在西乃山上頒布於十誡中，寫在兩塊石版上。前四誡包含我們對神所當盡的本分，後六誡包含我們對人當盡的本分。
3. 除這通稱為道德律的律法以外，神樂意賜給尚未成年的教會——即以色列民族——禮儀律，它包含了若干預表性的律例，有一部分是與敬拜有關，它們預表了基督和祂的恩典、作為、受苦和所帶來的恩惠，還有一部分則揭示各樣道德責任的教訓。在新約之下，一切的禮儀律都作廢了。
4. 神也賜給作為一政治體的以色列民各種司法的律例；它們已隨以色列國一同過期了；現在除了一般對公平所要求的原則外，它們已不再用來約束任何人了。
5. 但道德律確實永遠有約束一切世人的力量，無論是稱義的人，或是其他的人；這非但是由於其中所包含的內容，也是由於頒布者造物主神的權威。基督在福音裏並未廢棄這義務，反而更加堅固它。
6. 雖然真信徒不是活在律法之下，即以律法為工作之約，藉此得稱為義或被定罪；然而，這律法對他們和任何人都大有用處：因為它是生活的準則，告知他們神的旨意和他們的責任，指示並約束他們如何行事為人；並且也能藉著律法顯露他們的本性、心思和生活上的罪污，因而使他們自省，可以進一步對自己的罪更加認識、而為罪覺得羞愧並恨惡罪；同時他們也能更清楚地看見自己需要基督，也看見祂完全的順服。照樣，律法對重生的人也有用處：因為它抑制人犯罪。律法的威脅顯示，他們的犯罪該受怎樣的懲罰，並顯示他們雖然免於律法裏所威脅的咒詛，但在今生他們會期待當受怎樣的痛苦。同樣的，律法的應許也向他們顯示，神嘉許他們的順服，以及他們遵守律法時，可以期待得到怎樣的祝福，雖然不是由於按工作之約遵行律法而得的。所以，人的行善祛惡是因著律法的勉勵做這事、與受阻攔不做那事，並不足以證明他是在律法之下，而不在恩典之下。
7. 以上所說律法的用處，並沒有與福音的恩典相違背，反而是與它巧妙地融合，因基督的靈折服人的意志，並使他得以甘心樂意去行在律法中所啟示、神的旨意要他去行的事。

第二十章　論基督徒的自由和良心的自由

1. 基督為在福音下的信徒所贖買的自由，乃是在於使他們脫離罪疚、神定罪時發的忿怒，和道德律的咒詛之自由；又在於使他們脫離現今邪惡的世界、撒但的捆綁、罪惡的轄制、苦難中的罪惡、死亡的毒鉤、墳墓的權勢，和永遠的定罪等的自由；也在於使他們自由地來到神面前順服祂，不是出於奴隸的懼怕，而是出於如兒女般的愛和甘心。這一切也普及於在律法之下的信徒。但在新約下，基督徒的自由更加擴大了，因為他們脫離了〔舊約〕猶太人教會所要臣服的儀禮律的軛，能更坦然無懼的來到施恩寶座前，又比在律法之下的信徒，與神自由的靈享有更完全的交通。
2. 惟獨神是良心之主，祂使良心在信仰和敬拜的事上，能自由地不受任何與祂的話語相反、或超越祂話語以外、屬人之道理和誡命的束縛。所以，若本乎良心去相信這樣的道理、或服從這樣的命令，就是出賣了良心的真自由；要求人盲信、並絕對地盲目順服，就是毀滅良心的自由和理性。

3. 凡以基督徒的自由為藉口而犯罪或恣情縱慾的，就因此破壞了基督徒自由的目的了，因為我們從仇敵手中被拯救出來，為的是我們可以終身在主面前，坦然無懼地用聖潔和公義來事奉祂。
4. 神所設立的權柄，與從基督所買贖的自由，兩者並不彼此為敵，而是互相扶持、保守；所以，凡以基督徒的自由為藉口，反對任何合法的權柄或反對這權柄的合法執行，不論它是國家或教會的權柄，都是抗拒神的命令了。凡人所發表的意見，或所採取的行動，若違背本性之光，或違反了基督教關乎信仰、禮拜和品行所公認的原則，或破壞敬虔的力量；凡在它們本質上，或在其所發表及提倡的方式上，凡對基督在教會中所設立的外在和平與秩序有破壞性的意見與行動，都可按教會懲戒條例加以合法的控訴與制裁。

第二十一章　論宗教禮拜和安息日

1. 本性之光顯示有一位掌管並主宰萬物的神，祂本為善，並且善待萬物；所以人當盡心、盡性、盡力來敬畏祂、愛慕祂、讚美祂、求告祂、信靠祂並事奉祂。但敬拜真神可蒙祂悅納的方式，乃是由祂自己設立的，並受限於祂自己所啟示的旨意，因此人不可按照自己的想像和策劃，或撒但的提議，以任何看得見的代表物、或任何其他聖經所未規定的方法去敬拜祂。
2. 應當把宗教敬拜歸於神——父、子、聖靈，並且單單歸給祂；而不可歸於天使、聖徒或任何別的受造之物。並且自從人墮落以來，既不能沒有中保，也不是在基督以外另有什麼中介是人可藉之敬拜神的。
3. 帶著感謝的祈禱，既是宗教禮拜特別的一個部分，是神對所有人的要求；為要使祈禱蒙悅納，就必奉聖子的名，靠聖靈的幫助，照祂的旨意，用悟性、敬畏、謙卑、熱忱、信心、愛心和堅忍祈求；若出聲祈禱，就當用眾人所懂得的話語。
4. 人當為合法的事祈禱，也當為現在活著的，或將來要活著的各種人祈禱；但不可為死人祈禱，也不可為明知是犯了以至於死的罪之人祈禱。
5. 當存虔誠敬畏的心誦讀聖經，以順服神的心、又用悟性、信心和尊敬的態度，純正地講道並留心地聽道，存感恩的心頌唱詩篇，正當地舉行基督所設立的聖禮、並按理領受，都是尋常敬拜神的一部分；此外，宗教性的宣誓、許願、嚴肅的禁食，與特別場合的感恩等事，都要各按其時節，本著聖潔敬虔的心態舉行。
6. 祈禱以及關於禮拜的任何其他部分，如今按著福音，不會因身在何處、面向何方，也不因身之所在、面之所向，其執行就更蒙神的悅納；而是要隨地、用心靈和按真實（編者註：或作「真理」）敬拜神，例如每日在各個家庭，各人獨自在隱密處當如此行；在公共聚會中，更當嚴肅地如此行，因為當神以其聖言或天命召集公共聚會時，人不應漠不關心、或故意忽略、或停止舉行。
7. 按一般的理解，人當用一部分適當的時日來敬拜神，而神在祂的話語中也用一種積極的、道德的、永久的命令，特定每七日中的一日為安息日，要萬代所有的人都向祂遵守為聖日。從世界的開始到基督的復活，這聖日是定為每七日的第七日；從基督復活起，則改為每七日的第一日，聖經稱之為主日，此日為基督教的安息日，必持續到世界的末了。

8. 所以要向主守這安息日為聖，人當合宜地預備他們的心，事先料理他們平常的事務，非但要整日停下自己有關屬世職務的工作、言談、思想，和娛樂，以持守聖潔的安息，也要用全部的時間舉行公私禮拜之儀式，並且盡本分作必要和慈善的事。

第二十二章 論合法的起誓和許願

1. 合法的起誓是宗教禮拜的一部分；起誓是人在正當的場合，嚴肅地求神為他所聲明的或所應許的作見證，並按他所起或真或假的誓審判他。
2. 人應當只用神的名起誓，並且在用祂的名起誓時，當存完全聖潔敬畏尊敬的心。所以，人若用那榮耀可畏的名，枉然或輕率地起誓，或用任何別的事物起誓，都是有罪的，當被憎惡。然而，若有嚴重和重要的事件，在新約和舊約之下，神的話語都准許人起誓；因此，在此類事件上，有合法的權威者所背書的合法起誓，就當照辦。
3. 凡起誓的人應當對此一嚴肅行動，持嚴正的態度，因而只宜稱他內心所確信是完全真實的事。任何人都不可以起誓來束縛自己，除非是善良和正當的事，是他如此地相信，並且是他能夠決心去行的事。
4. 起誓當用簡明普通的詞句，不可用模稜兩可，或語意保留的語句。誓言不能逼人犯罪；在任何不使人犯罪的事上發誓，既起過誓了，雖然於己有損，也當遵守實踐；即使對異教徒和不信者起誓，也不可背誓。
5. 許願與帶應許的誓言有相同的性質，因此當存同樣的敬虔之心去許願，也當用同樣的信實去履行。
6. 人只可向神許願，不可向任何受造之物許願，並且為要使所許的願蒙悅納，就當出於信心和天良的責任感自願地許願，為著感謝所領受的憐恤、或得著所求之事；藉此我們必須盡所當盡的本分，或行其他有關之事，為要合適地達成所許的願，而更加嚴格約束自己。
7. 人不可許願去行神話語所禁止的事，妨礙其中所命令的任何事，或不是自己能力所能及的事，或神未應許賜給能力足以實行的事。這樣看來，天主教裏修道院一生守獨身、自取貧窮、對教規服從的許願，與高超的美德相去甚遠，以致成為迷信和罪惡的網羅，凡基督徒都不可自陷於其中。

第二十三章 論民事長官

1. 神——世界上至高的主宰和君王——為自己的榮耀和公眾的利益，設立諸民事官長，在祂的權下治理人民；為了這個目的，神就將佩劍的權力賦與他們，使他們保護和鼓勵善人，並刑罰作惡的人。
2. 基督徒若蒙召接受並執行官職，乃是合法的；當他執行職務時，應照其本國整全的律法，特別要維持敬虔、公平與和平。因此，為了這個目的，現今在新約之下，他們可以合法地在公平和必要的場合宣戰。

3. 民事長官不可僭取講道、執行聖禮，或掌管天國的鑰匙之權，或干涉任何有關信仰的事。然而民事長官如同保育之父一般，有責任保護我們共同之主的教會，但不可偏待基督教中任何一個宗派，俾教會一切事奉人員，都得享有那完整的、無限制的、不受置疑的宗教自由，以執行他們各項神聖的宗教職務，不受迫害或危險。並且耶穌基督既然在祂的教會裏設立了有秩序的管治和法規，各國的法律就不可干涉或阻撓，那些照自己的信念自願作某一宗派的會員，在他們會員中所要施行的法規。民事長官的本分，是要以妥善的方法、保護一切人民及其名譽，使人不致因信或不信宗教，而遭別人侮辱、虐待、毀謗、傷害；也要設法使教會各種禮拜和會議，不致受騷擾或阻撓。

4. 人民有本分為長官祈禱，尊敬其人，納糧完稅，服從他們合法的命令，並且為良心的緣故順服他們的權柄。即使長官不信神，或宗教不同，其正當合法的權柄也不能因此作廢，或使人民不順從他們；這種順從，教會中的各等事奉人員亦不例外。教皇在這些長官的轄區內，對他們或他們的百姓更沒有任何權威或管轄權，更無權因著判定他們為異端，或因著任何別的藉口，就剝奪他們的轄區或生命。

第二十四章　論結婚與離婚

1. 婚姻只存在於一男一女之間；在同一時期內，任何一個男人有一個以上的妻子，或任何一個女人有一個以上的丈夫，都是不合法的。

2. 婚姻的設立，乃是為著夫妻之間彼此的幫助、以合法婚姻生育子女繁衍人類、增長教會裏聖潔的後裔，並避免不潔的事。

3. 凡有判斷力能表達他們所同意之事的人，其結婚都是合法的。然而，只嫁娶主裏的人，乃是基督徒的本分。所以，像認信真正改革宗信仰之人，就不應當嫁娶不信者、天主教徒，或其他拜偶像者；而那些敬虔者也不應當與惡名昭彰者、或主張可咒詛之異端者，同負一軛。

4. 不可在神的話語所禁止的血親或姻親範圍之內通婚。永不可藉著任何法律或雙方的首肯讓亂倫婚姻變為合法，二人住在一起猶如夫妻一樣。

5. 人在訂婚之後犯姦淫或淫亂，若在結婚之前被發覺，無辜者一方解除婚約，是合法的。人在結婚後犯姦淫，無辜者一方提出離婚，並於離婚後另外嫁娶，把犯罪者看為如同死了一般，乃是合法的。

6. 雖然人的敗壞總會尋找理由，無理地將神所配合的分開，但是只有當人犯了姦淫，或是居心離棄，而無法由教會或政府挽救時，才有充分理由解除婚約。離婚應遵照公眾和合法的手續辦理，而不可任憑當事人的意志，自斷自行。

第二十五章　論教會

1. 大公或宇宙性的教會是無形的，包括了全數的選民，無論過去、現在、未來的，皆聚集成為一體，歸於教會的元首基督之下；這教會是基督的新婦、身體和那在萬有中充滿萬有者的豐滿。

2. 有形的教會，在福音時代也是大公或宇宙性的（不像從前在律法之下，只限於一個民族），乃是包括全世界所有信奉真宗教的人，和他們的兒女；這教會是主耶穌基督的國度，神的殿和神的家。在教會以外，沒有尋常得救的可能。

3. 基督已經將聖職、神的聖言和典章，賜給這有形的大公教會，為要在今生直到世界的末了，聚集並成全眾聖徒；又照著祂的應許，藉著祂親自的臨在和聖靈，使這些發生效力。
4. 這大公教會在世有時較明顯，有時又較隱晦。所有個別的教會都是這大公教會的一員，其純正程度各有不同，乃是根據其所教訓、所擁抱的福音教義、所施行的典章、和所舉行的公共禮拜的純正程度而定。
5. 天下最純正的教會也難免有摻雜和錯謬；有些教會腐敗到幾乎不算是基督的教會，而算是撒但的會堂。雖然如此，在地上始終必有依照神的旨意而敬拜神的教會。
6. 除了主耶穌基督，就沒有其他教會的元首了。羅馬的教皇就任何意義來說，都不能算是教會的元首。

第二十六章　論聖徒的相通

1. 所有的聖徒藉著耶穌基督的靈和憑著信心，連於他們的元首基督，在祂的恩典、受苦、受死、復活和榮耀中與祂相交；並且聖徒既在愛中彼此聯合，也就用各人所得的恩賜和恩典彼此相交，並擔負公開與私下的義務，使他們內心與外在的人，相互都同得益處。
2. 聖徒由於他們所告白的信仰，就當在敬拜神的事上維持一種聖潔的團契和交通，並當舉行其他的屬靈聚會，好讓彼此得造就；又當照各人的力量和需要，在物質上彼此幫助。這種聖徒的相通，當按神所賜的機會，普及於各處凡求告主耶穌之名的人。
3. 聖徒和基督的這種交通，無論如何並不能使他們分享祂神性的本質，或在任何方面成為與基督平等。主張以上二種說法之一，都是不虔敬而褻瀆的。聖徒的彼此相通，也並不奪取或侵犯各人財產的所有權。

第二十七章　論聖禮

1. 聖禮是恩典之約的神聖記號和印證，是由神親自設立的，以代表基督和祂的恩惠，也證實我們與祂有分；聖禮也要叫屬教會的人和其他屬世之人，有看得見的區別；並使他們嚴肅地按照祂的話，在基督裏服事祂。
2. 每一聖禮所用的記號和其所表明的實體之間，有一種屬靈的關聯，或聖禮上的聯合；其名稱和功效，有時可以歸給另一者。
3. 按正法舉行的聖禮所表明或賦與的恩典，並不是在乎聖禮本身有任何效力，也不是在乎行禮人的虔誠和存心，而是在乎聖靈的工作，與設立聖禮的話語，因為這話語吩咐人舉行聖禮之時，也應許賜恩給那些配得領受的人。
4. 基督我們的主在福音中，只設立了兩個聖禮，就是洗禮和主的晚餐。這兩者除了由依法按立為傳講神話語的傳道人之外，不可由別人施行。
5. 舊約的聖禮所表明彰顯的屬靈恩典，與新約聖禮者，在實質上是相同的。

第二十八章　論洗禮

1. 洗禮是耶穌基督所設立一項新約的聖禮，不但為鄭重准許受洗者加入有形的教會，也是為表明並印證他有份於恩約、與基督聯合、得重生、罪得赦免，且藉著耶穌基督將自己獻給神，行走在新生命的樣式中。按著基督自己的設立，這聖禮應在教會中施行，直到世界的末了。

2. 這聖禮所用外表的物質為水，藉此受洗者由合法蒙召傳講福音的傳道人，奉父、子和聖靈的名施洗。
3. 將受洗者浸入水中並非必要；澆水或灑水於受洗者，便是合宜施行的洗禮。
4. 不僅那些實在承認信仰、順服基督的人當受洗，而且父母雙方或一方為信徒的嬰孩也當受洗。
5. 輕蔑或忽略洗禮固是大罪；然而，它和恩典與救恩並無不可分的聯繫。所以，不能說沒有了它，便無人能重生或得救；或說凡受洗的人，無疑都重生了。
6. 洗禮的效力並不只在於施行的那一刻；然而，若合法施行這禮儀，聖靈就不但要將所應許的恩典賜給他們，也要按神自己的旨意，在祂所定的時候，將那恩典實在賜給那些應得的人，無論是成人或嬰孩。
7. 洗禮這項聖禮對任何人只施行一次。

第二十九章　論主的晚餐

1. 我們的主耶穌在祂被賣的那一夜，設立了〔表明〕祂身體和血的聖禮，名為主的晚餐，由祂的教會來遵守，直到世界的末了，為要永遠記念祂自己犧牲的死。它將其中所有的益處印記在真信徒身上：使他們在基督裏有屬靈的餵養和生長，幫助他們更進一步盡他們對主所當盡的本分。它又是他們與基督之間的交通、彼此之間的交通、身為基督奧祕身體的肢體的一種聯繫和憑據。
2. 在這聖禮中，基督沒有被獻給祂的父，也沒有為活人或死人贖罪而獻上任何真實的祭，它只是記念基督自己一次而永遠地在十字架上獻上自己，和為此在心靈上對神所獻上最大的讚美。所以，天主教的獻彌撒祭（如他們所稱呼的），對基督所獻一次且惟一的祭、即為祂選民一切的罪所獻獨一的挽回祭而言，是可憎有害的。
3. 主耶穌在這禮儀中指派祂的傳道人，向會眾宣講祂設立聖餐的話語，並以祈禱祝謝餅和酒，如此就將它們從普通用途中分別出來成為神聖的用途；然後拿起餅來擘開、拿起杯來，分給領受聖餐者（也給他們自己），但不可分給不在會眾中的人。
4. 舉行個人彌撒，也就是只限自己一人從牧師或任何其他人領受此聖餐，又或諸如拒絕會眾同領餅杯，或敬拜餅杯，或高舉或捧持餅杯遊行要人朝拜，或任何藉口宗教用途而將餅杯儲藏此類的事，都是違背此聖禮的本質，不合基督設立此聖禮的原意。
5. 這聖禮所用的外在物質，既照著基督命令聖別使用了，就與釘十字架之基督之間有了一層關係，但這只是聖禮上的關係，以至於有時餅與酒就用它們所表明對象的名稱來稱呼，即稱之為基督的身體與血。但就實質和性質而論，它們仍舊是真正的餅和酒，與分別為聖前無異。
6. 主張藉著牧師的祝謝，或任何其他別的方法，餅和酒的實質就會變質為基督的身體和血的這種教義（通常稱為「變質說」），非但為聖經所厭惡，也不合一般常識和理性。它推翻了這聖禮的本質，並引起各樣的迷信——過去現今都是——乃陷人於拜偶像的大罪。

7. 凡按理在這聖禮裏，領受外在有形之物者，也必會在內心因信而實實在在地領受並享用了釘十字架的基督，和祂的死所帶來一切的恩惠；這不是有形屬肉體的領受，而是屬靈的。因為這時，基督的身體和血並非有形地或屬肉體地在餅和酒裏面，或與之同在，或在其下；而是基督的身體和血，在禮儀中屬靈地、真實地向信徒的信心呈現，其真實就如餅和酒本身帶給他們外在的感受一樣。
8. 無知和邪惡的人雖然會在這聖禮中，領受了外表的物質，卻不會因此領受到主的晚餐所表徵的意義，反倒因著他們的不按理領受，就干犯主的身體和血，而自取其罪。所以，所有無知和不敬虔的人，因為不適合享受與祂的交通，他們就不配領聖餐。即使沒有犯大罪得罪基督，只要他們還留在那樣的光景，他們也不能享用這些神聖的奧祕，也不准許參加。

第三十章　論教會的懲戒

1. 主耶穌身為教會的君王和元首，在教會有職分的事奉人員手中設立了行政體制，其職權是有別於民事長官的。
2. 天國的鑰匙交託給這些有職分的事奉人員，因此，他們就有留下罪及赦免罪的權柄；藉著聖道和懲戒，向不悔改的罪人關閉天國；藉著福音的職事，向悔改的罪人開放天國；又照情形所需解除懲戒。
3. 為了要矯正並挽回犯罪的弟兄；為了阻止別人犯同樣的罪；為求除掉那足以敗壞全團的酵；為求維護基督的尊榮和聖潔福音的宣揚；為了避免神的忿怒臨到，教會的懲戒乃是必須的。因為教會若任憑罪惡昭彰和剛愎的罪人褻瀆祂的聖約和其印記，神的忿怒將會公正地臨到教會。
4. 為要求更完善地達到以上各目的，在教會有職分的事奉人員應當按照犯罪的性質和犯罪者的敗德處以勸戒，或暫時停止其參與領受主晚餐的聖禮，或開除教會之會籍。

第三十一章　論大會和議會

1. 教會為求更完美的管理和進深的造就，應有通稱為大會（Synods）或議會（Councils）之類的集會。由各個不同教會的監督和其他的治會者，憑著基督所賜給他們為造就人而非為敗壞人的職分和權柄，指定召開這類會議；又當按他們認為對教會的益處，決定召集會議的頻率。
2. 決定信仰上的爭論和良心個案的決疑、制定法規以促進對神的公開敬拜及教會的行政管理、受理失職的控訴並行使裁決權柄等事，都屬乎大會和議會的職權。其命令和所定的議決，若合乎聖經，就當以恭敬順服的心領受，不但因為它們合符神的話語，也因其制定者是遵照神的命令，秉承了神話語所賦與的權威。
3. 自從使徒時代以來，所有的大會或議會，無論是一般性或特別召開的都可能有錯謬，而且已多有錯謬；所以它們不可以作為信仰和行為的準則，只可用作兩者的幫助而已。

4. 除教會的事務外，大會和議會不宜辦理或決定其他事，也不宜干涉國政，若遇有特殊事件，可以謙恭的向政府請願；或是為滿足良心起見，民事長官有所諮詢時，可向政府提出忠告。

第三十二章　論人死後的情況和死人復活

1. 人死後的身體歸土而見朽壞，但他們的靈魂既不死亡也不睡覺，有不朽壞的實質，會立刻歸到賜靈魂的神那裏。義人的靈魂既那時在聖潔中變得完全，就被接入高天，在光明榮耀中見神的面，等候他們的身體完全得贖；但惡人的靈魂要被扔在地獄裏，留住在痛苦與完全黑暗中，等候大日的審判。除此兩處以外，聖經並未言及靈魂離開身體後，另有所歸。
2. 在末日，凡仍活著的人必不見死，卻要改變；凡已死的人都要復活，帶著原來的身體，不是別的身體，（其性質雖有不同），要與靈魂再聯合，直到永遠。
3. 惡人之身體，都要因基督的權能復活受羞辱；義人的身體要藉基督的靈復活得榮耀，以致與基督自己榮耀的身體相似。

第三十三章　論最後的審判

1. 神既已定了日子，要藉著耶穌基督，按公義審判世人，因父已將一切審判的權柄都交給了祂。在那日非但背叛的天使要受審判，就是凡曾活在地上的萬人，也都必站在基督的審判臺前，供認他們的思想、言語、行為；按照他們在肉身所行的，或善或惡受報應。
2. 神定此日的目的，是要以祂所揀選的人永遠之救贖來彰顯祂慈悲的榮耀，並以奸惡悖逆敗壞之人的定罪顯出祂的公義。因為在那時義人必進入永生，滿得那從主面前而來完滿的喜樂和煥然一新；但那些不認識神，不順從耶穌基督福音的惡人，必被扔於永遠的痛苦裏，離開主的面，和祂權能的榮耀，而受永遠滅亡的刑罰。
3. 基督要我們確信將來必有審判的日子，一方面是為要阻止眾人犯罪，一方面要使虔敬的人在苦難中多得安慰；所以祂不使人曉得那日何時來到，好叫他們擺脫一切屬肉體的安全，常常儆醒，因為不知主何時要來；而且叫他們時常預備好說：主耶穌啊，願你快來。阿們。

《新罕布夏浸信會告白》
（THE NEW HAMPSHIRE BAPTIST CONFESSION，主後1833年）

§ 信仰告白

第一條　論聖經

我們相信：聖經是由受神所靈感之人書寫的，乃屬天教訓最完美的珍藏。神是它的作者，救恩是它的目的，其中真理絕不摻雜任何的錯謬。它啟示了神將來審判我們的原則，所以，它由開始直到世界的末了，是連結基督徒的真正中心，也是所有人類行為、信條與意見受試驗的最高準繩。

第二條　論真神

我們相信：有一位、只有一位，又真又活的神，祂是有無限智慧的靈，祂的名字叫耶和華，乃天地的創造者與最高的統治者；在聖潔上祂具有無可言喻的榮耀，配得所有可能的尊榮、信任與愛戴；在祂神性的合一裏，有父、子、聖靈三個位格；而每一位格之神性的完美是相等的，在偉大的救贖工程上，分別執行著不同卻和諧的職分。

第三條　論人的墮落

我們相信：人在他創造主的律法下受造，有其聖潔，但由於自願犯罪，他從聖潔而快樂的光景中墮落了；其結果是所有的人類如今都成了罪人，不是由於受逼，而是出於自擇。按其本性，全然喪失了神律法所要求的聖潔，積極地傾向罪惡，所以，人類落在將永遠被毀滅的定罪之下，無話可說，也無可推諉。

第四條　論救恩之道

我們相信：罪人得蒙救贖全然出於神的恩典，是透過神兒子的中保職事來完成：祂既為父所任命，就甘心取了我們的人性，卻沒有罪；祂以自己的順服尊崇了神的律法，又以祂的死、為我們的罪成就了完全的救贖；從死亡中復活過來後，如今坐在天上的寶座上；在祂奇妙的身位裏，將最親切的憐憫與神性的完全結合起來，所以祂在各方面都有資格成為最合宜、最有憐憫及全豐的救主。

第五條　論稱義

我們相信：基督為信祂之人所取得的福音最大福祉，乃是稱義。稱義包括了在公義的原則上，使我們的罪得赦免，又讓我們得享永生的應許；它是神所賜的，並非因考慮到我們有任何的義行，而是單單因著我們相信救贖主所流的寶血；由於這信心，神就將祂完全的公義白白地算計給我們。稱義將我們帶進一個得蒙平安與得享神恩澤的光景裏，並且使我們獲得今生和永恆裏所需要的每一樣祝福。

第六條　論白白的救恩

我們相信：救恩的祝福對所有藉著福音前來的人，都是神白白賜的；但是人需要以熱切的、懺悔的、順服的信心來接受這些祝福，這是所有人的急迫責任。沒有一樣人事物可以叫世上最大的罪人得不著救恩，除非他自己固有的敗壞，和自發地棄絕福音；而這種棄絕會陷他於更惡化的定罪光景中。

第七條　論重生的恩典

我們相信：為了要得救，罪人必須要重生。重生在於將新的聖潔性情，賦予人的心思；它靠著聖靈的能力而產生功效的方式，是我們所不能理解的；它與神聖真理聯結，使我們甘心順服福音。重生最合宜的證據會出現在信徒所結聖潔的果子上：悔改、相信與生命的新樣。

第八條　論悔改和信心

我們相信：悔改和信心都是神聖的責任，兩者與神的恩典不可分離，是由神那叫人重生的靈在我們心靈裏作成的；藉此，我們才會深切地為自己的罪疚、無助自責，並願信服基督的救恩之道，就以無偽的懊悔、認罪轉向神，並懇求〔祂的〕憐憫；同時從心裏接受主耶穌基督為我們的先知、祭司和君王，並且依靠祂為惟一全豐的救主。

第九條　論神施恩的目的

我們相信：揀選是神永遠的旨意，按這旨意，祂憑恩典重生人，使人成聖，並拯救罪人；神的揀選與人自由行事的能力，兩者完全和諧一致，它包含了所有與此目的有關連的方法；它是神主權性之良善最榮耀的彰顯，因為神是無限自由、完全智慧、聖潔和不變的；它全然地排除了誇口，激發人的謙卑、愛心、禱告、讚美、信靠神，並叫我們主動地仿效祂白白憐憫的心腸；它鼓勵了人極盡所能地使用方法；這可由它在所有真正相信福音之人身上所產生的果效，得到確證；它是基督徒救恩確據的泉源；而且要在我們自己身上確知其存在，我們必須付上極大的殷勤來匹配它。

第十條　論成聖

我們相信：成聖是我們按著神的旨意、有份於祂的聖潔的過程；它是漸進的工作，開始於重生，繼續藉著聖靈的同在與能力，祂是打印記者與保惠師，不斷地使用所指定的方法——尤其是神的話、自省、捨己、儆醒和禱告，而成就在信徒的心中。

第十一條　論聖徒的恆忍

我們相信：只有恆忍到底的，才是真信徒；他們恆常地依附基督，這成為他們與浮淺的認信者之間有所區分的最大標記；有一特殊的天命在眷顧著他們的福祉；他們蒙神能力的保守，因信得享救恩。

第十二條　論律法與福音的和諧

我們相信：神的律法是祂道德管治時永遠不變的規則；神的律法是聖潔、公義、良善的；聖經歸咎墮落的人之所以無能力實行它的誡命，完全起因於他們喜愛犯罪；要拯救人脫離這種無能，又透過一位中保恢復他們得以真實地順服這個聖潔的律法，乃是〔傳揚〕福音的一大目的，也是〔設立〕此施恩方法的一大目的，與建立可見的教會有關。

第十三條　論福音性的教會

我們相信：基督可見的教會是受過浸之信徒的聚集，他們藉著相信福音而有交通，並因信恩約得以聯結；她遵守基督所設立的禮儀*；接受基督律法的管治，進而運用恩賜、權利和特權，這些都是由祂的話語授予他們的；她惟一合符聖經有職分的事奉人員是主教、牧師和執事，他們的資格、特權和責任，都定義在提摩太前/後書和提多書裏。（*譯者註：「禮儀」即指下一條的聖禮，浸信會信仰刻意不用「聖禮」一詞。）

第十四條　論浸禮和主餐禮

我們相信：基督教的浸禮是將信徒在水中受浸，歸入父、子、聖靈之名下；用一種莊嚴而美麗的象徵，來表明我們信靠釘十字架、埋葬了而復活的救主，其果效顯於我們的向罪而死、與復活進入的新生命；它是與教會聯結之特權的先決條件；也是得享主的晚餐的先決條件，在這主餐中，教會的成員藉著神聖地使用餅與杯，為的是一同記念基督捨身之愛；主餐總要先有嚴肅的自省。

第十五條　論基督徒的安息日

我們相信：每個禮拜的第一天是主日，或稱為基督徒的安息日。人們要藉著棄絕所有世俗的工作和有罪的娛樂，敬虔地遵守神所有私下和公開施恩的方法，預備進入所存留給神的百姓之安息，來遵守對宗教目的極其神聖的這個日子。

第十六條　論民事政府

我們相信：民事政府是神所設立的，為了人類社會的好處和良善的次序。人們要為政府官員禱告，本著良心尊榮並順服他們，除非那些與我們的主耶穌基督的旨意相違背的事情，因為惟有基督是良心之主，全地的萬王之王。

第十七條　論義人和惡人

我們相信：在義人和惡人之間，有一種極端性的和本質上的差異：惟有透過信心靠主耶穌的名稱義，又藉著我們神的靈而成聖的人，才真正地被祂看為公義；而所有持續不悔改、不相信的人，在祂的眼中是罪惡的，並落在咒詛之下。這種區分在人死亡之時以及死亡以後，皆是如此。

第十八條　論要來的世界

我們相信：世界的末日近了；在最後的日子裏，基督將要由天降下，將死人從墳墓裏復活受審判；一場嚴肅的區分將要發生；惡人要被判受永無終止的懲罰，而義人則是無窮喜樂的判決；這個審判是根據公義的原則，永遠地決定了人在天堂或地獄的最終光景。

《浸信會信仰和信息－美南浸信會》

（THE BAPTIST FAITH AND MESSAGE Southern Baptist Convention，主後1925年；1963, 2000年修訂）

第一條　聖經

聖經是由神所默示的人書寫的，乃是神自己向人的啟示。它是神聖指引最完全的寶藏。神是它的作者，救恩是它的目的，它的內容絕不摻雜任何的錯謬。所以，整本聖經全然都是真實而可靠的。它啟示了神用來審判我們的原則。所以，由今日直到世界的末了，它都是基督徒團體的真實重心；它也是所有人類行為、信條和宗教意見受到試驗的無上標準。所有的經文都是給基督作見證的，祂自己就是神聖啟示的焦點。

第二條　神

有一位且只有一位又真又活的神。祂是一位智慧的、屬靈的且有位格的實存；祂是宇宙的創造主、救贖主、保守者與管理者。神在聖潔上和所有其他完美的屬性上，都是無限的。神大有權能，知悉一切，祂的完全知識伸展及於過去、現在和將來一切的事理，包括全然知道祂自由的受造者未來所作的一切決定。我們應當將最高尚的愛戴、尊崇和順服都歸給祂。永恆的三一之神向我們啟示自己為父、子與聖靈，雖各有其位格上的特點，但其性情、本質或實存卻是沒有區隔的。

1. 父神

神之為父以天命的眷顧，按著祂施恩的目的來統管宇宙、祂的受造物，與人類歷史的流向。祂大有權能、知悉一切，全然慈愛且全然智慧。神向著那些藉著信靠耶穌基督成為神的兒女的人，在真理中顯為父；但祂向著所有的人都有父懷之心。

2. 子神

基督是神的永恆之子。在祂道成肉身成為耶穌基督時，從聖靈而受孕，生於童女馬利亞。耶穌取了人性，有分於人性的要求與必須之事，與人類完全地認同，卻沒有罪，這樣，祂就完美地啟示了神的旨意，並實踐它。祂以祂個人的順從，來表達對神律法的尊重；藉著在十字架上的代死，將人從罪中救贖出來。祂帶著得榮的身體，從死亡中復活，並向祂的門徒們顯現，祂就是在釘十字架之前、與他們同在的那一位。祂升到天上，如今被高舉到神的右邊；在那裏，祂是那位中保，是完全的神又是完全的人，在祂的位格裏成就了神人之間的和好。祂要帶著能力與榮耀回來審判世界，並完成祂救贖的使命。祂如今住在所有信徒裏面，成為存活並同在的主。

3. 聖靈之神

聖靈就是神的靈，有完全的神性。祂感動古代的聖者書寫聖經。藉著光照人，祂使人明白真理。祂高舉基督。祂叫人為罪、為義、為審判自責。祂呼召人歸向救主，使重生發生。在人重生的那一刻，祂將每一個信徒浸入基督的身體裏。祂培育基督徒的品格，安慰信徒，賜與屬靈的恩賜，叫人以此靈恩透過教會服事神。祂將信徒打上印記，直到最後得贖的日子。祂與基督徒之同在，是神要將信徒帶到基督完滿之身量的保證。祂在崇拜、傳福音與服事之時，光照信徒，並加力量給他們。

第三條　人

人是神特殊的創造，是神照著祂自己的形像造的。祂造男造女作為祂所有創造登峰造極的成品。因此之故，性別之恩賜，是神美好創造的一部分。起初人是沒有罪的，創造主賦予他選擇的自由，但人藉著他自由選擇〔的結果〕得罪神，將罪引入人類裏面。透過撒但的試探，人違背了神的命令，從他起初無罪的光景墮落了，因此，他的後裔承受了傾向犯罪的天性和環境。所以，一旦人們採取道德性的行動時，他們就成為犯罪者，而落到定罪之下。惟有神的恩典能夠將人帶入與祂聖潔的交通之中，並使人實踐神創造〔人〕的目的。人格的神聖性在神照祂自己的形像造人一事上，顯明出來了；也顯明在基督為人而死的一事上。所以，每一族群的每一個人都擁有完整的尊嚴，應當被尊重以及得享基督的愛。

第四條　救恩

救恩涉及全人的得蒙救贖，它是神白白地賜給所有接受耶穌基督為主與救主之人的。基督曾用祂自己的血，為信徒贏得了永遠的救贖。廣義來說，救恩包括了重生、稱義、成聖和得榮。離了個人相信耶穌基督是主的信心，就沒有救恩。

1. 重生或說新生，乃是神恩典的作為，藉此，信徒在基督耶穌裏成為新造的人。它是聖靈透過〔人的〕認罪而工作，所產生的心的改變；罪人以向神悔改並信靠主耶穌基督，來回應聖靈。悔改與信心是人經驗恩典不可分離的經歷。

   悔改是人真正地轉離罪惡、歸向神。信心是人接受耶穌基督，並全人委身於為主與救主之基督。
2. 稱義是神根據祂公義的原則，恩惠地、全面地赦免所有悔改並且信靠基督的罪人。稱義將信徒帶入與神和好、蒙祂恩惠的關係之中。
3. 成聖是從重生開始的經驗，藉此信徒為著神的目的被分別出來，並且藉著住在他裏面的聖靈之同在與力量，得以成長邁向德性與屬靈的成熟。在重生之人的生命中，在恩典中的成長應當終其一生在進行。

4. 得榮是救恩所到達的顛峰，是蒙贖者最終進入有福與永存的光景。

第五條　神施恩的目的

揀選有神施恩的目的；神按照揀選重生與稱義罪人，並使他成聖與得榮。揀選與人之為自由人是調和一致的，它也包括了與目的有關聯的所有方法。揀選是神主權性良善之榮耀的彰顯，它是智慧的、聖潔的，而且是不改變的。它排斥了〔人的〕自誇，並提升了謙遜。

所有的真信徒都能忍耐到底。那些蒙神在基督裏所接納、靠祂的靈成聖的人，從來不會從恩典的狀態中墮落，而會恆忍到底。信徒可能會因著疏忽和試探，墮入罪中；因此，他們叫聖靈擔憂，削弱了他們所得的恩典和安慰，給基督的大業帶來責難，也給自己帶來暫時的審判。不過，他們仍將蒙神的能力之保守，因信而得救。

第六條　教會

主耶穌基督的新約教會是由受過浸的信徒所組成之地方性、自治性的聚集，他們藉著信仰上的立約，和福音而有的團契，聯結起來。一同遵守基督所設的兩樣禮儀*，受到神律例的管治，使用恩賜和神的話授予他們的權利和特權，並尋求擴展福音直到地極。每一群會眾都是在基督是主的權柄下，透過民主的程序運作。在這樣的會眾裏，每一位成員都有其責任，並向作主的基督負責。合符聖經有職分的事奉人員有牧師和執事。雖然男女信徒在教會裏都有恩賜得以服事，但是牧師的職分按聖經的資格，僅限於男人。（*譯者註：「禮儀」即指下一章的聖禮，浸信會信仰刻意不用「聖禮」一詞。）

新約也說到教會乃是基督的身體，包括了諸世代所有蒙贖之人，即從各國、各民、各族、各方而來的信徒。

第七條　浸禮和主餐禮

基督教的浸禮是奉父、子、聖靈之名將信徒浸於水中。它是一項順服之舉，象徵該信徒信靠一位釘了十字架、埋葬了，又復活了的救主，以及該信徒的向罪而死、舊人埋葬了，以及復活了行走在生命的新樣中。它也是該信徒信主的見證，相信死人末後要復活。它既是一項教會的條例，因此也就是加入教會成為會員與得享主的晚餐之特權的先決條件。

主的晚餐是一個象徵性的順服之舉，藉此，教會的會員藉著同享餅和葡萄汁，記念救贖主的死，並等候祂的第二次來臨。

第八章　主日

每個禮拜的第一天乃是主的日子。它是基督教所設立、要定期遵守的制度。它記念基督從死裏復活，儀式應當包括崇拜和靈修的運作，不論是公開的、還是私下的。主日的活動應當與基督徒的良心相稱，而其良心是服在耶穌基督的主權之下。

第九條　國度

神的國度包含祂統管宇宙的一般性主權，和統管凡甘心承認祂是主之人的特殊王權。國度尤其是指人們藉著信靠耶穌基督，並如孩童般純真地委身於祂而進入的救恩領域。基督徒應當禱告並盡力，叫這國度降臨，神的旨意在地上成就。這國度的臻於完滿，還有待於耶穌基督的再來和這世代的結束。

第十條　末世之事

神有祂特定的時間和方式，將這個世界帶入合宜的終點。按著耶穌基督的應許，祂要親自在榮耀中，以人眼可見的方式回到地上；死人要復起；基督要憑公義審判所有的人。不義的人要交付給地獄，即永遠受刑的地方。義人帶著他們復活的、榮耀的身體，要領受他們的賞賜，並永遠地與主住在天堂。

第十一條　傳福音與宣道

努力使萬民做門徒，是每一個跟隨基督的人，和每一個主耶穌基督的教會的職責與特權。人的靈既靠著神的聖靈而得新生，就意味著會產生愛眾人的心。宣教事工在這方面的的推展，全有賴於重生後之生命所必須有的屬靈表現，這是基督的教訓一再明言命令的。主耶穌基督吩咐我們要傳福音給萬民，這是每一個神的兒女的職責，我們要不斷地用口傳、加上基督徒生活方式的佐證，以及其他與基督的福音相符的方法，來贏得失喪者，使他們歸向基督。

第十二條　教育

基督教是〔看重〕心智啟蒙的信仰。在耶穌基督裏藏著所有的智慧和知識，因此，所有的健全的學問都是我們基督教傳統的一部分。新生開啟了人所有的才能，並創造了一股渴慕，追求知識。不只如此，為著基督之國度而有的教育大業，與宣道和一般的慈善大業，該是齊驅並列的，應當與後者一同得到眾教會慷慨的支持。適當的基督教教育系統，對於信基督之百姓得著完整的屬靈規劃，是必須的。

在基督教的教育裏，在學術自由和學術責任之間，應當有適當的平衡。在人類生活任何一樣有次序的關係裏，自由總是有限制的，決不是絕對的。在基督教學校、學院或神學院裏，老師的自由受到耶穌基督的卓絕、聖經的權威性，以及該學校之所以存在之獨特目的之限制。

第十三條　管家職分

神是所有祝福的源頭，不論是現世的、還是屬靈的；我們所有的和所是的一切，都是祂所賜的。基督徒對全世界應有一份屬靈的虧欠感，對福音有一份聖潔的託付感，對他們的財產有一份作管家的責任感。所以，他們有責任要用他們的時間、才幹和物質的財產，來事奉神；他們應當認定所有的這一切，是為了神的榮耀和幫助他人，而託付給他們使用的。按照聖經的說法，基督徒應當樂意地、經常地、有系統地、有比例地，而且慷慨地，為了救贖主在地上大業的進展，而奉獻他們的〔財產和〕資源。

第十四條　合作

屬乎基督的人應當按著情況的需要，組織聯會和大會，使得他們便於為著神國度的偉大目標，而取得合作。這樣的組織彼此沒有權柄互屬，也沒有權柄在眾教會之上。他們是諮詢的義務團體，為了引出、聯合與導引同宗派信徒的力量而設計的，為達到最有效的情況。新約眾教會的成員應當彼此合作，好在宣道、教育與慈善事工上，促進基督國度的擴張。照新約的意義而有的基督徒之合一，乃是由不同屬乎基督的群體，為了共同的目的，而有的屬靈的和諧與自願的合作。當所要達成的目的本身證明是正當的，而這樣的合作沒有牽涉到違背良心，對基督的忠誠與對祂啟示在新約裏的話語也沒要妥協時，在不同的基督教宗派之間的合作，是令人欣羡的。

第十五條　基督徒與社會次序

所有的基督徒都有責任在自己的生活中，和所生活的社會裏，尋求推崇基督的旨意。但人們用來改善社會和建立公義的憑藉和方法，只有藉著神在耶穌基督裏的拯救恩典，生根在個人的重生裏時，才能真正而永遠地有幫助。本著基督的精神，基督徒應當反對種族主義，各種形式的貪婪、自私和邪惡，所有形式的性犯罪，包括姦淫、同性戀和色情。我們應當供應孤兒、缺乏者、受虐者、老人、無助者和病人。也當為尚未出生者說話，並且倡導由懷孕到自然死亡，任何形式的人類生命都是神聖的。每一個基督徒都應當試圖將工業界、政府和社會組合成一個整體，帶入公義、真理和弟兄之愛諸原則的支配之下。為了提倡這些目的，基督徒應當和所有仁義之士、本著良善的原委，總是懷著相愛的精神，樂於工作，但另一方面也要謹慎從事，而不在基督的真理和對祂的忠誠方面妥協讓步。

第十六條　和平與戰爭

與所有的人在公義的原則上，尋求和好，本是基督徒的責任。與基督的精神與教訓一致，他們應當竭力結束戰爭。

好戰的真正解決之道，乃是我們主的福音。這個世界最大的需要，是在個人和國家凡百事情上，接受祂的教訓，並實行祂的愛之律法的應用。舉世的基督徒都應當祈求平安之子的掌權。

第十七條　宗教自由

神惟獨是良心之主，祂使良心從與祂話語相反的，或其中沒記載其話語的屬人教義和誡命中，得著自由。教會和政府應當分離。政府應該保護每一個教會，並在教會的屬靈目標上，賦予完全的自由。但在提供這種自由時，沒有一個教會團體或宗派可以蒙國家之偏愛，超過其他者。政府既為神所設立，基督徒在凡百事上，只要不違反神啟示的旨意，就當對政府忠誠的順從，這本是他們的責任。教會不應當訴諸政府的權力，以遂行她的工作。基督的福音只尋求屬靈的方法來完成它的目的。國家沒有權利對任何種類的宗教意見施加懲罰。國家也沒有權利為了支持任何宗教的形式，而施加稅收。在自由國家裏有自由的教會，是基督教的理想；其涵意乃是說，所有的人都有自由而不受阻礙的權利來到神面前，在宗教領域裏，都有形成意見、傳播意見，卻不受政府干擾的權利。

第十八條　家庭

神已經設立家庭為人類社會的根本制度。它是由許多藉著婚姻、血親或領養而發生關係的人組成的。

婚姻是一男一女以終身立約的委身結合而成的。它是神獨特的恩賜，用以啟示基督和祂的教會之間的聯合，並且用以提供在婚姻中的男女方作親密伴侶的架構、按照聖經標準而有的性生活表達的管道，和生育後代的憑藉。

夫妻在神面前有平等的價值，因為雙方都是照神的形像造的。婚姻關係效法神與祂的百姓之間建立關係之法則：丈夫要愛他的妻子，就像基督愛教會一樣；他有神所賦予的責任，要供應、保護和領導他的家庭。妻子要大方和藹地順服她丈夫僕人心態的領導，正如教會甘心地順服基督作元首的地位；妻子具有神的形像，和她的丈夫一樣，因此與他是平等的，有神所賦予的責任尊敬她的丈夫，以助手的身分，在治理家務和照料下一代的事上協助丈夫。

兒女從他們在母胎那一刻起，就是從主來的祝福和產業。父母要向他們的兒女展示婚姻的楷模。父母要教導他們的兒女屬靈的和道德的價值，透過表裏一致的生活型態榜樣以及愛之管教，領導他們，並且根據聖經的真理作出抉擇。兒女則要孝敬他們的父母，並順從他們。

《芝加哥聖經無誤宣言》
（THE CHICAGO STATEMENT ON BIBLICAL INERRANCY，主後1978年）

§ 前言

無論是今日還是在歷代基督教會中，聖經的權威一向是關鍵的議題。舉凡相信耶穌基督是主和救主的人，都蒙召謙卑而忠誠地順服神書寫下來的話語，來表明他們真是主的門徒。人若在信仰或行為上偏離聖經，便是對主不忠。確認聖經的全然真實與可信，對於完全了解聖經的權威性、並合宜地認信它，乃是不可或缺的。

以下的宣言重新堅信聖經無誤論，清楚說明我們對此真理的了解，並對我們所否認的〔謬誤〕發出警告。我們相信否認聖經無誤，就是棄置耶穌基督和聖靈的見證，並拒絕順從神自己所宣告的話語——而這話語正是真基督教信仰的標記。面對現今有基督徒正在偏離聖經無誤的真理，而世人又普遍對此教義有誤解的情況下，我們認為重新肯定此教義是當務之急。

這篇宣言包括三部分：宣言概要、堅信和否認的條款，和伴隨的闡釋說明。這篇宣言是在芝加哥所召開的三日研討會上，所訂出的。那些簽署宣言概要及諸條款的人，誠願堅信他們對於聖經無誤的信念，彼此鼓勵，並挑戰所有基督徒能加增他們對此教義的欣賞和了解。我們承認，在一個時間短促而緊湊的會議上，制訂一份文件有其侷限之處，因此不會提議說，這份宣言具有教條的份量。但藉著共同的討論，深化了我們的信念，為此我們感到喜樂；我們也禱告，盼望我們所簽署的這份宣言能被使用，促使教會在她的信仰、生活和使命上，邁向新的改革，叫我們的神得到榮耀。

我們提出這份宣言不是為著爭辯，乃是本著謙卑和愛心；我們也靠著神的恩典定意在日後由此而生的對話中，持守這個精神。我們樂意承認，許多否認聖經無誤的人在他們的信仰和其行為其他方面，並未顯示這項否認而有的結果；我們也知道，我們這些認信這教義的人，因著未能在思想、行為、我們的傳統和習慣上，真正地遵從神的話，以致經常在生活中否認了這教義。

我們誠邀任何人藉著聖經本身的亮光，看到了這份關於堅信聖經之宣言有理由需要修改之處，而提出回應；我們乃是站在聖經無謬誤的權威之下發言的，但我們不以為我們所作的見證是無謬誤的；所以，任何幫助使我們為神的話語作見證的能力得以加強的，我們都無任感激。

—起草委員會

§ 宣言概要

1. 神自己就是真理，而且祂只說真理。祂已經默示了聖經，為要向失喪的人類藉著基督、啟示祂自己是創造者、主宰、救贖主與審判者。聖經就是神給祂自己所作的見證。
2. 聖經是神自己的話語，由人在祂的靈的安排和監督下寫成的；所以，它所論到的一切事，都出於無謬誤的神的權威。凡它所確認的，皆為神的教訓，我們都應該相信；凡它所要求的，皆為神的命令，我們都應該順服；凡它所應許的，都是神的保證，我們都應當欣然領受。
3. 聖靈——聖經的神聖作者——不只藉著祂內在的見證向我們證實聖經〔是神的話語〕，同時也開啟我們的心思、使我們明白聖經的意思。
4. 聖經既然全部都是神所賜的，又是神逐字默示的，就在它所有的教訓上都沒有錯謬或缺失；它論及神在創造中的作為、世界歷史的事件，和它自身在神導引下的文學源流之敘述的無誤，不亞於它在個人生命中為神的救恩所作見證的無誤。
5. 如果這個完全神聖的無誤，以任何方式受到限制或蔑視，又或是用不合聖經本身觀點的相對觀點來看真理的話，聖經的權威將無可避免地受損；而且這樣的偏差會給信徒個人和教會帶來嚴重的損失。

§ 堅信和否認的條款

第一條

我們堅信聖經應被接受為神權威的話語。

我們否認聖經是從教會、傳統或任何其他屬人的來源，領受其權威。

第二條

我們堅信聖經是神書寫下來的最終規範，用以拘束良心；而教會的權威則隸屬於聖經的權威之下。

我們否認任何教會的信條、議會（councils）、宣言擁有高過或等同於聖經的權威。

第三條

我們堅信書寫下來的整體〔神的〕話語，都是神所賜下的啟示。

我們否認聖經僅僅是對〔神的〕啟示所作的見證而已；也否認聖經只在人〔與神〕相遇時，才成為啟示；並否認聖經的有效性是取決於人的反應。

第四條

我們堅信那按自己形像造人的神，使用〔人類的〕語言作為祂啟示的工具。

我們否認因著我們受造本質所受的限制，以致人類語言不足以作為傳達神啟示的工具。我們更否認，人類文化和語言因著罪惡而有的敗壞，阻礙了神默示〔聖經〕的作為。

第五條

我們堅信神在聖經中的啟示是漸進性的。

我們否認可能應驗先前啟示的後來啟示，曾修正前者或與之矛盾。我們也否認自新約聖經完成之後，還有任何權威性的啟示。

第六條

我們堅信聖經的全部和其中每一部分，包括原本的每一個字，都是神所默示的。

我們否認人可以只承認聖經整體是神的默示，卻不承認其中每一部分都是神的默示；或只承認聖經某部分是神的默示，而不承認全部聖經都是神的默示。

第七條

我們堅信〔聖經的〕默示是神的工作，是神藉著祂的靈，透過作者其人，所賜給我們的話語。聖經的本源是出於神的。這種神的默示對我們而言，大體上仍是一個奧祕。

我們否認〔聖經的〕默示可以簡化為人的卓見，或任何一類人意識被高舉的狀態。

第八條

我們堅信神在默示的工作中，使用了祂所揀選和預備之作者們各自不同的風格和文體。

我們否認神在引導這些作者們使用祂選定的字句時，壓抑了他們的風格。

第九條

我們堅信雖然〔神〕沒有授予作者無所不知的秉賦，但默示保證了聖經作者們、在所有的事情上受感動所說所寫的話，都是真確可信的。

我們否認這些作者的有限與有罪，必然或偶然地會將曲解或錯謬引進神的話中。

第十條

我們堅信，嚴格說來，默示僅是針對聖經的原本說的；而在神天命中，從現今可得的抄本中有高度的準確度，能確知原本〔的經文〕。我們並堅信，聖經的抄本與譯文若忠實地表達了原本，就是神的話了。

我們否認基督教信仰任何主要內容，會因原本的不在而受到影響。我們更否認因原本的不在，使得聖經無誤的宣稱成為無效或無關緊要。

第十一條

我們堅信聖經既是神所默示的，就是絕對無謬誤的，以至在它所論及的一切事上，不但不會誤導我們，更是真實可靠的。

我們否認聖經一方面是無謬誤的，另一方面在它的宣稱裏又是有錯誤的。「無謬誤」（infallibility）和「無錯誤」（inerrancy）固然有所區分，但卻不可分離。

第十二條

我們堅信聖經是全然沒有錯誤的，絕無任何的不實、虛偽和欺騙。

我們否認聖經的無謬誤和無錯誤只限於屬靈的、宗教的、或救贖的議題，而不涉及它在歷史和科學領域的宣稱。我們更否認科學對於地球歷史所作的假設，可以用來推翻聖經對於創造及大洪水的教訓。

第十三條

我們堅信使用「聖經無誤」為一個神學術語，來說明聖經之完全真實，是適當的。

我們否認按照與聖經的用法及其目的相違的真偽標準，來衡量聖經，是合宜的。我們更否認人可以用聖經〔記載〕所缺乏的現象，諸如沒有現代技術上的精準、文法和拼字上的不規則、觀察自然現象的描述、報導虛謊之事、誇張說法和整數使用、內容按話題編排、平行記敘採用不同的材料、或自由地引經據典等，來否定聖經無誤〔的教義〕。

第十四條

我們堅信聖經的合一性，與其內在的一致性。

我們否認尚未解決、所謂聖經的錯誤和缺陷，損壞了聖經所宣稱的真理。

第十五條

我們堅信聖經無誤的教義，是根據聖經中關於〔聖靈〕默示的教訓而來。

我們否認人可以訴諸耶穌的人性、或受到任何人性自然的限制，而不接受祂論及有關聖經的教導。

第十六條

我們堅信聖經無誤的教義，是基督教信仰整體在歷史上不可或缺的一部分。

我們否認聖經無誤是更正教中經院哲學派所發明的教義，或是為了回應負面的高等批判而有的反動立場之教義。

第十七條

我們堅信聖靈為聖經作見證，使信徒確信所寫下神的話語都是真實的。

我們否認這種聖靈的見證可以脫離聖經、或違反聖經而運作。

第十八條

我們堅信聖經的經文必須根據「文法與歷史解經法」，要顧及其文學形式和技巧，並要以經解經來詮釋。

我們否認人可以使用處理經文或探究其背景來源的各種方法，導致將經文相對化、除去其歷史性、貶低其教訓、或否定其所宣示的作者為真。

第十九條

我們堅信認信聖經完整的權威、無謬誤和無錯誤，對正確地了解基督教信仰的整體，是十分緊要的。我們更堅信這樣的認信，會引領人越來越與基督的形像相符。

我們否認這樣的認信是得救的必然條件。但我們也更否認摒棄了聖經無誤，不會為個人和教會帶來十分嚴重的後果。

§ 闡釋說明

我們對聖經無誤教義的了解，必須建立在聖經論及其本身的整體教訓之下。這篇闡釋說明列出我們的「宣言概要」和其衍生的「諸條款」所依據的教義大綱。

創造、啟示和默示

三一之神既用祂創造性的話語造成萬物，並以祂諭令的話語統管萬有，就照祂自己的形像造人，使人按著在神性裏面以愛交流的永遠團契之模式，過著與祂自己相交的生活。人身為神形像的承載者，就理當聆聽神對他所說的話語，並要在仰慕順服祂的喜樂中回應祂。在神藉著受造界與其中所發生的一串事件自我顯明之外，自從亞當時代以來，人類也一直從祂領受話語的信息：或是直接的，如記載在聖經上的；或是間接的，透過聖經本身的部分或全部之形式。

當亞當墮落時，造物主並沒棄絕人類，聽憑最後的審判，反倒應許救恩，並且開始在一系列的歷史事件中，啟示祂自己是救贖主。這些事件是以亞伯拉罕家族為中心，並以耶穌的生、死、復活、現今在天上的職事，及所應許的再來為其顛峰。在這架構內，神一再向有罪的人類提及審判和憐恤、應許和命令等確切的話語，為要吸引他們進入神與他們之間相互委身的盟約關係中；在這聖約關係中，祂以恩典為禮物祝福他們，而他們以愛慕祂為回應讚美祂。摩西是神所用的中保，將祂的話語傳遞給出埃及時代的子民，他也是傳講與記述神為了拯救以色列人、而賜下祂的話語眾先知中的第一位。神使用這種連續不斷傳遞信息的方式，其目的是藉著使祂的子民認識祂的名（也就是祂的本性），和祂的旨意（在現今和未來兩者的命令和目的），來堅立祂的盟約。從神而來的先知性的代言人之行列，在神的道成了肉身的耶穌基督身上——祂本身是先知，但比先知更大——和第一代基督徒時代的使徒和先知們身上，就告終結了。當神說出最終極、最高潮的信息，即祂向世人說出有關耶穌基督的話，並經由使徒們闡明之時，啟示信息的系列就止息了。從此以後，教會就要藉著祂已經說過的話語，而且是為著所有的時候所說的話語，來生活，來認識神。

在西乃山，神將祂的聖約條文寫在石版上，作為祂永遠的見證，長久為人所知曉。在先知和使徒啟示時代的全程中，神促使人寫下祂所賜給他們與藉他們傳揚的信息，連同神和祂百姓相交的可稱頌的記錄，加上對聖約生活的道德反省，以及為著恩約憐憫而發的讚美與禱告。產生聖經文獻的默示，其神學實際和〔先知〕口傳預言者，是相互呼應的。雖然作者的個性會從他們所寫的作品中表現出來，但所寫成的話都是神所立定的。因此，凡聖經所說的，就是神所說的；聖經的權威就是神的權威；因為神是聖經的終極作者。神透過祂所揀選與預備的人，藉著他們的思想和言語賜下聖經；使他們在自由與信實裏「被聖靈感動說出神的話來」（彼後1:21）。根據「聖經是源出於神」此項事實，我們必須認定聖經是神的話。

權威：基督和聖經

神的兒子耶穌基督是成為肉身的道，是我們的先知、祭司、君王，也是神向人溝通的終極中保，正如祂就是神所賜下的一切恩典之賞賜。神子所給的啟示不限於口傳的啟示；也藉著祂的同在和祂的作為，啟示了父。然而，祂的話語才是至關緊要，因為祂就是神，祂所說的話都是從父神來的，祂的話在末日也要審判世人。

耶穌基督身為預言要來的彌賽亞，祂是聖經的中心主題。舊約前瞻祂的來臨，新約則回顧祂的第一次來臨，並盼望祂的再臨。聖經正典即是神所默示的，因此便成為為基督作見證最權威的典籍。所以，凡不以這位歷史上的基督為焦點的釋經法，我們不能接受。聖經也必須按著它的本質之所是來對待——它乃是父對道成肉身之子所作的見證。

耶穌在世的時代，舊約正典就已告完成。新約正典現今也是一樣封閉了，因為如今不會再有新的使徒為歷史上的基督作見證了。直到基督再來之前，神不會再下新的啟示（這啟示有別於聖靈光照、使人明白已存的啟示）。正典按原則是由神默示而產生的，而教會的責任則是辨認出神所創作的正典，而非另創一套。

「正典」一詞，乃準則或標準之意，是權威的指標，其意是指管治和掌控的權柄。對基督教而言，權威屬乎神的啟示中所表明出來的那一位；一方面意指耶穌基督——那永活之道；另一方面則意指著聖經——那成文之道。但是基督的權威與聖經的權威原為一。基督為我們的先知，曾作見證說：「經上的話是不能廢的」（約10:35）。基督為我們的祭司與君王，曾專心致力祂在世的生命，以實踐律法和先知書上的話為己任，甚至順服彌賽亞預言的話而死。由此可見，祂既看見聖經為祂和祂的權威作見證，祂就藉著自己對聖經的順服，為聖經的權威作見證。正如祂順從祂的父在聖經（即我們的舊約）裏所給的指示，所以，祂要求祂的門徒也如此做——然而，並非與使徒為祂自己所作的見證脫開了，而是聯合在一起。這見證是祂藉著祂所賜聖靈的恩賜，默示出來的。因此，基督徒藉著順服先知和使徒的著作中所賜的屬神的指示，來表明他們是主的忠僕。先知和使徒著作合起就構成了我們的聖經。

基督和聖經藉著互相證實對方的權威，就結合為權威之單一泉源。聖經所詮釋的基督、和以基督為中心並傳揚基督的聖經，都是從這一個觀點而來。正如從默示的立場來看，我們可以推斷說，聖經所說的話就是神所說的話；所以，從所啟示的耶穌基督和聖經之間的關係來看，我們也可以同樣地宣告，聖經所說的話是基督所說的話。

無謬誤性、無錯誤性和其詮釋

聖經既是神默示的話，帶著權柄為基督作見證，就理當被稱為「無謬誤的」（infallible）和「無錯誤的」（inerrant）。這兩個否定詞有其特殊的價值，因為它們明確地保障非常緊要的正面真理。

「無謬誤性」意指聖經有不誤導人，也不被人誤導的特性；因此以其絕對的術語，確保了聖經在凡事上都是確實、穩當、可靠的準則和指引。

同樣地，「無錯誤性」意指聖經毫無任何虛假或錯誤的特性；因此，就確保了聖經在它所宣稱的一切事上，都是全然真實可信的真理。

我們堅信，聖經正典的詮釋，必須永遠根據聖經乃是無謬誤、無錯誤的基礎。然而，當我們在詮釋每一段經文，判斷什麼才是蒙神授意的作者所要宣稱的意思時，我們必須十分留意聖經之為人的作品，它的宣稱和特性為何。神默示人寫聖經的時候，祂使用了作者週邊環境的文化和習俗，而這些環境是神用祂主權的天命所管治的；憑空另類的想像皆屬誤解。

所以，歷史必須視之為歷史，詩歌視之為詩歌，誇張語法和比喻視之為誇張語法和比喻，概括法和約略法也是一樣，其他等而推之。聖經時代和我們今日的文學表達習慣不同，也必須要注意：舉例來說，因為在古時，不按歷史次序作報導，和不精確的引經據典，都是約定俗成、為人所接受，並不出人意外。所以，當我們讀到聖經作者如此敘述時，不可認為這些說法是錯的。當所期待的或所定的目標，本來就不是要達到某種特定的徹底精確，那麼未達到此標準時，當然不能視其為錯誤。聖經是無誤的，但它的意思不是按現代標準來說的絕對精準，它只是完備地表達它的意思，並表明作者所要專注的真理。

聖經的真實不應被其中所表現出來的文法和拼字之不規律、自然現象之描寫、對虛謊之報導（如撒但的謊言），或兩段〔平行〕經文之間似乎有的出入，所否定。以聖經中所謂的「表象」來反對聖經論及自身的「教訓」，是不對的。明擺著的不一致不應當被忽略，在有把握解惑之處，其解決將會振奮我們的信心；而在現今尚無把握解惑之處，藉著信靠神的話是真實的，雖然有這些〔不一致〕的表象，但藉著持守我們的信心，相信有一天會發現這些不過是錯覺，我們仍當好好地尊榮神。

因為所有的聖經都出自獨一真神的心思，所以其詮釋必須持守在經文相互參照類比的範疇內，並且必須避免假設可以用一段經文糾正另一段經文，不論這種糾正是假漸進性的啟示之名，或假受默示作者之心思的光照有所不完全之名。

雖然聖經絕不在任何地方受到文化的限制，以至於它的教導無法放諸四海皆準，但它有時候會受到某個特定時期習俗和傳統觀念的文化制約，以至於它的原則在今日產生不同的作法。

懷疑主義與批判主義

自文藝復興以來，尤其在啟蒙運動之後所發展的世界觀，都涉及了懷疑基督教基本信仰的懷疑主義。諸如不承認神是可知的不可知論、否認神是不可測度的（incomprehensible）理性主義、否認神是超越的惟心論，以及否認神人關係有理性成分的存在主義。這些不合聖經、甚至反對聖經的道理，一旦以大前提的原則（presupposition level）滲入了人的神學裏，正如他們今日經常做的，忠實的解釋聖經就變為不可能了。

聖經的傳抄與繙譯

因為神從未曾應許聖經的傳抄是無誤的，堅信只有聖經的原稿正本是神所默示的，並堅持需用「經文鑑別學」（textual criticism）作為工具、來校勘經文在抄寫過程中任何可能潛入的遺誤，是必須的。然而，這門學科的判斷證明了，希伯來文和希臘文經文保存之完整的程度實在令人驚奇，以至於我們有充份的理由，和《西敏斯特信仰告白》（Westminster Confession of Faith）一樣，堅信在這〔保存的〕事上，有神奇特的天命；並宣告聖經的權威絕不因我們現有的抄本並非全然沒有錯誤之事實，受到任何的危害。

同樣地，聖經譯本也沒有一本是完全的，也不可能是完全的，因為所有的譯本都是原本之外多加了一層工夫。不過語言學的判斷卻證實了，起碼說英語的基督徒擁有極多優秀的聖經譯本；他們沒有理由可以猶豫不下結論說，真正的神的話語他們垂手可得了。事實上，聖經常常複述它所強調的主題，而聖靈又不斷地為神的道與透過神的道作見證；從這兩件事實來看，沒有任何嚴謹的聖經譯本會破壞它的意思，使它的讀者不能「因信基督耶穌而有得救的智慧。」（提後3:15）

聖經無誤與聖經權威

當我們堅信聖經的權威涉及到它全部的真理時，我們就知道自己與基督及祂的使徒們，都站在整本聖經以及與從古至今教會歷史的主流的同一立場了。我們真正需要關切的是，今日有許多人用漠不關心、大意粗心、漫不經心的心態，已糊裏糊塗地放棄了這個重要而且影響深遠的信仰。

我們也注意到：只是承認聖經的權威，卻不再堅持它是全然真實的，必將導致鉅大而嚴重的混淆。走到了這一步的結果就是，神所賜給的聖經失去了它的權威。取而代之的權威，乃是一本其內容按著人的理性批評、所刪減過的聖經；而一旦此例一開，據此原則，聖經會繼續被刪減下去。此即意味著，人不受拘束的理性至終取得了權威，可以反對聖經的教訓了。如果人們看不到這一點，如果基本福音派的教義暫時仍然持守著，否認聖經完全真理的人也可以自稱是福音派的人，然而他們在方法上已然離棄了福音派知識〔論〕的原則，而轉向一種不穩定的主觀主義；他們會發現自己難以不越陷越深。

我們堅信聖經所說的話，就是神所說的話。願神得榮耀。阿們！阿們！

附錄 2

是「獨子」還是「獨生子」?

請見本書第十四章「三一之神」, 特見第C.2.1節的「亞流爭議」, 亦見附錄1的《尼西亞信經》。

其實關於「獨」(only)子或「獨生」(only begotten)子的爭議是不必要的, 因為是出自對希臘字*monogenēs*(「獨生」)的誤解(此字在約翰福音1:14, 18; 3:16, 18和約翰一書4:9等處均用來指耶穌)。

多年以來, 這個字都被認為是由*mono*和*gennaō*兩個希臘字衍生而來的: *mono*的意思是「獨一」, 而*gennaō*的意思是「生, 生產」; 甚至為大家所接受之版本的《尼西亞信經》, 對這個字的解釋也是如此, 因為它所用的兩個詮釋句——「父在〔創造〕萬有之前**所生的**(begotten of the Father before all worlds)」和「**所生的**(begotten)、非所造的」——都使用動詞*gennaō*(「生」)來解釋*monogenēs*一字。

可是二十世紀語言學的研究卻認為, 與這個希臘字之後半部息息相關的不是動詞*gennaō*(「生」, 「生產」), 而是*genos*(「種類」、「等級」)。因此, *monogenēs*這個字應該是指「僅此一類」之子, 或是「獨特」之子。[1] 其實在希臘文裏, 表達「獨生子」的概念時, 不會用*monogenēs*這個字, 而會用*monogennētos*這個字。雖說如此, 但也有可能在主後325年和381年時, 尼西亞教父把「生」的想法包含進*monogenēs*這個字的意思裏面, 因為這個字在其他地方曾被用過幾次, 都是指「獨一」的小孩, 而「生」的想法可以說已經包含在其中了。

*monogenēs*這個字的意思並不意味著「某人**所生的**獨子」, 這一事實可藉由研讀它在希伯來書11:17的使用法獲得肯定; 在那裏, 以撒被稱為是亞伯拉罕的*monogenēs* —— 然而以撒並不是亞伯拉罕的獨生子, 因為他還生了以實瑪利。因此, 這個字在那裏的意思應該是指, 以撒是亞伯拉罕「獨特的」兒子, 無子像他一樣(除此處外, 其他還有一些地方此字也是「獨特的」之意, 而沒有「生」的意思: 七十士譯本的詩篇21:20〔和合本的22:20, 見小字〕); 34:17〔和合本的35:17, 見小字〕; 旁經《所羅門智慧書》7:22; 和教父作品《革利免一書》25:2)。因此, NIV將約翰福音3:16譯作「**一而獨一**之子……」(*one and only* Son), 而NASB的經文譯註則譯作「或作**獨特的**, 僅祂一類的」(or, *unique*, only one of His kind); RSV則將之譯作「祂**獨一的**兒子」(his *only* Son); 所有這些的版本都正確地從譯文中省略掉「生」的思想。

雖然初代教會誤解了這個聖經用字(*monogenēs*)(而且為此爭論了幾乎整個主後第四世紀大部分的時間), 但讓我們深感安慰的是, 其他的經文都能一致地維護教義的純正, 使教會避免

---

[1]如見BAGD, p. 527; D. Moody, "The Translation of John 3:16 in the Revised Standard Version," *JBL* 72 [1953], pp. 213-219.

落入亞流主義的錯謬中。

假如這兩個句子——「是父在〔創造〕萬有之前所生的」及「是所生的、非所造的」——不是出現在《尼西亞信經》裏的話，那麼對今日的我們而言，討論這兩句話就只是對歷史的興趣罷了，而我們也無需討論「永遠**生出**子來」（eternal *begetting* of the Son）的教義了。然而因為有這樣的句子存在於一個仍被普遍使用的信經之中，所以我們就不得不斷地向每一新世代的基督徒解釋，「是父……所生的」（begotten of the Father）一語中的「生」字，和任何英語裏「生」（begotten）的意思並沒有關係。假如「永遠**生出**子來」（或「子的永遠**受生**」）沒有保留在任何現代的神學表述裏的話，似乎更有幫助。同樣地，稱耶穌為神的「獨**生**子」（only *begotten* Son，從KJV衍生出來的詞彙），似乎只會叫人更加困惑，而不是幫助人了解。最需要留意的僅僅是，我們應當堅持，在父神、子神和聖靈的關係裏，有著**永遠位格上的差異**，而子神與父神的關係永遠都是兒子和他父親之間的關係（事實上，約翰一書5:18說耶穌是「那從神生的」〔見和合本小字〕，但這可能不是指一種永恆的關係說的，而是指耶穌降生為人時的道成肉身；比較使徒行傳13:33，希伯來書1:5）。

最後，我們在前面提到「永遠**生出**」一語可能的意義時，曾建議說，就某種意義來說，可以是指父神、子神和聖靈在角色的區分中，父神永遠都是源頭。[2] 只要我們不假定這些位格的區分在某個時間點上有一個開始，聖經上沒有一處經文似乎和這個思想是牴觸的；然而聖經也沒有一處指明，我們應當肯定這種想法。或許堅持三個位格中的一位是區分他們不同位格的源頭，這種說法並沒有什麼意義，因為神的三個位格都一直是存在的，而且他們對於神的本質而言都是必要不可或缺的。

[2]如見Louis Berkhof, *Systematic Theology*, pp. 93-94.

附錄 3
配合各章主題的現代崇拜詩歌

研讀系統神學的最高境界就是帶來讚美，所以本書在每一章前面都加入了一首與該章主題有關的詩歌，這些詩歌都可以在一般教會所使用的傳統詩歌本內找到。此外，在全書五十七章中，有二十六章也可以找到與該主題有關的現代崇拜詩歌，如下所列。

本書章數	中文歌名	英文歌名	英文詩歌本出處	中文詩歌本出處
七	先求神的國	Seek Ye First	1	C-510; D-11
十	榮耀你聖名	Glorify Thy Name	13	A-262; C-498
十一	我尊崇你	I Exalt Thee	69	A-22; C-518
十二／十三	偉大的主	Great Is the Lord	7	A-10
十二／十三	我要唱耶和華的大慈愛	I Will Sing of the Mercies	238	A-70; C-414
十二／十三	真光普照	Shine, Jesus Shine	259	A-477
十二／十三	主啊你真美好	O Lord, You're Beautiful	217	E-67
十二／十三	我主最堅定的愛	The Steadfast Love of the Lord	208	A-78; D-96; E-49
十二／十三	因你的慈愛	Thy Loving Kindness	24	E-5
十四	聖哉聖哉	Holy, Holy	3	A-258
十五	惟獨你配	Thou Art Worthy	109	C-499; E-21
十八	先求神的國	Seek Ye First	1	C-510; D-11
二十	大能戰士	Mighty Warrior	276	B-35
二十一	我尊崇你	I Exalt Thee	69	A-22; C-518
二十一	要榮耀主	Lord, Be Glorified	22	E-26
二十四	造清潔的心	Create In Me a Clean Heart	195	D-245
二十四	潔淨我	Cleanse Me	92	C-309
二十六	歡呼主耶穌	All Hail King Jesus	71	D-142; E-103
二十六	祂是否	Isn't He?	179	E-45
二十六	耶穌在萬名之上	Jesus, Name Above All Names	200	C-514; E-33
二十六	開我的眼，主	Open Our Eyes	229	D-234; C-525
二十六	讚美耶穌聖名	Praise the Name of Jesus	127	A-99; D-82
二十六	讚美歌	Praise Song	241	E-52
二十六	有一位救贖主	There is a Redeemer	136	A-284
二十七	有一位救贖主	There is a Redeemer	136	A-284
二十八	歡呼主耶穌	All Hail King Jesus	71	D-142; E-103
二十八	諸天宣揚	All Heaven Declares	258	
二十八	祂是主	He Is Lord	87	D-76
二十九	君尊祭司來讚美	Come and Praise Him, Royal Priesthood	265	D-258
三十	靠我靈成事	By My Spirit	38	

三十	求永生真神的靈	Spirit of the Living God	82	A-248; C-471; D-168
三十三	白白得來	Freely, Freely	263	A-501
三十五	聖靈之歌	Spirit Song	218	C-523; D-241
三十七	何等慈愛	Behold, What Manner of Love	6	A-67; E-27
三十八	更新我心意	Change My Heart, O God	110	D-212; E-110
三十八	真光普照	Shine, Jesus Shine	259	A-477
三十八	聖靈之歌	Spirit Song	218	C-523; D-241
四十五	主使我們連結	Bind Us Together	73	D-270
四十五	一家人	Family Song	268	D-343
四十六	勝敗全在乎耶和華	The Battle Belongs to the Lord	165	
四十八	聖潔之地	Holy Ground	118	D-392
五十一	如鹿切慕溪水	As the Deer	246	A-66; C-281-1; D-341; E-93
五十一	讚美祂聖名	Bless His Holy Name	114	C-265
五十一	我尊崇你	I Exalt Thee	69	A-22; C-518
五十一	和散那	Hosanna	188	A-113; D-325
五十一	親愛的主	I Love You, Lord	84	C-512
五十一	願讚美歸主如馨香的祭	Let Our Praise Be to You as Incense	149	
五十一	你真配得	Thou Art Worthy, Great Jehovah	58	
五十一	讚美祭	We Bring the Sacrifice of Praise	232	D-243
五十一	榮耀歸萬王之王	We Will Glorify	117	C-503
五十一	每當我瞻仰你	When I Look Into Your Holiness	40	D-307; E-108
五十四	歡呼主耶穌	All Hail King Jesus	71	D-142; E-103
五十四	敬拜主	Majesty	98	A-49; C-497; D-179; E-102
五十七	歡呼主耶穌	All Hail King Jesus	71	D-142; E-103
五十七	救贖的民要歸回	Therefore the Redeemed	113	D-99

英文詩歌本：

Praise Chorus Book (Nashville: Maranatha Music, 1990)

中文詩歌本：

A《世紀頌讚》（香港：浸信會出版社，2001 年）

B《前來敬拜》（台北：以琳書房，1996 年）

C《教會聖詩》（美國加州：羅省基督教會聯會，1985 年）

D《新歌頌揚》（台北：以琳書房，1989 年）

E《讚美系列短歌集》（香港：B&L 製作公司，1991 年）

附錄 4

福音派系統神學書目及說明

本附錄的書目包括了現有福音派最主要的系統神學英文書目，以及一些較短的基督教教義指引。一般來說，這些著作的作者都採取「保守福音派」的神學立場，只有兩套著作是屬於羅馬天主教的神學著作（由McBrien 和Ott所著），筆者在此將之列出，是因為本書各部後的共同書目都曾參照過它們。[1]

緊接在本書目後的附錄5中，筆者將其中三十四位基督教神學家和兩位羅馬天主教神學家抽出來按神學立場列出一份總表，本書的每部共同書目即按此總表排列，方便讀者就同一主題互相參照各書。

Arminius, James. *The Writings of James Arminius*. 3 vols. Vols. 1 and 2 trans. by James Nichols. Vol. 3 translated by W. R. Bagnell. Grand Rapids: Baker, 1956.

阿民念（James Arminius, 1560-1609）是十六世紀荷蘭阿姆斯特丹的一位改革宗牧師，也是荷蘭雷登大學（University of Leyden）的神學教授。他的神學觀念與當時主流派之加爾文主義的一些信念不同，以致在當年的荷蘭引起很大的爭議，而雙方的爭議即使在他死後很久依然沒有結束。他的神學思想成了日後為人所周知的阿民念主義之整套神學思想的基礎架構，直到今天，仍為保守的衛理會（循道會）及許多更正教團體所持守。在此所列的這一套著作是在阿民念去世以後才編成的，雖不是完全按照系統神學來編排，但的確包含了許多非常重要的神學主題。

Bavinck, Herman. *The Doctrine of God*. Trans. by William Hendriksen. Grand Rapids: Eerdmans, 1951. Reprint edition: Carlisle, Pa.: Banner of Truth, 1977.

________. *Our Reasonable Faith*. Trans. by Henry Zylstra. Grand Rapids: Eerdmans, 1956. Reprint edition: Grand Rapids: Baker, 1977.

________. *The Philosophy of Revelation*. Trans. by Geerhardus Vos, Nikolas Steffens, and Henry Dosker. Reprint edition Grand Rapids: Baker, 1979. First published 1909 by Longmans, Green, and Co.

巴文克（Herman Bavinck, 1854-1921）是一位荷蘭的神學家，也是近代最出色的改革宗神學代言人之一。他所著四大卷的系統神學論作 *Gereformeerde Dogmatiek*，除了第二卷《神論》（*The Doctrine of God*）已譯成英文外，其他幾卷尚有待繙譯。

Berkhof, Louis. *Introduction to Systematic Theology*. Reprint edition: Grand Rapids: Baker, 1979. First published by Eerdmans, 1932.

________. *Systematic Theology*. Fourth edition, Grand Rapids: Eerdmans, 1939.

---

[1] 在John Jefferson Davis, *Theology Primer* (Grand Rapids: Baker, 1981), pp. 74-79 中所列的書目與註釋也非常有幫助，涵蓋的範圍也更廣，其中還包含了一些針對自由派學者之著作的評註。亦可參考同作者的 *Brief Guide to Modern Theologians*, pp. 39-55。此外，在 Millard Erickson, *Concise Dictionary of Christian Theology* (Grand Rapids: Baker, 1986) 一書中，還可看到作者對於許多教派之重要神學家所作的簡短評註。

伯克富（Louis Berkhof, 1873-1957）是美國密西根州加爾文神學院（Calvin Seminary）的前校長，他所寫的這本系統神學是改革宗的標準教科書，此書內容豐富，包含許多資料和分析，無論由哪個神學角度來看，它可能都是單本式的系統神學書籍中最有價值的一本。

Berkouwer, G. C. *Studies in Dogmatics*. 14 vols. (1952-1976).
________. *The Church*. Trans. by James E. Davidson. Grand Rapids: Eerdmans, 1976.
________. *Divine Election*. Trans. by Hugo Bekker. Grand Rapids: Eerdmans, 1960.
________. *Faith and Justification*. Trans. by Lewis B. Smedes. Grand Rapids: Eerdmans, 1954.
________. *Faith and Perseverance*. Trans. by Robert D. Knudsen. Grand Rapids: Eerdmans, 1958.
________. *Faith and Sanctification*. Trans. by John Vriend. Grand Rapids: Eerdmans, 1952.
________. *General Revelation*. (No translator named.) Grand Rapids: Eerdmans, 1955.
________. *Man: The Image of God*. Trans. by Dirk W. Jellma. Grand Rapids: Eerdmans, 1962.
________. *Holy Scripture*. Trans. and edited by Jack B. Rogers. Grand Rapids: Eerdmans, 1975.
________. *The Person of Christ*. Trans. by John Vriend. Grand Rapids: Eerdmans, 1954.
________. *The Providence of God*. Trans. by Louis B. Smedes. Grand Rapids: Eerdmans, 1952.
________. *The Return of Christ*. Trans. by James Van Oosterom. Ed. by Marlin J. Van Elderen. Grand Rapids: Eerdmans, 1972.
________. *The Sacraments*. Trans. by Hugo Bekker. Grand Rapids: Eerdmans, 1969.
________. *Sin*. Trans. by Philip C. Holtrop. Grand Rapids: Eerdmans, 1971.
________. *The Work of Christ*. Trans. by Cornelius Lambregtse. Grand Rapids: Eerdmans, 1965.

柏寇偉（G. C. Berkouwer, 1903-1996）曾任阿姆斯特丹自由大學（Free University of Amsterdam）系統神學教授，是二十世紀荷蘭改革宗神學大師，以其鉅作《教義學研究》（*Studies in Dogmatics*）享譽基督教世界，荷蘭文本共十八冊，以上為譯成英文者。

Bloesch, Donald G. *Essentials of Evangelical Theology*. 2 vols., New York: Harper & Row, 1978-79.

畢樓奇（Donald G. Bloesch, 1928-2010）是近代神學家，他主要是持傳統的改革宗神學觀，但在一些教義上，例如關於揀選及聖經的權威性，其立場不像本書目所列之其他「改革宗」的作者們那樣明確。

Boice, James Montgomery. *Foundations of the Christian Faith*. Revised one-volume edition. Downers Grove, Ill.: InterVarsity Press, 1986.

箴士・布易士（James M. Boice, 1938-2000）是已逝的費城第十長老會的牧師兼神學家，這一套根據改革宗思想寫成的系統神學，文筆流暢易懂，並教導信徒如何將神學觀念應用在日常生活中。此套書包括四冊：《全權之神》（*The Sovereign God*, 1978），《救贖之神》（*God the Redeemer*, 1978），《向神覺醒》（*Awakening to God*, 1979），《神與歷史》（*God and History*, 1981）。（編者註：中文版已由更新傳道會譯成並發行）

Boyce, James Pettigru. *Abstract of Systematic Theology*. Reprint edition: Christian Gospel Foundation, n.d. First published 1887.

博伊思（James P. Boyce, 1827-1888）曾任美國肯德基州美南浸信會神學院（Southern Baptist Seminary）校長及該校系統神學教授。這是一本浸信會的系統神學著作，但在教義上偏向改革宗思想。

Buswell, James Oliver, Jr. *A Systematic Theology of the Christian Religion*. 2 vols. Grand Rapids: Zondervan, 1962-63.

巴茲偉爾（James O. Buswell, 1895-1977）是美國密蘇里州聖路易城聖約學院與神學院（Covenant College and Seminary）的前任院長，這是一套改革宗思想的系統神學。

Calvin, John. *Institutes of the Christian Religion*. 2 vols. Ed. by John T. McNeill. Trans. and indexed by Ford Lewis Battles. The Library of Christian Classics, Vols. 20-21. Philadelphia: Westminster, 1960. Trans. from the 1559 text and collated with earlier versions.

加爾文（John Calvin, 1509-1564）對基督教信仰所作之系統詮釋，以上所列的是現有的最佳英文譯本（中文版名為《基督教要義》）。加爾文是法國的改教家，後來也成為改教運動中最出色的神學家。根據許多人的估計，他也可能是整個教會歷史上最偉大的神學家。此套書是由改革宗思想的角度寫成。

Carter, Charles W., ed. *A Contemporary Wesleyan Theology: Biblical, Systematic, and Practical*. 2 vols. Grand Rapids: Francis Asbury Press (Zondervan), 1983.

查爾斯．卡特（Charles W. Carter）是這套書的編者，這套書收集了有關基督教主要教義的二十四篇論文，由幾位學者共同寫成，他們代表了不同程度的保守衛理會之派別和學院。這套書也包含了幾篇與實用神學和基督教倫理學有關的作品，其中包括有卡特本人所發表的四篇論文。卡特是美國印第安那州馬利安學院（Marion College）的宗教與宣教教授。這套書的指導委員會之成員，是分別來自聯合衛理公會（United Methodist）、循理會（Free Methodist）、拿撒勒人會（Church of the Nazarene）、宣教會（Missionary Church）、救世軍（Salvation Army）、衛理會（Wesleyan Church）等的代表。

Chafer, Lewis Sperry. *Systematic Theology*. 7 vols. plus index vol. Dallas: Dallas Seminary Press, 1947-48.

________. *Systematic Theology: Abridged edition*. 2 vols. Ed. by John F. Walvoord, Donald K. Campbell, and Roy B. Zuck. Wheaton: Victor, 1988.

薛弗爾（Lewis S. Chafer, 1871-1952）是美南達拉斯神學院（Dallas Theological Seminary）的創辦人與第一任院長。這套書以七卷發行的版本，是目前最完整的時代論系統神學論著，而以二卷發行的版本則是作者早期著作的濃縮本。

Cottrell, Jack. *What the Bible Says About God the Creator*. Joplin, Mo.: College Press, 1983.

________. *What the Bible Says About God the Ruler*. Joplin, Mo.: College Press, 1984.

________. *What the Bible Says About God the Redeemer*. Joplin, Mo.: College Press, 1987.

寇崔爾（Jack Cottrell）是一位思考嚴謹的阿民念派神學家，任教於美國辛辛那提聖經學院（Cincinnati Bible Seminary）。筆者在本書的共同書目中，將他的這三本書編列為：1. (*God the Creator*), 2. (*God the Ruler*), 3. (*God the Redeemer*).

Dabney, Robert L. *Discussions: Evangelical and Theological*. London: Banner of Truth, 1967. Reprint of 1890 edition.

________. *Systematic Theology*. Edinburgh: Banner of Truth, 1985. Reprint of 1878 edition.

達布尼（Robert L. Dabney, 1820-98）屬於美南長老會，持堅定的改革宗神學立場，曾任教於美國維吉尼亞州的聯合神學院（Union Seminary）。他也是南北戰爭時的隨軍軍牧和南軍司令官傑克遜（Stonewall Jackson）的參謀長。

Edwards, Jonathan. *The Works of Jonathan Edwards*. 2 vols. Revised and corrected by Edward Hickman. Edinburgh: Banner of Truth, 1974. Reprint of 1834 edition.

愛德華滋（Jonathan Edwards, 1703-1758）是美國麻州北安普敦城的牧師，任普林斯頓大學校長一個月後，即因注射天花疫苗去世。有人認為他是美國最偉大的哲學家與神學家。雖然他沒有寫成一整套的系統神學著作，但他的一般性著作幾乎涵蓋了系統神學中所有的主題。他表達出嚴謹的改革宗立場，但內在卻有著一顆溫柔愛基督的心，思想深刻而有內涵。耶魯大學出版社出版了一套新的*The Works of Jonathan Edwards*，共二十六冊（1957-2008）。

Erickson, Millard. *Christian Theology*. Grand Rapids: Baker, 1985.

艾利克森（Millard Erickson, 1932-）曾任美國明州聖保羅城伯特利神學院（Bethel Theological Seminary）的教務主任，目前在美國德州西南浸信會神學院（Southwestern Baptist Seminary）任教。這本《基督教神學》是由浸信會的立場所寫成的系統神學，講解清晰、思想透徹。包含了對於近代非福音派主流思想的回應，同時也指出一些有助於個人應用方面的資料。

Finney, Charles G. *Finney's Lectures on Systematic Theology*. Ed. by J. H. Fairchild. Grand Rapids: Eerdmans, 1953. Reprint of 1878 edition.

芬尼（Charles G. Finney, 1792-1875）是一位奮興佈道家，曾任美國俄亥俄州奧柏林學院（Oberlin College）的校長。雖然他並不堅持某個神學立場，但在某些論點上卻又堅守阿民念派的看法，極強調個人的成聖和完全主義。此書並非一完整的系統神學著作，因有許多主題都沒有討論到。

Gill, John. *Complete Body of Doctrinal and Practical Divinity*. 2 vols. Grand Rapids: Baker, 1978. First published as *A Body of Doctrinal Divinity* (1767) and *A Body of Practical Divinity* (1770).

基爾（John Gill, 1697-1771）是十八世紀英國一位極有影響力的浸信會牧師，他不但是多產的作者，也是極受人敬重的神學家。對於神的至高主權，他採取改革宗（加爾文派）的立場。他所著的*The Cause of God and Truth*（1735-38; reprinted Grand Rapids: Baker, 1981），可說是護衛加爾文神學觀的一本最透徹的著作。

Henry, Carl F. H. *God, Revelation, and Authority*. 6 vols. Waco, Tex.: Word, 1976-83.

卡爾．亨利（Carl F. H. Henry, 1913-2003）是北美一位重要的福音派神學家，專長於辯道學與神學哲學。這是他最重要的一部著作，其中包含許多他對數百個不同之學術立場者的回應。

Heppe, Heinrich. *Reformed Dogmatics: Set Out and Illustrated From the Sources*. Rev. and ed. by Ernst Bizer. Trans. by G. T. Thompson. Reprint edition. Grand Rapids: Baker, 1978. First published 1861. English translation first published 1950.

赫佩（Heinrich Heppe, 1820-1879）是十九世紀的德國學者，此書中收集並引用了許多早期改革宗神學家的著作內容。由於這些內容是按系統神學的主題所編排的，因此使此書成為極有價值的參考資料。

Hodge, Charles. *Systematic Theology*. 3 vols. Reprint edition: Grand Rapids: Eerdmans, 1970. First published 1871-73.

賀智（Charles Hodge, 1797-1878）曾是普林斯頓神學院（Princeton Theological Seminary）的系統神學教授。這是一本重要的改革宗思想的神學參考書，直到今日依然被廣泛地使用。

Lewis, Gordon R., and Bruce Demarest. *Integrative Theology*. 3 vols. Grand Rapids: Zondervan, 1987-94.

路易士（Gordon R. Lewis）與**底馬勒斯特（Bruce Demarest）**兩人均為美國科羅拉多州丹佛神學院（Denver Seminary，一間保守派浸信會神學院）的系統神學教授，他們合寫的這套書整合了系統神學和許多歷史、聖經、辯道及應用的資料，是近代極有價值的參考書。

Litton, Edward Arthur. *Introduction to Dogmatic Theology*. New edition, ed. by Philip E. Hughes. London: James Clarke, 1960. First published 1882-92.

李頓（Edward A. Litton, 1813-1897）是十九世紀英國的一位福音派神學家，他的這本著作是一本標準的聖公會系統神學書。

McBrien, Richard P. *Catholicism*. 2 vols. Minneapolis: Winston Press, 1980.

麥百恩神父（Richard P. McBrien, 1936-）是美國著名的天主教聖母大學（University of Notre Dame）的神學教授，他所寫的這套書，詳述天主教會受第二次梵蒂岡會議（Vatican II Council）之影響後的所有教導，每章之後都列有書目。

Miley, John. *Systematic Theology*. 2 vols. Library of Biblical and Theological Literature, Vols. 5-6. New York: Eaton and Mains, 1892-94. Reprint: Peabody, Mass.: Hendrickson, 1989.

米雷（John Miley, 1813-1895）曾是美國新澤西州德魯神學院（Drew Theological Seminary）的教授。此套書可能是阿民念派的系統神學著作中最詳盡、也是最具學術性的一部著作。

Milne, Bruce. *Know the Truth*. Leicester: InterVarsity Press, 1982.

布魯斯．米爾恩（Bruce Milne）所寫的這本福音派的基督教教義指引——《認識基督教教義》，內容清晰，思考週詳，為許多學生所使用。作者曾任教於倫敦司布真學院（Spurgeon's College），講授聖經及歷史神學。

Mueller, John Theodore. *Christian Dogmatics*. St. Louis: Concordia, 1934.

米勒爾（John T. Mueller）是美國密蘇里州聖路易城康考迪亞神學院（Concordia Seminary）的系統神學教授，該學院是屬於信義宗（路德會）的一個神學院。本書是他對於派波爾（Francis Pieper）所寫之《基督教教義學》（*Christliche Dogmatik*）一書的節譯本。是保守派路德神學的絕佳代表作。

Mullins, Edgar Young. *The Christian Religion in Its Doctrinal Expression*. Philadelphia: Judson Press, 1917.

慕林（Edgar Y. Mullins, 1860-1928）曾任美國肯德基州美南浸信會神學院的校長，他所寫的這本書是一本福音派的系統神學作品。

Murray, John. *Collected Writings of John Murray*. 4 vols. Carlisle, Pa.: Banner of Truth, 1976-82.

________. *The Imputation of Adam's Sin*. Reprint edition: Nutley, N. J.: Presbyterian and Reformed, 1977. First published Grand Rapids: Eerdmans, 1959.

________. *Principles of Conduct*. Grand Rapids: Eerdmans, 1957.

________. *Redemption Accomplished and Applied*. Grand Rapids: Eerdmans, 1955.

慕理（John Murray, 1898-1975）曾任美國賓州費城西敏斯特神學院（Westminster Seminary）的系統神學教授，他也是近代最能為改革宗神學辯護的神學家。

Oden, Thomas Clark. *The Living God*. Systematic Theology, Vol. 1. San Francisco: Harper & Row, 1987.

多馬斯．奧頓（Thomas C. Oden, 1931-）是衛理會的神學家，他曾一度持自由派的神學觀，後改為保守福音派的神學觀，他對早期教會歷史中的神學家頗有研究。

Olson, Arnold T. *This We Believe: The Background and Exposition of the Doctrinal Statement of The*

Evangelical Free Church of America. Minneapolis, Minn.: Free Church Publications, 1961.

歐爾森（Arnold T. Olson, 1910-2003）曾是美國播道會（Evangelical Free Church）總會的第一任會長。這本關於基督教教義的書是根據美國播道會所廣泛採用的信仰宣言所寫成的。

Ott, Ludwig. *Fundamentals of Catholic Dogma*. Ed. by James Canon Bastible. Trans. by Patrick Lynch. St Louis: Herder, 1955. First published in German in 1952.

奧脫（Ludwig Ott, 1906-1985）是天主教神學家，這是傳統羅馬天主教所用的標準神學教科書。

Packer, J. I. *Concise Theology: A Guide to Historic Christian Beliefs*. Wheaton, Ill.: Tyndale House, 1993.

巴刻（J. I. Packer, 1926-）是英國聖公會的神學家，但堅守改革宗的信念。這本易讀的著作與其書名相符，因為巴刻的特點就是能用精簡的文字說明深刻的神學觀念。他是加拿大維真學院（Regent College）的神學教授，也是今日最受人尊重的福音派神學家之一（編者註：中文版《簡明神學》已由更新傳道會譯成及發行）。

Pieper, Francis. *Christian Dogmatics*. 4 vols. Trans. by Theodore Engelder et al. St. Louis: Concordia, 1950-57. First published in German, 1917-24.

派波爾（Francis Pieper, 1852-1931）是路德會的密蘇里大會（Missouri Synod）的神學家，曾任密蘇里州聖路易城康考迪亞神學院的校長與神學教授。這是一套保守派路德會的標準系統神學書。

Pope, William Burt. *A Compendium of Christian Theology*. 2d ed. 3 vols. New York: Phillips and Hunt, n.d.

波普（William B. Pope, 1822-1903），他的這套書首次在1875-76年間發行，是從衛理派或阿民念派觀點所寫成之最偉大的系統神學著作。

Purkiser, W. T., ed. *Exploring our Christian Faith*. Kansas City, Mo.: Beacon Hill Press, 1960.

鮑凱索（W. T. Purkiser, 1910-1992）是拿撒勒人會著名傳道人及神學家，他所編的這本書，是由數位作者合寫而成的一本阿民念派的系統神學著作，流傳甚廣。

Ryrie, Charles. *Basic Theology*. Wheaton, Ill.: Victor, 1986.

雷歷（Charles Ryrie, 1925-）曾任美南達拉斯神學院的系統神學教授，他所寫的這本基礎神學的論著是由時代論的角度來介紹系統神學，文筆清晰易懂。

Shedd, William G. T. *Dogmatic Theology*. 3 vols. in 4. Reprint edition: Minneapolis: Klock and Klock, 1979. Originally published by Charles Scribner's Sons, 1889.

石威廉（William G. T. Shedd, 1820-1894）是前任紐約協和神學院（Union Theological Seminary）的教授。他這著作是一套非常有用的改革宗系統神學著作，在這套書中，第一、二冊研討了系統神學的全部內容，而第三冊則是補充資料，可惜第三冊的索引不夠完整。

Strong, Augustus H. *Systematic Theology*. Valley Forge, Pa.: Judson Press, 1907.

史特朗（Augustus H. Strong ,1836-1921）曾於1905-1910年任紐約州羅徹斯特神學院（Rochester Theological Seminary）的院長，也是美北浸信會總會（Northern Baptist Convention）的會長。他這本著作在二十世紀的浸信會體系中流傳甚廣，直到日後被艾利克森（Millard Erickson）的《基督教神學》（*Christian Theology*）所取代。

Thiessen, Henry Clarence. *Introductory Lectures in Systematic Theology*. Rev. by Vernon D. Doerksen. Grand Rapids: Eerdmans, 1977. First published 1949.

戴森（Henry C. Thiessen, 1883-1947）曾任芝加哥惠敦大學（Wheaton College）研究所所長，這本書是他從浸信會與時代論的神學觀點寫成。

Thomas, W. H. Griffith. *The Principles of Theology: An Introduction to the Thirty-Nine Articles*. Fifth edition, revised. London: Church Book Room Press, 1956. (First published 1930.)

格弗．湯瑪士（W. H. Griffith Thomas, 1861-1924）曾任英國牛津大學威克里夫學院（Wycliffe Hall, Oxford）院長，後又擔任加拿大多倫多的威克里夫學院（Wycliffe College）舊約教授，在他去世前亦曾對美南的達拉斯神學院的成立頗有貢獻。雖然此書是根據聖公會《三十九條》的結構寫成，但對於聖公會之外的讀者來說，它依然是對研讀基督教教義頗有價值的一本著作。此書在英國的福音派中間流行多年。

Thornwell, James Henley. *The Collected Writings of James Henley Thornwell*. 4 vols. Ed. by John B. Adger. New York: Robert Carter and Brothers, 1871-73. Reprint edition: Edinburgh and Carlisle, Pa.: Banner of Truth, 1974.

桑威爾（James H. Thornwell, 1812-1862）是一位改革宗神學家，曾任教於美國南卡州哥倫比亞城的長老會神學院（Presbyterian Theological Seminary）。

Turretin, Francis. *Institutes of Elenctic Theology.* 3 vols. Trans. by George Musgrave Giger. Ed. by James T. Dennison, Jr. Phillipsburg, N. J.: Presbyterian and Reformed, 1992-1997.

特理田（Francis Turretin, 1623-1687）曾接續加爾文在日內瓦大學（Academy in Geneva）任教三十年，據說他這本以拉丁文寫成的論著，是對加爾文神學思想的最佳詮釋。此書（拉丁文版本）在1847年重印，成為美國長老會中廣為使用的一本神學教科書，特為當年在普林斯頓授課的賀智（Charles Hodge）所推崇。吉格（George Giger）在十九世紀中葉時將之繙譯出來，可惜放了一世紀都沒有出版。美國賓州西敏斯特神學院的但尼森（James Dennison）花費了極多的編輯工夫，才使這本偉大的神學著作得以英文面世。

Van Til, Cornelius. *In Defense of the Faith* Vol. 5: *An Introduction to Systematic Theology*. N.p.: Presbyterian and Reformed, 1976.

范泰爾（Cornelius Van Til, 1895-1987）是改革宗的神學家與哲學家，曾任教於美國賓州費城西敏斯特神學院，以「前提的」（presuppositional）辯道方式聞名，是美國辯道學泰斗。本書內容是研討系統神學、啟示論及神論的本質。

Warfield, Benjamin B. *Biblical and Theological Studies*. Philadelphia: Presbyterian and Reformed, 1976.

________. *Christology and Criticism*. London and New York: Oxford University Press, 1929.

________. *The Inspiration and Authority of the Bible*. Ed. by Samuel G. Craig. Introduction by Cornelius Van Til. Philadelphia: Presbyterian and Reformed, 1967.

________. *The Lord of Glory*. New York: American Tract Society, 1907.

________. *Perfectionism*. Philadelphia: Presbyterian and Reformed, 1958.（這本書是華菲德早期所寫的兩卷關於完全主義之濃縮本，其中特別刪除了許多對德國神學家的評論。）

________. *The Person and Work of Christ*. Philadelphia: Presbyterian and Reformed, 1950. (Contains

reprints of 2 articles from *ST*, 5 from *BD*, 6 from *CC*, and 1 other article.)
________. *The Plan of Salvation*. Rev. ed. Grand Rapids: Eerdmans, 1942.
________. *Selected Shorter Writings of Benjamin B. Warfield*. 2 vols. Nuttley, N. J.: Presbyterian and Reformed, 1970-73.
________. *Studies in Theology*. New York: Oxford University Press, 1932.
________. *Biblical Doctrines*. Edinburgh: Banner of Truth, 1988.

華菲德（Benjamin B. Warfield, 1851-1921）是一位改革宗神學家，於1887-1921年任教於美國普林斯頓神學院，為該校的新約及系統神學教授，曾被多人視為美國最偉大的神學家之一。

Watson, Richard. *Theological Institutes*. 2 vols. New York: G. Lane and P. Sandford, 1843. First published 1823.

華生（Richard Watson, 1781-1833）是由阿民念派的觀點寫成此書。這是衛理會神學家所寫的最早的一套系統神學論著。

Wiley, H. Orton. *Christian Theology*. 3 vols. Kansas City, Mo.: Nazarene Publishing House, 1940-43.

韋雷（H. Orton Wiley, 1877-1961）屬於拿撒勒人會，是一位受人敬重的神學家。他所寫的這本書採阿民念神學的立場，可算是二十世紀阿民念派系統神學書中最好的一本，但它在學術上的深度遠不及米雷（John Miley）的那套系統神學書。

Williams, J. Rodman. *Renewal Theology: Systematic Theology From a Charismatic Perspective*. 3 vols. Grand Rapids: Zondervan, 1988-92.

威廉斯（J. Rodman Williams, 1918-2008）是一位靈恩派的學者，曾任教於加拿大維真學院。他所寫的這套書是第一本由靈恩派角度來寫成的系統神學，書中廣泛討論聖經經文及其他文獻。

附錄 5
每部共同書目總表

*每部共同書目*包括了三十六位作者的作品，作者及各書的完整資料見附錄 4。

一般來說，在這份共同書目裏的作者都採取「保守福音派」的神學立場，堅信聖經的無誤性。作品按神學上的傳統分為七大類——(1) 安立甘宗／聖公會、(2) 阿民念派／衛理會／循道會、(3) 浸信會、(4) 時代論、(5) 信義宗／路德會、(6) 改革宗／長老會，和 (7) 靈恩派／五旬節派。（除了這三十四位保守福音派的著作外，還包括了兩位具代表性的天主教作品，因為天主教在世界上幾乎每一個社會都有很大的影響力。）

作者是按照宗派的寬廣分類組合的，在同一組合內的作者則按照時間順序來排列。當然這分類也不盡周密，因為通常會有重疊——許多安立甘宗和浸信會的作者在神學上是屬於改革宗的，而分類為這兩個宗派內的其他作者，在神學上可能是阿民念派的。許多時代論者也屬於浸信會，而其他的則屬於長老會，依此類推。不過，這些分類在福音派裏大致代表了彼此不同的神學傳統。

在*每部共同書目*裏，人名前面所標示的年代，是每一作者的系統神學或主要神學論著最後一版的出版年代。在該作者沒有出版主要神學作品的情況下，這年代就代表了他活躍於教學與撰寫系統神學文章的年代。在每部的表格裏，各作者項目後的數目字，則代表所涵蓋的主題出現在其作品的第幾冊或第幾頁，書名用英文字母縮寫來代表，各書全名請見附錄 4。

福音派系統神學著作

1. 安立甘宗／聖公會

1882–92	Litton	（李頓）
1930	Thomas	（格弗・湯瑪士）

2. 阿民念派／衛理會／循道會

1847	Finney	（芬尼）
1875-76	Pope	（波普）
1892-94	Miley	（米雷）
1940	Wiley	（韋雷）
1960	Purkiser	（鮑凱索）
1983	Carter	（查爾斯・卡特）
1983-	Cottrell	（寇崔爾）
1987-90	Oden	（多馬斯・奧頓）

3. 浸信會

1767	Gill	（基爾）
1887	Boyce	（博伊思）
1907	Strong	（史特朗）

1917	Mullins	（慕林）
1976-83	Henry	（卡爾．亨利）
1983-85	Erickson	（艾利克森）
1987-94	Lewis/Demarest	（路易士與底馬勒斯特）

4. 時代論

1947	Chafer	（薛弗爾）
1949	Thiessen	（戴森）
1986	Ryrie	（雷歷）

5. 信義宗／路德會

1917-24	Pieper	（派波爾）
1934	Mueller	（米勒爾）

6. 改革宗／長老會

1559	Calvin	（加爾文）
1724-58	Edwards	（愛德華滋）
1861	Heppe	（赫佩）
1871-73	Hodge	（賀智）
1878	Dabney	（達布尼）
1887-1921	Warfield	（華菲德）
1889	Shedd	（石威廉）
1909	Bavinck	（巴文克）
1937-66	Murray	（慕理）
1938	Berkhof	（伯克富）
1962	Buswell	（巴茲偉爾）

7. 靈恩派／五旬節派

1988-92	Williams	（威廉斯）

天主教系統神學著作

1. 傳統天主教

1955	Ott	（奧脱）

2. 天主教（二次梵蒂岡大會後）

1980	McBrien	（麥百恩）

詞彙解釋與主題索引

詞彙解釋

A

absolute authority 絕對權威： 一個人生命中的最高權威；一個不能訴諸於其他更高權威而被否定的權威。（四 A.4-5）

accommodation 屈就： 一種錯誤的理論，認為當聖經作者在強調一些更大的重點時，有時會附帶地肯定了一些當時人所相信的錯誤觀念。（五 B.4）

active obedience 主動的順服： 這是指基督在世時活出一個完全順服神的生活而贏得了公義；我們只要相信祂，這公義就會被算為我們的。（二十七 C.1）

adoption 得著兒子名分： 這是一項神的作為，祂藉此使我們成為祂家中的成員。（三十七 A）

adoptionism 嗣子論： 嗣子論是一種錯誤的教導，它認為耶穌在受洗以前是一個普通的人，但後來被神「領養」為「兒子」，並被賦予超自然的能力。嗣子論否認了耶穌在降生為人以前就存在，也否認了耶穌在本質上具有神性。（十四 C.2.3）

age of accountability 負責任的年齡： 有些神學家認為，在此年齡之前的幼童不用為罪負責任，在神面前也不算為有罪。（二十四 D.3）

amillennialism 無千禧年論： 這個理論認為，在最後審判與永世以前，耶穌將不會以肉身出現在地上掌權一千年；按照這種立場的觀點，啟示錄第 20 章所描述的千禧年實際就是現今的教會時代。（五十五 A.1, B）

angel 天使： 一種受造的、屬靈的實存，有道德的判斷力和高度的智慧，但沒有物質的身體。（十九 A）

angel of the Lord 耶和華的使者： 神自己取了人的形體，為的是向不同聖經時代的人顯現。（十九 A.11）

annihilationism 死後靈魂消滅論： 不信之人在經過神忿怒的懲罰以後就不存在了；或在死後就立刻不存在了。（四十一 C.2；五十六 G）

anthropomorphic language 擬人化的語言： 用人類的詞彙來講神的事。（十一 A.2）

antichrist 敵基督： 即「大罪人」，將在基督再來之前顯露，帶來無法比擬的苦難與迫害，只有在耶穌再來時才能將他毀滅。這個詞彙也被用來描述那些反對基督教的歷史人物，他們可能是那位末後之敵基督的前身。（五十四 F.3.5）

Apocrypha 旁經： 一些被羅馬天主教接受並列為舊約正典的書卷，但沒有被更正教列為正典（此詞源於希臘字 *apocrypha*，意為「被隱藏的事物」）。（三 A）

Apollinarianism 亞波里那留主義： 第四世紀時的異端，認為基督具有人的身體，但沒有人的心思或靈；並認為基督的心思及靈乃來自神兒子的神性。（二十六 C.1.1）

apologetics 辯道學： 為基督教信仰的真實性辯護之學科，目的是要勸服不信者。（一 A.1）

apostle 使徒： 這是初代教會所承認的一個獨特職分。新約時代的使徒在許多方面是如同舊約的先知，因此他們寫下的話就有權威成為聖經上的話。（三 B.1；四十七 A.1；五十二；五十三）

archangel 天使長： 一位權柄高過其他天使的天使。（十九 A.4）

Arianism 亞流主義： 錯誤的教義，否認耶穌基督和聖靈的完全神性。（十四 C.2；二十六 C）

Arminian 阿民念派： 一種神學傳統，認為人有自由選擇，否認神在所有事件的細節上具有天命性的掌控。（十六 G）

ascension 升天： 耶穌復活之後，停留在地上四十天，然後就升上天去了。（二十八 B.1）

asceticism 禁慾主義： 一種放棄享受物質世界之生活方式的觀念。（十五 D）

aseity 自有： 指神的自主性或神的自存之屬性的

另一個詞彙。（十一 B.1）

assurance of salvation 救恩的確據：我們根據生命中的證據，內心感到自己是真的重生了，並且將會恆忍到底為基督徒，直到生命的終了。（四十 D）

atonement 基督的贖罪：基督為要贏得我們的救恩，而以祂的生命與死亡所做的工作。（二十七）

attributes of being 實存的屬性：在神的性格中，那些表達出其實存本質的重要屬性。（十二 A）

attributes of purpose 目的性的屬性：在神的性格中，那些有關作決定和執行決定的屬性。（十三 D）

authority of Scripture 聖經的權威：所有在聖經裏的話語，都是神的話語；因此不相信或不順從聖經中任何的話語，就是不相信或不順從神。（四）

autograph 聖經原稿或原本：最原初的聖經文稿（字首 auto- 是「自己」的意思，而字根 graph 是「寫作」的意思）。（五 B.3）

B

baptism by the Holy Spirit 聖靈的洗、從聖靈受洗、由聖靈施洗：此譯文和「在聖靈裏的洗禮」、「用聖靈的洗禮」都譯自相同的希臘原文。在此將希臘原文的介系詞 *en* 譯為 by（「從」、「由」），似乎是要指出這個洗禮是由聖靈所執行的；但更正確的繙譯應該是「在聖靈裏的洗禮」、「用聖靈的洗禮」，即聖靈是洗禮的要素，信徒在歸正時是被「用」聖靈施洗，或說是「在」聖靈裏被施洗。（三十九 A, B）

baptism in/with the Holy Spirit 聖靈的洗、在聖靈裏的洗禮、用聖靈的洗禮：是新約聖經作者所用的詞語，指出信徒進入了一個聖靈大能工作的新的約，其中聖靈的工作包括賜給我們屬靈的新生命（重生），潔淨我們，使我們與罪的權勢及對罪的眷戀有一個清楚的斷絕（成聖的起始階段），並且賜下服事的能力。（三十九 B）

beatific vision 有福的看見：我們將來在天上將真實而清晰地看見神，雖然這看見不會是徹底而詳盡的。beatific vision 一語字面的意思就是「使人有福或快樂的看見」）。（十二 A.2）

beauty 美麗：是神的屬性之一，藉此祂成為所有可羨慕之特質的總和。（十三 E.3）

being filled with the Holy Spirit, filled with the Holy Spirit 被聖靈充滿：這是歸正以後所發生的事，但不是一次單一的事件，而是能夠一再發生的事件。信徒在此事件中經歷到被聖靈新鮮地充滿，因而產生不同的結果，包括對神有更大的愛，更能勝過罪惡，更有能力服事，有時還會領受到新的屬靈恩賜。（三十 E；三十九 D.2.3）

belief 相信：在當代的文化中，這個詞表示接受某件事是真實的，例如有關基督的事實，而不需要對這件事作個人的委身或倚靠。但在新約聖經中，這個詞牽涉到個人的委身，例如約翰福音 3:16 所說的（又見「信心」）。（三十五 A.3）

believable profession of faith 可信任的認信之詞：此為「浸信會式」洗禮觀念的中心思想，認為只有那些信了基督、又表現出合理之證據的人，才可以受洗。又見「信徒受洗論」。（四十九 B）

believers' baptism 信徒受洗論：此理論認為，只有那些能提出「可信任的認信之詞」的人才能接受洗禮。（四十九 B）

biblical theology 聖經神學：研究聖經中之個別作者和個別段落的教導，並研究每一個教導在聖經歷史發展中所佔的地位。（一 A.1）

binding and loosing 捆綁與釋放：這是耶穌的話，是指將人置於教會紀律之下，和將人從教會紀律之下解除出來（太 18:17-18; 16:19）。（四十六 B）

bishop 主教：此詞譯自希臘字 *episkopos*，與「牧師」、「監督」、與「長老」等詞可以互換使用；這乃是新約時代治理地方性教會的主要職分。在主教制的教會治理形式下，此詞也可以用來指稱有權柄管轄數間教會的個人。（四十七 A.2.2, C.1）

blameless 完全：在神眼中道德上的完美；是那些能完全遵行耶和華律法的人的特徵（詩 119:1）。（八 A）

blasphemy against the Holy Spirit 褻瀆聖靈：不

尋常地、惡意地、故意地拒絕和毀謗聖靈為見證基督而有的工作，並且將聖靈的工作歸功於撒但。又見「不得赦免的罪」。（二十四 D.6；三十 E）

blessedness 有福： 這條教義是指，神全然以祂自己為樂，也全然以一切能反映出其性格的為樂。（十三 E.2）

blood of Christ 基督的血： 指基督為拯救我們而死。基督犧牲自己，為我們贖罪而付上死的代價，祂的血就是祂傾倒生命的清楚外證。（二十七 C2.3(3)）

Body of Christ 基督的身體： 此為聖經中描述教會的一個譬喻，被用在兩個方面：一是強調各個肢體的相互依賴，另一則是強調基督為教會的元首。（四十四 A.4）

born again 重生、再被生一次： 這是約翰福音 3:3-8 中的用語，指神賜予我們新的屬靈生命。（三十四前言）

born of the Spirit 從聖靈生的： 即「重生」，此詞指出聖靈在賜予我們新的屬靈生命上之特殊角色。（三十四 A）

born of water 從水生的： 耶穌在約翰福音 3:5 所用的詞語，指神的重生工作伴隨著潔淨我們屬靈上的罪（另參結 36:25-26）。（三十四 C）

C

Calvinist 加爾文派： 一種神學傳統，由十六世紀法國的改革家加爾文（1509-64）而得名。此派強調神在所有事上的主權，人在神面前沒有能力行屬靈上的善事，一切發生的事都是以神的榮耀為最高的目標。（十六）

canon 正典： 所有被列在聖經內的書卷（此詞源於希臘字 *kanōn*，意為「葦、量尺、測量的標準」）。（三）

canonical 正典的： 此詞是用來描述一些被保存下來的著作，它們的作者被認為是神，因此可以被收納進聖經的正典，成為神權威話語的文字形式。（三）

certain knowledge 確定的知識： 不容懷疑和質問的知識。因為神知道宇宙所有的事實，而且祂不說謊，所以我們惟有從聖經之神的話語裏才能得到絕對確定的知識。（七 C）

cessationist 靈恩止息派： 此派認為，某些神蹟性的屬靈恩賜早在使徒過世、聖經完成之時就終止了。（十七 D.2；五十二 B）

Chalcedonian definition 迦克墩定義： 在主後 451 年的迦克墩大會所發表的聲明，被天主教、更正教、東正教和基督教的正統教派，當作聖經中有關基督位格教訓之標準、正統的定義。（二十六 C.2）

Charismatic 靈恩派： 指某些群體或一群人，其歷史淵源可以追溯到 1960 年代和 1970 年代的靈恩更新運動；他們追求操練新約聖經中所有被提及的屬靈恩賜（包括說預言、醫病、行異能、說方言、繙方言，和辨別諸靈），而關於聖靈的洗是否發生在歸正之後，以及說方言是否為聖靈的洗之標記，他們則和五旬節派不同，因他們容許有不同的觀點。（三十九 A）

cherubim 基路伯： 一種受造之屬靈的實存，其工作之一是守護伊甸園的入口。（十九 A.3.1）

Christian ethics 基督教倫理學： 任何關於回答以下這個問題的研究：對於任何一個處境，「神今日要求我們去做什麼，以及神要求我們要有怎樣的態度？」（一 A.4）

church, *ekklēsia* 教會： 所有時代一切真信徒的團體。在新約聖經裏被譯為「教會」的希臘字是 *ekklēsia*，其字面的意思是「會眾」，但在聖經中是指神百姓的聚集或其會眾。（四十四 A.1）

circular argument 循環論證： 一個論證法，想藉著某一宣稱來證明其結論，而此宣稱又有賴於該結論的真實與否。（四 A.5）

clarity of Scripture 聖經的清晰性： 這是指聖經在其寫作上，能使所有願意閱讀它以尋求神的幫助、且願意順從它的人，都能夠明白它的教訓。（六 C）

classis 監督會： 在改革宗的教會裏，治理地區性眾教會的組織（類似於長老會體系中的「區會」）。（四十七 C.2）

common grace 普遍恩典： 神所賜給人的那些不屬於救恩範疇的無數祝福。（三十一 A）

communicable attributes 可交通的屬性： 神性格中那些神分給人或「交通」給人的屬性。（十一 A.1；十二）

communication of attributes 神人二性之屬性上的交通：這是指耶穌的神人二性因在同一身位之內，所以可以彼此給予（或「傳遞」）一些性質或能力；但同時祂的神性和人性仍能保持其各自獨特的性質。（二十六 C.3.5）

Communion 聖餐：即「主的晚餐」。（五十 C.1）

communion of saints 聖徒的交通：在使徒信經中所用的詞語，指活在地上的信徒和在天上的信徒因參與在那個已經在天上進行的敬拜，而彼此有團契或交通。（四十一 C.1.2；四十三 D.1）

compatibilism 相容主義：改革宗之天命觀的另一名稱，即認為神的絕對主權與人的意義和人真實的抉擇，彼此是相容的。（十六前言）

complementarian 男女互補：此觀點認為男性與女性在神面前有相等的價值，然而在教會的治理和教導上，領導權是保留給男性的。（序言；四十七 D）

concordist theory 協調主義者理論：這是「日」即「年代」論的另一個名稱，因為它尋求聖經與科學在年代確定上的結論「協調一致」，故而得此名稱。（十五 E.4.1）

concurrence 協同：神的天命之一方面：神在每一個行動上，協同受造之物，使它們能按其特有的本質，表現出該有的行為。（十六 B）

conditional immortality 有條件的不朽：此觀點認為，神創造了人，如果他們接受基督為救主，就可以不朽（擁有活到永遠的能力）；而那些沒有成為基督徒的人，在死時或在最後大審判時，就不再存在了。（五十六 G）

congregational government 會眾制：這是一種治理教會的形式，其治理地方性教會的權柄最終是在會眾身上。（四十七 C.3）

consequent absolute necessity 因結果而有的絕對必要性：此觀點認為，雖然基督的贖罪不是絕對必要的，但由於神決定要拯救一些人類的「結果」，所以基督的贖罪就成為絕對必要的。（二十七 B）

consistory 教會法庭：在改革宗的教會裏，地方性教會中長老們的合稱（類似長老制體系中的「堂會」）。（四十七 C.2）

consubstantiation 同質說：這個詞彙代表了信義宗對主的晚餐的看法，認為基督的身體確實「同在」於餅的「裏面」、「伴隨」及「下面」。「同」的意思是指「同在」，絕非「相同」之意。（五十 C.2）

contradiction 矛盾：一組敘述中的兩句，其中一句否定另一句。（一 E.3）

conversion 歸正：我們出於自願地回應福音的呼召；這回應就是我們真誠地為罪悔改，並且信靠基督以得著救恩。（三十五前言）

cosmological argument 因果論的論證、宇宙論的論證：根據觀察來論證神的存在：因為宇宙裏每一個已知的事物都有其因（cause），所以宇宙本身也必有其因，而這樣大的一個宇宙的因，只可能是神了。（九 C）

covenant 聖約、約：神與人之間不可改變的、由神所加諸的法律協定；這協定規定出他們之間關係的條件。（三 A.1；二十五）

covenant community 聖約團體：神百姓所組成的團體。更正教裏支持「嬰兒受洗論」的信徒認為，洗禮是進入「聖約團體」或神百姓團體的記號。（四十九 B.4）

covenant of grace 恩典之約：神與人之間的法律協定，是在亞當墮落以後才設立的，人可以藉之而得救。雖然在救贖史的不同階段中，此約的特定條款的細節有些變化，但其基本要素都保持不變，那就是要有對救贖主基督的信心。（二十五 C）

covenant of redemption 救贖之約：三一之神彼此之間的協定；祂們都同意，為了人類的救恩，祂們將履行其個別的角色。（二十五 B）

covenant of works 工作之約：神與伊甸園中之亞當和夏娃之間的法律協定：要得到約下的祝福，有賴於亞當和夏娃這一方的順服或「工作」。（二十五 A）

creation, *ex nihilo*「從無而出」的創造：神從無而創造出宇宙（拉丁文片語 *ex nihilo* 是「從無而出」的意思）。宇宙原來是非常美好的，神創造宇宙是為了榮耀祂自己。（十五 A.1）

creationism 靈魂創造論：此理論認為，神為每一個人創造一個新的靈魂，並在受孕和出生之間的某一時間，將那靈魂送入那人的身體之內。（二十三 F）

Cro-Magnon man 克魯馬儂人： 被認為是生活在主前三萬五千年至主前九千年的一個早期人類樣本（但關於克魯馬儂人的年代，有些不同的看法）。（十五 E.3.2）

D

Darwinian evolution 達爾文進化論： 即一般的進化論（又見「廣進化」），因英國的自然學家達爾文而得名。他在 1859 年首次在他的《物種起源》書中發表此理論。（十五 E.2.3）

day-age theory「日」即「年代」論： 這是古老地球論之創造觀的一個論點，認為創世記第 1 章的「日」乃是時間極其久遠的「年代」。（十五 E.4.1）

deacon 執事： 此詞譯自希臘文 *diakonos*，意為「僕人」。在有些經文中，此詞被用來稱呼教會中從事各樣服事的有職分之事奉人員，他們可能負責照管教會的財務，擔負一些管理的責任，和服事那些在教會或社區中需要幫助之人的實際需要。（四十七 A.3）

death 死亡： 因罪進入世界而帶來之生命的終結（對基督徒而言，死亡帶我們進入神的同在中，因為基督已經為我們的罪付了懲罰的代價）。（四十一 A）

decrees of God 神的諭令、神的諭旨：（1）諭令：能促使事件發生的神的話語。（二 B.1）。（2）諭旨：神永遠的計劃——即祂在創世以前就已計劃好將要促使發生的每一件事。（十六 D）

deism 自然神論： 此理論認為，神創造了宇宙，但現在並不直接參與在受造界中。（十五 B.4）

demonized 鬼魔化： 受到鬼魔的影響（希臘原文是 *daimonizomai*）。此詞通常是指比較嚴重地受到鬼魔的影響。（二十 D.3）

demon possession 鬼附： 這是一個不恰當的詞彙，出現在一些英語聖經譯本（以及中文的和合本）裏，是指人的意志完全受到鬼魔的主宰。此詞的希臘原文是 *daimonizomai*，繙譯成「受到鬼魔的影響」較好，這種影響的範圍可能是從輕微到嚴重的程度都有，甚至是被鬼魔攻擊。（二十 D.3）

demons 鬼魔： 犯罪而得罪了神的邪惡天使，今日仍繼續地在世上行惡。（二十）

determinism 決定論： 此觀念認為，所有的行動、事件、決定都無可避免地是先前之情況或決定的結果，和人的意志無關。（三十二 C.2.4）

dichotomy 人性二元論： 認為人是由兩個部分（身體和靈魂）所組成的觀點。（二十三 A）

dictation 口述： 指神對聖經作者實際說出聖經上的話語。（四 A.6）

difference in role 角色的差異： 這是指在家庭和在教會中，神賦予男性與女性的主要功能不同。（二十二 C）

diocese 主教教區： 在主教制的教會治理形式下，那些在主教管轄之下的各教會（四十七 C.1）

dispensationalism 時代論： 是一個神學理論系統，在十九世紀由達祕（J. N. Darby）在他的著作中提出，其中主要的教義包括：在神整體的計劃上，「教會」和「以色列」是不同的群體；教會在災前被提到天上（災前被提的前千禧年論）；舊約聖經中有關猶太人的預言，將會按照聖經字面的意思應驗；按照神與祂百姓之關係的方式，把聖經歷史劃分成七個時期或「時代」。（五十五 A.3.2）

dispensational premillennialism 時代派的前千禧年論： 即「災前被提的前千禧年論」。此名稱含有「時代派」，是因為大部分主張此說的人都想要維持「教會」和「以色列」之間的清晰分別，他們認為神對這兩群體有不同的安排或計劃。（五十五 A.3.2）

distinguishing between spirits 辨別諸靈： 一種特殊的能力，能夠辨認出一個人的生命是受到聖靈或是邪靈的影響。（二十 D.4；五十三 G）

distortion of roles 兩性角色的扭曲： 這是指在神給亞當和夏娃的懲罰中，祂並沒有引進新的兩性之角色或功能，而只是將痛苦與扭曲帶進他們先前已有的功能。（二十二 C.2.8）

docetism 幻影說： 異端的教訓；認為耶穌並不是真正的人，只是看起來像人（docetism 一字源於希臘文的動詞 *dokeō*，其意為「似乎是、看起來是」）。（二十六 A.5）

doctrine 教義： 整本聖經在某些特定的主題上，於今日所給我們的教訓。（一 A.4）

dogma 教義： 很接近 doctrine 的同義字，這個字

通常用來指教會官方所贊同的教義。（一 A.4）

dogmatic theology 教義神學：「系統神學」的另一名稱。（一 A.4）

dualism 二元論：此觀念認為，神和物質宇宙在永恆裏同時並存，是宇宙中的兩個至終的力量。這理論暗指神和物質宇宙中的邪惡之間，有著永遠的衝突。（十五 B.3；二十四 B）

dying and being raised with Christ 與基督同死並同復活：指耶穌的受死、埋葬與復活，如今在我們生命裏都有真實的效應。我們因著信而與基督聯合，因此就斷絕了舊的有罪的生活方式，並且得到了一個新生命，使我們在品格和個性上有所改變。（四十三 A.3.1）

E

Eastern Church 東方教會：在主後 1054 年，說希臘語的東方教會從西方教會（羅馬天主教）分離出來；即今日的東正教。（四十五 E）

economic subordination 運作從屬：三一之神的成員在角色與功能上服從其他成員的掌管和權威。（十四 D.2）

effective calling, effectual calling 有效的呼召：一項父神的作為；祂透過人所傳揚的福音而說話，藉此召喚人到自己面前，使他們能夠以得救的信心來回應祂。（三十三 A）

egalitarian 男女平等：此觀點認為，男性與女性在教會裏可以發揮同樣的功能，擔任同樣的職分。（序言；四十七 D）

elder 長老：新約聖經中主要管理教會的群體（希臘文是 *presbyteros*）。（四十七 A.2.1）

election 揀選：神在創世以前的一項作為；祂選擇使一些人得救，但這不是因為祂預先看見他們身上有任何美德，而單單是因為祂主權的美意。（三十二前言）

empowerment for service 聖靈賜事奉的能力：聖靈帶來神同在之明證與帶來祝福的工作，分成四個方面：(1) 聖靈賜能力；(2) 聖靈潔淨；(3) 聖靈啟示；(4) 聖靈使人合一。聖靈賜事奉的能力屬於第一類。（三十 A.2）

episcopalian government 主教制：這是一種以階級制度治理教會的形式，其中主教（bishops，譯自希臘字 *episkopos*，意為「監督」、「主教」）可管轄數間教會。（四十七 C.1）

equality in personhood 人格的平等：這是指男性與女性都同樣是按照神的形像而被造的，因此對神來說是同等地重要和有價值。（二十二 B）

eschatology 末世論：對末世的事或未來的事之研究。Eschatology 一字源自希臘字 *eschatos*，意思為「末後的」。（五十四前言）

eternal begetting of the Son 永遠生出子來、子的永遠受生：這句話是描述在三一之神內，父神與子神在永恆就存在的關係，永遠是兒子和父親之間的關係。（十四 C.2.1；附錄 2）

eternal conscious punishment 永遠有知覺地受懲罰：這是在描述不信之人在地獄裏受懲罰的性質；那將是永遠的，並且也是完全「有知覺的」。（五十六 G）

eternal security 永遠的保障：「信徒的恆忍」的另一名稱。但「永遠的保障」之名稱會誤導人，讓人以為所有曾經承認信仰、而且受過洗的人，即使完全沒有真正的歸正，都保障會永遠有救恩。（四十 D.3）

eternity 永恆性：用在神身上時，這個教義是指神沒有開始，也沒有終結，在祂的實存裏沒有時間的接續，祂看所有的時間都是一樣地鮮活；然而神是在時間裏看事件，也是在時間裏行事。（十一 B.3）

Eucharist 聖餐：「主的晚餐」的另一名稱。Eucharist 一字衍生自希臘字 *eucharistia*，意思是「祝謝」。（四十八 A；五十 C.1）

Eutychianism 歐迪奇主義：即「基督一性論」，此名稱源於第五世紀時倡導此觀念的一位修士歐迪奇。（二十六 C.1.3）

evangelism 傳福音：向未信之人宣揚福音。evangelism 一字衍生自希臘字 *euangelizō*，意為「報告好消息」）。（四十四 C.3；四十八 B.10）

exaltation of Christ 基督的高升：「耶穌基督的狀態」之一，包括四方面：祂的復活、升天、安坐在神的右邊，和在榮耀與權能中的再來。另一種「耶穌基督的狀態」是降卑。（二十八 C）

example theory 榜樣論：此理論認為，基督的死並沒有為我們贖罪——付上神公義懲罰的代價；基督的死只是提供我們一個完全信靠神、

順服神的榜樣，即使如此的信靠與順服會導致可怕的死亡。（二十七 C.2.5(3)）

excommunication 開除會籍：執行教會紀律的最後一步，即將人排除在教會的團契或聖餐之外。（四十六 D.1.1）

exegesis 解經：解釋一段聖經經文的過程。（六 D）

***ex opere operato* 因功生效**：這個拉丁文詞語字面的意思是「藉著所履行的工作」。按照羅馬天主教的教導，這個詞語指出聖禮（如洗禮）的運作是藉著真實完成的動作，而聖禮的效力並不依賴參與者心裏主觀的信心態度。（四十九 B.3；五十 C.1）

exorcism 趕鬼：用說出一句命令的話來趕出邪靈之行動。（二十 D.6）

external calling 外在的呼召：指藉著傳講福音信息，一般性地邀請人接受福音；但聽見的人可能會拒絕這邀請。又稱為「一般的呼召」或「福音的呼召」。（三十三 A）

extreme unction 臨終抹油禮：此為羅馬天主教所教導的七大聖禮之一，即為臨終之人抹油（亦稱為「最終的儀式」）。（四十八 A）

F

faith 信心：是對神自己的信靠，其根據是我們按著祂的話來信靠祂，並相信祂所說過的話。（十八 C.2）又見「得救的信心」。（三十五 A.3）

faith and practice 信仰與實踐：一些否認聖經無誤性的人所用的詞語，他們說聖經的目的只是要告訴我們這兩件事。（五 B.1）

faithfulness 信實：這條教義是指神永遠必定會做祂所說要做的事，實踐祂所應許過的話。（十二 B.3）

fasting 禁食：這是一種操練：在一段時間內禁絕所有的或特定的食物。聖經上常把禱告和禁食連在一起，即禁食是為了更多地祈求、悔改、敬拜和尋求引導。（十八 C.12）

fatalism 宿命論：此觀念系統認為，人為的選擇和決定並不能起什麼作用，不管我們做什麼，事情的結果將會按照它們先前就被命定好了的情形而發生。此理論和揀選的教義是相反的；揀選的教義認為人能作真實的抉擇，並且其抉擇有真實的結果，人要為此結果負責任。（三十二 C.1）

***filioque* 和子**：*filioque* 一字是拉丁文，意思是「和從子而出」（and from the Son）；主後 589 年在西班牙的佗利多的一個地區性教會會議上，把 *filioque* 一字加入了《尼西亞信經》，指出聖靈不只是從父神而出，也是由子神而出。因加入這個字所引起的爭議，最終導致了東方教會和西方教會在主後 1054 年的分裂。（十四 C.2.4）

final judgment 最後的審判：在千禧年和其結尾時所發生的撒但最後的叛變之後，信徒和非信徒都要站在基督的審判台前，聆聽祂最後宣布他們永遠的命運。（五十六 A.1）

firstfruits 初熟的果子：最先成熟供人品嚐的農產品（希臘文是 *aparchē*），可以顯示出其餘收成品的樣子與味道。基督的復活被稱為是「初熟的果子」（林前 15:20），指出神在最終使我們從死裏復活時，我們復活的身體將會像祂的一樣。（二十八 A.4.3）

flood geology 大洪水地質論：這是年輕地球論之創造觀的一個論點，認為挪亞時代的大洪水（創 6-9 章）釋出了巨大自然的力量，顯著地改變了現今的地貌。（十五 E.4.2(2)）

foreknowledge 預知：與揀選的教義有關；指神對那些與祂有救恩關係的人，在創世以前就有了個人性和關係性的認識。神的預知並不只是指祂知道關於一個人的事實。（三十二 C.2.1）

forensic 法律上的：指「和法律程序有關的」。此詞被用來描述稱義是神的一項法律上的宣告，它本身並沒有改變我們內在的本質或品格。（三十六 A）

free choices 自由抉擇：根據我們的自由意志所作的抉擇。（十六 B.9）

freedom 自由：自由乃是神的屬性，神藉著它做任何祂所喜悅的事。（十三 D.2）

free will 自由的旨意、自由意志：指 (1) 神自由的旨意：所有神決定要有、但不是祂按著本性必須要有的事。（十三 D.1.2）。(2) 人的自由意志：人具有作出於意志之抉擇的能力，而這抉擇具有真實的果效（但有些人的定義與此不

同，其中包括：人具有作不受神掌控之抉擇的能力）。（十六 B.9）

G

gap theory 斷代論： 此理論認為，在創世記 1:1 和創世記 1:2 之間，有一個千百萬年的斷代，神在其間對先前的受造界施行審判，使得大地「變為混沌空虛，淵面黑暗」，因而需要第二次的創造，即我們在創世記 1:3–2:3 裏所看到的。（十五 E.2.4）

general assembly 總會： 在長老制的教會治理形式下，具有管理全國教會之權柄的會議。（四十七 C.2）

general eschatology 一般性的末世論： 對於會影響到全宇宙的未來事件所作的研究；包括基督的再來、千禧年、最後的審判、非信徒永遠的懲罰、信徒永遠的獎賞，以及在新天新地裏永遠與神同在的生活等。（五十四前言）

general redemption 普遍的救贖： 即「無限的贖罪」。（二十七 D.1）

general revelation 普遍啟示： 人對於神的存在、祂的屬性，和祂的道德律之認識；這認識是藉由創造而普遍地臨到所有的人類。（七 E）

gifts of the Holy Spirit 屬靈恩賜： 被聖靈所賜予或添加、並在教會事奉中被使用的能力。（五十二 A）

glorification 得榮： 這是救贖施行的最後一步。當基督回來時，將使歷代已死之所有信徒的身體從死裏復活，又將他們的身體與靈魂結合起來，並且改變所有仍活在世上之信徒的身體，那時就是得榮的時刻；基督將在同一時間賜給所有信徒一個像祂自己那樣完全的復活身體。（四十二前言）

glory 榮耀： 此詞用在神的身上是指當神啟示祂自己時，環繞祂的受造亮光。另一方面的意義則是指神的尊榮。（十三 E.4）

God 神： 在新約聖經裏，雖然「神」（*theos*）這個字通常只被用來稱呼父神，然而在幾處經文中，它也被用來稱呼耶穌基督。（二十六 B.1.1）

God's Words of personal address 神親自對人說的話： 神藉著直接對地上的人說話，來與他們溝通。這是神的道之一種形式。（二 B.2）

God-breathed 神所呼出的、神所默示的： 此詞語譯自希臘字 *theopneustos*（見提後 3:16），它是以譬喻的方式表達聖經的話語就是神所說的話語。（三 B.3；四 A）

goodness 良善： 這條教義是指神是良善的最終極標準，而且神一切所是和所行的都值得稱許。（十二 C.1）

gospel call 福音的呼召： 指藉著傳講福音信息，一般性地邀請人接受福音。即「一般的呼召」或「外在的呼召」。（三十三 A）

government 管治： 神的天命之一方面：神在宇宙中所做的一切事，都有目的；祂以天命管治或引導萬物，為的是叫它們達成祂的目的。（十六 C）

governmental theory 治理論： 這理論認為，基督的死並未為任何人所犯的實際罪而付上被懲罰的代價，而只是身為宇宙之法律道德制定者及治理者的神，要藉著讓基督受苦來顯示，當人觸犯神的律法時就必須接受懲罰。（二十七 C.2.5(4)）

grace 恩典： 這是指神對那些只配得懲罰之人的良善。（十二 C3）

Great Commission 大使命： 馬太福音 28:19-20 所記載，耶穌對門徒們最後的命令。（一 C.1）

great tribulation 大災難： 此詞來自馬太福音 24:21，指出在基督再來之前，將有一段極大苦難的時期會臨到地上。（五十四 F.3.2；五十五 E）

great white throne judgment 白色大寶座的審判： 即啟示錄 20:11-15 中所說的最後的審判。（五十六 A.2）

H

healing 醫病： 這是一種屬靈的恩賜，使人恢復健康。我們由此預嘗了基督藉著死和復活而為我們所買贖的、完全脫離身體軟弱與疾病之自由的滋味。（五十三 D）

heaven 天、天堂： 是神最完滿地彰顯祂為賜福而同在的地方。神在天堂完全地彰顯祂的榮耀，而天使、其他屬天的受造之物，和蒙贖的聖徒都在那裏敬拜祂。（五十七 A.1）

hell 地獄： 惡人永遠有知覺地受懲罰的地方。（五十六 G）

hermeneutics 釋經學： 一門研究正確解釋法的學問。（六 D）

hierarchical government 階級制度： 即「主教制」；在這個治理教會的體系之下，教會最終的決策權柄是在當地的教會之外。（四十七 C）

historical theology 歷史神學： 一種歷史研究，目的要知道不同時期的基督徒是怎樣地了解不同的神學主題。（一 A.1）

historic premillennialism 歷史上的前千禧年論： 又稱為「古典的前千禧年論」。此理論認為，基督會在大災難期之後，回到地上建立千禧年國度。那時已死了的信徒要從死裏復活，而仍活在地上的信徒，都要得著榮耀的、復活的身體。他們要與基督一同掌權一千年。（五十五 A.3.1）

history of redemption 救贖史： 神在整個歷史中一連串的作為，藉此將救恩帶給祂的百姓。（三 B）

holiness 聖潔： 這條教義是指神與罪惡隔離，並專心地尋求祂自己的尊榮。（十二 C.4）

Holy orders 聖職禮： 羅馬天主教所教導的七大聖禮之一；按立人進入神甫團或司鐸的儀式。（四十八 A）

Holy Spirit 聖靈： 三一之神中的一位，其工作是為了彰顯神在這世上、尤其在教會裏積極的同在。（三十）

***homoiousios* 本質相似：** *homoiousios* 是一希臘字，在第四世紀時亞流用此字說基督是一個超自然的天上的實存，但認為祂在本質上只是與神「相似」但不相同。（十四 C.2.1）

***homoousios* 本質相同：** *homoousios* 是一希臘字，被用在《尼西亞信經》中，表明基督和父神有「相同」的本質，因此祂是完全的神，也是完全的人。（十四 C.2.1）

***homo sapiens* 智慧人：** 科學家所認為的早期人類，大約生活在主前四萬年至三十萬年。（十五 E.3.2）

humiliation of Christ 基督的降卑： 「耶穌基督的狀態」之一，包括四方面：祂的道成肉身、受苦、死亡與埋葬。另一種「耶穌基督的狀態」是升高。（二十八 C）

hypostatic union 實存的聯合： 指基督的人性和神性在一個實存內聯合（hypostatic 一字源於希臘字 *hypostasis*, 是「實存」的意思）。（二十六 C.2）

I

ICBI 聖經無誤性國際議會： 即 International Council on Biblical Inerrancy。這個組織在 1978 年起草並發表了《芝加哥聖經無誤宣言》（Chicago Statement on Biblical Inerrancy），其中申明了聖經的無誤性，並定義了大部分福音派人士所了解的「無誤性」之意。（五 B.2；附錄 1）

image of God, *imago Dei* 神的形像： 人的本質具有神的形像；這是指人像神，並且代表神。*imago Dei* 是此詞語的拉丁文。（二十一 C.1）

immanent 潛在的： 存在於、留在於。在神學中這個詞是指神參與在受造界中。（十五 B）

immersion 浸入： 新約聖經中所施行之洗禮的「模式」或方式；受洗的人被浸入或完全沒入水中，然後再從水中起來。（四十九 A）

imminent 迫近的： 此詞是指基督可能會在任何一天或甚至任何時刻再來，而我們應該要預備祂在任何一天來臨。（五十四 F.1）

immutability 不可變性： 用來指神的不改變性的另一個詞彙。（十一 B.2）

impassibility 無痛感性： 這教義通常是根據對使徒行傳 14:15 的誤解而來，以為神無欲無情。但聖經的教導乃是，神有感情，但沒有有罪的欲望或感情。（十一 B.2.3）

impeccability 無罪性： 這個教義是指基督不可能犯罪。（二十六 A.4）

impute 算給、歸給： 認為該屬於某人，所以就屬於那人。神「認為」亞當的罪屬於我們，所以它就屬於我們了。而在稱義方面，神認為基督的義屬於我們，所以它就屬於我們了，並且神與我們的關係就以此為基礎。（二十四 C.1；二十七 C.2.2(2)；三十六 C）

incarnation 道成肉身： 道成肉身乃是子神的作為，藉此給自己帶上人性。（二十六 B）

in Christ 在基督裏： 指信徒因接受救恩的福祉而與基督有的幾種不同關係。（四十三 A）

incommunicable attributes 不可交通的屬性： 神性格中那些神不分給人或「交通」給人的屬

性。（十一 A.1）

incomprehensibility 不可測透性： 不能完全被了解。此詞用在神身上是指，我們雖然能夠認識一些有關神的真實事情，但我們不能完全而詳盡地認識神。（十 B）

incorruptible 不朽壞的： 這是指我們將來復活身體的性質；將會像基督復活的身體一樣，不會被損耗、變老或遭到任何的疾病。（二十八 A.4.3）

independence 自主性： 這教義是指神不需要我們或其他的受造之物給祂什麼；然而我們和其他的受造之物可以榮耀祂，並帶給祂喜樂。（十一 B.1）

inerrancy 無錯誤性： 這是指原初的聖經手稿沒有主張過任何與事實相違背的事。（五 A, B.1）

infallibility 無謬誤性： 這是指聖經在信仰和實踐上不會引導我們走離正路。（五 B.1）

infant baptism 嬰兒洗禮： 見「嬰兒受洗論」。（四十九 B.4）

infinite 無限的： 此詞用在神身上是指祂不受任何人性或一般受造之物所限制。（十一 B.2.5）

infinity with respect to space 空間上的無限性： 即「神的無所不在」的另一個說法。（十一 B.4）

infinity with respect to time 時間上的無限性： 即「神的永恆性」的另一個說法。（十一 B.3）

infused righteousness 注入的公義： 這是羅馬天主教的觀點，認為稱義是神真的把公義放入我們裏面而改變了我們的內在生命，也就是改變了我們真正的道德品格。但更正教派則認為，稱義乃是神的一項法律上的宣告，並未改變我們的內在生命。（三十六 C）

inherited corruption 傳承的敗壞： 指罪性或犯罪的傾向；這是從亞當的罪而傳承下來給所有人的，有時候被稱為「原初的污染」。這敗壞包括兩方面：(1) 在神面前，我們的天性全然缺乏屬靈的良善；(2) 在神面前，我們的行為全然不能做出屬靈的良善。（二十四 C.2）

inherited guilt 傳承的罪疚： 我們所有的人都因亞當的罪而被神算為有罪（有時又被稱為「原初的罪疚」）。（二十四 C.1）

inherited sin 傳承的罪： 因亞當的罪而使所有的人都傳承了罪疚和犯罪的傾向（罪性）。「傳承的罪」常被稱為「原罪」。（二十四 C）

in Jesus' name 奉耶穌的名： 這個詞語是指用耶穌的權柄、並以一種符合祂性格的方式來禱告。（十八 B.3）

inner sense of God 內心對神的感受： 每一個人都有的、對神存在的直覺意識。（九 A）

inspiration 靈感： 這個詞是指聖經的話語都是神所說的。但在今日的日常用語中，這個詞不太有神說話的意思，因此在本書中以「神所默示的」（God-breathed）來表達聖經的話語都是神所說的話語這件事實。（四 A.1）

intelligent design 智慧的設計： 此觀點認為，神直接創造了這個世界和其中各種的生命形式；此觀點反對視新物種是藉由隨機突變的演化過程而產生的。（十五 E.2.2）

intercession 代求： 耶穌以大祭司的身分代表我們站立在神面前，持續地為我們將明確的請求和訴求帶到神面前。（二十九 B.3）。這個詞也可以用來指我們為自己或為別人的禱告請求。（十八前言）

intermediate state 居間狀態： 在人死之後，到基督回來賜給信徒新的復活身體之前，這段時間內人的情況或狀態。（四十一 C）

internal calling 內在的呼召： 即「有效的呼召」。（三十三 A）

interpretation of tongues 繙方言： 這是一種屬靈恩賜，藉此將方言所說之事的一般意義繙譯給教會。（五十三 E.2.6）

in the Holy Spirit 在聖靈裏： 這是指有意識地住在一個神彰顯祂同在的環境氣氛下。（三十 E）

invisibility 不可見性： 這條教義是指我們永遠不能看見神全部的本體，祂所有的屬靈實存；然而神仍會藉著可見的受造之物，向我們彰顯祂自己。（十二 A.2）

invisible church 不可見的教會： 神眼中的教會。（四十四 A.2）

"in", "with", and "under"「裏面」、「伴隨」、「之下」： 這幾個詞語描述出馬丁・路德對主的晚餐之觀點，即基督的身體確實同在於餅的「裏面」、「伴隨」及「之下」。此觀點不同於羅馬天主教的觀點：認為主餐的餅真正變為基督的身體。（五十 C.2）

irresistible grace 無可抗拒的恩典： 指神有效地呼召人，並且也賜給他們重生的事實；神的這兩項作為保證了我們將會以得救的信心作回應。然而，此詞容易使人產生誤解，因為它似乎暗示，人在回應福音時並非出於甘心自願的抉擇。（三十四 A）

J

jealousy 忌邪： 這條教義是指神不斷地尋求保護祂自己的尊榮。（十二 C.7）

judgment 審判： 見「最後的審判」。

judgment of the nations 列國的審判： 根據時代派的前千禧年論，在大災難以後、千禧年開始以前，將有一個審判，列國要照著他們在大災難期間對待猶太人的情形而受審。（五十六 A.2）

justice 公正： 用來指神的「公義」的另一個用詞。（十二 C.6）

justify, justification 稱義： 神於一瞬間在法律上的作為：(1) 祂將我們的罪視為是被赦免的，並且視基督的公義是屬於我們的；並且 (2) 祂宣告我們在祂眼中是公義的。（三十六前言）

K

kenosis theory 虛己論： 此理論認為基督在世為人時，放棄了一些神的屬性（*kenosis* 這個字是從希臘文動詞 *kenoō* 衍生出來的，其意思是「倒空」）。（二十六 B.3）

keys of the kingdom 天國的鑰匙： 這是耶穌在馬太福音 16:19 中所用的詞語，指的是傳講基督福音和在教會內執行紀律的權柄。（四十六 B）

king 君王： 指基督的三種職分之一；祂的君王職分是指祂治理教會，也治理宇宙。祂的另外兩種職分是祭司和先知。（二十九 C）

knowability 可知性： 這是指我們能夠認識一些有關神的真實事情，而且我們能夠認識神自己，而不只是關於祂或祂的事跡而已。（十）

knowledge 知識： 這條教義是指神以單一且永遠的認知之舉，就完全地知道祂自己，並所有真實的或可能的事物。（十二 B.1）

L

laying on of hands 按手： 在新約聖經中，這是一種伴隨著禱告的做法，它屬於一種個人性的服事。（四十八 B.11）

likeness 樣式： 此詞是指某物與另一物相似，但不相同，它可以代表另一物。例如人是照著神的樣式（希伯來文是 *demût*）被造的（創 1:26），這是指人是與神自己相像的受造者。（二十一 C.1）

limbo 地獄的邊緣： 根據羅馬天主教神學的看法，在基督復活以前就已經死了之聖徒的靈魂，會到一個地方等候基督救贖工作的完成（limbo 一字源於拉丁文 *limbus*，意思是「邊界」）。（四十一 C.1.3）

limited atonement 有限的贖罪： 這是改革宗的觀點，認為基督的死其實只為那些祂知道將會被拯救的人而付上被懲罰的代價。現在通常較喜歡用「特定的救贖」來稱呼此觀點，因為這樣不會使人誤以為基督贖罪的能力是有限的，其實它是完全有效的，只是對象是特定的人。（二十七 D.1）

literary framework theory 文學架構論： 這是古老地球論之創造觀的一個論點，認為創世記第 1 章說到六日的創造，並無意指出事件發生的時間順序，它只是作者用來教導我們有關神創造性活動的一個文學「架構」而已。（十五 E.4.1(2)）

living creatures 活物： 一種受造的屬靈實存，外表像獅子、牛犢、人，和飛鷹；聖經說他們環繞在神寶座的周圍敬拜祂。（十九 A.3.3）

***logos* 道：** 在約翰福音 1:1 裏，約翰用此字來稱呼耶穌。這用法表達出雙重意義：一是舊約裏大有能力、富創造力之神的話語；一是希臘觀念裏在宇宙中組織並統合一切的原則。（二十六 B.1.3）

Lord 主： 在新約聖經裏，「主」的希臘原文是 *Kyrios*，通常（但不一定）是指基督。而在舊約聖經的希臘文譯本裏，*Kyrios* 這個字則被用來繙譯希伯來文的 *YHWH*，就是那位無所不能之神的名字。（二十六 B.1.2）

Lord's Supper 主的晚餐： 這是主耶穌所設立之兩種教會需要遵守之禮儀（或稱聖禮）的其中之一。主的晚餐是我們在基督徒生命中要持續遵守的禮儀，作為我們繼續與基督交通的記號。

（五十）

love 慈愛： 此詞用在神的身上是指神永遠地為人而捨己。（十二 C.2）

M

macro-evolution 廣進化： 即一般的進化論：現今絕種的和仍存在的各種生物，都是由無生命物質晉升到第一個有生命的物質，進而繁殖和產生的。（十五 E.2.3）

major doctrine 主要教義： 對我們思想其他教義，或對我們過基督徒生活，有很大影響的教義。（一 C.2）

manifestation of God's active presence 彰顯神積極的同在： 這是對聖靈之工作的描述；聖經最常將三一之神中的聖靈，描述為是現在在世上做神工作的那一位。（三十前言）

***Maranatha*「馬拉那沙」，主必要來：** 此為出現在哥林多前書 16:22 裏的亞蘭文詞彙「馬拉那沙」，意思就是「主必要來」，表達出渴望基督回來。（五十四 B）

marks of the church 教會的標記： 一個真教會的顯著特性。在更正教的傳統裏，教會的標記乃是正確地教導福音，和正確地執行聖禮（洗禮和主的晚餐）。（四十四 B.1）

materialism 惟物論： 此理論認為，物質的宇宙就是所有的一切。（十五 B.1）

mature creationism 成熟創造論： 這是年輕地球論之創造觀的一個論點，認為神所創造的世界在最初就有古老的外貌，因此是「成熟的」。這理論又被稱為「理想時間論」（ideal time theory），因為古老的外貌其實並沒有指出真的時間。（十五 E.4.2(1)）

means of grace 施恩之法： 在教會生活的範圍內，神用來賜予基督徒更多恩典的活動。（四十八 A）

mediator 中保： 這是指耶穌在神和我們之間所履行的一種特殊角色，使得我們能夠進到神的同在中。（十八 B.2）

mental attributes 心智屬性： 在神的性格中，那些表達出其知識與推理本質的屬性。（十二 B）

mercy 憐憫： 神對那些在悲慘和困苦中之人的良善。（十二 C.3）

Michael 米迦勒： 一位天使長，是天使大軍的領袖。（十九 A.4）

micro-evolution 微進化： 在一個物種內的微小進展，並不會產生新的物種。（十五 E.2.3）

middle knowledge 中間知識： 阿民念派對神預知未來的一種解釋：因為神知道每一個受造者在任何可能的情況下會做什麼事，祂藉著使某個情況發生，就知道他會自由地做什麼事；如此，祂確實地預知了在世上所發生的每一件事。（十六 H.5.1）

midtribulation rapture 災中被提： 此觀點是災前被提的前千禧年論之一個變化版：認為基督是在七年大災難的中期回來拯救信徒；在大災難結束後，再回到地上掌權一千年。（五十五 A.3.2; E.3）

mighty work 異能： 聖經用來表達神蹟之詞彙（希伯來文是 *g^e^bûrāh*，希臘文是 *dynamis*），它的意思是指一項展現浩大能力的作為，這能力特別是指與神蹟有關的神的能力。（十七 A）

millennium 千禧年： 此詞源自拉丁文 *millennium*，意思是「一千年」。此詞是指啟示錄 20:4-5 中所提之基督將與信徒在地上掌權一千年。（五十五）

minor doctrine 次要教義： 對我們思想其他教義，或對我們過基督徒生活，影響較小的教義。（一 C.2）

miracle 神蹟： 比較不尋常的神的作為，祂藉此激起人的敬畏與驚奇，並為祂自己作見證。（十七 A；五十二 A.6）

miraculous gifts 神蹟性的恩賜： 聖靈所賜給人的比較不尋常的恩賜，能激起人對神的敬畏與驚異，並為祂自己作見證。（五十二 A.6）

modalism 形態論： 異端的教導，否認神有三個位格，而認為是一個位格在不同時候以三種不同的「形態」向人顯現。（十四 C.1）

modalistic monarchianism 形態神格惟一論： 即「形態論」。（十四 C.1）

monism 人性一元論： 此觀點認為人只有一個組成部分；一個人的身體就是那個人。（二十三 A）

monophysitism 基督一性論： 第五世紀時的異端，認為基督只有一種「性情」，是其神性和人性混合在一起的另一種性質（希臘文的 *monos* 是「一」的意思；希臘文的 *physis* 是「性質」的意思）。（二十六 C.1.3）

monothelite view 基督一志論： 是第七世紀被定為異端的思想，認為耶穌只有一個意志。（二十六 C.3.1）

moral argument 道德論的論證： 從人的是非感而論證必定有一位神存在。（九 C）

moral attributes 道德屬性： 在神的性格中，那些表達出其道德或倫理本質的屬性。（十二 C）

moral influence theory 道德影響論： 此理論認為，基督的死不是為我們的罪付上被懲罰的代價，而僅僅是一種神認同人類苦難甚至到死的方式，藉此來顯示神有多麼地愛我們。所以，基督的死就變成了一個偉大的教導範例，顯明神對我們的愛，藉以引發我們感恩的回應。（二十七 C.2.5(2)）

mortal sin 死罪： 羅馬天主教的教導，指一種導致屬靈死亡的罪，是不得赦免的。（二十四 D.4.2）

mutual submission 相互順服： 這是平等主義支持者所用的詞語，來說明他們認為丈夫與妻子之間所應該有的關係：以相同的方式彼此順服。但此觀點損害了聖經所賦予婚姻關係中丈夫的獨特權柄。（二十二 C.3）

mystical union 奧祕的聯合： 即「與基督聯合」。使用這名稱是因為我們不完全明白這些與基督之間關係的運作，而且也因為我們只有透過神在聖經裏的啟示才能了解。（四十三前言）

N

names of God 神的名字： 聖經中對於神的性格不同層面的描述。（十一 A.2）

natural law 自然律： 和討論神蹟的定義有關。有些人認為自然律是在已存事物中所有的某些固有性質；它是獨立運作的，與神無關，而且神必須介入或「打破」這些定律才能使神蹟發生。（十七 A）

natural selection 天擇： 這是進化論中的假設，認為大自然中最適應環境的生物就得以存活、繁衍，而其他的生物就會滅亡（又被稱為「適者生存」）。（十五 E.2.3）

necessary will 必要的旨意： 所有神按著自己的本性必須要有的事。（十三 D.1.2）

necessity of Scripture 聖經的必須性： 這是指人必須有聖經才能明白福音，維持屬靈生命，並知道神的旨意；但是人不是必須要有聖經才能知道神的存在，以及祂的屬性和道德律。（七）

neo-catastrophism 新災變論： 這是「大洪水地質論」的另一名稱，因它認為地球現在大部分的地質狀態，都肇因於大洪水所帶來的巨大災變。（十五 E.4.2(2)）

Nestorianism 涅斯多留主義： 第五世紀時的異端，認為在基督裏有兩個分開不同的位格，一位是人性的位格，另一位是神性的位格。（二十六 C.1.2）

new covenant 新的約、新約： 在基督死與復活之後所建立並施行的恩典之約；這個約包括基督的救贖之死赦免了所有信主之人的罪，以及聖靈使信主之人有能力達到律法的公義要求。（二十五 C.2）

new covenant experience of the Holy Spirit 新的約之下的聖靈經歷： 聖靈更有能力地工作在人的生命裏。對主的門徒來說，這開始於五旬節；但對今日的信徒來說，這發生於歸正之時。（三十九 B）

new heavens and new earth 新天新地： 一個完全更新的創造，信徒在最後的審判以後將要與神同住之處。（五十七 A）

New Testament theology 新約神學： 研究新約聖經中之個別作者和個別段落的教導，並研究每一個教導在新約聖經歷史發展中所佔的地位。（一 A.1）

nonmiraculous gifts 非神蹟性的恩賜： 聖靈所賜較平常、平凡的恩賜，例如服務、教導、勸勉和行恩慈等。（五十二 A.6）

not discerning the body 不分辨是身體： 此為哥林多前書 11:29 的用語，指責哥林多教會的人對主的晚餐的錯誤做法：他們在主的晚餐桌前時，以自私和不體貼行為彼此相待，因為不明白人在教會——基督的身體——裏的合一和相互依賴的關係。（五十 D）

O

office 職分： 一種被公開認可的職位，使人能為了

全教會的益處而具有執行某種功能的權力和責任。（四十七 A；五十二 A.3）

officer 有職分的事奉人員： 為了全教會的益處而被公開認可為具有執行某種功能之權力和責任的人。（四十七 A）

old covenant 舊的約、舊約： 特指神與摩西在西乃山所立的摩西之約（Mosaic covenant）；是一套詳細書寫下來的治理律法，暫時被賜下來抑制百姓中的罪，並作為「訓蒙的師傅」而將百姓引向基督。（二十五 C.2）

old covenant experience of the Holy Spirit 舊的約之下的聖靈經歷： 在五旬節以前，聖靈在舊的約之下工作的能力較小、較不廣泛。（三十九 B）

old-earth theory 古老地球論： 創造論中的一種觀點，認為地球是很古老的，大約有四十五億年之久。（十五 E.4.1）

Old Testament theology 舊約神學： 研究舊約聖經中之個別作者和個別段落的教導，並研究每一個教導在舊約聖經歷史發展中所佔的地位。（一 A.1）

omnipotence 無所不能： 這條教義是指，神能夠實行祂所有的聖潔旨意（omnipotence 一字源於拉丁文，*omni* 是「所有」之意，*potens* 是「有能力的」之意）。（十三 D.3）

omnipresence 無所不在： 這條教義是指神沒有大小或空間的維度，祂是以祂整個的實存出現在空間的每一角落；然而神在不同的地方會有不同的作為。（十一 B.4）

omniscience 無所不知： 這條教義是指神以單一且永遠的認知之舉，就完全知道祂自己，並所有真實的或可能的事物。（十二 B.1）

one simple and eternal act 單一而永遠之舉： 這是關於神的知識（無所不知）的一個描述，指神一直是完全知道每一件事物的，而且神的知識從來不會改變或增加。（十二 B.1）

only begotten 獨生： 這是對希臘字 *monogenēs*（約 3:16 等）的誤譯，其實這個希臘字的意思是「獨特的」或「僅此一類的」。亞流派的人用此字來否認基督的神性，但教會其他的人明白此字是指子神與父神在永恆裏的父子關係。（十四 C.2.1；附錄 2）

ontological argument 本體論的論證： 從本體的角度論證神的存在：神是人所能想像得到的最大的本體，而因為存在是大過不存在，所以這本體一定存在。（九 C）

ontological equality 實存相等： 指三一之神的成員在實存和存在上永遠是相等的。（十四 D.2）

order 秩序： 指神的「平安」的另一個用詞。（十二 C.5）

order of salvation 救恩的次序： 一個神學詞語，是指神將救恩施行在我們身上的事件序列，或說救恩發生在我們生命中的各個步驟（有時候會以拉丁文 *ordo salutis* 來表達）。（三十二前言）

ordinance 禮儀： 這個詞彙通常被浸信會的信徒用來稱呼洗禮和主的晚餐，而其他的更正教徒，例如信義宗、改革宗和安立甘宗的傳統，則都願意使用「聖禮」這個詞彙來稱呼洗禮和主的晚餐（另參「聖禮」）。（四十九）

original guilt 原初的罪疚： 即「傳承的罪疚」。（二十四 C.1）

original pollution 原初的污染： 即「傳承的敗壞（罪性）」。（二十四 C.2）

original sin 原罪： 傳統上對本書所說的「傳承的罪」之稱呼。（二十四 C）

overseer 監督： 此字譯自希臘字 *episkopos*，可與「主教」、「牧師」和「長老」互換使用，指的是新約中治理地方性教會的主要職分。（四十七 A.2.2）

P

paedobaptism 嬰兒受洗論： 給嬰孩施洗的作法（其字首 *paedo-* 的意思是「小孩」，衍生自希臘字 *pais*「孩子」）。（四十九 B.4）

pantheism 泛神論： 此理論認為，整個宇宙就是神，或是神的一部分。（十五 B.2）

paradox 吊詭： 一個似乎矛盾的敘述，但其中兩部分都是真實的。看似矛盾、但不真正矛盾。（一 E.3）

parousia 再來： 指基督的再來（parousia 一字源於希臘文 *parousia*，意思是「來」）。（五十四 A）

particular redemption 特定的救贖： 即改革宗的教義「有限的贖罪」，但「特定的救贖」這個用法比較好。（二十七 D.1）

pastor 牧師： 這個詞與「長老」、「監督」和「主教」可以互換使用，指的是新約中治理地方性教會的主要職分；這個字的希臘文是 *poimēn*，其相關的動詞是 *poimainō*，確認牧養的工作就是長老的職分。（四十七 A.2.2）

passive obedience 被動的順服： 指基督為我們受苦——祂承受了我們的罪所該受的懲罰，結果為我們的罪而死。（二十七 C.2）

patience 忍耐： 神對持續犯罪一段時間之人的良善，因祂暫不執行懲罰。（十二 C.3）

peace 平安： 這條教義是指在神的實存和祂的作為裏，脫離了一切的混亂和失序，然而祂仍持續活躍地進行極多有秩序、全然受掌控，並同時發生的事。（十二 C.5）

Pelagius 皮拉糾： 一位第五世紀的基督徒教師，他教導的皮拉糾主義（Pelagianism）認為，人具有實行神命令的能力，並且能夠靠著自己而踏出邁向救恩的第一步，也是最重要的一步，而不需要神恩典的介入。皮拉糾主義在迦太基會議上被定罪為異端。（二十四 D.2）

penal substitution 代替受罰： 基督的死是「受罰」，因為祂死時擔當了懲罰；祂的死也是「代替」，因為祂是代替我們死。（二十七 C.2.3(4)）

Pentecost 五旬節： 是一個猶太人的節期。在耶穌升天後的那個五旬節，聖靈以新的約之下的豐滿和大能而被澆灌在門徒的身上。那一天乃是聖靈在舊的約之下的工作，與聖靈在新的約之下的工作之間的轉捩點。（三十九 B）

Pentecostal 五旬節派： 指某些宗派或群體，其歷史淵源可以追溯到 1901 年在美國開始的五旬節運動，並且他們所主張的神學立場是：(1) 聖靈的洗是在歸正之後普遍發生的事件；(2) 聖靈的洗之外顯標記就是說方言；以及 (3) 新約聖經中所有提及的屬靈恩賜，在今日的信徒都應當追求並且使用。（三十九 A）

perfection 完全： 這條教義是指神全然擁有所有超絕的特質，而不缺少任何一項祂想要有的特質。（十三 E.1）

perfectionism 完全主義： 此觀點認為基督徒在今生可能完全脫離罪而達到「無罪的完全」。（三十八 B.4）

perseverance of the saints 聖徒的恆忍： 指所有真正重生的人將蒙神的能力保守，並將以基督徒的身分恆忍直到一生的末了；而且只有那些恆忍到底的人，才是真正重生的人。（四十）

personal eschatology 個人性的末世論： 對於那些會發生在個人身上之未來事件的研究；包括死亡、居間狀態和得榮的事等。（五十四前言）

perspicuity 清晰性： 用來指聖經的清晰性的一個較古老的用詞（六 C）

philosophical theology 神學哲學： 對神學主題的研究，但不用聖經，而是用哲學推理的工具及方法，也使用藉觀察宇宙而得的有關神的知識。（一 A.1）

pictorial-day theory 畫面示日論： 即「文學架構論」。（十五 E.4.1(2)）

plenary inspiration 完全的靈感： 此詞是指聖經上所有的話語都是神所說的話語（plenary 是「完全的」之意）。（四 A.1）

postmillennialism 後千禧年論： 此理論認為，基督在千禧年之後才會回來。按照後千禧年論的觀點，一個平安與公義的「千禧年時代」是因福音的進展和教會的成長而產生的。（五十五 A.2; C）

posttribulational premillennialism 災後被提的前千禧年論： 即「歷史上的前千禧年論」（或「古典的前千禧年論」）。這種理論與其他前千禧年理論的不同之處，乃在於它認為基督將在大災難之後回來。（五十五 A.3.1）

posttribulational rapture 災後被提： 此觀點認為，在大災難之後、基督來到地上的頃刻之前，信徒將被可見地、公開地「被提」，而與基督同在，並且基督要與他們在千年國度期間一同掌權（若按無千禧年論的觀點，這是發生在永世之時）。（五十五 E.4）

power 能力： 指神的「無所不能」的另一個用詞。（十三 D.3）

power of the church 教會的權力： 神賜予教會的權柄，能進行屬靈爭戰、傳揚福音，和執行教會紀律。（四十六）

prayer 禱告： 個人與神的交通。（十八）

predestination 預定： 「揀選」的另一名稱。在一般的改革宗神學裏，「預定」是一個較為廣

泛的用語，包括了揀選（對信徒而言）和棄絕（對不信者而言）兩個方面。（三十二前言）

premillennialism 前千禧年論： 此詞包涵了數個不同的觀點，其共同點是都相信基督會在千禧年之前回來。（五十五 A.3; D）

presbyterian government 長老制： 這是一種治理教會的形式；在這種體系下，地方性的教會是由長老們治理，而有些長老則藉由區會和總會而有權治理整個區域或整個國家的長老教會。（四十七 C.2）

presbytery 區會： 在長老教會裏，由一個地區之眾教會的一些或所有長老們所組成的組織；有權柄治理眾教會（在改革宗的教會裏則稱為「監督會」）。（四十七 C.2）

preservation 保守： 神的天命之一方面：神保持祂所創造之萬有的存在，並維繫祂所賦予它們的本質。（十六 A）

presupposition 預設： 形成任何研究之起點的預先假設。（一 B）

pretribulation rapture 災前被提： 此觀點認為，當基督第一次在大災難之前回來時，信徒要祕密地「被提」到天上去與祂同在。（五十五 E.1）

pretribulational premillennialism 災前被提的前千禧年論： 此理論認為，基督會在大災難以前祕密地再來，將信徒呼召到祂那裏去；等大災難過後，再回到地上掌權一千年。（五十五 A.3.2）

priest 祭司： 在舊約時代被神指派代表百姓向神獻上祭物、禱告和讚美的人。這個職分為基督所成就，祂成為所有信徒的大祭司。祂的另外兩種職分是君王和先知。（二十九 B）

priest 神甫： 在羅馬天主教和聖公會的教會中，那些有職分治理教會的事奉人員（天主教稱為「神甫」，聖公會稱為「牧師」）；但羅馬天主教和聖公會所定義的職分則是不同的。（四十七 C.1）

primary cause 第一因： 促使事情發生之來自神的、不可見的引導因素。（十六 B.4）

primogeniture 長子繼承權： 舊約時的作法，即在人類家庭裏，任何一代的長子，在那一代的家中具有領導權。（二十二 C.2.1）

principalities and powers 執政的和掌權的： 聖經中對鬼魔勢力的另一稱呼。（十九 A.1, A.2）

prophecy 說預言： 這是一項新約聖經中的屬靈恩賜，其意是指將神叫人不期然想起的事物報告出來。（五十三 A）

prophet 先知： 基督的三種職分之一；祂的先知職分是指祂將神完全地啟示給我們，並且向我們傳講神的話語。祂的另外兩種職分是君王和祭司。（二十九 A）

propitiation 挽回祭： 背負神忿怒到底的祭物，可以使祂對我們由忿怒變為喜悅；見羅馬書 3:25。（二十四 E；二十七 A, C.2.2(4); C.2.4(2)）

providence 天命： 神的天命之教義是指，神持續地參與在祂的受造界中，其參與的方法是：(1) 保守：保守祂所創造之萬有的存在，並維繫祂所賦予它們的本質；(2) 協同：在每一個行動上，協同受造之物，使它們按其特有的本質，表現出該有的行為；(3) 管治：引導它們達成祂的目的。（十六）

purgatory 煉獄： 在羅馬天主教的教導裏，煉獄是信徒靈魂將要進一步煉淨罪的地方，直到他們準備好、被許可進入天堂為止。（四十一 C.1.1）

purity of the church 教會的純潔度： 指教會脫離錯誤之教義和行為的程度，以及教會與神所啟示有關教會之旨意的一致程度。（四十五 B）

R

raised in glory 在榮耀中復活、復活的是榮耀的： 這是形容我們將來的復活身體，會像基督的復活身體一樣，將會展現一種美麗和光輝，適合神將賜予我們之高升和統治萬有的地位。（二十八 A.4.3；四十二 C）

raised in power 復活的是強壯的： 這是形容我們將來的復活身體，將會展現充足而完整的人性能力和力量，就是在神創造人類時，想要我們身體所擁有的力量。（二十八 A.2；四十二 C）

random mutation 隨機突變： 此觀點認為，各種生命形式的產生乃是由於在進化過程中，細胞在複製時隨機所產生的變化。（十五 E.2.2）

ransom to Satan theory 付贖金給撒但論： 此理論認為，基督為贖回我們而把贖金付給撒但，好把我們從他的國度裏贖出來。但此理論在聖

經裏找不到直接肯定的經文證據，在教會史上也罕有支持者。（二十七 2.5(1)）

rapture 提走、被提：當基督再來時，會將信徒帶到或提到天上而與祂同在（rapture 一字衍生自拉丁文 *rapio*，意思是「抓住、攫取、帶走」）。（五十五 A.3.2; E）

reconciliation 和好：除去兩方的敵對，恢復彼此的交通。基督贖罪的其中一個層面，是將我們帶回與神的交通中，使我們與神和好。（二十七 C.2.4(3)）

rector 教區牧師：在主教制的教會治理形式下，管理一個地方性教區的事奉人員。（四十七 C.1）

redemption 救贖、贖回：基督的拯救工作可被視為是一個將罪人「買回」的行動——用贖金將人從罪惡的捆綁和撒但的權勢中買回。但這個譬喻並不完全吻合基督贖回我們的每一細節，例如贖金是付給誰。（二十七 2.4(4)）

Reformed 改革宗：即加爾文派的神學傳統。（十六）

regeneration 重生：神賜予我們新的屬靈生命，這是神隱祕的作為；有時候也被稱為「再被生一次」。（三十四前言）

repentance 悔改：人衷心地為罪憂傷、聲明摒棄它、真誠地決意離棄它，並轉而過一個順服基督的生活。（三十五 B）

reprobation 棄絕：神在創世以前，以祂的全權決定要略過一些人，在憂傷中決定不拯救他們，並因他們的罪懲罰他們，藉此以彰顯祂的公正。（三十二 E）

resurrection 復活：從死亡中起來而進入一種新的生命形式，不會再有疾病、老化、衰退，或死亡。（二十八 A.2）

revealed will 啟示的旨意：神宣布出來的旨意，是關於我們當做的事或神命令我們要做的事。（十三 D.1.2）

righteousness 公義：這條教義是指，神的作為總是與正確之事符合一致，而祂自己就是判定何為正確之事的最終標準。（十二 C.6）

S

Sabellianism 撒伯流主義：形態論的另一個名稱，由第三世紀的一位教師撒伯流而得名，因他使得此理論擴展開來。（十四 C.1）

sacrament 聖禮：根據更正教的教義，這是教會所遵循的儀式或禮儀，作為神施恩的記號；而對已經稱義之信徒，這則是繼續領受神在他們生命中恩典的管道。更正教的兩大聖禮為洗禮和主的晚餐。羅馬天主教的教導則認為，有七大聖禮是神之救贖恩典臨到教會的必要方式（另參「禮儀」）。（四十八 A；四十九）

sacrifice 犧牲：基督在十字架上為我們死，是替我們承擔因犯罪所應接受的死亡懲罰。（二十七 C.2.4(1)）

sanctification 成聖：一項神與人合作、漸進發展的工作，使我們在實際生活中能夠更脫離罪，並且能更像基督。（三十八前言）

Satan 撒但：鬼魔首領的名字。（二十 B）

saving faith 得救的信心：信靠現今仍然活著的耶穌基督，以得著罪的赦免和與神同在的永生。（三十五 A.3）。又見「信心」。（十八 C.2）

Scripture 聖經：新約和舊約的著作（希臘文是 *graphē*，繙譯成拉丁文是 *scriptura*），在歷史中被認定為是神話語的文字形式。另一個用來指聖經的英文用詞是 Bible。（四 A）

secondary cause 第二因：因受造者本身之性質和行動而導致世界上事件發生的因素。（十六 B.4）

second coming of Christ 基督的再來：基督突然的、親身的、可見的，從天上回到地上。（五十四 A）

secret will 隱祕的旨意：即神隱祕的諭旨——祂藉之管理宇宙，並決定一切所要發生的事。（十三 D.1.2）

self-attesting 自我證實：聖經所具有證實自己是真實的之本質；藉此它使我們信服它的話語就是神的話語。（三 B.3；四 A.4）

self-existence 自存：指「神的自主性」的另一個說法。（十一 B.1）

separation 分裂：此詞用在教會上是指教會裏的一個群體因教義的因素、為良心的緣故，和實際的考量，而正式離開教會。分裂的情況可能會很嚴重，例如彼此不合作或沒有個人性的交通。（四十五 E, F）

seraphim 撒拉弗：一種受造的屬靈實存；聖經說

他們不斷地在敬拜神。（十九 A.3.2）

session 安坐： 基督升天以後在神的右邊「坐下」；這指出基督救贖工作的完成，祂得著統管宇宙的權柄。（二十八 B.3）

session 堂會： 在長老制的教會體制下，各地方性教會中擁有治理權柄之長老群體。又稱為「小會」。（四十七 C.2）

sign 神蹟、記號： 聖經用來表達神蹟的詞彙（希伯來文是 *'ôth*，希臘文是 *sēmeion*），它的意思是說某件事物指向或指出另一件事物，特別是說到與神蹟有關的事物指向或指出神的作為和能力。（十七 A）

signs of an apostle 真使徒的憑據： 保羅在哥林多後書 12:12 的用語，指一些能區別身為真使徒的他與其他假使徒之不同的事物。有一些認為今日不再有神蹟的人，誤用此詞語來支持說，神蹟是非常獨特的憑據，是用來分別使徒和一般的基督徒。（十七 D.2）

simplicity 單一性： 指「神的純一性」的另一個說法。（十一 B.5）

sin 罪： 罪就是沒有在行為、心態或本性上順從神的道德律。（二十四 A）

sinless perfection 無罪的完全： 完全脫離罪的境界。有些人認為這在今生是可能達到的境界（又見「完全主義」）。（三十八 B.4）

Son of God 神的兒子： 指耶穌身為屬天的、永恆的子神，祂與神同等。（二十六 B.1.3）

Son of Man 人子： 耶穌最常用的自稱，而這稱呼有舊約的背景，特別是在但以理書 7:13 之異象裏的那位得著永遠管理全世界之權柄的屬天之人。（二十六 B.1.3）

sons of God 神的眾子： 天使的另一名稱（伯 1:6; 2:1）。（十九 A.2）

soul 魂、靈魂： 人的非物質組成部分；在聖經中和「靈」（spirit）這個字可互換使用。（二十三 B.1）

soul sleep 靈魂睡著： 此觀點認為，當信徒死時，他們進入一種無知覺的存在狀態，等到基督回來使他們復活得永生的時刻，他們才又有知覺。（四十一 C.1.2）

sovereignty 全權： 神行使能力在祂的受造界上。（十三 D.3）

speaking in tongues 說方言： 用說的人自己所不明白的語音來禱告或讚美。（五十三 E.2）

special grace 特殊恩典： 神將人帶入救恩的恩典；又被稱為「救贖恩典」（saving grace）。（三十一 A）

special revelation 特殊啟示： 神對特定的人所說的話語，例如聖經中的話語、舊約先知和新約使徒的話語，以及神親自對人所說的話語。特殊啟示和普遍啟示不同；普遍啟示是普遍地給所有人的。（七 E）

spirit 靈： 人的非物質組成部分；在聖經中和「魂、靈魂」（soul）可互換使用。（二十三 B.1）

spiritual body 靈性的身體、屬靈的身體： 我們復活時所將有的身體；但這身體不是「非物質性的身體」，而是「適合並會回應聖靈引導的身體」。（二十八 A.2；四十二 C）

spirituality 靈性： 這條教義是指，神的實存不是由任何物質所構成，沒有組成的部分或大小範圍，也不能被我們的身體感官所感知，並且比任何其他種類的存在更為超絕。（十二 A.1）

spiritual presence 屬靈的同在： 這個詞彙代表更正教宗派對主的晚餐之看法：當我們吃餅和喝杯時，基督以一種特殊的方式與我們屬靈地同在。（五十 C.3）

states of Jesus Christ 耶穌基督的狀態： 指耶穌在不同時期之工作中，與神賜給人類的律法之間、與擁有權柄之間、與為自己得著尊榮之間，所具有的不同關係。可分為兩種狀態：降卑和升高。（二十八 C）

subordinationism 次位論： 這是異端的教導，認為子神在實存上是遜於或次位於父神。（十四 C.2.2）

sufficiency of Scripture 聖經的充足性： 這是指聖經包含了神在救贖史每一個階段中所要賜給祂百姓的一切話語，並且現今它包含了我們在救恩、在完全信靠祂和完全順服祂等方面，所需要的一切神話語。（八 A）

summary attributes 總體性屬性： 本書將神屬性中的完全、有福、美麗、榮耀，歸類為總體性屬性，因為這些屬性和所有其他神的屬性都相關，可以從整體的角度一起來看和討論。（十三 E）

symbolic presence 象徵性的同在： 此為更正教一般的看法，認為主的晚餐中之餅和酒是象徵了基督的身體和血，並沒有變成基督的身體和血，也沒有包含基督的身體和血。（五十 C.3）

synod 大會： 在改革宗的教會中之全國性的治理會議（在長老會中則稱為「總會」）。（四十七 C.2）

systematic theology 系統神學： 對於任何一個主題，研究「整本聖經今日是怎麼教導我們的？」（一 A）

T

teaching 教導： 在新約聖經中所說的，能夠詮釋聖經、並且將它應用到人生活裏的能力。（五十三 B）

teleological argument 目的論的論證： 從宇宙中的和諧、秩序和設計，來論證宇宙中必定有一位有智慧的、有目的的神創造了它，使它發揮這樣的功能。（九 C）

temporary blessings 暫時的祝福： 指聖靈和教會的影響，使得那些不信主的人看起來或聽來像是一個真實的信徒，但其實他們不是。（四十 C.3.4）

textual variants 經文異文： 在不同的古代抄本上，同一節經文的不同讀法。（五 B.3）

theistic evolution 神導進化論： 此理論認為，生物的產生是藉著進化過程而來，但神主導了這個過程，使得其結果正好是神所要的。（十五 E.2.2）

theophany 神的顯現： 就是神的出現，神採取了可見的形式向人顯示祂自己。（十二 A.2）

total depravity 全然的墮落： 傳統上對本書所說的「全然的無能」之另一名稱。（二十四 C.2.2）

total inability 全然的無能： 指人全然缺乏屬靈的良善，沒有能力在神面前行善（這一點經常被稱為「全然的墮落」）。（二十四 C.2.2）

traducianism 靈魂遺傳論： 此觀點認為，一個小孩的靈魂和身體都在受孕的時刻，遺傳自他的父母。（二十三 F）

transcendent 超越的： 此詞用在神的身上是指神遠超越過受造界，比受造物偉大，又獨立於受造物之外。（十五 B）

transitional types 居間型的化石： 能顯示一種動物的某些特徵，和一些它所將發展出來的下一種動物特徵的化石。如果能找到這種化石，就能為達爾文的進化論提供證據，來填補不同種類動物之間的間隔。（十五 E.2.3 (1)）

transubstantiation 變質說： 按照羅馬天主教會的教導，主的晚餐中之餅和酒（通常被稱為「所祝謝之聖餐」）真正地變為基督的身體和血了。（五十 C.1）

trichotomy 人性三元論： 此觀點認為，人有三個組成部分（靈、魂、體）。（二十三 C）

Trinity 三位一體、三一之神： 這是指神永遠以父、子和聖靈三個位格存在；每個位格都是完全的神，然而只有一位神。（十四）

tritheism 三神論： 相信有三位神。（十四 B.2, C.3）

trust 信靠： 聖經中所認為的信心或相信，即我們不只是知道和同意有關耶穌的事實，還要對這位現今仍活著的神有個人的信靠。（三十五 A.3）

truthfulness 真實： 這條教義是指，祂是真神，而且祂的知識和言語都是真實的，也是真理的最終標準。（十二 B.3）

twenty-four-hour day theory 二十四小時為一日論： 此理論認為，創世記第 1 章所說的「日」應按字面解釋為二十四小時的「日」。（十五 E.3.5）

two-class Christianity 兩等級的基督教信仰： 將教會的信徒分成兩種類別或等級，例如分成普通的信徒和「聖別的」信徒，或分成普通的信徒和受過聖靈洗的信徒。（三十九 D.1）

U

ubiquity of Christ's human nature 基督的人性無所不在： 馬丁．路德的觀點，認為基督在升天之後，祂的人性存在於每一個地方；他以此觀點支持他對於主的晚餐之性質的看法。（五十 C.2）

unchangeableness 不改變性： 這教義是指，神的實存、完全、旨意和應許是不改變的；然而神確實會有行動和感受，而且祂在回應不同情況時會有不同的行動和感受。（十一 B.2）

union with Christ 與基督聯合： 這個詞語是用來總結信徒和基督之間的幾個不同層面的關係，

而透過這聯合，基督徒領受救恩的每一項福祉。這些關係包括了我們在基督裏面、基督在我們裏面、我們像基督，以及我們與基督同在。（四十三前言）

unity 純一性：這條教義是指神不分為數個部分；然而在不同的時候我們會看到神不同的屬性被突顯出來。（十一 B.5）

unity of the church 教會的合一度：指教會脫離其中真基督徒之間分裂的程度。（四十五 B）

universalism 普救論：此理論認為，所有的人至終都會得救。（五十六 G）

unlimited atonement 無限的贖罪：此觀點認為，基督實際是為所有活過之人的罪而死。（二十七 D.2）

unpardonable sin 不得赦免的罪：這種罪包含不尋常地、惡意地、故意地拒絕和毀謗聖靈為見證基督而有的工作，並且將聖靈的工作歸功於撒但。（二十四 D.6）

V

valid proofs 有效的證明：這是指證明神存在的論證是有效的，因為它們是根據事實，並且是正確地推理而得到一個真實的結論。然而沒有一種證明能促使所有思考它的人都同意其論點（即相信神存在）。（九 C）

venial sin 輕罪：羅馬天主教的教導，指可以得到赦免的罪，雖然可能要先接受在今生或在煉獄裏的懲罰。（二十四 D.4.2）

veracity 誠實：指神的「真實」的另一個用詞。（十二 B.3）

vicar 教區助理或代理牧師：在主教制的教會治理體系下，管理一個地方性教區的事奉人員，或代理教區牧師的人。（四十七 C.1）

vicarious atonement 代贖：基督為我們贏得救恩的工作是「代替的」，因為祂的生和死都是站在我們的地位，並且代表我們。（二十七 2.3(4)）

virgin birth 童女生子：是聖經所教導的事實：耶穌是藉著聖靈神蹟性的工作，在祂母親馬利亞的子宮中受孕，而沒有藉著一位人類的父親。（二十六 A.1）

visible church 可見的教會：即在地上的基督徒們所見的教會。因為只有神能看明我們的心，所以可見的教會中總是有一些未信之人。（四十四 A.2）

voluntary choices 自願的抉擇：我們根據自己的意願所作出的抉擇，並且不覺得我們的意志受到限制或強迫。即「出於意志之抉擇」。（十六 H.3）

W

waiting on the Lord 等候主：禱告時的一種心態：我們安靜地在神面前等候一種引導的感受，並且也等候一種確知神同在和祂回應我們禱告的感受。（十八 C.9）

watchers 守望的聖者：天使的另一個名稱（但 4:13, 17, 23）。（十九 A.2）

Western church 西方教會：這是指羅馬天主教。在主後 1054 年，東方教會（今日的東正教）從西方教會（羅馬天主教）分離出來；後來，西方教會分裂為更正教和羅馬天主教兩支派。（四十五 E）

will 旨意：神的旨意乃是神的屬性，神藉之贊成並決定將祂的每一個作為付諸實現，而這些作為對祂自己與一切受造之物的存在與活動皆屬必要。（十三 D.1）

willing choices 出於意志之抉擇：即「自願的抉擇」。（十六 B.9）

wisdom 智慧：這條教義是指，神總是選擇最好的目標，以及達到那些目標的最好方法。（十二 B.2）

wonder 奇事：聖經用來表達神蹟的詞彙（希伯來文是 *môpēth*，希臘文是 *teras*），它的意思是指一件使人驚奇或驚訝的事。（十七 A）

Word of God 神的道：在聖經裏所用的「神的道」有幾種不同的意義，包括指神子耶穌基督、神的諭令、神親自對人說的話、神藉著人的口所說出的話、被寫成文字的神的話（聖經）。系統神學的研究焦點乃是那些被書寫下來的神的道，亦即聖經，因為這種形式的神的道可供我們研究，可供大眾檢視，也可供重複查驗，又是相互討論的基礎。（二）

word of knowledge 知識的言語：指用知識討論一件事的能力。（五十三 F）

word of wisdom 智慧的言語：指在不同的情況中

說出智慧之言的能力。（五十三 F）

worship 崇拜： 我們在神的同在中，用聲音和心靈來榮耀神的活動。（五十一 A）

wrath 忿怒： 這是神的屬性之一，這條教義是指，祂強烈地恨惡所有的罪惡。（十二 C.8）

Y

young earth theory 年輕地球論： 一種創造論的觀點，認為地球是相當年輕的，大約只有一萬年至兩萬年之久。（十五 E.4.2）

主題索引

主題索引筆畫檢字表

十一畫

十二畫

主題索引漢語拼音檢字表

主題	Subject
多妻制	polygamy
E	
俄利根	Origen
惡夢	dreams: frightening
恩典	grace
恩典：普遍恩典	common grace
恩典：神賜普遍恩典的原因	common grace: reasons for
珥運派	Irvingites
二律背反	antinomy
惡夢	nightmares
二元論	dualism
F	
法老的術士	Pharaoh's magicians
法老的心剛硬	Pharaoh: hardening heart
法律（民法）	laws (civil)
法律上的（專門詞彙）	forensic (term)
繙方言	interpretation of tongues
泛神論	pantheism
方言	*glōssa*
方言：救贖史中的方言	tongues in the history of redemption
放屁甲蟲	Bombardier beetle
非比	Phoebe
飛蛾	peppered moths
憤怒	anger
佛教	Buddhism
福音的呼召	gospel call
福音機構	parachurch organizations
福音派信仰	evangelical
復活	*ezēsan*
復活	resurrection
復活的身體	bodies in resurrection
復活的身體	resurrection body
副牧師	associate pastor
父神的「父道」	paternity of the Father
付贖金給撒但論	Ransom to Satan Theory
負責任的年齡	accountability, age of
負責任的年齡	age of accountability
G	
改革宗的教導	Reformed churches, teachings
改革宗神學	Reformed theology
趕鬼	casting out demons
趕鬼	exorcism
趕鬼的猶太人	exorcists, Jewish
趕鬼的猶太人	Jewish exorcists
趕鬼（專門詞彙）	exorcism (term)
哥白尼	Copernicus

主題	Subject
割禮	circumcision
格柔丟	Grotius, Hugo
個人工作	ministry to individuals
個人性的末世論	personal eschatology
給予金錢：神的施恩之法	money, giving of: as means of grace
給予：神的施恩之法	giving: means of grace
更正教的宗教改革	Reformation, Protestant
更正教	Protestant
公平	fairness
工作之約	works: covenant of
狗的比喻	dog analogy
古老地球論	old earth theories
關心自己的益處	self-interest
管教：不同於懲罰	discipline: different from punishment
光照	illumination
歸正	conversion
歸正：得救的信心	conversion: saving faith
歸正：悔改	conversion: repentance
鬼附	demon possession
鬼魔	demons
鬼魔與我們的關係	demons: our relation to
鬼魔化（專門詞彙）	demonized (term)
果子：救恩的證據	fruit: as evidence of salvation
過程神學	process theology
H	
哈拿	Hannah
海德堡要理問答	Heidelberg Catechism
和好	reconciliation
「和子」的敘述	*filioque* clause
黑馬牧人書	Shepherd of Hermas
後千禧年論	postmillennialism
呼召：一般的呼召	calling: general
呼召：內在的呼召	internal calling
呼召：外在的呼召	external calling
呼召：有效的呼召	effective calling
呼召：內在的呼召	calling: internal
呼召：外在的呼召	calling: external
戶勒大	Huldah
畫面示日論	pictorial day theory
化石	fossils
化石記錄	fossil record
幻影説	docetism
悔改	repentance
會有第二次的得救機會嗎?	second chance for salvation?
會眾制	congregational government
魂、靈魂	soul

主題	Subject
混沌	*tohū*
婚姻	marriage
活物（天上的）	living creatures (heavenly)
J	
積財寶在天	storing treasure in heaven
基督	Christ
基督的安坐	session (of Christ)
基督的被釘十字架	crucifixion of Christ
基督的代求	intercession (of Christ)
基督的第二次降臨	Second Coming (of Christ)
基督的高升	exaltation of Christ
基督的降卑	humiliation of Christ
基督的人性無所不在（馬丁．路德的觀點）	ubiquity (Lutheran view)
基督的身體	body of Christ
基督的升天	ascension of Christ
基督的十字架	cross of Christ
基督的試探	temptations of Christ
基督的無罪性	impeccability of Christ
基督的血	blood of Christ
基督的再來	return of Christ
基督教改革宗教會	Christian Reformed Church
基督教廣播網路	CBN（Christian Broadcasting Network）
基督教科學會	Christian Scientists
基督的贖罪	atonement
基督的贖罪：代贖	vicarius atonement
基督的贖罪：程度	atonement: extent of
基督的贖罪：基督曾降到陰間嗎?	atonement: descent to hell?
基督的贖罪：其他的觀點	atonement: views of
基督的贖罪：無限的贖罪	unlimited atonement
基督的贖罪：新約聖經的詞彙	atonement: NT terms for
基督台前的審判（信徒工作的審判）	*bēma* judgment
基督徒的	Christian growth
基督教會	Churches of Christ
基督教倫理學	Christian ethics
基督為童女所生	virgin birth of Christ
基督一性論	Monophysitism
基督一性派的教會	Monophysite churches
基督再來的預兆	signs of Christ's return
基督再來的預兆	return of Christ: signs of
基路伯	cherubim
機遇、隨機	chance
記號	*sēmeion*
記號、證據：説預言和説方言的作用	